中国公路学会桥梁和结构工程分会

2024年桥梁学术会议论文集

主办单位：中国公路学会桥梁和结构工程分会
　　　　　　广西交通投资集团有限公司

支持单位：广西壮族自治区交通运输厅
　　　　　　梧州市人民政府
　　　　　　广西公路学会

协办单位：中交第二公路工程局有限公司
　　　　　　中交第二航务工程局有限公司
　　　　　　广西大学
　　　　　　广西交通设计集团有限公司
　　　　　　广西路桥工程集团有限公司
　　　　　　广西路建工程集团有限公司
　　　　　　苏交科集团股份有限公司
　　　　　　宁波路宝科技实业集团有限公司
　　　　　　中交二航局科工（武汉）有限公司
　　　　　　德阳天元重工股份有限公司
　　　　　　柳州欧维姆机械股份有限公司
　　　　　　江苏中矿大正表面工程技术有限公司
　　　　　　江苏苏博特新材料股份有限公司

承办单位：梧州市交通运输局
　　　　　　广西容梧高速公路有限公司
　　　　　　广西平岑高速公路有限公司
　　　　　　中交公路规划设计院有限公司
　　　　　　中交公路长大桥建设国家工程研究中心有限公司
　　　　　　东南大学
　　　　　　《桥梁》杂志社

人民交通出版社

北　京

图书在版编目（CIP）数据

中国公路学会桥梁和结构工程分会2024年桥梁学术会议论文集／中国公路学会桥梁和结构工程分会编. 北京：人民交通出版社股份有限公司，2024.11.
ISBN 978-7-114-19836-6

Ⅰ．U44-53

中国国家版本馆CIP数据核字第2024RC4254号

Zhongguo Gonglu Xuehui Qiaoliang he Jiegou Gongcheng Fenhui 2024 Nian Qiaoliang Xueshu Huiyi Lunwenji

书　　名：	中国公路学会桥梁和结构工程分会2024年桥梁学术会议论文集
著 作 者：	中国公路学会桥梁和结构工程分会
责任编辑：	韩亚楠　郭红蕊　齐黄柏盈
责任校对：	赵媛媛　魏佳宁　龙　雪　卢　弦
责任印制：	刘高彤
出版发行：	人民交通出版社
地　　址：	（100011）北京市朝阳区安定门外外馆斜街3号
网　　址：	http://www.ccpcl.com.cn
销售电话：	（010）85285857
总 经 销：	人民交通出版社发行部
经　　销：	各地新华书店
印　　刷：	北京市密东印刷有限公司
开　　本：	889×1194　1/16
印　　张：	87
字　　数：	2572千
版　　次：	2024年11月　第1版
印　　次：	2024年11月　第1次印刷
书　　号：	ISBN 978-7-114-19836-6
定　　价：	180.00元

（有印刷、装订质量问题的图书，由本社负责调换）

中国公路学会桥梁和结构工程分会
2024年桥梁学术会议论文集
编 委 会

主　　编	张喜刚　周　文
副 主 编	冯良平　廉向东　黄德耕　霰建平　杨志刚
	谭昌富　李文杰　过　超　李会驰　阮　欣
	韩亚楠
审稿专家	曾宪武　赵君黎　冯良平　田克平　雷俊卿
	秦大航　刘四田　汪继平　霰建平　过　超
	郭红蕊　魏巍巍　李　冲
工 作 组	张　毅　张耀辉　魏巍巍　杨　雪　杜　静
	周　立　胡文萍　朱尧于　李　冲
责任编辑	韩亚楠　郭红蕊　齐黄柏盈

目　录

I　规划与设计

1. 广西桥梁建设发展历程及展望 …………………………… 黄德耕　林　云　黎震山(3)
2. 藤州浔江大桥总体设计与技术创新 …… 吴明远　侯　旭　霰建平　张　伟　宋松林　黄月超(12)
3. 苍容浔江大桥总体设计 …………………………………… 吴明远　张　伟　黄月超(19)
4. 三塔空间缆悬索桥设计与创新 …………………………… 吴明远　汪继平　师启龙(28)
5. 基于分段悬链线精确解的悬索桥成桥与空缆线形计算及软件开发 …… 阴存欣　秦大航(34)
6. 斜拉-悬索协作体系合理成桥状态及活载效应 …………… 张文明　邹涵旭　陈　杰(46)
7. 大跨空间缆三塔悬索桥纵向约束体系研究 ……………… 冯　昭　刘得运　朱　磊(54)
8. 三塔悬索桥中塔刚度对结构静动力性能影响研究 ……… 杨怀茂　杨佐磊　鄢稳定(61)
9. 苍容浔江大桥钢箱梁构造细节设计 ……………………………………… 孙义斐　黄月超(67)
10. 缀板连接的正交异性钢桥面板结构设计优化 …………………………… 王　兴　杨　俊(75)
11. 苍容浔江大桥缆索系统设计 …………………………………………………………… 张明昊(82)
12. 基于桥型方案库的多塔斜拉桥合理结构体系选型研究 …… 杨文斌　杨　俊　王　兴　张　阳(88)
13. 苍容浔江大桥索塔设计 ……………………………………………………………… 王树东(94)
14. 空间缆可变距跨缆吊机设计技术研究 …………………… 张浩伟　刘　勋　金　仓　侯润锋(101)
15. 藤州浔江大桥加劲梁吊装方案比选研究 ………………… 张浩伟　刘　勋　金　仓　舒宏生(108)
16. 桩墙组合锚碇设计与受力分析 …………………………… 薛梦归　吴明远　王　昊(114)
17. 藤州浔江大桥 AS 法架设主缆纺丝牵引系统设计及施工 …… 白文哲　侯润锋　刘　勋(121)
18. 常泰长江大桥高塔柱高抗裂准清水混凝土设计与应用 …………………………… 蒋　伟(129)
19. 加强锚固型整体梳齿式桥梁伸缩装置在高速公路项目中的应用分析 …………… 王明明(134)
20. 藤州浔江大桥主梁设计 ……………………………………………………………… 孙义斐(140)
21. 藤州浔江大桥索塔细部构造设计 …………………………………………………… 王树东(147)
22. 独塔斜拉-悬索协作体系桥主缆锚固系统设计 …………… 薛　璞　齐　乐　宋松林(153)
23. 藤州浔江大桥缆索系统设计 ……………………… 刘冠华　宋松林　王　健　冯云成(159)
24. 斜坡上大型锚碇基础地基承载力确定方法研究 …………… 高　坡　刘冠华　宋松林(166)
25. 独塔空间缆斜拉-悬索协作桥缆索布置参数研究
　　…………………………………… 张耀辉　杨怀茂　吴明远　王茂强　肖　军(172)
26. 独塔空间缆斜拉-悬索协作体系桥静动力性能研究
　　…………………………………… 王茂强　张耀辉　吴明远　齐东春　杨怀茂(178)
27. 悬索桥与斜拉-悬索协作桥竖向刚度探讨 …… 柳文策　纪　宇　王茂强　杨怀茂　肖　军(186)
28. 斜拉桥的索-塔锚固结构的发展和比较研究
　　…………………………… 贺　媛　王　兴　杨文斌　杨　俊　田璐超　谢　东(192)
29. 浅谈佩列沙茨大桥高强自密实混凝土与国内高强自密实混凝土配合比设计之间的差异
　　………………………………………………………… 时维广　王永仕　高　翔(201)
30. 龙门大桥锚碇基础设计 ……………………………………………………………… 王　昊(212)

31. 主跨428m三塔自锚式悬索桥设计创新 …………………………… 陈 亮 邵长宇 常付平(217)
32. 金谷赤水河大桥总体设计 ………………………… 张聪正 陈虎成 王 鑫 刘得运(221)
33. 安阳至罗山高速公路黄河特大桥总体设计与方案构思 ……… 许春荣 张圣建 林 昱(228)
34. 大跨径变截面钢混组合梁设计关键技术研究 …… 谭中法 许春荣 夏富友 袁书炜(239)
35. 黄河流域砂土地区长联引桥桥型方案比选研究 … 李智宇 林 昱 兰祯春 袁书炜(244)
36. 基于顶推施工的大跨等高箱形组合连续梁设计关键技术
　………………………………………………… 闫振业 谭中法 牟 林 陈洋洋(250)
37. 安罗高速公路黄河特大桥主桥设计与创新 ……………………… 黄吉滔 许春荣(256)
38. 装配式预应力混凝土箱梁标准化设计研究
　………………… 潘可明 熊建辉 陈翼军 杨 弦 潘 迪 李晓壮 路文发(262)
39. 桥梁BIM参数化设计应用研究 ………………… 曹 菲 于智光 邹震宇 杨嘉晖(267)
40. 长三角方厅水院人行桥梁群设计研究 ………… 曹 菲 李升玉 陈娟婷 张欣欣(273)
41. 大型跨海桥隧工程的中外联合全过程咨询介绍——从港珠澳大桥到深中通道 ……… 戴建国(279)
42. 高等级公路桥梁新型预制混凝土护栏设计研究
　………………………………………… 陈 瑶 陈露晔 杨世杰 陆满雄 周 超(284)
43. 波纹钢板加固石拱桥关键技术创新研究 ………………………………… 钟 训 张卫国(290)
44. 装配式组合梁桥面连续构造研究 ……………… 刘 安 谭中法 林 昱 邵志超(294)
45. 城市桥梁大跨径预应力盖梁设计与研究 ………………… 杨武平 谢 波 温日辉(298)
46. 山区钢混组合梁设计标准化研究 ………………… 万先军 林 昱 刘 安 王 凯(304)
47. 一种曲线梁的重心计算方法及其应用 …………………… 胡勇勇 张凌晨 邵志超(312)
48. 苍容浔江大桥施工阶段猫道抗风缆设计及静风稳定验算 ……………… 崔 巍 赵 林(319)
49. 600米级空间缆悬索桥设计优化比选与数值模拟分析
　………………………………………… 黎水昌 王蔚丞 黄香健 黎 娅 孙义斐(324)
50. 东锚碇散索鞍支墩支架设计分析 ………………………… 贾利强 马澜锦 李莘哲(330)
51. 广西龙门大桥设计与创新 ………………………………… 吴明远 张 伟 黄月超(334)
52. 龙门大桥缆索系统设计 ……………………………………………… 张明昊 赵 磊(340)
53. 大跨悬索桥销接式索梁连接节点抗火设计
　………………………………… 李雪红 原 帅 郭志明 杨星煋 吴豪放 徐秀丽(345)

Ⅱ 施工与控制

1. 悬索桥主缆架设空中纺线法(AS法)发展及应用前景探讨
　………………………………………………………… 霰建平 肖 军 王培杰 彭 康(357)
2. 平陆运河跨线桥梁差异化拆建关键技术 ………………………………………… 韩 玉(363)
3. 基于ANSYS的钢桁梁悬索桥主梁少压重合龙可行性研究
　………………………………………… 柯红军 李传习 汪继平 蓝 雄 林文昊(369)
4. 悬索桥空中纺线法(AS法)架设主缆施工监测系统及其应用
　………………………………………………………… 马建勇 彭 康 张 阳 王培杰(374)
5. 基于ANSYS和midas Civil的空间主缆悬索桥成桥状态确定
　………………………………………… 柯红军 李召恩 李传习 汪继平 蓝 雄(380)
6. 钢拱肋数字预拼装技术的研究与应用 …………………… 田璐超 谢 东 肖 军(385)
7. 变节式钢筋笼智能加工 ……………………………………………… 李艳超 郭 浩(391)
8. 预应力混凝土连续梁桥短线匹配法误差控制系统研究 ……… 刘裕泓 肖 军 张 阳(396)

9. 常泰长江大桥下横梁施工大体积混凝土温控关键技术 ………………… 田业凯 殷红阳(402)
10. 沁河特大桥整孔架设建造技术研究 ………………… 杨文斌 王 兴 马 峰(407)
11. 超长槽段地下连续墙施工关键技术研究 ………………… 徐 滔 刘汉卿(413)
12. 空中纺线法(AS法)纺丝轮设计及有限元分析 ………………… 侯润锋 金 仓 刘 勋(423)
13. 合周高速公路桥面铺装施工技术探讨 ………………… 刘广保(430)
14. 藤州浔江大桥空中纺线法(AS法)纺丝过程控制计算研究 ………………… 谭沸良 董江华 江建秋(433)
15. 梁板式混凝土底板钢围堰在跨海桥梁承台施工中的应用与分析 ……… 余其鑫 宋聪聪 杨 帆(438)
16. 藤州浔江大桥空中纺线法智能化牵引架设系统及应用
   ………………… 胡科坚 向宇恒 袁浩允 侯润锋 李立坤(443)
17. 浅谈箱梁短线匹配内腔模板整体安拆在转向块节段中的设计及应用 ………… 牛敬玺 郑俊钊(448)
18. 大跨径斜拉桥超宽桥面双边箱钢混组合梁施工控制
   ………………… 苏 洋 孙 勋 刘 江 李思润 赵晓宇(453)
19. 全回转台车施工装配式小箱梁湿接缝关键技术 ………………… 刘广保 黄 翔(459)
20. 6800吨级中段拱肋提升塔架设计及施工探讨 ………… 杜俊波 李 鹏 杨 萍 刘国鹏(462)
21. 水上桩基施工钢平台设计与施工 ………………… 姜怡林(469)
22. 纵横梁格型预应力混凝土梁钢管混凝土系杆拱桥施工工艺系统研究
   ………………… 刘正军 胡 磊 刘国鹏 柳生财 罗光明(474)
23. 水中巨型沉井智能化取土技术 ………………… 田业凯 赵振宇(480)
24. 永临结合预制混凝土异形围堰设计及施工技术研究 ………… 李 哲 刘国鹏 徐志星(485)
25. 新型工程用数字化智慧立体集料仓关键技术研究 ………………… 苗 圃 高国安(490)
26. 超长深水锁扣钢管桩围堰设计及施工技术研究 ………… 王寿星 齐 军 孟凡伟(496)
27. 一种预制节段梁测量塔定位圆盘轴线调整新方法 ………… 周海生 岑 超 刘世超(503)
28. 千吨级先张法Bulb-T梁预制工艺研究 ………… 杨 萍 徐志星 刘国鹏 李 博(508)
29. 预制箱梁移动式台座施工应用 ………………… 李 超 黄 翔(516)
30. 装配式大钢管支架设计研究及探讨 ………… 武尚伟 黄津麒 罗敏波 国纪轩(522)
31. 高墩重载三主桁钢桁梁桥顶推施工关键技术研究 ………… 张 静 尹 斌 郭 杰(528)
32. 北流河特大桥贝雷扣塔施工误差影响分析 ………… 刘国鹏 唐署博 王晓亮(537)
33. 基于同相位正弦波长联大跨钢箱梁顶推施工控制方法 ………………… 楚民红(544)
34. 2000米级悬索桥平行四主缆跨缆吊机设计探讨
   ………………… 刘 勋 霰建平 金 仓 侯润锋 张浩伟(550)
35. 大跨径地锚式三塔空间缆悬索桥主缆鼓丝控制研究
   ………………… 蓝 雄 宋向荣 张成威 蒋才明 颜兆福 汪仁威(556)
36. 复杂地质条件下深入土锁扣钢管桩围堰施工技术 ………… 刘盛林 刘 畅(562)
37. 大跨径刚构桥横向预应力筋施工工艺优化研究 ………… 姚宇洪 王玉强 张 翼 唐文旺(569)
38. 山区大跨径悬索桥超宽超重钢桁加劲梁安装施工技术 ………… 张 伟 郭 瑞(573)
39. 裸岩黏土止水法钢板桩围堰施工技术 ………… 王玉强 姚宇洪 唐文旺 龚宏建(579)
40. 阳宝山特大桥主缆空中纺线法(AS法)施工牵引循环系统计算 ………… 刘新华 刘 勋 舒宏生(585)
41. 全飘浮体系悬索桥边跨钢箱梁整体提升荡移安装技术研究 ………… 杨 鑫 安 邦 胡建飞(594)
42. 索道桥施工技术与应用 ………… 樊育通 常 伟 张相杰(598)
43. 龙门大桥东锚碇圆形基础大直径咬合桩施工技术 ………… 郭 磊(607)
44. 斜拉桥索塔竖转施工关键技术研究 ………… 韦玉林 雷晓峰 刘 阳(612)
45. 大风江大桥钢栈桥在无覆盖裸岩区域施工技术 ………… 郭 磊(623)
46. 斜拉桥独柱式钢索塔大节段吊装施工关键技术 ………… 刘 江 马振民 郇洪卫 张其玉(627)

47. 装配式UHPC拱桥设计与施工 ………………………… 李倍安 刘宪林 李沅睿 柯 璐 晏班夫(635)
48. 箱梁大悬臂翼缘板后浇段行走式吊架设计及施工技术 ……………………………… 刘 畅 郑 州(641)
49. 甘溪特大桥空腹式PC连续刚构桥下弦挂篮设计及应用
　　　　　……………………………………………………… 刘 勋 孙克强 陈圆圆 李 哲(650)
50. 大跨径PC连续刚构桥合龙段拆除施工风险识别及安全评估
　　　　　………………………………… 王 兴 杨 俊 杨文斌 谢 东 贺 媛 田璐超(657)
51. 曲线钢板梁桥分联平行顶推施工技术研究 ……………………… 霍凯荣 张小龙 刘永亮(664)
52. 钢梁顶推平台设计与施工技术 …………………………………………………… 王 坤(673)
53. 深水裸岩钢栈桥桩基础锚固工艺研究 …………………………………… 杨 彪 陈 莹(681)
54. 横向分块单箱室钢梁吊装力学分析与临时加固优化 …………………………… 高智臣(687)
55. 装配化钢-混工字组合梁桥跨V形山谷区无支墩施工技术 ……………… 杨 红 柳生财(694)
56. 双向步履式架桥机安装50m T梁施工方法 ……………………………… 陈军社 马世权(703)
57. 钢板组合梁UHPC叠合板施工技术研究 ………………………… 管文涛 刘永亮 张小龙(710)
58. 新型先张法台座稳定性分析研究 ………………………… 袁海蛟 冯品昌 鲁金鹏 薛亚博(717)
59. 马鞍形摩擦式绞盘在主索施工中的应用 ………………………………… 王晓亮 周 云(727)
60. 某大型桥梁超大重量加劲梁吊装新技术研究
　　　　　………………………………… 张佳浩 王雨妍 李国锋 余 果 程茂林 肖 浩(730)
61. 某大跨径跨海桥梁数字化智能建造方法探索
　　　　　………………………………… 张佳浩 王雨妍 李国锋 余 果 程茂林 肖 浩(735)
62. 深水条件下钻石形斜拉桥主塔横梁施工关键技术 ………………………… 陆亦云 杜伟煌(739)
63. 净空受限条件下铁路连续梁上跨高速公路施工防护体系技术研究 ……… 吴庆发 齐 志(744)
64. 无背索斜拉桥空间角度钢混组合塔建造线形控制技术 …………………………… 薛长利(747)
65. 复杂环境下双壁钢围堰着床基岩开挖方案比选研究 ……… 吴庆发 蒋廷球 王富林 巩 明(752)
66. 富水卵石覆盖层下岩溶桩基施工护壁泥浆的应用及调整
　　　　　……………………………………………… 廖磊毅 陆亦云 陈志新 艾 侠(756)
67. 基于BIM技术的智慧预制梁场的生产技术研究 ……… 吴庆发 陆亦云 齐 志 祝安宝(759)
68. 大跨径海上桥梁施工数智化技术 ………………………… 徐有良 王东辉 张来健(765)
69. 桥梁挤扩支盘桩勘察设计及施工动态调控要点分析 …………………………… 林桢楷(771)
70. 改扩建桥梁拆除施工关键技术 ……………………………………………… 宋 建(776)
71. 大型复合薄板件机械加工技术 ………………………… 向志强 黄安明 张 旭 陈远林(781)
72. 深水砂卵石河床锁扣钢管桩设计与施工技术研究 ……………… 刘大成 任初君 杨圣峰(786)
73. 悬索桥全钢板焊接式索夹制造工艺研究及实践
　　　　　……………………………………… 董小亮 陈 刚 蔡宗墅 李 明 杨传国(792)
74. 大跨径钢箱梁荡移、滑移、提升技术研究分析 ………………………… 黄文涛 吴明山(796)
75. 数据驱动顶推施工临时墩间距布置多目标优化方法 ……………… 焦岚馨 朱 浩 李 浩(804)
76. 长大桥大型沉井下沉次数及接高高度分析研究
　　　　　……………………………………… 马宝宇 杨德轩 冯德飞 王冬雪 赵 辉(810)
77. 张靖皋长江大桥70m深超高压旋喷桩施工关键技术 ……………………… 徐 杰 夏 欢(816)
78. 大跨钢混组合梁整孔预制施工关键技术 ………………………… 胡右喜 马天亮 邵志超(824)
79. 60m跨Ⅱ形钢混组合梁整体运输和架设关键技术 ……………… 刘 安 万明敏 邵志超(830)
80. 高速公路智慧梁场智能建造装备及模式研究 …… 张玉龙 农振宝 郑 进 李增源 邢朋涛(836)
81. 桥梁圆形墩柱自动振捣系统的研究 ……………………… 元德壬 秦明清 罗 良 罗 杰(843)

82. 大跨径钢管混凝土拱桥灌注方案实用评价方法
　　　　　　　　　　　　　　　　温　博　王蔚丞　黎　娅　姚鑫玉　于孟生(848)
83. 大跨径劲性骨架拱桥主拱圈高性能混凝土设计与施工控制研究
　　　　　　　　　　　　　　　　黎　娅　王蔚丞　黄香健　罗小斌　侯凯文(854)
84. 斜拉扣挂地锚永临结合设计施工技术 …… 黄香健　王蔚丞　张晓宇　黎水昌　黎　娅(862)
85. 龙门大桥门式主塔上横梁施工关键技术 ……………… 蒋赣猷　韦苡松　肖益新(868)
86. 锚碇区域现浇梁上行式移动模架施工技术 …………… 李玉彬　胡建飞　危　亮(872)
87. 锚碇锚体大体积混凝土温度控制技术 ………………… 韦苡松　黄华生　杨茗钦(877)
88. 悬索桥锚碇填芯超大体积混凝土一次浇筑及控裂技术 … 何锦章　杨　鑫　安　邦(882)
89. 基于数字化的铁路智慧梁场建设与应用 …… 吴庆发　陆亦云　罗武松　齐　志　曹　坤(887)

Ⅲ　结构分析与实验研究

1. 独塔空间缆猫道设计与抗风稳定性分析 …………… 张浩鹏　刘新华　舒宏生　刘　勋(895)
2. 桥梁支座滑板材料相关性与耐久性试验研究 ………… 刘福康　张精岳　王志强(902)
3. 限位吊索对独塔斜拉-悬索协作桥梁力学性能影响 …………… 王　健　刘冠华　宋松林(908)
4. 地锚式空间缆悬索桥主缆横向顶撑过程中的扭转性能试验研究
　　　　　　　　　　　　　　　　周湘广　汪仁威　颜兆福　安永文　张成威(917)
5. 异形钢箱拱肋吊杆锚区精细化协同分析 …… 李健刚　王　磊　杨　冰　彭亚东　杨文忠(924)
6. 张靖皋长江大桥新型钢桥面板疲劳性能试验研究
　　　　　　　　　　　　徐秀丽　王仁贵　吴　冲　钱思博　刘　高　李洪涛　李雪红(932)
7. 废橡胶粉改性沥青研究应用综述 ……………………………………… 李程旭　韩振强(939)
8. 悬索桥主缆温度场模拟及平均温度预测研究 ………… 李　海　肖　军　李昊天　邹　帅(945)
9. 石墨烯类材料改性沥青研究综述 ……………………………………… 唐佳琪　韩振强(953)
10. 预弯钢-混组合梁抗弯承载能力研究 ………………… 李　海　杨文斌　杨　俊　马　峰(960)
11. 新型板式橡胶支座研发及在双层桥梁中的应用 ………………………… 肖正豪　冯　昭(967)
12. 藤州浔江大桥主缆钢丝模拟索靴的弯曲疲劳试验研究 …… 薛花娟　陈建峰　周能做(974)
13. 主跨380m混合梁连续刚构桥施工全过程受力及稳定性分析
　　　　　　　　　　　蒋　鑫　邓龙清　薛程文　王　震　刘　高　樊　州　宋元印(978)
14. 青藏高原冻土区桩基热储能性能数值模拟研究
　　　　　　　　　　　　　　　　杨佐磊　纪　宇　陈上有　王茂强　杨怀茂(984)
15. 主跨380m混合梁连续刚构桥结构体系与受力性能分析
　　　　　　　　　　　　　　　　杨万鹏　邹博文　吕　荣　白晓宇(990)
16. 超大型塔式起重机-桥塔风荷载效应研究 ……………… 肖天宝　王　浩　雷　雨(996)
17. 昭君黄河特大桥同步异位法局部受力分析 …………………………… 安　近　庞利敏(1002)
18. 基于Revit-ProySim-ANSYS的车致火灾下斜拉索结构响应分析方法 …… 周小燚　钱盛域(1009)
19. 基于交通荷载与温度监测的钢桥面板肋间挠度动态响应研究
　　　　　　　　　　　　　　　　　　张　辉　罗瑞林　张志祥　仲建军(1014)
20. 装配式空心板梁计算模型精度分析 ……………………………………………… 刘长卿(1026)
21. 高烈度区高墩连续梁桥适宜约束体系研究 …………………… 张聪正　林　昱　傅立军(1030)
22. 基于船舶载重的船撞力-撞深模型研究及修正 ………………………… 沈　燕　严　杰(1036)
23. 桥梁伸缩装置横向位移功能对可靠性的影响
　　　　　　　　　　　　　　　　郑朝辉　杨　锐　王昭儒　李汉军　侯炳才(1043)

24. 基于弱光栅传感的悬索桥智慧吊索研究与应用
　　……………………………………………… 杨建平　张　波　何旭初　金　芳　王　蔚(1052)
25. 独塔斜拉-悬吊协作体系桥梁合理约束体系研究 ……………… 李名华　孙义斐　刘得运(1058)
26. 定向钢纤维 UHPC 材料力学性能研究 ……………… 杨　明　熊永明　赵建凯　石　珩　张宇阳(1063)
27. 钢桁架梁桥有限元参数化建模方法研究 ………………………………………………… 杨　毅(1071)
28. 拱结构内力的参数敏感性分析 ………………………………………………………… 冯云成(1075)
29. 钢榫键-UHPC 组合板胶接缝节段 T 梁静力试验研究 ……………… 申洛岑　徐　栋　宋冰泉(1084)
30. 大吨位拱肋整体提升临时水平系杆力计算
　　……………………………………… 韩　玉　胡家锴　刘　祥　匡志强　唐睿楷　解威威(1090)
31. 桥梁混凝土冬季施工暖棚法温度场分析 ……………………………………… 孙全胜　张　哲(1095)
32. 基于有限元模型的大跨径悬索桥约束装置劣化模拟
　　……………………………………………………… 叶乔炜　任　远　许　翔　彭　莹　黄　侨(1103)
33. 2000 米级双层钢桁梁悬索桥地震易损性分析
　　……………………………………………………… 徐　军　杨怀茂　郭峰超　温佳年　梁　力(1110)
34. 基于光纤传感的桥梁光纤缆索研究进展 ……………… 杨建平　王　蔚　张　鸿　游新鹏　范　典(1116)
35. 独塔斜拉桥主塔截面在冲刷作用下的地震易损性分析 …………………… 孙全胜　李啸乾(1123)
36. 预应力混凝土箱梁桥竖向和横向温度场数字孪生的模拟分析
　　……………………………………………………… 吴　刚　曹明明　项贻强　苟发鹏　骆宇辉(1131)
37. 基于工业化建造的桥面连续构造疲劳性能试验研究
　　……………………………………… 曹素功　黄晨露　余金火　傅俊磊　周　强　洪　华(1139)
38. 异形主塔连续箱梁桥满堂支架结构受力分析
　　……………………………………… 陆潇雄　陈露晔　杨世杰　宋志远　袁江川　周　超(1145)
39. 考虑双轴应力状态的箱梁腹板斜截面开裂准则
　　……………………………………………………… 吕昭旭　陈佳仝　陈　祥　晏　应　贺志启(1151)
40. 考虑黏结滑移效应的钢板-聚氨酯水泥复合加固 RC 梁抗弯性能试验和理论分析
　　……………………………………………………………………………………… 孙全胜　岳新泷(1156)
41. 基于实测数据的公路桥梁汽车荷载适应性分析 ……………… 王天禹　李会驰　贡金鑫(1166)
42. 沉井下沉施工对沉井旁固定塔式起重机基础力学性能影响的研究
　　……………………………………………………………………… 王冬雪　冯德飞　马宝宇(1172)
43. 崇凭铁路桥梁转体系统空间有限元局部应力分析 ……… 莫雁冰　杨武平　凌　国　翁运新(1177)
44. 铁路矮塔斜拉桥施工抗风性能及风险评估分析 ……… 余祖鑫　莫玲慧　葛志勇　姜　杰(1184)
45. 黏滞阻尼器配合摩擦摆支座减隔震方案合理参数取值分析
　　……………………………… 杨世杰　陈露晔　欧阳静　陆潇雄　周　超　袁江川　宋志远(1189)
46. 采用矩形锚固板竖向钢筋的双 T 梁力学性能实验研究 ……… 欧马尼　石雪飞　罗　珊(1198)
47. 艰险山区桥梁挖井基础深基坑开挖稳定性分析
　　……………………………………………………… 李增源　叶道华　郑　进　陈卓明　庞生权(1211)
48. 大跨径混合梁刚构桥斜截面钢混结合段受力机理有限元分析研究
　　……………………………………………………… 韦志翔　何有泉　吴业能　丁　然　王　琛(1216)
49. 基于霍夫变换的大跨径销接式悬索桥吊索绕销轴转动角度自动测量方法
　　……………………………………………………………………… 许　翔　钟汶哲　黄　侨(1223)
50. 超大跨径缆索承重桥梁大变位自适应模块式伸缩装置的力学性能分析
　　……………………………………………………… 吕建华　王　博　李学锋　徐　速　王均义(1228)
51. 大变位自适应模块式伸缩装置试验研究 ……… 徐　斌　徐　速　吕建华　柳　斌　杨红军(1237)

52. XCF-80型连梁锚固防冲击梳齿伸缩装置有限元分析
　　…………………………………………… 徐　斌　徐　速　洪雪亮　于树毅　王均义(1242)

Ⅳ　养护管理、检测、加固及其他

1. 悬索桥锚碇基础监测分析与稳定性评价研究 ………… 王大伟　徐善常　师启龙　刘　越(1249)
2. 基于大数据技术的桥梁监测数据存储和实时分析架构 ………… 刘裕泓　张　阳　邱帅龙(1260)
3. 桩墙组合锚碇基础监测技术应用研究 ………… 汪继平　孙义斐　师启龙　王志鹏　周湘广(1266)
4. 超千米离岸水中墩沉降自动化监测技术应用 ………………… 解光路　贺志中　秦　淇(1272)
5. 超长线路静力水准自动化监测实验浅析 ………………… 解光路　许雄飞　贺志中　唐　帅(1277)
6. 混凝土桥梁内部钢筋应力状态的无损检测研究 ………… 童　凯　陈　琳　陈飞宏　杨德龙(1286)
7. BIM技术在公路桥梁系杆拱加固中的应用 ……………………………………… 郑　熹　叶　奂(1299)
8. 某高速公路立交桥典型病害分析及维修加固研究 ……………………………………… 祝孝成(1303)
9. 退役支座服役性能评估与提升技术研究 ……………………… 王昭儒　刘海亮　张精岳(1309)
10. 基于深度网络的钢桥表观病害智能识别研究
　　…………………………………………… 阮先虎　林　峰　刘　朵　张宇峰　张建东(1315)
11. 西部陆海新通道G75钦江大桥旧桥再利用安全研究与应用
　　………………… 曹　璐　解威威　韩　玉　刘　祥　匡志强　唐睿楷　凌干展　胡家楷(1321)
12. 预制梁板蒸汽养护条件下性能研究 ………………………… 贾军军　何前途　庚艺凡(1327)
13. 基于半监督学习的混凝土桥梁裂缝识别研究
　　…………………………………………… 刘　忠　梅凌豪　伍二发　杨卫东　张　龙(1332)
14. 基于落重静动法的桥梁桩基快速检测装备研究
　　…………………………………………… 韩冬冬　金肃静　曹素功　田　浩　过　超(1338)
15. 中小跨径桥梁轻量化监测决策研究 ………… 田　浩　张　勇　李晓娅　曹素功　胡　皓(1344)
16. 桥梁调高测力支座及集成化智能监测系统研究
　　…………………………………………… 杨　超　陶　旭　熊高波　梁莹莹　韦永林(1349)
17. 深中通道结构健康监测关键技术 …………………………………… 陈焕勇　毛幸全(1354)
18. 冷喷烯锌在桥梁钢结构长效防腐中的应用 ………… 王　益　周贤辉　杨志华(1359)
19. 钢拱桥点云扫描的测站布置及实施方法研究
　　…………………………………………… 谢俊贤　刘　朵　张建东　冯晓楠　胡楷文(1364)
20. 大跨径桥梁车辆荷载时空分布实时识别 ………… 李彦兵　刘慧敏　李　卫　王　冲(1369)
21. 公路桥梁智能检测技术简述 ………………………………………………………… 杨长春(1374)

Ⅰ 规划与设计

1. 广西桥梁建设发展历程及展望

黄德耕[1] 林 云[2] 黎震山[2]

(1. 广西交通投资集团有限公司；2. 广西交通设计集团有限公司)

摘 要 本文通过对广西桥梁建造技术的发展回顾和典型桥梁介绍，展示了广西近现代桥梁工程技术发展状况和成就，阐述了广西桥梁发展机遇和前景，并对未来广西桥梁建设的发展方向和趋势进行了展望。

关键词 广西 桥梁 发展 回顾 展望

一、引 言

近年来，随着"一带一路"倡议的推进和西部大开发战略的深入实施，广西交通基础设施建设取得了显著成就。铁路方面，2023年总里程突破2200km，南宁至玉林铁路通车在即，将实现广西"市市通高铁"的目标。公路方面，截至2023年，广西公路规模已超过17万km，其中高速公路总里程达到9067km（截至2024年9月底已达到9300km），高速公路里程位居全国第四。交通基础设施的迅猛发展，掀起了广西桥梁建设的高潮。截至2022年，公路桥梁达到28971座。广西的桥梁建设经历了从传统到现代、从少到多、从弱到强的奋进历程，并建成了平南三桥、天峨龙滩特大桥等一系列世界级桥梁。

二、广西桥梁建设发展历程

1. 近现代桥梁的起步

1915年，时任广西总督陆荣廷下令修筑了南宁经武鸣至宁武公路，广西近代公路建设正式拉开帷幕。桥梁作为交通网络的重要组成部分，为现代交通工具的通行提供了基础条件[1]。这一时期建成的三江程阳风雨桥，采用密布式悬臂托架简支梁体系建造，两台三墩四孔，整座桥梁不用一钉一铆，结构独特且稳固，体现了对自然资源的充分利用和独特的建筑技艺。1964年建成的南宁邕江大桥，下部结构采用分离式钢筋混凝土圆形沉井，是当时国内第一座箱形薄壁悬臂梁式钢筋混凝土桥。1968年，郑皆连在广西灵山三里江大桥上首次采用钢丝绳斜拉扣挂松索合龙架设拱肋的方法，实现了拱桥无支架施工，解决了建拱桥不搭支架的难题[2]。

2. 改革开放后的迅猛发展与技术创新

20世纪70—80年代，拱桥在八桂大地异军突起，这种古老的桥型也焕发出更加蓬勃的生命力。环江县东兴大桥、容县绣江大桥、迁江红水河大桥、大化红水河大桥等乘着"渡改桥"的东风渐次落地，无支架缆索吊装工艺也在一次次实践中得到不断优化。

1978年建成的主跨105m的来宾红水河大桥，是广西第一座采用电算的大跨径薄壁箱形拱桥，技术国内领先；1981年建成的崇左驮卢大桥桥跨布置为6×40m，是广西第一座装配式预应力混凝土T梁桥；1981年建成的来宾市红水河铁路桥，是我国第一座铁路预应力混凝土斜拉桥，该桥的建成填补了国内此项空白；1984年建成的柳州公路二桥（现柳州河东大桥），采用多点顶推施工，是当时国内顶推联长最长、顶推重量最大的预应力连续梁桥；1990年建成的主跨120m的天峨红水河大桥，是广西第一座采用无平衡重同步转体施工的双箱肋拱桥。

20世纪90年代，广西不仅桥梁数量激增，桥梁类型多样，跨径也不断增大。横县峦城大桥是当时亚洲第一座双层桥面的预应力混凝土连续钢桁桥，因在预应力结构和桥梁美学方面的突出贡献，中国土木工程学会将其评为具有创新中国特色的三座桥梁之一。依托于工程材料、施工设备的进步，缆索吊施工工艺实现进一步发展。广西在混凝土箱形拱的基础上研究升级钢管混凝土拱技术，使得拱桥跨径有了较大幅度提高,数座世界级拱桥在八桂大地建成落地:蒲庙大桥(原称邕宁邕江大桥)——首创千斤顶斜拉扣挂悬拼架设技术和千斤顶斜拉扣挂连续浇筑拱肋外包混凝土技术,主跨312m,成为当时世界上最大跨径劲性骨架混凝土拱桥;三岸大桥——建成时为国内最大跨径中承式钢管混凝土拱桥,展示了广西在拱桥建造领域的领先地位。在斜拉桥方面,广西分别建设了南宁白沙大桥、柳州壶西大桥、梧州云龙大桥等一批高质量的斜拉桥,进一步丰富了广西桥梁建设的多样性。

3.21 世纪以来的新飞跃与高质量发展

1) 拱桥

广西水系河流宽度在200～500m之间,两岸基岩承载力高,为拱桥的建设提供了有利条件。拱桥具有造型优美、造价经济、后期养护较少、刚度大等优点。随着斜拉扣挂无支架施工工艺的不断完善和成熟,一大批大跨径拱桥在广西建成落地,比如南宁永和大桥、马滩红水河特大桥、沙尾左江特大桥、金钗红水河特大桥等。平南三桥作为世界上已建成的最大跨径钢管混凝土拱桥,代表了广西拱桥建造技术和工艺的顶尖水平。天峨龙滩特大桥的建成实现了劲性骨架混凝土拱桥的"百年跨越",进一步巩固了广西在拱桥领域的领先地位。在采用大节段整体提升施工拱桥工艺上,柳州官塘大桥以67.27m的整体提升高度、262m的提升拱肋跨径、5885t的整体提升重量创下了多项"世界第一"。表1为广西已建或在建的主要拱桥。

广西已建或在建的主要拱桥一览表　　　　表1

序号	桥名	建成时间	桥型	跨径(m)
1	南宁永和大桥	2004年	中承式钢管混凝土拱桥	346.49
2	南宁大桥	2009年	曲线梁非对称外倾拱桥	300
3	南宁市凌铁大桥	2013年	下承式钢管混凝土梁拱组合桥	125.684
4	柳州广雅大桥	2013年	钢架系杆拱桥	2×210
5	柳州文惠桥新桥	2013年	中承式钢管混凝土拱桥	3×108
6	南宁市西明大桥	2015年	钢架系杆拱桥	2×180
7	贵港市郁江特大桥	2016年	中承式钢管混凝土拱桥	273.8
8	柳州官塘大桥	2018年	中承式钢箱拱桥	457
9	马滩红水河特大桥	2018年	中承式钢管混凝土拱桥	320
10	平南三桥	2020年	中承式钢管混凝土拱桥	560
11	沙尾左江特大桥	2021年	中承式钢管混凝土提篮拱桥	340
12	梧州高旺大桥	2021年	中承式钢箱系杆拱桥	300
13	金钗红水河特大桥	2022年	中承式钢管混凝土拱桥	280
14	巴马至田阳右江特大桥	2022年	下承式钢管混凝土系杆拱桥	230
15	天峨龙滩特大桥	2024年	上承式劲性骨架混凝土拱桥	600
16	平陆运河旧州特大桥	在建	下承式钢箱系杆拱桥	260
17	乐望红水河特大桥	在建	中承式钢管混凝土拱桥	508
18	来宾西秀滩红水河特大桥	在建	中承式钢管混凝土拱桥	340
19	钦州北环路跨江桥	在建	中承式钢管混凝土拱桥	330
20	新圩红水河特大桥	在建	中承式钢管混凝土拱桥	325
21	南宁市三岸大桥复线桥	在建	下承式钢管混凝土拱桥	320
22	正龙红水河特大桥	在建	中承式钢管混凝土拱桥	305
23	G325广南线钦江大桥	在建	中承式钢管混凝土拱桥	300
24	兰海高速公路G75钦江大桥	在建	下承式钢管混凝土系杆拱桥	296

(1)天峨龙滩特大桥

天峨龙滩特大桥(图1)位于广西壮族自治区河池市天峨县龙滩大坝上游6km处,主桥采用跨径600m的上承式劲性骨架混凝土拱桥方案,是目前世界最大跨径拱桥。

图1　天峨龙滩特大桥

作为公路桥梁,大桥设计上首次采用容许应力+双非线性有限元分析法进行桥梁结构承载能力控制,坚持强骨架弱配筋、强横筋弱纵筋的设计理念,采用精细化拱箱尺寸及优化拱上建筑等措施进行桥梁风险控制,有效控制住600米级混凝土拱桥的应力水平,保证了施工过程及运营受力安全,大大提高了施工效率。施工上通过3环6段8工作面的外包混凝土施工工序,优化外包混凝土配合比、外掺剂,使浇筑过程外包混凝土最大拉应力控制在0.5MPa以内,实现了全桥外包混凝土无可见裂纹的质量控制目标,并成功经受住2024年2月15日天峨4.4级地震的考验,桥梁主体安全可靠。

(2)平南三桥

平南三桥(图2)位于广西壮族自治区贵港市平南县,跨越浔江,主桥采用计算跨径560m的中承式钢管混凝土拱桥,是已建成的世界最大跨径钢管混凝土拱桥。

图2　平南三桥

大桥设计上创新性地把"地下连续墙+卵石层注浆加固"新型复合拱座基础应用到大推力拱桥中,开创了在不良地质条件下修建超大跨径推力拱桥的先河。施工上首创基于影响矩阵原理的"过程最优,结果可控"扣索一次张拉计算理论,采用装配化钢管吊扣合一体系+塔顶位移主动控制技术,实现了500米级拱桥的毫米级合龙。

2)悬索桥

2004年,广西建成了区内第一座现代悬索桥——柳州红光大桥,标志着广西悬索桥建设技术实现重要突破和发展。南宁市英华大桥和良庆大桥分别建成于2014年和2016年,其主跨分别达到410m、420m,是集先进技术与景观效果于一身的悬索桥建设典范。2024年通车的横县横州大桥是广西第一座公路钢箱梁悬索桥。在建的龙门大桥,主跨达到1098m,是广西首座跨径突破1000m的特大桥。表2为广西已建或在建的主要悬索桥。

广西已建或在建的主要悬索桥一览表　　　　　表2

序号	桥名	建成时间	结构类型	主跨(m)	桥塔形式	加劲梁形式
1	柳州红光大桥	2004年	双塔双主缆地锚式	380	混凝土门式塔	钢板梁
2	柳州市双拥大桥	2012年	双塔单主缆地锚式	430	A形钢塔	钢箱梁
3	南宁英华大桥	2014年	双塔单主缆地锚式	410	混凝土+钢塔	钢箱梁
4	南宁良庆大桥	2016年	双塔双主缆地锚式	420	混凝土门式塔	叠合梁
5	贵港罗泊湾大桥	2017年	双塔双主缆自锚式	280	混凝土独柱式塔	混合梁
6	横州大桥	2024年	双塔双主缆地锚式	400	混凝土门式塔	钢箱梁
7	龙门大桥	在建	双塔双主缆地锚式	1098	混凝土门式塔	钢箱梁
8	钦州子材大桥	在建	双塔双主缆地锚式	270	混凝土独柱式塔	叠合梁
9	苍容浔江大桥	在建	三塔空间缆地锚式	2×520	混凝土独柱式塔	钢箱梁
10	藤州浔江大桥	在建	斜拉-悬索协作体系	2×638	混凝土"三角塔"	钢箱梁

(1) 龙门大桥

龙门大桥(图3)是广西在建的跨径最大的悬索桥。大桥主桥主跨跨径为1098m,为全飘浮体系,跨径布置为50m+1098m+50m,中跨主缆矢跨比为1/10。桥梁全宽38.6m,塔高174m。

本桥首次在国内超千米级悬索桥设计中采用全飘浮体系,取消中横梁,减少高空作业时间,降低施工安全风险。大桥采用直腹板+"倒L形"导流板的新型钢箱梁断面形式,以提升抗风性能。研发单节段双向荡移上岸、整体节段竖向提升荡移安装的工艺,成功解决边跨1500t钢箱梁安装难题。在锚碇基础施工中,创新性地采用"3.5m大直径桩+二期槽"的圆-矩咬合桩围护结构,大幅减小锚碇规模,有效降低锚碇建设成本。

(2) 苍容浔江大桥

苍容浔江大桥(图4)跨越浔江,为三塔空间地锚式悬索桥,跨径布置为55m+520m+520m+55m,采用中央独柱塔设计。主缆采用预制平行钢丝索股法(PPWS法)制作,由37根通长索股组成。主梁为分体式钢箱梁,全宽36.2m;中塔高108.9m,边塔高108.8m。

图3　龙门大桥效果图

图4　苍容浔江大桥效果图

苍容浔江大桥是目前世界上最大跨径的三塔空间缆地锚式悬索桥。大桥锚碇基础采用桩基+铣接头结构,为国内首个采用大直径桩墙组合基础作为永久受力结构的锚碇基础。

3) 斜拉桥

广西斜拉桥建设在2010年之后迎来了高速发展期。桥梁结构形式呈现多样化,包括混凝土斜拉桥、钢箱梁斜拉桥和钢混组合梁斜拉桥等。2020年通车的平南相思洲大桥,主跨450m,是目前广西主跨最大、桥塔最高、钢混组合梁最重的斜拉桥。南宁五象大桥(2014年通车)和青山大桥(2017年通车)的造型分别采用"能量塔"和"壮乡风情塔"的构思创意,成为南宁市邕江上的新名片。在建的平南特大桥和武宣黔江特大桥主跨分别达636m和618m,建成后将成为广西境内跨径第一、第二的斜拉桥。表3为广西已建或在建的主要斜拉桥。

广西已建或在建的主要斜拉桥一览表　　　　表3

序号	桥名	建成时间	跨径(m)	塔型	加劲梁类型
1	东合大桥	2012年	190	宝石形独塔	混凝土边主梁
2	大冲特大桥	2014年	332	H形双塔、高低塔	双边箱混凝土梁
3	南宁五象大桥	2014年	300	单柱式双塔	钢箱梁
4	惠罗高速公路红水河特大桥	2016年	508	H形双塔	非对称混合式叠合梁
5	青山大桥	2017年	430	门式双塔	钢-混凝土组合梁
6	柳州白沙大桥	2018年	200	异形"麻花"独塔	钢箱梁
7	贵港青云大桥	2018年	280	门式双塔	混凝土箱梁
8	崇左大桥	2018年	190	外倾式双塔	混凝土箱梁
9	平南相思洲大桥	2020年	450	钻石形双塔	双边箱钢混叠合梁
10	天峨大桥	2022年	192	单柱式双塔	混凝土双边主梁
11	北海市西村港跨海大桥	2023年	238	空间鼎形双塔	钢混叠合梁
12	西津郁江特大桥	在建	400	钻石形双塔	钢-混凝土组合梁
13	藤县襟洲大桥	在建	450	钻石形双塔	钢-混凝土组合梁
14	苏湾大桥	在建	334	门式双塔	混凝土双边主梁
15	平南特大桥	在建	636	H形双塔	钢-混凝土组合梁
16	武宣黔江特大桥	在建	618	钻石形双塔	钢-混凝土组合梁
17	沙井钦江大桥	在建	270	门式双塔	混凝土箱梁

(1)武宣黔江特大桥

武宣黔江特大桥(图5)是武宣—来宾—合山—忻城高速公路跨越黔江的控制性工程。主桥为双塔双索面混合梁斜拉桥,跨径布置为56m+48m+87m+618m+87m+48m+56m。斜拉桥主跨618m,跨越黔江主航道,主梁采用流线型分离式双边钢箱截面(PK形),钢-超高韧性混凝土(STC)轻型组合桥面板,桥宽31.0m。主桥索塔采用钻石形索塔,桥塔总高213m。

图5　武宣黔江特大桥效果图

大桥采用基于热轧U肋的正交异性钢-STC组合桥面设计关键技术,解决了钢箱梁结构钢桥面板疲劳问题,为同类型项目提供可借鉴的解决思路。首次在山区大跨径斜拉桥中采用缆索吊装系统进行大吨位钢箱梁节段的吊装,有效解决山区钢箱梁斜拉桥主梁架设难题。

(2)平南特大桥

平南特大桥(图6)位于贵港市平南县,是全州至容县高速公路的关键控制性工程。大桥全长2273m,主跨为636m,采用双塔双索面钢箱混合梁斜拉桥设计。主梁采用钢箱混合梁,中跨钢箱梁采用分离式双边钢箱的截面(PK形),中跨梁宽35.5m,高3.2m。主塔高度为180m,采用H形曲线造型,塔柱为空心矩形截面钢筋混凝土结构。平南特大桥636m的主跨创下广西斜拉桥跨径新纪录。

图6 平南特大桥效果图

4)矮塔斜拉桥

矮塔斜拉桥兼具连续刚构(梁)桥与斜拉桥的特点,自20世纪90年代问世以来便得到广泛应用。2018年和2023年建成通车的梧州扶典口西江特大桥、培森柳江特大桥,主跨分别达到270m和280m,成为当时亚洲最大跨径公路预应力混凝土矮塔斜拉桥。表4为广西已建或在建的主要矮塔斜拉桥。

广西已建或在建的主要矮塔斜拉桥一览表　　　表4

序号	桥名	建成时间	主跨(m)	桥塔形式	主梁形式
1	柳州三门江大桥	2006年	160	柱式、双塔	混凝土箱梁
2	柳州静兰大桥	2008年	5×94.3	柱式、六塔	混凝土箱梁
3	来宾永鑫大桥	2012年	180	柱式、双塔	混凝土箱梁
4	玉洞大道八尺江大桥	2015年	100	柱式、双塔	混凝土箱梁
5	桂平市郁江二桥	2017年	2×165	柱式、三塔	混凝土箱梁
6	梧州扶典口西江特大桥	2018年	270	柱式、双塔	混凝土箱梁
7	培森柳江特大桥	2023年	280	柱式、双塔	混凝土箱梁
8	治塘右江特大桥	在建	220	柱式、双塔	混凝土箱梁
9	贺州铺门大桥	在建	165	柱式、双塔	混凝土箱梁
10	钦州北过境线高速公路钦江特大桥	在建	245	柱式、双塔	混凝土箱梁

(1)梧州扶典口西江特大桥

梧州扶典口西江特大桥(图7)为梧州市环城公路项目最大的控制性工程,主桥为145m+270m+145m的双塔单索面矮塔斜拉桥,采用塔、墩、梁固结体系,桥梁全宽28.5m。

扶典口西江特大桥建成时为亚洲最大跨径公路预应力混凝土矮塔斜拉桥,项目先后获得公路交通优质工程奖、广西建设工程优质结构奖等。

(2)培森柳江特大桥

培森柳江特大桥(图8)是广西贺州至巴马高速公路(象州至来宾段)上跨越柳江的特大桥,主桥为145m+280m+145m的矮塔斜拉桥,桥宽29m,采用塔、墩、梁固结体系。主塔为柱式塔,布置在中央分隔带内,塔高50.0m。

图 7　梧州扶典口西江特大桥　　　　　　　　图 8　培森柳江特大桥

培森柳江特大桥是目前世界最大跨径公路预应力混凝土矮塔斜拉桥,该桥墩址区卵漂石厚且岩溶高度发育,地质情况极为复杂,施工中创新研发高精度零干扰一体围堰结构,高效完成主墩承台施工。桥梁施工期间,引进广西首台 260 型全套管全回转钻机,较传统工艺节约 1/4 工期。此外,创新采用铝模板代替钢模板,以装配式内模吊架代替传统钢管支架法施工,提高施工效率。

5) 梁桥

梁桥是最为经济也是应用最广泛的桥型。罗天乐大桥于 2010 年建成通车,主跨 240m,最大墩高 132m,建成时创造了广西同类桥梁的最大跨径、最高主墩两项纪录。六屋郁江特大桥于 2022 年建成通车,是广西最大跨径矮墩连续刚构桥。2024 年完成主跨合龙的飞龙大桥,主跨达 185m,是世界最大跨径 1800 型波形钢腹板连续刚构桥。在建的乐望高速公路雅长特大桥为五跨连续刚构桥,其最大墩高 155m,是广西在建的第一高墩桥。表 5 为广西已建或在建的主要梁桥。

广西已建或在建的主要梁桥一览表　　表 5

序号	桥名	建成时间	主跨(m)	结构形式
1	香江圩郁江公路特大桥	2003 年	2×125	预应力混凝土刚构-连续梁组合桥
2	布柳河特大桥	2006 年	235	预应力混凝土连续刚构桥
3	南宁龙岗大桥	2008 年	2×145	预应力混凝土连续刚构桥
4	梧州浔江特大桥	2009 年	2×145	预应力混凝土连续刚构桥
5	罗天乐大桥	2010 年	240	预应力混凝土连续刚构桥
6	拉会大桥	2012 年	2×110	预应力混凝土连续刚构桥
7	百色龙旺大桥	2014 年	145	预应力混凝土连续梁桥
8	扶典口西江特大桥 2 号桥	2018 年	198	预应力混凝土连续刚构桥
9	六屋郁江特大桥	2022 年	238	预应力混凝土连续刚构桥
10	天峨红水河特大桥	2023 年	198	预应力混凝土连续刚构桥
11	都阳红水河特大桥	2023 年	172	波形钢腹板连续刚构桥
12	大风江大桥	2023 年	2×160	预应力混凝土连续梁桥
13	飞龙大桥	在建	2×185	波形钢腹板连续刚构桥
14	雅长特大桥	在建	3×160	预应力混凝土连续刚构桥

(1) 六屋郁江特大桥

六屋郁江特大桥(图 9)为六宾高速公路的控制性工程,大桥主桥为 129m+238m+129m 预应力混凝土连续刚构桥。主墩高 25m,墩跨比接近 10∶1 的设计极限,属于典型的矮墩大跨连续刚构桥。主梁为大悬臂变高度单箱单室直腹板截面,箱梁顶板宽 14.75m,主梁支点处梁高 15m,跨中梁高 5m。

(2) 飞龙大桥

飞龙大桥(图10)位于横州市平马镇与新福镇飞龙乡交界处,由北至南跨越郁江,全桥总长940m,主桥为100m+2×185m+100m波形钢腹板连续刚构桥,主梁采用单箱单室波形钢腹板箱梁,主梁顶板宽13m,中支点梁高10.9m,跨中及边跨梁端梁高4m。

图9 六屋郁江特大桥

图10 飞龙大桥

飞龙大桥为世界同类型桥梁跨径第一,首次采用大尺寸的1800型波形钢腹板,能取代传统混凝土腹板,解决传统预应力混凝土连续刚构桥腹板开裂和跨中下挠的问题,为后续多跨大跨径波形钢腹板梁桥的建设拓宽技术思路、提供建设经验。

三、广西桥梁建设发展机遇

1. 公路桥梁

至2030年,广西规划高速公路规模将达到15200km,着重围绕省际通道、出边通道、出海通道和加强市县间联系通道、连接重要交通枢纽、旅游景区、产业园区以及提高重点城市通行效率开展规划建设,并形成以首府南宁为核心的"一核七向"放射状通道,开辟出连通国际、通达全国、覆盖全区的"四横五纵"综合运输新格局。同时,广西还将加大完善对普通国省干道及农村公路网的规划建设,至2035年,普通国省道总里程将达到约4万km,实现对乡镇、自治区级及以上经济技术开发区、AAAA级及以上旅游景区、二类及以上口岸等节点覆盖率达到95%以上;农村公路里程将达到约17万km,以便推进"四好农村路"建设,补齐农村地区交通基础设施短板。

由于广西地形地貌复杂多样,水系发达,新规划公路通常需穿越山地丘陵及跨江地带,桥梁建设需求较大。以灌阳(湘桂界)至湖南通道(湘桂界)公路为例,该项目位于桂林市全州县、资源县、龙胜县境内,全长约95.183km,桥隧占比达81.5%。

2. 城市桥梁

根据《广西综合立体交通网规划(2021—2035年)》,要着力打造南宁、柳州、桂林及钦州—北海—防城港全国性综合交通枢纽城,建设贺州、崇左、百色、来宾、河池、梧州、玉林、贵港8个特色鲜明的区域性综合交通枢纽城市。至2035年,城市交通将更加便捷顺畅,基本实现广西北部湾城市群所辖市至国内中心城市及东盟国家主要城市3小时通达,实现南宁市至广西其他设区市及区内相邻城市间2小时通达、北部湾城市群1小时通达、都市区3刻钟通勤。因此,需依据城市发展规模和区域特点,不断完善城市过江通道、沿江通道等重要交通线,疏通城市堵点,融合城市产业发展。城市桥梁作为跨越城市障碍物的高效可行的方案,将为完善城市交通发挥重要作用。

3. 发展机遇

(1)航道提升与运河建设推动桥梁建设

近年来,广西通过航道提级改造和新建运河项目,极大地推动了区域水运的现代化进程,并为桥梁建设带来了新的发展机遇。右江等航道的提级改造对沿线跨河桥梁提出了更高的要求,现有碍航桥梁必须进行改造或拆除,并建设新的跨河桥梁,以适应更高标准的通航需求。规划建设的湘桂运河则将进一步推动广西过江通道的扩展,部分现有桥梁将根据通航要求进行改建,保障大船通航的顺畅运行。

(2)高速公路建设带动山区桥梁发展

随着广西公路建设逐渐从平原微丘扩展至地形复杂的山区和丘陵地区,桥梁在公路建设中的需求也显著增加,这为桥梁建设提供了广阔的市场机遇。

(3)乡村振兴带动桥梁建设

《广西"十四五"农村公路发展规划》提出,广西将在"十四五"期间建设2.63万km的农村公路,并改造7200km的乡村公路和420座危桥。这些项目为桥梁建设提供了庞大的市场需求,通过政策支持和资金投入,桥梁建设将有广阔发展空间。

四、广西桥梁展望

党的二十届三中全会提出,推进高水平科技自立自强,推进高水平对外开放,建成现代化经济体系,加快构建新发展格局,推动高质量发展;聚焦建设美丽中国,加快经济社会发展全面绿色转型。广西壮族自治区第十二届委员会第八次全体会议提出,广西生态优势金不换,必须加快建设美丽广西和生态文明强区,筑牢我国南方生态安全屏障。这些对未来广西桥梁建设的产业升级提出了更高的要求,同时随着社会经济的持续发展、交通量及车辆载重的不断增加、极端恶劣天气的加剧,广西桥梁工程的建设、养护也面临着更严峻的挑战。在此背景下,广西未来桥梁技术发展将重点突破以下几大方向:

(1)大跨径拱桥成套技术。结合广西山区、河流的特点及桥梁建造技术攻关探索成果,拱桥在广西地理条件中有显著的经济优势。目前,广西在大跨径拱桥领域已经取得了显著成就,并充分证明了拱桥在500米级、600米级桥跨范围的可行性和经济性,有必要继续深化大跨径拱桥成套技术的研发与应用,加强国内外先进技术的交流与合作,共同推动大跨径拱桥技术的全球发展。

(2)山区桥梁建造技术。未来广西公路桥梁建设的环境将以山区为主,因此需要加强对山区桥梁建造技术的研究,尤其是对适应广西山区特点的拱桥、矮塔斜拉桥和刚构桥的建造技术的研究。

(3)新材料的开发与应用。新材料的应用是推动桥梁技术发展的重要动力。加大对新型建筑材料的研究与开发力度,如高性能混凝土、轻质高强材料、耐腐蚀材料等,将有利于提高桥梁的耐久性、承载能力和使用寿命。

(4)智能化建造与管养技术。随着科技的进步,智能化建造与管养技术将成为桥梁建设的重要方向。推动智能化技术在桥梁建设全过程的应用,包括设计、施工、监测和养护等环节,通过引入BIM技术、物联网技术、大数据技术等,实现桥梁建设的精细化管理和智能化控制。

(5)新旧桥梁韧性的研究。通过对新旧桥梁开展桥梁韧性研究,把握桥梁在灾害下适应灾害以及灾后的可恢复能力,确保灾后路网生命线可靠、通畅,最大限度降低灾后基础设施的损失。

(6)桥梁美学与环境保护。通过优化桥梁设计方案、提升施工工艺水平,使桥梁成为展现地域文化和城市特色的重要载体。加强桥梁建设过程中的环境保护,减少施工对周边环境的影响,坚定不移守护绿水青山。

参考文献

[1] 谭雪飞,李雪芝,唐春梅,等.架通山水 跨越致远:广西桥梁建设发展成就综述[N].广西日报,2024-09-01(12).

[2] 郑皆连.我国大跨径混凝土拱桥的发展新趋势[J].重庆交通大学学报(自然科学版):2016,35(S1):8-11.

2. 藤州浔江大桥总体设计与技术创新

吴明远[1]　侯　旭[2]　霰建平[3]　张　伟[1]　宋松林[2]　黄月超[1]

(1. 中交公路规划设计院有限公司;2. 中交第一公路勘察设计研究院有限公司;
3. 中交第二公路工程局有限公司)

摘　要　藤州浔江大桥是世界首座独塔空间缆斜拉-悬吊协作体系桥梁,也是平南至岑溪高速公路关键控制性工程。大桥位于梧州市藤县天平镇大木村和藤县蒙江镇平田村附近,跨越西江干流浔江段,全长1604m。主梁采用扁平钢箱梁,跨径布置为2×638m;采用空间主缆,缆跨布置为2×730m,索塔位于浔江中央,过渡墩、锚碇均位于岸上。针对大跨径独塔空间缆斜拉-悬吊协作桥结构体系,提出了合理成桥状态确定方法,攻克了静动力受力协调困难问题;首次研发空间缆高效纺丝成套装备及猫道自适应技术;首次在拉吊区应用纤维复材智能拉吊索技术。藤州浔江大桥的建设在新结构体系、新施工工艺及智能拉吊索应用方面具有重要示范意义。

关键词　桥梁工程　斜拉-悬吊协作体系　空间缆　缆索系统　空中纺线法(AS法)

一、引　言

柳州—平南—岑溪高速公路(平南至岑溪北段)简称平岑高速公路,为《广西高速公路网规划(2018—2030年)》的联5线,项目全程在梧州市藤县和岑溪市境内,起点设太平南枢纽接梧柳高速公路,终点设新塘枢纽接包茂高速公路。

藤州浔江大桥是平岑高速公路在梧州市藤县境内跨越浔江的一座特大桥。项目采用双向四车道高速公路设计标准,设计速度为120km/h,汽车荷载采用公路—Ⅰ级,设计基本风速26.3m/s,桥址区地震基本烈度为Ⅵ度,主桥设计洪水频率1/300,桥位现状通航等级为Ⅱ级,规划为Ⅰ级,桥梁设计基准期为100年。项目建成后的效果如图1所示。

图1　藤州浔江大桥效果图

二、建设条件

1. 地形地貌

藤州浔江大桥于藤县天平镇大木村和藤县蒙江镇平田村附近,跨越西江干流浔江段,桥址距离下游藤县水位站16.2km,距离下游长洲水利枢纽51.7km。桥址位于河道微弯段的下游过渡段,工程所在断面常水位时河床宽约1.21km,水流平缓。河段两岸均为自然岸坡,无堤防。

2. 工程地质

桥址区跨越丘陵斜坡及浔江,桥址区丘陵坡表覆盖层以残坡积粉质黏土为主,厚度较小,局部全风化基岩出露,中风化埋深较深(约50m);河床表面卵石层较薄(0~0.5m),部分区域中风化基岩裸露,下伏基岩为砂岩,物理力学性质良好,饱和抗压强度标准值45.2MPa,岩石强度高,为理想的桩端持力层。

3. 通航条件

藤州浔江大桥于梧州市藤县濛江镇泗洲岛下游跨越浔江,上距郁江桂平航运枢纽约105.5km、黔江在建大藤峡水利枢纽约113.0km,下距长洲水利枢纽约51.5km。桥区河段河床稳定,水流平顺,航道水深充裕,河床稳定,附近无易变的洲滩,桥址上、下游安全距离范围内无碍航滩险、分流口、汇流口,无船台滑道等临河建筑物。本工程主桥通航孔净空尺度见表1。

通航孔净空尺度表 表1

航道等级	通航方式	通航净宽(m)	通航净高(m)
I级	南通航孔	435	18
	北通航孔	433	18

4. 防洪要求

针对本项目的涉水结构物个数,桥墩基础原则为:若水中设置1个桥墩,则承台应设置于水面以下;若水中设置2个及以上桥墩,则承台应埋置于河床面以下。本项目覆盖层较薄,承台埋置于河床以下将导致水下爆破施工难度大,考虑应尽量减少水中墩数量。

三、总体设计

1. 方案比选

综合考虑地形、路线走向、通航、防洪、施工难度、工期、工程规模等因素,藤州浔江大桥在设计阶段提出三个方案[1-2]:

(1)主跨2×638m三塔斜拉-悬吊协作体系。
(2)主跨2×638m三塔斜拉桥。
(3)主跨2×638m独塔斜拉-悬吊协作体系。

经过综合比较(表2),推荐采用主跨2×638m独塔斜拉-悬吊协作体系。

方案综合比较表 表2

方案	方案一	方案二	方案三
桥型	主跨2×638m三塔斜拉-悬吊协作体系	主跨2×638m三塔斜拉桥	主跨2×638m独塔斜拉-悬吊协作体系
效果图			
结构设计	各方案均受力明确、技术成熟、方案可行		
桥跨布设	主桥边跨进入缓和曲线	主桥边跨进入缓和曲线	不需要设置边跨,主桥全部位于直线段范围
塔高	155m	228m(中塔)	238m

续上表

方案	方案一	方案二	方案三
施工风险	①塔高低,有三个索塔作业面; ②两岸地形较陡,边塔、边跨施工难度大	①中塔较高,有三个索塔作业面; ②两岸地形较陡,边塔、边跨施工难度大	①索塔最高,仅有一个索塔作业面; ②岸边过渡墩施工难度小; ③无边跨施工,主梁及索塔材料均可通过浔江运输,施工方便
工期	31个月	32个月	33个月
建安费	10.7亿元	11.0亿元	10.8亿元
景观比较	独柱形塔,结构简洁、轻盈;斜拉-悬吊协作体系层次感强	独柱形塔,结构简洁、轻盈;高低塔结构新颖美观,有较好的表现力	A形塔,力度感较强,雄伟有气势;独塔斜拉-悬吊协作体系具有标志性
推荐意见	—	—	推荐

2. 桥型布置

藤州浔江大桥为主跨 2×638m 独塔斜拉-悬吊协作体系桥,缆跨布置为 2×730m。索塔每侧设置 20 对斜拉索、22 对普通吊索,过渡墩处设限位吊索,斜拉索呈扇形布置,吊索、斜拉索梁上纵向锚固间距为 16m,交叉段间距 8m 交错布置,单跨斜拉索区主梁长度 327m,吊索区主梁长度 383m。主桥采用纵向限位体系,主梁在索塔处设置横向抗风支座和纵向限位支座,主梁和索塔通过外伸牛腿实现纵向限位,索塔纵向挡块同时作为横向支座垫石,主梁与过渡墩之间设置竖向支座和横向抗风支座。桥型总体布置如图2所示。

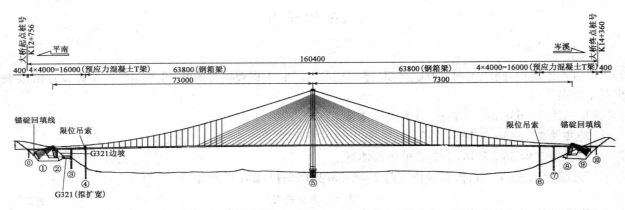

图 2 桥型布置图(尺寸单位:cm)

四、主梁设计

藤州浔江大桥钢箱梁全宽 32.4m,高 3.0m,顶板宽 26.8m,平底板宽 16.5m,单侧斜底板宽 5.15m。吊索通过销轴锚固在箱梁两侧的耳板上,主梁吊点横向间距 28m;斜拉索锚固在箱梁两侧的锚箱上,主梁锚点横向间距 27.36m。吊索区和斜拉索区标准梁段长 16.0m,设置 5 道横隔板,间距 3.2m。标准顶板厚度 18mm,以降低各疲劳细节的活载应力幅,同时采用端部加厚的热轧 U 肋,进一步加大 U 肋与桥面板的焊缝熔深和焊喉尺寸,提高钢桥面板疲劳性能。顶板与 U 肋间采用双面坡口角焊缝连接,要求熔透率 100%。主梁标准横断面如图 3 所示。

藤州浔江大桥钢箱梁采用新型紊流制振风嘴,可大大提高结构的抗风稳定性。根据抗风专题研究成果,藤州浔江大桥在成桥状态工况下 +5°攻角出现扭转振幅峰值为 0.024°的扭转涡振现象,同时出现竖弯振幅峰值为 152.632mm 的竖弯涡振现象,扭转振幅峰值和竖弯振幅峰值均满足其对应的限幅值,其余各个攻角均未出现涡振现象。成桥状态主梁在 −5°、−3°、0°、+3°、+5° 五个风攻角试验工况下,颤振临界风速均大于颤振检验风速。钢箱梁三维效果如图 4 所示。

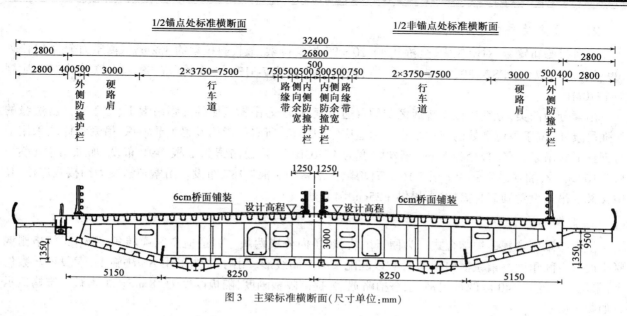

图3 主梁标准横断面(尺寸单位:mm)

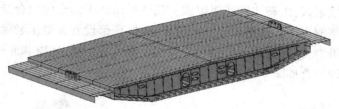

图4 藤州浔江大桥钢箱梁三维图

五、缆索系统设计

1. 主缆

藤州浔江大桥共设2根空间主缆,索塔处主缆中心距为8m,锚碇处主缆中心距为42m。每根主缆由30根索股组成,其中1~22号索股由224根钢丝组成,23~30号索股由240根钢丝组成,其中主缆用钢丝为直径7.00mm、公称抗拉强度为1770MPa的高强度镀锌铝钢丝。采用直径7mm的钢丝,可使纺丝数量减少约一半,大幅提高施工工效。主缆横断面如图5所示。

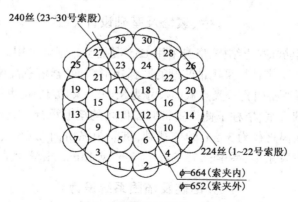

图5 主缆横断面(单位:mm)

主缆在索夹内截面设计空隙率19%,索夹外截面设计空隙率21%。主缆索夹内直径为644mm,索夹外直径为652mm。主缆采用空中纺线法(AS法)制作及架设,当牵引钢丝达到一股的设计数量时,利用圆形整形器整理成圆形索股,用强力纤维带间隔3m包扎定型。

2. 斜拉索及吊索

索塔每侧布置20对斜拉索，全桥共4×20=80根斜拉索，最长斜拉索约362m，根据索力分为LPES7-109、LPES7-127、LPES7-139、LPES7-163、LPES7-199、LPES7-313共6种规格。斜拉索抗拉强度为1770MPa。

吊索分为四类，分别为位于普通区域的普通吊索、位于短吊索区域的加强吊索Ⅰ、位于交叉区边缘的加强吊索Ⅱ、位于限位墩处的限位吊索。为适应空间转角，所有吊索均设置关节轴承，吊索索体均采用平行钢丝形式吊索，钢丝直径为7mm，钢丝强度为1770MPa。普通吊索为1根7-91布设，加强吊索Ⅰ为2根7-163布设，加强吊索Ⅱ为1根7-163布设，限位吊索为3根7-187布设。吊索与索夹为销接式连接，其中交叉区吊索设置调节套筒构造，提供±25cm调节量。

3. 索鞍

主索鞍采用常规铸焊结合式。为便于吊装，顺桥向分成两块。为适应空间缆转角，鞍体底部格栅混凝土设有空间角度。索鞍横向转动3.4°以匹配主缆空间线形。由于主缆采用AS法施工，索股钢丝数量大，采用224丝和240丝两种规格，索鞍槽略宽，为提高隔板刚度，隔板厚度为18mm。主索鞍三维构造示意如图6所示。

散索鞍采用滚轴式散索鞍，由鞍体和底座组成。鞍体采用铸焊结合的混合结构，鞍槽部分是铸钢件，鞍体部分为板焊件并与鞍槽焊接。鞍槽内设竖向隔板，鞍槽顶部设置3道压紧梁，以压紧鞍槽内的主缆，增加主缆与鞍槽间的摩阻力，并方便索股定位。散索鞍下部设置滚轴、底座和底板，以完成主缆竖向分力的传递。散索鞍三维构造示意如图7所示。

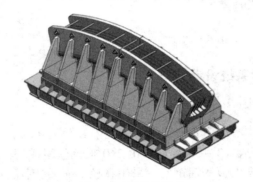 

图6　主索鞍构造示意　　　　　图7　散索鞍构造示意

六、索塔及基础设计

藤州浔江大桥主塔为钢筋混凝土结构，塔身采用C55混凝土。索塔采用无横梁的A形塔，主梁在索塔位置采用全飘浮体系，上、中、下塔柱均采用带凹槽的圆弧矩形截面，索塔总高度为238.4m。索塔塔顶截面尺寸为14m×10m（横桥向×顺桥向），分叉点截面尺寸为8.478m×10.181m，塔底截面尺寸为12m×12m。

索塔基础采用群桩基础方案，塔柱下侧设置带圆弧倒角的矩形承台，承台高4m，横桥向26.6m，纵桥向17.8m，单个承台下设10根直径为3.5m的桩基础，桩间距纵桥向6.06m，横桥向7.0m，桩长21.7m，均按嵌岩桩设计。承台上设置系梁，系梁长75.2m、高7m、宽13m。索塔及基础构造如图8所示。

七、锚碇及锚固系统设计

锚体采用框架重力式锚碇结构，根据地形条件限制和结构的受力需要，选择强风化砂岩作为持力层。锚碇总长66m，总宽65m，底面设4.7%纵坡，前部高44.5m。锚体后部与开挖边坡一致，设1:0.5斜坡。主缆IP点高程87.500m。主缆为空间缆结构，IP点横向间距42m，锚体与主缆方向相同，相对于路线中线旋转1.8°。锚碇构造如图9所示。

Ⅰ 规划与设计

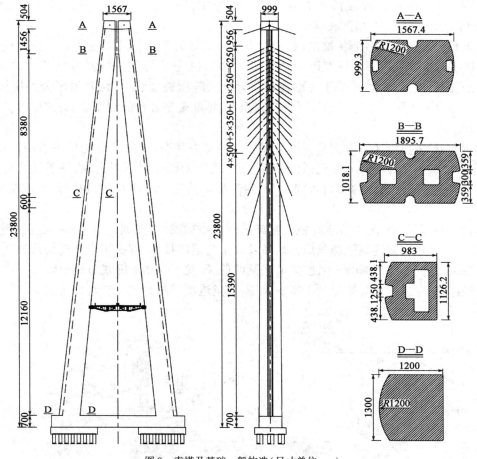

图 8　索塔及基础一般构造(尺寸单位:cm)

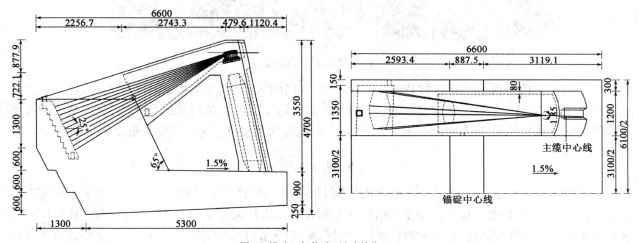

图 9　锚碇一般构造(尺寸单位:cm)

每根主缆在锚碇端由30个锚固单元组成的预应力锚固系统锚固,每个锚固单元由两套拉杆组件、一块连接垫板、一块辅助垫板和四套预应力钢绞线锚具组成。单套预应力锚具采用3×GJ15EB-5规格预应力钢束锚固。

八、技　术　创　新

(1)首次采用独塔、空间缆、斜拉-悬索协作体系桥梁。针对新的结构体系带来的技术难题,组织开展了专项研究,提出了协作体系桥分离体系设计的合理成桥状态确定方法,即将协作体系拆分为斜拉子体系和悬索子体系,分别确定合理成桥状态后再按一定原则进行组合、微调,并且编制了专用分析程序SPCC,经过藤州浔江大桥测试,精度较高。

(2)针对新桥型缺乏刚度控制标准的问题,建立了一整套关于公路斜拉-悬索协作桥刚度指标体系及评估标准,提出了基于体系拆解的刚度评价方法,将独塔斜拉-悬索协作桥拆解为"三塔斜拉桥"+"单跨吊悬索桥",分别进行刚度评价;并基于元胞自动机理论及阵型叠加法,自编开发了公路桥风-车-桥耦合振动分析程序,评价了各刚度下行车的舒适性与安全性,据此确定合理的刚度取值;并通过商业软件验证了自编程序的可靠性。

(3)针对斜拉-悬索协作体系桥交叉区拉吊索复杂的受力状态,提出了智能拉吊索控制技术,通过在交叉区斜拉索和吊索上布设点式光纤光栅传感器、分布式弱光栅阵列感测光缆、基于纤维复材的准分布式光纤光栅,实现交叉区拉吊索的实时智能监测,随时反馈其运营环境及受力状态,形成结构-监测一体化技术。

(4)国内尚未有采用AS法进行空间主缆实施的同类桥梁案例,尤其针对7mm大直径钢丝,因此,本项目首次研发了大直径空间缆高效纺丝成套装备及猫道自适应技术,解决了空间缆塔顶较大空间转角的问题,研发了7mm大直径高强钢丝等强连接工艺及设备,研发了480kg恒张力纺丝设备。高精度纺丝工艺及设备和猫道垂度自适应系统均得到了实桥验证,纺丝进度远超预期。纺丝设备组成如图10所示。

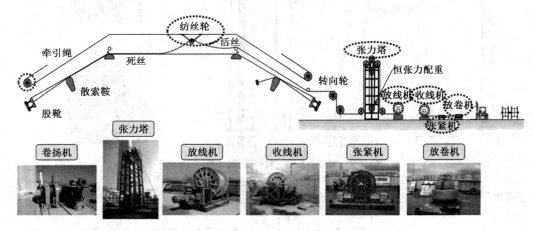

图10 纺丝设备组成示意

(5)此外,大桥实现了BIM云智慧中心管理平台、空间缆AS法施工智能纺丝牵引系统、猫道垂度自适应调整系统、索塔一体化智能建造技术、索塔智能造雾养生系统、智能缆载吊装系统、全寿命周期桥梁状态智能监测系统、索导管智能定位机器人等"八大智造",大大提升了大桥的施工精度和建造品质。

九、结　语

藤州浔江大桥为主跨2×638m的独塔空间缆斜拉-悬索协作体系桥,作为世界首座独塔空间缆斜拉-悬索协作体系桥,在建造过程中面临新的结构体系和施工工法带来的挑战。针对上述问题,藤州浔江大桥开展了建设关键技术研究:针对大跨径独塔空间缆斜拉-悬吊协作桥结构体系,提出了合理成桥状态确定方法,攻克了静动力受力协调困难问题,建立了一整套关于公路斜拉-悬索协作桥刚度评价体系;针对过渡区拉吊索复杂的受力状态研发了拉吊索智能控制技术,形成基于纤维复材智能拉吊索的结构-监测一体化技术;创新性地采用大直径钢丝智能化AS法架设主缆,首次研发了空间缆高效纺丝成套装备及猫道自适应技术。藤州浔江大桥在新结构体系、新施工工艺及智能拉吊索应用方面取得的成果保障了浔江大桥的安全建设,对后续大跨径斜拉-悬吊协作体系桥梁的建设具有参考和借鉴意义。

参考文献

[1] 孟凡超.悬索桥[M].北京:人民交通出版社,2011.

[2] 严国敏.现代斜拉桥[M].成都:西南交通大学出版社,1996.
[3] 吴明远,廉向东,张伟,等.四千米级悬索桥新型结构体系研究[J].中国公路学报,2023,36(7):204-211.
[4] 齐东春,霍建平,王茂强,等.空间缆斜拉-悬索协作桥合理成桥状态确定方法的研究[J].公路,2024,69(8):176-184.
[5] 杨正林,鲍芸斐,朱祎鹏.独塔斜拉-悬索协作桥合龙方案研究[J].散装水泥,2024,(2):92-94.

3. 苍容浔江大桥总体设计

吴明远 张 伟 黄月超

(中交公路规划设计院有限公司)

摘 要 苍容浔江大桥是世界最大跨径的三塔空间缆地锚式悬索桥,也是苍容高速公路全线关键控制性工程,大桥位于梧州市藤县与苍梧县交界处,跨越浔江,全长1688m,采用中央独塔设计,跨径布置为55m+2×520m+55m,中塔位于浔江中央,边塔位于浔江两岸。

关键词 桥梁工程 悬索桥 空间缆 钢箱梁 索塔 锚碇 缆索系统

一、引 言

苍容高速公路是《广西高速公路网规划(2018—2030年)》"联14线"梧州—玉林—钦州公路的重要组成部分,主线全长105.307km,项目建成后,将进一步完善广西高速公路网,强化北部湾城市群之间的联系,促进珠江—西江经济带发展,为梧州市"打造黄金水道中心城市"战略构想提供交通支撑,对进一步融入粤港澳大湾区,构建广西"南向、北联、东融、西合"的全方位开放发展格局具有重要意义。

苍容浔江大桥是苍容高速公路在梧州市藤县境内跨越浔江河的一座特大桥。桥位位于苍梧县岭脚镇上大义村附近至藤县维定村附近,路线与浔江交角接近90°,江面宽约1020m。

苍容浔江大桥采用主跨2×520m三塔空间缆钢箱梁悬索桥,空间缆和吊索形成三维索系,外形美观,刚劲挺拔,更好体现桥梁的现代感。设计桥位周边山体与独塔空间缆的造型匹配,使桥梁结构与自然完美融合,体现桥与自然的协调(图1)。

图1 苍容浔江大桥效果图

二、主要技术标准

设计指标为:
(1)设计基准期:100年。
(2)公路等级:高速公路。
(3)设计速度:120km/h。
(4)设计车道:双向四车道。
(5)桥面宽度:主桥桥面全度36.2m(含检修道)。
(6)汽车荷载:公路—Ⅰ级。
(7)设计基本风速:26.3m/s。
(8)地震烈度:地震基本烈度为Ⅵ度,地震动峰值加速度为0.05g。
(9)抗震设防标准:E1地震作用下采用50年超越概率10%的概率水准;E2地震作用下采用50年超

越概率2.5%的概率水准。

(10) 设计洪水频率：1/300，相应水位+30.55m。

(11) 通航：Ⅰ级航道，通航净空为286m×18m，最高通航水位+27.58m，最低通航水位+18.74m。

三、主要建设条件

1. 地形地貌

桥位位于苍梧县岭脚镇上大义村附近至藤县维定村附近，路线与浔江交角接近90°，江面宽约1020m。两岸为丘间谷地，北段沿线海拔一般+46.50m，与坡脚高差19.50~23.50m，南段沿线海拔一般+40~+58m，山顶与坡脚或沟谷高差一般20~30m，地势起伏大，山顶相对平坦。北岸桥下同时跨越S304省道（在建的梧州至藤县藤州镇公路），桥头为村庄和农田；南岸在藤县维定村附近，桥头为村庄和果园，两桥台均落在山坡上。

2. 通航条件

桥位河段为单一河段，河道宽阔，水流平顺，水深充裕，河床稳定，附近无易变的洲滩。桥位最大江面宽约1020m，最大水深达37.6m。

桥位距上游藤县西江大桥约21.18km、郁江桂平航运枢纽约146.2km、黔江在建大藤峡水利枢纽约153.2km；距下游长洲水利枢纽约10.8km。桥址属于长洲水利枢纽库区。本工程主桥通航净空尺度见表1。

通航净空尺度表（单位：m） 表1

通航方式	正交通航净宽	横流加宽值	斜交加宽值	安全富裕宽度	通航净宽值	紊流加宽值	最小通航孔净宽
单孔双向	220	20	16	30	286	45	331

3. 航空限高

桥位距离梧州西江机场约3.5km，处于机场航行服务程序净空保护区域的锥形面、内水平面、22号、04号进近面、爬升面及DVOR台导航设施范围内。结合梧州西江机场远期规划，苍容浔江大桥桥塔顶限制高程为+134.858m。

4. 工程地质

路线所经区域地形地貌可分为构造剥蚀丘陵及丘间谷地、冲洪积平原、江域河流三个地貌单元，地貌条件复杂。桥位区特殊岩土主要有素填土、冲洪积细砂、可塑粉质黏土、流塑~软塑淤泥质土、软塑粉质黏土、残坡积粉质黏土；场地下伏基岩为粉砂岩，局部夹板岩。桥位处江面范围覆盖层薄，厚度仅为0~0.5m，部分区域为裸露中风化粉砂岩。

四、总体设计方案

1. 方案选择

桥位处最大水深达37.6m，且河床覆盖层很薄，部分基岩裸露，应尽量减少在水中设置桥墩。结合通航、防洪的相关要求，若水中设置两个桥墩（含）以上时，应将承台埋置于河床面以下，若水中设置一桥墩，可将承台提高至水面。考虑降低承台施工难度和施工风险，水中应设置一个桥墩或者不设置桥墩。

江面宽1020m，受航空限高的影响，2×520m的三塔斜拉桥和主跨1040m的单跨吊悬索桥桥塔高度无法满足要求，因此可选2×520m的三塔悬索桥方案。

设计阶段针对平面缆悬索桥和空间缆悬索桥开展了同深度比选（图2），综合考虑施工难度、景观、工期以及经济性等因素，苍容浔江大桥采用主跨2×520m三塔空间缆悬索桥。

2. 桥型布置

苍容浔江大桥采用主跨2×520m三塔空间缆钢箱梁悬索桥，塔顶高程为+129.6m，引桥采用30m、40m预制T梁，桥型总体布置图如图3所示。

图 2　苍容浔江大桥方案比选

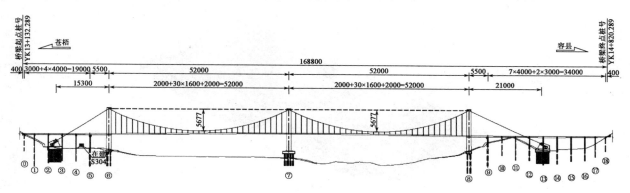

图 3　桥型立面布置图(尺寸单位:cm)

苍容浔江大桥主缆采用空间缆,主缆跨径布置为 153m + 2×520m + 210m,矢跨比为 1/9.16,主缆在塔顶、跨中、锚碇处 IP 点横向间距分别为 1m、31m 和 46m。主梁跨径布置为 55m + 2×520m + 55m,索塔处均设横向抗风支座,其中中塔处设置纵向限位约束,过渡墩处设竖向支座和横向抗风支座。每跨布置 31 对吊索,吊索间距为 16m。

苍容浔江大桥建成后将成为世界最大跨径的空间缆三塔悬索桥。

3. 约束体系

约束体系见表 2。

约束体系表　　表 2

项目	Δ_x	Δ_y	Δ_z	θ_x	θ_y	θ_z
主塔承台底	1	1	1	1	1	1
主缆于锚碇和塔顶处	1	1	1	0	0	0
梁与边塔交接处	0	1	0	0	0	0
梁与中塔交接处	1	1	0	0	0	0
过渡墩处	0	1	1	1	0	0

注:表中:Δ_x、Δ_y、Δ_z 分别表示沿顺桥向、横桥向、竖向的平动位移,θ_x、θ_y、θ_z 分别表示绕纵桥向、绕横桥向、绕竖向的转角位移。1 代表约束,0 代表放松。

五、主梁设计

苍容浔江大桥首次在分体箱钢箱梁中采用新型紊流制振风嘴。钢箱梁抗风常采用的 V 形和 Y 形风嘴是考虑层流抑振,将加劲梁断面设计成流线型,气流经过不会产生规则旋涡脱落,尽可能不发生任何分离现象,从而可以有效抑制桥梁的振动。而新型紊流制振风嘴是根据紊流制振原理,通过在附属结构设计中选用特定构造尺寸,气流经过产生的旋涡之间相互消耗,同时不会产生规则的涡,从而达到抑振的目的。钢箱梁的风嘴演变如图 4 所示。

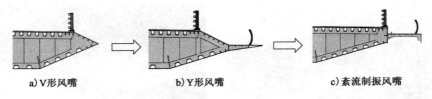

图4 钢箱梁风嘴演变

苍容浔江大桥钢箱梁梁高3.0m,钢箱梁全宽36.2m(含检修道),主梁吊点横向间距为32.4m。单侧顶板宽13.35m,平底板宽8.25m,外侧斜底板宽5.4m。箱梁外侧设置宽1.677m检修道,同时起到优化钢箱梁气动外形的作用。平底板两边设置检查车轨道及轨道导风板,钢箱梁三维图如图5所示。

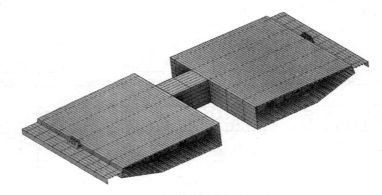

图5 苍容浔江大桥钢箱梁三维图

标准梁段(B梁段)长16m,设置5道实腹式横隔板,横隔板间距3.2m。顶板U肋上口宽300mm,下口宽180mm,高300mm,U肋中心距600mm。底板U肋上口宽240mm,下口宽500mm,高260mm,U肋中心距800mm。

标准顶板厚度采用18mm,以降低各疲劳细节的活载应力幅,同时采用端部加厚的热轧U肋,进一步加大U肋与桥面板的焊缝熔深和焊喉尺寸,提高钢桥面板疲劳性能。底板、斜底板厚10mm,U肋板厚6mm,外侧腹板厚30mm,内侧腹板厚14mm。标准横隔板由上、下两块板竖向组焊而成,上板为顶板横向加劲板,厚14mm,下板为实腹式横隔板,厚12mm,上设竖向、水平向加劲,与上板通过水平加劲熔透焊接,与底板和斜底板焊接。横隔板设置两个高1.8m的人洞及6处管线孔道。每个吊索截面处设横向连接箱,横向连接箱宽3.2m,高3m。主梁标准横断面如图6所示。

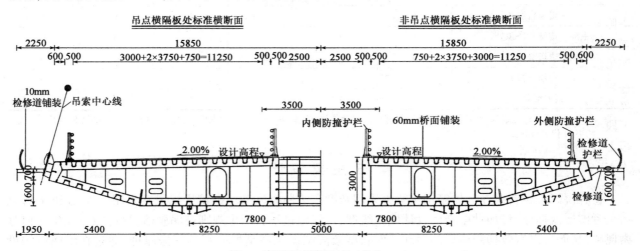

图6 主梁标准横断面(尺寸单位:mm)

六、缆 索 设 计

1. 主缆

苍容浔江大桥共设两根主缆,主跨侧为空间缆,索塔缆中心距为 1m,跨中缆中心距为 31m,锚碇处缆中心距为 46m。主缆采用预制平行钢丝索股法(PPWS 法)制作。主缆由 37 股通长索股组成,每根主缆有效面积为 0.132861m²。每根预制索股由相互平行的 127 丝、直径 6.00mm 的高强钢丝组成,钢丝标准强度为 1960MPa,外表面镀锌 – 铝合金镀层防护。主缆空隙率,索夹内取 18%,索夹外取 20%。主缆经索夹箍紧的直径为 454mm,索夹以外主缆直径为 460mm。主缆横断面如图 7 所示。

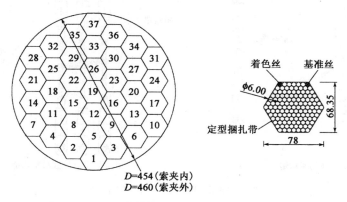

图 7 主缆横断面(尺寸单位:mm)

主缆索股两端的锚具为锌铜合金灌注的热铸锚。锚具采用锚板与锚杯合一的整体铸钢件,以最大限度地减少材料用量并方便施工。

主缆防护采用 S 形镀锌钢丝缠绕 + 干燥空气除湿体系,为了保证 S 形钢丝的密封性,在 S 形钢丝外面缠绕橡胶密封带进行密封。

2. 吊索及索夹

为适应空间缆吊索双向转角,吊索为两段式。上段为钢丝绳吊索,骑跨于索夹上,锚固于钢制关节连接器上。下段为平行钢丝吊索,上端锚固于钢制关节连接器上,下端锚固于钢梁耳板上。吊索结构在施工及后期运营阶段均可适应纵、横向转角。吊索构造图如图 8 所示。

苍容浔江大桥吊索分为两类:第一类是受力较大和变形有特殊要求的塔侧长吊索,定义为加强吊索,塔旁侧吊点设置 3 根吊索,加强吊索下端设置可调节长度的套筒;第二类是除加强吊索外的吊索,定义为普通吊索,每侧吊点设置 2 根吊索。钢丝绳吊索采用结构形式为 8×55SWS + IWR 的镀锌钢丝绳。吊索为两段式,上段为钢丝绳吊索,骑跨于索夹上,锚固于钢制关节连接器上,塔旁吊索公称直径为 76mm,普通吊索公称直径为 60mm。下段为平行钢丝吊索,上端锚固于钢制关节连接器上,下端锚固于钢梁耳板上,塔旁吊索规格为 5-151,普通吊索规格为 5-91,钢丝绳公称抗拉强度为 1770MPa。普通吊索与加强吊索的构造如图 9 所示。

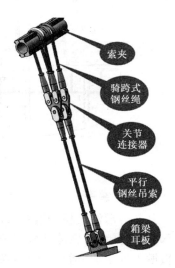

图 8 吊索构造

3. 主索鞍

苍容浔江大桥主索鞍为合并式主索鞍,平面上主缆与桥轴线的夹角,北侧边跨为 8.3°,主跨为 6.5°,南侧边跨为 6.1°。主缆中心圆弧半径为 4300mm。鞍槽侧壁最小厚度为 120mm,鞍槽底部厚度为 280mm,共设置两道纵肋板,纵肋板厚 100mm,横肋板厚 85mm。主索鞍鞍体长约 4.5m,高约 3m,宽约 3.3m。鞍槽拉杆为通长穿过鞍槽侧壁,主索鞍一般构造见图 10。

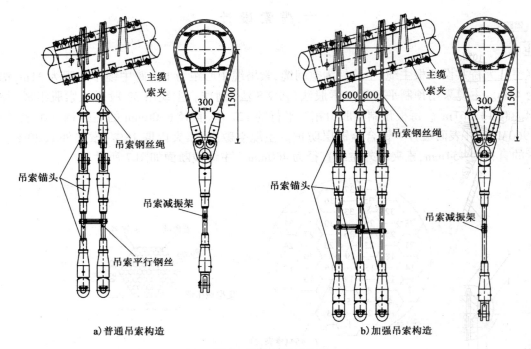

图9 吊索一般构造(尺寸单位:mm)

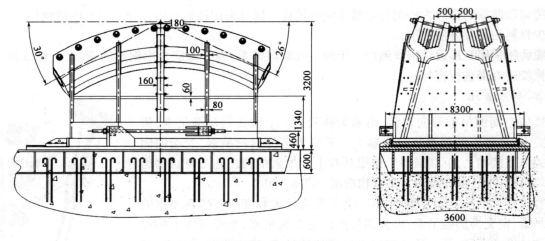

图10 主索鞍一般构造(尺寸单位:mm)

4. 散索鞍

苍容浔江大桥散索鞍采用摆轴式散索鞍,由鞍体和底座组成。鞍体采用铸焊结合的混合结构,鞍槽部分是铸钢件,鞍体部分为板焊件并与鞍槽焊接。鞍槽内设竖向隔板,鞍槽顶部设置3道压紧梁,以压紧鞍槽内的主缆,增大主缆与鞍槽间的摩阻力,并方便索股定位。散索鞍下部设置摆轴、底座和底板,以完成主缆竖向分力的传递。散索鞍第一段竖弯半径为5000mm,第二段竖弯半径为4000mm,第三段竖弯半径为2600mm,第四段竖弯半径为1300mm。鞍槽侧壁最小厚度为120mm,鞍槽底厚为150mm,肋板板厚为80mm。散索鞍构造如图11所示。

七、索塔设计

苍容浔江大桥索塔采用中央独柱塔,造型简洁、施工便利、工期短。塔柱为钢筋混凝土结构,采用C55混凝土。

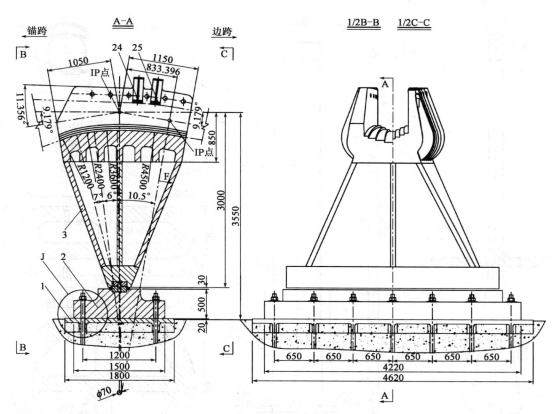

图 11 散索鞍构造(尺寸单位:mm)

中塔承台顶面高程+18.700m,塔顶高程+129.600m,总高度108.9m;边塔承台顶面高程+20.840m,塔顶高程+129.600m,总高度108.76m。

中塔下塔柱采用变截面圆端形截面(中塔一般构造如图12所示),中索塔塔柱高程范围为+20.700~+63.100m,截面尺寸由14m×14m(横桥向×顺桥向,下同)过渡到4m×13m,其中塔底实心段高2m,带十字隔板断面高33.3m,塔柱壁厚横向1.2~2.7m,十字隔板厚1.2m,其余断面横向设置隔板,横向隔板厚1.2m;上塔柱采用圆端形截面,索塔塔柱高程范围为+63.1~+129.600m,截面尺寸为4m×13m,塔柱壁厚1.2~1.6m,截面横向设置隔板,厚1.2m。

边塔与中塔造型一致,下塔柱采用变截面圆端形截面,索塔塔柱高程范围为+20.840~+59.150m,截面尺寸由13.04m×13.90m过渡到4m×13m,其中塔底实心段2m,带十字隔板断面高30.24m,壁厚横向1.2~2.0m,纵向1.8m,隔板厚1.2m,其余断面横向设置隔板,隔板厚1.2m;上塔柱采用圆端形截面,索塔塔柱高程范围为+59.150~+129.600m,截面尺寸为4m×13m,壁厚1.2~1.6m,截面横向设置隔板,厚1.2m。

索塔基础设计采用群桩基础,采用整体式承台。中塔承台为圆形,直径35.5m,厚6.0m。塔座为圆台形,顶面直径22.0m,底面直径26m,厚2.0m。中塔承台设置14根直径3.5m桩基。边塔承台为矩形,平面外轮廓尺寸为18.6m×15.6m(横桥向尺寸×纵桥向),厚5.5m。边塔承台各设6根直径3.0m桩基。

八、锚碇设计

锚碇是悬索桥结构重要组成部分,是将主缆拉力传递给地基的关键结构。它的稳定性直接关系整座悬索桥结构的安全。

大跨径悬索桥锚碇基础常采用的结构形式有扩大基础、地下连续墙基础、沉井(沉箱)基础以及隧道锚,如图13所示。每种基础均需要开挖施工,施工周期长。

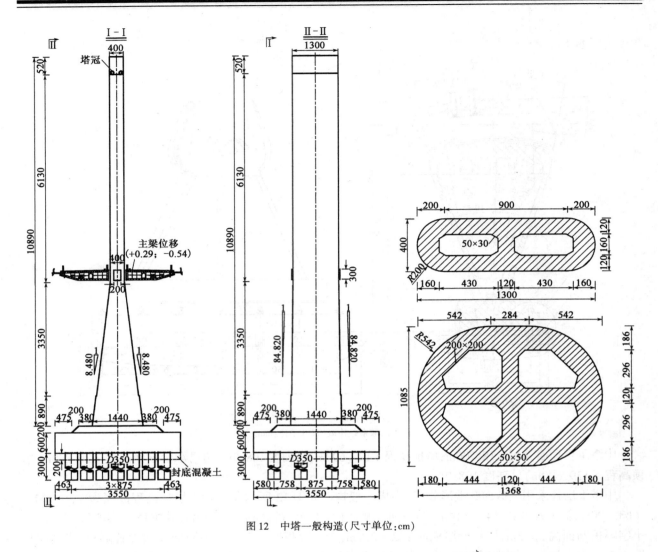

图 12 中塔一般构造(尺寸单位:cm)

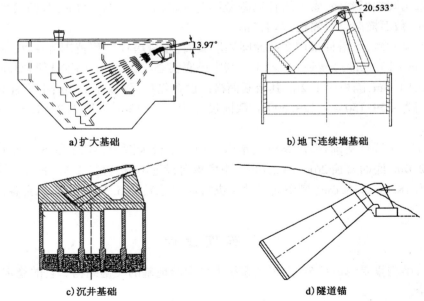

图 13 锚碇样式

根据地质情况及锚体受力需要,苍容浔江大桥锚碇采用大直径桩基+铣接头结构方案(锚碇三维图如图14所示)。桩基与二期槽形成的剪力墙结构,抵抗主缆拉力。剪力墙锚碇基础为免开挖的新型结构,施工便利,同时桩基和二期槽组成的剪力墙结构参与结构受力,锚碇基础平面如图15所示。

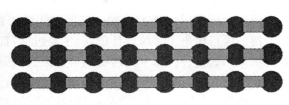

图14 苍容浔江大桥锚碇三维图　　　　　图15 苍容浔江大桥锚碇基础平面

苍容浔江大桥锚体采用实腹式结构,南北锚体高度分别为18.0m、17m,主缆IP点高程分别为43.0m、42.0m。锚体平面采用前小后大的梯形,后锚室位于高水位线以上,保证锚固系统的耐久性,前锚室侧墙、前墙厚0.80m,顶板厚1m。锚体采用C40混凝土。边跨为空间缆,IP点横向间距46m,锚体与主缆方向相同,南北锚体分别相对于路线中心旋转8.366°、6.116°,南、北锚碇一般构造如图16所示。

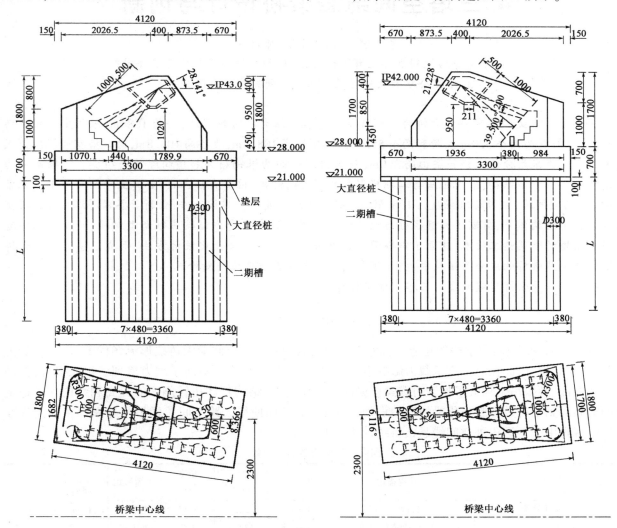

图16 南、北锚碇一般构造(尺寸单位:cm;高程单位:m)

锚碇基础桩基直径 3m。每岸单侧锚碇基础纵桥向采用 3 列桩,每列 8 根,共 24 根桩基,两侧共 48 根桩基。基底嵌入中风化岩层不少于 5m,桩基之间采用铣槽机铣槽,形成二期槽段,与桩基搭接,桩基与二期槽形成剪力墙,顶部设 7m 厚承台。承台下设 1m 厚垫层。二期槽段长 2.8m,宽 1.5m,二期槽段与桩基在轴线处搭接长度为 0.5m。承台顶高程为 +28.00m。

九、结　语

苍容浔江大桥采用主跨 2×520m 三塔空间缆钢箱梁悬索桥,建成后将成为世界最大跨径的空间缆三塔悬索桥。项目提出了多项设计创新,主要包括:首次在分体箱钢箱梁中采用新型紊流制振风嘴;悬索桥锚碇首次采用大直径桩基+铣接头结构方案,桩基和二期槽组成的剪力墙结构参与结构受力,基础为免开挖的新型结构,施工便利,节约工期和建设成本;为适应空间缆吊索双向转角,苍容浔江大桥吊索设计为两段式结构,可适应在施工及后期运营阶段的双向转动。

苍容浔江大桥的设计充分体现了安全、适用、经济和美观的基本原则,创新的设计理念需要项目建设、施工、监理、监控以及科研试验等各方的共同努力才能实现。希望本项目对后续大跨径空间缆悬索桥的建设有参考和借鉴意义。

4. 三塔空间缆悬索桥设计与创新

吴明远[1]　汪继平[2]　师启龙[3]

(1. 中交公路规划设计院有限公司;2. 广西容梧高速公路有限公司;
3. 中交公路长大桥建设国家工程研究中心有限公司)

摘　要　本文以苍容浔江大桥为工程背景。苍容浔江大桥跨越浔江,全长 1688m,采用中央独柱塔设计,跨径布置为两个 520m 主跨和两个 55m 边跨,中塔高 108.9m,边塔高 108.8m,为三塔空间缆地锚式悬索桥。主梁采用分体式钢箱梁由高 3.0m、全宽 36.2m 的两根钢箱梁和横向连接箱组成。锚碇基础为桩基+铣接头方案结构,采用桩基与二期槽形成的剪力墙结构,桩基直径 3m。全桥主跨侧面为中心距索塔索 1m 的空间缆,主缆标准强度为 1960MPa。针对桥址区复杂的建设条件,创新了苍容浔江大桥三塔空间缆悬索桥结构体系,首创了大直径桩与地下连续墙组合的永久受力锚碇基础新型结构,研发了三塔空间缆悬索桥的缆梁施工技术,建立了钢桥面铺装材料的组成与组合优化设计方法,形成了苍容浔江大桥三塔空间缆悬索桥的成套关键技术,引领了我国空间缆悬索桥建设的新跨越。

关键词　悬索桥　空间缆　三塔　桥梁设计

一、引　言

21 世纪以来,空间缆索桥的建造一直处于蓬勃发展的阶段。空间缆索桥线形流畅优美,在静力受力方面,吊索倾斜,因此在对垂直承载力影响不大的情况下,缆索系统的横向承载力得到了很大提升;在动力受力方面,倾斜吊索加大了拉索对缆索桥梁的约束作用,对结构整体扭转刚度的提高和结构气动稳定性的提高起到了有效抑制强化梁的"钟摆效应"的作用,从而使得大跨空间拉索吊桥越来越多地出现在人们的视野中[1]。国内外空间缆悬索桥统计见表 1。

国内外空间缆悬索桥统计　　　　表 1

桥名	结构描述	建成年份	主跨(m)	桥宽(m)	主缆形式	矢跨比 竖向	矢跨比 横向
捷克瑞士湾桥	人行桥、单跨	1993 年	252	6.5~9.7	内收式	1/14	1/136
澳大利亚人行桥	人行、管道桥单跨	1995 年	137.7	1.7	外张式	1/9.8	1/12.5

续上表

桥名	结构描述	建成年份	主跨(m)	桥宽(m)	主缆形式	矢跨比 竖向	矢跨比 横向
中国丰都大桥	公路桥、单跨	1997年	450	15	外张式	1/11	1/138.4
西班牙维纳若普河桥	公路桥、独塔、三跨、叠合梁	2000年	164.5	23	内收式	1/7.4	1/129
韩国永宗大桥	公铁二用、三跨连续、自锚式	2000年	300	41	内收式	1/5	1/22.1
中国九龙山通天桥	人行桥、空间索桥	2002年	208	3.5	外张式	1/14	1/15.7
中国蒲河大桥	公路桥、独塔、二跨、自锚式	2006年	85.6	32.1	内收式	1/2.14	1/12.3
中国钱塘江九桥	公路桥、三跨连续、自锚式	2008年	260	47	内收式	1/4.5	1/13
美国旧金山—奥克兰海湾新桥	公路桥、轻轨、独塔、二跨	2013年	385	70	内收式	1/7	1/22
挪威哈罗格兰德大桥	公路桥、地锚式	2018年	1145	18.6	内收式	1/9.5	1/10

从表1可以看出，对宽度较小的人行桥，为提高结构的整体稳定性，均采用较大的横向矢跨比（瑞士湾桥因采用加劲梁内的体外索加劲，属特例）；除丰都大桥外，公路桥的横向矢跨比在1/22～1/29之间，而且均为内收式（内收式是指塔顶处的主缆间距较跨中处小，而外张式则相反），与主塔的受力和塔顶处主缆横桥向的分力（内收式主缆在塔顶产生一个向外的横桥向分力，加上主缆间距小，结构上处理方便，不存在稳定问题）有关。事实上，采用内收式主缆时，其横向矢跨比受到桥面宽度的限制，如跨径385m的（相当于传统三跨悬索桥的770m）旧金山—奥克兰海湾新桥，70m宽的桥面和吊索锚固在桥面外侧，使得其横向矢跨比与主跨300m的韩国永宗大桥基本相同，显然，横向矢跨比太小就不能发挥空间主缆的优势，但对大跨径悬索桥来说，合理的横向矢跨比应优化确定[2-10]。

虽然目前空间缆悬索桥还只用于中小跨径悬索桥，但随着悬索桥跨径的不断增大，为提高结构的横向受力性能和抗扭刚度，改善结构的动力稳定性，未来大跨径悬索桥也可采用空间缆方式。

二、苍容浔江大桥概况

苍容浔江大桥(图1)位于梧州市藤县与苍梧县交界处，跨越浔江，全长1688m，采用中央独塔设计，跨径布置为两个520m主跨和两个55m边跨，中塔位于浔江中心，塔高108.9m，是目前世界上最大跨径的三塔空间缆地锚式悬索桥，也是苍容高速公路全线的关键控制性工程。两岸的界楼坐落在浔江岸边，塔高108.8m。

图1 苍容浔江大桥效果图

全长105.307km的苍容高速公路主线工程建成后，将为梧州市进一步融入粤港澳大湾区提供交通支撑，对构建以黄金水道为中心的城市战略构想，进一步完善广西高速公路网，加强北部湾城市群之间的联系，推动珠江—西江经济带发展。"南来北往，东融西合"，构建广西全方位开放发展格局意义重大。

三、苍容浔江大桥设计方案比选

受地形、航道通航、行洪和机场航空限高等因素影响，苍容浔江大桥宜采用主跨2×520m的三塔悬索桥方案，确定中央塔空间缆悬索桥(图2)和门形塔平面缆悬索桥(图3)两种结构方案进行比选。

图2 方案一 主跨2×520m中央塔空间缆悬索桥

图3 方案二 主跨2×520m门形塔平面缆悬索桥

综合设计、施工、景观、抗风、工期、造价等各方面，苍容浔江大桥采用了主跨2×520m中央塔空间缆悬索桥方案。该方案具有如下特点：

（1）符合美学要求。随着我国桥梁建设的发展，桥梁不能只满足于功能需求，还应考虑到建筑美学。一座桥梁的建设将成为一个地区的地标，因此在满足功能需求的前提下应体现桥梁美感与现代气息。空间缆索桥与平行缆索桥相比，空间缆索与吊索构成三维索系，造型优美、刚劲挺拔，更好地体现了大桥的现代感。围绕桥位设计的山体，与独塔空间缆线的外形相匹配，使桥体结构与大自然完美地融为一体，体现了桥体与大自然的和谐统一。

（2）横向刚度提高对支座和伸缩缝的保护。空间缆悬索桥吊索具有一定的横向夹角，横向倾斜的吊索与加力梁构成稳定的三角结构，配合逐渐减小的横向主索间距，使主梁具有类似钟摆的回复力，主梁的横向受力性能大大提高，横向刚度大大增加，横向抗风支座的转角和梁端的伸缩缝减小，使其旋转频率降低，主梁的横向抗风支座的伸缩缝耐久性和抗风支座的伸缩缝都会有所改善。

（3）抗风性能提升。由于空间缆索桥的主缆横向间距减小，使得扭动减弱，并且比起平行缆索桥，大幅提高了扭动频率和扭弯频率比，使得其扭动阵势晚于平行缆索桥，因而也大幅度提高了其颤振临界风速，大大增强了抗风性能。桥梁的抗风也可通过气动措施实现，但从结构体系上改善抗风性能会起到一举两得的作用，改善抗风性能的同时减小抗风措施的费用，以及由其重量带来的结构自重增加。

（4）更好地适应独柱塔结构。对于跨径不大的悬索桥来讲，独柱塔受力可满足要求，且独柱塔工程量更小、经济性更好，同时独柱塔施工简单、速度快，空间缆索的布置形式正好与独柱索塔匹配，因此，在城市较多的景观悬索桥上采用了独柱塔空间缆悬索桥。方案对比见表2。

悬索桥方案对比　　　　　　　　　　　　　　　表2

项目	方案一	方案二
	主跨2×520m中央塔空间缆悬索桥	主跨2×520m门形塔平面缆悬索桥
索塔造型	中央独柱塔	门形塔
主梁形式	分体式钢箱梁	整体式钢箱梁
施工难度	中央塔施工便捷； 整体式基础防撞能力强； 空间缆空缆架设完成后需撑开	门形塔分幅基础，工作平面多； 塔柱施工需设置临时横撑； 塔顶设预应力横梁，施工较复杂
景观比较	中央塔方案的标志性突出， 三塔结构设计大气、优雅、简洁	门式塔较常规， 水中设多个塔柱略显冗余
施工工期	34.5个月	41个月
抗风特性	主梁横向抗风刚度好，百年风作用下单向位移0.13m	主缆横向抗风刚度较小，百年风作用下单向位移为0.21m
建安费	8.51亿元	8.62亿元
推荐意见	推荐	不推荐

大桥桥型布置见图4。

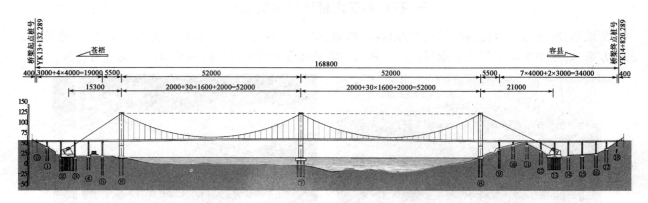

图4　大桥桥型布置图（尺寸单位：cm）

四、苍容浔江大桥设计创新

1. 索塔

苍容浔江大桥索塔采用C55混凝土的普通钢筋混凝土结构,为独柱式,主要构件有塔柱、塔冠等。中塔总高108.9m,下塔柱采用变截面圆端形截面,索塔塔柱截面尺寸由原来的14m×14m(横桥向×顺桥过渡)向4m×13m过渡,其中塔基实心段高2m,带十字架断面高33.3m,横向1.2~2.7m为塔柱壁厚,1.2m为十字架断面厚。余数段,横断。上塔柱截面呈圆端形,截面尺寸4m×13m,塔柱壁厚1.2~1.6m,横置截面隔板,厚1.2m。边塔下塔柱为变断面圆端形截面,上塔柱为圆端形截面,上塔柱为变断面圆端形截面。索塔横断面如图5所示。

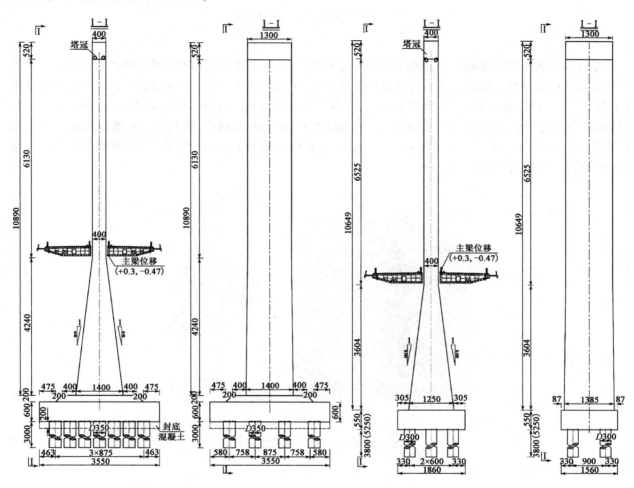

图5 索塔横断面(尺寸单位:cm)

2. 主梁

苍容浔江大桥主梁采用分体式钢箱梁,由两根钢箱梁及横向连接箱组成。钢箱梁梁高3.0m,全宽36.2m(图6)。箱梁外侧设置宽1.677m检修道,同时起到优化钢箱梁气动外形的作用,平底板两边设置检查车轨道及轨道导风板。标准梁段长16m,设置5道实腹式横隔板,横隔板间距3.2m。标准横隔板由上、下两块板竖向组焊而成,上板为顶板横向加劲板,下板为实腹式横隔板,上设竖向、水平向加劲,与上板通过水平加劲熔透焊接,与底板和斜底板焊接。横隔板设置两个高1.8m的人洞及6处管线孔道。每个吊索截面处设横向连接箱,横向连接箱宽3.2m、高3m。

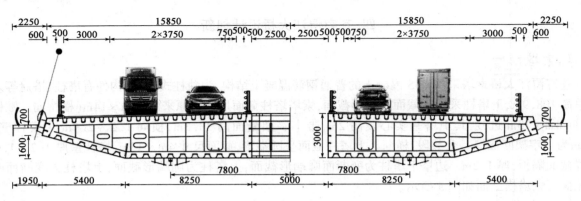

图6 主梁标准横断面(尺寸单位:mm)

3. 锚碇基础

苍容浔江大桥锚碇基础采用桩基+铣接头方案结构,为国内首次应用大直径桩墙组合基础作为永久受力结构的锚碇基础。根据地质情况及锚体设计需要,采用桩基与二期槽形成的剪力墙结构,桩基直径3m(图7)。3列桩,每列8根,共24根桩基,每岸单侧锚碇基础纵桥方向各采用48根桩基,基底嵌入不少于5m的中风化岩层,铣槽机铣槽在桩基之间形成2期槽段,与桩基搭接,桩基与二期槽基形成剪力墙,上部设置7m厚的承台,在其上部设置4m厚的承台,在承台下垫着1m厚的垫层。二期槽断面长2.8m,宽1.5m,与桩基在轴线处搭接长0.5m。

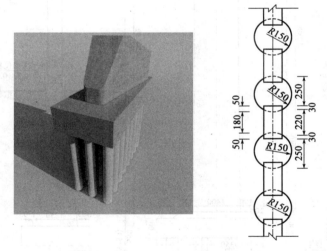

图7 锚碇基础示意(尺寸单位:cm)

4. 缆索系统

苍容浔江大桥全桥共设两根主缆,主跨一侧为空间缆,索塔缆中心距为1m,主缆采用预制平行钢丝索股法(PPWS)制作,主缆由37根通长索股组成,每根预制索股由直径6.00mm、标准强度1960MPa的127根相互平行的高强度钢丝组成。外表面镀锌-铝合金镀层保护材料。主缆保护采用S形镀锌钢丝缠绕+干燥空气除湿系统,将橡胶密封带缠绕在S形钢丝外面进行密封,以确保S形钢丝的密封性。

吊索采用两段式,上段为钢关节接头上锚固的跨于索夹上的钢丝绳吊索,下段为平行钢丝吊索,上端为钢关节接头上锚固,下端为适应空间缆双向转角的钢梁耳板锚固。主索鞍为合并式主索鞍,鞍体为双鞍槽结构,鞍槽与承板之间有夹角。为增加主缆与鞍槽之间的摩擦阻力,索鞍隔片采用竖向摩擦板结构,提供侧面摩擦力。摩擦板的高度方向为整体结构,底部与鞍槽焊接。摩擦板是增加主缆与鞍槽间抗滑能力的重要受力构件,中塔索鞍上还设置了两组背索,确保主缆鞍槽间摩擦系数达到0.4。

缆索系统示意如图8所示。

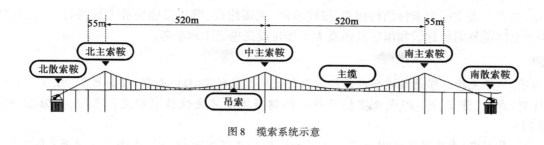

图 8 缆索系统示意

五、苍容浔江大桥技术创新

1. 三塔空间缆悬索桥结构体系与关键装置

苍容浔江大桥是国内首座总长超千米、主跨超 500m 的三塔空间缆悬索桥,结构体系受力复杂,对汽车活载、温度、大风、地震等动力作用敏感,结构静动力响应难以协调,中塔刚度的取值也是三塔悬索桥的关键力学问题,因此开展了三塔空间缆悬索桥结构体系与关键装置研究,建立了三塔空间缆悬索桥的多尺度非线性模型和关键构件作用关联模型,揭示了三塔空间缆悬索桥在静动力耦合作用下的受力机制,确定了合理的中塔刚度及索塔构造细节,并提出了适用于 500~1000m 跨径范围内的中塔结构形式,研发出跨海超大跨悬索桥新型多功能减振耗能关键装置,为设计与施工提供支撑和参考。

2. 大直径桩墙组合锚碇基础关键技术

苍容浔江大桥在国内首次应用大直径桩墙组合锚碇基础,现阶段对桩墙组合基础的锚碇认识还不够深入,大直径桩墙组合基础在我国作为锚碇基础尚没有应用实例,国内外桩墙组合基础一般作为临时围护结构,国内外尚缺少较为成熟的设计方法,探究清楚其水平受力与荷载分担特性、长期受力性能等对合理确定尺寸规模和细部构造具有重要意义。因此,开展了大直径桩墙组合锚碇基础关键技术研究,首创大直径桩与铣接头地下连续墙组合锚碇基础新型结构,揭示了大直径桩墙组合锚碇基础桩墙连接特性,提出了大直径桩墙组合锚碇基础高效施工工艺,显著提升了施工效率,较常规地下连续墙基础方案可节省 7 个月工期,节约造价 6000 万元以上。

3. 三塔空间缆悬索桥缆梁施工关键技术

苍容浔江大桥亦为我国首座采用先缆后梁施工工艺的三塔空间缆悬索桥,缆梁施工面临着大跨径、大空间效应的技术难题,施工步道架设、主缆架设、钢箱梁架设等关键施工工艺无先例可借鉴,单幅大断面施工步道抗风性能和抗风措施设计难度大,空间缆索悬索桥主缆扭转鼓丝问题突出,设计难度大。因此,开展了三塔空间缆悬索桥缆梁施工关键技术研究,建立了小间距施工步道结构体系及空间结构形态转换施工技术,从主缆制造加工及施工方面提出了主缆扭转鼓丝控制措施,研发出主缆线形转换的装配化快速顶推横撑装置,提出了分离式钢箱梁安装施工工艺,研发出空间缆悬索桥缆载起重机。

4. 钢桥面铺装耐久性提升及智能感知技术

桥面铺装结构受力复杂,易疲劳开裂,钢质桥面铺装在交通荷载和环境因素的共同作用下,面临着行业共性技术难题。开展钢桥面铺装耐久性提升与智能感知技术研究,结合铺装结构长期服役耐久性问题,提出钢桥面铺装材料的组成与组合优化设计方法,建立铺装材料多尺度耐久性评估方法与估算模型,创新三塔空间缆悬索桥桥面铺装力学模型分析方法,在多因素耦合作用下,实现了钢桥面铺装材料多尺度耐久性评估方法与组合优化设计方法。形成了钢桥面铺装状态智能感知技术,对钢桥面铺装材料的服役性能、疲劳寿命等进行了预测。

六、结 语

苍容浔江大桥为三塔空间缆地锚式悬索桥,采用中央独柱塔基础设计、分体式钢箱梁、桩基+铣削结合锚地设计。大桥打造了"精品工程、绿色工程"双示范工程,形成了苍容浔江大桥三塔空间缆索桥成套

参考文献

[1] 杨超宇. 不等主跨三塔悬索桥合理结构体系及抗风性能研究[D]. 南京：东南大学，2020.
[2] 杜传鹏，卢伟，陈正，等. 挪威哈罗格兰德大桥钢箱梁吊装关键技术研究[J]. 公路，2022，67(12)：210-215.
[3] 张文明，葛耀君. 考虑风速空间分布的三塔悬索桥静风稳定分析[J]. 东南大学学报(自然科学版)，2018，48(1)：152-156.
[4] 王忠彬. 张家界大峡谷玻璃桥缆索系统设计[J]. 桥梁建设，2017，47(3)：83-87.
[5] 代百华，朱金柱. 三塔空间缆自锚式悬索桥体系转换研究[J]. 中外公路，2021，41(4)：204-209.
[6] 刘斌. 独柱塔自锚式空间缆索悬索桥设计[J]. 铁道标准设计，2016，60(11)：45-52.
[7] 张文明，常佳琦，田根民，等. 不等主跨三塔空间缆索悬索桥主缆线形解析计算方法[J]. 桥梁建设，2022，52(1)：109-115.
[8] 郑水清. 空间主缆独柱塔自锚式悬索桥设计新技术[J]. 铁道工程学报，2019，36(4)：37-42.
[9] 李帅帅. 大跨度空间缆索悬索桥静动力特性及主缆扭转效应研究[D]. 成都：西南交通大学，2019.
[10] 唐清华，王鹏，赵胤儒. 大跨径空间索面悬索桥设计施工关键技术研究[J]. 中国市政工程，2020(6)：88-92，116.

5. 基于分段悬链线精确解的悬索桥成桥与空缆线形计算及软件开发

阴存欣　秦大航

(北京市市政工程设计研究总院有限公司)

摘　要　以基于悬链线索单元的力与线形关系方程为核心，推导了索单元的切线刚度矩阵，拟定了索单元几何非线性正装计算、悬索桥成桥及空缆线形计算的算法和流程，并自主开发了适用于地锚式悬索桥和自锚式悬索桥的专业计算软件。软件采用索单元分段悬链线算法进行成桥找形计算，并按求得的无应力索长，应用桥跨索单元等效刚度的非线性位移法进行索鞍预偏量和空缆线形计算，不需通过倒拆方式便可同时直接求解悬索桥多个塔的预偏量和空缆线形。用开发的软件对工程算例进行分析表明，按分段悬链线精确解的计算结果跟设计一致，而按抛物线法计算大跨径悬索桥时线形会存在一定误差。对自锚式悬索桥的计算结果和 ANSYS 计算结果吻合。

关键词　悬索桥　成桥与空缆线形　索鞍预偏量　分段悬链线　索单元　软件开发

一、引　言

悬索桥是桥梁设计中非常重要和经常应用的桥型。从类型上可以分为地锚式和自锚式。从跨径角度，分为中小跨径、大跨径和特大跨径。由于可以充分发挥缆索的高强度材料性能，悬索桥在大跨径桥梁方面具有独特的优势。千米级的大跨径悬索桥越来越多，例如国内 2019 年竣工的杨泗港长江大桥主跨 1700m、2020 年建成的五峰山长江大桥主跨 1092m，此外国内还建设了不少中等跨径的自锚式悬索桥。

由于悬索桥的缆索属于柔性构件，在受力上表现出强烈的几何非线性，平衡态必须建立在变形之后。悬索桥的计算在各种桥型中属于最复杂的。悬索桥设计中，通常先确定跨径和垂度等重要参数，计算的主要内容分为成桥线形找形计算、含索鞍预偏量的空缆线形计算以及施工阶段几何非线性有限元正装计算三大部分。成桥状态计算,解决的是成桥找形问题,需要根据荷载和控制点高程计算出成桥线形和缆索的无应力长度。空缆状态计算,主要是计算空缆线形和索鞍预偏量,通过预偏保证施工时塔受力合理。空缆状态的计算以成桥态求得的无应力索长为基础,按无应力索长不变原则进行计算。空缆线形和成桥线形计算一般采用只有缆索的索单元进行。几何非线性正装计算,则是在已知无应力长度基础上,包含梁单元、索单元、杆单元等各种单元的正装计算。

早期受计算机软硬件限制,悬索桥的计算通常采用抛物线法进行,在跨径不大时,其精度一般能够满足工程使用要求。随着悬索桥往大跨径方向发展,由于抛物线法是近似解,按抛物线计算的悬索桥线形和分段悬链线法相比会有差异。对于悬索桥的主缆线形和索鞍预偏量计算,国内有的文献目前采用的是成桥按抛物线计算,空缆按悬链线计算,再按各跨无应力长度恒定不变原则,计算索鞍预偏量[1-3]。随着跨径的增加,这种方法的精度也会受到一定影响。现在通常采用分段悬链线法来计算主缆线形。

国外二十世纪六十年代开始就已经有推导出来的具体的索单元刚度矩阵表达式[4-6],为悬索桥电算提供了重要基础。文献[7]采用了有特色的无应力索长迭代方法,体现了韩国在2000年初在悬索桥电算方面已经取得了一定成果。国内通过研究开发,在悬索桥计算方面也取得了不少有价值的研究成果[8-20]。《自锚式悬索桥技术规程》(T/CECS 1312—2023)[18]也已经颁布。需要跟进规范和悬索桥的发展形势,在大力研究基础上,应用高效的算法开发国产化的悬索桥计算软件,为悬索桥设计和结构分析提供有力的工具。

本文在大量研究悬索桥文献资料和计算方法的基础上,以索单元索力与线形关系方程和导出的切线刚度矩阵为基础,给出按分段悬链线精确算法进行成桥线形计算、索鞍预偏量和空缆线形计算以及已知无应力长度的索单元几何非线性正装计算的编程算法和计算流程,并对编制的软件进行验证,对悬索桥实际工程算例进行分析。

二、索单元的索力与线形关系方程

索单元的索力与线形关系方程是悬索桥结构分析和研究的重要力学基础,大量的悬索桥分析计算都参考对力和线形的关系函数求偏导得到的索单元柔度求逆获得的刚度矩阵表达式。

本文在参考文献基础上给出推导过程、结果。同时在推导和应用公式中,对索单元有如下假定:忽略主缆的抗弯刚度,不计主缆受力前后因主缆伸长造成的截面面积减小。

索力与线形投影长度的方程有以无应力索长和有应力索长表达的两种形式,它们各有用途。通过推导,可以得到以无应力索长 s_0 表达的索力与投影分量 $l(s_0,H,V)$ 和 $h(s_0,H,V)$ 的关系方程式(1)和式(2)。由于成桥线形找形时,无应力索长是需要求解的未知量,按该表达形式的解法,可以通过解方程直接得到无应力索长,不需要通过有应力索长和弹性伸长量换算。所以,大多数计算中采用的是以无应力索长为变量的表达式。

$$l = \frac{Hs_0}{EA} + \frac{H}{q}\left(\operatorname{arcsinh}\frac{V}{H} - \operatorname{arcsinh}\frac{V-qs_0}{H}\right) \tag{1}$$

$$h = \frac{s_0(V-0.5qs_0)}{EA} + \frac{H}{q}\left[\sqrt{1+\left(\frac{V}{H}\right)^2} - \sqrt{1+\left(\frac{V-W}{H}\right)^2}\right] \tag{2}$$

式中,E、A 分别为索单元弹性模量和截面面积;s_0 为无应力长度;l 为索段水平投影分量,与 x 轴一致,以向右为正;h 为索段竖向投影分量,和 y 轴一致,以向上为正;H 为拉索的水平拉力,以受拉为正;V 为拉索左端的竖向力,以向上为正;q 为单位无应力索长的缆索自重的曲线分布荷载;W 为索段重量。

将推导过程中的 s_0 改为 s,q 改为单位有应力索长的缆索自重的曲线分布荷载 q_s,同理可以得到用有应力长度 s 表达的索段投影分量 $l(s,H,V)$ 和 $h(s,H,V)$,分别见式(3)和式(4)。文献[9]和[18]中采用该表达形式。该组方程形式上少了两项,变得更加简洁,但是成桥线形找形计算时,无应力索长是需要求解的未知量,不能通过解方程直接得到,需要通过有应力索长和弹性伸长量换算。

$$l = \frac{H}{q_s}\left[\operatorname{arcsinh}\frac{V}{H} - \operatorname{arcsinh}\left(\frac{V-W}{H}\right)\right] \tag{3}$$

$$h = \frac{H}{q_s}\left[\sqrt{1+\left(\frac{V}{H}\right)^2} - \sqrt{1+\left(\frac{V-W}{H}\right)^2}\right] \tag{4}$$

式中,q_s 为单位有应力索长的缆索自重的曲线分布荷载;s 为有应力长度。

三、索单元的切线刚度矩阵

为有限元编程方便,将式(1)和式(2)分别表示为式(5)和式(6),即索单元 i、j 端力的形式,H_i、V_i、T_i 分别为 i 端水平力、竖向力、切向力,H_j、V_j、T_j 分别为 j 端水平力、竖向力、切向力。H_i、H_j、V_i、V_j 的符号与单元坐标系一致。

$$l = -\frac{H_i s_0}{EA} - \frac{H_i}{q}\left[\ln(T_j + V_j) - \ln(T_i - V_i)\right] \tag{5}$$

$$h = \frac{q s_0^2 - 2 V_i s_0}{2EA} - \frac{1}{q}(T_i - T_j) = \frac{T_j^2 - T_i^2}{2EAq} - \frac{1}{q}(T_i - T_j) \tag{6}$$

$$T_i = \sqrt{H_i^2 + V_i^2} \tag{7}$$

$$H_j = -H_i \tag{8}$$

$$V_j = q s_0 - V_i \tag{9}$$

$$T_j = \sqrt{H_j^2 + V_j^2} = \sqrt{H_i^2 + (q s_0 - V_i)^2} \tag{10}$$

$$\frac{\partial T_i}{\partial V_i} = \frac{V_i}{T_i} \tag{11}$$

$$\frac{\partial V_j}{\partial V_i} = -1 \tag{12}$$

$$\frac{\partial V_j}{\partial s_0} = q \tag{13}$$

$$\frac{\partial T_j}{\partial V_i} = \frac{-V_j}{T_j} \tag{14}$$

$$\frac{\partial T_j}{\partial s_0} = \frac{q}{T_j} V_j \tag{15}$$

利用关系式(7)~式(10)及相应导数关系式(11)~式(15)对投影分量 l 和 h 求偏导数,就可以得到索力变化量对形状变化量的关系,即式(16)~式(19)中的柔度系数 b_{11}、b_{12}、b_{21}、b_{22}。式(20)~式(21)中的 b_{13} 和 b_{23} 分别为 l 和 h 对无应力长度 s_0 的偏导数。对柔度矩阵求逆得到式(22),即单元刚度矩阵的子矩阵 K。

$$b_{11} = \frac{\partial l}{\partial H_i} = \frac{l}{H_i} + \frac{1}{q}\left(\frac{V_i}{T_i} + \frac{V_j}{T_j}\right) \tag{16}$$

$$b_{12} = \frac{\partial l}{\partial V_i} = -\frac{H_i}{q}\left(\frac{1}{T_i} - \frac{1}{T_j}\right) \tag{17}$$

$$b_{21} = \frac{\partial h}{\partial H_i} = b_{12} = -\frac{H_i}{q}\left(\frac{1}{T_i} - \frac{1}{T_j}\right) \tag{18}$$

$$b_{22} = \frac{\partial h}{\partial V_i} = -\frac{s_0}{EA} - \frac{1}{q}\left(\frac{V_i}{T_i} + \frac{V_j}{T_j}\right) \tag{19}$$

$$b_{13} = \frac{\partial l}{\partial s_0} = -H_i\left(\frac{1}{EA} + \frac{1}{T_j}\right) \tag{20}$$

$$b_{23} = \frac{\partial h}{\partial s_0} = \frac{qs_0 - V_i}{EA} - \frac{1}{q}\frac{\partial T_j}{\partial s_0} = V_j\left(\frac{1}{EA} + \frac{1}{T_j}\right) \tag{21}$$

$$\boldsymbol{K} = \begin{bmatrix} k_{11} & k_{12} \\ k_{21} & k_{22} \end{bmatrix} = \frac{1}{b_{11}b_{22} - b_{12}b_{21}} \begin{bmatrix} b_{22} & -b_{12} \\ -b_{21} & b_{11} \end{bmatrix} \tag{22}$$

通过索力变化与单元投影分量变化的关系,进一步可以得到索力变化与节点位移变化的关系。式(23)为 I 端索力增量 $\mathrm{d}F_{Xi}$、$\mathrm{d}F_{Yi}$ 与投影分量增量 $\mathrm{d}L_{Xi}$、$\mathrm{d}L_{Yi}$ 的关系,代入投影分量增量与 I、J 端位移 Δu_i、Δv_i、Δu_j、Δv_j 的关系式(24),可以得到 I 端索力增量与单元 I、J 端节点位移增量的关系式(25)。J 端的索力增量与 I 端相反,因此可以得到单元索力增量与节点位移增量的关系式(26),其中的 $\boldsymbol{K}_\mathrm{T}$ 即为索单元的切线刚度矩阵。

$$\begin{pmatrix} \mathrm{d}F_{Xi} \\ \mathrm{d}F_{Yi} \end{pmatrix} = \begin{bmatrix} k_{11} & k_{12} \\ k_{21} & k_{22} \end{bmatrix} \begin{pmatrix} \mathrm{d}L_{Xi} \\ \mathrm{d}L_{Yi} \end{pmatrix} \tag{23}$$

$$\begin{pmatrix} \mathrm{d}L_{Xi} \\ \mathrm{d}L_{Yi} \end{pmatrix} = \begin{pmatrix} \Delta u_j \\ \Delta v_j \end{pmatrix} - \begin{pmatrix} \Delta u_i \\ \Delta v_i \end{pmatrix} \tag{24}$$

$$\begin{pmatrix} \mathrm{d}F_{Xi} \\ \mathrm{d}F_{Yi} \end{pmatrix} = \begin{bmatrix} k_{11} & k_{12} \\ k_{21} & k_{22} \end{bmatrix} \begin{pmatrix} \Delta u_j \\ \Delta v_j \end{pmatrix} - \begin{bmatrix} k_{11} & k_{12} \\ k_{21} & k_{22} \end{bmatrix} \begin{pmatrix} \Delta u_i \\ \Delta v_i \end{pmatrix} = \begin{bmatrix} -k_{11} & -k_{12} & k_{11} & k_{12} \\ -k_{21} & -k_{22} & k_{21} & k_{22} \end{bmatrix} \begin{pmatrix} \Delta u_i \\ \Delta v_i \\ \Delta u_j \\ \Delta v_j \end{pmatrix} \tag{25}$$

$$\begin{pmatrix} \mathrm{d}F_{Xi} \\ \mathrm{d}F_{Yi} \\ \mathrm{d}F_{Xj} \\ \mathrm{d}F_{Yj} \end{pmatrix} = \begin{bmatrix} -k_{11} & -k_{12} & k_{11} & k_{12} \\ -k_{21} & -k_{22} & k_{21} & k_{22} \\ k_{11} & k_{12} & -k_{11} & -k_{12} \\ k_{21} & k_{22} & -k_{21} & -k_{22} \end{bmatrix} \begin{pmatrix} \Delta u_i \\ \Delta v_i \\ \Delta u_j \\ \Delta v_j \end{pmatrix} = \boldsymbol{K}_\mathrm{T} \begin{pmatrix} \Delta u_i \\ \Delta v_i \\ \Delta u_j \\ \Delta v_j \end{pmatrix} \tag{26}$$

对于索单元通用的几何非线性方程求解,通常用于从一定初始态开始的施工阶段几何非线性正装计算,是已知无应力长度和初始线形,求各个单元的索力的情况;根据索力求单元切线刚度矩阵,组集后得到总刚度矩阵和表现为不平衡力的等效节点荷载向量;然后解出新的位移增量,修正新的线形,以此为基础继续进行下一轮循环,直到位移增量或内力增量趋于零。迭代过程中,需要设定索端力的初始值[5-6]。索单元切线刚度矩阵计算及几何非线性计算流程如图1所示。图1中的 NECABLE 为索单元总数。

正装几何非线性计算和空缆线形计算都属于已知无应力长度求内力和线形的问题,而成桥线形计算属于无应力长度未知、求线形和内力的另一类问题。在悬索桥计算时,首先要进行成桥状态计算,求得无应力长度,再进行空缆状态计算和施工阶段正装计算。空缆线形计算,是已知无应力长度、跨长、IP 点高差、主缆自重荷载,求空缆状态的索力和线形。也要用到图1中的求单元切线刚度矩阵和索力的步骤和方法。对于具有梁、杆、索混合单元的结构,在图1的流程中还需要考虑梁杆单元的切线刚度、单元内力和位移的计算。

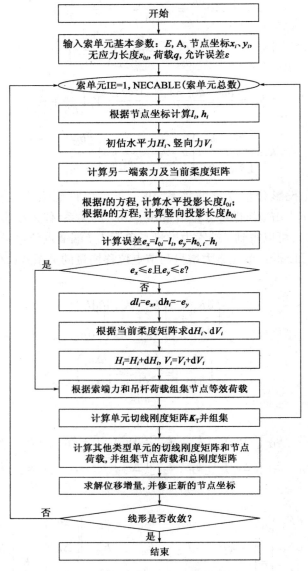

图1 索单元切线刚度矩阵及几何非线性计算流程图

四、成桥线形计算方法和实现流程

悬索桥成桥线形计算主要是成桥状态在恒载作用下的主缆找形计算,属于已知跨径、IP点高差和跨中垂度,求一定荷载下相应的无应力长度、索力和成桥线形的问题。根据荷载形式的不同,成桥状态的计算有抛物线法和分段悬链线法。根据平衡微分方程可知,在缆索作用水平分布荷载时缆索的线形为抛物线,作用曲线分布荷载时为悬链线。主缆的自重荷载是沿曲线分布的,而且每隔一定间距,主缆在吊杆节点处受到集中力作用。所以准确地说,主缆在各跨的成桥线形为被吊杆分割的分段悬链线。

1. 成桥线形求解的抛物线法

抛物线法比较简单,可以使用手算。中跨直接将3个已知点用二次曲线相连就是抛物线,边跨获得跟中跨相等的水平力后,可以求出边跨中点的矢度,连接边跨中点和两个端点可以求出边跨的抛物线线形。由于抛物线法是近似解,用于计算大跨径悬索桥会有一定误差。边跨除了计算竖向坐标 y 时要叠加两端点相连的弦线引起的附加垂度外,求解方法跟中跨的一样。

2. 成桥线形求解的分段悬链线方法

下面重点讲述分段悬链线法的原理和编程方法。分段悬链线的求解有多种实现方法，不同程序、不同算法实现的功能也不一样。本文第一作者在研究基础上拟定了优化、便捷的方法和流程。在功能上，考虑了如图2所示的作用曲线分布荷载和多个吊杆集中力的索单元。图中 P_i 为 i 单元末尾的集中力。

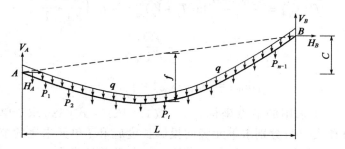

图2　具有集中载和分布荷载的索单元

求解成桥线形时，要先求解中跨。将缆索按水平投影长度划分为 n 个单元，缆索与吊杆交点需包含在节点内。设 m 为中跨中吊杆处节点。跨中未设置吊杆时，可以设置虚拟吊杆。先假定左端点初始索力，利用试算法，根据位移和力的传递关系与平衡条件，从左向右依次求各个单元的节点坐标和索端力。

对于某一个单元，已知水平投影分量 l、水平力 H 和竖向力 V，通过采用牛顿-拉普森法求解 l 的非线性方程可以求得无应力长度 s_{0i}。然后利用另一关于 h 的方程求得竖向投影分量，整跨求解完后，对跨中 m 单元和右支点 n 单元的 j 端节点的竖向坐标 y_{m+1}、y_{n+1} 进行校核，并计算垂度误差。若不闭合，将误差反符号，作为不平衡向量，根据当前第 1 个单元到 m 和 n 单元的累计竖向刚度，解方程求解水平力增量 dH 和竖向力增量 dV，直至收敛。令边跨端点水平力和中跨相等，按前述相似方法继续求解边跨。

1) 中跨计算步骤及流程

Step 1　输入基本参数

输入中跨中垂点左的单元数 m，主缆索单元数 n（节点为 $n+1$），缆索弹模 E，面积 A，缆索沿曲线分布的单位无应力索长的自重荷载 q，跨径 L，高差 C，跨中垂点矢度 f，节点水平坐标 x_i 或单元水平投影长度 dl_i，各个吊点的集中荷载 P_i，收敛控制标准 ε。

Step 2　以初始抛物线形状，按式(27)~式(29)计算 H 的初值 H_0、V 的初值 V_0。

$$w = \frac{\sum_{i=1}^{n-1} P_i}{L} + \frac{q\sqrt{L^2+C^2}}{L} \tag{27}$$

$$H_i(1) = H_0 = -\frac{wL^2}{8f} \tag{28}$$

$$V_i(1) = V_0 = \frac{wL}{2} + \frac{H_0 C}{l} \tag{29}$$

Step 3　从左至右计算各单元末端节点的竖向坐标 y_{i+1}，同时计算柔度矩阵并累计。

Step 3-1　按各个索单元顺序，即 $i=1,2,\cdots,n$ 进行如下循环：

按式(30)将柔度矩阵元素 A_{11}、A_{12}、A_{21}、A_{22} 清零，赋初值。

$$\begin{bmatrix} A_{11} & A_{12} \\ A_{21} & A_{22} \end{bmatrix} = \begin{bmatrix} 0 & 0 \\ 0 & 0 \end{bmatrix} \tag{30}$$

Step 3-2　用牛顿-拉普森法计算单元无应力索长 s_{0i}。已知 l_i 求无应力索长 s_{0i} 的计算，采用牛顿-拉普森法解非线性方程(31)。其算法如式(32)~式(35)：先设置无应力索长 s_{0i} 的初值，逐步计算残差和导数，求新的无应力索长。$|ds_{0i}| \leq \varepsilon$，则收敛，$s_{0i} = s_{0i1}$；否则，$s_{0i0} = s_{0i1}$，按此无应力索长代入式(39)继续循环迭代计算。

$$l_i = -\frac{H_i s_{0i}}{EA} - \frac{H_i}{q}\ln\left(\frac{T_j + V_j}{T_i - V_i}\right) \tag{31}$$

$$f(s_{0i}) = -\frac{H_i s_{0i}}{EA} - \frac{H_i}{q}\ln\left(\frac{T_j + V_j}{T_i - V_i}\right) - l_i \tag{32}$$

$$f'(s_{0i}) = -\frac{H_i}{EA} - \frac{H_i}{q}\ln(T_j + V_j)'_{s_0} = -H_i\left(\frac{1}{EA} + \frac{1}{T_j}\right) \tag{33}$$

$$s_{0i1} = s_{0i0} - \frac{f(s_{0i})}{f'(s_{0i})} \tag{34}$$

$$|ds_{0i}| = |s_{0i1} - s_{0i0}| = \left|\frac{f(s_{0i})}{f'(s_{0i})}\right| \tag{35}$$

Step 3-3 求第 i 个单元末尾的节点坐标 y_{i+1}。按式(36)~式(38)求 i 单元末尾的索力 $H_j(i)$、$H_j(i)$、$T_j(i)$。按式(39)和式(40)分别求单元竖向投影长度 h_i 和 i 单元末尾的节点坐标 y_{i+1}。考虑有集中力的情形，根据传力条件，按式(41)和式(42)计算 $i+1$ 单元首的索力 $H_i(i+1)$ 和 $V_i(i+1)$ 供 $i+1$ 单元计算使用。

$$H_j(i) = -H_i(i) \tag{36}$$

$$V_j(i) = qs_{0i} - V_i(i) \tag{37}$$

$$T_j(i) = \sqrt{H_i(i)^2 + [qs_{0i} - V_i(i)]^2} \tag{38}$$

$$h_i = \frac{q s_{0i}^2 - 2V_i s_{0i}}{2EA} - \frac{1}{q}(T_i - T_j) = \frac{T_j^2 - T_i^2}{2EAq} + \frac{1}{q}(T_j - T_i) \tag{39}$$

$$y_{i+1} = y_1 + \sum_{i=1}^{i} h_i = y_i + h_i \tag{40}$$

$$H_i(i+1) = H_i(i) \tag{41}$$

$$V_i(i+1) = -V_j(i) - P_i = V_i(i) - qs_{0i} - P_i \tag{42}$$

Step 3-4 求单元的柔度系数 a_{11}、a_{12}、a_{21}、a_{22}，并累计组集柔度矩阵 F。

$i \leq m$ 时，计算 a_{11} 和 a_{12} 并累计；$i = m$ 时，得到累计值 A_{11} 和 A_{12}，分别见式(43)、式(44)。$i \leq n$ 时，累计 a_{21} 和 a_{22}；累计到 $i = n$ 时，得到 A_{21} 和 A_{22}，分别见式(45)、式(46)。从而得到由跨中点和右支点处柔度系数组成的柔度矩阵 F，即式(47)。

$$A_{11} = \sum_{i=1}^{m} a_{11} = \sum_{i=1}^{m}\frac{\partial h_i}{\partial H_i} = \sum_{i=1}^{m} -\frac{H_i}{q}\left(\frac{1}{T_i} - \frac{1}{T_j}\right) \tag{43}$$

$$A_{12} = \sum_{i=1}^{m} a_{12} = \sum_{i=1}^{m}\frac{\partial h_i}{\partial V_i} = \sum_{i=1}^{m} -\frac{s_0}{EA} - \frac{1}{q}\left(\frac{V_i}{T_i} + \frac{V_j}{T_j}\right) \tag{44}$$

$$A_{21} = \sum_{i=1}^{n} a_{21} = \sum_{i=1}^{n} a_{11} \tag{45}$$

$$A_{22} = \sum_{i=1}^{n} a_{22} = \sum_{i=1}^{n} a_{12} \tag{46}$$

$$F = \begin{bmatrix} A_{11} & A_{12} \\ A_{21} & A_{22} \end{bmatrix} \tag{47}$$

$i = m$ 时，按式(48)求竖向坐标差 df。$i = n$ 时，按式(49)求右支点的竖向坐标差 dC。$i = n$ 时，结束该轮索单元循环。

$$df = \sum_{i=1}^{m} dh_i - (0.5C - f) \quad (f > 0) \tag{48}$$

$$dC = \sum_{i=1}^{n} dh_i - C \tag{49}$$

Step 4 校核跨中和右支点位移边界条件。

$|df|<\varepsilon$ 且 $|dC|<\varepsilon$，成桥线形求解结束；否则，按式(50)和式(51)分别求索力增量 dH、dV；按式(52)修正索力，回到 Step 3 重新进行整跨线形求解。

$$\begin{pmatrix} dH \\ dV \end{pmatrix} = -K \begin{pmatrix} df \\ dc \end{pmatrix} = -F^{-1} \begin{pmatrix} df \\ dc \end{pmatrix} \tag{50}$$

$$K = \frac{1}{A_{11} \cdot A_{22} - A_{12} \cdot A_{21}} \begin{bmatrix} A_{22} & -A_{12} \\ -A_{21} & A_{11} \end{bmatrix} \tag{51}$$

$$\begin{bmatrix} H_i(1) \\ V_i(1) \end{bmatrix} = \begin{bmatrix} H_i(1) \\ V_i(1) \end{bmatrix} + \begin{pmatrix} dH \\ dV \end{pmatrix} \tag{52}$$

Step 5 弹性伸长量和有应力索长计算

求得无应力索长后，可以按式(53)和式(54)计算各索段的弹性伸长量和有应力索长。

$$\Delta s_i = \frac{1}{2EAq} \left(T_j V_j + T_i V_i + H_i^2 \ln \frac{T_j + V_j}{T_i - V_i} \right) \tag{53}$$

$$s_i = s_{0i} + \Delta s_i \tag{54}$$

2) 边跨成桥线形计算

对于边跨成桥线形的计算，水平力 H 已由中跨求得，除了要推导水平力已知时的等效柔度或刚度外，其余跟中跨的解法相似。缆索水平力 H 不变时，$dH=0$，各单元有应力长度的水平投影分量已知，所以 $dl=0$。代入前述的 $\frac{\partial h}{\partial V_i}$、$\frac{\partial l}{\partial V_i}$、$\frac{\partial h}{\partial s_0}$、$\frac{\partial l}{\partial s_0}$ 可以导出竖向力增量 dV_i 对垂向位移增量 dh 的等效柔度 f_{11}，见式(55)。

$$f_{11} = -\frac{s_0}{EA} - \frac{1}{q}\left(\frac{V_i}{T_i}+\frac{V_j}{T_j}\right) - \frac{1}{q}\left(\frac{V_j}{T_i}-\frac{V_j}{T_j}\right) = -\frac{s_0}{EA} - \frac{V_i + V_j}{qT_i} = -\frac{s_0}{EA} - \frac{s_0}{T_i} \tag{55}$$

五、按桥跨索单元等效刚度的非线性位移法的空缆线形及索鞍预偏量计算

空缆线形和预偏量计算是施工初始阶段设置索鞍预偏量、吊杆预偏位置划分、无应力长度下料以及施工阶段几何非线性正装计算的关键。可以采用在成桥缆索形状基础上倒拆的方法来计算，但该方法不够简便，且不易考虑自锚式悬索桥主梁和主塔压缩的影响。还有一种按空缆悬链线解析函数建立方程的算法。按恒定无应力索长原理，即成桥态的无应力索长 s_0 等于空缆状态的无应力索长；空缆状态的无应力索长又等于空缆状态的有应力索长 s 减去空缆自重作用下的弹性伸长量 Δs。按恒定无应力索长原理，可以直接用悬链线方程的解析函数建立含预偏量和水平力未知数的方程。但是弹性伸长量和有应力索长表达式中的线形函数的导数及其偏导数是很复杂的复合函数，求解较为复杂。而且空缆悬链线方程中的荷载用的是有应力长度的分布荷载，而空缆线形待求时有应力长度是未知的，用空缆悬链线方法得到的也是近似解。

下面介绍一种本文第一作者编程采用的计算空缆线形和索鞍预偏量的方法——基于桥跨索单元等效刚度的非线性位移法。本文第一作者开发的空缆线形和预偏量计算软件，以恒定无应力索长原理为基础，构建包含水平力和索鞍偏移量为基本未知量的方程组，通过解非线性方程组，得到预偏量和水平力，根据预偏量修改跨长，代入成桥状态已求得的无应力索长计算空缆线形。包括以下计算步骤：

(1) 锁定各跨分支点的水平位移约束，已知无应力长度 s_0, $l = L$(跨径)和 $h = C$(支点高差)，求各跨在空缆自重下的水平力 H、竖向力 V。

由于空缆状态跨中没有集中荷载，可以将一整跨作为一个单元求解。该步仍然要用到索力跟水平投影分量 l 和竖向投影分量 h 的关系方程，由于要解 H 和 V 两个未知量，采用二维的牛顿-拉普森法，算法如下：

首先，建立的残差函数 f_1、f_2，分别见式(56)、式(57)。

$$f_1(H,V,l) = -\frac{H_i s_0}{EA} - \frac{H_i}{q}\left[\ln(T_j + V_j) - \ln(T_i - V_i)\right] - l \tag{56}$$

$$f_2(H,V,h) = \frac{qs_0^2 - 2V_i s_0}{2EA} - \frac{1}{q}(T_i - T_j) - h = \frac{T_j^2 - T_i^2}{2EAq} - \frac{1}{q}(T_i - T_j) - h \tag{57}$$

然后,设定 H 和 V 的初值,其中 H_i 与 H 反符号,代入式(56)和式(57),求式(58)中第 i 步的残差 Δf_i。通过偏导求式(59)的雅可比矩阵 J_i,其元素 b_{11}、b_{12}、b_{21}、b_{22} 的计算公式见式(16)～式(19)。将残差反符号,通过方程式(60)解出水平力和竖向力增量,见式(61)。按式(62)修正竖向力和水平力,继续下一轮循环,直至索力收敛或残差 Δf_i 趋于零。

$$\Delta \boldsymbol{f}_i = \begin{pmatrix} f_1 \\ f_2 \end{pmatrix}_i \tag{58}$$

$$\boldsymbol{J}_i = \begin{pmatrix} \frac{\partial f_1}{\partial H} & \frac{\partial f_1}{\partial V} \\ \frac{\partial f_2}{\partial H} & \frac{\partial f_2}{\partial V} \end{pmatrix}_i = \begin{pmatrix} b_{11} & b_{12} \\ b_{21} & b_{22} \end{pmatrix}_i \tag{59}$$

$$\boldsymbol{J}_i \cdot \begin{pmatrix} \mathrm{d}H \\ \mathrm{d}V \end{pmatrix}_i = -\Delta \boldsymbol{f}_i = -\begin{pmatrix} f_1 \\ f_2 \end{pmatrix}_i \tag{60}$$

$$\begin{pmatrix} \mathrm{d}H \\ \mathrm{d}V \end{pmatrix}_i = -\boldsymbol{J}_i^{-1} \begin{pmatrix} f_1 \\ f_2 \end{pmatrix}_i = -\boldsymbol{K} \begin{pmatrix} f_1 \\ f_2 \end{pmatrix}_i = -\frac{1}{b_{11}b_{22} - b_{12}b_{21}} \begin{bmatrix} b_{22} & -b_{12} \\ -b_{21} & b_{11} \end{bmatrix} \begin{pmatrix} f_1 \\ f_2 \end{pmatrix}_i \tag{61}$$

$$\begin{pmatrix} H \\ V \end{pmatrix}_{i+1} = \begin{pmatrix} H \\ V \end{pmatrix}_i + \begin{pmatrix} \mathrm{d}H \\ \mathrm{d}V \end{pmatrix}_i \tag{62}$$

(2)建立非线性位移法方程求索鞍偏移量。

文献[16]求预偏量采用的是类似于结构力学的力矩分配法分配水平力。该方法需要对各个支点进行多次轮换的循环迭代。本文中,在建立非线性位移法方程后,对所有 IP 点的预偏量按非线性位移法方程进行求解。仍以三跨悬索桥为例,求各跨的切线刚度矩阵,然后在各跨的 I、J 端分支点进行组集,可得到式(63)和式(64)。各支点的刚度与缆索形状和索力相关,是非线性的。K_{11}^m 的上标 $m(m=1,2,3)$ 代表各跨的序号。根据求导时的导数关系,K_{11}^m 表示的是跨长 l 的增加量即 I、J 端相对位移对左端水平力的影响,$K_{11}^m < 0$。跨长 l 增加,相对拉伸时,$\Delta l > 0$,$H_i = K_{11}^m \Delta l < 0$,$i$ 端的水平力为向左的拉力,$H_j = -K_{11}^m \Delta l > 0$,向右;相对压缩时,$\Delta l < 0$,$H_i = K_{11}^m \Delta l > 0$,向右,$H_j$ 反符号向左。

$$-(K_{11}^1 + K_{11}^2)d_1 + K_{11}^2 d_2 = \Delta H_1 \tag{63}$$

$$K_{11}^2 d_1 - (K_{11}^2 + K_{11}^3)d_2 = \Delta H_2 \tag{64}$$

式中,ΔH_1、ΔH_2 为根据分支点不平衡的固端力反符号后得到的荷载向量。

根据步骤(1)的结果按式(65)和式(66)进行组集。

$$\Delta H_1 = -(H_j^1 + H_i^2) \tag{65}$$

$$\Delta H_2 = -(H_j^2 + H_i^3) \tag{66}$$

解方程解出预偏量 d_1、d_2 后,即可回代式(67)～式(70),叠加固端力,求出重分配后处于平衡的各塔左右侧的水平力 H_j^1、H_i^2 和 H_j^2、H_i^3。

$$H_j^1 = H_j^1 - K_{11}^1 d_1 \tag{67}$$

$$H_i^2 = H_i^2 + K_{11}^2(d_2 - d_1) \tag{68}$$

$$H_j^2 = H_j^2 - K_{11}^2(d_2 - d_1) \tag{69}$$

$$H_i^3 = H_i^3 + K_{11}^3(-d_2) \tag{70}$$

（3）按预偏量调整跨长，返回步骤（1）继续求解并累计每次新增的预偏量，直至收敛。

（4）索鞍预偏量、缆索的水平和竖向索力 H、V 确定后，就可以代入各单元的无应力索长到 l、h 的方程，求空缆的节点坐标，得到空缆线形。

总结以上过程如下：先令预偏量 d_1 和 d_2 为零，锁定各跨。已知各跨的无应力索长 s_0，设定 H 和 V 的初值，按牛顿法求各跨 IP 点的 H 和 V，以及各跨的 K_{11}^1、K_{11}^2、K_{11}^3；求各塔的不平衡水平力 ΔH_1、ΔH_2；求当前的预偏量 d_1、d_2。根据预偏量，调整新的跨长 l_1、l_2、l_3。按上述方法计算新跨长下的预偏量增量，并叠加累计到预偏量……循环直至 ΔH_1 和 ΔH_2，或 d_1 和 d_2 足够小。最后求预偏量跨径下的空缆线形和节点坐标。

该算法在考虑加劲梁的水平压缩量和塔的竖向压缩量后，也可以适用于自锚式悬索桥的计算。需要注意的是，在成桥态求得主缆的无应力索长后，实际施工时需要根据现场实测的温度对无应力索长进行温度补偿修正。

六、算　例

通过选取外文文献[4-6]的索单元的几何非线性经典算例验证，本文第一作者开发的软件的计算结果与正确解答均能吻合。下面用该软件对若干地锚式和自锚式悬索桥的实际工程算例进行计算分析。

工程算例 1：如图 3 所示，虎门大桥为三跨地锚式悬索桥。跨径 302m+888m+348.5m，各 IP 点高程为 56.509m、154.052m、154.052m、31.584m。主跨吊索间距为 18m+71×12m+18m，边跨不设吊索。主缆采用 110 束 127 丝 ϕ5.2mm 平行镀锌高强钢丝集束成索股，全桥 2 根缆索，截面积共 0.5934m²。全桥缆索自重分布荷载，中跨和边跨均为 49.211kN/m。加劲梁恒载为 179.4kN/m，其中一期恒载为 117.8kN/m，二期恒载为 61.6kN/m。

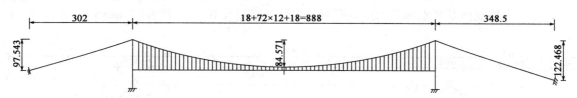

图 3　虎门大桥桥型立面图（尺寸单位：m）

选用文献[21]的计算参数和结果，利用本文第一作者开发的软件进行计算对比，结果如表 1 所示，各跨主缆的无应力索长、弹性伸长量、各索鞍的预偏量计算均结果非常接近。空缆线形和索鞍预偏量跟按已知无应力长度的索单元几何非线性有限元正装计算结果也完全一样。非线性位移法和几何非线性索单元有限元正装计算的区别是：索单元计算中间通过划分很多节点，可以用有限元迭代直接解出节点位移、偏移量和线形；非线性位移法方程只有两个塔顶 IP 点的偏移未知量，每跨用了一跨累计的等效刚度，求出偏移量确定跨径后，需要再回代一次方程获得空缆线形。

虎门大桥计算结果比较（单位：m）　　　　表 1

算法	主缆无应力长度				弹性伸长量			主索鞍预偏量	
	左	中	右	总长	左	中	右	左鞍	右鞍
文献[21]	316.5221	906.7568	368.4223	1591.7012	0.7619	2.1266	0.8945	1.2434	1.6669
本文	316.6351	906.9237	368.5517	1592.1104	0.7638	2.1319	0.8968	1.2023	1.6323

表 2 为利用本文第一作者开发的程序采用分段悬链线法计算的主跨成桥线形与采用抛物线法的结果比较，由于成桥线形对称，表中只摘取了半跨的结果。可以看到按抛物线计算的主缆线形除了控制点坐标重合外，其余点的竖向坐标均在悬链线上方，比分段悬链线的要高，与分段悬链线存在一定误差，最大误差为 0.06m。

分段悬链线法和抛物线法计算的虎门大桥主跨成桥线形比较(单位:m) 表2

吊点	x_i	本文 y_i	抛物线 y_i	差别	吊点	x_i	本文 y_i	抛物线 y_i	差别
中垂点	0	-84.571	-84.571	0.000	19	222	-63.478	-63.428	0.049
1	6	-84.568	-84.556	0.012	20	234	-61.133	-61.081	0.052
2	18	-84.444	-84.432	0.012	21	246	-58.664	-58.610	0.054
3	30	-84.198	-84.185	0.013	22	258	-56.071	-56.015	0.056
4	42	-83.828	-83.814	0.014	23	270	-53.355	-53.297	0.058
5	54	-83.335	-83.320	0.015	24	282	-50.514	-50.455	0.059
6	66	-82.719	-82.702	0.017	25	294	-47.550	-47.490	0.060
7	78	-81.979	-81.961	0.018	26	306	-44.461	-44.401	**0.060**
8	90	-81.116	-81.096	0.020	27	318	-41.248	-41.189	0.059
9	102	-80.130	-80.108	0.022	28	330	-37.911	-37.853	0.058
10	114	-79.020	-78.996	0.025	29	342	-34.450	-34.394	0.057
11	126	-77.787	-77.760	0.027	30	354	-30.865	-30.811	0.054
12	138	-76.431	-76.401	0.030	31	366	-27.155	-27.104	0.050
13	150	-74.951	-74.919	0.032	32	378	-23.320	-23.274	0.046
14	162	-73.348	-73.312	0.035	33	390	-19.361	-19.320	0.040
15	174	-71.621	-71.583	0.038	34	402	-15.277	-15.243	0.034
16	186	-69.770	-69.729	0.041	35	414	-11.068	-11.042	0.026
17	198	-67.797	-67.753	0.044	36	426	-6.735	-6.718	0.017
18	210	-65.699	-65.652	0.047	IP点	444	0.000	0.0	0.0

工程算例2：北京昌平南环大桥，为跨径70m+175m+70m的三跨自锚式悬索桥，于2008年建成通车运营，桥宽43m。中跨矢度35m。两根主缆均采用19根127丝φ5mm平行钢丝，弹性模量为$2.0×10^5$MPa。加劲梁为三跨连续钢梁，梁高2.2m。一期恒载201.23kN/m，二期恒载75.31kN/m，恒载总计276.54kN/m。大桥立面及吊索布置如图4所示。主缆锚固端与IP点高差为42.8686m。

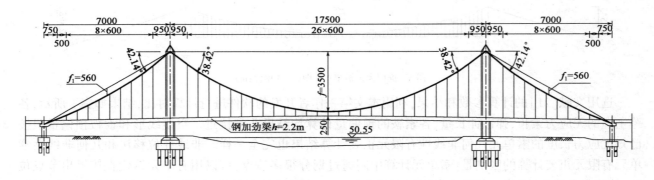

图4 北京昌平南环大桥立面(尺寸单位:cm;高程单位:m)

用本文第一作者开发的程序计算的结果，跟大桥原设计采用ANSYS的BEAM188几何非线性单元计算结果进行对比，结果如表3和图5所示。不仅成桥索力T非常接近，索鞍预偏量、成桥到空缆的主缆跨中竖向位移回弹值也几乎完全一致。ANSYS为采用倒拆法计算再正装的结果，本文为按成桥态求得的无应力索长对空缆索单元计算的结果。表中还列出了考虑加劲梁在水平力作用下的压缩量(1.43cm)后的预偏量，比不计入加劲梁压缩时稍大，该压缩量对该桥的索鞍预偏量计算影响很小。

北京昌平南环大桥计算结果比较 表3

算法	主索鞍预偏量(m)(未计加劲梁压缩)	主索鞍预偏量(m)(计加劲梁压缩)	成桥至空缆竖向回弹(cm)	主跨支点成桥索力(kN)
本文	0.2942	0.3066	1.216	39224
ANSYS计算[22-23]	0.2930	0.3080	1.222	39368

图5为本文第一作者开发的悬索桥找形软件计算的南环大桥后处理输出结果。该后处理界面可以直观显示成桥和空缆线形,并和图形配套,有三个选项卡,一个用于输出主缆的成桥线形、无应力长度、有应力长度和索力,一个用于输出空缆线形和索鞍预偏量,一个用于输出吊杆无应力长度、伸长量、吊杆顶拉力、吊杆底拉力。由于考虑了吊杆自重影响,在找形计算中增加了一层循环迭代。

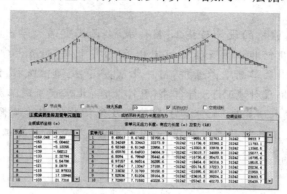

图5 悬索桥找形软件的南环大桥后处理输出结果

七、结　语

本文以基于悬链线索单元的力与线形关系方程为核心,推导了索单元的切线刚度矩阵,拟定了索单元几何非线性正装计算、悬索桥成桥及空缆线形计算的算法和流程,并自主开发了适用于地锚式悬索桥和自锚式悬索桥的专业计算软件。软件采用分段悬链线法进行成桥线形计算,求成桥线形和无应力索长,应用桥跨索单元等效刚度的非线性位移法进行空缆索鞍预偏量计算,不需要倒拆便可同时直接求解多塔悬索桥的预偏量和空缆线形。相对于倒拆的算法,具有算法高效、操作方便的优势。用开发的软件对工程算例进行分析表明,按抛物线法计算大跨径悬索桥时线形与分段悬链线法的结果存在一定误差。软件对北京昌平南环大桥(自锚式悬索桥)的计算结果和ANSYS计算结果吻合。

参考文献

[1] 李小珍,强士中.悬索桥主缆空缆状态的线形分析[J].重庆交通学院学报,1999,18(10-3):7-13.

[2] 檀永刚,张哲,黄才良.一种自锚式悬索桥主缆线形的解析法[J].公路交通科技,2007,24(10-1):88-90,98.

[3] 檀永刚,石磊,张哲.一种悬索桥静力分析的解析方法[J].武汉理工大学学报(交通科学与工程版),2009,33(5):884-887.

[4] SAAFAN A. Theoretical analysis of suspension bridges[J]. ASCE Journal of the Structural Division, 1966, 92(10):1-12.

[5] PEVROT A H, GOULOIS A. Analysis of cable structures[J]. Computers and Structures, 1979(10):805-813.

[6] JAYARAMAN H B. A curved element for the analysis of cable structures[J]. Computer & Structures, 1981,14(3-4):325-333.

[7] KIM H K, LEE M J, CHANG S P. Non-linear shape-finding analysis of a self-anchored suspension bridge[J]. Engineering Structrues,2002,24(12):1547-1559.

[8] 项海帆.高等桥梁结构理论[M].北京:人民交通出版社,2001.

[9] 肖汝诚.桥梁结构分析及程序系统[M].北京:人民交通出版社,2002.

[10] 周孟波.悬索桥手册[M].北京:人民交通出版社,2003.

[11] 唐茂林.大跨度悬索桥空间非线性分析与软件开发[D].成都:西南交通大学,2003.

[12] 潘永仁.悬索桥结构非线性分析理论与方法[M].北京:人民交通出版社,2004.

[13] 罗喜恒,肖汝诚,项海帆.基于精确解的索单元[J].同济大学学报(自然科学版),2005(4):445-450.

[14] 李传习.混合梁悬索桥非线性精细计算理论及其应用[D].长沙:湖南大学,2006.

[15] 胡建华.现代自锚式悬索桥理论与应用[M].北京:人民交通出版社,2008.
[16] 张征.自锚式吊拉组合桥非线性计算程序开发[D].大连:大连理工大学,2009.
[17] 张哲,黄才良,王会利,等.自锚式斜拉-悬索协作体系桥[M].大连:大连理工大学出版社,2014.
[18] 中国工程建设标准化协会.自锚式悬索桥技术规程:T/CECS 1312—2023[S].北京:中国计划出版社,2023.
[19] 钱冬生,陈仁福.大跨悬索桥的设计与施工[M].成都:西南交通大学出版社,2015.
[20] 梁鹏.超大跨度斜拉桥几何非线性及随机模拟分析[D].上海:同济大学,2004.
[21] 牛和恩.虎门大桥工程 第二册 悬索桥[M].北京:人民交通出版社,1998.
[22] 罗飞.北京昌平南环大桥设计ANSYS计算书[R].北京:北京市市政工程设计研究总院,2005.
[23] 北京市市政工程科学技术研究所,北京市工程管道及桥梁构件质量监督检验站.北京市昌平区南环大桥主桥施工监控及交工验收荷载试验报告[R].北京:北京市市政工程科学技术研究所,北京市工程管道及桥梁构件质量监督检验站,2007.

6. 斜拉-悬索协作体系合理成桥状态及活载效应

张文明[1,2], 邹涵旭[1], 陈杰[1]

(1. 东南大学土木工程学院;2. 长大桥梁安全长寿与健康运维全国重点实验室)

摘 要 斜拉-悬索协作体系桥具有广阔应用前景。本文针对恒载下的合理成桥状态和活载下的全桥响应等展开了一系列研究。建立了以主梁平直、桥塔竖直为基本要求的合理成桥状态解析计算理论;在此基础上,提出了竖向活载作用于主梁时全桥响应的解析计算方法;提出了一种多种群竞争遗传算法用于直接求解最大挠度问题,该方法将求解最大响应问题转化为优化问题,能够准确、高效地求解最大挠度以及出现位置和活载布置。研究成果可为该桥型的设计和施工提供参考。

关键词 斜拉-悬索协作体系桥 合理成桥状态 活载响应 最大挠度 遗传算法

一、引 言

协作体系桥能够结合斜拉桥和悬索桥的优势。2016年,土耳其建成的博斯普鲁斯海峡三桥跨径达到了1408m[1],证明了建设大跨径斜拉-悬索协作体系桥的可行性。我国在建的西堠门公铁两用跨海大桥(主跨1488m)和李埠长江公铁大桥采用了协作体系方案。

关于合理成桥状态的求解,目前的研究大多是从斜拉索和悬索桥的理论入手,首先分别求出斜拉部分和悬索部分的合理成桥状态,再将二者组合起来,但这往往涉及复杂的调索、非线性分析和迭代过程[2-5]。本研究提出了一种斜拉-悬索协作体系桥合理成桥状态的解析算法,该方法属于一次成桥,可以将斜拉部分和悬索部分联合计算。

关于活载下的全桥响应,目前广泛采用有限元方法,不利于工程师直观掌握设计信息[6]。解析法的物理意义明确,通过几个关键参数的调整,即可快速得到结果[7]。然而,目前的解析计算方法[8-11]多存在如下假设:①吊杆力为薄膜力;②忽略吊杆倾斜和伸长;③主缆只发生竖向变形;④桥塔无侧移和扭转变形;⑤主梁不发生纵桥向刚体位移。本文建立了一种竖向活载作用下全桥响应的解析计算方法,该方法摒弃了传统分析方法中的诸多假设,既考虑几何非线性效应,又避免了复杂迭代计算。

在大跨桥梁特别是铁路桥设计时[12],为了保证桥梁的安全性和行车舒适性,必须考虑控制挠跨比。如果给定了桥梁的参数、荷载类型和施加位置,容易得到此时主梁的挠度,但在设计阶段明确桥梁的刚度分布比较困难。为了得到活载作用下的挠度最大值,目前常用的是利用影响线法[13],通过多点试算得到主梁的最大挠度和此时的活载布置情况。本文将求解大跨缆索承重体系活载最大响应和相应加载模式转化为一个优化问题,提出了一种新型优化算法,通过优化算法和有限元参数化建模相结合,摆脱了烦琐的人工试算过程,实现了该问题的高精度求解。该方法在求解时对活载加载模式和桥型都没有限制,有很广的适用范围。

二、方法论

遵从以下假定:全桥的材料处于弹性状态;主缆、斜拉索和吊杆是理想柔性索;忽略吊杆自重;桥塔在活载作用下无轴向变形;主梁在活载作用下无轴向变形;桥塔轴力不影响其纵桥向抗弯刚度。

1. 合理成桥状态的解析算法

合理成桥状态主要包含内力和变形两个方面:①桥塔处于轴压状态,主梁在缆索支撑处竖向位移为0;②缆索线形满足设计需求,且内力变化比较均匀,恒载下的边墩和辅助墩不出现负的支座反力。

1) 主缆和斜拉索找形

令锚固点吊杆力和斜拉索的竖向合力与对应多点刚性支撑连续梁支反力相等,主缆计算模型如图1所示,Z_A、Z_D为主缆锚固点的设计高程,Z_M为主跨的跨中点设计高程。左右塔顶的设计高程分别为Z_B和Z_C。主缆在左右边跨和主跨的水平投影长度分别为L_L、L_R和L_2。主跨的主缆被n个吊杆分割成了$n+1$段悬链线,l_i为主跨第i段悬链线的水平投影长度。左右边跨主缆在自重作用下为单段的悬链线。以每段悬链线左端点为坐标原点,纵桥向为x轴,竖直向下为z轴,建立局部坐标系。

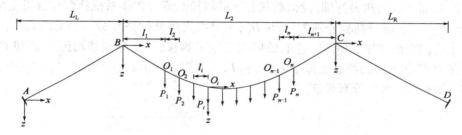

图1 主缆计算模型

主跨的第i段主缆的悬链线方程可表达为[14]:

$$z(x) = c\left[\cosh\left(\frac{x}{c} + a_i\right) - \cosh a_i\right] \tag{1}$$

式中,$c = H/q$,其中H为主缆的水平分力,q为主缆的每延米自重;a_i为第i段悬链线方程的参数。

第i段悬链线的无应力长度可表示为[14]:

$$S_i = c\left[\sinh\left(\frac{l_i}{c} + a_i\right) - \sinh a_i\right] - \frac{H}{2EA}\left\{l_i + \frac{c}{2}\left[\sinh 2\left(\frac{l_i}{c} + a_i\right) - \sinh 2a_i\right]\right\} \tag{2}$$

式中,E和A分别为主缆的弹性模量和横截面面积。

第i段悬链线的方程参数a_i和第$i+1$段的a_{i+1}存在如下的递推关系[15]:

$$a_{i+1} = \sinh^{-1}\left[\sinh\left(\frac{l_i}{c} + a_i\right) - \frac{P_i}{H}\right] \tag{3}$$

设第i段悬链线的首尾两端点的高差为Δz_i,主跨和半主跨高差闭合:

$$\sum_{i=1}^{n+1} \Delta z_i = Z_B - Z_C \tag{4}$$

$$\sum_{i=1}^{m} \Delta z_i = Z_B - Z_M \tag{5}$$

式中,m为左塔与跨中点之间的悬链线段数;Z_B、Z_C和Z_M均为已知量。

利用非线性GRG法[16]求解,即可得到H和a_1的值,进而主跨范围内的主缆线形和内力均可求得。左右边跨主缆,分别根据左右边跨的高差闭合条件求解a_L和a_R。至此,可以计算全桥范围内主缆内力和线形的解析解，包括每段主缆悬链线的节点坐标、高差及无应力长度。

某桥塔右侧斜拉索的水平力与竖向力之间有如下关系：

$$H_1 = \left.\frac{dz}{dx}\right|_{x=d_R} = V_1 \tag{6}$$

式中，H_1 为合理成桥状态下该组斜拉索的水平分力；d_R 为右侧斜拉索悬链线的水平投影长度。V_1 为右侧斜拉索对主梁的竖向力。设 b_R 为该组右侧斜拉索的悬链线方程参数，利用斜拉索首尾两端点的高差闭合条件和式(6)的条件可以求解得到 H_1 和 b_R 的值。在求出右侧斜拉索的解析解后，利用该组斜拉索的水平力 H_1 相等，根据左侧斜拉索两端点高差闭合条件可得左侧斜拉索悬链线方程中的 b_L，然后可算得该斜拉索的线形、内力和无应力长度。同理可求出其余组斜拉索的解析解。

2) 桥塔轴力、主梁轴力和压重

得到斜拉索和主缆的解析计算结果之后，利用桥塔单位长度自重、斜拉索和主缆对桥塔的竖向力可以求出桥塔轴力，利用各斜拉索对主梁的水平分力可以求出主梁轴力。边跨长度小于主跨的一半，同一组斜拉索尽管水平力相同，但主跨斜拉索比边跨竖向力更大，因此需要在边跨进行压重来平衡主梁。边跨第 i 根斜拉索位置的主梁压重应为该斜拉索的竖向力与该处刚性支撑连续梁支反力之差。

2. 竖向活载作用下全桥响应的解析算法

1) 全桥响应计算理论

以成桥状态全部参数已知为基础，设恒载状态下的斜拉悬索协作体系桥活载计算模型从左至右跨径分别为 L'_1、L'_2 和 L'_3。左右塔顶高程分别为 H'_B 和 H'_C，主梁在支座处的高程分别为 H'_E 和 H'_F。活载 $p(x)$ 作用之后的主跨主缆的变形如图2所示。左右桥塔均发生了侧移，塔顶分别移动到了 B 和 C，侧移量分别为 Δ_B 和 Δ_C，左右边跨和主跨的跨径变成了 L_1、L_3 和 L_2。主缆上的吊点移动到了 O_1、O_2、……、O_n，l_i 为主跨范围内的第 i 段主缆的水平投影长度。

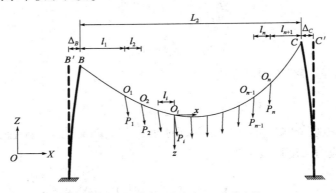

图2 恒载和活载共同作用下的主跨主缆

根据上吊点在水平和竖向受力平衡可知，第 i 段悬链线方程参数 a_i、H_i 与第 $i+1$ 段悬链线方程参数 a_{i+1}、H_{i+1} 存在如下的递推关系：

$$H_{i+1} = H_i - P_i\sin\theta_i \tag{7}$$

$$a_{i+1} = a\sinh\frac{H_i\sinh\left(\dfrac{l_i}{c_i}+a_i\right)-P_i\cos\theta_i}{H_i-P_i\sin\theta_i} \tag{8}$$

主缆计算的原理和前文成桥状态找形的原理相同，区别在于跨径和悬链线系数的递推关系。如果已知边跨悬链线参数（H_L、a_L、L_1、H_R、a_R 和 L_3）、主跨的各个吊杆力大小 p_i 和竖向倾角 θ_i、主跨主缆的第一段悬链线方程参数 a_1 和水平分力 H_1，那么全桥范围内主缆的内力和线形均可求得。按照悬链线理论分析，如果已知活载作用后每根斜拉索的水平分力大小 $H_{c,i}$、悬链线方程的参数 $a_{c,i}$ 和水平投影长度 $l_{c,i}$，则所有斜拉索的内力和线形均可求得。

不考虑活载作用后桥塔的轴向变形，将桥塔简化为一根悬臂梁受到 n_1+1 个水平力作用，以水平向右为正,水平力从上往下依次编号为 $\Delta H_1, \Delta H_2, \cdots, \Delta H_{n_1+1}$,桥塔一共被 n_1+1 个水平力分为 n_1+1 段,利用截面法可得第 m 段桥塔转角 $\theta_m(x)$ 和挠度 $w_m(x)$ 由弯矩表达如下:

$$\theta_m(x) = -\frac{1}{E_t I_t}\left[\sum_{i=1}^{m}\left(\frac{1}{2}x^2 - x_i x\right)\Delta H_i + C_{m,1}\right] \quad (x_m \leq x < x_{m+1}) \qquad (9)$$

$$w_m(x) = -\frac{1}{E_t I_t}\left[\sum_{i=1}^{m}\left(\frac{1}{6}x^3 - \frac{1}{2}x_i x^2\right)\Delta H_i + C_{m,1} x + C_{m,2}\right] \quad (x_m \leq x < x_{m+1}) \qquad (10)$$

式中,x_i 为桥塔顶部至第 i 个水平力作用处的高差;x 是一般截面位置与塔顶高差;$C_{m,1}$ 和 $C_{m,2}$ 为桥塔弯矩积分后的常数项;ΔH_i 是第 i 个节点处左右两侧的主缆或斜拉索对桥塔的水平作用力之差。

利用连续性条件和塔底固结边界条件便可以求得各段桥塔的积分常数项,继而求得各段桥塔的挠度表达式。只要明确了主缆和斜拉索对桥塔的水平力 ΔH_i,桥塔各处的侧移量均可求得,而 ΔH_i 可用前文提到的 H_L、H_1 和 $H_{c,i}$ 表达。主梁理论计算使用和桥塔计算相同的理论,利用连续性条件和支座处挠度为 0 的边界条件,梁段的挠度均可求得,只需要知道吊杆力变化量 ΔF_i 的取值。

2) 控制方程的建立与求解

基于前文的分析,只需要确定一些关键的参数,就可得出全桥挠度和内力等响应。现将这些参数定为基本未知量,然后通过列出相应的方程组求解,共有 $2n+6n_1+6n_2+10$ 个未知量,如表 1 所示。

未知量汇总 表 1

未知参数	左边跨	主跨	右边跨	数量
主缆悬链线方程参数	a_L	a_1	a_R	3
主缆悬链线段水平投影长度	L_1	$l_1 \sim l_{n+1}$	L_3	$n+3$
主缆水平分力	H_L	H_1	H_R	3
吊杆力增量	—	$\Delta P_1 \sim \Delta P_n$		n
斜拉索水平投影长度		$l_{c,i}$		$2n_1+2n_2$
斜拉索悬链线参数		$a_{c,i}$		$2n_1+2n_2$
斜拉索水平分力		$H_{c,i}$		$2n_1+2n_2$
主梁顺桥向水平刚体位移		v		1
合计				$2n+6n_1+6n_2+10$

根据各跨受荷前的跨径和桥塔变形量计算受荷后的跨径可列出 3 个控制方程;各跨主缆两端点的高差在受荷前后不变可列出 3 个控制方程;主缆各悬链线段在荷载作用于主梁前后的无应力长度不变可列出 $n+3$ 个控制方程;各段斜拉索的水平投影,活载作用前后的高差关系可用斜拉索两段的坐标导出,共可列出 $4n_1+4n_2$ 个控制方程;各段斜拉索在活载作用前后的无应力长度不变,可列出 $2n_1+2n_2$ 个控制方程;主梁在受到活荷载作用后,在纵桥向的受力平衡可列出 1 个控制方程。各个吊杆在桥梁承受活载前后的无应力长度不变可列出 n 个控制方程。

一共列出了 $2n+6n_1+6n_2+10$ 个独立的控制方程,可以用来求解 $2n+6n_1+6n_2+10$ 个基本未知量。最后通过求解方程组,可以得出所有的基本未知量取值。

3. 竖向活载作用下最大挠度求解:多种群竞争遗传算法

对于大跨桥梁活载最大挠度问题,荷载段数未知,解空间复杂,普通遗传算法无法处理这种问题,因此本文针对该问题提出了一种多种群竞争算法。

1) 初始种群生成

在第一代,随机产生初始种群,用种群中的每个个体代表一种加载方式,每个个体的染色体的基因代表着活载加载的起点或终点,基因位数不同,活载段数就不同,不同种群的基因位数不同,因此不同种群的个体所代表的活载段数不同。

2）个体适应度计算和选择

遗传算法用适应度函数来评价一个个体（可能解）的好坏。本文的适应度定义为各活载工况下的主梁最大挠度的大小。选择，即从亲本群体中选出适应度较好的个体进行下一步的遗传操作。在本文中，每一代各种群的适应度前10%的个体将不会参与交叉和突变，避免最优个体因为交叉和突变操作被破坏。

3）交叉、变异和迁徙

利用交叉和变异操作产生新的个体，寻找最优解。在每一代中，比较各个种群的最优秀个体，选出所有种群中的最大适应度个体作为移民，在最优个体的染色体基础上，按照约束条件填补空缺或删除小段荷载对应的变量，将其迁移到其他种群。利用该迁徙操作实现种群间的信息交流。

4）Lotka-Volterra种间竞争模型（L-V模型）

20世纪40年代，Lotka和Volterra提出的种间竞争方程对现代生态学理论的发展有着重大影响[17-18]。本文利用该模型的思路来构建遗传算法中种群之间的竞争机制。当两个种群在利用同一环境资源时，种群增长率可以用L-V模型描述：

$$\frac{dN_1}{dt} = r_1 \cdot N_1 \cdot \left(1 - \frac{N_1}{K_1} - \alpha \cdot \frac{N_2}{K_2}\right) \tag{11}$$

$$\frac{dN_2}{dt} = r_2 \cdot N_2 \cdot \left(1 - \frac{N_2}{K_2} - \beta \cdot \frac{N_1}{K_1}\right) \tag{12}$$

式中，N_1和N_2分别为两个种群的个体数量；K_1和K_2分别为两个物种的环境容纳量，在本研究中$K_1 = K_2$；r_1和r_2分别为两个物种的种群增长率；α是种群2对种群1的竞争系数，即每个种群2个体所抢占的环境空间相当于α个种群1个体所占用的环境空间；β是种群1对种群2的竞争系数，即每个种群1个体所占用的环境空间相当于β个种群2个体所占用的环境空间。

5）算法步骤

在种群发展的初始阶段，各个种群的个体数较少，种群之间不存在种间竞争，如图3a）所示。各个种群优胜劣汰数量按照一定的增长率增长，同时当代的最优个体将向其他种群迁徙，以提升其他种群的寻优效率。

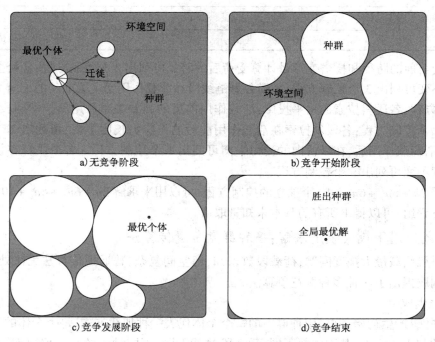

图3 多种群竞争遗传算法种群发展过程图

随着各个种群不断变大,种群之间开始出现竞争,如图 3b)所示。包含最优个体的种群具备最强的竞争力,其他种群的增长速率或规模将会变小,如图 3c)所示。

经过一定代数的进化,最后只胜出一个最优种群,该种群完全占用环境空间,其他种群的个体数为 0,此时的全局最优解就是最优个体所代表的变量,如图 3d)所示。在利用多种群竞争遗传算法求解缆索承重桥梁活载作用下最大挠度时,先将不同的活载加载段数分为不同的种群,各段活载的加载起点和终点位置作为待优化的变量,通过调用 Ansys 求解得到的最大挠度值作为个体的适应度值,这样就把问题转变成了一个优化问题,利用本文提出的算法求解,最终胜出种群的最优个体就是待求的活载加载方式。

三、算 例

1. 桥梁算例合理成桥状态计算

算例立面布置如图 4 所示,全桥详细参数见文献[19]的表 1。利用前文的解析方法获得了全桥的解析结果,这些数据作为有限元建模的基础。斜拉索、主缆和吊杆使用桁架单元模拟。主梁、辅助墩、边墩和桥塔均采用梁单元模拟。主缆的首尾两端、桥墩底部和桥塔底部均约束所有自由度,主梁与桥塔、边墩和辅助墩在竖向采用刚性连接,用来模拟竖向支座,确保主梁在纵向为飘浮体系。所有单元均输入解析法算得的初始内力。

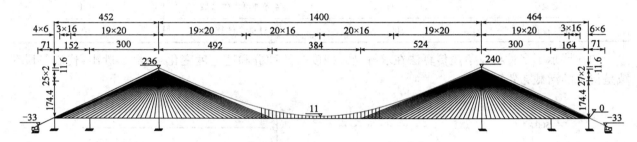

图 4 算例立面图(尺寸单位:m;高程单位:m)

2. 竖向活载作用下全桥响应计算

利用本文所提出的解析算法计算该工程算例主跨受到满布的竖直向下均布荷载 $p(x) = 25\text{kN/m}$ 作用时的全桥响应,列出了 400 个独立的控制方程,求解出 400 个未知量。有限元与解析法求得的主梁竖向挠度见图 5。解析法与有限元结果的绝对误差最大为 0.05m,出现在右边跨桥塔和辅助墩之间。

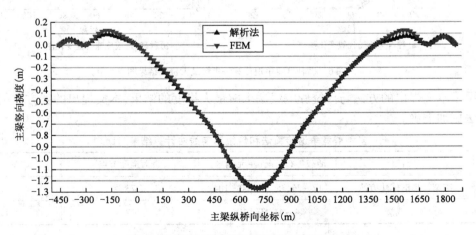

图 5 解析法和有限元模型算出的主梁竖向挠度

3. 竖向活载作用下最大挠度求解

利用 Ansys 建立有限元模型,主梁节点编号为 1～134,各单元的长度如表 2 所示。

主梁单元长度　　　　　　　　　　　　　　　　　　　　　表2

编号	单元长度(m)	编号	单元长度(m)
1~4	6	87~124	20
5~8	16	125~127	16
9~46	20	128~133	6
47~86	16		

表3展示了优化算法计算时定义的参数大小。种群数量为5，种群1到种群5分别代表一段活载到五段活载的情况，优化变量的个数分别为2、4、6、8、10。变量的取值代表活载加载的单元编号，取值范围是[1,133]。要求各段活载之间不能出现交叉，不满足约束的个体，适应度赋值为0.001，满足约束的个体在计算适应度时会通过调用Ansys计算的方式，将最大挠度的大小作为其适应度。

多种群竞争遗传算法的参数设定　　　　　　　　　　　　　　　表3

参数	值	参数	值
重组概率	0.5	优势种群竞争系数	2
突变概率	0.05	劣势种群竞争系数	0.1
环境容量	500	迁徙个体数	10

图6展示了多种群竞争遗传算法在求解最大挠度时的种群和适应度变化，种群3胜出，代表三段荷载是待求的活载布置形式。

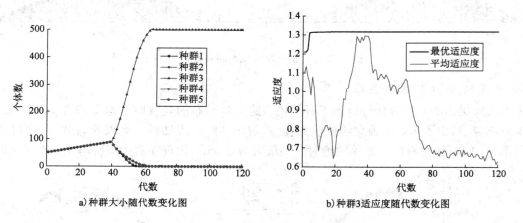

a) 种群大小随代数变化图　　　　b) 种群3适应度随代数变化图

图6　多种群竞争遗传算法求解最大挠度结果图

表4展示了本文提出的方法与传统影响线法求解最大挠度的结果，本文提出的新方法的求解结果比传统影响线法更加准确。

多种群竞争遗传算法和传统影响线法计算结果对比　　　　　　表4

待求响应	方法	活载加载工况(单元编号)	最大挠度节点	最大值(m)
挠度	本文提出的优化方法	12~26,35~39,60~104	73	1.3166
	影响线法	34~41,59~105	72	1.3143

在图7中，以主梁最左端作为坐标0点，展示了该算例的最大挠度出现位置，以及对应的活载布置。本文提出的方法不需要烦琐地求解影响线并试算，更为高效准确地解决了大跨缆索体系桥梁的最大挠度求解问题。

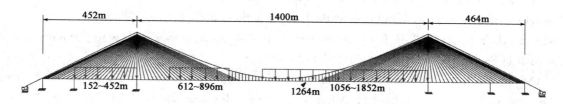

图7 斜拉悬索协作体系桥最大挠度出现位置和活载布置

四、结 语

(1)本文所提出的合理成桥状态和竖向活载解析计算方法不依赖有限元结果,不涉及复杂的调索和迭代过程,具有精确度高、计算直接和物理概念明确等特点。

(2)在主跨满布活载作用下,算例桥的主梁跨中产生约1.3m的下挠量,下挠量向两侧桥塔方向逐渐减小,左右两侧边跨均产生不同程度的上拱。这是由于受到荷载之后,主跨部分的斜拉索力显著增大,桥塔产生侧移,边跨的斜拉索力增大,导致边跨主梁上拱。

(3)本文提出的多种群竞争遗传算法,可以解决常规优化算法无法处理的优化变量数量未知的情形,种群间竞争机制将会选择出最优的变量数量,种群内的复制、交叉、变异与选择将得到最优的变量取值,种群间的迁徙行为是简单种群和复杂种群间的信息交流,提升了算法整体的搜索效率。

(4)本文将大跨缆索体系桥梁求解最大挠度问题转化成了一个优化问题,应用本文提出的多种群竞争遗传算法可以高效、准确地求解该问题。斜拉-悬索协作体系桥梁在活载的荷载集度给定时,主梁挠度达到最大值的活载是不对称形式。本文算例中的协作体系桥梁的最大挠度在三段活载布置时出现最大值,最大挠度出现在主跨跨中点右侧112m处。

参考文献

[1] GUESDON M,ERDOGAN J E,ZIVANOVIC I. The third Bosphorus bridge:A milestone in long-span cable technology development and hybrid bridges[J]. Engineering Structures,2020,30(3):312-319.

[2] 周隆文,冯彩霞,曾诗琪,等.斜拉-悬索协作体系桥主缆找形的假定初态法[J].工程与建设,2017,31(1):27-29.

[3] 朱巍志,张哲,潘盛山,等.自锚式斜拉-悬索协作体系桥合理成桥状态确定的分步算法[J].土木工程学报,2010,43(10):91-97.

[4] 曾前程.斜拉-悬索协作体系桥合理成桥状态的确定及施工过程分析[D].成都:西南交通大学,2018.

[5] 李中培.自锚式斜拉-悬索协作体系桥力学行为分析[D].杭州:浙江大学,2018.

[6] KAROUMI R. Some modeling aspects in the nonlinear finite element analysis of cable supported bridges[J]. Computers and Structures,1999(71):397-412.

[7] CAI L R,WANG R H,CHEN K L,et al. Study on main cable-shaped of long-span suspension bridge[J]. Advanced Materials Research,2010(160-162):939-944.

[8] 张哲,王会利,石磊,等.自锚式斜拉-悬索协作体系桥基础微分方程近似推导[J].工程力学,2008(5):131-136.

[9] XIA G P,ZHANG Z. Cable deflection and gravity stiffness of cable-stayed suspension bridge[J]. Advanced Materials Research,2011(255-260):1039-1042.

[10] CHENG J,LI Y. Simplified method for predicting the deflections of cable-stayed suspension bridges considering live loads[J]. KSCE Journal of Civil Engineering,2015,19(5):1413-1419.

[11] FENG Q, WEI P, LOU J, et al. Analytical model for early design stage of cable-stayed suspension bridges based onhellinger-reissner variational method[J]. Materials, 2022, 15(14):4863.

[12] XIA H, XU Y L, CHAN T H T. Dynamic interaction of long suspension bridges with running trains[J]. Journal of Sound and Vibration, 2000(237):263-280.

[13] LIANG P, WU X, LI W, et al. Research on mechanical behaviours of three-tower suspension bridges from the perspective of influence line[J]. Advanced Materials Research, 2011(163-167):1466-1473.

[14] ZHANG W M, TIAN G M, YANG C Y, et al. Analytical methods for determining the cable configuration and construction parameters of a suspension bridge[J]. Structural Engineering and Mechanics, 2019(71):603-625.

[15] ZHANG W M, SHI L Y, LI L, et al. Methods to correct unstrained hanger lengths and cable clamps' installation positions in suspension bridges[J]. Engineering Structures, 2018(171):202-213.

[16] HASHEMI S H, DEHGHANI S A M, SAMIMI S E, et al. Performance comparison of GRG algorithm with evolutionary algorithms in an aqueous electrolyte system[J]. Modeling Earth Systems and Environment, 2020, 6(4):2103-2110.

[17] LOTKA A J. Elements of Physical Biology[M]. Baltimore: Williams & Wilkins, 1925.

[18] VOLTERRA V. Fluctuations in the abundance of a species considered mathematically[J]. Nature, 1926(11):558-560.

[19] ZHANG W M, CHEN J, TIAN G M, et al. Reasonable completed state evaluation for hybrid cable-stayed suspension bridges: An analytical algorithm[J]. Structures, 2022(44):1636-1647.

7. 大跨空间缆三塔悬索桥纵向约束体系研究

冯 昭[1] 刘得运[1] 朱 磊[2]

(1. 中交公路长大桥建设国家工程研究中心有限公司; 2. 广西容梧高速公路有限公司)

摘 要 为探讨大跨空间缆三塔悬索桥的合理纵向约束方式,以浔江大桥153m+2×520m+210m为研究对象,采用midas有限元软件进行了三塔悬索桥纵向约束体系的比选及约束刚度合理取值研究。研究结果表明,大跨空间缆三塔悬索桥在静、动力荷载效应上存在差异,且静力荷载工况组合下的响应显著高于地震荷载工况。综合考虑结构复杂性、施工难易度、塔底受力及梁端位移等因素,大跨空间缆三塔悬索桥推荐采用纵向限位体系。纵向限位体系推荐采用带有摩擦阻尼器(阻尼力为200kN)的纵向限位支座,其纵向约束刚度值建议取1.9×10^5kN/m,纵向限制位移取±10mm,以满足桥梁结构受力性能及支座设计构造要求。

关键词 空间缆三塔悬索桥 纵向约束体系 约束刚度 参数优化分析 限位支座

一、引 言

随着交通需求的持续增长,大跨桥梁的建设日益增多。三塔悬索桥因其在减小主跨跨径、减轻缆索拉力、缩减锚碇尺寸及降低综合造价等方面的优势,被广泛应用于大跨径跨江跨海桥梁工程中[1]。三塔悬索桥通过在主跨中部增加一个中塔和一个主跨,在静、动力荷载作用下的力学特性相较于两塔悬索桥存在显著差异;同时,塔梁之间的连接方式对桥梁的静、动力受力性能有很大的影响。当前已建成的三塔悬索桥如泰州大桥、马鞍山长江大桥、武汉鹦鹉洲长江大桥、温州瓯江北口长江大桥和济南凤凰黄河大

基金项目:大跨度空间缆三塔悬索桥建设关键技术创新与示范项目科研课题(SC-A22088)。

桥,分别采用了以下塔梁连接方式:中塔处主梁纵向弹性索约束[2]、中塔处加劲梁固结[3]、主梁四跨简支[4]、中塔处加劲梁纵飘及边塔与加劲梁间设置纵向黏滞阻尼器[5]、主桥采用半飘浮体系且塔梁之间设纵横向阻尼器和竖向支座[6]。目前,已有学者针对三塔悬索桥的约束体系开展了相关研究。王杰和李建中[7]研究了缆梁间设置中央扣、塔梁间设置弹性索以及二者组合使用时对三塔悬索桥抗震性能的影响,研究表明,弹性索与中央扣的组合使用可有效减小加劲梁梁端位移,且使中边塔受力更加均衡,有利于提高结构的抗震性能。但启联等[8]研究了各跨简支体系、中塔与主梁间设置纵向固定支座的纵向半飘浮体系及中塔与主梁间设置纵向活动支座的纵向飘浮体系对结构竖向、横向刚度及主缆抗滑移稳定性的影响,研究表明,上述三种支承体系对加劲梁的整体竖向刚度影响不大而对横向刚度影响明显,且加劲梁设置纵向固定支座时,有利于主缆的抗滑移稳定性。唐贺强等[9]对马鞍山长江公路大桥左汊主桥采用塔梁固结、支座约束、半飘浮与全飘浮体系的结构响应进行比选分析,结果表明,塔梁固结体系的结构整体刚度大,主缆的抗滑稳定性最好,且抗风与抗震性能较好。梁鹏等[10]对边塔或中塔与主梁间采用3种约束类型(无连接、弹性索、黏滞阻尼器),共9种组合的纵向约束方式进行了对比研究,结果表明,桥梁结构在中塔设置弹性索与边塔设置黏滞阻尼器时的响应较小。

既有研究多基于某一静力或地震作用,但由于静、动力荷载沿桥梁结构的作用路径存在差异,两种荷载对桥梁结构的响应特性亦相差较大,对约束体系参数的选取可能会有所不同甚至相互冲突。因此,需要综合考虑多种静、动力荷载,在确定最不利荷载工况的基础上,才能合理比选出桥梁结构约束体系的参数。本文以世界上首座总长超千米的三塔空间缆地锚式悬索桥为研究对象,考虑多种静荷载工况组合与地震动作用,开展桥梁静、动力荷载力学效应分析,基于最不利荷载工况,确定纵向限位体系及其合理的约束刚度取值,以期为此类桥梁的设计提供指导。

二、工程背景及数值模型

1. 工程背景

浔江大桥是一座主跨为 2×520m 的三塔双跨吊空间缆悬索桥。其主跨钢箱梁向两侧边跨各延伸55m,主梁的跨径布置为 $55m + 2 \times 520m + 55m$。主梁采用分体式钢箱梁结构,由两个钢箱梁及横向连接箱组成。主缆采用空间缆设计,矢跨比为1/9.16,主缆跨径布置为 $153m + 2 \times 520m + 210m$。主缆使用公称直径为6.0mm、公称抗拉强度为1960 MPa的锌铝合金镀层高强度钢丝。主缆在塔顶和锚碇处的IP点横向间距分别为1m和46m,索吊顺桥向标准间距为16m。钢箱梁的梁高为3.0m,整体宽度为36.2m(包括检修道),主梁吊点的横向间距为32.4m。索塔采用独柱造型,塔柱为普通钢筋混凝土结构,使用C55混凝土建造。大桥按照双向四车道设计,设计速度为120km/h。大桥主桥的立面布置示意图如图1所示。

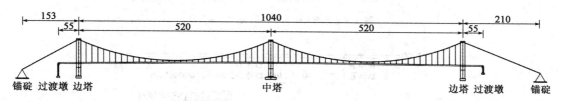

图1 桥梁主桥立面布置示意图(尺寸单位:m)

2. 数值模型

本文采用midas软件平台建立了算例桥梁的三维有限元数值模型。主塔、桥墩及桩基础使用空间梁单元模拟,赋予其相应的截面属性和材料特性。主梁以脊梁形式,采用空间梁单元模拟,根据不同截面赋予相应的截面属性。主缆和吊索则采用只受拉的桁架单元模拟,主缆按照吊索的吊点进行离散。吊索与主梁通过刚臂连接。承台与群桩通过主从节点连接。全桥的三维有限元数值模型如图2所示。

图2 桥梁有限元数值模型

三、纵向约束体系

1. 纵向体系比选

为了研究大跨空间缆三塔悬索桥的中塔与主梁连接方式对桥梁结构受力性能的影响,本文主要考虑以下三种约束体系:

(1)纵向飘浮体系:中塔与主梁横向主从约束,其他方向自由。

(2)固结约束体系:中塔与主梁采用无穷大刚度的单元连接。

(3)纵向限位体系:中塔与主梁横向主从约束,并在纵向设置具有一定约束刚度的纵向限位支座,纵向约束刚度取值范围为 $3.7 \times 10^4 \sim 2.5 \times 10^5 \text{kN/m}$。

在恒载、温度、汽车活载、制动力和活载风的组合荷载作用下,分析了三种约束体系下桥梁关键节点的位移(图3)和塔底弯矩(图4)。从图3和图4可以看出,相较于纵向限位体系和固结约束体系,纵向飘浮体系下桥梁结构的响应较大。其原因在于:对于纵向飘浮体系,独柱式桥塔在纵桥向上可视为悬臂结构,塔底内力主要由塔顶两侧主缆传递下来的内力控制。由于塔身缺乏纵向约束,塔顶的纵向位移较大;同时,主梁的纵向刚度较低,导致梁端位移增大。

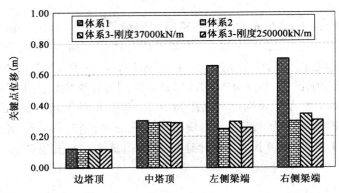

图3 三种约束体系下桥梁关键节点位移

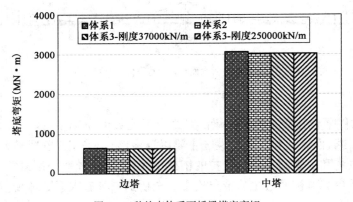

图4 三种约束体系下桥梁塔底弯矩

相比之下，纵向限位体系和固结约束体系由于在塔梁间分别设置了有限刚度和无穷大刚度的纵向约束，显著提升了主梁的纵向刚度，从而显著减少了梁端的纵向位移。具体而言，与纵向飘浮体系相比，纵向限位体系可减少约60%的梁端位移。而在主塔的纵向刚度方面，纵向限位体系和固结约束体系对主塔的影响较小，仅使主塔顶的纵向位移和主塔底的弯矩略有减小。

对于固结约束体系，虽然该体系可以减小大跨空间缆三塔悬索桥的响应，但由于塔梁固结区的横梁除了承受巨大的轴向力和弯矩外，还承受由主梁传递的较大垂直力和扭矩，使得固结节点局部区域的受力和构造异常复杂，且施工难度高。因此，本文中的大跨空间缆三塔悬索桥亦不推荐采用固结约束体系。

对于纵向限位体系，塔梁固结区设置约束刚度可调节的纵向限位支座，能够有效提升桥梁结构的纵向刚度，支座与钢箱梁可采用螺栓连接，桥塔处可设置预埋钢板，支座与桥塔处预埋钢板可采用焊接连接，施工难度低。因此，大跨空间缆三塔悬索桥的中塔与主梁的连接方式推荐采用纵向限位体系。

2. 最不利荷载工况确定

上述推荐的纵向限位体系是通过在中塔与主梁的横向连接箱之间设置纵向限位支座来实现的。本文考虑了两种不同构造的纵向限位支座：一种是仅在纵向设置弹簧以提供约束刚度的纵向限位支座（YS1），另一种是在纵向设置弹簧和摩擦阻尼器（提供阻尼力）的纵向限位支座（YS2），其中摩擦阻尼器的阻尼力设定为200kN。其具体构造如图5所示。

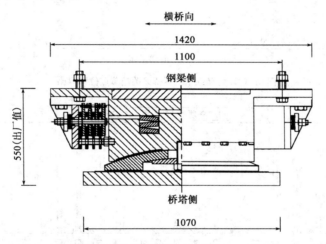

图5 带有摩擦阻尼器的纵向限位支座构造图（尺寸单位：mm）

纵向限位体系中分别设置YS1和YS2时（弹簧的纵向约束刚度初步取值为3.7×10^4kN/m，摩擦阻尼器的阻尼力为200kN），本文对比了静力荷载工况组合与E1、E2地震（各包含3条地震动）作用下的响应，以确定对桥梁设计影响最大的荷载工况。设置YS1和YS2时，静力荷载标准组合工况和E1、E2地震动作用下桥梁关键节点的位移如图6所示。由图6可知，除恒载+温度+百年一遇风荷载的标准组合工况外，边塔顶的纵向位移均小于中塔顶；不同静力荷载标准组合工况下，左、右侧梁端位移存在差异；由各节点位移的变化幅度可以看出，汽车活载对桥梁的关键节点纵向位移起控制作用；地震动作用下，边塔顶的纵向位移小于中塔顶，且左、右侧梁端位移之间的差异很小；对比不同静力荷载的标准组合和E1、E2地震作用下桥梁关键节点位移可知，当纵向限位体系设置YS1和YS2时，桥梁关键节点位移的静力最不利荷载工况组合均为恒载+温度+汽车活载+制动力+活载风。

在纵向限位体系分别设置YS1和YS2时，桥塔底的弯矩在静力荷载基本组合工况和E1、E2地震动作用下的情况如图7所示。由图7可知，除恒载+温度+百年一遇风荷载的基本组合工况外，边塔底的弯矩均小于中塔底；由各塔底弯矩的变化幅度可以看出，汽车活载对左塔底和中塔底的弯矩起控制作用；地震动作用下，中塔底弯矩明显大于边塔底；对比不同静力荷载的基本组合和E1、E2地震作用下桥梁结构的塔底弯矩可知，当纵向限位体系设置YS1和YS2时，对于左边塔和中塔底弯矩，静力最不利荷载工况组合为恒载+温度+汽车活载+制动力+活载风，对于右边塔塔底弯矩，静力最不利荷载工况组合为恒载+温度+百年一遇风荷载。

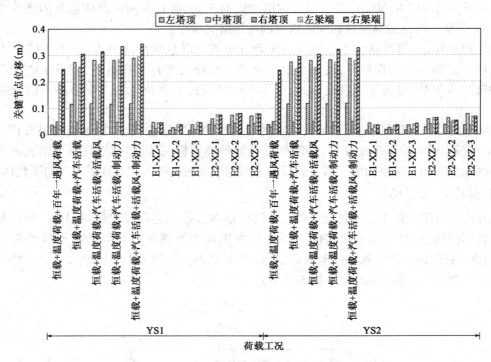

图6 静动力荷载工况下桥梁关键节点位移对比

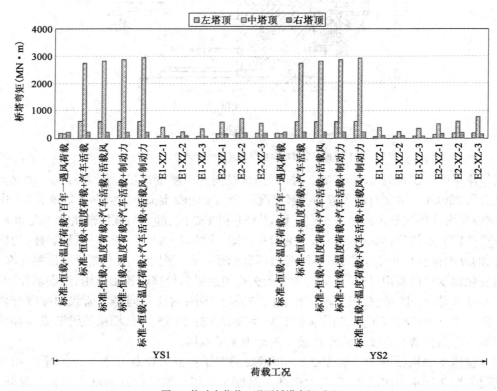

图7 静动力荷载工况下桥塔弯矩对比

对比图6和图7中静力荷载工况标准/基本组合与地震动作用下的响应可知，静力最不利荷载工况组合作用下的响应为地震作用下的1.2~4.8倍。因此，后续采用静力最不利荷载工况组合来进行主梁纵向限位支座约束刚度参数分析。

3. 限位支座参数优化分析

基于前述研究结论,对 YS1 和 YS2 纵向限位支座在静力最不利荷载组合下的约束刚度进行了参数敏感性分析。分析重点包括中塔处塔梁相对位移、梁端位移、塔顶位移、塔底弯矩及主塔两侧主缆的缆力差值。

图 8 展示了 YS1 和 YS2 在不同约束刚度下,中塔处桥塔与主梁之间的相对位移对比情况。结果显示,随着纵向限位支座约束刚度的增加,塔梁相对位移显著减小;相比之下,YS2 由于纵向限位支座的约束力与摩擦阻尼器的阻尼力共同作用,导致其塔梁相对位移小于 YS1。并且,随着约束刚度的增加,YS2 中摩擦阻尼器的约束效应逐渐减弱。图 9 对比了 YS1 和 YS2 在不同约束刚度下的梁端位移。由图 9 可知,YS1 和 YS2 的两侧梁端位移存在差异,YS2 的梁端位移总体小于 YS1,尤其是在约束刚度较低的情况下。随着纵向约束刚度的增大,梁端位移在初期显著减少,但当约束刚度达到 1.9×10^5 kN/m 后,位移变化趋于平缓,这表明随着约束刚度的增加,纵向限位支座对钢箱梁的约束作用逐步增强。

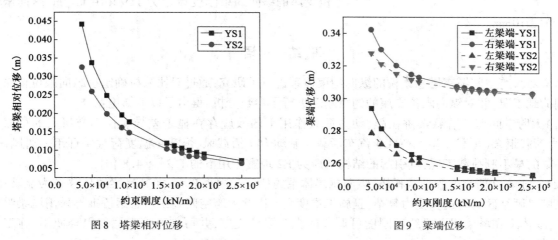

图 8　塔梁相对位移　　　　　　　　　　图 9　梁端位移

图 10 展示了 YS1 和 YS2 在不同约束刚度下的塔顶位移和塔底弯矩的对比情况。正如图中所示,由于纵向限位支座仅设置在中塔,因此在静力最不利荷载组合(包括恒载+温度+汽车活载+制动力+活载风、恒载+温度+百年一遇风荷载)作用下,纵向约束刚度的变化对中塔和边塔的塔顶位移及塔底弯矩的影响较小。

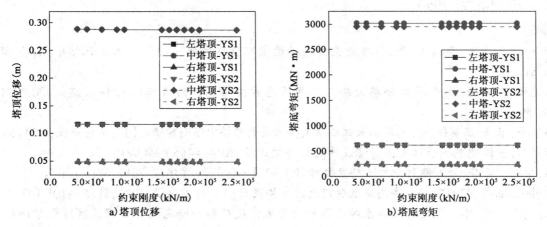

a) 塔顶位移　　　　　　　　　　b) 塔底弯矩

图 10　中、边塔塔顶位移和塔底弯矩

图 11 展示了 YS1 和 YS2 在不同约束刚度下中塔两侧主缆缆力差的对比情况。如图 11 所示,随着纵向约束刚度的增大,YS1 和 YS2 中塔两侧主缆的缆力差显著减小。YS2 中的纵向限位支座与摩擦阻尼器的组合使用,有效降低了中塔两侧主缆的缆力差值,从而增强了主缆鞍座的抗滑移安全性。同时,随着纵向约束刚度的增加,摩擦阻尼器对缆力差的影响逐渐减弱。

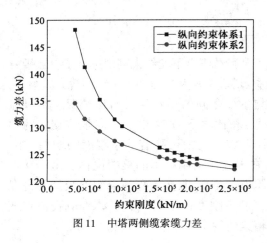

图 11　中塔两侧缆索缆力差

由上述对比分析可知,在静力最不利荷载组合作用下,YS2 体系相较于 YS1 体系的桥梁结构响应更小。具体表现为:随着纵向限位支座约束刚度的增大,中塔处塔梁的相对位移和两侧主缆的缆力差显著减小;梁端位移在约束刚度初期增长时明显下降,但当约束刚度达到 $1.9 \times 10^5 \mathrm{kN/m}$ 后趋于稳定。同时,纵向约束刚度的变化对中、边塔的塔顶位移和塔底弯矩影响较小。

综合考虑桥梁结构的受力、响应及支座构造的安全性,建议在最不利荷载工况(恒载+温度荷载+汽车活载+制动力+活载风、恒载+温度荷载+百年一遇风荷载)下,采用带有摩擦阻尼器的组合约束体系(YS2)。此时,建议将纵向限位支座的纵向约束刚度设定为 $1.9 \times 10^5 \mathrm{kN/m}$,纵向限制位移设计为 ±10mm。

四、结　语

本文对大跨空间缆三塔悬索桥的纵向约束体系进行了研究,通过对比分析确定了纵向限位体系下的最不利荷载工况,并对纵向限位支座的约束刚度进行了参数分析,得出了以下结论:

(1)大跨空间缆三塔悬索桥在静、动力荷载作用下的效应存在显著差异。在本文研究的荷载情况下,静力荷载组合(恒载+温度荷载+汽车活载+制动力+活载风、恒载+温度荷载+百年一遇风荷载)为该桥梁的最不利荷载工况,其引起的结构响应为 E2 地震作用下的 1.2 ~ 4.8 倍。

(2)对于本文研究的独柱式桥塔,纵向飘浮体系的位移和内力较大,尤其是梁端位移较为显著;而固结体系塔梁固结区的构造和受力复杂,且施工难度大。因此大跨空间缆三塔悬索桥推荐采用塔梁纵向限位体系,该体系在塔梁间设置约束刚度可调节的纵向限位支座,并可与摩擦阻尼器组合使用,施工难度低,技术较成熟。

(3)基于静力最不利荷载组合作用下,不同纵向约束刚度条件下桥梁结构的关键节点位移、塔底弯矩及中塔两侧主缆缆力差的分析结果,推荐在大跨空间缆三塔悬索桥的塔梁间设置带有摩擦阻尼器的纵向限位支座。当摩擦阻尼器的阻尼力为 200kN 时,纵向限位支座的约束刚度建议为 $1.9 \times 10^5 \mathrm{kN/m}$,且纵向限制位移应设定为 ±10mm。

参考文献

[1] 李万恒,王元丰,李鹏飞,等.三塔悬索桥桥塔适宜刚度体系研究[J].土木工程学报,2017,50(1):75-81.

[2] 王忠彬,万田保.泰州长江公路大桥三塔两跨悬索桥结构行为特征[J].桥梁建设,2008(2):38-40,59.

[3] 高康平,张强,唐贺强,等.马鞍山长江公路大桥三塔悬索桥中塔刚度研究[J].桥梁建设,2011(5):1-5.

[4] 李翠霞.武汉鹦鹉洲长江大桥桥塔设计[J].桥梁建设,2014,44(5):94-98.

[5] 高宗余,史方华.温州瓯江北口大桥主桥设计关键技术[J].桥梁建设,2017,47(1):1-5.

[6] 常付平,陈亮,邵长宇,等.济南凤凰黄河大桥主桥设计[J].桥梁建设,2021,51(5):101-107.

[7] 王杰,李建中.不同纵向约束体系对三塔悬索桥地震反应影响研究[J].石家庄铁道大学学报(自然科学版),2019,29(2):1-11.

[8] 但启联,魏凯,向琪芪,等.加劲梁形式及支承体系对三塔悬索桥整体刚度影响研究[J].世界桥梁,2017,45(5):49-53.

[9] 唐贺强,张强,杨光武.马鞍山长江公路大桥三塔悬索桥结构体系选择[J].桥梁建设,2011(1):5-9.

[10] 梁鹏,吴向男,李万恒,等.三塔悬索桥纵向约束体系优化[J].中国公路学报,2011,24(1):59-67.

8. 三塔悬索桥中塔刚度对结构静动力性能影响研究

杨怀茂[1]　杨佐磊[1]　鄢稳定[2]

(1. 中交公路长大桥建设国家工程研究中心有限公司；2. 广西容梧高速公路有限公司)

摘　要　以容梧高速公路浔江大桥为研究对象，开展中塔适宜刚度研究。以边塔刚度为基准，取不同边中塔与边塔纵向刚度比进行研究，分析不同中塔刚度对结构受力、变形性能、索鞍滑移稳定性、动力特性、抗震性能等静动力性能的影响，重点关注对索鞍滑移稳定性、加劲梁竖向挠跨比这两个控制指标的影响规律，在各指标满足设计规范要求下，提出适宜中塔刚度取值范围。

关键词　三塔地锚式空间缆悬索桥　中塔适宜刚度　结构受力　静动力性能　索鞍滑移稳定性

一、引　言

与传统两塔悬索桥相比，三塔悬索桥的结构行为有着显著差异，三塔悬索桥是在两塔悬索桥主跨的中部支起一个桥塔以减轻主缆和两端锚碇受力的结构形式，虽然都是以悬索为承重结构，但因为多了一个中塔和一个主跨，结构力学特性显然不同。三塔悬索桥的中塔缺乏边跨主缆的有效约束，结构整体刚度较小，活载作用下结构发生较大变形；若采用刚度较大的中塔，则会使主缆在中塔鞍座处的抗滑稳定性降低，影响结构安全。由此可见，中塔刚度对活载作用下的结构变形及主缆抗滑稳定性有重要影响，中塔刚度取值是三塔悬索桥的关键力学问题。开展中塔刚度对结构总体及基础受力影响研究，对其进行深入的计算分析，以确定合理的结构形式，具有重要的理论意义及工程价值[1-7]。

二、工程背景及有限元模型

1. 工程背景

三塔地锚式空间缆悬索桥采用主跨 $2\times520m$ 双跨吊钢箱梁悬索桥，主缆采用空间缆，主缆跨径布置为 $153m+2\times520m+210m$，矢跨比为 $1/9$，主缆在塔顶、锚碇处 IP 点横向间距分别为 1m 和 46m。主梁跨径布置为 $55m+2\times520m+55m$，索塔处设横向抗风支座，过渡墩处设竖向支座和横向抗风支座。每跨布置 31 对吊索，吊索间距为 16m。悬索桥总体布置如图 1 所示。

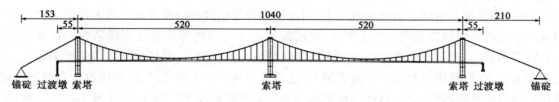

图 1　浔江大桥总体布置(尺寸单位：m)

2. 有限元模型

通过 midas Civil 空间有限元分析软件建立三塔地锚式空间缆悬索桥的有限元模型，如图 2 所示。其中，桥塔、加劲梁等构件采用空间梁单元模拟，主缆及吊索等构件采用空间索单元模拟。采用弹簧连接模拟桥塔桩基与土体的相互作用；主缆锚固处及桩基底部采用固结约束；梁端支座采用弹性连接模拟，仅约束竖桥向和横桥向；加劲梁与桥塔之间采用横向约束，其他自由度放松；吊索和加劲梁之间采用刚臂连接。有限元模型如图2所示,图中左侧边塔为南边塔,右侧边塔为北边塔。

图2 有限元分析模型

三、桥塔刚度修改方式

浔江大桥采用"I"形桥塔。在对大桥中塔合理刚度分析中,通过改变桥塔截面轮廓尺寸、壁厚、变截面区域等参数来改变中塔纵向抗推刚度,如图3所示。分析这几类修改刚度方式对桥塔截面刚度、稳定性、材料用量等参数的影响,选择合理的优化中塔刚度方式。

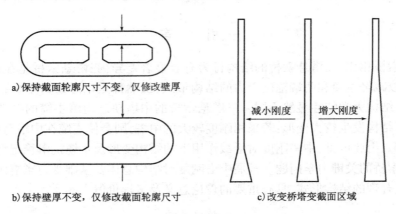

图3 改变桥塔抗推刚度方式

通过不同修改刚度方式将桥塔纵向抗推刚度修改为0.8倍和1.2倍,其余桥塔参数及桥塔内力变化如表1所示。可以看到,通过改变壁厚来改变桥塔纵向抗推刚度,对桥塔轴向刚度影响较大,当桥塔纵向抗推刚度为0.8倍时,轴向刚度降至0.7倍。通过改变变截面区域来改变桥塔纵向抗推刚度,对桥塔横向抗推刚度影响较大,当桥塔纵向抗推刚度为1.2倍时,桥塔横向抗推刚度增至1.85倍。综合来看,通过改变截面轮廓来改变桥塔纵向抗推刚度,对桥塔其他参数影响最小。通过几种修改方式修改后,桥塔的纵桥向剪力和横桥向弯矩没有太大变化,桥塔轴力则出现明显不同。通过改变壁厚方式来改变桥塔纵向抗推刚度时,桥塔轴力有明显的减小或增大,因此不推荐通过改变壁厚方式来增大桥塔纵向抗推刚度,但可用其减小桥塔纵向抗推刚度。综上所述,使用改变截面轮廓的方式来改变桥塔纵向抗推刚度,对桥塔其他参数影响最小;使用改变壁厚的方式来改变桥塔纵向抗推刚度,对桥塔材料用量影响较大,当桥塔纵向抗推刚度增大时,桥塔材料用量会显著增大,进而导致轴力有大幅度增大;使用改变变截面区域的方式来改变桥塔纵向抗推刚度,对桥塔横向抗推刚度和稳定性影响较大。因此,为了减小对原结构的影响,使用改变截面轮廓的方式来改变桥塔纵向抗推刚度。

桥塔参数及内力变化 表1

桥塔参数	纵向抗推刚度0.8倍			纵向抗推刚度1.2倍		
	改变截面轮廓	改变壁厚	变截面	改变截面轮廓	改变壁厚	变截面
横向抗推刚度(倍)	0.91	0.86	0.70	1.09	1.06	1.85
轴向刚度(倍)	0.93	0.70	0.96	1.07	1.40	1.12

续上表

桥塔参数	纵向抗推刚度0.8倍			纵向抗推刚度1.2倍		
	改变截面轮廓	改变壁厚	变截面	改变截面轮廓	改变壁厚	变截面
桥塔重量(倍)	0.97	0.90	0.95	1.02	1.19	1.05
横桥向弯矩(kN·m)	2.01×10^6	2.01×10^6	2.01×10^6	2.09×10^6	2.09×10^6	2.05×10^6
纵桥向剪力(kN)	2.15×10^4	2.15×10^4	2.14×10^4	2.21×10^4	2.21×10^4	2.18×10^4
轴力(kN)	2.68×10^5	2.44×10^5	2.62×10^5	2.83×10^5	3.34×10^5	2.75×10^5

四、结构静动力性能影响分析

1. 动力特性

结构自振频率是反映结构整体刚度、质量与结构体系的一个重要指标。悬索桥刚度较小,在外界动力荷载(如风荷载、地震荷载等)作用下会产生动力响应,可能会产生较大变形和内力,需对悬索桥的结构自振特性进行研究。表2给出了采用不同中塔纵向刚度时悬索桥结构前10阶自振特性分析结果。

不同中塔纵向刚度时悬索桥结构自振特性(单位:Hz)　　表2

振型顺序	中边塔纵向刚度比值								振型描述
	0.6	0.8	1.0	1.2	1.4	1.6	1.8	2.0	
1	1.0658	1.1373	1.1833	1.2065	1.2163	1.2203	1.2224	1.2236	一阶主梁反对称竖弯
2	1.2372	1.2420	1.2524	1.2719	1.2992	1.3247	1.3471	1.3660	二阶主梁反对称竖弯
3	1.2692	1.2692	1.2692	1.2692	1.2692	1.2692	1.2692	1.2692	一阶主梁对称竖弯
4	1.5906	1.5906	1.5907	1.5907	1.5907	1.5907	1.5907	1.5908	二阶主梁对称竖弯
5	1.6069	1.6070	1.6070	1.6071	1.6071	1.6071	1.6071	1.6071	主梁+桥塔反对称横弯
6	1.9328	1.9439	1.9498	1.9543	1.9578	1.9605	1.9628	1.9646	主梁+桥塔对称横弯
7	1.9994	2.0141	2.0270	2.0387	2.0505	2.0612	2.0710	2.0798	三阶主梁反对称竖弯
8	2.3950	2.3953	2.3955	2.3957	2.3958	2.3959	2.3960	2.3961	三阶主梁对称竖弯
9	2.4330	2.4650	2.4854	2.5050	2.5173	2.5275	2.5360	2.5430	桥塔对称横弯
10	2.6616	2.6616	2.6616	2.6616	2.6616	2.6616	2.6616	2.6616	四阶主梁对称竖弯

由计算结果可知,结构自振频率变化较大的是主梁反对称竖弯振型,其余振型几乎没有变化。从图4主梁反对称侧弯振型图中可以看出,该振型中塔纵向有弯曲,因此中塔纵向刚度的改变会影响该振型。对于一阶、二阶及三阶主梁反对称竖弯振型,当刚度比值从0.6增大至2.0时,振型频率分别提高了15.88%、9.98%及4.16%;综上所述,三塔悬索桥的中边塔纵向刚度比对结构的主梁反对称振型影响较大,对其他振型影响较小,对低阶振型影响更为显著。

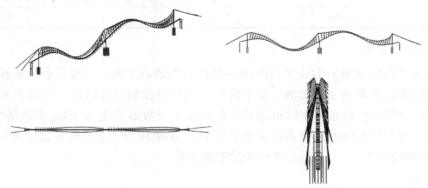

图4　主梁反对称竖弯振型图

2. 变形性能

不同中塔纵向刚度时，在汽车荷载作用下，三塔悬索桥的塔顶最大纵向位移如图5所示。在汽车荷载作用下，中塔纵向位移较大，边塔纵向位移较小。当中边塔纵向刚度比值以线性形式增加时，边塔的最大纵向位移几乎没有变化，而中塔的最大纵向位移则呈对数形式下降。当中边塔纵向刚度比值从0.6增加至2.0时，中塔的最大纵向位移则减小了58.5%。由于边塔刚度不变，只改变中塔的刚度，因此对边塔纵向位移影响较小，对中塔纵向位移影响较大。

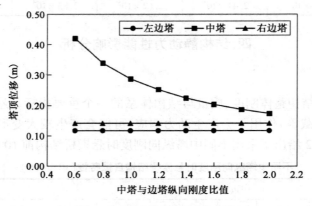

图5 塔顶最大纵向位移变化曲线

不同中塔纵向刚度时，汽车荷载作用下，三塔悬索桥的跨中最大竖向挠度和挠跨比如表3所示。当中塔纵向刚度线性逐渐增加时，三塔悬索桥的挠跨比逐渐减小。根据《公路悬索桥设计规范》(JTG/T D65-05—2015)，加劲梁由车道荷载频遇值引起的最大竖向挠度值不宜大于跨径的1/250，当中塔纵向刚度减小至原来的0.6倍时，加劲梁挠跨比为1/291，小于规范限值，满足要求。当中边塔纵向刚度比值从0.6增加至2.0时，悬索桥左跨最大竖向挠度减小了19.1%，右跨减小了18.7%，说明三塔悬索桥中塔纵向刚度的改变对加劲梁竖向挠度有一定影响。

不同中塔纵向刚度时悬索桥加劲梁竖向位移　　　　　表3

中边塔纵向刚度比值	左跨竖向挠度(m)	右跨竖向挠度(m)	左挠跨比	右挠跨比
0.6	1.756	1.786	1/296	1/291
0.8	1.642	1.673	1/317	1/311
1.0	1.571	1.603	1/331	1/324
1.2	1.524	1.556	1/341	1/334
1.4	1.487	1.519	1/350	1/342
1.6	1.459	1.492	1/357	1/349
1.8	1.437	1.470	1/362	1/354
2.0	1.420	1.453	1/366	1/358

3. 索鞍滑移安全系数

根据《公路悬索桥设计规范》(JTG/T D65-05—2015)，鞍槽内主缆抗滑安全系数K应等于或大于2。摩擦系数μ不同时，鞍槽内主缆抗滑安全系数K的变化规律如图6所示。可以看到，当中边塔纵向刚度比值以线性形式增加时，鞍槽内主缆抗滑安全系数K呈对数形式递减，因此中边塔纵向刚度比值不宜过大。同时，当主缆与鞍座间的摩擦系数μ小于0.3时，主缆抗滑安全系数K皆不满足规范要求，因此实际工程中应采取相应措施，增大主缆与鞍座间的摩擦系数。

4. 结构稳定性

不同中边塔纵向刚度比值时，悬索桥稳定系数如表4所示。可以看到，随着边中塔刚度比值的增大，结构稳定系数逐渐增大,当刚度比值从0.6增大到2.0时,稳定安全系数增大11.6%,失稳模态均为索塔横向挠曲。结构稳定安全系数均大于4,满足《公路悬索桥设计规范》(JTG/T D 65-05—2015)规定的"弹性屈曲稳定安全系数不应小于4"的规定。

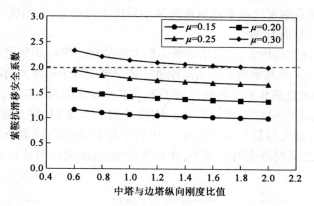

图6 主缆抗滑安全系数变化曲线

不同中塔纵向刚度时悬索桥稳定系数   表4

中边塔纵向刚度比值	稳定系数	失稳模态
0.6	15.05	索塔横向挠曲
0.8	15.65	索塔横向挠曲
1.0	16.05	索塔横向挠曲
1.2	16.33	索塔横向挠曲
1.4	16.50	索塔横向挠曲
1.6	16.62	索塔横向挠曲
1.8	16.72	索塔横向挠曲
2.0	16.80	索塔横向挠曲

5. 抗震性能

地震作用时,不同中塔纵向刚度时,结构塔顶位移及主梁位移分别见图7及图8。根据计算结果可知,随着中塔刚度增大,边塔塔顶位移变化趋势平缓,呈增大的趋势,中塔与边塔纵向刚度比值(简称"刚度比值")从0.6增大到2.0时,塔顶位移增大6.2%;中塔纵向位移呈逐渐减小趋势,刚度比值从0.6增大到2.0时,塔顶位移减小8%;由此可知,中塔变形对中边塔纵向刚度比的变化更为敏感。梁端位移受桥塔刚度变化影响较小。随着刚度比值增加,主梁梁端纵桥向位移呈现逐渐递减的趋势,但是变化幅度较小,当中边塔刚度比值从0.6增大至2.0时,梁端位置减小1.2%。综上所述,地震作用下,桥塔塔顶位移和主梁位移基本呈现逐渐减小的变化趋势,就减小地震作用结构变形而言,不宜采用较小的中边塔纵向刚度比。

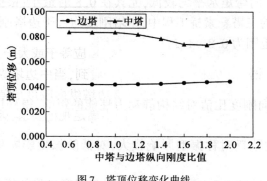

图7 塔顶位移变化曲线

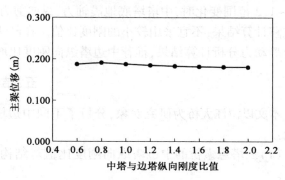

图8 梁端位移变化曲线

地震作用下,不同刚度比值时的悬索桥桥塔内力见图9。

由图9a)可知,边塔塔底地震轴力变化较小,随着刚度比值变化发生波动变化,地震轴力在30000kN左右变化。刚度比值为0.8时,地震轴力最大;刚度比值为2.0时,地震轴力最小;最大与最小值相差7%。中塔塔底地震轴力随着刚度比值变化呈现先减小后增大的趋势,在刚度比值为0.8时最小,刚度比值为2.0时最大,地震轴力差别为39%。

由图9b)可知,随着刚度比值增大,边塔塔底纵向剪力均呈现逐渐减小的趋势,刚度比值从0.6增大到2.0,塔底纵向剪力减小6%;中塔塔底纵向剪力随刚度比值呈现先减小后增大的趋势,刚度比值在0.6~1.2变化时塔底剪力较小,在刚度比值0.8最小;当刚度比值从0.8增大到2.0时,塔底纵向剪力增大36%。

由图9c)可知,边塔塔底纵向弯矩变化较小。刚度比值为0.8时,塔底纵向弯矩最小;刚度比值为2.0时,塔底纵向弯矩最大;最大与最小值相差6%;中塔塔底纵向弯矩随着刚度比值变化呈现先减小后增大的趋势,在0.6~1.2之间时塔底弯矩较小,在0.8处最小;刚度比值从0.8增大到2.0时,塔底纵向弯矩增大33%。

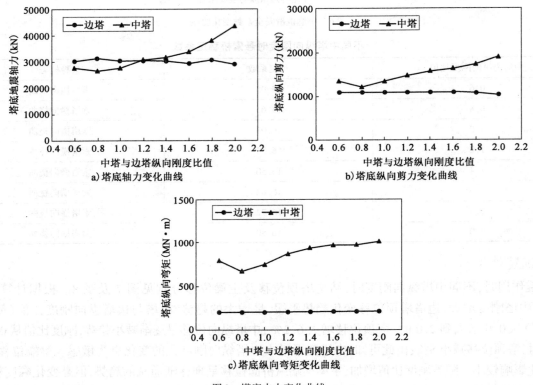

图9 塔底内力变化曲线

综上所述,边中塔纵向刚度比值对边塔的地震反应影响较小,对中塔地震影响大,当刚度比值在0.6~1.2范围变化时,中塔塔底地震轴力、纵向剪力及纵向弯矩水平均较低,尤其在0.8时最小;根据地震位移计算结果,不宜采用较小的刚度比值。在已建成的三塔悬索桥工程中,中塔刚度均大于边塔刚度,结合静动力分析计算结果,推荐中边塔纵向刚度比取值范围为0.8~1.2。

五、结　语

本文以浔江大桥为研究对象,分析了不同中边塔纵向刚度比值对结构静动力性能的影响,得到以下结论:

(1)三塔悬索桥的中边塔纵向刚度比值对结构的主梁反对称振型影响较大,对低阶振型影响更为显著。

(2)索鞍滑移安全系数随中边塔纵向刚度比值的增大而减小;实际工程中应采取相应措施,增大主缆与鞍座间的摩擦系数,使索鞍滑移安全系数满足要求。

(3)边中塔纵向刚度比值对边塔的地震反应影响较小,对中塔地震影响大,比值在0.8时最小;根据静动力计算结果,并结合已建三塔悬索桥工程实例,推荐中边塔纵向刚度比取值范围为0.8~1.2。

参考文献

[1] 王萍.多塔连续体系悬索桥静动力特性的研究[D].成都:西南交通大学,2007.
[2] 陈永健.多塔自锚式悬索桥受力性能研究[D].福州:福州大学,2011.
[3] 万田保,王忠彬.泰州长江公路大桥三塔两跨悬索桥总体稳定性分析[J].桥梁建设,2008(2):17-19.
[4] 王忠彬,万田保.泰州长江公路大桥三塔两跨悬索桥结构行为特征[J].桥梁建设,2008(2):38-40.
[5] 杨进.泰州长江公路大桥主桥三塔悬索桥方案设计的技术理念[J].桥梁建设,2007(3):33-35.
[6] 阮静,吉林,祝金鹏.三塔悬索桥中塔结构选型分析[J].山东大学学报(工学版),2008(2):106-111.
[7] 王秀兰,柴生波.三塔悬索桥中塔适宜刚度[J].北京工业大学学报,2019,45(4):353-358.

9.苍容浔江大桥钢箱梁构造细节设计

孙义斐　黄月超

(中交公路规划设计院有限公司)

摘　要　苍容浔江大桥是世界最大跨径三塔空间缆地锚式悬索桥,本文主要对其主梁设计进行介绍。主梁采用分体式钢箱梁,首先对主梁形式进行比选,然后对主梁横断面、梁段划分、钢桥面板、底板、腹板、隔板、梁端锚固等钢箱梁构造细节进行介绍,最后对主梁进行总体计算和局部计算,结果表明当前设计满足规范要求。

关键词　空间缆悬索桥　分体式钢箱梁　构造细节　耳板　连接箱　结构计算

一、引　言

随着我国桥梁建设的逐步发展,对于桥梁构件的精细化设计要求也逐渐提高。对于新形式桥梁结构,尤其是主梁结构,设计人员不仅应对整体受力情况进行充分考虑,对主梁细部构造也应细致分析。据此,本文以一座三塔悬索桥的主梁设计为例,从整体到局部进行设计计算,为今后同类型设计提供参考。

二、工程概况

1.设计方案

苍容浔江大桥是梧州—玉林—钦州高速公路(苍梧至容县段)在梧州市境内跨越浔江河的一座特大桥。桥梁于苍梧县岭脚镇大义村附近跨越浔江,路线与浔江交角接近90°,江面宽约1020m,桥位上距藤县西江大桥约21.18km、郁江桂平航运枢纽146.2km、黔江在建大藤峡水利枢纽约153.2km,下距长洲水利枢纽约10.8km,桥位河段为单一河段,河道宽阔,水流平顺,水深充裕,河床稳定,附近无易变的洲滩。

苍容浔江大桥主桥为主跨2×520m三塔双跨吊空间缆悬索桥,主缆采用空间缆,主缆跨径布置为153m+2×520m+210m,矢跨比为1/9.16,主缆在塔顶、锚碇处IP点横向间距分别为1m和46m。主梁跨径布置为55m+2×520m+55m,主梁在过渡墩处设置竖向支座和横向抗风支座,在中塔处设置横向抗风支座和纵向限位支座,在边塔处设横向抗风支座。每跨布置31对吊索,吊索纵向间距为16m。桥型总体布置见图1。

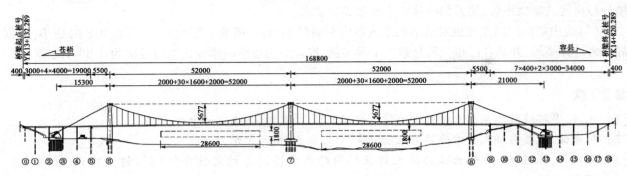

图 1 桥型总体布置(尺寸单位:cm)

2. 主要技术标准

(1)公路等级:高速公路。
(2)行车道数:双向四车道。
(3)设计速度:120km/h。
(4)桥梁结构设计基准期:100年。
(5)设计使用年限:主体结构100年。
(6)桥面宽度:2×12.75m,其中行车道宽2×(2×3.75)m+2×3m。
(7)横坡:2.00%。
(8)设计洪水频率:1/300。
(9)通航水位:最高通航水位+27.58m(国家85高程,下同),最低通航水位+18.74m。
(10)抗震设防标准:E1地震作用重现期为950年(100年超越概率10%),E2地震作用重现期为2475年(50年超越概率2%)。
(11)抗风设计标准:设计基本风速采用桥址处100年重现期10m高度10min平均年最大风速26.3m/s。

三、主梁形式比选

1. 梁型比选

梁型比选是悬索桥设计的重要内容,对悬索桥结构设计有决定性的影响。主梁形式有三种,即钢箱梁、组合梁和桁架梁。结合建设条件及与桥址环境协调性,充分考虑设计及施工技术成熟程度、耐久性、美学景观效果及经济性等因素,对三种主梁形式进行对比,详见表1。

悬索桥梁型方案比选　　　　　　　　　　　　　　　　　　　　　　　表1

内容	钢箱梁	组合梁	钢桁梁
技术难度	有成熟的设计、施工经验	设计、施工经验尚未成熟、未经长时间实践考验	有成熟的设计、施工经验
抗风性能	断面抗风性能较好	采用流线型断面,抗弯、抗扭刚度大,提高了抗风性能	断面通透、抗风性能好
施工难度及工期	工地连接速度快,工期短	现场工作量较大,需要现浇梁段间湿接缝,工期较长	钢桁梁节段间连接杆件多且复杂,桥面板二次拼装或浇筑,工期长
美学效果	扁平结构,景观效果好,适用于平原微丘地区	扁平结构,景观效果好,适用于平原微丘地区	桁架高度大,景观效果稍差,适用于山岭地区或开阔海面
耐久性	正交异性钢桥面板疲劳问题较为突出,养护工作量较小	混凝土桥面板改善桥面铺装性能,后期耐久性设计经验较少,通过相关措施控制;养护工作量小	桥面板与主桁分离,便于维护;桁架杆件暴露在海洋大气环境,养护工作量大

续上表

内容	钢箱梁	组合梁	钢桁梁
经济性	钢材量较钢桁梁减少15%~25%，缆索、索塔及锚碇工程量相应减小，经济性好	混凝土桥面板增加了主梁重量，其他部分相应增加，经济性较钢箱梁差	钢桁梁本身及混凝土桥面板重量较大，且钢桁梁梁高较高增加全线纵断，其他部分工程量相应增加，经济性较差
与桥址环境协调性	协调	协调	不协调
推荐意见	推荐	不推荐	不推荐

通过表1的对比分析，结合本项目主跨2×520m独塔协作体系桥自身特点，综合考虑结构技术难度及成熟度、抗风性能、施工难度及工期、耐久性、经济性与桥址环境协调性等方面，推荐选用钢箱梁断面。

2. 梁高确定

悬索桥加劲梁作为车道荷载直接作用构件，在竖向荷载作用下，顺桥向受力呈现多跨连续梁受力特性，因此吊点的顺桥向间距决定受力；加劲梁横向受力呈现简支梁受力特性，因此桥宽决定横桥向受力。表2为国内部分整体钢箱梁悬索桥梁高、桥宽及吊点间距一览表。

整体箱悬索桥梁高、桥宽、吊点间距一览表　　表2

桥名	梁高(m)	桥宽(m)	吊点顺桥向间距(m)	高宽比
虎门二桥	4	44.7	12.8	11.18
虎门大桥	3	35.6	12	11.87
秀山大桥	3	30	18	10.00
西江悬索桥	3	31.98	15	10.66
黄埔大桥	3.5	38.6	12.8	11.03

由表2可知，大跨径悬索桥主梁高宽比约1/10，吊点间距变化范围很大，结合之前的项目经验，浔江大桥吊点间距16m，现桥宽32.33m，梁高3m，高宽比为1/11.15。

四、钢箱梁构造设计

1. 主梁标准横断面

主桥索塔采用中央独柱索塔，为适应中分带加宽，主梁采用分体式钢箱梁，由两个钢箱梁及横向连接箱组成。主梁标准横断面见图2。钢箱梁梁高3.0m，钢箱梁全宽36.2m(含检修道)，主梁吊点横向间距32.4m。单侧顶板宽13.35m，平底板宽8.25m，外侧斜底板宽5.4m。箱梁两侧设置宽1.677m倒L形导流板，同时起到检修道功能。平底板两边设置检查车轨道及轨道导风板。

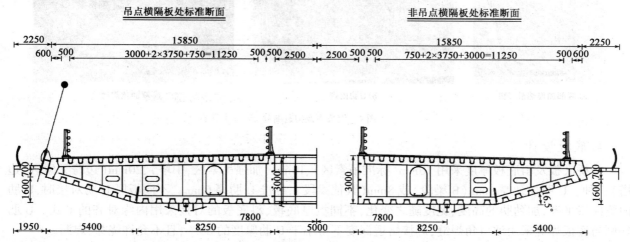

图2　主梁标准横断面(尺寸单位：mm)

2. 梁段划分

主梁节段根据所处位置分为无索区梁段(A、C、D)、塔区梁段(E、G)、标准吊索区梁段(B)、加强吊索区梁段(F)共4类,全桥共71个梁段(图3)。吊索区梁段(B和F梁段)长16.0m,设置5道横隔板,间距3.2m,B梁段和F梁段单个节段质量分别为264.1t和231.6t。

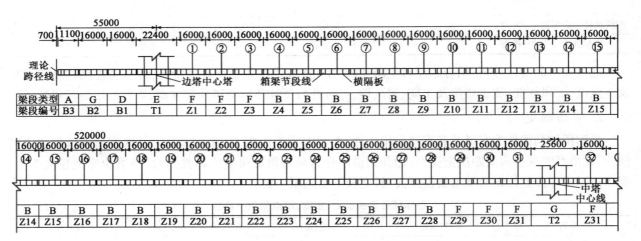

图3 钢箱梁梁段划分(尺寸单位:mm)

3. 钢桥面板设计

全桥顶板标准厚度采用18mm,塔区及边跨无索区加厚至20mm。为保证桥面顶板上的铺装厚度符合设计要求,且保持平齐,不同厚度的桥面顶板对接采取上缘(外缘)对齐的形式。顶板厚度为18mm时,U肋加劲高度为300mm,上口宽300mm,下口宽180mm;顶板厚度为其他数值时,U形加劲肋保持底缘平齐,下口宽保持不变,上口宽度以标准300mm、高度为300mm为基准,随顶板厚度相应延伸或缩短。护栏附近共加设10道宽168mm、厚14mm的板肋。不同梁段间顶板纵肋采用螺栓连接。

顶板U肋采用热轧形式,U肋靠近顶板位置的肋脚区域加厚至12mm,其余位置采用8mm。为提高桥面系抗疲劳性能,U形加劲肋与顶板间的组装间隙全长范围内不得大于0.5mm,U肋和顶板间采用双面角焊缝,在不低于95%的焊缝长度内要求全熔透,在不高于5%的焊缝长度内熔透率不低于90%。钢桥面板构造细节见图4。

a) 端部加厚热轧U肋

b) U肋内焊

c) 双面角焊缝

图4 钢桥面板构造细节

4. 底板设计

全桥底板及斜底板厚度采用10mm(标准吊索区)、16mm(加强吊索区、中塔)、20mm(边跨无索区、边塔)三种。U肋加劲厚6mm(B梁段)或8mm(其他梁段),标准U肋厚6mm。不同板厚U肋对接时,U肋内侧保持平齐,加劲肋的高度、宽度随之变化,不同板厚底板、斜底板的对接采用内缘对齐的形式。U肋外侧与底板焊缝采用坡口角焊缝,焊接熔透深度不得小于U肋厚度的80%,且不允许烧穿、焊漏。

5. 腹板设计

箱梁外腹板构造见图5。外腹板标准厚度为20mm,设置1道宽200mm、厚20mm的板肋,吊索连接区域腹板局部加厚至30mm,板肋尺寸增大为宽240mm、厚24mm。在吊点横隔板处,外腹板加劲断开焊在横隔板上,横隔板上不开孔,同时在耳板附近增设竖向局部加劲构造。内腹板标准厚度为14mm,设置5道宽168mm、厚14mm的板肋,内腹板在连接箱处开人洞,形成检修通道。

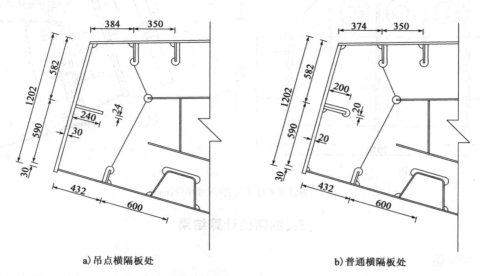

图5 箱梁外腹板构造(尺寸单位:mm)

6. 连接箱设计

每个吊索截面处均设横向连接箱(图6),连接箱长度5m,宽3.2m,高3m,见图6。连接箱两侧各500mm长度范围内的顶板、底板、腹板及加劲与两侧梁体一起加工,场内通过环焊缝+嵌补段的形式将梁段连接为整体。为增强连接箱抗扭性能,每个箱内设置2道隔板。为防止应力集中、保证传力匀顺,连接箱顶底板加劲与箱梁内腹板连接处设置局部加劲构造进行过渡。

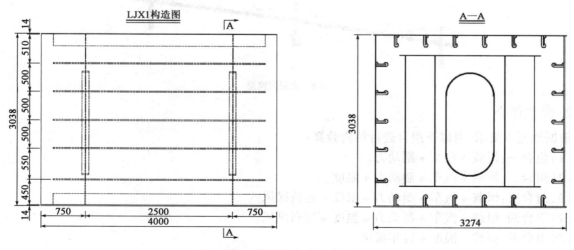

图6 横向连接箱构造(尺寸单位:mm)

7. 吊索梁端锚固构造

吊索通过销轴锚固在箱梁两侧的耳板上,耳板与钢箱梁腹板外侧通过抗剪板焊接,设置于钢箱梁外侧,通过调节抗剪板尺寸实现横向倾角,耳板与吊索平行。根据吊索型号分为标准型和加强型两类。标准型耳板厚度采用60mm,设置1个永久销轴孔,抗剪板厚度采用40mm;加强型耳板厚度采用80mm,设置2个永久销轴孔,抗剪板厚度采用60mm。二者均设置1个备用孔,备用孔方向与索夹备用槽方向一致。标准吊索锚固构造见图7。

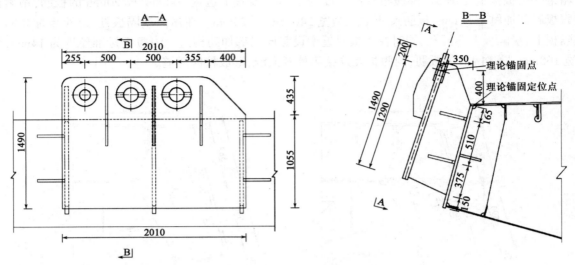

图7　标准吊索锚固构造(尺寸单位:mm)

五、钢箱梁计算结果

1. 有限元模型

为详细分析主梁在各工况下的受力情况,以及得到精确的结构内力与应力,建立了全桥空间杆系模型(图8)。主缆、吊索采用索单元进行模拟;索塔、主梁采用空间梁单元进行离散。计算模型中,坐标系以 x 轴为纵桥向,y 轴为横桥向,z 轴为竖向。按实际建立索塔桩基承台,施加桩基侧向土弹簧,桩底固结。主梁在中塔处约束横向位移和纵向位移,边塔处约束横向位移,在过渡墩处约束竖向和横向位移。主缆在索鞍处固结。

图8　有限元模型

2. 荷载组合

根据规范[1]要求,对以下组合进行结构验算:
(1)组合一:恒载+汽车+制动力。
(2)组合二:恒载+汽车+制动力+温度。
(3)组合三:恒载+汽车+制动力+温度+运营横风。
(4)组合四:恒载+汽车+制动力+温度+运营纵风。
(5)组合五:恒载+温度+百年横风。
(6)组合六:恒载+温度+百年纵风。

3. 主梁总体计算结果

作用基本组合(考虑结构重要性系数1.1)下,主梁最不利内力值如图9所示。可以看出,荷载组合包络下主梁轴力、弯矩较为均匀,最大竖向负弯矩为90916kN·m,出现在边塔旁第3根吊索处,最大竖向正弯矩为145274kN·m,出现在边跨。

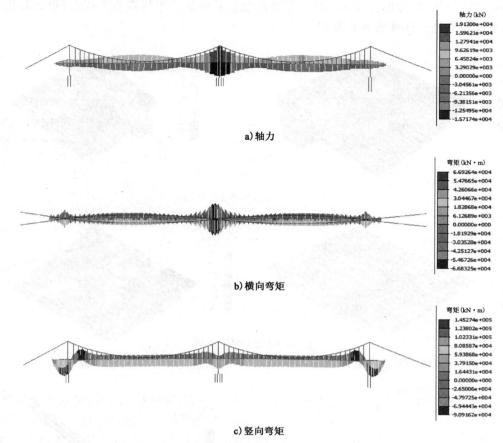

a) 轴力

b) 横向弯矩

c) 竖向弯矩

图9 最不利组合作用下主梁内力包络图

作用基本组合(考虑结构重要性系数1.1)下主梁应力值如图10所示。钢梁最大拉应力为174.4MPa,最大压应力为-156.6MPa,主梁基本组合应力均小于规范[2]限值270MPa,结构受力安全。

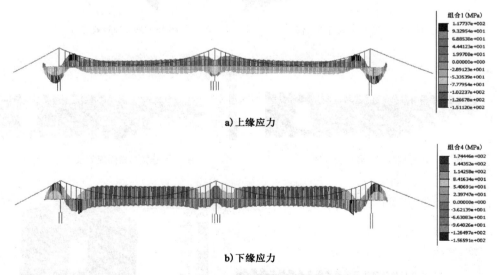

a) 上缘应力

b) 下缘应力

图10 最不利组合作用下主梁截面应力包络图

4. 主梁局部计算结果

为确保钢箱梁在局部受力安全,对标准吊索梁段建立三维实体有限元模型。取顺桥向3个梁段,横桥一半建立三维板单元模型,只关心中间梁段的应力分布。顺桥向截断处固结,横桥向截断处对称约束。

荷载按作用基本组合施加，考虑自重＋二期＋车辆荷载。总体模型中提取基本组合吊索力，按实际倾角方向施加到对应位置处。计算结果见图11～图21。

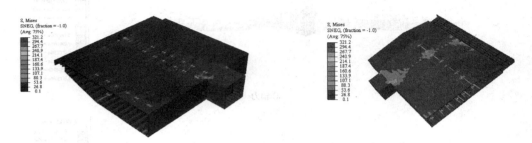

图11　中间梁段整体等效应力云图

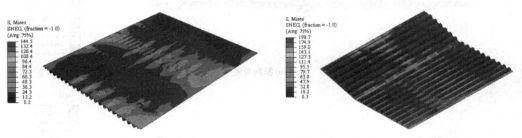

图12　顶板等效应力云图　　　　　图13　底板等效应力云图

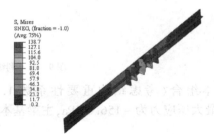

图14　内腹板等效应力云图　　　　　图15　外腹板等效应力云图

图16　吊点横隔板等效应力云图　　　　　图17　连接箱横隔板等效应力云图

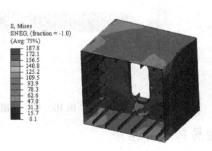

图18　吊点横隔板等效应力云图　　　　　图19　连接箱等效应力云图

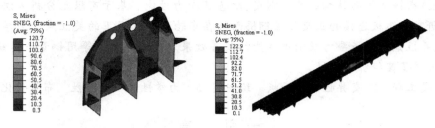

图20 锚固构造等效应力云图　　图21 检修道等效应力云图

各部位的应力情况如表3所示,其中顶板、底板最不利受力需与第一体系进行叠加。

应力计算结果　　表3

位置	板厚(mm)	第一体系应力(MPa)	第二体系应力(MPa)	合计(MPa)
顶板	顶板18/U肋8/板肋14	107.2/-68.6	144.5	251.7
底板	底板10/U肋6/板肋10	141.6/-139.5	190.7	332.3
内腹板	腹板14/加劲14	—	140.3	140.3
外腹板	30(锚固位置)/20	—	138.7	138.7
吊点横隔板	14/26	—	321.2	321.2
连接箱横隔板	14	—	103.2	103.2
普通横隔板	14/12	—	107.0	107.0
连接箱	14	—	187.8	187.8
锚固构造	40	—	120.7	120.7
检修道	10	—	122.9	122.9

根据上述应力计算结果可以看出,梁段整体应力水平较低,均在150MPa以下,受力较小。顶、底板需叠加第一体系受应力,最大应力分别为251.7MPa和332.3MPa,小于钢材屈服强度(355MPa),且叠加的应力点均为应力尖点,存在失真,实际受力更小,结构受力安全。

六、结　语

苍容浔江大桥主梁采用分体式钢箱梁,本文首先对主梁形式进行比选,然后对主梁横断面、梁段划分、钢桥面板、底板、腹板、隔板、梁端锚固等钢箱梁构造细节进行介绍,最后对主梁进行总体计算和局部计算,结果表明当前设计满足规范要求。

参考文献

[1] 中华人民共和国交通运输部.公路桥涵设计通用规范:JTG D60—2015[S].北京:人民交通出版社股份有限公司,2015.

[2] 中华人民共和国交通运输部.公路钢结构桥梁设计规范:JTG D64—2015[S].北京:人民交通出版社股份有限公司,2015.

10.缀板连接的正交异性钢桥面板结构设计优化

王　兴[1,2]　杨　俊[1,2]

(1.陕西省"四主体一联合"桥梁工程智能建造技术校企联合研究中心;2.中交第二公路工程局有限公司)

摘　要　根据有关缀板结构及桥面板横肋的设置,提出在正交异性钢桥面板U肋底部设置倒置式横肋（T形截面缀板）来提高桥面结构的横向刚度，改善其受力性能。基于有限元分析方法，建立某桥的钢箱梁节段模型，研究了缀板连接的正交异性钢桥面板在车轮荷载作用下的关注点的力学性能，明确了缀板连接对于正交异性钢桥面板应力及刚度性能的改善效果。比较分析了等用钢量下传统钢桥面板与缀板连接的性能，证明了其经济可行性。

关键词 桥梁工程　正交异性钢桥面板　缀板连接　力学性能　经济性　布置优化

一、引　言

在现代桥梁工程中，正交异性钢桥面板在主梁选型中有着重要的地位，原因在于其构件质量轻、施工运输安装方便等特点对于大跨桥梁优势显著。目前我国钢桥普遍采用正交异性钢桥面板加沥青混凝土铺装的桥面形式（铺装层厚度最大达80mm）。但正交异性桥面板自身构造较为复杂，且钢材和沥青材料特性差异性明显，在复杂的交通环境下，现有的钢箱梁桥大部分存在不同程度的桥面病害，严重影响了我国钢桥建设发展进程。一般来说，钢结构疲劳开裂及铺装层破损是因为焊缝处的疲劳强度与铺装层强度不足所致，但就目前的技术水平而言，盲目提高材料的强度等级对技术及经济而言都是一大难题。因此应该从结构的角度分析正交异性钢桥面板的受力特征，寻求一种合理的优化方案。轮载作用下，桥面板整体产生纵横向弯曲。由于桥面板局部构造的特点，结构的横向挠曲和U肋的畸变会使U肋与顶板的焊缝处产生较大的应力集中，而纵向弯曲时会引起横隔板的面外变形，使得顶板与U肋、横隔板等交界处焊缝极易发生疲劳开裂。同时过大的局部变形也使桥面铺装层产生很大的弯矩，导致其开裂、剥离及滑移[1]。

目前主流的解决措施是增设混凝土刚性基层形成组合桥面体系来提高结构刚度。Rasmus 等[2]采用非线性断裂力学理论，研究了水泥混凝土铺装体系与钢箱梁结构的力学性能，表明钢桥面处于高应力幅状态，而水泥混凝土抗拉强度不足，容易开裂。朱铭[3]为减小结构自重，提出了钢-轻质混凝土的组合桥面方案，同样面临刚性基层开裂引起沥青铺装层反射裂缝的问题。宋瑶[4]、刘永健等[5]提出了一种纵肋上置的组合桥面板结构，其受力性能较传统结构有很大提升，但自重过大，在大跨径桥梁的使用会受到限制。针对普通混凝土开裂及自重的问题，近年来提出以薄层UHPC（超高性能混凝土）作为刚性基层的方案，邵旭东等[6]首先提出了薄层UHPC组合桥面结构，可兼顾刚度与开裂问题。杨志杰等[7]根据箱梁缩尺模型试验，指出UHPC和横隔板的支承可加大桥面板的线弹性区间，提高桥面板轮载承载能力。刘梦麟等[8]以虎门大桥为依据，基于足尺模型试验验证了组合桥面抗弯疲劳性能的优越性。邱明红等[9]提出一种正交异性UHPC矮肋桥面体系，通过预应力改善桥面板受力状态。

采用UHPC作为刚性基层虽然可以解决开裂的问题，但其造价较高，很难大范围应用于实际工程，而且其自重较钢结构不具优势，在特大桥梁中会引起其他结构用量增加。因此，有必要从钢桥面自身出发，改进正交异性钢桥面板的构造细节，提高结构横向刚度，延长其使用寿命。针对这一问题，参考刘永健等[10]提出的一种缀板连接的倒置式冷弯U形钢组合梁桥及有关钢箱梁中小横肋的设置，提出在正交异性刚桥面板的U肋底部设置一种倒置式横肋（T形缀板）。与传统的正交异性刚桥面板相比，少量增加的缀板材料可以有效增强加劲肋的横向联系，提高桥面横向刚度、稳定性和抗扭性能，在车轮荷载作用下可有效缓解结构的疲劳问题，提高结构整体力学性能。与目前较多采用的刚性基层组合桥面板相比，缀板连接的U形加劲肋正交异性钢桥面板重量更轻，对于运输和吊装能力的要求更低，更适合作为大跨桥梁的桥面系，也不会出现混凝土开裂等问题；同时其施工连接方便，焊接、栓接均可，在桥梁的养护维修阶段也可以进行缀板的快速更换。

二、缀板连接的正交异性板结构力学性能分析

1. 桥面刚度计算及缀板选取

在目前的实际工程中，桥面板主要分为混凝土、正交异性板两种。以箱梁结构形式分类，包括混凝土

箱梁、钢箱梁与钢混组合箱梁。正交异性钢桥面板的纵横向刚度差异大,其病害产生的主要原因就是横向局部刚度不足及刚度分布不均匀。而局部刚度的提高只能通过增加顶板厚度,这显然是不经济的。通过增加横向整体刚度能够减小结构的变形,调整结构的受力状态,对于局部受力也有显著的改善。

在正交异性钢桥面板的U肋底部连接肋间缀板的方法,可以将原来的肋间开口截面变为闭口,通过调整截面形心来增加其抗弯刚度。同时U肋通过缀板彼此互相约束,可以提高横向稳定性和抗扭性能。

根据曹志杰[11]及夏建国[12]等的推算,无肋板正交异性板的基本弯曲刚度公式如下:

$$D_x = \frac{E_x h^3}{12(1-\mu_x\mu_y)}, D_y = \frac{E_y h^3}{12(1-\mu_x\mu_y)} \quad (1)$$

式中,h 表示板厚;x、y 表示纵、横两个方向;E 表示弹性模量;μ 表示泊松比。

带T形肋的板(均匀材料)的基本刚度计算公式为:

$$D_x = \frac{EI_x}{b}, D_y = \frac{EI_y}{a} \quad (2)$$

式中,I_x 和 I_y 代表各自方向T形肋(各自方向加劲肋间距分别为 b、a)绕其重心轴的惯性矩。

带梯形闭合肋的板(均匀材料)的基本刚度计算公式为:

$$D_x = \frac{Eh^3}{12(1-\mu^2)}, D_y = \frac{EI_y}{a+e} \quad (3)$$

式中,a 和 e 分别代表闭口肋的宽度与净距。

混凝土板的刚度取决于其厚度,但规范中对于组合梁混凝土桥面板厚度并无明确规定。现行的设计方法中,当钢梁的钢号和混凝土标号已确定时,混凝土板厚主要取决于钢梁的大小和梁格的布置。综合考虑结构构造及经济等方面的因素,组合梁上钢筋混凝土板厚一般以10mm为模数,经常采用的板厚为100mm、120mm、140mm、160mm,荷载特别大时,可稍加厚。而混凝土箱梁按照通用图设计,顶板一般采用180mm。实际的工程应用中,混凝土桥面板横向刚度远大于钢,其自身也并未出现钢结构的诸多病害。现以混凝土板尺寸刚度作为钢桥面板横向刚度的基准,根据上述公式,混凝土板的厚度取180mm,按照各向同性板计算,则单位宽度的混凝土板刚度 D_{con} 为 1.75×10^{10} N·mm^2。

正交异性板所取计算参数参考某实桥,具体截面构造如图1所示。缀板厚度与U肋底保持一致,采用厚度8mm的T形截面,其顶部采用U肋板,底板宽度100mm。在横隔板间等间距布置。《公路钢结构桥梁设计规范》(JTG D64—2015)规定,受压板肋的宽厚比应 $\leq 12\sqrt{345/f_y}$,其中 f_y 为钢材屈服强度,加劲肋的最小板厚不应 <8mm。本次设计缀板采用最小值8mm时,其腹板竖向高度取规范计算结果最大值(96mm)。

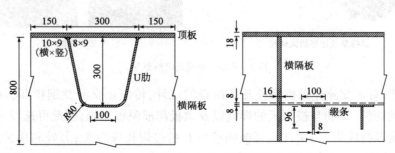

图1 正交异性钢桥面板计算尺寸(尺寸单位:mm)

钢桥面板纵向刚度考虑U肋作用,按照式(3)近似计算,$D_{y-steel}$ 为 6.3×10^{10} N·mm^2。钢桥面板横向刚度考虑缀板作用,沿纵向等间距布置,按照式(2)反算缀板数量。为解决钢桥面横向刚度不足及不均匀的问题,分别以混凝土桥面刚度与正交异性桥面板纵向刚度作为标准,按混凝土刚度计算得缀板数量约1.3,按照钢桥面纵向刚度计算得缀板数量约5.3。因此以混凝土刚度计算结果作为横向刚度的下限,解决其刚度不足的问题,以钢桥面纵向刚度计算结果作为横向刚度的上限,缓解桥面刚度不均的问题。

2. 有限元模型建立

为了明确缀板对该桥面结构受力性能的影响，现取缀板数量为5条进行分析研究，按照全节段等间距布置的原则，缀板间距600mm。对于正交异性钢桥面板而言，在轮载作用下，其荷载效应是局部的，根据孟凡超[13]、张清华[14]、张德佳[15]等人的研究，在进行构造参数研究时无须建立全桥模型，研究部位的局部受力模型便具有较高的准确性。为提高计算效率与精确度，建模尺寸与实桥一致，采用广东某桥钢箱梁节段，具体尺寸参数见图1及表1。根据张德佳等[15]研究及圣维南原理，模型边界的端部约束对距离端部较远的荷载响应可忽略不计，因此，在采用Abaqus建模时尽可能与实际边界相近，横隔板底部的约束采用全固定约束，顶板及缀板等端部采用铰接约束。为了提高有限元计算的精度，模型采用实体单元C3D8R，全局网格尺寸取30mm，在荷载作用区域及关注点附近网格加密到3mm，具体的构造及网格划分见图2，裸正交异性桥面板记作模型一，带缀板的桥面板记作模型二。

模型参数表　　　　　　　　　　　　　　　　　　　　　　　　　　表1

模型参数	取值	模型参数	取值
模型长(m)	12	内焊缝尺寸(mm)	8×9
模型宽(m)	4.2	U肋厚度(mm)	8
模型高(m)	0.816	U肋高度(mm)	300
顶板厚度(mm)	18	U肋开口间距(mm)	300
横隔板厚度(mm)	16	U肋外间距(mm)	300
横隔板间距(m)	3	U肋底板宽(mm)	100
横隔板高度(mm)	800	材料	Q345钢
横隔板数量(个)	4	弹性模量(MPa)	206000
U肋数量(个)	7	泊松比	0.3
外焊缝尺寸(横×竖)(mm×mm)	10×9	单元类型	实体单元/C3D8R

a)模型及边界约束情况　　　　　　　　　b)局部网格划分

图2　有限元模型及网格划分

根据孟凡超等[16]对正交异性钢桥面板开裂位置的统计，传统正交异性钢桥面板的易开裂部位主要包括纵肋与桥面板的焊缝、纵肋与横隔板的焊缝以及顶板与横隔板焊缝，因此可选以下两处应力关注点：关注点①U肋与顶板焊缝应力S_1；关注点②横隔板与U肋过焊孔应力S_2；另外利用关注点③肋中顶板竖向位移D_1来反映结构刚度，以及关注点④肋中底板水平位移D_2表征U肋侧向畸变程度。关注点位置示意见图3。模型一与模型二以这四项技术指标作为两种正交异性钢桥面板的对比指标。

为真实模拟轮载作用下的结构局部受力，采用参考文献[15]采用的现场静载测试双轮矩荷载模式，轮压0.7MPa。轮型及尺寸如图4所示。由于单个等效矩形的宽度为200mm，小于加劲肋的间距300mm，而且横向还存在腹板，因此车轮载荷的横向布置可分为图5所示的加载工况。由于底部增设缀板通过约束U肋变形来进行可靠连接，类似于不与顶板连接的小横肋，因此在横隔板处加载并不会产生明显变化，故纵向荷载位选择两横隔板跨中即可，如图6所示。现需要研究以上几种加载工况在上述4项技术指标下的力学性能。

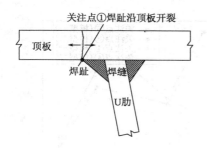 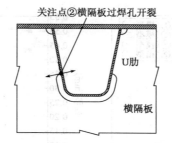 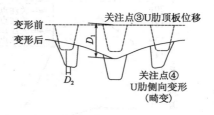

图3 关注点位置示意图

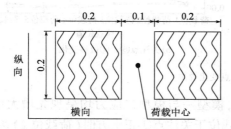 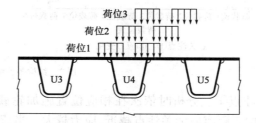

图4 等效双轮矩形荷载(尺寸单位:m)　　图5 横向荷载布置1(非腹板处)

3.受力分析

在有限元分析中,对正交异性钢桥面板做如下假定:①各部分为均匀、连续、各向同性的纯弹性材料;②正交异性钢桥面板与缀板绑定,不考虑两者直接的相对滑移。

考虑横向6种布载下两种桥面结构的受力性能对比,应力关注点①、②选取纵向第2个横隔板处的U4加劲肋(靠近U5侧)。结构变形的关注点③、④分别选取U4、U5加劲肋中点,计算结果如表2、图7所示。

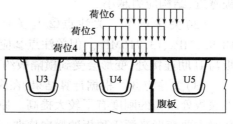

图6 横向荷载布置2(腹板处)

结构各关注点计算结果　　表2

荷载位置	关注点①			荷载位置	关注点②		
	模型一(MPa)	模型二(MPa)	降幅(%)		模型一(MPa)	模型二(MPa)	降幅(%)
荷载位1	7.228	6.158	14.80	荷载位1	15.709	13.363	14.93
荷载位2	7.445	6.367	14.48	荷载位2	18.951	13.716	27.62
荷载位3	6.182	5.465	11.60	荷载位3	17.803	11.590	34.90
荷载位4	3.848	2.372	38.36	荷载位4	7.935	5.014	36.81
荷载位5	2.690	1.759	34.61	荷载位5	5.217	3.681	29.44
荷载位6	1.032	0.823	20.25	荷载位6	2.229	1.590	28.67
荷载位置	关注点③			荷载位置	关注点④		
	模型一(mm)	模型二(mm)	降幅(%)		模型一(10^{-1}mm)	模型二(10^{-1}mm)	降幅(%)
荷载位1	0.499	0.434	13.03	荷载位1	0.173	0.131	24.28
荷载位2	0.512	0.463	9.57	荷载位2	0.441	0.146	66.89
荷载位3	0.280	0.261	6.79	荷载位3	0.604	0.130	78.48
荷载位4	0.383	0.292	23.76	荷载位4	0.120	0.010	91.67
荷载位5	0.375	0.316	15.73	荷载位5	0.025	0.003	88.00
荷载位6	0.139	0.114	17.99	荷载位6	0.063	0.006	90.48

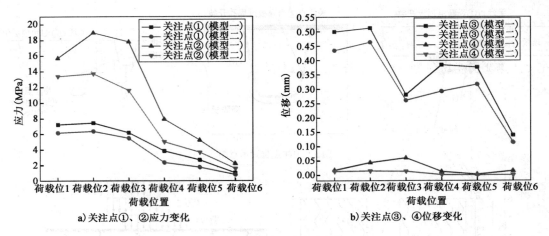

a) 关注点①、②应力变化　　　　b) 关注点③、④位移变化

图7　结构各关注点变化规律

(1)关注点①。分析时依次在相应位置施加轮载,模型一与模型二应力均呈现先增大后减小的趋势,即荷载中心距离应力关注点越近,应力越大。当荷载位于关注点①正上方时(荷载位2)达到最大,分别为7.445MPa、6.367MPa。降幅也较为明显,达到14.5%。而荷载位置4~6由于腹板的存在,距离腹板越近,结构应力越小。

(2)关注点②。关注点②与关注点①变化特点基本一致,其最大应力也出现在荷载位2,为18.951MPa、13.716MPa。但关注点②应力降幅规律同关注点①略有不同,主要原因是关注点②位于横隔板与U肋连接处,变形会受到横隔板约束的影响。

(3)关注点③。根据计算结果,在腹板附近加载时模型二的降幅远大于在非腹板处加载,这意味着在腹板处结构的刚度有了较大提高。原因是由于腹板作用,结构局部纵向刚度很大,所以在腹板附近加载时主要变形来源于顶板的横向挠曲,而缀板的存在极大提高了横向刚度,因此其竖向位移降幅较大,较非腹板处降低10%左右。

(4)关注点④。关注点④描述的是U肋底板的侧向位移,数值越大,结构畸变越严重。从结果可以看出,缀板将肋间开口截面变为闭口,有效增强加劲肋的横向联系,提高了侧向稳定性和抗扭性能,对于U肋的畸变具有极大的约束效果,最大可提升90%以上。

由上述分析可知,缀板连接的正交异性钢桥面板相比于传统钢桥面板,缀板的存在能降低桥面板各关注点应力及变形,尤其是对于U形加劲肋的畸变具有突出抑制效果。而相较于非腹板位置,腹板处设置缀板对于其力学性能的提升更加明显,普遍较非腹板处降低10%~20%。因此该结构对于改进传统正交异性钢桥面板受力性能具有一定的作用。

三、缀板连接的正交异性板结构经济可行性

1. 桥面等效厚度

缀板连接的正交异性钢桥面板由于设置了一定数量的肋底缀板,其用钢量势必增加,为此需要对其经济性进行计算,考虑其在实际工程中的应用是否合适。现对两横隔板间的缀板进行等效,将其换算为等效的顶板厚度。根据上述计算的横隔板间设置5条缀板的尺寸,按照等用钢量换算得到顶板厚度为2.6mm。现取其他参数不变、顶板厚度为20.6mm的正交异性钢桥面板进行计算,记为模型三。

2. 等效增厚的桥面力学性能分析

考虑上述计算结果在荷载位1、4的降幅较大,则以荷载位1、4作为荷载加载工况,对缀板连接桥面与等效板厚的桥面进行4处关注点的力学性能分析。

对比三种模型下结构的力学性能,如图8所示(4-1代表荷载位4-关注点1,),从图中可以看出,等效

顶板增厚的模型三计算结果介于模型一与模型二之间,等效顶板增厚相比于原始结构,各指标有所降低,但相比于设置缀板的桥面结构,其力学性能不存在优势。设置缀板相比于顶板增厚,各关注点性能均有所提升。与传统桥面结构类似,在腹板处的提升大于在非腹板处的提升,虽然其降幅较原始结构有所下降,但在关注点②仍能达到28.9%,具体的指标差异见表3。

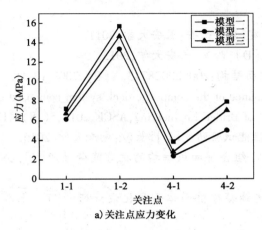 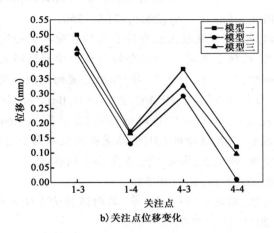

a) 关注点应力变化　　　　　　　b) 关注点位移变化

图8　荷载位1、4下各关注点变化规律

荷载位1、4下各关注点计算结果　　　　　　　　　　　　　　　　表3

荷载位1				荷载位4			
关注点	模型二	模型三	降幅(%)	关注点	模型二	模型三	降幅(%)
关注点①应力(MPa)	6.158	6.752	8.80	关注点①应力(MPa)	2.372	2.804	15.41
关注点②应力(MPa)	13.363	14.664	8.87	关注点②应力(MPa)	5.014	7.054	28.92
关注点③位移(mm)	0.434	0.461	5.85	关注点③位移(mm)	0.292	0.326	10.43
关注点④位移(10^{-1}mm)	0.131	0.166	21.08	关注点④位移(10^{-1}mm)	0.010	0.096	89.58

以上结果表明,设置缀板的桥面结构相比于原结构与等效顶板厚度的结构,均具有良好的力学性能。而相同用钢量下,其各指标在非腹板处高出等效顶板厚度的结构9%左右,在腹板处效果更加明显。因此该结构具有良好的力学性能与经济性,在实际工程设计中具备一定可行性。

四、结　语

本文引入了在传统正交异性钢桥面板的U肋底部设置T形缀板的理念,重点研究缀板连接的正交异性钢桥面板在车轮荷载作用下的关注点的力学性能,比较分析了传统钢桥面板与缀板连接的经济性能,证明了其力学及经济可行性。

(1)与传统正交异性钢桥面板相比,缀板连接后的桥面板横向刚度明显提高,不同加载位置下对应位移及应力明显降低,尤其是对于U形加劲肋的畸变具有突出抑制效果。其中关注点①处应力较传统正交异性钢桥面板对应位置应力最大降幅约38%。关注点②处应力较传统正交异性钢桥面板对应位置应力最大降幅约37%。关注点③处位移最大降幅约24%,而关注点④处位移减少最为明显,降幅可达90%以上。相较于非腹板位置,腹板处设置缀板对力学性能的提升更加明显,普遍较非腹板处多降低10%~20%。因此该结构对于改进传统正交异性钢桥面板受力性能具有良好作用。

(2)将缀板连接的正交异性桥面板的缀板材料按照用量等效为顶板厚度,计算顶板增厚的桥面板与缀板连接结构的力学性能。结果表明,相同用钢量下,设置缀板的桥面结构相比于原结构与等效顶板厚度的结构,均具有良好的力学性能。而相同用钢量下,其各指标也普遍高出等效顶板厚度的结构10%~20%,这一影响在腹板处尤为明显。因此该结构具备一定的经济可行性。

参考文献

[1] 李乔.李乔说桥13:正交异性钢桥面板[EB/OL].http://mp.weixin.qq.com/s/LXpz0wxVZtsCxah9Eli1fQ,2018-02-11/2020-5-7.

[2] RASMUS W,JOHN F O. Analysis of an orthotropic deck stiffened with a cement-based overlay[J]. Journal of Bridge Engineering,2007,12(3):350.

[3] 朱铭.钢-轻质混凝土组合桥面及铺装结构试验研究[D].西安:长安大学,2011.

[4] 宋瑶.纵肋上置式钢-混组合桥面板力学性能研究[D].西安:长安大学,2013.

[5] 刘永健,邓淑飞,裴建中,等.纵肋上置的钢箱梁桥面结构:200820028743.X[P].2008-12-31.

[6] SHAO X D,YI D T,HUANG Z Y,et al. Basic performance of the composite deck system composed of orthotropic steel deck and ultrathin RPC layer[J]. Journal of Bridge Engineering,ASCE,2013,5(18):417-428.

[7] 杨志杰.密集横隔板UHPC箱梁桥面板双向受力性能试验研究[D].长沙:湖南大学,2015.

[8] 刘梦麟,邵旭东,张哲,等.正交异性钢板-超薄RPC组合桥面板结构的抗弯疲劳性能[J].公路交通科技,2012,29(10):46-53.

[9] 邱明红,邵旭东,甘屹东,等.单向预应力UHPC连续箱梁桥面体系优化设计研究[J].土木工程学报,2017(11):87-97.

[10] 刘永健,李江江,张轩瑜,等.一种缀板连接的倒置式冷弯U形钢组合梁桥:201721817955.1[P].2014-12-22.

[11] 曹志杰.正交异性板的计算[M].北京:中国铁道出版社,1983.

[12] 夏建国.板的刚度值的普遍公式[J].桥梁建设,1988(4):57-67.

[13] 孟凡超,苏权科,卜一之,等.正交异性钢桥面板的抗疲劳优化设计研究[J].公路,2014(10):1-6.

[14] 张清华,郭伟峰,崔闯,等.新型大纵肋正交异性钢-混凝土组合桥面板疲劳特性研究[J].公路,2015(12):71-77.

[15] 张德佳,叶奋,袁金凤,等.基于实桥加载的钢桥面铺装数值模型优化[J].公路交通科技,2013,30(7):103-106.

[16] 孟凡超,张清华,谢红兵,等.钢桥面板抗疲劳关键技术[M].北京:人民交通出版社股份有限公司,2018.

11.苍容浔江大桥缆索系统设计

张明昊

(中交公路规划设计院有限公司)

摘 要 苍容浔江大桥为2×520m跨径三塔空间缆悬索桥,建成后将成为世界最大跨径的三塔空间缆地锚式悬索桥。为适应空间缆线形,吊索创新性地采用了两段式构造,主索鞍采用合并式构造。

关键词 苍容浔江大桥 三塔空间缆悬索桥 缆索系统 吊索 合并式索鞍

一、引　言

苍容浔江大桥是梧州—玉林—钦州高速公路(苍梧至容县段)在梧州市藤县境内跨越浔江的一座特大桥。

按照《广西高速公路网规划(2018—2030年)》"1环12横13纵25联"布局,本项目为"联14线"梧州—玉林—钦州公路中的一段,也是"1环线"中的一段。

二、主桥概况

1. 总体设计

主桥采用主跨 2×520m 双跨吊钢箱梁悬索桥(图 1),主缆采用空间缆,主缆跨径布置为 153m + 2×520m + 200m,矢跨比为 1/9.16,主缆在塔顶、锚碇处 IP 点横向间距分别为 1m 和 46m。主梁跨径布置为 55m + 2×520m + 55m,主梁在中塔处设置横向抗风支座和纵向限位支座,边塔处设置横向抗风支座,过渡墩处设竖向支座和横向抗风支座。每跨布置 31 对吊索,吊索纵向间距为 16m。

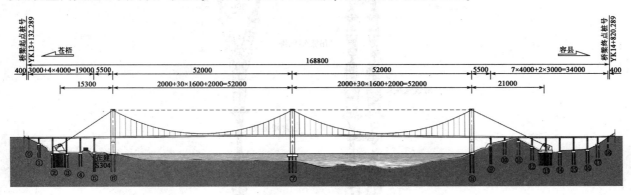

图 1 桥型布置图(尺寸单位:cm)

2. 缆索系统设计

全桥共设两根主缆,主跨侧为空间缆,索塔缆中心距为 1m,跨中缆中心间距为 31m,苍梧侧锚碇处缆中心距为 46m,容县侧锚碇处缆中心距为 46m,主缆采用预制平行钢丝索股法(PPWS 法)制作。主缆由 37 股通长索股组成(图 2)。

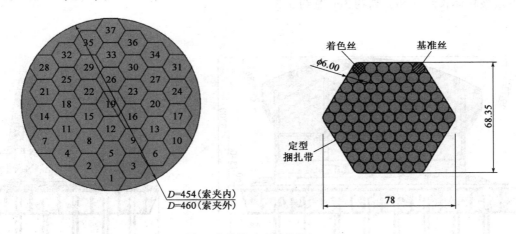

图 2 主缆断面(尺寸单位:mm)

每根预制索股由相互平行的 127 丝、直径 6.00mm 的高强钢丝组成,钢丝标准强度为 1960MPa,外表面镀锌-铝合金镀层防护。主缆空隙率索夹内取 18%,索夹外取 20%。主缆经索夹箍紧的直径为 454mm,索夹以外主缆直径为 460mm。

为适应空间缆纵横向双向转角以及空缆到成桥的空间转角(最大 6.5°),吊索为两段式。上段钢丝绳骑跨于索夹上,锚固于钢制关节连接器上,塔旁吊索公称直径为 80mm,普通吊索公称直径为 60mm。下段采用平行钢丝结构,上端锚固于钢制关节连接器上,下端锚固于钢梁耳板上,塔旁吊索规格为 5-163,普通吊索规格为 5-91,公称抗拉强度均为 1770MPa。普通吊索均在平行钢丝吊索上下两端设置关节轴承。吊索一般构造见图 3。

普通吊索构造

图3 吊索一般构造(尺寸单位：mm)

主索鞍(图4)为合并式主索鞍,鞍槽共用一个底座及一个内侧壁,主缆中心圆弧半径为4500mm。鞍槽侧壁最小厚度为120mm,鞍槽底部厚度为280mm,共设置两道纵肋板,纵肋板厚150mm,横肋板厚80mm。主索鞍鞍体长约5.8m,高约3m,宽约3.3m。

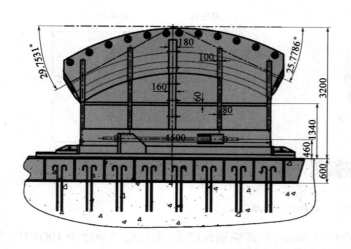 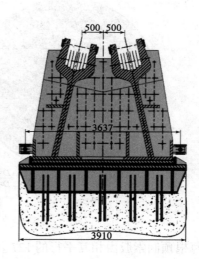

图4 主索鞍一般构造(尺寸单位：mm)

散索鞍(图5)采用摆轴式散索鞍,由鞍体和底座组成。鞍体采用铸焊结合的混合结构,鞍槽部分是铸钢件,鞍体部分为板焊件并与鞍槽焊接。鞍槽内设竖向隔板,鞍槽顶部设置三道压紧梁,以压紧鞍槽内的主缆,增加主缆与鞍槽间的摩阻力,并方便索股定位。散索鞍下部设置摆轴、底座和底板,以完成主缆竖向分力的传递。

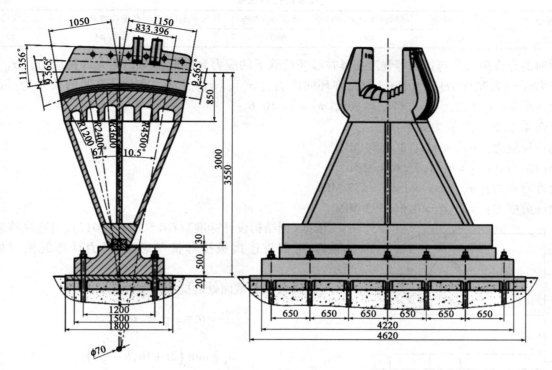

图 5 散索鞍一般构造(尺寸单位:mm)

三、分段式吊索

两段式吊索通过上骑跨式吊索结构适应索夹空缆到成桥的角度变化,考虑到钢箱梁顺桥向设置两排销孔,于吊索中部设置关节连接器,将骑跨式吊索转换为销接式连接(图6)。

其中,关节连接器为板厚100mm的钢制件,具体构造如图7所示。

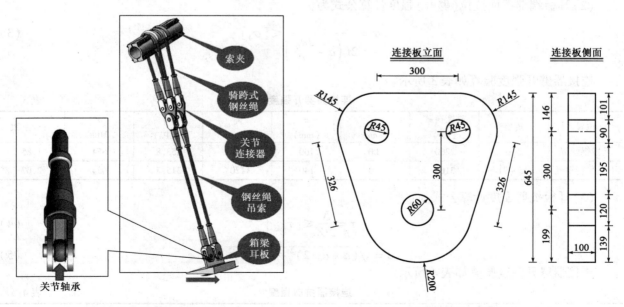

图6 分段式吊索三维构造　　　　图7 关节连接器构造(尺寸单位:mm)

连接器材料采用40Cr锻钢,材料力学性能见表1。

连接器材料性能 表1

牌号	热处理状态	屈服强度 σ_s (MPa)	抗拉强度 σ_b (MPa)	伸长率 δ_5 (%)	断面收缩率 ψ (%)	冲击吸收功 A_{ku} (J)
40Cr	调质	785	980	9	45	47

材料的允许应力是与拉索等强度锚具在破断荷载下的应力允许值。$[\sigma_I]$为允许拉应力，$[\sigma_W]$为允许弯应力，$[\tau]$为允许剪应力，$[\sigma_t]$为允许环向应力，$[\sigma_t]$、$[\sigma_I]$、$[\sigma_W]$和$[\tau]$之间的关系为：$[\sigma_I] = \sigma_s/1.2$，$[\sigma_t] = \sigma_s/1.2$，$[\sigma_W] = \sigma_I \times 1.05$，$[\tau] = \sigma_I \times 0.6$。

可知40Cr的允许应力如下：

允许拉应力：$[\sigma_I] = \sigma_s/1.2 = 654$ MPa

环向应力：$[\sigma_t] = \sigma_s/1.2 = 654$ MPa

允许弯应力：$[\sigma_W] = \sigma_I \times 1.05 = 687$ MPa

允许剪应力：$[\tau] = \sigma_I \times 0.6 = 393$ MPa

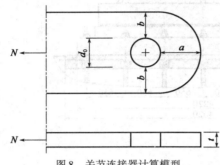

图8 关节连接器计算模型

依据《钢结构设计标准》（GB 50017—2017），对连接器进行应力验算，近似将连接板按耳板考虑，则受力计算的模型如图8所示。

（1）耳板孔净截面处的抗拉强度计算公式为：

$$\sigma = \frac{N}{2tb_1} \leq [\sigma_I] \tag{1}$$

$$b_1 = \min\left(2t + 16, b - \frac{d_0}{3}\right) \tag{2}$$

连接器抗拉强度验算见表2。

连接器抗拉强度 表2

位置	规格	破断荷载 (kN)	t (mm)	b (mm)	d_0 (mm)	$[\sigma_I]$ (MPa)	σ (MPa)	安全系数
上段钢丝绳	φ60	2200	100	87.6	90	245.7	654	2.66
下段平行钢丝	φ5~91	3163	100	136	120	197.3	654	3.31

（2）耳板端部截面抗拉（劈开）强度计算公式为：

$$\sigma = \frac{N}{2t\left(a - \frac{2d_0}{3}\right)} \leq [\sigma_I] \tag{3}$$

连接器劈开强度验算如表3所示。

连接器劈开强度 表3

位置	规格	破断荷载 (kN)	t (mm)	a (mm)	d_0 (mm)	$[\sigma_I]$ (MPa)	σ (MPa)	安全系数
上段钢丝绳	φ60	2200	100	100	90	353.8	654	1.85
下段平行钢丝	φ5~91	3163	100	140	120	315.7	654	2.07

（3）耳板抗剪强度计算公式为：

$$\tau = \frac{N}{2tZ} \leq [\tau_{max}] \tag{4}$$

$$Z = \sqrt{(a + d_0/2)^2 - (d_0/2)^2} \tag{5}$$

连接器劈开强度验算如表4所示。

连接器抗剪强度 表4

位置	规格	破断荷载 (kN)	t (mm)	a (mm)	d_0 (mm)	$[\tau_{max}]$ (MPa)	σ (MPa)	安全系数
上段钢丝绳	φ60	2200	100	100	90	205.3	393	1.91
下段平行钢丝	φ5~91	3163	100	140	120	198.5	393	1.98

四、合并式主索鞍

为适应空间缆线形,主索鞍鞍槽需考虑按空间设置。常见的空间缆主索鞍有两种形式,见表5。

空间缆主索鞍类型 表5

项目	斜平面索鞍	空间曲面索鞍
案例	哈罗格兰德大桥、苍容浔江大桥、平岑浔江大桥、泸沽湖大桥	天津富民桥
构造理念	平面鞍座绕轴线旋转一定角度得到,鞍槽中心面为空间平面	鞍槽中心线竖向投影和水平投影均为圆曲线
受力性能	鞍槽中心线为理论线形的近似	线形适应能力好,能很好满足主缆在桥塔处的线形变化要求
制造难度	制造难度较小,鞍槽线形简单	制造难度大,线形复杂,需用到数控机床
图示	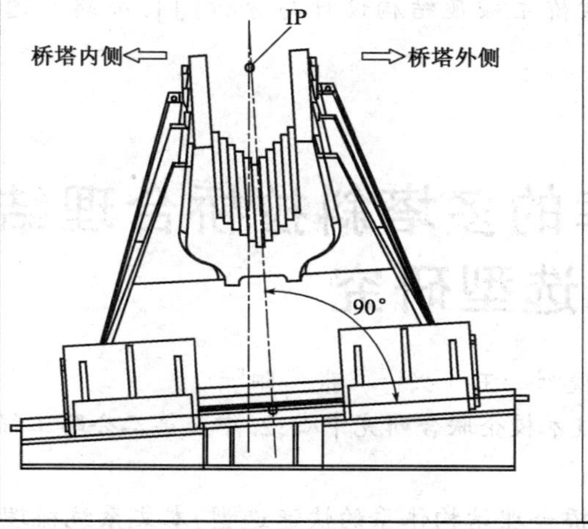	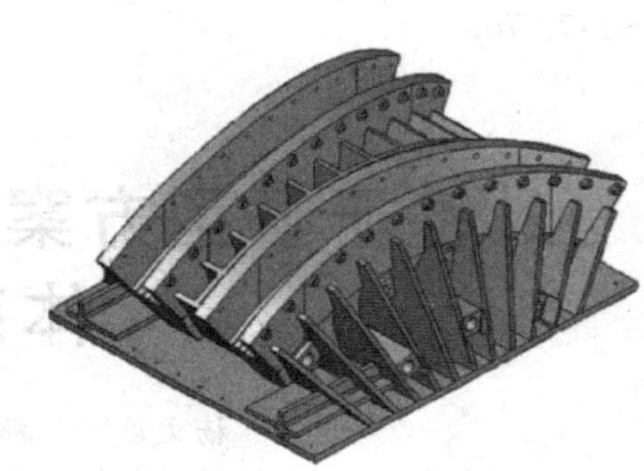

从制造角度考虑,空间曲面索鞍制造难度极大,造价极高,推荐采用斜平面索鞍。
斜平面索鞍有承板斜向索鞍及纵肋斜向索鞍两种,见表6。

斜平面主索鞍类型 表6

项目	底座斜向索鞍	纵肋斜向索鞍
案例	哈罗格兰德大桥、平岑浔江大桥	苍容浔江大桥、泸沽湖大桥
构造理念	鞍体安装于斜向混凝土塔顶,实现鞍体底座斜向布置	鞍体底座水平,纵肋调整为斜向
受力性能	横向荷载由塔顶混凝土承受	采用合并式索鞍,横向荷载自平衡
制造难度	制造难度与常规主索鞍相同,但混凝土需浇筑成斜面,并保证平整度,难度大,顶推设备需要特殊设计	制造难度较大,共用一个鞍座可减小工程量,受力较为复杂
图示	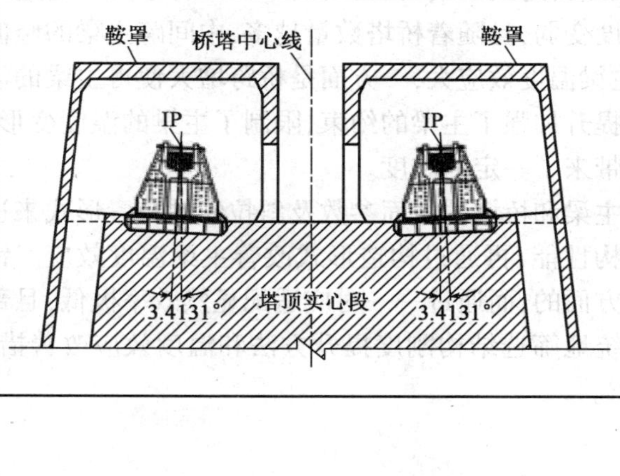	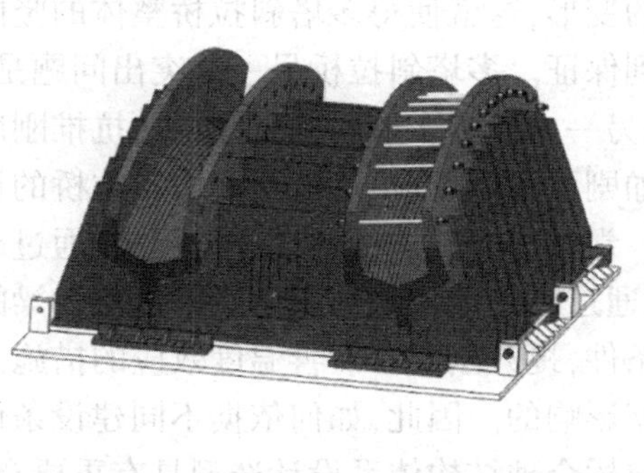

考虑到本桥为独柱塔构造,塔内空间有限,应尽可能缩短左右幅索塔中心 IP 点横向间距,故此处采用合并式索鞍。

五、结　语

苍容浔江大桥创新采用了两段式吊索构造以及合并式主索鞍适应空间缆线形,苍容浔江大桥已完成先导索过江,预计于2024年内进行架缆工作。

参考文献

[1] 中华人民共和国交通运输部. 公路悬索桥设计规范: JTG/T D65-05—2015[S]. 北京: 人民交通出版社股份有限公司, 2015.

[2] 全国交通工程设施(公路)标准化技术委员会. 公路悬索桥吊索: JT/T 449—2021[S]. 北京: 人民交通出版社股份有限公司, 2021.

[3] 孟凡超. 公路桥涵设计手册　悬索桥[M]. 北京: 人民交通出版社, 2011.

[4] 李建慧, 李爱群, 袁辉辉, 等. 空间缆索悬索桥主鞍座结构设计与分析[J]. 公路交通科技, 2009, 26(8): 73-76.

12. 基于桥型方案库的多塔斜拉桥合理结构体系选型研究

杨文斌[1,2]　杨　俊[1,2]　王　兴[1,2]　张　阳[1,2]

(1. 陕西省"四主体一联合"桥梁工程智能建造技术校企联合研究中心; 2. 中交第二公路工程局有限公司)

摘　要　为实现不同建设条件下多塔斜拉桥合理结构体系的快速选型,本文系统梳理了该桥型的发展历程、建设方案,构建了适用于不同建设条件的桥型方案库,并以此为基础,开展了佩列沙茨大桥的结构选型研究。研究表明:飘浮体系结构侧重于提升结构整体刚度,而固结体系侧重于优化长主梁温度效应;柔性基础适用于刚度较大的固结体系;在明确柔性基础的前提下采用全固结体系的部分斜拉方案优于塔梁固结等其他约束体系,且具有较好的抗震性能。

关键词　结构体系　多塔斜拉桥　桥型方案库　约束体系　柔性基础

一、引　言

多塔斜拉桥[1]是从斜拉桥的基础上发展而来的,不同于常规的独塔或双塔斜拉桥,随着桥塔数量的增多,中间塔的约束逐渐减小,当主梁的受力变形传递到桥塔时,桥塔由于缺少背索约束会进一步加剧主梁的变形,这就使得多塔斜拉桥整体的竖向刚度变弱,且随着桥塔数量越多,中间跨主梁的竖向刚度越得不到保证。多塔斜拉桥另一个突出问题是长主梁温度效应大,一方面是桥跨增大使得主梁的温缩变形变大,另一方面是多塔斜拉桥纵桥向抗推刚度的提升加强了主梁的约束,限制了主梁的温度变形能力,进一步加剧了温度效应,这就给多塔斜拉桥的设计带来了一定的难度。

常规多塔斜拉桥的设计过程中,通过改变主梁和桥塔的截面参数及斜拉索的布置形式来进行初步设计,通过改善结构的约束体系来优化桥梁的结构性能,再通过构造形式改善主梁温度效应。针对不同建设条件,提升刚度和改善温度效应的措施是多方面的,而通过一一对应适配显然效率极低,且部分措施是相互影响的。因此,如何依据不同建设条件系统地筛选结构刚度提升方法和温度效应改善措施,对多塔斜拉桥合理结构体系设计选型具有重要意义[2]。

二、多塔斜拉桥发展历程

19世纪初,斜拉桥便出现在人类的视野,但其建造不久就发生倒塌。由于缺乏对风的认识,人们将倒塌的原因归结为结构体系的缺陷,斜拉索被应用到悬索桥塔区用于加强结构刚度。20世纪初,开始出现了介于斜拉桥和悬索桥之间的缆索桥,即通过斜拉索和悬索辅助主梁受力。1952年,法国建造了第一座钢筋混凝土斜拉桥,它是初期柔性塔和连续桥面的代表作。

这期间,莫兰迪设计了一种刚性塔+挂梁组合的多塔斜拉桥,通过增大主塔刚度和设置挂梁,有效解决了多塔斜拉桥中间跨竖向刚度小和长主梁温度效应大的突出问题,并应用于马拉开波桥的建造。早期斜拉桥大多为稀索结构,莫兰迪体系(图1)是采用安装在桥塔两侧的倾斜支柱配合锚固在主梁悬臂端的斜拉索来辅助主梁受力;若采用密索结构,则不需要桥塔两侧的倾斜立柱(图2)。

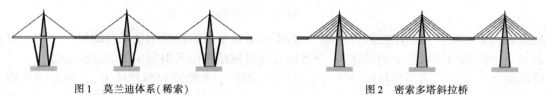

图1 莫兰迪体系(稀索)　　　　图2 密索多塔斜拉桥

斜拉桥由稀索到密索的发展可看作是主梁由刚转柔的过渡,这也为大跨斜拉桥的发展奠定了基础。针对多塔斜拉桥中间塔竖向刚度弱的问题,学者们提出了斜拉索方面的加劲措施(图3)。

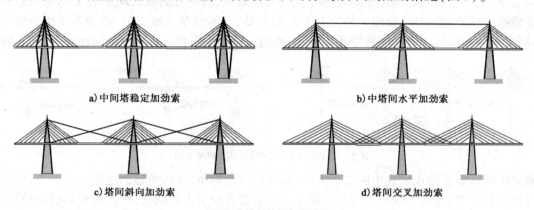

a) 中间塔稳定加劲索　　　　b) 中塔间水平加劲索

c) 塔间斜向加劲索　　　　d) 塔间交叉加劲索

图3 多塔斜拉桥加劲措施

20世纪80年代,英吉利海峡项目提出通过在塔两侧布置加劲斜拉索来代替莫兰迪体系的V形斜撑,以达到提升主梁刚度的目的。水平加劲索多用在多塔悬索桥,首次提出是在英国Poole Harbor大桥设计竞赛,但仅是被提及,该加劲索方案并未真正实施。塔间斜向加劲索(中塔稳定索)由来已久,它是由中间塔塔顶引出的长稳定索,锚固在两边塔桥面处,该加劲方式最早于1993年应用于中国香港汀九桥[3],后来又应用于蒙华铁路洞庭湖大桥,中塔稳定索的加劲,使得建设方案由原来的刚性塔转变为柔性塔[4-5],既满足了受力要求,又具有不错的美感。交叉稳定索最早出现在20世纪70年代的恒河巴特那桥方案设计,基于此灵感,中国澳门友谊大桥于1994年成功建造,但其并非严格意义上的多塔斜拉桥,2017年建成投运的昆斯费里大桥是世界首座采用交叉稳定索[6]增大结构刚度的桥梁,其建设之初也曾考虑过其他方案,如增大中塔刚度等,但出于结构协调性、美观等因素,最终确定了交叉索的建设方案。不同于昆斯费里的交叉索方案,黄茅海大桥[7]中间塔相较于边塔多四组斜拉索锚固在边塔拉索区域,且与边索相交,但边索未交叉至中塔拉索的覆盖区域。

莫兰迪体系是多塔斜拉桥采用刚性桥塔的代表,其采用人字形桥塔,桥墩沿纵桥向布置V形斜撑加强桥塔,整体看上去较为复杂,且刚度改善效率不高。在桥塔刚度提升措施上,希腊Rion-Antrion桥采用类金字塔设计、平塘大桥采用空间钻石形桥塔、金海特大桥采用空间四柱式钢塔、赤石大桥采用倒Y形索塔[8]等,除在索塔构造形式上增大中塔刚度的措施外,还有一种中间塔采用小塔的结构形式,如英国

Mersey Gateway Bridge,它其实是对边中跨比进行优化,从而减小中塔的承载范围,让更多的活载或不对称荷载由边塔去承担,整体上呈现出中间塔低两边塔高的结构形式。中间跨桥塔刚度演变如图4所示,各桥塔在满足结构刚度的同时,形式上也越来越简洁美观。

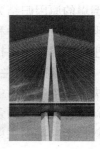

图4 中间跨桥塔刚度演变

除辅助加劲索和构件层面刚度提升措施外,约束体系是多塔斜拉桥刚度提升的另一个主要方面。比较常见的是塔梁固结和塔墩梁全固结体系,两者均是通过固结约束来限制主梁的竖向变形。

塔梁固结体系是目前多塔斜拉桥设计的主流形式,相较于半飘浮和飘浮体系,其通过固结桥塔和主梁来限制主梁绕塔柱的转动,从而提高主梁竖向刚度,最具代表的有米约大桥、嘉绍大桥,然而塔梁固结体系对整个结构形式的刚度提升也是有限制的,它取决于桥墩上纵向支座的间距。米约大桥桥墩结构采用V形双薄壁墩,一方面可以兼顾上部结构主梁的温度效应,另一方面较大间距的V形墩可以进一步限制塔梁绕桥墩的转动;类似地,嘉绍大桥设置了X形托架[9],并安装支座,进一步增大了限制塔梁转动的约束,不同于米约大桥的主梁温度效应改善措施,嘉绍大桥跨中布置了可伸缩的刚性铰,如图5所示。

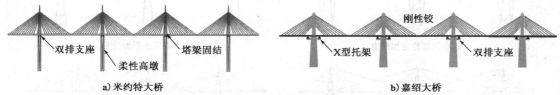

图5 塔梁固结体系多塔斜拉桥(典型实例)

塔墩梁固结体系是约束形式中刚度最大的,形如连续刚构桥,由桥墩辅助主梁参与受力,使得结构整体上保持较大的刚度,而塔多联长的特点又带来主梁温度效应突出的问题,因此常规多塔斜拉桥设计中,鲜有全部采用塔梁墩全固结体系的。21世纪初,我国建设了多座全固结体系的多塔斜拉桥,但均采用中塔全固结、边塔半飘浮(或塔梁固结)的形式,在满足主梁竖向刚度的同时,有效释放了长主梁带来的温度效应,如建邦黄河大桥、赤石大桥、金海特大桥等。

除常规多塔斜拉桥应用外,塔梁固结、塔梁墩全固结形式也常见于多塔部分斜拉桥。部分斜拉桥概念起源于法国。1980年瑞典建造了世界首座部分斜拉桥甘特(Ganter)大桥。进入21世纪,日本率先发展多塔部分斜拉桥,先后建成了揖斐川桥、屋代南桥、木曾川桥等,短短几年间使得多塔部分斜拉桥单孔跨径发展至275m。我国的第一座多塔部分斜拉桥——潮白河大桥建于2006年,为中塔塔梁墩固结、边塔塔梁固结的结构体系,随后又建成了多座跨黄河的多塔部分斜拉桥(开封黄河桥、济阳黄河公路大桥、郑州黄河公铁两用大桥等)。

而全飘浮多塔斜拉桥较为少见,它需要桥塔的刚度足够大才能满足主梁的竖向刚度需求,最具代表的大跨多塔斜拉桥有希腊里翁-安蒂里翁桥、岳阳洞庭湖大桥。相应地,半飘浮体系也是如此,整体形式为塔墩一体,而主梁飘浮(半飘浮)。

三、多塔斜拉桥建设方案库

目前,对于主梁竖向刚度主要有4类解决方案,即塔梁墩全固结体系、塔梁固结体系、辅助索、提升主要构部件刚度;而温度效应的解决方法主要有飘浮、半飘浮、刚性铰、挂梁、柔性墩。

为了便于设计人员开展不同建设条件下的多塔斜拉桥设计,本文系统梳理了世界范围内已建成的超100座多塔斜拉桥工程案例,并结合各桥型方案的建设条件,从约束体系、构件刚度(从属于约束体系)及附加加劲措施(从属于约束体系)等方面构建了适用于不同建设条件下的多塔斜拉桥桥型方案库。典型建设方案如图6所示。

桥名	米约高架桥		
位置	法国	总长度	2462m
结构形式	七塔八跨钢箱梁	跨径布置	206m+6×342m+204m
建设条件	跨越过塔恩河谷的最低点,连接两侧的拉赫扎高地与红高地,桥墩墩高要求较高		
刚度措施	塔梁固结+调整中塔和主梁刚度	温度措施	双薄壁柔性墩+塔墩分离

桥名	浙江嘉绍大桥		
位置	中国浙江	总长度	2680m
结构形式	六塔七跨钢梁	跨境布置	70m+200m+5×428m+200m+70m
建设条件	处在钱塘江尖山河段(江海交汇地方),建设条件极其特殊,由于江道宽浅、潮强流急、含沙量大等原因,使得河床冲淤变化剧烈,主航道会频繁摆动,幅度在1~3.3km范围内。为防止主槽摆动对通航影响,只有多出几个主通航道,才能适应河床主槽摆幅		
刚度措施	塔梁固结+双排支座	温度措施	跨中刚性铰

图6 典型多塔斜拉桥方案库一览(截图)

本方案库包含了所调研桥梁的建设条件、结构形式、跨径布置以及对提升结构刚度和控制温度效应的处置措施。调研结果表明,世界范围内已建成的多塔斜拉桥大多为三塔形式,桥型设计主要考虑地形、地质条件、通航及景观需求;主梁结构形式以混凝土梁居多,桥梁全长在500~1000m居多;结构刚度的提升主要通过约束体系和提升构件的刚度来实现(塔梁固结、塔梁墩固结、增大塔梁索尺寸、优化边中跨比等);温度效应控制的措施以释放体系约束为主(飘浮、半飘浮),柔性桥墩为辅(高墩、薄壁墩),也有采用长主梁构造形式(挂梁、刚性铰等)。方案库中各类数据统计信息如图7所示。

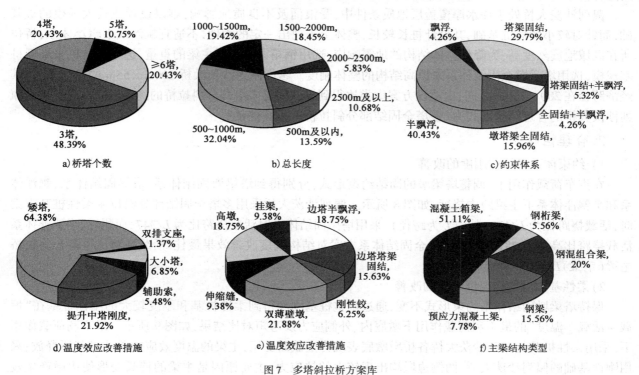

图7 多塔斜拉桥方案库

四、佩列沙茨大桥结构选型研究

1. 结构选型

佩列沙茨跨海大桥跨越地中海亚得里亚海马里斯顿海湾，长度约为2400m，桥位区海湾平均水深27m，桥位处覆盖层厚30～100m不等，主要由黏土和少部分砂砾组成。整个工程处于欧盟海洋自然保护区，生态环境保护要求非常高，通航要求为200m×55m，且桥位处于强震区，地震基本峰值加速度为0.34g，划分为Ⅸ度。

针对佩列沙茨大桥的建设条件进行多塔斜拉桥方案比选时，首先筛选出几个典型特征条件：桥长2400m左右；水深30m左右；厚覆盖层厚100m；单孔跨径超200m；考虑地震影响，然后分别使用这些条件在方案库中进行筛选，初步得到不同约束体系下几种典型桥型方案（表1）。

典型桥型方案　　　　　　　　　　　　　　　　　　　　　　　　　　　表1

约束体系	桥名	建设方案	跨径(m)	建设条件
飘浮体系	里翁-安蒂里翁桥	全飘浮+刚性塔	286+3×560+286	地震频发、通航要求高
	南京长江五桥	半飘浮+钻石形钢混塔	80+218+600+600+218+80	水深流急、沉降要求高
固结体系	米约高架桥	塔梁固结+柔性墩	206+6×342+204	横跨高深河谷、强风区
	嘉绍大桥	塔梁固结+刚性铰	70+200+5×428+200+70	江道宽浅、潮强流急
	西拉沐沦特大桥	塔墩梁固结+部分斜拉+柔性高墩	128+5×240+128	岸坡表面风积沙覆盖层深度达60m

对比上述建设方案，飘浮体系多塔斜拉桥结构体系主梁纵桥向约束较小，对长主梁温度效应不敏感，建设方案着重于提升结构刚度，如采用刚性塔、钻石形桥塔等；而对于固结体系，塔梁、塔梁墩的固结效应有效约束了主梁的变形，使得结构自身具有较大的刚度，但过大的约束又会加剧长主梁的温度效应，为减小主梁温度效应对边塔的不利影响，往往采用两种方式解决：①阻断温度内力沿主梁的传播路径（设伸缩缝）；②让结构产生适应温度的变形（柔性墩）。前者常见的布置形式有跨中设挂梁、设刚性铰等，而后者则是将桥墩设计成高墩（柔性墩）、矮墩（双肢薄壁墩）。

佩列沙茨大桥处于深水厚覆盖层地质条件中，受浪涌及不良质地影响，难以设计成较大规模的桩基础，而针对较小的群桩基础，其设计桩长较长，整体上表现出一定的柔性，不适宜飘浮或半飘浮体系；桥位所在区域地震烈度高，为降低整体结构的地震响应，选用钢箱梁来降低主梁的重量，选用钢管桩来降低桩基规模，选用塔梁墩全固结体系来提高结构的整体刚度。考虑佩列沙茨大桥200m×55m的通航条件，其经济跨径在200～300m之间，由建设方案库类比得到该区间是多塔部分斜拉桥的经济区间。综上得到佩列沙茨大桥的合理结构形式为"多塔全固结部分斜拉桥+柔性桩基"。

2. 合理性验证

1）约束体系对结构刚度的改善

在汽车荷载作用下，调整塔梁墩的固结约束形式，分别得到塔梁墩固结体系、塔梁固结体系、飘浮体系和半飘浮体系下主梁跨中挠度，如图8所示。佩列沙茨大桥采用多塔全固结部分斜拉+柔性桩基方案时，活载挠跨比为$L/432$（其中L为跨径），采用塔梁固结体系时活载挠跨比为$L/347$，而飘浮、半飘浮体系活载挠跨比高达$L/281$，相较而言，全固结体系方案对结构刚度改善效果最佳，活载挠跨比也符合斜拉桥主梁（钢梁）$L/400$的规定限值。

2）柔性基础对结构温度效应的改善

保持塔梁墩固结体系约束形式不变，通过调整桩基刚度得到柔性桩基和刚度较大的刚性桩基在"恒载+活载+温度"的最不利荷载作用下墩底内、外侧应力及弯矩对比结果，如图9所示。最不利荷载作用下，采用柔性桩基的佩列沙茨大桥各桥墩墩底表现为全截面受压，主梁的温度效应被柔性桩基所释放；采用刚性基础的佩列沙茨大桥，两侧边墩均出现较大的拉应力，主要原因是主梁的伸长变形使边墩产生较大的应力幅值,该桥型方案在最不利标准组合下的边墩墩底应力为(-1.5MPa,-11.2MPa),较刚性基础下的应力(5.51MPa,-18.2MPa)更加合理,且长主梁最不利温度效应对边墩墩底的次弯矩最大减小了67%。

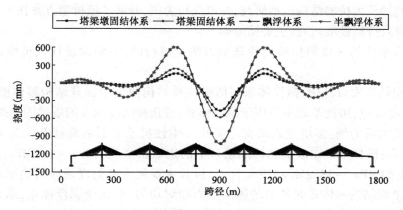

图8 不同约束体系跨中挠度

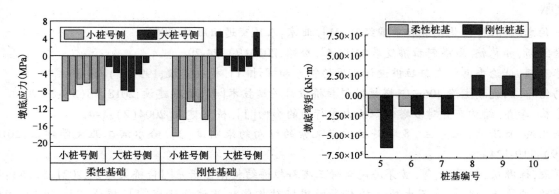

图9 最不利荷载作用下不同约束体系墩应力及内力

3) 约束体系对地震响应的影响

对比三种不同约束体系下承台底纵向弯矩响应,如图10所示。全飘浮体系下,各墩承台底的纵向地震响应均为最大,而对于中间设置两个固定墩的约束体系,各墩的纵向受力很不均匀,且地震力主要集中到中间墩,对基础的受力更为不利。相较而言,采用全固结约束体系时各墩的纵向受力相对均匀,对比全飘浮体系,承台底纵向地震响应减小30%~77%;相对于部分固结体系,各塔基础受力更均匀,抗震性能更优。

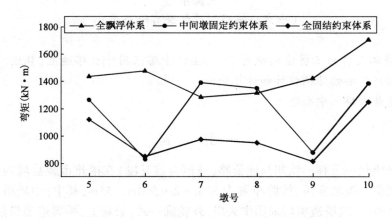

图10 不同约束体系下承台底纵向地震响应

五、结　语

本文系统梳理了多塔斜拉桥的发展历程、建设方案,建立了适用于不同建设条件的多塔斜拉桥桥型方案库,开展了佩列沙茨大桥的结构选型研究,并以该桥为例,开展了该桥型方案在不同约束体系下刚度提升、温度效应改善及抗震性能研究,主要结论如下:

(1)基于桥型方案库的多塔斜拉桥设计选型方法是可行的,可辅助设计人员快速实现桥型的初步筛选。

(2)在多塔斜拉桥方案设计中,飘浮体系多塔斜拉桥结构侧重于提升结构整体刚度,而固结体系侧重于优化长主梁温度效应,柔性基础不适用于飘浮体系,应选择刚度较大的塔梁固结或全固结体系。

(3)以佩列沙茨大桥为例:多塔全固结部分斜拉+柔性桩基方案活载挠跨比为 $L/432$,优于塔梁固结、飘浮、半飘浮体系;桥型方案在最不利标准组合下的边墩墩底应力为(-1.5MPa,-11.2MPa),较刚性基础下的应力(5.51MPa,-18.2MPa)更加合理,且长主梁最不利温度效应对边墩墩底的次弯矩最大减小了67%;采用全固结约束体系时各墩的纵向受力相对均匀,对比全飘浮体系,承台底纵向地震响应减小30%~77%;相对于部分固结体系,各塔基础受力更均匀,抗震性能更优。

参考文献

[1] 王伯惠. 斜拉桥结构发展和中国经验[M]. 北京:人民交通出版社,2003.
[2] 金立新,郭慧乾. 多塔斜拉桥发展综述[J]. 公路,2010(7):24-29.
[3] 华有恒. 试论香港汀九斜拉桥设计构思的特色和探讨[J]. 桥梁建设,1997(3):29-35.
[4] 易伦雄. 洞庭湖主跨406m三塔铁路斜拉桥设计关键技术[J]. 桥梁建设,2018,48(5):86-90.
[5] 喻梅,李乔. 结构布置对多塔斜拉桥力学行为的影响[J]. 桥梁建设,2004(2):1-4.
[6] 柴生波,肖汝诚,王秀兰. 多塔斜拉桥交叉索的纵向约束刚度[J]. 哈尔滨工业大学学报,2016,48(9):119-124.
[7] 鲜荣,徐源庆,刘得运,等. 黄茅海超大跨三塔斜拉桥结构体系研究[J]. 桥梁建设,2021,51(6):9-15.
[8] 张欣,卢立志,刘勇. 赤石大桥主桥超高墩桥塔结构优化及试验研究[J]. 桥梁建设,2019,49(4):23-28.
[9] 张喜刚,王仁贵,林道锦,等. 嘉绍大桥多塔斜拉桥创新结构体系设计[J]. 公路,2013(7):286-289.

13. 苍容浔江大桥索塔设计

王树东

(中交公路规划设计院有限公司)

摘　要　苍容浔江大桥为三塔空间缆悬索桥,主桥索塔采用中央塔造型,且边、中塔外轮廓尺寸一致。本文主要介绍该桥索塔的结构设计和计算分析。

关键词　空间缆悬索桥　中央塔

一、引　言

苍容浔江大桥是梧州—玉林—钦州高速公路(苍梧至容县段)在梧州市藤县境内跨越浔江的一座特大桥。主桥采用三塔空间缆悬索桥,桥跨布置为55m+2×520m+55m,其中,中塔塔高108.9m,边塔塔高108.76m。构造上中塔、边塔造型均采用中央塔,外轮廓一致;景观上,桥梁造型简洁新颖,具有极佳的美学效果。其桥型布置图如图1所示。

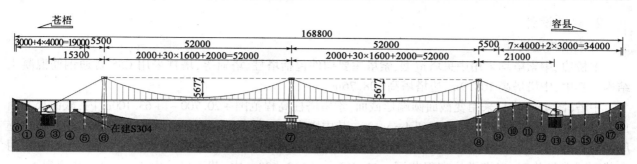

图1 苍容浔江大桥桥型总体布置(尺寸单位:cm)

二、索塔及基础设计

1. 索塔基础设计

索塔基础采用高桩承台基础。材料方面,承台采用C40混凝土,桩基础采用C35混凝土。边、中塔桩基按嵌岩桩设计,嵌岩深度在4倍桩径左右。构造方面,中塔承台为圆形,直径35.5m,厚度6.0m,塔座为圆台形,顶面直径22.0m,底面直径26m,厚度2.0m。中塔承台设置14根直径3.5m桩基。边塔承台为矩形,平面外轮廓尺寸为18.6m×15.6m(横桥向尺寸×纵桥向尺寸),厚度5.5m。边塔承台各设6根直径3.0m桩基。中塔基础见图2,边塔基础见图3。

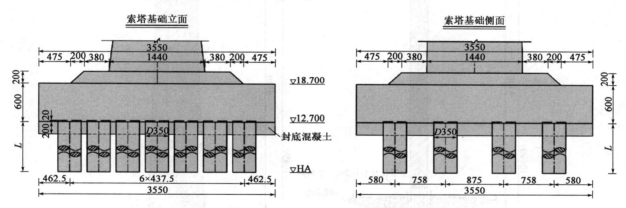

图2 中塔基础(尺寸单位:cm;高程单位:m)

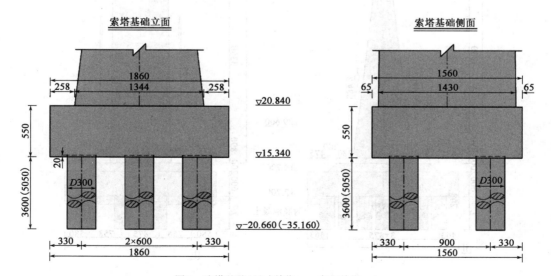

图3 边塔基础(尺寸单位:cm;高程单位:m)

2. 索塔设计

1)索塔构造设计

本桥边、中索塔均采用中央塔造型,索塔主要构件包括塔柱、塔冠等,塔柱采用 C55 普通钢筋混凝土结构。其中,中塔塔高 108.9m,边塔塔高 108.76m。

中塔(图4)下塔柱采用变截面圆端形截面,索塔塔柱高程范围 +20.700～+63.100m 内,截面尺寸由 14m×14m(横桥向×顺桥向)过渡到 4m×13m,其中塔底实心段高 2m,带十字隔板断面高 33.3m,塔柱壁厚横向 1.2～2.7m,纵向 1.8m,十字隔板厚度 1.2m,其余断面横向设置隔板,隔板厚度 1.2m;上塔柱采用变截面圆端形截面,索塔塔柱高程范围 +63.100～+112.600m 内,截面尺寸由 4m×13m 过渡到 4m×9.8491m;索塔塔柱高程范围 +112.600～+124.600m 内,截面尺寸由 4m×9.8491m 过渡到 4m×13.4661m,上塔柱塔柱壁厚 1.2～1.6m,截面横向设置隔板,厚度 1.2m。索塔鞍罩高程范围 +124.600～+129.600m 内,截面尺寸由 4m×13.4661m 过渡到 4m×15.1186m。

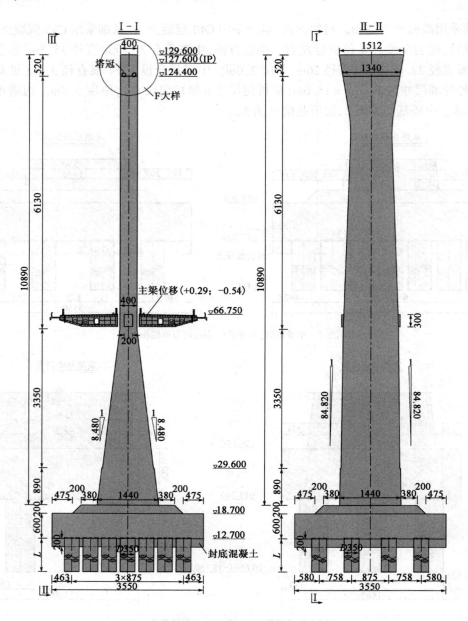

图 4 中塔一般构造(尺寸单位:cm;高程单位:m)

边塔(图5)下塔柱采用变截面圆端形截面,索塔塔柱高程范围+20.840~+59.150m内,截面尺寸由13.04m×13.90m过渡到4m×13m,其中塔底实心段2m,带十字隔板断面高29.21m,壁厚横向1.2~2.0m,纵向1.8m,十字隔板厚度1.2m,其余断面横向设置隔板,隔板厚度1.2m;上塔柱采用变截面圆端形截面,索塔塔柱高程范围+59.150~+111.9039m内,截面尺寸由4m×13m过渡到4m×9.619m;索塔塔柱高程范围+111.9039~+124.600m内,截面尺寸由4m×9.619m过渡到4m×13.4661m,上塔柱塔柱壁厚1.2~1.6m,截面横向设置隔板,厚度1.2m。

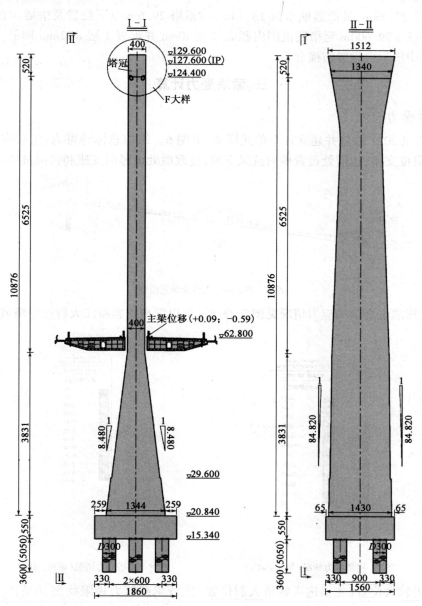

图5 边塔一般构造(尺寸单位:cm;高程单位:m)

2)索塔钢筋设计

中塔上塔柱人洞以上23.25m(+90.000m)至塔顶范围截面外层竖向配置单层 $\phi 40mm$ 钢筋,内层竖向配置一层 $\phi 32mm$ 钢筋;上塔柱人洞以上16.25m(+83.000m)至人洞以上23.25m(+90.000m)范围截面外层竖向配置两层 $\phi 40mm$ 钢筋,内层竖向配置一层 $\phi 32mm$ 钢筋;上塔柱人洞以上7.5m(+74.250m)至人洞以上16.25m(+83.000m)范围内外层配置两层半 $\phi 40mm$ 钢筋,内层配置一层 $\phi 32mm$ 钢筋;人洞+74.250~+33.900m范围内断面外层配置两层半 $\phi 40mm$ 钢筋,内层配置一层 $\phi 32mm$ 钢筋;下塔柱(+33.900m)至塔底(+20.700m)共13.2m范围内外层配置三层φ40mm钢筋,内层配置一层φ32mm钢筋。边塔塔柱在全高范围内截面外层竖向配置单层φ40mm钢筋,内层配置一层φ32mm钢筋。

3)中塔预应力设计

针对中塔效应,根据受力情况,在主梁入塔的人洞以上5m(+74.250m)到下塔柱(+29.900m、+27.700m)范围内配置8束φ15-25型号预应力钢束,作为降低索塔纵弯产生的拉应力的措施。

4)索塔防撞设计

本桥通航水位27.58m,最低通航水位18.74m,对索塔29.6m以下位置及中塔承台进行防撞设计。其中边、中塔下塔柱+29.600m至塔底范围内截面加宽40cm并配置1层φ32mm钢筋。边、中索塔设置防撞护舷,并且在中塔承台设置防撞套箱。

三、索塔受力计算

1. 索塔整体受力分析

采用midas Civil 2021软件并建立杆系单元模型,见图6。结构总体约束为:主梁在中塔处设置横向抗风支座和纵向限位支座,边塔处设置横向抗风支座,过渡墩处设竖向支座和横向抗风支座。

图6 苍容浔江大桥梁单元模型

中塔、边塔在标准组合下的应力情况见图7、图8。可以发现苍容浔江大桥边中塔效应明显,拉、压应力均较大。

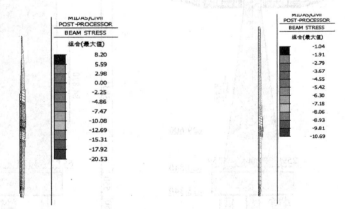

图7 中塔应力情况(单位:MPa)　　　　图8 边塔应力情况(单位:MPa)

针对中塔受力较大位置(主梁进入索塔人洞位置)进行承载能力极限状态、钢筋应力与裂缝宽度验算,见表1、表2。

中塔塔柱抗弯承载能力极限状态验算　　　　表1

位置	控制工况	轴力(kN)	纵弯(kN·m)	横弯(kN·m)	极限纵弯(kN·m)	安全系数
人洞	恒+活+温+纵风	295708	154346	-26	1694089	1.09

中塔塔柱钢筋应力与裂缝宽度验算　　　　表2

位置	控制工况	轴力(kN)	纵弯(kN·m)	横弯(kN·m)	钢筋应力(MPa)	裂缝宽度(mm)
人洞	恒+活+温+纵风	223730	-795100	-2	88	0.133

2. 预应力锚块局部计算

对索塔预应力锚块位置进行局部分析,根据受力情况建立一半模型,荷载考虑自重、模型顶恒载轴力及预应力钢束产生的内力。考虑施工顺序为先施工索塔、上部结构后张拉预应力,模型见图9。

根据《铁路桥涵混凝土结构设计规范》(TB 10092—2017),C55 混凝土主拉应力应控制到 2.97MPa,因此主拉应力计算结果仅显示小于 2.97MPa 结果。计算结果见图10~图13。

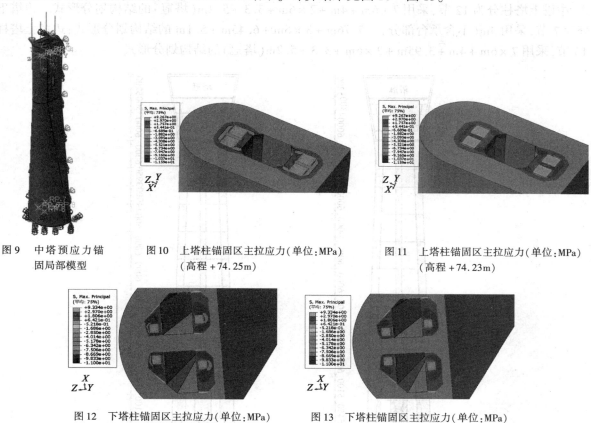

图9 中塔预应力锚固局部模型

图10 上塔柱锚固区主拉应力(单位:MPa)(高程 +74.25m)

图11 上塔柱锚固区主拉应力(单位:MPa)(高程 +74.23m)

图12 下塔柱锚固区主拉应力(单位:MPa)(高程 +29.900m)

图13 下塔柱锚固区主拉应力(单位:MPa)(高程 +29.910m)

对以上局部模型进行分析:上塔柱锚固区的主拉应力大于 2.97MPa 的范围基本上处于2cm 深度范围,而下塔柱主拉应力大于 2.97MPa 的范围基本处于1cm 深度范围,通过局部配筋可以控制。

3. 塔顶承压分析

由于塔顶构造复杂,对塔顶实心段在竖向荷载作用下局部承压进行计算,计算标准组合荷载作用下实心段的受力情况。荷载考虑标准组合下索鞍传来的轴力、剪力 + 索塔自重,模型如图14 所示,计算结果见图15、图16。

图14 索塔塔顶模型

图15 索塔塔顶主拉应力(单位:MPa)

图16 索塔塔顶主压应力(单位:MPa)

根据以上局部受力结果,主拉、主压应力均满足规范要求。

四、索塔施工

苍容浔江大桥主桥索塔施工期间采用6m标准节段的分节形式(图17),将索塔划分为20个节段,其中中塔下塔柱分为8节,采用3m(不含塔座部分)+5.9m+3.95m+3×6m+6.45m+5.1m的结构划分形式,中塔上塔柱分为12节,采用7×6m+4m+2×6m+3.3+5.2m(塔冠)的结构划分形式。边塔下塔柱分为7节,采用3m(不含承台部分)+5.76m+3×6m+6.45m+5.1m的结构划分形式;边塔上塔柱分为13节,采用7×6m+4m+3.95m+2×6m+3.3+5.2m(塔冠)的结构划分形式。

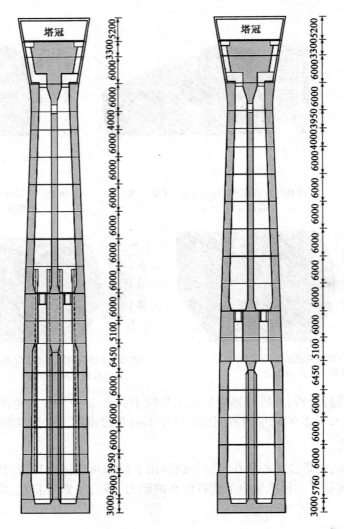

图17 索塔施工分段示意(尺寸单位:mm)

苍容浔江大桥主桥索塔起步段(第1节)采用翻模法施工,中塔在塔座施工时将塔柱起步段钢筋、模板等一同施工,待塔座混凝土初凝后进行塔柱起步段混凝土浇筑;边塔在承台施工时将塔柱起步段(第1节)钢筋、模板等一同施工,待承台混凝土初凝后进行塔柱起步段混凝土浇筑。第2~8(9)节采用翻模法进行施工,外模采用专业厂家定制的钢模板,内模使用组合钢模翻模施工,施工过程中搭设劲性骨架进行施工。第9(10)~19节外侧模板采用液压爬模施工,内侧模板采用组合钢模翻模施工。

五、结　语

浔江大桥首次采用混凝土中央塔作为三塔悬索桥中塔。受力上,在中塔塔柱内部设置预应力钢束,有效降低了由于中塔效应产生的较大钢筋应力与裂缝宽度;景观上,边、中索塔外轮廓一致,结构简洁协调。浔江大桥在中央塔中塔设计上的工程实践,将为三塔悬索桥中塔塔型的选择提供新的思考。

14. 空间缆可变距跨缆吊机设计技术研究

张浩伟　刘　勋　全　仓　侯润锋

(中交第二公路工程局有限公司设计研究总院)

摘　要　为满足空间缆索悬索桥加劲梁吊装需求,以藤州浔江大桥为依托,针对主缆间距变化特点,提出了一种适应空间缆加劲梁吊装的可变中心距跨缆吊机。跨缆吊机采用丝杠横移变距、球铰支承等设计,通过控制系统使行走机构纵桥向牵引及支撑结构横桥向移动能够匹配两侧主缆间距的变化,经验算其结构强度及稳定性满足规范要求。可变距跨缆吊机通用性强、适用性广,可为空间缆悬索桥建设提供借鉴。

关键词　悬索桥　空间缆　加劲梁　吊装　可变中心距　跨缆吊机

一、引　言

目前国内外多个超2000m级悬索桥的项目建设已进入实施阶段,同时主跨2700～3300m悬索桥的技术研究与探索应用也已开展[1]。在悬索桥跨越能力不断增大的过程中,横向刚度和抗风稳定性已成为悬索桥建设技术发展中无法回避的问题[2]。国内外专家学者针对此问题提出加劲梁中间开槽、采用平行四主缆方案以及采用空间缆索方案等[3-7],其中采用空间缆索方案是提高缆索系统的横向承载能力最直接有效的方法。

藤州浔江大桥全长1604m,主跨为2×638m的独塔斜拉-悬索协作体系桥,主缆跨径布置为2×730m,采用空间缆索悬索体系。索塔每侧设置20对斜拉索、22对普通吊索,过渡墩处设限位吊索,单跨斜拉索段主梁长度327m,吊索段主梁长度383m。吊索区标准梁段长16.0m,单个梁段起吊质量206.4t,浔江大桥布置图如图1、图2所示。

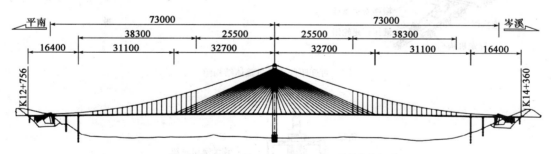

图1　藤州浔江大桥总体布置立面图(尺寸单位:cm)

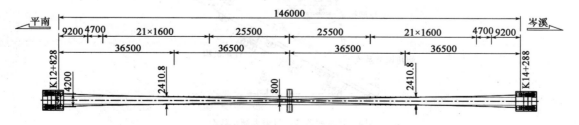

图2　藤州浔江大桥总体布置平面图(尺寸单位:cm)

本桥塔顶位置主缆间距最小为8m,锚碇位置处间距最大为42m。跨缆吊机充分利用主缆承载,具有起吊能力强、移动方便、经济性好等优势,广泛用于平面缆索悬索桥加劲梁吊装[8]。由于常规跨缆吊机两侧行走机构沿主缆平行布置且在行走过程中间距保持不变,并不适用于空间缆悬索桥加劲梁吊装。目前国内外对于空间缆悬索桥的跨缆吊机研究较少,本文以能适应主缆间距变化作为主要功能需求进行考虑,研究可变中心距跨缆吊机解决方案。

二、功能需求分析

（1）为适应主缆横向间距的变化,可变距跨缆吊机需考虑两侧支撑结构横桥向在设计范围内移动。本桥主缆横桥向间距变化范围大,应同时考虑跨缆吊机支撑结构间距大范围变化的适应性。

（2）行走机构能够适应纵向"八"字缆的特点。

（3）行走机构纵桥向牵引与支撑结构横桥向移动在移机过程应同步运行控制。

（4）空间主缆纵桥向、竖向均存在角度变化,跨缆吊机行走机构及支撑结构设计需考虑能适应左右幅主缆架设误差、行走机构或横移机构移动误差等,保证结构受力均衡。

（5）可同时适用于平面缆索悬索桥加劲梁吊装。

三、可变距跨缆吊机方案设计

可变距跨缆吊机由桁架结构、支撑结构、行走机构、横移变距系统、连续提升系统、牵引系统、控制系统及动力系统等组成,总体结构如图3所示。跨缆吊机设计最大倾角为30°,桁架水平状态由倾角调节系统辅助调节保持,跨缆吊机最大倾角状态如图4所示。

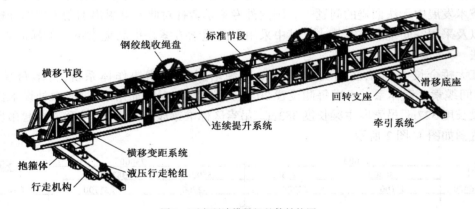

图3 可变距跨缆吊机整体结构图

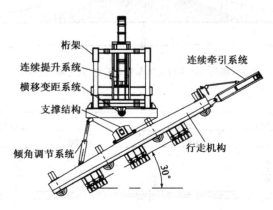

图4 可变距跨缆吊机最大倾角状态

结合浔江大桥加劲梁吊装需求,拟定吊机主要性能参数见表1。

可变距跨缆吊机主要性能参数 表1

序号	项目	性能参数	序号	项目	性能参数
1	提升能力	300t(含吊具)	7	平均提升速度	30m/h
2	适应主缆直径	652mm	8	平均行走速度	20m/h
3	适应主缆中心距	23~36.7m	9	平均横移速度	0.5m/h
4	连续提升系统间距	11.2m	10	工作环境温度	-20~50℃
5	最大主缆倾角	30°	11	工作状态最大风速	25m/s
6	最大跨索夹能力	3m×0.3m	12	非工作状态最大风速	55m/s

1. 桁架设计

桁架是跨缆吊机吊装作业的主要承力结构,其上布置有连续提升系统、控制系统、动力系统、附属结构及人员作业平台等。

考虑制造、运输及安装的便捷性和适用性,桁架采用多节段、模块化设计。跨缆吊机桁架可分为标准节段及横移节段,节段间通过螺栓连接;标准节段、横移节段依次两两对称布置,横移节段布置在最外侧。桁架节段整体为框架结构,节段上、下弦杆均为双腹板箱形弦杆,腹杆采用H型钢、双拼槽钢等。跨缆吊机也可根据需要增设调整节段,通过改变调整节段长度满足不同项目需求。

2. 支撑结构设计

支撑结构包括滑移底座及回转支座,两者通过销轴连接。回转支座与行走机构之间采用球铰形式连接,接触面处行走机构凸出,回转支座内凹成槽,回转支座处设置多组螺栓槽孔,两者通过高强螺栓连接。铰接位置处为主要承力部位,承受大部分压力及剪力,高强螺栓主要起限位作用,同时承担部分剪力,结构受力较好。通过球铰连接及螺栓限位的方式,可使行走机构相对回转支座实现水平转动及竖向微调,同时防止随着倾角增大,球铰面脱槽。

桁架横移节段放置在滑移底座上,横移变距系统分别连接桁架与滑移底座,通过横移变距系统带动支撑结构整体沿横移节段下弦杆横向移动。桁架横移节段下弦杆两侧设置导轨,滑移底座两侧设置导轨限位装置,防止横移时桁架脱离滑移底座。滑移底座与行走机构之间设置有两组倾角调节油缸及一组机械锁紧装置,油缸及机械锁紧装置均承压,通过液压油缸调节以及机械锁紧的方式主动控制,确保桁架结构始终保持水平。

与常规跨缆吊机相比,可变距跨缆吊机在行走过程中可根据主缆角度的变化调整行走机构与回转支座的相对角度,无论两侧主缆内倾或外扩,行走机构均可适应。同时,对于跨缆吊机两侧主缆缆上支撑点位置、空间倾斜角度等存在差异的情况,本结构也可通过调整单侧行走机构与支撑结构,使跨缆吊机适应两侧主缆的空间位置差异,主体结构能始终保持稳定状态。

3. 横移变距系统设计

横移变距系统共两套,对称布置在桁架两侧横移节段下方,单套横移变距系统包括电机、减速器、链轮装置及丝杠等,通过电机驱动链轮带动丝杠沿桁架横向移动。电机及减速器布置在桁架横移节段下方,链轮装置分别连接丝杠及减速器,丝杠布置在桁架横移节段横桥向中心正下方。横移节段两侧设置丝杠支座,丝杠两端与支座轴承连接,丝杠螺母连接支撑结构滑移底座。通过以上布置,将电机的旋转运动转化为丝杠的直线运动,实现了支撑结构的横向变距功能。

4. 行走机构设计

行走机构为箱形结构,与常规结构类似,箱体上安装有4组行走轮组、3组抱箍体。抱箍体采用高强螺栓与箱体连接,可根据作业需要调整抱箍体之间距离,提高加劲梁吊装精度。加劲梁吊装时,将抱箍体一侧端面顶住索夹,锁紧在主缆上。跨缆吊机空载行走时,抱箍体连接螺栓解除,行走轮组落在主缆上,由牵引系统牵引行走。行走过程中,液压油缸驱动行走轮组交替起落完成索夹的跨越。考虑吊索区索夹长度,行走轮组间距最小为3.15m。行走机构顶部设置油缸支承座,油缸与支承座采用关节轴承连接,以适应行走机构与支撑结构相对角度的变化。

5. 连续提升系统设计

连续提升系统共两套,对称布置在桁架两侧标准节段上。连续提升系统组成与常规结构相同,由连续千斤顶、钢绞线、钢绞线收绳盘等组成[9]。根据吊装需求,连续提升千斤顶额定提升能力选择150t,两套连续提升系统联动同步提升速度不小于30m/h。由于缆上支撑结构位于连续提升系统外侧,且支撑结构可沿桁架横向移动,当支撑结构位于桁架最远端时,吊装荷载相对缆上支撑位置集中在桁架中心附近,桁架结构所受弯矩最大,此时为结构受力计算控制工况。

6. 控制系统设计

相对常规跨缆吊机控制系统,可变距跨缆吊机除具备对缆上行走、加劲梁吊装的控制和监测功能外,还增加了对横向变距系统以及倾角调节系统的控制和监测功能。对于横向变距系统,可根据需要控制电机正反转实现支撑结构间距的减小或增大,同时监测支撑结构变距过程中电机转速、横移距离等参数。倾角调节系统根据实时监测到的桁架水平状态,通过控制倾角调节油缸调节桁架使其保持水平状态。

对于空间缆悬索桥,跨缆吊机行走时,两侧主缆间距同步变化,因此控制系统还具有联动控制牵引系统与横向变距系统的功能,使行走机构的移动速度与横移变距系统的横移速度能够匹配两侧主缆间距的变化。

四、结构验算

1. 桁架计算

采用有限元软件midas Civil建立桁架整体模型,构件均为梁单元,材料采用Q355B,桁架由支撑结构中滑移底座约束纵桥向位移,由横移变距系统中丝杠约束横桥向位移,桁架放置在滑移底座上,释放其转动约束,桁架计算模型如图5所示。

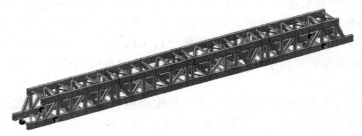

图5 桁架计算模型

根据《起重机设计规范》(GB/T 3811—2008)的规定,跨缆吊机钢结构采用许用应力设计法,基本荷载情况包括无风工作情况、有风工作情况及非工作情况。根据跨缆吊机实际使用情况,具体载荷组合工况包括无风工作状态工况A1、无风工作状态工况A3、有风工作状态工况B1、有风工作状态工况B3、非工作状态工况C2、静载试验工况C3,其中工作状态工况(A、B工况)还需分别考虑平衡吊重及偏载吊重(偏载系数取1.05)两种工况。对各荷载组合工况下桁架的结构进行验算。桁架在各荷载组合工况下的应力计算结果见表2。

桁架计算情况　　　　　　　　　　　　　　　　　　表2

序号	工况	计算项目		计算结果(MPa)	最大应力位置
1	A1工况	平衡吊重工况	最大组合应力	208.6	标准节段下弦杆
			最大剪应力	48.3	提升系统承载梁
		偏载吊重工况	最大组合应力	213.0	标准节段下弦杆
			最大剪应力	50.6	提升系统承载梁

续上表

序号	工况		计算项目	计算结果(MPa)	最大应力位置
2	A3 工况	平衡吊重工况	最大组合应力	223.1	标准节段下弦杆
			最大剪应力	52.5	提升系统承载梁
		偏载吊重工况	最大组合应力	226.9	标准节段下弦杆
			最大剪应力	53.4	提升系统承载梁
3	B1 工况	平衡吊重工况	最大组合应力	208.1	标准节段下弦杆
			最大剪应力	48.3	提升系统承载梁
		偏载吊重工况	最大组合应力	212.6	标准节段下弦杆
			最大剪应力	50.6	提升系统承载梁
4	B3 工况	平衡吊重工况	最大组合应力	222.6	标准节段下弦杆
			最大剪应力	52.5	提升系统承载梁
		偏载吊重工况	最大组合应力	227.5	标准节段下弦杆
			最大剪应力	54.6	提升系统承载梁
5	C2 工况	平衡吊重工况	最大组合应力	57.1	横移节段弦杆斜撑
			最大剪应力	10.8	横移节段下弦杆
6	C3 工况	平衡吊重工况	最大组合应力	232.0	标准节段下弦杆
			最大剪应力	54.7	提升系统承载梁

根据计算结果，无风工作工况下最不利工况为 A3 偏载吊装工况，组合应力最大为 226.9MPa，剪应力最大为 53.4MPa；有风工作工况下最不利工况为 B3 偏载吊装工况，组合应力最大为 227.5MPa，剪应力最大为 54.6MPa；静载试验工况 C3（最不利工况）应力计算结果如图 6 所示，组合应力最大为 232.0MPa，剪应力最大为 54.7MPa；各工况应力计算结果均小于对应载荷工况许用应力，满足要求。

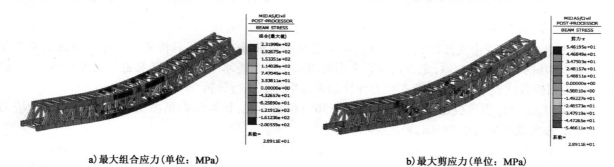

a) 最大组合应力（单位：MPa）　　　　　　b) 最大剪应力（单位：MPa）

图 6　C3 工况应力计算结果

跨缆吊机静态刚性计算结果如图 7 所示，在最大主缆间距 36.7m 状态下，跨缆吊机在额定起升荷载及吊具等作用下最大相对挠度为 63.9mm，出现在缆载吊机下弦杆中间位置，小于允许变形量，满足要求。

2. 限位底座计算

限位底座主要承受桁架自重及吊重荷载，结构最不利受力工况为静载试验工况 C3，采用 SolidWorks 建立模型进行计算，滑底座材料为 Q355B，根据静载试验工况 C3 桁架支反力计算结果加载并进行分析，如图 8、图 9 所示。

静载试验工况下限位底座最大组合应力为 148.3MPa，最大变形量为 0.73mm，满足要求。

图 7　静态刚性计算结果（单位：mm）

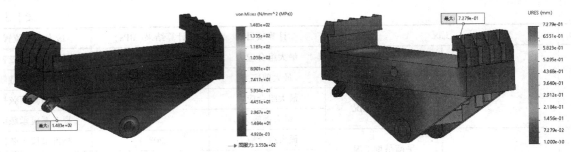

图8 限位底座应力计算结果(单位:MPa)　　图9 限位底座变形计算结果(单位:mm)

3. 回转支座计算

回转支座主要承受由限位底座传递的桁架自重及吊重荷载,结构最不利受力工况为静载试验工况C3,回转支座材料为Q355B。回转支座计算考虑跨缆吊机在主缆水平位置工况及主缆最大倾角(30°)位置工况,根据静载试验工况C3桁架支反力计算结果分别加载进行分析。

最不利工况为跨缆吊机处于主缆在最大倾角(30°)位置工况,计算结果见图10、图11;最大组合应力为105.0MPa,最大变形量为0.19mm,满足要求。

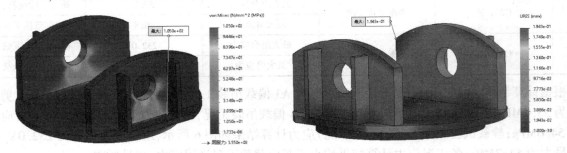

图10 回转支座应力计算结果(单位:MPa)　　图11 回转支座变形计算结果(单位:mm)

4. 行走机构计算

行走机构主要承受由支撑结构传递的桁架自重及吊重荷载,结构最不利受力工况为静载试验工况C3,行走机构材料为Q355B。行走机构计算考虑跨缆吊机在主缆水平位置工况及主缆最大倾角(30°)位置工况,根据静载试验工况C3桁架支反力计算结果分别加载进行分析。

最不利工况为跨缆吊机在主缆在最大倾角(30°)位置工况,计算结果见图12、图13;最大组合应力216.4MPa,最大变形量为0.78mm,满足要求。

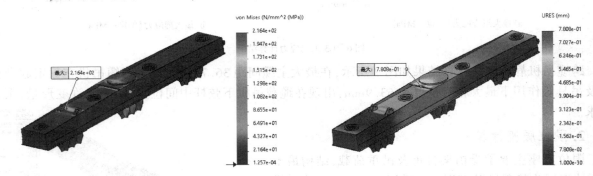

图12 行走机构应力计算结果(单位:MPa)　　图13 行走机构变形计算结果(单位:mm)

五、可变距跨缆吊机行走试验

为验证可变距跨缆吊机行走方式的可行性,根据本桥尺寸在工厂内进行了主缆及跨缆吊机缩尺(1:4)模型试验,如图14所示。试验结果表明,通过对行走机构与横移变距系统的联动控制实现跨缆吊机在空间缆索上行走是可行且有效的。

图 14 可变距跨缆吊机行走试验

六、结　语

本文结合以往平面缆悬索桥跨缆吊机结构设计及使用经验，针对空间缆悬索桥加劲梁吊装需求，阐述了可变距跨缆吊机的结构及功能设计思路。考虑到空间缆悬索桥主缆间距变化的特点，通过支撑结构设置球铰回转支座、桁架与支撑结构之间设置横移变距系统、行走机构纵桥向行走与支撑结构横桥向移动速度匹配控制的方案，实现了空间缆索悬索桥跨缆吊机的吊装、行走等功能。由于本跨缆吊机为配合空间缆悬索桥加劲梁吊装而进行的方案研究设计，后续还需根据桥梁结构特点及试验验证结果进行深化调整。

参考文献

[1] 刘勋,刘民胜,金仓,等.KLDJ600型液压提升式跨缆吊机的研制及应用[J].筑路机械与施工机械化,2019(2):92-97.
[2] 陈凯.单叶双曲面空间缆索体系悬索桥静载试验研究[D].南京:东南大学,2019.
[3] 杨詠昕,葛耀君,曹丰产.大跨度悬索桥中央开槽箱梁断面的颤振性能[J].中国公路学报,2007,20(3):35-40.
[4] 卢桂臣,张红芬,杨詠昕,等.西堠门大桥初步设计钢箱梁断面气动选型[J].西南交通大学学报,2005,40(4):473-477.
[5] 郑凯锋,栗怀广,胥润东.连续超大跨悬索桥的刚度特征[J].西南交通大学学报,2009,44(3):342-346.
[6] 罗东生.空间缆索悬索桥受力特性及缆索成桥线形分析[D].大连:大连理工大学,2009.
[7] 刘勋,金仓,刘新华,等.平行四主缆悬索桥跨缆起重机设计[J].起重运输机械,2023(6):15-22.
[8] 金仓.全液压跨缆吊机的研制与应用[J].筑路机械与施工机械化,2009,26(9):21-25.
[9] 闫友联,赵有明,金仓,等.特大跨径悬索桥全液压跨缆吊机设计研究[J].桥梁建设,2004(4):13-16.

15. 藤州浔江大桥加劲梁吊装方案比选研究

张浩伟 刘 勋 金 仓 舒宏生

(中交第二公路工程局有限公司设计研究总院)

摘 要 藤州浔江大桥为独塔斜拉-悬索协作体系桥,主缆采用空间缆索体系。针对悬索区加劲梁吊装,为了解决空间主缆横桥向缆距变化范围较大的难题,在常规跨缆吊机、同步液压提升系统等成熟吊装方案基础上,结合本桥结构特点,提出可变距跨缆吊机、液压起吊系统正提升、液压起吊系统倒提升等5种加劲梁吊装解决方案,并对各方案技术经济性进行了初步比选,推荐采用可变距跨缆吊机方案。

关键词 悬索桥 空间缆索 加劲梁 吊装 跨缆吊机 比选

一、引 言

藤州浔江大桥主跨为 2×638m 独塔斜拉-悬索协作体系桥,全长 1604m,主缆跨径布置为 2×730m。索塔每侧设置 20 对斜拉索、22 对普通吊索,过渡墩处设限位吊索,斜拉索呈扇形布置,吊索、斜拉索梁上纵向锚固间距为 16m,交叉段间距 8m 交错布置,单跨斜拉索段主梁长 327m,吊索段主梁长 383m。主缆在主塔位置主缆间距最小为 8m,在锚碇位置处间距最大为 42m。浔江大桥总体布置如图1、图2所示。

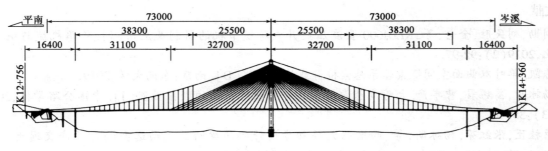

图 1 藤州浔江大桥总体布置立面图(尺寸单位:cm)

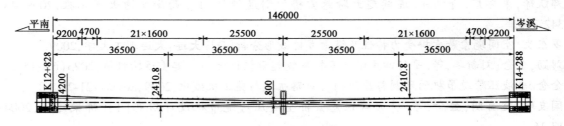

图 2 藤州浔江大桥总体布置平面图(尺寸单位:cm)

全桥加劲梁共有 10 种类型、83 个梁段。悬索区靠近锚碇侧,梁段共有 B、B1、F 三种类型、44 个梁段,沿主塔至锚碇悬索区梁段编号为 B17~B38,B39、B40 梁段设计无吊索。B 梁段(标准梁段)单个梁段起吊质量 206.4t(不含焊缝),B1 梁段单个梁段起吊质量 220.0t,F 梁段为最重梁段,单个梁段起吊质量 244.5t。加劲梁采用扁平钢箱梁,悬索区梁段长 16m,高 3.0m,梁段全宽 32.8m(含检修道),其中顶板宽 26.8m,箱梁两侧设置宽 2.8m 倒 L 形导流板,同时起到检修道功能。加劲梁吊索吊点横向间距 26m,斜拉索锚固点间距 27.11m。图 3 为加劲梁标准梁段横断面图。

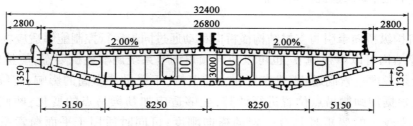

图3 加劲梁标准梁段横断面图（尺寸单位：mm）

浔江大桥主缆为空间缆索结构，主缆横向间距及主缆与加劲梁之间的净高沿纵桥向不断变化，大幅增加了加劲梁的吊装难度。常规的跨缆吊机行走机构沿主缆平行布置且在行走过程中间距保持不变[1]，这种跨缆吊机并不适用于浔江大桥主缆间距不断变化的特点，需要研究新的吊装解决方案。

二、加劲梁吊装重难点分析

考虑浔江大桥的缆索结构特点，吊装设备应满足以下基本功能需求[2-4]：

（1）吊装行走机构能够适应纵向"八"字缆的特点，行走机构纵桥向移动过程中缆上支撑结构能够适应主缆横向大间距变化。

（2）能适应锚碇侧悬索区加劲梁吊装净高较小的特点。

（3）悬吊区钢箱梁宽32.4m，吊装设备需解决主缆处于钢箱梁全宽外侧和在钢箱梁以上两种作业需求。

以上也是加劲梁吊装的重难点。

三、比选方案分析

1. 方案一：可变距跨缆吊机吊装方案

在常规的跨缆吊机的基础上，提出可变中心距跨缆吊机方案。可变距跨缆吊机由桁架结构、支撑结构、行走机构、横移变距系统、连续提升系统、牵引系统、控制系统及动力系统等组成，设计最大倾角为30°，由倾角调节系统辅助调节桁架保持水平状态。可变距跨缆吊机总体结构如图4所示。

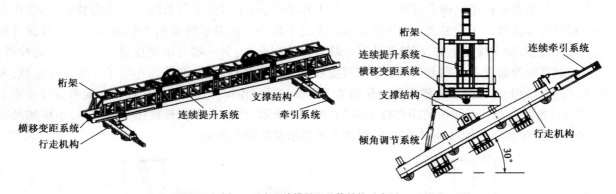

图4 可变距跨缆吊机整体结构示意图

1）结构特点

与常规跨缆吊机结构相比，可变中心距跨缆吊机增加了横移变距系统，并在支撑结构与行走机构之间设置球铰回转支座及倾角调节系统。横移变距系统连接桁架与支撑结构，桁架整体放置在支撑结构上，通过横移变距系统带动支撑结构沿桁架移动实现支撑结构中心距变化的功能。球铰回转支座的设置，使行走机构沿空间主缆移动时，可以很好适应与支撑结构之间相对角度的变化。倾角调节系统用于调节桁架保持水平状态,确保整机稳定可靠。

2)优缺点分析

本方案行走机构纵桥向牵引与支撑结构横桥向移动通过同步运行控制能够适应主缆间距的变化;两侧行走机构及支撑结构可以单独调节,也可以协同倾角调节系统调节整机姿态,使整机受力保持均衡;空载行走方便,无须考虑过索问题;整机布置在主缆上侧,不受吊装净高的影响;连续提升系统布置在桁架上,位置可以根据加劲梁吊点位置进行调整,能够适应加劲梁吊点的变化;两侧缆上支撑结构通过桁架连接,能承受较大的弯矩且具有一定的横向刚度;可同时适用于平面缆索系统悬索桥加劲梁吊装。

但是,可变距跨缆吊机重心位置较高,吊装作业时对整机稳定性不利;纵桥向偏载由倾角调节系统承担,对倾角调节系统要求高;牵引系统及横移变距系统之间需要能够同步进行控制,对控制系统要求较高;提升系统布置在桁架上,为满足结构强度要求,桁架结构设计较笨重,整机自重大。

2. 方案二:液压起吊系统倒提升抬吊方案

参考液压同步提升吊装方式,取消桁架结构,将吊机两侧结构独立布置,提出连续千斤顶倒提升方案[5-6]。本方案采用双系统抬吊+连续千斤顶倒提升的方式吊装加劲梁,单套吊装系统由行走机构、提升系统、吊梁、牵引系统、控制系统及动力系统组成,总体结构如图 5 所示。

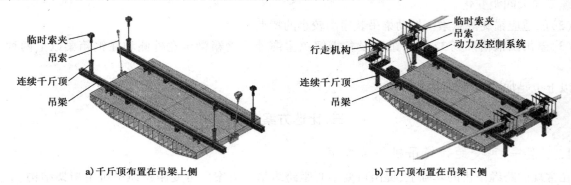

图 5　方案二总体结构示意图

1)结构特点

本方案吊装系统行走机构上设置临时索夹及工作平台,行走时由牵引系统牵引纵向移动,吊装作业时通过临时索夹顶紧永久索夹来克服吊机带载产生的下滑力。提升系统采用 2 套液压连续千斤顶分别倒置布置在左、右幅主缆正下方,连续千斤顶一端连接临时索夹,另一端与吊梁连接。吊梁横桥向放置,动力及控制系统等布置在吊梁上。吊梁下侧与加劲梁上两个吊点连接,两端为连续千斤顶连接区域,采用滑块式连接结构,可以根据主缆间距变化调节千斤顶与吊梁连接位置。连续千斤顶一般布置在吊梁上侧,如图 5a)所示。当加劲梁吊装净高较小时,如图 5b)所示,可将千斤顶布置在吊梁下侧,本桥加劲梁 B36~B40 梁段吊装需采用这种布置方式,横桥向吊装示意如图 6 所示。

图 6　B36~B40 梁段吊装横桥向示意图

2)优缺点分析

本方案吊装系统组成结构较简单,整机自重较小;缆上支撑结构独立布置,能很好适应主缆间距变化的特点,且主缆空间角度的变化不影响行走及提升作业;千斤顶布置在主缆正下方,整机重心位置低,稳定性好。同时,采用双系统抬吊的方式需要考虑内侧吊梁跨越已安装吊索的问题以及整机移动的问题,操作难度较大;2 台吊机共 4 套连续提升千斤顶同步提升,对控制系统要求较高;吊梁悬臂作业,对吊梁强度要求较高;加劲梁 B39、B40 梁段设计无吊索,需设置临时吊索进行吊装,由于吊装净高很小,吊装时需将施工步道局部上拉,操作复杂。

3. 方案三:液压起吊系统倒提升方案

1)结构特点

在方案二的基础上,采用单套吊装系统吊装加劲梁。方案三总体结构如图 7 所示。本方案吊装系统增加了 2 组纵桥向放置的扁担梁,扁担梁与加劲梁吊点连接,吊梁下穿扁担梁,通过抬吊扁担梁的方式完成加劲梁的吊装。同方案二,连续千斤顶一般布置在吊梁上侧,如图 7a)所示,当加劲梁吊装净高较小时,如图 7b)所示,可将千斤顶布置在吊梁下侧,B36～B40 梁段纵桥向吊装示意如图 8 所示。

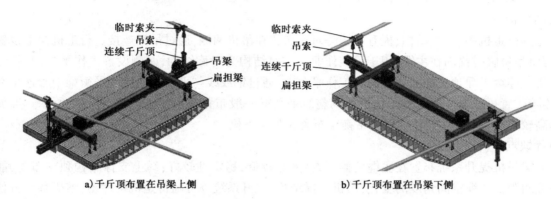

a)千斤顶布置在吊梁上侧　　b)千斤顶布置在吊梁下侧

图 7　方案三总体结构示意图

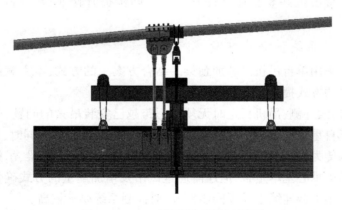

图 8　B36～B40 梁段吊装纵桥向示意图

2)优缺点分析

本方案吊装系统结构组成较简单,整机自重小,稳定性较好;吊装系统始终位于已安装吊索前端,行走时无须考虑跨越已安装吊索的问题,受主缆间距及空间角度变化的影响也较小;采用 2 台连续千斤顶同步提升,对控制系统要求相对较低。同时,采用单台吊装系统对扁担梁及吊梁的强度要求更高;吊机重心虽与加劲梁重心基本重合,但还需通过试吊及增加配重的方式确保吊装过程中吊点与梁段重心重合;千斤顶与临时索夹连接,吊机行走时整机移动难度较大。

4. 方案四:液压起吊系统正提升抬吊方案

考虑千斤顶正向布置,参考方案二提出连续千斤顶正提升方案[7]。本方案采用双机抬吊＋连续千斤顶正提升的方式吊装加劲梁，单台吊机由行走机构、支撑结构、提升系统、吊梁、牵引系统、控制系统及动力系统组成，总体结构如图9所示。

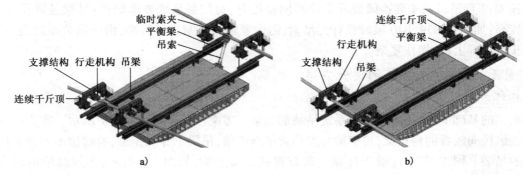

图9 方案四总体结构示意图

1）结构特点

本方案行走机构、支撑结构、提升系统等对称布置在吊机两侧，通过吊梁连接。行走机构上设置临时索夹，可将吊机临时锚固在主缆，用于吊装作业。支撑结构为对称结构，两侧设置工作平台，与行走机构铰接连接。连续千斤顶正向布置在两侧工作平台上，通过钢绞线与平衡梁连接。平衡梁中心连接在吊梁端部，连接位置可根据主缆间距变化进行调整。平衡梁一般布置在吊梁上侧，如图9a）所示。当加劲梁吊装净高较小时，如图9b）所示，可将平衡梁布置在吊梁下侧。

2）优缺点分析

本方案吊机提升系统布置在主缆两侧下方，重心较低，稳定性较好；缆上支撑结构独立布置，能较好适应主缆间距及主缆空间角度的变化；吊机支撑结构、提升系统等可随行走机构移动，整机移动方便。同时，采用双机抬吊的方式需要考虑内侧吊梁及平衡梁跨越已安装吊索的问题，对吊机支撑结构、平衡梁及吊梁的强度要求较高；2台吊机共8套连续提升千斤顶同步提升作业，对控制系统要求高；整机自重较大。

5. 方案五：液压起吊系统正提升方案

在方案四的基础上，采用单台吊机吊装加劲梁。结合方案三的方式，本方案吊机也增加了2组纵向扁担梁，通过抬吊扁担梁的方式提升加劲梁。

本方案吊机布置在吊索外侧，吊机行走时无须考虑跨越已安装吊索的问题，受主缆间距及空间角度变化的影响也较小；整机自重较小，移动方便；整机重心较低，稳定性较好。同时，吊机通过多级提升的方式吊装加劲梁，吊机结构传力较复杂；采用单台吊机吊装对支撑结构、平衡梁、吊梁及扁担梁的强度要求更高；吊机重心虽与加劲梁重心基本重合，但还需通过试吊及增加配重的方式确保吊装过程中吊点与梁段重心重合；单台吊机采用4台连续千斤顶同步提升，对控制系统要求较高。

6. 各方案综合对比

针对以上提出的吊装方案，列表进行综合对比，见表1。

空间缆加劲梁吊装方案对比 表1

项目	方案一	方案二	方案三	方案四	方案五
整机型式	可变距跨缆吊机吊装方案	液压起吊系统倒提升抬吊方案	液压起吊系统倒提升方案	液压起吊系统正提升抬吊方案	液压起吊系统正提升方案
提升系统	千斤顶布置在桁架上（2×150t）	千斤顶倒置布置在主缆正下方（4×75t）	千斤顶倒置布置在主缆正下方（2×150t）	千斤顶布置在主缆两侧（8×37.5t）	千斤顶布置在主缆两侧（4×75t）

续上表

项目	方案一	方案二	方案三	方案四	方案五
控制要点	对控制系统要求高,包括2套千斤顶同步提升、行走及变距功能协同控制及倾角调节系统控制	2台吊机共4套千斤顶同步提升,对控制系统要求较高	2套千斤顶同步提升,对控制系统要求相对较低	2台吊机共8套千斤顶同步提升,对控制系统要求高	4套千斤顶同步提升,对控制系统要求较高
结构性能	结构组成复杂;对桁架及倾角调节系统结构强度要求较高	结构组成较简单;对吊梁结构强度要求较高	结构组成最简单;需设置扁担梁;对扁担梁和吊梁的结构强度要求高	结构组成较复杂;对整机结构强度要求较高	结构组成较简单;需设置扁担梁;加劲梁经多级提升,吊机结构传力较复杂;整机结构强度要求较高
行走性能	整机行走方便,操作简单	需考虑内侧吊梁跨越已安装吊索的问题,且整机行走的操作难度较大	无须跨越已安装吊索,但整机行走的操作难度较大	整机行走方便,但需考虑内侧吊梁跨越已安装吊索的问题	无须跨越已安装吊索,整机行走方便
稳定性	横桥向稳定性较好,纵桥向稳定性较差,需要倾角调节油缸辅助调节	稳定性最好	横桥向稳定性较好,纵桥向稳定性较差,需通过增加配重的方式调整吊机重心与梁段重心重合	稳定性较好	横桥向稳定性较好,纵桥向稳定性较差,通过增加配重的方式调整吊机重心与梁段重心重合
吊装净高	不受吊装净高影响	吊装净高较小时,需将千斤顶布置在吊梁下侧;在无吊索梁段吊装时还需将施工步道局部上拉,操作复杂		吊装净高较小时,需将平衡梁布置在吊梁下侧	
适应性	吊机对空间缆索适应性较好	缆上支撑结构独立布置,吊机行走不受主缆空间位置变化的影响,适应性好			
自重	最重	较轻	最轻	较重	较轻
经济性	一般	较差	最好	较差	较好
推荐意见	推荐	不推荐	比较	不推荐	比较

　　从提升系统布置、结构组成、行走性能、稳定性、经济性等多方面对5种初步设计方案进行综合比选,可变距跨缆吊机方案综合优势相对明显,本桥跨缆吊机推荐采用方案一。同时,方案五(千斤顶正提升方案)和方案三(千斤顶倒提升方案)经济优势明显,方案三经进一步研究若能解决整机移动困难的问题,则可优先选择该方案。

四、结　　语

　　本文结合浔江大桥的结构特点,在常规跨缆吊机结构设计的基础上,提出5种空间缆索悬索桥加劲梁吊装方案,经综合对比分析各方案技术经济性,推荐采用可变距跨缆吊机方案,比较推荐采用液压起吊系统倒提升方案。本文研究内容为配合空间缆悬索桥加劲梁吊装而进行的解决方案探索,后续还需进一步深化研究,但其思路对类似工程具有一定的参考意义。

参考文献

[1] 刘勋,刘民胜,金仓,等.KLDJ600型液压提升式跨缆吊机的研制及应用[J].筑路机械与施工机械化,2019(2):92-97.

[2] 李帅帅.大跨度空间缆索悬索桥静动力特性及主缆扭转效应研究[D].成都:西南交通大学,2019.

[3] 罗东生.空间缆索悬索桥受力特性及缆索成桥线形分析[D].大连:大连理工大学,2009.

[4] 闫友联,赵有明,金仓,等.特大跨径悬索桥全液压跨缆吊机设计研究[J].桥梁建设,2004(4):13-16.

[5] 马植仁.用穿心式千斤顶提升倒锥壳水塔水柜的施工工艺[J].建筑技术,1992,19(12):735-737.

[6] 仝增毅,杜亚飞.大连滨海南部星海湾大桥悬索桥桁架梁吊装技术[J].黑龙江交通科技,2015,38(9):92-93.

[7] 刘勋,金仓,刘新华,等.平行四主缆悬索桥跨缆起重机设计[J].起重运输机械,2023(6):15-22.

16. 桩墙组合锚碇设计与受力分析

薛梦归 吴明远 王昊

(中交公路规划设计院有限公司)

摘要 苍容浔江大桥是苍容高速公路全线关键控制性工程,为中国最大跨径的三塔空间缆悬索桥,结构形式新颖,外形美观。针对大桥锚碇区域软弱覆盖层厚、深度不均匀的地质特点,创新性地提出了一种"大直径桩基+二期槽"的桩墙组合锚碇基础形式,能避免大面积开挖,减小工程建设对生态环境的破坏,同时保证工程经济性、施工工期和安全性。采用PLAXIS 3D有限元软件建立含实际地层的计算模型,分析了基础施工和运营过程中的桩墙内力和变形、周边土体变位和锚碇整体的变形。采用ANSYS 17.0有限元软件建立锚体实体计算模型,分析上主缆力后锚体局部应力情况。计算结果表明,桩墙组合锚碇基础位移和内力、锚体的应力,满足相关规范要求,方案受力合理可行。苍容浔江大桥为国内首个采用桩墙组合结构锚碇基础的桥梁,对同类项目具有重要的参考意义。

关键词 空间缆悬索桥 桩墙组合锚碇 数值模型 内力和变形 应力

一、引 言

《广西高速公路网规划(2018—2030年)》中提出"1环12横13纵25联"布局,苍容高速公路为"联14线"梧州—玉林—钦州高速公路中的一段,也是"1环线"中的一段,是规划新增市与市之间通道的重要组成部分。浔江大桥是梧州—玉林—钦州高速公路(苍梧至容县段)在梧州市藤县境内跨越浔江的一座特大桥。

本项目采用四车道高速公路标准建设,设计速度为120km/h。浔江通航等级为Ⅰ级,通航净空尺寸为286m×18m。浔江大桥主桥采用钢箱梁悬索桥,引桥采用预应力混凝土后张T梁。主桥采用主跨2×520m双跨吊钢箱梁悬索桥(图1),主缆采用空间缆,主缆跨径布置为153m+2×520m+210m,矢跨比为1/9,主缆在塔顶、锚碇处IP点横向间距分别为1m和46m。锚体与主缆方向相同,北岸和南岸锚体相对于路线中心旋转分别为8.366°和6.116°。主梁跨径布置为55m+2×520m+55m,索塔处设横向抗风支座和纵向阻尼,过渡墩处设竖向支座、横向抗风支座和纵向阻尼。每跨布置31对吊索,吊索间距为16m。

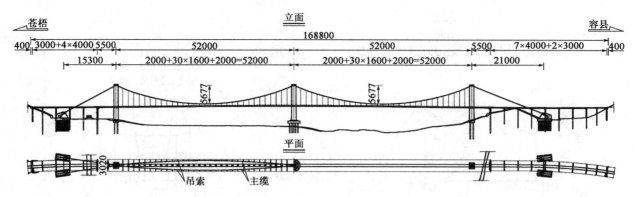

图1 苍容浔江大桥桥型布置图(尺寸单位:cm)

二、锚碇方案选择

根据锚碇区域地勘钻孔,钻孔揭露上覆第四系地层为素填土、冲洪积可塑粉质黏土、软塑状粉质黏土、软塑淤泥质土,下伏基岩为强风化岩、中风化岩及微风化岩,岩石主要为板岩或粉砂岩。锚碇区域基岩的覆盖层较厚,北岸(苍梧侧)平均厚32m,南岸(容县侧)平均厚30m,成为锚碇方案选择的制约因素。

山区大跨径悬索桥锚碇常用形式有重力式扩大基础和圆形地下连续墙基础。若采用重力式扩大基础,根据地质情况,基底要达到持力层,北岸和南岸锚碇的埋深最少分别需32m和30m,且锚碇均置于山谷中,过大的埋深将导致山体的高大边坡,对自然环境造成极大破坏。若采用圆形地下连续墙基础,可以避免高大边坡,基底埋深与重力式扩大基础相同,但地下连续墙基础的整体稳定抗滑安全系数和抗倾覆安全系数,远大于规范要求值,造成了材料的浪费。圆形地下连续墙基础施工工序复杂,施工安全风险较高,工期和造价均不占优势。若对软弱覆盖层进行地基加固,加固费用高,施工烦琐,工程造价昂贵。

针对苍容浔江大桥锚碇区域软弱覆盖层厚、深度不均匀的地质特点,需设计一种能减小或避免开挖、适用这类特殊地质情况的锚碇,且在经济性和施工工期上具有一定优势。通过综合比选,设计了一种"大直径桩基+二期槽"的桩墙组合锚碇基础形式。

三、桩墙组合锚碇设计

锚碇基础采用"大直径桩基+二期槽"形式,锚体采用实腹式结构。北岸和南岸锚体高度分别为17.0m和16.0m,主缆IP点高程分别为42.0m和41.0m。锚体平面采用前小后大的梯形,后锚室位于高水位线以上,保证锚固系统的耐久性。前锚室侧墙、前墙厚0.80m,顶板厚1m。边跨为空间缆,IP点横向间距46m,锚体与主缆方向相同,北岸和南岸锚体相对于路线中心旋转分别为8.366°和6.116°。

基础采用大直径桩基+铣接头方案。采用桩基与二期槽组合形成的剪力墙结构,每岸单侧3片剪力墙。桩基直径3m,每岸单侧基础纵桥向布置3列桩,每列8根,共24根桩基,两侧共48根桩基,桩基之间采用铣槽机铣槽,形成二期槽段,与桩基搭接,顶部设7m厚承台。二期槽段长2.8m、宽1.5m,二期槽段与桩基在轴线处搭接长度为0.5m,边缘处搭接长度为0.3m。桩基和二期槽进入中风化岩至少5m,桩基和二期槽长度随地质情况而变化,北岸桩基和二期槽长度为26~36.5m,南岸长度为24.5~64.5m。锚碇总体构造见图2,仅示出北岸单侧锚碇。

桩墙组合锚碇施工工序:钢板桩围护→承台基坑开挖→垫层施工→旋挖钻钻孔,桩基施工→二期槽铣槽→槽段施工→承台施工→锚体施工→锚碇附属设施安装。从施工工序可以看出,锚碇基础中仅承台基坑涉及开挖,桩基施工和二期槽施工不需要大面积开挖,且施工技术成熟。尤其相对于传统的地下连续墙结构,用大直径桩基替换传统的一期槽段,旋挖钻施工速度快,造价低。锚碇基础形式设计中,因地制宜地选择桩墙组合结构,很好实现了免开挖、工期快和造价低的设计目标。

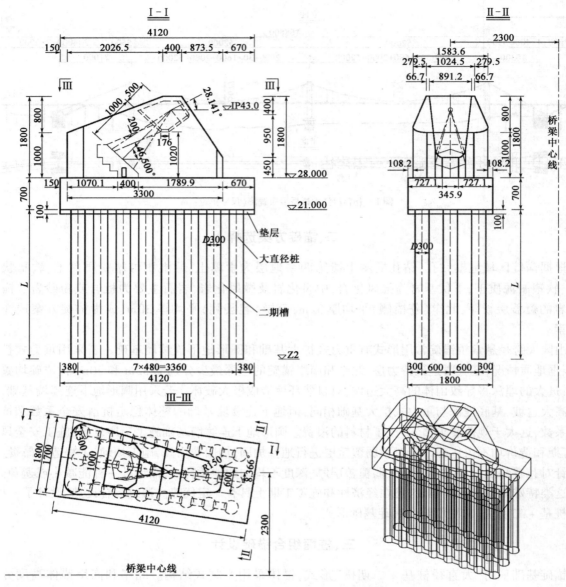

图2　锚碇总体构造(尺寸单位:cm)

四、桩墙组合锚碇受力分析

苍容浔江大桥两岸锚碇构造基本相同,由于篇幅受限,本文仅给出南岸锚碇的受力计算分析。

1. 桩墙组合基础计算分析

1)计算方法和内容

采用 PLAXIS 3D 有限元软件建立含实际地层的计算模型,计算模型中模拟二期槽和桩基之间的接触,分析桩墙施工及运营过程中的桩墙内力和变形、周边土体变位和锚碇整体的变形。

2)计算模型和参数

根据现场地勘资料、室内试验与原位试验等获得岩土基本参数,土层采用 HS 模型进行模拟,由土体压缩模量获得 HS 模型的 E_{oed}、E_{50} 和 E_{ur} 三个参数。HS 模型的指数 m 值,黏土层取1.0,砂层取0.5,岩层取0。锚碇基础与土层之间建立界面单元。桩基和二期槽采用 C30 混凝土,承台采用 C35 混凝土,锚体采用 C40 混凝土。计算中涉及的土层参数见表1、表2。

岩土计算参数　　　　　　　　　　　　　　　　　　　　　　　　　　　　　　表1

土层名称	饱和重度（kN/m³）	黏聚力（kPa）	内摩擦角（°）	psi	应力指数 m	主固结模量（MPa）	不排水模量（MPa）	回弹模量（MPa）	界面强度残余参数
1 素填土	17.5	17.2	12.8	0.0	1.00	3.00	3.00	9.00	0.67
2-1 粉质黏土	19.2	24.2	14.8	0.0	1.00	9.00	9.00	27.00	0.67
2-2 粉质黏土	17.5	12.3	7.35	0.0	1.00	6.00	6.00	18.00	0.67
2-3 淤泥质土	17.5	7.06	2.86	0.0	1.00	2.50	2.50	7.50	0.67
5-3 强风化粉砂岩	21.3	100	32.0	0.0	0.00	120	120	360	0.67
5-4 中风化粉砂岩	26.0	130	33.0	0.0	0.00	600	600	1800	0.67
5-5 微风化粉砂岩	28.0	180	45.0	0.0	0.00	1200	1200	3600	0.67

模型中土层分布　　　　　　　　　　　　　　　　　　　　　　　　　　　　　表2

土层	材料	顶部（m）	底部（m）
1	素填土	0.000	-2.200
2	2-1 粉质黏土	-2.200	-10.50
3	淤泥质土	-10.50	-15.20
4	强风化粉砂岩	-15.20	-20.00
5	中风化粉砂岩	-20.00	-22.80
6	强风化粉砂岩	-22.80	-28.20
7	中风化粉砂岩	-28.20	-32.20
8	微风化粉砂岩	-32.20	-47.00

在 PLAXIS 3D 软件中按实际施工过程进行模拟，按如下步骤施工：承台基坑开挖→桩墙施工→承台施工→锚体施工→运营上主缆力。根据整体计算模型，该桥标准组合下北岸和南岸最大单缆力值分别为 89709kN 和 83869kN，在转索鞍支承面[4.62m（横）×1.8m（纵）]上按均布力施加支承力，在后锚面散索面积范围内按均布力施加主缆力。土体模型范围长度 -60~+60m，宽 -135~+135m，满足计算边界范围尺寸要求，模型底部固定约束，四周施加水平位移约束，采用实体单元模拟结构。有限元数值模型见图3。

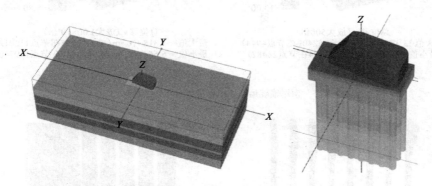

图3　有限元数值模型

3）变形分析

锚体施工完成后，南岸锚碇的水平位移最大值为 1.13mm，竖向位移最大值为 4.91mm（图4、图5）。运营期间，南岸锚碇水平位移最大值为 11.99mm，竖向位移最大值为 6.65mm。锚碇水平位移和竖向位移均较小，水平位移小于 0.0001×520mm=52mm，竖向位移小于 0.0002×520mm=104mm，满足《公路悬索桥设计规范》（JTG/T D65-05—2015）中对锚碇的位移要求。

4）内力分析

锚体施工完成后，南岸锚碇基础内力见图6、图7。锚碇基础最大弯矩为 57kN·m，最小轴力为 2799kN，最大轴力为 9243kN。运营期间，锚碇基础最大弯矩为 2969kN·m，最小轴力为 -1622kN（负号表示拉力），最大轴力为 13634kN。

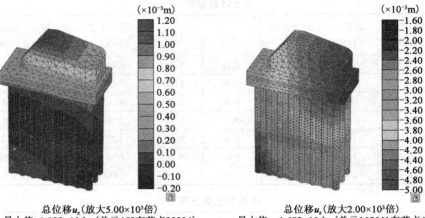

a) 水平位移   b) 竖向位移

图 4   南岸锚碇施工完后位移图(有限元软件截图)

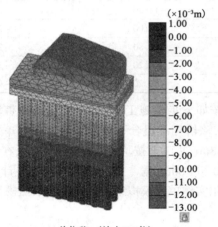 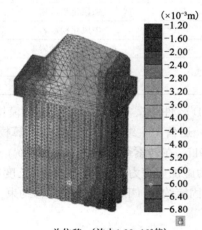

a) 水平位移   b) 竖向位移

图 5   南岸锚碇运营期间标准组合下最大位移图

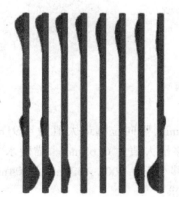 

a) 弯矩   b) 轴力

图 6   施工完后南岸锚碇基础内力图

a) 弯矩　　　　　　　　　　　　　　b) 轴力

图7　施工完后南岸锚碇基础内力图

从内力结果可以看出：标准组合下，运营期间锚碇后缘边桩最大弯矩为2969kN·m，最小轴力为 −1622kN（负号表示拉力）；后缘最外侧中桩最大弯矩为2159kN·m，最小轴力为212kN；后缘最外侧二期槽最大弯矩为2816kN·m，最小轴力为−418kN（负号表示拉力）；锚碇前缘边桩最大弯矩为2949kN·m，最大轴力为13633kN，前缘最外侧中桩最大弯矩为2265kN·m，最大轴力为10293kN，前缘最外侧二期槽最大弯矩为2851kN·m，最大轴力为8214kN，边桩、中桩和二期槽验算截面和配筋见图8。

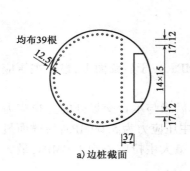 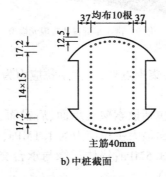 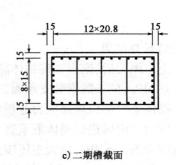

a) 边桩截面　　　　　　b) 中桩截面　　　　　　c) 二期槽截面

图8　验算截面（尺寸单位：cm）

验算结果见表3。

桩基和二期槽最不利截面验算表　　　　　表3

位置		轴力（kN）	弯矩（kN·m）	容许法钢筋应力值（MPa）	承载力安全系数	裂缝宽度（mm）
前缘	边桩	13633	2949	−10	3.32	0
	最外侧中桩	10293	2265	−13	3.60	0
	最外侧二期槽	8214	2851	−7.3	2.91	0
后缘	边桩	−1622	2969	95	3.10	0.15
	最外侧中桩	212	2159	65	4.34	0.10
	最外侧二期槽	−418	2816	73	3.93	0.14

从表3可以看出，计算结果满足相关规范要求，后缘边桩、中桩和二期槽受裂缝宽度控制，前缘边桩、中桩和二期槽受压弯承载能力控制。其余处中桩和二期槽所受水平弯矩与外侧边缘基本一致，根据计算和配筋率要求，其余处中桩和二期槽配筋与最外侧中桩和二期槽配筋相同。

由于最外侧边桩受拉，单桩轴向受拉承载力特征值按《公路桥涵地基与基础设计规范》（JTG 3363—2019）为5124.5kN＞1622kN，其中桩长取南岸锚碇基础后缘最短桩长27m，周长取与土接触的周长，由于地勘资料未给中风化粉砂岩侧摩阻力,嵌入中风化岩段侧摩阻力偏保守取极破碎强风化层侧摩阻力。单桩抗拔满足规范要求。

2. 桩墙组合锚体计算分析

1) 计算方法和内容

采用ANSYS 17.0有限元软件建立锚体实体计算模型,分析上主缆力后锚体局部应力情况。

2) 计算模型

进行锚体局部受力分析时,可仅建立含承台和锚体的计算模型(图9),并在承台底部进行固结约束。承台采用C35混凝土,锚体采用C40混凝土。根据整体计算模型,该桥标准组合下北岸和南岸最大单缆力值分别为89709kN和83869kN,在转索鞍支承面[4.62m(横)×1.8m(纵)]上按均布力施加支承力,在后锚面散索面积范围内按均布力施加主缆力。计算模型中采用SOLID95实体单元进行模拟。

图9 南岸锚碇锚体有限元模型

3) 计算结果

上主缆力后,南岸锚碇锚体除应力集中点外,最大主拉应力为1.6MPa,位于后锚面上,最大主压应力为5.09MPa,位于散索鞍支承面。

锚体关键部位局部应力分析主要包括散索鞍支承面、后锚面、锚体后缘与承台交界处的主拉应力和主压应力。南岸锚碇锚体散索鞍支承面最大主拉应力为1.1MPa,最大主压应力为5.09MPa;后锚面最大主拉应力为1.6MPa,最大主压应力为3.5MPa;锚体后缘与承台交界处最大主拉应力为1.0MPa,最大主压应力为-0.15MPa(负号表示拉应力)。

从上可以看出,锚体最大主拉应力和主压应力均小于规范限值,满足规范要求。在锚体配筋设计中,在局部主拉应力较大处均加强了配筋。

五、结 语

苍容浔江大桥是苍容高速公路全线关键控制性工程,是中国最大跨径的三塔空间缆悬索桥,结构形式新颖,外形美观。为减小工程建设对生态环境的破坏,同时保证工程经济性、施工工期和安全性,创新性提出了桩墙组合锚碇设计方案。通过有限元数值计算软件分析,桩墙组合锚碇基础位移和内力、锚体的应力满足相关规范要求,方案受力合理可行。本桥是国内首次采用桩墙组合结构的锚碇基础,对同类项目具有重要的参考意义。

参考文献

[1] 黄彩华,殷永高.新型板桩复合式锚碇初步变位分析[J].工程与建设,2021,35(6):1228-1230.
[2] 中华人民共和国交通运输部.公路桥涵设计通用规范:JTG D60—2015[S].北京:人民交通出版社股份有限公司,2015.
[3] 中华人民共和国交通运输部.公路悬索桥设计规范:JTG/T D65-05—2015[S].北京:人民交通出版社股份有限公司,2015.

17. 藤州浔江大桥AS法架设主缆纺丝牵引系统设计及施工

白文哲 侯润锋 刘 勋

（中交第二公路工程局有限公司设计研究总院）

摘 要 空中纺线法可在现场进行钢丝编缆，节约工厂内制索费用并同时解决预制平行钢丝索股法中索股重量较大导致其运输与牵引力要求高的问题，因此其在交通不便的山区、超大跨径等悬索桥的建设中具有一定的优势。本文以藤州浔江大桥为依托，针对独塔斜拉-悬索协作体系桥空间主缆，创新性地设计并成功应用了空中纺线法循环牵引系统，可为类似工程的建设提供技术参考。

关键词 悬索桥 主缆架设 空中纺线法 牵引系统 施工工艺

一、引 言

目前国内外已开展主跨3000m级的悬索桥研究，国内悬索桥主缆架设由于施工习惯，基本采用预制平行钢丝索股法（PPWS法）[1]。随着桥梁跨径的不断增大，由于索股重量增加而带来的运输难度大、牵引力需求高等问题越发突出；尤其在部分交通条件差的偏远山区，预制平行索股运输问题明显。而空中纺线法（AS法）是在现场往复牵引架设钢丝形成索股的工法[2]，这一工艺对牵引系统要求较低，且不受运输条件的限制。目前国内仅在香港青马大桥[3]和贵州阳宝山特大桥[4]成功应用了空中纺线法进行主缆架设，尚无采用AS法架设空间主缆的案例。本文以藤州浔江大桥为依托，对采用AS法架设空间主缆的牵引系统设计及应用进行了研究，为空间缆、更大跨径悬索桥建设进行了技术探索。

二、工程概况

藤州浔江大桥为主跨2×638m独塔斜拉-悬吊协作体系桥，主缆跨径布置为2×730m，主缆为空间布置，主缆索塔处IP点横向间距8m，锚碇处IP点横向间距42m。全桥共2根主缆，每根主缆由30根索股组成，其中1~22号索股由224根钢丝组成，23~30号索股由240根钢丝组成。主缆钢丝采用直径7.00mm、公称抗拉强度为1770MPa的高强度镀锌铝钢丝。主缆采用AS法施工。

三、纺丝牵引系统设计

主缆索股架设纺丝牵引系统主要由放丝系统及牵引循环系统两部分构成。牵引循环系统通过带动纺丝轮牵引放丝系统放出的一组钢丝，经过多次往复牵引，当钢丝达到设计数量时，将平行钢丝捆扎形成主缆索股。图1为纺丝牵引系统运行原理示意。

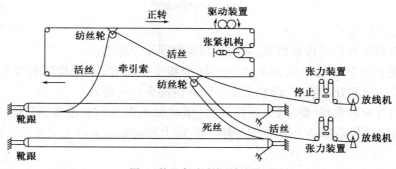

图1 纺丝牵引系统运行原理

1. 放丝系统

放丝系统布置在平南侧锚碇后方路基上,主要由放线机、平衡塔、导轮组等组成,如图2所示。放线机为主缆架设时的钢丝放出装置,钢丝卷绕完成后,将钢丝卷筒安装在放线机上,放线机与高速卷扬机协同工作开始主动放丝,钢丝穿过悬挂在平衡塔上带有恒定配重的滑轮组,使钢丝在架设过程中始终保持恒定的张力高速稳定地供应,进而与转向轮与牵引系统上的纺线轮相互连接,形成闭环的纺丝牵引系统。放线机的驱动速度根据平衡塔配重的高度自动控制,纺丝去程时放线机的线速度是牵引卷扬机速度的2倍。

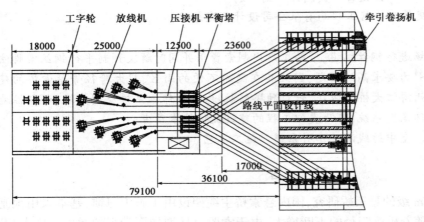

图2 放丝系统场地布置图及实景照片(尺寸单位:mm)

1)放线机

放线机需要将钢丝逐圈放出,并能够自动适应纺丝牵引过程中的速度变化,因此对动力及机械强度要求较高。放线机主要由机架、导向支撑座、主动放线动力部件、水平滚轮组等组成,使用时与工字轮相配合,如图3所示。

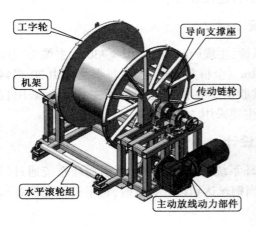

图3 放线机示例图

放线机设计要点如下:

(1)机架主要由型钢和钢板焊接而成,采用地脚螺栓固定于地基。

(2)导向支撑座上设置通过销轴固定的滚动轴承和支撑轮套,主要作用是支撑工字轮重量(含钢丝),并能够顺利回转;上面开喇叭口,以利于工字轮两侧端头顺利进入。

(3)驱动部件包含减速电机、驱动轴、三排链轮、滚动轴承以及轴承座等,减速电机动力输出至下驱动轴带动下链轮,通过链传动带动上链轮和上驱动轴,而上驱动轴端头和工字轮端头连接,最终带动工字轮做高速回转运动。

(4)水平滚轮组设置于最前端,其顶部高度与满盘工字轮最大外径在同一水平面,以保证钢丝高速放出过程中无近距离折线,减少张力损失。

(5)通过与牵引系统的速度配合、与平衡塔配重的高度匹配实现钢丝恒张力供丝。

2)导轮组

将放线机放出的钢丝通过水平转向轮改变角度,引入平衡塔。

3)平衡塔

平衡塔主要由机架、定滑轮组、动滑轮组、配重块等组成,如图4所示。平衡塔需要对每根钢丝进行增力,并且与牵引系统、放线机联动。因而平衡塔需要设置足够的高度,以具有足够的联动控制反馈缓冲时间,从而实现纺丝速度的匹配调整。钢丝恒张力通过平衡塔内悬挂的精确称重的定型钢板配重块来保证。

图4 平衡塔示例图

(1)平衡塔塔顶设置定滑轮组,平衡塔内有动滑轮组及配重,滑轮组采用6倍率,每个平衡塔额定配重2880kg,钢丝额定张力为4.8kN,使用时根据实际张力需求设置配重块重量。平衡塔运行过程中配重块始终处于悬空位置,以保证钢丝张力恒定。

(2)平衡塔前后布置钢丝转向滑轮,入丝(固定放线机放出的钢丝)滑轮角度固定,出丝(送丝方向)滑轮设计为可摆动结构,最大摆动转角为±45°,以利于根据场地条件灵活调整送丝角度。

2. 牵引循环系统

AS法牵引循环系统主要由牵引卷扬机、牵引索、转向轮、张紧机构、门架及导轮组、纺丝轮等组成,其在施工步道上的组成与PPWS法类似(此处不再赘述),后场的平面布置如图5所示。由于场地受限,将卷扬机及张紧机构通过预埋件固定在引桥已架设T梁上。

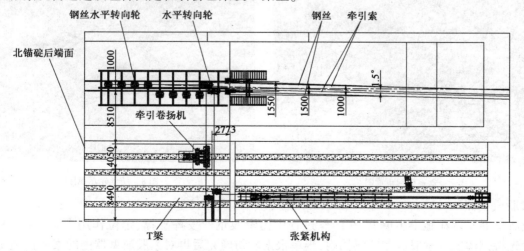

图5 牵引循环系统后场平面布置图(尺寸单位:mm)

1）牵引卷扬机

单幅牵引循环系统设置一台高速卷扬机来进行主缆钢丝的牵拉，卷扬机的驱动系统为双摩擦轮，牵引索需在现场进行插编形成闭环，通过卷扬机的正反转实现牵引索的往复运动。牵引卷扬机如图6所示。

图6 牵引卷扬机工作及空载试验照片

由于AS法卷扬机工作速度较PPWS法成倍提升，钢丝绳额定速度按照纺丝最大速度6m/s进行设计，电机功率达到500kW。本项目与专业厂家联合研制了双摩擦轮高速卷扬机，并根据《建筑卷扬机》(GB/T 1955—2019)进行了厂内试验，验证了各项参数均满足设计及使用要求。

2）张紧机构

为了方便调节牵引系统安装时及工作时的牵引索垂度，在牵引卷扬机后方布置一套张紧机构。张紧机构为一小车，小车后方通过滑轮组与拽拉卷扬机连接，小车上横向布置一滑轮，牵引索绕滑轮180°布置，如图7所示。纺丝过程中由于牵引索的弹性变形会产生一定的伸长，张紧机构可通过后方的张紧卷扬机沿轨道前后行走，以此调节牵引索垂度，确保牵引索始终处于正常工作状态。

3）纺丝轮

纺丝轮是索股纺线过程中的钢丝支撑及转向装置，作用是将牵引索动力传递给钢丝，进而实现钢丝的连续架设。纺丝轮通过抱索器与牵引索连接，抱索器的梭形管可以连续通过门架导轮的托压轮组。单个纺丝轮由4个可独立转动的滑轮组成，单次往返完成8根钢丝架设，如图8所示。

图7 张紧机构布置图　　图8 纺丝轮示意图

4）索股成型器

索股成型器安装在施工步道上，在纺丝过程中为索股钢丝发挥支撑、定位作用[5]。主缆AS法施工时纺丝轮先将钢丝置入索股成型器隔挡内，当单根索股纺丝完后再对索股成型器内的索股进行绑扎。所有索股纺丝完成后，拆除索股成型器隔挡后将所有索股绑扎，整形为单根主缆。浔江大桥索股成型器宽

1000mm、高 1470~2320mm。根据索股排列，设置 6 个隔挡；根据索股内钢丝数量，隔挡宽设计为 112mm，以利于钢丝整齐排列。索股成型器实物如图 9 所示。

图 9　索股成型器示意图

四、纺 丝 施 工

循环式纺丝牵引系统卷扬机布置在平南岸引桥 T 梁上，岑溪岸锚体上方设置有牵引系统张力调节千斤顶，通过主动控制调整牵引力在一定范围内，以避免牵引系统运行中由于温度等因素造成牵引索张力的较大波动。主缆架设放丝场地布置在平南岸锚碇后方的路基上。主缆钢丝由平南岸锚碇后方放丝场地向岑溪岸锚碇牵引，往返架设。

1. 索股纺丝操作流程

单根索股纺丝操作一般流程见图 10。

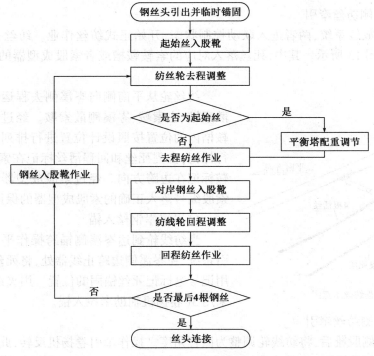

图 10　主动放丝设备流程图

2. 纺丝牵引

纺丝过程中的主要操作步骤说明如下：

1）股靴安装

根据监控指令确认股靴安装位置。先安装拉杆，然后安装工具螺杆，最后安装股靴。单次至少安装2个股靴，对应纺丝轮纺丝两根索股。待整根索股纺丝完成，进行垂度及锚跨张力调整。锚跨张力调整好后安装锁紧螺母并旋紧，将股靴锁死。

2）钢丝引出并入锚

钢丝经人工牵拉及卷扬机辅助牵拉后绕过钢丝转向轮和纺丝轮，将四根钢丝头用夹线器夹住。卷扬机辅助牵拉将钢丝头放入锚跨底部。操作人员在纺丝平台上调整纺丝轮角度，如图11所示。

利用塔顶卷扬机将钢丝头向施工步道上牵拉，在散索鞍处将4根钢丝置入活丝滚轮内，减少钢丝的摩擦。钢丝头牵拉到位后，将其锚固在止线器的起始丝头锚固位置，然后解除卷扬机钢丝绳与主缆钢丝头的连接，同时解除主缆钢丝头上的夹线器。起始钢丝锚固如图12所示。4根纺丝施工的钢丝，每侧2根钢丝分别套入股靴两侧的鞍槽中，对照股靴处钢丝排列图，在鞍槽中将钢丝排列好。

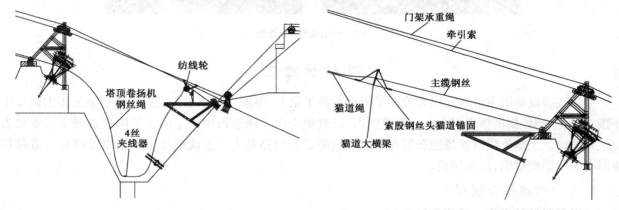

图11 卷扬机钢丝绳牵拉起始丝头示意图　　图12 起始钢丝头锚固示意图

3）平南侧到岑溪侧纺丝牵引

操作牵引系统和放线系统，两者进入联动控制状态，开始正式纺丝作业。纺丝去程时纺丝轮上有4根活丝，4根死丝，如图13所示。其中，死丝落入对应的索鞍鞍槽或者索股成型器的保持槽内，活丝落入活丝滚轮上[6]。

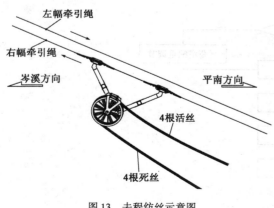

图13 去程纺丝示意图

纺丝轮从平南侧向岑溪侧去程运行，依次经过平南侧散索鞍、主索鞍、岑溪侧散索鞍。经过索鞍时，钢丝在索鞍鞍槽内的位置按照设计位置进行排列，对排列好的死丝进行标记，去程死丝和回程活丝标记在索鞍处相同位置，散索鞍标记在边跨方向。经过索股成型器时，按照设计对应的索股编号落入正确的索股成型器的保持槽内。

4）岑溪岸钢丝入锚

当纺线轮到达岑溪侧锚跨操作平台时，暂停纺丝及牵引系统，在岑溪侧边跨止线器处，将死丝锚固在止线器上并用记号笔标记死丝锚固的位置。用夹线器夹持4根活丝并采用5t卷扬机辅助牵拉入锚。

5）岑溪侧到平南侧纺丝牵引

当钢丝置入岑溪侧股靴后，将纺线轮调整为回程角度。操作牵引卷扬机反转，此时放线机不再放丝。纺线轮从岑溪侧锚跨缓慢返回，当到达岑溪侧散索鞍门架前停机，此时5t卷扬机开始缓慢放绳，在平衡塔重锤块的作用下,活丝会自动回退,钢丝逐渐恢复张力。将5t卷扬机钢丝绳与索股钢丝连接的夹线器拆掉。确认活丝张力已恢复且止线器处活丝没有移动后解除止线器处的锚固,然后进行回程纺丝,如图14所示。回程时实际是将去程的活丝通过纺丝轮导入索鞍、索股成型器的隔槽内,因此放线机此时处于停机状态。待纺丝轮回到平南侧锚碇时,本轮纺丝结束,此时索股内完成8根钢丝纺丝,然后开始下一轮次纺丝。

6) 钢丝对接

重复上述纺丝步骤,循环进行纺丝作业。当纺丝28回合结束后,将最后4根活丝(尾丝)和4根起始S丝进行对接,接合位置要错开,错开距离不小于3m。采用液压剪切割并用砂轮打磨丝头,钢丝对接时采用夹线器进行牵拉,使钢丝保持设计纺丝张力,采用便携式压接机将两侧丝头用钢丝连接套筒压接,如图15所示。

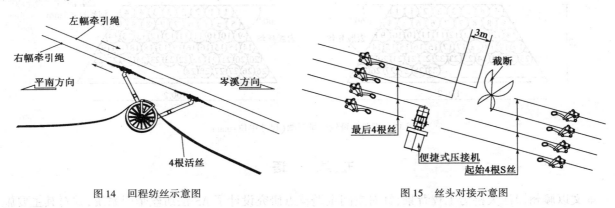

图14 回程纺丝示意图　　　　　图15 丝头对接示意图

3. 索股钢丝排列

AS法一根索股包含丝股根数为纺丝轮牵引丝股根数的整数倍。一根索股入一个鞍槽,分别锚固在两个股靴上。根据主缆纺丝工艺,AS法索股钢丝排列原则如下:鞍槽内钢丝一排一般为纺丝轮的整数倍,死丝排列于中间,活丝排列于两侧,由底至顶按照纺丝轮次数编号逐渐增加[7],藤州浔江大桥各索股钢丝在鞍槽内排列如图16所示。股靴处一般为梯形槽,死丝、活丝分别排列于上、下靴槽,横向和纵向均由内而外按纺丝轮次数编号逐渐增加[8],各索股钢丝在股靴靴槽中排列如图17所示。施工中严格控制钢丝排列,避免出现串丝等情况。

(图中填充丝为死丝)

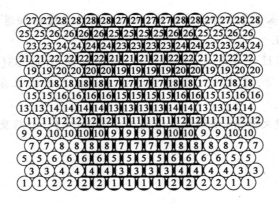

图16 索股索鞍钢丝排列图(尺寸单位:mm)

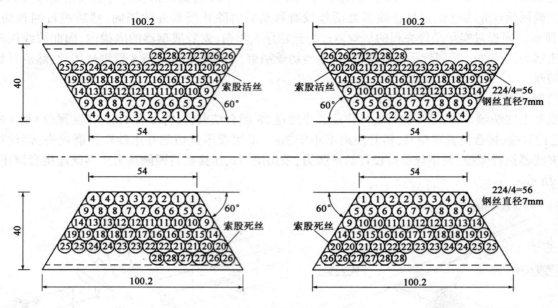

图17 索股股靴钢丝排列图(尺寸单位:mm)

五、结　语

本文以藤州浔江大桥为工程背景,针对空间主缆特点研究设计了AS法纺丝牵引系统,并对其主要施工工艺、施工专用设备、纺丝操作流程等进行了介绍。目前本桥上下游已分别完成了10根索股纺丝,最快在2.5d内完成2根索股架设。经过工程实践证明本次设计的纺丝牵引系统完全满足施工要求,首次在国内实现了空中纺线法在空间主缆架设上的成功应用,为今后国内外类似桥梁提供了借鉴。

参考文献

[1] 赵国辉.悬索桥主缆施工牵引系统研究[D].西安:长安大学,2004.

[2] 王冠青.悬索桥空中编缆法主缆架设关键技术研究[D].成都:西南交通大学,2021.

[3] 刘正光.香港大型悬吊体系桥梁的发展[J].土木工程学报,2005(6):59-68.

[4] 刘新华,霞建平,金仓,等.悬索桥空中纺线法架设主缆施工技术[J].公路交通技术,2021,37(4):94-99,106.

[5] 郭瑞,杨博,仝增毅,等.基于悬索桥空中纺线(AS)法架设主缆的猫道设计与施工关键技术[J].公路,2021,66(8):163-169.

[6] 侯光阳.韩国李舜臣大桥设计与施工方法创新[J].中外公路,2013,33(4):114-116.

[7] 葛国库,石虎强,金仓,等.悬索桥主缆空中纺线工法技术经济性分析[J].公路,2017,62(3):296-301.

[8] 杨宗根.挪威哈罗格兰德大桥AS法架设主缆施工方法探讨[J].公路交通技术,2015,(5):75-79.

18. 常泰长江大桥高塔柱高抗裂准清水混凝土设计与应用

蒋 伟

(中交第二航务工程局有限公司)

摘 要 常泰长江大桥为解决超高塔柱泵送困难及混凝土裂缝问题,5号主墩塔柱混凝土配合比采用 HME®-V 混凝土(温升抑制、微膨胀)高效抗裂剂、SBT®-HDC(Ⅲ)高性能混凝土流变改性材料配置,主塔塔柱混凝土实现超高桥塔结构高强大体积混凝土力学性能(设计强度等级 $C60_{60d}$)、高程泵送性能(最大泵送压力≤18MPa)、抗裂性能(塔柱混凝土不开裂保证率≥95%且表面无可见裂缝)及外观质量保障的有机统一,解决了工程建设面临的普通混凝土材料方面的突出矛盾与难点,为工程建设质量提供有力保障。结果表明,5号主墩塔柱混凝土拆模后未发现有害裂缝,控裂效果良好,混凝土工作性能良好,实现了混凝土一泵到顶的目标,达到了预期效果。

关键词 超高塔柱 高抗裂 准清水 高性能混凝土 高效抗裂剂 流变改性材料

一、引 言

桥塔工程是大跨径桥梁的关键控制性工程之一,其施工质量直接影响桥梁整体景观效果,以及工程的耐久性与服役寿命。主塔上塔柱施工时,混凝土泵送高程达到300m以上,采用既有的混凝土配制技术在施工过程中常常会遇到黏度大、泵送压力高等问题。如何减少混凝土拌和物黏度,提高混凝土可泵性,随着塔柱施工高度的增加而越来越迫切。桥塔大体积混凝土强度等级通常不低于C50,且要求快速施工,混凝土早期强度与弹性模量发展迅速,胶凝材料水化放热快、温升高、自收缩大[1],湿热耦合变形受到内、外强大约束,同时因地处江面之上,周边空旷,施工环境受季节性气候变化影响较大,混凝土拆模后立面养护难度高,普通养护措施在本工程中基本都难以有效发挥作用,从而导致了收缩开裂风险突出,混凝土控裂是工程建设的一大重点和难点[2]。

二、塔柱混凝土设计、制备与性能要求

1. 工程概括

常泰长江大桥位于泰州大桥与江阴长江公路大桥之间,采取"高速公路+城际铁路+普通公路"方式过江,其中桥梁上层为高速公路,下层为城际铁路和普通公路[3]。常泰长江大桥5号主墩采取钢-混混合结构空间钻石形桥塔,设计总高352m,分为上塔柱、中塔柱和下塔柱三个区段,上塔柱为钢混组合构造,中、下塔柱设计为钢筋混凝土结构(图1)。上塔柱钢混组合结构核心混凝土设计采用C60无收缩混凝土,中、下塔柱钢筋混凝土结构设计采用C60高强度、高抗裂、准清水混凝土。

2. 塔柱混凝土配合比设计要点

常泰长江大桥5号墩塔柱配合比设计的总体思路:所选原材料性能应稳定,且符合相关现行标准规范要求,配置混凝土在满足工作性能、力学性能、耐久性能的基础上,降低总胶凝材料以及水泥用量,减小水化热和混凝土的收缩,以抗裂为核心,兼顾泵送性能,采取低水胶比、大掺量矿物掺合料、高效抗裂剂、流变改性材料及高性能聚羧酸减水剂,调整掺配比例配制出塔柱C60低温升、高抗裂、准清水高性能混凝土[4]。

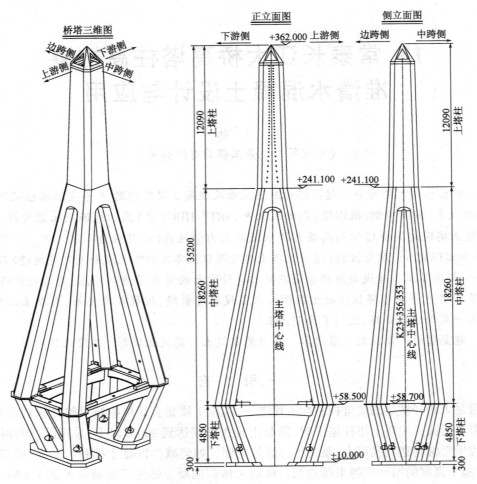

图 1 5号墩索塔结构（尺寸单位：cm；高程单位：m）

3. 混凝土原材料

水泥：采用句容台泥水泥有限公司 P·Ⅱ 52.5 级硅酸盐水泥，满足《通用硅酸盐水泥》（GB 175—2007）的相关要求。

粉煤灰：采用国家能源集团谏壁发电厂 F 类 I 级粉煤灰，满足《用于水泥和混凝土中的粉煤灰》（GB/T 1596—2017）的相关要求。

矿粉：采用南京南钢嘉华新型材料有限公司 S95 级矿粉，满足《用于水泥、砂浆和混凝土中的粒化高炉矿渣粉》（GB/T 18046—2017）的相关要求。

砂：选用鄱阳湖Ⅱ区河砂，满足《公路桥涵施工技术规范》（JTG/T 3650—2020）、《铁路混凝土工程施工质量验收标准》（TB 10424—2018）的相关要求。

碎石：选用江西彭泽广源矿业有限公司 5~10mm、10~20mm 两级配碎石，满足《公路桥涵施工技术规范》（JTG/T 3650—2020）、《铁路混凝土工程施工质量验收标准》（TB 10424—2018）的相关要求。

高效抗裂剂：采用苏博特 HME®-V 混凝土（温升抑制、微膨胀）高效抗裂剂，满足《混凝土用钙镁复合膨胀剂》（T/CECS 10082—2020）和《高性能混凝土应用技术规程》（DB32/T 3696—2019）的相关要求。

流变改性材料：采用苏博特 SBT®-HDC（Ⅲ）高性能混凝土流变改性材料，满足《混凝土用复合掺和料》（JG/T 486—2015）的相关要求。

外加剂：选用江苏苏博特新材料股份有限公司 PCA-I 缓凝型高性能减水剂，满足《混凝土外加剂》（GB 8076—2008）相关要求。

水：采用长江水，满足《混凝土用水标准》（JGJ 63—2006）相关要求。

4. 塔柱混凝土性能要求

塔柱混凝土性能要求见表1。

塔柱混凝土性能要求 表1

项目	参数		技术要求
工作性能	坍落扩展度（mm）	中、下塔柱	520mm±50mm
		上塔柱	600mm±50mm
	含气率		≤3.0%
	凝结时间		≥14h
力学性能	抗压强度		60d 值≥60MPa
	早期强度		松模≥20MPa，爬模≥30MPa
	劈拉强度		60d 值≥4.5MPa
耐久性能	碳化深度		28d 值≤5mm
长期性能	干燥收缩率		60d 值<0.035%
抗裂性能（体积稳定性）	绝热温升	7d	≤48℃
		1d 值占 7d 值比例（流变改性低温升、高抗裂混凝土）	≤50%
	自生体积变形	流变改性低温升、高抗裂混凝土	7d 值≥0.015%，28d 值≥0.010%，60d 值≥0.005%
		低温升混凝土/流变改性低温升混凝土	7d 值≥-0.010%，28d 值≥-0.015%，60d 值≥-0.020%
	开裂风险系数（中下塔柱）		中心、表面点均≤0.7，不开裂保证率≥95%
	膨胀预压应力（上塔柱）		≥0.2MPa

5. 塔柱混凝土配合比

塔柱混凝土配合比见表2。

塔柱混凝土配合比 表2

序号	水泥（kg/m³）	粉煤灰（kg/m³）	矿粉（kg/m³）	抗裂剂（kg/m³）	流变改性材料（kg/m³）	砂（kg/m³）	碎石（kg/m³）	外加剂（kg/m³）	水（kg/m³）
1	295	90	0	38	47	736	1058	5.64	146
2	295	104	71	0	0	736	1058	5.64	146
3	295	81	47	0	47	736	1058	5.64	146
4	295	97	0	49	49	777	1028	5.64	152

三、塔柱混凝土高效抗裂剂配置与性能研究

1. 高效抗裂剂机理

常泰长江大桥塔柱采用苏博特 HME®-V 混凝土（温升抑制、微膨胀）高效抗裂剂，一方面在放热总量不变的情况下，水化放热速率降低后，结构混凝土的温峰值相应减小，达到温峰所用的时间延长，温峰后的降温速率也变慢；另一方面利用特制的氧化钙类膨胀组分实现早期膨胀，利用高活性氧化镁膨胀组分实现中期膨胀，利用低活性氧化镁膨胀组分实现后期膨胀，从而达到全过程补偿混凝土收缩的目的，最终提高混凝土抗裂性能[5]。

2. 高效抗裂剂性能比对试验研究

常泰长江大桥塔柱采用表2配合比制备的 C60 普通、抗裂混凝土早期绝热温升试验结果如图2所示。相对于2号普通混凝土，采取了水泥水化放热过程调控技术制备的1号抗裂混凝土初期水化放热速度较慢，初凝后1d绝热温升值较基准配合比混凝土降低了约47%，且占其自身7d值比例不到50%，有

利于充分利用散热条件,减小实体结构混凝土初期温升与温降收缩及其引起的开裂危险;采用水泥水化放热历程调控技术制备的抗裂混凝土7d绝热温升值较基准配合比降低了约8%,降低率较1d时明显减小,说明其对胶凝材料长期水化放热总量影响较小。表2配合比制备的混凝土自生体积变形试验成果如图3所示,从图中可以看出,2号配合比不掺加抗裂剂时,混凝土28d自收缩达到235$\mu\varepsilon$;掺加抗裂剂后,混凝土产生了显著的早期自生体积膨胀,1号配合比混凝土28d自生体积膨胀达到212$\mu\varepsilon$。

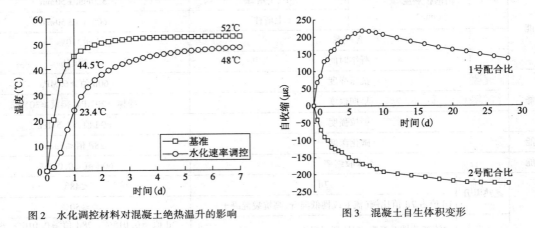

图2 水化调控材料对混凝土绝热温升的影响　　图3 混凝土自生体积变形

四、塔柱混凝土流变改性材料配置与性能研究

1. 流变改性材料机理

常泰长江大桥塔柱采用苏博特SBT®-HDC(Ⅲ)高性能混凝土流变改性材料,在不增加现有超高程泵送高强混凝土的胶凝材料用量和水胶比的条件下,通过优选粒形良好的混凝土原材料,以及掺入适量的具有大量活性的超细微球滚珠的降黏剂,可以实现对混凝土由细观到宏观多尺度颗粒的合理级配设计与密实堆积,可释放出更多自由水,发挥超细微球的滚珠润滑和密实填充作用。

2. 流变改性材料性能比对试验研究

常泰长江大桥塔柱混凝土的工作性能及流变性能分别见表3、表4。2号混凝土拌合物的坍落扩展时间(T_{500})为11.7s,采用流变改性材料后拌合物的坍落扩展时间(T_{500})为7～8s,间隙通过性达PA2,3h扩展度损失较小,3h含气率降低0.7%～1.1%。相对于对比配合比混凝土屈服应力提高了34%～45%,塑性黏度降低了50%～55%,混凝土拌合物状态较散、不黏,和易性改善明显,稳定性得到显著改善。

混凝土拌合物工作性能　　表3

编号	坍落度(mm)		坍落扩展度(mm)		含气率(%)		泌水率(%)	
	出机	3h	出机	3h	出机	3h	常压	压力
基准(2号)	265	250	650	620	2.8	2.6	0	0
对比1号	270	260	660	650	2.7	2.5	0	0
对比3号	265	255	650	640	2.8	2.5	0	0
对比4号	265	260	650	640	2.7	2.4	0	0

混凝土流变性性能　　表4

序号	扩展时间 T_{500}(s)	间隙通过性(mm)	离析率(%)	屈服应力(Pa)	塑性黏度(Pa·s)
基准(2号)	11.7	35	14.1	225	165.1
对比1号	7.3	26	9.1	315	78.1
对比3号	7.8	24	9.9	301	82.3
对比4号	7.5	22	9.3	321	75.3

五、塔柱混凝土应用与效果

1. 应用

常泰长江大桥 5 号墩首节塔柱采用 1 号低温升、高抗裂配合比，主要控制技术指标及工艺措施包括：①严格控制混凝土入模温度，通过粉料罐喷水降温、集料喷雾降温、搅拌用水制冷及加冰、现场制冰屑等手段，严格控制塔柱混凝土入模温度≤26℃；②设置冷却水管，浇筑前进行通水试验，确保所有回路通畅且不漏水，浇筑过程中每层混凝土浇筑覆盖到位后立即通水循环，控制混凝土里表温差≤20℃，通水水温与混凝土温差≤25℃；③合理布置下料及振捣工艺，浇筑布料点间距不超过 2m，每个布料点设置串筒并及时提升，控制混凝土自由倾落高度不超过 2m；④养护措施，前期模板外贴保温材料、浇筑完成后带模养护≥5d，拆模后对塔柱外围设置防风保温养护罩且内部通雾化水汽养护，养护周期≥28d。

2. 效果

对常泰长江大桥 5 号墩首节塔柱混凝土进行了温度、应变持续监测，监测结果分别如图 4、图 5 所示。由监测结果可知，上游首节塔柱中心位置最高温度约为 70.4℃，温升值约为 44℃，内侧模板最高温度为 72.4℃，高于中心测点，可能原因是中心测点靠近冷却水管，且内侧混凝土不易散热，靠近塔座底部测点最高温度为 63.7℃，外侧靠近木模板、距外侧 0.5m、距外侧 1.0m 的混凝土最高温度分别为 61.6℃、68.7℃、72.2℃；由变形监测结果可知，底部长度方向最大变形为 440.1με，中心长度方向、厚度方向、高度方向最大变形分别为 363.45με、662.7με、978.55με；从监测成果来看，塔柱混凝土抗裂性能良好。

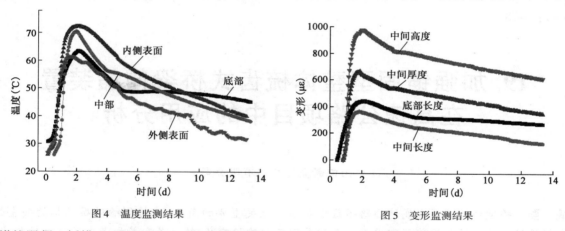

图 4　温度监测结果　　　　　　图 5　变形监测结果

塔柱混凝土拆模后，通过观察、尺量，塔柱混凝土表面未发现有害裂缝，外观色泽均匀，无明显色差，无漏浆流淌及冲刷痕迹，无油迹、墨迹及锈斑，无粉化物，明缝位置规则整齐，深度一致，水平交圈，禅缝横平竖直，竖向成线，水平交圈，塔柱混凝土外观质量达到准清水标准。塔柱混凝土外观实体质量见图 6、图 7。

图 6　塔柱混凝土外观质量　　　　图 7　塔柱混凝土外观质量

六、结 语

常泰长江大桥塔柱混凝土采取苏博特 HME®-V 混凝土(温升抑制、微膨胀)高效抗裂剂,从降低温度收缩和抵偿收缩两个方面抑制混凝土结构初期不利体积变形的发展,对于控制发热、减缩效果明显,达到全过程补偿混凝土收缩的目的,有效降低了塔柱开裂风险,大幅度提升了混凝土结构的耐久性和服役寿命。采取苏博特 SBT®-HDC(Ⅲ)高性能混凝土流变改性材料,有效提高混凝土的流动性,屈服应力提高且有明显降低混凝土塑性黏度的效果,解决了高塔柱高强混凝土施工泵送困难。实际应用表明,5 号墩塔柱混凝土各项指标满足控制指标要求,混凝土拆模至今未发现有害裂缝,控裂效果明显,混凝土工作性能良好,实现了高桥塔泵送混凝土"一泵到顶"的目标,塔柱外观达到了准清水的预期效果,实现超高桥塔塔柱混凝土"内实外美"的总体目标,同时取得较好的施工质量和经济技术效益,为以后同类型桥梁高塔柱混凝土工程提供相关参考。

参考文献

[1] 苏博特混凝土裂缝控制技术为沪苏通铁路大桥提供保障[J].江西建材,2020(7):6.
[2] 徐文.超高索塔结构混凝土裂缝控制关键技术研究[J].混凝土与水泥制品,2019(7):84-87.
[3] 秦顺全.常泰长江大桥主航道桥总体设计与方案构思[J].桥梁建设,2020(3):1-10.
[4] 张士山.超高索塔结构抗裂混凝土性能研究[J].新型建筑材料,2019(10):146-151.
[5] 陆安群.T/CECS 10082—2020《混凝土用钙镁复合膨胀剂》标准解读[J].混凝土与水泥制品,2020(9):74-78.

19. 加强锚固型整体梳齿式桥梁伸缩装置在高速公路项目中的应用分析

王明明

(广西田新高速公路有限公司)

摘 要 桥梁伸缩装置在高速公路项目中扮演着至关重要的角色,直接影响桥梁结构的安全性、耐久性和舒适性。传统的伸缩装置常常存在着质量问题和维护难题,给运营和养护带来了巨大的挑战。为了解决这些问题,巴马—凭祥公路田东经天等至大新段项目研究了一种创新的伸缩装置——加强锚固型整体梳齿式桥梁伸缩装置。本论文旨在全面分析该伸缩装置的设计特性、施工过程、运行效果以及在巴马—凭祥公路田东经天等至大新段高速公路项目中的应用,突出其在提高桥梁伸缩装置安全性、降低维护成本和延长使用寿命方面的优势。通过本论文的研究,可以更好地理解和应用这一创新技术,为桥梁工程的可持续发展作出贡献。

关键词 高速公路 桥梁工程 伸缩缝 伸缩装置 加强锚固型整体梳齿式

一、引 言

桥梁伸缩装置是高速公路和桥梁工程中的关键组成部分,扮演着确保桥梁结构安全性和可持续性的重要角色。这些装置位于桥梁的伸缩缝隙区域,直接承受着车辆荷载的冲击,长期暴露在各种气候条件下。由于其特殊的工作环境和功能,伸缩装置需要具备卓越的耐久性、安全性、减振降噪性能以及经济性。

然而,传统的桥梁伸缩装置在设计和施工方面常常存在一系列挑战和问题。这些问题包括但不限于边梁破损、中梁钢折断、止水带破损、梳齿板脱落、螺栓松动等,如图1所示。这些常见问题不仅影响了桥梁的正常使用,还导致了频繁的维护和修复工作,增加了运营成本,并降低了公路通行的舒适性和安全性。

图1 传统的桥梁伸缩装置存在的部分常见问题

为了解决传统桥梁伸缩装置存在的问题,本文基于巴马—凭祥公路田东经天等至大新段高速公路项目[主线全长70.85km,概算投资约112.85亿元,桥隧比约51.6%,桥梁(含匝道桥)55座,桥梁伸缩缝359道],会同相关单位共同研究了一种创新的伸缩装置——加强锚固型整体梳齿式桥梁伸缩装置。这一新型伸缩装置结合了模数式和梳齿式伸缩装置的优点,通过整体设计和创新的材料应用,克服了传统装置的一系列常见问题。加强锚固型整体梳齿式桥梁伸缩装置不仅提高了桥梁的耐久性和安全性,还具备减振降噪、免维护等多重优势。

本文的研究目的在于全面分析加强锚固型整体梳齿式桥梁伸缩装置的设计特性、施工过程以及在巴马—凭祥公路田东经天等至大新段高速公路项目中的运行效果。通过深入研究和实际案例分析,全面评估这一创新技术在提高高速公路桥梁结构安全性、降低维护成本和延长使用寿命方面的潜力,更好地理解和应用加强锚固型整体梳齿式桥梁伸缩装置技术,为桥梁工程领域的技术创新和质量水平提升作出贡献,为其他类似工程项目提供有益的经验和借鉴。

二、加强锚固型整体梳齿式桥梁伸缩装置的优势

1. 整体优势

1) 受力强度的优化

加强锚固型整体梳齿式桥梁伸缩装置在受力强度方面经过精心优化，以应对桥梁结构所承受的重压。优化的受力设计考虑了车辆荷载的反复冲击作用以及长期暴露在恶劣气候条件下的情况。通过结构分析和材料选用，确保了装置在各种情况下都能够稳定受力，不仅提高了其耐久性，还增强了安全性。

2) 解决传统伸缩装置常见问题

加强锚固型整体梳齿式桥梁伸缩装置充分解决了传统伸缩装置的常见问题，包括但不限于边梁破损、中梁钢折断、止水带破损、混凝土开裂等。不仅提高了装置的整体安全性，还降低了维护成本和桥梁的全寿命周期运营成本。

2. 耐久性改进

1) 一次成型设计的优势

加强锚固型整体梳齿式桥梁伸缩装置采用了一次成型的设计，这一设计优势在于将多个部件融合成一个整体结构，减少了零部件之间的连接，减少了因连接处损坏而引起的问题。一次成型的设计极大地提高了装置的耐久性，使其能够长期承受车辆荷载和自然环境的影响。

2) 新型锚固板的性能

新型锚固板的引入是装置耐久性改进的关键。锚固板的整体加强型结构有效减少了锚固构件松动的可能性。这一性能改进确保了装置在长期使用中能够保持锚固性能的稳定，降低了维护频率，同时减少了运营成本。

通过这些耐久性的改进措施，加强锚固型整体梳齿式桥梁伸缩装置在巴马—凭祥公路田东经天等至大新段高速公路项目中表现出卓越的性能，不仅延长了装置的使用寿命，还降低了全寿命周期的运营成本，为项目的可持续发展提供了坚实的基础。

3. 减振降噪功能

1) 减振组件的研发和效果

加强锚固型整体梳齿式桥梁伸缩装置在减振降噪方面进行了系统的研发，以减少由于车辆荷载引起的装置振动和噪声。新型减振组件的设计考虑了各种振动源，并采用先进的材料和工程技术，有效减少了振动传递到桥梁结构的可能性。这一改进不仅提高了桥梁通行的舒适度，还降低了振动对桥梁结构的影响，延长了桥梁的使用寿命。

2) 噪声控制的重要性

噪声控制在城市桥梁项目中愈发重要。加强锚固型整体梳齿式桥梁伸缩装置的设计考虑了噪声问题，并采取了一系列措施来减少噪声产生。通过在齿的根部设计气流导槽，装置能够防止车辆行驶过程中由于挤压空气形成的爆破声音[1]。这一噪声控制措施改善了桥梁通行者的体验，并使周边环境更加宜居。

4. 免维护功能

1) 齿端梯形结构的作用

加强锚固型整体梳齿式桥梁伸缩装置引入了齿端梯形设计结构，这一结构在伸缩过程中起到自动清理桥面杂尘的作用。这意味着装置在运行中能够自行维护，减少了日常养护的需求。齿端梯形结构不仅保持了装置的良好状态，还降低了维护频率，从而降低了维护成本。

2）免维护效果和维护成本降低

免维护功能是加强锚固型整体梳齿式桥梁伸缩装置的一项重要特点。通过齿端梯形结构，装置能够在运行中自行清理杂尘，大幅减少了养护频率，降低了维护成本。这一特性不仅节省了运营经费，还减轻了养护管理部门的工作负担，为桥梁的可持续运营提供了便利。

通过这些优化措施，加强锚固型整体梳齿式桥梁伸缩装置在巴马—凭祥公路田东经天等至大新段高速公路项目中展现出多重优势，包括振动和噪声的控制、免维护，为项目的成功运营提供了可靠的支持。

5. 长期锚固性能

加强锚固型整体梳齿式桥梁伸缩装置在长期锚固性能方面表现出卓越的特点，这对于其在巴马—凭祥公路田东经天等至大新段高速公路的可持续运营至关重要。

1）长期稳定锚固板设计

传统的桥梁伸缩装置的锚固板存在一些潜在问题，例如锚固构件松动和锚固点受力不均匀等。为了解决这些问题，加强锚固型整体梳齿式桥梁伸缩装置采用了长期稳定锚固板设计，如图2所示。

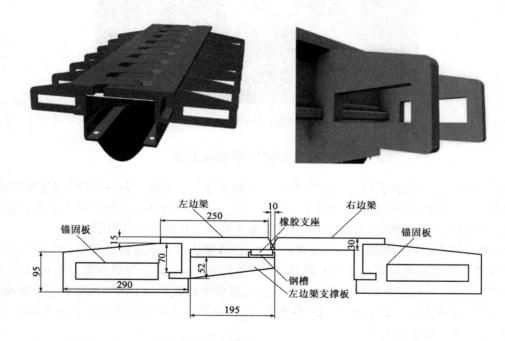

图2 加强锚固型整体梳齿式桥梁伸缩装置部分设计示意图（尺寸单位：mm）

这一设计优化了锚固板的结构，使其能够在长期使用中保持稳定性。锚固板的整体加强型结构，以及与预埋钢筋的连接方式，有效减少了锚固构件松动的可能性。这确保了装置能够在高强度交通负荷和不良气象条件下保持锚固性能的稳定。

2）维护周期延长

长期锚固性能的改进也导致了装置的维护周期的延长。传统桥梁伸缩装置通常需要定期维护和检查，以确保其正常运行。然而，加强锚固型整体梳齿式桥梁伸缩装置的特性使其更加耐用，降低了维护的频率和成本。

加强锚固型整体梳齿式桥梁伸缩装置的长期锚固性能的提升，意味着在巴马—凭祥公路田东经天等至大新段高速公路项目中，装置可以更长时间地保持高效运行，减少了因维护和更换装置而产生的成本，同时提高了整体安全性和可靠性（图3）。这对于项目的成功运营和持续发展具有重要意义。

图3 加强锚固型整体梳齿式桥梁伸缩装置现场施工安装及工后效果图

三、施工安装过程控制要点

为了加强锚固型整体梳齿式桥梁伸缩装置的施工安装过程的质量控制，提高精细化施工水平，确保工程实体质量，广西田新高速公路指挥部专门制定了《巴马—凭祥公路田东经天等至大新段桥梁伸缩装置精细化施工指南》，确保了施工的高效和质量。其施工安装过程控制要点如下：

（1）伸缩装置的高程控制与固定。安装伸缩装置前，厂家技术人员应根据现场的实际气温调整其定位值。伸缩装置上顶面比两侧沥青混凝土面层的高程低约0.5mm，高程与顺直度调整到符合要求后，方可进行临时固定，固定时应沿桥宽的一端向另一端依次将伸缩装置型钢上的锚固装置与预留槽内的预埋钢筋每隔2~3个锚固筋焊一个焊点，两侧对称施焊，以保证抄平后的伸缩装置不再发生变位，严禁从一端平移施焊，造成伸缩装置翘曲[2]。

（2）伸缩装置的焊接。固定后应对伸缩装置的高程复测一遍，确认在临时固定过程中未出现任何变形、偏差后，把型钢上的锚固钢筋与预埋钢筋在两侧同时焊牢，最好一次全部焊牢。如有困难，可先将一侧焊牢，待达到预定的安装气温时，再将另一侧全部焊牢，焊点与型钢距离不小于5cm，以免型钢变形。在焊接的同时，应随时用三米直尺、塞尺检测异形型钢的平整度，平整度应控制在0~2mm范围。在固定焊接时，对经常出现的预留槽内预埋筋与异形钢梁锚固筋不相符现象，要采用同型号闭合型、U形、L形、S形等钢筋进行加固连接[3]，同时满足设计钢筋的布置要求。伸缩装置焊接牢固后，应尽快除去临时设施，使其自由伸缩，并严格管制交通。

（3）浇筑混凝土时采用插入式和平板振捣器振捣密实。混凝土振捣应两侧同时进行。为保证型钢下混凝土的密实性，用振捣棒振至不再有气泡为止。混凝土振捣密实后，用滚轴或抹板将竖起的钢纤维和位于表面的石子和钢纤维压下去，用抹板搓出水泥浆，分4~5次按常规抹压至平整为止，待钢纤维混凝土表面无泌水时用金属抹刀抹平。经修整的表面不得裸露钢纤维，也不得留有浮浆。该工序应特别注意平整度，须分别采用长、短铝合金尺进行横、纵向的刮平控制，混凝土面比沥青路面的顶面低0.5mm为宜。

四、加强锚固型整体梳齿式桥梁伸缩装置的运行使用效果

1. 安全性效果

通过与传统的模数式和梳齿式桥梁伸缩装置的安全性进行对比，加强锚固型整体梳齿式装置表现出明显优势。其整体设计和优化受力强度减少了许多传统装置常见的问题，如边梁破损、中梁钢折断、止水带破损等。这些改进增强了伸缩装置的稳定性和安全性，降低了潜在的安全风险。

在巴马—凭祥公路田东经天等至大新段高速公路项目中，加强锚固型整体梳齿式桥梁伸缩装置的运行记录表明，其在安全方面表现出色。截至目前，没有发生与伸缩装置安全性相关的严重事故或故障，这证明了其在安全性方面的可靠性。

2. 经济性效果

巴马—凭祥公路田东经天等至大新段高速公路已通车一年半有余，根据运营公司养护部门每个季度对桥梁伸缩缝运行质量的专项数据统计，目前桥梁伸缩缝均运行良好。对高速公路运营而言，采用加强锚固型整体梳齿式桥梁伸缩装置带来了明显的运营成本降低。其耐久性改进、减振降噪功能以及免维护特性共同降低了装置的日常维护和养护成本。此外，减少了桥梁伸缩装置的早期更换需求，进一步降低了全寿命周期内的运营成本。尽管其初投资成本可能略高于传统装置，但在长期运营中，通过降低维护成本、延长装置寿命以及提高桥梁的运行效率，为项目的可持续性和经济性提供了坚实支持。

五、结　　语

本论文分析了加强锚固型整体梳齿式桥梁伸缩装置在巴马—凭祥公路田东经天等至大新段高速公路中的应用，对加强锚固型整体梳齿式桥梁伸缩装置的设计特性、施工过程、运行效果等方面进行深入分析，该装置通过整体受力设计的方式，解决了传统模数式和梳齿式伸缩装置常见的多种问题，极大提升了安全性、耐久性和舒适性，降低了运营成本。

通过巴马—凭祥公路田东经天等至大新段高速公路项目中的具体案例，本文展示了加强锚固型整体梳齿式桥梁伸缩装置的成功应用和显著效果。该装置在项目中表现出色，既提高了桥梁的安全性，又降低了全寿命周期内的运营成本，为道路交通的安全和可持续性做出了重要贡献。

伸缩装置技术的未来发展趋势将继续受到关注。对未来的展望包括以下几个方面：

（1）伸缩装置技术的持续创新：随着交通基础设施的不断发展和改进，伸缩装置技术将继续进行创新。未来可能出现更先进的设计和材料，以进一步提高伸缩装置的性能和可靠性。

（2）更广泛的应用领域：伸缩装置不仅在高速公路桥梁中有应用，还可以用于其他桥梁和道路工程。未来，可以期待伸缩装置在更广泛的应用领域中发挥作用，提高交通设施的可持续性。

（3）环保和可持续性考虑：未来的伸缩装置设计将更加注重环保和可持续性。减少噪声、降低能耗、减少维护需求等方面的创新将成为发展趋势，以满足可持续发展的要求。

通过本论文的研究和分析，可以清晰地看到加强锚固型整体梳齿式桥梁伸缩装置在巴马—凭祥公路田东经天等至大新段高速公路项目中的卓越表现和未来的发展潜力。这一技术的成功应用为未来道路交通建设提供了有力的技术支持，有望在更多项目中得到推广和应用。

参考文献

[1] 娟子. 我国桥梁伸缩装置创新性技术突破[J]. 交通建设与管理，2022(2)：64-67.

[2] 李明珠. 桥梁伸缩缝更换施工技术[J]. 交通世界（建养·机械），2011(8)：188-189.

[3] 梅义军. 浅谈桥梁伸缩缝病害的防治及伸缩缝施工工艺[J]. 科技创新导报，2009(6)：54-56.

20. 藤州浔江大桥主梁设计

孙义斐

(中交公路规划设计院有限公司)

摘 要 藤州浔江大桥是世界首座独塔斜拉-悬吊协作体系桥,本文主要对其主梁设计进行介绍。主梁采用整体式钢箱梁,首先对主梁形式进行比选,然后对主梁横断面、梁段划分、钢桥面板、底板、腹板、隔板、梁端锚固等钢箱梁构造细节进行介绍,最后对主梁进行总体计算和局部计算,结果表明当前设计满足规范要求。

关键词 协作体系 钢箱梁 构造细节 耳板 钢锚箱 结构计算

一、引 言

藤州浔江大桥是柳州—平南—岑溪高速公路(平南至岑溪北段)在梧州市藤县境内跨越浔江的一座特大桥。桥梁于藤县天平镇大木村和藤县蒙江镇平田村附近跨越浔江,工程所在断面常水位时河床宽约1.21km,河段两岸均为自然岸坡,无堤防。桥址距离下游藤县水位站16.2km,距离下游长洲水利枢纽51.7km。项目采用双向四车道高速公路建设标准,汽车荷载等级为公路—Ⅰ级,设计速度为120km/h,主线路基宽度26.5m。桥位区地震动反应谱特征周期为0.35s,地震动峰值加速度为0.05g,相应地震基本烈度值为Ⅵ度。设计基本风速采用桥址处100年重现期10m高度10min平均年最大风速(26.3m/s)。

藤州浔江大桥主桥采用主跨2×638m独塔斜拉-悬索协作体系结构,主缆跨径布置为2×730m(图1)。索塔每侧设置20对斜拉索、22对普通吊索,过渡墩处设限位吊索,斜拉索呈扇形布置,斜拉索、吊索梁上吊点纵向间距为16m,交叉区间距8m交错布置,单跨斜拉索区主梁长度为327m,吊索区主梁长度为383m。主梁在索塔处设置横向抗风支座和纵向限位支座,主梁与过渡墩之间设置竖向支座和横向抗风支座。

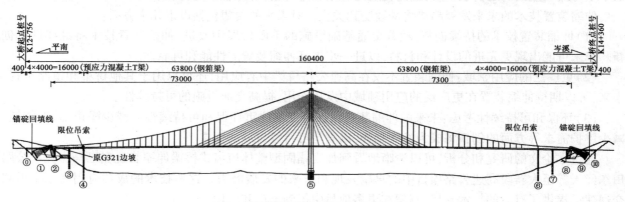

图1 桥型总体布置立面图(尺寸单位:cm)

二、主梁形式比选

大跨径缆索结构桥梁的适用主梁形式主要有钢箱梁和组合梁两种。为减轻结构自重,近年来UHPC(超高性能混凝土)桥面板在多座桥梁得到了应用,本节主要对钢箱梁和UHPC组合梁进行对比,其中UHPC组合梁桥面板厚度180mm。

主梁采用钢箱梁和UHPC组合梁对结构刚度的影响见表1,可以看出,因恒载重量增加,采用UHPC组合梁对应的基本组合缆力相比钢箱梁增加46.0%,因主梁位移最大点发生在吊索区,随着结构重量的增加,主缆重力刚度增大,结构整体刚度增加,采用UHPC组合梁的结构刚度相比钢箱梁增加46.4%,二者刚度均满足规范要求。

采用钢箱梁和UHPC组合梁对结构刚度的影响　　　　表1

梁型	延米质量(t)	主梁位移(m)			挠跨比	基本组合缆力(kN)
		最大	最小	幅值		
钢箱梁	13.3	0.640	−1.682	2.313	$L/276$	239812
UHPC组合梁	21.8	0.412	−1.180	1.578	$L/404$	350016

注:L表示跨径。

钢箱梁和UHPC组合梁在各方面的对比见表2。综合各方面因素,主梁最终推荐采用钢箱梁方案。

主梁梁型比选表　　　　表2

梁型	钢箱梁	UHPC组合梁
技术难度	有成熟的设计、施工经验	设计、施工经验较成熟,近年来新技术、新材料,案例相对较少
施工难度及工期	工地连接速度快、工期短	湿接缝现场工作量大,工艺要求高,工期较长
疲劳问题	正交异性钢桥面板存在疲劳问题	UHPC桥面板能够显著降低钢桥面板的疲劳应力幅
刚度	$L/276$	$L/404$
工程量	—	缆力增加45.8%,增加缆索系统与锚碇工程量

三、钢箱梁构造设计

1. 主梁横断面

主梁(加劲梁)采用整体式钢箱梁,梁高3.0m,全宽32.8m(含检修道),主梁吊索吊点横向间距26m,主梁斜拉索锚固点横向间距27.11m;顶板宽26.8m,平底板宽16.5m,单侧斜底板宽5.15m。箱梁两侧设置宽2.8m倒L形导流板,同时起到检修道功能。平底板两边设置检查车轨道及轨道导风板。主梁标准横断面见图2。

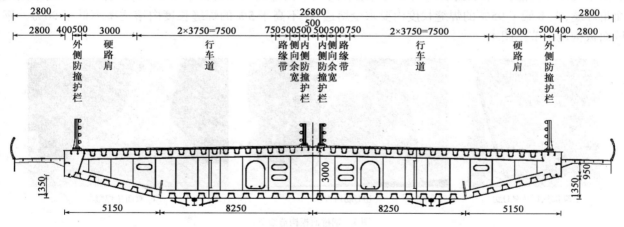

图2　主梁标准横断面(尺寸单位:mm)

2. 梁段划分

主梁节段根据所处位置分为无索区梁段(A、C)、吊索区梁段(B、B1)、斜拉索区梁段(E、G)、交叉区梁段(F)、塔区梁段(H、I)以及合龙段(D)共6类,全桥共83个梁段,见图3。梁段最大起吊质量244.5t(F梁段),吊索区标准梁段(B梁段)单个梁段起吊质量206.4t,斜拉索区标准梁段(B梁段)单个梁段起吊质量235.8t。吊索区和斜拉索区梁段(B、B1和E梁段)长16.0m,设置5道横隔板,间距3.2m;交叉区梁段(F梁段)长16.0m,设置六道横隔板,间距2.4m或3.2m。

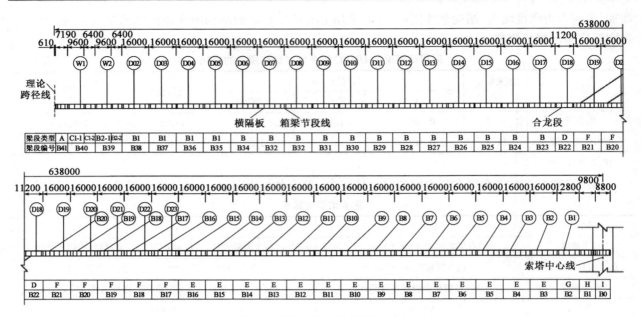

图3 主梁梁段划分(尺寸单位:mm)

3. 钢桥面板设计

全桥顶板标准厚度采用18mm,塔区加厚至20mm。为保证桥面顶板上的铺装厚度符合设计要求,且保持平齐,不同厚度的桥面顶板对接采取上缘(外缘)对齐的形式。顶板厚度为18mm时,U肋加劲高度为300mm,上口宽300mm,下口宽180mm;顶板厚度为其他数值时,U形加劲肋保持底缘平齐,下口宽保持不变,上口宽度以标准300mm、高度为300mm为基准,随顶板厚度相应延伸或缩短。护栏附近共加设10道宽168mm、厚14mm的板肋。不同梁段间顶板纵肋采用螺栓连接。

顶板U肋采用热轧形式,U肋靠近顶板位置的肋脚区域加厚至12mm,其余位置采用8mm。为提高桥面系抗疲劳性能,U形加劲肋与顶板间的组装间隙全长范围内不得大于0.5mm,U肋和顶板间采用双面角焊缝,在不低于95%的焊缝长度内要求全熔透,在不高于5%的焊缝长度内熔透率不低于90%。钢桥面板构造细节见图4。

a)端部加厚热轧U肋

b)U肋内焊

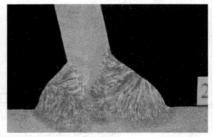
c)双面角焊缝

图4 钢桥面板构造细节

4. 底板设计

全桥底板及斜底板厚度采用10mm、14mm、16mm、20mm和24mm(仅G梁段锚固位置附近斜底板采用)五种。每侧斜底板靠腹板侧设置1道宽120mm、厚10mm的板肋,其余为厚6mm(B、B1、C、D、E、F梁段)或8mm(A、G、H、I梁段)U肋加劲,标准U肋厚度6mm,上口宽250mm,下口宽400mm,高260mm,U肋标准中心距800mm。不同板厚底板及斜底板U肋对接时,U肋内侧保持平齐,加劲肋的高度、宽度随之变化。斜底板与平底板相交处的角点加劲,采用横向短板加劲与纵向三角形加劲相结合的加劲方式。不同板厚底板、斜底板的对接采用内缘对齐的形式。出于除湿需要,部分U肋需去除端部封板或开孔。U肋外侧与底板焊缝采用坡口角焊缝,焊接熔透深度不得小于U肋厚度的80%,且不允许烧穿、焊漏。

5. 腹板设计

钢箱梁设置两道通长腹板,吊索通过销轴连接于腹板外侧耳板,斜拉索通过锚箱连接于腹板外侧。吊索区腹板厚度20mm,设置1道宽200mm、厚20mm的板肋,吊索连接区域腹板局部加厚至30mm,板肋尺寸增大为宽240mm、厚24mm。斜拉索区腹板标准厚度30mm,在塔区加厚至40mm,设置1道宽240mm、厚24mm的板肋。在吊点横隔板处,腹板加劲断开焊在横隔板上,横隔板上不开孔。同时在耳板和锚箱附近增设竖向局部加劲构造。不同板厚腹板保持内侧对齐,不同板厚腹板板肋保持中心线对齐。

6. 横、纵隔板设计

横隔板分为标准横隔板、吊点横隔板、支座横隔板、端横隔板四类。标准横隔板由上、下两块板竖向组焊而成,上板为顶板横向加劲板,厚14mm;下板为实腹式横隔板,厚12mm,上设厚10mm的竖向、水平向加劲,与上板通过水平加劲熔透焊接;吊索吊点横隔板上板厚20mm、下板厚14mm,吊点附近加厚至30mm;斜拉索吊点横隔板上板厚20mm、下板厚14mm,吊点附近加厚至24mm;支座横隔板根据支座位置分别对局部进行加厚;端横隔板厚度为20mm。每个横隔板设置两个高1.6m的人洞及6处管线孔道。

钢箱梁在斜拉索区、过渡墩处及索塔处设置两道实腹式纵隔板。纵隔板在顺桥向不同区段采用14mm、16mm、20mm和30mm四种不同的钢板厚度。不同厚度纵隔板对接时,中心保持齐平。

7. 吊索梁端锚固构造设计

吊索通过销轴锚固在箱梁两侧的耳板上,耳板与钢箱梁腹板外侧通过抗剪板焊接,设置于钢箱梁外侧,通过调节抗剪板尺寸实现横向倾角,耳板与吊索平行。耳板厚度采用60mm,抗剪板厚度采用40mm,根据吊索型号分为标准型(图5)和加强型两类,标准型耳板设置1个永久销轴孔,加强型耳板设置2个永久销轴孔,二者均设置2个备用孔。

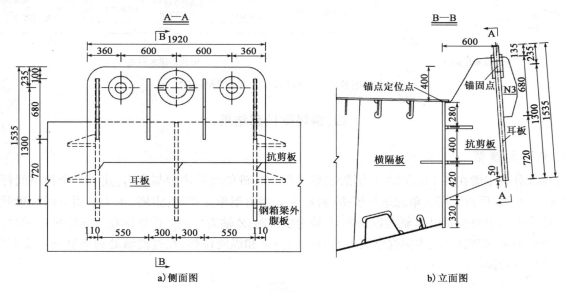

图5 标准型吊索锚固构造(尺寸单位:mm)

8. 斜拉索梁端锚固构造

斜拉索在梁端通过锚箱与主梁连接,锚箱安装在钢箱梁腹板外侧。锚箱由抗剪板、承压板、锚垫板及加劲组成(图6),其中上、下抗剪板厚40mm,承压板厚60mm,锚垫板为楔形钢板,最小厚度为60mm。

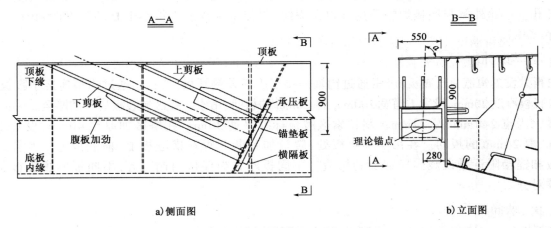

图6 斜拉索锚固构造（尺寸单位：mm）

9. 检修道及桥面排水构造

钢箱梁两侧设置倒L形导流板，优化钢箱梁气动外形，同时起到检修的作用。检修道由顶板、挡风板、纵向加劲及横向加劲构成，各板件厚度均为10mm，与主梁同时加工、架设。顶板在梁端锚固构造处开槽并围焊，过焊孔处后期做封堵处理确保不透水。顶板纵向坡度与钢箱梁保持一致，横向设1%横坡，并在顶面焊接挡水板，方便集中排水（图7）。

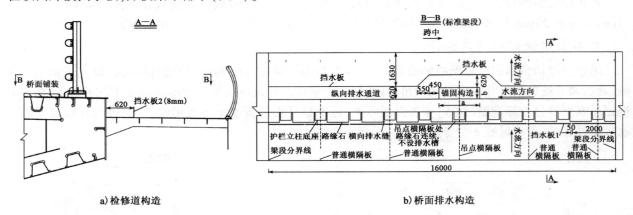

图7 检修道及桥面排水构造（尺寸单位：mm）

四、钢箱梁计算结果

1. 有限元模型

为详细分析主梁在各工况下的受力情况，以及得到精确的结构内力与应力，建立了全桥空间杆系模型（图8）。主缆、吊索采用索单元进行模拟；斜拉索采用桁架单元模拟；索塔、主梁采用空间梁单元进行离散。计算模型中坐标系以X轴为纵桥向，Y轴为横桥向，Z轴为竖向。按实际建立索塔桩基承台，施加桩基侧向土弹簧，桩底固结；主梁在索塔处约束横向位移和纵向位移，在过渡墩处约束竖向和横向位移；主缆在锚固点处固结。

图8 有限元模型

2. 荷载组合

根据《公路桥涵设计通用规范》(JTG D60—2015)要求,对以下组合进行结构验算:

(1)组合一:恒载+汽车+制动力。
(2)组合二:恒载+汽车+制动力+温度。
(3)组合三:恒载+汽车+制动力+温度+运营横风。
(4)组合四:恒载+汽车+制动力+温度+运营纵风。
(5)组合五:恒载+温度+百年横风。
(6)组合六:恒载+温度+百年纵风。

3. 主梁总体计算结果

作用基本组合(考虑结构重要性系数1.1)下,主梁最不利内力值如图9所示。可以看出,荷载组合包络下主梁轴力、弯矩较为均匀,最大竖向负弯矩为81924 kN·m,出现在交叉区,最大竖向正弯矩为179986 kN·m,出现在索塔处。

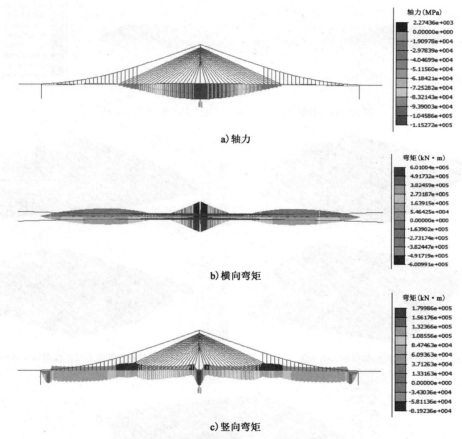

图9 最不利组合作用下主梁内力包络图

作用基本组合(考虑结构重要性系数1.1)下主梁应力值如图10所示。钢梁最大拉应力为140.9 MPa,出现在吊索区底板;最大压应力为-153.7 MPa,位于索塔处顶板。主梁基本组合应力均小于《公路钢结构桥梁设计规范》(JTG D64—2015)限值270 MPa,结构受力安全。

4. 主梁局部计算结果

为确保钢箱梁在局部受力安全,对吊索区标准段、斜拉索区标准段、交叉区梁段分别建立三维实体有限元模型。取顺桥向3个梁段,横桥一半建立三维板单元模型,只关心中间梁段的应力分布。顺桥向截断处一侧固结,另一侧施加基本组合内力值,横桥向截断处对称约束。荷载按作用基本组合施加,考虑自重+二期+车辆荷载。从总体模型中提取基本组合吊索力和斜拉索力,按实际倾角方向施加到对应位置处。计算结果见图11~图13。

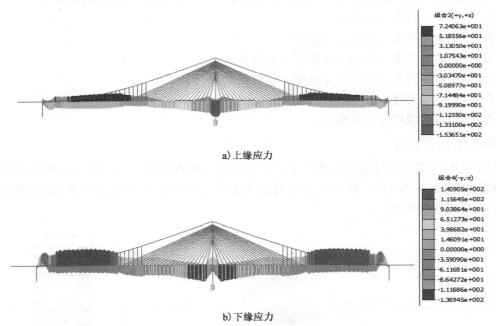

图10 最不利组合作用下主梁截面应力包络图(单位:MPa)

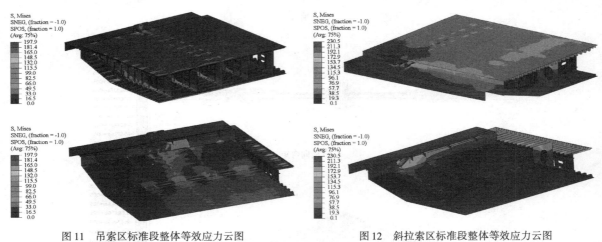

图11 吊索区标准段整体等效应力云图　　　　图12 斜拉索区标准段整体等效应力云图

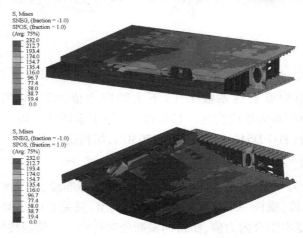

图13 交叉区梁段整体等效应力云图

根据计算结果,各梁段整体应力水平较低,均在150MPa以下,吊索区标准段、斜拉索区标准段、交叉区梁段局部最大应力分别为198MPa、231MPa和232MPa,均小于钢材屈服强度(355MPa),钢箱梁受力安全。

五、结　语

藤州浔江大桥主梁采用整体式钢箱梁,本文首先对主梁形式进行比选,然后对主梁横断面、梁段划分、钢桥面板、底板、腹板、隔板、梁端锚固等钢箱梁构造细节进行介绍,最后对主梁进行总体计算和局部计算,结果表明当前设计满足规范要求。

21. 藤州浔江大桥索塔细部构造设计

王树东

(中交公路规划设计院有限公司)

摘　要　藤州浔江大桥设计为一座独塔斜拉-悬吊协作体系桥,其桥跨布置为 $2 \times 638m$。索塔采用塔顶融合且塔底设置系梁的三角塔形式,其断面为带凹槽的圆端+矩形断面。由于主桥结构采用斜拉桥+悬索桥的组合体系,索塔塔柱需同时设置斜拉索锚固构造及塔顶承压构造。本文针对上述上塔柱锚固区构造、塔顶实心融合段深梁受力复杂的设计难点,逐一展开细部分析,为今后同类型索塔的设计提供参考依据。

关键词　斜拉-悬吊体系桥梁　三角形索塔　锚块设计　挡块设计　深梁设计

一、引　言

随着我国桥梁建设的逐步发展,对于桥梁构件的精细化设计要求也逐渐提高。对于新形式桥梁结构,尤其是索塔结构,设计人员不仅应对整体受力情况进行充分考虑,对索塔细部构造也应细致分析。本文以一座斜拉-悬吊协作体系桥梁的索塔设计为例,从整体到局部进行设计计算,为今后同类型索塔设计提供参考。

二、工程概况

藤州浔江大桥是柳州—平南—岑溪高速公路中平南至岑溪段在梧州市藤县境内跨越浔江的一座特大桥。桥梁于藤县天平镇大木村和藤县蒙江镇平田村附近跨越浔江,工程所在断面常水位时河床宽约1.21km,河段两岸均为自然岸坡,无堤防。桥址距离下游藤县水位站16.2km,距离下游长洲水利枢纽51.7km。

1. 主要技术标准

(1)公路等级:高速公路。

(2)行车道数:双向四车道。

(3)设计速度:120km/h。

(4)桥梁结构设计基准期:100年。

(5)设计使用年限:主体结构100年。

(6)桥面宽度: $2 \times (0.5m + 3m + 2 \times 3.75m + 0.75m) + 2.5m$(中分带)$= 26m$。

(7)横坡:2.00%。

(8)设计洪水频率:1/300。

(9)通航水位:最高通航水位+30.58m(国家85高程,下同),最低通航水位+18.74m。

(10)抗震设防标准:E1地震作用重现期为950年(100年超越概率10%),E2地震作用重现期为2475年(50年超越概率2%)。

(11)抗风设计标准:设计基本风速采用桥址处100年重现期10m高度10min平均年最大风速(26.3m/s)。

船舶撞击力计算值见表1。

桥墩船舶撞击力计算值　　　　表1

代表船型	计算工况	横桥向船撞力(MN)	顺桥向船撞力(MN)
6000吨级货船	满载正撞	22.33	0.52
2×3000吨级船队	满载正撞	24.96	2.35

2. 设计方案

藤州浔江大桥主桥为主跨2×638m独塔斜拉-悬吊协作体系桥,主缆跨径布置为2×730m。索塔每侧设置20对斜拉索、22对普通吊索,过渡墩处设限位吊索,斜拉索呈扇形布置,吊索、斜拉索梁上纵向锚固间距为16m,交叉段间距8m交错布置,单跨斜拉索段主梁长327m,吊索段主梁长383m。主梁在索塔处设置横向抗风支座和纵向限位挡块,主梁与过渡墩之间设置竖向支座和横向抗风支座。其桥型总体布置图见图1。

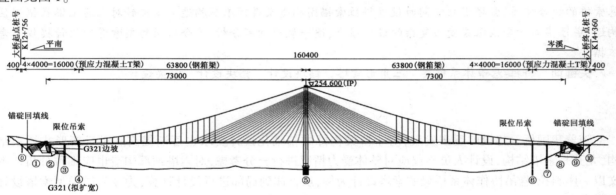

图1　藤州浔江大桥桥型总体布置(尺寸单位:cm)

三、索塔设计

1. 索塔整体构造设计

本桥索塔采用三角塔造型,索塔主要构件包括塔柱、塔冠及限位挡块等结构。塔柱为C55普通钢筋混凝土结构,索塔总高度238.0m,其中锚固区高度89.8m,非锚固区高度127.6m,见图2。索塔采用带弧边的矩形截面,塔顶截面尺寸为15.674m×9.993m(横向×纵向,下同),分叉点融合截面尺寸为18.956m×10.181m,分叉点截面尺寸为8.478m×10.181m,塔底截面尺寸为12m×13m,见图3~图5。

2. 索塔锚固区构造设计

斜拉索在塔端的锚固采用厚壁混凝土+预应力锚固的方式(图6),其中厚壁混凝土部分设计为抗剪结构,即在基本组合下混凝土平均剪应力控制在0.7MPa内;预应力钢束作为拉杆,设计考虑平衡斜拉索纵桥向的水平分力,其预应力布置根据斜拉索索力大小而不同,竖向采用60cm与90cm两种不同间距。

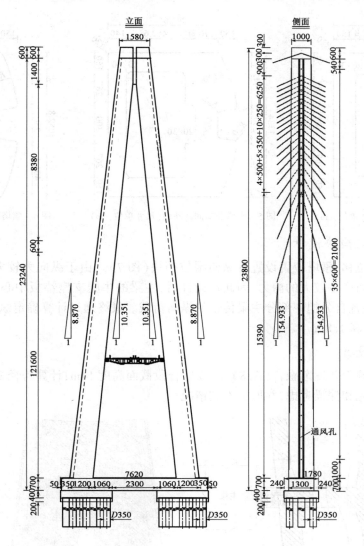

图 2 索塔一般构造(尺寸单位:cm)

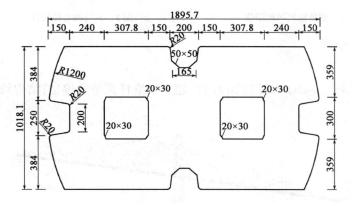

图 3 索塔融合段断面(尺寸单位:cm)

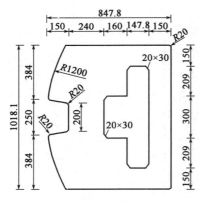 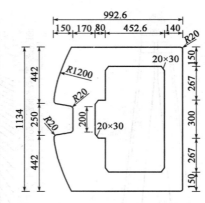 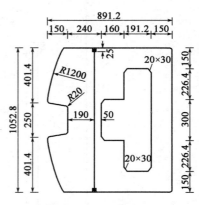

图4 索塔锚固区断面(尺寸单位:cm)　　图5 索塔非锚固区断面(尺寸单位:cm)　　图6 索塔预应力锚固(尺寸单位:cm)

3. 索塔纵向限位挡块设计

为约束主梁纵向位移,索塔位置设置有纵向限位挡块(图7)。由于纵向力较大,单纯靠挡块抵抗将导致挡块与索塔塔壁间产生较大的剪力,因此在设计时,主梁的牛腿支座垫板中心与索塔外轮廓边缘对齐,即索塔与纵向挡块各自分担一部分主梁传来的纵向荷载。最终通过计算确定纵向限位挡块采用矩形断面,纵桥向12.07m,高1.8m。

4. 索塔融合段设计

索塔为两个塔柱倾斜并逐渐融合(图8),塔顶融合段截面高度14m,计算跨径2m,高跨比7∶1,在设计时分别按普通梁单元和深梁考虑,并取最不利情况。

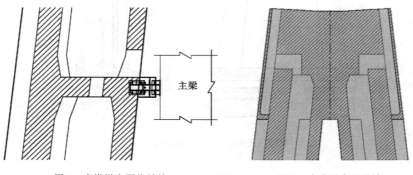

图7 索塔纵向限位挡块　　　　　图8 索塔融合段设计

5. 索塔结构受力分析

1)计算模型

桥梁总体静力计算采用midas Civil 2020软件,建立三维杆系单元模型,结构约束体系如前所述,整体模型见图9。

图9 三维杆系单元模型

2)荷载组合

根据《公路桥涵设计通用规范》(JTG D60—2015)要求,结构整体计算时主要考虑以下8种荷载组合:

(1)组合Ⅰ=永久作用+车道荷载。
(2)组合Ⅱ=永久作用+车道荷载+温度作用。
(3)组合Ⅲ=永久作用+车道荷载+温度作用+运营横风。
(4)组合Ⅳ=永久作用+车道荷载+温度作用+运营纵风。
(5)组合Ⅴ=永久作用+温度作用+极限横风。
(6)组合Ⅵ=永久作用+温度作用+极限纵风。
(7)组合Ⅶ=永久作用+车道荷载+温度作用+运营风+横向船撞作用。
(8)组合Ⅷ=永久作用+车道荷载+温度作用+运营风+纵向船撞作用。

3)主要计算结果

(1)索塔应力。

对索塔在控制工况下的应力标准值进行分析,见表2。

标准组合控制工况下索塔应力 表2

项目	索塔应力
最大拉应力(MPa)	3.84
最大压应力(MPa)	-18.27

根据《铁路桥涵混凝土结构设计规范》(TB 10092—2017),C55混凝土偏心受压容许应力为18.5×1.3=24.05MPa,本桥塔柱应力均小于容许应力限值,满足规范要求。

(2)索塔承载能力极限状态、钢筋应力及裂缝宽度。

对索塔控制截面进行验算,结果见表3、表4。

索塔塔柱抗弯承载能力极限状态验算 表3

位置	控制工况	轴力(kN)	横弯矩(kN·m)	纵弯矩(kN·m)	极限轴力(kN)	安全系数
分叉点	组合Ⅴ	268500	938937	-4	631295	2.35
主梁	组合Ⅲ	696117	227738	-1127406	1610112	2.31
系梁顶	组合Ⅴ	815407	3201629	39	1256455	1.54

索塔塔柱钢筋应力与裂缝宽度验算 表4

位置	控制工况	轴力(kN)	横弯矩(kN·m)	纵弯矩(kN·m)	钢筋应力(MPa)	裂缝宽度(mm)
分叉点	组合Ⅴ	192753	607358	-3	65.0	0.10
系梁顶	组合Ⅴ	629318	1962592	29	34.6	0.051
塔底	组合Ⅴ	673627	2211494	31	93.9	0.146

根据《公路钢筋混凝土及预应力混凝土桥涵设计规范》(JTG 3362—2018),钢筋混凝土构件最大裂缝宽度限值为0.2mm,本桥塔柱裂缝宽度均小于裂缝宽度限值,满足规范要求。

(3)索塔锚固区局部计算。

计算索塔(图10)在张拉预应力、最大索力作用下的主拉应力结果,如图11、图12所示。根据《铁路桥涵混凝土结构设计规范》(TB 10092—2017),C55混凝土容许拉应力为2.97MPa,满足规范要求。

(4)索塔纵向限位挡块局部计算。

计算索塔在最大纵向力作用下挡块(图13)的受力情况,见图14。根据《铁路桥涵混凝土结构设计规范》(TB 10092—2017),C55混凝土容许拉应力为2.97MPa,满足规范要求。

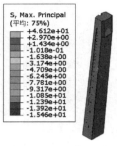 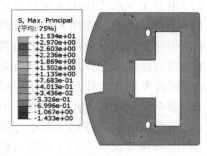

图10 索塔有限元模型　　图11 张拉预应力阶段主拉应力(单位:MPa)　　图12 最大索力工况阶段主拉应力(单位:MPa)

 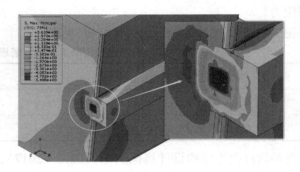

图13 索塔纵向挡块模型　　图14 索塔纵向挡块主拉应力(单位:MPa)

(5)索塔融合段局部计算。

索塔融合段为深梁构件,采用有限元方法,同时考虑施工阶段对索塔内力产生的影响,计算索塔施工阶段、上斜拉索阶段、成桥阶段与运营阶段下融合段横梁的受力情况(图15)。将深梁沿高度方向分块,分别提取各块的轴力与弯矩,由此对各块进行配筋计算。

索塔最不利工况融合段应力分布见图16,最不利工况下索塔融合段受力情况见表5。

   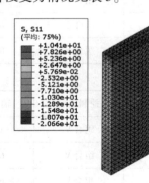

图15 索塔施工模拟　　　　　　　　　　　图16 索塔最不利工况融合段应力分布

最不利工况下索塔融合段受力情况　　表5

分块	轴力(kN)	弯矩(kN·m)	顶平均应力(MPa)	底平均应力(MPa)
1	-36390	-13520	5.50	-0.30
2	-10330	-520.4	0.85	0.63
3	-8859	-227	0.68	0.58
4	-3418	-1745	0.62	-0.13
5	5110	-944.4	-0.16	-0.57
6	1977	-4495	0.82	-1.10
7	61390	-5184	-3.27	-5.50

四、结　语

藤州浔江大桥索塔采用三角塔造型,全桥总体采用斜拉-悬吊体系,约束体系方面为纵向限位体系,因而造成索塔构造需同时考虑塔顶承压及斜拉索锚固。本文从整体到局部对索塔各构造进行计算,对塔顶融合段、索塔锚固区及限位挡块等构造复杂位置进行设计,结果表明当前设计满足规范要求。本桥索塔于 2023 年 12 月封顶,将于 2025 年建成通车。

22. 独塔斜拉-悬索协作体系桥主缆锚固系统设计

薛　璞　齐　乐　宋松林

(中交第一公路勘察设计研究院有限公司)

摘　要　锚固系统是悬索桥锚碇中的重要组成部分,将主缆的缆力传递给锚块,进而传递至锚碇基础。目前常用锚固系统的主要有型钢锚固系统和预应力锚固系统两种。在藤州浔江大桥的设计过程中对比了各类锚固系统的优劣,选用了成品索式预应力锚固系统,并针对锚靴这一空中纺线法(AS 法)架设主缆锚固系统的特有构造进行了创新优化。

关键词　锚固系统　空中纺线法(AS 法)　成品索　钢拉杆　锚靴

一、引　言

悬索桥的主缆在通过锚碇前支墩的散索鞍后,进入锚碇前锚室分散为单一索股进行锚固,通过锚固系统将巨大的主缆力传递给锚块主体,继而传递至锚碇基础。作为悬索体系重要的结构组成部分,锚固系统的设计是悬索桥设计中的关键。

二、项目概况

藤州浔江大桥是平岑高速公路的控制性工程,是世界首座采用独塔空间缆斜拉-悬索协作体系的桥梁,主跨 2×638m 独塔斜拉-悬索协作体系桥。大桥主缆跨径布置为 2×730m,每根主缆由 30 股索股构成,采用空中纺线法(AS 法)进行架设。为了提高纺丝架设效率,索股钢丝采用 7mm 大直径钢丝,每根主缆内钢丝总计 6848 丝。两侧锚碇采用重力式框架锚碇。主缆索塔每侧设置 20 对斜拉索、22 对普通吊索和 1 对限位吊索,单跨斜拉索段主梁长度 327m,吊索段主梁长度 351m。桥型布置图如图 1 所示。

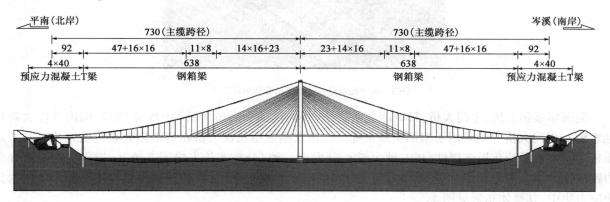

图 1　藤州浔江大桥总体布置(尺寸单位:m)

三、锚固系统分类与选型

在悬索桥的建设历史中,逐渐发展出型钢锚固系统和预应力锚固系统两种不同的锚固形式,前者通过型钢制成的钢拉杆与锚梁将主缆锚固于锚块,后者则通过在锚块内施加预应力并用特制的锚固拉杆连接主缆索股实现锚固。基于施加预应力的不同构造和方式,又细分出多种形式,详见图2。

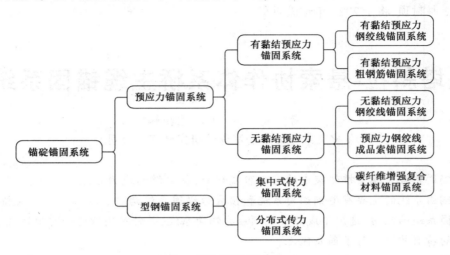

图2 锚碇锚固系统分类

1. 型钢锚固系统

型钢锚固系统主要由型钢制成的拉杆、后锚梁、前锚梁等构件组成,整个锚固系统借助定位支架成型后直接浇筑在混凝土锚体内。成型后埋置在锚块内的锚固系统减少了后期的维修养护工作量。但在锚梁附近可能存在应力集中造成的混凝土开裂,同时,这种形式的锚固系统用钢量大,自身刚度也大,施工中需要额外的钢框架对型钢拉杆进行精准的空间定位,施工成本较为昂贵[1]。南京仙新路过江通道采用的型钢锚固系统施工实景见图3。

图3 南京仙新路过江通道锚碇型钢锚固系统

美国华盛顿大桥、金门大桥,日本南北备赞桥,我国的汕头海湾大桥(1995年建成,国内首座大跨径悬索桥)、虎门大桥等均采用了型钢锚固系统[2]。南京栖霞山长江大桥在型钢锚固系统的钢拉杆与后承压板之间布置了开孔板连接件(PBL剪力键),开发出一种"分布式传力锚固系统"。以钢筋混凝土榫剪力键群作为主要传力元件,将主缆拉力渐次分布到锚碇混凝土中[3],有效地减少了型钢锚固系统中的锚块应力集中,其整体布置见图4。

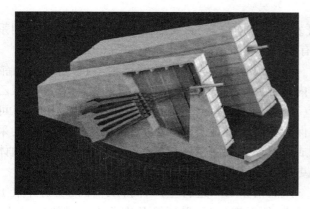 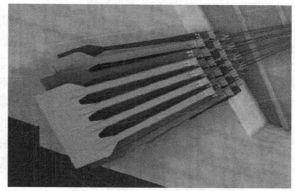

图4 分布式传力锚固系统[3]

2. 预应力锚固系统

英国于1966年建成的赛文桥（Severn Bridge）首次应用了预应力钢棒来连接主缆索股，自此，预应力锚固系统被大量应用于欧洲的悬索桥建设中[4]。我国于1999年建成的江阴长江公路大桥采用了有黏结预应力锚固体系，于2007年首次将可更换无黏结预应力锚固系统应用于武汉阳逻长江公路大桥上。此后，无黏结预应力锚固系统又成功应用于西堠门大桥、矮寨大桥等大跨径悬索桥中。

预应力锚固系统根据索股分散角度布置在锚体内的预应力钢束通过连接件在前锚面与主缆相连，将主缆缆力传递至锚碇结构，分为有黏结与无黏结两种类型；又根据不同的预应力构造细分为更多形式，下面对各类预应力锚固系统做简要介绍。

1）有黏结预应力钢绞线（粗钢筋）锚固系统

类似于常用的桥梁预应力体系，在锚体的孔道中张拉钢绞线或粗钢筋来施加预应力，并在张拉完毕后向管道内压注水泥浆进行防护。与主梁中预应力工作状态不同的是，锚碇锚固系统一般位于地面附近或埋入地下，高应力的预应力材料面临着严苛的潮湿锈蚀环境，难以保证其耐久性，且难以检测更换。正是基于耐久性及锚固系统可检可换方面的考虑，发展出了一系列的无黏结预应力锚固系统。

2）无黏结预应力钢绞线锚固系统

该体系在钢绞线张拉完成的孔道中压注防腐油脂来实现对预应力材料的防护，同时这种体系还支持逐根更换钢绞线，有益于锚固系统的长期健康服役，在我国众多悬索桥中得到了应用。

但在工程实践中，该体系也暴露出了一些不容忽视的缺陷与问题，灌注在管道内的防腐油脂对锚固系统的密封性要求较高，施工中操作或检查不慎会引起难以根治的渗漏问题（图5）。同时，防腐油脂随服役时间产生的老化酸败也会造成预应力钢束的腐蚀，需以20～25年的周期进行更换[5]。

  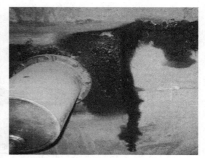

图5 后锚面油脂渗漏问题

此类锚固系统虽支持服役状态下对预应力钢绞线进行更换，但每次更换均需放出管道内的油脂，再单根放松预应力进行更换，更换完成后重新压注防腐油脂，过程烦琐且效率低下[6]，管道中的老化油脂也难以完全清除，操作过程中还可能加剧油脂渗漏风险。

3）无黏结预应力钢绞线成品索锚固系统

针对压注油脂的锚固系统的相关缺陷，近年来开发出了锚固可靠、防腐耐久的多股成品索式锚固系统，成品索以单根无黏结环氧涂层钢绞线为基体，具有多层防腐体系，其索体断面如图6所示。

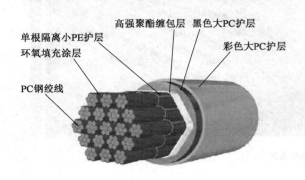

图6 成品索防护体系

该型预应力锚固系统的管道内不再压注油脂，锚体内稳定无光照的孔道结构也规避了索体高密度聚乙烯（HDPE）护套在紫外线下的应力-光氧老化问题，可以保证在桥梁设计寿命内的索体防护性能。同时，采用成品索锚固可支持钢绞线的整股更换，较之灌油体系更换效率倍增。

成品索在工厂进行生产并挤压锚固，现场穿束工作量小，便于施工，且受环境及作业人员的影响较小。该型锚固系统在我国广东南沙大桥及汕湛高速公路西江特大桥等大跨径悬索桥上进行了成功的应用。

4）无黏结碳纤维增强复合材料（CFRP）锚固系统

碳纤维增强复合材料是一种先进的非金属复合材料，由碳纤维增强的聚合物树脂制成。具有强度高、质量轻、不腐蚀、耐疲劳等优良性能。较之于传统钢材，CFRP 材料防火性能不足但防腐性能优异，非常适合于锚碇的潮湿或半潮湿的工作环境。该材料密度仅为钢缆的 20%～25%，能大幅降低锚固系统施工时的起重能力需求。

目前，CFRP 缆索在吊索、斜拉索等领域进行了应用，1996 年建成的瑞士 Stork 桥是世界上首座 CFRP 拉索公路斜拉桥，其 24 根斜拉索中有 2 根采用了 CFRP 拉索（图7）。我国于 2012 年建成的矮寨大桥限位吊索采用 CFRP 岩锚体系，将吊索锚固于地面[7]（图8）。近几年国内建成的江苏高邮三垛西桥、山东聊城徒骇河大桥、江苏江阴黄山路斜拉桥等缆索体系桥梁均对 CFRP 吊索、斜拉索进行了试验性的应用。

 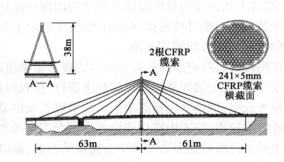

图7 瑞典 Stork 桥实景及结构示意

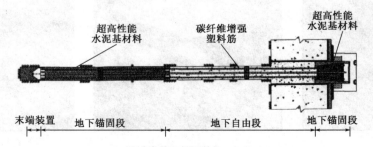

图8 矮寨大桥限位吊索岩锚体系[7]

矮寨大桥的限位吊索岩锚体系应用为在锚碇锚固系统中应用 CFRP 作出了有益的探索，但目前针对 CFRP 材料的锚固构造尚处在试验研究的阶段，国内外尚无在锚碇锚固系统中应用 CFRP 的实例。

3. 锚固系统选型

上述型钢与预应力锚固系统在全球的悬索桥建设中均得到了广泛的应用,二者均受力可靠。21世纪后,随着设计施工水平的提升,得益于灵活的布置形式和便于施工、造价较低的特点,预应力锚固系统发展迅猛,在目前世界上主跨超千米级的悬索桥中占比超过6成[1]。

浔江大桥地处广西,雨量充沛,环境潮湿,为了节约工程造价并保证耐久性,结合悬索桥锚碇建设的工程经验,考虑采用无黏结预应力锚固体系,为此进行了无黏结钢绞线和预应力成品索的经济性对比,多股成品索经济性更优,详见表1。

灌油式无黏结预应力及多股成品索锚固体系的经济性对比 表1

锚固系统方案	报价（万元）	更换油脂费用（万元/次）	更换次数	更换油脂总费用（万元）	全寿命周期价格（万元）	备注
灌油式无黏结预应力	1827	350	3	1050	2877	防腐油脂使用寿命是15~25年,按全寿命周期100年计算,需更换3次油脂
多股成品索	2356	—	—	—	2356	全寿命周期内无须更换预应力索,若全部更换预应力索,更换1次费用约900万元

四、藤州浔江大桥锚固系统设计

基于全寿命周期成本及耐久性方面考虑,藤州浔江大桥锚碇选用无黏结预应力钢绞线成品索锚固系统,下面对本桥锚碇锚固系统设计的相关要点进行介绍。

1. 锚固系统总体布置

大桥锚固系统设计为前锚式,各个锚固单元按照主缆索股散索角度进行放射状布置,由索股锚固连接构造与预应力锚固构造组成,通过锚靴及拉杆等部件组成的索股连接构造,主缆将缆力传递给拉杆,拉杆通过连接垫板将缆力传递给预应力钢束,再由预应力系统传递至锚块与整个锚碇基础。全桥两侧锚碇共计120套锚固单元,其构造示意见图9。

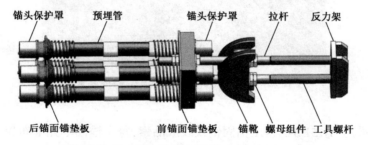

图9 藤州浔江大桥锚碇锚固单元结构示意

2. 锚靴设计

锚靴是空中纺线法(AS法)架设主缆的特有构造,国内外的锚靴实例大体上呈多半圆形式(图10),部分文献中也将其称为梨形铁。锚靴上设置有供主缆索股在锚碇前锚面处回转使用的槽路,并通过螺母固定在锚碇前锚面的拉杆上以传递缆力,其作用类似于预制平行钢丝索股法(PPWS法)架设主缆时的索股连接器。

主缆在锚靴处需要进行回转弯曲,为避免钢丝弯曲产生的应力影响主缆安全度,要求缆槽半径不得小于索股钢丝直径的70倍。本桥主缆突破性地采用了7mm直径钢丝,按照国内外锚靴设计经验采用多半圆构造会导致单个锚靴自重达到1.7t,对拉杆设计与现场安装都会产生不利影响。

a) 韩国光阳大桥

b) 中国阳宝山特大桥

c) 日本丰岛大桥

图10　国内外AS法架设主缆悬索桥锚靴实例

为此,结合锚靴受力分析,对锚靴构造进行了大胆创新,在保持槽路半径不变的情况下,对两侧槽路之间的锚靴低应力区域进行减重优化,并结合制造单位意见对细部构造进行调整,设计出一种异形锚靴,较之原始方案减重约37%,且在缆力作用下受力满足设计要求(图11、图12)。

a) 锚靴顶视角

b) 锚靴底视角

c) 缆力下锚靴应力云图

图11　藤州浔江大桥锚靴结构示意及结构分析

图12　藤州浔江大桥锚靴及锚固系统装配实景

3. 预应力设计

锚碇预应力体系采用GJ15EB-5挤压锚固钢绞线成品索,每个锚固单元下布置12根成品索,呈3×4矩阵式布置,预应力设计中主要考虑锚体的预应力安全度,按照如下原则进行控制:

(1)考虑预应力损失后,施加的预应力值不小于索股拉力的1.2倍。

(2)考虑更换一根成品索时,预应力安全度不小于1。

此外,在锚固系统设计时,对主缆索股缆力应进行适当提高,以考虑主缆中可能存在的索股拉力不均匀情况,此提高系数可偏于保守地计为10%。

4. 拉杆设计

拉杆用于将锚靴传来的主缆荷载传递至锚固系统,拉杆穿过锚靴后通过螺母调节锚靴位置并承载缆力,在拉杆设计时,除去考虑主缆缆力及锚靴自重外,还应将10%计入偏载系数,并考虑拉杆与索股拉力偏心造成的影响。此偏心数值可参考《公路工程质量检验评定标准　第一册　土建工程》(JTG F80/1—2017)

中关于悬索桥锚固系统实测项目的相关要求,取为5mm。设计中除考虑上述荷载外,同样建议按照10%考虑各个主缆之间的缆力不均匀情况。

拉杆常采用40CrNiMoA材料制成,根据《合金结构钢》(GB/T 3077—2015),该材料抗拉强度与屈服强度分别为980MPa与835MPa,在设计中可参考预应力材料,将拉杆材料分项系数保守记为1.47,计算其设计强度进行验算。

拉杆两端均设置螺纹实现与锚垫板和锚靴的螺栓连接,连接使用球面垫圈和球面螺母实现对拉杆方向的细微调节,如图9所示,永久拉杆长度应考虑预留锚靴调整的空间,索股调节时通过工具螺杆对永久拉杆进行接长来满足千斤顶和反力板的空间需求。

5. 防腐设计

锚固系统组件中,成品索索体实现了多层防护,耐久性优异。预应力成品索两端的锚头均设有保护罩并通过灌注防腐油脂的方式进行防腐,保护罩上开设有便于油脂注入和观察罩内状态的孔口,该孔通过六角螺栓进行密封。拉杆组件使用粉末渗锌处理,该工艺防腐性能优于热浸锌,其他构件均采用常规的防腐涂装方案。

五、结　　语

藤州浔江大桥突破性地在悬索桥施工中采用了7mm大直径钢丝进行空中纺线法制缆,大桥锚固系统设计充分考虑了施工便利及耐久性能,选用了钢绞线成品索锚固系统,针对大直径钢丝主缆锚固优化了锚靴构造,降低了施工难度。大桥及平岑高速公路的建设将助力广西高质量发展,推进区域融合,大桥目前正处在紧张的施工建设中,预计于2024年底建成。

参考文献

[1] 阳威.大跨悬索桥多股成品索式预应力锚固系统研究[D].西安:长安大学,2020.
[2] 王煜东.大跨悬索桥锚碇型钢锚固系统研究[D].长沙:湖南大学,2018.
[3] 贾立峰,王子相.分布传力式主缆锚固系统设计关键技术[J].公路,2018,63(7):235-238.
[4] 刘钊,李佳滕,林夏,等.悬索桥主缆锚固系统构造及设计原则[J].世界桥梁,2023,51(1):23-31.
[5] 苏强,吴东明,谢正元.多股成品索锚碇锚固系统关键技术研究[J].中外公路,2018,38(4):197-200.
[6] 吴明远,梅刚,陈占力.多股成品索式预应力锚固系统研究[C]//中国公路学会桥梁和结构工程分会.中国公路学会桥梁和结构工程分会2015年全国桥梁学术会议论文集.北京:人民交通出版社股份有限公司,2015.
[7] 方志,张旷怡,胡建华,等.矮寨特大悬索桥高性能岩锚体系的设计与施工[C]//中国土木工程学会桥梁及结构工程分会.第二十届全国桥梁学术会议论文集(上册).北京:人民交通出版社,2012.

23. 藤州浔江大桥缆索系统设计

刘冠华　宋松林　王　健　冯云成

(中交第一公路勘察设计研究院有限公司)

摘　要　藤州浔江大桥是世界首座独塔斜拉-悬索协作体系桥梁,主缆采用空间布置。本文介绍了该桥缆索系统设计,其中主缆采用7mm大直径钢丝AS法架设,吊索索夹采用销接式平行钢丝吊索,采用冷铸锚方案提高抗疲劳性能,同时对加强吊索和限位吊索等特殊部位采取了针对性的设计措施。主索鞍采用斜平面式,以适应空间主缆线形,采用整体式厚隔板提高主缆抗滑移性能。散索鞍采用滚轴式散索鞍。

关键词　协作体系　缆索系统　空间缆　AS法　悬索桥

一、工程概况

藤州浔江大桥跨越藤县境内浔江,为世界首座独塔斜拉-悬索协作体系桥梁,主桥跨径布置为638m+638m,主缆计算跨径为730m+730m,采用空间布置。

索塔采用三角塔布置,塔高238m,主塔基础采用20根直径3.5m的钻孔灌注嵌岩桩基础。主梁采用扁平钢箱梁,钢箱梁全宽32.4m(含检修道),梁高3.0m,箱梁外侧设置倒L形导流板,同时起到检修道功能。主梁在索塔处设置横向抗风支座和纵向限位支座,主梁与过渡墩之间设置竖向支座和横向抗风支座。每侧主跨布置20对斜拉索、23对吊索。两侧锚碇采用重力式扩大基础框架形式锚碇。桥型布置如图1所示。

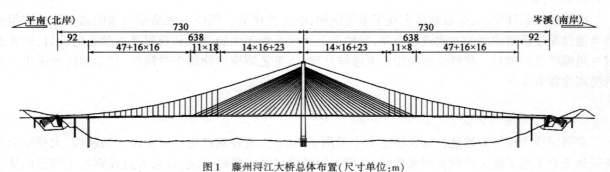

图1 藤州浔江大桥总体布置(尺寸单位:m)

二、主缆设计

1. 主缆总体布置

主缆总体布置包括三个方面,分别是拉吊区布置、主缆IP点设置以及矢跨比确定。主缆平面布置如图2所示。

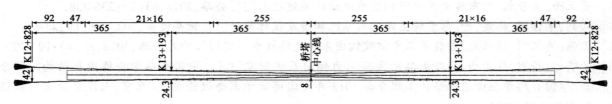

图2 主缆平面布置图(尺寸单位:m)

1)拉吊区布置

主缆总体布置首先需要确定斜拉和悬索区段分配比例,不同于常规双塔斜拉-悬索协作体系桥梁0.2~0.35的纯悬索区吊跨比,藤州浔江大桥综合考虑结构刚度和景观协调性,大桥纯悬索区长度设置为303m,纯斜拉区长度为247m,交叉区长度为72m,纯悬索区吊跨比为0.47。吊索和斜拉索标准间距均为16m,交叉区间距8m交错布置。

2)IP点设置

索塔处IP点高程为254.6m,由于索塔采用三角塔,塔顶横向空间有限,因此索塔处IP点横向间距不能太大,同时由于斜拉索和吊索梁端同侧锚固,主缆索塔处IP点横向间距越小拉吊索空间距离越小,因此综合考虑传力合理和拉吊索空间位置关系,主缆索塔处IP点横向间距取值为8m。

考虑到最短吊索长度,锚碇处IP点设置于桥面以上,高程为87.5m。锚碇处IP点横向间距考虑引桥主梁和锚碇前锚室布置空间,以及施工过程中的空间需求,取值为42m。

3)矢跨比确定

总体结构确定后,主缆矢跨比是影响藤州浔江大桥结构刚度最敏感因素,考虑到独塔斜拉-悬索协作体系桥梁刚度控制指标无规范可依,因此开展了"大跨径独塔空间缆斜拉-悬索协作桥合理刚度标准研究",对藤州浔江大桥合理刚度进行了系统研究,建议刚度控制限制为1/330,对应的主缆矢跨比约为1/18。

2. 索股

索股形成方法有预制平行钢丝索股法(PPWS法)和空中纺线法(AS法),后者是在现场编制索股,可以节省索股制作成本,另外还能较好顺应主缆线形,减少主缆鼓丝现象,同时结合施工单位的项目经验,设计采用AS法架设索股。

藤州浔江大桥每根主缆由30根索股组成,其中1~22号索股由224根钢丝组成,23~30号索股由240根钢丝组成,其中主缆用钢丝为直径7.00mm、公称抗拉强度为1770MPa的高强度镀锌铝钢丝。悬索桥主缆用钢丝直径通常采用5mm左右,目前国内大跨径悬索桥主缆用钢丝最大直径为6.2mm,应用于杨泗港长江大桥,其主缆采用PPWS法架设。阳宝山特大桥是我国内地已建成的唯一一座AS法悬索桥,主缆采用直径5.35mm抗拉强度1860MPa的钢丝。藤州浔江大桥主缆采用直径7mm的钢丝,可使纺丝数量减少约一半,大幅提高了施工功效。

主缆在索夹内截面设计空隙率取19%,索夹外取21%。主缆索夹内直径为644mm,索夹外直径为652mm。

主缆采用AS法,当牵引钢丝达到一股的设计数量时,利用圆形整形器整理成圆形索股,用强力纤维带间隔3m包扎定型。主缆索股布置示意如图3所示。

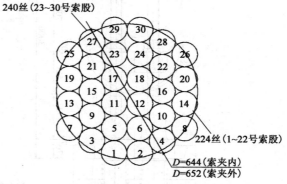

图3 主缆索股布置示意(尺寸单位:mm)

3. 主缆索股锚固

主缆索股两端设锚靴,钢丝缠绕于锚靴两侧的凹槽内,锚靴通过拉杆与锚碇的预应力锚固系统连接,从而实现主缆索股锚固。

1)锚靴构造

锚靴凹槽底部半径不应小于主缆钢丝直径的70倍[1],设计凹槽底半径为530mm,锚靴外边缘半径为570mm,凹槽深度40mm,锚靴厚度450mm。锚靴构造如图4所示。

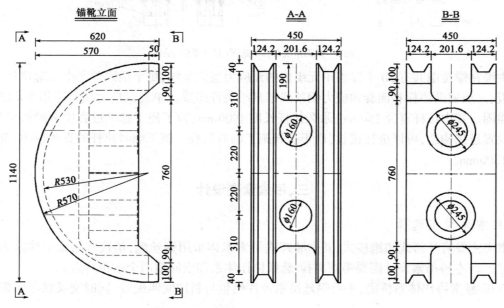

图4 锚靴构造图(尺寸单位:mm)

2）锚固系统

锚固系统由索股锚固连接构造和预应力锚固构造组成。索股锚固连接构造由拉杆及其组件、连接垫板组成；拉杆在前锚面位置与被预应力钢束锚固于前锚面的连接垫板相连接，另一端与锚靴相连接。组成索股的钢丝绕过锚靴，通过锚靴把缆力传给拉杆，拉杆通过连接垫板将缆力传给预应力钢束，然后预应力钢束将缆力传给锚体，锚体通过自身的压缩和剪切将缆力传至整个锚碇，最后通过锚碇基础将缆力传至地基，实现锚固功能。锚固系统总体构造如图5所示。

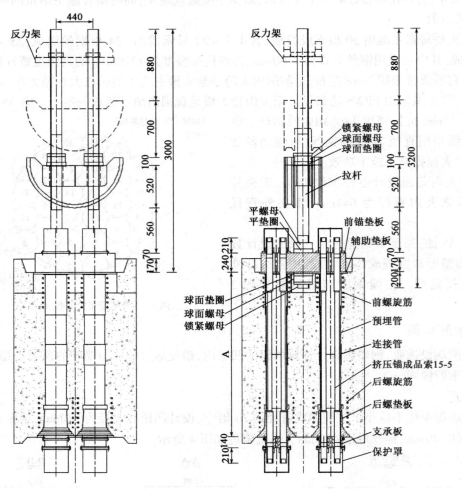

图5 锚固系统总体构造图（尺寸单位：mm）

每根主缆在锚碇端共有30个锚固单元组成的预应力锚固系统，每个锚固单元由二套拉杆组装件、一块连接垫板、一块辅助垫板和四套预应力钢绞线锚具组装件组成。单套预应力锚具采用3×15-5规格预应力钢束锚固。其中拉杆直径150mm，永久拉杆长度1900mm；为了便于施工过程中索股调整，永久拉杆外漏一侧设置连接构造，可以进行接长，用于接长施工临时拉杆。施工临时拉杆的直径也为150mm，临时拉杆长度1300mm。

三、吊索索夹设计

1.吊索索夹类型选择

吊索索夹主要有骑跨式和销接式，其中骑跨式吊索索体采用钢丝绳，销接式吊索索体国内一般均采用平行钢丝[2]。本桥吊索设计需要考虑斜拉-悬索协作体系和空间缆两个结构特点。

针对斜拉-悬索协作体系桥梁，平行钢丝吊索弹性模量与斜拉索匹配好，同时交叉区吊索需要张拉调整,因此平行钢丝吊索与斜拉索配合交叉区受力更明确,本桥部分吊索受力大但主缆直径相对较小,钢丝绳弯曲半径较难满足。针对空间缆悬索桥,骑跨式钢丝绳吊索和销接式平行钢丝吊索均有工程应用,统计部分国内外工程案例如表1所示。因此,藤州浔江大桥吊索采用销接式平行钢丝吊索。

国内外空间缆悬索桥吊索类型统计 表1

序号	桥名	跨径	吊索类型	说明
1	挪威哈罗格兰德桥	1145m	销接式平行钢丝	地锚
2	韩国南海二桥	890m	销接式平行钢丝	地锚
3	韩国 Dandeung 桥	400m	销接式平行钢丝	地锚
4	美国奥克兰海湾桥	180m + 385m	骑跨钢丝绳吊索	自锚
5	中国西安元朔大桥	100m + 300m + 100m	骑跨钢丝绳吊索	自锚
6	中国广州猎德大桥	47m + 167m + 219m + 47m	骑跨钢丝绳吊索	自锚

2. 吊索设计

藤州浔江大桥采用平行钢丝束吊索,钢丝直径7mm,钢丝强度1770MPa,型号有7-91、7-163和7-187三种。根据吊索位置和锚头形式不同可分为三种,分别是普通吊索(图6)、交叉区吊索(图7)和限位吊索,其中限位吊索设置于过渡墩处,下端锚固于锚固墩上。

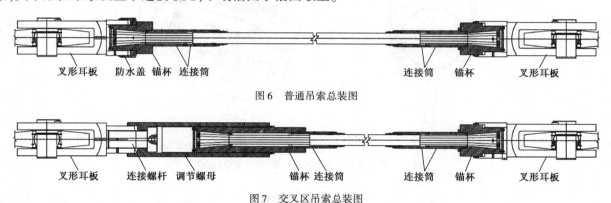

图6 普通吊索总装图

图7 交叉区吊索总装图

吊索锚头主要有冷铸锚和热铸锚两种,国内悬索桥吊索锚头通常采用热铸锚,锚固传力靠钢丝和锌铜合金的黏结力,耐久性较好。冷铸锚出现要晚于热铸锚,冷铸锚最初由联邦德国在修建莱茵河曼海姆桥时应用[3],疲劳性能好,锚固传力上有两道保证,一是分丝板墩头,二是环氧铁砂锚固料,因此可靠性要高,但由于高分子环氧材料的存在,耐久性稍差。考虑到藤州浔江大桥吊索规格较大,疲劳应力幅相比常规悬索桥吊索偏大,因此选择冷铸锚方案。

普通吊索上下端锚头均采用叉形冷铸锚;交叉区吊索上下端锚头均采用叉形冷铸锚,下端额外设置调节螺母和连接螺杆,可提供±25cm调节量,满足交叉区施工过程调整需要,以及成桥时不同体系施工偏差纠正需要;限位吊索上端采用叉形冷铸锚,下端采用可张拉的 PES7-187 冷铸锚。

为了适应桥梁横向位移,限位吊索下端锚头设置球面垫圈,其余所有锚头均设置向心关节轴承。

3. 索夹设计

所有索夹均采用上下对合型结构形式,用高强螺杆连接紧固,为保证在预紧高强螺杆作用下索夹能紧抱主缆,在两半索夹间留有适当的缝隙,接缝处嵌填氯丁橡胶防水条防水。索夹壁厚均为35mm。根据索夹受力需要,材料选用分为两类,分别是ZG35SiMnMo 和 ZG20Mn,前者主要用于短吊索索夹,后者用于长吊索索夹以及无吊索索夹。

限位吊索索夹两侧无索区长度大,靠近锚碇侧长度为92m,靠近主塔侧长度为47m,且每处限位吊索分为三肢,索夹长度达到2.9m,根据计算索夹左右入射角相差达2.5°。为避免出现"索夹啃钢丝"现象,确保传力顺畅,将限位吊索索夹设置为曲线索夹,顺应主缆线形,曲线半径由角度差和索夹长度计算得到。

主缆在有索夹和没有索夹的地方,其空隙率是不一样的。由于索夹内外空隙率的变化,主缆会在索夹出口处产生钢丝弯曲,从而产生次应力[4]。藤州浔江大桥主缆钢丝直径为7mm,相比直径5mm钢丝,此部分次应力会从275MPa增加到385MPa。为降低钢丝直径增加引起次应力增加的不利影响,在每个索夹端部长度115mm范围设置半径为2500mm圆弧过渡区段。

为避免检修道立柱影响索夹螺杆的张拉作业空间,设置立柱锚固在索夹端部。空间缆检修道索夹角度不一,索夹端部设置抱箍,检修道立柱支撑在索夹抱箍上,通过抱箍转角适应空间角,方便施工定位。检修道立柱索夹锚固构造如图8所示。

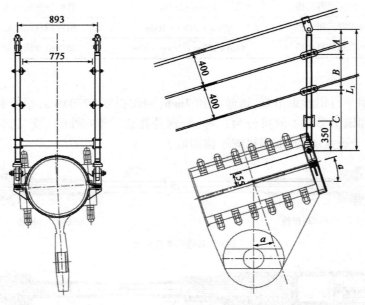

图8 检修道立柱索夹锚固构造(尺寸单位:mm)

四、索鞍设计

1. 主索鞍设计

实际工程空间缆主索鞍有斜平面式和空间曲线式两种,空间曲线索鞍线形复杂,加工难度较高,斜平面索鞍由平面缆索索鞍经过转换而来,加工简单。藤州浔江大桥为独塔对称空间缆结构,且索鞍倾角较小,采用斜平面索鞍精度满足,因此设计采用斜平面索鞍,索鞍横向转动3.4°匹配主缆空间线形。

主索鞍鞍体采用铸焊结构分体式结构形式;两半鞍体通过定位销定位,然后用高强螺栓使连接成一个整体,由于藤州浔江大桥为对称结构,因此取消滑动装置,鞍体底板直接放置于格栅上,鞍体两侧设置挡块抵抗主缆不均匀水平分力,如图9所示。

藤州浔江大桥为独塔斜拉-悬索协作体系桥梁,存在单跨布载不利工况,为提高主缆在主索鞍处抗滑移性能,参考同类型项目经验,设计采用竖向摩擦板[5]。由于主缆采用AS法施工,索股钢丝数量大,有224丝和240丝两种,索鞍槽路宽,为提高隔板刚度,隔板厚度取值为18mm。

主索鞍塔顶布置如图10所示。

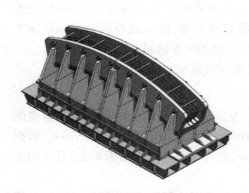

图9 主索鞍结构三维效果图

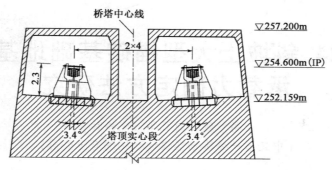

图10 主索鞍塔顶布置图(尺寸单位:m)

2.散索鞍设计

散索鞍处主缆水平投影为斜直线,因此藤州浔江大桥散索鞍根据主缆线形斜置即可。散索鞍根据纵向运动所需移动副的构造形式划分,主要有摆轴式散索鞍、滚轴式散索鞍和球钢支座散索鞍等,其中滚轴式散索鞍的优点是稳定性好、承载力强,由于鞍体和滚轴副分开运输吊装,因此吊装重量小。藤州浔江大桥南锚碇通达性差,大型汽车起重机难以到达。综合以上考虑,散索鞍采用滚轴式结构(图11)。

散索鞍的钢滚轴的位移同步机构采用齿轮齿条传动的结构形式。既防止钢滚轴在倾斜的耐磨钢衬板表面向下滑动,同时也约束滚轮自身的单独转动,保证索鞍在运营过程状态下前后滚动位移能力始终保持一致。散索鞍支墩顶布置如图12所示。

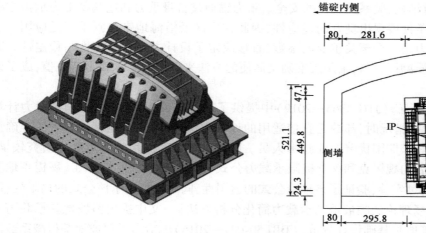

图11 散索鞍结构三维效果图

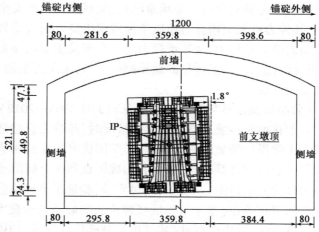

图12 散索鞍支墩顶布置图(尺寸单位:cm)

五、结　语

本文介绍了藤州浔江大桥的缆索系统设计,重点说明了主缆设计、吊索索夹设计和索鞍设计,针对独塔斜拉-悬索协作体系和空间缆索等结构特点,缆索系统设计充分考虑了结构特性,可为同类型桥梁设计的提供参考。

参考文献

[1] 中华人民共和国交通运输部.公路悬索桥设计规范:JTJ/T D65-05—2015[S].北京:人民交通出版社股份有限公司,2015.
[2] 孟凡超.悬索桥[M].北京:人民交通出版社,2011.
[3] 李权.新型斜拉索冷铸锚灌注料试验研究[J].公路交通技术,2011(2):86-89.
[4] 聂利芳.悬索桥主缆二次应力分析与研究[D].成都:西南交通大学,2010.
[5] 叶雨清.温州瓯江北口大桥中塔索鞍抗滑移构造研究[J].桥梁建设,2019(254):24-29.

24. 斜坡上大型锚碇基础地基承载力确定方法研究

高 坡　刘冠华　宋松林

(中交第一公路勘察设计研究院有限公司)

摘　要　受工程地质、地形条件的制约,在斜坡上设置大型锚碇基础的工程越来越多。根据地质勘察资料,准确估算地基承载力特征值,为工程设计提供可靠的设计依据至关重要。本文以藤州浔江大桥为背景,通过理论公式法、规范公式法和有限元模拟计算法分别计算和分析斜坡地基承载力特征值,结合地基原位荷载试验结果,比较了几种方法的承载力计算结果,进而验证了规范中简化公式法对大型斜坡上地基承载力计算的可行性,为斜坡上大型地基基础的设计提供参照。

关键词　悬索桥　重力锚　斜坡地基　岸坡稳定　大型基础　地基承载力特征值　魏锡克极限承载力公式

一、引　言

锚碇作为悬索桥的主要承重结构,关系到全桥的安全。重力锚通过自身重力和地基摩阻力承担主缆拉力,其传力机制明确且对地质条件展现出良好的适应性,因此在山区及沿海地带得到了广泛应用。在重力锚的设计过程中,地基承载力是一个至关重要的参数,直接决定了设计方案的安全性与稳定性。因此,设计阶段如何基于详尽的地质勘探资料,采用既准确又简便的方法来确定地基承载力特征值,成了设计工作的关键。

《公路桥涵地基与基础设计规范》(JTG 3363—2019)中提供了理想平面、半无限地基的承载力计算公式。但在面对斜坡地基这一复杂情况时,却缺乏直接适用的计算方法,导致斜坡地基承载力的准确评估成为工程设计领域的一大难题,长期困扰着专业技术人员。国外学者针对斜坡地基承载力研究较早,形成了一套理论计算公式,如著名的魏锡克和汉森极限承载力公式。国内学者杜欢欢等在《魏锡克地基承载力计算方法讨论》一文中,通过实验,验证了该理论公式的适用性,同时也指出了该公式的局限性;国内学者胡卫东等在《基于滑移线场理论的临坡地基承载力简化分析方法》一文中提出斜坡地基承载力的简化计算方法;重庆市标准《建筑地基基础设计规范》(DBJ 50-047—2016)也给出了斜坡地基折减系数法来计算地基承载力特征值,但这些研究均是基于规模较小的建筑基础,对锚碇等大型地基承载力是否适用,还有待验证。基于此,本文以藤州浔江大桥为背景,通过魏锡克理论公式和重庆市标准规范公式计算斜坡地基承载力,并与有限元分析结果和地基原位试验结果进行比较,旨在论证该理论公式和规范方法在大型斜坡锚碇基础承载力计算上的适用性,希望能为该类型锚碇的设计提供简便、科学、可靠的依据,进一步推动悬索桥工程技术的发展与应用。

二、工程概况

藤州浔江大桥位于梧州市藤县濛江镇莲垌村-天平镇杉木冲,是平(南)岑(溪)高速公路跨越浔江的控制性工程。大桥采用独塔斜拉-悬吊协作体系,主跨 $2 \times 638m$,平南岸和岑溪岸均采用重力锚;桥塔采用 A 形钢筋混凝土塔,引桥采用 40m 跨简支 T 梁桥,大桥全长 1604m,桥型布置如图 1 所示。

藤州浔江大桥两岸锚碇均位于丘陵斜坡上,平南自然岸坡坡度 74%,锚碇最小埋深 8m,锚碇前最小襟边约 30m,锚碇基础外边缘与坡脚(河床边缘)连线倾角为 17.3°;岑溪自然岸坡坡度 48.3%,锚碇最小埋深 5m,锚碇前最小襟边约 10m,岑溪岸测得锚碇基础外边缘与坡脚(河床边缘)连线倾角为 15.5°;按照

《公路桥涵地基与基础设计规范》(JTG 3363—2019)第5.2节计算锚碇基础成桥运营阶段承载力设计值如表1所示。

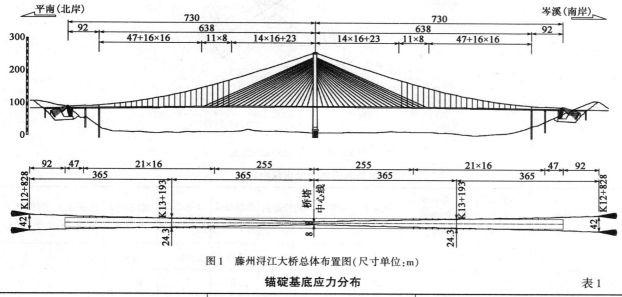

图1 藤州浔江大桥总体布置图(尺寸单位:m)

锚碇基底应力分布　　　　　　　　　　　　　　　　　　　　　表1

锚碇	位置	基底应力(kPa)
平南岸	前趾点	625.9
	后趾点	361.9
岑溪岸	前趾点	658.2
	后趾点	237.4

注:1.前趾点指锚碇基础靠主跨侧最前端角点,后趾点指锚碇基础距主跨侧最远端角点;
　　2.前趾点和后趾点基底应力按线性变化。

三、重力锚地形地质条件

藤州浔江大桥两岸锚碇桥址区上覆第四系冲、洪积层卵石;残、坡积层粉质黏土、含碎石粉质黏土,下伏寒武系上统水口群砂岩、泥质粉砂岩。锚碇基底主要落在碎块状强风化砂岩和碎石状强风化砂岩,局部位置落在碎屑状强风化砂岩,基底面距离中风化砂岩深度各位置差异大,深度为3～35m,地表土层动力触探锤击数大于20,均为密实状态。锚碇区地质纵断面布置如图2、图3所示,各主要岩层力学指标推荐值见表2。

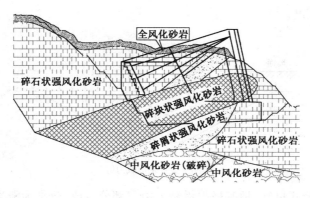

图2 平南岸锚碇地质纵断面布置图

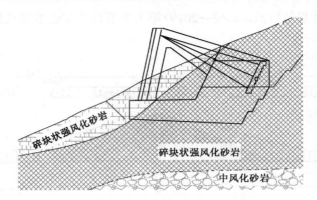

图 3　岑溪岸锚碇地质纵断面布置图

各主要岩土层力学指标推荐值　　　　　　　　　　　　　　　表 2

岩土名称及编号	承载力特征值 f_{a0} (kPa)	岩石单轴抗压强度标准值 f_{rk} (MPa)	重度 γ (kN/m³)	黏聚力 c (kPa)	内摩擦角 φ (°)	黏结强度 f_{rb} (kPa)	压缩模量 E_s (MPa)	基底摩擦系数 μ	宽度修正系数 K_1	深度修正系数 K_2
碎屑状强风化砂岩	320	—	22	50	25	130	20	0.40	2	3
碎石状强风化砂岩	400	—	23	60	25	140	22	0.40	3	3.5
碎块状强风化砂岩	500	2	23	70	27	160	25	0.45	3	4
中风化砂岩	1400	15~30	25	130	34	350	—	0.55	—	—

四、锚碇区地基承载力计算

1. 理论公式法计算地基承载力

地基极限承载力理论求解方法主要有两大类。一类按照极限平衡理论求解，通过土中取一微分体，建立平衡微分方程求解，该方法因求解困难，仅适用于边界简单的工况求解，如普朗德尔极限承载力。另一类则按照假定滑动面求解。根据滑动土体的静力平衡条件求解极限承载力，如太沙基极限承载力，如图 4 所示，其理论公式可简化为下式：

$$p_u = cN_c + qN_q + (1/2)\gamma b N_\gamma \tag{1}$$

式中：N_c、N_q、N_γ——承载力系数；
　　　c——地基土黏聚力；
　　　q——附加荷载；
　　　γ——地基土重度；
　　　b——基础宽度。

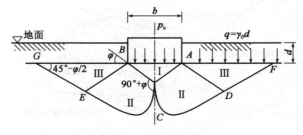

图 4　太沙基承载力解

由太沙基承载力理论公式可知，地基极限承载力由三部分组成，分别为滑裂土体自重产生的抗力、基础两侧均布荷载所产生的抗力和滑裂面上黏聚力所产生的抗力。

滑裂土体自重产生的抗力，取决于土的重度，随着基础宽度的增加，滑裂土体的长度和深度也相应增加，即地基极限承载力随其宽度的增加而线性增大。基础两侧均布荷载所产生的抗力主要来自基底以上土体的上覆压力，基础埋深越大，基础两侧的超载也越大，从而引起地基极限承载力的提高。滑裂面上黏聚力所产生的抗力主要取决于地基土的黏聚力，其次也受滑裂面长度的影响，土的黏聚力和滑裂面长度越大，则地基极限承载力越大。综上可知，当基础处于斜坡上，斜坡方向超载减小，同时滑裂面缩短，导致地基承载力降低。针对实际工程中的边界条件，魏锡克对太沙基承载力公式进行修正，得出魏锡克极限承载力公式：

$$p_u = cN_c S_c i_c d_c g_c b_c + qN_q S_q i_q d_q g_q b_q + (1/2)\gamma b N_\gamma S_\gamma i_\gamma d_\gamma g_\gamma b_\gamma \tag{2}$$

式中：N_c、N_q、N_γ——承载力系数；

S_c、S_q、S_γ——基础形状修正系数；

i_c、i_q、i_γ——荷载倾斜修正系数；

d_c、d_q、d_γ——基础埋深修正系数；

g_c、g_q、g_γ——地面倾斜修正系数；

b_c、b_q、b_γ——基底倾斜修正系数。

综合考虑锚碇基础形状、地面倾斜、荷载倾斜和基础埋深等修正系数，根据魏锡克极限承载力理论公式，求得平南岸锚碇地基极限承载力 P_u 为2137.4kPa，岑溪岸锚碇地基极限承载力 P_u 为2637.4kPa。考虑本桥地质勘察状况，取安全系数为3（表3）。则平南岸和岑溪岸地基承载力特征值分别为712.5kPa和879.1kPa。

魏锡克极限承载力公式安全系数　　表3

种类	典型建筑物	所属特性	土的勘察	
			完全的	有限的
B	公路桥	破坏的结果是严重的	2.5	3.5

2. 规范公式法计算地基承载力

根据《公路桥涵地基与基础设计规范》（JTG D63—2007）第4.3.4条，修正后的地基承载力特征值 f_a 按下式计算：

$$f_a = f_{a0} + k_1 \gamma_1 (b-2) + k_2 \gamma_2 (h-3)$$

式中：f_a——修正后的地基承载力特征值（kPa）；

b——基础底面的最小边宽（m）；

h——基底埋置深度（m）；

k_1、k_2——基底宽度、深度修正系数；

γ_1——基底持力层土的天然重度（kN/m³）；

γ_2——基底以上土层的加权平均重度（kN/m³）。[8]

根据《建筑地基基础设计规范》（GB 50007—2019）第5.2.5条，按照抗剪强度指标确定地基承载力特征值按下式计算：

$$f_a = M_b \gamma b + M_d \gamma_m d + M_c c_k \tag{3}$$

式中：f_a——由土的抗剪强度指标确定的地基承载力特征值（kPa）；

M_b、M_d、M_c——承载力系数；

b——基础底面宽度（m）；

c_k——基底下一倍短边宽度的深度范围内土的黏聚力标准值（kPa）。

以上规范公式均仅适用于半无限体地基承载力计算，不能直接用于斜坡地基承载力计算，因此参考重庆市标准《建筑地基基础设计规范》（DBJ 50-047—2016）中第4.2.10条规定："对位于无外倾结构面、岩体完整、较完整或较破碎且稳定的岩质边坡上的基础,边坡的地基承载力特征值可根据平地地基承载力特征值折减估算,折减系数可根据基础外边缘与坡脚连线倾角按表4确定。"

边坡地基承载力折减系数　　　　　　　　　　　　　　　　　　　　　　　　　表4

基础外边缘与坡脚连线倾角 θ	90°~75°	75°~50°	50°~15°
折减系数	0.33~0.50	0.50~0.67	0.67~0.85

根据基础外边缘与坡脚连线倾角计算,平南岸边坡承载力折减系数线性内插取0.838,岑溪岸边坡承载力折减系数线性内插取0.847。依据锚碇地质纵断面中岩、土层力学指标,结合《公路桥涵地基与基础设计规范》(JTG D63—2001)和《建筑地基基础设计规范》(GB 50007—2019),计算地基承载力特征值见表5。

基于深宽修正后的地基承载力特征值　　　　　　　　　　　　　　　　　　　表5

符号	f_{ak}	k_1	k_2	γ	γ_m	b	h	f_a	折减后承载力特征值
单位	kPa			kN/m³	kN/m³	m	m	kPa	kPa
平南岸	320	2	3	22	22.5	10	8	823	689.7
岑溪岸	500	3	4	23	22.5	10	0	1052	862.6

注:岑溪岸锚碇靠江侧埋深较小,回填后埋深5m,锚碇前趾距最近处仅10m,为确保结构安全,不考虑深度修正。

3. 基于Geo-5有限元软件计算地基承载力

对于土质边坡、破碎或者极破碎岩质边坡和有外倾结构面的岩质边坡上的基础,边坡地基承载力特征值应根据坡上建筑物基础反算的地面除以地基承载安全系数的方式估算,地基承载安全系数对土质边坡应取2,对岩质边坡应取3。坡上建筑物基础底面极限压力应采用边坡稳定性的反算确定,反算边坡稳定性系数取1。

采用岩土设计与分析软件Geo-5,建立分层地基模型,并根据地勘钻孔资料准确输入各土层参数,模拟锚碇中线地质纵断面。有限元模型中将锚碇基底竖向附加荷载转换为梯形荷载进行加载,同时考虑锚碇基础水平荷载的不利影响,将缆力转换为水平均布荷载施加在有限元模型地基处。通过线性逐步放大基底附加竖向荷载,不断试算两岸锚碇区地基(边坡)稳定性,当边坡达到极限平衡状态时,认定此时所施加荷载即为地基极限承载力,计算模型如图5、图6所示。

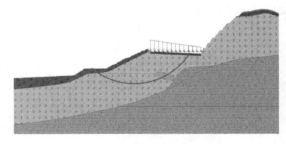
图5　平南岸锚碇地基承载力计算模型

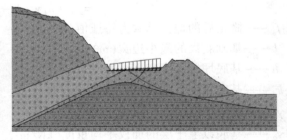
图6　岑溪岸锚碇地基承载力计算模型

根据有限元计算分析,当边坡稳定性系数为1.0时,平南岸和岑溪岸锚碇地基的极限承载力分别为2065kPa和2304kPa,按照岩质边坡考虑,地基承载力安全系数取3,对应的承载力特征值分别为688kPa和768kPa。

4. 原位地基承载力试验

根据锚碇基础受力特点和地基风化程度的差异,对锚碇基坑底部不同土层进行试验。在平南岸锚碇左前缘碎块状强风化砂岩、基坑中心碎屑状强风化砂岩夹层和右后缘碎块状强风化砂岩上分别设置共3个试验基槽,每个试验槽布置3个测点,如图7所示;在岑溪岸锚碇前部碎块状强分化砂岩上,设置1个试验基槽,布置4个测点,如图8所示。

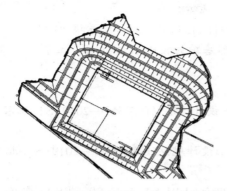 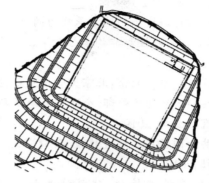

图7 平南岸锚碇地基承载力试验基槽布置示意　　图8 岑溪岸锚碇地基承载力试验基槽布置示意

根据规范要求，采用刚性荷载板试验，试验用承压板采用直径600mm、厚40mm的Q235钢板，试验根据《建筑地基基础设计规范》(GB 50007—2019)和《公路桥涵地基与基础设计规范》(JTG 3363—2019)采用单循环分级加载。

地基承载力实验表明，平南岸锚碇地基承载力大于2.12MPa，地基承载力特征值取实际加载荷载峰值的1/2，即1.06MPa。岑溪岸锚碇地基承载力大于1.77MPa，地基承载力特征值基于原位测试方法实测取得，取实际加载荷载峰值的1/2，即885kPa。

综上，根据魏锡克极限承载力理论公式，《建筑地基基础设计规范》(DBJ 50-047—2016)和Geo-5有限元软件计算结果与地基原位试验结果的地基承载力特征值如表6所示。

不同方法地基承载力特征值计算结果（单位：kPa） 表6

锚碇位置	魏锡克理论公式	地标建筑规范公式	Geo-5有限元软件计算	地基原位荷载试验
平南岸	712.5	689.7	688	1060
岑溪岸	879.1	862.6	768	885

由以上计算结果可知，根据《公路桥涵地基与基础设计规范》(JTG 3363—2019)，藤州浔江大桥锚碇基础承载力满足设计要求。通过对比各计算结果可知，魏锡克理论公式、《建筑地基基础设计规范》(DBJ 50-047—2016)和Geo-5有限元计算结果相近，且计算结果均小于地基原位荷载试验值。由于平南岸地质条件较复杂，三种计算方法对复杂地质条件地基适用性均不理想，平南岸计算结果与地基原位试验结果误差较大；但岑溪岸地质条件单一，计算结果和试验结果基本一致。

五、结　语

(1)本文运用魏锡克极限承载力公式法、《建筑地基基础设计规范》(DBJ 50-047—2016)公式法和Geo-5岩土有限元计算地基承载力特征值，计算结果表明藤州浔江大桥锚碇基础承载力满足规范设计要求。

(2)通过魏锡克极限承载力公式法和Geo-5有限元计算法验证，《建筑地基基础设计规范》(DBJ 50-047—2016)对半无限体地基基础承载力进行折减计算来计算斜坡上地基承载力的方法，同样适用斜坡上大型锚碇基础地基承载力计算。

(3)理论公式和规范公式法适用于地质条件较单一的基础工程，在一定条件下可以作为设计依据，但针对地质条件较复杂的环境，要精确地计算地基承载力，仍然需要进行有限元模拟和地基原位试验来确定。

参考文献

[1] 熊启东,高大钊.用汉森公式确定地基承载力的可靠度分析[J].岩土工程学报,1998(2):79-81.
[2] 杜欢欢,彭刚.魏锡克地基承载力计算方法讨论[J].工程建设,2013,45(2):45-48.
[3] 胡卫东,曹文贵.基于滑移线场理论的临坡地基承载力简化分析方法[J].湖南大学学报(自然科学

[4] 王晓谋,徐守国.斜坡上的地基承载力的有限元分析[J].西安公路学院学报,1993(3):13-17,57.
[5] 陈希有.具有各向异性和非均质性的 c-φ 土上条形基础的极限承载力[J].土木工程学报,1987,20(4):234-237.
[6] 杨雪强.土力学[M].北京:北京大学出版社,2015.
[7] 中华人民共和国交通运输部.公路桥涵地基与基础设计规范:JTG 3363—2019[S].北京:人民交通出版社股份有限公司,2019.
[8] 中华人民共和国住房和城乡建设部.建筑地基基础设计规范:GB 50007—2019[S].北京:中国建筑工业出版社,2019.
[9] 重庆市城乡建设委员会.建筑地基基础设计规范:DBJ 50-047—2016[S].重庆:[出版者不详],2016.

25. 独塔空间缆斜拉-悬索协作桥缆索布置参数研究[①]

张耀辉[1]　杨怀茂[2]　吴明远[3]　王茂强[2]　肖军[1]

(1.中交第二公路工程局有限公司;2.中交公路长大桥建设国家工程研究中心有限公司;
3.中交公路规划设计院有限公司)

摘　要　以主跨 2×638m 的藤州浮江大桥为研究背景,分析矢跨比、吊跨比、交叉索数量对受力性能影响,提出缆索布置参数的合理取值。结果表明:矢跨比的减小可以提高结构的竖向刚度,但会增加主缆用量;吊跨比的增大会减小结构竖向刚度,增大端部斜拉索活载应力幅,减小端吊索活载应力幅;增加交叉索数量可以提高结构竖向刚度,减小端部吊索及斜拉索的应力幅值;确定大桥主缆矢跨比采用 1/18、吊跨比为 0.6,设置不少于 5 根交叉索。

关键词　斜拉-悬索协作体系桥　缆索布置参数　矢跨比　吊跨比　交叉索

一、引　言

斜拉-悬索协作桥是在结合斜拉桥和悬索桥优势基础上发展起来的一种桥梁结构形式。从 1883 年提出该体系至今,国内外桥梁工作者对斜拉-悬索协作体系进行了大量研究。在很长的时期内,大跨径的斜拉-悬索协作体系桥只是出现在方案设计阶段[1-3],根本原因在于斜拉体系和悬索体系是两种受力形式完全不同的结构体系,两种体系组合在一起时,其结合部位结构性能的不连续性是斜拉-悬索协作结构的主要难点。但这种体系比纯悬索结构刚度大、经济性好,也正因为如此,它一直都是许多专家学者青睐的研究对象。2016 年,土耳其建成了主跨 1408m 的博斯普鲁斯三桥,拉开了斜拉-悬索协作桥建设的序幕。目前,我国有几座大跨径斜拉-悬索协作桥正处在建设阶段,如 G3 铜陵长江公铁大桥、甬舟铁路西堠门公铁两用大桥等[4-5]。

迄今为止,已有很多学者对斜拉-悬索协作体系进行了研究。肖汝诚等[6]对协作体系的力学及经济性能进行了分析,其研究结果表明边跨增设辅助墩可以提高协作体系的结构刚度,减小吊索的交变应力幅,避免吊索疲劳破坏。在跨海工程中协作体系的综合造价低于悬索桥,随着跨径的增大,协作体系的经济性能有望优于斜拉桥。张新军等[7]对斜拉-悬索协作体系抗风性能的影响进行了研究,其结果表明斜

[①] 基金项目:中国交通建设集团有限公司科技项目(YSZX-01-2022-03-B)。

拉-悬吊协作体系桥抗风性能优于同跨径悬索桥，采用较大的矢跨比、外倾斜索面及增设辅助墩可以提高结构的气动稳定性。叶毅[8]对自锚式斜拉-悬索协作体系桥进行了研究，表明结构静力性能的主要影响参数包括吊跨比、主缆矢跨比、主梁抗弯刚度和主缆的抗拉刚度等，适当提高端吊索附近吊索的安全系数可以避免端吊索断裂后引起结构的渐次破坏。唐亮等[9]对斜拉-悬索协作桥的过渡区合理布置形式进行了研究，表明结合部位面临短吊索稳定受拉及活载应力幅、主梁刚度过渡平顺3个难题，增设交叉索数量可以有效改善结合部受力性能。肖海珠等[10-11]以甬舟铁路西堠门公铁两用大桥为研究对象，研究辅助墩、吊跨比、矢跨比及交叉索数量等参数变化对结构竖向刚度、端吊杆活载轴力幅、桥塔弯矩等的影响，最后提出了合理的参数布置；提出一种过渡区斜拉索和吊索纵向交错的新型布置形式，结果表明新型布置形式可显著改善斜拉索和吊索的受力状态，解决了端吊索的疲劳问题，改善了主梁的匀顺性。

斜拉-悬索协作桥体系比斜拉桥具有更强的跨越能力，比悬索桥具有更大的总体刚度。但斜拉-悬索协作体系桥涉及主缆、吊索及斜拉索三种缆索结构，存在结构性能和外形上的间断性、过渡区刚度问题、端吊索的疲劳问题和施工过程中线形控制难度大等问题。合理设置吊跨比、矢跨比、交叉索数量等方式可以一定程度上解决斜拉-悬索协作体系桥的上述问题，从而充分发挥斜拉-悬索协作体系的优势。为明确独塔空间缆斜拉-悬索协作桥合理缆索布置参数，以藤州浔江大桥为研究对象，对缆索布置参数进行研究，明确不同参数对结构受力性能的影响，提出合理的设计参数。

二、工程概况

藤州浔江大桥为柳州—平南—岑溪高速公路中梧州市藤县境内跨越浔江的一座特大桥，采用双向四车道，设计速度为120km/h。大桥采用独塔空间缆斜拉-悬索协作体系，主梁跨径布置为638m+638m，主缆跨径布置为730m+730m，主桥全长1276m。桥塔采用混凝土结构，横向为A形，高度238m。主梁采用整体式钢箱梁，宽度31.6m，高度3m。主缆在塔顶横向间距8m。主梁在索塔处设置横向抗风支座和纵向限位挡块，过渡墩设置竖向和横向支座及限位吊索，桥型布置见图1。

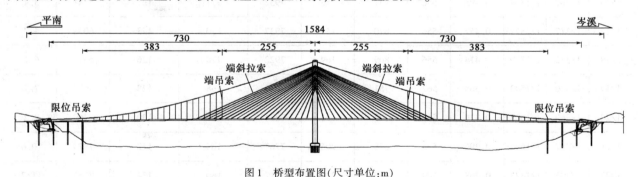

图1 桥型布置图（尺寸单位：m）

三、有限元模型

采用有限元分析软件midas Civil建立大桥三维杆系有限元模型，有限元模型见图2。主缆、吊索及斜拉索采用索单元模拟，桥塔与主梁采用梁单元模拟。汽车荷载按照六车道加载，考虑车道荷载纵向折减、横向车道布载系数及冲击系数。设计基本风速26.3m/s；钢结构整体升温33℃，降温-18℃；混凝土结构整体升温19℃，降温-11℃；考虑梁截面梯度温度影响。

图2 有限元分析模型

四、缆索布置参数分析

1. 矢跨比

悬索桥矢跨比为悬索桥矢高 f 与跨径 L 的比值,即 f/L,保证塔高不变通过改变主缆垂度来改变主缆矢跨比,图 3 给出了独塔协作桥的矢跨比计算示意图。选取 1/16、1/17、1/18、1/19、1/20、1/21、1/22、1/23、1/24 共 9 种工况进行计算分析。保证主缆安全系数相同的情况下改变矢跨比,所以主缆截面积也会随之发生变化;随着矢跨比的减小,主缆截面逐渐增大,主缆工程量也逐渐增大。计算结果见表 1。

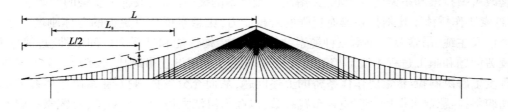

图 3 结构参数示意图

不同矢跨比结构受力特性 表 1

矢跨比	主梁			桥塔		缆索系统				主缆工程量(t)	短吊索长度(m)
	竖向挠跨比	横向挠跨比	纵向最大位移(m)	塔底轴力(MN)	塔底最大纵向弯矩(MN·m)	主缆最大缆力(MN)	限位吊索力(kN)	端斜拉索活载应力幅值(MPa)	端吊索活载应力幅值(MPa)		
1/16	1/307	1/1564	0.495	546	931	152	7952	171	121	5788	3.4
1/17	1/317	1/1571	0.457	550	870	159	7937	170	123	6038	4.7
1/18	1/332	1/1579	0.414	556	809	169	7922	170	126	6578	6.1
1/19	1/350	1/1592	0.368	562	751	181	7879	168	128	7029	7.7
1/20	1/369	1/1603	0.329	569	709	194	7824	166	130	7469	9.2
1/21	1/387	1/1614	0.296	575	678	206	7763	163	132	7874	10.6
1/22	1/405	1/1623	0.268	582	656	218	7712	160	134	8366	11.7
1/23	1/423	1/1631	0.245	589	638	231	7664	158	136	8873	12.7
1/24	1/442	1/1639	0.224	596	625	244	7620	155	137	9395	13.6

根据计算结果可知,矢跨比从 1/16 减小到 1/24 时,主梁竖向刚度增加 31%,塔顶纵向位移减小 55%,塔底纵向弯矩减小 33%,主缆缆力增大 61%,端吊索活载应力幅增大 13%,端斜拉索活载应力幅减小 9%,主缆工程用量增大 62%。对结果分析可知,主缆截面随矢跨比减小而增大,由于主缆截面的增大增强了结构竖向刚度,汽车荷载作用下,主缆竖向变形减小;主缆对桥塔的纵向约束作用逐渐变大,而主缆重量的增加增大了塔底轴力。

图 4 给出了活载作用时不同矢跨比的主梁竖向挠度包络图,可知主梁最大竖向挠度出现在悬吊段的 1/2 位置处附近,主梁斜拉段与悬索段的变形斜率差别较大,两个位置的刚度差别较大,刚度的平顺性会对行车的舒适性产生一定影响。随着矢跨比的增大刚度平顺性变差。

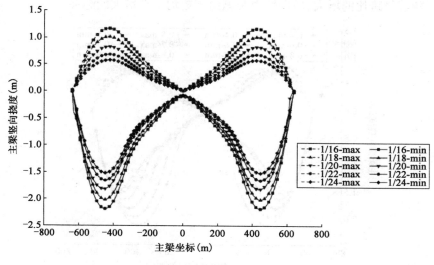

图4 活载主梁竖向挠度

从受力角度讲,矢跨比越小缆力越大,其余结构受力及刚度均朝有利方向发展;从经济性角度讲,矢跨比越小,主缆工程量越大,全桥的造价增加。因此,矢跨比的选择应综合考虑受力和经济性,在受力可行的条件下尽量增大矢跨比。需要特别提出的是,当矢跨比大于1/18时,主缆会出现凹形,短吊索长度过短等影响设计不利参数。综合考虑,最终确定矢跨比为1/18。

2. 吊跨比

吊跨比是协作桥悬吊段长度 L_s(包括交叉索区域)与主跨跨径 L 的比值,示意见图3。吊跨比反映的是协作桥结构中悬索段与斜拉段在结构中的比例。选取0.4、0.5、0.6、0.7、0.8、0.9六种吊跨比进行对比分析,不同的吊跨比方案中,交叉索数量均为5根。计算结果见表2。

不同吊跨比结构受力特性　　　　　　表2

吊跨比	主梁			桥塔			缆索系统		
	竖向挠跨比	横向挠跨比	纵向最大位移(m)	塔底轴力(MN)	塔底最大纵向弯矩(MN·m)	主缆最大缆力(MN)	限位吊索力(kN)	端斜拉索活载应力幅值(MPa)	端吊索活载应力幅值(MPa)
0.4	1/447	1/1372	0.317	569	633	155	7711	90	146
0.5	1/430	1/1576	0.290	576	646	187	7677	125	139
0.6	1/405	1/1729	0.269	581	656	218	7666	160	133
0.7	1/367	1/1839	0.272	586	687	241	7670	196	125
0.8	1/337	1/1937	0.283	589	738	262	7591	210	111
0.9	1/315	1/2015	0.297	592	816	278	7650	221	93

由计算结果可知,随着吊跨比的增加,结构吊索段活载应力幅值逐渐增大,斜拉段活载应力幅值逐渐减小,由于吊索段竖向刚度小于斜拉段,吊索段占比增大,结构竖向刚度减小,吊跨比由0.4增大到0.9时,主梁竖向位移增大42%。主梁竖向位移见图5,随着吊跨比的增大,最大挠度发生的位置逐渐向索塔位置移动,重叠区域悬索段主梁变形基本相同,主要差异在过渡区及斜拉段,最大位移出现在悬索段。

随着吊跨比的增大,桥塔纵向位移先减小后增大,吊跨比为0.4时桥塔纵向位移最大。不同吊跨比的主缆缆力相差较大;吊跨比越大,主缆承受主梁传递的荷载越大,缆力越大。当吊跨比由0.4增大到0.9时,缆力增大80%;吊跨比在0.4~0.9之间变化时,吊索活载应力幅最大值逐渐减小,最大应力幅值出现在靠近桥塔最近的吊索处,均小于150MPa;吊跨比在0.4~0.9之间变化时,最边侧斜拉索活载索力幅值逐渐增大。由此可知,太大的吊跨比对斜拉索疲劳性能不利,吊跨比超过0.7时,斜拉索活载应力幅值超过200MPa。随着吊跨比的增大，塔底轴力及纵向弯矩均呈现增大的趋势。

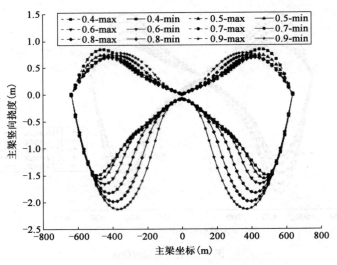

图5 不同吊跨比主梁竖向挠度

吊跨比越小，斜拉段占比越大，当斜拉段长度在斜拉桥的经济跨径范围内变动时，斜拉段占比大结构刚度大，受力更有利；相反，吊跨比越大，悬索段占比越大，刚度逐渐减小。从受力角度讲，当吊跨比超过0.7时，斜拉索的应力幅过大，因此建议吊跨比不大于0.7。结合经济性和各部分占比对施工进度的影响，选取吊跨比为0.6。

3. 交叉索数量

交叉区域是协作桥吊索段与斜拉段的过渡区域，存在着拉吊索疲劳及刚度过渡不平顺的问题，合理的交叉索数量可以改善上述问题。选取交叉索数量为0、3、5、7、9根进行研究，其中结构斜拉段长度保持不变，通过改变吊索的数量来改变交叉索数量。计算结果见表3。

不同交叉索数量竖向结构受力特性　　　表3

交叉索数量	主梁			桥塔			缆索系统		
	竖向挠跨比	横向挠跨比	纵向最大位移(m)	塔底轴力(MN)	塔底最大纵向弯矩(MN·m)	主缆最大缆力(MN)	限位吊索力(kN)	端斜拉索活载应力幅值(MPa)	端吊索活载应力幅值(MPa)
0	1/369	1/1679	0.306	579	747	198	7826	181	184
3	1/391	1/1679	0.286	581	687	208	7735	170	165
5	1/405	1/1688	0.269	584	656	218	7666	160	133
7	1/416	1/1692	0.256	587	636	226	7570	154	107
9	1/423	1/1697	0.248	589	626	232	7556	151	89

由计算结果可知，随着交叉索数量的增加，总体竖向刚度逐渐增大，由0根交叉索增大到9根交叉索时，主梁竖向位移减小13%；交叉索数量小于5根时，结构竖向刚度不满足《公路斜拉桥设计规范》(JTG/T 3365-01—2020)规定的$L/400$的竖向刚度要求[12]，但是所有工况竖向刚度满足《公路悬索桥设计规范》(JTG/T D65-05—2015)规定的$L/250$的竖向刚度要求[13]。随着交叉索数量的增大，过渡区主梁变形平缓，刚度平顺性变好。随着交叉索数量的增多，桥塔纵向位移逐渐减小。

随交叉索数量增多，缆力变大，这是由于随交叉索数量增多，主缆承受主梁的重量越大，因此主缆缆力变大，当交叉索数量由0根增大到9根时，缆力增大17%。吊索活载应力幅最大均出现在靠近桥塔位置处的吊索,随交叉索数量的增多,吊索最大活载应力幅逐渐减小,吊索活载最大应力幅值均小于200MPa;斜拉索活载应力幅值所差别,但差别较小,且均小于200MPa。随着交叉索数量增加,桥塔轴力变化较小,桥塔最大纵向弯矩及塔底弯矩逐渐减小。

综上所知,交叉索数量越多,结构竖向刚度越大,拉吊索受力越平顺,拉吊索活载应力幅越小。可见,从受力角度讲交叉索数量越多越好,但其带来的弊端为交叉施工工序更复杂,需小幅增加造价,推荐交叉索数量不少于5根。

五、结　语

本文以藤州浔江大桥为研究背景,分析了不同缆索布置参数对独塔空间缆斜拉-悬索协作桥梁结构受力性能及经济性能的影响,得到以下主要结论:

(1)主缆矢跨比对结构受力影响较大,矢跨比越小,主梁竖向刚度越大,端斜拉索活载应力幅值越大,而端吊索活载应力幅值越小,综合考虑受力和经济性,确定矢跨比为1/18。

(2)吊跨比越大,主梁竖向刚度越小,主缆缆力越大,端斜拉索活载应力幅值越大,端吊索活载应力幅值越小,结合经济性和各部分占比对施工进度的影响,选取吊跨比为0.6。

(3)交叉索数量越多,主梁竖向刚度越大,端斜拉索及吊索活载应力幅值越小,但其带来的弊端为交叉施工工序更复杂,会小幅增加造价,最终确定交叉索数量为5根。

参考文献

[1] GIMSING N J. Design of a long-span cable-supported bridge across the Great Belt in Denmark[C]//Innovative Large Span Structure, IASSCSCE International Congress, Toronto, 1992.

[2] 杜高明.大跨度自锚式斜拉-悬索协作体系桥结构性能分析[D].大连:大连理工大学,2006.

[3] 杨进.悬吊斜拉组合桥结构应用于武汉市杨泗长江大桥的技术经济优势分析[J].桥梁建设,2010(5):1-2,11.

[4] 肖海珠.G3铜陵长江公铁大桥主桥设计[J].桥梁建设,2023,53(S2):1-9.

[5] 肖海珠,高宗余,刘俊锋.西堠门公铁两用大桥主桥结构设计[J].桥梁建设,2020,50(S2):1-8.

[6] 肖汝诚,项海帆.斜拉-悬吊协作体系桥力学特性及其经济性能研究[J].中国公路学报,1999(3):43-48,116.

[7] 张新军,孙炳楠,陈艾荣,等.斜拉-悬吊协作体系桥的颤振稳定性研究[J].土木工程学报,2004(7):106-110.

[8] 叶毅.自锚式斜拉-悬索协作体系桥参数敏感性与若干问题研究[D].大连:大连理工大学,2010.

[9] 唐亮,张皓,刘玉擎.斜拉-悬索协作桥结合部合理设计研究[J].公路交通科技,2016,33(1):70-75,81.

[10] 肖海珠,高宗余,何东升,等.公铁两用斜拉-悬索协作体系桥结构参数研究[J].桥梁建设,2020,50(4):17-22.

[11] 肖海珠,何东升.斜拉-悬索协作体系桥过渡区斜拉索和吊索布置形式研究[J].桥梁建设,2023,53(S2):58-64.

[12] 中华人民共和国交通运输部.公路斜拉桥设计规范:JTG/T 3365-01—2020[S].北京:人民交通出版社股份有限公司,2020.

[13] 中华人民共和国交通运输部.公路悬索桥设计规范:JTG/T D65-05—2015[S].北京:人民交通出版社股份有限公司,2015.

26. 独塔空间缆斜拉-悬索协作体系桥静动力性能研究[①]

王茂强[1]　张耀辉[2]　吴明远[3]　齐东春[4]　杨怀茂[1]

(1. 中交公路长大桥建设国家工程研究中心有限公司；2. 中交第二公路工程局有限公司；
3. 中交公路规划设计院有限公司；4. 河海大学)

摘　要　斜拉-悬索协作体系桥梁兼具斜拉桥和悬索桥的优点，在超大跨径桥型中极具竞争力。独塔空间缆斜拉-悬索协作体系桥结构形式新颖、非线性效应显著，但对其静动力性能的认识尚不清楚。本文基于无应力状态法建立了独塔空间缆协作体系合理成桥状态的确定方法。在此基础上，研究了该结构在车道荷载、风荷载及温度作用下的静力响应，分析了交叉区斜拉索及吊索的疲劳应力幅。建立动力特性计算有限元模型，获得了结构的主要自振频率及振型。结果表明：按先拆分再组合的方式可快速确定其合理成桥状态，恒载状态下结构受力合理，变形较小；明确了主要可变荷载下各构件的最不利受力状态及控制截面；交叉区拉索疲劳应力幅较大，可通过调整交叉区斜拉索与吊索的竖向索力分配比例加以改善；独塔空间缆协作体系抗扭能力较强，形成了塔、梁、缆共同参振，提高了结构的抗风稳定性。

关键词　斜拉-悬索协作桥　空间缆　合理成桥状态　静力特性　动力特性

一、引　　言

斜拉-悬索协作体系桥梁是在悬索桥上增加斜拉索，或者在斜拉桥上增加主缆和吊索而成的。在提高跨径的同时增大了结构刚度，在深水、软土环境下及跨海工程中应用具有一定优势。国内外已建成的斜拉-悬索协作体系桥不多，我国于1997年在贵州修建了第一座主跨288m的乌江大桥[1]，现代意义的大跨径斜拉-悬索协作体系桥的代表为主跨1408m的博斯普鲁斯三桥[2]。目前国内在建的协作体系桥梁有4座：西堠门公铁两用大桥、G3铜陵长江公铁桥、荆州李埠长江公铁大桥及广西藤州浔江大桥[3-4]。

目前对于常规缆索承重桥的力学特性研究已比较成熟，但对斜拉-悬索协作体系这一新桥型的研究并不多见。现有研究主要集中在双塔平面缆协作体系桥的静动力特性及主要设计参数（如主缆矢跨比、吊跨比、拉索交叉数量、主梁抗弯刚度）对各项指标的影响[5-8]，但关于独塔空间缆斜拉-悬索协作体系桥的受力性能研究鲜有报道。

平南高速公路藤州浔江大桥建成后将为我国最大跨径的独塔空间缆斜拉-悬索协作体系桥梁。该桥结构形式新颖，主梁荷载由斜拉索和主缆共同承担，非线性效应明显，且主缆采用空间缆形式，结构受力行为更为复杂；斜拉、悬索两种体系相互影响，结构构件的力学性能、传力路径及控制性工况不明确；吊拉交叉区受力复杂，拉索活载应力幅问题突出，两体系过渡刚度变化不平顺。因此需对这一新型结构体系的静动力性能展开研究，明确该体系的受力性能。

二、工程概况

平南高速公路藤州浔江大桥是柳州—平南—岑溪高速公路上跨越浔江的一座特大型桥梁。主跨2×638m独塔空间缆斜拉-悬吊协作体系桥，空间缆跨布置为2×730m。索塔每侧设置20对斜拉索、21对普通吊索，过渡墩位置设置限位吊索。其中斜拉索呈竖琴形布置，吊索、斜拉索梁上纵向锚固间距为16m，交叉段间距8m交错布置，单跨斜拉索段主梁长度327m，吊索段主梁长度351m。总体布置如图1所示。

[①] 基金项目：国家自然科学项目基金(51778343)；中国交通建设集团有限公司科技项目(YSXZ-01-2022-03-B)。

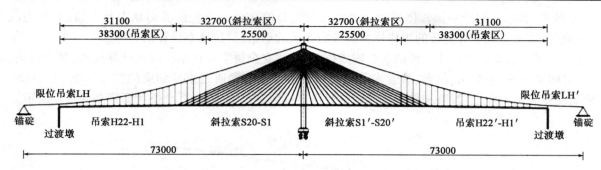

图 1 藤州浔江大桥总体布置(尺寸单位:cm)

三、协作体系合理成桥状态的确定

斜拉-悬索协作体系合理成桥状态的确定总体分三步:协作体系的拆分、各子系统的求解、子系统的组合与调整。拆分时重点关注如何将拆分后的子结构与拆分前的整体结构保持一致;组合时保持各构件无应力状态量的不变是实现目标状态的核心。

将协作体系桥拆分为斜拉子系统和悬索子系统,其中悬索子系统由主缆和吊索组成,而斜拉子系统则是在协作体系上去掉主缆和吊索后形成的结构。交叉区斜拉索与吊索共同悬吊主梁,两者索力的竖向分力的比例是可人为调整的,合理的分配比例有利于减小端吊索疲劳应力幅、避免吊索和斜拉索松弛、保证吊拉交叉区刚度的平顺过渡[6]。应综合考虑各项指标以确定其最优分配比例。对于悬索子系统,假定吊索下端的竖向分力 F_{Dn} 是已知的,塔顶及锚碇处主缆采用固定约束,计算模型如图 2 所示。斜拉子系统中在吊索下吊点处施加竖向力 F_{Dn} 以代替吊索对主梁的悬吊作用,同时在塔顶处施加竖向力 F_N 代替鞍座传递的竖向力,计算模型如图 3 所示。

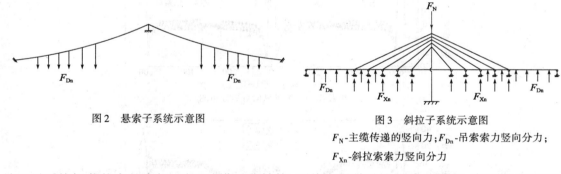

图 2 悬索子系统示意图　　图 3 斜拉子系统示意图

F_N-主缆传递的竖向力;F_{Dn}-吊索索力竖向分力;
F_{Xn}-斜拉索索力竖向分力

关于子系统恒载状态的求解,对于独塔对称结构,可将主梁单独取出建立模型,索梁锚点可用刚性支承代替,此时主梁被视为多跨刚性支承连续梁来分析。当交叉区斜拉索与吊索竖向索力的分配比例已知时,可采用刚性支承连续梁法快速得到斜拉索及吊索索力的竖向分力。对于悬索子系统可按文献[9]的方法计算确定悬索子系统的平衡状态,从而获得空间主缆线形及坐标、主缆各索段无应力长度、吊索无应力长度;对于斜拉子系统,在保持主梁竖向坐标不变的情况下,按给定的斜拉索下锚点索力竖向分力通过多次迭代确定斜拉索的无应力长度[10-11]。采用升温法消除塔、梁单元因轴向压力产生的轴向压缩变形,以使桥塔高程及主梁纵向坐标满足设计要求。

前面已求出悬索子系统和斜拉子系统的平衡状态,此时可基于无应力状态法[12]将 2 个子系统组合起来形成协作体系。在组合时,索类构件(包括主缆、斜拉索及吊索)均按悬链线索单元模拟,按无应力长度控制。但只控制索类构件的无应力长度并不能保证达到预期的状态,还应满足塔、梁单元的无应力长度和无应力曲率保持不变的条件。建模时塔、梁单元的节点坐标均采用设计成桥坐标,而设计成桥线形是主塔和主梁产生轴向压缩变形后的平衡位置,此时塔、梁单元均承受一定轴向压力,可采用升温法抵消主梁和主塔的轴向弹性压缩变形,其本质是对模型中塔、梁单元无应力长度的修正。按上述方法将

2个子系统进行组合，组合后协作体系的受力状态与组合前2个子系统的受力状态是一致的，受力状态未发生偏离，从而实现了将复杂的协作体系拆分为熟悉的悬索、斜拉体系计算的目标。

基于上述方法确定协作体系桥梁的合理成桥状态，建立全桥空间杆系有限元计算模型，其中桥塔、主梁采用空间梁单元；主缆、斜拉索、吊索均采用空间索单元。主梁通过主从约束同拉索形成"鱼骨梁"模型，梁端设置竖向支座，过渡墩和塔梁连接处设置横向抗风支座边界条件，全桥计算模型如图4所示。

图4 全桥有限元计算模型

四、协作体系静力特性研究

1. 恒载状态下受力分析

在恒载状态下，主梁的弯矩分布如图5所示，全桥主梁弯矩值较小，在靠近辅助墩及桥塔处主梁弯矩稍大，是由于该区域拉索间距大，主梁自重引起较大的局部弯矩。主梁上下缘应力分布如图6所示，可见主梁上下缘正应力分布较均匀，悬吊区应力较小，斜拉区应力较大，靠近辅助墩及桥塔处主梁应力变大，但恒载状态下主梁截面正应力均不超过69MPa。主梁的竖向位移变化如图7所示，主梁竖向位移基本控制在4mm以内，仅在靠近辅助墩及桥塔处主梁竖向位移偏大，达48mm，是由于主梁自重引起的局部下挠。

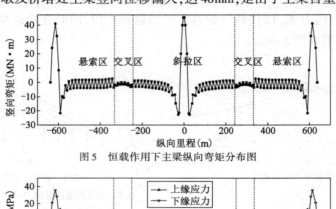

图5 恒载作用下主梁纵向弯矩分布图

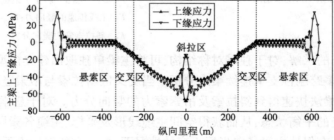

图6 恒载作用下主梁上下缘应力分布图

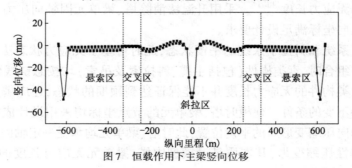

图7 恒载作用下主梁竖向位移

在恒载状态下,全桥吊索的索力分布如图8所示,吊索索力分布比较均匀,吊索索力分布与各梁段的质量相吻合。端吊索因承担的梁长较大,索力最大,为4019.87kN;吊索的恒载应力最大约426MPa,而交叉区吊索应力相对较小,端吊索恒载应力在140MPa以内。全桥斜拉索的索力分布如图9所示,斜拉索索力满足随索长增加而增大的规律,但在交叉区,因一部分梁重由吊索承担,斜拉索索力变小。该桥为全飘浮体系,靠近桥塔的斜拉索承担的梁长较大,索力最大,为4272.23kN;斜拉索的恒载应力最大约562MPa,交叉区斜拉索应力相对较小,在200MPa以内。

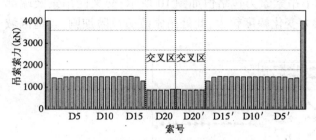 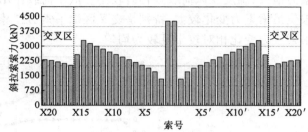

图8　恒载作用下全桥吊索索力分布图　　　　图9　恒载作用下全桥斜拉索索力分布图

在恒载状态下,塔柱各截面均受压,最大压应力约9.55MPa,无拉应力。塔柱无纵向弯矩及偏位。塔柱受一定横向弯矩,横向位移最大约4cm。

总体上看,恒载状态下各构件的受力合理、变形较小。

2. 可变作用下受力分析

可变作用主要考虑汽车荷载、温度作用(包括均匀温度、温度梯度、索梁温差)、静风荷载(包括百年一遇横风和百年一遇纵风)。

各项可变作用下的桥塔应力最值见表1,应力以拉为正,压为负。对桥塔受力影响由大到小依次为:百年横风、汽车荷载、百年纵风、温度。桥塔塔柱不利截面位于塔柱底部及塔梁交接处。

桥塔应力计算表(单位:MPa)　　　　　　　　　　　　　　　　　　　　表1

荷载工况	最值	出现位置
百年横风	Max:4.95	塔底
	Min:-4.95	塔底
汽车荷载	Max:4.24	塔梁交接处
	Min:-4.52	塔梁交接处
百年纵风	Max:1.76	塔底
	Min:-1.76	塔底
温度	Max:1.09	塔底
	Min:0.89	塔底

各项可变作用下的主梁应力最值见表2,对主梁应力影响由大到小的可变作用依次为汽车荷载、百年横风、温度作用。主梁的不利截面位于悬索区边索附近、塔梁交接处及梁端。汽车荷载与温度作用引起的主梁纵向弯矩差异不大,而风荷载效应很小,约为汽车荷载的1/10;百年横风引起的主梁横向弯矩较大,约是汽车荷载引起的纵向弯矩的7倍,但由于主梁截面横向抗弯刚度较大,引起的横向应力并不大。

主梁应力计算表格(单位:MPa)　　　　　　　　　　　　　　　　　　　表2

荷载工况	最值	出现位置
汽车荷载	包络上限:61.60	悬索区边索附近
	包络下限:-37.78	斜拉区
温度	包络上限:31.43	端部主梁
	包络下限:-41.16	端部主梁

续上表

荷载工况	最值	出现位置
百年横风	包络上限：49.02	桥塔下方
	包络下限：-49.02	桥塔下方

对吊索受力影响由大到小依次为：汽车荷载、百年横风、温度作用、百年纵风。汽车荷载引起的吊索索力最大，温度及风荷载则相对较小。汽车荷载作用下吊索索力包络值如图10所示，交叉区吊索及端部限位吊索索力变化较大，特别是交叉区端吊索D22索力变化幅度较大，此处吊索疲劳风险加剧，其他区域吊索索力变化相对较小且较为均匀。

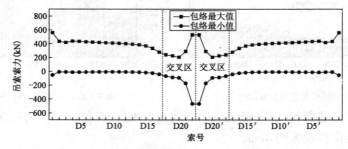

图10　汽车荷载作用下的吊索索力包络图

对斜拉索受力影响由大到小依次为：汽车荷载、温度作用、百年纵风、百年横风。汽车荷载引起的斜拉索索力最大，温度及风荷载引起的斜拉索索力的变化远小于汽车荷载的效应。汽车荷载作用下斜拉索的索力包络图见图11，靠近桥塔的第一根斜拉索X1由汽车荷载引起的索力变化达1118.15kN。最不利斜拉索为靠近桥塔的斜拉索X1和交叉区端斜拉索X20。

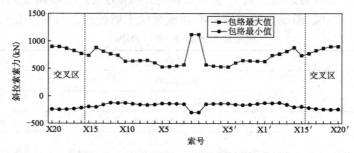

图11　汽车荷载作用下的斜拉索索力包络图

对于结构的变形，汽车荷载作用下主梁竖向位移包络图见图12，主梁最大竖向位移出现在1/4跨附近，上挠最大值1.04m，下挠最大值1.96m，挠跨比为1/325；在百年横风作用下主梁横向位移包络图见图13，主梁横向最大位移为0.41m，挠跨比为1/1556，满足规范要求。温度作用下梁端纵向位移为0.33m；汽车荷载作用下梁端最大转角为1.08°，汽车荷载下塔顶最大纵向偏位为0.37m；百年横风下塔顶横向偏位为0.13m。

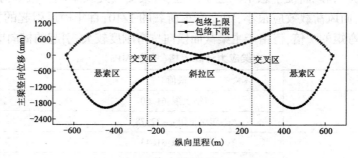

图12　汽车荷载作用下主梁竖向位移包络图

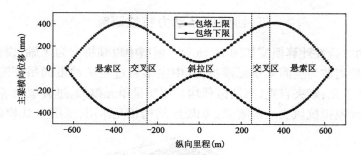

图13 百年横风作用下主梁横向位移包络图

3. 拉索的疲劳验算

交叉区斜拉索与吊索共同悬吊主梁,斜拉索与吊索合理分配梁重比例有利于减小端吊索疲劳应力幅,避免吊索和斜拉索松弛,保证吊拉交叉区刚度的平顺过渡。交叉区斜拉索与吊索的索力竖向分力比值按1:2、1:1及2:1三种情况做对比分析,最终确定该比值取1:1,可一定程度改善交叉区拉索的疲劳应力幅。按《公路钢结构桥梁设计规范》(JTG D64—2015)[13]推荐的疲劳荷载计算模型Ⅰ、Ⅱ,进行斜拉索及吊索的疲劳验算。斜拉索疲劳应力幅见图14,疲劳应力幅最大的斜拉索为靠近桥塔的第一根斜拉索,交叉区斜拉索的疲劳应力幅均不大,但靠近交叉区第一根斜拉索疲劳应力幅有一定程度增大。靠近桥塔的第一根斜拉索 X1 按模型Ⅰ计算时,疲劳应力幅为 72.65MPa,小于控制应力幅 101.69MPa;按模型Ⅱ计算时,疲劳应力幅为 87.54MPa,小于控制应力幅 94.59MPa。斜拉索疲劳验算满足规范要求。

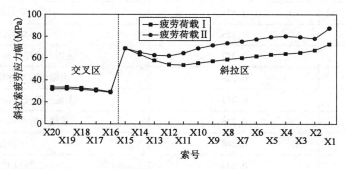

图14 疲劳荷载作用下的斜拉索疲劳应力幅

在疲劳荷载作用下各吊索疲劳应力幅见图15,交叉区端吊索 D22 疲劳应力幅较其他吊索大幅增加,存在突变。按疲劳模型Ⅰ计算时,吊索最大疲劳应力幅出现在端吊索 D22 处,为 57.80MPa;限位吊索疲劳应力幅为 59.25MPa;按疲劳模型Ⅱ计算时,吊索最大疲劳应力幅出现在普通吊索 D4 处,为 70.87MPa;限位吊索疲劳应力幅为 47.62MPa。普通吊索及限位吊索疲劳验算均满足规范要求。

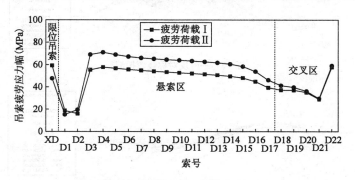

图15 疲劳荷载作用下的吊索疲劳应力幅

五、协作体系动力特性研究

藤州浔江大桥的动力特性计算模型如图 16 所示。模型中以顺桥向为 X 轴，横桥向为 Y 轴，竖向为 Z 轴。主梁、主塔及桥墩均离散为空间梁单元模拟，其中主梁通过主从约束同吊杆形成"鱼骨梁"模型；主缆和吊杆采用空间桁架单元；索夹自重、二期恒载均采用质量单元模拟；过渡墩和塔梁连接处均设置横向抗风支座，采用弹簧单元模拟抗风支座的刚度；考虑土-结构相互作用，采用 m 法模拟桩基土弹簧。

图 16　动力特性计算有限元模型

结构自振特性是衡量结构整体刚度、评价结构动力特性的一个重要指标。采用子空间迭代法求解特征值，表 3 给出了前 12 阶动力特性计算结果，其主要一阶振型图如图 17～图 19 所示。

结构动力特性计算表　　　　　　　　　　　　　　表 3

阶次	自振频率（Hz）	振型特点
1	0.118	一阶反对称竖弯
2	0.141	一阶反对称侧弯
3	0.174	一阶对称侧弯
4	0.225	一阶对称竖弯
5	0.227	主缆一阶反对称反向侧向振动
6	0.228	主缆一阶对称反向侧向振动
7	0.233	主缆一阶反对称同向侧向振动
8	0.236	主缆一阶对称同向侧向振动
9	0.268	一阶扭转
10	0.281	二阶反对称竖弯
11	0.290	二阶对称竖弯
12	0.376	一阶纵飘

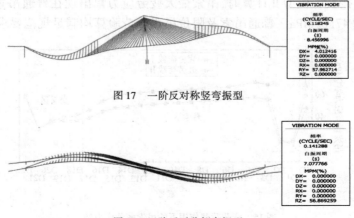

图 17　一阶反对称竖弯振型

图 18　一阶反对称侧弯振型

图19 一阶对称扭转振型

从表3和图17~图19可见,独塔空间缆协作体系桥在动力方面有如下特性:

(1)一阶频率为0.118Hz,自振周期为8.5s,自振周期较长。

(2)振型较为密集,在0.118~0.452Hz范围内分布着20阶频率,特别是主缆的振动振型较多,其振型大多继承了悬索桥的特性。

(3)协作体系首先出现竖向弯曲振动,然后出现侧弯和纵飘。从这几阶频率的数值来看,一阶侧弯、一阶竖弯和一阶纵飘振型与悬索桥接近。

(4)扭转振型出现在第9阶振型,为0.268Hz,与斜拉桥相仿。

(5)藤州浔江大桥为独塔空间缆协作体系,其抗扭能力较强,形成了塔、梁、缆共同参振,分担了主梁的耗能,使结构的颤振临界风速提高,提高了结构的抗风稳定性。斜拉-悬索协作体系是由悬索体系和斜拉体系组合而成,动力特性兼具悬索桥、斜拉桥的动力特性。

六、结　语

本文开展了独塔空间缆斜拉-悬索协作桥这一新型结构静动力特性的研究,主要结论如下:

(1)基于无应力状态法提出协作体系合理成桥状态的确定方法,先分别确定斜拉体系和悬索体系的恒载状态,再采用一定方法进行组合,解决了组合时协作体系结构状态偏离目标状态的问题,可快速确定协作体系桥的合理成桥状态。

(2)建立独塔空间缆协作体系桥有限元模型,计算分析了车道荷载、风荷载及温度作用下各受力构件的静力响应,厘清了独塔空间缆协作桥各主要受力构件的不利工况及薄弱位置。

(3)交叉区斜拉索及吊索相对于其他区域拉索的索力变化幅度大,尤其是端吊索及端斜拉索的索力变化幅度较大,此处拉索疲劳风险加剧。通过调整交叉区拉索的索力分配比例可有效改善拉索疲劳应力幅。

(4)独塔空间缆协作体系桥首先出现竖向弯曲振动,然后出现侧弯和纵飘。一阶侧弯、一阶竖弯及一阶纵飘振型与悬索桥接近,而一阶扭转振型与斜拉桥相仿,说明协作体系桥的动力特性兼具悬索桥、斜拉桥的动力特性。

参考文献

[1] 杨光华,蔡义前.乌江吊拉组合索桥——一种新的桥型及施工方法[J].公路,2001(3):1-6.

[2] 张妮.土耳其博斯普鲁斯海峡三桥[J].世界桥梁,2016,44(3):90-91.

[3] 肖海珠,高宗余,刘俊锋.西堠门公铁两用大桥主桥结构设计[J].桥梁建设,2020,50(S2):1-8.

[4] 王帮琴,过仕宁,郑松.G3铜陵长江公铁大桥开工建设[J].世界桥梁,2022,50(1):124.

[5] 肖汝诚,贾丽君,薛二乐,等.斜拉-吊悬协作体系的设计探索[J].土木工程学报,2000,33(5):46-51.

[6] SUN B,CAI C S,XIAO R C. Analysis strategy and parameter study of cable-stayed suspension bridge[J]. Advances in Structural Engineering,2013,16(6):1081-1102.

[7] 唐亮,张浩,刘玉擎.斜拉-悬索协作桥结合部合理设计研究[J].公路交通科技,2016,33(1):70-75.

[8] 何东升,肖海珠,傅战工,等.主梁抗弯刚度对斜拉-悬索协作体系桥力学性能影响研究[J].桥梁建设,2023,53(S2):65-71.

[9] 齐东春. 大跨径悬索桥主缆精细化计算研究[D]. 成都：西南交通大学, 2012.
[10] 梁鹏, 肖汝诚, 张雪松. 斜拉桥索力优化实用方法[J]. 同济大学学报（自然科学版）, 2003(11)：1270-1274.
[11] 颜东煌. 斜拉桥合理设计状态确定与施工控制[D]. 长沙：湖南大学, 2001.
[12] 黄晓航, 高宗余. 无应力状态控制法综述[J]. 桥梁建设, 2010, 198(1)：71-74.
[13] 中华人民共和国交通运输部. 公路钢结构桥梁设计规范：JTG D64—2015[S]. 北京：人民交通出版社股份有限公司, 2015.

27. 悬索桥与斜拉-悬索协作桥竖向刚度探讨

柳文策[1] 纪宇[1] 王茂强[1] 杨怀茂[1] 肖军[2]

（1. 中交公路长大桥建设国家工程研究中心有限公司；2. 中交第二公路工程局有限公司）

摘 要 为探明悬索桥和斜拉-悬索协作桥的跨径与竖向刚度之间的关系，本文对不同跨径的两种桥型在不同荷载形式下的竖向变形进行了对比分析，基于最大竖向变形计算结果和影响线分析对相关结论进行了验证。结果表明：随着桥梁跨径的增加，竖向荷载作用下斜拉-悬索协作桥的竖向变形并不一定小于悬索桥，在某些竖向荷载工况下，斜拉-悬索协作桥的竖向变形反而会大于同跨径的悬索桥。

关键词 悬索桥 斜拉-悬索协作桥 有限元分析 竖向刚度 影响线

一、引 言

随着经济发展及交通规模的增长，缆索承重桥在桥梁工程中扮演着越来越重要的角色。斜拉桥的稳定性强，但当跨径很大时受制于桥塔高度和主梁压应力大小；悬索桥的跨越能力更强，但它的刚度要比斜拉桥小。斜拉-悬索协作体系桥则吸收了两者的优点，具有受力合理、抗风性能好、造价合理等优点，已经成为缆索承重桥的重要结构形式之一。桥梁的竖向刚度与桥梁结构安全和行车安全舒适等方面密切相关，但同时受多种因素影响。王润建等[1]以5种跨径三塔斜拉桥为分析对象，通过改变主梁、斜拉索、索塔等主要构件刚度值，研究了三塔斜拉桥竖向刚度及边塔、中塔纵向变位刚度的影响，表明增加索塔刚度尤其是中塔刚度对提高大跨径三塔斜拉桥的结构刚度更经济有效。程德林等[2]以三塔斜拉桥为研究对象，对提高三塔斜拉桥竖向刚度的主要措施和具体设计参数进行了分析，表明三塔斜拉桥设置稳定索、辅助墩对提高竖向刚度非常有利，增加中塔高度或边塔纵向尺寸对提高竖向刚度无影响甚至不利。代百华等[3]对斜拉-悬索协作体系桥叠合区刚度过渡及其伴随的吊索疲劳问题进行研究，提出了改善叠合区刚度过渡问题的措施方法，有效提高了行车的平顺性。叶毅[4]对自锚式斜拉-悬索协作体系桥结构参数影响进行分析，表明增大主缆矢跨比、主梁抗弯刚度、主缆刚度可增大结构竖向刚度，增大吊跨比则会减小竖向刚度。陈进昌等[5]对比分析了国内外规范中的刚度评价指标，以某主跨1196m的公铁两用悬索桥为研究对象，通过研究结构参数对桥梁刚度的影响，提出了适用于千米级公铁两用悬索桥的刚度评价指标及建议值。霰建平等[6]收集梳理总结了40多座斜拉-悬索协作体系桥梁的实桥和设计方案，分析总结了斜拉-悬索协作体系桥梁的特点，以不同子体系之间的刚度贡献比例为依据，提出了一种斜拉-悬索组合体系桥梁的分类规则。

通常来讲，斜拉-悬索协作桥的竖向刚度会大于同跨径的悬索桥，大量的实桥案例也验证了这一点。

---

① 基金项目：中国交通建设集团有限公司科技项目（YSZX-01-2022-03-B）。

但通过对主跨3550m的多跨悬索桥与相同跨径的斜拉-悬索协作桥进行对比分析时发现，公路—Ⅰ级荷载作用时悬索桥的主梁竖向挠度小于斜拉-悬索协作桥竖向挠度，即当跨径足够大时，出现了悬索桥的竖向刚度大于斜拉-悬索协作桥竖向刚度的情况，这与既有工程经验和研究结论相悖。由于缆索承重桥梁的竖向刚度与矢跨比、吊跨比等结构布置参数均相关，上述现象究竟是源于结构参数的影响，抑或是其他原因，需开展进一步研究，以探明悬索桥与斜拉-悬索协作桥的竖向刚度关系。针对上述问题，本文以3组不同跨径的悬索桥与斜拉-悬索协作桥为研究对象，进行悬索桥与斜拉-悬索协作桥两种结构体系竖向刚度对比分析。

二、竖向变形分析

1. 计算模型

本文选取3组不同跨径悬索桥和斜拉-悬索协作桥作为研究对象，第一组为主跨615m的三桥塔方案，第二组为主跨3000m的双桥塔方案，第三组为主跨3550m的四桥塔方案。桥型布置见图1~图3。

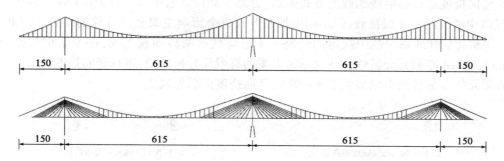

图1 主跨615m三塔悬索桥与协作桥对比方案（尺寸单位：m）

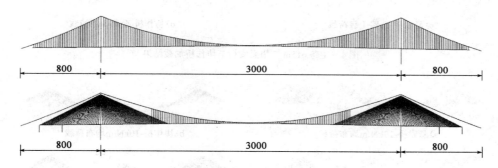

图2 主跨3000m双塔悬索桥与协作桥对比方案（尺寸单位：m）

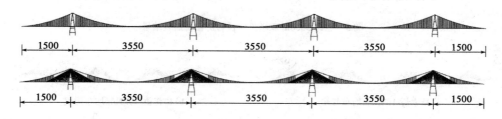

图3 主跨3550m四塔悬索桥与协作桥对比方案（尺寸单位：m）

为便于对比分析，各种跨径的悬索桥和协作桥方案采用相同的矢跨比、相同的材料特性，主缆采用相同的安全系数控制。3组桥型方案结构参数见表1。

结构参数 表1

缆跨布置(m)	150+2×615+150		800+3000+800		1500+3×3550+1500	
桥型	悬索桥	协作桥	悬索桥	协作桥	悬索桥	协作桥
塔高(m)	148	148	408	408	464	464
主缆截面面积(m^2)	0.113	0.092	1.358	1.094	1.463	1.169
主缆矢跨比	1/8		1/10		1/9	
吊跨比	—	0.61	—	0.66	—	0.72
交叉吊索数量	—	3	—	10	—	9
车道数	双向六车道		双向六车道		双向六车道	

2. 竖向变形计算

桥梁的竖向挠度通过影响线加载的方式施加《公路桥涵设计通用规范》(JTG D60—2015)[7]（后文统称：通用规范）中的公路—Ⅰ级荷载,但不同的加载方式也会影响主梁竖向位移的结果。因此,现分别考虑10kN/m均布荷载和通用规范中规定的公路—Ⅰ级荷载这两种加载工况,在主梁全长范围内进行加载。采用midas Civil有限元分析软件建立三组方案的有限元分析模型,进行竖向挠度计算分析。所有桥型方案的有限元模型加载变形结果见图4~图6,竖向挠度汇总见表2。

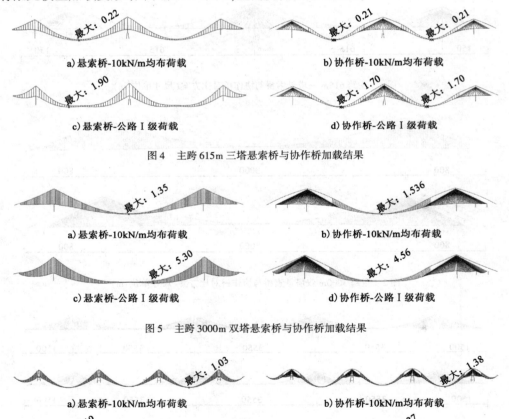

图4 主跨615m 三塔悬索桥与协作桥加载结果
a)悬索桥-10kN/m均布荷载 最大:0.22
b)协作桥-10kN/m均布荷载 最大:0.21,0.21
c)悬索桥-公路Ⅰ级荷载 最大:1.90
d)协作桥-公路Ⅰ级荷载 最大:1.70,1.70

图5 主跨3000m 双塔悬索桥与协作桥加载结果 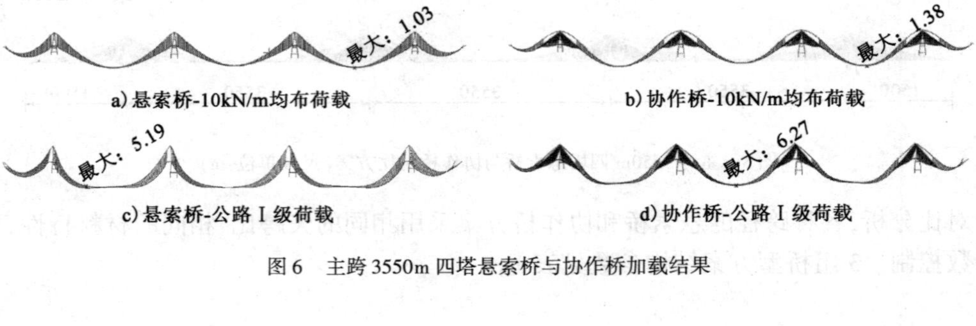
a)悬索桥-10kN/m均布荷载 最大:1.35
b)协作桥-10kN/m均布荷载 最大:1.536
c)悬索桥-公路Ⅰ级荷载 最大:5.30
d)协作桥-公路Ⅰ级荷载 最大:4.56

图6 主跨3550m 四塔悬索桥与协作桥加载结果
a)悬索桥-10kN/m均布荷载 最大:1.03
b)协作桥-10kN/m均布荷载 最大:1.38
c)悬索桥-公路Ⅰ级荷载 最大:5.19
d)协作桥-公路Ⅰ级荷载 最大:6.27

不同结构方案竖向挠度　　　　　　　　　　　　　表2

跨径布置(m)	150+2×615+150		800+3000+800		1500+3×3550+1500	
桥型	悬索桥	协作桥	悬索桥	协作桥	悬索桥	协作桥
10kN/m	0.22	0.21	1.35	1.54	1.03	1.38
公路—Ⅰ级荷载	1.90	1.70	5.30	4.56	5.19	6.27

为方便进行更直观的对比分析,现将图4~图6中所有桥型方案的主梁最大竖向挠度的计算结果均用柱状图进行表示,见图7。

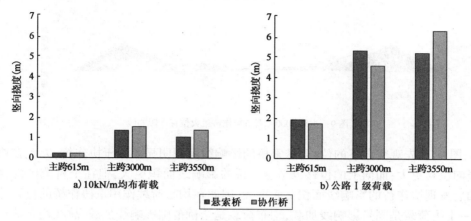

图7　悬索桥与协作桥最大竖向挠度结果对比

从图7可以看出,主跨615m的三塔悬索桥在10kN/m均布荷载及公路Ⅰ级荷载工况作用下的竖向位移均大于同跨径的三塔协作桥;主跨3000m的双塔悬索桥在10kN/m均布荷载作用下的竖向位移小于同跨径的双塔协作桥,而在公路—Ⅰ级荷载作用下位移结果则相反;主跨3550m的四塔悬索桥在10kN/m均布荷载及公路—Ⅰ级荷载工况下的竖向位移结果均要小于同跨径的四塔协作桥。由此发现,随着桥梁跨径的增加,悬索桥的竖向刚度并非完全遵循小于协作桥的规律。三组对比方案中,随着跨径的增加,两种桥型在10kN/m均布荷载工况下的差值分别为0.014m、0.19m、0.35m;在公路—Ⅰ级荷载工况下的差值分别为0.191m、0.74m、1.08m。可见,公路—Ⅰ级荷载工况下的最大位移差值要明显大于10kN/m均布荷载工况。

三、原因分析

通常来讲,由于协作桥在结构形式上采用斜拉索代替了部分吊索,刚度应该比同跨径的悬索桥更大,尤其对于双桥塔的情况,由于边跨存在过渡墩、辅助墩及背索压重区域的影响,协作桥的结构刚度更会显著大于同跨径的悬索桥。但缆索承重桥的刚度并不是单一因素的问题,由结构刚度和重力刚度共同决定,与主梁、桥塔、主缆、吊索、斜拉索等多部件均相关。若将结构形式从悬索桥改为同跨径的协作桥,使用拉索替代部分吊索会使主缆的拉力需求降低,缆径亦会随之减小,故协作桥的主缆刚度较同跨径的悬索桥要更小、斜拉索区域的刚度比吊索区域更大,且结构形式的变化导致其影响线的形状也发生变化。随着跨径的增大,主缆对刚度的影响会越来越大,当跨径达到一定程度时会达到一个平衡点,当然这是建立在合理结构形式的基础上的。

大跨径悬索桥及协作桥竖向刚度的影响因素有很多,尽管通常在汽车荷载作用下悬索桥的主梁竖向位移更大,但并不能由此就说悬索桥的竖向刚度比协作桥更小。在主跨3000m双塔的方案与主跨3550m四塔的方案中,显然10kN/m均布荷载作用下协作桥的竖向位移要更大;而汽车荷载(公路Ⅰ级荷载)是影响线加载,只不过可能是因为作用位置及作用长度不同导致的悬索桥竖向刚度大于协作桥,主跨3000m的两塔对比方案就是一个很好的实例。

下面对前文中出现的主跨3000m双塔悬索桥在10kN/m均布荷载下的竖向位移小于协作桥,而在公路—Ⅰ级荷载下竖向位移大于协作桥的原因进行分析。以两桥在公路—Ⅰ级荷载作用下主梁发生最大位移的点作为研究对象,将该点的竖向位移影响线绘出,如图8、图9所示。

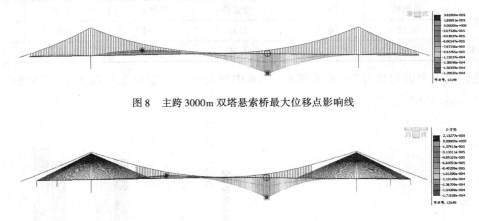

图8 主跨3000m双塔悬索桥最大位移点影响线

图9 主跨3000m双塔协作桥最大位移点影响线

对比图8、图9,首先观察向下的位移,悬索桥的影响线面积明显要大于协作桥,因此在汽车荷载作用下悬索桥的竖向位移更大;而向上的位移也是悬索桥的影响线面积更大,但在全桥范围内将影响线的上部与下部叠加后发现协作桥的影响线面积反而更大,因此在均布荷载作用下协作桥的位移才会更大。综上,因为公路—Ⅰ级荷载是同号影响线加载,均布荷载是全桥范围影响线加载,故在均布荷载作用下协作桥的竖向位移大于悬索桥。

此外,对于大跨径的多塔缆索桥结构,影响其竖向刚度的因素要更加复杂,索塔刚度及相邻跨的影响都不容忽视。下面对主跨3550m的四塔悬索桥与协作桥进行对比分析,图10、图11为两者桥跨中点(基本为位移最大点位置)的竖向位移影响线。

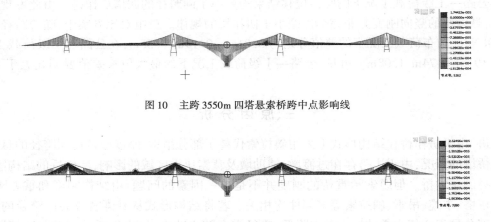

图10 主跨3550m四塔悬索桥跨中点影响线

图11 主跨3550m四塔协作桥跨中点影响线

由图10、图11发现,协作桥影响线在跨中位置的数值为1.96×10^{-4},大于悬索桥的1.81×10^{-4},通过影响线加载计算,同样可得出在10kN/m均布荷载与公路—Ⅰ级荷载工况下协作桥的竖向位移均大于悬索桥的结论。进一步观察,主跨3550m的四塔协作桥与悬索桥在桥跨中点的竖向位移影响线形状略有不同,主要差异体现在中跨的索塔附近区域,由于主缆与吊索的作用,在悬索桥的索塔附近加载时会使跨中产生向上的挠度;而协作桥则因索塔附近存在的斜拉索代替了吊索,所以在同跨索塔附近加载时仍会使跨中产生向下的挠度。

同理,主跨3000m的双塔悬索桥与协作桥的方案也具有同样的规律,将主跨3000m双塔的两种桥型方案的跨中点竖向位移影响线绘出,如图12、图13所示。

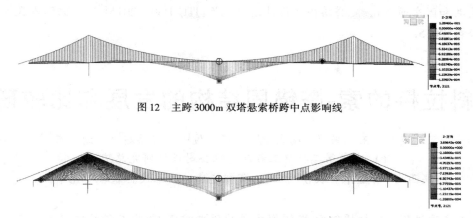

图 12　主跨 3000m 双塔悬索桥跨中点影响线

图 13　主跨 3000m 双塔协作桥跨中点影响线

观察图 12、图 13 发现,主跨 3000m 双塔悬索桥跨中点影响线的形状与主跨 3550m 四塔悬索桥具有同样的规律,即在悬索桥的索塔附近加载时会使跨中产生向上的挠度,但协作桥跨中位置的竖向位移影响线数值为 1.36×10^{-4},小于悬索桥的 1.38×10^{-4},这与主跨 3550m 四塔方案的结论不完全一致。由此可见,影响线的数值与跨径、跨数等因素都是密切相关的,而影响线的数值大小是主梁荷载作用下竖向位移最直观的体现形式。

综上,对于绝大多数中小跨径桥梁而言,协作桥的竖向刚度要大于同跨径的悬索桥,但不能一概而论,针对某些特殊情况下的桥梁,协作桥的竖向刚度并不一定比悬索桥大。

四、结　语

本文以 3 组不同跨径、不同结构形式、不同荷载方式的悬索桥及斜拉-悬索协作桥作为分析对象,对桥梁的竖向变形进行了对比分析,结果表明:

(1)在 10kN/m 均布荷载及公路 I 级荷载两种加载工况下,主跨 615m 三塔悬索桥的竖向挠度均大于同跨径的三塔斜拉-悬索协作桥,主跨 3550m 四塔悬索桥的竖向挠度均小于同跨径的四塔斜拉-悬索协作桥;主跨 3000m 双塔斜拉-悬索协作桥在 10kN/m 均布荷载下的竖向挠度大于同跨径的双塔悬索桥,在公路 I 级荷载下的竖向挠度小于同跨径的双塔悬索桥。

(2)当跨径小于某特定数值时,在竖向荷载作用下悬索桥竖向挠度大于同跨径的斜拉-悬索协作桥,说明该跨径范围内斜拉-悬索协作桥的竖向刚度大于悬索桥;相反,对于跨径超过某特定数值的多塔悬索桥,斜拉-悬索协作桥的竖向刚度并不一定大于同跨径的悬索桥。

(3)目前国内外相关研究中,大多均以主梁竖向挠跨比来表达桥梁的竖向刚度,但是对于超大跨径的缆索承重桥梁而言,是否还有其他更好的表达刚度的指标,还需开展更广泛和深入的研究。

参考文献

[1] 王润建,周大勇.三塔斜拉桥结构刚度参数敏感性研究[J].公路交通科技(应用技术版),2017,13(8):247-250.

[2] 程德林,冯清海.三塔斜拉桥竖向刚度参数敏感性分析[J].公路,2019,64(7):166-169.

[3] 代百华,王昆,胡钦侠.斜拉-悬索协作体系桥叠合区刚度参数影响研究[J].铁道标准设计,2024(4):1-9.

[4] 叶毅.自锚式斜拉-悬索协作体系桥参数敏感性与若干问题研究[D].大连:大连理工大学,2010.

[5] 陈进昌,雷俊卿,金令,等.千米级大跨公铁两用悬索桥结构特性及刚度指标研究[J].铁道标准设计,2022,66(6):54-61.

[6] 霰建平,王秋胜,肖军,等.斜拉-悬索协作体系桥梁发展历程及桥型分类[J].公路交通科技,2022,39(S2):61-69,75.

[7] 中华人民共和国交通运输部.公路桥涵设计通用规范:JTG D60—2015[S].北京:人民交通出版社股份有限公司,2015.

28. 斜拉桥的索-塔锚固结构的发展和比较研究

贺媛[1,2] 王兴[1,2] 杨文斌[1,2] 杨俊[1,2] 田璐超[1,2] 谢东[1,2]

(1. 中交第二公路工程局有限公司设计研究总院；
2. 陕西省"四主体一联合"桥梁工程智能建造技术校企联合研究中心)

摘 要 本文通过研究斜拉桥的索-塔锚固方式的历史演变,阐明在斜拉桥发展的不同历史阶段所采用的索-塔锚固的主流方式及其适用范围。针对索-塔锚固区常用的基本形式,详细比较了骑跨式鞍座锚固、交叉锚固、预应力锚固(侧壁锚固)、钢锚梁锚固、钢锚箱锚固和Link式索鞍锚固的构造、传力机理、各自的优劣及适用范围,并对其结构和传力机理等进行了对比和总结。

关键词 比较研究 索-塔锚固 传力机理

一、引 言

斜拉桥索-塔锚固区是通过斜拉索将上部结构自重荷载和斜拉桥承受的其他荷载安全、均匀地传递到索塔的重要构件。由于索-塔锚固区存在斜拉索端部强大的锚固力、索塔截面削弱,以及连接构造的误差等因素的影响,索-塔锚固区的构造与受力状态较为复杂。

索-塔锚固方式很大程度上影响整个斜拉桥的可靠性。伴随着斜拉桥的发展,其索-塔锚固方式亦在不断演化。本文按照时间顺序对索-塔锚固方式的演化规律进行了梳理和归纳,并分析了各自的优劣及其适用范围。同时,本文对混凝土斜拉桥索-塔锚固区的不同形式进行对比分析,为斜拉桥索-塔锚固方式的选型提供了有益的参考。

二、索-塔锚固方式的演变发展

1. 稀索体系索-塔锚固主流形式

斜拉桥在20世纪70年代前大多为主塔采用钢桥塔的稀索结构形式。所采用的斜拉索数量较少,索力较大,故多采用斜拉索连续通过布置于塔顶大型鞍座的索-塔锚固方式。如德国的Severin Bridge、Leverkusen Bridge和英国的Newport George Street Bridge等。这种结构的斜拉索索力较大、构造较为复杂、占用空间大、造价大,不便于施工和后期维护,逐渐被取代[1]。

2. 密索体系发展后索-塔锚固的主流形式

1967年第一座密索体系斜拉桥建成通车,它是由Holmberg设计的位于莱茵河的Friedrich Ebert Bridge。由于拉索根数增加,索力减小,因此可使用小型索-塔锚固方式。

密索斜拉桥在早期多为箱形截面的钢桥塔,索塔锚固方式多采用钢板或铸钢,有小型鞍座式、支承板式、锚固梁式和锚固箱式等。随着斜拉桥设计、建造技术的进步,密索斜拉桥越来越多地采用混凝土桥塔。混凝土具有抗压性能好、浇筑成型便利、造价低、养生方便等诸多优势。预应力技术和钢混组合技术的发展,极大提高了斜拉桥混凝土主塔的索-塔锚固构造的承载性能。混凝土索-塔锚固方式多采用交叉锚固、预应力锚固(侧壁锚固)、钢锚梁锚固和钢锚箱锚固。

(1)交叉锚固:适用于实心矩形或H形截面塔柱。斜拉索穿过预埋在塔身中的钢管后锚固于塔壁内侧凹槽或牛腿。该锚固方式结构简单、易张拉和锚固,广泛地适用于中、小跨径的斜拉桥。我国九江大桥、美国Dames Point Bridge和澳大利亚Glebe Island Bridge等采用了这种锚固方式。

(2) 预应力锚固（侧壁锚固）：适用于箱形截面塔柱。拉索锚固于塔柱内侧横桥向齿块，沿塔柱四边内侧布置有井字形预应力束或 U 形预应力束。该锚固形式布置简单、钢材消耗量少、造价低，同时具备相当大的承载能力，广泛地应用于跨径在 500m 以内的斜拉桥，有时也应用在某些特大跨径的斜拉桥中，如我国润扬长江大桥的北汊桥、军山长江大桥和美国 Arthur Ravenel Jr. Bridge 等采用了该锚固方式。

(3) 钢锚梁锚固和钢锚箱锚固：由于预应力锚固（侧壁锚固）方式受限于塔柱截面，可有效设置的预应力束有限，而随着斜拉桥跨径的增大，斜拉索力增大，导致索-塔锚固区域产生较大剪力和弯矩，以致相应部位混凝土开裂，从而降低斜拉桥的安全性和使用性能。于是在特大跨径的斜拉桥索-塔锚固体系中广泛应用了钢锚梁或钢锚箱锚固方式。钢锚梁锚固中，索力的水平分量由钢横梁承载，索力的竖向分量经过钢锚梁下方的牛腿传到塔柱中。钢锚箱锚固分为内置式和外露式两种。钢锚箱锚固形式中的钢锚箱承担了较大的拉力，混凝土桥塔承担了较大的压力。这种锚固方式充分发挥了钢材和混凝土的材料力学特点，因此该锚固方式承载能力大，特别适于大跨径、特大跨径斜拉桥，我国鄂东长江大桥、荆岳长江大桥和法国诺曼底大桥等都应用了钢锚箱或钢锚梁的锚固方式。由于钢锚梁和钢锚箱锚固形式适用范围的界限很难完全区分，要根据待建桥梁具体情况综合分析其结构体系受力、施工工艺工序、后期养护维修、经济成本等因素后，选择若干较为合适的锚固方案进行比选。

随着矮塔斜拉桥越来越多，骑跨式鞍座锚固形式也逐渐在矮塔斜拉桥中兴起，其中分丝管式鞍座锚固形式是现阶段骑跨式鞍座锚固形式的主流。分丝管式鞍座锚固形式可避免混凝土劈裂应力过大和钢绞线相互挤压、打绞的问题，同时还可方便地进行单根钢绞线调索与更换，并且不过多占用桥塔内部空间，在矮塔斜拉桥得到了广泛的应用。

3. 索-塔锚固主流形式演变规律

对以上斜拉桥索-塔锚固方式演变进行梳理，总结了其演变的内在逻辑规律，见图 1。

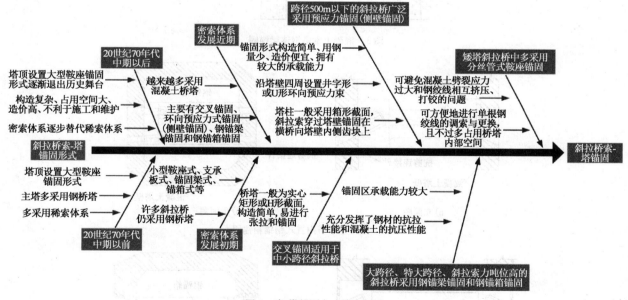

图 1 索-塔锚固方式演变图示

三、索-塔不同锚固体系的比较分析

1. 索-塔不同锚固体系总览

由于我国斜拉桥主要采用混凝土索塔，本文仅就混凝土索-塔锚固体系进行比较分析。混凝土索-塔锚固方式多采用预应力锚固（侧壁锚固）、钢锚梁锚固、交叉锚固、钢锚箱锚固和鞍座式锚固等形式，截面形式如图 2～图 6 所示[2]。

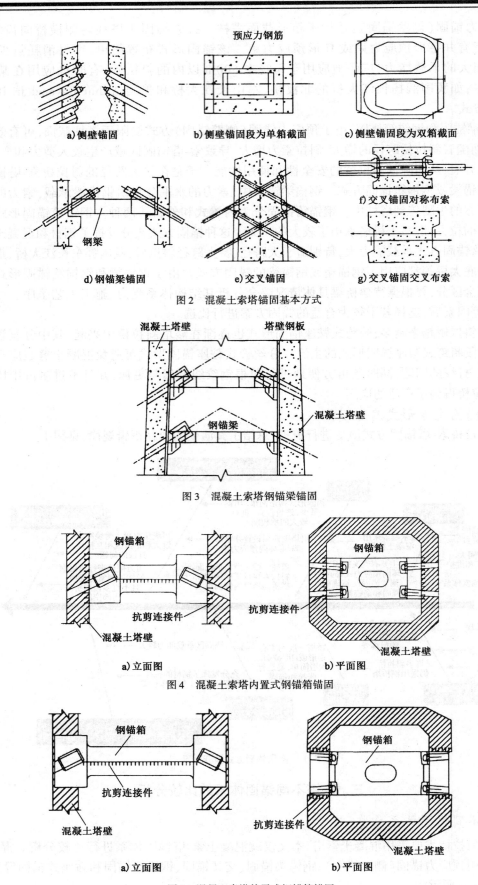

图2 混凝土索塔锚固基本方式

图3 混凝土索塔钢锚梁锚固

图4 混凝土索塔内置式钢锚箱锚固

图5 混凝土索塔外露式钢锚箱锚固

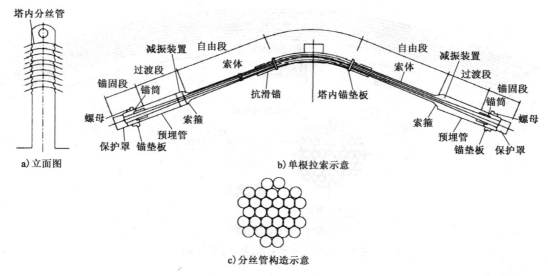

图 6 混凝土索塔分丝管式鞍座锚固方式

交叉锚固适用于实体塔柱，需预先埋设钢管于塔柱中，同时设置锚垫板。预应力（侧壁）锚固适用于空心塔柱，需设置预应力束于空心塔柱内壁中。钢锚梁锚固需在塔柱内壁上布置牛腿，同时需布置限位装置于钢锚梁两端位置。钢锚箱是由锚垫板、承压板、锚腹板、套筒及若干加劲肋构成[3]。钢锚箱采用剪力键与塔柱相连，分为内置式和外露式。鞍座式锚固主流做法是采用分丝管型鞍座，斜拉索从分丝管型鞍座穿过后，对称地锚固在主梁上，鞍座式锚固多应用在矮塔斜拉桥中。

2. 骑跨式鞍座锚固

我国近年来矮塔斜拉桥索塔锚固方式中主流的做法是采用分丝管索鞍锚固。分丝管式索鞍由分丝管组焊而成，斜拉索中的钢绞线均分别独立地穿过与其相匹配的导向钢管，因此钢绞线之间是互相独立的，并不承受相互间的作用力。由于钢绞线之间的距离相对较大，环氧砂浆与钢绞线可有效胶结握裹，同时可防止钢绞线被锈蚀。

分丝管索鞍的抗滑机理：在鞍座出口两侧分别布置抗滑锚筒，在锚筒内注入环氧砂浆，由于砂浆与钢绞线之间存在较强的握裹力，从而能够平衡塔身两侧的索力差，实现抗滑目的。分丝管索鞍广泛应用于矮塔斜拉桥中，如包银高速铁路黄河特大桥和京沪高铁津沪联络线特大桥等[4]。

分丝管索鞍锚固方式施工方便穿索，穿索时不会出现钢绞线挤在一堆的情形。每根钢束对应一根钢管，便于调整索力或者更换钢束。鞍座区内的钢绞线也不需要剥去 PE 管，斜拉索的防腐效果更好。鞍座由多根圆形小管拼接而成，圆形分丝管根数与拉索钢绞线的组成根数相同，每根钢绞线经由分丝管孔道贯通主塔经穿索、张拉等工序完成后，在主塔两侧就位抗滑锚筒，并在其内灌注环氧砂浆使之固结，防止斜拉索钢绞线在分丝管鞍座内相对滑动。

分丝管式索鞍构造见图 7。

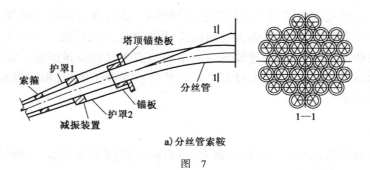

图 7

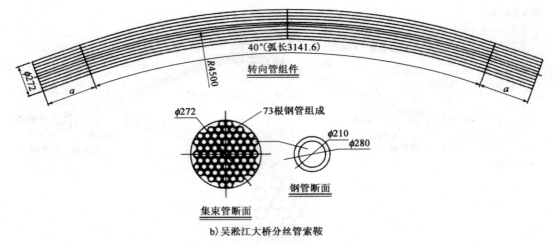

b）吴淞江大桥分丝管索鞍

图7　分丝管索鞍构造图（尺寸单位：mm）

3. 交叉锚固

该锚固方式将拉索交叉锚固在主塔的锯齿形凹凸槽上，须将钢管预埋于塔柱中，待拉索交叉通过钢管后，将其锚固于钢管上的钢板中。该锚固形式在中小跨径斜拉桥中较为常见，现已逐渐被取代。交叉锚固受力机理为：索力经锯齿形凹凸槽传到主塔上，索力竖向分量由塔身向塔底传力；索力水平分量传递到塔身，可通过布置预应力束来平衡这部分水平分量。

交叉锚固的特点是将斜拉索在主塔锚固区相互穿插交叉固定，形成一定的压力和摩擦力保证锚固的可靠性和稳定性。这种锚固方式具有紧凑、牢固、经济等优点。交叉锚固方式相对于其他锚固方式来说，由于其结构较简单、操作相对容易，能在较短时间内完成锚固工作。同时，在选用适当的施工方法和使用机械化设备的情况下，施工效率也可以得到很大的提高，因此，交叉锚固方式在施工工效上具有一定的优势。交叉锚固方式见图8。

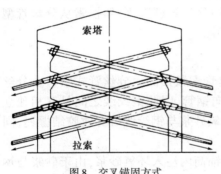

图8　交叉锚固方式

4. 预应力锚固（侧壁锚固）

该锚固方式为斜拉索锚固在主塔内侧齿块上，同时在锚固范围内布置预应力束，以克服塔壁内产生的拉应力，通常将其预应力束布置为环向预应力束。常用的预应力布置构造为[5]双向直线或曲线预应力索、环形预应力索、U形索、混合配索。

其优缺点为：构造简单、用钢量少、造价便宜、可以减少斜拉索的锚固长度，并且后期检查斜拉索锚固位置也比较容易，但施工工艺较为复杂，锚固区易产生裂缝，降低了耐久性，在跨径500m内的斜拉桥中广泛采用。

该锚固方式的施工需要先进行钢筋及锚具的布设和固定，随后进行预应力施加，最后进行混凝土浇筑等工序。由于涉及多个工序，因此总体施工周期较长，相对施工工效较慢。在施工过程中，由于钢筋及锚具的质量差异以及操作不慎等，可能会导致预应力不均匀或者其他质量问题。此外，混凝土浇筑时也容易出现质量不合格的情况。因此，在施工过程中需要严格控制施工质量，保证斜拉桥索塔锚固区的安全性。侧壁锚固方式见图9[6]。

5. 钢锚梁锚固

钢锚梁锚固是将钢横梁布置在主塔内侧牛腿上，将斜拉索锚固于锚固梁上，钢横梁支承端可做双向的微小移动。钢锚梁锚固方式见图10。

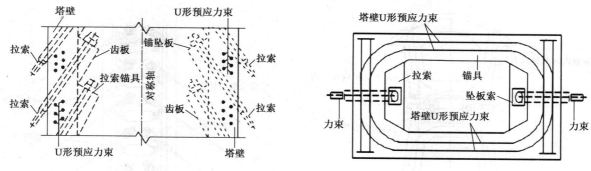

图 9 侧壁锚固方式

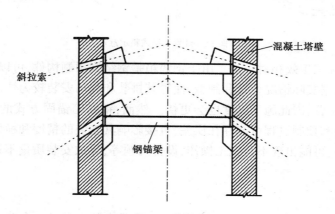

图 10 钢锚梁锚固方式

这种锚固方式的传力机理为:索力水平分量由钢横梁平衡,索力竖向分量通过牛腿传到主塔。钢锚梁主要构造为:上、下盖板,腹板,锚下垫板和支承板,为加强局部稳定性,可增加横隔板或加劲板。钢横梁独立受力,在其横、纵向须布置限制位移的装置。单索面、平行双索面斜拉桥中较多采用该锚固方式。

该锚固方式优点为:传力路径清楚,塔柱承受水平力较少,温度产生的作用力较小,可极大地减少水平裂缝,是预制构件,精度高,施工方便,锚固可靠;缺点是设计制作较复杂,甚至比钢锚箱的构造更复杂,构件截面稍大,钢材消耗量大,造价较高,施工工序较多,锚区有很多牛腿结构,施工装拆模较为烦琐。

钢锚梁安装前,定位、调整非常重要,应对钢锚梁牛腿施工严格控制,纵横向轴线、高程、转角、平面位置须精确调整,同时钢板周边4点的相对高差和同一平面2个牛腿顶面的相对高差也必须满足设计或钢锚梁精确安装的需求。钢锚梁应居中放置,使两侧平衡,再吊装一侧牛腿,牛腿顶板与钢锚梁底板要平贴。

6. 钢锚箱锚固

将拉索锚固于钢锚箱之上,利用剪力键将钢锚箱与主塔相连接。该锚固方式易于平衡拉力,可减少施工中的高空作业、缩短工期,对于斜拉桥索-塔锚固技术具有非常广阔的发展前景。

钢锚箱锚固方式可分为内置式和外露式。内置式锚固适用于箱形截面主塔,外露式锚固适用于分离式塔柱,两者力学特性大致相似,最大的区别是外露式锚固需设置水平环向预应力束,使得钢锚箱与塔柱紧密连接。法国 Normandy Bridge、我国苏通长江大桥以及象山港大桥等大跨径、特大跨径斜拉桥均采用了钢锚箱锚固。外置式钢锚箱构造示意见图11。

该锚固方式的传力机理为:

(1)对于内置式钢锚箱结构,索力的竖向分量由剪力键承担,索力的水平分量由主塔承担,可通过在塔柱中布置钢筋或预应力束来控制拉应力。

(2)对于外露式钢锚箱结构,索力的竖向分量和水平分量均由剪力键承担和传递。为了提高锚固区抗剪和抗拉能力,须在塔身布置足够的预应力束。

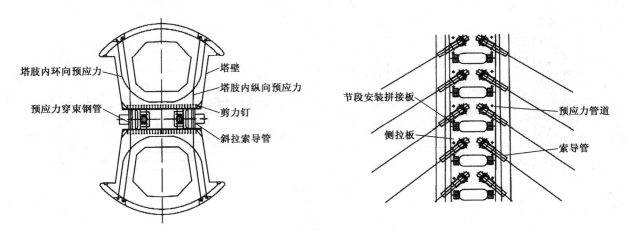

图 11 外置式钢锚箱示意

钢锚箱锚固方式的施工工效相对较高。由于钢锚箱是钢结构预制构件，可以在预制厂进行加工和组装。同时，钢锚箱可以根据实际情况设计和制造，使得其拼装和起吊安装较为快速。而在施工现场，钢锚箱可以直接运输到具体位置，因此施工进度也会更快。然而，钢锚箱锚固方式的施工质量通病也比较明显，首先是钢锚箱的制造和预制过程可能存在误差，直接影响其安装的精度和稳固性。同时，在钢锚箱的制造、拼接和吊装过程中，可能出现不良施工操作、设备问题等，导致安装质量不达标，从而对斜拉桥的整体安全稳定性造成影响。

7. Link 式索鞍锚固

佩列沙茨大桥索塔锚固方式采用了 Link 式索鞍，Link 式索鞍本身是一个独立且稳定的构件，两端头分别同桥塔两侧拉索锚固端连接。这种锚固方式可减少高空作业量、加快施工进度、同时还可应用到矮塔斜拉桥中。

这种锚固方式的传力机理为：Link 式索鞍自身通过联系梁对拉承担两侧拉索水平分力，联系梁侧面锚钉同桥塔混凝土锚固在一起，承担桥梁施工以及运营期间不均匀水平分力；同时通过钢锚梁将拉索竖向分力均匀地传递给桥塔，避免桥塔出现局部集中受力的不利状况。

Link 式索鞍定位涉及后期斜拉索张拉施工时锚固点坐标的精确度。现场施工时，采用型钢定位骨架对 Link 式索鞍进行临时支撑，而后通过全站仪进行定位，使定位精度在 ±5mm 之内，link 角度偏差在 0.3rad 之内。

Link 式索鞍锚固件通用构造如图 12 所示，通过侧板侧面的剪力钉与主塔混凝土形成可靠连接，通过支承板加劲肋、内部加强板与斜拉索锚固在一起。

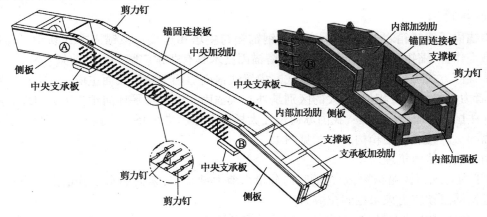

图 12 锚固件通用构造

8. 不同索-塔锚固体系比较与选型小结

由于目前在我国斜拉桥(包括矮塔斜拉桥)中使用最多的索-塔锚固方式为分丝管式锚固、预应力(侧壁)锚固、钢锚梁和钢锚箱锚固,而在佩列沙茨跨海大桥中采用的是 Link 式索鞍锚固方式,因此,本小节主要对这 5 类锚固方式进行比较汇总。

在大跨径斜拉桥中一般采用预应力锚固(侧壁锚固)、钢锚梁锚固和钢锚箱锚固,这三者的比较分析见表 1。

预应力锚固(侧壁锚固)、钢锚梁锚固和钢锚箱锚固体系的比较汇总表 表 1

序号	项目	预应力锚固(侧壁锚固)	钢锚梁锚固	钢锚箱锚固
1	构造	①拉索锚固在塔内壁齿板; ②锚固区施加预应力,克服塔壁拉应力	①钢横梁置于牛腿上; ②由上、下盖板,腹板,锚下垫板和支承板等组成	①拉索锚固于钢锚箱; ②钢锚箱利用剪力键与主塔相连
2	特征	①布置双向预应力索或井字形索、环形预应力索; ②布置横桥向开口 U 形索; ③混合配索	①钢锚梁是独立构件,其横、纵向设置限位装置; ②锚固位置处的张力由钢锚梁承担,可预防主塔产生拉力	①斜拉索锚固在钢锚箱,易于抵抗拉力; ②外露式在塔壁施加预应力,预应力为结构必要构件,且预应力度要求较高
3	优点	①构造简单; ②用钢量少、造价便宜; ③可减少斜拉索锚固长度; ④后期检查斜拉索锚固位置较容易	①传力路径清晰,主塔承担水平力较少; ②温度产生的作用力较小,很大程度上降低主塔水平开裂; ③预制构件,精度高	①可减小高空作业强度; ②构造简单,可加快施工进度,缩短桥梁的建设期; ③架设相对容易; ④便于保养、检查及逐根更换拉索
4	缺点	①施工相对复杂; ②锚固区混凝土易开裂; ③影响结构耐久性	①设计制作较复杂; ②构件截面大,钢材消耗量大、造价高; ③施工工序多、安装不便; ④不适合空间索面	①主塔两侧斜拉索拉力不相同,导致主塔和主墩的设计常受弯矩控制; ②对吊装能力有一定要求
5	传力机理	①索力竖向分量从塔身传至塔底; ②索力水平分量由主塔承担	①索力水平分量由钢横梁承担; ②索力竖向分量由牛腿传至主塔	①内置式:竖向分力由剪力键承受,索塔承受水平力; ②外露式:剪力键既传递沿塔高方向剪力,还传递索沿顺桥向剪力
6	适用	广泛应用于跨径 500m 以内的斜拉桥中	适用于大跨径斜拉桥	①内置式适用于箱形塔柱;外露式适用于分离式主塔; ②适用于大跨径、特大跨径索力吨位高的斜拉桥

目前国内已建成矮塔斜拉桥中一般采用分丝管式锚固方式,而在佩列沙茨跨海大桥中采用的是 Link 式索鞍锚固方式,这两者的比较分析见表 2。

分丝管式和 Link 式索鞍锚固方式比较汇总表 表 2

序号	项目	分丝管式	Link 式索鞍
1	构造	①索鞍由分丝管组焊而成; ②钢绞线独立穿索	①Link 式索鞍是一个独立且稳定的构件; ②两端分别同桥塔拉索锚固端连接
2	特征	①斜拉索形成分离布置,互不干涉; ②不承受钢绞线相互之间挤压; ③索鞍两端分别设置有抗滑锚; ④锚固筒灌环氧砂浆实现抗滑; ⑤环氧砂浆与钢绞线之间存在较强握裹力,可防止钢绞线锈蚀	①两端有浇筑前预埋于混凝土中的标准锚固刚性连接; ②两侧锚固装置安装在主塔外的连接杆凸出部分; ③主塔两侧斜拉索是独立的,每一股斜拉索都可以单独更换

续上表

序号	项目	分丝管式	Link 式索鞍
3	优点	①易于穿索、换索、调索； ②钢绞线不相互挤压，改善受力； ③钢绞线不剥 PE 管，防腐好； ④索鞍分散、均匀传递荷载，下部混凝土应力分布较均匀； ⑤钢绞线受力明确	①可减小索塔高空作业强度； ②加快施工进度； ③Link 式索鞍的高度比一般钢锚箱低，可应用到矮塔斜拉桥中； ④斜拉索可单独更换
4	缺点	①索鞍构造复杂，造价较大； ②对于辐射形斜拉索，内索倾角太大索鞍难以设计	①锚固方式成本稍高； ②索鞍转角处易发生应力集中
5	传力机理	①拉索不均衡力通过抗滑锚头直接传到主塔上； ②分丝管将拉索竖向分力均匀传给桥塔，避免桥塔出现应力集中	①连系梁对拉承担拉索水平分力； ②锚钉同桥塔混凝土锚固在一起，承担不均匀水平分力； ③拉索竖向分力均匀传给桥塔，避免桥塔出现应力集中
6	适用	在矮塔斜拉桥中应用较多	可应用在矮塔斜拉桥中

为更加直观明确地对斜拉桥索-塔锚固方式的选型提供指导和参考，本文提出了索-塔锚固方式选型的流程框图，见图 13。

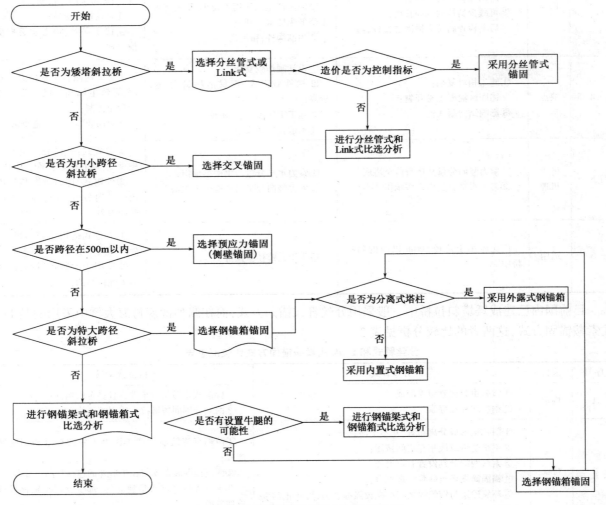

图 13　索-塔锚固区结构形式选型流程框图

四、结　语

通过对斜拉桥索-塔锚固方式演变的内在逻辑规律的总结以及对近年来主流的各种不同斜拉桥索-塔锚固方式的比较分析，可以提炼出以下结论：

(1)斜拉桥处于早期稀索结构体系时，塔柱通常采用大型索鞍使斜拉索集中连续穿过，当斜拉桥越来越多地采用密索结构体系后被其他锚固方式取代。

(2)交叉锚固在20世纪80年代之前应用较多，随着预应力锚固(侧壁锚固)越来越多地被采用，交叉锚固逐渐被取代。目前，预应力锚固(侧壁锚固)、钢锚梁和钢锚箱锚固是近期混凝土主塔斜拉桥较为主流的锚固形式。

(3)随着矮塔斜拉桥越来越多的应用，索塔锚固采用骑跨式鞍座锚固形式逐渐在矮塔斜拉桥中兴起，其中分丝管式鞍座锚固形式为现阶段骑跨式鞍座锚固形式的主流做法。

(4)交叉锚固适用于中小跨径斜拉桥；预应力锚固(侧壁锚固)适用于跨径500m以下的斜拉桥；钢锚梁锚固适用于大跨径斜拉桥；钢锚箱锚固适用于大跨径、特大跨径，以及斜拉索力吨位高的斜拉桥；骑跨式鞍座锚固形式中的分丝管式鞍座锚固形式适用于矮塔斜拉桥。

(5)在佩列沙茨跨海大桥中采用的是Link式索鞍锚固方式，从工程实践的角度看是可行的，是施工安全可靠的一种锚固方式，可为矮塔斜拉桥索-塔锚固体系的选择提供有益的参考。

参考文献

[1] 林元培.斜拉桥[M].北京：人民交通出版社，2008.
[2] 中华人民共和国交通运输部.公路斜拉桥设计规范：JTG/T 3365-01—2020[S].北京：人民交通出版社股份有限公司，2020.
[3] 陈从春.矮塔斜拉桥[M].北京：中国建筑工业出版社，2016.
[4] 魏奇芬，叶文海，范史文，等.大跨斜拉桥混凝土索塔锚固区理论与设计的研究进展综述[J].现代交通技术，2010(6)：45-48.
[5] 叶华文，徐勋，李翠娟，等.大跨斜拉桥混凝土索塔锚固结构形式比较[J].重庆交通大学学报(自然科学版)，2014(3)：11-15.
[6] 苏庆田，秦飞.组合索塔锚固区水平受力机理的理论与试验[J].同济大学学报(自然科学版)，2011(8)：1120-1125.

29.浅谈佩列沙茨大桥高强自密实混凝土与国内高强自密实混凝土配合比设计之间的差异

时维广　王永仕　高　翔

(中交二公局工程检测技术有限公司)

摘　要　20世纪80年代后期，自密实混凝土技术传入中国，但因在同强度等级混凝土中经济性不高而应用受限，如高强自密实混凝土仅用于拱桥管压混凝土、钢壳与钢箱填充混凝土等。如何配制既高强又经济的自密实混凝土、扩大其应用是混凝土工作者研究的方向。克罗地亚佩列沙茨大桥成功应用了C85高强自密实混凝土，其经济性和应用性能评价较好。本文以克罗地亚佩列沙茨大桥主塔C85高强自密实混凝土配合比技术为契机开展分析，探讨其中的异同，给高强自密实混凝土配合比在国内设计及应用给予新的设计理念和启示，推动高强自密实混凝土技术的应用和发展。

关键词　自密实混凝土　高强　经济性

一、引　言

自密实混凝土，是具有高流动性、均匀性和稳定性，浇筑时无须外力振捣，能够在自重作用下流动并充满模板空间的混凝土。20世纪90年代自密实混凝土在欧洲得到广泛应用后，世界各国都在大力发展自密实混凝土。我国对自密实混凝土的研究和应用起步相对较晚，2006年中国工程建设标准化协会标准《自密实混凝土应用技术规程》(CECS 203:2006)发布，2008年中国第一本技术手册——《自密实混凝土技术手册》出版，2012年中华人民共和国行业标准《自密实混凝土应用技术规程》(JGJ/T 283—2012)出版。我国自密实混凝土的发展主要是高等院校和聚羧酸减水剂生产商推动的。自密实混凝土拌合物的评价性能主要从充填性、间隙通过性、抗离析性等三方面进行评价。自密实混凝土造价相比于普通混凝土偏高，配合比设计也多以经验为依据，材料要求高，对技术人员的能力要求也较高。经验法选取的参数在工程实际应用中还需要做进一步的验证，才能促使自密实混凝土的技术应用趋于完善。

自密实混凝土，尤其是高强自密实混凝土配制技术及应用研究一直是从事混凝土工作者最关心的话题，如何设计出免振捣、自密实性能卓越且耐久性能满足设计要求的高强自密实混凝土是研究人员追求的目标。当前，我国自密实混凝土配制主要依据《自密实混凝土应用技术规程》(JGJ/T 283—2012)进行。通读规范条款发现，规定的各项条款基本是沿用经验法，由试验数据统计而得，并按照绝对体积法进行计算。经验法设计混凝土配合比，参数的选择往往根据以往试验经验值给定取值范围，由设计者去选择，经计算后得出理论配合比，计算相关配合比，然后通过多组混凝土配合比试拌检测，测试各项性能指标，根据检测结果确定最终混凝土配合比。各国自密实混凝土配合比的设计标准均不一致，本文仅以欧标EN 206-1、BS EN 206—2013开展高强自密实混凝土配合比设计及应用的差异性研究。

二、工程概况

中交第二公路工程局有限公司施工的海外项目佩列沙茨大桥位于克罗地亚东南沿海，连接克罗地亚大陆和佩列沙茨半岛，全长3940m，其中大桥总长2440m，两端连接线总长1500m。佩列沙茨大桥为六塔中央单索面斜拉桥，桥面宽22.5m，共14个墩台，桥跨组合为$2\times84m+4\times108m+189.5m+5\times285m+189.5m=2404m$，其中大陆侧和半岛侧陆上布置有4个墩台，其余10个墩(S3~S12)均在水中，索塔(S5~S10)下塔柱高度为37.93~53.352m，上塔柱高40m，箱梁高4.5m。克罗地亚佩列沙茨大桥索塔上塔柱混凝土为C70(圆柱体强度等级)自密实混凝土，换算为立方体抗压强度等级为C85自密实混凝土。

按照国内对混凝土强度等级划分标准，C85自密实混凝土属于高强自密实混凝土，结合项目最终实施的主塔C85自密实混凝土配合比，探索国内与欧标同一强度等级、相同工作性能要求下采用不同材料、标准设计C85自密实混凝土之间的差异。

三、欧标C85自密实混凝土配合比设计

1. 佩列沙茨大桥C85自密实混凝土配合比设计应用情况

克罗地亚佩列沙茨大桥C85自密实混凝土的配合比是依据《混凝土——规范、性能、生产及一致性》(EN 206:2013 + A1:2016)开展的设计，根据桥塔结构设计要求和结构所处环境为XC4(碳化腐蚀环境：水泥用量≥300kg/m³，强度等级≥C37)、XS1(氯化腐蚀环境：水泥用量≥300kg/m³，强度等级≥C37)、VDP3(抗渗透性能：≤15mm)及施工工艺等开展配合比设计，检验混凝土的各项性能和指标。根据试验结果选定符合指标要求的配合比，开展塔柱足尺试验浇筑，验证选定配合比的符合性，确定塔柱浇筑时的各项施工工艺参数(坍落度、扩展度、流动度、入模温度等)，检验塔柱受混凝土工作性能、水化热、收缩等影响的外观质量(气泡、收缩裂缝等)，以最优原则选择混凝土配合比作为主塔最终的施工配合比。

项目根据所处地域及材料供应情况,优选合格材料进行混凝土配合比设计,开展多组混凝土配合比试配比选试验,检验各组混凝土配合比的各项性能指标,在确认满足设计要求的情况下优选1~2组配合比进行工艺验证试验,相关试验情况及混凝土性能指标见表1、表2。

C85 自密实混凝土配合比设计统计表(单位:kg/m³)　　　表1

配比编号	水泥	粉煤灰 波黑Ⅱ级	硅粉 奥地利Ⅰ级	集料(mm) 0~4	4~8	8~16	减水剂 FM-500	缓凝剂 VZG-100	水 —	备注
1-1	CEM Ⅱ 42.5N	465	0	0	1121	315	315	5.12	3.72	158+18	PGM公司设计
1-2		465	0	20	1097	308	308	6.51	3.72	163+17	
1-3		435	33	0	1047	262	436	9.57	4.79	151+15	
2-1	CEM Ⅰ 52.5R	465	0	20	1132	318	318	9.3	3.72	140+17	PGM公司设计
2-2		465	0	0	1098	309	309	7.44	3.72	170+17	
3-1	CEM Ⅲ 42.5N	445	0	33.3	944	292	480	5.79	2.23	151+14	PGM公司设计
3-2		465	0	20	942	291	479	6.05	2.33	152+13	
3-3		410	0	0	1086	271	452	4.92	2.05	156+13	
4-1	CEM Ⅱ 42.5N	390	98	0	942	291	480	9.77	3.91	157+26	项目部设计
4-2		390	98	0	1028	342	342	9.77	3.91	157+26	
4-3		365	90	20	1028	342	342	9.46	3.78	157+26	
4-4		365	110	0	1028	342	342	9.46	3.78	157+26	
5-1	CEM Ⅰ 52.5R	370	80	0	975	366	400	12.21	4.81	157+26	项目部设计
5-2		370	65	15	975	366	400	12.21	4.81	157+26	

注:用水量为添加用水+集料吸水率,集料吸水率为1.5%。

C85 自密实混凝土配合比性能指标统计表　　　表2

配合比编号	扩展度(mm)	入模温度(℃)	混凝土其他工作性能	强度(MPa) 2d	3d	7d	28d
1-1	740	30.0	符合要求	—	56.4	75.5	88.8
1-2	760	28.6	符合要求		59.7	82.7	100.1
1-3	730	33.8	符合要求		63.1	74.4	—
2-1	680	31.8	符合要求		69.6	82.6	99.1
2-2	710	27.8	符合要求		50.6	65.7	83.0
3-1	710	29.4	符合要求		49.9	87.9	—
3-2	730	29.7	符合要求	47.3	—	66.8	91.7
3-3	720	27.7	符合要求	43.3		64.8	
4-1	710	24.9	符合要求	39.0		76.6	92.8
4-2	750	26.3	符合要求	38.5		77.5	97.6
4-3	740	26.1	符合要求	37.1		74.0	94.5
4-4	760	24.0	符合要求	36.5		78.0	94.2
4-5	710	25.4	符合要求	39.4		79.8	97.4
5-1	700	26.5	符合要求	36.4		76.8	97.4
5-2	710	28.5	符合要求	39.2		79.6	98.1

根据各组混凝土配合比性能试验结果及 EN 206-1 规范规定的极限值暴露等级(耐久性)复核 XC4、XS3 最大水灰比和最小水泥用量均满足要求,结合材料供应情况及经济性要求,选择第 5-1、5-2 组配合比

(28d抗渗透性能为11mm、10mm,满足VDP3≤15mm要求)开展主塔足尺模型对比试验浇筑,确定施工工艺参数并验证选定配合比的符合性。

根据足尺模型试验验证结果,编号5-1混凝土配合比(表3)的混凝土可施工性能较好,浇筑后混凝土外观质量缺陷较少,选择作为最终主塔混凝土施工配合比,大桥最终按此配合比实施后各项指标均符合设计要求,效果良好。

佩列沙茨大桥C85自密实混凝土配合比　　　　表3

材料名称	水泥	粉煤灰	机制砂	碎石		外加剂		水
规格	CEM Ⅰ 52.5R	F类Ⅱ级	0~4mm	4~8mm	8~16mm	减水剂	缓凝剂	自来水
用量(kg/m³)	370	80	975	366	400	12.21	4.81	157+26
配比参数	胶凝材料总量450kg/m³,掺合料(粉煤灰)占比17.8%,混凝土相对水胶比0.35(不考虑集料吸水率含水),绝对水胶比0.407,砂率56%,28d强度97.4MPa,28d抗渗透性能为11mm							

2. 佩列沙茨大桥C85自密实混凝土配合比国内应用验证情况

为了验证佩列沙茨大桥C85自密实混凝土配合比在国内应用的可行性,对水泥、细集料开展试验分析。并选取国内相近规格碎石(5~10mm,10~16mm)粉煤灰(F类Ⅰ级)、外加剂(聚羧酸)材料替代开展混凝土配合比的验证试验,相关性能指标如表4、图1所示。

C85自密实混凝土国内配合比验证情况　　　　表4

配合比	来自佩列沙茨大桥		来自国内相近规格材料				
	水泥	变质岩机制砂	粉煤灰	石灰岩碎石		外加剂	水
	CEM Ⅰ 52.5R	0~5mm	F类Ⅰ级	5~10mm	10~16mm	聚羧酸	自来水
用量(kg/m³)	370	975	80	230	536	9	157
状态	混凝土工作性符合,混凝土流动性、黏聚性良好,坍落度≥240mm,扩展度710mm						
强度验证情况	3d时为42.7MPa;7d时为53.0MPa;28d时为60.4MPa						

注:为验证克罗地亚采用的C85自密实混凝土配合比的再现性,水泥与细集料均采用来自克罗地亚的材料,其余材料为国内同规格材料替代,粗集料经过水洗风干后根据筛分级配组合结果选用。根据验证强度数据分析,强度发展未出现特高强,与佩列沙茨大桥现场应用的配合比强度增长有较大差距。

图1　C85自密实混凝土国内配合比验证工作性能状态

从该配合比验证的情况来看,混凝土工作性能满足,但强度性能未能达到佩列沙茨大桥现场应用的效果,混凝土硬化后强度发展未能再现高强度性能,该混凝土配合比仅与国内同水胶比(0.35)、胶凝材料用量(450kg/m³)混凝土配合比强度的发展吻合,差异产生最大的因素可能源于组成混凝土的各材料质量差异或性状的不同,直接引用佩列沙茨大桥C85高强自密实混凝土配合比应用于国内同类型项目施工还存在材料质量方面的差异壁垒。

为了直观地对比混凝土配合比的各项设计参数及混凝土性能的差异,在国内进行了C85自密实混凝土配合比的设计,下面进行介绍配合比的设计情况。

四、国内C85自密实混凝土配合比设计

国内C85自密实混凝土配合比设计依据《自密实混凝土应用技术规程》(JGJ/T 283—2012)相关规定要求进行,采用绝对体积并依据经验参数法选取、计算配合比各项参数,配合比计算结果如下:

1. 粗集料体积参数

根据混凝土坍落扩展度等级(SF1~SF3)选择粗集料体积,SF1:550~655mm(0.32~0.35);SF2:660~755mm(0.30~0.33);SF3:760~850(0.28~0.30)。要求扩展度在660~755mm时为SF2等级,集料体积选择范围在0.30~0.33之间,择$v_g = 0.32m^3$,粗集料的密度实测一般在2.7~2.8g/cm³,选择2.720g/cm³,即可计算粗集料的用量,换算得到集料的质量。

即:$M_g = 0.32 \times 2.720 = 870 kg/m^3$;

2. 细集料体积参数

根据选择的集料体积,即可确定砂浆的体积为:$v_m = 1 - 0.32 = 0.68 m^3$。

砂浆中砂的体积分数根据经验进行选择,自密实混凝土规范建议范围在0.42~0.45,过大则混凝土的工作性和强度降低,过小则混凝土收缩较大,体积稳定性不良。先选取中值0.43,则$V_s = 0.43 \times V_m$。砂的质量则为$m_s = V_s \times \rho_s$,根据砂的密度2.640g/cm³,即可计算细集料的用量,细集料可选择河砂或符合要求的机制砂。

即:$M_s = 0.43 \times 0.68 \times 2.640 = 772 kg/m^3$。

3. 浆体体积及胶凝材料计算

浆体体积为砂浆体积扣除砂的体积后剩余的体积,亦即$V_p = V_m - V_s = 1000 \times (0.68 - 0.43 \times 0.68) = 387.6L$。根据浆体体积以及组成浆体体积的材料:水泥、粉煤灰、矿渣粉、硅灰、水、外加剂等,综合确定各材料的用量。

4. 水胶比确定

国内混凝土的水胶比计算一般采用改进的保罗米(Bolomy)水灰比公式确定,高强自密实混凝土同样适用,根据JGJ/T 283—2012第5.2.9条规定:在不具备试验统计资料时,水胶比可按式(1)计算(经验计算公式):

$$m_w/m_b = \frac{0.42 f_{ce}(1 - \beta + \beta \cdot \gamma)}{f_{cu,0} + 1.2} \quad (1)$$

其中:$f_{cu,0} = 1.15 \times f_{cu,k} = 1.15 \times 85 = 97.8 MPa$。

因此,根据C85自密实混凝土强度等级、水泥强度等级与各掺合料的拟定用量,经过经验公式的计算,可得水胶比$m_w/m_b = 0.24$。相较于佩列沙茨大桥C85自密实混凝土相对水胶比0.35,水胶比偏小了0.11。为确保强度,选取0.23水胶比,计算数个相关配合比,结果见表5。

国内C85自密实混凝土配合比设计结果(单位:kg/m³)　　表5

配合比方案	水泥 P.Ⅱ52.5	粉煤灰 Ⅰ级	矿渣粉 S95级	硅灰 比表面积≥15000	砂(mm) 0~5	碎石(mm) 5~10	碎石(mm) 10~16	外加剂 聚羧酸	水 自来水
配合比1	424	95	63	51	772	348	522	9.495	147
配合比2	359	126	94	50	772	348	522	9.420	141
配合比3	391	95	95	51	772	348	522	9.480	146

从表中数据可以知道,配合比1胶凝材料密度为633kg/m³,水胶比为0.232;配合比2胶凝材料密度为629kg/m³,水胶比为0.224;配合比3胶凝材料密度为632kg/m³,水胶比为0.231。

3个配合比的工作性能和力学性能试验结果情况见表6。

C85自密实混凝土配合比性能指标 表6

配合比编号	工作性能			力学性能		
	扩展度(mm)	V形漏斗通过时间(s)	其他性能	强度(MPa)		
				3d	7d	28d
配合比1	680	24	符合要求	54.2	68.5	99.5
配合比2	710	18	符合要求	39.5	62.8	95.2
配合比3	700	22	符合要求	61.6	73.6	99.0

从表6可以看出,3组混凝土配合比的工作性能均能满足自密实混凝土的要求,28d强度除配合比2(粉煤灰掺量偏大)未能达到试配强度(97.8MPa)外,配合比1、配合比3硬化后的强度均符合设计要求。

据此可得国内C85自密实混凝土配合比设计参数:胶凝材料总用量约630kg/m³,掺合料由两种以上组成,占比不大于38%,混凝土水胶比约0.23,砂率47%,28d强度99.0MPa。

五、混凝土配合比差异情况及分析

通过佩列沙茨大桥及国内设计的C85高强自密实混凝土参数结果对比看出,国内设计的配合比与佩列沙茨大桥相比呈现较大的差异性,具体表现在:

1. 胶凝材料总用量差异

按照国内自密实混凝土标准设计的C85自密实混凝土配合比胶凝材料用量均大于600kg/m³,远高于佩列沙茨大桥设计的C85自密实混凝土配合比小于500 kg/m³的胶凝材料用量。

(1)从水泥的角度分析。克罗地亚佩列沙茨大桥所使用的水泥CEM Ⅱ 42.5N或CEM Ⅰ 52.5R水泥与国内P·Ⅱ 52.5水泥检测结果进行对比,按照产品相应的标准评判,均为合格产品,但CEM Ⅱ 42.5N比国内P·Ⅱ 52.5水泥表面积偏大。从强度发展情况分析,国内P·Ⅱ 52.5水泥的早期强度偏高,3d抗压强度为35.8MPa,28d抗压强度为58.5 MPa。一般水泥熟料C_3S含量为50%、C_2S含量为20%,但据某个水泥厂的数据显示水泥熟料中C_3S含量为57.35%、C_2S含量为18.45%,说明国内水泥生产制造偏重早期强度,后期强度的发展略显不足。欧标CEM Ⅰ 52.5R水泥3d抗压强度为27.9 MPa,28d抗压强度为62.7 MPa,但根据强度发展情况说明欧标水泥的各项成分比例更合理,对促进水泥混凝土后期强度发展更有利,水泥对比检测结果见表7。

国内与欧标同型号水泥硬化性能指标检测结果 表7

序号	检测项目		技术指标	检测结果对比		
				国内P·Ⅱ 52.5	CEM Ⅱ 42.5N	CEM Ⅰ 52.5R
1	密度(kg/m³)		实测	3120	3030	3070
2	比表面积(m²/kg)		≥300	368	449	369
3	标准稠度用水量(%)		实测	26.4	27.5	28.5
4	胶砂流动度(mm)		实测	193	198	222
5	凝结时间(min)	初凝	≥45	147	180	170
		终凝	≤600	207	268	229
6	安定性[雷氏法(mm)]		≤5.0	1.0	2.0	1.0
7	抗折强度(MPa)	3d	≥3.5	6.1	4.8	5.5
		28d	≥6.5	8.4	8.1	8.3
8	抗压强度(MPa)	3d	≥17.0	35.8	26.1	27.9
		28d	≥42.5	58.5	50.5	62.7

续上表

序号	检测项目	技术指标	检测结果对比		
			国内 P·Ⅱ52.5	CEM Ⅱ42.5N	CEM Ⅰ52.5R
9	不溶物(%)	P·Ⅰ≤0.75 P·Ⅱ≤1.50	0.33	0.92	0.51
10	烧失量(%)	≤5.0	2.95	2.70	3.40
11	C_3S(%)	≤3.5	2.56	2.82	3.31
12	M_gO(%)	≤5.0	2.16	2.16	1.96
13	氯离子(%)	≤0.06	0.038	0.045	0.049
14	碱含量(%)	≤0.6	0.49	0.48	0.54
15	游离CaO(%)	实测	0.69	—	—

(2)从掺合料掺加情况分析。欧标的C85自密实混凝土配合比只掺加占胶凝材料18%的Ⅱ级粉煤灰,国内在混凝土强度等级大于C50时,粉煤灰掺加要求必须为Ⅰ级灰。同时,在混凝土强度等级大于C60时,还必须考虑掺加硅灰或其他掺合料,掺合料占比一般会大于20%,否则很难实现混凝土的高强。

据佩列沙茨大桥足尺模拟验证试验实施结果,掺加硅灰的C85混凝土配合比(5-2)因抗裂作用不佳,最终未能选用,大桥实施选取了仅掺加粉煤灰的配合比,这与国内采用粉煤灰作为掺合料时对混凝土强度影响的理论严重不符,差异明显。

2.水胶比之间的差异

国内高强混凝土为了实现高强,水胶比均取值较小,C85混凝土的水胶比一般取值为0.22~0.24,本次试验结果为0.23。佩列沙茨大桥水胶比与强度的关系与国内不同,表现出水胶比越大混凝土强度越高,例如相对水胶比为0.35,但28d抗压强度仍能达到92MPa以上。

3.集料每方总用量

国内混凝土配合比为1642kg,佩列沙茨大桥混凝土配合比为1741kg,少了100kg。

4.细集料占比

国内配合比细集料占比为46%~50%,佩列沙茨大桥混凝土配合比细集料占比为55%~65%。一般在国内的配合比设计很少使用这么大的砂率。

5.集料整体选择与使用上的差异

粗、细集料的粒径界限与国内不同,欧标规定细集料粒径为0~4mm,粗集料为大于4mm以上粒径。国内以5mm为界限,5mm以上为粗集料,5mm以下为细集料。

欧标EN12620:2002+AL:2008混凝土集料在设计混凝土配合比时规定,粗、细集料混合在一起筛分以确定集料的级配符合性,并做如表8所示的级配限值规定。

欧标对集料级配限值规定　　　　表8

集料规格 (mm)	累计通过混合集料 百分比(%)	筛孔尺寸(mm)							
		0.125	0.25	0.50	1.00	2.00	4.00	8.00	16.00
规范下限值	A16(HRN 1128)(%)	—	3.00	7.00	12.00	21.00	36.00	60.00	100.00
理想级配	B16(HRN 1128)(%)	—	8.00	20.00	32.00	42.00	56.00	76.00	100.00
规范上限值	C16(HRN 1128)(%)	—	18.00	34.00	49.00	62.00	74.00	88.00	100.00
特殊要求值	D16(HRN 1128)(%)	—	3.00	7.00	12.00	30.00	30.00	30.00	100.00

佩列沙茨大桥选用的集料规格为0~4mm、4~8mm、8~16mm三种规格集料,均采用质地较好的沉积变质岩轧制,母岩抗压强度≥130MPa。该岩石外观呈乳白色,经检测鉴定,该岩石主要成分为方解石,其中方解石含量为92%、石英为4.0%、绿泥石1.5%、伊利石为2.5%。用该岩石加工的各级配集料

颗粒均匀、棱角分明，各档材料粒型与级配较好。加工的集料洁净，满足欧标相关技术要求，集料外观情况及成分鉴定如图 2 所示。

a) 佩列沙茨大桥选用的 0~4mm 细集料现场图

b) 佩列沙茨大桥选用的 0~4mm 细集料大样图

c) 佩列沙茨大桥选用的 4~8mm 粗集料现场图

d) 佩列沙茨大桥选用的 8~16mm 粗集料现场图

e) 8~16mm 集料大样图

f) 集料成分鉴定

图 2 佩列沙茨大桥选用集料外观情况

选用集料单粒级及混合级配筛分（按照欧标试验规程试验）结果如表 9 及图 3 所示。

选用集料单粒级及混合级配筛分结果   表 9

集料规格（mm）	通过百分率（%）	筛孔尺寸（mm）								
		0.125	0.25	0.50	1.00	2.00	4.00	8.00	16.00	32.00
0~4	100	18.00	24.00	33.00	48.00	72.00	98.00	100.00	100.00	100.00
4~8	100	1.00	1.00	1.00	1.00	1.00	6.00	87.00	100.00	100.00
8~16	100	1.00	1.00	1.00	1.00	1.00	1.00	3.00	94.00	100.00
0~4	52.00	9.36	12.48	17.16	24.96	37.44	50.96	52.00	52.00	—

续上表

集料规格 (mm)	通过百分率 (%)	筛孔尺寸(mm)								
		0.125	0.25	0.50	1.00	2.00	4.00	8.00	16.00	32.00
4~8	20.00	0.20	0.20	0.20	0.20	0.20	1.20	17.40	20.00	—
8~16	28.00	0.28	0.28	0.28	0.28	0.28	0.28	0.84	26.32	—
合成级配	100.00	9.84	12.96	17.64	25.44	37.92	52.44	70.24	98.32	—
规范下限值	A16(HRN 1128)(%)	—	3.00	7.00	12.00	21.00	36.00	60.00	100.00	
理想级配	B16(HRN 1128)(%)		8.00	20.00	32.00	42.00	56.00	76.00	100.00	
规范上限值	C16(HRN 1128)(%)	—	18.00	34.00	49.00	62.00	74.00	88.00	100.00	
特殊要求值	D16(HRN 1128)(%)		3.00	7.00	12.00	30.00	30.00	30.00	100.00	

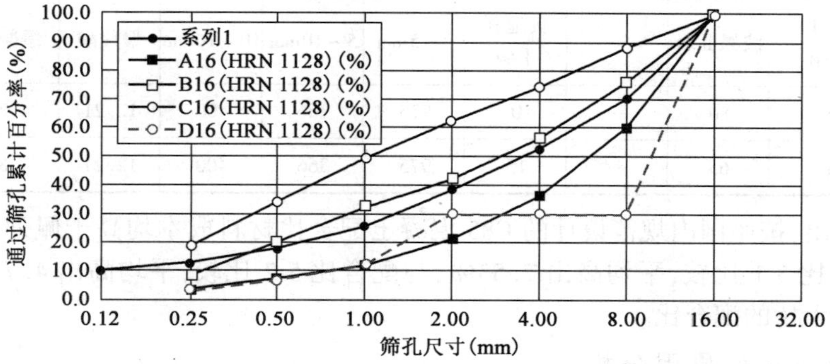

图3 佩列沙茨大桥选用集料合成级配曲线图(按照欧标试验规程筛分)

注:1. 图中系列1为集料实际筛分曲线;
2. 小于0.063mm的微细颗粒为11.7%。

6. 集料吸水率应用及最终用水量上的差异

佩列沙茨大桥配合比设计时使用的集料为饱和面干状态集料,而非含水率指标(绝对含水率),吸水率为必测指标并给予说明,配合比最终确定的用水量为相对用水量,水胶比为相对水胶比。国内设计配合比时集料采用风干集料(含水率基本为0),采用含有水分的集料进行混凝土配合比设计时要测定集料的含水情况(绝对含水率),最终试验确定的用水量为绝对用水量,水胶比为绝对水胶比。如果考虑集料的吸水情况,则配合比用水量会更小,水胶比宜更小。

7. 外加剂之间的差异

外加剂质量和功能性上存在较大差异。佩列沙茨大桥C85自密实混凝土使用的外加剂为高性能减水剂与缓凝剂,与国内采用复合型高效缓凝减水剂不一样,其缓凝剂的添加是根据混凝土性能要求确定。同时,该高性能减水剂的适应性能较好,减水剂的减水性能受材料变化的减水性能影响较小,减水剂的减水母液质量优异,用该母液复配的减水剂成品能适应材料的各种变化而不影响减水效果,同时对提高混凝土强度有利。

由佩列沙茨大桥取回的C85混凝土用减水剂在国内做配合比验证时得到证实,国内C85自密实配合比试验设计用胶凝材料(水泥+粉煤灰+矿渣粉+硅灰)、粗集料、细集料、水等各材料均与当地材料性状不一致,采用由佩列沙茨大桥运回的减水剂按照1.5%胶凝材料总量直接加入混凝土配合比试验。从试验结果分析,混凝土出机情况工作性良好,色泽均匀,坍落度≥240mm,扩展度680mm,满足自密实混凝土的性能要求,未存在外加剂适应性不良的状态。通过后期强度的检验,混凝土的28d强度平均值亦能符合设计要求,说明佩列沙茨大桥使用的减水剂质量性能优异,适应性较强。

8. 经济性分析

为了对配合比经济性进行比较分析,撇开材料地域之间的价格差异,采用相近规格材料、相同单价进行计算比较，经济性分析如表10所示。

C85混凝土配合比国内设计与佩列沙茨大桥经济性计算比较 表10

材料单价（元/t）	600	270	320	1500	200	120	130	8000	5000	5	成本（元/m³）
国内配合比方案	水泥	粉煤灰	矿渣粉	硅灰	砂(mm)	碎石(mm)		外加剂		水	
	P·Ⅱ52.5	Ⅰ级	S95级	—	0-5	5-10	10-16	聚羧酸	缓凝剂	自来水	
国内配合比1	424	95	63	51	772	348	522	9.495	0	147	717
国内配合比2	359	126	94	50	772	348	522	9.42	0	141	695
国内配合比3	391	95	95	51	772	348	522	9.48	0	146	708
佩列沙茨大桥	水泥	粉煤灰	矿渣粉	硅灰	砂(mm)	碎石(mm)		外加剂		水	
	CEM Ⅰ 52.5R	波黑Ⅱ级	—	奥地利Ⅰ级	0~5mm	5~10mm	10~16mm	聚羧酸	缓凝剂	自来水	
配合比5-1	370	80		0	975	366	400	12.21	4.81	157	657
配合比5-2	370	65		15	975	366	400	12.21	4.81	157	675

从表10可以看出，按照国内规范设计的C85混凝土配合比材料成本均高于佩列沙茨大桥实施的配合比成本的，和配合比5-1比较，平均高出7.53%，与配合比5-2比较，平均高出4.7%。从经济性上来看，均劣于佩列沙茨大桥的配合比。

9. 差异情况及可能的原因分析

从佩列沙茨大桥用C85自密实混凝土与国内设计用C85自密实混凝土的组成材料经济性情况分析，佩列沙茨大桥按照欧标设计的C85自密实混凝土配合比较为经济，成本优于按照《自密实混凝土应用技术规程》（JGJ/T 283—2012）设计的C85自密实混凝土配合比。

（1）胶凝材料。国内与欧标胶凝材料之间的差异比较明显，是引起强度和配合比差异的主要原因之一，前文已进行论述。

（2）减水剂。佩列沙茨大桥使用的减水剂适应性和减水效果较好，在混凝土强度增强方面有利于混凝土强度的发展，实现了高强。根据佩列沙茨大桥项目初始提供的设计方案，在配合比设计阶段，混凝土强度与水灰比的关系曲线是由外加剂生产公司提供并以此为依据进行混凝土配合比设计试配，提供C85高强混凝土强度的水灰比均较大。

（3）粗、细集料。通过混凝土性能试验的对比，混凝土在集料质量、级配与技术指标上的差异较大。结合混凝土最紧密堆积骨架结构理论，佩列沙茨大桥所采用的粗、细集料均为以方解石（碳酸钙含量达90%）为主要成分的沉积变质岩，该岩石抗压强度高达130MPa，轧制的0~4mm、4~8mm、8~16mm各级配粗、细集料均不含泥粉，质地干净，颗粒均匀，级配良好，轧制形成的细石粉有效填充空隙，形成致密结构，组配所需较少的胶凝材料也能形成致密、高强度的混凝土。但满足欧标集料各粒级级配的材料并不满足国内集料检验标准，存在技术指标上的差异，0~4mm细集料按国内标准检测质量情况见表11、表12，级配不满足国内标准的任何级配区。

佩列沙茨大桥细集料物理指标检测情况 表11

岩性类别	颗粒级配	细度模数	石粉含量（%）	亚甲蓝指标	表观密度（g/cm³）	堆积密度（g/cm³）	泥块含量（%）	有害物质含量（%）
变质岩	不属于国内级配分区	3.7	15.4	0.5	2.697	1.602	0.8	0.1

佩列沙茨大桥用细集料级配筛分检测情况　　　　表12

级配区	筛孔尺寸(mm)	4.75	2.36	1.18	0.6	0.3	0.15	<0.15
实测累计筛余(%)		0.4	50	65	76	82.2	94	99.8
1区	上限	0	5	35	71	80	85	—
	下限	10	35	65	85	95	97	—
2区	上限	0	0	10	41	70	80	—
	下限	10	25	50	70	92	94	—
3区	上限	0	0	0	16	55	75	—
	下限	10	15	25	40	85	94	—

根据级配计算细度模数,该砂细度模数为3.7,但级配不满足细集料1~3区级配规定。

4~8mm、8~16mm集料检验指标及各档集料级配曲线如表13、表14、图4所示。

佩列沙茨大桥用粗集料物理指标检测情况　　　　表13

集料规格(mm)	表观密度(kg/m³)	振实堆积密度(kg/m³)	针片状含量(%)	含泥量(%)	泥块含量(%)	吸水率(%)	空隙率(%)	压碎值(%)
4~8	2655	1540	2.8	3.4	0.4	1.26	45.0	—
8~16	2650	1540	3.2	0.8	0.2	1.15	45.3	12.4

佩列沙茨大桥用粗集料混合筛分级配检测情况(单位:%)　　　　表14

集料规格(mm)	掺配比例(%)	筛孔尺寸(mm)								
		<0.15	0.15	0.3	0.6	1.18	2.36	4.75	9.5	16	19
0~4	52	0	6	17.8	24	35	50	99.6	100	100	100
4~8	20	0	0	0	0	0	6.2	22.4	98.9	100	100
8~16	28	0	0	0	0	0	1.5	1.8	15.2	98.3	100
合成级配	100	0	3.1	9.3	12.5	18.2	27.7	56.8	76	99.5	100

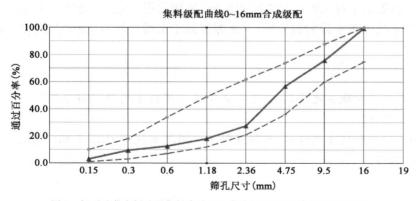

图4　佩列沙茨大桥选用集料合成级配曲线图(按国内集料标准筛分)

对比检测结果看出,合成集料级配曲线基本呈现最大抛物线形,其中4.75mm控制筛孔因国内与欧标筛孔大小不一致,曲线在此处有改变。根据曲线形状,合成集料级配良好,能形成骨架堆积密实结构,有助于节省胶凝材料,提升混凝土强度(国内当前在水泥混凝土方面无粗细集料合成级配评价标准)。

综上所述,佩列沙茨大桥C85高强自密实混凝土配合比因依据的设计原则、材料质量及指标的差异等特点,在克罗地亚佩列沙茨大桥能成功实施,但与国内高强自密实混凝土配合比存在较大差异,在国内暂无法进行推广应用。通过配合比设计之间的对比,也给予了混凝土配合比设计工作者一些启示:

(1)提高自密实混凝土强度等级的措施除了降低水灰比(水胶比)之外,还可以优化集料级配、提高集料粒型堆积质量的调整路径。另外,选用优质高性能外加剂能有效提高混凝土强度,通过外加剂与混凝土强度建立关系曲线优化配合比是另一种设计方向。

(2)高强度等级混凝土的胶凝材料用量不是越多越好,在集料形成骨架堆积密实结构的情况下,一定数量的胶凝材料也能获得较高的混凝土强度等级,给混凝土配合优化研究指明了方向。

六、结　语

经过对比国内与佩列沙茨大桥设计的 C85 高强自密实混凝土配合比,可以得出以下结果:

(1)采用欧标 EN206-1/BS EN206—2013 设计的 C85 高强自密实混凝土配合比经济性较好,但与国内采用《自密实混凝土应用技术规程》(JGJ/T 283—2012)设计的配合比存在较大区别,直接采用欧标设计用于佩列沙茨大桥的 C85 自密实混凝土配合比,无论是在材料性能差异、技术指标,还是配合比设计技术上均存在当前无法跨越的技术壁垒,在国内暂无法推广应用。

(2)国内与欧标在标准规定方面对组成混凝土各项原材料技术指标规定和要求不一致,材料的技术指标对混凝土强度增长影响因素较多,有待进一步研究。

(3)国内与欧标在水灰比(水胶比)与强度的关系曲线不一致,欧标在大水胶比的前提下也能获得较高强度,而在国内当前难以获得。国内同强度等级混凝土配合比在胶凝材料用量上远高于佩列沙茨大桥依据欧标设计的配合比,水胶比远低于欧标设计的混凝土水胶比。

(4)粗、细集料的级配差异是导致 C85 高强自密实混凝土配合比差异的重要影响因素,洁净、颗粒均匀、级配良好的集料更容易获得致密结构,配制混凝土所需的胶凝材料可有效减少,并容易配制出高强致密的混凝土。

(5)在胶凝材料质量标准方面,国内水泥品质、熟料成分、粉煤灰活性指数等指标也是影响胶凝材料用量及后期强度发展的重要因素之一,国内标准与欧标在胶凝材料标准上存在差异。

(6)优质外加剂也是提高混凝土强度的重要质量保证,采用优质高性能外加剂配制混凝土不仅能适应各种原材料变化的影响,同时还能有效提高和保证混凝土的最终强度。

(7)考虑集料饱和面干含水率,是以增加自由水为基础开展混凝土配合比设计的思路,欧标采用拌和用水量+集料总吸水率表示总用水量,水胶比计算时只考虑添加用水量。国内在进行水泥混凝土配合比设计时,未考虑集料吸水率对水胶比和强度的影响,采用总用水量/胶凝材料用量计算水胶比。因此,各类集料的吸水率(尤其吸水率较大的集料)对水泥混凝土水胶比计算、强度发展的影响评价,有待进一步深入研究。

参考文献

[1] 中华人民共和国住房和城乡建设部.自密实混凝土应用技术规程:JGJ/T 283—2012[S].北京:中国建筑工业出版社,2012.
[2] 中华人民共和国住房和城乡建设部.高强混凝土应用技术规程:JGJ/T 281—2012[S].北京:中国建筑工业出版社,2012.

30. 龙门大桥锚碇基础设计

王　昊

(中交公路规划设计院有限公司)

摘　要　圆形地下连续墙作为支护结构,在基坑开挖期间具有良好的受力性能,是悬索桥锚碇基础常用的支护形式,但常规地下连续墙施工工序复杂,工期较长,本文介绍一种施工快速、止水效果好的基坑支护形式,即桩墙组合支护结构,并通过在龙门大桥中的应用,给出设计思路以及简化的设计方法。

关键词 悬索桥 锚碇基础 圆形地下连续墙 计算模型分析

一、引 言

锚碇作为悬索桥的重要组成部分,是将主缆承受的荷载传给基础的关键构件。重力式锚碇是最常见的锚碇结构形式,它依靠自身重力和基础底面与地基之间的摩阻力来抵抗主缆的竖向及水平方向的拉力。地下连续墙具有墙体刚度大、埋置深、施工精度易控、对各种地层适应性强的优点,在大跨径悬索桥中应用较多。我国建成的现代大跨径悬索桥多数采用重力式锚碇,例如武汉阳逻大桥、润扬长江公路大桥、南沙大桥、深中大桥等。

圆形地下连续墙作为支护结构已经在国内广泛应用,王卫东等[1]将全逆做法应用于上海世博会500kV地下变电站工程作为基坑的总体设计方案,采用了支护结构与主体结构全面结合的设计理念,成功实现了超深圆形基坑的设计与施工;赵文艺等[2]采用规范方法和有限元分析方法对棋盘洲大桥南锚碇基坑地下连续墙支护的受力和变形进行了分析;贺炜等[3]结合阳逻大桥锚碇基坑实际案例,对圆形地下连续墙设计的力学概念、环向应力计算方法、土-结构相互作用及环向刚度折减系数等进行了探讨。对传统地下连续墙的计算方式已经有了较为成熟的计算方法,虽然《公路桥涵地基与基础设计规范》(JTG 3363—2019)[4]中给出了桥梁锚碇基础圆形地下连续墙的内力和变形计算方法,但对新型的支护结构计算方法,该规范并不适用,本文对龙门大桥新型大直径桩+二期槽段支护形式进行介绍及并对简化的计算方法进行研究。

二、工程概况

龙门大桥项目属于国道G228(丹东—东兴)的一部分,桥位处于广西钦州茅尾海的出海口,也是平陆运河出海口。综合考虑地形、路线走向、通航、工程规模等因素,龙门大桥采用主跨1098m单跨吊钢箱梁悬索桥,主缆跨径布置为251m+1098m+251m,矢跨比1/10,主梁跨径布置为50m+1098m+50m,主梁在索塔位置采用飘浮体系。桥型布置如图1所示。

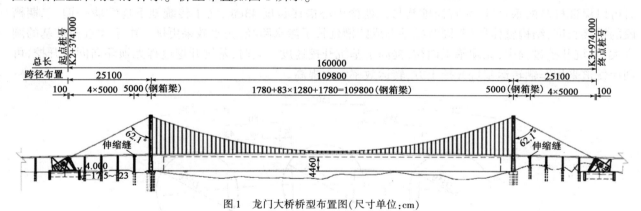

图1 龙门大桥桥型布置图(尺寸单位:cm)

三、锚碇基础方案

西锚碇区域覆盖层为沉积的表层淤泥,层厚2.0~10.70m,下伏基岩为强风化泥质粉砂岩、中风化泥质粉砂岩、强风化砂岩、中风化砂岩,该区域中风化岩层顶埋深11.20~18.00m,层位相对稳定,所以西锚碇基础选择中风化岩作为天然地基持力层。东锚碇区覆盖层为角砾及碎石,大部分地段基岩裸露,出露基岩为强风化砂岩、中风化砂岩、强风化页岩、中风化页岩,其中强风化岩厚度大,起伏较大,所以东锚碇选择强风化岩作为天然地基持力层。

龙门大桥锚碇采用重力式锚碇和空腹式锚体,根据水文地质条件,选用地下连续墙基础是合适的,圆形地下连续墙基础直径90m,首次采大直径桩基+二期槽段地下连续墙的方案作为基坑开挖的支护结构。桩基直径3.5m,桩基52根、二期槽52个槽段,桩基直径3.5m;二期槽段长2.8m,宽1.5m,二期槽段与桩基在轴线处搭接长度为0.431m。地下连续墙嵌入中风化岩层5m,基础顶高程为+4.0m,基础底高程为-12.5m(西锚碇),-12.0～-10.0m(东锚碇),散索鞍间距为36.2m,IP点高程43.0m。锚碇一般构造如图2所示。

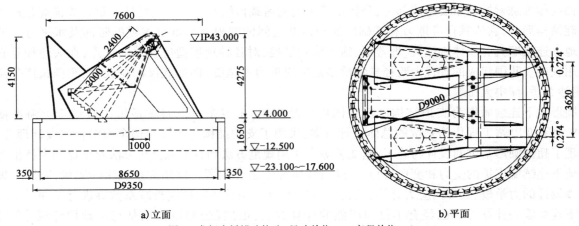

a) 立面　　　　　　　　　　　　　　　b) 平面

图2　龙门大桥锚碇构造(尺寸单位:cm;高程单位:m)

四、桩墙组合支护结构的设计

1. 设计理念

传统地下连续墙的墙体施工分为一期、二期槽段,一期、二期槽段中心搭接长度一般为25cm左右,均采用铣槽机成槽,成本较高。为保证结构刚度,在基坑开挖过程中,需在地下连续墙内侧同步施工内衬,基坑各个位置需控制等深度同步开挖,造成基坑开挖效率较低。为解决传统地下连续墙的上述缺点,在龙门大桥的锚碇基坑支护设计中,结合咬合桩与地下连续墙的特点,提出了大直径桩基+二期槽段的支护方案,如图3所示,桩顶设置冠梁,增加整体性。大直径桩基采用旋挖钻成孔,施工速度快,成本低,同时可以保证桩基的垂直度;大直径桩基与二期槽中心搭接长度43cm,大于传统地下连续墙一期、二期槽段的搭接长度,结构整体性好,同时桩基形成凹槽延长了渗水路径,止水效果更优。由于大直径桩基的刚度大,基坑开挖过程中,无须施工内衬,提高了基坑开挖速度。同时,基坑开挖过程无须环向同步开挖,可利用便道采用车辆转运基坑开挖土方,转运效率大大提高。

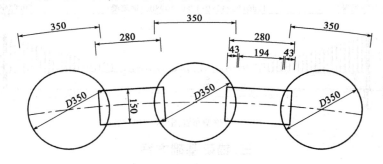

图3　大直径桩+二期槽段搭接示意(尺寸单位:cm)

2. 计算分析

1)计算参数

以地质情况更不利的西锚碇为例,对区域内钻孔进行分析,选取软土较厚的CBZK03孔进行分析,土层的名称和物理力学参数见表1。钻孔CBZK03处桩基考虑26.5m,其中5m嵌入中风化岩层,开挖到高程-12.5m。

土层分布及物理力学参数 表1

土层名称	重度 γ(kN/m³)	浮重度 γ'(kN/m³)	内摩擦角 φ(°)	黏聚力 c(kPa)
回填砂	20	20	30	0
淤泥	16.3	17	15	0.001
泥岩	23.1	23.4	26	0.2
强风化砂岩	23.9	24.8	37.2	1
中风化砂岩	26.5	26.9	45.6	1.9

考虑支护结构位移限值较小,外侧土压力按静止土压力计算,采用水土分算的方法计算水土压力。内侧基底下土层用弹性连接进行模拟,采用 m 法的水平地基反力系数。

根据《公路桥涵地基与基础设计规范》(JTG 3363—2019)附录 T,圆形围护结构的径向刚度可以按式(1)计算:

$$K_d = \alpha \frac{E_1 d}{R_0^2} \tag{1}$$

式中:E_1——地下连续墙材料弹性模量(kN/m²);

d——地下连续墙有效厚度,设计中保守取二期槽厚度 1.5m;

R_0——支护结构中心线半径;

α——修正系数,应根据工程具体情况研究采用,本项目取 0.4。

计算得到 K_d = 8888.89kN/m²,按 2m 间距施加 5.44m 宽度刚度 K = 96711kN/m。

桩顶冠梁刚度按式(2)计算:

$$K = \frac{E_2 A}{R^2} \tag{2}$$

式中:E_2——冠梁材料的弹性模量(kN/m²);

A——考虑施工偏差影响下的帽梁有效截面面积(m²);

R——帽梁截面中心线半径(m)。

计算得到 K = 133333kN/m。

2)计算模型

设计中采用两种计算模式进行分析,第一种方式采用桩基单算:3.5m 桩基独立承受桩基 + 二期槽宽度内的土压力,受力宽度按 5.44m 计;第二种方式考虑二期槽与桩基分别计算,桩基和二期槽对应节点之间采用刚性连接。

3)计算结果

采用 midas Civil 建立两种计算模式的有限元模型。计算得到桩及二期槽段的内力及位移,如图4、图5所示。其中合算模型的桩与二期槽之间的刚性连接最大剪力 338kN,平均剪应力 0.225MPa,故可认为桩基和二期槽可以协同受力。

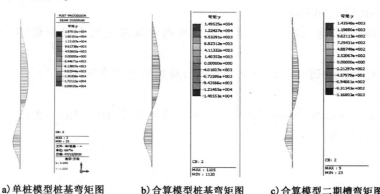

a)单桩模型桩基弯矩图　　b)合算模型桩基弯矩图　　c)合算模型二期槽弯矩图

图4　桩基及二期槽弯矩图(单位:kN·m)

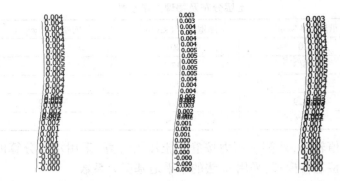

a) 单桩模型桩基位移图　　b) 合算模型桩基位移图　　c) 合算模型二期槽位移图

图5　桩基及二期槽位移图（单位：m）

锚碇基础施工阶段支护结构,考虑后期参与整体受力,需控制裂缝,钢筋混凝土受弯构件正截面对混凝土及钢筋进行应力验算。混凝土应力按16.08MPa控制,钢筋应力按100MPa控制。两种模式验算结果见表2。由计算结果可知,单桩模型钢筋应力略超100MPa,其余模型钢筋及混凝土应力满足限值要求。

验算模型结果　　　　　　　　　　　　　　　　　　　　表2

项目	高程位置 (m)	最大弯矩 (kN·m)	轴力 (kN)	混凝土应力 (MPa)	钢筋应力 (MPa)	备注
单桩模型	-7	17781	3562	6.13	110	受拉侧双层钢筋
	-17.5	16840	6963	4.98	107.9	受拉侧单层钢筋
合算模型桩基	-7	14855	2751	5.12	94	受拉侧双层钢筋
	-17.5	14952	5378	4.49	99	受拉侧单层钢筋
合算模型二期槽	-7	1151	828	1.91	21.43	受拉侧单层钢筋
	-17.5	1390	1618	2.61	26.96	受拉侧单层钢筋

五、结　语

综上所述,龙门大桥锚碇创新采用"3.5m大直径桩+二期槽"的圆-矩咬合桩支护结构,为业内首次采用的复合锚碇基础结构形式。仅支护结构施工即可缩短2个月施工工期,总工期节约6个月。比"地下连续墙+内衬"结构节省约10%的钢筋混凝土工程量,单从提升工效方面可节省成本300多万元。与传统地下连续墙支护相比,大直径桩+二期槽段支护形式施工效率更高,止水效果更好,具有较广阔的工程应用前景。

参考文献

[1] 王卫东,朱伟林,陈峥,等.上海世博500kV地下变电站超深基坑工程的设计、研究与实践[J].岩土工程学报,2008,30(S1):564-576.

[2] 赵文艺,汪西华,韩冬冬,等.棋盘洲长江公路大桥南锚碇深基坑支护分析[J].公路,2019,64(4):135-140.

[3] 贺炜,凡子义,罗超云,等.圆形地连墙设计关键问题及轴对称有限元法[J].中国公路学报,2017,30(9):101-108.

[4] 中华人民共和国交通运输部.公路桥涵地基与基础设计规范:JTG 3363—2019[S].北京:人民交通出版社股份有限公司,2020.

31. 主跨428m三塔自锚式悬索桥设计创新[①]

陈 亮 邵长宇 常付平

(上海市政工程设计研究总院(集团)有限公司)

摘 要 济南凤凰路黄河大桥主桥为国内最大跨径的三塔自锚式悬索桥,具有大跨、超宽、公轨合建等特点,存在中塔效应问题。根据工程建设条件及特点,本文创新设计了中央扣结构体系,以及刚性中央扣、组合桥面、钢-钢混混合型桥塔结构构造,从而提高了桥梁结构的总体受力性能及主梁、主塔的耐久性能。

关键词 自锚式悬索桥 三塔 结构体系 中央扣 组合桥面 混合塔

一、引 言

三塔悬索桥可提高结构跨越能力,是实现宽广水域连续跨越的理想桥型。三塔悬索桥与两塔悬索桥在结构受力性能上有较大区别,往往存在中塔效应问题。因此,当其中一中跨加载、另外一中跨空载时,主缆抗滑移、整体竖向刚度以及主塔本身的强度等问题需要特别关注。已建三塔地锚式悬索桥实例较多,也有诸多文献对其进行研究[1-4],主要通过中塔形式选取、塔梁连接方式、缆梁连接方式来满足结构受力性能要求。文献[2]认为中央扣对三塔四跨地锚式悬索桥结构竖向刚度及主缆抗滑系数的影响非常明显,设置中央扣后,这两项指标显著改善。自锚式悬索桥尚无采用中央扣的相关文献研究。

自锚式悬索桥可以省去两侧锚碇,在软土地基条件下往往具有良好的经济性能。银川滨河黄河大桥为三塔自锚式悬索桥,主跨跨径为218m,文献[5]认为,该工程跨径范围内,结构整体刚度及中边塔处主缆抗滑移指标对结构体系不敏感,即不存在前述中塔效应问题。于2022年1月建成开通的济南凤凰路黄河大桥主桥主跨跨径428m、桥宽61.7m,是世界上最大跨径的三塔自锚式悬索桥,具有大跨径、超宽、公轨合建等特点。本文以该工程为背景,介绍三塔自锚式悬索桥的设计创新技术。

二、桥梁概况

济南凤凰路黄河大桥主桥采用三塔自锚式悬索桥,跨径布置为70m+168m+428m+428m+168m+70m,如图1所示。道路等级为一级公路兼城市主干路,双向八车道,单幅机动车道宽15.5m,中间设10.2m轨道交通预留空间,两侧各设3m非机动车道和1.75m人行道,桥面总宽61.7m,见图2。本桥为公轨合建桥梁,两个70m锚跨的设置起到主缆锚固压重作用,并使梁端转角大幅度减小,以满足轨道交通列车走行性要求。主梁为箱形断面,梁高4m,车行道范围为组合桥面。主缆中跨矢跨比约为1/6,吊索标准间距9m。A形索塔两个塔柱从车行道与轨道交通之间穿过,为钢与钢混组合形成的混合桥塔结构,钻孔灌注桩基础。

[①] 山东省交通运输厅科技计划基金项目:大跨度组合梁自锚式悬索桥和连续梁桥关键技术研究,2018B04-02。

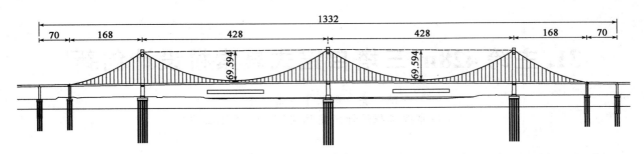

图1 主桥总体布置图(尺寸单位:m)

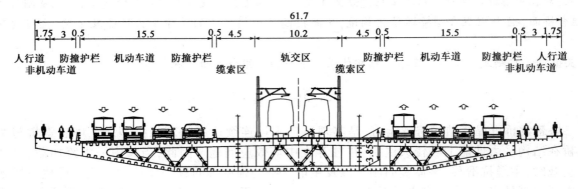

图2 主桥标准断面图(尺寸单位:m)

三、结构体系创新

对于三塔自锚式悬索桥，中边塔塔底最大纵向弯矩、主缆鞍内抗滑移系数及主梁活载最大竖向位移是力学性能的重要参数，也是结构设计的重要指标。下面通过有限元计算，研究4个方案对力学性能指标的影响。方案一为常规竖直吊杆、塔梁分离方案，方案二在方案一基础上中塔刚度增加1倍，方案三在方案一基础上增设中塔塔梁纵向固定约束，方案四在方案一基础上两个中跨跨中设置中央扣代替竖直吊杆。4个方案计算结果详见表1。

结构体系对力学性能的影响比较　　　表1

方案	边塔弯矩(MN·m)	中塔弯矩(MN·m)	边塔主缆抗滑移系数	中塔主缆抗滑移系数	主梁活载位移(m)
一	924	1033	2.10	2.24	2.11
二	1032	1211	2.00	1.96	1.81
三	552	985	2.38	1.96	1.83
四	706	587	2.17	2.95	1.34

由表1可见，相比于方案一，方案二边、中塔塔底弯矩分别增大12%、17%，边、中塔主缆抗滑移系数分别降低5%、13%，结构竖向刚度增大14%。中塔刚度的增大能提高结构竖向刚度，但在主塔受力及主缆抗滑安全性方面均有不利影响。

相比于方案一，方案三边、中塔塔底弯矩分别降低40%、5%，边塔主缆抗滑移系数增大13%，中塔主缆抗滑移系数降低13%，结构竖向刚度增大13%。中塔处设置塔梁纵向固定约束后，主梁主缆锚固点处的纵向移动有了一定限制，边跨主缆对边塔的约束增大，大幅降低了边塔塔底的纵向弯矩，而加劲梁对中塔的约束增大了中塔刚度，从而降低了中塔主缆鞍内抗滑移系数。

相比于方案一，方案四边、中塔塔底弯矩分别降低24%、43%，边、中塔主缆鞍内抗滑移系数分别提高3%、31%，结构竖向刚度增大36%。自锚式悬索桥主缆锚固于主梁，设置中央扣后缆、梁、塔整体性更好,可显著提高结构整体刚度,有效改善主塔特别是中塔的受力性能及该处主缆的抗滑移性能。

综上所述,方案四设置中央扣的缆梁约束结构体系对于边中塔受力性能、边中塔主缆抗滑移系数及结构刚度而言最优,为工程最终采用方案。国内悬索桥首先采用刚性中央扣构造的为润扬长江公路大桥[6],旨在减少活荷载引起桥面的纵向位移和解决风振等引起跨中短吊索的疲劳问题。本工程把中央扣构造首次引入三塔自锚式悬索桥,明显改善了结构的受力性能。

四、中央扣创新

为提高三塔悬索桥受力性能,设计采用刚性中央扣将主缆和中跨跨中梁段刚性连接。两个中跨跨中分别设置3对刚性中央扣,由索夹及连接加劲梁与索夹的三角钢桁架组成,详见图3。索夹采用铸焊结构,三段独立索夹曲线长度分别为4.49m、4.16m、4.49m。为使3对串联中央扣能相对均匀地传递纵向不平衡力,设计采取如下几个优化措施:①主缆至钢桥面竖向垂直距离为3.7m,桁架杆件与主梁的夹角约为60°;②桁架杆件工字形截面在中央扣面内为弱轴,面外为强轴;③适当增大第2对中央扣两个桁架杆件截面刚度。中央扣将承受运营期较大的疲劳荷载,疲劳设计非常重要。为避免焊接引起的疲劳,中央扣杆身上、下端分别用高强度螺栓与索夹及主梁连接。设计中央扣主要承受运营期缆梁间的纵向不平衡力,为优化中央扣索夹抗滑受力及钢桁架受力,施工时在中央扣位置首先张拉临时吊杆,待全桥索力调整完成后,再逐步安装钢桁架杆件。图3列出了桁架杆件恒、活载下轴力及索夹两个方向的滑移力。其中:活1工况为中央扣所在跨空载,另一中跨满载;活2工况为中央扣所在跨满载,另一中跨空载;杆件内力"+"为拉、"-"为压。

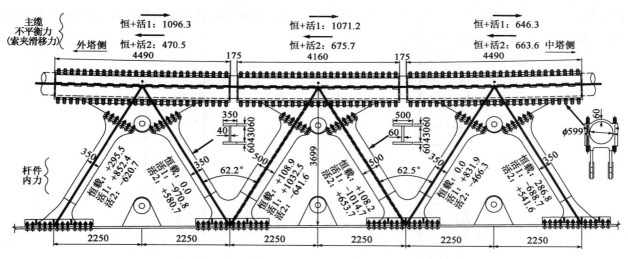

图3 中央扣构造及受力图(尺寸单位:mm;荷载:t)

五、组合梁创新

自锚式悬索桥采用组合梁作为加劲梁,可以使混凝土参与承担主缆引起的主梁轴向压力,并改善桥面受力性能。主跨218m的银川滨河黄河大桥以及主跨370m的舟山市小干二桥[7]等自锚式悬索桥采用组合梁作为加劲梁,且均为传统纵横梁+预制混凝土桥面板形式。本工程自锚式悬索桥主跨跨径达428m,为适当减轻桥面重量,在车行道部分采用正交异性组合桥面板形式,详见图4。其中横隔板纵桥向间距4.5m,钢顶板厚12mm,U肋厚8mm,U肋高300mm,U肋中心距720mm。C60低收缩混杂纤维混凝土层厚120mm,抗折强度要求不小于12MPa,经配合比试验,确定水胶比为0.18,钢纤维含量为80kg/m³,合成纤维含量为0.5kg/m³。桥面板纵向采用φ22mm钢筋,双层布置,横向采用φ16mm钢筋,单层布置,间距均为120mm。混凝土与钢顶板间采用直径16mm、高度90mm剪力钉连接,标准间距纵横向均为360mm。

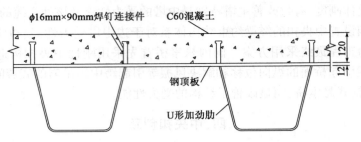

图 4　组合桥面结构图

自锚式悬索桥通常采用先梁后缆法施工。本工程在河中设置临时墩,钢主梁顶推到位后分批浇筑混凝土,再进行吊杆张拉完成体系转换。自锚式悬索桥加劲梁采用组合梁比钢梁时复杂,设计计算需考虑钢混两个分部的分步施工过程,应尽量避免将不利内力锁定到组合梁截面。临时墩间距越小对组合梁受力越有利,本工程综合考虑河道部门要求及施工措施费用后确定临时墩间距为60m。

六、混合塔创新

经前期研究,本工程大跨径超宽三塔自锚式悬索桥采用混凝土塔难以满足受力要求。国内外部分大跨径桥梁中塔采用钢塔,边塔采用混凝土塔[8];部分桥梁钢塔钢混接头设置于主梁高度处[8-9],部分钢塔直接锚固于承台;南京江心洲长江大桥则采用组合塔设计。与三塔地锚式悬索桥不同,本桥边塔受力与中塔相当。结合结构受力、耐久性及防撞要求,最终三座主塔均采用钢-钢混混合型桥塔,即边中塔均采用上段钢塔、下端组合塔的混合塔形式,详见图5。边塔总高116.1m,其中组合塔段高11.1m;中塔总高126m,组合塔段高17m;钢结构均伸入承台2.5m。

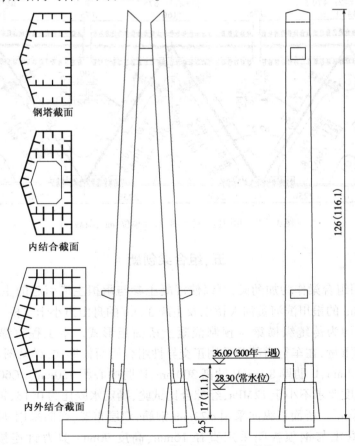

图 5　主塔结构(括号内数据适用于边塔,单位:m)

钢塔段塔柱为五边形单箱三室截面,三座主塔下横梁以上部分构造相同。下端组合塔设计主要考虑结构受力及耐久性及防撞要求。考虑桥位处Ⅳ级航道和洪水时防撞需求,300年一遇水位以下塔段采用组合桥塔。常水位至300年一遇水位间塔段仅塔壁内侧与混凝土结合,常水位以下考虑钢结构耐久性塔壁外侧亦与混凝土结合,钢与混凝土通过开孔板及剪力钉连接。

七、结语

济南凤凰路黄河大桥三塔自锚式悬索桥具有大跨径、超宽、公轨合建等特点,存在中塔效应问题。根据工程建设条件及特点,创新设计应用了中央扣结构体系,以及刚性中央扣、组合桥面、钢-钢混混合型桥塔结构构造,为相关工程建设提供参考。

参考文献

[1] 沈锐利,侯康,王路.三塔悬索桥结构竖向刚度及主缆抗滑需求[J].东南大学学报(自然科学版),2019,49(3):474-480.
[2] 沈锐利,侯康,张新.三塔四跨悬索桥合理结构布置形式研究[J].中外公路,2019,39(3):101-106.
[3] 唐贺强,张强,杨光武.马鞍山长江公路大桥三塔悬索桥结构体系选择[J].桥梁建设,2011(1):5-9.
[4] 万田保,王忠彬,韩大章,等.泰州长江公路大桥三塔悬索桥中塔结构形式的选取[J].世界桥梁,2008(1):1-4.
[5] 张德明.银川滨河黄河大桥工程主桥结构体系研究[J].城市道桥与防洪,2018(1):25-28.
[6] 单宏伟,韩大章,吕立人.润扬长江公路大桥悬索桥中央扣设计[J].公路,2004(8):58-61.
[7] 常付平.舟山市小干二桥工程主桥设计[J].桥梁建设,2016,46(6):83-87.
[8] 张强,徐宏光.马鞍山长江公路大桥设计与创新[J].桥梁建设,2010,46(6):1-5.
[9] 崔冰,孟凡超,冯良平,等.南京长江第三大桥钢塔柱设计与加工[J].中国铁道科学,2005,26(3):42-47.

32. 金谷赤水河大桥总体设计

张聪正[1]　陈虎成[2]　王　鑫[2]　刘得运[1]

(1.中交公路长大桥建设国家工程研究中心有限公司;2.中交公路规划设计院有限公司)

摘　要　金谷赤水河大桥为83.5m+173.5m+575m+173.5m+83.5m的双塔双边工字钢组合梁斜拉桥,采用静力限位-动力阻尼、过渡墩和辅助墩设置摩擦摆支座的减震体系。桥塔为收腿A形索塔,北塔总高259m,南塔总高215m,南北索塔各布置上下两道横梁,塔柱为钢筋混凝土构件,横梁为预应力混凝土构件;斜拉索为空间双索面,全桥共设92对斜拉索,采用标准抗拉强度为1860MPa的1×7股单丝涂覆环氧涂层预应力钢绞线,桥塔端通过钢锚梁进行锚固。桥面全宽38m,两侧各设置2.9m宽的气动翼板,双边工字梁中心间距36m,并与小纵梁、横梁形成网格支承于桥面板下方;辅助墩采用不设盖梁的分离式双柱墩,方便运营期检查车通行。结构计算结果表明,大桥结构刚度及应力均满足要求,抗风抗震性能满足规范要求。

关键词　斜拉桥　静力限位-动力阻尼　双边工字钢组合梁　气动翼板　不等高桥塔

一、引言

1. 工程概况

金谷赤水河大桥跨越黔川两省交接的赤水河,南岸为贵州省金沙县清池镇,北岸为四川省古蔺县椒园乡,该大桥对于打造中国白酒金三角及云贵川渝旅游环线、促进资源有效利用、巩固沿线城镇脱贫成果、推动乡村振兴具有十分重要的意义。大桥以跨中位置为界分属黔、川两省。该桥主桥全长 1089m,大桥采用不同塔高、墩高依山而建,最大限度地保护了原有山貌。

主桥跨径布置为 83.5m+173.5m+575m+173.5m+83.5m,为双塔双索面组合梁斜拉桥,主梁采用双边工字形边主梁结合桥面板的整体断面,桥面板全宽 38m,桥梁全宽 43.8m,为同等宽度采用双边工字组合梁跨径最大的桥梁。索塔采用收腿的 A 形造型,两侧各布置 23 对斜拉索,南塔位立于山顶,北塔位于山坡。斜拉索梁上标准间距为 12m,辅助跨范围梁上间距为 8.1m,索塔附近主梁无索区长度 35m,拉索梁上采用锚拉板锚固、塔上采用钢锚梁锚固。南、北辅助墩均采用混凝土片墩,横向两片墩分离以方便检查车通过,南过渡墩墩身采用门框架的形式,桩基均采用群桩基础。桥梁总体布置图如图 1 所示。

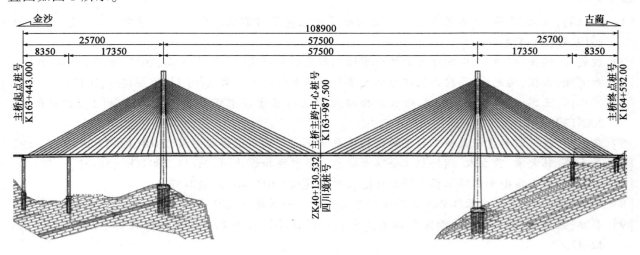

图 1　桥梁总体布置图(尺寸单位:cm)

2. 主要技术标准

(1)荷载等级:公路—Ⅰ级。
(2)设计速度:100km/h。
(3)设计使用寿命:100 年。
(4)抗风设计标准:基本风速 $V_{10}=24.5\text{m/s}$;运营阶段设计重现期 100 年;施工阶段设计重现期 20 年。
(5)地震设防标准:地震动峰值加速度 $0.05g$,地震反应谱特征周期 0.35s,基本烈度Ⅵ度;采用 100 年 10% 和 100 年 4% 两阶段标准设防。
(6)设计洪水频率:1/300。
(7)耐久性设计环境类别:Ⅰ类。
(8)主要材料:桩基采用 C35 混凝土,墩身、台身、承台以及防撞护栏混凝土底座采用 C40 混凝土,索塔塔身采用 C50 混凝土,混凝土预制桥面板采用 C60 混凝土,后浇部分采用 C60 微膨胀混凝土。工字梁采用 Q370qD 钢材,普通钢筋分为 HRB500、HRB400 和 HPB300 三种。

二、结构设计

1. 结构体系

金谷赤水河大桥采用半飘浮结构体系,在索塔下横梁处设置竖向支座,塔柱内侧设置横向抗风支座,索塔下横梁与主梁之间共设置 4 个纵向静力限位-动力阻尼装置以减小梁端位移和索塔地震响应,横向设置 4 个新型减震耗能抗风支座,辅助墩顶设置双向活动型摩擦摆减隔震支座,过渡墩、桥台处设置纵向活动型和双向活动型摩擦摆减隔震支座,约束装置布置如图2所示。

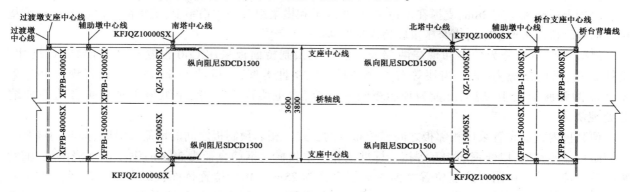

图2 桥梁约束装置布置图

2. 主梁

主梁断面采用双边工字主梁,与横梁、小纵梁通过摩擦型高强度螺栓连接形成钢梁格框架,并在其上安装预制混凝土桥面板。边主梁梁段顶板之间采用熔透焊接,避免采用顶板螺栓连接拼接板时削弱局部剪力钉,腹板、底板和纵向加劲肋采用高强度螺栓栓接;预制混凝土桥面板之间通过现浇微膨胀混凝土湿接缝形成整体,混凝土湿接缝通过焊接于钢梁上的抗剪栓钉群与钢梁形成组合梁结构体系,共同受力。

主梁断面宽度38m,边主梁中心距36m,钢梁高3m,根据构造及施工架设的需要,全桥钢梁划分为21种类型梁段,长度6.3~12.0m不等,共99个梁段,标准梁段长度12.0m,跨中合龙段长度7.8m,主梁标准横断面如图3所示。为方便混凝土桥面板纵向现浇缝的浇筑及减小预制桥面板的跨径,在横梁中部及距离主梁中心线8.75m两侧各设置一道小纵梁。小纵梁高0.5m,采用工字形截面,上翼缘宽0.5m,厚1.4cm,下翼缘宽0.24m,厚1.2cm。钢横梁划分为10种类型,采用工字形断面,标准间距4.0m,压重段间距2.7m;标准横梁/压重横梁尺寸:顶板宽0.7/0.9m、厚2.8/4.0cm,底板宽0.8/1.0m、厚3.0/5.0cm,腹板厚1.4/2.0cm。

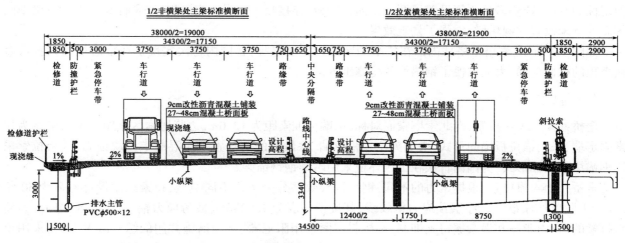

图3 主梁标准横断面图(尺寸单位:mm)

主梁抗风构造采用主梁两侧外伸气动翼板的形式,气动翼板为水平翼板+L形倒角形式。气动翼板厚度8mm,水平翼板宽3.39m,底板宽0.2m;L形倒角宽1.2m,纵向长度与主梁节段长度一致。

钢主梁采用Q370qD钢材,气动翼板采用Q235C钢材;高强螺栓采用35VB钢,性能等级10.9S,设计抗滑系数$f \geq 0.45$;剪力钉采用圆柱头焊钉,焊钉材料为ML15或ML15AL钢。斜拉索在钢梁上的锚固采用了锚拉板结构形式,锚拉板采用 Q420qE 钢材。

混凝土桥面板全宽 38m,支撑在由边主梁、小纵梁和横梁组成的梁格系上,支承部位设置 1cm 橡胶垫块。标准段桥面板厚 27cm,边跨压重段桥面板厚 48cm。

混凝土桥面板分为预制和现浇两部分。混凝土预制桥面板采用 C60 混凝土,结合预制板尺寸、钢筋布置、纵向预应力孔道、齿块等布置,预制板分 99 种类型,全桥共 1160 块。桥面板现浇部分采用 C60 微膨胀混凝土,现浇位置为预制板间现浇缝、边主梁顶现浇带、小纵梁顶现浇带和边跨伸缩缝处现浇段。

预制板内钢筋布置采用相邻板之间错位布置的方式。相邻预制板之间的钢筋在纵向、横向均错开一个钢筋直径的宽度,以便钢筋相互焊接。标准板和压重板横向钢筋直径为 20mm;钢主梁现浇区域、辅助墩墩顶以及中跨跨中附近防裂位置桥面板纵筋直径为 25mm,其余位置桥面板纵向钢筋直径为 22mm。接缝处钢筋采用扣环搭接并设置插筋,钢筋伸出预制板的部分弯制成环形,环形钢筋的成型应采用闪光对焊。

3. 桥塔

桥塔是彰显斜拉桥个性特点和影响桥梁整体景观效果重要的因素之一,桥塔景观造型设计需要实现建筑造型和结构受力之间的相互和谐。索塔围绕"与环境相协调、标志性突出、利于结构整体受力、方便施工"四个原则开展设计,设计初期提出三横梁、二横梁和收腿 A 形塔三种方案,经过比选,桥塔确定采用收腿 A 形塔的形式。该方案塔顶设置"酒樽"形塔冠,让挺拔的桥塔更显稳重,同时,塔冠的形状与享誉世界的名酒——茅台酒厂门框遥相呼应,携手促进贵州省经济腾飞。

索塔包括上塔柱、中塔柱、下塔柱、上横梁和下横梁,索塔构造如图 4 所示,其中上塔柱(含塔冠)高 86.7m,中塔柱高 85.4m,下塔柱高 44.9m(南塔)/88.9m(北塔),总高 217m(南塔)/261m(北塔)。索塔在桥面以上高度约为 158m,高跨比为 0.275。塔柱采用空心箱形单箱单室断面,单侧上塔柱横桥向尺寸 6m,顺桥向为等宽 8m,顺桥向壁厚 1.0m,塔柱横桥向的壁厚均为 0.9m,中间设钢锚梁;中塔柱横桥向尺寸为等宽 6m,顺桥向尺寸由 8.0m 变化到 10m,塔柱顺桥向壁厚 1.20m,横桥向壁厚 1.0m;下塔柱横桥向尺寸由 6.0m 变化到 9.0m,顺桥向尺寸由 10m 变化到 12m,下塔柱两个方向的壁厚均为 1.6m;下塔柱底设 2.5m 高实心段;索塔设置两道横梁,下横梁高 7.5m,上横梁高 5m。由于北塔下塔柱较高,为增加塔柱稳定性和刚度,两侧塔柱之间设置了两道横向连接板,连接板中间设一道隔板,这是首次在山区桥梁中同等高度下未设置常规塔墩,增强了景观效果。

如图 4c)所示,索塔上塔柱内部在狭窄的区域设置了电梯,在国内首次实现了在窄塔柱内设置可直通塔顶的检修电梯,大大方便了钢锚梁的检修维养。

4. 斜拉索

全桥共 4×23 对拉索,南北索塔索面对称,梁端标准索距为 12.0m,边跨尾索区索距 8.1m;梁端为拉索固定端,采用锚拉板锚固形式,塔端为拉索张拉端,除最低的两对索采用混凝土齿块锚固,其余拉索采用钢锚梁的锚固形式,为国内首次在山区环境采用耐候钢钢锚梁。

全桥共 184 根拉索,根据索力的不同,钢绞线根数共分为 7 种不同类型,拉索采用设计寿命为 50 年的 1×7 股单丝涂覆环氧涂层预应力钢绞线,其抗拉强度为 1860MPa,疲劳应力幅不低于 280MPa。为使斜拉索的风/雨激振和涡激振得到抑制,本桥斜拉索采用阻尼器、气动措施并用的综合减振方案;采用单根 PE 护套和外层彩色的 HDPE 护套的防护体系。全桥斜拉索张拉端采用减震橡胶圈阻尼器,固定端采用内置式黏性剪切阻尼器;拉索采用内置阻尼器为国内首次,弥补了目前国内大跨径斜拉桥外置式阻尼器和锚拉板一同设置造成的桥面景观的不足。

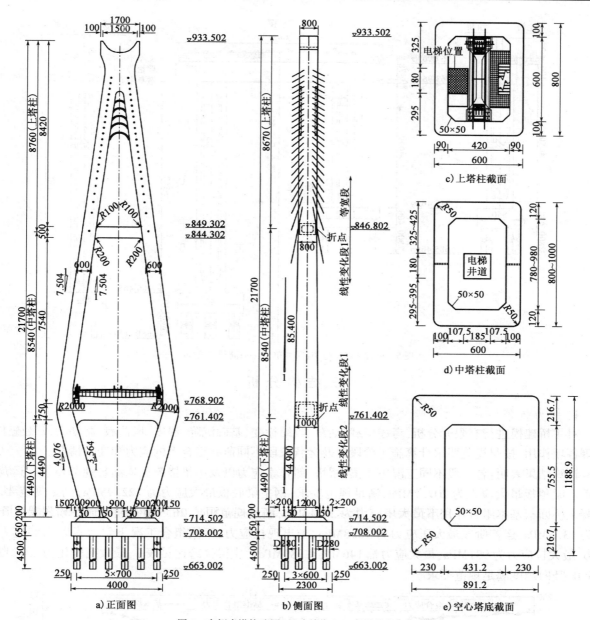

图4 南侧索塔构造图(尺寸单位：cm；高程单位：m)

5. 辅助墩和过渡墩

南过渡墩墩身采用门框架的形式，墩身为空心矩形截面，外部角点设圆倒角，如图5所示，墩身横桥向宽5.5m，顺桥向厚5m，左幅墩高46.5m，右幅墩高63.5m。盖梁采用普通钢筋混凝土结构，横桥向宽39m，顺桥向宽6m，悬臂长4m，采用L形实心断面。承台均为矩形，平面尺寸为12.5m×8.5m，厚4m，单片墩采用6根直径2m的灌注桩基础，桩长均为28m。

辅助墩采用混凝土片墩，横向两片墩分离以方便检查车通过，另外通过优化索塔横梁顶面空间，实现全桥可仅设置1台检查车的理念，可节省造价400万元，考虑到桥梁分属两地管养，最终两地各设置1台检查车。北辅助墩左幅墩较高，墩身为空心矩形截面，右幅墩较矮，采用实心断面；墩身外部角点设圆倒角，墩身横桥向宽6m，顺桥向厚4m；承台均为矩形，平面尺寸为12.5m×8.5m，厚3.5m，单片墩采用4根直径2m的灌注桩基础。南辅助墩左右幅墩身均为空心矩形截面，外部角点设圆倒角，墩身横桥向宽6.5m，顺桥向厚5m，左幅墩高92m，右幅墩高75m；承台均为矩形，平面尺寸为12.5m×8.5m，厚4m，单片墩采用6根直径2m的灌注桩基础。

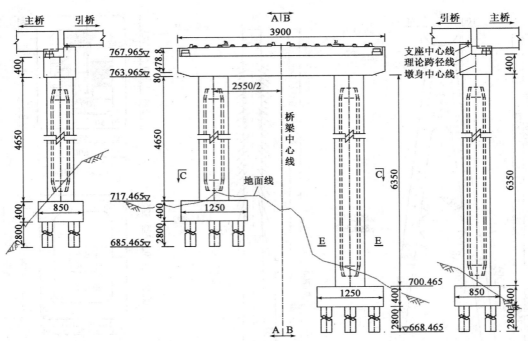

图 5 南过渡墩构造图(尺寸单位:cm;高程单位:m)

三、结构分析

1. 静力性能

对主桥建模进行有限元分析,考虑恒载、活载、收缩徐变、基础沉降、温度、风荷载、制动力以及施工荷载等各项作用,按照规范要求计算施工阶段以及运营阶段不同荷载组合下的应力和变形情况。

计算结果表明:各阶段不同工况下主梁、桥塔、斜拉索应力以及主梁挠跨比均满足规范要求。运营阶段钢主梁顶板最大应力为207.7MPa,满足规范要求;钢主梁底板最大应力为222.9MPa,满足规范要求。混凝土桥面板基本组合作用下最大压应力为22.1MPa,满足规范限值26.5MPa;桥塔施工阶段最大压应力为13.6MPa,运营阶段最大压应力为10.8MPa,未出现拉应力;不同组合工况下斜拉索索力和应力见图6,最大拉应力为931MPa,最大应力幅146MPa≤280MPa。主梁挠跨比见表1,最大挠跨比为1/1212 < 1/400,竖向刚度满足规范要求。

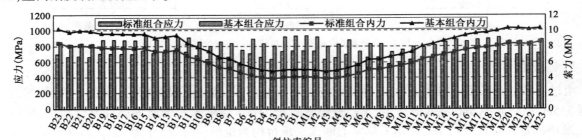

注:B1和M1分别为边跨和主跨最内侧拉索,B23和M23分别为边跨和主跨最外侧拉索。

图 6 斜拉索索力和应力值

各跨主梁挠跨比 表1

结构部位	次边跨	边跨	中跨
跨径(m)	73.5	160	500
车载最大结构上挠(mm)	28	102	43
车载最小结构下挠(mm)	-29	-151	-434
挠跨比	1/2534	1/1212	1/1324

2. 抗震性能

金谷赤水河大桥斜拉桥设计采用基于性能目标理念,对于飘浮体系,地震作用下,主塔纵向剪力和弯矩明显大于其他桥墩,梁端位移较大,E2 地震作用下梁端位移 0.86m,导致伸缩装置规模较大;横向地震作用下,由于过渡墩横向固定,导致地震作用下支座横向水平力过大,E1 地震作用下达 11100kN,E2 地震作用下达 16590kN。

该桥采用静力限位-动力阻尼体系,过渡墩、辅助墩处采用摩擦摆减隔震支座。阻尼器参数为:阻尼系数 C 取 $2000\text{kN}/(\text{m/s})^{0.4}$,速度指数 ξ 取 0.4,单个阻尼器最大阻尼力为 1500kN,限位间隙为 $\pm 0.65\text{m}$,限位刚度为 100MN/m。

设置纵向静力限位-动力阻尼关键装置后,静力荷载工况下梁端位移从 0.832m 降低到 0.698m,减小了 16.1%,地震荷载作用下梁端位移从 0.86m 降低到 0.35m,减小了 59%,有效控制了梁端纵向位移,减小伸缩装置规模,提高行车安全性,降低后期维修养护成本。过渡墩、辅助墩设置摩擦摆减隔震支座后支座水平力显著下降,进而有效减小了墩底处的横向内力,各墩/塔底弯矩对比如图 7 所示,南过渡墩和北辅助墩墩底横向弯矩减小了 62% 以上。

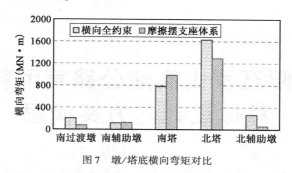

图 7 墩/塔底横向弯矩对比

四、施工工艺

金谷赤水河大桥具有主跨跨径大、桥面宽度大、北塔塔柱高、峡谷风环境复杂等特点,针对该桥的特点,提出了一些先进施工工法:

(1)斜拉桥索塔全断面钢筋骨架整体吊装施工。运用建筑信息模型(BIM)等技术多角度模拟和计算,设计出具有创新性的可调式双层复合吊具和钢筋骨架组装胎架,实现大量高空作业转为地面作业,大幅降低安全风险;探索采用智能液压爬模系统,解决主塔线形控制,极大程度提高施工效率,保证了结构耐久性。通过现场多阶段多次实体试验,成功克服了索塔全断面钢筋骨架整体吊装面临的倾斜角度大、重心难确定、吊装姿态控制难度大、钢筋数量多、对接精度要求高等难题,在整体吊装采用直螺纹套筒连接的前提下,成功实现主筋的精确对接。项目探索研究了"斜塔全断面钢筋骨架整体"的施工工艺,将索塔钢筋骨架装配式生产、钢筋骨架快速组拼、整体节段高空吊装对接等成功运用到赤水河大桥超高索塔施工中。

(2)斜拉桥下横梁装配式组合支架施工。将斜拉桥下横梁的现浇支架采用全装配化设计,提高了支架施工效率,避免了高空焊接与切割带来的安全风险,响应了低碳环保的绿色施工理念。

(3)组合梁斜拉桥无索区无支架施工。国内斜拉桥无索区主梁安装均采用塔旁支架法进行施工,金谷赤水河大桥突破传统无索区固有施工模式,取消塔旁支架搭设,只需在梁端设置锚拉板锚固,在塔端设置混凝土齿块锚固,利用临时吊索进行扣挂承载,即可完成 T1 梁段的安装工作,大幅缩短工期,节约成本,为同类型桥梁无索区施工开创先河。

五、结 语

金谷赤水河大桥是贵(阳)金(沙)谷(蔺)高速公路的控制工程,建设环境复杂,两侧分属两地管辖,统筹设计施工复杂,主桥采用主跨575m的双塔双边工字钢组合梁斜拉桥,收腿A形桥塔塔冠呈酒樽形,凸显了桥梁景观,又完美契合了当地的人文景观。大桥设计中采用了静力限位-动力阻尼组合摩擦摆支座的减震体系,控制了梁端位移,降低了伸缩缝规模;主梁采用双边工字梁和预制桥面板的组合梁形式,根据结构受力特性,合理发挥材料性能,大大节省造价,取得良好的经济效益。金谷赤水河大桥已于2023年12月实现通车。

参考文献

[1] 张鑫敏,徐源庆,鲁立涛,等.虎门二桥坭洲水道桥纵向约束体系研究[J].桥梁建设,2019,49(2):7-12.
[2] 宁伯伟.泸州河东长江大桥总体设计[J].桥梁建设,2022,52(4):110-116.
[3] 陈虎成,张家元,刘明虎,等.石首长江公路大桥主桥总体设计[J].桥梁建设,2017,47(5):6-11.
[4] 赖亚平,张智勇,邓宇.重庆红岩村嘉陵江大桥景观设计.[J].世界桥梁,2018,46(5):21-26.
[5] 汪正兴,柴小鹏,马长飞.桥梁结构阻尼减振技术研究与应用[J].桥梁建设,2019,49(S1):7-12.
[6] 李建中,管仲国.桥梁抗震设计理论发展:从结构抗震减震到震后可恢复设计[J].中国公路学报,2017,30(12):1-9,59.

33. 安阳至罗山高速公路黄河特大桥总体设计与方案构思

许春荣[1] 张圣建[2] 林昱[1]

(1. 中交公路规划设计院有限公司;2. 河南省黄河高速公路有限公司)

摘　要　安阳至罗山高速公路黄河特大桥全长约15km,是目前在建的最长的黄河大桥,由南北大堤和控导工程、主桥、南北副桥、南北堤内引桥、南北跨堤桥及北堤内引桥等八部分组成。工程具有桥梁规模大、地质条件差、地震烈度高、无大型构件运输条件等建设特点,桥梁的结构选型遵循轻型化、工厂化、标准化、装配化的设计理念。全线桥梁上部结构采用可适用于散件运输拼装的钢混组合结构,其中主桥为主跨520m双塔钢混组合梁斜拉桥,索塔采用钢壳组合索塔;主副桥下部结构无承台桩柱式钢管复合桩;全桥桩基础均采用后压浆技术提高单桩承载力,可为今后同类型桥梁的建设提供设计参考。

关键词　斜拉桥　钢壳组合索塔　钢混组合梁　钢管复合桩　后压浆技术　顶推施工　桥梁设计

一、引　言

河南安阳至罗山高速公路黄河特大桥是安罗高速公路原阳至郑州(兰原高速公路至连霍高速公路)段项目的控制性工程,连接河南省新乡市原阳县和郑州市中牟县。大桥南段穿越河南郑州黄河湿地省级自然保护区。黄河特大桥全长15.2235km,采用双向八车道高速公路标准建设,标准桥面宽度41.5m,设计速度120km/h。

桥位处于黄河下游花园口—夹河滩河段,河床宽浅,冲淤变化迅速,属于游荡性河道,无法通航。地质以砂土、粉土、粉质黏土为主,无基岩覆盖。桥址区抗震设防烈度为Ⅶ度,基本地震动峰值加速度为0.15g。

二、总体设计构思

根据桥梁规模大、地质条件差、地震烈度大、环保要求高、运输条件受限的建设特点,本项目提出将轻型化、工厂化、标准化、装配化的设计理念贯穿全线桥梁方案设计中。全线采用标准化的设计理念，统一结构形式，简化施工工法，便于施工质量管控；上部采用轻型化、装配化结构，化整为零，降低对大型设备的投入，减少运输吊装难度；下部结构采用新结构、新技术，提高基础单桩承载力，降低整体基础规模，最大化保护黄河湿地环境。

三、方案构思及设计

1. 桥跨布置

本项目桥位处南北黄河大堤之间距离14.2km，其中北侧的徐庄控导工程与南侧的韦滩控导工程之间的主河槽宽度为4645m。桥位所在黄河流域主河槽内跨径布置控制因素如下：①桥梁必须跨越黄河，主河槽内孔径不小于100m，滩地孔跨不小于40m。②根据上下游桥梁布设情况，河道管理部门要求主河槽内主副桥的桥墩数量不多于41个，平均跨径不小于112m。③桥位处排洪主流线河宽为1000m，主桥桥长应覆盖此宽度，且主跨跨越主流线处。④桥位处规划为四级航道，考虑水流和桥轴线夹角，通航净空为单孔双向通航净宽不小于96.8m，净高8m。综合考虑项目定位、社会效应、桥梁功能、施工难度、工期、造价、景观、耐久性、维护工程量等因素，并结合地方政府、交通运输以及防洪等部门的建议和审批意见，确定安罗高速公路黄河特大桥主河槽桥跨布置为：(3×100m)连续梁桥+(110m+135m+520m+135m+110m)双塔斜拉桥+(34×100m)连续梁桥。对于主河槽外的引桥区段，南北控导至黄河大堤之间的堤内引桥采用50m跨径连续梁桥，跨大堤桥采用主跨125m连续梁桥，堤外引桥采用30m跨径连续梁桥。

2. 主河槽主桥方案构思及设计

主桥为双塔双索面组合梁斜拉桥，桥跨布置为110m+135m+520m+135m+110m=1010m，边中跨比0.471。结构体系采用半飘浮结构体系，在索塔下横梁处设置竖向球钢支座、纵向E形动力耗能装置和横向限位耗能装置，过渡墩及辅助墩均设减隔震支座(图1)。

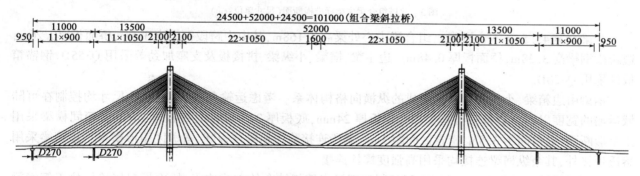

图1 双塔组合梁斜拉桥桥型布置图(尺寸单位：cm)

1) 主梁选型及设计

对于520m跨径斜拉桥，主梁采用钢混组合梁为较经济的梁型选择。钢混组合梁可采用整体式箱形断面(图2)和双边主梁断面。整箱钢混组合梁通常采用桥面板与钢梁叠合后整体节段吊装工法，其吊重将达550t，对于无水运条件的本项目来说，运输和吊装均十分困难，不适用。双边主梁断面可采用先钢后桥面板的施工工法，运输便利，吊重轻；其断面形式又分为工字梁和箱梁两种形式。双边工字梁断面具有用钢量省、易加工、方便检修维养等优势，但针对本项目特点，其存在3个不利因素。一是工字钢因梁宽限制，底板板厚较厚。根据以往工程经验，主跨500m左右的双边工字钢组合梁斜拉桥的工字钢底板厚度通常在80~90mm；本桥梁宽宽，达45.5m，主梁受力较大，通过计算，工字钢的底板厚度将达100mm，厚板将给加工制作及现场工地连接带来较大困难。同等条件下，若采用箱形断面，板厚可控制在60mm以内，可充分利用钢材强度。二是工字钢抗扭刚度弱，对横梁约束小；本桥梁宽宽，横梁梁端转角大，钢横梁安装时对边主梁的偏载作用将使工字钢产生较大面外变形,不利于钢梁安装和线形控制;箱梁断面抗扭刚度大,横向变形小,便于施工精度控制。三是悬臂施工过程中,箱形断面整体稳定性优于双边工字钢断面。因此本桥钢混组合梁推荐采用刚度大、抗扭性能好的双边箱截面形式,其中钢梁构件尺寸应充分考虑陆运构造尺寸限制,将构件尺寸控制在3.5m以内。双塔组合梁标准横断面如图3所示。

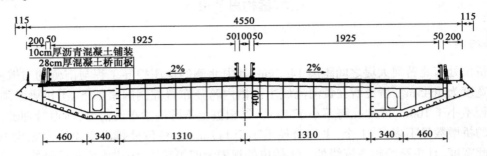

图2 整体式钢混组合梁方案图(尺寸单位:cm)

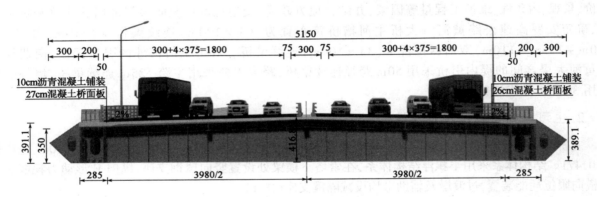

图3 双塔组合梁主梁标准横断面(尺寸单位:cm)

主梁全宽45.5m(不含风嘴),组合梁中心处梁高4.168m,其中中跨段钢梁高3.5m,桥面板厚0.26m;边跨段钢梁高3.28m,桥面板厚0.48m。边主梁、横梁、小纵梁、拼接板及支座加劲等采用Q355D,钢锚箱板件采用Q420D。

钢梁由边箱梁、小纵梁和横梁组成的纵横向格构体系。考虑运输条件,钢梁结构尺寸均控制在可陆域运输的宽度以内。边箱梁箱宽2.2m,顶板厚24mm,底板厚24~60mm,腹板厚24mm。箱间横梁采用工字形断面,纵向间距3.5m,密索区间距3m。梁段连接除边箱梁顶板间、索墩区箱形横梁与边箱梁采用熔透焊接外,其余纵横梁连接均采用高强度螺栓连接。

桥面板采用C60混凝土,采用工厂预制和现场浇筑相结合的方式施工,桥面板湿接缝均位于钢横梁上缘。桥面板在中跨跨中纵向132m范围和辅助墩墩顶桥面板横向设置预应力钢绞线,其余区段桥面板均按钢筋混凝土板设计。

2)无纵筋钢壳组合索塔方案构思及设计

鉴于本项目抗震烈度高、地质条件差、基础规模大、工业化建造要求高的特点,索塔宜选择轻型化、承载力高、延性好的结构形式。钢壳混凝土组合索塔具有承载能力高、塑性和韧性好、抗弯压稳定性高、外观质量好、耐久性优等优势,同时,钢外壳可兼作混凝土模板,省去了大型爬模设备,施工效率高,现场作业量及投入人员少,并且采用了工厂化、装配化施工,大大加快了施工工期、提高了施工质量,是桥塔绿色建造理念的践行。钢壳混凝土组合索塔与混凝土索塔综合对比见表1。

钢壳混凝土组合索塔与混凝土索塔综合对比 表1

项目		钢壳混凝土组合塔	混凝土索塔
单个索塔工程量	混凝土（m³）	10687	17680
	钢材（含锚梁,t）	5410	668
	钢筋（t）	137.8	3890
基础规模		单个索塔下设置72根 $D2.7m\sim D2.2m$ 钻孔灌注桩，桩长95m	单个索塔下设置72根 $D2.7m\sim D2.2m$ 钻孔灌注桩，桩长110m
工期（天）		160d；1~1.2m/d	300d；0.6~0.8m/d
施工投入	设备	2台120t塔式起重机+1台25t汽车起重机钢壳可兼作模板，省去支模、拆模工序	2台60t塔式起重机+1台25t汽车起重机及大量模板投入
	人员	20人/塔	40人/塔
施工质量		通过钢壳的加劲设置，控制钢壳刚度，确保浇筑质量	易出现表面温度裂缝
耐久性与后期养护		钢壳将混凝土与外界环境隔开，对混凝土及钢筋起到保护作用，大大减缓了混凝土的劣化，耐久性较好。后期需对钢壳外表面涂装进行养护	后期养护工作以处理混凝土开裂和劣化为主
景观效果		外表面为钢壳，外观质量较易控制，易取得较好景观效果	外观质量不如钢壳
造价	索塔（万元）	+2356	—
	基础（万元）	-1665	—
	合计（万元）	+691	—

钢壳混凝土组合索塔虽造价相对增加，但混凝土及钢筋工程量减少，塔柱节段可实现工厂化、装配化作业，有效缩减了索塔施工工期，同时运营期间无混凝土病害问题，全寿命周期成本更为经济。据测算，钢壳混凝土组合索塔比混凝土索塔工程造价高约2356万元，但节省下部结构造价约1665万元，并可降低现场人员投入，缩短工期，综合成本基本接近。从行业绿色建造的要求、结构耐久性及施工便捷性等方面考虑，本项目索塔推荐采用钢壳混凝土组合索塔。

索塔是一座桥梁景观的聚焦点，本桥索塔造型取自代表中原文化象征的商代青铜"中国樽"之形。塔总高182m，在桥面以上高度约为142m，高跨比为0.273。索塔采用C55补偿收缩自密实混凝土，除钢横梁端部采用Q420D外，钢壳和钢锚梁均采用Q355D，钢壳内型钢采用Q235B。索塔一般构造如图4所示。

塔柱采用空心圆端形单箱单室断面，塔柱横、纵桥向外轮廓尺寸均为10m，上塔柱壁厚均为0.8m，中间设钢锚梁；中塔柱壁厚0.8~1.1m，下塔柱壁厚1.1~1.4m。

索塔节段的钢结构由内外钢壁板、竖向加劲肋、水平加劲肋、水平角钢、竖向角钢、焊钉组成（图5）。外侧钢壁板厚16~36mm，内侧钢壁板厚8~20mm；壁板上设置间距500mm的竖向和水平加劲肋以保证壁板局部稳定。内外壁板通过水平和竖向角钢连接成整体，以控制混凝土浇筑时的结构变形。标准节段高度划分为4~6m，最大节段吊装重量控制在100t之内。

常规的钢壳混凝土组合索塔通常在钢壳内设大量竖向钢筋，钢结构加工厂内存在大量钢筋作业量，而现场钢筋对接精度要求高，施工困难，工效低。本项目创新性提出采用无纵筋钢壳混凝土组合索塔，钢壳内无竖向纵筋，内外钢壁板与混凝土之间通过加劲肋开孔形成PBL剪力键及剪力钉实现钢壳与混凝土的结合，使钢板与混凝土协同受力，部分PBL孔内设置拉筋，以提高钢混间抗剪能力。此构造大幅减少现场钢筋接头，大大方便现场施工，实现桥塔快速化建造。

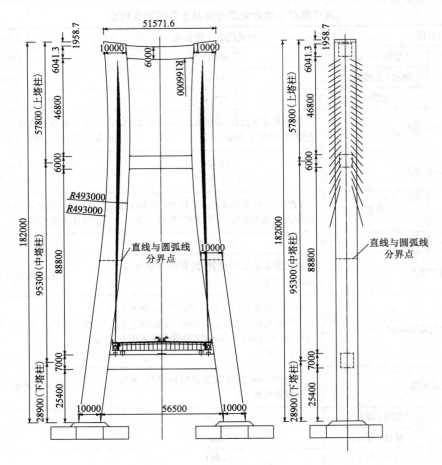

图4 索塔一般构造(尺寸单位:mm)

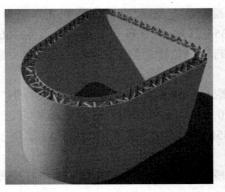

图5 索塔节段构造图

3. 主河槽副桥方案构思及设计

1) 主梁梁型选择

副桥跨径为100m,全长共计3700m,规模庞大,不宜采用体系复杂、工序烦琐的桥型结构,应优先选用结构体系简单、构造简洁,且适合大型化、工厂化、标准化生产、装配化施工安装的连续刚构桥或连续梁桥。适用于100m跨连续梁可行的方案有钢箱梁、钢混组合梁及预应力混凝土梁桥。钢箱梁自重最轻,工厂化制作,但造价相对较高;预应力混凝土梁桥经济性较好,但副桥采用等跨布置,边跨受力不合理,需要浇筑混凝土,工期长,不利于环保;钢混组合梁适宜等跨布置,耐久性较好,造价适中,因此副桥推荐采用钢混组合梁的结构形式。

100m跨钢混组合梁合理结构形式主要有工字组合梁和箱形组合梁。因黄河不通航，桥位无法采用大型浮式起重机设备，因此组合梁的结构形式应充分考虑施工可行性和便利性，采用可化整为零的结构形式，方便主梁运输和架设；根据本原则，适合本桥的断面形式有工字组合梁和窄箱室组合梁。

工字组合梁拟采用5片工字钢的断面形式，依靠横向联系形成整体；两相邻纵梁间设置一道小纵梁，桥面板支撑跨径小，板件纵横向受力较明确，局部刚度大。

窄箱室组合梁按化整为零的理念设计，单箱室横向宽度控制在3m以内，满足常规公路整体运输条件。由于箱形截面整体性较好，抗扭刚度大，可以减少钢主梁的片数，从而减少各片之间的连接构造，大大减少了现场的连接工作量，提高了作业效率。窄箱室组合梁若单幅采用3片及以上箱梁时，结构用钢量约增加20%，经济性较差，因此拟采用2片箱梁，但由于单片箱梁的宽度较窄，两片钢主梁间的距离较大，只能采用密横梁体系支撑桥面板，车辆荷载下桥面板为纵向传力。

两种梁型比选结果见表2。

钢箱组合梁和工字组合梁综合比选 表2

主梁方案	方案一 钢箱组合梁	方案二 工字组合梁
方案简图	（图：钢箱组合梁断面，尺寸单位:cm）	（图：工字组合梁断面，尺寸单位:cm）
制造运输	单片小箱梁抗扭刚度好，横向稳定性好；副桥箱室高度方向分块可满足公路运输要求	单片工字钢梁高4.5m，可整节段公路运输，单片工字钢构件较箱形截面小、轻，便于运输放置，运输效率高
结构性能	单片小箱梁抗扭刚度好，横向稳定性好，施工期安全风险小	单片工字钢梁高较高，腹板稳定性较弱；多片工字钢纵横向形成桁架网格，结构整体抗扭性能与方案一相当，但施工期安全风险较高
后期运营养护	构件整体性好，养护量略小	结构外露，检修养护便利；支座众多，散件多，整体养护量大
景观效果	外观简洁，景观效果好	多片梁，景观效果一般
用钢量	462kg/m²	493kg/m²

根据比选可知，考虑大跨径桥梁架设风险高，在形成组合结构之前，箱形截面抗扭性能、横向稳定性略优于工字形截面，综合经济性及后期维养等因素，副桥采用钢箱组合梁方案。

副桥单幅组合梁梁高4.8m，高跨比1/20.8。单幅桥设置2片钢箱梁，单片钢箱梁高度4.5m，箱宽2.2m，可采用公路运输；两片钢箱梁中心间距12.65m。上翼板厚30～56mm，底板厚20～56mm，腹板厚20～30mm。两片钢箱梁通过横梁连接，墩顶及跨间均采用实腹式横梁，横梁标准间距3.6m，横梁为工字形截面，标准段横梁高度1.2m，从跨中向两侧每隔18m设置一道3m高横梁，支点横梁高4.1m。钢箱梁在中墩顶采用Q500D钢材，边跨采用Q420D钢材，中间跨采用Q355D钢材。桥面板采用C55混凝土。钢主梁采用工厂分节段预制，考虑顶推施工便利性，钢梁节段间纵向连接采用焊接，横梁连接采用栓接；

桥面板为预制钢筋混凝土结构,后浇混凝土湿接缝。副桥标准横断面如图6所示。

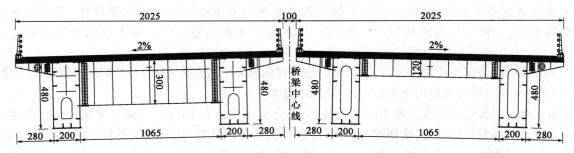

图6 副桥标准横断面(尺寸单位:cm)

2)施工工法选择

根据建设条件,副桥可采用顶推施工和架桥机逐孔架设两种工法(表3),采用先架设钢梁后铺设桥面板的散拼工法。

副桥施工方案比选及工效分析   表3

项目名称	顶推方案	架桥机方案
设备投入	500t步履顶80台(最多)	1000吨级以上运架设备
安装工期	12~15d/孔 总工期:555d	20d/孔 总工期:640d
缺点	千斤顶及辅助措施投入较大	施工工况控制受力、用钢量增加; 工作面单一、工效较低
推荐意见	推荐	比选

副桥单孔钢梁重近1000t,若采用架桥机方案,需投入1000吨级以上的运架设备,设备要求高、投入大、施工风险大;同时如此大的运输荷载,使得运梁工况为控制工况,结构用钢量将增加20%;另外架桥机工法因需提供运梁通道,需逐孔铺设桥面板并湿接缝等强,平均单孔作业时间20d,且工效受设备投入所限。

顶推施工可在南副桥中部设置拼装支架,从中部分别向大、小桩号方向顶推,不设临时墩,顶推跨径100m,最大连续顶推长度1700m。副桥全桥钢梁拼装工作均在拼装支架上完成,待钢梁架设完再进行桥面板铺装,工序少,作业面单一,总工期短,利于现场质量管控;相比架桥机工法,顶推施工工况不控制主梁结构设计,结构经济性好,因此副桥推荐采用顶推施工。

4.堤内引桥方案构思

堤内引桥标准跨径为50m。上部结构桥型方案应以轻型化思路为导向,采用化整为零的理念施工。考虑堤内引桥为陆域施工,采用工字钢构件小、轻,运输吊装灵活,因此上部结构采用工字形钢混组合断面,单幅桥设置5片工字梁,梁高2.5m。预制桥面板厚0.25m,工字梁高2.2m,钢主梁中心间距4.45m,在相邻两片主梁中间设置一道小纵梁,小纵梁固定在横向联结系顶端。纵梁采用Q420D钢材,横梁采用Q355D钢材,桥面板采用C55混凝土。堤内引桥工字组合梁标准横断面如图7所示。

5.跨堤桥方案构思

跨堤桥桥跨布置为75m+125m+75m=275m,考虑大跨结构施工抗扭稳定要求,结构形式与副桥统一,采用双边箱钢混组合梁。跨堤桥采用少支架施工,履带起重机分段吊装钢梁,桥面板叠合后一次落架,组合梁受力,同时在墩顶底板填充混凝土抗压,有效降低结构用钢量;墩顶桥面板布设体内预应力,提高负弯矩区混凝土抗裂性能。跨堤桥箱形组合梁标准横断面如图8所示。

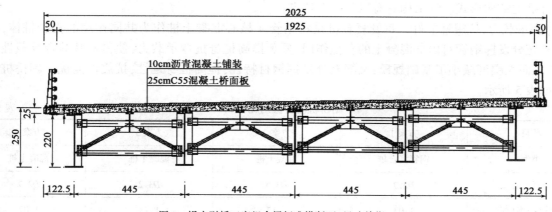

图7 堤内引桥工字组合梁标准横断面(尺寸单位:cm)

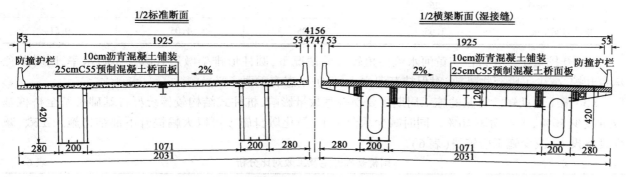

图8 跨堤桥箱形组合梁标准横断面(尺寸单位:cm)

6. 堤外引桥方案构思

根据本项目轻型化、装配化的设计理念,堤外引桥优先选择组合结构,装配式波形钢腹板组合梁和装配式钢板组合梁经济性持平,但后期维护工作量较小,故堤外30m引桥推荐采用装配式波形钢腹板组合梁方案。堤外引桥桥型方案对比见表4。

堤外引桥桥型方案对比   表4

方案项目	方案一	方案二	方案三
结构形式	装配式波形钢腹板组合梁	装配式钢板组合梁	装配式预应力混凝土T梁
梁片数	6	3(Π形断面)	9
吊装重量(t)	110	160	80
施工工艺	安装较方便,但预制稍复杂	梁片数少,安装方便,预制桥面板需存梁6个月	梁片数多,预制梁安装稳定性差
使用性能	行车平顺,后期维护工作较少	行车平顺,后期维护工作较大	行车平顺,后期维护工作少
耐久性	好	存在桥面板开裂问题	好
建安费(元/m²)	4729	5440	4215
造价比	1.12	1.29	1.00
推荐意见	推荐	比选	比选

7. 全桥下部结构方案构思及设计

1) 无承台桩柱式钢管复合下部结构

结合本项目建设特点及绿色建造要求,主河槽内桥梁下部结构提出了单幅设置双柱式混凝土墩柱+

钢管复合桩的结构形式。该结构具有以下几个特点：

（1）高承载力，抗震性能好。钢管复合桩是将钢管+核心混凝土桩作为共同作用的复合桩体，其受力性能既充分发挥钢管对内部混凝土的套箍作用，显著提高桩身抗弯承载力，使得桩基综合承载性能大大提高，从而大幅度减小了基础规模；又能充分发挥钢材特性，提高桩身延性，抗震性能优。副桥桩基方案对比如表5所示。

副桥桩基方案对比分析　　　　表5

项目	方案1	方案2	方案3	方案4
类型	钢管复合桩	混凝土桩	混凝土桩	混凝土桩
桩径(m)	$D2.7$	$D3.5$	$D3.2$	$D2.7$
截面配筋率(%)	1.07	1.17	1.78	1.07
钢管壁厚(mm)	26	—	—	—
承载力安全度	1.05	1.05	1.05	0.51

（2）开挖量小。在桥位与黄河水流夹角较大的情况下，圆柱形排架墩形式减少了阻水率，同时避免承台开挖，减少了废弃物排放，对保持黄河水土、保护生态有重要意义。

（3）施工周期短。桩基的施工周期主要受桩基数量影响，桩柱式结构较传统群桩基础桩基全桥桩基数量减少50%，工期缩短40%。同时减少承台施工，简化墩身施工可以大幅提升下部结构施工工效，减少设备投入，减少施工措施费（表6）。

副桥基础开挖及工效对比分析　　　　表6

项目	桩柱式钢管复合桩基础	常规群桩基础
方案描述	单幅设2根2.7m排架式基础，全桥共计140根桩基，单桩长95m	单幅4根1.8m群桩基础，8.1m矩形承台，共计280根桩基，单桩长77m
总桩长(m)	13300	21560
桩基钻渣(m³)	50558	54864
承台开挖(m³)	—	24112
承台回填(m³)	—	8037
施工工效	72h/桩	60h/桩
施工工期(d)	420	700

注：上表工期按单工作面计，每天按24h计。

副桥下部结构采用混凝土柱式墩+钢管复合桩的排架墩结构（图9）。单幅桥下设2根$D2.752m \sim D2.2m$钢管复合钻孔灌注桩，上接2根直径2.7m的混凝土圆柱式墩。桩长95m，按摩擦桩设计；其中钢管复合桩钢管长度35m，直径2.7m，壁厚26mm。

2）桩基础后压浆技术

本桥位地质以粉土、砂土为主，钻孔深度内无基岩。基础采用摩擦桩，桩基持力层以细砂层为主，其浆液渗透性强，根据试桩结果，无论桩端及桩侧土层参数均有2以上的提高系数，承载力明显提高，故适宜采用桩灌注桩后压浆技术。

根据测算（表7～表10），全桥采用桩后压浆技术，桩基单桩承载力提高25%，平均缩短桩长10～15m，全桥桩长共减少约1.5万m，节省混凝土方量近5.3万m³，造价综合节约5200万元。

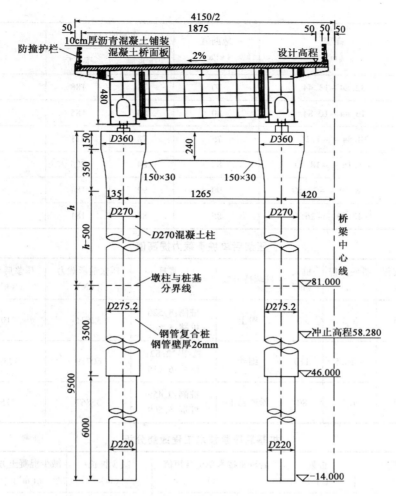

图 9 副桥下部结构一般构造(尺寸单位:cm;高程单位:m)

桩端承载力压浆后实测值　　表 7

试桩桩号	土层	桩端高程(m)	地勘值(kPa)	实测值(kPa)		提高系数(压浆后/压浆前)
				压浆前	压浆后	
SZ1	粉土	3.3	443～632	560	1205	2.15
SZ3	细砂	-26.5	913～1150	1139	2773	2.43
SZ4	粉质黏土	4.2	990～1415	1242	2878	2.32

压浆后桩侧摩阻力实测值　　表 8

土层	高程(m)	地勘值(kPa)	实测值(kPa)		提高系数(压浆后/压浆前)
			压浆前	压浆后	
4 细砂	48.5～44.84	60	64	162	2.53
4-3 粉质黏土	44.84～42.34	70	74	156	2.11
5 细砂	42.34～32.84	65	71	176	2.48

续上表

土层	高程（m）	地勘值（kPa）	实测值(kPa)		提高系数（压浆后/压浆前）
			压浆前	压浆后	
6 细砂	32.84～13.44	70	78	188	2.41
6-3 粉质黏土	13.44～10.84	80	84	185	2.20
7-1 细砂	10.84～-1.16	75	78	211	2.71
8 细砂	-1.16～-18.79	80	84	205	2.44
8-2 粉质黏土	-18.79～-22.59	90	92	184	2.00
9 细砂	-22.59～-26.5	85	88	181	2.06

压浆后单桩承载力提高值　　表9

桩号	桩径（m）	桩顶高程（m）	桩底高程（m）	桩长（m）	桩端持力层	压浆量（t）	压浆前承载力（kN）	压浆后承载力（kN）	压浆提高倍数
SZ1	1.8	83.3	3.3	80	粉土	桩侧:8.526 桩端:5.865	32621	71054	2.38
SZ3	2.2	83.5	-26.5	110	细砂	桩侧:12.821 桩端:6.115	60719	133949	2.29
SZ4	1.8	84.2	4.2	80	粉质黏土	桩侧:9.459 桩端:5.509	35867	77523	2.35

桩基后压浆技术工程效益分析　　表10

位置	桩径（m）	桩数（个）	后压浆技术单桩减短值（m）	减少桩长（m）	减少混凝土方量（m³）	压浆量（t）
主桥	2.2	160	20	3200	12164	2880
副桥	2.2	148	20	2960	11252	2664
跨堤桥	2.2	38	14	532	2022	684
	2.4	13	9	117	529	234
堤内引桥	2	344	9	3096	9726	6192
	2.2	393	9	3537	13445	7074
堤外引桥	1.6	54	10	540	1086	972
	2	84	10	840	2639	1512
合计	—	1234	—	14822	52864	22212

四、结　语

针对地处黄河湿地保护区、主河槽宽、地质条件差、地震烈度高、无大型构件运输条件、桥梁规模大等工程特点，安罗高速公路黄河特大桥的建造方案应充分考虑陆域化施工的建设条件，遵循轻型化、工厂化、预制化、装配化的设计理念。秉承绿色建造理念，本桥设计中采用化整为零的钢混组合结构形式，永临结合便于快速建造的钢壳组合索塔，下部结构采用无承台桩柱式钢管复合桩轻型化设计，减小基础规模，节约造价，减少开挖，对黄河流域的水土保持、生态保护具有重要的社会效益。砂土地区桩基后压浆技术,长联大跨钢混组合梁顶推施工方案等关键技术,可为今后同类型桥梁的建设提供设计参考。

安罗高速公路黄河特大桥已于2021年开工,预计2025年建成通车。

参考文献

[1] 孟凡超,刘明虎,吴伟胜,等.港珠澳大桥设计理念及桥梁创新技术[J].中国工程科学,2015,17(1):27-35.

[2] 樊建生,朱尧于,崔冰,等.钢板-混凝土组合结构桥塔研究及应用综述[J].土木工程学报,2023,56(4):61-71.

[3] 陈虎成.古金赤水河大桥主桥总体设计[J].桥梁建设,2024,54(2):112-116.

34. 大跨径变截面钢混组合梁设计关键技术研究

谭中法[1]　许春荣[1]　夏富友[2]　袁书炜[2]

(1. 中交公路规划设计院有限公司;2. 河南省黄河高速公路有限公司)

摘　要　本文依托安罗高速公路黄河特大桥跨堤桥,介绍了主跨125m的变高度双边箱钢混组合梁的关键构造设计。主梁采用双边小箱梁+横梁的梁格体系,易于运输、施工方便;在墩顶负弯矩区设置双层混凝土结构,充分发挥钢和混凝土的材料特性,对高压应力钢底板形成约束,解决钢底板稳定问题;墩顶桥面板设置纵向预应力钢筋,结合施工方案,限制桥面板拉应力,提高桥面板的耐久性。

关键词　钢混组合梁　墩顶双层组合　负弯矩区　混凝土拉应力

一、引　言

安罗高速公路原阳至郑州段是安罗高速公路的重要组成部分。项目起点位于原阳县太平镇乡虎张村西北,与兰考至原阳高速公路封丘至原阳段交叉,路线向南经陡门乡,在陡门乡东侧跨越黄河至中牟县雁鸣湖镇,在雁鸣湖镇朱固村南与连霍高速公路交叉并顺接已建的机西高速公路,到达项目终点,路线全长约21.655km,其中原阳县境内长9.681km,中牟县境内长11.974km,其中安罗高速公路黄河特大桥是本项目的控制性工程。

二、桥型方案

黄河下游干流桥梁跨越堤防需采取立交方式。堤身设计断面内不得设置桥墩,桥梁跨越堤防时,桥墩应离开堤身设计堤角线一定距离(原则上不小于5m),净空满足大桥设计水平年(50年)的设计堤顶高程加4.5m交通净空。

在满足河道管理部门关于跨大堤桥桥墩承台距规划堤角线距离不小于5m的要求和淤背区最多只能设置1个桥墩要求的前提下,以尽量减小跨大堤桥跨径的原则,确定跨大堤桥的跨径、桥墩位置。根据上述跨大堤桥的布跨原则确定南、北跨大堤桥的跨径均为125m。

在拟定的125m跨径条件下,可供选择的桥型方案有预应力混凝土连续梁桥、钢箱连续梁桥、钢桁梁桥以及下承式拱桥。其中钢桁梁桥以及下承式拱桥造价偏高、经济性差、结构较复杂、施工周期长;预应力混凝土连续梁桥上部结构尺寸大,施工工期长,与全线工厂化、预制化及装配化的设计理念不一致;钢箱连续梁桥顶板采用正交异性桥面板,在疲劳荷载的作用下,通常会出现钢结构开裂、铺装层车辙破坏的现象,对养护的要求较高,耐久性较差;钢混组合梁桥能够充分发挥上层混凝土结构桥面板受压、下层钢结构受拉的力学特点,相较于前3种方案具有构造简单、自重较轻、施工方便以及经济性好的特点。因此,安罗高速公路黄河特大桥跨堤桥采用主跨125m钢混组合连续梁桥(图1)。

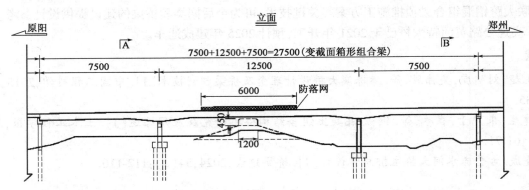

图 1 组合结构连续箱梁桥总体布置(尺寸单位:cm)

三、主梁结构设计

项目位于黄河滩地,桥位现场设钢结构拼装场地,大型构件运输困难,宜采用轻型化、化整为零的设计思路,降低对大型起重设备要求,以工厂化、标准化、装配化的桥型方案作为方案设计考虑的主线,尽量减少桥位工作量,降低现场施工难度和强度,确保工程质量并降低对环境的影响,最终确定跨堤桥主梁采用双边箱+横梁的结构形式。

主梁中支点梁高6.2m,高跨比1/20.16,跨中梁高4.2m。单幅桥设置2片箱形钢主梁,钢主梁主要由上翼缘板、腹板、腹板加劲肋、底板、横隔板、横梁及挑臂组成(图2)。单片钢主梁支点高度5.9m,跨中高度3.9m。两片钢主梁中心间距12.71m。主梁采用Q355D钢材,上翼板宽0.6m,底板宽2.2m,腹板间距2m,上翼缘厚度采用等厚24mm,底板板厚根据受力需要确定,采用20mm、24mm、30mm、36mm、40mm;腹板厚度20mm、24mm、30mm。两片钢主梁通过横梁连接,墩顶及跨间均采用实腹式横梁,横梁标准间距3.6m,横梁为工字形截面,标准段横梁高度1.2m、2.5m,上翼缘板宽度0.6m,下翼缘板宽度0.4m;在相邻两片主梁中间设置一道小纵梁,小纵梁固定在横梁上。上部结构采用减隔震竖向支座,改善抗震性能。

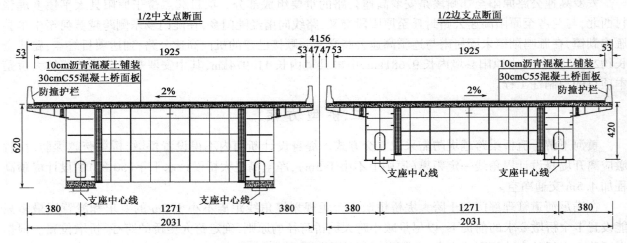

图 2 组合结构连续箱梁标准横断面(尺寸单位:cm)

支座处横隔板采用实腹式构造,端支点处横隔板厚20mm,中支点处横隔板厚20mm,支撑加劲肋厚度20mm。端支点处横隔板设置通长的翼缘板与钢梁上翼缘相连,翼缘板上布置剪力钉与混凝土板相连。标准横隔板厚度14mm,横隔板间距3.6m。腹板横向加劲肋间距3.6m,横隔板与横向加劲肋交替布置。

桥面板采用预制+现浇结构形式,桥面横向宽20.31m,桥面板厚度0.25m。预制混凝土板采用C55混凝土,桥面板现浇部分混凝土采用C55自密实补偿收缩混凝土。预制桥面板在剪力钉所在的位置挖空形成预留槽。桥面板小纵梁上方纵向湿接缝宽为50cm、横向湿接缝宽为50cm,梁端现浇段宽305cm。桥面板纵桥向、横桥向分块预制，纵桥向标准长度3.1m，横桥向长度9.905m。为了减小混凝土收缩、徐变对结构的影响，预制板安装要保证六个月以上的存放时间。

墩顶负弯矩区桥面板设置了纵向预应力钢束，钢束型号采用5Φ^{s}15.2钢束。为避免在安装预制桥面板时钢筋相互干扰，相邻桥面板钢筋在预制绑扎时相互错开。预制桥面板横向钢筋直径为16mm，标准间距为120mm；相邻预应力桥面板的局部区域纵向受力钢筋直径为25mm，标准间距为150mm；其余纵向受力钢筋直径采用20mm，标准间距为150mm；剪力钉槽口内预制板钢筋布置已考虑剪力钉，因此不得打断预制板钢筋，剪力槽口附近设置剪力槽加强钢筋。

在钢主梁上翼缘板、小纵梁上翼缘板、横隔板上翼缘板及横梁上翼缘板均布置剪力钉。剪力钉采用圆头焊钉，焊钉直径为22mm、高200mm。剪力钉在钢主梁上翼缘板采用集束式布置；在横隔板、横梁和小纵梁上翼缘板采用行列式布置。在钢梁、横梁、纵梁上翼缘板两侧边缘设置50mm×50mm的聚丙烯垫条，采用可靠措施固定在翼缘板边缘，然后吊装和安放混凝土桥面板，并浇筑预制桥面板与钢梁翼缘间的C55自密实补偿收缩混凝土，确保预制板与钢梁翼缘之间贴合。

四、施工方案

跨堤桥采用少支点支架施工，将钢构件在支架上组装成整体，吊装混凝土桥面板至钢主梁上。为了减小墩顶桥面板拉应力，先浇筑跨中桥面板湿接缝，跨中截面形成组合截面后拆除支架，然后浇筑墩顶桥面板湿接缝，张拉墩顶预应力钢束，完成墩顶混凝土桥面板施工。

采用支架法施工可以将钢构件分成较小的节段安装，不仅减小了起吊重量，对于跨中截面，可以在支架上将混凝土与钢主梁叠合，有效降低了钢结构的应力水平，使更多的荷载由组合截面承担，降低了钢材用量。同时对于墩顶桥面板，可以在拆除支架后，安装桥面板与钢主梁进行叠合，尽可能地减少桥面板承担的结构自重，从而减小墩顶桥面板拉应力，施工流程如图3所示。

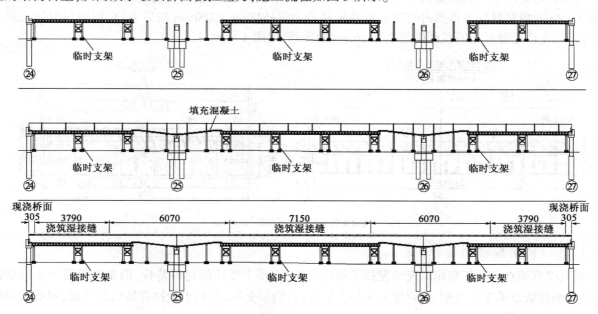

图3 施工流程示意图(尺寸单位：cm)

五、关键受力构造研究

1. 双层组合结构设计

主跨125m的变高度钢混组合梁桥的墩顶底板受到较大的压应力，钢板在高压应力状态下存在失稳现象，为了防止墩顶底板失稳，本桥在墩顶采用双层组合截面。双层组合截面的长度将对结构的刚度和应力产生不同的影响,为了掌握双层组合截面对结构受力的影响规律,以叠合长度为参数进行计算分析,对比结构的刚度及应力,得出最优双层组合截面长度值。对 4 个方案进行对比分析,方案一为底板不设置混凝土层,方案二为底板混凝土层纵向长度 12m,方案三为底板混凝土层纵向长度 24.2m,方案四为底板混凝土层纵向长度 45.8m。4 个方案的墩顶及跨中位置的钢梁与混凝土的应力对比见表 1。

表 1 各方案组合梁应力对比(单位:MPa)

方案	钢梁				上缘混凝土				下缘混凝土	
	墩顶		跨中		墩顶		跨中		墩顶	
	上缘	下缘	上缘	下缘	上缘	下缘	上缘	下缘	上缘	下缘
方案一	160	−223	−111	210	−13.7	2.12	−15.9	0.54	—	—
方案二	148	−187	−110	208	−13.4	2.25	−15.8	0.61	−16.1	−17.4
方案三	150	−188	−109.5	205	−13.6	2.2	−15.6	0.62	−16.2	−17.6
方案四	152	−189	−107	201	−13.7	2.27	−15.4	0.74	−16.3	−17.7

从表 1 可以看出,对于墩顶钢主梁应力,方案二~四墩顶钢梁应力较方案一有所减小,主要原因是形成双层结构后截面特性变化,但随叠合长度的增加墩顶钢梁应力呈增大趋势,跨中钢梁应力呈减小趋势,混凝土板的应力也呈现相似的规律。在墩顶下缘填充混凝土后,墩顶截面刚度增加,相应墩顶弯矩增加,跨中弯矩减少,钢主梁施工完成后在墩顶钢底板浇筑混凝土,施工完成跨中部分桥面板后拆除支架,底板混凝土可直接参与结构承压并显著降低钢底板压应力。综合考虑下缘混凝土板长度对结构受力与刚度的影响,安罗高速公路黄河特大桥跨堤桥双层组合的下缘混凝土板长度取 45.8m。

墩顶负弯矩区主梁底板浇筑 40cm 厚 C55 自密实补偿收缩混凝土,浇筑范围为边跨侧浇筑 22.9m,中跨侧 22.9m。填充混凝土范围内的钢底板及横隔板设置 $\phi 22mm \times 200mm$ 的剪力钉,使钢与混凝土形成组合作用,在填充混凝土的顶面配置直径 16mm 的钢筋,如图 4 所示。

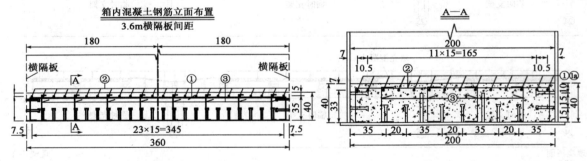

图 4 组合底板构造示意图(尺寸单位:cm)

2. 墩顶桥面板抗裂设计

钢混组合梁在承受正弯矩时充分发挥了钢材受拉,混凝土受压的材料特性,但是如果采用连续梁结构,组合梁在墩顶承受负弯矩,使得混凝土桥面板受拉、钢梁受压,混凝土受拉容易引起开裂,影响桥梁的耐久性和工作性能。

对于墩顶混凝土顶板,可以采用预应力混凝土结构或普通钢筋混凝土结构,预应力混凝土通过施加强大的预应力而使顶板混凝土处于受压状态,使混凝土顶板不开裂;预应力组合梁桥的预应力施加方式可采用张拉预应力束法、预加荷载法、支点位移法等,预加荷载法和支点位移法依靠钢梁的强迫弹性变形对混凝土板提供预应力效果,而张拉预应力束法则通过张拉预应力钢束对组合梁提供轴向预应力。钢筋混凝土结构通过强配筋的方式控制混凝土裂缝宽度,使裂缝宽度在可接受范围内。采用普通钢筋混凝土桥面板需要配置较多的钢筋,且后期会产生裂缝,为了使结构的耐久性更好,本桥采用张拉预应力钢束的方法来控制混凝土板开裂。

桥面板预应力钢束型号5Φ^{s}15.2,采用两端张拉,张拉控制应力1395MPa,预应力管道为塑料波纹管,预制板预制时预留管道控制,待混凝土安装完成并浇筑纵横向湿接缝强度达到90%后,穿束张拉预应力。预应力横向布置间距0.15m,与剪力钉交错布置,钢束纵向长度分为38.1m和52.5m两种,墩顶断面共96束预应力钢束(图5)。

图5　桥面板预应力布置断面示意图(尺寸单位:cm)

连续组合梁桥面板先浇筑正弯矩区混凝土再浇筑负弯矩区混凝土,能有效减小负弯矩区桥面板拉应力,该方案类似于预加荷载法,用桥面板自重代替外荷载。间断浇筑法没有限制条件,不需要额外投入施工措施,结合施工工艺有效降低墩顶混凝土拉应力。本桥桥面板采用预制桥面板,在安装之前要保证6个月的存板时间,释放早期的混凝土收缩徐变次内力,可大大减小桥面板收缩徐变的引起的拉应力。

六、结　语

安罗高速公路黄河特大桥跨堤桥采用主跨125m的变高度双边箱组合连续梁桥,在墩顶底板填充混凝土,顶板桥面板设置纵向预应力,施工方法采用少支点支架法施工,取得了结构受力性能、经济性能、耐久性能和施工便利性的综合优势。

(1)采用双边箱组合梁,两边箱通过横梁连接,将钢主梁化整为零,方便构件运输,降低施工时的吊装重量。

(2)采用少支点支架法施工,跨中截面在支架上将钢主梁和混凝土桥面板完成叠合,使自重荷载由组合截面承载,减小了钢主梁的受力,充分发挥了混凝土桥面板受压特性,降低了钢材工程用量;在拆除支架后进行墩顶混凝土桥面板与钢主梁的叠合,使墩顶桥面板受到的拉应力最小,同时通过施加墩顶纵向桥面板预应力,控制了墩顶桥面板拉应力,提高其耐久性。

(3)墩顶钢底板填充混凝土形成组合截面,在负弯矩区发挥钢和混凝土的材料特性,降低了钢板的压应力水平,对钢底板形成约束,提高了其受压稳定性。

参考文献

[1] 刘玉擎.组合结构桥梁[M].北京:人民交通出版社,2005.
[2] 邵长宇.大跨连续组合箱梁桥的概念设计[J].桥梁建设,2008(1):41-43,61.
[3] 邵长宇.大跨度钢-混凝土连续组合箱梁桥关键技术研究[D].上海:同济大学,2006.
[4] 聂建国,李法雄,樊健生,等.大跨钢-混凝土连续组合箱梁桥双重组合作用[J].清华大学学报(自然科学版),2012,52(2):133-138.
[5] 张林钊.钢-混凝土组合箱梁桥面板的组合施工技术研究[D].重庆:重庆交通大学,2015.
[6] 吴振声,陈洪水,高向东,等.钢-混凝土组合梁负弯矩区混凝土板裂缝试验研究[J].哈尔滨建筑工程学院学报,1993(1):58-62.

35. 黄河流域砂土地区长联引桥桥型方案比选研究

李智宇[1] 林昱[2] 兰祯春[1] 袁书炜[3]

(1. 华杰工程咨询有限公司; 2. 中交公路规划设计院有限公司;
3. 河南省黄河高速公路有限公司)

摘 要 以河南省安阳至罗山高速公路原阳至郑州段黄河特大桥为背景工程,结合其黄河流域砂土地区的建设条件,针对50m跨径长联桥梁常用的桥型方案(装配式预应力混凝土T梁、节段拼装式预应力混凝土箱梁、整孔预制预应力混凝土箱梁、工字组合梁、双边箱组合梁),进行工程造价、施工难度、工期、碳排放量等综合技术经济比选,以期为同类项目桥型选择提供参考。

关键词 黄河流域 砂土地区 长联引桥 桥型方案 钢混组合梁

一、引 言

安罗高速公路黄河特大桥是《河南省高速公路网调整规划方案》中12条南北纵向通道之一的安阳至罗山高速公路的控制性工程。大桥起点位于原阳县陡门乡,终点位于中牟县雁鸣湖镇,在黄河下游桃花峪—高村河段跨越黄河,大体南北走向,全长15223.5m。

本文主要研究安罗黄河桥堤内引桥(其中北堤内引桥全长3140m、南堤内引桥全长6140m)桥型方案。

1. 建设条件

桥位处地势平坦开阔,堤距较宽。黄河在该处属黄河下游老年期河流,河曲发育,漫滩广阔,堆积作用明显,因黄河挟带大量泥沙,河床逐年抬高,已成为典型的地上悬河,目前未通航。

桥位区地层岩性上部主要为第四系全新统冲积粉土、粉质黏土、细砂,局部夹粉砂,厚度约为40～45m;中部为第四系上更新统冲积细砂,厚度约为30～35m,局部夹中砂;下部为中更新统冲积细砂、粉质黏土和粉土层,局部夹中砂,该层在勘探深度内未揭穿。

本项目穿越河南郑州黄河湿地省级自然保护区的实验区,环保要求高。

2. 主要技术标准

本项目采用双向八车道高速公路标准,设计速度120km/h,路基标准宽度42m。桥梁设计荷载公路—Ⅰ级,通航等级为规划内河Ⅳ级航道;抗震设防烈度为Ⅵ度,基本地震动峰值加速度为0.15g,黄河特大桥主桥设防类别A类,抗震措施等级四级;除主桥外其他区段黄河特大桥设防类别B类,抗震措施等级三级。

二、桥型方案

1. 跨径选择

根据《黄委关于废止和修改部分涉及行政审批文件的决定》(黄办〔2017〕285号),本项目必须全桥跨越黄河,项目所在桃花峪—高村河段,主河槽孔径不小于100m,滩地孔跨不小于40m。

根据水利部黄河水利委员会《安阳至罗山高速公路原阳至郑州段(兰原高速至连霍高速)黄河特大桥工程建设方案审批准予行政许可决定书》(黄许可决〔2019〕51号),同意堤内引桥采用50m标准跨径,少量45m跨作为调整跨。

河道内最低梁底高程92.00m，河滩部分冲刷后最大水深为10.47m，冲刷后断面最低点高程为74.87m，平均冲刷深度按照8m计。根据上述控制高程，堤内引桥大多数桥墩高度10～15m。故方案比选进行工程量测算时，桥墩高度按照12.5m考虑。结构计算时，考虑冲刷的影响。

2．桥型选择

对于50m跨径的长联桥梁而言，可以选择预应力钢筋混凝土结构或者组合结构。

1）混凝土梁方案比选

对于50m跨径混凝土梁方案可选的结构形式有T梁和整体箱梁，断面如图1、图2所示。

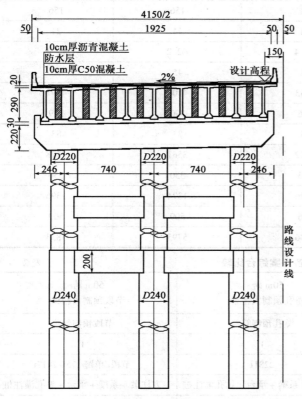

图1　混凝土方案一：50m跨装配式预应力混凝土T梁
（尺寸单位：cm）

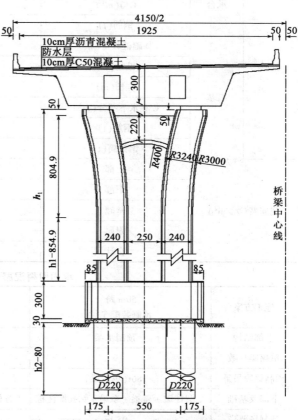

图2　混凝土方案二：50m跨预应力混凝土大箱梁图
（尺寸单位：cm）

关于上部结构施工方案选择，预制装配式T梁可采用架桥机单片梁整孔预制吊装，整体式箱梁可采用架桥机整孔预制吊装或节段预制拼装。下面对以上3个方案工程量及优缺点进行综合比较，见表1～表3。

混凝土各方案经济性比选　　　　　表1

	项目	50m跨预制装配T梁	50m跨整孔预制大箱梁	50m跨节段预制大箱梁
上部结构	长度(m)	6×50=300	6×50=300	6×50=300
	梁高(m)	2.9	3.2	3.0
	C50(m³)	5227	5263	5579
	钢筋(t)	900	1039	1101
	体内钢绞线(t)	206	294	122
	体外钢绞线(t)	—	—	188

续上表

项目			50m跨 预制装配T梁	50m跨整孔预制 大箱梁	50m跨节段预制 大箱梁
下部结构	墩身	直径/尺寸(单墩单幅、m)	3根φ2.2	2根2.4×2.4	2根2.4×2.4
		C40(m^3)	1579	991	991
		钢筋(t)	284	165	165
基础	承台	平面尺寸(横×顺)(m)	5.4×1.7(系梁)	9.0×7.3	9.0×7.3
		C30(m^3)	232	1301	1301
		钢筋(t)	28	156	156
	桩基	基础桩数量(根)	18	24	24
		桩径(m)	φ2.4	φ2.2	φ2.2
		桩长(m)	51	45	46
		C30水下部分(m^3)	4153	4106	4197
		钢筋(t)	376	390	399
		钢护筒(t)	75	83	83
建安费(元/m^2)		上部	2922	3561	3578
		下部	583	350	350
		基础	1096	1374	1396
		附属	506	509	509
		合计	5106	5795	5833

堤内引桥混凝土梁各方案综合比较　　　　表2

施工方案		50m跨 预制装配T梁	50m跨 整孔预制大箱梁	50m跨 节段预制大箱梁
上部结构		预制T梁	整孔预制箱梁	节段预制箱梁
单幅梁片数		9	1	1
预制梁段吊重		186t(单片梁)	2281t	节段/单跨 175t/2417t
下部及基础		圆柱墩+盖梁+系梁+钻孔灌注桩	方柱墩+系梁+承台+钻孔灌注桩	方柱墩+系梁+承台+钻孔灌注桩
预制场要求		95亩	198亩	312亩
施工速度		单幅单跨施工约5d	单幅单跨施工约1d	单幅单跨施工约10d
施工工期		20个月	10个月	40个月
施工质量		一般。接缝多,接缝处易出现质量风险	好。整孔箱梁预制,整体性强,在预制厂内预制,可有效保证施工质量	较好。箱梁节段间为胶拼缝,易出现质量风险
施工风险		高。主梁预制、运输及架设过程中,自身稳定性较差,存在一定风险	较低。装配化施工,现场施工时间短,现场施工组织管理方便。运输吊装重量大,存在一定施工风险	低。装配化施工,现场施工时间长,对便道要求高,现场施工组织管理不如前二者方便。架桥机吊装重量大,存在一定施工风险
建安费(元/m^2)		5106	5795	5833
综合评价	优点	①施工工艺成熟,施工难度低。 ②对线形及桥宽适应性好。 ③工程造价低	①主梁整体性好,质量可靠。 ②架设速度快	①预制节段小,运输吊装重量轻,预制场吊装、转运设备要求不高。 ②通过简单模板改造,可适应桥宽变化

续上表

综合评价	缺点	①主梁湿接缝多,整体性较差。②在存梁、运输、架设时梁体存在侧翻风险,稳定性较差。③梁片数多,施工速度较慢。④景观性较差	①吊装重量大,对预制场、运架设备要求高。②变宽适应性差。③需要施工承台,基坑挖方工程量大。④工程造价高	①整孔梁重量大,对架桥机要求高。②需短线法匹配预制,施工精度要求高;工序较多,施工复杂,工期最长。③需要施工承台,基坑挖方工程量大。④工程造价高
比较结论		推荐	比选	比选

注:1 亩≈666.67m^2。

节段预制拼装箱梁方案,预制场规模大,多架设作业面施工,造成总体施工组织复杂;接缝多,施工精度要求高,同时需要在吊架上张拉阶段预应力钢束,施工速度慢,且造价最高。整孔预制吊装箱梁方案总施工工期不受架桥机架梁工序控制,仅需采用1套运架设备即可,施工组织易于管理,混凝土浇筑质量有保证,结构耐久性好,但对起重设备及架梁设备要求高,存在一定施工风险。预制预应力混凝土T梁方案,施工速度适中,对主梁架设设备、制作场地要求低,便于灵活组织生产,造价最低。

经综合比选,对于混凝土主梁桥型方案,堤内引桥桥梁推荐采用预应力混凝土T梁方案。

2) 钢混组合梁方案比选

钢混组合梁:可采用的结构形式有装配式工字钢、装配式箱梁、整体大箱梁;可选择的施工方案有先整孔吊装钢梁再铺设桥面板和组合梁组合后吊装。

整箱钢混组合梁方案(图3),因箱梁截面尺寸大,需将截面分割成小块单元件运输到场,导致现场焊接工作量大,焊接质量难以保障。故此方案不适用于本项目建设条件,不做深入比较。

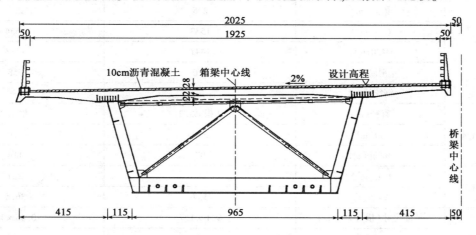

图3 整箱组合梁方案标准横断面(尺寸单位:cm)

堤内引桥50m跨径钢混组合梁方案,就装配式工字钢、装配式小箱梁两个方案进行比选(图4、图5),其具体比选见表3、表4。

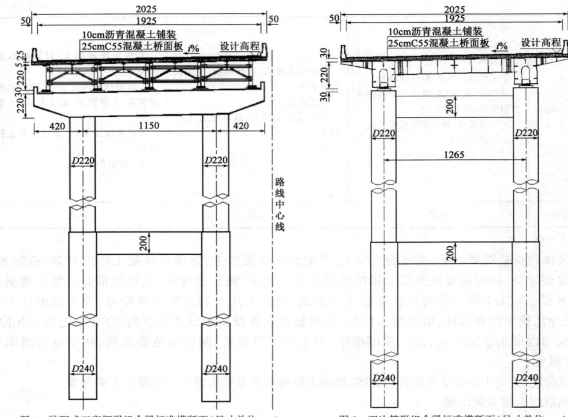

图 4　装配式工字钢混组合梁标准横断面(尺寸单位:cm)　　图 5　双边箱形组合梁标准横断面(尺寸单位:cm)

组合梁各方案经济性比较表　　表 3

	项目		工字钢混组合梁	双边箱形组合梁
	长度(m)		6×50=300	6×50=300
上部结构	梁高(m)		2.5	2.5
	C55(m³)		1533	1554
	Q420D(t)		1441	1733
	钢筋(t)		570	558
	钢绞线(t)		—	—
下部结构	墩身	直径(m)	2根 φ2.2	2根 φ2.2
		C40(m³)	570	670
		钢筋(t)	97	114
	盖梁	C40(m³)	714	224
		钢筋(t)	137	36.5
基础	横系梁	平面尺寸(横×顺)(m)	9.1×1.7	10.45×1.7
		C30(m³)	195	224
		钢筋(t)	32	37
	桩基	桩径(m)/单墩桩数	φ2.4/2	φ2.4/2
		桩长(m)	54	54
		C30 水下部分(m³)	2932	2932
		钢筋(t)	265	265
		钢护筒(t)	50	50

续上表

项目		工字钢混组合梁	双边箱形组合梁
建安费(元/m²)	上部	3832	4551
	下部	466	311
	基础	787	796
	附属	418	437
	合计	5503	6094

组合梁各方案综合比选 表4

主梁方案	方案一：工字钢混组合梁	方案二：双边箱形组合梁
制造运输	单片工字钢梁高2.2m，可整节段公路运输；单片工字钢构件较箱形截面小、轻，便于运输放置，运输效率高	单片小箱梁抗扭刚度好，横向稳定性好；箱室横向宽2.1m，高2.2m，可满足公路运输要求；17.5m节段单箱重49t，运输重量重于工字梁，施工措施费略高
现场架设	采用单幅工字钢整体架设，堤内引桥整孔最大吊重310t(5片梁)，吊装重量最轻。梁上运梁均较为可靠可控，对架桥机要求低，架桥机自重轻，过跨风险较小	单幅箱梁整孔最大吊重约346t，略高于方案一，梁上运梁均较为可靠可控，对架桥机要求较低，架桥机自重轻，过跨风险较小
结构性能	多片工字钢纵横向形成桁架网格，结构整体抗扭性能与方案二相当，架设时采用单幅一体架设，横向稳定性较好	单片小箱梁抗扭刚度好，横向稳定性好；形成组合结构后结构总体抗扭刚度较大
后期运营养护	结构外露，检修养护便利；散件多，整体养护量较大	箱内需设置除湿机，维修费用略高；构件整体性好，养护量略小
景观效果	结构简洁轻量，景观效果较好	外观简洁，景观效果好
造价(元/m²)	5503	6094

通过以上比选可知，工字钢构件尺寸小、重量轻、便于运输；形成纵横向框架后横向稳定性好；外露截面便于养护；经济性较双边箱组合梁有一定优势，因此综合比选钢混组合梁方案推荐工字钢混组合梁方案。

3) 综合比选

对50m工字钢混组合梁和50m预应力混凝土T梁进行综合比较，见表5。

组合梁与T梁综合比较 表5

方案	工字钢混组合梁	预应力混凝土T梁
梁高(m)	2.5	2.9
单片梁吊重(t)	单片47/单幅310	单片186
全桥梁片数	1860	3348
单幅桥上部重量(t/m)	18.1	45.3m
单幅桥下部及基础混凝土方量(m³/m)	14.7	19.9
受力性能	自重轻、承载力高、耐久性好	自重大、侧向稳定性差
施工质量	好。钢结构工厂加工、桥面板预制质量有保证；现场仅现浇湿接缝，工序简单，质量有保障	一般。T梁需张拉大量预应力，预应力灌浆质量为主要质量风险；桥位除浇筑湿接缝外，还需张拉墩顶预应力，施工复杂，质量控制难度高
施工风险	低	高
施工工期	11个月	20个月
结构耐久性	组合结构耐久性好	混凝土易出现裂缝，耐久性不如钢结构
后期维修养护	维护成本高	维护成本低

续上表

对环境的影响	对环境影响相对较小，后期钢梁可回收利用	对环境影响相对大，后期材料难以回收利用
景观效果	梁高矮,结构轻巧,双柱墩简洁	梁高高,结构笨重,三柱墩显凌乱
造价(亿元)	20.75	19.25
建安费(元/m^2)	5503	5106
碳排放量(tCO_2)	8656.4	9700.4
碳排放强度($kgCO_2/m^2$)	1424.9	1596.8
经济性	较好	好
推荐意见	推荐	比较

通过以上比选可知,工字钢混组合梁上部结构重量仅为预应力混凝土T梁的40%,主梁数量仅为预应力混凝土T梁的一半,下部及基础混凝土用量较预应力混凝土T梁节省25%。工字组合梁无论从受力性能、长期耐久性、施工质量、施工风险、施工工期、环保性、景观效果均优于预应力混凝土T梁。虽然其造价较预应力混凝土T梁高8%,但其工期较预应力混凝土T梁方案节约9个月;碳排放量较预应力混凝土T梁低12%,更环保;同时,考虑混凝土结构长期耐久性不如钢结构,且无法回收利用,因此二者综合建设成本差异不大。

考虑本项目桥位处地震烈度高、基础条件差、黄河湿地环保要求高,上部结构桥型方案应以轻型化思路为导向,减少桥梁桩基工程量,以降低环保风险,最大限度地保护黄河湿地环境。堤内引桥长达9.25km,工程规模大,为全项目工期控制性工程;其工作面多,施工组织复杂、施工质量要求高,应采用质量性能稳定、制造安装工业化程度高、施工安全风险低、工效高的结构形式。

综上所述,堤内引桥推荐采用工字形钢混组合梁结构。

三、结　语

对于黄河流域砂土地区长联引桥而言,从工程造价看,预应力混凝土T梁桥型方案最优;综合考虑工程风险、施工难度、工期、环境保护及循环利用等因素,工字形钢混组合梁桥型方案更优。

参考文献

[1] 中华人民共和国交通运输部.装配化工字组合梁钢桥通用图:JTG/T 3911—2021[S].北京:人民交通出版社股份有限公司,2020.
[2] 李国平.全预制混凝土桥梁技术概论[C]//中国土木工程学会桥梁及结构工程分会.第十八届全国桥梁学术会议论文集.北京:人民交通出版社,2008.
[3] 张立青.节段预制拼装法建造桥梁技术综述[J].铁道标准设计,2014,58(12):63-66,75.

36.基于顶推施工的大跨等高箱形组合连续梁设计关键技术

闫振业[1]　谭中法[1]　牟　林[2]　陈洋洋[2]
(1.中交公路规划设计院有限公司;2.河南省黄河高速公路有限公司)

摘　要　河南安罗高速公路黄河特大桥副桥为100m跨等高箱形组合梁桥,其中南副桥全长3400m,采用无辅助墩顶推法施工,钢梁顶推到位后再铺设混凝土桥面板,为目前国内最长顶推长度的连续梁桥。

本文从副桥的建设条件、桥型比选、构造设计、施工方案选择、施工期关键受力分析等方面进行阐述,为类似工程提供参考。

关键词 安罗黄河特大桥 等高钢混组合梁 双边箱截面 顶推施工 局部稳定性

一、引 言

安罗高速公路黄河特大桥是安罗高速公路原阳至郑州段的控制性工程,采用设计速度120km/h双向八车道高速公路设计标准,桥面净宽为$2 \times 19.25m$。

副桥跨越黄河主河槽,根据黄委相关要求及桥位所在河段,主河槽孔径不小于100m。因此副桥全线采用100m跨等高钢箱组合梁。南副桥桥跨布置为$(3 \times 100m) + (3 \times 100m) + 7 \times (4 \times 100m) = 3400m$,北副桥桥跨布置为$3 \times 100m = 300m$。

安罗高速公路黄河特大桥桥位区域地势平坦,河床宽浅,冲淤变化迅速,属于游荡性河道,无法通航。地质以砂土、粉土、粉质黏土为主,无基岩覆盖。桥址区抗震设防烈度为Ⅶ度,基本地震动峰值加速度$0.15g$。

二、副桥方案研究

1. 桥型方案比选

根据总体桥跨布置要求,副桥跨径为100m,其中北副桥$3 \times 100 = 300m$,南副桥$34 \times 100 = 3400m$,规模十分庞大,不宜采用体系复杂、工序烦琐的桥型结构,应优先选用结构体系简单,构造简洁,适合大型化、工厂化、标准化生产、装配化施工安装的连续刚构桥或连续梁桥。结合世界桥梁技术发展现状,适用于100m跨可行的方案有钢箱梁、钢混组合梁及混凝土梁桥。钢箱梁自重最轻,可工厂化制作,但钢箱梁造价相对较高;预应力混凝土连续梁桥经济性较好,但副桥采用等跨布置,边跨受力不合理,需要浇筑混凝土,工期长,不利于环保;钢混组合梁适宜等跨布置,耐久性较好,造价适中,因此副桥初步设计推荐采用钢混组合梁的结构形式。

本项目位于陆域,结合本桥的建设环境,需要将组合梁化整为零,化大为小,方便主梁运输和架设。根据本原则,适合本桥的断面形式有工字组合梁和小箱室组合梁。

通过从制造运输、现场架设、结构性能、后期运营养护、景观效果等方面比较,尤其大跨径桥梁架设风险高,在形成组合结构之前,箱形截面抗扭性能、横向稳定性略优于工字形截面,故推荐采箱形组合梁方案。

2. 施工方案比选

本项目中南副桥长3400m,北副桥长300m,副桥体量巨大。组合梁常见的施工方式有支架架设法、机械吊装法、架桥机施工法、同步顶推法。结合项目现有条件,比较不同的施工方式,确定对本工程最合适的方案。

采用支架架设法施工,支架需设置在河道中,考虑到黄河汛期流速较快,对支架受力要求高;且副桥长度较长,现场需要大量的临时施工措施,经济性较差。支架要在钢梁和桥面板协同受力之后再拆除,整体工期长。

采用机械吊装法,整跨吊装质量大,结合桥位实际情况,无法实现整体吊装;若分块吊装,现场作业量大,且需要设置多处施工平台完成焊接拼装,施工精度差,安装时间长。

采用架桥机施工法,整跨质量大,在完成一跨的基础上再继续通过梁上运梁完成下一跨安装,对已安装的桥跨受力要求高,仅为了施工过程就加厚钢主梁板件厚度,经济性较差。

采用步履式千斤顶顶推施工,现场只需一处施工平台,完成焊接组装安装精度高;顶推跨径100m,不设置临时墩,施工临时措施少;从中部分别向大、小桩号方向顶推,最大顶推长度1700m,中间不停滞,速度快。完成全部顶推后再铺设预制桥面板,工期短。故南副桥采用顶推施工,北副桥组合梁亦采用顶推施工,跨间设临时墩,顶推跨径为50m,顶推长度为300m。

三、结构设计

副桥采用等截面箱形组合梁,跨径布置采用标准跨径设计,南副桥桥跨布置为(3×100m)+(3×100m)+7×(4×100m)=3400m,北副桥桥跨布置为3×100=300m。

副桥主梁采用4.8m梁高,高跨比1/20.8,在过渡墩段,梁高从4.8m一次变化到3.8m。单幅桥设置2片箱形钢主梁。4×100m标准联总体布置如图1所示。

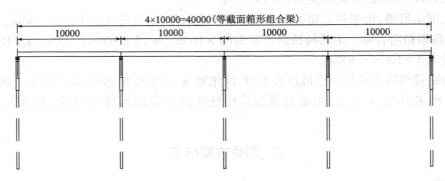

图1 总体布置(尺寸单位:cm)

1. 主梁设计

钢主梁主要由上翼缘板、腹板、腹板加劲肋、底板、横隔板、横梁及挑臂组成。单片钢主梁高度4.5m,高跨比为1/20.8,两片钢主梁中心间距12.65m。一联中主梁在边中墩顶采用Q500D钢材,中墩采用Q420D钢材,两边梁采用Q420D钢材,两中梁跨中采用Q355D钢材。

1) 钢主梁上翼缘板

钢主梁上翼缘采用变宽变厚设计。首跨及末跨钢主梁上翼缘板厚度40mm、板宽800mm,靠近中墩顶厚度56mm、宽度900mm;中跨跨中上翼缘板厚30mm、板宽600mm,靠近中墩顶厚度40~56mm、宽度900mm;中墩顶上翼缘板厚度56mm、宽度900~1100mm。

2) 钢主梁底板

钢主梁底板采用变宽变厚设计。边跨区域底板宽度2100m、厚度分别为30mm、40mm、50mm,中跨跨中底板宽度2100m、厚度20mm,墩顶局部加厚至40mm,中墩顶底板宽度2600mm,板厚56mm。底板纵向加劲肋采用板式构造,横向间距600mm,对应不同底板厚度设置240mm×24mm、380mm×38mm。

3) 钢主梁腹板

双边箱钢主梁腹板为直腹板,腹板间距2.0m。钢主梁腹板厚度在过渡墩处为26mm,中墩处腹板厚度30mm,过渡段腹板厚24mm,跨中区域厚度20mm。与主桥及堤内引桥衔接处由于梁高减小,腹板加厚至30mm。腹板设置横向加劲肋,间距3.6m/3.4m/3.2m,对应不同腹板厚度设置为280mm×26mm、300mm×28mm、340mm×32mm;中墩顶附近在近上翼缘处设置一道纵向加劲肋,近下翼缘处设置两道纵向加劲肋,其余位置在近上翼缘处设置两道纵向加劲肋,近下翼缘处设置1道纵向加劲肋,加劲肋采用板式构造,加劲肋高度及厚度为220mm×20mm、260mm×24mm、280mm×28mm。

4) 横隔板及横肋板

支座处横隔板采用实腹式构造,端支点处横隔板厚16mm,中支点处横隔板厚20mm,支撑加劲肋厚度20mm。端支点处横隔板设置通长的翼缘板与钢梁上翼缘相连,翼缘板上布置剪力钉与混凝土板相连。

标准横隔板厚度12mm,横隔板间距3.6m。斜腹板横向加劲肋为280mm×10mm,横向加劲肋间距3.6m,横隔板与横向加劲肋交替布置。

2. 横梁

支点横梁高4.1m,边支点横梁为∏形截面,腹板间距2.05m；中支点处横梁为工字形截面；从跨中向两侧每隔18m设置1道3m高横梁；普通横梁高1.2m。横梁腹板和底板均采用高强度螺栓连接,横梁顶板与主梁顶板之间采用焊接。

3. 小纵梁

为方便混凝土桥面板纵向现浇缝的浇筑及减小预制桥面板的跨径,在横梁中部设置1道小纵梁,小纵梁两端与横梁栓接连接。

4. 挑梁

根据钢主梁上翼缘板宽度的不同,共分为5类挑梁,分别为TL1、TL2、TL3、TL4、TL5,TL1为端部挑梁,挑梁端部高度300mm,挑梁根部高度850mm；为对梁端现浇混凝土提供支撑作用,设置通长上翼缘板。TL2~TL5挑梁端部高度300mm,挑梁根部高度850mm。

上部结构采用减隔震竖向支座,改善抗震性能。本桥设置2%双向横坡,横坡通过绕横断面中预制桥面板内侧上边缘点位置旋转形成。组合结构连续箱梁标准横断如图2所示。

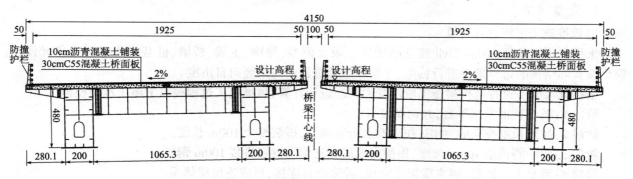

图2 标准横断面(尺寸单位:cm)

5. 腹板加劲构造

为保证顶推时腹板局部稳定,在腹板第一道纵肋与底板间设置短加劲,短加劲尺寸为长0.4m、高0.65m、厚0.02m,每隔0.45m一道。各部分构件通过焊接连接,构件分别采用Q355、Q420、Q500型钢材。加劲构造如图3~图5所示。

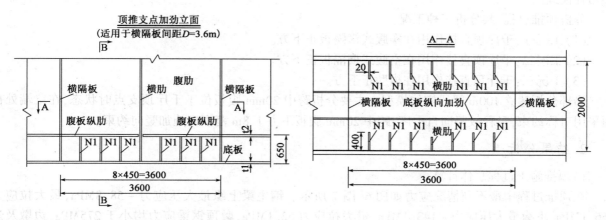

图3 腹板加劲构造(尺寸单位:mm)　　图4 腹板加劲断面A-A(尺寸单位:mm)

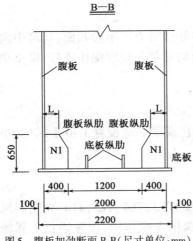

图 5 腹板加劲断面 B-B（尺寸单位：mm）

6. 桥面板构造

混凝土桥面板全宽 20.25m，支撑在由钢主梁、小纵梁和横梁组成的梁格系上。支承部位设置橡胶条，其原始厚度应根据材料特性和桥面板重量进行设计。混凝土桥面板与钢主梁通过布置于钢主梁、小纵梁和横梁顶面的圆柱头剪力钉结合后共同受力。混凝土桥面板分为预制和现浇两部分。现浇部分为剪力槽口现浇缝、横梁顶现浇缝、小纵梁顶现浇缝和边跨伸缩缝处现浇段。

桥面板按纵桥向、横桥向分块预制，板块纵桥向长度分 270cm、310cm 两种，横桥向长度为 987.5cm。预制板厚度 25cm。桥面板最大吊重重量约 20t。根据结构尺寸及配筋区别，预制桥面板有 16 种类型，共 3736 块。为了减小混凝土收缩、徐变对结构的影响，预制板安装要保证 6 个月以上的存放时间。

四、顶推施工关键阶段受力研究

1. 模型建立

1）顶推施工过程总体计算

采用有限元软件 midas Civil 建立副桥的有限元模型，导梁、主梁、桥墩、桩基采用空间梁单元模拟。模型按实际结构的边界条件进行约束，主梁在组装过程中约束竖向自由度。

根据设计施工过程对桥梁施工阶段受力状态进行计算，顶推施工过程按以下施工步骤模拟。

阶段1：搭设顶推施工平台，并调试设备。

阶段2：导梁长度按 70m 考虑，在支架上拼装钢梁，拼装整个 100m 长度。

阶段3：向一侧顶推 100m 长度，顶推完成后在支架上继续拼装 100m 钢梁。

阶段4：重复上一阶段，钢主梁架设完成，拆除临时连接，形成连续梁体系。

2）顶推施工过程腹板稳定计算

同时采用有限元软件 ANSYS 建立副桥整跨模型。

根据施工单位提供的资料，顶推千斤顶承压面积为长 1.8m、宽 0.4m 的矩形区域，通过加厚钢板将顶推力作用于钢箱底板。因主梁腹板刚度很大，支撑反力主要由腹板承担。将 midas 中提取的顶推过程中最大反力转变成线荷载施加于结构用于模拟最不利工况，最大支撑反力 5100kN。分为外侧顶推，内侧落梁两种模式。

分析顶推过程，共分析三种工况：

(1) 工况一：千斤顶直接作用在实腹式横隔板正下方。

(2) 工况二：千斤顶直接作用在空腹式横隔板正下方。

(3) 工况三：千斤顶直接作用在横肋正下方。

局部分析建立 100m 梁段实体模型。主要分析跨中 20mm 腹板位于千斤顶支点时状态，在梁端处截面采用对称约束，只释放竖向自由度，跨中 20mm 腹板下方 1.8m 范围内施加竖向约束。

2. 结果分析

1）顶推施工过程总体计算

在顶推过程中最不利情况应力如图6、图7所示。钢主梁上缘最大压应力 -58.8MPa，最大拉应力 166.1MPa，下缘最大压应力 -143.1MPa，最大拉应力 62.1MPa，墩顶钢梁应力均小于 275MPa，边墩及边跨中钢梁应力小于 245MPa，中跨中钢梁应力小于 200MPa，满足规范要求。

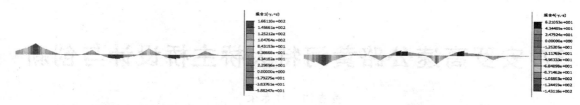

图6 顶推过程钢主梁上翼缘正应力(一)　　图7 顶推过程钢主梁上翼缘正应力(二)

2) 顶推施工过程腹板应力计算

三种工况下,腹板加劲、实腹式横隔板、空腹式横隔板应力(去除应力集中)见表1。

应力汇总表(单位:MPa)　　表1

工况	构件应力			
	顶推		落梁	
	加劲	横隔板	加劲	横隔板
工况一	178	200	185	200
工况二	200	143	200	145
工况三	200	113	200	119

三种加载工况,短加劲肋 Mises 等效应力、实腹式横隔板最大 Mises 等效应力、空腹式横隔板最大 Mises 等效应力(去除应力集中)均小于容许应力200MPa,满足强度要求。

3) 顶推施工过程稳定计算

三种工况下,腹板及加劲承受压力,需要验算板件的稳定。计算结果见表2。

失稳模态汇总表　　表2

工况	顶推		落梁	
	系数	模态	系数	模态
工况一	3.1	实腹式横隔失稳	3.29	实腹式横隔失稳
工况二	3.49	空腹式横隔失稳	3.68	空腹式横隔失稳
工况三	3.34	实腹式横隔失稳	3.54	空腹式横隔失稳

经现场实施验算,顶推施工过程安全可靠,稳定性满足要求。

五、结　语

安罗黄河高速公路黄河特大桥副桥采用100m跨径的钢箱组合梁跨越黄河。该桥的桥型选择结合了桥位处的建设条件,发挥了结构性能和施工便利性等方面优势。本方案采用钢混组合梁,可化整为零、化大为小,方便主梁运输和架设。

钢箱组合梁在荷载作用下,主梁底板受拉,混凝土桥面板受压,充分发挥两种材料的力学性能。且箱形截面抗扭性能、横向稳定性较好。

组合梁施工方式多样,可根据现场实际情况选择。本项目副桥采用100m跨不设辅助墩连续顶推,不仅创造了国内顶推单跨跨径100m最大,更是国内连续顶推长度最长,可为国内其他类似项目提供参考。

参考文献

[1] 刘玉擎.组合结构桥梁[M].北京:人民交通出版社,2005.

[2] 邵长宇.大跨连续组合箱梁桥的概念设计[J].桥梁建设,2008(1):41-43,61.

[3] 张林钊.钢-混凝土组合箱梁桥面板的组合施工技术研究[D].重庆:重庆交通大学,2015.

37. 安罗高速公路黄河特大桥主桥设计与创新

黄吉滔　许春荣

(中交公路规划设计院有限公司)

摘　要　安罗高速公路黄河特大桥主桥为110m+135m+520m+135m+110m双塔双索面组合梁斜拉桥,采用半飘浮结构体系;主梁采用宽45.5m的双边钢箱组合梁;索塔采用H形钢混组合索塔+分离式承台,索塔采用无竖筋钢壳混凝土组合索塔;斜拉索采用标准抗拉强度1960MPa钢绞线拉索,按空间双索面扇形布置,塔端采用钢锚梁,梁端采用钢锚箱锚固于主梁双边箱内。主桥设计充分贯彻"轻型化、标准化、工厂化、装配化"的绿色设计理念,为今后同类型桥梁的建设提供了设计参考。

关键词　斜拉桥　双边箱组合梁　组合索塔　钢管复合桩　双向减隔震支座

一、引　言

安罗高速公路原阳至郑州段是安罗高速公路的重要组成部分。项目起点位于原阳县太平镇乡虎张村西北,与兰考至原阳高速公路封丘至原阳段交叉,路线向南经陡门乡,在陡门乡东侧跨越黄河至中牟县雁鸣湖镇,在雁鸣湖镇朱固村南与连霍高速公路交叉并顺接已建的机西高速公路,到达项目终点,路线全长约21.655km,其中安罗高速公路黄河特大桥是本项目的控制性工程。

安罗高速公路黄河特大桥起点位于河南省新乡市原阳县陡门乡东侧,由北至南依次跨越黄河北大堤、徐庄控导工程、黄河、韦滩控导工程和黄河南大堤,终点接雁鸣湖互通,全长15.2235km,是目前国内最长的黄河大桥。桥梁采用高速公路双向八车道标准,标准桥面宽度为41.5m,设计速度为120km/h。

二、主桥总体设计

1. 桥跨布置及结构体系

1)桥跨布置

主桥为双塔双索面组合梁斜拉桥,桥跨布置为110m+135m+520m+135m+110m,边中跨比为0.471,桥下通航净空为96.8×8m,最高通航水位88.14m(图1)。

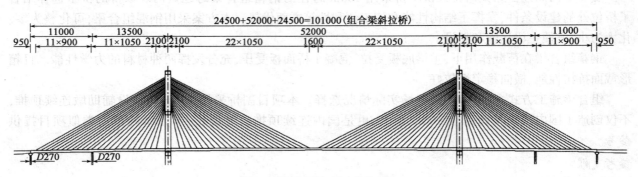

图1　桥型布置图(尺寸单位:cm)

2)结构体系

本桥采用半飘浮结构体系,在索塔下横梁处设置竖向球钢支座、纵向E形动力耗能装置和横向限位耗能装置,过渡墩设纵向活动、横向限位的减隔震支座,辅助墩设双向活动减隔震支座。

2. 索塔及基础

索塔采用 H 形钢混组合索塔,索塔采用无竖筋钢壳混凝土组合索塔,外观以商代青铜"中国樽"入形,取其形、抒其义,礼敬黄河,礼献中原。塔总高 182m,在桥面以上高度约为 142m,高跨比为 0.273。索塔采用 C55 补偿收缩自密实混凝土。除钢横梁端部采用 Q420D 外,钢壳和钢锚梁均采用 Q355D,钢壳内型钢采用 Q235B。索塔一般构造如图 2 所示。

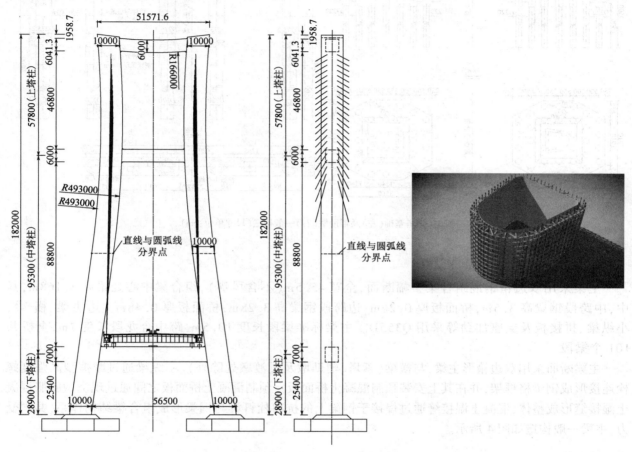

图 2 索塔一般构造(尺寸单位:mm)

塔柱采用空心圆端形单箱单室断面,塔柱横、纵桥向外轮廓尺寸均为 10m,上塔柱壁厚均为 0.8m,中间设钢锚梁;中塔柱壁厚为 0.8~1.1m,下塔柱壁厚为 1.1~1.4m。

塔柱底部通过埋设在承台内高强螺纹钢棒与首节段钢壳内外壁板底部的锚固构造连接形成钢壳与承台之间的连接。外壁板采用直径 40mm 的高强度螺纹钢棒与承台连接,钢棒的标准间距为 20cm。内壁板采用直径 24mm 的高强度螺纹钢棒与承台连接,钢棒的标准间距 20cm。钢棒在承台内的锚固长度为 2m。

索塔基础采用分离式承台 + 群桩基础,承台采用 35.6m × 32.1m(横向 × 纵向)的分离式八边形承台,厚度为 6m,承台顶面高程为 + 74.8m。索塔承台顶面设置高度 2m 的塔座;承台、塔座均采用 C40 混凝土。单个承台下设置 36 根 $D2.7m \sim D2.2m$ 钻孔灌注桩,梅花形布置,桩长 95m,按摩擦桩设计。桩基采用 C35 水下混凝土。索塔基础及辅助墩一般构造如图 3 所示。

辅助墩和过渡墩均采用混凝土柱式墩 + 钢管复合桩的排架墩结构,辅助墩横向左右幅分离以方便检查车可以从中间通过。半幅桥下设 2 根 $D2.752m \sim D2.2m$ 钢管复合钻孔灌注桩,桩间距 12.65m,上接 2 根直径 2.7m 的混凝土柱式墩。桩基采用 C35 水下混凝土,墩身采用 C40 混凝土。辅助墩和过渡墩盖梁采用预应力混凝土结构。辅助墩盖梁横向 16.65m,顺向 3.2m,高 2.8m;过渡墩盖梁横向 16.65m,顺向 6.3m,高 3.5m。盖梁采用 C50 混凝土。

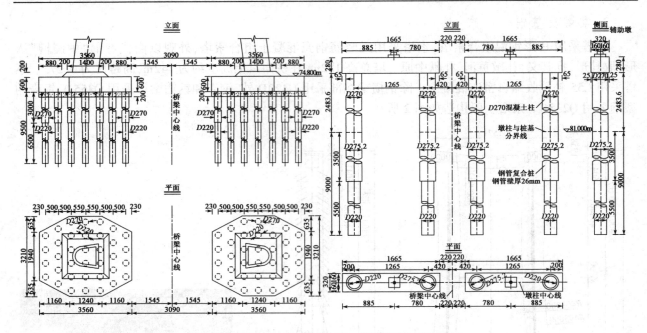

图 3 索塔基础(左)及辅助墩(右)一般构造(尺寸单位:cm)

3. 主梁

主梁采用双边箱钢混组合梁整幅断面,全宽45.5m(不含风嘴),组合梁中心处梁高4.168m,其中,中跨段钢梁高3.5m,桥面板厚0.26m;边跨段钢梁高3.28m,桥面板厚0.48m。边主梁、横梁、小纵梁、拼接板及支座加劲等采用Q355D。主梁标准梁段长度10.5m,跨中合龙段长度7m,全桥共101个梁段。

主梁断面采用双边箱形主梁,与横梁(索塔、辅助墩及过渡墩处除外)、小纵梁通过摩擦型高强度螺栓连接形成钢梁格框架,并在其上安装预制混凝土桥面板。预制混凝土桥面板之间通过现浇微膨胀混凝土湿接缝形成整体,混凝土湿接缝通过焊接于钢梁上的抗剪栓钉群与钢梁形成组合梁结构体系,共同受力,主梁一般构造如图4所示。

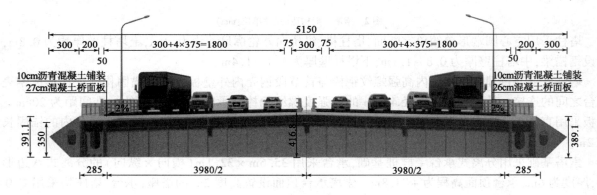

图 4 主梁一般构造(尺寸单位:cm)

1)边主梁

边主梁采用箱形截面,两边主梁横桥向中心间距42.8m,标准段钢梁梁高3.5m(钢主梁上翼缘顶板至下翼缘顶板),桥面板加厚区钢梁梁高3.28m。单侧边主梁上下翼缘水平设置,腹板采用直腹板。顶板等宽等厚度,宽2.85m,厚24mm;底板与顶板等宽,均为2.85m,根据受力情况采用不同的24~60mm厚度;腹板全桥等厚采用24mm。边箱横隔板标准间距3.5m,两道横隔板之间设置一道400mm高的横肋板,横肋板与横隔板交替布置(图5)。

边主梁梁段顶板之间采用熔透焊接,腹板、底板和纵向加劲肋采用高强度螺栓栓接。

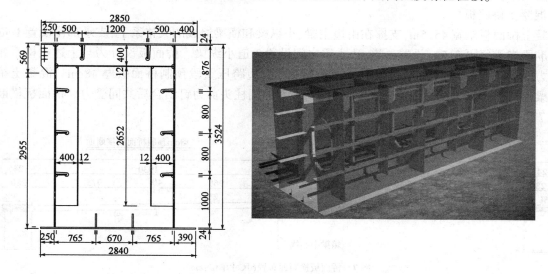

图5　边主梁一般构造(尺寸单位:mm)

2)横梁

标准横梁采用工字形断面,纵向间距3.5m,密索区间距3m。横梁上翼缘设双向2%横坡,与预制混凝土桥面板的底面轮廓保持一致,横梁底板水平设置,底板顶缘与边箱底板上缘平齐。标准横梁(26m厚桥面板对应的HL2)上翼缘宽700mm,厚度24mm;下翼缘宽800mm,厚度24mm;腹板厚16mm,设一道水平加劲肋和若干道竖向加劲肋。48cm厚桥面板对应横梁底板加厚至28mm,压重区横梁根据受力需要钢板板厚相应增大。

单片横梁由生产和运输需求确定分段,现场焊接连接成整体。除索塔区箱形横梁、辅助墩及过渡墩区槽型横梁与边主梁熔透焊接连接外,工字形横梁两端顶板与边主梁顶板熔透焊接,腹板和底板与边主梁腹板加劲和底板之间采用高强度螺栓连接;横梁与桥面小纵梁及压重箱梁之间均采用高强度螺栓连接。

3)小纵梁

为方便混凝土桥面板纵向现浇缝的浇筑及减小预制桥面板的跨径,在横梁中部及距离主梁中心线10m两侧各设置一道小纵梁。小纵梁高500mm、采用工字形截面,上翼缘宽500mm、厚14mm,下翼缘宽240mm、厚12mm,小纵梁腹板与横梁上对应位置的竖向加劲肋采用高强度螺栓拼接(图6)。

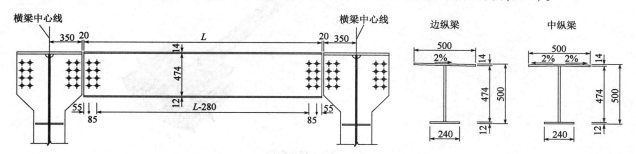

图6　小纵梁一般构造(尺寸单位:mm)

4)压重构造

为确保在正常运营荷载下,过渡墩及辅助墩支座不出现负反力,根据计算分析在过渡墩及辅助墩墩顶附近区域的横梁之间设计有压重箱以施加压重。压重箱成"井"字网格,其间设置压重混凝土。在压重横梁与普通横梁之间设置了过渡梁,以加强压重横梁腹板的稳定。压重材料采用重度不小于$25kN/m^3$的普通混凝土。

5)混凝土桥面板

混凝土桥面板全宽 45.5m,支撑在由边主梁、小纵梁和横梁组成的梁格系上,支承部位设置 1cm 橡胶条。标准段横梁每隔 3.5m 设置一道,边主梁之间设置 3 道小纵梁。桥面板设计为与上述梁格系相结合的预应力混凝土构件,其中标准段预制桥面板厚 26cm,边跨压重段预制桥面板厚 48cm。混凝土桥面板与钢主梁通过布置于钢梁边主梁、小纵梁和横梁顶面的圆柱头剪力钉结合后共同受力。桥面板横断面布置如图 7 所示。

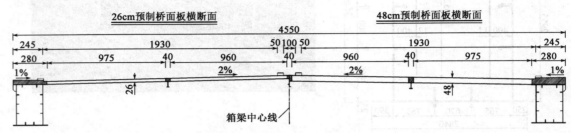

图 7 桥面板横断面布置(尺寸单位:cm)

混凝土桥面板分为预制和现浇两部分。现浇部分为预制板间现浇缝、边主梁顶现浇带、小纵梁顶现浇带和边跨伸缩缝处现浇段。为了减小混凝土收缩、徐变对结构的影响,预制板安装前要保证存梁不少于 6 个月。

为传递拉索的剪力,预制板纵桥向侧设置剪力键,剪力键突出 5cm。26cm 厚预制桥面板最大吊装重量 19.9t,48cm 厚预制桥面板最大吊装重量 34.1t。在中跨跨中 132m 范围内混凝土桥面板顺桥向布置有 $9\Phi^s15$ 预应力钢束,在辅助墩和过渡墩墩顶桥面板横向设置 $11\Phi^s15.2$ 预应力钢绞线。

4. 斜拉索

本项目采用 1960MPa 钢绞线拉索,全桥共 4×23 对 184 根拉索,单根最长 283.8m,重约 34.06t。梁端标准索距为 10.5m,边跨密索区索距 9m,梁端为拉索固定端,采用钢锚箱锚固形式,塔端为拉索张拉端,采用钢锚梁锚固形式。

斜拉索在边箱内采用梁内钢锚箱锚固。锚箱安装在边主梁腹板之间,构造主要由承压板、传力腹板及加劲、索导管及加劲、锚垫板等组成,锚垫板作用于承压板,通过传力腹板将力分配给边箱腹板,根据不同型号斜拉索的受力传力腹板采用 40mm、50mm 和 60mm 三种板厚(图 8)。根据索力大小及拉索角度的不同,斜拉索锚头下采用较厚的楔形垫板与较薄的承压板的组合。钢锚箱板件采用 Q420D。

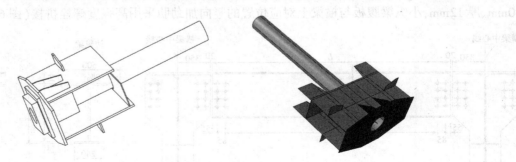

图 8 斜拉索锚箱构造

斜拉索塔端采用钢锚梁的锚固方式,钢锚梁主要承受斜拉索的平衡水平力,斜拉索竖向力通过锚梁及钢牛腿传递至塔壁上(图 9)。每套钢锚梁锚固 1 对斜拉索。每根塔柱设置 23 个锚梁,钢锚梁的主要构件有:顺桥向拉板、锚垫板、锚下承压板、腹板、底板、端部承压板、加劲肋等。

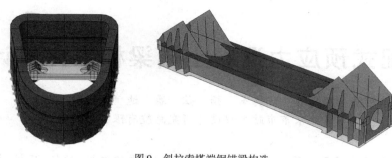

图9 斜拉索塔端钢锚梁构造

三、项目特点及创新

针对本项目建设条件特点及工程难点,主桥总体设计充分遵循"轻型化、标准化、工厂化、装配化"的设计理念,并积极贯彻以最大化保护黄河湿地环境的绿色建造理念。以工程建设面临的难点为导向,因地制宜地选择桥型方案及结构形式,取得的主要创新设计成果如下。

(1)在内陆桥梁实现"轻型化、标准化、工厂化、装配化"的工业化设计建造理念。

黄河现无通航条件,大型、重型构件运输施工难度大,所有桥梁构件均需通过陆路运输。项目提出内陆桥梁"轻型化、标准化、工厂化、装配化"的设计理念,从构造上降低对大型起重设备的要求与投入,减小运输、吊装难度,降低施工风险,提升工程品质。实现全桥工业化建造。

(2)创新性地采用无束筋钢壳混凝土索塔结构,实现桥塔高质、高效建造。

在国内首次采用无竖筋钢壳混凝土组合索塔结构形式仅在钢壳内加劲肋间设置拉筋,钢壳等效为钢筋参与结构受力,组合结构无竖向竖筋。这大幅度减少了现场钢筋接头,大大方便了现场施工,比常规有竖筋钢混组合索塔提升了工效,实现了桥塔快速化建造。

(3)创新性地提出无模化快速施工结构设计方案,实现永临结合。

主桥索塔设计推行"无模化浇筑"的理念,钢壳组合塔的钢壳结构既参与永久结构受力,又作为施工期混凝土浇筑模板。"无模化设计"通过永临结合,用工厂化预制的永久构造取代施工临时模板,可大幅度提高施工精度,提升施工质量,最大限度地减少劳动力使用以及建设和拆除过程中对环境的影响,实现施工快速装配、工业化建造的目的。

(4)全线桥梁采用双向减隔震支座,研发了斜拉桥纵横向双向耗能装置,降低桥梁地震响应。

为减小地震响应对结构的影响,首次研发使用了新型横、纵向E形耗能装置;并采用减隔震支座,改善桥梁纵横向静动力受力性能及耐久性能,桥梁抗震能力提高20%以上。

(5)桥梁下部结构采用无承台桩柱钢管复合结构,降低阻水率,提高结构抗冲蚀性能。

桥位处黄河为游荡性河流,桥梁下部结构对河道行洪阻水影响大。采用了无承台桩柱钢管复合结构,可显著提高桩身抗弯承载力,减少50%桩数,并可减少40%总桩长;提高了桩身延性,抗震性能优;抗冲刷性能强;无承台基础减少开挖,减少30%的施工弃渣。同时,减小了桥梁建设对阻水率和河床演变的影响,对保持黄河水土、保护生态有重要意义。

四、结 语

针对项目建设区域为黄河湿地保护区,主河槽宽、地质条件差、地震烈度高、运输条件受限、建设规模大等特点,充分贯彻"轻型化、标准化、工厂化、装配化"的设计理念,安罗高速公路黄河特大桥主桥方案的选择应充分考虑陆域化施工的建设条件,秉承绿色建造理念,采用了"化整为零"的钢混组合结构形式,永临结合便于快速建造的钢壳组合索塔,水中区采用无承台桩柱式钢管复合桩等关键技术,为今后同类型桥梁的建设提供了设计参考。

参考文献

[1] 陈虎成.古金赤水河大桥主桥总体设计[J].桥梁建设,2024,54(2):112-116.

38. 装配式预应力混凝土箱梁标准化设计研究

潘可明　熊建辉　陈翼军　杨　弦　潘　迪　李晓壮　路文发

（北京市市政工程设计研究总院有限公司）

摘　要　装配式预应力混凝土箱梁结构在使用过程中，箱梁的腹板、顶板、底板、横隔板及锚区等部位常出现不同程度的开裂，削弱了其耐久性和安全性。设计中存在盲目套用各地方标准图的情况，部分设计人自行"调整"图纸，造成设计标准不统一等问题。本文主要介绍了北京市市政工程设计研究总院有限公司装配式预应力混凝土箱梁通用图标准化课题成果，结合《公路钢筋混凝土及预应力混凝土桥涵设计规范》(JTG 3362—2018)等现行规范，按照标准化设计思想，对预制箱梁结构计算及构造提出了优化方案，包括混凝土收缩徐变计算分析、普通钢筋约束应力影响、南方北方湿度差异影响等。

关键词　装配式预应力混凝土箱梁　标准化设计　收缩徐变计算　普通钢筋约束　湿度差异影响

一、引　言

近年来，随着我国公路与市政建设的蓬勃发展，装配式预应力混凝土箱梁（简称"预制箱梁"）由于其具有截面抗扭、抗弯强度大，便于工厂化预制、施工速度快、造价低等优点，在桥梁工程中得到广泛应用。《公路桥涵设计通用规范》(JTG D60—2015)、《公路钢筋混凝土及预应力混凝土桥涵设计规范》(JTG 3362—2018)、《公路装配式混凝土桥梁设计规范》(JTG/T 3365-05—2022)及《公路工程混凝土结构耐久性设计规范》(JTG/T 3310—2019)等规范（简称"新规范"）发布后，部分省份已经重新编制了预制箱梁标准图册。为适应新规范要求，北京市市政工程设计研究总院有限公司以提高生产效率和品牌度，积极推进参数化设计及数字化应用，开展桥梁标准化《装配式预制预应力混凝土箱梁通用图册》课题工作。按新规范要求进行了结构受力分析计算，并按照调研成果、新规范要求对公司预制箱梁通用图进行了优化和调整。

二、病害调研及成因分析

2022年9月开始，课题组在北京及广东地区的京雄高速公路、京礼高速公路、深圳东部过境高速公路、国道109新线高速公路，以及两地的预制构件厂开展了预制箱梁的设计回访与病害调研工作。预制箱梁主要病害分为结构性裂缝、非结构性裂缝、附属结构病害（如伸缩装置、支座）、耐久性病害等几类；结构性病害多存在2010年以前项目中，近期项目的附属结构耐久性病害较多。针对以上病害产生原因分析如下：预制箱梁桥，由于温差较大常出现温度裂缝。早期的结构梁端腹板厚度较小、箍筋间距大，导致抗剪能力不足出现斜裂缝；同时由于腹板厚度较小，施工中预应力管道与纵向普通钢筋矛盾，造成腹板露筋或开裂等问题。由于施工原因（腹板与翼板之间设置施工缝位置不合理）引起的腹板与顶板相接处产生横桥向裂缝。温度力、防撞护栏的撞击力、声屏障及交通设施设置等考虑不周，造成横向配筋不足导致的翼板、顶板纵向裂缝。由于预应力张拉、管道偏位、管道灌浆不密实等原因，出现了与预应力管道走向一致的纵向裂缝。防水层施工质量达不到设计要求，桥面铺装找平层新老混凝土界面处理不到位，造成桥面铺装层龟裂、混凝土剥落，雨水进入箱梁内部，湿接缝处渗水返碱等病害。施工中横隔板湿接头连接部位的焊缝质量不满足焊接要求，造成翼板间的纵向湿接缝破损，混凝土剥落，钢筋锈蚀。由于吊装安装误差或支座质量等问题造成支座脱空、偏位错位、剪切变形超出允许范围，支座垫石破损。

三、装配式预应力混凝土箱梁通用图

1. 总体说明

本课题按新规范要求进行结构受力计算,结合调研成果按耐久性要求和规范的构造规定对公司预制箱梁通用图进行了调整和优化。

1)图集组成

(1)设计说明:设计依据、适用范围、主要技术标准、材料、计算要点、施工要求等。

(2)计算书及计算图表。

(3)设计图纸:

①适用跨径 25~40m 预制箱梁,斜交角度 0°~30°,桥梁宽度涵盖 5.8~24.8m。

②桥面纵桥向现浇湿接缝构造:以 55cm 的湿接缝宽度为界限,根据湿接缝宽度不同采用不同的桥面板断面配筋形式。

③桥梁纵向钢束:以 75cm 的湿接缝宽度为界限,根据湿接缝宽度不同采用不同的钢束配束根数,形成Ⅰ档及Ⅱ档两档预应力配束形式。

④形成参数化 Excel 计算表格,可根据实际项目需求调整相关参数计算工程材料数量。

2)主要特点

(1)桥梁跨径、斜度及断面布置覆盖公路与市政桥梁常用设计范围。

(2)对现浇湿接缝构造进行优化,采用不同的断面配筋形式以满足规范要求。

(3)通用图可适用于我国南、北方不同温度与湿度环境。

(4)结合调研成果优化相关构造设计。

2. 横断面

横断面采用参数化设计,不同的桥梁宽度由梁片数和现浇湿接缝宽度调整,以 30m 箱梁为例,具体参数含义及范围见图1、表1。

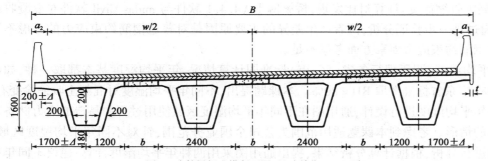

图1 小箱梁标准横断面图(尺寸单位:mm)

预制箱梁标准横断面参数表 表1

名称	桥宽(m)	湿接缝宽(m) Min~Max	梁片数	护栏宽(m) (以0.55m示意)		桥面净宽(m)	预制段宽度(m)	
					挂板宽		中梁	边梁
符号	B	b	n	a_1	a_2	t	W	—	—
数值	5.80~7.30	0.40~1.10	2	0.55	0.55	0.10	4.70~6.20	2.40	2.70~3.10
	8.60~10.80	0.40~1.10	3	0.55	0.55	0.10	7.50~9.70		
	11.40~14.30	0.40~1.10	4	0.55	0.55	0.10	10.30~13.20		
	14.20~17.80	0.40~1.10	5	0.55	0.55	0.10	13.10~16.70		
	17.00~21.30	0.40~1.10	6	0.55	0.55	0.10	15.90~20.20		
	19.80~24.80	0.40~1.10	7	0.55	0.55	0.10	18.70~23.70		

3. 主要技术指标

箱梁主要技术指标见表2。

主要技术指标表　　表2

汽车荷载等级	城—A级/公路—I级
跨径(m)	25/30/35/40
斜度(°)	0~30
结构简支预制梁梁高(m)	1.6/1.6/1.8/2.2
结构连续预制梁梁高(m)	1.6/1.8/2.0
30m简支预制梁最大吊装重量(kN)	边梁:927/1085/1371/1758 中梁:862/1010/1281/1659
30m连续预制梁最大吊装重量(kN)	边梁:1120/1402/1692;中梁:1020/1303/1580
设计安全等级	一级
环境类别	I类、II类、III-C类、IV类
设计基准期	100年
设计使用年限	100年
最高防撞等级	防护等级六级(SS)

4. 结构计算

1) 计算要点

(1) 横向分布系数:对1~4车道、2~5片梁横断面进行了横向分布系数的包络计算。

(2) 混凝土收缩徐变:计算对比发现,桥梁博士V4.4.1软件与midas Civil软件对混凝收缩徐变计算差异较大,通过进一步验证分析,两者产生差异的主要原因是对普通钢筋约束应力的考虑不同。以往通用图对普通钢筋约束应力因素方面考虑不足。

(3) 年平均湿度:调研现行各省(区、市)标准图计算情况,年平均湿度基本都取一种,如部颁标准图取 RH=55%,广东省标准图取 RH=80%。本课题提出,不同年平均湿度对混凝土收缩徐变有一定影响,如采用单一年平均湿度进行设计,通用图在不同年平均湿度区域使用过程中易造成应力储备过于富余或者应力超标的情形。考虑到本课题适用范围为公司全国业务范围,针对不同年平均湿度区域,加载龄期对结构影响进行分析,根据计算分析结果,提出通用图采用两种年平均湿度计算;建议不同年平均湿度采取相适应的加载龄期及养护措施保证结构应力指标在可控范围。

(4) 梁端锚区:参考国内外规范进行了锚下局部承压尺寸验算,并得出结论。

(5) 综合考虑工程经济性及结构受力的合理性,本课题预应力钢束设计时根据湿接缝宽度 w' 分为两档:$40cm \leq w' \leq 75cm$ 为I档,$75cm < w' \leq 110cm$ 为II档。

2) 计算采用的主要方法及原则

(1) 采用桥梁博士V4.4.1计算分析程序建立单梁模型进行分析计算(梁格模型校核),并用midas Civil计算程序对结果进行校核。

(2) 采用荷载横向分布系数的方法将预制箱梁简化为单片梁进行计算,荷载横向分布系数采用刚(铰)接梁法、修正刚性横梁法、梁格法计算,取大值控制设计。

(3) 10cm厚C50混凝土整体化层不参与受力,仅计入其荷载。

(4) 验算标准:纵向计算按预应力混凝土A类构件的有关规定执行,桥面板按普通钢筋混凝土构件设计,最大裂缝宽度限值0.1mm。

(5)极限承载能力计算、应力计算时均考虑了顶底板纵向普通钢筋的影响,计算混凝土收缩徐变效应时考虑了钢筋约束混凝土引起的应力重分布。

四、标准化设计研究

1.跨中横隔板设置分析

针对10.4m桥宽30m跨径简支小箱梁分别进行不设置、设置1道、设置3道等3种跨中横隔板设置方式进行对比分析,各种情况下的汽车荷载作用下跨中截面弯矩值见表3。

横隔板弯矩值对比表(单位:kN·m)　　　　　　　　　　表3

工况	边梁	中梁
①不设置跨中隔板(kN·m)	3224	2924
②设置1道跨中隔板(kN·m)	3153	2751
③设置3道跨中隔板(kN·m)	3161	2790
(②-①)/①	-2.2%	-5.9%
(③-②)/②	0.3%	1.4%

10.4m桥宽30m简支小箱梁跨中设置1道横隔板跨中活载弯矩边梁可减少2.2%,中梁可减少5.9%;设置3道与1道横隔板跨中活载弯矩差值在1.5%以内。由于箱梁抗扭惯矩较大,跨中设置横隔板对主梁受力影响很小,设置跨中横隔板对主梁受力有一定改善的,但由此能够减少的钢束数量非常小。由此得出以下结论:25m、30m跨预制箱梁不设跨中隔板,35m、40m跨小箱梁设置1道跨中隔板,以增强桥梁的横向联系。

2.混凝土收缩徐变普通钢筋约束应力影响分析

根据《公路钢筋混凝土及预应力混凝土桥涵设计规范》(JTG 3362—2018)第4.1.7条条文说明解释,混凝土收缩徐变效应,需考虑超静定结构的内力重分布和钢筋约束混凝土引起的应力重分布。当混凝土发生收缩徐变时,钢筋与混凝土同步发生收缩、徐变变形,钢筋发生变形会引起钢筋、混凝土之间的应力重分配。预制箱梁普通钢筋配筋率较高,普通钢筋对混凝土的约束应力较大,不能忽略。

以本课题10.4m桥宽(湿接缝110cm)的30m跨简支小箱梁中梁为例(以下简称:"课题算例"),分析考虑普通钢筋约束作用对预制箱梁应力状态的影响。采用桥梁博士V4.4.1计算,其自动考虑普通钢筋的约束作用,通过2个模型(一个输入普通钢筋,一个不输入普通钢筋,其余参数均相同)的跨中截面下缘应力来说明普通钢筋约束作用的影响,以"课题算例"跨中截面下缘应力对比,见表4。

跨中截面应力(单位:MPa)　　　　　　　　　　表4

项目	①考虑普通钢筋	②不考虑普通钢筋	①-②
预应力	23.00	23.35	-0.35
收缩	-0.95	-0.35	-0.60
徐变	-1.78	0.28	-2.06
成桥	3.02	5.06	-2.04
频遇组合	-1.33	0.50	-1.83

由表4可知,考虑普通钢筋的约束作用后,收缩、徐变作用下跨中截面下缘拉应力增大了2.66MPa,综合考虑普通钢筋对预应力损失、截面特性等的影响,成桥状态及作用频遇组合下跨中截面下缘的拉应

力分别增大了 2.04MPa、1.83MPa,其影响不容忽视。

为减小混凝土收缩徐变效应下普通钢筋约束应力,本课题以保证强度设计冗余量不降低的前提下,以适当减小普通钢筋配筋数量、增加钢束用量的思路开展对比分析。普通钢筋对简支箱梁的混凝土收缩徐变的约束效应使主梁下缘拉应力较大幅度增加,为降低该约束的不利影响,适当减少钢筋配筋量,并适当增加预应力配束以保证主梁正截面抗弯承载力不降低。仍以"课题算例"对比以下两种配筋配束时的主梁抗弯、抗裂性能,其跨中截面正截面抗弯承载力、截面下缘应力以及造价对比分析见表5~表7。

正截面抗弯承载力对比　　　　　　　　　　表5

类别	普通钢筋配置	$\rho = \dfrac{A_s}{bh_0}$	预应力钢束配置	正截面抗弯承载力		
				强度(kN·m)	效应(kN·m)	富余量
A 类	11C20	0.0056	55666	14465.8	13881.0	4.2%
B 类	6C20 + 5C16	0.0047	56666	14597.7	13881.0	5.2%

跨中截面下缘应力(单位:MPa)　　　　　　　　表6

项目	①A 类	②B 类	① - ②
预应力	23.00	23.60	-0.60
收缩	-0.95	-0.84	-0.11
徐变	-1.78	-1.61	-0.17
成桥	3.02	3.76	-0.74
频遇组合	-1.33	-0.61	-0.72

造 价 对 比　　　　　　　　　　表7

项目	普通钢筋	预应力钢束	合计
工程量增量(B - A,kg)	-133	68	—
造价增量(B - A,元)	-998	918	-80

由此得出以下结论:采用 B 类配筋配束方式,"课题算例"主梁跨中截面正截面抗弯承载力富余量可提高 1%,作用频遇组合下跨中截面下缘压应力储备可提高 0.72MPa,对主梁抗裂性能有明显提高,并未增加造价。本课题 30m 简支小箱梁推荐 B 类配筋方式。

3. 混凝土收缩徐变不同年平均相对湿度及加载龄期影响

根据《公路钢筋混凝土及预应力混凝土桥涵设计规范》(JTG 3362—2018)附录 C.1 收缩徐变条款要求,年平均相对湿度(RH)和加载时的混凝土龄期(t_0)是影响混凝土收缩徐变效应的重要参数。通过对比不同年平均相对湿度及不同混凝土加载龄期时小箱梁的在作用频遇组合下的应力状态,确定不同环境下混凝土加载龄期的取值。各省(区、市)标准图的混凝土加载龄期取值有 7d 和 10d 两种,本课题混凝土加载龄期按照 7d、10d、12d、14d 四种形式进行对比分析。计算模型选择 30m 小箱梁Ⅱ档(110cm 湿接缝)、30.5m 小箱梁Ⅱ档(110cm 湿接缝)以及某省标准图 30m 小箱梁(91.7cm 湿接缝)进行对比,各类模型除年平均相对湿度取值及混凝土加载龄期不同外,其余参数均相同。以简支小箱梁为例,本课题与某省标准图进行对比分析,对比各类模型边、中梁跨中作用频遇组合下截面下缘应力见表8。

作用频遇组合下中梁的跨中截面下缘应力对比表(单位:MPa)　　　　表8

混凝土加载龄期	本课题 30m 小箱梁Ⅱ档(110cm 湿接缝)			某省 30m 小箱梁(91.7cm 湿接缝)		
	①RH = 55%	②RH = 80%	① - ②	①RH = 55%	②RH = 80%	① - ②
7d	-0.02	2.02	-2.04	-0.05	1.97	-2.02
10d	0.47	2.40	-1.93	0.42	2.33	-1.91
12d	0.71	2.59	-1.88	0.66	2.51	-1.85
14d	0.90	2.74	-1.84	0.85	2.66	-1.81

由此得出如下结论:

(1)在同种年平均相对湿度的环境下,本课题小箱梁跨中截面下缘压(拉)应力随着混凝土加载龄期的增大而增大(减小),且随着混凝土加载龄期的增大,应力的变化幅度逐渐下降。

(2)在其他条件均相同的情况下,$RH = 55\%$ 较 $RH = 80\%$ 环境下的本课题小箱梁跨中截面下缘压应力减小 1.84MPa ~ 2.04MPa。

根据以上研究结论,并考虑到工程经济性,确定本课题通用图混凝土加载龄期:综合考虑主梁应力状态及施工工期,本课题在 RH 为 40% ~ 70% 环境下,混凝土加载龄期取 10d,在 RH 为 70% ~ 99% 环境下,混凝土加载龄期取 7d。

五、结　语

装配式预应力混凝土箱梁由于其优异的受力性能、良好的性价比,在公路与市政桥梁工程中广泛应用,本课题针对应用中存在的相关问题,开展了调研与理论分析工作,完成了通用图纸的编制工作。

(1)综合考虑受力、经济性及施工因素对预制箱梁跨中设置横隔板进行分析,确定 30m 及以下结构不设置横隔板,35m 及以上设置 1 道横隔板。

(2)在结构分析中考虑了年平均相对湿度及混凝土加载龄期对结构受力的影响,根据地区差异情况,以设计目标、预应力配置不变为原则,采取了南方地区与北方地区不同张拉龄期的措施。

(3)考虑普通钢筋对混凝土收缩徐变的影响,采取了适当加大预应力钢束、降低预制箱梁纵向普通钢筋的构造措施,在造价基本不变的前提下,提升了主梁设计冗余度。

参考文献

[1] 中华人民共和国交通运输部. 公路钢筋混凝土及预应力混凝土桥涵设计规范:JTG 3362—2018[S]. 北京:人民交通出版社股份有限公司,2018.

[2] 中华人民共和国交通运输部. 公路桥涵设计通用规范:JTG D60—2015[S]. 北京:人民交通出版社股份有限公司,2015.

[3] 中华人民共和国交通运输部. 公路装配式混凝土桥梁设计规范:JTG/T 3365-05—2022[S]. 北京:人民交通出版社股份有限公司,2022.

[4] 中华人民共和国交通运输部. 公路工程混凝土结构耐久性设计规范:JTG/T 3310—2019[S]. 北京:人民交通出版社股份有限公司,2019.

39. 桥梁 BIM 参数化设计应用研究

曹　菲　于智光　邹震宇　杨嘉晖

(东南大学建筑设计研究院有限公司)

摘　要　BIM 参数化设计可以将各类复杂条件转化为参数,通过预定规则控制模型形体,是应对桥梁工程建设项目的良好对策。太子城冰雪五环桥桥塔为三维曲面造型,各构件之间三维空间关系较为复杂。论文按照正向设计思路建立包括索塔、拉索、耳板、锚箱、主梁、风嘴等结构的精确 BIM 模型用以辅助设计,对 BIM 参数化设计的内容进行了论述和探讨,以期为类似桥梁的 BIM 参数化设计提供参考。

关键词　桥梁设计　三维模型　参数化设计　BIM 正向设计　异形曲面

一、引　言

桥梁建筑是时代的坐标,是凝固的文化,它表达和反映着时代的进步和时代对文化、审美的追求[1]。桥梁作为公共建筑物,以其实用性、巨大性、固定性、永久性和艺术性极大地影响并改变了人类的生活环境。景观桥梁兼备交通、文化、交流等多重功能,为满足景观外形要求,桥梁结构往往会沿着三维空间曲线延伸。通过倾斜、扭转、变形等方法将桥塔、拱肋等结构构件进行变化[2]。这使得相比于常规桥梁,景观桥梁外形大多是异形空间曲面,采用传统的二维 CAD 设计方法无法满足设计要求,需要建立三维模型来辅助设计[3]。景观桥梁设计面临桥梁造型难以准确表达、桥梁构件尺寸难以精确表述、构件空间位置关系难以确定、方案调整频繁等问题[4]。陈素华等[5]通过参数化策略来批量提取桥梁三维数据以简化设计过程。本文将通过太子城冰雪五环桥的 BIM 参数化设计应用,探索桥梁 BIM 参数化设计方法。

二、概　况

太子城冰雪五环桥位于延崇高速公路太子城互通处,延崇高速公路是北京—张家口联合举办冬奥会中连接延庆赛区和张家口赛区的主要公路通道,是北京—张家口冬奥会期间北京市进入崇礼赛区的公路主通道。太子城互通连接延崇高速公路和太子城奥运村,是奥运赛场通往外界最便捷的出入口,主要服务于冬奥会期间以及赛后北京—张家口的旅游观光交通。根据左右两幅斜跨道路的特殊情况和桥梁到隧道口的不同距离,太子城冰雪五环桥左幅桥与右幅桥分别设置为三塔双索面钢结构斜拉桥与双塔双索面钢结构斜拉桥。左幅桥主跨 2×100m,右幅桥主跨 120m。桥塔错开布置形成五环交错的形式。桥梁方案效果图如图 1 所示。

图 1　冰雪五环方案

每个桥塔由内环和外环两个同心椭圆组成,并通过雪花形连杆联系成整体受力。如图 2 所示,以中国传统建筑月洞为意境,融入花格等中国传统文化元素,与雪花、奥运主题相结合,象征中华传统文化的复兴和时代魅力,打造具有中国文化内涵的冰雪之门。

图 2　桥塔创意

本桥已于 2020 年建成通车,如图 3 所示。

桥梁处于道路圆弧段且左幅变宽,拉索锚固空间较小,锚固形式多样,塔-索-梁构件繁多,各部分之间逻辑关系较为复杂,风嘴为外形复杂的三维空间曲面。应用传统二维设计方式难以完成全部设计任务。因此从初步设计阶段开始按照正向设计思路建立包括索塔、拉索、耳板、锚箱、主梁、风嘴、承台基础等结构的精确 BIM 模型用以辅助设计,如图 4 所示。

图 3　桥梁实景图

图 4　全桥 BIM 模型

太子城冰雪五环桥为北京冬奥会重大保障性工程,施工时间紧、任务重。拉索梁端锚固点位置及锚固形式发生了多次变更。由于初期即采用参数化正向设计,在索塔、拉索、钢箱梁间建立了严谨的逻辑约束关系,以及编写了批量计算主梁工程量、批量提取耳板锚箱数据等程序,大大降低了后期变更调整的时间成本。

三、BIM 参数化设计

1. 创建模型

耳板形状与耳板定位角度 α 相关,如图 5 所示。通过程序批量算出所有耳板的定位角 α,对数据进行排序取出最大最小角度值,将耳板形状以 5°为单位从 65°到 80°设计成 4 种形状,如图 6 所示。依据不同的角度值选择相对应的耳板形状。通过将拉索角度与耳板形状参数的关联,实现拾取拉索线自动匹配耳板型号,无须通过人为计算比选,大大提高了耳板的设计效率。

图 5　耳板倾角 α

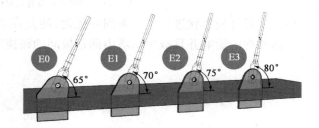

图 6　四种耳板形式

拉索梁端锚固采用锚箱形式，将锚箱约束到钢箱梁顶板与腹板上，所有锚箱构件的尺寸仅由锚固点的位置自动计算得出，无须任何手动计算，极大地提高设计效率。通过运行知识工程脚本将拉索模板批量实例化形成拉索系，如图7所示。

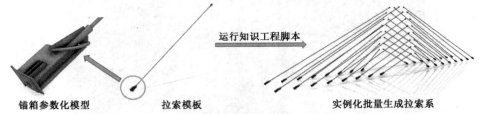

图7　拉索锚固参数化设计

拉索体系采用正向设计的思路建立，拉索间距、锚固点位置等参数均可以批量调整，并且仅通过调整索塔的定位轴系，即可以实现索塔及拉索体系在弯桥上的位置变化，拉索耳板及锚箱的形状根据变化后的角度自动计算出来，其余4个索塔均可由此过程生成，大大减少了工作量，提高设计效率。

通过参数完全约束钢箱梁构件尺寸及位置，制作钢箱梁标准阶段。通过建立全参数化钢箱梁节段模板，对整个主梁批量实例化，只需更改对应参数表格，对应的三维模型随之变化，减少了变更的工作量，如图8所示。将梁体截面完全参数化，制作标准节段，方便其他类似的主梁直接应用。

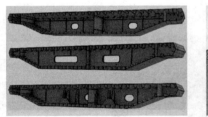 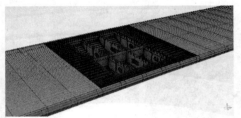

图8　钢箱梁节段批量生成主梁

风嘴裸露在主梁两侧，对桥梁外观影响较大，尤其是梁拱交接处风嘴外形的处理更为重要，风嘴通过三维空间曲面将索塔与主梁平顺相接，将风嘴与索塔和主梁完全约束后，调节风嘴的尺寸参数寻找视觉上的最优方案。

2. 方案比选

对于拉索在索塔的锚固方式，考虑到对索塔外观的影响，开始时倾向锚箱方案，建立了三维模型后，发现索塔内空间较小无法满足对张拉空间的需求，最终选择耳板方案，如图9所示。

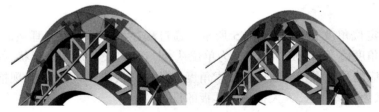

图9　锚箱和耳板方案对比

在三维环境中对耳板形状进行了一系列的优化，使其在满足结构功能的前提下具有尽量小尺寸，降低其对拱塔整体外观的影响并且减少拱塔内部钢板间的碰撞冲突，如图10所示。

图10　耳板形状优化

四、BIM 参数化模型应用

1. 结构计算

依托有限元软件对主桥上部结构进行结构分析计算,保证设计方案的安全性与经济性指标。将 BIM 参数化模导出为 sat 格式用于有限元分析。结构工程师在 BIM 参数化设计平台完成桥体箱室结构的创建,在有限元分析平台上进行整体的受力分析和稳定性分析,再调整不合理的范围修改箱室模型,如此反复,得到符合要求的箱室结构模型,如图 11 所示。

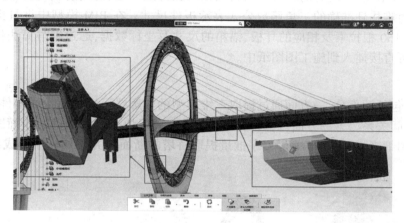

图 11 BIM 模型用于结构计算

2. 碰撞检查

索塔内部空间较小,通过建立 BIM 模型在前期设计过程中及时发现索塔内部板件的碰撞问题,通过旋转横隔板角度、缩小耳板加劲肋尺寸等方式尽量减少构件间的碰撞冲突。

本桥处于道路圆曲线上且左幅变宽,拉索对净空的影响很难直接通过计算得到,需要建立精准的拉索三维模型与桥上行车净空进行碰撞检测,如图 12 所示。通过修改拉索锚固点横桥向位置参数来解决拉索与净空的冲突问题,锚固点位置参数调整后锚箱的位置及尺寸均会自动更新。

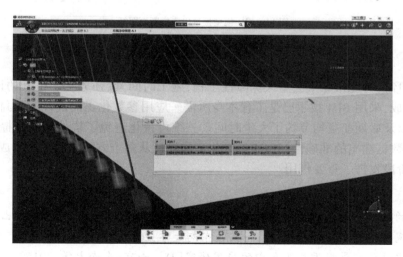

图 12 拉索净空碰撞检查

3. 工程量统计

钢箱梁的构造在纵桥向与横桥向规律性较强,板件几何形状类型范围可控。设计图纸中板件工程量为下料尺寸,一般采用长×宽×板厚的形式。编写程序首先将曲面板件展开成平面,然后对展开后的板件外轮廓运行计算任意多边形最小面积外接矩形算法,求得最小面积外接矩形的尺寸,即构件下料尺寸,如图13所示。进行数据排序整理后即可实现自动输出钢箱梁构件工程数量表的功能,实现对BIM模型工程量数据的批量提取,大大提高了统计主梁工程数量的效率及准确性。

图13 程序批量求得横隔板大样图及其最小面积外接矩形

4. 数据提取

由于拉索角度各不相同,所有的耳板加劲肋及锚箱板件尺寸也各不相同。受到弯桥、变宽、纵坡、横坡等因素的影响,很难找到准确的三角函数公式表示板件尺寸。在BIM模型中批量提取板件结构线作为施工参数。主桥160根拉索及相应的耳板、锚箱的尺寸及坐标数据,通过编写算法批量读取并自动生成到表格中,表格可直接插入到施工图图纸中。

5. 生成图纸

图纸生成主要包括两部分,一方面通过提取三维模型的轮廓线可以快速生成构件的三维示意图,可清楚表述构件的空间关系。另一方面,通过切割BIM模型可以快速获得构件的断面图纸。桥塔为变截面,需要大量断面图纸来表达,通过编写程序批量提取桥塔的断面线并添加标注形成断面图纸,如图14所示。

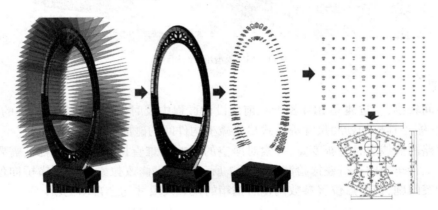

图14 BIM模型批量出索塔断面图纸

五、结　语

太子城冰雪五环桥为北京冬奥会重大保障性工程,施工时间紧、任务重。桥梁的设计难以采用传统二维设计手段来完成,采用BIM技术已是工程本身所需。应用参数化正向设计,编写程序进行数据批处理,对于前期设计以及后期变更均节约了大量时间。三维可视化避免了构件间的碰撞,编写程序批量处理数据大大提高了数据输出的准确性。BIM参数化正向设计从多个方面降低了时间成本,提高了设计品质,在桥梁的设计阶段发挥了重要作用。

参考文献

[1] 丁建明.跨越的风景——景观桥梁"四维"创新理念与实践[M].南京:东南大学出版社,2021.
[2] 曹菲.城市景观桥梁创新设计研究[D].南京:东南大学,2015.
[3] 于智光.参数化设计在景观桥梁工程中的应用研究[D].南京:东南大学,2016.
[4] 丁建明,曹菲,景国庆.景观桥梁美学实现设计理论与方法[M].南京:东南大学出版社,2022.
[5] 陈素华,于智光,周还,等.基于Rhino Grasshopper的景观桥梁三维模型数据批量提取研究[J].重庆交通大学学报(自然科学版),2023,42(7):1-7.

40. 长三角方厅水院人行桥梁群设计研究

曹 菲 李升玉 陈娟婷 张欣欣

(东南大学建筑设计研究院有限公司)

摘 要 方厅水院是长三角生态绿色一体化发展示范区的核心项目,"一点"方厅水院步行桥围合形成了兼具中华传统院落形制、江南园林特色与水乡特质的方厅水院的设计理念。桥梁方案采用了八角窗形支撑加强的空腹式钢桁架加斗拱造型,为了验证方案的合理性,采用 midas Civil 软件对步行桥进行有限元分析,分析结果表明:结构强度、刚度及稳定性均满足规范要求。

关键词 "一点"方厅水院步行桥 斗拱 江南园林特色 有限元分析 水乡客厅

一、引 言

2019 年 7—10 月,国内多家顶尖设计团队参加长三角生态绿色一体化发展示范区国土空间规划工作营,其中东南大学段进院士团队首次提出了水乡客厅的基本构思,并被《长三角生态绿色一体化发展示范区国土空间总体规划(2021—2035 年)》所采纳。2020 年 12 月,综合征集国际方案,并开始进行《长三角生态绿色一体化发展示范区水乡客厅城市设计》的编制,文件中布局了"一点、一心、三园、三区、三道、多村"的水乡客厅总体空间格局,并提出围绕长三角原点(两省一市行政边界的交汇点)打造方厅水院的设计构想。

方厅水院是示范区的核心项目,坐落于上海、江苏、浙江两省一市交界处,一院跨沪苏浙三地,是全国首个地跨三个省级行政区的建筑工程。长三角原点(两省一市行政边界的交汇点)位于太浦河上,方厅水院设计理念是围绕原点打造体现中国传统形制和江南文化的标识性场所。其四角分别设置了沪苏浙皖的主题展馆,在太浦河南岸以长三角原点为中心沿中轴线设置主会馆,四个主题馆通过三座分别跨越太浦河及与元荡漾联通水系的步行桥相连,主会馆通过连廊与安徽馆及浙江馆联通。方厅水院日景鸟瞰图如图 1 所示。2024 年 7 月,方厅水院东西步行桥全面合龙,标志着沪苏浙交界处慢行系统跨域贯通。方厅步行桥合龙图如图 2 所示。

图 1 方厅水院日景鸟瞰图

图 2　步行桥合龙图

二、设计理念

方厅水院项目共有东、西、北三座跨域步行桥,三座步行桥围合形成兼具中华传统院落形制、江南园林特色与水乡特质的方厅水院,是长三角原点具有象征性作用的重要地标,寓意长三角三省一市向心汇聚、一体发展的美好愿景。三座步行桥是开放性、公益性的,是连接水乡客厅太浦河南北两岸慢行系统的核心组成部分。

方厅水院建筑群如同一幅画卷围绕太浦河徐徐展开,线条流畅飘逸、抑扬顿挫。方厅水院的滨水视景图如图 3 所示,三座步行桥桥面叠梁自上而下的根数依次减少,并错落布置,形成有韵律的东方古建筑斗拱造型,展示了江南风貌、传承水乡文化。屋顶汲取传统建筑坡屋顶出挑深远的做法,将层叠飞檐的优美韵律感以现代化的方式诠释,古朴犹存。东西桥主跨为 135m,桥梁结构跨径较大,上部结构采用与江南形式元素相结合的八角窗形支撑加强的空腹桁架形式,既弱化钢架柱构件尺度,增强了主体结构稳定性,又充分与江南形式元素相结合,给人一种精美庄重的感觉,东西桥效果图如图 4 所示。三座步行桥设计采用新江南风格,综合外部环境、空间景观等各方面元素,通过简洁有力的形体传达了现代气息中蕴含诗意的气韵。

图 3　方厅水院滨水视景图

图 4　东西步行桥效果图

三、桥梁总体设计

1. 桥梁总体布置

东西步行桥跨越太浦河,连通沪苏浙皖的主题展馆,桥梁采用三跨纵横叠梁 + 八角窗形支撑加强的钢桁架连续体系。跨径布置分别为 9.35m + 72m + 135m + 45m + 8.85m = 270.2m 和 8.1m + 45m + 135m + 81m + 8.1m = 277.2m。叠梁为纵横钢梁构成的斗拱造型结构,上部结构为采用角部支撑的钢桁架。小边跨边墩处桥面结构内部灌注铁砂混凝土进行配重。主墩采用矩形混凝土墙式墩,边墩采用门式双柱墩,桥墩下接承台和钻孔灌注桩基础。上下部之间设置减隔震支座。东西侧步行桥桥型立面图分别如图 5、图 6 所示。

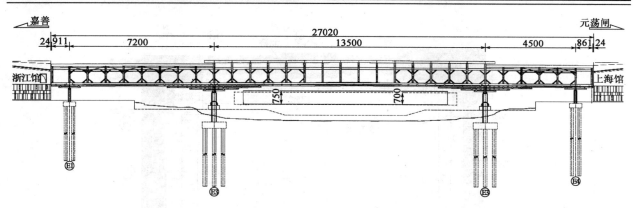

图 5　东侧步行桥立面布置图（尺寸单位：cm）

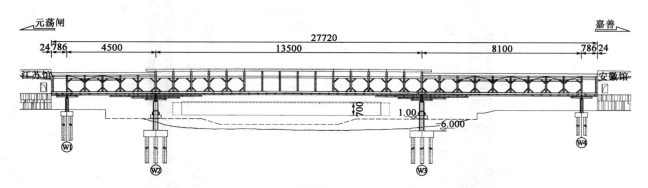

图 6　西侧步行桥立面布置图（尺寸单位：cm）

北侧步行桥连接江苏馆和上海馆，位于元荡节制闸南侧，主墩位置设置中心平台。桥梁采用两跨纵横叠梁＋空腹桁架连续体系。跨径布置为 11.1m＋63m＋9m＋81m＋11.1m＝175.2m。叠梁为纵横钢梁构成的斗拱造型结构，上部结构为采用空腹桁架。主墩及边墩采用门式双柱墩，桥墩下接承台和钻孔灌注桩基础。墩梁之间设置减隔震支座。小悬臂末端与建筑场馆衔接。北侧步行桥桥型立面图如图 7 所示。三座步行桥总体平面图如图 8 所示。

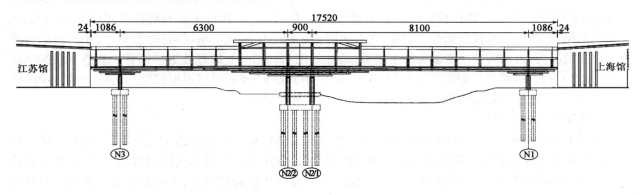

图 7　北侧步行桥立面布置图（尺寸单位：cm）

2. 结构设计

1）桥梁纵横向叠梁

桥梁纵横向叠梁采用□0.6m×0.6m 的焊接方钢管纵横向分层架设而成。自上而下叠梁的根数依次减少，并错落布置，形成韵律的东方古建筑斗拱外形。叠梁纵横节点采用十字形交叉连接，纵横向梁的嵌入深度为 0.15m。

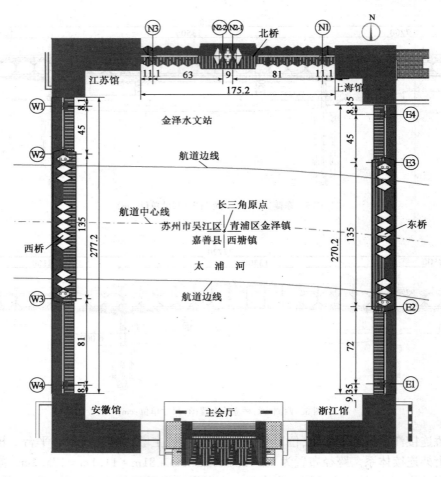

图 8 步行桥平面布置图(尺寸单位:cm)

2) 暗柱结构

为了提高上部框架结构与叠梁之间的传力效率,同时考虑到支座上钢板尺度将远远大于□0.6m×0.6m焊接方钢管,在每个墩柱位置均设置暗柱与支座相对应。东西桥主墩的暗柱采用□2.4m×1.2m焊接矩形钢管;边墩的暗柱根据受力需要,在大边跨侧采用□1.2m×0.6m焊接矩形钢管,小边跨的边墩由于存在负反力,内部需灌注铁砂混凝土压重,暗柱采用7m×0.6m的焊接矩形钢管。北桥主墩的暗柱采用□1.8m×1.2m焊接矩形钢管,边墩的暗柱采用□1.2m×0.6m焊接矩形钢管。暗柱上端与中横梁或端横梁焊接,暗柱中间段采用焊接内设加劲板的方式与叠梁相连。

3) 桥梁上部桁架结构

桥梁上部桁架架主受力方向为纵桥向,次受力方向为横桥向。东西桥由于主跨跨径较大,框架结构采用八角形支撑加强的空腹桁架来弱化钢架柱构件尺寸;由于八角窗形支撑的偏心设置,整体结构强度和刚度弱于带斜腹杆桁架结构,强于空腹桁架结构。北桥主跨跨径较小,上部框架结构采用无斜撑的空腹桁架结构来满足建筑造型要求。

桥面纵梁即下纵梁,为全桥全长设置。为了梁底与叠梁效果相统一,横向间距为3m,共计5或7道,加宽段增减两根边纵梁。与框架立柱相连的主下纵梁为框架受力的主要构件,断面为□1m×0.7m钢箱断面。其余纵梁受力较小,断面为□1m×0.6m钢箱断面。

上纵梁是框架受力的主要构件,为全桥全长设置。东西桥边跨为梯形断面□(1.006~1.239)m×0.7m,在中墩立柱处由于截面形式的变化,上纵梁在此截断,焊接于立柱之上;中跨上纵梁采用凸型钢箱断面凸1.2m×0.70m。北桥上纵梁断面形式为□0.8m×0.7m。

框架结构的立柱其顺桥向间距9m,横向柱间距12m。东西桥边跨柱高7.56m,中跨部分由于屋面加高,立柱在上纵梁之上设置一段高 2.317m 小立柱,立柱顶面设置 1∶3 斜切面,所有纵横向构件均焊接于此。北桥边跨立柱高 5.65m,中墩附近立柱加高至 11.823m,立柱顶面设置 1∶3 斜切面,高屋面屋横梁及屋挑梁构件均焊于此。东西桥与八角窗形支撑相连的立柱断面为无飞边的焊接箱形断面(□0.85m×0.7m),不与支撑相连的立柱断面为设置 50mm 飞边的焊接箱形断面(□0.76m×0.7m);北桥立柱断面均为设置 50mm 飞边的焊接箱形断面(□0.76m×0.7m)。

东西桥八角窗形立柱支撑在距梁柱节点边缘 2.2m 处,斜向 45°设置。角部支撑断面为□0.5m×0.35m焊接箱形断面。

4)桥梁屋架结构

屋脊梁分矮屋面的屋脊梁和高屋面的屋脊梁两种。矮屋面屋脊梁为箱形断面□1m×0.4m,两根并立,横向间距 1.6m,中间采用箱形断面(□0.74m×0.4m@4.5m)的屋面横梁相连。高屋面屋脊梁为箱形断面(□1.2m×0.45m),两根并立,横向间距 0.75m,中间采用箱形断面(□0.74m×0.4m@3m)的屋面横梁相连。屋脊梁通过斜率为 1∶3 的屋面横梁与立柱相连,屋面横梁采用焊接箱形断面□0.7m×0.4m。

5)桥梁桥面结构

桥面板支承于桥面纵横梁上。桥面板采用板厚 10mm 并采用纵向加劲肋 -120m×10m@375m 加强的正交异性桥面板。桥面横梁采用焊接 H 型钢,断面形式为 $H0.4m×0.3m×12mm×16mm$。

四、桥梁结构受力分析

1. 有限元模型建立

东西桥主跨跨径达 135m,主跨桁架高度为 9.76m,主跨高跨比约为 1∶13.8。为研究八角窗形支撑加强的空腹桁架加斗拱造型叠梁建筑方案的合理性及安全性,采用有限元软件 midas Civil 建立西桥空间梁格模型。其中纵、横梁及桥墩均采用梁单元模拟,桥面板采用板单元模拟,梁底与墩顶的摩擦摆支座采用弹性连接模拟,承台底约束作用采用弹性支承模拟,西桥的整体有限元模型见图 9。

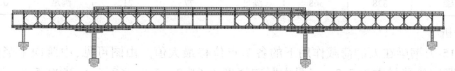

图 9 西桥整体有限元模型

步行桥主体钢结构根据受力需求选用钢材型号 Q345qD、Q460qD、Q500qD。设计荷载考虑结构自重、铺装、栏杆及屋面结构等恒载,人群、整体升降温等活载,荷载组合按照《公路桥涵设计通用规范》(JTG D60—2015)[1] 相关规定执行。

2. 分析结果

1)强度分析

考虑结构重要性系数 1.1,基本组合下结构的组合应力和剪应力云图见图 10~图 13,关键构件的应力结果见表 1。由图表结果可知,承载能力极限状态下上部钢结构强度满足《公路钢结构桥梁设计规范》(JTG D64—2015)[2] 要求。其中对构件进行折算应力验算过程中,因折算应力验算中的正应力及剪应力均是基于整个杆件截面包络应力进行的,所以折算应力的验算结果偏于保守。

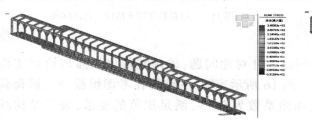

图 10 基本组合下钢桁架组合应力包络图(单位:MPa)

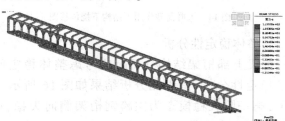

图 11 基本组合下钢桁架剪应力包络图(单位:MPa)

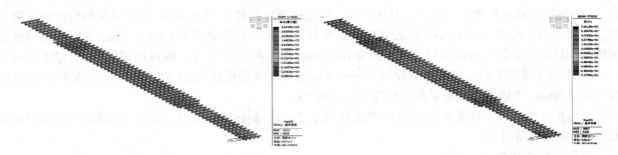

图 12　基本组合下叠梁组合应力包络图(单位:MPa)　　　　图 13　基本组合下叠梁剪应力包络图(单位:MPa)

基本组合下关键构件应力结果　　　　　　　　　表 1

牌号	编号	正应力 (MPa)	抗弯 f_d (MPa)	正应力 验算结果	剪应力 (MPa)	抗剪 f_{vd} (MPa)	剪应力 验算结果	$[(f/f_d)^2+(f_v/f_{vd})^2]^{0.5}$	折算应力 验算结果
Q500qD	桥面下纵梁	348	400	满足	73.2	230	满足	0.93	满足
Q345qD	桥面端横梁	213.6	276	满足	49.4	159	满足	0.83	满足
Q460qD	桥面中横梁	192.6	368	满足	124	212	满足	0.78	满足
Q345qD	桥面普通横梁	247	276	满足	48.2	159	满足	0.94	满足
Q500qD	桁架中跨上纵梁	331	400	满足	66.7	230	满足	0.88	满足
Q345qD	边跨屋脊纵梁	117	276	满足	6.1	159	满足	0.43	满足
Q460qD	屋脊横梁	299	368	满足	13.3	212	满足	0.81	满足
Q460qD	立柱	338	368	满足	53	212	满足	0.95	满足
Q460qD	支撑	296	368	满足	5.8	212	满足	0.80	满足
Q460qD	叠梁	328	368	满足	77	212	满足	0.96	满足

2) 刚度分析

图 14、图 15 为钢梁在人群荷载作用下的各节点位移最大值。由图可见,中跨向下竖向挠度最大为 61.2mm,向上竖向位移最大为 7.2mm,最大竖向挠度为 61.2 + 7.2 = 68.4 < 13500/500 = 270mm;大边跨向下竖向挠度最大为 20.6mm,向上竖向位移最大为 11.9mm,最大竖向挠度为 20.6 + 11.9 = 32.5 < 81000/500 = 162mm;小边跨向下竖向挠度最大为 5mm,向上竖向挠度最大为 5.7mm,最大竖向挠度为 5 + 5.7 = 10.7 < 45000/500 = 90mm。桥梁刚度满足《公路钢结构桥梁设计规范》(JTG D64—2015)[2]要求。

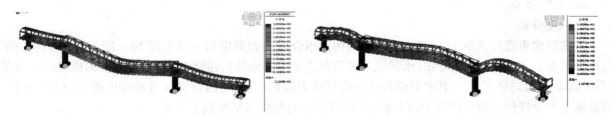

图 14　人群荷载作用下结构下挠位移图　　　　图 15　人群荷载作用下结构上挠位移图

3) 整体稳定性分析

桥梁上部桁架结构分析时应考虑整体稳定问题。针对此问题,采用特征值屈曲理论对结构进行了稳定性分析,有限元分析结果如图 16 所示。图 16 所示表明:主结构在考虑恒载及人群荷载情况下,第一阶失稳模态为主跨钢桁架侧向失稳,屈曲系数为 58.9,满足规范的要求,表明结构具有足够的稳定安全性。

图16 第一阶主结构整体失稳模态

五、结 语

本文介绍了三座步行桥围合形成兼具中华传统院落形制、江南园林特色与水乡特质的方厅水院的设计理念,展示了有韵律的东方古建筑的斗拱造型。采用 midas Civil 对结构进行有限元分析,结果表明结构强度、刚度及稳定性均满足规范要求,验证了八角窗形支撑加强的空腹桁架加斗拱形叠梁设计方案的合理性及安全性。方厅水院建成后,将承载跨域人文交流、文旅休闲与国际会展等功能,成为世界级湖区的标志节点、长三角综合展示窗口和水乡客厅的核心功能载体,符合长三角生态绿色一体化发展示范区城水共生、活力共襄、区域共享的发展理念,进一步完善和丰富水乡客厅公共交流空间。

参考文献

[1] 中华人民共和国交通运输部.公路桥涵设计通用规范:JTG D60—2015[S].北京:人民交通出版社股份有限公司,2015.

[2] 中华人民共和国交通运输部.公路钢结构桥梁设计规范:JTG D64—2015[S].北京:人民交通出版社股份有限公司,2015.

41. 大型跨海桥隧工程的中外联合全过程咨询介绍 ——从港珠澳大桥到深中通道

戴建国

(上海市政工程设计研究总院(集团)有限公司)

摘 要 港珠澳大桥作为一个大型桥隧组合的跨海通道工程,首次由中外团队组成联合体进行全方位、全过程的设计与施工咨询。在咨询过程中,团队各成员克服困难,取长补短,利用各自在行业内积累的经验,为港珠澳大桥的建设献计献策,共同谱写了跨海建设的新篇章。深中通道是一个桥隧组合的超级工程,由中外联合团队提供了全过程咨询服务。本文通过回顾两项超级工程咨询工作的历程和内容,介绍咨询的特点和体会。

关键词 跨海工程 桥隧组合 中外联合 全过程咨询

一、引 言

在粤港澳大湾区,2018年建成通车的港珠澳大桥蜿蜒起伏,而距其38km的深中通道也于2024年正式开通。两个均由桥岛隧组合的超级工程交相辉映,让每一位建设亲历者都深感自豪。

上海市政工程设计研究总院(集团)有限公司作为两大工程的咨询联合体的牵头单位,全程参与了项目的设计和施工,本文就从咨询的视角来谈谈中外联合全过程咨询的特点和体会。

二、全过程咨询的意义

进入21世纪以来，我国修建了多座跨海桥隧工程。在港珠澳大桥和深中通道的建设初期，就引入了全过程咨询单位开展工作，这对于大型复杂项目的建设是非常必要的，对于以下几个方面的促进作用是显而易见的。

1. 风险控制

在外海条件下进行桥、岛、隧的集群式工程建设，存在诸多不利条件和潜在风险，咨询单位利用自身的工程经验，可以对类似项目的风险进行有效识别，并进行控制。港珠澳大桥和深中通道在建设中的主要风险包括：①台风、地震的风险；②船撞、飞机撞击的风险；③耐久性失效的风险；④投资失控的风险等。

咨询团队在设计之初介入，可以就设计方案进行全方位评估，以减小或避免建设中的风险。

2. 设计复核

对于复杂结构的设计复核，历来被工程界所重视。比如深中通道的主桥（伶仃洋大桥）为主跨1666m的外海悬索桥，隧道为双向八车道的超宽钢壳混凝土结构，结构的安全需要进行多方的复核。

咨询团队根据设计图纸，进行独立建模的复核计算，发现问题及时与设计单位沟通，从而可以避免设计中的差错。

3. 施工质量控制

由咨询团队结合中外经验，编制项目级的《施工及质量验收标准》，可以充分考虑施工条件、施工设备以及结构特点，对现有施工规范无法涵盖的内容进行补充，以指导现场施工。

4. 运营维护谋划

在施工阶段，就由咨询团队牵头，联合设计、施工、设备供应商等各方，进行《运营维护手册》的编写，结合健康检测系统、耐久性检测系统等，为建成后的运营及维护工作奠定良好的基础。

三、全过程咨询的内容

1. 组织架构和模式

作为两大超级工程的咨询人，咨询工作始终贯彻"独立、科学、公正、严谨、细致、审慎、全面"的原则，充分借鉴具有类似规模和技术特点的跨海通道建设的经验，建立完善的咨询工作体系，对两个项目进行全过程、全方位的独立咨询。

鉴于技术难度及全过程咨询周期长等特点，为确保咨询工作质量长期稳定，由上海市政工程设计研究总院（集团）有限公司作为主办人，联合林同棪国际集团、荷兰隧道工程咨询公司、广州地铁设计研究院有限公司组成的咨询联合体在珠海设立了现场咨询项目部，由项目咨询总负责人邵长宇设计大师负责全面管理工作，并结合各咨询阶段的工作特点形成相应的组织架构。咨询团队的组织架构如图1所示。

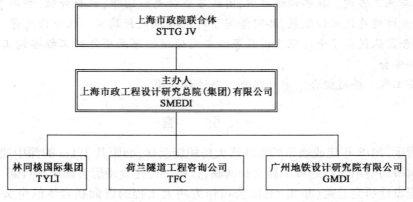

图1　港珠澳大桥咨询团队组织架构总图

深中通道的咨询联合体牵头人仍为上海市政工程设计研究总院(集团)有限公司,成员单位包括:丹麦科威公司 COWI A/S、中铁隧道勘测设计院有限公司、中交第一公路勘察设计研究院有限公司。

咨询联合体根据项目的特点,建立了内部质量管理和质量保证措施,包括文件接收、工作分配、成果审核、文件发出点等一系列文件。

2. 咨询内容

两项工程的咨询工作均分为两个阶段,但是阶段划分和内容略有不同。

1) 港珠澳大桥咨询

(1) 第一阶段咨询。

港珠澳大桥主体工程第一阶段包括初步设计和招标工作咨询,主要包括以下内容:

①港珠澳大桥专用标准体系文件的审核/修编工作。

港珠澳大桥专用标准体系文件的审核/修编工作主要包括对《港珠澳大桥专用设计指导准则》《港珠澳大桥营运及维护准则》送审稿及修改稿的审查,结合建设单位提供的《港珠澳大桥营运及维护标准》专题研究报告及审查意见,进一步深化并编制详细的《港珠澳大桥专用营运及维护手册》。

②初步设计咨询。

初步设计咨询工作的内容包含:设计文件提交明细的咨询、采用基础资料的审核、咨询;初测初勘报告的咨询、景观工程咨询、设计中间成果咨询、安全和环保的咨询、工程概算咨询,并按质量、进度要求提交设计成果咨询总报告。

③招标工作咨询。

招标工作的咨询服务的内容包括编制《港珠澳大桥施工及质量验收标准》的送审稿和报备稿;编制招标文件;提供招标过程的技术服务;编写招标工作咨询总结等。

④其他咨询服务工作。

其他咨询服务工作的内容包括但不限于设计阶段的培训工作;编写初步设计和招标咨询总报告;按要求参加各种工作会议、专题会议、专家咨询会议;并为建设单位提供后续技术服务。

⑤各项专题研究咨询工作。

(2) 第二阶段咨询。

港珠澳大桥主体工程第二阶段咨询工作内容包括施工图设计和施工期咨询,主要由桥梁工程和岛隧工程两大内容组成。咨询任务由联合体中的总体、桥梁、岛隧等工作团队在咨询联合体项目经理的带领下协作完成。主要内容包括以下几个方面:

①对《设计文件提交成果明细》的审查:审核设计接口等细节,保证施工图文件的系统、完整、统一、可靠以及系统工程的接口平衡。

②对基础资料的审查。

③对详测、详勘的咨询。

④对专题研究的审查。

⑤对施工图设计中间成果咨询。

⑥对景观工程的咨询。

⑦对环保与节能的咨询:审查防火、节能、环保、水保措施等是否落实。

⑧对工程预算的咨询:审核各项费用与经济指标的合理性,参考对比类似工程项目并提出合理值建议。

⑨对施工图设计最终成果的咨询:对施工图设计单位提出的施工方案设计、施工组织设计、施工方法进行咨询并提出审查要求,包括测量监控要求、施工方法的经济合理性、技术可行性和方案优越性等。基于独立建模、平行计算成果编制、提交咨询分析报告。

⑩施工期间的咨询:包括对施工方案的审查、组织施工巡查、提交巡查月报、编制《港珠澳大桥运营维护手册》。

2) 深中通道的咨询

(1) 第一阶段咨询重点工作。

第一阶段主要咨询初步设计阶段工作和成果,包括:

①本项目设计标准、设计依据的确定。

②本项目基础资料,包括勘察、测量、专题研究、模型试验等方面成果资料的完整性、适应性方面的论证与确定。

③对总体设计进行咨询。

④对结构方案比选的全面性、深度、合理性进行咨询,提交审查意见和优选意见。

⑤结构设计的计算、分析与优化咨询工作。全过程参与桥、隧、岛、大临设施等主要结构物的计算、分析与优化工作,确保最合理、最优化的结构设计。

⑥对本项目的测量控制系统进行全面细致的审查,使其具备准确性、可靠性、可控性、适宜性。

⑦全面充分地把握本项目的复杂性及其潜在的风险性,从大型临时设施、主体结构、人工岛及其上部建(构)筑物、环境保护、建设工期等诸多方面综合考虑,并咨询、审查设计文件,以确定本工程的合理造价(工程量)。

⑧综合考虑本项目的建设难度和自然环境条件,从桥梁基础、桥跨结构、隧道沉管寄放、浮运安装、基槽开挖与铺填、人工岛填筑等施工过程以及营运期间的防灾、减灾等诸多方面考虑并确定预防措施和设防标准等级,切实保障本项目在建设和营运期的安全。

⑨咨询文件主要包括:桥、隧、岛、大型临时设施在内的土建、交通、机电与监控等在内的接口技术与协调,确保初步设计完整性。

(2) 第二阶段咨询工作重点。

第二阶段包括施工图设计阶段、施工招标阶段、联合设计阶段和咨询后服务阶段,各阶段的主要咨询内容如下:

①施工图设计阶段咨询关键工作。

A. 与初步设计文件咨询审查相同,施工图设计文件咨询也是全过程全方位独立咨询审查,即按计划对各中间成果及最终成果进行咨询审查。

B. 审查初步设计文件批复意见及行业主管部门以及珠海市人民政府、香港特区政府、澳门特区政府批文执行情况;审查各专题研究成果采纳吸收与基础资料选用的合理性与充分性。

C. 审查大型临时设施、建材供应与运输条件的适应性。

D. 对桥、岛、隧的结构体系和构造的合理性、科学性进行审查,对结构安全性(抗风、抗震、抗船撞)等进行同深度验算、对施工阶段考虑施工荷载情形下的受力进行同深度验算、对可持续性设计进行审查、对施工工艺的合理性和风险可控性进行审查。

E. 审查隧道结构(含接头、预埋件等)与构造细节设计,重点复核管段的受力计算,基础沉降计算、岛隧结合部位结构设计与施工工法工艺、基坑围护结构与防水设计、沉管寄放、浮运、安装工法工艺设计、机电系统的功能性、完备性、可检性、可换性、可靠性、安全性等。

F. 审查人工岛施工的工法与工艺、工序等细节设计。重点复核人工岛的稳定性、地基处理对策与沉降控制措施的适宜性。

G. 审查桥、岛、隧各分项美学设计的协调性、主题性和整体性。

H. 审查整个项目交通工程及附属设施的功能性、完备性。

I. 对桥、隧、岛在施工及运营阶段进行风险分析及评估,提出风险控制对策。

②施工招标咨询工作。

A. 编制《深中通道施工及质量验收标准》。

B. 负责施工招标中的技术文件编制工作,全面提出施工技术要求,为发包人招标工作顺利开展提供技术保障。

C. 协助设计人、发包人审定施工招标工程量清单。

参考已有的类似工程项目经验,对项目招标的分标段原则向发包人提出合理化建议。

③施工图联合设计阶段咨询关键工作。

与施工图设计文件咨询审查相同,施工图联合设计文件咨询也是全过程全方位独立咨询审查,即按计划对各中间成果及最终成果进行咨询审查。本阶段重点审查工艺工法、施工组织设计、装备设计、大型临时设施及大型临时工程设计的科学合理性;审查各专题研究成果采纳吸收与基础资料选用的合理性与充分性。

④咨询后服务阶段关键工作。

A. 对各标段总体施工组织设计文件、重大专项施工方案施工组织设计文件的完整性、合理性、可行性、安全性进行审查。

B. 对本项目建设过程中发生的重大变更设计进行审查,并提出合理化建议。

C. 编制《深中通道运营及维护手册》。

四、咨询管理的难度和体会

1. 咨询管理的难度

咨询联合体在整个咨询过程中,历经谈判、磨合、顺畅等阶段,其中的碰撞与协调对类似的工作团队和模式都有一定的借鉴作用。

(1)项目专业繁多,接口复杂。

无论是港珠澳大桥,还是深中通道,作为一个集桥、岛、隧于一体的跨海工程,是一个有多种专业组成、多家单位参与建设的大型综合体。桥、岛、隧结构形式各具特色,又互有连接。再加上交通工程、机电工程、房屋建筑工程等,可谓专业繁多,接口复杂。

咨询联合体在港珠澳大桥项目上仅在专业上分为桥梁工程、岛隧工程两个团队,这给工作的分配、接口的衔接的确造成了一定的影响;在深中通道的咨询中,另外设置了交通工程咨询团队。

(2)项目任务多、时间紧。

如前所述,两项超级工程的结构品种多、专业类别多,因此设计及施工的内容也多。而在设计阶段,由于设计周期本身较短,留给咨询审查的时间通常很短,很多文件几乎要在一两天内完成审查。对于境外专家审查部分,要克服时差问题;即使对于境内的专家,也经常涉及协调时间的问题。

(3)东西方文化差异。

咨询联合体由中外设计咨询公司联合组成,这一方面可以参考引进国外先进的设计咨询理念,另一方面也不可避免地带来由于东西方文化差异的碰撞。

随着项目的进展,经常会碰到一些内容相对签约条款是增加的或者变化的,这一部分的咨询工作,有时候是很难安排的。而在这种时候,通常只能由牵头单位托底。

(4)东西方项目制度的差异。

国内对于大型桥隧项目,基本采用的还是设计、施工分开的建设模式;港珠澳大桥岛隧工程采用设计施工总承包模式,也是带有浓烈中国特色的总承包,与国外施行的设计施工总承包还存在较大的差异。这给咨询与各方的协调和沟通也带来了不少问题,也耗费了很多时间。

2. 咨询管理的体会

(1)成果与经验。

在两个项目的设计咨询中,咨询方采用先进的过程咨询方式,与设计单位及时沟通,在关键问题的把握上对设计起到了积极的推动作用,有效提高了设计、咨询的效率缩短了周期,很好地实现了建设单位顾问作用的目标。

另一项值得借鉴的经验是:将咨询方的审查意见提供给评审专家,并在各种评审会上进行咨询意见的汇报,为评审专家在短时间内掌握项目特点、重点与难点并成功开展评审,提供了有价值的资讯与参考。

咨询单位除了对设计图纸进行审核并对施工图进行签署外,还明确要求咨询单位在过程中对重点结构和关键技术进行咨询第三方独立的平行复核计算,这给项目设计方案的安全提供了多重保障,值得借鉴。

(2)问题与教训。

有些设计工作周期太短,设计与咨询工作时间相重叠,留给咨询的时间很短。同时在中间成果的审查中,由于设计不能及时提供英文版文件,境外咨询专家的作用不能充分发挥。

由于设计周期较为紧张,设计文件的提交较为混乱,各个文件版次和提交程序以及电子版、纸质版等较标准流程有所欠缺。

(3)管理与体会。

在咨询过程中我们发现,不同的设计团队,设计与咨询之间,设计与评审专家组之间,都难免存在不同的意见。当上述情况产生后,需要一个适当的决策机制果断地作出判断和决策,这将有利于项目的顺利推进。

从咨询管理的角度来说,在项目管理上并没有为咨询预留足够的审查和意见反馈时间,这在一定程度上给咨询工作的安排开展造成困难,另一方面也影响了咨询成果的质量。

对于中外联合的咨询团队,要求外方团队配备有力的支持团队,是保证沟通顺畅、化解文化差异、推进工作开展的必要条件。

五、结　语

港珠澳大桥已通车运营近6年,深中通道也在2024年6月底开通运营,加强了深圳与中山、广州的联系。在这两项超级工程的建设中,咨询团队作为紧随建设单位和设计团队进驻现场的一方建设队伍,按照建设单位"过程咨询"的要求,全程跟踪设计、施工,开展了卓有成效的咨询工作,为项目的顺利完成提供了有力的协助。两大项目既有共同点,也有不同点。咨询团队始终围绕项目需求,勇于攻关,努力创新,和参建各方一起,为建设世界级跨海通道的项目献计献策。

42. 高等级公路桥梁新型预制混凝土护栏设计研究

陈　瑶[1]　陈露晔[2]　杨世杰[2]　陆潇雄[2]　周　超[2]

(1. 杭州市交通运输行政执法队;2. 浙江数智交院科技股份有限公司)

摘　要　为克服高等级公路桥梁护栏传统现浇工艺的缺点,提出改进目标,针对预制护栏总体方案展开分析,重点对纵向连接和基础连接形式进行方案比选,考虑其制造、运输、吊装、拼接全工艺流程,选择符合预制结构特点并满足经济技术条件的最优方案,提出了新型预制护栏构造形式。

关键词　预制护栏　快速施工　纵向拼接　基础连接

一、引　言

护栏是公路桥梁中一种必不可少的结构,其主要功能是防止失控车辆越出桥外及美化桥梁建筑。目前,高等级公路护栏仍然以现浇混凝土结构为主。传统的现浇护栏有以下缺陷:模板安装复杂,需要辅助安装设备,工期长、效率低,易发生跑模现象;正立浇筑导致厚度变化处振捣不充分,容易出现气泡;保护层难以控制,挂檐部分漏浆严重;现场工人高空作业具有一定危险性。上述缺陷不适应新时期我国交通强国建设打造公路品质工程建设所提出的对结构构件实现工厂化生产、机械化装配、标准化施工的要求。

二、改进目标

为提高交通建设行业工业化、装配化、智慧化水平，突破常规现浇方式诸多制约，制订了三个改进目标。

目标1是预制护栏连接可靠，从护栏主要功能可以看出，其连接方式的可靠性是保证行车安全的前提和首要条件。目标2是施工全过程的便利，传统现浇作业工序包括：钢筋绑扎焊接、模板架立、混凝土浇筑、模板拆除、混凝土养护，工艺复杂，现场劳动力多，机械化程度低。为了实现施工全过程的便利性，对其"工厂制造简捷高效、预制构件运输便利、现场装配快速可靠"的研究不可缺少。目标3是预制护栏经济耐久。护栏更换严重影响正常交通流，高等级公路尤甚，而我国尚处于发展中国家，经济性因素是大规模推广使用的前提条件。

三、总体方案分析

桥梁护栏主要分为混凝土护栏、金属梁柱式护栏和组合式护栏3种类型，混凝土护栏具有易达到高防护等级、易于维护和造价较低的优点，因此预制护栏推荐采用混凝土护栏。

高等级公路防护等级要求高，坡面形式采用规范推荐的加强型坡面。护栏高度是指路面以上的护栏墙体高度，该高度对护栏的防护性能有直接影响，根据规范要求预制护栏选择SA级和SS级，对应1m和1.1m尺寸要求。

预制护栏纵向长度对于护栏的防护性能和施工的合理组织有直接影响。长度越长，护栏的受力性能好，安装效率高，但运输、吊装、拼接的难度有所增加，综合考虑稳定性、整体受力、桥梁跨径模数以及施工因素，确定预制护栏的长度为5m一个节段。

四、纵向拼接设计

预制护栏纵向拼装结构设计重点考虑施工便捷性、连接受力可靠性以及造价经济性。基于屈服线理论的护栏承载能力计算理论在节段护栏临界位置存在安全度失真的情况，为提高安全储备，预制混凝土护栏节段之间需实现有效连接。经方案设计、比选及优化，确定采用"C形钢管+双槽钢"拼装结构，并通过静力试验对拼接可靠性进行验证。新型C形钢管+双槽钢的纵向拼装结构如图1所示。

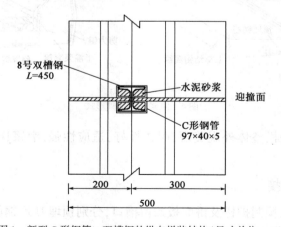

图1 新型C形钢管+双槽钢的纵向拼装结构(尺寸单位：mm)

五、基础连接形式

新型预制护栏关键点在于基础连接部位的结构设计，根据国内外应用情况，大致可分为6类：后浇槽连接、灌浆套筒连接、超高韧性混凝土连接、钢板焊接、锚栓连接、整体预制。

1. 后浇槽连接

后浇槽连接方式一般在护栏连接部位预留后浇槽口，护栏、挑臂相应位置预留钢筋，吊装后进行钢筋定位焊接及后浇槽混凝土浇筑作业。

此方法连接构造简单，结构尺寸、材料及配筋均与原现浇护栏设计相同，计算模式明确。施工完成后可隐藏后浇缝，不影响美观，但现场焊接量较大，浇筑后需要切割多余混凝土。新型后浇槽基础形式如图 2 所示。半预制湿接缝连接如图 3 所示。

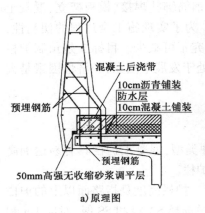
a) 原理图

b) 现场图

图 2　新型后浇槽基础形式

图 3　半预制湿接缝连接

2. 灌浆套筒连接

灌浆套筒连接，在桥梁混凝土浇筑时预留伸出钢筋，待混凝土浇筑完成强度达到后，吊装预制护栏，预留伸出钢筋锚入套筒后灌浆密实。灌浆套筒基础形式如图 4 所示。

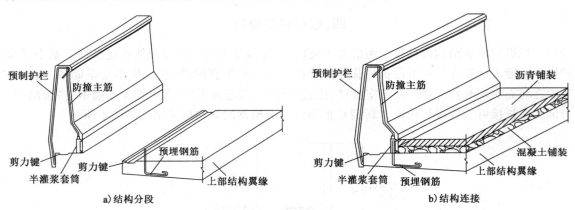

a) 结构分段　　　　　　　　　　　　　　b) 结构连接

图 4　灌浆套筒基础形式

此方法连接构造简单，护栏整体外观美观，耐久性好，适应性强，灌浆连接在挑臂以上，灌浆操作方便，但预制精度要求极高。

3. 超高韧性混凝土连接

超高韧性混凝土连接，在预制护栏及桥面板预留槽口，分别预埋 U 形钢筋、吊装后浇筑超高韧性混凝土和 U 形筋形成受力核心混凝土。超高韧性混凝土基础形式如图 5 所示。

此方法预制精度要求相对较低，现场零焊接，高性能自流平混凝土施工快速简易，但超高韧性混凝土价格较高，整体成本高。

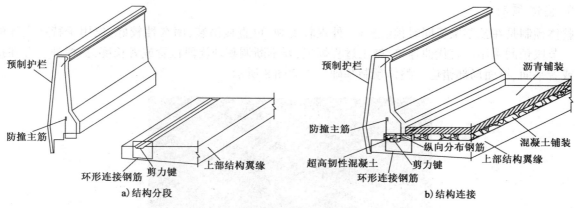

图 5 超高韧性混凝土基础形式

4. 钢板焊接

钢板焊接的连接方式,采用预埋钢板角铁焊接及浆锚连接技术,在桥面预留钢筋及埋件,在预制护栏中预埋金属波纹管及埋件,迎车面通过 L 形钢板焊接连接（L 形钢板覆盖在铺装层内,不影响美观）,预制护栏中采用浆锚连接技术,同时临时支撑固定。钢板焊接基础形式如图 6 所示。

此方法构造简单,预制精度要求较低,但由于 L 形钢板位于铺装层与护栏之间,后期有锈蚀问题。

5. 锚栓连接

锚栓连接如图 7 所示,在桥面板预埋螺杆（螺栓孔在下时,预埋于护栏内）,在预制护栏相应位置预留螺栓孔（螺栓孔在下时,螺栓孔设置于桥面板）,吊装预制护栏节段,螺杆插入螺栓孔内进行螺栓固定连接。

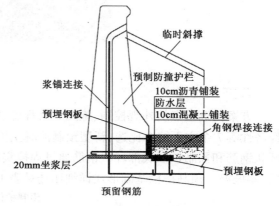

图 6 钢板焊接基础形式

a) 上端螺栓连接

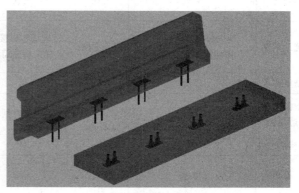

b) 下端螺栓连接

图 7 锚栓连接基础形式

此方法可分为两种方式:上端螺栓连接方式和下端螺栓连接方式。上端螺栓连接需在护栏上预留螺栓孔洞,影响外观效果,预制精度要求高,但螺栓连接在挑臂以上,施工方便。下端螺栓连接外观效果较好,预制精度要求高,且螺栓连接位于挑臂以下,施工不便。两种方式均存在螺栓松弛和锈蚀问题,需要定期检查维护。

从施工方便性和经济性角度分析,护栏预制时,需要在护栏及翼缘板上预埋锚固构件,预制护栏吊装就位时,需将每个节段的多个螺栓孔位置精确对准预埋地脚螺栓,预制和安装难度均较大;另外,需对突出桥梁翼缘板的预埋地脚螺栓进行切割,造成一定的材料浪费,如不切割影响耐久性和美观。

6. 整体预制

整体预制是在预制梁板同时预制护栏,外观较美观,可直接吊装,耐久性较好,仅用于特殊设计的小箱梁。节段预制采用以直代曲连接,施工过程烦琐,要不断调整现浇段位置或者长度,护栏外形存在接缝折线或者平面、纵面局部错位。整体预制基础形式如图8所示。

图8 整体预制基础形式

7. 方案比选

方案比选重点从外观控制、施工难易程度、安装精度要求、上部结构适用性、结构耐久性、后期养护及经济性等7个方面综合比选,新型预制混凝土护栏推荐采用"后浇槽"方式作为基础连接形式。翼缘预埋环状钢筋和预制护栏底部环状钢筋通过焊接实现有效连接,进一步采用高强自流平混凝土实现现场零焊接、零振捣。预制护栏基础形式详细比选见表1。

预制护栏基础形式详细比选　　　　表1

连接形式	后浇槽	灌浆套筒	超高韧性混凝土	锚栓连接	钢板焊接	整体预制	常规现浇
外观	美观	美观	美观	存在预留螺栓孔洞（螺栓在挑臂以上时）	美观	美观	一般
施工难度	现场焊接空间较小,需切割多余混凝土	施工方便	现场零焊接,施工快速简易	螺栓在挑臂以上时施工方便,螺栓在挑臂以下时施工不便	焊接空间小	直接吊装	成熟
精度要求	较低	高	低	高	较低	—	—
上部结构适用性	各类组合结构					特殊设计小箱梁	各类结构
结构耐久性	佳	佳	佳	存在螺栓松弛和锈蚀问题	稍差	佳	佳
养护	常规	常规	常规	螺栓需定期检查和防腐涂装	需做好防水	常规	常规
造价（元/m）	1235/1.18	1794/1.71	1480/1.41	1527/1.45	1310/1.25	1260/1.2	1050/1

六、施工步骤及工艺

预制拼装技术作为一种新工艺,在桥梁施工中应用逐渐增多。与传统施工方式相比,预制拼装施工技术具有以下优点:①人员投入少;②工厂化生产的桥梁构件质量品质佳;③可以缩短施工工期,提高工作效率;④节能环保,减轻对周围环境的影响;⑤降低或避免工人长时间高空作业,减少施工危险;⑥对于具备一定规模的构件,预制拼装施工的成本可以得到充分的摊销,成本可控。

1. 施工工艺

预制护栏施工工艺主要分为两个方面：工厂预制和现场拼装。

（1）工厂预制工艺流程：安装护栏钢筋笼，安装护栏内外侧模板，吊点预埋件安装，安装封头模板，调整模板、紧固螺栓，中期验收，倒置浇筑混凝土，拆除模板，整修清理养护，成品验收，临时堆放。其中，浇筑混凝土采用倒置浇筑，易于控制混凝土浇筑质量，临时堆放方式采用69式，节省场地。

倒置浇筑和临时堆放工况如图9所示。

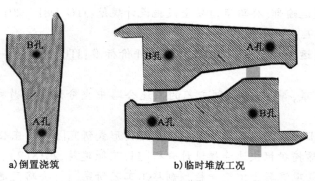

图9 倒置浇筑和临时堆放工况

（2）现场拼装工艺流程：护栏节段运输吊装，预制混凝土护栏初步定位，精准调整护栏线形，电焊临时固定，后浇槽口立倾斜侧模，浇筑混凝土并振捣，槽口养护，循环节段安装，纵向连接安装灌缝。

2. 吊点的设置

为方便护栏的吊装及翻身，在护栏断面上，沿护栏的重心设置2个预埋孔吊点A和吊点B，如图10所示。由于护栏在工厂预制时采用倒置法预制，而现场安装需要正方向安装，因此，吊点应结合上述2个工况分别设置在护栏的底部（吊点A）和顶部（吊点B），其中吊点A作为护栏出坑和翻身的吊点，吊点B则作为护栏现场吊装的吊点。吊装时，将带钢丝绳的钢棒插入吊点A或吊点B，两点起吊即可。

a）绑扎　　　　　b）预制浇筑　　　　　c）运输　　　　　d）吊装

图10 钢筋绑扎、预制浇筑、运输、吊装工况

七、结　语

通过对预制护栏总体方案分析、纵向连接及基础形式详细比选，并结合施工步骤及工艺，综合考虑并兼顾经济性，最终选择"后浇槽+C形钢管双槽钢"连接方式作为推荐实施方案。本文设计的新型预制混凝土护栏，具有如下优势：

（1）结构尺寸、材料、配筋及受力方式均与传统现浇护栏设计相同，计算模式明确。

（2）纵向拼接方便，基础安装精度容易控制，连接构造简单快捷。

（3）连接可靠，耐久性佳且养护方便，成本相对较低。

（4）采用高强自流平混凝土实现现场零焊接,零振捣。

新型预制护栏标准化程度高,适用范围广,施工快捷方便,结构安全耐久,设计成果对于促进装配式结构大规模应用有重要意义。

依托工程试验段研究表明:采用超高韧性混凝土可以有效降低施工难度,做到现场钢筋零焊接,适当提高造价后,在当前公路桥梁高质量发展背景下,是一种有价值的选择。

参考文献

[1] 中华人民共和国交通运输部.公路交通安全设施设计规范:JTG D81—2017[S].北京:人民交通出版社股份有限公司,2017.
[2] 中华人民共和国交通运输部.公路护栏安全性能评价标准:JTG B05-01—2013[S].北京:人民交通出版社,2013.
[3] 于海霞,黄祥谈,林宇曦,等.基于预制工艺的高速公路中央分隔带单片式混凝土护栏研究[J].公路,2013(8):293-297.
[4] 苏高裕.可拆装混凝土桥梁护栏基础及纵向连接结构形式研究[J].广东公路交通,2013(4):38-42.
[5] 廖满军.装配式预制防撞护栏快速连接设计分析[J].安徽建筑,2018(2):155-157.
[6] 梁亚平.高防护等级景观混凝土桥梁护栏预制施工工艺研究[J].公路交通科技(应用技术版),2013(10):239-242.
[7] 常军辉.路侧新型混凝土护栏施工技术[J].公路,2019(2):203-205.
[8] 陈志宝.可拆装混凝土桥梁护栏在高速公路扩建项目的应用[J].黑龙江交通科技,2018(7):113-114.
[9] 谢智敏.可拆装桥梁护栏设计研究[J].中外公路,2014(8):369-373.

43. 波纹钢板加固石拱桥关键技术创新研究

钟 训　张卫国

(山东省滕州市农村公路事务中心)

摘　要　石拱桥是传统的桥梁四大基本形式之一,在桥梁建筑中占有重要地位。农村公路桥梁中石拱桥较为常见,普遍存在年久失修的状况。为消除安全隐患,充分发挥农村公路桥梁使用功能,加快危旧桥梁加固改造成为当前急需解决的技术课题。本文研究探讨利用波形钢板加固石拱桥施工技术,为同类型危桥改造提供借鉴参考。

关键词　公路桥梁　石拱桥　波纹钢板　混凝土施工技术

一、引　言

目前,全国投入运营的公路桥梁中,技术状况评定等级为一、二、三类的桥梁多达49万座,占桥梁总数83.5%,评定等级为四类、五类的危桥多达9.7万座,其中农村公路危桥占比达93.2%。石拱桥作为农村公路较为常见的桥梁类型,普遍存在缺乏维护、年久失修状况,由于基础沉降、荷载变化、环境侵蚀等影响,容易出现病害,危及结构安全。发挥农村公路桥梁的服务功能,加快危旧桥梁加固与改造,实现农村公路危桥动态销号清零,是公路管养部门需要研究探索的重要任务。

二、项目概述

山东省滕州市农村公路管养里程3101km,拥有县道232km、乡道239km、村道2630km。农村公路桥梁264座10472.06m,其中,县道桥梁65座3808.96m、乡道桥梁41座474.6m、村道桥梁158座4788.5m。

近五年来，滕州市累计投资19.3亿元，实施路网提档升级720km，完成农村公路大中修1061km，改造农村危桥39座，基本形成全域覆盖、布局合理、设施完备、通达顺畅的农村公路网络。根据桥梁检测数据，一类桥梁69座、二类桥梁14座、三类桥梁181座，三类桥占比68.6%。滕州境内煤矿货源点多，石拱桥承载能力总体偏低，难以适应重载公路运输需要。对危旧桥梁进行全面改造，需要投入大量建设资金。这些石拱桥经过几十年的使用，大部分基础较为稳定，特别是石拱桥本身具有较好的承载能力，在桥梁改造中可以充分利用，减少危桥改造投资。在桥梁养护维修过程中，对石拱桥进行加固改造，采用以提高石拱桥承载能力为主的加固方案，经过推广使用，改造效果较好。

东洪林桥位于滕州市县道X006驳官线K16+857处，该桥始建于1947年，桥梁全长43.5m，上部结构为3×10m石拱桥，下部结构为石砌重力式墩台、扩大基础。桥梁技术状况评定等级为四类危桥，主要部件材料有大量严重损坏。主拱圈存在多处灰缝松散脱落和渗水现象，1-1号、3-1号主拱圈出现3处火烧所致砌石风化剥落，3-1号主拱圈出现1条纵向裂缝，2-1号主拱圈出现1条竖向裂缝；拱上结构侧墙多处灰缝松散脱落长度33m，距3号台拱脚1m处，侧墙与主拱圈脱裂长度2m；下部结构3号台身出现4条竖向裂缝砌块开裂，0号、3号台身和1号、2号墩身整体性渗水侵蚀。病害处置方式：上部结构在主拱圈下设置10cm厚度C30细石混凝土，采用波高140mm、波距381mm、壁厚7mm波纹钢板进行加固处理，原拱桥裂缝处采用压力灌注法处治；对于上、下部结构将原砌体清除后，采用改性环氧砂浆重新勾缝，砌块脱落处采用细石混凝土修补处理；拆除重做桥面铺装（C50防水混凝土）和桥台锥坡。本文依托滕州市农村公路危桥改造工程东洪林石拱桥加固改造项目，结合波纹钢板在危桥加固中的应用，以少量的用钢量减少大量水泥用量，实现低碳节能环保，为后续同类型危桥改造提供了技术支撑。

三、技 术 优 势

波纹钢板作为一种桥梁加固的新型建筑材料，具有高强度、耐腐蚀、结构稳定、安装简便、快速施工、环保节能等特点。由于特殊的材料特性、结构特性和工艺特点，波纹钢板结构在旧桥加固维修中发挥着越来越重要的作用。基于波纹钢板结构的桥梁加固方法，主要方式是在既有桥梁的基础上，增加一定形状的波纹钢板结构（圆形、弧形或抛物线形），通过灌注高强度混凝土与既有桥梁联成有机整体，从而达到结构补强的加固目的。石拱桥加固大部分位于杂草丛生的河道处，场地不平，桥下净空较低，考虑混凝土热胀冷缩影响为保证后期波纹钢板受力均匀，需保障波纹钢板安装尺度精度；波纹钢板距拱圈下部距离10cm，混凝土浇筑困难，浇筑后混凝土是否密实直接影响加固质量；桥面交通量较大，无法全封闭交通施工，必须重视波纹钢板快速安装定位及有限空间混凝土浇筑作业质量。滕州市农村公路事务中心成立课题组，组织技术团队开展科技创新，研究探索波纹钢板加固石拱桥关键技术，在山东省内农村危桥改造中尚属首次应用，填补了枣庄市农村桥梁加固技术空白，缩短了施工工期，降低了改造成本，具有一定的推广利用价值，为今后农村公路危旧桥梁改造加固提供了技术参考。

四、工 艺 要 点

1.施工作业平台搭设及波纹钢板安装定位微调装置

施工平台采用厚度2.4mm、直径为48mm的架管搭设，步距为60cm×60m，高度为1m左右（高度与两侧基础持平），架管上方铺设5cm厚、宽度30cm木板。平台搭设宽出桥梁投影宽度约4.5m，作为波纹钢板拼装平台。平台上安装道轨，波纹钢板在露天平台拼装完成后采用道轨推入指定位置安装，安装前对位置及弧度进行调整，调整完成后就位固定。

2.有限空间混凝土浇筑方法研究

通过波纹钢板弧顶位置开设排气孔（排气孔深入钢板10cm），通过排气孔是否排出浆体判断弧顶位置是否填充密实。浇筑时预留浇筑孔，浇筑孔做阀门设计，浇筑完成后关闭阀门保证浇筑孔位置密实。

五、施 工 方 案

1. 工艺流程

施工顺序为施工准备—整平场地—河道铺砌—基坑开挖—绑扎钢筋—第一次浇筑加强拱座—波纹钢板安装就位—二次浇筑加强工作—洞口封堵—缝隙细石混凝土浇筑—洞口处理。

2. 施工方法

（1）修筑施工便道及整平场地。外购石渣、建筑垃圾对进场临时便道进行修筑，确保机械设备及材料能够顺利运送至桥下。采用挖掘机、装载机，辅以人工，对桥下河道进行整平处理。

（2）河道铺砌。在整平的场地上摊铺10cm砂垫层，采用钢轮压路机进行碾压密实，拱下压路机无法到达部位，采用平板夯进行人工夯实。C20混凝土进行河道铺砌浇筑时，务必保证铺砌表面平整度，便于后期移动平台行走。

（3）加强拱座基础开挖。按照图纸要求，使用20型小挖机对基槽进行开挖，严格控制基坑尺寸，同时确保基坑以外土体不被扰动。拱座基础开挖如图1所示。

图1　拱座基础开挖

（4）拱座钢筋安装及检测。按照图纸要求对原重力式墩台进行植筋，严格控制植筋打孔深度，空压机对孔内杂质进行清理，采用A级建筑结构胶对植筋进行锚固。待结构胶完全硬化后，试验检测人员对锚固筋进行抗拔力检测。经检测抗拔力不低于47kN，后方可进行全面钢筋安装。植筋抗拔力检测如图2所示。

图2　植筋抗拔力检测

（5）首次加强拱座浇筑。对原重力式墩台及拱圈进行彻底清理，然后安装模板，浇筑加强拱座。严格控制振捣质量，确保不出现漏振、过振现象。

（6）波纹钢拱安装就位。在洞口搭设安装平台，在硬化场地上拼装1号和2号拱片，采用M24高强螺栓连接,并用泡沫密封垫密封严密,检查断面尺寸,满足要求后,用吊车将拼装好的拱片吊上安装平台,然后定位。边安装边采用装载机辅助推进。波纹钢拱边安装边推进,调整位置,符合设计要求后,安装地脚螺栓。波纹钢拱安装就位后如图3所示。

图3 波纹钢拱安装就位后

(7)二次加强拱座浇筑。地脚螺栓固定好后,复核波形钢拱的安装位置,确认无误后,二次浇筑加强拱座。

(8)洞口封堵。采用木模对原拱圈与波形钢拱圈之间的缝隙进行封堵,模板安装牢固,并在侧模腰部、顶部预留注浆口。同时在每拱波纹钢板下方安装4台附着式振动器。洞口侧模封堵如图4所示。

图4 洞口侧模封堵

(9)填隙混凝土浇筑。混凝土浇筑前,对填隙混凝土进行严格的配合比设计,保证混凝土具有补偿收缩功能,防止因混凝土硬化收缩,使旧拱圈与波纹钢板之间结合不紧密。

混凝土浇筑过程中,试验检测人员全程旁站,每车混凝土均进行和易性检验,如发现不合格时,及时对混凝土进行退场处理。采用高压泵机将C30微膨胀细石混凝土泵送至缝隙处,现场技术人员时刻注意排气孔。同时安排测量人员对波纹钢拱上布测沉降观测点,由专人对拱顶的沉降进行监测,沉降量如出现异常,及时暂停混凝土浇筑,查明原因并采取有效措施后,方可继续进行混凝土浇筑。

浇筑完成24h后,拆除模板,对外表面进行修饰处理。

六、经济效益分析

通过搭设施工平台及露天拼装平台,使其通过道轨连接成整体,波纹钢板露天拼接,通过道轨就位安装,解决了波纹钢板对拱桥加固的环境影响,提高了工作效率,减少了人力投入,缩短了施工工期,节约了建设成本。浇筑时波纹钢板与老拱圈采用弧顶位置开设排气孔,浇筑孔做阀门设计,通过排气孔是否排出浆体判断弧顶位置是否填充密实。此浇筑方法保证了钢板与拱圈之间的填充密实,保障了施工质量,有效避免了因填隙混凝土空洞质量问题进行二次打孔注浆的经济投入。经过工程测算，采用波形钢板加固方式施工成本约3500元/m²，相对于其他维修加固方式节约成本30%左右，相对于拆除重建方式节约成本70%左右。改造后外观展示如图5所示。

图5 改造后外观展示

七、结　语

对于石拱桥基础较为稳定，拱圈完好，检测可以继续使用，所处位置不在主要道路上的石拱桥，在桥梁改造中可以优先考虑加固利用，以减少投资。经过与桥梁设计单位深入探讨，选定波形钢板加固桥拱的设计方案，以隧道施工的二次衬砌为模板，配合施工单位攻克技术难题。经过施工验证，波纹钢板加固危旧石拱桥工艺简单，成本较低，质量可靠，技术可行，节约了投资，节省了资源，具有较好的经济效益和广阔的应用前景。

参考文献

[1] 史彦芳.混凝土施工中常见质量问题的防治措施[J].居业,2015(24):103-104.
[2] 赵文进.浅析道路与桥梁施工中现浇混凝土的质量通病及解决措施[J].建筑与装饰,2021(7):116.
[3] 邢海红,段宏跃.道路与桥梁施工质量问题探讨与研究[J].建筑与装饰,2020(3):2.

44. 装配式组合梁桥面连续构造研究

刘　安[1,2]　谭中法[3]　林　昱[3]　邵志超[2]

（1.江西省交通投资集团有限公司；2.江西交通咨询有限公司；3.中交公路规划设计院有限公司）

摘　要　针对山区高架桥地形起伏、地面运输条件差的建设特点，采用梁上运梁、逐孔架设的施工方法，与施工方法相对应，采用简支变连续结构体系。为简化连续梁的构造处理、取消墩顶体系转换工序，采用桥面板连续、钢梁简支结构体系。桥面板连续构造受力复杂，其刚度越大，承担的内力也越大，因此有必要对其刚度进行参数化分析，确定最优构造。

关键词　组合梁　装配化施工　钢梁简支　桥面板连续　分离长度

一、引　言

施工时将钢梁和桥面板分别提前预制或者钢梁桥面板整体预制可达到快速装配化的目的。首先安装钢梁后再安装预制桥面板，最后浇筑湿接缝，此种工法钢梁及桥面板的自重均有钢梁承担，组合梁仅承担二期和活载等后期荷载，不能充分发挥组合梁的优势，同时桥面板一般为纵向分段预制，存在大量的贯通横向湿接缝，现场浇筑工作量大，施工质量不易保证；若采用钢梁和桥面板整体预制，既可以达到快速装配的目的，也可以避免钢梁和桥面板分开预制的缺点。预制桥面板与钢梁形成组合结构后，再起吊安装，充分利用简支组合梁钢结构受拉、混凝土受压的优势，提高了组合效率[1-2]。同时整体预制可采用梁上运梁，架设方便，采用架桥机设备吊装，有良好的施工性能，适合山区等复杂地形施工[3]。

结合整孔吊装施工工艺，组合梁结构体系可采用简支变连续或简支结构体系。简支变连续结构体系需在整孔组合梁架设完成后，施工墩顶主梁连续结构，由简支体系转化为连续体系，墩顶主梁的连续构造主要有现浇混凝土横梁和钢梁对接连接两种。现浇混凝土横梁构造是在相邻钢梁设置剪力连接件，浇筑混凝土使两个分离的主梁相连，形成连续结构体系；钢梁对接连接构造需对相邻钢主梁的顶板、底板、腹板及加劲肋进行焊接连接[4]。现浇横梁和钢梁对接两种连续构造分别如图1和图2所示。

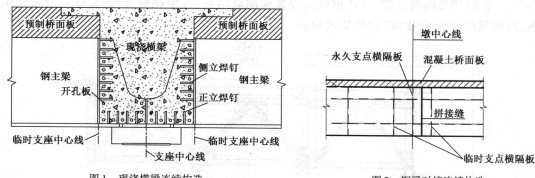

图1　现浇横梁连续构造　　　　　图2　钢梁对接连续构造

简支变连续结构在墩顶连续结构处构造较为复杂，而直接采用简支结构体系可以避免墩顶连续结构，大大地简化施工，但由于简支梁桥桥面伸缩缝数量较多，影响行车舒适性，为了提高行车舒适性，可采用桥面连续简支梁桥，即桥面板连续、钢主梁仍为简支而形成的受力结构体系，简支梁桥在桥面连续后，减少或消除了连续跨内的伸缩缝，获得了较长的连续桥面。

通常来说，桥面连续部位近似于一种不完全铰的作用，根据这一部位的受力特征不同，可将之分为刚接的桥面连续板和铰接的拉杆式桥面连续板，其中以拉杆型桥面连续应用最为普遍[5]。拉杆式桥面连续在桥面铺装与桥面连续处设置分隔缝，分隔缝位置与梁板伸缩缝错开，起到了释放应力的作用；在桥面连续区域连接钢筋与混凝土采用无黏结的构造形式，能传递梁体相对位移所产生的内力，同时避免桥面连续混凝土直接受力。另外，在桥面连续与梁板接触部位用无黏结层（一般为橡胶层）隔离，以削弱桥面连续与主梁之间的连接，降低其抗弯刚度，减少桥面连续处负弯矩，从而达到改善桥面连续结构受力的目的。在欧美等国家中，桥面连续简支梁桥中，桥面连续构造以无黏结桥面连续为主[6]，通过在桥梁伸缩缝处设置一定长度的与主梁脱离的无黏结段来避免桥面连续与主梁直接作用，从而减少主梁水平位移作用对桥面连续的影响，使桥面连续在活载作用下变形成受弯状态而非纯受拉，故能达到减小桥面连续混凝土拉应力的效果。拉杆式桥面连续设计图如图3所示。

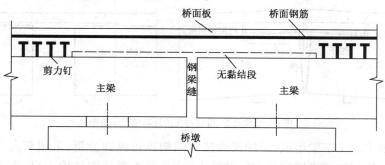

图3　拉杆式桥面连续设计图

二、工程案例

德上高速赣皖界至婺源段公路位于江西省东北部的婺源县境内，属皖赣浙三省交界处，桥梁采用预制装配式钢-混工字形组合梁桥，标准梁跨度为60m，桥面宽为26m；钢主梁采用工厂分节段制作，在桥头组拼场将纵梁栓接成整孔，采用高强度螺栓连接横梁与纵梁，形成半幅∏形钢梁结构；桥面板为钢筋混凝土结构，在桥头组拼场整体现浇于钢梁上，叠合成组合梁整体。

如图4所示，主梁采用"工字形钢梁＋混凝土桥面板"的组合结构，单幅桥采用四片工字梁组成的"双∏形"结构，梁高3m，高跨比为1/20。混凝土桥面板宽12.75m，混凝土板悬臂长1.25m，桥面板厚0.25m。钢主梁主要由上翼缘板、腹板、腹板纵横加劲肋、下翼缘板及横梁组成，单片钢主梁高度2.75m（高度为上翼缘顶距下翼缘顶的距离），钢主梁中心间距3.3m、3.65m，上翼板宽0.6m，下翼板宽0.8m、0.9m(跨中)。在墩顶及跨间位置，各片钢梁间设置横向联结系，其中在墩、台顶支撑处以及跨中采用实腹式构造，跨间其他位置采用"K"形桁架式构造。

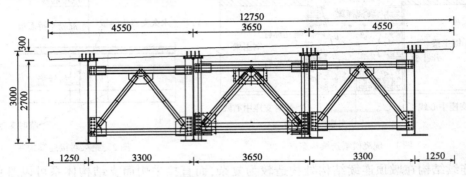

图4 主梁标准横断面(尺寸单位：mm)

三、桥面连续构造分析

为了减轻简支体系梁端转角大的弊端，同时考虑简化连续梁的构造处理、取消墩顶体系转换工序，本项目提出将钢梁简支、桥面板连续的新型结构体系。该体系与结构简支＋桥面连续体系类似，但因桥面板抗弯刚度大于普通桥面连续现浇层的结构刚度，其受力状态介于结构简支和结构连续之间，构造处理较连续梁简单，结构性能优于传统桥面连续体系。梁端由于转角作用产生上翘，直接挤压桥面连续结构使其受负弯矩作用，同时梁端外移，梁缝张开，使得桥面板连接钢筋受拉，如果桥面板的刚度过大，则桥面板受力过大产生裂缝。根据结构力学，梁端转角一定的情况下，梁长与梁的刚度成反比，也就是说对于墩顶负弯矩区，桥面板与钢梁分离段长度越长，墩顶连续的刚度越柔，桥面板承受的内力越小。因此桥面板与钢梁分离段的长度是影响墩顶桥面板受力的重要参数。为确定最优的桥面板分离长度，使墩顶桥面板受力较小，对墩顶分离桥面板的长度做参数优化分析。结构简支、桥面板连续计算模型如图5所示。

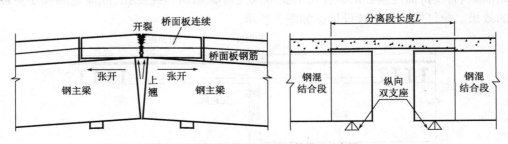

图5 结构简支、桥面板连续计算模型示意图

本桥主梁由四根主纵工字梁组成，采用单梁法对结构进行纵向分析，采用横向分布系数法考虑活载在各根主梁的分配。模型中详细模拟了实际的施工阶段，首先激活钢结构主梁，在主梁底施加节点弹性

支撑以模拟钢主梁在预拼场台座状态,然后现浇桥面板,钝化节点弹性支撑模拟整孔架设状态,最后激活墩顶桥面板单元以模拟简支变连续状态。墩顶分离段桥面板与钢主梁之间不设置剪力连接件,在分离力作用下,桥面板与钢梁相互分离,但在压力作用下,钢主梁会为桥面板提供竖向支撑。因此,对于分离段,桥面板与钢主梁之间设置只受压弹簧单元模拟,只传递竖向压力,剪力及拉力均不传递。为研究墩顶分离桥面板的长度对墩顶桥面板的受力影响,分别取墩顶分离段长度1m、2m、3m、4m、5m做参数优化分析。

对不同的桥面板分离段长度计算结果,提取汽车活载及标准组合作用下支座反力如图6所示。

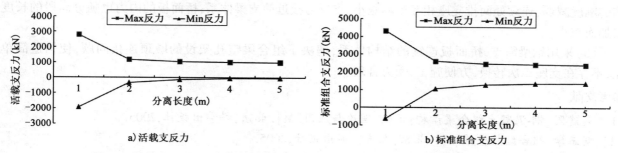

图6 活载及最不利荷载作用下支座反力表

从图6可以看出,对于同一个墩的两个纵向支座,在活载作用下分离段长度为1m时,其中一个支座出现了较大的负反力,同时另一个支座的正反力也较简支梁方案增大64%。当分离段长度为2m时,负反力及正反力增加值均急剧减小,随着分离长度的增加,负反力及正反力增加值趋于稳定,且越来越接近简支梁的受力状态。

不同分离长度墩顶桥面板弯矩趋势如图7所示。

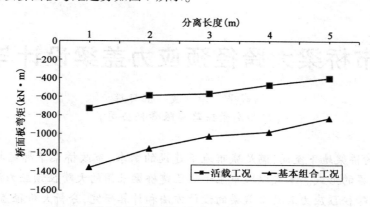

图7 不同分离长度墩顶桥面板弯矩趋势图(单位:kN·m)

从图7可以看出,墩顶桥面板弯矩随分离段长度的增加而减小,最不利组合作用下,当分离段长度为1m时,墩顶桥面板弯矩-1352kN·m,分离段长度为5m时,墩顶桥面板弯矩-831 kN·m,弯矩减小39%。墩顶桥面板弯矩的减小,可显著减小裂缝宽度,增加桥面板的耐久性。因此,通过设置钢梁与桥面板分离段,解决了桥面板连续受力大的问题,为桥面板连续体系提供了可能。

针对墩顶桥面板尺寸进行配筋设计,采用$\phi 25$HRB400钢筋,上下两排束筋,保护层厚度4.5cm,钢筋横向间距15cm,纵向钢筋的有效配筋率为4.3%,混凝土裂缝宽度及截面承载能力均满足规范要求。

综上分析,该体系可行,也满足规范要求。作为新的结构体系,墩顶桥面板在汽车荷载作用下产生较大的弯矩,可通过降低桥面连续构造的刚度来降低弯矩。该体系不仅提高了施工工效,同时也解决了桥面连续构造易于开裂问题。

四、结　语

结合整孔架设的施工工艺，同时考虑不宜设置过多伸缩缝数量，采用钢梁简支，桥面板连续的结构，针对此种结构体系，对墩顶连续处桥面板的受力进行计算分析，得到以下结论：

（1）墩顶连续桥面板的受力与自身刚度有关，刚度越大，所承担的内力越大，应尽量减小桥面连续结构的刚度，使桥面板的承载力及裂缝验算满足规范要求。

（2）可通过设置桥面板与钢梁分离段来减小桥面连续结构刚度，随分离段长度的增加，桥面连续结构的刚度减弱，连续处两排支座相互影响减小，支反力接近简支梁体系；桥面板的内力也随分离段的长度增加而减小。

（3）采用钢梁简支，桥面板连续的结构体系，解决了组合梁整孔架设的墩顶连接问题，使构造简单化，不存在支座二次转换，方便施工，受力合理。

参考文献

[1] 聂建国.钢-混凝土组合梁结构：试验、理论与应用[M].北京：科学出版社，2005.
[2] 刘玉擎.组合结构桥梁[M].北京：人民交通出版社，2005.
[3] 项贻强，竺盛，赵阳.快速施工桥梁的研究进展[J].中国公路学报，2018，31(12)：1-27.
[4] 苏庆田，胡一鸣，徐晨，等.整体预制钢-混凝土组合梁桥合理结构研究[J].建筑钢结构进展，2020，22(2)：93-100.
[5] 温晓强.桥梁桥面连续构造设计与施工技术[J].公路交通科技(应用技术版)，2013(1)：193-194.
[6] SABER A, ALETI A R. Behavior of FRP link slabs in jointless bridge decks[J]. Advances in Civil Engineering, 2012, 2012(1): 452987.1-452987.9.

45. 城市桥梁大跨径预应力盖梁设计与研究

杨武平　谢波　温日辉

（广西南崇铁路有限责任公司）

摘　要　为了节约桥梁地下空间，满足城市地下建设的需求，市政桥梁下部结构桥墩设计需预留空间，通常采用大跨径盖梁的形式。本文以城市主干路已建桥梁采用的大跨径预应力混凝土盖梁为工程背景，通过对市政桥梁大跨径预应力混凝土盖梁的设计方法和计算研究，分析大跨径盖梁结构受力性能，并对后期产生的裂缝提出了处治及预防措施，便于后续桥梁工程的广泛应用。

关键词　市政桥梁　大跨径盖梁　预应力　受力分析

一、引　言

近年来，随着工程建设条件的日益复杂，工程建设方案中，大多一线城市轨道交通规划及发展对桥梁上下部结构具有较大影响，不仅需要考虑桥梁下交通规划情况、桥下规划的水系情况，还要从城市景观上考虑其美观性和整体协调性。特别是在下部结构方案对比选择时，通常会选择尽量少设置桩基基础，减少对桥下基础设施的影响，因此对大跨径盖梁形式的设计与研究能够非常好适应城市桥梁的创新与发展。

在现代桥梁工程中，大跨径盖梁作为桥梁下部结构的重要组成部分，扮演着关键的角色。大跨径盖梁不仅可以有效支撑桥梁上部结构，同时也能提高桥梁的整体稳定性和抗震性能。其结构设计和施工工艺需要兼顾各种复杂因素，如荷载特性、地质条件、材料性能等，以确保桥梁的安全可靠性和使用寿命。

然而,大跨径盖梁在设计和施工过程中仍然面临着挑战和难题。如何合理确定结构形式和尺寸、如何优化材料选用、如何保证施工质量等问题,都需要工程师们深入研究和探索。因此,加强理论研究、推动技术创新、提高工程管理水平,将是未来大跨径盖梁发展的重要方向。

二、结构方案

本次研究依托国内一线城市某桥梁建设项目,新建桥梁位于城市主干道上,由于该处有通游船需求,净高要求3m以上,中间跨径不小于20m,两侧设置人行通道其净空要求3m以上。现状桥梁净空无法满足,而且该道路下有规划的地铁线路,现状桥梁桩位间距不满足地铁盾构净距的要求,需拆除现状桥梁后新建。

1. 桥台盖梁方案比选

1)钢盖梁

随着城市发展,交通基础设施的持续推进,钢盖梁在我国的应用范围越来越广泛。目前,我国已经掌握了钢盖梁的设计、制造、安装和施工等关键技术,并在多个重大工程项目中取得了显著的成效。钢盖梁具有许多优势,如质量轻、强度高、刚度大、抗震性能好、施工周期短等。但是钢盖梁也存在一些潜在问题,如耐腐蚀性较差、建造成本及维护成本较高、焊接质量要求高、防火性能较差等。

2)钢-混组合盖梁

钢混组合梁具有跨越能力大,自重较小,造价较全钢结构低等优势,在中大跨径桥梁的上部结构中得到广泛应用。然而在盖梁上运用少,由于全钢盖梁虽然重量较轻,但其造价昂贵,钢-混组合盖梁具有吊装重量轻、经济性好、装配化施工快捷等优势,但钢盖梁与混凝土桥墩间的钢混结合段处由于材料刚度相差悬殊,容易导致该结合处成为整个结构体系中最为脆弱的关键点,因此需对其做更深层次的研究与发现。

3)预应力混凝土盖梁

大跨径预应力混凝土盖梁具有承载能力强、变形小、使用寿命长等优势,预应力盖梁的引入,不仅可以有效降低结构自重,减小构件截面尺寸,还能提高结构的抗震、抗风等性能,从而实现工程的节能环保和可持续发展。其独特的设计理念和施工工艺,为现代城市的快速发展提供了技术支持和保障。然而,大跨径预应力盖梁在设计和施工过程中仍面临诸多挑战和难题。如何合理确定预应力的大小和施加位置、如何控制混凝土裂缝的发展、如何保证施工过程中的安全性和质量等问题,都需要工程师们深入研究和探索。

综合受力、经济性和施工难度方面因素的比选(表1),本次研究基于预应力混凝土盖梁进行展开。

盖梁方案初步比选分析表 表1

序号	桥型方案	适用性	推荐意见
1	钢盖梁	受力明确,跨越能力强,自重较轻	比选
2	钢-混组合盖梁	造型优美,造价较高,施工复杂	比选
3	预应力混凝土盖梁	结构合理,造价经济,施工难度小	推荐

2. 结构尺寸

新建桥梁上部结构采用1×30m钢-混组合梁,采用等宽、正交结构,道路平面线形为圆曲线($R=5000m$)。组合梁跨径30m,梁长29.94m,桥宽64m,桥梁横断面分左右双幅,并设置双向横坡2%,梁底板水平放置。下部结构采用大跨径预应力混凝土盖梁,预应力盖梁混凝土标号采用C50,2m×2m矩形断面,全长为64m。桥下布设双排桩基础+承台,承台的尺寸为6.5m×2.5m×2.25m,采用的是直径1.5m钻孔灌注桩基础,单座桥台根数共计10根。由于后期建成的桥梁桩基之间需穿插规划的地铁线,其地铁盾构区间其保护范围为12.7m,因此桩基最大间距设置为16m,以满足地铁安全施工及运营的需求。以0号桥台为例,构造尺寸如图1所示。

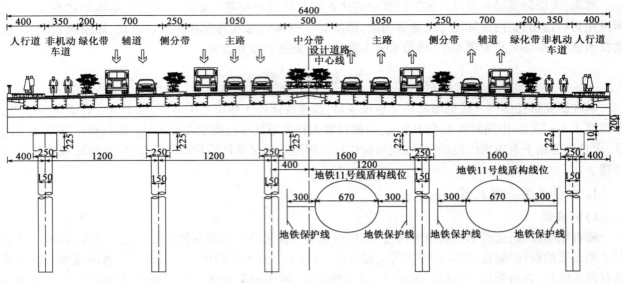

图1　桥台横断面图(尺寸单位:cm)

三、结构计算

1. 模型建立

桥台盖梁断面布置双排预应力钢束,每排四束,共八束预应力钢束,构造如图2所示。本次盖梁计算采用桥梁博士3.6软件建立桥台杆系模型,如图3所示。桥台盖梁、承台及下部桩基均采用梁单元结构,共计188个单元。

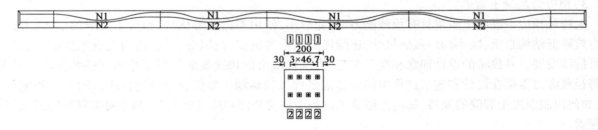

图2　预应力盖梁钢束布置图

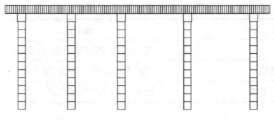

图3　桥台杆系模型

2. 计算参数

(1)恒载:混凝土重度 $\gamma = 25 \text{kN/m}^3$,沥青重度 $\gamma = 24 \text{kN/m}^3$。

(2)汽车荷载:城—A级。

车道折减系数:按《公桥桥涵设计通用规范》(JTG D60—2015)规定的车道数相应折减。

冲击系数:根据《公桥桥涵设计通用规范》(JTG D60—2015)第4.3.2条计算取值。

计算模型中汽车制动力,按照《公桥桥涵设计通用规范》(JTG D60—2015)第4.3.5条进行设置。

(3)混凝土徐变及收缩的影响。

混凝土徐变系数参照《公路钢筋混凝土及预应力混凝土桥涵设计规范》(JTG 3362—2018)附录F取用。

(4)温度影响(T)。

考虑整体均匀升降温30℃。

(5)基础不均匀沉降:按5mm进行设置。

四、结果分析

1. 正常使用极限状态抗裂验算

预应力混凝土盖梁在正常使用极限状态下的抗裂验算是桥梁设计中的一个重要环节,其目的是确保桥梁在设计使用寿命内,能够满足结构耐久性和功能要求,防止出现裂缝等病害,保证行车安全与舒适。抗裂验算主要包括以下几个方面:

(1)正截面抗裂验算:主要是针对预应力混凝土抗弯验算,在部分预应力构件中,拉应力应小于混凝土的抗拉强度和一个限值。长期效应组合下,构件不出现拉应力;短期效应组合下,拉应力应小于限值。

(2)斜截面抗裂验算:主要是针对预应力混凝土构件在剪力作用下的抗裂性能。规范要求预应力混凝土构件在斜截面上的主拉应力不得超过混凝土的抗拉强度。

1)短期效应组合

A类预应力混凝土构件在作用短期效应组合下混凝土正截面法向拉应力需满足 $\sigma_{st} - \sigma_{pc} \leq 0.7 f_{tk}$,通过计算得到短期效应组合下盖梁的正应力和主应力,如图4、图5所示。由表2可见,短期效应组合下抗裂验算满足规范要求。

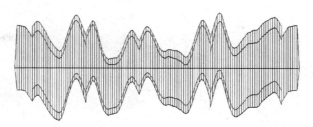

图4 短期效应组合正应力图(单位:MPa)

图5 短期效应组合主应力图(单位:MPa)

短期效应组合抗裂验算表 表2

项目		荷载效应(MPa)	允许值(MPa)
正应力	上缘最小	0.0	-1.85
	下缘最小	0.0	-1.85
主应力	最小	-0.47	-1.33

2)长期效应组合

A类预应力混凝土构件,在作用长期效应组合下混凝土正截面法向拉应力需满足 $\sigma_{lt} - \sigma_{pc} \leq 0$,通过计算得到长期效应组合下盖梁的正应力,如图6所示。由表3可见,长期效应组合下抗裂验算满足规范要求。

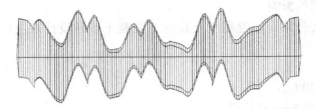

图 6 长期效应组合正应力图(单位:MPa)

长期效应组合抗裂验算表 表 3

项目		荷载效应(MPa)	允许值(MPa)
正应力	上缘最小	0.73	0.0
	下缘最小	0.60	0.0

2. 正常使用极限状态应力验算

预应力混凝土盖梁正常使用极限状态的应力验算主要是为了确保盖梁在正常使用条件下,其内部应力不超过混凝土的抗拉强度和允许应力值。

根据《公路钢筋混凝土及预应力混凝土桥涵设计规范》(JTG 3362—2018)第 7.1.5 条规定,预应力混凝土构件应力验算须符合下列规定:

未开裂构件:$\sigma_{kc} + \sigma_{pt} \leq 0.5 f_{ck}$

允许开裂构件:$\sigma_{cc} \leq 0.5 f_{ck}$

通过计算得到标准组合下盖梁的正应力和主应力,如图 7、图 8 所示。由表 4 可见,应力满足规范要求。

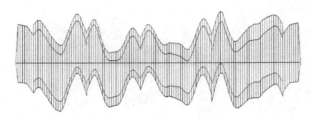

图 7 标准组合正应力图(单位:MPa)

图 8 标准组合主应力图(单位:MPa)

持久状况混凝土应力验算表 表 4

项目		荷载效应(MPa)	允许值(MPa)
正应力	上缘最大	9.25	16.20
	下缘最大	8.77	16.20
主应力	最大	9.25	19.44

3. 挠度验算

预应力混凝土盖梁的挠度验算是确保盖梁在正常使用条件下具有足够的刚度,以满足结构的使用要求和舒适性要求。

抵消盖梁自重下挠的位移后,预应力混凝土盖梁的挠度最大值见表 5。

极限状态挠度验算表

表5

节点号	位置	最大挠度(mm)	允许值(mm)	是否满足
7	第一跨跨中	20	106	是
59	第二跨跨中	-4	106	是
79	第三跨跨中	-4	106	是
121	第四跨跨中	20	106	是

按《公路钢筋混凝土及预应力混凝土桥涵设计规范》(JTG 3362—2018)第6.5.5条规定,可不设预拱度。

4. 正截面抗弯强度验算

预应力混凝土盖梁正截面抗弯强度验算的意义在于确保盖梁在设计荷载和实际使用条件下能够安全、可靠地承受弯曲应力,而不发生结构破坏。

通过计算得到承载能力极限状态下盖梁的最大最小抗力及内力图,如图9、图10所示。本次设计研究的预应力混凝土盖梁正截面抗弯强度满足规范要求。

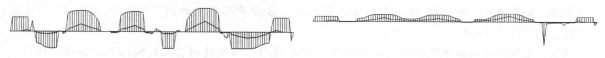

图9 最大抗力及内力图(单位:MPa)　　　　图10 最小抗力及内力图(单位:MPa)

五、裂缝处理及预防措施

预应力混凝土盖梁在现代建筑工程中扮演着重要的角色,然而裂缝问题一直是工程师们关注的焦点。结构使用运营过程中出现的裂缝可能会对结构强度有很大影响,从而降低结构承载力,并且会加速混凝土中性化进程进一步腐蚀钢筋,影响结构的安全运行。因此,针对裂缝的处治和预防措施显得尤为重要。

在裂缝处治方面,及时的修补和注浆处理是常见的方法。当裂缝出现时,需要立即采取措施进行修复,以防止裂缝进一步扩展。注浆技术可以有效填充较宽的裂缝,并与混凝土形成良好的黏结,提高结构的整体性。

此外,对于裂缝较大或发展较快的情况,可以考虑采用粘贴钢板加固的方式。通过在裂缝处粘贴钢板,可以有效提高结构的抗裂性能,延缓裂缝的扩展。在预防措施方面,合理的设计是关键。在设计阶段,应根据结构的受力特点和使用条件,合理确定预应力的大小和施加位置,以降低裂缝的发生可能性。同时,使用优质的材料和严格控制施工过程也是预防裂缝的重要手段。

精细的施工操作和定期的监测与维护也是预防裂缝的重要措施。在施工过程中,要严格按照设计要求和施工工艺进行操作,特别是在预应力张拉和混凝土浇筑过程中要注意控制应力和温度的变化。而在结构竣工后,需要建立完善的监测体系,定期对结构进行检测和维护,及时发现并处理裂缝问题,保障结构的安全运行。

通过以上裂缝处治及预防措施的实施,可以有效减少预应力混凝土盖梁结构中裂缝的发生和发展,提高结构的整体性和使用寿命,确保工程的安全可靠性和经济性。

六、结　语

大跨径预应力盖梁在工程中可以最大限度地减少墩柱的安装,方便轨道交通、雨污管网以及电力通信管线等市政设施的布设。当桥梁位于陆地上时,可以提高桥梁下方的空间利用,节约土地,也可以增加桥梁下空间的通透性。大跨径盖梁采用预应力结构,可以降低帽梁结构的高度以及减少结构自身的重量。大跨径盖梁的采用使得桥墩间距的加大,优化后空间还可以作为工程施工的临时用地。鉴于以上诸多优点,故在城市桥梁工程中优先推荐使用大跨径预应力盖梁跨越市政设施。

参考文献

[1] 江甫,侯玉成.大跨度预应力盖梁设计探讨[J].城市道桥与防洪,2014(5):103-104,117,11.
[2] 贾凡鑫.某市政桥梁预应力混凝土盖梁设计要点浅析[J].北方交通,2021(7):19-22.
[3] 中华人民共和国交通运输部.公路桥涵设计通用规范:JTG D60—2015[S].北京:人民交通出版社股份有限公司,2015.
[4] 中华人民共和国交通运输部.公路桥涵施工技术规范:JTG/T 3650—2020[S].北京:人民交通出版社股份有限公司,2020.
[5] 中华人民共和国交通运输部.公路钢筋混凝土及预应力混凝土桥涵设计规范:JTG 3362—2018[S].北京:人民交通出版社股份有限公司,2018.
[6] 中华人民共和国交通运输部.公路桥涵养护规范:JTG 5120—2021[S].北京:人民交通出版社股份有限公司,2021.
[7] 全国钢标准化技术委员会.预应力混凝土用钢绞线:GB/T 5224—2023[S].北京:中国计量出版社,2023.
[8] 陈秋爽,李超,敖杰,等.BIM技术在雄安新区容东综合管廊项目中的应用[J].施工技术(中英文),2022,51(7):74-79,84.
[9] 翟碧霞.道路桥梁施工中混凝土裂缝成因及应对措施[J].四川建材,2024,50(2):190-191,197.

46. 山区钢混组合梁设计标准化研究

万先军[1,2] 林昱[3] 刘安[1,2] 王凯[2]

(1.江西省交通投资集团有限公司;2.江西交通咨询有限公司;3.中交公路规划设计院有限公司)

摘　要　本文以整孔预制整孔架设工字型组合梁为研究对象,针对山区高速公路桥梁地形复杂、曲线半径小、超高变化频繁、运输条件受限、现场作业条件恶劣等特点,从桥宽、跨径、平曲线、超高等方面的适应性,深入分析并总结出一套适用于山区钢混组合梁钢结构的标准化设计原则,为山区桥梁标准化、装配化、工业化、智能化建造提供坚实的设计基础。

关键词　工字型钢混组合梁　山区桥梁　标准化　曲线梁　超高

一、引　言

钢混组合梁桥结合了钢结构和混凝土结构的优点,具有较高的承载能力、良好的延性和抗震性能,可工厂预制、现场组装,加快施工进度的优势,适用于山区复杂地形和地质条件下的桥梁建设。但是山区高速公路桥梁具有路线曲折复杂、曲线半径小、超高变化频繁的特点,结构形式标准化形式较低;加上山区地形起伏大、运输条件差,钢结构需化整为零,离散化制作运输。因此,如何实现钢结构标准化设计,减少构件形式,最大化实现自动化加工制造,提高安装工效,提高现场匹配精度,是桥梁设计者、建造者一直追求的目标。

本文依托工程采用整孔预制、Π形梁整孔架设的工字型钢混组合梁,如图1所示。工字钢梁因其构件小而轻,十分便于山区道路运输;其通过纵横向构件形成稳定的框架结构,不仅便于运输和架设,也更具灵活些,可组合适应不同桥宽、不同线形的桥梁结构。目前在山区高速公路桥梁建设中,越来越多地采用工字形钢混组合梁。本文将从桥宽、跨径、平曲线、超高等方面的适应性,深入分析并总结出一套适用于山区钢混组合梁钢结构的标准化设计原则,以供同类桥梁结构借鉴和参考。

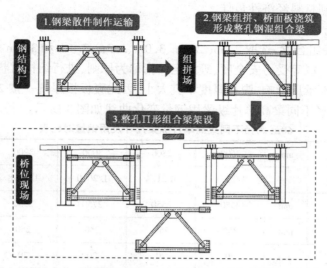

图1 整孔预制架设Π形钢混组合梁标准断面组成示意图

二、钢梁设计标准化研究

1.桥宽适应性

桥宽变化通过纵梁形式不变、调整纵梁片数及横向间距实现,为了保证整孔吊装稳定性,纵梁片数取偶数,纵梁间距一般取2.5~4m。桥面板采用等厚度钢筋混凝土桥面板,板厚25cm。

双向四车道主梁断面采用4片纵梁组成的两片Π梁,双向六车道和双向八车道的主梁断面可采用6片纵梁组成的三片Π梁,具体断面布置形式如图2所示。

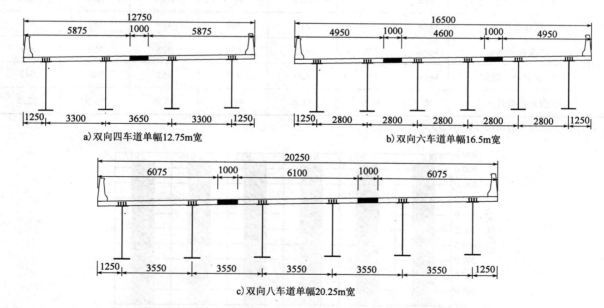

图2 不同桥宽钢混组合板梁标准断面示意图(图中未示出横梁结构;尺寸单位:mm)

2.跨径适应性标准化研究

不同跨径的主梁纵梁片数相同,仅通过调整纵梁高度和横梁构造即可。通常简支钢混组合梁梁高取$1/18L \sim 1/27L$,梁高增加,对结构受力及刚度最有利,可明显降低结构应力,从而减小上下翼缘尺寸;但随之带来腹板稳定问题,因高厚比限制,需增大腹板厚度以保证腹板局部稳定,同时腹板厚度增加也带来腹板加劲肋尺寸的增加，以保证其刚度，不一定节省用钢量。因此选取合理的梁高应既能满足受力需要，又能尽可能降低用钢量，达到材料经济性最佳。

1) 60m跨径梁高比选

根据本项目60m跨径组合梁，选取2.6m、2.8m、3.0m、3.2m、3.4m和3.6m六种梁高进行比选，高跨比在1/23L~1/16L之间。以等受力安全度、等稳定性指标为原则，进行结构材料用量比选。考虑本结构需承受梁上运梁荷载，局部承压影响，腹板厚度不宜太小，因此腹板板厚统一按20mm取值。各梁高方案比选结果见表1。60m跨径不同梁高单片纵梁用钢量变化曲线如图3所示。

60m跨径不同梁高单片纵梁尺寸及用钢量对比表　　　　　　　　　　　　表1

梁高	组合梁梁高	mm	2600	2800	3000	3200	3400	3600
	高跨比	—	1/23.1	1/21.4	1/20.0	1/18.8	1/17.6	1/16.7
	工字钢高度	mm	2350	2550	2750	2950	3150	3350
尺寸	混凝土板厚度	mm	250	250	250	250	250	250
	腹板厚度	mm	20	20	20	20	20	20
	上翼缘尺寸	mm×mm	600×25	600×25	600×25	600×25	600×25	600×25
	下翼缘尺寸	mm×mm	1200×48	1150×44	1120×40	990×40	910×38	840×36
	腹板横向加劲肋间距	mm	2500	2500	2500	2500	2500	2500
	腹板横向加劲肋尺寸	mm×mm	双侧120×12	双侧140×12	双侧140×14	双侧140×14	双侧140×14	双侧140×14
	腹板纵向加劲肋尺寸	mm×mm	—	—	—	双侧160×14	双侧160×14	双侧160×14
应力	受拉翼缘基本组合应力	MPa	303	303	302	302	303	303
	混凝土标准组合应力	MPa	16.4	15.2	14.3	13.4	12.7	12.1
用钢量	翼缘板用钢量	kg/m	570	515	469	429	389	355
	腹板用钢量	kg/m	378	415	454	523	557	591
	纵梁总用钢量	kg/m	948	930	923	952	946	947
	腹板用钢量占比	%	39.9	44.6	49.2	55.0	58.9	62.5

注：表中构造设计所用钢材为Q420。

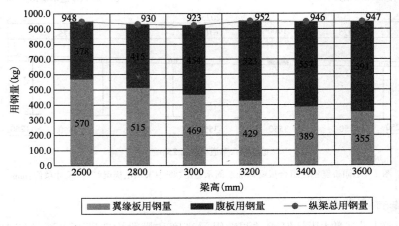

图3　60m跨径不同梁高单片纵梁用钢量变化曲线

从上述分析可知，随着梁高增加，总体用钢量下降，其中翼缘用钢量逐渐降低，腹板用钢量逐渐增加，且腹板占比高达50%以上。因组合梁梁高大于3m时,腹板需加设纵向加劲肋提高腹板稳定性,从而提高了腹板用钢量,因此,60m跨纵梁总用钢量以3m梁高最省,因此,本项目60m跨组合梁梁高取3m,高跨比为1/20。

2) 50m跨径梁高比选

按以上原则,50m跨径组合梁选取2.3m、2.4m、2.5m、2.6m、2.7m和2.8m六种梁高进行比选,高跨比在$1/22L \sim 1/18L$之间。考虑本结构需承受梁上运梁荷载,局部承压影响,腹板厚度不宜太小,因此腹板板厚统一按18mm取值。各梁高方案比选结果见表2。50m跨径不同梁高单片纵梁用钢量变化曲线如图4所示。

50m跨径不同梁高单片纵梁尺寸及用钢量对比表　　表2

梁高	组合梁梁高	mm	2300	2400	2500	2600	2700	2800
	高跨比	—	1/21.7	1/20.8	1/20.0	1/19.2	1/18.5	1/17.9
	工字钢高度	mm	2090	2190	2288	2386	2484	2582
尺寸	混凝土板厚度	mm	250	250	250	250	250	250
	腹板厚度	mm	18	18	18	18	18	18
	上翼缘尺寸	mm×mm	600×25	600×25	600×25	600×25	600×25	600×25
	下翼缘尺寸	mm×mm	990×40	920×40	900×38	880×36	860×34	850×32
	腹板横向加劲肋间距	mm	2500	2500	2500	2500	2500	2500
	腹板横向加劲肋尺寸	mm×mm	双侧120×10	双侧120×10	双侧120×12	双侧140×12	双侧140×12	双侧140×12
应力	受拉翼缘基本组合应力	MPa	306	306	306	306	307	306
	混凝土标准组合应力	MPa	13.3	12.8	12.3	11.9	11.5	11.1
用钢量	翼缘板用钢量	kg/m	429	407	386	366	347	331
	腹板用钢量	kg/m	301	316	334	353	368	383
	纵梁总用钢量	kg/m	730	723	720	719	715	714
	腹板用钢量占比	%	41.3	43.7	46.4	49.0	51.4	53.6

注:表中构造设计所用钢材为Q420。

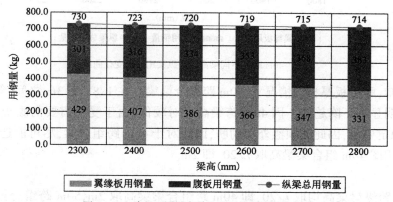

图4　50m跨径不同梁高单片纵梁用钢量变化曲线

由以上对比可知,腹板板厚相同情况下,50m跨组合梁梁高在2.3~2.8m之间,等应力水平下,各梁高用钢量差异不大,但梁高越高用钢量呈现下降的趋势。考虑不超限运输要求工字钢梁高小于2.4m且留有富余,因此50m跨组合梁梁高选取2.5m。

3) 40m跨径梁高比选

按以上原则,40m跨径组合梁选取1.8~2.3m六种梁高进行比选,高跨比在$1/22L \sim 1/18L$之间。考虑本结构需承受梁上运梁荷载,局部承压影响,腹板厚度不宜太小,因此腹板板厚统一按16mm取值。各梁高方案比选结果见表3。40m跨径不同梁高单片纵梁用钢量变化曲线如图5所示。

40m 跨径不同梁高单片纵梁尺寸及用钢量对比表 表3

梁高	组合梁梁高	mm	1800	1900	2000	2100	2200	2300
	高跨比	—	1/22.2	1/21.1	1/20.0	1/19.0	1/18.2	1/17.4
	工字钢高度	mm	1580	1680	1776	1874	1974	2072
尺寸	混凝土板厚度	mm	250	250	250	250	250	250
	腹板厚度	mm	16	16	16	16	16	16
	上翼缘尺寸	mm×mm	600×25	600×25	600×25	600×25	600×25	600×25
	下翼缘尺寸	mm×mm	1060×40	980×40	1000×36	980×34	900×34	880×32
	腹板横向加劲肋间距	mm	2500	2500	2500	2500	2500	2500
	腹板横向加劲肋尺寸	mm×mm	双侧100×10	双侧100×10	双侧100×10	双侧100×10	双侧100×10	双侧100×10
应力	受拉翼缘基本组合应力	MPa	253	252	253	252	253	254
	混凝土标准组合应力	MPa	11.7	11.1	10.5	10.0	9.6	9.2
用钢量	翼缘板用钢量	kg/m	451	425	400	379	358	339
	腹板用钢量	kg/m	199	213	226	239	252	265
	纵梁总用钢量	kg/m	650	638	626	618	610	604
	腹板用钢量占比	%	30.7	33.3	36.1	38.7	41.3	43.9

注：表中构造设计所用钢材为Q355。

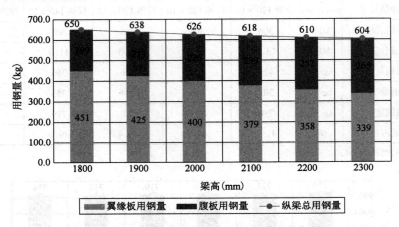

图5 40m跨径不同梁高单片纵梁用钢量变化曲线

由以上对比可知,腹板板厚相同情况下,40m跨组合梁梁高在1.8~2.3m之间,等应力水平下,随梁高增加用钢量呈较明显的下降趋势。因40m跨梁高相对较低,由于受力需要的腹板厚度使得腹板高厚比较小,容易满足稳定要求,因此无须额外加劲肋,因此对于40m跨组合梁,尽可能选用较大梁高以节省用钢量。本专题通用图40m组合梁梁高取$L/20$,即2m。

4)小结

40m、50m、60m跨纵梁梁高均取$L/20$,即40m跨组合梁梁高取2m,50m跨组合梁梁高取2.5m,50m跨组合梁梁高取3m。

对于同一座桥或一个项目,为了全线景观统一及标准化设计,调整跨采用标准跨径的主梁断面形式及梁高,仅调整横梁数量及纵梁的板厚。

3.曲线梁适应性

1)梁段划分原则

钢梁构件节段划分主要考虑结构受力、板厚尺寸、吊装重量、运输限制和曲线半径等因素。具体来说,受力方面,梁段接头应避免位于结构受力最大位置,即跨中附近,因此单跨梁段数量通常采用奇数段;

梁段接头宜位于板厚变化处或远离板厚变化处,便于钢板合理利用;吊重应均衡;在满足运输限宽、限高、转弯半径的前提下,应尽可能加长,减少接头。

根据《超限运输车辆行驶公路管理规定》,当车货总高度从地面算起超过4m、总宽度超过2.55m、总长度超过18.1m时即为超限车辆,需办理超限运输手续;当车货总高度从地面算起超过4.5m,或者总宽度超过3.75m,或者总长度超过28m,或者总质量超过100t时,需采用特殊运输方案。

考虑通常乡道宽度约7m,山路曲折,因此构件尺寸按以下要求控制:

高度:≤3.5m;

宽度:≤3m;

长度:≤15m。

梁段划分长度还应考虑平曲线的适应性。若采用以直代曲制造,钢梁节段与理论线形存在弦高差。目前尚未有规范对此弦高差限制,参考《公路钢结构桥梁制造和安装施工规范》(JTG/T 3651—2022)第14.2.1条,关于支架上安装构件或节段时,节段中心线与设计轴线的偏位应不大于10mm。本研究按10mm弦高差控制,得到各梁段长度与桥梁曲线半径的对应关系见表4。

纵梁节段长度与桥梁曲线半径的对应关系　　　　表4

梁段长度 L(m)	梁长对应的最小曲线半径 R(m)	弦长(mm)
8.0	800	10.0
8.5	900	10.0
9.0	1000	10.1
9.5	1100	10.3
10.0	1250	10.0
10.5	1350	10.2
11.0	1500	10.1
11.5	1650	10.0
12.0	1800	10.0
12.5	1950	10.0
13.0	2100	10.1
13.5	2250	10.1
14.0	2450	10.0
14.5	2600	10.1
15.0	2800	10.0

由表4可知,曲线半径越小,梁段划分应越小。但梁长太短,将增加接缝质量,不利于板件有效利用,也会增加连接工作量,降低工效,通常钢梁标准梁段长不小于8m。通常山区高速的最小曲线半径在1200~2200m之间,因此综合考虑运输条件、制造安装便利性和制造误差控制,标准梁段长度建议取10~13.5m。

2)曲线梁放样原则

对于曲线桥来说,若按曲线桥设计,设计较为便利,也便于加工单位放样校核,但若钢梁按曲线梁制作,则不便于利用自动化生产线生产,也不利于运输、存放。因此,较为便利又具有可操作性的方案为,设计按直线桥或曲线桥出图,加工厂按以直代曲拟合平曲线制作。图纸中的顺桥向直线长度对应曲线桥路线设计线的弧长,曲线上各片主梁的半径及长度相应路线设计线平行取值。

以直代曲放样方法如下:

(1)纵梁定位:在道路中心线上按弧长为理论设计梁段长度作道路中心线的垂线,垂线与各片纵梁所在曲线的交点连线确定纵梁长度。

(2)跨中横梁定位：在道路中心线上找到弧长为理论设计间距的横梁位置，再由该点作纵梁节段的垂线以确定横梁位置，这样可保证横梁与纵梁节段是始终保持垂直，便于精度控制。

(3)墩顶横梁定位：为了保证墩顶横梁位置与支座位置一致，墩顶横梁平行于墩中心线布置。

3)梁间连接细节

梁段以直代曲拟合平曲线，工厂制作时应主要考虑翼缘板间的间隙、拼接板与腹板的间隙的影响。

(1)翼缘板及腹板的拼接板均采用标准件制作。

(2)翼缘板零件按照梯形放样，保证相邻梁段间的缝隙均匀。

(3)拼接板与腹板间隙应小于规范要求，以保证正常栓接。

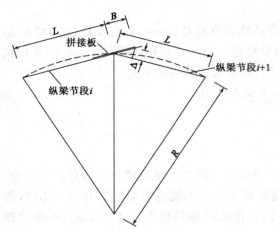

图6 以直代曲纵梁节段间平面夹角所产生的拼接板间隙示意图

纵梁间平面夹角导致拼接板产生间隙（图6），其间隙可按式(1)计算：

$$\Delta = B \times \frac{L}{R} \tag{1}$$

式中：Δ——拼接板最大间隙(mm)；
B——拼接板单侧宽度(mm)；
L——纵梁节段长度(m)；
R——纵梁理论曲线半径(m)。

根据《钢结构高强度螺栓连接技术规程》(JGJ 82—2011)表6.4.3要求，当间隙小于1mm，连接无须特殊处理；当间隙在1~3mm之间，需将一端做1:10缓坡处理，使间隙小于1mm；当间隙大于3mm，则需增加垫板。

通常腹板单侧设置2~3排螺栓，间距90~100mm，按拼接板单侧宽度按300mm计。表5给出按式(1)得到的不同梁长在最小曲线半径下拼接板的安装间隙值。

不同梁长在最小曲线半径下拼接板的安装间隙一览表　　　表5

编号	标准梁段长度L(m)	梁长对应的最小曲线半径R(m)	拼接板单侧宽度B(mm)	安装间隙Δ(mm)
1	8.0	800	300	3.0
2	8.5	900	300	2.8
3	9.0	1000	300	2.7
4	9.5	1150	300	2.5
5	10.0	1250	300	2.4
6	10.5	1350	300	2.3
7	11.0	1500	300	2.2
8	11.5	1650	300	2.1
9	12.0	1800	300	2.0
10	12.5	1950	300	1.9
11	13.0	2100	300	1.9
12	13.5	2250	300	1.8
13	14.0	2450	300	1.7
14	14.5	2600	300	1.7
15	15.0	2800	300	1.6

续上表

编号	标准梁段长度 L(m)	梁长对应的最小曲线半径 R(m)	拼接板单侧宽度 B(mm)	安装间隙 Δ(mm)
16	8.0	2400	300	1.0
17	10.0	3000	300	1.0
18	12.0	3600	300	1.0
19	15.0	4500	300	1.0

由表5可知,对于采用腹板拼接连接、标准梁段长取10~13.5m的桥梁来说,曲线半径大于3000m,接头可无须进行特殊处理;当曲线半径为1200~3000m时,采用拼接连接时,腹板板端需采用变坡处理;当桥梁曲线半径小于800m时,以直代曲梁段长度过小,或梁段折角导致拼接板安装间隙过大,已不适合采用拼接板连接,应采用曲线梁制作或者采用焊接连接。

4. 超高适应性标准化研究

对于曲线超高段的钢梁设计,在支座及梁段接缝位置按照实际横坡值定位纵梁相对关系。桥跨间顶板超高渐变可通过以下两种方案实现。

方案一:钢梁节段内上翼缘按定横坡制造,则通过节段间连接过渡实现顶面横坡变化。实际为便于施工,选择纵梁梁段中点处对应里程的超高横坡作为整个梁段的制造横坡,如图7所示。

图7 通过钢梁上翼缘调整横坡示意图

当主纵梁标准节段长度的10m,在超高变化率0.4%/10m时,相邻主纵梁上翼板的外侧高差1.2mm,小于规范允许误差错边2mm。但若上翼缘采用拼接板连接,则翼板与拼接板间隙超过规范1mm的要求时,必须增设过渡斜坡,这将削弱板厚。因此,若桥梁位于超高段上,工字钢上翼缘尽可能采用焊接连接。

值得一提的是,上翼板与腹板存在横坡,仅靠机械校正难以达到,局部仍要通过火工校正控制翼板角度。

方案二:钢梁上翼缘按水平横坡制造,在钢梁上方设置橡胶垫条,通过调整垫条实现桥面板横坡变化。上翼缘水平设置时,可采用自动化生产线焊接,有利于自动化制造。另外也可避免方案一中提到的火工矫正上翼缘。部颁通用图采用此方案实现超高变化。通过橡胶垫条调整横坡如图8所示。

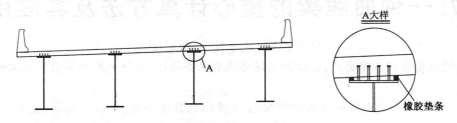

图8 通过橡胶垫条调整横坡示意图

综上所述,钢梁顶板水平布置通过调整橡胶垫条实现横坡超高变化更便于加工制造,也更适于结构误差控制。因此推荐采用此方案调整超高。

三、结　语

本文通过对不同梁宽主梁片数比选、不同跨径梁高比选、不同曲线半径梁段划分选择、超高段钢梁适

应方案以及钢梁连接方式的比选,给出不同桥梁设计条件下标准设计方案。主要结论如下:

(1)钢板组合梁的钢梁由纵横梁构件装配连接而成的梁格体系组成,其构件单元构造简单、标准化程度高,可通过增加构件数量、调整构件间距、控制连接处安装细节等方式,实现标准化设计和加工制造。

(2)综合考虑受力、用钢量、工效等影响,双向四车道钢混组合梁推荐采用四片工字钢断面,双向六车道和八车道钢混组合梁推荐采用六片工字钢断面。

(3)从40m、50m、60m跨各梁高板厚及工程量比选来看,梁高越高,翼缘板板厚越小,工程量越小;但随着梁高增加,腹板因稳定需要的板厚有所增加,或需通过增设加劲肋提高腹板稳定性,因而腹板的工程量占比越高。对于整孔预制吊装、梁上运梁钢混组合梁,因组合梁需承受运梁荷载,腹板厚度不宜过薄,因此,尽可能选择高梁高以提高翼缘效率,降低翼缘板厚,以减少总体工程量。建议梁高范围 $L/20 \sim L/18$。

(4)考虑加工制造工效及运输条件限制,标准梁段长度可取8~15m;对于半径800m以上的曲线梁可采用以直代曲制作,曲率越小,梁段划分应越小;通常山区高速的最小曲线半径在1200~2200m之间,因此综合考虑运输条件、制造安装便利性和制造误差控制,标准梁段长度建议取10~13.5m。

(5)对于采用腹板拼接连接、标准梁段长取10~13.5m的桥梁来说,曲线半径大于3000m,接头可无须进行特殊处理;当曲线半径为1200~3000m时,采用拼接连接时,腹板板端需采用变坡处理;当桥梁曲线半径小于800m时,以直代曲梁段长度过小,或梁段折角导致拼接板安装间隙过大,已不适合采用拼接板连接,应采用曲线梁制作或者采用焊接连接。

(6)相较于顶板横坡设计,钢梁顶板水平布置通过调整橡胶垫条实现横坡超高变化更便于加工制造,也更适于结构误差控制。

参考文献

[1] 张通,李帅鹏,邓华,等.整体预制Ⅱ形钢板组合连续梁桥参数优化分析[J].公路,2023(9):129-135.
[2] 石雪飞,马海英,刘琛.双工字钢组合梁桥钢梁设计参数敏感性分析与优化[J].同济大学学报(自然科学版),2018,46(4):444-451.
[3] 刘新华,周勇,师少辉,等.山区公路装配化钢-混组合梁桥设计及关键技术研究[J].世界桥梁,2023,51(6):15-21.
[4] 夏飞龙,田帅帅,李辉,等.双主梁钢板组合梁通用图开发研究[J].交通科技与管理,2023,4(24):52-56.

47. 一种曲线梁的重心计算方法及其应用

胡勇勇[1,2]　张凌晨[3]　邵志超[1,2]

(1.江西省交通投资集团有限公司;2.江西交通咨询有限公司;3.中铁大桥局集团第六工程有限公司)

摘要　本文结合国内高速公路首例60m跨径的钢混叠合梁,提出了简单、直观、适用于工程现场且具有一定精确性的曲线梁重心计算方法。该方法运用了叠加原理,将非对称截面直线梁的重心偏移量与对称截面曲线梁的重心偏移量叠加,得出了实例中非对称截面曲线钢梁的重心总体偏移量。实例分析和应用结果表明,所提方法不仅能够较精确地确定实例组合梁的重心,高效地指导钢梁架设前的运输过程,同时为曲线梁桥施工中大跨径梁段运输的安全控制方法研究提供参考。

关键词　曲线梁　重心　偏移量　叠加原理　钢混叠合梁

一、引 言

随着社会的发展,桥梁建设技术水平不断提高。其中,简支梁桥、连续梁桥凭借其经济性、便捷性和安全性成为目前公路和铁路建设中应用较广泛的桥型。为了满足实际需要,常常会出现位于路线平曲线、纵曲线,甚至平、纵曲线重合处的桥梁。实际上,梁段沿曲线的分布会引起梁体重心的偏移。在工程实践中,不乏运梁车侧翻的事故;其中,部分事故的发生是通过梁段重心的纵轴线与通过运梁车重心的纵轴线距离过大引起的。因此,在曲线梁的运输过程中,需要考虑重心的偏移量,将梁段合理地放置在运梁车上,以防止运输过程中出现的严重倾斜或侧翻。

目前,已有学者对曲线梁桥的预应力钢筋重心进行了研究。孙广华[1]针对预加应力非常数条件下曲线梁,给出了一种可计算梁体预应力钢筋重心线的计算方法。张天佑[2]为了更合理地进行曲线梁设计,深入研究了曲线梁抗扭支承和支座偏移设置对曲线梁桥受力的影响,从力学角度确定设计思路,获得满足平衡条件的支座偏移量。

然而,现行的重心确定方法主要通过称重试验确定结构物的实际重心位置[3-12]。关于曲线梁重心偏移量的计算,尚未提出明确、直观、易行且准确的方法。鉴于此,研究工作拟从重心的物理意义出发,并结合工程实例,基于数学分析原理,建立简单、实用且具有一定精度的曲线梁重心计算模型,从而为桥梁工程中曲线梁的运输提供安全、有效的梁段安置方法。

二、工程概况

本工程为德州至上饶高速公路赣皖界至婺源段新建工程A2标段(简称"祁婺高速A2标")。祁婺高速A2标起止里程为K9+860~K26+000,全长16.14km,线路经过沱川乡、清华镇、思口镇。主要工程包括主线桥梁11座,互通、连接线桥梁6座,共计17座,主线桥梁总长度7037m,隧道2座,总长度1180m;涵洞31道;路基7923m。其中桥梁全长左幅6940m、右幅7040m,占整个标段长度的43.37%;隧道2座,全长左幅1180.3m、右幅1186m,占整个标段长度的7.34%;主线路基共计11段,路基全长左幅8019.7m、右幅全长7914m,占整个标段长度的49.29%。

祁婺高速A2标新亭特大桥、十亩特大桥和花园大桥都采用了60m跨钢混组合梁。钢混组合梁为预拼场组拼单"Π"结构,并现浇桥面板后整体架设,最大重量达360t。目前,国内尚属首次架设如此跨径及重量的钢梁,且大部分钢梁位于曲线上,需要研发相应的运输及架设设备,拼装、运输、架设技术难度大,施工安全风险高。因此,本文针对曲线钢梁的重心计算问题进行相关研究,并建立合适的计算模型计算其重心偏移量,以合理设置钢梁与运梁车支座的相对位置,从而为钢梁的运输提供安全保证。

由于本标段60m跨钢混组合梁的组拼架设首先从花园大桥开始,所以本文以花园大桥为例进行计算分析。花园大桥起止里程为K15+025.5~K15+604.5。桥梁中心桩号为K15+315,孔径布置为30m+3×60m+3×60m+3×60m,跨径总长为570m,桥梁全长579m,桥梁右偏角90°正交,墩台径向布置。如图1所示,花园大桥为双幅桥,桥面全宽12.75m,净宽11.75m。上部结构采用钢混组合梁;下部结构桥墩采用柱式墩,桩基础;桥台采用柱式台,桩基础。

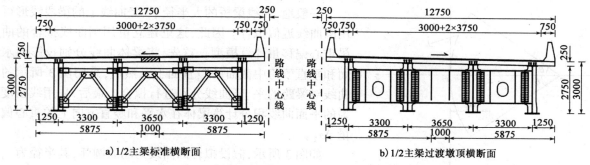

图1 花园大桥60m跨组合梁主梁标准横断面(尺寸单位:mm)

三、计算模型

一般的曲线桥梁设计,沿纵桥向是关于跨中截面对称布置的。因此,常规情况下可认为曲线梁整体的重心在通过跨中截面的竖直平面上。

基于上述分析,曲线梁重心的计算分可为4个步骤:

(1)在不考虑曲线梁整体沿平、纵曲线分布引起重心横、竖向偏移的条件下,确定其沿直线分布的重心坐标。

(2)在考虑梁整体沿平曲线分布引起重心横向偏移的条件下,计算其重心的横向偏移量。

(3)在考虑梁整体沿竖曲线分布引起重心竖向偏移的条件下,计算其重心的竖向偏移量。

(4)基于梁体沿直线分布的重心坐标,综合考虑梁体沿平、纵曲线分布引起的重心横、竖向偏移量,计算得到曲线梁的真实重心位置。

1. 直线梁的重心计算模型

一般地,简支梁桥的梁体各个组成部分沿纵桥向是均匀分布的。因此,可将梁跨的截面概化为如图2所示的重心计算模型。由于梁体各个组成部分沿纵桥向均匀分布,则可以假设梁体各部分的重量集中分布在跨中截面上,从而将直线梁的计算转化为平面薄板的重心计算问题。分别计算每一组成部分的重量和重心坐标,通过每一部分的重心坐标与重量,可计算出整体的重量和重心纵坐标。从而,可以得到直线梁的重心在跨中截面上的具体位置及相对跨中截面底边中垂线的水平偏移量 Δx_1。

如图2所示,假设梁体各个组成部分质地均匀且沿纵桥向连续,每一组成部的重量分别为 $G_i(i=1,2,3,\cdots,n-1,n)$;每一部分的重心坐标分别为 (x_i,z_i) $(i=1,2,3,\cdots,n-1,n)$;则梁段整体的重心坐标 $G_0(x_0,z_0)$ 可以按式(1)、式(2)计算。

$$x_0 = \frac{\sum G_i x_i}{\sum G_i} \quad (1)$$

$$z_0 = \frac{\sum G_i z_i}{\sum G_i} \quad (2)$$

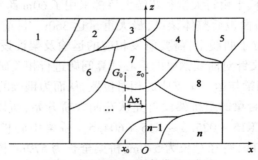

图2 直线梁的重心计算模型示意图

2. 曲线梁重心偏移量模型

一般地,曲线梁桥的大半径平、竖曲线上的梁段线形可以用圆曲线近似拟合。因此,这里建立可用圆曲线拟合的曲线梁重心偏移量计算模型。首先,将梁体曲线分别投影到水平面和垂直于跨中截面的竖直面上。然后,采用图3所示的圆曲线对梁跨的平、竖曲线分别进行拟合。最后,采用线密度均匀的平面曲线积分计算梁体在水平和竖直方向上的重心偏移量 Δx_2。

如图3所示,假设拟合圆曲线为均质圆弧,其半径为 r,中心角为 2θ,线密度为 μ。根据曲线积分方法,其重心按

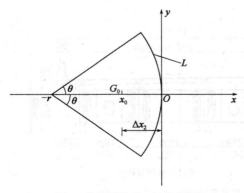

图3 均质圆弧 重心计算示意图

式(3)、式(4)计算。

$$M = \int_L \mu \mathrm{d}s = \mu \int_L \mathrm{d}s = 2\mu\theta r \tag{3}$$

$$x_0 = \frac{\int_L x\mu \mathrm{d}s}{M} - r = \frac{\mu r^2 \int_{-\theta}^{\theta} \cos t \mathrm{d}t}{M} - r \tag{4}$$

基于非对称截面直线梁的重心坐标，确定其重心的偏移量。然后，运用叠加原理，将非对称截面直线梁的重心偏移量与均质曲线梁的重心偏移量叠加进行计算，即可获得非对称截面的曲线梁重心偏移量，从而指导大跨径曲线梁段运输时的梁体安置措施。

四、实例计算

1. 计算模型

花园大桥位于平曲线上，其纵断面设计为直线。因此，可先根据钢梁截面特征计算相同截面的直线梁重心，获得截面特征引起的重心偏移量；然后考虑重量的平曲线分布引起的偏移量；二者叠加即可得到总体重心偏移程度。结合60m跨径钢混叠合梁的截面组成与重量分布的特征，建立如图4所示的单幅边跨截面重心计算截面。

根据等底、等高且底边重合的矩形与平行四边形二者重心点偏差具有单向性特征的几何原理，图4所示简化截面计算的重心坐标仅在竖直方向存在误差，水平方向不会产生误差；而花园大桥仅平面线形为曲线，故该截面可应用于花园大桥曲线钢梁的重心计算。

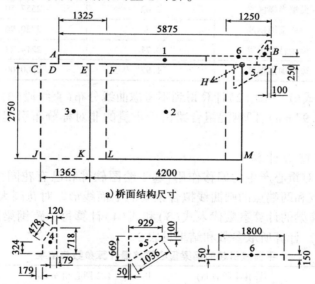

图4 跨径为60m的钢混叠合梁重心计算截面(尺寸单位：mm)

1-桥面板(ABCD)；2-钢梁体(WHKM)；3-梁端半幅横梁(EHKM)；4-护栏预埋钢筋；5-梁端悬臂挑梁；6-护栏侧边缘加强钢筋

根据前边的计算思路，对图4的计算模型进行如下假设：
(1)混凝土面板为均质体，沿梁体纵向均匀分布。
(2)主钢梁均匀分布在截面内，沿梁体纵向均匀分布。
(3)预埋护栏钢筋均匀分布在截面内，其沿梁体纵向均匀分布。
(4)边缘加强钢筋均匀分布在截面内，其重量沿梁体纵向均匀分布。
(5)梁端悬臂挑梁均匀分布在截面内，其重量沿梁体纵向均匀分布。
(6)梁端预装的半幅横梁均匀分布在截面内，沿梁体纵向均匀分布。

2. 不考虑曲线分布的重心计算

在不考虑曲线分布的条件下,建立如图5所示的跨中截面重心计算坐标系。取钢梁底边 KM 的中点 O 为坐标原点,竖直向上为 y 轴,水平向右为 x 轴。

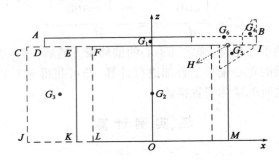

图5 不考虑曲线分布的钢混组合梁重心计算示意图

根据几何和解析方法确定各个组成部分的重心,换算出各部分重心在图5所示坐标系中的坐标,并列入表1中以便后续计算。

钢混叠合梁各组成部分的重量及重心坐标 表1

编号 i	部位	重量 G_i(t)	x_i(mm)	z_i(mm)
1	桥面板	236	-37.50	2875.00
2	钢梁体	124	0.00	1375.00
3	梁端半幅横梁	2.62	-2557.50	1375.00
4	护栏预埋钢筋	1.9	2720.96	3073.05
5	梁端悬臂挑梁	0.71	2214.23	2512.79
6	边缘加强钢筋	1.97	2000.00	2984.29

将表1中的数据代入式(1)和式(2)计算得到不考虑曲线分布(直线段)的60m跨径钢混叠合梁重心坐标为(-13.21mm,2357.97mm),即钢混组合梁由于重量的非对称分布引起的重心相对于 z 轴的水平偏移量为13.21mm。

3. 考虑曲线分布的重心计算

考虑梁体的曲线分布对重心产生的偏移作用,基于绘图软件和已有花园大桥60m跨钢梁的设计图纸,采用通过梁段曲线中点和两端点的圆曲线拟合钢梁的平面线形。对花园大桥60m桥跨,按路线前进方向依次编号,并将每一跨梁的计算参数代入式(3)和式(4)计算每一跨钢梁因平曲线引起的重心向曲线内侧产生的水平偏移量。计算所取参数和结果见表2。

平曲线引起的钢梁重心偏移量计算参数与结果 表2

梁跨	计算半径 r(m)	1/2 圆心角 θ(rad)	偏移量 x_0(mm)
1-2	4780.63468	0.006275317	-31.38
2-3	2657.53235	0.011288668	-56.44
3-4	1896.58041	0.015817943	-79.09
4-5	1800.00000	0.016666667	-83.33
5-6	1800.00000	0.016666667	-83.33
6-7	1800.00000	0.016666667	-83.33
7-8	1800.00000	0.016666667	-83.33
8-9	1950.52347	0.015380487	-76.90
9-10	2823.35950	0.010625639	-53.13

五、结果分析与应用

同一跨架设的四片梁因截面特征产生的重心水平偏移方向存在差异,因此在叠加分析时应分别考虑。由于花园大桥的钢梁架设顺序为顺路线方向,从左到右依次拼装、运输和架设,所以在这里约定顺桥向重心向左产生的偏移量为负值,向右产生的偏移量为正值,并且将各跨钢梁从左到右依次编号,以便于叠加得出每片钢梁的重心总体偏移量。

如图6a)所示,为便于分析和叠加两种条件下计算的重心偏移量结果,将组合梁截面特征引起的重心相对于跨中截面底边中点的水平偏移量记为Δx_1,平曲线特征引起的重心相对于跨中截面底边中点的水平偏移量记为Δx_2,钢梁重心相对于跨中截面底边中点的总体水平偏移量记为Δx。

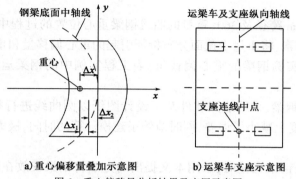

a) 重心偏移量叠加示意图　　b) 运梁车支座示意图

图6　重心偏移量分析结果及应用示意图

根据图6a)所示的叠加方式,将重心的截面特征偏移量Δx_1和曲线特征偏移量Δx_2叠加,得到重心总体偏移量Δx(表3)。基于此,确定每一片钢梁的重心位置,钢梁运输时只需将钢梁重心安放在如图6b)所示的支座纵向中轴线上,即可避免钢梁运输过程中因重心到支座纵向中轴线的水平距离过大引起的侧翻事故。

花园大桥60m跨径组合梁的重心偏移量　　　表3

梁号	Δx_1(mm)	Δx_2(mm)	Δx(mm)	梁号	Δx_1(mm)	Δx_2(mm)	Δx(mm)
1-2-1	13.21	-31.38	-18.17	5-6-3	13.21	-83.33	-70.12
1-2-2	-13.21	-31.38	-44.59	5-6-4	-13.21	-83.33	-96.54
1-2-3	13.21	-31.38	-18.17	6-7-1	13.21	-83.33	-70.12
1-2-4	-13.21	-31.38	-44.59	6-7-2	-13.21	-83.33	-96.54
2-3-1	13.21	-56.44	-43.23	6-7-3	13.21	-83.33	-70.12
2-3-2	-13.21	-56.44	-69.65	6-7-4	-13.21	-83.33	-96.54
2-3-3	13.21	-56.44	-43.23	7-8-1	13.21	-83.33	-70.12
2-3-4	-13.21	-56.44	-69.65	7-8-2	-13.21	-83.33	-96.54
3-4-1	13.21	-79.09	-65.88	7-8-3	13.21	-83.33	-70.12
3-4-2	-13.21	-79.09	-92.30	7-8-4	-13.21	-83.33	-96.54
3-4-3	13.21	-79.09	-65.88	8-9-1	13.21	-76.90	-63.69
3-4-4	-13.21	-79.09	-92.30	8-9-2	-13.21	-76.90	-90.11
4-5-1	13.21	-83.33	-70.12	8-9-3	13.21	-76.90	-63.69
4-5-2	-13.21	-83.33	-96.54	8-9-4	-13.21	-76.90	-90.11
4-5-3	13.21	-83.33	-70.12	9-10-1	13.21	-53.13	-39.92
4-5-4	-13.21	-83.33	-96.54	9-10-2	-13.21	-53.13	-66.34
5-6-1	13.21	-83.33	-70.12	9-10-3	13.21	-53.13	-39.92
5-6-2	-13.21	-83.33	-96.54	9-10-4	-13.21	-53.13	-66.34

注:顺路线方向,左偏为"-",右偏为"+"。

六、结 语

本文从重心的物理意义出发，提出了一种计算曲线组合梁重心的方法，并将此法应用于截面重量非对称分布且平面线形为曲线的钢板混凝土组合梁重心计算。经实例检验得出以下结论：

（1）直线梁重心计算模型，充分运用了重心的物理意义，综合考虑了结构重量的空间分布特征，可以较准确地计算纵向均匀的组合截面梁重心位置，为工程施工中大型直线结构物重心的确定提供了一种较为实用的参考方法。

（2）曲线梁的重心偏移量模型，基于数学原理，严密地推导了重量沿圆弧均匀分布的曲线梁重心向曲线内侧产生的偏移量，为工程施工中的圆曲线或可用圆曲线拟合的结构物重心确定提供了一种可供参考的思路。

（3）在计算国内首例60m跨径及360t重量的曲线钢梁重心位置的过程中，运用了叠加原理的思想，分别考虑重心位置的影响因素，将重量沿截面分布特征引起的重心偏移量和重量沿曲线分布特征产生的重心偏移量叠加，从而获得实例钢梁的重心偏移量，为工程实例中的钢梁运输提供了理论依据和安全保障。

（4）针对缓和曲线段的钢梁，采用绘图软件基于设计图纸以圆曲线进行拟合，相比建立缓和曲线二次近似方程的方法，最大程度上减小了误差，同时节约了建模计算的时间，极大地提高了编制施工专项方案的效率。

（5）花园大桥60m跨径钢梁运输时，采用本文提出的方法将钢梁安放在运梁车支座上，安放、静置、观测和运输过程中钢梁未出现明显的侧倾迹象，说明所提方法的计算结果是较为精确的，可以满足施工的需要，也为同类工程提供了一种可以借鉴的新方法。

（6）提出重心计算方法的同时，也发现了目前工程上存在的一个问题：缓和曲线无法写出显示直角坐标方程；故难以对其进行直接运算，常用的方法是以二次或高次曲线拟合。因此，这方面存在广阔的研究空间。

参考文献

[1] 孙广华.曲线梁桥预应力钢筋合力重心线计算方法[J].东南大学学报,1991(2):96-102.
[2] 张天佑.预应力混凝土连续曲线箱梁桥设计关键技术研究[D].重庆:重庆交通大学,2008.
[3] 姜新华,王景全,孙辉,等.大跨径曲线T构桥无合拢段转体施工空间形态控制方法:108411792A[P].2018-08-17.
[4] 李淑民,杨公升,周学仲,等.大型钢结构在非滑道建造称重过程中地基沉降的分析[J].港工技术,2011,48(1):39-40,47.
[5] 施教芳.一种确定称重料斗受力传感器安装位置的几何作图法[J].江苏电器,2004(3):36-38.
[6] 黄振国.回转俯仰式散料输送设备称重和重心位置求解[J].港口装卸,2016(4):9-12.
[7] 高剑,薛念亮,龚慧.关于称重试验重心纵向坐标计算方法的分析[J].科技创新与应用,2014(9):34.
[8] 李长新,秦晓哲,郝春梅,等.一种轨道客车重心确定方法:104330213A[P].2015-02-04.
[9] 何世伟,张志坚.解析吊挂称重飞机确定重心位置的方法与复合式称重装置:106507918B[P].2014-08-06.
[10] 何永正,张忆凡,丁大磊,等.一种平面重心位置检测系统及称重设备:212748166U[P].2021-03-19.
[11] 贾恒信,李明波,吕江涛.基于力矩平衡原理的物体重量重心测量系统的研究及应用[J].衡器,2012,41(8):5-9.
[12] 唐勇超,梁延德.翻转法测量工件重心技术研究[J].机械研究与应用,2012,25(2):44-46.

48. 苍容浔江大桥施工阶段猫道抗风缆设计及静风稳定验算

崔巍[1,3] 赵林[1,2,3]

(1. 同济大学土木工程防灾减灾全国重点实验室;2. 广西大学土木建筑工程学院;
3. 同济大学桥梁结构抗风技术交通运输行业实验室)

摘 要 猫道是悬索桥主缆架设过程中的重要临时承重结构,其刚度小、质量小,对风荷载的反应非常敏感,有必要开展抗风相关研究。首先,基于节段模型三分力系数测力试验结果,开展了对苍容浔江大桥猫道的三维非线性静风稳定分析;随后对比了有无抗风缆条件下猫道的静风稳定性能。结果表明,抗风缆能够显著抑制猫道全跨的竖向和侧向位移,在高风速下能够显著抑制猫道最大扭转变形,低风速下对猫道最大扭转变形抑制不显著;受到抗风缆空间不对称性的影响,抗风缆引起了侧向变形和扭转变形沿跨向的非对称分布,最大侧向变形和扭转变形出现于抗风缆和猫道夹角较小的薄弱侧。

关键词 施工阶段 猫道 静风稳定 抗风缆

一、引 言

迄今为止,在千米以上的大跨径桥梁中,悬索桥是首选的缆索承重体系桥梁,悬索桥上部结构施工过程中的关键技术是主缆架设,猫道是悬索桥主缆架设过程中不可或缺的重要临时结构,其主要作为施工平台和主缆钢丝绳的临时存放位置。猫道一般由承重绳、钢横梁、防滑木条、横通道和位于侧面和底面的面层网组成,其中承重绳是猫道的主要受力构件,一般由钢丝绳制成,用于承受施工人员体重、主缆架设设备以及承受平行钢丝索股拖拽时的重量,猫道其他部件则主要为施工人员的安全和舒适性设计,可以认为猫道是一座不具有主缆重力刚度的悬索桥[1]。作为典型的索桁结构,其刚度小、质量小,在自然风的作用下容易发生大位移和大振动,对风荷载的反应非常敏感,猫道的抗风安全性及适用性已经成为悬索桥抗风设计研究中的重要问题。

抗风缆是常用的猫道抗风措施之一,通过设置抗风缆和猫道承重绳的临时连接,可有效提高猫道结构的抗风稳定性能。毛鸿银[2]以虎门大桥为背景,在国内首次对猫道结构进行抗风研究,发现在虎门大桥猫道全模型风洞试验过程中,设置抗风缆可将静力扭转发散临界风速提高60%左右。韦世著、廖海黎等[3]开展了对润扬大桥抗风减振性能研究,结合节段模型测力试验结果开展了非线性静力分析,发现合理布置的抗风缆系统可显著改善猫道的抗风性能。

随着大跨径桥梁建设的兴起,许多悬索桥猫道设计倾向于采用无抗风缆方案,无抗风缆方案不仅有利于降低猫道设计成本,也对缩短施工期、确保通航有所益处,著名的明石海峡大桥就采用了无抗风缆方案。然而,无抗风缆设计对于猫道的抗风安全性提出了更严峻的挑战,由于猫道本身所承受的三分力特点,扭转刚度较低的猫道结构容易产生静力扭转发散现象[4],在难以通过抗风性能检验时,添加抗风缆并开展对应静风稳定性计算仍有其必要性。

二、桥位基本概况及抗风缆设计

1. 桥位概况和猫道构形

苍容浔江大桥是一座跨径组合为520m+520m的三塔双跨悬索桥,位于梧州市苍梧县与藤县交界处,距离珠江出海口约420km,下游有20多座跨江桥梁。该桥是苍梧至容县高速公路的控制性工程。苍容浔江大桥计划于2025年建成通车,将推动西江沿线资源的开发与利用,助力珠江—西江经济带发展。

在大桥施工期间,工人将在两幅平行于主缆的猫道及连接天桥上进行施工作业。施工猫道的线形与主缆中心线平行,每幅猫道由猫道承重绳、门架承重绳、扶手绳、面层网、门架和锚固系统组成。猫道的面层网由两层钢丝网和防滑木条组成,猫道两侧扶手绳到猫道底部之间布置了铁丝网。猫道的面层布置图和局部构造如图1所示。猫道的主要受力构件包含底部12根直径为26mm的猫道承重索(此处直径事实上指公称直径,以后本文中如无特殊说明,直径均指公称直径)以及4根直径为36mm门架承重索;门架每隔50m设置一组,共有9幅门架,空间门架将猫道承重索和门架承重索耦联在一起形成整体受力结构,共同承受自重和风荷载作用。

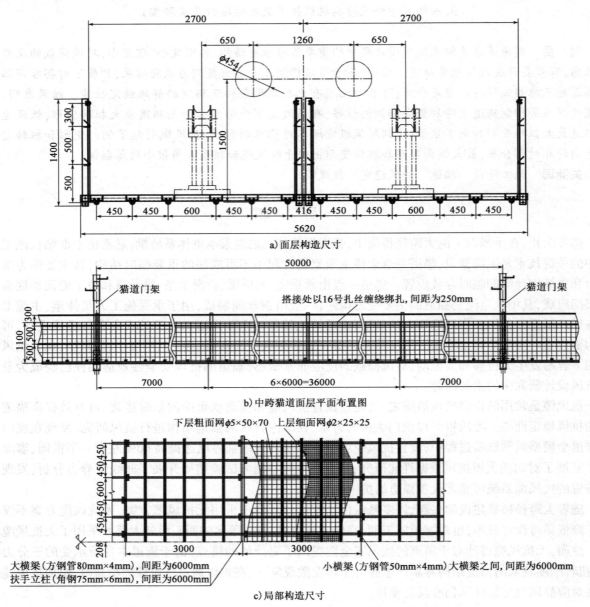

图1 猫道面层布置图与局部构造图(尺寸单位:mm)

2. 抗风缆设置

基于《公路桥梁抗风设计规范》(JTG/T 3360-01—2018)的相关规定[5],苍容浔江大桥桥位静风稳定性检验风速$U_{td}=47.2$m/s,采用ANSYS有限元分析软件对猫道结构的静风稳定性进行分析计算。建立猫道结构有限元模型时,采用空间杆单元(Link10)模拟猫道承重索、扶手索和门架承重索;空间梁单元模拟大、小横梁(Beam4)和门架(Beam188)。悬索桥主缆施工期,桥塔受到的荷载相对于成桥状态要小得多,桥塔可认为是刚性的,故建立猫道模型时可以不建桥塔模型,仅在猫道承重索和桥塔的连接位置处设置固接约束。关于三分力系数的获取以及具体计算结果将在后文讨论。

初步计算结果显示,猫道在风荷载作用下的侧向位移和扭转位移均较大,有必要添加抗风缆以抑制过大的静风变形。依照ANSYS有限元分析软件中的正坐标[图2a)从左到右],不妨分别将门架编号定义为1~9号,在1号、3号、7号和9号门架左右两边分别布置2根抗风缆;为减轻抗风缆自重,外侧的1号和9号门架处抗风缆直径为28mm,3号和7号门架处抗风缆直径为36mm。1号和3号门架抗风缆直接锚固在地面上,其和桥轴线及地面夹角均为45°;受到现场施工条件的限制,右侧桥塔位于水中,7号和9号门架的抗风缆无法直接锚固到地面上,因此只能够锚固在桥塔中间位置的临时施工平台外侧(施工平台外侧相对于猫道中心线距离为14.3m),其角度和长度受到明显限制。基于ANSYS有限元软件,抗风缆采用空间杆单元(Link10)模拟,最终结构形式如图2所示。

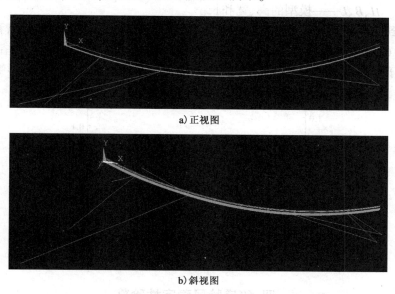

a) 正视图

b) 斜视图

图2 添加抗风缆后的有限元模型

三、三分力系数测力试验

静力三分力试验的试验模型的长度与宽度比应不小于2.0,同时考虑尽量减小端部效应、模型的加工方便及风洞尺寸等因素,本试验的猫道节段模型采用1:10的几何缩尺比,模型长$L=1.20$m,宽$B=0.56$m,高$H=0.14$m。猫道节段模型如图3所示。试验在同济大学TJ-1大气边界层建筑风洞完成,TJ-1大气边界层建筑风洞是一座直流开口式低速风洞,建于1989年,并于2000年再次完善。由一台功率为90kW的电动机驱动,风速的调节和控制采用计算机终端集中控制的可控硅直流调速系统,风洞试验风速范围为0.5~30m/s连续可调,在试验段的下游端安装了一个由电脑控制的自动转盘系统,用于调整来流相对模型的风攻角。

按照风轴坐标系,作用于猫道断面上的静力三分力可以定义为:

$$C_D(\alpha) = \frac{F_D(\alpha)}{\frac{1}{2}\rho U^2 HL} \quad (1)$$

图3 猫道节段模型

$$C_L(\alpha) = \frac{F_L(\alpha)}{\frac{1}{2}\rho U^2 BL} \tag{2}$$

$$C_M(\alpha) = \frac{M_z(\alpha)}{\frac{1}{2}\rho U^2 B^2 L} \tag{3}$$

式中：$C_D(\alpha)$、$C_L(\alpha)$、$C_M(\alpha)$——阻力系数、升力系数和扭矩系数；
　　　$F_D(\alpha)$、$F_L(\alpha)$、$M_z(\alpha)$——测量到的阻力、升力和扭矩；
　　　α——风攻角；
　　　ρ——空气密度；
　　　U——来流风速；
　　　H、B、L——模型的高、宽和长。

经风洞试验得到的风轴系的三分力系数的平均值如图4所示。从试验数据可以看出，猫道在体轴系下的风阻系数，在 $-6°\sim +6°$ 范围内，集中在 $0.8\sim 1.0$ 之间，显著小于一般的梁体结构和不透风的槽形结构。升力系数小于0.1，力矩系数小于0.02，均不会对结构的风荷载带来实质性影响。

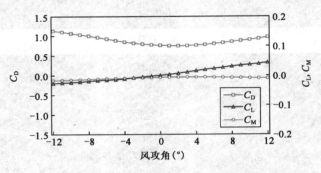

图4　风轴系下的静力三分力系数

四、猫道静风稳定性验算

1. 三维静风稳定计算方法

猫道结构轻柔，受强风作用时，会产生较大的侧向和扭转变位。该变位使得结构刚度发生变化，也使得结构相对于来流的实际风攻角发生变化，风载也随之改变。早期静风稳定分析的方法以二维节段模型的线性分析为主，将扭矩增长速度大于线性抗扭刚度时作为判断静风失稳的原则，现在成熟的方法则是考虑非线性的全过程分析方法。计算中主要考虑了几何非线性和风荷载的非线性。一般来说采用内外双重迭代的方法进行求解。不妨设初始风速为 U_0，计算每个单元该风速初始风攻角下的静风荷载，基于有限元软件求解后可获取每个单元上的平均扭转位移，基于该平均扭转位移下的有效风攻角可更新各单元的静风荷载并重新开展位移求解，可利用欧几里得范数来判断结果是否收敛：

$$\frac{\sum_N [C_{M,k}(\alpha_i) - C_{M,k}(\alpha_{i-1})]^2}{\sum_N [C_{M,k}(\alpha_{i-1})]^2} \leq \varepsilon \tag{4}$$

式中：　　　ε——规定的欧几里得范数容许值，一般可以取为 5×10^{-4}；
　　　$C_{M,k}(\alpha_{i-1})$、$C_{M,k}(\alpha_i)$——上一步骤和当前步骤下第 k 个节点下的扭矩系数。

上述迭代求解步骤在欧几里得范数小于容许值后停止，在当前风速 U_0 下结果收敛后风速值可增加一个风速步长至下一个风速进行计算，直至发现在某个风速下出现位移迅速增大的情况为止。

2. 三维静风稳定计算方法

为了展示非线性分析计算结果,可按照一定跨距沿整个跨长均匀地选择几个典型位置描述猫道的位移随风速变化的关系。以0°初始攻角为例,添加抗风缆前后猫道沿跨向位置的位移值如图5所示。对比图5中灰色曲线(未添加抗风缆)和黑色曲线(添加抗风缆),可发现抗风缆显著降低了全跨各位置处的竖向变形和侧向变形;抗风缆亦引起了侧向位移值的重分布,原始结构的侧向位移主要为沿跨中对称分布,抗风缆使得5/8跨和3/4跨侧向位移略大于跨中,成为新的最不利位置;竖弯位移的分布未受到抗风缆的明显影响,最大位移仍然出现在跨中位置。从图6a)、图6b)可见,添加抗风缆后猫道全跨的竖弯位移和侧弯位移均有明显下降,图6b)中的突变表明全跨最大竖弯位移由负值转为正值。

抗风缆对于扭转变形的影响更加复杂,对于原始结构变形最大的跨中位置,抗风缆可显著抑制该位置处的扭转,取而代之的是两侧的扭转变形均有明显上升(1/8跨、5/8跨、3/4跨、7/8跨),尤其是对于1/8跨和7/8跨,抗风缆甚至会使得该位置的扭转变形大于原始结构,这意味着抗风缆事实上恶化了该位置处的抗风性能。最不利扭转位移发生在3/4跨,该现象可归结于两侧抗风缆的角度差异。由图2可知,右侧抗风缆角度明显偏小,难以起到对扭转变形的抑制作用,主要抑制效果由大角度的左侧抗风缆提供,总体上扭转位移以3/8跨为最低点向两侧增加。如图6c)所示,在低风速时全跨最大扭转变形要大于原始结构,随着风速的增加抗风缆开始起到抑制作用,考虑到抗风缆不利于扭转变形的情况主要出现于低风速下较安全的猫道边侧,总体上可认为该抗风缆布置方案有利于扭转变形的控制。

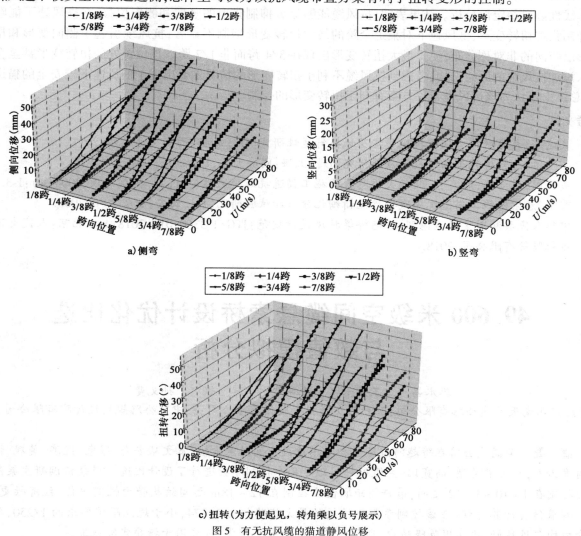

a) 侧弯

b) 竖弯

c) 扭转(为方便起见,转角乘以负号展示)

图5 有无抗风缆的猫道静风位移

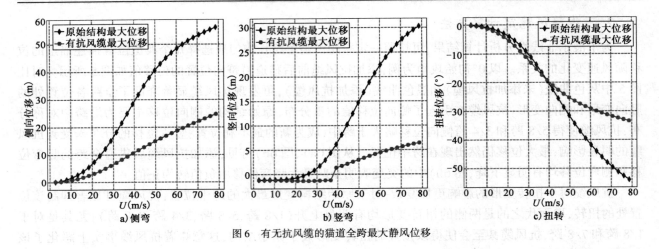

图6 有无抗风缆的猫道全跨最大静风位移

五、结 语

本文主要讨论了苍容浔江大桥施工阶段猫道在添加抗风缆后静风稳定性能的变化。受工程现场条件的限制，抗风缆采用了非对称性布置方案，一侧的抗风缆角度和长度受到明显限制，成为静风稳定分析中的薄弱位置。基于物理风洞节段模型测力试验，获取了不同攻角下的三分力系数，随后开展了三维猫道非线性静风稳定性分析。结果表明，抗风缆能够显著抑制猫道的竖向和侧向位移，在高风速下能够显著抑制猫道扭转变形，低风速下对猫道全跨的最大扭转变形抑制不显著；抗风缆引起了侧向变形和扭转变形沿跨向的非对称分布，使得最大扭转变形出现在3/4跨而非1/2跨。该位置处的扭转变形甚至会大于未添加抗风缆的原始结构，考虑到抗风缆不利于扭转变形的情况主要出现于低风速下较安全的猫道边侧，总体上可认为该抗风缆布置方案有利于扭转变形的控制。

参考文献

[1] 裴建家. 大跨度施工猫道抗风稳定及风振舒适性研究[D]. 成都：西南交通大学，2017.
[2] 毛鸿银. 悬索桥施工猫道抗风性能研究[D]. 上海：同济大学，1996.
[3] 韦世国，廖海黎，赵有明. 润扬大桥悬索桥施工猫道抗风稳定性分析[J]. 桥梁建设，2004(4)：1-3.
[4] 贾宁. 悬索桥施工猫道抗风减振性能精细化分析和试验研究[D]. 西安：长安大学，2008.
[5] 中华人民共和国交通运输部. 公路桥梁抗风设计规范：JTG/T 3360-01—2018[S]. 北京：人民交通出版社股份有限公司，2018.

49. 600 米级空间缆悬索桥设计优化比选与数值模拟分析

黎水昌[1,2] 王蔚丞[1,2] 黄香健[1,2] 黎娅[1,2] 孙义斐[3]

(1. 广西南天高速公路有限公司；2. 广西交通投资集团有限公司；3. 中交公路规划设计院有限公司)

摘 要 某高速公路在跨越河流地区拟考虑建设空间缆悬索桥，本文从安全、绿色、经济、美观、协调的角度出发，对主梁类型、高宽比、主缆吊杆间距等几个控制参数进行了设计比选。经分析调研主梁高宽比应控制在1∶10～1∶12之间，吊杆间距取值应控制在12～18m之间结构受力性能更优，经济性更好。通过有限仿真计算得到：在该控制参数下桥梁的最大挠跨仅为1/274，小于规范限值要求的1/250，各截面受力均匀性良好，均在规范限值内，通过优化后结构安全可靠，可应用于指导实际施工。

关键词 桥梁工程 空间缆 悬索桥 设计优化 有限元分析

一、引 言

悬索桥由于其形态优美、结构轻盈、跨越山川海峡能力强在城市道路和山区公路领域中具有较强的竞争优势[1-4]。随着悬索桥理论研究不断革新,材料、工艺、设备不断进步,桥梁在跨径提升上得到了质的飞跃,但桥梁的宽度增长相对来说是有限的,因此宽跨比有着不断减小的趋势[5]。宽跨比越小,桥梁的横向刚度和稳定性越差,桥梁的抗风、抗震性能也就越差。悬索桥的缆索布置形式通常有平面缆和空间缆两种。在相同竖向荷载作用下,空间缆相比平面缆具有更优的横向刚度和抗扭刚度[6-7],可以有效提高桥梁结构受力特性和承载能力,让悬索桥拥有更优的跨越能力和应用效果。空间缆体系为近年来在平面缆体系的基础上发展而来,结构形式较为新颖,技术难度更高,空间缆在体系转换时要保障吊索的倾角满足设计标准,防止主缆发生扭转[8],对索鞍、索夹等材料品质和安装定位准确性有较高的要求。但目前此类桥型标准化设计不够成熟,缺乏相关的规范依据和理论指导,一些设计者在结构的材料选用和参数选取上存在许多缺陷,在一定程度上限制了空间缆悬索桥的发展和应用。

某高速公路在跨越江河地区,拟考虑建设600~700m跨径的地锚式独柱塔空间缆悬索桥,该桥址地处广西丘陵至云贵高原的过渡带,场区属侵蚀—构造剥蚀地貌单元。为优化结构设计,提升桥梁品质,本文拟从工程经济性、结构耐久性、设计适用性等几个方面出发,对特大桥的设计参数比选和材料应用进行研究,并通过有限元仿真计算模型验算设计结构的可行性和规范性,为空间缆体系悬索桥的标准化设计提供参考依据。

二、工程概况

桥梁设计为双向四车道;设计速度为100km/h;荷载等级为公路—Ⅰ级;路基宽度为26m,桥面横坡为2%;结构设计基准期为100年。该区域为地震基本烈度Ⅵ度区,设计水位为230.8m(1/300),河段为规划Ⅲ级航道,最高通航水位为229.2m,桥墩布置需设置在河道管理范围外,因此桥梁在跨径布置选择上应为一跨过河。

据调查统计,目前国内外已建或在建的空间缆悬索桥的主跨跨径主要集中200~500m级之间,且锚固形式主要采用自锚式(表1)。通过勘察设计比选,本文推荐采用主跨648m的地锚式独柱塔空间缆悬索桥,因此本设计方案在跨径、结构形式上为最新突破,可进一步提升空间缆悬索桥的核心竞争力。该桥中跨主缆采用空间缆,边跨主缆采用平面缆,主缆跨径布置为173.5m+648m+254m,矢跨比为1/9,主缆在塔顶、锚碇处IP点横向间距均为3m。主梁跨径布置为50m+648m+50m,主梁在过渡墩处设置竖向支座和横向抗风支座,在索塔处设置横向抗风支座。主跨布置39对吊索,吊索纵向间距为16m。具体桥型布置如图1所示。

空间缆悬索桥建设情况统计表　　表1

序号	桥名	主跨(m)	跨径组合(m)	主塔个数	锚固形式	国家	建成年份
1	哈罗格兰德大桥	1145	250.94+1145+225.26	2	地锚式	挪威	2018年
2	苍容浔江大桥	520	55+2×520+55	3	地锚式	中国	在建
3	济南凤凰黄河大桥	428	168+428+428+168	3	自锚式	中国	2022年
4	美国新海湾大桥	385	385+180	1	自锚式	美国	2011年
5	灞河元朔大桥	300	166+300+166	2	自锚式	中国	2021年
6	韩国永宗大桥	300	125+300+125	2	自锚式	韩国	2000年
7	杭州江东大桥	260	83+260+83	2	自锚式	中国	2008年
8	猎德大桥	219	47+219+167+47	1	自锚式	中国	2009年

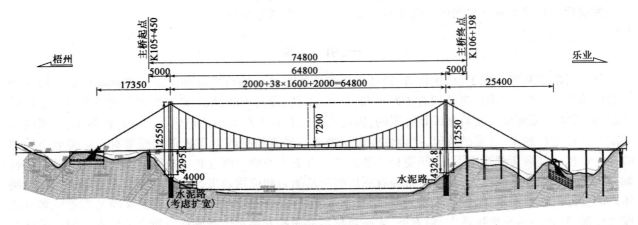

图1 设计桥梁立面布置示意图(尺寸单位:cm)

目前大跨径悬索桥的索股架设主要分为空中纺线法(AS法)[9]和预制平行钢丝索股法(PPWS法)[10]两大类。考虑到桥位场地具备航运条件，本项目推荐采用国内实施比较成熟的PPWS法进行架设施工。因该桥梁锚碇锚固空间受限，索股采用高强度大规格单元索股的钢丝(抗拉强度为1960MPa，单股为169丝)。

三、设计参数比选

1. 主梁比选

主梁方案比选是空间缆索承重桥梁设计和施工的关键参数，对结构的受力和施工工期有决定性的影响。经综合分析，本文给出了以下三种主梁构造设计方案。方案一：钢箱梁。该方案设计、施工经验成熟，断面抗风性能较好，施工连接速度快，工期短。方案二：组合梁。该方案设计、施工经验尚未成熟，未经过长时间实践考验，断面采用流线型，抗弯、抗扭刚度大，提高了桥梁抗风性能，但现场工作量较大，需要现浇梁段间湿接缝，工期较长。方案三：钢桁梁。该类梁设计、施工比选较为常规，断面通透、抗风性能好，但钢桁梁节段间连接杆件多且复杂，桥面板二次拼装或浇筑，工期长。

钢箱梁与组合梁均属于扁平结构，景观效果好，适用于平原微丘地区，后期养护工作量较小、经济性好。而钢桁梁的桁架高度大，景观效果稍差，主要适用于山岭地区或开阔海面，为便于维护桥面板与主桁分离，桁架杆件暴露在大气环境中，养护工作量大，钢桁梁本身及混凝土桥面板重量较大、且钢桁梁梁高较高，增加全线纵断，其他部分工程量相应增加，经济性较差。因此，本文结合主跨648m悬索桥自身特点，综合考虑结构技术难度及成熟度、抗风性能、施工难度及工期、耐久性、经济性与桥址环境协调性等方面，主梁推荐选择方案为钢箱梁。该钢箱梁的断面设计参数指标如图2所示。

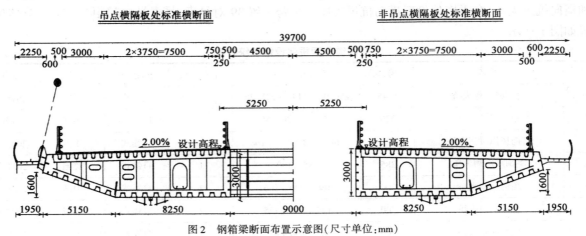

图2 钢箱梁断面布置示意图(尺寸单位:mm)

2. 梁高、吊点间距确定

主梁缆索承重桥梁加劲梁作为车道荷载的直接作用构件，在竖向荷载影响下，顺桥向受力呈现多跨连续梁受力特性,因此桥梁的吊点间距决定顺桥向受力状态。加劲梁横向受力呈现简支梁受力特性,因此桥梁的高宽比决定横桥向受力;表2为国内部分现已建成通车的整体钢箱梁悬索桥桥宽、梁高及吊点间距一览表。由表2可知:大跨径悬索桥主梁高宽比在1:10~1:12之间;吊点间距变化范围在12~18m之间,变化幅度较大。已知该悬索桥钢箱梁的横断面宽度确定为31.6m,根据现有的设计、施工经验,以及后期桥梁运维状况,确定设计桥梁的吊点间距为16m,选定梁高为3m,该桥的高宽比为1:10.53,该参数具有较好的适用性。

整体箱悬索桥梁高、桥宽、吊点间距一览表　　　　表2

序号	桥名	梁高(m)	桥宽(m)	吊点顺桥向间距(m)	高宽比
1	南沙大桥	4	44.7	12.8	1:11.18
2	虎门大桥	3	35.6	12.0	1:11.87
3	秀山大桥	3	30.0	18.0	1:10.00
4	西江悬索桥	3	31.98	15.0	1:10.66
5	黄埔大桥	3.5	38.6	12.8	1:11.03

3. 索塔及基础

悬索桥常用塔柱形式主要有H形、钻石形、双柱形、独柱形等几种。为满足通航条件和桥梁的使用性能,减小桥面宽度,减轻结构自重,根据地形及地质条件,特大桥索塔拟采用独柱型索塔形式,索塔材料采用C50混凝土,索塔塔顶高程为+377.000m,鞍罩高度6m,IP点高程为+380.000m,承台顶高程为+257.500m,塔高125.5m。索塔上塔柱高度为79.5m,采用正十六边形断面,断面外接圆直径8m,内腔设置圆形挖孔,直径3m,壁厚2.5m。下塔柱采用高度40m,采用变截面正式六边形断面,其中顶部外接圆直径8m,底部外接圆直径12m,内腔设置圆形挖孔,直径3m,壁厚2.5~4.4m。索塔基础采用群桩基础,设置矩形承台,承台尺寸为26.6m×12.6m,厚度为8m,单个承台下设置8根直径3.5m桩基,桩基横、纵向间距均为7m。图3为桥梁的索塔及基础一般构造布置示意图。

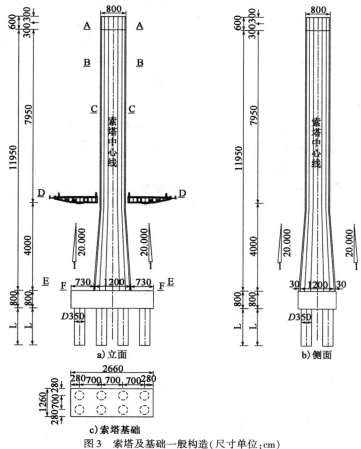

图3　索塔及基础一般构造(尺寸单位:cm)

4. 吊索方案设计

空间缆悬索桥在体系转换时应确保吊索定位准确,防止吊索发生偏位,降低结构体系转换时的施工风险。平行钢丝吊索和钢丝绳吊索是桥梁吊索设计和使用中应用范围最广的两类吊索。通过大量试验论证与工程实践调研可知,这两种吊索结构体系都各自存在一定的优劣性,其材料性能比较见表3。对于空间缆悬索桥,横向转角是一个不可忽视的问题,因此该设计桥梁考虑采用跨式钢丝绳+平行钢丝吊索组合创新技术,可实现在横桥及纵桥两个方向上的自适应大角度调整。索力转换过程,可调节索夹两侧钢丝绳长度,实现拉索在横桥向的自适应大角度转动。钢丝绳的弯曲刚性小,可通过索体自适应的微量摆动,避免在活载作用和风荷载作用下产生的加劲梁摆动引起的弯折。

表3　吊索方案比较

比较项目	平行钢丝绳	钢丝绳吊索
弹性模量	$E = 1.9 \times 10^5 \text{MPa} \sim 2.1 \times 10^5 \text{MPa}$	$E = 1.1 \times 10^5 \text{MPa} \sim 1.6 \times 10^5 \text{MPa}$
原材料	优质高碳钢线材,材料纯净度高	普通高碳钢线材
锚固形式	采用环氧铁砂加钢丝镦头或者锌铜合金热铸锚	锌铜合金热铸锚
抗疲劳性能	冷铸锚抗疲劳应力幅值达到300MPa,应力上限$0.45\sigma_b$、应力循环次数200万次不断丝。热铸锚抗疲劳应力幅值达到200MPa,应力上限$0.40\sigma_b$、应力循环次数200万次不断丝	热铸锚采用锌铜合金热铸锚,抗疲劳应力幅值达到150MPa,应力上限$0.35\sigma_b$、应力循环次数200万次不断丝
耐久性	防护HDPE护套在工厂连续挤出,拉索工厂实现全密封防腐,施工期间无水分进入索体。耐久性较好,整体寿命为20~30年	水分可进入索体,耐久性一般,整体寿命为15~20年
抗振性能	抗振性能较差,新建桥梁出现振动问题较突出,除了减振架还需增设昂贵的吊索阻尼器	由于自身结构相互缠绕的形式,天然的具有抗振消能的效果,抗振性能好
弯曲性能	防护HDPE护套刚度较大,适应横向转角能力较弱	弯曲半径最大可达吊索直径的7.5倍,适应横向转角能力较强
工程应用	明石海峡大桥、江阴长江公路大桥、润扬长江公路大桥、泰州大桥、南京栖霞山长江大桥、南沙大桥等	金门大桥、乔治·华盛顿大桥、汕头海湾大桥、珠江黄埔大桥、浙江舟山西堰门大桥、湖南湘西矮寨大桥、洞庭湖大桥、深中通道等

四、有限元模型

1. 模型建立

图4为采用midas Civil建立的大桥有限元仿真计算模型。全桥模型共划分为节点506个、单元486个,采用梁单元对独柱索塔及钢箱梁进行模拟,采用索单元对主缆及吊索进行模拟,其中梁单元共计322个,索单元共计164个,材料参数根据实际设计取值。主梁与支座间连接采用弹性支承,吊索与主梁间的锚固为主从约束,加劲梁约束情况为对过渡墩处的横桥向、竖向、扭转方向进行约束,对索塔处的横桥向进行约束,其余方向均为释放。

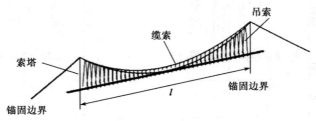

图4　设计桥梁midas Civil模型

2. 静力验算分析

由计算结果可知,在各组合荷载作用效应下,结构的整体刚度始终处于平衡状态。在活载作用下加劲梁的挠度幅值为2.362m,最大上挠值和最大下挠值分别为0.838m和-1.552m,挠跨比为1/274,小于规范要求的1/250,最小安全系数为1.096,满足设计要求。图5a)~c)为给出的部分主梁弯矩、应力包络图,由计算结果可知,加劲梁最大竖向弯矩为135463kN·m,最大横向弯矩为150830kN·m。钢箱梁最大拉应力为173MPa,最大压应力为-145MPa;连接箱最大拉应力为171MPa,最大压应力为-182MPa,应力均远小于规范限值270MPa,最小安全系数为1.48,满足规范要求。

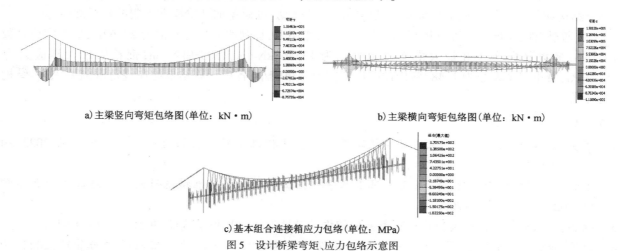

a) 主梁竖向弯矩包络图(单位: kN·m)

b) 主梁横向弯矩包络图(单位: kN·m)

c) 基本组合连接箱应力包络(单位: MPa)

图5 设计桥梁弯矩、应力包络示意图

3. 局部应力分析

为进一步分析设计桥梁各构件局部应力分布状况,图6给出了部分构件的等效应力云图;当主梁局部计算取吊索标准段取顺桥3个梁段(共计48m),横桥向为一半建立板单元模型;边界约束条件为:顺桥向截断处对称约束,横桥向截断处对称约束,吊点处仅约束竖向平动位移;荷载组合后为:自重+二期+三车道(3个55t重车,考虑铺装扩散作用和1.4的冲击系数,按面荷载施加)。从图6中可以看出,各构件等效应力较小满足规范要求。顶底板以外构件第一体系受力较小可从局部计算直接判断结构安全。顶底板需叠加第一体系受应力,叠加的应力点均为应力尖点,存在失真,实际受力更小。除了这些奇异点之外,结构受力均较小,因此结构安全可靠。

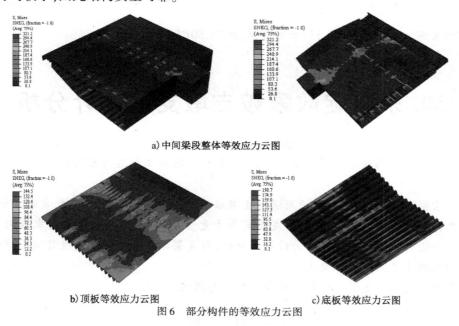

a) 中间梁段整体等效应力云图

b) 顶板等效应力云图

c) 底板等效应力云图

图6 部分构件的等效应力云图

五、结 语

(1) 大跨空间缆悬索桥采用钢箱梁作为主梁,截面抗弯、抗风能力强,施工周转速度快,耐久性高,景观效果好。通过对已建成的钢箱梁悬索桥分析可知,主梁高宽比在1∶10～1∶12之间,吊点间距变化范围在12～18m之间时桥梁具有较好的适用性,特大桥的设计高宽比为1∶10.53,吊点间距为16m。

(2)空间缆相对平面缆施工较为复杂,但其横向稳刚度与抗扭刚度更优,结构在体系转换时应保障吊杆与索夹定位准确,尤其是其横向转角问题。本文提出的跨式钢丝绳+平行钢丝吊索组合创新技术,可满足结构在体系转换过程中横桥向和纵桥向的角度转动,可避免加劲梁摆动引起的弯折破坏。

(3)通过有限元模型计算分析可知:在组合荷载作用下,加劲梁的挠度幅值为2.362m,最小安全系数为1.096;最大竖向弯矩和最大横向弯矩分别为135463kN·m、150830kN·m;钢箱梁最大压应力为-182MPa,最小安全系数为1.48,各构件的局部应力分布较小,各项计算结果均在规范限值要求内,结构安全可靠。

参考文献

[1] 肖鑫,郭辉,苏朋飞,等.千米级高速铁路悬索桥静力特性分析[J].铁道科学与工程学报,2023,20(9):3229-3241.
[2] 张新军,何智超,李博林,等.改善斜风下悬索桥施工期颤振稳定性措施研究[J].浙江工业大学学报,2023,51(2):160-170.
[3] 徐伟,李松林,胡文军.大跨度铁路悬索桥钢桁加劲梁设计[J].桥梁建设,2021,51(2):10-17.
[4] 蒋培,张轶晟,何鑫垒,等.悬索桥模型结构设计及其动力学分析[J].实验技术与管理,2022,39(10):178-184.
[5] 罗喜恒,肖汝诚,项海帆.空间缆索悬索桥的主缆线形分析[J].同济大学学报(自然科学版),2004,32(10):1349-1354.
[6] 张文明,常佳琦,田根民,等.不等主跨三塔空间缆索悬索桥主缆线形解析计算方法[J].桥梁建设,2022,52(1):109-115.
[7] 齐东春,沈锐利.悬索桥空间缆索主缆线形的计算方法[J].铁道建筑,2013(4):13-16.
[8] 齐东春,汪峰.空间缆索悬索桥体系转换方案研究[J].武汉理工大学学报,2014,36(7):91-95,113.
[9] 郭瑞,苗如松,陈龙,等.AS法架设主缆悬索桥索夹抗滑性能试验研究[J].桥梁建设,2022,52(3):77-83.
[10] 张妮.智利查考大桥桥塔施工[J].世界桥梁,2022,50(3):126-127.

50.东锚碇散索鞍支墩支架设计分析

贾利强[1]　马澜锦[2]　李莘哲[2]

(1.广西欣港交通投资有限公司;2.广西路桥工程集团有限公司)

摘　要　悬索桥锚碇施工中,通常使用满堂支架法进行散索鞍支墩施工。散索鞍支墩浇筑量大,且设计倾斜角度大,在完成与前锚室之间的合龙段前属于悬臂结构,对支架刚度的要求较为严格。本文采用有限元计算软件进行散索鞍支墩支架的设计及分析,对支架体系及散索鞍支墩混凝土结构的性能进行验证。结果表明临时支架满足施工要求。

关键词　散索鞍支墩　支架　结构设计与分析　有限元

一、引　言

重力式锚碇从功能上可分为三大部分:锚块、锚室、散索鞍支墩。其中散索鞍支墩主要承受散索鞍传递的主缆压力,故散索鞍支墩多设计为倾斜结构,避免承受偏心荷载。采用支架法施工散索鞍支墩时,支架刚度为主要的控制对象,较高的支架刚度可以有效地减少散索鞍支墩在悬臂状态下的位移,避免散索鞍支墩底部的应力集中,从而造成混凝土开裂,对结构完整性产生不良影响。

二、工程概况

1. 依托工程概况

广西滨海公路龙门大桥是广西最大跨径桥梁,处于广西壮族自治区南部的钦州市境内,与防城港市境内的广西滨海公路至钦州港区段龙门大桥西引道相接。该项目是规划广西滨海公路的重要控制性工程,也是自治区重点工程。路线起点位于钦州市龙门港镇西村淡水龙水库附近,接滨海公路龙门大桥西引道工程,跨越茅尾海,终点接益民街与扬帆大道交会处,通过城市路网连通滨海公路钦州港至犀牛脚段,包括3座大桥、1座立交,按双向六车道一级公路标准建设,起点桩号为 NK0 + 000.000,终点桩号为 NK7 + 637.28,总长 7.63728km。其中龙门大桥全长 6087m,主桥为单跨吊悬索桥,一跨过海,采用门式混凝土索塔,塔高 174m,主跨 1098m,钢箱梁桥面宽 38.6m(含风嘴)。

散索鞍支墩高 39.7m,倾角为 34.137°,东锚碇共设上下游两个散索鞍支墩,沿桥轴线对称(图1、图2)。散索鞍支墩为 11.0m(13.56)×6.0m 的梯形截面,前墙与左右侧墙处各有1个 $R = 49cm$ 圆倒角。支墩中部为间距 2.5m 的双钢圆筒混凝土填芯结构,钢圆筒高 24.5m,直径 3m,钢圆筒前后墙壁厚分别为 3.01m、2.09m。散索鞍支墩底板厚 3m,底板底面长 15.89m、宽 25.82m,顶面长 21.36m、宽 25.82m。散索鞍支墩分 10 层浇筑,层厚自下往上依次 3m + 2m + 6 × 4.5m + 2.32m + 3.69m = 38.01m。

图1 东锚碇三维模型

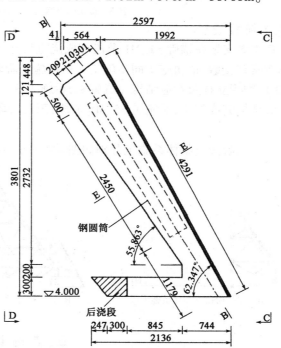

图2 散索鞍支墩尺寸图(尺寸单位:cm)

2. 支架结构设计概况

支架总体设计采用三角形结构为宜,顺桥向由 4 根 φ630mm × 10mm 钢管立柱组成,间距依次为 4.877m、4.174m、3.952m,横桥向设 4 排,横桥向间距为 4.25m/4.5m,高度由左至右依次为 7.446m、17.64m、20.923m、21.292m。管顶主梁采用双拼 63c 工字钢,与散索鞍支墩底板及前锚室底板平行,主梁上置 I25 工字钢横向分配梁,横向分配梁间距 60cm,与主梁垂直布置;考虑到高处仰面作业危险性较大,面板体系采用 I12.6 型钢作为横肋,与 18mm 维萨板组合使用,I12.6 横肋布置间距为 50cm。支架平联采用双拼 C25a 槽钢,斜撑采用双拼 C25a 槽钢。支架各钢结构部分均进行满焊连接形成整体。支架体系及节段分块如图3所示。

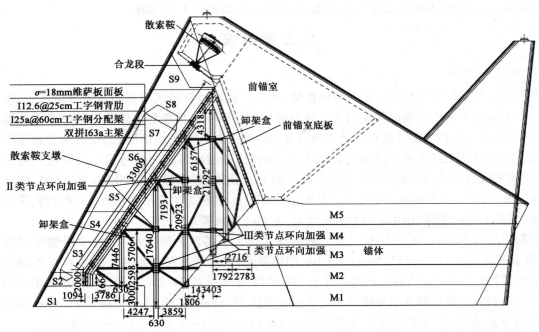

图3 散索鞍支墩支架构造图(尺寸单位:mm)

3. 施工阶段设计

散索鞍支墩支架在锚碇S1、M1节段完成浇筑后开始施工,因部分支架立于M2~M5锚块节段上,支架搭设及散索鞍支墩、锚块施工同步施工。裸模施工阶段完成S1~S2、M1~M2节段浇筑;第一阶段为支架第1~3排钢管立柱及对应结构完成施工,后施工S3~S4、M3~M4节段;第二阶段为支架第4排钢管立柱及对应结构完成施工,后施工S5、M5节段;第三阶段为支架完成全部结构,后施工S6~S8节段及前锚室底板。

第一、二、三阶段支架体系施工分别如图4~图6所示。

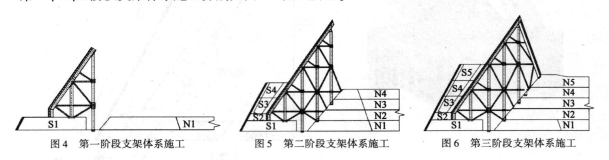

图4 第一阶段支架体系施工　　图5 第二阶段支架体系施工　　图6 第三阶段支架体系施工

三、结构计算

1. 结构建模

模型主要验证支架的材料性能是否可以满足施工需求,所有结构均采用梁单元建立。散索鞍支墩采用变截面梁单元建立,各类支架构件采用一般梁单元,支架模板采用板单元。因支架基础为锚碇顶板混凝土表面预埋钢板,故各支架各处支垫采用固结。散索鞍支墩支架为被动支撑体系,支墩与支架各分配梁及模板间的节点采用仅受压的弹性链接。散索鞍支墩梁截面按设计图纸进行HRB400纵向钢筋、箍筋及构造钢筋的配置,以提高支墩自身刚度及材料性能。

模型中内设7个施工阶段,分别对应S3~S8节段浇筑、前锚室底板浇筑7种不同工况,各工况中激活浇筑混凝土的荷载,为模拟散索鞍支墩的受力状况,上一阶段的荷载将取消并转为激活对应的散索鞍支墩梁单元。施工过程中,支架主要受到湿混凝土及已浇筑节段的荷载[1],模型中混凝土重度取 26.5kN/m³,钢材重度取 78.5kN/m³,施工荷载取 3kN/m²,计算中采用"1.2 恒荷载 +1.4 活荷载"的系数计算[2]。散索鞍支墩支架模型如图 7 所示。单一节段施工模型如图 8 所示。

图 7 散索鞍支墩支架模型

图 8 单一节段施工模型

2. 计算结果

支架体系计算结果汇总见表 1,散索鞍支墩上下表面应力见表 2。

各施工阶段及对应计算结果 表1

施工阶段	构件名称	组合应力（MPa）	允许组合应力（MPa）	剪切应力（MPa）	允许剪切应力（MPa）	变形（mm）	挠度变形允许值（mm）
S3 浇筑	各工字钢分配梁	101.9	205	76.0	115	4.9	32.5
	630mm×10mm 钢管立柱	27.6		2.8			
	柱间联系	34.3		2.5			
S4 浇筑	各工字钢分配梁	89.3	205	72.6	115	6.2	
	630mm×10mm 钢管立柱	69.9		9.2			
	柱间联系	73.1		34.8			
S5 浇筑	各工字钢分配梁	99.7	205	67.4	115	8.3	
	630mm×10mm 钢管立柱	56.2		9.7			
	柱间联系	108.4		37.4			
S6 浇筑	各工字钢分配梁	115.3	205	64.2	115	8.5	
	630mm×10mm 钢管立柱	59.3		11.8			
	柱间联系	113.0		37.4			
S7 浇筑	各工字钢分配梁	116.1	205	66.1	115	10.1	
	630mm×10mm 钢管立柱	59.6		13.7			
	柱间联系	129.4		40.1			
S8 浇筑	各工字钢分配梁	113.6	205	76.5	115	11.9	
	630mm×10mm 钢管立柱	69.1		19.5			
	柱间联系	143.4		51.7			
前锚室底板浇筑	各工字钢分配梁	186.7	205	99.8	115	14.7	
	630mm×10mm 钢管立柱	84.6		28.4			
	柱间联系	157.2		73.6			

散索鞍支墩已浇节段各施工阶段最大应力 表2

工况	S3 浇筑	S4 浇筑	S5 浇筑	S6 浇筑	S7 浇筑	S8 浇筑	S8 完成浇筑（浇筑前锚室底板）
上表面应力（MPa）	—	0.187	0.49	0.96	1.59	2.07	2.43
下表面应力（MPa）	—	0.47	0.99	1.71	2.45	3.19	3.87

四、结果分析

1. 支架部分分析

钢管支架整体所受最大应力为186.7MPa,发生于前锚室底板浇筑阶段,同阶段发生次最大应力,为157.2MPa,即支架整体受散索鞍支墩及前锚室底板同时压迫为最不利工况。最大应力值距强度指标仍有一定富余,可作为小量安全储备,支架搭设过程中应重视柱间双拼C25槽钢的焊接质量,并对焊接处的钢管管壁做局部加强处理。对近30m高的架体而言,支架整体最大位移为14.7mm,远小于设计容许值,实际施工中有利于散索鞍支墩的线形控制,可不对散索鞍支墩做预抬量要求。支架拆除时,部分杆件受力状态临近设计指标,应自上而下优先拆除应力较高部分的杆件,避免造成应力集中造成的支架失稳、变形现象。

2. 散索鞍支墩部分分析

散索鞍支墩完成S8节段浇筑后整体悬臂长度达到最大,根部S2节段断面产生最大拉应力2.43MPa,简化考虑下仅考虑临近保护层的钢筋受拉,采用《公路钢筋混凝土及预应力混凝土桥涵设计规范》(JTG 3362—2018)中对钢筋混凝土结构的裂缝计算公式[3],散索鞍支墩最大拉应力处混凝土表面最大裂缝宽度为0.189mm,小于规范中要求的0.2mm值,散索鞍支墩根部依照原有设计进行钢筋安装即可满足混凝土抗裂性要求。

五、结语

(1)散索鞍支墩支架设计满足施工要求,支架体系可靠。东锚碇施工过程中,支架体系应用良好,未出现安全质量事故。

(2)支架高度较大,在安装支架的过程中需要严格把控各柱间联系的焊接质量,并对钢管立柱做局部加强处理,避免管壁受较大应力而出现变形。

龙门大桥东锚碇散索鞍支墩倾斜度大,高度高,对大钢管支架体系的要求高,经优化设计后的散索鞍支墩支架安全可靠,支架布置合理,充分利用了现场和市场中的普遍材料进行施工,提升了经济效益。施工中架体的位移与设计分析中基本一致,确保了钢筋混凝土结构物规格、尺寸及性能与设计图纸一致,为其他同类工程施工提供参考。

参考文献

[1] 胡沥,杨振财. 红河特大桥锚碇支墩与前锚室底、侧板支架设计与施工[J]. 建材与装饰,2019(30):256-257.

[2] 中华人民共和国住房和城乡建设部. 钢结构设计规范:GB 50017—2017[S]. 北京. 中国建筑工业出版社,2017.

[3] 中华人民共和国交通运输部. 公路钢筋混凝土及预应力混凝土桥涵设计规范:JTG 3362—2018[S]. 北京:人民交通出版社股份有限公司,2018.

51. 广西龙门大桥设计与创新

吴明远 张伟 黄月超

(中交公路规划设计院有限公司)

摘要 龙门大桥是当前广西规划建设最长的跨海大桥,主桥采用主跨1098m钢箱梁悬索桥,为广西首座单跨跨径超千米的特大桥。龙门大桥是国道G228丹东至东兴广西滨海公路在茅尾海的出海口跨越龙门海峡的特大桥,主桥全长1198m,主梁跨径布置为50m+1098m+50m,钢箱梁设计首次采用新型紊流制振风嘴,锚碇基础设计首次采用大直径桩基+Ⅱ期槽方案作为基坑开挖的支护结构,索塔采用门式混凝土结构,索塔分别位于北村船厂和擦人墩岛上。

关键词 桥梁工程 悬索桥 空间缆 钢箱梁 索塔 锚碇 缆索系统

一、工程概况

本项目为广西滨海公路龙门港至钦州港段,全长7.637km。起点接滨海公路龙门大桥西引桥终点,位于淡水龙水库附近,利用北村和擦人墩的最窄水面跨越龙门海峡,经旱泾长岭、松飞大岭、仙人井大岭,终点接钦州港区的益民街和龙泾大道交会处。

龙门大桥主桥是滨海公路跨越龙门海峡的一座特大桥。龙门大桥是当前广西规划建设最长的跨海大桥,主桥采用1098m钢箱梁悬索桥,为广西首座单跨跨径超千米的特大桥(图1)。

图1 广西龙门大桥效果图

二、总体设计方案

龙门大桥主桥采用主跨1098m单跨吊悬索桥,主缆跨径布置为251m+1098m+251m,矢跨比拟定为1/10。主梁跨径布置为50m+1098m+50m,主梁在索塔位置采用全飘浮体系,在两个过渡墩处设置竖向支座、横向抗风支座、纵向阻尼装置。西塔位于龙门港镇北村船厂,东塔位于擦人墩岛西侧,西锚位于面前岭与龙门岛之间的滩涂区,东锚位于擦人墩岛东侧。引桥采用50m移动模架现浇箱梁。桥型总体布置如图2所示。

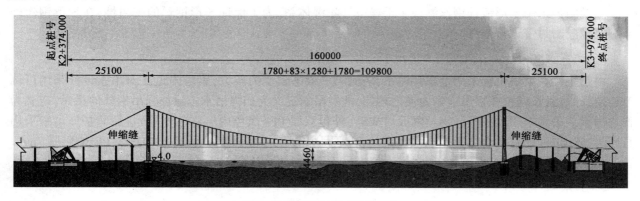

图2 桥型布置图(尺寸单位:cm)

三、主梁设计

广西龙门大桥首次在钢箱梁中采用新型紊流制振风嘴。钢箱梁抗风常采用的V形和Y形风嘴是考虑层流抑振,将加劲梁断面设计成流线型,气流经过不会产生规则旋涡脱落,尽可能地不发生任何分离现象,从而可以有效抑制桥梁的振动。而新型"紊流制振"风嘴是根据紊流制振原理,通过在附属结构设计中选用一些特定构造尺寸,气流经过产生的旋涡之间相互消耗,同时也不会产生规则的涡,从而能够达到抑振的目的。钢箱梁的风嘴演变如图3所示。

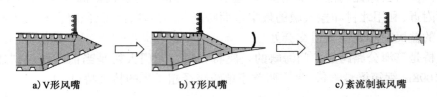

a) V形风嘴　　b) Y形风嘴　　c) 紊流制振风嘴

图3　钢箱梁风嘴演变

钢箱梁梁高3.2m,全宽38.6m(含检修道),吊索通过销轴锚固在箱梁两侧的耳板上,主缆横向间距33.8m,顶板宽33m,平底板宽21.3m,斜底板宽5.82m。箱梁外侧设置宽2.8m检修道,能同时起到优化钢箱梁气动外形的作用。平底板两边设置检查车轨道及轨道导风板。龙门大桥钢箱梁三维图如图4所示。

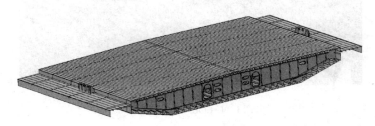

图4　龙门大桥钢箱梁三维图

四、缆索设计

1. 主缆

主缆采用预制平行钢丝索股法(PPWS法)制作。主缆由127股通长索股组成,边跨增设6股背索,背索锚固于塔顶主索鞍上。每根预制索股由相互平行的127丝、直径5.25mm的高强钢丝组成,钢丝标准强度为1860MPa,外表面镀锌-铝合金镀层防护。

主缆防护采用S形镀锌钢丝缠绕+干燥空气除湿体系,为了保证S形钢丝的密封性,在S形钢丝外面缠绕橡胶密封带进行密封。

2. 吊索及索夹

由于主梁在索塔位置采用全飘浮体系,塔侧第一根吊索受力较大,索塔附近3对吊索设计采用可调节构造,通过索长调整3根吊索索力使之均匀,此类吊索定义为加强吊索。除加强吊索外的吊索,定义为普通吊索。吊索采用预制平行钢丝索股(PWS),外包双层PE(黑色内层彩色外层)进行防护。吊索采用直径为φ5.0mm的锌铝合金镀层高强度钢丝,普通吊索钢丝标准强度不小于1770MPa,PE护层厚7mm。普通吊索每根吊索含91根钢丝;加强吊索每根吊索含241根钢丝。

3. 主索鞍

主索鞍铸焊结合形式,索鞍上有2个锚梁,锚固6根背索。主缆中心圆弧半径为7200mm。鞍槽侧壁最小厚度为150mm,鞍槽底部厚度为280mm,共设置两道纵肋板,纵肋板厚100mm,横肋板厚85mm。主索鞍鞍体长约7.4m,高约3.2m,宽约3.82m。

4. 散索鞍

散索鞍采用摆轴式散索鞍，由鞍体和底座组成。鞍体采用铸焊结合的混合结构，鞍槽部分是铸钢件，鞍体部分为板焊件，并与鞍槽焊接。鞍槽内设竖向隔板，鞍槽顶部设置三道压紧梁，以压紧鞍槽内的主缆，增加主缆与鞍槽间的摩阻力，并方便索股定位。散索鞍下部设置摆轴、底座和底板，以完成主缆竖向分力的传递。散索鞍第一段竖弯半径8000mm，第二段竖弯半径6400mm，第三段竖弯半径4200mm，第四段竖弯半径2100mm。鞍槽侧壁最小厚度150mm，鞍槽底厚250mm，肋板板厚80mm。

五、索塔设计

索塔采用门式造型，索塔设置上、下两道横梁。除索塔上横梁和下横梁为预应力混凝土构件外，其他塔柱均为普通钢筋混凝土结构，索塔均采用C55混凝土。索塔一般构造如图5所示。

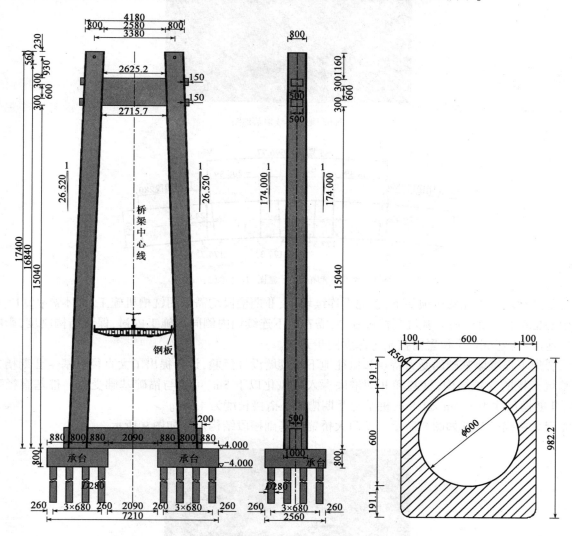

图5 索塔一般构造（尺寸单位：cm）

塔柱均采用矩形圆倒角截面。塔柱高度174m，截面尺寸由8m×10m（横桥向×顺桥向）塔底过渡到8m×8m（横桥向×顺桥向）塔顶；内腔为直径6m的圆形，横桥向壁厚由塔底到塔顶均为1.0m，顺桥向壁厚由塔底2过渡至塔顶1m。

索塔采用群桩基础，单桩直径为φ2.8m。索塔基础为32根直径2.8m的钻孔灌注桩，东塔桩长27~34m，西塔桩长36~55m，按照嵌岩桩设计。承台高8m，承台平面为两个25.6×25.6m的矩形。

六、锚碇设计

锚碇是悬索桥结构重要组成部分,是将主缆拉力传递给地基的关键结构。它的稳定性直接关系到整座悬索桥结构的安全。

地下连续墙在悬索桥锚碇基础设计中广泛采用,其主要作用为:维护结构、挡土控制变形;挡水防渗,形成干环境。地下连续墙基础图如图6所示。地下连续墙槽段结构尺寸如图7所示。

图6 地下连续墙基础图

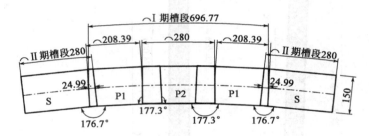

图7 地下连续墙槽段示意图(尺寸单位:cm)

地下连续墙施工注意事项如下:①地下连续墙Ⅰ、Ⅱ期槽段均需采用铣槽机施工,成本高;②Ⅰ、Ⅱ期槽段中心搭接长度25cm;③基坑开挖过程中,需在地下连续墙内侧同步施工内衬,保证结构刚度,影响基坑开挖速度;④基坑各个位置需控制等深度同步开挖。

结合地下连续墙基础的受力特点和以往地下连续墙设计经验,设计提出了大直径桩基+Ⅱ期槽方案作为基坑开挖的支护结构,桩基和Ⅱ期槽底深入中风化以下5m,可参与锚碇基础受力。桩基直径采用3.5m,Ⅱ期槽尺寸为1.5m×2.8m,桩基与Ⅱ期槽最小搭接长度为43cm。

龙门大桥锚碇基础如图8所示。龙门大桥锚碇基础槽段结构尺寸如图9所示。

图8 龙门大桥锚碇基础

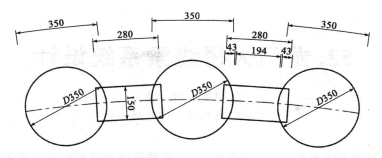

图 9　龙门大桥锚碇基础槽段示意图(尺寸单位:cm)

这个方案有如下优点:①大直径桩基施工速度快,成本低;②大直径桩基与Ⅱ期槽最小搭接长度为43cm,结构整体性好,止水效果更优;③基础刚度大,基坑开挖过程中,无须施工内衬,提高了基坑开挖速度;④基坑开挖过程,无须环向同步开挖,可利用便道采用车辆转运基坑开挖土方,转运效率大大提高;⑤大直径桩基+Ⅱ期槽方案不仅可以作为施工期基坑开挖的支护结构,同时可参与锚碇基础受力。

龙门大桥锚碇基础施工效果如图10所示。

图 10　龙门大桥锚碇基础施工效果

七、创新总结

广西龙门大桥首次在钢箱梁中采用新型紊流制振风嘴。根据紊流制振原理,通过在附属结构设计中选用一些特定构造尺寸,气流经过产生的旋涡之间相互消耗,同时也不会产生规则的涡,从而能够达到抑振的目的。该新型风嘴在广西另外三座索桥——苍容浔江大桥(双主跨2×520m三塔空间缆钢箱梁悬索桥)、藤州浔江大桥(双主跨2×638m独塔空间斜拉-悬索协作体系)、横钦高速公路郁江大桥(主跨580m双塔混合梁斜拉桥)。

结合地下连续墙基础的受力特点和以往地下连续墙设计经验,广西龙门大桥锚碇首次采用大直径桩基+铣接头结构方案作为基坑开挖的支护结构。大直径桩基施工速度快,成本低;结构整体性好,止水效果更优;基础刚度大,提高了基坑开挖速度和土方转运效率。由此龙门大桥锚碇基础施工节约6个月工期。

八、结　　语

广西龙门大桥的设计充分体现了安全、适用、经济和美观基本原则,创新的设计理念需要项目建设、施工、监理、监控以及科研试验等各方的共同努力才能实现。希望本项目对后续大跨径跨海大桥的建设有参考和借鉴意义。

52. 龙门大桥缆索系统设计

张明昊 赵磊

(中交公路规划设计院有限公司)

摘 要 悬索桥缆索系统为悬索桥的生命线,龙门大桥塔旁吊索创新地采用了可张拉式吊索,保证塔侧加强吊索受力均匀。龙门大桥部分吊索采用CFRP索,为后续大跨径悬索桥采用类似构造提供实桥支撑。

关键词 龙门大桥 大跨径悬索桥 缆索系统 可张拉 CFRP索

一、引 言

国道G228丹东至东兴广西滨海公路规划方案主线起于中越边境东兴市,经江平、江山至防城港,再往东经龙门,跨茅尾海到钦州港,经犀牛脚、船厂街、西场、高德、铁山港,在闸口附近接合浦至山口高速公路,沿高速公路往东至山口,主线全长248km。

本项目为广西滨海公路龙门港至钦州港段,全长7.637km。起点接滨海公路龙门大桥西引桥终点,位于淡水龙水库附近,利用北村和擦人墩的最窄水面跨越龙门海峡,经旱泾长岭、松飞大岭、仙人井大岭,终点接钦州港区的益民街和龙泾大道交会处。本项目包括龙门大桥主引桥、扬帆立交等主体工程。

二、桥梁概况

1. 总体设计

龙门大桥主桥采用主跨1098m单跨吊悬索桥,主缆跨径布置为251m+1098m+251m,矢跨比拟定为1/10,主缆在塔顶、锚碇处横向间距分别为33.8m和36.2m。主梁跨径布置为50m+1098m+50m,主梁在两个过渡墩处设置竖向支座、横向抗风支座、纵向阻尼装置。西塔位于龙门港镇北村船厂,东塔位于擦人墩岛西侧,西锚位于面前岭与龙门岛之间的滩涂区,东锚位于擦人墩岛东侧。龙门大桥桥型布置如图1所示。

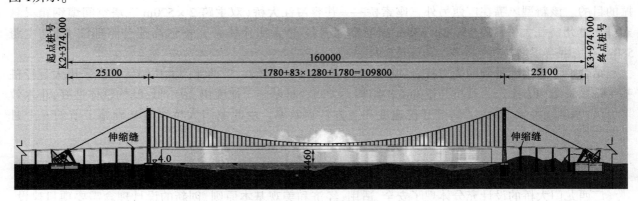

图1 桥型布置图(尺寸单位:cm)

加劲梁约束体系见表1。

加劲梁约束体系表　　　　　　　　　　　　　　　　　　　　　表1

项目	Δx	Δy	Δz	θ_x	θ_y	θ_z
主塔承台底	1	1	1	1	1	1
主缆于锚碇和塔顶处	1	1	1	0	0	0
主塔与梁交接处	0	0	0	0	0	0
过渡墩处	0	1	1	1	0	0

注：Δx、Δy、Δz 分别表示沿顺桥向、横桥向、竖向的平动位移，θ_x、θ_y、θ_z 分别表示绕纵桥向、绕横桥向、绕竖向的转角位移；1-约束，0-放松。

2. 缆索系统设计

全桥共设两根主缆，索塔缆中心距为33.8m，锚碇处中心距为36.2m，主缆采用预制平行钢丝索股法（PPWS法）制作。

主缆由127股通长索股组成，边跨增设6股背索，背索锚固于塔顶主索鞍上。每根主缆中跨有效面积为0.3492m²，边跨有效面积为0.3656m²。

每根预制索股由相互平行的127丝、直径5.25mm的高强钢丝组成，钢丝标准强度为1860MPa，外表面镀锌-铝合金镀层防护。主缆空隙率索夹内取18%，索夹外取20%。主缆经索夹箍紧的直径中跨为736mm，边跨为753mm；索夹以外主缆直径中跨为745mm，边跨为763mm。主缆断面如图2所示。

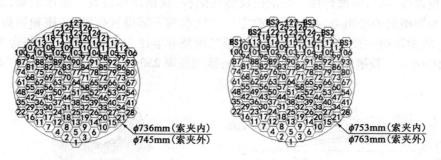

图2　主缆断面

主缆索股两端的锚具为锌铜合金灌注的热铸锚，锚具的结构形式采用锚板与锚杯合一的整体铸钢件，以最大限度地减少材料用量并方便施工。

主缆防护采用S形镀锌钢丝缠绕+干燥空气除湿体系，为了保证S形钢丝的密封性，在S形钢丝外面刮涂聚硫密封剂进行密封。

吊索分为两类：第一类是受力较大的塔侧长吊索，定义为加强吊索；第二类是除加强吊索外的吊索，定义为普通吊索。吊索采用预制平行钢丝索股（PWS），外包双层PE（黑色内层彩色外层）进行防护。吊索采用直径为φ5.0mm的锌铝合金镀层高强度钢丝，普通吊索钢丝标准强度不小于1770MPa，PE护层厚7mm。普通吊索的每根吊索含91根钢丝；加强吊索的每根吊索含241根钢丝。

吊索与索夹为销接式连接，每侧吊点设2根吊索。上、下两半索夹用螺杆相连并夹紧于主缆上。在接缝处上半索夹的内侧设有凹槽，下半索夹的内侧设有凸出的嵌齿，上下半索夹的外侧嵌填橡胶防水条防水。吊索上下端均采用热铸锚，索夹材料牌号为ZG20Mn。吊索索夹壁厚为35mm。

主索鞍鞍体边跨侧鞍槽设有向外0.2739°的偏角，索鞍上有2个锚梁，锚固6根背索。主缆中心圆弧半径为7200mm。鞍槽侧壁最小厚度为150mm，鞍槽底部厚度为280mm，共设置两道纵肋板，纵肋板厚100mm，横肋板厚85mm。主索鞍鞍体长约7.4m，高约3.2m，宽约3.82m。主索鞍一般构造如图3所示。

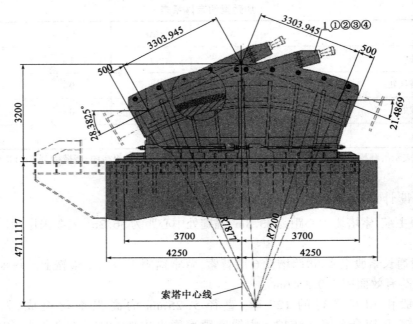

图3 主索鞍一般构造(尺寸单位:mm)

散索鞍采用摆轴式散索鞍,由鞍体和底座组成。鞍体采用铸焊结合的混合结构。鞍槽部分是铸钢件;鞍体部分为板焊件,并与鞍槽焊接。鞍槽内设竖向隔板,鞍槽顶部设置三道压紧梁,以压紧鞍槽内的主缆,增加主缆与鞍槽间的摩阻力,并方便索股定位。散索鞍下部设置摆轴、底座和底板,以完成主缆竖向分力的传递。散索鞍第一段竖弯半径8000mm,第二段竖弯半径6400mm,第三段竖弯半径4200mm,第四段竖弯半径2100mm。鞍槽侧壁最小厚度150mm,鞍槽底厚250mm,肋板板厚80mm。散索鞍一般构造如图4所示。

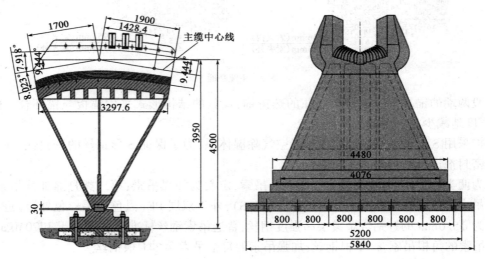

图4 散索鞍一般构造(尺寸单位:mm)

三、可调节吊索

龙门大桥索塔采用无下横梁的构造,竖向支座设在过渡墩处,塔区无索区长达67.8m,塔旁吊索标准组合下索力如图5和表2所示。

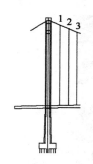

图5 龙门大桥塔旁吊索

塔旁吊索索力表	表2
吊索编号	初始索力(kN)
1	5243
2	2163
3	1665

可见,塔旁第一根吊索索力约为第二根吊索的2.5倍,索力不均匀,导致塔旁吊索选型过大,影响吊索耐久性。

为保证塔旁吊索受力均匀,提出了一种可调节长度的吊索结构形式,吊索于锚头位置设置连接套筒,通过旋合套筒完成吊索长度的调节,进而保证塔旁吊索受力均匀性。吊索结构如图6所示。

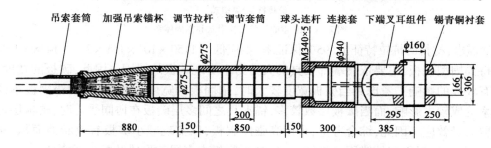

图6 可调节吊索锚头构造(尺寸单位:mm)

该吊索可调节长度范围为±500mm,通过对调节套筒进行施拧改变吊索长度,达到均匀索力的目的。索长调节及调节后的索力见表3。

塔旁吊索索力表(吊索匀索后)			表3
吊索编号	加载索力(kN)(拉为正,压为负)	吊索伸长(mm)	最终成桥索力(kN)
1	-3410	453	4000
2	100	-13	2728
3	700	-9	2413

吊索调长匀索后,塔旁第一根吊索索力约为第二根吊索的1.5倍,吊索索力均匀性得到极大的改善。

四、碳纤维增强塑料(CFRP)吊索

由CFRP制成吊索,可以弥补常规钢吊索自重过大、强度不足、承载效率低、耐久性差等不足。目前,CFRP索按结构形式划分,主要有片材型、绞线型和棒材型,而其锚固体系主要分为平板夹持式、楔形夹片式和黏结式三种(图7)。

根据龙门大桥总体设计参数要求,考虑对普通吊索进行等刚度替换,CFRP吊索的承载能力应满足如下条件:

(1)CFRP平行吊索承载力设计值不低于6000kN;
(2)结构重要性系数按1.1;
(3)CFRP平行吊索轴向刚度EA不高于230000kN。

CFRP板即碳板的模量按160GPa考虑,根据交叉碳板索轴向刚度限制,其断面有效碳板总面积不应高于$2.3 \times 10^5 \div 160 = 1438(mm^2)$。

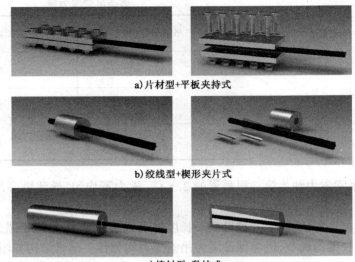

a) 片材型+平板夹持式

b) 绞线型+楔形夹片式

c) 棒材型+黏结式

图7 CFRP索的三种结构形式和锚固体系

根据设计需求，材料的抗拉特征值(95%保证率)不应低于 $1150 \times 10^3 \times 1.1 \times 2.0 \div 1438 = 1760(MPa)$。

多层夹持锚固型碳板，主要依靠端部锚具的夹持力来实现碳板的锚固。因此，碳板的宽度和层数，对锚固效率都有较大的影响。考虑到当碳板宽度较大时，锚固板的宽度会相对较大，锚固板本体刚度可能会对锚固效率造成较大影响；而当碳板层数较多，锚夹具之间多层碳板在协同受力时，碳板层之间可能会存在显著的剪力滞效应。因此，综合考量，采用高强度碳板，以实现减小碳板有效断面面积，从而实现降低碳板层数和宽度，确保更高的锚固可靠性。CFRP平行板索多层波形锚装配如图8所示。

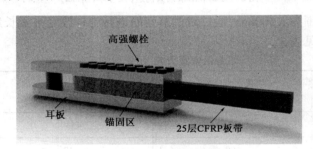

图8 CFRP平行板索多层波形锚装配示意图

考虑在龙门大桥的普通吊索中，替换两根吊索。计划替换的位置：龙门大桥两根CFRP吊索的编号为：27W(左幅)总长18.318m，58E(右幅)总长18.322m。

五、结　语

龙门大桥采用可调节式吊索对塔旁吊索进行匀索，取得了良好的效果，为后续无横梁单跨吊悬索桥提供设计思路。该项目亦是第一座采用CFRP索的大跨径悬索桥，对后续项目采用相关构造提供实例。

龙门大桥主桥已于2024年1月8日完成合龙，正进行桥面铺装工作，预计于2024年12月全线通车。

参考文献

[1] 中华人民共和国交通运输部.公路悬索桥设计规范：JTG/T D65-05—2015[S].北京：人民交通出版社股份有限公司，2015.

[2] 全国交通工程设施(公路)标准化技术委员会.公路悬索桥吊索：JT/T 449—2021[S].北京：人民交通出版社股份有限公司，2021.

[3] 孟凡超.公路桥涵设计手册　悬索桥[M].北京：人民交通出版社，2011.

53. 大跨悬索桥销接式索梁连接节点抗火设计

李雪红[1] 原 帅[1] 郭志明[2] 杨星墀[3] 吴豪放[1] 徐秀丽[1]

(1. 南京工业大学;2. 南京市公共工程建设中心;3. 中铁大桥勘测设计院集团有限公司)

摘 要 随着车辆火灾的日益频发,桥梁抗火问题越来越引起人们的关注,但针对作为竖向荷载主要传力构件的大跨悬索桥索梁连接节点的抗火尚缺乏相关研究。本文以仙新路跨江大桥为依托,针对索梁销接节点抗火设计展开研究,确定了节点的主要火场参数,建立了最不利火灾场景,给出了不利火灾升温曲线,提出了节点的抗火目标,明确了节点的火灾温度场分布特点,得到了节点的主要破坏形态和耐火极限,设计了节点的抗火防护方案。研究可知,在最不利火灾场景下,索梁销接节点最早在吊耳底部发生破坏,耐火极限时间为20min。此外,叉耳在火灾中也可能发生破坏,销轴会出现弯曲变形;采用6mm厚环氧类防火涂料涂覆能够使依托工程节点满足设计耐火时间为45min、设计耐火温度为550℃的抗火目标。通过本文的研究,构建了悬索桥销接式索梁节点的抗火设计方法,该研究成果可为悬索桥抗火设计提供参考和借鉴。

关键词 悬索桥 销接式索梁连接节点 不利火灾场景 油池火灾 火灾响应 抗火防护 抗火设计

一、引 言

大跨悬索桥多位于交通要道,是交通基础设施的重要组成部分,数量众多且跨径较大。目前,随着道路交通流量的增加,火灾发生的频率逐渐增高,火灾已成为威胁桥梁安全的重要因素之一,尤其是钢结构桥梁,在火灾高温作用下,强度和弹性模量迅速减小,承载力迅速降低,变形显著增大,钢结构桥梁抗火问题已引起人们的关注。

近年来,国内外学者对桥梁抗火的研究取得了一系列成果,王莹等[1]对双层钢桁梁悬索桥油罐车火灾时的瞬态温度场进行了分析,研究了双层钢桁梁悬索桥吊索、加劲梁、桁架杆高温力学性能时变特征;Zou Qiling 等[2]将风效应纳入大跨径桥梁火灾模拟,考虑了实际的风速、纵向偏移、泄漏尺寸和危险材料类型对吊索升温的影响;Klein[3]通过对钢丝绳锚固组件抗火性能的研究发现,当索体应力水平为0.2时,金属锌在296℃时失去了黏结性能,索体被拔出;李雪红等[4]基于油罐车火灾燃烧模型,对大跨悬索桥主缆的抗火性能及防护进行了研究,提出了主缆最不利火灾场景、耐火极限与防护措施的计算方法;Ridge 等[5]对英国索结构锚固系统进行了高温试验研究发现:当拉索应力水平为0.4时,锌铝铜合金热铸锚的温度在210℃左右;卢杰等[6]对工程中压制锚具常用的高钒拉索火灾后力学性能进行了试验研究,提出了计算带压制锚具的高钒拉索火灾后力学性能的经验公式;Du Yong 等[7]研究了热铸锚在 ISO-834 火灾下的瞬态温度分布,为预测热铸锚和钢索在高温下的力学性能提供了参考;朱美春等[8]开展了火灾作用下拉索热铸锚锚头试件的力学性能试验,研究了其温度场分布及锚固性能失效规律;杜咏等[9]利用 ABAQUS 有限元分析软件,对锚固节点截面瞬态温度分布进行了参数分析,提出了热铸锚截面瞬态升温理论计算公式;Liu Hongbo 等[10]分析了镀锌钢丝与热铸材料在室温和高温下的结合性能和失效机理;郭刘潞等[11]开展了热铸锚拉索构件在高温下的力学试验,获得了热铸锚拉索构件在不同火灾条件下的破坏形式及力-位移曲线,分析了热铸锚高温下的失效机理;杜咏等[12]对热铸锚锚固预应力平行线束、钢绞线和高钒索在恒定荷载下的拉拔性能进行了升温和恒温试验,得到了火灾高温下热铸锚的耐火极限及失效模式;Chen 等[13]针对2100MPa 高强钢丝进行了高温火灾的材性试验,提出了2000MPa 级以上高强钢丝的应力-应变曲线及高温折减系数。

目前国内外相关研究主要集中在缆索体系结构在火灾情况下整体与缆索受力性能等方面,对索梁连接节点这类细部构造部位的抗火性能尚未关注。索梁节点是竖向荷载传递的重要部件,一旦损坏,将对桥梁的安全性和正常运营产生严重影响。因此,本文以南京仙新路跨江大桥为依托,针对销接式索梁节点进行抗火设计,确定主要火场参数,建立不利火灾场景,给出不利火灾升温曲线,提出抗火目标,分析节点火灾响应,评判抗火性能,设计抗火防护方案,构建悬索桥索梁销接节点抗火设计方法,可为悬索桥抗火设计提供参考和借鉴。

二、工程背景

南京仙新路跨江大桥为双塔单跨悬索桥,主跨1760m,边跨580m,吊索及索夹采用销接式结构、纵向标准间距18.3m,每个吊点设置2根吊索,加劲梁采用扁平流线型封闭整体钢箱梁,总宽31.5m,桥梁中心线处梁高4m,是目前世界第二大跨径悬索桥。

悬索桥销接式索梁节点如图1所示,包括加劲梁吊耳、叉形耳板、轴承、销轴、锚杯、锌铜合金填料等,其中套筒及吊耳采用Q355D、Q345qD级钢,销轴、轴承、叉形耳板、锚杯为含有C、Si、Mn、P、S、Cr、Ni、Mo等微量元素的40CrNiMoA、40Cr13、42CrMo及ZG20Mn钢。基于JMatpro软件计算的高温材料特性如图2所示。

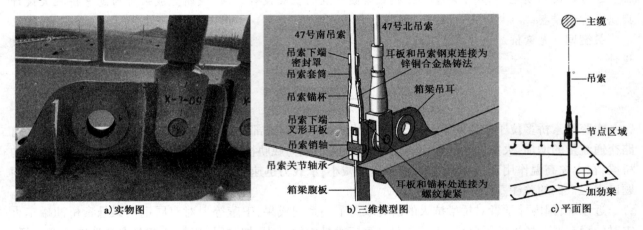

图1 销接式索梁节点示意图

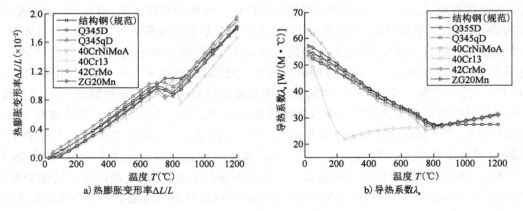

图 2

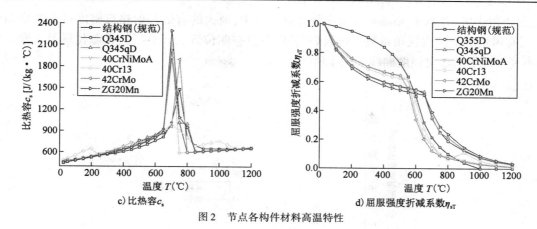

c) 比热容 c_s

d) 屈服强度折减系数 η_{sT}

图 2 节点各构件材料高温特性

三、火灾作用

1. 节点的火场参数

通过调研,油罐车火灾危害较大,各类危险化学品中,汽油闪点相对较低(-50℃)、热值较高(43070kJ/kg),综合考虑,选取汽油为主要研究对象。运输车采用半挂式车,容积为 50m³,为方便计算,将油罐车简化为长方体,车长 14.44m、高 3.80m、宽 2.55m。桥址处全年平均气温为 15.4℃,平均大气压为 101537Pa,平均空气湿度为 73%,最大风速为 10.84m/s,平均风速为 4.96m/s。

油罐车火灾根据火灾形式可分为油罐燃烧形成的油罐火灾和燃油泄漏燃烧形成的油池火灾。油罐火灾的燃烧面位置较高,火焰羽流距节点较远,火焰热辐射作用小,对节点影响较小;油池火灾燃烧面位于桥面,可蔓延至节点,对节点影响较大。保持相同风速,计算上述两种火灾形式下节点区域各部位的空气温度最大值:油罐车火灾为 29.70~47.75℃,油池火灾为 332~1401℃。因此,选择油池火灾作为节点不利的火灾形式。火灾发生位置取为护栏边,油罐车距离节点的中心距离为 2.35m。

2. 节点最不利火灾场景

采用李雪红等[14]提出的油池火模型进行油池火灾的定量分析,考虑油罐泄漏孔径及风速的影响,泄漏孔半径分别取为 0.03mm、0.04mm、0.05mm,桥面风速分别取为 4.96m/s、6.43m/s、7.90m/s、9.37m/s、10.84m/s,通过对 15 种工况组合进行计算,对火灾空气最高温度、影响范围及升温速率进行对比,确定节点的最不利火灾场景为:较小风速+较大泄漏孔半径的油池火灾。最不利火灾场景下各部件处的空气升温曲线如图 3 所示。

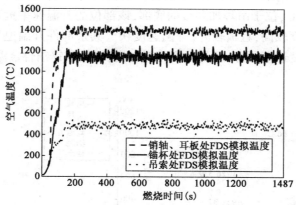

图 3 最不利火灾场景下的空气温度

桥梁火灾对结构的传热方式包括热对流与热辐射两种,热对流中对流换热系数可取为烃类火灾下的 50W/(m²·℃)[15],节点区域的空气温度以构件作为划分依据,采用不同高度的拟合空气升温曲线进行表征;考虑悬索桥桥面为开放型空间,烟气的逸散导致低密度烟气对节点的热辐射效应较低,故仅考虑火焰对节点的辐射影响,并基于 Mudan 模型进行计算。其中,池火的有效辐射热流密度可由燃烧油池直径 D 表示[16],有风情况的池火视角系数考虑火焰高度、节点空间位置、火源半径、火源位置及火源偏转角的影响,最不利工况下的辐射强度曲线如图 4 所示。

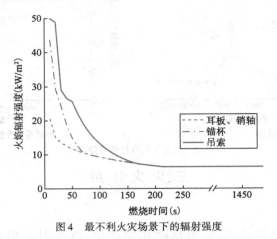

图 4　最不利火灾场景下的辐射强度

四、节点火灾响应及抗火性能

基于 ANSYS 有限元软件和热力耦合分析方法研究节点的火灾响应和抗火性能。热量传递采用三维传热单元 SOLID70,不同部件间的接触采用 CONTA174 单元,热边界条件采用最不利火灾场景下的空气升温曲线,同时考虑材料塑性的影响,以有限元求解过程中荷载子步的收敛误差的收敛准则(收敛容差 0.001)作为破坏判别条件。

1. 节点的抗火目标

南京仙新路跨江大桥为城市快速路,周边分布的化工园区内设有消防大队,综合考虑桥梁通车要求及周边消防力量分布等因素,南京仙新路跨江大桥的设计耐火时间取 45min。节点为悬索桥传力体系的主要受力构件,但损伤后可更换,更换成本相对较高,综合考虑安全性与经济性要求,节点按照火灾下承载能力极限状态进行设计,允许节点发生轻微损伤。在实际运营过程中,节点各构件的控制应力一般不超过屈服强度的 0.6 倍,结合节点区域的高温材料特性,节点的设计耐火温度取为 550℃。

2. 节点的温度场分布

通过计算,最不利火灾场景下,火灾燃烧时间为 1487s,为了分析节点的温度场分布特征,给出了该时刻的温度场分布云图,如图 5 所示。同时给出了各部件的温度时程曲线,如图 6 所示。由图 5 和图 6 可知,节点最高温度为 1226.3℃,位于吊耳加劲板的底部,该部位的升温速率远高于其他部件,主要是由于该位置距火源较近,空气温度较高,且板较薄,升温速度快。其余部件升温速率基本相当。整体来看,随着距离火源高度的增加,温度逐渐下降,叉耳温度相对较高,锚杯和锌铜合金温度相对较低。

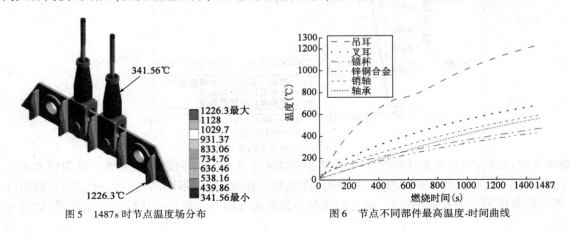

图 5　1487s 时节点温度场分布　　　　图 6　节点不同部件最高温度-时间曲线

3. 节点的强度破坏

最不利火灾场景下节点于988s计算停止,经分析,由于吊耳加劲板位移过大导致计算终止,考虑吊耳加劲板为非主要受力构件,破坏后节点仍可继续承载,因此,当吊耳加劲板失效时,采用生死单元技术对吊耳加劲板的单元进行抑制,继续进行热力耦合分析。抑制加劲板单元后,吊耳的等效塑性应变发展趋势如图7所示,1015s时吊耳等效塑性应变增长速率突然增大,等效塑性应变发展至0.017时,吊耳发生破坏,此时耐火极限为1206s。火灾中吊耳底部等效应力与屈服强度的对比时程曲线如图8所示,168s前,由于吊耳加劲板升温迅速,弹性模量降低,产生应力重分布,吊耳底部最大等效应力逐渐增加;168s时吊耳最大等效应力达到屈服强度值,吊耳开始产生塑性应变,吊耳应力继续重分布,塑性区逐渐扩大,塑性应变显著增加,至1206s,节点发生破坏。

从上述计算分析可知,在油池火灾下,节点强度破坏最早产生于吊耳底部,耐火极限为1206s,即20min,临界温度为700℃。

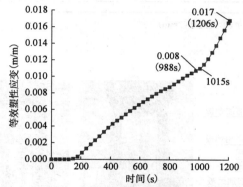
图7 采用生死单元的吊耳等效塑性应变时程曲线

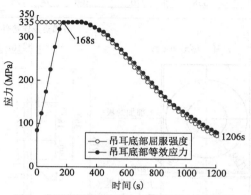
图8 吊耳底部等效应力与屈服强度的时程曲线

4. 节点的锚固滑移

节点锚头主要是由锌铜合金将高强钢丝融为一体,为了分析锚头的滑移破坏,重点针对热铸锚填料锌铜合金在最不利火灾场景下的相变进行分析。热铸锚填料熔点近似为锌的熔点419.5℃,认为热铸锚填料达到419.5℃时开始熔化,相互接触将逐渐变弱,产生滑移,进而发展为锚固滑移失效。当燃烧至1487s时,锌铜合金填料已开始熔化,但熔化区域较小,在成桥状态索力作用下填料区出现接触破坏的可能性较小,在不利火灾场景下钢束和锚杯之间的锚固作用较为可靠。

为了进一步探究锌铜合金在最不利火灾场景下的相变情况,适当延长燃烧时间,得到了锌铜合金填料在不同燃烧时刻下的相变结果,如图9所示。由图9可知,锌铜合金在最不利火灾场景下,从上顶面逐渐开始熔化并向下蔓延,随着燃烧时间的增加,熔化程度越来越严重,且与锚杯接触的握裹面相较于内部水平截面熔化得更快,未熔化的部分呈现出被熔化部分包裹的趋势;当燃烧时刻为1824s时,与锚杯内壁接触的握裹面几乎要完全熔化,当燃烧时刻为1870s时,握裹面已经完全熔化;当握裹面完全熔化时,锚杯和锌铜合金填料的接触作用失效,锌铜合金填料未熔化的部分将在锚杯内出现相对滑动,导致预应力拉索出现瞬时的较大滑移,拉索预应力丧失、失效,故握裹面熔化时刻可作为热铸锚在火灾作用下的锚固失效时刻。

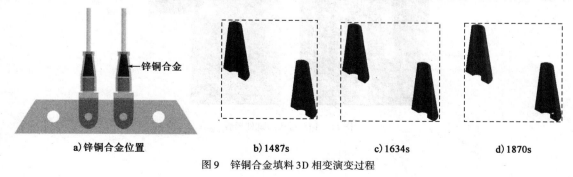
图9 锌铜合金填料3D相变演变过程

5. 节点破坏试验

为了准确研究节点的两种破坏模式,分别针对锚头滑移与节点强度破坏进行试验;试验Ⅰ:锚头高温滑移破坏试验;试验Ⅱ:节点强度破坏形态试验。试验模型及加载设备如图10所示。首先以2~3kN/s的速度给索体施加拉力,将吊索张拉至实际成桥索力962.476kN,持荷10min,使其变形稳定。限于高温炉加热模式,本次试验采用ISO 834标准升温曲线,重点研究节点的破坏形态,耐火极限根据能量等效进行换算。

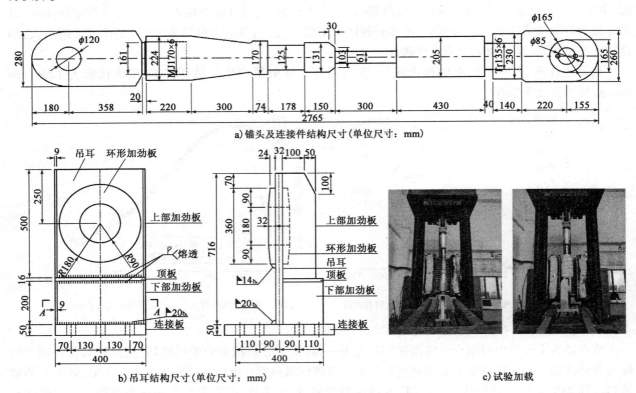

图10 试验模型及加载设备

锚头经高温后试件形貌如图11所示,其力、位移时程曲线如图12所示。由图可知:①除锚杯、套筒、密封罩以及钢丝束表面失去光泽,无其他明显变化;②吊索钢丝束最外层个别钢丝断裂,端口呈锥形,内部钢丝无明显变化;③整个升温持载时间为48.5min,张拉力突降时间点出现在约48min;位移速率增大时间约在43min时,即张拉力突降点滞后于位移过渡点;④43min时个别钢丝屈服断裂,48min时锌铜合金握裹力失效,发生锚固破坏;⑤锚固失效时的临界温度为锌铜合金中心温度414℃。

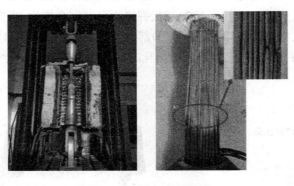

图11 锚头过火后试件形貌

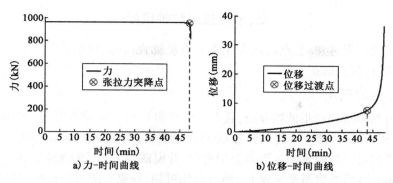

图 12 高温后试件力、位移时程曲线

索梁销接节点高温后试件形貌如图 13 所示，其力、位移时程曲线如图 14 所示。由图可知：①叉耳发生明显变形，一侧被拉断，销孔由圆形被拉成水滴形；②吊耳主体发生明显的平面外弯曲，产生塑性变形，主要是由吊耳加劲板及温度分布不均所致；③销轴出现明显的弯曲变形，无法将其从销孔中拔出；④升温持载时间 135.3min，张拉力突降点在 134min 时，位移速率增大时间点为 103min 时，即 103min 时出现明显塑性变形，134min 时节点破坏；⑤强度破坏时的临界温度为销轴 964℃。

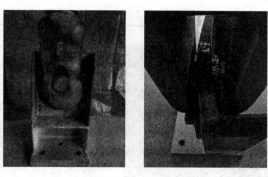

图 13 索梁销接节点过火后试件形貌

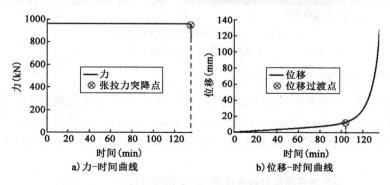

图 14 高温后试件力、位移时程曲线

综合两组试验结果，索梁连接节点可能发生锚固破坏和强度破坏两种形式。锚固破坏时锌铜合金中心温度为 414℃，与火灾下节点结构响应的数值模拟结果一致。叉耳发生强度破坏，与火灾节点结构响应的强度破坏位置不同，主要与二者所采用的升温曲线不同有关，油池火灾下吊耳底板温度明显高于叉耳。在试验中，构件整体受到均匀温度场的作用，叉耳温度高于吊耳温度，先发生破坏，并且销轴发生弯曲。

根据试验得到的耐火极限，近似采用等能量法换算为最不利火灾场景下的升温曲线作用，耐火极限为 654s，约 11min。

五、节点抗火防护设计

从上述计算和试验结果可知,节点的抗火性能不满足抗火目标,应进行抗火防护。根据节点的构造特点,采用防火涂料进行抗火防护。

1. 节点防护材料的确定

通过对防火涂料的调研和初步试验分析,选取三类涂料(水基性、溶剂性、环氧类)进行对比试验,防护层厚度取为2mm和4mm两种。试验试件为Q345D级钢板,规格为300mm×300mm×16mm,钢板截面形状系数与节点吊耳相近。试验采用水平高温炉进行,升温曲线采用ISO 834标准升温曲线。不同厚度下20min、40min、60min时的平均温度见表1。通过对比可知,环氧类防火涂料防护效果最好,故选该类涂料对节点进行抗火防护设计。不同类型涂料试验后试件形貌如图15所示。

三类涂料不同厚度下在20、40、60min时的温度对比(单位:℃)　　　表1

防火涂料	20min		40min		60min	
	2mm	4mm	2mm	4mm	2mm	4mm
水基性防火涂料	474	345	753	652	886	758
溶剂性防火涂料	352	268	749	575	873	750
环氧类防火涂料	225	159	432	273	643	551

a) 水基性与溶剂性　　　b) 环氧类

图15　不同类型涂料试验后试件形貌图
A-水基性;B-溶剂性;C-环氧类

2. 节点防护方案的确定

采用环氧类防火涂料,针对不同的防护层厚度,进行抗火性能对比试验,以确定较适宜的防护层厚度。共设置5种厚度,分别为4mm、5mm、6mm、7mm和8mm,采用HC标准升温曲线不同时间点时的温度见表2。根据上述试验结果,结合节点的抗火防护目标,涂层厚度取为6mm,再通过足尺节点模型试验进行验证。

不同涂层厚度时钢板在不同时刻的温度值对比(单位:℃)　　　表2

时间	涂层厚度				
	4mm	5mm	6mm	7mm	8mm
20min	243	216	191	174	160
40min	466	397	341	333	285
45min	526	502	395	384	334
60min	668	648	592	588	465

3. 节点防护方案的试验验证

采用节点足尺试验模型(图16),吊耳取2个销孔,加载曲线采用HC标准升温曲线。试验后的节点模型如图17所示,涂料膨胀较为均匀,表面平整。节点各部位升温曲线如图18所示。在高温作用后45min时,节点最高温度为336℃,低于550℃的设计耐火温度,说明6mm厚的环氧类防护方案可以满足节点的抗火要求。

图16 防护后的节点模型

图17 试验后的节点模型

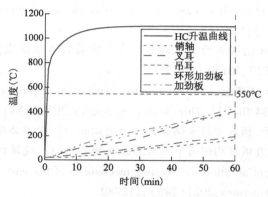

图18 节点各部位升温曲线

六、结　语

(1)明确了悬索桥索梁销接节点火场参数应考虑的主要因素,包括火灾环境、火源位置和火灾类型。其中,火灾环境应考虑桥址区域的大气温度、大气压、空气湿度与风速、风向等,这些会影响空气温度及温度场形貌;火灾发生位置宜考虑交通事故、车辆失控或其他意外状况等因素影响所产生的不利状态;火灾类型应考虑发生火灾的车辆类型及火灾燃烧形式,对于索梁节点,桥面油池火更为不利。

(2)确定了索梁销接节点最不利火灾场景为较小风速+较大泄漏孔半径的油池火灾,计算得到了最不利火灾场景下销接节点各部件位置的空气升温曲线及辐射强度时程曲线,可作为节点火灾响应及抗火性能分析的热边界条件。

(3)抗火目标可用设计耐火时间和设计耐火温度表征,在确定抗火目标时应综合考虑安全性及经济性要求,同时考虑周边环境及消防力量分布,以及构件的可更换性。综合考虑上述因素,确定依托工程索梁节点的设计耐火时间为45min,设计耐火温度为550℃。

(4)依托工程索梁销接节点在不利火灾场景作用下,吊耳加劲板温度最高,锚头和锌铜合金温度较低,总体上呈现出随与桥面距离的增大温度降低的趋势;节点主要发生强度破坏,吊耳底部最先进入塑性状态,随着温度的升高,塑性区逐渐增大,最终发生破坏,耐火极限为20min,临界温度为700℃,在最不利火灾场景下,依托工程不易发生锚头滑移破坏。

(5)通过节点火灾高温试验可知,在火灾高温作用下,节点叉耳也可能发生破坏,并且销轴会发生弯曲变形,锌铜合金的临界温度为414℃。试验下的节点破坏形态与计算结果有所差异,主要是由二者温度场差异所致。根据节点试验得到的耐火极限通过等能量法换算,近似得到最不利火灾场景下节点破坏的耐火极限为11min。

(6)由于依托工程节点的实际耐火时间不满足抗火目标的要求,需对节点进行抗火防护。考虑节点构造特点,选择防火涂料类材料进行方案设计。通过系列对比试验,提出采用6mm厚环氧涂料作为节点抗火防护方案,并通过足尺节点火灾试验进行了验证,满足节点抗火目标要求。

参考文献

[1] 王莹,王盼.油罐车火灾下大跨径双层钢桁梁悬索桥高温力学性能[J].建筑科学与工程学报,2019,36(3):91-100.

[2] ZOU Q,POOL K,CHEN S. Performance of suspension bridge hangers exposed to hazardous material fires considering wind effects[J]. Advances in Bridge Engineering,2020,1(1):2.

[3] KLEIN T W. The security assessment of cable assemblies in structures[C]// Annual International Bridge Conference,Pittsburgh,PA(US),2008:8-30.

[4] 李雪红,雷语璇,赵军,等.大跨悬索桥主缆抗火性能及其防护研究[J].浙江大学学报(工学版),2023,57(9):1746-1755.

[5] RIDGE L,HIBBS R. The behaviour of cast rope sockets at elevated temperatures[J]. Journal of Structural Fire Engineering,2012,3(2):155-168.

[6] 卢杰,刘红波,刘佳迪.带压制锚具的高钒镀层拉索火灾后的力学性能(英文)[J].天津大学学报(自然科学与工程技术版),2017,50(S1):7-17.

[7] DU Y,ZHU Y,JIANG J,et al. Transient temperature distribution in pre-tensioned anchors of cable-supported structures under ISO 834 fire[J]. Thin-Walled Structures,2019(138):231-242.

[8] 朱美春,孟凡钦,张海良,等.预应力拉索锚头抗火性能试验[J].中国公路学报,2020,33(1):111-119.

[9] 杜咏,王爽,朱钰,等.预应力钢结构锚固节点瞬态温度场分析[J].建筑材料学报,2020,23(3):671-677.

[10] LIU H,GUO L,CHEN Z,et al. Study on bonding mechanism of hot-cast anchorage of Galfan-coated steel cables[J]. Engineering Structures,2021(246):112980.

[11] 郭刘潞,刘红波,陈志华,等.高温下热铸锚拉索的力学性能研究[J].空间结构,2021,27(2):49-55.

[12] 杜咏,黄雷,李国强,等.火灾高温下热铸锚抗拔性能研究[J].建筑结构学报,2023,44(10):222-233.

[13] CHEN M,LU X,ZHOU Z,et al. Mechanical properties of 2100 MPa parallel wire strands under and after elevated temperature[J]. Journal of Constructional Steel Research,2024(212):108323.

[14] 李雪红,杨星埠,徐秀丽,等.大跨桥梁油罐车燃烧火灾模型计算方法研究[J].中国公路学报,2022,35(6):147-57.

[15] XU C L,LIU Z. Coupled CFD-FEM simulation of steel box bridge exposed to fire [J]. Advances in Civil Engineering,2022,2022(1):5889743.

[16] SHOKRI M,BEYLER C. Radiation from large pool fires [J]. Journal of Fire Protection Engineering,1989(1):141-149.

Ⅱ 施工与控制

1. 悬索桥主缆架设空中纺线法(AS法)发展及应用前景探讨

霰建平[1] 肖军[1,2] 王培杰[1,2] 彭康[1,2]

(1. 中交第二公路工程局有限公司;2. 陕西省"四主体一联合"桥梁工程智能建造技术校企联合研究中心)

摘要 空中纺线法(AS法)是目前世界上适用超大跨径悬索桥主缆架设的技术之一,为推动该技术在国内工程的进一步应用,本文系统总结了AS法主缆架设技术的发展与特点。首先梳理了AS法自提出到世界范围内广泛应用的发展历程,然后对AS法施工工艺的原理和流程进行了简述,最后总结了AS法纺丝的技术特点和优势,并简要介绍了国内两座应用AS法施工的悬索桥,指出了今后AS法的应用前景和技术创新方向。

关键词 桥梁工程施工 悬索桥 主缆架设 空中纺线法 技术特点

一、引 言

随着桥梁建设技术的不断进步,悬索桥主缆架设技术也经历了从传统方法到现代先进技术的转变[1-4]。国内外现行主流的悬索桥主缆架设方法包括预制平行钢丝索股法(PPWS法)和空中纺线法(AS法)两种[5-6],其中,国内绝大部分大跨径悬索桥均采用PPWS法进行主缆架设,其结构设计、缆索制造和主缆架设技术形成了较为成熟的体系[7]。而AS法属于英式施工方法,该方法在欧洲国家得到了广泛应用[8],如土耳其的博斯普鲁斯二桥、丹麦的大贝尔特东桥、英国的亨伯大桥等[9],但在亚洲地区,特别是我国应用较少。

1844年,AS法第一次由美国工程师J. A. 罗柏林提出,主要用于解决运输条件差的山区和超大跨径悬索桥的建设难题。然而,该技术在早期并未得到广泛应用,主要因为技术复杂性和施工难度较高,后在尼拉加拉河悬索桥(主跨250m)和布鲁克林桥(主跨486.3m)的初步应用中逐渐改进[9]。1931年,世界上第一座真正意义上的大跨径悬索桥——华盛顿大桥建成,该桥是第一座使用AS法主缆架设技术的大跨径悬索桥[10],随后AS法进入蓬勃发展时期,英国、日本、韩国等国家相继在工程中投入应用[1,11-12]。1997年建成的香港青马大桥是我国首次应用AS法主缆架设施工工艺的悬索桥[13],但遗憾的是该桥是由英国工程师主持建造的,2022年建成的阳宝山特大桥是我国首次独立自主使用AS法主缆架设技术建设的悬索桥[14]。

AS法作为一种先进的施工技术,依旧是当今世界大跨径悬索桥主缆架设的主流技术,特别是近年来在亚洲地区得到了广泛应用,在我国基建需求日益增长的西部山区具有较高的应用价值。但就目前而言,国内对AS法主缆架设技术的研究还较为不足,缺乏对AS法系统性的研究。本文将对AS法悬索桥主缆架设技术的发展和应用前景进行探讨。

二、AS法主缆架设施工工艺

1. AS法主缆架设技术原理

AS法施工主要由地面放丝系统和空中钢丝牵引系统两部分组成,其中地面放丝系统由放丝机、张力平衡塔及各转向导轮等组成,而钢丝牵引系统由牵引卷扬机、纺丝轮、牵引钢丝绳及各转向导轮组成,形成一个往复式循环牵引系统。AS法纺丝原理如图1a)所示,去程纺丝施工时,纺丝轮一个行程可以携带多根钢丝,其中死丝在下、活丝在上,死丝随纺丝轮运行进入猫道的索股成型器内,而活丝则落入猫道上滚轮跟随纺丝轮运行。待纺丝轮到达另一侧锚碇后进行钢丝入锚靴，入锚靴后活丝变为死丝，随后纺丝轮回程，如图 1b）所示，回程中死丝落入索股成型器，回程结束后继续入锚并重新牵引钢丝，直至单根索股包含的钢丝全部完成后，将该股钢丝进行整形、垂度调整，随后进入下一根索股的纺丝施工。通俗地讲，AS 法是一种在猫道上利于主动牵引系统将多根钢丝编织绑扎成一根钢丝索股，再将多根索股通过紧缆施工形成主缆的施工方法。

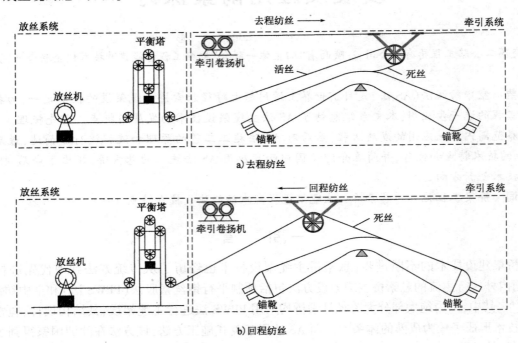

图 1　AS 法纺丝原理示意

2. AS 法主缆架设施工工艺

AS 法主缆架设时对于单根索股纺丝的施工工艺流程如图 2 所示，主要分为以下步骤。①施工准备：包括锚靴安装、基准丝安装及牵引系统试运行等；②起始丝锚固牵引：将钢丝从放丝系统引出并将端头临时固定在纺丝轮上，纺丝轮牵引起始丝并将端头锚固；③钢丝入一侧锚靴；④纺丝轮牵引钢丝进行去程纺丝；⑤钢丝入另一侧锚靴，活丝变死丝；⑥纺丝轮携带死丝进行回程纺丝；⑦判断是步骤⑧中纺至单根索股最后 1 组钢丝时，利用压接套筒将起始丝与尾丝对接；⑧钢丝连接完成；⑨单根索股整形至规定形状与空隙率；⑩索股垂度调整至设计线形。

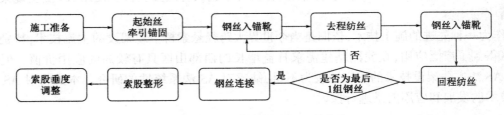

图 2　AS 法单根索股纺丝施工工艺流程

三、国外 AS 法施工应用情况

AS 法主缆架设技术自诞生以来，经历了初步应用、发展与推广、技术革新与现代应用等阶段，成为现行主流的主缆架设技术之一。AS 法在被美国工程师 J. A. 罗柏林提出后，成为 20 世纪欧美地区悬索桥架设主缆的主流方法之一，逐渐应用于一些大跨径的悬索桥建设施工中，为 AS 法的进一步完善和推广奠定了基础。近年来，AS 法开始在亚洲地区推广应用，表 1 所示为国外应用 AS 法施工的部分悬索桥。特别是2010年以后,兴建的李舜臣大桥、Dandeung Bridge和Jeokgeum Bridge等桥梁在内的多座大跨径悬索桥均采用AS法主缆架设技术[15-17],这些桥梁的建成不仅推动了AS法的发展和应用,也促进了全球大跨径悬索桥技术的交流和进步。同时,自AS法提出以来,钢丝张力控制方法经历了从自由悬挂法—低张力控制法—恒张力控制法的发展[10,18-19],猫道设计、放丝系统、牵引系统等专用设备不断改进[6,13],纺丝质量、垂度控制理论逐渐完善,使得AS法施工效率越来越高、质量越来越好、更加经济环保。

国外应用AS法施工的部分悬索桥　　　　表1

桥名	跨径(m)	竣工时间	国家	钢丝直径(mm)	钢丝(根)	索股(股)	张力控制方法	纺丝工期
华盛顿大桥	1067	1931年	美国	5.37	26390	61	自由悬挂	290d
旧金山海湾桥	704	1936年	美国	4.95	17464	37	自由悬挂	东桥91d
金门大桥	1280	1937年	美国	4.97	27572	61	自由悬挂	—
韦拉扎诺桥	1298	1964年	美国	4.98	26108	61	自由悬挂	147d
Humber Bridge	1410	1980年	英国	5.00	14948	37	自由悬挂	—
大贝尔特东桥	1624	1982年	丹麦	5.38	18648	37	低张力	—
下津井濑户大桥	940	1988年	日本	5.37	24288	44	低张力	—
李舜臣大桥	1545	2013年	韩国	5.35	12800	32	低张力	约4个月
哈当厄尔大桥	1310	2013年	挪威	5.36	10032	19	恒张力	—
Dandeung Bridge	400	2015年	韩国	5.35	4032	12	恒张力	64d
Jeokgeum Bridge	850	2016年	韩国	5.10	7220	19	恒张力	约9个月
布勒伊拉大桥	1120	2022年	罗马尼亚	—	8864	16	恒张力	—

自1844年空中纺线法被首次构想以来,材料科学与机械工程领域的持续进步为其奠定了坚实的技术基础,并积累了丰富的实践经验,然而,由于当时技术条件的限制,AS法并未能迅速普及至广泛的实际工程中。直至20世纪中叶,随着纺丝技术的日益成熟以及大量工程实践的积累,AS法开始崭露头角,逐渐被引入更多大型悬索桥的建设。特别是在面对地形崎岖、运输条件严苛的挑战时,AS法凭借其独特的优势,成为解决超长索股运输难题、优化施工流程、提升工程质量和效率的关键技术。

近年来,AS法在全球范围内的大型悬索桥项目中取得了众多成功经验,这些实践经验不仅验证了该技术的先进性和可靠性,也进一步巩固了AS法在解决复杂施工难题方面的地位。AS法主缆架设技术的不断成熟、进步和完善,推动了全球悬索桥建设事业的蓬勃发展。

四、AS法主缆架设特点及优势

AS法施工时由往复式循环牵引系统拽拉高强钢丝,在猫道上现场制作平行钢丝索股,其钢丝张力控制和端头连接是AS法施工区别于预制平行钢丝索股法(PPWS法)的主要技术特点,该架设技术在施工质量控制、误差控制以及猫道和锚碇设计中具有较大优势,下面将详细介绍。

1. 技术特点

1)纺丝张力控制方法

张力控制的目的主要是使同一索股内的钢丝长度都尽量相同。最初应用AS法时,钢丝张力控制方法为自由悬挂法,随着技术的发展又逐渐出现低张力控制法和恒张力控制法。自由悬挂法,即纺丝时牵引力为钢丝自由悬挂的重量,钢丝处于完全飘浮状态,该方法需对每根钢丝逐跨进行垂度调整,纺丝工期较长的同时易受风雨天气影响发生振动甚至事故[9]。随后,在大贝尔特东桥、下津井濑户大桥和李舜臣大桥的施工中,工程师采用了低张力控制法[11-12,18],该方法需要控制一定的钢丝拉力,使之小于钢丝自由悬挂所需拉力,猫道负责承担剩余的钢丝自重,钢丝从而变成展放在猫道或下层钢丝的状态,该方法虽然使得钢丝不受风雨影响且不用频繁调整钢丝,但由于猫道承受钢丝恒载产生下挠,需要多次调整猫道垂度从而控制钢丝长度。后来恒张力控制法被提出并应用,该方法中主缆钢丝在自由悬挂张力为80%~85%的状态下放丝,纺丝轮往复架设的钢丝张力恒定,大幅减少了索股和猫道垂度调整次数,提高了纺丝速度,且其带一定张力施工,还会使钢丝和猫道的抗风性能有所提升,提高了安全性。因此,现今AS法主缆架设时大多采用恒张力控制法[14-17]。

2) 钢丝端头压接

AS法主缆架设的优势之一是现场纺丝用的钢丝卷盘重量更轻,运输需求大幅降低,这也造成现场纺丝制索时每卷钢丝间需接长处理,一般施工现场主要采用套筒压接的手段。目前悬索桥主缆钢丝套筒压接技术可以达到其抗拉强度不小于被连接钢丝抗拉强度标准值,且具有较好的延性和疲劳性能。另外,AS法采用无端头钢丝索股,单根索股纺丝结束时也需将钢丝压接,因此在主缆内会存在较多压接套筒,该套筒直径略大于钢丝直径,接头在钢丝间挤压时对主缆钢丝产生剪切作用,对主缆安全性产生威胁,有必要对该现象深入研究其影响机理。而在现场施工时,出于主缆结构质量的考虑会避免接头出现在索夹、索鞍及锚靴等受力较大的关键位置。

2. 主要优势

1) 主缆质量控制更好

采用AS法架设主缆时,其主缆索股由现场钢丝制成,通过现场纺丝和实时调整,使得钢丝受力更加均匀,主缆索股的平顺度和安装精度也随之提升。在PPWS法主缆架设过程中,由于预制索股直接置于滚轮中,可能存在受力不均、钢丝排列不齐等问题,致使主缆发生鼓丝、乱丝现象,如图3a)所示,严重影响主缆质量。而AS法为现场制索,主缆施工质量由现场控制,且在应用恒张力法纺丝时,钢丝带张力运行,进一步避免了乱丝、散丝及鼓丝等现象,如图3b)所示。采用AS法架设的主缆,鼓丝、乱丝现象可基本消除,主缆钢丝受力均匀性得到提升,保证了主缆架设质量。

a) 鼓丝、乱丝现象　　　　　　　　b) AS法架设主缆基本消除

图3　主缆架设鼓丝、乱丝现象

2) 索股钢丝误差控制精度更高

采用AS法施工时,高精度的纺丝系统和控制方法能够提高索股钢丝的架设精度,在钢丝误差控制方面具有一定优势。采用PPWS法架设主缆时,在厂内预制的索股钢丝数量一般为91丝或127丝[20],而采用AS法施工时,索股现场施工,其索股钢丝数量通常会远远超过PPWS法的数量,如华盛顿大桥单根索股有434根钢丝,李舜臣大桥单根索股有400根钢丝,下津井濑户大桥单根索股甚至达到了552根钢丝,因此,股内大量钢丝的长度误差对AS法制索股受力特性的影响不容忽略。造成股内钢丝误差的因素通常包括猫道变形、温度变化、纺丝张力和风荷载,对此,有学者分析提出猫道变形和温度变化是股内钢丝误差的主要影响因素,并基于韩国李舜臣大桥和中国阳宝山特大桥,通过理论计算和工程试验相结合的手段,提出了AS法架设主缆股内钢丝误差的评定标准[21-22],配合现场AS法的索股、猫道垂度调整装置,

能有效控制索股钢丝纺丝质量。

3)猫道设计与施工难度更小

恒张力控制法作为现今AS法主缆架设所采取的主要方法,其带张力纺丝时将钢丝自重的15%～20%传递给猫道,因此相对于PPWS法,AS法猫道和门架所受恒载明显减小。同时,由于钢丝恒张力控制时每一根索股均需调整至自由飘浮状态,上层索股纺丝时钢丝自重会由下层索股承担,这进一步降低了猫道所承受的恒载和活载。因此,AS法施工的猫道结构设计也更加轻巧,经济性较高,特别是对于主缆长度超过2000m的大跨径悬索桥,能节省较多施工成本[23]。

4)锚碇设计与需求较小

AS法施工有利于降低锚碇锚固所需面积。AS法主缆的索股采用镀锌高强钢丝,其两端设锚靴,钢丝缠绕于锚靴两侧的凹槽内,锚靴通过拉杆与锚碇的预应力锚固系统连接。根据现有规范、标准和工法,采用AS法架设后,单一索股钢丝数量增加,则索股数量有所减少,相应的锚固数量也会减少,为PPWS锚固数量的1/3～1/4。虽然锚板尺寸变大,但锚块在满足锚固拉力前提下尺寸可以减小,锚固区域更紧凑,锚面空间也随之减小,这意味着在岩锚、隧道锚等条件下,采用AS法可有效减小锚固面积,缩短施工工期,降低施工困难程度和成本[24]。

五、AS法在国内悬索桥的工程实践

AS法主缆架设技术起源于美国,在欧美地区得到了较多应用,国内起步较晚。2022年竣工的阳宝山特大桥是我国内地第一座独立自主采用AS法架设主缆的悬索桥,第二座应用AS法架设主缆的桥梁——藤州浔江大桥于2022年开工建设,使得AS法工程应用得到进一步推广。如表2所示,我国内地采用AS法施工的两座悬索桥:阳宝山特大桥跨径布置为170m+650m+210m,主缆形状长度为1118.03m,使用直径5.35mm的高强镀锌钢丝共11680根,由36根索股组成,纺丝工期共计120d;藤州浔江大桥于2021年开工建设,为638m+638m跨径的独塔空间缆斜拉-悬索协作体系桥,全桥主缆共计6848根钢丝,该钢丝为直径7mm的大直径钢丝,主缆纺丝施工预计90d完成。

国内AS法施工的悬索桥　　　　表2

桥名	跨径(m)	悬索桥类型	竣工时间	钢丝直径(mm)	索股(股)	单股钢丝数量(根)	钢丝总数(根)	主缆直径(mm)	主缆形状长度(m)	张力控制方法	纺丝工期	总工期
阳宝山特大桥	170+650+210	双塔单跨	2022年	5.35	36	320/332	11680	646	1118.03	恒张力	120d	5年
藤州浔江大桥	638+638	独塔双跨(空间缆)	预计2025年	7.00	30	224/230	6848	652	1564.94	恒张力	预计90d	预计4年

阳宝山特大桥主缆架设施工的工程实践成功填补了国内空中纺线法在悬索桥中应用的空白,为我国运输受限的山区跨峡谷悬索桥建设提供了技术支撑。同时,AS法又在藤州浔江大桥中首次应用在独塔空间缆施工中,在施工期八字缆纺丝循环、大尺寸钢丝压接、智能纺丝控制系统和股内钢丝误差控制等方面取得了较多成果,为今后国内大跨径悬索桥应用AS法架设主缆技术积累了宝贵的施工经验。

六、结　语

空中纺线法作为现今主流的主缆架设技术,自19世纪提出以来,经过工程师们不断的技术创新和改进,得到了进一步的完善,具有独特的优势和特点。

(1)现场制索。索股质量现场控制,架设质量好,适用于超大跨径、精度要求较高的悬索桥。

(2)单卷钢丝重量轻,对运输条件要求低,解决了超长索股运输难题,满足了山区、峡谷等运输受限地区的建设需求。

(3)锚固需求较少,适合在隧道锚、岩锚等要求锚面较小的特殊环境下施工。

(4)能够有效降低施工难度和成本,具有较高的经济性。

同样,大量的悬索桥工程实践也证明,AS法主缆架设技术仍然存在许多亟待解决和改进完善的工作和技术创新方向。

(1)在设计方面,钢丝锚靴处弯曲应力分析、接头处应力集中和连接性能等问题需深入研究。

(2)在施工方面,应开发数智化智能纺丝系统,探索建立基于监测数据的AS法施工系统稳定运行评价指标,进一步提高施工效率和质量。

(3)在设备方面,应研发多丝纺线轮及配套设备、数控系统,提高纺丝工效。

总之,AS法是当今主缆架设的一种主流技术,具有较多的技术特点和施工优势,随着AS法技术的不断创新,其质量优势、经济效益将逐渐显现,市场需求将进一步增长,该技术有望得到更广泛的应用和推广。

参考文献

[1] DAVID F. Design and construction of the Humber Bridge[J]. Physics Education,1982,17(5):198-203.

[2] MATSUZAKI M,UCHIKAWA C,MITAMURA T. Advanced fabrication and erection techniques for long suspension bridge cables[J]. Journal of Construction Engineering & Management,1990,116(1):112-129.

[3] 薛光雄,牛亚洲,程建新,等. 润扬大桥悬索桥主缆架设施工技术[J]. 桥梁建设,2004(4):32-35.

[4] ZHANG W,TIAN G,CHEN Y. Evolution of suspension bridge structural systems, design theories, and shape-finding methods:A literature survey[J]. Journal of Traffic and Transportation Engineering (English Edition),2024,11(2):225.

[5] GIMSING N J,GEORGAKIS C T. Cable supported bridges:Concept and design[M]. 3rd Edition. New York:John Wiley&Sons,2011.

[6] KIM H S,KIM Y J,CHIN W J,et al. Development of highly efficient construction technologies for super long span bridge[J]. Engineering,2013,5(8):629-636.

[7] 叶觉明. 超大跨度悬索桥主缆预制索股制造工艺技术[J]. 金属制品,2013,39(2):4-8,18.

[8] 曾宪武,王永珩. 桥梁建设的回顾和展望[J]. 公路,2002(1):14-21.

[9] 钱冬生,陈仁福. 大跨悬索桥的设计与施工[M]. 成都:西南交通大学出版社,2015.

[10] AMMANN O H. George Washington Bridge:General conception and development of design[J]. Transactions of the American Society of Civil Engineers,1933(97):1-65.

[11] OKUKAWA A,HIRAHARA N. Cable spinning for Shimotsui-Seto Bridge[J]. Honshi Technical Report,1988,12(45):7-20.

[12] MOON J,JEONG S,CHOI H. Yi Sun-sin Bridge:Several unique features on the cable erection procedure[C]//International Association for Bridge and Structural Engineering,2012,18(30):280-287.

[13] 安琳,丁大钧. 香港青马大桥简介[J]. 桥梁建设,1997(3):24-28.

[14] 刘新华,霰建平,金仓,等. 悬索桥空中纺线法架设主缆施工技术[J]. 公路交通技术,2021,37(4):94-99,106.

[15] KIM J,CHUNG K,YOON J,et al. Erection of catwalk rope and main cable of jeokgeum bridge[C]//IABSE Symposium:Engineering for Progress,Nature and People,Madrid,Spain,2014:692-699.

[16] CHOI H,MOON J,KIM S,et al. Cable erection of single pylon suspension bridge,Dandeung Bridge[C]//IABSE Symposium:Engineering for Progress,Nature and People,Madrid,Spain,2014:684-691.

[17] KIM J,LEE M,KIM J,et al. The recent cable and deck erection methods applied in various types of suspension bridges in Korea[C]//IABSE Conference:Structural Engineering:Providing Solutions to Global Challenges,Geneva,Switzerland,2015,105(38):608-615.

[18] 丹吉姆辛. 大贝耳特海峡东桥[M]. 成都:西南交通大学出版社,2008.

[19] 葛国库,石虎强,金仓,等.悬索桥主缆空中纺线工法技术经济性分析[J].公路,2017,62(3):296-301.
[20] 中华人民共和国交通运输部.公路悬索桥设计规范:JTG/T D65—2015[S].北京:人民交通出版社股份有限公司,2015.
[21] 谭沸良,唐茂林,谢文昌.悬索桥AS法架设主缆索股股内误差分析与评定[J].公路交通科技,2023,40(12):89-96,153.
[22] CHOI H S,MOON J H,JEONG S W. The current status of cable erection and improvements for spinning works of Yi Sun-Sin Grand Bridge[J]. KSCE Journal of Civil Engineering,2011,59(7):22-29.
[23] 郭瑞,杨博,仝增毅,等.基于悬索桥空中纺线(AS)法架设主缆的猫道设计与施工关键技术[J].公路,2021,66(8):163-169.
[24] 中交第二公路工程局有限公司.公路桥梁施工系列手册 悬索桥[M].北京:人民交通出版社,2014.

2.平陆运河跨线桥梁差异化拆建关键技术

韩 玉

(广西路桥工程集团有限公司)

摘 要 平陆运河沿线旧桥与待建新桥桥型不一、周边环境复杂,所需拆除与建设工艺也不尽相同。本文通过对G75钦江大桥、金海湾大桥、南珠大街跨江桥及北环路跨江大桥等典型案例的分析,阐述了分节段分块切割拆除、边跨凿除、连续倒塌,以及分段切割吊运、边跨原位凿除等差异化拆除技术,分析了钢管混凝土拱肋整体提升、提篮拱肋竖转施工、拱肋斜拉扣挂悬拼一次张拉控制,以及爬拱起重机安装桥面梁等关键施工和控制技术的研发和应用情况。这些技术在应对复杂环境、确保施工安全与质量、提高施工效率方面展现出显著优势。平陆运河桥梁拆建工程的成功经验,为类似工程项目提供了宝贵的技术参考和实践指导。

关键词 平陆运河 钢管混凝土拱桥 拆除与重建 整体提升 竖向转体 爬拱起重机 一次张拉

一、引 言

"世纪工程"——平陆运河是西部陆海新通道的骨干工程,起点位于南宁横州市西津库区平塘江口,经钦州灵山县陆屋镇沿钦江进入北部湾。作为新中国成立后的第一个重大运河工程,平陆运河建成后,我国将形成大能力、低成本、广覆盖的江海联运新通道。

平陆运河沿线有诸多旧桥梁因不满足运河通航要求需要拆除重建,相关道路重要桥梁的拆建总体工期基本覆盖运河工程建设周期,对运河的整体建设影响尤为突出[1]。沿线旧桥与待建新桥桥型不一、周边环境复杂,所需拆除与建设工艺与方法也不尽相同。为此,本文重点围绕平陆运河沿线桥梁,开展桥梁施工关键技术研究,为城区旧桥拆建改造施工提供参考。

二、G75兰海高速公路钦江大桥

本项目为原位改建,需要拆除位于G75兰海高速公路广西钦州段的钦江大桥旧桥(图1)。旧桥为双向八车道高速公路,采用左右幅分离式设计,主桥长288.06m,桥面宽45.7m,上部结构为7×40m装配式预应力混凝土简支I形/T形梁桥,下部结构为钢筋混凝土实体墩。新桥为下承式钢管混凝土系杆拱桥,主跨318m,矢跨比为1:4.48,拱轴线为悬链线,拱轴系数为1.5。拱肋为钢管混凝土桁架结构,单幅桥主拱中心间距24.9m,左右幅弦管距离4.2m,拱肋采用变高度四管桁式截面,拱顶高5m,拱脚高7m,肋宽2.6m。每肋上下弦为两根φ1000mm钢管混凝土弦管,壁厚20～28mm,混凝土为C60自密实补偿收缩混凝土。新桥效果图如图2所示。

图1　钦江大桥旧桥　　　　　　　　　　　图2　钦江大桥新桥(效果图)

1. 拱肋整体提升技术

单片拱肋分14个节段加工制作及安装,全桥共56个节段,其中拱脚处的4个节段(两岸各2个)采用支架施工,中间的10个节段通过在桥底加工安装为整体大节段后,通过竖向提升后与拱脚节段进行合龙。中拱段跨径为232.2m,提升重量为1900t,提升高度为49.1m,整体提升过程需16h,为目前世界最大整体提升跨径和吨位的钢管混凝土拱桥。整体提升布置图如图3所示。

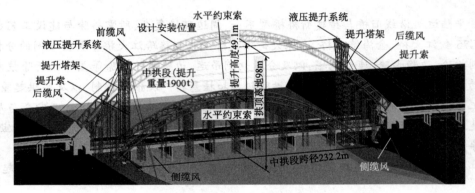

图3　拱肋整体提升布置图

为确保整体提升的精度与安全,降低风荷载影响,并精准控制提升精度和拱肋线形,建设团队采用液压同步提升技术,并自主开发了物料跟踪、虚拟预拼装、数字孪生和提升监控系统,实现拱肋整体提升工序的预模拟,提前预警空间碰撞,提升智能化与精细化管理水平。钢管拱肋两岸各搭设提升门架,布置8台LSD3500千斤顶、4台液压泵站和1套控制系统。提升前,通过钢绞线将提升塔顶的千斤顶与中拱段连接,并布置水平拉索以抵消变形。施工时,地面总站同步控制千斤顶顶升钢绞线,通过千斤顶与夹持器的交替动作实现提升。为确保中拱段安全脱离拼装胎架,水平索与垂直索分级动态加载,使拱肋受力趋近自然状态,避免线形失控。分阶段提升采用五级加载,依次为设计提升力和张拉力的25%、40%、50%、75%、100%。此外,通过对拱肋整体提升过程的精细化分析,确定合理的临时水平系杆索力,在保障提升过程稳定性的同时使拱肋的成拱线形满足控制要求。中拱段整体提升施工如图4所示。

2. 桥面梁安装

桥面梁采用钢格子梁的钢-混凝土组合桥面板,由2道主纵梁、4道次纵梁、主横梁及3道次横梁组成。主横梁与吊杆对应布置,除端横梁为箱形截面外,其余为工字形截面,主横梁间距11.8m,次横梁间距2.95m,标准段格子梁重量为88t。因整体提升工艺限制,桥面格子梁无法使用缆索吊装,项目研发了爬拱起重机进行安装。该起重机设计吊重为120t,包含起升、牵引、主梁、走行、吊具、电气和液压系统,可沿拱肋双向行走,如图5所示。

图4 中拱段整体提升施工

桥面梁经河道运至桥址处,通过爬拱起重机进行四点起吊,并沿拱肋爬行至桥面梁待安装位置。利用汽车起重机配合穿吊杆,锚固完毕并检查无误后,爬拱起重机吊点将标准段格子梁进行下放,使标准段格子梁达到合适位置,与前一段格子梁进行螺栓连接。爬拱起重机安装桥面梁如图6所示。

 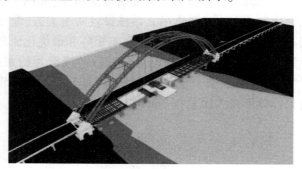

图5 爬拱起重机示意图　　　　　　图6 爬拱起重机安装桥面梁

三、金海湾大桥

金海湾大桥旧桥结构为 $11 \times 25m$ 预应力混凝土连续梁 $+ 55m + 98m + 55m$ 预应力混凝土连续刚构 $+ 9 \times 25m$ 预应力混凝土连续梁,如图7所示。桥梁全长718m,其中主桥长208m,引桥长510m。金海湾大桥新桥采用主跨191m的下承式钢管混凝土系杆拱桥,计算跨径为180m,计算矢高为40m,矢跨比为1:4.5,如图8所示。拱轴线采用悬链线,拱轴系数为1.3。拱肋为钢管混凝土哑铃形结构,单幅桥共两片拱肋,拱肋横桥向中心间距为18.9m。单片拱肋采用哑铃形截面,哑铃高3.2m,上、下弦管直径1300mm,壁厚24～28mm,管内灌C60自密实补偿收缩混凝土。

图7 金海湾大桥旧桥　　　　　　图8 金海湾大桥新桥(效果图)

1.旧桥拆除关键技术

本项目为原位改建,需拆除旧桥。主桥中跨采用分节段切割的拆除方式,顺序为从中跨合龙段至主墩0号块,每个箱梁节段切割为2块翼缘板、1块顶板、2块腹板、1块底板,依次拆除翼缘板—顶板—腹板—底板,如图9所示。边跨拆除前,先在桥底搭设支架,以防止受力不平衡导致倾倒,拆除顺序为先用炮机凿除翼缘板和顶板,再用长臂炮机拆除剩余腹板和底板。引桥采用架桥机拆除,从主桥往桥台方向依次进行,拆除的箱梁由运梁跑车运至旧梁存放区做破碎处理,如图10所示。

图9 金海湾旧桥主跨拆除

图10 金海湾旧桥边跨拆除

2. 新桥建设关键技术

金海湾大桥新桥采用缆索吊装法施工,如图11所示。缆索吊装系统中跨270m,西岸边跨为318m,东岸边跨为293m,缆索吊装系统设置两组索道,设计吊重95t,采用两组主索抬吊。采用广西路桥工程集团有限公司自主提出的"基于影响矩阵和最优化原理的扣索一次张拉索力优化计算方法"进行扣索力优化计算[2],该方法以拱肋合龙松索后的线形为约束条件,施工过程线形为目标约束函数,建立"过程最优"优化计算模型。合龙松索后的线形与目标线形误差控制在15mm以内;各吊装施工阶段的预抬高值与目标线形最大误差在7mm以内。

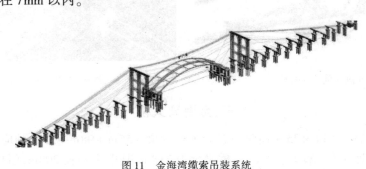
图11 金海湾缆索吊装系统

四、南珠大街跨江桥

南珠大街跨江桥旧桥建于20世纪60年代(图12),结构为5×27m的连拱石拱桥,全长148.4m,桥面宽度13m,其中机动车道8.9m,两侧人行道各2.05m,桥面无伸缩缝。新桥全长936m,主桥长185m,引桥长751m,主桥为185m中承式钢管混凝土提篮拱桥,计算矢高45m,矢跨比1∶4,采用悬链线拱轴,系数为1.5(图13)。拱肋为两片钢管混凝土桁架结构,中心间距36.5m,拱肋向桥轴线侧倾斜15°形成提篮式结构。单片拱肋为变高度四管桁式截面,拱顶截面高3.6m,拱脚截面高5m,肋宽2.4m,上、下弦均为两根φ900mm钢管混凝土弦管,壁厚16~24mm,混凝土为C50自密实补偿收缩混凝土。

图12 南珠大街跨江桥旧桥

图13 南珠大街跨江桥新桥(效果图)

1. 旧桥拆除关键技术

南珠大街跨江桥旧桥建设年代久远,具有一定的历史意义,钦州市政府决定保留旧桥西岸第一跨第一个腹拱结构作为永久纪念。旧桥拆除利用炮机在东岸地面对 5 号主拱进行凿除,破坏主拱结构体系,使拱肋连续倒塌。为防止在旧桥拆除过程中,保留段随着主拱顺势垮塌,计划在第二个腹拱位置增加支撑墙体,如图 14 所示。旧桥倒塌后,会保留至第二个腹拱位置,然后再人工凿除多余石块,将保留段凿到设计形状。同时为防止主拱体系破坏后,石块间因黏结力不够而垮塌,须对保留段支撑墙体进行加强。

2. 新桥建设关键技术

经过方案对比,新桥采用竖转方案施工,半拱转体重量为 552t,最大转角为 24.4°(图 15)。由于施工场地及航道水位的限制,利用旧桥作为拱肋节段运输通道,新桥主拱合龙后再进行旧桥拆除。在旧桥桥面布置一套轨道平车系统,包含 4 个小车,轨道基础采用 C30 混凝土,宽 2m,纵向覆盖全桥,平车之间设置连接梁及拱肋台座,同时配置缆风以保障拱肋稳定。拱肋安装时,先根据节段长度定位,由平车支撑两端,然后利用汽车起重机将拱肋从船上转运至轨道平车,并运输至安装位置。

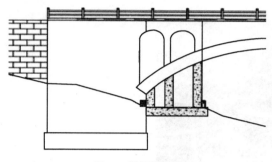

图 14 保留段支撑

图 15 拱肋竖转示意图

五、北环路跨江大桥

旧桥结构为西引桥 4×30m + 30.08m 装配式预应力混凝土箱形连续梁、主桥 80m + 135m + 80m 预应力混凝土连续箱梁、东引桥 30.08m + 30m 装配式预应力混凝土箱形连续梁,总长 512.56m(图 16)。新桥为主跨 372m 的中承式钢管混凝土拱桥,计算跨径 330m,矢高 82.5m,矢跨比为 1∶4,采用悬链线拱轴,系数为 1.5。拱肋为两片钢管混凝土桁架结构,中心间距 28m,单片拱肋为变高度四管桁架,拱顶高 7m,拱底高 12m,肋宽 3.2m,上下各两根 φ1220mm 钢管混凝土弦管,壁厚 24~32mm,混凝土强度等级为 C70(图 17)。

图 16 北环路跨江大桥旧桥

图 17 北环路跨江大桥新桥(效果图)

1. 旧桥拆除关键技术

考虑桥下通航和周边铁路干线的环境问题,采用主跨分段切割吊运与边跨原位凿除相结合的方法进行拆除施工。该方法对环境影响小,不增加桥梁上部结构荷载,具有拆除速度快、风险低的优势。具体操作中,先在旧桥主墩与主梁结合处灌注混凝土进行临时固结,并在关键位置设置支架,通过张拉螺纹钢锚固强化临时固结作用。主跨拆除从跨中合龙段向0号块逐段切割吊运,边跨则使用液压破碎锤原位凿除(图18~图20)。

图18 主墩-主梁临时固结

图19 边跨支架

图20 主跨切割吊运

2. 新桥建设关键技术

新桥上部钢结构采用缆索吊装斜拉扣挂施工法,包含缆索吊装和斜拉扣挂两部分。结合桥梁信息和现场地形,设计了专用系统,以提升施工安全性并控制拱肋线形。主要优化内容包括:取消重力式地锚横梁,改为前置式地锚(图21),锚固系统升级为预埋端、支撑靴、散索鞍和锚固绳组成;塔脚锚固系统由可循环使用的立柱、横梁、限位键和高强螺纹钢构成,以降低成本;新式扣索鞍适用于通索和非通索,为确保受力平衡,滑槽采用低摩阻、高耐久工程塑料合金,更适应施工环境。

图21 前置式地锚

六、结　语

平陆运河沿线旧桥与待建新桥桥型不一，周边环境复杂，所需拆除与建设工艺和方法也不尽相同，给桥梁的建设带来前所未有的施工风险和挑战。针对各桥梁的工程特点和施工难点，提出了分节段分块切割拆除、边跨凿除、连续倒塌，以及分段切割吊运、边跨原位凿除的差异化拆除技术，采用了拱肋低位拼装整体提升、提篮拱肋竖转施工、拱肋斜拉扣挂悬拼一次张拉控制，以及爬拱吊机安装桥面梁等关键施工及控制技术，较传统工艺大幅降低了大跨径拱桥施工作业风险，提高了施工效率，保障了施工质量，为大跨径拱桥的建设积累了成功经验。

参考文献

[1] 刘宁.平陆运河工程建设关键问题研究与思考[J].水运工程，2024(6)：1-11.
[2] 秦大燕，郑皆连，杜海龙，等.斜拉扣挂1次张拉扣索索力优化计算方法及应用[J].中国铁道科学，2020，41(6)：52-60.

3. 基于ANSYS的钢桁梁悬索桥主梁少压重合龙可行性研究

柯红军[1]　李传习[1,2]　汪继平[3]　蓝　雄[3]　林文昊[1]
（1.长沙理工大学；2.广西大学；3.广西容梧高速公路有限公司）

摘　要　本文以泸州市长江二桥为工程背景，利用ANSYS建立全桥空间杆系有限元模型，模拟主梁吊装全过程，并在吊装过程中完成梁段间刚接，最终利用ANSYS计算得到了合龙段起吊后合龙口两侧上下弦杆的高差及缝宽。对主梁合龙前各构件进行应力分析，继而提出了在主跨跨中区段进行少许压重从而改善合龙口主跨侧梁端面倾角的方案，最终发现仅需在主跨跨中五个梁段压重约309t，便可实现合龙，此时仅需抬高塔梁交界处0.4614m。

关键词　悬索桥　钢桁梁　ANSYS　杆系模型　无压重合龙

一、引　言

有关悬索桥合龙技术，目前主流的方法是先吊装梁段至合龙段后，对桥面进行压重，以达到合龙的要求，合龙后再对梁段的临时连接进行铰固转化。该方法首先需要对桥面进行较大的压重，占用较长的工期，且不够经济，在压重结束后还需刚接所有临时连接，亦会延长工期。就合龙压重问题，国内外学者提出了一些新方法，且在具体桥梁施工中得到应用[1-7]。

为了使加劲梁在整体上达到所需的姿态和高程，五峰山长江大桥的合龙是先使用墩顶纵、横移装置，将边跨加劲梁向中跨侧纵移1m，调整边跨加劲梁整体姿态，通过顶、落梁的方式，即在边墩支点处落梁约1.1m，辅助墩支点处抬高约0.16m，主墩支点处抬高约1.2m[2]。该方法的核心是通过顶、落梁的方式进行加劲梁合龙。开州湖特大桥先将靠近主塔的M37梁段通过缆索吊装到位，通过支座处临时支撑和临时吊索进行固定，在临时支撑和临时吊索处设置可调节装置[3]。为确保顺利合龙，将M37梁段向主塔侧预偏30cm，悬吊段吊装至M36梁段后全部刚接，随后只需调整M37梁段姿态便可完成合龙。该方法的核心是临时吊索、临时支撑及可调节装置的设置。杨泗港长江大桥在施工过程中采用了压重吊梁同步的方法，通过这种施工方式可以实现线形的精确控制[4-5]。合龙段则采用了"预偏法"进行安装，使用两台10t卷扬机，对边跨的两个梁段进行水平牵拉，以确保合龙段的顺利提升。重庆长寿长江二桥使用悬吊装置来移动梁段,以完成桥梁的边跨合龙和中跨合龙,通过悬吊装置的牵引移位,可以有效地控制梁段的位置,确保它们在合龙过程中准确对齐,并完成桥梁不同部分的连接[6]。但中跨合龙需牵引一侧所有梁段,可能会破坏桥梁整体稳定,且对牵引装置有较高要求。上述桥梁在基于主流的压重-合龙-刚接的施工模式上进行了一定的创新,都是为了减小施工难度、缩短工期、降低成本。但上述方法也存在不足,总结如下:①对装置要求过高。②仅缩短了压重带来的工期,并未考虑后续刚接的问题。③对桥梁构造有一定要求,不具备普适性。

本文是在桥跨中梁段吊装完毕并完成梁段间刚接后进一步提出少压重合龙的构想,极大地节省了人力物力,可为同类型钢桁梁悬索桥的合龙方案提供借鉴。

二、工程概况

泸州市沙茜过江通道及连接线工程主桥(简称"泸州市长江二桥")结构形式采用悬索桥,主梁为跨径布置 70m+576m+70m 的三跨连续梁,桥梁总宽 31.1m,桥型布置如图 1 所示。泸州市长江二桥按近期、远期布置:近期上层为双向六车道,下层为双向两车道;远期上层为双向六车道(汽车道),下层为双向两车道(轨道)。钢桁梁沿桥纵向分成 51 个节段,主桁采用两片主桁的纯华伦桁架(三角桁),主桁横向中心距为 16.0m,桁高 11.335m。

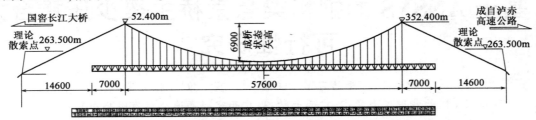

图 1 桥型布置图(尺寸单位:cm)

三、有限元模型的建立及施工过程模拟

1. 关键构件的模拟

钢桁梁悬索桥的主要构件包括主塔、钢桁梁、主缆、吊索、主索鞍及散索鞍。为准确模拟各构件的受力特性并仿真实现其功能,基于作者所写博士论文及期刊中介绍的 ANSYS 悬索桥分析方法,在 ANSYS 中将上述各构件采用以下的单元及方法模拟[8-9]。

悬索桥的主塔一般采用变截面形式,各节段的截面特性均有所不同,且有时并非采用轴对称截面,因而一般采用 BEAM44 单元模拟,该单元具有拉伸、压缩、扭转和弯曲能力,且单元实常数中可分别提供顶底部到水平中性轴及左右端到竖直中性轴的垂直距离。本文依据主塔的截面特性共设置 174 个节点,为了模拟主塔有限元模型,定义了 8 组截面特性数组,分别为截面面积、顶底部到水平中性轴及左右端到竖直中性轴的垂直距离以及初应变。钢桁梁也采用 BEAM44 单元模拟,只是对于地锚式悬索桥,主梁不受主缆在锚固端传递的纵桥向压力,所以不需要在实常数中提供初应变。主缆采用 LINK10 单元模拟,LINK10 单元为三维仅受拉或仅受压的单元,通过将该单元的 KEYOPT(3) 设置为 0 模拟主缆的仅受拉特性。同时,将该单元的 KEYOPT(2) 设置为 2,以分配给倾斜的主缆单元小刚度,增强其几何非线性分析时的收敛性。吊索的模拟与主缆相同,亦采用仅受拉的 LINK10 单元。

2. ANSYS 中约束及节点荷载的设置

在主梁单元建立完毕后,需打开静力分析开关并包含大变形效应,激活应力刚度效应,具体命令流形式如下:

    antype,0
    nlgeom,on

```
sstif,on
allsel,all
```

随后便可进行约束的设置：主缆锚碇处锚固点固结、塔底固结、主梁端部约束横桥向与竖桥向位移、主梁塔梁交界处仅受压杆顶部约束纵桥向与横桥向位移、主梁塔梁交界处横向约束横桥向与竖桥向位移、主梁主跨跨中约束纵桥向位移、散索套支点固结。然后使用 CPINTF 功能来指定耦合的自由度，设置一个节点处于同一位置的误差范围（只有在这个误差范围内节点才被考虑作为同一位置的节点来耦合）。

随后把索夹、上下锚头、吊索外包 PE 管及减震架自重作为节点荷载加入对应的吊索上吊点位置。

3. ANSYS 中模拟钢桁梁吊装

在钢桁梁吊装过程中，下弦杆刚接前各阶段，各梁段间的上弦杆是相互铰接而非刚接的，斜腹杆及下弦杆接头处是相互脱离的，而下弦杆间的开口宽度具备刚接条件时，又需将上弦杆、斜腹杆及下弦杆刚接。为实现这些受力状态，在 ANSYS 中采取的方法是在梁段间的接头处各自建立节点，而不共用节点。对于上弦杆，各自使用的节点可采用相同的坐标，这样在上弦杆铰接的阶段，可使用仅耦合 x、y、z 三个方向的平动自由度，而在后续刚接阶段，可使用耦合三个平动自由度及三个转动自由度；在下弦杆未刚接的阶段，两个梁段接头处的斜腹杆及下弦杆端部节点坐标不能设为完全一致，可将一个节段的上弦杆及斜腹杆端部节点竖向坐标减小 0.01cm，以保持相邻节段后续会刚接在一起的斜腹杆及下弦杆端部节点坐标不变，否则会随上弦杆一样自动耦合成铰接状态。在梁段间下弦杆刚接的阶段，可将斜腹杆及下弦杆端部的节点坐标设为一致，这样耦合全部自由度时就实现了刚接。这种模拟方法除了可实现钢桁梁吊装过程中梁段间的铰接或刚接，还可方便地获得未刚接时下弦杆间的开口宽度。此外，采用节点荷载作用至索夹处模拟缆索吊机的自重产生的荷载。

本文模拟钢桁梁吊装全过程，并根据主梁线形变化的特点在吊装梁段期间完成梁段间的刚接。图 2 为 ANSYS 中模拟吊装至合龙段且除合龙段外所有梁段均完成刚接。

图 2　ANSYS 中模拟吊装至合龙段

四、主梁少压重合龙论证

当前悬索桥的合龙方法大都采用压重合龙法，即在主跨侧和边跨侧进行压重，以达到合龙段与梁段高程一致后再进行全面刚接。该方法对于工期影响较大，需要大量的人力，同时压重完成后进行全面刚接时，亦难以达到经济效益。因此，本文在本桥完成梁段刚接后提出了仅在中跨少许压重合龙方案，简化主梁压重步骤，大幅缩短了工期，提高了施工效率。

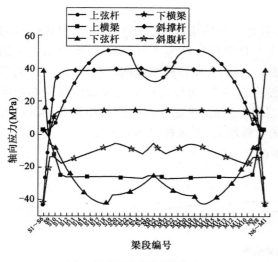

图 3　梁段各构件最大轴向应力

1. 合龙前全桥应力分析

为了确保合龙工作安全可靠，利用 ANSYS 模拟出合龙前梁段整体状态（此时两台跨缆吊机分别位于 S7、N7 索夹处，且 S7、N7 梁段已起吊，东、西塔顶主索鞍剩余预偏量均为 25cm），S7、N7 的起吊用节点荷载作用于下吊点处模拟，对该状态下的主梁应力、吊索整体索力及主缆轴向应力进行分析，确保合龙工作可以顺利进行。

1）钢桁梁结构应力分析

利用 ANSYS 对合龙前 S1～N1 所有梁段（S7、N7 由于未吊装除外）上弦杆、上横梁、下弦杆、下横梁、斜撑杆、斜腹杆的轴向应力进行分析，计算出各个梁段上述构件的最大轴向应力，如图 3 所示。

由图 3 可以看出，整体梁段所受的轴向应力是对称分布的，上弦杆主跨处的最大轴向应力呈现由端部到跨中先增大后减小的趋势,最大值为51.2MPa;上横梁最大轴向应力在端部逐渐增大,S10~N10整体呈现平稳分布;主跨侧下弦杆最大轴向应力亦呈现由端部到跨中先增大后减小的趋势,最大值为42.3MPa;下横梁与上横梁相同,呈现平稳分布,斜撑杆在端部增量较大,随后呈现平稳分布,在跨中由于M0梁段自重较小,所以斜撑杆在跨中有小幅度减小趋势;斜腹杆最大轴向应力端部至跨中整体呈减小趋势。

经过以上计算,梁段各个构件所受轴向应力均满足材料要求。

2)主缆轴向应力分析

利用ANSYS对合龙前主缆每个单元处轴向应力进行计算,计算结果如图4所示。

可以看出,主缆整体受力大小呈对称分布,沿桥纵向在主塔处发生突变,最大值为363MPa,在跨中应力值最小,为331MPa。满足主缆抗拉强度的条件。

3)吊索索力分析

本文利用ANSYS有限元分析软件对合龙前整体吊索索力进行计算。其中,对于S7梁段对应的吊索索力值,采用了节点荷载模拟方法,将S7梁段重量用节点荷载作用至S7梁段对应吊索下吊点处,得到了相应的整体索力值,如图5所示。

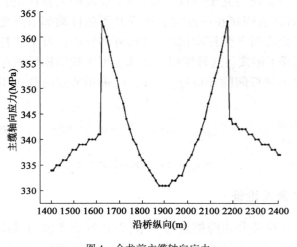

图4 合龙前主缆轴向应力

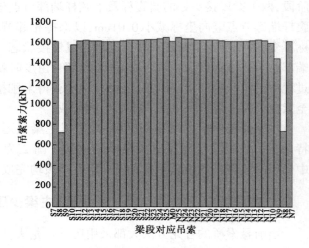

图5 合龙前整体吊索索力值

可以看出,合龙时整体索力基本呈对称分布,S8、N8段吊索索力较小,其余梁段索力较为平均,索力最大值为1632kN,完全符合规范要求。

2. 跨中少部分压重合龙可行性研究

由于本桥基本对称,所以仅以西塔旁合龙口为例,给出合龙口两侧梁段(S6、S8)将于S7梁段连接的端部竖向位移及纵向位移放大图。合龙前S6靠近跨中侧上弦杆竖向位移为0.005452m,S8靠近主塔侧上弦杆竖向位移为0.548562m,合龙口两侧高差约为0.543m。根据合龙口两侧纵向位移可以看出,上口比理论值窄0.027m,下口比理论值宽0.034m。合龙口两侧存在高差,可以将塔梁交界处梁段抬高而实现高差为零,但是边跨整体抬高无法改善合龙口上下缝宽之差。因此,考虑仅在主跨跨中部分梁段进行少许压重,使得主跨两侧梁段略微抬升,S8(N8)上弦杆纵向位移增大,下弦杆纵向位移减小,合龙口上下缝宽之差减小,此时仅需抬高塔梁交界处便可完成合龙(图6)。

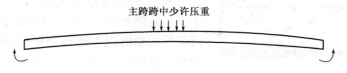

图6 主跨少许压重构想简图

下面通过 ANSYS 计算出跨中部分梁段少许压重后 S8 处的上弦杆竖向位移。利用 AutoCAD 模拟其合龙前的姿态,并移动 S7 梁段调整其倾角使其与 S8 梁段顺接,量得 S7 梁段与 S6 梁段的高差,并使 S1～S6 梁段整体绕过渡墩支座中心处旋转,使 S6 梁段与 S7 梁段达到高差为 0 且纵向缝宽基本一致。

首先利用 ANSNS 中的 SFBEAM 命令对梁单元施加面荷载模拟压重,选择在 S24、S25、M0、N25、N24 梁段处施加 $5kN/m^2$ 的荷载,此时 ANSYS 计算出 S8 梁段上弦杆主塔侧竖向位移(相对于设计成桥目标状态)为 0.634355m,主跨跨中侧竖向位移为 0.741033m,上弦杆两端竖向位移差为 0.106678m。而 S8 梁段上弦杆的长度为 14.4m,此时 S8 梁段在合龙前相对于成桥逆时针转动(以合龙口侧为转动中心)了 $\arctan(0.106678/14.4) = 0.4244505°$。合龙前只在中跨压重并不会使 S6 梁段产生位移,此时 S6 梁段上弦杆边跨侧竖向位移为 -0.00587m,主跨侧竖向位移为 0.005452m(考虑合龙前边跨梁底支架拆除,从而使 S6 梁段主跨侧端面逆时针转动,以减小 S6 与 S8 的倾角差)。

后续将利用 AutoCAD 模拟梁段姿态的调整,首先应将成桥状态下的 S6、S8 梁段调整至有限元计算对应的状态。调整 S8 梁段分为两步,首先应使其整体抬升 0.634355m,随后使已抬升的 S8 梁段绕其上弦杆靠近主塔侧节点逆时针旋转 0.4244505°,以达到有限元模型计算状态。同理,将 S6 梁段也调整至有限元模型计算状态。之后移动 S7 梁段使其与 S8 梁段顺接,经计算,S7 梁段需绕其上弦杆主跨侧端点旋转 0.42459°,S7 梁段与 S8 梁段顺接后,量得 S6 与 S7 梁段高差为 0.5277m,如图 7 所示。

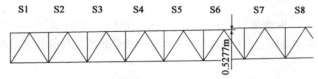

图 7 CAD 中 S7 与 S8 梁段顺接后 S6 与 S7 梁段高差

为到达 S6 与 S7 梁段高差为 0,需将 S1～S6 整体绕过渡墩中心支座处旋转 0.388073°,此时量得 S6 与 S7 梁段上弦杆缝宽为 0.0885m,下弦杆缝宽为 0.0957m,上下缝宽之差为 0.0072m,符合合龙条件,AutoCAD 中最终姿态调整如图 8 所示。此时,塔梁交界处抬高 0.4614m。经换算,在 S24～N24 五个节段各单元压重 $5kN/m^2$ 等效于在 S24～N24 压重 309t,现场操作难度不大。

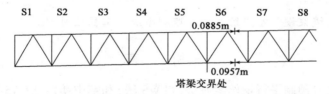

图 8 主跨跨中 S24、S25、M0、N25、N24 梁段压重 $5kN/m^2$ 后最终梁段姿态调整

综上,可考虑在主跨跨中进行少许压重使得主跨两端梁段倾角发生变化,缩短合龙后上下弦杆之间缝宽的差距,此时仅通过抬高塔梁交界处即可完成合龙。

五、结　语

以泸州长江二桥的合龙为工程背景,利用 ANSYS 软件建立全桥有限元模型,并模拟吊装全过程,对桥梁合龙前各个构件进行应力分析,并论证了少压重合龙的可行性,为同类型钢桁梁悬索桥合龙方案的选择提供借鉴,得出结论如下。

(1)提出了基于 ANSYS 的钢桁梁悬索桥的建模方法,并模拟了梁段吊装全过程,可为钢桁梁悬索桥有限元模型的建立及施工过程的模拟提供借鉴。

(2)结合实际工程情况,给出一种仅在主跨跨中少许压重的合龙方案,得出仅在 S24～N24 五个梁段压重 309t,塔梁交界处抬高 0.4614m,亦可实现合龙。

参考文献

[1] 冯传宝. 五峰山长江大桥上部结构施工控制技术[J]. 桥梁建设,2020,50(1):99-104.

[2] 赵小静,于祥君.五峰山长江大桥加劲梁架设技术[J].桥梁建设,2020,50(2):1-6.
[3] 王海南,阚水杰,尹斌.开州湖特大桥加劲梁施工控制技术[J].世界桥梁,2023,51(6):53-59.
[4] 李陆平,李兴华,罗瑞华.武汉杨泗港长江大桥主桥加劲梁架设施工技术[J].桥梁建设,2019,49(6):7-12.
[5] 黄峰.杨泗港长江大桥主桥全焊结构钢桁梁安装施工技术[J].世界桥梁,2019,47(2):11-16.
[6] 张勇.重庆长寿长江二桥钢箱梁吊装关键技术[J].世界桥梁,2023,51(2):34-38.
[7] 方联民,谢立新,喻波.矮寨大桥施工技术创新[J].公路工程,2016,41(6):308-313.
[8] 柯红军.复杂悬索桥合理设计及合理施工状态确定[D].长沙:长沙理工大学,2014.
[9] 柯红军,李传习.基于ANSYS的自锚式悬索桥有限元建模和分析方法[J].交通与计算机,2008(5):131-135,138.

4. 悬索桥空中纺线法(AS法)架设主缆施工监测系统及其应用

马建勇[1] 彭康[1,2] 张阳[1,2] 王培杰[1,2]

(1.中交第二公路工程局有限公司;2.陕西省"四主体一联合"桥梁工程智能建造技术校企联合研究中心)

摘 要 空中纺线法(AS法)施工对于运输能力和牵引设备需求低,适用于山区运输条件差、跨径大(主跨2500m以上)的悬索桥建设。但AS法施工工序繁杂且各环节相互依赖,施工系统复杂,有必要建立覆盖纺丝施工作业全过程的施工监测系统。本文以在建藤州浔江大桥为工程背景,基于已有研究,从组成AS法施工系统的回倒、放丝、纺丝三大系统出发,详细介绍了AS法施工监测系统的设计原理、主要监测指标、具体实现方式并分析了相关监测数据,为积累AS法施工经验、优化施工流程,提供了相关数据支撑。

关键词 悬索桥 主缆架设 空中纺线法 监测系统 工程应用

一、引 言

悬索桥主缆施工方法有预制平行钢丝索股法(PPWS法)和空中纺线法(AS法)两种。PPWS法主要在我国和日本悬索桥主缆架设中得到了较多应用,典型工程有杨泗港长江大桥、张靖皋长江大桥、日本明石海峡大桥等;AS法在欧美地区广泛应用,典型桥梁有丹麦大贝尔特东桥、挪威哈当厄尔大桥等。我国仅有香港青马大桥和阳宝山特大桥采用AS法施工架设主缆,因此我国的AS法施工经验相对欠缺。

AS法是利用牵引机械往复拽拉钢丝,在现场制作平行钢丝索股的施工方法,对吊装、运输条件及牵引设备要求少,可以有效解决运输条件差的山区悬索桥和超大跨径悬索桥主缆架设难题。此外,AS法通过对现场制索过程进行精确的控制和监测,可以有效确保主缆的架设精度和质量。但AS法现场制索涉及多个系统,系统间的协调性直接关系到施工质量与安全。因此,有必要建立监测系统,监测主缆纺丝施工作业过程中各个系统的运行状态,及时发现潜在危险,判断施工作业的安全性,以便提前采取措施,保证施工安全。

本文以在建的世界首座独塔空间缆斜拉-悬索协作体系桥——藤州浔江大桥为工程背景,从施工监测系统设计和监测系统应用两个方面介绍了藤州浔江大桥主缆AS法施工所用监测系统的基本情况,并对监测数据进行了初步分析,发现在纺丝作业过程中在锚碇门架和塔顶门架处由于入鞍需要,存在频繁的加减速运行过程,施工监测数据存在不同程度的波动,在跨中相对匀速运行过程中,监测指标保持相对稳定。

二、工程概况

藤州浔江大桥是广西平岑(平南至岑溪北段)高速公路的控制性工程,是世界首座采用独塔空间缆斜拉-悬索协作体系的桥梁。藤州浔江大桥跨径布置为 4×40m+2×638m+4×40m,主缆跨径布置为 2×730m,塔高 238m。全桥共设两根主缆,采用 AS 法制作及架设。藤州浔江大桥布置示意图如图 1 所示。

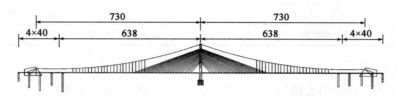

图 1　藤州浔江大桥布置示意图(尺寸单位:m)

三、AS 法施工监测系统的设计

根据 AS 法施工作业流程,AS 法施工系统总体上可分为回倒系统、放丝系统和纺丝系统三大部分。其中,回倒系统主要作业内容是将小盘钢丝经接长后缠绕在专用工字轮上,保证钢丝的持续供应;放丝系统主要是将工字轮上的钢丝放出后经过平衡塔为钢丝提供恒张力法所需的初始张力;纺丝系统是将前述两系统的钢丝牵拉至两侧锚靴进行固定形成索股。

为提高各系统的协同性,掌握施工过程中整个系统的运行状态,及时发现潜在的风险隐患,同时为提升 AS 法施工的信息化水平,提高管理效率,搭建了以物联数据传输高效化、运行状态监管全面化、自动控制响应智能化为目标的 AS 法施工监测系统。

面向监测系统整体运行,部署有效覆盖项目实施现场的物联网低功耗广域网通信网络,解决因光纤宽带、无线通信能力缺乏所导致的监测数据传输困难问题,实现各项物联网感知设备采集数据的统一接入与高效传输。

纺丝系统中纺丝轮的实时位置直接关系整个纺丝作业系统的运转情况,监测系统通过监测纺丝轮的位置及其运行过程中的加减速率,实现对系统状态的实时判定。同时,系统支持自动化控制系统数据的接入和整合,扩展补充多种传感监测设备的数据,从而获取系统负载、拉力变化、设备开关状态、运行时长、能源消耗等关键信息。此外,系统能够测算牵引卷扬机牵引绳的运行速度和相对距离,并结合视频图像监控,为整体系统的多维监管和数据驱动决策提供充分支持。

控制智能化方面,借助物联网数据采集与控制设备,构建了与卷扬机自动化控制核心的直接通信链路,以编程指令的方式,灵活地输出控制信号,自动监测并响应系统数据的实时变化,实现系统监测数据变化对相应设备运行状态的自动化控制响应,降低人员参与难度与操作管理难度,快速响应突发事件与应急决策控制。

1. 回倒系统监测内容

回倒系统是整个 AS 法施工系统的基础性系统,其主要功能是为后续纺丝过程提供钢丝供应。回倒系统施工的重点是保证小盘钢丝回倒至工字轮的钢丝排列均匀整齐,使得后续放丝、纺丝过程中钢丝稳定、持续供应。回倒系统的监测内容如表 1 所示。

回倒系统监测内容　　表 1

编号	监测内容	监测目的
1	收放卷张力	保证钢丝有一定张力,避免钢丝绳张力不足,导致工字轮上钢丝缠绕混乱
2	工字轮盘丝圈数	记录每盘工字轮上钢丝缠绕圈数

2. 放丝系统监测内容

放丝系统主要功能是将缠绕在工字轮上的钢丝经平衡塔赋予纺丝初始张力后稳定的输送至纺丝系统。放丝机和平衡塔的监测内容主要内容见表2。

放丝系统监测内容　　　　　　　　　　　表2

编号	监测内容	监测目的
1	工字轮作业过程中的钢丝余量	获取纺丝工字轮上钢丝余量,及时停机换盘
2	平衡塔处出、入塔钢丝张力	记录每盘工字轮上钢丝缠绕圈数
3	配重在平衡塔中的位置	监测配重的位置,防止配重块冲顶或触地

3. 纺丝系统监测内容

纺丝系统主要设备包括牵引卷扬机和纺丝轮两部分,是AS法施工中的核心环节。施工中纺丝轮在牵引绳的牵引下高速往复运转,其运行状态直接关系到施工安全,此外,作为纺丝系统的动力源,牵引卷扬机的运转情况将直接影响整个AS法施工系统的运行状态。对纺丝系统中牵引卷扬机和纺丝轮的监测内容见表3。

纺丝系统监测内容　　　　　　　　　　　表3

编号	监测内容	监测目的
1	牵引卷扬机输出功率	监测纺丝过程中牵引卷扬机的动力输出情况
2	牵引绳处出、入绳张力	监测牵引绳的张力,保证线形满足要求
3	纺丝轮运行速度	监测纺丝轮在不同位置处运行速度与理论速度间的差异,将其作为纺丝系统稳定运行的指标之一
4	纺丝轮空间位置	①为纺丝轮加减速提供参考;②获取不同位置处牵引索的垂度,保证纺丝轮与猫道间的高差满足要求

四、AS法施工监测系统的研发及应用

根据AS法施工监测系统设计所确定的监测内容,研发了以卷扬机自动化为控制核心、仓储管理系统(WMS)为支撑、视频监控技术为辅助、物联网技术为纽带的AS法施工监测系统,监测系统界面如图2所示。具体包括回倒过程实现收放卷张力监测与钢丝缠绕圈数监测;放丝过程中的放丝速度、钢丝出入塔张力及平衡配重位置监测;纺丝过程中的牵引卷扬机牵引力、纺丝轮运行速度及空间位置等监测。

图2　藤州浔江大桥AS法施工监测系统界面

1. 回倒系统监测内容的实现

回倒系统中钢丝经接长后缠绕至工字轮上的过程中，重点保证放卷、收卷的张力，使钢丝均匀整齐地缠绕在工字轮上。为监测回倒过程中收放卷钢丝张力情况，如图3所示，在张力发生机构的前后端安装测力传感器，实时测试钢丝的张力，并将此张力传递给控制模块，根据设计张力，控制模块通过输出量控制电磁比例阀的阀门开度，从而控制张力发生机构中制动压力，保证钢丝在回倒至工字轮过程中张力符合要求。

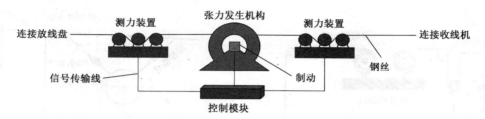

图3　钢丝回倒过程中张力监测原理示意图

为保证在后续放丝作业过程中及时识别工字轮钢丝余量，停机换盘，需对工字轮钢丝圈数统计与丝盘身份进行识别。在工字轮收卷过程中，每一台回倒机组增加绝对值编码器，通过机械同轴实时记录工字轮上钢丝圈数，同时为避免工字轮收卷速度差异导致的圈数记录误差，在工字轮上安装编码器进行线速度测量，将测量信号输入控制模块，在控制模块中根据设定的运行速度进行计算并输出到安装在收卷电机上的变频器上，实现收卷电机带动工字轮恒线速运行。每一工字轮完成预定钢丝缠绕后，在其上粘贴安装射频识别（RFID）卡片，通过射频读卡器读取当前丝盘编号，并将读取信息上传至物料管理系统中进行统一存储。

2. 放丝系统监测内容的实现

放丝速度直接关系到平衡塔中配重的位置，而及时识别工字轮上钢丝余量，确定工字轮更换时机则是保证施工安全的关键节点。如图4所示，利用在钢丝回倒阶段安装在工字轮上的编码器监测钢丝放出的速度，同时，通过FR射频卡读卡器读取当前工字轮钢丝物料信息，当工字轮上剩余钢丝达到极限圈数后，停机更换工字轮。

放丝系统中另一核心组成是平衡塔，对平衡塔的监测包括钢丝进出平衡塔的张力和平衡配重在塔中的位置。如图5所示，在钢丝进出平衡塔处的转向轮位置处安装测力传感器，并将监测数据实时传输至后台存储系统，当前后端钢丝绳与理论值相差较大时，系统自动停机保护并报警；理论上，平衡配重处于张力塔中部，有助于防止发生配重冲顶或触地的危险，通过安装激光传感器持续监测配重的位置，同时设置机械限位开关，超过上下限位位置后，系统自动调整放丝机放丝速度使配重处于预定位置。

图4　工字轮钢丝缠绕数量监测示意图

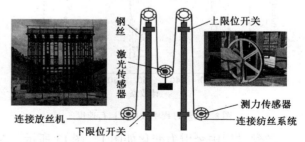

图5　钢丝进出平衡塔测力配重位置监测示意图

3. 纺丝系统监测内容的实现

纺丝系统监测主要包括牵引卷扬机前后端牵引力的监测和纺丝轮状态监测两部分。牵引卷扬机是整个AS法施工系统中最核心的设备，为整个施工系统提供动力，牵引力的大小一方面影响平衡塔中配重的位置，另一方面影响纺丝轮的运行状态，对于施工安全具有决定性作用。如图6所示，在牵引卷扬机前后端转向轮处布设测力传感器，监测牵引卷扬机在运行过程中牵引力的大小，当牵引力超限后，通过控制模块输出信号至变频器调整牵引电机的转速，实现牵引力大小的调整。

纺丝轮是纺丝系统中最前端设备，直接牵拉钢丝高速运行，其运行状态至关重要。如图7所示，在纺丝轮固定臂上布设GNSS模块和射频卡，在跨中位置由GNSS定位纺丝轮状态，在塔顶门架等GNSS信号不良位置处由射频卡定位纺丝轮运行位置，最终实现纺丝轮运行状态的精确定位。

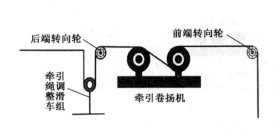

图6 纺丝系统牵引力监测示意图

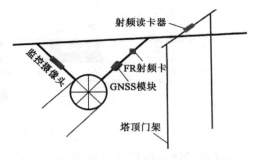

图7 纺丝系统纺丝轮状态监测示意图

4. 监测数据分析

设计的监测系统每10s采集一次数据，数据采集频率能够满足纺线施工作业过程中的监测需求。对藤州浔江大桥下游主缆1号索股纺丝施工时采集到的放丝系统和纺丝系统部分参数进行分析。回倒系统与放丝系统和纺丝系统相对独立，且纺丝系统中牵引力属于核心监测指标之一。限于篇幅，仅给出纺丝作业过程中放丝系统中某一个放丝机对应的放丝数据和纺丝系统中牵引力数据。

纺丝过程中放丝机运行速度、平衡配重位置及钢丝进出平衡塔拉力如图8～图11所示。放丝机在散索鞍和主索鞍位置处运行速度较慢，且由于在此位置存在加减速过程，配重位置在此处也存在较大波动，在跨中位置，放丝轮保持180m/min高速运行，平衡塔中配重保持在预定位置，且在此过程中基本处于稳定状态。在纺丝过程中，纺丝轮通过锚碇门架和塔顶门架过程中钢丝进出平衡塔张力的波动幅度远大于跨中位置处钢丝张力波动幅度。具体而言，相对于理论值（4704N），在锚碇门架和塔顶门架处，进塔拉力最大差异达到5%，出塔拉力最大差异达到10%；纺丝轮在跨中位置处运行时，钢丝进出平衡塔张力最大差异分别为4.5%和8.3%。钢丝进出平衡塔张力波动的主要原因，一方面是纺丝过程中牵引系统的牵引速度并非完全匀速，另一方面是由于工字轮上钢丝缠绕与理想状态存在差异。虽然钢丝在进出平衡塔时的张力与理论值存在差异，但整个纺丝作业过程中仍能保持稳定运行。

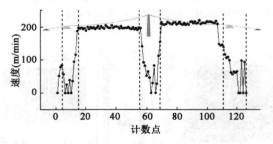

图8 纺丝过程中放丝机运行速度

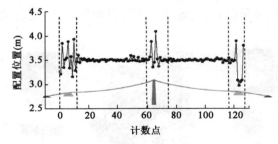

图9 纺丝过程中配重位置

纺丝过程中牵引力变化如图12、图13所示。在纺丝过程中，整体上牵引绳后端位置的受力要大于前端的牵引力。在去程，跨中平稳运行阶段后端位置的力基本保持在25480N左右，前端位置的牵引力保持在18620N左右；在回程中，跨中平稳运行阶段后端位置的力基本保持在24990N左右，前端位置的牵引力保持在21560N左右。牵引力在纺丝去程和回程发生变化的原因是纺丝回程中放丝机停止工作将活丝提起进入索股成形器，纺丝速度远大于去程牵引速度，而在回程中锚碇门架和塔顶门架处牵引力发生较大的波动与纺丝轮在此位置的加减速有直接关系。

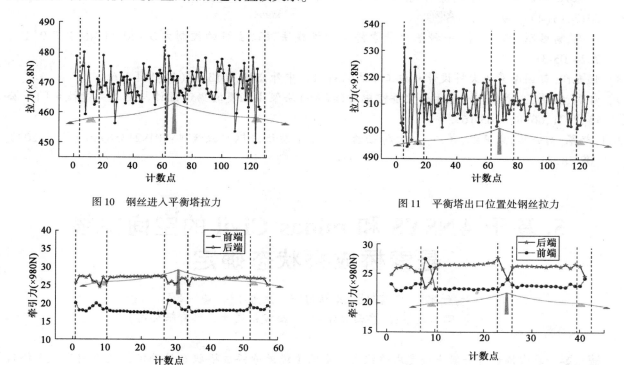

图10 钢丝进入平衡塔拉力

图11 平衡塔出口位置处钢丝拉力

图12 纺丝过程中去程牵引力

图13 纺丝过程中回程牵引力

五、结　语

AS法涉及的施工工序复杂且各施工环节间相互依赖,我国采用AS法建设的悬索桥项目较少,施工经验相对缺乏。本文详细介绍了在建藤州浔江大桥AS法施工监测系统的设计原则、主要监测内容和具体实现方式,并分析了相关监测数据,可以发现:

(1)建立的施工监测系统覆盖纺丝施工作业全过程,相关监测参数能够满足监测AS法施工系统状态的要求,监测数据对于积累AS法施工经验、优化施工流程,最终提升施工效率与质量,均具有一定的支撑作用。

(2)纺丝作业过程中,由于入鞍需要,系统降速运行且存在频繁的加减速过程,导致放丝机运行速度、平衡塔配重位置和牵引卷扬机牵引力等子系统的监测数据存在不同程度的波动,因此,纺丝作业过程应将锚碇门架和塔顶门架处作为重点监测位置。

(3)钢丝进出平衡塔张力与理论值在整个纺丝作业过程中均存在不同程度的差异,但其差异值对于整个纺丝作业系统的稳定运行基本无影响,但对于猫道垂度的调整时机存在直接影响,在实际施工过程中应密切关注。

参考文献

[1] 王冠青.悬索桥空中编缆法主缆架设关键技术研究[D].成都:西南交通大学,2021.

[2] 杨宗根.挪威哈罗格兰德大桥AS法架设主缆施工方法探讨[J].公路交通技术,2015(5):75-79.

[3] 刘新华,霰建平,金仓,等.悬索桥空中纺线法架设主缆施工技术[J].公路交通技术,2021,37(4):94-99,106.

[4] 葛国库,石虎强,金仓,等.悬索桥主缆空中纺线工法技术经济性分析[J].公路,2017,62(3):296-301.

[5] 中交第二公路工程局有限公司.公路桥梁施工系列手册:悬索桥[M].北京:人民交通出版社,2014.

[6] 闫振海,郭毅霖,李法雄,等.BIM-施工监控与健康监测结合点[J].公路交通科技(应用技术版), 2017,13(4):169-171.

[7] 郭瑞,喻胜刚,杨博,等.一种基于悬索桥空中纺线法架设主缆的控制方法:202111463327.9[P]. 2024-05-31.

[8] 侯光阳.韩国李舜臣大桥设计与施工方法创新[J].中外公路,2013,33(4):114-116.

[9] 郭瑞,杨博,仝增毅,等.基于悬索桥空中纺线(AS)法架设主缆的猫道设计与施工关键技术[J].公路,2021,66(8):163-169.

[10] 赵军,刘兴华,束卫红,等.一种大跨径悬索桥空中纺线法钢丝放线机:201921336936.6[P].2020-08-28.

5. 基于ANSYS和midas Civil的空间主缆悬索桥成桥状态确定

柯红军[1]　李召恩[1]　李传习[1,2]　汪继平[3]　蓝　雄[3]

(1.长沙理工大学;2.广西大学;3.广西容梧高速公路有限公司)

摘　要　悬索桥设计一般先确定成桥状态。空间主缆悬索桥成桥状态的确定涉及空间主缆成桥线形及内力状态的确定。目前已有文献中确定空间主缆成桥线形及内力状态的方法以自编程序为主,少量以ANSYS迭代实现。但自编程序需要较扎实的理论基础及编程能力,用ANSYS迭代又不易收敛。对此,以广西苍容高速公路浔江大桥主桥为工程背景,介绍综合利用大型商用软件ANSYS及midas Civil综合确定三塔四跨空间主缆地锚式悬索桥成桥状态的具体方法,为广大工程技术人员提供参考。本文方法可拓展应用于空间主缆自锚式悬索桥。

关键词　桥梁工程　悬索桥　空间主缆　成桥状态确定　ANSYS　midas Civil

一、引　言

随着经济、技术的发展及人们审美意识的提升,抗风能力比平面主缆强的空间主缆悬索桥的修建逐渐增多。近二十年来,国内外修建的空间主缆悬索桥包括杭州江东大桥、天津富民桥、南京江心洲长江大桥、吉林松原天河大桥、张家界玻璃桥、美国奥克兰海湾新桥、挪威哈罗格兰德大桥等。根据悬索桥的受力及施工特点,其设计一般是先确定成桥状态,再确定施工状态。而确定空间主缆悬索桥成桥状态的关键工作是确定空间主缆成桥线形及内力状态。目前已有不少文献介绍空间主缆成桥线形及内力状态确定的方法,但分析归纳后可发现,这些方法基本上可以归为两类:一类是自编程序(软件)实现,另一类是利用ANSYS的Link10单元建模迭代实现。张志国[1]最早介绍了自编程序求空间主缆线形和内力状态的方法,但是他认为各吊索处纵桥向两侧的主缆索段及吊索在索夹处对索夹的作用力满足三力汇交平衡条件,因而三力在同一斜平面内,进而认为其他吊索及对应的主缆均应在同一斜平面内;又认为各吊索索力竖向分力等于所吊梁段自重,且吊索间距均匀,因而索力均匀,综合分析认为主缆为斜平面内的抛物线。这些看法显然与越来越复杂的空间转悬索桥的实际情况不相符。罗喜恒[2]、周泳涛[3]、栗怀广[4]、韩艳[5]、李传习[6]、李建慧[7]、齐东春[8]等基于分段悬链线理论或分段直杆理论采用不同的平台开发了空间主缆成桥线形及内力状态计算软件。巩明、李运生等利用ANSYS软件通过不断迭代的方式首先进行抗风缆的找形[9],然后进行主缆的找形,最后进行模型合并,从而建立整个有限元模型。

用精确的分段悬链线理论自编程序来进行空间主缆成桥线形及内力状态确定需要具备扎实的理论基础及较强的编程能力,一般工程技术人员不具备上述能力,相关学者自行开发的上述软件又并未公之于众或公开售卖。而用 ANSYS 进行主缆找形采用的是 Link10 杆单元,该单元在主缆精确找形存在稍许欠缺,且迭代不易收敛。鉴于此,给一般桥梁工程单位(设计、施工及科研)技术人员提供一套基于市面上可购买到的大型商用软件进行空间主缆成桥线形及内力状态确定的方法,继而确定空间主缆悬索桥全桥成桥状态的方法,是一件有意义的事情。

许世展、柯红军[10]等已在《桃花峪黄河大桥主桥成桥状态确定及基准索股架设》一文中以桃花峪黄河大桥主桥为工程背景,介绍了利用大型商用软件 midas Civil 确定双塔三跨平面主缆自锚式悬索桥成桥状态的具体方法和流程。本文将在该文的基础上,以广西苍容高速公路浔江大桥主桥为工程背景,介绍综合利用大型商用软件 ANSYS 及 midas Civil 综合确定三塔四跨空间主缆地锚式悬索桥成桥状态的具体方法和流程,为广大工程技术人员提供参考。

二、工程概况

广西苍容高速公路浔江大桥为三塔四跨空间主缆地锚式悬索桥,主梁跨径布置为 55m + 2×520m + 55m,主缆跨径布置为 153m + 2×520m + 210m。索塔为独柱形,主缆采用平行钢丝结构,由 37 股 127 根直径 6mm、强度为 1960MPa 的镀锌高强平行钢丝组成。主梁采用分离式组合钢箱梁。苍容浔江大桥为世界最大跨径的三塔空间主缆地锚式悬索桥。桥型布置见图1,效果图见图2。

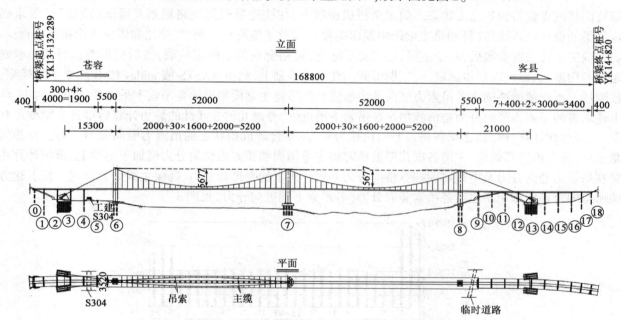

图1 苍容高速公路浔江大桥桥型布置(立面及平面)(尺寸单位:cm)

图2 苍容浔江大桥效果图

主缆横向布置两根,主跨主缆中心横向间距约为29.8m。主缆跨径布置为153m+520m+520m+210m,在设计成桥状态下,中跨理论垂度为56.77m,矢跨比为1:9.16。

索夹分为有吊索索夹和无吊索索夹,有吊索索夹采用骑跨式连接。每个主跨布置31对吊索,吊索纵向间距为16m。吊索分为加强吊索及普通吊索,加强吊索每侧吊点设置3根吊索,普通吊索每侧吊点设置2根吊索。吊索为两段式,上段为钢丝绳吊索骑跨于索夹上,锚固于钢制关节连接器上,采用结构形式为8×55SWS+IWR的镀锌钢丝绳,加强吊索公称直径为76mm,普通吊索公称直径为60mm。下段为平行钢丝吊索,上端锚固于钢制关节连接器上,下端锚固于钢梁耳板上,塔旁吊索规格为5-151,普通吊索规格为5-91,钢丝绳公称抗拉强度为1770MPa。

主梁采用分体式钢箱梁,由两个钢箱梁及横向连接箱组成。钢箱梁梁高3.0m,钢箱梁全宽36.2m(含检修道),主梁吊点横向间距32.4m。单侧顶板宽13.35m,平底板宽8.25m,外侧斜底板宽5.4m。箱梁外侧设置宽1.677m检修道。主梁支撑采用全飘浮体系,在过渡墩处设置竖向支座和横向抗风支座,在索塔处设置横向抗风支座。钢箱梁形式共7种类型(A~G),总计71个梁段。

三、恒载成桥状态吊索竖向分力的初步确定——主梁各吊点竖向位移为零法

对于空间主缆悬索桥,其设计步骤一般是先确定成桥状态,再由成桥状态模型根据无应力长度不变原理倒装或正装得到各施工状态。确定全桥成桥状态,往往先要根据线路规划及通航(或通行)要求确定主梁的设计成桥线形(特别是主梁跨中顶面高程),以及主缆跨中高程、矢跨比和塔顶理论顶点高程。

确定上述关键参数后,对于主梁,还需要根据近、远期交通规划确定活载,然后根据类似桥梁经验确定主梁构造,从而可以初步确定一、二期恒载。在上述基础上,利用ANSYS或midas Civil建立主梁模型,按刚性支承连续梁法确定各吊索力竖向分力初值。然后将主梁模型撤除各吊索下吊点处的竖向约束,将上述求得的吊索力竖向分力初值施加在各吊索下吊点处,考虑几何非线性的静力计算后得到主梁变形和受力,经迭代计算,得到"主梁各吊点竖向位移为零"主梁合理成桥状态的吊索力竖向分力。对于自锚式悬索桥,为考虑压弯效应,主缆各次找形后还需将主缆锚固端张力纵桥向分力施加于主梁上,重新计算主梁在吊索力竖向分力及主缆锚固端纵桥向分力共同作用下的变形和受力,确保主梁受力合理。按上述方法所得的合理的作用于主梁各吊索竖向分力(各吊索下端竖向分力)见图3。

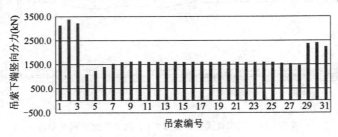

图3 各吊索下端力竖向分力分布

四、成桥状态单主缆竖平面找形

单主缆在纵桥向竖直平面内初步线形可利用midas Civil悬索桥分析控制模块确定,分为两步。

1. midas Civil悬索桥分析控制模块的"成桥单主缆纵桥向竖直平面主缆模型"的建立——各跨分别基于抛物线理论确定

根据成桥主跨主缆的塔顶理论顶点坐标(里程与高程,下同)、跨中坐标、主缆各索夹中心里程,按抛物线理论确定成桥主跨主缆竖平面各节点坐标迭代初值。对于边跨主缆,如无吊索,垂度可设为跨径的1/100;如有吊索,垂度可设为跨径的1/50。按抛物线理论确定成桥边跨主缆竖平面各节点坐标迭代初值(步骤2中的软件求解会利用成桥主缆在主索鞍两侧水平分力相等的条件)。利用各节点坐标初值,可得

到节点间直线长度,然后将直线长度的99.7%(因一般悬索桥的主缆各索段的成桥线应变约0.003)作为主缆各索段的无应力长度初值。

2. Midas Civil 悬索桥分析控制模块的"成桥单主缆纵桥向竖平面主缆模型"的运行——基于分段悬链线理论与主索鞍两侧水平分力相等的求解

在上述建立的midas Civil平面主缆模型(实际上为目标空间主缆在其纵桥向铅垂面内的投影)中建立垂点组及更新节点组,进入悬索桥分析控制相关设置界面,将主跨跨中(对于双塔四跨悬索桥,主缆成桥线形仅由设计确定的其中一个主跨的跨中高程确定,另一个主跨主缆线形是由中塔两侧主缆纵桥向水平分力相等确定)、主索鞍处理论顶点、散索鞍处理论顶点作为垂点组,将所有节点作为更新节点组。对散索鞍处节点施加三个正交方向的线位移约束,对塔顶理论顶点对应的节点施加竖向及横桥向约束,使纵桥向自由。再在主缆上施加自重荷载及各吊点处竖向荷载之和(包括上述方法所得的下吊点吊索竖向分力、吊索自重初步值——因吊索长度还未最终确定、索夹自重等),见图4。

图4 苍容浔江大桥竖平面主缆找形的主缆各索夹处所受竖向荷载之和的初值

运行midas Civil悬索桥分析控制模块,得到基于分段悬链线理论与主索鞍两侧水平分力相等的成桥各跨主缆纵桥向竖平面的找形结果。根据找形结果,即可修正各吊索的竖向长度和主缆各吊点竖向荷载,再次运行midas Civil悬索桥分析控制模块,得到吊索长度竖向投影相对准确的平面主缆成桥线形。

五、成桥状态单主缆空间找形

在成桥单主缆纵桥向竖平面主缆找形的基础上,利用midas Civil悬索桥分析控制模块进行成桥状态单主缆空间找形,亦分为两步。

1. midas Civil悬索桥分析控制模块的"成桥单主缆空间模型"的建立——基于跨中吊杆横向倾角等于紧邻主塔吊索下吊点与塔顶理论顶点的连线的横桥向倾角和水平面线形为抛物线的确定

首先计算成桥状态主跨紧邻主塔吊索的下吊点(该点成桥横桥向坐标与高程已知)与塔顶理论顶点(该点成桥横桥向坐标与高程已知)的连线在横桥向的倾角值,将该倾角值作为主跨主缆跨中吊杆横桥向倾角迭代初值,计算成桥状态空间主缆跨中横桥向坐标;按空间主缆水平面投影为抛物线(两塔顶节点及跨中位于抛物线上)确定空间主缆其他节点横桥向坐标的迭代初值。根据所得的空间主缆模型各节点三维坐标初值,可得空间主缆各索段直线长度初值,并将各索段99.7%的直线长度初值作为各索段无应力长度初值。根据各吊索上吊点三维坐标初值和下吊点三维坐标,得到各横向倾斜的吊索全长初值,并据此修正主缆各上吊点竖向荷载值;根据修正的各吊索竖向分力及上吊点坐标初值、下吊点坐标,计算上吊点各吊索横桥向分力。由此,建立了基于跨中吊杆横向倾角假定和水平面线形为抛物线的成桥单主缆空间模型。

2. midas Civil悬索桥分析控制模块的"成桥单主缆空间模型"的运行与成桥吊索横向分力确定——基于成桥吊索横向分力"1+0.5"修正法

运行悬索桥分析控制模块的"成桥单主缆空间模型"所得主缆各控制点的横桥向及竖向位置与该计算前的假定值可能并不一致。其中,竖向位置变化较小(因为吊索力竖向分力变化较小),横桥向位置可能有较大变化,而横桥向位置的变化将引起吊索横桥向分力的变化。所以,需要根据计算所得的主缆各吊点坐标和吊索力竖向分力再次计算吊索横桥向分力。如果直接用所得吊索横桥向分力进行下一次计算，则常不收敛，如因前一次迭代时主缆各吊索横桥向分力偏大，则所得主缆各吊点横桥向位移偏大；而偏大的位移又会使吊索横桥向分力偏小（倾角加大）；如此反复，形成振荡。避免该情形有效且高效的方法是将前后两次吊索力横桥向分力的差值一半叠加到前一次吊索力横桥向分力上（简称"1+0.5"修正法）。苍容浔江大桥空间主缆找形，吊索横桥向分力经8次修正后，前后两次所得的吊索横桥向分力差、空间主缆线形横桥向坐标差分别在1kN、1mm以内，已收敛且满足工程精度要求。

六、全桥成桥状态确定

利用 midas Civil 的悬索桥分析控制模块获得苍容高速公路浔江大桥主缆成桥各索段节点坐标、各索段内力和无应力长度，求得主缆各索段的 ANSYS 中仅受拉杆单元 Link10 的初应变，由各索段的横截面面积（变形前）及初应变定义各主缆单元的实常数，将节点连成 Link10 单元，建立横桥向两侧主缆单元。用 Beam44 梁单元建立主塔模型（因塔柱会被压缩，所以为了使塔顶理论顶点达到设计成桥高度，须给塔柱单元负的初应变），用仅受拉杆单元 Link10 模拟吊索，各吊索的初应变利用上下端平均张力及横截面面积和弹性模量求出，将主缆塔顶节点与塔顶间用特殊的可以通过升降温实现主索鞍顶推的刚臂单元连接[11]，将散索鞍处的主缆节点与散索鞍转动中心节点用特殊的可以模拟散索鞍转动的刚臂单元连接。模型对应的成桥状态各节点纵桥向、横桥向及竖向位移见图5。

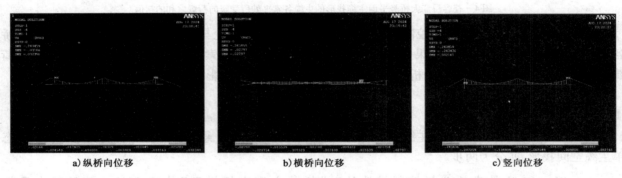

a) 纵桥向位移　　　　　　　b) 横桥向位移　　　　　　　c) 竖向位移

图5　苍容高速公路浔江大桥全桥成桥状态 ANSYS 有限元模型所得的各节点位移

由图5可知，靠近两边塔的主缆节点三维位移并不等于0，特别是竖向位移最大达8.2cm，这主要是本桥主梁的跨径设置及吊索布置引起的。因为本桥主梁在边塔外的长度达到55m，主梁在边塔处无竖向支撑，而第一对吊索到边塔中心的距离为20m，所以第一对吊索到过渡墩间悬空的主梁长度达到75m。这75m的主梁在自重作用下必将下挠（由图5可知，下挠量最大处为24.3cm）。而吊索为仅受拉构件，对主梁来说仅能提供向上的力，所以靠近边塔的一部分主梁会由于连续梁的受力特性而上拱，引起吊索力减小及主缆上抬。对此问题的解决方法是适当调整 ANSYS 模型中靠近主塔的几对吊索的索力，使之与此前找形的吊索力接近（实桥为实现此功能，将靠近主塔的3对吊索设置为具有张拉端的长度可调节的吊索），然后将调整后的模型的主梁成桥竖向位移取负加在主梁设计成桥线形上，以此作为制造线形，仅需保证主梁成桥线形及主缆跨中高程满足设计要求，而不必追求主缆各节点坐标达到主缆找形时的值。

七、结　语

（1）已有文献确定空间主缆成桥线形及内力状态的方法以自编程序为主，少量以 ANSYS 迭代实现。但自编程序需要较扎实的理论基础及编程能力，用 ANSYS 迭代又不易收敛。

（2）悬索桥主缆成桥状态找形需先根据主梁合理成桥受力状态确定吊索力下端竖向分力。

（3）成桥状态单主缆空间找形可利用 midas Civil 悬索桥分析控制模块分步实现。第一步，进行成桥状态单主缆竖平面找形。第二步，进行成桥状态主缆空间找形并确定各吊杆无应力长度和受力。

（4）空间主缆悬索桥成桥状态可利用 ANSYS Beam44 单元模拟主梁与墩塔、Link10 单元模拟主缆与吊杆,特殊单元模拟主索鞍及散索鞍以检验。所建立的全桥成桥状态有限元模型,可为施工模拟奠定基础。

参考文献

[1] 张志国,靳明君,肖进月.空间曲线主缆悬索桥施工控制计算[J].石家庄铁道学院学报,2003,16(4):5-7.

[2] 罗喜恒,肖汝诚,项海帆.空间缆索悬索桥的主缆线形分析[J].同济大学学报(自然科学版),2004,32(10):1349-1354.

[3] 周泳涛,鲍卫刚,韩国杰,等.自锚式悬索桥空间缆索分析与计算[J].公路交通科技,2007,24(3):51-55.

[4] 粟怀广,郑凯锋,文曙东,等.自锚悬索桥空间主缆线形精确计算方法及其应用研究[C]//中国土木工程学会桥梁及结构工程分会.第十七届全国桥梁学术会议论文集.北京:人民交通出版社,2006.

[5] 韩艳,陈政清,罗世东,等.自锚式悬索桥空间主缆线形的计算方法[J].湖南大学学报(自然科学版),2007,34(12):20-25.

[6] 李传习,柯红军.空间主缆自锚式悬索桥成桥状态的确定方法[J].工程力学,2010,27(5):137-146.

[7] 李建慧,李爱群,袁辉辉,等.独柱塔空间缆索自锚式悬索桥缆索线形计算方法[J].公路交通科技,2009,26(10):66-70,75.

[8] 齐东春,沈锐利.悬索桥空间缆索主缆线形的计算方法[J].铁道建筑,2013(4):13-16.

[9] 巩明,刘玉辉,张彦玲,等.基于ANSYS的人行悬索桥主缆及抗风缆找形方法研究[J].国防交通工程与技术,2018,16(5):26-29,11.

[10] 许世展,柯红军,姬同庚,等.桃花峪黄河大桥主桥成桥状态确定及基准索股架设用[J].中外公路,2013,33(4):152-157.

[11] 柯红军,李传习.基于ANSYS的自锚式悬索桥有限元建模和分析方法[J].交通与计算机,2008(5):131-135.

6. 钢拱肋数字预拼装技术的研究与应用

田璐超[1,2] 谢东[1,2] 肖军[1,2]

(1.陕西省"四主体一联合"桥梁工程智能建造技术校企联合研究中心;
2.中交第二公路工程局有限公司设计研究总院)

摘要 针对钢拱肋节段实体预拼装存在的实施成本高、占用场地大等问题,本文提出一种基于有限感知的数字预拼装方法,以无实体节段匹配的方式实现快速预拼装,同时配套一种钢结构接头自抱持装置,通过装置的参数化调节实现法兰的精确定位与可靠安装。实践应用证明,本文所提方法控制精度高、技术效果好,突破了数字预拼装技术在施工环节应用的技术障碍,具有良好的推广应用价值。

关键词 钢管混凝土拱桥 智能建造 数字预拼装 钢结构接头自抱持装置 法兰安装

一、引言

现阶段的钢拱肋节段制造常采用实体预拼装方式进行整体线形与连接精度的检查,此方法往往存在实施成本高、场地占用大等问题,数字预拼装技术作为新兴技术,对其开展研究与应用势在必行。

目前行业内针对数字预拼装开展了研究与应用。Case等[1]通过对制造件的螺栓孔位置进行精确度量对制造元件进行全局匹配,Maset等[2]提出了一种大尺寸元件数字预拼装方法用于结构元件的尺寸检测和碰撞检测,王强强等[3]利用数值模拟分析修正变形误差提高了构件加工精度。上述研究皆是用于拼装模拟与精度检查,但对加工误差调整缺乏有效手段。

在针对桥梁领域的数字预拼装研究方面,朱明芳等[4]利用两拼装构件的底面特征实现了两构件的数字化预拼装;周绪红等[5]提出了一种基于三维激光点云数据的数字预拼装技术,对拱肋牛腿-拱间横梁节段和拱肋节段-拱肋节段进行智能数字预拼装;黎翔等[6]通过扫描点云与 BIM 点云之间的配准实现数字预拼装。然而,在实际应用过程中,三维激光扫描采集的点云数据量极大,数据配准对人员技术水平与计算机性能要求较高,数据处理成本较高,且无法及时生成数据结果。

总体上看,数字预拼装技术的工程应用集中于机械制造、建筑结构等行业的构形检测、螺栓孔精度检测、碰撞检测等方面,在钢桥的施工指导方面缺乏针对性的研究与应用。针对上述问题,本文以钢管混凝土拱桥为研究对象,提出一种基于有限感知的数字预拼装方法,考虑通过有限感知测量手段获取拼接控制点,根据优化设计线形对拼接控制点进行虚拟装配,以数字化拼装模拟代替实体预拼装。本文还配套设计了一种钢结构接头自抱持装置,利用装置对拱肋节段间的法兰进行参数化放样与安装,可实现法兰的快速准确安装,通过法兰姿态的适应性调整对线形偏差作主动调控。

二、技术原理

1. 数字预拼装技术目标

本方法的技术目标,是利用现阶段测量手段标定测点的坐标数据进行虚拟装配,并给出各节段管口指导法兰安装的放样参数。其模拟原则为提取待匹配节段各关键截面的控制测点连线作为实测线形,以理论制造线形为基准进行相邻节段的匹配连接,从而达到节段预拼装的效果。

钢管混凝土拱肋节段的预拼装需要达到以下技术效果:
(1)利用节段表面提前标定的控制点将拱肋节段间的线形位置固定下来。
(2)在合理的拱肋线形状态下,精准定位与安装拱肋节段间接头法兰,实现相邻节段的顺利连接。

2. 基于有限感知的数字预拼装方法

为实现上述技术目标,本文提出一种基于有限感知的数字预拼装方法,主要分为三部分内容,即数据的测量感知、基于控制点的虚拟匹配以及法兰的定位安装。技术路线如图1所示。

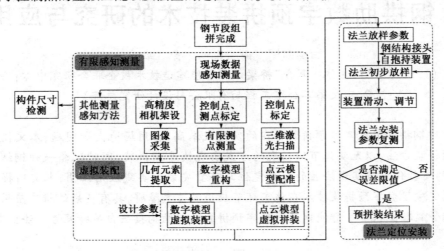

图1 基于有限感知的钢拱肋节段数字预拼装技术路线

本方法的数据测量感知可以采用基于传统测点测控、三维激光扫描技术、图像识别技术等方法获取拱肋节段的关键测点数据;然后,基于所获取的测点数据开展拱肋节段的几何关系匹配,并给出指导各节段管口法兰安装的放样参数;最终,基于放样参数,设计法兰安装辅助装置,完成法兰的定位放样安装。

1）有限感知测量

有限感知测量，即通过少量控制测量数据也能实现既定的技术目标，避免大量的数据采集与处理工作。在数字预拼装技术下，相邻的前后两个节段中，前一节段弦管口的法兰盘可以按照设计位置提前安装，称为参照节段，后一节段弦管口的法兰要根据前一节段的安装情况进行匹配安装，称为匹配节段。为实现高精度匹配安装，需对拱肋表面的有限数据信息进行快速采集，感知方法包括但不限于以下方式。

（1）传统测点测量。使用高精度测点测量仪器（如全站仪）快速获取拱肋节段所关心的关键控制点坐标，各控制点之间的相对位置关系可以描述拱肋节段的基本几何构形，通过研究理论和实测装配点之间的对应关系可以验证节段的可装配性，然后完成基于装配点的几何质量检测并检查误差以确定它们是否在制造公差范围内[7]。

（2）三维激光扫描。三维激光扫描仪可以快速获取构件表面的全域点云数据，但需要更长的测量和后处理时间，以及更高的成本。鉴于此，可以仅对拱肋节段的端部有限区域进行扫描，通过实测点云模型向设计点云模型做配准，基于配准结果进行节段尺寸检测。

（3）图像识别技术。高清摄像机可以结合计算机视觉识别获取数字图像中的三维坐标，利用该技术可对拱肋节段接头控制点进行快速识别提取，具体控制点选择与虚拟装配过程可以参考传统测点测量方式。

2）虚拟装配

对于为离散控制点的实测数据，如通过传统测点测量获取的数据，其虚拟装配过程基于制造线形的理论坐标，将有限感知测量数据的对应控制点一一配准，通过一系列坐标空间移动、旋转，使得拼接控制点间的相对位置关系满足节段连接的合理状态。对于测量数据为相对密集的点云实测数据，例如通过三维激光扫描方式获取的数据，其虚拟装配过程基于制造阶段的理论点云模型，将实测点云模型向理论点云模型的控制点做配准对齐，使得实测点云模型对应的节段连接状态满足理论线形要求。

以四肢格构钢管拱肋为例，以上弦拱顶附近标定点 1-1、1-2、2-1、2-2 四点作为装配控制点，如图 2 所示，基于控制点配准的空间转换过程如下：

（1）首先以 1-1 点为原点建立坐标系，绕 y 轴将实测向量 $\overrightarrow{1\text{-}12}$ 旋转至 xy 平面内。

（2）绕 z 轴将实测向量 $\overrightarrow{1-12}$ 向理论向量 $\overrightarrow{1-12}$ 旋转对准。

（3）最后绕 x 轴将实测向量 $\overrightarrow{12-1}$ 向理论向量 $\overrightarrow{12-1}$ 旋转对准，即完成单个节段的线形配准。

节段实测的其余控制点随拼装控制点同步转换，线形配准结果由理论制造线形而定，当参照节段与匹配节段线形匹配完成，即完成一次拱肋节段的虚拟装配。基于控制点配准的空间转换过程见图 2。

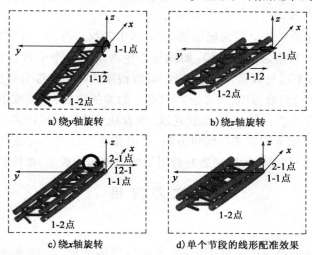

图 2 基于控制点配准的空间转换过程

3)法兰放样定位

基于拱肋节段虚拟装配结果,即可以提取节段连接部位的特征点(包括各弦管管口的放样控制点、管口法兰的放样控制点),计算匹配节段法兰的放样参数。

(1)钢结构接头自抱持装置。

考虑到施工单位的实际作业条件,本节设计研发了一种钢结构接头自抱持装置,并结合该装置将法兰放样参数换算为装置的调节参数,以方便拱肋法兰姿态的快速调节。如图3a)所示,接头自抱持调节装置通过四个夹板和螺栓紧固的方式在弦管管口进行自抱持固定,各夹板通过开孔将十字钢管组成的支架连接固定,支架钢管由中段的无缝钢管与两端的螺纹钢管组成,支架上设置滑块可沿螺纹钢管滑动,调节螺杆垂直穿过支架钢管,法兰放置于滑块间的凹槽内。将调节螺杆旋出至准确外伸量可对法兰的纵向位置准确定位,将滑块准确移位可对法兰进行径向准确定位,当各调节部位调整到位后,将装置全部螺母、螺杆拧紧,可将法兰临时固定。法兰可调节范围如图3b)~d)所示。

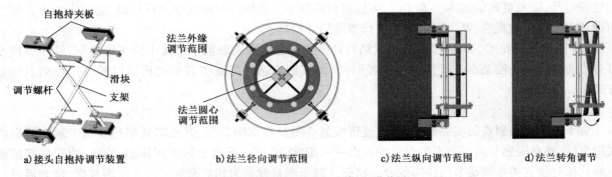

a)接头自抱持调节装置　　b)法兰径向调节范围　　c)法兰纵向调节范围　　d)法兰转角调节

图3　接头自抱持调节装置及其可调节范围

(2)装置调节参数提取。

为实现法兰姿态位置的精准放样,需要提取接头自抱持装置的调节参数量值。所述装置的调节构件主要是向上支撑的两个滑块以及四个调节螺杆,通过对上述构件做调整即可控制法兰的姿态位置。最后通过提取法兰及装置间关键控制点的斜距,指导法兰的面内旋转,实现螺栓孔的精准定位。装置控制点标定于夹板外边缘中点,法兰控制点标定于直径两端。

(3)装置调节参数复测修正。

法兰在初调过后因为装置或者法兰的制造误差,可能存在一定的偏差,分析认为,其主要偏差来源于滑块放样,因此针对装置滑块,基于初调状态下法兰位置的偏差反算滑块的调整参数。

3. 基于有限感知的数字预拼装实施方案

钢管混凝土拱肋的实体预拼装会根据现场情况,分多个轮次进行"N+1"节段预拼装,非首轮次预拼装时需要提取上一轮次的末节作为参照节段,如此每个轮次都有一个节段占用场地。基于本文所提方法,可以分为两种"N+0"方案通过开展预拼装工作,可以根据实际情况综合评估选择适宜的方案。

(1)"实体+数字"预拼装组合方案:对于已经制造好胎架的项目,可以取消各轮次的参照节段,借助数字预拼装技术安装首节段法兰,可以减少组拼轮次,或者减少施工场地的占用,加快施工进度。

(2)数字预拼装方案:无须采用多轮次组拼方案,可以在各节段组拼完成的同时进行数据测量、虚拟装配与法兰安装工作,大幅减少现场胎架制造的费用与场地占用的成本,加快施工进度。

三、工程应用

1.工程概况

北流河特大桥为柳州—平南—岑溪高速公路(平南—岑溪北段)跨越北流河的桥梁,主桥采用中承式钢管混凝土拱桥方案,计算跨径为270m。拱肋为钢管混凝土四肢全桁式,主拱弦管采用Q345qD钢材,单根拱肋分12个节段加工制作,拱肋节段连接采用"内法兰盘栓接+外包板嵌补段焊接"方式。

项目共两片拱肋,每片拱肋半跨划分六个节段,原定实体预拼装方案通过两个轮次完成预拼装,同时匹配安装法兰,即第一轮次拼装节段"1+2+3",第二轮次以3号节段作参照节段进行"3+4+5+6"的拼装。采用本技术开展"实体+数字"预拼装组合方案,可以取消第二轮次中3节段的吊运工序,直接以"4+5+6"节段开展实体预拼装,而通过数字预拼装技术进行3、4节段的预拼装检查与法兰安装。

2. 项目应用

本次应用针对北左、北右、南左、南右共计四组拱肋节段开展数字预拼装,其中3号节段均已完成法兰安装作为参照端,4号节段未安装的连接端作为匹配端,按本文所述方法进行数字预拼装及法兰安装。通过高精度全站仪(TS16)测量控制测点,经数字装配模拟,最终换算得到基于钢结构接头自抱持装置的调节参数,完成法兰的姿态调节与临时固定,每次调节完成后对节段测点进行复测验证。

3. 应用结果

通过对复测测点在线形转换到位状态下的对应坐标求差值,获取法兰的安装偏差,由于法兰螺栓穿孔主要受径向偏差影响,因此重点关注径向偏差结果,法兰测点的径向位置偏差复测结果见表1。

法兰测点的径向偏差复测结果(单位:mm)　　　表1

管口编号	测点编号	北左	北右	南左	南右
匹配端1-1	1	2.1	0.9	2.9	2.6
	2	2.7	2.1	2.2	2.1
	3	3.0	1.7	1.0	2.8
	4	1.7	2.2	2.9	2.1
匹配端1-2	1	2.1	3.0	2.1	0.4
	2	3.0	1.7	3.0	2.2
	3	2.8	2.2	1.6	3.0
	4	1.7	3.0	1.8	2.0
匹配端2-1	1	0.7	2.0	1.9	2.8
	2	1.8	1.6	2.3	2.0
	3	2.4	1.9	0.3	2.3
	4	1.1	0.1	1.1	2.1
匹配端2-2	1	2.8	0.7	1.3	2.7
	2	1.7	2.9	3.0	2.8
	3	2.2	0.9	1.5	2.8
	4	0.5	2.6	2.5	1.8

项目采用 $\phi 51mm$ 螺栓孔的法兰以及 $\phi 48mm$ 的高强螺栓,经数字预拼装指导下的法兰最大偏差不超3mm,可知,当两对弦管在对接状态下全部螺栓可穿过时,即证明所提出的数字预拼装技术能够达到预定技术效果。

四、结果与讨论

所述法兰安装结果虽然未超出螺栓孔的预留空间,但是考虑法兰焊接偏差与节段吊装线形调整造成的孔位偏移,从而导致的对孔偏差,需要对螺栓孔的对孔措施做进一步考虑。

在各国的制造安装规范中,均未对法兰的匹配安装精度提出允许误差的限值规定,分析其原因在于各国规范都是基于实体预拼装进行规定的,而实体预拼装在安装法兰时,法兰栓孔均已提前对准并点焊固定,因此并未作出明确规定。在中美钢结构规范中,对于M36以上规格的高强螺栓,标准孔的孔径富余量为3mm,然而在实际施工中,在法兰焊接变形、现场温度变形、安装线形偏差等多重因素的影响下,法兰栓孔仍然可能出现错台,导致节段间的法兰可能无法顺利对准,需要采用强制连接手段,进而产生不利于结构的施工应力,降低结构的安全储备。为了方便安装过程中顺利穿过法兰螺栓,可以考虑预留更多法兰螺栓穿孔富余量,采用超大孔径做扩孔。针对超大孔的取值,美国规范[8]规定为8mm,中国规范[9]规定为螺栓直径的20%,作为数字预拼装的扩孔限值。

需要说明的是,由于拱肋节段间的法兰连接仅作临时连接之用,待螺栓施拧完成会对法兰进行围焊,对接的法兰之间不会发生相对移动,螺栓的螺杆不会进一步破坏,再加上灌注混凝土形成强度后,法兰螺杆将不会影响永久结构安全,因此适当扩孔对于结构施工是有利的,而对于结构安全是没有影响的。

此外,为尽可能缩小预拼装法兰偏差,分析安装误差原因如下:

(1)测控偏差,人工做样冲点、测量标记点时可能存在的偏差,导致实际点与理论点的对应关系产生偏差,从而导致虚拟装配时造成误差;此外,由于测点位于结构表面,不便于架设棱镜,导致测量时激光返回的数据信息存在误差。

(2)加工制造偏差,由于所加工的接头自抱持装置及法兰同设计尺寸存在一些加工误差,导致装置调节参数在转换过程中采用的设计变量与真实变量不一致,引起放样参数指导下的法兰位置发生偏移。

(3)手动调节偏差,实际调节时由于是人工测距,调节装置及旋转法兰时可能会产生毫米级的调节误差,调节误差矢量叠加会放大测点位置的偏差。

基于上述原因,可以通过引入精度更高的测量手段,采用自动化调节手段,实现法兰调节精度的进一步提高,这些将是实现本技术提升的后续研究方向。

五、结　语

数字预拼装技术在节约施工场地、减少施工成本、加快施工进度方面极具优势。本文的研究,基于现有测量手段,建立了基于有限感知的钢结构数字预拼装技术,通过局部参数信息的测量感知与虚拟装配,取代繁复耗时的实体预拼装,并且设计研发了一种钢结构接头自抱持装置,以指导法兰的精准安装,通过调节法兰姿态纠正拱肋节段线形偏差。为验证技术的可行性,在工程项目中开展了技术验证,获取实测数据。根据结果可以得出以下结论:

(1)所提方法可以通过"$N+0$"数字预拼装方式取消节段组拼的参照节段,减少组拼轮次和施工场地占用,降低施工成本,加快施工进度,技术效果明显。

(2)所提方法最大的创新点在于结合钢管混凝土拱桥的数字预拼装给出了指导施工的具体方案,不同于以往研究仅做虚拟装配环节的研究,本文在模拟的基础上研发了钢结构接头自抱持装置,结合所提取的放样参数对法兰安装姿态作调节,实现法兰的无实体节段匹配安装,对于实际施工过程具有指导意义。

(3)通过实桥工程中的数字预拼装效果,检验了该方法在实际应用过程中的可行性。根据实测结果,所提方法能够较为准确地安装法兰,确保相邻节段的拱肋对接时,高强螺栓能够顺利穿过对应螺栓孔,且法兰面保持相对密贴,从而实现桥梁安装过程中的节段快速定位。

参考文献

[1] CASE F, BEINAT A, CROSILLA F, et al. Virtual trial assembly of a complex steel structure by generalized procrustes analysis techniques[J]. Automation in Construction, 2014(37):155-165.

[2] MASET E, SCALERA L, ZONTA D, et al. Procrustes analysis for the virtual trial assembly of large-size elements[J]. Robotics and Computer-Integrated Manufacturing, 2020(62):101885.

[3] 王强强,苏英强,赵切,等.基于结构仿真分析与三维激光扫描的钢结构数字化预拼装技术[J].施工技术(中英文),2022,51(10):135-138.

[4] 朱明芳,程效军,李金涛,等.基于底面特征匹配的钢结构桥梁数字预拼装[J].北京测绘,2022,36(2):168-172.

[5] 周绪红,刘界鹏,程国忠,等.基于点云数据的大型复杂钢拱桥智能数字预拼装方法[J].中国公路学

报,2021,34(11):1-9.
[6] 黎翔,呼辉峰,陈天国,等. 基于点云和BIM的大跨钢桁架数字预拼装应用研究[J]. 钢结构(中英文),2023,38(10):10-15.
[7] WANG Y G,HE X J,HE J,et al. Virtual trial assembly of steel structure based on BIM platform[J]. Automation in Construction,2022(141):104395.
[8] American institute of steel construction. Specification for Structural Steel Buildings:ANSI/AISC 360-10[S]. Chicago:[s. n.],2010.
[9] 中华人民共和国住房和城乡建设部. 钢结构工程施工质量验收标准:GB 50205—2020[S]. 北京:中国计划出版社,2020.

7. 变节式钢筋笼智能加工

李艳超 郭浩

(中交二航局第四工程有限公司)

摘　要　桩基种类多、数量大且施工工期短,标准化建设要求高。为全面贯彻落实"高标准、高质量建设雄安新区"的方针;打造行业内样板工程的新标杆,在生产场地不扩大的前提下,通过对钻孔灌注桩钢筋笼加工工艺的研究,提高钢筋笼生产效率和加工技术水平,降低材料损耗,减少作业人员,提升经济效益。

关键词　智能化　自动化　提高生产效率　体系创新　智能套料算法　钢筋数字孪生平台　机械臂自动滚焊

一、引　言

钻孔灌注桩钢筋笼的加工是一项人力集中、重复性高的作业,在超大规模工程施工中需要投入大量的人力、物力、加工场地。随着施工作业人员数量缺口大、技术水平参差不齐等问题的不断凸显,传统的钢筋笼加工生产模式已不再适用工期紧、桩型复杂且质量要求严格的超大型项目。因此,整合产业资源,变革钢筋笼传统加工生产方式,加强钢筋笼自动化、智能化生产,建立智能钢筋配送中心,在经济上、技术上均具有重要价值。

二、工程概况

雄忻高速铁路雄安地下段及相关工程项目6标段内雄安隧道2段起点里程为DK130+700,终点里程为DK133+100,全长2400m;隧道3段起点里程为DK134+150,终点里程为DK137+180,全长3030m。隧道采用明挖法施工,基坑支护形式主要为"钻孔灌注桩+首道混凝土撑+钢支撑"。其中钻孔灌注桩型号共9种(B、D、G、L、M、N、O、Q、R),直径分别为1200mm、1000mm和800mm,桩长在9~33m之间不等,桩基总数7046根。

三、工程特点及目标确定

1. 工程特点

项目采取4个围护桩施工工点同时施工的方式进行作业,每日需完成钢筋笼数量必须超80套,共计160节,单条生产线日产量需满足12套。因此,钢筋笼生产效率十分重要。

为满足工期要求,降低质量风险,优化生产环境,减少人工投入,提高经济效益,钢筋笼采用智能化算法排产,自动化设备加工,统一化平台配送的方式进行生产与配送。因此,项目部建立钢筋智能配送中心,投入多种钢筋智能加工设备,开发钢筋数字孪生平台,形成钢筋笼智能化、自动化生产体系。

2. 目标确定

1) 借鉴分析

根据中交二航局第四工程有限公司承建的常泰大桥等项目,对其生产模式和采用的相关设备进行调研并进行钻孔灌注桩生产产量分析,由于桩基类型及尺寸存在差异,在进行产量安排时并非完全借鉴其生产设备。

钢筋笼制作主要工序包括料单翻样、下料、锯切、车丝、穿筋、绕丝焊接等工序,加工流程唯一,但设备功能差异较大。因此,目前制约钢筋笼生产效率的主要原因为设备的先进程度和钢筋厂的整体管理模式,故优化加工设备、提高设备自动化率,形成钢筋笼智能化及自动化生产体系就能够达到目标。

2) 目标分析

目标可行性分析见表1。

目标可行性分析 表1

类型	目标可行性分析做法
理论分析	根据相关项目实践经验,对智能钢筋数字化管理平台等软件使用进行分析,对提高钢筋笼生产效率的智能化加工设备进行比选;在钢筋笼制作一次报检通过率、钢筋笼制作精度方面等均有提升空间。此外,合理进行钢筋笼统一配送,箍筋焊接采用机器人自动焊接,均能确保质量、节约相关工序耗时
资源配置	项目部对钻孔灌注桩钢筋笼制作施工高度重视,组织相关部门及技术管理人员对关键工序进行讨论,并在技术、试验、检验等资源配置上给予大力支持
管理素质	钢筋加工场管理成员为项目领导和技术骨干,参加过类似铁路长、大、深基坑围护桩钻孔灌注桩施工,有着较高的管理素质和管理能力
技术支撑	根据推行的钢筋数字化管理平台,优化钢筋人工翻样、套料、任务单编制等重要工序,采购智能自动化生产设备与数字化平台进行对接,实现钢筋笼自动化生产全过程管控

四、方案提出

采用钢筋数字孪生平台+数控钢筋笼生产一体机工艺(表2)。

钢筋数字孪生平台+数控钢筋笼生产一体机工艺 表2

	工艺描述
方案	①采用钢筋数字孪生平台,通过建筑信息模型(BIM)智能翻样,输出最优的断料加工方案,结合生产情况进行快速排产,生产智能设备可识别的标准化料单并下发至智能钢筋设备。该平台对钢筋从进场到成品运送进行线上统一管理。 ②采用集数控、锯切车丝及钢筋笼滚焊功能于一体的生产线,实现钢筋的智能快速下料和锯切(打磨)、直螺纹滚轧和钢筋笼焊接等功能。 ③生产线可实现在钢筋半成品加工完成后同步进入钢筋笼主筋与加强圈自动焊接,通过设置6组焊枪同时进行点焊,完成该阶段焊接任务后,通过智能小车将钢筋笼骨架转移至箍筋焊接平台进行机械臂自动焊接。 ④通过"人、机、料、法、环"进行过程管理,严格控制钢筋笼的加工精度,确保钢筋笼下放对接时的接头合格率为100%
技术可行性	通过将生产线中不同设备进行组合设计,实现钢筋笼生产工序的快速转换和设备高度集成统一
经济合理性	生产线智能加工设备需统一采购和定制,投入成本较大
优点	①采用BIM翻样技术提高翻样效率,提高精准度。 ②采用平台进行生产管理,实现了钢筋笼从原材进场到成品配送,一站式线上操作;在提高管理效率的同时,减少了管理人员数量。 ③减少了人工穿装主筋时间,自动化程度高,显著提高了工效。 ④锯切车丝一体钢筋笼生产工作站可减少半成品调运时间,功效提升且在提高焊接质量的同时提高了工作效率。 ⑤由于一体化设备先进性,生产钢筋笼人数为1人/(台·设备),减少了直接人工费和间接管理费

五、方案实施

1. 钢筋数字孪生平台

结合项目实际生产需求,搭建基于数字化加工的钢筋生产管理系统,涵盖钢筋翻样、仓储管理、生产管理、智能配送、统计分析五大模块,具备加工数据的自动采集和实时分析等功能,实现原材从进场到消耗、钢筋加工到配送的全流程管理,提高了钢筋出材率,减少了钢筋浪费,确保了加工质量,提升了生产效率和管理水平。

(1) 钢筋翻样:借助钢筋翻样软件对钢筋快速翻样,自动生成钢筋翻样表,结合原材尺寸和余料情况快速下料,自动搭配优化、生成钢筋下料单,最大化节省了原材料的功能。

(2) 仓储管理:从个人计算机(PC)端快速录入材料批号、材料数量、材料规格等信息,完成原材入库、快速点验、领料、库存盘点,实现仓储智能管理。

(3) 生产管理:通过系统自动分配加工任务到加工设备中,提高生产效率。

(4) 智能配送:通过二维码、移动端等功能实现信息化配送,保证钢筋质量可追溯,运输过程实时管控。

(5) 统计分析:借助系统统计分析,自动生成钢筋加工厂原材消耗、原材库存、半成品加工等相关报表,实现对原材、生产、加工设备、半成品库存及配送的实时监控。

钢筋数字孪生平台的使用,实现了原材进场、钢筋翻样、下料优化、任务排产、生产加工、成品配送全业务流程在线化管理,持续提高了生产效能和质量,降低了综合生产成本。

2. 钢筋笼加工生产线工艺

针对桩基钢筋笼加工定制了数控锯切套丝钢筋笼生产线(图1~图6),由自动上料架、钢筋输送线、钢筋锯切套丝打磨生产线、阶梯上料架、自动上料滚笼焊机、绕筋自动焊接机器人组成。从整捆棒材自动打散,分筋上料到定尺锯切,自动传递、套丝、打磨、翻料到输送线体,通过自动焊接臂完成钢筋笼制作,提升了控制精度,提高了生产效率。

图1 自动上料架

图2 钢筋输送线

图3 锯切套丝打磨

图4 阶梯上料架

图 5　自动上料滚笼焊机(一)　　　　　图 6　自动上料滚笼焊机(二)

通过采用数控钢筋笼生产一体机,实现了钢筋笼智能加工设备快速匹配,有效确保了钢筋笼制作质量及效率。

六、效 果 检 查

1. 目标值确认

与目标值(钢筋笼日产量≥80套)进行对比,实际钢筋笼日产量均大于80套,顺利完成目标(表3)。

目标值确认表(2021年7—9月)　　　　表3

日期	日产量(套)	日期	日产量(套)	日期	日产量(套)
7月1日	—	8月1日	82	9月1日	88
7月2日	—	8月2日	83	9月2日	82
7月3日	—	8月3日	89	9月3日	80
7月4日	—	8月4日	90	9月4日	84
7月5日	—	8月5日	84	9月5日	82
7月6日	—	8月6日	90	9月6日	81
7月7日	—	8月7日	91	9月7日	82
7月8日	—	8月8日	89	9月8日	84
7月9日	—	8月9日	83	9月9日	86
7月10日	—	8月10日	82	9月10日	87
7月11日	—	8月11日	81	9月11日	85
7月12日	—	8月12日	82	9月12日	82
7月13日	—	8月13日	84	9月13日	85
7月14日	—	8月14日	86	9月14日	85
7月15日	—	8月15日	90	9月15日	82
7月16日	—	8月16日	90	9月16日	90
7月17日	—	8月17日	90	9月17日	95
7月18日	98	8月18日	96	9月18日	87
7月19日	92	8月19日	84	9月19日	96
7月20日	89	8月20日	88	9月20日	92
7月21日	86	8月21日	84	9月21日	90
7月22日	82	8月22日	80	9月22日	90
7月23日	85	8月23日	81	9月23日	84
7月24日	90	8月24日	85	9月24日	80
7月25日	92	8月25日	83	9月25日	97
7月26日	91	8月26日	86	9月26日	92
7月27日	94	8月27日	82	9月27日	88
7月28日	93	8月28日	84	9月28日	94
7月29日	95	8月29日	86	9月29日	93
7月30日	88	8月30日	87	9月30日	96
7月31日	89	8月31日	84		
合计	1264	合计	2656	合计	2619
共计	共完成6539根,剩余506根未保通路占压,暂未进行施工				

2. 效益分析

1)社会效益

通过钢筋加工场全体人员的共同努力,不断进行现场试验和研究,最终摸索出一种成本低、工效高、人工少且切实可行的施工方案,保证了雄忻高速铁路的施工质量及进度,得到了业主的认可,获得了良好的社会效益。

2)经济与工期效益

雄忻高速铁路钻孔桩原计划工期为120d,结束时间为2021年10月30日,实际于2021年9月30日完成有效工作面内桩基施工,节约工期30d。方案费用对比见表4。

方案费用对比　　表4

方案	费用计算(现场工程直接费)
普通平台+数控锯床+数Z控车丝机+数控钢筋笼滚焊机生产工艺	①设备费(数控锯床+车丝机+钢筋笼滚焊机): (设备成本×数量=费用) 500000×7=3500000(元) 200000×7=1400000(元) 合计:4900000元 ②人工费(钢筋笼加工制作): (人数×单日费用×工期=费用) 6×7×350×120=1764000(元) 总费用:666.4万元
采用钢筋数字孪生平台+数控钢筋笼生产一体机工艺	①设备费(数控钢筋笼生产一体机): (设备成本×数量=费用) 1000000×4=4000000(元) 合计:4000000元 ②人工费(钢筋笼加工制作): (人数×单日费用×工期=费用) 3×4×350×90=378000(元) 总费用:437.8万元

七、结　语

通过对钻孔灌注桩钢筋笼加工工艺的研究,变节式钢筋笼智能加工自动化体系提高了施工产量及质量,创造了经济效益和社会效益。同时调动了项目部全体人员的积极性,提高了解决问题能力和班组凝聚力,促进了日常工作的高效开展,对雄忻高速铁路雄安地下段及相关工程项目6标段圆满完成施工任务起到重要作用。

参考文献

[1] 杜玮琮.一种钢筋翻样系统的研发及其工程应用[J].建筑施工,2021,43(1):62-64.

[2] 陈思.基于BIM技术的钢筋工程施工阶段精细化管理研究[D].武汉:湖北工业大学,2020.

[3] 易恒.基于BIM的钢筋工程集约化加工研究[D].武汉:湖北工业大学,2019.

[4] 马国伟.智能建造:数字孪生与钢筋智能化加工技术[M].北京:中国建筑工业出版社,2022.

[5] 曹玉法.王洪申,郑成凯.基于数字孪生概念的实验探究[J].机械制造与自动化,2021,50(4):32-34.

8. 预应力混凝土连续梁桥短线匹配法误差控制系统研究

刘裕泓[1,2] 肖军[1,2] 张阳[1,2]

(1. 陕西省"四主体一联合"桥梁工程智能建造技术校企联合研究中心；
2. 中交第二公路工程局有限公司)

摘 要 本文针对现阶段国内短线匹配法误差控制商业软件的误差控制效果不佳的问题，开展了短线匹配法误差修正技术研究，提出了一种基于平面位移的误差修正方法，开发了基于所提方法的短线匹配法施工误差控制系统。将该系统应用于某预应力混凝土箱梁的短线匹配法施工过程，结果显示，该系统能将预制和安装时的箱梁轴线偏差均控制在规范规定限值的50%以内，线形控制效果良好。

关键词 预应力混凝土箱梁 短线匹配法 误差修正 误差控制 系统开发

一、引 言

混凝土连续梁桥采用节段预制拼装施工，一般是将桥梁沿轴线划分为多个混凝土节段梁，再在工厂或现场将预先制作好的混凝土节段梁运输至桥位处通过可靠的连接方式拼装而成[1]，其中节段梁的预制方法通常有长线法和短线法两种[2]。短线法预制因具有占地面积小、经济效益高、预制质量好和应用范围广等优点而得到了广泛的应用[3]。

短线法预制施工就是将已经划分好的梁段，按顺序依次在台座上预制，利用已预制完成的梁段作为模板进行下一梁段的预制，通过控制相邻梁段间的几何关系来保证梁段最终的线形[4]。但在梁段预制的过程中，由于测量、浇筑、振捣、脱模和梁段定位等多种因素的影响，导致梁段预制过程中不可避免地存在误差，且待相邻梁段预制完成后，桥梁最终的成桥线形也就基本确定，不存在可调节性[5]。所以在短线法施工中，需要在预制阶段同时对预制产生的误差进行实时纠偏，以免使梁段的几何线形与成桥线形相差过大，导致较大的成桥线形误差。

目前实际工程中，短线法预制通常采用"六点控制法"，即每节段梁设置6个控制测点，其中2个为水平测点，4个为高程测点[6]。对于一个具有2000榀节段梁的桥梁项目，每节段需要测量浇筑结果、匹配指令、匹配结果、架设指令和架设结果5组数据，每组数据包含6个控制点位，共60000组控制数据[7]。对于如此大规模的节段梁线形控制数据的处理，人工计算的效率难以满足现场施工进度的需求，这就需要在短线法误差控制基本原理和算法研究的基础上开发短线法自动化线形控制软件，以实现准确、迅速、高效的线形控制。国内早期工程通常采用国外的商用软件进行施工控制，但其应用成本较高，经济性差。随着对短线法施工相关研究的深入，国内陆续也出现了一些控制软件，但这些软件的控制效果良莠不齐，甚至可能导致出现预制和拼装性差等问题，且整体可视化效果不佳，目前暂时还未形成认可度较高的自主开发的商业软件[8]。

本文针对上述问题，研究了一种基于平面位移的短线法预制误差控制方法，使用该控制方法编写控制算法并开发Web软件，结合某($6\times60m$)桥梁进行软件应用，以验证算法和软件的准确性。

二、预应力混凝土连续梁桥短线匹配法施工误差控制方法

1. 短线匹配法预制误差控制原理

1) 预制误差控制流程

采用短线匹配法进行施工的节段梁预制误差控制流程为：首先根据桥梁路线和设计线形建立整体坐

标系,以整体坐标系为基础计算全部节段梁的空间位置;然后根据节段梁设计的结构尺寸设置一个或多个独立、固定的预制台座和模板系统,在每个端模板处建立相应的局部坐标系,所有节段梁都在其预制模板对应的局部坐标系中进行预制。在进行当前预制节段梁(下称i号梁)浇筑工作前,首先需要计算当前匹配节段梁(下称$i-1$号梁)控制点在局部坐标系中的坐标,计算时根据i号梁及$i-1$号梁在整体坐标系中的坐标,分析i号梁及$i-1$号梁的理论相对位置,将$i-1$号梁控制点在自身局部坐标系中的局部坐标转化到i号梁预制的局部坐标系中,作为理论匹配坐标;计算完成后,将$i-1$号梁按照其理论匹配坐标进行定位,随后浇筑i号梁。在i号梁混凝土初凝前,需要在节段梁上埋入控制测点;待i号梁凝固后,测量$i-1$号梁控制点坐标,计算实测匹配坐标与理论匹配坐标间的误差,分析i号梁及$i-1$号梁的实际相对位置,最后根据i号梁及$i-1$号梁的实际相对位置关系,修正整体坐标系中预制梁线形,然后在下一节段预制时修正此次预制产生的误差。重复进行节段梁理论匹配坐标计算、节段梁浇筑、误差分析、误差修正步骤,直至单侧T构节段梁全部预制完成。

2)短线匹配法预制误差控制方法

(1)坐标系建立。

以桥位设计坐标系建立整体坐标系,记为$O\text{-}UVW$,以预制模板固定端模侧建立预制场局部坐标系,记为$o\text{-}uvw$,如图1所示。约定预制梁在固定端模侧为I端,自由(匹配)端为J端,水平控制点编号为FH、BH,右侧高程控制点编号为FR、BR,左侧高程控制点编号为FL、BL。两坐标系间的相互转换可以通过坐标转换矩阵实现,i号梁的整体坐标系转换局部坐标系的坐标转换矩阵$\boldsymbol{p}_i$可由式$\boldsymbol{p}_i=\boldsymbol{p}_1\boldsymbol{p}_2\boldsymbol{p}_3\boldsymbol{p}_4$求解,其中:$\boldsymbol{p}_1$为绕$Z$轴旋转矩阵;$\boldsymbol{p}_2$为绕$Y$轴旋转矩阵;$\boldsymbol{p}_3$为绕$X$轴旋转公式;$\boldsymbol{p}_4$为横坡旋转公式,横坡按照桥梁设计参数取值。

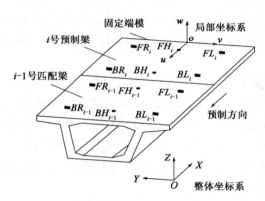

图1 短线法坐标系建立及控制点编号

(2)预制误差消除。

i号梁浇筑完成后,$i-1$号梁的实际位置与理论位置可能存在转角误差$\Delta\theta$和平移误差ΔS,此时i号梁与$i-1$号梁已经匹配完成,二者相对位置已经确定,且在后续施工过程中不变,预制阶段相邻梁段误差示意如图2a)所示[9]。由于i号梁与$i-1$号梁的空间位置已经固定,即$i-1$号梁在预制过程中的平移、转角误差都对应i号梁整体坐标的平移及旋转,因此误差消除计算中需将i号梁的整体坐标转换到预制局部坐标中,然后进行平移和旋转修正,最后转换到整体坐标系中。

转角误差修正旋转矩阵的实质即将$i-1$号梁顶面从其理论匹配位置旋转至实际匹配位置,以向量$\overrightarrow{FHBH}$表示理论匹配空间位置,向量$\overrightarrow{FH^*BH^*}$表示实际匹配空间位置,$i-1$号梁匹配时理论匹配位置与实际匹配位置间的关系如图2b)所示,图中坐标系为局部坐标系。旋转误差消除过程为:首先将$\overrightarrow{FHBH}$绕z轴角度θ_1,使$\overrightarrow{FHBH}$垂直于两平面交线,同时坐标系旋转为$o\text{-}x'y'z'$;然后将$\overrightarrow{FHBH}$绕y'轴,即两平面交线轴再旋转角度θ_2,使两平面重合,其中θ_2为两平面夹角,坐标系旋转为$o\text{-}x''y''z''$;最后将$\overrightarrow{FHBH}$绕x''轴旋转角度θ_3,此时$\overrightarrow{FHBH}$与$\overrightarrow{FH^*BH^*}$重合,完成转角误差的消除。

平移误差通过$i-1$号梁实际BH^*点与理论BH点坐标的差值计算得到,仅需修正i号梁I端坐标即可。

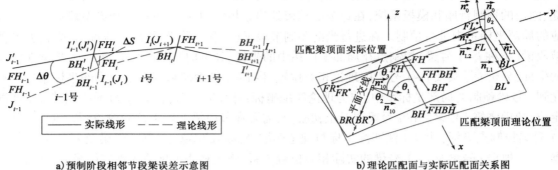

a) 预制阶段相邻节段梁误差示意图　　　　b) 理论匹配面与实际匹配面关系图

图 2　预制阶段相邻节段梁误差修正

2. 短线匹配法安装误差控制方法

1) 安装误差控制流程

采用了悬臂拼装法施工的节段梁安装误差控制流程为：首先吊装首块节段梁并进行定位，首块节段梁的位置决定了后续节段安装线形趋势及平面高度，如果首节段发生安装误差，将会在后续的安装过程中不断放大，因此需采用全站仪精确控制其轴线、高程，不断重复调整直至其精确定位。在首块节段梁精确定位且固定后，开始后续节段的悬臂拼装施工，拼装施工时遵循匹配面为主、线形为辅的拼装原则。对拼装有误的节段梁，需要在其后续节段的拼装过程中进行误差修正，进行误差修正时要密切关注梁段的纵、横向平面位置，避免进行二次调节。在拼装施工至桥梁达到最大悬臂状态后，浇筑合龙湿接缝，待湿接缝强度达标后张拉预应力。预应力束张拉完成后，再次对节段梁顶面控制测点进行数据采集，对照理论状态节段位置数据计算偏差，若超过验收要求，则需采用三维千斤顶顶起节段梁整体进行纠偏，直至偏差值在允许偏差范围内。

2) 短线匹配法预制误差消除方法

首块节段梁精准定位并优化调整后，后续梁段可采用顺拼方法执行。由于指令基于预制线形和设计线形给出，预制时的节段误差和安装时接缝拼接宽度控制偏差将会对节段线形产生一定影响。为消除该偏差影响，可能需对节段线形进行调整。节段安装线形调整通常有以下方法：

方法一：采取必要架设工艺与措施，实现节段内无环氧垫片，仅用顺拼即可满足线形控制要求，常采用整体转动调整法保障安装精度。

方法二：在不能满足上述条件但误差量级可控的情况下，采用一跨使用一次环氧垫片（垫片厚度 2mm），其余节段顺拼的方法来满足线形控制要求。

方法三：在出现精度控制以及工艺措施出现不完善，不能以上述两种方法进行线形调整时，采用一跨使用至多三次环氧垫片，其余节段顺拼的方法来满足线形控制要求。

节段梁安装线形调整以方法一为最优，也要注意在安装过程中应提高控制精度、改善调整优化工艺，保障线形调整的良品率，尽量避免出现错误的调整方式。同时为了控制接缝的施工质量，提高接缝的耐久性，在节段拼装过程中应尽量减少垫片的使用频率。

（1）顺拼安装线形微调。

在首块节段梁控制精度以及中间梁段预制精度较高的情况下，跨内节段悬拼时均采用顺拼方法进行。在进行顺拼安装线形微调的过程中，通常采用先张拉靠近理论线形侧的临时预应力，再张拉靠近顺拼线形侧的临时预应力的方式对梁位进行微量调整，如图 3 所示。

（2）垫片安装线形调整。

在线形偏差调整不满足顺拼调整的条件时，允许适当使用垫片进行调整，单次垫片厚度应小于 2mm。采用垫片进行安装线形调整时有两种调整方式。

调整方式一：根据已安装节段位置，总体偏转预制线形，使调整线形前端与已安装节段相连，后端指向拼装的末端。该法中，除已安装节段与第二片之间存在接缝差，需要增设垫片外，其余梁段均不需要设置，如图4a）所示。此时，调整一片梁将变为调整剩余所有梁段，首片与第二片之间的夹角得到显著减小，接缝张开量与轴线偏差的倍率为梁宽的30%~40%。

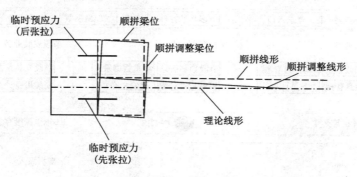

图3 顺拼线形调整示意图

调整方式二：多段调整法是在偏差大，采用单次调整的方式不能满足接缝调整需求时，采用的多段式偏差调整方法。该方法每段调整量都不超过接缝缝隙限值，以指向拼装梁端为最终目标，如图4b）所示。多段调整法中最多调整3片节段梁。

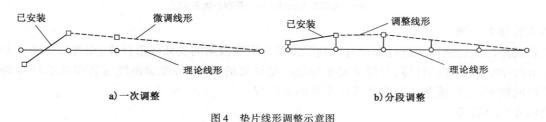

图4 垫片线形调整示意图

三、短线匹配法施工误差控制系统开发与工程实践

1. 系统架构

短线匹配法施工误差控制系统开发采用B/S结构，系统业务基于SpringBoot软件框架开发；前后端分离开发，前端开发使用Vue框架，后端开发组合使用Java与MATLAB编程语言，其中后端业务部分采用Java进行开发，数据分析部分采用MATLAB语言进行开发。采用Redis作为数据高速缓存；MySQL数据库为后端存储数据库。短线匹配法施工误差控制系统整体架构如图5所示。

2. 系统主要功能介绍

根据系统架构设计和实际使用功能，将系统划分为基础信息管理、施工过程管控、预制误差控制、安装误差控制和BIM模型管理等功能模块。其中，基本信息管理、预制误差控制和安装误差控制功能为系统主要功能。

1）基本信息管理

基本信息管理功能用于进行桥梁项目的管理、录入桥梁结构层次信息、配置桥梁节段信息、录入桥梁设计线形与预拱度信息等桥梁基本信息的配置，为后续功能的开展提供数据保障。

2）预制误差控制

预制误差控制功能用于录入节段梁预制情况测量结果，计算节段梁预制误差，根据预制误差与设计预制线形计算下一节段预制指令并给出预制指令单等节段梁预制阶段的数据计算，服务于短线法节段预制的全过程。

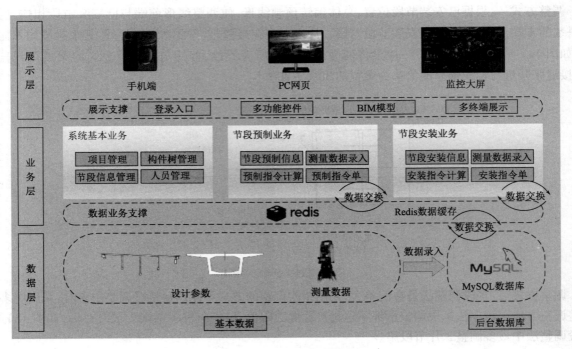

图5 短线匹配法施工误差控制系统架构图

3)安装误差控制

安装误差控制功能用于进行在现有预制误差条件下节段梁的安装线形计算、在含有预制误差的安装线形下节段梁安装指令的计算,节段梁安装情况测量结果的录入,节段梁最终安装误差的计算等节段梁安装阶段的数据计算,服务于短线法节段安装的全过程。

4)BIM模型管理

BIM模型管理功能用于上传桥梁项目的BIM模型,并将BIM模型构件与基本信息管理中录入的桥梁结构层次目录挂接,实现桥梁线形误差的可视化与现场施工进度的可视化管理。

3. 工程实践

1)工程概况

某预应力混凝土桥全长1720m,其上部结构采用18×60m预应力混凝土节段预制拼装箱梁[共设3联,跨径布置为3×(6×60m)]+16×40m预制小箱梁和简支现浇箱梁,架设时采用悬臂拼装方法施工,桥墩墩高在30~62m之间。节段梁部分采用单箱单室斜腹板箱梁断面,梁高3.6m,翼缘悬臂长为3.6m。箱梁顶板宽16.5m,顶板厚为28cm,底板宽6.9m,节段长度为2.65~3.8m,全桥共522片节段梁。

2)预制及安装施工情况

采用前文开发的系统,对实践桥梁第5号T构大、小里程侧全部节段梁的预制及安装过程进行管理,并计算预制及安装阶段的全部误差,并对照规范判断预制和架设施工情况。系统计算得到的预制及安装阶段全部误差见表1。

5号T构预制及安装误差表   表1

梁段号	预制误差(mm)			安装误差(mm)		
	纵向误差	横向误差	竖向误差	纵向误差	横向误差	竖向误差
下行梁段7	0.4068	0.2711	0.0170	4.6986	0.1788	0.3396
下行梁段6	0.2745	-0.0376	-0.1496	4.7058	0.0701	0.1976
下行梁段5	0.1418	-0.4087	-0.2244	4.8789	-0.1951	0.3947
下行梁段4	-0.0243	0.3594	-0.2910	4.7436	-0.8456	0.5036

续上表

梁段号	预制误差(mm)			安装误差(mm)		
	纵向误差	横向误差	竖向误差	纵向误差	横向误差	竖向误差
下行梁段3	0.0808	1.0609	−0.3930	4.6861	−1.0198	0.7272
下行梁段2	0.1870	0.6888	−0.3014	4.6471	−1.1200	0.7205
下行梁段1	−0.4320	−0.2071	−0.2177	4.4385	−0.9971	0.9488
墩顶梁段1	0.7908	0.0000	0.0000	4.5730	−0.4024	1.4548
上行梁段1	−0.2621	0.6806	−0.4603	4.3929	−0.1238	1.1077
上行梁段2	0.1535	0.2811	0.0799	4.4425	0.1269	1.2385
上行梁段3	−0.1614	−0.3593	0.0510	4.6549	−0.0780	1.3308
上行梁段4	−0.0453	−0.0042	0.1744	4.6236	−0.3750	1.1746
上行梁段5	−0.2044	0.8388	−0.6322	4.7313	0.1489	1.4983
上行梁段6	0.2067	0.5649	−0.1327	4.7535	0.5301	1.1878
上行梁段7	0.9130	−0.2100	0.3518	5.0413	0.3361	1.4339

通过纵、横、竖三向误差计算节段梁的轴线偏移量,结果如图6所示。

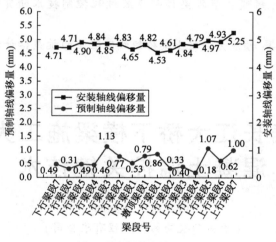

图6 节段梁轴线偏差量图

根据《节段预制混凝土桥梁技术标准》(CJJ/T 111—2023),节段梁预制节段验收时轴线偏移量不超过2mm;采用悬臂拼装方法施工时安装中心线偏移量不超过10mm。结合图6,软件系统及算法计算结果表明实践桥梁第5号T构大、小里程侧全部节段梁预制阶段轴线偏移量基本小于1mm,满足规范规定的验收标准中的轴线偏移量2mm的限值,且不到限值的50%;安装阶段轴线偏移量基本小于5mm,满足规范规定的验收标准中的轴线偏移量10mm的限值,且不到限值的50%,软件系统对预制线形控制和最终成桥线形良好。

四、结　语

(1)本文针对短线匹配法预制和安装阶段的误差控制流程以及方法进行了研究,提出的基于平面位移的误差控制方法高效可靠,在实际工程的应用中取得了较好的效果,可以为其他短线匹配法施工项目提供参考。

(2)本文在提出的误差控制方法的基础上,开发了基于Java和MATLAB编程语言的短线匹配法施工误差控制系统,能够服务实际工程项目,实现快速、准确、高效地完成控制点坐标转换、数据分析、线形控制和指令单出具等工作。同时能够基于监控数据和BIM模型,实现施工进度的可视化,大幅提高项目施工和现场进度管理的效率。

（3）结合工程实践，采用本文开发的短线匹配法施工误差控制系统进行误差控制时，预制线形和设计线形相比，最大轴线偏差量不超过1.2mm；安装线形和设计线形相比，最大轴线偏移量不超过5.3mm，均远小于规范规定的限值，节段梁预制及安装控制效果良好。但实际安装时沿桥梁纵向相较于其余两个方向还是存在较大的偏差，可以继续修正误差控制方法，以进一步提高线形控制的准确性。

参考文献

[1] 张立青.节段预制拼装法建造桥梁技术综述[J].铁道标准设计,2014,58(12):63-66,75.
[2] 李坚,陆元春.预制节段混凝土桥梁的设计与工程实践[J].城市道桥与防洪,2003(6):35-38.
[3] 张鸿,张喜刚,丁峰,等.短线匹配法节段预制拼装桥梁新技术研究[J].公路,2011(2):76-82.
[4] 黄跃,王敏.短线法节段梁预制拼装中的控制点空间坐标变换的实现方法研究[J].中外公路,2011,31(4):142-145.
[5] 刘海东,侯文崎,罗锦.短线节段预制拼装桥梁几何线形三维控制方法[J].铁道科学与工程学报,2017,14(4):769-778.
[6] 方蕾.短线预制悬臂拼装连续梁桥施工线形控制研究[D].成都:西南交通大学,2008.
[7] 傅青松.基于摄影测量的短线匹配节段预制拼装桥梁预制测控技术研究[D].上海:同济大学,2022.
[8] 解兵林,余晓琳,胡雨,等.短线法节段梁预制拼装过程控制技术研究[J].铁道科学与工程学报,2020,17(6):1453-1461.
[9] 孟俊苗,贾菁林,刘永健,等.预应力混凝土梁桥短线匹配法的抗差估计方法[J].建筑科学与工程学报,2024,41(4):118-129.

9.常泰长江大桥下横梁施工大体积混凝土温控关键技术

田业凯　殷红阳

（中交二航局第四工程有限公司）

摘　要　随着社会的发展，大型桥梁工程的构件单体体量越来越大，混凝土温度控技术越发重要。桥塔下横梁施工作业条件复杂，混凝土配合比设计和施工现场的温控措施是下横梁混凝土施工温控技术中的两大关键因素，而混凝土温控是大体积混凝土质量全面控制的关键。

关键词　下横梁　大体积混凝土　温控

一、引　言

混凝土物理与热学性能是影响混凝土温控效果的重要因素之一。大体积混凝土配合比设计以抗裂为核心，并满足水化热低、可泵性好、体积稳定性好及耐久性优良等要求。大体积混凝土温控是对混凝土质量的全面控制，为达到温控标准的要求，下横梁施工过程根据实际环境温度情况及配合比，对混凝土浇筑温度、混凝土温升控制、养护工艺等每一施工环节，采取一系列温控措施进行有效控制。

二、工程简介

常泰长江大桥连接常州与泰州两市，距离泰州大桥约28.5km，距离江阴长江公路大桥约30.2km。常泰长江大桥集高速公路、普通公路、城际铁路为一体的多功能桥梁，采用上下层左右非对称布置，上层设置双向六车道高速公路,下层上游侧设置双线城际铁路,下游侧设置双向四车道普通公路。

下横梁位于下塔柱与中塔柱交界位置,截面均为单箱单室,横桥向下横梁跨中梁高为8m,梁宽为7m,梁底曲线半径为126m,跨中顶板厚1.0m,底板及腹板厚1.5m。纵桥向下横梁跨中梁高为6m,梁宽为6m,梁底曲线半径为35.3m,跨中顶板、腹板厚1.0m,底板厚1.2m。根据施工安排,索塔下横梁与第8节塔柱同步浇筑,纵横向在中部位置均设有2m宽后浇带,最大浇筑高度10.15m。结构见图1。

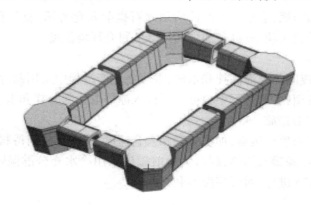

图1 下横梁效果图

三、混凝土配合比控制

下横梁混凝土总浇筑方量约8000m³,单次浇筑方量约2000m³,最大浇筑高度10.15m,横梁内部构造复杂,埋件多,为适应混凝土浇筑施工及温控防裂的需要,混凝土采用了两种配合比施工,混凝土配合比见表1。

下横梁混凝土配合比(单位:kg/m³)　　　　　　　表1

配合比	水泥	粉煤灰	抗裂剂	流变改性材料	砂	5~10mm碎石	10~20mm碎石	减水剂	水	胶材总量	使用部位
1	295	90	38	47	736	317	741	5.64	146	470	顶板
2	300	113	41	56	783	575	384	6.12	158	510	底板及腹板

以上两种配合比均掺入了8%抗裂剂,在实际施工中有效地调控了混凝土自身体积变形,降低了混凝土开裂风险。混凝土坍落扩展度按照600mm±50mm控制,在试验室标准温湿度环境下试拌,试验时条件下初凝时间为12~15h,在保证混凝土浇筑施工的需要的同时,为冷却水管通水削减温峰提供有利条件。

四、现场温控措施

1. 浇筑温度估算

桥址地区不同月份环境温度较大,根据施工计划安排,横梁浇筑时间在3—5月,月平均气温在11.5~22.5℃之间。为保证混凝土入模温度满足不高于日均气温T_0 +8℃且不超过28℃的要求,在施工准备期,对混凝土不同工况下混凝土入模温度情况进行估算,为混凝土入模温度控制措施提供依据。

2. 混凝土浇筑温度的控制

混凝土初始入模温度对混凝土内部最高温度和温峰到达时间均有很大影响,同种混凝土,高温度入模的混凝土温度升高值要比低温度入模的大许多。因此,控制混凝土的入模温度是下横梁大体积混凝土温控的一个重要环节。为满足浇筑温度要求,混凝土在生产运输环节采取了一系列降温措施。

1）粉料的温度的控制

水泥进厂前提前备料,充分自然冷却后输送至罐体备用,入场前进行温度检测,进场温度不高于55℃。将水泥提前入罐后存储15d以上,进一步降低水泥温度,避免使用新鲜水泥。储存过程中粉料罐体整体遮阳,避免受日照升温,水泥、矿粉罐体安装温度传感器实时监测温度。

2）集料的温度的控制

料仓采用全封闭式遮阳防晒,混凝土生产前所用碎石提前入仓备用,充分自然冷却。料仓内进行喷雾降低环境温度。料仓内设置大功率风扇,加强通风降低料仓环境温度。

3）拌和用水温度的控制

混凝土生产前,提前在夜间补充灌满拌和水池,混凝土生产过程中采用制冷水设备持续补水;需要提前开启制冰机生产冰屑储备用,生产过程中根据需要投入冰屑取代部分拌和水。

4）混凝土输送过程中降温措施

混凝土浇筑期间合理组织生产运输,加快运输和入仓速度,防止长时间待料,减少混凝土在运输和浇筑过程中的温度回升;罐车覆盖罐衣隔热,罐车装料前罐体采用冷水充分淋湿降温。混凝土浇筑时均选择在夜间低温时段或阴凉天气进行,避开高温不利时间段。

3. 冷却水系统控制

下横梁共布置12层冷却水管,冷却水管采用$\phi 40mm \times 2.0mm$、冷却水管水平间距为0.6m、竖直间距为0.8m,距混凝土表面/侧面为$0.6 \sim 0.8m$,冷却水管采用具有一定强度、导热性能好的铁管制作,接头处采用冷弯加快速接头的方式连接,混凝土浇筑前对冷却水管进行通水试验,并在振捣时避免振捣棒直接冲击水管造成漏水,在接头处贴有反光贴。

配备4台30kW立式多级离心泵(1台备用)、2台30kW补水泵、2个铁质水箱、2个分水器。升温阶段采取潜水泵往水箱补水,3台立式多级离心泵供应冷却水管通水直取江水自然水降温;降温阶段关闭潜水泵补水,出水管回流水箱,离心泵供应冷却水管内循环通水降温。

五、温控监测实施

采用智能化无线传输温度巡检仪,对混凝土内外温度进行实时监测。温度传感器采用进口的数字温度传感器,在混凝土浇筑前完成传感器的铺设安装工作,并将屏蔽信号线与测温仪器连接,传感器测头采用槽钢保护。各项监测工作在混凝土浇筑后立即进行,连续不断。混凝土监测内容包括混凝土芯部温度、表面点温度、进出水温度、环境温度混凝土的温度测试每1h监测一次,直到温度变化基本稳定。

1. 监控元件的布置

整个主墩下横梁分为4个区域进行浇筑在横梁与纵梁中间设置后浇带,施工顺序按照3号、4号、1号、2号塔肢进行混凝土浇筑的顺序(图2)。根据混凝土构件对称的结构特点,下横梁每个浇筑区段布置三层测点,第1层测点高度2.65m,第2层测点高度5.10m,第3层高度7.5m,单个塔梁浇筑区3层测点共20个测点;用等边角钢$40mm \times 4mm$进行保护,焊接固定角钢,扎丝绑定测线。

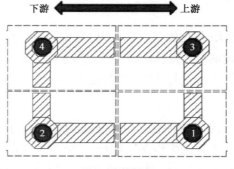

图2 浇筑顺序

2. 数据监测结果

下横梁 3 号塔肢凝土温度监测数据汇总表见表 2。

下横梁 3 号塔肢混凝土温控监测数据汇总　　　表 2

浇筑部位	入泵温度（℃）	温峰（℃）	温峰出现时间（h）	最大内表温差（℃）	最大内表温差出现时间（h）
第 1 层（2.65m）	14.0～19.4	64.2	61	19.1	141
第 2 层（5.10m）		62.7	50	18.6	94
第 3 层（7.50m）		62.1	41	17.5	58

注：最高温度出现时间从各层传感器与混凝土接触时间起算。

下横梁 3 号塔肢混凝土内部温度特征值历时曲线见图 3。

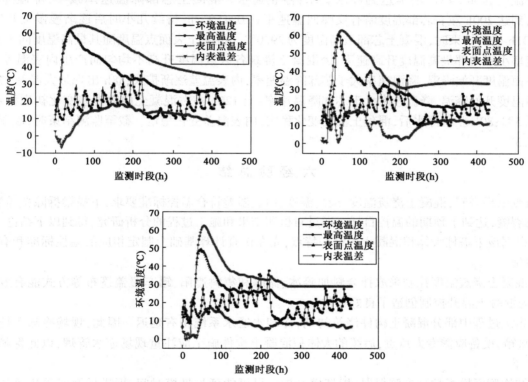

图 3　混凝土温度特征值历时曲线图（测点高程 2.65m、5.10m、7.50m）

3. 结果分析

1）第 1 层混凝土

由图 3 可以发现，本层混凝土内部最高温度呈先快速上升后缓慢下降的趋势。混凝土覆盖测点 15h 后内部温度上升迅速，16～35h 混凝土升温速率为 1.25～1.95℃/h。其间，混凝土水化热产生的热量远大于冷却水带走热量。36～60h 混凝土水化热明显降低，升温速率逐渐缓慢，并于 61h 达到温峰；温峰过后降温速率约为 0.15℃/h；120h 后混凝土降温速率逐渐降低至 0.07℃/h。受停水后混凝土影响，300～360h 本层混凝土内部温度降温缓慢在 1.0℃/d。混凝土浇筑初期，内表温差随着内部温度的升高且浇筑方式为先浇筑塔柱区域再浇筑横梁区域、然后再浇筑纵梁区域的浇筑方式，出现区域升温没有同步导致温差逐渐增大，至 141h 达到最大值 19.1℃，此后随着内部温度的下降而同步减小。后期混凝土内表温差变化较为稳定。

2）第 2 层混凝土

由图 3 可以发现，混凝土浇筑 8h 水化热反应加快，混凝土升温明显温速率较快，升温速率约为

2.5℃/h,50h 左右混凝土达到温峰,芯部最高温度为 62.7℃,温峰持续 2h 后混凝土开始降温,降温速率为 0.2℃/h 左右,为控制降温速率 120h 关闭冷却通水,降温速率放缓约为 0.1℃/h。混凝土表面点温度随混凝土最高温度同步变化,但其升温速率小于内部最高温度升温速率,随混凝土浇筑各区域温度升温不均匀产生内表温差,至 94h 左右混凝土最大内表温差为 18.6℃,这主要是因为浇筑顺序相差较大,同一平面纵梁与横梁混凝土浇筑时间相差 8h 左右所升温没有同步,导致随后内表温差逐渐扩大。

3)第 3 层混凝土

由图 3 可以发现,测点覆盖后混凝土开始升温,前 15h 升温速率为 0.8~1.5℃/h,15h 左右水化热反应加剧,混凝土升温明显,升温速率为 1.6~2.5℃/h;35h 左右由于冷却水通水效果良好,混凝土升温减缓,升温速率为 0.5~0.8℃/h;41h 左右混凝土达到温峰,芯部最高温度为 62.1℃,温峰后混凝土开始缓慢降温,降温速率为 0.1~0.2℃/h,此时转换循环水通水,减小通水流速,控制降温速率;80h 左右混凝土芯部最高温度为 46.4℃,基本达到停水要求,停止通水。混凝土芯部降温速率减小,降温速率小于 0.1℃/h,到达 200h 左右芯部温度略有反弹回温速率在 0.15℃/h,持续几小时后逐渐慢慢又开始降温。截至第 431h 监测结束时,混凝土芯部最高温度为 29.0℃。混凝土表面点温度随其最高温度同步变化,但其升高速率小于内部最高温度升高速率,因混凝土浇筑各区域温度升高不均匀而产生内表温差,45h 后混凝土表面温度开始降温,降温速率大于芯部降温速率,内表温差逐渐扩大;58h 出现最大温差 17.5℃ 混凝土表面温度开始降温,降温速率大于芯部降温速率;至 120h 左右混凝土内表温差变化初现稳定,内表温差为 9.5℃;80h 左右停水后,混凝土温度变化稳定,内表温差变化稳定。截至监测结束时,混凝土内表温差为 7.3℃。

六、经 验 总 结

从监测结果来看,混凝土浇筑温度、最高温度、内表温差符合温控标准要求,下横梁拆除覆盖物后,未发现可见裂缝,达到了预期的温控目标。通过对检测结果和施工过程的分析研究,得到以下结论。

(1)根据该下塔柱大体积混凝土的结构特点,先在仿真计算基础上制定相应的温控标准和有效可行的温控措施。

(2)混凝土浇筑温度控制采取拌合料加碎冰、储罐和集料遮阳、罐车覆盖篷布等方式能有效较低入模温度,为混凝土温升控制创造了良好条件。

(3)施工过程中部分混凝土构件浇筑初期,冷却水通水系统稍有延迟。因此,现场冷却系统设置的分水器、水箱,设备应派专人负责,后续的大体积混凝土构件施工应注重现场通水管理,以此保障现场通水总体效果。

(4)结构侧面模板粘贴橡胶保温,棉带模养护。尽可能延长带模时间,拆模后及时采用养护幕布覆盖保温,能有效地降低混凝土受雨水、江上大风、夜间低温及寒潮等不利天气的影响。

(5)混凝土顶面采用持续洒水保湿养护方式,以有效防止温控构件顶面混凝土出现干缩裂纹等。

七、结　语

常泰长江大桥下横梁施工取得成功,其中混凝土质量严格达标。本文通过对常泰长江大桥下横梁大体积混凝土施工过程的温控分析得到经验总结,为后续类似工程大体积混凝土施工的温度控提供经验。

参考文献

[1] 詹树林,钱晓倩,王章夫,等.复合膨胀掺合料对水化热和混凝土温升的影响[J].材料科学与工程,2002(1):22-25.

[2] 龚召熊.水工混凝土的温控与防裂[M].北京:中国水利水电出版社,1999.

[3] 葛建华,高雪平.大体积混凝土施工的温升控制措施[J].交通科技,2002(5):9-11.

10. 沁河特大桥整孔架设建造技术研究

杨文斌[1,2] 王 兴[1,2] 马 峰[2]

(1. 陕西省"四主体一联合"桥梁工程智能建造技术校企联合研究中心;2. 中交第二公路工程局有限公司)

摘 要 沁河特大桥主桥为13孔80m跨钢混组合梁桥,针对该桥受力特点,并结合预弯组合梁施工工艺,提出了一种基于主动应力调控技术的组合梁提拉-叠合施工方法。为验证该方法对组合梁性能的提升效果,开展了基于组合梁提拉-叠合的施工状态模拟及施工监控研究,研究结论显示:组合梁提拉-叠合施工能有效降低钢梁峰值应力,改善其受力状态;钢梁预弯度为0.737时,沁河特大桥最优提拉力为1300kN(单点),提拉力弯矩存在最优区间。

关键词 预弯组合梁 预弯度 提拉-叠合施工 主动应力调控 最优提拉力

一、引 言

沁河特大桥位于沿太行高速公路焦作至济源段项目,全长1779m,由东引桥、主桥、西跨大堤桥三部分组成,主桥上部结构为80m跨钢混组合连续梁,跨径布置为2×(4×80m)+(5×80m),全桥共分为七联,上部结构总高3.6m,其中钢箱梁高3.2m,为开口形截面,截面由顶板、腹板、底板、腹板水平加劲肋、底板纵向加劲肋组成,桥面板为横向整块预制,全宽为12.56m,纵向板长3.5m,与钢梁上翼缘结合处板厚0.4m,中间渐变至0.28m,悬臂长2.61m,板厚由0.4m倒角至0.2m。组合梁横断面如图1所示。

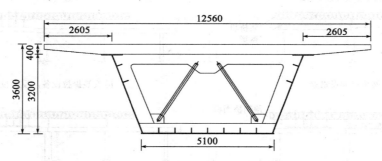

图1 组合梁横断面(尺寸单位:mm)

沁河素有"小黄河"之称,它是黄河的一级支流,受上游来水来沙条件影响,水流摆动频繁,具有弯曲性河道和游荡性河道的双重特征,桥位所处段防洪级别为2级,防洪标准为50年一遇,独特的水文地质条件给桥梁施工带来了挑战。目前常见的大跨组合梁施工方法主要分为两种[1]:①整孔提吊架设,即采用大型浮式起重机、架桥机等进行整孔吊装,采用该施工方法的有2009年建造的七跨一联的等高钢混连续组合梁(7×105m)、2018年建成的港珠澳大桥非通航孔桥(3×85m)等;②顶推施工,即搭建顶推平台,在平台上一边拼装钢梁一边顶推前进,最后再进行桥面板叠合施工,采用该方法的有杭州九堡大桥非通航孔桥(55m+9×85m+90m)、安罗黄河大桥南副桥(68×100m)、武汉二七长江大桥(6×90m)等。

受地形地质条件影响,沁河特大桥既不能在河槽中搭建顶推平台,也无法使用大型浮式起重机等完成整体架设。综合考虑安全、经济等因素,并结合预弯钢混组合梁受力特点,明确采用架桥机提拉-叠合的组合梁施工工艺。

二、预弯组合梁施工特点

我国《预弯预应力组合梁桥技术标准》(CJJ/T 276—2018)[2]对预弯梁和预弯组合梁[3]给出了明确

定义：①以预弯曲的工字型钢梁作为预加应力的工具，以预弯力将其压平并浇筑一期混凝土，卸除预弯力以后利用钢梁的反弹作用对将处于受拉区的一期混凝土施加预压应力，以此得到预弯梁；②在预弯梁的基础上浇筑腹板、上翼板等二期混凝土，由此形成的组合梁为预弯组合梁[4]。预弯组合梁施工工艺流程如图2所示。

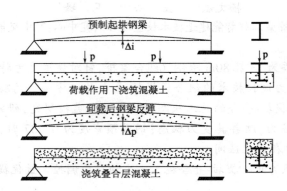

图2　预弯组合梁施工工艺流程

以沁河特大桥为例，组合梁预弯施工主要分为以下步骤：①采用架桥机架设钢梁；②在钢梁上布置提拉吊点，间距为12m+11m+11m+12m，并利用架桥机对钢梁进行临时提吊（单点提拉力200kN）；③跨中区域铺设桥面板；④进行二次提吊（提拉力增加至570kN）；⑤提拉锁定，浇筑桥面板湿接缝混凝土；⑥待混凝土强度达到设计要求时，释放提拉力。主要施工工序如图3所示。

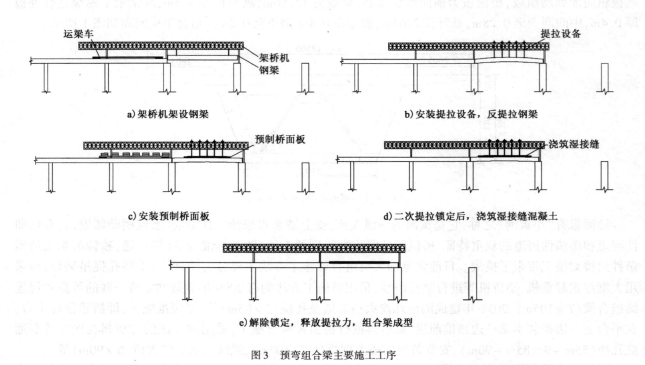

图3　预弯组合梁主要施工工序

三、提拉-叠合受力分析

1. 组合梁受力分析

不同施工阶段下，组合梁应力计算[5-7]如表1所示。

不同施工阶段组合梁受力计算 表1

施工阶段	钢梁上缘应力(MPa)	钢梁下缘应力(MPa)	桥面板应力(MPa)
①	$\sigma_{s1} = \dfrac{M_s}{I_s} \times y_s$	$\sigma_{s1} = \dfrac{M_s}{I_s} \times y_x$	0
②	$\sigma_{s2} = \dfrac{M_s - M_{T1}}{I_s} \times y_s$	$\sigma_{s2} = \dfrac{M_s - M_{T1}}{I_s} \times y_x$	0
③	$\sigma_{s3} = \dfrac{M_s + M_{z1} - M_{T1}}{I_s} \times y_s$	$\sigma_{s3} = \dfrac{M_s + M_{z1} - M_{T1}}{I_s} \times y_x$	0
④	$\sigma_{s4} = \dfrac{M_s + M_{z1} - M_{T1} - M_{T2}}{I_s} \times y_s$	$\sigma_{s4} = \dfrac{M_s + M_{z1} - M_{T1} - M_{T2}}{I_s} \times y_x$	0
⑤	$\sigma_{s5}^b = \dfrac{M_s + M_{z1} + M_{z2} - M_{T1} - M_{T2}}{I_s} \times y_s + \dfrac{M_{T1} + M_{T2}}{I_z} \times z_s$	$\sigma_{s5}^b = \dfrac{M_s + M_{z1} + M_{z2} - M_{T1} - M_{T2}}{I_s} \times y_x + \dfrac{M_{T1} + M_{T2}}{I_z} \times z_x$	$\sigma_c = \dfrac{M_T}{I_z} \times \dfrac{E_c}{E_s} \times z_s$

表中,M_s、M_{z1}、M_{z2}、M_{T1}、M_{T2}分别表示为钢梁自重作用下跨中弯矩、桥面板自重作用下跨中弯矩、湿接缝自重作用下跨中弯矩、首次提拉力作用下跨中弯矩、二次提拉作用下跨中弯矩;I_s、I_z分别表示为钢梁截面惯性矩和组合梁截面惯性矩;y_s、y_x表示钢梁中性轴到钢梁上、下缘间的距离;z_s、z_x表示组合梁中性轴距组合梁上、下缘间的距离;E_s、E_c表示为钢材和混凝土的弹性模量。

对比钢混组合梁叠合前后钢梁上、下缘及桥面板初应力,得到应力增量计算如式(1)所示。

$$\begin{cases} \Delta\sigma_s^t = \sigma_{s5}^t - \sigma_{s1}^t = -\left[\dfrac{M_{T1} + M_{T2}}{I_s} \times y_s - \dfrac{M_{T1} + M_{T2}}{I_z}(z_s - h_c)\right] \\ \Delta\sigma_s^b = \sigma_{s5}^b - \sigma_{s1}^b = -\left[\dfrac{M_{T1} + M_{T2}}{I_s} \times y_x - \dfrac{M_{T1} + M_{T2}}{I_z} \times z_x\right] \\ \Delta\sigma_c = \dfrac{M_T}{I_z} \times \dfrac{E_c}{E_s} \times z_x \end{cases} \quad (1)$$

式中,h_c表示混凝土桥面板板厚。

为方便计算,令$M_T = M_{T1} + M_{T2}$表示为提拉力作用下钢梁跨中弯矩,将设计参数代入上式计算得到提拉力作用前后钢梁、桥面板应力变化量为:

钢梁上缘应力变化量:

$$\Delta\sigma_s^t = -\left[\dfrac{M_T}{I_s} \times y_s - \dfrac{M_T(z_s - h_c)}{I_z}\right] = -278.3(\text{MPa})$$

钢梁下缘应力变化量:

$$\Delta\sigma_s^t = -\left[\dfrac{M_T}{I_s} \times y_x - \dfrac{M_T z_x}{I_z}\right] = -56.4(\text{MPa})$$

桥面板应力变化量:

$$\sigma_c = \dfrac{M_T}{I_z} \times \dfrac{E_c}{E_s} \times z_s = 4.3(\text{MPa})$$

负值表示应力减小、正值代表应力增加。以设计提拉力为例,从上述计算可知,提拉施工后钢梁应力显著减小,钢梁上缘压应力减小约71.6%,钢梁下缘拉应力减小22.1%,其主要原因是由钢梁承受的荷载转由组合梁共同承担,受力截面发生变化,桥面板提前参与了受力,使得钢梁应力大幅度减小。

2. 提拉力优化分析

通过上述对于钢梁初始内力状态的调整,既能有效降低跨中区域钢梁截面应力,又能显著增大跨中区域桥面板压应力储备,极大地改善了组合梁受力性能,让混凝土充分发挥抗压作用。

本文定义了一个钢梁预弯程度 η，表示钢梁提拉力抵抗钢梁自重和桥面板自重的程度，即：

$$\eta = \frac{M_T}{M_s + M_z} \quad (2)$$

对于钢梁的预弯度 η，存在一个最优区间，就施工角度而言，当 $\eta=0$ 时，即没有提拉力，此时钢混组合梁为常规施工方法；$\eta \geq 1$ 时，提拉力大于等于钢梁和混凝土桥面板总重，此时钢梁和桥面板被完全提起来，无法完成状态锁定，影响混凝土桥面板湿接缝浇筑。

1) 有限元验证

本桥采用 midas Civil 有限元软件建立模型，以第12孔钢梁为研究对象，采用施工阶段联合截面模拟预弯钢混组合梁整个施工过程，钢梁和桥面板均采用梁单元模拟，依据设计图纸，钢梁主要材质为Q420，预制桥面板混凝土采用C55，湿接缝混凝土采用强度等级为C55的微膨胀钢纤维混凝土，考虑时间依存性问题，整体计算中考虑了20年的混凝土收缩徐变。结合施工监控得到各相邻工况下跨中挠度差如图4所示。

图4中有限元模拟值与实测值差异较大，主要原因是模拟中未考虑架桥机和吊具的实际变形，将两者变形值修正到计算中得到修正后模拟值与实测对比如图5所示。主梁跨中相邻工况理论挠度与实测挠度差符合《公路桥梁施工监控技术规程》（JTG/T 3650-01—2022）中规定限值 ±20mm，虽然过程中有部分工况间误差大于 ±20mm 范围，但组合梁提拉-叠合施工完成后组合梁跨中挠度与理论基本一致，说明整个施工过程主梁的几何状态处于合理的控制之中，主梁的线形能够达到设计线形。

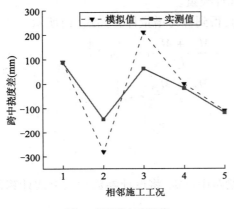

图4 模拟值与实测值

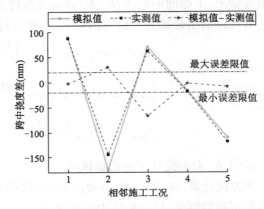

图5 修正后模拟值与实测值

2) 最优提拉力计算

以上述模型为例，考虑不同提拉力作用下组合梁受力状态及预弯度计算，如表2所示。

不同提拉力作用下组合梁应力计算　　　　表2

单吊点拉力 T(kN)	提拉力弯矩 (kN·m)	钢梁应力(MPa)				桥面板应力(MPa)				预弯度 η(%)
		跨中		墩顶		边跨		墩顶		
		上缘	下缘	上缘	下缘	上缘	下缘	上缘	下缘	
0	0	−351.6	240.0	4.5	−2.8	−0.3	−0.1	0.7	−0.45	0
200	13200	−314.2	231.9	5.7	−3.4	−1.2	−0.9	0.7	−0.45	11.3
400	26400	−276.9	223.7	6.8	−4.0	−2.9	−1.6	0.7	−0.45	22.7
600	39600	−239.8	215.5	8.0	−4.6	−3.8	−2.8	0.7	−0.45	34.0
800	52800	−202.8	207.4	9.1	−5.3	−5.1	−3.8	0.7	−0.45	45.4
1000	66000	−165.9	199.3	10.3	−5.9	−6.3	−4.7	0.7	−0.45	56.7
1100	72600	−147.5	195.2	10.9	−6.1	−7.0	−5.2	0.7	−0.45	62.4
1200	79200	−129.2	191.1	11.5	−6.5	−7.8	−5.7	0.7	−0.45	68.1

续上表

单吊点拉力 T(kN)	提拉力弯矩 (kN·m)	钢梁应力(MPa)				桥面板应力(MPa)				预弯度 η(%)
		跨中		墩顶		边跨		墩顶		
		上缘	下缘	上缘	下缘	上缘	下缘	上缘	下缘	
1300	85800	−110.8	187.1	12	−6.8	−8.4	−6.1	0.7	−0.45	73.7
1400	92400	−92.6	183.1	12.6	−7.1	−8.9	−6.6	0.7	−0.45	79.4
1500	99000	−74.3	179.0	13.2	−7.4	−9.5	−7.0	0.7	−0.45	85.1
1600	105600	−57.5	174.9	13.8	−7.8	−10.4	−7.5	0.75	−0.45	90.7
1700	112200	−41.5	171.1	14.2	−8	−10.9	−7.9	0.75	−0.45	96.4

由式(2)可以看出，钢梁的预弯度取决于预弯力矩的大小，对于一个确定的桥，钢梁和桥面板自重产生的弯矩是一个固定值，预弯程度越高，组合梁受力性能越好。但实际上并非如此，过大的预弯力会造成提拉设备的超负荷，也会对钢梁产生损害，从受力和经济性考虑，钢梁预弯施工需要一个合理的预弯度区间。

从施工角度而言，组合梁提拉-叠合施工介于先梁后板和一次成桥架设施工之间，不同施工方式对应钢梁应力情况如表3所示。

不同施工方式下钢梁应力计算　　　　　　　　　　　　　　表3

施工方式	钢梁上缘应力(MPa)	钢梁下缘应力(MPa)
先梁后板施工	$\sigma_{s1}^{t} = \dfrac{M_s + M_z}{I_s} \times y_s$	$\sigma_{s1}^{b} = \dfrac{M_s + M_z}{I_s} \times y_x$
提拉-叠合施工	$\sigma_{s2}^{t} = \dfrac{M_s + M_z - M_T}{I_s} \times y_s + \dfrac{M_T}{I_z} \times (z_s - h_c)$	$\sigma_{s2}^{b} = \dfrac{M_s + M_z - M_T}{I_s} \times y_x + \dfrac{M_T}{I_z} \times z_x$
一次成桥架设施工	$\sigma_{s3}^{t} = \dfrac{M_s + M_z}{I_z} \times z_s$	$\sigma_{s3}^{b} = \dfrac{M_s + M_z}{I_z} \times z_x$

对比各施工方式，提拉-叠合施工时钢梁受力状态介于一次成桥和先梁后板，则有：

$$\begin{cases} \sigma_{s1}^{t} > \sigma_{s2}^{t} > \sigma_{s3}^{t} \\ \sigma_{s1}^{b} > \sigma_{s2}^{b} > \sigma_{s3}^{b} \end{cases} \tag{3}$$

为保证组合梁有更好的受力性能，明确最优提拉力弯矩取值原则为组合梁钢梁上缘应力不大于钢梁自重状态下上缘应力且组合梁下缘应力不小于一次成桥架设完成后钢梁下缘应力，依据此原则得到组合梁提拉-叠合施工最优提拉弯矩为 $M_{T1} \leqslant M_T \leqslant M_{T2}$，如图6所示。

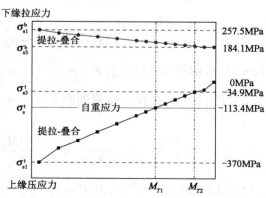

图6　组合梁最优提拉力弯矩取值区间

将钢梁应力式代入式(3)求解得到：$M_T \geq \dfrac{M_z}{1 - \dfrac{I_s}{I_z} \cdot \dfrac{z_s - h_c}{y_s}}$，又因为 $\sigma_{s2}^b > \sigma_{s3}^b$ 为恒等式，且一次成桥架设钢梁下缘应力为定值，设该值为 σ_3^b，则有 $M_T \leq \dfrac{\sigma_3^b(M_s + M_z) \times y_x}{\dfrac{I_s}{I_z} \times z_x - y_x}$，令 $\beta = \dfrac{I_s}{I_z}$，则有：

$$\frac{M_z}{1 - \beta \cdot \dfrac{z_s - h_c}{y_s}} \leq M_T \leq \frac{\sigma_3^b(M_s + M_z)y_x}{\beta \times z_x - y_x} \tag{4}$$

代入沁河特大桥各计算参数得到提拉力弯矩取值为：83933.2 kN·m ≤ M_T ≤ 116406.23 kN·m。沁河特大桥钢梁采用5组10个吊点进行临时提吊，单吊点提拉力为650kN，提拉吊点布置为 12m+11m+11m+12m，总提拉弯矩为 M_T = 85800 kN·m，即沁河特大桥钢梁提拉力弯矩设计值在最优提拉力弯矩取值区间，此时钢梁预弯度 η = 0.737。

3) 提拉力参数计算

为进一步明确提拉力大小、位置、数量，假定采用 n 点提拉，钢梁跨径为 L，提拉力采用对称布置，当钢梁采用奇数点提拉时，提拉力布置间距依次为 $x_1, x_2, \cdots, x_{(n-1)/2}$（图7），此时提拉力 F 表示为：

$$F = \frac{4M_T}{nL - 2(n-1)x_1 - 2(n-3)x_2 - \cdots - 2(n-5)x_{\frac{n-3}{2}} - 2[n-(n-2)]x_{\frac{n-1}{2}}} \quad (n = 1, 2, 3, \cdots) \tag{5}$$

同理，提拉点数量为偶数时，提拉力布置间距依次为 $x_1, x_2, \cdots, x_{n/2}$（图8），此时提拉力 F 表示为：

$$F = \frac{4M_T}{nL - nx_1 - 2(n-2)x_2 - \cdots - 2(n-4)x_{\frac{n-2}{2}} - 2[n-(n-2)]x_{\frac{n}{2}}} \quad (n = 2, 4, 6, \cdots) \tag{6}$$

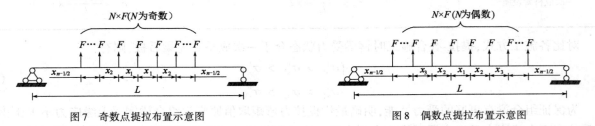

图7 奇数点提拉布置示意图　　　　　图8 偶数点提拉布置示意图

以沁河特大桥为例，当钢梁采用四点提拉时，令钢梁跨径为 L，提拉力布置间距表示 x_2, x_1, x_2，求解得到提拉力大小为：

$$F = \frac{4M_T}{nL - nx_1 - 2(n-2)x_2} = \frac{M_T}{L - x_1 - x_2}$$

取布置间距为 12m、11m、12m 时，求解得到提拉力值 $F = \dfrac{M_T}{L - x_1 - x_2} = \dfrac{85800}{80 - 12 - 11} = 1505.3$ kN。

当钢梁采用五点提拉时，令钢梁跨径为 L，提拉力布置间距表示为 x_2, x_1, x_1, x_2，求解得到提拉力大小为：

$$F = \frac{4M_T}{nL - 2(n-1)x_1 - 2(n-3)x_2} = \frac{4M_T}{5L - 8x_1 - 4x_2}$$

取布置间距为 12m、11m、11m、12m 时，得到提拉力 $F = \dfrac{4M_T}{5L - 8x_1 - 4x_2} = \dfrac{4 \times 85800}{5 \times 80 - 8 \times 11 - 4 \times 12} = 1300$ kN，计算结果与设计相符。

四、结　语

本文以沁河特大桥为例,围绕钢混组合梁提拉-叠合施工工艺研究、钢梁最优预弯区间求解、最优提拉参数计算研究,主要得到以下结论:

(1)组合梁提拉-叠合施工能有效发挥钢混组合梁初期性能,提前使混凝土桥面板参与受力,从而减小钢梁上、下缘峰值应力。

(2)采用所定义的钢梁最优预弯力弯矩确定原则能够得到钢梁最优提拉力矩。

(3)推导并验证了提拉力参数的计算公式,在合理预弯度明确的前提下,可以快速得到各提拉控制参数。

参考文献

[1] 李斐然,张士红,袁波.孟州黄河公路大桥组合梁整孔架设受力分析[J].桥梁建设,2021,51(2):78-84.
[2] 中华人民共和国住房和城乡建设部.预弯预应力组合梁桥技术标准:CJJ/T 276—2018[S].北京:中国建筑工业出版社,2018.
[3] 佚名.法国铁路桥梁新技术——钢-超高性能混凝土预弯组合梁[J].世界桥梁,2011(6):81-82.
[4] 袁晓冬,董红.浅谈预弯预应力梁的结构分析与应用[J].建设科技,2016(6):102-103.
[5] 田月华.预弯钢-混凝土组合连续梁桥预应力施加技术[J].施工技术,2006(10):65-66,83.
[6] 岳俊欢,李睿,张文彬,等.预压弯简支钢-混凝土组合梁桥应力计算方法[J].土木工程与管理学报,2020,37(5):164-168.
[7] 钱建奇,张海龙,杨明,等.预弯组合梁截面抗弯承载力计算方法的再研究[J].哈尔滨工业大学学报,2022,54(3):65-73.

11. 超长槽段地下连续墙施工关键技术研究

徐　滔　刘汉卿

(中交二航局第四工程有限公司)

摘　要　本文依托张靖皋长江大桥南锚碇地下连续墙,对超长槽段地下连续墙施工过程中的主要工艺和关键环节进行分析,其结果表明:通过场地处理、合理设置施工顺序、严格控制泥浆比重可确保超长槽段在成槽过程中的稳定性;通过合理布置吊点并选用适宜的吊装工艺可确保超大体量钢筋笼顺利精准入槽;通过严格控制混凝土浇筑过程中导管的数量、混凝土浇筑速度以及导管埋深,可确保混凝土均匀浇筑。相关结论可供类似工程参考施工。

关键词　地下连续墙　超长槽段　成槽施工　钢筋笼吊装　混凝土浇筑　槽壁稳定

一、工程概况

1.项目概况

张靖皋大桥南航道桥南锚碇基础采用了支护转结构复合地下连续墙,锚碇顺桥向长110.05m,横桥向宽75.05m,深度为83m,墙厚度1.55m。地面高程3.0m。锚体结构图见图1。

其中南锚碇地下连续墙共划分为162个槽段,一期刚性接头槽段76个,地下连续墙长度为83m;二期钢筋笼槽段86个,外侧小隔舱地下连续墙长度为78m,内侧大隔舱地下连续墙长度为58~73m,其中内侧大隔舱三槽合一槽段18个,12幅地下连续墙58m,6幅地下连续墙73m。

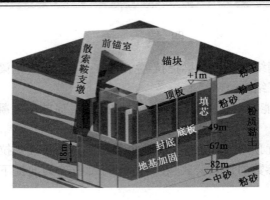

图 1　锚体结构图

2. 施工重难点分析

(1) 地下连续墙最大成槽深度为 83m,最大成槽长度达 14.5m,对施工组织、设备选型、成槽工艺的要求高。

(2) 地下连续墙采用七铣成槽方式,成槽时间长,槽壁稳定性控制难度大,整体槽段顺直度控制难度大。

(3) 超长槽段成槽垂直度要求高达 1/800,控制难度大。

(4) 单个槽段两个钢筋笼依次下放,垂直度要求高,控制难度大。

(5) 二期槽段钢筋笼顶高程 -7.0m,导墙顶高程 +3.0m,槽段空口达 10m,超深空口施工难度大。

(6) 一期槽段钢箱与二期槽段钢筋笼、单个槽段两个钢筋笼采用多道钢筋网片对插方式连接,易发生钢筋笼卡笼风险,钢筋笼制造精度要求高,施工控制难度大。

(7) 超长槽段混凝土最大达 2150m³,采用 6 根导管同步浇筑,混凝土工作性能要求高,多导管均衡浇筑控制难度大。

(8) 二期槽段浇筑时混凝土易绕流至未施工槽段,造成接头箱抱死、接头位置渗漏水风险,降低刚性接头性能,混凝土防绕流控制难度大。

二、主要施工工艺

1. 成槽工艺简介

地下连续墙三槽合一槽段成槽采用以铣槽机纯铣为主、液压抓斗辅助成槽的工艺。

槽段进行七铣成槽(槽壁加固段先行成槽),后采用 2 台成槽设备同步进行跳槽法施工,前 6 刀施工完毕后进行清孔、刷壁作业,刷壁完成后,最后施工中间小墙,尽可能减少大通槽晾槽时间,确保槽壁稳定性。铣槽施工顺序及刷壁作业见图 2。

a) 成槽设备同步施工

b) 刷壁作业

图 2　铣槽施工顺序及刷壁

成槽时应随时观察槽孔内泥浆面的高程并适时补充泥浆,使槽孔内的泥浆面始终保持不低于导墙顶面以下30cm、槽段内泥浆液面能满足规范规定的高于地下水位0.5m以上的要求,以防止槽孔坍塌。

1)成槽过程中泥浆控制

因槽段跨度长达14.5m,所以泥浆的性能指标成为槽壁稳定性控制的关键。

通过在成槽过程中增设泥浆循环装置(导管+小型净化器),采用气举反循环对泥浆进行循环、净化,降低成槽过程中泥浆的含砂率,提高泥浆的均匀性。

采用添加石粉($BaSO_4$)的新制泥浆对槽内泥浆进行调浆,维持槽内泥浆指标达到要求(表1)。

泥 浆 指 标　　　　　表1

泥浆性能	新制泥浆	循环泥浆	清孔换浆后泥浆	试验方法
密度(g/cm^3)	1.05~1.10	1.15~1.25	1.15~1.20	泥浆密度计
黏度(s)	20~25	20~30	25~35	苏式漏斗
含砂率	—	≤7%	≤6%	洗砂瓶

2)成槽垂直度控制

(1)双轮铣辅助决策系统。

为保证铣槽精度,在双轮铣上集成辅助决策系统(图3),该系统可以实时对双轮铣施工参数进行分析,当铣槽参数超过设定值时,发出预警信息,确保铣槽参数始终处于规定值范围内。如发现偏斜或铣槽参数超出预警值,不允许继续向下进尺,应及时进行纠偏作业,以保证成槽精度。

图3　双轮铣辅助决策系统

(2)孔口导向架。

成槽时,在孔口设置导向架(图4),在铣槽过程中起固定、导向铣头的作用。由测量人员在导墙上放样出槽段边线,调整导向架与边线对齐,开启导向架液压千斤顶顶紧导墙内壁,使双轮铣铣斗位于槽段中心处,实现导向架定位。

图4　双轮铣孔口导向架

(3)铣槽机进尺速度及托力控制。

槽壁加固段进尺速度不应超过8cm/min,粉质黏土层进尺速度不应超过10cm/min,砂层进尺速度不应超过8cm/min,各地层托力均不应超过2t。因此,铣槽进尺速度、托力关键参数应严格按要求控制。

2. 钢筋笼吊装

1) 钢筋笼吊装工艺简介

槽段内安装A、B 2组钢筋笼整体下放,其中A笼宽8.15m,为非对称接头,B笼宽9.05m,为对称结构。

吊装时依次A笼、B笼,起吊过程采用双机抬吊工艺,以800t履带起重机为主起重机,500t履带起重机为副起重机。

B笼均下放到位后,在A笼、B笼顶部安装假笼,下放到指定位置。

钢筋笼吊装如图5所示。

2) 钢筋笼下放垂直度控制

三槽合一钢筋笼分A笼、B笼形式,A笼、B笼接头采用钢筋排插式接头,这种形式对钢筋笼垂直精度要求极高(图6)。

图5 钢筋笼吊装

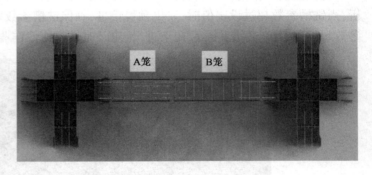

图6 钢筋笼接头形式

主要通过以下方式控制钢筋笼下放的精度:

(1)在每节钢筋笼上安装倾角仪,在下放过程中实时监控倾角仪数据,并安排人工使用全站仪对即将入槽下放的钢筋笼垂直度进行复核,实现倾角仪、全站仪双控。

(2)在每节钢筋笼排插筋端头布置圆钢作为导向筋,使钢筋笼排插钢筋下放的过程中平顺,避免排插钢筋出现交错卡位的情况。

(3)在施工过程中增加管理人员对钢筋笼笼体的触碰的频率,以及履带起重机操作台机显钢筋笼吨位的变化,判断钢筋笼下放过程中是否平顺。

3. 混凝土浇筑

混凝土浇筑过程中共设置6套导管,其中4套采用浇筑平台配合罐车直接浇筑,2套采用天泵浇筑。混凝土灌注应连续、不得中断,间隔时间不超过0.5h。6根导管同时布料,确保槽孔内混凝土面同步上升,槽孔内混凝土面上升速度不小于4m/h。混凝土灌注时,在槽段两侧端部布置2个测点,中部布置2个测点,在首封结束后及每次拆除导管前测出每个测点的混凝土液面高程,确保槽孔内各点混凝土面高差小于50cm。

为确保混凝土液面同步上升,保证混凝土浇筑质量,采用混凝土液面高程自动检测装置实时检测液面高程,且采用测绳复核。混凝土液面高程自动检测装置由压力控制系统、电机控制系统及计数系统组成(图7),可自动识别混凝土浇筑液面高程或沉渣高程,并可以根据浇筑混凝土升高自适应高度调节,实时显示当前高程值。

图7 混凝土液面高程自动检测装置

三、槽壁稳定保证措施

1. 泥浆控制

严格控制泥浆性能，充分发挥泥浆护壁作用。维持槽段成槽、钢筋笼下放、混凝土浇筑三阶段泥浆密度均大于 $1.18g/cm^3$。

采用深层泥浆密度检测仪(图8)对槽段不同深度处的泥浆密度进行检测，并与泥浆三件套检测数据对比，为泥浆密度控制提供依据。

图8 深层泥浆密度检测仪

对于清孔换浆后的泥浆，沿孔深每3m检测一次泥浆密度，加密检测。

2. 场地加固

已在内侧大隔舱施工平台地基处理底面与原状土缝隙进行注浆填充(图9)，防止刚性面层与原状土脱空。施工过程中加强地面沉降观测，严格控制重载设备活动区域。

a) 3cm钢板铺设

b) 大隔舱注浆加固

图9 场地加固

3. 重载设备站位

钢筋笼吊装前,800t 履带起重机提前在槽口就位(图10),钢筋笼竖转完成后,无须带载行走,减少动荷载对槽壁的影响。

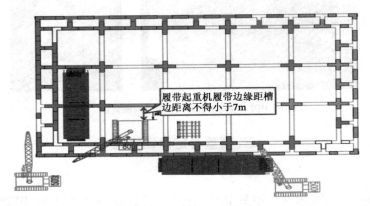

图10 履带起重机提前就位

4. 降水保证措施

开槽前开启降水井 JN04、JN05,分别以槽壁两侧的 GN08、GN09 作为水位观测孔。槽段周边 JN01、JN02、JN06、JN07、JN08、JN09 共 6 口降水井作为备用井。降水井布置见图11。

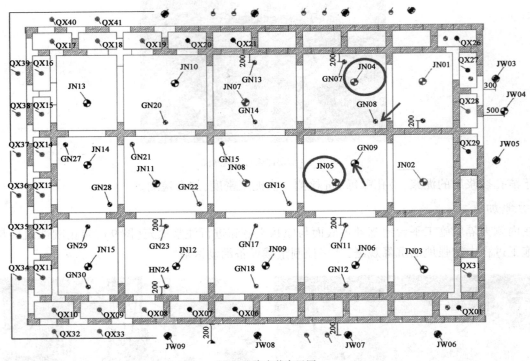

图11 降水井布置图

考虑到已施工地下连续墙槽段有效阻断了地下水向降水井的径流,随着施工不断进行,针对未施工槽段的局部降水会呈现抽水量逐渐变小的趋势。将 GN08、GN09 观测孔水位降低至 -5 ~ -3m。加密监测降水井抽水量和槽壁位置观测孔水位降深;首先应确保单井抽水量,若单井抽水量较小,则根据实际需求及时增加开启井数量。降水井水泵采取双电源,一旦发现停电立即启动备用电源;水泵损坏应立即更换。

5. 对接钢筋优化

为尽量减少钢筋笼槽口对接耗时,接头位置上下 1.5m(共 3m)范围内横向水平钢筋及排插筋需要后装。建议接头处水平钢筋及排插筋间距增大一倍,减少近一半的孔口作业量(图12)。

图12 钢筋笼对接优化图

6. 槽内钢支撑设置

施工过程中在槽孔布置横撑,限制槽壁变形。

为防止导墙内倾,在开始第三铣、第四铣时,需在已成槽孔口放置钢内撑,作为预防导墙内倾的措施。钢内衬为钢板焊接制成的箱形结构,放置于导墙下1~1.5m处。

在第一铣、第二铣成槽结束后,分别在两槽口搁置钢内撑(图13),后每铣完两槽均在已完成的槽口搁置。

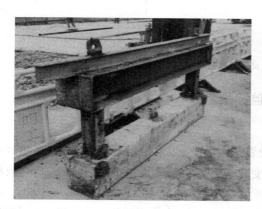 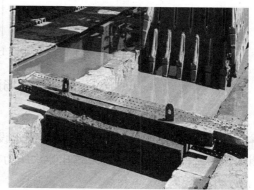

图13 设置钢支撑

四、工效分析

1. 成槽工效

三槽合一成槽共耗时142.38h,主要施工过程依次为槽壁加固段施工→前六铣抓斗成槽→前六铣双轮铣成槽→接头箱拔出→刷壁、清孔、换浆→第七铣成槽→清孔。成槽工效分析见图14。

2. 钢筋笼吊装工效

槽段钢筋笼吊装共耗时29.52h,主要施工过程依次为A笼底节起吊及下放→A笼顶节起吊及对接→A笼整体下放→B笼底节起吊及下放→B笼顶节起吊及对接→B笼整体下放→A笼假笼安装及下放→B笼假笼安装及下放。钢筋笼吊装工效分析见图15。

3. 混凝土浇筑工效

混凝土浇筑过程中共设置6套导管,其中4套采用浇筑平台配合罐车直接浇筑,2套采用天泵浇筑。

-80~-7m范围内浇筑C35混凝土,-7~+1m浇筑C15混凝土。

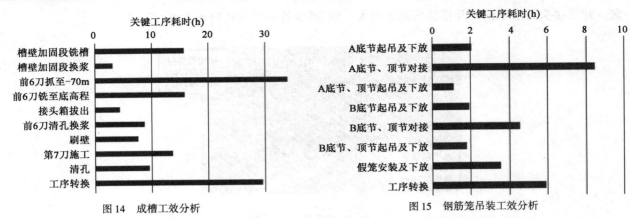

图14 成槽工效分析　　　　　　　图15 钢筋笼吊装工效分析

6套导管下放到位、清孔、混凝土浇筑完毕,整体施工过程共耗时21.25h。混凝土浇筑工效分析见图16。

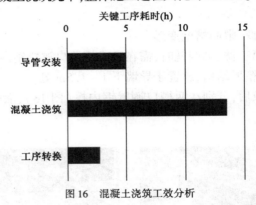

图16 混凝土浇筑工效分析

五、现场监控检测

1. 测点布置

在首幅横墙和纵墙施工时,在地下连续墙附近设置测斜管、空隙水压力传感器、水位观测井和沉降观测点,监测深长槽铣槽施工土体位移、超孔隙水压力变化、沉降和地下水位变化,并根据监测数据评估槽壁稳定性。

测点数量:深层土体位移2个,孔隙水压力1个,沉降观测点6个,水位观测井4个。测点布置图见图17。

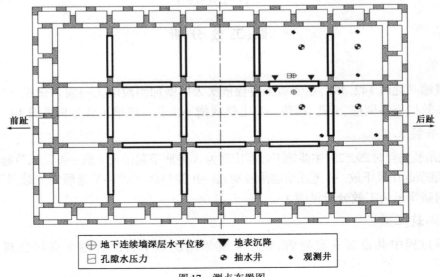

图17 测点布置图

2. 深层土体位移监测

深层土体位移监测(图18)采用自动的节段位移传感器监测,采样频率根据铣槽、刷壁和钢筋笼下放期间采样可达到1min/次。深层土体位移深度65m,共布置16个测点:深度0~40m,按照5m一个测点布置;深度40~55m,按照3m一个测点布置;深度55~65m,按照5m一个测点布置。

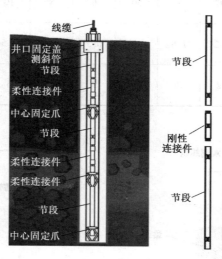

图18 深层土体位移监测

3. 孔隙水压力监测

采用电测式孔隙水压力传感器(图19)监测土中有效应力发展变化的情况与过程。

图19 电测式孔隙水压力传感器

4. 地下水位监测

水位监测采用智能型渗压传感器,通过水压力反算地下水位至传感器的深度,继而得到地下水位埋深(图20)。

5. 周边地表竖向位移监测

沉降采用闭合水准路线测量方法,使用电子水准仪进行观测(图21)。

6. 监测预警值

预警级别指"双控"指标(累计变化量、连续三个周期变化速率)均达到同一级别,当某一个指标达到预警级别,另一个未达到时,在高一级预警级别基础上降低一级作为预警级别。预警级别见表2。

预警级别　　表2

序号	监测项目	累计值			变化速率			具体监测内容及频次
		黄色	橙色	红色	黄色	橙色	红色	
1	深层土体位移监测(mm、mm/d)	21	28	35	3	4	5	三槽合一地下连续墙施工期间,槽壁侧向深层土体位移变化自动化监测,采样间隔1min

续上表

序号	监测项目	累计值			变化速率			具体监测内容及频次
		黄色	橙色	红色	黄色	橙色	红色	
2	超孔隙水压监测(kPa、kPa/d)	30	40	50	6	8	10	地下连续墙铣槽期间超孔隙水压力监测人工监测,每天1~2次
3	地下水位变化监测(m、m/d)	1.2	1.6	2	0.3	0.4	0.5	地下水位监测采用人工监测方式每天测1次
4	周边环境监测(mm、mm/d)	12	16	20	3	4	5	周边地表沉降/长江大堤监测人工监测,每天测1次

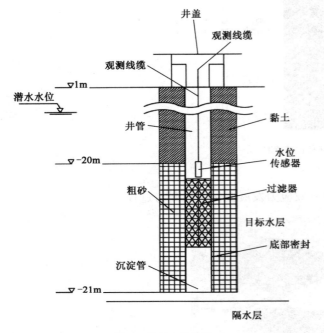

图20　地下水位监测

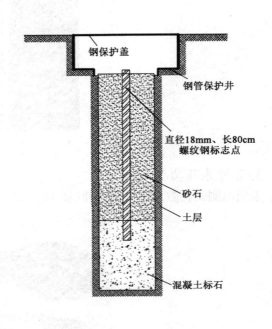

图21　周边地表竖向位移监测

7. 两侧泥浆密度检测

6刀成槽后,第7刀土体将承受来自两侧泥浆带来的流体压力,若两侧泥浆密度差异过大,将导致第7刀土体失稳,进而诱发槽壁塌孔。故采用任意深度泥浆密度检测装置对前6刀施工完毕后两侧的泥浆密度进行检测(图22)。检测结果表明,第7刀两侧泥浆密度较为接近,对第7刀土体无过大不平衡力作用。

图22　泥浆密度检测

8. 施工过程路面沉降监测

在槽段周边设置8个路面沉降监测点位(图23),并进行持续监测,从而判断成槽及重载工况下对地面沉降的影响。最大沉降为1.5cm,位于南侧十字形钢箱位置处,说明成槽及重载工况对地面沉降影响较小。

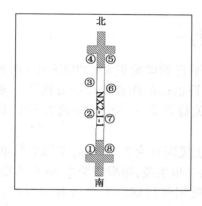

序号	高程(8.8)	高程(8.9)	高程(8.10)	高程(8.11)	高程(8.12)	高程(8.13)	高程(8.14)	高程(8.15)	累计沉降量(m)
1	2.8983	2.8851	2.886	2.884	2.884	2.885	2.886	2.883	-0.0153
2	2.8916	2.879	2.879	2.875	2.8744	2.875	2.875	2.873	-0.0186
3	2.8839	2.8716	2.871	2.87	2.87	2.87	2.87	2.87	-0.0139
4	2.8989	2.888	2.888	2.887	2.8873	2.887	2.887	2.885	-0.0139
5	2.9013	2.8937	2.894	2.895	2.894	2.895	2.895	2.895	-0.0063
6	2.8858	2.8746	2.875	2.874	2.873	2.872	2.872	2.872	-0.0138
7	2.8851	2.873	2.874	2.873	2.8722	2.872	2.872	2.872	-0.0131
8	2.9206	2.9085	2.909	2.91	2.91	2.91	2.91	2.909	-0.0116

图23 施工过程路面沉降监测

六、结 语

(1)通过进行地面硬化、合理设置成槽顺序、控制泥浆密度等手段,限制了地面的位移,压缩了超长槽段的晾槽时间,控制了槽壁的稳定性,确保超长槽段的成槽安全性。

(2)通过选用双机抬吊的工艺并合理设置吊点,可确保吊装过程中钢筋笼姿态的稳定性,同时通过多种手段观察并调整钢筋笼的垂直度,可实现钢筋笼高精度入槽,避免卡笼。

(3)通过合理设置导管数量及位置,并严格控制混凝土的浇筑速度和导管埋深,可确保槽内混凝土均匀浇筑,提高浇筑质量。

参考文献

[1] 徐中华,王建华,王卫东.上海地区深基坑工程中地下连续墙的变形性状[J].土木工程学报,2008,41(8):81-86.

[2] 陈涛鹏,张玉瑞,刘交龙,等.硬岩地质地下连续墙扩孔成槽施工技术[J].建筑技术,2022,53(12):1645-1647.

[3] 倪登云,谢立忠,勾文亮,等.厚砂层超深地下连续墙施工技术[J].建筑技术,2022,53(6):646-648.

[4] 张淑朝,牛磊.复杂富水地质条件下超深地下连续墙施工技术[J].建筑技术,2023,54(3):274-277.

[5] 候建林,王林涛,陈道政,等.超深地下连续墙混凝土灌注质量控制技术[J].山西建筑,2020,46(4):50-52.

12. 空中纺线法(AS法)纺丝轮设计及有限元分析

侯润锋 金仓 刘勋

(中交第二公路工程局有限公司设计研究总院)

摘 要 藤州浔江大桥空间主缆采用空中纺线法(AS法)架设。纺丝轮为AS法主要设备之一,其结构性能影响主缆架设进度及质量。本文通过对AS法纺丝工作原理、钢丝张力、钢丝压接套规格型号等综合分析研究，确定了纺丝轮体、连杆尺寸，并对其强度进行校核验算；利用有限元分析软件ANSYS Workbench对纺丝轮进行结构静力学分析、预应力模态分析等，结果表明纺丝轮刚度、强度等满足设计及使用要求。

关键词 悬索桥 主缆 AS法 纺丝轮 设计 有限元

一、引 言

现代悬索桥主缆架设主要分为空中纺线法（AS法）和预制平行钢丝索股法（PPWS法）两种。其中AS法是利用牵引索带动纺丝轮往复运动，在桥位现场将镀锌钢丝制作成索股的方法[1]。藤州浔江大桥空间主缆采用AS法架设，本文以此为依托，对AS法关键设备——纺丝轮进行设计及受力分析。

藤州浔江大桥为主跨2×638m独塔斜拉-悬吊协作体系桥，主缆跨径为2×730m，采用空间布置，主缆索塔处IP点横向间距8m，锚碇处IP点横向间距42m。全桥共2根主缆，每根主缆由30根索股组成，其中1~22号索股由224根钢丝组成，23~30号索股由240根钢丝组成。主缆所有钢丝均为直径7.00mm、公称抗拉强度为1770MPa的高强度镀锌铝钢丝。主缆在索夹内截面设计空隙率取19%，索夹外取21%。主缆索夹内直径为644mm，索夹外直径为652mm。

1. AS法纺丝工作原理

AS法采用封闭式循环牵引系统，一根牵引索上可固定2个纺丝轮，沿桥梁纵横轴线对称布置，其中一个纺丝轮做去程运动时，另一个则做回程运动，单幅牵引绳需要插编形成闭环。2个纺丝轮同时可以纺2根索股，需要配置2组主动放丝设备。

当牵引卷扬机正转时，去程纺丝轮上部为活丝，落入索股成型器临时托滚内，下部为死丝，直接落入索鞍鞍槽内；此时放线机通过张力塔放丝（张力恒定），其线速度为纺丝轮前进线速度的2倍；而另一个回程纺丝轮将索股成型器托滚内的活丝导入索鞍鞍槽，成为死丝，此时放线机则停止不动。当牵引卷扬机反转时，其运动与正转相反。纺丝轮运行示意图如图1所示。

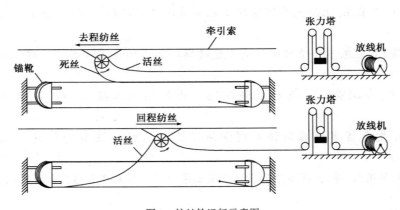

图1 纺丝轮运行示意图

2. 纺丝轮工作状态

纺丝轮主要提供纺丝过程中的钢丝支撑、转向作用，通过抱索器与牵引索固定连接，即纺丝轮与牵引索同时做往复运动。由于去程时需要将死丝导入索鞍鞍槽、活丝导入索股成型器托滚，回程时需要将索股成型器托滚上的活丝导入索鞍鞍槽，因此分为2种工作状态，且根据鞍槽位置不同需具备一定的角度调整功能。AS法牵引系统牵引纺丝轮不同工作状态如图2所示。

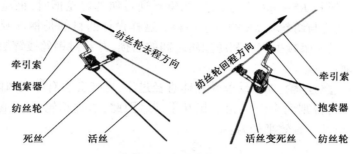

图 2 纺丝轮工作状态图

二、钢丝张力计算

根据藤州浔江大桥空缆线形,跨度为 $L=730\text{m}$,垂度为 $f=35.42\text{m}$,夹角为 $\theta=12.894°$,采用恒张力控制法,主缆钢丝在自由悬挂张力 80%~85% 恒张力状态下放丝。取锚碇处主缆钢丝自由悬挂张力的 80% 进行计算。按照主缆空缆线形计算单根纺丝张力。

$$P_{单根}=\sqrt{1+\left(\frac{4f_c}{L_c}+\tan\theta\right)^2}\times\frac{W_g\times L_c^2}{8\times f\times\cos\theta}\times 0.8\times 9.8=4919.6\text{N} \tag{1}$$

式中:W_g——钢丝单位重量(9.8N/m);
$\quad\quad f_c$——主跨垂度(m);
$\quad\quad L_c$——主跨跨度(m)。

去程运行时,纺丝轮牵引钢丝移动进行纺丝,钢丝在纺丝轮上包角约180°,所以在计算纺丝轮受力时,需加载单次纺丝数量2倍的钢丝张力。

浔江大桥单次纺4根钢丝,因此纺丝轮所受最大钢丝张力约为39356.8N。

三、纺丝轮设计计算

纺丝轮由纺丝轮体和连杆组成,连杆与纺丝轮体通过芯轴进行连接,轮体与芯轴之间设置滚动轴承,以实现纺丝过程中的高速旋转并减小摩擦力。由于纺丝过程中,纺丝轮去程和回程时角度不一样,所以还需设置纺丝轮体角度摆动机构。纺丝轮结构及摆动机构位置如图3所示。

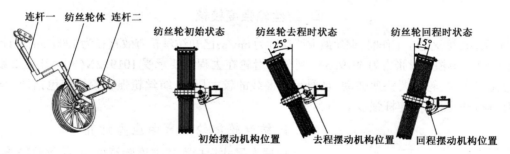

图 3 纺丝轮结构及摆动机构位置示意图

1. 纺丝轮体确定

纺丝轮体由四个滑轮组成,四个滑轮要求独立转动,互不干涉。滑轮有效直径大于800mm,滑轮内外圈和轮辐条焊接后再进行机加工。由于高强钢丝需在纺丝轮体轮廓面内快速滑动,对其轮廓面进行淬火处理,确保纺丝过程中,不会因磨损过快而缩短纺丝轮的使用寿命;同时要考虑对纺丝轮拽拉的钢丝表面镀锌层的保护,因此纺丝轮轮槽表面硬度不能大于钢丝的硬度。

1)纺丝轮轮廓面半径确定

在纺丝过程中,需要使用压接套连接钢丝。浔江大桥主缆钢丝为 $\phi7.0\text{mm}$;钢丝压接套外径为 14mm,长 65mm±2mm,取压接套长度为70mm。因为纺丝轮轮廓面要经过 $\phi7\text{mm}$ 钢丝和 $\phi14\text{mm}$ 压接套,所以纺丝轮轮廓面采用双半径 R5 + R8 结构形式;当钢丝通过纺丝轮轮槽时,钢丝与 R5 的轮槽接触,当压接套通过纺丝轮时,压接套与纺丝轮 R8 的轮槽接触。这样设计的目的是钢丝及压接套均与纺丝轮进行面接触,而非线接触,可以大幅减少钢丝和纺丝轮之间的磨损,并且对钢丝镀锌层保护有利。

2)纺丝轮最小半径确定

钢丝压接套要顺利通过纺丝轮,如果纺丝轮轮体直径过小,压接套会有劈裂风险;如果纺丝轮轮体直径过大,则对空间要求更高,否则两个纺丝轮会相互干涉。因此,纺丝轮轮体直径需选取一个合理的数值。根据勾股定理可知,纺丝轮有效半径为:

$$R = \frac{L/2}{\tan\alpha} = \frac{L}{2 \cdot \tan\alpha} \quad (2)$$

式中:R——纺丝轮有效半径(mm);
　　L——压接套长度(mm);
　　α——压接套与纺丝轮夹角(°)。

根据经验可知,压接套与纺丝轮之间的夹角应不大于 4°,所以纺丝轮最小有效半径为:

$$R = \frac{L}{2 \cdot \tan\alpha} = 501(\text{mm})$$

取纺丝轮有效直径为 1200mm,则最大外径为 1280mm。

3)轮辐条材料选择

纺丝时,纺丝轮通过握索器固定在牵引索上,在空中做高速旋转运动,且需往返运行,所以纺丝轮不能太重。如果纺丝轮太重不仅会增加能量损耗,而且会对牵引卷扬机、牵引索、转向轮等提出更高的要求,同时会因偏载引起纺丝轮在纺丝过程中摇摆不定而导致纺丝轮拽拉的钢丝难以落入索股成型器中。经过分析、对比、研究,确定纺丝轮辐条由 6 根 $\phi 20\text{mm} \times 2.5\text{mm}$ 空心钢管沿轮体圆周均布焊接,重量较轻,材料采用 Q355B 钢材。

2. 连杆设计

纺丝轮由纺丝轮轮体和两个连杆组成,其中两个连杆铰接对称布置,平面夹角为 88°～98°。在纺丝过程中,去程和回程需摆动不同角度,且为了避免偏载而造成扭转,连杆设计为"之"字形空间结构。为了降低加工难度,连杆由方钢管焊接而成,并且在方管两侧贴焊钢板以增加其强度;同时连杆采用 Q460C 材料以降低自重。

四、纺丝轮强度校核

根据设计要求,纺丝轮在工作时,钢丝最大线速度为 6m/s;已知纺丝轮有效直径为 1200mm,经计算纺丝轮一秒钟要转 1.6 圈;单根钢丝张力为 4919.6N,则单个滑轮在去程时要承受 1019.2N(相当于走 2 线)。

纺丝轮在工作时,轮体要快速转动,且要承受偏载的较大压力,纺丝轮强度校核应包括纺丝轮体的轮缘弯曲应力、辐条内压力及连杆强度等内容[2]。

1. 纺丝轮体轮缘弯曲应力计算

根据大尺寸焊接滑轮强度验算可知,纺丝轮轮体弯矩与钢丝张力、辐条数量及纺丝轮体直径等有关,受力简图如图 4 所示。

$$P = 2S\sin\frac{\gamma}{2} \quad (3)$$

$$M_{\max} = \frac{Pl}{16} \quad (4)$$

式中:P——绳索拉力的合力(N);
　　S——钢丝张力(N);
　　γ——绳索在滑轮上包角的圆心角(°);

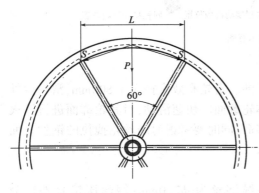

图 4　钢丝合力计算

l——两轮辐间的轮缘弧长(mm)。

将式(3)代入式(4),可得知轮缘最大弯矩: $M_{max} = \dfrac{PL}{16} = 184820.4 (\text{N} \cdot \text{mm})$

纺丝轮体弯曲应力计算公式如下:

$$\sigma_{max} = \dfrac{SL}{8W} \cdot \sin\dfrac{\gamma}{2} \tag{5}$$

$$W = \dfrac{\pi(D^4 - d^4)}{32D} \tag{6}$$

式中: W——轮缘抗弯断面系数;

D——辐条外径(mm);

d——辐条内径(mm)。

将各已知数据代入以上公式,弯曲应力计算如下:

$$\sigma_{max} = 145.9 \text{MPa} < [\sigma] = \dfrac{\sigma_b}{n} = \dfrac{550}{3.5} = 157(\text{MPa})$$

Q460C材料抗拉强度为 $\sigma_b = 550 \text{MPa}$,安全系数取3.5,则纺丝轮轮体弯曲应力满足要求。

2.纺丝轮体辐条内压应力

辐条采用 $\phi 20 \text{mm} \times 2.5 \text{mm}$ 的无缝钢管,材料为Q355B,布置6个辐条均布与轮体进行焊接,由此可知,两个辐条之间夹角为60°。当P方向与辐条中心线重合时,辐条中产生的压应力最大[3]。

$$\sigma_\gamma = \dfrac{2S\sin\dfrac{\gamma}{2}}{\varphi F} \tag{7}$$

$$F = \dfrac{\pi D^2}{4} - \dfrac{\pi d^2}{4} \tag{8}$$

$$[\beta] = 0.9 \times [\sigma] \tag{9}$$

式中: φ——断面折减系数,根据手册取 $\varphi = 0.97$;

F——辐条断面积, mm^2, $F = 238 \text{mm}^2$;

$[\beta]$——许用压应力; $[\beta] = 120.6 \text{MPa}$。

将式(8)代入式(7),与式(9)比较得知: $\sigma_\gamma = 20.4 \text{MPa} < [\beta]$,辐条压应力满足要求。

3.连杆强度计算

将纺线轮连杆简化为一长1315mm矩形方管,两侧贴加强板;连杆截面尺寸如图5所示。

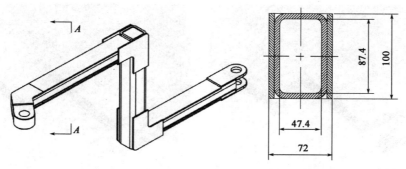

图5 连杆及截面尺寸断面(尺寸单位:mm)

弯矩: $M_{max} = 4S \cdot \cos\dfrac{\theta}{2} \cdot l = 16249459 (\text{N} \cdot \text{mm})$

抗弯截面系数: $W = \dfrac{BH^3 - bh^3}{6H} = 67257.4$

则弯曲应力为：$\sigma_{max} = \dfrac{M_{max}}{W} = 241.6(\text{MPa})$

安全系数为：$n = \dfrac{\sigma_b}{\sigma_{max}} = \dfrac{550}{241.6} = 2.3$，即纺丝轮在工作时，连杆不会扭曲变形，满足要求。

五、纺丝轮有限元分析

纺丝轮工作时为转动状态，受力较为复杂，采用 ANSYS Workbench 软件对其进行有限元分析，包括整体静态结构分析、纺丝轮体及连杆静态结构分析、纺丝轮自转状态下变形量分析等，并通过预应力模态对纺丝轮进行模态分析[4]。

1. 静态结构分析

1）整体静态结构分析

对纺丝轮连杆两端进行固定约束，根据纺丝轮运行时最不利的钢丝包角在轮体上添加8根钢丝的张力。

图6为纺丝轮计算结果云图，可以看出，纺丝轮最大等效应力241.4MPa，位于连杆处，其与手算最大弯曲应力基本相等，此时最大变形量为9.22mm。

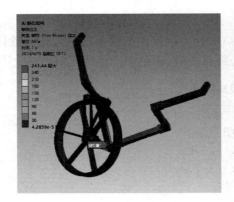
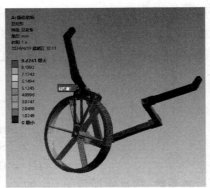

图6　纺丝轮整体仿真结果

2）连杆静态结构分析

纺丝轮两个连杆基本对称布置，夹角为98°。纺丝轮在纺丝时，两个连杆受到纺丝轮轮体重力、4根钢丝反张力作用力，以及连杆自身重力。图7为连杆计算结果云图，最大变形量为9.39mm；最大等效应力为277.12MPa。

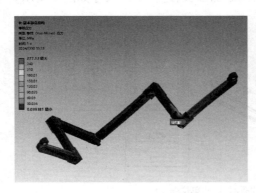
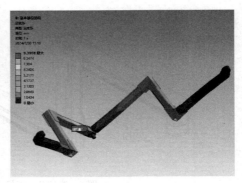

图7　连杆静态分析结果

连杆挠度：$\lambda = \dfrac{2L}{9.39} = 280 > 200$，变形量满足要求。

应力安全系数为：$n = \dfrac{550}{277.12} = 2 > 1.5$，满足使用要求。

3）纺丝轮体静态结构分析

四个纺丝轮体均为独立受力，取其中一个轮体进行加载计算，图8为纺丝轮体计算结果云图，可以看出，最大变形量为0.43mm，最大应力为29.7MPa，满足要求。

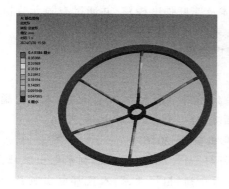
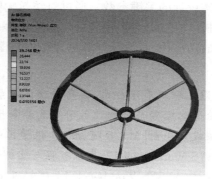

图8 纺丝轮体静力分析结果

2. 轮体动平衡分析

纺丝轮运行时，4个滑轮以6.28r/s的转速进行独立转动，为了确定摆动量，需对滑轮进行动平衡分析。通过加载分析可知，纺丝轮自转时，最大摆动量为0.43mm，变形量分布如图9所示。纺丝轮轮体按设计最大转速进行动平衡分析，其最大变形量远远小于钢丝直径，故纺丝轮轮体动平衡满足使用要求。

3. 轮体预应力模态分析

纺丝轮在工作时，要拖拽钢丝进行受力转动，因此对纺丝轮体进行预应力模态分析[5]。图10为纺丝轮体1~6阶模态总变形分析云图，可以看出，当纺丝轮自身振动频率为24.758Hz时，其总变形量最小，即纺丝轮自身振动频率为24.758Hz时，纺丝轮的刚度最强。通过对纺丝轮前6阶模态频率分析可知，当纺丝轮自身振动频率为54.345Hz时，总变形量最大为8.32mm。因此，采用四个滑轮时，按最大变形量控制两个滑轮之间的间隔，取值为9mm。

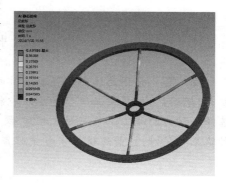

图9 纺丝轮自转变形量

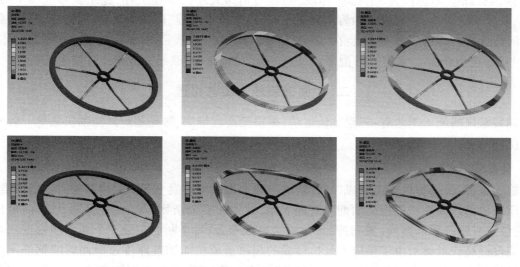

图10 纺丝轮体1~6阶模态总变形分析云图

六、结　语

本文通过对 AS 法纺丝原理、纺丝轮工作状态、藤州浔江大桥 AS 法架设主缆钢丝张力等分析计算，确定了纺丝轮结构设计的关键参数。通过对纺丝轮体及连杆强度校核，并通过有限元分析软件对纺丝轮进行静态结构分析、动平衡分析、预应力模态分析等，表明其刚度、强度等满足设计要求。目前纺丝轮已在藤州浔江大桥成功应用，其设计计算可为相关工程提供借鉴。

参考文献

[1] 中交第二公路工程局有限公司. 公路桥梁施工系列手册　悬索桥[M]. 北京：人民交通出版社，2014.
[2] 郭佳欢. 车轮弯曲疲劳与径向疲劳研究及寿命预测[D]. 南京：江苏大学，2016.
[3] 成大先. 机械设计手册[M]. 6 版. 北京：化学工业出版社，2016.
[4] 浦广益. ANSYS Workbench 12 基础教程与实例讲解[M]. 北京：中国水利水电出版社，2010.
[5] 黄志新，刘成柱. ANSYS Workbench 14.0 超级学习手册[M]. 北京：人民邮电出版社，2013.

13. 合周高速公路桥面铺装施工技术探讨

刘广保

（中交二航局第四工程有限公司）

摘　要　合周高速公路混凝土桥面铺装混凝土铺装施工线路长，施工周期长，受天气因素干扰大、面积大、范围广，铺装表面平整度难以控制，施工时间主要集中在夏季，施工环境温度高、工程量大、工期紧。选择一种好的施工工艺将对工程质量、安全、进度、效益起到关键作用。通过对以往类似桥梁桥面铺装几种施工工艺对比，最终选择了激光超声波摊铺机摊铺工艺。

一、工程概述

合周高速公路起点位于寿县保义镇金家郢，与 G0321 德上高速公路衔接，并预留向东延伸的建设条件；途中跨霍邱县、临淮岗下游 5km 处淮河、颍上县，终点在颍上县洪庄附近与 G35 济广高速公路衔接，路线全长 94.482km。本标段为 SY-LJ04 标段，工程类别为大跨径桥梁工程，施工桩号范围 K50+545～K65+285，长度 14.74km，主要施工内容为路基土石方、防排水工程、边坡绿化、隔离栅、防落物网，控制性工程为淮河特大桥。本标段桥面铺装在 K56+080～K65+285 段引桥小箱梁段，共 9.2km，桥面净宽 11.75m，设计厚度 100mm。采用 C40 混凝土，以联为单位施工，一联最大混凝土方量为 176m³。

二、桥面铺装施工工艺比选

桥面铺装常规的施工工艺有：三辊轴轨道法、振捣梁高程带法、激光超声波摊铺机法等。各施工工艺的流程对比如下。

1. 三辊轴轨道法施工

主要施工流程：桥面护栏施工完成以后，清理桥面上松散的混凝土和护栏根部外露的松散混凝土，然后用空气压缩机辅助高压水枪把桥面彻底清理干净，做到无多余杂物、灰尘；然后测量放样：放出桥面边线、泄水管位置和铺装顶部高程（纵向按照 5m 一个断面布置，每个断面布设 3 个高程测量点），对于局部由于梁板架设过高或者梁板由于预应力张拉形成的起拱造成桥面铺装厚度过薄而影响钢筋网片铺设的部分予以凿除处理。接下来铺设钢筋网片，网片铺设满足几方面要求：搭接宽度满足要求、搭接部分扎丝隔一绑一、钢筋网片顶部保证 2cm 的净保护层、网片底部设置每平方米不少于 4 个架立筋或垫块，确保浇筑过程中钢筋网片不变形、不移位。再设置振捣梁轨道，采用三排[5沿桥纵向铺设在预埋支撑钢筋上，沿护栏底座分别向内侧0.8m处预设轨道支撑钢筋、桥面中心设置一道支撑钢筋。为了保证振捣梁轨道的刚度，每0.5m设置一处支撑钢筋，根据高程数据调节下螺母确定高程，轨道[5槽钢按支撑钢筋开孔，布设在螺母上，其顶面高程即为桥面铺装的控制高程，轨道[5槽钢内用土工布或者泡沫剂填塞，防止混凝土进入影响轨道拆除的效率。

桥面铺装采用C40防水混凝土，坍落度范围为160~200mm，根据混凝土运输距离和温度造成的坍损及前场摊铺施工的连续性综合考虑输送车的数量。施工前，先将桥面板湿润且不得留有明水，采用振捣棒配合三辊轴摊铺机施工，混凝土布料后振捣棒初振一遍；三辊轴摊铺机施工时，采用前进振动后退静滚的工艺，振动和静滚交叉进行，振动2~3遍，然后把振动轴提离高程带，前后静滚至平整度符合要求用3m刮尺饰面。拆除轨道[5槽钢后，用人工将轨道槽填满，人工找平，最后用抹子压光成型。

2. 振捣梁高程带法施工

主要施工流程：桥面板清理、处理及高程放样和三辊轴轨道法施工相同，不同之处在于在护栏根部向内0.6m先铺设0.95m宽钢筋网片施作高程带并预留泄水孔，高程带采用振捣棒振捣收面完成，施工完成后复测高程带高程，误差满足规范要求后，每5m一个断面标示其高程偏差值；网片铺设前清理高程带断面松散的混凝土并凿毛处理，钢筋网片的铺设增加了与高程带网片的搭接宽度。振捣梁直接落在高程带上面进行前进摊铺，所以高程带的高程直接决定了铺装的高程。图1所示为桥面铺装高程带。

图1 桥面铺装高程带

3. 激光超声波摊铺机法施工

主要施工流程：激光超声波摊铺机施工桥面铺装和以上两种方法的不同之处在于振捣和整平工艺。激光超声波摊铺机的设备组成的混凝土整平机采用HLP-219悬挂式红外线自动找平仪+G176高度传感器悬挂式混凝土整平机，在悬挂桁架分体辊轴摊铺机的基础上，安装红外线自动找平仪+G176高度传感器液压控制系统，能够准确设定横坡坡度和高程，同时靠液压系统调整高低，全面提升混凝土铺装的平整度。在桥面两边沿纵向每5m布设一处高程基准点，根据实际施工需要可自主确定基准点高程，基准点高程必须以桥面铺装顶高程为基础统一上调一固定的数值。合周高速公路首件施工时统一上调了0.5m，然后钢丝绳基准线（图2）绷紧，钢丝绳的张拉力不小于1000N，在护栏顶部安装3m一节的[8槽钢轨道（图3），每侧安装2节，在摊铺过程中循环使用，[8槽钢轨道两侧焊接防落钢筋；固定好整平机后，根据测量高程调整摊铺整平机上下高度，提浆整平机紧贴高程控制线，确保摊铺厚度及横坡（图4）。

混凝土浇筑前，对桥面进行充分湿润，但不得有积水，必须严格控制混凝土入泵时的坍落度（160~200mm）及和易性。浇筑过程中确保罐车数量和出料速度，确保浇筑摊铺的连续性，尽量避免施工现场等料的情况发生造成施工停顿，铺料高度略高于振动梁槽，根据振动梁的起浆情况及时向振动梁的梁槽内补灰找平。同时应严格控制振捣时间，振捣时间不宜过长，保证混凝土密实即可。过度振捣会造成粗集料下沉,混凝土表面浮浆,上层多为砂浆,极易造成塑性收缩裂纹。振动梁行走后在振动梁平台上及时对混凝土进行第一次收面,控制铺装层的高程和平整度。为防止混凝土的收缩开裂,在混凝土稍硬后需人工对混凝土面进行第二次收面压实。在混凝土初凝前用抹光机进一步的抹光压实,抹光机采用LY-BLT型汽油驾驶抹光机。桥面铺装收面完成后对混凝土表面进行覆盖土工布洒水养生,桥面铺装混凝土浇筑完成后及时采用栏杆、锦旗或其他材料对端头两侧进行封闭,实行交通管制,待混凝土达到一定强度方可放行(图2)。

图2　钢丝绳基准线　　　　　图3　[8槽钢轨道

养生期结束后,经检测桥面铺装的高程在±5mm范围,满足规范要求;平整度合格率达95%以上,效果比较好(图5)。

图4　桥面铺装摊铺整平　　　　　图5　激光超声波摊铺机法施工的桥面铺装

三、桥面铺装施工工艺优缺点对比

各桥面铺装施工工艺优缺点对比见表1。

各桥面铺装施工工艺优缺点对比　　　　　表1

施工工艺	优点	缺点
三辊轴轨道法	①在护栏施工前、施工后均可施工; ②无纵向施工缝; ③技术工艺比较成熟; ④机身较轻,操作简便灵活	①施工效率较低; ②轨道易变形移位,高程和平整度不好控制; ③无通畅的施工通道
振捣梁高程带法	①施工效率高于三辊轴轨道法; ②在护栏施工前、施工后均可施工; ③高程和平整度控制较轨道法较好; ④高程带可作为施工通道使用	①铺装高程和平整度受高程带影响较大; ②振捣梁中部容易下挠,影响高程和平整度; ③存在纵向施工缝,增加网片搭接数量; ④容易振捣不密实

施工工艺	优点	缺点
激光超声波摊铺机法	①全自动化性能高； ②节省人工、提高工效； ③能有效固定行走轨道，确保轨道有足够刚度； ④行走过程中可反复运动，无须人工调整； ⑤高程和平整度控制精度较高	必须在护栏施工完成以后施工

四、结　语

经过综合比较，激光超声波摊铺机法施工明显优于三辊轴轨道法和振捣梁高程带法，可以和护栏形成流水施工，缩短施工工期，确保施工质量，产生比较好的经济效益。

参考文献

[1] 张晓平,贺怀敬.合宁高速公路钢箱梁桥桥面铺装技术研究[J].内蒙古科技与经济,2011(5):64.
[2] 董善一,祝海燕,郝海龙.高速公路桥面铺装技术研究[J].公路交通科技(应用技术版),2010(5):167-170.

14. 藤州浔江大桥空中纺线法(AS法)纺丝过程控制计算研究

谭沸良　董江华　江建秋
(西南交通大学)

摘　要　在用AS法架设主缆的过程中,需要通过有限元分析确定AS法纺丝过程关键参数。以世界最大跨径独塔斜拉悬索协作体系桥梁广西藤州浔江大桥上运用AS法架设主缆为例,通过建立包含猫道系统和缆索系统的有限元模型,对主缆纺丝施工全过程进行模拟分析,确定在不同纺丝阶段下,通过设置索股与成型器相互关联措施,计算纺丝过程"整体胎架-猫道系统"的变形情况,并在此基础上对纺丝张力进行调整,以确定纺丝张力调整对索股股内误差的影响,为国内AS法架设主缆的设计、施工及控制提供借鉴。

关键词　悬索桥　主缆架设　AS法　纺丝张力　有限元分析

一、引　言

悬索桥主缆架设方法主要有两种方式,第一种为国内常用的预制平行钢丝索股法(PPWS法),第二种为空中纺线法(AS法)。AS法在中国国内应用较少但在国际上运用较多,我国首座现代化大型悬索桥汕头海湾大桥主缆架设采用PPWS法,到之后的虎门大桥、西堠门大桥,近年来修建的武汉杨泗港大桥、五峰山长江大桥等都采用PPWS法架设主缆,形成完整的施工产业链,在高度工业化集成和集中大规模建设的当下国情,工程师更愿意采用运用成熟的方法,认为AS法施工是落后工法,以至于国内主缆架设AS法应用受限。AS法作为一种运用较早的主缆施工方法在国际上多有应用,如美国乔治·华盛顿大桥[2]、丹麦大贝尔特东桥[3]、韩国光阳大桥[4]。与PPWS法相比,AS法施工更为复杂,但却省去了工厂预制工序,适用于超大跨径架设限制、运输受限、锚面空间受限、预制集成工业受限等情况,同时AS法架设主缆由于成型器作用,可以很好地维持已经架设索股,索股受横向风荷载下的位移减少、振动减弱,更有利于索股架设的精度控制。

虽然国内AS法施工案例较少,但为了填补此类施工方法的空白,同时也为了进一步深入了解AS法施工,增强国际竞争力,增加国内主缆施工技术储备,对特定条件下的主缆架设问题寻找新的方案。中国第一座采用 AS 法施工的桥梁是香港的青马大桥[5],其建造主要依托欧美的技术,近年来,国内开始自主研发有关 AS 法成套的施工技术,并成功应用于贵州阳宝山大桥[6-8],同时也在世界最大跨径独塔斜拉-悬索协作体系桥梁——广西藤州浔江大桥上运用 AS 法架设主缆。

悬索桥 AS 法架设主缆当索股纺丝形成一股索股后的架设与 PPWS 法基本相同,区别于国内常见的 PPWS 法主缆架设计算,悬索 AS 法架设主缆增加了索股形成前的纺丝精度控制,其控制的关键是明确纺丝张力和与之相应的纺丝过程中"整体胎架-猫道系统"的变形关系,从而确定合适的纺丝张力与调整方案。

二、纺丝过程概述

主缆架设 AS 法按照张力控制方法区分主要有全张力法、低张力法、恒张力法,其中恒张力法介于全张力和低张力之间,在抗风稳定性、施工工效方面有显著优势,全张力法不涉及与猫道的相互作用,不在本文讨论范围,低张力和恒张力法都是靠猫道支撑,本质原理一样,只是恒张力的猫道承担的索股重力较少。本文的研究是在一定张力条件下,主缆纺丝过程的数值模拟。图 1 为恒张力 AS 法纺丝设备及施工过程示意图。

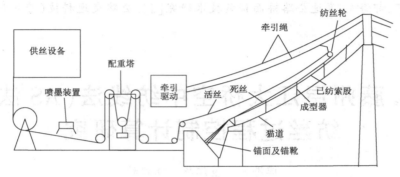

图 1 恒张力 AS 法纺丝示意图

纺丝过程中,钢丝由配重塔配重块确定纺丝张力,配重越大,纺丝张力越大,猫道受到的竖向力越小;牵引装置驱动纺丝轮往复纺丝,多层钢丝形成一股索股,将平行钢丝对接后进行捆扎,形成主缆索股。藤州浔江大桥采用 AS 法架设主缆的悬索桥,其纺丝关键设备配重塔、成型器、纺丝轮,如图 2 所示。

a)配重塔   b)成型器   c)纺丝轮

图 2 主缆 AS 法纺丝主要设备

三、AS 法纺丝过程仿真分析

1. 模型建立

由于 AS 法施工是猫道—成型器—索股—钢丝的相互耦合作用,施工过程应重点处理相应结构的边界关系,模型建立时应包括:猫道系统(承重索、门架索、门架、横通道及其他附属设施);用于连接猫道和钢丝的成型器结构;用于调整猫道垂度的调整索;用于确定成型器架设高度的基准丝;已经纺丝完成的索股;待纺丝索股;桥塔结构等。利用有限元软件 BNLAS[9],建立藤州浔江大桥主缆 AS 法施工计算模型,如图 3 所示。

图 3　计算结构简图

猫道系统按照常规猫道设置边界条件,在锚跨进行锚固,猫道与桥塔进行连接,猫道架设高度依据空缆线形进行合理规划。为方便在猫道上进行索股架设施工和索股紧缆操作,在猫道靠近桥塔处设置下拉装置,调整猫道线形。成型器作为猫道与主缆钢丝的连接结构,其初始按照状态是由基准丝线形确定的,施工过程模拟先架设猫道和基准丝,加载成型器结构重量,最后安装成型器单元,以确保成型器理论上与基准丝在同一高度但却不承担钢丝重量。成型器与猫道和钢丝连接示意图见图 4。

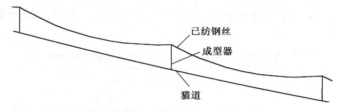

图 4　成型器与猫道和钢丝连接示意图

2. 初始纺丝张力调整

纺丝张力的本质是确定配重塔钢丝配重,即确定钢丝纺丝后方锚固端钢丝张力,在恒定的配重块作用下,钢丝锚固端张力恒定,钢丝通过相应间距的成型器支撑,达到钢丝架设的一种恒定线形,继而确保一股钢丝的无应力长度一致。

主缆架设过程中,所有索股纺丝计算的基准线都是基准丝。基准丝也是现场架设主缆的基准线,其在索鞍位置主要采用分跨锚固的方式,由于基准丝都需要绕过索鞍内索股鞍槽,则其他索股应与基准丝平行。建立架设索股单元与基准丝平行,为方便计算,可以与基准丝采用同样的坐标,在无其他调整的状态下,当前架设索股与成型器是刚好接触的状态,索股此时在锚固端的力等于按照全张力计算所需张力值,成型器向下传递的索股重量荷载为 0。要使得成型器能有效传递索股重量,则需对当前架设索股进行调整,主要调整方式分为两种:第一种为将跨内钢丝加长,表现为向跨内放丝,可以采用升温的方式或直接改变钢丝无应力长度的方式;第二种为将支撑的成型器垫高,表现为成型器传递竖向力增加,可以采用对成型器单元升温或者直接改变成型器高度的方式。

以上两种方式都能确定唯一的纺丝张力状态,区别在于是否改变钢丝的无应力长度,在实际施工过程中,由于初始纺丝张力降低,索股支撑于成型器表现为下挠,为防止已纺索股和未纺索股相互干扰,成型器支撑垫高是很有必要的,但仅仅依靠垫高成型器不能达到我们需求的索力,所以在实际施工过程中是将以上两种方法配套使用。图 5 为调整后的钢丝形状示意图,与配重塔连接的索股端作为钢丝张力设定指标,与主索鞍连接的索股端作为钢丝牵引力设定指标,通过钢丝加长或成型器抬高的方式进行相应的索力计算。

3. 纺丝过程计算

纺丝过程即索股钢丝不断累积的过程,由于钢丝的累积,已纺钢丝可作为待纺钢丝的支撑系统。在纺丝过程中,下部支撑系统刚度是不断增加的,这就需要不断更新结构状态来保证计算的准确性,实际操作是将已经纺钢丝数量不断更新并加载于结构模型之中,待纺钢丝传递竖向重量由成型器结构传递给已纺钢丝和猫道系统。纺丝数量的增加也会导致整个纺丝"胎架系统"变形从而改变纺丝长度,在一定的纺丝张力下,当前纺丝长度与底层纺丝长度差值超过索股内部钢丝误差控制阈值。应对整个"胎架系统"进行调整,通过张拉猫道调整绳使整个支撑系统抬高,钢丝长度恢复原始底层钢丝纺丝长度。

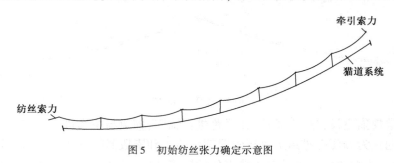

图 5　初始纺丝张力确定示意图

四、AS 法纺丝控制张力

按照恒张力控制法纺丝,本项目确定钢丝牵引张力为自由悬挂钢丝张力的 80% ~ 85%,单根钢丝的纺丝张力为 4.778kN(散索鞍位置处钢丝张力,确定配重塔配重)。在当前纺丝张力控制下,主缆纺丝过程中索鞍附近钢丝张力及占比见表 1。

不同位置钢丝张力及牵引张力为自由悬挂钢丝张力的占比　　　　表 1

位置	猫道承担索力百分比(%)	索股承担索力百分比(%)	钢丝张力(kN)
散索鞍处	17.32	82.68	4.778
主索鞍处	15.95	84.05	5.273

在初始纺丝过程中,主缆恒张力以外的重量主要由猫道承担,当单股主缆纺丝完成后,猫道受到主缆索股传递的竖向力最大。在进行首股索股纺丝施工过程中,猫道跨中位移在纺丝过程中下挠位移量如图 6 所示。

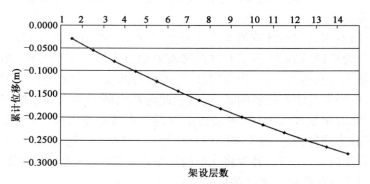

图 6　初始纺丝张力确定示意图

由于猫道变形,导致正在纺丝的索股存在上下层的长度差异,为减少索股内钢丝长度差异,需对整个猫道系统进行调整,猫道调整绳调整目标为[10]:主缆纺丝期间猫道跨中变形小于 10cm,此时可以将因猫道变形引起的股内成桥应力误差控制在 1% 内。调整后猫道线形恢复到原始线形,即调整后跨中成型器与基准丝相对位置回到纺丝之前的水平,从累计变形看,在单纺情况下,初始纺丝至少需要调整两次猫道调整绳。

主缆纺丝期间的猫道调整主要针对底层索股,猫道调整主要依靠调整绳张拉,对因承受部分纺丝力的猫道下挠量进行提升,使其恢复到纺丝之前的线形,进而保证索股成型器高度在相应位置。猫道调整绳参考调整长度与张拉力见表 2,调整长度以负表示调短,以正表示调长,张拉力为单边两根调整绳合力。

猫道调整绳参考调整长度与张拉力 表2

调整工况		平南		岑溪		备注
		调整长度(m)	张拉力(kN)	调整长度(m)	张拉力(kN)	张拉时机
单纺	1次调整	-0.481	121.9	-0.481	121.9	4层纺丝完成后
	2次调整	-0.591	212.5	-0.591	212.5	9层纺丝完成后
双纺	1次调整	-0.481	121.6	-0.481	121.6	2层纺丝完成后
	2次调整	-0.455	196.0	-0.455	196.0	4层纺丝完成后
	3次调整	-0.700	289.2	-0.700	289.2	7层纺丝完成后
	4次调整	-0.686	402.6	-0.686	402.6	10层纺丝完成后
	5次调整	-0.676	513.6	-0.676	513.6	13层纺丝完成后

在施工过程中多次调整猫道调整绳可以有效地控制纺丝误差,但却增加了较多的调整工序。单股钢丝纺丝并绑扎完成后,猫道调整绳又得调整恢复原位,施工操作较复杂,为减少施工工序,减少猫道调整绳调整次数,利用已纺索股刚度,将猫道系统与已纺索股进行联系,使其能与猫道一起共同承担主缆恒张力以外的纺丝重量。

在首次架设只考虑猫道刚度与连接1~2根已纺索股整体跨中累计位移比较如图7所示。从中可以看出,在连接已纺索股后,跨中累计位移减少较明显,在进行单纺的情况下,考虑连接2根已纺索股,则跨中变形基本控制在10cm以内,已经满足索股股内钢丝控制既定指标,此时,将可以不再进行猫道调整绳调整,以减少调整工序,提高纺丝效率。

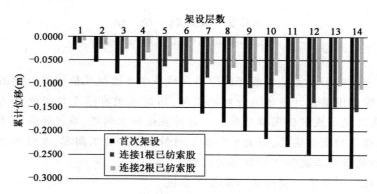

图7 连接已纺索股跨中累计位移

五、结 语

通过有限元模拟分析AS法纺丝施工过程,得到以下结论:

(1)AS法纺丝分析关键在于建立猫道系统与缆索系统耦合的有限元模型,对猫道刚度与缆索自身刚度进行耦合,如此才能较精确地模拟AS法纺丝过程。

(2)以恒张力法进行纺丝,纺丝张力本质是确定配重塔钢丝配重、纺丝轮牵引力及猫道调整绳张拉力,现场应根据实际机械配置,选择合适的纺丝张力比例。

(3)纺丝过程猫道变形是影响索股股内误差的关键因素,因此在初始纺丝过程中应对在猫道下挠到一定程度时进行调整,确保因猫道变形引起的股内成桥应力误差控制在1%。

(4)为方便施工、提高效率,将已经纺丝完成的索股与猫道进行联系,确保纺丝过程中已纺索股与猫道能共同承担在纺索股竖向力,以有效减少猫道调整绳调整次数或可以不再进行猫道调整绳调整。

参考文献

[1] 钱冬生,陈仁福.大跨悬索桥的设计与施工[M].成都:西南交通大学出版社,2015.
[2] ENGLOT J M, RINALDI P L. George Washington Bridge cable anchorage restoration[C]//Building to

Last, ASCE, 2014:1589-1593.
[3] 周履. 大贝尔特东桥及其主缆工程的详细设计[J]. 世界桥梁, 1995(3):203-212.
[4] 金芝艳. 韩国光阳大桥设计[J]. 世界桥梁, 2011(5):1-3.
[5] 安琳, 丁大钧. 香港青马大桥简介[J]. 桥梁建设, 1997(3):22-26.
[6] 刘新华, 霰建平, 金仓, 等. 悬索桥空中纺线法架设主缆施工技术[J]. 公路交通技术. 2021, 37(4): 94-99, 106.
[7] 郭瑞, 杨博, 仝增毅, 等. 基于悬索桥空中纺线(AS)法架设主缆的猫道设计与施工关键技术[J]. 公路. 2021, 66(8):163-169.
[8] 谭沸良, 唐茂林, 谢文昌. 悬索桥AS法架设主缆索股股内误差分析与评定[J]. 公路交通科技, 2023, 40(12):90-96.
[9] 唐茂林. 大跨度悬索桥空间几何非线性分析与软件开发[D]. 成都: 西南交通大学, 2003.
[10] 中华人民共和国住房和城乡建设部. 悬索桥用主缆平行钢丝索股: GB/T 36418—2018[S]. 北京: 中国标准出版社, 2018.

15. 梁板式混凝土底板钢围堰在跨海桥梁承台施工中的应用与分析

余其鑫　宋聪聪　杨帆

(中交二航局第四工程有限公司)

摘　要　本文以宁波舟山港主通道某标段跨海区域多个非通航孔桥墩承台钢围堰工程为基础，对高承台海上斜桩基础桥梁钢围堰设计方案进行对比优化，同时采用有限元分析软件ANSYS对其进行详细分析，最终选定梁板式混凝土底板钢围堰结构。同时对底板加工制造、底板连接和开洞等工艺进行优化，提高了工作效率。本项目的成功实施，极大地降低了材料用量和施工周期，在经济性、安全和环保方面取得了良好收益，为类似项目施工提供可以借鉴的经验。

关键词　斜桩基础　钢围堰　梁板式　混凝土底板

一、引　言

宁波舟山港主通道(鱼山石化疏港公路)公路工程某标段，里程长度8.685km，其中海域区8.025km。该项目共计101个非通航孔承台均为海上斜桩基础承台，施工均采用单壁钢吊箱围堰。

根据该项目承台设计形式和尺寸，将承台划分为5种不同类型来进行承台钢围堰设计，详见表1。

承台设计参数　　表1

设计参数	类型1	类型2	类型3	类型4	类型5
数量	50	13	16	8	14
形状	哑铃形	哑铃形	哑铃形	哑铃形	圆端形
承台顶高程(m)	4.000	4.000	4.000	4.000	4.000
承台厚度(m)	3.000	3.000	3.000	3.000	3.000
承台底高程(m)	1.000	1.000	1.000	1.000	1.000
泥面高程(m)	-17.0 ~ -11.9	-17.0 ~ -11.9	-16.2 ~ -13.8	-16.2 ~ -13.8	-18.0 ~ -15.5

由表1可知,哑铃形承台数量最多,类型3平面尺寸为23.75m×10.5m(长×宽),中间部位宽为4.5m,厚度为3m,为最大承台尺寸。因此,本文以类型3承台围堰为研究对象(图1)。

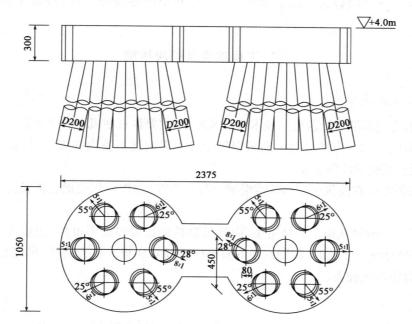

图1 类型3承台平、立面布置图(尺寸单位:cm)

1. 工程水文、气象条件

桥址区位于浙江东北部海域,气候上属亚热带季风气候,常见气象灾害为夏秋台风、冬季大风、春季海雾和连阴雨等。

工程区潮汐类型属于不规则的半日浅海潮型,围堰设计周期内,设计最高潮位+2.38m,设计最低潮位-2.21m,最大潮差4.59m;受大风和海洋气候影响,海域范围会有较大风浪,设计波高2.95m;对应波浪周期为6.5s。

大桥工程区域位于沿海海域,地势开阔,每年5—11月都有可能受热带气旋影响,但主要集中在7—9月,平均每年受2.2个热带气旋影响。结构施工期内无法规避所有台风,钢吊箱需具备一定抗台风能力,设计风速取34.0m/s。

2. 结构比选

承台底距离泥面普遍在13m以上,在综合考虑施工水头高度、施工设备、施工效率、结构经济性、和结构安全储备等综合因素后,相比于传统钢板(管)桩围堰及无底钢套箱围堰方案,这类深水基础[1]采用钢吊箱围堰方案更为合理。

由于钢吊箱壁体需要周转使用多次,且为保证基础结构在海洋环境中的防腐效果,承台施工完成后,围护结构所有外露钢构件(壁体、底板等)须进行拆除,所以钢吊箱底板结构设计尤为关键。钢吊箱底板结构比选见表2。

钢吊箱底板结构比选　　表2

结构形式	优点	缺点
常规钢底板	底板自重小,对起重设备要求相对较低	承台封底完成后,底板无法拆除,不能满足防腐要求
可拆除钢底板	自重较小,考虑周转摊销后单个吊箱底板加工费用较低	加工精度要求高,拆除较复杂
混凝土底板	无须拆除、用钢量小,制作费用低	制作周期较长,自重较钢底板大

综合表1、表2可知,常规钢底板方案不能满足构件防腐要求;由于工程海域潮汐类型属于不规则的半日浅海潮型,低潮位可施工时间较短,底板拆除作业占用起重设备时间较长,经济性和效率均较低,海上作业安全风险较大。综合考虑,无论是安全性还是经济性,混凝土底板结构优势都较为明显。

二、工程难点及解决措施

1. 工程技术特点及难点

本项目海域承台钢围堰设计及施工技术特点及难点,主要体现在以下3个方面:

(1)实际工程中,可供参考的混凝土底板钢吊箱应用案例远不及钢底板多,且设计需要尽可能减轻底板自重,对混凝土底板设计要求较高。

(2)混凝土底板需要在浇筑完成后等待混凝土形成强度,制作周期较钢底板长,而本项目工期紧,施工组织难度大。

(3)桥梁桩基施工时桩基偏位不可避免,而且每根桩偏位方向也不可控,底板开洞需桩基偏位的影响,再加上钢吊箱整体垂直下放时,相同直径的斜桩比直径对底板开更大的孔,吊箱封底混凝土浇筑时,对底板开孔进行封堵难度较大。

2. 解决措施

针对上述技术特点和难点,采取了以下3种措施,保证了结构既安全又经济:

(1)首创性地采用了梁板式混凝土底板,在确保底板强度及刚度满足要求的同时,极大地减少了底板自重。

(2)在栈桥远端修建钢吊箱底板制作平台,底板混凝土在具备一定强度后,即可与吊箱壁体拼装成整体,具备吊装条件后可方便吊运至施工地点,能有效节省工期。

(3)通过精确测量实际桩位、倾角扭角,为每一个吊箱底板单独定制开孔尺寸,尽可能减少了底板开孔大小,同时设计合理的封孔板,确保封底混凝土能顺利浇筑。

三、钢围堰设计要点

为了减少水上作业时间[2],尽快形成干施工环境,钢吊箱采用在平台拼装和整体吊装下放[3]工艺。吊箱各部位设计要点如下:

壁体:内壁兼做承台侧模,加工时仅允许正误差[4]。考虑到钢围堰壁体可周转使用,壁体强度及刚度设计留有较大安全储备。壁体板采用8mm钢板,壁体梁系采用HM588×300环主梁1、HN400×150的环向主梁2以及I14的环次梁与HN350×175的纵梁,纵梁仅在与环主梁交叉时断开。采用$\phi426mm×6$的钢管作为内支撑。

底板:底板采用梁板式混凝土底板,由于哑铃形承台桩基呈梅花形布置,不能采用正交梁,设计时底板主梁曲线异形梁,混凝土强度等级为C40。混凝土底板板厚为10cm,底板主梁高30cm,宽20~25cm。该底板总重仅60t,每平方米重量仅为泉州湾跨海大桥分块装配式混凝土底板[5]的64%。

封底:由于桥梁采用斜桩基础,封底混凝土握裹力需求较直桩基础低,封底厚度按0.7m设计。由于封底厚度较小,在浇筑承台混凝土时,哑铃形中部直线段抗弯承载力不足,因此在该区域板底设置双向C16@150主筋来进行加强。

类型3承台钢围堰平面图见图2,立面图见图3。

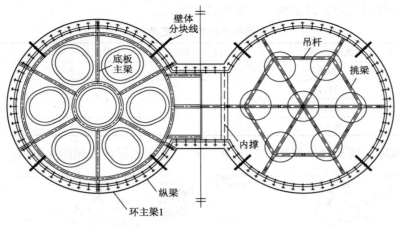

图 2 类型 3 承台钢围堰平面图

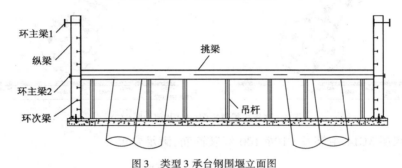

图 3 类型 3 承台钢围堰立面图

四、钢围堰结构计算分析

本文采用空间有限元分析的方法对类型 3 承台钢吊箱结构进行建模分析。首先，通过对钢吊箱的制作、拼装、运输、安装等施工过程进行分析比较，找出了最不利施工工况。然后，对钢围堰各不利工况下结构受力情况进行分析，找出薄弱环节，明确了钢围堰施工工序的控制要点，保障了施工安全。

1. 工况分析

钢围堰壁体采用工厂制作，在底板平台拼装，运送至桥位后整体下放的施工方案，主要控制工况如下：

工况一：钢围堰壁体和底板拼装成整体后的起吊工况。钢吊箱共设置 8 个吊点，起吊过程中不考虑吊点失效，主要荷载为围堰自重；此工况控制起吊时挑梁、壁板和钢筋混凝土底板的强度和刚度。

工况二：钢围堰浇筑封底混凝土工况，此工况控制吊箱底板及挑梁、吊杆结构和钢筋混凝土底板的强度。

工况三：抽水工况，在封底强度形成后，进行围堰内抽水，此工况控制钢围堰壁体的强度、刚度以及封底的强度、握裹力。

工况四：承台混凝土浇筑工况，混凝土浇筑应避开台风期，不考虑抗台，此工况控制钢围堰壁体的强度、刚度以及封底的强度、握裹力。

2. 有限元建模分析

采用有限元软件 ANSYS 依次对上述四个不利工况下钢围堰受力情况计算。由于各工况结构情况不同，采用的单元分别有梁单元、板单元及实体单元。各单元类型及对应的围堰构件如表 3 所示。

各构件单元类型及对应的围堰构件 表 3

单元类型	对应的围堰构件
shell63	壁体壁板、混凝土底板面板
beam188	环主梁 1、环主梁 2、环次梁、纵梁、内支撑、底板主梁、挑梁、吊杆
solid95	封底混凝土

钢围堰钢结构构件最大应力以及对应工况如表4所示。

钢构件计算结果汇总 　　　　表4

结构部位	最大应力(MPa)	容许应力(MPa)	最大变形(mm)	对应工况
壁板	89.8	260	1.8	工况三
壁体梁系	71.7	215	2.0	工况一
钢管撑	82.8	215	3.4	工况三
挑梁、吊杆	8.9.2	215	3.3	工况二

钢围堰梁板式混凝土底板最不利受力工况为工况二，底板主梁内力如图4所示。

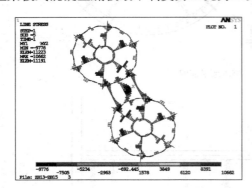 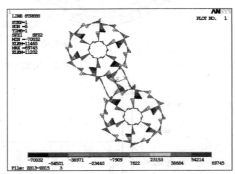

图4　底板主梁弯矩图(左)及剪力图(右)

底板主梁实配双层3C14主筋及C10@100双肢箍筋，满足要求。

五、钢围堰施工控制

1. 施工方案及施工工艺

钢围堰壁体采用工厂制作，在底板平台拼装，运送至桥位后整体下放的施工方案，具体施工工艺如下：

(1)在船厂等专用场地，分块加工钢吊箱壁体、内支撑；在海上底板制作平台加工底板。

(2)壁体分块运至底板制作平台后，与底板拼装成整体。

(3)在钢管桩顶安装牛腿，起重船整体吊运钢吊箱至施工现场。

(4)起重船整体下放吊箱至设计位置，固定挑梁，浮式起重机撤离。

(5)底板开孔封堵，浇筑封底混凝土。

(6)封底混凝土达到设计强度后抽水，拆除吊杆、挑梁。

(7)承台浇筑成型。

(8)承台混凝土强度达到设计要求后，壁体分块拆除回收，运至存放/检修场地。

2. 围堰底板施工控制要点

(1)由于海上桩基施工精度控制难度较大，每一块底板加工时，都应根据桩中心位置及扭角实测结果调整底板开孔位置后，再进行底板混凝土的浇筑。

(2)围堰底板设有预埋件与吊杆焊接，施工时应仔细检查吊杆预埋件位置以及两侧箍筋是否与图纸一致。

(3)为确保围堰水密性满足要求，底板预制时应控制好顶面平整度。

六、结　语

本工程海域承台，针对海上斜桩基础的特点，首创性地采用梁板式混凝土底板钢吊箱设计，有效地减少了水上作业的时间、提高了工效并降低了施工安全风险。通过精确测量实际桩位、倾角扭角，为每一个吊箱底板单独定制开孔尺寸,在保证了吊箱下放顺畅的同时减小了底板开孔面积。

参考文献

[1] 许红胜,颜东煌,黄元群.深水基础钢围堰结构方案比选研究[J].中外公路,2007,27(3):94-97.

[2] 蔡福康.外海桥墩承台双拼U型混凝土套箱施工技术[J].水运工程,2012(6):196-200.

[3] 罗九林.复杂海域单壁钢吊箱围堰设计及整体吊装方法研究[J].铁道建筑技术,2016(1):20-24,46.

[4] 郭佳嘉,余其鑫.一种复杂海况下的哑铃形主墩双壁钢围堰的设计与施工[J].中国港湾建设,2019,39(3):33-37.

[5] 付甦,彭鹏.预制混凝土底板钢吊箱在泉州湾大桥承台施工中的应用[J].中国水运(下半月),2013,13(6):318-319.

16. 藤州浔江大桥空中纺线法智能化牵引架设系统及应用

胡科坚[1]　向宇恒[1]　袁浩允[1]　侯润锋[2]　李立坤[3]

(1.中交集团山区长大桥隧建设技术研发中心;2.中交第二公路工程局有限公司设计研究总院;
3.中交二公局第一工程有限公司)

摘　要　在藤州浔江大桥建设中,设计并应用了悬索桥空中纺线法智能化牵引架设系统。该智能化系统实现了全天候实时感知卷扬机牵引索张力、纺丝轮位置及速度、牵引索垂度、主缆纺丝张力等关键施工参数,并通过物联网技术将数据汇集至信息化平台,基于智能联动控制算法和集中控制系统实现施工危险及时预警和远程自动协同控制主缆架设,有效提高了施工效率和质量。

关键词　藤州浔江大桥　空中纺线法　主缆牵引架设　钢丝张力监测　智能联动控制

一、引　言

目前,悬索桥主缆架设施工的两种主要方式为空中纺线法(AS法)和预制平行钢丝索股法(PPWS法),PPWS法在国内为主流主缆架设方法,AS法仅在香港青马大桥和贵州阳宝山大桥上成功应用[1]。悬索桥跨径和结构复杂程度不断增加,对主缆架设施工方法和智能化程度提出了更高的要求。

经过阳宝山大桥空中纺线法的成功应用[2],我国的悬索桥空中纺线法主缆架设已经发展了一套较为成熟的施工技术及工艺[3-4],但其施工智能化程度较低,大部分步骤还依靠人工操作,主缆架设质量受技术人员、劳务工人经验以及素质等主观因素影响较大,存在监控监测不到位、施工精度可控性低、施工效率受传统施工方法制约以及信息化程度不够等问题,施工安全及效率无法保障。

近年来,针对以上问题,有诸多学者开展了相关研究。田继开[5]以双塔三跨悬索桥为例,从门架循环式牵引系统的原理、特点、功能区布置及关键结构等方面,介绍了门架循环式牵引系统的施工设计理念,并建议当悬索桥跨径不大且上部结构为同一家施工单位时,采用大循环牵引系统更为经济适用。付琼[6]针对索股入鞍、滚轮损坏等问题开展了研究,应用先进的技术设备,不断对施工方案进行优化改进,全面提高主缆架设施工的质量和效率。张后登等[7]分析了伍家岗长江大桥主缆索股智能化牵引架设系统及应用情况,伍家岗长江大桥通过LoRa组网方式,连接各个传感监测设备,完成索股智能化牵引,并实现了远程终端自动控制,实现了主缆架设施工的高效率、标准化、规范化。隋莉颖等[8]基于物联网技术开展了桥梁健康监测和安全预警研究,对传感器优化布置、监测数据采集及传输、安全预警模型等方面进行了探讨,为桥梁健康监测与安全预警提供了科学决策依据。张成伟等[9]针对传统缆索牵引架设存在的数据精度低、数据处理困难等问题,从可编程逻辑控制器(PLC)控制、传感器布设等技术点入手,提出了一种基于PLC的大跨径悬索桥缆索牵引架设智能监测方案,提高了施工过程中的监测精度,减小了数据复杂程度。阙水杰等[10]分析了主缆索股弹性模量、钢丝直径等因素对索股长度的影响,并介绍了五峰山长江大桥采用的分层定距法控制线形以及千斤顶和频谱相互校核调整锚跨张力的方法,通过索股长度、调索、锚跨张力调整等施工控制手段,实现了主缆的高质量架设。余德强等[11]研发了一种基于物联网、智能化设备等的大跨径悬索桥缆索智能化施工应用系统,实现了感知层的物联网数据自动化采集与传输,面向数据和计算模型的关联分析,施工参数和设备运行状态参数的可视化监控监测。以上研究内容主要是针对PPWS法开展了监控监测、施工控制、智能控制等方面的研究,但AS法的施工设备复杂且联动控制要求高,目前尚无智能化主缆架设牵引系统研究。

本文旨在通过藤州浔江大桥空中纺线法的关键力学参数及环境监测感知牵引系统运行真实状态,结合智能联动控制算法,基于PLC协同控制纺丝轮和卷扬机等牵引设备,实现主缆纺丝智能联动,保障主缆架设施工的质量、效率和安全。

二、工程概况

藤州浔江大桥为国内首创独塔斜拉-悬吊协作体系桥,主跨2×638m,塔高238.4m,如图1所示。全桥共设两根主缆,采用AS法制作及架设主缆,索塔每侧设置20对斜拉索、22对普通吊索,过渡墩处设限位吊索,斜拉索呈扇形布置,吊索、斜拉索梁上纵向锚固间距为16m,交叉段间距8m交错布置,单跨斜拉索段主梁长度327m,吊索段主梁长度383m。

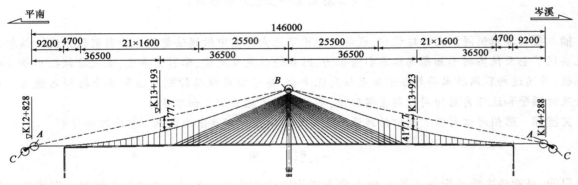

图1 藤州浔江大桥立面布置(尺寸单位:cm)

藤州浔江大桥主缆采用闭式循环牵引系统架设,上下游各布置一套循环牵引系统。一套(单幅)小循环牵引系统结构主要包括北锚1台高速卷扬机、1根牵引索、2个纺线轮、配重系统、张紧系统、北锚碇门架导轮组、塔顶门架导轮组、南锚碇门架导轮组、猫道门架及导轮组、若干转向滑轮等。相比传统的往复式牵引系统循环牵引系统减少了1台牵引卷扬机的投入并且无须频繁控制卷扬机力差。闭式循环牵引系统运行时,调整好配重及张紧系统控制牵引索垂度,操控卷扬机正反转,使纺丝轮在两岸之间往复运行,完成主缆架设。

三、藤州浔江大桥智能循环牵引架设系统

藤州浔江大桥采用了智能循环牵引系统架设主缆,主要包括回倒系统、放丝系统、牵引系统三大部分,从数据智能感知、数据分析决策、智能自动化控制、信息化平台可视化应用等方面实现主缆架设牵引系统的智能联动控制。在数据感知层面,本项目通过布设北斗卫星定位系统、钢丝绳张力传感器等设备来感知牵引设备速度、位置以及系统各部分受力状况,随后结合施工具体要求,基于智能联动比例、控制、积分(PID)控制算法和PLC模拟量控制实现牵引系统智能协同,保障主缆施工效率。

1. 回倒系统

回倒系统是将多组预制主缆钢丝索盘回倒至一组工字轮大盘上,将大部分钢丝接长工作在地面进

行,减少施工人员在狭窄猫道上的工作内容,同时工字轮大钢丝盘的钢丝储存以及牵引更加方便,相比直接牵引预制主缆钢丝索盘极大提高了牵引效率。藤州浔江大桥的回倒系统共有4套机组,每套机组通过将三组2t重的预制主缆钢丝索盘回倒至工字轮上,即工字轮大钢丝盘钢丝总重为6t,并设置有放卷机构、整理机构、收卷排线机构等设备。

1)钢丝张力与线速联动控制

为保证主缆钢丝能够有序地排列在工字轮上,需要钢丝绳保证恒定的张力,但由于阈值钢丝索盘和环境的不稳定性因素,会导致钢丝绳张力不断变化,故需要随时调整刹车整理机构压力来控制放卷和收卷速度差,以维持主缆钢丝回倒恒定张力。

本回倒控制系统的整理机构与收卷机之间张力大小由离合器压力决定,由收卷三滑轮式张力检测器测出实际张力传给PLC,根据系统张力需求,通过模拟量输出控制电磁比例阀,以调整阀门开度,从而控制离整理机构离合器压盘压力,达到控制收卷张力的目的,主要监测设备如图2所示。当收卷电机工作在恒线速模式,采用专用的重载型变频器,收卷机上安装的编码器线速测量装置将信号输入PLC,在PLC中根据设定的运行速度,进行计算并输出到变频器,达到恒线速控制,最终通过排线器与编码器联动工字轮角速度和排线器排线速度,保证钢丝整齐排列在工字轮上。

 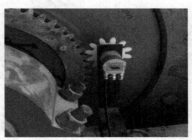 

a)三滑轮钢丝绳张力传感器　　b)编码器　　c)钢丝绳排线器

图2　回倒系统主要监测设备

2)回倒丝盘物料统计系统

由于回倒系统与放丝和牵引系统相对独立,其主要是为主缆纺丝提供原料,类似于主缆牵引系统的"仓库",藤州浔江大桥设置了WMS丝盘物料统计系统来保证主缆纺丝施工进度,实施方式是为每一台回倒机组增加一个绝对值编码器,通过机械同轴实时记录每一个丝盘盘丝的具体圈数,同时通过读卡器读取丝盘张贴FRID卡片,获取回倒机组当前丝盘编号,统一传输到中控系统保存;丝盘在放丝机放丝工作中,再次通过放丝机射频卡读卡器获取丝盘编号及当前编号的物料信息,放丝到达指定圈数后停机更换丝盘,传输到中控系统保存,以此提供给现场人员余料信息[10]。

2. 放丝系统

藤州浔江大桥放丝系统主要由放丝机和平衡张力塔两部分组成,平衡张力塔包括5个定滑轮和1个动滑轮以及动滑轮装载的配重块,整体布置如图3所示。由于工字轮大盘上的钢丝张力仅能满足排列所需张力,与空中纺线法采用的恒张力牵引所需张力有较大差异,故需要通过配重以及滑轮使张力放大至要求的纺丝初始张力。

1)主缆钢丝张力控制系统

主缆钢丝张力控制系统包含放丝机控制系统与平衡塔调节系统,每套放丝机配备圈数传感器和速度传感器各一个,张力传感器采用销轴式传感器安装在平衡张力塔出绳和入绳滑轮轴心处。主缆钢丝张力控制系统的关键点即为主缆初始张力的监测,本项目采用的销轴式传感器额定荷载50t,精度能达到千分之一,并且由于销轴式钢丝绳张力传感器与被测钢丝不直接接触,能够保障主缆钢丝的张力不受损失以及磨损,如图4所示。在放丝张力和主缆钢丝初始张力均能精确测量的基础上,将监测数据实时接入PLC控制模块,当主缆初始张力不足时,PLC控制模块经PID控制算法自动控制放丝设备减速并维持其余设备稳定,当主缆钢丝初始张力满足恒张力要求时继续按照恒定速度运行放丝系统。

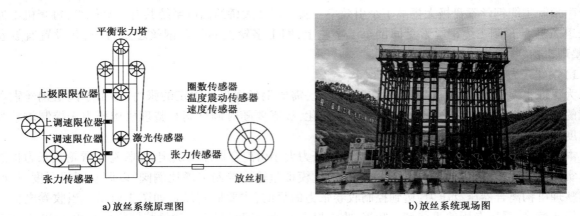

a) 放丝系统原理图   b) 放丝系统现场图

图 3　空中纺线法(AS法)放丝系统

图 4　销轴式主缆钢丝张力传感器

2) 放丝安全监控系统

为保持主缆恒张力牵引,需要频繁调整放丝和牵引速度来使主缆钢丝保持恒定张力,平衡塔配重块会因此上下运动而存在冲顶和坠地的风险。本项目设置了三个机械限位开关(上极限限位、上调速限位、下调速限位)和一个安装在动滑轮上的激光传感器,避免出现限位失效的情况。上下调速限位主要用于在联动放丝过程中超过限位后系统自动调节放丝机的速度,使滑轮高度位置维持在设定的位置,上极限限位主要是保障滑轮位置不冲顶造成事故,若滑轮位置接近上极限限位,放丝安全监控系统会自动报警并停机保护。同时,放丝安全监控系统接受在平衡塔的前与后加装钢丝张力与线速传感器实时监测钢丝张力与速度数据,基于系统设定钢丝速度与张力极限保护限值,当监测数据达到系统预设值时,系统自动预警停机。

3. 牵引系统

藤州浔江大桥牵引系统主要包括两个纺丝轮、一台卷扬机、一部张紧小车和一根牵引钢丝绳。纺丝轮通过抱索器固定在牵引索上,卷扬机驱动牵引索带动纺丝轮进行往复运动[11]。牵引过程中主要会有两大问题:一是随着牵引距离以及纺丝轮高程变化,纺丝轮的受力会不断变化导致牵引索垂度变化,为保证牵引设备不接触其余设备导致安全事故,需要随时调整牵引索垂度在安全范围内;二是纺丝轮的抱索器通过猫道门架或主索鞍时会有较大冲击力,为保护设备以及保障施工安全,纺丝轮需要在猫道门架和主索鞍等关键位置自动减速通行,并迅速在无遮挡处加速前进,保障施工效率。为解决以上问题,藤州浔江大桥通过牵引设备精确定位、卷扬机的张力实时监测以及自动控制原理及算法方面的设计研究,形成了一套完整的主缆牵引协同控制体系。

1) 牵引设备定位及通信

纺丝轮定位采用北斗卫星导航系统基站定位和射频卡辅助的方式完成,基准站由全球导航卫星系统(GNSS)接收器、数据处理系统组成,通过接收卫星信号,计算自身的准确位置,并以自身的位置信息作为参考点[12],最终通过参考点位置信息可以用于校正纺丝轮的空间位置信息,提供纺丝轮准确位置信息。本项目共布置4个北斗卫星导航系统定位基准站,分别位于两条猫道的4个跨中位置,GNSS移动站安装与纺丝轮连接杆上,数据收发频率为1Hz,满足施工过程中纺丝轮监控要求。

由于塔顶门架结构特殊性,类似于"隧道",会出现GNSS信号丢失的问题,导致无法确保定位的精度,故本项目通过在塔顶门架上安装射频读卡器,纺丝轮上安装射频卡,当纺丝轮到达塔顶门架5m内即可识别,指导控制系统减速。通过以上两种定位方法的结合可以做到纺丝轮位置全桥范围内的实时监测,并且水平精度和竖向精度分别可以达到1cm以内。

2) 卷扬机张力监测及联动控制

本项目在牵引卷扬机的出绳段和入绳端都安装了销轴式钢丝绳张力传感器监测牵引系统的张力情况,牵引系统在静止状态通过调整张紧小车来保证牵引索张力,在运动过程中通过纺丝轮垂度信息、钢丝绳张力等信息反馈至中控系统,中控系统基于主缆架设分析理论以及联动控制算法明确牵引索张力调整量,通过张紧小车、配重系统和牵引卷扬机的联动实现牵引索张力及速度的自动调整。

4. 信息化平台

藤州浔江大桥围绕高效物联数据传输、全面运行状态监管、智能自动相应控制等方面建立信息化平台,如图5所示。首先,在物联数据传输方面通过部署有效覆盖项目实施现场的物联网低功耗广域网通信网络,实现各项物联感知设备的统一接受和高效传输。其次,针对牵引系统中纺丝轮的实时位移进行物联网数据采集,判断运行过程中其所处定位与加减速率,同时支持自动化控制系统数据接入整合以及多种传感监测设备的数据扩展补充,为整体系统运行状态提供多维度监管与数据决策支撑。最后,利用自物联网数采控制设备建立与卷扬机自动化控制设备PLC快速通信,以编程指令输出的方式,实现系统监管数据变化对对应设施启动、关闭、加速、减速等运行状态的自动化控制响应,降低人员参与难度与操作管理难度,快速响应突发事件与应急决策控制。

图5 藤州浔江大桥信息化平台

四、结　语

藤州浔江大桥针对大跨径悬索桥空中纺线法架设主缆中存在的人工参与程度高、智能化程度较低等问题,对主缆架设循环牵引系统中的回倒、放丝、牵引三大部分开展了卷扬机运行参数、纺丝轮空间及受力状态、钢丝张力等方面的全天候实时监测，搭建了信息化平台和集中控制终端，实现了风险及时预警和高效的自动协同控制，有效提高了空中纺线法（AS法）主缆架设施工的智能化与信息化水平。

参考文献

[1] 葛国库，石虎强，金仓，等．悬索桥主缆空中纺线工法技术经济性分析[J]．公路，2017，62（3）：296-301．
[2] 杨宇峰．贵黄高速公路阳宝山大桥[J]．当代贵州，2023（Z2）：76-77．
[3] 刘新华，霞建平，金仓，等．悬索桥空中纺线法架设主缆施工技术[J]．公路交通技术，2021，37（4）：94-99，106．
[4] 王冠青．悬索桥空中编缆法主缆架设关键技术研究[D]．成都：西南交通大学，2021．
[5] 田继开．悬索桥主缆门架循环式牵引系统施工设计理念[J]．交通科技，2012（5）：39-41．
[6] 付琼．悬索桥主缆架设施工中存在的问题与优化方案[J]．工程建设与设计，2020（9）：297-299．
[7] 张后登，刘邓博，徐图，等．伍家岗长江大桥主缆索股智能化牵引架设系统及应用[J]．公路，2023，68（2）：113-118．
[8] 隋莉颖，刘浩，陈智宏，等．基于物联网技术的桥梁健康监测与安全预警技术研究[J]．公路交通科技（应用技术版），2015，11（2）：8-11．
[9] 张成伟，张建强，高亚伟．基于PLC的大跨度悬索桥缆索牵引架设智能监测方法[J]．电气传动自动化，2023，45（6）：39-43，21．
[10] 阙水杰，杨文爽．五峰山长江大桥主缆架设控制关键技术[J]．铁道建筑，2021，61（7）：36-40，58．
[11] 余德强，李建强，马飞．大跨悬索桥缆索智能化施工应用系统研究[J]．工程技术研究，2021，6（15）：37-39．
[12] 王宜深．基于智能WMS的无人值守仓储系统研发与应用[J]．产业创新研究，2024（6）：91-93．

17. 浅谈箱梁短线匹配内腔模板整体安拆在转向块节段中的设计及应用

牛敬玺　郑俊钊

（中交二航局第四工程有限公司）

摘　要　常泰长江大桥位于泰州大桥与江阴长江公路大桥之间，是目前在建世界最大跨径公铁两用斜拉桥，是集高速公路、城际铁路、一级公路"三位一体"的过江通道，其北接线高速公路梁上部结构为30m、49.2m、50m主要跨径的混凝土刚构-连续箱梁。本文主要介绍常泰长江大桥高速公路梁转向块预制节段内腔模板整体安拆的设计及施工应用，为类似预制工程项目提供相关经验。

关键词　常泰长江大桥北接线　箱梁预制　模板整体安拆

一、引　言

常泰长江大桥位于泰州大桥与江阴长江公路大桥之间，路线起自泰兴市六圩港大道，跨长江主航道，经录安洲，跨长江夹江，止于常州市新北区港区大道，路线全长10.03km，公铁合建段长5299.2m。其中北接线高速公路预制箱梁，起讫桩号为K16+792.5~K22+553.4，分北引桥及公铁合建段两部分，全长5760.9m。上部结构为30m、49.2m、50m主要跨径的混凝土刚构-连续箱梁。常泰长江大桥桥型布置截面图见图1。

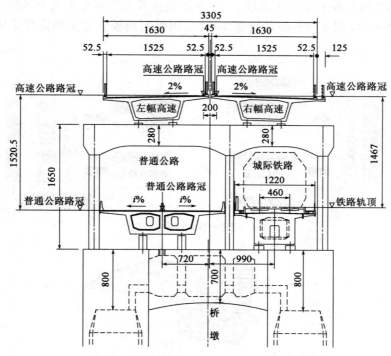

图1 常泰长江大桥桥型布置截面图(尺寸单位:cm)

30m跨径高速标准节段箱梁高2m,顶板宽16.3m,底板宽7.4m。50m跨径高速标准节段箱梁高3m,顶板宽16.3m,底板宽6.8m,其中第46联右幅节段梁为顶板加宽段(1.25m),公铁合建段49.2m跨径高速公路标准节段箱梁高3m,顶板宽16.3m,底板宽6.8m,右幅节段梁顶板加宽1.25m。30m和49.2m、50m跨径高速公路标准断面图分别见图2、图3。

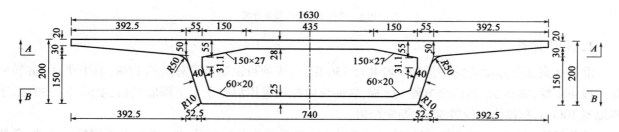

图2 30m跨径高速公路标准断面图(尺寸单位:cm)

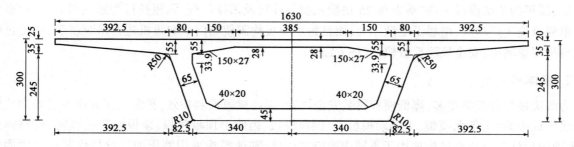

图3 49.2m、50m跨径高速公路标准断面图(尺寸单位:cm)

二、转向块模板整体设计思路

常泰长江大桥北接线预制箱梁采用短线匹配流水预制工艺,设计初期为满足梁段各个工序分解,按工序节拍时间施工,提高各工序施工功效,降低模板更换及吊装带来的安全风险,预制梁段内膜系统模板预需随流水生产平台(图4)、外膜系统整体流转,内模与内模支架系统研究采用拼接、分离式结构(图5)。

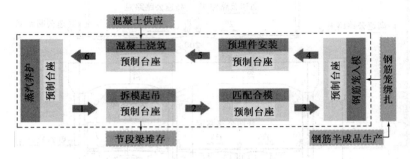

图4 梁段流转预制平面示意图

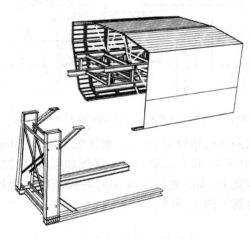

图5 内膜系统与内膜架分离

1. 设计背景

北接线高速公路梁转向块预制节段共计536榀,占该项目预制节段总量的17%,其中梁高2m转向块节段404榀,梁高3m转向块节段132榀,转向块内腔均采用混凝土上下隔墙结构,上隔墙宽50cm,下隔墙宽100cm,相接位置设置30cm渐变结构。

按传统固定台座预制工艺,单箱转向块节段内腔模板均为分块拼装,由"单侧上隔墙模板2块、单侧内腔上倒角模板2块、内腔顶板模板2块、单侧内腔下倒角模板1块、单侧下隔墙模板3块,隔墙竖墙模板6块、顶板调节块模板1块"等双侧25块模板拼装栓接及横撑丝杆、顶板拉杆等紧固组成,不但极大降低了单榀节段生产功效,增加了工期压力,而且每块模板均需使用门式起重机进行吊装拼装,施工过程中歪拉斜吊现象频出,安全风险系数较高(图6)。

2. 整体式设计

为解决模板分开类型多,降低模板拼装安全风险,提高梁段预制功效,常泰长江大桥项目转向块模板将分块模板中的"上倒角模板、上隔墙模板、下倒角模板、内腔上顶板模板、顶板调节块模板"作整体式设计,上顶板设计T形收缩结构适用于不同内腔空间变化,整体模板采用液压油缸丝杆代替传统紧固式丝杆,内膜支架增长用于整体模板系统滑动,下隔墙模板采用轻质铝合金材料代替传统Q235钢板,从而节约起重机使用时间(图7、图8)。

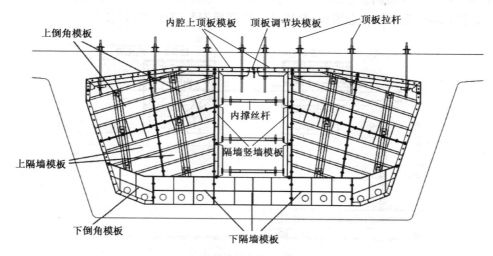

图6 传统转向块分块拼装栓接示意图

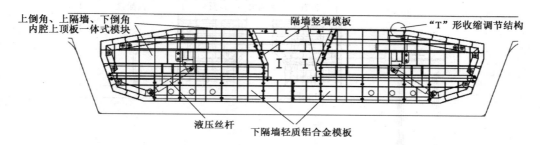

图7 转向块整体式内模系统构造示意图

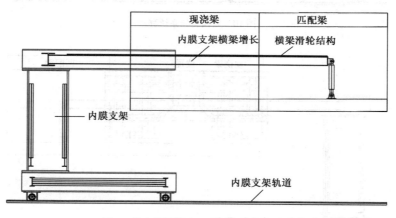

图8 转向块整体式内模支架构造示意图

3. 施工应用

整体式转向块模板安拆步骤如图9~图13所示。

(1)使用门式起重机将半边转向块整体模板吊装至内膜支架位置1处,通过内膜架横移将半边整体内膜推送至匹配梁段内腔位置2处(图9)。

(2)使用门式起重机将另外半边转向块整体模板吊装至内模支架并推至现浇梁内腔位置3处,内模支架系统回退至开始位置将匹配梁位置2处模板移至位置4处(图10)。

（3）利用内膜液压系统将内膜系统在固定端模及匹配梁位置进行紧固，于位置 5 处安装隔墙竖向模板，并于两侧安装下隔墙轻质铝合金模板，整体转向块模板安装完毕(图 11)。

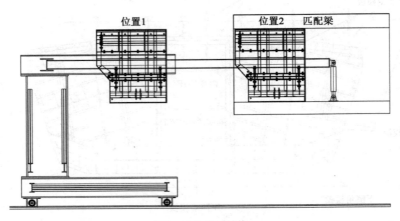

图 9　整体横板吊装

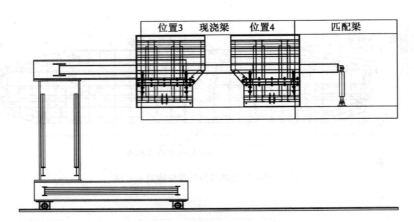

图 10　内模支架系统移动

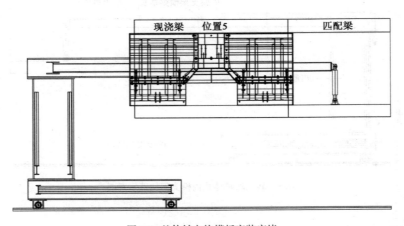

图 11　整体转向块模板安装完毕

（4）现浇梁段达到拆模要求时，先拆除转向块隔墙竖向及下隔墙模板，液压紧固丝杆卸力，匹配梁与现浇梁分离，内膜支架前进将匹配梁侧内膜系统送至位置 6 处，内膜支架回退将端模侧模板系统移至位置 7 处(图 12)。

（5）将匹配梁与现浇梁脱离大于半边转向块整体模板宽度的距离，利用内模支架将模板移至位置 8 处进行整体吊装，整体转向块模板拆模完毕，开始下榀节段预制(图 13)。

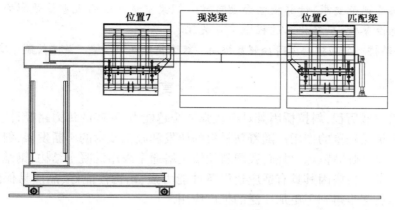

图 12 匹配梁与现浇梁分离

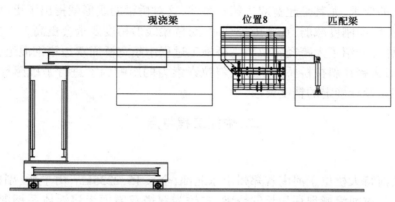

图 13 整体转向块模板拆模完毕

三、结　语

本套转向块整体安拆模板设计理念在常泰长江大桥北接线高速公路梁成功应用，在保证项目梁段正常预制的前提下，通过工艺更新迭代，降低了施工安全风险，提高了转向块节段预制功效，节省了施工成本投入，促进了异形梁段预制施工工业化、标准化进程，并缩短了预制工期，为类似箱梁预制施工模板设计及应用提供了参考。

参考文献

[1] 李世洋. 基于短线匹配法墩顶箱梁固结安装技术[J]. 工程机械与维修, 2022(4): 191-193.

18. 大跨径斜拉桥超宽桥面双边箱钢混组合梁施工控制

苏洋[1,2]　孙勋[1,2]　刘江[1]　李思润[1,2]　赵晓宇[1,2]

(1. 中交第二公路工程局有限公司; 2. 中交集团山区长大桥隧建设技术研发中心)

摘　要　本文以安罗高速公路黄河特大桥工程为背景，详细论述了工程结构特点及施工重难点，开展了多种因素影响下的主梁施工精确计算，重点分析了施工过程中主梁应力、位移、刚度及斜拉索索力的变化情况，同时开展了关键影响参数对施工过程的敏感性分析。结果表明，各工况下主梁应力、位移、刚度及斜拉索索力均满足规范要求,计算模型合理可靠。钢梁重量及桥面板重量是影响桥梁结构线形及斜拉索索力的主要敏感性参数,应在施工过程中重点关注。

关键词 高速公路桥 斜拉桥 大跨径超宽桥面 双边箱钢混组合梁 施工控制 有限元数值分析

一、引　言

纵观国内外桥梁发展历程,斜拉桥因其具有较强的跨越能力、明确的传力路径且造型优美,在现代桥梁发展历程中发挥着举足轻重的作用。随着新材料的研发和施工技术的不断发展,斜拉桥结构逐渐呈现多样化、轻型化和绿色环保的特点。目前,我国斜拉桥主塔通常采用混凝土结构、钢结构和钢混组合结构形式,其中,钢混组合结构桥塔因其具有适应建设条件能力强、结构性能好、品质易保障、施工便利、经济合理、耐久性优等特点,逐步得到了更加广泛的推广应用。

为了节约沿线土地资源,同时保障大跨径斜拉桥的施工质量,主桥主梁及斜拉索的施工工艺对桥梁的刚度和线形有较高的要求,尤其是超宽双边箱式梁体,这对桥梁的线形就提出了更高的要求,而随着桥梁跨径的增大,桥梁的竖向刚度减弱,在施工控制时,对桥梁线形精度要求会更高。本文以安罗高速公路黄河特大桥为背景,详细介绍了大跨径斜拉桥主桥施工过程中超宽桥面双边箱钢混组合梁施工监控计算过程中的关键点,并对大跨径斜拉桥桥梁线形及斜拉索索力的影响因素进行了敏感性分析,最终使桥梁成桥后的主梁线形满足设计确定的精度要求。

二、依托工程特点

1. 总体概况

安罗高速公路黄河特大桥位于河南省郑州市东北部,全长 15.2235km,由主桥、副桥、堤内引桥、跨堤桥、北堤外引桥组成,为黄河流域现存最长的桥梁,主桥为双塔双索面半飘浮体系钢混组合梁斜拉桥,桥跨布置为 110m + 135m + 520m + 135m + 110m = 1010m,边中跨比为 0.471,道路主线为双向八车道,设计速度为 120km/h。主桥桥型布置如图 1 所示。

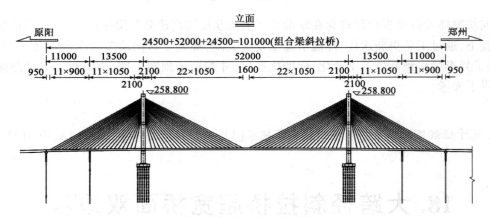

图 1　黄河特大桥立面图(尺寸单位:cm)

2. 主桥结构特点

主桥索塔在国内首次创造性采用曲线形无纵筋钢壳-自密实混凝土组合塔结构设计,由 C55 混凝土和 Q355D 钢材形成组合截面,索塔为 H 形造型,包括上塔柱、中塔柱、下塔柱、上横梁、中横梁和下横梁,总高 182m。索塔上、中、下横梁均采用矩形断面,为钢箱结构。主梁断面采用双边箱形主梁,全宽 51.5m(含风嘴),两边主梁横桥向中心间距 42.8m,标准节段梁高 3.5m,单根横梁长度约为 40m,主梁标准横断面如图 2 所示。主梁与横梁(索塔、辅助墩及过渡墩处除外)小纵梁通过摩擦型高强螺栓连接形成钢梁格框架,并在其上安装预制混凝土桥面板。预制混凝土桥面板之间通过现浇微膨胀混凝土湿接缝形成整体,混凝土湿接缝通过焊接于钢梁上的抗剪栓钉群与钢梁形成组合梁结构体系,共同受力。

斜拉索采用环氧涂层预应力钢绞线拉索,环氧层钢绞线公称直径为15.20mm,抗拉强度为1960MPa,HDPE外护套管采用具有抗风雨激振功能的双层双螺旋线圆管护套。全桥共4×23对拉索,梁端标准索距为10.5m,边跨密索区索距9m,梁端为拉索固定端,采用钢锚箱锚固形式,塔端为拉索张拉端,采用钢锚梁锚固形式。

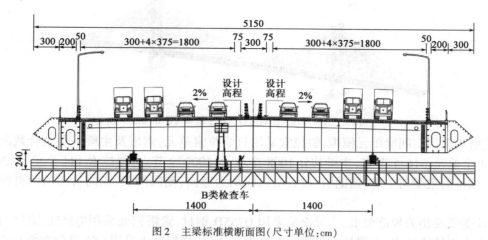

图2 主梁标准横断面图(尺寸单位:cm)

三、施工方案及重难点

1. 主梁架设施工方案

安罗高速公路黄河特大桥整体节段简要划分为:ST(0号梁段)、STB(边跨侧1号梁段)、STZ(中跨侧1号梁段)、标准节段、辅助墩梁段、过渡墩梁段及合龙段。

主梁采用从索塔向两侧的双悬臂对称方法进行架设,在索塔处安装塔区拼装支架,搭设完成后,开始主梁安装施工,ST梁段采用顶推滑移法施工,以减小主梁无应力长度误差。采用塔式起重机架设STB、STZ、SB01、SZ01四节段和拼装全回转起重机,其余节段按照双节段一个循环,采用全回转起重机双悬臂对称施工(其中辅助墩SB12节段的和过渡墩SB23节段横梁采用全回转起重机吊进行支架散拼)。同时,按照监控指令进行相应的斜拉索挂设及初张拉、斜拉索二次张拉、桥面板湿接缝现浇及斜拉索索力调整,完成一个循环的主梁施工。全回转起重机前移,进入下个循环节段的主梁施工,直至完成全部主梁悬臂节段的架设。拆除临时约束,完成全桥合龙。最后,通过监控测量桥梁整体线形、温度误差、无应力长度及高程变化。

2. 施工重难点

(1)安罗高速公路黄河特大桥主桥主跨跨径为520m,几何非线性对大跨径斜拉桥的静力行为的影响明显。

(2)安罗高速公路黄河特大桥属半飘浮结构体系,在超宽梁体拼装过程中存在较大的不平衡力,桥梁拼装及成桥线形控制难度大。

(3)结构分析难度大,主梁节段吊装安装、线形控制及索力调整时施工过程中桥梁结构内力及几何线形监控的重难点。

(4)主桥主梁施工过程中涉及节段匹配、预应力张拉、斜拉索张拉等多项关键技术,且主梁采用双节段循环,与常规的单节段循环施工存在一定区别,需综合考虑边主梁及横梁稳定性,以保证钢梁施工质量。

四、主桥主梁施工控制分析

1. 有限元分析模型及参数

主桥的有限元分析模型如图3所示。利用midas Civil有限元软件将结构离散为杆系结构,根据施工方案划分详细的施工阶段,进行施工过程的精确计算。计算时尽可能真实地模拟现场工况,充分考虑徐变、非线性、温度、临时荷载、风荷载、基础沉降等因素影响。通过施工监控理论轨迹计算便可以得到理论施工过程各工况结构应力、变形、施工过程斜拉索索力、施工过程临时固结反力、施工过程索塔的应力,并将其与相应规范值对比。

图3 安罗高速公路黄河特大桥主桥结构计算模型

主梁、主塔均采用空间梁单元模拟,斜拉索采用只受拉索单元,索塔及主梁采用组合截面模拟,其中索塔共分314个单元、316个节点,主梁共分1008个单元、1009个节点,斜拉索184个单元、368个节点。边界条件为:成桥后主梁与主塔、辅助墩、过渡墩之间均为竖向、侧向约束、纵向自由的约束形式;塔底与承台固接。

依据设计图纸及相关规范要求,主梁钢梁采用Q355D钢材,索塔钢壳采用Q355D钢材;斜拉索采用环氧涂层预应力钢绞线拉索;主梁桥面板采用C60混凝土、桥塔混凝土采用C55补偿收缩自密实混凝土,本次计算采用的具体材料参数及各材料主要力学性能见表1。

钢主梁及索塔钢壳材料参数表　　　　　　　　　　　　　　　　表1

材料参数	钢主梁及索塔	混凝土		斜拉索
所用材料	Q355D钢	C55	C60	环氧涂层预应力钢绞线
弹性模量E(MPa)	2.06×10^5	3.55×10^4	3.60×10^4	1.95×10^4
剪切模量G(MPa)	7.90×10^4	1.42×10^4	1.44×10^4	—
标准强度σ_y(MPa)	—	—	—	1960
泊松比γ	0.3	0.2	0.2	—
抗压强度设计值(MPa)	275	24.4	26.5	—
抗拉强度设计值(MPa)	275	2.74	2.85	—
抗剪强度设计值(MPa)	155	—	—	—
热膨胀系数(℃)	1.2×10^{-5}	1.0×10^{-5}	1.0×10^{-5}	1.2×10^{-5}

2. 主梁应力计算

通过主梁施工阶段钢梁上缘与下缘的最大拉应力及最大压应力计算结果可知,施工过程中主梁上下翼缘最大拉应力均出现在跨中合龙段附近区域,且下翼缘在主桥边跨侧也出现较高的拉应力,钢梁上缘最大拉应力137MPa,下缘最大拉应力144MPa。对比钢梁上下翼缘压应力可知,钢梁下翼缘压应力普遍高于上翼缘应力值,仅在应力峰值处略有差异,施工过程中钢梁上缘最大压应力-171MPa,下缘最大压应力-169MPa。由结果可知,施工过程中钢梁应力均未超过规范限值。

3. 主梁位移计算

按照施工步骤,通过对施工全过程仿真分析,得到主梁的施工累计位移及各施工阶段的总位移,用于施工阶段安装高程及制造线形。通过二期恒载完成后及10年收缩徐变后主梁累计位移和总位移可知,主桥累计最大位移集中在跨中区域,二期恒载全部完成后中跨最大总位移为-40mm、最大累计位移为-407mm;10年收缩徐变后主梁中跨最大总位移为-168m、累计位移为-531mm。各工况最大位移均满足规范要求。

4. 主梁刚度验算

模型的塔梁刚度是影响分析计算结果的重要指标,通过分析成桥状态在车道荷载作用下主桥各部位计算结果,验证桥梁刚度是否满足要求,具体计算结果如图4所示。由图可知,主桥中跨最大竖向位移为 -394mm、次边跨最大竖向位移为 -68mm、边跨最大竖向位移为 -79mm、塔顶纵向位移为 161mm。由计算结果可以确定,主梁在车道荷载(不计冲击力)作用下的最大竖向挠度 $\leq L/400$(L 为主跨跨径),刚度验算满足规范要求。

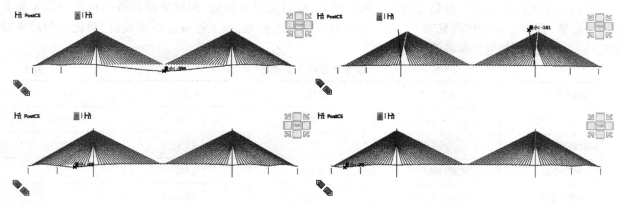

图4 主梁刚度验算结果图

5. 斜拉索索力验算

本项目结构受力复杂,确定合理成桥索力的难度也因此增加。桥塔与主梁的力学平衡只在理论上存在一个理想状态,为进一步确保斜拉桥结构稳定,需合理设定斜拉索索力,以应对主塔微偏与主梁偏心荷载,实现整体受力的优化平衡。

图5为基本荷载组合下斜拉索应力计算结果,由图5可知,桥梁中跨侧斜拉索拉力明显大于边跨侧,外侧斜拉索拉力明显大于内侧斜拉索拉力。按照《公路斜拉桥设计规范》(JTG/T 3365-01—2020)第7.2.4条规定,斜拉索承载力应满足式(1)的要求:

$$\frac{\gamma_0 N_d}{A} \leq \phi_d f_d \tag{1}$$

式中:γ_0——结构重要性系数,本桥取值1.1;

N_d——斜拉索的轴向抗力设计值(N);

A——斜拉索的截面积(mm^2);

ϕ_d——斜拉桥结构修正系数,本桥取值1.0;

f_d——斜拉索的抗拉强度设计值,本桥取值1960MPa,短暂状况,斜拉索抗拉强度设计值宜提高25%。

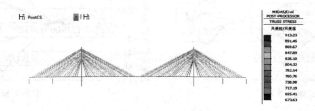

图5 基本组合下斜拉索应力包络图(单位:MPa)

由计算结果可知,施工过程中斜拉索最大拉应力为913.23MPa,斜拉索承载能力极限状态的安全系数满足规范要求。

6. 结构参数敏感性分析

斜拉桥属高次超静定结构,通过模拟分析得到的桥梁结构各施工阶段的理想状态与施工过程中结构的实际状态之间总是存在着一定的误差,其影响因素较多。斜拉桥的结构参数误差是施工控制过程中误差产生的重要来源,对于斜拉桥尤其是大跨径斜拉桥,通过分析关键影响参数对施工过程及成桥时桥梁线形及内力的影响程度,可以为斜拉桥各构件无应力尺寸的工厂制造容许误差分析、施工控制方案、施工过程参数识别、模型修正和误差分析提供科学依据,通过数值模拟对结构重量、材料弹性模量及温差等重要参数进行成桥时桥梁结构响应的敏感性分析,为本桥施工过程控制提供参考。

本研究敏感性分析主要参数包括钢梁弹性模量、桥面板弹性模量、钢梁重量及桥面板重量等4类共计5个参数,具体参数变化值见表2。以设计参数作为基准模型,施工过程分析至成桥,对比分析对主梁线形、应力、斜拉索索力及索塔偏位的影响。

敏感性分析主要参数　　　　表2

结构主要参数	基准状态	变化一	变化二	变化三
钢梁弹性模量	$E = 2.06 \times 10^5$ MPa	±2%	±5%	±10%
桥面板弹性模量	$E = 3.60 \times 10^5$ MPa	±2%	±5%	±10%
钢梁重量	按设计值计算	±2%	±5%	—
桥面板重量	按设计值计算	±2%	±5%	—

图6以主梁总位移为例,给出了不同结构参数变化对其影响量的计算结果。由图6可知,主梁总位移变化量与各参数变化量均成正比,钢梁重量及桥面板重量是影响桥梁结构线形及斜拉索索力的主要敏感性参数,钢梁及桥面板弹性模量对结构线形和斜拉索索力影响不大。其中桥面板弹性模量影响最小,其取值在-10%~10%之间时,主梁总位移量值变化在-8.0~8.0 mm之间;钢梁重量影响最大,其取值在5%~5%之间时,主梁总位移影响量在-45.8~45.1 mm之间。因此,施工控制中应将工作重点放在施工过程中梁体及桥面板重量分配对线形及索力控制的影响。

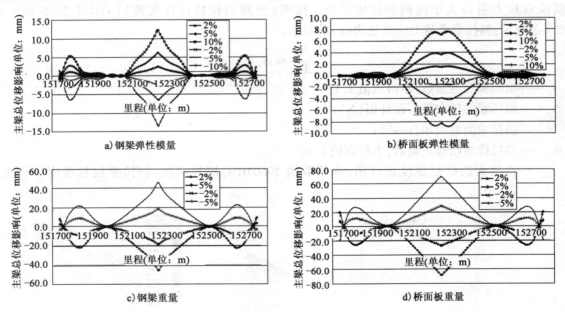

图6　各参数变化对主梁总位移的影响量

五、结　语

本文详细论述了大跨径斜拉桥主桥主梁及斜拉索施工步骤,分析了工程结构特点及施工重难点,开展了考虑不同因素影响下的主梁施工精确计算,同时开展了关键影响参数对施工过程及成桥时桥梁线形及内力影响程度的敏感性分析,结论如下:

(1)主梁施工过程中主梁上下翼缘最大拉应力均出现在跨中合龙段附近区域,且下翼缘在主桥边跨侧也出现较大的拉应力，主桥累计最大位移集中在跨中区域，主桥中跨最大竖向位移为-394mm，钢梁应力、位移及刚度计算结果均满足规范要求。

（2）通过计算基本荷载组合下斜拉索应力分布情况可知，桥梁中跨侧斜拉索拉力明显大于边跨侧，外侧斜拉索拉力明显大于内侧斜拉索拉力。施工过程中斜拉索最大拉应力为913.23MPa，斜拉索承载能力极限状态的安全系数满足规范要求。

（3）钢梁重量及桥面板重量是影响桥梁结构线形及斜拉索索力的主要敏感性参数，钢梁及桥面板弹性模量对结构线形和斜拉索索力影响不大。

19. 全回转台车施工装配式小箱梁湿接缝关键技术

刘广保　黄翔

（中交二航局第四工程有限公司）

摘　要　随着桥梁事业的飞速发展，装配式小箱梁得到了广泛应用，装配式箱梁在预制场内预制运输至现场安装，梁体横向通过现浇湿接缝方式进行连接形成整体结构。箱梁湿接缝一般采用吊模法进行施工，其作业工效低、安全风险大。本文介绍合周高速公路寿颍淮河大桥应用全回转台车进行小箱梁湿接缝施工，解决了传统吊模工艺环境适应性差的问题，提高了施工安全水平，可为今后其他类似项目的施工方案选择、施工组织提供宝贵的经验。

关键词　装配式箱梁　湿接缝　吊模法　全回转台车

一、引　言

合周高速公路寿颍项目淮河大桥引桥主要采用30m跨小箱梁结构形式（图1），箱梁桥长约9km，共计2416榀，单跨由4榀箱梁组成，通过湿接缝连接，湿接缝宽度75cm，厚度18cm，共计1812道，施工体量大、任务重。

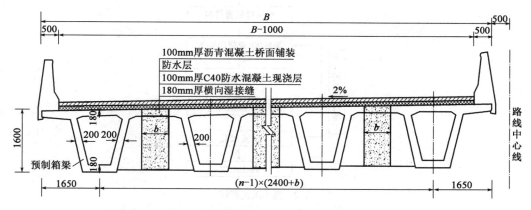

图1　预制小箱梁跨中横断面图（尺寸单位：mm）

箱梁湿接缝一般采用吊模法进行施工，即采用绳索将模板及吊杆拴紧，人工吊装至小箱梁翼缘板处进行模板安装，后期通过起重设备再进行模板拆除。该工艺工效低下，安全风险高，同时淮河大桥跨行洪区、老淮河等水域，传统吊模工艺无法正常实施，经综合比选最终选择全回转台车方案进行湿接缝施工。比选方案见表1。

比选方案   表1

方案	传统吊模方案	全回转台车方案
边界条件要求	适应陆地环境	陆地、水域、峡谷、跨线等各类不利环境均可适应
可操作性	起重机配合人工施工,传统工艺,可实施	依托全回转进行湿接缝施工,施工作业简便,可操作性强
安全性	高空、吊装作业较多,安全风险高	利用台车进行行走、作业,安全可控
施工工效	作业工序多,工效低	台车可提供操作平台,作业工效高

全回转台车主要由施工操作平台、旋转系统、行走系统、安全防护等结构组成,见表2。

全回转台车组成   表2

序号	结构组成	说明
1	施工操作平台	平台整体框架采用型钢加工制作而成,中间设置型钢小横梁,平台底部全部采用镀锌钢跳板进行满铺,跳板与平台采用焊接方式进行固定,确保牢靠
2	旋转系统	由转向盘、旋转轴和旋转吊杆等结构组成,操作平台通过旋转系统进行旋转90°过孔至下一跨
3	行走系统	包括台车车架、行走电机、车轮等主要结构,通过电机带动行走
4	安全防护	主要包括作业人员上下爬梯、防护栏杆及斜撑等。平台四周采用钢管作为防护栏杆

二、全回转台车施工湿接缝技术

1. 施工流程

全回转台车作业平台可360°旋转,平台为横向时为工作状态,纵桥向时为行走状态。具体施工工艺流程如图2所示。

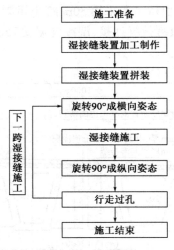

图2 施工工艺流程

2. 湿接缝施工

预制梁湿接缝施工时,全回转台车将操作平台旋转调整成横桥向状态(图3)。施工作业人员通过桥面安全爬梯下至操作平台内进行湿接缝模板及拉杆安拆作业,并通过遥控器操控台车行走,直至整垮湿接缝模板全部安拆完成。全回转台车施工较吊模施工施工工效得到了大幅提升,同时在整个施工作业过程安全稳定。

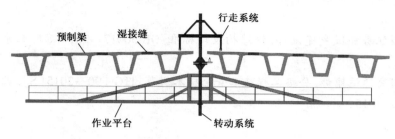

图 3　全回转台车作业状态

3. 全回转台车行走

单跨内湿接缝施工完成后,将全回转台车行走至跨中位置,之后启动旋转系统将操作平台旋转90°,呈纵向姿态。然后全回转台车向前行走,从两幅中间空当处穿过完成过孔(图4)。该过孔过程用时短,加快了施工进度。

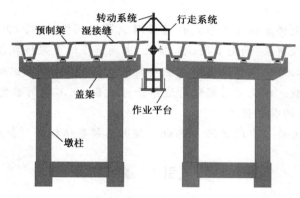

图 4　全回转台车行走状态

4. 安全控制

操作平台四周均布设红外线感应防碰撞报警装置,在整个旋转和行走过程中,在遇到障碍物时,装置可自行锁定,有效了避免碰撞事件的发生,提高了设备的安全性。

三、技 术 特 点

(1)全回转台车可通过遥控器实现自动行走、旋转,机械化减人,经济效益显著。

(2)全回转台车可通过旋转系统和行走系统配合进行过孔,有效解决了传统设施多次拆卸、倒运、周转的不足,施工工效高。

(3)全回转台车行走、旋转过孔过程安全风险低,便于安全管控。

(4)全回转台车使用完全不受地形环境,水陆地区及其他梁型均适用。

四、实 施 效 果

湿接缝施工时,全回转台车操作平台呈水平状态,作业人员通过遥控操控装置前行完成整垮范围内湿接缝模板安拆作业;当本跨湿接缝施工完成后,启动旋转系统将操作平台旋转90°向前行走,从两幅中间空当处穿过,操作简便灵活,将整个移动、周转过程用时缩短至5min以内,最终实现9km箱梁1182道湿接缝施工工期节约近60d,作业工效高,安全可靠。

五、结　语

全回转台车的使用可提升装配梁湿接缝施工工艺水平,并可为今后其他类似项目的施工方案选择提供宝贵的经验。

参考文献

[1] 中华人民共和国住房和城乡建设部. 钢结构设计标准: GB 50017—2017[S]. 北京: 中国建筑工业出版社, 2017.

[2] 中华人民共和国交通运输部. 公路工程施工安全技术规范: JTG F90—2015[S]. 北京: 人民交通出版社股份有限公司, 2015.

20. 6800吨级中段拱肋提升塔架设计及施工探讨

杜俊波 李 鹏 杨 萍 刘国鹏

（中交第二公路工程局有限公司设计研究总院）

摘 要 济南齐鲁黄河大桥主桥为下承式钢箱梁网状吊杆拱桥，中跨420m拱肋为提篮拱，在钢箱梁上搭设支架分3段进行节段拼装，两侧节段原位拼装，中间节段低支架拼装合龙后整体提升到位，再与两侧节段进行合龙，通过施工流程分析，提升塔架主要荷载包括6800t中段拱肋、钢箱梁、拼装支架、边段拱肋所受荷载及其他施工荷载。该提升塔架分析边界条件复杂，施工控制难度大，通过与现场实际情况结合进行详细分析，保证该桥的顺利施工。

关键词 济南齐鲁黄河大桥 中段拱肋 6800t 提升塔架整体提升 合龙

一、引 言

整体提升法最初是为了适应建筑领域和特殊结构安装的需要发展起来的，随着计算机控制技术的迅速发展，提升油缸、液压泵站、计算机控制系统都有了长足的进步，因此整体提升法也被逐渐引入拱桥钢拱肋的施工。拱肋整体提升法较缆索吊装法，在施工条件满足时，具有较大的优势，但由于整体提升结构吨位大，提升过程对千斤顶设备的稳定性及安全性要求较高，同时拱肋提升后合龙口对接精度要求高，且无容错机制，特别在高空且风速较大地区施工质量控制难度及安全隐患较大。拱肋提升塔架作为拱肋整体提升的主要受力结构，相关设计和施工将是拱肋整体提升的重点和难点，本文基于齐鲁黄河大桥中段拱肋提升塔架设计及施工进行探讨，为以后类似大吨位长节段拱肋整体提升施工提供相应的技术参考。

二、工程概述

济南齐鲁黄河大桥主桥上部结构采用下承式钢箱梁网状吊杆拱桥，跨径布置95m+280m+420m+280m+95m=1170m。钢箱梁整幅布置，全宽60.7m，梁高4.0m。主桥420m主拱水平投影矢高69.5m，矢跨比1/6，主拱轴线采用二次抛物线，分肢拱肋截面采用五边形钢箱截面，跨中164m范围采用拱肋连接将两分肢连接，主拱高度4.0m。吊杆采用环氧涂层钢绞线，型号为55-ϕ15.2mm，抗拉强度1860MPa，网状布置（图1）。

该桥先采用顶推法将钢箱梁由小桩号侧向大桩号侧顶推到位，然后依次施工大桩号侧280m拱肋、420m拱肋、小桩号侧280m拱肋，其中280m拱肋均采用支架原位节段拼装一次成型，中跨420m拱肋利用原顶推临时墩（LD7号、LD11号临时墩）作为提升塔架的基础，将中段拱肋划分为3大节段，两个边段57.425m范围采用支架原位节段拼装一次成型，而中间段303.135m范围采用低位支架节段拼装至跨中合龙，然后采用分级张拉中段拱肋临时拱脚处的水平钢绞线分级提升，利用提升塔架提升至设计位置，与两个边段进行合龙。中段拱肋提升重量6361.2t，考虑提升底座、水平张拉钢绞线、竖向提升钢绞线后合计重量6803.43t。

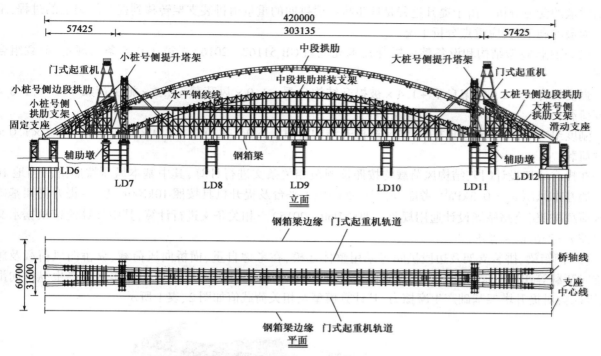

图1 中段拱肋提升施工示意图(尺寸单位:mm)

三、提升塔架设计

1. 提升塔架设计关键问题

该提升塔架结构的合理性和安全性是整个项目成败的关键,在提升塔架设计过程中根据现场实际施工情况分析,发现其主要面临以下几个关键性问题。

(1)待提升中段拱肋在钢箱梁顶面的中段拱肋拼装支架上进行节段焊接拼装及合龙,且整个中段拱肋拼装历时近半年时间,因此在温度变化情况下,中段拱肋拼装支架会随钢箱梁的热胀冷缩进行移位,而中段拱肋在自身温度变化和下端拱肋拼装支架的移位下会产生较大的附加应力,因此设计提升塔架时根据拱肋应力及位移变化,提前考虑提升门架顶部提升千斤顶的安装位置,待拱肋提升脱架后在自重作用下自动调位,尽可能避免拱肋提升至高空(合龙前)后再通过水平牵拉装置调位,同时减少拱脚水平位移释放产生整体震颤对提升结构产生不利影响,降低施工难度和安全风险。

(2)中段拱肋提升塔架的基础借助于前期钢箱梁顶推期间的LD7号、LD11号临时墩,因此需在钢箱梁顶推到位后在LD7号、LD11号临时墩位置进行钢箱梁局部开孔及加强,将提升塔架坐落在LD7号、LD11号临时墩上,同时将钢箱梁及其上荷载传递给LD7号、LD11号临时墩。

(3)整个提升塔架及基础受力较为复杂,包括塔架自重及风荷载、中段拱肋自重及风荷载、钢箱梁自重、部分拱肋拼装支架自重及风荷载、边段拱肋自重及风荷载,由于温度变化钢箱梁对塔架基础的摩擦力、水流荷载等。

(4)提升塔架的关键部位结构安全极为重要,特别是提升塔架顶面的横梁及扁担梁部分和塔架桩基础顶面的钢格构箱结构,这两处在集中载荷作用下易出现应力集中现象。

2. 提升塔架荷载分析

(1)根据设计图纸及具体施工工序分析,将施工工况进行分类,主要计算工况划分如下:①提升门架搭设完成,中段拱肋提升前,提升门架及临时墩的受力分析;②根据监控单位提供的中段拱肋分级张拉、分级提升步骤及要求,进行提升门架及临时墩提升过程中的受力分析;③中段拱肋提升到位后,未与边段拱肋焊接前,提升门架及临时墩的受力分析;④中段拱肋提升到位后,与边段拱肋焊接在一起,提升门架及临时墩的受力分析。由于提升过程是逐步将中段拱肋的重量由拼装支架转移到提升门架上的过程,工况三为最不利工况,应重点分析工况三。

(2)根据《重型结构和设备整体提升技术规范》(GB 51162—2016)[1]第3.0.5条的规定,荷载组合如下:

强度组合 = 1.2×支架自重 + 1.4×被提升结构自重 + 1.0×风荷载 + 0.7×施工荷载 + 0.7×1.0×温度荷载;

刚度组合 = 1.0×支架自重 + 1.0×被提升结构自重 + 1.0×风荷载 + 1.0×施工荷载 + 0.7×1.0×温度荷载。

在提升塔架设计时其结构风荷载均按照该规范相关条文进行计算,其中基本风压按照济南当地10年一遇基本风压 $w_0 = 0.3 \text{kPa}$[2]考虑;塔架顶面的施工平台及提升机具按照 10kN/m^2 考虑;提升塔架基础流水荷载按照《公路桥涵设计通用规范》(JTG D60—2015)[3]相关条文进行计算,其中计算流速根据水文资料按 $v = 2.67\text{m/s}$ 考虑。

(3)钢箱梁、拼装支架及边段拱肋等采用整体建模,在考虑自重、横桥向风荷载、纵桥向风荷载及施工临时荷载等作用下求得其单点支撑竖向力,同时考虑钢箱梁因整体升降温40℃作用会产生纵桥向滑动,因此会对提升塔架基础产生摩擦力,其计算模型及相关荷载值如图2、表1所示。

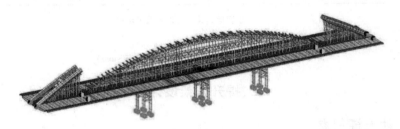

图2 钢箱梁及其上结构整体模型

钢箱梁及其上结构传递给提升塔架基础的反力(单位:kN)   表1

计算工况	纵桥向支反力	横桥向支反力	竖向反力
横风 + 升温(小桩号上游侧)	-870	-270	17350
横风 + 升温(小桩号下游侧)	-910	-270	14370
横风 + 升温(大桩号上游侧)	-4420	-460	18420
横风 + 升温(大桩号下游侧)	-4370	-460	15080
横风 + 降温(小桩号上游侧)	730	-280	17670
横风 + 降温(小桩号下游侧)	690	-280	14670
横风 + 降温(大桩号上游侧)	4550	-470	18670
横风 + 降温(大桩号下游侧)	4610	-470	15310
纵风 + 升温(小桩号上游侧)	-910	0	16360
纵风 + 升温(小桩号下游侧)	-910	0	15470
纵风 + 升温(大桩号上游侧)	-4480	-10	17160
纵风 + 升温(大桩号下游侧)	-4480	-10	16210
纵风 + 降温(小桩号上游侧)	680	-10	16690
纵风 + 降温(小桩号下游侧)	680	-10	15780
纵风 + 降温(大桩号上游侧)	4490	-20	17410
纵风 + 降温(大桩号下游侧)	4490	-20	16450

根据计算显示钢箱梁及其上结构对提升塔架基础的最大竖向反力工况为横风+降温（大桩号侧），同时因整体升降温产生的纵桥向支反力合力 4550kN+4610kN=9160kN，超过钢箱梁对提升塔架基础的纵桥向摩阻力（18670+15310）kN×0.08=2704kN，因此钢箱梁纵桥向可滑动，且对塔架基础的纵向支反力按照 2704kN/2=1352kN。

（4）中段拱肋采用整体建模，为保证中段拱肋最终线形与一次落架线形的一致性，对中段拱肋两个拱脚进行对拉，对拉力以拱顶和拱脚位移为控制对象进行反推，按 28194kN 进行；考虑中段拱肋脱离拼装支架后需进行两端合龙口配切，历时 7d，因此中段拱肋整体升降温按一昼夜温度变化幅度 35℃，中段拱肋温度变化最终以纵桥向位移的方式反映在提升塔架上；中段拱肋横风、纵风按基本风压 $w_0=0.3$ kPa 考虑，中段拱肋传递给提升塔架基础的反力见表 2。

中段拱肋传递给提升塔架基础的反力（单位：kN）　　　　　表 2

荷载	吊点1（小桩号左侧）			吊点2（小桩号右侧）			吊点3（大桩号左侧）			吊点4（大桩号右侧）		
	F_x	F_y	F_z	F_x	F_y	F_z	F_x	F_y	F_z	F_x	F_y	F_z
结构自重			17050			17050			17050			17050
横向风荷载		−560	1660		−560	−1660		−560	1660		−560	−1660
纵向风荷载	−230	−20		−230	−20		−230	20		−230	20	
温度变形	纵桥向总变形 128mm											

温度荷载作用下中段拱肋单个提升吊点的纵桥向水平力为 17050kN×（128mm/26766mm）=81.5kN。

3. 提升塔架设计

为避免温度变化情况下提升塔架受到钢箱梁热胀冷缩移位的影响，在钢箱梁上局部开孔，使提升塔架立柱直接穿过钢箱梁落于塔架下部基础上，同时根据拱肋受力计算设计符合安全要求的塔架结构，并在拱肋提升时，提升门架和拱肋上分别设置缆风绳，提升门架缆风绳按计算结果进行预张拉，提高提升塔架稳定性。

该提升塔架共包括 3 部分，其中塔架自身及下部基础均采用钢管支架结构，塔架与基础连接部分采用钢格构箱。提升塔架自身高度 48.075m，立柱横桥向布置 6 道，间距 3.5m+6.75m+4m+6.75m+3.5m=24.5m，纵桥向布置 2 行，间距 4.5m，相邻平联竖向间距 5m；提升塔架下部基础桩基横桥向布置 6 道，间距 4m+6m+4.5m+6m+4m=24.5m，纵桥向布置 2 行，间距 6m，共设置 4 层平联，相邻平联竖向间距 4.5m，基础桩基入土深度 65m，河床以上 19.92m，共计桩长 84.92m；因提升塔架立柱与基础桩基平面未在一个位置，因此设置格构箱结构进行转换，钢格构箱每层高度 0.8m，共计 3 层，钢格构箱内设纵横加劲肋，加劲肋间距 50cm 一道。整个中段拱肋提升高度 26.904m，单个提升塔架共设置 8 个吊点，每个吊点处设置一套 560t 连续提升千斤顶。提升塔架及其下部基础结构图如图 3 所示，提升塔架及下部基础构件型号见表 3。

提升塔架及下部基础构件型号表　　　　　表 3

部位	构件名称	型号	材质
提升塔架	扁担梁	2H1500×500×30×30 钢构件	Q345
	立柱顶横梁	2H1200×500×30×30 钢构件	
	立柱	φ1420mm×20mm 钢管	
	平联、斜撑	φ630mm×10mm 钢管	
桩顶钢格构箱		顶底板 3cm 厚钢板，加劲肋 2cm 厚钢板，格构箱	
下部基础	桩基	φ1420mm×16mm 钢管满灌 C30 微膨胀混凝土	Q235
	平联、斜撑	φ426mm×10mm 钢管满灌 C30 微膨胀混凝土	

续上表

部位	构件名称	型号	材质
	钢箱梁支垫	1.5m(长)×1.5m(宽)×1.8m(高)	Q345
	抗风缆	8根抗风缆,预紧力250kN	
	提升钢束	16束,每束37×φ17.8mm 钢绞线[4]	1860MPa

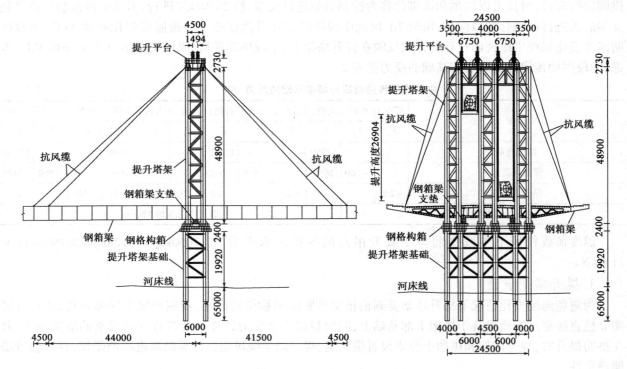

图3 提升塔架及其下部基础结构图(尺寸单位:mm)

4. 计算模型及结果

(1)提升塔架、钢格构箱及下部基础的静力计算结果表4所示。模型中考虑初期桩基施工倾斜度0.27%、提升塔架自身安装倾斜度0.2%。同时桩基根据实际地勘资料采用土弹簧[5]模拟约束。

提升门架各主要构件最大应力(单位:MPa)   表4

部位	名称	组合应力	剪切应力	稳定应力
提升塔架	立柱	181≤305	54≤175	230≤305
	平联、斜撑	242≤305	50≤175	192≤305
	横梁	108≤295	107≤170	
	扁担梁	141≤295	112≤170	
基础	桩基	0.6≤1[6]		
	平联、斜撑	0.52≤1[6]		
钢格构箱结构		178≤290	130≤165	
抗风缆预紧力为250kN,其拉力为363kN				
提升塔架顶面位移185mm				
桩基最大支反力13140kN				

(2)采用midas Civil软件对提升塔架及下部基础进行整体稳定性分析,根据屈曲分析结果,其最小特征值[7]为16≥4,因此提升塔架及下部基础的整体稳定性满足要求。

5. 关键部位分析

该提升塔架的关键部位主要包括两处，一处是提升塔架顶面的横梁及扁担梁部分，另一处是塔架桩基础顶面的钢格构箱结构，这两处在集中载荷作用下易出现应力集中现象，因此采用ANSYS软件分别建立这两处的实体模型，其中板单元均采用SHELL63单元[8]，填充混凝土均采用SOLID45单元[8]。考虑建模的便利性及分析精度要求，混凝土和钢结构采用共节点[9]，实体模型其结构受力从整体模型中进行提取。根据计算提升塔架顶面横梁及扁担梁最大压力为320MPa，最大变形为5mm，钢格构箱结构最大应力为279MPa，最大变形为3mm，现场对横梁及扁担梁应力较大的部分采用Q420钢板[10]进行局部替换，其余钢板均采用Q345钢板，因此其应力均满足要求。具体结构模型及计算结果如图4、图5所示。

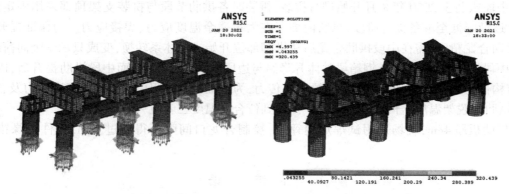

图4 提升塔架顶面横梁及扁担梁模型及计算结果

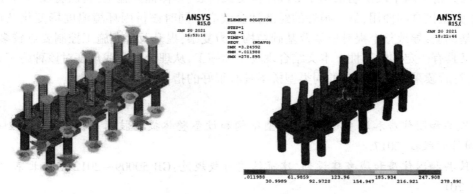

图5 钢格构箱模型及计算结果

6. 监测分析与结论

根据计算结果，设置合适的预警值指导施工。将现场监测数据与预警值进行比较可知，在整个施工过程中，监测数据基本在设定的预警值范围内，同时应力及位移监测数据变化趋势与计算分析基本吻合，存在少部分监测数据超过监测预警值，这种理论与实测值差异的主要原因是拱肋支点受力不均、提升初始安装偏差、桥面荷载变化、应力计安装及误差原因等。

由于现场监测结果基本未超施工前预设的监测预警值，所有监测结果均未超出材料设计强度，说明在拱肋提升过程中，提升塔架及塔架基础基本满足施工安全要求和施工技术要求，同时监测预警值和阈值的取值和设定范围与现场监测结果相匹配，说明监测预设参数的取值是可靠的，拱肋整体提升施工的理论计算数据较为准确。

四、现场提升及合龙施工难点及解决措施

该项目于2020年12月初完成中段拱肋跨中合龙施工，开始安装提升塔架及提升设备，在中段拱肋提升前根据现场实际分析，其提升及合龙作业控制原则如下：

（1）中段拱肋是在低位支架上进行拼装，为防止对拼装支架产生较大弯矩，现场采用先竖向提升再水平张拉分级加载，使中段拱肋逐渐将荷载传递至两端拱肋上，形成完整的拱圈并完成体系转换，水平索张拉与竖向提升力的荷载等级以控制拱肋线形为原则，同时兼顾提升塔架偏位、支架受力及拱肋受力变形等各种耦合因素，避免拱脚产生较大平面位移和减小拼装支架产生较大附加荷载。

（2）中段拱肋提升后，跨中部分仅存在拼装支架，而边跨侧边跨拼装支架及边跨拱肋较重，因此会使边跨侧钢箱梁下挠。为保证合龙精度，在提升塔架基础边跨一侧设置辅助墩，辅助墩一方面用于减小钢箱梁传递给提升塔架基础的荷载，另一方面防止边跨侧拱肋合龙口产生较大竖向位移。辅助墩对钢箱梁的竖向力以控制边跨侧拱肋合龙口位移为准，施加时随中段拱肋提升脱架步骤采用主动分级施加。

（3）中段拱肋于2020年8月开始进行拼装，拼装时各拱肋节段与拼装支架顶部采用固定连接，随着环境温度逐渐降低至准备提升阶段，拱肋内部存在大量残余温度应力、焊接应力。为保证提升阶段的安全性及后期合龙精度，需在中段拱肋合龙后从拱脚部位开始进行体系转换，变成只承受竖向荷载的体系。

（4）中段拱肋提升前，其随钢箱梁整体升降温与边段拱肋同步变化，而中段拱肋提升后，因钢箱梁及其上所有构件与提升塔架基础仅靠钢箱梁支垫传力，为保证提升过程中提升钢束竖直受力及合龙精度要求，中段拱肋的脱架温度、合龙口配切温度、提升到位合龙温度三者应一致。

（5）拱肋板厚4cm，现场采用试焊焊缝评定，控制合龙口间隙不得超过2cm，板件边缘错缝不得超过2mm。

五、结　语

齐鲁黄河大桥主跨中段拱肋采用小节段低位支架拼装、整体提升施工，其拱肋线形易控制，工期得以缩短，减少了大型机具的使用，具有很好的经济社会效应。同时该桥因环境温度场变化及钢箱梁直接落在提升塔架基础上，导致整个提升塔架及基础结构受力复杂，提升及合龙施工控制要点较多，且提升重量达到6800t，又具有一定的特殊性。本文结合现场实际施工，从理论和实践角度对该种施工方法进行一定意义的阐述，对后续采用该法施工的同类型桥梁具有很好的指导意义。

参考文献

[1] 中华人民共和国住房和城乡建设部. 重型结构和设备整体提升技术规范：GB 51162—2016[S]. 北京：中国计划出版社，2017.

[2] 中华人民共和国住房和城乡建设部. 建筑结构荷载规范：GB 50009—2012[S]. 北京：中国建筑工业出版社，2017.

[3] 中华人民共和国交通运输部. 公路桥涵设计通用规范：JTG D60—2015[S]. 北京：人民交通出版社股份有限公司，2015.

[4] 全国钢标准化技术委员会. 预应力混凝土用钢绞线：GB/T 5224—2023[S]. 北京：中国标准出版社，2023.

[5] 中华人民共和国交通运输部. 公路桥涵地基与基础设计规范：JTG 3363—2019[S]. 北京：人民交通出版社股份有限公司，2019.

[6] 中华人民共和国住房和城乡建设部. 钢管混凝土结构技术规范：GB 50936—2014[S]. 北京：中国建筑工业出版社，2014.

[7] 葛俊颖. 桥梁工程软件midas Civil使用指南[M]. 北京：人民交通出版社，2013.

[8] 王新敏，李义强，许宏伟. ANSYS结构分析单元与应用[M]. 北京：人民交通出版社，2011.

[9] 蔡洪能，王雅生，闵行. 有限元分析中体元和壳元的连接[J]. 西安交通大学学报，1999(9)：76-79.

[10] 中华人民共和国住房和城乡建设部. 钢结构设计标准：GB 50017—2017[S]. 北京：中国建筑工业出版社，2017.

21. 水上桩基施工钢平台设计与施工

姜怡林[1,2,3]

(1. 中交第二航务工程局有限公司；2. 长大桥梁建设施工技术交通行业重点实验室；
3. 交通运输行业交通基础设施智能制造技术研发中心)

摘　要　本文以张靖皋长江大桥南引桥SY01号墩桩基施工钢平台为例，对水上施工钢平台的设计与施工展开深入研究。首先介绍了SY01号墩总体结构布置，并结合规范确定各荷载取值；接着运用midas Civil建立有限元模型，在不同工况下对平台结构的强度和变形进行分析，计算结果表明平台各构件的强度和变形满足规范要求；最后结合现场经验，总结水上施工钢平台的施工工序及要点，以期对桥梁水上桩基施工钢平台的设计与施工提供工程参照。

关键词　midas Civil　桥梁施工　结构设计　平台施工　钢管桩

一、引　言

桥梁建设中需要经常面临跨越河流、深水的情况，桩基施工难以避免需要水上作业[1-2]。目前水上桩基施工平台主要有两种形式，一是直接以钢管桩作为基础承受上部荷载；二是钢护筒与钢管桩共同承担荷载，其中以第一种形式较为普遍[3]。施工平台主要功能是在前期为桩基施工提供钻机作业平台和设备行走及作业通道，后期为承台及墩身施工提供作业平台[4]。因此，搭设水上钢平台在跨河桥梁桩基施工中尤为重要。

本文以张靖皋长江大桥南引桥SY01号墩桩基施工钢平台为例，采用midas Civil软件建立有限元模型，对平台的强度、刚度以及稳定性进行验算，并总结其施工工序和要点，为后续工程提供借鉴。

二、施工平台设计

张靖皋长江大桥位于长江下游澄通河段如皋沙群段，在张家港和如皋、靖江境内跨越长江，其南引桥SY01～SY05号墩钻孔灌注桩需搭设水上施工平台施工。综合多方面因素比较考虑，钻孔平台设计为钢管桩作为基础，在其上搭设主梁和贝雷梁的形式。

以南引桥SY01墩施工平台为例，验算平台的强度、刚度以及稳定性，平台平面布置图如图1所示。平台顶高程为+7.00m，平台前沿两排桩采用φ1200mm×14mm钢管桩，其余基础采用φ800mm×10mm，钢管桩之间设置φ426mm×6mm钢管平联，平联之间以2[32a作为斜撑。采用2HM588×300型钢和贝雷梁形成梁系结构，通过在钢管桩顶部开槽，将横梁放置在其内，并在平台前沿φ1200mm×14mm钢管桩桩身焊接牛腿结构作为横梁支撑。桥面系纵横向分配梁分别采用0.75m间距I25a和0.3m间距I14工字钢，面板采用10mm厚花纹钢板，分配梁与钢板之间焊接牢固。

因施工要求，还需在平台范围内设一250t提升站进行作业。提升站平台侧基础为方形布置的4根φ800mm×10mm钢管桩，基础梁采用3HM588×300型钢，平联采用φ630mm×8mm钢管与平台钢管桩相连。

三、材料参数

平台所用材料除贝雷梁为16Mn材质外，其余均为Q235B材料，钢材设计强度及容许应力取值依据《钢结构设计标准》(GB 50017—2017)[5]。Q235B钢材的物理力学特性为：拉、压、弯强度设计值215MPa，弹性模量206GPa，剪切强度设计值125MPa。

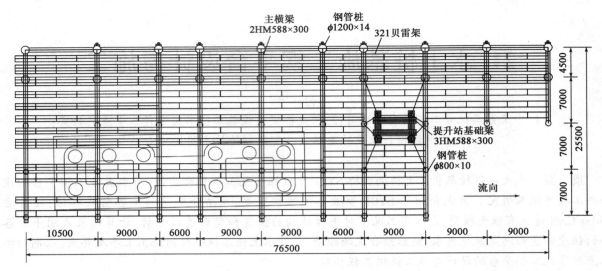

图1 SY01号墩施工钢平台布置图（尺寸单位：mm）

四、荷载及荷载组合

1. 永久作用

平台恒荷载包括平台结构自重，由有限元软件自动计入。

2. 可变作用

（1）车辆活载：①12m³混凝土搅拌运输车，满载时荷载按500kN考虑，最大轴载荷为170kN。②12m运梁车，最大轴载荷为300kN。③100t履带起重机。平台搭设、钢护筒施工采用100t履带起重机，履带起重机整机重120t，最大吊重时合计重量为135t，履带着地面积6.85m×0.95m。④ZJD2800回旋钻机，单机（35t）+钻杆（30t）+钻头（35t）总重100t，平面尺寸4m×3.8m，取冲击系数1.1。

（2）汽车制动力。按最大车辆荷载的10%考虑。

（3）小型设备堆载及人群荷载。分别按10kPa和3kPa考虑，任意分布在平台上。

（4）250t门式起重机提升站。提升站自重90t，最大提升重量200t，按集中力作用在基础梁上。

（5）船舶荷载。施工平台在平台前沿设置1个泊位，满足1000DWT运梁船停靠。根据《港口工程荷载规范》（JTS 144—1—2010）[6]，内河1000t级船舶系缆力标准值为100kN，角度α取30°，受力系船柱数量2个，撞击反力标准值为275kN，施加在平台前沿ϕ1200mm×14mm靠船桩上。

（6）水流力。按照工作流速$v_1=1.4$m/s和渡洪流速$v_2=1.7$m/s分别计算钢管桩和平联水流力，计算方法详见《港口工程荷载规范》（JTS 144—1—2010）。计算得ϕ800mm×10mm钢管桩水流力：9.1kN（前排桩）/7.9kN（后排桩），ϕ1200mm×14mm钢管桩水流力：13.6kN（前排桩）、11.1kN（后排桩），作用点高程均为+1.18m。由于平台其他构件如平联、斜撑、横梁等均在设计高水位以上，均不考虑水流力。

（7）风荷载。施工区域最大风速与工作风速按照《建筑结构荷载规范》（GB 50009—2012）[7]计算基本风压。工作风速$V_1=13.8$m/s和最大设计风速$V_2=28.5$m/s，计算得出基本风压分别为$w_1=0.3$kN/m²，$w_2=0.51$kN/m²，根据各构件迎风面面积计算风荷载标准值。

3. 工况组合

每个工况考虑两种荷载组合形式，即标准组合和基本组合。其中，标准组合用来评价刚度指标，基本组合计算结果用来评价结构强度及稳定性指标。计算工况如下：

（1）工况一（非作业工况）：1.2×自重+1.4×渡洪水流力+1.4×最大风荷载。

（2）工况二（作业工况）：1.2×自重+1.5×工作水流力+1.4×车辆荷载+1.4×起重机械荷载+

1.4×人群荷载+1.4局部堆载+1.4/1.5船舶荷载+1.4工作风荷载+1.4×1.1钻机荷载。

其中：船舶荷载基本组合中船舶撞击力组合系数1.5，系缆力组合系数1.4，撞击力与系缆力不同时作用；船舶靠船过程中禁止重载车辆（运梁车、履带起重机等）在平台前沿通行，即撞击力与重载车辆荷载作用在平台前沿时不同时组合。

五、平台计算分析

1. 钢平台整体结构计算

SY01墩水上施工平台用midas Civil建立有限元分析模型进行计算分析，建立的各单元均采用梁单元模拟。贝雷片之间需释放梁端约束，其他单元之间的连接均采用弹性连接。桩管桩在计算嵌固点处固结，自嵌固点至桩顶长度按17m计算。水上施工平台有限元模型如图2所示。

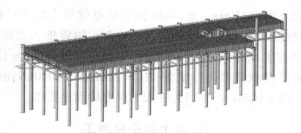

图2 水上施工平台有限元模型

各构件强度计算结果见表1，由于平台分配梁的应力和变形验算采用手算的形式，此处不予列出。

主要计算结果汇总表 表1

构件	项目类型	工况一	工况二
钢管桩 φ1200mm×14mm	组合应力(MPa)	67	103
	反力(kN)	260	2010
钢管桩 φ800mm×10mm	组合应力(MPa)	94	130
	反力(kN)	210	1064
主横梁 HM588×300	组合应力(MPa)	68	130
	剪应力(MPa)	9	91
平联 φ630mm×8mm	组合应力(MPa)	96	177
	轴应力(MPa)	10	16
平联 φ426mm×6mm	组合应力(MPa)	177	153
	轴应力(MPa)	4	25
贝雷321型(标准组合)	弯矩(kN·m)	46	403
	剪力(kN)	30	235

表1为平台主要构件计算结果。参考《装配式公路钢桥多用途使用手册》[8]，标准组合作用下321型贝雷梁的内力容许值：弯矩$M=788$kN·m>403kN·m，剪力$F=245$kN>235kN，SY01号墩水上施工平台其他构件的最大弯曲组合应力$\sigma_{max}=177$MPa<215MPa，最大剪应力$\tau_{max}=91$MPa<125MPa。可见，平台各构件强度满足要求。

同时由计算结果得到SY01墩水上施工平台标准组合下最大竖向位移标准值为13mm<10500/400=26m；最大水平位移标准值为59mm<12000/150=80mm。在不考虑季节性温差变化的情况下，平台刚度满足要求。

2. 钢管桩稳定性验算

$\phi 800$mm×10mm钢管桩$A=24819$mm^2，$W=4841174$mm^3，$i=279$mm，长细比$\lambda=51.9$，b类截面查表

得稳定系数 $\varphi=0.846$。最不利荷载：$N=1064\mathrm{kN}$，$M=260\mathrm{kN\cdot m}$，$N/(\varphi A)+M/(\gamma W)=1064\times10^3/(0.846\times24819)+260\times10^6/(1.15\times4841174)=50.6+46.7=97.3\mathrm{MPa}<215\mathrm{MPa}$；$\phi1200\mathrm{mm}\times14\mathrm{mm}$ 钢管桩 $A=52163\mathrm{mm}^2$，$W=15288020\mathrm{mm}^3$，$i=419\mathrm{mm}$，长细比 $\lambda=34.6$，b 类截面查表得稳定系数 $\varphi=0.925$。最不利荷载：$N=2010\mathrm{kN}$，$M=1746\mathrm{kN\cdot m}$，$N/(\varphi A)+M/(\gamma W)=2010\times10^3/(0.925\times52163)+1746\times10^6/(1.15\times15288020)=41.6+99.3=140.9\mathrm{MPa}<215\mathrm{MPa}$，故钢管桩稳定性满足要求。

3. 钢管桩入土深度验算

根据地质勘察报告，SY01 号墩位处土层参数依次为：①粉砂，层厚 6.46m，极限侧摩阻力忽略不计；②粉砂，层厚 2.8m，极限侧摩阻力 25kPa；③淤泥质粉质黏土，层厚 5.9m，极限侧摩阻力 20kPa；④粉质黏土，层厚 2.4m，极限侧摩阻力 30kPa；⑤粉砂，为持力层，层厚 10.7m，极限侧摩阻力 30kPa，极限桩端阻力标准值 2880kPa。

提取模型桩基嵌固点处反力，$\phi1200\mathrm{mm}\times14\mathrm{mm}$ 钢管桩桩端最大反力设计值为 2010kN，钢管桩入土 18m；$\phi800\mathrm{mm}\times10\mathrm{mm}$ 钢管桩桩端最大反力设计值为 1064kN，钢管桩入土深度 19m，则单根钢管桩承载力设计值 R_u 依据《建筑桩基技术规范》(JGJ 94—2008)[9] 按下式计算：$R_\mathrm{u}=1/2(U\sum q_{\mathrm{sik}}l_\mathrm{i}+q_{\mathrm{pk}}A_\mathrm{p})$。计算得 $\phi1200\mathrm{mm}\times14\mathrm{mm}$ 钢管桩单桩承载力设计值为：$R_\mathrm{u1}=2142\mathrm{kN}>2010\mathrm{kN}$；$\phi800\mathrm{mm}\times10\mathrm{mm}$ 钢管桩单桩承载力设计值为：$R_\mathrm{u2}=1104\mathrm{kN}>1064\mathrm{kN}$，故钢管桩入土深度均满足要求。

六、水上钢平台施工

待贝雷架、型钢、钢管桩等施工材料以及平板车、履带起重机、振动锤等施工设备准备完毕后方可进行水上钢平台施工，主要施工工艺如下。

1. 钢管桩施工

钢管桩采用 100t 履带起重机配合 DZJ-120 振动锤进行下沉施工。先将钢管桩运至现场，通过悬臂导向架准确定位后，利用履带起重机起吊缓慢将桩身竖直，移送至沉放位置上方，利用其自重持续下沉。测量人员复核钢管桩的水平位置和垂直度无误后，再利用振动锤进行沉桩施工，下沉至设计底高程并满足贯入度要求。施工过程中，如出现需要接桩的情况，应在底节桩顶剩余 1m 高度时，起吊另一根钢管桩接长。现场焊接为保证连接质量，焊缝焊接完成后，周边再加焊劲板，直径 800mm 的桩加劲板不少于 4 块，直径 1200mm 的桩加劲板不少于 6 块，加劲板尺寸不小于 100mm×200mm，劲板按环向等间距布置。

2. 平台梁系结构施工

钢管桩顶主横梁采用 2HM588×300mm 型钢，通过在钢管桩顶部开槽，将横梁放置在其内，顺主横梁方向底部焊接四块加劲板。主纵梁采用 321 型贝雷梁形式，横梁安装完毕后，在横梁上测量放样定出贝雷梁位置。贝雷梁提前按照设计长度拼装成型，再用支撑架连接成整体，将销子插入销孔，用履带起重机安装就位。为防止贝雷梁移位，用[8 卡梁将贝雷下弦杆与主横梁翼缘焊接固定(图 3a)，待面层 I25a 型钢铺设完毕后再用贝雷上卡口将其与贝雷上弦杆焊接固定(图 3b)，贝雷梁之间使用 ∠75×8mm 角钢设置联系撑。

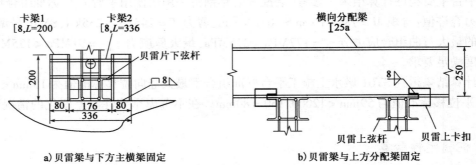

图 3　贝雷梁固定示意图(尺寸单位：mm)

3. 平台面层施工

平台梁施工完成后，进行平台面层结构施工。横向分配梁 I25a 按 750mm 间距铺设在贝雷梁上，并保证落在贝雷架的节点上，然后在横向分配梁上等间距铺设纵向分配梁 I14，间距 300mm。横、纵向分配梁接触点应焊接牢固。面板采用 10mm 花纹钢板，与纵向分配梁间断焊接固定，目的是防止温度变化引起翘曲变形[1]。平台面层结构施工时，应空出桩位处钢护筒钻孔所需空间，同时在后场加工焊接好对应位置处的面层结构，待桩基施工完成后，用履带起重机直接吊放至桩位上方，填补空出区域。

4. 钻孔灌注桩施工

SY01 号墩钻孔灌注桩桩径 2m，配备 2.3m 内径的钢护筒，护筒长 16~17m，壁厚 16mm。采用 100t 履带起重机配 DZJ-120 振动锤一次沉放到位，护筒顶高程为 6.4m。鉴于钻孔所遇地层主要为砂层，造浆性能较差，因此钻孔灌注桩施工采用不分散、低固相、高黏度的丙烯酰胺（PHP）泥浆。泥浆循环系统分为泥浆制备、钻孔护壁、泥浆回收再利用三部分。泥浆循环在泥浆箱、钻机之间进行。首先在泥浆箱内造浆，开钻后，泥浆箱内泥浆通过软管自流至钢护筒内，钻机钻杆出浆后经砂石分离机过滤后流至泥浆箱中，经过沉淀后的泥浆再次回流至钢护筒内，而沉淀后的钻渣和废浆采用渣土车运至指定弃渣场集中处理，形成一套循环体系。所有管路均密封处理，防止泥浆外漏。当沉淀后的泥浆不满足要求时，需根据现场实际情况进行调配，调配合格后再回流至钢护筒内。

七、结　语

本文利用 midas Civil 有限元计算软件验算张靖皋长江大桥 SY01 号墩桩基施工钢平台在不同工况下的受力情况，现场严格按照设计图纸施工并控制关键施工工艺完成平台的搭设，可得出如下结论：

（1）经现场应用，表明平台整体结构的强度、刚度以及稳定性能够满足现场实际荷载作用下的使用要求。

（2）本文的荷载计算、边界条件的处理以及相应关键施工工艺可为类似工程提供借鉴。

（3）与传统的靠理论经验公式手算的方式相比，midas Civil 有限元计算可通过建立模型、输入荷载及边界条件等进行参数化设计，较为快速准确地得到不同工况下的计算结果，具有工程应用价值。

参考文献

[1] 王安,张凯.水上桩基施工钢护筒平台结构设计[J].筑路机械与施工机械化,2018,35(5):63-67.
[2] 石明烛.深水桩基施工水中钢管桩固定平台施工技术[J].低碳世界,2019,9(7):299-300.
[3] 郑戈,李周明,周敬卓,等.海上钢栈桥施工集成化操作平台施工技术[J].建筑技术开发,2023,50(2):64-67.
[4] 肖冰,祝可为.基于 Midas Civil 钻孔钢平台结构设计与研究[J].东莞理工学院学报,2022,29(5):124-128.
[5] 中华人民共和国住房和城乡建设部.钢结构设计标准：GB 50017—2017[S].北京：中国建筑工业出版社,2017.
[6] 中华人民共和国交通运输部.港口工程荷载规范：JTS 144—1—2010[S].北京：人民交通出版社,2010.
[7] 中华人民共和国住房和城乡建设部.建筑结构荷载规范：GB 50009—2012[S].北京：中国建筑工业出版社,2012.
[8] 黄绍金,刘陌生.装配式公路钢桥多用途使用手册[M].北京：人民交通出版社,2002.
[9] 中华人民共和国住房和城乡建设部.建筑桩基技术规范：JGJ 94—2008[S].北京：中国建筑工业出版社,2008.

22. 纵横梁格型预应力混凝土梁钢管混凝土系杆拱桥施工工艺系统研究

刘正军[1]　胡　磊[1]　刘国鹏[1]　柳生财[2]　罗光明[2]

(1. 中交第二公路工程局有限公司设计研究总院;2. 中交二公局东萌工程有限公司)

摘　要　为了提高钢管混凝土系杆拱桥的施工质量,本文以海南省环岛旅游路项目的文澜江大桥为研究对象,分析纵横格梁型系杆拱桥"先梁后拱"法施工的主要流程和施工技术,提出相关施工技术要点,为以后同类型工程的建设提供借鉴和创新依据。

关键词　系杆拱桥　纵横格梁　拱肋　吊杆　现浇支架　先梁后拱

一、引　言

钢管混凝土系杆拱桥常见的施工工艺有"先梁后拱"和"先拱后梁"[1],前者即先采用支架施工混凝土系梁,待系梁混凝土强度达到设计要求后张拉系梁预应力,然后再在主梁上架设拱肋支架,灌注拱肋混凝土[2-3]。而后者则是当桥梁主跨区受到限制无法搭设支架施工主梁时则采用先拱后梁法,其拱肋安装主要有"大节段整体垂直提升法"以及"斜拉扣挂散拼竖转法",主梁施工则相对应地采用预制安装[4]。总而言之,无论采用何种施工方式,针对纵横格梁型钢管混凝土系杆拱桥特殊的结构形式,主梁以及拱肋的施工方法对整个桥梁结构的影响都具有举足轻重的作用,因此选择一种经济、高效、安全的施工方案对于今后此类型桥梁的施工有着很好的借鉴意义[5]。

二、工　程　概　况

本文以海南省环岛旅游路项目的文澜江大桥为研究背景,该桥位于临城镇境内,横跨文澜江,每年5—10月为台风季节,桥位处的100年一遇风速为25.8m/s。大桥桥址区上覆第四系素填土(Q4ml)及冲积(Q4al)粉细砂、(Q4al)淤泥质黏土,下伏新近系海口组(N2h)粉质黏土,整体地质以软基为主。

大桥主桥总宽度为31.0m(包含4m的拱肋及吊索区),桥型结构为3×90m钢管混凝土系杆拱桥,每片拱肋中心距为20.0m。拱肋钢管标准段采用直径1200mm、壁厚20mm的钢管;拱脚段钢管采用壁厚20mm钢板,管径不变。混凝土主梁由端横梁、中横梁、纵梁和桥面板组成,纵横梁形成梁格体系,全部采用C50海工混凝土。纵梁按全预应力混凝土构件设计,每根纵梁配16束15~25mm钢绞线作为系杆,为了增强桥面板的抗裂性能,增加主梁断面预应力储备,在桥面板内设置26束15~30mm的钢绞线。其主跨桥型布置和箱梁断面如图1、图2所示。

图1　文澜江大桥主跨桥型布置图

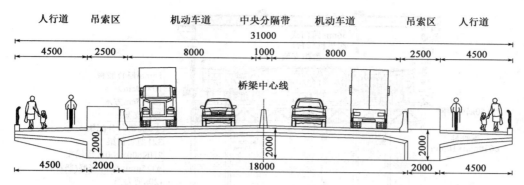

图 2　文澜江大桥箱梁横断面设计图(尺寸单位:mm)

三、纵横格梁施工

1. 格梁现浇支架设计及施工

根据国内钢管混凝土拱桥的工程实践现状,针对该桥的结构特点和桥址处的地质环境条件,提出主梁的现浇施工支架整体采用"大钢管支架+盘扣式支架"的组合形式,同时搭配两台跨度36m、提升高度9m、自重12t、吊重10t的门式起重机。其中门式起重机在桩顶横梁和门式起重机轨道搭设完毕之后开始组装,利用门式起重机配合汽车起重机和浮式起重机进行支架纵向贝雷梁、盘扣支架以及钢筋模板、拱脚的安装。

支架采用 $\phi 820mm \times 10mm$ 和 $\phi 630mm \times 10mm$ 钢管桩作为基础的主要承力结构,由于在主纵梁下荷载较大,采用 $\phi 820mm \times 10mm$ 的钢管桩,其余部分均采用 $\phi 630mm \times 10mm$ 钢管桩。承台上钢管桩利用预埋地脚螺栓进行固定,水中钢管桩利用振动沉桩的方式打入河床设计高程处,支架整体布置如图3所示。

在现浇支架的设计过程中,由于桥位处地质条件较差,通过整体建模计算得出 $\phi 820mm$ 钢管桩底最大标准反力值为 2078.5kN, $\phi 630mm$ 钢管桩底最大标准反力值为 1733.8kN。

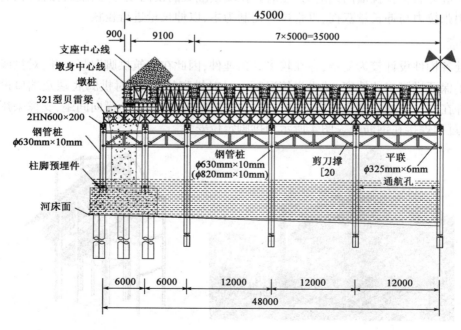

图　3

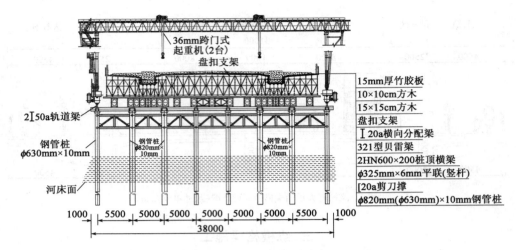

图3 主梁现浇支架布置图（尺寸单位：mm）

按照《公路桥涵地基与基础设计规范》(JTG 3363—2019)第6.3.5条[6]，取2m河床冲刷进行计算，得出φ820mm桩入土41.8m时满足受力要求，φ630mm桩入土43.8m时满足受力要求，综合考虑，钢管桩入土深度统一按44m计。但是在施工钢管桩时通过在桩位处做单桩承载力试验，结果发现当φ820mm桩入土30m时承载力即可达到2248kN，φ630mm桩入土35m时承载力即可达到1961kN，均大于计算出的桩底反力，满足承载力要求。

2. 格梁混凝土浇筑及预应力张拉

纵横格梁混凝土浇筑采用两台62m的混凝土泵车在栈桥上同时由最低点开始，遵循由低向高的原则浇筑。同一横断面处先浇筑纵梁，然后再浇筑横梁、中间桥面板，最后再浇筑翼缘悬挑板。

主纵梁纵向预应力钢束采用22-Φ°15.2mm钢绞线；端横梁横向束采用15-Φ°15.2mm钢绞线，锚固于端横梁腹板上；中横梁横向束采用7-Φ°15.2mm钢绞线，锚固在翼缘板上；由于三跨连续拱肋的施工工艺导致很难双向张拉，因此纵向预应力钢束采用在端横梁上预留槽口单端张拉，横断面上左右对称张拉。在张拉完纵向预应力后再张拉横向预应力，然后张拉端横隔梁的横向预应力，最后张拉桥面板预应力筋，张拉过程中采用张拉力与伸长量双控，以张拉力控制为主，以伸长量进行校核。

3. 拱脚安装

由于拱脚处各构件设计较为复杂，存在较多的预埋件，因此在浇筑拱脚混凝土前，对拱脚节段进行预埋。预埋是为了保证拱脚安装精度，减少浇筑混凝土时对拱脚的扰动，对拱脚底端及端口设置劲性骨架进行支撑加固并在同一侧相邻两个拱脚上进行横向支撑以控制两榀拱肋横向间距，支撑采用槽钢加工而成，在绑扎钢筋过程焊接在钢筋上。图4所示为拱脚定位安装。

图4 拱脚定位安装

四、钢管混凝土拱肋施工

拱肋钢管采用从两端向中部实施逐段延伸吊装,最后在桥跨中合龙成拱的方式进行施工,拼装支架整体采用"钢管支架"的形式。拱肋吊起后放到经过准确测量的作业平台上对位,稳固后,利用设置在拱肋钢管下的微调装置与倒链装置调整拱肋轴线、高程至设计位置,并采用拱肋钢管内置法兰临时稳固。在每段拱肋吊装定位后,同时安装对应位置的横撑,横撑在厂内组装成为合件,安装时直接与主拱肋钢管上的横撑短管接头对接。

1. 拱肋拼装支架设计及施工

大桥钢管拱肋拼装过程的控制是全桥施工控制的难点和重点。单个拱肋拼装支架采用四肢格构式支撑,由钢管桩、承重梁、平联及斜撑组成,每组支架的中线应与两组拱肋拼装线保持一致,保证支架受力均匀。每组支架采用 4 根 $\phi 325 mm \times 6 mm$ 钢管作为立杆,采用预埋锚固螺栓与主梁混凝土连接,桩间设置平联、斜撑,顶部设置双拼 I40a 型钢承重梁,承重梁上采用 I20a 型钢作为拱肋稳固支撑。其中为保证拱肋安装精度的调整,在双拼 I40a 承重梁上及 I20a 稳定支撑之间设置拱肋调整装置对拱肋高程进行微调,具体结构如图 5 所示。

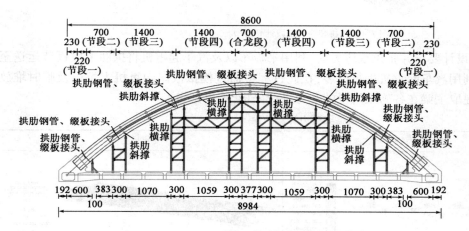

图 5　拱肋拼装总体图(尺寸单位:cm)

拱肋调节支点为马鞍形可调式支座,采用在拼装支架顶横梁上焊接竖向型钢以及马鞍形拱肋垫块作为拱肋节段的支撑,在施工过程中将相应拱肋节段吊装在拱肋垫块上后,利用两竖向型钢中间的千斤顶对拱肋高度进行调整,随着拱肋逐渐被顶起然后插入垫铁,待顶起至合适位置后将垫铁与竖顶型钢顶板进行焊接,取下千斤顶周转至其余支架处。拱肋调整装置构造图见图 6。

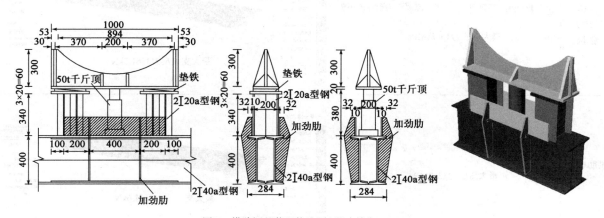

图 6　拱肋调整装置构造图(尺寸单位:mm)

2. 拱肋拼装对主梁及下部支架的影响

大桥钢管拱肋采用厂内分段制造，单跨共18段主拱肋，最重单件吊装重量20.6t，选用两台35t的汽车起重机在桥面上吊装。采用结构空间有限元软件midas Civil 2019建立在主梁上利用汽车起重机拼装拱肋的整体模型，其中主梁两端支座根据桥梁支座的刚度进行节点弹性支承连接，中间部分主梁根据现浇支架刚度按照仅受压支座施加边界条件，汽车起重机以及临时堆放拱肋采用节点荷载的形式进行模拟，根据施工工艺流程按照施工阶段进行计算，计算模型如图7所示。

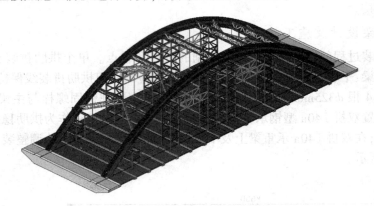

图7 拱肋拼装施工阶段计算模型

当主梁混凝土强度道设计要求并张拉预应力后，利用平板车以及汽车起重机将拱肋节段逐节运送至桥面相应位置处，然后再利用汽车起重机进行吊装，在此过程中通过模拟汽车起重机上桥以及临时堆放拱肋节段荷载，通过计算提取主梁在各施工阶段的受力进行分析，结果见表1。

纵横格梁受力计算结果　　　　　　　　　　　　　表1

类型	组合应力	支点反力
浇筑主梁混凝土	最大压应力1.46MPa，最大拉应力1.22MPa	最大支点反力3214kN
主梁预应力张拉	最大压应力13.71MPa	最大支点反力3561.5kN
拱肋合龙	最大压应力13.3MPa	最大支点反力3681.6kN

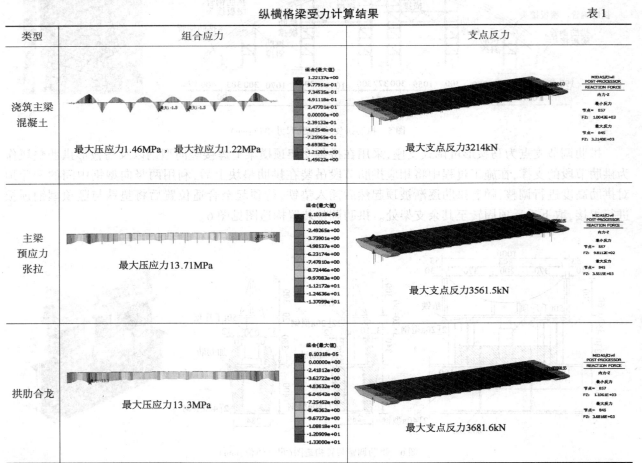

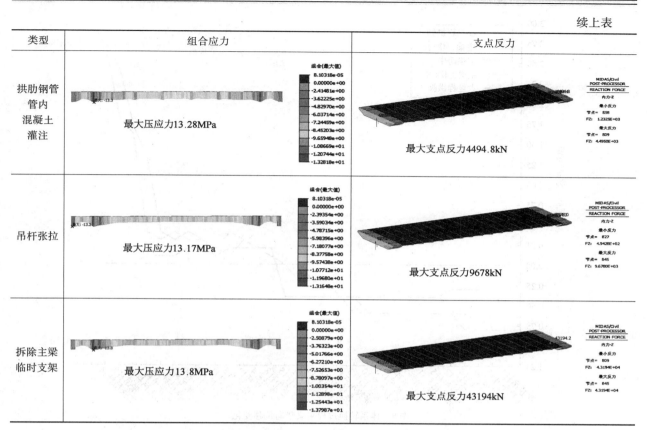

通过整体建模计算可知,在整个拱肋拼装施工阶段内,主梁混凝土应力处于 −13.8~1.2MPa 范围内,满足 C50 海工混凝土的规范要求。在主梁混凝土刚浇筑完成时,拱脚处支点反力最大值为 3214kN,当拱肋混凝土压注完成后,最大反力为 4494.8kN。经过计算比较,当拱肋混凝土压注完成后,主梁拱脚处的反力增加了 4494.8kN÷3214kN = 1.4 倍,以此倍数对主梁现浇支架的结构受力进行评估计算,得出支架的最大组合应力值为 302.51MPa,出现在贝雷梁处,满足规范要求。

3. 拱肋压浆施工工艺

拱肋混凝土压注时机为全桥所有钢结构节段均已按照要求进行安装且自检、第三方检测合格后。压注之前压注口采用闸阀与压注泵管连接,拱顶冒浆孔采用塑料软管连接至桥面上,避免了拱肋污染。

压注采用两台车载式混凝土泵车分别停靠在同幅拱脚处,压注过程左右侧拱肋对称进行,并保证拱肋内压注混凝土顶升高度基本保持一致,不超过 2m 顶升高差。持续性压注混凝土期间,泵车应稳定压力,当冒浆孔持续压注出稳定混凝土集料时,即可停止泵送顶升,关闭闸阀,稳步拆除泵送管,循环进行下一弦管的压注施工。

五、吊杆张拉及体系转换

在整个大桥的施工过程中,体系转换工序主要包含拱肋支架拆除、吊索逐步张拉、调索、主梁支架拆除等步骤。首先是拆除拱肋支架,然后安装并张拉吊杆,吊杆张拉完成后拆除主梁钢管支架,体系转换即完成。吊杆张拉的总体思路是先拱脚后拱顶最后拱腰,在体系转换过程中确保拱肋混凝土拉应力最小,具体张拉分两批次进行,第一批次全部吊杆张拉至设计张力的 50%,第二次张拉至设计张力,顺序与第一次相同,达到每阶段最终张效果后旋紧锚固螺母进行锁定。

通过对体系转换过程中主梁的竖向位移进行监控量测,最终发现主梁 2 号、14 号吊杆对应位置的最大累计位移量为 5mm(向上)。当吊杆张拉结束拆除主梁支架后,主梁跨中位置产生向下位移,最大达到 11.2mm,具体变化如图 8 所示。

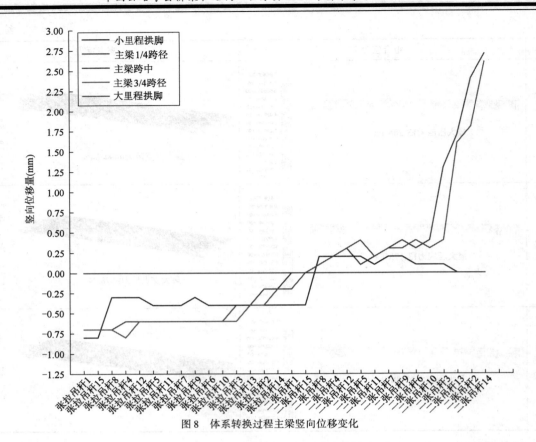

图8 体系转换过程主梁竖向位移变化

六、结　语

本文通过对预应力纵横梁格钢管混凝土系杆拱桥的主要施工流程和工艺进行系统研究,能够为今后同类型桥梁的施工提供安全可靠的方案借鉴,使同类型项目能够缩短施工周期,降低施工成本,实现整体综合效益的提升。

参考文献

[1] 王伟,唐茂林,赵世超,等.济南齐鲁黄河大桥网状吊杆系杆拱桥施工关键技术[J].世界桥梁,2024,52(4):22-28.
[2] 黄海珊,林本虎,梁高荣.哑铃型截面钢管混凝土系杆拱桥施工过程受力研究[J].西部交通科技,2022(4):112-115.
[3] 管海军.钢管混凝土系杆拱桥施工技术分析探讨[J].科技资讯,2022,20(3):80-82.
[4] 王洪梽.钢管混凝土系杆拱桥–现浇支架协同受力研究[D].烟台:烟台大学,2023.
[5] 陈海龙.某系杆拱桥施工支架设计及受力验算浅析[J].山西建筑,2019,45(18):119-122.
[6] 中华人民共和国交通运输部.公路桥涵地基与基础设计规范:JTG 3363—2019[S].北京:人民交通出版社股份有限公司,2020.

23.水中巨型沉井智能化取土技术

田业凯　赵振宇

(中交二航局第四工程有限公司)

摘　要　水中巨型沉井是大跨径桥梁常用的基础结构形式,沉井取土是沉井下沉阶段的关键技术。

本文通过对常泰长江大桥沉井智能化取土施工的总结,结合现场技术工艺,采用理论数据与实测数据相结合"数字孪生"的方式进行分析,从而展现水中巨型沉井智能化取土技术的在施工中的优越性,为水中巨型沉井取土下沉开辟出智能化道路。

关键词 桥梁工程 沉井基础 取土下沉 智能化

一、引　言

随着信息技术的飞速发展,信息化、智能化技术在工程领域应用越来越广,智能化生产的重要性越来越高,加之水中巨型沉井较为少见,工艺复杂,技术难度大,危险系数高。因此,水中巨型沉井智能化取土技术有很高的应用型和发展性。

二、工程概况

常泰长江大桥处于扬中河段,位于泰州大桥和江阴长江公路大桥之间,连接泰兴市与常州市。大桥采用"高速公路+城际铁路+普通公路"三种功能合一的方式过江。主桥跨径为142m+490m+1176m+490m+142m,为世界上跨径最大的斜拉桥。

常泰长江大桥主塔采用沉井基础,是常泰大桥工程施工中的控制性工程。水中巨型沉井平面呈圆端形,立面为台阶形;沉井结构尺寸大,长×宽×高为95.0m×57.8m×64m;沉井设计底高程-65m,取土下沉深度深,约40m;施工区域地质条件复杂,土层不均匀,黏土和砂土互层,层底高差大,且含有高强度的胶结层。

三、智能取土设备选型

常泰长江大桥的取土设备包括智能化气举取土设备(图1)、电动铰刀设备(图2)、气水混合冲射设备、机械臂定点破土设备(图3)、高压旋喷设备等,其中气举设备、电动绞刀、气水混合冲射设备配合智能集群门式起重机进行作业。

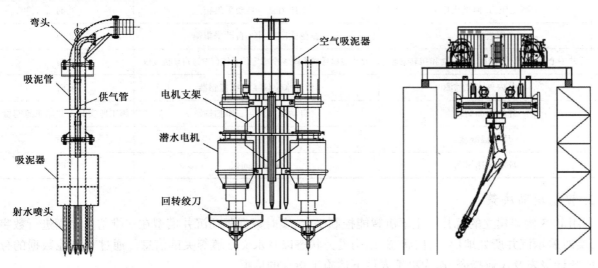

图1　智能化气举取土装备　　图2　水下电动绞刀+气举取土设备　　图3　机械臂刃角取土设备

(1)针对砂层取土,共配置38套智能气举取土设备。在传统空气吸泥机的基础上,集成吸泥管平面位置监测、吸泥口高程自动调整、沿预设路径自动移位吸泥、井内三维地形实时监测系统等功能,实现沉井取土下沉智能化、可视化施工。为保证密实砂层取土效率,还搭载高压射水装置,实现水力破土+气举取土。

(2)针对黏土层及胶结砂层取土,共配置8套电动绞刀气举取土设备。在空气吸泥机的基础上,研制可快速拆装的模块化电动双头绞刀设备,采用"机械破土+气举取土"工艺,取井孔及剪力键盲区软塑黏土、胶结砂层土。辅助采用4套气水混合冲射破土设备,通过高压气幕助推高压水,以气水混合的方式完成黏土及胶结砂层的切削。

（3）沉井终沉阶段，针对剪力键及隔墙下部盲区，共配置2套机械臂辅助进行水下定点破土，设备本体集成机械臂和动力系统，通过机械臂伸缩、回转和变幅，带动铣刨头精确破坏剪力键及隔墙下部盲区内的土体。

四、智能体系集成

按照全过程控制及主动控制的理念，开发沉井取土下沉智能控制平台，平台设置监测系统、指挥系统、执行系统、和客户终端。监测系统通过无线传输将设备传感器的原始数据自动采集并传输至服务器。指挥系统将处理器处理结果实时反馈至现场监控中心，操作人员按照数据科学规划取土路径、取土量及设备调度，辅助决策并发布指令、预警。执行系统接收指令并执行。另外配合一套自动化后处理系统，进行自动降噪滤波、量距、泥面盲区的自动拟合、井壁与泥面交线的自动提取等，实现水下地形实时、可视化监测。通过智能科学的监控体系和人工辅助的控制手段实现沉井整体姿态控制、下沉控制、结构安全控制。

五、智能化取土工艺

沉井数字化、智能化取土工艺流程，包括作业数据采集、智能辅助决策、自动化施工准备、自动化取土作业、泥面参数测量五大流程。

1. 作业数据采集

设备前端的自动采集系统实时采集沉井下沉过程中的姿态、土压力、结构应力、井底泥面等监控数据初始信号，然后通过无线信号发送到实时监测系统服务器中。监测内容和监测手段见表1。

监测内容和监测手段　　　　　　表1

序号	监测项目	监测仪器	监测手段
1	刃脚土压力/侧壁土压力	土压力盒+自动采集箱	实时
2	钢板应力	振弦式应变计+自动采集箱	实时
3	沉井中心偏位、下沉深度、倾斜度和扭转、挠度	北斗卫星导航系统+全球定位系统（GPS）自动挠度仪	实时
4	沉井内外水位监测	激光水位仪+渗压传感器	实时
5	井内泥面高程	自动测深仪+三维扫描	施工舱实时+非施工舱巡检
6	环境温湿度	温湿度仪	实时
7	环境风速风向	风速风向仪	实时

2. 智能辅助决策

利用B/S构架建立的沉井取土下沉智能控制平台，实时数据驱动沉井模型在三维仿真界面进行数字孪生，实时展示沉井所处地层、几何状态、结构受力状态以及水文环境等关键信息。通过对监控数据的分析生成统计报表及作业指令，作为决策人员下达施工指令的依据。

整个系统工作流程如图4所示。自动化传感器检测子系统上传数据参数，数据处理中心同步下载云端服务器数据，提供解决法预案。如果数据处理中心制定的初步调整案符合要求，则数据处理中心会自动将方案发送给旁边的主控设备，若初步调整方案不符合现场施工要求，决策者可重新制定切实可行的解决方案，通过输入设备，输送到数据处理中心，经过数据中心自动分析、转换后，再发给主控设备。主控设备读取信息，发送指令控制现场施工设备完成相应动作，通过精确化取土调整沉井姿态与方位，传感器检测子系统同步跟踪，协同作用，最终确保沉井平稳下降。

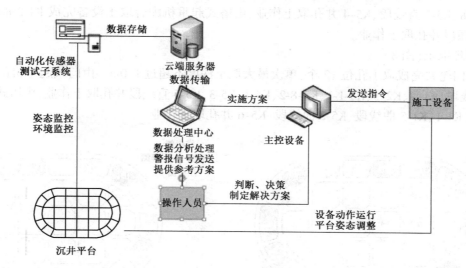

图 4　智能辅助决策流程

3. 自动化取土作业

取土设备集群控制系统通过无线网络将作业参数发送至智能取土设备可编程逻辑控制器(PLC)控制系统,各工作机构依照预定的吸泥路径和取土深度等参数自动化运行,不断移位—下放—吸泥—起升,直至井孔内作业点位作业完成。作业过程中,集控室操作人员可通过智能取土设备上的高清网络摄像头以及各机构传感器反馈的数据,远程监控现场作业状态。在取土下沉过程中,严格控制沉井三维姿态,并预判沉井下沉姿态,避免发生偏位、倾斜、扭转超过控制指标。同时还要通过控制取土深度来沉井下沉速度,避免突沉和涌砂等不利情况的发生。沉井取土采用"台阶形"取土工艺共分为六个循环进行:

1) 第一循环取土(图5)

根据对称、均匀、先内后外的取土原则,单循环第一轮共完成取土孔位9个,单次最大取土深度不超过1.0m。由门式起重机配合取土设备完成K2-4、K2-6、K3-3、K3-5、K3-7、K4-4、K4-6井孔取土作业,由塔式起重机配合取土设备完成K2-2、K4-2井孔取土作业。

2) 第二循环取土(图6)

第二轮共完成取土孔位9个,单次最大取土深度不超过1.0m。由门式起重机配合取土设备完成K2-3、K2-5、K3-2、K3-4、K3-6、K4-3、K4-5井孔取土作业,由塔式起重机配合取土设备完成K2-7、K4-7井孔取土作业。

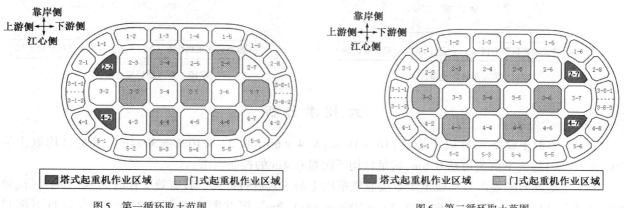

图5　第一循环取土范围　　　　　　　　　　图6　第二循环取土范围

3) 第三循环取土(图7)

沉井内井孔完成单循环取土后,开始沉井外井孔单循环取土作业。单循环第三轮共完成取土孔位12个,单次最大取土深度不超过1.0m。由门式起重机配合取土设备完成K1-3、K1-5直线段、K2-1、K3-1-

2、K3-8-1、K4-8、K5-2 直线段、K5-4 井孔取土作业,由塔式起重机配合取土设备完成 K1-2 曲线段、K1-6、K5-1、K5-5 曲线段井孔取土作业。

4）第四循环取土（图8）

单循环第四轮共完成取土孔位 12 个,单次最大取土深度不超过 1.0m。由门式起重机配合取土设备完成 K1-2 直线段、K1-4、K2-8、K3-1-1、K3-8-2、K4-1、K5-3、K5-5 直线段井孔取土作业,由塔式起重机配合取土设备完成 K1-1、K1-5 曲线段、K5-2 曲线段、K5-6 井孔取土作业。

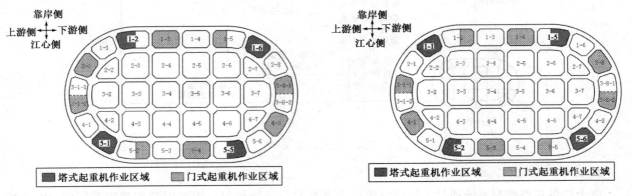

图7　第三循环取土范围　　　　　　　　图8　第四循环取土范围

5）第五循环取土（图9）

沉井内井孔、外井孔完成单循环取土后,开始沉井十字节点盲区取土作业。单循环第五轮共完成取土孔位 24 个,单次最大取土深度不超过 1.0m。

6）第六循环取土（图10）

沉井十字节点完成单循环取土后,开始沉井内井壁、内隔墙盲区取土作业。单循环第六轮共完成取土孔位 111 个,单次最大取土深度不超过 1.0m。

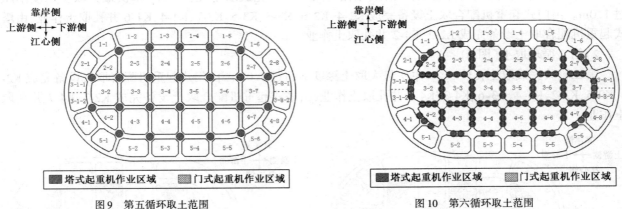

图9　第五循环取土范围　　　　　　　　图10　第六循环取土范围

六、技术分析

（1）气举取土设备每日取土方量：$16 \times 19 \times (8.4 \times 60 \times 0.2) \times 10\% = 3064 m^3$,满足日均取土量 $2000 m^3$ 需求；每天下沉量可达 0.6m,满足日均下沉量 0.4m 的控制需求。

（2）电动绞刀工效由刀头破土工效按照气举取土的工效进行计算。日有效工作时间 14 小时计算,每日取土方量 $14 \times 10 \times (8.4 \times 60 \times 0.2) \times 10\% = 1411.2 m^3$,沉井断面面积 $4825 m^2$,折合每日下沉量 0.29m,满足黏土层日下沉 0.2m 需求。

（3）十字节点孔位数量共 24 个,十字节点定点取土作业工效为 0.25 井孔/(d·台),满足 4d 完成的需求。

(4)沉井剪力键盲区共需取土方量29727m³。全部采用水下机械臂定点破土,共需破土方量约14680m³ 机械臂刃脚破土设备功效为500m³/(d·台),满足15d完成的需求。

(5)传统取土采用单一的取土手段,无智能设备,无法实现自动化作业,对于盲区取土困难,单台传统吸泥设备每小时吸土约40m³。相同配置下日取土量为400~450m³。

(6)结合上述,采用数字化、智能化取土工艺相较于传统取土工艺在取土效率上提升4~6倍,减少人力约60%。

七、结　语

沉井数字化、智能化取土下沉工艺在当今世界上最大的水中沉井常泰长江大桥5号墩沉井成功部署应用,通过设备集群控制,达成了机械化换人、自动化减人的目标,使得人力资源投入减少60%,取土效率提升50%;通过实时监控,井孔内泥面高差控制在1.5m以内,沉井姿态偏斜控制在1/200以内,避免了传统沉井施工中取土工效低、泥面成型质量不佳的问题,真正实现了沉井的可控、可视、可测下沉,是沉井基础施工向智能建造迈出的重要一步,也为后续水中巨型沉井的施工提供了宝贵的经验。

参考文献

[1] 李跃进.厚砂层中的沉井施工方法[J].山西建筑,2008(6):184-185.
[2] 邱拥军.大型沉井施工技术[J].山西建筑,2008(24):162-163.
[3] 王永华.射水空气吸泥机在沉井中的应用[J].建筑机械,1995(6):35-36.
[4] 邹进贵,邹双朝,江文萍,等.施工沉井自动化监测系统的研究[J].测绘信息与工程,2007(6):41-42.

24. 永临结合预制混凝土异形围堰设计及施工技术研究

李　哲　刘国鹏　徐志星

(中交第二公路工程局有限公司设计研究总院)

摘　要　马来西亚塞京卡特大桥主墩承台为高桩承台,结构外侧带有异形防撞裙板,用以抵御万吨级船舶撞击。桥址位于入海口,潮差大,当地资源条件有限,这对水中承台的施工带来了不利影响。针对结构及环境特点,建设者提出永临结合预制混凝土异形围堰法承台的施工理念。与以往传统预制围堰不同,本项目创新性地采用预制混凝土壁板及底板结构,预制壁板作为永久承台外围部分,免除了后期拆除临时围堰过程,节省施工工期及工程造价。此外,承台防撞裙板与围堰壁板整体预制、一体化安装,免除了水下支架现浇过程。围堰施工时,严格控制施工质量和工序工艺,项目最终通过细致的技术准备和有效的现场管控顺利完成了该新型围堰的施工。

关键词　永临结合　预制混凝土围堰　异形结构　围堰安装　施工风险

一、引　言

预制混凝土围堰结构在水中环境提供了高效且经济的解决方案,其具有快速安装、结构稳定、施工便捷的特点,因而在全球范围内的桥梁建设中得到了广泛应用。这些围堰通过模块化设计和工厂预制,确保了现场施工的高效性和安全性。同时,它们的设计也充分考虑了便于安装、增强耐久性等功能特性。然而,与以往常规围堰结构相比,马来西亚塞京卡特大桥的预制围堰具有独特的创新性,其主墩承台在结构外侧加设了实心的异形防撞裙板,这使得结构单位自重加大,需要对结构进行合理切块以便于安装。同时,由于高程影响,围堰底板裙板接缝位于高水位以下,对结构设计和施工均提出了更高的要求。塞京卡特大桥的围堰案例展示了预制围堰技术在应对特殊结构和复杂施工条件时的巨大潜力,凸显了这一结构类型现代桥梁工程中的重要角色。

二、工程概况

塞京卡特大桥桥全长 1280m,主墩位于水中。主墩承台为八边形结构,长 42.5m,宽 30m,含裙板总高 8.77m,下部裙板高 3.77m,承台混凝土厚 5.0m,分三层浇筑(图1)。

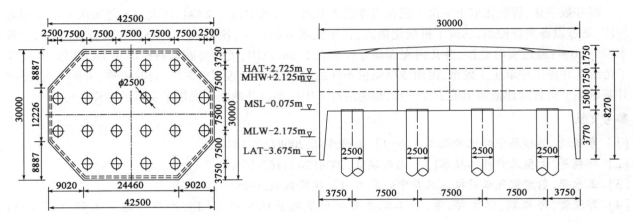

图 1 主墩承台构造图(尺寸单位:mm)

三、围堰结构设计及施工

1. 围堰结构设计

斜拉桥水中承台采用混凝土预制围堰,围堰底裙板设计接缝位置位于平均水位附近。桥址处潮差大,涨潮后水位漫过底板高程,对支撑牛腿焊接、预制块安装均带来较大影响。裙板下端设置了梯形防撞齿块,结构单位自重大。为了能够起重安装,需结合资源情况合理设置切块重量。主墩承台围堰设计为永临结合的预制混凝土异形结构,采用预制混凝土裙板+底板分离的结构形式。每个承台围堰含有预制底板 38 块,最大单块吊重 33.5t,围堰含有预制裙板 60 块,最大单块吊重 27t。承台的一部分作为围堰的壁板,厚度为 200~600mm 的上窄下宽变截面;承台中的钢筋在壁板内侧预留搭接长度。混凝土壁板和底裙板一起预制,预制的混凝土壁板间采用 200mm 宽湿接缝连接,底裙板块段相靠。混凝土底板系统由预制混凝土底板和底板梁、现浇湿接缝、局部现浇混凝土层组成。预制混凝土底板厚度为 250mm。由于裙板为异形结构,重心在底板区域外侧,在安装时需要采取临时支撑措施(图2)。临时支撑设计为双拼槽钢,一端连接于裙板上部,另一端与底板预埋件连接。围堰混凝土底板平面布置图如图 3 所示。

围堰按照高水位壁板抗压和低水位壁板抗倾覆进行设计计算,构件依据计算结构内力进行承载能力及抗裂配筋。另外,围堰壁板作为永久承台的一部分,需评估承台浇筑过程中混凝土压力及水化热对其综合影响。在第二层承台施工过程中,壁板外侧的拉应力在水泥水化反应最强烈的时间点达到顶峰,随着混凝土强度的提升而逐渐减小,第二层混凝土浇筑时壁板混凝土龄期较长,抗拉强度较高(图4、表1)。围堰壁板外侧有足够的永久钢筋,内侧也补充了临时钢筋网,可以保证壁板表面不出现较大的裂缝。

第二层承台施工过程中壁板外侧应力(单位:MPa)　　表1

节点编号	390966	389474	398181	387971
48h	3.254	2.828	2.252	3.126
72h	3.528	3.061	2.371	3.353

续上表

节点编号	390966	389474	398181	387971
96h	3.419	2.959	2.230	3.235
168h	2.589	2.231	1.586	2.459
240h	1.660	1.433	0.942	1.608
288h	1.134	0.990	0.599	1.137

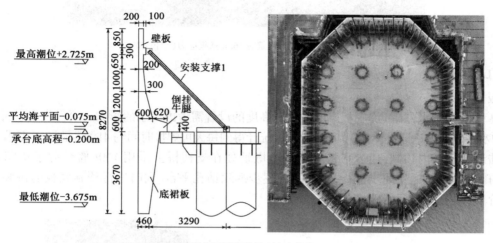

图 2 裙板临时固定措施(尺寸单位:mm)

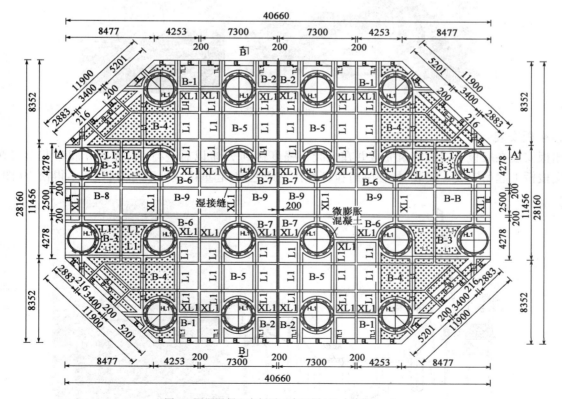

图 3 围堰混凝土底板平面布置图(尺寸单位:mm)

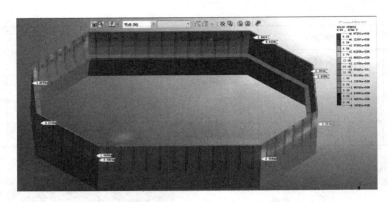

图 4　第二层混凝土浇筑时 168h 壁板应力(单位:MPa)

2. 施工工艺

1) 底板安装

底板高程位于低水位附近,底板厚度及牛腿高度的设置需考虑潮水的影响。项目收集了桥址附近水文站近 7 年的水位资料以论证设计施工可行性,分析统计得到每天可焊接时间约 4h,满足施工需求。围堰底板预制块在陆地预制场内预制,通过平板车运输至墩址处在支栈桥上采用 100t 履带起重机安装。底板安装时,与钻孔平台上部拆除同步进行,由远及近逐步拆除钻孔平台、同时进行预制底板的拼装(图 5)。在底板安装阶段,即可同步开始破桩头施工。

图 5　底板安装

2) 裙板安装

裙板安装在底板湿接缝浇筑完成并在混凝土强度达到 75% 以后进行,采用 100t 履带起重机在主栈桥和支栈桥上起吊安装。安装时,在临时拉杆焊接完成之前,起重机应处于持力状态,不得松钩(图 6)。

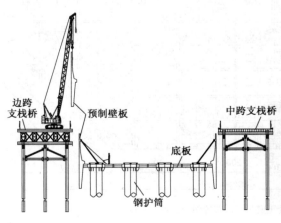

图 6　裙板安装

3）湿接缝施工

预制块拼装完成后，及时进行接缝施工（图7）。底板间的湿接缝模板采用竹胶板模板，采用细钢筋作为分配梁、粗铁丝作为悬吊结构。裙板湿接缝模板采用钢模板，模板间采用对拉杆固定。湿接缝底部高程位于平均水位附近，按照平均涨落潮6h计，新浇湿接缝混凝土泡水前可供等强的时间约6.5h，满足要求。湿接缝施工完成后，围堰内抽水并展开承台施工。

图7　湿接缝施工

4）围堰设计施工注意事项

围堰施工风险点提示及应对措施见表2。

围堰施工风险点提示及应对措施　　　　　　　　　　表2

项目	风险辨识	风险应对
底托牛腿焊接	护筒上的底托牛腿焊缝质量不达标	护筒上的底托牛腿承受整个围堰的重量，焊接质量至关重要，在施工过程中加强焊接质量的控制，焊缝质量等级不得低于二级，焊脚尺寸应满足设计要求。过程中做好质量检验
	底托牛腿安装高程偏差	在底托牛腿与钢护筒焊接之前，应精确复测高程，偏差不得大于2mm
底板、壁板的预制质量及偏差	预制板的尺寸及混凝土浇筑质量	板预制之前应根据护筒的偏差及时调整，保证预制板尺寸与护筒相匹配，顺利安装。壁板预制施工应根据已安装节段的累计偏差及时进行调整
	钢筋及模板	底板的钢筋较为复杂，为了保证板的整体性及受力，应严格按照设计图纸钢筋位置进行施工，保证钢筋位置准确，搭接长度应满足要求。混凝土浇筑时，采用穿孔模板，预留好钢筋接头，侧模可采用泡沫模板，便于施工
底板、壁板吊装及拼装	吊具及吊机	正式起吊之前应根据施工节段的重量进行吊装模拟及试吊，验证吊具的强度、刚度，保证施工安全
	施工环境及人员	起重作业应避开大风、大雾、大雨等极端天气。现场应有专职安全人员负责监督及协调，特种作业人员应持证上岗
	底板、壁板拼装	底板、壁板吊装到位后应及时复核高程，及时施工底板间的湿接缝，尽快形成整体。壁板应采用风缆进行稳固，防止倾覆。在壁板牛腿与外边梁之间防止遇水膨胀止水条，及时施工该牛腿处的预埋件。所有湿接缝采用微膨胀早强型混凝土进行浇筑，同时应严格控制浇筑时间，避开高水位
	壁板的拼装顺序	壁板拼装应优先施工角部块段，依次向两侧进行安装，侧向安装两块后施作湿接缝，应保证整个过程有风缆进行稳固，施工过程中遇极端天气应进行风缆的加强，并增加稳固措施，防止意外事故的发生
	应力、变形监测	整个施工过程中，应做应力、变形的检测工作，主特别是壁板安装时，各主要受力杆件的应力及变形

续上表

项目	风险辨识	风险应对
围堰抽水	围堰变形、应力、裂缝及漏水检测	围堰拼装并浇筑湿接缝完成后采用微膨胀细石混凝土堵塞护筒与底板缝隙，达到强度后进行围堰内抽水，抽水应缓慢进行，过程中应检测围堰变形、应力及壁板裂缝观测，如出现变形应力过大及明显裂缝应停止抽水，及时联系设计方进行分析原因并进行处理。抽水完毕后静等12h后再进行内部漏水观测，局部湿接缝缝隙漏水采用水玻璃混凝土等材料堵漏
承台施工	围堰底板、壁板及拉杆安全控制	在承台施工过程中，严禁施工机具对承台底板、壁板及拉杆进行碰撞，承台钢筋绑扎及混凝土浇筑应做到对称施工，严禁在围堰壁顶及围堰内材料堆载

四、结　语

本文针对马来西亚塞京卡特大桥主墩承台设计和施工过程中面临的特殊挑战，提出并总结了永临结合预制混凝土异形围堰设计及施工方法。建设者通过采用这一创新型围堰，解决了由结构功能、环境条件、资源限制等带来的各方面问题，最终顺利完成了围堰和承台的施工。塞京卡特大桥主墩围堰的工程经验，为相似结构提供了参考和借鉴，可助力类似的工程能够更加高效地应对技术挑战，顺利实现工程目标。

参考文献

［1］倪勇.下洞大桥水上混凝土围堰的施工及测量定位［J］.桥梁建设，2003(S1)：66-68.
［2］彭柳圣.混凝土围堰施工技术探析［J］.中国高新技术企业，2010(7)：114-115.
［3］周川.卵石层区域承台混凝土围堰施工关键技术及应用［J］.工程建设与设计，2020(6)：173-174.
［4］中华人民共和国交通运输部.公路桥涵施工技术规范：JTG/T F50—2020［S］.北京：人民交通出版社股份有限公司，2020.
［5］中华人民共和国住房和城乡建设部.钢结构设计标准：GB 50017—2017［S］.北京：中国建筑工业出版社，2017.
［6］中华人民共和国住房和城乡建设部.混凝土结构设计规范：GB 50010—2010(2015版)［S］.北京：中国建筑工业出版社，2015.

25. 新型工程用数字化智慧立体集料仓关键技术研究

苗　圃　高国安

（中交二航局第四工程有限公司）

摘　要　本文针对新型工程用数字化智慧立体集料仓的设计、施工和控制问题，从结构形式、基础施工、智能控制三个方面进行研究，提出了一套关键技术方案。结构形式方面，本文提出了一种基于模块化设计的立体集料仓结构形式，该结构形式具有灵活性、可扩展性和节约空间的特点，能够适应不同规模和需求的工程项目。基础施工方面，本文提出了一种基于多支点装配式钢结构底座的立体集料仓基础施工方法，实现了立体集料仓基础的快速、准确和安全的施工，降低了施工成本和工期。智能控制方面，本文提出了一种新型立体集料仓智能控制系统，实现了立体集料仓的实时监测、智能调度、自动化操作和远程管理，提高了立体集料仓的运行效率和安全性。

关键词　立体集料仓　数字化　模块化　智能控制系统

一、引　言

集料是混凝土的主要组成部分,其质量和供应直接影响着混凝土的性能和工程质量。随着我国城市化和基础设施建设的快速发展,对集料的需求量和品质要求不断提高,传统的平面集料仓已经不能满足现代工程的需要。为满足混凝土连续大方量生产需求,解决传统搅拌站堆料、节能、环保等管理难点,发明节能、环保、质量可控的混凝土搅拌站立体集料仓。立体集料仓作为一种新型的集料储存和输送设备,具有占地面积小、储存容量大、输送效率高、环境污染小等优点,将成为工程用集料仓的主流形式。

然而,立体集料仓的设计、施工和控制也面临着一些新的挑战和问题,如何提高立体集料仓的结构性能、施工效率和运行智能化水平,是当前亟待解决的技术难题。为此,本文从结构形式、基础施工、智能控制三个方面,对新型工程用数字化智慧立体集料仓的关键技术进行了研究,旨在为立体集料仓的设计、施工和控制提供一套科学、合理和先进的技术方案。

二、立体集料仓结构形式研究

1. 立体集料仓结构形式的分类和特点

为了确定适合新型工程用数字化智慧立体集料仓的结构形式,本文对目前常见的三种立体集料仓结构形式(混凝土结构立体料仓、钢板圆筒料仓、利普圆筒料仓)进行了综合对比分析。对比分析的内容主要包括结构性能、施工难度、运行效率、运营成本等方面,对比分析的结果如下:

钢筋混凝土仓:强度高、刚度大、抗震性好;需要现场浇筑混凝土,施工周期长,施工质量难以控制;集料的出仓速度慢,集料的分配不均匀;需要消耗大量的混凝土和钢筋,成本高。

钢板圆筒料仓:结构简单、施工快速、占地面积小、适应性强;集料的出仓速度慢,集料的分配不均匀;采用钢板作为结构材料,容易受到腐蚀和锈蚀的影响,需要定期进行防腐处理和维护,增加了运行和维护的成本。

利普圆筒料仓:采用薄钢板卷制成圆筒形,节省了钢材的用量,降低了造价,同时也减轻了基础的荷载,简化了基础的设计和施工;采用薄钢板卷制成圆筒形,强度和刚度较低,抗震性和抗风性较差,容易发生变形和损坏。

为了克服上述三种结构形式的局限性,本文提出了一种基于模块化设计的立体集料仓结构形式,该结构形式将集料仓分为若干个标准化的模块,每个模块包含一定数量的集料仓单元和相应的输送和分配设备,模块之间可以通过连接件进行拼接和拆卸,从而实现立体集料仓的灵活组合和可扩展性,同时也保证了立体集料仓的结构稳定性和运行可靠性。

2. 基于模块化设计的立体集料仓结构形式的设计原理和方法

基于模块化设计的立体集料仓结构形式的设计原理是根据工程项目的集料需求量、品种、规格等因素,确定所需的集料仓模块的数量、类型和排列方式,然后根据集料仓模块的标准尺寸和连接方式,进行立体集料仓的总体布局和结构设计(图1),最后根据集料仓的工作原理和流程,进行集料仓的输送和分配设备的配置和控制设计。

如图2所示,方形钢板仓结构形式的设计利用标准模块化设计的思想,将集料仓分为若干个方形钢板仓单元,每个方形钢板仓单元由四块钢板组成,钢板的尺寸和厚度根据集料的容积和密度进行确定,钢板之间、方形钢板仓单元之间接口具备扩展功能,可根据施工生产需要,实现筒仓标准化便捷扩容,从而实现集料仓的灵活组合和可扩展性,同时也保证了集料仓的结构稳定性和运行可靠性。同时通过数字化制造技术和工艺对方形钢板仓的制造与拼装精度进行控制,保证了方形钢板仓大截面尺寸的安装定位精度,实现了方形钢板仓快速、精准安装。

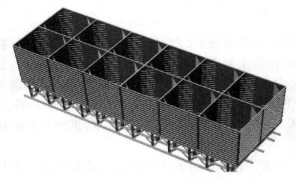

图 1 立体集料仓方形钢板仓

图 2 方形钢板仓安装

三、立体集料仓基础施工研究

1. 立体集料仓基础施工的现状和问题

立体集料仓的基础施工是指立体集料仓的地基处理、基础制作和基础安装等过程，这些过程对立体集料仓的稳定性和耐久性有着重要的影响。目前，立体集料仓的基础施工主要采用现浇混凝土的方法，即在场地内按照设计要求进行地基处理，然后在地基上按照设计图纸进行混凝土的浇筑和养生，最后在混凝土基础上安装立体集料仓的结构件和设备。这种基础施工方法虽然简单易行，但也存在一些问题和缺陷，主要表现在以下几个方面：

地基处理的质量难以保证，由于场地的地质条件和环境因素的影响，地基处理的过程中容易出现地基不均匀、地基沉降、地基承载力不足等问题，这些问题会导致立体集料仓的基础不稳定，进而影响立体集料仓的结构安全和使用寿命。

混凝土的质量难以控制，由于现场的施工条件和管理水平的限制，混凝土的配合比、浇筑温度、养生时间等参数难以精确控制，这些参数的偏差会导致混凝土的强度、密度、耐久性等性能下降，从而影响立体集料仓的基础的承载力和抗震性能。

基础的施工周期长，由于现浇混凝土的方法需要在场地内进行大量的土方、模板、钢筋、混凝土等施工，这些施工的过程不仅耗时耗力，而且受到天气、季节、交通等因素的影响，容易出现施工延期、施工中断、施工质量下降等问题，从而影响立体集料仓的施工进度和工程质量。

基础的施工成本高，由于现浇混凝土的方法需要消耗大量的人力、物力和财力，这些消耗不仅增加了立体集料仓的施工成本，而且增加了立体集料仓的运营成本，从而影响了立体集料仓的经济效益。

综上所述，现浇混凝土的方法虽然是目前立体集料仓的基础施工的主流方法，但也存在着一些不可忽视的问题和缺陷。为了解决这些问题和缺陷，本文提出了一种立体集料仓多支点装配式钢结构底座，实现了立体集料仓基础的快速、准确和安全的施工，降低了施工成本和工期。

2. 多支点装配式钢结构底座的设计原理和方法

为了综合考虑各种布置形式的经济性、安全性、可靠性、适用性等因素，本文通过数值化模拟计算，对各种布置形式的结构受力、结构变形、结构稳定性、结构耐久性等进行了分析和评价。依据集料仓结构构造和现场存料配置需求，集料仓选用多支点装配式钢结构底座基础结构（图3）。该布置形式采用标准化的钢结构构件，通过螺栓或焊接连接成多支点的底座基础结构，具有结构轻巧、施工方便、占地面积小、可拆卸和移动等优点。

图 3 多支点装配式钢结构底座基础结构布置图

多支点装配式钢结构底座基础结构布置图施工方便快捷，无须开挖基坑，无须浇筑混凝土，只需要将钢结构构件运至现场，按照设计图纸进行组装连接，大幅缩短了基础施工周期，降低了基础施工的难度和费用；结构轻巧稳固，每个支点对应的底盘的有效承载面积达1.5m²，接地比压仅为0.6MPa，所有基础均为等地面高程设置，不需要考虑地基的承载力和沉降情况，保证了立体集料仓的结构稳定性和运行可靠性；空间利用充分，集料配料系统集成在料仓支腿内侧，有效地利用了空间，避免了占用额外的场地，同时配置了12个3000kg称重传感器，满足了120~240等多种型号搅拌站集料配料需求，提高了集料配料的精度和效率；结构灵活可变，多支点装配式钢结构底座基础结构(图4)采用标准化的钢结构构件，可以根据不同的立体集料仓的规格和数量进行灵活的组合和调整，也可以根据不同的工程需求进行拆卸和移动，具有很强的适应性和可扩展性。

图4 多支点装配式钢结构底座基础结构

四、立体集料仓智能控制研究

1. 立体集料仓智能控制的现状和问题

立体集料仓的智能控制是指利用信息技术和控制技术，对立体集料仓的储存、输送和分配过程进行实时监测、智能调度、自动化操作和远程管理，从而提高立体集料仓的运行效率和安全性。目前，立体集料仓的智能控制主要采用传统的控制系统，控制系统的智能化水平低，由于传统的控制系统缺乏数据采集、数据分析、数据挖掘等功能，无法对立体集料仓的运行状态、运行效果、运行异常等进行有效的识别、评估和优化，导致控制系统的控制效果受到人为因素、环境因素、设备因素等的影响，无法适应立体集料仓的复杂和变化的运行条件。

为了解决传统的控制系统的问题和局限性，本文提出了一种新型立体集料仓智能控制系统，该系统利用新一代信息技术，实现了立体集料仓的实时监测、智能调度、自动化操作和远程管理，提高了立体集料仓的运行效率和安全性。

2. 智能控制系统的设计原理和方法

为了提高立体集料仓的运行效率和安全性，本文对立体集料仓的智能控制系统进行了研究，主要包括以下几个方面：

智能料位监测系统：该系统利用料位传感器(图5)，可实时监测料仓内集料的储存状态，如料位高度、料位分布、料位变化等，通过无线通信技术将数据传输至上位机，实现料仓的可视化管理(图6)。该系统还设有上下限位预警机制，当料位达到预设的上限或下限时，系统会自动发出报警信号，提示操作人员及时进行料仓的补料或出料，保证了集料的稳定供给。

智能上料系统：代替了传统的装载机上料，提高了上料的速度和准确性。卸料口设置了电子门禁(图7)，可自动识别来料的种类，防止不同种类的集料混入同一料仓，保证了集料的品质。布料机器人可根据集料的种类、各仓料位的情况，智能地布料，实现了集料上料、布料过程的自动化、无人化(图8)，从源头上避免了运输车辆误判卸料而造成砂石料在集料仓中"串料"现象的发生。

 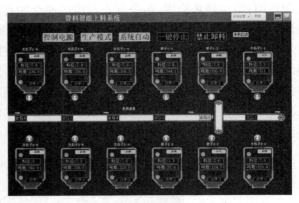

图5　多功能雷达防尘料位传感器　　　　　　　图6　料位监测显示界面

图7　自卸汽车电子门禁　　　　　　　图8　仓顶布料机器人及布料口

智能输送系统：该系统在集料输送平带与斜皮带过渡处设置了双向皮带，利用控制器域网（CAN）通信技术，扩展了输入、输出模块，实现了两条生产线的任一集料可共享，提高了集料资源的利用率（图9、图10）。该系统实现了集料输送的速度调节、方向控制、同步控制等功能，保证了集料输送的连续性和稳定性。

 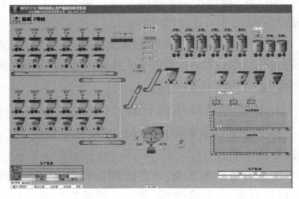

图9　智能换仓皮带　　　　　　　图10　智能换仓显示界面

智能采集和监测系统：该系统利用温度传感器、湿度传感器、重量传感器等多种传感技术，可实时检测集料的含水率、温度、重量等参数，实现集料数据的采集和监测（图11、图12）。该系统对集料数据进行分析和处理，可更好地反馈原材料的特性和变化趋势，为混凝土配比提供依据，保证了混凝土的质量稳定。

图11 集料数据采集和监测

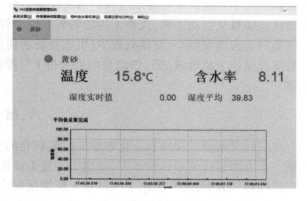
图12 集料智能采集和监测显示界面

智能启停系统：该系统利用人工智能（AI）视觉识别技术（图13、图14），智能识别集料输送过程中的料流和设备运行状态，通过图像处理、特征提取、模式匹配等技术，实现皮带机的智能启停，根据集料的实际需求，自动调节皮带机的运行和停止，降低了能耗，提高了生产过程的自动化水平和安全性。

图13 料流监测

图14 AI视觉识别

五、创 新 点

1. 让混凝土生产更经济、更智能

突破了传统的料仓平面布置方式，利用空间高度，增加了集料储存量，在宁象市域（郊）铁路象山港大桥1号搅拌站首次应用实施，和传统料仓相比占地面积减少30%，无堆场硬化、钢结构仓棚、料场喷淋等费用，节约成本300万元。立体集料仓采用轻量化、模块化设计，转场、安装便捷；基础施工简单，费用低廉；接口兼容性广容量可按需灵活扩展，适应性强，为集料的存储和输送提供了更多的选择和可能性。立体集料仓上料系统集成了智能料位监测、智能上料、智能换仓、智能启停等多个智能化模块，代替了传统的装载机上料，提高了集料供给效率，实现了集料上料无人化、自动化、智能化。

2. 让混凝土生产更高效

工程用智慧化立体集料仓是一种利用智能技术和自动化设备对集料仓进行管理和控制的新型集料仓系统。通过互联网、数字化、信息化等技术手段，采用自动化投料和出料装置，缩短了生产周期；实现了混凝土的数据采集、监测、分析、反馈等功能；优化了混凝土的生产计划和调度，提高了混凝土的生产质量和服务水平。对集料仓的空间利用、物料管理、输送效率、数据采集和监测、启停控制等方面进行了优化和改进，提高了混凝土生产的效率和安全性。

3. 让混凝土生产更绿色

新型工程用数字化智慧搅拌站物料输送采用高效节能电机、变频器等设备，其智能启动系统利用AI

视觉识别技术智能识集料输送过程料流及设备运行状态,可实现皮带机智能启停,避免了皮带空转,降低了能耗。集料全自动上料,代替了传统的装载机上料,避免了场内机器的轰鸣声,实现了废气"零排放"。立体集料仓占地面积小,复垦处理少,可重复转场使用,大幅减少了建筑垃圾的排放;新型工程用数字化智慧搅拌站在宁象市域(郊)铁路象山港大桥1号搅拌站项目中得到应用,取得了良好的经济效益和社会效益。

六、结　语

本文针对新型工程用数字化智慧立体集料仓的设计、施工和控制问题,从结构形式、基础施工、智能控制三个方面进行了系统的研究,提出了一套关键技术方案,并通过实例验证了其可行性和优越性。

结构形式方面,本文提出了一种基于模块化设计的立体集料仓结构形式,该结构形式具有灵活性、可扩展性和节约空间的特点,能够适应不同规模和需求的工程项目,同时也保证了立体集料仓的结构稳定性和运行可靠性。

基础施工方面,本文提出了一种多支点装配式钢结构底座施工方法,该方法实现了立体集料仓基础的快速、准确和安全的施工,降低了施工成本和工期。

智能控制方面,本文提出了一种新型立体集料仓智能控制系统,该系统实现了立体集料仓的实时监测、智能调度、自动化操作和远程管理,提高了立体集料仓的运行效率和安全性。

本文的研究为新型工程用数字化智慧立体集料仓的推广提供了一套科学、合理和先进的技术方案,对推动立体集料仓的技术进步和工程应用具有重要的理论意义和实践价值。

参考文献

[1] 张晓明,李建国,王志强.立体骨料仓的发展现状及展望[J].混凝土与水泥制品,2020(6):1-5.
[2] 艾小松.混凝土搅拌站智能控制系统[D].长沙:中南大学,2008.
[3] 杨聚庆,刘娇月,王光民.搅拌站控制系统的迭代自学习算法设计[J].制造业自动化,2011,33(14):137-138.
[4] 呼昊.混凝土搅拌站电气控制系统故障与维护[J].中国建材科技,2017,19(6):38-39.

26. 超长深水锁扣钢管桩围堰设计及施工技术研究

王寿星　齐　军　孟凡伟

(中交第二公路工程局有限公司设计研究总院)

摘　要　枝江长江大桥南主塔超大直径承台施工需克服厚卵石层、高水头差、深埋等技术难题,国内尚无同类型锁扣钢管桩围堰设计施工案例。本文结合类似项目经验,对围堰类型及结构形式进行对比分析进而优化设计,同时结合施工明确实施难重点及关键控制点,总结超长锁扣钢管桩插打困难处理技术措施、水下厚卵石层多措并举高效施工工艺等技术要点,进一步攻克特殊地质条件高水头差深埋围堰的设计及施工工艺技术难点,确保超长深水锁扣钢管桩围堰结构的安全可靠。

关键词　圆形深埋承台　高水头差基坑　厚卵石层　锁扣钢管桩围堰　结构计算　施工技术

一、引　言

1. 南岸承台设计简介

枝江长江大桥主桥采用主跨890m双塔单侧超高性能混凝土(UHPC)组合混合梁斜拉桥,跨径布置为68m+3m×72m+890m+300m+75m,主桥全长1549m。南岸桥塔采用深埋分离式圆形承台,直径

39.5m，顶高程29.163m，底高程22.163m，厚7.0m，其上设2.0m高塔座。每个承台下设30根直径2.5m钻孔灌注桩，承台采用C40混凝土，桩基采用C30水下混凝土。承台结构布置如图1所示。

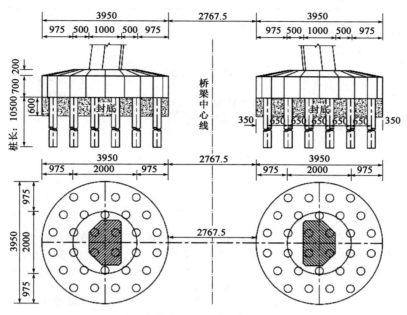

图1　南岸主塔承台构造图（尺寸单位：cm）

2. 地质条件

枝江长江大桥南主墩位于长江河床一江心洲内，地面高程31.348m，枯水季节河床直接裸露江面，根据勘察主墩区覆盖层发育广泛，钻孔至151.3m仍未揭示基岩，围堰深度范围内土层主要为粉砂、卵石层，土层参数如表1所示。

土层参数　　　　　　　　　　　　　　　　　　　　　　　　表1

层号	土层名称	内摩擦角（°）	黏聚力（kPa）	天然重度（kN/m³）
1~4	粉砂	25	0	19.0
1~9	卵石	40	0	21.0

3. 水文条件

拟建工程所在河段上游干流有枝城水文站，同时河段内还有马家店水位站，可作为本工程所在河段水文泥沙分析计算的主要依据站。考虑到三峡工程于2003年6月开始蓄水发电，因此，对于拟建工程河段的水文泥沙特性分析，主要按三峡水库蓄水前后分别统计各站的水文特征值。

（1）围堰设计水位。根据设计文件，桥位区20年一遇水位为44.54m，以此作为承台围堰设计水位。

（2）水中桥墩冲刷评价。根据本项目《洪水影响评价报告》专题研究结论，南主塔桥墩20年一遇水位总冲刷深度为9.92m，偏安全考虑，钢围堰设计时不考虑冲刷的影响，施工期间加强冲刷监测并提前做好防护措施。

二、围堰结构设计研究

1. 围堰方案比选

南主塔为深埋承台，适用的围堰类型主要有钢管桩、钢板桩及双壁钢套箱围堰，根据设计资料，单个围堰体量非常大，直径达44.3m，内外最大水头差27.377m，粉砂及卵石开挖深度14.185m，施工难度大，安全风险高，通过对常用三种类型围堰类型比选（表2），最终选用锁扣钢管桩围堰。

围堰方案比选 表2

名称	锁扣钢管桩围堰	钢板桩围堰	双壁钢套箱围堰
优点	①锁扣钢管桩刚度大,围檩及内支撑相对较少,结构安全可靠,安全风险低; ②施工作业强度相对较小,人力及机械设备占用率较低; ③大直径钢管桩市场资源量大,可直接购买成品加工拼装后即可使用; ④围堰拆除完整,不需要水下作业,简单快捷	①重量较轻,施工方便,对设备要求不高; ②围堰拆除完整,不需要水下作业,简单快捷,成本最低	①结构刚度大,安全可靠; ②可在桩基施工期间同步加工围堰,节约工期
缺点	①入土深度较大,插打较为困难; ②成本介于钢板桩和钢套箱围堰之间	①围堰几何尺寸误差大,表面不平顺; ②围堰刚度小,施工时容易变形,长钢板桩施工过程中容易脱扣; ③对于深基坑围堰,内支撑和围檩要特别加强加密,承台操作空间狭小,影响施工; ④柔性过大,振动锤击振力过大会造成钢板桩变形	①承台大且埋置深,钢套箱的制作加工、现场拼装、抽水下沉等工序工期较长; ②承台施工完成后拆除困难且拆除不完整,需要潜水员配合水下切割钢板,钢材回收率低,成本高

2. 围堰支护结构比选

总体方案确定锁扣钢管桩围堰之后,结合承台和下塔柱施工,对无内支撑圆环钢箱围檩锁扣桩围堰、梅花形内支撑+型钢围檩锁扣桩围堰、正六边形少内支撑锁扣桩围堰等三种支护结构类型进行方比选(表3),最终选用内支撑圆环钢箱围檩锁扣桩围堰。

围堰支护结构比选 表3

围堰形式	无内支撑圆环钢箱围檩锁扣桩围堰	梅花形内支撑+型钢围檩锁扣桩围堰	正六边形内支撑锁扣桩围堰
结构优点	①圆形围堰施工速度较快; ②无内支撑结构,不干扰承台及主塔施工,工期快	①围檩采用节段型钢,加工速度快; ②设钢管内支撑,可提升整体稳定性	①采用对角斜撑减少对承台主塔施工的干扰; ②围檩及内支撑型料可周转
结构缺点	①钢箱预制加工难度较大; ②稳定性影响钢箱围檩截面尺寸较大; ③围檩材料周转性差	①总用钢量增加7.09%; ②梅花形内支撑对内部施工影响较大	①围堰整体体量增大,加工安装费用增加; ②总用钢量增加18.26%
比选结果	推荐	不推荐	不推荐

3. 圆形锁扣钢管桩围堰结构设计

南主塔承台钢围堰采用锁扣钢管桩形式,单个圆形锁扣钢管桩围堰平面内直径为44.3m,与承台外轮廓净距为2.4m,围堰顶面高程+45.54m,底面高程+7.54m,总高38m,高度方向按3.98m+5.5m+4.5m+4.4m的间距设四道钢箱围檩,围堰封底为5m(有效厚度4.7m)的C25水下混凝土。围堰结构如图2、图3所示。

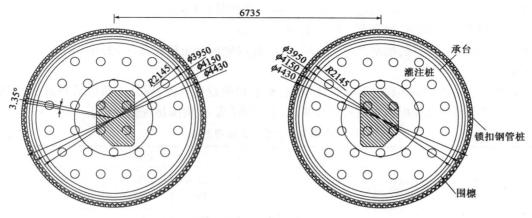

图 2　锁扣钢管桩围堰平面图(尺寸单位:cm)

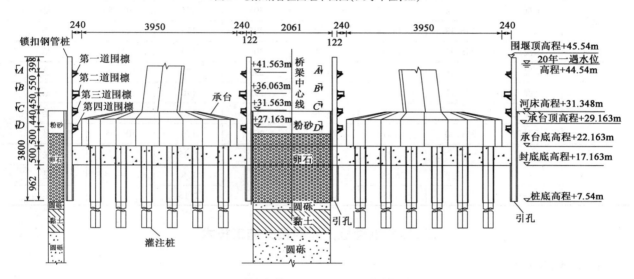

图 3　锁扣钢管桩围堰立面图(尺寸单位:cm)

围堰的钢管桩使用 Q355B 材质的 $\phi1220\text{mm}\times14\text{mm}$ 钢管,锁扣使用 Q355B 材质的拉森-Ⅵ锁扣,构造如图 4 所示。围檩均采用 Q355B 材质钢板加工:第一道围檩为 $1200\text{mm}\times600\text{mm}$ 钢箱,顶板厚 20mm,腹板厚 16mm;第二道围檩为 $1800\text{mm}\times1200\text{mm}$ 钢箱,顶板厚 26mm,腹板厚 24mm;第三和第四道围檩均为 $1400\text{mm}\times1000\text{mm}$ 钢箱,顶板厚 24mm,腹板厚 20mm。

4. 圆形锁扣钢管桩围堰受力计算

1) 总体施工步骤

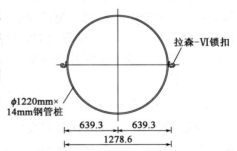

图 4　锁扣钢管桩平面图(尺寸单位:mm)

南主塔承台范围内地层依次为细砂、卵石层,地层坚硬且容易塌孔,渗透系数大,因此钢管桩围堰采用引孔的方式将钢管桩栽入覆盖层 23.8m,低水位安装第一、第二道围檩,逐根插打钢管桩至合龙,接着水下开挖至基底并浇筑封底混凝土,然后逐层抽水逐层安装第三、第四道围檩,最后继续抽水至封底顶面施工承台。

2) 计算工况

根据施工步骤,拟定相应计算工况如下:

工况一:在低水位下,第一至第二道围檩安装完成,插打钢管桩至合龙后,在 20 年一遇水位下,保持围堰内外水位平衡,围堰内水下开挖至基底(基底高程+17.163m)。

工况二:浇筑封底混凝土形成强度后,抽水至第三道围檩下1.4m。
工况三:安装第三道围檩,抽水至第四道围檩下1.4m。
工况四:安装第四道围檩,抽水至封底混凝土顶面(封底混凝土顶面高程22.163m)。

3)计算结果

结构受力采用midas Civil软件建立整体模型,基于相关设计规范,按施工阶段分析计算,围堰抗浮、抗倾覆和基底抗隆起稳定性根据规范公式计算,计算结果(表4)均满足规范要求。

南主塔承台围堰计算结果汇总　　　　　　　　　　　　　　　　　　　表4

项目	工况	计算值			控制值			是否满足
		组合应力(MPa)	剪应力(MPa)	位移(mm)	组合应力(MPa)	剪应力(MPa)	位移(mm)	
锁扣钢管桩	工况一	87.41	26.18	7.40	305	175	9.95	是
	工况二	214.14	126.37	27.37	305	175	36.88	是
	工况三	246.18	144.31	2.38	305	175	24.4	是
	工况四	248.71	146.65	8.75	305	175	11	是
围檩	工况一	51.30	1.37	55.96	295	170	106.25	是
	工况二	246.71	1.37	76.30	295	170	106.25	是
	工况三	250.91	1.37	76.74	295	170	106.25	是
	工况四	251.00	1.37	76.75	295	170	106.25	是
抗倾覆	—	—	1.37			1.35	—	是
抗隆起	—	—	26.59			1.8	—	是
抗浮	—	—	1.18			1.15	—	是

三、锁扣钢管桩围堰的相关施工技术

1. 先支法工艺

根据前述设计计算内容,围堰内外水头差最大达27.377m。为保证围堰成型施工过程中结构安全性及稳定性,经结构试算对比,超长深水锁扣钢管桩围堰设计采用先支法工艺:利用低水位先将第一、二道围檩安装就位,可作为两层导向架将锁扣钢管桩逐根插打合龙,带水开挖至封底底部,完成水下封底混凝土施工。此工艺在水下深开挖前移完成两道围檩支撑安装,与钢管桩形成整体受力,确保开挖工程中围堰的稳定性。

2. 箱形围檩安装

钢箱围檩工厂加工预拼装完成后进场,单座围堰四道围檩共分为48节段,单个节段弧长约11m,重量为6.1~15.6t。为控制围檩节段安装精度,现场在桩基钢护筒对应围檩安装高程处焊接临时三角牛腿支撑,接入监测设备进行围檩节段下放,围檩节段之间采用码板临时固定,利用竖向及横向千斤顶进行微调,待监测数据与安装线形吻合后逐段焊接,最后一个节段安装可根据安装误差提前干预调整保证合龙精度。围檩安装施工如图5所示。通过节段预拼装、数字定位、误差反馈、动态调整等一系列措施确保外径44.3m圆环形围檩精确安装就位。

3. 锁扣钢管桩插打

围堰施工深度范围内地质条件主要为粉砂、卵石层。粉砂层平均厚6m。经过现场钢管桩试打数据最大入土深度15m,远不能满足38m钢管桩设计入土23.8m的要求。现场针对超长锁扣钢管桩插打提出两种施工方案。根据施工实际情况,为优化设备投入、降低现场组织难度、提高工效,最终优选孔内引孔跟进沉桩方案,通过改制旋挖钻及特殊振动锤选型实现38m超长锁扣钢管桩孔内引孔复打就位。主要施工工艺为：采用135t履带起重机配合永安180t振动锤将38m锁扣钢管桩振沉自稳后，履带起重机撤出，改制旋挖钻进入平台就位，进行钢管桩孔内引孔，配合振动锤边引孔边跟进沉桩作业（图6）。经现场实践，孔内引孔工艺成功解决了特殊厚卵石层锁扣钢管桩插打困难、钢护筒引孔回填工效低的问题，提高了锁扣钢管桩施工速度。

a) 围檩节段吊装　　b) 节段竖向调节　　c) 节段水平调节　　d) 先支法第一、二围檩安装完成

图5　围檩安装现场施工图

4. 锁扣钢管桩合龙

锁扣钢管桩围堰刚度大，合龙精度控制要求高，锁扣钢管桩插打到最后几组进行合龙模拟，经过现场合龙模拟结果，拉森锁扣无法满足合龙距离要求。由此，合龙口钢管桩采用C-T形锁扣（图7），锁扣规格$\phi180mm \times 10mm$和I20b型钢，提前加工两根异形合龙钢管桩，根据合龙模拟结果逐根定位钢管桩进行下放，最终完成锁扣钢管桩合龙，为围堰基坑开挖提供作业环境。

图6　钢管桩内引孔现场施工图　　　　图7　合龙钢管桩构造及合龙桩现场施工图

5. 基坑开挖

锁扣钢管桩插打合龙后，带水开挖至封底底面，清理钢护筒，锁扣钢管桩表层泥皮后，浇筑封底混凝土。基坑开挖深度共计14.185m，开挖方量21500余立方米，现场施工针对厚卵石层开挖分别开展了机械抓斗、抽砂船、伸缩臂挖机、气举反循环几种开挖方式对比。如表5所示，经方案对比及现场多次尝试设备与人员调整，最终确定一台绞吸式挖泥船+两套气举反循环互相配合的开挖工艺，多设备配合施工效果见图8。绞吸式挖泥船主要用于快速清理上层粉砂层，当抽砂深度达到卵石层时接入气举反循环进行清理。经过对比该方案，抽砂效率较既往尝试方案可提升50%。

卵石层开挖工艺对比　　　　表5

设备选型	工艺特点
机械抓斗	机械抓斗方量小，工作面过多，钢平台作业面有限，履带起重机匹配困难，且大粒径卵石易对抓斗造成损坏
抽砂船	抽砂船距围堰距离远，扬程过大，抽砂泵管角度大难以清除圆形围堰与桩基钢护筒角落处卵石

续上表

设备选型	工艺特点
伸缩臂挖机	可利用钢平台及桩基钢护筒搭设通道施工,但开挖过程最大高差40m,超过挖机工作限值,需特殊设计挖机施工平台
气举反循环	经设备调研及现场实践,可实现最大15cm粒径卵石清理作业,施工现场组织难度小

6. 封底混凝土

浇筑封底混凝土采用4台汽车起重机(用3台备1台)、10台12m^3混凝土搅拌运输车、2台130t履带起重机、6套ϕ325mm导管+1.5m料斗,进行封底水下混凝土的浇筑。项目施工根据资源配置优化传统封底平台形式,在钢护筒顶铺设型钢节段钢面板,高效完成封底平台打设。如图9所示,经过两天一夜围堰顺利封底。混凝土浇筑完毕后,待混凝土达到设计强度的90%以上后,依次抽水安装第三、四道围檩,抽水至封底混凝土面,清理表面淤泥,随后进行桩头的破除、钢筋绑扎施工作业。

图8　绞吸式挖泥船+气举反循环配合现场施工图　　　　图9　封底混凝土施工现场施工图

四、结　　语

本文针对枝江长江大桥南主塔深埋承台设计和施工过程中面临的特殊挑战,开展超长深水锁扣钢管桩围堰设计及施工关键技术研究,解决了高水头差围堰设计、厚卵石地层钢管桩插打、大粒径卵石水下开挖等技术难题,最终顺利完成了围堰和承台的施工,为类似项目锁扣钢管桩围堰的优化设计及高效施工提供了参考借鉴。

参考文献

[1] 王寅峰,吴杰良.武汉青山长江公路大桥南主墩锁口钢管桩围堰设计[J].桥梁建设,2017,47(1):99-103.

[2] 董晔.卵石土地质下桥梁承台围堰施工技术研究[J].公路,2019,64(8):123-126.

[3] 中华人民共和国住房和城乡建设部.建筑基坑支护技术规程:JGJ 120—2012[S].北京:中国建筑工业出版社,2012.

[4] 中华人民共和国交通运输部.公路桥涵地基与基础设计规范:JTG 3363—2019[S].北京:人民交通出版社股份有限公司,2019.

[5] 中华人民共和国住房和城乡建设部.钢围堰工程技术标准:GB/T 51295—2018[S].北京:中国计划出版社,2018.

27. 一种预制节段梁测量塔定位圆盘轴线调整新方法

周海生 岑 超 刘世超

(中交二航局第四工程有限公司)

摘 要 短线法预制节段梁施工已是桥梁工程建设中的常见技术,固定端模长期使用会产生一定程度的变形,测量塔自身沉降会导致定位圆盘发生一定程度的偏移,使得在后期预制施工过程中测量塔定位圆盘中心点偏离固定端模的中轴线。常规方法的调整对象为固定端模,本文提出一种新方法将测量塔直接作为调整对象,在不调整固定端模的情况下,使得测量塔定位圆盘能够根据需要进行左右定量横移,将其中心点直接重新纠正到固定端模中轴线上,实现精细化调整,避免常规方法对固定端模的损伤及对预制局部坐标系的影响,减少了人员、设备的投入。

关键词 固定端模 测量塔 定位装置 调整

一、引 言

短线法预制节段梁施工已是桥梁工程建设中的常见技术,节段梁预制厂固定式预制台座目前多采用单测量塔设站测量[1],相比于双测量塔设站测量,可节约测量塔建造与控制网维护成本。单测量塔设站测量是将安置全站仪的测量塔设置于固定端模中轴线上,直接测量固定端模轴线中点棱镜平距,通过方位角(置零)设站。通过测量固定端模两侧对称点的平距进行测量塔与固定端模中轴线关系检核(图1),通常要求安置的全站仪定位圆盘(即测量塔强制对中盘)中心与固定端模轴线偏差不大于5mm[2],若轴线偏差超过5mm,该预制台座将暂停使用,需要重新调整定位圆盘的轴线偏差。

图1 固定端模

二、常规调整方法

测量塔建造时,采用预制台座轴线放样的方法埋设测量塔,在测量塔顶部预埋件位置焊接定位圆盘,此时测量塔定位圆盘一般不在固定端模中点的垂线上,需要通过调整固定端模来使得定位圆盘处于其中轴线上。在节段梁长期预制施工中,受各种施工因素影响,固定端模和测量塔塔柱易发生跑位偏移,会导致使用过程中定位圆盘轴线偏差易不满足偏差不超过5mm要求。

如图2所示,常规处理手段需切除固定端模与施工平台的连接件,使用气割、电焊机、手拉葫芦、全站仪等多种设备工具,根据测量数据对固定端模进行调整,达到测量塔定位圆盘距离固定端模中轴线偏差不大于5mm的目标,满足要求后重新将固定端模与施工平台焊接连接。这种粗放式调整方法投入人员与工具多、耗时长、易损伤固定端模,对以固定端模作为预制局部坐标系统影响较大,调节精度约为2mm。

图2 常规全站仪安置定位圆盘

三、创新调整方法

固定端模长期使用会产生一定程度的变形,测量塔自身沉降会导致定位圆盘发生一定程度的偏移,这些情况均会导致定位圆盘中心点偏离固定端模的中轴线。因此,需研制一种适用于节段梁预制台座测量塔定位装置,使得定位圆盘能够根据需要进行左右定量横移,将定位圆盘中心点直接重新纠正到固定端模中轴线上,实现测量塔定位圆盘轴线的精细式调整(调节精度达到1mm)。

1. 装置构成

适用于节段梁预制台座测量塔定位装置[3]由塔柱、安装板一、安装板二、钢筋柱、定位圆盘、连接螺栓、轴承座及摇杆等组成(图3)。塔柱的顶部焊接有水平的安装板一,安装板一的正上方通过钢筋柱连接设有水平的安装板二,安装板二的中间设有滑槽一并在滑槽一的上方设有定位圆盘,定位圆盘的上端面的中心设有连接螺栓,定位原盘的下端面的中心设有安装块,滑槽一的下方设有丝杆并通过轴承座安装在安装板二的下端面,丝杠一端可以方便安装摇杆,丝杆另一端与安装块相连接。

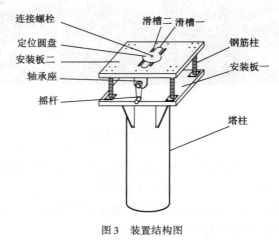

图3 装置结构图

2. 定量调整

适用于节段梁预制台座测量塔定位装置通过摇动摇杆经丝杆传动后即可带动定位圆盘的位置调整,

摇杆每转动一圈,定位圆盘可移动 2mm,若定位圆盘需要移动 Tmm,则摇动摇杆 $T/2$ 圈即可,再通过锁紧螺钉将定位圆盘固定在安装板二上,即完成了定位圆盘的定量调整。

如图 4 所示,设固定端模厚度为 dm,在测量塔与固定端模严格垂直的情况下,固定端模上 LI1、I1、RI1 三个控制测量点的 X 值均为 $-d/2$m,在使用过程中会发现,LI1、RI1 左右两个控制测量点的 X 值发生变化,一点 X 值大于 $-d/2$,另一点 X 值小于 $-d/2$。从数据看,固定端模的模板似乎是发生了旋转,固定端模中点 I 与测量塔定位圆盘中心点的连线不再与固定端模严格垂直,需要通过测量塔定位装置横移定位圆盘中心点至固定端模中轴线上。

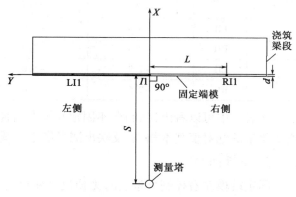

图 4　固定端模预制局部坐标系

固定端模上左右两个控制测量点 LI1、RI1 关于 I1 中点对称,与 I1 中点距离为 Lm,测量塔定位圆盘中心点至固定端模中点 I1 的平距为 Sm,通过几何关系可计算出测量塔定位圆盘中心的轴线偏移量。

左侧控制测量点 LI1 处 X 值变化量:$\Delta X_L =$ 左点 X 实测值 $+ d/2$

右侧控制测量点 RI1 处 X 值变化量:$\Delta X_R =$ 右点 X 实测值 $+ d/2$

固定端模在 X 方向平均变化量:$\Delta X = (\Delta X_L - \Delta X_R) \div 2$

测量塔定位圆盘中心点轴线偏移量:$T = \Delta X \div L \times S$

ΔX 为正,表示测量塔定位圆盘中心在固定端模中轴线的右侧,需要将定位圆盘中心向左侧横向移动 $|T|$mm;ΔX 为负,表示测量塔定位圆盘中心在固定端模中轴线的左侧,需要将定位圆盘中心向右侧横向移动 $|T|$mm。测量塔定位圆盘调整示意见图 5。

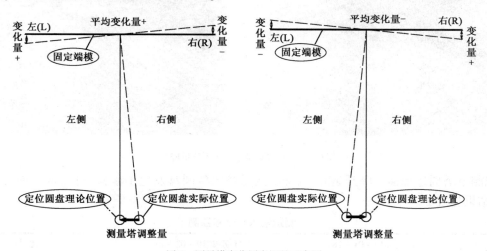

图 5　测量塔定位圆盘调整示意图

四、创新应用实践

1. 发现问题

以五峰山公路节段梁预制厂短线法节段梁预制为例,预制台座配置的固定端模厚度均为 10mm,在测量塔与固定端模严格垂直的情况下,固定端模上左、中、右三个控制测量点 LI1、I1、RI1 的 X 值均为 -5mm,左右控制测量点 LI1、RI1 至固定端模中点 I1 的距离 $L = 6.5$m。在使用一段时间后,发现部分预制台座的固定端模上的左右控制测量点 LI1、RI1 的 X 值发生异步位移,存在一侧大一侧小的情况,见表 1。

部分预制台座固定端模左右控制测量点 X 值变化分析表   表1

台座编号	点位标识	调整前实测 X 值（mm）	理论 X 值（mm）	左/右点 X 变化量 ΔX（mm）	测量塔定位圆盘中心至固定端模中点 $I1$ 平距 S(m)
1-1	LI1	-3.4	-5.0	1.6	18.8428
	RI1	-9.0	-5.0	-4.0	
2-3	LI1	-7.7	-5.0	-2.7	20.8353
	RI1	-2.6	-5.0	2.4	

从表1中可以看出,预制台座固定端模左右控制测量点的 X 值发生异步变化,一侧变大一侧变小,X 值变化量的绝对值基本相当,反映出测量塔定位圆盘相对于固定端模中轴线的位置发生了变化。

2. 分析问题

固定端模左右控制测量点的 X 值反号变化,且变化量的绝对值基本相当,说明固定端模板依然基本保持在一条直线上,没有发生变形。结合测量塔周边地面混凝土存在开裂及塔两侧堆载情况（图6）进行初步分析,地面不均匀沉降引起测量塔倾斜导致定位圆盘产生一定的水平位移,进而使得定位圆盘中心点与固定端模中点连线与固定端模自身中轴线不再重合,使得固定端模左右控制测量点的 X 值发生异步变化。

图6 测量塔周边地面发生不均沉降开裂

在发现测量塔周边地面沉降开裂后,为证明测量塔定位圆盘发生了偏移,对测量塔进行了水平位移监测,监测结果见表2。

测量塔水平位移监测   表2

测量塔编号	日期:2019-01-18		日期:2019-02-12		变化量(mm)	
	X(m)	Y(m)	X(m)	Y(m)	ΔX	ΔY
1-1	18.9069	65.9253	18.9093	65.9278	2.4	2.5
2-3	-10.0480	113.7286	-10.0507	113.7259	-2.7	-2.7

从表2中可以看出,测量塔定位圆盘中心点发生的水平位移均大于2mm,证实了因地面不均匀沉降开裂导致测量塔定位圆盘中心确实存在较明显的水平位移。

3. 处理措施及效果

五峰山公路节段梁预制厂生产线上的测量塔应用了节段梁预制台座测量塔定位装置,对需要调整轴线的测量塔转动装置摇杆横移定位圆盘进行定量调整,各测量塔定位圆盘的横移方向及摇杆转动圈数见表3。

待调测量塔定位圆盘定量调整表　　　　　　表3

测量塔编号	平均变化量 ΔX（mm）	距离 L（m）	平距 S（m）	轴线偏移量 T（mm）	横移方向	摇杆转动圈数（圈）
1-1	2.8	6.5	18.8428	8.1	向左侧移动	4.1
2-3	-2.6	6.5	20.8353	-8.2	向右侧移动	4.1

从表3中可以看出，测量塔定位圆盘中心点轴线偏差均超出限差不超过5mm的要求，需要利用测量塔定位装置将定位圆盘中心点横移到固定端模中轴线上。

依据表3，松动安装板二下的锁紧螺钉，按照横向移动方向转动装置摇杆定量圈数，使得定位圆盘中心重新回到固定端模中轴线上，上紧锁紧螺钉将定位圆盘再次固定，完成对测量塔定位圆盘轴线偏差的纠正。再次在测量塔定位圆盘上安置全站仪，对预制台座固定端模上的左右控制测量点LI1、RI1的 X 值进行数据采集，见表4。

测量塔轴线偏差调整后固定端模左右控制测量点 X 值变化分析表　　　　表4

台座编号	点位标识	调整后实测 X 值（mm）	理论 X 值（mm）	左/右点 X 变化量 ΔX（mm）
1-1	LI1	-6.1	-5.0	-1.1
	RI1	-6.3	-5.0	-1.3
2-3	LI1	-5.3	-5.0	-0.3
	RI1	-5.0	-5.0	0.0

从表4中可以看出，利用测量塔定位装置将定位圆盘中心点轴线偏差调整后，固定端模左右控制测量点 X 值变化量为1mm左右，数值较小，且符号相同，表明测量塔定位圆盘中心点较好地恢复到固定端模中轴线上。

五、两种方法对比分析

1. 流程对比

两种调整方法的流程对比见图7。

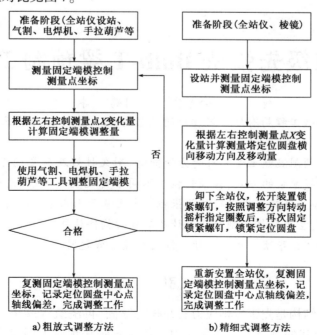

图7　两种调整方法流程对比

从流程图对比中可以看出,粗放式调整方法需要调整多次才能将测量塔定位圆盘中心点轴线偏差调至限差要求内,精细式调整方法利用装置只需一次定量调整就可以将测量塔定位圆盘中心点轴线偏差调至限差要求内。

2. 功效对比

两种调整方法的工效对比见表5。

两种调整方法工效对比　　　　表5

工效对比因素	粗放式调整方法	精细式调整方法
人	需要测量人员2名、工人3名	仅需要测量人员2名
设备工具	全站仪、棱镜、气割、电焊机、手拉葫芦、角钢连接件	全站仪、棱镜
调整对象	固定端模	测量塔定位圆盘
调整时间	一个预制台座调整一次固定端模平均约用2h	一个预制台座调整一次测量塔仅需10min
轴线调整精度	2mm	1mm

六、结　语

在短线法节段梁预制生产线上,固定式预制台座的测量塔定位圆盘轴线偏差超出要求的情况下,使用新装置对定位圆盘轴线进行精细式调整,不但避免了损伤固定端模、保护了以固定端模为基准的预制局部坐标系,而且调整过程简单、快速,节省了人力物力,提高了轴线调整精度。该创新方法有效地解决了预制节段梁测量塔定位圆盘中心位于固定端模中轴线上的调整难题。

参考文献

[1] 陈昊,夏辉.短线匹配法箱梁节段预制测量方法研究[J].现代测绘:2018,41(2):9-12.
[2] 江苏省交通工程建设局,中交第二航务工程局有限公司.T-JSTERA 13—2020 短线法节段梁预制及安装质量检验标准[S].南京:[出版者不详],2020.
[3] 钟永新,鲁兴旺,邢键,等.一种适用于节段梁预制台座测量塔定位装置:201921992021.0[P].2020-08-28.

28. 千吨级先张法 Bulb-T 梁预制工艺研究

杨　萍[1]　徐志星[1]　刘国鹏[1]　李　博[2]

(1.中交第二公路工程局有限公司设计研究总院;2.中交二公局第五工程有限公司)

摘　要　折线先张法预制混凝土梁具有受力性能好、耐久性好及质量稳定等优点,被广泛应用于近海桥梁中。由于采用了折线配束的方式,其预制施工不同于传统直线先张法,折线筋需要利用弯起装置实现弯起,并将折线筋转换为直线筋再进行整体张拉。本文基于山东省某项目对折线先张法预制混凝土梁的预制生产进行了说明,主要包括预制台座设计及其核心构件计算。

关键词　预应力　折线先张法　预制台座　锚固台座　弯起器

一、引　言

先张法预应力混凝土结构是先张拉预应力筋并临时锚固,再浇筑混凝土,后放张预应力筋;其主要依靠预应力钢筋与混凝土间的黏结力传递预应力。传统先张法预应力混凝土结构以直线预应力束为主,其主要用于中小跨径的空心板梁;折线先张法预应力混凝土通过在梁内设置弯起器,将直线束在梁端弯起,实现预应力筋分布与梁体内力图相匹配,从而适应更大跨径的桥梁,其施工质量稳定,结构耐久性好。

后张法预应力混凝土结构是先浇筑混凝土构件并预留预应力孔道,再穿预应力筋并张拉。为了保证预应力筋不锈蚀,孔道内需进行压浆,主要依靠两端的锚具传递预应力。后张法预应力混凝土结构其主要问题是孔道注浆质量难以控制,注浆饱满率低,从而导致预应力筋锈蚀、混凝土结构开裂、承载力降低及主梁下挠等质量问题[1]。

二、工程概况

该项目为山东省某国道项目,其引桥为标准跨径40m的Bulb-T梁桥,设计荷载等级为公路—Ⅰ级,设计梁长38.767~40.743m,混凝土强度等级为C50,单片预制梁混凝土方量约37.26m³。单片Bulb-T梁共布置58根预应力钢绞线,其中直线筋40根、折线筋18根。梁内折线筋弯起点位于距梁跨端约10m处,折线束的弯起角度统计表见表1。

折线筋弯起角度统计表　　　　表1

钢束编号	N1	N2	N3	N4	N5	N6	N7	N8	N9
弯起角度(°)	10.763	10.210	9.655	9.097	8.537	7.971	7.404	6.835	6.265

预应力钢绞线采用直径15.24mm的低松弛钢绞线,每根公称面积140mm²,抗拉标准强度1860MPa,张拉控制应力为1395MPa,其性能指标符合《预应力混凝土用钢绞线》(GB/T 5224—2014)标准的相关规定。Bulb-T梁的设计横断面如图1所示。

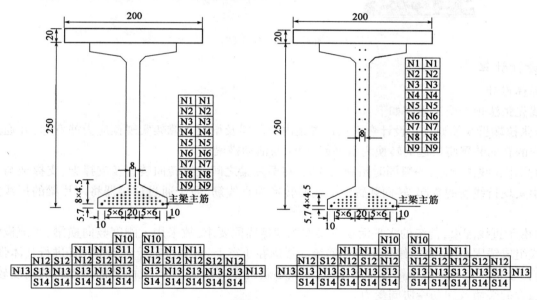

图1　T梁横断面图(尺寸单位:cm)

三、台座设计

1.预制场总体情况

该梁采用长线法预制施工,预制区由5排预制台座组成,每排台座依次设置梁端张拉区1+梁体预制区1+梁间转向区+梁体预制区2+梁端张拉区2组成;其中梁端张拉区由反锚固台座、基础(承台+桩基)、锚固小车及梁端转向架组成;梁体预制区由主梁预制台座、梁内弯起器及基础组成;梁间转向区主要设置梁间转向架,将两片T梁钢绞线连接。另外,在梁场出入口侧设两排存梁台座,布置图如图2、图3所示。

图 2　单排预制台座三维示意图

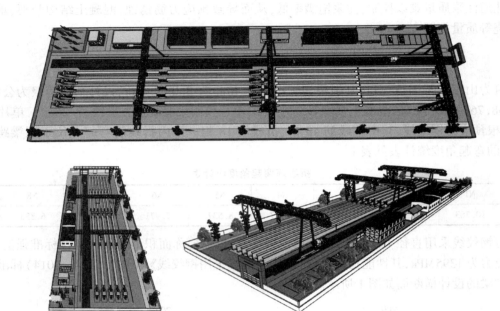

图 3　梁场三维示意图

2. 设计计算

1) 总体设计

折线先张法预制施工思路如下：

（1）张拉端折线筋通过在设计弯折点设置梁内弯起器及梁端支撑架实现预应力筋弯起，并通过梁端支撑架内的转向装置将弯起筋转换为水平筋，便于与活动横梁锚固。

（2）采用长线法预制，一般同时预制两片梁，在两片梁之间设置转向装置及支撑架，支撑架与弯起器共同作用实现折线筋的弯起，转向装置将折线筋转换为直线筋，便于通过连接器将两片梁的折线筋进行连接。

（3）由于折线配束，传统的水平活动横梁不能满足锚固要求，故采用大刚度竖向横梁，底部设活动滚轮的形式组成锚固小车，将折线筋与直线筋统一锚固在小车上，再通过千斤顶及张拉杆进行整体张拉。

（4）由于折线束与直线束需要整体张拉，导致必须设置两排张拉杆，从而使锚固台座的高度较大，需要设置强大的端墙及加劲墙协同受力。

从以上 4 点可以看出，折线先张法预制台座的核心问题是梁内弯起装置、锚固小车及锚固台座设计。

2) 详细设计

（1）梁内弯起装置。

①形式选择。

目前梁内弯起装置以拉板式弯起装置（图 4）与滚轮式弯起装置（图 5）为主，其中拉板式主要由转向板、拉杆、转向盒及底座组成，钢绞线通过预留的绳槽限位，钢绞线与转向板之间存在较大的摩擦损失，其摩擦因数可取 0.25。有关研究报告显示，拉板式弯起装置导致的预应力损失达到 12%[2]。

滚轮式弯起装置主要由滚轮、滚轴、侧板、连接螺杆及阶梯轴组成，钢绞线与滚轮间的摩擦因数有随转向角度增加而增大的趋势，但总体变化不大，在 0.055~0.084 之间，其造成的预应力损失不到 1%[3]。

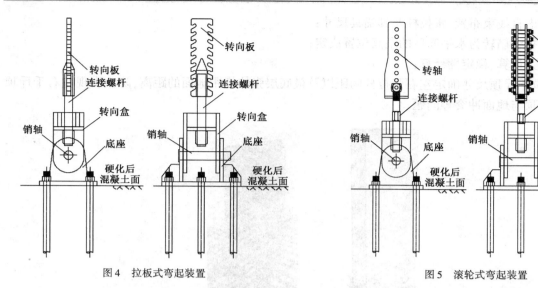

图 4 拉板式弯起装置　　　　　　　图 5 滚轮式弯起装置

由于拉板式弯起装置造成的预应力损失大,钢绞线与拉板之间摩擦力大,对钢绞线自身有较大的损害,因此采用滚轮式弯起装置进行设计。主要设计内容包括:滚轴、阶梯轴及侧板设计;连接螺杆及螺纹设计;转向盒耳板、销轴设计;基础及预埋件设计。

②详细设计。

a. 根据梁内钢绞线布置,弯起筋共计 18 根,呈 9 排 2 列布置,中心距 8cm,故需要设置 9 排滚轮实现弯起筋起弯,其中自上而下前 8 根由 M20 高强螺杆、滚轮组成,可采用双头螺杆,便于安装滚轮。滚轮的凹槽深度及宽度应满足钢绞线尺寸及相关规范要求。主要计算螺杆的抗弯、抗剪承载力。最底部的转轴不仅要考虑钢绞线,还要考虑与连接螺杆的连接,故采用阶梯轴的形式,即两侧采用 M20 螺杆 + 滚轮,中间作为连接螺杆的螺母,其三维构造图如图 6 所示。

图 6 阶梯轴三维示意图

b. 侧板作为连接各轴杆的主要受力构件,不仅要满足各轴杆处的承载力要求,还要将 1~8 号轴杆的力传递至阶梯轴,并能满足阶梯轴处的受力要求。由于弯起筋产生的竖向力达到 520kN,连接螺杆直径大约为 40mm,导致阶梯轴上与之匹配的螺母宽度达到 44mm,两列钢绞线中心距 80mm,则要求侧板厚不宜超过 10mm。侧板受力计算主控位置在阶梯轴连接处,需要计算其抗拉强度、抗剪切度。但由于弯起器距梁底仅有 15mm,为保证侧板的各项强度值满足要求,可在端部增加端板。

c. 弯起筋总的竖向力为 520kN,其锚固基础可根据梁场处的地质条件选择桩基础、重力式基础、锚索基础等形式。桩基础抗拔力由桩身自重及桩侧摩阻力构成,对于砂土、黏土等土质地基,可采用该种形式;重力式基础仅考虑自重克服竖向力,初步匡算基础尺寸 $3.5m \times 3.0m \times 2.5m$,该基础形式施工最简单,有利于现场快速施工;锚索基础主要由预应力锚索提供竖向反力,其对地质条件要求最高,对于完整性好、节理裂隙不发育或较发育的中风化岩可考虑该种形式,以达到降低造价的目的。

(2)锚固小车。

锚固小车(图7)作为折线先张法预制施工的重要构件之一,不仅要满足强度、刚度要求,其自身稳定性也非常重要。强度方面:直线筋共计 40 根,总张拉力达到 7812kN,集中布置在 4 层,层间距 45mm,其荷载较为集中,故考虑在直线筋及张拉杆位置设置加劲板,并将其作为强度计算的重点区域;刚度方面主要考虑锚固小车顶部变形,该位置由于悬臂,变形较大,易导致折线筋张拉不到位、小车倾斜等问题。

锚固小车采用钢箱混凝土结构,保证有足够的强度、刚度。其具体尺寸由以下因素综合确定:

①宽度:考虑直线束布置、张拉杆及其锚具尺寸;
②高度:由折线筋转为水平筋后的最高位置决定;
③厚度:受力计算、稳定性计算;
④根据张拉千斤顶尺寸确定左右张拉杆间距以及最底层张拉杆距地面的距离,防止出现左右千斤顶位置冲突、千斤顶与地面冲突等问题。

图7 锚固小车三维示意图及实物图

根据前文所述,最底层两根张拉杆位置综合千斤顶尺寸、直线筋位置等因素确定后,按照上下两层张拉杆受力相同的原则试算上层张拉杆位置,便于张拉过程中千斤顶的控制。

在计算过程中不考虑底部滚动摩擦影响。将预应力筋控制张拉力作为荷载,张拉杆位置作为支点,按照受力平衡、两支点反力相同的原则计算得到上层张拉杆位置,可得到上下张拉杆间距1.5m。将钢绞线按照各自线刚度系数模拟成弹簧支座,张拉杆处施加张拉力,得到锚固小车的变形图,上下两层张拉杆位移差3.625mm,其影响因素有以下两点:张拉杆位置;锚固小车自身刚度。

将上层张拉杆分别降300mm、600mm,钢箱厚度分别加大至1000mm、2000mm,进行计算,得到表2~表4所示结果。

600mm 厚钢箱计算结果统计表　　表2

上下张拉杆间距(mm)	1500	1200	900
上层张拉杆受力(kN)	5662.9	7078.6	9438.2
下层张拉杆受力(kN)	5664.5	4248.8	1889.2
上层张拉杆处位移(mm)	661.858	661.656	661.347
下层张拉杆处位移(mm)	658.233	658.066	657.857
位移差(mm)	3.625	3.59	3.49

从表2~表4中数据可知,降低拉杆间距会导致上下层拉杆张拉力存在较大差值,另外会导致钢箱悬臂长度变大,进而导致顶部折线筋张拉力不易控制,另外会导致钢箱极易倾斜失稳。

1000mm 厚钢箱计算结果统计表　　表3

上下张拉杆间距(mm)	1500	1200	900
上层张拉杆受力(kN)	5662.9	7078.6	9438.2
下层张拉杆受力(kN)	5664.5	4248.8	1889.2
上层张拉杆处位移(mm)	661.543	661.064	660.555
下层张拉杆处位移(mm)	658.225	658.171	658.094
位移差(mm)	3.318	2.893	2.461

2000mm 厚钢箱计算结果统计表　　　　表4

上下张拉杆间距(mm)	1500	1200	900
上层张拉杆受力(kN)	5662.9	7078.6	9438.2
下层张拉杆受力(kN)	5664.5	4248.8	1889.2
上层张拉杆处位移(mm)	661.414	660.829	660.239
下层张拉杆处位移(mm)	658.203	658.189	658.163
位移差(mm)	3.211	2.64	2.076

从表5中数据可知,钢箱壁厚由600mm增加至1000mm,对控制上下拉杆位移差有较大的改善,再增大钢箱壁厚其减弱效果不明显。当钢箱壁厚600mm时,降低拉杆间距,对位移差影响不大。但增加壁厚至1000mm以上,位移差与拉杆间距线性变化。

位移差值统计及分析表　　　　表5

上下张拉杆间距 (mm)		钢箱厚度(mm)			变化率 $\left(\dfrac{\Delta L}{B-A}\right)$	变化率 $\left(\dfrac{\Delta L}{C-B}\right)$
		A	B	C		
		600	1000	2000		
D	1500	3.625	3.318	3.211	0.077%	0.011%
E	1200	3.590	2.893	2.640	0.174%	0.025%
F	900	3.490	2.461	2.076	0.260%	0.039%
变化率 $\left(\dfrac{\Delta L}{D-E}\right)$		0.012%	0.142%	0.190%		
变化率 $\left(\dfrac{\Delta L}{E-F}\right)$		0.033%	0.144%	0.188%		

为了保证施工的安全性、千斤顶控制的同步性,按照张拉杆张拉力相同即上下层张拉杆间距1500mm进行设计,分别按照600mm、1000mm厚钢箱计算位移差对张拉效果的影响。

从表6中可以看出,直线筋整体张拉效果较好,但由于最上层折线筋处于锚固小车悬臂最大位置,会产生较大的负偏差,在后期施工过程中可通过先整体张拉再进行补张拉的方式,弥补部分损失。另外增加钢箱壁厚至1000mm时,对折线筋的预应力改善不明显,且采用600mm厚钢箱,折线筋的张拉力能满足施工规范要求,故选择钢箱厚度600mm进行计算。

位移差对张拉效果的影响统计表　　　　表6

	项目		A	B	C	D	E	F
			钢箱厚(mm)		钢绞线数量 (根)	单根钢绞线张拉控制力 (kN)	偏差率 $\left(\dfrac{\dfrac{A}{C}-D}{D}\right)(\%)$	偏差率 $\left(\dfrac{\dfrac{B}{C}-D}{D}\right)(\%)$
			600	1000				
折线筋	N1	计算值(kN)	389.90	390.10	2.00	195.30	-0.18	-0.13
	N2	计算值(kN)	390.20	390.30	2.00	195.30	-0.10	-0.08
	N3	计算值(kN)	390.40	390.50	2.00	195.30	-0.05	-0.03
	N4	计算值(kN)	390.60	390.60	2.00	195.30	0.00	0.00
	N5	计算值(kN)	390.80	390.70	2.00	195.30	0.05	0.03
	N6	计算值(kN)	390.90	390.80	2.00	195.30	0.08	0.05
	N7	计算值(kN)	391.10	390.90	2.00	195.30	0.13	0.08
	N8	计算值(kN)	391.20	391.00	2.00	195.30	0.15	0.10
	N9	计算值(kN)	391.20	391.00	2.00	195.30	0.15	0.10

续上表

项目		A	B	C	D	E	F
		钢箱厚(mm)		钢绞线数量(根)	单根钢绞线张拉控制力(kN)	偏差率 $\left(\dfrac{\frac{A}{C}-D}{D}\right)(\%)$	偏差率 $\left(\dfrac{\frac{B}{C}-D}{D}\right)(\%)$
		600	1000				
直线筋	G1	计算值(kN)	390.70	390.70	2.00	195.30	0.03	0.03
	G2	计算值(kN)	1171.90	1172.00	6.00	195.30	0.01	0.02
	G3	计算值(kN)	1952.90	1953.00	10.00	195.30	-0.01	0.00
	G4	计算值(kN)	2343.20	2343.30	12.00	195.30	-0.02	-0.01
	G5	计算值(kN)	1952.40	1952.50	10.00	195.30	-0.03	-0.03

(3)锚固台座。

根据锚固小车结构，上下两层张拉杆间距1500mm，控制张拉力分别为5662.9kN、5664.5kN，最下层张拉杆中心距地面高度40cm，查得450t千斤顶直径为47.2cm，能满足要求。上层张拉杆中心距锚固台座顶按照50cm控制，从而计算得到锚固台座高$H=2.4$m。初步拟定锚固台座横截面为2200mm×1500mm，由于锚固台座较高，为了减少截面积、配筋及变形，在两侧设计0.55m厚耳墙对其进行增强。

根据结构形式可以看出，其配筋计算较为复杂，无较好的受力计算模型与之匹配，故分别按照钢筋混凝土牛腿以及悬臂构件进行试算。

①钢筋混凝土牛腿。

如图8所示，按照根部弯矩相等的原理，将张拉力等效为一个集中力，作用点距底部1150mm；横截面仅按照侧墙厚1100mm进行计算。计算得到锚固台座受拉钢筋面积13326mm²，且要满足其抗裂要求，应将顶部平直段长度1950mm加大至2600mm。

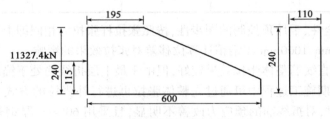

图8 锚固台座计算简图(尺寸单位：cm)

②悬臂构件。

锚固台座根部弯矩：$M=5662.9\times1.9+5664.5\times0.4=13025.31$ kN·m

根部剪力：$V=5662.9+5664.5=11327.41$ kN

上下层张拉杆之间剪力：$V=5662.9$ kN

在不考虑侧墙作用下，其横截面高1500mm，宽2200mm，根据受力及截面尺寸计算得到受拉钢筋面积 $A_s=33778$ mm²，根部箍筋面积 $A_{sv}=1527$ mm²，上下张拉杆之间箍筋面积 $A_{sv'}=471$ mm²。

综合以上两种结果，在锚固台座配置38根直径32mm的HRB400级钢筋，$A_s=30561$ mm²，根部箍筋16@100mm(10)，$A_{sv}=2011$ mm²，上下张拉杆之间箍筋12@100mm(10)，$A_{sv'}=1131$ mm²。按照该配筋计算裂缝宽度为0.19mm。为了降低根部裂缝宽度，保证台座混凝土的耐久性，在锚固台座根部及四周局部外包钢板，另外还需根据千斤顶顶位置进行局部承压承载力计算。

锚固台座基础根据地质条件选择钢筋混凝土桩基础，计算其抗拔承载力及自身桩身强度，并根据桩身强度要求配抗拔钢筋(图9)。按照桩基承台受力模式计算得到抗拔桩需要提供的抗拔力3815kN。

(4)预制台座。

T梁预制常用的台座形式有钢筋混凝土式或型钢式，钢筋混凝土为一次投入，后期无法回收再利用，且后期存在较多的拆除工作,故目前常用型钢式预制台座。

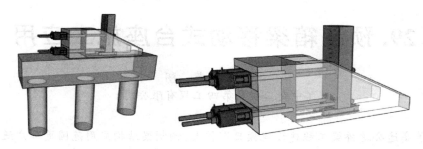

图9 锚固台座及基础三维示意图

型钢式预制台座主要由混凝土基础、型钢承重梁、次分配梁及面板组成。型钢建议用I36以上类型,以提供足够的空间便于解除梁内弯起装置的约束。预应力筋放松时,梁体会上拱并向中间滑移,为了防止梁体开裂在梁端设可滑动式台面,在台座施工时应按照设计图纸要求设反拱。

四、预制施工技术

总体施工工艺流程为:台座建设→钢筋骨架施工→预应力筋安装及张拉→模板施工→混凝土浇筑→拆侧模→蒸汽养生→放张→移梁存放。

台座建设采用旋挖钻施工抗拔桩,其余钢构件包括锚固小车、弯起器、张拉杆及转向架均由专业厂家制作。对核心构件张拉杆及弯起器应做好材质及力学性能检测,保证其性能符合设计要求。

钢绞线采用预应力穿束机自下而上依次穿入,并由人工整理,弯起筋要按照设计位置逐一穿过弯起器。预应筋通过连接器与临时预应筋(包括梁间、梁端)连接,梁端临时预应筋锚固在锚固小车上。连接器夹片周转使用3次、临时预应筋周转使用5~6次后应及时进行更换[4]。预应筋应先利用25t手提式千斤顶单根张拉至15%,再利用8台450t千斤顶进行两端同时张拉,分三级张拉至控制力。

预应力筋放张时,应先放松折线筋并解除弯起器约束,再整体放松直线筋。采用该放张顺序,梁内应力变化平缓,且容易解除梁内弯起器约束。放张后,利用砂轮锯切割钢绞线,并对端头及弯起器处进行封锚。

五、结　语

本文对折线先张法预制施工中的台座设计进行了详细说明,该工艺总体思路是先将折线筋转换为直线筋再进行整体张拉,其核心问题是解决折线筋起弯以及整体张拉(包括活动横梁及锚固台座)问题;对该工艺的核心构件给出设计思路并简述了计算方法。折线先张法预制构件较后张法预制构件有耐久性好、质量可靠等优点,未来会有较好的发展,文中提出的观点可为类似项目提供参考。

参考文献

[1] 秦晓勇.折线先张法简支T梁施工方案设计及应用研究[D].成都:西南交通大学,2017.
[2] 封博文.折线先张预应力混凝土Bulb-T梁受弯性能试验[D].西安:长安大学,2018.
[3] 王威,杨宏印,郭玉安,等.折线先张梁滑轮式转向器力学性能的试验研究[J].武汉工程大学学报,2023,45(3):342-348.
[4] 聂宁,刘峰峰,王亮亮.折线先张法Bulb-T梁预制台座设计与应用[J].建筑机械,2024(5):202-206,211.

29. 预制箱梁移动式台座施工应用

李 超 黄 翔

(中交二航局第四工程有限公司)

摘 要 随着高速公路桥梁工程建设规模日渐扩大,预制梁结构应用范围更加广泛。相较于固定式台座施工,移动式台座施工技术的应用可靠性更强,对从根本上提高工程整体施工效益、保障工程高质高效开展具有重要意义。针对此,本文以合周高速公路寿颍项目桥梁施工,分析预制箱梁工程施工背景施工方案,提出移动式台座施工方法,制定移动试台施工管控,以供参考。

关键词 预制箱梁 移动式台座 施工应用

一、引 言

现阶段,公路桥梁工程建设结构逐渐趋向于多元化发展,应用在工程施工期间的各类施工手段也需要持续改进,进一步提升公路桥梁整体管控水平,为相关企业带来最大化经济效益。在台座施工过程中,移动式台座施工技术能够为企业带来更多经济利益、施工工期较短、对复杂地质环境的适应度更高。

二、工程概况

合肥至周口高速公路寿颍段新建工程起止桩号为 K0+836.093~K95+317.923,全长 94.482km。其中中交二航局承建 SY-LJ04 标段施工任务,起止为 K50+545~K65+285,全长 14.74km。

预制混凝土小箱梁按长度划分有 30m、29m、28m、25m 共 4 种类型,单幅桥梁横向布置 4 片,桥面宽度 12.75m,布置如图 1 所示。

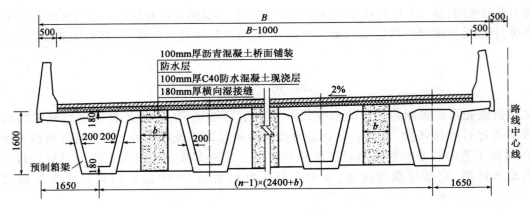

图 1 箱梁断面布置图(尺寸单位:mm)

本工程预制箱梁数量如表 1 所示。

箱梁数量统计表 表1

梁长(m)	箱梁类型	数量(片)
25	边跨边梁	24
	边跨中梁	24
28	边跨边梁	2
	边跨中梁	2

续上表

梁长(m)	箱梁类型	数量(片)
29	边跨边梁	8
	边跨中梁	8
	中跨边梁	8
	中跨中梁	8
30	边跨边梁	478
	边跨中梁	478
	中跨边梁	688
	中跨中梁	688
合计		2416

三、移动式台座结构组成

移动式台座预制模式液压机械动力驱动,电气控制移动台座承载的预制梁,在轨道行走线上进行各施工工区纵向移动,形成循环流水作业形式。

1. 移动台座钢架台车

(1)模块化设计自重轻,体积小。

(2)梁体采用高强度钢在专用胎架拼接成型,埋弧自动焊确保焊接成型质量,尺寸精度高。

(3)梁体轴承位采用一次性定位数控镗孔,确保加工尺寸精度高,保证车轮同轴度、垂直度和直线度,车轮装配后有效避免内八外八、内倾外倾等苏式端梁常见的质量问题,保证台座运行不跑偏不啃轨。

(4)防出轨装置:双轮缘车轮和防出轨装置双重保护,有效防止车轮脱轨。

2. 机械传动驱动机构

(1)采用电磁软启动电机,可在启动、变速时减少对梁体的晃动。

(2)采用直驱式安装方式,提高了柔性传动效率,便于后期维护。

3. 行走车轮

(1)铸造车轮材料采用ZG0(相当于DIN标段GGG70),强度高,延长了使用寿命。

(2)采用双轮缘设计,可有效防止脱轨。

(3)车轮球化率在90%以上,自润滑性好,可有效减少磨损。

(4)车轮采用数控加工,提高了精度,互换性好。

4. 电控系统

(1)采用远程遥控操作:启动停止平稳。

(2)精确定位功能:能有效、便捷控制微量位移,确保定位精度。

四、移动式台座施工应用

1. 移动式预制台座结构分析

1)主梁吊装阶段受力计算

实际生产过程中为加快自行式台座的吊装周转效率,不再每节段台座采用分配梁进行四点吊运,而是吊装过程中3个节段均设置2个吊点,采用两台100t门式起重机同时垂直起吊后直接转运至对应生产线。其吊点位置如图2所示。

a) 左(右)侧自行式台座(L=11m)

b) 中间自行式台座(L=10m)

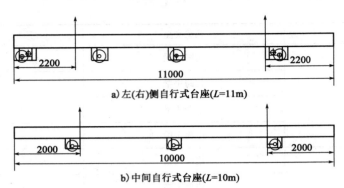

图2 自行式台座吊点布置图(尺寸单位:mm)

根据自行式台座结构构造,计算其自重约为0.625t/m,乘以安全系数(1.2)后按照均布荷载施加到自行式台座主要受力结构上。自行式台座主要受力结构的变形和应力分布见图3、图4。可以看出,分三节段两点吊装的自行式台座,主要承重主梁结构最大变形和应力分别为0.368mm和3.63MPa,满足要求。

a) 左(右)侧自行式台座(L=11m)

b) 中间自行式台座(L=10m)

图3 吊装阶段自行式台座变形图

a) 左(右)侧自行式台座(L=11m)

b) 中间自行式台座(L=10m)

图4 吊装阶段自行式台座应力分布图

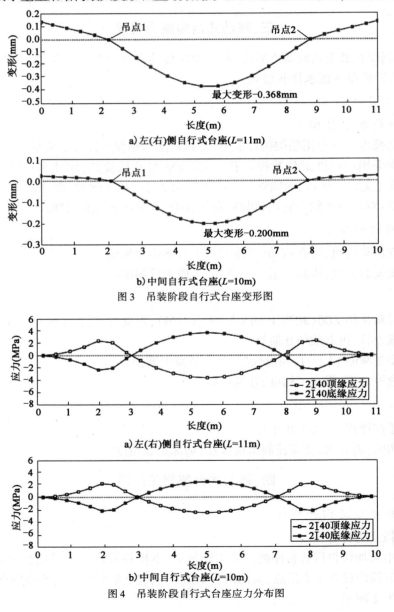

2)浇筑箱梁混凝土阶段受力计算

浇筑混凝土阶段的荷载主要有箱梁自重(3.0t/m)、钢模板内模自重0.3t/m和自行式台座自重(0.625t/m),三者之和乘以安全系数后(1.2)(总重约143t)按照均布荷载施加到自行式台座主要受力结构上。自行式台座主要受力结构的变形和应力分布见图5、图6。从中可以看出,在浇筑箱梁混凝土阶段的自行式台座主要受力结构最大变形和承受应力,分别为0.236mm和8.59MPa,满足结构受力要求。

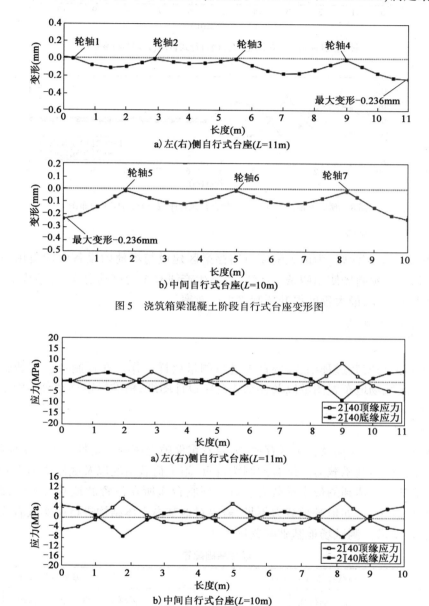

图5 浇筑箱梁混凝土阶段自行式台座变形图

图6 浇筑箱梁混凝土阶段自行式台座应力分布图

3)张拉预应力筋阶段受力计算

在预应力张拉后箱梁自重和预应力竖向分力分布于自行式移动台座两端的4m范围内,此时主要荷载分布有箱梁自重(11.25t/m)、自行式台座自重(0.625t/m)和张拉两束预应力筋竖向分力(17t/m),现将各自荷载乘以安全系数后(1.2)按照均布荷载施加到自行式台座相应主要受力结构上。自行式台座主要受力结构的变形和应力分布见图7、图8。从图中可以看出,在预应力张拉阶段的自行式台座主要受力结构最大变形和承受应力分别为2.189mm和34.5MPa,均满足结构受力要求。

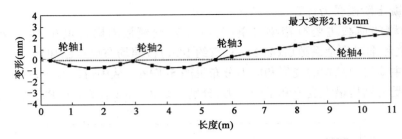

图7 预应力张拉阶段左(右)侧自行式台座($L=11$m)变形图

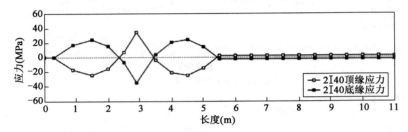

图8 预应力张拉阶段左(右)侧自行式台座($L=11$m)应力分布图

2. 移动式预制台座布置

由于桥梁工程施工工期紧张，为最大限度节约存梁区建设与场地内设备中转费用，及满足梁体张拉强度所需养护时间需求，预制场使用四条生产线，每条生产线有5台移动台座，每条线上各工序区域互不干扰，实现工厂流水化作业，最大程度提升预制梁生产效率。

3. 移动式台座施工要点

1) 测量放样

在移动式台座布置与安装过程中，需要首先进行测量放样工作。在预制台座安装施工前，结合施工现场勘查资料、施工区域场地布置图纸以及移动式台座设计图纸，精准标定移动台座固定底座位置，确定预制台座轨道顶面高程。

2) 测试场地承载力

预制箱梁在移动台座上移动及存梁区存放，需要着重保障台座的稳定性。为使梁体移动过程及存放台座平稳，主动控制台座地基承载力。结合预制梁自重、施工荷载情况以及底座受力面积、工程整体安全系数，着重计算出地基应当达到的最小承载力。对各预制台座所在位置的地基展开承载力测试，在满足要求后才可以进行后续施工，如地基承载力不足，需要对地基内土体结构进行压实或者换填，确保地基结构的整体承载力满足要求。测试场地基础配置见表2。

场站基础配置　　　　　　表2

序号	项目	荷载计算(kN/kPa)					基础计算(m)					
		结构自重	机械自重	动荷载系数	单轮承载力	地勘承载力	灰土厚度	混凝土宽度	混凝土高度	基础有效长度	基础底面积	计算地基承载力
1	65t门式起重机	975	650	1.15	747.5	40	0.6	1.7	0.8	7.24	19.26	38.81
2	10t门式起重机	100	50	1.15	71.9	40	0	0.6	0.6	4.8	2.88	24.96
3	流水线	1000	150	1.15	618.1	40	0.6	2	0.7	6.44	19.06	32.43
4	流水线回程区	0	150	1.05	39.4	40	0	2	0.1	0.8	1.60	24.61

续上表

序号	项目	荷载计算（kN/kPa）					基础计算（m）					
		结构自重	机械自重	动荷载系数	单轮承载力	地勘承载力	灰土厚度	混凝土宽度	混凝土高度	基础有效长度	基础底面积	计算地基承载力
5	张拉区	1003.6	30	1.05	534.8	40	0.6	2	0.7	4	11.84	45.17
6	存梁区	1200	0	1.05	630.0	40	0.6	3	1.0	3.0	11.88	53.03

3）安装台座移动钢轨

梁体在浇筑区完成预制达到拆模强度要求后，完成内外模拆除梁体即刻移动至养护区。在梁体张拉前的连续移动需要台座在移动过程中平稳行走，为避免因钢轨接缝水平错台及高差台座移动过程的颠簸，导致梁体在强度不足的情况下引起质量问题，钢轨接缝位置相邻高差精度要求在2mm内。由于台座钢轨采用预埋在混凝土基础方式，基础浇筑前钢轨采用钢筋支撑固定，每1m一道，钢轨表面平整度的高差值不得超过2mm。同时防止在浇筑过程对钢轨的精度影响，在浇筑后复核其平整度。

4）安装移动式台座

移动台座进场后安装于已验收的钢轨道上，在整条生产线进行试行走，并多次重复，确定液压油泵的工作性能及台座的行走速度，保证台座行走过程平顺连续。

五、移动式台座效益分析

传统小箱梁预制施工是在固定台座上采用"施工区域固定，施工工序循环"模式，台座使用率低，占地大，预制工效低。

采用移动式台座施工工艺实现了箱梁预制"施工工序固定、施工区域循环"的模式，较好地解决了工序穿插作业造成的生产效率不利影响，提升了各工序作业区的循环流动性，提高了设备使用效率，节约了梁场占地面积，切实提升了预制梁生产效率。

移动式台座预制模式应用时还在施工区域内增加了钢结构大棚、蒸养棚，使得预制箱梁在恶劣环境下也能够正常施工，大幅降低了安全风险。

根据成本初步测算，成本包括征地费用、台座费用、基础费用、场棚及养护棚费用、预制梁水电费、人工费及台班费。

经计算，移动式台座成本费用=140.4+150.0+162.52+228.48+44.29+111.3+25.44=862.43万元；固定台座成本费用=840.4+45.0+300.0+1.55+280.8+49.92=1517.67万元。

采用移动式台座可节约成本约665.24万元，经济效益显著，具有一定的推广空间（表3）。

移动式台座与固定式台座对比分析 表3

序号	项目	移动式台座	固定式台座
1	施工工艺	①模板安拆简易，无须转移； ②模板固定无须存放场地； ③各工序平行作业不受影响； ④移动台座20个； ⑤年施工时间365d； ⑥单台座预制13~15片/d； ⑦梁体养护时间1d移梁	①模板安拆复杂，频繁转移模板； ②各台座位置需存放场地； ③各工序交叉施工，影响较大； ④固定台座48个； ⑤年施工时间260d； ⑥单台座预制3~4片/d； ⑦梁体养护7d移梁
2	安全性能	①模板遥控控制整体开合，且无吊装作业，无机械及起重伤害； ②浇筑区位于场棚内，施工环境好，人员受环境影响小	①模板分块安拆，吊装转移作业多，且工序交叉影响，机械及起重伤害危险性大； ②浇筑区为露天情况，施工环境差，夏季施工人员受环境影响大

续上表

序号	项目	移动式台座	固定式台座
3	经济指标	①征地费用140.4万元； ②台座费用150.0万元； ③基础费用162.52万元； ④场棚及养护棚费用228.48万元； ⑤预制梁水电费44.29万元； ⑥人工费111.3万元； ⑦台班费25.44万元。 共862.43万元	①征地费用840.4万元； ②台座费用45.0万元； ③基础费用300.0万元； ④场棚及养护棚费用为0； ⑤预制梁水电费1.55万元； ⑥人工费280.8万元； ⑦台班费49.92万元。 共1517.67万元

六、结　语

公路桥梁结构逐渐趋向于装配化发展，移动式台座相较于固定式台座而言，其灵活性更强，提高了台座使用率及预制工效，同时大幅减少了人力资源的投入，节约了施工成本，施工质量得到了保障。

为从根本上发挥出移动式台座在实际应用期间的优势，还应当结合工程具体建设要求，制定出专项可行的施工技术管控对策。加强梁体结构生产及吊装时的管控力度，充分发挥移动式台座的应用优势。

参考文献

[1] 张立志,国璟.移动底胎座式预制梁厂与传统梁场的对比研究[J].公路,2021,66(2):379-382.
[2] 姜坤.移动式台座工厂化预制梁流水线施工工艺[J].冶金管理,2021(7):102-103.

30. 装配式大钢管支架设计研究及探讨

武尚伟　黄津麒　罗敏波　国纪轩

（中交第二公路工程局有限公司设计研究总院）

摘　要　近年来，国家不断出台建筑业装配化施工的相关政策，全面推行装配式一体化发展，提升工程的质量和施工效率。本文通过大量的工程实践调研，进行总结、提升，确定常用大钢管支架技术标准，对支架连接节点进行设计研究，形成一种新型的便于组装的大钢管支架。其具有装配简便、质量易于控制、周转率高、低碳环保等诸多优点，适用于桥梁现浇梁、钢箱梁等安装的支撑支架。研究成果可为类似工程或装配化、标准施工技术研究提供参考。

关键词　装配式　大钢管支架　设计研究　节点　参数化

一、引　言

大钢管支架的使用十分广泛，但缺少统一的设计规格标准和节点设计形式，支架结构设计受永久结构及项目本身的特点影响大，因此国内外无相关的统一规范、标准，各家单位设计的规格、材料往往和企业的施工习惯、材料储备紧密相关，导致支架的通用性和周转性差，加之各单位施工水平参差不齐，这样增大了施工安全风险。在国家全面推行工业化建造的背景下，支架结构装配化设计研究势在必行，同时也符合施工企业高质量发展战略需求。

通过调研国内施工承包商的桥梁工程项目，目前大钢管支架使用较多的型号为 $\phi630mm$、$\phi820mm$ 及 $\phi1020mm$ 的钢管桩[1]，材质及多数为Q235B，具体连接形式见表1。

现状支架的规格及连接方式　　　　　　表1

立柱连接形式	斜撑平联与立柱连接	立柱(抱箍)与平联斜撑连接	平联、斜撑规格
法兰/焊接	焊接(多采用)/哈佛接头/抱箍	多为焊接	平联多为$\phi 326mm/\phi 426mm$钢管、双拼槽钢[ ]36mm、[ ]20mm

二、钢管支架技术指标确定

1. 钢管支架的技术指标

本文所说的大钢管支架是指钢管立柱直径超过600mm的支撑架,局内外用在桥梁施工上的大钢管支架主要的型号有$\phi 630mm$、$\phi 820mm$及$\phi 1020mm$几种,目前常用壁厚为8~12mm,本次节点设计在现状的基础上适当提高标准,具体详见表2。支架立柱的横向间距通常布置为3m、4.5m、6m,支架立柱纵向按照6m、9m、12m、15m间距布置。

大钢管支架技术参数　　　　　　表2

序号	名称	规格	立柱模数(m)	法兰厚度(mm)	螺栓数量/规格	材质
1	$\phi 630mm$钢管桩	8~12mm	0.5、1、2、6、9	16~20	12-M24	Q235
2	$\phi 820mm$钢管桩	8~14mm	0.5、1、2、6、9	18~22	16-M24	Q235
3	$\phi 1020mm$钢管桩	10~16mm	0.5、1、2、6、9	20~25	18-M24	Q235

2. 钢管支架的计算长度分析

很多支架设计人员对立柱的稳定性计算考虑不足或参数取值不恰当导致支架在使用过程中出现问题。例如,计算人员在计算立柱的稳定性时,取平联间的竖向间距作为立柱受压计算长度,这种粗略的计算方法显然是不合适的。立柱计算长度与支架的约束形式、立柱及平联的刚度、斜撑的布置及刚度均有关系。

这里,选择一组高度为31m、立柱为$\phi 820mm\times 10mm$、平联为$\phi 426mm\times 6mm$的支架,分为6种情况进行分析。柱脚底边界为固定铰支座约束(DX、DY及DZ),桩顶加载1000kN的竖向力,其稳定系数和计算长度计算结果如表3所示。

支架结构稳定系数及计算长度结果　　　　　　表3

编号	分类情况	立柱间距(m)	平联间距(m)	斜撑间距(m)	十字撑布置(m)	屈曲稳定系数	计算长度(m)
1	一组立柱	5×5	未设	—	—	1.084	62.57
2	立柱+平联	5×5	5	—	—	6.483	25.59
3	立柱平联斜撑1	5×5	5	5	—	21.4	14.08
4	立柱平联斜撑2	5×5	10	10	—	7.23	24.23
5	立柱平联剪刀撑1	5×5	5	—	5	23.12	13.55
6	立柱平联剪刀撑2	5×5	10	—	10	7.58	23.66

在只考虑了竖向荷载的作用,不考虑立柱承受弯矩的情况下,取215MPa应力值来反算上述1~6种情况支架设计轴力的极限值,详见表4。$\phi 630mm\times 8mm/\phi 1020mm\times 8mm$钢管支架10m间距轴力极限值详见表5。

支架结构极限设计轴力值　　　　　　表4

编号	1	2	3	4	5	6
μL(mm)	62569.03	25585.04	14082.09	26442.37	13548.15	23661.35
设计极限轴力(kN)	869.90	3435.98	4442.87	3321.34	4749.65	3677.29

注:计算时,支架仅承受竖向轴力。

φ630mm×8mm/φ1020mm×8mm 立柱(Q235B)承载力设计值计算结果(10m 间距)　　　表5

型号	μL(mm)	设计极限轴力(kN)
φ630mm×8mm	22905.83337	1761.16421
φ1020mm×12mm	10441.67931	7679.94147

而实际中,考虑到安装的初始误差、结构初始缺陷、P·Delta 效应以及立柱受水平力等因素影响产生的弯矩,竖向力设计值按 60% 的极限强度控制,即编号 4(平联斜撑间距 10m 一道考虑、材质 Q235B) φ820mm×10mm 立柱的建议控制设计值为 1992.4kN。同理,给出 φ630mm×8mm、φ1020mm×12mm 在平联及斜撑布置间距在 10m 情况下的承载力设计建议值分别为 1056.7kN(5m 间距为 1698.1kN)、4607.4kN。其他不同间距根据需求计算后进行布置。

三、支架节点设计

支架节点设计包括立柱间连接节点、平联及斜撑与立柱连接节点及柱脚。立柱节段间连接采用法兰形式。为减小现场焊接及拆除工作量、尽可能避免焊接对立柱的削弱,平联斜撑与立柱不宜直接焊接[2]。本设计通过抱箍方式将平联、斜撑及立柱有效的连为一体,以 φ820mm×10mm 支架为例,如图 1 所示。

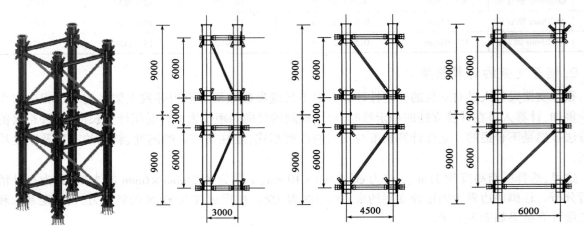

图 1　φ820mm×10mm 装配式支架总体布置图(尺寸单位:mm)

1. 法兰设计

支架立柱连接采用带加劲板外法兰形式,考虑到周转和防止钢管内部锈蚀,法兰采用圆形端板并与立柱进行焊接,在法兰上设置螺栓孔,螺栓孔环向弧长为 18cm 左右,螺栓孔直径为 26mm,螺栓采用 M24。以 φ820mm×10mm 为例,来说明法兰总体布置、接头大样、螺栓布置、法兰盘、加劲板结构形式及尺寸,详见图 2。φ630mm 和 φ1020mm 类似,不再赘述。参数表见表 6。

用大钢管支架法兰盘技术参数　　　表6

序号	名称	法兰厚度(mm)	法兰外径(mm)	螺栓数量/规格	开孔直径(mm)	加劲板	螺栓孔位直径(mm)	材质
1	φ630mm 钢管桩	18	790	12-M24-10.9S	26	120×65-30	710	Q235
2	φ820mm 钢管桩	20	1020	16-M24-10.9S	26	150×80-40	920	Q235
3	φ1020mm 钢管桩	25	1260	20-M24-10.9S	26	180×100-50	1120	Q235

2. 立柱抱箍设计

为了减小对立柱的损伤及安拆的便利性,平联斜撑和立柱连接时采用抱箍的形式。抱箍由两个半圆组成,以 820 抱箍为例,抱箍材质为 Q235B、高度为 400mm、钢板厚度为 10mm、配置 16 根 8.8 级 M24 螺栓,两片抱箍内径为 420mm、间隔距离为 20mm 布置,其细节尺寸及构造[3]如图 3 所示。抱箍的受力情况复杂,计算时可采用简化计算或者板单元进行模拟。

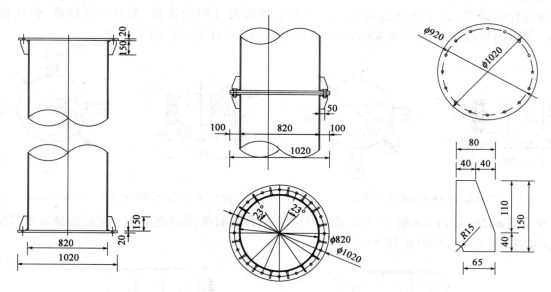

图 2 $\phi 820mm \times 10mm$ 钢管立柱法兰、加劲板结构图(尺寸单位:mm)

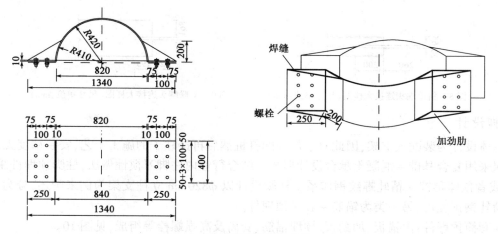

图 3 立柱抱箍结构图(尺寸单位:mm)

3. 斜撑、平联设计

斜撑、平联与立柱抱箍的连接采用栓接或者销接。在抱箍平面的四个方向分别焊接平联、斜撑连接板在连接板上开螺栓孔或者销接孔。以 $\phi 820mm$ 立柱栓接设计为例,平联连接钢板尺寸为 $400mm \times 220mm \times 20mm$,两侧倒 $30mm$ 倒角,斜撑连接钢板尺寸为 $260mm \times 475(215)mm \times 20mm$,在连接板上布置 8-M24 螺栓孔,见图4、图5。

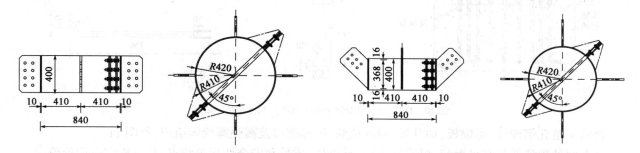

图 4 立柱抱箍与斜撑连接图(尺寸单位:mm) 　　图 5 立柱抱箍与平联连接图(尺寸单位:mm)

以 φ820mm 立柱支架为例，平联、斜撑与立柱抱箍连接的另一种形式为销接。销接在实际的安装中要求精度较栓接降低，便于现场连接施工。销接连接板尺寸同栓接板，为双耳板构造，销孔直径为 φ50mm。销子为贝雷销，其材质为 30CrMnSi，直径为 49.5mm，详见图 6、图 7。

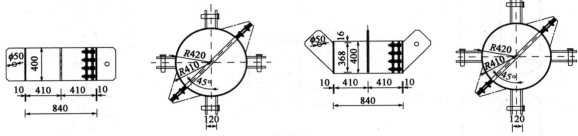

图 6　立柱抱箍与斜撑连接图（尺寸单位：mm）　　　　　图 7　立柱抱箍与平联连接图（尺寸单位：mm）

平联采用 φ426mm×6mm 钢管，斜撑采用双拼槽 20 作为斜撑，端头连接板和立柱抱箍采用销接或者栓接，结构的构造和尺寸如图 8、图 9 所示。

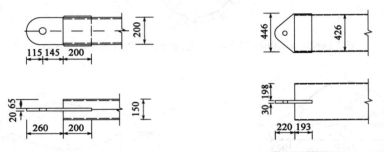

图 8　斜撑端头连接大样图（尺寸单位：mm）　　　　　图 9　平联端头连接大样图（尺寸单位：mm）

4. 柱脚设计

支架总体设计为装配式支架，因此对于传统的打桩然后再接柱子的施工工艺，安装精度无法满足，支架基础按照采用复合基础+混凝土承台设计形式。结合行业内柱脚习惯性做法，柱脚预埋件采用套筒+HRB 钢筋或者预埋爬锥+精轧螺纹钢体系。柱脚设计以 φ820mm 立柱支架为例来阐述，分为两类：一类为爬锥+精轧钢预埋件、另一类为锚筋+套筒预埋件。

锚筋+套筒预埋件：由锚板、加劲板、预埋锚筋、套筒及高强螺栓等组成，见图 10。

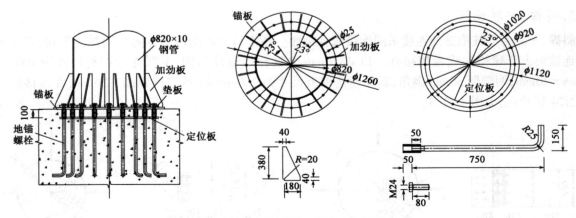

图 10　柱脚节点结构图（套筒+钢筋）（尺寸单位：mm）

爬锥+精轧钢埋件：由锚板、加劲板、预埋锚筋、锥形螺母及高强螺栓等组成，见图 11。

以上两种预埋件具有可拆装、可重复使用、易操作、质量和安全性高等特点，具有推广应用价值。

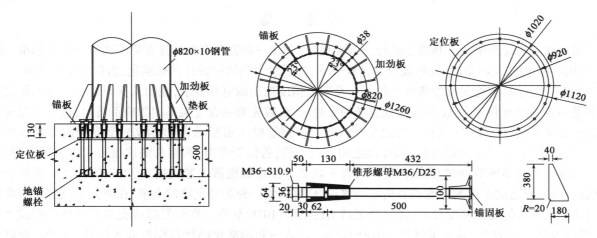

图 11　柱脚节点结构图(爬锥+精轧钢)(尺寸单位:mm)

四、支架节点参数化设计应用

支架节点的设计可以采用数字化、参数化的理念来实现,借助 BIM 软件 REVIT、IDEA 等通用和专业节点设计软件来实现节点的快速设计和计算。

利用 REVIT 软件族创建功能,创建加劲板、螺栓、法兰板、钢管桩族的参数化模型。以实例参数的形式,在族模型中设置加劲板的长度、宽度、内径等参数,设置桩的桩长、管壁厚度、管壁外径等参数,设置法兰的厚度、直径等参数,螺栓的孔位直径、数量等参数,确保各参数能够根据需手动设置,且加劲板和螺栓的位置分布根据数量参数自动驱动。利用 IDEA 节点计算软件中自带的构件-操作功能实现参数化建模。在软件中可通过输入立柱直径、壁厚,法兰的厚度、直径,螺栓的环向布置、规格,加劲板的几何信息、焊接类型及焊缝高度等信息,进行节点的受力分析计算,输出立柱法兰盘应力、螺栓承载力、焊缝承载力及屈曲系数,见图 12。

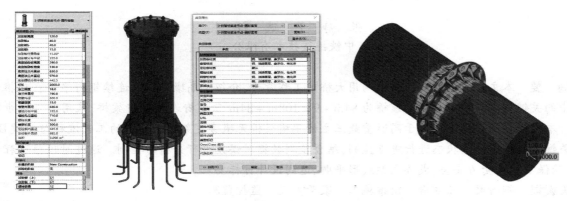

图 12　参数化设计及后处理结果

五、支架加工及装配施工

支架在专业的钢结构加工场内进行加工,上下法兰应进行匹配加工并进行编号、严格控制加工精度及施工质量,保证支架在现场能够顺利安装,按照设计及公司的标准化要求对支架进行防腐施工。

支架现场装配施工流程:根据支架设计的总体布置,进行柱脚预埋件预埋,预埋件预埋偏差为±1mm。同时根据支架设计高度,现场安装选用 0.5~9m 长的标准钢立柱,在地面接长为一个吊装单元,将支架抱箍的位置进行精确划线,采用起重机起重安装就位。立柱每安装 10m 左右的高度后,需及时安装对应位置的平联斜撑,以四根立柱为一个单元进行安装,确保支架的稳定。

六、结 语

通过在已有支架的设计基础上进行总结和提炼,形成一套装配式大钢管支架连接节点设计标准。同时,借用一些BIM化的手段,提高设计和计算效率,为后续大临结构设计的标准化、信息化奠定基础。

受限于行业对装配式支架造价接收能力及安装精度控制的更高要求,装配式支架还有一些不足之处需要进一步去研究和深化:①若要保证现场的安装精度,首先要确保支架基础的施工精度,这里可以通过基础的装配式设计与施工(选择复合地基、预制管桩、钢管桩+预制承台)来解决;②支架斜撑平联的可调节性,在受力合理性(可靠性)与操作性之间存在矛盾,若便于调节,则接头的连接可靠性有所下降,甚至可能是一个薄弱环节,初步设想在斜撑或者平联某个位置做抱箍卡紧式接头、丝杠连接或者采用一些承插式连接,以适应范围的长度或者角度调整;③研究探索一种柔性支撑的支架,在降低节点设计难度的同时又降低现场的安装精度要求;④借助建筑信息模型(BIM)软件二次开发形成支架设计的族库或者模块,提高设计出图效率;⑤基于规范、手册的要求,打造一套标准化的计算模板或者计算小软件,提高生产力。

参考文献

[1] 廖敏,黄小飞.装配式整孔现浇箱梁支架施工技术分析[J].运输经理世界,2020(6):106-108.
[2] 高岩,汪涛,朱玥莉.装配式钢管桁架、支架拼接节点关键技术的应用[J].煤炭工程,2018,50(1):28-30.
[3] 常盛杰.基于Revit的BIM模型参数化建模研究[J].铁路技术创新,2020(1):51-55.

31. 高墩重载三主桁钢桁梁桥顶推施工关键技术研究

张 静 尹 斌 郭 杰
(中铁桥隧技术有限公司)

摘 要 本文以三门峡黄河公铁两用大桥为工程背景,介绍了高墩、重载、连续钢桁梁桥在顶推施工过程中的关键技术与控制方法。该桥为84m+9×108m+84m三主桁连续钢桁梁桥,采用多点同步顶推方案。本文还详细介绍了适用于高墩重载三主桁钢桁梁桥无墩旁支架顶推施工的工艺流程与关键技术,并对关键工况桥梁结构状态进行重点监测,结合监测数据对误差进行分析与控制。通过对顶推过程有效监控,确保了构件受力安全,成桥主梁线形平顺,达到设计目标要求。

关键词 钢桁梁 三主桁 顶推施工 墩旁支架 监控监测

一、引 言

由于钢桁梁顶推施工工艺具有跨越障碍能力强、施工机具设备简单、无须大量起吊设备、可不中断交通或通航、安全性较高、施工质量能够保证等优点,得到了较广泛的应用,特别适用于超长、多跨连续梁桥的施工[1]。国内外诸多专家对顶推法施工工艺进行了研究:郑超[2]对既有铁路钢箱梁桥的顶推关键技术进行了研究;贺红星等[3]针对双层钢桁梁桥提出了节点跟随式步履顶推施工方法,即在步履式顶推设备外设置移动转换柱,利用移动转换柱与钢桁梁节点步履式前移;赵越[4]针对钢混结合梁步履式顶推施工技术进行了研究;张宏武[5]针对跨越既有铁路线钢桁架桥顶推滑移快速施工技术进行了研究;陈伟等[6]针对同步多点步履式槽钢梁顶推施工控制技术进行了分析;舒彬等[7]针对重载铁路大跨径钢桁梁桥,分析研究了顶推施工的最优荷载组合和施工监测技术。但对于高墩大跨三主桁重载公铁两用桥,桥梁在顶推过程存在桥墩变形大、稳定性无法保证、钢桁梁线形控制难度大等问题。鉴于此,本文依托三门峡黄河公铁两用大桥,对高墩大跨径连续钢桁梁施工过程中的关键控制技术展开研究。

二、工 程 概 况

三门峡黄河公铁两用大桥是蒙西至华中地区铁路煤运通道、运城至三门峡铁路及运三高速公路跨越黄河的共用桥梁。主桥跨黄河主槽,采用公铁合建、上下层布置横断面方案,上层为双向六车道高速公路,下层为四线客货共线铁路,主梁断面图布置如图1所示。桥梁设计活载合计473.2kN/m,为目前设计活载最重的公铁两用桥梁。主梁为11跨连续钢桁梁,孔跨布置为84m+9×108m+84m,采用三角形桁式,如图2所示,桁高15m,节间长12m,横向为3片主桁,中、边桁中心距13.6m,主墩采用门形空心高墩,最大墩高76m,基础采用钻孔灌注桩。

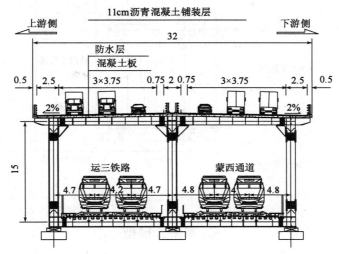

图1 标准主梁断面布置图(尺寸单位:m)

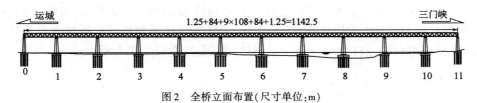

图2 全桥立面布置(尺寸单位:m)

本桥钢桁梁施工采用单向多点同步顶推施工工艺。如图3所示,在主桥11号墩和引桥之间搭设拼装平台,各墩墩顶设置混凝土托梁和滑道梁,不设墩旁支架,使用钢绞线牵引钢梁下弦底部的滑块,带动钢桁梁与滑块在滑道上同步滑移,各钢绞线通过机电集中控制系统中的连续张拉千斤顶进行连续顶推控制。顶推到位后,通过起顶和回拉置换滑块,在拼装支架上进行下一节段钢桁梁的拼装和顶推,如此循环完成钢桁梁架设。

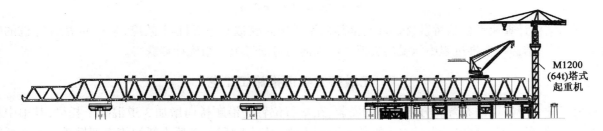

图3 钢梁顶推示意图

多点顶推系统由水平顶推系统、顶升系统、纠偏系统和顶推滑移体系四部分组成,如图4所示。在11个主墩顶推侧各设置3台水平连续千斤顶,全桥共计布置33台350t水平连续千斤顶。施工过程中保证多点顶推同步性、三桁受力均匀性、墩顶滑道精确定位以及墩顶托梁、墩身弯矩控制是本桥顶推施工的关键点。

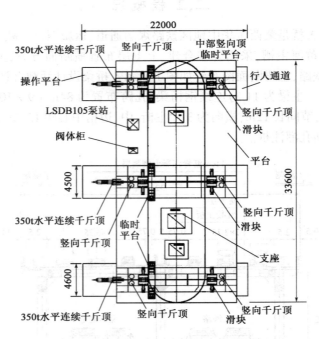

图4 顶推系统构造示意图(尺寸单位:mm)

三、有限元模型

采用有限元软件对本桥顶推施工全过程进行模拟。上部结构计算模型包括钢梁、导梁和等效支承体系。其中主桁杆件、铁路纵横梁、铁路U肋、公路横梁共划分为33681个梁单元,公路桥面板和铁路桥面板上顶板采用板单元模拟,共划分为15960个板单元,等效支承体系包括顶推拼装平台垫块、临时墩支承等处的等效支承,采用单向受压杆单元模拟。上部结构有限元模型如图5所示。

图5 上部结构有限元模型

下部结构计算模型包括桥墩、桩基础,全部采用梁单元模拟。考虑桩-土效应,采用m法计算桩的等效长度,下部结构在顶推过程中承受的支反力和纵向力可通过上部结构计算获得。

四、无墩旁支架顶推施工工艺

为了配合滑道梁的布置和方便支座的安装,在垫石位置处沿顺桥向增加3道混凝土托梁,其中中托梁1道、边托梁2道。钢梁节点处的反力传递到滑道梁、混凝土托梁,然后由托梁传递到桥墩。考虑托梁受力安全,每个滑道梁上设置3个竖向千斤顶、2个滑块,以减少顶推过程产生的不平衡弯矩,从而改善桥墩受力。

由于在顶推过程中,中间竖向顶会阻碍后滑块行进,在顶推方向前方距离墩身中心3.4m处的滑道两侧设计了中部竖向顶临时安置平台。相关布置如图6所示。

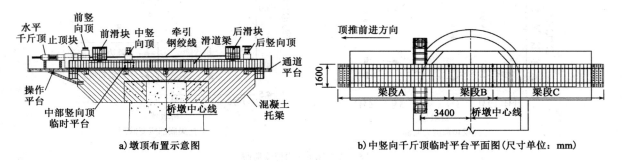

图6 墩顶托梁布置示意

1. 顶推同步性控制策略

本工程中,采用压力和位移交替控制来实现顶推的同步性,分两步进行。即顶推分级加载预紧,然后再进行位移同步顶推。将顶推时的顶推力分成5个等级,分别是30%、50%、70%、80%、85%,顶推时按等级加载,并检查各受力结构变形情况。加载85%后,各水平千斤顶的受力均一致,转换至自动运行模式,在位移控制下进行自动连续顶推。

在以位移控制顶推过程中,顶推压力作为辅助控制,各墩液压泵站均有压力限定装置,分控系统有压力监控措施,主控机上显示所有分控监控措施。滑块跟滑道的摩擦力变化时,顶推压力也相应变动,当超压时,分控系统会报警,并在显示上体现出来,液压泵站限压装置启用,使水平千斤顶压力不再升高,顶推力不会增大,保护钢梁和主墩安全。主控机发出指令给各分控系统执行是同步性的,即主控机同时对各分控系统发出指令,各分控系统同时执行指令,各墩的水平千斤顶同时动作,使得主墩受到较小的水平力,保护主墩安全。

2. 混凝土托梁应力监测

桥墩混凝土托梁为悬臂结构,钢梁重量均通过托梁传递到桥墩,顶推过程中托梁根部内力较大。由于托梁采用混凝土浇筑,为防止托梁根部混凝土开裂。在1~10号桥墩临时托梁布置应力传感器,每个托梁根部布置两个应力监测截面,每个监测截面布置两个应力监测点,其布置如图7所示。

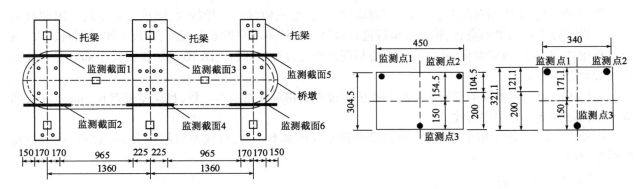

图7 托梁应力测点细部图(尺寸单位:cm)

顶推过程中各墩墩顶托梁应力最大值47.9MPa。由图8可知:钢筋计拉应力与底面应变计压应力较小,托梁受力安全,且无裂缝产生。

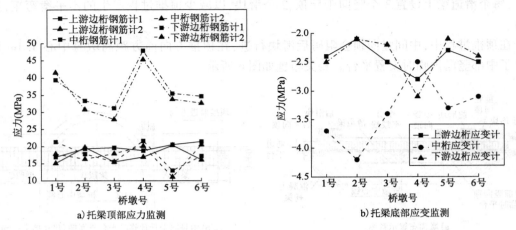

a) 托梁顶部应力监测

b) 托梁底部应变监测

图8 桥墩托梁应力应变监测

五、钢桁梁拼装与状态控制

钢桁梁为三主桁结构，无上下平联，钢桁梁杆件首先在预拼场进行预拼，然后运输到拼装平台处利用全回转吊机进行拼装。每拼装一个或两个节间时均按照先在滑块上支垫好钢梁拼装的预拱度线形再进行钢梁拼装，全回转吊机走行到位后再进行下一个节间拼装，这样周而复始，完成所有钢梁架设。杆件组拼的顺序为：下弦杆拼接→下层桥面板安装→斜杆拼接→上弦杆拼接→公路横梁安装。其拼装流程示意图如图9所示。

图9 钢桁梁架设拼装顶推流程示意图

1. 拼装线形控制

现场拼装时，主桁相对高差、桁间距控制难度大，主桁三桁截面差异较大，刚度分布不均。因此对钢桁梁架设过程中钢桁梁的高程、轴偏及里程进行监测。本桥单向顶推架设施工，顶推工作量相对较大，顶推过程中，实时监测线形变化，并将其实测值与理论值进行对比分析。图10为顶推过程中部分节点处横向高程动态误差。

由图10可知，钢桁梁的横向三桁高差在顶推过程中相对高差基本一致，且误差控制在8mm以内，确保了三桁之间支反力的均匀性。

由图11可知，钢桁梁的实测高程与理论高程差线形基本一致，且误差控制在18mm以内，可满足监控的要求确保安全。

2. 轴线动态纠偏

动态纠偏法即在顶推的同时进行纠偏作业。根据监测的轴线数据，通过安装在滑块上的主动纠偏装置，在钢梁顶推行进的同时调整钢梁的轴线，确保钢梁和混凝土主墩的动态结构安全。由于动摩擦系数远小于静摩擦系数，动态纠偏所需的水平反力较小，对主墩整体产生的偏心弯矩也较小，混凝土墩结构安全风险较低。纠偏作业与顶推作业是同时进行的，大大减少了人员、材料的投入，缩短主线工期，提高施工效率。

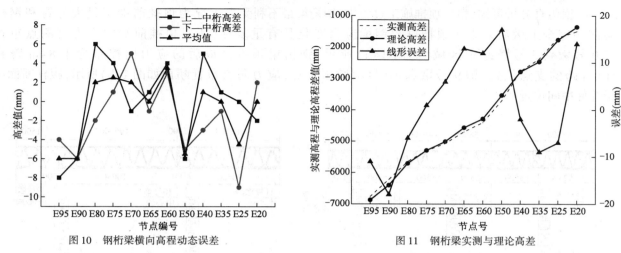

图10 钢桁梁横向高程动态误差

图11 钢桁梁实测与理论高差

本工程中,采用将液压千斤顶为纠偏动力源、与钢梁支撑滑块融合一体的方案。通过给钢梁支撑滑块增加钢槽与滚轮等固定装置,使滚轮与滑道梁边缘密贴,从而防止在顶推过程中滑块横向偏位过大,这种"翅膀"的设计,解决了边顶推边纠偏的技术难题。钢桁梁支撑滑块与纠偏装置模型如图12所示。

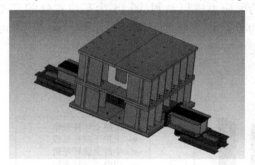

图12 钢桁梁支撑滑块与纠偏装置模型图

在纠偏前,根据各墩各桁支反力计算动态纠偏力的数值,做好钢梁支撑滑块在纠偏前的初始位置,明确纠偏的方向和横向偏移量。纠偏工作就绪后,首先选择手动模式,逐一将纠偏千斤顶的活塞伸缸贴合滑道梁侧面反力板。根据控制指令,操作人员在钢梁顶推行进过程中继续增加纠偏千斤顶的压力,分别按50%、80%、90%、100%逐级加载。

若加载至80%,钢梁滑块就开始横向偏移,则停止加压,维持现压力,减小纠偏对混凝土墩的影响。当滑块横向偏移接近预先设定数值时,应该逐步减小纠偏千斤顶的压力,减慢滑块横移的速度,保证不出现纠偏过量的情况。

滑道与滑块之间产生的水平摩擦力作用于各主墩顶面,为能做到对水平摩擦的严格控制,就必须对顶推过程中各个墩上的水平顶推力进行严格控制,以便达到所有墩的均匀合理承载受力。因此,需要对全桥11个墩上的顶推千斤顶进行多点连续顶推同步控制。

3. 顶推过程钢梁应力监测

顶推过程中,钢桁梁杆件的应力变化显著。当桥墩受较大支反力或支点附近截面尺寸较小时,为主梁受力的不利工况。当9号墩承受支反力最大时,部分杆件的应力计算结果如图13所示。

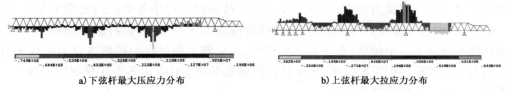

a) 下弦杆最大压应力分布 b) 上弦杆最大拉应力分布

图13 部分杆件应力计算结果

根据仿真分析可知，整个顶推施工过程中，钢桁梁最不利受力工况为顶推前端至最大悬臂和钢桁梁前端完全上墩后。由于顶推过程钢梁应力变化具有重复性，所以顶推前端的应力监测点布置于0号墩到3号墩跨中区域，如图14a)所示；钢桁梁顶推完成后的应力监控布置于84m跨和108m跨的支点位置，即9号墩和10号墩墩顶位置，应力测点布置断面如图14b)所示，腹杆断面位于杆件中间位置。

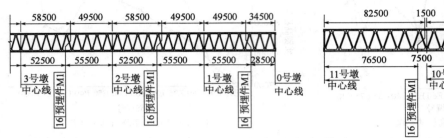

a) 0号至3号墩之间应力测点布置截面（尺寸单位：mm） b) 9号至10号墩之间应力测点布置截面（尺寸单位：mm）

图14 应力测试断面布置示意图

根据应力监控布置点对顶推施工过程中的钢桁梁应力进行监测，图15为某位置处的监测结果误差，监测点1为上游侧，监测点2为下游侧，监测点3为上弦杆下侧或者下弦杆上侧。由图15可知，顶推完成后钢桁梁应力误差不大，且在安全范围内，结构受力安全。

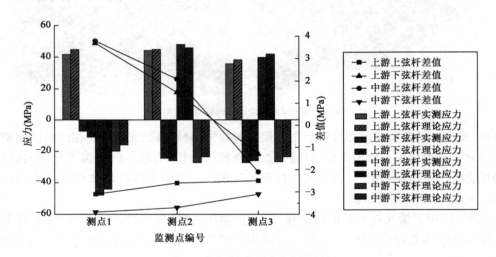

图15 某位置钢桁梁应力监测误差

六、顶推施工桥墩安全控制

本桥最大墩高76m，属于高位顶推。顶推过程中，滑块位置变化可能使桥墩承受较大的偏心压力。因此需要对墩顶支反力及墩底应力进行监控。

1. 施工支反力

各个墩在主梁自重下支反力的变化如图16所示。从顶推过程中各个墩的支反力变化可以看出，当导梁开始上墩时，桥墩所受支反力逐渐增加，当导梁继续前移5个节间时，桥墩受到最大支反力，后续随着导梁前端移动上跨至下一个桥墩，支反力逐步减小，在后期顶推过程中桥墩支反力呈现类似的循环变化过程。根据钢桁梁顶推过程工况分析，按保持钢桁梁水平状态计算出各千斤顶支反力数据。9号至11号墩的顶推反力计算值与理论值见表1。

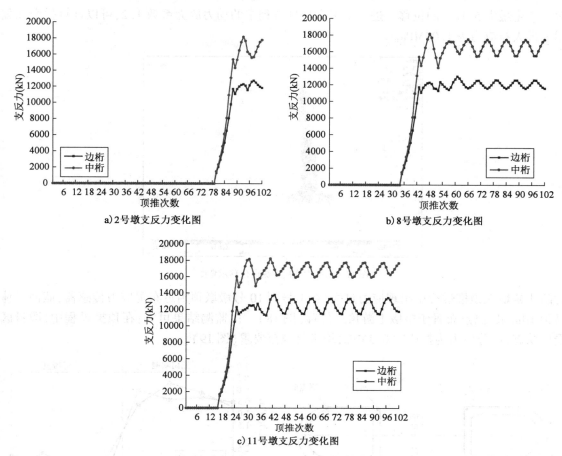

图16　各墩顶推过程中自重下支反力变化图

顶推反力对比结果（单位：kN）　　　　　　　　　　　　　　　　　　表1

位置		9号/E16	10号/E8	11号/E7
实测值	上游边桁	5440	5520	6180
	中桁	9300	8530	9250
	下游边桁	5310	5440	6180
计算值	上游边桁	5806	5771	5784
	中桁	8915	8725	8872
	下游边桁	5806	5771	5784
差值	上游边桁	−366	−251	396
	中桁	385	−195	378
	下游边桁	−496	−331	396

由表1可知，竖向千斤顶起顶和回落控制值和理论值的误差范围基本控制在±10%以内。

2. 桥墩应力监测

顶推过程中桥墩受偏心弯矩较大，且顶推时有竖向振动产生竖向附加力，纵向千斤顶移动不同步产生的纵向水平力，三力综合作用导致桥墩受较大弯矩，使桥墩产生较大位移，部分位置承受较大拉应力，其有限元位移云图如图17所示。

根据支反力的计算结果，在只考虑自重作用下，支点合力最大值为43340kN，则桥墩受的最大偏心弯矩为260040kN·m，假设滑块摩擦系数为0.05，桥墩受最大纵向水平力为2167kN。将相关荷载代入下部结构计算模型，可知由最大弯矩引起的纵向位移为3.6cm，由水平力引起的纵向位移为1.5cm，二者叠加将使墩顶产生最大5.1cm的位移。进一步考虑顶推过程中的动力放大系数1.2,可以计算桥墩在偏心荷载作用下最大拉应力为1.05MPa。

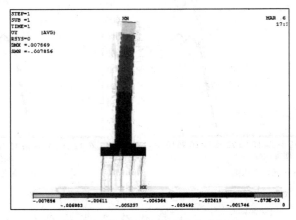

图17　水平力作用下纵向位移示意图

为防止桥墩在顶推过程中出现应力过大,在1号到10号墩墩顶附近布置应力传感器,截面具体位置在距墩顶10m处,测点布置于桥墩上游角点位置(图18)。由监测结果可知:在顶推过程中,墩身区域主要为受压状态,部分应力为拉应力0.3MPa,均满足规范要求(图19)。

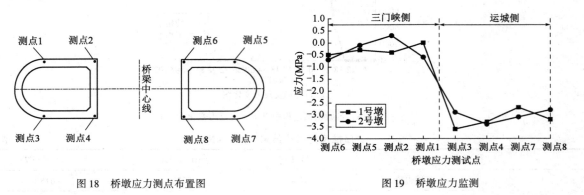

图18　桥墩应力测点布置图　　　　　　图19　桥墩应力监测

七、结　　语

本桥通过在墩顶现浇混凝土托梁取代墩旁支架,并采取压力和位移交替控制实现多点同步顶推。采用动态纠偏方案对于钢桁梁轴线偏差进行调整,实现纠偏作业与顶推作业同时进行,可提高施工效率,降低作业成本。为了确保施工安全,对施工全过程进行了有限元仿真分析,得到了本桥顶推施工的线形、应力、支反力以及桥墩应力和桥墩托架受力的变化规律,结合监控计算,对关键部位的应力、线形进行监测与控制,确保了结构施工安全。结果表明,成桥线形与设计现场差别小于2cm,桥墩和托梁混凝未出现开裂,成桥状态良好,达到设计预期状态。此研究内容可为类似桥梁施工提供借鉴和参考。

参考文献

[1] 陈旭勇,汤杰,杨宏印,等.小循环步履式顶推钢梁施工关键技术与控制[J].施工技术,2018,47(15):139-142.
[2] 郑超.既有铁路桥钢板梁更换为钢箱梁施工关键技术[J].世界桥梁,2022,50(1):107-112.
[3] 贺红星,谢卫,邓运生,等.双层钢梁桥节点跟随式步履顶推技术研究[J].施工技术,2022,51(17):99-103.
[4] 赵越.特大桥边跨结合梁步履式顶推施工技术[J].中国水能及电气化,2022(9):16-20.
[5] 张宏武.跨越既有铁路线钢架桥快速顶推施工技术[J].中国住宅设施,2022(3):121-123.

[6] 陈伟,石燕.同步多点步履式槽钢梁顶推施工控制技术分析研究[J].交通世界,2021(28):125-126.
[7] 舒彬,杨超,郝付军.重载铁路大跨度钢梁桥顶推施工关键技术分析与监测[J].甘肃科学学报,2019,31(6):105-111.
[8] 国家铁路局.铁路桥梁钢结构设计规范:TB 10091—2017[S].北京:中国铁道出版社,2017.
[9] 国家铁路局.高速铁路桥涵工程施工质量验收标准:TB 10752—2018[S].北京:中国铁道出版社,2019.
[10] 中华人民共和国交通运输部.公路钢筋混凝土及预应力混凝土桥涵设计规范:JTG 3362—2018[S].北京:人民交通出版社股份有限公司,2018.
[11] 中华人民共和国交通运输部.公路桥涵施工技术规范:JTG/T F50—2011[S].北京:人民交通出版社,2011.

32. 北流河特大桥贝雷扣塔施工误差影响分析

刘国鹏[1]　唐署博[1]　王晓亮[2]

(1. 中交第二公路工程局有限公司设计研究总院;2. 中交二公局第五工程有限公司)

摘　要　扣塔的施工质量对于斜拉扣挂系统至关重要,安全合理的施工控制标准不仅可以保障施工质量,也能有效提高施工工效。本文依托北流河特大桥贝雷扣塔的施工过程,对扣塔的拼装过程进行分析,结果表明,扣塔拼装过程中风缆能有效控制扣塔应力及塔偏,扣塔的初始拼装偏位对后期拱桥施工过程中扣塔的应力影响较大。通过分析,提出北流河特大桥贝雷扣塔拼装过程中的控制标准,为扣塔拼装过程中的结构安全提供保障,结论对类似斜拉扣挂工程提供依据。

关键词　斜拉扣挂　贝雷扣塔　施工误差　风揽　控制标准

一、引　言

斜拉扣挂系统是由扣塔、扣索及锚索、锚碇、拱肋等结构组成的悬臂自平衡系统[1],其中扣塔通过扣索支撑着已拼装的拱肋结构。目前工程上常见的扣塔结构形式有钢管扣塔和贝雷扣塔。钢管扣塔多用于大节段拱肋施工;贝雷扣塔多用于小节段拱肋施工。本文中工程扣塔采用贝雷片形式,结构拼装方便,并可与栈桥等常见临时结构进行周转[2]。

对于索、塔、梁组成的结构体系,索力是结构中的灵魂存在,扣塔是整个结构支撑的基础,通过这两个重要方面,可较大程度上了解此结构体系的特点。目前对于斜拉扣挂体系中扣索力求解方法及施工误差的影响研究较多,而对扣塔结构形式及搭设施工误差研究较少,扣塔的搭设质量及施工过程中的姿态变化影响着拱肋结构施工控制中的难易程度。本文通过对扣塔拼装过程中的受力模拟及拼装误差对于后期施工中扣塔影响分析,可为扣塔拼装过程中的结构安全提供保障和指导施工[3]。

二、工程概况

1. 项目简介

北流河特大桥采用中承式钢管混凝土拱桥,计算跨径270m,矢高67.5m,矢跨比为1/4。主拱圈拱肋为钢管混凝土四肢全桁式,共两片拱肋,拱脚铰心横桥向中心间距为28.7m。单片拱肋采用变高度四管桁式截面,弦管中心高3.5m(拱顶)~7m(拱脚),宽1.8m,拱肋上弦、下弦均采用直径1m的钢管,上弦壁厚20mm,下弦壁厚20~24mm。总体布置如图1所示。

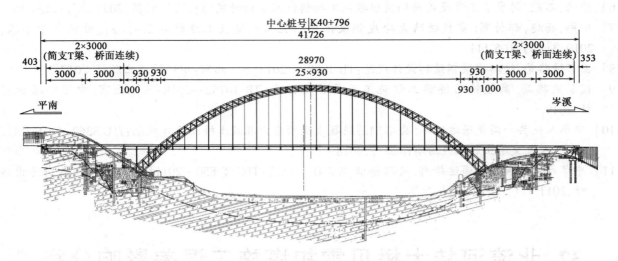

图 1　北流河特大桥总体布置图(尺寸单位：cm)

2. 斜拉扣挂系统

该桥上部结构采用缆索吊装、斜拉扣挂工艺施工，根据现场地形、吊装平台、索塔及锚碇位置、吊装重量等因素综合考虑，采用 2 套大跨径 183m（平南岸边跨）+378m（主跨）+160m（岑溪岸边跨）缆索吊架设主拱肋。根据场地地形情况，合理布置主索、风缆锚碇和锚索锚碇的位置。拱肋划分为 12 个节段，在平南侧设置 5 根扣索，为便于缆索起重机吊装，在平南侧拱肋扣点上方设置锚梁；岑溪侧设置 6 根扣索。斜拉扣挂系统具体布置如图 2 所示。

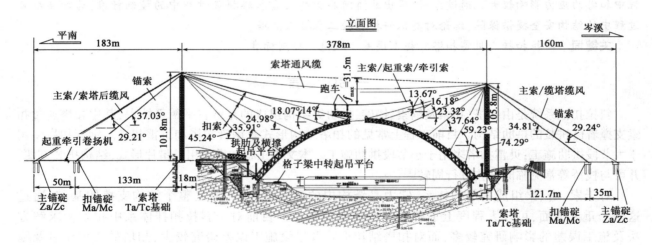

图 2　斜拉扣挂系统总体布置图

塔架采用塔架和扣塔共用结构形式，塔架及中横梁均采用大型贝雷片(尺寸 4m×2.14m)拼装，塔架塔身采用 16 片贝雷桁架组成格构式，扣塔设置 2 道横梁，中横梁采用 4 片贝雷桁架，顶横梁采用型钢焊接而成。缆索吊的塔架风缆分为通风缆、后风缆和侧风缆。单个扣塔通风缆采用 4 根 1670 级 $\phi 48$mm 钢丝绳，连接在两岸塔顶，其余风缆绳一端锚固于塔顶，另一端锚固于锚碇，两岸塔架塔顶与塔腰侧风缆均采用 $2\times 8\phi 15.24$mm 钢绞线，后风缆采用 $4\times 6\phi 15.24$mm 钢绞线。平南岸塔高 101.8m，布置在主桥 0 号台小里程 18m 处；岑溪岸塔高 105.8m，布置在主桥拱座上，塔间中心间距 28.7m，塔架布置如图 3 所示，现场施工如图 4 所示。

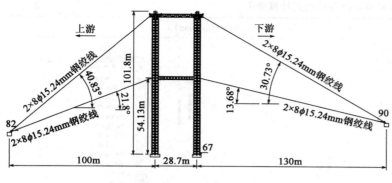

图3 扣塔布置图

图4 扣塔现场施工图

三、扣塔拼装过程分析

根据扣塔结构及施工特点,扣塔拼装过程中进行如下工况计算:

工况一:中横梁拼装前阶段:拼装52m(中横梁位置)高不设风缆,风荷载按极限风考虑。

工况二:顶横梁拼装前阶段:拼装96m(顶横梁位置)高在中横梁位置设一道风缆,前后临时风缆为$2\phi28mm$钢丝绳,腰部侧风缆为永久风缆,风荷载按极限风考虑。

1. 计算模型

结合扣塔施工特点进行施工阶段分析,采用midas Civil进行建模计算,其中风缆采用桁架单元进行模拟,其余采用梁单元进行模拟,风荷载按照梁单元荷载形式施加。计算模型如图5所示。

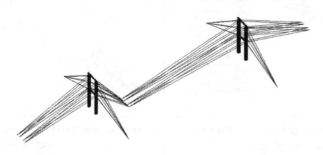

图5 扣塔拼装过程计算模型

2. 中横梁拼装前阶段

中横梁拼装前,扣塔结构为单悬臂受力体系,工况一计算结果见表1、表2。

中横梁拼装前阶段扣塔计算结果　　表1

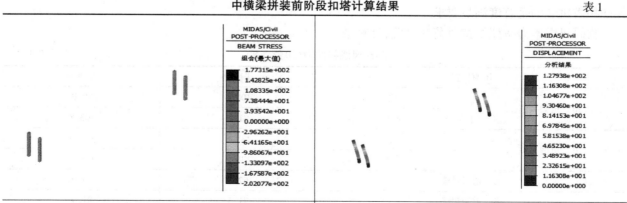

应力区间($-202.1 \sim +177.3$MPa),最大组合应力202.1MPa < 305MPa,满足要求	塔偏区间($0 \sim 127.9$mm),最大塔偏127.9mm < $L/400 = 52000/400 = 130$mm,满足要求

横向极限风整体稳定计算结果　　　　　　　　　　　　　　表2

模态	整体稳定系数	屈曲变形(mm)
模态1	8.15	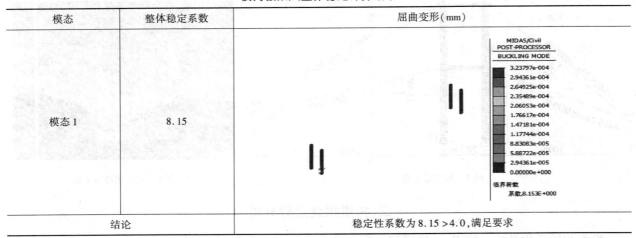
结论		稳定性系数为8.15>4.0,满足要求

3. 顶横梁拼装前阶段

顶横梁拼装前,在扣塔腰部有一道风缆及横梁约束,工况二计算结果见表3。

顶横梁拼装前阶段扣塔计算结果　　　　　　　　　　　　　表3

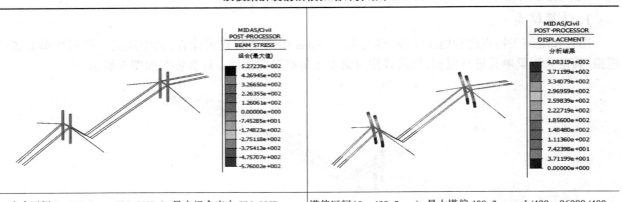

应力区间(-576.0~+527.2MPa),最大组合应力576.0MPa > 305MPa,应力较大位置主要位于中横梁,不满足要求	塔偏区间(0~408.3mm),最大塔偏408.3mm > $L/400 = 96000/400 = 240$mm,不满足要求

计算结果表明,扣塔搭设过程中只设置2道风缆,在顶横梁拼装前为最不利工况,且中横梁应力及塔偏均不满足规范要求。建议在拼装第19节扣塔节段时均增设1道临时风缆,前后临时风缆为$2\phi28$mm钢丝绳,腰部侧风缆为永久风缆。保证结构的变形及稳定性,并作为辅助手段,在拼装过程中调整偏位,保证扣塔拼装的垂直度满足要求。

临时风缆索力按照抵抗风荷载设置,计算结果见表4。

临时风缆初拉力(单位:kN)　　　　　　　　　　　　　　表4

风缆位置		平南侧	岑溪侧
第一道侧风缆	上游	108.8	89.0
	下游	91.2	103.8
第二道侧风缆	上游	138.8	120.3
	下游	128.8	139.6
第一道后风缆		62.8	75.0
第二道后风缆		71.5	81.9
第一道跨中前风缆		86.5	43.1
第二道跨中前风缆		85.0	54.6

顶横梁拼装前,在扣塔腰部有 2 道风缆及横梁约束,计算结果见表 5、表 6。

顶横梁拼装前阶段扣塔计算结果 表 5

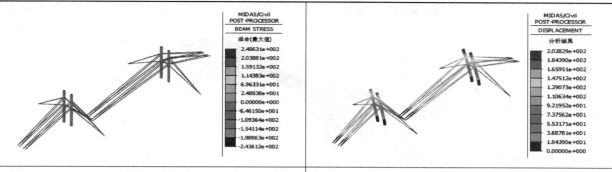

应力区间(-243.6 ~ +248.6MPa),最大组合应力 248.6MPa < 305MPa,满足要求	塔偏区间(0 ~ 202.8mm),最大塔偏 202.8mm < L/400 = 96000/400 = 240mm,满足要求

横向极限风整体稳定计算结果 表 6

模态	整体稳定系数	屈曲变形(mm)
模态 1	12.21	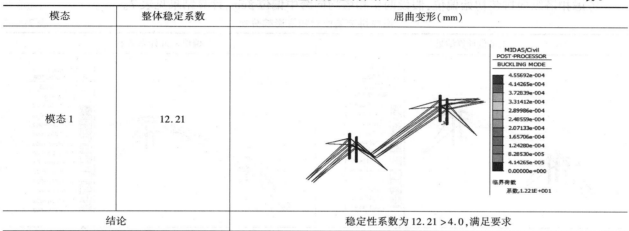
结论	稳定性系数为 12.21 > 4.0,满足要求	

原方案在扣塔拼装过程中只设置 2 道临时风缆,虽然在拱肋扣挂拼装过程中,扣塔结构的受力和变形满足要求,但在扣塔拼装过程中,随着扣塔节段的拼装,扣塔结构的自由高度越来越高,在风荷载及温度荷载作用下,塔架结构存在局部应力超限的风险。尤其对于由众多杆件拼装而成的扣塔,局部小杆件的受力超限或者失稳问题,将导致整个斜拉扣挂结构发生连锁反应,从而使整个结构出现较大的施工隐患。

通过在原来施工方案的基础上增加一道临时风缆,在横桥向设计荷载组合下,扣塔最大组合应力由 576.0MPa 减少至 248.6MPa,扣塔横向最大偏位由 408.3mm 减少至 202.8mm。由此可见,风缆可极大程度上解决超高塔架结构安装过程中的受力问题,能有效保障扣塔节段安装过程中的线形,在超高扣塔结构施工方案的制订过程中,应重视风缆对于整个扣挂体系的线形和受力改善的重要作用:合理的设计风缆系统可保证扣塔在拼装过程中应力和偏位及稳定性满足要求,并作为辅助手段,在扣塔节段拼装过程中调整偏位,保证扣塔拼装的垂直度满足要求,让扣塔结构内部受力更加均匀合理,使材料用量更加经济。

四、扣塔拼装偏位影响分析

在扣塔施工过程中风缆能有效地控制塔架偏位,辅助结构的安装,但贝雷节段间是通过销轴连接,销轴之间的缝隙一般在 0.5mm,这个特性导致了在贝雷塔架拼装过程中,难免存在错孔偏位。而扣塔在缆索吊、扣锚索及风缆等作用下承受较大的竖向作用力,当扣塔存在拼装偏位时,竖向作用力将使扣塔受到较大的附加弯矩作用,为分析扣塔拼装偏位对扣塔受力的影响,选取最不利施工阶段,对扣塔进行 P-Delta 二阶效应分析[4-5]。

采用midas Civil进行建模分析,其中扣索、锚索及风缆采用桁架单元进行模拟,其余杆件采用梁单元进行模拟。斜拉扣挂计算模型如图6所示。

图6 斜拉扣挂施工过程计算模型

1. 扣塔纵桥向拼装偏位影响分析

考虑扣塔纵向拼装初始偏位,假设两岸扣塔均向跨中偏位8cm,计算结果见表7。

纵向拼装偏位对扣塔影响分析　　　表7

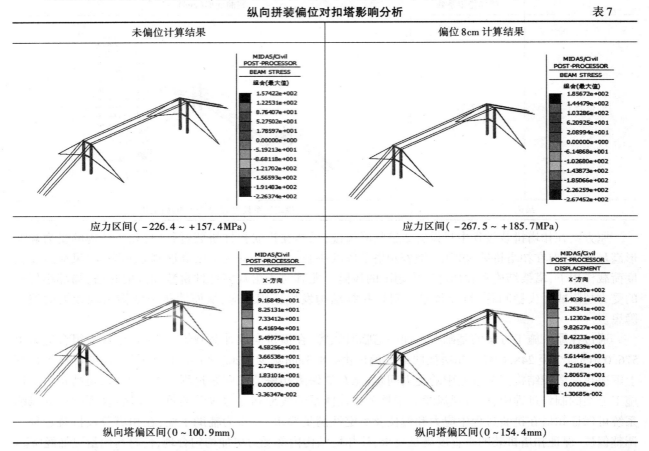

未偏位计算结果	偏位8cm计算结果
应力区间(−226.4～+157.4MPa)	应力区间(−267.5～+185.7MPa)
纵向塔偏区间(0~100.9mm)	纵向塔偏区间(0~154.4mm)

不存在拼装误差时,在纵桥向设计荷载组合下,扣塔组合应力区间为(−226.4～+157.4MPa),最大组合应力为226.4MPa,纵向塔偏区间(0~100.9mm),扣塔纵向最大偏位为100.9mm;偏位8cm时,在纵桥向设计荷载组合下,扣塔组合应力区间为(−267.5～+185.7MPa),最大组合应力为267.5MPa,纵向塔偏区间(0~154.4mm),扣塔纵向最大偏位为154.4mm;扣塔纵向拼装偏差1cm,最大组合应力增加5.1MPa,变形增加6.7mm。综合考虑下,限制纵桥向拼装偏位为8cm。

2. 扣塔横桥向拼装偏位影响分析

考虑扣塔横向拼装初始偏位,假设两岸扣塔均向上游偏位4cm,计算结果见表8。

横向拼装偏位对扣塔影响分析　　表8

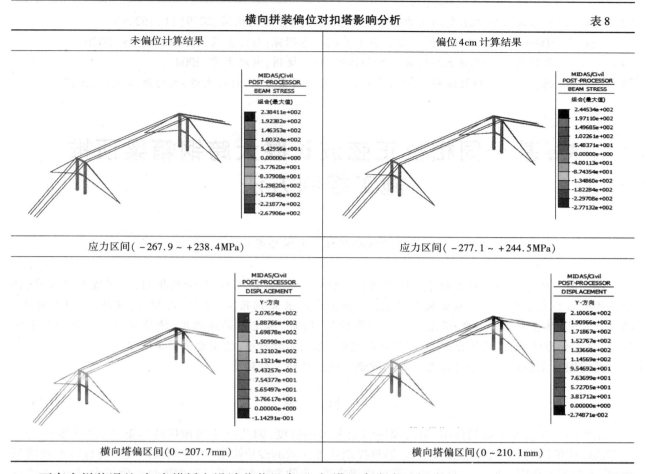

不存在拼装误差时,在横桥向设计荷载组合下,扣塔组合应力区间为(-267.9~+238.4MPa),最大组合应力为267.9MPa,横向塔偏区间(0~207.7mm),扣塔横向最大偏位为207.7mm;偏位4cm时,在横桥向设计荷载组合下,扣塔组合应力区间为(-277.1~+244.5MPa),最大组合应力为277.1MPa,横向塔偏区间(0~210.1mm),扣塔横向最大偏位为210.1mm;扣塔拼装偏差1cm,最大组合应力增加2.3MPa,变形增加0.6mm。综合考虑下,限制横桥向拼装偏位为4cm。

五、结　　语

以北流河特大桥贝雷扣塔搭设为背景,对扣塔搭设过程中的受力及施工误差对于后期施工中扣塔影响分析研究,主要得出以下结论:

(1)扣塔拼装过程中风揽能有效地控制扣塔应力及塔偏,通过在顶横梁与中横梁扣塔节段间增设一道临时风缆,可保证扣塔在拼装过程中应力和偏位及稳定性满足要求,使扣塔结构内部受力更加均匀合理,材料用量更加经济;并作为辅助手段,在拼装过程中调整偏位,保证扣塔拼装的垂直度满足要求。

(2)扣塔存在拼装偏位时,竖向作用力将使扣塔受到较大的附加弯矩作用,对扣塔进行P-Delta二阶效应分析表明,扣塔纵向拼装偏差1cm,应力增加5.1MPa,变形增加6.7mm。扣塔横向拼装偏差1cm,应力增加2.3MPa,变形增加0.6mm。在施工过程中,随着扣索及锚索的施加,扣塔抵抗纵桥向作用的能力逐渐增强。综合考虑下,限制纵桥向拼装偏位为8cm、横桥向拼装偏位为4cm。通过对扣塔拼装误差的敏感性分析,确定了该工程扣塔拼装过程中的控制标准,为扣塔拼装过程中的结构安全提供保障。

参考文献

[1] 黎卓勤,秦大燕,韩玉,等.新型缆索吊塔架结构选型与受力性能研究[J].公路,2018,63(7):199-203.

[2] 杨玲.缆索吊塔架结构选型与受力性能可行性论证[J].建筑机械,2019(11):62-65.
[3] 逄锦程.500m级钢管混凝土拱桥吊扣施工关键技术研究[D].重庆:重庆交通大学,2020.
[4] 张治成.大跨度钢管混凝土拱桥施工控制研究[D].杭州:浙江大学,2004.
[5] 王建辉.肋拱桥斜拉扣挂法施工拱肋吊装精度影响因素分析[D].大连:大连理工大学,2018.

33. 基于同相位正弦波长联大跨钢箱梁顶推施工控制方法

楚民红

(中铁桥隧技术有限公司)

摘要 桥梁顶推法施工的导梁线形设置一般有直线形、切线形、整跨预拱形,导梁线形的不同,整个结构受力会有很大差异。本文基于同相位正弦波大跨长联钢箱梁,提出"同相位、正弦波、同上同下"的顶推工艺,结合主梁预拱度,通过"平移、整跨预拱、切断"确定导梁预拱度,使导梁能随主梁一起上下运动,导梁受力明确,且较为合理,简化了顶推过程,无须支墩抄垫,控制方法简单明了。

关键词 主梁顶推 导梁线形 支点抄垫 强迫位移 预拱度

一、引 言

钢梁由于恒载和活载的作用,钢梁预拼时会考虑预拱度,因此钢梁的预拼线形整体为"波浪形",且一般连续梁的边跨预拱较其他跨偏大。通过控制顶推支墩的抄垫高度,可控制顶推线形为直线形或圆弧形,具体如图1和图2所示。对长联大跨径桥梁来说,此种方法在顶推过程中抄垫高度较大,抄垫工作量很大。

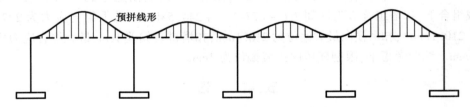

图1 直线形顶推方法

注:图中阴影部分为钢梁对应位置的抄垫高度。

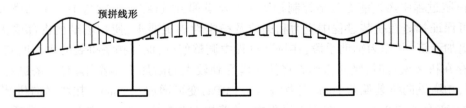

图2 圆弧形顶推方法

注:图中阴影部分为钢梁对应位置的抄垫高度。

大跨桥梁采用顶推施工时,导梁所确定的线形不同会导致结构整体受力有很大差异。目前桥梁顶推导梁线形的设置有直线形、切线形和整跨预拱形,但此种导梁线形和主梁匹配度不高,导致顶推抄垫工作量较大,结构受力不合理,进而可能影响到结构安全,延误工期。

目前桥梁顶推施工工艺的导梁线形有以下几种形式。

（1）直线形：导梁为沿着主梁原设计线形进行顺接延伸，导梁线形为直线，如图3所示。

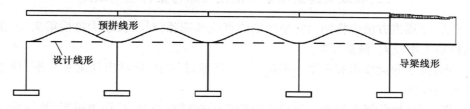

图3 直线形导梁示意图

（2）切线形：导梁为沿着主梁预拼线形进行顺切延伸，导梁线形为直线，如图4所示。

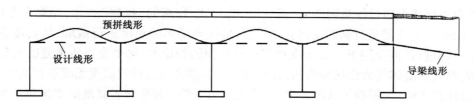

图4 切线形导梁示意图

（3）整跨预拱形：导梁为沿着主梁原设计线形进行顺接延伸，导梁线形参考主梁考虑预拱值，为曲线，如图5所示。

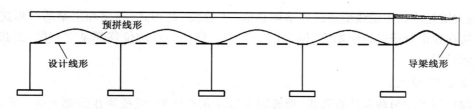

图5 整跨预拱形导梁示意图

支墩顶的顶推装置布设会影响结构受力的均匀性，一般有两种类型，如图6所示。此布设方式由于纵向支撑太近，会导致钢梁与落梁支撑或步履顶垫梁受力不均匀，且落梁支撑不能适应顶推过程中钢梁底变化的角度。

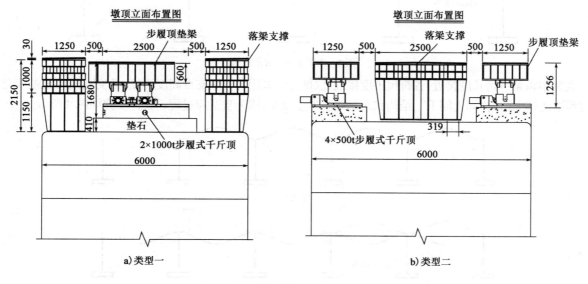

图6 墩顶顶推装置布设（尺寸单位：cm）

二、长联大跨钢箱梁顶推施工原方案存在的缺点

（1）顶推方法：原顶推方法中将钢梁完全抄垫成直线或圆弧，对于长联大跨桥梁来说，顶推行进过程中调整各支墩抄垫工作较大，调整频繁。

（2）导梁线形：由于导梁线形和主梁不匹配，导致顶推过程中，导梁出现附加变形，导梁的材料强度和结构刚度要求均较高。

（3）顶推装置：原顶推装置布设单个顶推支墩的落梁支撑有两个，且距离很近，与钢梁之间很容易出现支点受力不均匀，且落梁支撑面不能随着顶推的行进适应钢梁角度的变化，可能会出现集中受力，导致钢梁屈服。

现方案将钢主梁线形通过抄垫调整成"正弦波"的形式，每跨的"振幅"一样，导梁在考虑钢主梁"正弦波"线形的基础上，与主梁进行同跨度设置预拱度，后按导梁实际长度进行截取，从而使钢主梁和导梁在顶推过程中一起进行"同上同下"，每个支点间均有相同的相位差，每个支点所承受的支反力的变化趋势也接近一致，结构的整体受力也比较明确，并且过程中导梁支点的抄垫高度无须进行调整，大大减少了工作量，控制方法简单明了，提高了顶推效率，节约了施工工期。顶推装置将落梁支撑和步履顶垫梁前后布置，解决落梁支撑与钢主梁受力不均问题，同时将落梁支撑设置为上下两层圆弧形垫块结构，很好地解决了落梁垫块不能主动适应钢主梁的问题。

三、技术方案

本方案的关键是将钢主梁线形通过抄垫调整成"正弦波"的形式，导梁和主梁的线形进行有机的结合，使整个结构在顶推行进过程中始终"同上同下"，梁上任何一点的位移都是同相位、正弦波的变化状态，成为自适应过程。

1. 顶推方法的确定

主梁预拼时，须考虑恒载和活载预拱，形成图7所示预拼线形，梁段须在胎架上进行提前预拼，预拼完成后在拼装平台上进行匹配安装。

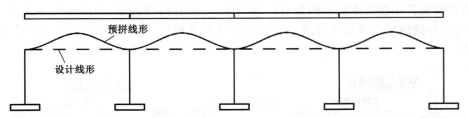

图7 主梁预拼线形示意图

大跨钢箱梁各跨长度接近，各跨预拱度接近，顶推方法采用各支墩支点高度不变、各支点同相位差变化，顶推过程中使整个结构"同上同下"，结构状态始终不发生变化，成为自适应过程。具体步骤如图8所示。

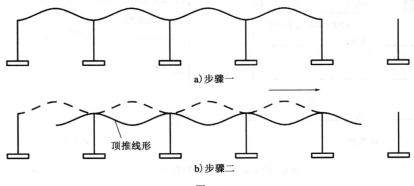

图 8

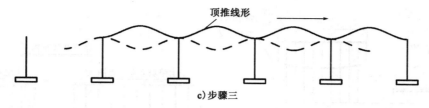

c) 步骤三

图 8　主梁顶推示意图

2. 导梁线形的确定

本方案的关键是将导梁和主梁的线形进行有机结合,使整个结构在顶推行进过程中始终"同上同下",梁上任何一点的位移都是同相位、正弦波的变化状态,成为自适应过程。

1)线形平移

导梁参考主梁的预拱度进行平移(图9),平移长度与主梁跨径相同。由于主梁各跨的预拱会稍有不同,导梁的预拱按主梁的实际预拱进行取值,可以取各跨的均值或进行拟合取值,保证导梁和主梁线形合理、结构受力合理。

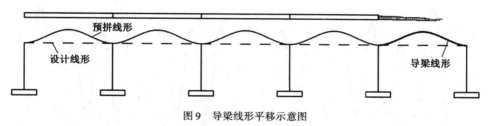

图 9　导梁线形平移示意图

2)线形截取

导梁长度一般按顶推跨径的 0.6～0.7 倍取值,平移后的导梁线形按实际长度进行截取,形成导梁制造线形,导梁的最大预拱度在对应主梁跨度的跨中,并非在导梁跨中处(图10)。

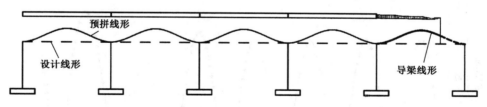

图 10　导梁线形截取示意图

3)导梁制造

导梁确定整体制造线形后,可分段"以直代曲"进行制造,通过调整上下底板的长度来实现拱度。导梁底板与主梁的底板齐平,导梁前端可设置多层台阶,方便后续上墩。

4)顶推装置的确定

顶推装置中落梁支撑和步履式千斤顶垫梁前后布置,且落梁支撑采用两块弧形垫块进行结合,顶推过程中能自适应转动(图11)。

四、工程应用实例

某项目主桥孔跨布置为 14×128m=1792m,主桥位于直线段内,结构形式为顶推施工的钢箱梁,桥面宽度26m,梁中心线高6.28m。主梁预拼制造时按"恒载+1/2活载"反拱设置预拱度,最大预拱度188mm。主梁预拱度如图12所示。

由主梁预拱度可以看出,各跨预拱度基本接近,各跨跨中预拱度均值为152mm,导梁线形可按152mm进行预拱;导梁预拱长度按主梁跨度128m取,后按实际导梁长度80m进行切断截取,最终形成导梁制造线形(空心标记)如图13所示。

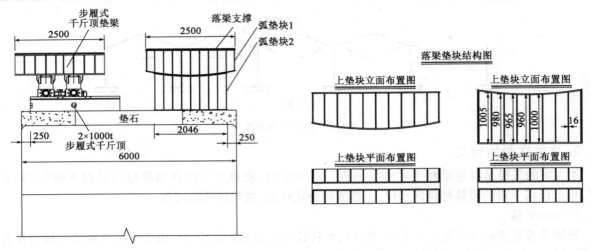

图 11 顶推装置布置图(尺寸单位:cm)

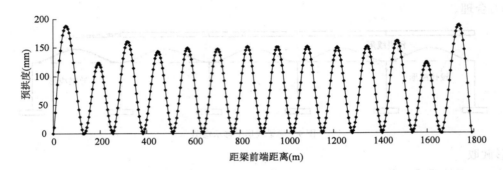

图 12 主梁预拱度

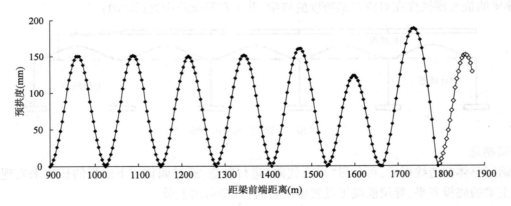

图 13 后 7 跨主梁 + 导梁预拱度

注:限于篇幅,仅展示后 7 跨主梁,空心标记为导梁线形。

主梁和导梁预拱度与各跨跨中预拱度均值152mm 的偏差在 -29～36mm 内。顶推过程中一般有两种处理方式:一是通过调整各支点抄垫高度来使各支点达到理论高差;二是不调整抄垫高度,通过"强迫位移"进行计算模拟,计算出各支点能容许的最大位移差。通过综合计算,本项目采用"强迫位移"的方法,由钢梁结构自身受力消化,顶推过程中不调整各支点的抄垫高度。各支点强迫位移值如图14所示。

第 1 跨和第 14 跨钢主梁最大抄垫高度为41mm,第 2 跨和第 13 跨抄垫高度为负值,不需要抄垫,其他跨和导梁抄垫高度在 0～13mm 内。经计算分析,仅第 1 跨和第 14 跨采用抄垫调整,抄垫量为41mm,其他跨抄垫高度较小,采用"强迫位移"的方法,由钢梁结构自身受力消化,顶推过程中不调整各支点的抄垫高度,最终钢主梁和导梁实现自适应"同相位、正弦波、同上同下"顶推方式。

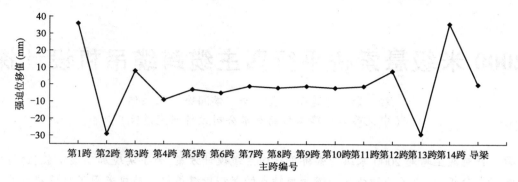

图14 各支点强迫位移值

五、结　语

本项目导梁和主梁已制造完成,并已开始进行顶推,目前应用效果较好。该方法的主要特点是:

(1)针对大跨径钢箱梁,提出"同相位、正弦波、同上同下"的顶推工艺,大大简化了顶推过程,结构受力明确,支墩抄垫大大减少,控制方法简单明了。

(2)参考主梁预拱度,通过"平移、整跨预拱、截取"确定导梁预拱度,使导梁能随主梁一起上下运动,导梁受力明确且较为合理。

(3)结合钢主梁线形,通过"整跨平移、截取"确定导梁线形,使导梁能随主梁一起"同上同下"运动,导梁受力明确且较为合理,导梁顶推过程中不需要进行抄垫。

(4)顶推装置将落梁支撑和步履式千斤顶垫梁前后布置,保证落梁支撑与钢主梁受力均匀,同时将落梁支撑设置为上下两层圆弧形垫块结构,保证落梁支撑可以在顶推过程中主动适应钢主梁底面,可实现"面对面"接触受力。

(5)本方法便于操作,降低了施工风险,减少了施工工序,提高了工作效率,有很大的经济效益。

参考文献

[1] 王世峰,陈超华,孙晓伟.多变竖曲线钢槽梁拼装及顶推施工技术[J].中外公路,2012,32(3):237-241.

[2] 梁潇.变曲率竖曲线连续钢梁桥短导梁顶推施工受力研究[J].中外公路,2015,35(4):192-195.

[3] 余茂峰,余茂科,叶建龙.钢箱梁步履式多点连续顶推施工关键技术及设计要点探讨[J].公路交通技术,2015,117(2):99-101,110.

[4] 王天鹏,周先雁,贺国京,等.大跨柔性钢梁顶推施工导梁结构优化及局部受力分析[J].公路,2016,61(7):121-124.

[5] 翁方文,田卿,田飞.大跨连续钢箱梁桥顶推施工控制技术研究[J].公路,2018,63(3):89-92.

[6] 叶建良.瓯江北口大桥北引桥槽形钢梁顶推施工关键技术[J].桥梁建设,2020,50(Z2):115-120.

[7] 李传习,周群,董创文.顶推钢箱梁的梁段制造构形与无应力线形实现[J].公路交通科技,2018,35(5):40-48.

[8] 熊正强.变曲率竖曲线连续钢梁桥顶推施工线形控制研究[J].中外公路,2015,35(4):187-191.

34. 2000米级悬索桥平行四主缆跨缆吊机设计探讨[①]

刘 勋 霰建平 金 仓 侯润峰 张浩伟

(中交第二公路工程局有限公司设计研究总院)

摘 要 针对某主跨超2000米级悬索桥平行四主缆设计方案,为了实现加劲梁吊装,通过对跨缆吊机进行功能需求分析,提出了一种适应四缆受力特点的新型跨缆吊机。吊机采用了自适应左右幅并置双缆架设误差的承载结构、跨越并行索夹的行走机构、对称于主缆的提升系统、轻量化主桁架等设计。同时本文阐述了动力系统及集成控制系统原理设计,可为类似悬索桥建设提供借鉴。

关键词 悬索桥 四主缆 跨缆吊机 加劲梁 吊装

一、引 言

悬索桥由于可以充分利用高强钢丝等主缆材料的抗拉强度,在大跨径桥梁建设中得到广泛应用。目前国外已经建成最大主跨2023m的土耳其1915恰纳卡莱大桥[1],且国内狮子洋、张靖皋过江通道等超2000米级悬索桥的建设已进入实施阶段。跨缆吊机(又名缆载吊机)作为垂直吊装加劲梁的专用设备,施工安全、便捷、成本低,在具备通航条件的大跨径悬索桥上部结构施工中具有无可比拟的优势[2-3]。

本文以某主跨2180m悬索桥为依托,其初步设计方案之一为双层各八车道、平行四主缆方案,如图1所示。主缆索夹内直径为1143mm,每侧主缆横向中心间距为3m,如图2所示;主梁采用双层桁架梁,一期恒载约42t/m,节段长度16m。

图1 四缆方案示意图

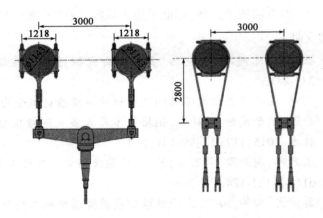

图2 主缆索夹两种设计方案(尺寸单位:mm)

平行四主缆悬索桥目前在世界上仅有两座,即美国的华盛顿桥和维拉扎诺桥[4]。华盛顿桥加劲梁架设采用桅杆吊进行散拼,维拉扎诺桥主要是采用绞车和滑车组、起重台车进行梁段提升。由于以上两座桥建造时间都比较早,跨径和通行能力相对较小,且华盛顿桥施工具有其特殊性,其吊装设备及方法对超2km跨重载悬索桥的参考意义有限。国内现有900t跨缆吊机起重能力虽然可以满足本桥吊装需求[5-7],如图3所示,其采用双缆(指左右幅单主缆,下同)承载及行走方式并不适应本桥结构。因此,为满足平行四缆(指左右幅并置双主缆,下同)施工需求,并能够适应宽幅、大跨径悬索桥建设的发展趋势等方面来重点考虑,研究新型的跨缆吊机。

[①] 基金项目:中国交通建设集团科技研发项目(YSZX-01-2020-01-B)。

图 3　常规跨缆吊机施工照片

二、跨缆吊机结构需求分析

通过对主桥缆索系统、加劲梁结构特点及吊装重难点分析，得出吊机结构及功能需求如下：

（1）以往跨缆吊机都是双缆承载，如果四缆方案采用此种方式，即靠桥梁中心线内侧双主缆承载，虽然理论上可实现加劲梁吊装，但会造成单侧并置双缆之间的变形不一致，从而导致缆索系统在加劲梁安装期始终为不均衡受力状态，对成桥结构安全带来不利影响。因此，必须考虑四缆同时承载且受力均衡的吊机结构。

（2）四缆方案下，单侧并置主缆间距仅3m，缆上支撑及行走机构、承载结构设计需重点考虑能够适应左右幅主缆整体误差、左右幅并置双缆间的架设误差，最大程度保证均衡受力要求。

（3）跨缆吊机行走机构能够跨越小间距并行索夹。

（4）多吊点之间协同受力的同步控制系统。

（5）为了加快施工，降低渡台风险，采用32m大节段吊装，即两台跨缆吊机进行抬吊，吊装重量约1344t。

（6）针对2000m级超大跨径、重载悬索桥，为了避免吊机自重的庞大带来安拆、操作不便等问题，对于吊装设备轻量化也是需求之一。

三、跨缆吊机总体设计

在吊机总体结构设计思路上，考虑设置2套单侧双缆承载的整体式缆上支撑及行走系统，通过对称布置于单侧并置双缆中心线的2套主提升系统，使得主缆受力均衡，主桁架较传统吊机结构所受弯矩减小，易实现吊机轻量化目标。

四缆跨缆吊机主要由2套缆上支撑及行走机构、2套端部承载结构、4套主千斤顶提升系统、4套动力系统、1套主桁架、1套集成控制系统、2套吊机行走牵引系统以及2套加劲梁吊具等组成。根据吊装需求，并参考现有吊机参数，拟定的跨缆吊机主要性能参数见表1，总体结构如图4所示。

跨缆吊机主要性能参数　　　表1

项目	性能参数
提升能力	900t（含吊具）
提升钢绞线千斤顶	4台230t
跨距（上下游主缆中心距）	42.6m
适应并置双缆间距	3m
平均提升速度	30m/h
平均放索速度	≥80m/h
提升索股最大长度	300m
行走机构最大倾角	30°
缆上平均行走速度	13m/h
行走机构牵引钢绞线千斤顶	2台108t
行走机构跨越最大索夹尺寸	3m（长）×0.3m（高）

续上表

项目	性能参数	
工作环境温度	−20~50℃	
工作状态最大风速	25m/s	吊机平面处3s阵风
非工作状态最大风速	55m/s	

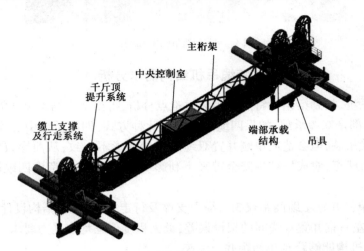

图4 跨缆吊机总体结构示意图

1. 缆上支撑及行走机构设计

根据跨越索夹尺寸需要,缆上支撑及行走机构设计为2组并列的箱形结构,与单侧并置双缆对应。单个箱体上安装有4组行走轮组、3组抱箍体等,如图5所示。抱箍体采用高强螺栓固定于行走机构箱体底部,可以根据吊机实际吊装位置前后调整抱箍位置,实现跨缆吊机精确定位。吊装作业时顶紧主缆索夹,通过端面承压克服吊机带载时的下滑力。

吊机空载行走时,通过液压泵站驱动荷载转移油缸,吊机荷载转移至4组行走轮组,此时抱箍体底部连接打开,行走滚轮遇索夹时控制其收回,过索夹后伸出承载,通过交替起落,实现跨索夹步履式行走[8-9]。

单侧并置双缆情况下,在两组行走箱体之间设置连接轴箱体,通过横向销轴与两组箱体之间铰接,释放连接轴箱体沿主缆方向的转动约束,类似于车桥结构,自适应主缆纵桥向角度变化,确保吊机主体结构在重力作用下始终位于铅垂平面。连接轴箱体与横向销轴之间采用法兰端面连接,销轴插入箱体内部一定长度,通过箱体与销轴共同承受弯矩。缆上支撑及行走机构示意如图6所示。

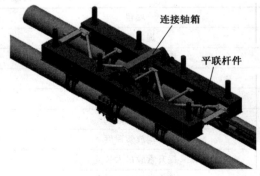

图5 单个缆上支撑及行走机构结构　　　　图6 缆上支撑及行走机构示意图

另外,将两组箱体结构之间通过平联杆件连接,使之形成整体,适应同步跨越单侧双缆的并行索夹,并增强吊装及行走状态下的稳定性。

行走动力采用液压泵站驱动连续千斤顶来提供牵引力，千斤顶设置于单侧并置双主缆中心平面上，如图7所示。吊机行走状态多支点承载情况下，其同步性更易控制。

2. 端部承载结构设计

端部承载结构是连接主提升系统与缆上支撑及行走系统之间的主要受力构件，直接承受起吊荷载。将其设计为Π形箱体结构，主提升千斤顶对称布置于主缆两侧、猫道扶手绳外侧。端部承载结构下端前后双腹板叉耳通过顺桥向销轴铰接于连接轴箱，可以释放吊机结构在横桥向的转动约束，减小中间主桁架产生的附加弯矩[10]，如图8、图9所示。

图7 行走牵引千斤顶示意图

销轴另一侧端部采用双圆螺母进行固定，可承受比较大的轴向力。通过连接轴箱纵、横桥向铰接结构设置，吊装作业时吊机自适应四缆架设误差，最大程度上减少了吊机不均匀受力情况。

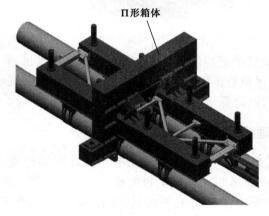

图8 端部承载结构示意图

图9 连接轴箱体铰接结构

3. 主千斤顶提升系统

单台吊机包含4套主提升系统，左右幅主缆各布置2套。1套主提升系统由1台连续千斤顶及配套的钢绞线导线架、钢绞线收卷器等组成，是跨缆吊机的核心执行机构[11]。连续千斤顶设置于Π形箱体悬臂端，钢绞线收卷器设置于箱体顶部，钢绞线导线架固定于收卷器及箱体顶部，如图10所示。

根据吊重需求，千斤顶额定提升能力选择为230t，主缸行程为500mm；钢绞线收卷器容绳量不小于16×300m，可采用被动或者主动收线器[12]。连续千斤顶联动同步提升时的速度不小于30m/h。

单侧2套千斤顶提升系统对称并置于双主缆中心线布置，吊装时结构内力相互平衡，与常规跨缆吊机内侧设置提升系统相比（图11），传递给主桁架的弯矩很小，对其刚度要求降低。

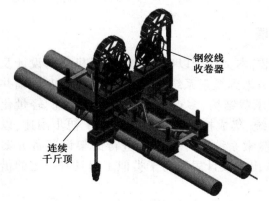

图10 主提升系统布置示意图

图11 内侧设置提升系统照片

4. 主桁架设计

为方便制造、运输及安装，主桁架由多个节段组合而成，各节段桁架之间采用销轴连接（图12），桁架端头采用"八"字形，与端部承载结构之间通过法兰连接（图13）。桁架节段由H型钢、角钢、槽钢等组成，节段构件之间采用螺栓连接。

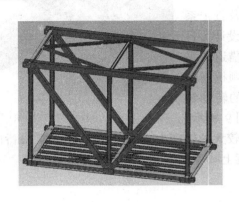

图12　桁架节段示意图　　　　图13　端部法兰连接示意图

如前所述，本吊机吊装提升系统对称主缆布置，主桁架只承受其自身重量及附属安装部件重量，兼做左、右幅主缆之间的走道，并且具有一定的横向刚度，增强吊机整体稳定性。总体来说，主桁架受力较小，因此，可以采取轻量化设计，减少整机自重，增强作业便利性，降低造价。

四、动力系统原理设计

跨缆吊机动力采用柴油发动机或者电动机驱动液压泵站，单套液压系统由五个液压回路组成：钢绞线卷扬机（收卷器）回路、液压卷扬机回路（小型机具辅助吊装功能）、4套荷载转移油缸回路、吊装索股千斤回路、行走索股千斤顶回路。吊装及行走索股千斤顶具有上下锚具，采用双作用缸液压回路，上下锚联动，实现加劲梁的连续安全提升及吊机在主缆上的步履式行走；各液压回路独立控制，互不干扰。

五、集成控制系统原理设计

集成控制系统是跨缆吊机的"中央指挥"机构，主要用于加劲梁吊装、吊机行走及就位等全过程力和位移控制，监测液压动力系统、钢绞线卷扬机、液压辅助卷扬机等的操作过程和运行状态。通过人工设定提升高度，可以实现吊装索股千斤顶连续"智能"吊装作业。

每台吊机配置一套集成控制系统，可以实现对单机上的所有执行机构进行全面控制，也可以通过数据线连接，利用单套集成控制系统集中控制2台吊机的所有执行机构。集成控制系统原理如图14所示。使用中根据建设条件灵活选择单机作业或双机抬吊作业。

六、结　语

针对主跨超2000米级悬索桥平行四主缆加劲梁吊装，本文结合以往双缆跨缆吊机结构设计及使用经验，阐述了四缆跨缆吊机的结构及功能设计思路。考虑到缆索系统结构特点，通过对左右幅并置双缆承载的缆上支撑及行走机构、双向铰接的端部∏形承载结构、多点分布的主提升系统、轻量化主桁架等进行结构适应性设计方案研究，并对液压动力系统、集成控制系统原理进行了初步阐述，以实现吊机新的功能需求。由于本吊机为配合四缆悬索桥缆索系统设计阶段而进行的架设装备方案研究，后续还需根据桥梁结构设计特点进行深化调整，但提出的设计思路对于类似工程具有一定的借鉴意义。

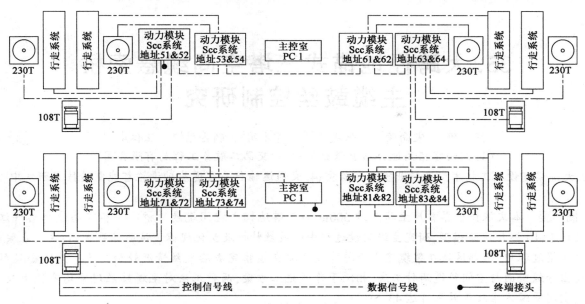

图 14 集成控制系统原理图

参考文献

[1] 罗扣,舒思利,万田保.土耳其恰纳卡莱大桥方案设计[J].交通科技,2017(6):47-50.
[2] 刘勋,刘民胜,金仓,等.KLDJ600型液压提升式跨缆吊机的研制及应用[J].筑路机械与施工机械化,2019,36(2):92-97.
[3] 金仓.全液压跨缆吊机的研制与应用[J].筑路机械与施工机械化,2009,26(9):21-25.
[4] 严国敏.现代悬索桥[M].北京:人民交通出版社,2001.
[5] 赵小静,于祥君.五峰山长江大桥加劲梁架设技术[J].桥梁建设,2020,50(2):1-6.
[6] 李陆平,李兴华,罗瑞华.武汉杨泗港长江大桥主桥加劲梁架设施工技术[J].桥梁建设,2019,49(6):7-12.
[7] 李兴华,潘东发.武汉杨泗港长江大桥主桥施工关键技术[J].桥梁建设,2020,50(4):9-16.
[8] 邓年春,刘显晖,伍柳毅,等.液压牵引与滚轮行走结合的新型5000kN缆载吊机研制[J].预应力技术,2014(5):7-10.
[9] 刘显晖,伍柳毅,李海峰,等.缆载吊机主缆上行走原理和安装工艺的探索与实践[J].施工技术,2015(S2):213-217.
[10] 张浩伟,黎训国,李鹏,等.一种平行四主缆跨缆吊机:202120594825.6[P].2021-11-19.
[11] 闫友联,赵有明,金仓,等.特大跨径悬索桥全液压跨缆吊机设计研究[J].桥梁建设,2004(4):13-16.
[12] 刘显晖,李海峰,伍柳毅,等.液压动力钢绞线收放装置的研制及应用[J].装备制造技术,2015(12):48-51.

35. 大跨径地锚式三塔空间缆悬索桥主缆鼓丝控制研究

蓝雄[1] 宋向荣[2,3] 张成威[2,3] 蒋才明[1] 颜兆福[2,4] 汪仁威[2,4]

(1. 广西容梧高速公路有限公司；2. 中交第二航务工程局有限公司；
3. 长大桥梁建设施工技术交通行业重点实验室；4. 交通运输行业交通基础设施智能制造技术研发中心)

摘要 本文依托世界首座主跨超过500m的三塔地锚式空间缆悬索桥——苍容高速公路浔江大桥，设计1：10缩尺试验模型，研究主缆架设过程中的鼓丝特性及变化规律。试验结果表明，主缆在架设、顶推、架梁过程中，顶部区域在架缆完成后与外侧区域在顶推完成后鼓丝情况较为严重。为减小鼓丝问题，提出分级紧固与空间紧缆两种工法，相比于普通施工方案，两种工法对主缆鼓丝现象均有较大改善，其中，空间紧缆方案改善效果可达43.5%。

关键词 地锚式悬索桥 空间缆 施工工法 鼓丝控制 缩尺试验

一、引 言

悬索桥因具有优异的跨越能力、良好的线形适应性，被广泛应用于大跨径桥梁建设[1]。空间缆悬索桥具有独特的空间线形主缆，不仅增加了桥梁景观性，还使得桥梁横向刚度大幅提升。悬索桥在主缆架设过程中，在主索鞍与散索鞍处出现局部钢丝鼓凸的现象，这种钢丝鼓凸的现象称为索股鼓丝。鼓丝会使得索股中各钢丝受力不均匀，甚至产生部分钢丝不受力的情况，两种情况皆会削弱主缆索股的强度，降低成桥主缆的安全系数，影响主缆使用寿命。产生鼓丝的原因可以归纳为两方面：单元索股制造误差；单元索股在施工过程中钢丝间不能协同变形而产生的误差。

其中，单元索股制造误差为随机误差，这种误差可以在索股制造源头通过提高索股制造精度来改善。而在施工过程中，可能因为猫道牵引装置的位置布置、牵引速度不均匀、索鞍处主缆竖向弯曲、横向弯曲等施工原因产生鼓丝。悬索桥主缆单元索股在架设过程中，不可避免地会产生鼓丝，而空间缆悬索桥工序更为复杂，顶推时主缆弯折使得空间缆悬索桥更易产生鼓丝[2-3]。为改善悬索桥主缆鼓丝问题，国内外学者对主缆鼓丝原因进行了深入研究并提出一定的控制措施。张宗宗[4]在归纳了主缆鼓丝原因后提出保证索股牵引速度均匀、加密塔顶、散索鞍支墩位置处的托架滚轮等措施来控制主缆鼓丝；陈执正等[5]人采用了合理的入鞍顺序以及整形间距，减弱了主缆鼓丝现象；戴建国等[6]分析得出鼓丝应力计算值与主缆架设时的梳理均匀度有关；李好[7]研究某双索面悬索桥发现设置索鞍槽隔板与散索套横隔板使索股准确定位、限制索股变位可以有效减少鼓丝。Gil等[8]依托世界上第一座空间缆自锚式悬索桥韩国永宗大桥设计研究出一种线形成型器有效改善了施工期主缆鼓丝情况。

本文依托世界首座主跨超过500m的三塔地锚式空间缆悬索桥——苍容高速公路浔江大桥，通过缩尺模型试验探究鼓丝变化规律，并提出分级紧固与空间紧缆两种试验工法，意图通过工法改善主缆鼓丝情况，同时根据试验数据推导出主缆因鼓丝而产生的不均匀应力与鼓丝高度的关系。

二、工程概况

苍容高速公路浔江大桥是梧州—玉林—钦州高速公路(苍梧至容县段)在藤县境内跨越浔江河的一座特大桥。浔江大桥采用三塔双跨地锚式空间缆悬索桥方案，主缆跨径布置为153m+2×520m+210m，矢跨比为1/9.16。索塔处主缆中心距为1m，跨中缆中心间距为29.8m，横向矢跨比达到1/29.8，锚碇处主缆中心间距为46m。主缆由37股通长索股组成，每根预制索股由相互平行的127丝、直径6.00mm的高强钢丝组成,主缆经索夹箍紧后的直径为454mm,索夹以外直径为460mm。主梁跨径布置为55m+2×520m+55m,每跨布置31对吊索,吊索纵向间距为16m,为适应空间缆双向转角,吊索为两段式,上段为钢丝绳吊索骑跨与索夹上,下段为平行钢丝吊索,两段之间由钢制关节连接器连接。主梁采用分体式钢箱梁,由两个钢箱梁及横向连接箱组成,钢箱梁梁高3.0m,钢箱梁全宽36.2m(含检修道),主梁吊点横向间距32.4m。单侧顶板宽13.35m,平底板宽8.25m,外侧斜底板宽5.4m,箱梁外侧设置宽1.677m检修道,普通钢箱梁采用跨缆吊机垂直起吊安装;塔区和边跨搭设支架,梁段采用大型浮吊进行吊装,后滑移就位。桥型总体布置如图1所示。

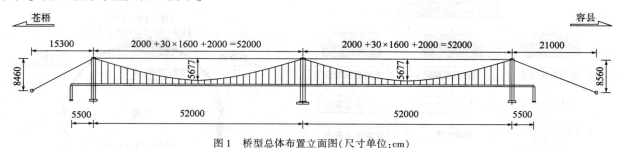

图1　桥型总体布置立面图(尺寸单位:cm)

三、试验总体布置及试验方案

1.试验布置

本试验模拟1/2中跨+少量边跨的单根主缆,试验模型几何缩尺比采用1∶10,模型总长为29.2m,高6.22m,宽2m,包含主塔、主缆、索鞍、吊杆、锚固装置、横向顶推装置等部分(图2)。

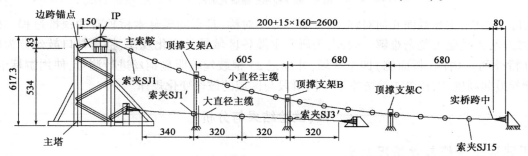

图2　试验装置布置(尺寸单位:cm)

索鞍双曲面鞍槽严格按照缩尺比进行制造,采用精密铸造件,精度高于1mm,其他部分结构采用简化设计,以焊接拼装的形式制造(图3)。

试验主缆采用0.6mm规格高强钢丝,钢丝抗拉强度不低于1400MPa。由厂家根据图纸将127根高强钢丝预制成六边形索股(图4),并对各索股进行编号,在索股锚固处、主索鞍处以及跨中处做好标记。索股两端配有楔形挤压锚头,锚头与钢丝间连接抗拉承载力应不小于35kN,试验前应对索股、索股与锚头间连接进行张拉试验。各索股均应进行编号,制造误差±2mm。

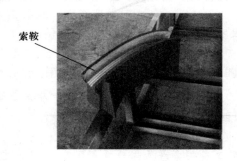

图3　索鞍示意图

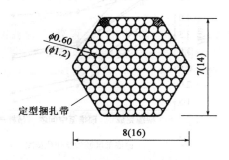

图4　索股六边形断面(尺寸单位:mm)

2. 试验方案

在施工过程中，主缆张力以及几何线形变化会使得鼓丝产生变化，本文即运用此点，研究通过工法来改善鼓丝情况。为探究空间主缆鼓丝变化规律，设置三种不同工法，包括：普通施工、空间紧缆方案、分级紧固方案(图5)。相比于普通施工方案，分级紧固方案会在主缆顶撑前将塔区附近的1号和2号索夹初紧固，其余索夹完全紧固，待主缆顶推完成后再将1号和2号索夹紧固到位；空间紧缆方案在主缆架设完成后，首先进行跨中区域主缆紧缆，待主缆顶撑完成后，再将剩余主缆紧缆并完成1号索夹安装。

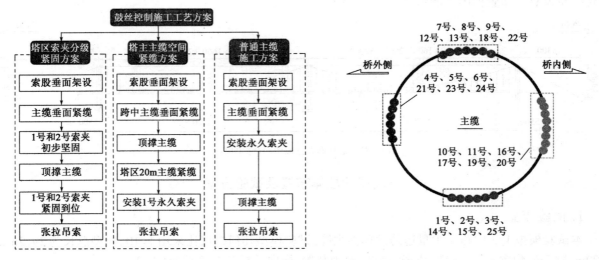

图 5　鼓丝控制措施研究工艺

在实际应用中，主缆截面几何对称，但主缆受力不对称，且空间缆悬索桥独有的顶推过程，又使主缆更易产生鼓丝，主缆受力复杂难解。因此，为研究主缆各区域鼓丝变化规律，将出鞍口鼓丝分为底部、顶部、外侧(桥外侧)、内侧(桥面侧)四个区域，并标记25根鼓丝较明显钢丝进行测量，使用游标卡尺测量其索股钢丝鼓起高度，对比各工法方案下不同阶段与区域的鼓丝变化规律。

四、试验结果与分析

1. 不同区域主缆鼓丝情况对比

为研究主缆复杂受力下鼓丝情况，将主缆各区域鼓丝测量结果绘制如图6所示。研究各区域主缆在不同施工阶段下的鼓丝变化情况。在主缆架设完成后，顶部区域鼓丝情况较为严重，顶部区域单根鼓丝最大可达13.2mm；内侧区域鼓丝情况较好，内侧区域鼓丝均值为2.6mm。各区域鼓丝均值化处理结果见表1。

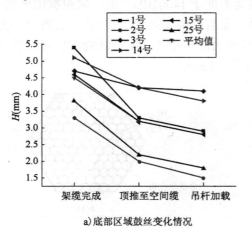

a) 底部区域鼓丝变化情况

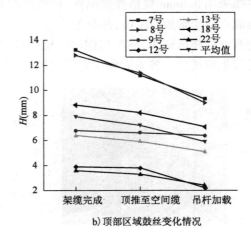

b) 顶部区域鼓丝变化情况

图 6

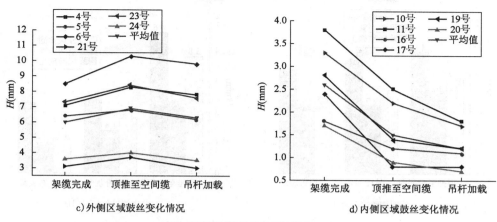

c) 外侧区域鼓丝变化情况　　　　d) 内侧区域鼓丝变化情况

图 6　不同区域鼓丝结果均值化处理

各区域鼓丝均值化处理结果（单位：mm）　　　　表 1

区域	架缆完成	顶推完成	吊杆加载
顶部	7.9	7.2	5.9
底部	4.5	3.2	2.8
外侧	6.0	6.9	6.3
内侧	2.6	1.5	1.2

将主缆顶推至空间缆状态后，顶部、底部、内侧鼓丝情况有所改善，其中内侧鼓丝改善最为明显，内侧鼓丝均值降低了 1.1，降幅为 42.3%；与其余鼓丝不同，外侧鼓丝有所增大，鼓丝均值增大 0.9，增幅达 15%。由此结果知，空间缆特有的顶推阶段，对主缆顶部与底部区域鼓丝情况影响较小，对鼓丝鼓起方向与顶推方向平行的内外侧区域影响较大，这是主缆线形几何因素占主导的体现。吊杆加载后各区域鼓丝均有所减小，顶部减小 18%、底部减小 12.5%、外侧减小 8%，内侧减小 20%。

2. 不同工法下鼓丝情况对比

将不同工法下各区域鼓丝情况绘制如图 7 所示。由图 7 可知，在主缆出鞍口处，三种工法下鼓丝高度情况为：空间紧缆方案 < 分级紧固方案 < 普通施工方案。

为量化工法对主缆鼓丝的改善效果，将普通施工方案下鼓丝情况设为基准值 1，将空间紧缆以及分级紧固结果与普通施工方案下做比例。可知，在相同工况及相同区域下，分级紧固与空间紧缆两种方案都使得鼓丝情况大有的改善，其中空间紧缆方案改善效果更为明显，在均布加载工况时，空间紧缆工法可使得内侧鼓丝降低至普通施工方案的 43.5%。分级紧固与空间紧缆塔区示意如图 8 所示。

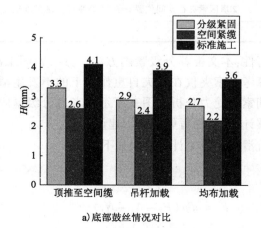

a) 底部鼓丝情况对比

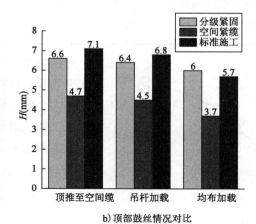

b) 顶部鼓丝情况对比

图 7

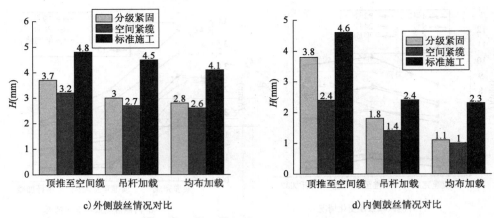

c) 外侧鼓丝情况对比   d) 内侧鼓丝情况对比

图7 不同工法下各区域鼓丝情况对比

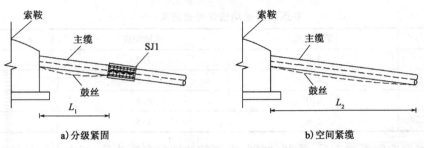

a) 分级紧固   b) 空间紧缆

图8 分级紧固与空间紧缆塔区示意图

空间紧缆方案对鼓丝的改善效果优于分级紧固方案,这是几何因素与应力因素共同作用的结果,空间紧缆方案相比于分级紧固方案在出鞍口拥有更大的自由区域。

3. 分级紧固方案应用可行性分析

分级紧固与空间紧缆两种方案相比于普通施工,鼓丝情况均有较好的改善。索夹分级紧固方案鼓丝控制效果较好,索夹分次紧固相对容易实现,但需采取措施防止索夹滑移;空间紧缆方案鼓丝控制效果最好,但两次紧缆及塔区索夹空间安装增加了施工的难度。鼓丝控制措施比较见表2。

鼓丝控制措施比较   表2

控制措施	鼓丝控制效果	施工可行性
塔区索夹分级紧固	较好	①塔区索夹需分次施拧; ②施工过程中,索夹存在滑移风险
塔区主缆空间紧缆	最好	①需要两次紧缆,第二次顶推后空间紧缆; ②塔区索夹在空间位置安装,安装精度控制难度较大
常规施工	一般	工法成熟

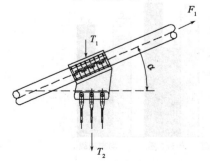

图9 施工期索夹受力示意图

考虑施工可行性,本文推荐分级紧固方法。分级紧固工法下,本次索夹紧固力计算考虑索夹仅在索夹自重作用下的不发生滑移的临界紧固力。施工期索夹受力分析如图9所示。考虑分级紧固工法下索夹施工期抗滑移计算,采用厉勇辉等[1]建议公式:

施工期索夹抗滑移系数 k_c 计算公式如下:

$$k_c = \frac{F_1}{N_c} \geq 3 \quad (1)$$

$$F_1 = n\beta\mu(P_Z - N_1 - N_2) \quad (2)$$

$$N_c = (T_1 + T_2)\sin\alpha \quad (3)$$

$$P_Z = nP_0 \tag{4}$$

$$P_1 = \frac{P_0}{0.7} \tag{5}$$

$$N_2 = \frac{E_1 A_1 D (F_N - F_{N1})}{EAl} \tag{6}$$

式中：F_1——此施工阶段下索夹抗滑移摩阻力；

N_c——此施工阶段下索夹所受沿主缆方向的下滑力；

β——螺杆紧固力分布不均匀系数，参照《公路悬索桥设计规范》(JTG/T D65-05—2015)取2.8；

n——单个有吊索索夹螺杆数目；

μ——索夹与主缆摩擦系数，取0.15；

P_Z——索夹上螺杆紧固力之和；

N_1——主缆钢丝重新排列和钢丝蠕变引起的索夹螺杆紧固力损失，索夹紧固后该损失约为初始紧固力的30%；

N_2——主缆轴力增加引起主缆直径变小造成的索夹螺杆紧固力损失；

T_1、T_2——分别为当前施工节段吊索力和作用在索夹上的临时荷载，在此次计算将二者和取为索夹自重；

α——当前施工阶段索夹倾角；

P_0——单根螺杆的紧固力；

P_1——索夹在空缆安装时单根螺杆安装的紧固力；

F_N——当前施工阶段主缆轴力；

F_{N1}——索夹螺杆紧固张拉时主缆轴力；

A——主缆钢丝截面面积；

E——主缆钢丝弹性模量；

D——索夹内直径；

l——螺杆锚固长度；

E_1——螺杆弹性模量；

A_1——螺杆截面面积，部分参数见表3。

紧固力计算表　　　　表3

$G(N)$	α	$F_N(t)$	$F_{N1}(t)$	E_1(MPa)	A_1(mm²)	D(mm)	E(MPa)	A(mm²)	l(mm)
6423.8	21.6728	818.55	728.75	200000	1368.99	46	200000	1661.90	304
单根螺杆紧固力							41.49kN		

表3中，使用有限元软件建立实桥模型，模拟主缆顶推阶段计算所得。通过计算得：应用分级紧固方案时，考虑索夹在自重作用下不滑移，单根螺杆紧固力为41.49kN。

五、结　　语

(1)在施工期，主缆架设完成后，在主缆出鞍口附近各区域会出现不同程度的鼓丝，其中顶部较为严重；主缆顶推过程，几何因素占主导，使得主缆内外侧鼓丝变化较大；吊杆添加过程中，应力因素占主导，主缆顶部与底部变化较大。

(2)分级紧固方案与空间紧缆方案均对主缆施工期有较大改善，其中空间紧缆方案改善效果可达43.5%，分级紧固方案改善效果为47.8%。考虑施工可行性，本文推荐分级紧固方案，同针对分级紧固方案，结合有限元计算索夹在自重作用下的初步平衡紧固力为41.49kN，旨在为施工提供参考。

参考文献

[1] 厉勇辉,彭成明,彭志辉,等.温州瓯江北口大桥施工期索夹抗滑移控制[J].桥梁建设,2024,54(2):131-138.

[2] 刘欣.空间缆索自锚式悬索桥施工误差控制分析[D].重庆:重庆交通大学,2017.

[3] 王建金.独塔空间主缆自锚式悬索桥缆索系统施工计算分析[D].杭州:浙江大学,2014.
[4] 张宗宗.悬索桥PWS法主缆架设中索股鼓丝、扭转问题的分析与处理[J].科技展望,2014(24):47-48.
[5] 陈执正,王泽岸,黄小龙,等.三维空间索面主缆架设施工技术[J].世界桥梁,2017,45(3):34-38.
[6] 戴建国,沈洋,李永君.空间缆自锚式悬索桥架缆模型工艺试验研究[J].城市道桥与防洪,2010(5):149-152,166,215.
[7] 李好.防止悬索桥主缆鼓丝和扭转的主缆架设技术[J].中外建筑,2015(5):177-178.
[8] GIL H, CHOI Y. Cable erection test at pylon saddle for spatial suspension bridge[J]. Journal of Bridge Engineering,2001,6(3):183-188.

36. 复杂地质条件下深入土锁扣钢管桩围堰施工技术

刘盛林 刘畅

(中交二公局第一工程有限公司)

摘 要 247省道潜江汉江大桥主桥地质情况复杂,锁扣钢管桩入土深度大,锁扣钢管桩插打施工难度大。本文以潜江汉江大桥主桥主墩承台围堰锁扣钢管桩施工为对象,开展深入土锁扣钢管桩围堰施工技术研究,旨在解决锁扣钢管桩插打难度大的问题,为今后同类复杂地质深入土锁扣钢管桩围堰施工提供经验。

关键词 复杂地质 深入土围堰 引孔法 锁扣钢管桩插打

近年来,随着我国大型承台施工技术的不断发展,围堰施工效率及质量越加重要。其中锁扣钢管桩围堰作为常用施工围堰,其作用是抵抗基坑四周的土压力及封水,支护围堰内进行基坑开挖,保证了水下承台工程顺利进行。如何能从改善锁扣钢管桩围堰施工周边平台环境和锁扣钢管桩插打施工工艺来控制围堰施工的效率及质量,必然成为锁扣钢管桩围堰发展的重点研究方向。

本文对复杂地质条件下锁扣钢管桩围堰施工工艺进行研究,旨在解决改善锁扣钢管桩插打施工工艺、锁扣钢管桩桩轴线偏差、垂直偏差、桩顶高程偏差及围堰结构等各项技术问题,为以后类似复杂地质条件下锁扣钢管桩围堰的施工积累经验。

一、引 言

潜江汉江大桥主桥起点桩号K3+962,终点桩号K4+374,为106m+200m+106m双塔单索面预应力混凝土部分斜拉桥,主墩采用双肢矩形薄壁墩,承台平面尺寸为24m×24m,顶高程为+22.1m,基础为钻孔灌注桩基础。潜江汉江大桥及主桥立面布置如图1、图2所示。潜江汉江大桥锁扣钢管桩围堰设计概况见表1。

图1 潜江汉江大桥

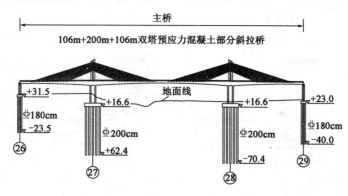

图2 潜江汉江大桥主桥立面布置图（高程单位：m）

锁扣钢管桩围堰设计概况 表1

墩号	28号	27号
原地面高程	+26.7m	+37.0m
施工平台	推砂筑岛围堰	放坡开挖
平台高程	+29.0m	+28.0m
基坑底高程	+13.5m	+13.5m
开挖深度	15.5m	14.5m
主管	$\phi 1020mm \times 10mm$	$\phi 820mm \times 12mm$
锁扣连接	拉森Ⅳ钢板桩	拉森Ⅳ钢板桩
管桩长度	41m	40m
入土深度	39m	37m
施工最大水位	+26.54m	+27.3m

二、工程重难点

潜江汉江大桥工程重难点如下：

（1）主墩承台埋置深度大。其中28号主墩原地面高程+26.7m，承台底高程为+16.6m，埋置深度达到10.1m。27号主墩原地面高程+37.0m，承台底高程为+16.6m，埋置深度达到20.4m。28号、27号主墩原地面布置分别如图3和图4所示。

（2）主墩围堰施工环境差。28号主墩一半位于江中，需填2.5m进行筑岛围堰；27号主墩位于汉江岸坡，需先放坡开挖9m，形成施工平台；两者均受汉江冲刷严重，在迎水侧插打防冲刷管桩。28号主墩筑岛围堰如图5所示。27号主墩放坡开挖如图6所示。

（3）主墩围堰锁扣钢管桩插打难度大。28号主墩管桩入土深度达到39m，其中存在8.8m厚粉质黏土层，该土为较硬的可塑状态黏土；27号主墩入土深度达到37m，基本为粉细砂层地质，其中夹杂些许卵石。

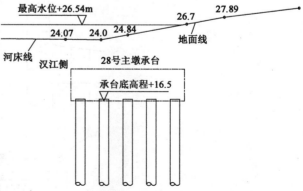

图3 28号主墩原地面布置图（高程单位：m）

（4）主墩围堰基坑开挖深度大，且开挖难度大。28号主墩开挖深度达到15.5m，其中较硬粉质黏土开挖厚度达到7m；27号主墩开挖深度达到14.5m。28号、27号主墩基坑开挖布置分别如图7、图8所示。

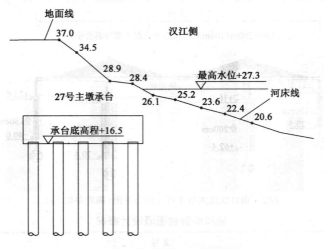

图4　27号主墩原地面布置图（高程单位：m）

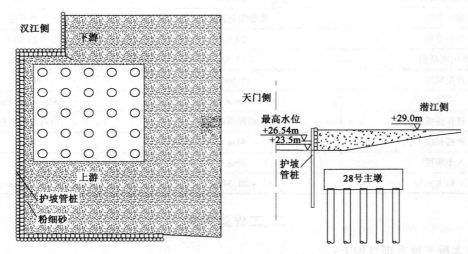

图5　28号主墩筑岛围堰示意图

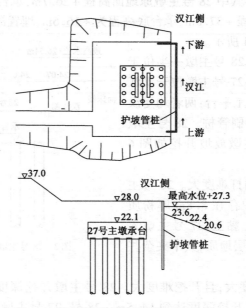

图6　27号主墩放坡开挖示意图（高程单位：m）

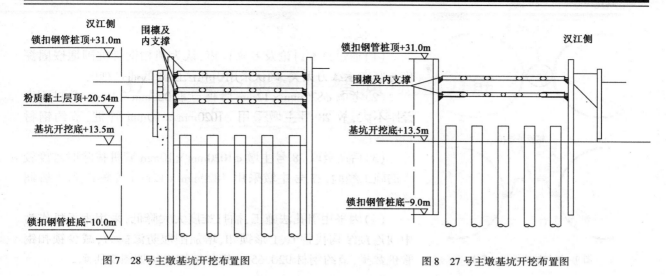

图 7　28 号主墩基坑开挖布置图　　　　图 8　27 号主墩基坑开挖布置图

三、方案确定及论证

1. 地质情况

（1）其中 28 号主墩地层由粉砂层、粉细砂层、粉质黏土层组成。地层分布情况见表 2。

28 号主墩地层岩性分布　　　　　　表 2

地层编号	地层岩性	地层分布(m)	层高(m)	力学性质黏聚力 c、内摩擦角 φ
②3	粉砂	+20.54 ~ +29.0	8.46	$c=0\text{kPa}, \varphi=14°$
③2	粉质黏土	+11.74 ~ +20.54	8.80	$c=30\text{kPa}, \varphi=12°$
④1	粉细砂	+5.84 ~ +11.74	5.90	$c=0\text{kPa}, \varphi=17°$
④3	粉细砂	-12.86 ~ +5.84	18.70	$c=0\text{kPa}, \varphi=35°$

（2）其中 27 号主墩地层全部由粉细砂层组成，其中夹杂些许卵石。地层分布情况见表 3。

27 号主墩地层岩性分布　　　　　　表 3

地层编号	地层岩性	地层分布(m)	层高(m)	力学性质黏聚力 c、内摩擦角 φ
④1	粉细砂	+17.53 ~ +28.0	10.47	$c=0\text{kPa}, \varphi=17°$
④3	粉细砂	-10.0 ~ +17.53	27.53	$c=0\text{kPa}, \varphi=35°$

2. 土质分析

（1）通过主桥桩基施工的钻孔土质取样确定实际的地质条件基本与设计相符。

（2）通过地质情况分析得知 28 号主墩存在厚度 8.8m 粉质黏土层，根据 28 号主墩桩基施工过程中所取土样做的土工试验报告，该土呈灰褐色，强度中等，韧性中等，属较硬可塑土。土质参数为：塑性指数为 30.9，液性指数为 0.498。

3. 管桩试插打

根据地质情况初步判断该区域锁扣钢管桩插打难度极大。

故在 28 号、27 号主墩锁扣钢管桩施工前进行试插打，试插打情况见表 4。

钢管桩试插打情况　　　　　　表 4

墩号	设计	试插打
28 号	设计锁扣钢管桩入土深度为 39m	28 号主墩附近栈桥 $\phi1020\text{mm}\times10\text{mm}$ 管桩最大可插打深度为 10m，$\phi820\text{mm}\times10\text{mm}$ 管桩最大可插打深度为 11m
27 号	设计锁扣钢管桩入土深度为 37m	27 号主墩承台附近试插打 $\phi820\text{mm}\times10\text{mm}$ 钢管桩，最大可插打深度为 15m

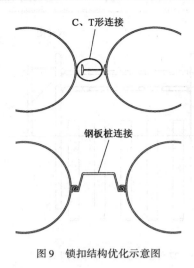

图 9 锁扣结构优化示意图

4. 插打工艺选定

(1)通过技术讨论及专家评审,认为锁扣钢管桩围堰嵌固深度与竖向承载力无关,确认采用引孔法以降低插打难度。

(2)考虑 φ820mm×12mm 管桩与 φ1020mm×10mm 管桩刚度差距不大,故 28 号主墩采用 φ1020mm×10mm 管桩,节约钢材 117.79t。

(3)后期吸取 28 号主墩 φ1020mm×10mm 管桩拔除时难度较大的施工经验,27 号主墩采用 φ820mm×12mm 管桩以利于后期拔除。

(4)因采用引孔法施工,插打难度大大降低,采用钢板桩作为中间连接结构代替 C、T 形锁扣,增加围堰防渗能力,减少锁扣钢管桩数量,节约钢材 920.65t。锁扣结构优化如图 9 所示。

四、锁扣钢管桩插打施工

1. 导向架安装

为保证锁扣钢管桩轴线位置的正确和桩的竖直,控制桩的打入精度,设置一定刚度的上下两层导向架。

2. 引孔

1)引孔施工工艺

引孔采用旋挖钻机、湿法成孔的施工工艺,与桩基旋挖钻成孔施工工艺一致。

旋挖钻引孔时,钻头直径较锁扣钢管桩直径大约 30cm,成孔底高程控制在设计底高程往上 2m 左右,高差不得超过 0~100cm。

先使用旋挖钻一次性完成围堰一侧 4 根桩的引孔(图 10),利用履带起重机依次起吊 4 根锁扣钢管桩呈垂直状态下完成插桩,再进行第一根锁扣钢管桩的插打。在管桩插打期间,将旋挖钻调动到相邻的另一侧继续进行引孔工作。

2)引孔工艺的优化

过程中遇到的问题与引孔工艺优化见表 5。引孔模式优化如图 11 所示。

图 10 旋挖钻引孔

引孔工艺的优化 表 5

项目	工艺优化	
	优化前	优化后
引孔钻机	车载回旋钻机成孔速率基本满足施工要求,但因引孔过程中易受地下吨包袋干扰,成孔垂直度偏差较大,导致管桩插打难度增大,更换为旋挖钻	旋挖钻成孔速率快,且自重大,不易受地下吨包袋干扰,成孔垂直度可主动控制,设备灵活,能自行快速转移(效率从 1 根/d 优化至 2 根/d)
孔径	钻机孔径比管桩直径大 15cm,锁扣钢管桩插打受引孔垂直度的影响,插打难度增大	钻机孔径更换比管桩直径大 30cm,增大孔径,避免锁扣钢管桩垂直度受影响
引孔模式	引孔一根后进行一次锁扣钢管桩插打。由于每次锁扣钢管桩插打完成后须等待引孔,而引孔的时间里履带起重机及振动锤等均处于停滞状态,机械使用效率不高	考虑到引孔的速度与锁扣钢管桩插打的速度差异,以及需两侧引孔的情况,现场两侧各采用 4 个钢护筒进行引孔施工(效率从 2 根/d 优化至 4 根/d)
引孔深度	引孔预留 4m 插打段,因一次引孔 4 根,管桩插打时桩孔垮塌严重,管桩插打难度增加,存在管桩入土深度不足的情况	改为引孔预留 2m 插打段,一次引孔 4 根后进行管桩插打,基本满足插打深度要求

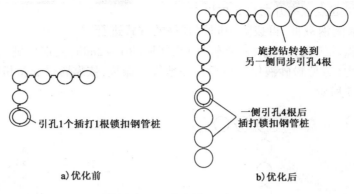

图11 引孔模式优化示意图

3. 插打锁扣钢管桩

1）插桩

利用履带起重机起吊首根锁扣钢管桩呈垂直状态下完成插桩，插桩到位后，精确复测桩的位置与双向垂直度，不符合要求时须重新调整，直至合格为止，用挡块等丁塞使桩稳固。再将其余的锁扣钢管桩沿导向架依次下放，后续桩顺前一根桩的锁扣插入，插桩到位后加塞固定。锁扣钢管桩起吊如图12所示。

2）打桩

锁扣钢管桩采用履带起重机配合振动锤进行插打，在锁扣钢管桩全部定位下放到位后，间歇启动振动锤，对第一根桩实施小位移量沉设，直至桩体基本稳定下沉，再实施大位移量下沉至设计高程。锁扣钢管桩振沉如图13所示。

后续桩分别采用同样的方法下沉至设计高程，全部插打到位后，再依次将每根管桩施振10min，将围堰周边土层恢复密实。插打工艺的优化前后比较见表6。插打方式优化如图14所示。

图12 锁扣钢管桩起吊　　图13 锁扣钢管桩振沉

插打工艺的优化　　表6

项目	工艺的优化	
	优化前	优化后
插打方式	引孔4根后，插桩1根即插打1根，容易导致后3根孔洞塌孔严重，插打难度大，导致重新引孔	引孔4根后，先插桩4根，再进行管桩插打，减轻未插打孔洞的塌孔现象

锁扣钢管桩沉设时，利用吊锤随时监测锁扣钢管桩的偏位情况，当锁扣钢管桩发生偏斜时及时用倒链校正，必要时可采用全站仪进行测量确认。

3）合龙

（1）提前考虑合龙情况，测量放样预测出合龙位置，根据实际情况计算出上下游两排锁扣钢管桩偏差值，计算出如何搭配使用锁扣钢管桩及钢板桩。

（2）在锁扣钢管桩合龙而剩下几组还未插打时，可将剩余锁扣钢管桩全部插入导梁内，然后再逐次打设钢桩。

4. 锁扣钢管桩拔除

先将围堰内回填沙至与围堰外地面高程一致，洒水自密实。

拔桩起点顺序:拔桩起点应离开角桩5根以上。

按照先拔除管桩两侧钢板桩,再拔除中间钢管桩的方式进行。

拔除方法为:先用振动锤夹住钢板桩(钢管桩)头部振动1～2min,使钢板桩(钢管桩)周围的砂土松动,破坏周围土的黏聚力(或使粉砂液化),然后慢慢地往上振拔,依靠履带起重机附加起吊力将其拔出。锁扣钢管桩拔除如图15所示。

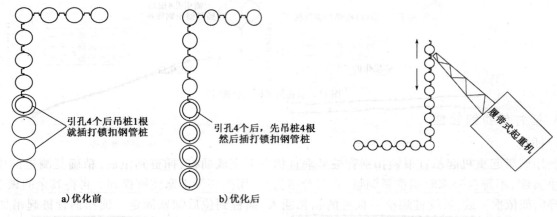

图14 插打方式优化示意图　　图15 锁扣钢管桩拔除示意图

五、结　　语

本文以247省道潜江汉江大桥为例,结合其特殊的地理环境、复杂的地质情况以及深入土的锁扣钢管桩等特点,论述了引孔法解决深入土锁扣钢管桩插打工艺的优势。引孔法工艺为项目节约钢材1038.44t,且28号、27号主墩分别在57d(2.4根/d)、38d(4.2根/d)内高效、优质地完成了锁扣钢管桩围堰的插打施工,节约工期约53d。

参考文献

[1] 中华人民共和国交通运输部.公路桥涵施工技术规范:JTG/T 3650—2020[S].北京:人民交通出版社股份有限公司,2020.

[2] 中华人民共和国交通运输部.公路桥涵地基与基础设计规范:JTG 3363—2019[S].北京:人民交通出版社股份有限公司,2019.

[3] 中华人民共和国住房和城乡建设部.建筑基坑支护技术规程:JGJ 120—2012[S].北京:中国建筑工业出版社,2012.

[4] 韩立军.锁扣钢管桩在桥梁围堰施工中的应用[J].技术与市场,2015,22(10):48-49,51.

[5] 夏凌.深水基础钢围檩施工关键技术研究[D].青岛:山东科技大学,2018.

[6] 夏献云.钢板桩围堰在水中桥墩施工中的应用[J].房地产导刊,2014(11):376-376.

[7] 吴窦鹏,高飞.钢板桩围堰的施工[J].建筑工程技术与设计,2016(7):928-928.

[8] 张玉琪.浅谈锁口钢管桩围堰在深基坑施工中的应用[J].中国房地产业,2017(20):122.

[9] 于浩.基坑支护施工工艺及施工程序[J].建筑工程技术与设计,2014(16):374.

37. 大跨径刚构桥横向预应力筋施工工艺优化研究

姚宇洪　王玉强　张　翼　唐文旺
（广西龙马高速公路有限公司）

摘　要　本文以天峨经凤山至巴马高速公路拉仁 2 号高架大桥为依托,对大跨径预应力刚构桥的横向预应力筋的张拉工艺进行研究。借助有限元软件 midas FEA NX 建立局部实体模型,主要针对横向预应力的分段立即张拉、整体张拉、滞后张拉 3 种张拉方案进行对比分析,得到较为合理的大跨径预应力刚构桥的横向预应力筋张拉方案。

关键词　大跨径　预应力刚构桥　横向预应力筋　张拉工艺　midas FEA NX

一、引　言

连续刚构桥主要指的是墩台和 0 号块主梁间形成刚性整体连接的桥梁结构,这种结构的桥梁不仅具有较大的跨越能力,伸缩缝减少行车体验更为舒适,而且不需要搭设大量支架,为悬臂施工创造了良好的条件。因此,在需要跨越大的河流、山谷时,大跨径混凝土刚构桥因其具有跨越能力强、施工简便、经济性好、行车平顺等优势,成为世界上 100 ~ 300m 跨径的桥型首选。

大跨径刚构桥的跨越能力与其预应力息息相关,其中最关键的是预应力的张拉数量、张拉工艺。寇新阳以腊八斤特大桥为研究对象,针对其竖向预应力五种不同的布置形式进行对比分析,讨论了主梁开裂的原因。李一玮依托某特大桥工程,研究刚构桥悬臂梁临时张拉体外束,对比 4 种临时体外束方案,得到结论在拆除临时体外束时,梁体弹性回弹使主跨跨中底板压应力增加,有效提高了跨中截面抗裂性能。

本文以拉仁 2 号高架大桥为依托工程,借助大型有限元分析软件 midas FEA NX,对比分析横向预应力筋的 3 种张拉方案及其对主梁的受力影响。

二、工程概况

拉仁 2 号高架大桥位于广西河池市凤山县天峨经凤山至巴马高速公路段,桥梁全长 279m,交角 90°,为 75m + 120m + 75m 预应力混凝土变截面连续刚构箱梁,其箱梁如图 1 所示。汽车荷载为公路一级,桥宽净 - 15.5m + 0.5m + 0.5m。桥面采用 8cm 厚沥青混凝土桥面铺装,10cm 厚 C50 混凝土现浇层。桥墩采用空心墩,桥台采用桩柱式桥台。梁高方程为:$H = Ax^{1.8} + 3m$,箱梁混凝土强度等级为 C55,横向预应力采用钢绞线,规格为 $3\phi15.2$,抗拉强度标准值为 1860MPa,张拉控制应力为 1395MPa。

根据该项目概况建立全桥实体有限元模型(图 2),由于篇幅有限,故选取其中的 0 ~ 4 号节段进行横向预应力筋的张拉方案对比分析。主梁采用实体单元模拟,桥墩和 0 号节段主梁采用刚性连接,荷载主要考虑自重和横向预应力。0 ~ 4 号节段实体模型网格划分如图 3 所示。

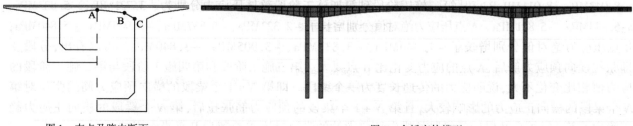

图 1　支点及跨中断面　　　　　　　　图 2　全桥实体模型

图 3　0~4 号节段实体模型网格划分

三、横向预应力分段立即张拉

为便于分析立即张拉时,横向正应力在每个梁段的应力分布情况并研究相邻梁段对其应力分布的影响。施工阶段划分见表 1,取 4 个施工阶段下 A、B、C 三点为研究对象。

分段立即张拉张拉时施工阶段的划分　　表 1

施工阶段	激活的梁段	荷载	边界条件
第一施工阶段	0~1 号	自重 + 横向预应力	墩底固结
第二施工阶段	0~2 号	自重 + 横向预应力	墩底固结
第三施工阶段	0~3 号	自重 + 横向预应力	墩底固结
第四施工阶段	0~4 号	自重 + 横向预应力	墩底固结

从第一施工阶段到第四施工阶段,每一阶段分别立即张拉相对应梁段的横向预应力筋,对 0~4 号节段的 A、B、C 三点的应力进行统计得到结果如图 4~图 7 所示。

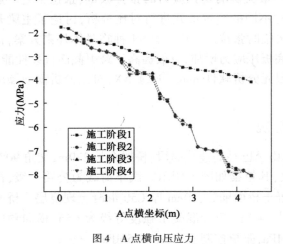

图 4　A 点横向压应力　　　　　　　　图 5　B 点横向压应力

A 点从第一施工阶段到第四施工阶段梁段起始端压应力分别为 -2.187MPa、-2.186MPa、-2.138MPa、-2.171MPa;B 点从第一施工阶段到第四施工阶段梁段起始端压应力分别为 -1.781MPa、-1.986MPa、-1.938MPa、-1.971MPa。A 点从第一施工阶段到第四施工阶段梁尾压应力分别为 -4.509MPa、-8.023MP、-8.043MP、-8.011MP;B 点从第一施工阶段到第四施工阶段梁尾压应力分别为 -3.721MPa、-5.823MPa、-5.843MPa、-5.811MPa。A 点压应力绝对值分别增长了 -2.322MPa、-5.837MPa、-5.905MPa、-5.840MPa;B 点压应力绝对值分别增长了 -1.940MPa、-3.837MPa、-3.905MPa、-3.840MPa。可以看出,分段立即张拉横向预应力筋后,A 点的应力变化比 B 点要大。第三施工阶段和第四施工阶段与第二施工阶段的应力值相比变化不大,说明应力的传递长度为一个梁段。即第 $N+1$ 个梁段的横向预应力筋的张拉对第 N 个梁段的横向正应力的影响较大,且第 $N+1$ 个梁段的预应力筋张拉后,第 N 个梁段的横向正应力趋于稳定。第 $N+2$ 个及以后的梁段的横向预应力筋的张拉对第 N 个梁段几乎没有影响。

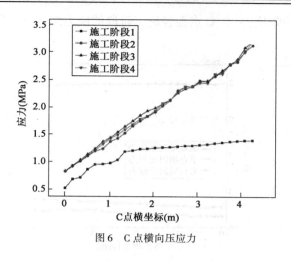
图6 C点横向压应力

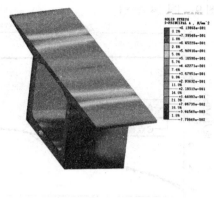
图7 4号节段梁体受力云图

四、横向预应力筋整体张拉

整体张拉横向预应力筋是指全桥合龙后,再同步张拉全部横向预应力筋的张拉工序。计算时为更加方便研究0~3号梁段的横向预应力张拉对相邻梁段的受力影响,所以本处仅激活0~4号梁段,在这些梁段同时施加横向预应力。

由各点应力变化带状图(图8)可知,从第一施工阶段到第四施工阶段,对横向预应力筋进行整体张拉时各点应力变化不大,A~C点最大应力分别为 -7.289MPa、-3.529MPa、1.091MPa,A~C点最小应力分别为 -4.468MPa、-3.119MPa、0.901MPa。可以看出,A~C三点应力分布较均匀。因此,整体张拉与分段立即张拉相比,其优势在于,应力分布均匀,无应力突变现象。

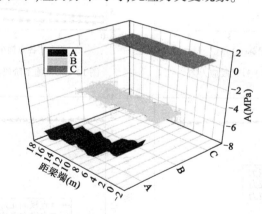
图8 A、B、C点应力统计

五、横向预应力筋滞后张拉箱梁应力分析

滞后一个梁段张拉是指悬臂浇筑本梁段后,再张拉前一梁段的横向预应力筋。滞后张拉时施工阶段的划分见表2。

滞后张拉时施工阶段的划分 表2

施工阶段	激活的梁段	荷载	边界条件
第一施工阶段	0~1号	自重+0号横向预应力	墩底固结
第二施工阶段	0~2号	自重+1号横向预应力	墩底固结
第三施工阶段	0~3号	自重+2号横向预应力	墩底固结
第四施工阶段	0~4号	自重+3号横向预应力	墩底固结

按照上述施工阶段划分进行横向预应力筋的张拉，A、B、C点在各施工阶段的应力统计及3号节段应力云图如图9～图14所示。

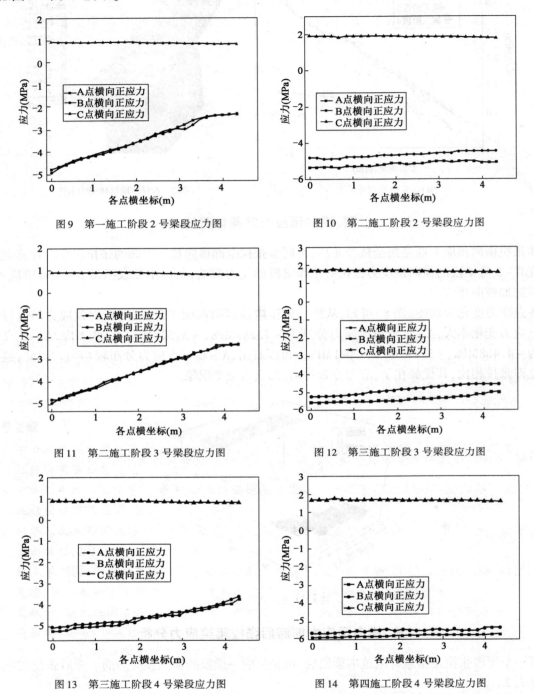

图9　第一施工阶段2号梁段应力图
图10　第二施工阶段2号梁段应力图
图11　第二施工阶段3号梁段应力图
图12　第三施工阶段3号梁段应力图
图13　第三施工阶段4号梁段应力图
图14　第四施工阶段4号梁段应力图

由图9、图11和图13可知，滞后一个梁段张拉横向预应力筋时，顶板横向正应力在本梁段张拉时分布不均，横向正应力沿着桥梁纵向逐渐减小。以3号梁段为例，在第二施工阶段横向预应力筋张拉后，A点横向正应力沿纵桥向从-4.819MPa减小至-2.313MPa；B点横向正应力沿纵桥向从-4.954MPa减小至-2.302MPa；C点横向正应力沿纵桥向从0.924MPa减小至0.808MPa。这说明3号梁段横向正应力正逐渐向4号梁段扩散，且离4号梁段距离越近传递的应力值也越大。

由图10、图12和图14可知，下一个梁段的横向预应力筋张拉后，本梁段的横向正应力沿桥梁纵向的分布都比较均匀。仍以3号梁段为例，在第三施工阶段横向预应力筋张拉后，A点的横向正应力从绝对

值最大 -5.562MPa 减小至 -4.982MPa；B 点的横向正应力从绝对值最大 -5.219MPa 减小至 -4.538MPa；C 点的横向正应力从绝对值最大 1.713MPa 减小至 1.602MPa。与立即张拉时应力绝对值最大值为最小值的应力变化程度相比，$N+1$ 号梁段预应力筋张拉后 N 号梁段应力整体变得均匀。

六、结　语

在跨越高山、河谷等险要地段架设大跨径连续刚构桥，对其预应力的张拉工艺提出了较高的要求。从上述研究可以看出，不同的横向预应力筋张拉工艺，对于梁体的应力分布有较大的影响。

(1) 分段立即张拉横向预应力筋后，对顶板应力分布的影响大于对腹板的影响。分段立即张拉应力的传递长度为一个梁段，第 $N+1$ 个梁段的预应力筋张拉后，第 N 个梁段的横向正应力趋于稳定。

(2) 全桥合龙后，再同步张拉全部横向预应力筋，整体张拉与分段立即张拉相比，其优势在于，应力分布均匀，无应力突变现象，但顶板最大压应力值大于滞后张拉的最大压应力值。

(3) 滞后一个梁段张拉预应力筋，下一个梁段的横向预应力筋张拉后，本梁段的横向正应力沿桥梁纵向的分布都比较均匀。

(4) 三种横向预应力筋的张拉工艺中，从应力分布方面，整体全部张拉和滞后张拉后，箱梁顶板应力分布皆较分段立即张拉应力分布均匀，无应力突变。从顶板最大压应力值方面，滞后张拉压应力最大值小于整体张拉。所以经综合对比分析，对于大跨径预应力刚构桥的横向预应力筋施工，较为合理的张拉工艺为滞后张拉。

参考文献

[1] 李一玮.刚构桥悬臂梁临时张拉体外束降低后期徐变下挠研究[J].施工技术,2021,50(11):66-70.
[2] 李昆.大跨 PC 刚构桥悬臂梁临时张拉体外束对成桥结构的影响[J].中外公路,2019,39(4):108-114.
[3] 杨波.大跨度连续刚构桥梁施工关键及质量控制措施[J].智能城市,2019,5(12):160-161.
[4] 闫见华.分箱式连续刚构桥横隔板工序对结构行为的影响研究[D].成都:西南交通大学,2016.
[5] 寇新阳.大跨连续刚构桥主梁预应力体系设计及施工工艺研究[D].成都:西南交通大学,2013.
[6] 刘婷婷.大跨径连续刚构桥跨中下挠因素分析及体外预应力加固措施研究[D].重庆:重庆交通大学,2021.
[7] 朱治蒸.大跨度公路连续刚构桥车致振动响应分析[D].南昌:华东交通大学,2021.

38. 山区大跨径悬索桥超宽超重钢桁加劲梁安装施工技术

张　伟　郭　瑞

(中交二公局第二工程有限公司)

摘　要　阳宝山特大桥位于贵州省山区地带，受桥址处地形条件限制，钢桁加劲梁拼装场仅在黄平侧 6 号索塔左侧约 50m 处设置，而贵阳侧钢桁加劲梁安装施工时，需要采用梁上运梁的施工工艺，并在大吨位缆索吊下增设空中旋转吊具，通过该吊具实现钢桁加劲梁空中的水平转体，从而实现贵阳侧钢桁加劲梁的梁上运梁的施工需求。本文以阳宝山特大桥钢桁加劲梁安装施工为依托，从钢桁加劲梁拼装场地布置、钢桁加劲梁运输、钢桁加劲梁吊装三个阶段对悬索桥钢桁加劲梁施工技术进行了详细论述。此技术为山区大跨径悬索桥超宽超重钢桁加劲梁安装施工提供了新的思路。

关键词　悬索桥　钢桁加劲梁　旋转吊具　梁上运梁

一、阳宝山特大桥工程简介

阳宝山特大桥位于贵州省黔南布依族苗族自治州贵定县新巴州和德新镇境内，大桥横跨独木河大峡谷，是贵黄高速控制性工程之一。阳宝山特大桥主跨为650m单跨钢桁加劲梁悬索桥，主缆边跨分别为170m、210m；主缆中跨650m，垂跨比1/10。两侧引桥均为40m先简支后连续T梁，最大墩高98m。主桥中心桩号K40+626，全桥长1112m。阳宝山特大桥主梁采用板桁结合钢桁架加劲梁，设计时考虑板桁共同作用。钢桁加劲梁包括钢桁架和正交异性钢桥面板两部分，钢桁架加劲梁由主桁架、主横桁架、桥面板和下平联组成。

阳宝山特大桥钢桁架梁成桥线形为凸形竖曲线。全桥共112个节间，单个节间长5.8m。合计57个吊装节段，标准节段54个，长11.6m，梁重212t；跨中节段1个，长7m，梁重162.8t；梁端部节段2个，长8.1m，梁重226t。

阳宝山特大桥共计336块钢桥面板，其中A类桥面板224块，B类桥面板112块。阳宝山特大桥桥型整体布置如图1、图2所示。

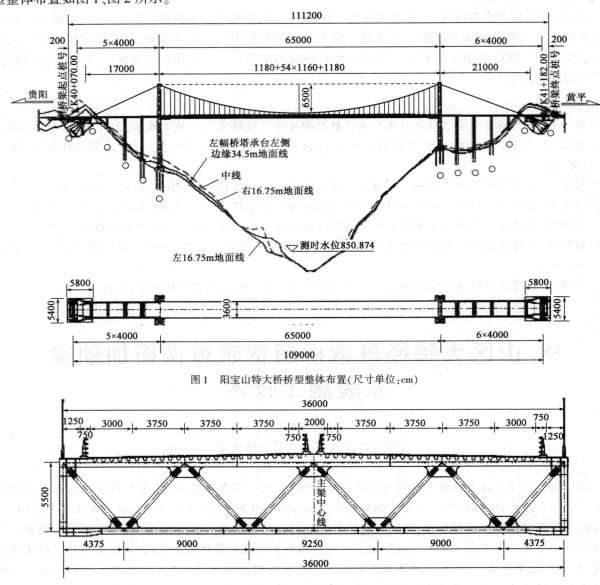

图1 阳宝山特大桥桥型整体布置(尺寸单位：cm)

图2 阳宝山特大桥钢桁加劲梁断面图(尺寸单位：mm)

二、施工工艺简述

1. 施工重难点分析

（1）阳宝山特大桥地处独木河峡谷，夏季暴雨雷电、冬季大雾凝冻天气较多，峡谷阵风大，施工自然环境恶劣。

（2）钢桁加劲梁安装均属于高空作业，钢桁加劲梁单块重量达226t，吊装重量大，受自然气候及地形地貌条件影响，施工难度大，存在安全风险。

（3）受桥位地形地貌限制，桥位处山地起伏，钢桁加劲梁和桥面板拼装场地小，制约钢桁加劲梁单元及桥面系块段的存放数量影响施工进度。

（4）由于贵阳岸地形条件限制，钢桁加劲梁拼装场设置于黄平岸，贵阳侧钢桁加劲梁单元吊装时需进行钢桁加劲梁单元空中转运，且在钢桁加劲梁安装过程需进行钢桁加劲梁单元空中水平转体，施工难度大，存在安全风险。

2. 钢桁加劲梁拼装场地设置

钢桁加劲梁拼装场地位于阳宝山特大桥黄平岸6号索塔右侧约50m处，占地面积约18.5亩。钢桁加劲梁拼装场内设置6个拼装台座，设置1个运输区，运输区有1个运输台座，设置1个桥面板暂存区。在黄平岸6~7号墩之间搭设钢桁加劲梁横向运输平台，6号索塔塔前搭设钢桁加劲梁纵向运输平台，采用运梁平车将钢桁加劲梁移至设计起吊点位置。阳宝山特大桥钢桁加劲梁拼装场如图3所示。

3. 钢桁加劲梁吊装施工方案综述

阳宝山特大桥钢桁加劲梁及钢桥面板均采用缆索吊吊装施工。黄平侧钢桁加劲梁利用缆索吊自吊点位置竖向提升，提升缆索吊进行钢桁加劲梁单元拼装；贵阳岸钢桁加劲梁单

图3　阳宝山特大桥钢桁加劲梁拼装场

元吊装时，首先竖直起吊，空中进行水平90°转体，然后从已拼装钢桁加劲梁单元上方水平运输至安装位置，然后进行-90°转体，下放缆索吊进行钢桁加劲梁单元拼装。

钢桁加劲梁采用板桁结合形式，梁段内钢桥面板与钢桁加劲梁同步进行吊装，梁段间桥面板先在桥面板拼装场组拼，采用运输平车运输到缆索吊起吊点，采用缆索吊安装施工。

三、缆索吊机设计

阳宝山特大桥缆索吊系统由索塔、锚碇、承重索、起重索、牵引索、塔顶转索鞍、行走天车、旋转吊具、起重及牵引卷扬机、自动化控制系统等主要系统组成。本项目缆索吊装系统选用双塔三跨方案。

（1）跨径组合：160m + 650m + 200m。

（2）起吊能力：最大吊重280t。

（3）主索垂度：44.83m（$L/14.5$）。

（4）贵阳侧、黄平侧承重索弦倾角0°。

（5）缆索吊钢丝绳基本参数见表1。

阳宝山特大桥缆索吊钢丝绳参数表　　表1

名称	主索	起重索	牵引索
规格	24-φ60	2-φ42	4-φ42
	6×36WS+IWR	6×36WS+IWR	6×36WS+IWR
根数（一组索）	12	1	2
单位长重量（kg/m）	15.0	7.37	7.37

续上表

名称	主索	起重索	牵引索
钢丝断面面积总和(mm^2)	1366	697	697
钢丝直径(mm)	3.0	2.0	2.0
钢丝绳公称强度(MPa)	1960	1870	1870
单根钢丝绳破断力(kN)	2510	1170	1170
钢丝绳破断拉力安全系数(≥)	3.0	5.0	4.5
钢丝绳破断应力安全系数(≥)	2.0	3.0	2.0

四、施工工艺流程

1. 钢桁加劲梁安装顺序

钢桁加劲梁和钢桥面板均采用在黄平侧单边起吊的安装方案。钢桁加劲梁采用从跨中向两侧索塔方向进行对称安装（除跨中 3 片钢桁加劲梁外），梁段内正交异性钢桥面板随着钢桁加劲梁段一起吊装，梁段间正交异性桥面板吊装方式：B 类板随前一片标准梁段一起起吊，预存放在已安装的标准梁段上，A 类板采用旋转吊具同断面 2 块同时进行起吊。

阳宝山特大桥钢桁加劲梁及桥面板具体安装顺序如下：

（1）在钢桁加劲梁拼装场完成贵阳侧 B28 节段的整体拼装，并采用运梁平车运至起吊平台，采用缆索吊机将 B28 起吊至设计位置，将梁段提升至设计位置上方约 20cm，安装永久吊索，并安装一根临时吊索，辅助固定 B28 梁段。

（2）将 B29 梁段在场地内拼装完毕并运输至起吊平台，采用缆索吊机起吊至安装位置，安装永久吊索，将 B29 与 B28 梁段进行刚接，拆除 B28 节段上的临时吊索，并将梁段间正交异性钢桥面板吊装至已安装的相邻梁段上。

（3）将 B289 梁段在场地内拼装完毕（含梁段内正交异性钢桥面板）并运输至起吊平台，采用缆索吊机起吊至安装位置，安装永久吊索，并将 B29 与 B289 梁段进行刚接，并将梁段间正交异性钢桥面板吊装至已安装的相邻梁段。

（4）重复安装步骤，安装 B27～B9、B279～B99 各梁段，并两两刚接（即 B27 与 B26 刚接，B26 与 B25 之间临时铰接，依此类推）。

（5）依次安装 B8～B6、B89～B69 各梁段，两两刚接，同时对已安装梁进行大块刚接（主桁上、下弦杆及梁段间桥面板刚接）。

（6）依次安装 B5～B4、B59～B49 梁段，并与已安装梁段逐一刚接（包括梁段间桥面板）。

（7）在两侧索塔横梁侧面搭设承重托架，同时在钢桁加劲梁拼装场完成 B1、B19 梁段的拼装，采用缆索吊并配合卷扬机荡移至安装位置。

（8）在钢桁加劲梁拼装场完成贵阳侧 B2 梁段的整体拼装，并采用运梁平车运至起吊平台，采用缆索吊机并配合卷扬机将 B2 荡移至安装位置，安装永久吊索，并配合卷扬机临时固定，并安装 B1 和 B2 梁段间的正交异性桥面板。

（9）在钢桁加劲梁拼装场完成贵阳侧 B3 梁段的整体拼装，并采用运梁平车运至起吊平台，采用缆索吊机将 B3 吊至安装位置，安装永久吊索，并安装 B2 和 B3、B3 和 B4 梁段间的正交异性桥面板。

（10）在钢桁加劲梁拼装场完成黄平侧 B39 梁段的整体拼装，并采用运梁平车运至起吊平台，采用缆索吊机将 B39 吊至已安装梁上进行存放，并将 B39 和 B49、B39 和 B29 梁段间正交异性桥面板存放至已安装的钢桁加劲梁上。

（11）在钢桁加劲梁拼装场完成黄平侧 B29 梁段的整体拼装，并采用运梁平车运至起吊平台，采用缆索吊机并配合卷扬机将 B29 荡移至安装位置，安装永久吊索，并配合卷扬机临时固定，并安装 B19 和 B29

梁段间的正交异性桥面板。

（12）采用缆索吊机将 B39 吊至安装位置，安装永久吊索，并安装 B29 和 B39、B39 和 B49 梁段间的正交异性桥面板。

2. 钢桁加劲梁施工工艺流程图

阳宝山特大桥钢桁加劲梁安装施工工艺流程如图 4 所示。

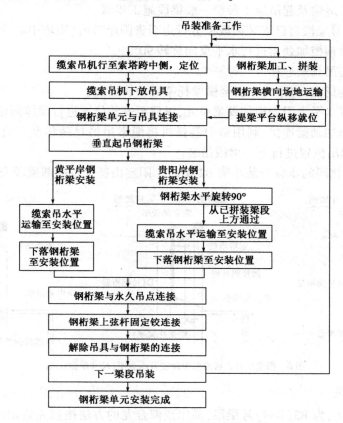

图 4　阳宝山特大桥钢桁加劲梁安装施工流程图

3. 标准梁段安装施工

钢桁加劲梁标准梁段共 51 块，分别为 B4 号～B29 号、B289～B49 梁段。其安装步骤如下：贵阳岸钢桁加劲梁节段，钢桁加劲梁在黄平侧起吊，竖直提升配合水平纵向运输至已安装完成钢桁加劲梁上方，通过旋转吊具空中水平旋转 90°，水平运输通过已安装完成的钢桁加劲梁，再通过旋转吊具空中水平逆向旋转 90°，缆索吊继续携带梁段行走至贵阳岸梁段拼装位置上方，竖直下放至梁段设计位置上方 20～30cm，然后连接永久吊索，将梁段下放至设计位置，同时利用手拉葫芦辅助调整梁段向已安装的梁段靠拢，调整完成后进行节段间临时铰接，解除缆索吊与吊装节段连接，缆索吊携带旋转吊具返回黄平侧进行下一节段安装。

4. 端部梁段的安装

端部梁段共有 4 块，为 B1 号～B2 号、B1 号～B2 号梁段，其中 B1 号、B1 号为无吊索梁段。如图 6 所示，根据平面位置关系，合龙段 B3 号梁段可在已拼装梁段上方空间内完成水平旋转，故贵阳岸端部梁段施工前，无须预先存放梁段。合龙段施工空间水平旋转位置关系如图 5 所示。

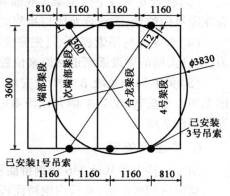

图 5　合龙段施工空间水平旋转位置关系图（尺寸单位：cm）

黄平岸端部 B2 号梁安装完成后，两岸合龙段钢桁加劲梁单元将无法完成起吊，在黄平岸 B2 号梁段施工前，预先将黄平岸 B3 号梁段存放在已拼装钢桁加劲梁上部。端部梁段施工步骤如下（以贵阳侧端部梁段为例）：

（1）端部梁段吊装前在索塔横梁搭设临时施工支架，并在支架上布设滑移轨道，然后在滑移轨道上设置移位器。

（2）钢桁加劲梁单元运输及起吊施工参照一般梁段施工步骤。

（3）缆索吊携带 B1 号梁段自已安装梁段上方行走至贵阳岸塔前（距塔中心线约 20m 处）。

（4）利用旋转吊具对钢桁加劲梁进行水平反向旋转 90°。

（5）将荡移牵引绳与吊具梁连接。

（6）启动荡移牵引卷扬机，将梁体牵引至横梁托架滑动轨道上。

（7）利用牵引卷扬机水平牵引钢桁加劲梁单元，纵移至安装位置进行梁体固定。

（8）卸除吊具与钢桁加劲梁连接，利用牵引卷扬机将缆索吊吊具荡移至垂直，拆除牵引绳与吊具连接；缆索吊回到黄平岸起吊位置进行下一梁段吊装。

（9）按照与 B1 梁段相同的步骤安装端梁 B2 梁段。阳宝山特大桥端部梁段安装如图 6 所示。

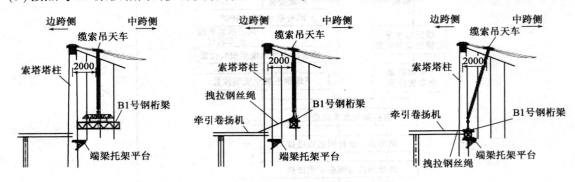

图 6　阳宝山特大桥端部梁段安装示意图（尺寸单位：cm）

5. 合龙梁段的安装

合龙段梁段共有 2 块，为 B3（B39）号梁段，采用预偏合龙的方法按照先贵阳侧后黄平侧的顺序进行钢桁加劲梁合龙施工。

（1）合龙段吊装前，采用引桥上的牵引系统，将合龙段索塔侧的已安装梁段整体向边跨侧方向牵引预偏 20cm，使合龙空间大于梁段长度 20cm 后垂直吊装合龙段。

（2）利用缆索吊起吊贵阳侧合龙段 B3 梁段，通过竖向运输+空中转向 90°+纵向运输+反向旋转 90°，将钢桁加劲梁运输至合龙段安装位置上方。

（3）将合龙梁段下落至梁段底面和相邻梁段顶面平齐时，需慢速提升梁段同时手拉葫芦等配合调整合龙段纵向位置，防止合龙段与相邻梁段碰撞损坏梁段端口，直至梁段就位与吊索连接。

（4）合龙段与吊索连接后，先完成合龙段与中跨侧相邻梁段间的临时连接，然后慢速释放预偏牵引力，使已预偏的梁段逐渐退回原来位置，最后完成合龙段与索塔侧相邻梁段间的临时连接件连接。

（5）黄平侧合龙段 B39 梁段安装工艺与贵阳侧基本一致，不同点在于：①黄平侧合龙段 B39 梁段运输无须空中旋转；②黄平侧合龙段 B39 梁段预先存放在 B49、B59 和 B69 梁段。阳宝山特大桥合龙梁段安装如图 7 所示。

6. 桥面板安装

阳宝山特大桥共计 336 块钢桥面板，其中 A 类桥面板 224 块，B 类桥面板 112 块。

梁段内钢桥面板：梁段内钢桥面板在钢桁加劲梁拼装场与钢桁加劲梁进行结合，与钢桁加劲梁一起采用缆索吊进行吊装施工。

梁段间钢桥面板：采用缆索吊机配合旋转吊具将 2 块 A 类桥面板平衡起吊后，同时安装到位。B 类板随前一节段标准钢桁加劲梁一起吊装上桥,存放在前一个钢桁加劲梁节段上,在A类板安装完成后,采用缆索吊将B类板安装到位。

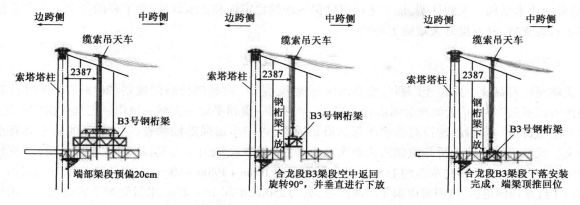

图7 阳宝山特大桥合龙梁段安装示意图(尺寸单位:cm)

五、结 语

阳宝山特大桥地处贵州山区,地貌复杂,地势陡峭,桥址处地形条件差,与平原地区悬索桥相比,施工工艺存在较大的差异,施工难度更大。钢桁加劲梁拼装及吊装采用单侧拼装、单侧起吊+梁上运梁的施工工艺,自主研发集钢桁加劲梁和钢桥面板吊装一体化的自动化空中旋转吊具,实现了超宽超重钢桁加劲梁空中转体施工,为后续山区类似悬索桥上构施工累积施工经验,并提供参考和借鉴。

参考文献

[1] 石宏伟.北盘江大桥钢桁梁安装方法[J].中国新技术新产品,2009(9):80.
[2] 周杜,刘武,石柱.悬索桥钢桁加劲梁架设施工关键技术研究[J].中外公路,2019,39(3):129-134.

39.裸岩黏土止水法钢板桩围堰施工技术

王玉强 姚宇洪 唐文旺 龚宏建
(广西龙马高速公路有限公司)

摘 要 西南地区高速公路建设正如火如荼,该地区施工条件复杂,更适合复杂施工条件的围堰施工工艺研究成为较为重要的方向。常规钢板桩裸岩施工工艺复杂,施工周期较长,成本高。本文以天峨至巴马高速公路红水河特大桥为例,重点介绍了裸岩地质条件下钢板桩围堰板桩计算及黏土止水结构的计算,通过分析施工流程、关键技术措施及质量控制要点,为类似工程提供借鉴与参考。该技术结合钢板桩的高强度、易施工特性和黏土的良好止水性能,有效解决复杂地质条件下围堰施工中的防水难题。

关键词 裸岩 成槽 止水结构 黏土 钢板桩

一、引 言

裸岩下卧河床桥梁承台钢围堰施工不同于具有覆盖层的地质条件,无覆盖层条件钢围堰施工及止水困难,难以形成干作业环境。选用单壁吊箱及双壁无底围堰均形成过大开挖量,施工周期长,且开挖困难。且在山区环境中,单壁钢围堰、双壁钢围堰无法采用整体施工方法,施工成本过高,无有利条件,因此,组合方便的钢板桩围堰因其使用便捷,且对施工条件、成本要求较低,成为更适宜山区裸岩施工的方式。在钢板桩围堰形成干作业环境的过程中,常规止水结构采用黏土置换黄沙、混凝土封闭槽道、注浆固结等方式形成硬质止水结构,实施较为复杂。本工程采用槽内回填高液限、高塑黏土,形成环状覆盖层包围圈作为止水及支撑结构。此方法合理利用山区有利条件,降低施工难度,节约施工成本,且形成更为简单、稳固的止水结构。实践证明,该工艺可以确保围堰的稳定性和止水效果,为工程的安全施工和质量保障提供有力支持,并可提升大量施工功效。

二、工程概况

天峨至巴马高速公路位于广西壮族自治区河池市,是《广西高速公路网规划(2018—2030年)》对接贵州的省际通道"纵10"天峨至北海高速公路——"贵阳—贵州平塘—天峨—凤山—巴马—南宁—北海"的重要组成部分。项目的建设对构建西部陆海新通道,进一步加强黔桂两省(区)之间的联系具有重要的意义。天峨红水河特大桥是拟建的天峨至北海公路(天峨经凤山至巴马段)的一座特大桥,跨越红水河,桥址位于天峨县八打村东南约1.5km处。桥跨采用106m+198m+106m连续刚构体系,一跨过河。其主墩位于红水河河道内,该河流由东北向西南流,宽约250m,水深15~25m,水量受季节影响较大。勘察期间河水水面高程221.88m,300年一遇河水水位高程245.75m。河内施工常水位+221.88m,流速1.65m/s,河道地处喀斯特山区,河谷狭窄,谷坡陡峭。承台根据行洪要求,其北岸14号墩承台需下卧至河床底2.5m(高程+216m),承台设计长宽均为16.5m,高度为6m,左右幅承台间距0.5m。此处地势较为平坦,承台范围内最大高差为1.5m,无有效覆盖层,基底为强风化粉砂岩,岩体较破碎,抗压强度在20MPa左右。项目周边有大量黏土,其液限及塑限较高,且具有较强的隔水性能。根据水文、地质及周边条件,采用SP-IV钢板桩围堰进行承台施工,钢围堰长38m,宽20m,设计水深为10.5m。

三、钢围堰设计简述

1. 工况分析

根据工序流程与受力分析,得出三种最不利工况。

工况一:安装第一层支撑,开挖至第二层支撑下50cm。

工况二:安装第二层支撑,围堰内开挖至第三层支撑下50cm。

工况三:安装第三层支撑,围堰内开挖至基坑底,未浇筑封底混凝土。

2. 钢板桩计算

钢板桩材质为Q295,设计允许应力值265MPa。钢板桩等受力计算采用midas Civil 2019软件,钢板桩计算选取1m桩身进行典型计算。钢板桩截面特性见表1。

钢板桩截面特性　　　　　　　　　　　　　　　　表1

型号	规格			截面面积		单重		惯性矩		截面模数	
	W	H	T	每根	每米墙身	每根	每米墙身	每根	每米墙身	每根	每米墙身
	mm	mm	mm	cm²	cm²/m	kg/m	kg/m	cm⁴	cm⁴/m	cm³	cm³/m
SP-IV	400	170	15.5	96.9	242.5	76.1	190	4670	38600	362	2270

1)钢板桩受力计算

钢板桩受力分析如图1所示。由反力图(图2)可知,工况一第一层支撑处反力为135.3kN;工况二第一层支撑处反力为84.5kN,第二层支撑处反力为417.7kN;工况三第一层支撑处反力为11.8kN,第二层支撑处反力为107.3kN,第三层支撑处反力为380.4kN。

由弯矩图(图3)可知,工况一最大弯矩399.6kN·m;工况二最大弯矩315.5kN·m;工况三最大弯矩144.4kN·m。各处弯矩带入弯曲应力计算公式后得出:工况一最大弯曲应力176.03MPa,工况二最大弯曲应力138.98MPa,工况三最大弯曲应力63.6MPa。计算结果钢板桩强度满足要求。

钢板桩位移如图4所示。

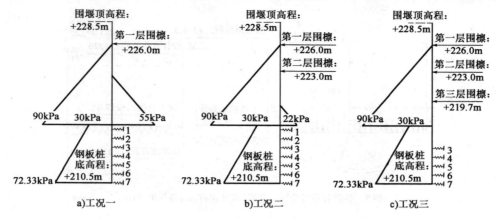

图1 钢板桩受力分析图

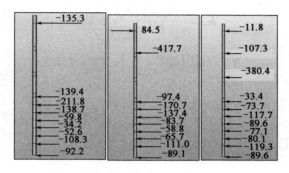

图2 钢板桩支点反力图(单位:kN)

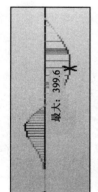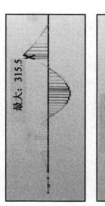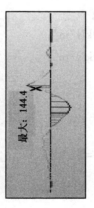

图3 钢板桩弯矩图(单位:kN·m)

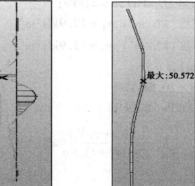

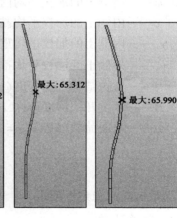

图4 钢板桩位移图(单位:mm)

2)内支撑配置

围堰内支撑采用型钢及钢管组合配置,共配置三层。第一层围檩采用2HN600mm×200mm型钢,对撑采用2HN600mm×200mm型钢,斜撑采用630mm×8mm钢管。第二、三层围檩采用2HN700mm×300mm型钢,对撑采用2HN700mm×300mm型钢,斜撑采用710mm×10mm钢管。

3. 抗隆起计算

粉质黏土特性见表2。抗隆起稳定验算如图5所示。

粉质黏土特性表 表2

名称	厚度(m)	重度(kN/m³)	黏聚力(kPa)	内摩擦角(°)
黏土	5	17.9	21	14

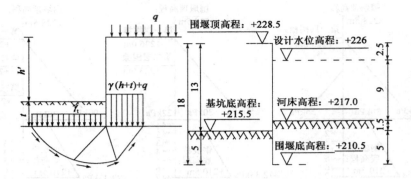

图 5 抗隆起稳定验算示意图(尺寸单位:m;高程单位:m)

选取计算工况:围堰内开挖至基坑底为最不利工况。

$$K_S = \frac{cN_c + \gamma_1 N_q t}{\gamma_2(H+t) + q} > 1.8 \tag{1}$$

$$N_q = \tan^2\left(45° + \frac{\varphi}{2}\right) e^{\pi\tan\varphi} = 9.45 \tag{2}$$

$$N_c = \frac{N_q - 1}{\tan\varphi} = 33.9 \tag{3}$$

式中:K_S——抗隆起安全系数;

　N_c、N_q——承载力系数;

　φ——内侧土的加权平均内摩擦角(°),$\varphi = 14°$;

　c——内侧土的加权平均黏聚力(kPa),$c = 21$kPa;

　γ_1——内侧土的加权平均重度(kN/m³),$\gamma_1 = 17.9$kN/m³;

　γ_2——外侧土的加权平均重度(kN/m³),$\gamma_2 = 17.9$kN/m³;

　t——支护结构入土深度(m),$t = 5$m;

　H——基坑开挖深度(m),$H = 10.5$m;

　q——地面荷载(kPa),$q = 90$kPa(水深9m)。

$$K_S = \frac{cN_c + \gamma_1 N_q t}{\gamma_2(H+t) + q} = 5.4 > 1.8 \tag{4}$$

满足抗隆起稳定性要求。

4. 管涌计算

$$K = \frac{(h' + 2t)\gamma'}{h'\gamma_w} \geq 1.5 \tag{5}$$

式中:K——抗管涌安全系数,宜取 $K = 1.5$;

　γ_w——地下水重度,$\gamma_w = 10$kN/m³;

　γ'——土的浮重度,$\gamma' = \gamma - \gamma_w$;

　γ——土的重度,$\gamma = 17.9$kN/m³;

　t——钢板桩锁扣桩的入土深度,$t = 5$m;

　h'——地下水位至基坑底的距离(即水头差),$h' = 10.5$m。

$$K = \frac{(h'+2t)\gamma'}{h'\gamma_w} = \frac{(10.5 + 2\times 5)\times 7.9}{10.5\times 10} = 1.54 \geq 1.5$$

满足要求。

四、工艺简述

采用振动锤打沿围堰边线打设钢护筒，旋挖钻施工至计算的钢板桩底部高程后，再回填配备的当地黏土，打设钢板桩；在围堰外围回填粉质黏土至河床高程以上1m；采用吊车同步安装第一层围檩及内支撑；循环施工剩余钢板桩；使用水泵第一次抽水至第二层围檩下0.5m，安装第二层围檩；第二次抽水至第三层围檩下0.5m，安装第三层围檩，最后抽取围堰内所有积水；采用长臂挖机、小挖机配合人工开挖至设计封底高程处；采用泵车浇筑封底找平混凝土；绑扎钢筋、支立模板，浇筑承台第一层混凝土；待第一层承台混凝土达到一定强度之后，在承台与钢板桩之间采用沙土进行回填，并在回填沙土顶层浇筑40cm混凝土冠梁；然后开始拆除第三道内支撑，继续施工承台第二层，等达到一定强度后，回填承台与板桩间隙，循环直至墩身施工至水面以上。

五、施工技术简述

1. 施工准备

材料准备：选择符合要求的钢板桩（本工程采用Q295材质）和黏土材料，对钢板桩进行质量检查，确保其无锈蚀、弯曲等缺陷。

设备准备：准备打桩机、振动锤、吊机等施工设备，并进行调试和检查。

现场准备：进行定位测量，安装导框和定位桩，为钢板桩的插打做好准备。

2. 引孔成槽技术

为在裸岩条件下形成钢板桩嵌固结构，采用旋挖钻机对钢板桩范围进行引孔施工，形成嵌固槽道，为应对钢板桩形成的折线壁板，引孔直径采用1.3m，间距为1.2m，形成宽度不小于0.5m的槽体。为防止碎裂的风化岩石产生塌孔，施工前施打直径1.5m护筒作为顶层护壁，引孔深度6.5m。在护筒内填筑筛选完成的黏土至与地面相平，拔除原护筒后，再沿孔非钻进方向打设一根直径1m的支护护筒，将原1.5m护筒打设置至第二孔处，可多点开始钻进循环完成槽道施工，槽道施工完成后，拔除全部护筒。引孔排布如图6所示。

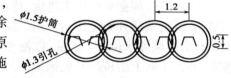

图6 引孔排布示意图（尺寸单位：m）

3. 钢板桩施工技术

钢板桩打设施工采用与常规钢板桩打设技术相同，借助栈桥及桩基钢护筒搭设导向架体，桩位由上游水流冲击面开始施打，由两侧开始施打，在下游岸侧非水流冲击面完成钢板桩的合龙工作。使用打桩机和振动锤将钢板桩逐根或逐组插打到设计深度。

在插打过程中，应严格控制钢板桩的垂直度和锁口质量，防止因插打偏差导致的渗水问题。钢板桩插打前需要在锁口内涂抹防水混合料（如黄油、锯末等拌合物），以提高钢板桩之间的密封性。在钢板桩施工过程中注意本次插打钢板桩应尽量以静插为主，在钢板桩触及槽底后震动2~3下，保证触底紧实。借此震动修复插打钢板桩过程中偏位形成的黏土与钢板桩间隙，增加有效接触面，从而达到更加稳固的止水效果。

4. 钢板桩围檩施工

钢板桩围檩采用工字钢及钢管桩进行支撑，支撑共设置三层。第一层与第二层间距3m，第二层与第三层间距3.3m，第一层围堰在钢板桩施打完成后，采用原导向架体形成围檩，连接围檩与钢板桩，剩余两层内支撑分级进行抽水安装。

5. 钢板桩止水结构施工

止水结构如图7所示。第一层围檩施工完成后，抽水与剩余围檩安装的同时，在钢板桩的外围先抛洒直径为20~30cm的隧道石方洞渣2层，作为止水土体挤密材料，再填筑30cm厚未筛分碎石，降低水流

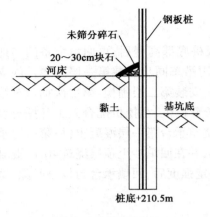

图 7 止水结构示意图

对黏性土的冲击,减少黏性土的损失。在石块与水位差的双重作用下进一步压实黏性土,使黏性土与板桩连接更为紧密,形成有效可靠的止水结构。

6. 监测

施工过程中加强对围堰的监测工作,包括水位监测、变形监测等,及时发现并处理异常情况。

7. 围堰抽水施工

围堰抽水采用4台2.2kW渣浆泵进行抽水,抽水量要根据围檩的安装时间进行抽水,每次抽水至围檩下0.5m,保证围堰结构安全。抽水过程中根据水泵抽水速度计算水位下降速率,水位若长时间不下降应进行检查,查看是否有污水或回水漩涡。若出现围堰内水位不下降情况,应及时进行回抽平稳水压力,并及时进行堵漏处理。

8. 围堰内基底开挖找平施工

围堰内抽水完成后,在围堰内低点开挖一处汇水点,放置水泵,对围堰内汇水进行抽排。开挖采用1台长臂挖机对围堰内进行明挖处理,若部分位置硬岩高出承台底部,采用破碎锤凿至承台以下。找平完成后对围堰内进行基底冲洗,对围堰内壁基底处禁止直接采用高压力水流冲洗,应采用小型水泵进行清洗。冲洗完成后布置天泵浇筑找平层至设计高程。

六、围堰的拆除

拆除顺序:在围堰使用完成后,按照先拆除支撑、再拔除钢板桩的顺序进行拆除。

拆除方法:根据承台施工进度,待承台第一层施工完成并浇筑完成混凝土冠梁后,开始拆除围堰的第三道内支撑,然后开始施作承台第二层,依次循环直至墩身施工至水面以上。墩身施工出水后,需注意灌水至高出围堰外水位1~1.5m,以便平衡内外水压。然后在下游选择一组或一块较易拔除的钢板桩进行拔除,并逐步向上游拔除其他钢板桩。

七、关键技术措施

1. 钢板桩选型与质量控制

根据工程要求和地质条件选择合适的钢板桩类型和规格。
对钢板桩进行严格的质量检查和控制,确保其符合设计要求和相关标准。

2. 黏土止水层设计与施工

合理设计黏土止水层的厚度和位置,确保其能够有效阻止水流渗透。
采用抛填隧道洞渣、回填未筛分碎石及水位挤压的方法施工黏土止水层,确保其密实度和均匀性,降低水流对黏性土的冲击,减少黏性土的损失。

3. 内支撑系统设计与安装

根据围堰的受力情况和设计要求设计内支撑系统。
确保内支撑系统与钢板桩围堰的连接牢固可靠,并满足强度和稳定性的要求。

八、质量控制要点

1. 钢板桩插打质量控制

保持钢板桩的垂直度和锁口质量,防止因插打偏差导致的渗水问题。
定期对打桩机和振动锤进行检查和维护,确保其性能稳定可靠。

2. 黏土止水层施工质量控制

严格控制黏土材料的质量和填筑厚度,确保其满足设计要求。

加强黏土止水层的压实工作,确保其密实度和均匀性。

3. 内支撑系统安装质量控制

严格按照设计要求安装内支撑系统,确保其位置准确、连接牢固。

加强对内支撑系统的监测和检查工作,及时发现并处理异常情况。

九、结　语

常规止水结构采用黏土置换黄沙、混凝土封闭槽道、注浆固结等方式形成硬质止水结构,实施较为复杂。红水河特大桥钢板桩围堰施工采用黏性土作为止水结构,材料容易获取,施工简单,形成牢固可靠的止水结构,有效降低了裸岩条件下钢板桩围堰的施工难度施工成本,提升了施工工效,形成了完整的施工工艺工法,可在类似施工条件下围堰施工提供有利的技术经验支撑。

参考文献

[1] 邵新怀,谷景涛,赵世龙,等. 坚硬地质条件下钢板桩静压植桩施工技术[J]. 中国港湾建设,2015(5):52-55.

[2] 王世双,黄宇. 深水裸岩钢板桩围堰引孔施工技术[J]. 施工技术,2017,46(S1):918-921.

[3] 黄松雄. 深基坑水中承台引孔钢板桩围堰的设计与施工[J]. 广东公路交通,2020,46(5):37-42.

[4] 陈旺. 水中低桩承台钢板桩围堰施工技术控制[J]. 交通世界,2019(20):104-106.

40. 阳宝山特大桥主缆空中纺线法(AS法)施工牵引循环系统计算

刘新华　刘　勋　舒宏生

(中交第二公路工程局有限公司设计研究总院)

摘　要　悬索桥主缆空中纺线法(AS法)施工是主缆施工的一种传统工法,其架设采用循环往复式牵引系统,国内尚无相关研究。为了保障AS法主缆施工牵引系统的运行安全,本文参考预制平行钢丝索股法(PPWS法)牵引系统的计算方法及索道相关计算,探索了一种空中纺线法牵引系统牵引力的计算方法,其结果为牵引系统的其他结构设计提供依据,并保障了阳宝山特大桥主缆AS法架设的顺利实施。

关键词　悬索桥　主缆　空中纺线法　牵引力计算

一、引　言

悬索桥主缆采用空中纺线法(AS法)施工有着悠久的历史。作为主缆施工的主要方法之一,目前在国外仍被广泛使用,而国内悬索桥主缆主要采用预制平行钢丝索股法(PPWS法)进行设计和施工。AS法通过牵引系统带动空中纺丝轮,牵引一组钢丝(目前常用4根),经过多次往复牵引,当钢丝达到设计数量时,将平行钢丝捆扎整形,形成主缆索股。AS法主缆架设钢丝牵引力需求小,牵引速度快,牵引系统与放丝系统同步性能要求高,牵引系统多采用循环往复式运行。

牵引系统主要由高速卷扬机、锚碇门架导轮组、塔顶门架导轮组、猫道门架导轮组、牵引系统张紧机构、各转向滑轮及平衡配重组成。AS法主缆架设循环往复牵引系统原理如图1所示。

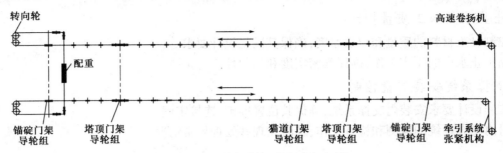

图1 AS法主缆架设循环往复式牵引系统

由于空中纺线法(AS法)纺丝轮运行速度快,最高可达5m/s[1],所以要求牵引系统具有运行平稳,安全可靠的特点,由此牵引系统牵引力的计算对整个纺丝系统起着至关重要的作用。

国内传统的主缆PPWS法架设采用的牵引系统的相关计算不能完全满足AS法主缆架设所采用的循环式牵引系统的计算要求。查找国外相关文献,均为对AS法主缆架设的相关概述性介绍,并无计算方法的实质内容。本文在传统PPWS法计算的基础上,结合索道的计算原理,对AS法主缆架设索采用的循环式牵引系统进行了分析计算,计算结果可指导施工。

二、工 程 概 况

阳宝山特大桥成桥状态主缆线形如图2所示。

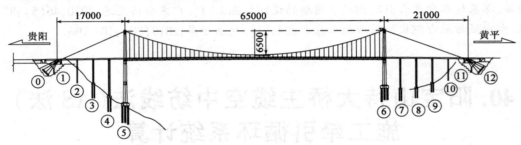

图2 成桥状态主缆线形图(尺寸单位:cm)

阳宝山特大桥跨径组合为170m+650m+210m,矢跨比为1:10,矢高65m。支点分别位于两岸锚碇门架及主塔塔顶门架。

AS纺线法牵引架设主缆参数见表1。

主缆架设参数表　　　　　　　　　　表1

项目	规格
牵引索规格	φ32.0
	6×37S+FC(天然纤维芯)
牵引索单位重量 W_q(kg·f/m)	3.90
牵引索截面积(m²)	0.000392
公称抗拉强度(MPa)	1870
牵引索破断张力(t·f)	63.2
弹性模量 E(Pa)	1.1×10^8
牵引索钢丝平均直径(mm)	1.5
主缆钢丝直径 ϕ_g(mm)	5.35
主缆钢丝单位重量 W_g(kg·f/m)	0.176
纺丝轮重量 G(kg·f)	400
纺丝轮的临界位移 f_1(mm)	800

牵引系统设计使用风速为12m/s。根据《公路桥梁抗风设计规范》(JTG/T 3360-01—2018)可计算牵引索和主缆钢丝所受风荷载大小为：

$$W_{qw} = 1/2 \times \rho \times C_D \times d_{hr} \times V^2 = 0.2016 \text{kg} \cdot \text{f/m}$$
$$W_{gw} = 1/2 \times \rho \times C_D \times d_{hg} \times V^2 = 0.0337 \text{kg} \cdot \text{f/m}$$

由此计算钢丝绳和主缆钢丝沿线形长度方向的单位荷载[2]为：

$$W_{qr} = \sqrt{W_q^2 + W_{qw}^2} \times \left(1 + \frac{8}{3} \times \left(\frac{f_c}{L_c}\right)^2\right) \times \phi = 4.15 \text{kg} \cdot \text{f/m}$$

$$W_{gr} = \sqrt{W_g^2 + W_{gw}^2} \times \left(1 + \frac{8}{3} \times \left(\frac{f_c}{L_c}\right)^2\right) \times \phi = 0.20 \text{kg} \cdot \text{f/m}$$

三、最大牵引张力计算

1. 纺丝张力计算

根据阳宝山大桥成桥线形，中跨跨径$L_c = 650$m，垂度$f_c = 65$m，采用恒张力控制法，主缆钢丝在自由悬挂张力80%~85%恒张力状态下纺丝[2]。计算时取主缆钢丝自由悬挂张力的85%，按照主缆成桥线形计算纺丝张力（按照空缆线形计算纺丝张力与此差距很小，不影响牵引力的计算）。

$$P_0 = \sqrt{1 + \left(\frac{4f_c}{L_c}\right)^2} \times \frac{W_g \times L_c^2}{8 \times f_c \times \cos\theta} \times n \times 0.85 = 1047.31 \text{kg} \cdot \text{f}$$

根据计算结果可知8根钢丝一起纺线时张力为1047.31kg·f，即单根钢丝纺丝张力为1047.31kg·f/8 = 130.91kg·f。

2. 牵引索张力计算

(1) 主缆线形分析

牵引系统架设主缆后为空缆线形(图3)，图中1~26为门架标号。由于本桥边跨为不对称结构，主缆纺丝时为黄平侧开始纺丝。

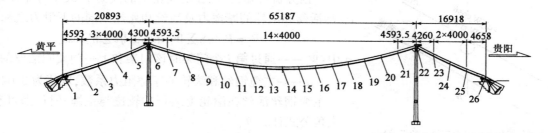

图3 空缆线形图（尺寸单位：cm）

主桥分为三跨，分别设置坐标系，根据主缆线形建立抛物线方程。

$$\begin{cases} y_1 = \frac{4f_1}{l_1^2}x(x-l_1) + \frac{h_1}{l_1}x \\ y_2 = \frac{4f_2}{l_2^2}x(x-l_2) + h_1 \\ y_3 = \frac{4f_3}{l_3^2}x(x-l_3) - \frac{h_3}{l_3}x + h_1 \end{cases} \quad (1)$$

式中：l_1、l_2、l_3——分别为黄平侧边跨、中跨和贵阳侧边跨跨径；

f_1、f_2、f_3——分别为主缆黄平侧边跨、中跨和贵阳侧边跨垂度；

h_1、h_3——分别为黄平侧主塔和锚碇高差、贵阳主塔和锚碇侧高差。

根据抛物线方程导数可求切线斜率，即切线夹角$\tan\theta$值，从而求出主缆空缆时任一点的切线夹角。

$$\begin{cases} y'_1 = \tan\theta_1 = \frac{8f_1}{l_1^2}x - \frac{4f_1 - h_1}{l_1} \Rightarrow \theta_1 = \arctan\left(\frac{8f_1}{l_1^2}x - \frac{4f_1 - h_1}{l_1}\right) \\ y'_2 = \tan\theta_2 = \frac{8f_2}{l_2^2}x - \frac{4f_2}{l_2} \Rightarrow \theta_2 = \arctan\left(\frac{8f_2}{l_2^2}x - \frac{4f_2}{l_2}\right) \\ y'_3 = \tan\theta_3 = \frac{8f_3}{l_3^2}x - \frac{4f_3 + h_3}{l_3} \Rightarrow \theta_3 = \arctan\left(\frac{8f_3}{l_3^2}x - \frac{4f_3 + h_3}{l_3}\right) \end{cases} \quad (2)$$

猫道设置与主缆平行，因此可假定猫道上任意一点的切线夹角与主缆一致。

（2）AS 纺线法纺丝线形分析

AS 纺线法纺线轮运行速度较快，因此要求纺丝轮在运行过程中保持平稳且过门架时平顺，设计牵引钢丝绳在猫道门架间的临界下挠位移为 1m。猫道门架间纺丝受力分析简图如图 4 所示。

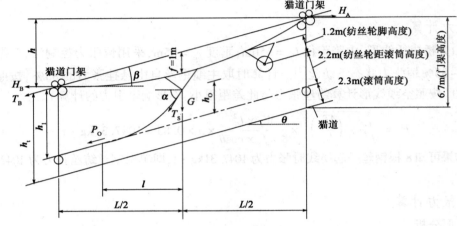

图 4 猫道门架间纺丝受力分析图

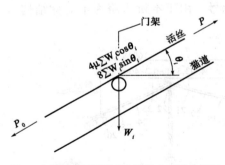

图 5 主缆架设钢丝活丝在滚轮上的受力情况

活丝在滚轮上的受力情况如图 5 所示。

根据分析可知，作用在纺丝轮上的反力 P 大小等于纺丝张力 P_0 与活丝和滚轮的摩擦力及活丝和死丝共同的下滑力之和。

$$P_i = P_0 \pm 8\sum W_i \sin\theta_i \pm 4\mu \sum W_i \cos\theta_i \quad (3)$$

式中：W_i——通过第 i 个门架时该门架和上一门架间活丝的重量；

μ——主缆钢丝和滚轮的摩擦阻力系数，取值为 0.045[3]。

主缆钢丝活丝在滚轮上运行的轨迹与主缆平行，即可利用主缆夹角公式计算 θ_i。

根据主缆架设钢丝在纺丝轮和活丝滚轮间的线形情况计算纺丝张力对牵引系统的影响，主缆钢丝与纺丝轮之间的线形如图 6 所示。

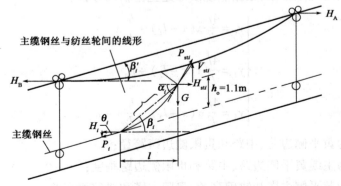

图 6 主缆钢丝与纺线轮间的线形图

主缆钢丝活丝在滚轮和纺丝轮之间的线形方程为：

$$y = \frac{4f}{l^2}x(x-l) + \frac{h_0 + l\tan\theta}{l}x$$

取导数求出斜率值：

$$y' = \frac{8f}{l^2}x - \frac{4f}{l} + \frac{h_0 + l\tan\theta}{l}$$

$$y'|_{x=0} = \tan\theta = -\frac{4f}{l} + \frac{h_0 + l\tan\theta}{l},$$

推导出 $h_0 - 4f = 0$，即 $f = \frac{h_0}{4}$

由 $f = \frac{ql^2}{8H_{st}\cos\beta}$，$\cos\beta = \frac{l}{\sqrt{l^2 + (h_0 + l\tan\theta)^2}}$，$H_{st} = H = P \times \cos\theta$

得 $q^2(\tan^2\theta + 1) \cdot l^4 + 2q^2 h_0 \tan\theta \cdot l^3 + q^2 h_0^2 \cdot l^2 - 4P^2\cos^2\theta h_0^2 = 0$。

根据4次方程可求 l 值。

$$y'|_{x=l} = \frac{4f}{l} + \frac{h_0 + l\tan\theta}{l} = \tan\alpha$$

可得 $\alpha = \arctan\left(\frac{4f + h_0}{l} + \tan\theta\right)$。

因此可求纺丝轮在第 i 和 $i+1$ 门架间时的竖向张力为：$V_{sti} = H_{sti}\tan\alpha_i$。

纺丝张力竖向张力计算后，可由悬索张力计算公式计算牵引钢丝绳的牵引张力，受力如图7所示。

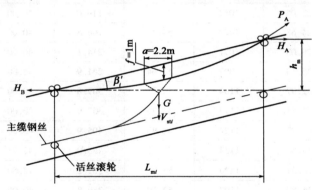

图7　门架间牵引索受力简图

根据悬索抛物线张力计算公式[4]可知：

$$\begin{cases} H_i = H_{Ai} = H_{Bi} = \frac{1}{f}\left(\frac{W_{qr}L_{mi}^2}{8\cos\beta_i'} + \frac{1}{4} \times (V_{sti} + G) \times (L_{mi} - a)\right) \\ \cos\beta_i' = \frac{l_{mi}}{\sqrt{h_{mi}^2 + l_{mi}^2}} \\ l_{mi} = x_i - x_{i-1} \\ h_{mi} = y_i - y_{i-1} \end{cases} \quad (4)$$

式中：f——纺丝轮临界位移(m)，取值为1m；

W_{qr}——牵引索单位荷载(kg·f/m)，取值为4.15kg·f/m；

L_{mi}——门架间距(m)可根据门架 x 坐标进行计算；

$\cos\beta_i'$——门架间牵引索抛物线夹角余弦值；

V_{sti}——纺丝张力的竖直分力；

G——纺丝轮重量(kg)，设计为400kg。

钢丝绳张力为：$P_{Ai} = H_{Ai}\sqrt{1+\left(\dfrac{4f}{l_{mi}}\right)^2}$。

采用 Excel 表格进行计算，结果见表 2。

牵引索计算结果 表 2

门架 i	X 坐标	Y 坐标	P_i (kg·f)	l_i (m)	V_{sti} (kg·f)	L_{mi} (m)	H_{Ai} (kg·f)	P_{Ai} (t·f)
1	0.00	0.00						
2	45.93	13.50	1058	51.43	386.3	45.93	9736.99	10.27
3	85.93	27.03	1069	50.97	433.1	40.00	8748.65	9.20
4	125.93	42.22	1082	50.50	477.0	40.00	9175.69	9.63
5	165.93	59.07	1095	49.99	521.2	40.00	9605.54	10.07
6	208.93	79.02	1110	49.43	567.4	43.00	10924.93	11.43
7	45.94	63.87	1101	52.59	256.2	45.94	9049.06	9.65
8	85.94	52.55	1095	53.11	207.4	40.00	6602.22	6.64
9	125.94	42.97	1090	53.52	161.5	40.00	6159.77	6.55
10	165.94	35.13	1086	53.86	115.4	40.00	5716.06	6.11
11	205.94	29.03	1083	54.13	69.0	40.00	5271.20	5.66
12	245.94	24.68	1081	54.33	22.2	40.00	4824.73	5.21
13	285.94	22.06	1081	54.46	24.4	40.00	4842.58	5.27
14	325.94	21.19	1081	54.52	71.6	40.00	5287.01	5.71
15	365.94	22.06	1084	54.51	119.0	40.00	5734.29	6.16
16	405.94	24.68	1087	54.42	166.5	40.00	6184.77	6.62
17	445.94	29.03	1091	54.27	214.1	40.00	6638.31	7.07
18	485.94	35.13	1097	54.04	261.9	40.00	7094.72	7.53
19	525.94	42.97	1104	53.75	309.8	40.00	7553.77	8.00
20	565.94	52.55	1112	53.39	357.9	40.00	8015.22	8.46
21	605.94	63.87	1122	52.96	405.9	40.00	8478.83	8.93
22	651.87	79.02	1134	52.46	458.0	45.93	10533.73	11.07
23	42.60	56.39	1120	53.02	261.2	42.60	8239.69	8.78
24	82.60	36.89	1107	52.70	259.8	40.00	7158.44	7.57
25	122.60	19.08	1096	53.11	210.7	40.00	6679.18	7.09
26	169.18	0.50	1085	53.44	157.5	46.58	7397.76	7.89

根据表 2 计算结果可绘制出纺丝轮在各个门架之间时的钢丝绳牵引力大小的折线图，如图 8 所示。

由图 8 可知，P_{A6} 最大，即在保证纺丝轮临界位移为 1m 的情况下，纺丝轮牵引到贵阳侧塔顶时，牵引索张力最大，为 10.97t。以此张力计算此时各个位置钢丝绳的张力大小。

3. 牵引系统张力计算分析

在主缆纺丝过程中，牵引系统牵引索在不同部位的张力大小不同。牵引索每绕过 1 个导向轮或轮组选定 1 个特征点，牵引索任一特征点的拉力计算为[5]：

$$t_n = t_{n-1} \pm qh \pm f_0 ql \tag{5}$$

式中：t_{n-1}、h、l——分别为特征点前一特征点的拉力、特征点之间的高差、特征点之间的水平长度；

qh——牵引索的下滑力，当计算点高于前一特征点时，qh 取正号，反之取负号，当计算的顺序与纺丝轮运行方向一致时，$f_0 ql$ 取正号，反之取负号；

f_0——转向轮或轮组的阻力系数。

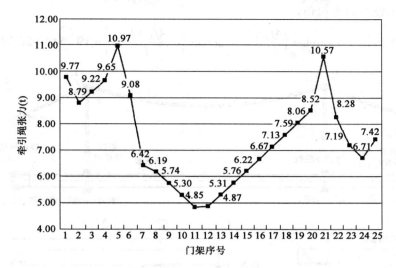

图8 牵引索牵引力折线图

转向轮或轮组的阻力系数f_0计算公式[6-7]为：

$$f_0 = \xi + 2\mu \frac{d_1}{D}\sin\frac{\alpha}{2} \tag{6}$$

式中：ξ——牵引索的刚性阻力系数；

　　　d_1——导向轮轴径(cm)；

　　　D——滑轮直径(cm)；

　　　α——拉紧索在转向轮上的包角(°)；

　　　μ——轴径中的摩擦系数，滚动轴承为0.03。

刚性阻力系数由试验确定，对于双绕索可按式(7)计算[7]：

$$\xi = \frac{d_2^2(1+1200/T)}{10(D-10)} \tag{7}$$

式中：d_2——牵引索直径(cm)；

　　　T——牵引索张力(N)；

　　　D——钢丝绳的转弯半径，当钢丝绳通过塔顶轮组和锚碇轮组时转弯半径过大，刚性系数计算值可忽略不计。

牵引索直径为32mm，转向轮直径为900mm，轴径为100mm，牵引索张力为11.43×10^6N。转向轮刚性阻力系数为$\xi = \frac{d_2^2(1+1200/T)}{10(D-10)} = 0.013$。

主要影响节点各处的牵引力位置如图9所示。

黄平侧锚跨$l_{m-黄}=28m, h_{m-黄}=12m$；贵阳侧锚跨$l_{m-贵}=20m, h_{m-贵}=11m$。

由于锚跨侧水平间距较短，牵引索按直线计，由此可计算黄平侧锚碇门架牵引索过滚轮包角为：

$$\alpha_{黄-锚} = \theta_{黄-锚} + \theta_1|_{x=0} = \left|\arctan\left(\frac{h_{m-黄}}{l_{m-黄}}\right) - \left|\arctan\left(\frac{-4f_1+h_1}{l_1}\right)\right|\right| = |23.19° - 15.12°| = 8.07°$$

贵阳侧锚碇门架牵引索过滚轮包角：

$$\alpha_{贵-锚} = \theta_{贵-锚} + \theta_3|_{x=l_3} = \left|\arctan\left(\frac{h_{m-贵}}{l_{m-贵}}\right) - \left|\arctan\left(\frac{4f_3-h_3}{l_3}\right)\right|\right| = |28.81° - 20.52°| = 8.29°$$

黄平侧塔顶门架处牵引索包角：

$$\alpha_{黄-塔} = \theta_1|_{x=l_1} + \theta_2|_{x=0} = \left|\arctan\left(\frac{4f_1+h_1}{l_1}\right)\right| + \left|\arctan\left(-\frac{4f_2}{l_2}\right)\right| = 25.93° + 19.54° = 45.47°$$

贵阳侧塔顶门架处牵引索包角：

$$\alpha_{贵-塔} = \theta_2|_{x=l_2} + \theta_3|_{x=0} = \left|\arctan\left(\frac{4f_2}{l_2}\right)\right| + \left|\arctan\left(-\frac{4f_3+h_3}{l_3}\right)\right| = 19.54° + 28.99° = 48.53°$$

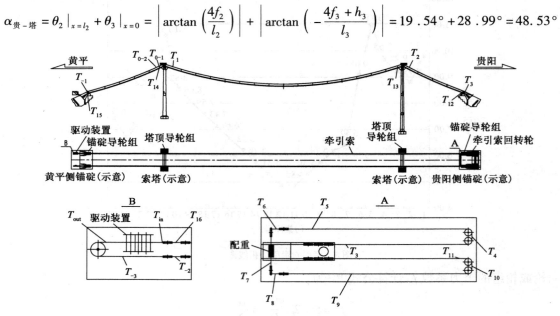

图9 各段牵引力位置图

根据表3计算结果可知，双摩擦卷扬机驱动力大小为 $T = T_{in} - T_{out} = 3447.88 \text{kg} \cdot \text{f} = 3.45 \text{t} \cdot \text{f}$。钢丝绳最大牵引力为13.04t，φ32破断拉力为63.2t，钢丝绳安全系数为 $63.2/13.04 = 4.85 > 4.5$，钢丝绳在4.5倍安全系数的情况下满足要求。

最大张力下牵引系统各点牵引力计算结果　　　　　　　　　　　　　　表3

节点	Δh	包角α（°）	下滑力（kN）	摩擦阻力系数	刚性系数	阻力系数	牵引索张力（kg·f）
T_{0-1}							11431.96
T_1	0	45.47	0	0.00139		0.001391	11447.86
T_2	0	48.53	0	0.00148		0.001479	11464.80
T_3	-79	8.29	-336.10	0.00026		0.000260	11131.69
T_4	-11	90	-48.20	0.00255	0.012934	0.015480	11255.81
T_5	0	90	0	0.00255	0.012934	0.015480	11430.05
T_6	7.1	90	30.39	0.00255	0.012934	0.015480	11637.38
T_7	0	90	0	0.00255	0.012934	0.015480	11817.52
T_8	-7.1	90	-30.39	0.00255	0.012934	0.015480	11970.07
T_9	0	90	0	0.00255	0.012934	0.015480	12155.36
T_{10}	0	90	0	0.00255	0.012934	0.015480	12343.53
T_{11}	0	90	0	0.00255	0.012934	0.015480	12534.61
T_{12}	11.3	8.29	48.20	0.00026		0.000260	12586.06
T_{13}	78.5	48.53	336.10	0.00148		0.001479	12940.78
T_{14}	0	45.74	0	0.00140		0.001399	12958.88
T_{15}	-79	8.07	-338.22	0.00025		0.000253	12623.94
T_{16}	-9.8	114.7	-42.10	0.00303	0.012934	0.015965	12783.42
T_{in}	9.24	138.2	44.81	0.00336	0.012934	0.016297	13036.57

续上表

节点	Δh	包角 α (°)	下滑力 (kN)	摩擦阻力系数	刚性系数	阻力系数	牵引索张力 (kg·f)
T_{out}							9588.69
T_{-3}	9.24	180	44.81	0.0036		0.003600	9623.34
T_{-2}	−9.8	138.2	−42.07	0.00336	0.012934	0.016297	9737.21
T_{-1}	−79	114.7	−338.22	0.00303	0.012934	0.015965	9937.95
T_{0-2}		8.07		0.00025		0.000253	10278.78

4. 应力验算

当考虑接触应力时的应力安全系数主要考虑牵引索绕过转向轮时的情形。牵引索在绕过滚轮进入到驱动卷扬机处的牵引力最大，$T_{in} = 13036.57$ kN。钢丝绳最大应力为：

$$\sigma_{max} = \frac{T_{牵}}{A_n} + E_k \frac{d}{D_{min}} \tag{8}$$

式中：d——组成主索的钢丝平均直径，查表取 1.5 mm；

D_{min}——滚轮的最小直径，取 900 mm；

A_n——单组主索钢丝绳截面积，为 $3.92 \times 10^{-4} m^2$。

经计算得：$\sigma_{max} = 334.4$ MPa

应力安全系数为：$K = \frac{[\sigma]}{\sigma_{max}} = \frac{1870}{334.4} = 5.59 \geq 3$，满足要求。

5. 配重计算

配重重量应能保证钢丝轮运行时在临界位移范围以内，根据前述计算结果可知，在保证临界位移的情况下，牵引索在配重处的拉力为 T_7。配重实际布设如图 10 所示。

由此可计算配重块最小重量为

$$W' = \frac{T_7}{\cos\alpha} = \frac{11817.52 \times 2}{\cos 21.4°} = 25385.20 \text{kg} \cdot f \approx 25.4 \text{t} \cdot f$$

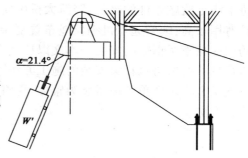

图 10 配重布置简图

四、结 语

本文依托贵黄高速公路阳宝山特大桥，对悬索桥主缆空中纺线法施工牵引系统的牵引力进行了计算分析，探讨了一种针对纺线法施工的往复式循环牵引系统的牵引力的计算方法。为保证施工过程中纺线轮的平稳运行，假定了纺线轮下挠临界位移为 1 m，通过计算分析得出牵引系统的最大牵引力，由此计算为依据来选择牵引索，并为牵引系统的其他结构设计提供依据。目前，循环往复式牵引系统已成功应用于阳宝山特大桥的主缆 AS 法施工当中。

参考文献

[1] 中交第二公路工程局有限公司.公路桥梁施工系列手册 悬索桥[M].北京:人民交通出版社,2014.

[2] 王峻,林帆.特大跨径悬索桥主缆 PPWS 施工牵引力近似计算方法[J].中国工程科学,2012(5):37-40,61.

[3] 周水兴,何兆益,邹毅松等.路桥施工计算手册[M].北京:人民交通出版社,2001.

[4] 单圣涤.工程索道[M].北京:中国林业出版社,2000.

[5] 杜盖尔斯基.架空索道及缆索起重机[M].孙鸿范,译.北京:高等教育出版社,1955.

[6] 周新年.工程索道与柔性吊桥——理论设计案例[M].北京:人民交通出版社,2008.

41. 全飘浮体系悬索桥边跨钢箱梁整体提升荡移安装技术研究

杨 鑫 安 邦 胡建飞

(中交路桥华南工程有限公司)

摘 要 龙门大桥为主跨1098m的双塔单跨吊索悬索桥,桥址区受地形、水深及潮位的影响,其边跨钢梁安装面临诸多难题。结合本桥全飘浮体系悬索桥桥梁下无悬空横梁的特点,本文介绍了边跨钢箱梁荡移上岸及安装就位的关键技术与施工工艺。

关键词 悬索桥 全飘浮体系 边跨钢梁 整体提升 荡移

一、引 言

悬索桥边跨钢箱梁安装的方法主要有缆载起重机吊装法、大型浮式起重机吊装法和缆索起重机吊装法。这三种工艺均有一定的局限性,缆载起重机无法带重载行走,故缆载起重机吊装法一般需在桥下满足通航条件的跨江、跨海大桥中使用;大型浮式起重机吊装法对吊装区水域环境和水深要求高且费用较高;缆索起重机钢丝绳布置复杂,承重索锚固要求高且安装工期长,主要适用运输条件受限的山区悬索桥钢梁的安装。本文以广西龙门大桥边跨钢箱梁安装施工为背景,调研分析了国内外大跨径悬索桥边跨钢箱梁安装的施工方法[1-5],在此基础上,提出了边跨钢箱梁先单节段荡移至支架上,在支架上将多个单节段拼装为整体,再将边跨整体梁段提升至设计高度后,小角度荡移至过渡墩上的施工方法。

二、工程概况

龙门大桥是广西规划建设的第一座跨海长桥,是广西第一座采用双向六车道一级公路技术标准建设的单跨超千米特大桥,设计速度为100km/h。主桥为双塔单跨全飘浮体系悬索桥,主桥长1198m,主跨跨径为1098m。

大桥钢箱梁全宽38.6m(含检修道),吊索通过销轴锚固在箱梁两侧的耳板上,主缆横向间距33.8m,顶板宽33m,平底板宽21.3m,斜底板宽5.82m,钢箱梁梁高3.2m,全桥96个梁段,梁段类型有8类,标准梁端长度为12.8m;其中东、西岸边跨钢箱梁位于陆地上,边跨梁段各为7段,边跨梁段总长73.7m,总重量1501.13t,单个梁段最大长度为12.8m、最大重量为273.36t。

三、施工重难点及解决措施

吊装钢箱梁面临的关键技术问题包括:

(1)三重因素限制运梁船靠岸。

局部凸型海岸线影响运梁船靠岸水平距离;靠岸处水深不足1m,施工期高潮位水深5m,运梁船满载吃水4.5m,运梁船靠岸困难;施工期高潮位持续时间5~6h,靠岸吊装作业时间短。

(2)边跨梁端荡移水平距离大。

受运梁船靠岸影响,边跨梁段从运输船荡移至边跨支架的水平距离为40.3m,缆载起重机起吊荡移角度需要达到20°。目前,行业内缆载起重机理论最大荡移角度约为15°,梁段难以一次荡移就位。钢梁单向荡移上岸如图1所示。

(3) 边跨梁段整体一次提升重量大。

边跨梁段总长73.7m，总重量1501.13t，需要整体一次性提升40m，提升重量大、高度高，对提升设备性能要求高，施工控制难度大。

(4) 边跨梁段整体水平荡移力大。

边跨梁段整体提升至设计高度后，需向边跨侧荡移5m，使梁端落于过渡墩墩顶，水平荡移力为756.1kN。

本文针对以上的关键技术问题，提出以下解决措施：

(1) 边跨梁端从运输船吊装至支架上，采用缆载起重机双向荡移的工艺，先使用缆载起重机"歪拉斜吊"，将梁段吊装钢绞线荡移至垂直状态后，再向边跨水平荡移，将梁段荡移至支架上。

(2) 将边跨7个梁段依次荡移至支架上后，在支架上按照拼装线形将7个梁段焊接为整体。在钢梁顶面设置4台大吨位竖向提升站，同步提升边跨整体段，提升站的着力点对称设置在主缆上。然后，在过渡墩的墩顶设置水平荡移反力架，使用连续千斤顶将边跨梁段整体荡移至过渡墩墩顶。

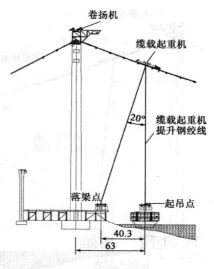

图1　钢箱梁单向荡移上岸（尺寸单位：m）

四、边跨钢箱梁整体提升荡移关键技术

1. 缆载起重机双向荡移梁段上岸

根据现场施工环境条件，运梁船驳船就位后，梁端的起点重心距离支架上落梁点的重心距离为40.3m，先采用缆载起重机"歪拉斜吊"工艺将钢箱梁向边跨侧荡移水平距离13.5m，荡移角度为5.7°。缆载起重机提升钢绞线达到垂直状态后，采用水平荡移工艺，将钢箱梁再向边跨侧水平荡移26.8m，荡移角度为11.2°，落梁就位。

1) "歪拉斜吊"荡移钢箱梁

运梁船向岸侧驳船就位后，钢箱梁的重心距离塔柱中心线63m，缆载起重机锚固位置距离主塔中心线49.5m；缆载起重机提升钢绞线向中跨侧预偏5.7°，预偏距离为13.5m；由塔顶门架上16t卷扬机牵引反拉钢丝绳，为歪拉斜吊提供反拉力，在此歪拉角度下，单片钢箱梁吊装重量290t，其反拉力为338.3kN，塔顶门架上两台16t卷扬机导双线能提供640kN反拉力，满足荡移反拉的要求。缆载起重机额定起重能力为600t，满足钢箱梁吊装要求。

由缆载起重机竖向提升钢箱梁，塔顶门架卷扬机反拉钢箱梁，两者相互配合，先将钢箱梁提离船面，再向边跨荡移13.5m，至提升钢绞线垂直状态。钢梁歪拉斜吊提离船面如图2所示。

钢梁荡移上岸反拉计算见式(1)、式(2)：

$$F_{缆载起重机1}\sin5.7° - F_{反拉}\cos38° = 0 \tag{1}$$

$$F_{缆载起重机1}\cos5.7° + F_{反拉}\sin38° = 2900\text{kN} \tag{2}$$

经计算，$F_{缆载起重机} = 2703.1\text{kN}$，$F_{反拉} = 338.3\text{kN}$。

2) 水平牵引荡移钢箱梁

由塔顶门架上的另一台卷扬机牵引水平荡移钢丝绳，为水平荡移提供荡移力，由提升钢绞线垂直状态荡移至落梁状态，钢梁荡移水平距离为26.8m，荡移角度为11.2°，单片钢箱梁吊装重量290t，牵引荡移力最大为574.2kN，塔顶门架两台10t卷扬机分别牵引水平荡移钢丝绳导4线，最大牵引力为800kN，满足水平荡移的要求。

由缆载起重机竖向提升钢箱梁，塔顶门架卷扬机牵引水平荡移钢箱梁，两者相互配合，将钢箱梁由垂直提升状态向边跨侧荡移26.8m至落梁状态，将钢箱梁落梁至边跨支架上。钢梁水平荡移上岸如图3所示。

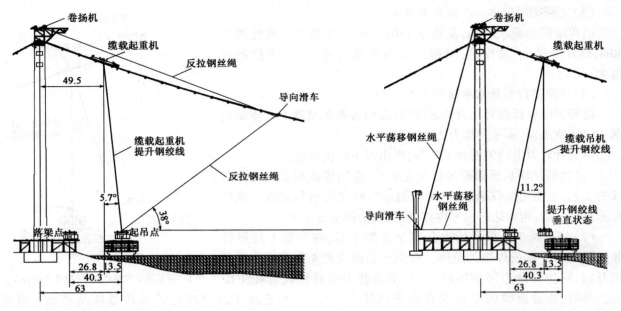

图 2 歪拉斜吊工艺模拟图(尺寸单位:m) 　　　　图 3 水平荡移工艺模拟图(尺寸单位:m)

钢梁荡移上岸水平牵引计算见式(3)、式(4):

$$F_{缆载起重机2}\sin11.2° - F_{牵引} = 0 \tag{3}$$

$$F_{缆载起重机2}\cos11.2° = 2900\text{kN} \tag{4}$$

经计算,$F_{缆载起重机2} = 2956.3\text{kN}$,$F_{牵引} = 574.2\text{kN}$。

2. 边跨梁段整体连接

采用上述双向荡移法将钢箱梁吊装至支架上后,钢箱梁在支架上滑移至指定位置;依次重复双向荡移落梁再滑移就位的工序,将边跨 7 个梁段全部吊装至支架上,通过三向千斤顶精确调整钢箱梁至理论拼装线形,将 7 个边跨梁段焊接为整体。梁段平面尺寸为 73.7m×38.6m,总重量为 1501.13t。

3. 边跨梁段整体提升

1) 5000kN 竖向同步提升站

边跨梁端整体提升动力设备为 5000kN 竖向同步提升站。竖向提升站主要由设置在主缆上的临时索夹,设置在钢箱梁上的液压泵站、收线盘、千斤顶及临时吊耳,以及提升钢绞线组成。横桥向沿桥轴向对称设置,纵桥向沿钢梁重心对称设置,共设置 4 套竖向提升站。

单台竖向提升站的额定提升能力为 5000kN;临时索夹根据提升工况下的下滑力,对螺杆进行张拉;临时吊耳根据永久吊索吊耳结构形式设计,并对钢箱梁局部补强,使钢箱梁和吊耳均满足单点 5000kN 提升力的承载要求;4 套竖向提升站由一套智能控制系统控制,达到四点同步提升的目的。

临时索夹螺杆张拉力公式计算见式(5):

$$K_{fe} = \frac{k\mu n P_b^c}{N_h \sin\varphi} \tag{5}$$

式中:K_{fe}——索夹抗滑系数;

k——索夹紧固压力分布不均匀系数,取 2.8;

μ——摩擦系数,取 0.15;

n——临时索夹螺杆数量;

N_h——吊索拉力(N),按作用标准值计算,取 5000kN;

P_b^c——临时索夹单根螺杆设计夹紧力(N);

φ——索夹在主缆上的安装倾角,按同类索夹中的最大值计算。

经计算临时索夹螺杆预紧力产生的摩擦力与下滑力平衡时（边跨临时索夹夹角29°最不利），此时螺杆夹紧力1100kN。

2) 整体提升工艺

边跨钢箱梁从支架上提升至设计高度，提升距离约为37.85m，为便于中跨第一对吊索安装，边跨梁段竖向提升高度比设计高度高1m，安装中跨第一对吊索后，将边跨梁端下放1m至设计高度。此时梁段边跨侧端头距离过渡墩中心线的距离为5.8m。钢梁整体提升如图4所示。

4. 边跨梁段整体荡移

1) 水平牵引系统

在过渡墩墩顶设置水平牵引系统（图5），为边跨整体梁段荡移提供水平牵引力，边跨整体荡移最大角度为2.9°，最大水平牵引力为756kN，荡移水平距离为5m。水平牵引系

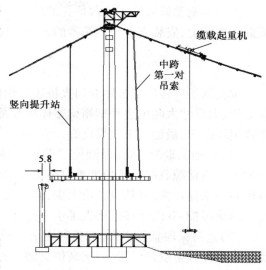

图4 整体提升工艺模拟图（尺寸单位：m）

统主要由墩顶反力架、连续千斤顶、牵引钢绞线和梁底反力座组成，墩顶反力架通过预埋件焊接在墩顶，连续千斤顶为两台50t连续千斤顶，梁底反力座焊接在横向抗风挡块上。

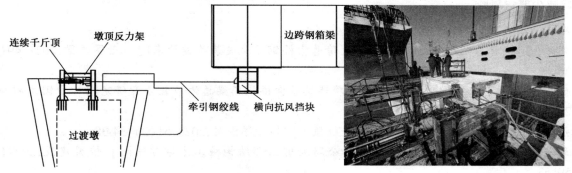

图5 水平牵引系统安装图

2) 整体荡移工艺

边跨梁段高度调整至设计高度后，由水平牵引系统牵引边跨梁段向边跨侧荡移。在梁段荡移过程中，通过竖向提升站调整梁段的高度，使牵引力基本保持水平状态。钢梁整体边跨荡移如图6所示。

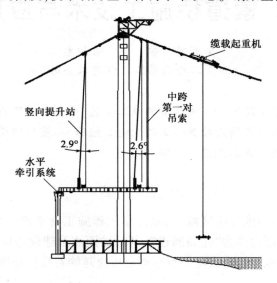

图6 整体荡移工艺模拟图

荡移至钢箱梁梁底支座预留孔的位置与提前安装在过渡墩墩顶支座位置对应后停止荡移,将钢箱梁下放至支座上,安装支座与钢箱梁的连接螺栓,完成边跨梁段的安装。拆除竖向提升站。

五、结　语

本文基于广西滨海公路龙门大桥边跨钢箱梁安装施工项目开展研究,对边跨钢箱梁单节段长距离荡移上岸、大尺寸大吨位边跨钢箱梁整体提升及荡移等关键工艺进行了模拟分析和计算,现场按设计方案严谨组织施工,最终施工效果良好。主要结论如下:

(1)在施工地形、水深及潮位三重条件制约下,常规支架方案投入大,浮式起重机方案难以实施,单方向水平荡移缆载起重机角度难以满足;缆载起重机双向荡移的方法优势明显,充分利用既有的缆载起重机和塔顶卷扬机,额外设备投入少,同时减小单方向荡移角度,避免过渡挑战缆载起重机的荡移能力,安全风险可控,双向荡移也增大了水平荡移能力,可荡移的距离更远,降低潮位对驳船的影响。

(2)边跨梁段整体提升,充分利用全飘浮体系悬索桥无下横梁的结构特点,使得边跨梁段能从低位支架直接提升至设计位置,相比高位支架安装边跨钢箱梁的方法,大幅降低了支架的投入,针对性地设计竖向提升站,充分利用大吨位起重设备的性能优势,施工效率高且安全可靠。

(3)边跨梁段吊装到支架后,缆载起重机即可行走至中跨吊装中跨钢箱梁,边跨钢箱梁焊接和吊装准备可以与中跨钢箱梁吊装同步进行,可缩短钢箱梁安装的施工周期,尤其对沿海台风频发的施工环境,可有效减小渡台风险。

参考文献

[1] 刘源,李鸥,林吉明.复杂海域条件下大跨悬索桥钢箱梁安装关键技术[J].世界桥梁,2021,49(2):36-42.

[2] 姚清涛,潘桂林,游新鹏,等.大跨度三跨连续悬索桥钢箱梁总体吊装方案研究[J].中国工程科学,2013(8):54-59.

[3] 张勇.重庆长寿长江二桥钢箱梁吊装关键技术[J].世界桥梁,2023,51(2):34-38.

[4] 薛光雄,闫友联,沈良成,等.泰州长江公路大桥上部结构施工方案综述[J].桥梁建设,2009(4):59-63.

[5] 张玉涛.悬索桥过渡墩处浅水区钢箱梁吊装新工艺[J].华东科技(综合),2019(11):91-94.

42. 索道桥施工技术与应用

樊育通　常　伟　张相杰

(中交二公局第二工程有限公司)

摘　要　本文全面阐述了大跨径行车索道桥的施工工艺,重点讲述了施工工艺的注意事项及相应措施,通过总结提炼既有工程,达到提高后续类似工程的施工经验、拓展应用范围的目的。

关键词　索道桥　大跨径　施工工艺　岩锚

一、引　言

以我国西南地区为代表的山地丘陵区域,道路桥梁工程施工常常面临"四个缺"的困境,即缺水、缺电、缺便道、缺场地,其中运输便道作为"生命通道",其运输距离及建设进度将直接影响后期工程的施工进度。与环山修建便道相比,直接修建大跨径行车索道桥跨越峡谷成桥速度更快,造价更低,拥有广泛的应用前景。

二、工程概况

双堡特大桥主桥桥址处地势险峻,交通不便,双堡梁上中墩与大、小里程主墩间均不连通。考虑施工人员、机械和物资供应的需要,在大洞河上方设置连通两岸的钢绞线索道桥。根据两岸的地势和地质情况,车行索道桥跨径为245.52m,桥面至沟底高差180m,最大工作风速为6级,汽车荷载最大重载车辆为45t。行车索道桥现场照片如图1所示。

图1 行车索道桥现场照片

行车索道桥两岸为岩石地层,两岸分别设计有转索鞍和地锚梁,两岸转索鞍高差3m。转索鞍采用C25钢筋混凝土地基梁加弧形钢板形式,弧形钢板顶端焊接钢绞线转向钢板。地锚梁采用注浆型预应力锚杆的锚固形式,锚固力安全系数大于1.6。行车索道桥布置图如图2所示。

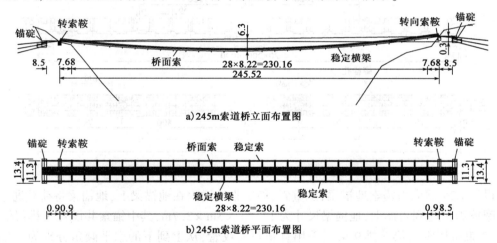

a) 245m索道桥立面布置图

b) 245m索道桥平面布置图

图2 行车索道桥布置图(尺寸单位:m)

索道桥桥面总宽度4.3m,车行道净宽3.8m,桥面宽度范围内设置21股5×φ15.2mm的高强度低松弛无黏结预应力钢绞线作为承重索,以桥轴线为中心横桥向等间距布置,各股间距0.2m。稳定索采用2组6根5×φ15.2mm高强度低松弛无黏结预应力钢绞线,上、下游各6束,横桥向间距11.3m。索道桥横桥向断面图如图3所示。

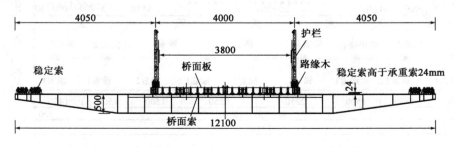

图3 索道桥横桥向断面图(尺寸单位:mm)

桥面系主要由稳定横梁、横梁桥面板、标准桥面板、路缘木及护栏等构成。稳定横梁采用低合金高强钢 Q420 钢板焊接成工字型钢梁，横梁间距 8.22m，横梁中间设置桥面固定装置，通过 M20 螺栓与横梁桥面板连接，两侧设置滚动装置，将横梁支撑于稳定索上；而横梁桥面板、标准桥面板采用低合金高强钢 Q420 钢板模压装焊成型，横梁桥面板宽 230mm、厚 165mm，标准桥面板宽 420mm、厚 130mm，两者均通过 U 形卡与桥面索钢绞线固定。车行道路缘木采用 15cm×20cm(高×宽)的东北松木，将数块桥面板联成整体并与桥面索连接。护栏立柱采用[8 型钢等间距设置，扶手索采用 ϕ16mm 镀锌钢丝绳将护栏立柱串联，并设置镀锌防护网。标准桥面板构造图如图 4 所示，横梁桥面板构造如图 5 所示。

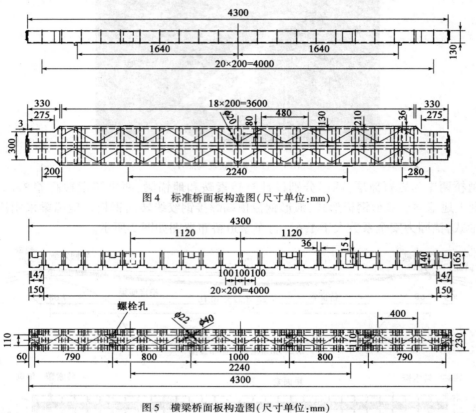

图 4　标准桥面板构造图(尺寸单位：mm)

图 5　横梁桥面板构造图(尺寸单位：mm)

两岸均设置 C25 预应力锚索地锚梁，承重索、稳定索均锚固在地锚梁上，地锚梁将荷载通过预应力锚索和岩壁面摩擦力传递到岩体上，地锚梁尺寸为 13.4m×3m×3.7m，其中锚索共设置 3 排[第一排 9 束、第二排 7 束(2 束备用索)、第三排 9 束]，采用直塑料波纹管，从上到下的水平倾角分别为 5°、9°、13°，弯曲部分半径 10m。地锚梁构造图如图 6 所示。

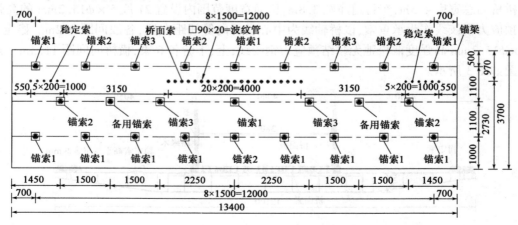

图 6　地锚梁构造图(尺寸单位：mm)

预应力锚索采用12-ϕ15.2mm高强度低松弛钢绞线,标准强度不小于1860MPa,采用YJM15-12 OVM锚具。锚索内锚固长度为22.5m,导向帽预留30cm,自由段≥7.5m(为穿过角砾岩及岩石薄弱层段锚索),外锚固段长为3m。预应力锚索构造图如图7所示。

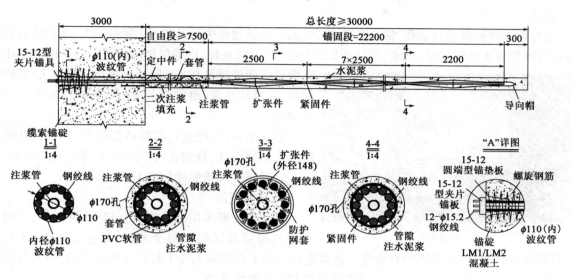

图7 预应力锚索构造图(尺寸单位:mm)

地锚梁与桥面系之间设置C25钢筋混凝土转索鞍地基梁,将桥面索和稳定索的索力传递给索鞍地基梁,为索道桥承重索的转向起支撑作用。地基梁尺寸为13m×2m×2m,地基梁顶面设置半径为0.8m、厚度为12mm的钢板作为转索鞍外贴面。转索鞍构造图如图8所示。

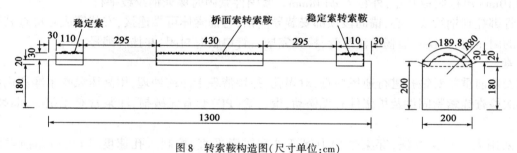

图8 转索鞍构造图(尺寸单位:cm)

三、主要施工方案及技术特点

1. 方案综述

(1)桥面承重索及稳定索均采用5×ϕ15.2mm高强度低松弛无黏结预应力钢绞线,单根钢绞线破断拉力安全系数不小于2.5,按左右对称的顺序进行安装,采用单拉千斤顶张拉到位,保证跨中垂度统一。

(2)桥面系施工主要包括稳定横梁安装、桥面板安装、缘材和护栏安装。稳定横梁从小里程侧安装完成后,使用卷扬机向大里程侧牵引展放。

索道桥施工工艺流程图如图9所示。

2. 锚碇施工

岩锚体系施工前,清理锚体上方山坡的碎石、孤石,对山坡危险地段进行防护,防止施工过程或成桥后有石块落下危害主缆或行人、车辆的安全。在附近山

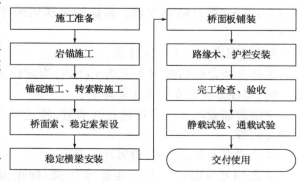

图9 施工工艺流程图

体打孔进行锚索张拉试验,以确定实际岩体与锚固体的黏结强度,与地勘单位提供数据相核实,并最终计算确定锚索长度。

依据设计参数对锚索孔定位,搭设钻孔脚手架,用红漆标注钻孔位置及参数。

1)钻孔

使用专用锚固钻机进行钻孔,钻孔孔径φ170mm。钻孔过程中每钻进5m测斜一次,做好钻孔钻进记录,若在锚固段发现软弱岩层、出水、落钻等异常情况,应及时处理,以确保锚固段位于稳定的岩层中。若孔深已达到设计孔深,而仍处于破碎带或断层等软弱岩层时,应延长孔深,继续钻进,钻孔完毕后再进行一次全孔测斜。

钻孔结束后,检查孔深及钻孔倾角,达到设计要求后进行高压风清孔,直到孔内干净为止,做好孔口防护。

岩锚钻进现场照片如图10所示。

图10 岩锚钻进

2)锚索制作

钢绞线切断采用砂轮机,切口整齐无散头,下料长度考虑地锚梁及尾端混凝土厚度、锚垫板厚度、千斤顶长度、工具锚厚度的要求,并适当留有余度。在预先指定的下料场地上按下料长度进行下料,每根绞线长度误差控制在10cm以内,切割完成后对剥除部分的钢绞线除污洗净。

3)锚索组装

将钢绞线整齐排列在加工平台上,对不同注浆管、钢绞线进行编号,在外端用不同的颜色区别开。按设计量出的锚固段和张拉段长度,做标记进行编组。在锚固段间隔1.25m交叉设置扩张件和紧固件,扩张件使用10mm厚橡胶板制作,外径为φ148mm。紧固件紧固时保证钢绞线平行。

注浆管绑扎到钢绞线中心,锚固段顶部安装导向帽,与锚索体可靠连接,安装完成后检查其通畅性及管路系统的耐压值,更换不通畅的注浆管,检查完毕后管口临时封闭,并挂牌编号。

4)下索

锚索安装前重新对钻孔进行通风检查,对塌孔、掉块清理干净或处理,用高压风吹干净孔内积水。在入孔前再次检查锚索紧固件及扩张件有无松动,聚乙烯(PE)套有无破损,注浆管有无扭曲、断裂、破损的现象。

穿束采用人工穿束办法,穿束过程中保证外露锚索平直,控制入孔速度,防止损坏锚索体或整体扭转。

5)注浆、张拉

索道桥锚杆采用预应力锚索,在构造上分为内锚固段、自由段和外锚固段三段。采用两次注浆工艺:首先,第一次注内锚固段,待锚固砂浆达到设计强度以后,穿过锚碇锚固段;然后,对锚索的自由段和外锚固段张拉预应力,将外锚头锁定,同时进行第二次注浆;最后,封闭锚头,进行防腐处理。岩锚注浆现场照片如图11所示。

(1)锚索安装与第一次注浆。

①将组装合格的锚索人工送至孔内,当定位止浆环到孔口时,将注浆管装在定位止浆环上。

②随着锚索向孔内推送接长注浆管,推送过程中不得旋转注浆管。

③当锚索安装就位时,设置注浆塞。

④先用0.4MPa压力将注浆塞注满,待水泥浆达到20MPa强度后,进行孔内高压注浆。

图11 岩锚注浆工作现场图

⑤注浆完成后,卸掉注浆管,清洗孔口。

(2)张拉。

锚索的张拉分为三个阶段。如图12所示,第一阶段为地锚梁的混凝土强度达到100%时,先张拉锚索1(共12束),此时承重索还未安装。第二阶段为承重索安装完成后,张拉锚索2(共7束),此时承重索已架设完成。第三阶段为桥面系安装完成后,张拉锚索3(共4束),此时桥面系已全部安装完成。锚索张拉时按张拉控制力1000kN进行张拉,不得超张拉,最后按1000kN锁定,对锚索锁定力损失的进行补张。锚索分布布置图如图12所示。

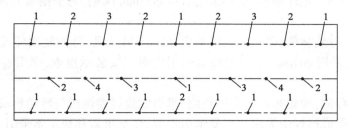

图12 锚索分布布置图

锚索张拉过程中,准确记录油压表编号、读数、千斤顶伸长值、夹片外露段长度等数据。

为保证地锚梁受力平衡,岩锚张拉分三个阶段进行,锚索1与承重索同时安装,承重索安装完成之后张拉锚索2,桥面完成安装之后,张拉锚索3。锚索张拉次序见表1。

锚索张拉次序 表1

张拉次序	条件	动作
第一次张拉	地锚梁混凝土强度达到100%	张拉锚索1
第二次张拉	承重索安装完成后	张拉锚索2
第三次张拉	桥面系安装完成后	张拉锚索3

(3)二次注浆。

预应力张拉后,进行第二次注浆。

6)锚索外锚头保护

锚索张拉完成后,锚具外端预留设计外露长度后,其余部分用砂轮切割机截去,装上防护保护罩,其内充填建筑油脂予以封闭。

3. 转索鞍施工

转索鞍由承重索转索鞍、稳定索转索鞍和索鞍地基梁三部分组成。承重索转索鞍和稳定索转索鞍将承重索钢绞线和稳定索钢绞线的索力传至索鞍地基梁,为索道便桥承重钢绞线的转向起支撑作用。

转索鞍采用C25钢筋混凝土地基梁,尺寸为13m(横桥向)×2m(纵桥向)×2m(高度)。浇筑前对转索鞍处做地基处理,保证其基底承载力,并浇筑100mm厚C15混凝土垫层。随后进行钢筋绑扎,放置转索鞍弧形钢板,使地基梁主筋与弧形钢板预留切口一一对齐,浇筑混凝土。转索鞍施工照片如图13所示。

图13 转索鞍施工

需要注意的是,浇筑地基梁混凝土时需振捣密实,其中转索鞍弧形钢板处通过预留达到混凝土浇筑孔浇筑自密实混凝土,因弧形板内空间有限,当混凝土无法继续浇筑时,采用掺入微膨胀剂的压浆料压浆,直至弧形板内浇筑密实。

4. 承重索、稳定索施工

1）准备作业

（1）跨沟牵引索架设。

在地锚梁混凝土浇筑时,预埋锚环,锚环采用双拼 $\phi 25mm$ 圆钢,每个锚梁上预埋 2 个锚环,用以安装牵引索。

因桥位处沟谷较深,坡陡林密,采用无人机牵引 $\phi 2mm$ 尼龙绳,再往复循环逐步更换为 $\phi 12mm$ 尼龙绳、$\phi 16mm$ 钢丝绳,最后采用 $\phi 16mm$ 钢丝绳作为牵引索牵引安装承重索,牵引卷扬机布置在同岸,形成循环牵引系统。

卷扬机布置在大里程侧,转轮布置在小里程侧,牵引索绕过卷扬机与转轮形成往复牵引系统,索盘布置在大里程侧。牵引索形成过程中为循环往复牵引系统,在承重索和稳定索牵引过程中为单线往复牵引系统。牵引系统布置如图 14 所示。

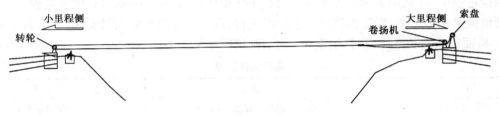

图 14 牵引系统布置图

（2）承重索准备。

承重索预应力钢绞线采取先牵引后下料的方式,将承重索预应力钢绞线安装在卷放架内,并放置在平整的地方,便于施放及丈量长度。

2）承重索、稳定索安装

按照承重索穿越顺序,首先穿过当前岸锚板、地锚梁,每隔5m用12号铁丝将4根一组的预应力钢绞线编束,编束过程中避免缠绕,穿越牵引器。

剥除对岸端头70cm长的聚乙烯(PE)保护膜,在距端头4m处安装牵引夹具,并将牵引索与编组后的承重索连接。用10t单筒卷扬机牵引跨越沟谷后,依次穿越对岸地锚梁、锚板。承重索穿过锚具后预留50cm长度,安装锚具夹片,并卡紧。解除牵引夹具及牵引索,剥除对岸 70cm 长 PE 保护膜,安装锚具夹片,并卡紧,用单拉千斤顶对每根承重索进行张拉,直至满足垂度要求为止,切割钢绞线。承重索、稳定索架设照片如图 15 所示。

图 15 承重索、稳定索架设现场照片

承重索相对矢度差主要通过承重索长度控制,且在张拉过程中通过张拉力与伸长量双控。逐根精调承重索空索矢度,将全站仪安装在视线高与矢量高程等高的位置,用以测量承重索的矢度,容许误差在±10mm以内。待全部调索后,再加装夹片防松脱挡板,防止夹片弹出。最后封锚,完成承重索施工。

5. 横梁及桥面系施工

1) 组装横梁

横梁组装前,将全桥横梁构件分别置于小里程侧支墩前沿主索下方的横梁拼装场地内,分类编号放置。利用汽车起重机将横梁提起,使梁端吊臂端部的滑轮槽正对稳定索,人工配合将稳定索放入横梁上的稳定滑轮基座,装上滚轴和销轴,使横梁悬挂在稳定索上,并对其连接件涂足防腐油。按上述方式将剩余横梁悬挂于稳定索上。横梁构造如图16所示。

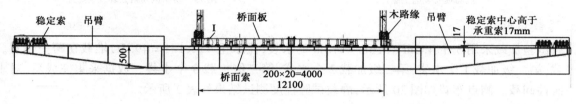

图16 横梁构造图(尺寸单位:mm)

2) 展开横梁

首先,在全部横梁悬挂完成之后,使用小钢索按照设计横梁间距,分别将横梁的两个吊臂串联起来,分跨卡结。然后,通过两根控制索呈等腰三角形联结最外侧第一根横梁和大里程侧卷扬机,启动卷扬机向对岸牵引,展开就位。

横梁位置基本准确之后,在后续桥面板安装过程中通过每跨标准桥面板数量继续调整。最后,使用全站仪精确调整位置,调整桥面板间距,将横梁与横梁桥面板固结。横梁展开示意图如图17所示。

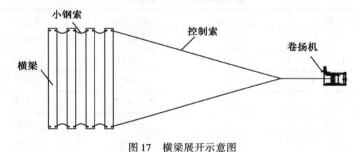

图17 横梁展开示意图

3) 铺设桥板,固定缘材

桥面板铺装之前拉通索道便桥两侧扶手钢丝绳,扶手钢丝绳采用φ16mm镀锌钢丝绳,单侧3根,扶手钢丝绳通过卷扬机牵引拉通,两端与扶手索锚固梁通过钢丝绳绳夹进行锚固。桥面系铺装作业时,工人将安全带扣于扶手绳上,作为高空作业安全索使用。

由小里程侧通过专用手推车运送桥面板,以两根稳定横梁区间为一组,向前铺设,遇稳定横梁时,安装横梁桥面板,重新调整区间内桥面板间距,保证桥面板间密接、整齐,将桥面板卡铁与钢索卡住,固结中央压板,安装对应路缘木及护栏。桥面板安装照片如图18所示。

4) 桥头回填

静载试验合格后,对两岸转索鞍至地锚梁间开挖区域做回填处理,便于后续动载试验及索体保护。

先通过级配碎石将区间索体下方回填至距索体20~30cm处,压实处理,再使用泡沫板对索体做包裹保护处理,设置缓冲区域,最后浇筑混凝土回填。桥头区间索处理照片如图19所示。

图18 桥面板安装施工照片

图19 桥头区间索处理现场照片

6. 荷载试验

荷载试验加载采用3个4.2m×3.6m×1.5m的水袋，注水至45×1.1=49.5t，堆载在跨中位置。分三级加载，第一级加载1个水袋，第二级加载2个水袋，第三级加载3个水袋。数据采集完成后，对水箱采用一次性卸载。测点布置如图20所示，静载试验挠度测试结果如表2所示。

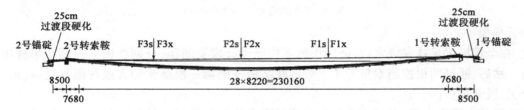

图20 测点布置图（尺寸单位：mm）

静载试验挠度测试结果　　表2

测点编号	总变形（mm）	残余变形（mm）	弹性变形（mm）	理论值（mm）	相对残余（%）
F1s	−1137	−4	−1133	−1242	0.35
F2s	−462	−15	−447	−528	3.24
F3s	−90	−10	−80	−118	11.11
F1x	−1124	−4	−1120	−1242	0.36
F2x	−448	−20	−428	−528	4.46
F3x	−92	2	−94	−118	2.17

四、大跨径行车索道桥的优势

（1）可直接跨越大跨径、大高差沟谷，大幅减少施工运输距离。
（2）行车索道桥主要受力构件为钢绞线承重索及锚索，容许应力高，每延米材料用量少，重量轻。
（3）结构简易可靠，构件轻巧，桥面板及横梁均为工厂加工成品，便于运输、架设施工。
（4）成桥速度快，两岸锚碇及转索鞍施工完成后，承重索安装及桥面铺设耗时短。
（5）造价低，当索道桥的设计通过活荷载与桥身自重之比越小时，索道桥方案越经济合理。

五、应用前景

我国地域辽阔，多为高山大河、高原干沟，地形复杂。特别是西南和沿海地区，山峦重叠，江河纵横，不发达的交通制约了经济的发展。与同等载重量、同跨径的山地桥梁相比，索道桥具有用料少、重量轻、造价低、施工简单等优点。如贝雷式钢索吊桥每纵长米重约1t,索道桥每纵长米重只有360kg左右。经实践证明,索道桥具有良好的经济效益和社会效益,在现代索道桥中的应用前景广阔。

六、结语

本项目建设的大跨径索道桥,有效地解决了两岸物资、材料运输问题,大大缩短了建设周期,同时减少了施工便道的建设长度,提高了行车安全性,但必须要对施工各个环节进行有效控制、实时监督。本文所述施工工艺及注意事项,可为同类型大跨径索道桥施工提供借鉴。

参考文献

[1] 黄绍金,刘陌生.现代索道桥[M].北京:人民交通出版社,2004.
[2] 中华人民共和国交通运输部.公路桥涵施工技术规范:JTG/T 3650—2020[S].北京:人民交通出版社股份有限公司,2020.
[3] 袁宾.现代索道桥结构分析[D].重庆:重庆交通大学,2014.

43. 龙门大桥东锚碇圆形基础大直径咬合桩施工技术

郭 磊

(武汉桥梁建筑工程监理有限公司)

摘 要 本文以龙门大桥东锚碇为背景,介绍了圆形基础大直径咬合桩施工技术及施工重难点对策。通过对水泥搅拌桩施工、一期槽桩基施工、二期槽施工、接缝高压旋喷施工、灌浆帷幕施工等关键工艺进行实践和研究,为排桩+铣接头组成的锚碇基础围护结构施工积累了经验。

关键词 龙门大桥东锚碇圆形基础 大直径咬合桩

一、引 言

锚碇是地锚式悬索桥锚固主缆最为重要的结构之一,其功能是将主缆拉力传给锚碇锚块,再通过锚碇锚块将力传递给锚碇基础,最后传到地基中,从而起到平衡主缆拉力、为主缆提供锚固力的作用。利用大直径的咬合桩作为锚碇基础围护结构,区别于圆形地下连续墙围护结构,大直径咬合桩为一期槽段,施工完成后在桩基之间采用铣槽机铣槽,形成二期连接桩的槽段,与桩基搭接,形成铣接头,克服圆形地下连续墙围护结构施工时需采用逆作法施工内衬加强围护结构刚度的措施。制作围护结构钢筋时,无须预埋钢筋连接件,不仅减少了施工工序,节省了施工工期,并且防止了由于内衬施工引起的围护结构损坏。

本文以广西滨海公路龙门大桥东锚碇施工为背景,通过介绍圆形基础大直径咬合桩施工技术和施工重难点对策,为排桩+铣接头组成的锚碇基础围护结构施工积累了经验。

二、工程概况

广西滨海公路龙门大桥全长6087m,主桥为单跨吊悬索桥,一跨过海,采用门式混凝土索塔,塔高174m,主跨1098m,钢箱梁桥面宽38.6m。

龙门大桥东锚碇基础采用排桩+铣接头的支护方案,桩基中心围成直径90m的圆形基础。嵌入中风化岩层不少于5m,桩基采用铣接头,桩基之间通过铣槽机铣槽,形成二期槽段,与桩基搭接,搭接长度43.1cm。一期槽桩基和二期槽各为52个,一期槽桩基直径为3.5m,顶面高程为+2.0m,底面高程为

-41.3~23.0m,桩基高25.0~43.3m;二期槽厚度为1.5m,长度为2.8m,顶面高程为+2.0m,底面高程为-41.3~22.7m。墙身高24.7~43.3m。桩基及二期槽布置如图1所示。

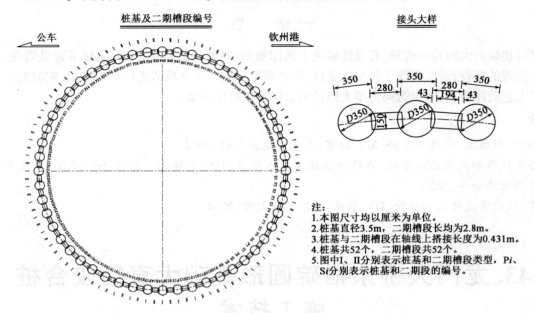

图1　桩基及二期槽段布置

三、水文地质条件

东锚碇位于微丘陵斜坡,地形起伏较大,地面高程在1.3~9.8m之间,东锚碇所处地面高程在1.2~33.2m之间。无不良地质现象,发育特殊岩土为填土。根据钻孔资料统计,钻孔揭露上覆第四系地层为角砾及碎石,部分地段基岩裸露,出露基岩为志留系下统连滩组强风化砂岩、中风化砂岩、强风化页岩、中风化页岩,其中强风化岩厚度大,发育层底高程为-88.40~-21.90m(埋深24.70~91.20m),起伏较大,横纵方向砂岩、页岩交错分布,该区域中等风化层顶埋24.70~50.60m,层顶高程为-35.74~-17.42m,层位相对稳定。

前期勘察钻孔进行抽水试验,根据计算,其渗透系数分别为0.0276m/d、0.1364m/d。根据《水利水电工程地质勘察规范》(GB 50487—2008)的有关规定,锚碇区地层为弱—中等透水层。

四、大直径桩基+二期槽施工技术

1. 施工工艺流程

水泥搅拌桩施工→一期槽桩基施工→二期槽施工→接缝高压旋喷施工→灌浆帷幕施工。

2. 水泥搅拌桩施工

测量在桩位放样完成后,在桩中心半径205cm周围布设直径60cm水泥搅拌桩,水泥搅拌桩咬合10cm,作为桩基及二期槽护筒,水泥搅拌桩处理深度到淤泥层底。

3. 一期槽桩基施工

1)成孔

选用2台旋挖钻,并配备4台冲击钻辅助钻进施工。钻孔过程中,注意控制钻进速率,避免进尺过快造成的塌孔埋钻事故。

当钻进深度达到设计要求时,需复测护筒顶高程,检测终孔孔深、孔底沉渣厚度、孔径及桩基垂直度。

2)第一次清孔

桩基成孔检测完毕后,立即进行清孔。

清孔时整个泥浆循环系统如下：泥浆箱→桩孔→沉淀池→泥浆箱。沉淀池的设置不宜过小或过大，过小时沉淀过慢，加长清孔时间，过大则加大后期处理泥浆箱的工作量。

3）钢筋笼施工

（1）钢筋笼长线法制作。钢筋笼采用预制胎架长线法制作，直螺纹钢筋现场质量的控制核心是丝头加工质量的控制，连接套必须逐个检查，要求管内螺纹圈数、螺距、齿高等必须与锥纹校验塞规相咬合；丝扣无损破、歪斜、不全、滑丝、混丝等现象，螺纹处无锈蚀。

（2）声测管埋设。每根桩基埋设4根声测管，声测管采用金属管，内径不宜小于40mm，管径厚不应小于2.5mm。

4）下放钢筋笼

钢筋笼下放过程中注意钢筋笼中心线要与桩位中心线保持一致，安装完成后使用水准仪测定钢筋笼顶高程，并复核钢筋笼中心点是否与桩位中心点重合。

为确保在二期槽施工过程中不会铣削到一期槽段的钢筋笼，一方面一期槽段的钢筋笼到二期槽的边缘必须预留出足够的空隙，另一方面确保一期槽段的钢筋笼在吊放过程及浇筑混凝土时保持在正确的位置。本工程采用在一期槽钢筋笼两侧每隔5m安装直径315mm的PVC管，作为一个固定钢筋笼位置装置，施工过程如图2所示。PVC管定位装置在二期槽施工时可以轻易地被双轮铣切除，不会损伤槽段的完整性。

图2 PVC管定位架

为了方便二期槽的铣槽及保障垂直度，采用特制隔离箱，在二期槽与一期槽槽段搭接上部7m的部分预留下槽口，起导向作用，使二期槽的成槽垂直度精度更高。钢筋下放完毕后，下放隔离箱，隔离箱尺寸为长7.6m、宽1.7m，如图3所示。

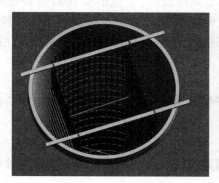 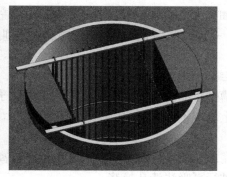

图3 隔离箱下放示意图

5）二次清孔

采用5.0cm直径导管配合空压机气举反循环进行二次清孔，清孔至桩底沉淀厚度及泥浆指标满足设计及规范要求，在清孔过程中应不断移动导管，确保桩基全断面的沉淀厚度符合要求。

6）混凝土浇筑

施工前根据原材料的情况进行混凝土配合比[1]试验以取得最适合的配合比。混凝土采用泥浆下直伸导管法浇筑，导管直径为ϕ400mm钢管，接头采用快速螺纹接头。

控制灌注的桩顶高程比设计高程高出0.8~1.0m，浇筑完成后及时拔出隔离箱。桩头如图4所示。

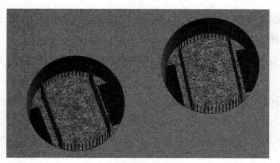

图4 相邻槽段完成示意图

4. 二期槽施工

二期槽长 2.8m、宽 1.5m，一铣成槽。槽段施工顺序安排遵循以下原则：一期槽桩基应跳槽施工，减小相邻桩基间的相互影响；墙身混凝土龄期≥7d，可施工紧邻槽段；尽量减少二期槽两侧一期槽墙身混凝土龄期差。

1）槽段放样埋设方形钢导墙施工

在地下连续墙成槽前，先进行导墙施工，导墙对成槽设备起到导向作用，其质量直接影响地下连续墙的边线和高程。同时，设置导墙还是存储泥浆稳定液位、维护上部土体稳定的重要措施。

本项目采用钢导墙。钢导墙下放完成后，两侧回填土。回填时注意两侧均匀回填，不得填完一侧再填一侧。回填时继续采用外放控制点进行定位，确保钢导墙回填过程中不发生偏移。导墙回填完成后，测量员再次使用全站仪复核钢导墙是否位于设计中心点，有无偏移。复核完成无疑后，即可安排设备就位，准备开槽。

2）成槽

二期采用铣槽机进行成槽。成槽孔口设置有导向架。施工时液压铣槽机垂直槽段，将液压铣槽机切割轮对准孔位徐徐入槽切削。铣槽机采用两个独立的测斜器沿墙板轴线和垂直与墙板的两个方向进行测量。成槽后如图5所示。

图5　二期槽成槽示意图

(1) 铣接头施工。

本工程墙段连接结构采用"铣接法"[2]，即在两个一期槽中间进行二期槽成槽施工时，铣掉一期槽端头的部分混凝土形成锯齿形搭接，环形一、二期槽孔在槽体轴线方向的搭接长度为43.1cm。

二期槽施工需铣掉一期槽两端的接头混凝土，两端混凝土强度较高，一旦形成偏斜将很难处理，所以开孔时铣头的导向定位十分重要。开孔时铣轮采取大扭矩低转速，铣削至一定深度，导向稳定以后，再加快铣削速度，避免因开孔过快形成偏斜给后续的施工增加难度。

(2) 墙段接缝处理。

清除接头槽壁上的泥皮。清除泥皮采用钢丝刷子钻头自上而下分段刷洗一期槽端头的混凝土孔壁，直至刷子钻头上基本不带泥屑，孔底淤积不再增加。

3）清底

二期槽在完成铣槽后用铣槽机及配套的泥浆分离系统进行清孔换浆。槽孔终孔并验收合格后，即采用液压铣槽机进行泵吸法清孔换浆。

在清孔完成后，利用铣槽机强大的吸浆能力，将槽段内成槽用的循环泥浆全部置换成新鲜泥浆，以确保混凝土的浇筑质量和接头防渗漏要求。

4）钢筋笼施工

(1) 钢筋笼在加工胎架上整幅加工，纵向主筋连接采用直螺纹套筒连接，水平筋与主筋采用电焊接；钢筋笼采用双吊机整体抬吊空中回直、主吊机提吊入槽的方式吊装。

(2) 在钢筋笼下放前采用超声波测壁仪对槽形进行加密测试，分析槽形，确保槽形满足要求后方可钢筋笼下设，避免钢筋笼出现无法下设或刮槽现象。

(3) 钢筋笼中心对准槽段中心轴线，吊直扶稳，缓缓下沉，避免碰撞孔壁。

5）混凝土施工

混凝土施工和一期槽桩基类似，如图6所示。

图6 二期槽混凝土浇筑示意图

5. 接缝高压旋喷施工

为防止在施工中槽段接缝出现薄弱环节,采用高压旋喷注浆方法处理接缝,即在墙体接缝外侧30~40cm处钻一个高喷孔,而后进行二重管法高压旋喷注浆,其布置形式如图7所示。

6. 灌浆帷幕施工

桩基及二期槽底帷幕灌浆是设计锚碇封水措施之一,墙底灌浆成孔采用二期槽内预埋钢管、桩基声测管兼做灌浆孔,墙底以下基岩部分用地质钻机钻进的方案。灌浆先施工一期槽,再施工二期槽。采用简易单点法进行压水试验,压力为灌浆压力的80%。该值大于1MPa时,采用1MPa,压水20min,每5min读一次流量。取最后的流量作为计算流量,其成果以透水率表示,单位为吕荣(Lu)。

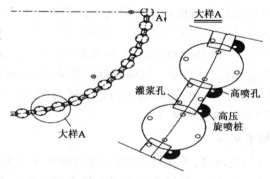

图7 接缝高喷布置示意图

帷幕灌浆孔沿桩基及二期槽轴线布置,注浆孔分内外两层。桩底帷幕灌浆孔如图8所示。

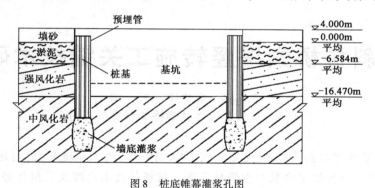

图8 桩底帷幕灌浆孔图

五、施工重难点及对策

1. 桩基及二期槽垂直度

成槽垂直度须控制在1/400内。保证施工平台的修筑质量和成槽机的安置就位准确平稳,槽段成槽、引孔开始前要在槽口放置定出位置,并根据地质情况调整好成槽、引孔进给速度,经常检查孔斜情况,发现问题及时处理。

2. 孔、槽壁长时间稳定性控制

水泥搅拌桩对桩基及二期槽土体进行加固。当调大泥浆比重和黏度,控制泥浆液面不低于导墙以下50cm,且控制泥浆液面高于地下水位1.5m以上。合理地衔接各施工工序,达到"零衔接",以减小孔、槽壁暴露的时间,从而降低孔、槽壁坍塌风险。

3. 斜岩处理

成槽过程中,若铣槽机钻头遇到斜岩面情况,首先做好数据采集及现象记录以供分析判断,之后立即采用回填片石黏土复冲作为应急处理方法。若应急处理不成功,在槽体水下混凝土灌注前,必须保铣槽机铣头已在斜岩面上有充分的铣切力,将斜岩侧面的软土尽量铣切干净,向孔内灌注C40或C50快凝混凝土,使混凝土液面与斜面最高点接近持平。现场做同养试块,待试块强度与槽底岩石强度相仿时,再次进行铣槽。

六、结　语

圆形地下连续墙以其基坑开挖期间具有受力性能好、变形小、稳定性强的特点,已成为一种高效、安全的锚碇基础围护结构形式[3]。近些年来,圆形地下连续墙作为基坑支护形式被广泛采用。龙门大桥东锚碇施工采用大直径咬合桩圆形基础,比传统的地下连续墙取消了内衬墙施工,提高了施工效率。从锚碇基坑开挖后的实际检查和监测数据来看,止水效果十分明显,围护结构也非常稳定,通过控制施工过程的技术指标,保证了锚碇基础工程质量,其施工经验可供类似工程借鉴[4]。2021年11月,国家知识产权局批准"一种悬索桥大直径咬合桩重力式锚碇基础围护结构"为实用新型专利,专利号为CN202120352194.7。

参考文献

[1] 吴海波,王正祥.润扬大桥北锚碇基础支撑钢管混凝土桩施工技术[J].港工技术,2007(4):24-27.

[2] 张少军.阳逻长江公路大桥南锚碇基础工程建设关键技术[J].世界桥梁,2006(2):20-23.

[3] 何锦章,崔立川,王昊,等.广西滨海公路龙门大桥东锚碇基坑支护分析[J].公路.2021,66(8):152-157.

[4] 雷湘湘.赣州大桥锚碇基础地下连续墙施工技术及质量控制[J].城市道桥与防洪,2013(11):107-109.

44. 斜拉桥索塔竖转施工关键技术研究

韦玉林　雷晓峰　刘　阳

(中交二公局上海远通路桥工程有限公司)

摘　要　三亚海棠湾河心岛景观桥,主塔采用单柱钢斜塔,施工环境复杂,场地受限,针对面临的诸多技术难题,项目采用了一种固定安装起重竖转方案。根据其技术原理及应用优势,结合实际案例,重点阐述转体施工的关键技术、力学试验、转体参数计算等相关内容,以丰富转体理论研究资料,为转体桥梁施工提供参考。施工监控主要从线形、应力、应变、支架、竖转起重设备和竖转过程等方面监测。

关键词　转体施工法　施工监控　有限元模拟　独塔斜拉桥　线形　倾角

一、引　言

三亚海棠湾河心岛景观桥,主塔采用单柱钢斜塔,并在钢塔上部约1/3高度处布置一个云戒观景平台,由梁面通过电梯通往云戒观景平台。项目场地受限,施工环境复杂,针对面临的诸多技术难题,项目采用了一种固定安装起重竖转方案。近年来,国内竖转技术越来越多地被用在斜拉桥索塔的施工中,同原位安装方案相比,减小了钢结构高空作业时间,焊接、涂装质量及线形更好保障,同时整体作业时间更短,安装成本更低,也更安全。由于该工艺普及较晚,且多应用于跨沟谷及施工区域受限等特殊桥位的桥梁工程中,国内外可供参考的理论研究资料较少。对此,本文结合工程实例,全面解析钢结构单斜塔竖转施工技术,以丰富理论资料,供其他转体工程参考。

二、工程概况

三亚海棠湾河心岛景观桥桅杆式斜钢塔外形为梭子形状,设置在河心岛河岸边,向河中倾斜,倾角为60°,塔底支座采用万向铰支座,竖向高75.617m,总长84.59m。桥塔断面为梯形,根部尺寸为2465mm×1578mm,中部最宽处为3944mm×2525mm;桅杆外壁板板厚分别为30mm、40mm、50mm、60mm,横隔板板厚为20mm、锚区处为40mm;桅杆外壁板及锚区锚固板采用肋板加强。桥塔采用Q420D钢。在塔柱中上部设置观景平台(云戒),通过塔背的观光电梯上下观景平台。观景平台采用水平钢撑及菱形拉索与塔柱连接;平面呈圆环形状,圆环内径13.6m、外径25.325m。环上通道净宽2.6m。平台距桥面高约42m(图1、图2)。索塔质量为445t,分为7个节段(长度为9.32~16.5m),节段重量为25.1~78.8t。

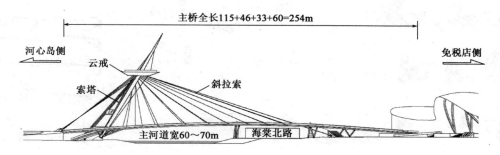

图1 三亚海棠湾河心岛景观斜拉桥桥型布置图

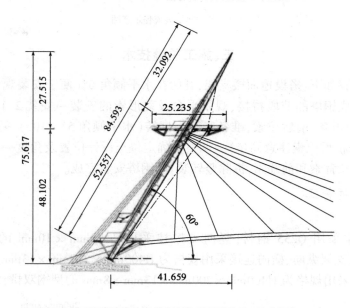

图2 三亚海棠湾河心岛景观斜拉桥桥塔构造(尺寸单位:m)

本工程因其特殊的结构造型与高度,主塔的现场安装采用常规的满堂支架安装施工方法,将增加大量的高空作业及非水平面高空焊接,很难保证焊接质量,同时需要大型起重设备。索塔北侧及后方场地均有房屋建筑,场地受限,同步顶升法转体无法设置后锚体。综合分析以上因素,采用固定式起重牵引设备竖转安装方案,在下塔柱底部设置转动铰,然后利用起重竖转设备将其同步竖转到位。此方案大大降低了安装施工难度,于工程质量、安全和工期等均有利。索塔安装方案比选如表1所示,各方案安装流程如图3所示。

索塔安装方案比选   表1

序号	方案名称	优点	缺点
方案一	满堂支架法逐节安装	工艺简单；无须设置铰支座	高空作业较多；焊接质量无法保证；需设置较大的水中作业平台；起重吊装高，需大型吊装设备；占用场地大
方案二	同步顶升法安装	设备成本较少；占用场地小；施工周期短	在索塔背侧需设置较大的后锚体系，适用于场地较开阔的地方；需配重较大吨位的千斤顶
方案三	固定式起重牵引设备竖转法	利用索塔承台作为基座不需要另设基础；工厂加工质量有保障；占用场地较小；设备稳定性好；安装、拆卸方便，施工周期短；全机通过法兰连接，方便运输，可以在类似工程重复使用	构造复杂，需专业单位设计；在没有类似项目重复使用的情况下造价较高；租用配重多

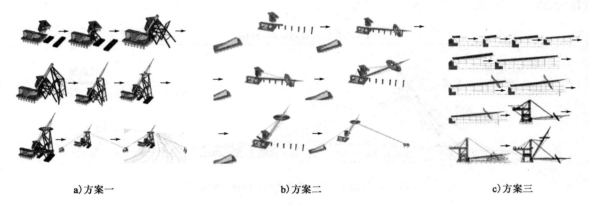

a)方案一　　　b)方案二　　　c)方案三

图3　各方案安装流程示意图

三、施工关键技术

单斜塔竖转总体步骤如下：搭设地面矮支架，开始在水平倾角6°(便于安装观景平台)的支架上拼装和连接钢塔柱节段→完成钢塔的节段拼接、观景平台及菱形索的安装→安装2个塔底竖转临时辊轴支座、固定式竖转起重牵引设备、前后拉索，准备竖转→试转（水平倾角5°~10°）→开动卷扬机，将塔体缓慢扳起竖转至59.5°(两根后拉索注意同步)→调整精确定位至设计位置及角度→钢塔竖转到位，安装塔底永久万向铰支座→张拉背索和前锚索，拆除竖转装置，钢塔安装完成。

1.塔柱矮胎架安装施工

（1）支架体系安装。

索塔拼装支架整体采用Q235钢材，竖向支撑柱采用$\phi400mm\times10mm$的圆管，支架斜撑采用$\phi203mm\times8mm$的圆管，支架纵向、横向连接采用规格为$H400mm\times200mm\times13mm\times8mm$的型钢，特别地在云戒下位置横向连接采用规格为$H400mm\times200mm\times13mm\times8mm$的型钢双拼，如图4、图5所示。

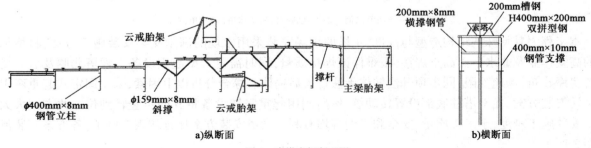

a)纵断面　　　b)横断面

图4　索塔支架断面图

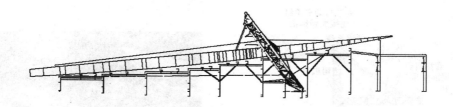

图5 索塔、观景平台支架安装示意图

通过 midas Civil 建立了模型,对支架进行仿真模拟分析、计算。在自重和 20m/s 的风荷载组合下,支架应力最大处的应力为 63MPa,支架刚度位移最大为 3mm,支架稳定系数为 59,偏安全。

（2）钢塔柱、观景平台分节安装。

钢塔吊装由底部向顶部逐节吊装,即先 G 节段吊装,再吊装 F 节段,通过马板与 G 节段对接,支撑架调整定位,最后焊接。逐一吊装 F、E、D、C、B 节段,其方式与 F 节段一致。B 节段安装完成后,吊装云戒分段,安装调整好后焊接,最后吊装 A 节段,安装菱形拉索,如图6、图7所示。

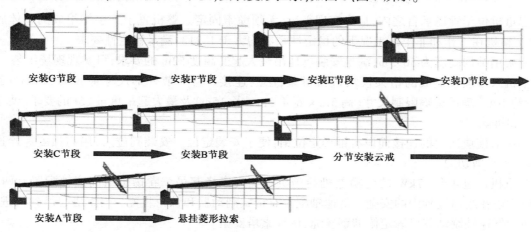

图6 索塔逐节安装示意图

a）1号节段

b）2号节段

图7 云戒分节安装实物图

2. 固定式起重牵引设备

1）固定式起重牵引设备设计

该转体起重牵引系统是委托上海海事大学王悦民教授设计团队进行设计的,转体系统由底板、机构底架、桁架钢结构、尾部配重、中部配重、卷扬机组、钢丝绳缠绕系统、索塔与临时支座加强抱箍、索塔与动滑轮组连接加强抱箍、临时回转支座、电气系统、限位控制系统、电气房、司机室、梯子平台 15 部分组成,如图8、图9所示。

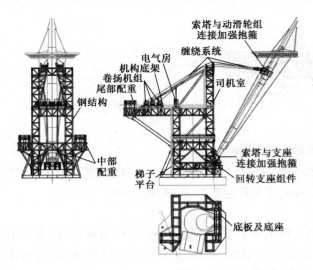 

图 8　固定式起重牵引设备总图　　　　　　　图 9　固定式起重牵引实物图

（1）起重机位于索塔承台之内，自身实现平衡，无须缆索固定。整机置于工字梁组成的整体底架上，自成一体。整机在工作和非工作工况下的稳定性系数均大于 1.213，满足稳定性要求。

（2）桁架钢结构高度为 50.5m，满足安装场地吊最大起升高度 52m 的要求，可实现现场组装。

（3）整机采用圆管组成的桁架模块进行拼装，法兰连接。每一节外形尺寸最大为 3.6m×3.6m×12m，重量约 10t。满足运输限制尺寸（高 5m×宽 4.5m×长 15m）及最大起吊重量 25t 的要求，便于制造、运输、安装和拆除。

（4）每一节模块法兰的连接面设有锥形定位销，便于安装定位。安装到位后，用高强度螺栓连接，定位销可承受水平剪切力。

（5）起重机通过 4 台 37kW 的变频电机卷扬机组实现索塔起吊。卷扬机组高速轴配置有两套制动器，以保证索塔在起吊过程中的安全。低速轴配置有带式制动器和棘轮装置。当索塔起吊到位进行钢索安装时，两套低速轴制动器可固定俯仰钢丝绳，保证索塔安全。

（6）两组动滑轮组通过平衡梁与索塔吊点铰接。平衡梁上设有限位开关，当两组滑轮组受力不平衡，即平衡梁出现转动时，可及时停止以进行调整。俯仰机构采用变频电机，可实现无级调速；设有编码器，可检测钢丝绳位置；底座上有销轴传感器，可检测钢丝绳的受力，以保证所有钢丝绳受力一致，使索塔受力均衡。

（7）索塔竖转回转铰点位于塔座正前方的可调节支座上。索塔竖转至 60°张拉完成后，利用支座底部的垂直油缸调节索塔根部位置，解除铰座辊轴，完成体系转换。

（8）起重机配备有司机室，司机可从正面高处清晰观察索塔的起吊过程，便于随时调整。操作人员可沿直梯到达司机室、卷扬机组和所有滑轮安装位置。

（9）此起重机为装配式，可用于其他类似安装工程，起吊高度可根据实际要求进行调整。

2）固定式起重牵引设备安装

（1）安装前请注意保证承台地面的水平度，清除地面上的所有杂质，以保证底板与地面的接触。

（2）承台地面上的钢筋穿过底板上的开孔与底板焊接。

（3）撑杆与承台连接位置，用钢板垫实。

（4）前腿架、后腿架安装。

（5）水平底架及底板安装。水平底架将本机的四条支撑腿连接在一起。水平底架与底板焊接，底板平铺于承台地面，两者共同工作将载荷传递至桥墩及地面。

（6）回转临时支座安装。索塔实现竖转的下铰点，是本机的主要受力构件之一。

（7）卷扬系统、配重系统，如图 10 所示。

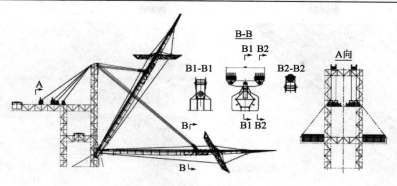

图10　卷扬系统及配重系统总图

3. 竖转准备工作及试转

(1) 索塔竖转起重设备总装后,应按要求进行试转。其目的是检验起重设备的技术性能参数和金属结构与各部件承载能力,确保其安全工作。

(2) 索塔竖转前准备工作。

试转要求在风速8.3m/s以下进行。起重设备的试转,先分别单独间断慢动作几次,无异常情况后,方可以额定速度试转;检查调整竖转传动机构安装情况和动作情况;检查调整各操作手柄和运动动作一致性,检查调整各操作按钮和运动一致性;调整各类限位开关,联锁装置的安装位置和动作情况。对各机构和部件进行空载试验,并测量相关参数。记录有关技术数据。

(3) 索塔竖转前起重设备试运转。

必须在起重设备电力拖动空载调试认为正常后,方能进行起重设备的试转。应仔细检查连接销轴、各制动器、液压、各驱动设备运转等情况。

(4) 安全装置操作试验。

对竖转起重设备各组成部分进行操作试验。检查各限位开关的限位功能、各制动器的制动和抱闸动作、联锁功能、紧停按钮和停止开关的动作、各信号显示和警报装置工作是否正常。

(5) 静载试转。

经过试转前准备工作,各机构电机、传动机构、支承部件、电器设备等均无异常情况下,则可转入静载试转。其目的是检查传动部件、连接零件、金属结构的强度和挠度,进一步调整各制动器,调整超负荷限制器,检查产品各部件和金属结构的承载能力。静载试验前标定出测量基准点:索塔与支撑胎架接触点。进行100%荷载的满载静载试验,启动卷扬机,使索塔连接加强位置离胎架,保持10min,观察起重机结构、支撑铰点、底板等情况,同时进一步调整竖转制动器,检查额定负荷指示是否正常,如图11所示。

图11　静载试转现场影像图

(6) 竖转过程中抗风缆索和防过转拉索的设置。在主梁索塔端锚筒B1-S、B1-N位置对称设置抗风钢丝绳缆索,悬挂前锚索作为防过转拉索使用。竖转到位后在塔底约16m处设置八字撑杆,避免体系转换过程出现滑移现象,如图12所示。

图12　抗风钢丝绳缆索和防过转拉索设置

4. 正式竖转转体

(1)经过试转前准备工作,确定各机构电机、传动机构、支承部件、电器设备等均无异常情况,则可转入正式转体作业。开动后拉索卷扬机,按竖转的程序,将塔体缓慢扳起,并竖转至索塔水平倾角为59.5°时,锁定竖转起重设备。

(2)注意事项:索塔及加强后的重量、重心要准确,严禁超载、超力矩作业;科学选择吊装日期,以保证在索塔起吊、球铰就位及安装钢索的所有过程中,风速不超过20m/s;起重机发生故障时,应立即停止工作;起重机工作时,司机不能离开司机室,未经许可无关人员不得上机;禁止索塔从人头越过,禁止索塔上带人;作业时,禁止进行加油、调整、修理及清洁等工作;作业时,应在竖转到达终点前停止机构动作,不得单靠限位开关控制。

5. 精确定位

索塔竖转到59.5°后,根据监控数据,点动调整索塔水平倾角直至达到设计倾角,然后安装水平、垂直顶升支架及油缸,微调索塔水平位置。

6. 临时辊轴支座、球铰支座安装及体系转换

(1)索塔转至60°后,卷扬机组停止工作。所有高速轴、低速轴制动器制动,棘轮装置开始锁定,以保证索塔角度不变,也起到安全保障作用。

(2)悬挂球型支座。通过预先安装好的提升工装(球座在竖转前预放至塔座顶面,使球座顶面比完成后顶面低10~15cm),把球形支座通过螺栓固定到塔底法兰板上面进行定位,如图13所示。

(3)加设钢筋网片,支模后,后浇支座垫石高强无收缩混凝土,如图14所示。

图13　悬挂球型支座　　　　　图14　后浇支座垫石

(4)支座垫石混凝土强度达到设计强度的100%时,通过在铰座上设置的竖直和水平油缸系统解除铰座辊轴,完成铰轴到球座的体系转换,如图15所示。

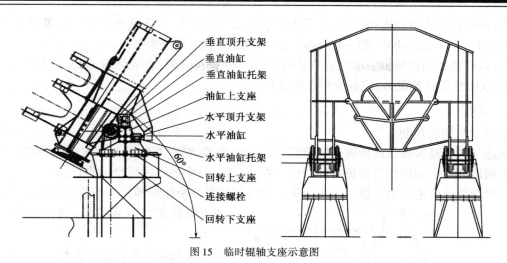

图15 临时辊轴支座示意图

(5)进行下道工序,悬挂张拉后锚索 S1、N1 和前锚索,使索塔固定,把铰轴的力转换到球座上面,完成体系转换。

7. 主梁及拉索安装

主塔竖转到位后,拆除索塔拼装支架,重新搭设主梁安装支架。主梁采用履带起重机分段吊装,分段焊接成整体。主梁安装完成后,安装拉索。拉索分为平行钢丝拉索(前锚索斜拉索)与钢绞线拉索(后锚索)两种结构规格。平行钢丝斜拉索采用起重机吊到桥面卧式放索机上,用卷扬机牵引斜拉索移动到梁端对应锚点,起重机提升展开斜拉索,上横梁卷扬机牵引锚头进入索套管锚固,梁端卷扬机配合起重机辅助牵引进行梁端锚固。钢绞线拉索采用卷扬机牵引单根穿索方式,单根张拉锚固。

8. 高次超静定结构斜拉索张拉

步骤一:云戒菱形拉索 Y1～Y6 在索塔及云戒焊接完毕后,转体施工前进行张拉。分别对称张拉 Y1 与 Y4、Y2 与 Y5、Y3 与 Y6 拉索,一次性张拉至设计张拉控制应力。

步骤二:索塔竖转到位后,对称张拉后地锚索 S1、N1,首次张拉前地锚索 Q1～Q4。张拉完成后竖转起重设备不再受力,可解除牵引装置。后地锚索采用单根穿索、单根等张法对称张拉工艺。

步骤三:对称张拉主塔拉索 S2～S4、N2～N4,施工先后顺序为:S2、N2→S3、N3→S4、N4,分别逐级对称张拉背索至设计张拉控制应力的 100%,完成背索张拉,如图16所示。

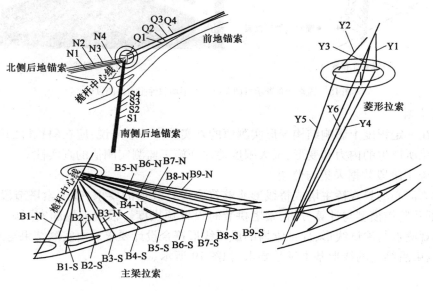

图16 斜拉索空间布置示意图

步骤四:对称张拉主梁拉索,主梁拉索采用对称整束张拉方案,一次性张拉至设计张拉控制力。施工先后顺序为:B1→B9→B2→B8→B3→B7→B4→B6→B5,完成主梁拉索张拉。

步骤五:对称张拉前地锚索。前地锚索张拉采用对称张拉方案,首先张拉Q2、Q3至张拉控制力,再对称张拉Q1、Q4至张拉控制力,完成全桥拉索张拉。

9.施工监控

1)钢塔制造与拼装控制

钢塔制造与拼装是实现景观桥施工监控目标的重要环节,精度控制是其关键所在,在实际制造中不仅要严格按制造方案中的操作流程进行,而且在各个制造环节中还应进行严格检查,对梁端切角、锚点位置等关键几何参数还应进行重点控制。为了保证钢塔制造尺寸及线形满足施工监控的要求,需对钢塔各节段设置预偏位并监控。观测点布设如图17所示。

2)钢塔竖转及定位监控

由于景观桥塔底设置了万向铰,为了保证桥塔的转体安全及在转体后达到预定位置,需要对桥塔在转体过程中的桥塔结构应力及定位索力进行监测,如图18所示。

施工过程中,各斜拉索张拉完成即测试当前拉索索力,并对比分析实测索力与理论值。斜拉索索力测量除与施工阶段相对应外,还应与健康监测相互配合,将测点在施工监控阶段布置成长效测点,供施工监控及健康监测同时使用,以提高效率和节约成本。

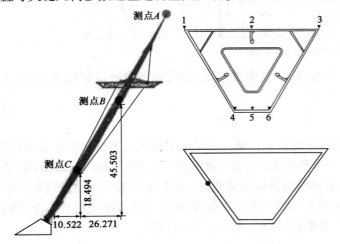

图17 索塔偏位观测点示意图(尺寸单位:m)

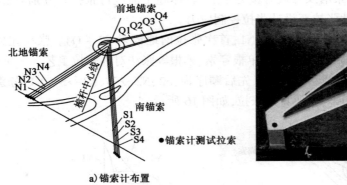

a)锚索计布置　　　b)张力测试仪

图18 锚索计布置示意图及钢绞线不均匀性张力仪测试仪

3)环境温度监测

温度变化将在一定程度上影响结构变形实测值的真实性。一般来说,应在斜拉桥的施工计算中分析结构考虑温度变化所产生的内力和变形,最大限度地保证施工监测实测值的真实性。

4)索塔拼装施工阶段数据采集与监测

为保证海棠湾河心岛景观桥主塔成桥线形能够符合设计线形的要求,基于索塔节段重量、长度的实测数据、设计图纸及监控模型与计算分析,索塔拼装时设置预拱度。根据现场的实际施工情况和预拱度指令对索塔布置观测点与测试线形,保证索塔的成桥线形符合设计要求。由实测结果与理论结果的对比可知,索塔拼装结束后结构的线形基本满足要求,如图19所示。

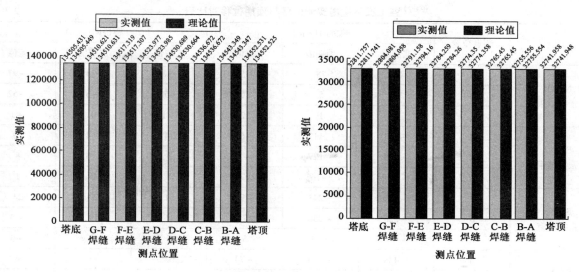

图 19　索塔拼装结束的线形

5) 主塔竖转定位控制监控

主塔的竖转施工难度大，技术要求高。针对主塔竖转，设立了竖转专项小组，解决每一个难题，实现业主、设计、监控、施工等各方的密切沟通。按照相关设计文件，并考虑钢梁的实际情况，及时修正结构重量与长度。

测点 A 处在横桥向偏离了目标值 7.6cm，顺桥向偏离了 8.5cm，测点 B 处在横桥向偏离了目标值 3cm，顺桥向偏离了 4.5cm，见表 2。

主塔竖转到位复测数据　　表 2

测点	第二次实测数据(m)			目标数据(m)			偏差(m)		
	X	Y	Z	X	Y	Z	X	Y	Z
A	47.021	0.127	80.289	47.106	0.203	80.280	-0.085	-0.076	0.009
B	30.664	1.266	49.779	30.709	1.296	49.771	-0.045	-0.030	0.008
C	8.286	1.269	12.579	8.261	1.287	12.560	0.025	-0.018	0.019

6) 桥塔竖转到位后位置偏差调整

对于以上偏差，监控单位通过计算分析，最终考虑调整背索 S1、N1 的张拉力，经过主塔横纵向位移受拉索索力的敏感性分析，最终考虑将 N1 索力增大 200kN，S1 索力减小 200kN，使得横向偏位逐渐减小。

7) 斜拉索张拉阶段数据采集与监控

由于该桥桥塔底部为万向铰支撑，主塔的姿态受索力的影响及其明显，同时背索为钢绞线单根张拉，并且由于塔内空间受限无法实现南北同时张拉，面对如此复杂的问题，监控、施工单位共同持续观测主塔变化。监测数据表明，在张拉过程中主塔实际位移、索力与预期位移、索力进行对比分析，并对与预期偏离较大的情况做了分析与调整，最终使得背索 S4、N4 张拉结束，塔的实际位移、索力与预期位移比较吻合。

对比分析表 3、表 4 结果可知，实测值与预期值差异较大，主要是由于主塔竖转后与各种荷载与边界条件不明确所导致，但后期根据实际现场情况调整，使得背索 S4、N4 张拉结束，B、C 观测点在顺桥向和横桥向实测值与预期值比较吻合，A 观测点由于云戒荷载未按预先给定的施加，同时，受环境影响也较大，所以导致偏差较大，此时以 B、C 观测点比较合理。其中主塔扭转一直处于 0.05°范围之内，比较小且稳定。主塔线形基本符合预期。在背索和前锚索张拉过程中，背索索力理论与实测最大偏差为 4.91%，小于 5%，满足要求。前锚索索力理论与实测最大偏差为 50kN，占比 8.07%，基本符合要求。

各工况下主塔实测位移与预期位移对比表 表3

工况	测点位置	顺桥向(mm)			横桥向(mm)		
		实测值	预期值	差值	实测值	预期值	差值
S1、N1、Q1-Q4 张拉结束	A	24	78	-54	-101	-4	-97
	B	21	5	16	-55	-3	-52
	C	13	1	12	-1	0	-1
S2、N2 张拉结束	A	-184	-117	-67	24	-4	28
	B	-128	-127	-1	5	-3	8
	C	1	-16	17	1	0	1
S3、N3 张拉结束	A	-334	-243	-91	51	27	24
	B	-223	-230	7	16	19	-3
	C	-19	-24	5	5	8	-3
S4、N4 张拉结束	A	-488	-414	-74	55	51	4
	B	-315	-328	13	28	24	4
	C	-32	-46	14	6	9	-3

各工况下实测索力与理论索力对比表 表4

工况	索号	实测索力(kN)	理论索力(kN)	实测-理论(kN)	占比(%)
S1、N1 张拉结束	S1	6798	6600	198	3.00
	N1	8392	8015	377	4.70
	Q1	674	724	-50	6.91
	Q2	778	799	-21	2.63
	Q3	433	471	-38	8.07
	Q4	474	511	-37	7.24
S2、N2 张拉结束	S1	6616	6336	280	4.42
	N1	6756	6781	-25	0.37
	S2	5989	6000	-11	0.18
	N2	7982	8000	-18	0.23
	Q1	674	724	-50	6.91
	Q2	778	799	-21	2.63
	Q3	433	471	-38	8.07
	Q4	474	511	-37	7.24
……	……	……	……	……	……

四、结　语

　　三亚海棠湾河心岛景观桥为独斜塔钢结构斜拉桥，采用梁、索塔同步施工，索塔施工采用竖向转体施工技术。其固定式起重竖转体系主要由胎架体系、固定式起重设备、索塔、卷扬机系统等组成。该竖转施工技术具有多种优点：利用索塔承台作为基座不需要另设基础，自身实现平衡，无须设置缆索固定，节约临时设施成本；占用场地小，可实现在狭小空间内作业；竖转设备钢结构通过法兰连接，整体稳定性好，运输、安装、拆卸方便，施工周期短，可以在类似工程中重复使用等。缺点是设备设计受力计算复杂，以及在没有其他类似项目重复使用的情况下造价较高。该转体施工技术适用于索塔后方及左右侧场地受限，空间狭小，其他转体方法无法实现的情况下，在城市建设中具备广泛的适用性，是一项在城市建设中极具应用前景的新技术，可供类似工程转体施工作参考。桥梁索塔竖转施工技术,在国内外应用中还处于初步研究阶段,我们依然要不遗余力地深入研究,为我国在竖转施工技术领域发展贡献力量。

参考文献

[1] 潘国安.桥梁转体施工关键技术研究及应用[J].价值工程,2017,10(S1):128-130.
[2] 刘细才.钢箱梁转体施工关键技术研究[J].工程技术,2017,12(5):163-165.
[3] 易云焜.曲线形独塔无背索斜拉桥施工控制关键技术[J].桥梁建设,2018,48(2):116-120.
[4] 陈嘉琪,张维伟.斜拉桥索塔锚固区节段有限元分析[J].桥梁工程,2018,36(3):69-72.

45. 大风江大桥钢栈桥在无覆盖裸岩区域施工技术

郭 磊

(武汉桥梁建筑工程监理有限公司)

摘 要 结合大风江大桥工程实例,本文介绍了钢栈桥在无覆盖裸岩区域的施工技术。
关键词 钢栈桥 施工技术

一、引 言

传统的水上建桥施工方法是采用大型配套海上作业设备搭设施工平台。这种方法需投入的打桩船、浮式起重机、运输船、抛锚船、浮动拌和站等设施设备成本较高。施工栈桥、平台作为成本低、进度快的全新施工方法,得到了广泛的应用,而解决无覆盖层环境下钢管桩施工、栈桥整体稳定等问题则是施工过程中的关键技术。本文以大风江大桥项目为背景,通过分析施工难点,梳理采用的设计和施工方法、取得效果,为类似地质条件下的工程施工提供了良好的借鉴。

二、工程简介

大风江大桥项目位于广西钦州市和北海市境内,是打通滨海公路的关键工程。该线路起于钦州市钦南区犀牛脚镇炮台村附近,即滨海公路犀牛脚至大风江段终点,经塘城头附近跨越大风江,终于北海市合浦县西场镇深坑村附近,与滨海公路大风江至高德段(廉州湾大道)起点相接。

项目路线全长约5.03km,主体工程为大风江大桥,桥梁总长1386m,主桥长490m,引桥长896m,其中主桥为85m+2×160m+85m预应力混凝土连续梁桥;钦州侧引桥为9×40m预应力混凝土先简支后连续T梁桥;北海侧引桥为13×40m预应力混凝土先简支后连续T梁桥。

三、钢栈桥施工难点

(1)该区域会频繁受到涨落潮及水流冲刷影响,对钢管桩定位及垂直度控制较为不利。
(2)根据地质勘查报告,无覆盖层区域多为强风化花岗岩,钢管桩难以振入设计深度。

四、栈桥设计

本钢栈桥在结构设计选型上主要考虑施工车辆尺寸、车辆荷载、水流速度、高潮位、浪高、流水冲刷、地层地质情况、材料型号等因素,钢栈桥标准跨径12m,8跨设置一标准联,长96m,标准联之间设置20cm宽的伸缩缝。钢栈桥桥面高程+5.5m,宽度为9m(0.25m护栏+7.5m行车道+0.25m护栏+1m管线摆放位置),自下而上结构形式为2×ϕ820mm钢管桩基础(每联首尾两墩设置双排4根)+双支I56承重横梁+8排单层贝雷梁+I22分配梁+5块装配式钢面板(每块尺寸为6m×1.5m)+护栏。其中相邻钢管桩基础之间通过 $\phi 426mm \times 6mm$ 钢管平联及[20槽钢剪刀撑相连形成整体；双支I56承重横梁与钢管桩之间通过钢管桩槽口限位固定,并与钢管桩牛腿焊接；贝雷梁横向通过U形卡,纵向通过贝雷骑马螺栓与双支I56承重横梁连接固定,I22分配梁、装配式桥面板自下而上点焊或采用专用夹具连接；护栏立杆与I22分配梁焊接连接,其断面结构如图1、图2所示。

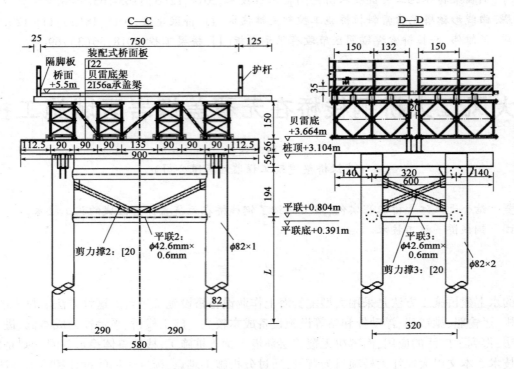

图1 伸缩缝位置栈桥构造图(尺寸单位:cm)

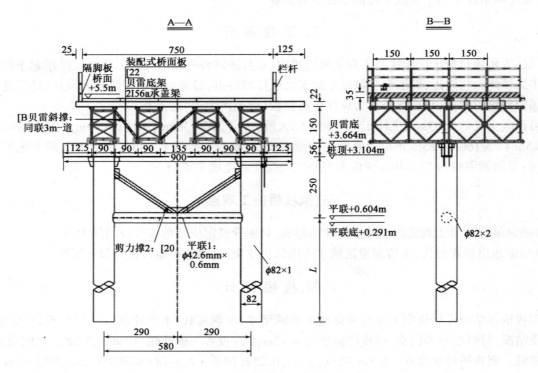

图2 一般墩位置栈桥构造图(尺寸单位:cm)

五、钢栈桥施工

1. 钢管桩施工

1)"钓鱼法"[1]施工钢管桩

采用钓鱼法进行钢管桩振设,I56a型钢作为导向架。振桩施工顺序遵循先内后外的施工原则。起重机采用85t履带起重机,振桩锤选择DZ90型或DZ125型。施工步骤如图3所示。

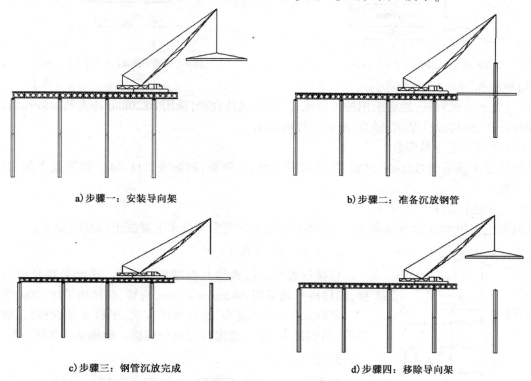

图3 "钓鱼法"施工步骤

(1)夹桩。

振动锤系统采用液压夹具,通过液压油缸的进油和回油实现对钢管桩的迅速夹紧与放松。

(2)吊桩及施振。

在焊接好导向架以后,可用履带起重机加振动锤直接提吊钢管桩就位,在测量引导下调整钢管桩至测量标定的桩位后快速下钩,钢管桩靠自重入土稳定后,开启振动锤振动下沉钢管桩,在整个振动下沉过程中用仪器随时监控垂直度,发现偏差时及时纠正。

(3)接桩。

钢管桩在加工时做成12m/节标准节,进入施工现场后再行接桩,接桩时在底节桩顶剩余1m高度时,起吊另一根钢管桩接长。为保证焊接质量,钢管桩对接要求采用坡口环向满焊,且每一接头处均应设置8块竖向加劲板(10cm×25cm),各加劲板须满焊,焊缝厚度不得小于10mm。钢管桩接口如图4所示。

2)"植桩法"[2]施工钢管桩

(1)植桩设计。

首先,利用栈桥板凳桩快速施工通过,后利用冲击钻在栈桥两侧植入$\phi 820mm \times 10mm$钢管桩,与栈桥钢管桩通过平联连接成整体,确保栈桥的稳定性。植桩平面如图5所示。

"植桩法"施工,主要将钢管桩底部锚固在岩层中,锚固深度为3m+1m,锚固范围内设置3m钢筋笼。

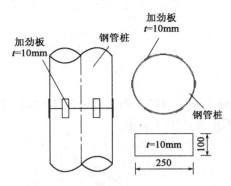

图4 钢管桩接口示意图(尺寸单位:mm)

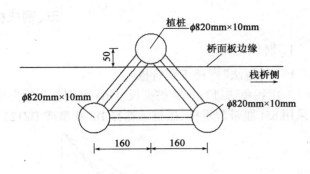

图5 植桩平面设计(尺寸单位:cm)

（2）植桩成孔。

植桩时，先下放钢管桩，然后采用冲击钻成孔，根据成孔直径，选用φ820mm冲击钻。开孔阶段，必须采用小冲程开孔，使初成孔坚实、竖直，能起到导向作用。

（3）钢筋笼及导管下放安装

栈桥钢筋笼主筋采用φ25mm钢筋，箍筋采用φ10mm钢筋，钢筋笼长度3m。钢筋笼下放完毕之后，进行导管下放。

（4）水下混凝土灌注

植桩混凝土采用C30水下混凝土，所拌制的混凝土应完全符合水下混凝土的灌注要求。

2. 平联、斜撑施工

单排钢管桩施打到位并处理好桩头后，开始平联及剪刀撑的连接，钢栈桥平联采用φ426mm×6mm钢管、斜撑均采用[20a槽钢。

平联采用"哈佛接头"进行辅助安装，平联安装到位后，将平联一端的"哈佛接头"推到指定位置进行焊接。哈佛接头如图6所示。

3. 横梁施工

横梁采用2I56a工字钢，通过钢管桩槽口限位，并与牛腿焊接固定。

4. 贝雷梁施工

当横梁安装完毕后，在横梁上测量放样吊装贝雷梁。贝雷梁安装时保证其节点放在横梁上，其偏差不应大于5cm，各组贝雷梁之间用支撑架联结成整体，采用[8槽钢加工成U形卡卡焊固定在横梁上反

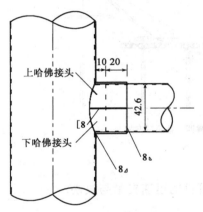

图6 平联连接处"哈佛接头"示意图
(尺寸单位:cm)

压限位，以防止贝雷梁前后窜动。

5. 分配梁施工

钢栈桥分配梁分为主分配梁(横向分配梁)、次分配梁(纵向分配梁)。贝雷梁安装到位后，按照设计间距铺设I22a工字钢作为主分配梁，主分配梁与贝雷梁之间采用卡扣进行固定，然后按照25cm一道间距铺设次分配梁I12.6，两层分配梁之间采取焊接连接方式固定。

6. 面板安装

钢栈桥面板采用10mm厚装配式式桥面板，沿纵向铺设，面板之间通过销孔连接，并与分配梁通过U形螺栓连接固定。轮坎、橡胶护舷、系船桩等设施在施工钢管桩时同步安装。护栏采用I10＋48mm×3.5mm钢管组合护栏，I10立杆1.5m一道，与I22a分配梁相连，上下共三层钢管横杆，栏杆高度不小于1.2m。

7. 钢栈桥防腐处理

(1)钢管桩煤沥青涂刷1层,厚度不小于30μm。

(2)栈桥贝雷进行镀锌防腐。

六、结 语

钢栈桥施工采用"钓鱼法"搭设,有效地减少了栈桥施工对作业环境的依赖。"植桩法"作为钢管桩入土深度不足部分的补偿措施,有效增强了栈桥主墩的稳定性。这两种方法的结合,解决了无覆盖层裸岩区域栈桥钢管桩无法有效打入河床的问题,对施工机械的要求较低,提高了施工工效,加快了钢栈桥施工进度。大风江大桥栈桥完工后,经过2年的考验,栈桥结构安全可靠[3],为类似地质条件下的工程施工提供了良好的借鉴。

参考文献

[1] 曾唯."钓鱼法"搭设钢栈桥在桥梁施工中的应用[J].交通建设与管理(下半月),2014(6):110-111,114.

[2] 张印北.在裸露的弱风化基岩上水中钢栈桥施工技术[J].建筑工程技术与设计,2018(6):483-484.

[3] 王东辉,张立超.平潭海峡公铁两用大桥栈桥设计[J].桥梁建设,2015(4):1-6.

46. 斜拉桥独柱式钢索塔大节段吊装施工关键技术

刘 江 马振民 邬洪卫 张其玉

(中交二公局第二工程有限公司)

摘 要 浦仪公路西段跨江大桥主桥为独柱式钢索塔,高164.4m,节段最大高度为14.4m,最大重量658.17t。由于大节段超重钢索塔安装对设备要求高,且独柱式钢索塔线形易受环境影响、控制难度大,通过研究BIM模拟、工装配套设计等关键施工技术,精确安装钢塔节段,最终主塔封顶后各轴线偏差、高程测量以及总体垂直度结果远优于检验标准。本文通过分析钢索塔节段吊装施工,为类似工程施工提供借鉴。

关键词 斜拉桥 钢索塔 吊装施工

一、引 言

浦仪公路西段跨江大桥主桥采用双索面独柱式钢索塔斜拉桥,主跨为500m,主桥分东西两塔,本文以东侧钢索塔安装为例分析测量控制。东侧钢索塔塔高164.4m,索塔根部平面尺寸为15.652m(横桥向)×9.404m(顺桥向),塔顶部平面尺寸为6.0m(横桥向)×6.5m(顺桥向),塔身横桥向和顺桥向均通过直线段、圆弧段过渡至塔顶。塔柱共分为19个节段,节段长度为5.1~14.4m不等,节段间接头采用栓接接头,其中T1~T5节段为整体节段,T6~T19节段纵向分为两块,运至现场后进行组合拼装。钢混结合段(T1节段)底部设置厚度15cm的承压板,钢塔柱与混凝土塔座之间采用螺杆锚固法进行连接,通过承压板与混凝土塔座之间传递压力,单个塔柱布置50根直径为110mm的锚固螺杆,索塔其余节段及块段间均采用高强螺栓传力与金属间接触传力相结合的方法。索塔立面如图1所示。

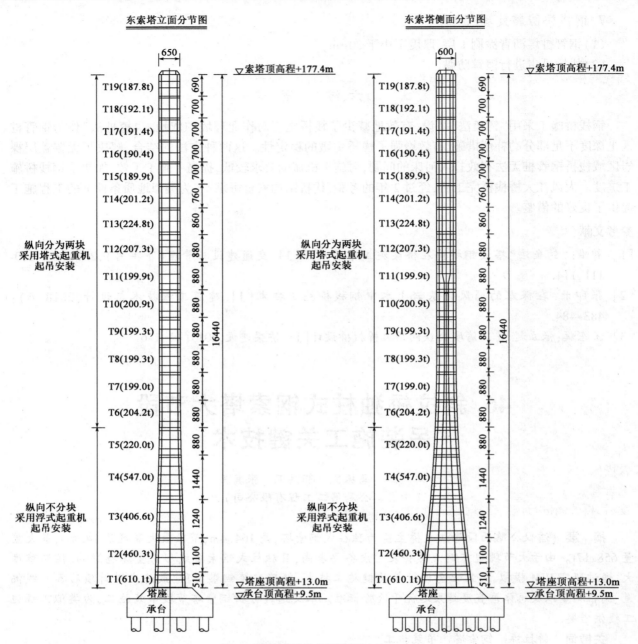

图 1 主塔结构设计立面图(尺寸单位:cm)

二、吊装工艺分析

1. T1~T5 节段吊装

索塔 T1(钢混结合段)~T5 节段纵向不分块,采用浮式起重机整体吊装,单个节段最大重 658.17t,节段间接头采用栓接接头。

1)吊装设备与工艺

T1~T5 节段重量较大,采用浮式起重机吊装,其中 T1 节段吊装选用 1200t 浮式起重机。节段经驳船运至码头,安装起吊吊索,待所有吊点全部连接完毕后,浮式起重机开始起钩,使吊索张紧。起吊过程分级进行,根据节段自重,每 100t 为 1 个级别,通过浮式起重机上自带的拉力传感器进行控制,每增加一个级别后,检查吊索、卡环等,无任何问题后施加下一级,直至节段脱离驳船甲板或支撑。

节段提升高度超出驳船最高点后,驳船快速驶离吊装区域,浮式起重机携节段经横移、纵移至船头距索塔中心线约24.5m处固定,此时浮式起重机主钩中心与索塔中心竖向重合,开始下放节段,下放过程应缓慢进行,当节段接近预埋锚固螺栓时,通过测量检测及目测仔细检查节段底部承压板上开孔与索塔锚栓的相对位置,确认准确无误后缓慢垂直下放,待承压板全部穿过锚固螺栓,放置在塔座混凝土支撑上之后,利用千斤顶、手拉葫芦等微调水平位置,精度满足要求后,解除浮式起重机吊索,节段安装完成。T2~T5节段吊装与T1节段吊装过程基本相同,将起吊节段吊至已安装塔柱正上方,缓慢下放吊钩,待吊装节段距离已安装塔柱顶面1m时连接牵引绳,通过牵引绳拖拽的方式将吊装节段牵引至导向装置、限位装置内部;通过调整工装中的千斤顶、手拉葫芦进行节段对接,对接过程中连接匹配件,连接塔柱节段之间的螺栓。T1、T5节段吊装分别如图2、图3所示。

图2 T1节段吊装

图3 T5节段吊装

2)锚固螺杆施工

本工程采用独柱式钢索塔,锚固螺杆较其他类似工程具有数量多、杆件长的特点,同时承压板面积大,螺杆精确定位难度高。在索塔承台施工过程中,搭设定位支架,安装并固定锚固锚杆,分层浇筑承台及塔座混凝土并及时调整螺杆精度。在塔座混凝土浇筑完成后,对塔座顶面承压板范围内混凝土进行凿毛处理。T1节段安装完成后,先进行塔座混凝土顶面与T1承压板间50mm压浆层施工,待达到设计强度后,再分级进行锚固锚杆张拉。锚杆定位支架如图4所示。

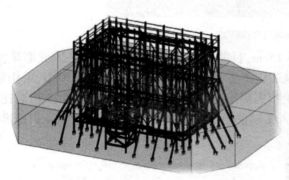

图4 锚杆定位支架图

锚杆定位支架搭设完成后,从下至上依次安装锚杆底板及锚杆。安装完成后,为防止锚杆在承台、塔座施工过程中出现平面偏移,在定位支架底层、中层定位梁上设置夹板,确保锚杆的安装精度。

3)钢混结合段灌浆

T1节段吊装施工完成后,对承压板下进行灌浆处理,灌浆面积达270m²,厚度为50mm,灌浆强度不小于50MPa。根据T1节段索塔截面形式,在塔座施工过程中将塔座浇筑至灌浆层顶面,然后通过凿毛的方式将超浇的5cm凿除,为保证塔座顶面平整度与灌浆质量,在凿除过程中塔座四周预留30cm宽的塔座混凝土,防止浆液外溢。承压板底板区域内并设置6个钢支垫作为首节钢塔的承重点;整个灌浆范围划分为3类6个区域(图5),2个区域同步灌浆;考虑灌浆材料流动性能,每个区域之间单独隔离开,隔墙采用橡胶条,宽度为5~10cm,高度根据材料特性高于灌浆料液面约10mm,隔墙受力后通过压缩变形确保密封性,经设计验算隔墙橡胶条相对承压板总体受力影响甚微,予以保留,钢垫块与橡胶隔墙如图6所示。

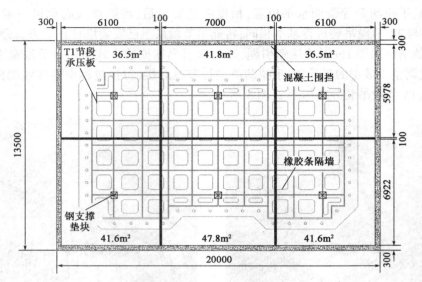

图5 灌浆平面分区布置图(尺寸单位:mm)

图6 钢垫块与橡胶隔墙

由于尚无成熟的施工经验可借鉴,且承压板厚15cm,目前也没有有效的检测手段,因此灌浆前采用模型试验法(图7)验证大面积水平状态下承压板灌浆施工工艺。选取1/8面积同比例模型,采用砂浆泵垂直输送、砂浆泵水平输送、自重输送等不同方法模拟实际工况,检测其灌浆质量。经过25组对比试验,密实度达到99%,研究出"平面分仓+重力灌浆+人工辅助振捣"的施工工艺,以超灌5mm为标准,实际灌注实测254个点,最小超灌7mm,满足设计要求。

图7 灌浆模拟试验

4）T1节段张拉锚固

索塔锚固锚杆采用单根张拉法，张拉设备采用350t穿心千斤顶，为确保T1节段受力均匀，采用对称张拉法，即同时进行2根锚杆张拉，2根锚杆关于索塔形心对称。由于锚杆张拉端外露长度为21cm，张拉操作空间不足，需提前加工与锚杆相匹配的连接器和接长杆，另配备张拉螺母、锚垫板、张拉马凳等构件，采用穿心千斤顶逐根完成锚杆张拉，张拉过程中以张拉力控制为主，以伸长量作为校核。锚杆安装到位及张拉如图8所示。

图8 锚杆安装到位及张拉

5）辅助定位设计

（1）导向限位装置。

T1节段导向限位采用在塔座顶面设置预埋件，塔座施工完成后在预埋件上焊接限位装置的措施对T1节段进行限位，限位装置精度可控制在5mm以内。索塔T1节段限位装置如图9所示。

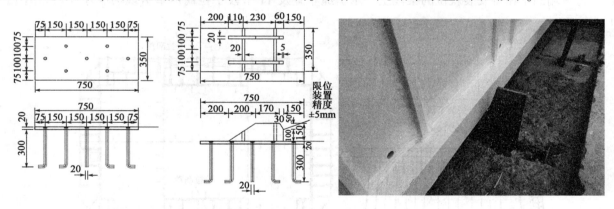

图9 索塔T1节段限位装置（尺寸单位：mm）

T2~T5节段导向限位采用在已安装塔柱的螺栓孔上连接型钢导向装置的形式对上节塔柱进行导向定位，采用四角导向定位，定位精度控制在5cm以内。索塔T2~T5节段导向限位装置如图10所示。

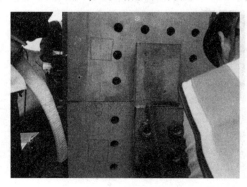

图10 索塔T2~T5节段导向限位装置

(2)匹配定位。

上下节段之间定位完成后,采用匹配件进行临时固定连接,为使待安装节段能够较容易地与已安装节段定位、对接,在已安装节段与待安装节段间安装匹配件,匹配装置在钢结构加工厂内预拼时安装到位,现场塔柱节段间完成连装后解除匹配装置。现场精确调位时,优先保证各匹配件的位置准确,T2～T5节段匹配件数量为每节段 8 个。T2～T5 节段匹配件总体布置及匹配件现场照片分别如图 11、图 12 所示。

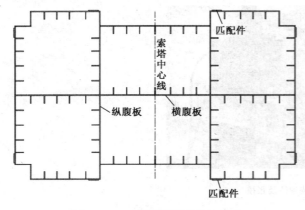

图 11　T2～T5 节段匹配件总体布置

图 12　T2～T5 节段匹配件

(3)调整工装。

索塔牵引系统采用手拉葫芦在塔柱节段四个角点处进行对拉,牵引系统通过卸扣一端固定在操作平台上,另一端固定在待安装就位的梁段上。牵引绳布置及 T1 节段手拉葫芦牵引现场照片分别如图 13、图 14 所示。

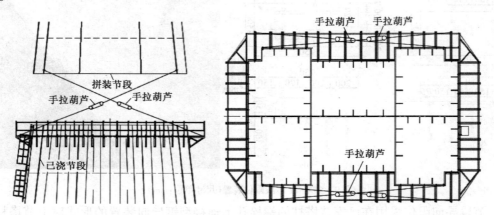

图 13　牵引绳布置

图 14　T1 节段手拉葫芦牵引

2. T6～T19节段吊装

1）吊装工艺

索塔T6～T19节段纵向均分为两块，采用目前全球最大平头式塔式起重机STT3930型分块起吊。塔式起重机布置于索塔承台中跨侧桥轴线上，起重机中心距索塔中心8.1m。基础置于承台上，塔式起重机起吊范围在回转半径21m以内，额定吊重为200t。

T13节段最大分块重117.2t，考虑1/2钢锚梁自重约17.8t和吊索吊具自重约5t，则塔式起重机最大吊重约140t。T6～T19节段运输至桥位处后，利用塔式起重机直接垂直吊装，先吊装江侧块段，再吊装岸侧块段。对于有斜拉索钢锚梁的节段，钢锚梁与钢塔节段一同起吊安装，就位后采用高强螺栓连接成整体。塔式起重机吊装节段如图15所示。

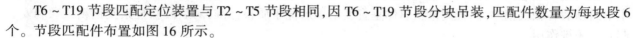

图15 塔式起重机吊装节段

2）辅助定位设计

（1）导向限位装置。T6～T19节段导向限位同T2～T5节段。

（2）匹配定位。

T6～T19节段匹配定位装置与T2～T5节段相同，因T6～T19节段分块吊装，匹配件数量为每块段6个。节段匹配件布置如图16所示。

（3）调整工装。

T6～T19节段调整工装同T2～T5节段，因T6～T19节段分块吊装，调整工装数量加倍设置。手拉葫芦牵引绳牵引如图17所示。

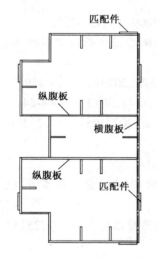
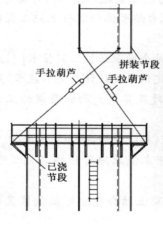

图16 1/2节段匹配件布置图　　图17 手拉葫芦牵引绳牵引

（4）辅助吊耳设计。

节段吊装均采用钢丝绳直接吊装的方式，吊耳设计以吊重最大的T1节段进行设计。根据索塔T1节段平面尺寸和结构特点，T1节段采用浮式起重机两个主钩同时起吊的方法，T1节段共设置4个起吊吊耳，分别布置于两侧外壁板及纵腹板上，吊耳设计与索塔加工单位保持一致，单个吊耳耳板采用2块$\delta=50mm$的厚钢板，耳板与节段采用M30高强螺栓连接。浮式起重机起吊过程中，每个吊耳设置1根吊索，双肢缠绕，单个主钩连接2根吊索。吊耳如图18所示。

索塔塔柱共有18道接缝，塔柱壁板、腹板及加劲肋均设置拼接耳板，采用高强螺栓连接，保证塔柱节段金属端面接触率和高强螺栓的拧紧力是连接施工的关键。精确定位后，对高强螺栓四边进行初拧、复拧、终拧三个阶段，检查最终接触率合格后拆除吊耳，准备下节段吊装。

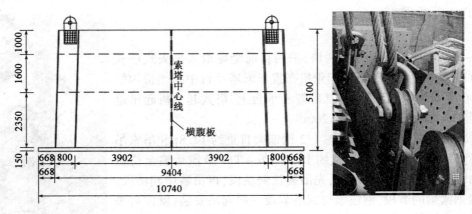

图18 吊耳(尺寸单位:mm)

三、结 语

钢塔施工质量至为重要,从现场检测及施工过程中监测情况看,该项施工工艺达到了预定的效果。主塔封顶后各轴线偏差、高程测量及总体垂直度结果远优于质检标准,对后续斜拉索及钢箱梁顺利安装起到了关键作用。

参考文献

[1] 唐维.港珠澳大桥江海直达船航道桥索塔处钢箱梁段安装施工[J].交通世界(工程技术),2019(23):115-116,119.

[2] 陈卫国,唐衡.金塘大桥索塔墩1600t防撞钢套箱安装施工技术[J].公路,2009(1):133-138.

[3] 金松.马鞍山长江公路大桥左汊悬索桥中塔承台超大体积混凝土施工关键技术[J].铁道建筑技术,2012(2):26-29,64.

[4] 施津安,李涛,刘国鹏,等.斜拉桥钢塔底钢混结合段承压板压浆技术[J].公路,2013(7):114-119.

[5] 施津安,张明闪,涂哲,等.之江大桥超长锚杆定位系统设计与施工技术[J].公路,2013(4):40-44.

[6] 张其玉,周畅,田欣,等.一种斜拉桥钢混结合段及其超大面积灌浆施工方法:202210576751.2[P].2022-07-22.

[7] 何锋.大跨度斜拉桥索塔锚固区受力性能研究[D].成都:西南交通大学,2014.

[8] 王兵.简述钢拱塔安装技术的实践——以辽宁本溪北地跨线桥二期工程为例[J].企业技术开发,2015,34(14):21-22,42.

[9] 张伟,吕雪飞,李会波,等.一种斜拉桥钢板混凝土结合型索塔微调装置及其对准方法:109972515A[P].2019-07-05.

[10] 李宗平,唐启,张六一.南京长江第三大桥钢塔柱安装施工[J].施工技术,2008(5):105-110.

[11] 王立英,彭武,王栓让,等.大型塔吊在钢索塔安装中的选型与配置[J].筑路机械与施工机械化,2019,36(6):97-102.

[12] 许宏亮,苏善根,徐军.斜拉桥销铰连接锚固形式的初探[J].公路,2002(6):85-92.

47. 装配式 UHPC 拱桥设计与施工

李倍安[1]　刘宪林[1]　李沅睿[1]　柯璐[1]　晏班夫[2]

(1.广西新祥高速公路有限公司；2.广西大学土木建筑工程学院)

摘　要　超高性能混凝土(UHPC)具有极高的抗压强度与抗拉强度、优良的工作性能以及优异的耐久性,将 UHPC 材料应用于拱结构,可以充分发挥材料的超高性能、减轻结构自重、增大拱结构跨越能力、降低施工难度、减小基础工程量、提高结构耐久性。本文以广西大凭高速公路一座 85m 跨径 UHPC 动物通道跨线拱桥为工程背景,开展相关本土化 UHPC 材料配制、UHPC 拱桥结构设计方法及装配式施工技术的研究。介绍了该跨线拱桥的结构设计特点、UHPC 材料的本地化低成本配制、拱肋接缝设计、预制装配施工流程。相关工程实践经验可供实际工程参考。

关键词　拱桥　超高性能混凝土　装配式　设计　施工

一、引　言

UHPC 是新一代高性能水泥基材料,它以硅酸盐水泥、硅灰、石英粉、钢纤维、高效减水剂、水等材料按一定比例混合制成。由于材料成分的特殊性,UHPC 具有极高的抗压强度与抗拉强度、优良的工作性能以及优异的耐久性,能够在各种极端环境下保持稳定的性能。拱是一种以受压为主的结构,若将 UHPC 材料应用于拱结构,可以充分发挥材料的超高性能、减轻结构自重、增大拱的跨越能力、降低施工难度、减小基础工程量、提高结构耐久性、减轻管养难度[1-3]。具体表现在：采用 UHPC 建造拱桥,材料的超高抗压强度性能能够得以充分发挥,而这一性能在以受弯为主的梁桥结构上利用效率较低；与普通拱桥相比,UHPC 主拱圈自重有将近 40% 的减轻,大大减小下部基础工程量及拱脚水平推力；UHPC 拱桥的主拱圈、横向联系,甚至包括部分桥面系均可在工厂标准化施工,现场施工工作量少,施工迅速,质量易于保证；UHPC 的超密实微观结构能够抵御自然界中各种有害物质的侵蚀,如韩国的仙游人行桥、奥地利的 Wild 桥(均为拱桥)设计寿命就是按 200 年设计,几乎不存在混凝土碳化、氯离子侵蚀、碱集料反应、钢筋锈蚀、混凝土剥落等常见普通混凝土桥病害,从全寿命设计角度,UHPC 拱桥在耐久性、全寿命周期费用上有突出优势；另外,UHPC 桥梁采用工厂化全预制、现场吊装施工,质量控制优势突出,也有利于控制环境污染,减少劳动力投入,是可持续发展的、名副其实的绿色建筑。

在 UHPC 拱桥工程实践方面[3],韩国建造了 120m 跨径的和平人行桥,奥地利建造了 70m 跨径的 Wild 桥；国内福州大学建造了 10m 跨径的旗山校区人行桥,广西路桥在云南保山建造了一座 34m 跨径的八丘田 UHPC 箱形车行拱桥,其他还有湖南大学在深圳设计的两座跨径 10 余米的 UHPC 板拱桥、上海城建设计院设计的一座 100m 跨径 UHPC 跨线景观拱桥(未最终实施)。广东高恩高速建造了一座跨线 UHPC 车行天桥(跨径 58m)。广西是我国大跨、超大跨拱桥设计与施工技术进步的积极践行者,基于广西桥梁界在拱桥方面的技术特色,适时引入抗压强度高、适用于拱桥受力特点的 UHPC 材料,开展本土化 UHPC 材料配制、UHPC 拱桥结构设计方法及装配式施工技术的研究,对促进广西区域本土化 UHPC 材料制备、高装配化率拱桥快速施工、低管养 UHPC 桥梁设计理念推广、培养本土 UHPC 行业人才具有重要意义。

本文以广西大凭高速公路一座 85m 跨径 UHPC 动物通道跨线拱桥为工程背景,设计建造了一座自然优雅、协调融合、功能多样的装配式 UHPC 拱桥(图 1),介绍了该跨线拱桥的结构设计特点、UHPC 材料的本地化低成本配

图 1　85m 跨径 UHPC 动物通道跨线拱桥实桥

制、拱肋接缝设计、预制装配施工流程。相关工程实践经验可供实际工程参考。

二、工程概况

动物通道天桥采用上承式肋拱桥结构，拱肋跨径为85m，矢高为9.44m，矢跨比为1/9（$f/L=9.44/85$），拱轴系数为1.5。桥型布置、一般构造如图2和图3所示。该桥全宽10m，上部承重结构由4片30cm厚UHPC超高性能混凝土拱肋组成，拱肋分段预制，吊装到位后，通过UHPC湿接缝及UHPC横梁连接成整体。桥面结构为C50普通混凝土现浇桥面板，通过预埋在拱肋上部的倒U形剪力键与拱肋进行连接（桥面板仅传递荷载），承受上部填土及植被荷载，并传递到拱肋上。桥上覆盖种植土为50cm厚，根据绿化设计可适当增减。桥台采用重力式桥台，台身采用C30片石混凝土。拱脚与桥台之间设计为固结，桥台在拱座位置留有100cm深拱肋插入孔洞及60cm厚台身后浇带，在拱肋吊装就位插入后浇孔洞后，将桥台及拱肋预埋栓钉通过现浇超高性能混凝土进行连接，孔洞超高性能混凝土养护完成后，浇筑60cm厚的台身后浇带完成桥台施工。因桥梁结构矢跨比较小（1/9），桥台承受的水平推力较大，单侧桥台承受的水平推力设计值为17000kN，要求在桥台开挖过程中尽量减少对台后土的扰动。应及时查明台后地质特性，要求台后土的承载能力需达到450kPa以上。

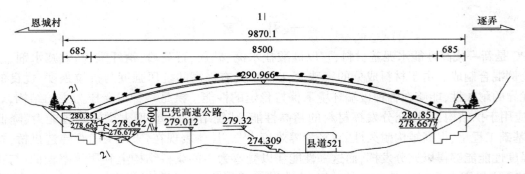

图2 桥型布置图（尺寸单位：cm）

施工方面，UHPC拱肋梁在工厂预制，静停一天后吊运至养护室进行高温蒸养，温度不小于90℃，48h后自然降温，自然养护14d后，将预制UHPC拱肋运送至桥位处，利用两台80t汽车起重机进行拱肋安装，拱肋架设就位后，用UHPC120浇筑横梁（自然养护）及UHPC拱肋单元纵向接缝，待横梁及接缝混凝土形成强度，依次对称浇筑普通混凝土桥面板，并进行桥面填土、防抛网、绿植等附属设施的施工。

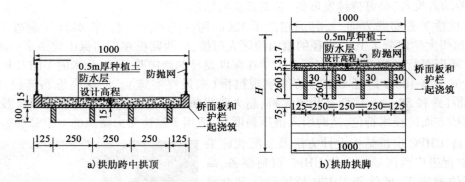

图3 装配式UHPC拱桥一般构造图（尺寸单位：cm）

三、设计及试验研究要点

1. UHPC材料

UHPC基本原材料为水泥、硅灰、高效减水剂、集料（细石英砂、普通粒级砂与粗集料）、纤维（钢纤维、

PVA纤维)等,典型水胶比(w/b)为0.15~0.20[5]。目前一般采用预混料制备UHPC干混料,即在工厂内将原材料按配比混合好,使用时运输至施工现场按配比加水搅拌即可。原材料中石英砂价格相对昂贵,采用价格相对低廉的广西本土机制砂替代是可行方案。本项目UHPC材料成分包括水泥、机制砂(20~40目、40~70目、70~120目)、硅灰、高效减水剂、钢纤维等,其中钢纤维直径0.2mm,长度13mm,体积掺量为2%,机制砂采用广西大化产硅石进行加工。材料成分配比见表1。施工现场根据配合比投料,采用大型立轴式搅拌机进行搅拌,测得试样扩展度为650mm,流动性满足施工要求。预制部分UHPC采用蒸汽养护,现浇接缝则采用钢纤维含量2.5%的UHPC材料,按常温养护方便现场施工。表2示出该桥UHPC材料性能。

UHPC材料成分表 表1

材料	水泥 (kg/m³)	硅灰 (kg/m³)	砂 (kg/m³)	钢纤维 (%)	减水剂 (%)	水胶比 (%)
配合比	950	200	1045	2.0%	3.5%	0.17

UHPC材料性能 表2

材料分类	力学性能(MPa)		
	立方体抗压强度	抗折强度	弹性模量
预制UHPC	158.4	22.4	4.50×10^4
现浇UHPC	127.4	21.1	4.52×10^4

2. UHPC拱肋间纵向接缝

本项目全桥由4片拱肋组成,每片拱肋分为5个节段在工厂进行预制,预制完成后,运输至施工现场,通过4处现浇UHPC湿接缝进行连接(图4),湿接缝处的现浇UHPC的养护方式为自然养护,每道湿接缝之间的距离为17m。拱肋的现浇UHPC湿接缝可以分为A、B两类,两类湿接缝的具体构造尺寸不同,但结构形式一致,均为菱形齿键湿接缝,湿接缝纵向宽度为40cm,A类湿接缝构造设计如图5所示。由于接缝处UHPC中的钢纤维不连续,抗拉、抗裂强度将被削弱,为此,需对接缝构造做强化处理。拱肋单元在接缝处预埋钢筋,现场施工时设置搭接钢筋对接缝两侧钢筋进行连接,钢筋的保护层厚度和锚固长度应满足规定的UHPC构造要求。

图4 节点接缝设置

预制UHPC拱肋现浇接缝表面应采取措施清洁表面,并采取凿毛等方法增大表面粗糙度(凿毛深度宜为5~10mm),在现浇UHPC前应充分润湿表面,以确保新老UHPC的良好结合。纵向UHPC现浇接缝的直线型钢纤维含量不低于2.0%,采用自然养护方式。养护制度应符合《活性粉末混凝土》(GB/T 31387—2015)的规定。

湿接缝的存在会降低UHPC结构的受力性能,当实际工程结构中含有湿接缝时,有必要对其受力是否满足工程要求进行试验验证。本文的研究重点为依托工程的受力薄弱点,即UHPC湿接缝的受力性能(图6)。对结构中的UHPC湿接缝节点进行1:2模型试验,试验变量为湿接缝设置和湿接缝UHPC养护方式,分别进行面内和面外抗弯试验,通过荷载挠度曲线、开裂荷载和应变等分析试件的受力行为,得到 UHPC 湿接缝试件的破坏模式和极限承载力,对比分析湿接缝的存在和湿接缝 UHPC 不同养护方式对 UHPC 构件面内和面外受力性能的影响。

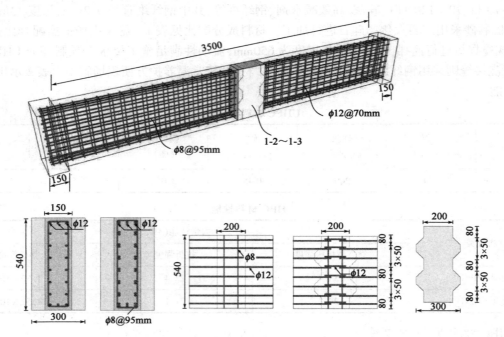

图 5　湿接缝构造设计(齿键构造)(尺寸单位:mm)

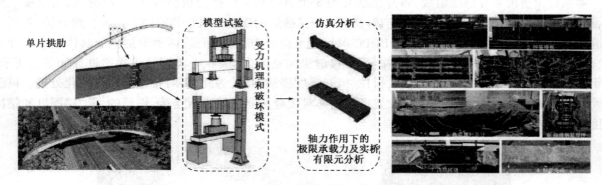

图 6　湿接缝试验研究与模型制作

根据试验结果对试件进行有限元模拟,在有限元和试验结果吻合较好的前提下,对各试验试件进行参数分析,即对各试件的有限元模型施加不同大小的轴力,模拟拱桥湿接缝的实际受力情况,分析湿接缝设置和湿接缝 UHPC 养护方式对同时承受弯矩和轴力的构件的极限承载力的影响,得到各试件的 N-M 曲线。

根据有限元分析结果,建立单片拱肋的 1/2 模型,对其实际受力进行有限元模拟计算,验证工程结构的受力安全性。

四、施工流程

UHPC 拱桥施工主要工序包括:①UHPC 拌和站建设;②预制梁台座施工;③预制 UHPC 拱肋支架及底模安装;④预制 UHPC 拱肋(图 7);⑤移拱肋存放;⑥现场拱肋支架施工;⑦拱肋吊装;⑧纵向湿接缝及横向 UHPC 梁施工;⑨普通混凝土桥面板现浇及附属设施施工,全桥成桥。本项目的特点及难点即 UHPC 拱肋的预制,施工中应重点控制。以下对关键工序进行介绍。

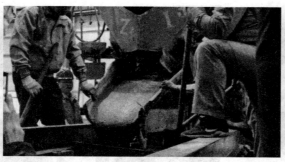

图7 UHPC拱肋预制

1. 预制UHPC拱肋

预制场湿拌料搅拌采用大方量的UHPC专用搅拌机，总容积5m³，有效搅拌容积2m³，配备一台300kW发电机供电。因时间和工程量等因素，在此不设自动计量上料系统，而是采用人工结合电子秤配料，起重机和叉车结合上料。

全桥有4片拱肋，每片拱肋分5块预制，共有3种类型，合计20片预制拱片。本项目设一套完整的拱肋预制台座，即5个台座。台座设于预制工厂内水泥地面上，使用枕木和工字钢、钢板等进行调平（该匝道路面有纵坡和横坡）和支垫。预制台座处设置可活动式雨棚，在雨棚内进行拱肋的浇筑，养护。UHPC拱肋预制采用卧式预制方式，UHPC浇筑高度只有30cm，相对比较容易控制，将底模固定于台座上，钢筋网安装就位后，安装侧模。但是需注意侧模预留预埋钢筋的孔洞处理。

UHPC正式搅拌施工前，需要进行试拌，根据出料的表观性、和易性、拓展度试验，确定施工配合比、用水量、搅拌周期时长；正式浇筑时每次搅拌的首盘出料，均需进行跳桌试验，严格控制搅拌时间不少于20min，每盘出料后进行坍落度、扩展度测试，坍落度大于230mm，扩展度大于600mm，符合设计要求后，方能进行浇筑；UHPC浇筑时从面板中间上方放料，通过UHPC自流平特性，由中间向两端流动；混凝土浇筑过程中需保证混凝土浇筑连续性，保证单块预制板一次浇筑完成，浇筑过程中及时填写浇筑记录表，试验室及时制作试块。

UHPC保湿养护采用在预制板表面覆盖节水保湿养护薄膜，然后进行喷淋养护，确保UHPC表面不产生干缩裂纹。养护时间为24h，养护过程中不得对预制板进行扰动；其中节水保湿薄膜应在预制板浇筑后立即进行覆盖，防止UHPC表面水分散失；养护期间注意巡查，防止养护过程中UHPC缺水。UHPC达到终凝时间为24~30h，待UHPC终凝后，揭掉保湿膜，拆除侧模，进行表面整修。拆除钢模板后高温蒸养之前要继续对构件进行保湿养护。

蒸养系统由蒸养养护池、蒸汽供应体系、温度自动控制系统、辅助系统组成。待UHPC拱肋强度达到90%后（约48h），通过10t门式起重机转运桥面板至蒸养区临时存放，统一使用木方支垫，蒸养网片与桥面板顶面用方木支撑隔开，蒸养被将桥面板、蒸养网片完全封闭覆盖。蒸养采用工业锅炉生产蒸汽进行蒸养，每台锅炉蒸养体积大约在350m³。蒸养时，注意升温和降温速度，升温不可过快，确保升温速度在15℃/h以内，再以15℃/h进行降温，确保构件蒸养效果和蒸养安全。UHPC拱肋待蒸养形成一定强度后，自然冷却到室温。

2. 拱肋运输吊装

本项目拱肋预制单元采用在现场的临时支架上拼接成整体拱肋（图8）。临时支架为门形排架，基础采用扩大基础，扩大基础为1200mm×1200mm×600mm C30钢筋混凝土。立柱采用φ219mm×8mm钢管，连接系采用工10和φ60mm×3mm钢管，柱顶摆放砂桶，便于拆除支架；砂桶纵向分配梁采用I40a型钢，纵梁上摆放横梁采用1/2I40a，沿横梁横向设置了限位装置。

每道板肋厚30cm，设置接缝4道，拱肋5片。全桥设置4道拱肋，共预制20片，吊装一般每天安装3~4片，在一星期内完成

图 8　UHPC 拱肋吊装

预制拱肋的厚度只有 30cm，属于薄片构件，如在运输过程中支垫不平会出现供片弯折，增加了运输的难度。预制场到桥位吊装现场运距约 116km。决定采用 20m 长平板拖车运梁，结合拱肋尺寸，将采用运梁车附设专用台架，拱片采取竖向多支点支承在专用台架上的形式运输拱肋，确保不会因运梁通道的不平颠簸导致拱片弯折。

拱肋单元最大吊装重量为 34.4t，拟选用汽车起重机进行拱肋吊装施工，采用两台 100t 汽车起重机进行双机抬吊将最重拱肋单元吊装就位，其余拱肋单元较轻，采用一台 100t 汽车起重机吊装，吊车支腿下地基承载力不得小于 100kPa；吊环采用 $\phi40HPB300$ 钢筋制作；钢丝绳与拱肋倾角为 60°，吊点位置设置在距拱肋端头 2m 处。预制拱肋吊装施工中，使用在梁底增加焊接钢板或砂筒卸落综合调节，控制高程。轴线通过经纬仪，激光仪等在桥台上进行控制。同时委托第三方测量进行监控量测。

五、结　　语

综上所述，UHPC 材料强度高，可减小拱桥结构尺寸，相比其他跨线天桥，具有轻巧、美观的特点，且自重减小使其得以较为安全经济地在现场实现吊装。同时，其成本与同跨径钢结构桥梁接近。同时，该连续梁桥通过结构优化，无须进行预应力张拉，使施工更为便捷。特别是当其批量化生产后，更能凸显其优势。今后可对现结构进行进一步的改进，使其更具竞争力与推广价值。

参考文献

[1] Russell H G, Graybeal B A. Ultra-high performance concrete: a state-of-the-art report for the bridge community[J]. High Performance Concrete, 2013:63-72.
[2] 邵旭东，樊伟，黄政宇．超高性能混凝土在结构中的应用[J]．土木工程学报，2021，54(1)：1-13.
[3] 邵旭东，邱明红，晏班夫，等．超高性能混凝土在国内外桥梁工程中的研究与应用进展[J]．材料导报，2017，31(23)：33-43.

48. 箱梁大悬臂翼缘板后浇段行走式吊架设计及施工技术

刘 畅 郑 州

(中交二公局第一工程有限公司)

摘 要 针对箱梁大悬臂翼缘板部分后浇的结构形式,采用吊架法施工后浇段,开展后浇段吊架设计优化及施工技术研究,得出后浇段行走式吊架设计及对应的完整可靠的施工方法,更加简便及有效地进行大悬臂的翼缘板后浇段施工。

关键词 箱梁 翼缘板后浇段 行走式吊架设计 施工技术

一、引 言

本文以247省道潜江汉江大桥第二标段项目悬浇箱梁翼板后浇段行走式吊架的成功应用为例,论述了行走式吊架的设计及施工技术。

主桥桥型布置为106m+200m+106m双塔单索面预应力混凝土部分斜拉桥,采用全预应力设计。

主桥箱梁采用单箱三室大悬臂变截面PC连续箱梁,箱梁翼缘板悬臂长6m,其中3.6m为后浇施工,后浇段板厚为20.8~39.2cm。后浇段采用行走式吊架法施工。桥型立面及断面布置如图1、图2所示。

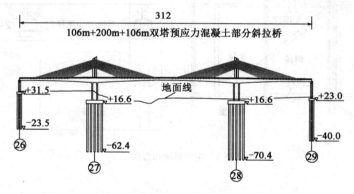

图1 桥型立面布置图(尺寸单位:m;高程单位:m)

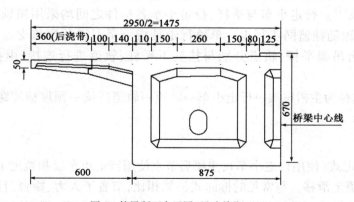

图2 箱梁断面布置图(尺寸单位:cm)

二、行走式吊架体系设计

1. 传统技术方案

传统的翼缘板后浇技术方案,大多采用在已浇筑梁面上横桥向设置2处预埋钢板,然后利用螺栓将钢板与支撑及拉杆连接,靠外端为支撑,靠内端为拉杆。支撑与拉杆上方连接吊架上部结构。吊架上部结构前端伸出桥面垂吊翼缘板的底篮。

传统技术方案浇筑完成一个节段后需先将杆件拆卸下来,再整体吊运至下一个节段位置重新安装,施工工序复杂,影响工期。且本工程主桥跨径200m,靠近跨中处超出起重设备的承载能力,仅能使用人工拆装吊架,高空作业安全风险高。

因此,开展后浇段吊架设计优化及施工技术研究,设计出一种行走式后浇段吊架,更加简便及有效地进行大悬臂的翼缘板后浇段施工。

2. 吊架系统组成

吊架结构系统包括主桁系统、底模平台系统、提吊系统、锚固系统、行走系统、安全防护系统等部分。下面主要介绍主桁系统和行走系统。

1) 主桁系统

主桁架是吊架的主要受力结构,由2根平杆、2根主梁及主梁之间的平联斜撑、2根支撑柱组成。2根主梁中心间距为4.8m,每根主梁行走小车与前支点的节点间距为6.05m,前支点与支撑柱的节点间距为2.35m,支撑柱与吊带的节点间距为4.5m。主桁布置如图3所示。

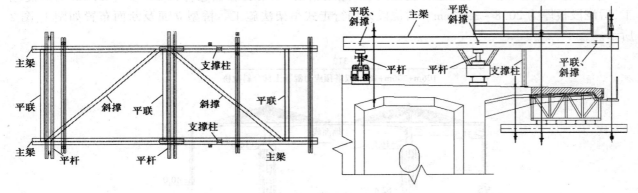

图3 主桁系统布置图

2) 行走系统

行走系统由轨道垫梁、轨道、轨道压梁及轨道锚杆(预埋精轧螺纹钢)、前支点、行走小车、滑梁、滚动吊架及牵引设备组成[1]。行走小车与平杆、行走小车各构件之间均采用销轴连接。吊架设计为既可以单独行走,又可以跟随挂篮同步行走。单独行走是指由牵引设备顶前支点带动整个后浇段吊架行走。随挂篮行走是指吊架平杆、轨道分别与挂篮下平杆、轨道进行连接,由挂篮带动后浇段吊架行走。

行走系统的传力途径为主桁尾端→行走小车→轨道→轨道压梁→预埋精轧螺纹钢→混凝土[2]。行走系统布置如图4所示。

3. 设计特点

(1)吊架设计为行走式(使用行走小车),主梁后节点使用行走小车反扣轨道上翼缘板。主梁中部为前支点,前支点可在轨道上滑移。与常见的拆卸式吊架相比,节省了人力、物力,且在跨中无起重设备块段亦可正常施工,有效地解决了吊架及模板安拆困难及反复安拆等问题,提高了现场施工效率。吊架行走示意如图5所示。

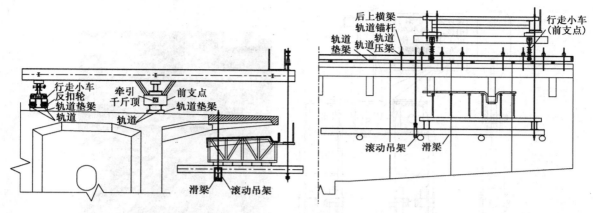

图 4 行走系统布置图

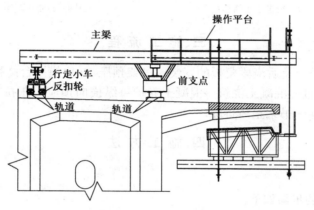

图 5 吊架行走示意图

(2) 吊架平杆、轨道高程设计与挂篮下平杆、轨道均相同,并设计有销接(轨道为螺栓连接)的连接板,吊架平杆、轨道可以分别与挂篮下平杆、轨道进行连接,使后浇吊架随挂篮一同行走,节省吊架行走施工流程,有效地节约了工期,若遇见特殊情况也可以进行单独行走。吊架的后锚及轨道锚杆设计为利用挂篮后锚及轨道锚杆的预埋孔或预埋锚杆,节约预埋件施工工期及材料。同步行走示意如图 6 所示。

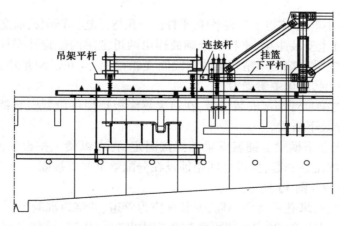

图 6 与挂篮同步行走示意图

(3) 考虑到行走小车及轨道方向与受力方向不一致,将行走小车设计为三个销子销接可活动式连接,行走小车横桥向可摆动,以保证行走小车车轮受力均匀。行走小车细部如图 7 所示。行走小车实物如图 8 所示。

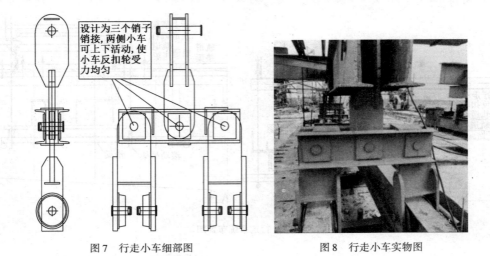

图7 行走小车细部图　　图8 行走小车实物图

三、施工流程

施工流程为：行走式吊架及后浇段模板的安装→吊架预压→（底模平台高程精调→钢筋绑扎、预应力波纹管安装→检查验收通过→混凝土浇筑→混凝土养护→纵横向预应力张拉[3]→底模平台下放→吊架行走）→重复括号内的步骤→吊架整体拆除。

四、施工方法

1. 吊架及模板安装

0号块后浇段吊架安装步骤如下：

（1）预埋件预埋：因吊架的后锚及轨道锚杆设计为利用挂篮后锚及轨道锚杆的预埋孔或预埋锚杆，无须埋设，后浇段浇筑前需预埋后浇段滑梁吊杆预埋件。

（2）轨道安装：在箱梁顶放样出轨道位置，一米一道摆放轨道垫梁，精确安放轨道，预埋精轧螺纹钢接长穿轨道压梁锚固轨道，轨道压梁设置至少设置4道，行走下车两侧每侧各2道。

（3）行走小车及前支点安装：在后轨道上安装行走小车，前轨道上安装前支点，两行走小车、两前支点的间距为4.8m。

（4）平杆安装：在行走小车、前支点上安装平杆，平杆已开孔与行走小车销接，前支点与平杆满焊连接。

（5）主梁安装：在平杆上安装主梁，平杆上准确放样出两道主梁的位置并安放主梁，两道主梁之间焊接平联斜撑，然后在两道主梁后端使用精轧螺纹钢锚固在箱梁上[4]，在已浇筑箱梁翼缘板边主梁下设置支撑柱以减少主梁悬臂长度，优化主梁受力。

（6）下横梁安装：在主梁悬臂端部安装吊带，在箱梁翼缘板预埋件位置安装精轧螺纹钢吊杆，然后在吊杆及吊带的位置分别安装下横梁。

（7）底模平台安装：先在下横梁上铺装纵梁并焊接固定，再在纵梁上按设计间距铺设分配梁并焊接固定；将模板与模板支架固定在一起，按设计间距铺设在分配梁上并焊接固定。

行走式吊架构造如图9~图15所示。

后浇段模板调整完成后，绑扎后浇段钢筋，安装预应力管道，并浇筑混凝土[5]。

混凝土强度达到设计强度的80%时，即可张拉预应力并进行压浆；压浆强度达到75%时，即可下放底篮，进行后浇段混凝土的修饰，再进行吊架行走。

2. 吊架行走

1）单独行走

吊架单独行走的原理是利用穿心千斤顶顶推前支点带动后浇段吊架行走。

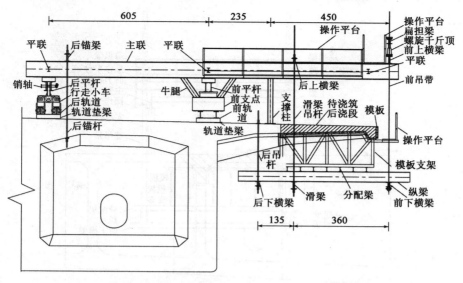

图 9　后浇段吊架立面图(尺寸单位:cm)

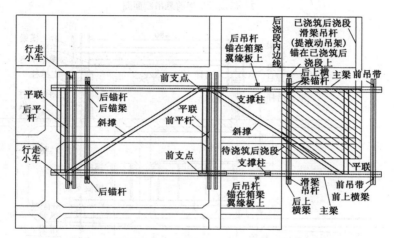

图 10　后浇段吊架上部平面图

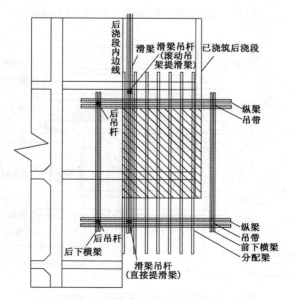

图 11　后浇段吊架下部平面图

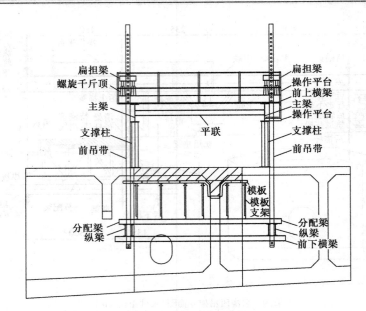

图 12　后浇段吊架前悬吊断面图

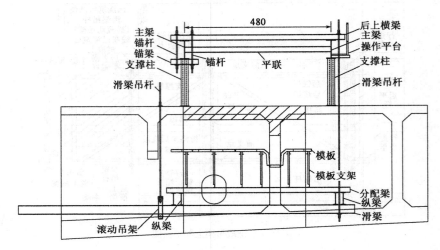

图 13　后浇段吊架滑梁提吊断面图(尺寸单位:cm)

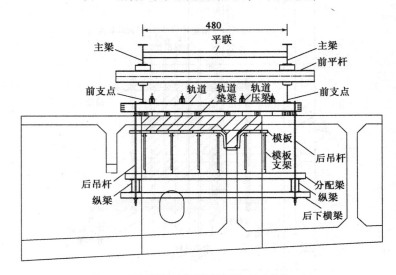

图 14　后浇段吊架后悬吊断面图(尺寸单位:cm)

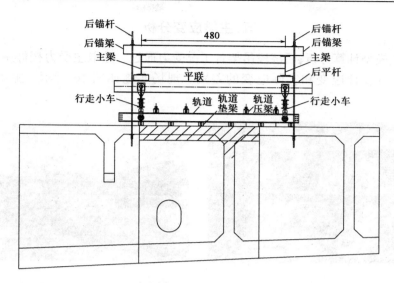

图 15 吊架后锚及行走小车断面图(尺寸单位:cm)

行走步骤:

(1)行走前的准备工作。检查各预埋件位置尺寸,检查需使用的小型机具性能是否良好。

(2)脱模。同步下放后吊杆、前吊带,使底模平台脱离翼板横隔梁底,调整两下横梁高度水平,同理下放滑梁,至此吊架的模板系统与翼板完全脱离,此时模板系统由滑梁及前下横梁承重受力。

(3)轨道前移。吊架轨道行走设计为前后倒换使用,只需精准测放出吊架前移轨道位置,按设计图纸铺设或倒换轨道垫梁和轨道。

(4)后锚拆除。利用螺旋千斤顶缓慢放松后锚杆,使行走小车受力,反扣轮扣住轨道上翼缘板。

(5)行走装置安装。在轨道前端安装一个垫梁,通过垫梁穿一根精轧钢至前支点,在前支点后端安装穿心式千斤顶,使用螺帽与精轧钢连接,同时将千斤顶连接油泵。

(6)吊架行走。行走前检查确认各行走吊杆(吊带)是否锚固牢固,各项保险是否安装齐备,在轨道上做好行走终点标记,行走时前支点在轨道顶面滑行,行走小车反扣轮沿轨道上翼缘板下行走[6]。

(7)锚固。行走到位后,对各锚杆、吊杆进行锚固到位,准备进行下一节段悬臂段后浇段施工。

2)与挂篮同步行走

行走式吊架平杆、轨道高程设计与挂篮下平杆、轨道均相同,设计有销接(轨道为螺栓连接)的连接板,吊架平杆、轨道可以分别与主桥挂篮下平杆、轨道进行连接,可使吊架随主桥挂篮一同行走,节省了吊架行走装置安装及吊架行走的步骤,其他步骤与单独行走相同。

3. 吊架拆除

(1)边跨合龙段处后浇段吊架拆除。

待边跨合龙段后浇段施工结束,地面整平,先采用千斤顶配合精轧螺纹钢(或卷扬机)的形式整体下放吊架底模平台至地面,再采用起重机对后浇段吊架主桁进行拆除。

(2)中跨合龙段处后浇段吊架拆除。

采用千斤顶配合精轧螺纹钢(或卷扬机)的形式整体下放吊架底模平台至运输船上固定,运输至指定位置。

后浇段吊架主桁固定在挂篮轨道上与挂篮一起后退至0号块附近,采用塔式起重机对后浇段吊架主梁进行拆除。

五、主梁应变分析

使用 midas 建立模型计算分析,后浇段吊架各工况受力通过。选取主受力杆件主梁受力变形对比较明显的点位,对比分析设计应变和实际应变的差别。现场实施如图 16 所示。主梁点位布置如图 17 所示。

图 16　现场实施图

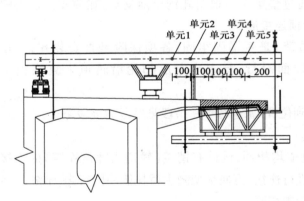
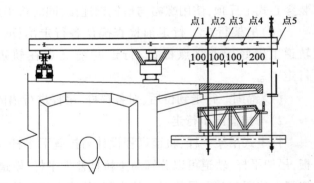

图 17　主梁点位布置图(尺寸单位:cm)

根据《钢结构设计标准》(GB 50017—2017)中钢材强度设计值及受弯构件挠度要求可知,主梁允许最大应力为 215MPa,允许最大变形为 22.5mm(9000/400)。

模型部分截图如图 18～图 21 所示。

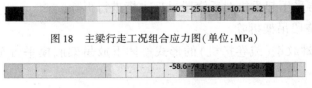

图 18　主梁行走工况组合应力图(单位:MPa)

图 19　主梁浇筑工况组合应力图(单位:MPa)

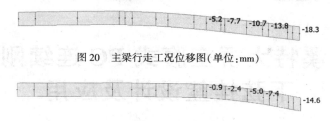

图20 主梁行走工况位移图(单位:mm)

图21 主梁浇筑工况位移图(单位:mm)

主梁应力及变形对比数据见表1、表2。

后浇段吊架主梁应力对比表(单位:MPa) 表1

单元	设计行走	实际行走	预压	设计浇筑	实际浇筑
1	40.3	31.0	53.5	58.6	45.8
2	25.5	20.0	67.8	74.1	56.1
3	18.6	14.6	66.9	73.9	56.9
4	10.1	8.2	65.3	71.2	53.2
5	6.2	5.1	61.2	68.7	51.9

后浇段吊架主梁变形对比表(单位:mm) 表2

点位	设计行走	实际行走	预压	设计浇筑	实际浇筑
1	5.2	4.9	0.8	0.9	0.7
2	7.7	7.3	2.3	2.4	2.1
3	10.7	10.1	4.6	5.0	4.3
4	13.0	12.4	6.9	7.4	6.1
5	18.3	17.9	14.1	14.6	13.5

由表1、表2数据可知,主梁受力满足要求。主梁实际应力小于设计应力,考虑为设计建模计算取荷载组合,设计荷载比实际荷载大;主梁实际变形小于设计变形,但接近设计值,考虑为同条件下实际变形大于设计变形。

六、结　语

本文提出的行走式吊架与常见的拆卸式吊架相比,节省了人力、物力,且在无起重设备块段亦可正常施工;吊架可以连接挂篮下平杆,与挂篮一起行走,节省后浇段吊架行走施工流程;行走小车设计为三个销子活动式销接,行走小车横桥向可摆动,以保证行走小车车轮受力均匀;设计为行走式吊架有效地解决了超出塔式起重机范围块段吊架及模板无法拆装的问题,合理组织,细化工序,很好地提高了施工效率,降低了施工成本。与传统工方法相比,采用行走式吊架进行主桥箱梁后浇段施工缩短了104天工期。

该行走式吊架体系具有施工效益高、操作简便、质量安全有保证等优点,为以后类似箱梁翼缘板后浇段的施工积累了经验,提供了技术参考,具有一定的借鉴意义。

参考文献

[1] 邱绪武.南通市钟秀大桥主桥连续箱梁施工技术[J].城市建设理论研究(电子版),2014(13):7004-7010.

[2] 马成文.浅议悬臂浇筑施工中挂篮安装及使用要求[J].商情,2010(11):162.

[3] 张舜,田浚宏.桥梁工程中挂篮悬臂浇筑的施工技术[J].四川建材,2017(8):139-140.

[4] 赵艳.浅谈连续刚构桥挂篮悬臂施工技术[J].建筑工程技术与设计,2016(8):1112,1114.

[5] 刘新令.浅谈哈佳铁路倭肯河特大桥连续梁施工[J].建筑工程技术与设计,2016(4):540.

[6] 胡先军.开模式挂篮的设计及其在京杭运河特大桥中的运用[J].中国科技信息,2012(2):47-49.

49. 甘溪特大桥空腹式 PC 连续刚构桥下弦挂篮设计及应用

刘 勋 孙克强 陈圆圆 李 哲

(中交第二公路工程局有限公司设计研究总院)

摘 要 为了完成空腹式连续刚构桥下弦箱梁混凝土施工,采用了上弦设置活动立柱支顶配合挂篮悬浇、下弦设置扣索配合挂篮悬浇的三角区施工方案。通过对比分析下弦挂篮方案,根据下弦挂篮悬浇受力特点,在主桁各节点与横梁之间设置铰接连接方式,自适应下弦角度变化,设置止滑结构以克服下滑力,并通过有限元分析研制了上承式斜爬挂篮。经过荷载试验及现场应用验证了斜爬式挂篮满足规范及施工要求,其成功经验可以为同类工程提供借鉴。

关键词 桥梁工程 空腹式刚构桥 悬臂施工 挂篮

一、引 言

空腹式连续刚构桥通过加大箱梁根部高度,在箱梁根部设置空腹区以减轻自重,形成上下弦箱梁和墩柱包围的三角区,从而提高了结构承载效率和跨越能力,并兼具景观效果。适用跨径在 220 ~ 400m,可望填补常规连续刚构桥适用跨径和斜拉桥适用跨径之间的空白[1-3]。根据空腹式连续刚构桥的结构特点,目前可采用的施工方法主要包括双层扣索挂篮施工法、扣索支架联合施工等[4]。2013 年建成通车的水盘高速公路北盘江特大桥,主跨 290m,采用了下弦扣索挂篮、上弦支架浇筑施工法[5]。除此之外,有相关学者提出上、下弦梁临时腹杆悬浇施工,但可行性还有待研究[6]。虽然相关文献对比分析了三角区整体施工方案,但还未见有详细阐述下弦箱梁挂篮方案比选、特殊结构设计要点等内容。本文着重点即在于此,以对类似工程提供挂篮设计参考。

二、工 程 概 况

甘溪特大桥为上、下行双幅布置,主桥为预应力混凝土空腹式连续刚构,跨径布置为 155m + 300m + 155m,如图 1 所示。斜腿上弦为节段 S1 ~ S12,节段长度为 4.0m,采用单箱单室直腹板截面,箱梁顶板宽 10.25m,底板宽 6.25m,悬臂长 2.0m,腹板厚度为 0.8m,梁高和底板厚度按二次抛物线变化。斜腿下弦为节段 X1 ~ X12,节段长度为 4.0m,采用单箱单室截面,标准段截面宽为 6.25m,高为 7.5m,上缘厚 0.7m,下缘厚 0.9m,腹板厚 0.8m。上弦及下弦箱梁断面结构如图 2 所示。

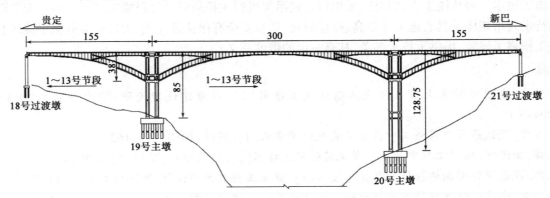

图 1 甘溪特大桥主桥立面布置图(尺寸单位:m)

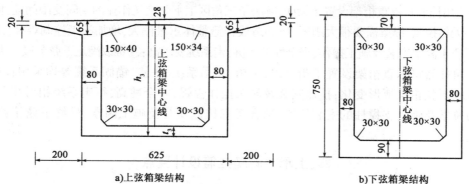

图2 上弦及下弦箱梁结构断面结构示意(尺寸单位:cm)

根据总体施工方案,三角区施工采用上弦设置活动立柱支顶配合挂篮悬浇、下弦设置扣索配合挂篮悬浇方案[7]。下弦早于上弦2个节段错位施工,下弦节段浇筑完成后,分别张拉对应的节段预应力扣索,并安装相应块段的立柱支撑。施工过程中临时结构空间关系如图3所示。

下弦箱梁完成12号节段悬浇施工后,将模板系统临时锚固在箱梁节段上,拆除下弦挂篮主桁。待上弦箱梁12号节段浇筑完成后,拆除上弦挂篮底篮,将下弦模板系统及上弦主桁系统重新组合后前移,分2次浇筑13号节段。13号交会段施工完成后,按常规挂篮悬浇工艺施工刚构桥其余箱梁节段。

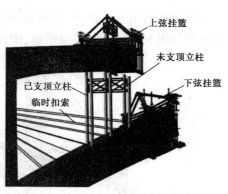

图3 施工过程中临时结构空间关系

三、下弦挂篮方案比选

通过分析,下弦箱梁挂篮悬浇施工具有以下难点:

(1)下弦为变曲率箱梁,倾角变化范围较大,坡角最大达到29°,挂篮设计需适应多斜率要求,还需满足大重量、大倾角情况下的斜向爬行和止退要求,以及保证吊带始终处于垂直受力状态。

(2)考虑到临时扣索、立柱支撑设置以及上弦挂篮底篮的影响,下弦挂篮构造尺寸、操作空间受到一定限制,设计时需尽量做到轻型化、紧凑化。

(3)下弦为矩形截面箱梁,无法如常规挂篮那样设置外滑梁,需采用其他装置保证外模能够随挂篮同步行走。

针对下弦箱梁施工,提出两种方案,分别是下承式倒三角挂篮和上承式三角挂篮,如图4所示。

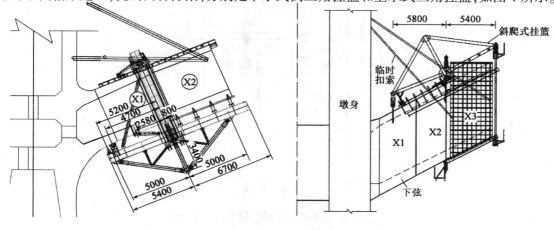

a)下承式倒三角挂篮   b)上承式三角挂篮

图4 下承式和上承式三角挂篮方案(尺寸单位:mm)

下承式倒三角挂篮将承重桁架设置于梁底,解决了三角区上下弦交叉作业的空间受限问题,但存在以下缺点:①由于前端无斜拉索,纵梁需要很大刚度,势必造成挂篮整体重量偏大,增加施工控制难度;②主要构件设置于箱梁底,不便于高空安装及施工操作,安全性低;③行走系统要求高;④难以满足下弦节段大曲率变化。

上承式三角挂篮将承重桁架设置于箱梁顶,主桁、悬吊系统、底篮、锚固系统等均采用铰接方式连接,可以较好地适应下弦箱梁弧形变化;挂篮安装及施工操作性强,安全性高;行走系统相对简单。结合下弦箱梁施工辅助拉索及临时支撑柱的安装位置,综合考虑挂篮安装及施工因素,最终下弦箱梁施工选择上承式三角挂篮。

四、上承式斜爬挂篮设计要点

1. 总体结构介绍

下弦挂篮由主桁系统、底篮、悬吊系统、锚固系统、行走系统、平台系统、模板系统等部分组成,总体立面布置如图5所示。前横梁断面、中横梁断面分别如图6、图7所示。

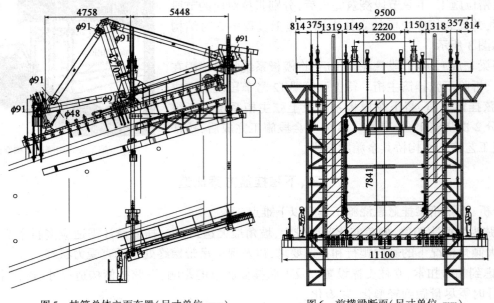

图5 挂篮总体立面布置(尺寸单位:mm)　　图6 前横梁断面(尺寸单位:mm)

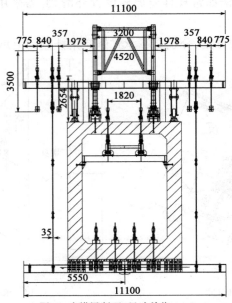

图7 中横梁断面(尺寸单位:mm)

挂篮2片主桁布置于下弦箱梁顶板上方，横桥向间距3.2m，位于三角区支撑钢管内侧（钢管设置于临时扣索内侧）。前上横梁采用铰接形式悬吊于主桁下方，与底篮系统采用吊杆连接。中横梁与中支点之间采取铰接方式处理，以适应不同箱梁节段角度变化。中横梁主要用于悬吊挂篮底篮、外模，与底篮之间设置吊杆连接，与外模之间通过吊杆、滑梁连接。挂篮在箱室内部设置2根内滑梁，用于悬吊内模。后锚点位置设置反压横梁，横梁与下弦箱梁之间亦通过铰接形式锚固。

为克服挂篮主桁在斜面梁顶的下滑力，在主桁中支点后设置止滑装置，止滑装置通过精轧螺纹钢筋锚固于梁顶，并在后方设置剪力键抵抗下滑力。

2. 主桁系统

主桁系统采用不规则菱形结构，各杆件之间采用销轴连接。中横梁布置在主桁中支点弧形节点板上方，横梁底部设置与之契合的弧形板，以适应各个节段施工角度的变化，在主桁中立杆上设置1个固定丝杆对中横梁进行调整固定。挂篮行走到位后，采用立柱将中横梁两端支撑，实现浇筑混凝土阶段对中横梁悬臂端的支撑作用，如图7所示。主桁系统模型示意如图8所示。

图8　主桁系统模型

3. 锚固系统

后锚横梁连通左右桁片，与主桁后节点板采用销轴连接。后锚拉杆布置于两片主桁内侧，以避开三角区支撑钢管立柱。后锚小车与主桁后节点板之间采用可伸缩的连接方式，伸长量采用2台50t千斤顶调节，调整到位后与后节点板之间通过销轴固定。后锚构造如图9所示。

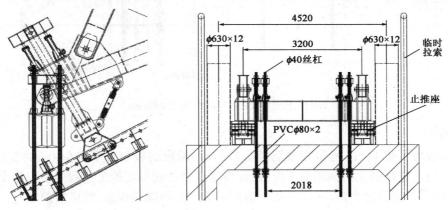

图9　后锚构造图（尺寸单位：mm）

4. 主桁止滑装置

由于下弦箱梁为斜向构造，挂篮在梁顶固定时，需克服斜面上因自重产生的下滑力。挂篮止滑措施为在划船后方设置止滑挡块，挡块为槽形，倒扣在轨道上方，前方抵紧挂篮划船后方，挡块通过6根φ40mm精轧螺纹钢锚固于梁顶，螺纹钢屈服强度为1080MPa，单根预拉力为400kN。设计中将挡块与箱梁之间的摩擦力仅作为安全储备，为防止挡块下滑，在挡块后方箱梁混凝土内预埋剪力键。止滑挡块构造如图10所示。

5. 行走系统

挂篮行走轨道采用精轧螺纹钢锚固于梁面，精轧螺纹钢与预埋在梁内的锚栓、锥形螺母连接。轨道设计为三段式，每次前移逐段向前倒换。挂篮行走利用80t液压油缸顶推，油缸后端利用销子临时销接在轨道预拉孔上。挂篮后方设置反扣行走小车。行走到位后，将滑船通过销轴锁定在轨道上。行走系统如图11所示。

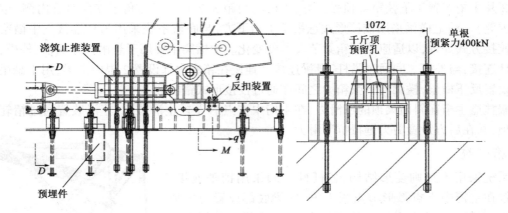

图10 止滑挡块布置图(尺寸单位:mm)

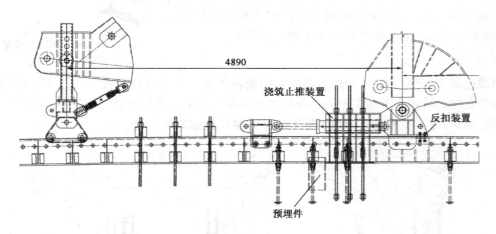

图11 行走系统总体布置图(尺寸单位:mm)

6. 底篮系统

底篮施工梁段为下弦1~13号节段及后续标准节段,梁段底板与水平夹角由30°变化为约0°,且存在下弦挂篮主桁与上弦挂篮主桁倒用的工况,由此将导致底篮前端在施工过程中发生超出主桁前吊点正下方的现象,使前吊杆倾斜过大角度,产生水平剪切分力。为消除该现象,将底篮前端与前吊杆的连接点设计为可前后滑动的形式,采用精轧螺纹钢前后调节,用螺母进行限位锁定,如图12所示。

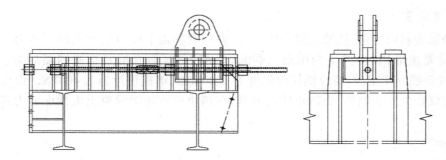

图12 底篮与吊杆滑动连接装置

混凝土浇筑过程中,由于底篮向上倾斜角度较大,为防止浇筑过程中底篮发生后移,在底篮后端设置2个止退挡块。该构件锚固于前节已浇筑箱梁底板下,箱梁浇筑前预埋止退件连接预埋套筒。

其余部分与常规挂篮并无较大区别,不再赘述。

五、挂篮验算

1. 工况分析

根据挂篮施工过程,将计算工况分为箱梁全截面浇筑工况、挂篮行走工况,全截面浇筑最重块段为 X3,节段长度 4m,混凝土方量 88.15m³,质量约 229.2t,且此时挂篮倾角最大,为最不利工况,计算荷载组合见表1,各荷载分项系数根据规范选取。

不利工况荷载组合一览表　　表1

工况	计算内容	荷载组合	风荷载	工况描述
1	杆件强度压杆稳定	$1.2 \times (G_1 + G_2) + 0.75 \times (1.4 \times Q + 1.1 \times \omega)$	6级风	浇筑满载
2	抗倾覆安全系数	$1.2 \times (G_1 + G_2) + 1.1 \times 0.75 \times \omega$	20年一遇风	浇筑完成脱模前
3	抗倾覆安全系数	$1.3 \times 1.2 \times G_1 + 1.1 \times \omega$	6级风	行走状态
4	变形	$1.0 \times (G_1 + G_2)$	6级风	浇筑变形

注:G_1 为挂篮自重和模板荷载;G_2 为箱梁混凝土荷载;Q 为施工人员及机具荷载、混凝土振捣对底模产生的荷载;ω 为风荷载。

2. 建立计算模型

采用 midas Civil 建立有限元模型,杆件均采用梁单元模拟,对于主桁杆件节点连接处,采用解除梁单元端部约束的边界条件来模拟销接,将各项荷载施加于模型上,X3 块段浇筑工况和挂篮行走工况计算模型分别如图13、图14 所示。

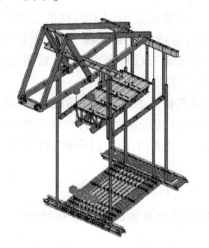

图13　浇筑工况计算模型　　　图14　行走工况计算模型

3. 主要构件计算结果及分析

主要构件计算结果见表2。由表2可以看出,主要构件组合应力均小于 Q235 钢的强度设计值 215MPa,剪应力均小于 125MPa,强度和刚度均满足规范要求。由于横梁悬臂较长,浇筑状态下应力较大位置均出现在前上横梁处。

各工况下最大应力及稳定性分析结果一览表　　表2

工况	组合应力(MPa)	剪应力(MPa)	轴压稳定强度(MPa)	变形(mm)	抗倾覆稳定系数
1	160.6(前上横梁)	81.5(前上横梁)	94.8(竖杆)	—	3.3
2	161.0(前上横梁)	72.9(前上横梁)	77(竖杆)	—	3.5
3	72.9(前下横梁)	8.2(前下横梁)	—	—	5.1
4	—	—	—	16.7	—

浇筑状态下后锚安全系数3.3>2,行走状态下挂篮抗倾覆稳定系数5.1>2,满足规范要求。浇筑状态下挂篮变形最大值为16.7mm<20mm,满足变形要求。

六、静 载 试 验

图15 下弦挂篮静载试验照片

为了验证挂篮的可靠性,消除挂篮的非弹性变形,测定挂篮在不同荷载条件下的实际变形,为箱梁悬浇施工线形控制提供可靠依据[8],使用前进行挂篮静载试验,采用反力架法:通过千斤顶顶撑预埋在箱梁腹板上的三角反力架,利用其反作用力向挂篮底篮施加所需荷载。静载试验照片如图15所示。

预压采用分级加载的方式,按照20%的梁段自重递增。每级荷载施加到位后,持荷2h,测量各观测点高程数据。荷载施加至120%G后,持荷载6h,测量各观测点最终变形。观测后逐级卸载,卸载6h后,测量各观测点恢复后的高程数据。

由静载试验结果可知,挂篮各构件在试验过程中未出现不良现象;整体焊接质量良好;应力实测值与理论计算值基本吻合,挂篮弹性变形值较理论计算值稍低,刚度满足要求。

七、结　　语

针对空腹式连续刚构桥下弦箱梁悬浇施工,通过方案比选采用了承载能力大的上承式斜爬三角挂篮,通过主桁各节点与横梁之间设置铰接连接方式,自适应下弦角度变化,保证了挂篮浇筑过程中受力合理;设置中支点止滑装置、底篮止退装置等,确保施工过程安全可靠;设置底篮前后调节装置,解决了角度变化带来的长度尺寸差异,从而减小额外产生的水平剪力。

目前甘溪特大桥下弦挂篮已悬浇完成9个块段,浇筑和行走过程应用情况良好,满足施工要求,保证了大桥的施工质量以及结构的安全性[9]。斜爬式挂篮的成功研发和应用,有效地解决了空腹式刚构桥下弦箱梁施工的技术难题,保证了甘溪特大桥的顺利建设。总结工程实践经验,对类似工程挂篮设计具有良好的借鉴意义。

参考文献

[1] 徐略勤,彭元诚,周水兴.空腹式连续刚构桥跨径与根部梁高的经济取值研究[J].世界桥梁,2017,45(3):55-59.

[2] 黄坤全,彭旭民.空腹式连续刚构桥施工过程受力特性分析[J].桥梁建设,2011(3):40-43.

[3] 杨书杨.新型空腹式刚构桥与普通刚构桥的对比分析[D].武汉:华中科技大学,2013.

[4] 彭元诚.大跨度空腹式连续刚构桥设计理论与方法[J].桥梁建设,2020,50(1):74-79.

[5] 韩洪举,黄坤全.290m空腹式刚构桥三角区施工技术[J].桥梁建设,2011(3):81-84.

[6] 熊峻.空腹刚构桥三角区形成方式与施工过程分析[D].重庆:重庆交通大学,2018.

[7] 孙克强,李松,李百富,等.甘溪特大桥300m跨空腹式刚构桥三角区施工技术[J].世界桥梁,2020,48(2):45-50.

[8] 冉茂学,郭吉平.大跨度箱形拱桥悬臂浇筑挂篮的设计[J].中外公路,2014,34(4):113-116.

[9] 刘小飞.大吨位倾斜行走挂篮施工技术[J].交通建设与管理,2014(12):147-149.

50. 大跨径PC连续刚构桥合龙段拆除施工风险识别及安全评估

王兴[1,2] 杨俊[1,2] 杨文斌[1,2] 谢东[1,2] 贺媛[1,2] 田璐超[1,2]

(1. 中交第二公路工程局有限公司设计研究总院；
2. 陕西省"四主体一联合"桥梁工程智能建造技术校企联合研究中心)

摘要 为明确大跨径连续刚构桥施工结构安全隐患，保障合龙段拆除施工安全，本文以某座四跨混凝土连续刚构桥为例，通过有限元分析方法对连续刚构桥参数误差来源、取值范围、影响程度进行研究，结果表明：合龙段拆除阶段对主梁、桥墩受力影响较大的参数主要是结构自重、有效预应力、预应力锚固程度以及合龙温差。通过对各参数影响进行包络分析，明确了最不利参数组合下中跨合龙段拆除阶段结构可能发生的极限破坏模式为主梁中跨近悬臂端底板压溃，桥墩边跨侧墩顶及变截面处受拉开裂，最后提出了基于影响矩阵原理的最不利截面安全评估方法，并对工程实例进行了分析，明确了其中跨合龙段拆除的安全性。

关键词 桥梁工程 连续刚构桥 合龙段拆除 影响参数 施工安全评估

一、引言

早期预应力混凝土桥梁受理论缺陷、施工工艺、技术水平、建筑材料局限等多重因素的影响，建成后产生大面积开裂、预应力损失过大及跨中下挠严重等问题，轻者影响结构耐久性和美观，严重者已限制了桥梁的正常使用甚至导致结构丧失承载力[1-2]。而受限于桥梁检测技术，桥梁结构损伤定量识别困难，难以量化分析，使得桥梁拆除施工状态预测不确定性高[3-4]，尤其是连续刚构桥合龙段拆除时存在体系转换影响，施工状态仿真分析与实测结果偏差较大将会导致拆除施工安全难以保障。

一般桥梁安全评估主要借助有限元数值模拟或实桥试验，采用安全指标对比的方法进行全过程分析。刘璐等[5]参照桥梁设计验算方法，提出了一种基于内力包络理论的安全评估方法，可通过有限测点反映桥梁整体状态。张维昕等[6]以佛开高速公路北江大桥为依托，采用midas程序对桥梁在顶推拆除过程中的受力和变形情况进行了仿真分析，根据施工安全需求提出了相关施工改进措施。孙宗磊等[7]提出采用风险交流法对施工风险源进行定性的辨识，然后采用数值仿真分析法对施工进行安全评估，并利用实测数据对模型进行反演校正，预测后续施工影响。对结构安全进行理论计算分析时，计算参数取值一定程度上会影响最终分析结果。对旧桥而言，其参数误差根据产生原因可分为两类，一类是长期运营阶段结构损伤，另一类是施工阶段精度不足。施洲等[8]通过解析的方法分析了结构损伤对于固有频率与振型的影响，指出单元损伤对阵型向量影响极小，而支承处或结构端部有扭转约束处单元损伤对于固有频率影响显著。孙广俊等[9]以某钢管混凝土拱桥为例，通过有限元分析对比了构件损伤在不同工况下对结构的影响，结果表明构件损伤会影响结构整体刚度、稳定性，同时会使结构发生显著的内力重分布。祝国华[10]、李守凯[11]、琚明杰[12]等通过对施工参数误差进行敏感性分析，指出施工精度会极大地影响结构受力。

为保障大跨径连续刚构桥合龙段拆除施工安全，本文将通过有限元分析的方法对连续刚构桥计算参数误差取值范围、不同参数的取值范围影响程度进行分析，从而确定各参数影响程度。同时通过最不利参数组合包络识别合龙段拆除阶段结构安全风险区域，借助影响矩阵方法评估结构潜在风险区域进行拆除施工的安全性。

二、连续刚构桥计算参数及参数误差

连续刚构桥往往存在施工精度不够,结构长期运营损伤等问题,因此会导致结构实际参数与设计参数数值存在一定差异[13-14]。罗列可能影响结构受力状态的相关计算参数,将结构自重、材料弹性模量、预应力、施工温差、结构截面特性等作为主要分析对象。

上述参数可根据误差来源分为施工误差与性能劣化,其中主梁自重、预应力锚固程度、结构强度、施工温差等均归为施工误差,主要是施工精度差异引起的。有效预应力、材料弹性模量等参数取值上限也可认为是施工误差导致,而其下限主要归结为运营期结构损伤、材料性能劣化造成的参数指标下降。

如结构自重误差认为是模板定位、变形、高程控制等误差导致混凝土浇筑超欠方导致,取主梁超欠方误差范围为 $-5\% \sim 10\%$。截面惯性矩误差主要考虑主梁长期运营开裂折减影响,取最大折减 -15%。有效预应力上限认为是施工超张拉(相关规范规定 $\pm 5\%$),而下限认为是长期预应力损失 -30%。预应力切断后锚固程度受到孔道压浆质量影响,按照压浆饱满和不压浆两种情况考虑取锚固程度范围为 $0 \sim 100\%$。材料特性取值依据为加工误差 $\pm 10\%$,并考虑材料性能劣化 -10%(一般混凝土强度不会随时间降低)。而旧桥在合龙段拆除时,体系转换温度势必与新建合龙时温度有所差异,按 $\pm 20℃$ 考虑。

上述各参数取值主要根据相关施工、设计、检测规范,同时查阅有关旧桥检测、研究资料得出,具体参数及参数取值汇总见表1。

参数取值范围　　　　　　　　　　　　　　　　　　　　表1

参数	取值下限	取值上限	误差范围	取值原因	备注
结构自重	95%	110%	$-5\% \sim 10\%$	主梁超、欠方	施工误差
截面惯性矩	85%	100%	$-15\% \sim 0\%$	主梁开裂损伤	性能劣化
有效预应力	65%	105%	$-35\% \sim 5\%$	预应力损失	性能劣化
预应力锚固程度	0%	100%	$0 \sim 100\%$	孔道压浆质量	施工误差
弹性模量(混凝土)	80%	110%	$-20\% \sim 10\%$	材料性能	性能劣化
弹性模量(预应力筋)	80%	110%	$-20\% \sim 10\%$	材料性能	性能劣化
结构强度	90%	110%	$-10\% \sim 10\%$	材料性能	施工误差
合龙段施工温差	$-20℃$	$20℃$	$-20 \sim 20℃$	施工措施(环境影响)	施工误差

其中,结构强度误差主要影响结构的承载能力,而其他参数误差则主要影响结构的应力效应。下面以连续刚构桥合龙段拆除阶段结构应力为指标,分析各参数影响程度,进而利用参数组合包络结果来评估桥梁合龙段拆除阶段的结构安全情况。

三、中跨合龙段拆除风险识别

1. 理论分析依据

相关分析主要依托有限元软件进行,首先需建立包含新建、运营、拆除的完整施工阶段模型。根据参数分类及误差形成时机,分析施工期参数误差在新建施工阶段修改参数取值,其历经新建、运营、拆除三个阶段。运营期参数误差则在运营期修改参数取值,采用新建阶段累计应力与运营、拆除阶段应力变化量叠加结果进行分析。

以主梁自重为例,在新建开始阶段修改混凝土材料重度,至合龙段拆除阶段直接进行应力结果分析;以混凝土弹性模量为例,在新建阶段采用设计基准模型1,至运营期采用修正模型2,其拆除阶段应力结果 = (模型1新建阶段累计应力) + (模型2运营、拆除阶段应力变化量)。

2. 有限元建模

以某四跨预应力混凝土连续刚构桥为例,其跨径布置为 59m + 106m + 106m + 59m,全长330m,宽

15.75m。主梁采用单箱单室混凝土箱梁,墩顶梁高5.5m,跨中梁高3.1m,梁底为二次抛物线渐变。桥梁采用三向预应力体系,纵、横向为钢绞线,竖向为精轧螺纹粗钢筋,主梁采用C48混凝土,桥墩采用C38混凝土(该桥建成于1997年,采用旧规范材料标准)。

该桥结构性能劣化曲线图如图1所示。该桥建成至今,历经桥梁新建施工阶段、运营阶段、加固阶段,在桥梁特殊检测中被评定为三类桥,且桥梁病害仍在持续发展,已无法满足长期运营需求,综合考虑后决定对桥梁上部结构进行拆除后重建。

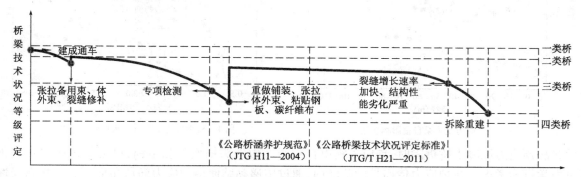

图1 桥梁结构性能劣化曲线图

其中,新建正装阶段施工方案为挂篮逐段对称平衡悬浇法,拆除施工采用反浇筑顺序的节段切割法。在主梁拆除过程中为了避免对未拆除梁段的纵向预应力钢束锚头造成损伤,保存剩余梁段的有效预应力,避免发生安全事故。因此,在梁段拆除前,需要对其重新划分,划分原则为正装施工节段线前移50cm。正装浇筑与倒装拆除梁段划分见表2。

正装浇筑与倒装拆除梁段划分　　　　　　　表2

施工阶段	墩顶0号块	1~5号块	6~11号块	中跨合龙段	边跨现浇段
正装浇筑	6.5m	4.1m	4.7m	2.1m	6.95m
倒装拆除	7.5m	4.1m	4.7m	1.1m	6.95m

为分析合龙段拆除阶段施工误差影响程度,便于进行结构安全性评估,本文采用midas Civil建立有限元模型,如图2所示。全桥采用杆系梁单元,主梁单元按照正装浇筑与倒装拆除长度进行划分,边界条件采用桩底固结。

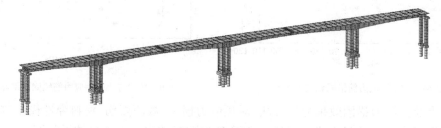

图2 全桥有限元模型

3. 中跨合龙段拆除参数影响分析

基准理论模型参数均按照设计值代入,预应力拆除按照切断失效考虑。下面以中跨合龙段拆除阶段主梁自重、预应力锚固程度误差为例进行分析。

混凝土浇筑时常存在超欠方问题,其产生原因很多,如模板尺寸、位置、钢筋含量、高程控制偏差等。规范中对结构尺寸要求较为严格,但实际一般难以精准控制,导致结构真实自重有所差异。由图3、图4可以看出,随着主梁自重增加,主梁顶板压应力减小而底板压应力增加,双肢薄壁墩墩顶压应力增量大于墩底,中跨侧大于边跨侧。主梁自重减小则规律相反。

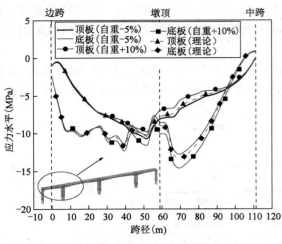
图3 主梁应力受主梁自重影响包络图

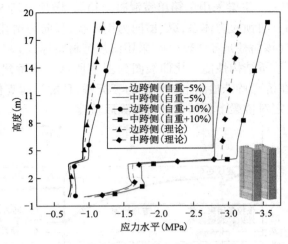
图4 桥墩应力受主梁自重影响包络图

后张法预应力混凝土桥拆除时，预应力钢束在割断后由端头锚变为黏结锚，可近似按照先张法预应力钢束力学行为考虑。在预应力传递长度范围内，通过传递黏结使得预应力筋从端部零应力状态线性变化至有效预应力状态，剩余预应力钢束对主梁继续提供正弯矩效应。但是，预应力锚固效果受到预应力结构损伤、材料性能退化、预应力孔道灌浆施工质量等多种因素影响。下面对钢束切断后自锚程度对于结构的影响进行分析，分别取预应力切断后完全自锚和完全失效两种情况进行包络分析。

从图5、图6可以看出，预应力锚固程度对于底板应力影响显著，在临近悬臂段区域底板产生较大压应力。对桥墩而言，切断钢束的预应力锚固提高了墩顶压应力，但降低了墩底区域压应力储备。

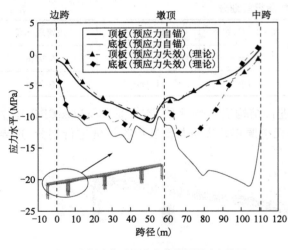
图5 主梁应力受预应力筋锚固影响包络图

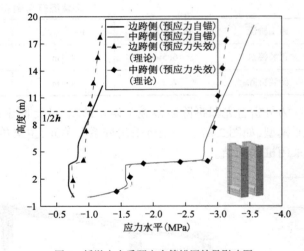
图6 桥墩应力受预应力筋锚固效果影响图

参照主梁自重及预应力锚固效果分析方法，对预应力损失、截面损伤、材料弹性模量等参数进行分析（参数项目较多，取各参数误差最大进行对比），得到各参数对结构应力影响结果如图7、图8所示。

可以发现，混凝土弹性模量不参与结构受力，其他参数或多或少在一定程度上对结构应力产生影响。其中，对主梁应力影响较大的参数主要有主梁自重、有效预应力、预应力锚固程度，尤其是预应力锚固程度对底板应力有决定性的影响。而对桥墩影响较大的参数主要是有效预应力、预应力锚固程度及合龙段温差。

对各参数对结构应力影响程度进行对比可以发现，部分参数如预应力锚固效果、有效预应力、合龙温差等对结构不同位置的影响规律也不相同。因此，在分析时需分别考虑不同位置的最不利参数组合影响。

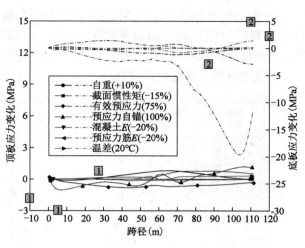

图7 各参数影响下主梁应力变化图

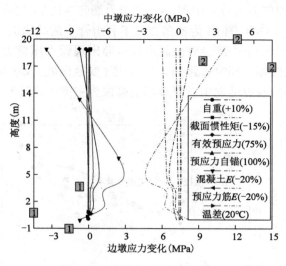

图8 各因素影响下桥墩应力变化图

4. 最不利参数组合影响包络

根据中跨合龙段拆除阶段各参数影响分析结果,得到主梁及桥墩应力影响规律见表3、表4("增大"表示压应力减小或拉应力增加)。依据表3、表4各参数的影响规律,对主梁、桥墩的相同影响趋势进行包络考虑,以便分析合龙段拆除最不利截面位置,方便在拆除中及时进行安全评估。

中跨合龙段拆除阶段主梁应力影响   表3

位置	主梁顶板		主梁底板	
影响趋势	增大	减小	增大	减小
主梁自重	+10%	-5%	-5%	+10%
截面惯性矩	-15%	—	—	-15%
有效预应力	—	75%	75%(边跨)	75%(中跨)
预应力锚固程度	100%(中跨)	100%(边跨)	0%	100%
弹性模量(混凝土)	—	—	—	—
弹性模量(预应力筋)	+10%	-20%	+10%	-20%
合龙段施工温差	20℃	-20℃	-20℃	20℃

中跨合龙段拆除阶段桥墩应力影响   表4

位置	桥墩边跨侧		桥墩中跨侧	
影响趋势	增大	减小	增大	减小
主梁自重	-5%	+10%	-5%	+10%
截面惯性矩	—	—	—	—
有效预应力	105%(2/3h~h)	75%(2/3h~h)	75%(2/3h~h)	—
预应力锚固程度	0%(1/2h~h)	100%(1/2h~h)	0%(1/2h~h)	100%(1/2h~h)
弹性模量(混凝土)	—	—	—	—
弹性模量(预应力筋)	-20%(3/5h~h)	+10%(3/5h~h)	—	-20%(3/5h~h)
合龙段施工温差	-20℃(3/5h~h)	20℃(3/5h~h)	20℃(3/5h~h)	-20℃(3/5h~h)

以主梁顶板为例,应力包络组合如下:主梁顶板应力上限组合为(自重+10%)+(截面惯性矩-15%)+(预应力自锚100%-中跨)/(预应力失效-边跨)+(预应力筋弹性模量+10%)+(合龙段温差20℃);主梁顶板应力下限组合为(自重-5%)+(有效预应力75%)+(预应力自锚100%-边跨)/

(预应力失效-中跨)+(预应力筋弹性模量-20%)+(合龙段温差-20℃)。

图9、图10为各参数最不利组合下的结构应力水平包络。对于中跨合龙段拆除阶段,最不利参数组合影响下中跨悬臂段附近底板会出现较大压应力(预应力自锚效应),该区域可能会因为压应力超限发生破坏。同时边跨侧1/5h高度(变截面处)及墩顶附近也可能会因为拉应力过大开裂。即中跨合龙段拆除阶段可能发生极限破坏的部位为主梁中跨近悬臂端、桥墩边跨侧变截面处及墩顶。

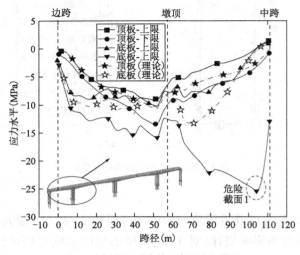

图9 主梁最不利参数组合影响包络图　　　　图10 桥墩最不利参数组合影响包络图

四、基于影响矩阵的结构安全评估方法

桥梁拆除施工中,一般可通过有关检测技术对部分参数进行测试,并调整计算模型获取新的应力结果来判别施工的安全性,其步骤较为烦琐。为在施工中快速判断结构的安全性,下面基于参数包络对连续刚构桥合龙段拆除最不利截面位置的识别结果,通过影响矩阵和有限元计算相结合的方法,对最不利截面进行安全性评估。

1. 影响矩阵计算原理

可借助影响矩阵进行施工阶段结构安全评估[15],根据影响矩阵基本原理,定义结构应力影响公式如下:

$$\{\boldsymbol{\sigma}\}=[\boldsymbol{W}]\{\boldsymbol{A}\} \qquad(1)$$

式中:$\{\boldsymbol{\sigma}\}$——结构m个截面的应力增量向量,具体表达为$\{\boldsymbol{\sigma}\}=\{\sigma_1,\sigma_2,\cdots,\sigma_m\}^T$;

$\{\boldsymbol{A}\}$——由n个结构影响参数组成的列向量,具体表达为$\{\boldsymbol{A}\}=\{a_1,a_2,\cdots,a_n\}^T$;

$[\boldsymbol{W}]$——应力增量影响矩阵,影响矩阵为$m\times n$阶,代表n个结构影响参数变化引起m个截面应力增量变化。

影响矩阵向量获取方式为:调整参数j单位百分比误差取值,在对应施工阶段的提取截面i应力结果,计算截面应力增量百分比即为w_{ij}(参数敏感性)。施工过程中根据各参数实测结果或状态反演推测,将实际参数结果带入计算,即可求得实际状态下某一阶段结构理论应力状态,从而进行结构安全评估。

2. 背景桥实例分析

由图9、图10可知,中跨合龙段拆除阶段结构最不利截面位置分别为主梁中跨近悬臂端(截面1)、桥墩边跨侧墩顶(截面2)及变截面处(截面3),依次根据主梁自重、截面惯性矩、有效预应力、预应力锚固程度、弹性模量(混凝土)、弹性模量(预应力筋)、合龙温差等7个参数的影响规律,计算不同参数组合下的结构应力变化情况。

显然,$\{\boldsymbol{\sigma}\}=\{\sigma_1,\sigma_2,\sigma_3\}^T$,$\{\boldsymbol{A}\}=\{a_1,a_2,\cdots,a_7\}^T$,$[\boldsymbol{W}]$为$3\times7$阶影响矩阵。通过在有限元建模中调整各参数单位百分比变化,提取中跨合龙段拆除阶段上述3个截面应力变化百分比情况。影响矩阵计算

结果如下(参数误差正负影响不同时,以括号数值代表参数误差为 +):

$$[W] = \begin{bmatrix} 1.47 & 3.89 & -6.12(-1.47) & 14.22 & 0 & 0.33(-0.07) & -0.07 \\ 1.82 & 0 & -2.55(-1.32) & -0.02 & 0 & 0.29(0.17) & -2.99 \\ 0.55 & 0 & 3.89(0.38) & -0.40 & 0 & -0.33(0.03) & 3.26 \end{bmatrix} \times 1\% \quad (2)$$

根据上文分析,预应力、主梁自重、合龙温差等参数对于结构受力影响更为显著。因此,背景桥在拆除前通过相关检测手段对部分重点参数进行了较为精确的取值分析,通过三维激光扫描确定理论体积平均增大约8.06%;通过历史竣工资料得知合龙时间约为1996年10月,查阅历史天气后与拆除施工阶段温度对比,取拆除阶段温差 -6℃;通过对预应力部分孔道进行凿除检测,压浆不饱满占41.7%,87%的预应力存在不同程度锈蚀情况,因此取钢筋弹性模量折减参数取(-20%×87%),压浆不饱满按照50%锚固效果折减,预应力锚固程度参数取(100% -41.7%×50%);目前有效预应力、混凝土弹性模量等检测方法误差较大,数据可靠性偏低,而截面开裂折减也难以量化,因此均以最不利参数取值进行分析,具体取值结果见表5。

背景桥安全评估参数取值 表5

参数	取值	取值原因	备注
主梁自重	8.06%	三维激光扫描结构体积检测	检测值
截面惯性矩	-15%	主梁开裂程度最不利取值	评估值
预应力损失	-25%	预应力损失最不利取值	评估值
预应力锚固程度	79.15%	孔道压浆质量检测评估	检测+评估值
弹性模量-混凝土	-17.4%	混凝土性能下降最不利取值	评估值
弹性模量-预应力筋	-20%	锈蚀情况检测	检测+评估值
结构强度	-10%	结构强度最不利取值	评估值
合龙段施工温差	-6℃/20℃	资料调研取值	检测值

将各参数取值带入影响参数向量,得 $\{A\} = \{8.06, -15, -25, 79.15, -20, -20, -10, -30\}^T$,进一步求得 $\{\sigma\} = \{-18.07, -3.16, 1.09\}^T$。将主梁与桥墩混凝土强度设计值折减10%后,主梁最大压应力 $f'_{cd-L} = -19.48 \text{MPa}$,桥墩最大拉应力为 $f'_{td-D} = 1.61 \text{MPa}$,可判定最不利截面位置应力满足要求。因此,该桥合龙段拆除施工安全风险较低。

五、结　　语

本文以某四跨连续刚构桥为例,对连续刚构桥计算参数误差进行了总结分析,根据分析结果指出了合龙段拆除阶段最不利截面位置,并以实例进行了合龙段拆除阶段结构安全评估。主要研究结论如下:

(1)基于连续刚构桥计算相关参数,给出了主梁自重、材料弹性模量、预应力、施工温度差、结构截面特性等参数的主要误差来源及误差取值范围。基于有限元分析平台,对合龙段拆除阶段各参数的影响情况进行了分析,指出对主梁、桥墩受力影响较大的参数主要是结构自重、有效预应力、预应力锚固程度以及合龙温差。

(2)根据各参数影响规律,对主梁、桥墩的相同影响趋势进行包络考虑,明确了最不利参数组合下中跨合龙段拆除阶段结构可能发生极限破坏的部位、破坏形式,即主梁底板在中跨近悬臂端可能发生压溃,桥墩边跨侧在墩顶及变截面处可能受拉开裂。

(3)根据参数组合包络分析结果,提出基于影响矩阵计算原理对结构最不利截面位置进行安全性评估,并对工程实例进行了分析,方案设计保证了该桥中跨合龙段拆除的安全性。

参考文献

[1] 陈舟,邓德员,林鸿鑫,等.大跨度斜拉桥主桥拆除施工技术及力学行为研究[J].公路,2022,67(9):159-164.

[2] 刘永健,唐志伟,肖军,等.大跨度预应力混凝土桥智能拆除技术现状与展望[J].建筑科学与工程学

报,2022,39(4):1-23.
[3] 李亚东.既有桥梁评估方法研究[J].铁道学报,1997,19(3):109-115.
[4] 李亚东,王崇交.中外桥梁长寿命化研究进展及其思考[J].桥梁建设,2019,49(2):17-23.
[5] 刘璐,周建庭,陈晓明.基于内力包络理论桥梁远程健康监测安全评价[J].重庆交通大学学报(自然科学版),2009,28(4):673-675,688.
[6] 张维昕,张凯,周鑫.连续梁桥顶推拆除过程的仿真分析[J].中外公路,2013,33(1):123-126.
[7] 孙宗磊,孟繁增.下穿高铁桥梁施工安全风险评估及变形动态控制技术[J].桥梁建设,2022,52(5):135-141.
[8] 施洲,赵人达.桥梁结构边界条件变异对固有振动特性的影响分析[J].振动与冲击,2007,26(2):141-145,170.
[9] 孙广俊,李正嘉,章世祥,等.结构损伤对系杆拱桥结构性能的影响研究[J].桥梁建设,2018,48(2):61-66.
[10] 祝国华,朱伟庆,崔越.PC连续梁桥悬臂浇筑施工线形误差敏感性分析[J].中外公路,2016,36(6):142-145.
[11] 李守凯,张峰,李术才,等.施工定位误差对竖向预应力损失的影响研究[J].山东大学学报(工学版),2011,41(3):101-105.
[12] 琚明杰,刘世明,刘永健.索力随机误差对组合梁无背索斜拉桥受力影响[J].公路交通科技,2016,33(10):60-66.
[13] 王钧利.影响桥梁结构耐久性的主要因素及应对措施[J].中外公路,2004,24(6):61-64.
[14] 侯宁,王修山.考虑结构损伤的在役混凝土桥梁有限元模型修正方法[J].公路交通科技,2021,38(10):64-71.
[15] 熊乐航,娄安刚,张学庆,等.环境影响矩阵法对渤海航道溢油影响评估(英文)[J].Marine Science Bulletin,2018,20(2):3-18.

51. 曲线钢板梁桥分联平行顶推施工技术研究

霍凯荣　张小龙　刘永亮

(中交二公局第五工程有限公司)

摘　要　钢材具有强度高、材质性能稳定、塑性及韧性良好等诸多优点,推动中国钢结构桥梁的快速发展。由中交第二公路工程局有限公司承建的广东云茂高速公路TJ10标高台大桥为广东省首座试点钢板组合梁桥,桥梁平面线形为S形曲线,若采取传统的半幅整体顶推或由两端向中间顶推,工效慢、成本高。项目充分利用钢板梁自重轻、刚度大的优点,首创无导梁分联平行顶推施工工法。该工法具有安全风险小、质量易控制、工效高、经济性好等优点。通过工程实施,总结出钢板梁无导梁分联平行顶推技术的控制要点,为以后类似工程的施工提供借鉴和依据。

关键词　曲线　钢板梁　分联　顶推

一、引　言

30~50m跨径钢板组合梁桥在国外应用广泛。近年来,在交通运输部推广应用钢结构桥梁的号召下,国内已在安徽、浙江、江苏、陕西等省份试点应用钢板组合梁桥,但目前多采用加长型架桥机架设工艺。为对比分析顶推工艺和常规的架桥机架设工艺的优劣,云茂项目选择在TJ10标高台大桥采用钢梁顶推工艺,TJ14标老屋村大桥采用架桥机架设工艺。顶推工艺多适用于直线桥、标准圆曲线桥或单向缓和曲线桥[1-4]，高台大桥平面为S曲线，常规顶推工艺无法解决横向偏位过大的难题，项目巧妙地利用钢梁自身刚度大、自重轻的特点，采取无导梁分联平行顶推工艺，将680m桥长一次顶推缩短为最长160m分联顶推，解决了S形曲线横向偏位过大的难题，在技术上具备可行性。

高台大桥平面线形为由两段正反圆曲线和正反缓和曲线组成的S形平面曲线，桥梁总长680m，左幅桥跨组合为4×40m+4×40m+3×40m+3×40m+3×40m，共5联17跨；右幅桥跨组合为4×40m+4×40m+3×40m+4×40m，共4联15跨。最大墩高63m，上部结构采用钢板梁+预制桥面板，单跨40m钢板梁重约105t。高台大桥立面和平面布置如图1所示。

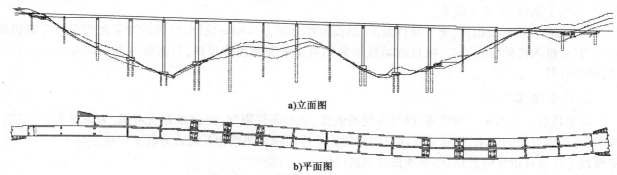

图1 高台大桥立面和平面布置图

高台大桥由正反两段圆曲线及缓和曲线组合而成，在K69+133.108处正反两段缓和曲线相切，纵坡为2.5%。平面线形组合见表1。

高台大桥平面线形参数表　　表1

序号	起始桩号	终止桩号	长度(m)	平面线形	曲线参数(m)	总长(m)
左幅	K68+784.0	K68+953.108	169.108	圆曲线	R=1400	680
	K68+953.108	K69+133.108	180.000	缓和曲线	—	
	K69+133.108	K69+363.108	230.000	缓和曲线	—	
	K69+363.108	K69+464.0	100.892	圆曲线	R=2000	
右幅	K68+784.0	K68+953.108	169.108	圆曲线	R=1400	600
	K68+953.108	K69+133.108	180.000	缓和曲线	—	
	K69+133.108	K69+363.108	230.000	缓和曲线	—	
	K69+363.108	K69+384	20.892	圆曲线	R=2000	

主梁采用双工字钢板组合梁，单幅组合梁桥面宽12.5m，双幅全宽25.5m，钢板梁高2.2m，主梁横断面如图2所示。

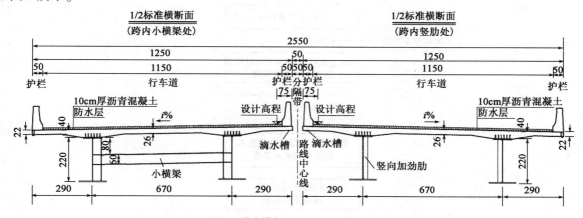

图2 跨中横断面图(尺寸单位：cm)

二、施工工艺及关键技术

1. 顶推施工重难点及创新点

(1) 高台大桥左幅桥长680m,如此长的桥梁在S形曲线上顶推在国内尚属首次[5],顶推过程中平面位置极难控制,项目创新性采用无导梁分联平行从大里程向小里程侧进行顶推,减小钢板梁横向偏位,确保平面位置控制精确[6-10]。

(2) 单跨40m钢板梁重105t,端部最大下挠389mm,项目创新性地使用1.3m上下墩装置代替传统长导梁,节约了钢材,降低了成本。

(3) 高台大桥地处山区,地形条件复杂,墩高大部分在28~63m之间,顶推装置采用汽车起重机很难安装到位,投入机械时间较长,项目创新性地采用膺架来安装顶推设备,只需要在首联端部投入一套即可,成本较低。

2. 顶推施工方案

由于高台大桥为S形曲线桥,同时受现场地势、地形条件限制,经过多方面考虑,为满足安全、工期、技术、经济等方面的要求,钢板梁采用三向步履式千斤顶和钢垫梁相互配合分联平行顶推施工工艺,三向步履式千斤顶自带竖向起顶、水平顶推及侧向纠偏三向功能[11-15]。

钢板梁在专业厂家加工成构件运至施工现场后,按下列步骤施工:

步骤一:标准节段运抵拼装场地后,拼接成40m跨标准节,涂装最后一道面漆。

步骤二:安装场区内步履式千斤顶。门式起重机提吊40m跨节段梁至顶推区→第1~2跨焊接完毕→顶推前移40m→拼装焊接第3跨→顶推前移40m→拼装焊接第4跨→第一联顶推前移。

采用相同方法进行后续其他联顶推,先顶推到位的先进行落梁,逐联完成落梁[16-18]。

高台大桥钢板梁分联平行顶推流程如图3所示。

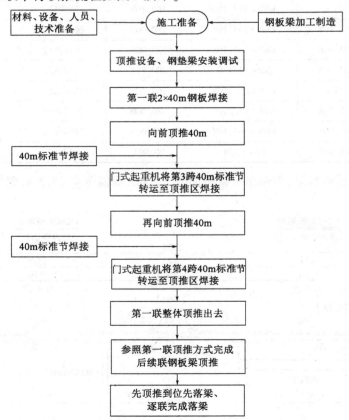

图3 高台大桥钢板梁分联平行顶推流程图

3. 顶推施工步骤

步骤一:提前在大里程侧路基顶推平台及盖梁顶安装步履顶及配套设备。在顶推平台上拼装1~2号墩、0~1号墩节段梁,如图4所示。

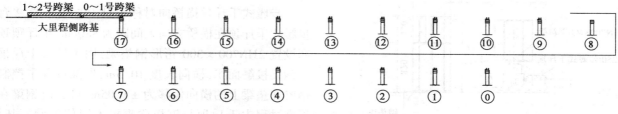

图4 顶推步骤一示意图

步骤二:左幅第1联(0~4号跨)顶推出去后,在顶推平台继续拼装左幅第2联(4~8号跨)钢板梁,如图5所示。

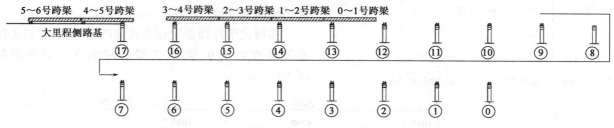

图5 顶推步骤二示意图

步骤三:左幅第1联(0~4号跨)继续向前顶推,左幅第2联(4~8号跨)、左幅第3联(8~11号跨)钢板梁紧随其后同步平行顶推,在大里程侧路基上继续拼装左幅第4联(11~14号跨)钢板梁,如图6所示。

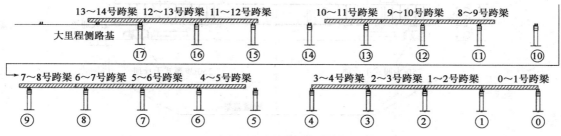

图6 顶推步骤三示意图

步骤四:依次完成左幅1~5联顶推,后续联和先行联之间预留2m纵向间距,先顶推到位先落梁。而后将顶推设备周转至右幅按相同工艺施工,如图7所示。

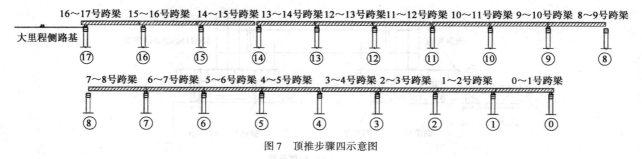

图7 顶推步骤四示意图

4. 步履式千斤顶选型、布设及安拆

根据设计要求,顶推施工时设备应满足钢板梁底面最大竖向承载力1220kN的要求,钢梁顺桥向均匀

扩散长度不小于60cm,顶推施工过程中由钢梁腹板和底板共同受力。综合考虑本桥结构形式、竖向承载力、施工便捷性等要求,施工时采用三向步履式顶推设备进行施工,步履式千斤顶竖向顶升力2500kN,行程20cm,纵向顶升力500kN,行程50cm,横向纠偏顶升力500kN,行程15cm。

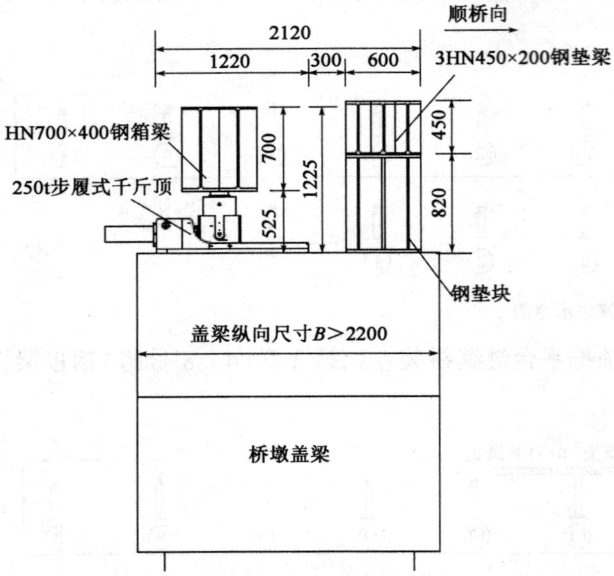

步履式千斤顶横桥向对称墩身中心线布置,2台步履式千斤顶在横桥方向上间距为880cm,千斤顶顶部设置2HN700×300箱形钢垫梁,用于扩大千斤顶与钢梁接触面积,横向长度10.5m,顶推过程中控制钢梁在垫梁上的横向偏移为±1.05m,可解决钢梁在顶推过程中千斤顶与钢板梁腹板不同位问题,同时确保钢梁平面重心始终位于千斤顶支点平面以内。在盖梁顶部钢梁前进方向设置支撑横梁,采用3HN450×200箱形钢垫梁,用于步履式千斤顶下落时的临时钢支撑[19-22]。

步履式千斤顶盖梁顶布置如图8所示,盖梁步履顶侧断面如图9所示,盖梁临时钢支墩侧断面如图10所示。

图8 步履式千斤顶盖梁顶布置图(尺寸单位:mm)

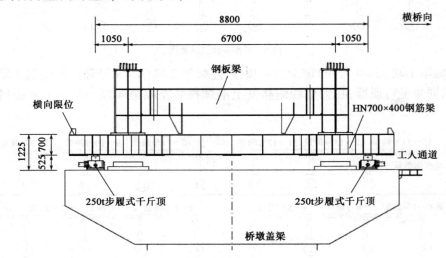

图9 盖梁步履顶侧断面(尺寸单位:mm)

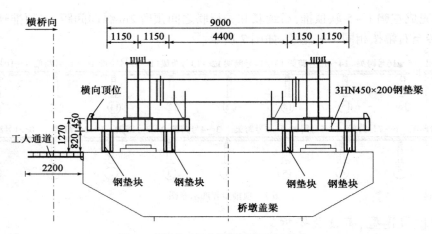

图10 盖梁临时钢支墩侧断面(尺寸单位:mm)

由于本项目先顶推左幅,现就左幅顶推设备安装和拆除进行介绍,顶推设备主要包括钢垫梁、钢垫块、落梁临时钢支撑、250t步履式千斤顶,顶推场地、1号墩和16号墩步履式千斤顶采用25t汽车起重机配合人工安装到位。其他墩位顶推设备采用膺架进行提升安装。膺架由I32a型钢焊接而成,安装在首联钢板梁前段,均采用焊接而成,两边分别安装1个5t电动葫芦,本项目一共需要1套膺架。首联钢板梁端部膺架如图11所示。

左幅顶推完成后,将钢板梁支撑位置调整至横梁位置,使顶升垫梁及落梁墩脱空,而后采用梁顶10t天车,将落梁墩及顶升垫梁下放至桥底地面。步履式千斤顶继续用于落梁及落梁后的钢板梁精确就位。梁顶天车如图12所示。

图11 首联钢板梁端部膺架

图12 钢板梁顶部10t天车

5. 主梁上下墩施工工艺

因钢梁自重使前端下挠,经过计算分析,最大值将达389mm,故在钢梁前后端设置上墩装置(图13),前后上墩装置长1.3m、宽50cm,采用钢板焊接而成[23-25]。

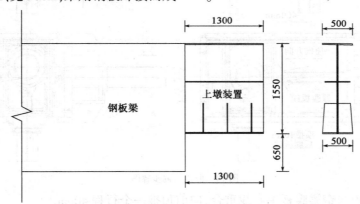

图13 钢板梁端部上墩装置设计图(尺寸单位:mm)

主梁上墩步骤如下:

步骤一:步履式千斤顶上抄垫垫块。

步骤二:步履式千斤顶向前走一个行程,至上墩装置前端到垫块位置,将垫块抄垫齐平。

步骤三:步履式千斤顶与垫块(上抄垫垫板)之间交替顶升、转换,使钢梁底板高于盖梁顶面1.3m。

步骤四:移除步履式千斤顶上抄垫,步履顶回程。

步骤五:步履式千斤顶起顶,然后向前顶推,至钢梁前端贴紧临时钢支撑上方垫块。

步骤六:步履式千斤顶回程。

步骤七:拆除临时钢支撑上方垫块,步履式千斤顶向前顶推,至上钢板梁端部支垫在临时钢支撑上,完成上墩。

主梁下墩步骤如下：

步骤一：步履式千斤顶上抄垫垫块，支撑于下墩装置根部。

步骤二：步履式千斤顶起顶，向前走一个行程。

步骤三：步履设备回程，支撑与导梁台阶端部，进行下一次顶推。

步骤四：至钢梁底部脱离步履顶和临时钢支撑，将步履顶和临时钢支撑上垫块交替抽出下落，至下墩装置与垫块间脱空，完成下墩。

6. 曲线顶推施工工艺

顶推施工过程中，钢梁腹板线在平面上的位置是不断变化的，顶推过程中需要调整钢梁在桥平面上的位置，调整步骤如下：顶推一个行程→检查腹板偏移情况→确认横向调整距离→用落梁垫块支垫→使用步履顶横向调整→钢梁前后端点绕中心轴反方向转动→循环施工。

顶推的纠偏原理是将钢梁绕质心旋转，将各个千斤顶位置的梁段简化为桥梁线形上的一个点，理论上该点绕质心做圆周运动，通过控制不同支点的运动距离 a 和方向实现纠偏，但是由于顶推设备的油缸只能水平伸缩，所以实际纠偏距离 b 和理论运动距离 a 之间的差值通过在步履式千斤顶上设置鞍座（可转动3%的角度）进行调整。

具体纠偏步骤如图14所示。

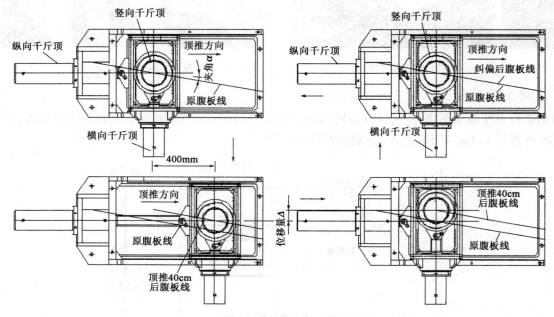

图14 曲线纠偏步骤图

步骤一：竖向千斤顶与钢梁腹板中心线重合，向前顶推一个行程40cm。

步骤二：竖向千斤顶回缩，落梁至临时钢支撑，纵向千斤顶回缩到初始位置，此时竖向千斤顶中心点偏离钢梁腹板中心线 Δmm。

步骤三：横向千斤顶伸出 Δmm，竖向千斤顶起顶，竖向千斤顶中心点与钢梁腹板中心线重合，横向千斤顶回缩 Δmm，完成纠偏。

步骤四：重复以上步骤。

7. 落梁施工及支座安装

钢梁顶推过程中，需根据钢梁纵坡调整垫块高程。顶推落梁作业利用桥墩上预先布置的落梁千斤顶。顶推到设计位置后，开始线形调整、落梁施工、安装支座。主要步骤如下：

（1）在墩顶安装250t三向落梁千斤顶、落梁墩和方木支垫，落梁墩和千斤顶下部方木为18cm×18cm方木，纵向和横向各4根，如图15所示。方木间采用抓钉连接，钢板梁底部支撑方木在支座调节钢板的前侧,千斤顶支撑方木在有加劲板横梁下方,然后拆除各顶推设备、横梁。

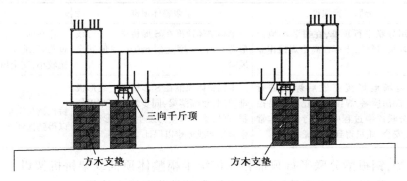

图15 千斤顶和钢板梁底部方木支垫

(2)千斤顶起顶使钢板梁与支座处钢垫块脱空,抽除一层钢板梁支撑方木,千斤顶下落18cm,使钢板梁重新支承于方木上。千斤顶继续回油,使千斤顶柱塞与梁底脱空,将千斤顶下方木垫块抽取一层后,重新与梁底顶紧。

(3)重复以上步骤,在梁落至剩余50cm左右距离后,安装永久支座,然后再逐层抽取支座处与千斤顶下方的支撑方木,直至完全抽出钢板梁底部支撑方木。

(4)落梁到位后向盖梁预留孔内浇筑灌浆料,然后浇筑支座垫石(图16)。待强度满足要求后,拆除落梁设备,完成体系转换。

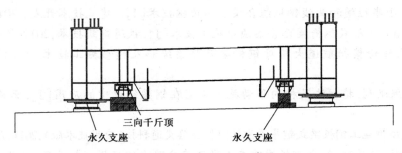

图16 浇筑支座垫石和灌浆料

三、结　语

钢板梁采用无导梁分联平行顶推,相比传统半幅整体顶推或架桥机架设,该方式非常明显,进度快、安全性高、质量容易控制,尤其在工期紧、山岭地区施工更为适用。以高台大桥左幅为例(5联17跨,每跨40m),对比分析见表2。

对比分析表　　　　表2

对比项	分联平行顶推	半幅整体顶推	架桥机架设
施工工艺	在拼装场地组拼成40m一跨的标准梁,在顶推区拼装两跨后进行顶推,随着顶推进行后续标准节焊接,直至整联拼装完成顶推出去,采用相同方法进行其他联顶推	直接在顶推场地进行拼装、焊接,顶推出去一跨,再拼装、焊接下一跨,直至半幅17跨完全顶推到位	在拼装场地组拼成40m一跨的标准梁,采用架桥机逐跨架设,架设完成一联后将钢板梁逐跨焊接成联,后续采用相同方法架设其他联
工效方面	钢板梁后场焊接一跨/4d,首联考虑到需要安装顶推设备,顶推平均一跨/5d,焊接时间不占关键工序,首联顶推到位需要85d,后续每联在前一联顶推到位后2d内也将到位,落梁共7d,左半幅顶推到位共需100d	钢板梁焊接一跨/4d,首联考虑到需要安装顶推设备,顶推平均一跨/5d,落梁共7d,左半幅顶推到位共需160d	钢板梁后场焊接一跨/4d,安装、调整线形和架桥机过孔一跨/4d,整联安装完成后焊接、焊缝检测、涂漆等一联/10d,焊接时间不占关键工序,左半幅安装到位共需118d

续上表

对比项	分联平行顶推	半幅整体顶推	架桥机架设
安全方面	采用分联平行顶推,在拼装场地面进行焊接、拼装,不存在高空焊接作业风险	半幅整体顶推在S形桥梁上进行线形调整时,长度达到680m,纠偏安全风险大	存在高空焊接,风险极大。架桥机过孔时,前支撑需要放置盖梁上,空间比较小,安全风险大
质量方面	拼装场地焊接完成后焊缝进行100%探伤检测,焊接质量比较容易控制。分联顶推过程中,进行纠偏非常便捷、安全,质量得到了保证	半幅整体顶推在S形桥梁上线形极难控制,整幅落梁,同步性比较难以控制,钢板梁局部受力发生易变形,钢板梁质量和线形难以保证	高空焊接,焊缝质量难以保证,且架桥机调整钢板梁线形较困难,线形难以得到保证

由表2分析可知,钢板梁分联平行顶推相比传统半幅整体顶推或架桥机架设,在工期上分别节约60%、18%,安全性高,质量方面更容易控制,具有极强的借鉴和推广价值。

参考文献

[1] 苏立超,周印霄,刘小宇.我国钢-混凝土组合桥梁的创新实践[J].筑路机械与施工机械化,2017,34(11):30-37.
[2] 王彪.钢板梁桥的设计特点和应用前景分析[J].科技风,2019(31):101.
[3] 张钰伯.高性能耐候钢在钢板组合梁桥中的应用[J].工程建设与设计,2020(3):236-238.
[4] 陈智俊,张晟斌,胡胜刚.组合钢板梁-山区弯、高桥梁设计的新探索[C]//中国公路学会.第四届全国公路科技创新高层论坛论文集(下卷).北京:人民交通出版社,2008:55-58.
[5] 王坤,丁亚辉.小半径缓和曲线钢板组合梁整体顶推技术[J].建筑技术开发,2019,46(8):70-71.
[6] 滕树元.单孔96m下承式钢桁梁无导梁顶推施工技术[J].铁道建筑技术,2017(7):71-74.
[7] 凤淼.邻近营业线跨繁忙航道大跨度钢桁梁无导梁纵移及横移施工技术[J].价值工程,2018,37(10):145-147.
[8] 李孟辉,於波,周洪利.拖拉法及横向移动施工工艺在钢梁架设中的应用[J].云南科技管理,2019,32(1):69-72.
[9] 乔亚东.钢箱梁顶推施工钢板梁式钢导梁设计[J].公路交通科技(应用技术版),2011,7(3):132-136.
[10] 陈智俊,胡胜刚,张晟斌.组合钢板梁桥在山区高速公路上的应用[J].公路,2008(1):109-114.
[11] 邵长宇.梁式组合结构桥梁[M].北京:中国建筑工业出版社,2017.
[12] 段亚军.钢板组合梁桥施工工艺综述[J].钢结构(中英文),2019,34(10):78-84.
[13] 解庆民,王明兰.架设桥梁的几项施工实例[J].铁道建筑,1991(3):6-11.
[14] 郝志高.中小跨径钢桥快速化建造技术研究[D].西安:长安大学,2019.
[15] 冯金常.装配式桥梁安装综合施工技术[J].安徽建筑,2020,27(5):151-152.
[16] 芶洁.连续曲线钢箱梁及钢混组合梁顶推施工监控技术[J].山西建筑,2020,46(15):135-136,143.
[17] 陆子成.大跨度钢引桥安装技术的应用[J].珠江水运,2020(12):72-74.
[18] 雷云.跨河钢箱梁桥梁建设中的步履式顶推施工技术[J].公路交通科技(应用技术版),2020,16(3):197-198,213.
[19] 韩晓东,沈传东,牛哲.曲线双工字钢板组合梁桥受弯破坏全过程分析[J].市政技术,2020,38(2):68-70.
[20] 廖品博.钢混组合连续梁桥顶推施工受力特性分析[D].南京:东南大学,2017.
[21] 曾思清,杨凯,王伟力.基于空间网格模型的装配式钢板组合梁桥受力分析[J].广东公路交通,2020,46(2):46-49,60.
[22] 李志峰.基于BIM技术装配式钢板组合梁桥参数化设计及虚拟施工研究[D].西安:长安大学,2019.
[23] 中华人民共和国交通运输部.公路桥涵施工技术规范:JTG/T 3650—2020[S]北京:人民交通出版社股份有限公司,2020.

[24] 中华人民共和国住房和城乡建设部.钢结构设计标准:GB 50017—2017[S].北京:中国建筑工业出版社,2018.
[25] 中华人民共和国交通运输部.公路钢结构桥梁设计规范:JTG D64—2015[S].北京:人民交通出版社股份有限公司,2015.

52.钢梁顶推平台设计与施工技术

王　坤

（中交二公局第二工程有限公司）

摘　要　在安罗高速公路黄河特大桥南副桥钢梁顶推施工中,单跨单幅钢箱梁重约1000t。最不利时约3/4单幅槽型钢主梁重作用在4台步履式千斤顶位置,每台步履式千斤顶承受荷载1875kN,水平力大小与顶升反力相关,摩擦系数为0.1,则产生水平力为187.5kN,水平力较大,对顶推平台要求较高。本文主要介绍顶推平台的设计计算要点及顶推平台施工关键技术,通过顶推平台高精度施工,有效地保证了槽型钢主梁顶推施工的质量。

关键词　钢梁顶推平台　设计计算　midas有限元分析

一、引　言

随着建筑行业的蓬勃发展,桥梁行业逐渐进入平稳期,市场竞争逐渐激烈,施工单位必须不断进行技术创新和管理创新,才能保持行业"领头羊"的地位。长距离钢箱梁传统施工采用原位吊装,施工工效低且成本较高,安罗高速公路黄河特大桥南副桥钢箱梁施工在115～116号墩之间搭设顶推平台,采用顶推法施工,单次顶推长度达1700m,单跨顶推距离100m,均为国内第一。大跨径和超重钢梁,国内现有架桥机设备无法满足吊装需求,如采用传统吊装工艺,需投入大型门式起重机,总体设备投入费用巨大,安全风险也大大增加。因此,采用顶推工艺不仅提高了安全性能,也能节约大量施工成本。

安罗高速公路黄河特大桥南副桥为箱形组合梁,跨径布置采用标准跨径设计,南副桥桥跨布置为(3×100m)+(3×100m)+7×(4×100m)=3400m。主梁采用"槽型钢主梁+混凝土桥面板"的分幅组合结构,单幅桥采用双梁结构。标准段梁高4.8m,高跨比约为1/20.8;与主桥相接处,由标准梁高4.8m线性变化到3.8m,变化长度9m;与南堤内引桥相接处,由标准梁高4.8m线性变化到2.5m,变化长度14m。钢梁由上翼缘板、腹板、腹板加劲肋、底板、底板加劲肋、横隔板、横肋组成,单片钢梁腹板中心间距2.0m,钢梁上翼板宽0.6～1.1m,梁底宽2.1m。两片钢梁通过横梁连接,中心间距12.65m,中间设置小纵梁,槽型梁外侧设置挑梁结构,如图1所示。

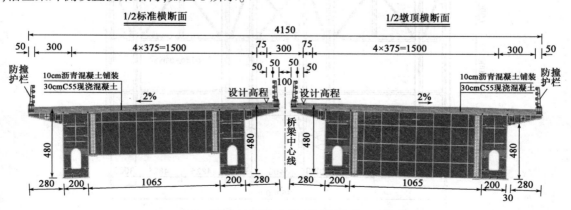

图1　安罗高速公路黄河特大桥南副桥双边箱钢混组合梁断面图(尺寸单位:cm)

二、顶推平台结构设计

顶推平台为贝雷梁结构形式，不设横坡。平台整体为分离式操作平台，每个边箱梁下设置一个主操作平台，间隔一定距离设置一个联系通道。顶推平台下部结构为打入式钢管桩，按摩擦桩设计。顶推平台由拼装操作平台和临时墩两部分构成。拼装操作平台纵桥向共采用9排φ820mm×10mm钢管桩，横桥向每排采用8根φ820mm×10mm钢管桩，间距为3m+9.65m+3m+5.4m+3m+9.65m+3m，临时墩纵桥向共采用4排φ1000mm×12mm钢管桩，横桥向每排采用8根φ1000mm×12mm钢管桩，间距同拼装操作平台。拼装操作平台φ820mm×10mm钢管桩可由φ1000mm×10mm（及以上规格）钢管桩替换。

钢管桩横桥向间均设置有φ426mm×6mm钢管平联（仅在平台中部贝雷悬挑位置下方设置2HN500×200型钢平联，用于支撑贝雷悬挑端）和2[20斜撑。拼装操作平台钢管桩桩顶采用2HN500×200型钢作为承重梁，临时墩采用2HN700×300型钢作为承重梁。拼装操作平台贝雷梁根据钢梁边箱的位置及满足人行通道的需求进行设置，横桥向共计40排"321"型贝雷片。拼装平台轨道梁下方贝雷片为4排一组以承担钢梁拼装时产生的反力，同时在边箱腹板外侧1.2m位置再设置一排贝雷梁，作为钢梁安装的焊接平台。拼装平台贝雷组内通过自制67.5型花架连接，贝雷组与外侧1.2m位置的一排贝雷梁通过自制120型花架连接。相近两条轨道下贝雷组间按3m一道交叉设置联系撑，联系撑采用L75mm×8mm角钢。贝雷上设置I25a横向分配梁，分配梁间距为75cm。临时墩纵向承重梁为满足设备尺寸需要采用4HN700×300型钢。拼装操作平台上面板为6mm厚花纹钢板。钢梁顶推平台断面图详见图2、图3。

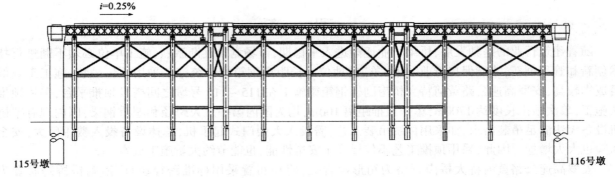

图2 钢梁顶推平台纵断面图

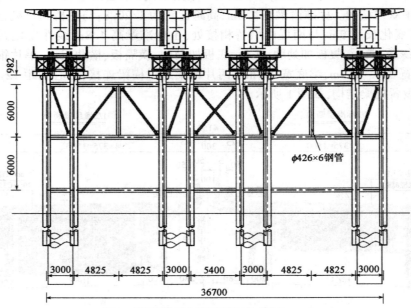

图3 钢梁顶推平台横断面图（尺寸单位：mm）

在结构设计初期,考虑采用满铺贝雷梁及分配梁的形式。经计算发现,跨中贝雷梁及分配梁受力微乎其微,严重浪费材料。经分析,钢箱梁顶推时,只有两侧步履式千斤顶及滑块下方的贝雷梁参与受力,中间满铺的贝雷梁基本未参与受力,于是考虑给平台减重。由图4可知,钢梁顶推平台为间断式非连续平台,中间设置两个横向连接通道。与传统平台相比,该方案的最大优点是降低了顶推平台的自重,节省了大量钢材,且平台间的两个横向通道可以满足工人在左右幅之间的行走;单个平台宽6m,空间完全满足工人操作需求,且在两侧均布置围栏,保证施工人员的生命安全。施工照片如图5所示。

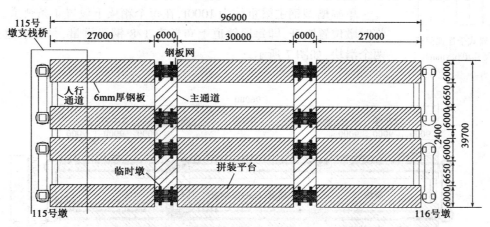

图4 钢梁顶推平台总体平面图(尺寸单位:mm)

图5 钢梁顶推平台

三、顶推平台结构计算

1. 荷载分析

1)结构自重(G_1)

顶推平台结构自重由midas软件自行导入。

2)施工人员及设备荷载(Q_1)

参考《建筑施工扣件式钢管脚手架安全技术规范》(JGJ 130—2011),施工人员及设备荷载按2.5kN/m²考虑。

3)步履式千斤顶顶升前移荷载(Q_2、Q_3)

(1)竖向力。

单幅钢箱梁重约为1000t。故最不利时可视为约有3/4单幅钢箱梁重作用在4台步履式千斤顶位置,则每台步履式千斤顶承受荷载为:$0.75 \times 10000/4 = 1875$kN。(根据监控单位最终反馈数据,单个步履式千斤顶承受最大反力为1700kN),因步履式千斤顶位于纵向承重梁4HN700×300型钢上,为方便模型加载,将荷载简化为线荷载,计算荷载如图6所示。

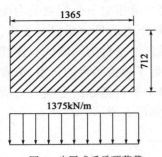

图6 步履式千斤顶荷载
(尺寸单位:mm)

单台步履式千斤顶与顶推平台的接触面积为1365mm×712mm,则单台步履式千斤顶荷载为 $1875 \div 1.365 = 1373.6(kN/m)$,取1375kN/m。

(2)水平力。

水平力大小与顶升反力相关,摩擦系数取为0.1,则产生水平力为187.5kN。

4)滑块荷载

单幅槽型钢主梁重约为1000t,在每个箱梁下设置4条轨道,每条轨道在临时墩位置断开,即每段轨道上布置有1/8钢梁重量,每段滑道上等分布置两个滑块,如图7所示。

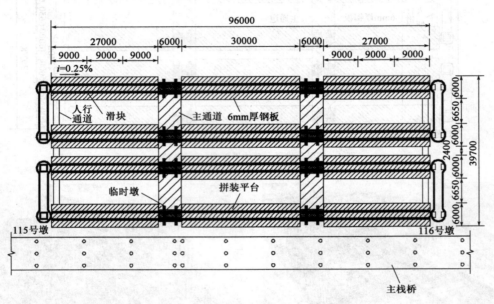

图7 滑块布置图(尺寸单位:mm)

每个滑块上承受荷载约为 $10000/16 = 625(kN)$。单个滑块与顶推平台接触面积为1000mm×350mm,则单台步履式千斤顶荷载为 $625 \div 1.0 = 625$(kN/m)。滑块计算荷载如图8所示。

5)风荷载(Q_4)

根据《公路桥梁抗风设计规范》(JTG/T 3360-01—2018)规定,桥梁结构或构件顺风向风荷载可按等效静阵风荷载计算。横桥向风作用下主梁单位长度上的顺风向等效静阵风荷载 F_g 可按式(1)计算:

$$F_g = \frac{1}{2}\rho U_g^2 C_H D \quad (1)$$

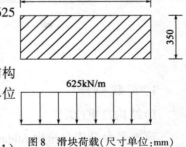

图8 滑块荷载(尺寸单位:mm)

式中:F_g——作用在主梁单位长度上的顺风向等效静阵风荷载(kN/m);

ρ——空气密度,取为1.25kg/m³;

U_g——等效静阵风风速(m/s);

C_H——主梁横向力系数,型钢截面取1.3;

D——主梁特征高度(m)。

风荷载计算结果见表1。

风荷载计算结果 表1

编号	迎风面类别	工作风载(kN/m)	非工作风载(kN/m)
1	钢箱梁	1.08	3.857
2	纵梁	0.092	0.327
3	$\phi 1000\text{mm} \times 12\text{mm}$ 钢管	0.091	0.327
4	$\phi 820\text{mm} \times 10\text{mm}$ 钢管	0.075	0.268
5	$\phi 426\text{mm} \times 6\text{mm}$ 钢管	0.04	0.140
6	[20斜撑	0.04	0.142
7	贝雷梁(节点荷载加于贝雷中心)	0.032	0.115

6) 水流力

根据流水压力计算公式求得水流力,流水压力计算见式(2):

$$F_w = \frac{KA\gamma V^2}{2g} \quad (2)$$

式中:F_w——水流力标准值(kN/m);

K——挡水形状系数(圆形取0.8,方形取1.5);

γ——水的重度,取10kN/m^3;

V——水的流速;

g——重力加速度,取9.8m/s^2;

A——垂直于水流方向上单位长度的面积。

水流力计算结果见表2。

水流力计算结果 表2

编号	迎水面类别	水流力(kN/m)
1	$\phi 1000\text{mm} \times 12\text{mm}$ 钢管	6.53
2	$\phi 820\text{mm} \times 10\text{mm}$ 钢管	5.22
3	$\phi 426\text{mm} \times 6\text{mm}$ 钢管	2.78

2. 工况分析及荷载组合

按最不利原则,考虑工作风速下钢梁拼装、钢梁顶推和极限风速下钢梁静止3种工况进行计算。

工况1:工作期,钢箱梁在平台上拼装,此时平台受力包括结构自重、人群荷载、滑块荷载、泵站荷载、风荷载及水流荷载,计算此工况下平台结构受力。

工况2:工作期,步履式千斤顶将钢箱梁抬升,此时平台受力包括结构自重、人群荷载、步履式千斤顶顶升前移、泵站荷载、风荷载及水流荷载,钢箱梁脱离垫块,计算此工况下平台结构受力。

工况3:非工作期,遇极速风(20年一遇),钢箱梁静止在平台上,此时平台受力包括结构自重、滑块荷载、泵站荷载、风荷载及水流荷载,计算此工况下平台结构受力。

荷载组合包含基本组合以及标准组合。其中,基本组合验算强度与稳定性,标准组合验算刚度。各工况荷载组合见表3。

各工况荷载组合 表3

工况	组合	恒载		活载				
		结构自重	施工人员设备荷载	步履式千斤顶顶升前移	滑块荷载	泵站荷载	风荷载	水流荷载
工况1	基本组合	1.2	1.4	—	1.4	1.4	1.4	1.4
	标准组合	1.0	1.0	—	1.0	1.0	1.0	1.0

续上表

工况	组合	恒载	活载					
		结构自重	施工人员设备荷载	步履式千斤顶顶升前移	滑块荷载	泵站荷载	风荷载	水流荷载
工况2	基本组合	1.2	1.4	1.4	—	1.4	1.4	1.4
	标准组合	1.0	1.0	1.0	—	1.0	1.0	1.0
工况3	基本组合	1.2	—	—	1.4	1.4	1.4	1.4
	标准组合	1.0	—	—	1.0	1.0	1.0	1.0

3. 计算模型及结果

1) 计算模型

采用midas有限元分析软件计算钢梁顶推平台结构。模型的边界条件如下：钢管基础底部节点固结处理，其余构件间连接均采用弹性连接。钢箱梁顶推平台midas有限元模型如图9所示。

图9 钢箱梁顶推平台midas模型

2) 各工况计算

分别加载计算三个工况，计算结果见表4。

各工况计算结果汇总表　　　表4

工况	计算结果	轨道梁	分配梁	贝雷纵梁	平台承重梁	钢管桩
工况1	组合应力(MPa)	64.51	57.83	175.18	45.79	69.42
	剪应力(MPa)	18.62	53.25	98.72	46.73	6.3
	相对变形(mm)	6.08	6.07	6.05	4.25	8.1
工况2	组合应力(MPa)	8.67	20.36	43.08	21.97	88.32
	剪应力(MPa)	2.22	5.63	18.4	8.75	7.87
	相对变形(mm)	3.01	3.54	3.28	3.32	11.64
工况3	组合应力(MPa)	44.7	52.84	123.92	33.27	80.55
	剪应力(MPa)	13.31	38.04	69.71	32.48	5
	相对变形(mm)	5.46	5.47	5.45	4	15.06

经对比，各工况强度、刚度均满足受力要求。

四、顶推平台施工

1. 钢管桩打设

钢管桩由平板车运送至现场进行焊接加长后，先根据导向架位置插入滩地定位。然后，调整振动锤的夹头距离,使其夹紧钢管桩。最后,开启振动锤使其夹紧夹头,直到夹头压力达到 20MPa 后,再观察一段时间,压力稳定后再进行振动下沉作业,如图 10 所示。

图 10　钢管桩打设施工现场照片

钢管桩打到设计位置后,采用平联和斜撑对钢管桩及时进行连接,增强钢管桩的稳定性。同时,在平联的一端需设置哈佛接头,以保证平联尺寸和现场钢管桩间距离相符。

钢管桩施沉注意事项:

(1) 钢管桩施打时,注意控制桩位高程,进尺缓慢或施沉困难时,分析原因并采取措施调整。

(2) 钢管桩施打过程中需特别关注钢管桩下沉速度。若在钢管桩施打过程中出现急速下沉,则为钢管桩的入土深度不够,应再次接长钢管后继续施打。

(3) 如钢管桩设计入土深度达不到设计要求,采取 90 型振动锤锤最后 10 击,按入土深度不大于 5mm 的标准进行控制;如贯入度达到设计要求,但高程未达到的,可以再锤击 3 阵,每阵 10 击,其平均贯入度不大于 5mm/10 击。

(4) 使用 90 型振动锤时,施打钢管桩必须在额定的工作范围内工作。

2. 承重梁安装

钢管桩打设完成后方可进行安装承重梁作业。钢箱梁拼装平台承重梁采用双拼 500 型钢,钢箱梁拼装平台临时墩承重梁采用 3HN700×300 型钢。吊装前需在钢管桩顶开槽口(或直接支垫钢板进行调平处理),承重梁与钢管桩间采用焊接连接,开口的位置一定要在一条直线上,开口高程必须保持水平,且应保证型钢安放平稳,如图 11 所示。

图 11　承重梁安装

3. 主纵梁安装

钢箱梁顶推平台以贝雷梁作为主纵梁。在承重梁安装就位后,经过测量精准确定贝雷梁的位置。钢箱梁顶推平台临时墩主纵梁采用 4HN700×300 型钢,在临时墩承重梁就位后直接吊装就位并与承重梁焊接固定。

主纵梁贝雷片在后场按设计拼成 12m 长度,贝雷梁之间花架按 3m 一道设置,且在承重梁支点位置处(即应力集中处)的贝雷用 2[10 加强竖杆进行加强处理。拼接成整体后用平板运输车运输到位,如图 12 所示。

图 12　主纵梁安装

4. 平台分配梁安装

采用 I25a 作为钢箱梁顶推平台的分配梁,间距 75cm。贝雷梁和分配梁之间严禁焊接,可采用骑马螺栓或自行加工卡扣进行紧密连接。

5. 人行通道安装

钢箱梁顶推平台每隔一段距离设置临时人行通道,并在中部临时墩位置设置主通道。

临时人行通道采用 I25a 作为承重结构,临时通道承重梁应保证与顶推操作平台的分配梁通过焊接等措施进行可靠连接,同时在通道中部下方设置竖撑及扁担梁。

6. 支架拆除

支架拆除按以下顺序进行:

(1)钢梁顶推完成后,首先拆除上部桥面系及垫梁,然后依次拆除贝雷梁、承重梁及桩间剪刀撑,最后进行钢管桩拔出工作。贝雷梁整跨应整体拆除,严禁先将跨中贝雷拆除再拆除桩顶贝雷。

(2)宜采用倒链及滑轮组拆除桩顶承重结构,拆除工作需从上到下逐一进行。

(3)剪刀撑拆除、钢管桩割除应采用安全挂笼。

(4)拆除立柱。立柱采用起重机配合拆除,拆除前先用起重机将立柱挂起后方可进行切割作业,吊点应设置在立柱上端;立柱切割应切割原连接处,切割过程预防立柱突然摆动伤人。

(5)拔桩。拔桩采用振动沉、拔桩机进行。由于受钢梁限制,拔桩只能分段进行,分段长度根据钢梁净空及桩身焊接接头位置综合考虑。

7. 检查与维护

钢箱梁顶推平台在使用过程中应定期检查,由项目各部门组成联合检查小组共同检查。检查内容包括贝雷梁的连接销子、警示灯、面板、栏杆等易损坏部位,以及轨道的相对偏差、平整度等情况。

持续监测钢管桩冲刷和沉降情况,若冲刷超过设计值,或产生较大沉降时,顶推平台应立即停止使用,并立即采取相关可靠措施。

五、结　语

经过 midas 有限元分析计算,顶推平台结构设计合理,由于平台上方作业人数较多,因此顶推平台设计安全系数较高。目前,安罗高速公路黄河特大桥南副桥钢梁顶推已施工过半,顶推平台结构稳定,实施效果良好。随着钢梁顶推的正常施工,已投入使用的顶推平台结构稳定,受到了建设单位、监理单位和社会各界的一致好评,积攒了更多的顶推平台施工经验。

参考文献

[1] 骆少林. 海上旋挖钻机钻孔平台搭设施工技术[J]. 中国科技财富,2010(12):267-268.
[2] 熊启林. 浅谈南昌市朝阳大桥新建工程栈桥施工[J]. 城乡建设,2012(32):1-10.
[3] 张乐. 钢结构栈桥施工实例探析[J]. 交通建设与管理(下半月),2015(3):189-191.
[4] 杨玉,王艳军. 深水无覆盖区钢栈桥施工探讨[J]. 大陆桥视野,2018(2):113.
[5] 张明闪,贾兵团,刘晨,等. 深水强涌潮区钻孔钢平台设计与施工技术[J]. 公路,2013(3):119-123.
[6] 陈宇. 无覆盖层桥钢栈桥桥墩施工技术探究[J]. 城市建筑,2013(18):225,246.

53. 深水裸岩钢栈桥桩基础锚固工艺研究

杨彪 陈莹

(中交二公局第三工程有限公司)

摘 要 本文以银百高速公路安康至岚皋高速公路汉江特大桥(80m+140m+80m)波形钢腹板连续刚构桥总体施工部署为例,基于目前非通航河道钢栈桥深水裸岩基础的设计种类、工艺成本、施工工期和施工方法,从主墩钢栈桥管桩基础的设计、经济效益、社会效益等方面入手,对裸露河床钢栈桥管桩基础进一步创新设计,并对其方案可行性进行研究和探讨。设计阶段采用midas Civil软件建立模型,根据桥址区的地形地貌、水文地质条件及钢栈桥搭设方法进行施工阶段模拟,验证了这一种钢管桩基础锚固方案的可行性。论文提出了一种新的具有明显汛期特征的裸露河床钢栈桥钢管桩基础锚固设计形式和施工方法,有效地解决了裸露河床钢栈桥建筑高度大、汛期水位高、流速大、钢管桩基础稳定性差等问题。

关键词 连续刚构梁桥 深水裸岩 锚固设计 汛期

一、引 言

本文结合安岚高速公路AL-C01合同段钢栈桥钢管桩基础锚固设计,详细介绍了在裸露河床江河中,针对汛期水位大、流速快的情况,优化施工工艺,采用板凳桩底钢棒和钢筋混凝土与桩身抗洪斜撑相结合的钢管桩基础施工设计,减少了原材料用量,提高了施工工效,节约了施工成本,降低了施工安全风险[1-6]。

1. 水文情况

汉江特大桥所处汉江常水位237.86m,据安康水文水资源勘测局数据,汉江近10年最高洪水位251.77m,近20年最高洪水位251.81m,流速5.01m/s,近50年最高洪水位259.30m,历史最大流速5.27m/s。

2. 地势地貌

汉江特大桥北岸便道总长107m,S207便道入口处高程为267.3m;南岸便道总长100m,X102便道入口处高程为264.94m。

3. 工程地质

汉江特大桥钢栈桥桥址区域河床覆盖层较薄甚至无覆盖层,对栈桥的基础稳定性和抗倾覆能力有较大的不利影响。河床主要分布为强风化片岩青灰色,主要成分为绢云母、长石、石英、绿泥石等。鳞片变晶质结构,片状构造,锤击声哑,无回弹。节理裂隙发育,呈6~8mm短柱状,少量块状。$[f_{ao}] = 450kPa$,$q_{ik} = 140kPa$,揭示厚度12.2~22.1m。

4. 钢栈桥技术指标

综合水文资料、便道纵坡、便道与钢栈桥顺接以及南岸下穿S207线墩柱防护等因素,拟定钢栈桥顶面高程为255.14m,北岸便道纵坡11.4%,南岸便道纵坡9.8%。

北岸钢栈桥顶面高程为255.14m,钢栈桥全长102m(11×9m+3m),桥宽9m,不设置纵横坡,钢管桩长度为11~22.4m。

南岸钢栈桥顶面高程为255.14m,钢栈桥全长45m(5×9m),桥宽9m,不设置纵横坡,钢管桩长度为11~22.6m。

二、方案比选

目前,跨越江河、库区钢栈桥施工技术较为成熟,汉江特大桥桥址位于陕西省安康市汉滨区汉江河道内,钢栈桥选址范围内地形高差大,汉江汛期水位高、流速快。钢栈桥具有建筑高度大、抗稳定性要求高等特点。为了提高施工工效,节约施工成本,降低施工安全风险,对深水裸露河床钢栈桥钢管桩基础锚固设计进行研究和探讨[7-9],提出两种方案进行对比,一是采用桩底型钢、混凝土+抗洪斜撑锚固法;二是桩底钢棒、混凝土+抗洪斜撑锚固法[10-16]。从施工难易程度、质量、进度等多方面综合考虑(表1),最终选用桩底钢棒、混凝土+抗洪斜撑锚固法进行汉江特大桥钢栈桥施工。

钢栈桥基础锚固方案比选　　　　　　　　表1

比较内容	桩底型钢、混凝土+抗洪斜撑锚固法	桩底钢棒、混凝土+抗洪斜撑锚固法
施工难易程度	钻孔难度系数高、施工复杂	施工阶段仅需钻孔插入钢棒,灌注少量混凝土,施工便利
安全保障效果	稳固效果一般	结合了抗洪斜撑,稳固效果最好
施工工期	施工工期较长	施工工期短
成本造价	成本造价较高	成本造价最低

通过上述两种方案比选,采用桩底钢棒、混凝土+抗洪斜撑相结合的新的锚固设计,施工便利,进度快,周期短,经济性好[19-21]。

三、钢栈桥桩基础锚固设计

在江河流域中施工下部时,水位变化大,水流急,水上施工机械受水深等不利因素影响,导致水上施工便道和施工方法的难度增加,对栈桥的稳定性要求较高。文中所设计钢栈桥下部采用$\phi 820\text{mm} \times 10\text{mm}$螺旋钢管桩板凳桩基础,按照先搭通栈桥后进行锚固基础施工的顺序[17-19,22],钢管桩横桥向中心间距7m,纵桥向中心间距3m,钢管桩顶由下至上依次设置一层纵桥向、横桥向Ⅱ50承重梁,钢管桩设置两层平联和剪刀撑,满足栈桥临时稳定性需求。钢管桩内底部设置1根长4.5m、直径为100mm钢棒(钢棒长随入岩深度增加而增加,确保钢管桩底锚固3m钢棒),预埋3m,外露1.5m,外露部分设置3m钢筋笼,采用C35早强钢筋混凝土灌注,灌注高度不少于3m,对桩底进行锚固,同时对中心桩位设置抗洪斜撑以提高钢栈桥的整体稳定性[17-19]。钢栈桥桩基础锚固设计如图1所示。

钢管桩钢材采用Q235钢:$[\sigma]=215\text{MPa},[\tau]=125\text{MPa}$;16Mn钢:$[\sigma]=310\text{MPa},[\tau]=180\text{MPa}$。

锚固桩入岩深度计算见式(1):

$$T = \sqrt[5]{\frac{E_p I_p}{m b_0}} \tag{1}$$

式中:T——桩的相对刚度特征值(m);

E_p——桩材料的弹性模量(kN/m^2),取$2.1 \times 10^8 \text{kN/m}^2$;

I_p——桩截面惯性矩(kN/m^4),取$2.09 \times 10^{-3} \text{kN/m}^4$;

m——桩侧地基土的水平抗力系数随深度增长的比例系数(kN/m^4),取$3 \times 10^4 \text{kN/m}^4$;

b_0——桩的换算宽度,$d<1.0\mathrm{m}$ 时,$b_0=k_\mathrm{f}(1.5d+0.5)$,$b_0=0.9\times(1.5\times0.82+0.5)=1.557\mathrm{m}\leqslant 2d=1.64\mathrm{m}$,$d$ 为螺旋钢管直径,取 820mm;k_f 为桩形状换算系数,管桩取 0.9。

因此,$T=1.45\mathrm{m}$;

锚固深度 $H\geqslant2.5T=3.6\mathrm{m}$,取 $4.5\mathrm{m}$。

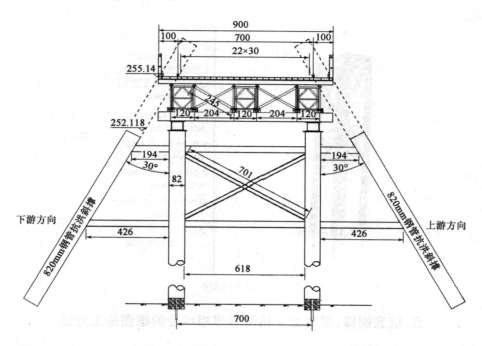

图 1 钢栈桥桩基础锚固设计图(尺寸单位:cm;高程单位:m)

四、有限元分析

根据钢栈桥结构设计,使用 midas Civil 软件建立结构有限元模型,通过结构类型确定合理的边界条件,对钢管桩基础锚固进行实体模型建模单独分析[20,23],确保钢栈桥结构刚度、强度、稳定性满足施工荷载通行和结构抗洪要求,确保汉江特大桥施工的顺利进行。

本文所涉及的桩基施工区域位于汉江中,主要承受上部结构荷载和流水压力,为使栈桥在使用过程中稳定性与安全性可控,利用 midas Civil 软件对基础锚固进行有限元分析,计算锚固段混凝土及基础锚固承载力的大小和沉降值。

(1)钢棒、钢管桩及锚固混凝土验算如图 2 所示。

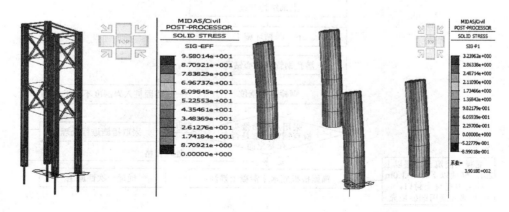

图 2 基础锚固应力及锚固混凝土应力图

（2）位移验算如图3所示。

利用midas Civil 有限元分析软件对钢栈桥基础锚固段进行分析计算,得出基础刚度、强度和稳定性满足设计及规范要求,说明桩底钢棒、混凝土+抗洪斜撑相结合的锚固设计是合理的。钢栈桥设计洪水位250.1m,2019年最大洪水位249.2m,经过一个汛期,钢栈桥经历了实践的考验。目前,汉江特大桥已顺利合龙完成。

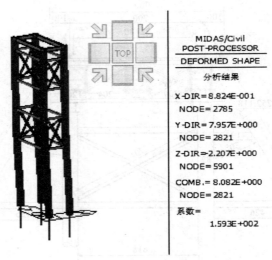

图3　基础位移图

五、桩底钢棒、混凝土+抗洪斜撑相结合的锚固施工方法

施工工艺流程如图4所示。

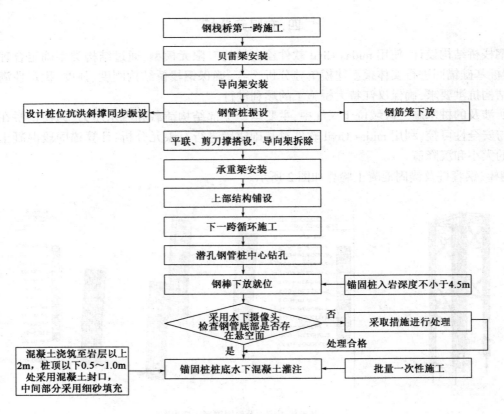

图4　施工工艺流程

(1) 钢栈桥拉通后进行锚固基础施工,采用潜孔钻逐根钢管钻孔,钻至设计高程位置。

(2) 采用钻孔导向管及夹紧器安装直径10cm、长4.5m的钢棒,钢棒深入钢管桩底部3.0m,外露1.5m。

(3) 混凝土灌注前采用水下摄像头观察钢管桩底部是否有悬空面,并采取措施将悬空面封堵。采用导管进行水下混凝土灌注,灌注高度不少于3.0m,灌注过程中注意钢棒位置,避免卡管。

(4) 混凝土浇筑至锚固桩入岩深度不小于4.5m,浇筑水下混凝土进行锚固,混凝土浇筑至岩层以上2m,桩顶以下0.5~1m处采用混凝土封口,中间部分采用细砂填充。

(5) 在锚固段混凝土等强期间,做好交通管制,封闭栈桥,禁止大型车辆、机械进出,小型机械施工过程中应避免移动并轻微施工,避免引起钢栈桥整体晃动而影响混凝土质量。

(6) 待混凝土达到设计强度后,再进行下一批量桩底混凝土灌注,直至所有钢管桩基础桩底锚固混凝土施工完成。

六、基础锚固设计方案对比

1. 新型桩基础锚固设计优点

不同方式桩基础锚固设计,最终目的都是克服桩基础长细比过大、洪水位深水流速快、结构稳定性差等问题。

通过三种方式对比,采用桩底钢棒、混凝土+抗洪斜撑相结合的锚固设计,在桩底锚固施工前,结构具有自稳定性,锚固设计可在成桥后批量施工,缩短了施工工期,减少了混凝土用量,同时上部结构无须施工阶段特殊设计,经济性更合理。

2. 应用前景

随着桥梁工程建设的不断发展,在深水裸岩中修建高架桥梁的情况越来越多,优化钢栈桥钢管桩基础锚固设计越来越有必要。本项目通过深水裸岩钢栈桥钢管桩基础的锚固设计方式的研究和探索,采用桩底钢棒、混凝土+抗洪斜撑相结合的锚固设计方式,达到了提高工效、减少投入、绿色环保的目标。

3. 经济效益

(1) 通过钢管桩基础锚固设计的探索和研究,采用桩底钢棒、混凝土+抗洪斜撑相结合的锚固设计,较水下围堰灌注扩大基础+锚固墩锚固设计减少混凝土费用607500元、罐车运输费用4050元,合计减少费用约611550元,缩短工期88天。

(2) 与桩底扩孔灌注水下钢筋混凝土锚固设计相比,推荐方案减少混凝土费用49405元、螺纹钢筋费用80410元、成孔费用81600元,合计减少费用211415元,缩短工期85天。

通过经济效益分析,桩底钢棒、混凝土+抗洪斜撑相结合的锚固设计方式大大降低了项目施工间接费用成本,缩短了施工工期,降低项目管理成本,提高了项目管理利润。

4. 社会效益

本工程通过优化深水裸岩钢栈桥桩基础锚固设计[22,24-26],降低了项目施工成本,绿色环保,确保了施工工期满足建设单位要求,产生了良好的社会效益,展现出企业良好的社会责任感。在具有明显汛期特征的深水裸岩钢栈桥结构设计中具有一定的推广意义。

七、结　语

(1) midas Civil 有限元建模分析表明，本文设计的深水裸岩钢栈桥桩基础稳定性和承载能力满足工程实际要求。

(2) 本文提出了新型的深水裸岩钢栈桥钢管桩基础锚固设计，提供了一种深水裸岩河床地质钢栈桥钢管桩基础设计方法，确保了其结构稳定性，同时缩短了工期，减少了施工成本，降低了施工安全风险，创造了良好的社会与经济效益。

参考文献

[1] 冯宇,牛延军,唐世强.深水裸岩钢栈桥施工技术[J].公路交通科技(应用技术版),2019,15(9):117-118.

[2] 刘仁圣.高水流速及深水裸岩条件下钢栈桥及钢平台施工技术[J].国防交通工程与技术,2019,17(4):66-69,80.

[3] 张战凯,边鹏飞.深水钢栈桥设计方案对比分析[J].公路,2018,63(6):177-180.

[4] 任加亮.钢栈桥在深水施工中的设计与应用[J].城市道桥与防洪,2014(9):195-199.

[5] 康小龙,王敏哲.深水裸岩钢栈桥、钢平台施工技术[J].水电施工技术,2018(4):44-50.

[6] 王武海,游中建.深水裸岩河床钢栈桥施工技术研究[J].工程技术,2016(3):97-98.

[7] 高鹏.水深急流裸岩条件下钢栈桥基础加固技术[J].江苏建筑职业技术学院学报,2018,19(1):32-34.

[8] 邹兴.深水急流裸岩复杂环境条件下钢栈桥加固技术[J].四川职业技术学院学报,2018,29(2):158-161.

[9] 艾华.深水急流复杂环境下钢栈桥加固技术[J].国防交通工程与技术,2018,17(4):56-58.

[10] 伊凯.深水急流裸岩钢栈桥施工技术研究[J].铁道建筑技术,2016(2):17-21.

[11] 梁之海.闽江特大桥深水裸岩河床栈桥设计与施工技术研究[J].铁道建筑技术,2019(3):50-53.

[12] 朱海军,石九州,叶亦盛,等.薄覆盖层深水钢栈桥设计与施工新技术[J].市政技术,2019,37(3):61-64.

[13] 熊志刚.深水无覆盖层地区钢栈桥技术研究[J].价值工程,2019,38(7):130-133.

[14] 郭瑜.深水河床浅覆盖层钢栈桥、钢平台、钢板桩的设计及施工技术[J].公路,2019(8):217-220.

[15] 杨玉,王艳军.深水无覆盖区钢栈桥施工探讨[J].大陆桥视野,2018(2):113.

[16] 陆国会.无覆盖层深水钢栈桥施工工艺浅谈[J].建筑工程建筑与设计,2018(3):1147.

[17] 邓津.深水中钢栈桥和钢平台设计及施工技术要点[J].公路,2018,44(27):181-182.

[18] 付国才.深水基础钢栈桥设计与施工[J].科技与生活,2011(7):156-158.

[19] 郑忠仁.钢栈桥设计及基岩裸露地质条件下施工方法研究[J].价值工程,2019,38(11):99-102.

[20] 王国民.深水钢栈桥稳定性分析与施工[J].西部交通科技,2015(7):34-38.

[21] 徐良安.钢栈桥基础锚固施工技术研究[J].工程技术研究,2020,5(1):85-86.

[22] 李雪芬.深水无覆盖层河床钢栈桥施工技术[J].西部交通科技,2018(7):166-168.

[23] 朱政敏.无覆盖层深水钢栈桥施工技术分析[J].公路,2018,63(6):177-180.

[24] 张洪昌,汤有斌.浅(无)覆盖层下临时钢栈桥施工技术研究与应用[J].中小企业管理与科技,2019(18):136-137.

[25] 田学林,王立辉.深水急流钢栈桥施工技术[J].铁道建筑技术,2009(1):36-38.

[26] 江述虹.浅析深水钢栈桥施工技术研究与应用[J].工程建设,2019,2(7):154-156.

54. 横向分块单箱室钢梁吊装力学分析与临时加固优化

高智臣

(中交二公局东萌工程有限公司)

摘 要 钢箱梁施工过程中,常需要对梁体进行纵向分段、横向分块。横向分块后钢箱梁刚度大幅减小,吊装过程中易出现较大变形,严重影响施工质量。以梧州—乐业公路乐业至望谟(乐业段)G匝道钢桥为依托工程,该桥主梁为大宽度单箱室钢梁,受到运输与吊装设备限制,需要对梁段进行横向分块,分块后力学行为复杂,吊装时梁段变形难以准确预测和控制。本文对横向分块钢箱梁梁段力学行为进行深入研究,讨论不同加固方法在单箱室钢梁中的适用性,分析临时加固对横向分块梁体吊装过程受力、变形的影响。在此基础上,对临时支撑形式、截面形状与设计参数等开展研究,确定临时支撑合理参数。现场监测数据表明,临时支撑能够显著提高梁体抵抗变形能力,降低梁体内力,提升钢梁吊装与落梁后稳定性,为钢箱梁设计和施工提供重要的理论指导。

关键词 钢箱梁 横向分块 临时加固 支撑参数优化

一、引 言

箱形梁具有良好的抗弯与抗扭特性,在现代桥梁建设中被广泛应用[1-4]。钢箱梁施工过程中,由于场地条件、吊装与运输能力等因素的限制,需要对梁体进行纵向分段、横向分块。横向分块后,钢箱梁具有开口、薄壁截面,且不对称,其刚度大幅度减小,吊装过程中易出现较大变形,甚至屈曲破坏,严重影响施工质量。在梁体内部设置临时支撑能够有效改善梁体力学特性,保证焊接质量。然而,横向分块钢箱梁临时支撑研究还非常有限,无法满足工程需求。

为了提高钢箱梁施工过程稳定性,王凌波等[5]以港珠澳大桥深水区钢箱梁桥为依托工程,分析了温度梯度变化对钢箱梁制作及架设过程中变形的影响,研究了线形变化导致的焊接匹配问题。况中华等[6]针对钢箱梁施工过程中的各种问题,基于变截面钢箱曲线梁桥,分析了钢箱梁桥线形控制方法。李红等[7]借鉴钢桥抗倾覆稳定性计算方法,研究了吊装过程的稳定性,分析了稳定系数随吊点位置、曲率半径、梁段长度、倾斜角度以及风荷载等的变化规律。尹荣伟[8]针对超宽钢箱梁横向空间效应,建立钢箱梁局部精细化有限元计算模型,分析了超宽钢箱梁在横桥向的剪力滞效应。

针对横向分块梁段力学分析与临时支撑优化研究非常有限[9-13]的问题,曾成等[9]基于有限元数值模拟,基于深中通道工程,分析了横向分块钢箱梁在吊装和施加压重过程中的稳定性。王敏权[10]基于广义组合结构理论,推导了横向分块钢箱梁内力与变形的解析解,对梁段跨径和刚度进行了参数化分析。单双龙[11]讨论了钢箱梁分块方法及其预拱度控制,指导了依托工程的设计与施工。

综上所述,学者们通过现场试验和数值模拟等手段从横向分块钢箱梁吊装施工稳定性、温度影响、临时加固等方面开展了深入研究,但主要针对多箱室钢梁,其横向分块后的宽度不大。对于横向分块单箱室钢梁的研究非常有限,需要做进一步的工作。

梧州—乐业高速公路乐业至望谟(乐业段)G匝道第五联34m+45m钢箱梁上跨乐百高速公路,如图1所示,上部结构形式为单箱单室连续钢箱梁桥,梁中心线高2.100/2.110m。桥面横向布置为0.5m(护栏)+9.0m(行车道)+0.5m(护栏),横向宽度为10.0m。其中,14号连续墩中心线与既有高速公路设计线呈夹角31°布置。

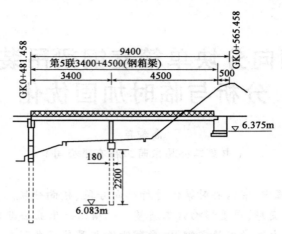

图 1　G 匝道钢箱梁桥型布置(尺寸单位:cm)

二、钢箱梁横向分块

G 匝道桥钢箱梁横截面如图 2 所示,顶板、底板与边腹板厚度均为 16mm,顶板、底板采用 T 形肋加劲,腹板采用板肋加劲。横隔板标准间距 2m,板厚 12mm。钢箱梁总宽 10m,底部宽度为 7m,受运输设备的限制,加之施工场地地形复杂,需要对钢箱梁进行横向分块,以满足运输要求。另外,若梁段吊装前进行焊接,焊接后吊装,虽然能够减小梁段变形,提高焊接质量,但其自重显著增加,超出了吊装设备的最大额定载重量,因而采用吊装后自重作用下焊接的施工工艺。

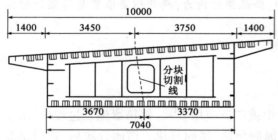

图 2　钢箱梁横向分块(尺寸单位:mm)

钢箱梁横向分为 4 块,宽度分别为 1.4m、3.45m、3.75m 和 1.4m,纵向分段最大长度为 35m,吊索布置如图 3、图 4 所示。由于跨度和宽度较大,横向分块后梁段力学行为非常复杂,需要开展针对性的研究。

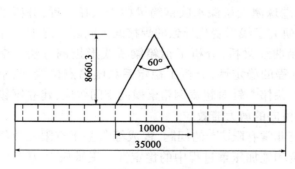

图 3　吊索立面布置(尺寸单位:mm)

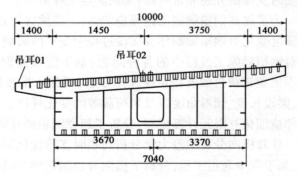

图 4　吊索端面布置(尺寸单位:mm)

三、横向分块单箱室钢梁吊装力学分析

1. 梁体临时加固

横向分块后,钢箱梁刚度大幅减小,吊装过程中易出现较大变形,甚至屈曲破坏[10]。为了提高梁段刚度,常采用三种加固方法:一是减小梁体纵向长度,即增加纵向分块数量;二是纵向增加临时支墩,减小梁段跨径;三是在梁体内部设置临时支撑,提高其自身刚度。其中,采用临时支撑对钢箱梁施工影响最小。

临时支撑常用结构形式有两种,一种是在横向分段中没有腹板的位置通过型钢、连接板等将上下面板临时加强,如图5所示,即采用剪刀撑;另一种是只在没有腹板的位置设置一根型钢。第二种形式应用相对较少,本文将其称为单斜撑。

2. 计算模型

G匝道现场吊装分段最长节段为35m,为最不利节段,故取纵向35m为计算长度。钢箱梁采用壳体单元,内支撑采用梁单元,吊索采用索单元,有限元模型如图6所示,考虑三种计算工况,分别为不加临时支撑、剪刀型临时支撑及单斜撑。本文中临时支撑均采用L90mm×12mm等边L形型钢。钢梁材料为Q335,设计强度为221MPa,弹性模量为210GPa,泊松

图5 钢箱梁临时支撑

比为0.3;临时支撑采用Q235,设计强度为153MPa,弹性模量为210GPa,泊松比为0.3。由于施工时风速较小,分析时不考虑风荷载影响,梁体所受荷载仅为自重,吊点设置在腹板位置,计算时约束吊索顶部结点位移。

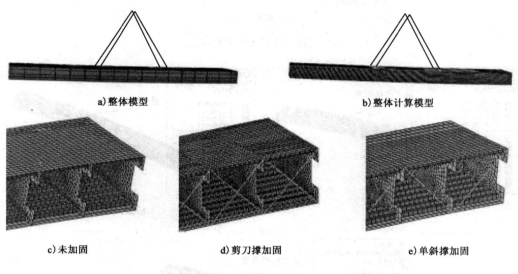

图6 钢箱梁计算模型

3. 梁体变形与内力分析

假定吊点纵向间距为10m,梁段竖向变形与等效应力分布分别如图7、图8所示。梁段最大变形位于端部开口侧上下面板处,中间位置变形较小,吊点位置钢箱梁面板存在应力集中,最大等效应力位于吊点附近。未加固时,梁体竖向位移最大值为77.2mm,设置剪刀型临时支撑与单斜撑后,最大值分别减小为8.1mm、12.3mm;相应地,三种工况最大等效应力分别为97.7MPa、47.0MPa与80.1MPa。未加固梁段吊装过程中变形超过《公路钢结构桥梁设计规范》(JTG D64—2015)规定的允许值,必须设置临时支撑加固梁体。剪刀撑加固效果优于单斜撑,但其材料消耗与加工时间大于单斜撑。

临时支撑内力分布如图9所示,吊点附近临时支撑轴力较大,沿梁段弯曲方向的支撑受压,对称方向受拉,表明该位置临时支撑作用明显。梁段最大变形与等效应力随吊点位置变化如图10、图11所示,随着吊点纵向间距增大,梁段变形与受力变化规律相似,均先减小后增大。未加固梁段变形受吊点位置影响更大,究其原因,吊装过程中梁段可视为简支梁,支座位置位于梁端一定距离时,梁段弯矩最小。

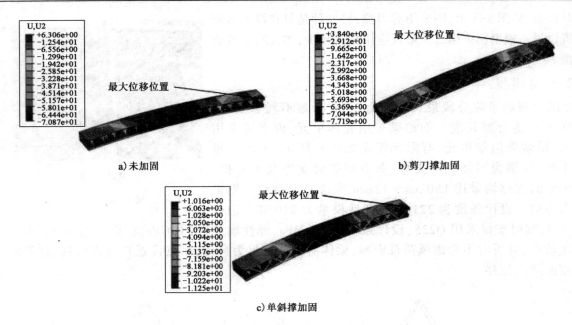

图7 钢箱梁变形云图(单位:mm)

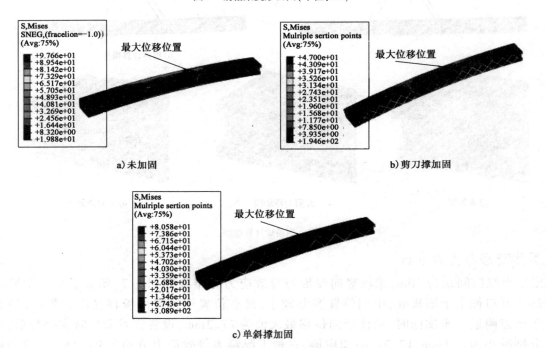

图8 钢箱梁等效应力云图(单位:MPa)

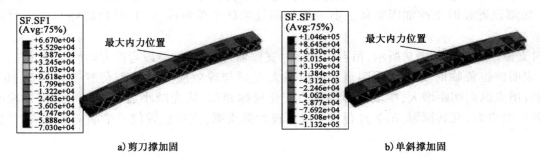

图9 临时支撑内力图(单位:N)

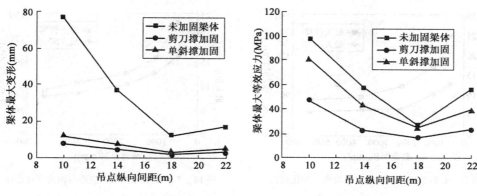

图10 梁体最大变形随吊点间距的变化　　图11 梁体最大等效应力随吊点间距的变化

四、临时支撑参数优化

为了降低施工成本,提高施工效率,需要对临时支撑结构形式与设计参数进行优化。拟采用单斜撑临时加固方式,考虑三种截面形式,即T形、L形与I形梁,如图12所示。

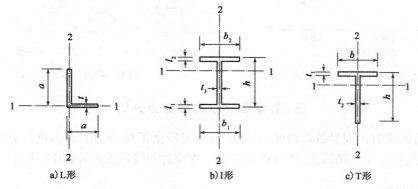

a) L形　　b) I形　　c) T形

图12 临时支撑截面形式

如表1所示,每种截面考虑5种工况,共计15种。吊点间距为10m,梁段最大变形与等效应力随临时支撑截面面积的变化如图13～图15所示。梁段最大变形与最大等效应力均随截面面积增大而不断减小;对于T形与L形型钢,截面面积小于2000mm² 时,梁段内力与变形随截面面积增大而迅速减小,随后趋于稳定,这表明,继续增大型钢型号无法改善梁体力学特性。因而,对于L形型钢,可取边长90mm,厚度12mm;对于T形型钢,其腹板、翼板厚度可分别取为12mm与10mm,型钢宽度70mm,高度80mm。对于I形型钢,梁段变形变化接近于线性,量值较小,可取I10型钢。

临时支撑截面参数　　表1

计算序号	T形钢 $b \times h \times t_f \times t_w$ (mm)	等边L形钢 $a \times t$ (mm)	I形钢 $h \times b_1 \times b_2 \times t_1 \times t_2 \times t_3$ (mm)
1	30×40×5×8	40×6	100×70×70×8×8×4
2	50×60×8×10	60×9	120×75×75×9×9×5
3	70×80×10×12	90×12	140×80×80×9×9×6
4	80×90×15×18	120×15	160×90×90×11×11×6
5	90×100×18×20	150×18	180×100×100×12×12×7

基于上述计算结果,结合依托工程实际情况,取等边L形型钢,边长90mm,厚12mm,单斜撑加固方式,具体设置如图16所示。横向分段无腹板位置通过型钢、连接板将上下面板临时加强。

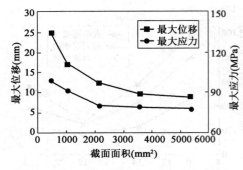

图 13 L形型钢加固梁体变形与内力变化规律

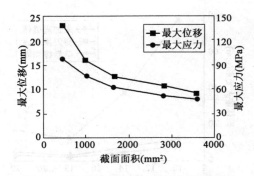

图 14 T形型钢加固梁体变形与内力变化规律

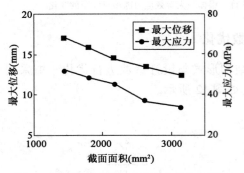

图 15 I形型钢加固梁体变形与内力变化规律

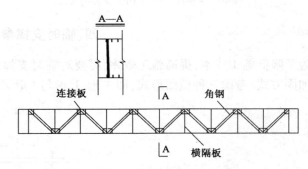

图 16 临时支撑加固设计

五、落梁后梁段变形受力分析

为了进一步验证临时加固参数合理性，对横向分块梁段落梁后的力学状态进行分析，采用上节确定的临时加固参数，假定梁段两端简支，计算得到梁段等效应力与竖向变形如图17所示。

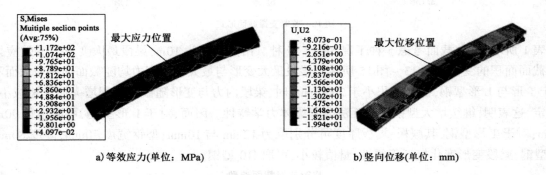

a) 等效应力(单位：MPa)　　　　　　　b) 竖向位移(单位：mm)

图 17 梁段落梁后等效应力与位移分布

最大等效应力位于临时支撑及临时支撑与梁段连接处，表明临时支撑对梁段加固作用明显。最大等效应力为117.2MPa，未超过设计强度。梁段最大竖向位移为20mm，位于跨中位置，小于《公路钢结构桥梁设计规范》(JTG D64—2015)规定的允许值。

六、工 程 应 用

施工过程梁段变形监测数据表明，临时加固后梁段吊装过程中变形较小，35m跨梁段最大变形为4.5mm，落梁后最大变形为16mm，均与计算接近。临时加固保证了钢箱梁施工的顺利进行与焊接质量，如图18所示，工程实践证明了本文研究结果的有效性与合理性。

图18　依托工程钢箱梁施工

七、结　语

横向分块钢箱梁吊装施工过程中由于截面开口,且不对称,易出现较大变形。对梁段进行临时加固是改善其受力特性的一种有效方式。本文针对横向分块单箱室曲线钢箱梁进行深入研究,基于空间有限元方法,研究吊装过程梁体受力与变形规律;开展参数化分析,对临时支撑参数进行优化。主要结论如下:

(1)未加固梁体吊装过程中变形较大,临时加固能够有效降低梁段受力与变形,剪刀撑加固效果优于单向斜撑。

(2)梁段最大变形位于端部开口侧上下面板处,中间位置变形较小,吊点位置梁面板存在应力集中,最大等效应力位于吊点附近。吊点附近临时支撑轴力较大,梁体弯曲方向支撑受压,对称方向斜撑受拉。

(3)梁段最大变形与等效应力均随斜撑截面面积不断减小,对于T形与L形型钢,截面面积小于2000 mm^2 时,梁段内力与变形随截面面积增大而迅速减小,随后趋于稳定。对于I形型钢,梁段变形变化接近于线性变化。

参考文献

[1] 高曼.大跨度人行天桥钢箱梁两节段拼装技术[J].广东公路交通,2023,49(6):48-52.
[2] 缪星.钢箱梁桥面板横向挠度研究[J].交通科技与管理,2023,4(24):85-87,91.
[3] 马玉军,石学坤,崔凤坤,等.上跨多条既有线曲线钢箱梁顶推施工过程分析及监控[J].黑龙江交通科技,2023,46(12):53-57.
[4] 黄超.单孔大跨径钢箱梁跨既有高速分段架设技术[J].建筑机械,2023(12):43-47.
[5] 王凌波,朱季,宋一凡,等.基于实测温差模式的大节段吊装钢箱梁焊接时机研究[J].中国公路学报,2016,29(12):85-92.
[6] 况中华,连海建,李鑫奎,等.大曲率钢箱梁预制拼装施工控制研究[J].建筑技艺,2018(S1):107-109.
[7] 李红,丁炜,薛松涛,等.曲线钢箱梁桥吊装施工稳定性分析及控制[J].南京工业大学学报(自然科学版),2023,45(2):196-201.
[8] 尹荣伟.超宽钢箱梁横向空间效应研究[D].西安:长安大学,2023.
[9] 曾成,曹水东,张玉平.深中通道某异形钢箱梁横向分块施工受力分析[J].河南科技,2023,42(17):68-73.
[10] 王敏权.城市高架钢箱梁横向分块吊装施工效应分析研究[D].杭州:浙江大学,2018.
[11] 单双龙.浅谈京沪高速改扩建工程中钢箱梁分块及预拱度控制分析研究[J].中国高新科技,2021(12):75-76.
[12] 王连彬.简支钢箱梁分块拼装施工工艺及荷载试验成果研究[D].重庆:重庆交通大学,2016.
[13] 邵天吉,田智杰.钢箱梁制造横向分段和纵向分段方案的对比分析[J].钢结构,2008,23(2):65-66.

55. 装配化钢-混工字组合梁桥跨V形山谷区无支墩施工技术

杨 红 柳生财

(中交二公局东萌工程有限公司)

摘 要 由于V形山谷区施工现场不具备长大构件运输和大型设备进场条件,无法采用传统工艺进行施工;本文针对现场施工特点,提出了一种较为快速的施工工艺,将工字钢主梁采用单点顶推形式进行施工,预制桥面板采用起重机进行安装;该技术显著提高了施工安全性,确保了施工质量和施工进度,能够有效地节约施工成本。

关键词 钢-混工字组合梁 单点顶推 纠偏 监测

一、引 言

由于装配式建筑具有工厂化、装配化、机械化、绿色化、快速化等优点,在近年来的工程建设中得到了广泛且快速的推广应用,且还有蓬勃发展的趋势。随着桥梁建设中装配式桥梁的快速兴起,装配式钢-混工字组合梁桥因其具有重量轻、安装方便等优点,在桥梁建设领域得到了快速发展,尤其在山区及跨河跨路等桥梁工程中应用较多;由于其单件重量较轻,安装较为简单,此类型的桥梁往往采用支架法、节段吊装法、架桥机架设法、顶推法等方法进行施工。

本文通过井边1号桥施工实践,介绍一种单点顶推法进行钢主梁的安装、汽车起重机安装混凝土桥面板的钢-混工字组合梁桥施工技术。

二、工程概况

井边1号大桥全长372.09m,单幅桥宽12.5m,全幅桥宽25.5m。结构采用3联9跨、跨径为40m的装配化钢-混工字组合梁,主梁采用"工字形钢梁+混凝土桥面板"的组合结构,梁高2m,单片钢主梁高度1.7m,钢主梁中心间距5.1m,上翼缘板宽0.6m,下翼缘板宽0.65m。

每幅桥设置3片钢主梁,钢主梁中心间距5.1m,全桥共13个节段,最大节段重为6.8t;各片钢梁间设置横向联系,在墩台顶支撑处及跨中采用实腹式构造,跨间其他位置采用H形断面小横梁;在相邻两片主梁中间设置一道小纵梁,全桥钢梁共重1946.87t。全桥桥面板共546块,单块预制板吊装重为8.26t。该桥第一、第二跨在 $R=710$ m、$L=254.609$ m 的缓和曲线上,其余桥跨为直线段。纵断面坡度 -2.4%,最大桥墩高72m。桥型及断面布置如图1、图2所示。

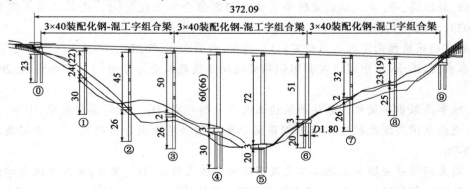

图1 桥型立面布置图(尺寸单位:m)

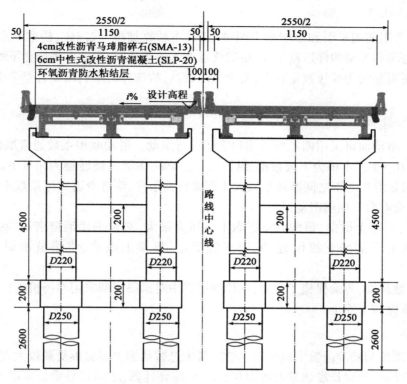

图2 桥型断面布置图(尺寸单位：cm)

三、方案选择

目前，国内同类型的桥梁施工往往采用支架法、节段吊装法、架桥机架设法及顶推法等方法施工。由于此桥位于 V 形山谷区，最大桥墩高度 72m，现场无进场道路，只能由两侧桥头修建临时道路展线至谷底，道路纵坡较大，无法满足长大构件的运输要求，故本桥无法采用支架法和节段吊装法进行施工。仅架桥机架设法和顶推法成为本桥施工的可能方案，方案比选见表1。

安装方案比选一览表　　　　　表1

序号	施工方法		比选内容					
			工期	是否需要大型吊装设备	大临结构加工数量	经济性	安全性	方案在本项目实用性
1	支架法		长	是	多	差	差	差
2	节段吊装法		短	是	多	差	差	差
3	架桥机安装法		短	是	无	较好	好	较好
4	顶推法	单点顶推	较长	无	较少	好	好	好
5		多点顶推	较短	无	较少	较好	好	好

由于现场无法进场大型吊装设备，桥位区域不具备型运输车辆通行等实际情况，本着安全且经济的原则，本桥选择单点顶推方案。

四、方案设计及验算

目前，国内顶推桥梁经验成熟，顶推可供选择的形式和类型较多，故设计一种安全可靠的顶推方案成为本项目的实施重点。

1. 顶推形式的选择

单点顶推可以采用前端牵引和后端牵引两种形式,本桥纵坡度－2.4%,桥梁起点桥头进场道路较好,具备大型设备进场和大型构件运输条件,桥梁终点侧无进场道路,为此本桥选择下坡顶推的方式。如采用前端牵引,则所需要的钢绞线数量较大,安全风险较高,故选择后端利用反力梁牵引工字钢主梁方式进行顶推施工。

2. 滑动形式的选择

在顶推施工中,滑动面可采用四氟板滑动和滚链进行滚动。滑动摩擦系数通常取值5%~8%,滚动摩擦系数通常取值0.5%。本桥为下坡顶推,纵坡为－2.4%,主梁纵坡转换为角度$\theta=1.5°$,$0.005<\tan\theta=0.026<0.05$,四氟滑板与钢之间摩擦系数大于钢梁自锁条件,滚链滑道摩擦系数小于自锁条件,若全部采用滚链滑道钢梁有自行向前滑动风险。

根据总体计算,导梁上墩前,最前方支撑墩上方压力最大,必须采用滚链滑道,否则将导致墩身发生破坏。考虑导梁上墩前的支撑位置,采用滚链滑道,导梁上墩后,将滚链滑道更换为四氟滑板滑道。

由于本桥为下坡顶推,为确保施工安全,在顶推过程中对梁段尾部采用卷扬机进行反拉,采用边牵引边下放的形式,以确保施工安全。

3. 导梁的选择

为防止钢梁在顶推初始阶段发生倾覆及上墩前最大悬臂状态主梁腹板受载较大发生失稳,须在工字形钢梁前端设置前导梁,导梁长度通常取值为$0.6L$。经综合计算,本项目导梁长度取15m,采用Q235钢板焊接而成。

4. 纠偏装置的选择

由于工字钢梁上下翼缘板钢板较薄,如顶推过程中纠偏力较大,则易引起钢梁翼缘板的变形。为此,选择采用在墩顶纠偏的形式进行每个钢梁的各自纠偏。

5. 落梁形式的选择

本桥采用各联临时连接成总体进行顶推,总体顶推到位后,再解除联间临时连接,每联各自落梁的形式,落梁采用钢筒和千斤顶配合使用,落梁高度约为29cm。

6. 实施方案

经综合比选,现场实施将起点桥头路基作为拼装场地,采用两台150tPCL穿心式千斤顶布置在桥台顶作为顶推动力,方案总体布置如图3所示。

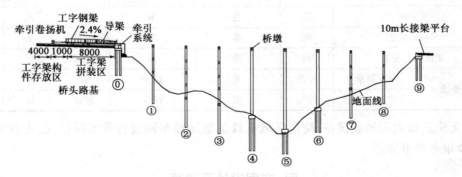

图3 顶推总体布置示意图(尺寸单位:cm)

由于桥梁前两跨位于曲线段,故顶推装置按照后续跨直线段布置,故牵引系统中心与桥台中心不贴合。此外,考虑到曲线对施工的影响,顶推施工时先顶推桥梁右幅,再顶推左幅,牵引系统总体布置如图4所示。

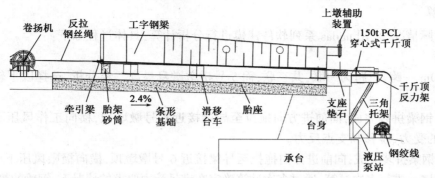

图 4 牵引系统总体布置图

工字钢梁节段运输到现场后,利用桥头路基作为拼装场地,拼装长度为 80 m(2 跨梁体长度),拼装场地布置 3 条拼装胎架,胎架上布置滑移台车,梁体节段的接长利用汽车起重机进行吊装,拼装场地布置如图 5 所示。

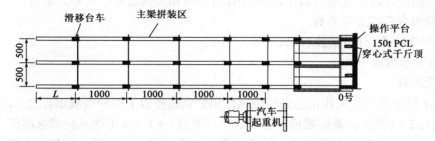

图 5 拼装场地总体布置图

导梁长度为 15 m,分两节(10 m + 5 m)进行加工后现场进行接长,导梁构造如图 6 所示,导梁上墩采用千斤顶进行顶升,千斤顶上设置滚轮,实现顶升后同步纵移。

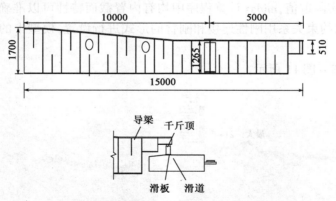

图 6 导梁构造示意图(尺寸单位:mm)

钢梁的纠偏采用在各墩顶每个工字梁两侧利用纠偏千斤顶和纠偏反力架交错布置进行,纠偏反力架上布置橡胶滚轮。纠偏装置布置如图 7 所示。

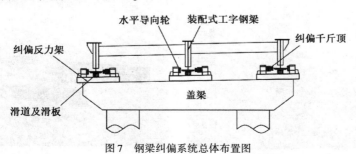

图 7 钢梁纠偏系统总体布置图

7. 方案验算

根据现场实际情况，采用 midas 系列软件建模进行分析计算，具体过程如下：

1）工况分析

由于该桥 40m 一跨，三跨为一联，共三联，而 5 号桥墩墩身最高。经分析，选择以下较为不利的工况进行计算：

工况1：7 跨钢梁拼装完成，向前进方向拖拉至导梁接近 6 号墩墩顶，横向工作风压下或竖向工作风压下，计算结构的受力、位移和支点反力。

工况2：7 跨钢梁拼装完成，向前进方向拖拉至导梁接近 6 号墩墩顶，横向极限风压下或竖向极限风压下，拖拉步距采用 5m 进行多次试算，通过多次试算确定在满足受力要求的情况下，钢梁的最大悬臂长度。

工况3：7 跨钢梁拼装完成，向前进方向继续拖拉至导梁开始支撑于 6 号墩墩顶，横向极限风压下或竖向极限风压下，计算结构的受力、位移和支点反力。

2）荷载组合

根据《公路桥涵设计通用规范》(JTG D60—2015)中的相关规定对下列系数取值。

(1) 基本荷载组合荷载分项系数。

①钢梁和导梁等自重，分项系数取 1.2。

②风荷载，分项系数取 1.4。

(2) 基本荷载组合。

根据各荷载工况中是工作风作用还是极限风作用分别选择以下两种荷载组合之一进行组合：

荷载组合1：1.2×（钢梁自重标准值 + 导梁自重标准值）+ 1.4×工作风荷载标准值。

荷载组合2：1.2×（钢梁自重标准值 + 导梁自重标准值）+ 1.4×极限风荷载标准值。

(3) 刚度验算：1.0×钢梁自重标准值 + 1.0×导梁自重标准值 + 1.0×工作风荷载标准值。

3）建模分析及结果

各构件材料特性按实际取值，midas 计算程序中均有内置截面特性可以准确模拟。各构件均采用梁单元建模，各构件之间的约束关系用刚性连接和刚臂的形式进行设置，模型中的边界条件为连续梁支撑支承体系。

模型部分截图如图 8 ~ 图 11 所示。

图8 主梁弯应力图（单位：MPa）

图9 主梁剪应力图（单位：MPa）

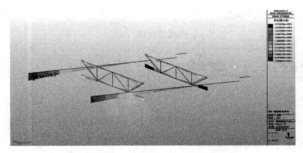

图10 导梁弯应力图（单位：MPa）

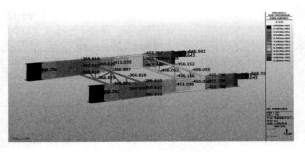

图11 导梁位移图（单位：mm）

经建模分析,各工况受力分析结果见表2。

各工况建模分析结果汇总表 表2

序号	工况	项目	分析内容	受力结果	设计容许值
1	工况1	工字钢梁	组合应力(MPa)	214.9	355
2			剪力(MPa)	25	205
3			位移(mm)	294	—
4		导梁	组合应力(MPa)	79.7	205
5			剪力(MPa)	4.3	120
6			位移(mm)	516	—
7	工况2	工字钢梁	组合应力(MPa)	273.6	355
8			剪力(MPa)	24.4	205
9			位移(mm)	67	—
10		导梁	组合应力(MPa)	199.5	205
11			剪力(MPa)	5.5	120
12			位移(mm)	—	—
13	工况3	工字钢梁	组合应力(MPa)	334.9	355
14			剪力(MPa)	21.4	205
15			位移(mm)	40	—
16		导梁	组合应力(MPa)	148.2	205
17			剪力(MPa)	20.7	120
18			位移(mm)	—	—

从上述分析结果可知,钢梁在顶推过程中受力满足设计要求。

4)细部分析

(1)墩身强度验算。

由于墩身受到从上部传来的竖向压力、水平纵向的静摩阻力和由于墩顶的水平力产生的根部弯矩,以及水平风荷载对墩身产生的作用,从而成为一个压弯构件,可能造成墩身开裂甚至倾覆,故须进行计算复核,经计算分析,各墩强度均满足施工要求。

(2)钢主梁拖拉后锚点在腹板局部稳定性验算。

顶推力是通过钢梁尾部拉锚横梁传到主梁腹板上的力。经计算,单个接触面的顶推力为901kN,接触到腹板的范围为主梁下翼缘顶面以上322mm范围内。根据《钢结构设计标准》(GB 50017—2017),对局部稳定性进行计算分析后,确定其稳定性满足设计要求。

(3)钢主梁与轨道接触面局部验算。

在顶推过程中,钢主梁位于轨道以上受到局部向上的竖向荷载。经计算,单个主梁下翼缘的局部受压面为长为1.25m、宽为0.3m,单个接触面的最大竖向力约为1126.4kN,接触面的压强为3004kPa,如图12所示。

经计算分析,钢主梁与轨道接触面的局部强度验算满足要求,钢主梁与轨道接触面的下翼缘局部最大竖向位移为2mm,满足设计要求。

(4)顶推反力架验算。

经计算,单个千斤顶的顶推力为901kN。经综合分析,其构造满足受力要求,如图13所示。

(5)钢梁临时连接及钢梁与导梁间连接验算

钢梁临时连接与钢梁与导梁剪联系均采用钢垫板加焊形式等强焊接,主要对关键焊缝进行计算,其受力满足设计要求。

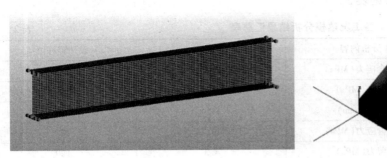

图12　钢主梁模型图　　　　　　图13　顶推反力架受力分析

经分析,本方案受力分析均满足设计要求。

五、现场实施及效果

1.实施方法

1)施工工艺流程

施工工艺流程如图14所示。

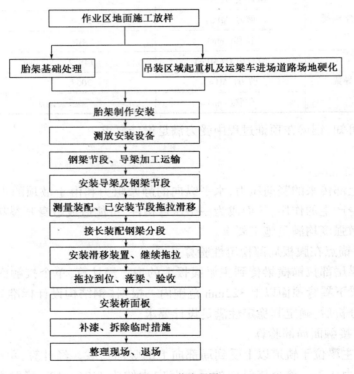

图14　工艺流程图

2)钢梁单点顶推施工

以150tPCL穿心式千斤顶为顶推滑移的动力来源,其通过水平方向的运动,实现对整个钢梁的顶推。同时,采用单点顶推,逐点推动,整个顶推精度高,方式新颖,准确率更高。工字钢梁后面的反力梁用以分配牵引力至三榀钢梁上,反力梁亦作为防溜卷扬机的着力点,起到防溜的作用,钢梁第1、第2跨位于缓和曲线上,顶推牵引过程中会有牵引角度的变化,采用球铰形式将钢绞线(5束φ15.2mm)与反力梁连接,避免角度变化引起的钢绞线局部受力集中。安装时,牵引设备安装于强度较高的桥台台身处,通过桥台台帽混凝土特性抵抗局部压力,牵引设备布置于台帽前方,保证顶推施工中最后一跨钢梁可以一步顶推滑移到位,无须另外加设后导梁辅助到位,顶推牵引布置点如图15所示。

顶推拖拉施工时,一个流程拖拉距离为液压拉锚器一个行程。当液压拉锚器周期重复动作时,钢梁则一步步向前移动。

3) 导梁设置及上墩辅助措施

顶推时,采用焊接的钢工字梁形式作为导梁,导梁长度15m,其目的是起到减少工字钢梁顶推过程中的悬臂长度,同时引导钢梁前进,现场实测导梁前端下挠约42cm。导梁尾端与钢混工字钢梁同高等强焊接,渐变至前端1.25m,导梁上墩时,采用千斤顶顶伸,千斤顶上焊接一个反滚轮,通过千斤顶调节高度,千斤顶在滑道上做滑移运动,使得导梁顺利上墩,操作简单,实用性较强。

图15 顶推牵引点布置图

4) 钢梁限位及纠偏处置

钢梁的限位根纠偏采用同一个设备架,一端作为纠偏千斤顶支座,另一端作为水平限位轮支座。水平限位轮采用尼龙材质,最大程度保护钢梁的油漆不被剐蹭,保证整体的美观性,减少后期的补修工程量,水平限位轮与钢梁下翼缘之间留存2~5cm左右的偏位允许值,设为警戒值,当钢梁顶推滑移水平偏位超越该阈值时,启动千斤顶油泵,开始纠偏处置,直至钢梁纠偏至设计中线位置,开始下一步的顶推施工,始终保证顶推过程中所有施工环节可控。

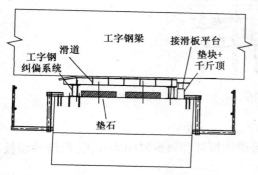

图16 滑道及顶升千斤顶布置图

5) 钢梁支座处加厚段滑移顶推处置

桥梁设计中支座处受力最为明显,为保证钢梁的受力性能,支座位置处下翼缘板通常会做加厚处理,此处的加厚段并无坡度渐变,本桥梁支座处加厚底板为4.5cm厚,给顶推施工造成一定的难度,加厚段易产生顿挫感,影响施工质量。为此,该桥梁顶推时共准备了27台50t小千斤顶,每个墩上设置3个,分别位于三榀主梁下方,待加厚段即将上墩前,统一将钢梁顶升5cm,在四氟滑板上加塞2cm+2cm+1cm厚钢板,此时,钢工字梁统一被抬高5cm,可以实现加厚段的顺利滑过滑道,依次循环,直至最后一跨顶推滑移到位,设备布置如图16所示。

6) 受力体系转换

顶推滑移到位后,采用千斤顶与临时砂筒交替进行,进行落梁工作,落梁高度为29cm。

待钢梁已顺利全部落至支座上,此时将联与联之间的临时焊接钢板采用切割机沿伸缩缝边线切除钢板,留出伸缩缝所占空间,进行微调、修补、补漆后,将支座的螺栓与钢梁紧固连接,整个钢梁安装工作完成,进行下一步的桥面板安装工作。

7) 施工监控布置

下挠变形监控:钢梁顶推滑移过程中,为保证施工过程中的安全可靠,必须在全过程中对关键点位进行监控量测,分别在导梁最前端及顶推第一跨跨中位置处设置位移监控点,测算下挠挠度值以及预拱度是否满足要求。导梁下挠设置阈值,当超越该值时需停止顶推,查明原因后方可进行。

应力变化监控:在顶推第一跨跨中和钢梁、导梁位置处埋设传感器进行应力监测,采用一体化智能设备,自行采集数据,实时监控顶推滑移过程中正负弯矩交替变化,保证施工过程中钢梁的内力值在允许范围内。

8) 桥面板的安装

钢梁全部安装到位后,准备桥面板的安装。由于预制混凝土桥面板已经分段,故可以采用小型的吊装设备进行吊装,现场采用25t汽车起重机施工,可大大减少设备的投入,显著降低施工成本,工期的可控性较高,质量可靠。

先安装第一块桥面板,平行安装第二块桥面板,并将两块桥面板之间的临时连接钢筋固定,再安装第三、第四块板,依次循环,直至全部桥面板安装完毕,浇筑桥面板间的湿接缝施工,形成装配式钢结构-混凝土组合桥梁。可采用两端向中间架设,加快安装进度,安装方法如图17所示。

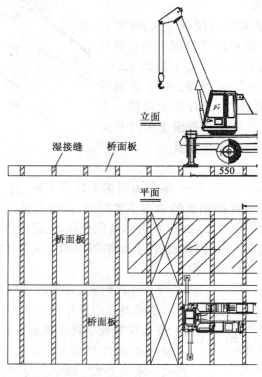

图17 桥面板安装示意图(尺寸单位:cm)

2. 实施效果

本项目左右幅分别进行顶推,经现场实施,采用此工艺单跨梁体拼装和顶推时间为6天,单跨桥面板安装时间为3天,如图18、图19所示。

图18 现场实施图一

图19 现场实施图二

综合分析可知,考虑施工准备和体系转换,每幅钢桥安装工期为3个月。

六、结　语

根据钢-混工字组合梁的结构特性,采用单点顶推施工工艺,通过严谨的态度与严格的现场管理,在顶推滑移过程中始终保持前进速率的一致性,大大降低了纠偏的工程量,同时,一体化的纠偏装置与限位轮的设置保证了桥梁结构的美观性,降低了施工成本,保证了施工质量,经济性较好。

同时,该种顶推技术解决了山区条件限制下的装配式钢-混工字组合梁的施工难题,尤其适用于工期较紧、地理条件较差的地区,快速安装钢梁,发挥了装配式结构的优点,可为后续类似项目提供技术借鉴。

参考文献

[1] 中华人民共和国交通运输部.公路桥涵设计通用规范:JTG D60—2015[S].北京:人民交通出版社股份有限公司,2015.

[2] 中华人民共和国交通运输部.公路桥涵施工技术规范:JTG/T 3650—2020[S].北京:人民交通出版社股份有限公司,2020.

[3] 江正荣,朱国梁.简明施工计算手册[M].4版.北京:中国建筑工业出版社,2016.

[4] 中华人民共和国住房和城乡建设部.钢结构设计标准:GB 50017—2017[S].北京:中国建筑工业出版社,2018.

[5] 张晓东.桥梁顶推施工技术[J].公路,2003(9):45-51.

[6] 郭胜飚.公路桥梁钢箱梁顶推施工技术探讨[J].中外建筑,2008(7):202-204.

[7] 赵志平.桥梁顶推施工的精度探讨[J].桥梁建设,1994(2):70-73.

56.双向步履式架桥机安装50m T梁施工方法

陈军社　马世权

(中交二公局第三工程有限公司)

摘　要　由于大跨径桥梁梁体结构尺寸和重量过大,在梁体安装作业过程中,存在着安全风险大、工作效率低等诸多不利因素,双向步履式架桥机主体结构为多段桁架联接梁,便于拆装和转场,且整机抗风能力大,稳定性高;架桥机前、中支腿横移轨道为钢箱分段以销接方式联接成整体,轨道支撑和高度调节采用可调节钢托支座,使轨道精确保持水平并支撑牢固;边梁安装实现一次横移就位;架桥机过孔无须额外配重,实现自平衡,且前横移轨道不需拆装,利用前支腿全幅一次提吊过孔;应用安全监控设施和智能报警装置,使作业人员始终处于安全状态。

关键词　双向步履式架桥机　安装　预制T梁

一、引　言

在公路桥梁施工中,常用的预制梁板安装方法有单、双导梁法,跨墩门架法,专用架桥机架设法,自行吊机安装等。每一种方法都有其特有的适用范围、应用条件及其自身优势。但是,各安装方法在实施过程中,每一环节都必须由有经验的专业人员认真操作,稍有不慎,任何疏忽都有可能造成安全事故,而预制梁板安装过程中发生的安全事故,往往是灾难性的,其损失难以估量。

一方面,随着我国交通建设事业的不断发展,建设方、投资方成本意识不断提高[1],并且考虑到发展预留空间的需要,桥梁跨径越来越大;另一方面,随着科学技术的发展,人们生活水平不断提高,审美要求也在不断提高,大跨径桥梁将会越来越多,梁重随之将成比例加大,而大跨径桥梁梁板的安装,其安全风险也随之呈几何倍数增大。因而,在实践中对架梁设备的要求也就越来越高,必须确保万无一失。

二、工程概况

某跨江大桥北引桥,桥梁总宽33m,桥面净宽2×15m,第1~3联上部结构为50m预应力混凝土预制T梁,共计15孔,单幅每孔7片,单片梁体混凝土设计方量约76m³,梁体最大重量约200t,桥梁纵坡第1~3孔为-0.579%,第4~15孔为-2.5%,桥梁横坡2%,下部结构为空心薄壁墩,墩高42.7~57.5m,为大跨径梁体架设及高空作业。经前期调研、方案论证、多方比较后,采用JQGS260t/50m双向步履式架桥机从大里程向小里程方向安装50m预制T梁。

JQGS260t/50m双向步履式架桥机(图1),主梁采用双梁式空间三角桁架作主梁承力和传力,额定起重量为130t+130t,可安装跨径为50m的预制T梁,适应最大纵坡为±5%。架桥机采用交流380V低压供电,装机总功率为155.6kW,各单元机构采用遥控控制[2]。各项主要技术参数见表1。

图1 JQGS260t/50m双向步履式架桥机

JQGS260t/50m双向步履式架桥机主要参数 表1

额定起重量	2×130t	架梁跨径/桥机跨度	50m/50m
整机工作级别	A4	最大架设纵坡	±5%
最大架设横坡	±5%	前支腿调节高度	—
起升高度	9m	下沉深度	—
大车基距	4.6m	小车轨距	2m
整机高度	10m	整机宽度	9.88m
适应桥型最大角度	±45°	整机总功率	155.6kW
过孔速度	0~4m/min(变频)	起升速度	0.9~1.1m/min
小车纵移速度	0~4m/min(变频)	小车横移速度	0~2m/min(变频)
整机横移速度	0~2m/min(变频)	整机重量	298t
主要结构形式			
主体结构形式	三角桁架	操作方式	遥控
吊具形式	专用吊具	—	—
适用工作环境			
电压	380V	非工作风压	600N/m²
频率	50Hz	工作风压	350N/m²
环境温度	-20~50℃	吊钩部位辐射温度	—

三、安装前准备

1. 现场准备

桥梁墩台盖梁及支座垫石已施工完成,并达到设计强度,垫石高程、四角高差、平面位置、平整度等指标符合要求。

2. 人员准备

人员配置全面、合理,对负责梁体安装的技术人员、设备操作手等进行培训教育。起重工、司索工、信号工、电工、焊工,特别工种人员须持证上岗[3]。

3. 材料设备准备

架桥机、手拉葫芦、钢板、可调节支座、枕木等设备、材料均已进场[4]。架桥机前、中支腿横移轨道采用厚20mm钢板加工的箱体分段以 φ80mm 钢棒销接方式全幅联接成整体,轨道水平支撑和高度调节采用厚20mm钢板加工的箱体、φ80mm钢棒及螺栓制作的可调节高度钢托支座及保护垫木支垫,可调节高度支座设置于每片梁梁中位置,保护垫木设置在1号、3号、5号、7号梁上,隔梁设置,使横移轨道精确保持水平并支撑牢固。支座、支垫设置如图2、图3所示。

图2　可调节高度的钢托支座

图3　横移轨道用钢箱销接联接,用可调节钢托支座支垫

4. 智能报警装置准备

架桥机前、中支腿行走轮上装有制动器,横移轨道上装有行程限位器,前后横梁和起重小车上装有视频监控系统,横梁上装有风速测定仪,机械各处装有安全装置和智能报警装置,确保作业人员始终处于安全受控状态。

5. 警戒区设置

施工期内在待架孔下方垂直投影线以外6m范围内,采用铁马进行围挡,实行24h时警戒,严禁人机穿行,至该孔完成安装,且该孔横向钢筋焊接、支垫牢固后解除警戒警戒区设置如图4所示。对桥面待架孔及前一孔区域设置安全警戒,并防止非专业施工人员进入架梁区域。

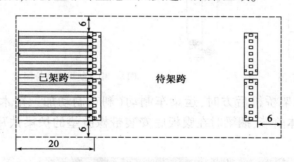
图4　待架孔下方警戒区设置(尺寸单位:m)

四、安装顺序

对于桥梁总宽33m、桥面净宽2×15m的双向六车道高速公路桥梁,单跨标准为7片T梁,同一跨内T梁安装顺序按照方便架设、基本对称、及早联接的原则进行,具体安装顺序如下:

(1)当采用全幅安装时,其顺序为:4号梁→3号梁→2号梁→1号梁→7号梁→6号梁→5号梁,如图5所示。

(2)当采用半幅安装时,其顺序为:7号梁→6号梁→5号梁→1号梁→2号梁→3号梁→4号梁,如图6所示。

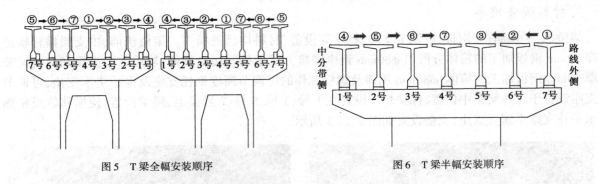

图5 T梁全幅安装顺序　　　　　　　图6 T梁半幅安装顺序

五、安 装 过 程

1. 施工工艺流程

50m预制T梁采用JQGS260t/50m双向步履式架桥机安装施工工艺流程如图7所示。

2. 喂梁

调整架桥机导梁前后为水平，尾支腿可靠支垫[5]，采用两道手拉葫芦(10t)将中支腿纵向斜拉至后方已架梁体湿接缝钢筋上进行纵向固定，以加强喂梁时架桥机的纵向稳定性，如图8所示。

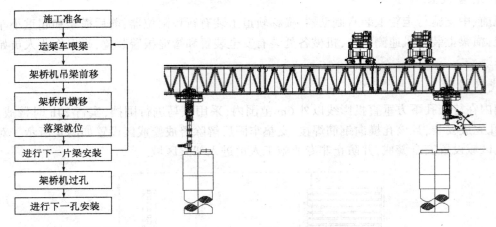

图7 施工工艺流程图　　　　　图8 中支腿纵向斜拉固定

运梁车将梁体前端运到架桥机后方时，运梁车制动(刹车制动加三角木限位)，在尾支腿支垫稳固后，采用前起重小车捆起梁体前端，捆梁时在腹板底安装带橡胶垫的护梁铁瓦及翼缘板保护方木之后方可起吊，如图9所示。

图9 护梁铁瓦

3. 吊梁前移

前起重小车吊起梁体前端,起升到一定高度(以梁体底面及护梁铁瓦、非连续端已安装固定的梁底支座能够通过中横梁为准)时,停止起升,开动前吊梁桁车前行,后运梁车同步前行,待梁体后端也进入到架桥机吊梁范围时,用后起重小车吊起梁体后端。此时,梁重全部由两台吊梁桁车承担,同时开动前后吊梁桁车[6],使梁体纵向前移,如图10所示。

图10 已安装固定的非连续端梁底支座

待梁体吊起平稳后,驶离运梁车。吊梁桁车在导梁上以不大于5m/min的速度行驶,并随时纠偏,以保持前后起重小车在左右导梁的中心线位置[7],如图11所示。当梁体纵向位置符合下落的条件时,将梁体高度降低至距支座垫石顶部300mm左右[8]。

图11 吊梁纵向运行

4. 横移

若梁体的横向位置距安装位置相差较多,采用架桥机整机横移至梁体就位目标位置,待距离缩短到起重小车横移距离范围以内时,再通过起重小车微调就位,如图12所示。在此过程中,严禁在单侧主梁承受梁体重量的状态下开动整机横移[9]。

架桥机整机横移前,中横梁下的边梁翼缘板应用木撑可靠支撑,前、中横移轨道端头应垫实并比中部略高(可控制在20mm以内)。

对于架桥机提带外边梁横移时,先整体横移架桥机,架桥机的中支腿外侧行走轮只需行走至轨道下支撑正上方(即T梁腹板正下方,此时处于起重小车横移空间范围内,用限位装置将前、中支腿进行限位固定),然后横移起重小车至边梁就位,边梁架设状态如图13所示。

图 12 架桥机提梁横移至目标位置

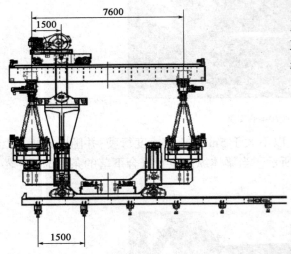

图 13 架桥机外行走轮中心、T 梁中心线、轨道下支撑重合（尺寸单位：mm）

对于 9 级风工况下，架桥机安装外边梁时，整机横移至最外侧，起重小车钢丝绳紧靠外侧主梁（T 梁最大重量取 200t），则，稳定力矩 $M_{稳}$ 由除起重小车及载荷以外的整机自重产生：

$$M_{稳} = 1/2 \times 4.6 \times 2467230 = 5674629 (N \cdot m)$$

倾覆力矩由起重小车及梁体自重、侧向风载荷产生：

$$M_{倾} = 0.6 \times (230000 + 2000000) + 156692 \times 6.748$$
$$= 2395357 (N \cdot m)$$

稳定性系数 $\lambda = \dfrac{M_{稳}}{M_{倾}} = \dfrac{5674629}{2395357} = 2.36 > [\lambda] = 1.5$。

5. 落梁

当起重小车横移至对应位置后进行落梁，落梁时先将梁体设计高程较高的一端落至距支座 200mm 处，该起重小车停止。再将设计高程较低一端的起重小车继续下落至梁体距支座 200mm 时，前后小车同时下落，直至梁体下放到位，如图 14 所示。落梁过程中作业人员随时检查支座（或临时支座）有无脱空或偏压现象，并及时提梁调整。梁体临时支座采用砂筒，每个梁端根据梁体高程调整砂筒高度，超出砂筒允许调节范围，由加钢板进行调节。

图 14 梁体下落就位

第一片梁体就位后设临时支撑，每安装就位一片，及时做好临时支撑并进行钢筋连接，确保梁体整体稳定性。最后，收起架桥机后支腿，横向整体移动到原架梁位置，准备架设下一片梁。待全幅 T 梁安装完成后，架桥机过孔进行下一跨梁体的架设。

6. 架桥机过孔

（1）收尾支腿，使尾支腿脱离桥面，且与桥面预埋钢筋等障碍物不发生干扰；纵移起重小车至中支腿总成位置，启动前支腿梁、中支腿反滚轮组，使主梁向前纵移6.0~7.2m。

（2）顶升尾支腿、前支腿，使中支腿总成脱离桥面（附带横移轨道12m），挂驱动轮组落于主梁下弦杆的上轨道面；启动中支腿反滚轮组，中支腿总成前移，至中支腿距前支腿30~30.5m时停止前移。

（3）中支腿总成就位后，调节轨道下的可调节支座高度，使之与梁体密贴稳固。逐步收尾支腿、前支腿，使主梁下弦杆的下平面落于中支腿反滚轮组上。将两起重小车移至中支腿总成附近；用2道手拉葫芦(10t)将前支腿纵向斜拉至后方已架梁体湿接缝环型钢筋上，用4道手拉葫芦（前后每侧各2道）将中支腿斜拉至已架梁体钢筋湿接缝环形钢筋上，对前支腿和中支腿进行固定，加强主梁纵移时架桥机的纵向稳定性。

（4）收起尾支腿脱离桥面，启动前支腿、中支腿反滚轮组，驱动主梁整体向前纵移，同时两起重小车向后纵移，以保持整机稳定性；待临时支腿移动至超过前方墩台中心至不干扰前支腿就位时停止纵移，支撑牢固临时支腿。

（5）顶紧尾支腿、前支腿、临时支腿（临时支腿微量顶升以消除主梁挠度为宜），挂轮落于主梁下弦杆的上轨道面，使中支腿（附带横移轨道及调节支座）完全脱离桥面；启动中支腿反滚轮组电机，驱动中支腿总成纵移至前支腿后部3m左右停止[10]。

（6）支撑牢固中支腿总成及横移轨道，起重小车开至中支腿后方附近；尾支腿、中支腿总成、临时支腿同时受力，收起前支腿油缸，使前支腿总成及36m横移轨道完全脱离墩台（收起高度以满足过前方墩台高度无干扰为准），挂轮落于主梁下弦杆的上轨道面。

（7）将横移轨道与前支腿总成底部的横移台车固定稳妥，并用钢丝绳斜向拉紧横移轨道，启动前支腿反滚轮组电机，挂轮组驱动前支腿总成及36m轨道纵移至前方墩台超过中心线的前支腿总成就位位置，顶升前支腿油缸，使主梁下弦杆的下平面完全落于前支腿反滚轮组上（以前临时支腿脱离桥面为宜、前支腿总成受力为准），如图15所示。

图15 前支腿总成及36m轨道纵移至前方墩台

（8）顶紧尾支腿、前支腿油缸、临时支腿（临时支腿微量顶升以消除主梁挠度），挂轮落于主梁下弦杆的上轨道面，使中支腿及横移轨道完全脱离桥面，前移到距梁端1m左右后停止并支撑牢固。两起重小车纵移至中支腿总成前约8~9m位置，适当增加前支腿压力，以保证纵移主梁时前支腿的稳定性；收尾支腿、临时支腿，启动前支腿总成、中支腿总成的反滚轮组电机，主梁纵移至架梁工况，在前、中支腿轨道下的调节支座两侧加保护垫木。至此，过孔完毕。

六、结　语

JQGS260t/50双向步履式架桥机安装50m预制T梁施工中，采用厚20mm钢板加工的箱体、φ80mm钢棒及螺栓制作的可调节高度钢托支座，使横移轨道支撑更加牢固、高程准确；作业中架桥机受力明确，操作方便,结构安全[11];架桥机提带边梁横移时,架桥机的前、中支腿外侧行走轮只需行走至轨道下支撑正上方(即T梁腹板正下方),边梁安装一次到位,安全可靠,作业效率高;并充分利用架桥机自身重量和杠杆原理,实现架桥机过孔无须额外的配重即可达到自身平衡,并快速安全通过,且前横移轨道不需拆装,全幅一次提吊过孔;节约人工和材料费用;应用安全监控和智能报警装置,使作业人员始终处于安全受控状态。本文指出的施工方法对于大跨径预制T梁、预制箱梁、钢混组合梁等的架设安装,具有一定的比较优势,可供同类桥梁梁体安装作业借鉴和推广应用。

参考文献

[1] 宋润生.桥梁设计中桥梁建筑美学的体现方式分析[J].四川水泥,2017(7):106.
[2] 丰锴.架桥机在桥梁施工中的应用[J].交通建设与管理,2015(6):231-233.
[3] 赵修,王彬.30m箱梁架设的工程施工分析[J].城市建设理论研究,2013(15):1011.
[4] 邵胜杰,杨卫敏,孙红霞.预制梁安装施工及质量控制[J].河南科技,2013(11):160.
[5] 谢蕴强,顾彪.双导梁架桥机架设95m小半径曲线桥预制T梁施工技术[J].施工技术,2018,47(10):82-86.
[6] 王克瑞.高速铁路简支箱梁预制拼装与架设施工详述[J].建筑工程技术与设计,2017(5):965.
[7] 陈英楠.大坡度变幅45mT型梁架设施工技术[J].价值工程,2019,38(12):120-123.
[8] 王晨,张秀存.箱梁安装工艺总结[J].城市建设理论研究,2014(9):1535.
[9] 王强,姚天宇.大跨度预制T型梁吊装方法的探讨[J].北方交通,2011(6):90-92.
[10] 张广潭.折叠中辅助支腿式架桥机的研制与应用[J].铁道建筑技术,2019(5):150-153.
[11] 陈灵,张智莹.高速铁路大型箱梁架运设备及其应用(上)[J].建筑机械化,2007(4):18-22,4.

57. 钢板组合梁 UHPC 叠合板施工技术研究

管文涛 刘永亮 张小龙

(中交二公局第五工程有限公司)

摘 要 高台大桥为钢板组合梁,上部结构为钢板梁+预制桥面板,其中有115块桥面板为超高性能混凝土(UHPC)叠合板。结合以往类似项目,发现叠合板UHPC与普通混凝土之间很容易出现分层或者开裂现象,以及叠合板预制精度较低的现象,安装时相邻板外露环形钢筋互相冲突,剪力槽内部钢筋与剪力钉互相冲突。以上因素导致叠合板安装工效非常低,很难保证叠合板预制和安装质量。为解决类似项目出现上述的问题,项目自研UHPC配合比,提出两种混凝土最优浇筑工艺和养护方式,在保证了叠合板各项性能指标达到设计要求的基础上,实现顶层UPHC和底层C50混凝土之间不分层或开裂。通过自研UHPC配合比,节约了项目成本。另外,为保证叠合板预制精度,底模采用大块整体钢模,并在底模剪力槽处模拟钢板梁顶部剪力钉位置,叠合板两侧梳齿板槽口错位,确保叠合板预制尺寸和外露钢筋位置精度,提高了安装工效,保证了工程质量。通过工程实施,总结出UHPC叠合板施工技术控制要点,为以后类似工程提供借鉴和参考。

关键词 土木工程 配合比 预制 UHPC叠合板 精度

一、引 言

在公路桥梁建设工程中,钢混组合梁结构是一种新型的桥梁结构,超高性能混凝土(UHPC)逐渐应用到钢混组合梁桥桥面板中。UHPC是一种具有高抗弯强度、高韧性、高耐久性的水泥基复合材料,具有超高的抗弯、抗拉强度,大大提升了桥面板的强度和耐久性[1-2]。云茂高速公路TJ10标项目高台大桥钢板组合梁在墩顶负弯矩两边各7.25m范围内桥面板为UHPC和普通C50混凝土组成的叠合板。项目前期，项目组深入调查了陕西、安徽及云茂高速公路相邻标段类似项目，发现叠合板中UHPC与普通混凝土之间出现分层或者开裂现象，安装时相邻板外露环形钢筋互相冲突，剪力槽内部钢筋与剪力钉互相冲突，安装时工效非常低，叠合板质量也难以保证。为解决以上问题，通过多组试验研究出本项目UHPC配合比，并在试验中得出两种混凝土最优浇筑工艺和养护方式[3-4]，确保不同混凝土之间不分层或开裂。另外，叠合板采用整体定型钢模板，并在底模剪力槽处模拟钢板梁顶部剪力钉位置，叠合板两侧梳齿板槽口错位，在设计模板时考虑到相邻叠合板环形钢筋、剪力槽处钢筋与剪力钉相互冲突问题，安装时未发生冲突现象。

二、工程概况

云茂高速公路TJ10标高台大桥平面线形由两段正反圆曲线和正反缓和曲线组成的S形平面曲线，平面正曲线半径1400m，反曲线半径2000m，桥梁左幅5联17跨总长680m、右幅4联15跨总长600m，标准跨径40m，上部结构采用钢板梁+预制桥面板。

全桥桥面板共407块，其中墩顶负弯矩两边各7.25m范围内桥面板为UHPC叠合板，该范围内现浇湿接缝和剪力槽为UHPC。叠合板共计115块，叠合板由底层C50普通混凝土和顶层10cm厚UHPC组成。叠合板长12.3m，宽2.5m，中间厚度为26cm，钢梁支撑处板厚加厚至40cm，悬臂端部厚22cm（图1）。每块桥面板均设置4个剪力槽，叠合板横向预应力采用扁锚4φ15.2mm的钢绞线，沿顺桥向50cm一道。UHPC设计抗压强度120MPa，抗弯拉强度20MPa，全桥共计595m³ UHPC。

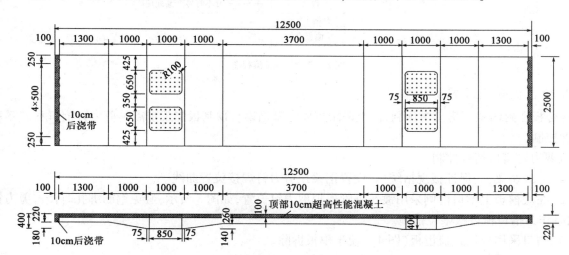

图1 叠合板平面和立面图（尺寸单位：mm）

三、施工工艺及关键技术

1. 施工工艺流程

叠合板预制场建设完成后，将试拼验收合格后的整体钢模投入使用，整体钢模上包括剪力槽限位措施、φ20mm钢管模拟剪力钉位置，钢筋原材在钢筋加工区集中加工成型半成品后运送至预制场，人工在钢模上绑扎，安装波纹管并固定，最后安装侧模、端模和剪力钉槽处模板。

普通C50混凝土在拌和站集中拌制，罐车运送至现场，采用门式起重机配合料斗的方式进行浇筑，混凝土采用插入式振捣棒振捣，混凝土浇筑完成及时进行保湿养护。普通混凝土浇筑完成6h后，采用高压水枪冲洗凿毛，并在24~48h之间进行UHPC浇筑[5-6]。UHPC采用专门拌和机进行拌制，先采用门式起重机配合料斗的方式进行浇筑，专门振捣梁进行振捣，再进行保湿养护。预应力张拉，转运至高温蒸汽养护区进行养护，养护时间不少于120h，温度控制在45~50℃，最后叠合板各项指标检验合格后进行储存[7-8]。叠合板施工流程如图2所示。

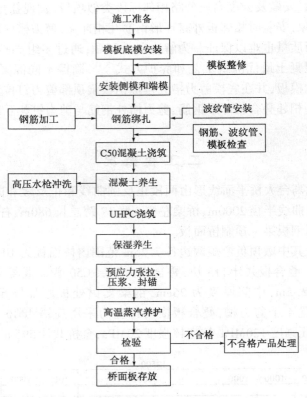

图2　叠合板施工流程图

2. 叠合板模板工程

叠合板在封闭式厂房集中预制，模板采用整体定型钢模。预制板施工重点是剪力钉槽口和外露环形筋精度控制[9]。

1) 剪力钉槽口精度控制

(1) 曲线桥梁，为保证板规格统一，设置钢梁顶剪力钉焊接位置曲线。

(2) 在底模板上槽口内侧采用镀锌钢管模拟剪力钉位置，如图3所示，避免钢筋绑扎时侵占剪力钉位置，同时作为槽口梳齿板限位措施。

(3) 槽口采用分块式梳齿板(图4)，便于模板拆除。

图3　模拟剪力钉位置

图4　剪力钉槽口梳齿板

叠合板实体安装如图5所示。

2）外露环形筋控制

环形筋直径较粗，叠合板外露环形钢筋为 φ28mm 螺纹钢，若控制不好，严重影响安装进度和质量。施工的关键点在梳齿板加工精度，槽口尺寸略大于钢筋直径，并通过左右侧距离两端错位3.5cm，确保架设后环形筋错位，紧挨不冲突，如图6、图7所示。

图5 叠合板实体安装

图6 梳齿板端模及整体式钢底模

3. 叠合板钢筋安装

根据桥面板钢筋图纸做出钢筋下料单，在钢筋加工场统一制作，钢筋均采用焊接连接，焊接接头应满足设计及规范要求。钢筋半成品加工在桥面板预制场附近加工完成，钢筋绑扎在固定的钢筋绑扎台座上完成，台座上放有主筋定位卡槽。

钢筋绑扎顺序为：在钢筋绑扎台座上绑扎桥面板底层钢筋→剪力槽定位钢筋→架立钢筋→波纹管安装→桥面板顶层钢筋→锚垫板安装→预应力波纹管定位钢筋、吊点孔定位钢筋→护栏预埋钢筋。

钢筋绑扎完成后，应对钢筋骨架尺寸、主筋间距、箍筋间距等进行检查，并检验锚具、波纹管、预留孔等预埋件位置，并安装混凝土保护层垫块等。叠合板钢筋绑扎如图8所示。

图7 相邻叠合板板外露环形筋安装效果

图8 叠合板钢筋绑扎

4. UHPC简介和搅拌

1）UHPC简介

UHPC是一种由水泥、矿物掺合料、细集料、钢纤维和减水剂等材料或有上述材料制成的干混料先加水拌和[10]，再经凝结硬化后形成的一种具有高抗弯强度、高韧性、高耐久性的水泥基复合材料，其抗压强度达到120MPa，抗弯拉强度可达20MPa。UHPC性能指标见表1。

项目通过一系列的试验研究出符合本项目设计要求的UHPC配合比，为使材料充分拌和均匀，在专业工厂将固态原材料预拌成干混料并计量包装,然后在现场加水进行二次搅拌,水灰比在 0.16 ~ 0.2 之间。

UHPC 性能指标   表1

序号	项目	指标
1	抗压强度(MPa)	≥120
2	抗弯拉强度(MPa)	≥20
3	弹性模量(GPa)	≥40.0
4	重度(kg/m³)	2350 ~ 2450
5	扩展度(mm)	≥600 且 ≤700
6	坍落度(mm)	≥250 且 ≤280

2) UHPC 搅拌

UHPC 搅拌首先把称重好的 UHPC 干混料投入搅拌机料筒内,干拌 30s 左右,使干混料处于流动状态,然后按比例计量加入水,进行湿拌和,搅拌过程中通过观察窗口观察拌合物的状态,待 UHPC 拌合物流化后,继续搅拌不少于 2min,总搅拌时间不少于 8min[11]。UHPC 搅拌程序及搅拌时间控制见表2。

UHPC 搅拌程序及搅拌时间控制   表2

UHPC 搅拌程序	UHPC 干混料搅拌	计量加水	UHPC 湿拌	UHPC 流化后继续搅拌
搅拌时间	30s	30s	5min	2min
总搅拌时间不少于 8min				

5. UHPC 浇筑

1) 浇筑时间控制

因底层普通 C50 混凝土和顶层 UHPC 材料收缩特性差异,为防止层间开裂,通过对两种材料收缩参数测试及不同浇筑时间差试验,在底层普通 C50 混凝土浇筑完毕洒水养护 24 ~ 48h 时,浇筑顶层 10cm 厚 UHPC 效果最佳。

2) UHPC 运输及布料

UHPC 材料的水灰比低,为防止运输过程中和分次布料的待料过程中 UHPC 表面水分散失导致结皮情况,本项目采用 6m³ 的搅拌运输车一次装料后运至浇筑地点,然后一次布料完成,中间不停顿。运输过程中保持罐体始终在转动,使料斗内 UHPC 一直处于搅动状态,防止骤凝。

根据项目前期试验研究和其他类似项目表明,纤维取向对 UHPC 构件的抗拉性能有显著影响,而浇筑方向对纤维的取向有显著影响。本项目 UHPC 布料应符合以下规定:

(1) 布料前检查,检查钢筋、预埋件等的位置,确保安装位置准确,检查模板尺寸、密封等情况。

(2) UHPC 浇筑前将结合面清理干净,不得有水泥残渣,最后洒水湿润。

(3) 浇筑方向沿长边方向均匀布料,料斗在一点卸料,使 UHPC 自流平。

3) 界面质量控制

底层 C50 混凝土浇筑完成后,顶面因振捣产生浮浆,影响和顶层混凝土连接性能。通过试验摸索,在 C50 混凝土浇筑完成 6h 后,采用高压水枪冲洗凿毛(图9),能较好地产生凿毛效果界面[12-13]。

4) 平整度控制

不同于普通混凝土,UHPC 振捣的主要目的是排出搅拌和浇筑过程中混入的气体,同时使钢纤维的取向朝向结构有利的方向;采用插入式振捣棒会使钢纤维积聚在振捣棒周围,不利于钢纤维的分布。本项目采用高频平板振捣器进行振捣,采用两侧梳齿板作为行走轨道,作业前对设备与 UHPC 接触面进行洒水湿润。UHPC 浇筑如图10所示。

图9 高压水枪冲洗

图10 UHPC浇筑

6. 叠合板养护

UHPC 预制板的养护包括保湿养护和高温蒸汽养护两个节段。UHPC 保湿养护紧随在 UHPC 摊铺完成后进行，在预制台座上进行，时间约 48h。养护结束后，待同条件养护试件的强度达到 60MPa 以后，进行脱模，预应力张拉，再进行高温蒸汽养护。高温蒸汽养护时间不小于 120h，蒸养之前始终保持预制板的湿润。

1) UHPC 保湿养护

UHPC 保湿养护采用在预制板表面覆盖节水保湿养护薄膜，再进行喷淋养护，确保 UHPC 表面不产生干缩裂纹，养护时间为 48h。养护过程中不得对预制板进行扰动。其中，节水保湿薄膜应在预制板浇筑后立即进行覆盖，防止 UHPC 表面水分散失[14-15]。UHPC 保湿养护（图11）过程中，需按以下要求进行：

（1）覆膜前，应对 UHPC 表面进行洒水湿润，洒水需采用喷雾形式，要求高压水枪枪头朝上，不得对 UHPC 表面进行直射。

（2）覆膜前，注意观察薄膜上的标记，标有底层的应朝下，方向不能弄反。

（3）铺膜过程中应采用笤帚对膜进行抹平，使膜与 UHPC 面贴合紧密，不得有鼓泡现象。如有鼓包的地方，应采用铁丝戳破，并用保湿薄膜覆盖裸露位置。

图11 保湿养护

2) 高温蒸汽养护

保湿养护和预应力张拉之后，将桥面板吊装至高温蒸汽养护区域，通过高温蒸汽养生可以在早期基本完成 UHPC 材料收缩应变，同时消除后期的 UHPC 层的徐变，是实现 UHPC 致密性、高强度、高韧性、消除后期收缩变形的必要手段[16]。

蒸养温度要求：养护升温阶段，升温速度不大于 12℃/h，升温至 45～50℃，养护时间不少于 120h，降温速度不得大于 15℃/h，直到降至现场环境气温。养护过程采用自动温度控制系统，对养护室内温度进行24h监控。高温蒸汽养护如图12所示。

7. 预应力张拉

预制板钢绞线采用$\phi15.2mm\times4$钢绞线,钢绞线下料长度12.8m,其中张拉端长50cm,预应力均采用弧形扁锚具,材质为40Cr,波纹管采用内径$70mm\times30mm$塑料波纹管。保湿养护结束后,待同条件养护试件的强度达到60MPa以后,进行脱模和预应力施工,先张拉非剪力槽处3束钢绞线,剪力槽处2束钢绞线待剪力槽处UHPC浇筑完成后再张拉,张拉采用分级张拉$0\to10\%\,con\to20\%\,con\to100\%\,con$,施工时一端夹片卡死,另一端张拉,单端交错张拉。预应力的张拉采用双控施工,以锚下控制应力为主,延伸量为辅进行控制。

8. 叠合板转运储存

叠合板在预制场内采用门式起重机配合专用吊具按进行吊装,起吊时,构件的吊环应顺直,采用专用吊架直接调运至存储台座位置,底部铺方木支垫后放置就位,方木支承高度不得小于20cm且严格保证上层桥面板不与下层桥面板吊环钢筋接触。桥面板最多存储6层,层与层间采用方木支承在同一位置,方木宽度为20cm,支承时对长边进行支承,以减小桥面板的支承跨度,如图13所示。

图12 高温蒸汽养护

图13 叠合板储存

四、质量控制措施

(1)在叠合板浇筑前,需要将模板表面清理干净,做到表面平整光滑,保证不出现生锈现象,并涂刷脱模剂。

(2)普通C50混凝土浇筑6h后必须立即采用高压水枪凿毛,凿毛务必要均匀、到位,露出粗集料,UHPC浇筑采用专门振捣棒进行振捣和收面。

(3)UHP浇筑完成后及时进行保湿养护,并按要求进行高温蒸汽养护。

(4)叠合板在拆模、成品吊装、存放、运输过程中做好成品保护,避免受外力或重物撞击碰坏棱角[17]。

(5)UHPC原材到现场必须根据计量包装后的原材进行拌和,禁止再添加其他材料,拌和时必须满足拌和时间要求。

五、结 语

经工程实践,叠合板未出现分层或者开裂现象,各项指标也满足设计要求。与找专业厂家代做相比,通过自研UHPC配合比节约了成本。高台大桥左幅274片桥面板(包含75片UHPC叠合板),在采用架桥机架设过程中未出现相邻桥面板外露环形钢筋互相冲突现象,也未出现剪力槽处钢筋与钢板梁顶部剪力钉互相冲突现象,提高了预制板安装工效,安装进度为平均7片/天。UHPC叠合板预制施工技术的成功实施,克服了以往叠合板分层、开裂、预制精度低和安装工效低的问题,达到了预期目的,产生了良好的社会和经济效益,具有极强的借鉴和推广价值。

参考文献

[1] 于景超. 活性粉末混凝土在桥梁工程中的应用和发展前景[J]. 中国建材科技,2012,21(2):74-77.
[2] 黄祥,刘天舒,丁庆军. 超高性能混凝土研究综述[J]. 混凝土,2019(9):36-38.
[3] 徐朦. 多种钢纤维对超高性能混凝土力学性能影响的比较研究[D]. 北京:北京交通大学,2014.
[4] 袁明,贺文杰,颜东煌,等. 超高性能混凝土配合比优化研究[J]. 中外公路,2019,39(6):169-173.
[5] 沈锐,李云军. 超高性能混凝土工作性改善措施研究[J]. 重庆建筑,2020,19(1):37-39.
[6] 张贝贝,王明军,陈月娥,等. 超高性能混凝土设计与制备[J]. 科学技术创新,2020(5):114-115.
[7] 于俊超,张军旗,彭帅,等. 养护对UHPC性能的影响研究综述[J]. 四川水泥,2018(11):334.
[8] 肖茜. 蒸养条件下外加剂对混凝土性能的影响[D]. 西安:西安建筑科技大学,2013.
[9] 闫荣伟. 钢混凝土组合梁桥施工关键技术[J]. 科技创新与应用,2018(10):150-151,154.
[10] 江晨晖,周堂贵. 钢纤维增强超高性能混凝土抗压强度尺寸效应研究[J]. 混凝土与水泥制品,2020(8):43-47.
[11] 沈楚琦. 工程化超高性能混凝土的制备与性能研究[D]. 武汉:武汉理工大学,2019.
[12] 王宁,王晨源,黄辰瑞,等. UHPC结构界面处理方法研究综述[J]. 城市住宅,2020,27(8):255-256.
[13] 周建庭,周璐,杨俊,等. UHPC与普通混凝土界面黏结性能研究综述[J]. 江苏大学学报(自然科学版),2020,41(4):373-381.
[14] 蒋睿. 早期养护方式对超高性能混凝土性能的影响[J]. 硅酸盐学报,2020,48(10):1659-1668.
[15] 肖敏,刘福财,黄贺明. 常温养护型UHPC早期收缩性能的研究[J]. 混凝土世界,2018(11):72-75.
[16] 石家宽. 覆盖气凝胶毡组合体系的UHPC蒸汽养护方法研究[D]. 长沙:长沙理工大学,2019.
[17] 中华人民共和国交通运输部. 公路桥涵施工技术规范:JTG/T 3650—2020[S]. 北京:人民交通出版社股份有限公司,2020.

58. 新型先张法台座稳定性分析研究

袁海蛟　冯品昌　鲁金鹏　薛亚博

(中交二公局第六工程有限公司)

摘　要　当前新型先张法张拉台座的研究已取得一定成果,但对于新型台座进行系统稳定性分析的成果较少,还需进一步研究解决传统张拉台座节约材料事宜。本文以一种新型装配式先张法台座为研究对象,利用有限元分析软件midas Civil建立了三种传力支墩模型,对其进行稳定性计算,分析了支墩结构前5阶的屈曲模态和前10阶的稳定系数值,并进行了基础稳定性和基础位移值验算。分析结果表明:三种形式的支墩结构均能满足稳定性要求,基础抗倾覆系数满足规范要求,该先张法预应力张拉台座结构安全可靠。

关键词　先张法　张拉台座　支墩　稳定性　有限元

一、引　言

与普通混凝土梁相比,预应力混凝土梁具有刚度大、疲劳性能好、抗变形能力强、耐久性能好等优势[1-3],多运用于桥梁工程中,如预制桥面梁等。目前预应力构件的制作多采用后张法施工工艺。先张法施工工艺是在浇筑混凝土之前先张拉预应力筋,并将张拉之后的预应力筋固定在台座上,然后再浇筑混凝土。该工艺需要使用台座、张拉机具以及夹具等设施设备,其中台座在先张法构件生产中是主要的承力构件,它必须具有足够的承载能力、刚度和稳定性,避免由于台座破坏导致出现预应力损失或安全问题。目前的先张法施工需制作专门的张拉台座,对地基要求较高,地面也需做专门的硬化处理。张拉预应力筋时,使用传统的台座往往会破坏地面,由此会增加成本。另外,传统台座还存在结构复杂、材料消耗大以及制作工期较长的缺点。国内对预应力张拉台座的研究已有一定进展,路桥施工计算手册中详细介绍了多种传统张拉台座的设计内容及计算方法[4]。一些学者[5-6]结合实际工程研究先张法台座的设计方法和预应力施工工艺,并提出改进方法。随着施工技术的进步,国内外学者开展了一系列对新型先张法张拉台座的研究:张立青等设计了一种钢管混凝土墩板式预应力张拉台座;胡毅[7]重点分析了双向先张轨道板的张拉台座的结构设计以及张拉施工控制要点等内容,设计了一种新型预应力张紧装置;还有一众学者[8-9]对大型预应力张拉台座进行了研究。这些研究均为实际工程建设提供了一定的参考。

目前,对新型台座进行系统的稳定性分析的研究成果较少,且先张法张拉台座节约材料事宜还需进一步研究。根据实际工程情况,本文设计了一种新型装配式先张法台座。台座采用预制管桩自平衡体系,将预应力管桩作为传力杆,并通过传力杆实现先张反力的平衡,受力合理,施工方便高效;同时,预制管桩可循环使用且不需要对台座做下沉处理,对地基要求不高,无须对场地进行处理,可节省空间和成本,避免了材料浪费。为了解其力学性能,验证其安全性和可靠性,本文利用有限元分析软件 midas Civil 建立先张法台座支墩模型,并对其进行了稳定性分析。

二、工程概况

荣乌高速新线预制梁场位于河北省固安县,主要负责先张法预应力混凝土 Π 形梁的预制任务。

为了不破坏原京雄铁路梁场硬化,混凝土 Π 形梁预应力张拉台座不做下沉处理,采用 ±0 地面上施工,其主要由传力杆、传力支墩与端横梁等三部分构成。

传力杆采用可回收利用的标准 PHC 800 AB 130 预应力混凝土管桩通过支墩两两架空装配相连,长度组合为 14m +5×12m +14m,具体为 5 根 12m 与 2 根 14m 预应力混凝土管桩(符合国家建筑标准设计图集 10G409),采用 C80 混凝土加工而成,轴心受压承载力设计值为 6876kN,受弯承载力设计值为 610kN·m,受剪承载力设计值为 485kN,轴心受拉承载力设计值为 1700kN,自重 711kg/m。传力杆两端及中间接头处支墩基础均采用 C25 混凝土,墩体均采用 C50 混凝土,最终形成长 92.5m、单宽 6.2m 的张拉台座,如图 1 所示。

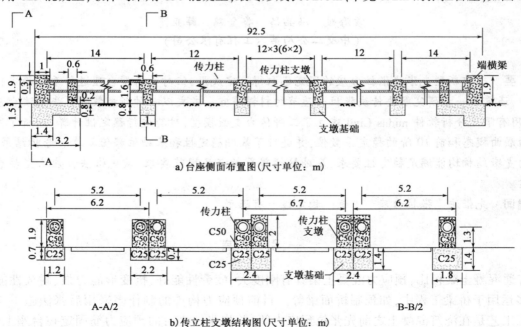

图 1

c) 预应力混凝土管桩

d) 接头处

图1　张拉台座传力杆

支墩作为保证传力杆稳定性的关键连接构造,在本工程张拉台座中,共有单排边支墩、单排中支墩、双排边支墩、双排中支墩四种形式。

先张法应力混凝土Ⅱ形梁的预应力钢绞线张力吨位要求为4875 kN,考虑到张拉误差及温度变化对拉力的影响,超载系数取1.05,最大张力4875×1.05=5119(kN),则传力杆受压要求为2559kN。经计算,12.5m传力杆最大允许承载力 N_a = 6876×0.9 = 6188(kN),则压杆稳定性安全系数为6188/2559≈2.42,可满足要求。

施工过程中,结合现场实际条件,对于双排支墩未做断开处理,同时在单排边支墩与双排边支墩、单排中支墩与双排中支墩间设置了断面尺寸为0.5m×0.4m的地连梁,如图2所示。

a) 支墩与管桩连接细部图

b) 支墩与管桩连接整体图

图2　支墩施工现场图

三、有限元模型及材料参数

1. 边界条件

PHC管桩与支墩采用固结连接,支墩基础采用土弹簧边界条件,支墩间地连梁尺寸为0.5m×0.4m。根据地质条件知基坑处为粉土,依据《公路桥涵地基与基础设计规范》(JTG 3363—2019)附录L,取地基水平向抗力系数的比例系数 m 为7500kN/m⁴。非岩石类土的 m 值和 m_0 值按表1取值。

非岩石类土的 m 值和 m_0 值　　　　　　　　　　　表1

土的名称	m 和 m_0 (kN/m⁴)	土的名称	m 和 m_0 (kN/m⁴)
流塑性黏土 I_L > 1.0, 软塑黏性土 0.75 < I_L ≤ 1.0,淤泥	3000～5000	坚硬,半坚硬黏性土 I_L ≤ 0, 粗砂,密实粉土	20000～30000

续上表

土的名称	m 和 m_0 (kN/m⁴)	土的名称	m 和 m_0 (kN/m⁴)
可塑黏性土 $0.25 < I_L \leq 0.75$，粉砂，稍密粉土	5000~10000	砾砂,角砂,圆砂,碎石,卵石	30000~80000
硬塑黏性土 $0 < I_L \leq 0.25$，细砂、中砂、中密粉土	10000~20000	密实卵石夹粗砂,密实漂卵石	80000~120000

则支墩的变形系数按下列公式计算：

$$\alpha = \sqrt[5]{\frac{mb_1}{EI}} \tag{1}$$

$$EI = 0.8E_c I \tag{2}$$

式中：α——桩的变形系数(1/m)；

EI——桩的抗弯刚度；

b_1——桩的计算宽度；

E_c——桩的混凝土抗压弹性模量；

I——桩的毛面积惯性矩；

m——非岩石地基抗力系数的比例系数。非岩石地基的抗力系数随埋深成比例增大，深度 z 处的地基水平向抗力系数 $C_z = mz$；桩端地基竖向抗力系数为 $C_0 = m_0 h$（当 $h < 10m$ 时，取 $C_0 = 10m_0$）。其中，m 为非岩石地基水平向抗力系数的比例系数；m_0 为桩端处的地基竖向抗力系数的比例系数[10]。

2. 材料参数

1) 混凝土

支墩及端墙采用 C50 混凝土，基础采用 C25 混凝土材料性能见表2。

混凝土材料性能表　　　　　　表2

力学性能指标	C50	C25
弹性模量(MPa)	3.45×10^4	2.80×10^4
轴心抗压强度标准值(MPa)	32.4	16.7
轴心抗拉强度标准值(MPa)	2.65	1.78
轴心抗压强度设计值(MPa)	22.4	11.5
轴心抗拉强度设计值(MPa)	1.83	1.23
标准值组合容许法向压应力(MPa)	16.2	8.35
标准值组合容许主压应力(MPa)	19.44	10.02
短期组合法向拉应力(MPa)（全预应力构件）	0	0
短期组合法向拉应力(MPa)（A类构件）	1.855	1.246
短期组合主拉应力(MPa)（全预应力预制/现浇构件）	1.59/1.06	—
短期组合主拉应力(MPa)（A类预制/现浇构件）	1.855/1.325	—
重度 (kN/m³)	25	
热膨胀系数(1/℃)	1.0×10^{-5}	

2) 钢材

端横梁采用 Q235 钢,材料性能应符合《公路钢结构设计规范》(JTG D64—2015)的要求。钢材基本特性和性能见表3、表4。

钢材基本特性表　　表3

牌号	厚度(mm)	抗拉、抗压、抗弯强度设计值(MPa)	抗剪强度设计值(MPa)	断面承压设计值(MPa)
Q235	≤16	190	110	280
	16~40	180	105	
	40~100	170	100	

钢材材料性能指标表　　表4

项目		Q235
力学性能	弹性模量 E_p(MPa)	2.06×10^5
	剪切模量 E_p(MPa)	7.9×10^4
	弹性泊松比	0.31
	热膨胀系数(/℃)	1.2×10^{-5}

3) 普通钢筋

普通钢筋采用 HPB300 级钢筋(Ⅰ级)、HRB400 级钢筋(Ⅱ级),钢筋的力学性能必须符合国家行业标准《公路钢筋混凝土及预应力混凝土桥涵设计规范》(JTG 3362—2018)的有关规定。普通钢筋力学性能见表5。

普通钢筋力学性能指标表　　表5

钢筋种类	抗拉强度标准值(MPa)	抗压强度设计值(MPa)
HPB300	300	250
HRB400	400	330

四、传力支墩稳定性分析

利用有限元分析软件 midas Civil 分别建立了单排边支墩 + 中支墩、双排边支墩 + 中支墩以及系梁连接后的单排边支墩 + 中支墩计算模型,对其进行稳定性分析,由计算模型提取前十阶稳定系数值和前五阶屈曲模态进行验算,并进行了基础稳定性和基础位移验算。稳定性计算分析采用自重 + 张拉力荷载组合。

1. 单排边支墩 + 中支墩

1) 单排边支墩 + 中支墩稳定性分析

单排边支墩 + 中支墩组合形式下的有限元模型如图3所示。

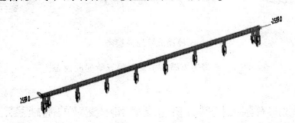

图3　单排边支墩 + 中支墩有限元模型

利用有限元软件对单排边支墩+中支墩模型进行稳定性分析,并提取前十阶稳定系数值,见表6。

单排边支墩+中支墩有限元计算结果　　　　表6

模态	特征值	容许误差 $\times 10^{-12}$
1	8.586365	6.1731
2	8.625987	7.3639
3	11.471320	16.087
4	11.479710	33.276
5	13.181095	34.726
6	13.742857	50.526
7	14.066701	27.621
8	15.403906	19.577
9	16.258019	31.293
10	19.641673	79.972

由表6中的计算结果可知,单排边支墩+中支墩的最小稳定系数值为8.6,大于弹性稳定最小系数值4,满足要求。

单排边支墩+中支墩的前五阶屈曲模态如图4所示。由图4可知,单排边支墩+中支墩的失稳形态为侧向失稳变形。

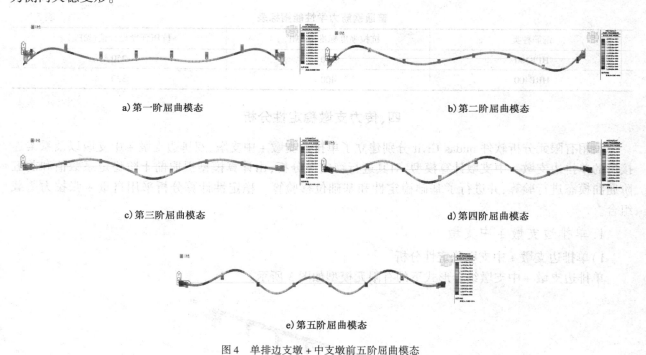

a) 第一阶屈曲模态　　　　　　　　　　　　b) 第二阶屈曲模态

c) 第三阶屈曲模态　　　　　　　　　　　　d) 第四阶屈曲模态

e) 第五阶屈曲模态

图4　单排边支墩+中支墩前五阶屈曲模态

2) 支墩基础稳定性分析

基于单排边支墩+中支墩的有限元模型分析边支墩和中支墩的基础稳定性,根据《公路桥涵地基与基础设计规范》(JTG 3363—2019)第5.4节验算基础抗滑移及抗倾覆稳定性,墩台基础的稳定验算如图5所示,计算结果见表7。

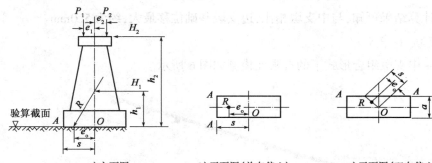

a) 立面图　　b) 平面图（单向偏心）　　c) 平面图（双向偏心）

O-截面重心；R-合力作用点；$A\text{-}A$-验算倾覆轴

图5　墩台基础的稳定验算示意图

墩台基础抗倾覆稳定系数值　　　　　　　　　　　　　　　　　　　　　　表7

项目	单排中支墩	单排边支墩
水平力 H_i(kN)	29.1	77.3
土抗力 H_j(kN)	29.0	77.3
竖向力 P_i(kN)	175.4	177.3
摩擦系数 u	0.35	0.35
高度 h(m)	2.5	1.9
偏心距 e_0(m)	0.32	0.70
截面重心至验算倾覆轴距离 s(m)	0.5	3.2
抗倾覆稳定系数 k_0	1.58	4.59
使用阶段抗倾覆稳定系数不小于1.5,满足规范要求		

基础的抗倾覆稳定应按下式计算：

$$k_0 = \frac{s}{e_0} \tag{3}$$

$$e_0 = \frac{\sum P_i e_i + \sum H_i h_i}{\sum P_i} \tag{4}$$

式中：k_0——墩台基础抗倾覆稳定安全系数；

　　　s——在截面重心至合力作用点的延长线上，自截面重心至验算倾覆轴的距离(m)；

　　　e_0——所有外力的合力 R 在验算截面的作用点对基底重心轴的偏心距(m)；

　　　P_i——不考虑其分项系数和组合系数的作用标准值组合或偶然作用标准值组合引起的竖向力(kN)；

　　　e_i——竖向力 P_i 对验算截面重心的力臂(m)；

　　　H_i——不考虑其分项系数和组合系数的作用标准值组合或偶然作用标准值组合引起的水平力(kN)；

　　　h_i——水平力对验算截面的力臂(m)。

由表7中的计算结果可知，边支墩和中支墩基础在使用阶段的抗倾覆稳定系数均大于1.5，满足规范要求。

3）基础位移

墩台基础位移值定义为基础土弹簧处反力值与土弹簧刚度值的比值，即 $w = F/K$。其中，w 为基础位移值，F 为基础土弹簧处反力值，K 为土弹簧刚度值。基础土弹簧处反力值 F 与土弹簧刚度 K 均可由有限元软件分析计算得出，由此可计算得基础位移值，位移计算结果见表8。

基础位移值　　　　　　　　　　　　　　　　　　　　　　表8

位置	水平力(kN)	土弹簧刚度(kN/m)	位移(mm)
端横梁基础	33.1	6615	5.00
第二排支墩基础	14.5	3780	3.84
第三排支墩基础	8.3	3780	2.20
第四排支墩基础	2.8	3780	0.74

由表8中的计算结果可知,与中支墩相比,边支墩基础位移最大,约为5.0mm。

2. 双排边支墩 + 中支墩

双排边支墩 + 中支墩组合形式下的有限元模型如图6所示。

图6　双排边支墩 + 中支墩有限元模型

利用有限元软件对双排边支墩 + 中支墩模型进行稳定性分析,并提取前十阶稳定系数值,见表9。

双排边支墩 + 中支墩有限元计算结果　　表9

模态	特征值	容许误差 ×10⁻¹²
1	10.871545	5.1054
2	11.243224	24.233
3	12.067515	9.2053
4	12.349946	2.8776
5	12.810731	12.901
6	14.065968	61.852
7	14.083410	33.254
8	14.150276	88.016
9	15.013476	11.069
10	17.264574	100.65

由表9中的计算结果可知,双排边支墩 + 中支墩的最小稳定系数值为10.8,大于弹性稳定最小系数值4,满足要求。

双排边支墩 + 中支墩的前五阶屈曲模态如图7所示。由图7可知,双排边支墩 + 中支墩的失稳形态为侧向失稳变形。

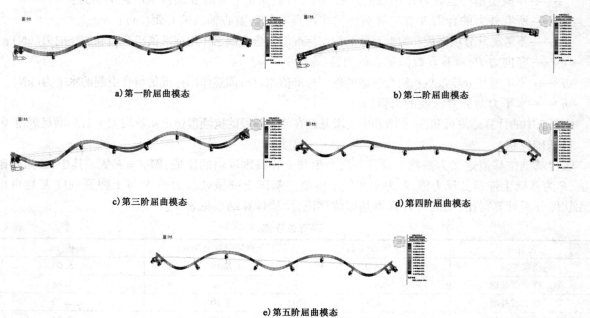

a) 第一阶屈曲模态　　　　　　b) 第二阶屈曲模态

c) 第三阶屈曲模态　　　　　　d) 第四阶屈曲模态

e) 第五阶屈曲模态

图7　双排边支墩 + 中支墩前五阶屈曲模态

3. 系梁连接后的单排边支墩 + 中支墩

系梁连接后的单排边支墩 + 中支墩组合形式下的有限元模型如图 8 所示。

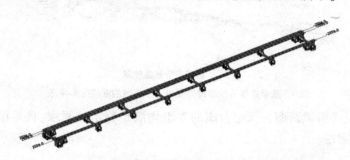

图 8　系梁连接后的单排边支墩 + 中支墩有限元模型

利用有限元软件对系梁连接后的单排边支墩 + 中支墩模型进行稳定性分析,并提取前十阶稳定系数值,见表 10。

系梁连接后单排边支墩 + 中支墩有限元计算结果　　表 10

模态	特征值	容许误差
1	12.851274	3.1789×10^{-55}
2	13.187988	7.3352×10^{-55}
3	13.527615	9.3888×10^{-53}
4	13.965455	2.2531×10^{-50}
5	14.466490	1.4769×10^{-46}
6	14.568991	7.7449×10^{-46}
7	15.239231	6.5096×10^{-44}
8	15.711711	1.0212×10^{-41}
9	16.004486	1.0335×10^{-40}
10	17.345080	6.3157×10^{-35}

由表 10 中的计算结果可知,系梁连接后的单排边支墩 + 中支墩的最小稳定系数值为 12.8,大于弹性稳定最小系数值 4,满足要求。

系梁连接后的单排边支墩 + 中支墩的前五阶屈曲模态如图 9 所示。由图 9 可知,系梁连接后的单排边支墩 + 中支墩的失稳形态为竖向失稳变形。

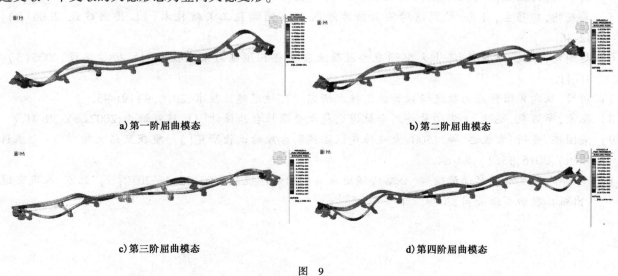

a) 第一阶屈曲模态　　　　　　　　b) 第二阶屈曲模态

c) 第三阶屈曲模态　　　　　　　　d) 第四阶屈曲模态

图　9

e) 第五阶屈曲模态

图9　系梁连接后的单排边支墩+中支墩前五阶屈曲模态

综上可知:此种装配式桥梁新型先张法台座的支墩均满足稳定性要求;且系梁连接可以显著提高单排边支墩+中支墩的稳定性。

五、结　　语

本文通过建立新型装配式先张法预应力张拉台座的有限元模型,并对其进行稳定性分析,可以得出以下主要结论:

(1)三种形式的台座传力支墩的稳定系数均大于弹性稳定最小系数值,其稳定性均满足规范要求。

(2)边支墩及中支墩基础抗倾覆系数均大于规范最小值,满足设计要求。

(3)相比于原单排边支墩+中支墩,系梁连接后的单排边支墩+中支墩稳定性系数提升约$(12.9-8.6)/8.6=50\%$,同时失稳形态由侧向失稳变形变为竖向失稳变形。这表明系梁连接后,能够极大的提高台座传力支墩的稳定性能,同时可以控制台座的侧向变形。

(4)此种新型装配式先张法台座受力合理,结构安全可靠,满足稳定性要求。同时,该台座实现了一槽七片Ⅱ梁同时施工,日产梁板50片以上,且实现了PHC管桩的循环利用,为类似工程提供参考,值得广泛推广。

参考文献

[1] 罗小勇,陈跃科,邓鹏麒.无粘结部分预应力混凝土梁的疲劳性能试验研究[J].建筑结构学报,2007(3):98-104.

[2] 刘婷,薛伟辰,王巍.全预应力混凝土梁长期变形计算[J].工程力学,2016,33(9):116-122.

[3] 左志亮,张帆,罗赤宇,等.缓黏结预应力混凝土梁耐久性能试验研究[J].土木工程学报,2019,52(9):69-78.

[4] 周水兴,何兆益,邹毅松,等.路桥施工计算手册[M].北京:人民交通出版社,2001.

[5] 李友明,刘乃生,林原.杭州湾跨海大桥滩涂区50m箱梁施工关键技术[J].桥梁建设,2006(3):42-46.

[6] 赵剑发,王毅,谭国顺.海上大型预应力混凝土箱梁整孔预制与架设技术[J].桥梁建设,2006(3):37-41.

[7] 胡毅.双向先张预应力轨道板张拉施工技术研究[J].铁道建筑技术,2016(9):91-95.

[8] 廖汶,李海光,姚嗣.上海磁悬浮列车轨道梁超大型张拉台座设计[J].建筑结构,2002(6):39-41.

[9] 梁国栋,麦研,方长远,等.1500t大吨位先张法预制台座的试验研究[J].重庆交通大学学报(自然科学版),2016,35(1):80-84.

[10] 中华人民共和国交通运输部.公路桥涵地基与基础设计规范:JTG 3363—2019[S].北京:人民交通出版社股份有限公司,2019.

59. 马鞍形摩擦式绞盘在主索施工中的应用

王晓亮　周云

(中交第二公路工程局有限公司)

摘　要　在起重吊装领域,尤其在大跨径缆索起重机主索安装中,大直径主索收放施工是施工中的关键技术,稍有不慎就会产生溜索事故。针对大跨径缆索起重机主索过江施工要求主索尾部提供较大张力及调整主索垂度的问题,本文提出一种马鞍形摩擦式绞盘,改变以往利用滑轮组提供张力及调整主索垂度的施工方式,并对其可行性进行验证。

关键词　缆索起重机　主索尾部张力　滑轮组　调整主索垂度

一、引　言

缆索起重机[1]主索牵拉过江施工或调整垂度施工都需要给主索尾部提供张力。相对于起重索或牵引索,主索直径及自重均较大,当缆索起重机跨径增大时,主索尾部所需张力相应增大,施工难度亦相应增加。常规施工方案为:采用循环索牵拉主索头部过江,采用滑轮组拽拉主索尾部。滑轮组与主索尾部通过绳夹连接和锚固。由于滑轮组及绳夹无法穿过转向轮或翻越索鞍滑轮,在其遇到转向轮或索鞍之前,需将主索尾部临时锚固(打梢),更改动滑轮组在主索尾部的锚固位置,完成后方可继续进行主索放索或收紧作业。该方案存在作业不连续(频繁改变动滑轮组锚固位置)、工效低(安拆绳夹费时,滑轮组收放速度慢)、损伤主索(主索多处受绳夹夹持)和安全性差(频繁安拆绳夹时易发生绳夹螺栓施拧不规范)等缺点。

笔者经过分析,找出问题产生的原因,并提出改进方案,即利用马鞍形摩擦式绞盘代替滑轮组,并经过实践验证其可行性和有效性。

二、常规方案及其存在的问题

1. 主索牵拉过江常规方案

主索过江通常采用循环索[2]系统施工,循环索两端分别卷入两台卷扬机,通过两台卷扬机一收一放协同工作,使循环索作往复运行,牵拉主索过江。在跨中部分,每隔50m安装一个托辊,用于支承主索、减小主索跨径,进而减小主索尾部所需提供的张力。主索尾部张力由滑轮组提供。滑轮组与主索尾部通过绳夹连接。图1为某桥缆索起重机主索牵拉过江常规方案示意图。

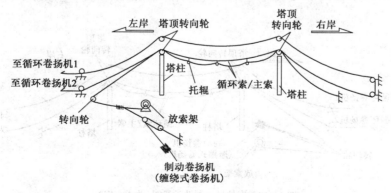

图1　主索牵拉过江示意图(常规方案)

2. 主索牵拉过江常规方案存在的问题

因场地受限,通常情况下,主索每收放30～50m即须打梢一次,防止主索尾部失去张力发生溜索。收放主索大部分时间都耗费在打梢上,导致作业不连续、工效低,频繁在主索不同部位打梢(安拆绳夹),主索容易发生变形甚至断丝,影响主索的使用寿命。若绳夹螺栓施拧不规范,还会发生打滑、溜索事故。

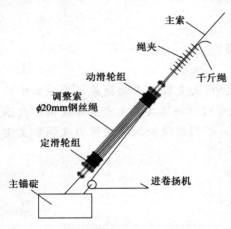

图2 滑轮组装置示意图

3. 主索调整垂度常规方案

主索采用滑轮组收紧,1根主索配备一套滑轮组,如图2所示。滑轮组由动滑轮组、定滑轮组及调整索等组成。动滑轮组利用绳夹搭接于主索,定滑轮组锚固于主锚碇,将滑轮组调整索的活头顺绕于动定滑轮组,活头经转向轮转向进入卷扬机,另一头锚固于主锚碇,拉紧调整索活头,直至使主索接近安装垂度。

单根主索收紧完成,达到设计垂度,将主索调整端利用绳夹锚固于主锚碇,并解除滑轮组与主索搭接,循环利用于下一条主索施工。

主索调整垂度常规方案如图3所示。

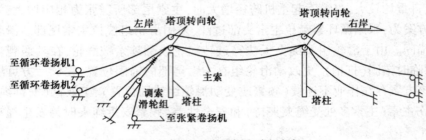

图3 主索调整垂度示意图(常规方案)

4. 主索调整垂度常规方案存在的问题

主索调整垂度初期,垂度较大,为了将主索调至设计垂度,需多次更换动滑轮组在主索上的锚固位置。每次更换动滑轮组锚固位置时,需反复安拆绳夹。由于锚固位置高度较高,需搭建临时高处作业平台,安全性及经济性不高。

三、改进方案及效果

1. 改进方案

为解决常规方案存在的问题,提出"用马鞍形摩擦式绞盘代替滑轮组"的改进方案,如图4、图5所示。

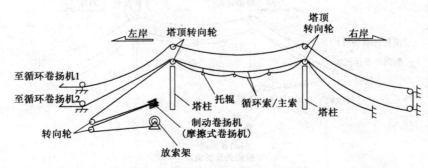

图4 主索牵拉过江制动示意图(改进方案)

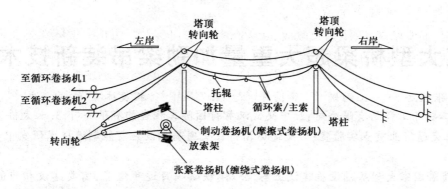

图 5　主索调整垂度示意图（改进方案）

马鞍形摩擦式绞盘临时安装于缠绕式卷扬机[3]。主索在马鞍上缠绕 4～5 圈，由主索与绞盘间的摩擦力提供张力后，通过绞盘的正反转实现主索收放功能。

2. 主索牵拉过江时绞盘工作原理

主索端头由绳盘抽出，经转向轮转向进入绞盘，在绞盘上缠绕 4～5 圈后抽出，在主锚碇转向轮转向后与循环索临时搭接，经循环索牵拉过江，主索绳头抵达对岸后将其锚固于主锚碇。循环索牵拉主索头部时，绞盘为主索尾部提供张力。通过控制绳盘、绞盘和循环索卷扬机的转速，可不间断进行主索放线作业，显著提高施工效率和安全性。

3. 主索调整垂度是绞盘工作原理

待主索绳头抵达对岸主锚碇并完成锚固后，通过绞盘反转增加主索尾部张力，收紧主索，调整垂度。调索期间无须使用滑轮组交替收紧主索。马鞍形摩擦式绞盘如图 6 所示。

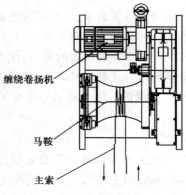

图 6　马鞍形摩擦式绞盘示意图

4. 方案效果

通过实践检验，采用改进方案可显著提高主索施工效率（每根主索施工周期由 2d 缩短为 1d）和安全性。

四、结　语

马鞍形摩擦式绞盘收放提供主索尾部张力及调整主索垂度在缆索起重机主索施工的应用，一改传统利用滑轮组提供主索尾部制动方式以及调整主索垂度的方式，从根源上很好地解决了缆索式起重机主索施工的工效和安全问题。同时，这种马鞍形摩擦式绞盘现场容易实现，可利用现有的起重卷扬机及现场加工一个简易马鞍匹配即可，操作方便，具有较高的实用价值，可供其他类似工程参考借鉴。

参考文献

[1] 周玉申. 缆索起重机设计[M]. 北京：机械工业出版社，1993.
[2] 周昌栋，谭永高，宋官保. 悬索桥上部结构施工[M]. 北京：人民交通出版社，2004.
[3] 全国建筑施工机械与设备标准化技术委员会. 建筑卷扬机：GB/T 1955—2019[S]. 北京：中国标准出版社，2019.

60. 某大型桥梁超大重量加劲梁吊装新技术研究

张佳浩[1,3,4] 王雨妍[1,2] 李国锋[1,3,4] 余 果[1,3,4] 程茂林[1,3,4] 肖 浩[1,3,4]

(1.中交第二航务工程局有限公司;2.中交武汉智行国际工程咨询有限公司;3.长大桥梁建设施工技术交通行业重点实验室;4.交通运输行业交通基础设施智能制造技术研发中心)

摘 要 随着国家大型基础设施建设上马,公路、铁路项目逐年增多,需要建设相应的大型桥梁,边远山区、大江大河上建设桥梁常规的起重机械无法满足吊装的需要,缆载吊机吊装能力也从小吨位发展到几百吨。近年来,随着泰州大桥、马鞍山长江大桥和鹦鹉洲长江大桥等悬索桥的建设,在目前普遍的加劲梁吊装方法中,一般需要在加劲梁桥面板上设置若干个临时吊耳,吊耳通过销轴及钢绞线与吊具连接,待加劲梁安装到位后拆除吊具与吊耳的临时连接,现在施工方法存在不足。本文旨在提出一种新型的吊具结构来满足吊装需求,提升安装质量和工效、减少安装时间。取消传统加劲梁施工中设置的临时吊耳,减少对桥面板的焊接及切割打磨损伤,同时减少安装工序,节约人工及材料成本,将吊具设计成C形结构,取代了传统设置在桥面板上的吊具,受力结构更安全合理;吊具在使用过程中,无须人工参与,避免传统施工中需要多人进行吊具连接工序,提高了施工效率,降低了施工人员作业风险,为其他项目提供了参考。

关键词 大型桥梁 悬索桥 加劲梁 吊具 无吊点

一、工程概况

该大桥为双塔三跨悬索桥,其中中跨长2180m,大桥上部结构主缆为双主缆平行结构,主缆直径为1486mm,两主缆截面中心间距为42.6m,加劲梁为双层桁架结构,加劲梁最大吊重约1300t,如图1所示。

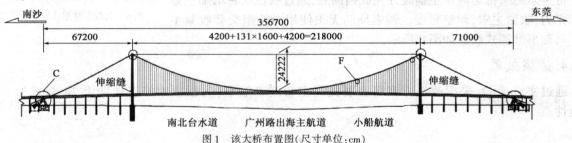

图1 该大桥布置图(尺寸单位:cm)

主跨加劲梁拟采用4台缆载起重机两两抬吊安装施工,其施工顺序为缆载吊机从中跨跨中位置抬吊第一片加劲梁,然后分别向边跨施工,塔区加劲梁采用缆载起重机荡移方式安装施工(图2)。考虑施工周期影响,缆载起重机直接在中跨跨中位置安装以节约缆载吊机从塔区走形到跨中位置的时间,加劲梁无临时吊点,吊具需进行专门设计。

图2 加劲梁吊装示意图

二、缆载起重机选型设计

缆载起重机需设计整体骑跨式,两侧行走机构吊装时锚固在两侧主缆上,抱箍机构需满足主缆直径要求,中间主桁架设计成模块化结构便于安装及改造,单台缆载吊机的额定吊重需满足大于700t,采用两个连续千斤顶同步提升,行走机构设计为滚轮式结构,两侧分别采用一台200t连续千斤顶同步牵引行走,其结构如图3、图4所示。吊机安装时采用自安装自拆卸装置完成,同时考虑不设置吊耳工况,设计特殊C形吊具以满足吊装需要。

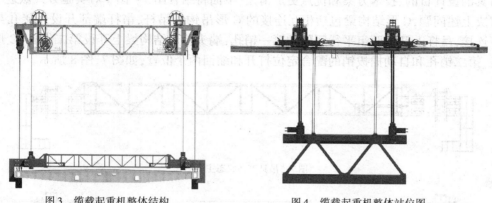

图3　缆载起重机整体结构　　　　图4　缆载起重机整体站位图

吊机分别由主桁架、承重梁、行走机构、提升机构、牵引机构、抱箍及吊具组成,本体重约350t;其中吊具设计为横桥向整体结构,两端为可伸缩的C形勾头,中间为桁架结构,内部设置伸缩油缸,吊具总重约为60t。

针对以上问题,按照《起重机设计规范》(GB/T 3811—2008)、《钢结构设计标准》(GB 50017—2017)、《钢结构工程施工质量验收标准》(GB 5025—2020)、《建筑结构荷载规范》(GB 50009—2012)、《钢结构高强度螺栓连接技术规程》(JGJ 82—2011)等规范标准,本文提出了一种适用于悬索桥超大重量加劲梁吊装的无吊点吊具及施工方法,实现加劲梁的快速吊装,且保证了吊装的安全高效,主要解决如下技术问题:在超大超重加劲梁吊装工况下,不宜在加劲梁桥面板上设置临时吊耳的情况;吊具能够适应加劲梁结构尺寸变化;在当前加劲梁吊装完成后,进行下一加劲梁施工时吊具的过跨问题。

三、加劲梁吊具设计

多塔连跨悬索桥的施工研究日益成为土木工程界研究的热点问题之一,在横跨大江大河的大跨径悬索桥施工中,加劲梁安装一般使用缆载起重机吊装,缆载起重机骑跨在悬索桥的两个主缆之上,下方加劲梁通过船舶运输到吊装起吊位置,缆载起重机通过吊具与加劲梁连接固定,然后将其提升到安装高度与索夹永久吊索连接。

为解决该方案以上不足,设计了适用于悬索桥超大重量加劲梁吊装的无吊点吊具,包括主梁、C形结构梁、吊具调节机构、自动插拔销。两个C形结构梁设于主梁两端,主梁上方通过钢绞线与缆载吊机连接,主梁包括中间箱形梁和两端的端头箱形结构梁,吊具调节机构包括伸缩油缸、一端与伸缩油缸输出端连接的油缸拉杆,伸缩油缸固定在中间箱形梁内部,油缸拉杆另一端与C形结构梁连接,C形结构梁与端头箱形结构梁采用套筒结构连接,且通过自动插拔销定位打开和缩回两个位置,如图5、图6所示。这可以有效实现加劲梁在施工工程中吊装转运,吊装简单方便,安全可靠。

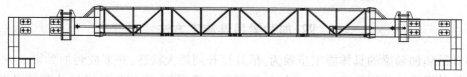

图5　吊具打开状态主视图

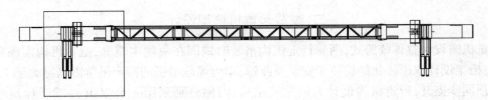

图6 吊具打开状态俯视图

为使吊具的设计目的、技术方案和优点更加清楚,下面将结合图5~图8对实施方式做进一步的详细描述。为解决上述问题,C形结构梁包括相互连接的C形吊钩和吊杆,吊杆端部开设连接孔与伸缩油缸的油缸拉杆连接,吊杆上开设两组平行间隔的第一销孔,端头箱形结构梁上开设第二销孔,C形结构梁通过第一销孔、第二销孔和自动插拔销的配合定位打开和缩回两个位置,如图7、图8所示。

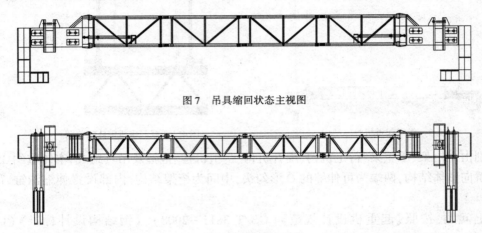

图7 吊具缩回状态主视图

图8 吊具缩回状态俯视图

端头箱形结构梁上设有用于与缆载起重机连接的承载梁结构,承载梁结构包括对称布置的牵引座,端头箱形结构梁与中间箱形梁之间设有吊装加强筋,端头箱形结构梁通过螺栓法兰形式与中间箱形梁连接,应用于悬索桥超大重量加劲梁吊装实施过程,可以对加劲梁进行自动化快速吊装安装。

C形结构梁包括相互连接的C形吊钩和吊杆(图9),吊杆端部开设连接孔与伸缩油缸的油缸拉杆连接,吊杆上开设两组平行间隔的第一销孔,端头箱形结构梁上开设第二销孔,C形结构梁通过第一销孔、第二销孔和自动插拔销的配合定位打开和缩回两个位置。端头箱形结构梁上设有用于与缆载吊机连接的承载梁结构。承载梁结构包括对称布置的牵引座,如图10所示。端头箱形结构梁与中间箱形梁之间设有吊装加强筋。端头箱形结构梁通过螺栓法兰形式与中间箱形梁连接。

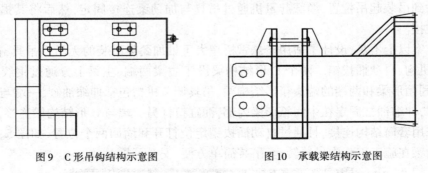

图9 C形吊钩结构示意图　　　图10 承载梁结构示意图

四、加劲梁吊具施工方法

使用本吊具吊装加劲梁的具体施工步骤为:吊具打开到最大状态,并下放到加劲梁上方(图11)。根据所要吊装的加劲梁尺寸使用伸缩油缸、油缸拉杆调节C形吊钩,根据加劲梁尺寸调节可调节油缸拉杆长度,使其上固定的C形吊钩吊具打开到最大状态,并下放到加劲梁上方。

吊具回缩通过C形吊钩勾住加劲梁,吊机同步提升加劲梁(图12)。可调节伸缩油缸,从而调整油缸拉杆长度,使C形吊钩回缩勾住加劲梁,吊机同步提升牵引座,将C形吊钩与加劲梁相互连接,连接完成后通过调节牵引座的牵引缆绳长度来调节C形吊钩与加劲梁吊点位置,使加劲梁重心与C形吊钩在同一竖向位置。

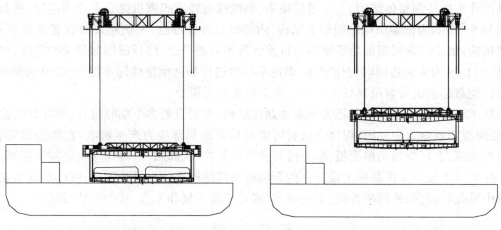

图11 吊具打开到最大状态,并下放到加劲梁上方示意图

图12 吊具回缩勾住加劲梁,吊机同步提升加劲梁示意图

缆载吊机提升加劲梁到安装高度,挂吊索后逐步卸载,完成受力体系转换(图13)。各吊点连接完成后,桁车缓慢起钩,通过调节牵引座的牵引缆绳长度提升C形吊钩,从而提升加劲梁进行吊装运输作业。

吊具打开到最大状态,吊机起升机构提起吊具。缆载起重机通过C形吊钩提升加劲梁到安装高度,挂吊索后逐步卸载,完成受力体系转换;调节伸缩油缸,从而调整油缸拉杆长度,使C形吊钩打开到最大状态,调节牵引座的牵引缆绳长度来调节吊机起升机构提起吊具。

吊具回缩到最小状态,缆载吊机向前行走过跨(图14)。调节伸缩油缸,从而调整油缸拉杆长度,吊具回缩到最小状态,缆载吊机向前行走过跨。

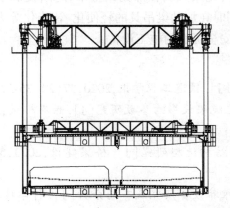

图13 缆载吊机提升加劲梁到安装高度,挂吊索后逐步卸载,完成受力体系转换示意图

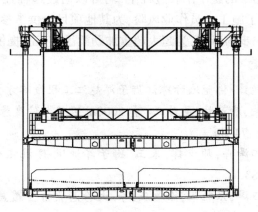

图14 吊具回缩到最小状态,缆载吊机向前行走过跨示意图

吊具上方通过钢绞线与缆载起重机连接,下方通过C形结构梁与加劲梁连接。C形结构梁包括相互连接的C形吊钩、吊杆;吊杆上设有平行间隔的两组第一销孔,吊杆一端开设连接孔与吊具调节机构的油缸拉杆连接,两组第一销孔与端头箱形结构梁上的第二销孔通过自动插拔销固定。主梁包括两个端头箱形结构梁和中间箱形梁,端头箱形结构梁通过螺栓法兰形式与中间箱形梁连接;中间箱形梁设计成空间

桁架结构减轻了吊具的自重,端头箱形结构梁与C形结构梁的吊杆通过套筒方式连接。吊具调节机构包括伸缩油缸和油缸拉杆,伸缩油缸固定于中间箱形梁上,伸缩油缸输出端与油缸拉杆一端连接,油缸拉杆另一端与C形结构梁的吊杆一端的连接孔连接,端头箱形结构梁上设有承载梁结构用于通过钢绞线连接缆载起重机。承载梁结构包括牵引座、吊装加强筋,端头箱形结构梁与C形结构梁通过第二销孔和自动插拔销装配方式连接,牵引座通过钢绞线与缆载起重机连接连接。

本吊具设计为横桥向整体结构,上方通过锚头、钢绞线与缆载起重机提升千斤顶连接,吊具两端为可伸缩的C形钩头,中间为桁架结构加箱形梁结构,内部设置伸缩油缸,两侧箱形梁设置定位销孔,并配置自动插拔销机构;吊梁时先根据加劲梁结构与自重计算吊具提升点,然后根据加劲梁的宽度,对吊具进行长度调节,使用C形钩头两边同时勾住梁体,固定吊具后进行加劲梁整体同步提升,提升到安装高度就位后,回缩吊具,缆载起重机带着吊具行走到下一个工位进行吊梁。

同原有技术对比,原有技术对于超大超重加劲梁结构,需要设置多个临时吊耳,吊耳焊接在加劲梁桥面板上,连接位置需要做集中加固,焊接方法有可能对桥面板局部应力产生影响;在加劲梁安装完毕后,临时吊耳需要切除,有可能损伤桥面板;临时吊耳进行吊具连接、卸载,吊耳焊接与切割均需要人工完成,费时费力。针对以上加劲梁吊装施工设计一种新型的吊具结构来满足吊装需求,可以有效地实现加劲梁在施工工程中吊装转运,吊装简单方便、安全可靠,提升安装质量和工效、减少安装时间。

五、结　　语

针对在超大超重加劲梁吊装工况下,不宜在加劲梁桥面板上设置临时吊耳的情况;吊具能够适应加劲梁结构尺寸变化;在当前加劲梁吊装完成后,进行下一加劲梁施工时吊具的过跨等问题,开展适用于悬索桥超大重量加劲梁吊装的无吊点吊具的设计及施工方案设计。

通过这种可调节的缆载吊机横向吊具及施工方案设计,取消了传统加劲梁施工中设置的临时吊耳,减少了对桥面板的焊接及切割打磨损伤,同时减少了安装工序,节约了人工及材料成本;将吊具设计成C形结构,使吊具提升时的着力点设置在加劲梁的主桁架结构上,取代了传统的设置在桥面板上方案,受力结构更安全合理,有效地避免了在吊点位置加筋补强;吊具在使用过程中,通过油缸的伸缩调节,可以使吊具两端C形钩头直接挂在加劲梁上,无须人工参与,避免了传统施工中需要多人进行吊具连接工序;吊具在加劲梁的整个吊装过程中,均可以通过远程控制作业,无须人员在加劲梁上下作业,提高了施工效率,降低了施工人员作业风险,为其他项目提供了参考。同时在加劲梁吊具的轻便化、智能化等方面仍需开展进一步的研究,为超大超重加劲梁吊装工况提供更加安全可靠的施工设备。

参考文献

[1] 张旭锋.佛莞城际珠江狮子洋越江工程线路方案研究[J].铁道工程学报,2020,37(2):35-39.
[2] 鲜荣,唐茂林,吴玲正,等.2000m级超大跨度悬索桥主缆架设影响参数研究[J].世界桥梁,2023,51(3):74-80.
[3] 欧阳泽卉,师少辉,朱玉.狮子洋通道钢-混组合梁桥结构选型研究[J].桥梁建设,2023,53(S1):76-83.
[4] 张万泽,张聪正,徐源庆,等.大跨悬索桥全覆盖巡检维养设备研究及布局分析[J].科学技术创新,2022(32):141-144.
[5] 李则均.2000米级悬索桥主缆系统架设控制因素研究[D].成都:西南交通大学,2022.
[6] 李平伟.大跨径悬索桥加劲梁吊装施工问题[J].交通世界,2023(32):157-159.
[7] 付美江.跨江大桥主桥加劲梁架设施工问题探析[J].交通世界,2023(26):140-142.
[8] 杨宇辉.大跨度悬索桥加劲梁缆索吊系统技术及实际应用[J].智能城市,2021,7(16):153-154.

61. 某大跨径跨海桥梁数字化智能建造方法探索

张佳浩[1,3,4] 王雨妍[1,2] 李国锋[1,3,4] 余 果[1,3,4] 程茂林[1,3,4] 肖 浩[1,3,4]

(1.中交第二航务工程局有限公司;2.中交武汉智行国际工程咨询有限公司;3.长大桥梁建设施工技术交通行业重点实验室;4.交通运输行业交通基础设施智能制造技术研发中心)

摘 要 随着国家大型基础设施建设上马,公路、铁路项目逐年增多,需要建设相应的大型桥梁,而某大跨径跨海桥梁拥有钢桁梁悬索桥五项之最:主跨长2180m,主缆跨径世界第一;双层十六车道,车道数量世界第一;主塔高339m,主塔塔高世界第一;地下连续墙外径130m,锚碇基础世界第一;主缆长3832m,直径1.5m,主缆规模世界第一。同时桥梁建设也面临着复杂的建设环境,工程存在规模宏大、创新性高等特点,施工安全风险高、技术难度大、品质要求高。因此,本文围绕"跨海桥梁智能、快速、绿色建造"的总体目标,通过运用BIM技术、智慧工地、智能建造等数字化技术,实现项目全要素数字化管理、全过程智能化生产、全参与方网络化协同、全生命周期智慧化决策,助力把该工程打造成为人民满意的绿色工程、民心工程、阳光工程。

关键词 跨海大桥 悬索桥 智能建造 数字化 智慧工地

一、工程概况

某跨海大桥为双塔三跨悬索桥,其中中跨长2180m,大桥上部结构主缆为双主缆平行结构,主缆直径为1486mm,两主缆截面中心间距为42.6m,加劲梁为双层桁架结构,加劲梁最大吊重约1300t。大桥拥有钢桁梁悬索桥五项之最:主跨长2180m,主缆跨径世界第一;双层十六车道,车道数量世界第一;主塔高339m,主塔塔高世界第一;地下连续墙外径130m,锚碇基础世界第一;主缆长3832m,直径1.5m,主缆规模世界第一。该大桥桥型布置如图1所示。

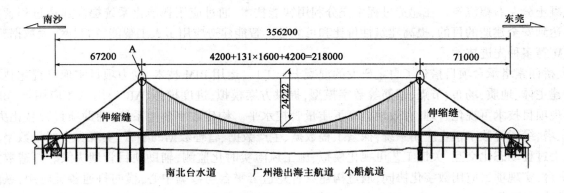

图1 该大桥布置图(尺寸单位:cm)

同时,工程建设也面临着复杂的建设环境,工程存在规模宏大、创新性高等特点;工程施工安全风险高,存在超高空、水上作业安全控制,特种设备、新型装备施工安全控制,塔柱、钢桁梁架设渡台安全控制,相邻标段搭接施工安全控制等风险;工程施工技术难度大,深泥岩3m大直径桩基成孔难度大,海水环境下承台施工创造隔水环境难度大,索塔C80高稳健低收缩混凝土配制难度大,湾区大风条件下大直径主缆施工难度大,1300t级超重钢桁梁吊装难度大;工程施工品质要求高,针对桩基质量控制,主墩承台耐久性控制,组合塔大尺寸钢壳高精度吊装,C80混凝土温度控制要求高,超重桁梁高精度、低应力架设控制等施工品质要求高。

因此，本文围绕"跨海桥梁智能、快速、绿色建造"的总体目标，通过运用BIM技术、智慧工地、智能建造等数字化技术，实现了项目全要素数字化管理、全过程智能化生产、全参与方网络化协同、全生命周期智慧化决策，助力把该通道工程打造成为人民满意的绿色工程、民心工程、阳光工程。

该大桥设计效果图如图2所示。

图2　该大桥设计效果图

二、智能建造目标

目前，本单位承建的该项目主桥——大桥西索塔承台封底混凝土浇筑完成，标志着这座目前世界最大跨径双层悬索桥的建设进入新阶段。为主塔承台出水和后续施工奠定坚实基础，大桥将从水下施工转为水上施工，同时在建设初期，项目部针对该工程项目智能建造目标，推动智慧工地建设，提升项目精细化管理水平，在人员管理、特种设备监控、绿色施工、能耗监测等方面开展智慧工地应用，实现施工现场人、机、料、法、环、测等多要素全方位穿透式管理，辅助项目精细化管控。

大桥西索塔承台采用分离式设计，单侧承台平面为圆形，高9m、直径40m，承台施工基坑支护采用钢板桩围堰结构形式，将深插河床70m的桩基与高342m塔柱连接在一起，是大桥重要的受力结构之一。此次施工的封底混凝土厚度2.5m，采用水下C25混凝土，总浇筑量约8637m³。在水下混凝土浇筑过程中，泵车泵送至料斗中，然后通过导管输送至围堰基底。由于混凝土体量大，浇筑面积大，为便于施工组织，混凝土分左右幅浇筑。在建造过程中充分利用智能技术，通过应用智能化系统提高建造过程智能化水平，达到安全建造的目的，提高建筑性价比和可靠性。智能建造应用了人工智能、物联网、大数据、云计算、BIM等多种先进技术。

大桥西索塔承台项目搭建了自主研发的混凝土云工厂，运用BIM技术，助力项目实现可视化技术管理，构建主体、地质、场布、节点、钢筋等数字模型，提供方案模拟、进度模拟、AR应用、VR应用等BIM应用，实现项目技术可视化管理，有效地提高了质量管控水平。构建数字孪生系统，辅助项目智慧化决策，构建主塔、缆索等数字孪生应用系统，探索工程数据、生产数据、管理数据的融合，实现真实场景数字化建模、施工过程动态化交互、关键工艺可视化模拟、施工风险实时化监测，辅助项目管理决策。打造数智建造云平台，实现项目应用数字化协同，通过构建数智建造云平台与数据中心，横向打通各类应用，纵向聚合多维数据，提供统一入口、统一用户、统一授权、统一登录等共享服务，实现项目全要素管理和全参与方协同。实现原材料进料、上料、拌和、出料全过程自动化控制，并不断优化混凝土配比方案，调整水下缓凝时长，确保了混凝土浇筑过程中不出现冷缝。西索塔承台的成功封底，为后续承台施工提供了安全可靠的施工环境。开展智能建造应用，提高项目智能化生产水平，开展混凝土云工厂、钢筋云工厂、索塔智能监控、大体积混凝土温控等智能建造系统的研发与应用，实现工程结构关键指标的可视、可测、可控，提高项目智能化生产水平。

依托BIM系统铺设的一张无形的"智慧网"，针对该工程项目建设施工需求，以BIM技术为纽带，对项目施工过程的信息进行溯源管理，聚焦"时间"和"空间"两条线，最终实现施工全过程信息集成，协助项目进行科学化的管理，提高了项目管理水平。

三、智能建造方法

项目采用基于物联网的智能化数据传感器通用的管理平台,利用计算机、人工智能、无线通信,全天候现场监视、施工检查、质量管理、技术服务,提高数字化管理、安全、绿色、施工等现场管理能力,标志着现场管理进入信息化时代。智能建造工作原理的核心是智能化系统,通过应用智能化系统,能够实现人机协同作业,提高建造过程的自动化和智能化水平。智能建造工作原理包括以下几个方面(图3):通过各种传感器、摄像头等设备,实时采集施工现场的各种数据和信息,包括施工进度、人员、设备、环境等,实现全面感知。利用人工智能、大数据等技术对感知到的数据和信息进行分析处理,包括施工过程模拟、安全预警、质量检测等,为决策提供支撑。根据分析结果,智能系统自主或半自主地作出决策,包括施工方案优化、人员调度、设备调度等,以提高施工效率和质量。根据决策结果,智能系统自主或半自主地执行相应的操作,包括施工设备的控制、施工过程的监控等。在执行过程中,智能系统不断感知新的数据和信息,进行新一轮的分析和决策,形成一个闭环的控制系统。

目前,承建项目主要施工内容包括大桥西塔,西侧主散索鞍、钢桁梁安装,上游侧主缆架设,西高墩区引桥下部和上部结构施工等。西高墩区引桥下部和上部结构施工项目通过采用智慧工地现场,应用智能泥浆检测仪、混凝土液面检测仪等智能化模块实时监测桩基施工关键参数,搭建了桩基施工数字孪生平台,通过物联网实时集成旋挖钻、履带起重机等关键设备及智能化模块数据,实现了桩基施工可视化管控,保障了成桩质量及施工安全。

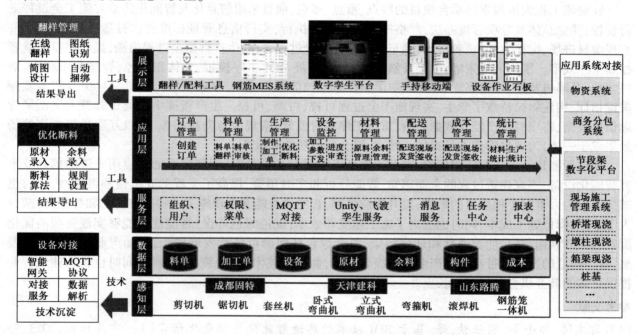

图3　智能建造系统示意图

四、智能建造实施

大桥西索塔承台项目以该项目主体工程场景为依托,以生产管理为抓手,以施工过程数据为链条,结合BIM技术及数字孪生手段,建设一体化生产管理应用平台,为项目各级别、各岗位管理人员提供过程管理、高效决策的辅助工具,协助项目建成质量高、环境美的交通精品项目、样板工程。从感知层来看,大桥西索塔承台项目结合各临建、施工场景特点,布设针对性强、效果显著的传感器等硬件设备,实现各场景生产及管理数据的实时感知与监测监控,并通过物联网技术实现数据的采集与传输。从应用层来看,大桥西索塔承台项目产业人员管理应用于全标段生产管理,以人员进场登记为管理起点,结合过程培训、班前喊话、经常考勤、积分管理等具体举措,实现参与人员过程管理,以人员出勤、工资管理、退场管理等应用实现参与人员顺利退场；围绕临时工程、桥梁工程、隧道工程、路基工程，结合感知层实时采集的生产管理数据，在不同场区实现不同程度的信息化应用，促进场区智慧化管理。

大桥西索塔承台项目从展示层面通过 BIM 技术及数字孪生实现各场景可视化应用与管理，通过数字看板实现各场景关键业务指标的实时呈现与多维汇聚，最终统一汇聚至生产指挥中心进行总体呈现与展示，促进项目工程施工的科学管理与高效决策。

大桥西索塔承台项目围绕桥梁主梁、索塔、隧道施工等重大场景，聚焦施工场景控制关键指标与"人、机、料、法、环"等监控关键指标，进行全域场景实时感知、动态分析、提前预警，实现安全可视化管控、质量动态化监控、管理数字化协同。

大桥西索塔承台项目集成 BIM 应用、智慧工地、智能建造、标段级生产管理系统、项目级协同管理平台等各类子系统，通过指挥中心大屏进行项目运行情况的总体调度和组织生产；设置标段级数字看板，实时展示项目形象进度以及项目质量、安全、施工监控以及关键设备等内容。

五、结　语

在智能建造中，信息技术与先进建造技术深度融合，是新型建造方式的重要表现形式。同时，智能建造能有效地减少建筑行业因人为因素产生的安全与质量问题，是建筑业转型升级的关键。此外，智能建造有利于形成一批具有较强竞争力的智能建造骨干企业，从而培育新的经济增长点，为稳增长、促改革、调结构、惠民生、防风险作出积极贡献。

针对该工程大桥西索塔承台项目的特点、重点、难点，项目采用信息化及智能化建造对施工全过程进行管控，建立总体及分项管理办法，严格按照管理办法执行，实行信息管理标准化。打造混凝土云工厂，实现源材进场、搅拌生产、试验检测、罐车运输定位等全过程管理，生产数据全过程追溯，提升项目质量管控和生产效率。围绕大桥索塔、主梁及斜拉索施工，开展 BIM 工序模拟、大体积温控、智能液压爬模、塔机监控、升降机监控、主梁高支模监测、主梁斜拉索监控等系列应用，集成现场"人、机、料、法、环"等监控关键指标，构建斜拉桥数字孪生，实现施工全过程可视、可测、可控。生产指挥中心通过智慧大屏汇聚管理信息数据，将项目生产经营数据分析、重点工序实时监管、常规应急防控指挥、多点互联决策指挥等场景集成于一体，为项目管理人员提供一站式、综合化的功能和服务。

通过智能建造方法的应用探索，有助于提高工程质量和安全性，智能建造通过应用先进的信息技术和智能化设备，实现建造过程的全面感知、智能分析和实时预警，提高了工程的安全性和可靠性，同时也减少了人为因素对工程质量的影响；提升建造效率，智能建造能够实现施工过程的自动化和智能化，减少人工干预，降低施工成本，同时也提高了施工速度和效率；促进绿色环保，智能建造能够实现资源的优化配置和循环利用，减少能源消耗和环境污染，符合绿色环保的可持续发展理念；推动产业升级和经济发展，智能建造的发展将带动相关产业的升级和发展，如信息技术、高端装备制造等，同时也将为建筑行业提供更多的就业机会和经济增长点。

参考文献

[1] 郭文博,郑小丰,揭仕钦,等.基于 BIM 技术的建造智能化与绿色化研究[J].建筑结构,2023,53(S1):2367-2370.
[2] 张文海,宋艳,张娜,等.智慧建造在建筑工程安全施工管理中的应用[J].工程建设与设计,2023,(13):263-265.
[3] 戴立先."钢结构+"智能建造的探索与实践[J].施工企业管理,2023(10):95-96.
[4] 陈东,刘阳,何祥荣,等.BIM 技术在装配式建筑智能建造施工过程管理中的应用研究[J].科技与创新,2023(18):173-175.
[5] 葛警军,王更,张景超.BIM 技术在智慧建造中的应用研究[J].工程技术研究,2023,8(19):54-56.
[6] 詹新彬,刘成,蔡永鑫,等.基于智慧建造的预制管桩全生命周期管理系统应用研究[J].建设科技,2023(22):32-34.
[7] 李敏.基于 BIM 的智慧建造技术应用研究[J].住宅与房地产,2023(35):79-81.

62. 深水条件下钻石形斜拉桥主塔横梁施工关键技术

陆亦云[1] 杜伟煌[2]

（1.广西柳梧铁路有限公司；2.中铁大桥局集团有限公司第二工程分公司）

摘　要　随着我国桥梁建设水平的不断提升，斜拉桥在工程项目建设中的运用逐步扩大，而斜拉桥的主塔横梁施工对于整个桥梁结构来说至关重要。为更好地总结斜拉桥主塔横梁施工过程中的重难点，本文依托实际工程项目，围绕该项目主塔横梁施工总结其中的重难点。根据实际工程中主塔结构形式，提出具体施工方案，涉及下横梁支架系统设计与施工、钢筋混凝土施工、预应力工程施工以及支架拆除等方面内容，可为相关工程施工提供参考。

关键词　斜拉桥　横梁　钢管桩支架　预埋牛腿　预应力

一、引　言

斜拉桥的主塔横梁是作为承接上部结构荷载的重要结构，横梁施工过程中的工艺控制对于结构的施工质量和成本有着重要的影响。根据桥梁所处的区域环境、结构类型、荷载组成等条件，选择合适的施工方案，不断优化施工工艺，可以在保障整体施工质量的同时压缩工期，降低施工过程中的安全风险。本文通过对盘龙柳江特大桥主塔横梁施工工艺改进，经详细的理论计算，确定了整体提升横梁的施工工艺，在施工过程中有效地节约成本、缩减工期，保障了施工质量，降低了安全风险。

二、工程概况

新建柳州至广州铁路柳州至梧州段为柳州至广州铁路的重要组成部分，是国铁Ⅰ级、双线电气化、客货共线铁路，设计速度为160km/h。其中，盘龙柳江特大桥为全线重点控制性工程，主桥孔跨布置为51.4m + 100m + 326m + 86.5m + 63.1m，为钢-混凝土混合梁斜拉桥，主塔采用钻石形索塔。

盘龙柳江特大桥主桥共设置两个主塔，每个主塔下横梁设在主梁下方。下横梁采用单箱单室空心截面，为全预应力C50混凝土结构，横梁高5.0m，横桥向理论中心间距20m，顺桥向宽度7m，顶底板及腹板厚度1.3m。横梁与塔柱之间采用圆弧过渡，圆弧段半径为2.653m。在竖向支座下各设1道壁厚0.8m的竖向隔板。横梁内布置66束19Φ^{s}15.20钢绞线，所有预应力锚固点均设在塔柱外侧，预应力管道采用塑料波纹管、真空压浆工艺。

三、工艺原理

根据要求主塔下横梁均分两次浇筑成型，第一次浇筑混凝土方量为294.6m³，第二次为296.7m³，总方量为591.3m³。主塔下横梁采用落地支架+牛腿法与两侧塔柱同步施工方案。主塔下横梁施工支架系统（图1）由钢管立柱、分配梁、底模系统及预埋件组成。钢管立柱支承在承台上，立柱均采用2排管桩共4根，管桩立柱为φ1000mm×12mm，立柱底通过预埋件与主塔实体段连接；桁架采用HM588mm×300mm截面；底模系统由I16大肋+100mm×100mm方木+12mm竹胶板组成。

主塔塔柱采用爬模施工，待爬模施工至下横梁时，塔柱部分利用爬模架体作为施工平台，通过爬模与下横梁侧模钢模组合安装，完成混凝土浇筑施工。

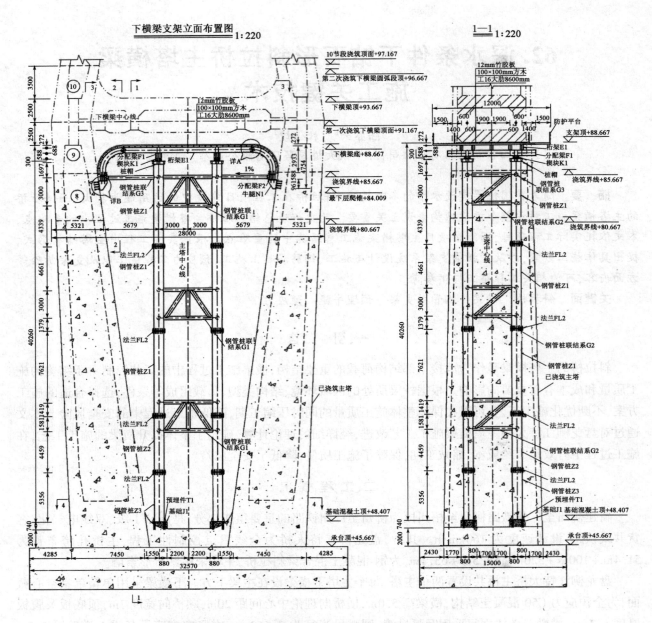

图 1 盘龙柳江特大桥主塔横梁支架设计图(尺寸单位:mm;高程单位:m)

四、工艺流程及操作要点

1. 工艺流程

主塔下横梁采用"塔梁同步"施工,下横梁高度方向分两次浇筑,第一浇筑 2.5m,第二浇筑 2.5m,32 号、33 号塔柱需附带倒角同时进行施工。为克服支架变形、混凝土收缩及第二次浇筑混凝土时对底面产生的裂缝,第一次浇筑混凝土后需张拉第一批预应力束;下横梁混凝土浇筑完毕后,张拉第二批预应力束,完成下横梁施工。

2. 操作要点

1) 下横梁支架设计

下横梁现浇支架采用模板+桁架+分配梁+爬锥牛腿+钢管桩的结构形式,其中模板采用 12mm 竹胶板+100mm×100mm 方木+I16 型钢组合,桁架由 5 片 HM588mm×300mm+I22a 及 I16 联结系组成,桁架架设在2HM588mm×300mm的分配梁上，桁架边跨和分配梁焊接，分配梁和牛腿焊接，单个牛腿主要由4（列）×4（排）个8.8级的M42爬锥组成，一侧边跨布置2个，共计4个牛腿，中跨桁架和分配梁焊接，分配梁和钢管桩通过楔块连接。

2）支架安装及拆除

（1）预埋件安装。

下横梁支架设置钢管立柱预埋件，主塔下塔柱实体段上布置4个。

（2）钢管桩立柱制造与安装。

钢管立柱依据设计图纸进行制造安装，立柱与预埋件、连接系均采用焊接。立柱钢管、连接系均采用螺旋钢管制造。钢管桩通过现有的85t履带起重机进行安装，现场根据履带起重机的吊重曲线对钢管桩立柱进行分节，各节段之间利用螺栓连接。

立柱安装过程中，在立柱上设置上下简易爬梯，通过在立柱上焊接三脚架，铺设脚手板后，在各焊接作业点形成上下通道及作业平台，并且根据规定设置一定的安全防护措施。

（3）预埋牛腿安装。

由于钻石形桥塔的设计为下窄上宽以及横梁与塔柱之间采用圆弧过渡的缘故，造成单单靠管桩支撑无法满足支架的整体受力要求。为减少桁架两端悬臂过大，故在两侧塔柱混凝土浇筑前提前预埋爬锥，并安装牛腿作为桁架两侧支撑点。如图2所示，塔柱的第9节、第10节与横梁同时施工，在施工第8节塔柱时提前预埋牛腿爬锥[单个牛腿为4（列）×4（排）个8.8级的M42爬锥]。牛腿是利用壁厚$\delta=22mm$的钢板下料焊接而成，并在密贴塔柱侧开设16个爬锥螺栓孔。

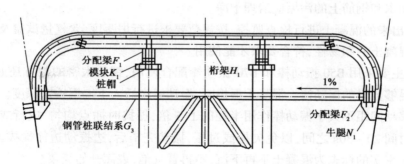

图2 下横梁支架牛腿、桁架设计图

主塔第8节段施工完毕，安装牛腿，安装下横梁施工支架。为保障支架整体受力的稳定性，要求大肋与桁架、桁架与中跨分配梁、边跨分配梁与牛腿之间点焊连接，桁架与边跨分配梁之间采用连续角焊缝连接。

（4）桁架安装。

单个主塔横梁设置5片桁架，每个桁架均采用HM588mm×300mm与壁厚10mm/12mm/20mm钢板焊接而成，为便于制造安装，将整片桁架在圆弧倒角处分为3节制造安装，安装时通过螺栓进行连接固定。

（5）支架拆除。

待主塔下横梁完成施工作业后，需具备以下条件才能拆除支架系统：保证下横梁混凝土强度值达到设计标准值，且完成了下横梁全部的预应力张拉与压浆作业。

拆除作业需遵循"先支的后拆，后支的先拆除，先拆非承重后拆承重，从上到下"的原则。首先通过楔块降低桁架的高程，留出拆除模板体系的空隙，然后拆除模板系统，再拆除桁架，最后再进行钢管桩立柱的拆除工作，整个拆除过程通过85t履带起重机和塔式起重机配合作业。

为保证拆除安全性，在施工之前必须对机械设备展开全面检查，安排专员深入现场指挥。在展开支架系统拆除作业时，不允许任何人员在下方随意走动，防止出现人员伤亡等。

3）钢筋工程

（1）横梁钢筋骨架由底板钢筋网、顶板钢筋网、腹板钢筋及其他辅助钢筋组成，一次绑扎完成。

（2）横梁普通钢筋若与预应力筋或塔柱钢筋相碰，可适当挪动横梁普通钢筋位置，但不得减少钢筋数量。横梁预应力张拉槽处锚具与竖向主筋冲突，原则上应合理移动主筋避让锚具，如确实无法避让时，可适当截断，并按要求进行补强。

（3）横梁内设置有进人通道，所有进人孔断开的钢筋均需按接头搭接要求进行等强原则补强。

（4）为便于横梁钢筋定位并加大钢筋骨架的强度、刚度，应根据需要配置适当数量的架立钢筋。

4）混凝土工程

（1）横梁浇筑。

横梁竖向分两次浇筑完成，第一次浇筑高度为2.5m，第二次浇筑高度2.5m。混凝土浇筑采用水平分层的施工方法，混凝土入模坍落度控制在180mm±20mm，初凝时间为10h，振捣使用插入式振动棒，振动棒不能触碰波纹管，防止将波纹管振裂和碰弯，应在靠近波纹管的地方慢抽快插。振动时间不能太长，防止因振动而引起个别地方波纹管上浮现象。

下横梁通过两台48m臂汽车泵站位于栈桥上进行浇筑，最大浇筑高度为20m，先从塔柱两端开始浇筑，然后往横梁中间推进，两端对称施工，分层浇筑，防止施工冷缝产生。

混凝土灌注要求如下：

①混凝土浇筑前，对模板、钢筋、预埋件进行详细的检查，并做好记录，符合设计及规范要求后方可浇筑混凝土。杂物、积水和钢筋上的污垢应清理干净。

②注意对生产出来的混凝土进行检查监控，按规范要求进行坍落度、含气量试验及温度测试、制作混凝土试块，并观察混凝土的和易性，符合要求才能使用。

③混凝土振捣主要采用B50振动棒和B70振动棒配合使用，钢筋太密的地方还必须采用B30振动棒，浇筑时应准备足够数量的振动棒。混凝土振捣时，振动棒应插入下一层一定深度（一般5～10cm）；振动棒要快插慢抽，移动间距不大于振动棒作用半径的1.5倍；振捣时插点均匀，成行或交错式移动，以免漏振；每一次振动时间20～30s之间，以免欠振或过振，振动完毕后，边振动边徐徐拔出振动棒。混凝土应振捣密实，混凝土密实的标志为混凝土不再下沉、不再冒气泡、表面开始泛浆。

④为防止浇筑横梁腹板时混凝土底板混凝土上翻，在腹板与底板拐角处的两侧混凝土底板顶面加50cm宽的压模。

⑤混凝土浇筑连续进行，若因故必须间断时，其间断时间不得超过混凝土的初凝时间。

⑥操作时要实行分区定人负责和检查；振捣要均匀，不欠振、漏振和过振。

（2）横梁混凝土养护及后浇段凿毛。

①下横梁顶面混凝土振捣完成后，应及时修整、抹平混凝土裸露面，待定浆后再抹第二遍进行收光抹面，表面平整度不大于3mm，然后待基本初凝后用土工布覆盖，洒水保湿养护，养护时间不少于14d。

②提前搭设好横梁湿后浇段凿毛施工平台，采用人工凿毛时，混凝土不低于2.5MPa；用机械凿毛时，不低于10MPa；凿毛后露出新鲜混凝土面积不低于总面积的75%。

5）预应力工程

下横梁与主塔锚固为预应力混凝土结构，锚固端设置在两肢主塔外侧面，共66束均为19Φ^{s}15.2高强低松弛钢绞线。

（1）预应力钢束制造加工。

①预应力束均采用高强低松弛钢绞线，其公称抗拉强度$f_{pk}=1860$MPa，弹性模量$E=195$GPa。

②预应力钢绞线应附有出厂合格证及质量鉴定报告,其技术标准应符合《预应力混凝土用钢绞线》(GB/T 5224—2023)的规定。

③钢绞线下料应在平整洁净的场地进行,钢绞线下料应采用砂轮切割机切割,不得使用电弧或气割,也不得使钢绞线经受高温、焊接火花或接地电流的影响,下料后不得散头。

(2)预应力孔道安装。

①横梁内设置了钢绞线,在浇筑横梁混凝土时需形成孔道;孔道材料采用内径 $\phi120mm$ 的普通金属波纹管。

②波纹管的位置采用定位网定位,以保证混凝土浇筑过程中预应力管道不发生偏移,定位钢筋网间距按直线段为不大于60cm、曲线段不大于30cm布置。

③预留孔道位置允许偏差要求不大于4mm。

(3)预应力张拉。

①张拉步骤:张拉顺序按设计图要求进行,先中间后上下,依次进行。预应力采用张拉力与伸长量双控措施,预应力值以油表读数为主,以预应力筋伸长值进行校核。预应力张拉过程中,要保持两端的伸长量基本一致,按张拉吨位和伸长值进行双控。

②主塔和下横梁混凝土强度等级为C50,张拉时混凝土强度达到95%及弹性模量需达到设计值的100%以上,龄期达到10d,才能进行预应力张拉施工。采用两端张拉工艺,从中间开始对称张拉,一次张拉完成。

③张拉程序:0→初始应力(终张拉控制应力的10%,测量钢绞线伸长值并做标记,测工具锚夹片外露量)→分级张拉→张拉控制应力(测量钢绞线伸长值并做标记,测工具锚夹片外露量)→静停5min,校核到张拉控制应力→回油锚固(测总回缩量,测工作锚固夹片外露量)。持压5min过程中若油压略有下降,补压至设计吨位油压后,卸压锚固。

④实测伸长值与计算伸长值的差值不应超过±6%。

(4)孔道真空辅助压浆。

①张拉后24h内进行管道压浆,采取真空辅助压浆法。管道压浆用水泥浆要求采用无收缩水泥浆。封锚混凝土采用无收缩混凝土,强度不低于塔身混凝土强度。

②压浆顺序应先下后上,如有串孔现象,应同时压浆。

(5)锚固端封锚。

压浆结束后,应及时对需封锚的锚具进行封闭,封锚混凝土要求采用无收缩混凝土,强度不低于C55。应先将锚具周围清洗干净,然后再张拉钢管里面焊接钢筋。

五、结 语

斜拉桥是当前工程项目建设的重要桥梁形式,而主塔下横梁施工是斜拉桥的关键部位,此部分施工会对工程整体质量造成影响。本项目斜拉桥主塔为钻石形桥塔,下横梁支架系统主要由模板+桁架+分配梁+爬锥牛腿+钢管桩的结构形式,此施工方式可降低施工复杂度,并满足横梁线形要求。同时,该结构设计具有广泛的适用性,尽管本文只针对斜拉桥下横梁施工展开探讨,但依然可推广应用于各类桥梁的横梁施工之中。

参考文献

[1] 邓文武.斜拉桥主塔上横梁施工技术研究[J].山西建筑,2018,44(20):153-155.

63. 净空受限条件下铁路连续梁上跨高速公路施工防护体系技术研究

吴庆发 齐 志

(广西柳梧铁路有限公司)

摘 要 本文以新建柳州至广州铁路柳州至梧州段龙凤跨柳南高速公路特大桥72~73号上跨G72泉南高速公路施工为背景,因铁路上跨既有高速公路净空受限,常规防护棚架施工方案不能实施,项目创新使用一种新型的全封闭挂篮兜底(带防护支架)+柔性防护棚方案,即挂篮全封闭兜底+成型段可移动防护支架+柔性防护棚架相结合。这种方法解决了净空受限条件下普通防护棚架无法搭设的问题,有效地保证了跨高速公路桥梁安全施工,施工过程中未发生安全质量事故,对高速公路交通通行零影响,供同行参考。

关键词 净空受限 上跨高速 防护支架 全封闭挂篮兜底 柔性防护棚

一、引 言

近年来,随着我国高速铁路和高速公路的快速发展,桥梁数量与规模持续增加,跨越既有高速公路的桥梁越来越多。桥梁上跨高速公路施工过程中,高速公路产权单位要求设置固定的防护棚架以确保桥梁施工时高速公路行车安全。上跨既有高速公路部分桥梁设计受前后构造物高程和竖曲线坡度限制影响,导致在建桥梁与既有高速公路净空较小,净空受限条件下常规防护棚架无搭设空间,而高速公路产权单位硬性要求采用固定防护棚架以确保行车安全,采取科学合理的防护方案是保障上跨施工安全的先决条件。本文依托具体案例,详细介绍了一种新型的全封闭兜底挂篮(带防护支架)+柔性防护棚方案,解决了净空受限条件下普通防护棚架无法搭设的问题。

二、工程概况

龙凤跨柳南高速公路特大桥里程范围为DK13+920.242~DK16+463.7,孔跨布置为9×32m+2×24m+60×32m简支梁+(60m+100m+60m)连续梁,桥梁长2543.558m。本桥于DK16+341.84处跨越G72泉南高速公路,交叉角度为60.54°,采用60m+100m+60m连续梁跨越。G72泉南高速公路柳州至南宁段为双向八车道,设计速度为120km/h,路基宽42m。桥梁平面位于曲线上,最大纵坡为-5.6‰。72号、73号墩为主墩,71号、74号为边墩。两个T构1号~12号节段为平衡悬浇段,15号节段为中跨合龙段,14号节段为边跨合龙段、13号节段为边跨现浇段,箱梁顶宽11.2m(两边翼板宽1.25m)。距G72泉南高速公路线路最小水平净空72号墩为12.96m,73号墩为18.54m,设计净高6m,G72泉南高速公路路面与梁底净空6.6~7.0m。

三、难点分析

1. 净空设计

根据《广西公路建筑限界净高补充规定》明确的"高速公路、一级公路的净高应大于或等于6.00m;受地形条件或特殊情况限制时,经技术经济论证,最小不得小于5.5m",《公路涉路施工活动技术评价规范》(DB 45/T 1202—2015)第6.4.5.3条规定的"施工期间行车通道的高度至少应满足:高速公路、一级公路、二级公路5m;三、四级公路4.5m的净空要求,设置相应高度的限高防护架,并在适当的位置设置限高标志",并考虑 1.5m 的施工高度(挂篮 + 防护),桥梁设计建成后连续梁梁底至公路路面最小净空为 6.5m。

2. 产权单位要求

根据《高速公路涉路施工安全作业指导意见(试行)》(桂交投发[2022]25 号文)第 3.4.10 条防护设施:上跨高速公路的铁路、公路以及城市道路等涉路施工,要求在确保原有行车车道及空间不受挤占的前提下,搭设防护管棚,以确保行车安全。

3. 常规防护棚架方案可行性分析

G72 泉南高速公路柳州至南宁段现状为双向八车道,设计速度为 120km/h,路基宽 42m。防护棚采用与柳南高速公路斜交方式搭设,防护棚架跨径较大,考虑棚架整体的强度、刚度、稳定性,防护棚架基础采用 100cm×50cm×2100cm 的混凝土条形基础,强度等级 C35,基础两端设混凝土防撞墩,宽度与基础宽度相同。立柱采用 φ600mm 钢管,下端与基础顶预埋钢板焊接。钢管柱顶部设置 I32a 工字钢横梁,纵梁为 I56a 工字钢,间距 2m 布置,纵梁顶上铺[14a 槽钢做分配梁,间距为 1.0m,由纵梁上的 φ16mm 定位钢筋定位。其上铺 2cm 厚竹胶板封顶,竹胶板用铁丝连接固定。竹胶板上再满铺白铁皮(防水和防火功能)。

考虑防护棚架净高 5m,防护棚架纵梁高 0.56m,横梁厚 0.14m,竹胶板厚 0.02m,顶部防护栏杆 0.5m,防护棚架整体结构高 6.22m。根据梁体挂篮设计图梁底面距离挂篮底部高度为 1.5m(挂篮 1.3m + 挂篮行走挂篮下移 0.2m)共计需要净空 6.22 + 1.5 = 7.72(m),大于 G72 泉南高速路面与梁底净空 6.6~7.0m。因此,防护棚架受桥底净空限制无法施工。

四、全封闭兜底挂篮(带防护支架) + 柔性防护棚方案

涉路施工采用全封闭兜底挂篮(带防护支架) + 柔性防护棚防护方案,通过吊架兜底防护,侧面防护,钢丝网全面封闭,以及桥上防护支架临边防护,桥下柔性防护网,限高限速安全警示等防护措施。其中,全封闭兜底挂篮主要防护施工过程中存在钢筋、凿毛混凝土块等材料掉落,移动支架主要防护梁顶挂篮移动过程中小型材料掉落,成型段临边措施主要防护小型材料从梁顶两侧及预留孔洞掉落,柔性防护棚主要防护螺丝、细石等小型构件掉落等风险。采取主动预防措施,保证施工作业人员及桥下车辆、行人的交通安全。

挂篮总高度为 1.22m,挂篮行走脱模高度为 0.2m,全封闭挂篮兜底结构高 0.16m,防护棚占用高度 0.1m,预留 0.2m 挂篮底至棚洞安全距离,以上共需 1.88m。根据设计高程数据,从最低点(小里程 8 号块)梁底至高速公路路面高度为 6.92m。路面防护棚架最低处净空高度可达 6.92 − 1.88 = 5.04(m),满足大于 5m 最小通行高度要求。

1. 挂篮全封闭兜底

连续梁挂篮混凝土浇筑段采用全封闭防护,防护采用∠10cm 角钢作为主骨架,间距 1.5m×2m,连续梁顶板纵向预应力孔以下高度采用 1mm 厚钢板进行全包防护。钢板位于角钢外侧,避免浆液或养护用水滴落到高速公路上,影响行车安全。纵向预应力孔以上采用 1mm 打孔钢板(孔径 1mm)防护,防止小型零件及钢筋等穿过防护网掉落到高速公路上。

2. 可移动防护支架

可移动式防护主要为保证已浇筑完成段混凝土在挂篮走行过程中临边防护的安全。防护采用 I16 工字钢作为主骨架,骨架间距根据现场实际情况进行调整,间距不大于 1.8m;骨架采用 I14 工字钢进行连接,保证支架稳定。支架伸出梁面 50cm,采用∠7cm 角钢设置外架并使用 3mm 钢板反包梁边,反包宽 0.65m、高 0.15m,保证日常能够清理反包兜底内杂物。防护支架采用滑动式滚轮,内卡在挂篮走行梁内,防止支架倾覆。为避开预埋钢筋,距离梁边 0.35m 采用 I14 工字钢作为立柱,并焊接行走轮作为支架中间。

3. 成型段防护

成型段临边防护采用∠10cm角钢为立柱,使用M20膨胀螺栓固定在梁面,立柱间距2.4m,高度1.2m。立柱内侧采用防抛网进行防护,高度1.2m,孔距5mm×5mm,使用φ2mm铁丝进行固定。梁面以上0.2m采用5cm厚木板或1mm钢板作为踢脚板。为防止台风天气吹落破坏,在距离梁边0.95m位置埋设带弯钩膨胀螺栓或圆钢,保证台风天气防护的稳定性。

梁面泄水孔及预应力管道预留孔为贯穿孔,存在物体坠落风险。施工中采用土工布+防水板进行防护。防水板主要防止浆液及水通过孔洞流至高速公路路面。土工布主要契合土工布与梁面混凝土之间缝隙,避免钉子等小型零件掉落到梁面。土工布及防水板采用水泥钉+垫板进行固定,保证孔洞的封闭性。

4. 柔性防护棚架

G72泉南高速公路柳州至南宁段现状为双向八车道,设计速度为120km/h,路基宽42m,防护棚采用与柳南高速斜交方式搭设,因跨径大,考虑防护棚架整体的强度、刚度和稳定性,常规刚性防护棚架顶部纵梁和横梁尺寸较大,造成防护棚架整体高度较高,导致净空不足,刚性防护棚架方案无法实施。

针对此种情况,经与高速公路产权单位沟通协调让出应急车道以及第一车道进行棚架的搭设,研究和设计一种柔性防护棚架方案,即根据净空要求,棚架立柱设置在两侧波形护栏内侧应急车道上,中央分隔带外侧边缘设置中间柱。棚架立柱采用直径32.5cm螺旋钢管,沿公路行车方向共设置4排,间距6.7m+6.6m+6.7m;垂直公路行车方向每排设4根螺旋钢管,边立柱与中间柱跨径为14.08m,中间立柱间设置10号槽钢进行Z形连接。同排钢管立柱间通过[10cm槽钢双层水平横联,以加强钢管柱间的横向稳定性。钢管柱与基础采用预埋地脚螺栓连接。条形基础采用C20混凝土浇筑,长×宽×高尺寸为24.8m×0.8m×0.5m;为加强条形基础抗倾覆能力,在条形基础底部沿行车方向每隔1.5m设直径22mm、长75cm、深入路面50cm的螺纹钢筋,钢筋外露地面的25cm与条形基础混凝土锚固牢固。条形基础上安装直径325mm钢管,纵向分配梁安装I32工字钢,其上横向设20mm钢筋,同时设20mm钢筋十字形骨架,20mm钢筋顶面设复合网(由密目钢丝网+阻燃密目网组成)。防护棚架沿行车方向边缘设30cm踢脚板,防止落物滑落至路面。

5. 跨泉南高速公路施工交通安全防护措施

跨高速公路连续梁挂篮施工时采用全封闭兜底进行防护施工。挂篮在道路两侧0号块拼装完毕后,经验收合格后进行节段施工。挂篮兜底和挂篮同时在0号块进行拼装,节段施工时,挂篮兜底随挂篮同步行走,做到施工一处,防护一处。挂篮及兜底采用50t汽车起重机进行吊装,吊装时设置专职安全防护员进行指挥吊装,防止吊装作业半径侵入行车道路上方。

连续梁施工时,做好梁面四周的安全防护,桥面两侧竖墙钢筋随挂篮移动而跟进绑扎,并安装定制防护栏片进行防护,防止施工过程中的杂物掉落桥下,影响行车安全,挂篮行走至下一个节段时,及时对上个施工完的节段桥面进行隔离防护,设置安全禁止标识。

挂篮行走及混凝土浇筑时,安排专职安全员在现场对桥面、行车道路进行防护和督导。混凝土天泵作业时,天泵操作手在桥面进行控制操作,同时在天泵下料管上系上牵引绳,确保天泵泵管移动范围在桥面以内进行,并在支、收天泵时,用布袋将软管口封闭,避免混凝土浇筑时,天泵中残余混凝土掉入路面,对行人及车辆造成伤害。

施工过程中安排专人清理挂篮兜底内的垃圾杂物,清理时采用小桶集中收集,利用牵引绳吊装至梁面后,运至桥下指定位置集中进行处理。通过螺栓调节,在兜底设置1%的汇水坡,采用小型水泵,将底部水抽出至桥面水桶内。

连续梁中跨合龙后,将挂篮推移至连续梁0号块(道路两侧墩附近)进行拆除,拆除时按照后装先拆、先辅后主的原则,拆除时采用25t汽车起重机进行吊装,吊装时现场安排专职安全员进行防护,班组长现场进行吊车指挥作业,确保吊装作业安全有序。大件吊装时,在大件上系上牵引绳,防止吊装过程中物件随意摆动侵入道路上方。

五、实施效果

采用新型的全封闭兜底挂篮(带防护支架)+柔性防护棚方案,柔性防护棚架减小了结构尺寸(较刚性防护棚架整体高度降低88cm),解决了常规刚性防护棚架受净空限制无法搭设的问题,挂篮全封闭兜底和已浇筑节段防护支架防护能确保桥梁施工中无任何物体坠落至既有高速公路,柔性防护棚架能防止施工过程碎石、焊渣及小型构件坠落而影响行车安全。在全封闭兜底挂篮(带防护支架)+柔性防护棚双重保护下,龙凤跨柳南高速公路特大桥上跨G72泉南高速公路,桥梁施工过程中对高速公路运营零影响,较好地保障了高速公路行车安全。

六、结 语

综上所述,净空受限条件下,铁路连续梁上跨既有高速公路施工防护体系采用全封闭兜底挂篮(带防护支架)+柔性防护棚方案,解决了净空受限条件下普通防护棚架无法搭设的问题,可以有效保证跨高速公路桥梁安全施工,且柔性防护棚架具有自重轻、安装拆除方便、双重保护等优点,防护性能高,对高速公路交通通行零影响,可供类似项目参考引用。

参考文献

[1] 陆世伟.上跨高速公路大跨度连续梁梁体施工及线形控制研究[J].价值工程,2023,42(16):108-110.
[2] 田峰,王永红,赵辉.浅析跨路连续梁全封闭挂篮施工技术[J].建筑工程技术与设计,2018(35):244.
[3] 杨伟.跨越公路连续梁施工安全控制技术[J].工程建设与设计,2017(16):129-130,145.
[4] 国家铁路局.铁路桥涵工程施工安全技术规程:TB 10303—2020[S].北京:中国铁道出版社,2020.
[5] 中华人民共和国住房和城乡建设部.城市道路工程设计规范(2016年版):CJJ 37—2012[S].北京:中国建筑工业出版社,2016.

64. 无背索斜拉桥空间角度钢混组合塔建造线形控制技术

薛长利

(中铁宝桥集团有限公司)

摘 要 以咸阳高科一路跨渭河大桥为例,无背索斜拉桥空间角度钢混组合塔建造线形控制是较为复杂的过程,需经过设计阶段的预偏线形计算,加工阶段的制造精度控制,安装阶段的定位、检测及纠偏,体系转化阶段的索拉力及塔(梁)线形监测调整等。通过深入研究各个阶段,制定针对性的技术实施方案,并严格予以落实控制,钢塔柱建造线形满足设计要求,线形顺滑,观感优良。

关键词 无背索斜拉桥 空间角度钢混组合塔 预偏线形 成桥线形 控制技术

一、引 言

随着人们生活水平的提高和生活节奏的加快,交通压力逐年加大,作为基建大国的中国,桥梁建设也取得了前所未有的发展成就。在国家宏观政策的影响下,钢桥梁越来越受到桥梁建设者的青睐和广泛应用。斜拉桥作为我国过江跨海桥梁中重要的结构体系之一，应用广泛，建造在城市中心可作为标志性建筑来提升城市形象。我国已建斜拉桥基本都为双索面斜拉桥，无背索斜拉桥梁在工程实践应用很少，无背索钢塔斜拉桥就少之更少了。对于无背索斜拉桥钢塔，因其具有单向锚索受力的特点，体系转化后钢塔容易被拉偏位，线形很难达到设计状态，影响观感。同时，桥梁受力发生变化，影响运营安全。所以，钢塔柱各阶段线形控制至关重要。

二、无背索斜拉桥钢塔柱结构设计

以咸阳高科一路跨渭河大桥钢塔柱为例，桥塔采用钢混组合式结构，桥塔呈倒V形，空间角度设计，所在平面与水平面的夹角为62.2°；结构最高点距桥面的竖向高度约74.985m。桥塔的单肢塔柱轴线长87.445m，与水平面夹角约75.8°；东西两肢塔柱通过长4.5m的塔冠横梁相连。咸阳高科一路跨渭河大桥建成效果如图1所示。

图1 咸阳高科一路渭河大桥效果图

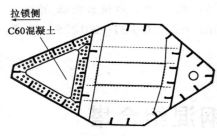

图2 钢塔柱标准横断面示意图

桥塔采用钢混组合结构，靠边跨侧舱室填充C60自密实无收缩混凝土，内设置抗剪连接件。截面呈八边形，自下而上分等截面段、非等截面段及塔冠横梁。等截面段轴线长13.78m，主轴方向尺寸为8.5m×4.9m，主轴方向尺寸从8.5m×4.9m变化到2.088m×1.705m。塔冠横梁长2.4m，梯形截面，外轮廓尺寸为2.7m×2.141m。索塔截面由外壁板与隔舱板组成，钢塔柱标准横断面如图2所示。

三、线形控制难点分析

无背索斜拉桥钢塔具有单向索面受力的特点，加工、安装过程有以下难点需要解决：

（1）设计阶段需通过计算确定钢塔单面受拉后锚索区位移，反向预偏后作为加工制造阶段、安装阶段线形控制依据，确定拉锁部位位移量是设计阶段的难点。

（2）要保证钢塔线形顺畅美观，需控制制造精度，设计合理的加工工艺是制造阶段的难点。

（3）空间角度钢混组合塔采支架法安装，确定合理的混凝土浇筑时间、方式是控制线形的关键。

（4）体系转换是复杂的过程，更是保证钢塔线形、锚索受力以及钢梁线形的关键[1]，如何处理好三者之间的关系是体系转化的关键。

四、钢塔线形的控制

为保证无背索钢塔成桥后的线形符合设计要求，项目实施过程中需要从设计、加工制造、安装以及体系转换等四个阶段[2]严格控制钢塔线形，四个阶段环环相扣、缺一不可。

1. 钢塔安装预偏量确定

设计阶段的主要工作是理论计算。首先,对钢塔进行块体划分。其次,依据锚索设计载荷,通过计算机分析,确定每个块体受拉后的位移,反向预偏后重新建模。对比受拉后的钢塔线形与设计线形重合情况,若重合说明块体受力后位移分析合理,反向预偏后的线形将作为制造、安装过程线形控制的依据。

(1)按照设计划分,每个钢塔柱共划分23个吊装块体,桥面以下设2个吊装块体,桥面以上设21个吊装块体,第11个块体以上属于锚索区。应用计算机实桥状态建模,根据锚索设计载荷值向锚索加载,采用midas软件受力分析,计算出每一个钢塔每一块体塔轴线与塔断面交点位移A1、A2、A3……A20。以其中一个钢塔柱为例,图3为塔块体受拉位移分析,表1为塔块体受拉位移分析结果。

图3 塔块体受拉位移分析

塔块体受拉位移分析结果(单位:mm)　　　　表1

块体号	A1	A2	A3	A4	A5
位移	11	19	30	42	55
块体号	A6	A7	A8	A9	A10
位移	69	86	106	128	152
块体号	A11	A12	A13	A14	A15
位移	233	325	428	536	657
块体号	A16	A17	A18	A19	A20
位移	788	930	1078	1241	1412

(2)重新建模,按照第(1)步计算结果,重新建模,设每一块体钢塔受拉端的反向位移A1、A2、A3……A20,并重新建造模型,向锚索施加设计载荷,验算受拉后钢塔线形。若预偏后的线形正好与设计线形重合,说明计算准确,计算结果将成为块体的工厂加工制造、桥位安装的理论依据。若不能重合,重新计算且结果不能作为加工制造、安装线形依据。

2. 制造精度控制

钢塔块体板单元、块体轮廓几何精度控制也是保证钢塔线形的关键,重点是从板单元、块体制造和预拼装三个工序进行精度控制。

(1)板单元加工。

钢塔块体由壁板、隔舱板、隔板单元组成。钢塔块体高度由壁板、隔舱板长度尺寸所控制,钢塔块体断面尺寸决定于隔板轮廓尺寸。

保证钢塔块体高度几何尺寸精度,重点是要保证壁板下料长度尺寸以及单元加工的焊接变形,具体做法如下:采用数控焰切下料,纵横向应预留焊接收缩量,在平台上划壁板纵横基准线、竖向肋位置线、隔板位置线,在反变形胎形上完成竖向肋的焊接,板肋采用小车气体保护焊施焊,焊接作业应遵循分中、对称等原则尽量减少焊接变形。

提高隔板下料、加工精度是保证钢塔块体断面尺寸精度的重要举措。一般隔板都偏薄,主要是控制下料轮廓尺寸和加工过程焊接变形,其控制措施如下:数控火焰切割机上精密切割下料(坡口边加二次切割量)后保证隔板平整。若有下料变形需修整,检查隔板轮廓尺寸,有工艺量要求的按照要求留量,划线组装隔板加劲。采用线能量较小的气体保护焊对称焊接隔板与加劲焊缝后,焊接加劲之间连接焊缝,修整焊接变形,选取一块壁板单元和隔板(表2)检测相关数据,检测值满足规范要求。

壁板单元、隔板单元检测数值　　　　表2

项目		允许偏差(mm)	检测值(mm)
壁板单元	长度	±1.0	±0.5
	宽度	±2.0	±1.5
	平面度	横向:≤250/250(250纵肋间距)	0.5
		纵向:≤5.0	3.0
隔板单元	长度	±1.0	±1
	宽度	±1.0	±0.5
	平面度	1mm/1 且≤3.0	2.0
	对角线差	≤3.0	2.0

(2)块体制造和试拼装。

块体制造精度是控制钢塔线形的关键,是确保钢塔建成后观感优良之关键。首先,控制块体轮廓加工精度。其次,要保证两相邻箱口之间的匹配。最后,还要以预偏线形为基准通过两个以上钢塔试拼装控制多节段的整体线形。

控制块体轮廓加工精度主要是控制块体高度精度和断截面精度。钢塔高度受壁板单元长度影响,必须在板单元加工阶段严格控制加工精度,块体制造阶段无法调整。钢塔块体断截面为无规则八边形设计,截面加工精度控制非常困难。加工精度受隔板精度、块体组装精度和壁板间熔透焊缝收缩量所影响,这三个因素也是块体加工阶段控制的重中之重。为了保证块体箱口组装精度,块体组装在专用胎架上进行,胎架按照块体立式姿态设计,依次拼装壁板、隔板、隔舱板和壁板,块体拼装精度控制要求见表3。

块体拼装精度控制要求　　　　表3

项目	制造公差(mm)	简图
高度 H	±2.0	
断面尺寸 a、b	±2.0	
壁板、腹板位置	±2.0	
横断面对角线相对差 $\|D1-D2\|$、$\|D3-D4\|$	≤3.0	
节段环口断面平面度	≤3.0/全断面	

试拼装是解决相邻箱口难以匹配、保证钢塔整体线形最佳的手段。咸阳高科一路跨渭河大桥钢塔柱在专用胎架上采用"立式1+1"模式完成试拼装,图4为钢塔试拼装过程。

钢塔试拼装是以监控线形整体为依据,以分块方案在整体监控线形上截取,下层钢塔块体摆放在专用胎架或平台上作为上层钢塔块体检测的基准,预拼装线形主要是采用坐标法予以控制。本项目是将下层钢塔块体下口塔轴线与塔断截面交点设为基准坐标,采用计算机建模,通过模型计算上层钢塔块体上口塔轴线与断截面交点坐标(控制点)以及壁板拐角钢板外侧交点坐标(控制点),中间环口仅进行箱口匹配,保证连接而已。经过实践,"立式1+1模式"计算机建模辅助计算控制点坐标,且通过施工现场严格控制,使钢塔整体线形得到保证。

3.钢塔安装线形控制

咸阳高科一路跨渭河大桥4个钢塔柱位于湿地公园内,不涉及涉水作业,安装时采用支架配合履带起重机安装方案,钢塔整体安装后,在拉锁侧道路中心线侧壁板上开灌浆孔,浇筑混凝C60自密实混凝土。

(1)支架设计。

设计支架时,根据预偏线形确定各高度的预偏量,同时根据钢塔整体安装工况,采用midas软件受力分析支架各部位所承受载荷,选取合理的支架材料。支架设计时必须满足两个基本条件:一是满足安装线形要求,二是支架的刚度满足承受载荷的要求。图5为支架安装实施过程。

图4 钢塔试拼装

图5 支架安装实施过程

(2)块体吊装。

钢塔块体采用履带起重机吊装,预偏线形作为钢塔块体安装依据,并结合钢塔柱分段分块方案,计算出控制块体姿态特征点的空间坐标。每个块体上口侧布置9个测控点,分别为块体壁板上口箱外侧拐点设8处,塔轴线与块体上端口交点设1处。采用全站仪坐标定位法测量,下口只需完成匹配,上口进行钢塔块体的精确定位,同时要完成前一段块体定位偏差的纠偏工作。考虑到环境温度变化带来的影响,测量时间定在早晨7点至9点。每个特征点除高程偏差控制在10mm以内,偏距、里程控制在15mm以内。图6为钢塔块体姿态控制特征点测量。

图6 钢塔块体姿态控制点测量

钢塔安装前使用midas软件分析钢塔浇筑混凝土前后线形变化,计算理论变化数值,提前做好反向预偏,确保混凝土浇筑之后的安装线形。

4.体系转化过程的线形控制

体系转换过程为:主桥钢梁、钢塔所承受支架的支撑荷载转换为钢梁、钢塔所承受斜拉索的受拉荷载。也就是说,将施工过程桥梁所承受的外部荷载通过体系转换为桥梁的钢梁、钢塔以及斜拉索内部荷载,形成桥梁内部各构件受力的平衡体。体系转化过程是一个很复杂的过程,是在钢梁、钢塔线形和斜拉索承受荷载中寻找平衡点,在一定程度上影响钢梁、钢塔的线形。

咸阳高科一路跨渭河大桥每个钢塔柱设8根单面斜拉索，各斜拉索承受拉荷载均不相同，钢塔安装时，依据预偏线形安装完成后，理论上钢塔塔轴线为曲线，经过体系转化后，塔轴线由曲线转变为直线。但是由于制造、安装过程的偏差，体系转换过程中仅通过斜拉索的多次反复张拉，很难实现预期的目标。比如，斜拉索按照设计值加载到位后，钢梁、钢塔线形还存在偏差，需进一步进行调整。这就要求从钢梁、钢塔线形和斜拉索承受荷载，三个控制项点中确定优先级，例如可适当在标准规定公差范围内适当调整斜拉索拉力，同时还得确定优先保证钢塔线形，还是钢梁线形。咸阳高科一路跨渭河大桥钢塔柱既承受桥梁拉载荷，又承担装饰作用。因此，钢塔线形更重要，斜拉索所受拉力在标准规定公差范围内，应优先保证钢塔线形，钢梁的线形与目标线形存在一定的偏差。

五、结　语

无背索钢塔斜拉桥空间角度钢塔柱线形控制是一个极为复杂的过程，项目实施需从四个阶段控制线形，各个阶段所需完成的任务为：

(1) 设计阶段：分析钢塔、钢梁以及斜拉索受力体系，确定预偏线形（安装线形），根据预偏线形确定钢塔块体、板单元的分块方案。

(2) 钢塔块体加工阶段：从下料工序、拼装工序及焊接工序控制板单元、钢塔块体的加工精度，通过预拼工序装检验制造偏差与预偏线形对比。需调整的按照要求调整，同时检查块体之间箱口匹配的情况。

(3) 安装阶段：按照预偏线形进行安装，采用空间坐标法定位，反复进行本段块体的精确定位和前一段块体定位偏差的纠偏工作。

(4) 体系转换阶段：将钢梁、钢塔外部荷载转换为钢梁、钢塔以及斜拉索内部荷载，将预偏线形转换为成桥线形，将斜拉索拉力、钢塔线形、钢梁线形在设计、规范范围内寻求优先保证项点。

以咸阳高科一路跨渭河大桥为例的无背索钢塔斜拉桥通过四个阶段的严格控制，验证了该线形控制方法的可行性，钢塔线形、索力均满足设计要求，为今后类似钢塔建造提供参考。

参考文献

[1] 张年杰. 空间异型桥梁钢塔安装中的线形控制技术[J]. 建筑施工，2011，33(3)：241-244.
[2] 李晶晶. 独塔无背索斜拉桥的结构设计研究与施工仿真分析[D]. 石家庄：石家庄铁道大学，2013.

65. 复杂环境下双壁钢围堰着床基岩开挖方案比选研究

吴庆发[1]　蒋廷球[1]　王富林[1]　巩　明[2]

(1. 广西柳梧铁路有限公司；2. 中铁大桥局集团有限公司第二工程分公司)

摘　要　目前，国内跨江大桥多采用大跨径斜拉桥一跨过江的形式，设计时水上主墩承台则面临结构尺寸大、水深较深等施工难点。本文结合新建柳梧铁路盘龙柳江特大桥主墩钢围堰基岩处理施工，总结比选先围堰后平台施工工艺的河床基岩处理施工经验。

关键词　钢围堰　岩溶地质　基岩　斜拉桥

一、引　言

在既有桥梁附近再次修建大跨径斜拉桥时，依据航道通航安全需求及远期规划，考虑阻水率的影响承台会嵌入基岩内，无疑将会带来水下非爆开挖的工作难度。水中主墩承台一般尺寸大、入水深，面临环境局限性大。采用先围堰后平台施工时，需要选用最安全最经济的施工方案。

二、工程概况

新建柳梧铁路为双线Ⅰ级铁路，设计速度为160km/h，其中盘龙柳江特大桥为全线重点控制性工程，该桥孔跨布置为 30×32m +（51.4m + 100m + 326m + 86.5m + 63.1m）+ 66×32m。桥梁全长为3787.424m，其中主桥长629m，设计为主跨326m钢-混凝土混合梁斜拉桥，钻石型索塔。柳江规划为Ⅰ级航道，跨越工程按照跨越Ⅰ级航道设计等级。桥梁全线与柳北高速公路平行，无交叉点，两者最近相距50m。

水中主墩承台尺寸为32.57m×15.5m×4.5m，封底厚度为3.8m，施工设计为1.5m厚双壁钢围堰施工。桥址主墩范围内河床高程为+46.4m，承台顶高程为+45.667m，即为了保证钢围堰的顺利下放，河床需开挖约9m，开挖土方量约6000m^3。

三、水文地质环境情况

1. 水文情况

该桥横跨柳江，桥址上距柳江红花水利枢纽约84km。该水库正常蓄水位为+77.64m，为低水头径流式日调节水电站，距象州县城12.8km。桥址下距石龙三江口16km，距大藤峡水利枢纽约129km，该水库正常蓄水位+61.14m。

根据现场钢围堰施工期间的实际测量结果，桥墩围堰范围内河床水位在+55~+61m。根据水利部门关于该桥的防洪评价报告，该桥基础设计时考虑承台顶高程不高于河床底高程的原则即可，拟建大桥跨越航道技术应按内河一级航道及西部陆海新通道（平陆）运河通航标准确定。桥位所在河段河床稳定，附近无易变洲滩，航道水深充裕，水流条件较好。拟建桥梁设计最高通航水位采用洪水重现期20年水位+70.70m，设计最低通航水位取+48.03m。

2. 地质情况

根据设计地质资料分析、现场调查及钻探成果可知，主墩围堰处地质自上而下为卵石土、弱风化灰岩，卵石土厚度约1m。下层均为弱风化灰岩，承台范围下岩溶极其发育，根据地勘显示32号、33号墩在承台范围内均有溶洞。

四、项目设计方案

1. 总体设计方案

因承台位于深水中，并且埋入河床以下，在所确定承台施工方案中选用双壁钢围堰作为挡水结构。考虑到承台体积大，水下深度大，围堰的封底厚度随之变大，直接导致围堰埋入河床以下的深度更深。河床基岩基本上都是硬岩，且岩体较完整，为方便桩基及承台施工，项目组采用先围堰后平台的施工方案。因基岩性质较好，河床基坑开挖按垂直开挖设计。

为了使双壁钢围堰顺利下放，考虑钢围堰外扩因素，河床基坑开挖尺寸按36.85m×19.9m设计。因桥址附近50m范围内已有一座高速公路桥梁，该桥墩基坑开挖需采取水下非爆开挖工艺。根据已有施工经验、水文环境及现场周边情况调查，主要研究比选全断面钻孔开挖、全断面重锤开挖、铣槽+围堰内开挖、铣槽+围堰内注浆等四个方案。

2. 全断面钻孔开挖方案

因基坑位于深水中，且基岩地质为硬岩，常规的长臂挖机直接开挖工法无法完成施工任务，结合基岩地质性质及工期情况，可采用旋挖钻间隔钻孔和冲击钻咬合冲击的组合开挖工法（图1），即在双拼驳船上搭设钻机平台，利用旋挖钻间隔钻孔，剩余似蜂窝型区域采用冲击钻逐个咬合击破，并对基底冲击平整,将破碎的岩渣先利用清渣船清理,再通过导管与空压机吸泥清理。

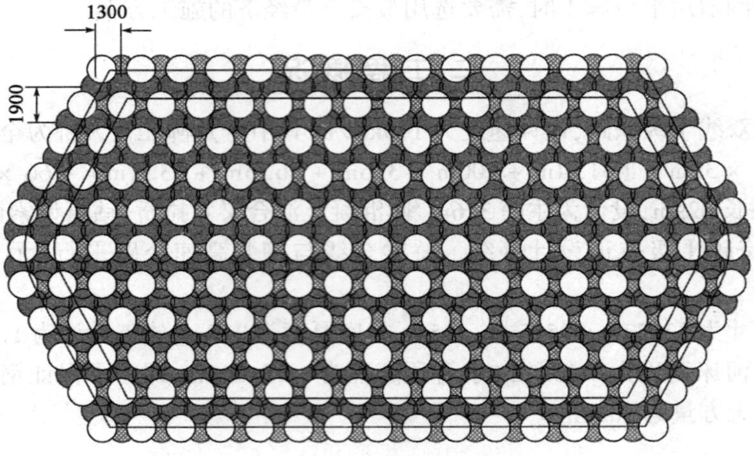

图1 旋挖钻和冲击钻咬合冲击的组合开挖示意图(尺寸单位:mm)

旋挖钻施工时,钻孔范围较围堰四周边线各扩0.5m,钻孔孔点以梅花形布置,钻孔直径为1.5m,纵桥向孔间距1.9m,横桥向孔间距2m(孔位净距与直径之比1∶3~1∶4);冲击钻钻孔范围较围堰四周边线各扩0.5m,孔点横桥向均匀布置,同一列孔间距相同,钻孔直径为1.5m,孔间距2m。冲孔自水下基坑上游向下游方向整体依次推进,冲孔作业中同步进行清渣作业,并对浅点或不平整区域重新冲击找平。

3. 全断面重锤开挖方案

该施工方法是先使用长臂挖斗式挖泥船配合运泥船清理河道上层覆盖的卵石层,再采用测量放样确定开挖区轮廓,并在边界设置浮标示意,然后采用旋挖钻机沿开挖轮廓线每间隔一定距离钻孔,隔离开挖区以免破坏边坡,同时也减小开挖对邻近桥梁安全的影响。施工范围内钻孔深度可控制在2.0m左右,为重锤开挖提供临空面,可提高重锤的施工功效。

当一定面积内钻孔完毕后,便可开始重锤冲击施工。施工采用的形式是将固定在抓斗式挖泥船吊机上的抓斗换成重锤,使用船上装载的吊机提升重锤至一定高度,利用其重力势能下砸的冲击力破碎岩石。经过钻孔后的水下基岩整体性被削弱,凿击过程中基岩易沿孔面开裂,达到开挖岩层的作用。

破碎成岩渣后,抓斗式挖泥船和运泥船配合工作,使用悬挂在吊机钢缆上的抓斗,并依托其自重作用,伸入水中一定深度后张开抓斗,来挖掘和抓取碎石,挖出的碎渣由运泥船运至抛泥区抛卸,如此反复循环作业。当范围内单层破碎完成后,进行下一层基岩破碎工作,直至破碎面降至设计高程。

4. 铣槽+围堰内开挖方案

采用旋挖钻铣槽+旋挖钻连续钻孔开挖的方法,即在三拼驳船上搭设钻机平台,两台旋挖钻沿围堰长边铣槽。然后,一条驳船退场,双拼驳船上一台钻机沿围堰短边铣槽。待围堰下放后,在围堰上搭设钻机平台,旋挖钻机逐排钻孔开挖;破碎的岩渣通过导管与空压机吸泥清理。

旋挖钻在铣槽时钻孔范围较围堰外边线扩0.5m,内边线扩1.2m,钻孔直径同样采用1.5m(图2)。承台基坑长边采用三拼驳船+旋挖钻方式,短边采用双拼驳船+旋挖钻方式。铣槽完成后下放钢围堰,搭设围堰内部钻孔施工平台,利用多台旋挖钻机沿纵桥向施工,每完成一排后将平台横移至相邻桩位,纵桥向孔位钻完以后再进行横桥向咬合钻孔施工,直至全部施工完毕。

5. 铣槽+围堰内注浆方案

主要施工方法是旋挖钻铣槽加上旋喷桩加固,即先在三拼驳船上搭设钻机平台,两台旋挖钻沿围堰长边铣槽;然后,一条驳船退场,双拼驳船上一台钻机沿围堰短边铣槽。待围堰下放后,在围堰范围内注浆加固。

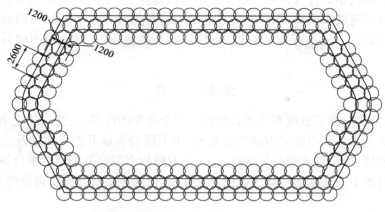

图2 旋挖钻铣槽示意图(尺寸单位:mm)

旋挖钻铣槽时钻孔范围较围堰四周边线各扩0.5m,孔点以梅花形布置,钻孔直径为1.5m(图3)。基坑长边采用三拼驳船+旋挖钻方式,短边采用双拼驳船+旋挖钻方式。铣槽完成后,下放钢围堰,搭设旋喷钻机施工平台,施工旋喷桩,围堰内注浆时旋喷桩直径150mm,考虑成桩直径900mm、裂隙率4%;1m³浆液1.3~1.8t;水灰比0.8~1.2。

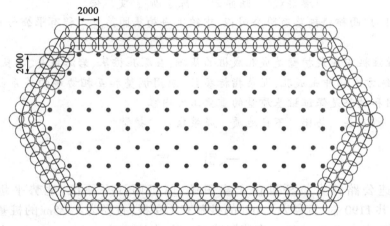

图3 铣槽+围堰内注浆方案示意图(尺寸单位:mm)

6. 方案比选分析

施工方案比选主要对比工期和成本两个方面。全断面钻孔开挖方案中,一台旋挖钻施工189个孔位,一台冲击钻咬合施工440个孔位,按照每天施工2~3个孔位的功效,考虑定位、移机、清渣等工序,工期需300天以上,施工工期较长;需配备平板驳船两艘,成本花费相对较高。全断面重锤开挖方案中,旋挖钻施工约100个孔位,重锤施工每天20m³的功效,考虑定位、掏渣等工序,工期需150d左右,施工工期较短;配备平板驳船1艘,成本花费相对较低。铣槽+围堰内开挖方案中,1台旋挖钻铣槽施工204个孔位,围岩内开挖考虑5台旋挖钻施工232个孔位,考虑定位、掏渣等工序,工期需100d左右,施工工期较短;配备平板驳3艘,成本花费很高。铣槽+围堰内注浆方案中,1台旋挖钻铣槽施工204个孔位,4台旋喷桩钻机施工116个孔位,考虑定位、掏渣等工序,工期需90d左右;配备平板驳3艘,施工工期较短且成本花费较低。

综合对比分析,全断面钻孔开挖方案施工工期较长,成本也相对较高;全断面重锤开挖方案施工工期相对较短,成本也相对较低,施工过程中体系转换较少,水上施工安全隐患也相对较少;铣槽+围堰内开挖方案施工工期相对较短,但成本相对高出很多,施工过程中体系转换工作较多,水上施工安全隐患较大;铣槽+围堰内注浆方案施工工期相对较短,成本也相对较低,但水上施工安全隐患较大,并且考虑到围堰范围内岩溶较为发育，担心注浆存在不密实或不全面隐患，容易对后期水上大体积承台施工造成质量隐患。经过比选，在邻近既有桥梁，深水硬岩且岩溶发育的河床条件下，在开挖较深的工况下，全断面重锤开挖方案施工工期可控，成本花费相对较小，并且安全隐患较小，对后期围堰封底工作可提供顺利条件。

五、结　语

在不影响航道正常通航和邻近既有高速公路桥梁安全通车的前提下，在如此复杂的水文地质深水环境下施工，本方案解决了大体积双壁钢围堰稳固着床、水下硬岩非爆开挖工作的技术难题，从节约材料、压缩工期、降低劳动强度、减少安全隐患的角度，提出了双壁钢围堰在先围堰后平台的条件下确定的施工方案，为后续主墩承台水下封底和承台施工提供安全保障，可为类似桥梁施工提供借鉴与参考。

66. 富水卵石覆盖层下岩溶桩基施工护壁泥浆的应用及调整

廖磊毅[1]　陆亦云[1]　陈志新[1]　艾　侠[2]

（1. 广西柳梧铁路有限公司；2. 中铁上海局集团第五工程有限公司）

摘　要　钻孔灌注桩中泥浆护壁是成孔成桩的基础，在深孔桩基、岩溶桩基、不良地质桩基等地质条件下，更加依赖于传统方式的冲击成孔，泥浆指标参数、应用调整和互相协调的关系凸显重要，分析泥浆在不良地质中的应用和调整是保证桩基质量的重要工作内容。

关键词　富水　卵石层　易塌　不良地质　泥浆指标　护壁

一、引　言

金田跨平武高速公路特大桥桥址位于金田镇，属于西江平原区，地势平坦开阔。桥梁全长5740.34m，桥梁桩基共1190根，直径为1.0m的桩基有129根，直径为1.25m的桩基有908根，直径为1.5m的桩基有153根，桩长7.9～100m，有溶洞桩929根、占比78%。

桥址区不良地质主要为岩溶：发育于灰岩、泥灰岩中，岩溶发育程度以强烈发育为主，见洞率80.56%，线岩溶率为42%，溶洞规模0.10～34.6m，埋深2.3～97.6m；溶洞发育的规模大小不等，多为多层串珠状溶洞及溶蚀破碎带，单孔揭露的最多溶洞个数为17个；充填形式分全充填、半充填和无充填3种，主要充填物为软塑粉质黏土、砂及泥灰岩、灰岩溶蚀碎块。岩石以上地质有粉质黏土、粉砂、细沙、细圆砾土及卵石土，层厚0～34.7m；地下水位位于原地面以下2～3m，基岩以上不良地质主要为厚透水卵石层。

二、不良地质分析

岩溶地质分析：溶洞分布深度为2.3～97.6m，为全填充、半填充和无填充形式；岩溶发育、裂隙发育的基岩表面或溶洞底板，基岩面起伏较大、斜岩；岩溶发育不均、溶洞大小、溶洞填充情况及溶洞位置等因素，造成钻孔平面基岩硬度不一，形成与岩面起伏相类似的难度；击穿溶洞后漏浆，主要为半填充和无填充溶洞，孔内浆液与地下水中和，比重大的泥浆排挤地下水，浆液下降。钻头进入溶洞后受挤压、斜岩、探头石等影响时，提升时锤头不在中心或不垂直上升，容易贴边卡住锤头顶或锤头边块，造成提升困难；溶洞漏浆，孔内失压，护壁坍塌失效，塌孔埋钻；上方溶洞内填充物或回填物滑出掩埋下方锤头。

卵石层分析：卵石层对护壁强度的影响，卵石层透水性强、自身不能作为孔内造浆材料，护壁内外侧压力差小,钻进速度快,形成的泥皮厚度不足,与透水卵石层结合后易产生护壁失效、塌孔。卵石层对泥浆影响:卵石层透水并夹杂粉砂,冲孔过程中原致密卵石层松动,粉砂、细沙与泥浆混合提高了泥浆中的固相比例,降低了泥浆的絮凝能力,从而降低携渣能力,进而降低钻进速度。卵石层中卵石粒径40~80mm的约占25%,80~100mm的约占15%,大于100mm的约占10%,最大粒径为120mm,大粒径卵石在冲击过程中形成探头石,容易脱落,甚至容易卡锤。厚卵石层、粉砂层冲击过程中,自身、护壁不稳定,护壁易破坏、卵石层易塌落,周围卵石层向孔内渐渐产生位移,造成地面塌陷。

综合以上分析可知,岩溶击破顶板或钻进过程中护壁失效、溶洞二次破裂等均会引发孔内泥浆下降,护壁泥浆下降后,上部易塌卵石层又失去孔内压力支撑,护壁在孔外水压力作用下开始破裂失效,孔外水携带细沙、粉砂流入孔内,卵石层开始大面积垮塌,形成严重的地面塌陷。

三、护壁泥浆的应用

1. 作用机理

(1)钻孔泥浆是指在灌桩成孔施工时,在孔壁上形成泥皮而加固孔壁和防止坍塌,同时稳定孔内水位的一种泥浆,又叫护壁泥浆。钻孔泥浆是由水、膨润土(或黏土)和添加剂等所组成的混合浆体。

(2)在钻孔桩施工过程中,泥浆循环时,利用泥浆与地下水之间的压力差来控制水压力,使泥浆能在孔壁上形成泥皮而加固孔壁和防止坍塌,同时稳定孔内水位。

(3)泥浆还具有能带出岩土碎屑、冷却和润滑钻头的作用。泥浆的一个重要的作用就是桩底清孔,其目的就是为了防止砂粒在孔中沉淀超过设计规定的厚度。如泥浆不能将孔中的钻渣清理干净,孔底就会有过多的沉淀,形成软垫层,这样必然降低桩端承载力,增加沉降,尤其是降低加载初期桩的刚度。因此,泥浆的作用贯穿桩基施工全过程。

2. 护壁泥浆的重要参数

(1)相对密度(泥浆比重):一般用相对密度的方式来表示,即相对于水的密度,水的密度为$1.0g/cm^3$,有专门的泥浆密度计来测量。主要作用是稳定内外水压力差。

(2)黏度:泥浆黏度(Mud Viscosity)是泥浆流变性的主要指标。作用于牛顿流体单位面积上的切向力(剪应力)与产生的形变(流速梯度或剪率)之比例常数称动力黏度或有效黏度。其主要作用是影响护壁效果。黏度过小或过大护壁效果都不好,黏度太小形成护壁薄、或形成不了;黏度过大,泥浆的渗透力就降低,这样护壁就是仅仅一层泥皮。黏度过大,灌注时困难,易造成钢筋和混凝土结合力下降,进而影响桩的整体质量。

(3)含砂率:泥浆含砂率是泥浆内所含的砂和黏土颗粒的体积百分比。

(4)胶体率:表示泥浆中黏土颗粒分散和水化程度,泥浆静止规定时间后,胶体成分体积与总体积之比。其主要作用是使分散和水化好的黏土颗粒不易聚结沉降,可长时间维持悬浮状态。

(5)失水率及泥皮厚:泥浆的失水特性和滤失特性;在泥浆失水的同时,护壁岩石表面形成一层液固相压结物叫泥皮。其主要作用是体现泥浆失水量的大小,反映了泥浆在孔壁形成的泥皮状态,其好坏直接反映了泥浆对孔壁所起的护壁效果。泥浆失水量小,其在孔壁上形成的泥皮薄而致密、坚韧(固相颗粒细小,游离水也少)。它可以预防岩层中水与泥浆互相沟通,减少泥浆中游离水渗到有孔隙和裂隙的孔壁中,保证孔壁的坚固;失水量大时,其在孔壁形成的泥皮厚而松软(固相黏土颗粒大、游离水多),不仅起不到保护孔壁的作用,反而易引起孔壁的坍塌、掉块等,进而影响钻进的顺利进行,严重时还会造成孔内事故。

(6)静切力:泥浆的静切力是指面积$1cm^2$的物体在泥浆中滑动所要的最小力量。主要作用:静切力大的泥浆在停钻时,能形成一定的网状结构,有利于岩粉的悬浮,不会因岩粉的沉淀而引起埋钻事故。同时,在裂隙地层钻进时,使用静切力大的泥浆可防止漏失。但是静切力大的泥浆,钻具回转和水泵启动困难,泥浆中的岩粉也不易净化。因此,一般要求泥浆的静切力在$1~5Pa$。

(7)酸碱度(pH值):泥浆中 pH 值过低,会使泥浆性能变坏,容易腐蚀钻具、设备,对人的皮肤造成伤害。从流体的角度上来看,颗粒的板面和边棱都带电荷,板面一般都是带负电荷,而边棱由于破键所带电荷的性质与介质的 pH 值有关,pH 值为碱性时边棱往往带负电,黏土颗粒之间由于同性相斥,不会出现黏土颗粒相互吸引结成大颗粒的情况,整体表现为泥浆悬浮性好。而当泥浆 pH 值为酸性时,黏土颗粒的边棱角可能会带正电,在静置一段时间后,泥浆往往会因为颗粒间(板面与边棱电荷相吸引)的相互吸引而导致颗粒变大,同时包裹大量的自由水,导致泥浆感觉变稠而且泥浆稳定性不好,容易沉淀。

(8)稳定性:表示泥浆静置时黏土颗粒沉降的程度,是说明泥浆沉降稳定性的指标,将一定量的泥浆倒入特制量筒(稳定性测定仪中),静放 24h 后测定上、下两部分泥浆的密度,用密度之差表示泥浆稳定性的好坏。差值越小,泥浆的稳定性越好。

(9)不分散低固相泥浆:不分散低固相泥浆是指黏土含量少于 10%的泥浆即为低固相泥浆。这种泥浆由于固相颗粒含量少,在清洁孔底,在携带岩屑、增大水力功率和破碎岩石等方面有很多优点,因而能有效地提高钻进速度。不分散低固相泥浆具有选择性聚沉作用,它只絮凝造浆性能低的黏土颗粒和钻屑,而不絮凝造浆性能好的黏土颗粒。

四、护壁泥浆在不良地质下的应用及调整

1. 做好泥浆护壁的方法

(1)开孔时,泥浆比重稍大,增加内外压力差,尽快形成护壁泥皮,防止塌孔。

(2)采用失水率小、泥皮厚度薄的泥浆,在孔壁形成密实较薄的护壁。

(3)易塌地质时,应采用小冲程钻进、控制进尺速度,使泥浆有足够的时间来形成泥皮,有效护壁,防止塌孔。

(4)孔内保持足够的水头高度,形成有效的内外压力差,易形成泥浆护壁。

(5)保持机身基础稳定,钻进过程中减小机身摆动,防止锤头晃动,破坏已形成的泥浆护壁。

(6)调整泥浆指标时,应在泥浆池内加水或添加剂调整,严禁直接孔内调浆。

(7)钢筋笼下放时,应在孔口定位钢筋笼,确保钢筋笼在孔内居中下放,严禁刮孔壁破坏泥浆护壁。

2. 提高钻进速率

(1)钻进过程中,应采用符合规范指标的优质泥浆,宜为不分散低固相泥浆,提高携带钻渣能力,提高钻进速度。

(2)造浆材料宜选用黏性土、膨润土等含砂率小、失水率小、黏度高、胶体率高的优质材料。

(3)宜设置容积较大的泥浆池,增加泥浆槽的长度或在泥浆槽中增加快速沉淀的措施,提高钻进速度。

(4)提高泥浆静切力,增加钻渣悬浮能力。锤头冲击时,冲击力作用于基岩面,泥浆静置时间过长时,防止埋锤。

(5)在满足孔壁稳定和携渣能力的前提下,尽量使用泥浆比重较小的泥浆,减小锤头浮力,增大钻进时的冲击力。

3. 提高清孔速率

(1)清孔前应清理泥浆池,保证泥浆循环至孔内时经过充分沉淀,回孔为不携渣的净浆。

(2)清孔时,泥浆不应采用直接加水的方式降低泥浆比重,导致泥浆自身参数破坏,造成孔底沉淀物无法循环出孔,影响桩底质量。

(3)泥浆指标通过梯度形式调整,根据含砂率、泥浆比重、黏度等各项指标,整体调整泥浆性能,不得单项快速降低而导致泥浆自身参数破坏。

(4)泥浆槽设置挡板形成涡旋回流加快沉淀,设置分砂器或固化机械设施,使沉渣快速沉淀。

4. 泥浆调整保证灌注质量

(1)泥浆比重稍低,减少固相材料含量,便于混凝土灌注。

(2)降低泥浆静切力,减少混凝土灌注过程中,混凝土面上升所需的破坏泥浆的应力,防止堵管。

(3)降低含砂率,防止沉淀,保证孔底质量,减小混凝土灌注压力。

五、结　语

由于施工过程中对泥浆的使用和特性指标主要是依赖工程经验和技术规范,难免在实操中走向极端而偏向某一、两个指标。其实泥浆中各性能指标是相关和相互影响的,一味追求几个指标的合格,泥浆的效果反而向相反的方向发展。

为此,在施工过程中,不应只关注含砂率、泥浆比重,应尽量使用反循环工艺;泥浆循环系统中的沉淀池、储浆池要尽量大些,使得泥沙充分的沉淀;加长循环沟槽,设置挡板,形成局部涡流促使颗粒沉淀;经常清理池、沟中的泥砂及对泥浆进行净化;成孔后确保孔内泥浆能充分的循环,大颗粒得到充分沉淀;通过工艺、设备等结合泥浆指标的调整措施,使钻孔桩的施工中充分发挥泥浆的重要作用。

参考文献

[1] 中华人民共和国交通运输部.公路桥涵施工技术规范:JTG/T 3650—2020[S].北京:人民交通出版社股份有限公司,2020.

[2] 张雄文,管义军,周建华.PHP泥浆在桥梁超长超大直径钻孔灌注桩施工中的应用[J].岩石力学与工程学报,2005(14):2571-2575.

[3] 朱定法,吴汉斌.大直径钻孔桩基础施工中泥浆处理系统的应用[J].世界桥梁,2002(2):22-24.

[4] 王晓欢.桥梁施工中岩溶桩基施工技术[J].黑龙江交通科技,2017,40(3):108-109.

[5] 吴仕林,马贵红.富水区多层岩溶桩基施工技术[J].云南水力发电,2021,37(10):107-109.

67. 基于BIM技术的智慧预制梁场的生产技术研究

吴庆发[1]　陆亦云[1]　齐　志[1]　祝安宝[2]

(1.广西柳梧铁路有限公司;2.中交路桥建设有限公司)

摘　要　随着预制化技术的不断推进,对原有的预制梁场提出更高了的要求。针对现代信息化和智能化建设和发展的需求,本文提出一种流水线化的基于BIM可视化技术的智慧预制梁场的生产模式。本文以应用在新建柳梧铁路工程上的智慧梁场为例,首先介绍其在BIM技术下的可视化技术应用,随后分析其细部前卡式技术,并对比分析常规预制梁场与智慧梁场的生产效率。结果证明,智慧梁场能够减少能耗、降低成本、提升质量、优化资源配置。

关键词　智慧梁场　BIM技术　信息化

一、引　言

随着信息技术的不断发展,工程建设也不断地推进工程领域新技术发展。尤其是在山岭地区,从主梁现浇到预制梁现场安装,节约了大量的时间。但临时的预制梁场生产效率低,前期投入的成本高且产生的建筑垃圾多,无法满足当前工程建设绿色环保的要求。因此,本文提出一种基于BIM可视化技术的智慧预制梁场的流水线生产技术。该技术能够满足大体积、装配化的生产需求,且在BIM技术控制下,预制梁生产技术由传统的低效方式朝着智慧化方向转化,符合工程建设绿色生态的建造理念[1]。

本文以新建柳梧铁路工程上的智慧梁场为例,首先对其在BIM技术下的可视化技术应用进行介绍,随后对其细部前卡式技术进行分析,并对常规预制梁场与智慧梁场的生产效率进行对比分析。实践证明,智慧梁场能够在减少能耗、降低成本的基础上,对于预制的质量把控以及资源的合理分配和造价的节约,都有较大的提升作用[2]。这些工程实践经验将为类似工程提供参考。

二、工程概况

1. 项目概况

新建柳梧铁路正线全长238.167km,设计速度为160km/h,双线Ⅰ级铁路,是川渝、云贵、广西与粤港澳大湾区客货交流的便捷通道,是一条客货兼顾的区域性干线铁路。其中,新建柳梧铁路项目站前5标平南制梁场预制生产任务为3128片T梁,其中32mT梁2840片、24mT梁156片、16mT梁128片、15mT梁4片。场内布置一套T梁环形生产车间,内设12个移动台座,4条T梁作业流水线,并设置1个钢筋加工区和5台门式起重机等配套设施,其计划日产梁4片;另外一套为T梁标准生产车间,内设32个固定制梁台座,并设置2个钢筋加工区、24套标准模板、12套标准胎架、10台门式起重机等配套设施,计划日产梁10片;布置460m×100m存梁区,可双层存梁880片;设置40m×50m智控管理中心搭载信息化管理平台,实现智慧工地和智慧梁场信息化系统集成管理。其BIM技术可视化下智慧梁场如图1所示。

图1 BIM可视化下智慧梁场

2. 智慧梁场概述

在以BIM技术为基础的智慧预制梁场管理系统中,BIM模型将直接与生产、原材等现场信息衔接,严格管控设计、生产和运维等主要建设阶段的整体过程,将为整个建设单位至BIM系统中去实现梁场生产过程与人员管理的三维可视化、全生命周期的管理[3]。

在智能信息化技术的高速发展下,未来的梁场智能化发展需注重以下三方面:

(1)信息驱动下的"感知—分析—决策—执行与反馈"的大闭环建设与应用。基于互联网的工业管理数据化的平台,智能梁场有效地协调人与物的内外关系,协助梁场生产管理,精细化管理生产的各个阶段,能够做到预先把控生产管理当中所遇到的一系列琐碎问题,实现"过程严控""结果完善"。在稳步优质地推进工程进度过程中,又不缺安全质量的把控,实现预制梁在生产全过程当中的精细化管控,从而大幅提升建设管理水平。

(2)在工业互联网充分应用的大时代下新兴科技的即时应用。施工现场通常采用智能前端来实现基于嵌入式技术在互联网上的软硬件、终端以及人员的协调与管理。整合网络化、信息化和现场施工环境,有效地实现远程管理量测与现场测量设备、手持设备,以及信息平台的远程控制,最终实现工程管理的信息数据的实时动态管控,有效体现现场和远程的管理人员对过程的充分把控。

(3)虚拟背景与现实状况的充分融合。在BIM系统下,对梁场的生产全生命周期进行模拟与仿真,进而指导、完善现实世界的建设生产工艺水平,张拉过程更加规范化,确保预应力施工质量,保障最终桥梁建设后的安全和耐久性,同时也更加优质地把控了桥梁施工成本。

三、智慧梁场应用

智慧梁场是建筑工程领域中的一个创新概念，主要通过集成信息模型、传感器、大数据分析、云计算等现代信息技术，实现梁场管理的数字化、智能化。其系统架构如图2所示。

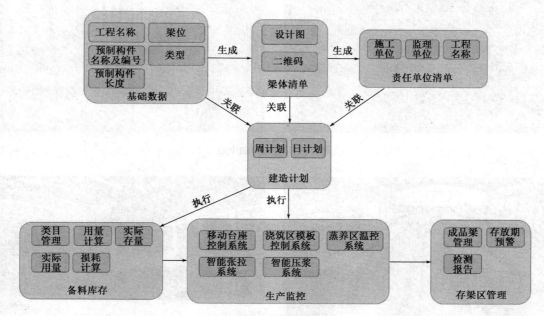

图2 智慧梁场系统架构图

1. 生产管理系统

生产管理系统是指可直接在管理界面对相应的工序进行操作和管理。所有大桥及左右幅的计划生产时间，用甘特图展示，若有变动可修改相应计划时间。其中，日历+树形图+列表的形式展示每日生产计划，可以非常灵活的调整每日生产计划；在当日的生产计划中，若梁片未开始生产，则会自动顺延到第二天的生产计划中；每天凌晨（时间可设置）系统会根据绑扎台座空闲状态，按照日计划添加梁片的顺序自动下发任务。

（1）智能钢筋弯曲中心。

钢筋加工设备通过和BIM技术有效结合，很大程度上解决了智能化水平低下和钢筋材料损耗严重等问题，在提高生产效率的同时有效地节约了钢材物料，发挥了质量得到保证、能效得到提高的优势，其发展前景广阔。

智能钢筋弯曲机由计算机精确控制钢筋下料和弯曲，对钢筋进行自动化加工，加工角度精确到1°，定尺长度精确到1mm，加工形状标准，加工量大，一台机器可替代20人以上人工。其现场如图3所示。

（2）移动式顶腹板一体绑扎胎架。

T梁顶板和腹板钢筋通过移动台座和液压绑扎胎架实现一次绑扎成型，自行走就位。液压胎具定位精确，施工便捷，双层作业平台有效保障了施工人员安全，也有效解决了传统钢筋骨架整体吊装时变形的问题。其现场如图4所示。

（3）智能张拉机。

通过预先设定的程序，计算机会对每台设备同步控制，精密传感器置于千斤顶上，可以将千斤顶压力和位移量转换成钢绞线张拉所用应力和伸长量等数据，实时采集相关信息，系统主机收到采集的信息后，经判断分析，实时调控油泵完成对张拉过程的智能操控，同时记录张拉过程生成的对应文件。

智能张拉系统的功能特点有智能控制、应力精确控制缩小误差范围、自动补张拉和同步张拉等。正是由于张拉全过程由计算机控制，极大地降低了人为施工所产生的误差，大幅度提高了精确度，施工质量得到了有效保证。智能张拉和压浆在桥梁等工程建设方面的应用,不但解决传统预应力和压浆不足的问题,还可以缓解施工强度,提高效率,在保证桥梁工程预应力和质量合乎规范和设计要求的基础之上,给施工方缩短施工周期,增加施工经济效益。

图3 智能钢筋弯曲中心

图4 移动式顶腹板一体绑扎胎架

2. 物流管理系统

（1）自行走移动台座

每条移动台座生产线配置3个移动钢台座,移动台座配置双组浮动重载车轮,在钢轨上行走,台座由8套电机平稳驱动,有效地减少钢轨平整度误差造成的影响,提升梁体移动的平顺性,降低震动对梁体的损害。台座通过智控系统自动行走到位,配置激光定位系统、无线传输系统和雷达避障系统[4]。其移动台座如图5所示。

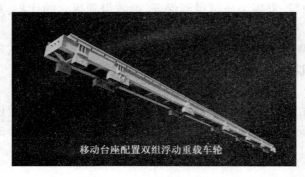

图5 移动台座示意图

（2）智能回程小车

移动台座回程区配置2台智能充电回程小车,移动台座上的梁体移出后,利用油缸顶升移动台座,智能回程小车横移至移动台座下方。油缸下落后,回程小车运输台座至回程轨道上,自动旋转并沿回程轨道纵移至钢筋绑扎区,再旋转横移到达指定位置,实现移动台座自动回程就位。其智能充电回程小车如

图 6 所示。

图 6 智能充电回程小车示意图

3. 蒸养管理系统

自动喷淋养生系统包括总控制器、传感器、电磁控制阀组、喷淋储水设备等设备。在预制梁进行喷淋时，根据设定的程序，系统在收到控制信号后自动开启电磁控制阀和水泵，在完成预制梁喷淋浇筑后开启预制梁养生。自动喷淋养护系统具有喷淋养护效果极佳、循环利用绿色节水、降低人工劳动强度、提高工作效率等优点。

养护系统可按月展示已蒸养梁片的信息，也可按不同生产线展示相关信息；环形图展示已蒸养与未蒸养梁片数量；实时展示蒸养室的温度折线图及蒸养历史。

养护区和存梁区配置T梁自动养护系统，通过温度和湿度感应器自动反馈数据至智控中心，自动喷出均匀的水雾对梁体进行全方位养护。这种系统具有养护质量高、劳动强度低、节约用水的优点。其蒸养管理系统示意如图7所示。

图 7 蒸养管理系统图

四、技术与效益对比

1. 前卡式千斤顶新技术

在智慧梁场生产过程中，为更好地达到降本增效的目的，使用了一种新型的节能型千斤顶。该设备不仅具有结构合理、操作简便、安全可靠、使用广泛等优点，更符合国家节约资源、降低能耗、提高工作效率的要求。该前卡式千斤顶如图8所示。

该前卡式千斤顶缸体与测力传感器固定连接，测力传感器与位移传感器不存在相对运动，故测力传感器信号线与位移传感器直接相连，且外设信号线保护管，安全可靠，经久耐用；而传统前卡式千斤顶活塞与测力传感器固定连接，测力传感器与位移传感器存在相对旋转运动和直线运动，故测力传感器信号线外露且留有1m余量，张拉作业时极易损坏测力传感器信号线。

该前卡式千斤顶新技术与常规千斤顶技术相比，有以下优势：

（1）节省钢绞线

该千斤顶工具锚采取前置设计，钢绞线预留长度由480mm减至280mm，大量节约施工中使用的钢绞线长度。以32m预制箱梁、预制梁数量500片为例，使用前卡式斤顶后，仅钢绞线一项，节约资金85万元。

（2）工作效率高

该千斤顶的工具锚，是一种可实现自动松卡夹片的新型锚具。此工具锚无须人工装卸夹片，使用便捷、节省人力、工作效率高。

（3）工具锚更换便捷

该千斤顶的工具锚，采用旋转支撑套卡装的方式固定，拆装工具锚只需旋转支承套，使其卡耳脱离或嵌入卡槽，即可拆装支撑套更换不同孔数的工具锚，更加方便、快捷。

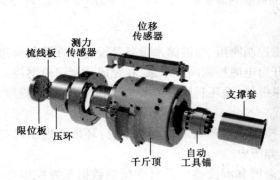

图8 前卡式千斤顶

2. 生产效率对比

为更好地对比分析传统的预制梁场与智慧预制梁场的流水线施工，分别列举其在各个工序的施工时间，整理成表1、表2[5]。

预制T梁流水线施工对比表　　表1

工序	时间(h)	
	传统梁场	智慧梁场
钢筋制作与安装	3	4
模板安装	3	4
混凝土浇筑	2	3
混凝土凝结	7	8
模板拆除	1	1.5
养护时间	120	28
张拉钢束	1.5	1.5
压浆	1	1
封锚	1	1
压浆凝结	12	12
移梁	0.5	0.5
合计时间	152	64.5

由表1可知，预制梁在生产过程中，对于预制梁的养护所花费的时间较长。在常规的预制梁场中，养护的技术较为复杂和烦琐，若操控不当，容易影响预制梁的整体受力。而智慧梁场养护采用的是智能操作、智能养护，可将养护时间缩短到28h，极大地提高了预制梁的整体生产效率。对比整体的生产时间，

预制一片梁的时间,智慧梁场中所花费的时间比传统预制梁的时间少88.5h。智慧梁场保证了施工的安全性,提高了预制梁的质量,大幅度地提高了生产效率。

综合分析　　　　　　　　　　　表2

工序	传统梁场	智慧梁场
预制模式	施工工序交叉	平行流水作业
台座数(个)	60	3
预制区域(m^2)	18652	9325
养护时间	7d	36h
T梁生产效率(片/月)	3	25

由表2中数据可知,智慧梁场的预制效率比传统的梁场高出很多,且所需要的预制梁场面积更小。在进行预制梁养护时,智慧梁场可直接将预制梁移动到存梁区实现平行流水作业,达到降本增效的目的。

五、结　　语

本文以新建柳梧铁路站前5标工程上的智慧梁场为例,首先介绍其在BIM技术下的可视化技术应用,包括生产管理系统、物流管理系统以及蒸养管理系统,随后分析其细部前卡式千斤顶技术,并对比分析常规预制梁场与智慧梁场的生产效率。结果表明,智慧梁场能够在减少能耗、降低成本的基础上,实现把控预制梁的质量、合理分配的资源和节约造价,为后续在铁路建设中大规模推广该技术打下坚实基础。

参考文献

[1] 杨元元.基于BIM的大型预制梁场智慧建造过程研究[D].兰州:兰州交通大学,2022.
[2] 孙永方,丁杰.桥梁预制梁场智慧建造数字孪生技术研究——以京雄高速公路网SG5标段为例[J].福建建筑,2021(6):109-113.
[3] 刘佩斯.深中通道智慧梁场建设及运营研究[J].世界桥梁,2023,51(S1):26-33.
[4] 付旭,张友恒,周慧文,等.数字孪生智慧梁场功能需求分析与系统架构研究[J].土木建筑工程信息技术,2023,15(1):19-24.
[5] 孙一星,薛文,邓涵潇,等.智慧梁场30m预制T梁流水生产线施工技术研究[J].浙江交通职业技术学院学报,2023,24(3):1-5,16.

68. 大跨径海上桥梁施工数智化技术

徐有良[1,2]　王东辉[1,2]　张来健[1]

(1.中铁大桥局集团有限公司;2.桥梁智能与绿色建造全国重点实验室)

摘　要　针对沿海地区施工环境恶劣和深水基础复杂等海上桥梁施工问题,以西堠门公铁两用大桥为工程背景,开展海上施工数智化技术研究,总结其实施方式及实施效果,归纳应用场景,主要包括:复杂自然环境监测与预警、船舶监测与预警、数字孪生技术、围堰虚拟原位拼装、海上交通模拟等。研究结果表明相关技术能够较好地为大跨径桥梁海上施工带来经济、安全和质量效益。研究成果可为大跨径海上桥梁施工数智化提供参考,填补了我国沿海地区大跨径海上桥梁施工数智化方面的空白,促进了桥梁行业新质生产力的发展。

关键词　数智化　智能建造　数字孪生　海上交通模拟　虚拟拼装

一、引言

桥梁源于自然,又超然于自然。世界建桥历史主要经历了三个阶段。第一阶段为人力手工建造,第二阶段为机械化工业建造,第三阶段为工业化智能建造阶段[1]。2019年9月,中共中央、国务院印发的《交通强国建设纲要》明确提出,到2035年我国基本建成交通强国。2021年12月,工业和信息化部等八部门联合发布"十四五"智能制造发展规划;2021年12月,国务院印发《"十四五"数字经济发展规划》。桥梁行业以数字中国、交通强国等战略为指引,综合运用大数据、云计算、物联网、数字孪生等数字化、信息化、智能化技术手段,面向桥梁设计、施工和运维等多个维度,全面推动桥梁产业以人为本和提质增效的高质量发展进程[2-5]。

针对桥梁工程的智能建造与管理,业内进行了诸多的相关研究和探索。张喜刚院士[6]指出,发展智能桥梁的重点是解决好智能设计、智能建造、智能管养与智能使用这四大方面的关键技术难题。文武松、毛伟琦等[7]依托参建的多项重点桥梁智能建造与智慧运维工程及重点科研项目,总结出构建要素、内涵与特征,提出新时代桥梁智能建造及智慧服务体系。王同军[2,8]在智能高铁体系架构下,指出铁路桥梁智能建造面临的问题,并提出实施路径和高铁智能建造体系架构。以上研究为桥梁工程施工数智化指出了方向,为类似项目提供了借鉴,但这些研究并未提出复杂结构桥梁设计和智能建造系统框架针对性的解决方案。对大跨径海上桥梁智能施工和管理方面,该方面研究还属于空白。因此,借助信息化、智能化技术手段,提高大跨径海上桥梁施工数智化管理水平,保障施工质量、确保施工安全、提高工程效率,是跨海大桥建设待需要解决的问题。

本文以在建的甬舟铁路和甬舟公路复线工程西堠门公铁两用大桥为例,针对复杂自然环境和深水基础施工难点的需求,从复杂自然环境监测与预警、船舶监测与预警、数字孪生技术、围堰虚拟原位拼装、海上交通模拟等方面开展相关研究,解决了跨海大桥海上基础施工过程中的若干技术问题,总结了其相关研究成果及实施方式,归纳了跨海大桥的智能化应用场景。

二、项目概况

甬舟铁路YZSG-4工区西堠门公铁两用大桥是甬舟铁路控制性工程,连接舟山金塘岛和册子岛,桥梁全长3118m。桥址处具有风大、浪高、水深、流急、裸岩等环境特点,是大桥设计和施工需要克服的重难点。大桥为主跨1488m斜拉-悬索协作体系桥梁,为世界上跨径最大的公铁两用大桥。大桥创下"五项世界之最,三个世界首次",是一座交通强国建设进程中里程碑式的工程,也是一座挑战建桥禁区的世界级工程。主桥长2664m,采用70m+112m+406m+1488m+406m+112m+70m斜拉-悬索协作体系桥(图1)。复杂自然环境和桥梁结构创新给大桥施工增加了挑战。拟采用数字化、信息化、智能化手段提升建设水平,从工区安全、质量、进度等方面开展施工数智化技术研究,以达到为项目增效减负的目的。

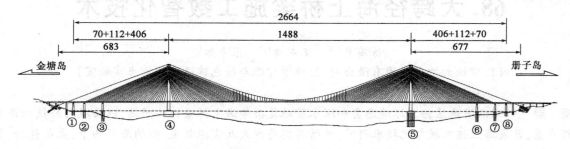

图1 西堠门公铁两用大桥布置图(尺寸单位:m)

基于"BIM+GIS"的数字信息基座,建立西堠门公铁两用大桥智慧沙盘,设置不同子模块,并分别进行管理。针对现场风浪流设置监测站,监测其变化规律与变化机理,为项目提供科学决策依据;针对作业平台建立监控监测体系,针对船舶碰撞风险开展海上交通模拟,并建立船舶主动预警系统,以确保施工安全;针对围堰侧板工厂加工现场原位拼装的尺寸问题,开展虚拟拼装研究。通过数字孪生、虚拟拼装、大数据等技术手段为桥梁生产方式赋能,促进了桥梁行业新质生产力的发展。

三、复杂自然环境监测与预警

1. 风场监测

施工桥址处于东部沿海海域,气候上属亚热带季风气候,温暖湿润,光照充足,冬无严寒、夏无酷暑,降水量属浙江省偏少地区,且降水的年际变化和季节变化较大,易旱易涝;夏秋台风、冬季大风、春季海雾和连阴雨等气象灾害时有发生。据登陆浙江的台风大数据显示,1949—2020年共有45个台风登陆浙江,主要受台风影响时段集中在7—10月,其中8月登陆台风个数最多、强度最强。海上作业、高墩、梁部施工都将受到大风天气的严重影响,施工将面临巨大的安全风险及工期压力[9-10]。根据西堠门公铁两用大桥的工程特点,开展施工方案的研究,各工序现场作业条件按表1的原则进行划分:

通过信息化手段监测现场风速。在栈桥、平台、围堰处设置风速监测点,安装超声波风速风向仪,预报和实时监测风速、风向数据。在现场安装激光雷达测风仪。激光雷达测风原理为:激光器生成的脉冲激光与空气中气溶胶颗粒作用,回波信号的多普勒频移与气溶胶颗粒运动速度成正比,光学天线接收此信号并转换为风速。通过激光雷达可测量不同高度风场的变化规律,从而降低桥梁高空施工的风险。

不同施工工序所需风力条件   表1

序号	施工工序	风力等级
1	浮式沉井精定位、浮式平台精定位、悬臂施工测量、猫道架设、索力测量等作业	≤6级
2	钢梁架设、围堰下放、大型吊装、挂篮走行、主缆架设、斜拉索安装、支架安装、液压爬模顶升等作业	≤7级
3	一般工序作业	≤8级
4	停止一切作业	≥9级

2. 浪流潮监测

根据《甬舟铁路及甬舟高速公路复线工程潮流泥沙数模专题》成果,4号主墩处100年一遇设计流速达4.25m/s,100年一遇设计平均浪高3.08m;5号主墩100年一遇设计流速达3.32m/s,100年一遇设计平均浪高3.13m。海流流速和浪高对主桥基础施工影响巨大,通过实测监测为项目施工提供科学决策[11]。

现场风浪流实时监测:在6号栈桥上设置波浪监测仪、海流计、潮位计,利用互联网+监测技术实时提供风力和波浪监测数据,监测数据如图2所示。通过深入分析监测数据,一方面为施工结构(如围堰、导管架)设计计算提供了科学参数,确保了施工结构安全;另一方面确定了合适的施工窗口时间,提高了工程施工质量。

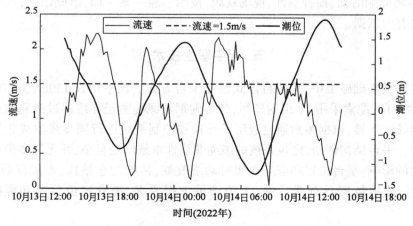

图2 实测流速潮位时程曲线

四、船舶全要素监测与云预警

西堠门水道货运繁忙,通航等级为3万吨级。建立西堠门船舶监控与主动预警系统,通过安装AIS基站、雷达、云台相机、探照灯、高音喇叭等智能设备,对船舶进行全天候全要素监测,建立多传感器联动预警系统,转变"被动抵抗"局面。建立船舶预警警戒中心,配置5名监控人员、1名技术保障人员,实行24h连续值班制度,确保警戒与监控任务的无缝对接和高效执行。配备VHF、高清云台CCTV、AIS、智慧管控平台等设施设备,实时监控海上施工过程,做好台风天气、恶劣天气期间海上施工区域撤离协助工作,提高应急响应能力,实现"主动防御"功能。船舶全要素监测与云预警实施方式如图3所示。

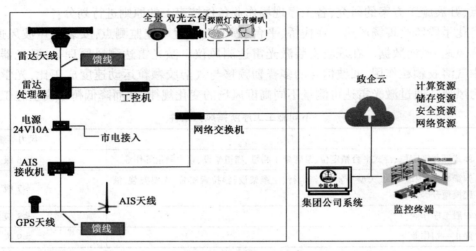

图3 船舶主动预警系统拓扑图

船舶预警系统具体实现以下四大功能:

(1)全域感知:全面掌控区域内全部信息,覆盖区域面积超过5km;对船舶采用AIS系统,感知监测船名、MMSI码、位置、航速、航向、轨迹等全要素信息;对非船舶危险物采用雷达进行扫描监测及预警。

(2)精准预警:结合桥梁防撞管理的业务特点,对异常通航行为、违规闯入等典型场景主动预警,实现风险隐患的预测与预警。

(3)有效避险:在预控区域内,通过声光等多种手段措施,提前通知广播、警示驱离,最大限度地减少事故发生概率。

(4)全程可溯:将船舶活动、预警事件、现场视频,按照一船一案一档,形成记录,可帮助对事故定责,为海事执法等提供有力依据。

五、数字孪生技术

西堠门5号主塔墩基础施工中,采用自浮式钻孔平台方案。该平台长130m、宽100m、高11m,通过12根缆绳进行平台定位,缆索采用12组钢丝绳,各锚碇钢丝绳缆索经导缆器过渡到钻孔平台顶面后,通过转换器接头与钢绞线连接,根据缆索通过液压千斤顶和控制系统进行同步张拉或收放,使其具备自浮功能。如图4所示。平台结构创新,定位系统的缆绳非线性求解问题复杂,并无过多类似工程经验参考。受洋流等外界荷载的影响,平台位置和姿态在实时动态改变,传统的全站仪、水准仪等测量工具和测量方式难以快读量测,采集数据具有滞后性,无法满足工程要求,平台定位监测和缆绳调索成为技术难题。

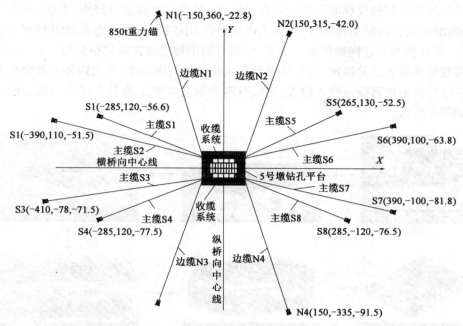

图4 5号墩平台定位系统平面布置图

数字孪生,是运用信息化平台模拟物理实体、流程或者系统,借助于数字映射,可以在信息化平台上了解物理实体的真实状态,并对物理实体进行实时控制的技术体系[12]。现场安装应变计、潮位计、锚索计、摄像机等智能传感器,获取位置、应变等初始数据,并通过智能算法计算位置姿态、吃水深度、受力状况等各项参数,在BIM模型中创建实时联动的"孪生体";通过"孪生体"反馈的结构状态和调索指令,调控施工平台,实现孪生模型与现场平台的双向实时映射,数字孪生定位系统如图5所示。通过数字孪生平台实现智能定位、智能调索、安全监控和远程调度等功能。

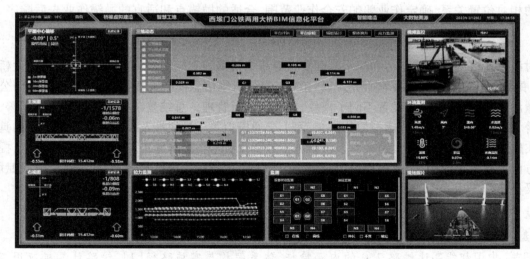

图5 5号墩平台数字孪生系统

六、围堰虚拟原位拼装技术

西堠门公铁两用大桥主塔钢围堰采用永临结合的设计方案,围堰侧板节段在工厂分块进行加工,然后用船运输至墩位处,利用浮式起重机在墩位处将围堰侧板吊装至拼装平台上,按照平台切割位置依次完成围堰侧板原位拼装,拼装完成后利用下放系统将吊箱围堰整体下放至设计位置处。通过围堰虚拟原位拼装技术,虚拟检查施工过程中的精度和尺寸,省时、省力,不需要占用场地资源。

首先，采用三维激光扫描仪获取钢围堰的点云数据，对点云数据进行降噪、去杂、对齐、裁切等处理，根据单元数据匹配生成逆向模型，同时建立施工作业平台 BIM 模型，根据全站仪对控制点位的测量结果修正 BIM 模型。BIM 模型与逆向模型叠合分析，完成对钢围堰的虚拟原位拼装与下放的钢侧板安装制造精度检查、钢围堰整体拼装误差测定、钢桁架平台底龙骨超垫高度确定、平台内外支撑钢桁架切割长度确定、围堰下放三维空间钢护筒碰撞侵入检查，完成对钢梁制造与施工的各类尺寸虚拟检验和误差精度分析，技术路线如图 6 所示。

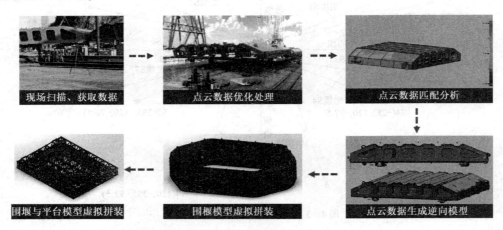

图 6　围堰虚拟原位拼装技术路线

七、海上交通模拟

西堠门公铁两用大桥地处相对狭窄区域，海上施工船舶与通行船舶作业繁忙。5 号墩海上自浮作业平台采用 12 根缆绳进行平台定位，12 根缆绳与作业船舶之间存在碰撞、搅缆风险，且需要考虑是否影响通行船舶的安全。为确保船舶和作业平台的缆绳安全，采用 3Dmax 软件建立三维模型，分析不同缆绳在空间上的相对位置关系，确定作业船舶安全作业范围、合适的抛锚点和适宜的抛锚作业先后顺序。

八、结　语

针对沿海地区施工环境恶劣和深水基础复杂等海上桥梁施工问题，结合西堠门公铁两用大桥的实际特点，开展了海上施工数智化技术研究。以"BIM + GIS"三维信息模型为数据载体，建立西堠门公铁两用大桥智慧沙盘，通过智慧沙盘设置不同子模块，并分别进行管理。总结复杂自然环境监测与预警、船舶监测与预警、数字孪生技术、围堰虚拟原位拼装、海上交通模拟等子模块涉及技术在海上施工中的具体实施方式及实施效果。结果表明，大跨径海上桥梁施工数智化技术在提升施工质量、确保施工安全、提高工程效率等方面具有显著作用，研究成果可为沿海地区海上施工数智化提供参考，为传统建桥方式赋能提效，促进桥梁行业新质生产力的发展。

参考文献

[1] 来猛刚,杨敏,翟敏刚,等.桥梁工业化智能建造[J].公路,2021,66(7):195-202.
[2] 王同军.中国智能高速铁路 2.0 的内涵特征、体系架构与实施路径[J].铁路计算机应用,2022,31(7):1-9.
[3] 尤志嘉,刘紫薇.工业 4.0 驱动下建筑业智能化转型升级战略研究[J].建筑经济,2022,43(3):21-27.
[4] 董丽娟,黄祯尹,卢刚,等.我国桥梁工程技术发展趋势分析[J].公路交通科技(应用技术版),2020,16(7):187-190.
[5] 康学东.我国铁路智能建设与运营管理初探[J].铁道工程学报,2019,36(4):84-89.
[6] 肖琳芬.张喜刚院士:数智赋能引领桥梁产业创新发展[J].高科技与产业化,2022,28(3):20-23.

[7] 文武松,毛伟琦,陶世峰.新时代桥梁智能建造及智慧服务体系研究[J].世界桥梁,2022,50(6):122-127.
[8] 王同军.铁路桥梁智能建造关键技术研究[J].中国铁路,2021(9):1-10.
[9] 潘胜平.平潭海峡公铁大桥桥塔塔吊附着设计与施工[J].世界桥梁,2020,48(5):16-20.
[10] 刘新华,冯鹏程,邵旭东,等.海文跨海大桥设计关键技术[J].桥梁建设,2020,50(2):73-79.
[11] 胡勇,杨进先.施工期桥梁围堰水流力研究[J].桥梁建设,2010(5):12-15.
[12] 王凌波,王秋玲,朱钊,等.桥梁健康监测技术研究现状及展望[J].中国公路学报,2021,34(12):25-45.

69. 桥梁挤扩支盘桩勘察设计及施工动态调控要点分析

林桢楷

(中建八局华南公司设计研究院)

摘　要　挤扩支盘桩作为一种新型桩基础,近年来在广东交通建设领域得到广泛应用,尤其在沿海软基深厚地区桥梁应用显示出其技术优势。本文以潮汕环线高速公路三期工程京灶大桥项目为工程背景,深入分析了挤扩支盘桩的勘察阶段需增加原位测试的注意要点;探讨了设计阶段的构造设计、承载力计算参数取值及各部位承载力占比控制等问题。针对施工过程中可能出现的地质条件变化,提出了一套动态调整的经验策略。相关经验可为类似项目设计施工提供借鉴及参考。

关键词　挤扩支盘桩　勘察设计　受力机理　承载力计算　施工动态调控

一、引　言

自20世纪90年代以来,挤扩支盘桩已在民用建筑领域积累了丰富的应用经验。通过在土层承载力较高的区域中桩身增设"支"或"盘"结构,这种桩基础有效发挥其端承作用,展现出了高承载力、沉降变形小的技术优势,如图1所示。自从2016年以来,挤扩支盘桩在广东交通建设领域得到广泛的应用。特别是广东沿海软基深厚地区桥梁得到大规模应用,并取得较好的经济效应,如已建成通车的潮汕环线高速公路及潮汕联络线一二期工程、中山坦洲快线,在建的狮子洋通道、潮汕环线三期工程京灶大桥、潮汕大桥等重大项目中大规模应用。

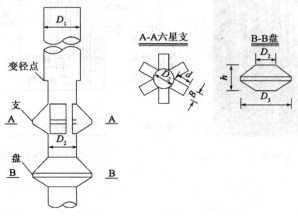

图1　支盘桩构造图
d-支长;B-支宽;$(D_3-D_2)/2$-盘环宽;h-盘高

在桥梁工程领域,挤扩支盘的应用通常要求具有较大桩径、较长的桩长和布置更多的支盘数量。与民用建筑领域的同类结构相比,在勘察设计及施工过程方面存在显著差异。本文以《广东公路桥梁挤扩支盘桩技术规程》(T/GDHS 002—2020)为指导性文件(简称《技术规程》),结合具体工程实例,深入分析了桥梁挤扩支盘桩从早期勘察、设计到后期施工的各个阶段工程设计人员所关注的关键问题及参数。分析得出相关结论,可为类似项目设计提供参考和借鉴。

二、挤扩支盘桩勘察、设计要点分析

1. 勘察要点分析

与常规钻孔灌注桩相比,挤扩支盘桩的独特之处在于在桩身范围承载力高的土层设置支盘,通过发挥支盘端阻以达到减少桩长的目的。支盘的合理布局取决于多种地质因素,包括土层的类型、状态、厚度、承载力特征值,以及支盘间的布置间距。这些因素使得地质勘察在设计阶段尤为关键。为了确保设计基础数据的真实性和有效性,获取准确的地勘数据是至关重要的。参考《技术规程》,勘察时除了遵循常规灌注桩的标准外,还应特别关注以下几个关键点:

(1)准确获得所在桩位处土层类型、状态、厚度及对应高程等。土层类型、状态除通过钻芯判断外,也可借助原位标贯试验判别。《技术规程》第4.2.4条要求:钻孔取样后结合取样按分层进行标贯试验,一遇变层应立即进行标贯试验,试验间距一般不宜大于5m。根据潮汕环线高速三期项目的经验,按照每隔2m打一次标贯。常规静力触探测试深度超过20m时,钻杆承受的阻力显著增加,尤其是在软土层中容易发生横向弯折,进而影响测试结果都准确性。因此,常规标贯试验不适用于挤扩支盘桩的勘察工作。对于挤扩支盘桩标贯原位测试,一般推荐采用大吨位的静力触探技术。与传统静力触探相比,大吨位静力触探能够达到更深的测试深度,最大可达60m,从而更准确地获得土层的预估挤扩压力值,如图2所示。这不仅提高了测试的可靠性,也满足了获取支盘桩设计岩土参数的需求。

(2)在获取土层力学参数时,除了土层侧摩阻、承载力特征值等常规桩勘察所需的参数外,还须结合支盘桩施工挤压土层的特性,进一步获取土层的挤扩压力值,以判断其是否适合设置支盘。旁压试验作为一种通过旁压器对测试土层施加环向压力的原位测试方法,其原理与支盘桩施工挤扩土层原理相似,如图3所示。勘察阶段可通过建立旁压模量与挤扩压力值之间的相关性关系,从而准确地测定各土层的挤扩压力值。

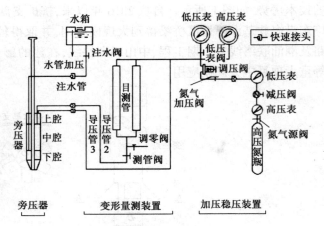

图2 大吨位静力触探车　　　　　图3 旁压试验原理图

2. 设计要点分析

1)受力机理

挤扩支盘桩通过挤扩设备压密支盘周围土体,提高了土的内摩擦角和压缩模量,支盘灌注混凝土后与压密土体形成多支点端承力。支盘桩的荷载传递体现为缓变形,即在加荷初期桩摩阻力发挥较多,而在加荷后期,摩阻力已发挥到极限,所加荷载主要由支盘承担,支盘承担的荷载可超过总荷载的一半。在软土深厚地区,与普通摩擦桩相比,挤扩支盘桩具有承载能力高、沉降变形小的特点,且可大幅缩短桩长,实现节省材料、降低造价的目标,如图4所示。

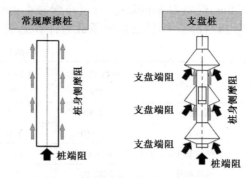

图4 普通摩擦桩与支盘桩承载机理对比图

2) 支盘布置适用土层

支盘的具体设置位置由土层类型及土层厚度决定。原则上较软土,如软塑及可塑粉质黏土、淤泥质土等,宜设置支结构;较硬的土层,如硬塑粉质黏土、砂层等,考虑设盘结构。设计过程中,确定了支盘设置土层类型后,还应核查该持力层厚度是否满足设置要求。一般支的持力层厚度不宜小于3倍支长,盘设置持力层厚度不宜小于4倍盘环宽。当出现单一土层厚度无法满足要求时,也可以采用满足条件的组合土层,但应注意进行支盘承载力计算时,支盘端阻承载力特征值按照其持力层最差土层取值。支盘适用土层见表1。

支盘适用土层一览表　　　　表1

结构	淤泥、未固结淤泥质土(标贯N<4击)、松散砂土、可液化土	淤泥质土(标贯N≥4击)、轻微液化土	残积土、全风化岩、软塑~可塑黏性土	硬塑黏性土、稍密~中密砂土	坚硬黏性土、密实粉土砂土	圆砾角砾、卵石碎石强风化极软岩
支	不宜	可	宜	可	可	可
盘	不应	不应	不宜	可	宜	宜

对于标贯击数量≥60击的坚硬土层,可直接将支盘设置在该土层表面。

3) 支盘桩构造要求

支盘桩设计时,支长、支宽、盘环宽、支盘高度等参数需根据变径后的桩径及挤扩设备尺寸来确定。支盘桩设计的重难点在于构造设计,包括确定桩长(变径前及变径后桩长)、支盘个数、支盘之间的设置间距及桩根长度等。

支盘桩桩长与支盘个数是相互影响的。在满足支盘布置最小间距的前提下,从理论上讲,支盘个数越多,即所需的桩长越长,支盘端承载力在总承载力中的占比越高。单个支盘所提供的端承载力远高于每延米桩身侧摩阻力,因而从经济性角度看,适当增加支盘个数有利于减少桩长,节省桩基材料、降低造价。

现行规范并未对支盘设置个数作出规定,但国内有关试桩研究结果表明:支盘桩支与盘提供的承载力最大占总承载力的60%左右。因此,在进行支盘桩设计时,先根据地质钻孔选定符合支盘设置条件的土层。在满足间距要求的前提下,按照支盘端承力占总承载力不超过60%的原则确定支盘个数。在此基础上,适当考虑施工时动态调整需要,桩身预留增加支盘的位置。此外,桩根应预留一定的长度,避免挤扩施工引起的土体塌落埋置最低部支盘,一般可预留3~6m,当支盘个数较多或砂层较厚时,应尽量取大值。

支盘桩配筋按照变径桩仅在桩身进行配筋,支盘部分不配筋。

4) 支盘桩承载力计算

本文以潮汕环线高速公路(含潮汕联络线)三期工程京灶大桥项目为工程背景。该项目是广东省高速公路网规划"九纵五横两环"高速公路主骨架网中的加密线。该项目建设是基于汕潮揭同城化的战略需求,对推动揭阳加快经济发展具有重要的意义。

项目所在区域软基淤泥深厚,呈流塑状,含水率高,承载力底,且岩石埋深较深,但土层中间有承载力较好的黏土及砂层。

以潮汕环线高速公路三期工程项目金灶枢纽立交主线2号桥10号墩为算例,设计桩径为1.4~

1.8m,桩顶力8400kN。桩顶高程为4.4m,变径前桩长为18m,桩基总长为61m,设置2支3盘,桩身自重为1427kN。挤扩支盘桩承载力计算见表2、表3。

挤扩支盘桩直桩部分承载力计算表　　　　　　　　　　　　　　　　　表2

土层名称	层底高程（m）	土层厚度（m）	q_{ik}（kPa）	桩径（m）	侧摩阻力（kN）	备注
素填土	-4.50	8.9	25	1.8	629	
淤泥	-13.10	8.6	0	1.8	0	
粉质黏土	-13.60	0.5	45	1.8	64	
粉质黏土	-20.10	7.0	45	1.4	450	扣除1.5倍支盘高桩身范围侧摩阻
粗砂	-24.40	4.3	50	1.4	258	
粉质黏土	-28.60	4.2	40	1.4	369	
细砂	-30.40	1.8	30	1.4	119	
粉质黏土	-39.30	8.9	40	1.4	611	扣除1.5倍支盘高桩身范围侧摩阻
中砂	-53.80	14.5	50	1.4	1166	
粉质黏土	-55.10	1.3	40	1.4	114	
中砂	-56.60	1.5	50	1.4	165	
侧摩阻力合计					3945	

挤扩支盘桩支盘及桩端承载力计算表　　　　　　　　　　　　　　　　　表3

支/盘	六星支1	上盘	六星支2	中盘	下盘	桩底
高程(m)	-17.0	-21.5	-31.5	-41.0	-46.5	-56.6
面积A_p(m²)	1.93	4.19	1.93	4.19	4.19	1.54
清底系数m_0	0.7	0.7	0.7	0.7	0.7	0.7
土承载力特征值f_{a0}(kPa)	160	200	200	280	280	280
修正系数k_2	1.5	2.0	1.5	2.0	2.0	2.5
γ_2	9	9	9	9	9	9
桩端埋深h(m)	21.4	25.9	35.9	40.0	40.0	40.0
q_r(kPa)	205.8	308.5	324.7	476.8	476.8	560.7
端阻力(kN)	397.7	1291.6	627.2	1995.9	1995.9	863.1
所在土层名称	粉质黏土	粗砂	粗砂	中砂	中砂	中砂
端阻力合计(kN)	7171.5					

从表2、表3可以得知,该支盘桩总承载力为3945 + 7171.5 = 11117(kN),其中支盘端阻力占比56.7%,桩身侧摩阻力占比35.5%,桩端阻力占比7.8%。承载力安全系数为11117/(8400 + 1427) = 1.131。

挤扩支盘桩承载力计算原理较简单,但在设计过程中应注意部分参数取值与普通摩擦桩计算有所区别。

(1)清底系数m_0:按现行《公路桥涵地基与基础设计规范》(JTG 3363—2019),该系数根据承载厚度取值为0.7~1.0,若沉渣厚度较大取小值。目前,挤扩支盘桩对支盘成型后的承载厚度无法检测,加上施工过程中由于多个支盘挤扩,沉渣厚度相比常规桩较大,故设计时m_0偏保守的取0.7。

(2)修正系数k_2:该系数为桩端土承载力计算的修正系数,对普通桩而言,根据土层类别不同可取1.0~10.0。根据《技术规程》5.3.1条条文说明,支盘桩计算k_2不宜超过2.5。本工程计算中,对于支k_2取1.5,对盘k_2取2.0。

(3)根据潮汕环线高速公路三期工程试成孔的经验,支盘腔体成后放置一段时间,支盘均会存在一定程度的缩孔,缩小10%左右。考虑该因素,施工中挤扩设备适当考虑扩大10%的支盘直径;对于支宽无法扩大到情况,可在承载力计算中适当考虑缩小10%的宽度计算支撑面积。

按照相同的承载力安全系数,若该桩基采用普通D180普通摩擦桩,桩长为84m。对比可知,采用挤扩支盘桩可减短约30%的桩长,可减少桩身混凝土40%左右,具有较好的经济价值。

三、施工过程动态调控分析

1. 支盘桩施工顺序

挤扩支盘桩施工顺序为采用常规灌注桩设备钻进成孔→提钻头,更换挤扩设备,由下至上的顺序挤扩支盘施工→提挤扩设备,第一次清空并进行成孔、支盘尺寸检测→下放钢筋笼→第二次清孔→浇筑混凝土成桩,如图5所示。

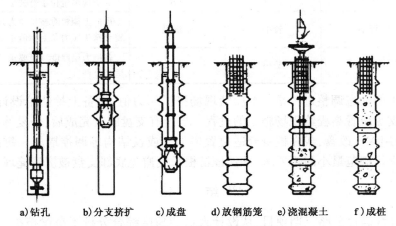

a) 钻孔　b) 分支挤扩　c) 成盘　d) 放钢筋笼　e) 浇混凝土　f) 成桩

图5　挤扩支盘桩施工流程示意图

2. 支盘桩施工动态调控措施

在桩基实际施工过程中,常出现由于各种原因造成的实际地质情况与设计地质情况有所不同的情况。对于普通摩擦桩,除非地质发生较大变化,一般可按设计桩长进行终孔。而对于挤扩支盘桩而言,原设计支盘设置位置若土层类型、高程发生变化,均有可能造成整根桩承载力不满足要求的情况。这就要求现场施工时,应严格控制支盘的设置位置。

1) 直桩成桩阶段

根据潮汕环线高速公路三期工程项目的施工经验,支盘桩的施工过程需要各参建方的密切配合。在直桩成孔阶段,要求采用反循环钻机并及时进行捞渣,频率至少为1次/m。钻进至设计桩底高程后,将实际地质情况反馈至设计人员进行第一次复算,判断是否需要加长桩长,并根据捞渣地质情况初步调整支盘设置。

2) 支盘挤扩阶段

支盘桩在挤扩施工过程中,首次挤扩压力及挤扩设备的上抬值是判断支盘设置土层类型、设置位置是否合理最直观、最准确的两个判断指标。对比分析实际施工得到的挤扩压力值与勘察阶段给出的不同土层挤扩压力建议值,当负偏差大于2MPa时,应进行支盘设置调整。

由于挤扩设备弓臂对土层为斜面接触,挤扩土层时土层会对设备弓臂会产生一个竖直向上的分力,因此体现为设备发生上抬。土层越坚硬,需要的挤扩压力就越大,对应能提供的竖向分力就越大。实际施工可能出现如图6所示的4种情况。各种情况对应的挤扩压力值、设备上抬值及调整情况见表4。

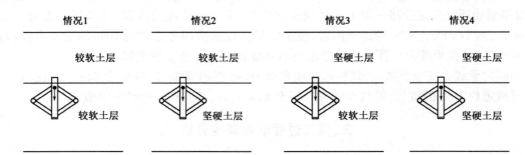

图 6 挤扩施工过程几种可能出现的情况示意图

各种情况动态调控措施 表 4

情况类型	挤扩压力	设备上抬值	是否满足要求	动态调整措施
情况 1	较小	较小	不满足	根据捞渣情况重新选择支盘位置
情况 2	正常	正常	满足	支盘应尽量位于持力层上部,反应为上抬值
情况 3	较小	较小	不满足	可向上调整看挤扩压力是否升高,若是则向上调整至挤扩压力及上抬值正常的位置
情况 4	正常	偏小	满足	若持力层厚度满足要求,可不调整;若不满足,可适当上调

各支盘挤扩施工的动态调整过程是一个反馈现场挤扩压力值、设备上抬值给设计代表,设计代表动态进行验算并反馈支盘位置高程给现场施工的过程。当所有支盘施工完成后,若复算出现承载力无法满足设计要求时,可采用将支改盘,或在桩身合适位置增加支或盘结构等调控措施。每次调整均应保证相邻之间的支盘间距满足规范最小间距要求,并保证桩根长度避免底部支盘被沉渣掩埋。

四、结　语

本文依托潮汕环线高速公路三期项目,从设计人员的角度综合分析了桥梁挤扩支盘桩从前期勘察、原位试验获取土层参数的要点;设计阶段支盘桩构造设计,提出承载力计算参数取值要点,以及施工过程根据地质情况动态调控等要点。本文研究分析以《技术规程》为基础并结合实际工程设计、施工配合经验,为桥梁挤扩支盘桩的设计和施工配合提供了宝贵的经验和参考,可为相关项目设计人员提供参考。

参考文献
[1] 蒲春平,何伟兵,贺佐跃.潮汕地区桥梁挤扩支盘桩旁压试验分析[J].公路,2024(1):152-156.
[2] 广东省公路学会.广东公路桥梁挤扩支盘桩技术规程:T/GDHS 002—2020[S].广州:[出版者不详],2020.
[3] 刘广宇,李勇,孙克强,等.桥梁挤扩支盘桩受力分析与承载能力研究[J].广东公路交通,2019(5):42-48.
[4] 陈梓驹.桥梁挤扩支盘桩动态设计方法[J].城市建设理论研究(电子版),2023(31):160-162.

70. 改扩建桥梁拆除施工关键技术

宋　建

(广西桂鹿高速公路有限公司)

摘　要　本文结合桂柳改扩建桥梁拆除的方法,从架桥机逆作法、汽车起重机拆除、机械拆除、自行液压模块车四方面研究桥梁拆除技术,为改扩建桥梁拆除施工积累了经验。

关键词 改扩建 桥梁拆除

一、引　言

我国部分重要干线公路距离建成通车已有多年,随着经济快速发展,车流量增长迅猛,近年来部分路段出现拥挤现象,车辆运行速度逐年下降,尤其是节假日期间拥堵现象经常发生。现有的车道数已不能适应交通量持续增长的需求。高速公路改扩建施工中桥梁的拆除不仅涉及既有结构物本身的安全,还涉及高速公路及地方道路的车辆通行及运营安全,基于此,本文主要阐述不同条件下桥梁拆除的相关技术。

二、工程概况

G72 泉州至南宁高速公路是《国家公路网规划(2018—2030 年)》规划的重要公路,是《广西高速公路网规划(2018—2030 年)》中"1 环 12 横 13 纵 25 联"的主骨架。该工程起于桂林西枢纽互通,止于鹿寨北枢纽互通,全长约 100.809km。项目主线按双向八车道高速公路标准进行改扩建,改扩建方式主要以两侧直接拼接为主,局部单侧拼接或分离为辅,桥梁共长 9702m,共计 68 座,其中特大桥 2 座。

三、总体拆桥方案及难点和特点

1. 桥梁拆除总体方案

桥梁拆除总体原则为安全第一、施工有序、平衡对称、化整为零、逆向施工。依据拟拆除桥梁的设计图纸、构造及受力特点,制定拆除施工方案,拆除前做好物探工作,对周边环境及地下管线,特别是敷设于拟拆除桥梁结构主体上的管线,要详细摸排、准确登记,切实制定保护措施以确保安全。严格履行施工方案报批手续,专家评审通过后方可组织施工。本项目拆除桥梁结构形式主要为预应力混凝土 I 型梁、空心板梁、T 梁三种。综合比较设计方案,结合施工工期、现场环境及设计要求,采用 4 种不同方案拆除旧桥。

(1)架桥机逆作法。

对于高墩结构,跨越河道桥梁,地面高差大,施工便道狭窄,跨数多,施工周期长,梁板自重大,安全风险较大,桥下大吨位起重机占位困难的桥梁,拆除采用架桥机逆作法施工方案,结构分解采用静力无损切割法,人工破除辅助。

(2)汽车起重机拆除。

桥墩高 5~8m,跨数少,跨径短,交通便利,起重机占位便捷的项目,采用汽车起重机拆除梁板法施工。

(3)机械拆除梁板。

墩高 4~5m,地方村道或者过水下穿,交通流少的项目,采用挖掘破碎机拆除梁板或者盖板,灵活方便,经济效益高。

(4)自行液压模块车整体拆除法。

为缩短封闭高速公路时间,确保高速公路通行和桥梁结构安全,上跨高速立交桥选用自行液压模块车整体拆除梁板。

2. 桥梁拆除的难点和特点

旧桥经过多年运营,其强度、刚度、稳定性都有不同程度的下降,拆除时不可预见因素也较多,桥梁拆除工作本身是一项技术难度很大,且具有较大安全风险的特种工程施工。

(1)拆除作业处于桂柳高速公路上,环境保护要求高,环境污染风险大,交通流量大,施工交通组织难度大,拆除作业过程中保通压力大。

(2)拆除时间短,资源配置要求高,施工组织复杂,必须在规定的时间完工,保证高速公路的交通正常开放。

(3)拆除作业时,梁桥体系转换,必须保证结构的安全稳定。为此,方案模拟了桥梁拆除过程中的各种施工工况下桥梁的力学行为,提出了控制参数和指标,有效的安全保证措施和质量保证措施,将保证拆除过程顺利进行。

(4)拆除时涉及高空作业,具有一定的安全风险。

(5)切割后的混凝土梁体尺寸、重量大,起吊作业具有一定的安全风险。

(6)拆除期间结构体系发生转化,桥墩反力和支撑反力均呈现动态变化,箱梁的应力变形也会出现动态变化,需要考虑在不同的拆除工况下结构的最不利工况,并保证拆除结构安全。

四、切割关键设备

1. 墙锯切割

墙锯切割可以通过高压油管远距离控制操作,也可通过导轨的不同安装形式实现任意角度的切割,切割过程中不但操作安全方便,且振动和噪声很小,被切割物体能在几乎无扰动的情况下被分离。锯片大小根据切割深度调整,目前采用 $\phi 1600mm$ 金刚石圆盘锯最大切割深度可达 $730mm$,切割过程中高速运转的金刚石锯片靠水冷却,并将研磨碎屑带走,墙锯切割主要用于防撞护栏处。

墙锯切割机的特点为:

(1)金刚石墙锯机切割面光滑整齐。

(2)切割中锯机的移动方向受轨道控制,切割位置准确。

(3)无振动、低噪声、环保、安全无污染。

(4)切割厚度可以根据锯片的大小调整。

2. 绳锯切割

绳锯切割采用水冷却和润滑,产生的碎屑与水混合,按照一定的方向流出、汇积,在整个施工过程中不会产生任何灰尘到处飞溅,操作工可以方便地进行清理。金刚石绳锯机在城市桥梁、高速公路桥梁切割中具有切割速度快、无振动、低噪声、易操作、环保的特点,主要用于桥梁隔板连接、湿接缝、盖梁及墩柱处。

液压金刚石绳锯机的特点为:

(1)不限制切割物的大小,能切割和拆除大面积的钢筋混凝土结构物。

(2)可以任意方向切割,如横向、竖向、对角线方向等。

(3)快速地切割可以缩短工期。

(4)摆脱了施工振动、噪声、灰尘及其他环境污染问题。

(5)远距离的控制可以进行水下及牢固的结构物切割。

五、施工关键技术

1. 架桥机逆作法

架桥机逆作法施工设备在桥面施工,对墩高、桥下便道及起重机施工平台无要求,切块少,只需解除工字梁纵横向联系,可一次性吊离一片梁运至指定地点再进行破碎,施工周期短。拆除施工前,交通分流至新建双向四车道通行,封闭原有交通拆除桥梁。拆除时,从高位往低位进行,利用低位处桥梁对高位处桥梁进行限位,拆除共分4个阶段:

1)第一阶段:桥梁伸缩缝解除,拆除防撞墙

(1)桥上、下各种管线、管道等设施设备,协调相关路政、运营等产权管理部门提前拆除。

(2)伸缩缝拆除,用风镐凿开桥面混凝土,与桥台及梁板钢筋连接部分用气割割断。

(3)护栏拆除切割前,提前进行吊装孔钻眼,采用25t汽车起重机预吊,防止护栏外侧倾覆,吊装孔孔

径 50mm。

2)第二阶段:拆除施工(湿接缝切割解除桥梁纵横向联系,采用架桥机拆除上部结构)

(1)湿接缝切割解除约束,拆除湿接缝时尽可能保证和原梁体的整体性,保证单梁的稳定性,梁板起吊前,保留端头 2 个横隔板不完全切断,作为横向联系,拆除一片后剩余梁整体性较好。

(2)架桥机施工要点。

①先穿吊梁钢丝绳,穿好后的吊梁扁担必须水平。第一根牵引绳的一端拴在钢丝绳端头,将绳子的另一端从吊装孔内穿下,放至桥底;第二根牵引绳的一端从梁的另一吊装孔内放至桥底,将两根绳子拴在一起,拉动第二根绳子的另一端,将钢丝绳的端头拉至桥面,挂在吊梁扁担上。

②启动架桥机的起升小车将钢丝绳预紧,若吊具不水平,必须重新松钩调整。第一片梁的左右空间位置狭小,起吊时必须点动起升小车将钢丝绳预紧,然后点动逐步增大钢丝绳的张紧力。观察预制梁是否有抬升,有抬升的话才能连续地起钩。第一片梁起升超过次边梁高度 20cm 时停止起升。

③架桥机起重小车先横移到桥机的中心位置,小车停稳,预制梁不晃动后架桥机的大车横移到桥面中心位置。大车横移的过程中监控横移轨道的平稳性。

④运梁车开进架桥机腹腔内开始接梁。架桥机的后小车行走到运梁车车头位置时落钩。梁头位置完全放稳并且捆绑完毕后拆除后小车吊梁钢丝绳。前小车和车头配合往后退,后退的过程中两司机配合同步行走,防止出现小车滑移。待前小车走到副炮位置时停止。前小车停止位置严格控制在距中支腿后 3.0m 位置,以防止前支腿上翘。前小车卸梁完毕捆绑好后,方可拆除吊梁钢丝绳。

⑤运梁车把拆除的预制梁运出架桥机腹腔。两小车前进至中支腿位置时,第一片梁拆除完毕。架桥机前后天车重新回至安全范围内,对架桥机走行轨道进行锁定,同时对已拆除板梁两侧旧梁采取临时支护措施,排查施工现场,消除安全隐患。

3)第三阶段拆除施工(下部结构采用高空凿岩机或拖拉放倒法拆除桥墩)

(1)对于分离式桥且相邻桥梁距离较大,在能确保新建桥梁安全的情况下,可采用破断放倒的方法。首先,破除桥梁墩柱破断截面周围的混凝土,便于钢筋露出,钢筋露出后将其切断;然后,通过侧方牵引的方式和凿除将桥梁墩柱整体折断,拆除快速,安全性高,破除混凝土的时候产生的粉尘少,对施工人员的影响小且无须破除桥梁墩柱横向联系。破除钢筋破断截面周围的混凝土保留桥梁墩柱中心部位的混凝土。保留的混凝土截面呈偏心状,即桥梁墩柱放倒一侧的混凝土破除多于对称的另一侧。侧方牵拉之前对暴露的混凝土朝牵拉方向施加楔形钻工具,使得破除后暴露的混凝土产生裂纹。侧方牵拉采用卷扬机,牵引绳采用钢缆。钢缆一端缠绕于卷扬机上,另一端固定于桥梁墩柱的上端。

(2)拆除桥梁相邻新建桥梁,采用高空凿岩机从上至下破碎。为防止破碎混凝土块飞溅至高速公路,在高速公路靠近待拆桥梁护栏侧安装 2.5m 高彩钢板。

4)桥台、地系梁机械破除,现场清理和验收

桥台、地系梁、桥头搭板使用挖掘破碎机拆除、破碎,废渣用挖掘机装车运走。拆除后的建筑垃圾要及时外运,确保河道畅通,保障施工现场整洁。

2. 汽车起重机拆除

对部分墩高 5~8m,跨数少,跨径小,交通便利,起重机占位便利的情况,采用汽车起重机拆除梁板法施工。梁体切割前应先检查盖梁和原结构的病害,保证切割后节段结构的安全,先纵向切割,横向逐节切割,不得一个横断面整体切断。

(1)工艺流程。

①拆除护栏、防抛网,桥下搭设钢管棚。

②空心板纵向切割分解为多块简支梁。

③横向切割墩顶横断面,只切割需要吊装的梁端部,其余部分不切割,作为约束边界。

④空心板吊装。

⑤清理现场。

(2)起重机及钢丝绳选型。

①起重机的起重力应大于单片重量+桥面结构层+绑扎索具的重量。

②起重高度应大于梁板自身高度+墩身高度+吊索吊钩高度+安全高度。

③回转半径应大于起重机支腿+安全距离+起重机与梁板距离。

④钢丝绳应根据钢丝绳根数和丝数、直径、公称抗拉强度及破断拉力总和选取。

3. 机械破除

对于墩高 4~5m,只有一跨且地方道路交通流少的情况,采用挖掘破碎机拆除梁板或者盖板,灵活方便,经济效益高。工艺流程为第一阶段地面防护沙袋施工,第二阶段桥涵机械破除,第三阶段现场清理。

(1)封闭通道,交通管理员、安全员全过程管控桥上、桥下人车交通,严禁人车通行,桥下绕行临近通道或前期改路,沿桥下路面铺设一层沙袋防护,防止混凝土渣掉落损坏。

(2)根据设计图要求,对旧桥桥后路基进行注浆加固、轻质土支挡、混凝土挡墙支挡,施工完新建桥台桩基后,再组织对旧桥台帽、U形桥台进行拆除。

(3)采用2台凿岩机位于路基位置凿除顶板。为防止破碎混凝土块飞溅至高速公路,凿岩机炮头包裹土工布,在高速公路靠近待拆桥梁护栏侧安装2.5m高彩钢板。

4. 自行液压模块车整体拆除法

为缩短封闭高速时间,确保高速通行和桥梁结构安全,上跨天桥的桥拆除方式选用自行液压模块车整体拆除梁板。拆除天桥作业过程中,拟先封闭半幅道路,实行交通管制,将已封闭的半幅道路上的天桥先拆除,待该半幅天桥拆除完毕后,再重复上述步骤拆除另外半幅天桥。

(1)液压模块车。

模块车主要由一台六轴单元车及动力单元组成,其中每个单元车及动力单元都可以作为独立单元与其他单元车拼组,以适应不同吨位的载重需求。整车具高度可调、轮轴负荷均匀、转弯半径小、转向方式灵活、承载吨位可变等诸多优点。模块车通过降低整车高度驶入梁底,液压均衡系统顶升梁体后转运至指定地点,全部过程不需要其他起重设备协助。在上、下坡及斜坡路面上行驶可调整车身保持水平位置,保证梁体的平稳运输。模块车具有纵向、横向拼接功能,可以根据梁体的不同重量及长度、宽度进行组合,以满足运输要求,缩短拆桥周期。

(2)工艺流程。

①对桥面伸缩缝进行拆除,并切割拆除桥面连续段、防撞护栏及墩柱防撞挡块,使各桥跨分离。

②拆除段交通封闭,并做好交通导改。

③液压模块车就位顶升梁体,并移运至指定位置。

④清理现场,梁板破除。

5. 监测监控

桥梁拆除施工的控制是系统工程,主要包括数据的准确获取、数据的分析处理及结果的运用。在整个桥梁拆除过程中,派专人对整个施工区域进行检测施工,发现异常情况时,立即停止施工,迅速撤离作业人员,对于存在的安全隐患及时预警,并派专人负责吊装施工,随时查看设备状况。桥梁拆除监控的目的是确保拆除过程中的被拆梁体始终处于受控状态,结构安全,确保桥面增加施工荷载后的稳定性,使拆桥工作顺利开展及原有高速正常通行。

主要监控内容如下:

(1)梁体监控:梁段相对竖向位移和梁段-支撑相对位移。

(2)支撑结构监控:支撑应变和支撑倾角。

(3)架桥机、汽车起重机、模块车组监控:架桥机构件连接、大车的平稳行走,汽车起重机吊具、吊钩、钢丝绳,模块车组路径轨迹及车组间的相对同步位移。

(4)地基基础监控:桥位顶升沉降、路径移运沉降、场区落架沉降、路径动态沉降。

(5) 车辆的轮信息、车辆油压监控。
(6) 支撑系统的应力、空间姿态监控。

六、结 语

桂林至柳州高速公路为山岭重丘区高速公路,既有高速车流量大,且边通车边施工,交叉干扰多,立体交叉及桥梁结构形式多,施工作业面狭小,安全风险系数高,各施工工序、施工班组和机械交叉协同,技能水平要求严。对不同桥梁进行分类,综合各种因素采用不同的拆除方法,不仅提高了工作效率,同时也确保了桥梁拆除方案的安全可靠,尤其是采用模块车快速拆除池头天桥是全新技术装备在广西高速公路改扩建工程的首次应用,对项目全线天桥拆除提供了十分重要的借鉴和指导意义。

参考文献

[1] 梁建永.旧桥拆除工程施工技术[J].交通世界,2022(26):113-115.
[2] 江凯.高速公路改扩建工程桥梁拆除施工技术[J].科学技术创新,2023(5):149-152.
[3] 李飞.高速公路改扩建工程桥梁拆除施工技术要点[J].四川水泥,2022(11):213-215,218.

71. 大型复合薄板件机械加工技术

向志强 黄安明 张 旭 陈远林
(德阳天元重工股份有限公司)

摘 要 本文以某悬索桥主索鞍上承板为例,介绍了一种超大型复合钢结构薄板件的机械加工技术。该薄板件具有结构尺寸大、内应力大、易变形、精度要求高、不锈钢面难加工的特点。通过分析该产品的结构特点及加工技术难点,从优选加工设备,制定合理的加工工艺,采用恰当的装夹方式,选择适合的切削刀具,优化切削参数等方面,提出了大型复合钢结构薄板件的机械加工技术方案。该技术可以有效地控制大型钢结构薄板件在机械加工过程中的形变及机械加工尺寸,保证大型钢结构薄板件的机械加工质量。

关键词 悬索桥 主索鞍上承板 大型复合薄板件 形变控制 机械加工

一、引 言

悬索桥是现代桥梁工程的重要形式,其主索鞍上承板作为关键部件之一,在主索鞍顶推过程中发挥着至关重要的作用。为使主索鞍在顶推过程中能顺畅滑动,减小因摩擦产生的阻力,国内某悬索桥主索鞍在上承板和安装板之间设置了由不锈钢板与聚四氟乙烯板构成的滑动摩擦副。聚四氟乙烯板设置于安装板,采用热黏接方式与安装板钢板组合;不锈钢板设置于上承板,采用塞焊方式与上承板钢板组合。这种结构满足了主索鞍在顶推过程中的摩擦系数要求,也给上承板的加工制造提出了新的要求。

薄板件由于初始残余应力的作用,普遍存在变形严重、加工难度大等问题。苟慎龙[1]以大平面不锈钢薄板为例,研究了金属薄板件因内部残余应力产生的形变,通过试验得出了薄板件的加工适合采用上下表面轮流交替翻面铣削的加工方式。张斌[2]以某大型框架结构件为例,研究大型薄板类零件铣削加工技术,从挠度变形控制、铣削振动控制及热变形控制3个方面,提出了薄板铣削加工过程中平面度控制的有效工艺方案。但是,不锈钢板和结构钢板相结合的大型复合钢结构薄板件的加工技术还未有相关文献研究。

然而,主索鞍上承板是一种集薄板类零件易变形;不锈钢板面难加工,是存在焊接应力等众多典型构件难点于一体的大型复合钢结构薄板件。加工过程中面临着结构尺寸大、易变形、精度要求高等诸多挑战。本文以国内某悬索桥主索鞍上承板为例,针对上承板的结构特点及加工难点,研究大型复合钢结构薄板件的机械加工工艺方法及精度控制技术。

二、结构特点及加工难点

以国内某悬索桥主索鞍上承板为例,如图1所示,外形尺寸为5500mm×3030mm×88mm,其主体结构尺寸为4500mm×3030mm×88mm的结构钢板和不锈钢板的焊接组合件。其中,不锈钢板材料为12Cr18Ni9,厚度8mm;结构钢板材料为Q235B,厚度80mm。不锈钢板和结构钢板采用不锈钢中部塞焊,边缘角焊缝的方式组合,组合件共计4件不锈钢板。在加工过程中的难点众多,主要体现在以下几个方面。

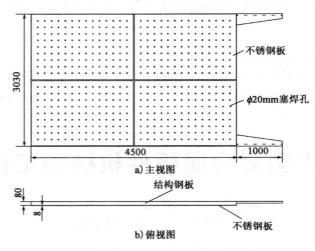

图1 上承板结构尺寸图(尺寸单位:mm)

1. 外形尺寸大,刚度差,易变形

产品为结构钢板和不锈钢板的焊接组合件,主体结构长宽尺寸为4500mm×3030mm,厚度仅为88mm,属于大型复合钢结构薄板件,具有刚度差,易变形的典型特点。变形原因有以下3点:

(1)钢板的初始残余应力造成的工件变形。

(2)不锈钢板与结构钢板的焊接应力造成的工件变形。

(3)加工过程中受到切削力、装夹力以及切削热等因素的影响而发生变形。

这些变形的另一特点是随着机械加工过程中材料的去除,工件内应力的不断释放,工件会持续发生形变,直到机械加工全部完成。这些形变会直接影响到工件的尺寸精度和形状精度,甚至可能导致工件报废。

2. 精度要求高

上承板不锈钢板面与结构钢板面的平面度均要求不大于0.5mm/全平面,不大于0.08mm/1000mm,不锈钢板面的表面粗糙度要求Ra1.6,结构钢板面的表面粗糙度要求Ra6.3,两面总厚度要求88mm±0.15mm。

基于上文分析的薄板件易变形的特点,此精度要求对于上承板机械加工的精度控制具有一定的难度。

3. 不锈钢面难加工

不锈钢板材料为12Cr18Ni9[3],具有良好的塑性、加工硬化倾向大、高温强度好[4]的特性,在切削过程中会使刀具受到较大的切削力,加速刀具的磨损,加工表面质量不易保证。

综上所述,在12Cr18Ni9不锈钢本身就难加工的情况下,还要排除薄板件变形的影响,保证不锈钢板面Ra1.6的表面粗糙度,不大于0.5mm/全平面,不大于0.08mm/1000mm的平面度和上承板88mm±0.15mm的总厚度尺寸,对于上承板的机械加工具有相当大的难度。

三、上承板加工工艺

1. 机床选择

根据上承板的结构特点以及外形尺寸,为了保证加工精度,提高加工效率,加工机床应选择行程不小于 5500mm×3030mm 的数控龙门铣,保证一次装夹能完全加工一侧平面。

鉴于以上分析,在实际加工中选用公司 XKQ2850×240 数控龙门铣,机床 X 轴行程 24m,Y 轴行程 6m,Z 轴行程 1.5m,X、Y、Z 轴定位精度 0.02mm/1000mm。采用的数控系统响应速度快,控制精度高,可满足上承板的加工需要。

2. 加工工艺的确定

通过深入研究图纸要求及上承板的结构特点,确定上承板的加工工艺流程如下:
(1)粗、精加工结构钢板需焊接不锈钢板的一侧平面。
(2)焊接不锈钢板。
(3)不锈钢板面及结构钢板面的半精加工。
(4)自然时效。
(5)不锈钢板面及结构钢板面的精加工。

四、形变控制方法

针对主索鞍上承板外形尺寸大、厚度薄、易变形的特点,为确保产品的机械加工质量,在加工过程中采取了以下几种工艺方法控制工件形变。

1. 选取合理装夹方式

装夹方式以最大程度保证上承板呈自然状态且最低程度受外力影响为总体原则,避免因受外力导致工件变形。本示例中上承板支垫位置如图 2 所示,在上承板主体结构长宽范围内,均匀布置 9 处 1000mm×400mm×800mm 的工装,并将工装与机床工作平台紧固连接。工装上平面整体加工,保证所有工装上平面平面度≤0.05/全平面,上承板按图 2 所示位置放置于工装的加工面上。上承板燕尾板处设置 2 处辅助支点,辅助支点以抵消燕尾板悬臂结构重力为总体原则,避免因燕尾板悬臂结构与工装支点间因杠杆原理导致上承板主体结构产生形变。

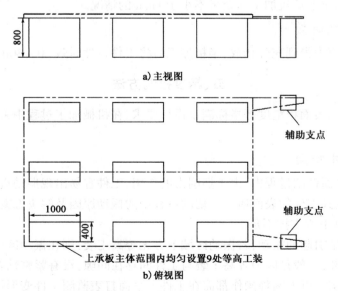

图 2 上承板支垫位置图(尺寸单位:mm)

等高工装间距对上承板挠度影响较大,整体趋势为间距越大,工件挠度越大。经大量实践验证,在此类结构的上承板装夹中,等高工装间距不大于1200mm时,两等高工装间工件悬空位置挠度≤0.05,能满足对上承板精度的控制要求。类似薄板件机械加工的支垫可借鉴此思路,采取合理调整等高工装间距的方式来控制工件挠度。

上承板四周设置限位工装防止加工过程中,工件在长宽方向产生移位,如图3所示。此限位工装仅用于对上承板长宽方向的限位,并不提供长宽方向的夹紧力,上承板厚度方向也不设置压点,避免因人为施加的外力作用导致工件变形。

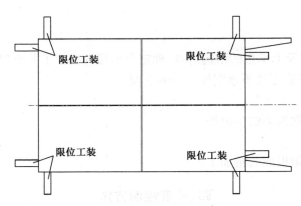

图3 上承板限位工装位置图

2. 两平面轮流交替翻面铣削

上承板加工采用分层铣削的方式,待铣削层共分8层,且不锈钢板面和结构钢板面轮流交替翻面铣削[5],让工件在不同装夹状态下分别进行多次加工,且交替进行,使其内应力均匀缓慢释放。

3. 变形过大的校正措施

上承板在焊接不锈钢板前或焊接后,由于应力作用,也会有钢板变形量大于加工余量的情况出现,这就必须要对其进行校正,才能保证上承板的上下平面都有足够的加工余量。校正方式通常采用火焰矫正法,苗玲[6]分析了火焰校正的原理。

火焰校正是一种较难操作的工艺,操作人员需要有比较丰富的经验,且对形变量的控制很难精确掌握,故火焰校正一般适用于上承板加工面余量不小于1mm的情况。

4. 半精加工后自然时效

为了让上承板的内应力得到充分释放,半精加工后将工件自然时效20～30d,再进行精加工。

五、精度控制方法

为保证产品的尺寸和表面粗糙度等指标满足设计要求,在机械加工过程中采取了以下几种方法控制加工精度。

1. 避免切削过程中振动

上承板刚性差,在平面铣削过程中,由于切削力的作用,工件容易出现振动现象。若振动过大还可能产生挖刀现象,严重影响到工件的表面质量。切削过程中的振动原因及解决方案分以下有两种情况:

(1)上承板振动区域下方支撑不足。

针对上承板支撑不足引起的振动,若振动区域下方无等高工装,则在振动区域下方增加辅助支点;若振动区域下方有等高工装,一般是因为等高工装与工件间存在间隙,没有紧密贴合所致,则将等高工装与工件间的间隙用铜片垫实。以上两种操作都需在工件上平面打表监测工件变形情况,确保因辅助支点产生的形变不大于0.03mm。

(2)切削力引起的振动和工件形成共振[7]。

此类振动对工件和刀具的影响都较大,若不及时调整,振动幅度会因共振原理,迅速增大,导致工件表面挖刀和刀具损坏。如切削过程中遇此类情况,应及时调整主轴转速和进给速度,避开工件共振频率进行切削。

2. 切削表面及刀具的温升控制

上承板在切削加工过程中会产生大量的切削热,切削热对工件和刀具有以下影响:

(1)上承板中的切削热累积,内应力发生变化,导致上承板产生形变。

(2)刀具中的切削热累积,刀具温度升高,受热膨胀,导致切削表面挖刀。

(3)刀具温度越高,磨损越严重[8],切削阻力越大,导致加工表面质量不佳。

故切削过程中应对刀具和工件进行温升控制,控制方法为使用风冷或切削液进行冷却,及时将切削热带离工件表面。

3. 选择合理的切削刀具

由于上承板刚性差,粗加工应避免产生过大的切削力,R形角度铣刀切削力比尖型角度铣刀平均切削力小[9],且刀齿强度相对较强,故粗加工选用R形角度刀具。精加工应避免产生轴向的切削力,防止工件因轴向力切削力产生形变,影响到加工的平面度,故精加工应选用90°刀具。因为带角度的刀具或R形角度刀具在切削过程中会产生轴向分力,导致工件变形,影响工件加工面的平面度。

4. 合理的切削参数

机械加工切削三要素[10]为切削速度、进给量和背吃刀量。薄板件粗加工切削三要素选择的总体原则是小的背吃刀量和大的进给量。精加工切削三要素选择的总体原则是小的背吃刀量和小的进给量。背吃刀量过大会产生较大的切削力,容易导致薄板件的变形,故粗、精加工均选用小的背吃刀量。而大的进给量可以在粗加工时,提高加工效率,小的进给量可以在精加工时保证加工面有较高的表面粗糙度。

5. 平面度及总厚度尺寸控制方法

上承板的平面度采用机床打表的方式测量,而总厚度尺寸的控制难点在于尺寸的测量,采用常规的千分尺等量具只能测量到上承板四周边缘尺寸,中间区域厚度尺寸无法直接测量。

故实际操作中,采用以下方式,间接计算出上承板各处厚度,也能很好的保证上承板厚度尺寸。在装夹上承板前,等高工装已整体加工至平面度小于0.05mm,故可将等高工装平面作为基准面,通过塞尺测量上承板下平面和等高工装的间隙,再与上平面打表测量的数据综合分析,计算出上承板厚度尺寸。

六、结　语

本文以加工难点为切入点,着重探讨了悬索桥主索鞍上承板的机械加工技术,从工艺流程、形变控制和精度控制三个方面提出了大型复合钢结构薄板件铣削加工的有效工艺方案,并通过实践验证。该技术可以有效地控制大型薄板件的形变及机械加工尺寸,保证产品质量,可为类似金属薄板件的加工提供借鉴。

参考文献

[1] 苟慎龙,邱吕强,徐刚,等.金属薄板平面铣削形变分析与控制[J].机械制造与自动化,2020,49(1):65-67.

[2] 张斌,巩丽,谢龙飞.大型薄板类零件铣削加工技术研究[J].东方汽轮机,2021(1):44-46.

[3] 成大先.机械设计手册　常用工程材料[M].北京:化学工业出版社,2004.

[4] 杨叔子.机械加工工艺师手册[M].北京:机械工业出版社,2001.

[5] 周丹,成振华.薄板件切削加工控制变形的工艺措施[J].科技风,2019(17):146,158.

[6] 苗玲.火焰校正使用原理及操作实例[J].科技传播,2010(10):17-18.

[7] 王海星.基于铣削加工系统的切削稳定性研究[D].兰州:兰州交通大学,2022.

[8] 李超.高硬度难加工材料的切削加工研究[D].唐山:华北理工大学,2021.
[9] 张德义,沈宇,陶丽佳,等.角度铣刀切削力学性能研究[J].机电工程,2019,36(5):485-489.
[10] 兰君毅.金属切削加工中切削用量的选用策略研究[J].职业,2019(1):30-31.

72. 深水砂卵石河床锁扣钢管桩设计与施工技术研究

刘大成　任初君　杨圣峰
（中交一公局集团有限公司）

摘　要　为确保沙洋汉江特大桥2号承台塔的施工安全及工期要求,针对2号墩围堰进行了专项设计。通过对深水砂卵石河床地质特性的深入分析,选择了锁扣钢管桩围堰结构形式,并采用"平衡水头抽沙+预封底反抽水"的施工工艺。利用 midas Civil 软件,对围堰进行了全面建模分析,得出了工况下的应力与变形结果。在施工过程中,计算结果与监测数据相吻合,证明施工工艺的安全可靠,验证了围堰结构形式的合理性,为类似工程的施工提供宝贵的经验与借鉴。

关键词　深水砂卵石河床　锁扣钢管桩　水下取土　桥梁工程

一、引　言

随着城市交通的快速发展,跨水域桥梁的建设逐渐成为基础设施建设的重要组成部分。水中基础通常具有桩基数量多、承台尺寸大的特点,因此对围堰的要求也越加严格。目前,水中低桩承台的围堰施工方法主要包括套箱围堰、双壁钢围堰、钢板桩以及钢管桩围堰等。这些方法各有其优缺点,但它们的共同目标是为水中基础施工提供一个稳定的干作业环境。近年来,锁扣钢管桩围堰因其刚度大、止水效果好和可回收利用等优点,逐渐受到广泛应用。尽管锁扣钢管桩围堰在许多施工环境中表现出色,但在厚砂层河道中应用时,仍面临一些技术挑战。厚砂层的地质条件对施工方案提出了更高的要求,尤其是在承台开挖与取土方式的选择上,直接关系到工程的安全性与施工效率。

二、工程概况

汉江特大桥全长660m,采用主跨2×330m独塔钢混组合梁斜拉桥。主塔设计为钻石形结构,塔高187.7m。汉江特大桥2号主墩为整体式矩形承台,承台顶面高程为+32.237m,底面高程为+26.237m,平面尺寸为29m×54m,厚6m。

三、结构形式选用与新型工艺概述

1. 围堰结构形式比选

对钢围堰结构进行比选,主要考虑适用性、施工难易程度、工期以及回收利用率等因素,具体内容见表1。

钢围堰结构综合比选　　表1

结构形式	拉森钢板桩围堰	双壁钢套箱围堰	锁扣钢管桩围堰
加工难易程度	制作简单,难度较小	制作复杂,难度相对较大	制作难易程度在钢板桩和钢套箱、钢吊箱围堰之间
施工难易程度	由于其截面特性,抗扭转能力低,导致其插打深度较困难,施工中可能存在部分插打不到位,存在较大安全隐患;围堰内支撑间距密集,对开挖和承台施工干扰较大	在覆盖层中的下沉速度较慢,若在刃脚下遇土层中有障碍物,水下清除也较为困难。由于其刚度大,围堰内支撑间距较大,对开挖和承台施工干扰较小	由于其刚度大于拉森钢板桩,其插打深度较拉森钢板桩更有保障,其安全性能更高;围堰内支撑间距适中,对开挖和承台施工干扰适中

续上表

结构形式	拉森钢板桩围堰	双壁钢套箱围堰	锁扣钢管桩围堰
施工进度	较快	较慢	较快
设备要求	低	高	中
止水效果	较差	较好	较差
回收利用率	高	低	中
综合排序	2	3	1

综合考虑适用性、施工难易程度、工期以及回收利用率等因素,结合施工现场可利用材料的实际情况,最终选择锁扣钢管桩为钢围堰结构形式。

2. 常规施工工艺

对于锁扣钢管桩围堰,传统的开挖工艺通常采用逐层开挖方法(包括抽水),并在设计位置安装围檩及内支撑。这种施工工艺适用于开挖深度较浅、承台厚度较小且原状土透水性较差的项目,但对于本项目承台厚度达到6m、总深度16.6m的施工背景,若继续采用常规方案,将需要在承台高度范围内设置围檩及内支撑。这不仅增加了施工的复杂性,而且还导致在承台施工过程中需频繁进行支撑受力体系的转换,进而可能延长施工工期并提高项目成本。此外,由于锁扣钢管桩围堰在受力体系转换时易发生局部变形过大,可能导致锁扣漏水现象,这显著增加了施工的安全风险。因此,有必要采用更为适宜的开挖方案及支撑,以提升施工效率和安全性。

3. 新型工艺

1)新型工艺创新点

在围堰施工过程中,采用"平衡水头抽沙"工艺,成功实现了在第二层围檩及内支撑安装完成后进行围堰内回水的操作。围堰回水后,内外水头差维持在0m,这一工艺有效降低了水压力对结构的影响。同时,在开挖阶段,通过使用吸泥泵替代传统机械开挖方式,大幅提升了工作效率,使得围堰结构在开挖过程中仅受水流荷载及围堰外侧土压力。这为结构的安全性和稳定性提供了良好的保障。

采用"预封底反抽水"工艺,在开挖至封底混凝土的底高程后,及时进行水下封底混凝土的浇筑,从而形成对钢管柱下部的有效支撑。这一措施不仅增强了围堰基底的稳定性,还显著减少了钢管桩及底层围檩内支撑的受力,对围堰结构材料的优化设计、提高整体工程质量有重要意义。

通过以上工艺的有效应用,项目在安全、施工工期及结构优化方面均取得了显著成效。

2)新型工艺施工工艺

新型工艺的主要施工流程为:施工准备→锁扣钢管桩导向安装→锁扣钢管桩插打、合龙→安装第一层围檩及内支撑→抽水至河床面,安装第二层围檩及内支撑→围堰内回水、吸泥至封底混凝土底高程→浇筑封底混凝土→抽水至封底混凝土顶面→承台施工→第二层围檩及内支撑体系转换→索塔施工→下横梁施工完成→拆除锁扣钢管桩。

3)锁扣钢管桩围堰结构设计

本围堰采用$\phi 820mm \times 14mm$锁扣钢管桩,围堰外形尺寸57.85m×32.93m(长×宽),钢管桩长度24m,河床高程32.0m,基底高程24.237m,围堰设计水位取40.8m;围堰内外水头差16.6m,共设置二道内支撑,封底混凝土采用C25水下混凝土,封底厚度2m;第一道围檩采用3HN700mm×300mm型钢,对撑采用$\phi 800mm \times 16mm$钢支撑,其余内支撑均为$\phi 800mm \times 16mm$钢支撑和双拼及三拼HN700mm×300mm型钢,第二道围檩采用3HN700mm×300mm型钢,对撑采用3HN700mm×300mm型钢,其余内支撑均为$\phi 800mm \times 16mm$钢支撑和双拼及三拼HN700mm×300mm型钢。钢管桩及第二层围檩、内支撑材质为Q345,其余材质均为Q235。围堰结构如图1所示。

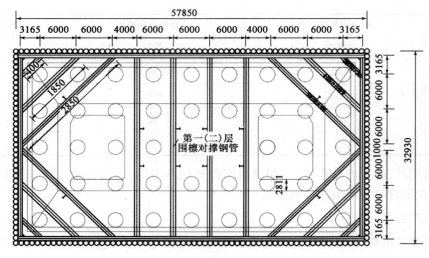

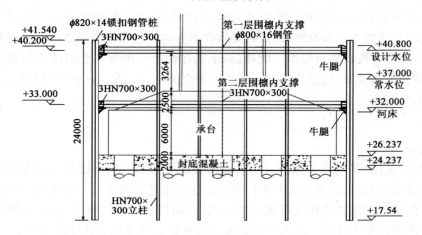

图 1 围堰结构布置图(尺寸单位：mm；高程单位：m)

四、新型工艺的计算与分析

1. 工况分析

围堰计算工况见表 2。

围堰计算施工工况　　　　　　　　　　　　　　　　　表 2

序号	施工步骤	控制水位	控制流速
工况 1	安装第一道内支撑，抽水至 +32.0m	+37.00m	2.24m/s
工况 2	安装第二道内支撑，围堰内回水，水下开挖至基底	+37.00m	2.24m/s
工况 3	浇筑水下封底混凝土，混凝土强度达到要求后围堰内抽水	+40.8m	4.76m/s
工况 4	承台施工完成，回填 5.5m 砂土，剩余 0.5m 浇筑混凝土，拆除第二道支撑	+40.8m	4.76m/s
工况 5	塔座施工完成，拆除第一道最外侧角撑	+40.8m	4.76m/s

2. 建模说明

采用有限元软件 midas Civil 建立三维整体模型，进行空间分析。在本模型中，砂土及混凝土圈梁对钢管桩的约束按节点弹性支撑施加。土层与钢管桩之间的相互作用以及内外水压力差均作为荷载因素纳入考虑,结构自重通过软件自动加载。钢管桩、内支撑和围檩均通过梁单元进行模拟,并在模型上施加静水压力、水流力和土压力等荷载。钢管桩与砂土接触处的水平基床系数设定为20000kN/m³,钢管桩与混凝土圈梁接触处的水平基床系数设定为1000000kN/m³。有限元模型如图2所示。

 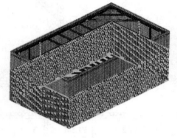 

a) 整体模型　　　　　　　　　b) 边界条件　　　　　　　　　c) 结构荷载

图2　围堰有限元模型

3. 数值模拟计算结果

根据围堰的施工工艺,本次计算综合考虑了5种施工工况,并针对各施工阶段的数据对模型进行了详尽的受力分析。通过使用midas Civil软件进行计算,最终得出了各工况下的应力分布情况。其中,分析结果显示出有两种工况为最不利施工工况,特别是工况三和工况五被认定为主要的风险工况。为进一步理解这些工况的受力特性,本文展示了各结构杆件最不利工况的最大应力统计,相关数据见表3。

各工况结构最大应力计算结果　　　　　　　　　表3

名称		计算值(MPa)	设计值(MPa)	应力比(%)	工况
钢管桩应力	组合应力	155.0	295	52.54	工况3
	剪应力	40.6	180	22.56	工况3
第一层围檩	组合应力	144.7	205	70.59	工况5
	剪应力	40.8	120	34.00	工况5
第一层内支撑	组合应力	113.7	215	52.88	工况5
	剪应力	4.6	125	3.68	工况5
第二层围檩	组合应力	238	310	76.77	工况3
	剪应力	100.1	180	55.61	工况3
第二层内支撑	组合应力	163	310	52.58	工况3
	剪应力	36.9	180	20.50	工况3

根据计算结果可知,钢管桩围堰各个主要构件受力均满足规范要求,钢管桩围堰整体结构安全可靠。

五、围堰施工监测

本项目围堰安全等级为一级,根据《钢围堰工程技术标准》(GB/T 51295—2018)第6.2节要求,现场监测内容主要包括:围堰结构应力监测、围堰结构变形监测。

1. 围堰监测内容及方法

通过有限元分析软件建立有限元模型,分析最不利工况,根据模型结果确定应力和变形测点并安装传感器。利用应变增量和钢材弹模计算应力,采用极坐标法监测水平位移,采用电磁波测距法监测竖向位移。

2. 围堰监测测点布置

基于对钢围堰最不利工况的理论计算结果,重点监测分析围檩及横支撑的受力行为。钢板桩、围檩和横支撑是围堰受力的主体,主要承受单轴应力(环向和轴向)。为了获取其受力响应,沿顺向布置应变计。变形监测点同时测量水平和竖向位移,依据复核计算结果,监测点设置在钢管桩的四个角和对边中点顶部,以及第一层围檩的四个角和对边中点顶部。详细布置如图3所示。

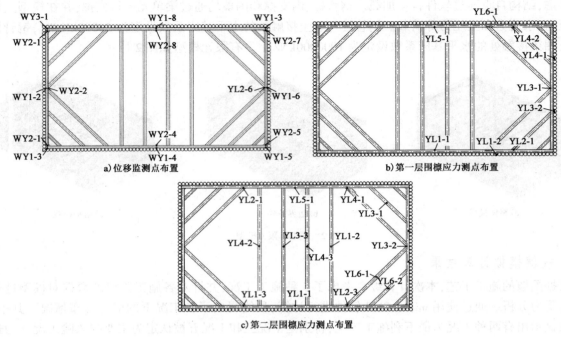

图 3 监测点平面布置图

3. 围堰监测数据分析

对围堰抽水后的 0～12d 期间,开展了实测数据的全面收集与整理工作。相关数据包含实测应变随时间变化的曲线,相关数据随时间变化如图4和图5所示。关键应力测点最大应力与应力限值对比如图6所示。

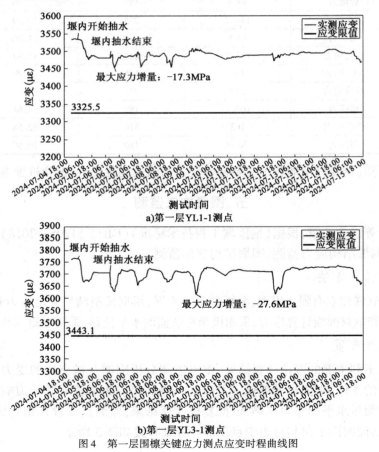

图 4 第一层围檩关键应力测点应变时程曲线图

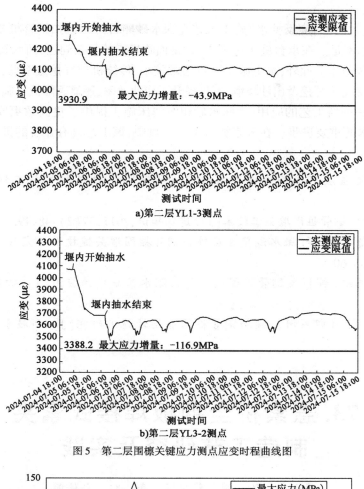

图 5 第二层围檩关键应力测点应变时程曲线图

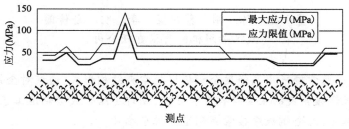

图 6 关键应力测点最大应力与应力限值对比图

综上所述,经过对锁扣钢围堰施工过程中应力监测数据的详细分析,理论计算模型与实际施工之间确实存在一定的误差。这一误差主要源于钢围堰在水下施工时,水压力、主动土压力和被动土压力等荷载的简化,以及钢管桩约束的简化所导致理论与实践间的差距。然而,各部位的结构受力情况仍然能够满足设定的应力限值要求。这一结果表明,围堰在施工过程中承受的各项荷载均保持在安全范围之内,保障了整体结构的安全性和可靠性。

六、结　语

沙洋汉江特大桥 2 号承台锁扣钢管桩钢围堰工程是沙洋汉江特大桥的关键施工部位。本文对深水承台施工中钢围堰常用的几种结构形式进行了结构比选,针对本项目情况进行了锁扣钢管桩围堰的工艺优化。利用 midas Civil 有限元分析软件对锁扣钢管桩围堰进行了空间三维数值模拟分析,并在施工过程中对围堰进行了全过程的施工监测。通过分析本文得到的主要结论如下：

(1)针对施工过程中可能出现的各种风险因素,进行了深入的理论分析与模型构建,确保在施工的每一个环节都能严格控制质量和安全,施工过程中通过理论设计计算与施工中的监控,验证了施工工艺的合理,结构安全可靠。

(2)"平衡水头抽沙 + 预封底反抽水"施工工艺在深水砂卵石河床锁扣钢管桩施工中的应用,极大地改善了传统施工方法的不足。在承台施工过程中,常常面临换撑的复杂问题,而此新工艺有效解决了这一困扰,提高了施工的整体效率。此外,水上施工平台通常较小,传统机械开挖效率低,而"平衡水头抽沙"技术通过合理控制水头,优化了开挖及出沙环境,不仅提升了作业效率,还显著降低了施工操作的难度。

(3)实践表明,这一创新工艺的应用,为深水砂卵石河床施工提供了更高效更安全的解决方案,标志着锁扣钢管桩施工技术的重要进步。在未来类似工程项目中,该工艺具有显著的推广及借鉴价值。

参考文献

[1] 蒋海涛.深水浅覆盖层河床条件桥梁围堰应用研究[J].铁道科学与工程学报,2020,17(7):1778-1784.
[2] 岑峰.砂层地层锁扣钢管桩围堰施工技术[J].建筑知识,2017,37(2):48-49.
[3] 张宏武,穆清君,陈卓昇,等.深水浅覆盖层锁扣钢管桩围堰关键技术研究及应用[J].中国港湾建设,2023,43(7):55-60.
[4] 程鹏军,余亮,赵雪峰.锁扣式钢管桩围堰在复杂深水基础中的应用[J].四川水利发电,2021,40(6):61-65.
[5] 罗利,王佳林,罗强.砂卵石河床锁扣钢管桩围堰设计施工研究[J].科技和产业,2023,23(11):249-255.

73. 悬索桥全钢板焊接式索夹制造工艺研究及实践

董小亮　陈　刚　蔡宗墅　李　明　杨传国
(武汉船用机械有限责任公司)

摘　要　某超大跨径悬索桥采用高强度全钢板焊接索夹结构形式,通过对全钢板焊接索夹进行结构特点分析,确定了全钢板焊接索夹的主要结构成型方案,制订了结构成型制造工艺方案,进行了焊接工艺评定试验,验证了焊接工艺,为全钢板焊接索夹制造提供了参考。

关键词　悬索桥　全钢板焊接索夹　结构形式　制造工艺　焊接试验

一、引　言

悬索桥的索夹结构形式主要有骑跨式和销接式两种形式,其结构特点为通长两半形式薄壁构件,通过高强度螺杆组件锁合形成整体。目前国内悬索桥索夹材料主要是采用ZG20Mn低合金钢铸造索夹毛坯,然后通过机加工毛坯保证尺寸达到精度要求。

随着悬索桥跨径的不断增大,主缆直径越来越大,目前索夹内孔最大尺寸已达到1.5m,如仍然采用铸造索夹毛坯,铸件的轮廓尺寸及重量会大幅增加,导致索夹的铸造、制造以及运输安装的难度及造价会相应增加,同时,由于直径变大,铸钢件质量相对更不容易保证,会增加铸造缺陷发生的可能性。

而如果在大直径索夹上更改结构及材料成型方式,采用目前较为成熟稳定的钢板材料,采用组焊成型的方式制作索夹,可以充分发挥钢板材料内部组织更加致密、材料力学性能更加稳定的特点,索夹内部质量比铸钢成型相对更容易有效控制,制作过程对焊缝进行严格控制,焊后消除焊接应力,可更加可靠保证焊接索夹的质量。

传统铸造索夹结构形式如图1所示。

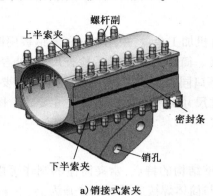
a) 销接式索夹

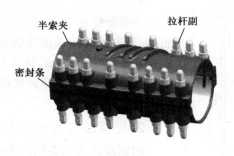
b) 骑跨式索夹

图1 索夹结构形式

二、结构介绍

焊接索夹结构设计由多块钢板组合焊接而成，焊缝数量多。为降低焊接应力、改善焊缝的受力状态，对焊接索夹进行优化设计，以降低焊缝的应力和疲劳问题。同时，为验证结构及工艺可靠性，通过试验验证了结构及焊缝的疲劳性能，满足设计要求，全焊接索夹设计由Q345qD钢板材料焊接而成。设计索夹内孔直径为1030mm，长1880mm，壁厚35mm，重量约4t。

全焊接索夹主要由上、下半索夹筒体及自身加劲板、纵向限位板、下耳板组成。索夹下半索夹筒体采用Q345qD-Z25桥梁用结构钢，其他位置均采用Q345qD。上、下半索夹筒体板厚35mm，采用钢板整体卷制而成。索夹筒体外围布设环形加劲肋，加劲肋板厚35mm，纵向距离240mm，加劲板外伸牛腿，纵向焊接通长水平肋供螺杆预紧用，水平肋板厚36mm。下半索夹设置了双耳板，耳板与筒体之间采用熔透焊缝连接。

图2为全焊接索夹结构图，图3为耳板与索夹筒体焊接结构图。

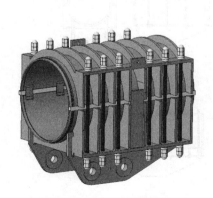

图2 全焊接式索夹结构图

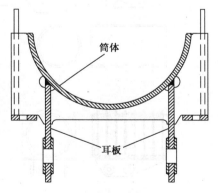

图3 下半索夹耳板与索夹筒体结构图

对比传统铸造索夹螺杆座的实心结构，全焊接索夹螺杆座结构采用承压板和横肋焊接的结构形式。在保证螺杆座强度的前提下，大大减轻了索夹整体重量，这种结构简单，焊缝少，焊接变形小，易于焊接制造；螺杆状态易于观察。图4为上半索夹承压板外形示意图。

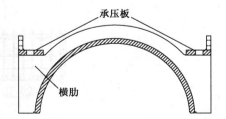

图4 上半索夹承压板外形图

三、制造工艺研究

全焊式索夹为钢板焊接结构，钢板之间的焊缝质量直接关系索夹的可靠性和安全性，焊接质量的控制是索夹制造过程的关键环节，因此主要对全焊接索夹的焊接工艺开展研究。根据全焊接索夹的结构特点，分析认为主要重难点为：①筒体尺寸精度的控制；②焊接过程变形的控制；③焊缝质量的控制。

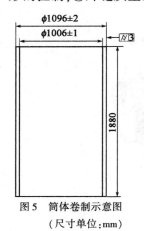

图5 筒体卷制示意图
（尺寸单位：mm）

1. 筒体尺寸精度控制

为保证筒体卷制、焊接后有机加工余量，采用45mm厚钢板用四芯辊床进行辊制，辊制后焊接成整圆的方案。筒体制作完成后检查尺寸，外径允差±2mm，内径允差不大于2mm，筒体上下口同心度不大于3mm，若不满足要求，需继续辊圆校正，否则后续焊接其他部位尺寸可能会无法满足尺寸要求。图5为筒体卷制示意图。

2. 焊接过程变形控制

根据焊接式索夹筒体为薄壁结构的特点，索夹筒体的制作可以采用两种方法：①上、下半索夹在所有筋板与筒体焊接后再切割分开为上、下半索夹；②筒体先切割为上、下两半再分别与套体焊接。经过研究分析对比，采用第一种方法综合起来焊接变形会容易控制，且上、下半索夹筋板也易于保证对齐，因此采用了第一种方法。图6为索夹焊接顺序示意图。

采用整体卷制后再分别焊接耳板、横肋、承压板等结构，焊接过程在筒体、耳板等位置设置临时固定支撑，预防焊接变形。焊接完成后进行整体进炉退火，降低焊接应力。在退火和割开两半索夹上有两种方案：①先退火处理，再将索夹采用氧割的方式分隔为两半；②先采用氧割的方式切割筒体使之成为上、下两半索夹，再进行退火的方案。通过综合研究应力及变形，为做到有效消除应力同时兼顾变形的控制要求，采用了第一种方案，即先退火再分割为上、下两半索夹。这样可以减小索夹筒体变形，降低结构件制作难度，提高结构件制作效率，又可以消除焊接应力。

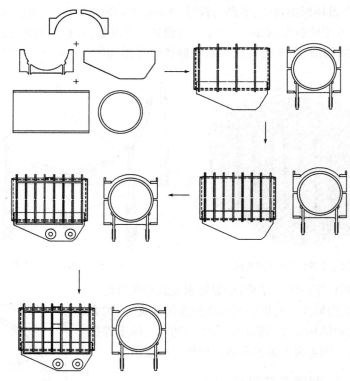

图6 索夹焊接顺序示意图

为有效控制套体变形，研究了两种防止变形工装。第一种是采用两块半圆形板焊接在内孔，第二种是采用X型支承板固定在内孔。为验证效果分别进行了试验，结果显示采用两块半圆形板焊接在内孔变形更小，更利于切割后索夹内孔变形的控制，因此最终采用了该方法。图7为临时固定支撑布置示意图。

3. 焊缝质量控制

根据全焊接索夹的结构和材料特点,在焊接方法的选择上,选用 CO_2 气体保护焊。CO_2 气体保护焊具有熔敷率高、焊缝成形美观、焊接质量易于控制等优点。焊丝选用 YCJ501Ni-DHL/ϕ1.2 药芯焊丝。该类焊丝与索鞍母材强度匹配,电弧稳定,飞溅少,其焊缝塑性、韧性、焊接接头的抗裂性等符合设计要求,焊前进行了焊接工艺评定试验。

所有焊缝在焊后 24 小时进行 100% 的超声波探伤和 100% 磁粉探伤。焊接完成后,退火前和退火后分别安排探伤,超声波探伤按《焊缝无损检测 超声检测 技术、检测等级和评定》(GB/T 11345—2013)为 B 级、《焊缝无损检测 超声检测 验收等级》(GB/T 29712—2013)为 2 级合格,磁粉探伤按《焊缝无损检测 焊缝磁粉检测 验收等级》(GB/T 26952—2011)为 2 级合格。

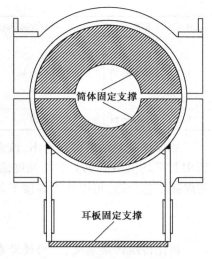

图 7 临时固定支撑示意图

四、焊接工艺评定试验

为验证焊接接头性能及为焊接工艺规程提供指导,根据索夹结构焊缝接头形式及母材特点,在索夹结构件焊缝焊接前进行了焊接工艺评定试验。试验焊接方法选择药性焊丝 CO_2 保护焊(FCAW)。该方法焊接质量稳定、技术应用成熟,对应焊接设备为 KR-500 型焊机。

基于《钢、镍及镍合金的焊接工艺评定试验》(GB/T 19869.1—2005)中 8.4.3 焊缝接头/种类覆盖原则和表 1 中焊评板厚覆盖原则,可确定焊接工艺评定方案见表 1,对于占主导地位的焊缝均设计横焊和立焊两组焊评。

焊接工艺评定方案　　　　　　　　　　　　　　　　表 1

序号	接头形式 (尺寸单位:mm)	焊接方法	焊接位置	坡口及接头形式	母材及厚度	焊接材料	预热温度/层间温度	焊后热处理
1	20° / 10 / 200 200 / 钢衬垫	FCAW	横焊	单V/对接	Q345qD(δ_{40})/Q345qD(δ_{40})	YCJ501Ni-DHL/ϕ1.2	60~120℃	去应力退火
2	20° / 10 / 200 200 / 钢衬垫	FCAW	立向上	单V/对接	Q345qD(δ_{40})/Q345qD(δ_{40})	YCJ501Ni-DHL/ϕ1.2	60~120℃	去应力退火

焊接工艺评定试验主要检测结果见表 2。

表 焊接试板力学性能检测结果　　　　　　　　　　　　表 2

试样编号	检测项目	检测参数	单位	技术要求	检测结果			本项判定
1	接头拉伸	抗拉强度 R_m	MPa	≥490	545	断于母材		符合
2	接头拉伸	抗拉强度 R_m	MPa	≥490	571	断于母材		符合
1	接头冲击	KV_2(-20℃) 热影响区	J	允许一个值小于34,但不得小于24	118	131	90	符合
				平均值≥34	113			
2	接头冲击	KV_2(-20℃) 焊缝金属	J	允许一个值小于34,但不得小于24	109	98	91	符合
				平均值≥34	99			

续上表

试样编号	检测项目	检测参数	单位	技术要求	检测结果	本项判定
1/2	接头弯曲	180°侧弯($d=4a$)	—	试样不应在任何方向出现大于3mm的缺陷,试样边角出现的缺陷可以忽略	外表面和侧面目视无缺欠	符合
1/2	金相分析	宏观金相	—	试样无缺陷	试样无缺陷	符合

从焊评试验结果可以看出,该索夹焊接接头性能试验结果较为优良,主要指标冲击性能较高,最小达到91J,平均值最低99J,抗拉强度最低545MPa,焊缝接头冲击韧性及抗拉强度指标均较高,说明焊缝接头的焊接工艺合适,可以作为焊接工艺规程的编制指导。

五、结　语

相比传统铸造索夹,大跨径悬索桥的索夹因结构尺寸超大采用了焊接结构,避免了因铸造产生的诸多铸造缺陷。外观更加美观,制作效率更高,重量更轻,制作成本更低;焊接式索夹结构合理,索夹与耳板应力传递均匀。

全焊接索夹结构和工艺研究在国内还处于初期发展阶段,特别是超大直径焊接式索夹结构和工艺研究在国内还属首次。本文通过对某超大型悬索桥全焊接索夹的制造工艺研究,分析了全焊接索夹结构的特点和制作难点,制订了合理的制造工艺方案,为后续工程实际应用提供了参考。

参考文献

[1] 中国公路学会桥梁和结构工程分会.悬索桥索鞍索夹:JT/T 903—2014[S].北京:人民交通出版社股份有限公司,2014.
[2] 娄延春.铸造手册[M].3版.北京:机械工业出版社,2014.
[3] 全国钢标准化技术委员会.桥梁用结构钢:GB/T 714—2015[S].北京:中国标准出版社,2015.
[4] 全国交通工程设施(公路)标准化技术委员会.公路悬索桥吊索:JT/T 449—2021[S].北京:人民交通出版社股份有限公司,2021.

74. 大跨径钢箱梁荡移、滑移、提升技术研究分析

黄文涛　吴明山

(柳州欧维姆工程有限公司)

摘　要　大跨径钢箱梁安装工艺一直受到各方的关注,本文对广西龙门大桥东西边跨钢箱梁施工工艺进行了研究分析,重点分析了该桥边跨单片钢梁荡移、滑移和边跨钢梁整体提升荡移的各系统设计方法,阐述了边跨单片钢梁荡移、滑移和边跨钢梁整体提升、荡移的施工关键技术,该技术较好地解决了大型桥梁边跨侧钢梁运输转运次数多、安装流程烦琐的问题,同时验证了悬索桥主缆同步倒提升大跨径钢箱梁技术的可靠性,为同类型桥梁整体提升工程提供借鉴的案例。

关键词　大跨径钢箱梁　荡移　同步提升

一、引　言

龙门大桥为主跨1098m双塔单跨吊索悬索桥,主跨钢箱梁往两侧边跨各伸出50m,主缆跨径布置为251m+1098m+251m。矢跨比为1∶10,主缆横桥向中心间距为33.8m。过渡墩与主塔间无吊索区域钢

梁采用整体提升工艺,其中防城港侧边跨提升梁段:B1、B2、B3、B4、1、2、3,长73.73m,重1476.7t;钦州港侧边跨提升梁段:86、87、88、B5、B6、B7、B8,长72.13m,重1441.7t。主桥布置如图1所示。

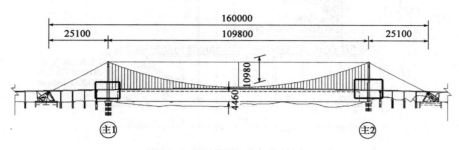

图1 主桥布置图(尺寸单位:cm)

二、安装方案概述

龙门大桥东、西岸边跨7个梁段由运输船运至岸边,此时将缆载吊机行走至运输船正上方,通过缆载吊机单节段垂直起吊钢箱梁后,利用岸边设置的牵引卷扬机荡移至边跨滑移支架上,在滑移支架上利用连续千斤顶牵引滑移至设计拼装位置后将7个梁段拼装为整体。根据主梁起吊时重心位置,确定主梁起吊点位置,并投影在主塔两侧主缆上作为主缆上吊点,如图2所示。在主缆吊点处设置4个临时索夹,通过与竖向提升站连接,由竖向提升设备将7个梁段整体提升至略高于设计高度后,先将整节段钢梁中跨侧永久吊索与钢梁连接,然后利用在过渡墩上布置的连续千斤顶,缓慢牵引整节段钢梁向边跨侧小角度荡移上过渡墩墩顶,同时主缆上提升站慢慢下放整段钢梁,直至钢梁下落至过渡墩上钢支墩上,如图2所示。

图2 边跨钢梁提升荡移就位

三、钢梁荡移设计

1. 塔区支架设计

边跨钢梁拼装时在东西两岸主塔区旁搭设拼装滑移支架,根据现场的地形进行拼装支架设计,其中西岸塔区滑移支架的高度为9m,与下横梁高度一致,支架长度为73m,支架立柱采用φ820mm×10mm钢管,布置间距为7~9m,平联和斜撑采用双拼20a工钢,桩顶承重梁采用三拼56I字钢,滑道采用双拼HN700mm×300mm型钢,如图3所示。

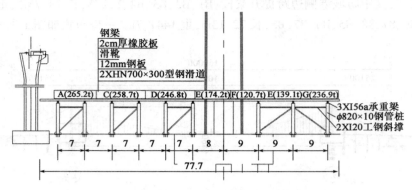

图 3　西岸边跨滑移支架断面图(尺寸单位:m)

东岸塔区滑移支架高 16.6m,支架长度 93.76m。支架立柱采用 φ820mm×10mm 钢管,布置间距 7~9m,平联采用 φ426mm×8mm 钢管,桩顶承重梁采用三拼 56 I 字钢,滑道采用双拼 HN700mm×300mm 型钢,如图 4 所示。

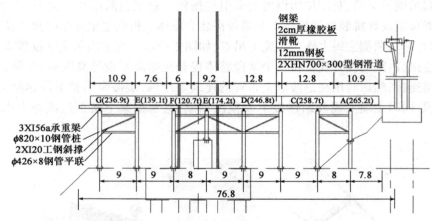

图 4　东岸边跨滑移支架断面图(尺寸单位:m)

2. 单片钢梁荡移系统

单片钢梁荡移系统包括缆载吊机和牵引卷扬机。首先在主缆锚定基础上的锚定门架安装 10t 卷扬机作为单片钢箱梁荡移时动力牵引源,然后将主缆至边跨距离塔柱第 10 个永久索夹端部作为牵引荡移的转向位置。在该主缆位置采用防滑输送带胶皮进行包裹,并用 22mm 钢丝绳将胶皮在主缆上,同时利用钢丝绳将一组 50t 滑轮组(定滑轮)固定在主缆上,与相邻索夹进行避开。接着将锚定门架 10t 卷扬机沿主缆顺沿过来的 22mm 钢丝绳通过该定滑轮和动滑轮组成的滑轮组走 6 道后与缆载吊机销轴连接形成荡移系统,如图 5 所示。

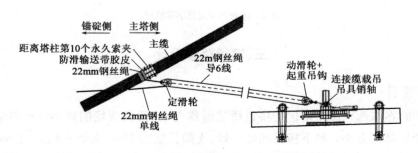

图 5　单节段钢梁荡移系统

3. 整节段钢梁荡移系统

整节段荡移系统主要包括竖向提升站和水平牵引装置。当边跨整节段钢箱梁在竖向提升到高过设计高度1m后,与过渡墩上就位的设计支座位置有5m的距离,在过渡墩上布置两台连续千斤顶,通过连续千斤顶将边跨整段钢梁牵引至过渡墩上支座位置,边跨整段钢梁牵引后偏移角度2.81°。经计算,东岸边跨整段钢梁牵引力为747.5kN,西岸边跨整段钢梁牵引力为731kN,选用两台75t连续千斤顶能满足要求。

4. 钢梁滑移设计

在每片钢箱梁下方的滑道上设置4个滑靴,单片钢梁下方同一滑道上的滑靴采用ϕ32mm精轧螺纹钢穿过孔道连接成一个整体,并在滑靴滑移方向前方设置转换装置与前排滑靴连接。将双拼56a工字钢焊接成千斤顶反力架固定在滑道端部,通过200t连续千斤顶牵引转换装置带着钢梁在滑道上滑移前进。

滑靴采用ϕ400mm×6mm钢管与2cm钢板焊接而成,在其内部灌注C50混凝土并预留ϕ48mm孔道。滑靴与钢梁间依次设置2cm厚橡胶板和3cm厚四氟滑板,在四氟滑板两侧设置限位板,防止滑靴滑出轨道梁,并在底板四氟滑板前后方焊接直径20mm钢筋,防止滑移时四氟滑板脱落滑靴。滑移系统如图6所示。

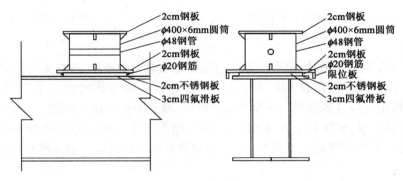

图6 滑移系统

单片钢梁最重265.2t,采用两台20t连续千斤顶进行同步滑移,摩擦力取钢梁自重的10%,计算得26.52t,千斤顶安全储备系数为1.51。每台连续千斤顶穿一根ϕ17.8mm钢绞线,其安全系数为2.64。

四、竖向提升站设计

竖向提升站由临时索夹、索夹吊具、吊装主框架、临时吊耳和提升设备组成。提升站组成如图7所示。

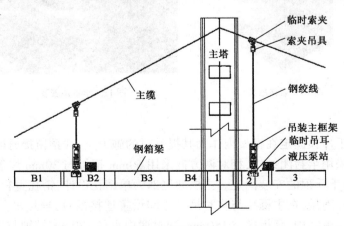

图7 提升站组成

1. 临时索夹

参照索夹相关设计要求,临时索夹在满足吊重的情况下,根据两侧主缆倾斜角度29°和21°验算索夹紧固力。主缆临时索夹位置如图8所示。临时索夹采用与永久索夹相同的上下对合型索夹结构，边跨临时索夹长1690mm，壁厚50mm，配16根MJ60×3高强度螺杆，中跨临时索夹长1290mm，壁厚50mm，配12根MJ60×3高强度螺杆。临时索夹毛坯件与永久索夹同样选用ZG20Mn材质铸造而成，取消了上下索夹之间防水胶条和防水螺帽安装，减少安装步骤。临时索夹模型如图9所示。

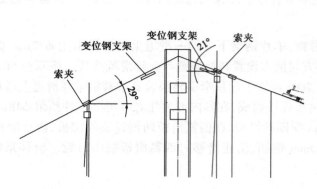

图8　主缆临时索夹位置

图9　临时索夹模型图

2. 索夹吊具

在临时索夹下方设置索夹吊具，索夹吊具通过销轴与临时索夹连接，并在索夹吊具内安装承重锚具。索夹吊具按照提升单点最不利荷载508t设计，采用双耳板结构与临时索夹单耳板进行连接，耳板厚60mm，并在每块耳板销孔位置各贴焊一块厚20mm圆环，增大销孔处承压面积。在索夹吊具承压板上安装600t提升千斤顶承重锚，承压板上开φ400mm的孔，略大于承重锚穿心孔径385mm，保证承重锚最外圈钢绞线可顺利通过，并在承压板上采用"7"字卡板对承重锚进行固定。索夹吊具如图10所示。承重锚安装如图11所示。

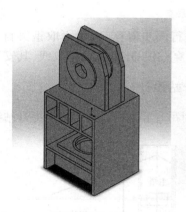

图10　索夹吊具

图11　承重锚安装

3. 吊装主框架

吊装主框架将提升千斤顶固定在框架内作为其提升时的施力点，并预留提升时千斤顶吞吐钢绞线的弯转空间。吊装主框架采用半封闭结构，相对两方向采用60mm钢板与30mm厚筋板组成抗拉结构。另两个方向敞开，便于提升千斤顶的安装固定。主框架尾部为单销孔设计，销孔直径200mm，如图12所示。为了与主梁上的临时吊耳连接，在主框架与临时吊耳之间设置连接吊具，连接吊具上销孔为"品"字形结构布置。连接吊具为双耳板结构，耳板净空180mm，通过两根直径170mm销轴与主梁吊耳连接。连接吊具如图13所示。

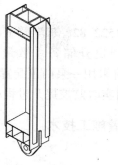 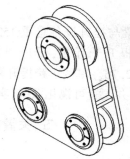

图12 吊装主框架图　　图13 连接吊具

4. 临时吊耳

在边跨C、D梁段上各设计一对临时吊耳进行整体钢箱梁提升，临时吊耳采用与永久吊耳相同的结构。根据主梁重心确定临时吊耳焊接位置，保证同侧吊耳距重心位置接近，并且位于钢箱梁横隔板位置上。在钢梁加工时就对永久吊耳位置处将梁的腹板加厚至50mm，筋板加厚至30mm，以达到边跨钢梁竖向提升的要求。永久吊耳的设计标准为150t静载+350t动载，满足钢箱梁整体提升中单点最大荷载375t的要求。竖向提升吊点位置及重心位置如图14所示，E梁段吊耳设计如图15所示。

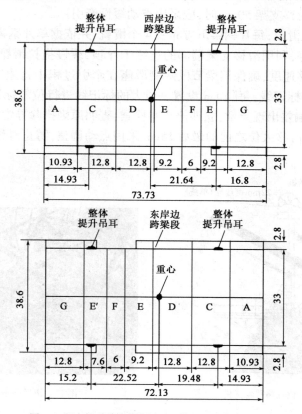

图14 竖向提升吊点位置及重心位置(尺寸单位：m)

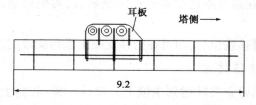

图15 E梁段吊耳设计(尺寸单位：m)

5. 提升工况设备配置

通过测量，西岸整节段钢梁与提升设备总重1522.82t，东岸整节段钢梁与提升设备总重1487.72t。采用4台LSD6000/25-400A提升千斤顶，千斤顶提升储备系数最小1.58。每台千斤顶配备30根ϕ17.8mm钢绞线，其安全系数2.76。单侧边跨提升采用一泵两顶配置，配置两台QMDJB145×2M提升泵站，统一由一台主控系统控制，并配置可视化系统，实时监控提升过程中的主梁的变化。

五、关键施工技术

1. 单片荡移、滑移技术

（1）根据东西两侧主塔地形搭设拼装滑移支架。同时主缆上的缆载吊机移动至岸边运输船位置，其间保持吊具距离水面高度大于通航净空高度，待运输船将节段钢箱梁运输至岸边侧后，将缆载吊机吊具下放至运输船上与钢梁连接，调整吊具平衡吊点。

（2）在主缆锚碇基础的锚碇门架上安装2台10t荡移卷扬机，将卷扬机钢丝绳通过主缆上的导向点与缆载吊机吊具进行连接。锚碇位置荡移卷扬机如图16所示。

（3）缆载吊机起吊运输船上单片钢箱梁，当钢箱梁起吊至超过岸边滑移支架1m后，启动锚碇门架上卷扬机，缓慢牵引钢箱梁荡移至滑移支架上，牵引荡移过程中，设置好卷扬机速度，并保证两台卷扬机速度一致。当单片钢梁距离滑移支架50cm时，应采用点动缓慢牵引。

（4）在滑移支架上设置滑靴，每片钢梁下方布置4个滑靴，并依据单片钢梁重心位置调整滑靴相对距离。将钢梁滑移系统连接好，利用滑移支架端部的连续千斤顶，缓慢拖拉滑靴将钢梁沿滑移轨道滑移至拼装位置。为方便控制滑移速度，确保钢梁节段两侧滑座在牵引过程中打通不行，提前在两侧滑移轨道的侧面每隔10cm设置一道标记线，每隔1m设置一道大的标记线进行位置标识，确保滑靴滑移过程中两侧偏差不大于100mm。当偏差出现异常，立即停止并检查，查明原因排除异常后，控制两侧连续千斤顶牵引速度，调整偏差值。每次滑移大位之前的最后15cm采用点动调整，防止滑移过量。滑道同步刻度线如图17所示。

图16 锚碇位置荡移卷扬机

图17 滑道同步刻度线

（5）边跨钢梁滑移就位后，在滑靴附近设置三项调整装置，对钢梁横向、纵向进行微调，以保证钢梁环焊前精确匹配。

（6）待边跨两片钢梁节段滑移就位后，即可在滑移支架上进行梁段的现场焊接连接。

2. 边跨整段钢梁提升、荡移技术

（1）利用门架上的天车将临时索夹转运到主缆上方设计位置，先将上半索夹下放至主缆上表面，并临时用钢丝绳固定，再将下半索夹吊至主缆一侧，然后从主缆另一侧下放吊绳，将下半索夹吊起，收紧吊

绳,使下半索夹紧贴主缆下方,调整上下索夹位置,将两半索夹齿口契合,穿入螺杆拧紧,解除索夹与吊绳连接。临时索夹预紧应与永久索夹预紧方法一致,并且应复拧不少于3次,并做好标记。

(2)利用75t汽车起重机将连接好连接吊具的提升千斤顶吊装主框架竖起与整节段钢梁临时吊耳连接,并在梁面的吊装主框架旁搭设钢管支架安装提升千斤顶。

(3)利用25t塔式起重机单根牵引钢绞线从梁面到索夹吊具上的承重锚上进行安装,直至所有钢绞线全部安装完毕,另一端钢绞线从提升千斤顶端吐出按自重从吊装主框架旁垂下,并梳理好防止互相缠绕。

(4)在正式提升前,需进行试提升。首先,密切收集未来7天气象预报,选择气象条件相对较好、无风或风力等级在1~2级时段,对提升装置的液压系统、电路系统、锚固系统、控制与显示系统及钢绞线进行全面细致检查,并记录登记。其次,重点检查提升区域边缘与组块结构间的安全距离,确保提升过程无障碍实施。试提升时逐级加载将主梁试提空0.05m,静置24h。再次检查所有设备、吊索具及地锚等,待正式提升施工。

(5)正式提升,启动同步液压控制提升系统,主控台进入主菜单启动"自动提升"程序,系统启动。竖向提升站开始整体自动提升,点击主控台的自动按钮进行自动连续提升。自动提升过程中,当各提升吊点同步误差超过控制系统的设定误差,系统将自动调整;当同步误差超过控制系统设定的最大误差,系统将自动进入紧急停机,等待调整;调整完毕,进入准提升状态,再次启动自动提升。提升过程中,通过预装的传感器及应变片监测重要构件的变形情况,并记录提升过程中的油压最大值、最小值。

(6)连续提升主梁高过设计高度停止提升,将预装的中跨侧永久吊索与主梁进行销接,并将过渡墩上牵引千斤顶通过钢绞线与梁底临时焊接反力座连接,缓慢牵引整段钢梁荡移至过渡墩,竖向提升站同步进行主梁姿态调整,保证主梁水平。连续千斤顶牵引主梁到过渡墩支座钢支墩上方后,竖向提升站将主梁水平下放至支座钢支墩上,提升千斤顶进行锁死锚固,提升就位进行各项安全检查。

六、工 程 效 果

本工程通过水平荡移和同步液压控制系统技术实现钢箱梁从节段水平荡移34m滑移拼装到整体提升(钢梁长73.73m,重1522.82t)40m,整节段提升、荡移就位耗时6h。

通过使用该工艺,很好地解决了大型桥梁边跨侧钢梁运输不便、安装步骤多的不足,为节段钢箱梁从拼装到安装就位提供了一些成功的案例,同时在该工程利用临时索夹对整段钢箱梁安装中采用的倒提升技术,降低了高空安装大型机具的风险,很大程度上加快了施工进度并提高了施工质量,取得了显著的经济技术效果。

七、结 语

大跨径钢箱梁从节段拼装到整体就位工艺相对简单,但实施过程容易受地形、环境因素的影响,采用荡移、滑移、提升多种工艺衔接进行,对设计和实施提出了较高的要求。广西龙门大桥边跨采用该施工技术已于2023年11月27日完成西岸侧整体钢梁提升,于2023年12月29日完成东岸侧整体钢梁提升,取得了良好的经济效益与社会效益。

参考文献

[1] 黄峰.杨泗港长江大桥主桥全焊结构钢桁梁安装施工技术[J].世界桥梁,2019,47(2):11-16.

[2] 杨友良,郝聂冰.温州瓯江北口大桥钢桁梁安装施工关键技术[J].浙江交通职业技术学院学报,2022,23(2):7-11.

[3] 朱小金,武尚伟,王博,等.虎门二桥悬索桥浅滩区钢箱梁吊装施工关键技术[J].中外公路,2019,39(2):152-156.

[4] 李建全,熊中兰,陈至诚,等.大跨度钢结构计算机控制高空整体滑移及卸载施工技术[J].钢结构,2012,27(S1):222-227.

[5] 高国敏,杨李忠,李雪良,等.天津滨海国际会展中心二期钢结构滑移施工安装技术[J].钢结构,

2008,23(6):64-69.
[6] 马茂军,孙贵柱.钢结构滑移技术在青岛流亭国际机场工程中的应用[J].青岛理工大学学报,2006,27(6):31-35.
[7] 莫天玲,吴志勇,等.LSD液压提升系统原理与应用[J].欧维姆通讯,2000(2):13-16,33.
[8] 梁彧.LSD液压提升系统在桥梁加固中的应用[J].预应力技术,2010(5):21-25.

75. 数据驱动顶推施工临时墩间距布置多目标优化方法

焦岚馨[1,2,3,4] 朱浩[1,2,3,4] 李浩[1,2,3,4]

(1. 中交第二航务工程局有限公司;2. 长大桥梁建设施工技术交通行业重点实验室;
3. 交通运输行业交通基础设施智能制造技术研发中心;
4. 中交公路长大桥建设国家工程研究中心有限公司)

摘 要 桥梁钢梁箱顶推施工过程中当跨度较大时,需要设置临时墩以减小梁体内力。为预防施工过程结构失稳、确保施工安全和质量、优化资源配置,本研究针对桥梁顶推施工时临时墩间距布置问题,提出了一种基于极限梯度提升(XGBoost)模型预测、随机森林(RF)模型预测和非支配排序遗传算法(NSGA-II)优化组合的数据驱动多目标优化方法。以临时墩间距和导梁系数为影响因素,获得实际桥梁建设过程对应的经验数据,训练XGBoost模型和RF模型并保存模型;并以施工成本为目标定义施工成本函数。其次,采用NSGA-II优化方法,对三个目标进行多目标优化。最后,通过对实际桥梁工程案例的应用验证,得到100个最优解,结果表明采用数据驱动预测模型可以有效减少人工测算成本,所提方法能够有效优化临时墩间距布置,为桥梁设计提供重要参考依据。

关键词 临时墩间距 预测 XGBoost模型 随机森林模型 NSGA-II多目标优化

一、引 言

在桥梁钢梁箱顶推施工过程中,当跨度较大时,为避免在顶推施工过程中梁体受到过大的内力影响顶推施工时需要设置临时墩。临时墩支撑的间距布置需要考虑到钢箱梁的整体线形,合理的间距布置可以确保钢箱梁在施工过程中保持稳定,防止出现变形或者倾斜等问题。

2020年,杨吉[1]介绍了彭水县郁江大桥拆除重建工程的顶推过程。全桥长229m,共设置6个临时墩,最大顶推跨径为1.4m;叶浪[2]为研究顶推中不同临时墩间距对无横撑拱桥的影响,以某钢桁架拱桥整体顶推施工工程为背景,建立有限元模型,分析不同临时墩间距布置时钢桁架拱桥在顶推过程中的最值应力和挠度分布情况、拱桥及构件敏感位置的稳定性;李朋鲜[3]以顶推总跨径为197.2m的宁波某跨线斜拉桥为背景,将钢箱梁顶推施工中的临时墩间距布置问题转化为一个多目标优化问题。采用联合ACO-SVR算法对多目标优化问题进行求解。康俊涛等[4]为了保证钢箱梁顶推法施工过程中的安全,以武汉市九龙大桥主桥顶推法施工过程为工程背景,研究钢箱梁顶推过程中临时墩的优化布置以及施工过程中的安全控制问题。

目前钢箱梁临时墩布置的研究方式一般先进行理论推导,再利用有限元软件进行数值仿真计算验证,最后得出结论。对此类问题的研究如果仍然依据理论分析和有限元模拟,工作量非常大,循环往复的试算会耗费大量时间和人力。现有的钢箱梁顶推施工的临时墩间距计算效率低,且涉及的因素很多,单一的优化目标不能综合考虑施工线形情况和受力状态以及施工成本。考虑引入多目标优化算法。

多目标优化算法在工程领域的应用广泛。2021年,康俊涛、赵子越[5]针对扣索索力优化问题,提出了一种基于可靠度的多目标优化方法。该方法采用支持向量回归模型拟合随机变量与目标变量之间的关系,后采用基于自适应网格法的多目标粒子群算法进行优化。2023年,TIAN Z C[6]对非支配排序遗传算法Ⅱ(NSGA-Ⅱ)在拥挤度、变异率、精英个体保存率和选择算子等方面进行了改进,提出了一种基于改进NSGA-Ⅱ的斜拉悬臂浇筑拱桥初始索力优化方法。以施工期间拱环截面最大拉应力和运行期间恒载下拱环截面偏心为优化目标,建立了初始索力的多目标优化模型。2024年,ZHAO C等[7]提出了一种改进的多目标优化反分析方法,能够实时预测支护桩在施工过程中的水平位移,采用多目标粒子群算法(MOPSO)进行参数辨识。

临时墩间距越大,主梁在顶推过程中的纵向倾覆隐患越大,顶推完成之后跨中挠度越大,对线形的影响也越大;钢导梁的长度决定了所需的钢材量,影响导梁临时结构的成本。因此将临时墩最大间距和导梁系数作为最终设计变量,建立NSGA-Ⅱ多目标优化模型。优化钢箱梁顶推施工主要考虑三个目标:一是局部最大应力控制;二是施工设计线形控制;三是寻找施工成本控制。通过获取实际桥梁施工数据,采用XGBOOST模型预测局部最大应力,随机森林模型预测主梁线形数据,并建立临时墩布设成本函数,建立多目标模型,采用NSGA-Ⅱ算法进行多目标优化,得到最优结果。

二、研究方法

1. 多个目标模型的建立

控制钢梁箱顶推施工过程临时墩顶推最大跨径时,等跨布置是最合理的布置方式。跨径越小,主梁应力控制越好、产生的挠度越小、顶推过程越安全,但临时墩数量越多,不经济。跨度越大,临时墩数量越少,但主梁应力和挠度越大,施工安全保证难度越大,需要给定合理范围。

1)局部应力控制模型

获取临时墩间距和顶推系数参数与桥梁局部最大应力的实测数据,建立XGBoost模型[8]学习其相关关系并预根据参数预测桥梁局部最大应力。XGBoost预测模型与神经网络预测模型类似,输入参数为临时墩最大间距B、导梁系数X,输出结果为局部最大应力。获取数据后按8∶2的比例划分训练集和测试集,在训练集训练模型,测试集测试模型。建立预测模型之后,输入B、X,返回$F_1(x)$的值即为局部最大应力值:

$$F_1(x) = \text{XGBoost}(B, X) \tag{1}$$

2)线形控制模型

钢箱梁顶推施工结束后,采用各跨的跨中位移值反映主梁线形,为评估主梁位移情况,每隔10m取一个节点,测量其位移量。在全长范围内去掉位移为0的两个节点,共取得n个节点的位移数据。

将提取的位移值用于量化主梁线形的目标函数。通过计算这n个位移值的标准差来衡量主梁线形,得到以下主梁线形的目标函数:

$$f_1 = \sqrt{\frac{\sum (uz_i - \overline{uz})^2}{n}} \tag{2}$$

式中:i——节点编号,共n个;

uz_i——节点i的竖向位移值的绝对值;

$\overline{uz}$——n个节点位移的平均值。

在将线形作为优化目标时,目标函数的值越大,表示位移量越大,说明顶推完成后的线形与设计线形偏离越大。因此,该目标函数的目的是在优化空间内寻找f_1的最小值。

同样,根据获取临时墩间距和顶推系数参数与主梁线性位移的关系数据,构建随机森林模型[9]预测其相关关系。随机森林是一种基于决策树的集成学习模型,通过整合多个决策树的预测结果来进行分类或回归预测。随机森林模型的核心思想是通过随机选择特征和样本来构建多棵决策树,并通过投票或平均的方式来综合多棵决策树的预测结果,从而提高预测的准确性和泛化能力。随机森林模型结构如图1所示。

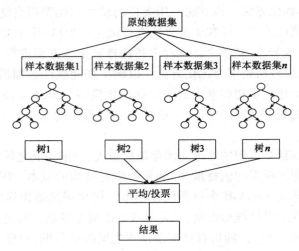

图 1 随机森林模型结构图

随机森林预测模型与 XGBoost 预测模型类似。样本中输入参数为临时墩最大间距 B、导梁系数 X，输出结果为主梁线性位移数据。建立预测模型之后可以实现输入 B、X，返回 $F_2(x)$ 主梁线性位移数据的值：

$$F_2(x) = RF(B, X) \tag{3}$$

3) 施工成本模型

由于钢导梁是采用工厂预制现场拼装的方式，取整数为宜，钢导梁长度 L 为：

$$L = \mathrm{INT}(B \times X) \tag{4}$$

从施工方角度来看，工程成本主要包括人工费、材料费和机械费。为了构建这个目标函数，需要进行相关的调研，以了解顶推施工过程中的人力、材料和机械费用。在主梁顶推施工中，由于采用全机械化操作，所以所需人力较少，而机械费用较高。此外，由于顶推施工需要使用大量的临时墩和其他临时设施，所以所需的材料费用也较高。优化问题的目标是找到最佳的临时墩间距布置，因此工程造价的目标函数主要围绕临时墩展开。

初步确定的施工成本目标函数为：

$$f_2 = (a_1 + a_2 + a_3) \times A + (b_1 + b_2 + b_3) \times L \tag{5}$$

式中：A——临时墩数量；

a_1——修建一个临时墩所涉及的人工费；

a_2——材料费；

a_3——机械费；

b_1——安拆钢导梁所涉及的人工费；

b_2——材料费；

b_3——机械费。

2. 多目标优化模型优化求解

通过模型构建与训练，分别建立桥梁线形函数、局部应力函数与施工成本函数，可得多目标优化的三个目标分别为：

(1) 通过构建 XGBoost 模型预测局部应力，在满足桥梁安全的情况下，希望局部应力越大越好。

(2) 施工完成后尽量接近设计线形，减小后续吊杆张拉时的调整量，减少对后续施工进程的影响，通过构建随机森林模型，预测主梁线性标准差，使标准差最小。

(3) 寻找最经济的施工方案，以降低工程成本。

采用 NSGA-Ⅱ 多目标优化算法，带有精英保留策略获得多目标优化的 Pareto 最优解。

三、案例分析与结果讨论

1. 案例介绍与参数设计

研究钢箱梁顶推施工临时墩布置优化研究依托项目为济南凤凰黄河大桥,该项目为三塔双索面组合梁自锚式悬索桥,全长约1332m,导梁长度为666m。

自变量参数设计,顶推最大跨径 B 的取值范围为:$40m \leq B \leq 70m$,导梁系数的范围定为:$0.6 \leq X \leq 0.8$;关于桥梁局部应力参数设计,取梁长645~665m范围共20m的梁段做局部应力分析,提取出局部最大应力;关于桥梁线形参数设计,为了评估主梁位移情况,可以固定顶推梁长,每隔10m取一个节点,提取其位移量。在全长666m的范围内,去掉位移为0的两个节点,共取得66个节点的位移数据;关于成本参数设置,一个临时墩的建立涉及2名固定工人,2名管理人员,工人人工费约300元/d,管理人员人工费约200元/d;修建一个临时墩平均需30d,一个临时墩的重量约为215t,钢材单价4100元/t。钢导梁施工所涉及的人工费与机械费可忽略不计,一根长48m的钢导梁重约17t,钢导梁每延米的价格约为1500元/m。

2. 优化结果评价指标

为评价约束多目标进化算法的性能超体积指标(Hypervolume,HV)[10]是通常使用的性能指标。HV表示算法获得的非支配解集与参照点围成的目标空间中区域的体积。HV值越大,说明算法的综合性能越好。HV计算公式如下:

$$HV(H) = L(\bigcup_{z \in H} [z_1, z_1^r] \times \cdots \times [z_m, z_m^r]) \tag{6}$$

式中,L 表示 Lebesgue 测度,用来测量体积;$z = (z_1, \cdots, z_m)$ 表示 H 中的一组解;$zr = (z_1^r, \cdots, z_m^r,)$ 表示一组参考点。

3. 多目标优化结果分析

为了检验局部最大应力模型的预测准确性,通过比较决策树模型、随机森林模型和XGBoost模型的预测效果,计算不同模型评价指标,对比结果可以发现XGBoost模型具有最好的拟合预测效果如图2a)所示。在测试样本中,预测精度平均值为0.9971,相比其他模型精度最高;为了检验模型主梁线形方差预测的准确性,通过比较多元线性回归模型、支持向量回归模型和随机森林模型的预测效果,计算不同模型评价指标,对比结果可以发现随机森林模型具有最好的拟合预测效果,如图2b)所示。在测试样本中,预测精度平均值为0.9950,相比其他模型精度最高。

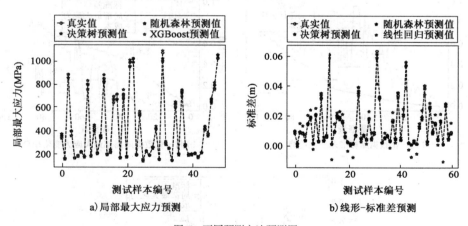

图2 不同预测方法预测图

针对本研究依托项目的优化问题,采用NSGA-Ⅱ算法进行求解,使用python的pymoo库构建多目标优化模型,将群体规模 N 取值100,最大迭代次数 T_{max} 取值30,进行优化求解,优化共得到了100组帕累托最优解,得到三目标优化所得的帕累托前沿(图3),与加权线性规划的求解结果进行对比。加权线性规划将多个目标合并为一个单一目标函数,使用权重进行优化,不同权重下的解会形成不同的Pareto前沿。NSGA-Ⅱ能够输出多个非支配解,而加权线性规划通常输出一个最优解且依赖主观的权重系数调整,因此,NSGA-Ⅱ算法更具有优越性。

经计算所得的解集中的解均为优化解,帕累托解集中的解不被任何解支配,也就是找不到其他解的三项指标表现均优于帕累托解。为了全面展示算法的性能,图4绘制NSGA-Ⅱ算法优化过程的HV值,从中可以看出NSGA-Ⅱ算法随着迭代次数增加,HV值随迭代次数增加越来越大,说明模型的综合性较好。

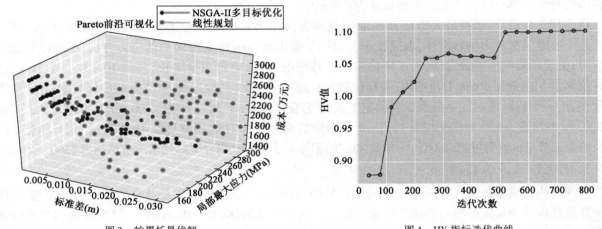

图3 帕累托最优解　　　　　　　　图4 HV指标迭代曲线

随着对不同目标侧重比不同,最优解也不同。为了比较结果的变化规律,对各项目标进行归一化处理后,分别对比归一化后每项目标变化时其他目标的变化规律。从图5a)中可以看出,标准差的上升规律为先缓慢上升,后快速上升,施工成本和标准差呈现负相关关系,局部应力随着标准差的升高呈现先缓慢升高、后快速波动、最后又平缓升高的规律,标准差希望越小越好,因此将归一化后的标准差值控制在0.19以下;从图5b)中可以看出,局部最大应力值在上升过程中,施工成本随之先有序降低后明显波动,标准差值先缓慢上升,后快速上升,因此将归一化后的局部应力值范围控制在0.5以下;从图5c)中可以看出,先平缓上升,后迅速上升,标准差与施工成本呈现负相关关系,局部应力随施工成本值的上升先平缓波动,后大幅度波动,主要呈下降趋势,且随着成本的阶梯性变化,局部应力也会相应呈现阶梯性突变规律。由于施工成本越小越好,因此将归一化后的施工成本值控制在0.39以下。

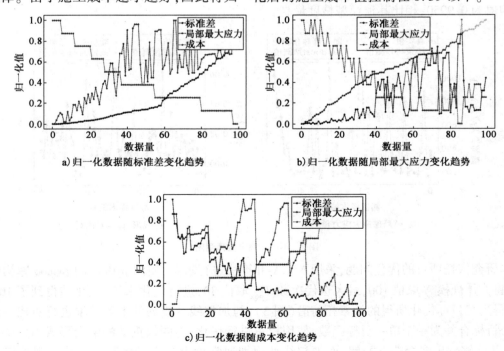

图5 分目标相互关系对比图

根据上述规则,最终筛选出 3 条最优解,见表 1。

最优参数值与优化解表　　　　　　　　　　　　　　　表1

参数值		优化解		
临时墩间距(m)	导梁系数	标准差(m)	局部最大应力(MPa)	成本(万元)
58	0.677	0.005546159	202.7571869	2023.35
59	0.676	0.005625559	207.3784637	2023.35
60	0.677	0.006037048	213.2033997	2023.50

具体如何选取由决策者根据实际工程中对优化目标的侧重程度决定,以综合评价的结果作为参考,选择多目标优化设计方案。

四、结　语

针对在当代城市大跨径桥梁的钢主梁向超长超宽发展的背景,根据施工经验确定临时墩间距,将可能带来局部结构的安全隐患和施工成本的大量耗费等问题。本研究以济南凤凰黄河大桥为研究对象,将超长跨宽幅钢箱梁顶推施工中的临时墩间距布置问题转化为一个多目标优化问题。

问题的优化参数为临时墩间距和导梁系数,优化钢箱梁顶推施工主要有三个目标函数:一是局部应力在可承受范围内最大;二是施工完成后尽量接近设计线形,模型预测方差最小,减小后续吊杆张拉时的调整量,减少对后续施工进程的影响;三是寻找最经济的施工方案,以降低工程成本。之后采用 NSGA-Ⅱ 算法优化多目标函数,得到 100 组帕累托最优解。帕累托最优化相较于线性加权求和法更适合于进行多目标优化,求解帕累托最优解集不依赖于设定的权重,得到的结果更加全面,更能方便对全局进行掌握,更易于分析出明显的参数规律,分析规律后给出 3 组参考解。

本研究构建的整套优化流程能够解决超长跨宽幅钢箱梁顶推施工过程临时墩间距和导梁系数确定的问题,涉及多参数、多目标优化分析。应用本方法能够快速、准确、高效地完成参数优化,给工程决策提供必要的参考。本方法还具有良好的可迁移性,通过简单修改即可运用到别的优化项目中。因此本研究具有重要的应用参考价值。而且在多目标优化过程中,每个目标函数的构建是优化中至关重要的一环,通过构建高精度随机森林模型和 XGboost 模型并进行训练,优化结果的准确性依赖于所训练的模型对目标函数的拟合精度,本研究训练的随机森林模型和 XGboost 模型精度均较高;而且依据实际情况构建了较为详细的施工成本函数,为多目标优化提供可靠的参考。

参考文献

[1] 杨吉.大跨径变截面钢箱梁桥步履式顶推技术研究[D].重庆:重庆交通大学,2020.

[2] 叶浪.顶推中不同临时墩间距对某无横撑拱桥的影响[J].中国市政工程,2024,(1):111-115,159-160.

[3] 李朋鲜.基于 ACO 的钢箱梁顶推施工临时墩间距布置多目标优化研究[D].昆明:昆明理工大学,2024.

[4] 康俊涛,张旭,范杰,等.钢箱梁顶推法施工临时墩优化布置及安全控制研究[J].公路,2015,60(9):103-108.

[5] 康俊涛,赵子越.基于可靠度的钢桁架拱桥施工期间扣索索力优化研究[J].中山大学学报(自然科学版)(中英文),2022,61(2):154-162.

[6] TIAN Z C, ZHANG Z, NING C, et al. Multi-objective optimization of cable force of arch bridge constructed by cable-stayed cantilever cast-in-situ method based on improved NSGA-II[C]//Structures, Elsevier, 2024(59): 105782.

[7] ZHAO C, CHEN L, NI P, et al. A modified back analysis method for deep excavation with multi-objective optimization procedure[J]. Journal of Rock Mechanics and Geotechnical Engineering, 2024, 16(4): 1373-1387.

[8] CARLOS A, COELLO C, NARELI C C. Solving Multiobjective Optimization System[J]. Problems Using an Artificial Immune Genetic Programming and Evolvable Machines, 2005, 6(2):163-190

[9] LOH W Y. Classification and regression trees[J]. Wiley interdisciplinary reviews: data mining and knowledge discovery, 2011, 1(1): 14-23.

[10] ZITZLER E, THIELE L. Multiobjective evolutionary algorithms：a comparative case study and the strength Pareto approach[J]. IEEE transactions on Evolutionary Computation, 1999, 3(4)：257-271.

76. 长大桥大型沉井下沉次数及接高高度分析研究

马宝宇[1] 杨德轩[2] 冯德飞[1] 王冬雪[1] 赵辉[1]

（1. 中交综合规划设计院有限公司；2. 建设综合勘察研究设计院有限公司）

摘要 超大型沉井基础已逐渐成为大跨桥梁的常用基础类型之一。本文依托张靖皋长江大桥北航道桥北锚碇沉井基础，考虑3种不同沉井基底土体支撑状态，根据具体工况沉井刃脚底部实际高程计算下沉系数，在确保沉井下沉过程安全稳定的情况下，探究沉井首次下沉接高高度、下沉次数及后续接高高度的关系与合理取值，结果表明：为满足工程需要，首次接高高度可以较大；通过调整分节高度，优化接高高度和每次下沉深度，可以将超大型沉井一般采用的"4次接高4次下沉"调整为更加便捷经济的"3次接高3次下沉"。本文的研究对后续沉井基础的设计施工具有一定参考。

关键词 桥梁工程 沉井基础 下沉系数 下沉稳定性 下沉次数

一、引言

大型沉井的体形巨大、结构复杂，只能采用分节制作、多次下沉的方案[1]。在工程实践中发现，超大型沉井的首次下沉是整个下沉过程的关键。米长江和康瑞斌[2]结合马鞍山长江公路大桥南锚碇沉井基础施工，介绍了沉井首次下沉高度选择的原则；并对其进行了稳定系数、下沉系数和沉降计算等预先分析，确立了合理的下沉和接高方式[3]。李维生和杨彤薇[4]以南京仙新路过江通道北锚碇沉井基础为例，研究了大型沉井首次接高下沉期隔墙钢壳和混凝土的协同工作性能。

在沉井下沉受力特性和下沉稳定性研究方面。陈晓平等[5]以海口某大桥主墩的沉井基础为研究对象，得出了沉井下沉不同深度，经过不同土层时井壁侧摩阻力和刃脚端阻力的大小及分布规律。此外，梁稿稼等[6]、周和祥等[7]也分别总结了端阻力和侧壁摩阻力计算公式。穆保岗等[8]发现沉井受力情况与隔墙底部的土体支承情况密切相关。

上述研究成果均表明探究大型沉井下沉施工过程中的受力特性和分布规律是沉井基础设计的重要工作内容[9]。但对于沉井下沉次数和接高高度的研究相对较少。本文基于张靖皋长江大桥北航道桥北锚碇沉井基础工程，计算其下沉系数，对其下沉稳定性进行细致分析，并且改变下沉次数和接高高度，探究更加合理可行的下沉工况，为今后的大型沉井工程提供参考。

二、北锚碇沉井基础下沉安全稳定分析

1. 工程概况

张靖皋长江大桥北航道桥北锚碇工程内容划分为沉井基础、支承桩、锚碇锚体及其附属设施等3大部分，沉井基础长75m，宽70m，沉井底高程为-53.5m，总高57m，共分11节。第1节为钢壳混凝土结构，其余为钢筋混凝土结构。沉井基础主要结构如图1所示。沉井结构基本参数见表1。

根据地勘报告中的地质分层，北锚碇沉井深度范围内共有7层土，地基极限承载力根据现有地质资料采用梅耶霍夫公式计算，与太沙基不同之处在于考虑基底以上土的抗剪强度。梅耶霍夫公式[10]为：

$$P_u = \frac{\gamma b}{2}N_\gamma + cN_c + \sigma_0 N_q \tag{1}$$

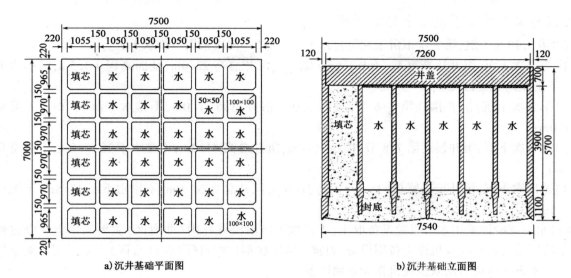

图1 沉井基础结构图(尺寸单位:cm)

沉井基础基本参数表　　　　　　　　　　　　　　　　　　　　　　　　　　　表1

沉井节段	节段高(m)	周长(m)	节段重量(t)	节段单位重量(t·m^{-1})
第1节	8	291.6	27361.7	3420
第2节	6	290	32316.4	5386
第3节	4	290	16283.6	4071
第4节	4	290	16283.6	4071
第5节	4.5	290	18319.1	4071
第6节	4.5	290	18319.1	4071
第7节	5	290	20354.5	4071
第8节	5	290	20354.5	4071
第9节	4.5	290	18319.1	4071
第10节	4.5	290	18319.1	4071
第11节	7	290	6026.9	861

通过该公式计算各土层极限承载力,计算结果与各土层参数见表2。

土层性能参数表　　　　　　　　　　　　　　　　　　　　　　　　　　　　　表2

编号	土层名称	层底高程(m)	层厚(m)	黏聚力(kPa)	内摩擦角(°)	重度(kN/m^3)	建议承载力极限值(kPa)	井壁与土体摩阻力标准值(kPa)
1	换填中粗砂	+0.5	3	5	38	20.8	1200	25
2	淤泥质粉质黏土(砂桩加固)	−6.8	7.3	10.2	2.1	17.85	485	16
3	粉砂	−14.8	8	7.1	27.9	18.97	939	16
4	粉砂	−24.3	9.5	6.6	26.7	18.47	1042	12
5	粉砂	−39.9	15.6	7.8	28	19.41	1332	16
6	粉质黏土	−46.7	6.8	15.6	25.4	18.6	1114	20
7	粉砂	−62	15.3	5.2	27.2	19.6	1188	16

2. 沉井基础接高下沉安全稳定分析

沉井共分四次下沉,第一次下沉采用降排水下沉,第二~四次采用不排水下沉:

(1)第一次下沉:沉井接高第1~4节,接高22.0m,沉井总高22.0m,地面高程+3.5m,降排水下沉12.3m,下沉至高程-11.0m;

(2)第二次下沉:沉井接高第5、6节,接高9.0m,沉井总高31.0m,不排水下沉10.0m,下沉至高程-21.0m;

(3)第三次下沉:沉井接高第7、8节,接高10.0m,沉井总高41.0m,不排水下沉15.0m,下沉至高程-36.0m;

(4)第四次下沉:沉井接高第9~11节,接高16.0m,沉井总高57.0m,不排水下沉17.5m,下沉至高程-53.5m。

降排水下沉阶段采用水力吸泥设备取土;不排水下沉阶段井孔内(非盲区)主要采用空气吸泥机取土,水下液压动力站双绞吸机作为备用设备,刃脚及隔墙底部(含分区隔墙)(盲区)主要采用弯头空气吸泥机取土,水下液压动力站双绞吸机作为备用设备。

对于沉井下沉安全稳定分析一般采用两个系数进行控制,即沉井下沉系数和沉井的稳定系数。二者可采用同一公式[11]:

$$K = (G_k - F_{fw,k})/(R_f + R_b) \qquad (2)$$

式中:G_k——沉井自重标准值(外加助沉重量的标准值);

$F_{fw,k}$——下沉过程中水的浮托力标准值;

R_f——沉井井壁的侧摩阻力;

R_b——刃脚及隔墙端阻力。

每一个阶段沉井结构所受基底端阻力和侧壁摩阻力均以该阶段下沉到位后沉井刃脚底部高程为基准来计算。考虑三种不同沉井基底土体支撑状态,即全截面支撑状态、全刃脚+分区隔墙全刃脚支撑状态、半刃脚+分区隔墙半刃脚支撑状态。考虑到下沉过程中沉井穿越多个土层,土体变化导致极限承载力变化,进而影响下沉系数。为更好地展现下沉过程中下沉系数的变化,细化下沉工况,下沉系数计算结果如图2所示。

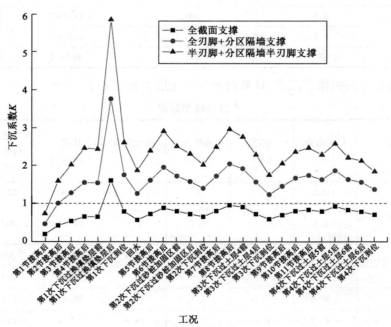

图2 沉井下沉各工况下沉系数图

由图 2 可知，沉井各个接高阶段随着沉井接高的进行，下沉系数会逐渐增大，但整体上随着沉井取土下沉的进行，下沉系数会动态增减。在全截面支撑状态下，沉井第一次下沉过程中刚进入砂桩加固区时，下沉系数大于 1，为 1.6，沉井可以下沉，但可能发生突沉；其余阶段均小于 1，需要开挖掉部分普通隔墙下的土使沉井处在全截面支撑和全刃脚 + 分区隔墙支撑之间的状态，尽量保证下沉系数在 1.15 ~ 1.25 之间，使沉井可以平稳下沉。为确保沉井的安全和稳定，接高时，沉井底部土体支撑状态以全截面支撑为主，沉井第 4 节接高后第 1 次取土下沉前下沉系数为 0.65；沉井第 6 节接高后第 2 次吸泥下沉前下沉系数为 0.88；沉井第 8 节接高后第 3 次吸泥下沉前下沉系数为 0.95；沉井第 11 节接高后第 4 次吸泥下沉前下沉系数为 0.83。下沉时，土体支撑状态可由全截面支撑逐渐转换为全刃脚 + 分区隔墙支撑，以实现沉井下沉。

三、沉井首次下沉接高高度

1. 张靖皋长江大桥北航道桥北锚碇沉井地基处理后地基承载力计算

张靖皋长江大桥北航道桥北锚碇沉井首次下沉 14.5m，沉井所在场地上部有 11m 左右的淤泥质粉质黏土，承载能力相对较差，为满足沉井前 4 节接高承载力需求，需对表层淤泥质粉质黏土进行临时加固处理，对该区域进行厚垫层—砂桩复合地基处理，砂桩长度 17.5m，顶高程 +1.5m（基坑开挖时挖除 1m 桩头），底高程 -16m，桩径 0.6m，桩间距 1.1m，置换率 0.27，处置范围为沉井井壁及隔墙外围 3m；砂桩施工完成后，开挖 3m 基坑至底高程 0.5m，换填 3m 砂石混合料垫层，施工前在沉井井壁外侧 3.5m 位置打设钢板桩进行基坑防护，然后配合降水进行开挖。

1）砂桩承载力计算

采用 Brauns(1978)[12] 方法计算桩侧土体所能提供的最大侧向极限力，即桩体的鼓胀变形使桩周土进入被动极限平衡状态。在进行砂桩承载力理论计算时，砂桩粒料内摩擦角取 30°，桩间土黏聚力取不固结不排水试验值 10.2kPa。设计方案垫层厚度设计为 3m，考虑换填垫层影响，计算得砂桩极限承载力为 516kPa。

2）考虑固结作用的砂桩复合地基极限承载力

依据梅耶霍夫公式，结合地勘报告，淤泥质粉质黏土极限承载力为 138kPa。采用桩土面积比法，复合地基极限承载力为 240kPa。在淤泥质粉质黏土层通过砂桩排水体竖向固结过程中，土体有效应力提高，使土体强度增加。复合地基承载力随固结度的提高而增强，考虑因固结引起的地基承载力增长时[13]：

$$P_f = (1-m)\left[\frac{\gamma b}{2}N_\gamma + (\tau + \Delta\tau)N_c + qN_q\right] \tag{3}$$

式中，$N_c = 5.707$，$N_q = 1.252$，$N_\gamma = 0.168$。

四次接高后，固结度为 98.8%，计算得到考虑桩间土固结作用下的复合地基极限承载力为 485kPa。

2. 沉井首次下沉接高高度

本次理论计算分析，垫层力传递扩散角按 30° 考虑，假定沉井为条形基础，其均布荷载为 pkPa，宽度为 B 取最外侧井壁厚度 2.3m，垫层厚度取 3m，则砂桩顶部承受荷载 P_1 为：

$$P_1 = pB/(B + 2 \times 3 \times \tan30°) \tag{4}$$

根据本项目地基处理效果可知砂桩顶部能承受的极限荷载为 485kPa，故垫层顶最大荷载为 1215kPa，沉井与垫层接触面积为 1495m²，即能承受的沉井最大重量为 181642.5t。张靖皋长江大桥北航道桥北锚碇沉井首次下沉接高前 4 节共 22m，外加施工荷载，共 92745.3t，满足要求。并且经过计算第一次下沉到位后下沉稳定系数为 0.79，第二次接高后，下沉稳定系数为 0.88，满足要求。

考虑到施工便利性，基于已有的地基处理情况，优化首次接高高度，将首次接高高度由 22m 提高到 26m，首次下沉深度由 14.5m 提高到 20m，使第一次下沉到位时沉井底处于强度更高的土层，便于第 2 次接高。

当首次接高高度为26m时,沉井重量为109030t,满足要求。第1次下沉20m到位后,全截面接触下沉稳定系数为0.83;第2次接高后,全截面接触下沉稳定系数为0.93,满足要求。

四、沉井下沉次数、接高高度优化研究

张靖皋长江大桥北航道桥北锚碇沉井下沉采取的是"4次接高,4次下沉"的方案,经计算沉井可以顺利下沉。后续研究发现方案可以进一步优化,首次接高可取26m,第1次下沉20m,各方面均满足要求,继续调整分节高度、接高高度后,沉井下沉可以采取更加经济高效的"3次接高,3次下沉"。

考虑到施工便捷性和材料利用率,沉井共分9节,除第1、第9节外,标准节段均为6m高。

经计算,沉井共分三次下沉,第一次下沉采用降排水下沉,第二、三次采用不排水下沉:

(1)第一次下沉:沉井接高第1~4节,接高26.0m,沉井总高26.0m,地面高程+3.5m,降排水下沉17.8m,下沉至高程−16.5m;

(2)第二次下沉:沉井接高第5、6节,接高12.0m,沉井总高38.0m,不排水下沉15.0m,下沉至高程−31.5m;

(3)第三次下沉:沉井接高第7、8、9节,接高19.0m,沉井总高57.0m,不排水下沉22.0m,下沉至高程−53.5m。

考虑到调整首次接高高度后,地基附加应力变化,复合地基极限承载力变为528kPa。经计算沉井下沉过程中各工况下的稳定系数和下沉系数见表3。

各工况的稳定系数和下沉系数　　　表3

计算阶段	刃脚高程(m)	沉井入土深度(m)	基底土体支撑状态	稳定系数	下沉系数
第1~4节接高完成	+1.3	2.2	全截面支撑	0.77	
第1次降排水下沉到位	−16.5	20	全截面支撑		0.83
			全刃脚支撑		1.80
			半刃脚支撑		2.63
接高第5节	−16.5	20	全截面支撑	0.75	
接高第6节	−16.5	20	全截面支撑	0.93	
第2次不排水下沉到位	−31.5	35	全截面支撑		0.57
			全刃脚支撑		1.21
			半刃脚支撑		1.74
接高第7节	−31.5	35	全截面支撑	0.72	
接高第8节	−31.5	35	全截面支撑	0.86	
接高第9节	−31.5	35	全截面支撑	0.89	
第3次不排水下沉到位	−53.5	57	全截面支撑		0.71
			全刃脚支撑		1.37
			半刃脚支撑		1.84

由表3可知,沉井的稳定系数和下沉系数基本达到规范的要求。沉井第1次接高完成后,全截面支撑下稳定系数为0.77,开挖隔墙下土体,使沉井变为全刃脚支撑,沉井顺利下沉,下沉到位后变回全截面支撑进行2次接高,接高完成后稳定系数为0.93,同理开挖隔墙土体继续下沉,第3次接高完成后稳定系数为0.89,最终下沉到−53.5m时全截面支撑稳定系数为0.71,沉井能够稳定终沉。

三种土体支撑状态下,沉井3次下沉开始时的下沉系数如图3所示。考虑到下沉过程中沉井穿越多个土层,土体变化导致极限承载力变化,进而影响下沉系数,为更好地展现下沉过程中下沉系数的变化,细化下沉工况,全过程下沉系数如图4所示。

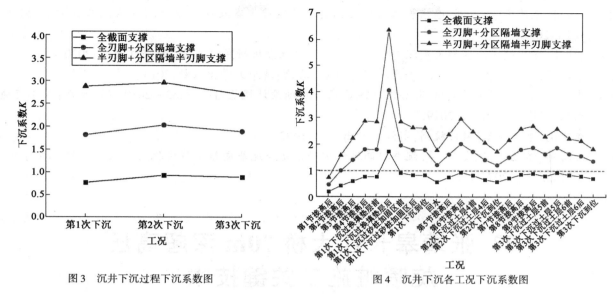

图3 沉井下沉过程下沉系数图 图4 沉井下沉各工况下沉系数图

由图4可知,沉井3次接高3次下沉各个接高阶段随着沉井接高的进行,下沉系数会逐渐增大。然后随着沉井取土下沉的进行,下沉系数会逐渐减小。在全截面支撑状态下,沉井第一次下沉过程中刚进入砂桩加固区时,下沉系数大于1,为1.73,沉井可以下沉,但可能发生突沉;其余阶段均小于1,需要开挖掉部分普通隔墙下的土使沉井处在全截面支撑和全刃脚+分区隔墙支撑之间的状态,尽量保证下沉系数在1.15~1.25之间,使沉井可以平稳下沉。为确保沉井的安全和稳定,接高时,沉井底部土体支撑状态以全截面支撑为主,沉井第4节接高后第1次取土下沉前下沉系数为0.77;沉井第6节接高后第2次稀泥下沉前下沉系数为0.93;沉井第9节接高后第3次稀泥下沉前下沉系数为0.89。下沉时,土体支撑状态可由全截面支撑逐渐转换为全刃脚+分区隔墙支撑,以实现沉井下沉。

五、结　语

(1)超大型沉井首次下沉阶段受地基承载力影响较大,根据接高后的承载力要求确定地基处理方案,控制首节沉井混凝土浇筑时基底应力不超过承载力容许值,全部接高完毕后不超过承载力极限值。为满足工程需要,首次接高高度可以较大。

(2)大型沉井下沉前,进行稳定系数、下沉系数的验算和沉降计算等预先分析,结合场地的实际条件,可以确立合理的下沉和接高方式,适当缩短工期。下沉过程中,确定合理的开挖方案,确保沉井下沉过程中安全稳定。

(3)对于超大型沉井,一般采用"4次接高,4次下沉",考虑到施工便捷性和经济性,通过调整分节高度,优化接高高度和每次下沉深度,可调整为"3次接高,3次下沉",注意下沉稳定接高时沉井刃脚所处土层承载力满足要求,避免出现突沉。下沉过程中动态调整沉井基底土体支撑状态,保证下沉顺利。

参考文献

[1] 朱建民,龚维明,穆保岗,等.超大型沉井首次下沉关键问题研究[J].公路,2011(4):13-18.
[2] 米长江,康瑞斌.超大型沉井基础首次下沉高度选择和地基处理技术[J].交通科技,2011,249(6):8-10.
[3] 米长江,王岩,穆保岗.马鞍山长江公路大桥南锚碇沉井下沉分析[J].桥梁建设,2011(6):6-11.
[4] 李维生,杨彤薇.锚碇沉井排水下沉期应力特性研究[J].公路交通科技,2022,39(7):106-114.
[5] 陈晓平,茜平一,张志勇.沉井基础下沉阻力分布特征研究[J].岩土工程学报,2005,27(2):148-152.
[6] 梁穑稼,徐伟,徐赞云.沉井下沉时土压力和侧壁摩阻力分析[J].同济大学学报(自然科学版),2014,42(12):1826-1832.
[7] 周和祥,马建林,张凯,等.沉井下沉阻力离心模型试验研究[J].岩土力学,2019,40(10):3969-3976.

[8] 穆保岗,朱建民,牛亚洲.南京长江四桥北锚碇沉井监控方案及成果分析[J].岩土工程学报,2011,33(2):269-274.
[9] 张计炜.深厚软土地区超大型沉井下沉行为及稳定性分析研究[D].杭州:浙江大学,2020.
[10] 李广信,张丙印,于玉贞,等.土力学[M].2版.北京:清华大学出版社,2013.
[11] 中华人民共和国交通运输部.公路桥涵地基与基础设计规范:JTG 3363—2019[S].北京:人民交通出版社股份有限公司,2019.
[12] 龚晓南.复合地基[M].杭州:浙江大学出版社,1992.
[13] 陈培帅,潘亚洲,梁发云,等.沉井接高过程中砂桩复合地基固结承载特性[J].上海交通大学学报,2021,55(6):707-715.

77. 张靖皋长江大桥70m深超高压旋喷桩施工关键技术

徐 杰[1] 夏 欢[2]

(1.江苏省交通工程建设局;2.中交第二航务工程局有限公司)

摘 要 本文以张靖皋长江大桥南航道桥南锚碇超高压旋喷桩复合地基工程实践为依托,根据项目特点和工程要求,从施工工艺及检测技术等方面对大型锚碇超高压旋喷桩复合地基施工技术开展研究。通过工艺方案比选及现场三阶段工艺试验,验证了SJT超高压旋喷桩的适用性,且通过确定满足设计要求的水泥掺量、喷浆压力、流量、转速、提速等施工参数进行了参数选优和验证试验。经原位主体工程验证,SJT超高压旋喷工艺实现了70m深厚覆盖层复合地基加固目的。施工过程中,搭建了智能化控制系统对关键施工参数进行实时在线监控,提升了超高压旋喷桩质量控制精细化及智能化水平。

关键词 超高压旋喷桩 70m深厚覆盖层 复合地基 SJT工法 工艺试验 智能建造 质量检测

一、引 言

自20世纪70年代首次被成功研发并被应用于深层地基加固以来,高压旋喷注浆法由于其原理简单、工效高、机械化程度高、成桩质量好,被广泛应用于软土地基加固、深基坑的支护以及隧道支护,边坡治理等工程[1-3]。20世纪90年代起,随着我国大规模建设工程的发展,该技术应用也越来越广泛,并出现了如RJP、MJS等改进工法[4-8]。诸多学者也对高压旋喷注浆法展开了进一步的研究。史本宁等[8]通过控制多工况条件下高压旋喷桩的施工参数,分析了分析滨海滩涂淤泥层软基处理中影响高压旋喷桩成桩的主要因素。贾剑青等[9]运用高压旋喷桩桩体低应变动态测试试验、抽芯检测及单桩复合地基承载力静载荷试验,结合理论计算和数值分析,研究了高压旋喷桩复合地基承载力特征值的变化规律。冯国俊等[10]基于高压旋喷桩复合地基有限元模型,研究低强高压旋喷桩正三角形布置和正四边形布置时,桩体弹性模量、桩长、土体内摩擦角对复合地基承载特性的影响,并分析高压旋喷桩的有效桩长。

高压旋喷技术(Jet Grouting)采用旋转喷头喷出高压射流切削土体,然后将水泥浆与切削下来的部分土体混合形成水泥土混合物,经过一段时间的固化之后,形成旋喷加固体(称为高压旋喷桩)。随着中国交通基础设施建设工作的不断发展,高压旋喷技术作为一种施工操作相对简单的地基处理方法,在很多领域得到了广泛的应用。但目前国内外研究主要集中于高压旋喷新型工法的研制及现场应用方面,在施工理论方面的研究相对比较滞后。其中,智能感知超级旋喷工法(SJT工法)是在RJP的基础上经过优化、改良的新工法,可采用物探方法并根据返浆情况对施工过程、成桩质量进行实时监控、动态感知,高压注浆泵最大注浆压力可达 45MPa，流量可达 300~600L/min，最大成桩直径可达 10m。

本文依托张靖皋长江大桥南航道桥南锚碇，从施工工艺及检测技术等方面对大型锚碇超高压旋喷桩复合地基施工技术开展研究。

二、工程概况

张靖皋长江大桥位于江阴长江公路大桥下游约 28km 处，沪苏通长江公铁大桥上游约 16km 处。跨江段设有两座航道桥，其中南航道桥为主跨 2300m 悬索桥，为世界最大跨径桥梁。

南航道桥南锚碇基础采用了支护转结构复合地下连续墙，锚碇顺桥向长 110.05m，横桥向宽 75.05m，深度为 83m，墙厚度 1.55m。地面高程 +3.0m，基坑底面高程 -49.0m，基坑开挖深度 52.0m，基底以下 18m 范围地层进行地基加固。地基加固深度达 70m，加固层底高程为 -67m，持力层为密实粉砂层。

南航道桥南锚碇三维地质图如图 1 所示。

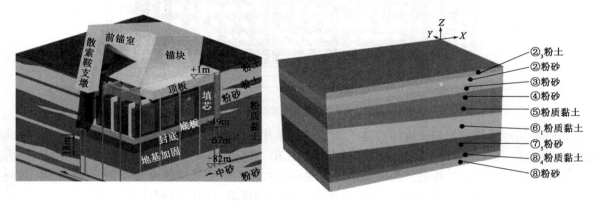

图 1 南航道桥南锚碇三维地质图

南锚碇基础底板位于粉质黏土层，基础底板的粉质黏土层物理力学指标较差。为了加大基底摩擦系数，提高地基承载力，减少基坑开挖深度，降低施工风险，减少结构蠕变，采用超高压旋喷桩工艺对基底进行加固。由于旋喷加固区深度深、处理面积大，需要对超深、超厚粉质黏土层旋喷加固地基处理关键技术进行研究。

南锚碇地基加固机理及作用如图 2 所示。南锚碇地基加固平面布置图如图 3 所示。

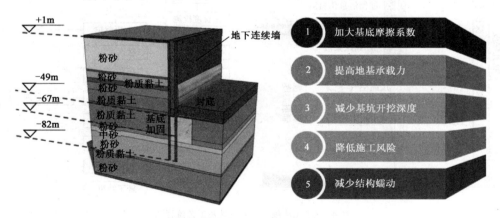

图 2 南锚碇地基加固机理及作用

超高压旋喷桩工艺设计参数：桩直径 2200mm。水泥质量有效掺入比不小于 35%，水灰比≤1；成桩垂直度偏差不大于 1/300。90d 无侧限抗压强度平均值不小于 3.3MPa，变异系数不大于 0.35，且不小于 2.2MPa 的点不少于 90%。渗透系数平均值不大于 1.0×10^{-6} cm/s，变异系数不大于 0.35，且渗透系数不大于 5×10^{-6} cm/s 的点不少于 90%。加固层地基整体摩擦系数不低于 0.37。旋喷桩的桩径、强度、渗透系数、摩擦系数等关键指标的控制直接决定了锚碇基础施工的成败。

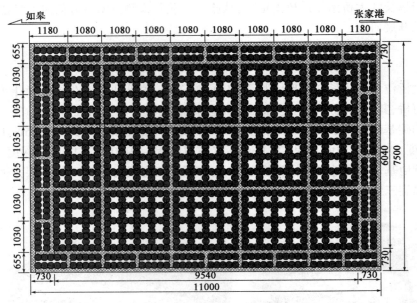

图3 南锚碇地基加固平面布置图(尺寸单位:cm)

南锚碇深层地基加固超高压旋喷桩施工工艺技术采用智能感知超级旋喷技术(简称SJT)。智能感知超级旋喷技术,是在传统高压旋喷桩的基础上经过优化、改良重点解决在粉质黏土、粉土、砂土、圆砾及卵石层等土层中的旋喷成桩难题。其原理是采用超高压水泥浆和空气两种介质喷射、切割土体,并与土体进行置换、混合形成桩体,在超高压、大流量浆液及其外部环绕气流的共同作用下,破坏土体的能量显著增大,最后在土中形成较大的固结体。SJT工法施工工艺原理及工艺流程如图4所示。

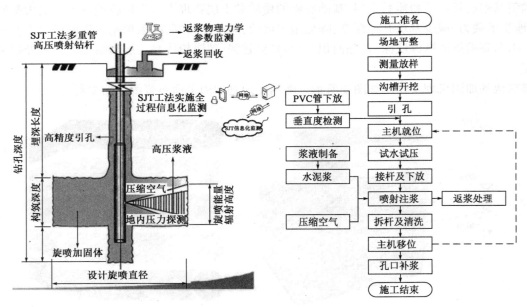

图4 SJT工法施工工艺原理及工艺流程图

三、两阶段工艺试验

1. 工艺方案比选试验

通过超高压旋喷桩进行地基处理,是保证基坑稳定性的关键措施。由于旋喷加固区深度深、处理面积大,需要验证超深、超厚粉质黏土层旋喷加固地基处理工艺的可靠性。在南航道桥南、北锚碇,北航道桥南锚碇项目正式开工前,分阶段进行现场工艺试验以分析施工工艺的优劣以及成桩质量是否满足设计要求,可以为深层地基加固设计与施工提供重要指标与合理参数,指导后续大规模施工。

现场工艺试验共分两阶段进行。第一阶段试验通过对超高压旋喷桩地基加固开展现场试验及相关检测,对超高压旋喷桩强度、质量均匀性、摩擦系数、渗透系数和地基承载力进行了全面的试验和分析,验证了超高压旋喷工艺在张靖皋长江大桥锚碇深层地基加固的可行性。

工艺方案比选试验采用两种超高压旋喷桩施工工艺,SJT 旋喷工艺和 RJP 旋喷工艺对深层土体进行加固,每组试验采用单桩以及咬合桩两种形式,咬合旋喷桩每组 5 根,共计 10 根。咬合桩桩径 2.5m,桩顶高程 -23.5m,桩底高程 -51.5m,桩长 28m。两种工艺均在同一场地开展试验,桩基性质、规格及水泥掺量等均相同。

通过工艺方案比选试验,分别对 SJT 和 RJP 工艺在成桩质量、抗压强度、基底摩擦系数、抗渗性能以及地基承载力方面的性能进行了分析,其结果表明两种施工工艺均可满足设计要求,因此在本项目开展超高压旋喷工艺是可行的。从具体的施工效果来看,SJT 和 RJP 工艺的成桩性能较为一致,但 SJT 工艺智能化程度更好,且具有长达 40m 桅杆,便于注浆管多节连续对接,因此在垂直度控制,以及提高工效和施工质量等方面具有更大的优势,因此在后期的现场工艺试验阶段采用 SJT 工艺。

2. 现场三阶段工艺验证试验

现场试验在工艺方案比选试验结果基础上,在锚碇范围内寻找合适地层进行非原位单桩、SJT 非原位咬合桩及原位咬合桩三阶段工艺试验。首先根据单桩试验结果比选出较为合理的施工参数,对注浆压力、注浆流量、提升速度等施工参数进行进一步试验,并验证成桩质量,从而固化施工参数。由于本项目加固深度较深,高压流体经过长距离传输到达加固区时,其压力可能出现较大的折损,使切割搅拌的土体范围小于设计值,导致桩径不满足设计条件。同时加固区穿越较厚的粉质黏土地层,可能出现搅拌不均匀诱发的成桩质量差,使桩体强度小于设计值。为确保 SJT 工艺满足设计要求并固化施工参数,在南锚碇原址进行 -68~-49m 范围内进行原位咬合桩试验,试验包括 3 根咬合桩,桩长均 18m,设计桩径 2.2m。现场三阶段工艺试验总体思路如图 5 所示。

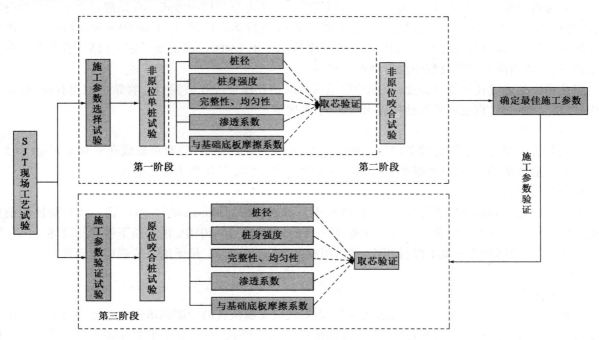

图 5 现场三阶段工艺试验总体思路

最终确定的施工参数见表1。

南航道桥南锚碇超高压旋喷桩工艺试验固化施工参数　　　　表1

序号	项目		参数
1	水泥浆	水泥掺量(%)	≥43%
2		水泥浆水灰比	1
3		压力(MPa)	1.51±0.1
4		流量(L/min)	50.5(0,+5)
5	高压气	气体压力(MPa)	265(0,+30)
6		气体流量(m³/min)	1.1(0,+0.4)
7	喷浆杆	提升速度(cm/min)	10
8		转速(r/min)	6.5(0,+1)
9	喷嘴	喷嘴直径(mm)	3.5~6.0

四、原位主体工程施工关键技术

1. 施工流程及操作要点

1）地面开孔

在锚碇厂区地面硬化时已在旋喷桩桩位处预埋 PVC 管（φ220mm），复核桩位后可直接进行引孔施工。若漏埋 PVC 管或位置偏差，需要采用开孔器开孔，开孔直径不小于 250mm。

2）引孔施工

引孔采用"套管成孔工艺"，引孔钻机采用套管钻机，钻头直径 220mm，套管钻杆直径 219mm。将引孔钻机放置在指定桩位附近，移动引孔钻机到指定桩位，将钻头对准孔位中心，用水平尺和测锤校准旋喷引孔钻机，使旋喷引孔钻机水平，导向架和钻杆应与地面垂直。旋喷桩垂直度误差不大于 1/300，桩位对中误差不大于 2cm。引孔深度宜大于设计孔深 0.5~1m。

启动钻机边旋转边钻进，钻进成孔过程采用优质膨润土泥浆护壁的方式。在钻进过程中严禁强行钻进，以免损坏动力头与钻杆，成孔过程中对引孔的垂直度进行动态检测，每下钻 20~30m 后进行一次垂直度测量，当出现倾斜时及时纠正，确保钻孔垂直度偏差小于 1/400。施工至一定阶段后，若发现引孔垂直度较好，可适当降低引孔过程中垂直度检测频率。

引孔钻机钻进成孔至设计深度（根据地层适当加深钻孔保证成孔质量）后，将钻杆提出孔位，提钻过程中，严禁晃动钻机，直至将套管钻杆提出地面，引孔完成。

3）垂直度检测

在钢套管内采用专业测斜设备（JTL-40GX 型有缆光纤陀螺测斜仪）对每根成孔垂直度测量，每 5~10m 采集一组数据，测斜时应严格按照厂家指导手册操作。测量结果作为参考数据。

4）PVC 管下放

为防止塌孔及创造良好的返浆通道，在成孔中下放通长的 φ200mm 的硬 PVC 管。PVC 管使用前应在地面用喷浆喷嘴喷射水流验证其材料性能，确保 PVC 管能在 5~10MPa 的水压下被切割破坏。PVC 管分节下入，管节之间用螺丝紧上保持相连，然后用胶带缠绕连接牢固，最下面一节端口应设置锥形收口以便下放。

5）主机就位

主机基础应坚实、平整，本工程场地已硬化，需对桩机支腿位置的导墙回填密实并铺设钢板。主机采用步履式移动的方式移位至桩孔位置，注浆杆底部中心对准桩孔中心，对中平面偏差不应大于 2cm。根据导向架上安装的陀螺仪实时监测导向架垂直度，根据垂直度测量结果调整四条支腿高度，确保旋喷桩垂直度满足设计要求。

6) 试水试压

注浆管在插入孔内前在地面试水、试压,检查注浆设备是否正常、管路系统是否畅通、喷嘴射流形态和喷射压力是否正常等。设备的压力和排量应满足设计要求,管路系统的密封必须良好。喷嘴直径很小,容易堵塞,应防止杂物掉入注浆管内。吊装连接好首节喷浆杆后,在水泥浆管路内注入水,将泵、管路和注浆管内可能存在的残渣、铁屑冲洗干净,然后将首节喷浆杆与喷浆头连接,喷嘴朝向合适位置(应避开人群),主机操作人员通过对讲机通知后台操作人员,开启高压泵进行试压,确认钻头喷射是否正常。

7) 接杆及下放

利用桩机辅卷扬吊装拼接喷浆杆,人员通过桩机桅杆自带的爬梯上下安装喷浆杆,爬梯设有安全防护背笼。喷浆杆下放时,要预防喷嘴被泥沙堵塞,在插杆前用编织袋及胶带将喷嘴包扎好。喷浆杆应匀速下放。喷浆杆对接接长时应检查连接处密封圈及地内压力计线路连接触点完好情况,并将连接螺栓坚固可靠,保证喷浆杆内部各管道的连接密闭可靠有效以及地内压力信号传递正常。喷浆杆下放完成后校正导向架、喷浆杆的垂直度与主机底盘的平整度,偏差不满足设计要求时应及时调整。喷浆杆下放困难时应查明原因后再采取措施。

8) 喷射注浆

喷浆杆下放至设计深度后,设定各工艺参数,包括提升速度和转速等。喷射注浆开始时高压泥浆泵应逐步增压,当浆液达到设计喷射压力后,注浆喷头宜在预定深度只旋转或摆动喷射1~3min后再进行提升作业,以清除管路中的残留清水。浆液泵送前应充分搅拌均匀并经筛网过滤后压注。

喷浆提升过程中应控制钻杆提升速度,依据本次单桩设计参数要求,提速(7.0 ± 0.5)cm/min。

喷浆杆分段拆卸前后桩身竖向搭接长度不应小于100mm。施工中断时间超过1h应拔出喷浆杆进行清洗。施工中断超过2h时,桩身竖向搭接长度不应小于500mm。

旋喷桩施工时应由下而上均匀喷射,喷射注浆时确保空气压力和流量、水泥浆压力和流量在设定范围之内,注浆过程应边喷浆、边旋转,并按设定速度提升钻杆,使水泥浆与桩位土体充分搅拌均匀。在喷浆过程中,密切关注地内压力和返浆情况。停止喷射的位置应不低于设计高程。

9) 拆杆及清洗

利用喷浆台车辅卷扬对喷浆杆进行吊装、拆卸,喷浆管拆卸时应先提升喷浆管不小于500mm。拆杆过程中认真检查密封圈和触点的情况,若损坏及时更换。喷浆杆分段拆卸前后桩身竖向搭接长度不应小于100mm。施工中断超过2h时,桩身竖向搭接长度不应小于500mm。

2. 智能建造技术

本工程为保证深层地基加固质量,实现施工过程的精细化控制,建立了超高压旋喷桩智能建造系统,确保施工全周期内信息监测以及实时反馈。

旋喷桩智能建造系统包括电导率仪、返浆流量计、旋喷钻机、引孔钻机、高压泥浆泵、空压机、信息化平台。各传感器通过电线或无线信号与信息化平台连接,上述设备的相关参数在信息化平台上显示并存储。智能感知超级旋喷(SJT)智能建造系统如图6所示。

搭建虚拟建造平台,所有施工数据按照移动端及计算机端集成显示桩长、升降速度、回转速度、压力、流量、水泥用量等参数,便于施工过程检测。同时,将各桩机状态及施工进度信息接入虚拟建造系统平台(图7),实现施工组织及施工进度的高效管理。

五、施工质量检测技术

1) 桩体强度和桩身质量检测

根据现场实际取芯情况,挑选连续性和完整性较好的芯样开展无侧限抗压试验,并统一将90d龄期强度为指标,绘制如图8所示的强度随深度变化趋势曲线。由图8可知,现场三阶段工艺验证试验,不论是对于粉质黏土还是对于砂土均满足芯样90d无侧限抗压强度不小于2.2MPa的点不少于90%的要求。

同时当地层由粉质黏土过渡到砂层后，桩体的强度也会出现大幅的提高，说明在砂层中的加固效果要远好于在粉质黏土。

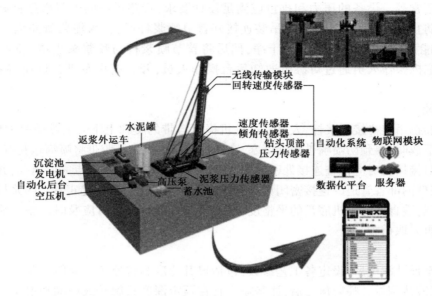

图6　智能感知超级旋喷（SJT）智能建造系统

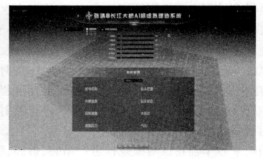

图7　虚拟建造系统平台

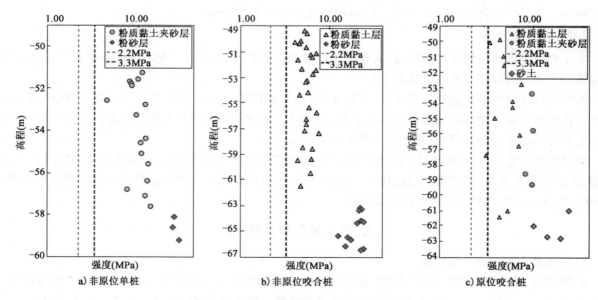

图8　三阶段试验现场取芯芯样90d强度

2)渗透系数检测

根据室内水泥土渗透试验,验证了旋喷桩加固体抗渗透系数参数。为获得旋喷桩加固体的渗透系数,在现场取芯,寄送到实验室,对水泥土芯样样品进行切割、密封处理,安装到渗透仪上进行测定样品渗透系数测定。试验参考《土工试验方法标准》(GB/T 50123—2019)中变水头渗透试验。实验结果得出:无论是单桩,两桩咬合、三桩咬合处,还是粉质黏土层还是砂土层渗透系数均满足不大于 1.0×10^{-6} cm/s 的要求。按照地层进行统计分析,粉质黏土层渗透系数的平均值为 2.79×10^{-7} cm/s,砂土层的渗透系数的平均值为 3.77×10^{-7} cm/s。

3)摩擦系数检测

利用直剪仪测试了混凝土与水泥土界面摩擦系数,验证旋喷桩加固体抗摩擦系数;结果如下:无论是单体,两桩咬合还是三桩咬合处,摩擦系数均满足不小于0.45的要求。桩体处摩擦系数的平均值为0.51,两桩咬合处的摩擦系数的平均值为0.52。

六、结 语

本文以张靖皋长江大桥南航道桥南锚碇超高压旋喷桩复合地基工程实践为依托,从施工工艺和关键施工参数确定、施工工艺流程及操作要点、智能化控制技术、复合地基施工质量检测技术等方面开展研究,得出以下结论:

(1)对SJT和RJP这两种超高压旋喷地基加固工艺在抗压强度、基底摩擦系数、抗渗性能以及地基承载力方面的性能进行分析,其结果表明两种施工工艺均可满足设计要求,说明超高压旋喷地基加固方案在本项目中可行。

(2)锚碇超高压旋喷桩复合地基施工涉及关键设备和关键施工参数多,自动化监测和控制技术能够实时监测施工过程中的各项数据,能及时发现问题并进行调整,在提升施工质量和效率、降低安全风险、优化资源配置等方面具有优势。

(3)搭建了针对张靖皋长江大桥南航道桥南锚碇基础深层地基加固的高压旋喷桩加固施工在线可视化平台,该平台在后台实现了对施工监控数据的上传与维护,在前台实现了对喷浆压力、喷浆流量、提升速度、提升速度等关键施工参数的在线可视化展示,提高了施工效率和质量,降低了风险。

(4)通过现场取芯分析,不论是对于粉质黏土还是对于砂土均满足芯样90d无侧限抗压强度不小于2.2MPa的点不少于90%的要求。同时当地层由粉质黏土过渡到砂层后,桩体的强度也会出现大幅度的提高,说明在砂层中的加固效果要远好于在粉质黏土。

参考文献

[1] 朱磊. RJP高压旋喷法在深基坑工程中的应用[J]. 施工技术,2015,44(19):65-67,126.

[2] 王明森. 高压喷射灌浆防渗加固技术[M]. 北京:中国水利水电出版社,2010.

[3] 李秀清. 某地铁项目富水砂层高压旋喷桩应用技术分析[J]. 工程技术研究,2022,7(8):70-72.

[4] 徐至钧,全科政. 高压喷射注浆法处理地基[M]. 北京:机械工业出版社,2004.

[5] 刘澄赤,卞睿凡,睢博栋. MJS工法超长高压旋喷桩在深基坑止水工程中的应用[J]. 施工技术,2021,50(3):85-87.

[6] 崔寿凯,王向阳,李享,等. RJP工法桩+全回转咬合桩在富水软土地区地下连续墙侧壁堵漏中的应用[J]. 施工技术,2020,49(22):77-80.

[7] 胡晓虎,川田充,中西康晴,等. RJP高压旋喷工法及其在日本的工程应用[J]. 岩土工程学报,2010,32(S2):410-413.

[8] 史本宁,焦学尧. 基于高压旋喷桩试桩的滨海滩涂淤泥层软基处理[J]. 水运工程,2020(S1):35-39.

[9] 贾剑青,刘杰,赖远明,等. 高压旋喷桩复合地基承载力研究[J]. 中国铁道科学,2018,39(6):1-7.

[10] 冯国俊,刘诗净,王荣. 低强高压旋喷桩复合地基承载的影响因素[J]. 水运工程,2017,537(12):185-191.

78. 大跨钢混组合梁整孔预制施工关键技术

胡右喜[1]　马天亮[3]　邵志超[1,2]

(1. 江西省交通投资集团有限公司；2. 江西交通咨询有限公司；
3. 中铁大桥局集团第六工程有限公司)

摘　要　德州至上饶高速公路赣皖界至婺源段项目钢混组合梁采用60m跨整孔预制、整孔架设、钢工字梁简支、混凝土桥面板连续的新型组合体系。综合考虑线路地形、材料运输、周围环境等因素,对钢梁拼装场进行合理规划；基于钢梁跨度及预拱度敏感性,采用了钢梁拼装预拱调节装置,实现了对钢梁线形吊装对位,高强螺栓智能施拧。混凝土桥面板通过胎模、可调节式梳齿板结合施工的方式,更好控制了钢混组合梁体顶板的高度、表面的平整度及梁体结合处的强度。由于常规的钢混桥面板实心结构钢材及混凝土消耗大,提出了钢混镂空桥面板预制结构的方法,更利于材料的充分加工使用,极大减少了钢材浪费。钢混组合梁预制拼接保证了整体建设的可行性和工程质量的可靠性。

关键词　钢混组合梁　钢梁拼装　桥面板预制　组合构件　镂空桥面板

一、引　言

德州至上饶高速公路赣皖界至婺源段项目,路线起点位于赣皖界,终点接婺源枢纽互通,总长度40.747km。项目主要位于江西省婺源县内,线路起讫桩号为K9+860~K26+000,全长16.14km。通过17座桥梁连接,主线桥梁总长度7037m,主线桥梁11座,互通连接线桥梁6座。其中祁婺高速公路标段需要建设钢混工字组合梁桥共有3座,分别为新亭特大桥、十亩特大桥、花园大桥。新亭特大桥至花园大桥钢混组合梁平曲线最小半径为1200m,设计最大横坡4%,设计纵坡为-3.5%~+1.5%,其中新亭大桥0号桥台至花园8号墩附近为-3.5%~0下坡路段,花园大桥8号墩至10号墩桥尾为1.5%上坡路段。

采用钢工字梁简支、混凝土桥面板连续的新型组合体系,单幅桥采用四片工字梁组成的"双Ⅱ形"结构,梁高3m,高跨比为1/20。钢主梁主要由上翼缘板、腹板、腹板纵横加劲肋、下翼缘板及横梁组成。上翼到下翼单片钢主梁高度2.75m,钢主梁中心间距3.3m和3.65m,上翼板宽0.6m,下翼板宽0.8m下翼跨中为0.9m。总用钢量3.5×10^4t。主桥上部结构采用与钢梁结合成一体的钢筋混凝土桥面板,分为预制和现浇两部分。混凝土桥面板宽12.75m,混凝土板悬臂长1.25m,桥面板厚0.25m。整体预制浇筑混凝土桥面板采用C55混凝土。钢混组合梁及其结构分别如图1、图2所示。

图1　钢混组合梁

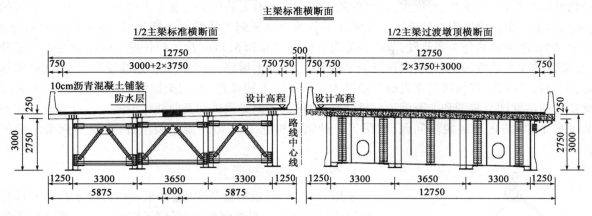

图 2　钢混组合梁结构图(尺寸单位:mm)

二、钢混组合梁施工方案

项目地势起伏大,山体坡面陡,下部结构施工难度大。设计综合考虑线路地形、材料运输、周围环境等因素,实现工厂化制造,缩短工期,节约成本。根据地形及施工运输的便利,确定钢梁拼装场位置。钢梁拼装场包括钢梁预制拼装和桥面板预制施工。验收合格的钢构件,通过10t桁吊吊装定位,高强螺栓智能紧扣施拧,完成Ⅱ形梁组合拼装。桥面板采用落地支架和组合钢模板体系,设置可调式通用梳齿板对钢筋进行绑扎预制,精确定位钢筋间距,保证钢筋质量。采用2台10t桁车分30m节段吊装入模,防止钢筋变形。为降低桥面板混凝土收缩,增强桥梁安全性能,对桥面板混凝土配合比进行试验研究,得出最佳配合比。混凝土桥面板采用C55混凝土。混凝土浇筑过程中,运用钢混梁桥面板预制施工方法,桁吊加料斗的方式进行浇筑,依桥面板短边呈S形均匀布料。钢混镂空桥面板、预制结构充分发挥材料性能,减少了桥梁自重。混凝土在振捣过程中,采用专用自行式振捣梁提浆、收面。桥面板通过养护智能小车洒水养护,方可移梁运架。

三、钢梁拼装场规划

钢梁拼装场主要负责新亭特大桥至花园大桥(K10+852～K15+604)范围内的钢混组合梁的拼装以及桥面板整体浇筑。

由于钢混组合梁跨度大,后期架设难度高。为解决组合梁运输难题,将钢梁拼装场设在十亩特大桥与花园大桥之间K14+432.000－K14+840.000段路基上,钢梁拼装场区域总面积11016m²。K14+432.000－K14+840.000段路基属于高填路基,中心最大填方高度31.1m,路堤边坡最大高度37m,线路曲线半径为1500m,路基设计纵坡为－3.5%～－1.5%。钢梁拼装场至花园大桥平均运距为1.05km,至十亩大桥平均运距为1.75km,距新亭特大桥平均运距为3.7km,距离1号拌和站和1号钢筋加工场2km。

根据钢混组合梁的整体拼装和整体浇筑的需要,将钢梁拼装场设计为弧形钢结构封闭厂房,厂房长408m,宽26.6m,檐口高度17.6m。厂房内横向布置2台10t、25.5m跨桁吊以及2台200t、24m跨龙门吊。梁场设置10个生产台座,1个60m钢筋加工台座,1个构件存放区及钢筋半成品存放区。场内设置钢梁半成品存放区、钢筋加工区、钢梁拼装区、桥面板浇筑养护区、运输通道等区域以及用电、排水等基础设施;拼装场场外设置试验室、高栓库、拼装场信息化控制室等。

四、钢工字梁预制拼装

新亭特大桥、十亩特大桥、花园大桥的上部结构均为钢混组合梁结构,总用钢量3.5×10^4t。所处地势起伏大,山体坡面陡,为减少下部结构工程量,提高上部结构跨度,施工选用60m跨度钢混组合梁,基于结构形式自重轻、强度高、跨度大，在跨度及力学性能上有显著优势。施工方便快捷，缩短工期、节约成本，采用钢工字组合梁场内拼装施工。钢梁在拼装前为保证施工质量及工期要求，将30m跨纵向分为4个节段，60m跨钢梁共分7个节段，节段划分为10m、7.5m和6.11m共3种长度。60m钢混组合梁跨度大，在架设过程完成后，无法对桥梁进行调平；钢梁自身变形敏感，由于该成桥曲线线形复杂，成桥线形要求高，钢梁加工制造、现场拼装架设施工难度大。为解决上述难题，在钢架拼装线形调整过程中，采用了钢梁拼装预拱度调节装置和大跨度钢混拼装台座，保证了钢梁预拱度及曲线线形满足设计要求。在钢梁吊装过程中，为防止吊装脱落问题，应用了一种钢结构施工H型钢梁吊装组件，方便与钢梁滑动吊装配合。

1. 钢架拼装线形调整

采用10t桁吊吊运钢梁节段、连接至场内混凝土台座上进行逐节段顺序对接拼装。吊装组件，包括钢丝绳索以及与绳索配合的夹持组件，夹持组件通过安装板的端倾斜延伸形成一个吊钩安装部，吊钩安装部与安装板共一个平面；安装板与吊钩安装部的弯折处具有连接通道，锁紧件穿过连接通道将两个安装板平行固定；吊钩安装部远离安装板一侧设有第一吊扣通道，安装板远离吊钩安装部一侧具有若干平行的第二吊钩通道，如图3所示。与H型钢梁滑动配合，方便吊装配合。

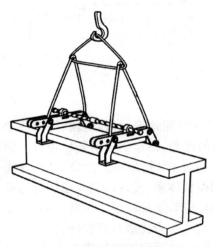

图3 吊装立体结构示意图

钢梁拼装前先按照钢梁设计拼装预拱度，调节台座顶部调节装置设置拼装胎架线形，并在台座表面放样钢梁拼装轮廓位置。如图4所示，钢梁拼装预拱度调节装置，包括基座、螺纹连接于基座上的两个高度调节螺杆、固定连接于两个高度调节螺杆顶端的支撑板，基座上设置有一排上下贯通的穿孔，基座的顶端上且位于每个穿孔外周均支撑设置有对应的连接螺母，两个高度调节螺杆分别穿入任意两个穿孔并与对应的连接螺母螺纹连接。

平面位置测量后将多个钢梁拼装预拱度调节装置分别摆放在预定位置，然后通过旋转每个钢梁拼装预拱度调节装置的连接螺母4调节高度调节螺杆2的顶端即支撑板的高度，从而确定钢梁拼装预拱度调节装置的顶面高程。然后将钢主梁7吊装至多个钢梁拼装预拱度调节装置上进行预拼，并用临时拼接板、临时螺栓及冲钉等将钢主梁7临时固定，待整跨钢梁临时拼装完成后，测量整跨钢梁的顶部高程，通过调节每个钢梁拼装预拱度调节装置高度调节螺杆2的顶端高度使整跨钢梁的预拱度和横坡达到要求，最后用高强螺栓替换临时螺栓及冲钉，完成整跨钢梁的拼装。调节装置工作状态下的结构如图5所示。

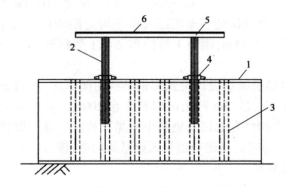

图4 钢梁拼装预拱度调节装置主视图
1-基座；2-高度调节螺杆；3-定位钢管；4-连接螺母；
5-支撑钢板；6-橡胶垫

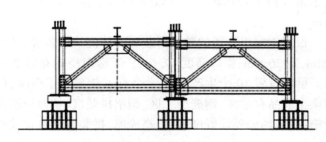

图5 调节装置工作状态下的结构示意图

2. 钢梁对位

通过拼装场内 10t 桁吊,吊装第一节段纵梁节段至台座限位标记相应位置。吊装前先临时安装拼接板,根据地面放样标点采用垂线法调整钢梁另一端位置,并进行临时固定。

吊装两节段节段横梁,并安装临时螺栓及冲钉临时固定。

吊装对位纵梁至台座限位标记处,根据地面放样标点采用垂线法调整钢梁另一端位置,调整横梁与纵梁对位后安装临时螺栓及冲钉。连接完成后,两节段纵梁和两个横梁形成较稳定体系。

安装剩余纵梁节段及横梁单元,待整孔Ⅱ形梁对接完成后,调节台座顶部调节装置修整钢梁线形,最后采用全站仪对完成的钢梁进行整体复核。

3. 高强螺栓施工

作为节段间唯一受力紧固件,施工质量要求严格。钢梁节段间连接均为高强螺栓连接。总共约 120 万套。高强螺栓采用扭矩法施工,紧扣法检查、验收。钢梁连接采用 M24、M30 共两种规格的高强度螺栓连接副,其中 M24 高强螺栓用于主梁间横向连接,M30 高强螺栓用于主梁纵向节段间连接。所有高强螺栓连接副均经过表面发黑处理。

根据钢梁结构,将钢梁的数据、拼装位置进行录入,通过 BIM 进行桥梁模型建立。在桥梁模型的基础上将高强螺栓的安装位置以及相应数量进行建立和数据录入,并对每个高强螺栓位置进行编号(图6),实现钢梁拼接结构的可视化。

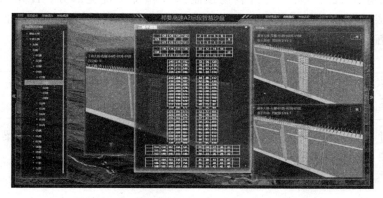

图 6 智能化管理平台高强螺栓编号图

基于高强度螺栓采用扭矩法施拧,施工前应做好施拧工艺试验和摩擦面抗滑移系数试验。

开始高强螺栓施拧前,通过智能 BIM 模型将高强螺栓模块一一对应。配对完毕后即可根据节点板模型的高强螺栓编号按顺序进行施拧。

在钢构件位置调整准确后进行高强度螺栓连接副的安装。高强度螺栓、螺母、垫圈必须配套使用。螺栓插入方向便于施拧,安装时注意垫圈的正反方向,螺栓头一侧及螺母一侧应各置一个垫圈,垫圈有内倒角的一面应分别朝向螺栓头和螺母支承面(图7)。

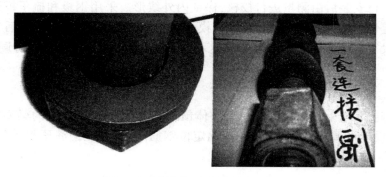

图 7 高强度螺栓垫圈安装方向示意图

图 8　高强度螺栓智能施拧及施拧后颜色标注

针对该接头高强度螺栓规格、批号选用相应的初拧智能化电动扳手,电动扳手和计算机通过线缆电线连接,工人按照BIM系统标示的顺序进行施拧,避免螺栓随螺母转动,保证施拧质量。所有高强度螺栓初拧完成后再进行终拧。施拧原则自中间向两边、自中排向边排上下层对称施拧,逐步将板束压密压平,避免中间出现空鼓现象。每初拧一个螺栓及时做好颜色标识(图8),初拧检查结束后方可进行终拧。

终拧的方法及施拧顺序与初拧相同。终拧完毕后同样根据BIM模型记录的施拧数据和工人现场根据颜色标识进行双重判断。每一钢梁节点板高强度螺栓按步骤施拧完毕后,重复进行下一节点板高强度螺栓施拧,直至该段钢梁拼接完毕。

五、桥面板预制施工

钢筋在钢筋加工厂集中下料,平板车运输至钢梁拼装厂。模板施工通过落地支架+组合钢模板体系,在胎架上钢筋整体绑扎成型,通过设置可调式通用梳齿板,精确定位钢筋间距。提高了桥梁上部的施工效率和质量,极大地减少对钢材的浪费。为防止钢筋变形,采用2台10t桁车分30m节段进行吊送入模。混凝土桥面横向宽为12.75m,分为拼装场预制部分和桥位现浇部分。Ⅱ形梁混凝土桥面板采用C55混凝土,架设完成后湿缝混凝土采用C55微膨胀混凝土。为降低桥面板混凝土收缩、增强混凝土性能,对桥面板混凝土配合比进行试验研究,得出最佳配合比(表1)。

C55桥面板混凝土配合比(单位:kg/m³)　　　　表1

材料名称	水泥	粉煤灰	水	沙子	石子	外加剂
用量	400	100	155	763	1012	5.5

混凝土浇筑通过10t桁吊沿桥面板短边呈S形均匀布料,采用自行研制振捣梁提浆、收面。通过养护智能小车洒水养护,养护时间不少于5d,且强度达到后方可移梁运架。

1. 模板施工

预制桥面板模板采用落地支架体系,配置组合钢模板。纵梁间模板采用固定式桁架,模板翼缘设置可转动式转角,方便钢梁吊出;翼缘板模板支架(图9)采用可移动式支架,支架体系以4m为一个单元,以适应曲线梁桥面板浇筑要求,主要由模板、可调顶托、盘扣式钢支架、走行轮、支撑底托组成。移动完成后走行轮离地,底托受力,形成稳定的模板支撑结构,根据桥面板高程调节顶托高度,测量进行校核后固定牢固。

桥面板侧模采用分段式,2m为一段,外侧为整体钢模,内侧为梳齿板钢模,模板高度25cm,每段设置两个支撑点,支撑由两根可调螺杆组成,与侧模板形成稳定三角体系,同时可调节侧模的位置和垂直度。依据钢梁顶板翼缘进行安装后由测量进行校核,保证内外线形。采用钢板和梳子板进行侧模施工,并采用焊接定位钢筋及定位卡的方式将侧模固定在底模上;在对钢筋进行基础处理之后,根据预制桥面板周边预埋钢筋的外漏尺寸的设计长度和板间钢筋交叉错开的间距进行钢筋施工。可调节式梳齿板如图10所示。

2. 钢筋台架预制

钢筋在拼装厂绑扎胎架上按30m节段进行整体预制安装,针对多变曲线的梁型特点,开发了桥面板钢筋绑扎胎架,通过设置可调式通用梳齿板,精确定位钢筋间距,保证钢筋预制质量。钢筋整体绑扎如图11所示,效果如图12所示。

图 9　模板支架图

图 10　可调节式梳齿板

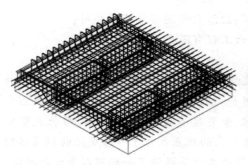
图 11　钢筋整体绑扎示意图

图 12　钢筋整体绑扎效果图

钢筋间采用梅花形绑扎固定，绑扎完成后，应将扎丝头调整至向结构内部，扎丝头不得侵入保护层范围内。预制板周边预埋钢筋外露尺寸为设计长度，同时考虑到后期桥面板安装，板与板之间钢筋必须交叉错开，因此必须对预埋钢筋的钢筋外露长度、钢筋间距进行准确定位。钢筋安装完成后，对钢筋与模板之间的缝隙采用泡沫胶进行封堵，保证混凝土施工质量，避免混凝土浇筑过程中漏浆情况发生。

3. 桥面板混凝土浇筑

桥面板混凝土浇筑由 1 台 10t 桁吊料斗自卸放料。放料沿桥面板短边方向，呈 S 形由一端向另一端进行，布料时混凝土下落高度控制在 2m 以内。浇筑前，先对模板、钢筋和预埋件检查，把模板内的杂物、积水清理干净，模板如有缝隙，必须填塞严密。

基于常规的钢混桥梁面板实心结构设置，造成的钢材及混凝土消耗大，成本高、施工周期长的问题，提出了钢混镂空桥面板、预制结构及其施工方法。支撑模板围合所述钢筋框架，并在钢筋框架中围合出预留槽的位置；向钢板和支撑模板围合形成的空间中注入混凝土，包裹所述钢筋框架；静置晾干后形成钢混镂空桥面板，移动至指定位置进行拼装。

混凝土振捣采用专利自行式振捣梁提浆、收面。桥面板采用专利养护智能小车洒水养护，养护时间达到且强度达 85% 以上后方可移梁运架。

六、结　语

钢结构通过对预拱度控制、高强度螺栓智能施拧，克服了预拱度变化敏感、成桥线形要求高等难题；胎模、钢模板、可调节式梳齿板相结合，形成桥面板预制一部分，相对于其他桥面板浇筑，施工进度得到极大的提升。预制完成的桥面板与钢混梁钢材部分通过预制场进行钢混凝土结合施工，板间预留钢筋可直接进行相互间的焊接并浇筑湿接缝，更好地控制了钢混组合梁体顶板的高度、表面的平整度及梁体结合处的强度。同时这种形式的桥面板预制方法使用的钢模板在施工完成后更加利于回收使用，由于对钢板加工较为简单，可重复使用，再加工后使用空间大，极大减少了钢材浪费，对工程形成了良好的经济效益。

参考文献

[1] 潘军.帕德玛大桥主桥150m跨连续钢—混组合梁施工技术[J].桥梁建设,2021,51(5):8-13.
[2] 耿树成.孟加拉国帕德玛大桥铁路纵梁及预制桥面板架设施工技术[J].世界桥梁,2021,49(3):21-27.
[3] 潘军.港珠澳大桥钢—混组合连续梁制造及施工关键技术研究[D].南京:东南大学,2017.
[4] 刘国波,吴乾坤,薛辉.东海大桥Ⅶ标主桥斜拉桥预应力混凝土桥面板的施工技术[J].公路,2006(3):59-63.

79.60m 跨 Ⅱ 形钢混组合梁整体运输和架设关键技术

刘 安[1,2] 万明敏[3] 邵志超[2]

(1.江西省交通投资集团有限公司;2.江西交通咨询有限公司;
3.中铁大桥局集团第六工程有限公司)

摘 要 祁婺高速公路60m跨钢混组合梁采用装配化施工。钢梁整体拼装预制完成,并且桥面板混凝土龄期和强度满足架设要求后,整体运输至桥位进行架设。通过对60m跨Ⅱ形钢混组合梁整体运输和架设全过程的研究和分析,总结出了60m跨钢混组合梁起吊装车、整体运输、超长大型架桥机在小半径曲线段过跨及整体架设等施工技术难点,并针对总结出的难点制订了一套成熟的钢梁运输和架设施工方案,保障了祁婺高速的顺利通车,也为同类型的桥梁施工方法提供了一种可以参考的思路。

关键词 60m跨 钢混组合梁 整体运输 架桥机曲线过跨 整体架设

Ⅱ形钢混组合梁在国内桥梁施工中的应用时间不长,其跨越能力和抗震性比传统的钢筋混凝土预制梁强,而且自重小,更易于装配化生产。然而Ⅱ形钢混组合梁整体运输和架设在国内的施工案例还不多,经验不够丰富。祁婺高速公路开创了60m跨径大型Ⅱ形钢混组合梁的整体运输和架设先例。因此,有必要针对实例中60m跨径Ⅱ形钢混组合梁的整体运输和架设全过程进行分析,并制订详细的施工方案。

一、引 言

祁婺高速公路A2标范围内的新亭特大桥、十亩特大桥、花园大桥三座桥梁上部结构采用钢混组合梁结构,主梁跨径为30m和60m,其中30m跨径10片(一个Ⅱ形为一片),60m跨径250片,60m跨主梁采用"工字型钢梁+混凝土桥面板"的组合结构,单幅桥采用四片工字梁组成的"双Ⅱ形"结构,梁高3m,高跨比为1/20。混凝土桥面板宽12.75m,混凝土板悬臂长1.25m,桥面板厚0.25m。钢主梁主要由上翼缘板、腹板、腹板纵横加劲肋、下翼缘板及横梁组成,单片钢主梁高度2.75m,钢主梁中心间距3.3m、3.65m,上翼板宽0.6m,下翼板宽0.8m、0.9m(跨中)。在墩顶及跨间位置,各片钢梁间每5m设置横向联结系,其中在墩、台顶支撑处以及跨中采用实腹式构造,跨间其他位置采用"K"形桁架式构造。标准断面见图1。

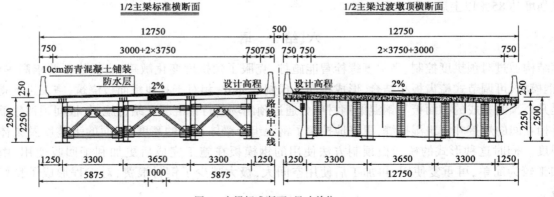

图1 主梁标准断面(尺寸单位:mm)

单片Ⅱ形预制组合梁宽5.875m,重170t(30m)、360t(60m);单片主梁按长度方向共划分为7个节段,节段长度划分为10m、7.5m和6.11m共3种长度。主梁分段如图2所示,最大节段吊装重9.7t。

图2　主梁分段示意图

二、运架设备概况

DCY200型轮胎式运梁车,单车最大承载200t,适应道路坡度纵坡不大于5%,横坡不大于4%,整机自重约90t,遥控操作,采用液压悬挂技术,每个液压悬挂配有一个悬挂油缸,自动适应路况、自动调整对地面的荷载使之均匀一致。

架桥机为国内首次研发的公路60m-400t型架桥机,长108m,适用跨径60m及以下,额定起重量2×200t,起升高度12m,适用横坡不大于4%,适用纵坡不大于3.5%,适用弯道R不小于1200m,过孔方式为无配重过孔。

三、施工关键技术

1. Ⅱ形钢梁吊装

混凝土桥面板浇筑完成,且桥面板混凝土满足移梁条件后,采用拼装场内2台200t门式起重机及专用吊具通过与梁面四个临时吊点连接,四点起吊将Ⅱ形钢混组合梁吊装至运梁车上。整孔Ⅱ形梁吊装如图3所示。单个吊耳通过8根ϕ36mm的精轧螺纹钢与主纵梁锚固连接,吊耳与钢梁连接精轧螺纹钢均采用双螺母,钢梁起吊时四点同步、缓慢、匀速起吊,起吊过程中注意钢梁及桥面与支架、模板、门吊支腿等无碰撞。

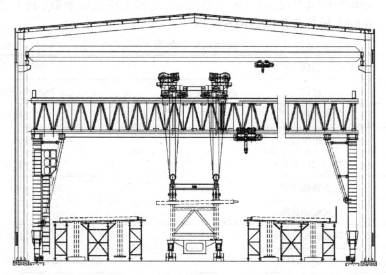

图3　整孔Ⅱ形梁吊装示意图

2. Ⅱ形梁运输

运梁车由两台200t单车组成,通过前后单车承载横梁共同驮运Ⅱ形钢混组合梁。为保证横梁的平衡,根据梁体的曲线、混凝土、钢筋等计算梁体重心偏移,将重心线与横梁中心线重合,同时运梁车具有自动适应路况、自动调整对地面的荷载的功能。在组合梁运输过程中还需对梁体的变形进行监测。运输过程示意图如图4和图5所示。

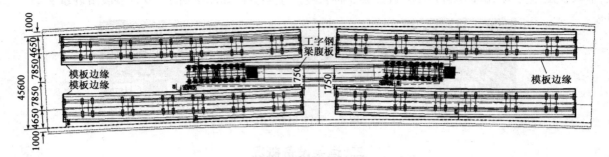

图4 场内运输平面示意图(尺寸单位:mm)

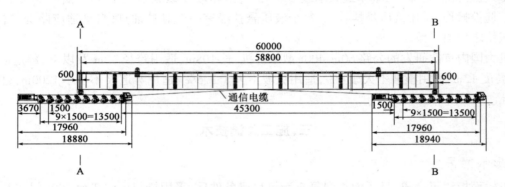

图5 运输立面示意图(尺寸单位:mm)

为确保已架设钢梁在承受运梁荷载时钢混组合梁结构受力安全,使用油漆对行走线路进行画线标记,保证运梁车横向车轴作用于工字梁腹板顶位置。

3. Ⅱ形梁架设

组合梁采用60m-400t架桥机架设,以花园大桥为例,花园大桥架设参数(表1)在型式试验完成,满足要求后,进行架梁。花园大桥首跨架设如图6所示。

花园大桥参数表　　　　表1

序号	类别	参数
1	跨径	30m+9×60m
2	纵向坡度	−1.50%
3	弯道半径	1800m
4	桥墩之间夹角	1.91°
5	前支腿加高座	500mm+700mm
6	中支腿加高座	0
7	后支腿加高座	500mm
8	临时支腿加高座	400mm+600mm+700mm+900mm
9	弯道外侧主梁比弯道内侧主梁长出	10m×sin(1.91°/2)=167mm,10m为主梁横向间距

1)曲线过跨

花园大桥位于半径1800m的曲线上,架桥机需要通过前、中支腿横移来实现架桥机曲线转弯和横移,从而实现架桥机在曲线桥位处的过跨。从上一跨架设结束至过跨完成主要步骤和控制要点如下:

步骤1：桥机架梁结束，天车开往前、中支腿之间，收起后支腿，架桥机横移至两幅正中间，安装前支腿抗倾覆装置。该装置采用手拉葫芦一端与吊装孔通过吊耳连接，一端与前支腿预留耳板连接，如图7所示。

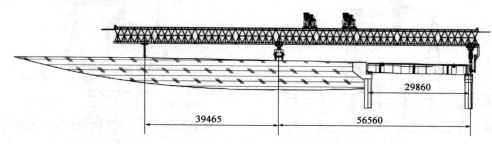

图6　花园大桥首跨架设示意图（尺寸单位：mm）

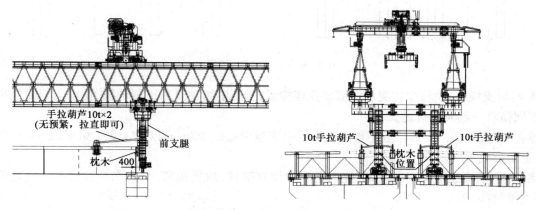

图7　抗倾覆装置安装示意图（尺寸单位：mm）

步骤2：同时启动前部平滚和中部平滚，将主梁前移38m。

注意：①此过程天车作为配重，不得随主梁超出前支腿所在位置。如天车将超出则主梁停止纵移，待天车后退到足够距离后，再次纵移。②主梁横移和纵移时，前部临时支撑和后支腿必须离地。

步骤3：松开前、中支腿摇平滚组件底部的转盘连接螺栓螺母，固定弯道外侧摇平滚与主梁的相对位置，以其为回转中心启动前支腿横移大车，前支腿向弯道内侧横移使主梁顺时针回转0.955°，前部临时支撑对准下个盖梁，横移量为1054mm，使前部临时支撑对准下个双幅桥墩的中心位置，如图8和图9所示。不同弯道半径，桥墩间夹角不同，则横移距离不同。

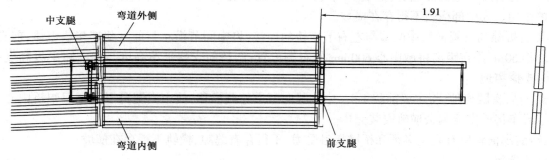

图8　横移量转弯平面示意图（尺寸单位：m）

注意：①前支腿横移调整角度时，一次横移距离不得超过300mm。②每横移300mm，用中部和前部平滚将主梁调整一次位置，如前支腿向弯道内侧横移300mm，则启动弯道内侧前、中部平滚将内侧主梁向后推送 $x = (10\text{m} \times 横移距离)/前中支腿间的距离 = (10 \times 300)/63.1 = 47.5\text{mm}$ 近似计算。③前支腿最终横移距离须根据实际工况和架桥机位置而定，使前部临时支腿落在双幅桥中心位置。

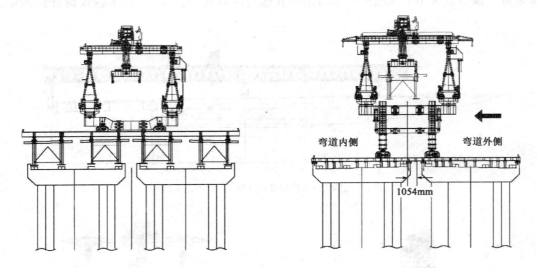

图 9　横移中、前支腿示意图

步骤 4：后支腿落地，将中支腿和中部横轨连接成整体，继续顶升后支腿油缸，使中支腿横轨离地，将中支腿连同横轨一起向前行走 22m。

注意：①后支腿横向支撑位置不得超出钢混梁腹板中心线 300mm 以上。②主梁形成 0~3.5% 上坡度，严禁主梁形成下坡。

步骤 5：前、后支腿油缸同时收缩，使中支腿和横轨落地；后支腿离地，天车开往尾部。启动前、中部平滚，将主梁前移 22m。

注意：此时前临时支腿到达前部桥墩位置且不可与盖梁接触。

步骤 6：后支腿落地，中支腿横轨离地；中支腿连同横轨一起向前行走 38m；悬空调整中支腿及横轨，使之与前部临时支撑所在的桥墩平行，以确保接下来中部横轨和前部横轨平行。

步骤 7：前、后支腿油缸同时收缩，使中支腿的横轨落地，此时中支腿摇滚未脱离下弦轨道，中支腿平滚未接触主梁下弦；继续收缩前支腿油缸，当中支腿平滚快接触到主梁下弦时，马上将前部临时支撑的底座与桥墩接触。

注意：①前、后支腿下放过程中，主梁高度下降，中支腿平滚未与主梁接触前，前部临时支撑不得与桥墩接触（通过调节丝杆来调整高度）。②整个过程中，后支腿的平滚高度不得高于中支腿，须安排人员观测后支腿是否有脱离地面的趋势，如发现脱离，应立即顶升前支腿油缸，让中支腿摇滚与主梁接触，起到配重保护作用。③中部横轨不得存在横坡。

步骤 8：拆除前支腿横轨中间节与左右节横轨的连接，将中间节横轨与前支腿连接成整体；前支腿连同横轨前移 60m，停在距离桥墩中心 600mm 的右侧位置；调整前支腿平滚高度与中支腿平滚高度一致，前部临时支撑离地。

步骤 9：后支腿离地，将主梁前移 1m。中支腿向弯道外侧横移，使中支腿可以落在双幅桥中心位置；利用 1 号天车将前支腿剩余横轨安装完毕。

注意：前部横轨所有底座必须和桥墩接触受力，不得存有缝隙，横轨不得存在横坡。

2）曲线喂梁

曲线梁段架桥机过跨完成后，为便于架桥机在弯道喂梁，将整机向弯道内侧空载横移，使架桥机中心偏移单幅中心线 1m 左右。

为防止运梁车及待架组合梁与架桥机后支腿发生碰撞，调整后支腿位置，曲线半径 $R=1800m$ 梁段，将后支腿曲线外侧支腿调整至距后方墩中心距离 21m 位置，曲线内侧支腿距后侧墩中心 30m 位置，随后开始喂梁。

喂梁的主要步骤及控制要点如下：

（1）运梁车带梁进场，前运梁车在靠近中支腿时停下；1号天车将梁提起。

（2）1号天车和后运梁车同步行走，待后运梁车接近前运梁车时，停止行走；2号天车将梁提起。

（3）两台天车同时运梁，钢混梁过中支腿后停止。

注意：

（1）天车和运梁车协同作业时，其移动速度必须调整相同。

（2）运梁车从尾部开始喂梁时，可适当横移中支腿，避免主梁和钢混梁干涉。

3）落梁阶段

后支腿悬空，同时启动前支腿大车、中支腿大车，使整机横移，中支腿中心线偏向落梁位置，637mm。

天车将钢混梁同步下放，在离桥面约10cm位置停下；启动天车横移功能，钢混梁横向错开桥面约53cm后停下；天车卷扬机同时下放，钢混梁上翼缘距离桥面高度约32cm时停下。天车继续横移至落梁位置正上方后，卷扬机钢丝绳下放，使钢梁落于盖梁顶临时支座，下落过程中需要实时对钢梁位置进行调整；待梁底离临时支座约5cm后，停止下落，调整钢梁位置，使钢梁支座十字中线水平投影与垫石十字中线完全重合，缓慢落梁至临时支座上（图10），完成钢梁架设。

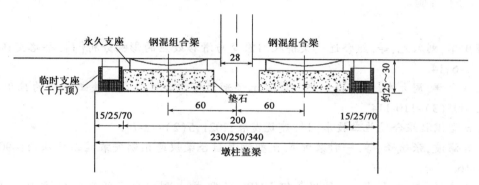

图10 钢梁架设墩顶临时支座布置（尺寸单位：cm）

注意：

（1）整机横移到位之前，横移小车必须位于天车横梁跨中位置，不得使主梁偏载。

（2）喂梁时物体间的安全距离不得低于10cm，可根据实际工况进行调整。

（3）临时支座采用100t特制千斤顶，Ⅱ形钢梁落至临时支座后，架桥机缓慢卸载，但不解除吊点的连接；同步启动钢梁四角千斤顶，确保钢梁均匀受力且同步缓慢调整钢梁高程至设计高程，并及时完成永久支座灌浆。支座灌浆料养护时间不小于2h且强度不低于20MPa后，进行受力转换，架桥机摘钩；待养护时间超过4h后，拆除临时千斤顶支座。

参照上述施工步骤，依次完成同跨1-2-4-3号Ⅱ形钢梁架设，利用汽车起重机完成同跨Ⅱ形梁之间的横梁安装，待同跨两组Ⅱ形梁间横梁安装完成后方可在本跨梁面进行钢混组合梁运输。

四、检查与监测

钢梁架设执行架桥机过跨和架梁安全检查签证制度，检查合格后，方可进入下道工序。

在架设过程中需做好形变监控工作，主要控制技术参数见表2。

在钢梁落梁过程中需要对钢梁进行微调，在支座灌浆前，需由测量做最后的复核，复核需满足以下要求，详见表3。

形变技术参数　　表2

形变技术参数	技术要求
主梁下挠	架设60m梁工况时(前跨径为63.1m),一天车在跨中时主梁下挠值(设计尺寸为118mm)
主梁旁弯	架设60m梁,一天车在跨中间时主梁旁弯值(L/2000,设计尺寸为30mm)
主梁60m悬臂下挠	主梁60m悬臂时,主梁端下挠值(设计尺寸为808mm)

检查项目　　表3

检查项目		规定值或允许偏差	检查方法或频率
轴线偏位(mm)	钢梁纵轴线	≤10	全站仪:每跨测3处
	两跨相邻端横梁中线相对偏位	≤5	尺量:测相邻端横梁
高程(mm)	墩台处	±10	水准仪:每墩台测3处
	两跨相邻端横梁中线相对高差	≤5	水准仪、尺量:测各相邻端
简支梁固定支座处支撑中心偏位(mm)		≤10	尺量:测每固定支座

五、结　语

祁婺高速公路60m跨360t钢混组合梁,为国内首次采用60m跨二次组拼后整孔架设钢梁简支桥面板连续的梁型。论文通过总结现场施工经验,确定了钢混组合梁运架的关键控制技术,可以为同类桥梁的施工提供指导和经验。

参考文献

[1] 杨飞,谭少华,刘殿元,等.组合连续梁桥收缩徐变与滑移效应的影响分析[J].公路交通科技,2017,34(S1):1-6,14.

[2] 罗小勇,庄金祥,周大东.预应力钢桁—混凝土预制面板组合梁桥在三峡工程中的应用[J].水力发电学报,2005(3):110-114.

[3] 陈红亮.π型钢混组合梁施工技术[J].建筑发展,2021,5(2):72-74.

[4] 郑力之,谷海波,张斌峰,等.一种装配式π型钢混组合梁快速预制安装施工方法:114908680A[P].2022-08-16.

[5] 毋军红,文庆军,赵红星,等.一种用于钢-UHPC装配式π型组合梁的纵向接缝:216338993U[P].2022-04-19.

[6] 郑力之,周建生,张斌峰,等.一种π型钢混组合桥梁钢梁的吊装装置:211813046U[P].2020-10-30.

80. 高速公路智慧梁场智能建造装备及模式研究

张玉龙[1]　农振宝[1]　郑　进[1]　李增源[1]　邢朋涛[2]

(1.广西交通投资集团有限公司;2.中铁一局集团第三工程有限公司)

摘　要　本文探讨了智慧梁场的合理布局形式,总结了智慧梁场中包括可移动台座、智能化模板和机械臂技术在内的现有关键技术优势,对智慧梁场采用的信息化控制技术进行了介绍,讨论了智慧梁场生产线的优势和不足,进一步提出了以"机械为主,人工监督"的智能建造模式和"自动化、数字化、平台化"智能装备设计思想,并结合T梁智能养生台车和无人远程智慧塔式起重机的研发进行了应用。

关键词　智慧梁场　智能建造　建造装备　建造模式　设计思想

一、引　言

桥梁工程作为跨越山区地形的主要结构物,其建造质量和成本影响着高速公路的耐久性和寿命。生产和架设预制梁是桥梁工程建造中的关键一环,由于梁场具有生产任务大、工期时间紧、质量要求高、功能集成多等特点,受到了高速公路建设者们的广泛关注,因此梁场的智能化建设在桥梁工程智能建造走在了其他专业工程前面。

国内许多项目先后建设了智慧梁场,大量的学者也开展了智慧梁场相关的研究。谢波等[1]以泉州至南宁、广西桂林至柳州段改扩建工程为依托,介绍了该项目应用的智慧梁场信息管理平台、智慧梁场控制系统的优势,对传统梁场与智慧梁场的生产效率进行了对比。郑松松等[2]从智慧梁场建设条件、智慧梁场功能设计及分区、智慧梁场信息化平台三方面,详细介绍了现阶段智慧梁场的主要功能及特点。陈真桂[3]结合宁上高速公路福建省霞浦至福安智慧梁场项目,介绍了钢筋成型、钢筋焊接、存储运送、钢筋装配、混凝土浇筑、蒸汽养护、张拉压浆、质量监测等智能化流程,并对施工过程的控制要点进行了探讨。陈佳佳等[4]在对智慧梁场总体框架和流水线施工工艺介绍的基础上,进行了T梁支撑装置、新型槽口装置等部分技术的创新,提升了梁场的生产效率。刘佩斯[5]以深中通道智慧梁场为依托背景,介绍了全自动液压模板、混凝土运输中心、智能协同管理平台的详细功能。

上述研究主要针对梁场的功能和装备进行了介绍,软件系统同样是智慧梁场得以高效运转的关键。赵璐等[6]从数字孪生的角度出发,介绍了智慧梁场云平台中智慧物联、制梁智能排产、存取梁智能推荐、运梁智能调度、架梁智能预警、厂场联动等功能,并结合实际案例进行了说明。吴何等[7]从自上而下的角度,提出了智慧梁场设计的 $1+N+1$ 的总体框架,即1个梁场信息管理平台、N个智能子系统、1个梁场分析决策平台,提出智慧梁场需要对传统生产要素进行赋能和升级,全面感知生产过程汇总的大量数据,才能实现生产效率提升和资源利用的最大化。随着智慧梁场的不断建设和发展,研究人员对于智慧梁场的装备和技术智能化,转向对系统、平台、生产要素智能化的关注。本文将在前人研究的基础上,结合乐业至望谟高速公路智慧梁场,对智慧梁场关键技术进行介绍,结合实际阐述智慧梁场的智能建造模式和未来发展趋势。

二、智慧梁场结构布局

乐业至望谟高速公路处于广西"横5"线的末端,是连接贵州和广西的新建门户通道,项目全线桥隧比为78.1%,全线路基段落短,梁厂选址受限,可存梁片数量少,要保证预制梁的生产及架设进度,梁厂必须要有极高的生产效率。智慧梁场生产效率高、占用场地小、产品质量好的特点能够在山区高桥隧比高速公路中发挥显著优势。

智慧梁场的结构布局与生产工艺、工序衔接有关,影响着后续生产效率的提升。梁场的主要功能分区主要包括钢筋绑扎区、混凝土浇筑区、预制梁养护区、预制梁张拉区、存梁区。除此之外,还需要混凝土拌和站和钢筋加工厂的配合。如图1所示,智慧梁场普遍采用的可移动环形生产线台座是基于上述梁场功能分区设计的,即沿着"直线"的轨道系统依次布置各个功能分区,使其布局形式与梁板生产工序一致,能够最大程度发挥其可移动的优势,也能充分利用主线路基作为梁场场地,实现"可移动台座走一遍,梁板出一片"的目的。拌和站与钢筋场建议分布在智慧梁场钢筋绑扎区和混凝土浇筑区的两侧。拌和站配备罐车出料和泵管出料两种方式,浇筑梁板所需的混凝土可直接通过管道和自动化开关装置输送至混凝土浇筑区的顶部,大大节约运输浇筑时间,提升混凝土浇筑质量。钢筋厂布置在钢筋绑扎区的一侧,能够为预制梁自动化钢筋绑扎提供有利的基础。

如图2所示,目前智慧梁场生产边跨等非标准梁需要额外的定制模板,如果非标准梁的数量不多,则可以以钢筋绑扎区为中心点在智慧梁场生产线的另一侧布置普通梁场的生产线,充分利用智慧梁场已有的钢筋加工和混凝土浇筑优势,提升非标准梁的生产效率。其他项目智慧梁场如果没有在主线路基上设置,其布局形式也可采用不同的形式来适应场地的需要,如深中通道智慧梁场没有占用主线,拌和站和钢筋场布置在梁场的首尾两端,存梁区设置在张拉区。

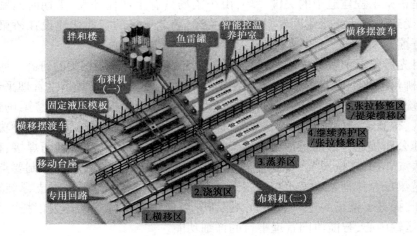

图 1 智慧梁场功能分区

图 2 智慧梁场结构布局

三、智慧梁场智能生产装备

1. 可移动台座及智能化模板

如图 3 所示,可移动台座是现阶段智慧梁场生产效率提升的关键,通过在梁场生产线不同功能区设立轨道,可移动台座可运载预制梁在不同的功能分区移动,发挥智慧梁场的布局优势,大大减少梁板起吊和移运前所需混凝土强度等待和龄期等待时间。

如图 4 所示,可移动台座在完成预应力张拉后结束一次预制梁工序,可通过横移摆渡小车来重新返回混凝土浇筑区。横移摆渡小车上预埋传感器,通过控制系统做到自动化换轨,摆渡车设四组钢轮,便于平稳驶过钢轨十字交叉处的缝隙。同时摆渡车上配备液压顶升系统,可把可移动台座顶升起来,完成横移换轨后顶升系统下降,放下可移动台座。

智能化预制梁模板与传统预制梁模板组装方式不同,是通过混凝土浇筑区两侧混凝土底座上设立的液压系统控制模板向两侧水平开合,操作人员通过遥控器可以控制开合状态。智能化预制梁模板作为预制梁的侧模,在合龙状态与可移动台座相贴合,可移动台座是预制梁的底模。混凝土浇筑并带模养生 17h 后,可以打开智能化预制梁模板,利用可移动台座将预制梁运载至蒸养室,快速提升预制梁的强度。此外,智能化模板上安装了附着式振捣系统,可远程控制振捣模式和振捣时间,提升了混凝土的振捣效率。

 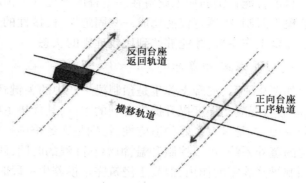

图3 可移动台座及智能化模板　　　　　　图4 横移摆渡小车

2. 智能钢筋加工及绑扎设备

预制梁的制作需要加工大量钢筋，主要工序包括钢筋下料、钢筋弯箍、钢筋焊接、钢筋运输和钢筋绑扎，许多智慧梁场钢筋加工仍以人工为主。计算机视觉技术和机器臂系统的应用，大幅提升了钢筋加工的效率，其主要思路是通过机器臂和专用弯箍机、下料机、焊机的组合，配备预编程的程序和自适应的算法，实现自动化的钢筋加工，大幅度降低人工作业工作量和强度。

智能钢筋弯箍机只需要将指定规格的钢筋接入弯箍机，弯箍机就会截断多余钢筋，自动调整弯箍钢筋的方向和角度，将其弯箍成指定形状（图5）。机器臂将加工好的成型钢筋放入储存框中，随后智能运输叉车会根据自动寻路算法，将储存框的成型钢筋运输至指定存放的区域（图6）。

图5 智能钢筋弯箍设备　　　　　　图6 智能运输叉车

如图7和图8所示，钢筋智能焊接通过计算机视觉模型捕捉所需焊接的部位，利用机械臂上的焊机完成重复的焊接工作，具有较高的焊接质量和速度。钢筋智能绑扎也是通过计算机视觉模型捕捉钢筋交叉的部位，利用机械臂连续高速地完成扎丝的喷吐和绑扎。

图7 钢筋智能焊接　　　　　　图8 智能钢筋绑扎

目前智能化钢筋加工设备在一定程度上提升了预制梁钢筋加工的效率,但受限于本地化系统采用的智能模型限制,机器臂仅能完成一些固定性、机械性的工作,对于复杂的绑扎作业,需要人工介入不断调整机器臂工作参数,才能够达到比较理想的状态。

3. 智能蒸养和养生

如图9所示,混凝土养生是预制梁生产中的关键环节,预制梁蒸养室在不同形式的智慧梁场均有采用,能够为混凝土强度提升提供有利的条件,其优势主要在于:一是快速通过可移动台座将预制梁运输至蒸养室中;二是具有良好的适应性,特别是在冬季施工中,能够排除外界温度环境的干扰;三是使用了数字化的蒸养系统,可以控制升温、恒温和降温的时间,匹配预制梁的最佳蒸养温度。可移动台座充分发挥了预制梁蒸养室的作用,混凝土浇筑完带模养生一段时间后就能快速移运至蒸养室内。

另外,随着智能设备的不断使用,施工管理理念也需要与时俱进,才能使智能设备发挥出最佳的效益。结合混凝土养生,梧州至乐业高速公路项目提出了预制梁四级养生法,即第一阶段混凝土带模养生,第二阶段预制梁蒸养室养生,第三阶段自动喷淋养生,第四阶段静养。如图10所示,结合预制梁四级养生法,梧州至乐业高速公路项目自主研发补充了预制梁带模养生系统,可以在混凝土浇筑后,通过模板上的喷水头自动为混凝土提供湿度环境,提升了带模养生,项目结合T梁自动喷淋养生也研发了相关设备。

图9　智能蒸养室

图10　自动带模养生

四、智慧梁场信息化控制技术

智慧梁场运行除了需要上述自动化的机械设备外,还需要各类专用的软件系统,来控制各类设备的自动化运转,如蒸养控制系统、附着式振捣控制系统(图11)、自动喷淋控制系统。专用软件系统即数字化系统,需要与智能设备结合起来才能发挥作用,没有可编制控制的智能设备,数字化就难以实现。

(1)在蒸养室内,根据规范和经济性的分析,自动确定蒸养温度保持在45~55℃之间。蒸养室采用试验恒温养护室标准建设,外包隔热保温层,高效节能,绿色环保,无须人工监控温度、手动调节阀门,系统根据设置的温度曲线,自动调节棚内温度,并对各项数据实时监控,自动记录养护温度,该系统根据梁体自身温度及相对湿度自动确定养护时间(图12)。

图11　附着式振捣控制系统

图12　蒸养室温度控制系统

（2）混凝土振捣控制系统主要由PLC控制器、固定触摸屏、可移动触摸屏、变频器、低压电器元件组成，主要用于箱梁混凝土浇筑过程中，进行附着式振捣器的控制，具有振动频率、强度可调，振动时间可调，振动时序和先后顺序可调以及振动过程记忆等功能。触摸屏遥控振动器控制系统，可根据工艺对每路振动器分别设定振动时间和频率，进行单独振捣或编组振捣等操作，系统会自动对振动数据及时间进行记录，以便后续工艺改善。

五、智慧梁场生产线的优势及缺点

通过上文的介绍可以看出，智慧梁场采用机械化、自动化、数字化的手段，提升了预制梁生产各个工序过程的效率和质量。智慧梁场利用空间布局和时间衔接，将各个工序的提升进行集成，形成前后衔接、过程顺畅的生产线，发挥了工厂化的优势。进一步，数字化平台（数字孪生、虚拟建造、云计算等技术）的应用将会对各工序过程进行系统化的整合，赋能传统的建造模式，使得调度管理的成本大大降低，形成梁场智能建造的格局。

如图13和图14所示，目前梧州至乐业高速公路项目主要形成了以钢筋加工为主的自定义钢筋生产线和以预制梁生产为主的预制梁环形生产线，灰底的框中是各个工序过程，白底的框中是相应使用的智能化设备。智慧梁场生产线的关键在于一是实现每个工序的自动化生产；二是确保工序之间的有效顺畅衔接。但因为"木桶效应"的存在，一些复杂工序限制了整个系统生产效率的提升。例如，在钢筋焊接和钢筋绑扎工序中，尽管已采用了机器化的手段大幅提升了效率，但面临复杂的焊接程序和绑扎程序，相关机械化手段和智能化模型尚不能胜任，仅能完成单一、重复任务的工作，此时仍需要人工的介入，来完成复杂的绑扎任务。钢筋绑扎工序时间的加长，也造成了整个预制梁生产过程时长提升。

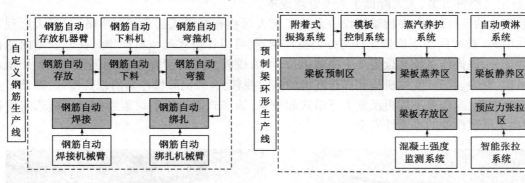

图13 自定义钢筋生产线　　　　图14 预制梁环形生产线

从图13也可以看出，工序也并非全部按照顺序逻辑展开，一些工序往往需要根据任务目标选择不同的工序过程进行组合才能达到目的，如钢筋加工中并非所有的预制梁钢筋都需要经过弯箍后才进行绑扎，所有的钢筋需要焊接才绑扎，此时也需要人工管理的介入，才能确定工序过程开展顺序。但从图14可以看出，预制梁环形生产线的工序过程逻辑较钢筋加工更为简单，一旦确定基本不会产生变化，这也是智慧梁场在桥梁智能建造得以快速发展的原因。

六、智慧梁场建设模式分析及推广

1. 智慧梁场建造模式分析

本节在介绍了智慧梁场布局、智能设备、智慧梁场生产线的基础上，进一步提炼智慧梁场的智能建造发展方向和关键思路。随着机械化、自动化、计算机技术的不断发展，机械在工程建设中发挥的作用正在逐步提升，人机关系也发生了根本性的转变：由过去的"人工为主，机械为辅"模式，发展到传统阶段"机械为主，人工为辅"模式，再到如今智能建造阶段的"机械自主，人工监督"模式。这种人机关系的转变蕴含着未来智能建造的发展方向，实现"机械自主"需要投入大量的科研人员对传统机械设备加以智能化的改造，甚至重塑工序生产的流程。

通过分析智慧梁场中,由传统建造模式走向智能建造模式的思路:一是充分运用最新的机械设计技术,将不可移动的设备转化为可移动的设备,如预制梁台座的移动,有效解决了工序衔接的问题;二是充分运用自动化控制的手段,加装传感器和 PLC 控制系统,开发相应的机械控制软件和系统,提升机械设备的感知能力,将不可调节参数的设备转化为可调节参数的设备,如预制梁智能化附着式振捣系统,解决了振捣不均匀的问题,预制梁蒸养温控系统的开发,可定制针对性的蒸养方案,有效解决了混凝土强度提升问题;三是充分运用数字化的手段,发挥平台优势,将生产要素数字化,将线下生产转为线上生产,如采用数字孪生技术将线下生产的过程搬到线上,充分利用数字化手段控制实体生产,各级管理人员均能够通过平台下达管理任务,进行过程监督;四是充分运用了资源整合的优势,按照生产工序和生产要素设计生产场地的结构和布局,确保了各个工序的有效顺接,使得空间布局与工序开展在逻辑上融洽,形成流畅的生产线,能够最大程度发挥出智能化设备的优势;五是结合智能生产线提升施工管理理念,不断丰富和发展基于智能设备生产建造的工艺工法,通过自主研发补齐工艺工序中的短板,充分发挥出集成化的优势。

2. 智能建造模式推广

采用可移动、自动化的设计思想,梧州至乐业高速公路项目设计了喷淋养生阶段的 T 梁自动喷淋台车,开发了预制梁自动喷淋系统(图 15)。预制梁自动喷淋系统先设置控制系统喷淋循环的总持续时间、喷淋时间和等待时间,而后压力水泵开始喷淋工作。系统可根据天气、温度情况和养护阶段来调节喷淋时间,喷淋时间到后自动停止喷淋,进入等待时间;等待时间根据测试预制梁表面水分蒸发完毕时间和总循环时间来确定,等待时间到后自动开启喷淋,直至循环到总持续时间,该 T 梁自动喷淋系统可通过远程 App 访问,自定义喷淋方案,大大降低了人工管理成本。

采用数字化的设计思路,在桥梁建设中采用了无人远程智慧塔式起重机(图 16)。无人远程智慧塔式起重机利用 5G 技术同步塔机操作杆与办公室控制器,可以让塔式起重机操作员在办公室内的控制器上完成吊运任务,该操作系统共设置 7 个摄像机位,均为夜间全彩高清摄像头,可全方位、无死角地为操作员提供吊钩、臂尖、起升、变幅机构和操作环境的实时视频,有效消除操作员的视野盲区,降低了操作员误操作的安全风险,操作员不用再反复上下塔式起重机,该塔式起重机系统重新定义了塔式起重机作业的流程,推动了吊装作业的本质性安全。

图 15 研发 T 梁自动喷淋台车

图 16 研发无人远程智慧塔式起重机

七、结　语

本文依托梧州至乐业高速公路智慧梁场,从实际出发介绍了智慧梁场的布局、主要智能设备及信息化控制技术,分析了现阶段智慧梁场生产的关键性问题,提出了由工序研发智能设备,由智能设备组成智能生产线的技术路径,并指出现阶段智慧梁场生产线存在的两方面问题,即部分复杂工序还未实现自动化生产,部分复杂工序逻辑还未实现自动化调度控制,分析了智慧梁场背后的智能建造模式和装备设计思想,并结合实际研发的 T 梁自动喷淋台车和无人远程智慧塔式起重机进行了推广应用,可为国内智慧梁场建设提供进参考。

参考文献

[1] 谢波,石琦.智慧梁场施工技术创新与实践[J].工程建设与设计,2024(5):156-158.
[2] 郑松松,刘华,苏三.高速公路项目智慧梁场的应用与探讨[J].交通节能与环保,2024,20(3):189-192.
[3] 陈真桂.高速公路智慧梁场预制T梁施工技术与控制要点[J].工程建设与设计,2024(10):128-130.
[4] 陈佳佳,谢波,鲁乃唯.高速公路智慧梁场预制梁流水线作业模式研究[J].工程建设与设计,2024(4):105-107.
[5] 刘佩斯.深中通道智慧梁场建设及运营研究[J].世界桥梁,2023,51(Z1):26-33.
[6] 赵璐,朱峥俊,程利力.面向桥梁工业化的智慧梁场云平台及应用[J].项目管理技术,2024,22(6):21-28.
[7] 吴何,王波,吴巨峰,等.智慧梁场系统设计及应用研究[J].世界桥梁,2023,51(Z1):144-151.

81. 桥梁圆形墩柱自动振捣系统的研究

元德壬[1] 秦明清[2] 罗良[2] 罗杰[1]

(1.广西伟隆高速公路有限公司;2.四川拓扑达机械技术有限公司)

摘 要 桥梁下构包含墩柱、系梁、盖梁等,桥梁下构建设的重要一环就是浇筑水泥墩柱。水泥墩柱浇筑时,振捣是重要工序,必须振捣密实,应严格避免墩柱内部及外侧表面出现气泡,否则会严重影响墩柱的承载能力和表面质量。目前水泥墩柱浇筑时,主要是依靠人力手持振捣棒,进入数米深的模板内部进行振捣,上述现状存在工人劳动强度大、夏季模板内部温度高、有高空坠物风险等难以避免的问题。文章提出一种桥梁圆形墩柱自动振捣施工设备,可以大幅降低工人劳动强度、提升振捣效率、确保振捣均匀,有效提高施工质量。

关键词 桥梁下构 圆形墩柱 自动振捣 安全 施工效率

一、引 言

当前我国公路、铁路及市政建设高速发展,其中大多数建设工程都涉及桥梁建设,桥梁建设的重要一环就是浇筑水泥墩柱。水泥墩柱浇筑时,振捣是重要工序,必须振捣密实,应严格避免墩柱内部及外侧表面出现气泡,否则会严重影响墩柱的承载能力和表面质量。目前水泥墩柱浇筑时,主要是依靠人力手持振捣棒,进入数米深的模板内部进行振捣,上述现状存在工人劳动强度大、夏季模板内部温度高、有高空坠物风险等难以避免的问题。

随着当前中国社会老龄化和国家对工程施工安全愈加重视,改善上述施工中难以避免的问题势在必行,迫切需要改变施工方式,改变过去劳动密集型且粗放型的发展方式,探索施工设备自动化的路线,实现桥梁下构施工降低劳动强度和施工过程的本质安全,推动公路铁路建设高质量发展。

鉴于上述原因,积极响应国家"工业4.0"及《交通运输部关于推进公路数字化转型 加快智慧公路建设发展的意见》(交公路发〔2023〕131号),用创新的智能施工装备推动桥梁建造向自动化、数字化、智能化方向转型势在必行。本文对一种桥梁圆形墩柱自动振捣施工设备进行研究,以期为降低墩柱施工劳动强度、保障施工人员安全作出贡献。

圆形墩柱修建如图1所示。圆柱墩浇筑振捣如图2所示。

图1 修建中的圆形墩柱　　　　图2 圆柱墩浇筑振捣

二、桥梁圆形墩柱自动振捣系统方案

该种用于混凝土浇筑的自动振捣系统(图3),包括起升装置、串筒组、承载装置、旋转装置、水平伸缩装置、振捣装置;起升装置与承载装置通过钢丝绳吊装连接;起升装置、承载装置、旋转装置、水平伸缩装置上均开有供混凝土泥浆通过的通道口;串筒组的上端口与起升装置的通道口连通,串筒组的下端口与承载装置的通道口连通;承载装置的通道口还与旋转装置的通道口连通,旋转装置的通道口与水平伸缩装置的通道口连通;串筒组与起升装置的通道口、承载装置的通道口、旋转装置的通道口、水平伸缩装置的通道口连通形成混凝土泥浆的通道。该种自动振捣系统,利用机械及自动化技术解决了现有桥梁振捣施工作业劳动强度大、振捣效率低、安全风险大等问题(图4)。

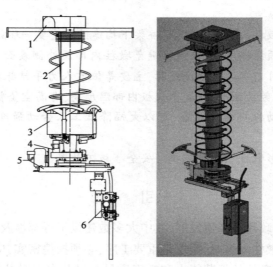

图3 桥梁圆形墩柱自动振捣施工设备
1-起升装置;2-串筒组;3-承载装置;4-旋转装置;5-水平伸缩装置;6-振捣装置

图4 自动振捣系统施工

本文章提供如下技术方案,即一种用于混凝土浇筑的振捣系统,包括起升装置、串筒组、承载装置、旋转装置、水平伸缩装置、振捣装置,如图5～图10所示。

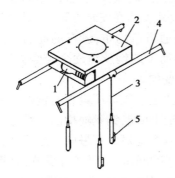

图5　起升装置
1-绞车;2-盒状安装支架、滑轮系;3-钢丝绳;4-安装支架;5-调节电缸

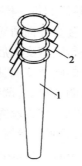

图6　串筒组
1-串筒;2-钢丝绳

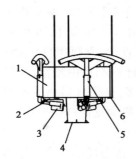

图7　承载装置
1-支撑组件;2-连接座;3-电动伸缩杆;4-连接法兰;5-支撑杆;6-吊耳

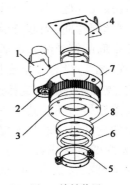

图8　旋转装置
1-旋转电动机;2-小齿轮;3-大齿轮;4-固定轴;5-抱箍;6-推力球轴承;7-护罩;8-轴承罩

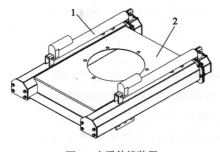

图9　水平伸缩装置
1-倍数机构;2-连接板

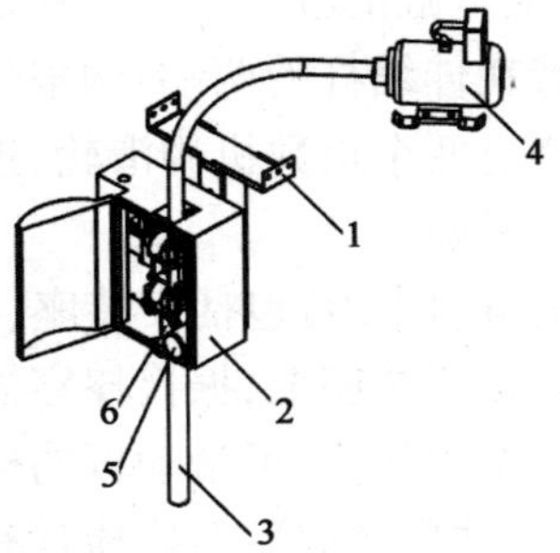

图10　振捣装置
1-安装座;2-振捣棒拔插装置;3-振捣棒;4-振捣电动机;5-激振电动机;6-钢管

起升装置与承载装置通过钢丝绳吊装连接;起升装置、承载装置、旋转装置、水平伸缩装置上均开有供混凝土泥浆通过的通道口;串筒组的上端口与起升装置的通道口连通,串筒组的下端口与承载装置的通道口连通;承载装置的通道口还与旋转装置的通道口连通,旋转装置的通道口与水平伸缩装置的通道口连通;串筒组与起升装置的通道口、承载装置的通道口、旋转装置的通道口、水平伸缩装置的通道口连通形成混凝土泥浆的通道。

起升装置可带动承载装置、旋转装置、水平伸缩装置、振捣装置进行上下升降运动;旋转装置可带动水平伸缩装置和振捣装置进行旋转运动；水平伸缩装置可带动振捣装置进行水平运动；振捣装置可对混凝土泥浆进行振捣作业。

起升装置(图5)包括绞车和盒状安装支架、滑轮系；绞车安装在安装支架上，且绞车的卷筒分为三格以上的格子，绞车的卷筒的每一格子均缠绕有独立的钢丝绳；滑轮系安装在安装支架上，滑轮系包括多个水平导向滑轮和多个竖直导向滑轮，竖直导向滑轮沿起升装置的通道口均布；绞车的卷筒上的钢丝绳逐个经竖直导向滑轮进行竖直变向后与承载装置相连；当绞车的卷筒上的钢丝绳逐个经竖直导向滑轮时，如需要在水平方向上的随便变向，则通过水平导向滑轮进行水平变向。

起升装置还包括调节电缸，调节电缸位于绞车钢丝绳的竖直段上。绞车还设置有钢丝绳同步排线装置，该装置具有钢丝绳槽，且钢丝绳槽的宽度与绞车钢丝绳的粗细相匹配，钢丝绳槽的数量与绞车的卷筒上格子的数量相匹配，绞车的卷筒上格子内缠绕的钢丝绳分别相匹配地对应穿过同步排线装置的钢丝绳槽后再对应经过滑轮系后与承载装置相连；钢丝绳同步排线装置与绞车的卷筒平行设置，且钢丝绳同步排线装置可在与绞车的卷筒相平行的方向上滑动或者摆动，以确保当绞车收放钢丝绳时，每一个格子内的钢丝绳均可同步绕大圈或者绕小圈。

串筒组(图6)包括多个串筒，每个串筒呈上大下小的锥形桶状；相邻两个串筒之间进行上下叠加，并通过钢丝绳连接在一起，形成可伸缩的串筒组；当起升装置带动承载装置向上运动时，串筒组缩短，连接相邻串筒的钢丝绳弯曲；当起升装置带动承载装置向下运动时，串筒组伸长，连接相邻串筒的钢丝绳拉直；连接相邻串筒的钢丝绳长度满足相邻串筒可进行上下相对运动，并可限制相邻串筒完全脱离。

承载装置(图7)设有多个支撑组件，支撑组件均布在承载装置上；支撑组件包括连接座、电动伸缩杆、连接法兰、支撑杆、吊耳；连接座固定安装在承载装置上，支撑杆一端自由悬空，支撑杆另一端具有两个铰接点，支撑杆另一端的其中一个铰接点与电动伸缩杆一端铰接，支撑杆另一端的另一铰接点与连接座铰接，电动伸缩杆另一端与连接座也铰接；电动伸缩杆伸缩时可带动支撑杆绕连接座转动，使得支撑杆与外部钢筋笼内壁接触或者脱离，对承载装置进行支撑扶稳。

旋转装置(图8)包括旋转电动机、小齿轮、大齿轮、固定轴、抱箍、推力球轴承、护罩、轴承罩等部件，旋转装置的作用是带动水平伸缩装置和振捣装置进行360°范围内旋转，从而实现墩柱圆周方向都可振捣。

水平伸缩装置(图9)包括连接板和对称设置在连接板两侧可水平伸缩的倍数机构；水平伸缩装置的通道口开设在连接板上。倍数机构包括外壳、伸缩杆、伸缩电缸、两个倍数机构滑轮、滑块、两根倍数机构钢丝绳；伸缩电缸的缸体端铰接在倍数机构的外壳上，伸缩电缸的活塞端与伸缩杆铰接；两个倍数机构滑轮分别安装在伸缩杆的两端；两根倍数机构钢丝绳的一端分别固定在外壳上，两根倍数机构钢丝绳的另一端分别绕过两个倍数机构滑轮，连接在滑块上；在伸缩电缸的驱动下，伸缩杆可在外壳内滑动，进而带动滑块进行滑动。

振捣装置(图10)包括安装座、振捣棒拔插装置、振捣棒、振捣电动机；安装座与滑块连接，振捣棒拔插装置安装在安装座上，振捣棒穿插在振捣棒拔插装置中；振捣棒拔插装置可带动振捣棒上下运动，振捣电动机与振捣棒相连，可带动振捣棒振动。振捣棒拔插装置包括动力电动机、主动架、从动架、主动轮、从动轮、激振电动机、钢管；振捣棒具有振捣棒刚性段和振捣棒弹性段；主动轮安装在主动架上，从动轮安装在从动架上；振捣棒穿置在主动架与从动架之间，且与主动轮与从动轮相抵；主动架与从动架之间连接有拉簧，动力电动机带动主动轮转动，通过主动轮与振捣棒之间的摩擦带动振捣棒的拔插和从动轮的转动；振捣电动机与振捣棒弹性段连接；钢管吊装在主动架和从动架之间，激振电动机安装在钢管上；振捣棒刚性段可穿过钢管；动力电动机为可调速电动机，且为可正反转电动机。

三、设备的有益效果

(1)本自动振捣系统集成了串筒组，实现了一边浇筑一边振捣的集成作业，提升了作业效率；同时，采用串筒组的形式进行混凝土导流，避免混凝土出现离析现象；串筒组可根据实际需要改变组合串筒的数量，使得振捣作业范围增大，伸缩节收回时长度较短，可方便运输和移位，能适应不同的高度要求。

（2）起升装置采用绞车作为动力对整个系统进行起升，且一个绞车通过滑轮系来实现带动多个钢丝绳的形式，节约了绞车的数量，有利于节约成本。同时，每根独立吊点上的钢丝绳的竖直段上安装有调节电缸，可以单独进行调节吊装的高度，让起升装置能够吊装得更加平衡稳定。

（3）承载装置设有支撑组件，可以对承载装置进行扶正，确保承载装置在振捣过程中抖动较小，有利于延长设备使用寿命，且能够确保混凝土在倾倒过程中准确地对准模板正中心。

（4）采用旋转装置带动水平伸缩装置、水平伸缩装置再带动振捣装置的形式，使得整个振捣系统的振捣范围大，尤其水平伸缩装置配有倍数机构，更是可以实现360°无死角振捣；实现墩柱中心和圆周方向均可振捣。该振捣系统的水平伸缩部件由于具有倍数机构，可较大范围调节振动棒中心与墩柱中心的间距，还可实现二者同心，实现对中心部位的振捣；水平伸缩部件在旋转部件的带动下，可实现圆周方向的任意角度位置都可振捣。

（5）此振捣系统中的拔插装置，采用可调速的、可正反转的动力电动机作为拔插驱动电动机，可以实现振捣棒的快插慢拔的作业需求。

（6）拔插装置中配有激励电动机，能够快速有效地启动振捣棒的振动，避免了振捣棒某些时候需要脚踢或者大锤敲击才能启动的问题。

综上所述，此自动振捣系统解决了人力手持振捣棒进行振捣所存在的问题，使得水泥墩柱浇筑时，员工作业环境更加舒适、安全，施工效率和振捣效果得到大幅提升。

四、应用效果分析

墩柱浇筑采用自动振捣，避免了常规人工下到钢筋笼内进行人工振捣，大幅提高了安全性。墩柱自动振捣作业如图11所示。在如图12所示的遥控器上操作，配合自动料斗一起使用，高处实现无人化，相比传统施工方式节约施工人员1~2名，振捣效率提升约30%，且振捣质量更优。

图11　墩柱自动振捣施工　　　　图12　自动振捣系统遥控器

五、结　语

桥梁圆形墩柱自动振捣施工设备的应用，降低了高空作业风险，提高了工作效率，减少了施工人员，降低了劳动强度和施工成本，优化了作业环境。自动振捣系统避免了工人钻入钢筋笼内振捣作业，提高了作业环境的舒适度，也解决了作业的安全风险。经施工验证，该种桥梁圆形墩柱自动振捣施工设备安全可靠、自动化程度高、效率高，实现了减人、增安、提效，具有很好的社会效益和推广应用价值。

参考文献

[1] 交通运输部公路局.高速公路施工标准化技术指南[M].北京：人民交通出版社，2012.
[2] 交通运输部网站.《关于推进公路数字化转型　加快智慧公路建设发展的意见》政策解读[J].城市道桥与防洪，2023(11)：272-275.

[3] 石垚.自动浇筑振捣技术在隧道衬砌施工的运用[J].建筑技术开发,2022,49(20):41-43.
[4] 温家馨,黄法礼,王振,等.混凝土振捣技术研究现状与发展趋势[J].硅酸盐通报,2021,40(10):3326-3336.
[5] 中交第二航务工程局有限公司.一种用于墩柱混凝土的自动振捣装置及施工方法:202210635276.1[P].2022-06-07.
[6] 佛山市汇江混凝土有限公司.一种板桥梁墩柱混凝土振捣设备:201822040856[P].2018-12-06.

82. 大跨径钢管混凝土拱桥灌注方案实用评价方法

温博[1,2]　王蔚丞[1,2]　黎娅[1,2]　姚鑫玉[3]　于孟生[3]

(1.广西宜东高速公路有限公司;2.广西交通投资集团有限公司;3.广西交科集团有限公司)

摘　要　钢管拱肋混凝土灌注是大跨径钢管混凝土拱桥施工过程中的控制性环节,基于改进的TOPSIS原理,归纳出决定影响钢管混凝土灌注顺序的5个评价指标,分别是灌注过程中拱肋竖向位移、拱肋横向偏位、钢管应力、混凝土应力、灌注过程中弹性稳定安全系数,并定义了一个综合目标函数——合理化指数,从而建立了一种大跨径钢管混凝土拱桥灌注方案实用评价及选取方法。实践证明,提出的方法能很快选取拱肋结构应力较小、线形较优、稳定性较好的灌注顺序。

关键词　大跨径钢管混凝土拱桥　改进的TOPSIS　评价指标　合理化指数　灌注顺序

一、引　言

管内混凝土灌注作为钢管混凝土拱桥施工关键工序之一,是钢管混凝土拱桥跨径实现飞跃性突破的首要难题[1-2]。据调查,钢管混凝土拱桥施工中,由于灌注方案选取不合理导致的事故的工程实例较多[3-4]。对于最优灌注顺序的确定,众多学者进行了大量研究。顾箭峰[5]指出,不同的灌注施工顺序对结构的受力和稳定均有很大的影响,因此要合理地设计拱桥的施工顺序,以保证施工过程中的安全。曾勇等[6]考虑了灌注过程的材料时变效应,提出确定灌注顺序主要应综合考虑结构位移与应力;杨小森[7]以弹性和弹塑性稳定安全系数为评价指标,对桁式钢管混凝土拱桥灌注顺序进行优化,满足施工中的稳定安全要求;张峰[8]以龙坝河特大桥为工程项目背景,对具有代表性的8种混凝土灌注次序进行了讨论,提出灌注顺序的评价参照拱脚截面应力状态及拱顶截面位移状态进行;在对指标优劣评价的模型方面,国内外学者提出的方法主要有综合指数法、层次分析法、RSR法、模糊综合评价法、灰色系统法等[9-10],这些方法各具特色,各有利弊。其中,TOPSIS综合评价法是系统中有限方案多目标决策分析中的一种决策方法,该方法具有计算简便,结果合理,应用较为灵活等特点[11],据此,本文基于改进的TOPSIS原理,归纳出决定影响钢管混凝土灌注顺序的5个评价指标,分别是灌注过程中拱肋竖向位移、拱肋横向偏位、灌注过程中钢管瞬时应力、灌注过程中混凝土瞬时应力、灌注过程中弹性稳定安全系数,并定义了一个综合目标函数合理化指数,然后根据文献[12]的评价方法与指标——"位移最优,应力最佳",利用层次分析法分析出上述5个因素对合理化指数的影响权重矩阵,从而确定了最优灌注顺序,并在理论上加以证明。经实践检验,本文提出的方法可以方便地选取较优的钢管混凝土拱桥灌注方案,为实际工程混凝土灌注顺序评价及选择提供指导。

二、灌注方案评价实用方法建立

1. TOPSIS 基本原理

C. L. Hwang 和 K. Yoon 于 1981 年首次提出 TOPSIS(Technique for Order Preference by Similarity to an

Ideal Solution),简称为优劣解距离法[13]。假设有 n 个要评价的对象,m 个评价指标构成的正向化矩阵如下:

$$X = \begin{bmatrix} x_{11} & x_{12} & \cdots & x_{1m} \\ x_{21} & x_{22} & \cdots & x_{2m} \\ \vdots & \vdots & \ddots & \vdots \\ x_{n1} & x_{n2} & \cdots & x_{nm} \end{bmatrix} \tag{1}$$

那么,为了消除量纲的影响,对其标准化的矩阵记为 Z,Z 中的每一个元素:

$$z_{ij} = x_{ij} \Big/ \sqrt{\sum_{i=1}^{n} x_{ij}^2} \tag{2}$$

对于标准化之后的矩阵,定义最大值 $z^+ = (\max\{z_{11}, z_{21}, \cdots, z_{n1}\}, \cdots \max\{z_{1m}, z_{2m}, \cdots, z_{nm}\})$,最小值 $z^- = (\min\{z_{11}, z_{21}, \cdots, z_{n1}\}, \cdots \min\{z_{1m}, z_{2m}, \cdots, z_{nm}\})$,那么第 $i(i=1,2,\cdots,n)$ 个评价对象与最大值距离 $D_i^+ = \sqrt{\sum_{j=1}^{m} (Z_j^+ - z_{ij})^2}$,与最小值距离 $D_i^- = \sqrt{\sum_{j=1}^{m} (Z_j^- - z_{ij})^2}$,则可以计算得出第 $i(i=1,2,\cdots,n)$ 个评价对象未归一化得分:$S_i = \dfrac{D_i^-}{D_i^+ + D_i^-}$,很明显 $0 \leq S_i \leq 1$,且 S_i 越大,D_i^+ 越小,即越接近最大值。

2. 灌注方案评价实用方法建立

根据钢管混凝土灌注顺序的5个评价指标,即灌注过程中拱肋竖向位移、拱肋横向偏位、灌注过程中钢管瞬时应力、灌注过程中混凝土瞬时应力、灌注过程中弹性稳定安全系数,首先确定各指标熵值,对于矩阵 $Z = (z_{ij})_{m \times n}$,计算指标 j 的熵值 e_j:

$$e_j = -\frac{1}{\ln m} \sum_{i=1}^{m} \frac{z_{ij} + 10^{-4}}{\sum_{i=1}^{m} (z_{ij} + 10^{-4})} \cdot \ln \left(\frac{z_{ij} + 10^{-4}}{\sum_{i=1}^{m} (z_{ij} + 10^{-4})} \right) \tag{3}$$

根据各评价指标的变异程度,确定各评价指标权重 ω_j:

$$\omega_j = \frac{(1 - e_j)}{\sum_{j=1}^{n} (1 - e_j)} \tag{4}$$

式(4)中,$\omega_j \in [0,1]$ 且 $\sum_{j=1}^{m} \omega_j = 1$。

第 $i(i=1,2,\cdots,n)$ 个评价对象与最大值距离变为 $\tilde{D}_i^+ = \sqrt{\sum_{j=1}^{m} \omega_j (Z_j^+ - z_{ij})^2}$,与最小值距离变为 $\tilde{D}_i^- = \sqrt{\sum_{j=1}^{m} \omega_j (Z_j^- - z_{ij})^2}$,依据改进的 TOPSIS 模型,得到带权重并且包含各评价指标的目标函数——合理化指数 $\tilde{S}_i$:

$$\tilde{S}_i = \frac{D_i^-}{D_i^+ + D_i^-} \tag{5}$$

三、实用方法计算一般步骤

根据以上分析可知,确定钢管混凝土拱桥最优灌注方案,只需要求解各方案的合理化指数 $\tilde{S}_i$,由于指标体系经过合理同趋化,最终得到的 $\tilde{S}_i$ 越大,表示灌注方案越合理。

为确定各灌注方案的最优解,采用计算步骤如下:

(1)归纳出决定影响钢管混凝土灌注顺序的 m 个评价指标,如灌注过程中拱肋竖向位移、拱肋横向偏位、钢管应力、混凝土应力、灌注过程中弹性稳定安全系数等。

(2)据排列组合规则,确定灌注顺序方案个数 n,根据不同的灌注顺序、钢管混凝土拱桥的材料特性、几何特性、边界条件与外部荷载信息等参数信息,建立有限元模型,并计算出 n 个方案下对应的各指标值。

(3) 建立由 n 个评价对象、m 个评价指标组成的正向化矩阵 X。

(4) 根据各评价指标的变异程度,确定各评价指标权重 ω_j。

(5) 为了消除不同量纲对评价结果的影响,使评价的多指标在同一个量纲体系下进行比较,需对正向化矩阵 X 进行标准化处理,处理方法为: $z_{ij} = x_{ij} / \sqrt{\sum_{i=1}^{n} x_{ij}^2}$,以此得到矩阵 Z。

(6) 确定最优向量 $\tilde{D}_i^+$ 和最劣向量 $\tilde{D}_i^-$,其中为 $\tilde{D}_i^+$ 同一评价指标的最大归一化值,而 $\tilde{D}_i^-$ 为同一评价指标的最小归一化值。

(7) 求解出各方案的合理化指数 $\tilde{S}_i$,并排序,由此可得到各方案与理想解的接近度和排序。

确定钢管混凝土拱桥最优灌注方案流程图如图1所示。

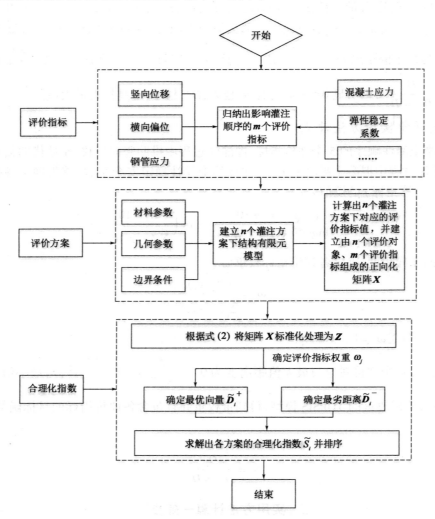

图1 钢管混凝土拱桥最优灌注方案流程图

四、实用方法应用实例

1. 工程概况及有限元模型

某钢管混凝土拱桥主跨达到575m,主拱肋为钢管混凝土桁式结构,计算矢跨比为1/4.0,拱轴系数为1.50。拱顶截面径向高为8.5m;拱脚截面径向高为17.0m,肋宽为4.2m;每肋为上、下各两根 ϕ1400mm 钢管混凝土弦管;管内灌注C70混凝土。拱肋横截面示意图如图2所示。根据文献[12],有24种灌注顺序,灌注顺序见表1。

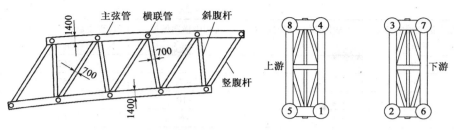

图 2 拱肋横截面示意图(尺寸单位:mm)

24 种灌注方案设计 表 1

方案	灌注顺序	方案	灌注顺序	方案	灌注顺序	方案	灌注顺序
1	1-2-3-4	7	2-1-4-3	13	3-4-1-2	19	4-3-2-1
2	1-2-4-3	8	2-1-3-4	14	3-4-2-1	20	4-3-1-2
3	1-3-2-4	9	2-4-1-3	15	3-1-4-2	21	4-2-3-1
4	1-3-4-2	10	2-4-3-1	16	3-1-2-4	22	4-2-1-3
5	1-4-2-3	11	2-3-1-4	17	3-2-4-1	23	4-1-3-2
6	1-4-3-2	12	2-3-4-1	18	3-2-1-4	24	4-1-2-3

该桥的有限元模型(图 3)节点数为 12349,单元数为 24355,材料特性、几何特性、边界条件与外部荷载信息和设计图纸相应的数据一致,全桥为对称结构,管内为 C70 混凝土,重度为 25kN/m³,弹性模量为 3.7×10^4 MPa,拱脚段外包采用 C30 混凝土,重度为 24kN/m³,弹性模量为 3.0×10^4 MPa;采用梁单元模拟拱肋弦管,采用双单元法进行混凝土灌注过程的模拟,边界条件为拱脚及塔架底部固结,对即将尚未形成强度的混凝土采用梁单元荷载施加在对应位置,混凝土灌注完成后,钝化梁单元荷载,同时激活混凝土单元。

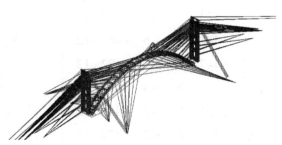

图 3 混凝土灌注阶段有限元模型

2. 计算过程及结果

据排列组合规则,确定灌注顺序方案个数为 24 个,根据不同的灌注顺序、钢管混凝土拱桥的材料特性、几何特性、边界条件与外部荷载信息等参数信息,建立有限元模型,并计算出 24 个方案下对应的各指标值,并得到指标的初始量化值,见表 2。

24 个方案对应指标初始量化值 表 2

方案	过程中钢管瞬时应力(MPa)	过程中混凝土瞬时应力(MPa)	过程中横向偏位(mm)	过程中最大竖向位移(mm)	稳定系数
1	-145	3	0	-458	12
2	-153	3	-7	-457	12
3	-146	3	-6	-467	12
4	-147	3	-7	-472	12
5	-153	3	-4	-468	12
6	-152	3	-2	-466	12
7	-148	3	-2	-472	11
8	-153	3	0	-471	11
9	-180	3	-12	-569	11
10	-165	4	-11	-542	11
11	-154	3	-11	-454	11
12	-153	3	-12	-455	11
13	-147	3	-9	-471	11

续上表

方案	过程中钢管瞬时应力（MPa）	过程中混凝土瞬时应力（MPa）	过程中横向偏位（mm）	过程中最大竖向位移（mm）	稳定系数
14	−146	3	−3	−462	11
15	−155	3	−7	−457	11
16	−152	3	−10	−463	11
17	−153	3	−6	−465	11
18	−153	4	−6	−465	11
19	−157	3	−65	−473	11
20	−148	3	−60	−463	11
21	−155	3	−66	−466	11
22	−156	3	−66	−474	11
23	−152	3	−59	−456	11
24	−152	3	−59	−456	11

最终得到矩阵 X，并经过正向 12 化得到矩阵 Z 如下：

$$X = \begin{bmatrix} -145 & 1 & 0 & -458 & 12 \\ -153 & 1 & -7 & -457 & 12 \\ -146 & 1 & -6 & -467 & 12 \\ -147 & 1 & -7 & -472 & 12 \\ -153 & 0 & -4 & -468 & 12 \\ -152 & 1 & -2 & -466 & 12 \\ -148 & 1 & -2 & -472 & 11 \\ -153 & 1 & 0 & -471 & 11 \\ -180 & 1 & -12 & -569 & 11 \\ -165 & 0 & -11 & -542 & 11 \\ -154 & 1 & -11 & -454 & 11 \\ -153 & 1 & -12 & -455 & 11 \\ -147 & 1 & -9 & -471 & 11 \\ -146 & 1 & -3 & -462 & 11 \\ -155 & 1 & -7 & -457 & 11 \\ -152 & 1 & -10 & -463 & 11 \\ -153 & 1 & -6 & -465 & 11 \\ -153 & 0 & -6 & -465 & 11 \\ -157 & 1 & -65 & -473 & 11 \\ -148 & 1 & -60 & -463 & 11 \\ -155 & 1 & -66 & -466 & 11 \\ -156 & 1 & -66 & -474 & 11 \\ -152 & 1 & -59 & -456 & 11 \\ -152 & 1 & -59 & -456 & 11 \end{bmatrix}, \quad Z = \begin{bmatrix} -0.1931 & 0.2182 & 0.0000 & -0.1979 & 0.2176 \\ -0.2037 & 0.2182 & -0.0447 & -0.1974 & 0.2176 \\ -0.1944 & 0.2182 & -0.0383 & -0.2018 & 0.2176 \\ -0.1958 & 0.2182 & -0.0447 & -0.2039 & 0.2176 \\ -0.2037 & 0.0000 & -0.0256 & -0.2022 & 0.2176 \\ -0.2024 & 0.2182 & -0.0128 & -0.2013 & 0.2176 \\ -0.1971 & 0.2182 & -0.0128 & -0.2039 & 0.1994 \\ -0.2037 & 0.2182 & 0.0000 & -0.2035 & 0.1994 \\ -0.2397 & 0.2182 & -0.0767 & -0.2458 & 0.1994 \\ -0.2197 & 0.0000 & -0.0703 & -0.2342 & 0.1994 \\ -0.2051 & 0.2182 & -0.0703 & -0.1961 & 0.1994 \\ -0.2037 & 0.2182 & -0.0767 & -0.1966 & 0.1994 \\ -0.1958 & 0.2182 & -0.0575 & -0.2035 & 0.1994 \\ -0.1944 & 0.2182 & -0.0192 & -0.1996 & 0.1994 \\ -0.2064 & 0.2182 & -0.0447 & -0.1974 & 0.1994 \\ -0.2024 & 0.2182 & -0.0639 & -0.2000 & 0.1994 \\ -0.2037 & 0.2182 & -0.0383 & -0.2009 & 0.1994 \\ -0.2037 & 0.0000 & -0.0383 & -0.2009 & 0.1994 \\ -0.2091 & 0.2182 & -0.4153 & -0.2043 & 0.1994 \\ -0.1971 & 0.2182 & -0.3833 & -0.2000 & 0.1994 \\ -0.2064 & 0.2182 & -0.4217 & -0.2013 & 0.1994 \\ -0.2077 & 0.2182 & -0.4217 & -0.2048 & 0.1994 \\ -0.2024 & 0.2182 & -0.3770 & -0.1970 & 0.1994 \\ -0.2024 & 0.2182 & -0.3770 & -0.1970 & 0.1994 \end{bmatrix}$$

根据步骤(6),确定最优向量 $\tilde{D}_i^+$、最劣向量 $\tilde{D}_i^-$、各方案合理化指数 $\tilde{S}_i$ 及方案重要性 Sort 排序如下:

$$S_i = \begin{bmatrix} 0.0565 \\ 0.0547 \\ 0.0542 \\ 0.0539 \\ 0.0536 \\ 0.0522 \\ 0.0516 \\ 0.0514 \\ 0.0513 \\ 0.0509 \\ 0.0497 \\ 0.0489 \\ 0.0482 \\ 0.0475 \\ 0.0452 \\ 0.0366 \\ 0.0360 \\ 0.0340 \\ 0.0215 \\ 0.0215 \\ 0.0213 \\ 0.0199 \\ 0.0197 \\ 0.0197 \end{bmatrix}, \tilde{D}_i^+ = \begin{bmatrix} 0.00 \\ 0.02 \\ 0.02 \\ 0.02 \\ 0.10 \\ 0.01 \\ 0.01 \\ 0.01 \\ 0.04 \\ 0.11 \\ 0.03 \\ 0.03 \\ 0.02 \\ 0.01 \\ 0.02 \\ 0.03 \\ 0.02 \\ 0.10 \\ 0.17 \\ 0.15 \\ 0.17 \\ 0.17 \\ 0.15 \\ 0.15 \end{bmatrix}, \tilde{D}_i^- = \begin{bmatrix} 0.20 \\ 0.18 \\ 0.19 \\ 0.18 \\ 0.16 \\ 0.19 \\ 0.19 \\ 0.20 \\ 0.17 \\ 0.14 \\ 0.17 \\ 0.17 \\ 0.18 \\ 0.19 \\ 0.18 \\ 0.18 \\ 0.18 \\ 0.16 \\ 0.10 \\ 0.11 \\ 0.10 \\ 0.10 \\ 0.11 \\ 0.11 \end{bmatrix}, \tilde{S}_i = \begin{bmatrix} 0.0561 \\ 0.0544 \\ 0.0536 \\ 0.0534 \\ 0.0532 \\ 0.0520 \\ 0.0513 \\ 0.0512 \\ 0.0512 \\ 0.0506 \\ 0.0495 \\ 0.0488 \\ 0.0481 \\ 0.0475 \\ 0.0447 \\ 0.0347 \\ 0.0341 \\ 0.0321 \\ 0.0232 \\ 0.0232 \\ 0.0229 \\ 0.0215 \\ 0.0214 \\ 0.0213 \end{bmatrix}, Sort = \begin{bmatrix} 1 \\ 6 \\ 8 \\ 7 \\ 14 \\ 3 \\ 17 \\ 4 \\ 2 \\ 15 \\ 13 \\ 16 \\ 11 \\ 12 \\ 9 \\ 5 \\ 18 \\ 10 \\ 23 \\ 24 \\ 20 \\ 19 \\ 21 \\ 22 \end{bmatrix}$$

3. 计算结果分析

求解出各方案的合理化指数 $\tilde{S}_i$,并排序,如图 4 所示。

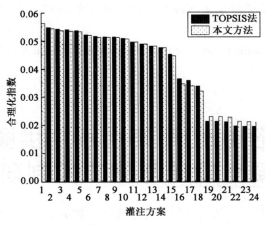

图 4 各灌注方案下合理化指数

由上述计算结果可知,改进后的 TOPSIS 方法考虑了各指标因素权重,更为合理。在各灌注方案下,方案 1 的合理化指数最大,为 0.0561,即采用方案 1 灌注顺序施工时,拱肋应力、变形均较小,且稳定性较好。其次,从 24 个方案的合理化指数来看,先下弦、先内侧合理化指数较大,即在实际施工过程中,采用先下弦后上弦、先内侧后外侧的灌注方案最为合理。

五、结　语

　　大跨径钢管混凝土浇筑过程中,结构的荷载分布和刚度分布不断变化,除了满足施工阶段的安全要求外,还应注意这些结构在施工阶段的稳定性,因而灌注方案需要综合考虑其各种评价指标。基于改进的 TOPSIS 模型在混凝土灌注顺序方案评价及选择中,计算简便,实用性强,能很快选取拱肋结构应力较小、线形较优、稳定性较好的灌注顺序,实用方法可以为同类大跨径钢管混凝土拱桥的施工控制和优化设计提供参考。

参考文献

[1] 耿悦,丁尧,王玉银,等.四肢桁式钢管混凝土拱出平面徐变稳定性能[J].哈尔滨工业大学学报,2016,48(6):87-91.

[2] XIE K Z, WANG H, GUO X, et al. Study on the safety of the concrete pouring process for the main truss arch structure in a long-span concrete-filled steel tube arch bridge[J]. Mechanics of Advanced Materials and Structures, 2021, 28(7): 731-740.

[3] 陈宝春,韦建刚,周俊,等.我国钢管混凝土拱桥应用现状与展望[J].土木工程学报,2017,50(6):50-61.

[4] 秦荣,谢肖礼,彭文立,等.钢管混凝土拱桥钢管开裂事故分析[J].土木工程学报,2001(3):74-77.

[5] 顾箭峰.钢管混凝土拱桥灌注混凝土仿真分析研究[D].西安:长安大学,2012.

[6] 曾勇,陈艾荣,顾安邦,等.考虑混凝土收缩徐变影响的大跨径钢管混凝土拱桥灌注顺序的分析[C]//中国土木工程学会桥梁及结构工程分会.第十七届全国桥梁学术会议论文集(下册).北京:人民交通出版社,2006:1035-1041.

[7] 杨小森.大跨度钢管混凝土拱桥施工控制[D].北京:北京工业大学,2007.

[8] 张峰.大跨径钢管混凝土拱肋灌注次序及管内混凝土水化热研究[D].重庆:重庆交通大学,2020.

[9] ROSIĆ M, PEŠIĆ D, KUKIĆ D, et al. Method for selection of optimal road safety composite index with examples from DEA and TOPSIS method[J]. Accident Analysis & Prevention, 2017(98): 277-286.

[10] 桂永杰,吴世宝,马瀚龙,等.基于灰色关联分析和模糊综合评价算法的城市发展程度研究[J].计算机与数字工程,2022,50(3):565-568,666.

[11] 杨洁,罗天,李阳军.基于 TOPSIS 的无标签序贯三支决策模型[J].山东大学学报(理学版),2022,57(3):41-48,57.

[12] 潘栋,邓年春,涂冰,等.基于智能主动调载技术的超大跨 CFST 拱桥灌注顺序分析[J].公路,2020,65(9):130-137.

[13] HWANG C L, YOON K. Methods for multiple attribute decision making[J]. Multiple attribute decision making, 1981: 58-191.

83. 大跨径劲性骨架拱桥主拱圈高性能混凝土设计与施工控制研究

黎　娅[1,2]　王蔚丞[1,2]　黄香健[1,2]　罗小斌[3]　侯凯文[3]

(1. 广西南天高速公路有限公司;2. 广西交通投资集团有限公司;3. 广西路桥工程集团有限公司)

摘　要　本文针对 600 米级劲性骨架混凝土拱桥主拱圈外包高性能混凝土的设计与施工控制进行了深入研究。通过分析主拱圈的复杂结构及施工特点,提出了优化混凝土配合比设计的总体思路,确定了胶凝材料、水泥、碎石、机制砂、粉煤灰、超细微粉复合掺合料和抗裂剂的优选方案。研究表明,合理掺加具有温升抑制及微膨胀功能的抗裂剂,可以有效降低早期水化热,减少收缩变形,提升混凝土的抗裂性能。1∶1足尺节段模型试验和实桥施工验证了混凝土配合比设计和施工控制措施的有效性,为实际工程提供了重要支撑。

关键词 劲性骨架混凝土拱桥　外包混凝土　高性能混凝土　抗裂性能　配合比

一、引　言

随着高速公路和铁路工程建设更多地往山区发展,大跨径劲性骨架混凝土拱桥的应用也越来越广泛[1]。影响该类桥型建设成败的关键工序则是主拱圈劲性骨架外包混凝土的施工,其施工质量直接影响桥梁整体景观效果,以及工程的耐久性与服役寿命[2]。而混凝土配合比的设计是其中的重中之重,只有对混凝土性能控制指标、配合比设计与制备以及施工工艺进行细致优化,才能保障工程建设质量。尤其是600米级的特大桥,更是对高性能混凝土的设计与施工控制提出了前所未有的挑战和要求。

国内外关于劲性骨架拱桥主拱圈高性能混凝土的研究主要集中在混凝土材料性能优化、施工工艺改进和结构耐久性分析方面。国外研究较早关注高性能混凝土在大型桥梁中的应用,提出了多种提高混凝土抗裂性能的技术手段,如加入抗裂剂、掺合料优化以及改进养护方法等[3-5]。国内近年来在高强混凝土的配合比设计和施工技术上取得了显著进展,通过实际工程案例积累了丰富的经验。各大学者开展了大量针对高性能混凝土的基础研究与应用研究[6-8],特别是在混凝土抗裂性能和耐久性方面,提出了适用于不同环境和结构形式的混凝土配合比设计和施工技术。然而,针对复杂结构的主拱圈外包混凝土,仍缺乏系统性和针对性的研究,尤其是在温控和收缩开裂预防方面亟须进一步深化。

本文旨在解决大跨径劲性骨架拱桥主拱圈外包混凝土在设计与施工中面临的核心问题,提出优化的混凝土配合比设计和有效的施工控制方法。通过科学分析混凝土的温度场和收缩变形特性,研制适用于复杂结构的低温升高抗裂混凝土,为类似工程提供理论支持和技术参考。本文不仅有助于提高桥梁施工质量和结构安全性,还将推动高性能混凝土技术在桥梁工程中的广泛应用,具有重要的学术价值和工程实践意义。

二、工程概况

天峨龙滩特大桥主桥为跨径600m的上承式劲性骨架混凝土拱桥(图1),拱轴线采用悬链线,计算跨径600m,矢高125m,矢跨比$f=1/4.8$,拱轴系数$m=1.9$,横向设置两片拱肋,呈平行拱形式。拱肋采用等宽度变高度的混凝土箱肋拱截面,拱脚位置的箱高12m、箱宽6.5m,顶位置的箱高8m、箱宽6.5m、拱肋横向中心距16.5m,总宽23m。拱箱腹板标准厚度45cm,拱脚段由45cm渐变至95cm;顶板标准厚度65cm;底板厚度由拱顶65cm渐变至拱脚130cm。拱箱混凝土设计强度C60,总方量近$3\times10^4\text{m}^3$。

图1　天峨龙滩特大桥效果图

三、主拱圈外包混凝土配合比设计的核心问题

该桥主拱圈外包混凝土配合比设计时需重点考虑和解决的核心问题如下：

(1) 主拱圈外包混凝土结构尺寸复杂，壁厚在 0.45~1.2m 之间渐变，内部布筋密集，倾斜的工作面导致浇筑和振捣困难等因素，致使配合比设计时必须采取较多的胶凝材料，以保障其良好的施工性能。然而，较多的胶凝材料必然会造成水化热量排出不均匀，导致结构温升、温降以及混凝土局部内外温差大，存在温度开裂的风险。此外，目前对该结构类型的缺少更为有效的科学养护方法，必然进一步加剧主拱圈外包混凝土的早期收缩开裂风险[9]。同时主拱圈外包混凝土强度等级高，自收缩增大，湿变形与热变形耦合，也进一步提升了结构的收缩开裂驱动力。

(2) 主拱圈外包混凝土为高强混凝土，采取分段分环浇筑，先浇筑底板，随后依次是腹板和顶板，必然会出现后浇混凝土收缩变形受到先浇结构的约束，尤其是靠近钢管拱的部分，同时还收到内嵌钢管拱的外约束且其壁厚不足 20cm，限制条件下的背向变形产生的拉应力极易大于结构混凝土抗拉强度而导致开裂。

综上所述，根据主拱圈外包混凝土特殊的施工工艺及桥位所处的环境，混凝土的工作性能与耐久性之间相互制约、相互矛盾，在进行配合比设计时除满足混凝土良好的流动性、填充性、可泵性等基本性能外，还必须做好混凝土开裂的预防和外观质量的控制。本项目基于混凝土的温度场、收缩补偿等进行研究，在严控各材料的关键性指标和配合比优化的基础上，掺加具有抑制早期水化热和微膨胀功能的高效抗裂剂，研究制备了适用于主拱圈的低温升高抗裂混凝土。

四、配合比设计

1. 设计总体思路

根据规范，结合项目实际情况，主拱圈外包 C60 混凝土的配合比设计总体思路如下：

(1) 胶凝材料总量≤480kg/m³，宜≤450kg/m³，水泥用量≤330kg/m³。

(2) 主要工作性能指标：含气量≤2.5%；入模坍落扩展度 600~650mm；坍落扩展时间 T_{500}≤6s；2h 的扩展度损失≤30mm，压力泌水率≤30%。

(3) 7d 绝热温升应≤52℃，宜≤48℃，且初凝后 1d 温升值占 7d 值比例≤50%；7d 自生体积变形≥0.02%，28d 自生体积变形≥0.01%。

2. 原材料与外加剂优选

围绕以上总体思路，对原材料和外加剂进行优选。

1) 水泥

水泥是混凝土最主要的胶凝材料，对混凝土的工作性能和结构有非常大的影响。水泥的主要矿物成分是 C_3S、C_2S、C_3A 和 C_4AF，从早期水化反应速率来看 C_3A 水化反应最快，C_4AF 其次。C_3A 含量越高，水化热越大，早期收缩越大（从塑性阶段开始至 40h）。水泥中碱含量高会加速 C_3A 的析出，早期水化加快，新拌混凝土塌损变大。此外，目前行业上的水泥产品中的熟料占比越来越少，混合材越来越多，靠增大细度来提高水泥成品的早期强度导致混凝土的早期收缩增大。因此，对高性能混凝土配合比设计时，很有必要对水泥的一些关键性指标进行严格控制，明确相应指标的控制范围，才能确保现场混凝土稳定的工作性能，并预防早期水化热温升快而导致的混凝土开裂问题。经过对不同水泥产品的对比分析，比选出性能指标控制（表1），适用于本项目的主拱圈外包混凝土。

水泥性能指标　　　　表1

检测项目	C_3S(%)	C_2S(%)	C_3A(%)	C_4AF(%)	烧失量(%)	碱含量(%)	标准稠度(%)	比表面积(m^2/kg)
控制指标	50~65	17~30	4~7	10~18	≤3	≤0.6	≤27	320~350
测定值	56.6	19.8	5.8	15.2	2.1	0.41	26.7	346

2）粗集料

合理的碎石颗粒级配不仅能确保混凝土的工作性能,还能显著增强混凝土的密实性。当集料颗粒分布均匀、大小适当时,它们能更紧密地堆积,从而减少空隙,提升混凝土的抗压强度和耐久性[10]。本项目选用质地坚硬、洁净,经过整形5～10mm和10～20mm两档,以最大振实堆积密度作为最佳掺配比例,减少集料间的空隙,在砂浆体积一定的情况下尽可能增大碎石表面砂浆膜厚度,降低混凝土黏度和增强混凝土结构的紧密堆积体系。选用的碎石性能指标和参数见表2。

碎石的检测指标　　　　　　　　　　　　　　　　　　　　　　表2

检测项目	表观密度（kg/m³）	压碎值（%）	紧密空隙率（%）	紧密堆积密度（kg/m³）	针片状含量（%）	母岩强度（MPa）
技术指标	>2500	≤10	≤47	—	≤5.0	≥160
检测结果	2752	9.4	41.1	1473	3.1	136

3）细集料

结合文献资料和工程经验,机制砂的粒径组成对混凝土,尤其是高强、超高强、超高层泵混凝土的工作性能有着非常大的影响,特别是一些关键筛孔的通过率。为了提高工程质量,本项目采用机制砂分计筛余作为控制手段,经过大量试验和推算,分析总结出适合本工程的分级筛余控制范围,通过改造优化制砂机的碾磨工艺,对每一个筛孔的筛余进行严格控制,有效解决了机制砂中某组粒径缺失的问题,使机制砂中细颗粒与胶凝材料形成紧密的堆积级配状态,释放更多的自由水,降低混凝土黏度。试验研究表明,当机制砂为Ⅱ区砂级配,细度模数2.6～2.9,0.3mm以下细颗粒含量为22%～26%,石粉含量约6.4%时,所配制出的高性能混凝土工作性能最佳。本项目机制砂分计筛余的控制范围见表3。

细集料分计筛余　　　　　　　　　　　　　　　　　　　　　　表3

筛孔尺寸（mm）	9.5	4.75	2.36	1.18	0.6	0.3	0.15	0.075
规范值	0	0～8	0～12	11～25	20～34	17～25	10～12	—
控制值		3.5	8.2	18.1	25.3	23.3	9.3	6.1
检测值	0	0～8	0～12	11～25	20～34	17～25	10～12	—

4）粉煤灰

粉煤灰中活性成分比C_3S和C_2S水泥的水化速度慢,二次水化不但有效地填充混凝土内部结构的孔洞,使混凝土内部更加密实,提高混凝土的强度,还能有效错开早期混凝土水化热峰值,降低混凝土温升。控制粉煤灰的需水量、松装堆积密度和烧失量在一个较低的范围内,可有效降低混凝土的黏度,提高混凝土的流动性和可泵性。本项目的粉煤灰检测指标见表4。

粉煤灰检测指标　　　　　　　　　　　　　　　　　　　　　　表4

比表面积（%）	需水量比（%）	SO（%）	Cl（%）	游离CaO（%）	烧失量（%）	堆积密度（kg/m³）	$Si_2O_3+Al_2O_3+Fe_2O_3$（%）	活性指数（%）
425	105	1.2	0.003	0.5	0.98	620	84.3	78.2

5）超细微粉复合掺合料

混凝土中单掺一种掺合料的性质是单一的,将两种或两种以上的掺料复合在一起形成具有多种性质的复合掺料,能更好地改进混凝土的性能[11]。超细微粉复合掺合料是一种新型的混凝土第六组分,由两种或两种以上活性和非活性材料按一定的比例混合粉磨而成,不同的材料组成比例对混凝土的性能有着非常大的影响。经过试验认证对比,本项目采用矿粉∶微珠∶硅灰按1∶3∶1的比例混合,并采用多元复合技术粉磨而形成的一种亚微米级复合掺合料。拓宽混凝土中胶凝材料颗粒粒径的分布范围,优化材料间的填充体系,同等置换水泥后需水量几乎不变、活性高、色泽灰白色,与水泥颜色基本一致。混凝土中掺加一定量的超细微粉复合掺合料可充分发挥掺合料的形态效应、叠加填充效应、微集料效应和火山灰效应,改善混凝土内部微观孔结构体系和黏度,增强密实性和提高抗裂能力,替代部分水泥后延缓水化热释放速率,减少混凝土水化放热量,防止混凝土早期水化热聚集,降低混凝土由于温度场的剧变产生开裂的风险。各项检测指标见表5。

超细微粉的检测指标 表5

需水量比（%）	比表面积（m^2/kg）	SiO_2（%）	含水率（%）	烧失量（%）	堆积密度（kg/m^3）	活性指数（%）3d/7d/28d
98	1250	87.8	0.9	2.30	640	89/98/108

6）抗裂剂

HME®-Ⅴ混凝土（温控、防渗）高效抗裂剂由氧化钙、轻烧氧化镁及水化热调控材料复合而成,通过降低胶凝材料早期水化放热速率以及分阶段全过程补偿混凝土收缩变形的双重调控技术,有效延缓水泥水化放热量、削弱混凝土的温峰值,降低温度开裂风险。同时调控膨胀速率,为建立有效膨胀和膨胀压应力的储存赢得时间,使膨胀剂的补偿收缩能力在高性能混凝土结构中得以真正发挥,全过程微膨胀性能补偿混凝土收缩时产生的拉应力,有效抑制高性能混凝土的自收缩、干燥收缩和温度收缩,达到混凝土控裂的目的。本项目的抗裂剂检测指标见表6。

抗裂剂检测指标 表6

比表面积（m^2/kg）	碱含量（%）	凝结时间（min）		限制膨胀率（%）		抗压强度（MPa）7d/28d
		初凝	终凝	20℃水中7d	20℃空气中7d	
356	0.21	114	187	0.066	0.035	31.1/46.2

7）减水剂

本项目外包混凝土减水剂采用苏博特自主研发的低含气量、高保塑、高减水率聚羧酸减水剂母液与减水减缩减水剂母液按一定的比例合成后加入消泡剂采用"先消后引"工艺消除母液中自生气泡,然后根据胶凝材料的特性再加入性能优异的超分散降黏剂、黏度调节组分和引气剂多复元化复配组合成PCA-Ⅰ稳健性减水剂。超分散降黏剂组分能更大程度地对水泥中的颗粒絮状进行再分解,增大水泥的体积,提高混凝土的包裹性和流动性。黏度调节组分主要是调节混凝土的黏度。引气剂可在混凝土中引入大量封闭的、均匀细小、性能稳定的气泡,优化混凝土内部的气泡大小分布,减少孔径为1~2mm的气泡数量,消除了孔径大于2mm的超大气孔,提高混凝土强度和耐久性。本项目的减水剂检测指标见表7。

减水剂检测指标 表7

减水率（%）	泌水率比（%）	含气量（%）	1h坍落度损失（mm）	凝结时间（min）		抗压强度（MPa）7d/28d	收缩率比（%）	碱含量（%）
				初凝	终凝			
35	11	2.5	10	128	101	161/158	98	0.8

3. 配合比优化

本项目拱圈外包混凝土采用分段分环浇筑（3环6段8工作面）的施工方法,内部钢筋密集,施工作业面倾斜且平台狭窄,泵管布置复杂,施工难度大,安全风险高。因此,施工过程混凝土稳定的工作性能和可泵性是施工的关键,那么配合比设计首要考虑的问题就是混凝土须具有优秀的流变性和可泵性[12]。随着超细微粉复合掺合料掺量的增大,虽然对新拌混凝土自由状态下的工作性能影响不大,但压力泌水率会逐渐变大,从而影响混凝土泵送性能。在对各原材料特性的分析及优选之后,需分别对不同掺量的超细微粉复合掺合料等量替代部分水泥的配合比,逐一进行混凝土工作性能和力学性能的验证研究。不同掺量的超细微粉复合掺合料配合比见表8,对应的工作性能及力学性能的试验结果见表9。

初步配合比设计（单位：kg/m³）　　　　　表8

编号	水泥	粉煤灰	机制砂	碎石	超细微分	水	外加剂
SP-1	409	61	791	1093	0(0%)	143	10.81
SP-2	385	61	791	1093	24(5%)	146	11.28
SP-3	371	61	791	1093	38(8%)	146	11.28
SP-4	362	61	791	1093	47(10%)	146	11.28
SP-5	338	61	791	1093	71(15%)	148	11.75
SP-6	315	61	791	1093	94(20%)	150	12.05

混凝土工作性能及力学性能　　　　　表9

编号	含气量(%)	压力泌水率(%)	扩展度(mm)	T_{500}(s)	2h扩展度(mm)	2hT_{500}(s)	抗压强度(MPa)			
							3d	7d	28d	60d
SP-1	1.5	16.2	550/570	7.9	500/530	10.9	52.3	63.2	78.8	86.6
SP-2	1.7	23.1	600/590	6.4	560/570	8.4	50.2	61.1	74.2	81.2
SP-3	1.7	26.3	620/610	4.7	580/590	7.3	47.6	59.2	73.2	79.9
SP-4	2.1	28.1	640/640	3.9	620/610	5.8	42.3	58.1	71.1	75.2
SP-5	2.7	38.5	650/640	4.0	620/610	5.7	38.2	53.2	64.2	70.2
SP-6	3.1	41.3	620/630	5.0	580/580	7.0	35.5	50.3	60.6	68.5

由表9对比分析可知,在其他材料不变的情况下,随着超细微粉替换水泥的比例不断增大,混凝土的保塑性增强,扩展度和流动度先增后减,混凝土的压力泌水率呈线性增大。当掺量为15%时压力泌水率急剧变大,这可能是由于粉磨后掺合料的颗粒表面的空隙较多,自由状态下保水性强,当混凝土受到一定的外部压力时,固液相结合力下降,造成胶凝材料颗粒间的自由水受压挤释放。同时,压力泌水率又是混凝土可泵性的关键性控制指标。根据工程经验,混凝土压力泌水率大于40%会对泵送产生很大影响。因此在其他指标相差不大的情况下,从可泵性的角度考虑,压力泌水率为28.1%的SP-4配合比的混凝土工作性能满足本项目的泵送要求。

在此基础上,以SP-4配合比作为基准配合比,分别对掺入0%、8%和10%的抗裂剂HME-V替代部分水泥时混凝土的工作性能、力学性能、温升速率和收缩补偿进行验证(表10)。

掺加HME-V的配合比（单位：kg/m³）　　　　　表10

编号	水泥	粉煤灰	机制砂	碎石	超细微分	抗裂剂	水	外加剂
基准	362	61	791	1093	47	0	146	10.81
8% HME-V	324	61	791	1093	47	38	146	11.28
10% HME-V	315	61	791	1093	47	47	148	11.75

由表11可知,采用不同掺量抗裂剂等量取代水泥后混凝土工作性能相差不大,10% HME-V混凝土28d抗压强度略低于试配强度,但60d强度能满足配制强度要求。基准、8% HME-V和10% HME-V混凝土1d绝热温升分别为26.6℃、21.3℃和20.1℃,7d绝热温升分别为46.2℃、44.5℃和43.2℃;绝热温升1d与7d比值分别为58.8%、47.9%和46.6%。8% HME-V和10% HME-V混凝土的7d自生体积变形相差基本一致,但12d之后10% HME-V比8% HME-V自生体积变形大26.2%（图2和图3）。根据本项目的外包混凝土施工工艺、养护措施及工期要求,结合混凝土工作性能、力学性能及抗裂性能试验结果,选取10% HME-V混凝土配合比作为外包混凝土配合比。

不同掺量 HME-V 混凝土工作性能及力学性能 表 11

编号	含气量（%）	压力泌水率（%）	扩展度（mm）	T_{500}（s）	2h 扩展度（mm）	$2hT_{500}$（s）	抗压强度（MPa）			
							3d	7d	28d	60d
基准	2.1	24.4	640/650	3.6	640/620	6.2	44.8	60.3	73.2	80.7
8% HME-V	2.2	26.6	630/640	4.4	620/630	7.4	40.5	56.7	71.2	78.2
10% HME-V	2.3	28.3	650/650	4.7	610/620	8.3	37.6	52.8	68.7	73.4

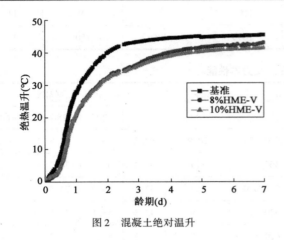

图 2　混凝土绝对温升

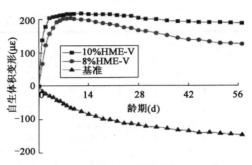

图 3　混凝土自生体积变形

五、施工控制与效果分析

为了顺利完成主拱圈外包混凝土的施工，主桥施工前开展 1∶1 足尺节段模型试验，验证各项控制指标，为大桥外包混凝土施工提供有效指导（图 4 和图 5）。本试验节段长 13m，为拱顶第 12 节段中的一段，上弦壁厚 35mm，下弦壁厚 30mm，节段线形、节点板尺寸、杆件尺寸均与设计相同。外包混凝土足尺节段施工时，每一环的混凝土性能均良好，坍落扩展度普遍控制在 600～640mm，T_{500}≤4.5s，压力泌水率≤30%，混凝土入模温度为 27.6℃。浇筑时沿外模和内模中心位置分段均匀布料，布料点间距不超过 2m，每个布料点设置 ϕ300mm 的串筒控制混凝土自由倾落高度不超过 2m。混凝土浇筑 0.5～1.0h 后对进行二次振捣，以排除混凝土因泌水在粗集料、水平钢筋下部生成的水分和空隙，二次振捣结束后在混凝土外露面覆盖塑料薄膜进行保温保湿养护。

图 4　1∶1 主拱圈外包混凝土足尺节段（一）

图 5　1∶1 主拱圈外包混凝土足尺节段（二）

在主桥施工过程中，进行了粗集料整形、减水剂增黏、抗压力泌水等措施，增强泵送性能及保塌性，性能保持 3h。采用冰水拌和混凝土的方式，确保混凝土入模温度＜26℃。对于浇筑过程中的振捣，则优化采用平压模的措施，确保每处的振捣密实。对于养护措施，采用拱顶设置水箱，工作段配备移动式喷淋系统，并结合两布一膜的方式进行养护。从施工效果来看，全桥混凝土面平整，线形顺直，色泽均匀，质量优良,同时强度也满足规范要求(图6~图8)。

图6 主桥主拱圈底板环外包混凝土浇筑效果

图7 主桥主拱圈腹板环外包混凝土浇筑效果

图8 主桥主拱圈外包混凝土浇筑效果

六、结　语

(1)本项目主拱圈外包混凝土工作性能要求高,施工期间容易出现收缩裂缝。掺入具有温升抑制及微膨胀功能的抗裂剂,不仅起到了降低早期水化放热速率,还在温升温降相互交替的环境下产生持续膨胀的能力,达到补偿温降阶段的混凝土收缩变形。

(2)高抗裂混凝土施工质量控制中配合比是基础,入模温度控制、振捣与浇筑速率以及养护等施工工艺措施是实现抗裂的重要保障,通过设计、材料、施工等环节的闭环管控,才能解决外包混凝土的开裂风险。

(3)从工程应用结果表明,大桥主拱圈外包混凝土早期的温升控制于一个较低水平且在温升及温降阶段发挥了全过程补偿变形作用,主拱圈混凝土未出现贯穿性收缩裂缝的现象,达到结构"内实外美"的质量控制目标,全面提升工程品质。

参考文献

[1] 林春姣,郑皆连.劲性骨架拱桥主拱圈混凝土四工作面浇筑法[J].交通运输工程学报,2020,20(6):82-89.

[2] 徐宏,周敉,王亚美,等.钢管混凝土劲性骨架拱桥拱肋施工控制研究[J].铁道工程学报,2022,39(9):50-55.

[3] OMAR A T, HASSAN A A A. Behaviour of expanded slate semi-lightweight SCC beams with improved cracking performance and shear capacity[J]. Structures,2021,32:1577-1588.

[4] OKAMURA H, OUCHI M. Self-compacting high performance concrete[J]. Progress in Structural Engineering and Materials,1998,1(4):378-383.

[5] ANURADHA V, MADHAVI T C. Behaviour of self compacting concrete hybrid fiber reinforced hollow

beams[J]. Structures,2022,35:990-1001.
[6] 杨欢,牛季收.自密实高性能混凝土的研究现状[J].硅酸盐通报,2015,34(S1):207-210.
[7] 丁庆军,曹健,李超,等.复掺内养护材料与膨胀剂对C60自密实混凝土性能的影响[J].混凝土,2016(5):157-160.
[8] 侯明扬,孙志勇,李梦希,等.桥梁用C60高性能补偿收缩混凝土性能研究[J].水利与建筑工程学报,2018,16(4):57-61.
[9] 周敏,杨腾宇,宋普涛,等.养护制度及加载龄期对C60混凝土干缩及徐变性能的影响[J].混凝土,2021(6):44-46,52.
[10] 周敏,杨腾宇,邱冰,等.粗骨料种类和品质对C60混凝土徐变性能的影响[J].新型建筑材料,2021,48(8):21-24.
[11] 曲艳召,王欣,吴浩翔,等.超细掺合料对C60自密实混凝土性能的影响研究[C]//第四届全国特种混凝土技术学术交流会暨中国土木工程学会混凝土质量专业委员会2013年年会论文集.[出版地不详]:[出版者不详].2013:71-76.
[12] 周孝军,牟廷敏,庞帅,等.高程泵送低收缩高抗裂钢管外包混凝土制备研究[J].混凝土,2022(2):127-130,135.

84.斜拉扣挂地锚永临结合设计施工技术

黄香健[1,2] 王蔚丞[1,2] 张晓宇[3] 黎水昌[1,2] 黎娅[1,2]

(1.广西南天高速公路有限公司;2.广西交通投资集团有限公司;3.广西交通设计集团有限公司)

摘要 某主跨600米级劲性骨架混凝土拱桥安装劲性骨架时,采用永临结合的设计、施工思路,将主墩及交界墩基础用于斜拉扣挂地锚中,并对该技术开展了相关研究。经有限元计算与分析可知,将以平衡桩基础受力为目标,转化为以桩基础安全性能为目标,即充分发挥永久构件的作用,减少地锚索张拉根数和张拉次数,项目成本从1200万元降低至370万元,均低于重力式地锚所需的项目成本1900万元,可进一步缩短工程周期。同时,为保证地锚索施工质量,应对地锚索进行抗拉拔试验,并对其施加预应力。

关键词 桥梁工程 地锚 桩基础 永临结合 有限元分析

一、引 言

斜拉扣挂无支架施工方式,广泛应用于钢管拱桥、钢箱拱桥、钢管混凝土拱桥、钢筋混凝土拱桥和劲性骨架混凝土拱桥中,是拱桥节段拼装的重要施工方式,特别在大跨拱桥施工中,优势显著[1-4]。随着山区拱桥的需求不断增大,斜拉扣挂工艺有广泛使用前景。

地锚是斜拉扣挂施工工艺的重要组成部分,主要用于固定尾索力,保持或调节桥塔稳定安全[5-6]。从结构上地锚的形式可分为重力式地锚、桩柱式地锚,其中,重力式地锚主要适用于土质地层,主要依靠自身产生足够的地锚抗倾覆性,同时依靠与基底的摩擦力和地锚前墙土体的土抗力来抵抗尾索对地锚产生的水平拉力;桩柱式地锚主要应用于岩石完整性较好的地层,依靠地锚下的基桩和土体的土抗力来平衡拉力作用[7]。传统地锚设计多采用重力式基础形式,为满足稳定性与基地应力的受力要求,往往需大面积开挖回填,以及压重构造,不仅增加了项目成本、延长工期,还会对环境造成不利影响[7-8]。若采用永临结合思路,充分合理利用永久结构形式,将引桥基础构造兼用于斜拉扣挂地锚,则可以避免大规模基础施工工作量,提高工程效率,并减少项目建造对地质的依赖性。

本文以某一600m级混凝土拱桥的劲性骨架斜拉扣挂安装为例,从设计要点、局部构造、施工要求、结构受力等方面,讨论分析采用永临结合设计施工地锚时的重点和难点,为大跨拱桥斜拉扣挂系统的施工方案设计提供参考。

二、工程概况

某主桥为计算跨径为600m的上承式劲性骨架混凝土拱桥,工作基础为明挖扩大基础。主桥两侧为72m+135m+72m预应力混凝土连续刚构桥,其中一个主墩位于拱座基础上,另一个主墩与交界墩为桩基础。

主桥拱圈由两条肋拱构成,单个拱肋劲性骨架为四管桁式结构。拱圈劲性骨架钢结构约8200t,半跨单个拱肋分为12个节段,通过斜拉扣挂施工方式拼装,且吊扣塔分离。由于本项目为上承式拱桥,因此,扣塔部分采用引桥刚构混凝土主墩构造,并在其上增设钢结构塔身。斜拉扣挂地锚采用引桥刚构另一主墩及交界墩基础。斜拉扣挂系统的扣索和尾索皆在扣塔上张拉,半跨单个拱肋有11组尾索(表1)。

尾索索力表　　　　　　　　　　　　　　　　　表1

编号	位置	左岸		右岸	
		索力(kN)	倾角(°)	索力(kN)	倾角(°)
1	主墩	510	7.83	493	5.18
2		586	7.83	575	5.18
3		702	22.55	678	20.22
4		947	22.55	920	20.22
5		1002	29.19	968	27.11
6		1307	29.19	1266	27.11
7	交界墩	1345	15.58	1353	16.74
8		1428	17.46	1441	18.59
9		2000	19.29	2015	20.40
10		2542	21.09	2558	22.17
11		3541	22.83	3551	23.88

三、设计要点

尾索锚固的承台需在尾索反方向设置地锚索。为优化受力,墩柱底部需局部加厚,坡度设计应尽可能使尾索张力与地锚索张力接近同线。地锚构造如图1所示。

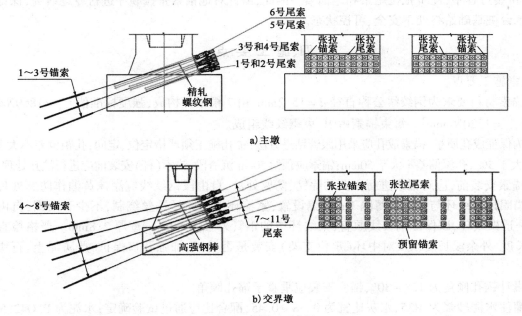

图1　地锚构造示意图

斜拉扣挂尾索为直径15.2mm高强度低松弛钢绞线，端部通过钢板锚固构造与转动底座相连。底座与墩底加厚部分相连，并依靠精轧螺纹钢与承台锚固，由精轧螺纹钢提供承台局部预压力，以提高局部混凝土的抗裂性能。

地锚索均采用独立锚头，锚索均为10束直径15.2mm高强度低松弛钢绞线，钢绞线标准强度不小于1860MPa，每根地锚索预应力设计值1200kN，锁定值为1200kN，锚孔直径为130mm。钢垫板尺寸40cm×40cm，厚4cm，地锚索宜嵌岩。地锚索参数见表2。

地锚索参数设计表　　　　表2

编号	位置	左岸			右岸		
		倾角(°)	长度(m)	数量(根)	倾角(°)	长度(m)	数量(根)
1	主墩	22	92	14	22	45	14
2		20	94	14	20	58	14
3		18	96	14	18	60	14
4	交界墩	38	115	10	24	38	10
5		35.5	128	10	21	40	10
6		33	128	10	18	40	10
7		30.5	130	10	15	42	10
8		28	130	10	12	42	10

地锚索需提供足够的预张力，关键有两点：

(1)控制目标。地锚索张拉控制目标可以分两种：一种是以平衡桩基础受力为目标，此时地锚索张力尽可能与尾索索力平衡，或两者水平分量相等。此时，施工过程中，承台基础近似于扩大基础形式，按抗滑、抗倾覆与基底承载性能验算。这样的方法可以有效保证永久构件桩基础的安全，且受力简单，但对地锚索要求较高，用量较大。另一种是以桩基础安全性能为目标，桩基也提供部分水平力与地锚索张力一起抵抗尾索索力。此时，桩基承载能力与裂缝控制是主要的结构安全指标，这样设计可以进一步发挥永久构件的作用，减少工程投入。

(2)张拉顺序。一般而言，桩基础难以承受单独的尾索合力，也难以承受单独的地锚索合力。需在拱肋节段拼装过程中，逐步张拉尾索和地锚索。因此，需针对地锚索张拉顺序进行专题研究，保证在施工过程中，承台桩基础始终处于安全、可控状态。

四、施工要点

地锚索施工要点：

(1)锚索材料要求为钢绞线公称直径$d=15.2$mm、由7根钢丝构成，强度标准值$f_{ptk}=1860$N/mm^2，强度设计值$f_{py}=1320$N/mm^2。每束锚索由10束钢绞线组成。

(2)为保证成孔质量，锚索成孔应采用跟管钻进方法；锚孔施工须严格定位、定向，孔距偏差不大于20mm，偏斜度不大于5‰，孔深偏差不大于50mm；锚索应预留50cm沉渣段；锚索(杆)安装前应进行洗孔处理。

(3)锚索安装前，应对锚索进行必要的除锈、防腐处治，自由段钢绞线应涂抹黄油作防腐处理后再套PVC管，锚固段架线环与紧箍环每隔1m间隔设置，紧箍环采用8号铁丝绕制，不少于两圈，自由段每隔2m设置一道架线环，以保证钢绞线顺直，架线环中的钢管外径为60mm、壁厚2.8mm。严格检查锚孔深度、锚索长度、外余段长度以及对中环(定位支架)安装是否妥当；加强孔口保护，严防泥土、石块等杂物落入孔内。

(4)设计锚孔倾角为12°~30°，锚座安装应垂直于锚孔倾角。

(5)灌注水泥砂浆为M35，水灰比宜为0.38~0.45，配合比应通过试验确定；水泥为P.O42.5普通硅酸盐水泥；水泥砂浆通过注浆管灌注，压力≥0.35MPa，直至水泥浆溢出孔口不少于1min，并稳定于孔口。

1. 锚索基本试验

（1）试验目的：验证锚索结构、所使用的材料、部件、施工方法和施工人员技术水平能否满足治理设计的需求。

（2）试验锚索布置及有关试验参数试验采用非破坏方式，选用工作锚索，共3根。锚索张拉应力设计值 $N=1200$ kN/孔（10束）。试验锚索暂不封头、不剪断外余张拉段。

（3）试验要求：①基本试验所用的预应力锚索结构、施工工艺及所处的工程地质条件与实际工作条件相同。②基本试验最大的试验荷载不宜超过预应力锚索钢绞线承载力标准值的0.9倍。③基本试验应采用分级循环加、卸荷载法。起始荷载为计划最大试验荷载的10%。④破坏标准：后一级荷载产生的锚头位移增量达到或超过前一级荷载产生的增量的2倍时；锚头位移不稳定；钢绞线拉断。⑤试验结果按循环荷载与对应的锚头位移读数列表整理。⑥预应力锚索弹性变形不应小于自由段长度变形计算值的80%，且不应大于自由段长度与1/2锚固段长度之和的弹性变形计算值。⑦预应力锚索极限承载力取破坏荷载的前一级荷载，在最大试验荷载下未达到规定的破坏标准时，锚索极限承载力取最大试验荷载值。

2. 锚索预应力施加

（1）预应力施加前，应对张拉设备进行核定，并对钢垫板后侧混凝土质量进行核查，若有缺陷应予以修补、补强。

（2）张拉应按规定程序进行，要充分考虑相邻锚索预应力的相互影响。

（3）锚索张拉宜在锚固体强度大于20MPa并达到设计强度的80%后进行。

（4）锚索张拉采用张拉力为主，伸长值校核的双控操作方法。

（5）锚索张拉应力稳定于$1.05\sim1.1N$至少15min后，即进行锁定；48h后若预应力无明显损失，即按设计尺寸可剪断外余钢绞线。

五、结构分析及形式比选

1. 桩基础验算结果

采用有限元计算软件midas对四个墩的地锚施工顺序分别进行分析，通过m法并采用节点弹性支承来模拟桩土效应，桩基与承台采用刚臂连接，计算荷载考虑结构自重、地锚索力及尾索索力。图2所示为扣地锚有限元模型图。

图2　扣地锚有限元模型图

计算时考虑桩基也提供部分水平力与地锚索张力一起抵抗尾索索力，同时考虑地锚索张拉顺序，地锚参数及桩基验算结果如表3和图3所示。

地锚参数结果　　　　　　　　　　　　　　　　　表3

地锚参数	左岸		右岸	
	交界墩	主墩	主墩	交界墩
张拉总根数(根)	26	0	0	31
张拉锚总次数(次)	1	—	—	4
每根预应力设计值(kN)	1200	—	—	1200

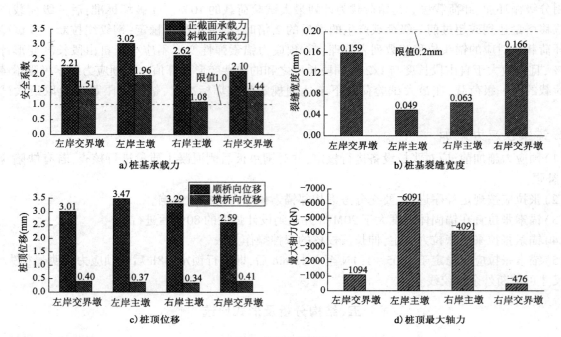

图3　桩基验算结果

结果表明,本项目的地锚方案桩基础正截面与斜截面承载能力安全系数皆大于1,裂缝宽度小于0.2mm,在容许范围内,且桩顶位移较小,桩基全过程受压,未出现拉力。其中,4号和7号墩不采用地锚张拉也能满足受力要求,主要是因为在主桥拱肋架设过程中,4号和7号墩已施工完墩柱和主梁0号块,桩基础承受较大重量,压力储备较大,且张拉尾索位于墩底,产生的弯矩较小。而3号和8号墩墩柱实际仅施工一个节段,且墩柱截面比刚构主墩小很多,桩基础承受压力较小,有受拉破坏或拔出的风险,紧靠桩基不能抵抗尾索索力,需张拉地锚索。并且,8号墩需在尾索张拉过程中,分4次张拉地锚索,以保证施工过程桩基满足受力要求。

2. 地锚索验算结果

3号和8号地锚均为10束直径15.2mm的高强度低松弛钢绞线,钢绞线标准强度不低于1860MPa。每根地锚预应力设计值均为1200kN,锁定值均为1200kN,锚固段长度均为10m,锚固段注浆体采用M35砂浆,锚固段钻孔直径为130mm。根据《岩土锚杆(索)技术规程》(CECS 22:2005)验算地锚索抗拉承载力,得到要求最小面积为1032mm^2,小于实际钢绞线面积1400mm^2,并验算最小锚固长度要求为6.61m,小于实际锚固长度10m。表明设计方案的地锚索满足受力要求。

3. 地锚形式对比

按结构形式,地锚可分为重力式地锚和桩柱式地锚,桩柱式地锚又可分为桩基不提供抗力和桩基提供抗力两种形式。本工程重力式地锚考虑基底摩擦系数0.6,按照扩大基础提供的基底摩擦力与尾索索力平衡进行对比。分别从造价、开挖方量及工期方面,对不同地锚形式进行对比(表4)。

地锚形式对比汇总　　　　表4

地锚形式	重力式地锚	桩柱式地锚	
		桩基不提供抗力	桩基提供抗力
张拉总根数(根)	0	184	57
工程费用(万元)	1900	1200	370
开挖方量	多	较少	少
施工工期	长	较长	短

结果表明,重力式地锚工程费用、开挖方量及施工工期均高于桩柱式地锚。这是因为前者主要依靠自身重量来抵抗尾索索力,因此体积一般比较庞大,从而开挖方量多、施工工期长;后者体积通常较小,施工比较方便、快捷,与前者相比,可节省施工材料、缩短施工周期。对于桩柱式地锚,桩基不提供抗力时工程费用、开挖方量及施工工期均高于桩基提供抗力时。这是因为前者仅依靠锚索抵抗尾索索力,因此所需地锚数量较多,且地锚需多次张拉才能保证桩基安全性;后者依靠桩基、锚索共同抵抗尾索索力,因此所需地锚数量少,同时地锚张拉次数相对减少。

六、结　　语

(1)大跨径拱桥的斜拉扣挂地锚,采用永临结合的思路设计、施工可以大大降低项目成本,缩短工程周期。

(2)可结合引桥桩基础和地锚索设计临时地锚构造,设计时需把握好结构安全性,保证永久构件的桩基础安全的同时,尽量发挥永久构件的刚度和强度,减少临时构件的工程量。

(3)地锚索是地锚施工过程中的重要环节,施工时需注意成孔质量和砂浆性能,并按要求进行拉拔试验。

(4)经过计算分析可知,当桩基础上已施工较长墩柱时,会给桩基础一定的压力储备,可以减少地锚索工程量,甚至不张拉地锚索。反之,仍需按结构受力设计地锚数量以及张拉顺序。

参考文献

[1] 秦大燕,郑皆连,杜海龙,等.斜拉扣挂1次张拉扣索索力优化计算方法及应用[J].中国铁道科学,2020,41(6):52-60.
[2] 黄诚.钢管混凝土拱桥缆索吊装斜拉扣挂系统设计[J].工程建设,2017,49(1):54-55,67.
[3] 尹涛,周陈,刘志鹏,等.山区千米级大跨径拱桥缆索吊装系统结构设计[J].公路,2023,68(12):107-117.
[4] 李哲,孙克强.大跨度拱桥斜拉扣挂体系施工阶段分析[J].西部交通科技,2018(1):150-153,157.
[5] 强永林.苏坝特大桥拱肋悬臂拼装斜拉扣挂系统设计[J].交通科技与管理,2024,5(9):59-61,58.
[6] 梁伟,陈治任.典型山区条件下大跨度拱桥锚索锚固结构设计与施工[J].交通科技,2015(1):31-33.
[7] 段鋆.大跨径钢管混凝土拱桥扣挂系统研究[D].重庆:重庆交通大学,2013.
[8] 肖玉德,俞高明,王春礼,等.拱桥施工中桩式地锚的力学行为分析[J].安徽建筑工业学院学报(自然科学版),2001(3):16-20,41.

85. 龙门大桥门式主塔上横梁施工关键技术

蒋赣猷 韦苡松 肖益新

(广西路桥工程集团有限公司)

摘 要 广西滨海公路龙门大桥是广西壮族自治区内首座单跨跨径超1000m的悬索桥,主跨为1098m,主塔采用门式造型,主塔设置上、下两道横梁。以龙门大桥门式主塔为实例,通过塔梁同步施工与异步施工的效益对比,选择适当的施工工艺。本文介绍了门式主塔上横梁支架体系及结构特点,采用有限元软件进行分析计算,并从支架安拆及混凝土施工等方面介绍上横梁施工关键技术。目前,龙门大桥门式主塔已顺利完成塔身及上横梁施工任务,验证了支架结构的可行性。

关键词 主塔 上横梁 异步施工 施工技术

一、引 言

悬索桥主塔构造相对斜拉桥主塔更为简单,门式结构在悬索桥主塔中应用较多。受桥梁跨径及通航净空的影响,一般悬索桥主塔高度比斜拉桥主塔高,故主塔会设置多道横梁。目前,对于悬索桥主塔施工,塔身及横梁施工总体施工顺序分为两种:一是塔身与横梁同步施工,即"塔梁同步"施工;二是先施工塔身后施工横梁的"异步施工"顺序。两种施工顺序的施工组织不同,对于总体施工工期的影响有所差异。故需对两种施工顺序的工效进行对比分析,选择适合的施工顺序进行支架设计,并开展施工技术研究。

二、工程概况

1. 主塔结构形式

图1 龙门大桥门式主塔BIM模型图

广西滨海公路龙门大桥是目前广西壮族自治区规划建设的最大跨径桥梁,大桥主桥为单跨吊悬索桥,主跨1098m。主塔采用门式混凝土结构,塔高174m,分30个节段进行浇筑。主塔设置上、下两道横梁,横梁均为实心矩形截面预应力混凝土结构(图1)。下横梁设置于主塔承台上,与塔身第1至第2节同步施工;上横梁高12m、宽4m、长27.2m,高程范围为154.400~166.400m,与塔身第27至第28节高度一致。

2. 建设气象条件

桥位处多年平均风速为3.8m/s。风速大于或等于6级的大风日多年平均为34d,风速≥8级的大风日多年平均为7d。每年5—11月受台风影响,其中7—9月较为集中。影响本地区的台风每年2~4次。

三、总体施工顺序与效益分析

对于悬索桥主塔施工,塔梁同步施工与塔梁异步施工两种施工顺序均可行,但在施工质量、工期、工序转换等方面,两种施工顺序还是存在一些差别,其对分析见表1。

不同施工顺序优劣对比分析   表1

施工顺序	塔梁同步施工	塔梁异步施工
施工质量	塔梁结合性好，混凝土外观质量控制难	塔梁混凝土龄期不同，结合面质量控制难度大，钢筋连接、预埋筋及预埋波纹管精度要求高
施工工期	增加液压爬模拆除及重装工序，影响总体工期约20d，影响塔身封顶约60d	不影响塔身总体施工进度
安全风险	支架安拆、爬模安拆作业风险	支架安拆风险
施工组织	浇筑平面面积大，布料要求高	浇筑平面面积较小，布料相对简单

在施工质量方面，采取塔梁同步施工方式，能更好地将横梁与塔身结合，主塔能更快形成整体结构，结构内部受力均匀。但在同步施工的过程，需要对塔身液压爬模的模板进行开孔，进行预应力穿束，这对混凝土外观质量控制带来较大难度；采取塔梁异步施工方式，塔身与横梁混凝土龄期不同，需保证两者结合面质量；另外，横梁与塔身钢筋在塔身截面断开，施工过程需严加把控钢筋连接质量，预埋钢筋、波纹管定位精度，保证后续施工预应力施工质量及混凝土保护层满足要求。

在工期进度方面，采取塔梁同步施工方式，需要将横梁侧爬模系统进行拆除方可施工，在横梁施工完成后，重新将爬模组装完整方可继续施工后续的塔身节段；采取塔梁异步施工方式，则不需进行爬模拆装，也可提前封顶，不影响塔身施工进度。

在安全风险方面，采取塔梁同步施工方式，除了支架搭设的作业风险外，相对异步施工方式增加了液压爬模拆卸重装的作业风险，安全作业要求更高。

主塔施工进度要与锚碇施工进度协调，方可进行下一步猫道施工。塔梁同步施工方式影响主塔工期较长，且作业安全风险高，故龙门大桥上横梁采取先施工塔身再施工上横梁的异步施工工艺。

四、上横梁支架设计

1. 支架选择及结构形式

考虑上横梁施工高度达160m，钢管支架方案搭设高度过高，故采用空中托架的形式。由于主塔内腔采用钢圆筒作为内模，并且作为永久结构保留，为不破坏塔身内腔钢圆筒，故不采取贯通塔身的拉杆牛腿形式。最终采用在塔身上预埋钢板牛腿，在牛腿上搭设K形托架作为支撑（图2）。

上横梁现浇所采用的K形托架由Q235型钢焊接而成，所用到的型钢种类包括25a工字钢、63a工字钢。K形托架通过与预埋件和牛腿间的焊接实现固定，通过支架间的斜腿连接实现整体稳定。K形托架横向在上横梁宽度范围内，等间距布置5片，以承载上横梁第一层混凝土荷载及施工荷载。

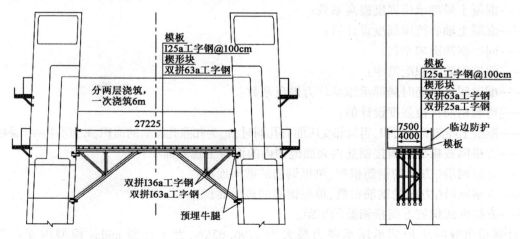

图2 上横梁支架结构示意图（尺寸单位：mm）

上横梁K形托架受力简明,托架共设施上下两层牛腿,下层牛腿采用与塔身固结的方式,上层牛腿采用简支梁方式进行搭设,支架刚度大且整体受力清晰。支架搭设高度达160m,受风荷载影响大,采用在下牛腿处预埋钢板,将K形托架与塔身附着,增强托架稳定性。

2. 支架有限元软件分析

采用midas Civil有限元软件对上横梁K形托架进行受力分析。上横梁分两层进行浇筑,每层高6m,托架承载荷载为上横梁第一层混凝土重量。按承载能力极限状态法对支架进行荷载组合,组合系数为:1.2×支架自重+1.2×第一层混凝土自重+1.4×施工荷载+1.1×风荷载。上横梁支架midas模型如图3所示,计算结果见表2,从图表可知,托架结构各构件强度、刚度均满足要求。经模型计算,托架最不利工况屈曲模态特征值为16.5,大于计算要求最小值4,支架稳定性满足要求。

图3 上横梁支架midas模型

托架主要构件计算结果汇总　　　　　表2

计算类型	构件应力(MPa)				支架整体刚度(N/mm)
	主托架2I63a组合	主托架2I36a组合	牛腿组合	分配梁I25a组合	
计算值	157.9	144.5	151.2	142.4	13.9
设计极限值	215	215	215	215	66.75

3. 上横梁托架牛腿局部混凝土受力分析

上横梁K形托架在塔身上预埋牛腿,需对塔身混凝土进行局部承压计算。根据规范,配置间接钢筋的局部受压构件,其局部抗压承载力应按下列规定计算:

$$\gamma_0 F_{ld} \leq 0.9(\eta_s \beta f_{cd} + k\rho_v \beta_{cor} f_{sd}) A_{ln} \tag{1}$$

$$\beta_{cor} = \sqrt{\frac{A_{cor}}{A_1}} \tag{2}$$

$$\rho_v = \frac{n_1 A_{s1} l_1 + n_2 A_{s2} l_2}{A_{cor} S} \tag{3}$$

式中:γ_0——桥涵结构重要性系数;

F_{ld}——局部受压面积上的局部压力设计值;

η_s——混凝土局部承压修正系数,混凝土强度等级为C50及以下,取$\eta_s = 1.0$;

β——混凝土局部承压强度提高系数;

f_{cd}——混凝土轴心抗压强度设计值;

k——间接钢筋影响系数;

ρ_v——间接钢筋体积配筋率;

β_{cor}——配置间接钢筋时局部承压承载力提高系数;

f_{sd}——弯起钢筋抗拉强度设计值;

A_{ln}、A_1——混凝土局部受压面积,当局部受压面有孔洞时,A_{ln}为扣除孔洞后的面积,A_1为不扣除孔洞的面积;

A_{cor}——方格网或螺旋形间接钢筋内表面范围内的混凝土核芯面积;

n_1、A_{s1}——方格网沿l_1方向的钢筋根数、单根钢筋的截面面积;

n_2、A_{s2}——方格网沿l_1方向的钢筋根数、单根钢筋的截面面积;

S——方格网或螺旋形间接钢筋的层距。

经过计算得出混凝土局部承压承载力最大为1796.63kN,大于托架midas模型内支点最大反力1633.3kN,满足使用要求。

五、上横梁施工技术

1. 支架安装施工

支架搭设时,安装顺序为:埋设预埋件→加工 K 形托架→作业平台安装→逐片安装 K 形托架→安装支架横联→安装楔形块→安装分配梁及模板。在塔身施工过程,需根据施工图纸准确定位预埋件位置,安装后复核预埋件平面位置及高程,并设置局部加强钢筋网。

K 形托架属于全钢结构,加工时需控制其变形,保证加工线形。故在托架加工过程设置胎座,并按先中间后两边的焊接次序施焊(断续焊接),以此控制焊接变形。总成时,在相应的节点板架设加强劲板,保证节点处的受力稳固。在 K 形托架加工完成后,需对主要焊缝进行相应无损检测(图4),经检测,所有主要焊缝均满足设计使用要求。

K 形托架安装采用主塔两侧塔式起重机进行安装,塔式起重机协同作业将 K 形托架逐片吊运至安装位置,在安装完成主要的 K 形托架片之后,于支架上焊接相应的横联及斜撑,加强支架的整体稳定性(图5)。

图 4　上横梁支架焊缝无损探伤　　　　图 5　上横梁支架安装现场图

2. 混凝土及预应力施工

空中支架为刚性支架,受力较为明确,故在钢筋施工前可不进行预压。但为了保证浇筑后混凝土成品与设计线形一致,故需在底模安装时设置预拱度,设置预拱度后方可进行后续钢筋及预应力施工。

钢筋及预应力施工过程中,需对于塔身结合面处钢筋连接、预应力管道连接质量进行把控,保证断面上的钢筋安装质量满足要求,避免预应力管道安装不够精准、防护不够严密而导致的预应力施工问题出现。

混凝土浇筑施工单次浇筑方量达 620m³,采用 2 台 9028 型拖泵进行混凝土泵送浇筑,混凝土浇筑过程应进行对称浇筑、均匀分层布料,以保证托架受力的合理性。此外,在浇筑前在托架的 $L/4$、$L/2$ 和 $3L/4$ 位置布设变形观测点,以检测托架变形与计算是否符合,保证施工过程中的安全性。经测量,混凝土浇筑过程监测点最大变形为 8.8mm,与主托架的计算变形基本一致。

3. 支架拆除

上横梁托架进行拆除时,由于托架均在构件投影下方,故采用 2 台卷扬机逐片对托架进行拆除下放。在上横梁施工阶段,对应托架吊点处预留吊装钢丝绳通道。在上横梁浇筑完成后,主塔塔身及上横梁形成整体,可将上横梁下放的临时横撑进行拆除,清空托架拆除作业障碍,随后逐片将托架缓慢下放至地面。

六、结　语

本文以广西滨海公路龙门大桥为依托工程,通过塔梁同步施工与异步施工的效益对比,选择更符合项目要求的塔梁异步施工工艺。本文介绍了龙门大桥门式主塔上横梁支架体系及结构特点,并采用有限元软件对上横梁托架进行分析计算,上横梁支架的强度、刚度及稳定性指标均满足设计和规范要求,论证了支架设计是可行的。支架安装及拆除施工时,需对支架加工、安装定位、过程监测等关键点严加把控。

目前,龙门大桥门式主塔采用塔梁异步施工方式,已顺利完成塔身及上横梁施工任务,不影响主塔塔身主体工期,比塔梁同步施工节省工期约40d,主塔与锚碇施工进度协调。通过现场监测数据,支架最大变形值为8.8mm,验证了支架结构的稳定性及方案实施的可行性。

参考文献

[1] 石广,曹振杰,方小林,等.宜昌伍家岗长江大桥桥塔上横梁施工分析[J].施工技术(中英文),2021,50(22):69-71.
[2] 张德致,张敏,代皓,等.黄冈公铁两用长江大桥桥塔上横梁施工技术[J].桥梁建设,2013,43(3):5-10.
[3] 周前忠,王令侠.商合杭铁路芜湖长江公铁大桥桥塔上横梁施工关键技术[J].桥梁建设,2020,50(3):11-16.
[4] 胡雄伟.重庆寸滩长江大桥桥塔横梁支架设计与施工[J].世界桥梁,2015,43(2):40-44.
[5] 付文宣,袁灿,张克,等.五峰山长江大桥主塔横梁支架设计与施工关键技术[J].施工技术(中英文),2022,51(6):19-23,35.
[6] 林超.马岭河特大桥桥塔上横梁施工方案及设计计算[J].黑龙江交通科技,2015,38(9):119-120.

86. 锚碇区域现浇梁上行式移动模架施工技术

李玉彬[1]　胡建飞[2]　危亮[2]

(1.广西欣港交通投资有限公司;2.中交路桥华南工程有限公司)

摘　要　移动模架施工工艺属于国际先进的桥梁施工工艺之一,集模板、支撑系统、过孔功能于一体,其中,上行式移动模架承重的主梁系统位于桥面上方,外模系统吊挂在承重主梁上,主梁系统通过支腿支撑在梁端或墩顶上。对桥墩具有很强的适应性。本文基于龙门大桥西引桥锚碇区域现浇箱梁施工实践,通过分析其结构形式、模拟施工工艺流程以及移动模架的施工操作要点,最终形成锚碇区域现浇梁上行式移动模架施工关键技术。

关键词　悬索桥　锚碇　现浇箱梁　上行式　移动模架　纵移

一、引　言

现浇梁施工通常存在挂篮法、支架法及移动模架法[1-2]。针对锚碇区域引桥现浇梁时,挂篮法需要在墩身处设置托架及临时支撑,但在锚碇支墩及锚碇横梁处无法设置此临时结构。支架法需要各跨均设置满堂支架或大钢管支架,同时作为支架基础需经过硬化处理,需要有足够的强度,且支架杆件之间的连接整体性能要好,使整个支架形成一个整体。但由于锚碇自身的异形结构,锚块部分支架需要搭设在斜面上。且受锚碇自身高度影响,支架搭设高度往往需达到40m以上,故支架法投入的支架材料数量多,成本高,还伴随较大的安全风险。下行式移动模架法施工需要利用墩身安装牛腿支撑整个移动模架,利用牛腿过孔时,模架主梁从箱梁下方移动,受锚后支墩障碍物影响,模架无法正常过孔。

本文以广西滨海公路龙门大桥西锚碇上方的引桥现浇梁为依托,采用上行式移动模架法施工,利用上行式移动模架主梁高于现浇梁顶面的结构特点[3],解决移动模架在锚碇上难以行走的技术难题;同时,通过模架横移转幅工序,将移动模架整体由一幅转移至另一幅,避免模架高空重新安拆的风险,实现锚碇区域现浇箱梁快速、高效施工。此施工方法是行业内首次采用上行式移动模架施工锚碇区现浇混凝土梁。

二、工程概况

广西滨海公路龙门大桥锚碇区域引桥现浇梁为等截面预应力混凝土箱梁,其顶板宽16.25m,底板宽7.45m,跨径为50m。悬索桥锚碇锚体为空腹式结构,高42.75m,锚体顶位于引桥桥面以下,锚体后部设置锚墩,两侧锚体前端设横梁,锚墩和锚碇横梁代替引桥墩柱架设一跨引桥(图1)。

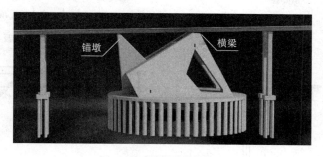

图1 锚碇锚墩及横梁构造

三、锚碇区域现浇梁上行式移动模架施工工艺

1. 工艺原理

上行式移动模架在施工锚碇区域现浇梁时,模架过孔锚碇区前后通过模架上横梁+精轧螺纹钢对模架下挂梁及外模板系统提吊,或利用起重机在直接拆安模架下挂梁等,以避免锚碇锚墩、锚碇横梁、锚碇门架、猫道、主缆对模架的干涉影响。单幅现浇梁施工完成后,模架整体后退至起始跨,然后横移转幅至另一幅施工现浇梁。

2. 移动模架首部跨越锚碇锚墩施工

上行式移动模架常规过孔方式为利用模架下挂梁横移液压缸带动外模板底模向外打开,让开桥墩位置后,利用中支腿、推进小车上的纵移油缸顶推主梁,使移动模架纵移过孔[4-10]。但锚墩位置上行式移动模架无法采用常规方法过孔,故提出一种将模架底模侧模折叠后与下挂梁整体提升过锚墩的方法,即在模架主缆顶面设置提升反力架和穿心千斤顶[5],通过精轧螺纹提升上横梁,带动下挂梁及折叠后的模板整体提升,挂梁最下沿高出锚墩后,即可进行模架纵移过锚墩。模架纵移过锚墩如图2~图4所示。

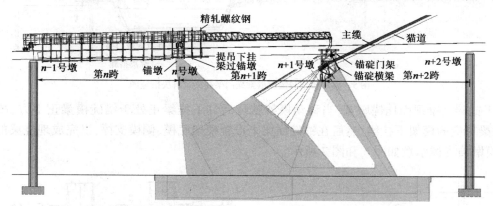

图2 模架跨首过孔锚墩立面图

3. 移动模架首尾于锚碇锚墩及锚碇横梁处施工

在施工锚墩与锚碇横梁间现浇梁时,由于移动模架浇筑尾部需设置在下一跨约0.2倍跨径位置,因此模架悬臂端模板已跨越锚碇横梁及锚碇门架,并与悬索桥猫道存在干涉。

(1)悬索桥牵引系统及猫道设计时,需提前考虑锚碇处上行式移动模架法现浇梁施工。因此设计锚碇位置散索鞍门架时,将门架+门架顶卷扬机高程设置在引桥箱梁翼缘板以下,此时门架上方现浇梁翼缘板可整体浇筑,不设现浇梁后浇段。

(2)锚碇门架位置为悬索桥猫道起始端,在猫道延伸出去后与锚碇上方现浇梁存在立体空间上的冲突,此时上行式移动模架悬臂端与猫道存在干涉。因此模架在该跨纵移过孔就位前,在模架主梁上设置可行走的门座吊机，拆除猫道侧模架悬臂端对应的下挂梁及底模，纵移到位后再拼装已拆除的下挂梁和底模板。

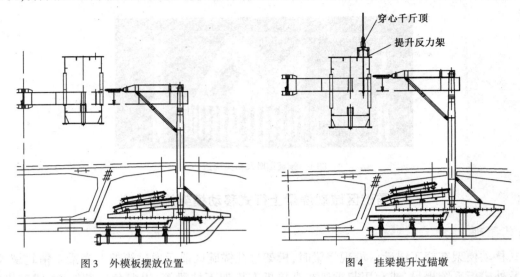

图 3　外模板摆放位置　　　　　　图 4　挂梁提升过锚墩

（3）移动模架纵移过孔就位后，散索鞍门架与下挂梁存在立体交叉，且下挂梁无法从门架空隙处与模架固定时，此时该位置下挂梁不予安装，模架翼缘板由精轧螺纹提吊于模架上横梁上，模架腹板由精轧螺纹对拉。移动模架与锚碇散索鞍门架冲突及解决措施如图 5 所示。

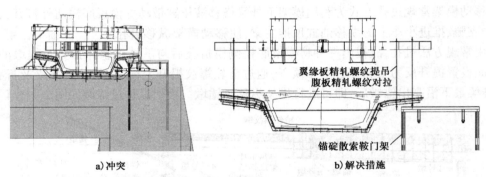

a) 冲突　　　　　　　　b) 解决措施

图 5　移动模架与锚碇散索鞍门架冲突及解决措施图

（4）由于锚碇横梁顶面比锚墩宽，当移动模架就位后其下挂梁正处于锚碇横梁正上方，故施工时需拆除锚碇横梁对应的模架下挂梁，然后在锚碇横梁上设置模架底模、侧模支撑，以完成现浇梁的施工。模架底模、侧模墩顶支撑示意如图 6 和图 7 所示。

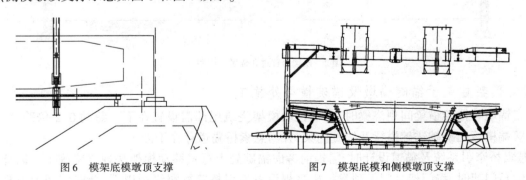

图 6　模架底模墩顶支撑　　　　　图 7　模架底模和侧模墩顶支撑

4. 移动模架首尾于锚碇锚墩及锚碇横梁处施工

移动模架于该跨纵移过孔时，在纵移前需将猫道侧下挂梁全部拆除，拆除时采用门座式起重机或汽车起重机按两两分组，将下挂梁、外模板系统整体吊装拆除，如图 8 所示。

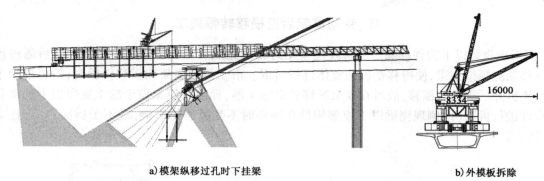

a) 模架纵移过孔时下挂梁　　　　　　　　　b) 外模板拆除

图8　模架纵移过孔时下挂梁及外模板拆除(尺寸单位:mm)

(1)模架尾部下挂梁与锚碇横梁干涉区域,则继续在横梁上设置底模、侧模支撑。

(2)对下挂梁受锚碇门架影响区域,继续利用精轧螺纹钢将底模板和对应模架上横梁进行连接。

(3)模架下挂梁外伸悬臂与主缆存在干涉区域,模架下挂梁在纵移前拆除至地面时,需割除下挂梁与主缆干涉部分,纵移就位后再安装下挂梁及模板系统,然后浇筑现浇梁。浇筑完后模架在纵移行走下一跨时,纵移过主缆后再对已切割部分的下挂梁焊接修复。未焊接前挂梁仅在合模工况下纵移,干涉构件焊接并安装撑杆后才能开模。模架下挂梁与主缆冲突位置进行切割示意如图9所示。

(4)模架纵移就位后,其下挂梁与猫道存在干涉区域,考虑后续模架纵移过孔猫道干涉区的简便性,可将干涉区域的猫道进行改造。即将通过手拉葫芦将干涉区内的猫道的四根承重绳向外侧拽拉,并利用猫道大横梁+钢丝绳+绳夹限位拽拉后的猫道承重绳,形成简易的猫道绳变位工装。在跨越干涉区后,再对猫道绳进行恢复。猫道承重绳简易变位装置如图10所示。

(5)模架纵移就位后,其下挂梁不与猫道等发生冲突部位,可直接用门座式起重机或汽车起重机将下挂梁及模板系统整体安装就位。

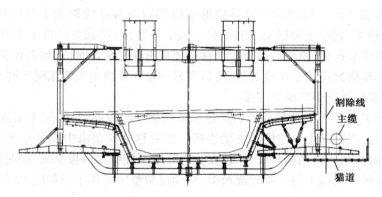

图9　模架下挂梁与主缆冲突位置进行切割

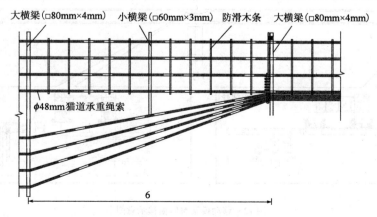

图10　猫道承重绳与模架干涉区改造

四、移动模架后退横移转幅施工

(1)模架现浇梁以下构件拆除。引桥现浇梁尾跨施工完成后,移动模架进行开模,然后通过推进小车上的纵移油缸顶推主梁,使得移动模架整体进行后退。由于移动模架在横移转幅时,需将模架下挂梁及模板系统拆除后再进行横移,故可在模架纵移后退施工前,提前将模架位于施工梁段以下的横移外侧的模架构件进行拆除(内侧现浇梁以下模架构件在横移时不受障碍物影响,故不予拆除)。下挂梁拆除如图11所示。

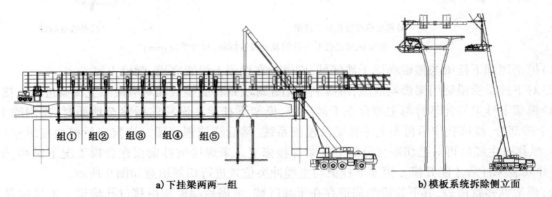

a) 下挂梁两两一组　　　b) 模板系统拆除侧立面

图11　下挂梁两两一组与对应模板系统拆除侧立面图

(2)模架整体后退施工。移动模架中支腿位于墩顶位置现浇梁顶面,用于支撑模架主、鼻梁;推进小车上的纵移油缸顶推主梁,使模架主梁整体纵移后退。此过程中后纵移系统位于主梁尾部,随模架整体移动。模架纵移后退一跨后,将推进小车移至下一跨墩顶附近支撑模架主梁,然后将中支腿转运至下一跨墩顶,接着继续顶推纵移模架主梁。

(3)模架横移前准备工作。移动模架整体后退至模架后纵移系统跨越1号墩顶时(起始跨模架首部),拆除模架中支腿横梁,将中支腿横梁安装至另一幅1号墩顶;接着在已施工1号墩顶现浇梁顶面安装横移梁,并与中支腿横梁连接;模架后退至后纵移系统接近0号墩顶时(起始跨模架尾部),拆除模架推进小车,接着将推进小车横梁安装至0号墩顶,然后在另一幅0号墩顶安装临时支腿(可提前安装),最后将临时支腿上的横移梁与推进小车横梁连接。

(4)移动模架横移转幅施工。移动模架后纵移系统前移一段距离,且模架主梁继续后退至模架尾端跨越推进小车横移梁后,将推进小车与模架主梁连接。然后移动模架由中支腿小车、推进小车上的横移油缸推动整个设备横向移动。模架横移就位后,安装拆除的下挂梁及模板系统,同时拆除横移梁,完成模架横移转幅施工,接着可开始施工另一幅现浇箱梁,移动模架整体横移示意如图12所示。

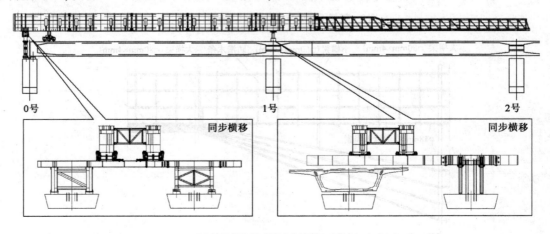

图12　移动模架整体横移示意图

五、结　语

本文基于广西滨海公路龙门大桥西引桥锚碇区域现浇箱梁施工技术开展研究,对上行式移动模架锚碇区域过孔、后退横移等关键工艺进行了模拟分析,现场按设计方案严谨组织施工,最终施工效果良好。主要结论如下:

(1)跨越障碍物能力强。上行式移动模架承重主梁系统位于桥面上方,外模系统吊挂在承重主梁上,主梁系统通过支腿支撑在梁端或墩顶上。过孔时外模系统打开及折叠提升以避开锚墩后,随主梁一同纵移,实现模架整体跨越障碍物的目的。

(2)施工安全性好。利用上行式移动模架施工锚碇上方现浇梁,避免了高位支架搭设的不便,同时上行式移动模架在设计阶段时综合考虑,外模板系统设计成可折叠提升式结构,模架在跨越障碍物时,减少对外模系统的频翻安拆。

(3)实用性强。对于无法避免且影响较大的特殊结构物,如受悬索桥锚碇门架、主缆及猫道影响,提出外模系统多种固定措施,保证现浇梁的顺利浇筑,同时模架的横移转幅,也提高了上行式移动模架重复利用率。

(4)经济效益好。对于大跨径悬索桥锚碇至塔柱侧引桥现浇梁数量较多时,采用常规支架时需配置多跨支架材料,且作业人员反复安拆,其投入成本较大。采用上行式移动模架施工时,当单幅现浇梁施工完成,可通过横移转幅施工另一幅现浇梁,仅需考虑模架成本投入,其施工跨数越多,经济效益越好。

参考文献

[1] 庞春晖.跨海大桥40m跨度上行式移动模架施工探讨[J].施工技术,2020,47(23):54-56.
[2] 余斌.山区复杂地形条件下移动模架施工技术研究[J].公路,2021,66(4):137-140.
[3] 田群.浅谈上行式移动模架在铁路桥梁中的应用[J].智能城市,2018,4(7):136-137.
[4] 刘宏达.上行式移动模架高空变跨施工技术[J].中国高新科技,2021(22):130-132.
[5] 刘卓.上行式移动模架过门型墩柱的一种施工方法[J].价值工程,2015,34(32):159-160.
[6] 李桐年.上行式移动模架在大吨位铁路现浇箱梁施工中的应用[J].价值工程.2023,42(15):88-90.
[7] 石恒.上行式移动模架在南太子湖大桥施工中的应用[J].城市建筑,2014(2):91.
[8] 牛俊坡.上行式移动模架法现浇箱梁施工技术研究[J].建筑技术开发,2021,48(20):124-126.
[9] 余杨.上行式移动模架造桥机过孔技术研究[J].工程技术研究,2024,9(1):50-52.
[10] 王建.上行式移动模架调头施工的技术要点[J].科学技术创新,2021(5):122-123.

87.锚碇锚体大体积混凝土温度控制技术

韦苡松　黄华生　杨茗钦

(广西路桥工程集团有限公司)

摘　要　大体积混凝土施工浇筑过程中的水化热效应容易导致结构的温度应力发生较大变化,进而发展成为对自身有害的温度裂缝。本文结合广西滨海公路龙门大桥工程实际,对龙门大桥东锚体大体积混凝土施工过程进行研究。由于锚体体积较为庞大,因此混凝土浇筑过程中使用的水泥用量也较大,由此产生的混凝土水化热较高,使得混凝土内部的热量急剧升高,导致混凝土内外温差较大,易使混凝土结构的表面产生裂缝。本文结合工程实际,对锚碇锚体进行分层分块施工,从大体积混凝土原材料的选择、配合比设计和施工过程控制措施等,以及大体积凝土的养护和温控措施等方面组织现场实际施工。

关键词　大体积混凝土　分层分块施工　温控措施

一、引　言

大体积混凝土是建筑工程施工的重要组成部分,随着建筑业的迅猛发展、建设领域施工技术的不断进步,大体积混凝土在桥梁工程中的应用越来越广泛。因此,合理的配合比设计、施工过程中的温度控制措施等,能够减少大体积混凝土内表温差和表面拉应力大小,从而避免混凝土浇筑后早期表面裂缝的产生。一旦大体积混凝土出现裂缝,直接关系到结构物的稳定性,也会对施工的安全质量带来一定的隐患,因此要提高对大体积混凝土施工的重视程度。为了改善大体积混凝土浇筑后通病的产生,施工过程中要狠抓施工技术要点,不断强化质量安全意识,从而提高建筑工程总体质量,确保结构物达到建设标准,力争打造品质工程。

二、工程概况

1. 锚体结构形式

广西滨海公路龙门大桥是目前广西壮族自治区规划建设的最大跨径桥梁,龙门大桥东锚碇锚体从功能、受力、施工等方面可分为锚块、散索鞍支墩、前锚室、后锚室等部分。锚体顺桥向长51.6m,横桥向宽60.6m,高39.7m。由于锚体平面投影尺寸较大,且项目所在地气温较高、日晒充足,为避免混凝土浇筑过程中表面出现收缩与温度裂缝,特对锚体锚块进行分层分块浇筑,每层高3m,左右幅各为一块,中间设置后浇段,后浇段采用微膨胀混凝土浇筑。锚碇BIM模型图如图1所示。

图1　龙门大桥东锚碇BIM模型图

2. 施工气象条件

项目地区多年平均气温21.9℃,高月平均气温28.3℃,低月平均气温13.5℃,极端高气温37.5℃,极端低气温1.1℃,年平均日气温高于35℃的日数为12d。

三、锚体施工温控要点

大体积混凝土通常是指混凝土结构实体几何尺寸不小于1m的大体量混凝土,或预计因混凝土中胶凝材料水化反应引起的温度变化收缩而导致开裂的混凝土。大体积混凝土具有结构厚实、混凝土方量大、工程条件复杂、施工技术要求高、水泥水化热较大(预计超过25℃)等特点[1]。具体施工重难点如下:

(1)锚体混凝土方量较大(单次浇筑最大方量达到2600m³),混凝土设计强度等级高(C40);当混凝土水化热温度控制不当时,易使超大体积混凝土产生温度应力、收缩和徐变,极易因内表温差较大而产生的温度应力导致混凝土开裂[2]。

(2)锚体混凝土浇筑面较大,属于大体积及大面积混凝土施工,与一般混凝土施工相比,受环境及气温影响较大,单层摊铺所需时间较长;且项目所在地气温较高、日晒充足,当混凝土浇筑时,每层摊铺间隔时间较长而极易因层间混凝土表面水分蒸发过快导致混凝土表面产生收缩开裂,且不利于层间混凝土结合。

(3)锚块的后锚室部位存在较多变截面,易于变截面部位发生应力集中而开裂。

东锚碇锚体为大体积混凝土结构,混凝土浇筑时,为避免混凝土浇筑施工后由于水化热影响出现收缩与温度裂缝,浇筑方案整体采取竖向分层、平面分块的方式浇筑。锚块整体上呈梯形造型,沿桥轴线对称布置,锚块沿顺桥向中部及横桥向支墩与锚块分界处设置2m宽后浇段,后浇段采用C40微膨胀混凝土浇筑,在锚块施工完成后浇筑。锚块竖向分14层浇筑,层厚自下往上依次12×3m+2.0m+1.7m,单个锚块顺桥向长51.6m,横桥向宽30.3m,高39.7m。每层混凝土浇筑时应从低处开始,布料均匀;当混凝土供应量充足时,也可多点同时浇筑。锚块浇筑分层如图2所示。

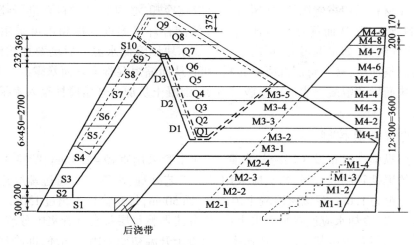

图2 锚块浇筑分层示意图(单位尺寸:cm)

四、大体积混凝土施工温控措施

1. 混凝土配合比设计

按施工图纸设计要求,锚体采用C40混凝土浇筑。为减少水化热产生的热量,推迟放热高峰出现的时间,通过减少水泥用量,在混凝土中掺入适量粉煤灰及外加剂,从而降低水灰比,也有效降低混凝土的绝热温升,混凝土的整体质量也得到了保证。且经过前期实验论证,设计配合比完全符合混凝土的设计要求。C40混凝土配合比见表1。

C40混凝土配合比(单位:kg/m³) 表1

材料名称	水泥	粉煤灰	矿粉	砂	碎石	水	减水剂
	华润上思 P·Ⅱ52.5	钦州蓝岛 Ⅰ级	广西源盛 S95	细度模数 2.8 机制砂	(4.75~9.5):(9.5~19.0):(19.0~26.5)=1:6:3	地下水	苏博特PCA 聚羧酸盐
用量	120	170	90	793	1095	152	6.84

2. 混凝土生产运输、浇筑过程质量控制

混凝土生产时应保证原材料及配合比、制备工艺以及质量检验标准等各方面相同,且必须保证使用的水泥品种、生产批次、生产用量的一致性,各种原材料的储存应专仓专用,防水、防污染、防窜料。拌和时间和投料顺序达到规范要求,拌和得到的混凝土匀质性合格。混凝土拌和过程中,自有拌和站需设试验员进行后场蹲点,应随时观察粗、细集料含水率的变化,并依据含水率及时调整配合比的用水量。

混凝土拌和站采用自有的2线180拌和站(扬帆南大道拌和站)及1线120拌和站(擦人墩岛上拌和站)同时生产混凝土的方式供应混凝土。扬帆南大道拌和站出料通过施工便道及栈桥运输至锚碇位置,运输时间大约为20min;擦人墩岛上拌和站出料直接运输至锚碇施工位置,运输时间约5min。通过混凝土调度中心调配混凝土,运输速率应保证施工的连续性。在运输混凝土过程中,必须保持混凝土罐车罐体持续低速转动,当罐车到达混凝土浇筑现场后,卸料前应使罐车高速旋转30s左右方可卸料。

因为锚块混凝土质量要求高及外观要求平整,所以现场在浇筑过程中,应严格按照混凝土施工振捣的要求进行振捣。混凝土浇筑时按照每层30~50cm进行控制,并且应均匀布料,现场严禁使用振动棒驱赶混凝土。混凝土振捣时严格控制混凝土振捣时间,防止过振造成混凝土离析或者泌水现象,混凝土浇筑时做到布料均匀,粗、细集料分布合理均匀,保证混凝土结构的匀质性[3]。

3. 混凝土浇筑温度控制

把握混凝土浇筑时间,尽量避开高温天气期间浇筑。根据规范,为保证混凝土入模温度,可对原材料

温度进行控制。对原材料采用搭遮阳篷、通风等普通措施冷却,必要时可对料仓进行喷雾或对原材料进行洒水(注意原材料含水率,从而优化配合比),以降低储存环境温度。拌和水可采用自来水或者地下水,水温需控制为比气温低,如水温过高,可向水中投放冰块以降低水温。后场要加快混凝土生产量,让现场加快混凝土的浇筑速度,减少每层混凝土布料时间,从而缩短混凝土表面暴露的时间,防止由于混凝土表面水分蒸发过快而导致混凝土表面产生收缩开裂,混凝土从加水开始搅拌至入模最长时间不应超过1.5h。

4. 冷却水管的布设及控制

锚块每一浇筑层纵横交错布设3层冷却水管,冷却水管采用直径42.3mm、壁厚3.25mm、且具有一定强度和导热性能的黑铁管制成;水管弯头应采用冷弯工艺处理,水管接头通过螺纹连接。水管水平间距为1.0m,垂直管间距为1.0m,距该层混凝土顶面/底面50cm;每套管长不超过150m。锚体大体积混凝土冷却采用循环冷却法,冷却水应设置独立大水箱,用分流器将每层每套水管集中分流,分流器各接头设置独立开关来控制每层每套内冷却水的循环速率。混凝土升温初期采用外循环,即冷却出水直排并不间断补充淡水以最大程度冷却混凝土;混凝土内部温度与进水温度之差达到20℃后改为内循环,即冷却出水回到循环水箱。混凝土浇筑前,冷却水管应进行不短于0.5h的加压通水试验。待水管停止循环水冷却并养生完成后及时对冷却水管用混凝土同强度的微膨胀水泥浆进行压浆封堵。锚体大体积混凝土冷却水通水要求见表2。

锚体大体积混凝土冷却水通水要求　　　　　　表2

通水时间及升温期通水要求	降温期通水时间及要求	停止通水时间
混凝土覆盖冷却水管后开始通水;水流量≥3m³/h,水流速≥0.6m/s;出水与进水温度之差≤10℃	根据测温结果来控制降低水流量,确保降温速率≤2.0℃/d,进、出水口温差≤10℃	保证混凝土块降温速率≤2.0℃/d,混凝土内部最高温度与表面温度之差≤15℃

5. 温度监测元件的布设

为更好地监测混凝土温度,在混凝土内部布置测温元件测点。根据构件对称性的特点,选取构件的1/4块进行布置测点,对高度方向的测点距离冷却水管需≥25cm。根据浇筑层厚及冷却水管布置,分别于混凝土底面以上1.5m布设第一层(监测层)、2.5m布设第二层(校核层),监测混凝土内部温度及表面温度,以锚体左幅第四层M2-4为例,测温元件布设如图3所示。

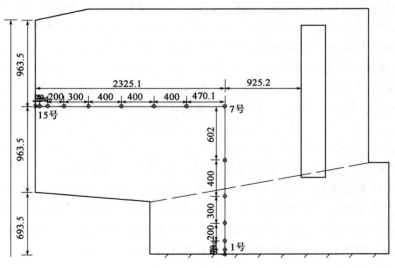

图3　监测层测温元件平面布置图(尺寸单位:cm)

6. 养护及拆模时间控制

由于混凝土中水泥水化热反应引起混凝土内部温度迅速上升,导致内表温差过大,使混凝土表面早期塑性收缩和混凝土硬化过程中的收缩增大,从而导致混凝土表面发生裂缝[4]。大体积混凝土养护时的温度控制一般采用内部降温、外部保温结合的方法,从而减少内表温差带来的不利影响。当环境温度较高时,在混凝土外表面铺设土工布并进行湿水方式养护;环境温度较低时,在模板外包裹土工布防风、保温,拆模后混凝土表面涂养护剂并用土工布包裹。浇筑完成后,应安排人员定时对混凝土表面土工布进行洒水养护,保证混凝土表面土工布处于湿润状态,通过加强混凝土表面保湿养护,可以减少由于混凝土表面收缩引起的表面应力。

混凝土拆模时间应按照混凝土浇筑龄期及实测温度进行分析,且混凝土拆模时应满足混凝土强度大于2.5MPa。为使混凝土内外温差较小,尤其注意混凝土拆模时间不得小于混凝土温峰出现时间。根据以往施工经验,混凝土温峰出现时间为浇筑完成2~3d。同时,模板在混凝土初期养护阶段可起到保温保湿效果,为降低混凝土裂缝出现的可能,混凝土拆带模养护时间不得少于3d。锚体大体积混凝土养护措施和要求见表3。

锚体大体积混凝土养护措施和要求 表3

结构部位		拆模前	拆模后	养护时间(d)
侧面	外立面	带模养护,覆盖防雨布	覆盖土工布+防雨布	>14
	后浇带	带模养护,覆盖防雨布	防雨防晒遮盖	>14
上表面	永久暴露面	边收面边覆盖塑料薄膜,初凝后蓄水养护		>14
	交界面	分区凿毛,凿毛前覆盖土工布并洒水保湿,凿毛并清渣后蓄水养护		下一次浇筑

7. 混凝土浇筑完成温控成效

通过对锚体左幅第四层M2-4混凝土浇筑过程温度监测,得出混凝土温度特征值发展历时曲线如图4所示。

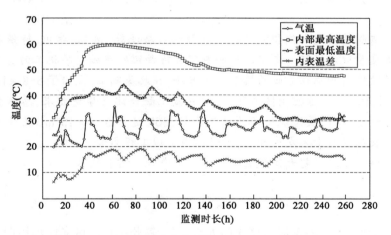

图4 第一层测点监测区域混凝土温度特征值历时曲线

可以看出,测点监测区域混凝土于测点覆盖后6h左右开始快速升温,于30~50h达到温峰;温峰过后混凝土内部温度前期降温较快,中后期平缓;降温初期混凝土表面降温较快,内表温差增大,中后期基本与内部温度同步,渐趋平稳。混凝土内部最高温度为59.5℃,符合≤75℃的控制标准;混凝土最大内表温差为18.9℃,符合≤25℃的控制标准。

五、结 语

大体积混凝土最大的特点就是水化硬化过程中内部会释放出大量热量,但是由于体积比较大,热量无法快速传递到混凝土表层,在这种情况下,大体积混凝土内部和外部就会形成温差,从而产生了温度应力,当应力达到一定值时,混凝土表面裂缝问题就发生了,对结构强度会造成不利影响[5]。本文结合龙门大桥东锚体大体积混凝土施工实际,通过现场实际监测数据表明,大体积混凝土施工的温度是可控的,从分层分块、原材温度及入模温度控制、养护措施等方面控制好大体积混凝土施工的各个环节,不断提升施工水平,提高施工技术,加强施工过程质量管控,防止混凝土开裂,从而能够有效降低施工成本,提高总体施工质量。

参考文献

[1] 谭双全,黎人亮,熊桂开,等.郭家沱长江大桥锚碇大体积混凝土水化热研究[J].城市道桥与防洪,2022(3):114-118,16.

[2] 董世威.建筑工程大体积混凝土施工技术及裂缝防治措施分析[C]//《决策与信息》杂志社."决策论坛——地方公共决策镜鉴学术研讨会"论文集(上).北京:[出版者不详],2016:231.

[3] 刘耀芳.高层建筑钢筋混凝土施工质量控制要点探讨[J].建材与装饰,2015(50):13-14.

[4] 刘拼,张登科,徐智丹,等.大体积混凝土侧墙裂缝控制技术应用研究[J].新型建筑材料,2022,49(5):84-87,109.

[5] 于皓皓.大体积混凝土工程施工技术要点探析[J].四川水泥,2020(9):22-23.

88. 悬索桥锚碇填芯超大体积混凝土一次浇筑及控裂技术

何锦章[1]　杨鑫[2]　安邦[2]

(1. 广西欣港交通投资有限公司;2. 中交路桥华南工程有限公司)

摘　要　传统的锚碇填芯超大体积混凝土浇筑存在分层浇筑、凿毛、养护、待强等过程,导致施工工期长、费用高,且施工质量难以保证。本文以广西龙门大桥西锚碇基础填芯施工为背景,调研分析了国内大跨径悬索桥地下连续墙围护锚碇基础的填芯施工方法,在此基础上,提出了 $5.8 \times 10^4 m^3$ 填混凝土一次连续浇筑施工工艺,并开展了裂缝控制技术研究,对混凝土配合比及质量要求、总体施工组织、大体积混凝土温度控制等都进行了分析,最终现场实施效果良好,86h 连续 $5.8 \times 10^4 m^3$ 混凝土,创下单次浇筑方量的世界之最。监测表明混凝土未发生开裂,可供国内类似工程参考。

关键词　龙门大桥　填芯　超大体积混凝土　一次浇筑　控裂技术

一、引　言

国道 G228 线丹东至东兴广西滨海公路龙门大桥,起于钦州市钦南区龙门港镇西村淡水龙水库附近,接滨海公路龙门大桥西引线终点,最终在钦州港区益民街与龙泾大道交叉口,路线全长 7.637km,其中龙门大桥主桥长 1198m,西引桥长 2185m,东引桥全长 2624m。全线共设置 1 个互通立交、2 个服务区、1 个主线收费站、1 个监控信息分中心、1 个维修工区。

作为广西滨海公路上的控制性重点工程,龙门大桥是广西规划建设的第一座跨海长桥,是广西第一座采用双向六车道一级公路技术标准建设的单跨超千米特大桥,设计速度为 100km/h,主桥为双塔单跨全飘浮体系悬索桥。

龙门大桥锚碇为直径 90m 的圆形重力式锚碇基础(图1),采用大直径桩+地下连续墙咬合形成围护结构。填芯采用 C20 混凝土,厚 8.5~10.5m,一次性浇筑完成,浇筑方量 58606m³。采用"平面分区同步浇筑、竖向不分层"的原则,平面分8个浇筑区。不设冷却水管。顶板采用C40混凝土,厚6~8m,后浇带为C40微膨胀混凝土。采用"平面分四块、竖向不分层"的原则,顶板后浇带采用C40微膨胀混凝土,顶板混凝土浇筑完成28d后进行施工。

图1 基础段锚碇示意图

面临的关键技术问题包括:

(1)大面积、超大体积混凝土浇筑方量大。西锚碇基础平面面积约5873.6m²,填芯混凝土一次性浇筑方量58606m³,顶板一次性浇筑方量为38742m³,极易导致混凝土变形开裂。

(2)超大体积混凝土温度裂缝控制难。锚碇填芯混凝土一次性浇筑,具有水化热量大、散热通道少、浇筑时间长等特点,从而导致大体积混凝土温度裂缝控制难度大。

(3)超大体积混凝土施工组织难度大。超大方量混凝土施工组织难点主要体现在原材料供应难度大、设备故障风险高、组织协调难度大等方面。

二、总体思路

(1)通过优化配比[1]、掺入石灰石粉、延长缓凝时间、控制入模温度等措施,降低水化热反应,使混凝土不开裂。

(2)采用"平面分区同步浇筑、竖向不分层"的原则施工,采取4道溜槽+12台天泵相结合的布料方式,逐层浇筑,无缝衔接地进行合理振捣。

(3)在施工生产组织方面布置多条生产线、多个浇筑线,人员上合理安排部署,交通秩序方面组织协调到位,完成超大体积混凝土一次性浇筑。

(4)温控质量保障方面,采用智能测温系统,实时在线采集温度数据,揭示混凝土内部温度场时空发展规律[2-4],对施工现场混凝土浇筑、维护等工作进行反馈和指导,提高超大体积混凝土温度裂缝控制效果,保证施工质量。

三、详细实施方案

1. 混凝土配比

对于沿海高温高湿地区,混凝土需防腐抗蚀。同时,为了防止混凝土因温度、收缩变形而产生的有害裂缝,因此在超大体积混凝土施工前,对混凝土配合比进行了多次试配,采用优质原材料,添加外加剂,使掺合料比例提高到总胶材的75%,最大限度地降低水泥水化热,形成超大体积低热超缓凝的新型海工混凝土配合比。

(1)采用华润P.Ⅱ52.5硅酸盐水泥,严禁使用新出炉且储存期短的水泥,水泥使用温度≤50℃,降低水泥水化热,降低混凝土内部绝热最高温度。

(2)采用优质的Ⅰ级粉煤灰,适当增加其掺量,降低水泥用量,既降低了水泥的水化热,又提高了混凝土的可泵性,同时改善了混凝土的和易性,使混凝土的可泵性得到提高。

(3)创新引入新材料石灰石粉,代替传统海工混凝土中的高炉渣矿粉,极大程度地减小了大体积混凝土的开裂风险。

(4)采用质地坚固、强度高、耐久性好的中粗砂,其细数模数为2.8~3.1,石粉含量<3.0%,各项指

标均达到设计指标要求。

（5）采用砂石粒径为5.0~31.5mm，且粒形好、质地均匀结实、线胀系数小、级配好的连续级砂石，砂石各项指标均符合Ⅱ类砂石，部分指标达到Ⅰ类，达到设计要求。

（6）聚羧酸减水剂应用全新第六代"C-6"技术，使混凝土初凝时间达到60~70h（低热超缓凝），在保证混凝土工作性能的同时保证其强度。

经过多次的配合比设计优化，以及对实验数据的分析，最后确定表1所示的配合比作为超大体积混凝土的设计配合比。

新型低热超缓凝海工混凝土配合比（单位：kg/m³）　　　表1

材料名称	P·Ⅱ52.5 水泥	F类Ⅰ级 粉煤灰	S95 矿粉	325目重质碳酸钙 石灰石粉	5~31.5mm 碎石	Ⅱ区机制砂 机制砂	聚羧酸高性能减水剂 CR-P200-47（超缓凝）	水
用量	75	135	—	90	953	953	3	144

2. 施工组织设计

1）建立现场调度指挥系统

超大体积混凝土施工工艺，浇筑时间长，方量大，因此施工组织协调性起着关键性的作用。该项目开创了一种管理新模式，开发了一种在限定条件下，保证现场"人、机、料、法、环"之间组织协调、安全生产的施工现场调度指挥方法。

（1）组建现场施工指挥部，统一指挥，实现资源高度有效统一、信息及时传递，极大地提高了处理问题的效率。

（2）组建现场管理组、现场质量组、技术保障组、试验组、物资设备保障组、安全环保组、后勤保障组等多个专项小组。混凝土拌和站配比、搅拌、运输、布艺、浇筑、检修、测温、测试、安全、后勤等各个环节的各项工作，实时跟踪指导。

（3）施工单位人员统一派发印有公司名称字样的衣服、工作证。作业队人员同时也派发印有具体负责部位字样的衣服和工种工作证。全部人员按照人员安排表各司其职，在施工期间一律统一使用对讲机进行交流。

（4）施工单位在施工周边设置道路指示牌、警示牌，同时在施工十字路口安排值班人员。施工现场则分为罐车等待区和罐车指挥区，并对施工区域、天泵、溜槽进行编号，每个区域的放料点配备相应的技术员及试验员负责记录相关数据以及对混凝土的质量控制。交通疏导负责人员及时跟商混站、场内外车辆情况保持联系，做到车辆单行。

2）研发罐车叫号系统

（1）罐车编号：根据运输距离及拌和能力，共配置70台混凝土罐车，并在罐车车头醒目位置统一张贴阿拉伯数字编码1~70，便于指挥。

（2）排队登记：驾驶员进入混凝土统一调配工作台时，扫描二维码，并填写罐车编号，确认排队。初次排队的驾驶员还需填写姓名及联系电话。

（3）排队等待列表：等待中的排队信息按时间先后进行列表展示，供驾驶员和项目相关人员查看。

（4）提交用料需求：现场ABC区域调配员在小程序提交用料需求，填写用料区域及天泵或溜槽编号，系统自动分配对应的驾驶员车辆，并提醒混凝土供应总调度以及驾驶员，驾驶员收到信息后，在混凝土供应总调度允许下驾车前往用料点。

（5）排队信息完成：系统自动将排队完成的信息从排队等待列表移除。

3. 超大体积混凝土现场浇筑

（1）混凝土罐车进入现场后，在工程整体浇筑前，先由试验员对各拌和站拌制的混凝土进行坍落度试验，混凝土和易性满足施工要求后方可进入现场罐车等候区罐车调度指挥员的安排。

（2）混凝土罐车进入放料点后，由对应技术员记录车辆进出放料点时间、罐车车牌号、混凝土方量，混凝土入模温度,并安排放料。然后由试验员视察现场混凝土和易性情况,并反馈至拌和站调整配比。

(3)混凝土振捣采用分层振实,且有放料点技术员统一指挥放料及振捣。每个浇筑点配置不少于4把振捣棒进行振捣,每个振捣手负责1台振捣棒,保证混凝土分层振捣到位以及确保混凝土浇灌质量。振捣采用插入式振捣,以不超过振动器作用半径1.5倍的水平运动距离振捣。现场振捣如图2所示。

图2 现场施工振捣

(4)由测量人员实时监测混凝土浇筑层厚,并将相关数据报送至放料技术员。

(5)由专业的温控监测人员通过大体积混凝土智能测温系统将现场各区域混凝土温度数据反馈至各放料点技术员。

(6)各放料点技术员根据现场测量及温控人员反馈的数据,及时调整所负责放料区域的混凝土浇筑及养护工作。

4. 混凝土温控技术研究

1)温控流程

制定确保控温工作有序、可靠运行的大体积混凝土施工控温工作流程。

(1)施工前,根据初步拟定的施工方案,在全面了解实际工程概况(结构设计、基本地质条件等)的基础上,根据初步拟定的施工方案,进行施工各阶段温度分析和结构应力检算(图3),并取得相关资料(混凝土相关物理力学指标、环境气象资料等)。确定施工方案(分层分块浇筑),拟定控温指标值,根据结构对计算结果进行力检,合理确定应采取的控温措施[5]和控温方案。

(2)在施工过程中,除优化设计大体积混凝土配比、严格控制混凝土入模温度外,还采用混凝土温度全自动监测系统,调整完善温度控制方案,作为检验混凝土浇筑温度控制效果、反馈优化温度控制措施、实现施工信息化和大体积混凝土防裂、提高混凝土浇筑质量的依据。

2)温控设备

(1)采用超大型混凝土浇筑的智能测温系统[6],可适应现场复杂施工环境,自动采集温度数据,通过RS485总线、无线洛拉、ZigBee无线等多种手段组合而成的大容量无线实时传输装置。再通过4G、5G、WIFI、DTU等网络通信将智能测温柜采集的数据传输到系统云服务器。实现在手机端或计算机端实时在线查看测温数据。所采用智能测温系统如图4所示。

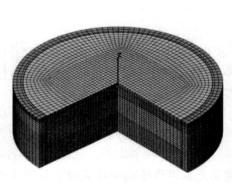 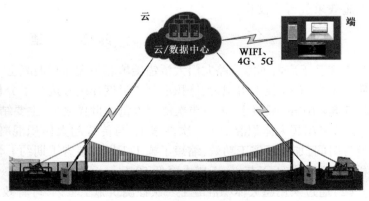

图3 锚碇基础大容积水泥网格分割图　　图4 智能测温系统架构图

(2) 采用JDC-2预埋式测温传感器测大体积混凝土温度，实现混凝土温度自动采集和时空梯度测温，采用JDC-1便携式建筑电子测温仪测大气温度。在混凝土内布设置监控点时，以真实反映混凝土浇筑体内温度最高值、里表温差、降温速率和环境温度为原则，在布置方式确定上重点突出，兼顾全局。

①监控点布置范围以对称轴线混凝土浇筑体平面图中的半轴为试验区，按平面分层布置试验区内的监控点。温度情报监测点如图5所示。

②测温点的布置要有代表性，要能比较全面地反映出温度的各个部分和一般积温凝土梯度的变化。在混凝土内部一般按5m、15m和20m等长度间隔监测混凝土温度场分布，在混凝土表面进行局部加密，按照1m、2m和5m的间隔布设测温点。

③局部加密的外、底面和中间测温点必须沿混凝土浇筑的体厚方向布置在与大气接触层附近。

④混凝土浇筑体的外观温度，是在混凝土外观50mm范围内的温度。

⑤浇筑体底面混凝土的温度为50mm。

⑥环境温度测点，混凝土浇筑体附近。

3）温控反馈

以西侧锚碇基础填芯温度监测为例[7]，温度监测点所采集的数据能较好地反映填芯大体积混凝土温度场的时间和空间特点，填芯混凝土浇筑温度平均值为25.5℃，最高温度平均值为54.2℃，平均温度升值28.7℃；在温场分布上，表现为越靠近地表温度梯度越大，监测点垂直至最大平均温度梯度为0.33℃/m；监测结论与数值模拟结果一致，反馈得到填芯C20混凝土最终绝热水化热温升为35℃，双曲线形式的温升曲线与实测数据吻合较好，近海侧桩基附近的上表面出现填芯大体积混凝土最大拉应力1.41MPa，与同年期混凝土最大拉应力之比为1.4。填芯大体积混凝土拉应力指标如图6所示。

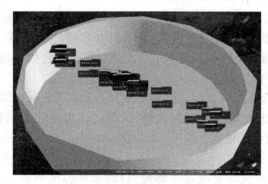

图5 布设温度情报监测点示意图

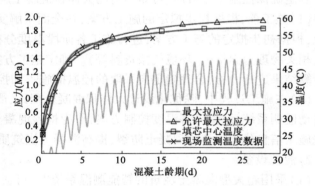

图6 填芯大体积混凝土拉应力指标（双曲线温升曲线）

通过运用测试获取的数据，对施工现场的混凝土浇筑和养护工作进行了精确指导和及时调整，有效提高了对大体积混凝土温度裂缝控制工作的精确性和科学性，并对现场施工技术措施的模拟仿真真实性和实施效果进行了校验。

四、结　语

本文基于广西滨海公路龙门大桥锚碇填芯超大体积混凝土一次性浇筑地工程实践，对混凝土配合比及质量要求、总体施工组织、大体积混凝土温度控制等进行了分析，最终现场实施效果良好，6d时间连续浇筑$5.8×10^4 m^3$混凝土，创下单次浇筑方量的世界之最，主要结论如下：

（1）采用超大体积混凝土一次性施工，与传统超大体积混凝土分层施工相比，免去凿毛、养护、分层浇筑等时间，加快了施工功效，缩短了施工工期。节省工期约1个月，相比于传统按照2~3m一层地超大体积分层浇筑施工工艺，施工成本降低50%。

（2）通过采用超大体积混凝土一次性浇筑施工工艺，可有效地防止温度产生的温度裂缝和混凝土收缩变形产生带来的有害裂缝。

(3)具有极强的操作性和极高的安全性保障的超大体积混凝土一次性浇筑施工工艺,最大程度上保证了超大体积混凝土的整体施工质量,大大减少了不必要的经济损失,推动了超大体积混凝土的发展。

参考文献

[1] 安邦,赵家琦,丁平祥,等.基于通用旋转组合设计的跨海通道海工混凝土配合比研究[J].建筑结构,2022,52(S2):1119-1124.

[2] 罗淋耀.悬索桥锚碇大体积混凝土水化热智能监控系统研究[D].重庆:重庆交通大学,2021.

[3] 宋超.锚碇大体积混凝土温控仿真分析与实测研究[J].公路,2022,67(4):167-171.

[4] 程昌勤,周少成,杨毅.桥梁工程中大体积混凝土温度变化研究[J].交通世界,2022(12):26-27.

[5] 蒋赣猷,李莘哲,韦苡松.锚碇顶板8m厚大体积混凝土一次浇筑温度裂缝控制技术[J].公路,2023,68(2):147-151.

[6] 安瑞楠,林鹏,陈道想,等.锚碇大体积混凝土智能通水温控方法与系统[J].清华大学学报,2024,64(4):601-611.

[7] 安瑞楠,林鹏,陈道想,等.超大混凝土结构温度梯度监测与温度场演化[J].清华大学学报,2023,63(7):1050-1059.

89. 基于数字化的铁路智慧梁场建设与应用

吴庆发[1] 陆亦云[1] 罗武松[1] 齐志[1] 曹坤[2]

(1. 广西柳梧铁路有限公司;2. 中铁四局集团有限公司)

摘要 针对传统预制梁场面临的生产效率不足、人工强度高、质量管理不完善等问题,本文对铁路工程中智慧梁场的建设与应用进行了探讨,重点分析了智慧梁场管理模式、智慧梁场主要设备及生产线,并在柳梧铁路武宣制梁场进行了实际应用。与传统梁场相比,智慧梁场可以提高施工效率,保障制梁质量,降低制梁成本,实现工地预制梁场的智能化管控,并提高梁场的管理效率,具备较好的工程应用前景。

关键词 铁路工程 数字化 智慧预制梁场

一、引言

预制梁场是铁路桥梁工程预制生产场地,其高效生产有助于推动铁路工程建设项目的进度,实现高质量建设。预制梁场生产效率及制梁质量很大程度上决定了工程的建设速度和修建质量,而传统预制梁场具有人工劳动强度大、生产效率及管理效率低、精细化不严格等问题,传统人工管理模式很难兼顾全局,因此,对传统生产方式和管理的升级改进是十分有意义的。

随着时代的发展,信息化、数字化等技术在工程建设中越来越普遍,引入AI人工智能、物联网等前沿技术是实现智慧梁场建设中的重要环节,一般以大数据、云计算为支撑,加上BIM可视化技术及信息化管控平台[1-2],从安全、技术、生产过程等方面进行全方位管理,有效提高管理效率和生产质量,并节约施工成本。目前,预制梁场的"智慧化"技术在高速公路、改扩建工程、山区公路等工程中得到应用[3-7],但在铁路桥梁工程中应用较少,并且在基于智慧平台的管理模式、智慧梁场涉及的主要设备及主要的生产线总结还不足。针对上述问题,根据预制箱梁生产工艺特点和实际需求,建成一套可柔性配置的智能生产线系统,本文对基于智控中心的管理模式、主要设备以及主要生产线进行分析,将其应用于实际工程,旨在为类似工程提供参考。

二、基于智控中心的管理模式

预制构件智能生产管理系统指的是利用 BIM、物联网等信息化技术，以"身份管理＋数据驱动"的理念，搭建项目级的数智平台，实现预制场生产数据的智能采集和数字化预制场，辅助管理决策。

1. 人员及机械管理

人员管理方面，安装 AI 无感考勤系统，并利用 AI 摄像头现场监控，实现工人上下班自动打卡考勤。机械设备管理方面，通过模块化管控发挥机械最大化作用；同时，统一分析设备利用率、统一进行使用结算，实现设备实时控制。平台可对智能化设备进行远程控制，当设备发生故障时可紧急停机，实现无人化操作、安全化生产，提高施工生产效率。

2. 生产过程管理

利用 BIM 技术采用智慧管理整体解决方案，集成生产数据，实现信息共享和实时更新。通过智能识别相关施工工序流程，实现梁场作业的互联协同、辅助决策、智能生产和科学监管，保证制梁、存梁和架梁形成流水化作业。主要包括以下几个方面管理。

1）虚拟建造的自动排产

结合实际生产需求，智能排定生产计划并动态发布，通过智能算法推演箱梁生产过程，实现生产过程可视跟踪，使部门协作便捷高效，减少跨工序沟通失误，缩短工序等待时间。

2）工序参数的 AI 识别

平台基于智能算法动态采集生产进度及影像数据实现工序 AI 识别，主要包括钢筋绑扎、成品钢筋笼吊装、模板安装、混凝土浇筑等多个重要工序，采集的数据实时反映在三维数字孪生梁场，实现数据采集智能化、进度管理可控化。

3）质量监管的平台追溯

制订了标准化质量管控流程，通过与智能化设备对接，智能采集张拉、压浆、搅拌站等质量强相关数据；通过过程质检、试验标准化线上流程确保质量及时检验，数据快速记录；同时，过程影响资料云端存储、快捷查询，构筑产品质量追溯体系，助力项目质量管理规范化、流程化。

4）异构数据的多源采集

基于"虚拟引擎＋GIS"技术打造生产调度驾驶舱，直观展示每孔梁的位置及生产、质量等数据，为预制生产、堆场调度、构件出库提供可视化管理手段，便于管理者快捷下发生产指令。

5）物料智能管理

针对传统人工物料管理的不足，采用智能加工机械及自动绑扎机械与互联网连接，原材料进场时对原材料进行录入，钢筋加工与绑扎过程中自动计算已消耗物料，然后由互联网自动计算出剩余物料，自动体现原材料及半成品是否足够。

三、智慧梁场主要设备

针对预制箱梁生产建造中的难点，重点对模板、混凝土布料及振捣、预应力张拉压浆、锚穴凿毛切割和梁端喷涂等重要工序，研发或升级改造智能化工装设备。

1. 智能液压模板系统及自动打磨喷涂设备

（1）智能液压模板系统由大刚度整体模板＋智能液压动力控制单元组成，如图 1 所示，具有模板刚度大、重量轻等特点；同时配备温度、湿度采集模块。

（2）自行式打磨机器人具备智能路线规划、自动就位等功能，如图 2 所示。一键式操作即可完成整套模板打磨、喷涂作业，并可同步运用在箱梁侧模及内模打磨工序中。

图 1　智能液压模板系统

图 2　模板打磨喷涂机器人

2. 混凝土智能布料机及振捣机

(1) 通过对传统的布料机进行改造,增加传感器,并配置升级电气系统、遥控装置等,搭载布料路径规划与路径跟随技术,可自动识别、自动规划混凝土布料路径。布料机料斗内部安装有搅拌轴和设有无线遥控器。

(2) 混凝土智能振捣整平一体机增加智能化振捣功能,并在底部增加混凝土抹平装置,实现自动均匀振捣、提浆整平、收光等功能。T梁顶板振捣机在混凝土浇筑过程中,自动行驶、自动插入振捣棒。

3. 智能张拉及压浆台车

(1) 预应力钢绞线编穿一体系统如图 3 所示。通过梳编板、自动缠绕捆扎装置和穿束抱瓦分别进行钢绞线束编、扎丝捆扎和钢绞线穿束,全流程实现自动化作业。

(2) 智能张拉一体化台车采用装配式悬臂桁架结构设计(图 4),底盘采用电动平车底盘,遥控操作,四轮协同转向,并在顶部加装太阳能板循环蓄电。

图 3　钢绞线编穿一体系统

图 4　智能张拉一体化台车

(3) 智能压浆一体台车,集水泥和压浆剂仓储、配料搅拌、自动压浆、压浆计量、语音提示等功能于一体。

4. 锚穴凿毛及智能防水喷涂机器人

(1) 锚穴凿毛切割机器人通过信息物联实现后台对前场梁端钢绞线切割和锚穴凿毛工序的指令操作(图 5);机器人可自动互换凿毛与切割刀头,实现一机两用;通过3D扫描对梁体锚穴进行定位识别,智能调整刀头角度。

(2) 梁端智能喷涂机器人(图 6),以多功能运输底盘为载体,升级加装可精确走行轨道,搭载智能化机械手臂、混合与喷涂装置。

图5 锚穴凿毛切割机器人

图6 梁端防水喷涂机器人

5. 智能移动台座及摆渡车

(1)信息化移动台座在张拉后可以继续带梁纵移,可变频调速、一键走行、到位停止、感应防撞、位置信息采集(图7)。台座移动系统根据预设参数,及时发出相关指令。

(2)横移摆渡小车采用多轮组跨轨技术(图8),可位置感知、到位停止;完成台座的换线,实现环形生产。

图7 信息化移动台座

图8 横移摆渡小车

四、智慧梁场主要生产线

1. 智能钢筋生产线

针对铁路标准跨度简支箱梁预制过程中,存在劳动强度大、生产效率低、用工多等痛点难点问题,重点对U形钢筋组拼生产线、纵向通长钢筋辅助系统等应用进行分析。

1)U形钢筋组拼生产线

针对箱梁大U形钢筋自动化生产与半成品转运无法自动衔接问题,采用"装配式"钢筋组拼生产线,在U形钢筋弯曲机上加装翻转提料系统,将U形钢筋自动摆放至装配式拼装胎具内,拼装胎具采用AGV小车完成智能运送、精准对位,并分离循环完成下一节段拼装,减少U形钢筋吊装、安放、对位流程,实现U形钢筋自动生产、装配式组拼。

2)纵向通长钢筋辅助系统

针对箱梁纵向通长分布钢筋转运难度大的问题,通过桁吊系统,将半成品钢筋直接吊装至绑扎工位进行绑扎作业,实现了通长分布钢筋的前场加工,短距离即时存放,机械化快速运转。配套研制的钢筋免拆卸定位组件,一次安装循环使用,无须频繁拆卸,实现了分布钢筋精准定位、钢筋笼骨架无阻碍提升入模等功能。

2. 环形生产线

环形生产线主要有混凝土运输与浇筑系统、智能液压模板系统、信息化附着式振动系统、信息化移动台座、智能控温蒸养系统、移动台座摆渡系统(图9)。采用"施工工序区域固定、流水线作业"的预制新模式,实现预制梁生产智能化、精细化、集约化、工厂化流水线作业。

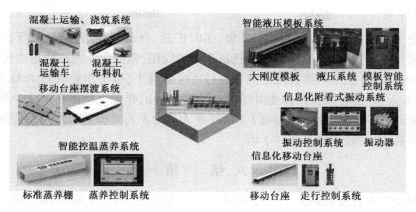

图9 环形生产线系统组成

(1)混凝土运输、浇筑系统:混凝土运输、布料系统采用轨道式输送,快速、准时输送混凝土,布料机可实现智能浇筑。料斗可布置在车间外侧,固定位上料,节省放料时间。与布料机联动控制,自动与布料机对位,实现自动定点布料,从而优化生产效率,提升混凝土浇筑质量。

(2)智能液压模板系统:自动协调各部位动作,配合大刚度整体模板,解决了原单一式液压模板脱模不同步、模板"卡死"的问题,同时有效减少了模板变形、避免梁体损伤,充分发挥生产线按固定"节拍"生产的优势。同时,通过装配温度湿度采集模块及时了解浇筑时的信息。

(3)信息化附着式振动系统:对混凝土振捣时间的预定,以统一振捣时间来保障混凝土浇筑质量。并且振捣控制系统根据混凝土坍落度的高低与振动时间关联起来。同时,针对模板的振捣时间、振捣的状态信息与梁场信息化平台实现数据对接。

(4)信息化移动台座:移动台座采用变频调速+无线技术,电机柔性启停,避免台座启动与停止过程的冲击造成的梁体断裂情况的发生。操作人员手持无线遥控器操作,可随时掌握梁体移动姿态,确保梁体移动安全。

(5)智能控温蒸养系统:配置蒸养棚、蒸养设备、蒸养控制系统。梁体进入蒸养房后,一键启动,无须人工监控温度、手动调节阀门,系统根据设置的温度曲线,自动调节棚内温度,高效节能、绿色环保。采用新型自动喷淋养护系统,通过电子程控系统可以根据不同的天气情况设置调节喷水养护的时间和养护的间隔时间。

(6)移动台座摆渡系统:横移摆渡车,两车采用PLC+编码器+变频器编程控制,可实现平稳启动和停止,极大程度实现两车同步。

3. 存梁定位系统

通过在存梁区门式起重机上安装北斗RTK高精度定位终端,同时在梁场安装一台北斗RTK高精度定位基站,实时计算定位终端与基准站之间的相位差,并将这些差异应用于移动站接收到的卫星信号,从而实现实时校正,提高定位精度。在门式起重机上安装传感器,根据行程编码定位吊钩当前位置,判断吊钩载重确定提梁/放梁状态,从而监测每一次搬运过程。通过系统数据分析,可以完成整场梁片定位,实现高精度的梁片定位和搬运过程的实时监控。

五、实际工程应用

1. 工程概况

武宣制梁场承担柳梧铁路2、3标段共计2228片T梁架设任务,其中32m无声屏障1912片、24m无声屏障144片、32m有声屏障156片、24m有声屏障16片。梁场以"BIM+智慧管理平台"为支撑,在钢筋加工、布料振捣、张拉压浆等方面实现智能化,其中环形生产线主要配置生产线4条、固定模板4套、移动台座8个、横移小车2个。

2. 应用效果评价

制梁场通过全工序安全质量数据的动态采集、实时汇总、自动判别、自动报警等智能闭环管理模式,大大提高产品质量及生产效率;如通过钢筋绑扎新产线的应用,钢筋作业人员数量由传统的44人减少至22人,人工节约50%;对各类型箱梁混凝土浇筑进行适应性整平,整平作业时间由4h缩短至3h,作业人员由10人减少至6人;单榀箱梁张拉作业时间由6h缩短至3h,作业人员由6人减少至3人;喷涂过程中作业工人远离作业面,单工序作业时间缩短1.5h,作业人员由3人减少至1人;采用智能液压模板系统与传统人工拆装式模板相比,效率提高了约2倍。

六、结　　语

针对传统预制梁生产过度依赖人工强度及制梁质量等问题,结合实际铁路工程,利用BIM技术、物联网、大数据等先进技术建立了基于智控中心的科学管理模式;对传统的工装设备进行升级改造,搭配物联网系统,实现梁体生产全过程的数字化模拟和实时监控;建立智能钢筋生产线和环形生产线、存梁定位系统,并在武宣制梁场得到应用。数字化、人工智能等技术有效提高了管理效率、制梁质量、降低建设成本等,将有力推动未来铁路建设的发展。

参考文献

[1] 安熊.基于BIM技术的预制梁场施工全过程可视化建模监督方法[J].重庆建筑,2024,23(4):81-83,88.

[2] 杨成方,王珊珊,瞿志林,等.BIM技术在预制悬拼桥梁施工中的应用研究[J].建筑科技,2023,7(6):62-64.

[3] 郑松松,刘华,苏三.高速公路项目智慧梁场的应用与探讨[J].交通节能与环保,2024,20(3):189-192.

[4] 赵璐,朱峥俊,程利力.面向桥梁工业化的智慧梁场云平台及应用[J].项目管理技术,2024,22(6):21-28.

[5] 刘上民.高速公路改扩建智慧梁场实践探索[J].国防交通工程与技术,2024,22(3):87-92,60.

[6] 高琪雯.山区公路预制梁场绿色智能规划建设技术研究[J].山西建筑,2023,49(24):161-164.

[7] 谢波,石琦.智慧梁场施工技术创新与实践——以泉南高速公路桂柳改扩建项目为例[J].工程建设与设计,2024(5):156-158.

Ⅲ 结构分析与实验研究

1. 独塔空间缆猫道设计与抗风稳定性分析

张浩鹏 刘新华 舒宏生 刘 勋

(中交第二公路工程局有限公司设计研究总院)

摘 要 为了使采用空中纺线法(AS法)的国内首座独塔斜拉-悬索体系桥梁——藤州浔江大桥顺利完成主缆架设，本文详细介绍了独塔空间缆猫道的设计要点，包括猫道线形适应空间缆的技术措施、AS法猫道垂度调整系统和可调横向通道结构等，并通过BNLAS和ANSYS有限元软件分别对猫道进行了结构计算及抗风稳定性分析，经工程实践证明，猫道设计满足施工要求。本文采用的猫道设计思路可为独塔空间缆悬索桥中采用AS法架设主缆提供参考。

关键词 独塔 空间缆 猫道 抗风稳定性 空中纺线法

一、引 言

悬索桥在当今大跨径桥梁中占据主导地位，猫道作为悬索桥施工中的重要大临结构，其设计和架设对于施工进度和安全非常重要。国外威廉姆斯堡桥的施工完成，标志着AS法架设主缆的猫道设计和施工工艺初具雏形，其主缆是在现场将钢丝编拉后制成[1]。

藤州浔江大桥为主跨2×638m独塔斜拉-悬吊协作体系桥，主缆跨径布置为2×730m。该桥兼具独塔、空间缆、斜拉-悬索体系等结构特点及采用AS法架设主缆的施工特点，结构受力复杂，施工难度高。索塔每侧设置20对斜拉索、22对普通吊索，过渡墩处设限位吊索，斜拉索呈扇形布置，吊索、斜拉索梁上纵向锚固间距为16m，交叉段间距8m交错布置，单跨斜拉索区主梁长度为327m，吊索区主梁长度为383m。藤州浔江大桥实景效果图如图1所示。

图1 藤州浔江大桥效果图

本文针对独塔空间缆结构、空中纺线法(AS法)主缆架设工艺等特点，重点对猫道的结构特点、体系选择、主要组成构件及垂度调整控制方法等进行详细论述；此外，采用BNLAS和ANSYS有限元软件分别对独塔空间缆猫道进行结构计算以及抗风稳定性分析，为藤州浔江大桥的施工提供技术支撑。

二、猫 道 设 计

1. 猫道结构特点

独塔空间缆悬索桥AS法架设主缆工艺下的猫道结构与常规的PPWS法相比，具备如下显著特点：

(1)采用独塔结构，主缆线形与双索塔的边跨线形较为一致，应根据主缆空缆线形确定猫道在塔顶处是否需要采用下拉措施；本桥猫道则是采用在塔顶预留槽口的措施，保证了猫道线形的平顺性，未设置猫道下拉装置。

(2)采用空间缆结构,猫道设计时需要考虑主缆空间转角的影响,猫道转索鞍、横向通道应适应猫道空间线形的变化。

(3)采用AS法主缆架设工艺,猫道通过索股成型器承担纺丝过程中索股钢丝的部分荷载,而非整根索股重量,因此猫道设计施工荷载较PPWS法小,猫道整体更加轻盈;同时,随着主缆钢丝在索股成型器中的数量逐层增加,猫道出现下挠,当竖向位移超过允许范围时,需要通过张拉猫道垂度调整系统,将猫道线形恢复至初始线形,保证纺丝精度。

2. 总体设计

猫道可以分为分离式和连续式两种体系,这是由承重索在塔顶的跨越形式决定的[2]。结合项目施工特点,藤州浔江大桥猫道选用两跨连续式结构体系,可减少因塔顶设置锚固系统对桥塔的影响,同时更好地保证猫道线形的平顺性,桥塔所受不平衡力较小,有效降低施工中的调索难度。

为了保证纺丝及紧缆工作的空间需求,其面层距主缆的距离一般为1.3m左右。AS法相较于PPWS法猫道宽度窄0.5~1m,一般净宽控制在3~4m,其索股成型器设置在猫道中心线;跨度布置与主缆跨度保持一致,采用对称布置;每跨设置3道横向通道,布置间距为185m+2×180m+185m;15道猫道门架按50m+14×45m+50m间距设置。猫道总体布置图如图2所示。

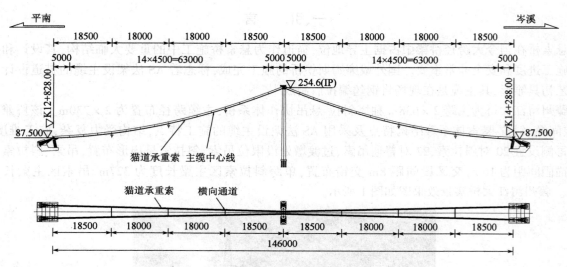

图2 总体布置图(尺寸单位:cm)

单幅猫道钢丝绳配置见表1。

单幅猫道钢丝绳配置   表1

材料名称	直径	钢绳结构	数量(个)	容许应力(MPa)	破断拉力(kN/根)	单位重量(kg/m)
猫道承重索	φ48	6×36WS+IWR	8	1960	1610	9.63
上扶手绳	φ22	6×36WS+IWR	2	1770	305	2.02
中、下扶手绳	φ16	6×36WS+IWR	8	1770	161	1.07
猫道门架承重索	φ48	6×36WS+IWR	2	1960	1610	9.63
猫道调整索	φ32	6×36WS+IWR	2	1770	645	4.28

3. 猫道塔顶转索鞍

塔顶转索鞍是连续式猫道的重要组成部分,是猫道承重绳在塔顶的承载、转向装置。其所受荷载包括三部分,分别为竖向荷载、横向不平衡力和风荷载。转索鞍一般由上/下夹具、鞍体、连接梁以及预埋件组成,如图3所示。

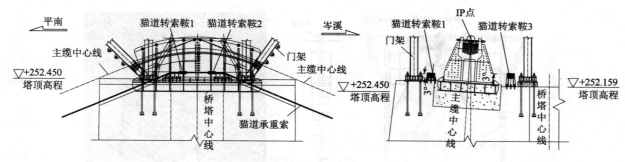

图 3 猫道转索鞍(高程单位:m)

藤州浔江大桥通过主索鞍纵桥向中心平面与竖直面设置 3.41°的夹角实现其空间缆形,主缆平面线形与竖直面夹角约为 1.34°,此角度并不大。为方便施工,猫道承重索在两个转索鞍之间选择平行布置,猫道转索鞍转角保持与主索鞍基本一致,通过内外侧的高差,克服承重索在塔顶的水平力。在桥塔顶端混凝土处依据主缆线形进行开槽,保证猫道承重索穿过槽口后的线形与主缆平行,无须再设置猫道下拉系统。

4. 猫道垂度调整系统

钢丝张力在使用 AS 法架设主缆时,为自由悬挂状态的 80% ~85%,其余的钢丝重量通过索股成型器传递给猫道。这部分荷载会随着纺丝数量的增加而不断增大,使得猫道逐步产生下挠。为保证猫道初始线形,需要对猫道进行垂度调整。

结合藤州浔江大桥实际情况,本文提出了一种猫道垂度自动调整系统和调整方法。在桥塔上方铰接两根螺杆,而另一端为自由端。将顶推装置安装在自由端上,猫道承重索跨中位置设置位移传感器,与顶推装置进行控制连接。在螺杆之前设置与顶推装置连接的承力梁,承力梁之间架设一对猫道垂度调整绳并穿过连接装置。

在实际使用中,通过位移传感器自动检测猫道下挠量并将数据传递给控制系统,达到张拉阈值时,顶推装置自动张拉猫道垂度调整绳恢复猫道初始垂度,进一步提高主缆成型精度,且整个过程方便快捷,符合自动化、智能化施工理念。

5. 猫道门架

门架的组成部分有底梁、立柱、上横梁、托压索轮、操作平台等;AS 法门架所承受的荷载要小于 PPWS 法,相同结构时,AS 法的门架更为轻巧。为保证纺丝轮在纺丝过程中能够将钢丝导入索股成型器中,在门架中间设置两组托压索轮组,并选择合适的间距,保证两个纺丝轮不相互冲突。托压索轮组一般为倒三角形结构,其目的是使纺丝轮能够快速通过门架,且防止牵引索跳槽。本桥与平行主缆纺丝轮对称于猫道中心线的布置方式的不同之处在于,两个纺丝轮同向平行不对称布置在猫道两侧,以适应独塔空间缆结构的顺利纺丝(塔顶存在同向转角)。

藤州浔江大桥两岸边跨每隔 45m 或 50m 设置一道猫道门架,猫道门架由 2×φ48mm 门架承重索固定,并与猫道共同形成空间结构,如图 4 所示。

6. 横向通道

AS 法与 PPWS 法猫道横向通道结构及功能基本相同,其间距布置由桥位处的风速和频率等因素决定。横向通道一般采用三角桁架结构,并根据需要设置制振系统。藤州浔江大桥共设置 6 个横向通道,对称布置,边跨各设 3 个横向通道,采用钢管桁架结构,如图 5 所示。藤州浔江大桥为空间缆桥梁,其不同位置横向通道的长度也不同。因此,采用标准节和调整节组合装配的方式,并在横向通道的尾端模块上设置可调节装置,保证其与猫道承重索的可靠连接,满足猫道空间线形要求。图 6 为已架设好的猫道实景照片。

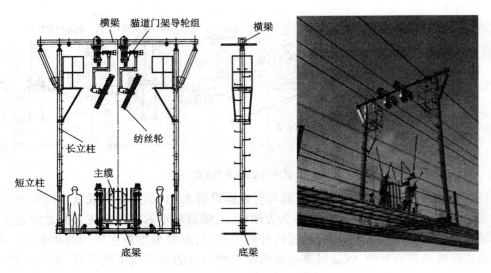

图4 猫道门架

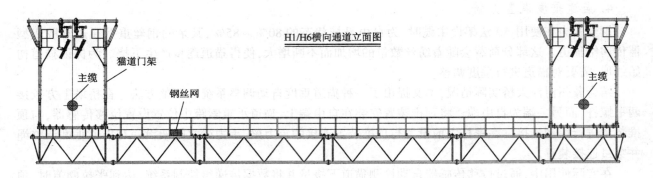

图5 横向通道结构

图6 独塔空间缆猫道实景照片

7. 其他构造

本桥猫道的其余构造如猫道面层和猫道锚固系统等,与PPWS法猫道结构相似,在此不再赘述。

三、猫道结构计算

1. 计算原理

AS法架设具有独特的特点,主缆由多层钢丝组成,下层已锚固钢丝能够提升猫道系统的刚度,而上层钢丝活载作用于下层钢丝。随着纺丝的进行,猫道会在钢丝的作用下产生下挠,当下挠值超过允许值时,需要对猫道垂度进行一定调整。计算思路如下[3]:

①猫道在第一层钢丝架设时承担了其15%~20%的重量。
②猫道和第一层钢丝在第二层钢丝架设时共同承担了其15%~20%的重量。
③猫道、第一层钢丝和第二层钢丝在第三层钢丝架设时共同承担了其15%~20%的重量。
④依次类推至一根索股内的钢丝架设完成。

2. 力学模型

无应力条件下,猫道的结构刚度会随着荷载的变化而发生改变,且其变形往往包含结构位移和弹性变形[4],猫道计算采用BNLAS软件进行。藤州浔江大桥猫道结构分为两幅猫道,实际为门架承重索和猫道承重索组成的立体结构,根据结构设计进行立体猫道模型的建立,根据施工规范对猫道进行荷载组合计算。计算模型如图7、图8所示。

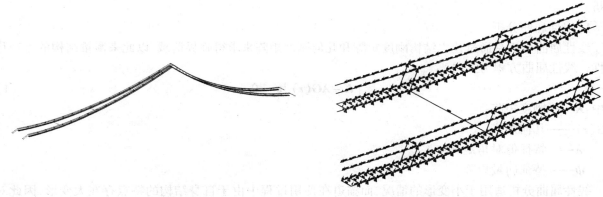

图7 猫道全模型建立　　　　　图8 猫道门架、横梁及横通道模型

3. 计算工况

根据《公路桥涵施工技术规范》(JTG/T 3650—2020)进行施工猫道承重索强度计算荷载组合。其中恒载包括猫道承重索、上扶手索、中下扶手索、面层网等均布恒载,以及大横梁、小横梁、猫道门架等集中恒载;活载包括钢丝分配重量、横向通道、机具人员荷载等;此外,猫道还受到风荷载和温度荷载的作用。

4. 计算结果

依据上文荷载进行加载计算,结果见表2、表3。

猫道承重绳计算结果　　　　　　　　　　　　　　　　　表2

项目	荷载组合	安全系数
静力结构强度验算	恒载	3.62≥3.2
	恒载+活载	3.03≥2.7
	恒载+活载+温度荷载(降温15°)	3.0≥2.7
风荷载组合结构强度验算	恒载+活载+施工阶段风荷载组合	3.02≥2.7
	恒载+最大阵风荷载组合	3.58≥2.5

猫道门架承重绳计算结果　　表3

项目	荷载组合	安全系数
静力结构强度验算	恒载	3.73≥3.2
	恒载+活载	3.11≥2.7
	恒载+活载+温度荷载（降温15°）	3.08≥2.7
风荷载组合结构强度验算	恒载+活载+施工阶段风荷载组合	3.11≥2.7
	恒载+最大阵风荷载组合	3.69≥2.5

在恒载工况，桥塔不偏位（水平力差为0）的情况下，猫道线形与主缆空缆中心的竖向高差最大为1.37m，最小为1.06m，满足施工要求，两者并不完全平行。在恒载工况下，猫道门架承重索与猫道承重索中心竖向高差最大为7.74m，最小为6.58m，北主跨平均高差为6.95m，南主跨平均高差为7.08m，猫道门架承重索与猫道的竖向高差符合门架安装高度要求。猫道整体设计符合相关规范及使用要求。

四、猫道抗风稳定性分析

猫道在受到强风作用时，因其结构轻柔，会产生较大的侧向和扭转变位，风载会随着结构刚度的变化而发生改变。猫道结构失稳与结构非线性、几何非线性以及静风荷载有关。

1. 稳定性分析理论

稳定性分析一般采用两种方法，一种是宏观层面的线性屈曲分析，另一种是微观层面的非线性屈曲分析。

1）线性屈曲分析

线性屈曲分析是通过建立结构刚度矩阵和几何刚度矩阵来求得临界荷载，以此来衡量结构的宏观稳定性。线性屈曲方程为式（1）：

$$[\boldsymbol{K} - \boldsymbol{\lambda} \boldsymbol{G}(r)]\boldsymbol{\psi} = 0 \qquad (1)$$

式中：$\boldsymbol{K}$——刚度矩阵；
　　　$\boldsymbol{G}(r)$——几何矩阵；
　　　$\boldsymbol{\lambda}$——特征值对角矩阵；
　　　$\boldsymbol{\psi}$——特征向量矩阵。

线性屈曲分析适用于小变形的情况，而猫道在使用过程中由于自身结构的特点存在大变形，因此对于猫道的抗风稳定性计算应采用其他方法进行。

2）非线性屈曲分析

猫道在风荷载的作用下呈现大变形和大位移，即非线性[5]。非线性屈曲分析与线性屈曲分析相似，均为求解非线性方程组，见式（2）：

$$[\boldsymbol{K}^e(u) + \boldsymbol{K}^g(u)]\boldsymbol{U} = P(F_H, F_V, M) \qquad (2)$$

式中：$\boldsymbol{K}^e(u)$——猫道线弹性初始刚度矩阵；
　　　$\boldsymbol{K}^g(u)$——猫道几何刚度矩阵；
　　　$\boldsymbol{U}$——节点位移向量；
　　　$P(F_H, F_V, M)$——总风荷载。

结构的变形会使得风荷载和结构刚度矩阵发生变化，因此在对猫道进行静风稳定性分析时需要对风速进行分级后进行计算[6]。非线性分析实质是将整个过程分成数个微小的线性分析，以多段线性过程无限趋近非线性过程。因此，猫道抗风稳定性采用非线性屈曲分析更为合适[7]。

2. 力学模型

藤州浔江大桥抗风稳定性分析空间模型采用ANSYS软件建立，计入了猫道承重索、横梁、门架、门架承重索和横向通道等主要受力构件,构件的质量采用质量点单元来模拟。

3. 计算结果

通过风荷载增量内外双重迭代的方法,考虑几何非线性和风荷载的非线性进行猫道的静风稳定分析。初始风攻角为0°,初始风速定为10m/s,风速增量为10m/s,直到计算出现发散。跨中位置在不同风速下的位移值见表4。

双幅猫道跨中位置位移值　　　　表4

序号	风速(m/s)	跨中横向位移(m)
1	10	0.957
2	20	3.776
3	30	8.721
4	40	14.892
5	50	21.128
6	53.8	23.086

通过藤州浔江大桥猫道的抗风稳定性分析可知,猫道在53.8m/s的风速下,跨中的横向位移23.086m,当风速高于53.8m/s时,猫道出现失稳现象,猫道的临界失稳风速高于检验风速51.7m/s,具有足够的空气静力稳定性,满足相关规范要求。

五、结　语

藤州浔江大桥作为独塔空间缆斜拉-悬索协作体系桥梁,采用AS法主缆架设工艺,其猫道结构不仅具有材料用量少、结构轻盈等特点,且垂度调整系统操作方便、调整精度较高。通过BNLAS和ANSYS对藤州浔江大桥猫道结构和抗风稳定性进行计算,结果表明猫道相关设计及计算满足规范要求,且整体结构具备足够的空气静力稳定性。目前,本桥猫道已经成功应用,并开始了主缆纺丝,索股纺丝作业效果良好。

藤州浔江大桥AS法猫道的设计和施工为国内首例,其成功经验可为独塔空间缆悬索桥采用AS法架设主缆的猫道设计及施工提供借鉴,并且拓宽了AS法架设主缆的应用前景。

参考文献

[1] 姚松宏.猫道结构参数影响分析及悬索桥主塔偏位控制[D].重庆:重庆交通大学,2023.
[2] 姚清涛,潘桂林,张永涛,等.马鞍山长江公路大桥猫道设计[C]//中国公路学会桥梁和结构工程分会.中国公路学会桥梁和结构工程分会2012年全国桥梁学术会议论文集.北京:人民交通出版社,2012:5.
[3] 郭瑞,杨博,仝增毅,等.基于悬索桥空中纺线(AS)法架设主缆的猫道设计与施工关键技术[J].公路,2021,66(8):163-169.
[4] 常英,乐云祥,胡晓伦.武汉阳逻长江大桥施工猫道设计与验算[J].公路交通科技,2005(12):88-93.
[5] 李胜利,欧进萍.大跨径悬索桥猫道非线性静风稳定性分析[J].中国铁道科学,2009,30(6):19-26.
[6] 乐云祥,常英,胡晓伦.武汉阳逻长江大桥施工猫道抗风稳定性分析[J].公路交通科技,2005(8):40-43,60.
[7] 白晓宏,李俊霖.重庆万州新田长江大桥猫道抗风稳定性分析[J].公路,2022,67(3):165-169.

2. 桥梁支座滑板材料相关性与耐久性试验研究

刘福康　张精岳　王志强

（中交公路长大桥建设国家工程研究中心有限公司）

摘　要　为研究常规桥梁支座滑板涂抹 5201-2 硅脂的摩擦系数变化规律以及耐久性能，本文采用线磨耗试验机开展了涂抹硅脂的聚四氟乙烯滑板、改性聚四氟乙烯滑板、超高分子量聚乙烯滑板的相关性及耐久性试验，得出了滑板摩擦系数的变化规律，揭示了滑板长距离磨耗的耐久性能。研究结果表明：聚四氟乙烯滑板、改性聚四氟乙烯滑板、超高分子量聚乙烯滑板的摩擦系数与试验速度、面压、温度呈相关性，摩擦系数随试验速度的增加而增加，随面压的增加而减小，随温度的增加而减小。且三种滑板的耐久性能较差，随着磨耗距离的增加，硅脂外流、水解变质后，摩擦系数急剧增加，改变了桥梁结构的边界约束体系，增加了桥梁结构的安全风险。

关键词　桥梁支座　滑板　硅脂　耐久性　试验研究

一、引　言

在桥梁结构部件中，支座作为桥梁的"关节"，其可以有效传递桥梁上部结构的竖向荷载、水平荷载，并可以适应主梁的自由变形和转动[1-3]。作为桥梁支座的核心部件——滑板，是桥梁支座实现承载、滑动和转动的关键零件。滑板与不锈钢镜面组合形成支座的摩擦副，由于温度作用、车致振动、风致振动等，摩擦副处于时刻相对滑动状态。为了降低摩擦副之间的摩阻力，以及提高滑板的抗磨损性能，需通过表面涂抹 5201-2 硅脂[4]润滑来改善滑板的摩擦性能。而硅脂在实际使用过程中会过早地出现析出外流、水解变质等现象，且硅脂不易补充，造成润滑效果下降，使滑板与不锈钢表面发生干磨现象[5-6]。这一方面会导致摩擦副之间的摩擦系数增大，最大可达 0.1 以上，改变了桥梁约束体系，增大锚棒受力，可能导致锚棒周围混凝土被挤碎；另一方面会导致滑板磨损加快，缩短支座服役年限，影响支座正常发挥传递荷载和适应变形的功能，需更换新支座[7-10]。而支座的更换往往需要封闭车道，投入大量的人力、物力将桥梁顶起[11-12]，通常更换一个支座产生的费用是一个新支座的 6~8 倍，造成严重的经济浪费。基于此，为了延长支座的使用寿命、降低桥梁的安全风险、节约成本，有必要对桥梁支座用高分子材料滑板开展力学性能试验研究，揭示滑板的摩擦特性以及耐久性能。

本文通过线磨耗试验机，对典型桥梁支座的滑板（聚四氟乙烯滑板、改性聚四氟乙烯滑板、超高分子量聚乙烯滑板）开展相关性及耐久性的试验，确定滑板摩擦系数的变化规律，揭示滑板长距离磨耗的耐久性能。

二、桥梁支座滑板材料相关性试验

1. 试验样品

试验样品种类为三种，分别为聚四氟乙烯滑板、改性聚四氟乙烯滑板、超高分子量聚乙烯滑板。试验样品的直径均为 100mm，厚度均为 7mm。滑板表面设置有均匀的储油槽，储油槽直径 8mm±0.5mm，深度 2mm±0.5mm，储油槽内均匀的涂满 5201-2 硅脂。三种滑板外观如图 1~图 3 所示。

图 1　聚四氟乙烯滑板外观

图 2　改性聚四氟乙烯滑板外观

图 3　超高分子量聚乙烯滑板外观

2. 试验设备

桥梁支座滑板材料相关性试验在线磨耗试验机上完成。线磨耗试验机配有操作系统、加载系统、冷却系统，其中加载系统配有两个作动器，分别为水平作动器和竖向作动器。水平作动器可以完成三角波、正弦波、方波等波形的加载，水平荷载最大可达200kN，水平位移最大可达±80mm，加载频率可达0.4Hz，水平作动器端部连接的动模模块安装有不锈钢镜面，与试验滑板组成摩擦副。竖向作动器为静载作动器，竖向荷载最大可达1000kN，竖向最大起降位移可达100mm，竖向作动器端部连接有工装，内部设有直径100mm、深度4mm的凹槽，可以完美地嵌入滑板，并保证滑板的外露厚度保持在《桥梁支座用高分子材料滑板》(JT/T 901—2023)[13]要求的3mm范围内。试验设备外观如图4所示。

3. 相关性试验方法

加载方式按双剪加载，即上下各一组摩擦副，摩擦副由滑板和不锈钢镜面组成，加载过程中上下两块滑板固定不动，中间的不锈钢镜面进行推拉循环移动。加载方式如图5所示。

图4　试验设备外观

图5　双剪加载方式

桥梁支座滑板材料相关性试验共分为试验速度相关性试验、面压相关性试验、温度相关性试验三种。开展试验速度相关性试验时，需要将滑板的竖向面压保持在特定面压下，滑板温度保持在23℃，水平施加正弦波进行加载，加载幅值为±10mm，加载速度为0.4~25mm/s，研究三种滑板的摩擦系数与试验速度的相关性。开展面压相关性试验时，需将滑板的竖向面压分别保持在10~45MPa下，滑板温度保持在23℃，水平施加正弦波进行加载，加载幅值为±10mm，加载速度为15mm/s，研究三种滑板的摩擦系数与面压的相关性。开展温度相关性试验时，需要将滑板的竖向面压保持在特定面压下，滑板温度分别控制在10~50℃，水平施加正弦波进行加载，加载幅值为±10mm，加载速度为15mm/s，研究三种滑板的摩擦系数与温度的相关性。具体加载制度见表1。

滑板相关性试验加载制度　　表1

试验内容	试验样品	竖向面压(MPa)	加载幅值(mm)	加载速度(mm/s)	试验温度(℃)
试验速度相关性试验	聚四氟乙烯滑板	30	±10	0.4/1/5/15/25	23
	改性聚四氟乙烯滑板/超高分子量聚乙烯滑板	45	±10	0.4/1/5/15/25	23
面压相关性试验	聚四氟乙烯滑板	10/20/30	±10	15	23
	改性聚四氟乙烯滑板/超高分子量聚乙烯滑板	10/20/30/40/45	±10	15	23
温度相关性试验	聚四氟乙烯滑板	30	±10	15	10/20/30/40/50
	改性聚四氟乙烯滑板/超高分子量聚乙烯滑板	45	±10	15	10/20/30/40/50

4. 相关性试验结果

桥梁支座滑板材料相关性试验结果如图6~图8所示。由图6~图8的试验结果可以得出以下结论：①聚四氟乙烯滑板、改性聚四氟乙烯滑板、超高分子量聚乙烯滑板抹了5201-2硅脂后的摩擦系数与试验速度呈正相关性,即试验速度越大,摩擦系数越大,试验速度在0.4~5mm/s时,随试验速度的增加,三种滑板的摩擦系数增加较快,在试验速度大于5mm/s时,随试验速度的增加,三种滑板的摩擦系数增加速率趋于变缓;②聚四氟乙烯滑板、改性聚四氟乙烯滑板、超高分子量聚乙烯滑板抹了5201-2硅脂后的摩擦系数与面压呈负相关性,即面压越大,摩擦系数越小,且随面压的增加,三种滑板的摩擦系数初始降低较快,后降低速率趋于变缓;③聚四氟乙烯滑板、改性聚四氟乙烯滑板、超高分子量聚乙烯滑板抹了5201-2硅脂后的摩擦系数与温度呈负相关性,即温度越高,摩擦系数越小,且随温度的升高,三种滑板的摩擦系数初始降低较快,后降低速率趋于变缓;④在相同的试验工况下,三种滑板的摩擦系数略有差异,超高分子量聚乙烯滑板的摩擦系数>改性聚四氟乙烯滑板的摩擦系数>聚四氟乙烯的摩擦系数。在开展试验速度相关性试验时,随着试验速度的增大,改性聚四氟乙烯滑板的摩擦系数比聚四氟乙烯滑板的摩擦系数增大12.6%、16.8%、18.7%、20.5%、22.7%,超高分子量聚乙烯滑板的摩擦系数比聚四氟乙烯滑板的摩擦系数增大22.0%、25.1%、24.3%、26.0%、29.5%。在开展面压相关性试验时,随着面压的增大,改性聚四氟乙烯滑板的摩擦系数比聚四氟乙烯滑板的摩擦系数增大8.0%、14.2%、16.1%,超高分子量聚乙烯滑板的摩擦系数比聚四氟乙烯滑板的摩擦系数增大13.9%、21.3%、20.8%。在开展温度相关性试验时,随着温度的增加,改性聚四氟乙烯滑板的摩擦系数比聚四氟乙烯滑板的摩擦系数增大6.5%、11.5%、13.7%、15.2%、17.5%,超高分子量聚乙烯滑板的摩擦系数比聚四氟乙烯滑板的摩擦系数增大11.4%、17.2%、23.0%、27.1%、32.5%。

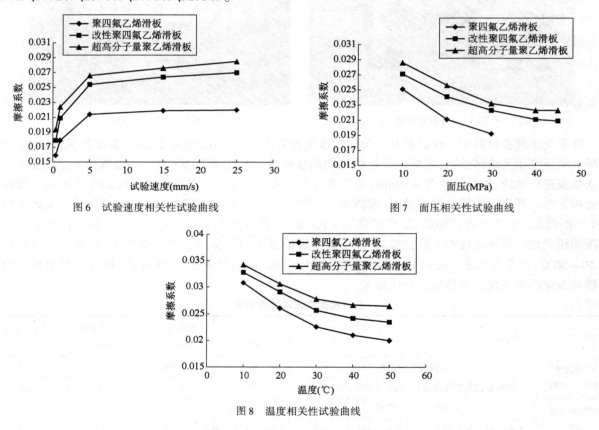

图6　试验速度相关性试验曲线

图7　面压相关性试验曲线

图8　温度相关性试验曲线

三、桥梁支座滑板材料耐久性试验

1.耐久性试验方法

滑板耐久性试验与相关性试验的试验样品、试验设备相同,此处不再赘述。

聚四氟乙烯滑板的竖向面压控制在30MPa,并在整个试验过程中保持不变,水平加载幅值为±10mm,水平加载速度为15mm/s,加载波形为正弦波,水平磨耗距离累积达到1km或滑板外露厚度基本消失时停止试验,并计算线磨耗率。改性聚四氟乙烯滑板与超高分子量聚乙烯滑板的竖向面压控制在45MPa,并在整个试验过程中保持不变,水平加载幅值为±10mm,水平加载速度为15mm/s,加载波形为正弦波,水平磨耗距离累积50km或滑板外露厚度基本消失时停止试验并计算线磨耗率。

试验开始前,用丙酮或酒精将滑板擦洗干净,在干燥皿中停放24h,用精度为1/1000g的天平秤称滑板质量,作为试验前质量W_0,单位为克(g)。试验结束后,用丙酮或酒精将滑板擦洗干净,在干燥皿中停放24h,用精度1/1000g天平秤称试件质量,作为试验后质量W,单位为克(g)。滑板的线磨耗率由试验前后试件质量损失按式(1)计算确定。

$$\eta = \frac{W_0 - W}{\rho} \cdot \frac{10^3}{A \cdot L} \tag{1}$$

式中:η——线磨耗率($\mu m/km$);

W_0——磨耗前试件质量(g);

W——磨耗后试件质量(g);

ρ——试件密度(g/mm^3);

A——试件滑动表面面积(mm^2);

L——累计滑动距离(km)。

2. 耐久性试验结果

聚四氟乙烯滑板磨耗0.8km时,由于磨屑非常多,线磨耗率为2122.3$\mu m/km$,远大于规范值15$\mu m/km$,且滑板外露厚度所剩无几,因此聚四氟乙烯滑板磨耗至0.8km后停止试验。改性聚四氟乙烯滑板磨耗7.4km时,由于摩擦系数急剧增长,已大于0.09,远大于规范值0.03,因此磨耗至7.4km时试验暂停。超高分子量聚乙烯滑板磨耗4.2km时,由于摩擦系数急剧增长,已大于0.09,远大于规范限值0.03,因此磨耗至4.2km时试验停止。

滑板耐久性试验结果见表2,试验曲线如图9~图11所示,试验后滑板磨屑与外观如图12~图14所示。由表2、图9~图14可知:①聚四氟乙烯滑板试验初始时,摩擦系数随磨耗距离的增加而增加,磨耗200m后随磨耗距离的增加摩擦系数增长速率变缓,原因为随着不锈钢镜面的往复运动,滑板储油槽中的硅脂逐渐被带出,滑板失去硅脂的润滑作用,导致摩擦系数增加,后期摩擦系数变化缓慢,结合试验后滑板外观照片,表明此时滑板的硅脂完全消失,滑板的摩擦系数为干磨摩擦系数,约为0.056;②改性聚四氟乙烯滑板在磨耗0~2.6km时,摩擦系数逐渐增加,增加速度较缓慢,在2.6km后摩擦系数增加速率较大,并在7.2km时摩擦系数急剧增加,超过0.09,在磨耗2.6km之前摩擦系数增加缓慢是由于推拉往复运动,导致硅脂被带出,逐渐减少,摩擦系数缓慢增加,在2.6km之后摩擦系数增加较快,结合试验后滑板外观,原因为硅脂发生水解变质,失去润滑作用,并且变质后的硅脂作为异物阻塞在滑板与镜面直径,增大了摩擦系数,导致摩擦系数增大至0.09以上;③超高分子量聚乙烯滑板的摩擦系数在磨耗0.5km时急剧增加,在0.5~4km时摩擦系数增加较为缓慢,在4km之后又急剧增加至0.09以上,初始摩擦系数急剧增加的原因同其他滑板一样,由于推拉往复循环的作用,硅脂被逐渐带出,导致摩擦系数持续增加,在磨耗0.5~4km时,摩擦系数缓慢增加的原因是硅脂在逐渐水解变质,润滑作用越来越差,导致摩擦系数越来越大,在最后阶段摩擦系数急剧增加,结合滑板外观,分析原因是硅脂完全变质后,卡在滑板与不锈钢镜面之间,导致摩擦系数增大,并且滑板局部发生破损,有明显的开裂,也会导致滑板摩擦系数进一步增大;④三种滑板的试验曲线都遵循摩擦系数随磨耗距离的增加而逐渐增大这一规律,聚四氟乙烯滑板试验开始时的摩擦系数为0.017,试验结束时的摩擦系数为0.056,增大了229.4%,改性聚四氟乙烯滑板试验开始时的摩擦系数为0.018,试验结束时的摩擦系数为0.092,增大了411.1%,超高分子量聚乙烯滑板试验开始时的摩擦系数为0.019,试验结束时的摩擦系数为0.093,增大了389.5%,三种滑板的摩擦系数增大到如此地步,表明滑板由于硅脂外流、水解变质的原因,导致滑板处于干摩擦的运动,摩擦系数过大,此时不利于桥梁支座滑动,会增加垫石开裂风险,增大墩柱剪力,且无法顺畅释放桥梁温度位移,增加主梁内力;⑤改性聚四氟乙烯滑板磨耗7.4km的线磨耗率为9.3$\mu m/km$,超高分子量聚乙烯滑板磨耗4.2km

的线磨耗率为6.7μm/km,聚四氟乙烯滑板的线磨耗率相比其他两种滑板较大,磨耗0.8km的线磨耗率为2122.3μm/km,与其他两种滑板线磨耗率相差228.2%、316.8%,且滑板的外露厚度基本磨损殆尽,表明聚四氟乙烯滑板的耐磨性能较差,即耐久性能差,改性聚四氟乙烯滑板、超高分子量聚乙烯滑板的耐磨性能虽然好点,但是其干磨后摩擦系数较大,滑板产生撕裂现象,因此改性聚四氟乙烯滑板、超高分子量聚乙烯滑板的耐久性能也较差;⑥三种滑板的抗剪切性能较差,试验结束三种滑板均被压出"帽檐儿"状凸起,纵向直径从初始的100mm,聚四氟乙烯滑板增大至111mm,改性聚四氟乙烯滑板增大至125mm,改性超高分子量聚乙烯滑板增大至132mm,相比于初始的100mm,分别增大了11%、25%、32%。

滑板耐久性试验结果 表2

试验样品	磨耗距离(km)	线磨耗率(μm/km)	试验开始时摩擦系数	试验结束时摩擦系数
聚四氟乙烯滑板	0.8	2122.3	0.017	0.056
改性聚四氟乙烯滑板	7.4	9.3	0.018	0.092
超高分子量聚乙烯滑板	4.2	6.7	0.019	0.093

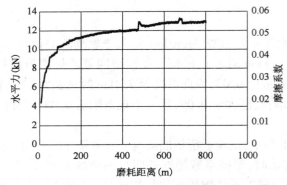

图9 聚四氟乙烯滑板耐久性试验曲线

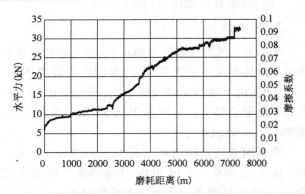

图10 改性聚四氟乙烯滑板耐久性试验曲线

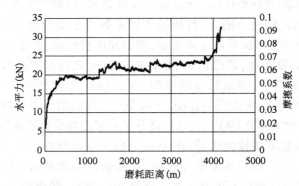

图11 超高分子量聚乙烯滑板耐久性试验曲线

图12 聚四氟乙烯滑板耐久性试验磨屑(左)及试验后滑板(右)

图 13　改性聚四氟乙烯滑板耐久性试验磨屑(左)及试验后滑板(右)

图 14　超高分子量聚乙烯滑板耐久性试验磨屑(左)及试验后滑板(右)

四、结　语

通过对聚四氟乙烯滑板、改性聚四氟乙烯滑板、超高分子量聚乙烯滑板开展相关性试验、耐久性试验,得出以下结论:

(1)聚四氟乙烯滑板、改性聚四氟乙烯滑板、超高分子量聚乙烯滑板的摩擦系数与试验速度、面压、温度呈相关性。试验速度越大,摩擦系数越大;面压越大,摩擦系数越小;温度越高,摩擦系数越小。

(2)聚四氟乙烯滑板、改性聚四氟乙烯滑板、超高分子量聚乙烯滑板的耐久性均较差,聚四氟乙烯滑板开展耐久性试验后的线磨耗率较大,为 2122.3 μm/km,改性聚四氟乙烯滑板和超高分子量聚乙烯滑板开展耐久性试验后,滑板变形较大,且边缘处有撕裂现象。

(3)随着滑动距离的增加,聚四氟乙烯滑板、改性聚四氟乙烯滑板、超高分子量聚乙烯滑板均出现硅脂外流、水解变质、摩擦系数急剧增长现象,其中聚四氟乙烯滑板的摩擦系数最大为 0.056,改性聚四氟乙烯滑板和超高分子量聚乙烯滑板的摩擦系数均超过了 0.09。表明桥梁支座使用该三种滑板作为摩擦副具有一定风险,虽然加了硅脂摩擦系数降低,但是当硅脂外流、水解变质后,摩擦系数会急剧增加,过大的摩擦系数不利于桥梁支座滑动,会增加垫石开裂风险,增大墩柱剪力,且无法顺畅释放桥梁温度位移,增加主梁内力。因此建议后续的桥梁支座使用无硅脂、自润滑、低摩擦系数、超耐磨的滑板。

参考文献

[1] 黄勇,王君杰,韩鹏,等.考虑支座破坏的连续梁桥地震反应分析[J].土木工程学报,2010,43(S2):217-223.

[2] 王晟,宁平华,王荣辉,等.支座位置整体节点设计优化研究[J].中外公路,2022,42(3):74-79.

[3] 唐志,马白虎,杜镔,等.平塘大桥特殊支座设计与试验研究[J].中外公路,2023,43(1):114-118.

[4] 全国塑料标准化技术委员会.5201 硅脂:HG/T 2502—1993[S].北京:[出版者不详],1993.

[5] 张大鹏.桥梁支座滑板/聚四氟乙烯、超高分子量聚乙烯摩擦磨损行为的试验研究[D].成都:西南交通大学,2008.

[6] 詹胜鹏,李瑞泽,马长飞,等.桥梁支座用滑板材料摩擦学研究进展[J].材料保护,2023,56(9):

11-21.
[7] 孟杰,刘钊,周明华.曲线梁桥支座脱空成因分析及设计探讨[J].中外公路,2021,41(2):73-76.
[8] 张精岳,王志强,刘福康.摩擦摆支座磨损对长联大跨连续梁桥抗震性能的影响[J].中外公路,2022,42(5):145-150.
[9] 逯宗典,黄威.简支转连续梁桥支座病害处置方法研究[J].中外公路,2020,40(6):136-139.
[10] 樊叶华,陈雄飞.江阴长江大桥主桥支座PTFE滑板的维护与更换技术研究[J].现代交通技术,2009,6(6):64-66.
[11] 吕小兵.PLC液压同步顶升控制系统在桥梁支座更换中的应用研究[J].价值工程,2024,43(21):91-93.
[12] 高正勇.同步顶升技术在桥梁支座更换施工中的应用[J].交通世界,2024(17):131-133.
[13] 全国交通工程设施(公路)标准化技术委员会.桥梁支座用高分子材料滑板:JT/T 901—2023[S].北京:人民交通出版社股份有限公司,2023.

3. 限位吊索对独塔斜拉-悬索协作桥梁力学性能影响

王 健　刘冠华　宋松林

(中交第一公路勘察设计研究院有限公司)

摘 要 以藤州浔江大桥为工程背景,研究限位吊索对独塔空间缆斜拉-悬索协作体系桥梁受力的影响,建立大桥空间有限元模型,分析限位吊索对桥梁主缆线形、主缆内力、主梁线形、主梁内力、吊索内力、结构刚度等线形及力学性能的影响规律,对同类桥梁设计及研究具有一定的借鉴意义。

关键词 限位吊索　斜拉-悬索协作体系　力学性能　结构刚度　有限元

一、引　言

1. 项目概况

藤州浔江大桥(图1)是柳州—平南—岑溪高速公路(平南至岑溪北段)中的一座控制性桥梁。采用主跨2×638m独塔斜拉-悬吊协作体系桥,主缆跨径布置为2×730m。主梁采用钢箱梁,全宽32.4m(含检修道),梁高3.0m。吊索通过销轴锚固在箱梁两侧的耳板上,主缆吊点横向间距28m;斜拉索锚固在箱梁两侧的锚箱上,主梁锚点横向间距27.36m。箱梁外侧设置倒L形导流板。平底板两边设置检查车轨道及轨道导风板。全桥共有2根主缆,每根主缆由30根索股组成。主缆钢丝均为直径7.00mm、公称抗拉强度为1770MPa的高强度镀锌钢丝,采用空中纺线法(AS法)架设。索塔采用"三角塔"造型,上、中、下塔柱均采用带凹槽的圆弧矩形截面。索塔每侧设置20对斜拉索、22对普通吊索,过渡墩处设限位吊索,斜拉索呈扇形布置,吊索、斜拉索梁上纵向锚固间距为16m,交叉段间距8m交错布置,单跨斜拉索区主梁长度为327m,吊索区主梁长度为383m。主梁在索塔处设置横向抗风支座和纵向限位支座,主梁与过渡墩之间设置竖向支座和横向抗风支座。

2. 吊索构造

桥梁单跨单侧合计有23根吊索,从过渡墩侧到近塔侧分别为1～23号吊索(图2)。吊索索体均采用平行钢丝形式吊索,钢丝直径为7mm,钢丝强度为1770MPa。

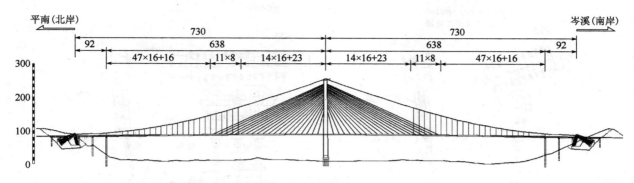

图 1 藤州浔江大桥桥型立面布置(尺寸单位：m)

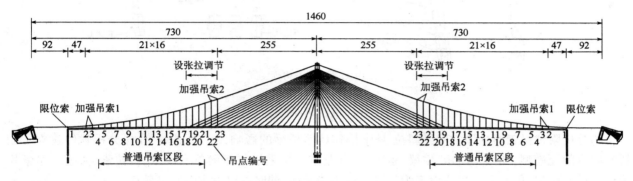

图 2 吊索布置(尺寸单位：m)

1号吊索为限位吊索，吊索截面为3根7-183，其下端锚固于限位墩处；2~3号吊索为加强吊索，吊索截面为2根7-163；4~21号吊索为普通吊索，吊索截面为1根7-91；22~23号吊索为加强吊索，吊索截面为1根7-163。

吊索与索夹采用销接式连接。普通吊索和加强吊索锚头均采用叉形冷铸锚。限位吊索上端采用叉形冷铸锚，下端采用可张拉的PES7-183冷铸锚。18~23号吊索处于交叉区，下端设置调节套筒，调节量为±25cm。为了适应主缆的横向位移，限位吊索下端锚头设置球面垫圈，其余所有锚头均设置向心关节轴承，吊索一般构造如图3所示。

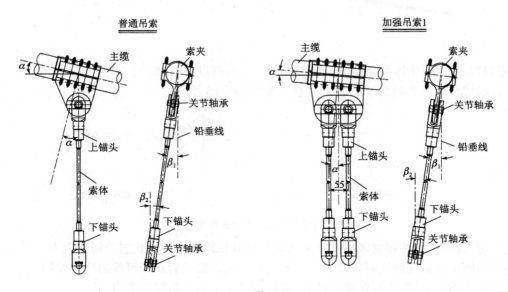

图 3

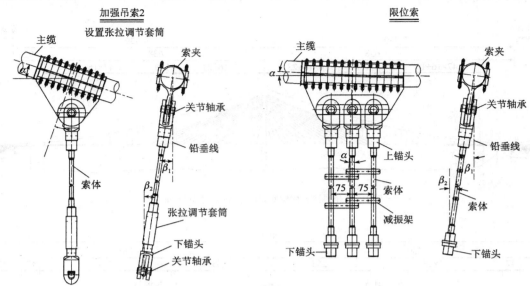

图 3 吊索一般构造

二、有限元模型

为分析限位吊索对独塔空间缆斜拉-悬索协作体系桥梁的影响,基于 midas Civil 分析软件建立了大桥空间有限元模型,如图 4 所示,主梁、索塔、承台及桩基均采用空间梁单元模拟,斜拉索、主缆及吊索均采用索单元模拟,单元受力模式设定为只可受拉不能受压,同时可以考虑索垂度效应。模型边界条件:采用弹性连接模拟了主梁与主塔在横桥向、纵桥向及绕顺桥向的转动自由度;主缆通过主索鞍固定在主塔上,成桥后不允许发生相对位移,故主缆与塔顶自由度全部耦合;边缆底部通过强大的锚碇分散固定,故作为完全固结处理,限位吊索底部锚固于桥墩内,故其边界条件也进行完全固结处理;桩基础考虑桩土效应,建立土弹簧约束其侧向自由度,底部固结。

图 4 有限元分析模型

首先确定斜拉-悬索协作体系合理成桥状态[1-2],主要采取以下思路:
步骤一:拆解协作体系为斜拉子系统+悬索子系统,如图 5 所示。

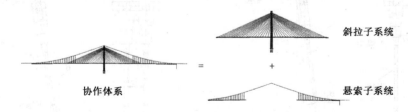

图 5 斜拉-悬索协作体系模型拆解

步骤二:除交叉区外,均按照常规斜拉桥及悬索桥计算思路确定初始状态及初始索力[3]。
步骤三:交叉区吊索需先假定斜拉及悬索子系统的吊索和斜拉索对于恒载的分摊比例。
步骤四:合并子系统,并结合运营阶段计算,微调交叉区吊索及斜拉索索力。
其次在此确定的成桥状态模型基础上考虑整体升降温、主梁梯度温度、索塔梯度温度、构件局部温差、运营风荷载及百年风荷载等外荷载,并依据《公路桥涵设计通用规范》(JTG D60—2015)[4]进行组合。

三、限位吊索对独塔空间缆斜拉-悬索协作桥梁静力性能影响分析

为研究限位吊索对独塔空间缆斜拉-悬索协作体系桥梁受力的影响,分别考虑设置限位吊索和不设置限位吊索两种工况进行对比计算[5]。其中,工况1为设置限位吊索,工况2为不设置限位吊索。对不同工况下主缆线形、主缆内力、主梁线形、主梁内力、吊索内力及结构刚度等进行综合分析。

1. 主缆线形

本桥主缆为空间缆结构,限位吊索对纵向、竖向及横向的主缆缆型均有一定的约束作用。为研究限位吊索对于空间缆线形的影响规律,对不同工况有限元模型进行分析,从而得到不同工况下主缆线形及主缆变形值,其中变形正方向为竖直向上,如图6所示。同时提取了各工况下主缆变形的极值,见表1。

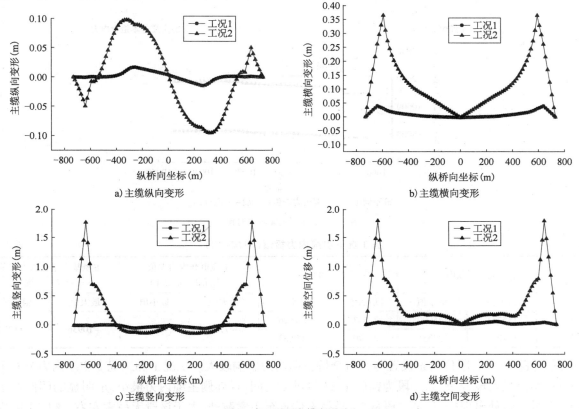

图6 各工况下主缆变形对比

各工况下主缆变形极值(单位:m) 表1

工况	主缆纵向变形		主缆横向变形		主缆竖向变形		主缆空间变形	
	最大值	最小值	最大值	最小值	最大值	最小值	最大值	最小值
1	0.017	-0.001	0.040	0.010	0.010	-0.051	0.053	0.004
2	0.098	-0.049	0.365	0.002	1.772	-0.14	1.793	0.004

由图6、表1可知,限位吊索对全桥主缆线形的影响较大。工况1考虑限位吊索的设置时,主缆纵向最大变形约为0.017m,横向主缆最大变形约为0.04m,竖向主缆最大变形约为0.051m,主缆空间合计位移最大值约为0.053m,各个方向位移量均较小,位移变化最大值约为5.3cm。当取消限位吊索时,空间主缆与限位吊索连接点因不再承受向下的拉力,主缆在纵、竖及横向均发生了一定位移,其中,竖向缆形影响最大(1.772m),横向缆型影响次之(0.365m),纵向缆型影响最小(0.098m),主缆空间合计位移达到了1.793m,位移最大值约为工况1的33.8倍,位移变化幅值非常大。可见,限位吊索的设置对空间主缆各方向的线形控制均起着非常关键的作用。

2. 主缆内力

分析得到不同工况下主缆内力及各工况主缆内力差,如图7所示,由于本桥为独塔双跨对称布置结构,图中仅示意小桩号侧边跨内力。同时提取了各工况下主缆内力极值,见表2。

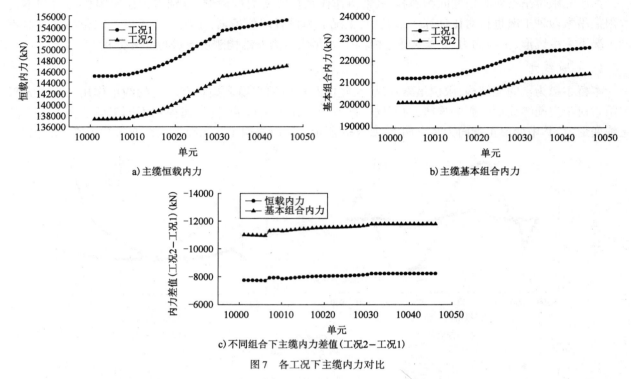

a) 主缆恒载内力　　　　　　b) 主缆基本组合内力

c) 不同组合下主缆内力差值(工况2-工况1)

图7　各工况下主缆内力对比

各工况下主缆内力极值(单位:kN)　　　　　　　　　　　　　表2

工况	主缆恒载内力		主缆基本组合内力		主缆恒载内力差值（工况2-工况1）		主缆基本组合内力差值（工况2-工况1）	
	最大值	最小值	最大值	最小值	最大值	最小值	最大值	最小值
1	155241	145090	225677	211826	-7717	-8233	-10936	-11774
2	147010	137335	213905	200833				

由图7、表2可知,限位吊索设置与否对全桥主缆内力影响较大。工况1和工况2主缆内力分布形态基本一致,明显呈两段分布:第一段为锚碇至23号吊索之间,锚碇侧主缆内力最小,呈明显的凹曲线形态增加至23号吊索处出现折点;第二段从23号吊索位置至主索鞍处,由于该段无吊索左右,该段主缆内力分布形态呈直线增加。工况1主缆恒载内力最大值约155241kN,基本组合下主缆内力最大值约225677kN;工况2主缆恒载内力最大值约147010kN,基本组合下主缆内力最大值约213905kN,相比于工况1,主缆成桥恒载内力及基本组合内力均减小较多,其中恒载内力最大减小约8233kN,基本组合内力最大减小约11774kN。

3. 主梁线形

对不同工况有限元模型进行分析,从而得到不同工况下主梁线形及主梁变形值,其中,变形正方向为竖直向上,如图8所示。同时提取了各工况下主梁变形的极值,见表3。

各工况下主梁变形极值(单位:m)　　　　　　　　　　　　　表3

工况	主梁纵向变形		主梁竖向变形		主梁空间变形	
	最大值	最小值	最大值	最小值	最大值	最小值
1	0.045	-0.042	0.010	-0.067	0.076	0.011
2	0.046	-0.044	0.629	-0.122	0.630	0.011

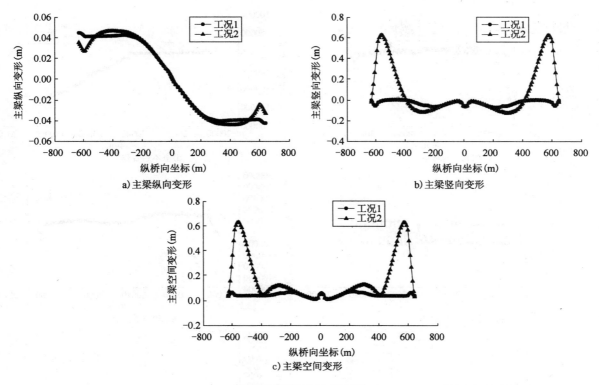

图 8　各工况下主梁变形对比

由图 8、表 3 可知,限位吊索对全桥主梁线形的影响较大,尤其是靠近限位吊索一定范围区域。工况 1 考虑限位吊索的设置时,主梁纵向最大变形约为 0.045m,主梁竖向最大变形约为 0.067m,主梁空间合计位移最大值约为 0.076m,各个方向位移量均相对较小,位移变化最大值约为 7.6cm。

当取消限位吊索后,空间主缆与限位吊索连接点因不再承受向下的拉力,主缆发生较大位移,同时对主梁位移产生一定影响。工况 2 主梁纵向最大变形约为 0.046m,其数值与工况 1 相比变化不大,但在靠近梁端约 350m 范围内,纵向位移的分布形态与工况 1 相差较大。取消限位吊索后,对主梁竖向位移影响较大,工况 2 主梁竖向最大变形约为 0.629m,发生在距离梁端约 71.8m 位置,约为工况 1 的 9.4 倍,位移分布图与工况 1 相比,主梁出现明显"鼓包"现象。

4. 主梁内力

对各工况进行有限元分析,得到不同工况下主梁内力值,如图 9 所示,由于本桥为独塔双跨对称布置结构,图中内力仅示意小桩号侧边跨。同时提取了各工况下主梁内力极值,见表 4 和表 5。

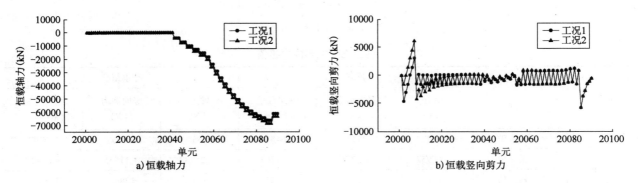

图 9

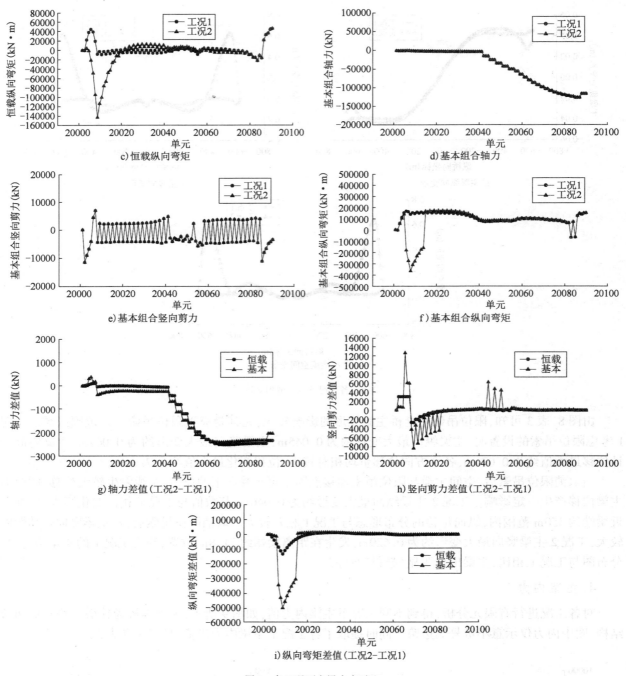

图9 各工况下主梁内力对比

各工况下主梁内力极值　　　　表4

工况	极值	恒载			基本组合		
		轴力(kN)	竖向剪力(kN)	纵向弯矩(kN·m)	轴力(kN)	竖向剪力(kN)	纵向弯矩(kN·m)
1	最大值	153	3111	46452	233	6903	166392
	最小值	-65957	-5738	-21765	-125733	-11535	-67441
2	最大值	181	6115	46731	413	12848	171802
	最小值	-68423	-5745	-143364	-128069	-11314	-365177

各工况下主梁内力差值最值 表5

工况	极值	轴力差值(kN)		竖向剪力差值(kN)		纵向弯矩差值(kN·m)	
		恒载	基本组合	恒载	基本组合	恒载	基本组合
工况2-工况1	最大值	121	386	3006	12693	12881	14389
	最小值	-2521	-2417	-2752	-8485	-135658	-504170

由于限位索的取消对主梁纵向位移影响相对较小,对竖向位移影响较大,因此对于主梁轴向力影响相对较小,对于竖向剪力及纵向弯矩影响会较大。

由图9、表4及表5可知,工况2与工况1在恒载及基本组合下主梁轴力变化规律基本一致,且两种工况下基本轴力较接近,最大变化幅度约为4.9%。对竖向剪力及纵向弯矩影响均较大,其中工况2相比于工况1,主梁恒载竖向剪力和纵向弯矩均发生较大变化,竖向剪力变化值最大约为12693kN,纵向弯矩由原设计138993kN·m正弯矩变化为-365177kN·m负弯矩,数值增大均为2.63倍,变化幅值约为504170kN·m,竖向剪力与纵向弯矩最大值均发生端吊索位置处,距离限位吊索约47m。

5. 吊索内力

对各工况进行有限元分析,得到不同工况下吊索内力及各工况吊索内力差值,如图10所示,由于本桥为独塔双跨对称布置结构,图中内力仅示意小桩号侧边跨。同时提取了各工况下吊索内力极值,见表6。

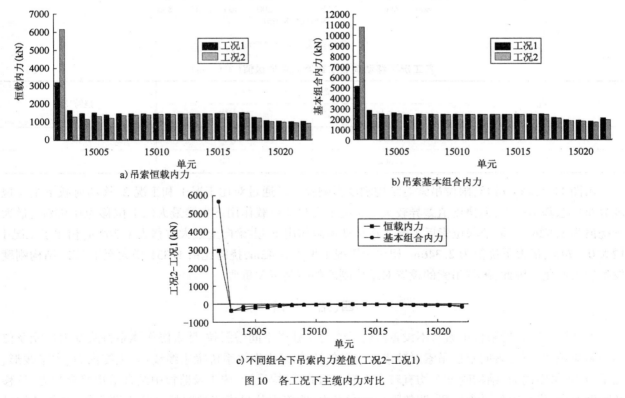

图10 各工况下主缆内力对比

各工况下吊索内力极值(单位:kN) 表6

工况	吊索恒载内力		吊索基本组合内力		吊索恒载内力差值(工况2-工况1)		吊索基本组合内力差值(工况2-工况1)	
	最大值	最小值	最大值	最小值	最大值	最小值	最大值	最小值
1	3200	1033	5111	1802	2958	-369	5674	-380
2	6157	939	10785	1710				

由图10、表6可知,取消限位吊索后,吊索内力,尤其是靠近限位吊索的端部吊索内力受影响最大,其余吊索相对受影响较小,且随着吊索位置距离限位吊索逐渐加大,吊索内力影响逐渐减弱。工况1设置限位吊索时,吊索恒载内力最大值约为3200kN,基本组合下吊索内力最大值约为5111kN;取消限位吊索后,工况2临近限位吊索的端部吊杆内力增加,其余吊索内力均减小。相比于设置限位吊索,端部吊索恒载内力增加约2958kN,基本组合内力增加约5674kN,其余位置吊索恒载内力最大减少约369kN,基本组合内力最大减小约379kN。

6. 结构刚度

为分析限位吊索对于结构刚度的影响,对各工况进行有限元分析,得到不同工况移动荷载作用下主梁变形图,其中变形正方向为竖直向上,如图11所示。同时提取了各工况下主梁变形的极值,见表7。

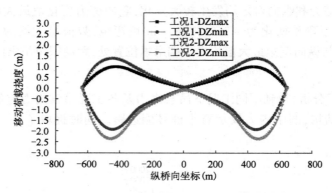

图11 移动荷载主梁竖向变形

各工况下移动荷载主梁竖向变形极值(单位:m)　　　　　表7

工况	主梁纵向变形		挠跨比
	最大值	最小值	
1	0.988	-1.926	1/331
2	1.362	-2.346	1/272

由图11及表7可知,限位吊索对结构刚度影响较大。通过对比工况1和工况2,移动荷载下主梁挠度分布形态基本一致,但挠度值差异较大。工况1在移动荷载作用下主梁最大向上位移为0.988m,最大下挠值为1.926m。取消限位索后工况2在移动荷载作用下,主梁向上最大位移为1.362m,相比于工况1增大0.374m,最大下挠值为2.346m,相比于工况1增大0.42m,挠跨比由1/331增大至1/272,结构刚度发生较大变化。因此,限位吊索的设置对结构刚度的控制至关重要。

四、结　语

本文研究了设置限位吊索与不设置限位吊索对于独塔空间缆斜拉-悬索协作体系桥梁受力性能及位移的影响规律,研究表明限位吊索对独塔空间缆斜拉-悬索协作体系桥梁主缆线形、主缆内力、主梁线形、主梁内力、吊索内力、结构刚度等均有较大影响。因此,结构设计、施工及监控中结合结构综合受力、位移及刚度要求,优化限位吊索位置、调整限位吊索受力、明确限位吊索张拉时机及施工顺序等,对于结构设计、施工及监控均非常关键。

参考文献

[1] 齐东春,霰建平,王茂强,等.空间缆斜拉-悬索协作桥合理成桥状态确定方法的研究[J].公路,2024,69(8):176-184.

[2] 曾前程.斜拉-悬索协作体系桥合理成桥状态的确定及施工过程分析[D].成都:西南交通大

学,2018.

[3] 颜东煌.斜拉桥合理设计状态确定与施工控制[D].长沙:湖南大学,2001.

[4] 中华人民共和国交通运输部.公路桥涵设计通用规范:JTG D60—2015[S].北京:人民交通出版社股份有限公司,2015.

[5] 袁智杰,王浩,茅建校,等.限位吊索对三跨连续悬索桥静动力特性的影响[J].东南大学学报(自然科学版),2023,53(3):395-401.

4. 地锚式空间缆悬索桥主缆横向顶撑过程中的扭转性能试验研究

周湘广[1]　汪仁威[2,3]　颜兆福[3,4]　安永文[1]　张成威[2,4]

(1. 广西容梧高速公路有限公司;2. 中交第二航务工程局有限公司;3. 长大桥梁建设施工技术交通行业重点实验室;4. 交通运输行业交通基础设施智能制造技术研发中心)

摘　要　地锚式空间缆悬索桥主缆在架设阶段通常需通过横向顶撑实现从平面到空间状态的转换。为探究主缆在横向顶撑过程中的扭转特性,以苍容浔江大桥为研究背景,设计了两种几何缩尺比分别为1∶10与1∶5的区段模型试验,开展了主缆跨中单点分级顶撑及多点同步顶撑到位两种工况类型的试验研究。采用有限元方法,对试验数据进行了深入分析,并针对一种基于几何关系的主缆最大扭转角简化计算公式进行了修正。最后,结合修正计算公式与有限元分析方法,计算了一组索夹横向预偏角度,用于指导苍容浔江大桥索夹的安装施工。

关键词　地锚式悬索桥　空间主缆　横向顶撑　扭转性能　模型试验　有限元分析

一、引　言

空间缆悬索桥主缆同时存在竖向及横向垂度,与倾斜吊索共同形成一个三维索系[1],展现了独特的空间美感。与传统的平行缆悬索桥相比,空间缆悬索桥的横向刚度大大提高,且具有更好的抗扭及抗风性能[2]。然而,其主缆在架设时,需要经历由空缆时的竖直平面状态转换到成桥时的倾斜状态的过程[3],这一过程中,主缆在发生横向位移的同时,还会产生不可忽略的扭转变形,而主缆扭转则会导致已安装好的索夹横向倾角发生改变,进而影响后续吊索的安装[4]。为解决这一问题,天津富民桥[5]采用了一种新型的"可转动索夹",以避免吊索上下吊点连线与索夹横向倾角不一致而对索夹与主缆产生附加弯矩及附加扭矩,但这类索夹成本相对较高,未得到大面积推广应用,在实际工程中更多采用的方法则是在索夹安装时设置相应的横向预偏角度[6-8]。

已有研究[9]表明,主缆的抗扭刚度受到主缆截面尺寸、主缆轴向拉力大小、钢丝间的黏接程度、钢丝间的摩擦力等诸多因素的共同影响,难以完整考虑。因此,空间缆悬索桥主缆的扭转特性尚未被完全掌握,索夹定位安装时的横向预偏角度也无精确的理论计算方法。

目前,针对空间缆悬索桥主缆扭转效应的研究方法主要有数值模拟分析[10-11]及模型试验开展[12-14]两种。其中,数值模拟分析方面的研究方法大多为有限元仿真计算,但梁单元自身抗扭刚度的取值却仍未形成一个完善有效的计算方法。在模型试验方面,国内针对空间缆悬索桥开展的相关试验所依托的工程项目桥型均为自锚式悬索桥,采用"先梁后缆"的方式建造而成,因此,相关试验的研究内容主要集中于不同吊索张拉方案及不同索夹预偏角下的主缆扭转特性。然而,对于地锚式空间缆悬索桥而言,施工时一般采用"先缆后梁"的方式,在主梁及吊索安装前,通过主缆横向顶撑等方式使主缆由空缆平行状态转换至空间状态,关于这一过程中主缆扭转特性的试验研究却十分匮乏。

综上所述,本文依托世界首座主跨超过500m的三塔地锚式空间缆悬索桥——苍容浔江大桥,结合缩尺模型试验与数值模拟两种方法,对空间主缆横向顶撑过程中的扭转特性开展研究。根据研究成果计算了一组索夹横向预偏角,用于指导实桥施工。

二、工程概况

苍容浔江大桥是梧州—玉林—钦州高速公路(苍梧至容县段)在藤县境内跨越浔江河的一座特大桥。苍容浔江大桥采用三塔双跨吊地锚式空间缆悬索桥方案,主缆跨径布置为153m+2×520m+210m,矢跨比为1/9.16。索塔处主缆中心距为1m,跨中缆中心间距为29.8m,横向矢跨比达到1/29.8,锚碇处主缆中心间距为46m。主缆由37股通长索股组成,每根预制索股由相互平行的127丝、直径6.00mm的高强钢丝组成。主缆经索夹箍紧后的直径为454mm,索夹以外直径为460mm。主梁跨径布置为55m+2×520m+55m,每跨布置31对吊索,吊索纵向间距为16m。桥型总体布置立面及成桥状态下主缆平面线形分别如图1、图2所示。

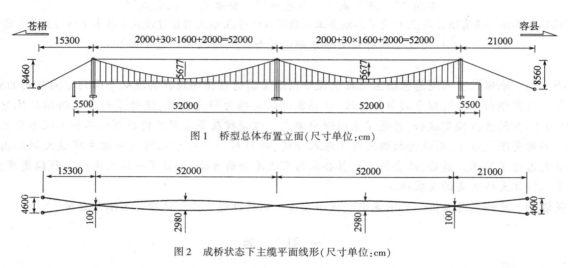

图1　桥型总体布置立面(尺寸单位:cm)

图2　成桥状态下主缆平面线形(尺寸单位:cm)

三、试验简介

1. 试验模型概况

鉴于本文的研究目的是了解主缆在受到横向顶撑作用后普遍的扭转特性,而非反映实桥的主缆扭转角,因此无须建立全桥试验模型。综合考虑了空间索鞍试验构件的制造精度、试验场地限制、模型造价等因素后,采用的整体方案为:对苍梧侧边跨邻近塔顶的一段区域及塔顶至中跨跨中区域内的单根主缆进行缩尺模拟,模型缩尺比为1∶10,包含主缆、索鞍、索塔、索夹、横向顶撑装置、锚固装置等部分;此外,还增设了一根按1∶5比例进行缩尺的大直径主缆模型,模拟实桥中跨3/8分点至跨中区间段的主缆,以补充不同尺寸主缆模型的试验工况。两种直径主缆的横向顶撑均通过手拉葫芦实现,由于在实桥施工方案中,拟在两个中跨各沿跨中对称设置7个顶撑装置,故在小直径主缆模型中设置3个顶撑支架,且跨中锚固装置上的锚盘可整体横向移动,以模拟跨中处主缆的顶撑;而大直径主缆由于高度较低,未另行设置顶撑支架。其中,各试验主缆散索点处的扭转变形均被约束,试验模型的总体布置示意如图3所示。

在试验模型主体构件中,小直径主缆及大直径主缆均包含37根索股,单根索股分别由127根$\phi 0.6mm$及$\phi 1.2mm$的高强钢丝组成;主索鞍双曲面的鞍槽严格按照缩尺比采用精密铸造件进行制造,精度高于1mm;主塔、横向顶撑装置、锚固装置等构件则均采用型钢焊接而成,限于篇幅,此处不再赘述。

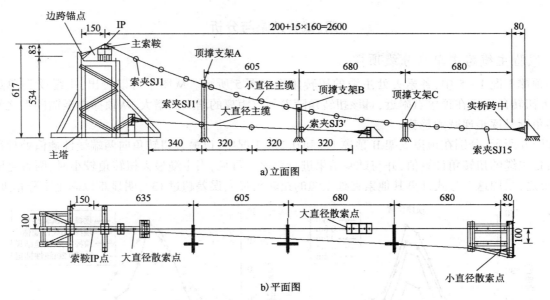

图3 试验模型总体布置(尺寸单位:cm)

2. 试验工况

江西上饶大桥[15]在考虑空间缆悬索桥索夹预偏角度时,通过结合已建工程经验与部分理论假定,提出了主缆在跨中发生最大横向位移的情况下,各索夹处主缆扭转角度的简化计算方法。如图4所示,A、B两点间,空缆状态下位于S位置处的主缆在横向作用下,移动至S'位置后,跨中主缆的扭转角θ可按式(1)近似计算,其他位置处主缆扭转角则可由跨中主缆向两端线形内插得到。

$$\theta = \lambda \cdot 2\sin^{-1}(L/2F) \quad (1)$$

式中:L——跨中主缆产生的横向位移;
F——空缆状态下主缆矢高;
λ——与主缆刚度有关的常数,该桥计算时取0.5。

为验证上述公式在苍容浔江大桥上的适用性,并研究地锚式空间缆悬索桥主缆横向顶撑过程中的扭转特性,本文针对两个试验主缆模型拟定了两类主缆顶撑工况,各工况具体信息汇总见表1。

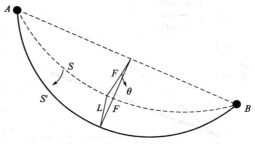

图4 主缆在横向作用下跨中扭转角计算示意

主缆顶撑试验工况信息 表1

工况类型	工况编号	主缆顶撑位置	顶撑距离	备注
试验主缆跨中单点分级顶撑	1~5	小直径主缆顶撑支架B(试验模型主缆跨中)	0.2~1m	单点分级顶撑,顶撑距离以0.2m为一级,共包含5组工况
	6~14	大直径主缆SJ2'(试验模型主缆跨中)	0.01~0.09m	单点分级顶撑,顶撑距离以0.01m为一级,共包含9组工况
小直径主缆顶撑到位	15	小直径主缆全部顶撑支架及跨中锚固装置	A:0.638m B:1.052m C:1.350m 锚固装置:1.440m	将主缆线形由竖直平面状态顶撑至接近成桥线形,包含1组工况

四、试验结果与分析

1. 试验主缆跨中单点分级顶撑

在顶撑工况1~5中,各索夹处主缆的扭转角度如图5所示。从图中可以看出,主缆受到单点顶撑时,最大扭转角出现在顶撑点附近,且该扭转角随着顶撑距离的增大而增大,从顶撑点至锚固点之间的主缆扭转角则呈逐步递减的趋势。

如图6所示,分别在顶撑支架B顶撑1m和0.2m工况中,以最大扭转角向两端线性插值处理得到其他索夹处主缆的扭转角计算值,并与试验结果进行对比。可见,当主缆最大扭转角较小时,两者之间误差不大,反之,采用这一方式计算其他索夹处主缆的扭转角最大误差超过13°,明显难以满足工程精度要求。

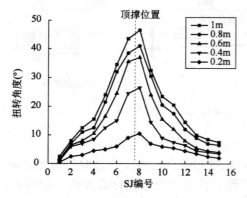

图5 工况1~5各索夹处主缆扭转角结果　　图6 线性插值计算结果与试验结果对比

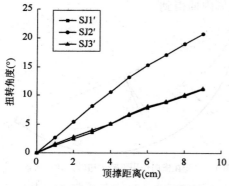

图7 大直径主缆索夹处扭转角试验结果

在工况6~14中,大直径主缆的最大扭转角同样发生在顶撑点处,各索夹的扭转角试验结果如图7所示。采用式(1)分别计算两种直径主缆在相应顶撑工况下的最大扭转角近似结果(式中λ暂均取为1),并与相应试验结果进行对比,情况如图8及图9所示。结果显示,对主缆跨中进行单点顶撑时,主缆的最大扭转角与顶撑距离间并非公式计算结果所反映出的简单线性相关性,且式中与主缆抗扭刚度相关的参数λ的取值缺乏可靠依据,因此需要依据试验结果对该公式进行修正,而这首先需要研究空间缆顶撑过程中,主缆抗扭刚度对其最大扭转角度的影响,可通过有限元分析实现。

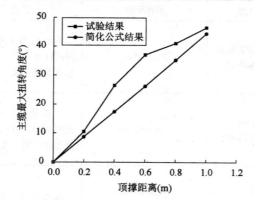

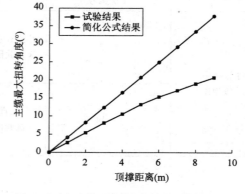

图8 小直径主缆试验结果与简化公式结果对比　　图9 大直径主缆试验结果与简化公式结果对比

本文采用空间梁单元模拟试验模型主缆[14],尽管主缆集束体的抗扭刚度难以确定,但其抗扭惯性矩的取值在式(2)所述的理论极限值范围之内[10]。

$$J_{\min} = n\frac{\pi d^4}{32}, J_{\max} = \frac{\pi D^4}{32}, D = \sqrt{n}\,d \tag{2}$$

式中：n——钢丝总数；

d——钢丝直径；

D——主缆直径。

因此，本文首先针对小直径主缆试验，建立了9种不同主缆抗扭惯性矩的有限元分析模型，各模型中的主缆单元的抗扭惯性矩与其理论极大值 $J_{\max}$ 的比值记为 k，其他参数保持一致。由于本试验模型中 $J_{\min}/J_{\max}=1/4699$，故建立的9个有限元模型中 k 值分别取为 1/4000、1/1000、1/750、1/500、1/250、1/100、1/10、1/5、1。

采用上述各有限元模型分析顶撑支架 B 顶撑 1m 时主缆的最大扭转角，所得结果如图 10 所示。可见，对主缆横向顶撑过程而言，主缆抗扭惯性矩越大，其扭转角越小。然而，当主缆抗扭惯性矩取值在最大值附近时，主缆扭转刚度的不同对主缆扭转角的影响很小，但随着抗扭惯性矩的逐渐减小，这一影响程度会变得较为显著，k 的取值在 1/1000 ~ 1/100 间时影响最大。

此外，经过试算，当 k 值取约 1/1120 时，工况 5 中有限元模型的主缆最大扭转角计算结果与试验结果基本一致。在此基础上，采用该有限元模型计算了工况 1 ~ 4 中主缆的最大扭转角，各工况下的计算结果与试验结果均吻合较好，如图 11 所示。按相同的方式建立大直径主缆有限元模型后，试算得到 k 值取为约 1/514 时，工况 6 ~ 14 中两者结果同样有较高的吻合度，如图 12 所示。

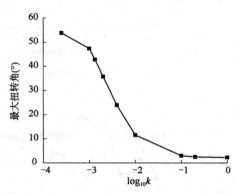

图 10 主缆抗扭惯性矩对最大扭转角的影响

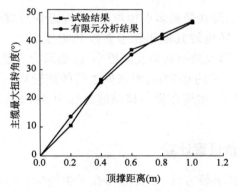 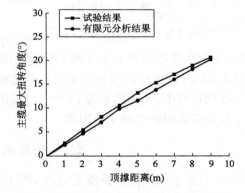

图 11 工况 1 ~ 5 有限元分析与试验结果对比　　图 12 工况 6 ~ 14 有限元分析与试验结果对比

然而，其他索夹处主缆扭转角的有限元分析结果却与试验结果存在不可忽视的差异，这主要是由于在有限元模型中，主缆采用的是全长范围内统一的整体抗扭刚度，未考虑不同区域内主缆局部抗扭刚度不同的影响。上述研究表明了空间主缆在顶撑过程中整体的扭转刚度变化较小，这一整体扭转刚度在用于有限元分析计算主缆的最大扭转角时，可以得到误差相对较小的结果。

在明确了两种主缆试验模型相应的整体抗扭刚度后，考虑对式(1)进行修正。在此引入修正系数 α，α 是与顶撑距离 L、主缆空缆矢高 F 及相对整体抗扭刚度 k 有关的函数，结合以上各试验工况中的参数对试验结果进行拟合分析，可以得到跨中顶撑过程中最大扭转角的近似计算公式如下：

$$\begin{cases} \theta' = \alpha\theta, \theta = 2\sin^{-1}\left(\dfrac{L}{2F}\right) \\ \alpha = \left[-\dfrac{\log_{10}k \times L^2}{10F^2} + 1/1000k + 0.13\right] \end{cases} \tag{3}$$

采用以上修正后的公式计算工况1～14中主缆的最大扭转角,并与相应的试验结果及修正前的简化公式计算结果进行对比,如图13、图14所示,表明修正后公式计算精度得到明显提高。

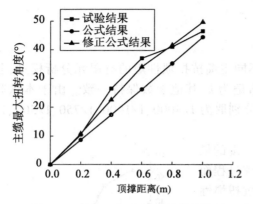

图13 工况1～5修正公式计算结果对比

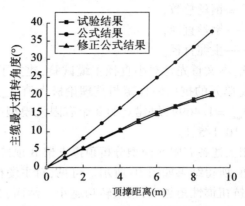

图14 工况6～14修正公式计算结果对比

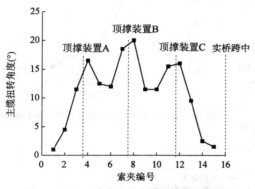

图15 工况15各索夹处主缆扭转角试验结果

2. 小直径主缆顶撑到位

在工况1～5中,各索夹处主缆扭转角的试验结果如图15所示。从图中可以看出,主缆最大扭转角出现在试验主缆的跨中位置(对应实桥1/4跨处),这主要是因为两端散索点处主缆的扭转均被约束。在该工况下,当有限元模型中主缆整体抗扭刚度k值仍取工况1～5中的1/1120时,有限元分析得到的主缆最大扭转角结果仍与试验结果较为吻合。

此外,主缆在受到多点顶撑时,最接近各顶撑装置的索夹处主缆扭转角较其他相邻索夹处会明显增大。与工况5相比,虽然本工况中顶撑装置B处主缆的横移距离更大,但该处扭转角反而更小,这是因为主缆端部锚固装置在横移1.44m时,顶撑装置B处主缆已随之横向移动了约0.75m,而该处主缆的扭转则主要发生在后续主动顶撑的过程中,实测结果为16.5°。上述结果表明,主缆在横向移动的过程中,主缆的主动顶撑距离大小才是影响其扭转角的主要因素。

五、实桥索夹预偏角设置计算

如前所述,目前空间缆悬索桥索夹的预偏角暂无理论求解方法,主要原因在于主缆的抗扭刚度难以确定,因此仅能进行近似计算。本文根据以上研究,考虑采用有限元分析与修正计算式(3)相结合的方法来近似分析苍容浔江大桥实桥主缆的整体抗扭刚度,具体过程如下:

(1)建立实桥主缆空缆状态下的有限元模型,模型中主缆的整体抗扭惯性矩暂取为其理论最大值J_{max}。

(2)采用有限元模型和修正计算公式分别计算在同一整体抗扭刚度下,实桥主缆跨中顶撑14.4m时的最大扭转角度。

(3)根据两种计算方式结果的差值,迭代修改主缆的整体抗扭刚度,直至两种计算结果差值在0.5°以内。

根据简化计算公式(1),苍容浔江大桥主缆横向顶撑14.4m时,主缆最大扭转角约为15.4°。而迭代计算结果表明,当主缆整体抗扭刚度k取值为1/479时,有限元计算结果为9.42°,修正公式(3)计算结果为9.08°,两种计算结果相近,本文以二者均值作为中跨跨中索夹的横向预偏角度。可见,实桥主缆最大扭转角较小,从而可采用向两端线形插值的方式大致计算其他索夹处主缆的扭转角度。而对于非跨中顶撑点处主缆扭转的局部增大影响,则通过有限元分析的方法来近似计算,即补充考虑实桥跨中7点顶撑与单点顶撑两种工况中相应位置主缆扭转角结果的差值。最终,本文计算的一组实桥索夹预偏角度计算结果如图16所示。

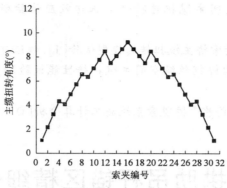

图16 实桥索夹预偏角计算结果

六、结　语

本文以苍容浔江大桥为背景,通过模型试验与有限元分析,开展了地锚式空间缆悬索桥主缆在横向顶撑过程中的扭转特性研究,得到了以下结论:

(1)主缆在横向顶撑过程中会产生不可忽略的扭转,其扭转角大小主要与顶撑点处主缆的主动顶撑距离及主缆抗扭刚度有关。

(2)主缆在横向顶撑过程中的整体抗扭刚度变化很小,采用有限元方法,通过选取合适的主缆整体抗扭刚度,计算得到的主缆最大扭转角与试验结果吻合较好。

(3)主缆受单点顶撑且最大扭转角较小时,其他位置处主缆扭转角可通过由顶撑点向两端线形内插的方式近似算得。

(4)根据试验结果,采用的考虑几何关系的简化计算公式进行修正,大大提高了该公式的计算精度。

(5)采用修正计算公式与有限元分析相结合的方法,从理论上近似计算了实桥各索夹的横向预偏角度。

参考文献

[1] 王晓明,雷晓鸣,王成树,等.空间索形悬索桥主缆线形施工过程空间转换控制方法[J].工程力学,2017,34(4):187-195.

[2] 张玉平,董创文.江东大桥双塔单跨空间主缆自锚式悬索桥的施工控制[J].公路交通科技,2010,27(7):76-82.

[3] 戴建国,沈洋,李永君.空间缆自锚式悬索桥架缆模型工艺试验研究[J].城市道桥与防洪,2010,5(5):149-166.

[4] 段瑞芳,白云腾.横向撑杆在空间缆索悬索桥主梁吊装施工中的应用分析[J].武汉理工大学学报:交通科学与工程版,2018,42(5):803-807.

[5] 韩振勇,彭春阳,张日亮.天津富民桥可转动索夹的研发[J].桥梁建设,2008,5(2):12-14.

[6] 沈洋.江东大桥空间缆自锚式悬索桥体系转换分析研究[J].上海公路,2009(1):31-35.

[7] 朱明.空间缆索体系悬索桥施工过程精细化分析[D].成都:西南交通大学,2017.

[8] 张俊平,黄海云,刘爱荣,等.空间缆索自锚式悬索桥体系转换过程中受力行为的全桥模型试验研究[J].土木工程学报,2011,44(2):108-115.

[9] 张永平.考虑抗弯和抗扭刚度的平行钢丝缆索分析模型及其应用[D].杭州:浙江大学,2019.

[10] 齐东春,沈锐利,刘章军,等.考虑拉扭耦合效应的空间主缆扭转计算方法[J].长安大学学报:自然科学版,2015,35(6):91-97.

[11] 李游,李传习,曹水东,等.双塔单跨悬索桥空间主缆扭转性能数值分析[J].北京交通大学学报,2018,42(4):27-35.

[12] 李传习,刘智侃,曹水东.空间主缆扭转特性与扭转效应试验研究[J].土木工程学报,2015,48(11):84-92.

[13] 齐东春,汪洪星.空间缆索悬索桥主缆扭转的模型试验[J].铁道建筑,2016(2):14-17.

[14] 李传习,李游,高辰,等.悬索桥钢丝绳空间主缆扭转性能试验[J].长安大学学报(自然科学版),2019,39(6):67-77.

[15] 王建金.独塔空间主缆自锚式悬索桥缆索系统施工计算分析[D].杭州:浙江大学,2014.

5. 异形钢箱拱肋吊杆锚区精细化协同分析

李健刚[1] 王磊[2] 杨冰[1] 彭亚东[1] 杨文忠[1]

(1.北京市市政工程设计研究总院有限公司;2.四川省公路规划勘察设计研究院有限公司)

摘 要 京雄大桥采用主跨300m的飞燕式提篮拱,主拱肋为空间扭曲钢箱拱肋。由于主拱肋的变截面空间扭曲,导致吊杆锚区形态多样。为更好地了解各吊杆锚区的受力特性,合理优化局部构造,本文对吊杆锚区分区分类进行了精细化协同分析。通过分析发现,吊杆横桥向偏角对锚区结构局部应力影响最大,同时钢锚箱腹板局部水平加劲肋对缓解横向偏角引起的局部应力作用明显。通过3DExperience平台进行精细化协同分析,不仅大幅提升锚区局部结构精细化设计品质,同时还有效提升了分析效率。

关键词 空间扭曲 钢箱拱肋 锚区 精细化 横桥向偏角 局部应力

一、引 言

随着经济的飞速发展和人们生活水平的不断提升,人们对基础设施的建造品质也提出了新的要求。对于关键性的节点工程,除满足交通功能需求外,也需要承载人们对结构美的追求与向往。于是桥梁结构美学也被逐渐提上日程,并不断在工程中得到实践,同时也取得了一些成效[1-4]。

京雄大桥作为京雄高速公路(北京段)工程的标志性节点工程,大桥景观方案采用国际招标方式确定。最终,寓意"跨越之鸿"的主跨300m飞燕式提篮拱摘得桂冠,其主拱肋采用空间扭曲变截面五边形结构,拱顶采用传统"中国结"造型,大桥方案在给人视觉美感的同时,也给结构设计及建造带来了极大的挑战。依托达索3DExperience平台(简称"3DE平台")开展复杂钢结构桥梁数字化技术的协同应用与研究[5-8],并基于3DE平台进行局部结构构造的精细化协同分析,不仅有效地解决了复杂异形钢结构桥梁的设计与建造难题,并大幅提升大桥设计品质,同时也有效提升了复杂钢结构节点的协同分析效率。

二、项目概况

京雄高速公路(北京段)工程,北起北京市西南五环,在起点位置1km附近向西跨越永定河,再向南经房山区延伸至市界,全长约27km。道路设计速度为100~120km/h,全线双向八车道,路基标准宽度42m。

京雄大桥横跨永定河,桥位处主河槽宽度约500m。大桥由东引桥、主桥、西引桥三部分组成,全长1620m,其主桥采用主跨300m的飞燕式提篮拱(图1)。

主桥跨径布置为60m+50m+300m+50m+60m,总长为520m,主桥桥面标准宽度为48m。大桥主拱采用悬链线线形,矢高75m,矢跨比为1∶4,拱轴系数$m=1.5$。大桥中孔拱肋和边孔钢筋混凝土拱肋在基座处固结,中孔拱肋以300年水位线为界,以上采用空间扭曲变截面钢箱拱肋,以下采用预应力钢筋混凝土单箱双室断面,结合部采用长5.5m的钢-混凝土组合结构过渡。

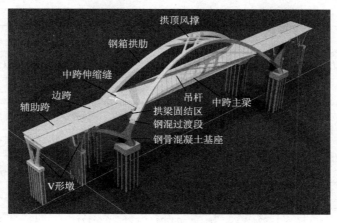

图 1 大桥主桥模型

大桥主拱肋整体内倾,内倾角度约为15.6°,拱肋基座横向间距为70m,拱顶两拱肋轴线横向间距为28m。拱肋采用空间扭曲断面,基座附近断面为9.8m×3.8m的近似矩形,至桥面附近过渡为五边形,桥面以上保持为不规则扭曲五边形,拱顶截面边长为3~6m不等,截面形式具体参见图2。

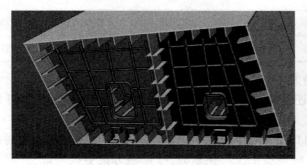
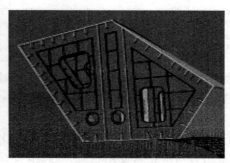

a) 拱肋底部断面　　　　　　　　b) 拱肋顶部断面

图 2 拱肋典型断面示意图

三、分析模型准备

全桥共有48组双吊杆,单侧24组,吊杆具体布置情况如图3所示。吊杆采用抗拉强度1860MPa级环氧喷涂钢绞线成品索,整束挤压+冷铸复合锚固方式。两端共计8组较短吊杆采用15~22孔规格,其余40组吊杆均为15~16孔规格。

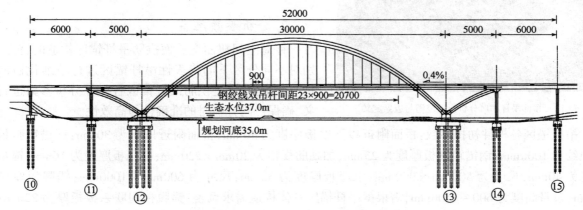

图 3 桥梁立面与吊杆布置图(尺寸单位:cm)

成桥状况、标准值组合、地震组合下吊杆索力汇总见表1,因顺桥向吊杆索力基本上对称,所以表1仅给出顺桥向半桥吊杆索力值。

吊杆编号	恒载		标准组合		地震组合	
	双吊杆力	单吊杆力	双吊杆力	单吊杆力	双吊杆力	单吊杆力
D1	2301	1150.5	3478	1739	4599	2299.5
D2	2203	1101.5	2978	1489	3840	1920
D3	1857	928.5	2659	1329.5	3316	1658
D4	1856	928	2527	1263.5	2943	1471.5
D5	1825	912.5	2448	1224	2758	1379
D6	1848	924	2422	1211	2705	1352.5
D7	1740	870	2358	1179	2630	1315
D8	1690	845	2285	1142.5	2534	1267
D9	1636	818	2219	1109.5	2489	1244.5
D10	1569	784.5	2141	1070.5	2347	1173.5
D11	1655	827.5	2200	1100	2350	1175

吊杆索力汇总表(半桥)(单位:kN)　　表1

从表1可以看出,全桥吊杆索力呈现两端大、中间小的分布规律,所以选择端部、四分点、中部三个吊杆区域进行分析,这样无论从受力大小还是结构形式,均能较好地反映出大桥所有吊杆的受力状态。

基于上述原则,分析过程中仅对D1、D6、D11三个吊杆锚区进行分析。其中,恒载吊杆索力对应换索工况,标准组合对应正常使用状态,地震组合对应地震工况。换索时,按单根分批更换考虑,并取恒载下双吊杆对应的索力施加在单个吊杆上。

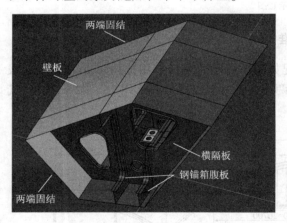

图4　顶部吊杆锚区分析模型范围与边界定义

1. 分析约定

分析模型中至少包含一组双吊杆锚区以及与该吊杆锚区相邻的两个横隔板,同时含该节段壁板、钢锚箱腹板及其相关锚区加劲肋。分析时忽略壁板加劲肋、横隔板加劲肋(圈肋除外)等局部构造加劲肋的影响(图4)。

2. 分析参数准备

针对空间扭曲变截面拱肋吊杆锚区构造的特点,分别对不同分区下的代表性吊杆锚区进行精细化协同分析。分析前,对主拱肋吊杆锚区各构件分析参数进行定义,确保协同分析时的准确性与高效性。

吊杆锚区各构件初拟参数:桥面附近以下壁板厚度为40mm,桥面附近以上为30mm;钢锚箱腹板净间距约为1000mm;钢锚箱腹板厚度为25mm,加劲肋规格为20mm×220mm;横隔板厚度为16mm;锚垫板厚度为40mm,尺寸为500mm×900mm;承压板厚度为30mm,尺寸为600mm×1000mm;锚腹板厚度为25mm,自身高度为600~1100mm,需根据吊杆锚区具体构造需求调整;锚腹板间联系板板厚为22mm;锚腹板加劲肋厚度为16mm;锚腹板横向加劲肋厚度为16mm。

钢材力学特性取值:弹性模量为2.06×10^5MPa,剪切模量为0.79×10^5MPa,泊松比为0.31,密度为7850kg/m³,线胀系数为1.2×10^{-5}(1/℃)。

主拱肋吊杆锚区局部三维构造与部分几何参数如图5所示。

为避免非线性接触分析,在锚区分析时,将锚垫板与承压板按等效板厚处理,等效换算时偏保守,不考虑接触面之间的摩擦,按等效抗弯换算,具体参考下式计算:

$$t = \sqrt[3]{t_1^3 + t_2^3} \quad (1)$$

式中:t——等效板厚;
t_1——锚垫板板厚;
t_2——承压板板厚。

当$t_1 = 40\text{mm}$,$t_2 = 30\text{mm}$时,代入式(1)得到锚垫板区等效板厚$t = 45\text{mm}$。

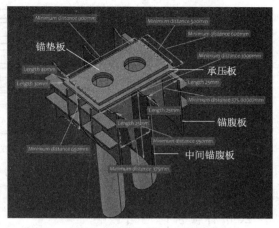

图5 吊杆锚区局部构造与几何参数示意图

3. 分析模型

分析模型采用linear壳单元,近锚区局部网格密度设置较密,网格尺寸约为20mm,外部较稀疏,两侧腹板网格尺寸最大约为50mm,中间网格尺寸渐变过渡。规则区域采用四边形单元,不规则区域以及相交板件较多位置采用三角形单元(图6)。

a)底部吊杆协同分析模型　　　　　　　　b)锚区局部有限元网格

图6 拱肋锚区有限元模型

四、参数敏感性分析

由于主拱肋为空间扭曲变截面结构,导致吊杆锚区构造相对复杂多样,为更好地把握锚区结构构造需求,在进行设计优化前,先对影响吊杆锚区的主要几何参数进行相关性影响分析,找出主要的受力敏感性因素,为后续锚区构造的优化调整提供参考依据。本文分析时主要考虑的相关影响因素有节段分析长度及壁板厚度、吊杆横桥向偏角、钢锚箱腹板加劲肋布置等。

在进行参数敏感性分析时,单根吊杆力近似取1750kN,双吊杆力取3500kN。

1. 节段长度及壁板厚度影响

因大桥外形主要受景观设计影响,断面形状与尺寸变动调整极为有限,通过对节段长度及壁板板厚的影响分析,明确其对吊杆锚区局部分析的影响。

节段长度与壁板厚度影响的具体分析结果如图7所示。

从图7可以看出,除了由于节段长度增加,因未考虑壁板和横隔板局部加劲肋而导致横隔板局部角点应力集中外,节段长度以及壁板厚度对锚区局部受力影响非常有限。

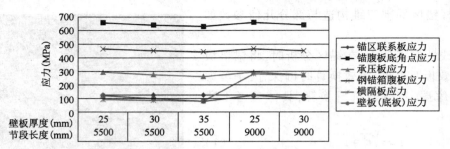

图 7 节段长度与壁板厚度影响

基于上述分析结论，结合吊杆锚区构造情况，取约 5.5m 的节段长度进行后续分析，壁板厚度取 30mm。

2. 吊杆横桥向偏角影响

吊杆横桥向偏角主要是由于拱肋横桥向内倾时，主梁吊杆锚点控制线与拱肋倾斜平面不在同一平面内，使得吊杆横桥向偏角不断变化。在进行吊杆横桥向偏角影响分析时，主要考虑吊杆中线与钢锚箱腹板形成的夹角指标，具体分析结果如图 8 所示。

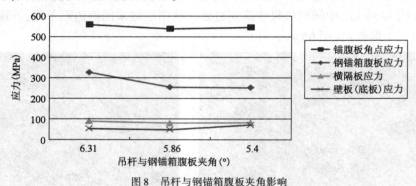

图 8 吊杆与钢锚箱腹板夹角影响

从图 8 可以看出，吊杆横桥向偏角仅对钢锚箱腹板应力影响明显，对其他构件应力影响不明显。随着夹角变小，这种敏感性将逐步减弱。

3. 钢锚箱腹板局部加劲肋影响

钢锚箱腹板是承接吊杆锚区局部传力的最主要构件，其具体构件参数见表 2。表中水平加劲肋板厚中的"双 1"表示水平加劲肋在"受压"和"受拉"侧中部各设置一排，"双 2"表示在"受压"和"受拉"侧各设置两排；竖向加劲肋板厚中的"单 1"表示仅在"受拉"侧中部设置一排竖向加劲肋，"双 1"表示在两侧中部各设置一排，"单 3"表示仅在"受压"侧设置三排，"双 3"表示在两侧各设置三排。

锚区构件参数表（单位：mm） 表 2

钢锚箱腹板尺寸参数	组合 1	组合 2	组合 3	组合 4	组合 5	组合 6	组合 7	组合 8
板厚	25	25	25	25	25	25	25	25
加劲肋板厚	25	25	25	25	25	25	25	25
加劲肋高度	300	300	300	300	300	300	300	300
水平加劲肋板厚		22(双2)	22(双2)	22(双2)	22(双2)	22(双2)	22(双1)	22(双2)
水平加劲肋高度		220	264	220	220	220	220	220
竖向加劲肋板厚				20(双3)	20(单3)	20(单1)	20(单1)	20(双1)
竖向加劲肋高度				200	200	200	200	200
水平加劲肋竖距		600	600	600	600	600	600	600
竖向加劲肋水平距				550	550			

在不同的钢锚箱腹板局部加劲肋参变量组合下,具体受力分析结果汇总如图9所示。

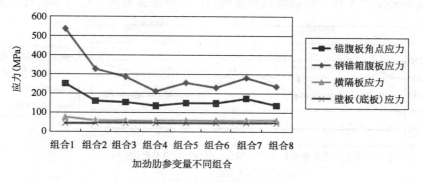

图9 钢锚箱腹板局部加劲肋影响

从表2和图9中可以看出,钢锚箱腹板局部加劲肋对锚区应力影响明显。锚区局部受力分析结果如图10所示。

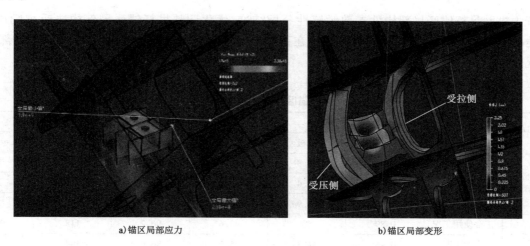

a) 锚区局部应力　　　　　　　　　　b) 锚区局部变形

图10 锚区局部应力与变形

从图10中可以看出,由于吊杆横桥向偏角影响,钢锚箱腹板横向变形明显,且形成明显的受压与受拉侧。同时分析发现,钢锚箱腹板水平加劲肋对局部受力影响显著,能有效改善锚区局部应力集中状况,竖向加劲肋可改善锚区局部受力,但效果不及水平加劲肋。

4. 锚腹板自身高度与倒角影响

锚腹板分析主要考虑锚腹板自身高度及其顶部与底部倒角的影响。具体锚腹板参数组合见表3。

锚腹板构件参数表(单位:mm)　　　　　　　　　　表3

锚腹板尺寸参数	组合1	组合2	组合3	组合4	组合5	组合6	组合7	组合8	组合9	组合10
顶倒角高度	100	100	100	50	50	50	50	50	50	50
底倒角高度	150	150	150	150	100	150	150	150	150	150
内腹板高	650	650	650	650	650	600	700	650	650	600
中腹板高	900	900	900	900	900	800	900	900	950	900
外腹板高	650	650	650	650	650	600	700	750	650	600

锚腹板参数敏感性分析结果如图11所示。

从图11可以看出,锚腹板自身高度和倒角高度在一定范围内变化时,锚区局部受力较为稳定。锚腹板底部倒角高度对锚腹板角点应力影响相对敏感,锚腹板底部倒角高度小于150mm后,对锚腹板角点受力不利。锚腹板自身高度对锚区受力有影响,特别是当外侧锚腹板小于650mm以及中间锚腹板小于900mm时,对锚区局部受力不利。而锚腹板顶部倒角高度对锚腹板角点应力影响不敏感。

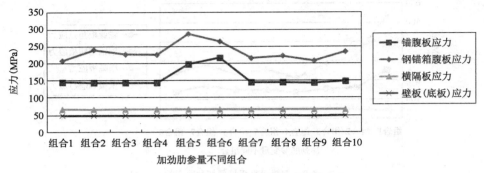

图11 锚腹板自身高度和倒角高度影响

五、复核分析

基于主拱肋吊杆锚区局部构件参数敏感性分析结论,优化调整吊杆锚区局部构造后,对D1、D6和D11三类吊杆锚区进行复核计算,包括各锚区在正常使用状态、换索工况以及地震工况下的局部应力与变形情况分析。

对应的三类吊杆锚区分析结果汇总见表4。

吊杆锚区计算分析汇总表　　　　表4

吊杆位置	受力工况	最大变形（mm）	构件最大应力(MPa)				
			壁板	横隔板	钢锚箱腹板	锚腹板	承压板
拱肋端部（D1）	正常使用工况	1.87	73.3	124	148	174	155
	换索工况	1.62	54.4	90.8	130	211	203
	地震工况	2.47	96.9	164	196	231	204
拱肋中部（D6）	正常使用工况	0.89	50	43.6	96.2	118	96.5
	换索工况	0.96	41.3	35.2	86.6	189	144
	地震工况	1	55.9	48.7	107	132	108
拱肋顶部（D11）	正常使用工况	0.91	43.1	38.8	93.3	111	87
	换索工况	0.94	43.3	32.2	70.9	169	125
	地震工况	0.97	43.3	41.5	99.7	118	93

从表4分析结果汇总表可以看出：

（1）主拱肋吊杆锚区局部最大应力均发生在锚腹板与承压板相交位置端部。锚腹板与承压板相交位置的应力集中与加载方式相关,在实际受力过程中,吊杆锚圈压力作用在锚垫板后主要扩展给锚腹板及联系板,在一定程度上会缓解该位置的应力集中现象。

（2）拱肋主体受力构件,如壁板、横隔板及主体构件的连接部分在吊杆锚区局部分析中的应力均较小,吊杆锚区局部应力集中影响范围有限。

（3）全桥拱肋锚区应力最大值出现在第一根吊杆位置,且局部超200MPa的应力仅在换索与地震工况下发生,换索工况下最大为211MPa,地震工况下最大为231MPa,均满足设计要求。该端部吊杆锚区应力较大的原因一方面是本身吊杆索力较大,另一方面是吊杆与钢锚箱腹板的横桥向夹角较大。

六、分析结论

基于达索3DE平台对复杂空间扭曲变截面主拱肋吊杆锚区进行精细化协同分析,有效提升了协同分析效率。通过对吊杆锚区构件参数敏感性分析,为锚区局部构造优化提供了指导与依据。

通过对吊杆锚区复核分析,得出主要结论如下:

(1)由于端部第一根吊杆索力最大,且吊杆横桥向偏角较大,造成该锚区局部应力及变形最大。

(2)吊杆锚区局部应力集中主要局限在锚腹板附近,影响范围有限。主拱肋壁板、横隔板及主要衔接部位的受力均相对较小。

(3)因吊杆横桥向偏角对钢锚箱腹板受力敏感,故除端部第一根偏置吊杆外,其余吊杆位置钢锚箱腹板面局部尽量与相应吊杆方向平行设置。

(4)对吊杆横桥向偏角,钢锚箱腹板水平加劲肋对缓解局部受力作用明显,竖向加劲肋影响相对较小。

(5)锚腹板高度及底部倒角高度对局部受力有影响,外侧锚腹板高度不宜小于650mm,中间锚腹板高度不宜小于900mm,锚腹板底部倒角高度不宜小于150mm。

(6)锚区局部构造优化后,除第一根吊杆锚区在换索及地震工况下,有局部应力集中点超200MPa外,其余均小于200MPa,受力满足规范要求。

(7)局部变形除第一根吊杆锚区在地震工况下2mm左右外,其余吊杆锚区局部变形均在1mm左右,变形满足设计要求。

七、结　语

京雄大桥于2021年1月开工建设,已于2023年12月28日建成通车,建成后大桥运营状况与景观效果良好(图12)。实践证明,三维参数化协同设计不仅可以有效解决复杂钢结构桥梁的设计与协同分析难题,还能有效提升设计和建造品质,同时也将是工程建设领域今后的重要发展方向和推动行业数字化转型的重要手段。如何在数字化转型的大背景下,发挥数字技术的优势,形成数字技术的拓展能力以及涵盖全产业链的协同能力,是对企业及交通运输行业推动BIM技术发展的一个考验。

图12　建成后的京雄大桥

参考文献

[1] 郑光琴,陈家勇,李岳,等.合川渠江景观大桥美学设计[J].中外公路,2023,43(3):146-149.

[2] 李健刚,杨冰,许志宏,等.BIM技术在永定河特大桥项目中的参数化应用[J].土木建筑工程信息技术,2018,10(3):62-67.

[3] 赖亚平,郑光琴,乔云强,等.重庆礼嘉嘉陵江大桥景观设计[J].世界桥梁,2023,51(2):28-33.

[4] 马利君,程京伟,安邦.北京新机场双层离港桥结构设计[J].特种结构,2024,41(2):71-77.

[5] 李健刚,何维利,杨冰,等.基于达索3DExperience平台的大跨中承式拱桥数字技术应用研究[J].土木建筑工程信息技术.2023,15(5):23-28.

[6] 王磊,李健刚.特大跨径拱桥异形钢箱拱肋畸变翘曲效应影响研究[J].市政技术,2024,42(6):125-134.

[7] 孙永超.基于3DEXPERIENCE平台京雄高速跨永定河特大桥参数化协同设计应用[J].特种结构,2022,39(5):107-112.

[8] 王宁.基于3DEXPERIENCE平台的钢桥主梁的BIM快速建模方法应用实践[J].城市道桥与防洪，2022(12):236-239,28.

6. 张靖皋长江大桥新型钢桥面板疲劳性能试验研究

徐秀丽[1]　王仁贵[2]　吴冲[3]　钱思博[1]　刘高[4]　李洪涛[5]　李雪红[1]

(1.南京工业大学土木工程学院；2.中交公路规划设计院有限公司；3.同济大学土木工程学院；4.中交公路长大桥建设国家工程研究中心有限公司；5.江苏省交通工程建设局)

摘要　张靖皋长江大桥主跨2300m，是世界在建最大跨径悬索桥。为提升钢桥面板疲劳性能，项目组提出了开口肋+横隔板开苹果孔的新型正交异性钢桥面板结构形式，并通过足尺模型试验对新型结构疲劳开裂模式及疲劳性能进行了试验研究。结果表明：新型结构顶板与纵肋连接细节未发生疲劳开裂，横隔板区域存在两种开裂模式，疲劳开裂部位200万次等效应力幅与母材疲劳强度相当，疲劳寿命大于2亿次，突显了该新型结构抗疲劳的优越性。

关键词　桥梁工程　悬索桥　正交异性钢桥面板　开口肋　疲劳试验

一、引　言

正交异性钢桥面板具有轻质高强、便于施工、易加工及组装便利等优点，在大、中跨桥梁建设中得到了广泛的应用。然而，随着桥梁交通量和载重车辆的增加，正交异性钢桥面板疲劳开裂问题逐渐突出，是降低结构服役寿命的主要原因之一[1-3]。目前国内外绝大多数正交异性钢桥面板的加劲肋都采用闭口形式。闭口肋正交异性钢桥面板由于焊接质量控制难度大、焊缝接头众多，在循环轮载作用下易产生疲劳裂纹。近年来，在焊接工艺以及制造加工技术提升的基础上，大量学者对正交异性钢桥面板疲劳性能的提升开展了一系列研究。

Masahiro、钱骥等[4-5]在传统单面焊的基础上，在U肋内侧加了一道焊缝并增大熔透率，将顶板-纵肋构造细节焊根开裂沿顶板厚度扩展的主导疲劳开裂模式转移为焊趾开裂沿顶板厚度扩展。Kainuma、Deshmukh等[6-7]通过试验研究发现提高纵肋与顶板焊缝熔透率能够有效降低疲劳裂纹的扩展速度，进而提高结构的疲劳强度。上述研究均从焊接技术及焊接工艺角度寻求提高正交异性钢桥面板疲劳性能的有效措施，取得了一定的成效。然而，受闭口肋结构本身构造特点及焊接工艺限制，疲劳开裂问题依然是闭口肋桥面板的控制性问题，无法从根本上得到解决。

张清华团队[8]对新型镦边及传统等厚边纵肋与顶板焊接构造细节的疲劳性能进行了对比分析，研究表明：新型镦边纵肋与顶板焊接构造细节能够有效改善顶板焊趾及纵肋焊趾处的疲劳性能。邵旭东等[9]对组合桥面板展开了研究，该结构能够有效提高顶板-纵肋构造细节的疲劳性能。张清华等[10]引入新型大纵肋正交异性钢桥面板，并通过试验表明大纵肋能够显著提高纵肋-横隔板构造细节的疲劳性能。王仁贵等[11]提出了一种新型半开口肋正交异性钢桥面板结构，并通过疲劳试验对其疲劳性能进行了研究，研究表明：新型钢桥面板结构可大幅度降低纵肋与横隔板连接处的应力，显著改善正交异性钢桥面板的抗疲劳性能。上述研究表明，优化结构的构造体系、发展新型正交异性钢桥面板结构是提高正交异性钢桥面板抗疲劳性能的有效途径。

为了进一步有效提升正交异性钢桥面板的抗疲劳性能，研究团队以主跨2300m的张靖皋长江大桥为依托，针对悬索桥结构的受力特点，创新性地提出开口肋正交异性钢桥面板，纵肋采用开口肋，横隔板开苹果孔，并通过足尺小节段模型疲劳试验进行对比验证，通过足尺寸大节段模型疲劳试验对新型结构横隔板间疲劳细节及横隔板区域细节的疲劳性能进行全面研究,以深入把握该种新型结构体系的疲劳性能,为其推广应用提供技术支持。

二、研究背景

1. 工程概况

张靖皋长江大桥位于长江下游澄通河段如皋沙群段,在张家港和如皋、靖江境内跨越长江。其中南航道桥采用双塔双跨吊悬索桥方案,主跨长2300m,桥型布置如图1所示。主梁采用扁平钢箱梁,全宽51.4m,主梁中心线处梁高4.5m。

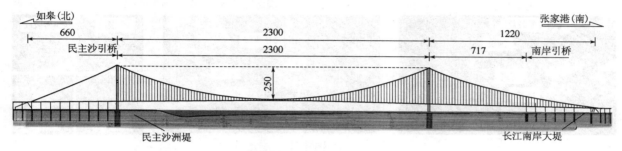

图1 南航道桥桥型布置图(尺寸单位:m)

2. 新型开口肋正交异性钢桥面板

前期选型阶段,提出以下3种开口肋正交异性钢桥面板结构形式:L肋-横隔板开大槽口(简称L肋大槽口)、L肋-横隔板开钥匙孔(简称L肋钥匙孔)及球扁钢-横隔板开苹果孔(简称球扁钢肋苹果孔),如图2所示。为研究各新型开口肋桥面板在横隔板区域各疲劳易损部位的疲劳性能,设计了4个正交异性钢桥面板足尺小节段模型(1个用于对比的闭口双面焊U肋、3个新型开口肋结构),开展了1200万次加载的疲劳性能对比试验,试验结果对比见表1,其中双面焊U肋、L肋大槽口以及L肋钥匙孔均产生了不同程度的疲劳开裂,裂纹分布概貌如图3所示。研究表明苹果孔桥面板的疲劳寿命最高,具有最优的抗疲劳性能[12-13]。前期1200万次加载后苹果孔桥面板试验模型未产生疲劳裂纹,为探明该种新型开口肋正交异性钢桥面板在横隔板区域的疲劳开裂模式以及在横隔板间的疲劳性能,需进一步开展疲劳试验研究。

 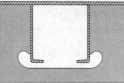 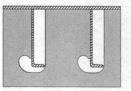 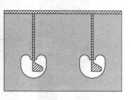

a) 双面焊闭口U肋　　b) L肋-横隔板开大槽口　　c) L肋-横隔板开钥匙孔　　d) 球扁钢肋-横隔板开苹果孔

图2 桥面板构造形式

不同构造形式桥面板疲劳性能对比　　　表1

试验模型	主导疲劳开裂模式	200万次等效应力幅(MPa)	疲劳寿命(万次)
双面焊U肋	U肋内侧顶板焊趾开裂	53.6	132
L肋-横隔板开大槽口	纵肋内侧顶板焊趾开裂	56.9	153
L肋-横隔板开钥匙孔	顶板与横隔板连接焊缝顶板焊趾开裂	77.9	10055
球扁钢-横隔板开苹果孔	未开裂	—	>22000

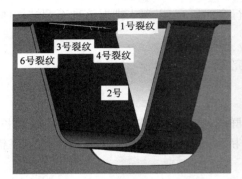 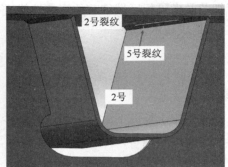

a) 双面焊U肋

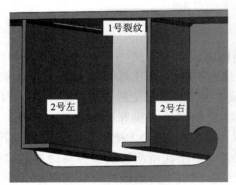 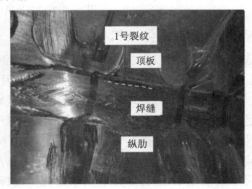

b) L肋大槽口

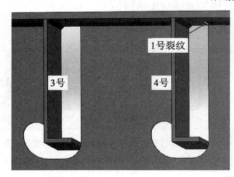 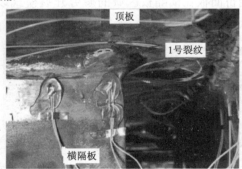

c) L肋钥匙孔

图3 不同构造形式桥面板疲劳裂纹分布图

三、新型开口肋桥面板横隔板区域疲劳破坏形态

为探究苹果孔桥面板横隔板区域开裂模式,对其开展增大应力幅及改变偏心距的2阶段破坏性试验。通过2阶段的破坏性试验,苹果孔桥面板横隔板区域共产生三条疲劳裂纹,根据裂纹产生的先后顺序,将裂纹分别记为1号、2号、3号裂纹,如图4所示。根据试验可确定1号裂纹和2号裂纹基本呈对称分布,裂纹累计长度也基本一致。3号裂纹分别从L3肋弧形开孔以及L4肋开孔起裂,亦大致呈现对称分布,裂纹继而向肋间横隔板扩展交汇。表明苹果孔桥面板横隔板区域存在两种开裂模式,分别为由纵

肋与横隔板连接焊缝的横隔板侧焊趾附近起裂,继而沿焊缝方向向上扩展,以及起裂于两弧形开孔上切口处向中间扩展并最终交汇连通的开裂模式。

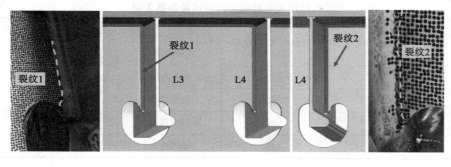

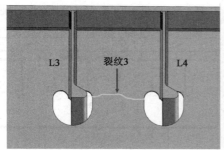

图4　开口肋苹果孔桥面板横隔板区域疲劳开裂模式

四、新型开口肋桥面板疲劳性能

结合前期试验结果,综合考虑 L 肋和球扁钢肋的经济性、刚度、稳定性和疲劳性能,开口肋采用 L 肋形式,为增强横向刚度和稳定性,在横隔板之间增设 1 道横肋,如图5所示。该种结构体系的稳定性已通过试验予以了验证[14]。为研究该种新型开口肋正交异性钢桥面板横隔板之间顶板与纵肋连接细节及横隔板区域细节的疲劳强度,开展了足尺大节段模型疲劳试验。模型采用 Q345D 级钢,顶板厚 16mm、纵肋厚 9mm、横隔板厚 12mm、横肋厚 10mm、纵肋高 300mm、横隔板高 1200mm、纵肋间距为 300mm、横隔板间距 3200mm,在两块横隔板之间设置 1 道高 800mm 的横肋,横肋到横隔板距离为 1600mm。

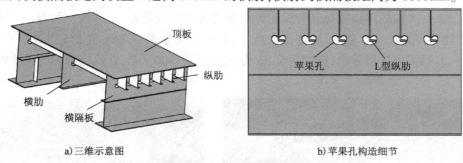

c) 试验模型

图5　"L 肋 + 苹果孔 + 小横肋"正交异性钢桥面板体系

疲劳试验共分为四个加载工况进行,其中工况一和工况二主要研究横隔板间细节A疲劳性能,工况三和工况四主要研究横隔板区域细节的疲劳性能。加载工况见表2,加载方案如图6所示。

足尺大节段模型疲劳试验加载工况 表2

加载工况	荷载幅(MPa)	加载次数(万次)	加载位置 顺桥向	加载位置 横桥向	加载方式
工况一	200	450	1/4跨中	肋间	双矩形
工况二	200	365	近横隔板	肋上	双矩形
工况三	500	55	近横隔板	肋上	单矩形
工况四	500	190	横隔板上	肋上	单矩形

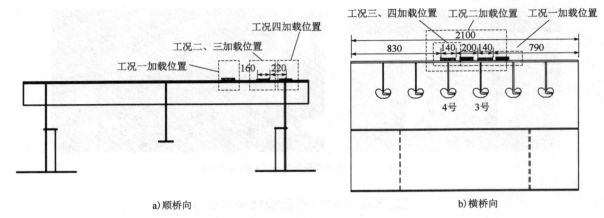

图6 加载方案示意图(尺寸单位:mm)

1. 横隔板间细节疲劳性能分析

横隔板间细节疲劳试验共进行了815万次循环加载,分为两个工况(工况一、工况二)进行。纵肋与顶板连接细节在工况一450万次加载后未产生疲劳裂纹。根据实测应力幅及累计损伤等效原则,基于规范计算,细节A顶板与纵肋连接区域顶板焊趾处的疲劳强度大于母材疲劳强度,疲劳寿命大于2.59亿次。

在工况二365万次加载后顶板焊趾和纵肋焊趾处均未产生疲劳裂纹,顶板加载点正下方板底受拉区出现裂纹,两个加载点共出现2条裂纹,如图7所示,其中第1条裂纹为加载255万次后肉眼观察发现。根据临近测点应力幅实测数据分析,在加载至55万次时开裂,200万次等效应力幅为163MPa,疲劳寿命为1.24亿次。

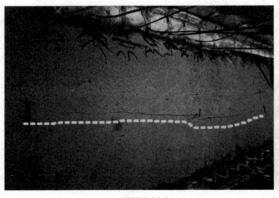
a)1号裂纹板底

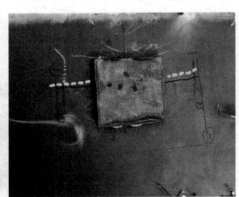
b)1号裂纹板顶

图 7

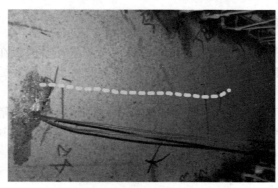
c) 2号裂纹板底

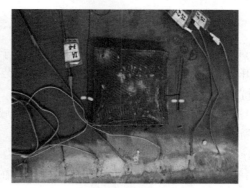
d) 2号裂纹板顶

图7 顶板疲劳裂纹

2. 横隔板区域细节疲劳性能分析

横隔板区域细节疲劳试验共进行了245万次循环加载，分为两个工况（工况三、工况四）进行。在工况三加载阶段加载至52万次时，在加载点正下方L肋下翼缘板与腹板连接处产生疲劳裂纹，并分别向腹板和翼缘板延伸，如图8所示。根据各阶段实测应力幅，基于累积损伤等效原则，计算可得200万次等效应力幅为154MPa，母材的疲劳强度一般为140~160MPa，与母材的疲劳强度相当。疲劳寿命为7.34亿次。

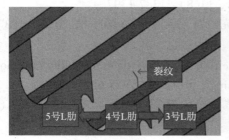
a) 裂纹示意图

b) 裂纹实物图

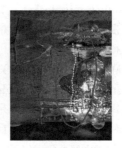
c) 裂纹实物放大图

图8 纵肋疲劳裂纹

当工况四加载阶段加载至115万次时，L肋与横隔板连接焊缝横隔板焊趾处出现了沿45°角向焊缝扩展的疲劳裂纹，发现时裂纹长度为21mm，通过裂纹附近应变数据变化分析可知该裂纹起裂于第三阶段循环加载至95万次时。为研究疲劳裂纹的扩展形态，疲劳试验继续进行。随着加载次数的增加，裂纹开始顺着焊缝方向向上扩展，当加载到140万次时，裂纹长度达到42mm，当裂纹加载到160万次时，裂纹继续沿焊缝向上扩展了27mm，裂纹长度达69mm。当加载到190万次时，裂纹继续沿焊缝向上扩展至135mm，表明疲劳裂纹的扩展速率随着疲劳加载呈现上升趋势，裂纹如图9所示。根据各阶段实测应力幅，基于累积损伤等效原则，计算可得200万次等效应力幅为167MPa，与母材的疲劳强度相当，表明该处细节具有较为优异的抗疲劳性能。实桥疲劳寿命约为7.87亿次。

a) 裂纹示意图

b) 裂纹实物图

c) 裂纹实物放大图

图9 横隔板区域疲劳裂纹

五、结 语

(1) 传统闭口U肋疲劳最薄弱部位为顶板与纵肋连接细节,开口肋横隔板开苹果孔桥面板在该细节未发生开裂,其疲劳强度大于母材疲劳强度,疲劳寿命大于2.59亿次,新型开口肋桥面板有效提升了该细节的抗疲劳性能,使其不再成为疲劳控制细节。

(2) 开口肋横隔板开苹果孔桥面板横隔板区域可能发生两种疲劳破坏模式,一种为纵肋与横隔板连接细节横隔板侧焊趾附近起裂沿焊缝向上扩展,另一种为起裂于两弧形开孔上圆弧处向中间扩展,其中第一种为主导疲劳开裂模式,其200万次等效应力幅为167MPa,与母材疲劳强度相当,疲劳寿命为7.87亿次。

(3) 在不同加载模式下,新型开口肋桥面板在加载点正下方顶板受拉区产生了疲劳裂纹,其200万次等效应力幅为163MPa,疲劳寿命大于1亿次。

综上,开口肋横隔板开苹果孔新型桥面板各疲劳细节的疲劳强度与母材相当,具有优越的抗疲劳性能。

参考文献

[1] WOLCHUK R. Lessons from weld cracks in orthotropic decks on three european bridges[J]. Journal of Structural Engineering, 1990, 116 (1): 75-84.

[2] XIAO Z G, YAMADA K, YA S, et al. Stress analyses and fatigue evaluation of rib-to-deck joints in steel orthotropic decks[J]. International Journal of Fatigue, 2008, 30(8): 1387-1397.

[3] 张清华,卜一之,李乔.正交异性钢桥面板疲劳问题的研究进展[J].中国公路学报,2017,30(3):14-30,39.

[4] MASAHIRO S, NAOTO N, AKIKO T, et al. Effect of inside fillet weld on fatigue durability of orthotropic steel deck with trough ribs[J]. Steel Construction Engineering, 2014, 21(81): 65-77.

[5] 钱骥,许振波.正交异性钢桥面板新型双面焊肋-板接头残余应力研究[J].重庆交通大学学报(自然科学版),2020,39(11):51-58.

[6] KAINUMA S, YANG M Y, JEONG Y S, et al. Experimental investigation for structural parameter effects on fatigue behavior of rib-to-deck welded joints in orthotropic steel decks[J]. Engineering Failure Analysis, 2017(79): 520-537.

[7] DESHMUKH A R, VENKATACHALAM G, DIVEKAR H, et al. Effect of weld penetration on fatigue life[J]. Procedia Engineering, 2014(97): 783-789.

[8] 张清华,罗鹏军,徐恭义,等.新型镦边纵肋与顶板焊接构造细节疲劳性能试验[J].中国公路学报,2018,31(5):42-52.

[9] 邵旭东,曹君辉,易笃韬,等.正交异性钢板-薄层RPC组合桥面基本性能研究[J].中国公路学报,2012,25(2):40-45.

[10] 张清华,刘益铭,卜一之,等.大纵肋正交异性组合桥面板疲劳性能研究[J].中国公路学报,2017,30(3):226-235.

[11] 王仁贵,欧阳,徐秀丽,等.新型半开口纵肋正交异性钢桥面板疲劳性能试验研究[J].桥梁建设,2018,48(6):64-69.

[12] LI X H, LIN H F, ZHAO A A, et al. Experimental study on fatigue performance of double welded orthotropic steel bridge deck[J]. Journal of Constructional Steel Research, 2024, 2131:08418.

[13] 徐秀丽,钱思博,李洪涛,等.新型开口肋正交异性钢桥面板疲劳性能对比试验研究[J/OL].土木工程学报,1-20. https://doi.org/10.15951/j.tmgcxb.23090813.

[14] HE X Y, WANG C, WEI R G, et al. Experimental study on buckling behavior of orthotropic steel deck with slender open ribs for large span suspension bridges[J]. Journal of Constructional Steel Research, 2023, 201:107681.

7. 废橡胶粉改性沥青研究应用综述

李程旭　韩振强

（长安大学公路学院）

摘　要　本文介绍了近年来橡胶粉(RP)在道路沥青改性中的研究现状,主要描述了国内外RP在公路工程应用中的研究进展及成果。首先,基于相关研究成果,展示了RP的添加以及工艺条件变化对沥青性能的影响。其次,讨论了橡胶粉与沥青结合料之间的相容性问题,研究表明其相互作用是影响改性沥青性能的主要因素。此外,本文还对橡胶粉改性沥青的老化及改性机制进行了研究分析,以提供改善改性沥青耐久性的方法。最后,提出了RP在沥青结合料中的应用建议。本研究的分析与综述有助于促进RP改性沥青在公路工程中的广泛应用。

关键词　道路工程　废橡胶粉　改性沥青　沥青混合料　研究现状

一、引　言

废橡胶在国际上被公认为一种必须处理以减少其对环境影响的固体废物。为了科学合理地利用废橡胶,国内外研究人员进行了广泛的开发和应用研究[1]。将废橡胶中的橡胶粉添加到沥青中可以提高其针入度指数、弹性、低温延展性和抗变形能力,增强其温度敏感性、高温稳定性、低温抗裂性和抗疲劳性能[2]。橡胶粉沥青混凝土路面在减少道路噪声、延缓反射裂缝、承受重交通量和抵御恶劣天气条件方面具有明显优势[3]。研究表明,添加橡胶粉到沥青混凝土中可以使沥青表层的厚度减少30%以上。当使用橡胶改性沥青作为沥青结构层中的应力吸收层时,其厚度可以进一步减少。在道路铺设中使用橡胶粉不仅能利用大量的废橡胶,还能节省大量沥青等铺设材料,从而减少环境污染,降低改性沥青路面的生产和维护成本,带来显著的经济和社会效益。

二、废橡胶粉用于沥青路面的主要方法

橡胶粉改性沥青混合料的制备主要有两种方法,即干法和湿法,见表1。干法是将橡胶粉作为部分填料直接喷入正在搅拌的热沥青混合器中,制备橡胶粉改性沥青混合料[4];湿法则是将橡胶粉加入高温(170~220℃)的热沥青中,快速搅拌混合0.5~2h,然后储存得到的改性沥青黏合剂。使用时,再与矿料混合,生产出沥青混合料[5]。

干法和湿法橡胶粉改性沥青混合料制备工艺的比较　　　表1

方法	操作步骤	温度范围(℃)	搅拌时间(h)	优点	缺点
干法	将橡胶粉作为部分填料直接喷入热沥青中搅拌	150~180	0.5~1	增强路面抗车辙能力	低温条件下抗脆性较差
湿法	将橡胶粉加入170~220℃的热沥青中,快速搅拌混合	170~220	0.5~2	既有良好的抗车辙能力,又有良好的抗脆性	操作较复杂,成本较高

尽管干法在适当的温度下增强了道路的抗车辙性能,但其在低温条件下的抗脆性较差。严格来说,干法实际上并不是真正的改性沥青生产,而是简单地将橡胶粉作为部分填料加入热沥青中以生产沥青砂浆。相对而言,湿法生产的沥青不仅具有良好的抗车辙能力,还具备良好的抗脆裂能力。因此,本文重点介绍湿法改性沥青的研究现状,并简要描述"干法"制备改性沥青混合料的现状。

三、干法制备改性沥青的研究

Cao W.[6]对三种不同橡胶含量(混合料总质量分数为1%、2%和3%)的沥青混合料以及不含橡胶的沥青混合料进行了测试。基于车辙试验(60℃)、间接拉伸试验(-10℃)和变量分析,发现采用"干法"将废轮胎橡胶粉添加到沥青混合料中,可以改善沥青混合料的工程特性。同时,橡胶含量对混合料的高温抗变形性能和低温抗裂性能有显著影响,研究认为含有3%轮胎橡胶的沥青混合料具有更好的高温和低温性能。干法改性沥青制备过程如图1所示。

图1 干法改性沥青制备

傅大放等[7]研究了使用废橡胶粉采用干法进行制备沥青混合料。通过马歇尔试验,初步探索了橡胶粉的掺量和温度。结果表明,随着橡胶粉掺量的增加,最佳沥青掺量从0.1%增加到1.1%。马歇尔稳定度的总体趋势是随着橡胶粉掺量的增加而降低的。但在较高的搅拌温度下,添加橡胶粉会略微提高稳定性。车辙试验和低温劈裂试验的研究发现,随着橡胶粉掺量的增加,试件的变形值逐渐降低。其中,添加橡胶粉时变形的减少趋势尤其明显,而当掺量从2%增加到3%时,变形趋势减缓。动态稳定性随着橡胶粉掺量的增加显著提高,即添加橡胶粉有助于提高沥青混合料的抗变形和抗车辙能力。

四、湿法改性沥青制备研究

将橡胶粉作为改性剂添加到沥青中,可以有效利用橡胶粉的黏弹性特性,并显著改善沥青的各种性能。因此,这一方法长期以来受到高度重视。湿法改性沥青的研究主要集中在以下几个方面:橡胶粉对沥青整体性能的影响、工艺条件的优化、老化过程、改性机制以及橡胶粉与沥青之间的兼容性问题。

1. 添加橡胶粉对沥青整体性能的影响

Garcia Morales M.等[8]研究了EVA在回收塑料材料中的应用,比较了EVA/LDPE混合物、轮胎橡胶粉和ABS,结果发现,橡胶粉改性沥青路面具有更好的适应性和更强的承载能力。Zhang L. P.等[9]发现,橡胶粉改性沥青CR-10和沥青混合料AC-16在抗水损害、高温稳定性和低温抗裂性方面表现出令人满意的特性,对其道路性能有显著影响。刘大梁等[10]认为,使用废轮胎橡胶粉改性石油沥青可以降低其穿透度、等效脆性点、软化点、等效软化点和黏度,表明沥青的高温和低温性能在一定程度上得到了改善。改性后,沥青的穿透指数增加,表明温度敏感性降低。同时,Celik Osman Nuri等[11]发现,沥青结合料及其黏度对热沥青混合料在压实过程中的压制成型有显著影响。与未添加结合料的其他混合料相比,结合料改性沥青混合料在压实时不太适合。添加橡胶粉的改性沥青如图2所示。

图2 回收橡胶粉改性沥青

2. 工艺条件对改性沥青性能的影响

石洪波等[12]以辽河AH-70沥青为基质沥青,以废橡胶粉为改性剂,以呋喃醛提取油为添加剂,合成了改性沥青，达到了美国 FHWA-SA-92-002 对废轮胎橡胶粉改性沥青的各项性能标准要求。研究发现，改性后沥青的高温稳定性、低温疲劳抗性和抗裂性显著改善，并确定了最佳工艺条件。Navarro F. J. 等[13]研究了测试设备和温度对橡胶粉改性沥青性能的影响。结果表明，温度对橡胶粉改性沥青的流变性能有显著影响。较高的温度可以促进橡胶粉的降解，而较高的制备温度可以提高橡胶粉改性沥青的高温稳定性。测试设备对橡胶粉改性沥青的影响不太显著。Navarro F. J. 等[14]进一步研究发现，橡胶粉在使用过程中改善了沥青的高低温性能，增加了黏度，降低了温度敏感性。橡胶粉改性沥青的流变性能和储存稳定性与橡胶粉的含量密切相关，橡胶粉含量的增加会提高储存稳定性。Navarro F. J. 等[15]还通过将 9% 的轮胎橡胶粉加入沥青中，研究了橡胶粉改性沥青的力学性能和储存稳定性。经过 180℃ 下处理 1.5h 后，流变性能显著改善。随着温度的升高和橡胶粉颗粒大小的增加，改性沥青的流动性偏离了牛顿流体行为，出现了未溶解的非球形颗粒。颗粒的存在影响了高温流动性。轮胎橡胶粉的添加增加了沥青路面的高温线性黏弹模量和黏度。在 50～163℃ 的温度范围内，橡胶粉改性沥青的黏度随着橡胶粉颗粒的增加而增加，并在特定条件下显著高于未改性沥青。同时，它降低了低温储存和损失模量，使沥青结合料在特定温度范围内更具柔韧性。力学性能的改善提高了沥青结合料对车辙和疲劳开裂的抗性。建议在制备过程中使用粒径小于 0.35mm 的胶粉，并使用高剪切速率。随着颗粒大小的增加和储存温度的升高，改性沥青的高温储存稳定性降低，导致未溶解的橡胶粉沉淀。只有颗粒大小为 0.29mm 的样品在所选储存条件下保持了稳定性。Wong 等[16]研究了不同尺寸的橡胶粉改性剂对三种级配磨耗层混合料高温敏感性的影响。实验采用湿法制备，胶粉含量为总结合料的 10%。结果表明，含有橡胶粉的改性沥青结合料和混合料的高温性能得到了改善。此外，在这三种不同粒径的橡胶粉中，0.15mm 的橡胶粉改性剂在密级配混合料中表现出更好的性能，而在开级配多孔沥青混合料中，橡胶粉改性剂则表现出更好的性能。

Specht L. P. 等[17]通过改变橡胶含量、粒径、处理时间和混合温度，依据统计分析方法制备了沥青结合料。设计了数学模型，通过统计分析和人工神经网络系统预测结合料的黏度。实验数据和模拟结果表明，与统计分析模型相比，神经网络分析结果更接近参数变化范围。沥青含量和处理时间对表观黏度的影响最大，而橡胶粉的表面状态（即粒径）的影响最小。对工艺条件的研究主要集中在为特定基质沥青和橡胶粉选择最佳工艺条件。积累的数据用于预测工艺条件对改性沥青性能的影响。图 3 展示了不同工艺条件下的改性沥青。

图 3　不同工艺条件下的改性沥青

3. 沥青老化和疲劳问题研究

Ruan Y. 等[18]采用比较方法研究了粉末橡胶的氧化老化和黏度变化，重点分析了 SBR 和 SBS 的优越性能。Juristyarini P. 等[19]设计了一个老化过程来评估沥青结合料的耐久性。研究发现，结合料粉的含量对混合料沥青和结合料粉的高温性能影响大于混合料的组成影响，因为添加结合料粉增加了结合料的黏度，而重芳烃则降低了低温抗裂性能。Chipp J. F. 等[20]认为，黏度增加主要是由于极性芳烃成分氧化成了沥青质,并模拟了老化过程。研究发现,橡胶粉改性沥青表现出最佳的老化性能,具有较慢的硬化速度、较低的氧化速率或增加的扩散阻力,或者是橡胶聚合物与沥青中极性芳烃成分之间氧化点的动态竞争。从动态角度来看,高弹性沥青的硬化速度比低弹性沥青慢。然而,橡胶粉改性沥青混合料表现出硬化敏感性,并随老化温度变化。橡胶粉改性沥青的老化特性在很大程度上依赖于制备方法、橡胶含量和结合料的化学组成。Palit S. K.等[21]研究了混合料的疲劳和永久变形特性、温度和湿度敏感性以及氧化老化。结果表明,与未改性沥青相比,橡胶粉改性沥青混合料改善了疲劳和永久变形特性,具有较低的温度敏感性和更好的抗湿损害性能。表2是对橡胶粉改性沥青的比较分析。

橡胶粉改性沥青的比较分析:研究发现及影响因素　　　　　表2

研究者	研究内容	主要发现	影响因素
Ruan Y 等	比较法研究了SBR和SBS改性粉末橡胶的氧化老化和黏度变化	粉末橡胶含量对高温性能影响大,添加粉末橡胶提高了黏度,重质芳烃减少了低温抗裂性	粉末橡胶含量、芳烃含量
Chipp J F 等	模拟老化过程,研究黏度增加的原因,主要关注极性芳香成分的氧化	橡胶粉改性沥青表现出最佳老化性能,硬化速度慢,氧化速率低,可能与橡胶聚合物和极性芳香成分的动态竞争有关	准备方法、橡胶含量、化学成分
Palit S K 等	研究了混合料的疲劳和永久变形特性,温度和湿度敏感性,以及氧化老化	与未改性沥青相比,橡胶粉改性沥青混合料改善了疲劳和永久变形特性,温度敏感性降低,抗水损性能提高	材料的改性方式、温度和湿度
张小英等	研究了橡胶粉溶解度对橡胶粉改性沥青的动态剪切流变性能和低温蠕变性能的影响	随着溶解度的增加,改性沥青的黏度降低,复合模量下降,相位角增加,低温性能显著改善	橡胶粉溶解度、温度、蠕变性能

由于橡胶粉和沥青的化学组成差异显著,两者之间的相容性直接影响改性沥青的性能。人们对此问题也进行了研究。张小英等[22]研究了橡胶粉溶解度对橡胶粉改性沥青动态剪切流变性能和低温蠕变性能的影响。研究结果表明,随着溶解度的增加,改性沥青在60℃和135℃下的黏度下降,在58℃下的复合模量下降。相位角增加时,低温蠕变刚度和蠕变刚度斜率随溶解度的增加变化不显著。与基质沥青相比,添加橡胶粉改善了沥青的抗车辙能力,增强了其弹性响应,并大大改善了其低温性能。

4. 橡胶粉与沥青的兼容性研究

程国奇等[23]通过FCC浆料对废旧橡胶粉进行预处理,并用于石油沥青改性,制备了具有良好兼容性和稳定高温储存性能的橡胶粉改性沥青。其工艺条件为预处理温度180~200℃,预处理时间1.5~2h,橡胶油比为0.7~0.8,预处理后的橡胶粉含量在12%~15%之间。橡胶粉改性沥青主料与原料沥青的混合时间为30~40min。研究结果表明,预处理橡胶粉改性沥青的高温储存性能稳定,低温下的柔韧性和抗裂性显著提高,高温下的稳定性、抗车辙性和弹性回弹性能得到增强,沥青的黏弹性范围发生显著变化。Shahidi N.等[24]认为,膨胀改性橡胶粉的颗粒可以通过改变其组成使其更易于应用于沥青中。Burris M. V. 等[25]介绍了一种由橡胶粉、石油芳香烃、活性黏土和添加剂组成的水合橡胶液体或半液体添加剂,并加入足够的水来改善沥青性能。Sylvester L. M. 等[26]向沥青中添加了线性或支化的十二烷基和十二烷基苯磺酸,以降解橡胶粉,制备出性能改进的改性沥青,主要表现为软化点提高、硬度增加和变形恢复能力增强。类似地,Martin J. V.[27]也向橡胶粉改性沥青中添加了一种或多种酸和交联剂。结果表明,橡胶粉的添加可以改善沥青胶结料的高温和低温性能,尤其是其弹性行为,从而增强沥青路面的抗永久变形、抗疲劳开裂和抗热裂性能。兼容性研究样品如图4所示。

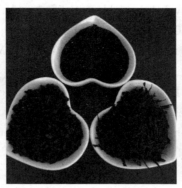

图4 兼容性研究样品

此外,为了促进橡胶粉与沥青的兼容性,对橡胶粉进行预降解处理已引起越来越多的关注。许多在橡胶工业中应用的橡胶粉降解方法逐渐渗透到橡胶粉改性沥青行业,例如微波降解[28]、微生物降解或两者的结合[29]。马爱群、康肖[30]进行了微波辐射处理橡胶粉及其改性沥青的研究。研究首先将废旧橡胶粉放入恒温箱中干燥脱水,然后放入微波炉中处理。实验结果表明,微波辐射橡胶粉改性沥青的各种性能优于普通橡胶粉改性沥青。微波辐射橡胶粉改性沥青混合料的高温稳定性优于普通橡胶粉改性沥青,其水稳定性也优于未经处理的橡胶粉改性沥青。我们还尝试了使用微波处理的橡胶粉改性沥青,并发现,在低强度和短时间的微波处理下,橡胶粉的降解不太明显,对沥青的影响也不显著。

五、结　语

随着工业化进程的推进,"黑色污染"问题日益严重。橡胶粉改性沥青作为一种有效的解决方案,能够通过合理利用废橡胶粉制备高性能道路沥青,缓解环境压力。

目前的研究表明,橡胶粉改性沥青的制备工艺条件已取得显著进展。在宏观层面上,矩阵沥青的性能、橡胶粉的特性、含量、混合速率、反应温度和时间等因素对改性沥青性能的影响及其关系已较为明确。同时,长期性能变化的研究也在不断推进。然而,由于橡胶粉改性沥青的复杂组成,研究进展仍不尽如人意。借鉴橡胶工业的研究方法,有望提高橡胶粉与沥青的兼容性,这对道路沥青行业具有重要意义。

现有文献表明,废橡胶粉改性沥青的研究中存在一些相互支持的观点,也有待进一步深化研究。不同研究者对影响因素的认识有所不同。例如,Specht L. P. 等认为沥青含量和处理时间对表观黏度影响最大,而橡胶粉的粒径也有影响。Putman Bradley James 等认为,较大特定表面积的橡胶粉具有更高的扩散效应。我们的研究发现,废橡胶粉的粒径对改性沥青性能有显著影响,特别是粒径小于40目时,相容性显著降低。此外,橡胶粉改性沥青的分子量测定受到炭黑干扰的影响,这一问题在国内尚未有系统的研究成果。

参考文献

[1] 刘超锋,杨振如. 废旧轮胎生产胶粉的新工艺及胶粉利用的新技术[J]. 橡塑资源利用,2006(3):33-42.

[2] 刘大景,刘清华,李祖云,等. 磨细废旧轮胎胶粉改性沥青性能及应用[J]. 石油沥青,2004,18(4):32-34.

[3] 刘宪生,孟凡田,张圆光. 废橡胶粉改性沥青混凝土路面施工工艺[J]. 天津建设科技(增刊):市政技术,2006,1:276-278.

[4] ADHIKARI B D D, MAITI S. Reclamation and recycling of waste rubber[J]. Progress in polymer science, 2000, 25 (7):909-948.

[5] REBALA S R E C K. Laboratory evaluation of crumb rubber modified mixtures designed using TDOT mixture design method[J]. Transportation Research Record, 1995, 1515:1-10.

[6] CAO W. Study on properties of recycled tire rubber modified asphalt mixtures using dry process[J]. Construction and Building Materials, 2007, 21 (5):1011-1015.

[7] 傅大放,惠先宝.废弃轮胎胶粉干法改性热拌沥青混合料(RUMAC)试验研究[J].公路交通科技,2001,18(5):4-7.

[8] GARCIA-MORALES M, PARTAL P, NAVARRO F J, et al. Effect of waste polymer addition on the rheology of modified bitumen[J]. Fuel, 2006, 85 (7): 936-943.

[9] ZHANG L P, XIN Q, XUE L, et al. Laboratory investigation of performance of discarded tire rubber modified asphalt mixes[J]. Journal of Shenyang Jianzhu University (Natural Science), 2005, 21 (4): 293-296.

[10] 刘大梁,刘清华,李祖云,等.磨细废旧轮胎胶粉改性沥青性能及应用[J].石油沥青,2004,18(4):3211.

[11] CELIK O N, ATIS C D. Compactibility of hot bituminous mixtures made with crumb rubber-modified binders[J]. Construction and Building Materials, 2007(12):15-28.

[12] 石洪波,王洪国,廖克俭,等.旧橡胶粉改性沥青配方与工艺条件研究[J].石化技术与应用,2005,23(4):274-276.

[13] NAVARRO F J, PARTAL P, MARTINEZ-BOZA F J, et al. Influence of processing conditions on the rheological behavior of crumb tire rubber-modified bitumen[J]. Journal of Applied Polymer Science, 2007(104):1683-1691.

[14] NAVARRO F J, PARTAL P, MARTINEZ-BOZA F, et al. Influence of crumb rubber concentration on the rheological behavior of a crumb rubber modified bi-tumen[J]. Energy & Fuels, 2005, 19 (5): 1981-1990.

[15] NAVARRO F J, PARTAL P, MARTINEZ-BOZA F. et al. Thermo-rheological behaviour and storage stability of ground tire rubber-modified bitu-mens[J]. Fuel, 2004, 83(14): 2041-2049.

[16] WONG C C, WONG W. Effect of crumb rubber modifiers on high temperature susceptibility of wearing course mixtures[J]. Construction and Building Materials, 2007, 21 (8): 1741-1745.

[17] SPECHT L, KHATCHATOURIAN P, BRITO L A T, et al. Modeling of asphalt-rubber rotational viscosity by statistical analysis and neural networks[J]. Materials research, 2007, 10: 69-74.

[18] RUAN Y, DAVISON R R, GLOVER C J. Oxidation and viscosity hardening of polymer-modified asphalts[J]. Energy & Fuels, 2003, 17 (4): 991-998.

[19] JURISTYARINI P. Asphalt modification and testing of the performance-related cracking failure properties[M]. Texas:Texas A&M University,2003.

[20] CHIPPS J F, DAVISON R R, GLOVER J. A model for oxidative aging of rubber-modified asphalts and implications to performance analysis[J]. Energy & Fuels,2001, 15 (3): 637-647.

[21] PALIT S K, REDDY K S, PANDEY B B. Laboratory e-valuation of crumb rubber modified asphalt mixes[J]. Journal of Materials in Civil Engineering,2004, 16(1):45-53.

[22] 张小英,徐传杰,张玉贞.橡胶粉的溶解度对改性沥青性质的影响[J].石油与化工,2006,37(3):53-56.

[23] 程国奇,陆小军,沈本贤.FCC油菜提高度胶粉改性沥青热存储稳定性的试验[J].炼油技术与工程,2006,36(6):10-12.

[24] SHAHIDI N, ARASTOOPOUR H, TEYMOUR F. Modified rubber particles and compositions including the same[P]. US 2006/0074135A1, 2006.

[25] BURRIS M V, BURRIS B B. Aqueous crumb rubber com-position[P]. US Patent 7 160 943. 2007.

[26] SYLVESTER L M, STEVENS J L. Rubber modified asphalt cement compositions and methods[P]. US Patent 7 074846,2006.

[27] MARTIN J V. Modified asphalt binder material using crosslinked crumb rubber and methods of manufacturing the modified asphalt binder[P]. US 2006/0249049 A1, 2006.
[28] WICKS G G, SCHULZ R L, CLARK D E, et al. Microwave treatment of vulcanized rubber[P]. US Patent 6 420457, 2002.
[29] FLIERMANS C B, WICKS G G. Combination biological and microwave treatments of used rubber products[P]. US Patent 6 407 144, 2002.
[30] 马爱群,康肖.微波辐射废胶粉改性沥青及混合料性能研究[J].公路,2007(2):138-142.

8. 悬索桥主缆温度场模拟及平均温度预测研究

李海[1] 肖军[1,2] 李昊天[1] 邹帅[2]

(1. 中交第二公路工程局有限公司;2. 陕西省"四主体一联合"桥梁工程智能建造技术校企联合研究中心)

摘 要 为实现对悬索桥主缆截面平均温度的实时预测,本文通过理论分析,确定了在采用表面温度的算术平均值作为截面平均温度时产生误差的关键因素,采用研发的桥梁结构日照温度场精细化模拟方法对主缆的日照温度场进行了准确模拟,开展了主缆直径对截面平均温度误差影响的量化分析,得到了适用于不同直径主缆的平均温度修正模型。研究结果表明,修正后的截面平均温度与真实值的误差基本保持在1℃以内,较好地实现了对主缆截面平均温度的实时预测。

关键词 桥梁工程 温度场 数值模拟 悬索桥主缆 平均温度

一、引 言

悬索桥主缆线形对温度的变化较为敏感,主要体现在截面平均温度变化所带来的主缆纵向伸长上。不同温度下主缆线形会产生较大的变化,且随着主缆长度的增加,温度对线形影响的程度就越发显著。

现阶段主缆截面平均温度的确定方法主要有以下3种。第1种是取代表性截面索股温度的测试结果绘制温度分布图,然后直接取加权平均值或者按照测温点区域的面积计算面积加权平均值来作为截面的平均温度[1]。该方法需要测得截面各索股的温度,多在实验室开展的模型试验中使用。第2种是采用主缆监测截面的表面测点温度的算术平均值作为该截面的平均温度[2-4]。随着主缆直径的增大,该方法的误差也会增大。研究表明,当主缆直径大于600mm时,需要通过温度测试结果绘制出整个截面的温度分布图,然后计算其加权平均值作为截面的平均温度。但实际施工过程中,不易在主缆内部布设温度传感器,因而,常常无法准确获取主缆内部的温度变化情况。第3种则是先计算整个主缆横截面的温度分布,然后计算横截面的平均值[5]。此类方法多为通过解析法或数值模拟法来获得主缆截面的温度分布情况,以实现对悬索桥建造期间主缆受温度影响而产生的线形变化情况进行评估,但该方法不能获得主缆截面的实时平均温度,无法对施工提供指导。

鉴于主缆内部的温度不易采集,因此,考虑通过合理的修正模型对主缆表面温度的算术平均值进行修正,从而实现对主缆截面平均温度的实时预测。研究成果旨在实现主缆的截面平均温度在不同季节、全天候的实时预测,从而保障悬索桥施工的精度。文中提及的表面温度表示主缆横截面最外侧的温度,所述的误差均表示采用表面温度的算术平均值作为截面平均温度时产生的误差。

二、截面平均温度修正原理

假定主缆截面为匀质的各向同性材料,且考虑到主缆沿其轴向很长,故可以认为沿主缆轴向上没有温度的传递,只在主缆截面即二维平面上存在温度的变化。因此,柱坐标系中二维导热微分方程可表示为式(1)的形式。

$$\frac{\partial T}{\partial t} = D\left[\frac{1}{r}\frac{\partial}{\partial r}\left(r\frac{\partial f}{\partial r}\right) + \frac{1}{r^2}\frac{\partial^2 f}{\partial \varphi^2}\right] \quad (1)$$

$$T = f(r, \varphi, t) \quad (2)$$

对于各向同性均质的材料,其热流密度与温度梯度成正比,沿着温度降低的方向传递,即遵从傅里叶基本定律,其矢量表达式为[6-7]:

$$\vec{q} = -\lambda \operatorname{grad} \vec{T} \quad (3)$$

$$\operatorname{grad} \vec{T} = \lim_{n \to 0} \frac{\Delta T}{\Delta n} \vec{n} = \frac{\partial T}{\partial n} \vec{n} \quad (4)$$

式中:$\vec{q}$——热流密度矢量;
$\vec{n}$——通过该点等温线的法向单位矢量;
$\operatorname{grad} \vec{T}$——温度梯度;
ΔT——两等温面之间的温度差;
Δn——两等温面法线方向间的距离。

用表面温度的算术平均值作为截面平均温度所产生的误差 α 为:

$$\alpha = \overline{T_s} - \overline{T_0} \quad (5)$$

$$\overline{T_s} = \frac{1}{A}\sum_{i=1}^{n} T_i S_i = \frac{1}{A}\int_A T dA = \frac{1}{A}\int_0^{2\pi}\int_0^r T dr d\varphi \quad (6)$$

式中:$\overline{T_0}$——表面测点温度的算术平均值;
$\overline{T_s}$——截面的面积加权平均温度;
A——主缆截面的面积;
n——表面的温度测点数;
T_i——索股的温度;
S_i——索股的面积。

从式(3)和式(4)可知,当某时刻的热流密度确定后,主缆截面两等温面之间的温度差与两等温面法线方向间的距离应是关于材料热物性参数的线性函数。因此,当材料热物性参数相同时,采用表面温度的算术平均值作为主缆截面的平均温度,所产生的误差 α 应是关于主缆半径 r 以及时刻 t 的函数,即 $\alpha = k(r,t)$,当半径确定后,误差 α 应只与时刻 t 有关。鉴于此,可考虑对不同直径主缆的用该方法确定截面平均温度时所产生的误差进行参数拟合(不同直径主缆的误差数据均通过数值模拟获得),得出适用于不同直径在不同时刻的误差修正模型,从而实现对主缆截面平均温度的实时预测。

三、主缆日照温度场数值模拟及其准确性验证

为了实现对主缆日照温度场的准确模拟,采用参考文献[8]中提出的考虑日照阴影影响的结构日照温度场精细化模拟方法进行模拟。

1. 模型简介

以参考文献[9]中的试验模型为实例,用其试验结果来对模拟方法的准确性进行验证,模型如图1中a)和b)所示。该主缆模型两端用泡沫塑料进行保温,以减少模型端面与环境之间的热量交换,在数值模型中,通过在模型端面不施加传热边界条件来进行考虑。模型表面的太阳辐射吸收取0.75,长波辐射系数取0.8,环境最高温度为34.657℃,最低温度为24.875℃,平均风速为2 m/s。按照图1中c)[9-11]中所示的主缆等效热物性参数取值,分别设置了三组模型,通过分析结果的相互对比,获得模型的最佳等效热物性参数。

2. 模拟结果准确性验证

温度模拟值与实测值的对比结果如图2所示。结果表明,采用文献[10]中的热物性参数所得到的模

拟结果与实验结果更为接近,因此,后续开展的不同直径的主缆的温度场模拟均使用该热物性参数。无论是在主缆的表面测点还是内部测点,数值模拟结果都与实测值均具有良好的一致性,两者的变化趋势以及数值大小都比较接近。由于模拟时的环境风速直接取用了平均风速,与实际风速有偏差,所以导致了表面温度的模拟结果与实测结果在 17 时至 22 时有着一定的偏差,但在其余时刻,模拟结果与实测结果间的偏差均在 2℃ 以内;各时刻模拟得到的截面面积加权平均温度与实测的截面面积加权平均温度以及截面算术平均温度都较为吻合。上述分析表明,采用的主缆日照温度场模拟方法能够较好地模拟出主缆结构在一天中各时刻的实际温度场分布情况,能满足进一步分析的需求。

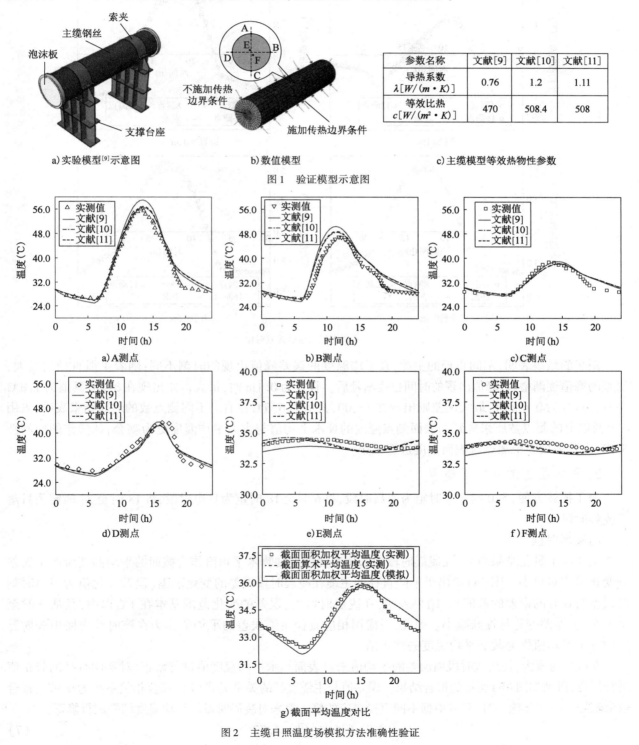

图 2 主缆日照温度场模拟方法准确性验证

四、平均温度误差修正

1. 主缆直径对误差的影响

为对不同直径的主缆在使用表面平均温度作为截面平均温度时所存在的误差进行量化，开展了不同直径主缆节段模型的温度场数值模拟，截面平均温度误差结果如图3所示。

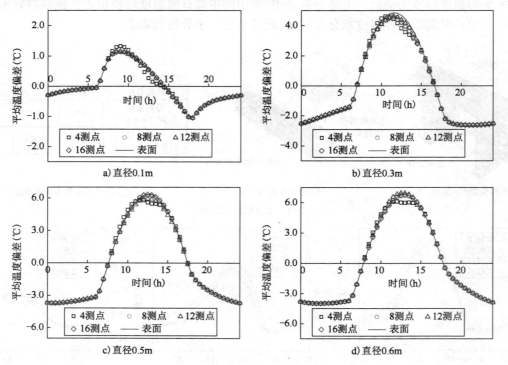

图3　不同直径主缆的误差对比

图3的结果表明，不同直径的主缆，其平均温度的误差峰值出现的时刻不同；随着主缆直径的增大，误差的峰值逐渐增大，峰值出现的时间也逐渐延后。直径为0.1m时，最大误差出现在8:30，其值为1.0℃左右。直径为0.6m时，最大误差则出现在13:00，其值为6.5℃左右。不同测点数的对比结果表明，采用8个及以上的测点数所采集到的表面测点温度的算术平均值与表面平均温度更为吻合；从操作的便利性考虑，推荐采用8个测点对表面温度进行采集。

2. 平均温度误差修正模型

为了描述方便，将0时至6时定为凌晨时段，将6时至18时定为日出时段，将18时至24时定为日落至凌晨时段。

1) 凌晨时段

图3所示量化结果表明，在凌晨时段内采用表面温度的算术平均值作为截面的平均温度所产生误差的变化量相对较小。图4a)给出了不同直径的主缆在凌晨时段误差的变化范围(误差变化值为当前时刻的误差与6时的误差的差值)。结果表明，在凌晨时段内，误差的变化范围基本在1℃以内，且从0时至早上6时，误差变化量逐渐减小。因此，考虑用相应直径主缆误差的平均值作为在该时段内使用表面温度的算术平均值作为截面平均温度的修正值。

在凌晨时段内，使用该时段内误差的平均值来对表面算术平均温度值进行修正，对不同直径的修正值进行拟合，得到如图4b)所示的拟合结果。误差值与主缆直径的关系见式(7)，拟合相关系数为0.977，拟合效果较好。在实际施工时，只需根据不同直径对应的修正值来对凌晨时段的平均温度结果进行修正。

$$\Delta T = 6.6\, e^{-3.17D} - 4.72 \tag{7}$$

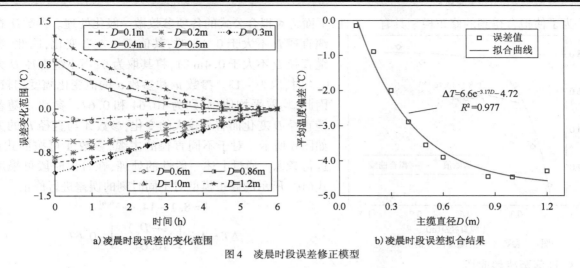

图 4 凌晨时段误差修正模型

2) 日出时段

通过观察，日出时段的误差变化规律与正弦函数较为相符，因此，采用如式(8)所示的正弦函数对该时段的误差变化进行拟合。

$$\Delta T = A\sin\left[\frac{(t-D_c)}{w}\pi\right] - \alpha \tag{8}$$

日出时段的误差拟合结果如图 5 所示。拟合结果表明，采用上述正弦函数对该时段内的误差值进行拟合，能够很好地表达该时段内误差随时间的变化情况，拟合的最小相关系数为 0.972。

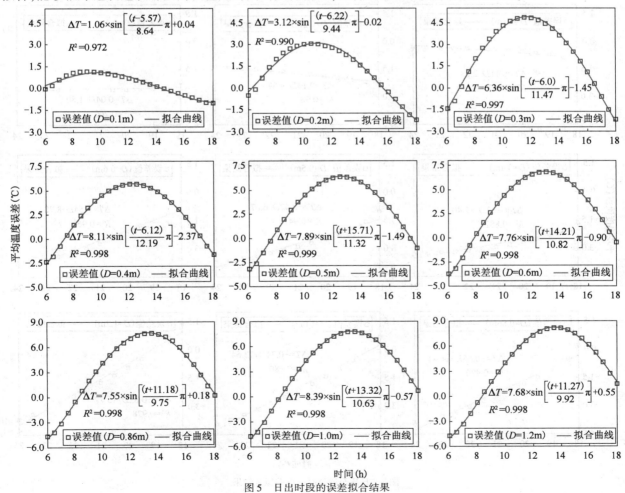

图 5 日出时段的误差拟合结果

为了使拟合得到的修正模型具有一般性，下面将对拟合公式的各项参数做一般化处理。参数D_c在主缆直径D不大于0.4m时，其值在6左右变化，因此，当主缆直径D不大于0.4m时，将其取为6；当主缆直径D大于0.4时，取为-13。参数w和参数α的值变化幅度均较小，因此，均取平均值，分别为10.64和0.67。参数A随着主缆直径D变化而有着较大的变化，参数A与直径D的关系如图6所示。对于不同直径的主缆，参数A可按照式(9)进行考虑。通过上述一般性的处理，在日出时段可采用如式(10)所示的修正模型对不同时刻的误差进行修正。

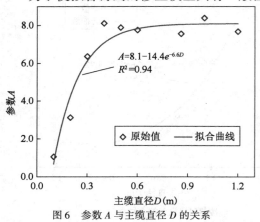

图6 参数A与主缆直径D的关系

$$A = 8.1 - 14.4 e^{-6.6D} \tag{9}$$

$$\Delta T = A\sin\left[\frac{(t - D_c)}{10.64}\pi\right] - 0.67 \tag{10}$$

3）日落至凌晨时段

不同直径主缆的平均温度误差结果表明，在日落至凌晨时段，随着主缆直径D的增大，误差变化的区间也逐渐增大，但总体而言，误差变化与线性变化规律较为相符，因此，采用式(11)的线性函数对该时段的误差情况进行拟合，误差拟合结果如图7所示。虽有部分拟合的相关系数相对较差，但由于该直径的误差变化较小，因而误差值与拟合结果也相差不大。大体而言，采用线性函数能够较好地描述该时段内误差与时刻的关系。

$$\Delta T = kt + d \tag{11}$$

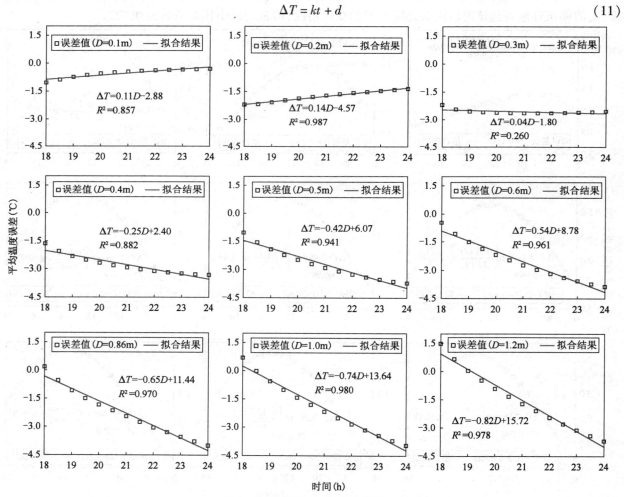

图7 日落至凌晨时段误差拟合结果

同理,为了增强误差拟合模型的一般性,将拟合得到的斜率 k 和截距 d 分别再次进行拟合,拟合结果如图 8 所示。拟合得到的斜率 k 和截距 d 随主缆直径变化的关系式分别如式(12)、式(13)所示。

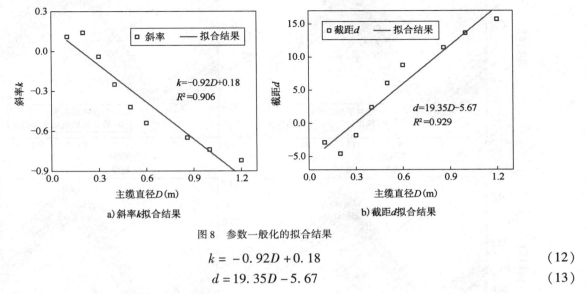

图 8　参数一般化的拟合结果

$$k = -0.92D + 0.18 \tag{12}$$
$$d = 19.35D - 5.67 \tag{13}$$

3. 修正模型验证

1) 修正效果验证

为验证上述所得出修正模型的修正效果,建立了直径为 0.9m 的主缆节段模型,模型的环境参数与模拟方法准确性验证的算例相同。修正效果如图 9 所示。结果表明,未对表面温度的算术平均值进行修正而直接将其作为主缆截面的平均温度,将会与实际情况存在较大偏差,最大偏差出现在 13 时,偏差值可达 7.6℃。采用上述提出的修正公式对表面算术平均温度进行修正后,偏差将明显减小,修正后的表面温度算术平均值基本在截面面积加权平均温度 1℃ 附近波动,验证了上述得出的修正模型对采用主缆表面测点温度的算术平均值作为截面平均温度的方法有着较好的修正效果,能够满足工程要求。

2) 不同季节修正效果验证

选取了不同季节具有代表性的天气用来代替一年四季的温度变化,模型的环境温度取值见表 1。

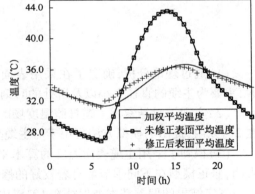

图 9　修正效果对比

环境温度取值(单位:℃)　　　　　　　　　　　表 1

季节	T_{min}	T_{max}	温差
春季	15	25	10
夏季	27	38	11
秋季	22	31	9
冬季	-1	9	10

图 10 为不同季节采用上述修正模型对表面平均温度的算术平均值进行修正后与主缆截面的加权平均温度的对比情况。从图中可知,在不同的季节,上述提出的修正公式都有着较好的修正效果,修正后的表面算术平均温度与截面面积加权平均温度之间的误差基本保持在 1℃ 以内,修正后的结果能较好地符合工程需求,验证了本文提出的修正模型在不同季节的适用性。

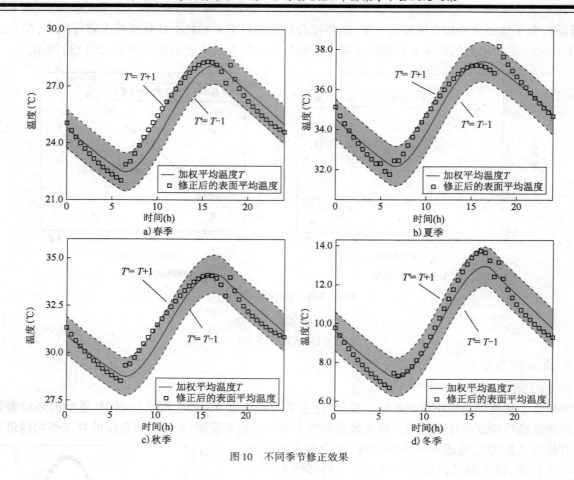

图10 不同季节修正效果

五、结 语

(1)通过理论分析,确定了在采用表面温度的算术平均值作为截面平均温度时引起误差的关键因素,主要为主缆的直径大小以及所处的时刻。

(2)实现了对悬索桥主缆日照温度场的准确模拟。温度场模拟结果与实测结果吻合较好,误差基本在2℃以内,提出的模拟方法可用于对主缆受日照影响情况的评估工作。

(3)得到了采用主缆表面温度的算术平均值作为截面平均温度所引起误差的修正模型。验证结果表明,修正模型在不同季节都有着较好的修正效果,可实现不同季节全天候的主缆平均温度预测,预测结果与真实结果的偏差基本能保持在1℃以内。

限于研究条件,本文提出的主缆温度场数值模拟方法以及平均温度误差修正模型只适用于晴朗天气,而对于阴雨天气的数值模拟方法以及主缆平均温度预测方法仍有待进一步研究。

参考文献

[1] 黄铁生.大岛大桥主缆施工[J].国外桥梁,1993(3):175-180.
[2] 林一宁,余屏孙,林亚超.悬索桥架设期间主缆温度测试研究[J].桥梁建设,1997(3):60-68.
[3] 潘永仁,范立础.悬索桥施工中主缆横截面平均温度实用计算法[J].同济大学学报(自然科学版),1998(2):114-119.
[4] 潘永仁.悬索桥结构非线性分析理论与方法[M].北京:人民交通出版社,2004.
[5] 陈科旭.自然环境下大跨度悬索桥空间温度场和温度效应研究[D].天津:天津大学,2018.
[6] 杨世铭等.传热学[M].4版.北京:高等教育出版社,2010.
[7] LIENHARD J H. A heat transfer textbook[R]. NY: Courier Corporation, 2013.
[8] ZOU S, XIAO J, XIAN J, et al. Three-Dimensional Temperature Field Simulation and Analysis of

Concrete Bridge Tower Considering the Influence of Sunshine Shadow[J]. Applied Sciences, 2023, 13(8):4769.

[9] 俞明德. 悬索桥主缆温度场及对主缆影响的研究[D]. 成都：西南交通大学, 2010.

[10] 谢明志. 山区复杂环境大跨度悬索桥主缆温度场效应及影响研究[D]. 重庆：重庆交通大学, 2014.

[11] 张伟, 张亮亮, 钟宁. 基于悬索桥主缆热物性参数试验的温度场研究[J]. 重庆交通大学学报（自然科学版）, 2016, 35(1):1-4, 106.

9. 石墨烯类材料改性沥青研究综述

唐佳琪　韩振强

（长安大学公路学院）

摘　要　目前，改性沥青在使用过程中存在着路面早期病害，如车辙、水损坏、易老化等问题，严重影响沥青路面的使用寿命。石墨烯类材料是一种具有优异机械性能、电学性能和热学性能的独特结构的二维碳纳米材料，具有良好的抗渗性、抗拉性、耐磨性和耐冻融性，可以有效提高沥青的耐久性和使用寿命，近年来在路面工程中的应用越来越受到重视。本文分析了目前改性沥青存在的问题与挑战，总结了石墨烯改性沥青（GMA）、纳米石墨片改性沥青（GNMA）以及氧化石墨烯改性沥青（GOMA）制备参数，综述了石墨烯类材料在改性沥青效果和微观形貌方面的研究进展，以期为今后道路工程的发展提供新思路。

关键词　二维材料　石墨烯　纳米石墨片　氧化石墨烯　沥青

一、引　言

沥青作为交通运输工程中的主要筑路材料，因为近年来车辆数量增多、重载化趋势，以及其在高温稳定性、低温抗裂性和抗老化性等方面的性能不足，导致路面常出现车辙、裂缝等问题，传统改性沥青已无法满足需求。自2004年石墨烯材料被发现以来[1]，各种二维材料如氮化硼、二硫化钼等逐渐受到关注[2-3]。石墨烯具有优异的机械、电学和热学性能，例如高载流子迁移率、高比表面积和高杨氏模量，因此在电子、能源、材料等领域得到了广泛应用[4-6]。

目前，常用的沥青改性剂如橡胶、高分子聚合物等，在改善沥青低温性能时往往会牺牲其高温性能，反之亦然。而石墨烯类材料由于其纳米级尺寸和复杂的物理特性，被认为能有效改善沥青的抗渗性、抗拉性和耐磨性，从而提升沥青的耐久性。然而，对于石墨烯改性沥青的效果，研究界存在分歧：一部分研究者认为其能全面改善沥青性能，具备广泛应用前景；而另一部分则认为其改性效果有限，不值得深入研究。

本文以石墨烯类材料为研究重点，探讨石墨烯改性沥青（GMA）、纳米石墨片改性沥青（GNMA）及氧化石墨烯改性沥青（GOMA）的制备参数、对沥青性能的影响及其改性机理。这些研究有望为改善沥青性能、延长使用寿命和降低维护成本提供新思路，也为二维材料在沥青中的应用提供重要参考。

二、石墨烯类二维材料改性沥青的制备方法

纳米材料改性沥青的制备方法和参数因改性剂类型的不同而有所区别[7]，见表1。针对石墨烯、石墨烯纳米片（GNP）和氧化石墨烯（GO）等二维材料，制备方法通常与传统改性沥青不同，主要分为三类：直接添加法（DAM），将石墨烯类材料直接添加到沥青中，这种方法简单，但可能导致材料分散不均匀；间接添加法（IAM），将沥青结合料和石墨烯类材料溶于介质溶液中形成溶液，然后混合。这种方法有助于实现材料在沥青中的均匀分散；辅助添加法（AAM），对石墨烯类材料进行功能基团改性后，再添加到沥青中，这种方法通过改善材料的亲和力，进一步提高其在沥青中的分散性和改性效果。

GMA/GNMA/GOMA 制备参数的文献总结 表1

改性沥青类型	制备装置			混合参数			参考文献
	高速剪切机	搅拌器	其他设备	时间（min）	搅拌速度（r/min）	温度（℃）	
GMA		√		(10)¹	手动搅拌	150	[10]
	√	√		10/30/(10)²	1000/3000²	145~1556	[16]
	√		√	180	6500	140	[9]
	√			60	1720	140	[13]
	√		√	120	4700	110	[15]
GNMP	√	√	√	40/(60)	5000/(5000)	170	[10]
	√	√	√	40/40/(30)	手动搅拌	135	[17]
	√	√		40/(80)	4000	170	[18]
		√		(10)	手动搅拌	150~160	[19]
GOMA	√			30	4000	155/170³	[20]
		√		(45/60)	手动搅拌	150/135	[14]
	√			30/(60)	5000/(4000)	170	[11]
	√			30	4000	150	[21]
	√		√	45	5000	120	[22]

注：1. 括号外为高速剪切制备参数，括号内为搅拌器或手动搅拌制备参数。
2. "10/30/(10), 1000/(3000), 145~155"是指制备温度为145~155℃，改性沥青首先通过1000r/min的高速剪切制备10min，然后在3000r/min下剪切。搅拌30min，最后搅拌10min，以下类似。
3. "155/175"是指用两种沥青黏结剂制备石墨烯类材料改性沥青，制备温度分别为155℃和175℃。

高速剪切仪在 GMA 和 GNMA 的制备中的使用频率较高，表明石墨烯和 GNP 在沥青中的分散性较差。相比之下，GO 因其含氧官能团，可以通过普通玻璃棒在较高温度下搅拌来制备。文献[8-14]中还提到超声波分散法用于提高石墨烯类材料在沥青中的分散性，以及使用表面活性剂通过接枝官能团来改善石墨烯的性质，以增强其在沥青中的亲和力。

例如，Huang 等[15]通过将石墨烯改性剂制成均匀分散的溶液，与沥青在室温下混合，然后分离介质溶液，达到均匀分散的目的。Yu 等[12]则报道了将 GO 水分散体与熔融沥青混合，之后蒸发水分得到 GOMA。介质溶液的选择至关重要，它必须能在室温下将沥青和石墨烯类材料转化为液体，同时保持其基本性质。采用这些方法有助于石墨烯类材料在沥青中的均匀分散，从而优化改性效果，为二维材料改性沥青的制备提供了新的思路和重要参考。

三、石墨烯类二维材料对沥青性能的影响

1. 石墨烯对沥青性能的影响

1）沥青基础性能

石墨烯是一种二维碳纳米材料，由碳原子以 sp2 杂化轨道组成六角蜂巢晶格，具有优异的机械性能、导热导电性和高表面积特性。杨璐[23]通过分子动力学模拟和流变力学实验研究了不同质量分数（2%、4%、6%、8%、10%）的石墨烯改性沥青（GMA）。结果表明，随着石墨烯含量增加，所有样本的复数模量增大，相位角和阻尼因子下降，表明石墨烯的加入提高了沥青的弹性和高温抗车辙能力。石墨烯对沥青高温复模量的提升（65℃时提高 92.40%）远大于低温的影响（25℃时提高 10.94%），这一结果与文献[10]的研究一致。

Guo 等[11]将石墨烯与电气石按 1∶100 比例混合作为复合改性剂进行沥青改性。研究发现，该复合改性剂能显著提高沥青的流变性能和抗车辙能力，最高可提升 10.12%。此外，石墨烯可能与沥青分子

结合,使两者更加紧密,从而改善沥青性能。石墨烯与电气石的混合物在高温稳定性方面优于矿粉,但在低温稳定性和水稳定性方面变化不大。该复合材料还能吸收热沥青释放的沥青烟,效率达到76.9%～80.5%。石墨烯能吸附多环芳烃(PAHs),且在280nm处仍显示吸收峰,表明其具有较强的吸附能力,可能对减排沥青烟有贡献。然而,沥青烟的测试方法和结果仍需要进一步商榷。

2) 沥青微观形貌

Moreno-Navarro 等[10]通过红外摄像机分析了GMA的热力学性质,如图1a)～d)所示。当沥青材料中加入石墨烯后,可显著提高沥青材料的导热性能,即相同温差增加或减少时,时间更短。GAM的温度敏感性似乎会增加。从图1a)和b)可以看出,GMA在相同温度下比基质沥青更稳定且不易变形,为智能路面材料的后续研究提供良好的研究基础和思路方向。石墨烯可以用来增加沥青材料的比热容,可以有效地吸收储存在路面上的能量,利用能量输送管道将其输送到热能转换站进行能量转换,而石墨烯可以大大提高这一过程的有效性和效率。此外,还可用于热带或亚热带地区路面的高温稳定性研究,即通过其高导热性,将路面的高温传递到路面外部,以减少高温对路面性能的影响。

Chen 等[24]研究表明,通过制备石墨烯改性沥青(GMA),能够显著降低沥青烟的排放量,其效果远优于单独使用电气石。图1e)和f)展示了石墨烯-电气石复合物在沥青结合料中的扫描电镜(SEM)形态。Shishebor 等[25]利用分子动力学模拟分析了石墨烯与沥青结合料的四组分及集料之间的相互作用[图1g)～i)]。研究发现,石墨烯-沥青的黏附功和界面强度显著高于石墨烯-集料,这为GMA混合物的后续研究奠定了基础,表明石墨烯在沥青中的界面相互作用对改性效果具有重要影响。

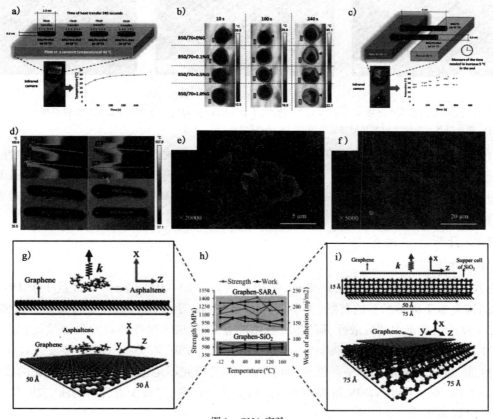

图1 GMA实验

注:测定GMA的加热能力实验(a,b);评价GMA的导热率实验(c,d);石墨烯/电气石在沥青中的分散和复合粉末的形态(e,f);石墨烯-SARA的界面模型表示(g);石墨烯-SARA和石墨烯-SiO_2的黏附性能(h);石墨烯-SiO_2的界面模型表示(i)。

Zhang 等[12]使用金相显微镜观察了石墨烯在沥青结合料中的形貌[图2a)、b)]。结果显示,当石墨烯含量不合适时,沥青中的团聚现象较为明显,附聚物较大;而当石墨烯含量达到最佳时,团聚现象得到改善,团聚体变小。这表明石墨烯在沥青中的最佳掺量对其分散性至关重要。表面活性剂的加入可有效改善石墨烯的团聚现象，但具体机制尚未得到解释。类似地，Huang等[8]通过金相显微镜和工业CT技术观察了石墨烯在沥青结合料中的3D和2D形貌[图2c)~f)]，分析了石墨烯的分散度，并确认表面活性剂可以显著增加石墨烯片层间距，约为原来的两倍。Zhang等[26]发现，从热膨胀石墨改性沥青中分离出的膨胀石墨与石墨烯形态相似[图2g)、h)]，推测沥青中的某些物质可能使膨胀石墨脱附成石墨烯状物质。进一步的模拟结果(图2i)表明，沥青质与石墨烯的吸附量最大，石墨烯在沥青中的层间距可能影响其分散效果。这些发现为石墨烯在沥青结合料中的应用提供了重要的理论支持。

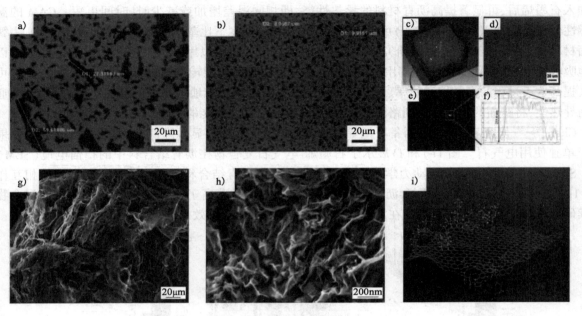

图2　显微镜观察

注：正常组和最佳组的金相显微镜检查结果(a,b)；GMA的三维/二维表征结果(c~f)；从热沥青中提取的膨胀石墨的SEM图(g)；石墨烯的SEM图(h)；沥青质和石墨烯之间交联形态的模拟(i)。

石墨烯能显著提升沥青结合料的高温性能，降低沥青烟气排放，并增强其抗老化和导热性能。然而，对于其对低温性能的影响仍存在争议。石墨烯与沥青结合料中芳烃和沥青质的相互作用强于与胶体和饱和物的作用，为GMA的作用机理提供了分析基础。石墨烯与GMA混合物中聚集体表面是否存在界面相互作用尚需要进一步研究。

2. GNPs对沥青性能的影响

1) 沥青基础性能

GNPs由片状石墨烯构成，厚度为6~8nm，体积密度为0.03~0.1g/cm³，氧含量小于1%，碳含量为99.5%。其结构类似于碳纳米管的薄壁，力学性能优异。Han等[14]通过原位聚合将聚苯乙烯(PS)接枝到GNPs上，改善其在沥青中的分散性，研究发现GNPs能提升SBS改性沥青的黏弹性能和高温稳定性，最佳掺量为0.05%，PS-GNPs为0.02%。Han等[27]继续研究发现，八癸胺(ODA)接枝的GNPs也能改善沥青的高温性能，最佳掺量为0.08%。然而，对低温性能的研究不足，且未绘制剂量优化曲线，无法完全解释最佳用量。Le等[17]指出，GNPs可提高沥青的低温抗折强度，并减少混合料的压实功，但对低温松弛性能和蠕变刚度影响不大。

2) 沥青微观形貌

图3显示，通过原位接枝技术，PS和ODA成功将GNPs功能化。PS接枝只在GNPs表面生成官能团，不影响层间距，而ODA接枝不仅改性表面，还增大了层间距。两者都改善了GNPs的亲油性和相容性，有利于沥青改性。PS-GNPs和ODA-GNPs均增强了沥青混合料的抗水损害能力，其中PS-GNMA的性能优于ODA-GNMA。在制备过程中，GNPs和SBS改性剂形成类似弹簧的网络结构，提高了抗水损害能力。

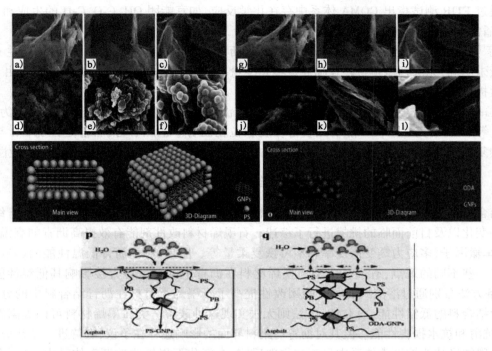

图 3 微观形貌

注：GNPs 和 PS-GNPs 的 SEM 图(a~f)；PS-GNPs 的三维模拟结构(n)；为 GNP 和 ODA-GNP 的 SEM 图(h~m)；ODA-GNP 的三维模拟结构(o)；PS-GNPs 和 ODA-GNPs 抗水损害的模拟机理(p,q)。

同时，还发现 PS 降低了 GNPs 的最佳含量，而 ODA 提高了 GNPs 的最佳含量，因此推测 GNPs 含量的变化和亲油性或亲水性的变化可能与功能化处理中官能团的修饰效果、排列顺序和晶面距离有关，这还需要进一步的研究和论证。此外，水稳定性是否是由官能团的引入引起的以及亲脂性是否是由 GNPs 引起的仍然不清楚。

3. GO 对沥青性能的影响

1）沥青基础性能

GO(氧化石墨烯)因其丰富的含氧官能团而具有多样性，兼具亲水性和疏水性。其官能团分布有规律，环氧基和羟基在薄层底面，羧基和羰基在边缘。GO 可还原为石墨烯，恢复其共轭结构。Zeng 等认为，GO 掺量为 3% 时可改善沥青的高低温性能，但对抗老化性能影响不显著，且在 115℃ 时会释放大量二氧化碳，提供了阻燃沥青研发的参考。ZENG 等[28]的研究表明，GO 提高了 SBS 改性沥青的抗疲劳开裂性能，并且通过分析发现 GO 对抗热氧老化性能有积极作用，3% 的掺量效果最佳。然而，这与 Zeng 等的结论矛盾，主要由于不同的老化测试方法。Wang 等[29]也研究了 GO 对基质沥青抗老化性能的影响，发现 GO 能有效改善短期和长期老化，但认为最佳掺量为 1.5%。Liu 等[30]指出，GO 提高了基质沥青和 SBS 改性沥青的黏度、抗车辙因子和多应力蠕变恢复率，但对低温抗裂性能改善不明显，并通过 DSC 测试发现 GO 对沥青低温性能影响有限。红外光谱测试显示，基质沥青体系中存在化学和物理反应混合，而 SBS 改性沥青体系中仅存在物理反应。葛启鑫等[31]制备了不同掺量的 GO-SBS 复合改性沥青，结果表明 GO 提升了 SBS 改性沥青的高温抗车辙能力和低温性能，掺量为 0.75% 的 GO-SBS 复合改性沥青表现最佳，这与 Liu 等的结论略有差异。

2）沥青微观形貌

与石墨烯和 GNPs 相比，GO(氧化石墨烯)与沥青结合料的相互作用更为复杂，主要受其界面含氧官能团的影响。对于 GOMA 体系中是否存在化学反应，研究者意见不一。Liu 等[30]认为 GO 和 SBS 改性剂同时改性沥青时，体系中没有发生化学反应，只有物理反应。类似地，Yu 等[9]也发现 GO 与沥青之间仅有物理吸附，没有化学反应，认为新官能团的生成可能是两者叠加效应的结果，而非化学反应。然而，部分研究者通过 FTIR 测试指出 GOMA 体系中存在化学反应,如官能团 OH、C-O、C-H 的生成和 C≡C 的消失,这一矛盾需要进一步研究验证。

Zeng 等[28]研究发现,当 GOMA 加热至 115℃时,沥青体积迅速膨胀至室温的三倍,产生 CO_2,但 GO 的具体含量未明确,无法判断是否存在临界点或是少量 GO 即可引发此现象。该反应是否由 GO 或沥青中的碳元素提供仍需进一步研究。

此外,Lin 等[32]发现 GO 的加入改善了橡胶颗粒与沥青的黏结性,使两者从包裹现象转为共混状态。同样,Singh 等[33]的研究显示,GO 能明显改善橡胶颗粒在沥青中的相容性,可能是因为 GO 与橡胶反应形成了新的复合改性剂,或者 GO 提升了沥青的黏结性能。图像观察支持后一种原因的可能性更大。

四、结　语

本文结合现有的研究,对不同的 2D 材料(石墨烯、GNPs 和 GO)对沥青的改性效果、沥青结合料中的微观形貌的变化以及目前面临的挑战进行了综述。石墨烯材料改性剂能有效提高沥青的高温稳定性,如软化点、抗车辙因子、多应力蠕变恢复率和不可恢复柔量等。但是,对于沥青低温性能的影响,国内外的研究还存在一些不同的观点,有人认为类石墨烯材料在沥青中的分散性直接影响其低温性能。IAM 和 AAM 的制备方法分别通过溶液共混和官能团改性提高了石墨烯类材料在沥青结合料中的分散性,从而改善了沥青结合料的低温性能,而 DAW 方法则无法实现这种改善。类石墨烯材料可以提高沥青混合料的抗老化、抗滑和抗水损害性能。但其对沥青与集料界面的影响还存在争议,有待进一步研究;石墨烯改性沥青和石墨纳米片改性沥青体系中只存在物理反应,在氧化石墨烯改性沥青体系中,是否存在化学反应有待进一步验证;石墨烯类材料可以与其他改性剂组合来改性沥青,但机理不相同,基于不同的改性剂,还需要进一步的研究和论证。

现有的研究大多集中于石墨烯类材料改性沥青的基本性能,而没有关注石墨烯类材料的其他优异性能,尤其是其良好的导电性和导热性。在高性能沥青材料研发之外,功能性 2D 材料改性沥青的研发是另一个值得关注的方面。未来应更加重视基于类石墨烯材料的功能化改性沥青和沥青混合料的开发,其中,融雪路面、能量转换路面和超级电容路面是值得进一步研究和探索的课题。

参考文献

[1] NOVOSELOV K S, GEIM A K, MOROZOV S V, et al. Electric field effect in atomically thin carbon films [J]. Science, 2004, 306(5696): 666-669.

[2] SU Q, LIU D D, WANG C Y, et al. Graphene/BN/Fe/BN nanocomposites for highly efficient electromagnetic wave absorption[J]. ACS Applied Nano Materials, 2022, 5(10): 15902-15913.

[3] ZHAN L, SHEN J, YAN J, et al. Dendritic WS_2 nanocrystal-coated monolayer WS_2 nanosheet heterostructures for phototransistors [J]. ACS Applied Nano Materials, 2021, 4(10): 11097-11104.

[4] XIE T, WANG Q, WALLACE R M, et al. Understanding and optimization of graphene gas sensors[J]. Applied Physics Letters, 2021(119): 13104.

[5] WEI Y, ZHANG R, ZHANG Y, et al. Thickness-independent energy dissipation in graphene electronics [J]. ACS Applied Materials & Interfaces, 2020, 12(15): 17706-17712.

[6] WANG J, NULL N. Enhancement of electrochemical performance of LiCoO2 cathode material at high cut-off voltage (4.5 V) by partial surface coating with graphene nanosheets[J]. International Journal of Electrochemical Science, 2020, 15(9): 9282-9293.

[7] YU H, LENG Z, ZHOU Z, et al. Optimization of preparation procedure of liquid warm mix additive modified asphalt rubber[J]. Journal of Cleaner Production, 2017(141): 336-345.

[8] MORENO-NAVARRO F, SOL-SÁNCHEZ M, GÁMIZ F, et al. Mechanical and thermal properties of graphene modified asphalt binders[J]. Construction and Building Materials, 2018(180): 265-274.

[9] ZHANG X, HE J X, HUANG G, et al. Preparation and characteristics of ethylene bis(stearamide)-based

graphene-modified asphalt[J]. Materials, 2019, 12(5): 757.

[10] HAN M, LI J, MUHAMMAD Y, et al. Effect of polystyrene grafted graphene nanoplatelets on the physical and chemical properties of asphalt binder[J]. Construction and Building Materials, 2018(174): 108-119.

[11] DUAN S, LI J, MUHAMMAD Y, et al. Synthesis and evaluation of high-temperature properties of butylated graphene oxide composite incorporated SBS (C4H9-GO/SBS)-modified asphalt[J]. Journal of Applied Polymer Science, 2019, 136(46): 48231.

[12] YU R, ZHU X, HU J, et al. Preparation of graphene oxide and its modification effect on base asphalt[J]. Fullerenes, Nanotubes and Carbon Nanostructures, 2019, 27(3): 256-264.

[13] AHMAD NAZKI M, CHOPRA T, CHANDRAPPA A K. Rheological properties and thermal conductivity of bitumen binders modified with graphene[J]. Construction and Building Materials, 2020, 238: 117693.

[14] LIU K, ZHU J, ZHANG K, et al. Effects of mixing sequence on mechanical properties of graphene oxide and warm mix additive composite modified asphalt binder[J]. Construction and Building Materials, 2019(217): 301-309.

[15] HUANG G, HE J, ZHANG X, et al. Applications of lambert-beer law in the preparation and performance evaluation of graphene modified asphalt[J]. Construction and Building Materials, 2021(273): 121582.

[16] GUO T, WANG C, CHEN H, et al. Rheological properties of graphene/tourmaline composite modified asphalt[J]. Petroleum Science and Technology, 2019, 37(21): 2190-2198.

[17] LI J, DUAN S, MUHAMMAD Y, et al. Microwave assisted fabrication of polymethyl methacrylate-graphene composite nanoparticles applied for the preparation of SBS modified asphalt with enhanced high temperature performance[J]. Polymer Testing, 2020(85): 106388.

[18] WEI Y, LIU Y, MUHAMMAD Y, et al. Study on the properties of GNPs/PS and GNPs/ODA composites incorporated SBS modified asphalt after short-term and long-term aging[J]. Construction and Building Materials, 2020(261): 119682.

[19] LE J L, MARASTEANU M O, TUROS M. Mechanical and compaction properties of graphite nanoplatelet-modified asphalt binders and mixtures[J]. Road Materials and Pavement Design, 2020, 21(7): 1799-1814.

[20] WU S, ZHAO Z, LI Y, et al. Evaluation of aging resistance of graphene oxide modified asphalt[J]. Applied Sciences, 2017, 7(7): 702.

[21] ZENG Q, LIU Y, LIU Q, et al. Preparation and modification mechanism analysis of graphene oxide modified asphalts[J]. Construction and Building Materials, 2020(238): 117706.

[22] WANG R, QI Z, LI R, et al. Investigation of the effect of aging on the thermodynamic parameters and the intrinsic healing capability of graphene oxide modified asphalt binders[J]. Construction and Building Materials, 2020(230): 116984.

[23] WANG Y H, POLACZYK P, HE J X, et al. Dispersion, compatibility, and rheological properties of graphene-modified asphalt binders[J]. Construction and Building Materials, 2022(350): 128886.

[24] CHEN Q, WANG C, QIAO Z, et al. Graphene/tourmaline composites as a filler of hot mix asphalt mixture: Preparation and properties[J]. Construction and Building Materials, 2020(239): 117859.

[25] SHISHEHBOR M, POURANIAN M R, RAMEZANI M G. Molecular investigations on the interactions of graphene, crude oil fractions and mineral aggregates at low, medium and high temperatures[J]. Petroleum Science and Technology, 2019(37): 804-811.

[26] ZHANG X, ZHOU C, YUAN X, et al. Research status of graphene material in fields of asphalt

composites[J]. Journal of Central South University, 2019, 50(7): 1637-44.

[27] HAN M, LI J, MUHAMMAD Y, et al. Studies on the secondary modification of SBS modified asphalt by the application of octadecyl amine grafted graphene nanoplatelets as modifier[J]. Diamond and Related Materials, 2018(89): 140-150.

[28] ZENG W, WU S, PANG L, et al. The utilization of graphene oxide in traditional construction materials: Asphalt[J]. Materials, 2017, 10(1):48.

[29] WANG R, YUE J, LI R, et al. Evaluation of aging resistance of asphalt binder modified with graphene oxide and carbon nanotubes[J]. Journal of Materials in Civil Engineering, 2019, 31(11):2934.

[30] LIU K, ZHANG K, SHI X. Performance evaluation and modification mechanism analysis of asphalt binders modified by graphene oxide[J]. Construction and Building Materials, 2018(163):880-889.

[31] 葛启鑫,徐文远,武鹤. 氧化石墨烯-SBS复合改性沥青的高低温性能[J]. 林业工程学报,2022, 7(4): 158-165.

[32] GE Q, XU W, WU H. Study on high and low-temperature properties of graphene oxide/SBS composite modified asphalt[J]. Journal of Forestry Engineering, 2022, 7(4): 158-165.

[33] LIN M, WANG Z L, YANG P W, et al. Micro-structure and rheological properties of graphene oxide rubber asphalt[J]. Nanotechnology Reviews, 2019, 8(1):1-21.

[34] SINGH B B, MOHANTY F, DAS S S, et al. Graphene sandwiched crumb rubber dispersed hot mix asphalt[J]. Journal of Traffic and Transportation Engineering (English Edition), 2020,7(5):652-667.

10. 预弯钢-混组合梁抗弯承载能力研究

李海[1] 杨文斌[1,2] 杨俊[1,2] 马峰[1]

(1. 中交第二公路工程局有限公司;2. 陕西省"四主体一联合"桥梁工程智能建造技术校企联合研究中心)

摘 要 为明确预弯力对预弯钢-混组合梁抗弯承载能力的影响,本文结合《钢-混凝土组合桥梁设计规范》《预弯预应力组合梁桥技术标准》及基于钢材应变强化模型的钢混组合梁极限抗弯强度计算方法开展了沁河特大桥抗弯承载能力研究。研究表明:规范计算更接近于钢梁下缘屈服时的组合梁抗弯承载力,而考虑钢材应变强化模型的计算结果接近于混凝土上缘屈服时的抗弯承载力;初始预弯力能有效减小钢梁组合后的峰值应力,但存在最优预弯力区间。

关键词 钢梁预弯 预弯钢-混组合梁 抗弯承载力 钢材应变强化模型 最优预弯力

一、引 言

预弯钢-混组合梁[1]是一种在钢梁及预应力混凝土梁基础上发展而来的新型的组合形式。20世纪40年代,A. Lipski 和 L. Baes[2]联合研究提出了预弯组合梁的计算方法及制作工艺。随后日本开展相关研究,并于1968年建成首跨预弯组合梁桥,在此基础上,日本又先后建造了多座预弯组合梁。在这期间,预弯组合梁得到了系统的研究与建造经验累积,1975年日本首次颁布了有关预弯组合梁的设计、施工指南[3]。经过20多年的发展,日本已建成超1000座预弯组合梁桥,并于2011年推出《预弯组合梁道路桥梁标准设计集》,极大地推动了预弯组合梁的发展与应用[4-6]。同时期,韩国、英国、法国等先后研究了预弯组合梁的预制施工方法、结构弹塑性理论计算、收缩徐变效应等,进一步加强了预弯组合梁结构的大范围推广及应用。

预弯组合梁在我国发展起步较晚,20世纪80年代我国开始了预弯组合梁的相关研究,1987年,同济大学张士铎教授从预弯组合梁的构造特点、制作过程及受力原理方面初步介绍了预弯组合梁的基本情况[7];1990年前后,同济大学、重庆交通学院、湖南大学等均开展了预弯梁抗弯承载强度力计算方法研究[8];随后竺存宏学者[9]出版了《预弯组合梁设计与施工》一书,向社会详细介绍了预弯梁的现状和应用前景,极大地推动了预弯组合梁在国内的发展进程;在组合梁抗弯承载能力研究方面,杨明、郑一峰等[10-11]相继开展了考虑弹塑性影响的极限抗弯承载能力计算方法研究,并开展相关试验进行验证,但均未考虑提拉力对预弯组合梁抗弯承载能力的影响,且结构初始内力对组合梁抗弯承载能力的影响也不够明确。因此,明确初始提拉力对预弯组合梁抗弯承载力的影响具有重要的意义。

二、抗弯承载力计算方法

1. 规范计算方法

《预弯预应力组合梁桥技术标准》(CJJ/T 276—2018)[12]规定,预弯预应力组合梁应对构件进行抗弯承载力验算,基于弹塑性理论的预弯组合梁抗弯承载力计算方法可依照式(1)进行计算。

$$\gamma_0 M_d \leq M_{ud} = f_d \left[t b_{su} \left(\frac{x}{0.8} - c - \frac{t}{2} \right) + t b_{st} \left(h_s + c - \frac{x}{0.8} - \frac{t}{2} \right) + \right.$$
$$t_w h_u \left(\frac{h_u}{2} + \frac{x}{0.8} - c - t \right) + \frac{2}{3} t_w \left(\frac{x}{0.8} - c - t \right)^2 \right] +$$
$$f_{cd} \left[(b'_i - b) h'_i \left(\frac{x}{0.8} - \frac{h'_i}{2} \right) + bx \left(\frac{x}{0.8} - \frac{x}{2} \right) \right] \tag{1}$$

《钢-混凝土组合桥梁设计规范》(GB 50917—2013)[13]规定,钢-混凝土组合梁截面符合板件宽厚比要求时,可按式(2)采用塑性设计方法计算抗弯承载力。

$$\gamma_0 M \leq k_1 (A_c f_{cd} y_1 + A_{sc} f_d y_2 + A_r f_{sd} y_s) \tag{2}$$

2. 基于钢材应变强化模型的钢混组合梁极限抗弯强度计算方法

预弯组合梁的抗弯承载力计算属于结构受力问题,其理论求解应建立在一些基本假定之上,以此达到简化的过程,基本假定如下:

(1)组合梁截面变形符合平截面假定,钢梁和混凝土桥面板间连接良好、无滑移;

(2)桥面板混凝土受拉开裂后不再参与受力,荷载由钢梁全力承担;

(3)钢材采用双线性随动强化材料本构模型,在极限状态下,受压混凝土板应力为$0.85f_c$(f_c为混凝土轴心抗压强度),整体上呈矩形分布(图1),其中强化阶段弹性模量为初始弹模的1%;

组合梁纯弯段主要有两种受力破坏模式[14]:混凝土压溃和钢梁下缘达到屈服强度。结合平截面假定,令k_c和k_s分别为混凝土和钢梁破坏时对应的截面曲率,定义混凝土极限压应变取值为$\varepsilon_{cu} = 3300\mu\varepsilon$,钢梁极限拉应变为$\varepsilon_u = 15\varepsilon_y$。

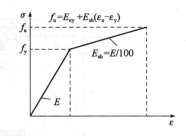

图1 钢材双线性随动强化材料本构模型

由图2计算得到:

$$k_c = \frac{\varepsilon_{cu}}{y_{sc}} = \frac{3300\mu\varepsilon}{y_{sc}} \tag{3}$$

$$k_s = \frac{\varepsilon_u}{y_{ss}} = \frac{15\varepsilon_y}{h_c + h_s - y_{sc}} \tag{4}$$

式中:y_{sc}——中性轴距混凝土顶面的距离;

y_{ss}——中性轴距钢梁底部的距离。

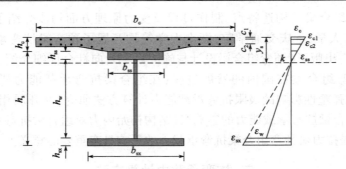

图 2 组合梁截面应变分布

初步假定混凝土桥面板被压溃，依据平截面假定得到钢梁下翼缘应变 ε_{sx} 和钢梁极限状态下应变 ε_u 计算公式为：

$$\varepsilon_{sx} = \frac{3300\mu\varepsilon}{y_{sc}} \cdot y_{ss} = \frac{0.0033\varepsilon}{y_{sc}}(h_c + h_s - y_{sc}) \tag{5}$$

$$\varepsilon_u = 15\varepsilon_y \tag{6}$$

对比钢梁下翼缘应变与极限状态下应变，若 $\varepsilon_{sx} \leq \varepsilon_u$，则混凝土发生压溃破坏，假定合理；若 $\varepsilon_{sx} > \varepsilon_u$，则钢梁达到极限破坏强度。

如图 3 所示，当中性轴位于混凝土桥面板内时，钢梁腹板下缘达到钢材屈服应变，即 $\varepsilon_w = \varepsilon_y$，钢腹板应变在高度方向呈三角形分布，满足平截面假定；如图 4 所示，当中性轴位于钢梁腹板内时，钢梁腹板下缘达到钢材屈服应变，即 $\varepsilon_w = \varepsilon_y$，钢腹板应变在高度方向呈三角形分布，满足平截面假定。

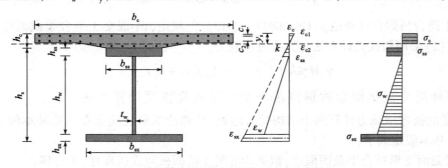

图 3 中性轴位于混凝土桥面板时应力分布情况

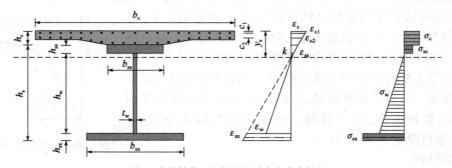

图 4 中性轴位于钢梁腹板时应力分布情况

此时，计算得到各关键截面部位应变见表 1。

各关键截面应变计算公式　　　　　　　　　　　　　　　　　　　　　　　　表 1

应变类别	中性轴位于桥面板时	中性轴位于钢梁腹板时
第一层钢筋应变 ε_{c1}	$\varepsilon_{c1} = \kappa_c \lvert y_s - c_{c1} \rvert$	$\varepsilon_{c1} = \kappa_c \lvert y_s - c_{c1} \rvert$
第二次钢筋应变 ε_{c2}	$\varepsilon_{c2} = \kappa_c \lvert y_s - c_{c2} \rvert$	$\varepsilon_{c2} = \kappa_c \lvert y_s - c_{c2} \rvert$
钢梁上翼缘底部应变 ε_{ss}	$\varepsilon_{ss} = \kappa_c (h_c + h_{ss}/2 - y_s)$	$\varepsilon_{ss} = \kappa_c (y_s - h_c)$

续上表

应变类别	中性轴位于桥面板时	中性轴位于钢梁腹板时
钢梁腹板底部应变 ε_w	$\varepsilon_w = \varepsilon_y$	$\varepsilon_w = \varepsilon_y$
钢梁下翼缘底部应变 ε_{sx}	$\varepsilon_{sx} = \kappa_c(h_c + h_s - h_{sx}/2 - y_s)$	$\varepsilon_{sx} = \kappa_c(h_c + h_s - h_{sx}/2 - y_s)$

注:h_c、h_s、h_{ss}、h_{sx} 分别为混凝土桥面板厚度、钢梁高度、钢梁上缘厚度、钢梁下缘厚度;c_{c1} 为第一层钢筋距桥面板顶面距离;c_{c2} 为两层钢筋间距。

将表1中所列公式分别代入内力及弯矩计算公式,得到对应部位内力 F 及弯矩 M 如下:

1)中性轴位于桥面板时

(1)混凝土桥面板。

若桥面板钢筋应变小于等于钢材屈服应变,则有 $F_{c1} = E_s \varepsilon_{c1} A_{s1}$;若桥面板钢筋应变大于钢材屈服应变,则 $F_{c1} = [f_y + E_{sh}(\varepsilon_{c1} - \varepsilon_y)] \cdot A_{c1}$。

同理可求得 F_{c2},即可得到混凝土桥面板内力及弯矩计算公式为:

$$F_c = \begin{cases} f_c b_c y_s - F_{c1} - F_{c2} & \text{(中性轴在桥面板钢筋层上方)} \\ f_c b_c y_s + F_{c1} - F_{c2} & \text{(中性轴在桥面板钢筋层之间)} \\ f_c b_c y_s + F_{c1} + F_{c2} & \text{(中性轴在桥面板钢筋层下方)} \end{cases} \quad (7)$$

$$M_c = f_c b_c y_s^2/2 + F_{c1}|y_s - c_{c1}| + F_{c2}|y_s - c_{c2}| \quad (8)$$

式中:b_c——混凝土桥面板有效宽度。

(2)钢梁上翼缘。

同上,若钢梁上翼缘应变小于等于钢材屈服应变,则按式(9)计算;若钢梁上翼缘应变大于钢材屈服应变,则按式(10)计算;随即得到钢梁上翼缘弯矩计算公式如式(11)所示。

$$F_{ss} = E_s \varepsilon_{ss} A_{ss} \quad (9)$$

$$F_{ss} = [f_y + E_{sh}(\varepsilon_{ss} - \varepsilon_y)] \cdot A_{ss} \quad (10)$$

$$M_{ss} = F_{ss}(h_c + h_{ss}/2 - y_s) \quad (11)$$

(3)钢梁腹板内力及弯矩按下式计算:

$$F_w = 1/2 f_y t_w h_w \quad (12)$$

$$M_w = F_w(2/3 h_w + h_{ss} + h_c - y_s) \quad (13)$$

(4)钢梁下翼缘内力及弯矩按下式计算:

$$F_{sx} = [f_y + E_{sh}(\varepsilon_{sx} - \varepsilon_y)] A_{sx} \quad (14)$$

$$M_{sx} = F_{sx}(h_s + h_c + h_{sx}/2 - y_s) \quad (15)$$

式中:t_w——表示钢梁腹板厚度;

h_w——钢梁腹板高度。

2)中性轴位于钢梁腹板

(1)混凝土桥面板:

$$F_c = f_c b_c h_c + F_{c1} + F_{c2} \quad (16)$$

$$M_c = f_c b_c h_c(y_s - h_c/2) + F_{c1}|y_s - c_{c1}| + F_{c2}|y_s - c_{c2}| \quad (17)$$

(2)钢梁上翼缘:

$$M_{ss} = F_{ss}(y_s - h_c - h_{ss}/2) \quad (18)$$

钢梁上翼缘内力计算如式(9)、式(10)所示,钢梁腹板、下缘内力及弯矩计算见式(12)~式(15)。

联合各部分内力计算公式,由力学平衡求解极限状态下钢混组合梁中性轴位置 y_s 表达式为:

$$\begin{cases} F_c - F_{ss} - F_w - F_{sx} = 0 & \text{(中性轴位于桥面板内)} \\ F_c + F_{ss} - F_w - F_{sx} = 0 & \text{(中性轴位于钢梁腹板)} \end{cases} \quad (19)$$

依据计算得到的中性轴位置y_s,得到组合梁考虑钢材应变强化的极限抗弯承载力M_{cs}计算公式如下。

$$M_{cs} = M_c + M_{ss} + M_w + M_{sx} \tag{20}$$

三、预弯组合梁受力分析

1. 实例分析

以沁河特大桥为例,取等效后截面为计算参数(图5)。钢梁材质为Q420qNHD,顶板采用32mm厚钢板,腹板采用46.74mm,底板为20mm,$f_d = 320\text{MPa}$;桥面板混凝土采用C55混凝土,桥面板板厚320mm(钢梁顶板处),翼缘板厚200mm,$f_{cd} = 27.3\text{MPa}$。

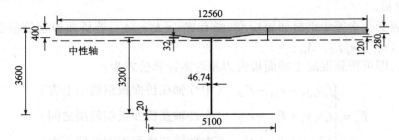

图5 等效后钢混组合梁截面(尺寸单位:mm)

计算得到混凝土桥面板顶部距中性轴距离为518.7mm,大于桥面板板厚,即中性轴位于钢梁腹板。

(1)按照《预弯预应力组合梁桥技术标准》规定,当$x > h'_f$时,组合梁截面受弯承载力按规范公式(1)计算,由于组合梁中性轴位于钢梁腹板处,则桥面板混凝土全截面受压,计算得到组合梁抗弯承载力为:

$$\gamma_0 M \leq M_{ud} = 2.59 \times 10^{11} \text{N} \cdot \text{mm}$$

(2)依据《钢-混凝土组合桥梁设计规范》计算和判断得到:

$$A_c f_{cd} + A_r f_{sd} = 1.258 \times 10^8 < A_s f_d = 1.26 \times 10^8$$

代入规范公式(2)计算得到:

$$\gamma_0 M \leq M_u = k_1 (A_c f_{cd} y_1 + A_{sd} f_d y_2 + A_r f_{sd} y_s) = 2.76 \times 10^{11} \text{N} \cdot \text{mm}$$

(3)采用钢材双线性强化模型进行组合梁抗弯承载力计算,当中性轴位于钢梁腹板处时,其不同部位处内力及弯矩计算按式(7)~式(18)计算,得到各部分内力及弯矩结果见表2。

组合梁各部分内力及弯矩计算　　　　表2

项目	混凝土桥面板	钢梁上翼缘	钢梁腹板	钢梁下缘
内力(N)	2.28×10^8	7.51×10^8	2.64×10^7	3.68×10^7
弯矩(N·mm)	6.43×10^{10}	7.66×10^{10}	5.31×10^{10}	1.13×10^{11}

综上计算,得到钢-混组合梁考虑钢材应变强化的极限抗弯承载力为:

$$M_{cs} = M_c + M_{ss} + M_w + M_{sx} = 3.07 \times 10^{11} \text{N} \cdot \text{mm}$$

为进一步说明钢-混组合梁钢梁预弯施工对组合梁抗弯承载能力的影响,以沁河特大桥为例,建立有限元模型,如图6所示,采用施工阶段模拟钢梁先预弯再叠合混凝土桥面板的施工过程,组合梁破坏形式以混凝土桥面板/钢主梁达到屈服强度为准。

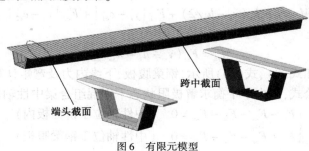

图6 有限元模型

模型计算得到各施工阶段主梁跨中挠度结果与施工监控数据对比见表3。

各施工阶段模型计算与监控数据对比(mm) 表3

施工阶段	有限元模拟		施工监控		误差
吊装钢梁	-164.29	—	110655.7	—	—
第一次张拉	-74.61	89.68	110743.4	87.7	1.98
桥面板铺设	-224.85	-150.24	110598.7	-148.6	1.64
第二次张拉	-165.87	58.98	110661.0	62.3	3.32
湿接缝浇筑	-181.04	-15.17	110643.4	-17.6	2.43
释放吊拉力	-300.92	-119.88	110525.1	-118.3	1.58

由表3可得,各阶段施工模拟结果与监控数据基本一致,以此验证该模型的准确性。

进一步对比有限元及规范计算结果,得到对比数据见表4。

有限元计算与理论计算对比 表4

项目	有限元结果 (N·mm)	钢-混规范 (N·mm)	误差	预弯技术标准 (N·mm)	误差	双线性计算结果 (N·mm)	误差
混凝土上缘屈服	3.20×10^{11}	2.76×10^{11}	13.75%	2.59×10^{11}	19.06%	3.07×10^{11}	4.06%
钢梁下缘屈服	2.51×10^{11}		9.96%		3.19%		22.31%

由表4可知,对比有限元计算结果,其中,依据《预弯预应力组合梁桥技术标准》《钢-混凝土组合桥梁设计规范》得到的组合梁抗弯承载力计算结果更接近于钢梁下缘屈服时的组合梁抗弯承载力。其中,与有限元计算结果误差分别为3.19%和9.96%,而依据钢材双线性强化模型得到的组合梁抗弯承载力计算结果更偏向于混凝土上缘屈服时的组合梁抗弯承载力,与有限元计算结果误差仅4.06%。

2. 初始预弯力对组合梁抗弯承载力的影响

以上述计算模型为例,分别调整钢梁提拉力值为原来的20%、40%、60%、80%、100%,计算得到当提拉力弯矩越小时,钢梁越容易屈服,此时桥面板混凝土应力水平较低,因此选择钢梁下缘屈服作为基准,对比得到不同预弯程度钢梁叠合后抗弯承载力变化如图7所示。

由图7可知,初始预弯力对钢-混凝土组合梁抗弯承载力有影响,随着预弯力的逐渐增大,组合梁抗弯承载力呈阶梯增长,但增速逐渐放缓。

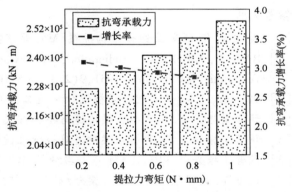

图7 不同预弯度时组合梁抗弯承载力

结合沁河特大桥施工方案,列式得到组合梁应力及抗弯力矩的计算公式如式(21)~式(24)所示:

钢梁下缘应力
$$\sigma_s^b = \frac{M_s + M_z - M_T}{I_s} \times y_x + \frac{M_T}{I_z} \times z_x \quad (21)$$

钢梁上缘应力
$$\sigma_s^t = \frac{M_s + M_z - M_T}{I_s} \times y_s + \frac{M_T}{I_z} \times z_s \quad (22)$$

混凝土上缘应力
$$\sigma_c = \frac{M_T}{I_z} \times \frac{E_c}{E_s} \times z_s \quad (23)$$

组合梁抗弯承载力
$$M = \frac{I_z}{y}[\sigma] \quad (24)$$

式中:M_s、M_z、M_T——钢梁自重作用下跨中弯矩、桥面板及湿接缝自重作用下跨中弯矩、提拉力作用下跨中弯矩;

I_s、I_z——钢梁截面惯性矩和组合梁截面惯性矩;

y_s、y_x——钢梁中性轴到钢梁上、下缘间的距离;

z_s、z_x——组合梁中性轴距组合梁上、下缘间的距离;

E_s、E_c——钢材和混凝土的弹性模量。

由上式可以看出,当组合梁截面确定时,叠合前后截面惯性矩、中性轴距组合梁顶底距离、钢梁、桥面板自重作用下的跨中弯矩均为定值,组合梁抗弯承载力受初始预弯力影响,从式(21)~式(24)可以看出,预弯力越大,钢梁应力水平越小,即预弯力可以减小组合梁初始状态时的钢梁峰值应力,但过大的预弯力则会造成桥面板初始应力的加剧,使其承担一部分本由钢梁承担的荷载,因此,预弯力存在一个最优区间。

四、结 语

本文以沁河特大桥为例开展了预弯钢-混组合梁抗弯承载能力研究,主要结论如下:

(1)依据《预弯预应力组合梁桥技术标准》《钢-混凝土组合桥梁设计规范》得到的组合梁抗弯承载力计算结果更接近于钢梁下缘屈服时的组合梁抗弯承载力,而基于钢材双线性强化模型得到组合梁抗弯承载力计算结果更偏向于混凝土上缘屈服时的组合梁抗弯承载力,即规范对组合梁抗弯承载力的计算相对保守;

(2)初始预弯力对钢-混凝土组合梁抗弯承载力有影响,随着预弯力的逐渐增大,组合梁抗弯承载力呈阶梯增长,但增速逐渐放缓;

(3)预弯力越大,钢梁应力水平越小,即预弯力可有效减小组合梁初始状态时钢梁的峰值应力,但过大的预弯力会造成桥面板初始应力的加剧,减弱混凝土桥面板的负载能力,因此预弯力存在一个最优区间。

参考文献

[1] 聂建国. 钢-混凝土组合结构桥梁[M]. 北京:人民交通出版社,2011.

[2] BAES L, LIPSKI A. Amelioration, par flexion prealable, des poutres metalliques enrobees de Beton[J]. Technique des Travaux, 1951,9(27):305-319.

[3] 冉一元. 日本《预弯组合梁桥设计·施工指南》(1983)[J]. 世界桥梁,1991,1:15-18.

[4] 预弯梁振兴会. 预弯组合梁桥道路桥标准设计集[R]. 预弯梁振兴会,1997.

[5] 预弯梁振兴会. 预弯组合梁桥道路桥标准设计集[R]. 预弯梁振兴会,2011.

[6] 预弯梁振兴会. PREBEAM施工实绩集[R]. 预弯梁振兴会,2012.

[7] 张士铎. 预弯预应力混凝土梁介绍[J]. 公路,1987(3):2-4.

[8] 陆亚芳,张士铎. 预弯梁及其正截面刚度[J]. 土木工程学报,1989(3):84-88.

[9] 竺存宏. 预弯复合梁的开发与应用[J]. 公路,1990(5):13~18;49-54.

[10] 杨明. 预弯组合梁弹性设计方法解析[D]. 哈尔滨:哈尔滨工业大学,2003.

[11] 郑一峰,黄侨,冷曦晨. 预弯组合梁桥的弹塑性极限承载能力研究[J]. 中国公路学报,2005(4):58-62.

[12] 中华人民共和国住房和城乡建设部. 预弯预应力组合梁桥技术标准:CJJ/T 276—2018[S]. 北京:中国建筑工业出版社,2018.

[13] 中华人民共和国住房和城乡建设部. 钢-混凝土组合桥梁设计规范:GB 50917—2013[M]. 北京:中国计划出版社,2013.

[14] 邓文琴,查上,刘朵,等. 波形钢腹板工字钢组合梁极限抗弯承载力计算方法[J]. 工程力学,2024,8(7):1-12.

11. 新型板式橡胶支座研发及在双层桥梁中的应用[①]

肖正豪　冯昭

(中交公路长大桥建设国家工程研究中心有限公司)

摘　要　针对当前板式橡胶支座存在的耐久性不足和使用寿命较短的问题,本文结合天然橡胶(NR)和三元乙丙橡胶(EPDM)的材料特性,设计了多种不同配比的共混胶料配方。通过对胶料的拉伸强度、拉断伸长率、热空气老化性能及耐臭氧老化性能等关键性能指标的测试与分析,提出一种具有优异抗老化性能的新型板式橡胶支座材料。为验证其在实际工程中的应用效果,本文以某典型双层高架桥为研究对象,采用有限元分析方法对该新型支座在桥梁结构中的力学性能进行了模拟与评估。研究结果表明,采用该新型橡胶材料制备的板式支座在长期荷载及复杂环境下表现出卓越的力学稳定性和显著的抗老化性能。同时,在双层桥梁的地震响应中,其性能与减隔震橡胶支座相近,展现出良好的抗震功效。本文的研究成果为未来桥梁工程中板式橡胶支座的设计优化及材料选型提供了重要的技术参考和理论依据。

关键词　板式橡胶支座　耐久性　力学性能　双层高架梁桥　有限元分析

一、引　言

随着我国桥梁建设领域的快速发展,板式橡胶支座在公路和铁路桥梁中的应用逐渐广泛,并成为桥梁工程中的关键部件之一[1]。板式橡胶支座的迅速普及,主要得益于其在设计、制造、安装等多方面的显著优势。从设计角度看,该支座具有构造简单、承载力大、变形能力强、性能稳定等特点,能够有效适应桥梁结构的位移和变形要求。同时,在生产和施工方面,板式橡胶支座的制造工艺简单,生产成本较低,且在安装与后期维护更换过程中具有较大的便捷性,这些优势促使其在国内桥梁工程中得到了广泛推广和应用[2]。

当前,板式橡胶支座的主要橡胶材料包括天然橡胶(NR)和氯丁橡胶(CR),其中,天然橡胶因其优异的弹性和良好的机械性能而成为应用最为广泛的材料。然而,随着桥梁工程的不断发展,特别是在交通量大、环境恶劣的地区,采用板式橡胶支座的桥梁逐渐暴露出一系列耐久性问题[3-4]。具体而言,板式橡胶支座的使用寿命很大程度上取决于橡胶材料的耐久性能。在实际应用中,橡胶材料经常受到氧气、臭氧、紫外线及外力等多种环境因素的影响,导致其发生老化和龟裂。随着橡胶老化程度的逐步加深,支座的力学性能和耐久性将逐渐下降,甚至出现断裂、失效等严重问题[5]。虽然在支座老化后可以通过更换来恢复其功能,但这种更换过程不仅对交通造成干扰,影响桥梁的正常运营,还会产生高昂的施工和材料成本,显著增加桥梁的后期维护费用。因此,如何提升板式橡胶支座的抗老化性能、延长其使用寿命,成为当前桥梁工程领域面临的重要课题。天然橡胶(NR)因其优异的弹性和物理性能广泛应用于支座制造中,但其耐热空气老化性和耐臭氧性能相对较差,导致其整体耐久性较低,尤其在高温、强紫外线等恶劣环境下表现出较大的缺陷。

为了解决这一问题,研究人员逐渐将目光转向了其他具有更好耐久性能的材料。例如,三元乙丙橡胶(EPDM)因其分子结构的特殊性,表现出极好的抗老化性能。EPDM的分子链由完全饱和的乙烯和丙烯单元组成,具有高度的分子柔顺性,这使其在耐臭氧、耐热空气老化以及化学稳定性方面表现突出。此外,EPDM还具有良好的抗撕裂性、回弹性和耐低温性能,能够在严苛的环境条件下保持稳定的力学性

[①]　基金项目:大跨度空间缆三塔悬索桥建设关键技术创新与示范项目科研课题(SC-A22088)。

能。然而，EPDM也存在一些不足，例如其加工性能、自黏性和机械性能相对较差，限制了其在桥梁支座中的广泛应用[6-10]。

针对板式橡胶支座在耐久性方面的不足，本文结合天然橡胶（NR）和三元乙丙橡胶（EPDM）的各自特性，提出了一种基于NR与EPDM共混的新型橡胶材料，以期在保留天然橡胶优异弹性和机械性能的同时，提升其耐老化和耐久性能。本文通过系统研究该共混橡胶材料的胶料性能及其在成品支座中的应用表现，探讨了其在实际桥梁工程中的可行性，并选取了某典型双层门架墩高架桥作为研究对象，利用有限元分析方法对桥梁结构的减隔震性能进行了模拟计算，以验证该新型板式橡胶支座在实际工程中的应用效果，为双层高架梁桥的约束体系选取提供借鉴和参考。

二、新型板式橡胶支座研发

1. 橡胶材料制备

在天然橡胶（NR）基础上，加入不同质量比的三元乙丙橡胶（EPDM），研究不同质量比的NR/EPDM并用胶的胶料性能，各胶料主要材料配比用量见表1，配方胶料中均未添加防老剂。

NR/EPDM并用编号及质量比　　　表1

并用胶	胶料编号				
	1号	2号	3号	4号	5号
NR/EPDM比例	100/0	90/10	80/20	70/30	60/40

2. 胶料耐臭氧试验

臭氧老化是橡胶老化最主要的原因之一，分别对表1中不同EPDM胶含量的NR/EPDM并用胶在20%伸长率、温度40℃×96h、臭氧浓度100pphm条件下进行耐臭氧老化试验。

由表2耐臭氧试验结果可见，4号和5号胶料试件在臭氧浓度100pphm条件下不会发生龟裂，其余试样龟裂严重。试验表明，在臭氧浓度100pphm，在不加防老剂的情况下，EPDM含量在30%及以上的NR/EPDM并用胶未出现龟裂，相比纯天然胶NR耐臭氧老化性能有明显的改善。

胶料耐臭氧老化试验　　　表2

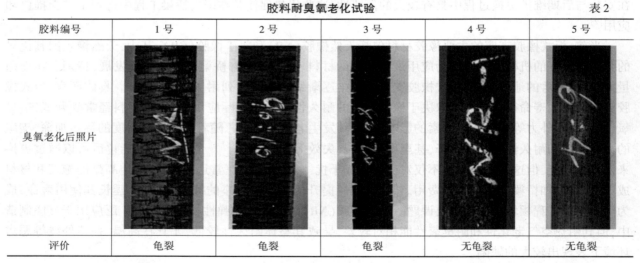

胶料编号	1号	2号	3号	4号	5号
臭氧老化后照片					
评价	龟裂	龟裂	龟裂	无龟裂	无龟裂

在此基础上，参考《公路桥梁板式支座》（JT/T 4—2019）[11]对板式橡胶支座胶料物理性能的要求，对表1并用胶料配方中有可能满足标准中胶料性能要求的1号、2号、3号、4号胶料配方进行优化，通过降低胶料中炭黑含量、增加胶料含胶量、增加老化剂等配方调整，得到对应优化后的1′号、2′号、3′号、4′号胶料配方。相关研究表明，并用胶中EPDM含量过低胶料热空气老化性能相对较差，过高则降低胶料拉伸强度、拉断伸长率等胶料物理性能。因此，这里选取了优化后3′号、4′号胶料再次进行20%伸长率、温度40℃×96h、臭氧浓度100pphm的耐臭氧老化试验并和1′号胶料作对比。

表3的试验结果表明,在配方优化后,各胶料耐臭氧老化性能均有较大改善,天然胶NR加入防老剂后,耐臭氧老化有增强,浓度100pphm的耐臭氧老化试验后出现龟裂,但龟裂裂纹较配方优化前明显减少;NR/EPDM并用胶3′号胶料较配方优化前改善明显,未出现龟裂,表现出了较强的耐臭氧老化性能;4′号配方胶料耐臭氧试验后也未出现龟裂。

表3 加入防老剂后胶料耐臭氧老化试验

胶料编号	1′号	3′号	4′号
臭氧老化后照片			
评价	龟裂	无龟裂	无龟裂

3. 胶料热空气老化试验

热空气老化是导致橡胶老化的另一主要因素,橡胶耐热空气老化性能的优劣,通常通过橡胶在老化前后拉伸强度和拉断伸长率的变化来评估。在本研究中,采用哑铃型试件对不同配比的NR/EPDM共混胶料进行了热空气老化性能测试,试件宽度为6.3mm,厚度约为2mm。试验分别测定了各配比胶料在热空气老化前后的拉伸强度和拉断伸长率,以评价其耐老化性能。为了进一步探讨NR/EPDM共混胶在严苛条件下的耐热空气老化能力,本研究对老化条件进行了优化,将试验温度从JT/T 4—2019标准中对天然橡胶规定的70℃提高至80℃,并将老化时间设定为168h。通过此强化条件下的试验,旨在对NR/EPDM共混胶料在热空气老化中的性能表现提出更高要求,从而为提升其应用可靠性提供参考依据。由图1、图2可以看出,随着NR/EPDM并用胶中EPDM含量的增加,胶料的拉伸强度、拉断伸长率略有下降,这是由于并用胶在共混硫化过程中NR和EPDM的交联速度差异较大,NR和EPDM均以各自的硫化速度硫化,两者之间较难建立交联网络。因此,NR/EPDM并用胶的拉伸强度和拉断伸长率随着胶料中EPDM质量比例的增加稍有下降。

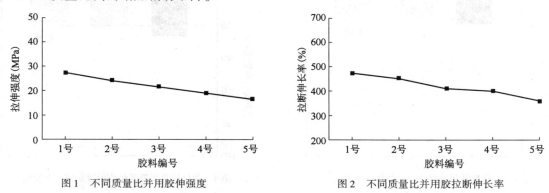

图1 不同质量比并用胶伸强度　　　　图2 不同质量比并用胶拉断伸长率

经过80℃×168h的热空气老化处理,胶料在老化前后拉伸强度及拉断伸长率的变化如图3、图4所示。由图中数据可以看出,老化后胶料的拉伸强度和拉断伸长率均有所下降。然而,随着NR/EPDM并用胶中EPDM含量的增加,老化前后拉伸强度和拉断伸长率的变化幅度逐渐减小。这表明,在天然橡胶

(NR)中适量加入三元乙丙橡胶(EPDM),能够显著改善胶料的热空气老化性能,增强其在高温环境下的耐久性和稳定性。

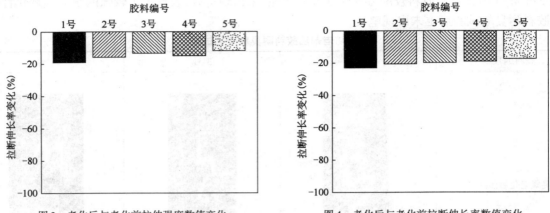

图3 老化后与老化前拉伸强度数值变化　　　　　图4 老化后与老化前拉断伸长率数值变化

根据 JT/T 4—2019 标准对天然橡胶材料物理性能的要求,橡胶材料的硬度应为 60±5 度,拉伸强度≥18 MPa,拉断伸长率≥450%。此外,热空气老化后的拉伸强度相较于老化前的变化不应小于 -15%,拉断伸长率的变化不应小于 -20%。基于此标准,本文对优化配方后的 2′号、3′号、4′号胶料的拉伸强度和拉断伸长率进行了试验测试,结果如图5~图8 所示。

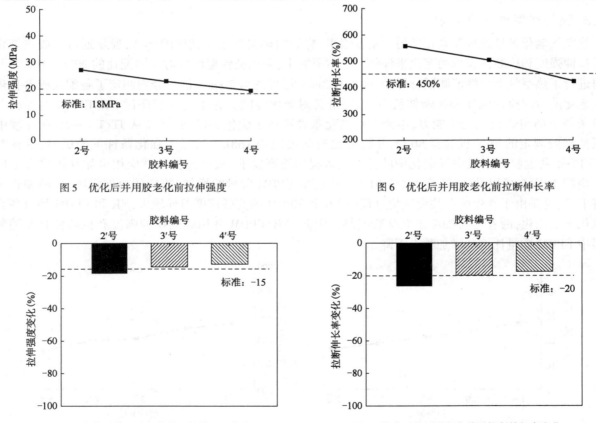

图5 优化后并用胶老化前拉伸强度　　　　　图6 优化后并用胶老化前拉断伸长率

图7 优化后并用胶老化前后拉伸强度变化　　　　　图8 优化后并用胶老化前后拉断伸长率变化

通过对优化后的配方胶料进行试验测试,结果显示,2′号和3′号配方胶料在拉伸强度和拉断伸长率方面能够同时满足 JT/T 4—2019 标准中的要求。然而,在 80℃×168h 热空气老化后,只有 3′号和 4′号配方胶料的拉伸强度及拉断伸长率的数值变化满足 JT/T 4—2019 标准中规定的限值要求。

综上所述,根据各配方胶料的物理性能测试结果,3′号配方胶料在拉伸强度、拉断伸长率方面完全符合 JT/T 4—2019 标准要求,并且在经历 80℃ ×168h 热空气老化后,物理性能变化仍能满足标准要求。此外,3′号配方还表现出优异的耐臭氧老化性能。因此,3′号配方胶料被选定为最佳配方,适用于桥梁工程等对橡胶材料耐久性有较高要求的应用场景。

三、工 程 案 例

1. 结构有限元模型

背景工程为 30m 跨径简支变连续预应力混凝土小箱梁桥,下部结构采用三柱双层门架墩,桥墩高度为 17~52m。上层边立柱截面为矩形 2.4m×1.8m,上层中立柱截面为矩形 2.4m×1.5m,下层立柱截面为矩形 3.2m×2.3m。桥墩边立柱下设 2 根直径 2m、间距 5m 的群桩基础,中立柱下设 4 根直径 2m、间距 5m 的群桩基础。桩基础采用 C35 水下混凝土,墩身采用 C40 混凝土。

采用 Sap2000 有限元软件建立三柱式双层门架墩高架梁桥空间动力有限元数值模型,模型以顺桥向为 X 轴,横桥向为 Y 轴,竖向为 Z 轴。主梁、墩柱、承台和桩基础等均采用空间梁单元模拟。主梁和桥墩之间采用 link 单元连接,用以模拟支座及其滑移效应和非线性行为。桩基础采用 m 法土弹簧模型进行模拟,二期恒载等效为线质量均匀施加于主梁上。建立的三柱式双层门架墩高架梁桥三维有限元数值模型如图 9 所示。

2. 新型板式橡胶支座在双层桥中的性能研究

为验证新研发的板式橡胶支座在实际桥梁工程中的应用效果,基于上述双层高架梁桥的有限元分析模型,本节对比了两种工作性能稳定的约束体系。体系 1 采用新型板式橡胶支座安装于桥墩与主梁之间,分析过程中考虑板式橡胶支座的摩擦滑动效应;体系 2 则采用减隔震橡胶支座,计算时考虑减隔震橡胶支座的非线性特性。为全面、系统地评估新型板式橡胶支座在双层高架梁桥中的性能,选取了 4 种墩高(分别为 17m、30m、40m、52m)的三柱式双层门架墩结构,并在两种地震工况(纵向 + 竖向及横向 + 竖向)下,分别对桥梁的地震响应进行了对比分析。通过对比分析上下层立柱底部的弯矩、边中立柱桩基础的关键截面弯矩以及上下层支座的位移,综合评价新型板式橡胶支座在双层高架梁桥地震反应过程中的性能。纵向 + 竖向 E2 地震作用下不同墩高的两种约束体系的高架梁桥的地震响应对比如图 10 所示。

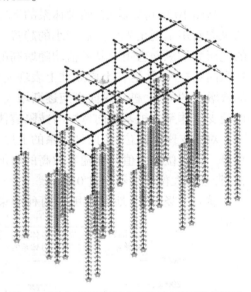

图 9 三柱式双层门架墩高架梁桥有限元数值模型

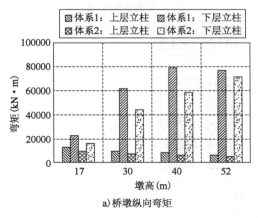

a) 桥墩纵向弯矩

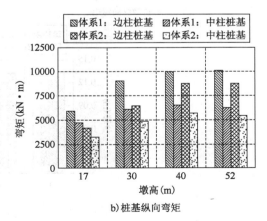

b) 桩基纵向弯矩

图 10

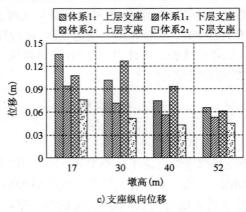

c) 支座纵向位移

图 10 纵向 + 竖向 E2 地震作用下两种约束体系的桥梁地震响应对比

从图 10 中可以看出，两种体系的下层立柱纵向弯矩均大于上层立柱，且随着墩高的增加，下层立柱的纵向弯矩呈现出先增大后减小的趋势。与此同时，纵向弯矩差值随着墩高的增加逐渐减小。两种体系的上层立柱纵向弯矩及其差值均随墩高的增加而逐渐减小，且新型板式橡胶支座体系与减隔震体系的立柱纵向弯矩相近，这在上层立柱上表现尤为明显。在桩基础方面，两种体系的边桩纵向弯矩均大于中桩。随着墩高的增加，桩基纵向弯矩逐渐增大并趋于平稳，弯矩差值则随着墩高的增加逐渐减小。新型板式橡胶支座体系的桩基纵向弯矩与减隔震体系相近，尤其是在中桩上，两者表现出相似的弯矩特性。

对于支座纵向位移，两种体系的上层支座纵向位移均大于下层，且位移随墩高的增加大致呈现减小趋势。纵向位移差值同样随着墩高的增加逐渐减小。新型板式橡胶支座与减隔震橡胶支座的纵向位移相当，且最大位移均不超过 0.15m。

横向 + 竖向 E2 地震作用下两种约束体系的三柱式双层门架墩高架梁桥的地震响应对比如图 11 所示。

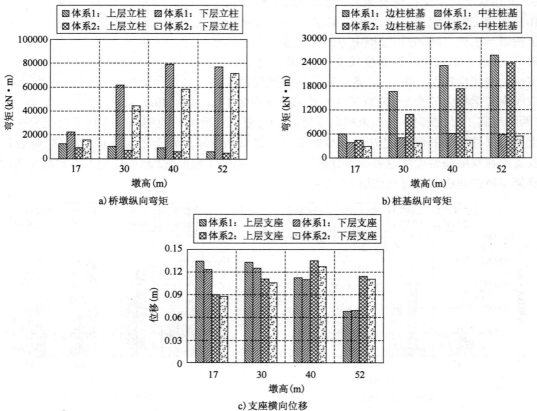

图 11 横向 + 竖向 E2 地震作用下两种约束体系的桥梁地震响应对比

由图11可知,两种体系的下层立柱横向弯矩均大于上层立柱。随着墩高的增加,两种体系的下层立柱关键截面的横向弯矩呈现增大的趋势,而上层立柱的横向弯矩则随墩高的增加逐渐减小。新型板式橡胶支座体系的立柱横向弯矩与减隔震橡胶支座体系相近,特别是在上层立柱的表现上,两者几乎一致。在桩基方面,边桩的横向弯矩在两种体系中均大于中桩。随着墩高的增加,两种体系的边桩和中桩的关键截面横向弯矩均逐渐增大。新型板式橡胶支座体系的桩基横向弯矩与减隔震橡胶支座体系相近,尤其在中桩上表现出相似的趋势。

在支座位移方面,新型板式橡胶支座体系的上下层支座横向位移随墩高的增加而减小,而减隔震橡胶支座体系的上下层支座横向位移则表现出先增大后减小的趋势。尽管位移趋势有所不同,新型板式橡胶支座和减隔震橡胶支座的位移数值大致相当,且最大位移均未超过0.15m。

综上所述,新型板式橡胶支座体系与减隔震橡胶支座体系在地震响应上存在一定差异,但整体差异较小,均能提供有效的地震防护,计算结果证明了新型板式橡胶支座在双层桥梁地震反应中具有良好的抗震功效。考虑到两者在工程造价方面的差异,新型板式橡胶支座体系显然是该双层高架桥的更好的约束方案。

四、结　语

本文针对板式橡胶支座耐久性不足的问题,提出了一种具有优异抗老化性能的新型板式橡胶支座材料,并对胶料的关键性能指标进行了试验测试与分析。然后以某典型双层高架桥为研究对象,对该新型支座在桥梁结构中的力学性能进行了模拟与评估,研究结论如下:

(1)研发了一种适用于生产公路桥梁板式橡胶支座的新型橡胶材料,并通过材料拉伸强度、拉断伸长率、耐臭氧老化及热空气老化性能等主要性能试验,确定其最佳配方。

(2)新型橡胶材料在拉伸强度、拉断伸长率方面完全符合JT/T 4—2019标准要求,并且在经历80℃×168h热空气老化后,物理性能变化仍能满足标准要求,且表现出优异的耐臭氧老化性能。

(3)新型板式橡胶支座体系与减隔震橡胶支座体系在双层高架桥地震响应上整体差异较小,均能提供有效的地震防护,考虑到两者在工程造价方面的差异,强震区的双层高架梁桥可考虑采用新型板式橡胶支座约束体系。

参考文献

[1] 周明华,葛宝翔.公路桥梁橡胶支座的使用寿命与应用对策[J].土木工程学报,2005,38(6):92-96.
[2] 庄军生.桥梁支座[M].北京:中国铁道出版社,2008.
[3] 齐宏学,廉福绵.板式橡胶支座老化对空心板梁桥受力性能影响分析[J].公路,2021,66(8):197-201.
[4] 吴宜峰,徐泓,李爱群,等.桥梁板式橡胶支座运营病害及影响研究综述[J].工程抗震与加固改造,2021,43(5):104-113,95.
[5] 吴玲玲,穆洪帅,肖同亮,等.天然橡胶硫化胶耐臭氧老化性能的快速评价方法[J].合成橡胶工业,2023,46(2):134-138.
[6] 赵术英,纪金权.NR/EPDM并用胶性能研究[J].中国橡胶,2020,36(11):55-58.
[7] 时佰文,高洪强,肖建斌.NR/EPDM共混胶的制备与性能研究[J].弹性体,2017,27(1):46-49.
[8] 马文斌,刘伟,肖建斌.天然橡胶/三元乙丙橡胶并用胶性能的研究[J].橡胶工业,2017,64(8):466-470.
[9] 王恒,钱坤,柯玉超,等.天然橡胶/三元乙丙橡胶合金弹性体的共硫化及耐热氧老化性能[J].合成橡胶工业,2021,44(4):294-299.
[10] 钱坤.NR/EPDM合金弹性体的制备及其耐热老化性能研究[D].合肥:安徽大学,2020.
[11] 全国交通工程设施(公路)标准化技术委员会.公路桥梁板式橡胶支座:JT/T 4—2019[S].北京:人民交通出版社股份有限公司,2019.

12. 藤州浔江大桥主缆钢丝模拟索靴的弯曲疲劳试验研究

薛花娟　陈建峰　周能做

（江苏法尔胜缆索有限公司）

摘　要　藤州浔江大桥采用空中纺线法进行主缆架设，在国内外首次采用了强度达到1770MPa、直径为7mm的锌-10%稀土合金镀层钢丝，采用大直径钢丝提高了空中纺线法的施工效率，降低了钢丝与空气的接触面积，间接提高主缆的耐久性，但大直径钢丝在索靴处存在较大的局部弯曲应力。为了掌握该局部弯曲应力对主缆钢丝长期性能的影响，本研究进行钢丝弯曲应力计算分析，并采用本工程的主缆钢丝材料，模拟索靴的结构尺寸，进行了空中纺线法7mm大直径钢丝相关弯曲状态下的疲劳试验研究，试验研究结果证明，钢丝在弯曲状态下，经过应力上限为0.45%的钢丝公称破断荷载、应力变幅为360MPa、循环次数为200万次的疲劳应力循环，钢丝未断裂，满足《桥梁缆索用热镀锌或锌铝合金钢丝》（GB/T 17101—2019）的钢丝抗疲劳性能要求。基于局部不均匀拉、压应力与均匀拉伸应力耦合作用下的弹塑性局部小面积屈服变形机理和高强度拉拔钢丝的应力松弛机理，分析了试验结果，为工程的安全运营提供借鉴参考。

关键词　空中纺线法　索靴　弯曲应力　疲劳试验

一、引　言

藤州浔江大桥是平岑高速公路的控制性工程，大桥采用双向四车道高速公路建设标准，设计时速120km，主缆跨径布置为2×730m，主塔为"三角塔"造型，塔高238m。是世界首座采用独塔空间缆斜拉-悬索协作体系的桥梁。全桥共设两根主缆，采用空间布置。每根主缆由30根索股组成，其中1~22索股由224根钢丝组成，23~30号索股由240根钢丝组成。主缆所有钢丝均为直径7.00mm、公称抗拉强度为1770MPa的高强度镀锌-10%铝稀土合金镀层钢丝。主缆在索夹内截面设计空隙率取19%，索夹外取21%。主缆索夹内直径为644mm，索夹外直径为652mm，主缆断面布置图如图1所示。

索股两端设股靴，钢丝缠绕于股靴两侧的凹槽内，股靴凹槽底半径为530mm，主缆索股在索靴处的示意图如图2所示。股靴通过连接拉杆与锚碇的预应力锚固系统连接；通过顶推股靴实现索股调整。股靴外边缘半径为570mm。股靴拉杆孔直径为160mm，孔中心距为440mm。为了适应股靴的微小转动，拉杆与股靴顶面连接部位设置球形螺母[1]。

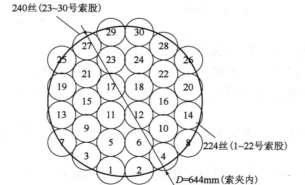

图1　主缆断面布置图

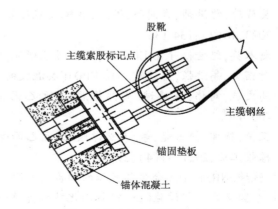

图2　主缆索股在索靴处的示意图

本项目主缆采用空中纺线法(Aerial Spinning,简称 AS 法)架设,空中纺线法作业过程如下:在一岸设置钢丝存放场地,布置放丝设备及张力塔。先将已上盘的钢丝卷筒放置放丝机上,经各部位的导向滑轮,分别将丝头人工牵引至张力塔、散索鞍前临时锚固,然后绕过股靴。在钢丝鞍槽及股靴处的排列纺丝过程中采用的纺丝轮有送丝沟槽,钢丝根数均为纺丝轮牵引丝股根数的整数倍。一根索股入一个鞍槽,分别锚固在两个一个股靴的两侧凹槽上。鞍槽处钢丝排列为矩形,股靴凹槽处槽形为梯形。当牵引钢丝达到一股的设计数量时,利用圆形整形器整理成圆形索股,用强力纤维带包扎定型[2]。

藤州浔江大桥在国内外首次采用了强度达到 1770MPa、直径为 7mm 的锌-10% 稀土合金镀层钢丝。悬索桥主缆采用大直径高强钢丝,可降低钢丝与空气的接触面积,能够提高主缆自身的抗腐蚀性;另外,在同等承载能力下,可减少主缆钢丝的根数,提高空中纺线法的施工工效;最后采用大直径钢丝对减少索股的数量,减少锚固使用的空间,有利于减小锚碇的规模,节约资源[3]。

二、索靴处钢丝二次弯曲应力分析

悬索桥主缆由钢丝组成,进行总体分析时可以不考虑钢丝的抗弯刚度,但实际上钢丝具有一定的抗弯刚度,当其因构造需要绕过索靴时,就会产生与弯曲圆弧半径相关的弯曲次应力。锚靴是主缆索股承载构件之一,其将索股与锚固钢拉杆连接起来,起到转向、连接和传力的作用[2]。当对索股施加拉力时,锚靴对索股提供支撑,使索股钢丝保持固定的弯曲半径,索股与锚靴之间存在径向压力和接触面间的摩阻力,钢丝与钢丝之间存在挤压力。主缆钢丝绕过锚靴时弯曲状态受到索槽半径的限制为固定曲率,具有固定半径的曲线支承[4-6]。

将钢丝架设成为一个圆柱,根据圆柱弯曲平面假设,横截面的转动使圆柱体凹入一侧的纵向线缩短,凸出一侧的纵向线伸长,从而根据变形的连续性可知,中间必有一层纵向线只弯曲而无长度改变,称为中性层,如图 3 所示。

中性层与横截面的交线称为中性轴,钢丝弯曲时横截面绕着中性轴转动,钢丝弯曲的几何变形几何关系如图 4 所示。

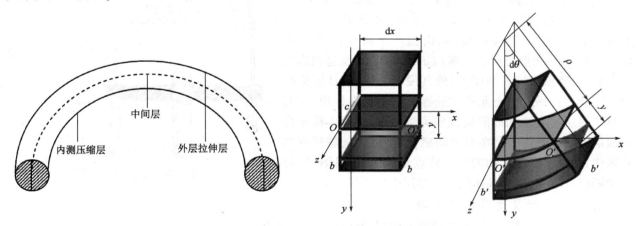

图3 钢丝在索靴处的弯曲示意图　　　　图4 钢丝弯曲变形几何关系

取长度为 dx 的微段,微段弯曲变形后左右两侧截面绕中性轴转动,设变形后两个截面夹角为 dθ,如图 3 所示。钢丝中性层长度不变,设钢丝中性层弯曲后的曲率半径为 ρ,则到中性轴距离为 y 的这层纤维的线应变为

$$\varepsilon = \frac{(\rho + y)\mathrm{d}\theta - \rho\mathrm{d}\theta}{\rho\mathrm{d}\theta} = \frac{y}{\rho} \tag{1}$$

小变形时纯弯曲情况下可假设钢丝的各纵向线之间无挤压,认为钢丝内各点均处于单轴应力状态。当钢丝的材料在线弹性范围内工作,且拉、压弹性模量相同时,则钢丝由于弯曲产生的应力如下:

$$\sigma = E\varepsilon = E\frac{y}{\rho} \tag{2}$$

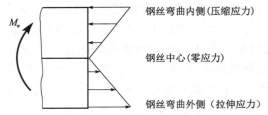

图5 弯曲状态下钢丝横截面上的弯曲应力状态

这表明,在弯曲状态下,钢丝的横截面上的正应力沿垂直于中性轴的方向按直线规律变化,中心轴上为0,离钢丝中心轴越远,应力越大,如图5所示。

空中纺线法的钢丝是通过锚碇的靴跟和锚碇连接的,靴跟半径为530mm。组成主缆的钢丝直径选取相同的7.00mm,根据以上弯曲应力的理论计算公式,在靴跟处弯曲的钢丝内凹的一侧钢丝承受压应力,最内层钢丝边缘局部压应力为1320MPa,最外层凸出的一侧承受压应力,钢丝边缘的局部最大拉应力约为1320MPa,中心层的应力为0。

综上分析可知,由于钢丝在索靴处的弯曲,其钢丝界面上出现三种应力区域,内弯区域承受局部压缩应力,中心区域为零应力,外弯区域为局部拉伸应力。为了验证以上局部弯曲应力对于钢丝抗疲劳性能的影响,采用本工程的主缆钢丝材料,模拟索靴的结构尺寸等进行空中纺线法大直径钢丝相关弯曲应力试验研究,为工程的安全运营提供借鉴参考。

三、弯曲疲劳试验

1. 试验设计

该试验是模拟实桥钢丝受力状况,采用工装模拟与股靴一样半径的弯曲弧形,并通过连接板将弯曲后的钢丝与高频疲劳试验机的连接,进行应力拉伸弯曲组合疲劳试验,疲劳试验示意图见图6。

疲劳试验用钢丝采用与实桥主缆钢丝性能一致的锌-10%稀土合金镀层钢丝。锌-10%铝-稀土合金镀层钢丝是在锌-5%铝合金镀层钢丝基础上开发出的更具耐蚀性的产品,该镀层具有以下技术特点:①铝元素的添加一方面可有效抑制硬脆相Zn-Fe合金层的生成,进一步提高了Zn-Al共晶相的含量及镀层致密性;另一方面,降低了腐蚀电流密度,抑制了腐蚀反应速度,从而提高了镀层耐腐蚀性能。②微量镧-铈混合稀土元素(La+Ce)的添加起到净化合金熔液,降低熔液表面张力,使其浸润性提高,从而提高镀层结合力;另外,稀土元素对晶界起到了加强作用,从而提高了镀层耐点蚀和晶间腐蚀能力。③锌-10%铝-稀土合金镀层的腐蚀产物中存在较多的氧化铝、碱式碳酸锌或碱式氯化锌,以上腐蚀产物的主要特点是致密、不易溶解,可抑制阴极反应,对钢丝基体的保护作用十分明显[7]。

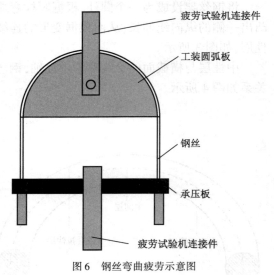

图6 钢丝弯曲疲劳示意图

2. 试样性能及疲劳试验参数

试验钢丝的规格尺寸、力学性能和镀层指标见表1、表2和表3。

试验钢丝规格尺寸			表1
钢丝公称直径d_n(mm)	直径偏差(mm)	钢丝不圆度(mm)	钢丝横截面积(mm²)
7.00	-0.7, +0.7	0.60	38.48

试验钢丝的主要力学性能参数					表2
抗拉强度(MPa)	弹性模量(MPa)	断裂延伸率(%)	缠绕(圈)	扭转性能(次)	松弛率(%)
1800	1.95×10^5	5.5	8圈不断裂	16	3.9~2.3

试验钢丝镀层技术指标			表3
镀层重量(g/m²)	镀层铝含量(%)	镀层附着性(圈)	硫酸铜试验(次)
300~400	9.0~14.5	5D×8圈,不起层、不剥落	≥2(每次浸泡45s)

疲劳试验参数见表4。

疲劳试验参数表　　　　　　　　　　　　　　　表4

应力上限(MPa) σ_{max}	应力下限(MPa) σ_{min}	应力变幅(MPa) $2\sigma_a$	平均应力(MPa) σ_{min}	循环次数(万次)
796	436	360	604	200
疲劳应力循环最大荷载(kN)			疲劳应力循环最小荷载(kN)	
61			33	

3. 试验过程及试验结果

该疲劳试验于2023年5月在国家金属制品质量检验检测中心进行,疲劳拉伸试样弯曲半径为530mm。采用SDS-200电液伺服疲劳试验机,通过应力控制的方式对钢丝进行弯曲状态下的往复加载,试验中钢丝的应力采用德国DOLi控制器和测力传感器进行控制,测力传感器精度为0.5级。

拉伸疲劳试验参照《桥梁缆索用热镀锌或锌铝合金钢丝》(GB/T 17101—2019)进行,疲劳荷载按照正弦波进行加载,加载曲线如图7所示,试验过程如图8所示。

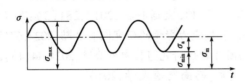

图7　疲劳加载曲线　　　　图8　模拟索靴弯曲工况的钢丝疲劳试验

图7中σ为拉伸应力,t为时间(循环次数),σ_{max}为最大疲劳,也叫应力上限,即应力循环中具有最大代数值的应力,为796MPa,约为本项目主缆钢丝公称抗拉强度的45%;σ_{min}为最小疲劳应力,也叫应力下限,即应力循环中具有最小代数值的应力,为436MPa,约为本项目主缆钢丝公称抗拉强度的25%;σ_m为疲劳平均应力,即应力循环中最大应力和最小应力的代数平均值,为616MPa,约为本项目主缆钢丝公称抗拉强度的35%;$2\sigma_a$为疲劳试验应力幅,即应力循环中最大应力和最小应力代数差,为360MPa,约为本项目主缆钢丝公称抗拉强度的20%。

在以上弯曲状态和疲劳试验加载条件下,经过200万次的循环荷载,钢丝基体无断裂、损伤、锌-10铝-稀土合金镀层未发生开裂、脱落、起壳等异常问题,满足GB/T 17101—2019中的钢丝抗疲劳性能和耐腐蚀要求。

4. 试验结果分析

考虑二次应力后悬索桥主缆应力最大的位置是空中纺线法施工时的靴跟处,疲劳应力组合时远远超过钢丝的极限强度,但相关疲劳试验结果证明钢丝并没有发生断裂。结合前面的理论分析,弯曲应力中的1320MPa是靴跟半径引起的钢丝最外层的局部弯曲拉应力,在钢丝的整个截面上,只有边缘很小的一部分达到最大拉应力。以上理论计算是基于弹性体伸长变形理论,由于弯曲后的钢丝外层存在局部拉应力,内层存在局部弯曲应力,中间层为零应力,在疲劳拉伸荷载下,其荷载特点为局部不均匀拉、压应力与均匀拉伸应力耦合作用,局部小面积会发生塑性变形,但大部分为弹性变形。因此,基于小面积拉应力作用下的弹塑性应力变形理论,钢丝弯曲的拉应力最大部位为最外层一圈,其面积极小,此小面积区域材料在较大的拉伸应力下极易发生塑性屈服变形,此塑性变形又降低了该小面积区域的应力[8]。另一方面,梁缆索用高强度钢丝是经过拉拔强化的钢丝，拉拔引起钢丝内位错的运动和增值，位错之间的交互作用阻碍位错运动，变形抗力增大。随着拉拔的进行，片层内位错塞积，位错长度减小，位错增值使得位错密度增加，铁素体片层及铁素体渗碳体界面处塞积大量的位错，使得金属变形抗力增大，抗拉强度增大。另外，拉拔过程中渗碳体会发生溶解，铁素体中的碳原子过饱和析出形成固溶强化[9-11]。在钢丝弯曲及拉伸荷载作用下，钢丝内部不稳定的位错亚结构将向着更为稳定的状态转变，即向内能较低的（或可动位错密度较低）状态转变，在应变不变时，局部应力降低，即应力松弛。随着应力松弛进程的推进，位错逐渐调整，可动位错减少，不可动位错（被钉扎）数目逐渐增多，应力松弛过程中发生了由弹性应变转化为塑性应变的过程，即钢丝外层发生了微小塑性变形，该塑性变形释放了钢丝最外层局部拉伸应力[12]。

四、结　语

以上试验研究结果证明，钢丝在弯曲状态下，经过拉伸应力上限为0.45%的钢丝公称破断荷载、应力变幅为360MPa、循环次数为200万次的拉伸疲劳应力循环，钢丝未断裂，满足GB/T 17101—2019的钢丝抗疲劳性能要求，试验研究结果可为工程的安全运营提供借鉴参考。

参考文献

［1］　中交第一公路勘察设计研究院有限公司.柳州-平南-岑溪公路（平南至岑溪北段）藤州浔江大桥　施工图设计［R］.北京：中交第一公路勘察设计研究院有限公司，2023.
［2］　王冠青.悬索桥空中编缆法主缆架设关键技术研究［D］.成都：西南交通大学，2021.
［3］　张成东，张柯，李恒.大直径高强钢丝主缆设计和应用［J］.交通科技，2017，281（2）：70-73.
［4］　冯云成，陈华林，王学军，等.锚靴处弯曲应力对缆索承载能力影响的研究［J］.公路，2022，67（5）：143-149.
［5］　黄安明，杨博，陈龙，等.AS法悬索桥锚靴及拉杆锚固可靠性研究［J］.中外公路，2024，44（1）：133-140.
［6］　聂利芳.悬索桥主缆二次应力分析与研究［D］.成都：西南交通大学，2010.
［7］　夏浩成，赵军，朱晓雄，等.桥梁缆索用高强度Zn-10%Al-RE合金镀层钢丝耐蚀性能研究与应用［J］.现代交通与冶金材料，2023，3（2）：32-39.
［8］　马新冰.复杂加载下微观弹塑性变形的尺度效应研究［D］.镇江：江苏大学，2019.
［9］　瞿熙，鲍思前，赵刚，等.高碳钢丝拉拔过程中的组织性能演变［J］.材料科学与工程学报，2021，39（6）：937-942.
［10］　赵宇飞.钢丝拉拔织构遗传及对形变性能的影响研究［D］.南京：东南大学，2015.
［11］　刘建敏，向嵩，梁宇.冷变形珠光体钢丝的微观组织演变及强化效应［J］.材料热处理学报，2016，37（6）：125-131.
［12］　曾滨，许庆，徐曼.1860MPa钢丝疲劳松弛交互作用性能试验研究［J］.工业建筑，2019，49（11）：159-162,168.

13. 主跨380m混合梁连续刚构桥施工全过程受力及稳定性分析

蒋　鑫[1]　邓龙清[1]　薛程文[2]　王　震[2]　刘　高[2]　樊　州[2]　宋元印[3]

（1. 广西乐浦高速公路有限公司；2. 长大桥梁安全长寿与健康运维全国重点实验室；
3. 中交公路长大桥建设国家工程研究中心有限公司）

摘　要　本文为研究混合梁连续刚构桥施工全过程内力和变形的变化规律，以桂江特大桥为依托工程，通过midas Civil软件建立全桥精细化数值仿真分析模型，选取关键施工工况，分析关键施工工况的受力状态及施工稳定性,以期为同类型桥梁提供施工建议和参考。计算结果表明,施工预拱度设置合理,主梁线形得到明显改善;主梁截面应力均小于规范限值,且有一定安全储备;施工各阶段稳定性特征值均大于4.0,满足规范要求。

关键词 桥梁工程　连续刚构桥　混合梁　施工全过程　受力分析　稳定性分析

一、引　言

随着社会经济的发展,我国交通基础设施持续优化,交通创新水平不断提升,交通建设成果愈发显著,各类桥梁结构层出不穷[1]。连续刚构桥施工常采用悬臂法,即以桥墩中心,利用可移动的挂篮或吊车对称或不对称地向两侧浇筑或拼装节段,该节段施工完成后,然后进行下一节段的施工,直至主梁顺利合龙[2]。在悬臂施工过程中会经历着施工荷载的改变、约束条件的增加以及结构的体系转换等过程,结构线形和内力会发生较大的变化,导致实际的施工状态与理论设计值有所偏差。

混合梁连续刚构桥由混凝土箱梁、钢箱梁以及钢-混凝土结合段三部分组成。相较于传统的混凝土连续刚构桥,混合梁连续刚构桥主跨跨中用钢箱梁代替混凝土箱梁,不仅降低了结构自重,还使得桥梁结构弯矩分布更加合理,因而在桥梁工程领域广泛应用[3]。2006年,主跨330m重庆石板坡复线大桥的建成标志着我国第一座混合梁连续刚构桥的诞生,它不仅在交通领域具有重大价值,还推进了我国混合梁技术的进一步发展[4]。随后,温州瓯江大桥、北盘江大桥和鱼山大桥等先后通车,使混合梁连续刚构桥计算理论和设计方法日渐完善。

本文以主跨380m的桂江特大桥为依托工程,跨径布置为80m+380m+80m,中跨钢箱梁长370m。通过midas Civil有限元软件建立全桥精细化数值仿真分析模型,选取最大悬臂状态、边跨合龙状态、中跨合龙状态以及成桥状态等施工阶段为分析工况,分析关键施工工况的受力状态及施工稳定性,以期为同类型桥梁提供施工建议和参考。

二、工程概况

1. 项目背景

本项目位于平乐县与荔浦市之间,路线起于平乐县南侧,止于荔浦市东侧新坪镇附近。桥位距上游黑山脚货运码头约0.53km,平乐桂江大桥约2.23km,距下游左岸平乐水文站约0.27km,左岸拟建平乐港区珠子洲作业区一期工程约0.93km,距巴江口水电站37.2km,桥址位于巴江口水电站库区。桥下跨越长滩至平乐、龙王庙至平乐地方道路。

2. 总体布置

桂江特大桥是主跨为380m的混合梁连续刚构桥,跨径布置为80m+380m+80m。主桥边跨采用预应力混凝土箱梁,梁高按1.6次抛物线变化;中跨采用钢箱梁,钢箱梁长度为370m,梁高按2.0次抛物线变化。钢-混凝土结合段长度为9.8m,结合段交界面位于中跨侧距离主墩中心线7m位置处。主墩及过渡墩采用矩形墩。

3. 材料参数

混凝土主梁采用C55混凝土(弹性模量为35.5GPa,重度为25kN/m³),主墩及盖梁采用C50混凝土(弹性模量为34.5GPa,重度为25kN/m³),过渡墩采用C40混凝土(弹性模量为32.5GPa,重度为25kN/m³);钢主梁采用Q420D结构钢(弹性模量为206GPa,重度为78.5kN/m³);预应力束采用标准强度为1860MPa的高强度预应力钢绞线。材料的计算参数及力学性能指标按照《公路钢筋混凝土及预应力混凝土桥涵设计规范》(JTG 3362—2018)和《公路钢结构桥梁设计规范》(JTG D64—2015)规范设置。

三、有限元模型

1. 模型构建

大桥的数值仿真分析模型采用梁单元模拟,如图1所示,其中上部结构(钢梁、混凝土梁、钢-混凝土结合段)共有448个节点、460个单元,下部结构(主墩、过渡墩、盖梁、支座)共有181个节点、131个单元。主墩和过渡墩墩底为完全固结,主墩与主梁通过弹性连接刚性模拟二者的固结,过渡墩墩顶设置主梁横桥向、竖向和扭转约束模拟实际支座。

图1 全桥数值仿真分析模型

2. 荷载施加

二期恒荷载包括桥面铺装和防撞护栏等,混凝土梁段二期恒载重量为77.0kN/m,钢梁段二期恒载重量为24.4kN/m。桥址处设计基本风速为23.6m/s,风荷载按照《公路桥梁抗风设计规范》(JTG/T 3360-01—2018)计算。主体桥梁结构合龙设计温度为10～15℃,混凝土结构升温19℃,降温-23℃;钢结构升温31℃,降温-21℃,温度作用参考《公路桥涵设计通用规范》(JTG D60—2015)计算。

3. 施工模拟

本文在midas Civil软件中共划分105个施工阶段,主要包括下部结构及基础施工、0号块及结合段、混凝土节段悬臂浇筑、钢节段悬臂拼装、最大悬臂、边跨合龙、中跨合龙、二期恒载及十年收缩徐变。其中,混凝土梁段和钢梁段为悬臂交替施工,即每悬臂浇筑一个混凝土节段后,再悬臂拼装一个钢节段。

四、施工全过程受力分析

混合梁连续刚构桥的建成要经历多个施工阶段,结构在不同阶段会因边界支承条件的变化而发生多次结构体系转换。因而,结构内力和变形会随着施工过程的推移而发生不断变化。本节采用正装分析法分析最大悬臂状态、边跨合龙状态、中跨合龙状态和成桥状态的受力性能,并检验各项指标是否满足设计要求。

1. 位移分析结果

最大悬臂状态时,边跨主梁下挠最大值为309mm;中跨约2/3的主梁呈上挠趋势,上挠最大值为266mm,其余约1/3的主梁呈下挠趋势,下挠最大值为724mm;跨中两侧最大悬臂端位移差值为163mm,这是由于左右两侧主墩及过渡墩的高度及刚度不同,导致主梁沿跨中两侧线形出现一定差异,如图2a)所示。边跨合龙状态与最大悬臂状态的线形接近,其中边跨主梁下挠最大值为307mm;中跨上挠最大值为264mm,下挠最大值为726mm,如图2b)所示。中跨合龙状态时,边跨主梁下挠最大值为245mm;中跨约1/2的主梁呈上挠趋势,上挠最大值为110mm,其余约1/2的主梁呈下挠趋势,下挠最大值为856mm,如图2c)所示。中跨合龙后,主梁线形发生较大变化,中跨主梁上挠部分减少16.7%。成桥状态时,边跨主梁下挠最大值为240mm;中跨主梁上挠最大值为92mm,下挠最大值为1040mm,如图2d)所示。

计算结果表明,当未考虑施工预拱度时,在最大悬臂状态之前,主梁随着悬臂施工的进行,下挠值呈增加趋势;由最大悬臂状态至成桥状态,边跨主梁各阶段呈下挠趋势,下挠值逐渐减小;而中跨主梁均出现不同程度的上挠,上挠值逐渐减小,下挠值逐渐增加。

最大悬臂状态时,主梁上挠最大值为614mm,如图3a)所示;边跨合龙状态时,主梁上挠最大值为609mm,如图3b)所示;中跨合龙状态时,主梁上挠最大值为184mm,如图3c)所示;成桥状态时,主梁线形趋于平缓,上挠值小于5mm,如图3d)所示。

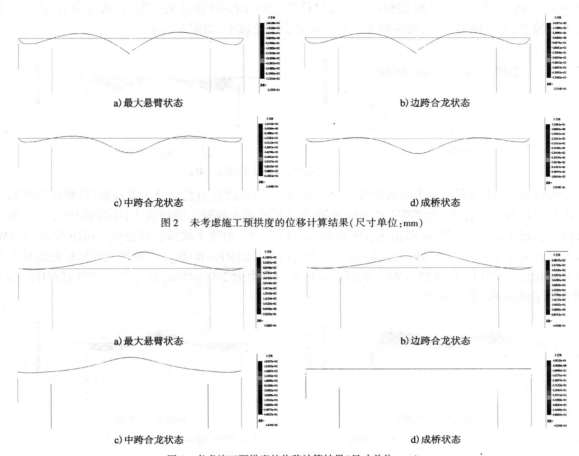

图2 未考虑施工预拱度的位移计算结果(尺寸单位:mm)

图3 考虑施工预拱度的位移计算结果(尺寸单位:mm)

计算结果表明,当考虑施工预拱度时,在最大悬臂状态之前,主梁随着悬臂施工的进行,上挠值呈减少趋势;由最大悬臂状态至成桥状态,边中跨主梁各阶段呈上挠趋势,上挠值逐渐减小。此外,各阶段线形更加平顺,成桥后的挠度满足规范要求,预拱度设置合理。

2. 应力分析结果

最大悬臂状态时,边跨主梁顶板和底板截面应力均为压应力,顶板最大压应力为12.2MPa,位于左主墩中心线右侧7m位置处,底板最大压应力18.9MPa,且最大压应力均小于24.85MPa($0.7f_{ck}$),具有较大的安全储备。中跨主梁顶板截面只有拉应力,最大拉应力为110MPa,且小于Q420钢材抗拉强度设计值320MPa;底板截面只有压应力,最大压应力为129.8MPa,且小于Q420钢材抗压强度设计值320MPa,如图4所示。

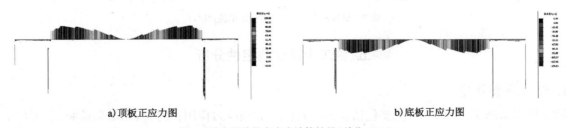

图4 最大悬臂状态应力计算结果(单位:MPa)

边跨合龙状态时,边跨主梁顶板和底板截面应力均为压应力,顶板最大压应力为12.0MPa,底板最大压应力18.0MPa,且最大压应力均小于24.85MPa($0.7f_{ck}$),满足规范限值要求。中跨主梁顶板截面只有拉应力,最大拉应力为110MPa,且小于Q420钢材抗拉强度设计值320MPa;底板截面只有压应力为 129.8MPa，且小于 Q420 钢材抗压强度设计值 320MPa。计算结果表明，边跨合龙后，边跨主梁截面应力值减少，安全储备增加，而中跨主梁截面应力值变化较小，如图 5 所示。

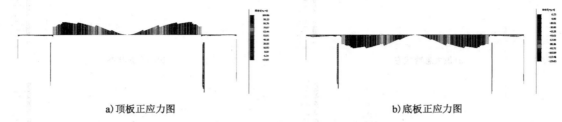

图 5　边跨合龙状态应力计算结果（单位：MPa）

中跨合龙后，结构再次发生体系转换，主梁顶板和底板截面应力发生较大重分布，且顶板和底板应力沿跨中呈对称分布。此外，边跨跨中约 50m 范围内顶板截面出现较小的拉应力；中跨跨中约 50m 范围内顶板截面出现压应力，约 120m 范围内底板截面出现拉应力。边跨主梁顶板截面最大压应力为 22.5MPa，底板截面最大压应力为 23.8MPa，且最大压应力均小于 24.85MPa（$0.7f_{ck}$）。中跨主梁顶板截面最大拉应力为 150MPa，最大压应力为 47.9MPa；底板截面最大拉应力为 200.9MPa，最大压应力为 128MPa，均小于 Q420 钢材规范限值，如图 6 所示。

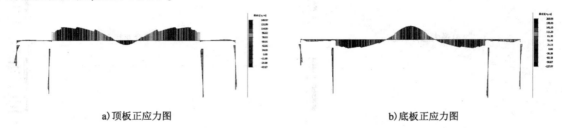

图 6　中跨合龙状态应力计算结果（单位：MPa）

成桥状态时，由于混凝土收缩徐变和二期恒载的作用，边跨主梁截面无拉应力，顶板截面最大压应力为 17.0MPa，底板截面最大压应力为 18.2MPa，且最大压应力均小于 24.85MPa（$0.7f_{ck}$）。中跨主梁顶板截面最大拉应力为 147.8MPa，最大压应力为 90.6MPa；底板截面最大拉应力为 180.2MPa，最大压应力为 150.1MPa，均小于 Q420 钢材规范限值。计算结果表明，当施加二期恒载后，结构整体内力分布更加均匀，内力值减少，安全储备提高，如图 7 所示。

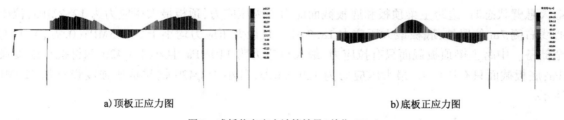

图 7　成桥状态应力计算结果（单位：MPa）

五、施工全过程稳定性分析

1. 最大悬臂状态

最大悬臂状态下，荷载工况主要包括：①结构自重；②预应力作用；③挂篮和吊车荷载；④考虑偶然因素和施工误差对节段重量的影响，按照主墩一侧梁重增加 5%，一侧减少 5% 控制；⑤考虑施工机械和材料堆放不均匀的影响，在一侧悬臂端增加 200kN 的集中荷载；⑥一侧施工机械突然掉落，取原位冲击荷载系数为 $K=2.0^{[5]}$；⑦横桥向风荷载；⑧顺桥向风荷载；⑨温度升温作用；⑩温度降温作用。荷载按照最不利状态进行组合，具体荷载组合见表 1。

最大悬臂状态稳定性分析 表1

工况	荷载组合类型	特征值	工况	荷载组合类型	特征值
工况1	①+②+③	19.337626	工况4	①+②+③+④+⑤+⑥+⑦+⑧	19.336848
工况2	①+②+③+④+⑤+⑥	19.336247	工况5	①+②+③+④+⑤+⑥+⑨	19.333359
工况3	①+②+③+④+⑤+⑥+⑦	19.336853	工况6	①+②+③+④+⑤+⑥+⑦+⑧+⑨	19.337015

各个最不利荷载组合工况下,最大悬臂状态特征值最小为19.333359,大于规范要求的4.0,符合要求。当施工误差在一定的范围内时,对该状态主桥的稳定性影响较小。此外,由于主桥结构在最大悬臂状态时为静定结构,风荷载和温度作用对该状态的稳定性影响较小,可以忽略不计。

2. 边跨合龙状态

边跨状态下,荷载工况主要包括:①结构自重;②预应力作用;③吊车荷载;④考虑施工机械和材料堆放不均匀的影响,在跨中悬臂端增加200kN的集中荷载;⑤跨中吊机突然掉落,取原位冲击荷载系数为 $K=2.0$;⑥横桥向风荷载;⑦顺桥向风荷载;⑧温度升温作用;⑨温度降温作用。荷载按照最不利状态进行组合,具体荷载组合见表2。

边跨合龙状态稳定性分析 表2

工况	荷载组合类型	特征值	工况	荷载组合类型	特征值
工况1	①+②+③	43.484253	工况4	①+②+③+④+⑤+⑥+⑦	43.374607
工况2	①+②+③+④+⑤	43.425288	工况5	①+②+③+④+⑤+⑥+⑧	42.840104
工况3	①+②+③+④+⑤+⑥	43.399704	工况6	①+②+③+④+⑤+⑥+⑦+⑧	42.047913

各个最不利荷载组合工况下,边跨合龙状态特征值最小为42.047913,大于规范要求的4.0,符合要求。相较于最大悬臂状态,边跨合龙状态由于边跨支座的约束,主桥结构由静定结构转换为超静定结构,在主墩及过渡墩协同作用下,稳定性有了明显提高。此外,桥体稳定性不易受外界环境作用(风荷载、温度作用)的影响。

3. 中跨合龙状态

中跨合龙状态下,荷载工况主要包括:①结构自重;②预应力作用;③横桥向风荷载;④顺桥向风荷载;⑤温度升温作用;⑥温度梯度升温;⑦温度降温作用;⑧温度梯度降温。荷载按照最不利状态进行组合,具体荷载组合见表3。

中跨合龙状态稳定性分析 表3

工况	荷载组合类型	特征值	工况	荷载组合类型	特征值
工况1	①+②	44.964848	工况5	①+②+⑦+⑧	47.063506
工况2	①+②+③	44.957212	工况6	①+②+③+④+⑤+⑥	43.197913
工况3	①+②+③+④	44.970700	工况7	①+②+③+④+⑦+⑧	47.043943
工况4	①+②+⑤+⑥	43.290228			

各个最不利荷载组合工况下,中跨合龙状态特征值最小为43.197913,大于规范要求的4.0,符合要求。在该状态下,结构已经形成整体,主桥稳定性相较于上一个状态得到一定提高。此外,风荷载对该状态的稳定性影响较小,但是温度作用会显著影响该状态的稳定性,需要在施工过程中重点关注。

六、结 语

本文利用midas Civil软件对桂江特大桥展开精细化模拟,选取最大悬臂状态、边跨合龙状态、中跨合龙状态以及成桥状态等施工阶段为分析工况,分析关键施工工况的受力状态及施工稳定性,得到以下结论:

(1)位移计算结果表明,当未考虑施工预拱度时,由最大悬臂状态至成桥状态,边跨主梁呈下挠趋势,中跨主梁出现不同程度的上挠,下挠值逐渐增加,上挠值逐渐减小。当考虑施工预拱度时,由最大悬臂状态至成桥状态,边中跨主梁均呈上挠趋势,上挠值逐渐减小,线形逐渐平顺,预拱度设置合理。

(2)应力计算结果表明,主桥各截面应力值均小于规范限值,符合规定要求且具有一定的安全储备。边跨主梁截面各阶段以压应力为主,而中跨主梁顶板截面以拉应力为主,底板截面以压应力为主,且随着施工的进行,各阶段主梁截面应力分布更加均匀。

(3)稳定性计算结果表明,各个最不利荷载组合工况下,最大悬臂状态特征值最小为19.333359,边跨合龙状态特征值最小为42.047913,中跨合龙状态特征值最小为43.197913,特征值均大于4.0,符合规范规定要求,由最大悬臂状态至中跨合龙状态结构整体稳定性逐渐增加。

(4)当结构处于最大悬臂状态时,安全性及稳定性相对最差,需要采取相关措施重点关注。

参考文献

[1] 张喜刚,刘高,马军海,等.中国桥梁技术的现状与展望[J].中国公路,2017(5):40-45.
[2] 王冬雪.高墩大跨连续刚构桥施工监控技术研究[D].石家庄:石家庄铁道大学,2020.
[3] 邵旭东,等.桥梁工程[M].5版.北京:人民交通出版社股份有限公司,2022.
[4] 邓文中,代彤.重庆石板坡长江大桥复线桥总体设计[J].桥梁建设,2006(6):28-32.
[5] 范贤伟.空心薄壁墩连续刚构桥施工稳定性分析[J].交通世界,2023(Z2):214-216.

14. 青藏高原冻土区桩基热储能性能数值模拟研究[①]

杨佐磊　纪宇　陈上有　王茂强　杨怀茂

(中交公路长大桥建设国家工程研究中心有限公司)

摘　要　本文对冻土区桩基温度场研究进行了有限元建模、分析与探讨,在此基础上就青藏高原冻土区桩基的温度传输进行了理论分析,基于此开展了冻土区桩基础温度传输分析和混凝土桩基热储能性能分析。研究成果可为青藏高速公路桥梁下部结构方案设计及建造提供理论支撑,提高高寒地区桥梁基础建造水平。

关键词　青藏高原　冻土　桩基　温度场　数值模拟

一、引　言

青藏高原地缘政治独特,是我国重要的国家安全屏障和战略资源储备基地,平均海拔为5000m以上,高寒缺氧、生态脆弱、多年冻土等极端环境造成西藏公路交通干线网不足、快速网空白,至今仍是国家高速公路网的"孤岛",成为我国交通基础设施布局的西部短板[1]。目前,青藏高速公路那曲至拉萨段已基本建成通车,而格尔木至那曲段受制于高寒高海拔多年冻土自然条件、建造技术等尚未贯通。因此,青藏高速公路等国家重大工程建设迫切需要在冻土工程建造技术方面取得整体突破。

Weaver和Morgenstern[2]通过试验测定不同土体与桩之间的冻结强度,在国内外陆续开展了一系列桩-冻土界面冻结强度的试验。董盛时等[3]通过大量的冻结粉土与混凝土基础接触面剪切试验,根据获取的剪应力-位移曲线和冻结粉土接触面强度变化规律,建立了冻结粉土接触面应力-位移-温度本构方程。张军伟等[4]对青藏高原风火山地区的桥梁钻孔灌注桩进行现场静载试验,研究表明,基桩轴力的荷载传递特性和桩侧阻力的发挥与桩顶所加荷载大小、桩周冻土的性质以及地温密切相关。陈坤等[5]为了解多年冻土区灌注桩浇筑后的桩体温度分布特性和变化规律,基于青藏高原北麓河钻孔灌注桩现场实体试验观测结果和理论分析开展了系统研究。

[①] 基金项目:中国交通建设集团有限公司科技项目(2021-ZJKJ-01)。

由此可见,目前研究成果多集中在冻土区桩-土界面强度、桩基承载性能以及桩基土体温度场分布等,对于冻土区桩基热传导、储热相关研究很少,因此开展青藏高原冻土区桩基热储能性能研究具有重要意义和必要性,研究成果可为进一步提出或改进适用于青藏高速公路桥梁基础结构设计和施工提供理论依据。

二、冻土区桩基础温度传输理论

1. 冻土温度传输理论

多年冻土一般由土骨架颗粒、孔隙水、冰颗粒以及空气组成。土中气相填充物的含量及比热均很小,因此假定土体为不含空气的饱和状态。由于土体层中流体的流动性极弱,土体在冻结和融化的过程中对流换热项可忽略不计,仅考虑土骨架和水的热传导,以及水变冰或冰变水的相变并释放或吸收潜热的过程。在冻结状态内,土体介质热传导微分方程见式(1),融化状态时见式(2)。

$$C_f \frac{\partial T_f}{\partial t} = \frac{\partial}{\partial x}\left(\lambda_f \frac{\partial T_f}{\partial x}\right) + \frac{\partial}{\partial y}\left(\lambda_f \frac{\partial T_f}{\partial y}\right) \tag{1}$$

$$C_u \frac{\partial T_u}{\partial t} = \frac{\partial}{\partial x}\left(\lambda_u \frac{\partial T_u}{\partial x}\right) + \frac{\partial}{\partial y}\left(\lambda_u \frac{\partial T_u}{\partial y}\right) \tag{2}$$

式中:T_f、T_u——冻结/融化状态下土体温度;

C_f、C_u——冻结/融化土体体积比热;

λ_f、λ_u——冻结/融化土体导热系数。相变状态见下式:

$$C_{ef}\frac{\partial T}{\partial t} + \rho_L L \frac{\partial \theta_L}{\partial t} = \frac{\partial}{\partial x}\left(\lambda_{ef}\frac{\partial T}{\partial x}\right) + \frac{\partial}{\partial y}\left(\lambda_{ef}\frac{\partial T}{\partial y}\right) \tag{3}$$

式中:C_{ef}——等效体积比热;

ρ_L——未冻水的密度;

L——单位质量的水结晶或融化潜热,取值为334.56kJ/kg;

θ_L——未冻水的含量;

λ_{ef}——等效导热系数。

对水的相变潜热问题采用显热容方法进行等效处理,假定计算模型中土体中冰水相变发生在温度区间($T_{ref} \pm \Delta T$),T_{ref}为参考温度,在本研究中取 $-0.5°C$;ΔT为步宽,取$0.5°C$。由于基本热工参数在冻结区和融区皆不连续,冻土和融土的热工参数与温度无关,在相变区随温度变化而变化,因此建立各热工参数的简化分段表达式如下:

$$C = \begin{cases} C_f & (T < T_{ref} - \Delta T) \\ \dfrac{C_f}{\rho} + \dfrac{C_u - C_f}{2\Delta T \rho}[T - (T_{ref} - \Delta T)] + \dfrac{L}{(1+\theta_L)}\dfrac{\partial \theta_i}{\partial T} & (T_{ref} - \Delta T \leqslant T \leqslant T_{ref} + \Delta T) \\ C_u & (T_{ref} + \Delta T < T) \end{cases} \tag{4}$$

$$\lambda = \begin{cases} \lambda_f & (T < T_{ref} - \Delta T) \\ \lambda_f + \dfrac{\lambda_u - \lambda_f}{2\Delta T}[T - (T_{ref} - \Delta T)] & (T_{ref} - \Delta T \leqslant T \leqslant T_{ref} + \Delta T) \\ \lambda_u & (T_{ref} + \Delta T < T) \end{cases} \tag{5}$$

2. 混凝土桩温度传输理论

地面线以上桩基在大气环境中承受着太阳辐射、昼夜温差、风速、寒潮等多种环境要素的影响。根据能量来源不同可将主要影响因素分为三类:结构和空气的对流换热,太阳辐射(直射、大气散射和地面反射),结构和环境之间的辐射换热。

当桥梁结构和环境之间存在温差时,结构会与其上流过的流体之间产生能量传递。环境风是影响桥梁与外部空气对流交换的关键因素。环境风速v通过当地气象站获得,对流换热系数h_c计算公式为:

$$h_c = 1.32v + 0.43 \tag{6}$$

考虑太阳辐射桥梁温度场的主要影响因素,选择幂指数计算模型计算任意表面直射辐射I_D、散射辐射I_d和反射辐射I_r,直接辐射强度由下式计算:

$$I_D = I_0 P^m \tag{7}$$

$$m = \frac{1}{\sin\beta_s} \tag{8}$$

式中:I_0——单位时间内大气顶界垂直于太阳光线的单位面积上接受的太阳辐射;

P——复合大气透明度系数;

m——大气光学质量;

β_s——太阳高度角。

结构表面吸收的太阳辐射强度可由下式计算:

$$I_{D\phi} = I_D \cos\phi \tag{9}$$

$$\cos\phi = \cos\beta_n \cos\beta_s \cos(\alpha_n - \alpha_s) + \sin\beta_n \sin\beta_s \tag{10}$$

式中:ϕ——太阳入射角,即日心与观测点的连线和结构表面外法线的夹角;

β_n——结构表面外法线高度角;

α_n——结构表面外法线方位角;

α_s——太阳方位角。

水平面上的散射强度可由下式计算:

$$I_{dH} = (0.271 I_0 - 0.284 I_d) \sin\beta_s \tag{11}$$

任意角度面的散射强度由下式计算:

$$I_{d\beta} = \frac{1 - \sin(\beta_n)}{2} I_{dH} \tag{12}$$

结构表面受到的地表反射强度由下式计算:

$$I_{r\beta} = \frac{1 - \sin(\beta_n)}{2} r_e (I_D \sin\beta_s + I_{dH}) \tag{13}$$

式中:r_e——地表反射率,一般取为0.2。

温度不处于绝对零度的物体都会不断向其他物体发射热辐射,同时又吸收对方发射的热辐射。桥梁辐射换热就是结构与大气之间相互辐射和吸收的总效果,数值计算中常表示为:

$$h_r = 0.88[4.8 + 0.075(T_a - 5)] \tag{14}$$

三、冻土区桩基础温度传输分析

以某进藏高速公路桥为分析原型,考虑当地地质条件,桩基区域自上而依次为角砾、强风化灰岩,桩基主要位于角砾层,计算暂以单一土体(角砾)进行仿真分析。模型计算宽度取桩基向两侧各延伸15m,计算深度取30m,即考虑桩基对底部10m范围内冻土的热传递,计算模型及几何参数如图1所示。

桩基温度边界条件太阳辐射、辐射换热和对流换热。土体温度边界则根据附面层理论及青藏高原多年野外勘测资料,上边界温度可表示为:

$$T(t) = T_0 + \Delta T + A\sin\left(\frac{2\pi}{365}n + \varphi\right) \tag{15}$$

式中:T_0——地表年平均温度,根据当地气象站数据,取 -2.12;

ΔT——附面层增温,根据青藏高原附面层理论探究,天然地表温度增量为2.5℃;

A——地表平均温度年振幅,取15.17℃;

n——日序号;

φ——初始相位角,取 $-\frac{8}{13}\pi$。

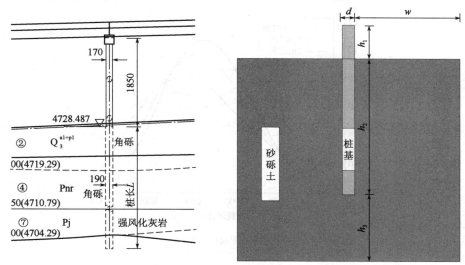

图1 桩基结构及几何模型(尺寸单位:cm;高程单位:m)

图2给出了四个时间点桩基础周围的冻土温度云图,可以看出,桩基础对附近冻土有较为明显的温度扰动,扰动深度大约为8m,同一深度时桩侧与自然土体最大温差可达1.41℃。在暖季,土体温度呈由上至下降低式分布,桩周土体温度以桩轴为中心呈漏斗状分布;在冷季,由于气温快速降低,地表温度也随之降低,但由于表面土体冻结放热导致内部出现相较地表温度更高的高温土层,此时土体温度从上至下呈低-高-低的分布,桩周土体温度以桩轴为中心呈陀螺状分布。总体而言,桩周的土体温度始终高于自然土体,这是由于桩基为混凝土材质,与冻土相比有更好的导热性能,能更快地将热量从高温土区处传递至低温土区。由桩侧温度年变化曲线(图3)可看出,由于土体存在较大比热,对温度的平衡能力更强,外界环境对土体的温度影响随深度增大而逐渐减弱。

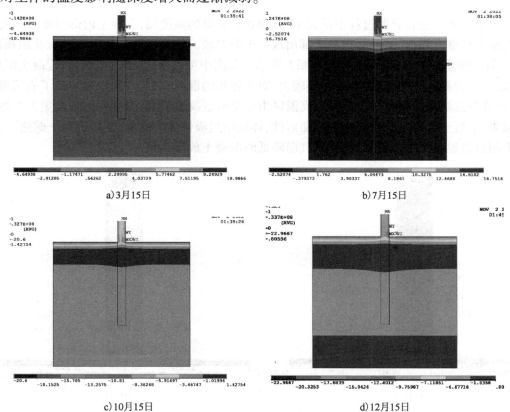

图2 桩基周围冻土温度云图

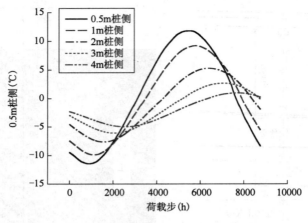

图3 多测点温度时变曲线

四、混凝土桩基热储能性能分析

储热混凝土与地下土壤及岩石等天然材料相比,导热系数更大,能量可以及时地存储或取出,与地下水相比,稳定性更好,工作温度范围广,是理想的储热材料。通过太阳能集热器吸收太阳辐射,通过地埋管换热器将能量输送至地下对混凝土进行加热以储存太阳辐射能量。在不增加隔热层时,考虑冬季供暖期太阳能当天被消耗掉,不需要储存,建筑面积为10000 m^2 的五层框架结构建筑利用160口储热井即可满足冬季供暖需求。在需要跨季节长期储存太阳能时,需要进行地下绝热和防渗处理,以减少热量损失。为研究工程桩储存的热量对周围冻土的影响,建立混凝土桩基模型以探究混凝土储热性能,前10d施加日照等边界条件进行升温模拟,自第10天起不再施加太阳辐射模拟散热。

图4给出了混凝土桩在日照过程中某天12点和0点时刻的温度场,混凝土内部温度分布均匀,在边界处有较大温度梯度。在夜间,混凝土桩上部出现一个高温核。进而选取混凝土中心点及距顶部0.25m处(高核区)两个测点提取温度时变结果,如图5所示。从图中可以看出,与气温相比,混凝土温度变化幅度更小,这是由于混凝土导热系数较小、比热较大,对大体积的混凝土桩,太阳辐射加热了表层混凝土后,直到19点日落时热量仍未传递到中心处。高温区由于靠近混凝土表面,温度变化幅度更大。综合来看,与气温比起来,混凝土温度变化具有明显的滞后性,体现出慢吸慢放的性能,使用混凝土储热可以实现白天吸收太阳辐射使混凝土缓慢升温,在夜间气温降低时混凝土放出热量。

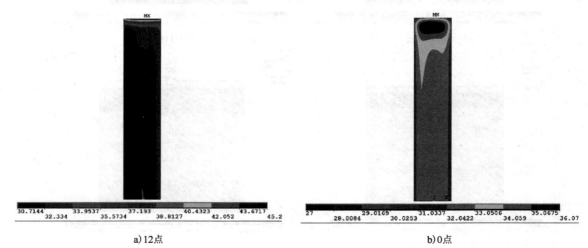

a) 12点　　　　　　　　　　　　　　b) 0点

图4 混凝土桩温度场

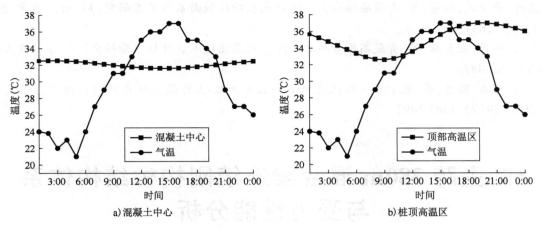

图5 桩顶区域温度与气温对比

图6给出了整个计算周期内(日照升温10d,无日照散热10d)混凝土中心温度变化曲线。可以看出,在日照升温阶段,混凝土中心温度逐渐升高,在第4d之后温度稳定,同样,在无太阳辐射持续输入热量的情况下,混凝土中心温度逐渐降低,在第4d之后温度已趋于稳定,认为太阳辐射输入的热量已全部流出。因此,对于普通混凝土桩,如若不增设太阳能集热器增加吸收太阳辐射量,不埋入换热管增加混凝土储热效率,混凝土外不设置绝热层,而仅靠混凝土自身,吸收的太阳辐射将在数日之内全部流出,无法达到跨季节长期储热的效果,即桩基导入只影响短期,不会跨季节影响。

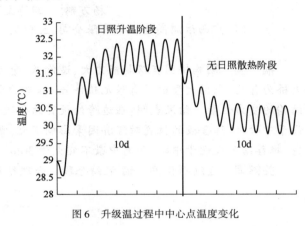

图6 升级温过程中中心点温度变化

五、结　语

本文对冻土区桩基温度场研究进行了有限元建模、分析与探讨,开展了冻土区桩基础温度传输分析和混凝土桩基热储能性能分析,得到以下结论:

(1)由于桩基为混凝土材质,与冻土相比有更好的导热性能,能更快地将热量从高温土区处传递至低温土区,桩周土体温度始终高于自然土体;

(2)由于土体存在较大比热,对温度的平衡能力更强,外界环境对土体的温度影响随深度增大而逐渐减弱;

(3)与气温相比,混凝土温度变化具有明显的滞后性,体现出慢吸慢放的性能,使用混凝土储热可以实现白天吸收太阳辐射使混凝土缓慢升温,在夜间气温降低时混凝土放出热量;

(4)对于普通混凝土桩,如不增设太阳能集热器增加吸收的太阳辐射量,混凝土中不埋入换热管增加混凝土储热效率,混凝土外不设置绝热层,仅靠混凝土自身,吸收的太阳辐射将在数日之内全部流出,无法达到跨季节长期储热的效果。

参考文献

[1] 汪双杰,王佐,陈建兵.青藏高原多年冻土地区高速公路布局及其冻土环境耦合作用[M].上海:上海科学技术出版社,2019.

[2] WEAVER J S, MORGENSTERN N R. Simple shear creep tests on frozen soils[J]. Canadian Geotechnical Journal, 1981, 18(2):217-229.

[3] 董盛时,董兰凤,温智,等.青藏冻结粉土与混凝土基础接触面本构关系研究[J].岩土力学,2014,35(6):1629-1633.
[4] 张军伟,马巍,王大雁,等.青藏高原多年冻土区钻孔灌注桩承载特性试验研究[J].冰川冻土,2008,30(3):482-487.
[5] 陈坤,俞祁浩,郭磊,等.基于灌注桩试验的多年冻土区桩-土传热过程分析[J].岩石力学与工程学报,2020,39(7):1483-1492.

15. 主跨380m混合梁连续刚构桥结构体系与受力性能分析

杨万鹏[1]　邹博文[1]　吕　荣[2]　白晓宇[2]

(1.广西乐浦高速公路有限公司;2.中交公路长大桥建设国家工程研究中心有限公司)

摘　要　刚构桥因其跨越能力大、造价低、受力好等优势,广泛应用于地形复杂的地区。本文以桂江大桥为背景,采用大型通用有限元软件 midas 建立计算模型,探究了连续刚构桥合理结构体系,并分析了结构的受力性能。结果表明:在边跨处设置结合段时,钢梁所占的比重明显增大,经济效果不佳;结合段设于中跨时,结合段的位置对经济因素影响不大,需要避免结合段位置选取不当带来的造价突增;综合考虑,推荐结合段设于中跨,距离中墩不宜大于30m。

关键词　连续刚构桥　钢-混结合段　合理结构体系　受力性能　有限元分析

一、引　言

混合梁桥是指在纵桥向上由钢梁和混凝土梁通过钢-混接头有效连接并共同受力的桥梁结构,由于其优良的力学性能,在各种桥梁中得到了广泛的应用。

针对混合梁刚构桥钢-混结合段的受力性能,袁辉辉等[1]依托福州马尾大桥设计制作了几何缩尺比为1∶3.5的钢混结合段模型,采用精细化实体有限元方法,对结合段静力性能进行了力学性能分析,揭示出结合段在混合连续箱梁桥中的传力机理。施洲等[2]以安九铁路鳊鱼洲长江大桥为依托,对主梁钢混结合段开展力学性能试验及有限元分析,结果表明钢混结合段具有良好的承载能力及抗疲劳性能,传力合理。陈德宝等[3]为研究钢-混结合段的破坏模式及承载力,为局部构造优化提供依据,采用有限元模型分析钢格室高度变化对结合段受力的影响,根据分析结果建议合理降低钢格室的高度,并采用O形开孔剪力板。龚顺燧等[4]为了验证特大跨轨道连续刚构桥钢-混结合段的疲劳性能,设计缩尺模型试验,开展了疲劳验证和疲劳破坏试验,结果表明结合段界面相对滑移很小,钢结构无表观裂纹,具有良好的抗疲劳性能,结构具有足够的疲劳安全储备。孙海军等[5]依托位于高烈度地震区的澜沧江斜拉桥,利用有限元软件,从混合梁斜拉桥地震响应方面研究钢-混结合段的合理位置,分析结构内力的变化规律,结果表明,钢-混结合段的位置偏向中跨对斜拉桥地震响应的影响比较有利。曾明根等[6]通过模型试验分析了连接件和后承压板在结合段中的传力机制。陈开利等[7]通过设计桃夭门大桥结合段缩尺模型试验,研究结合段位置应力分布规律。

钢-混结合段在纵桥向上包括钢梁过渡段、钢-混结合段和混凝土梁过渡段[8],作为连接钢梁与混凝土梁的局部构造,受力复杂,构造形式多样,结构受力机理尚不明确,缺乏明确理论指导结合段合理布置的位置,有必要针对连续刚构桥中钢-混结合段位置及受力性能进行分析,本论文拟在前期研究基础上,以380m主跨径混合梁刚构桥为例,通过对纵桥上部钢混组合梁桥的研究,探讨钢-混结合段的合理位置及结构受力性能,以期为该桥型的推广应用提供有益的参考。

二、工 程 概 况

桂江大桥为一座主跨径380m、跨径布置为80m+380m+80m的大跨径混合梁连续刚构桥,边跨采用预应力混凝土箱梁,中跨采用钢箱梁,钢箱梁长度为370m。钢-混凝土结合段的设计要考虑刚度与传力之间的转换,钢混结合段的功能是将各类载荷所产生的轴力、弯矩、扭矩和剪力顺利、可靠地进行转移,在荷载作用下有一定的承载能力安全储备,同时还具备较好的刚度转变、耐久性和抗疲劳等特性。钢混结合段采用有格室的后承压板形式,在钢格室内填充混凝土,通过由边跨延伸至墩顶的顶板束和腹板束以及局部预应力短束使钢箱梁与混凝土箱梁紧密结合。桥型布置如图1所示。

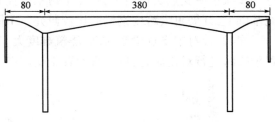

图1 桥型布置图(尺寸单位:m)

三、混凝土连续刚构桥结构参数研究

结合段位置的设置对全桥和结合段的合理承载力都有很大影响,因此研究该参数的主要意义就是充分发挥混凝土箱梁的功能,使大桥设计时既能达到合理承载力的需要,又能做到既经济合理,且能确保整体设计工作能够方便快捷完成。一方面,钢-混结合段的位置决定了钢梁段长度,位置距中墩越近有利于降低中跨恒载,提高桥梁整体承载能力。另一方面,结合段位置不同会受到不同的内力影响。结合段离中墩越近,其弯矩和剪力会迅速增加,影响结合段构造的合理性。

1. 结合段受力合理位置分析

由于桥梁承受的自重比车辆荷载要大得多,而且是永久性的,所以可以根据结构自重加载时的组合梁截面弯矩分布情况,对组合梁的合理受力位置进行初步分析。

根据图2所示模型,对三跨连续梁中跨混合梁结合段受力的合理位置进行初步计算,得出位置比例系数 ξ 值见表1。

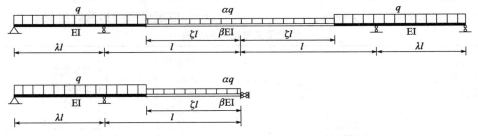

图2 连续梁中跨混合梁受力的合理位置分析示意图

l-混合梁所在桥跨跨径;λ-边跨跨径系数,边跨跨径为 λl;ξ-钢梁段长度系数,钢梁段长度为 ξl;α-钢梁与混凝土梁自重荷载比;β-钢梁与混凝土梁抗弯刚度比

ξ 初步计算表 表1

β	α									
	0.1	0.2	0.3	0.4	0.5	0.6	0.7	0.8	0.9	1.0
0.1	0.51	0.46	0.44	0.42	0.41	0.40	0.39	0.39	0.38	0.38
0.2	0.58	0.53	0.51	0.49	0.48	0.47	0.47	0.46	0.46	0.45
0.3	0.61	0.57	0.55	0.54	0.53	0.52	0.51	0.51	0.51	0.50
0.4	0.64	0.60	0.58	0.57	0.56	0.55	0.55	0.54	0.54	0.54
0.6	0.68	0.64	0.62	0.61	0.60	0.60	0.60	0.59	0.59	0.59
0.8	0.70	0.67	0.65	0.64	0.64	0.63	0.63	0.62	0.62	0.62
1.0	0.71	0.69	0.68	0.67	0.66	0.66	0.65	0.65	0.65	0.65

2. 拟定梁高

根据表1中的研究结果，初步拟定中跨钢梁长度在$0.49l \sim 0.6l$，即$186 \sim 228 m$。针对本桥跨径380m的特点，通过试算，即使按228m的最大跨径计算，其等效混凝土梁仍然有261m、中支点高21m，因此，为进一步减小中支点负弯矩区，避免了跨中下挠和大体积混凝土浇筑难度大、容易开裂的难题，本项目将在此基础上，开展更大跨度钢梁的比较研究。不同混凝土梁长度下等效跨径如图3所示。

同时，针对中支点梁截面高、浇筑难度大、工期长的特点，故尝试将0号块设计为钢箱梁，对结合段设置于边跨进行对比研究，位置宜设置于反弯点。不同混凝土梁长度下梁高如图4所示。

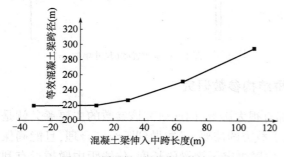

图3 不同混凝土梁长度下等效跨径

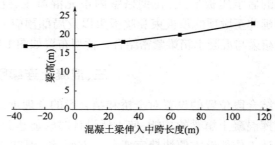

图4 不同混凝土梁长度下梁高

3. 拟定边跨跨径

在连续刚构桥中，中墩起着支撑主梁的作用，为避免中墩承受弯矩过大，在成桥和施工过程中，都要尽可能地使两端的受力达到平衡。不同混凝土梁长度下边跨跨度如图5所示。

结合上述研究结果，对结合段设置于边跨反弯点、中跨墩顶附近至约1/4跨（$0.42 \leq \xi \leq 0.95$）进行参数分析，拟定梁高与边跨跨度见表2。

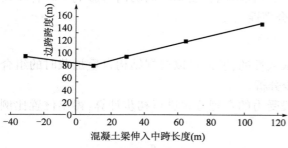

图5 不同混凝土梁长度下边跨跨度

拟定梁高与边跨跨度表 表2

组	混凝土梁伸入中跨长度（m）	钢梁长度（m）	ξ	钢/混凝土梁重度	混凝土梁贡献中支点弯矩（N·m²）	钢梁贡献中支点弯矩（N·m²）	中支点弯矩（N·m²）	等效混凝土跨径（m）	梁高（m）	边跨跨度（m）
A	110	160	0.421		-1882	-2384	-7266	295	23	147
B	65	250	0.658		-1872	-3387	-5259	251	20	117
C	30	320	0.842	0.333	-426	-3869	-4295	227	18	94
D	10	360	0.947		-49	-3995	-4044	220	17	80
E	-30	440	1.158		—	-4011	-4011	219	17	94

通过对梁高和边跨的初步计算，结合段设置于边跨30m处与中跨30m处相比，其梁高仅降低5.5%，边跨跨径相同，而整个桥梁的钢梁比重从56.3%上升到77.5%，施工成本增加。另外，结合段设置在边跨需要增设钢梁与混凝土中墩结合段，两种材料结构间的传力、构造复杂，施工难度大，是结构的薄弱部位，梁-墩结合部的设置对整体受力的提升作用不大，应该尽可能避免。因此，结合段不宜设于边跨。

四、钢-混结合段全桥有限元分析

1. 模型简化

本文以midas Civil为平台，建立混凝土组合梁连续刚构桥有限元模型（图6），考虑到钢混结合段的复杂性，进行如下简化：根据组合梁在结构自重下的受力情况，对组合梁的合理受力位置进行分析；结合部构造比较复杂，将混凝土箱梁的过渡段端头截面直接与钢箱梁相连接；由于钢梁过渡段顶板和底板均呈纵向高度分布，采用midas梁单元难以模拟，而过渡段长度较短，因此将其替换为钢梁标准截面。

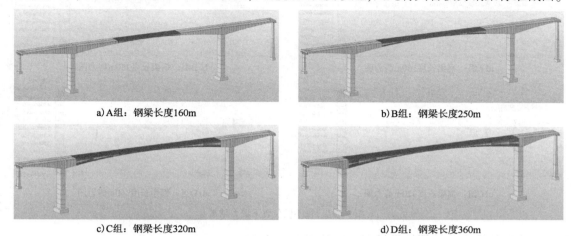

图6　结合段不同位置下有限元模型

2. 结果分析

不同结合段位置下结构的位移、弯矩及剪力计算结果如图7～图9所示。

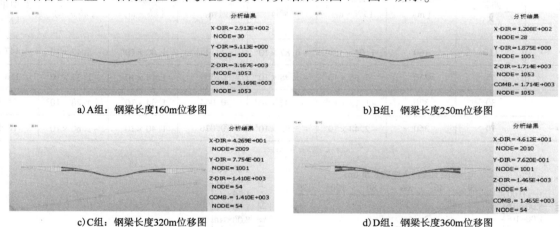

图7　结合段不同位置下位移结果

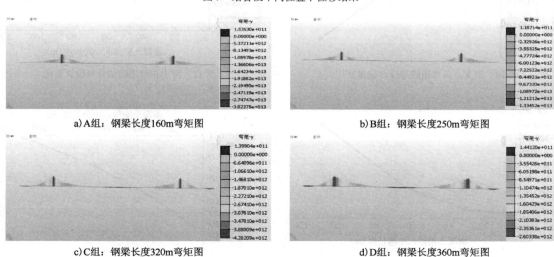

图8　结合段不同位置下弯矩结果

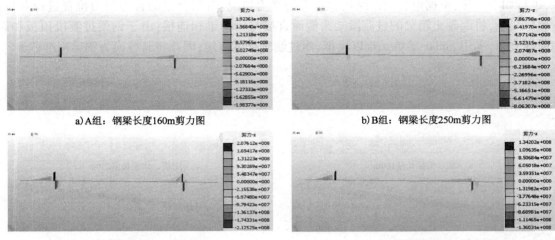

a) A组：钢梁长度160m剪力图

b) B组：钢梁长度250m剪力图

c) C组：钢梁长度320m剪力图

d) D组：钢梁长度360m剪力图

图9　结合段不同位置下剪力结果

钢混结合段位置变化计算结果见表3以及图10～图15。

钢-混结合段位置变化计算结果　表3

组	混凝土梁伸入中跨长度（m）	钢梁长度（m）	结合部弯矩（kN·m）	结合部剪力（kN）	结合部位移（m）	跨中正弯矩（kN·m）	支点正弯矩（kN·m）	支点正弯矩/跨中正弯矩（kN·m）
A	110	160	1.04×10^5	-6.87×10^2	2.143	1.00×10^5	-3.47×10^7	347.00
B	65	250	-5.65×10^5	-1.38×10^4	0.503	1.18×10^5	-1.37×10^7	116.10
C	30	320	-1.72×10^6	-2.82×10^4	0.044	1.34×10^5	-4.28×10^6	31.94
D	10	360	-2.48×10^6	-3.93×10^4	0.026	1.40×10^5	-2.60×10^6	18.57

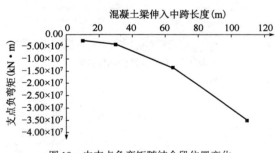

图10　中支点负弯矩随结合段位置变化

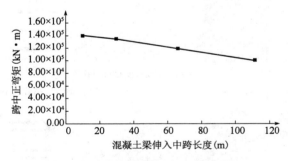

图11　跨中正弯矩随结合段位置变化

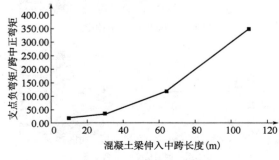

图12　受力均匀性随结合段位置变化

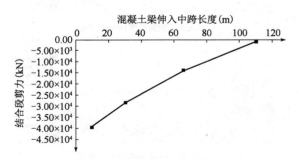

图13　结合段剪力随结合段位置变化

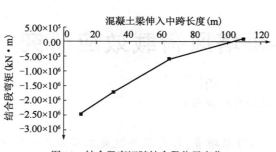

图14 结合段弯矩随结合段位置变化

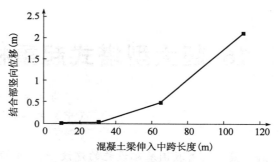

图15 结合段位移随结合段位置变化

从分析结果中可以看出,随着结合段位置从中支点向跨中移动,中支点负弯矩明显增加,跨中正弯矩变化不大;以中支点负弯矩/跨中正弯矩作为评价结构受力均匀性的指标,发现混凝土梁伸入结合段30m范围内,均匀性表现良好,但随着其长度的增加,其均匀性显著降低;随着结合段向跨中深入,结合段处剪力与弯矩均显著减小,结合段受力明显改善。同时,结合段越靠近跨中,刚度越差,位移越大,在30m范围内,位移仍较小,随后快速升高,位移过大对结合段自身刚度、稳定性和耐久性不利。

五、结　语

(1)结合段设于边跨时,钢梁比例显著增加,需增设钢梁与混凝土中墩结合段,而且会增加中支点处负弯矩,增大中支点处梁高,导致钢箱梁底板承受较大压力,增大了施工难度,经济性较差,造成结构受力不合理。

(2)结合段设于中跨时,经济因素对结合段的位置不会构成显著的影响,结合段位置不会导致造价产生较大变化,故不需要根据不同结合段位置做大量的造价对比,只需要避免因某些位置而带来的造价突增即可。

(3)针对本项目主跨380m的连续刚构混合梁,钢梁长度不宜太短,而钢梁过长会导致结合段承受弯剪荷载过大,建议本桥结合段设置在中跨距离中墩30m以内位置。

参考文献

[1] 袁辉辉,黄珍珍,吴庆雄,等.大跨混合连续箱梁桥钢混结合段传力机理试验与分析[J].湖南大学学报(自然科学版),2023,50(7):44-56.

[2] 施洲,贾文涛,宁伯伟,等.高铁大跨度斜拉桥主梁钢混结合段力学性能研究[J].铁道学报,2023,45(3):37-46.

[3] 陈德宝,林志平,苏庆田,等.混合梁刚构桥钢-混结合段的构造优化与试验[J].工程力学,2023,40(8):149-160.

[4] 龚顺燧,廖晶,马虎,等.轨道专用连续刚构桥钢-混结合段疲劳性能[J].中国科技论文,2023,18(2):137-143.

[5] 孙海军,林剑峰,江正谭.高烈度地震区钢-混结合段位置对大跨斜拉桥地震响应的影响[J].交通科技,2023(2):90-97.019.

[6] 曾明根,许桂修,林志平,等.混合梁刚构桥钢-混结合段局部传力机制试验研究[J].同济大学学报(自然科学版),2022,50(10):1422-1431.

[7] 陈开利,王戒躁,安群慧.舟山桃夭门大桥钢与混凝土结合段模型试验研究[J].土木工程学报,2006(3):86-90.

[8] 中华人民共和国交通运输部.公路钢混组合桥梁设计与施工规范:JTG/T D64-01—2015[S].北京:人民交通出版社股份有限公司,2015.

16. 超大型塔式起重机-桥塔风荷载效应研究

肖天宝 王 浩 雷 雨

(中交第二公路工程局有限公司)

摘 要 随着我国基础设施的建设,超大型桥梁工程日益增多,作为其关键施工设备之一的超大型塔式起重机其安全性显得尤为重要。本文以某大跨悬索桥桥塔为例,基于图纸建立了联合系统的有限元模型分析了其动力特性,对于不同工况下结构的风荷载以及静风稳定性进行了计算。计算结果表明联合系统首先会出现纵桥向弯曲振动,在六级风作用下桥塔塔顶纵桥向位移是横桥向位移的10倍,在实际施工过程中应增加纵桥向刚度,减小对应位移。

关键词 桥塔 塔式起重机 风荷载 静风稳定性 动力特性

一、引 言

高耸塔式起重机(俗称"塔吊")由于其高度以及结构的特性,其抗风安全性显得尤为重要。在中国,因风灾引起的高耸塔吊结构的损伤事件时有发生,成为工程施工过程中的重大安全隐患。2014年7月登陆海南文昌市的超强台风"威尔逊"瞬时风速达到17级,造成海南省台风路径上超过77台塔吊倒塌和76台倾斜或严重受损。2016年9月15日登陆厦门的"莫兰蒂"超强台风,最大瞬时风速超过70m/s,造成厦门地区超过83台塔吊倾覆,强风下引起超过200台塔吊结构变形,经济损失巨大[1]。对于高耸塔吊结构进行更严格和精细的抗风安全性分析验算,对于保证吊机的安全高效工作十分必要。夏烨等[2]以南京长江五桥为例对桥塔-塔吊联合结构进行了抖振风荷载时程分析,并进行了安全性综合评价。马如进等[3]通过钢桥塔与塔吊共同作用的联合气弹模型风洞试验研究了自立状态钢桥塔与塔吊组成的联合体系的抖振性能及塔吊对钢桥塔抖振响应的影响。朱秋颖等[4]针对带塔吊钢桥塔联合体系静风荷载及响应,比较了规范计算方法和计算流体力学(CFD)虚拟风洞技术的计算结果。张会远等[5]以鄂东公路大桥主桥桥塔为例,对桥塔和塔吊结构体系的动力特性进行了有限元理论分析,给出桥塔3个主要施工阶段动力特性分析结果。殷扬[6]对于苏通大桥使用的MD3600塔吊,通过实测与有限元模拟进行了抗风安全评估分析。本文以某大跨悬索桥桥塔为例,基于有限元模型分析了联合系统的动力特性,对于不同工况下结构的风荷载以及静风稳定性进行了计算。

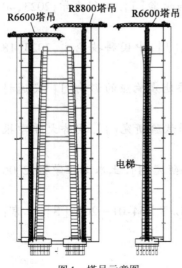

图1 塔吊示意图

二、工程概况

某大桥为主跨2100m单跨吊钢桁梁悬索桥。该桥索塔采用六横梁门式塔,索塔设置六道横梁,塔柱底面高程为+6m,塔顶高程为+344.816m,索塔总高度为338.916m。主塔自下而上共分为61个节段,包含下塔柱、下横梁1、中塔柱1、中横梁2、中塔柱2、中横梁3、中塔柱3、中横梁4、中塔柱4、中横梁5、上塔柱及上横梁6部分。

该桥塔的施工设备采用了两台R6600-240平头塔式起重机。其起重臂长为56m,安装总高度分别为362m和379m,塔机标准节段长5.7m。为保证塔吊的使用安全性,塔吊基础直接坐落在桥塔承台上,先后共采用了八道附墙装置,塔吊布置如图1所示。因为该机施工周期较长,使用频率高,所处风环境复杂,为了更好地服务大桥建设,拟对R6600-240平头塔式起重机进行桥塔施工阶段塔吊的抗风安全性分析研究。通过对桥塔-塔吊系统的动力特性分析与静风荷载作用下结构安全性的研究,评估该塔吊的安全性以及使用过程中的工作性能，以确保大桥施工过程中塔吊的正常安全使用。

三、有限元建模

针对塔吊-桥塔联合结构的风致动力响应进行分析，使用 midas Civil 有限元软件进行模拟分析，根据施工图纸建立了桥塔-塔吊系统的杆系有限元模型，桥塔和塔吊通过附着杆件连接，组成联合系统。该桥桥塔为钢板-混凝土组合索塔，依据抗弯刚度弹性模量和质量等效原则设置材料属性，以模拟其钢混组合截面。主塔及塔吊采用梁单元进行模拟，附墙采用钢臂单元模拟。桥塔的塔柱与横梁用刚臂连接。塔吊塔柱与起重臂的连接亦采用刚臂梁单元模拟。

塔吊底部与基础连接的四个节点的六个自由度全部固定。同时，桥塔底部与基础连接的两个节点的六个自由度也全部固定。参照设计图纸，桥塔与塔吊用不同位置的附墙加以连接。桥塔的塔柱与横梁用刚臂连接。塔吊塔柱与起重臂的连接亦采用刚臂梁单元模拟，便于查看吊臂对立柱的压力与不平衡弯矩，刚臂模型如图 2 所示。该位置的回转平台以及驾驶室的质量通过节点荷载模拟。

根据图纸所给的材料特性和截面特性，建立塔吊-桥塔系统的有限元模型如图 3 所示。

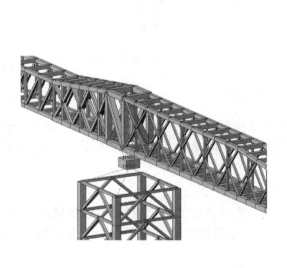

图 2　塔吊立柱-吊臂连接钢臂示意图

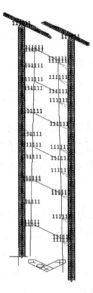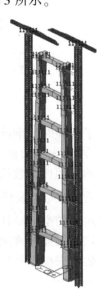

图 3　有限元模型

为了分析桥塔-塔吊系统振动的耦合性，通过对有限元模型进行动力特性分析，得到桥塔-塔吊系统的特征频率与振型见表 1，其中前 4 阶振型如图 4～图 7 所示。

桥塔-塔吊系统模态参数　　表1

振型阶数	自振频率(Hz)	自振周期(s)	振型描述
1	0.10	9.68	塔吊和桥塔一阶纵桥向弯曲
2	0.22	4.53	塔吊和桥塔一阶横桥向弯曲
3	0.39	2.58	高塔吊起重臂纵桥向摆动
4	0.41	2.42	塔吊和桥塔扭转
5	0.46	2.15	低塔吊起重臂纵桥向摆动
6	0.50	1.98	塔吊和桥塔二阶纵桥向弯曲
7	0.65	1.53	高塔吊起重臂横桥向摆动
8	0.75	1.33	塔吊起重臂横桥向摆动
9	0.82	1.22	塔吊起重臂纵桥向摆动
10	0.97	1.03	低塔吊起重臂横桥向摆动

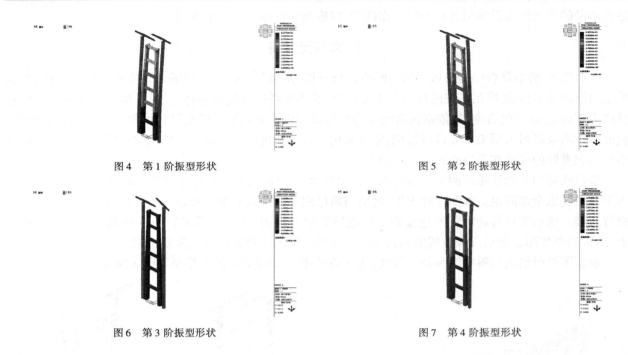

图4 第1阶振型形状　　　　　　　　　图5 第2阶振型形状

图6 第3阶振型形状　　　　　　　　　图7 第4阶振型形状

四、风荷载数值模拟

为了能在时域准确地分析出结构的风致响应,需要对结构所承受的风荷载进行模拟。大量实测的风速记录表明:大气边界层中的风可分为长周期的平均风和短周期的脉动风两部分。本节通过对大桥场地所处平均风的风速数值模拟,实现对静风荷载的模拟。

1. 平均风速数值模拟

平均风的空间特性主要表现为不同地貌下风速的平均值随高度的变化规律,可以用风剖面进行描述。平均风剖面通常用指数率或对数率来表达。本研究中由于塔吊沿竖直高度尺度大,采用规范中推荐的幂指数率来模拟平均风速。

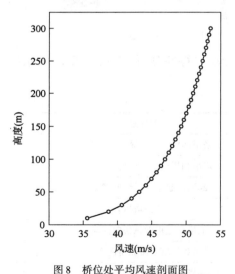

图8 桥位处平均风速剖面图

桥位处平均风速剖面图如图8所示。

2. 静风荷载模拟

1) 桥塔风荷载模拟

根据《公路桥梁抗风设计规范》(JTG/T 3360-01—2018)[7]中第4.2.6条,桥梁或构件基准高度 Z 处的设计基准风速可按下式计算:

$$U_{\mathrm{d}} = k_{\mathrm{f}} \left(\frac{Z}{10}\right)^{\alpha_0} U_{\mathrm{s}10} \tag{1}$$

式中:U_{d}——基准高度 Z 处设计基准风速(m/s);
　　　k_{f}——抗风风险系数,此处取1.02;
　　　$U_{\mathrm{s}10}$——设计基本风速(m/s);
　　　α_0——地面粗糙度系数,此处取0.12;
　　　Z——构建的基准高度(m),此处取桥塔离地高度的65%。

施工阶段设计基准风速为:

$$U_{\mathrm{sd}} = k_{\mathrm{sf}} U_{\mathrm{d}} \tag{2}$$

等效静阵风风速为:

$$U_\mathrm{g} = G_\mathrm{V} U_\mathrm{d} \tag{3}$$

由《公路桥梁抗风设计规范》(JTG/T 3360-01—2018)5.4.1条,桥墩、桥塔、吊杆(索)上的风荷载以及横桥向风作用下斜拉索和主缆的等效静阵风荷载按下式计算:

$$F_\mathrm{g} = \frac{1}{2}\rho U_\mathrm{g}^2 C_\mathrm{D} A_\mathrm{n} \tag{4}$$

式中:F_g——构件单位长度上的风荷载(N/m);

ρ——空气密度(kg/m³),可取为1.25kg/m³;

U_g——构件基准高度上的等效静阵风风速(m/s);

C_D——构件的阻力系数;

A_n——构件单位长度上顺风向的投影面积(m²/m),对斜拉索、主缆和吊杆取外径计算。

2)塔吊风荷载模拟

根据《塔式起重机设计规范》(GB/T 17352—2017)[8]进行塔吊在两个工况下的风荷载计算。

《塔式起重机设计规范》(GB/T 17352—2017)4.3.3.1条规定,工作状态下垂直作用在塔式起重机构件轴线上的风荷载可按下式计算:

$$P_\mathrm{WI} = p_\mathrm{w} C A \tag{5}$$

式中:p_w——工作状态计算风速为v_w时的计算风压(N/m²);

C——构件的空气动力系数,与构件特征面积A一起使用;

A——构件的特征面积(m²)。

$$p_\mathrm{w} = 0.625 v_\mathrm{w}^2 \tag{6}$$

式中:p_w——工作状态计算风压(N/m²);

v_w——工作状态计算风速(m/s)。

《塔式起重机设计规范》(GB/T 17352—2017)4.3.4.2.1条规定,非工作状态下垂直作用在塔式起重机构件轴线上的风荷载可按下式计算:

$$P_\mathrm{WN} = K_\mathrm{h} p_\mathrm{n} C A \tag{7}$$

式中:K_h——风压高度变化系数。

$$p_\mathrm{n} = 0.625 v_\mathrm{n}^2 \tag{8}$$

式中:p_n——非工作状态计算风压(N/m²);

v_n——非工作状态计算风速(m/s)。

五、风载效应分析

基于有限元模型及静风荷载,运用midas Civil软件求解塔吊的静风响应。

结构验算一般分为正常使用极限状态和承载能力极限状态两种,承载能力极限状态设计体现了桥涵的安全性,正常使用极限状态设计体现了桥涵的适用性和耐久性,只有每项设计都符合有关规定的两类极限状态设计的要求,才能使所设计的结构达到其全部的预定功能。因此,除了要分析在工作风速下桥塔-塔吊系统的响应外,还要分析其在极限风速作用下的响应。

验算采用的荷载组合为1.1×(1.2自重+0.75×1.1风荷载)。

1. 计算工况

对狮子洋大桥桥塔施工阶段塔吊抗风安全性的分析按以下思路进行。首先,根据施工图纸建立系统的有限元分析模型,分析系统的动力特性。然后,根据系统场地特征进行风荷载计算。接着,将第二步得到的风荷载输入有限元分析模型,进行结构分析。最后,汇总分析结果,评价塔吊在静风作用下的安全性。

计算工况如下:

工况1:桥塔节段吊装完成,此时塔吊达到最大高度,13.3m/s基本风速作用下(六级风)。

- 子工况1.1:起重臂垂直于大桥主梁,横桥向来流,有起重荷载(起重质量110t,工作幅度40m);
- 子工况1.2:起重臂垂直于大桥主梁,纵桥向来流,有起重荷载(起重质量110t,工作幅度40m);
- 子工况1.3:起重臂平行于大桥主梁,横桥向来流,有起重荷载(起重质量110t,工作幅度40m);
- 子工况1.4:起重臂平行于大桥主梁,纵桥向来流,有起重荷载(起重质量110t,工作幅度40m)。

工况2:桥塔节段吊装完成,此时塔吊达到最大高度,34.9m/s基本风速作用下。
- 子工况2.1:起重臂垂直于大桥主梁,横桥向来流;
- 子工况2.2:起重臂垂直于大桥主梁,纵桥向来流;
- 子工况2.3:起重臂平行于大桥主梁,横桥向来流;
- 子工况2.4:起重臂平行于大桥主梁,纵桥向来流。

2. 风荷载计算

1)桥塔风荷载计算

将桥塔按图纸给出的截面从上到下分为6块,横梁自下到上标号为1~6分块进行静风荷载的计算。桥塔在横桥向风作用及纵桥向风作用下截面的荷载见表2,桥塔横梁在横桥向风作用及纵桥向风作用下截面的荷载见表3。

桥塔风荷载计算结果(单位:N/m)　　　表2

分块	工况一		工况二	
	横桥向风荷载 F_g	纵桥向风荷载 F_g	横桥向风荷载 F_g	纵桥向风荷载 F_g
1	9845.60	3224.80	52546.39	17210.89
2~3	7787.32	3969.90	41561.28	21187.55
3~4	7155.02	4511.11	38186.63	24075.98
4~5	7951.45	4910.10	42437.21	26205.41
5~6	9312.60	5646.27	49701.75	30134.38
7	10110.98	6025.14	53962.71	32156.45

横梁风荷载计算结果(单位:N/m)　　　表3

分块	工况一纵桥向风荷载 F_g	工况二纵桥向风荷载 F_g
横梁1	3216.23	11676.98
横梁2	3391.26	11676.98
横梁3	3303.75	11676.98
横梁4	3325.63	11676.98
横梁5	3369.38	11676.98
横梁6	3263.82	11385.05

2)桥塔风荷载计算

对于两台塔吊按照对应的图纸进行分块,计算塔吊各部分的风荷载见表4。

塔吊风荷载(单位:N)　　　表4

分块	低塔吊		高塔吊	
	工况一总荷载	工况二总荷载	工况一总荷载	工况二总荷载
标准节间	7020.00	90078.65	7020.00	90916.59
起重臂1,2	17734.08	227558.61	17734.08	229675.44
起重臂3	8501.15	109084.34	8501.15	110099.08
起重臂4,5,6	12930.38	165918.90	12930.38	167462.33
平衡臂1	10044.00	128881.76	10044.00	130080.66
平衡臂2,3	15651.30	200833.04	15651.30	202701.25

3. 风载效应分析

将前述计算出来的风荷载输入到模型中,计算得到塔吊-桥塔系统在自重及风荷载作用下的受力及变形状况,对两种工况下的计算结果进行汇总,见表5、表6。

工况1 塔吊-桥塔系统风载效应　　　　　　　　　表5

项目	子工况1.1	子工况1.2	子工况1.3	子工况1.4
塔顶纵桥向位移(m)	0	0.200	0.026	0.160
塔顶横桥向位移(m)	0.019	-0.001	0.020	-0.001
低塔吊吊顶纵桥向位移(m)	0	0.225	0.056	0.178
低塔吊吊顶横桥向位移(m)	-0.028	-0.028	0.022	0.012
低塔吊基础节竖杆轴力(kN)	-2957.7	-2957.7	-2967.1	-2967.1
低塔吊吊顶纵桥向弯矩(kN·m)	0	263.1	23658.6	23658.6
低塔吊吊顶横桥向弯矩(kN·m)	23658.6	23658.6	0	0
高塔吊吊顶纵桥向位移(m)	0	0.248	0.092	0.192
高塔吊吊顶横桥向位移(m)	0.055	0.055	0.036	-0.024
高塔吊基础节竖杆轴力(kN)	-2961.7	-2961.7	-2971.3	2971.3
高塔吊吊顶纵桥向弯矩(kN·m)	0	262.5	23658.6	23658.6
高塔吊吊顶横桥向弯矩(kN·m)	-23658.6	-23658.6	-262.5	0

工况2 塔吊-桥塔系统风载效应　　　　　　　　　表6

项目	子工况2.1	子工况2.2	子工况2.3	子工况2.4
塔顶纵桥向位移(m)	0	1.235	-0.036	1.049
塔顶横桥向位移(m)	0.127	-0.001	0.142	-0.001
低塔吊吊顶纵桥向位移(m)	0	1.414	-0.079	1.174
低塔吊吊顶横桥向位移(m)	0.139	0.065	0.156	0.009
低塔吊基础节竖杆轴力(kN)	-2952.1	-2952.1	-2965.5	-2965.5
低塔吊吊顶纵桥向弯矩(kN·m)	0	3376.5	-33294.7	-33294.7
低塔吊吊顶横桥向弯矩(kN·m)	-33294.7	-33294.7	0	0
高塔吊吊顶纵桥向位移(m)	0	1.609	-0.130	1.291
高塔吊吊顶横桥向位移(m)	0.187	-0.131	0.331	-0.020
高塔吊基础节竖杆轴力(kN)	-2956.4	-2956.4	-2969.6	-2969.6
高塔吊吊顶纵桥向弯矩(kN·m)	0	3400.3	-33294.7	-33294.7
高塔吊吊顶横桥向弯矩(kN·m)	33294.7	33294.7	-3400.3	0

六、结　语

(1)塔吊在施工期(吊重质量110t,工作幅度40m)工作风速(13.3m/s)下截面最大拉应力为277.15MPa,截面最大压应力为296.19MPa。低塔吊塔顶最大纵桥向位移为0.225m,最大横桥向位移为0.028m。高塔吊塔顶最大纵桥向位移为0.248m,最大横桥向位移为0.055m。桥塔塔顶最大纵桥向位移为0.2m,最大横桥向位移为0.02m。

(2)塔吊在非工作极限风速(34.9m/s)下截面最大拉应力为254.06MPa,截面最大压应力为306.47MPa。低塔吊塔顶最大纵桥向位移为1.174m,最大横桥向位移为0.156m。高塔吊塔顶最大纵桥向位移为1.609m,最大横桥向位移为0.331m。桥塔塔顶最大纵桥向位移为1.235m,最大横桥向位移为0.142m。

参考文献

[1] 陈宝春,陈建国,黄素萍.2007—2016年我国在役塔吊安全事故统计分析[J].浙江建筑,2018,35

(2):15-18.
[2] 夏烨,简旭东,孙利民,等.大跨桥梁主塔施工阶段塔吊风致振动与安全性研究[J].中外公路,2020,40(5):93-99.
[3] 马如进,李方宽,胡晓红,等.钢桥塔与塔吊联合体系抖振响应试验研究[J].湖南大学学报(自然科学版),2021,48(1):92-99.
[4] 朱秋颖,胡晓红,韩治忠,等.钢桥塔与塔吊联合体系风荷载效应研究[J].上海公路,2022(2):26-29,84,165.
[5] 张会远,乔云强.考虑塔吊影响的桥塔施工阶段动力特性分析[J].筑路机械与施工机械化,2007(6):38-40.
[6] 殷扬,郁犁.苏通大桥MD3600塔吊抗风安全性评估研究[J].世界桥梁,2008(2):35-38.
[7] 中华人民共和国交通运输部.公路桥梁抗风设计规范:JTG/T 3360-01—2018[S].北京:人民交通出版社股份有限公司,2018.
[8] 中国机械工业联合会.塔式起重机设计规范:GB/T 17352—2017[S].北京:中国标准出版社,2017.

17. 昭君黄河特大桥同步异位法局部受力分析

安 近　庞利敏

(中交二公局上海远通路桥工程有限公司)

摘　要　目前,特大桥悬浇施工,采用的挂篮大多为菱形挂篮结构形式,重量较重,安全风险高,但也是最为普遍的挂篮结构,昭君黄河特大桥为波形钢腹板PC梁桥,为降低挂篮自重,减小安全风险,同时充分利用波形钢腹板桥特殊的结构,采用同步异位新型挂篮施工。本文详细地分析了波形钢腹板作为挂篮主承重结构局部受力状态下的安全性,为同步异位法悬浇施工安全性提供技术保障。

关键词　波形钢腹板PC梁桥　同步异位法　局部受力

一、引　言

1. 项目概况

昭君黄河特大桥主桥全长1520m,跨径组合为85m+9×150m+85m,该桥目前为国内联长最长的大跨径波形钢腹板连续梁桥。单幅主梁采用单箱单室直腹板形式,单幅箱梁顶板宽12.75m,底板宽6.75m。跨中梁高5m,根部梁高10m,按照1.8次抛物线过渡。0号块长度12.4m,悬浇块段长度4.8m,悬浇施工14个节段,波形钢腹板上翼缘板倒"π"形凹槽作为挂篮支腿的承重结构。

2. 波形钢腹板结构形式

1) 波形钢腹板基本参数

黄河特大桥主桥及南北跨堤桥上部结构均采用1600型(BCSW1600/Q355D)标准波形钢腹板,其中波长1.60m,波高0.22m,水平面板宽0.43m,水平折叠角度为30.7°,弯折半径为15t(t为波形钢腹板厚度)。波形钢腹板厚度采用14mm、16mm、18mm、20mm、22mm、25mm、和28mm七种型号,如图1所示。

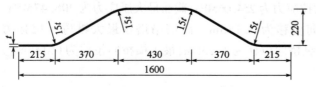

图1　波形钢腹板标准波长(尺寸单位:mm)

2) 波形钢腹板与顶、底板连接方式

波形钢腹板与顶板混凝土采用双PBL键的方

式连接。波形钢腹板顶部焊接倒"π"形开孔钢板，倒"π"形底板钢板板厚采用25mm，宽420mm，兼作箱梁顶板加腋处混凝土浇筑时的底模。倒"π"形上两列开孔钢板板厚为20mm，钢板上设置直径为70mm的圆孔，圆孔纵向间距为160mm，圆孔内贯通横桥向钢筋，钢筋直径采用28mm。

波形钢腹板与底板采用L200mm×200mm×18mm角钢连接，宽400mm。下翼缘钢板厚22mm，角钢纵桥向每0.32m一个，如图2所示。

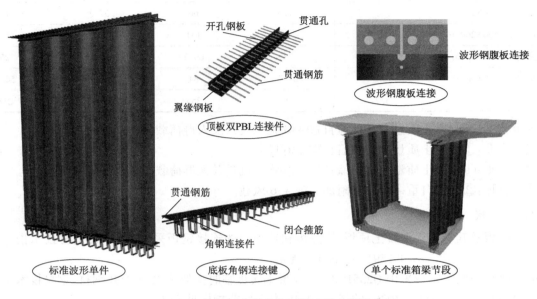

图2 波形钢腹板标准件及连接部位三维图

二、计算参数及工况

1. 挂篮设计

挂篮结构包括行走系统、模板系统、挂篮主桁架、悬吊系统、钢腹板运输平车、工作平台、底篮以及锚固系统等部分。

针对新型挂篮，进行了挂篮结构受力验算，如图3所示。挂篮结构设计时根据挂篮实际在上述施工阶段下的荷载情况，划分出如下四种荷载组合，其中：荷载组合Ⅰ、荷载组合Ⅱ用于挂篮主桁承重系统强度和稳定性计算；荷载组合Ⅲ用于变形计算；荷载组合Ⅳ用于挂篮行走验算，主要计算结果见表1。

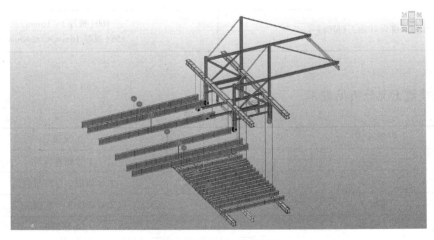

图3 挂篮有限元分析模型

挂篮构件受力汇总   表1

构件工况	1号底板(MPa)	1号顶+2号底(MPa)	2号顶+3号底(MPa)	14号顶板(MPa)	15号合龙段(MPa)
高低支腿/HM340×250	58.2	103.5	103	84.7	59.4
前后上横梁/HN400×200	31	86.5	86.7	81.4	30.5
外滑梁/HN600×200		67.6	66	57.5	21.8
内滑梁/HN600×200		133	131	113	45.5
底篮纵梁/HN400×200	76.4	73	69.2		25
底篮横梁/2HN400×200	92.4	87.7	84		56.7
吊杆/φ32	337	329	355	208	218

荷载组合Ⅰ:①混凝土质量+②挂篮自重+③施工机具及人群荷载+④动力附加荷载。

荷载组合Ⅱ:①混凝土质量+②挂篮自重+⑥风载。

荷载组合Ⅲ:①混凝土质量+②挂篮自重+③施工机具及人群荷载。

荷载组合Ⅳ:②挂篮自重+⑤冲击附加荷载+⑥风载。

2. 计算参数

波形钢腹板及其与箱梁混凝土顶板、横隔板和转向块的连接钢板采用Q345D,钢材技术指标应符合《低合金高强度结构钢》(GB/T 1591—2008)的规定。

箱梁支座预埋调平钢板采用Q235B钢材,波形钢腹板临时支架采用Q235B钢材,钢材技术指标应符合《碳素结构钢》(GB/T 700—2006)的规定,Q345力学性能指标见表2。

Q345力学性能指标表   表2

力学性能指标	Q345钢
弹性模量 E(MPa)	206000
剪切模量 G(MPa)	79000
泊松比 γ	0.3
热膨胀系数(℃)	0.000012
屈服强度 f_y(MPa)	345(板厚 $t \leq 16mm$); 335(板厚 $16mm < t \leq 40mm$)
抗压、抗拉和抗弯强度设计值 f_d(MPa)	275(板厚 $t \leq 16mm$); 270(板厚 $16mm < t \leq 40mm$)
抗剪强度设计值 f_v(MPa)	160(板厚 $t \leq 16mm$); 155(板厚 $16mm < t \leq 40mm$)

3. 分析工况

同步异位法挂篮工况分析见表3。

挂篮计算工况   表3

计算工况	工况说明
工况1	1号底板浇筑
工况2	1号顶板2号底板浇筑
工况3	2号顶板3号底板浇筑
工况4	14号顶板
工况5	15号合龙段

三、计算结果分析

1. 计算模型

采用大型有限元分析软件 ANSYS 建立波形钢腹板 PC 组合箱梁精细化有限元分析模型,进行空间线弹性应力并行计算分析和对比复核。为了合理、有效地模拟大桥的实际结构形式以及同步异位施工工艺,采用三维实体单元进行结构模拟,如图 4 所示。

ANSYS 有限元分析模型中混凝土模拟采用 8 节点的六面体实体单元 solid65,波形钢腹板模拟采用板壳单元 shell63,全桥共有 126512 个节点,85592 个单元;采用力筋法,不考虑普通钢筋,预应力取 1395MPa,不考虑预应力折减以及预应力管道的横弯和纵弯;波形钢腹板上、下翼缘板与顶、底板混凝土在交界面上共节点耦合。

2. 结果分析

1) 工况 1(1 号底板浇筑)

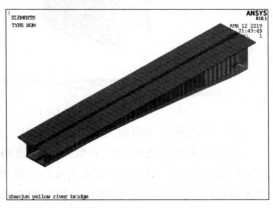

图 4 中跨实体模型(1/2 跨)

波形钢腹板最大等效应力(Mises 应力)为 73.8MPa,位于波形钢腹板挂篮支点下方,如图 5 所示,工况 1 为考虑最不利情况未计入 1 号梁段的内衬混凝土,应注意波形钢腹板横向稳定性,设置波形钢腹板横撑是非常必要的。

工况 1 悬臂端较短,波形钢腹板竖向剪应力最大为 2.3MPa,剪应力较小,远低于规范规定的强度设计值 155MPa,如图 6 所示。

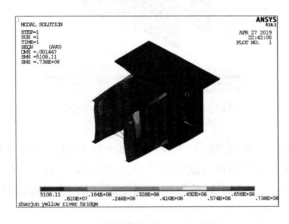

图 5 波形钢腹板等效应力(工况 1)

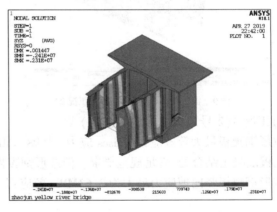

图 6 波形钢腹板竖向剪应力(工况 1)

波形钢腹板顺桥向拉应力最大为 29MPa,主要位于波形钢腹板与顶板混凝土结合处上翼缘钢板;压应力最大为 32.2MPa,主要位于波形钢腹板与底板混凝土结合处下翼缘钢板;波形钢腹板应力远低于规范规定的强度设计值 270MPa。波形钢腹板悬臂端最大位移为 1.4mm,如图 7 所示。现场采用综合测试仪检测计算波形钢腹板顺桥向拉应力值为 31.5MPa,压应力值为 35.6MPa,与计算值偏差较小;波形钢腹板悬臂端位移无变化,现场混凝土浇筑前后焊缝采用磁粉探伤检测,焊缝位置焊接质量前后无变化。

2) 工况 2(1 号顶板 2 号底板浇筑)

波形钢腹板最大等效应力(Mises 应力)为 94.4MPa,如图 8 所示,主要位于波形钢腹板上下翼缘钢板与顶底板混凝土结合处,满足规范要求。

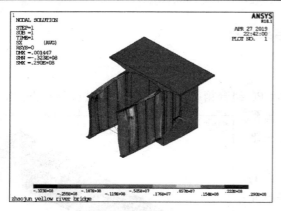
图7 波形钢腹板顺桥向应力(工况1)

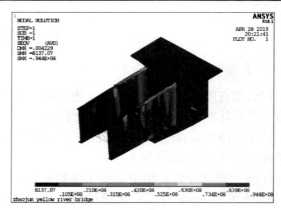
图8 波形钢腹板等效应力(工况2)

波形钢腹板竖向剪应力最大为3.3MPa,如图9所示,剪应力较小,满足规范要求。

波形钢腹板顺桥向拉应力最大为89.3MPa,主要位于波形钢腹板与顶板混凝土结合处上翼缘钢板;压应力最大为48.2MPa,主要位于波形钢腹板与底板混凝土结合处下翼缘钢板;波形钢腹板应力远低于规范规定的强度设计值270MPa。波形钢腹板悬臂端最大位移为4.2mm,如图10所示。现场采用综合测试仪检测计算波形钢腹板顺桥向拉应力值为90.4MPa,压应力值为49.3MPa,与计算值偏差较小;波形钢腹板悬臂端位移无变化,现场混凝土浇筑前后焊缝采用磁粉探伤检测,焊缝位置焊接质量前后无变化。

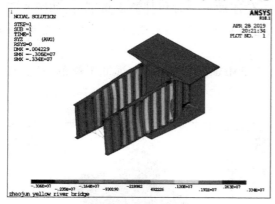
图9 波形钢腹板竖向剪应力(工况2)

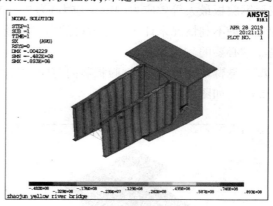
图10 波形钢腹板顺桥向应力(工况2)

3)工况3(2号顶板3号底板浇筑)

波形钢腹板最大等效应力(Mises应力)为98.5MPa,如图11所示,主要位于波形钢腹板上下翼缘钢板与顶底板混凝土结合处,满足规范要求。但波形钢腹板上翼缘钢板与波形钢腹板为焊接,应注意焊接质量。

波形钢腹板竖向剪应力最大为3.63MPa,剪应力较小,远低于规范规定的强度设计值155MPa,如图12所示。

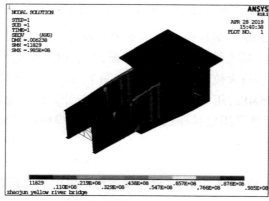
图11 波形钢腹板等效应力(工况3)

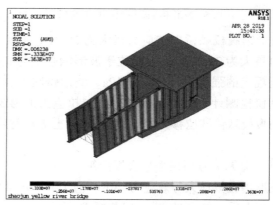
图12 波形钢腹板竖向剪应力(工况3)

波形钢腹板顺桥向拉应力最大为97.7MPa,主要位于波形钢腹板与顶板混凝土结合处上翼缘钢板;压应力最大为52.2MPa,主要位于波形钢腹板与底板混凝土结合处下翼缘钢板;波形钢腹板应力远低于规范规定的强度设计值270MPa。波形钢腹板悬臂端最大位移为6.2mm,如图13所示。现场采用综合测试仪检测计算波形钢腹板顺桥向拉应力值为96.7MPa,压应力值为52.9MPa,与计算值偏差较小;波形钢腹板悬臂端位移无变化,现场混凝土浇筑前后焊缝采用磁粉探伤检测,焊缝位置焊接质量前后无变化。

4) 工况4(14号顶板浇筑)

波形钢腹板最大等效应力(Mises应力)为156MPa,如图14所示,主要位于波形钢腹板上下翼缘钢板与顶底板混凝土结合处,满足规范要求。但波形钢腹板上翼缘钢板与波形钢腹板为焊接,应注意焊接质量。

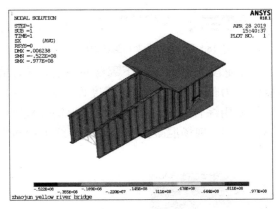

图13 波形钢腹板顺桥向正应力(工况3)

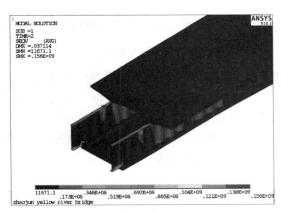

图14 波形钢腹板等效应力(工况4)

波形钢腹板竖向剪应力最大为4MPa,如图15所示,剪应力较小,满足规范要求。

波形钢腹板顺桥向拉应力最大为128MPa,主要位于波形钢腹板下翼缘钢板与14号底板混凝土结合处;压应力最大为100MPa,主要位于波形钢腹板上翼缘钢板;波形钢腹板应力低于规范规定的强度设计值270MPa。波形钢腹板悬臂端最大位移为37.1mm,如图16所示。此工况合龙段波形钢腹板完成安装。现场采用综合测试仪检测计算波形钢腹板顺桥向拉应力值为131.2MPa,压应力值为101.4MPa,与计算值偏差较小;波形钢腹板悬臂端位移值为35mm,现场混凝土浇筑前后焊缝采用磁粉探伤检测,焊缝位置焊接质量前后无变化。

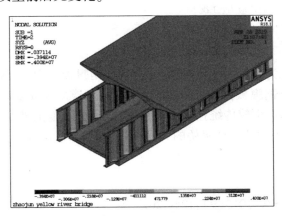

图15 波形钢腹板竖向剪应力(工况4)

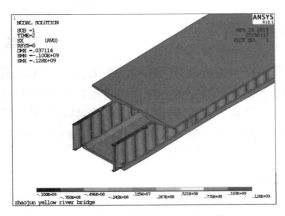

图16 波形钢腹板顺桥向正应力(工况4)

5) 工况5(15号合龙段)

波形钢腹板最大等效应力(Mises应力)为127MPa,如图17所示,主要位于合龙段波形钢腹板上下翼缘钢板与顶底板混凝土结合处,满足规范要求。但波形钢腹板上翼缘钢板与波形钢腹板为焊接,应注意焊接质量。

波形钢腹板竖向剪应力最大为3.7MPa,如图18所示,剪应力较小,满足规范要求。

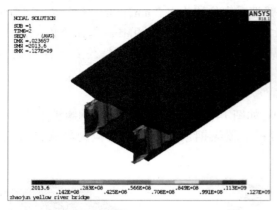

图17 波形钢腹板等效应力(工况5)

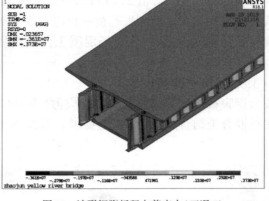

图18 波形钢腹板竖向剪应力(工况5)

波形钢腹板顺桥向拉应力最大为124MPa,主要位于合龙段波形钢腹板下翼缘钢板;压应力最大为104MPa,主要位于合龙段波形钢腹板上翼缘;波形钢腹板应力低于规范规定的强度设计值270MPa。波形钢腹板悬臂端最大位移为23.6mm,如图19所示。现场采用综合测试仪检测计算波形钢腹板顺桥向拉应力值为123.4MPa,压应力值为105.4MPa,与计算值偏差较小;现场混凝土浇筑前后焊缝采用磁粉探伤检测,焊缝位置焊接质量前后无变化。

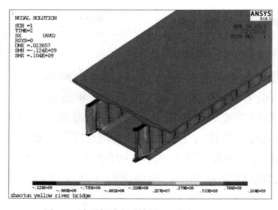

图19 波形钢腹板顺桥向正应力(工况5)

四、结　语

采用轻型挂篮进行同步异位施工,波形钢腹板作为挂篮主承重结构,充分利用钢腹板受力,经计算各种工况下钢腹板局部受力验算均满足要求,但为防止钢腹板扭曲变形,钢腹板安装完成后需要及时安装横向内支撑结构。采用此工艺挂篮质量减轻,施工作业面较传统挂篮增加为3个作业面,施工进度加快,对大跨径多跨梁桥施工效果显著,为我国大跨径波形钢腹板PC梁桥的大力推广、探索新工法以降低施工成本、提高施工工效提供了宝贵经验。

参考文献

[1] 陈切顺. ANSYS在道路工程中的应用[J]. 中国公路,2013(9):124-126.

[2] 孟文节,万水,况小根. 波形钢腹板人行桥的有限元分析[J]. 华东交通大学学报,2006(2):12-14.

18. 基于 Revit-ProySim-ANSYS 的车致火灾下斜拉索结构响应分析方法

周小燚[1,2] 钱盛域[1]

(1. 东南大学交通学院；2. 东南大学桥梁研究中心)

摘　要　斜拉索是斜拉桥中的关键承力构件，随着桥面火灾事件的增多，其安全性面临着火灾作用的威胁。然而，现有拉索的火灾响应分析忽略了空间非均匀温度场的强梯度特性，无法考虑不同的燃烧环境和桥梁几何构造对热烟气流动的影响，导致对真实桥梁火灾的还原度低。本文提出了基于 Revit-ProySim-ANSYS 的拉索车致火灾响应分析方法，利用 Revit-ProySim 的高保真结构几何与燃料燃烧过程的仿真，真实地还原车致火灾的火场环境，再通过 ProySim-ANSYS 分析火场对拉索的传热过程，确定拉索的温度场，从而有效地评估车致火灾下拉索的结构性能。

关键词　斜拉桥　油罐车火灾　FDS 火场模拟　传热分析　CFD-FEM 耦合分析

一、引　言

随着对危险化学品运输需求的增加，通过公路运输的易燃易爆等危化品日渐增多，桥梁火灾事故频发，对桥梁运营安全造成极大威胁[1]，桥梁火灾造成的经济和人员损失比地震造成的损失严重三倍[2]。斜拉索是斜拉桥中最为重要的承力构件之一，其受损的案例十分普遍。因此，对于桥梁火灾的准确分析，对于缆索结构火灾风险评估极为重要。为了提高火灾下桥梁结构灾变响应的数值模拟精度，本文提出了针对车致火灾的 Revit-ProySim-ANSYS 交互建模火灾耦合分析方法。

桥梁结构在火灾条件下的行为演化是一个极其复杂的化学-物理过程。火灾本身就涉及流体动力学、燃烧学和多相流动等多个学科领域[3]。在高温环境中，构件温度升高导致材料力学性能退化[4]，进而改变结构受力状态，从而对桥梁的安全性能构成威胁。要准确评估桥梁结构的力学行为变化，必须深入研究火灾对结构的影响。目前广泛采用的方法是将火灾简化为随时间变化的温度曲线[5]。然而，这种方法忽略了空间温度场的非均匀性和强梯度特性，同时也无法考虑不同燃烧环境和桥梁几何构造对热烟气流动的影响[6]。大量研究表明，实际火灾环境中的温度分布与简化的升温曲线存在显著差异。

目前火场分析方法有三种：经验模型、区域模型与场模型。科学家通过实验研究火灾行为，测量火场环境参数，结合理论建模，提炼出描述火灾的经验公式，即经验模型。经验模型有 ISO 834 标准升温曲线[7]、增强的烃类火灾曲线[8]、RWS 升温曲线[9]。但这些经验曲线并不能适用于任何一类火灾的火场分析，无法考虑火场中的实际环境因素。区域模型认为火场内的温度是均匀分布的，而对于大空间或几何复杂的结构，火灾中烟气运动复杂、分层现场不明显，对计算精度的影响很大[10]。场模型基于质量、动量、能量守恒和化学反应定律，构建火驱动烟气流动方程，通过数值方法求解火灾时空参数分布[11]。用 CFD 火灾场模型和 FEM 模型进行耦合分析，以更准确地计算桥梁火灾中的非均匀温度场，是目前主流的火灾分析方法。

CFD-FEM 火灾耦合分析方法是缆索承重桥梁火灾风险评估的主流方法。Ma[12]等运用 FDS-ANSYS 耦合法，将 FDS 计算的空气温度作为荷载施加于 FEM 模型，分析风力作用下大跨斜拉桥不同起火位置的结构响应。Zou[13]等在 FDS 中模拟吊杆、火源等几何体，将绝缘表面温度导入 ABAQUS，计算均质截面吊索热传导。参数分析显示，风速、火源距离、燃料类型和泄漏面积显著影响索体温度。Xu[14]等采用 FDS-ABAQUS 耦合分析斜拉桥受火热-力行为，考虑桥面车辆和桥下油轮火灾，将 FDS 计算的结构温度施加于 ABAQUS 模型。基于 CFD 和 FEM 的耦合传热分析方法，少数研究成功地将其应用于工字钢截面的小跨径梁桥,但繁杂的数据映射将难以处理复杂的大型桥梁结构。

本文提出了基于 Revit-ProySim-Ansys 的斜拉桥缆索车致火灾分析方法,真实地还原桥梁火灾环境,建立桥梁火灾场景分析方法,为真实地构建火灾场景,更准确地进行火灾行为预测、耐火能力评估、防火防护设计和火损程度鉴定等相关工作提供一个有效的分析策略。

二、基于 Revit-ProySim-Ansys 火灾交互耦合分析方法介绍

建筑信息模型(BIM)建模技术具有可视化、协调性、模拟性、优化性、一体化性的优点,并具有较强的二次开发能力,能实现 Revit 与其他软件的交互[15-16]。本文通过 Reivt 与 ProySim 交互建模,实现桥梁火场的模拟,即在 Reivt 软件内建立斜拉桥几何结构,导入 ProySim 软件内,并在 ProySim 软件中建立车辆燃烧模型,划定 FDS 模拟区域,并在缆索结构表面设立温度传感器,如图1所示。

图1 基于 Revit 的 ProySim 火场建模与传感器设置

当火灾发生在斜拉桥上时,火灾处于开放空间,而开放空间的热放热速率曲线与环境因素有关。本文采用文献[17]提出的考虑不同风速的热放热速率曲线计算方法,分析了火灾对电缆温度的影响。确定热释放率曲线的关键是计算最大热释放率和达到该最大值所需的时间。放热速率曲线经历初始生长阶段、稳定阶段和衰减阶段。忽略衰减阶段,放热速率曲可以表示为[18]:

$$Q = \begin{cases} \alpha_f t^2 & (0 \leq t \leq t_g) \\ Q_m & (t_g \leq t \leq t_d) \end{cases} \quad (1)$$

式中:α_f——火灾生长系数;

t_g——达到最大放热速率的时间;

Q_m——最大放热速率;

t_d——火灾结束时间。t_g 和 t_d 可以写成:

$$t_g = \sqrt{Q_m/\alpha_f} \quad (2)$$

$$t_d = t_g + (E - E_1)/Q_m$$

式中:E_1——火灾时间从 0 到 t_g 范围内的火灾载荷;

E——总火灾荷载。E 可表示为:

$$E = \rho_f V_f q \quad (3)$$

式中:ρ_f——可燃物质的密度;

V_f——燃料的体积。而 Q_m 与实际环境条件有关,可表示为:

$$\dot{Q}_m = \dot{G} q \quad (4)$$

式中:q——燃料的热值;

$\dot{G}$——最大燃烧速率。$\dot{G}$ 可以写成:

$$\dot{G} = \dot{V}_{an}/V_0$$

式中:$\dot{V}_{an}$——干燥空气的标准体积流量;

V_0——单位质量燃料完全燃烧所需的空气质量。V_0 可以写成：

$$V_{an} = \frac{V_n}{(1+d)} \tag{5}$$

$$V_0 = \frac{O_m V_m}{0.21 M_{O_2}} \tag{6}$$

式中：V_n——标准条件下空气的体积流量；

d——空气湿度；

V_m——标准条件下1kmol氧的体积；

M_{O_2}——标准条件下氧的分子量；

O_m——根据化学反应式燃烧1kg可燃物所需的氧的质量。

在完成火焰模型的建立后，需要定义合适的温度传感器。在建筑工程应用中，由于建筑内部为封闭空间，其火灾作用于结构表面的热辐射荷载温度与热对流荷载均可视为火焰温度。但对于桥梁这样的开放场景，此设定则不合理。绝缘表面温度（T_{AST}）概念的提出，则有效解决了开放场景的火灾分析问题，此理论假定有一个理想隔热面，当其受热时，热通量为0，从而获得处于开放场景黑体结构的理论温度。

下一步进行基于 ProySim 软件与 ANSYS 软件的 CFD-FEM 耦合传热分析，假定内部的多根单根钢索为宏观的圆截面钢索，将 CFD 分析获得的缆索结构表面绝缘温度输入 ANSYS 有限元模型。设定火灾持续时间，进行非稳态热分析，此微分方程可写为：

$$\frac{\partial T}{\partial t} = \frac{\lambda}{\rho c}\left(\frac{\partial^2 T}{\partial x^2} + \frac{\partial^2 T}{\partial y^2}\right) \tag{7}$$

式中：T——缆索结构温度；

t——时间；

λ——缆索的导热系数；

ρ——缆索材料的密度；

c——缆索材料的比热容。热流边界条件为：

$$\dot{q}_{con} + \dot{q}_{rad} = \varepsilon\sigma(T_{AST}^4 - T^4) + h(T_{AST} - T) \tag{8}$$

式中：$\dot{q}_{con}$——热对流荷载；

$\dot{q}_{rad}$——热辐射荷载；

ε——辐射系数；

σ——Stefan Boltzmann 常数；

h——对流传热系数。

三、斜拉桥车致火灾分析方法应用

以油罐车火灾为例，根据第二节介绍的火灾分析方法，通过 Revit-ProySim-ANSYS 交互式耦合火灾分析方法对火灾场景进行模拟和热分析。将罐体燃烧面简化为长11.64m、宽2.5m的矩形区域。本研究假设油罐车在护栏附近发生火灾事故。油罐车引起的火灾距离电缆平面0.65m。油罐车罐体装载的汽油热值和密度应设定为43070kJ/kg和780kg/m³。环境温度设置为21.5℃。空气压力测量值为101837Pa，空气湿度为75%。设定风速为9.4m/s，风向为垂直于 xz 平面。FDS仿真域边界设置为 x 方向16m，y 方向12.5m，z 方向12.5m。根据式（1）~式（6），计算在9.4m/s风速下的油罐车单位面积最大热释放速率为4667.39kW/m²，火灾初始生长时间850s。利用 Pyrosim 软件在三种不同风速下进行了1200s的火灾分析。如图2所示，时间经过850s以后，火焰猛烈燃烧，完全吞没靠近火源的缆索，并命名靠近火焰一侧的缆索为A1、A2，远离火焰一侧的缆索为B1、B2。缆索A1与缆索B1在FDS模拟区域的高度为7~11m，缆索A2与缆索B2在FDS模拟区域的高度为4~7m。在FDS模拟域内，将圆形电缆简化为沿方向变化的矩形实体单元,因此可以获得缆索上侧、下侧、左侧与右侧四个面的表面绝缘温度数据,给出靠近火焰侧缆索 A2 的 5m 高度处的温度数据,如图 3 所示。

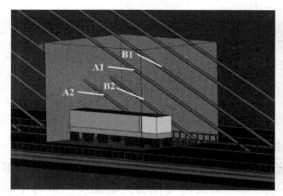
a)缆索名称

b)火焰形态

图 2 缆索名称与达到最大燃烧速率的火焰形态

对圆形钢索采用实体单元建模,忽略内部结构。电缆直径设置为 150mm。将 FDS 计算得到的绝热表面温度输入 ANSYS 有限元模型。将这四个侧面的绝热表面温度分别应用到有限元索模型的相应边节点上,并对中间节点的温度进行线性插值。采用对流换热系数为 35W/(m^2·K)、发射率为 0.7 来定义有限元电缆模型的传热性能参数。根据欧洲规范 EN 1992-1-2,设定了非线性比热容和导热系数。钢电缆的密度为 7850kg/m^3。火灾持续时间设定为 120min。A2 截面在 5m 高度处的温度分布特征如图 4 所示。在表 1 与表 2 中给出 A1、A2、B1、B2 缆索在 120min 火灾作用在不同高度处的最高温度与最低温度。

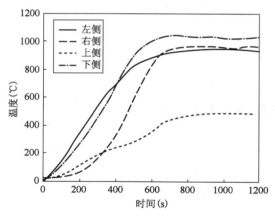

图 3 高度 5m 处 A2 缆索四周的表面绝缘温度

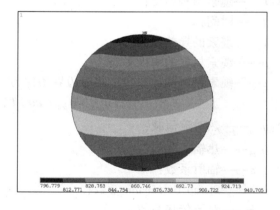

图 4 A2 缆索高度 5m 处缆索截面温度

A1、A2 缆索最高与最低截面温度(单位:℃) 表 1

缆索名称	类别	7m	8m	9m	10m	11m
A1	最高温	576	725	324	261	208
	最低温	465	351	276	229	181
B1	最高温	515	246	161	132	108
	最低温	465	221	152	118	98

B1、B2 缆索最高与最低截面温度(单位:℃) 表 2

缆索名称	类别	4m	5m	6m	7m
A2	最高温	933	956	790	736
	最低温	754	879	618	571
B2	最高温	315	345	326	251
	最低温	264	307	294	210

由此可以看出,电缆截面温度从最高温度到最低温度呈非线性梯度分布,靠近火焰位置的 A1 缆索 7～8m 的范围内超过欧洲规范规定的 400℃ 安全值。A2 缆索截面的最高温度在 4m 高度处,最高温为 933℃,且在 4～7m 的范围内最低温度也均超过 400℃ 安全值。B1 缆索仅在 7m 处超过 400℃,而 B2 缆索温度未超过安全值。

四、结　语

本文提出了基于 Revit-ProySim-ANSYS 三款软件的火灾交互建模耦合分析方法,通过 Revit-ProySim 交互建模技术实现了桥梁火场位置中火焰与缆索空间位置的准确定位,结合考虑环境因素的热释放速率曲线计算方法,进行 FDS 火场分析,在 9.4m/s 风速下分析获得 4 根缆索的表面绝缘温度,接着进行基于 ProySim-Ansy 的 CFD-FEM 耦合分析以 2h 火灾持续时间分析了在火场范围内四根缆索的不同高度处的截面温度值,说明了本方法的计算分析流程,得到了以下结论:

(1)在火场范围内 A1、A2、B1 三根缆索的表面温度超出了 400℃,而 B2 缆索没有,说明火焰与缆索的空间位置对于缆索表面温度的影响十分重要。有效评估可能发生的火灾的环境因素、燃烧车辆类型、火源位置,对于斜拉桥等缆索承重桥梁抗火设计与火灾风险评估至关重要。

(2)在 9.4m/s 风速下,对于油罐车火灾影响的斜拉桥,其火灾防护高度不应低于 8m,其防护结构的材料需要至少在 933℃ 下具有良好的高温稳定性。

参考文献

[1] 刘志. 基于 CFD-FEM 的钢结构桥梁火灾响应研究[D]. 南京:东南大学,2021.

[2] WRIGHT W, LATTIMER B, WOODWORTH M, et al. Highway bridge fire hazard assessment draft final report[J]. Virginia polytechnic institute and state university, TRB Project, 2013(1):12-85.

[3] BUCHANAN A H, ABU A K. Structural design for fire safety[M]. NewYork:John Wiley & Sons, 2017.

[4] HEIDARPOUR A, TOFTS N S, KORAYEM A H, et al. Mechanical properties of very high strength steel at elevated temperatures[J]. Fire safety journal, 2014(64): 27-35.

[5] 张岗,贺拴海,宋超杰,等. 钢结构桥梁抗火研究综述[J]. 中国公路学报,2021,34(1):1-11.

[6] 李国强,王卫永. 钢结构抗火安全研究现状与发展趋势[J]. 土木工程学报,2017,50(12):1-8.

[7] 陆洲导,柴继锋,余江滔. 火灾后钢筋混凝土连续梁力学性能的计算分析[J]. 同济大学学报(自然科学版),2015,43(1):16-26.

[8] TAILLEFER N, CARLOTTI P, LARIVE C, et al. Ten years of increased hydrocarbon temperature curves in French tunnels[J]. Fire Technology, 2013(49): 531-549.

[9] VOLKER L, LIGTVOET A, VAN DER BOOMEN M, et al. Asset management maturity in public infrastructure:The case of Rijkswaterstaat[J]. International Journal of Strategic Engineering Asset Management, 2013, 1(4): 439-453.

[10] 贾悠. 基于非线性多区域模型的隧道双火源火灾烟气温度特性研究[D]. 苏州:苏州大学,2023.

[11] 王继赟. 典型易燃液体常压储罐泄漏火灾演化特性研究[D]. 合肥:中国科学技术大学,2023.

[12] MA R, CUI C, MA M et al. Performance-based design of bridge structures under vehicle-induced fire accidents:Basic framework and a case study [J]. Engineering Structures, 2019(197): 1-13.

[13] ZOU Q, POOL K, CHEN S. Performance of suspension bridge hangers exposed to hazardous material fires considering wind effects [J]. Advances in Bridge Engineering, 2020, 1(1):2.

[14] XU G, AGRAWAL A K. Safety of Cable-Supported Bridges during Fire Hazards [J]. Journal of Bridge Engineering, ASCE, 2016, 21(4):04015082.

[15] 杨正鹏. 基于 BIM 的斜拉桥参数化设计及二次开发应用研究[D]. 太原:太原科技大学,2023.

[16] 张铭学. 基于 Revit 与 Midas 的连续梁桥 BIM 正向设计接口研发[D]. 哈尔滨:哈尔滨工业大

学,2022.
[17] 李雪红,杨星墀,徐秀丽,等.大跨桥梁油罐车燃烧火灾模型计算方法研究[J].中国公路学报,2022,35(6):147-157.
[18] SFPE、Handbook of fire protection engineering[M]. New York:Springer,2015.

19. 基于交通荷载与温度监测的钢桥面板肋间挠度动态响应研究

张　辉　罗瑞林　张志祥　仲建军

（江苏中路工程技术研究院有限公司）

摘　要　本文针对实际服役状态下钢桥面系结构响应,提出钢桥面板力学响应实时监测方法,研究温度、速度和轴重与钢桥面板肋间相对挠度之间的多维度关联规律,构建钢桥面结构肋间相对挠度的多因素回归模型。研究结果表明:大桥正交异性钢桥面板的肋间相对挠度主要集中在0.2mm以内,结合荷载与挠度、荷载与应变的数据,发现温度与荷载-力学响应之间存在内在关联。此外,钢桥面板的力学响应与荷载、温度之间,以及肋间相对挠度与应变之间也表现出较好的相关性,说明钢桥面系具有显著的协同作用效应。肋间相对挠度与钢板温度基本符合指数函数关系,钢板肋间挠度与加载车速度回归关系基本符合指数函数关系,行车经过引起的钢板肋间相对挠度均随行车速度增大而减小。结构响应对于轴型的敏感度：三联轴 > 双联轴 > 单后轴。

关键词　正交异性钢桥面板　实桥监测　肋间相对挠度　动态响应　回归模型

一、引　言

钢桥面通常由正交各向异性钢桥面(OSD)制成,其重量轻、承载能力高,被广泛应用于各种不同跨度长度的桥梁结构中。然而,由于其结构刚度低,这种类型的甲板系统在车轮载荷下会产生较大的变形[1]。在运行多年后,经常出现疲劳开裂和路面损坏。与传统的正交各向异性桥面相比,钢-UPHC复合桥结构能显著提高桥面刚度[2-3],UHPC层与正交各向异性钢板的协同作用可以显著降低局部车轮载荷下正交各向异性板的疲劳应力幅值[4-5]。

随着桥梁主跨度的不断增加和交通量的快速增长,OSD的疲劳开裂成为桥梁工程的严峻挑战。国内外学者对这一问题开展了实验室模型测试、有限元分析和现场测试,从应变和应力、位移和极限载荷等多个方面进行评估[6]。Li等[7]通过模型试验和有限元分析研究了钢-UHPC组合桥面板对桥面板疲劳性能的改善效果。结果表明,在某些关键部位,最大应变和竖向位移降低了46.8% ~ 90.9%,UHPC的抗拉强度可以满足车轮荷载在桥面板中产生的最大拉应力。通过实验室测试和有限元分析,Liao等[8]发现桥面在桥梁纵向的抗拉强度高于横向的抗拉强度。钢-UHPC复合材料桥面直接承受局部车轮载荷,然后在纵向和横向传递载荷。Shao等[9]指出,在集中的轮荷载作用下,复合桥面对应力的局部效应显著,即仅在轮载正下方区域产生高应力,局部桥面板变形产生的应力明显高于桥梁横向整体面板变形产生的应力。Dieng等[10]研究了使用钢-UHPC复合结构更换甲板的效果。他们发现,RD细节的局部挠度减少了45%,甲板侧和肋壁侧的应变分别减少了60%和30% ~ 50%。Kong等[11]分别基于精细的全桥有限元模型和混合全桥模型,采用应力叠加法估计了UHPC层的拉应力和压应力。他们发现,即使在最临界的载荷条件下,纵向压应力也远低于UHPC的抗压强度。李嘉等[12]比较了UHPC层甲板与环氧树脂覆盖层的力学性能,发现最大拉应力、剪切应变和挠度分别降低54.8%、78.9%和39.1%。钢桥面系服役状态与荷载、温度、结构响应等密切相关,传统分析方法多采用有限元分析,目前国内外几乎没有对实桥服役状态下的钢桥面系结构响应的研究[13-15]。

本文根据钢桥面铺装体系病害及受力特点,提出钢桥面板力学响应实时监测方法,融合实际服役状态下桥面温度、交通荷载、钢板应变及肋间挠度变形数据,实现钢桥面系结构响应数据多维度联动分析,探究温度、速度、轴重三个因素与钢桥面板肋间相对挠度关系,并构建基于钢桥面结构响应的多因素回归模型,探索评估钢桥面系服役状态的真实状况,为结构设计与养护管理提供参考依据。

二、钢桥面铺装体系力学响应监测参数及方法研究

1. 钢桥面铺装工程概况

该大桥位于长江江苏段中部,为钢箱梁悬索桥,大桥钢箱梁采用正交异性钢板面板,顶板厚度为14mm,局部厚16mm,U形加劲肋厚6mm,局部厚8mm。主桥桥面设计纵坡为2.5%,双向横坡为2%,主梁标准横断面如图1所示。

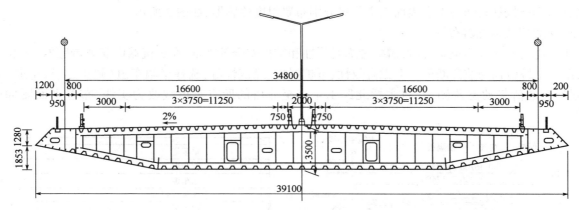

图1　主梁标准横断面图(尺寸单位:mm)

2. 监测参数与传感器布置

1) 监测参数

车辆荷载是影响路面服务性能和路面使用寿命的重要因素之一[16-18],为了在桥面铺装养护管理中更准确地考虑和分析车辆荷载对正交异性钢桥面系损坏的影响,就必须进行轴载测定,获得实际的轴载数据。正交异性钢桥面板在荷载重复作用下会出现疲劳损伤,有必要监测正交异性钢桥面板在荷载作用下的肋间相对挠度。在外界环境发生较大变化的情况下,钢桥桥面系的分布着非常复杂的温度场,仅依靠目前的理论手段无法保证分析足够精确,然而温度对正交异性钢桥面铺装体系的耐久性影响显著[19-21],钢箱梁桥面系温度监测就显得尤为重要,检测参数见表1。

钢桥面系服役状态监测系统汇总　　　表1

监测系统	功能	传感器位置		传感器数量(个)
		纵桥向	横桥向	
温度	实时监测铺装层及钢箱梁温度,分析统计温度变化规律	北跨1/2跨、1/4跨	钢箱梁、重车道铺装层	15
交通荷载	实时监测交通荷载,统计交通量、交通荷载、速度等	北塔引桥头	泰常向3车道	3
正交异性桥面板肋间相对挠度	实时监测展示桥面板肋间相对挠度,统计挠度极值、平均值,分析变化规律	北跨1/4跨	横隔板间跨中、1/4跨、对应的重车道右侧轮迹带肋间重点	8

服役状态感知系统主要用于监测正交异性钢桥面系使用条件、力学响应。①使用条件参数：铺装层温度、钢箱梁温度、交通荷载。②力学响应参数：钢板应变、钢板挠度。

整个正交异性钢桥面系服役状态感知系统包括4个子系统，即温度监测、交通荷载动态监测、钢板力学响应（应变、位移）监测和数据处理系统，主要建设内容为温度、动态称重、应变、位移监测系统。根据对大桥整桥模型及铺装层结构优化分析，首先在正交异性钢桥面板-铺装体系安装温度、荷载及位移等所需的多类传感器，然后安装数据采集与传输系统，最后设置数据处理系统，即通过一台高性能工作站把桥上的数据采集站连接起来，形成一个计算机网络，并通过云端将数据传输到数据中心进行实时监测、分析。

2) 温度传感器布置

为了充分监测箱梁内温度，选取半幅箱梁重车道顶板、侧板上下高度中点、横隔板上下高度中点、底板、顶板U形肋底部、内部空气六个位置分别布置温度传感器。铺装层内选择应急车道中分线铺装下层层底、铺装下层表面、铺装上层表面三个位置分别布置温度传感器，如图2所示。

3) 交通荷载传感器布置

在布置高速动态称重系统时，需要考虑对称性和结构安全等因素，在关键截面安装传感器，选取引桥桥头第一个桥墩顶为监测断面。考虑有效性、可扩展性、经济性等，选择半幅车道（超车道、行车道、重车道）进行交通荷载动态监测，并将主桥北跨1/4跨至北塔的所有车道线改为实线，布置平面图如图3所示。

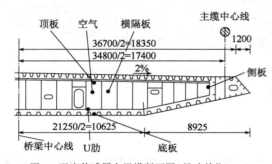

图2 温度传感器布置横断面图（尺寸单位：mm）

图3 重车道动态称重布置平面图

4) 肋间相对挠度传感器布置

结合悬索桥结构局部铺装受力最不利位置在1/4跨位置，正交异性板的肋间相对挠度通过位移计监测，在布置位移传感器时需要考虑对称性和结构安全等因素，在关键截面安装传感器。选取北跨1/4跨位置为监测断面，横向选择相邻横隔板跨中、1/4跨位置重车道右侧轮迹带肋间顶板中点为测点，布置位移传感器，如图4所示。

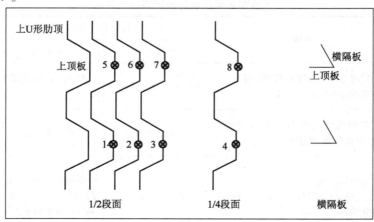

图4 肋间相对挠度测点与通道对应关系图

三、肋间相对挠度影响因素分析

1. 荷载作用下肋间相对挠度分析

1）不同跨肋间相对挠度分析

当20t轴载作用于相邻横隔板跨中时,钢箱梁顶板肋间相对挠度实测如图5所示:荷载作用于相邻横隔板跨中时,肋间相对挠度在相邻横隔板跨中取得最大值,达到0.52mm,超过了0.4mm;荷载作用于相邻横隔板跨中时,离横隔板越近,肋间相对挠度值越小,在相邻横隔板1/4跨时,肋间相对挠度值为0.32mm。

2）不同跨肋间相对挠度时程分析

对于某一固定的测点,20t车辆轴载通过时间内的肋间相对挠度变化规律如图6所示:轴载经过某一点的过程中,将使钢板肋间产生下挠振动,瞬时作用时长约为1s,瞬时产生最大挠度达到0.52mm,超过0.4mm;轴载经过,钢箱梁顶板会产生多次反复振动,加剧钢板变形疲劳;振动幅度从大到小依次为相邻横隔板1/2跨＞1/4跨。

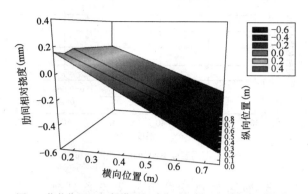

图5　荷载作用于相邻横隔板跨中时钢桥面板肋间相对挠度

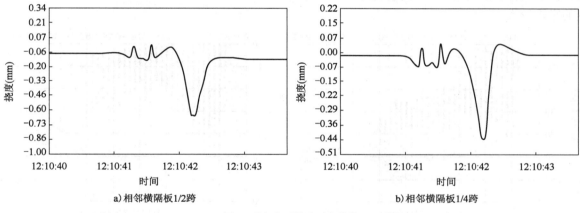

a) 相邻横隔板1/2跨　　　　　b) 相邻横隔板1/4跨

图6　肋间相对挠度时程曲线

3）不同轴重下肋间相对挠度分析

肋间相对挠度随不同轴重变化规律如图7所示:相邻横隔板跨中的肋间相对挠度随轴重增大而逐渐增大,且相邻横隔板跨中肋间相对挠度与轴重基本线性相关,可根据大量的交通荷载和肋间相对挠度数据回归得出函数关系。

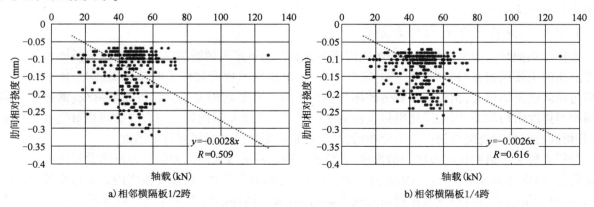

a) 相邻横隔板1/2跨　　　　　b) 相邻横隔板1/4跨

图7　肋间相对挠度与轴重关系图

2. 不同温度下肋间相对挠度分析

统计分析肋间挠度与温度的变化关系如图8所示：为了研究挠度与温度的相关性，控制荷载的变化幅度在较小范围内以尽量减小荷载因素产生的影响。考虑到大桥重型车辆较少，轴载多分布在60kN以下，因此选择荷载为60±5kN范围内的温度、肋间相对挠度数据进行分析。钢板温度对顶板肋间相对挠度具有较为显著的影响，随着钢板温度的升高，肋间相对挠度逐渐增大。当钢板温度从35℃升到50℃时，顶板肋间相对挠度平均增大了1倍。通过对钢板温度、肋间相对挠度的统计数据进行相关性拟合发现，钢板温度与肋间相对挠度具有一定的相关性，判定系数为0.154，其相关性满足指数函数关系。

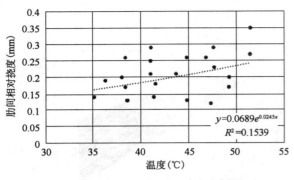

图8 不同温度下肋间相对挠度分布图

3. 肋间相对挠度与应变关系分析

统计分析肋间挠度与钢板应变的变化关系如图9所示：在荷载作用下，顶板产生弯曲变形，导致正交异性板结构产生应力集中，而加剧钢板破坏。为了研究钢桥面系变形与应力之间的关系，探索协同作用机理，对顶板肋间相对挠度与钢板应变监测数据进行了分析。在荷载作用下，钢板肋间相对挠度对钢板应变的影响较大。

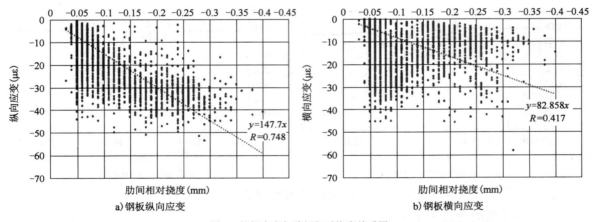

a) 钢板纵向应变　　　　　　　　　　b) 钢板横向应变

图9 钢板应变与肋间相对挠度关系图

钢板肋间相对挠度越大，钢板产生的应变越大。钢板纵向应变、横向应变与肋间相对挠度均具有较好的线性相关性，钢板的纵横向应变与肋间相对挠度服从线性函数关系，纵向应变、横向应变的相关系数分别为0.748、0.417。

4. 肋间相对挠度与钢板应力分析

钢桥面系铺装层产生损坏的主要影响因素为荷载作用下产生的铺装层疲劳应力，钢桥面系钢板产生疲劳损伤的主要因素是"循环次数"与"应力幅值"。钢桥面系疲劳破坏主要是高周疲劳，桥面铺装疲劳破坏与荷载谱密切相关，钢桥面板疲劳破坏与钢板应力谱有密切相关性。而桥面系荷载、钢板应力均与肋间相对挠度密切相关，因此课题组对大桥钢桥面系某一天重车道的钢板应力与肋间相对挠度进行了统计，分析其肋间相对挠度与钢板应力分布情况，为钢桥面系疲劳性能研究打下基础。

分析大桥重车道钢桥面板应力谱发现，大桥重车道钢桥面板横向应力幅分布范围大于纵向应力幅分布范围，横向应力幅分布在0~34MPa范围内，纵向应力幅分布在0~18MPa范围内。钢桥面板产生的应力幅，只有少量的应力循环发生在较高的应力幅内，大部分循环的应力幅较低。横向应力幅主要集中于0~16MPa，纵向应力幅主要集中于0~12MPa。钢桥面板产生的肋间相对挠度，大部分的肋间相对挠度均较小,钢桥面板肋间相对挠度分布范围主要集中于 0~0.2mm。肋间相对挠度谱的分布规律与钢桥面板应力幅谱分布规律大致相同,钢桥面板肋间相对挠度与钢桥面板应力具有密切关系,钢桥面系协同作用的疲劳寿命可用肋间相对挠度谱计算,如图10、图11所示。

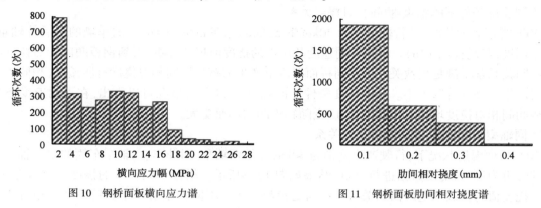

图10 钢桥面板横向应力谱　　　　图11 钢桥面板肋间相对挠度谱

四、铺装体系结构动响应多维度关联规律研究

1. 轴重-肋间相对挠度与不同因素关联规律分析

通过分析不同温度、不同速度以及不同轴型条件下的钢板肋间相对挠度数据,研究钢板肋间相对挠度与轴重的关系,结果如图12所示。在各种不同条件下,钢板肋间相对挠度与轴重基本呈指数关系,挠度大小随轴重的增加而变大。

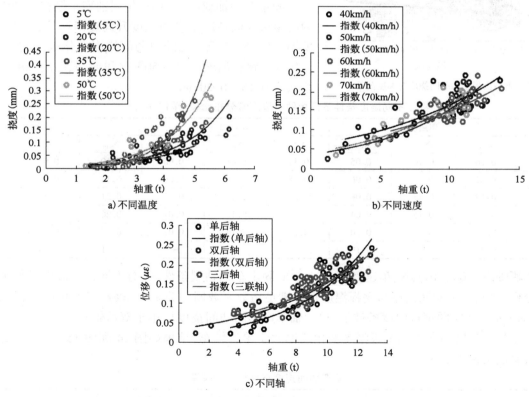

图12 不同因素条件下轴重-肋间相对挠度关系

1) 不同温度条件下的轴重-肋间相对挠度关系

以5℃、20℃、35℃、50℃桥面温度状况下,行驶速度为50km/h的车辆的前轮轴重为例,对挠度数据进行分析。拟合分析不同温度状况下的挠度值,得到钢板肋间相对挠度与荷载轴重的回归关系基本满足

指数关系(图12a)。不同桥面温度下产生的钢板肋间相对挠度有所差异,相同轴重下,温度更高时产生的挠度普遍更大。从各温度条件下的轴重-挠度分布情况可知,在不同温度条件下轴重与钢桥肋间相对挠度均满足指数关系,应变随轴重的增加而变大。

2)不同速度条件下的轴重-肋间相对挠度关系

以20℃桥面温度状况下,行驶速度为40km/h、50km/h、60km/h、70km/h 的车辆的双后轮轴重为例,对挠度数据进行分析(图12b)。根据不同速度状况下的挠度值拟合分析,得到钢板肋间相对挠度与荷载轴重的回归关系基本满足指数关系。不同桥面温度下产生的钢板肋间相对挠度有所差异,相同轴重下速度更大时产生的挠度普遍更小。从各速度条件下的轴重-挠度分布情况可以得出,在不同速度条件下轴重与钢桥肋间相对挠度均满足指数关系,应变随轴重的增加而变大。

3)不同轴型下的轴重-肋间相对挠度关系

以20℃桥面温度状况下,行驶速度分别为50km/h的两轴车、四轴车、六轴车车辆的单后轴、双后轴、三后轴的轴重为例,对挠度数据进行分析,结果如图12c)所示。根据不同轴型的挠度值拟合分析,得到钢板肋间挠度值与荷载轴重的回归关系基本满足指数关系。不同轴型所产生的钢桥肋间相对挠度有所差异,大致表现为同等轴重下单后轴挠度 > 双后轴挠度 > 三后轴挠度。

2. 肋间相对挠度与温度关联规律分析

由于钢桥面环氧沥青铺装层填充及分散相的热塑性特点,随温度升高而软化,使得环氧沥青呈现一定黏弹性,当荷载作用铺装层时会产生一定蠕变及延滞,因此钢板挠度随温度变化影响较小,结果如图13所示。

固定车辆轴载(10 ± 1)t,相同轴型车辆在不同温度区段内的钢板肋间挠度基本随温度升高逐渐增加,见表2。其中低温区段(5~25℃)范围内肋间挠度变化范围约为0.05~0.10mm;钢板温度在30~50℃区段时,其肋间挠度变化幅度增大为0.15~0.20mm。

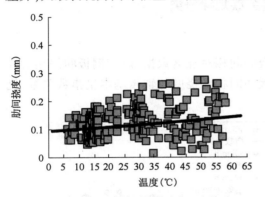

图13 钢桥面板动态肋间挠度与温度关系

不同温度条件下钢板肋间挠度值分布比较(单位:mm)　　　　表2

轴型	单后轴			双后轴			三后轴		
温度(℃)	S_{min}	S_{ave}	S_{max}	S_{min}	S_{ave}	S_{max}	S_{min}	S_{ave}	S_{max}
10	0.16	0.10	0.05	0.11	0.08	0.05	0.10	0.08	0.04
20	0.21	0.12	0.06	0.18	0.11	0.06	0.14	0.08	0.05
30	0.19	0.15	0.08	0.25	0.17	0.11	0.21	0.13	0.06
40	0.26	0.15	0.04	0.23	0.15	0.07	0.26	0.14	0.02
50	0.24	0.15	0.10	0.27	0.14	0.07	0.27	0.10	0.03
60	0.26	0.24	0.19	—	—	—	0.21	0.15	0.04

在车辆轴载(100 ± 10)kN、车速(50 ± 1)km/h、固定车辆轴型条件下,对不同钢板温度条件下肋间挠度拟合分析,得到钢板肋间挠度与钢板温度近似满足指数函数回归关系 $y_2 = Ce^{Dx}$,其中 y_2 为钢板肋间挠度,单位为mm。在相同钢板温度条件下,单后轴车产生的肋间挠度均小于双后轴和三后轴车,且双后轴和三后轴车的钢板肋间挠度随钢板温度变化速率大于单后轴车,结果如图14和图15所示,动态肋间挠度与钢板温度关系见表3。

动态肋间挠度与钢板温度关系　　　　表3

轴型	肋间挠度 y_2 与钢板温度 x 关系:$y_2 = Ce^{Dx}$		
	C	D	R^2
单后轴	0.066	0.016	0.210
双后轴	0.081	0.014	0.195
三后轴	0.090	0.013	0.231

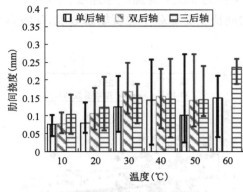

图 14 不同温度下钢板肋间挠度分布

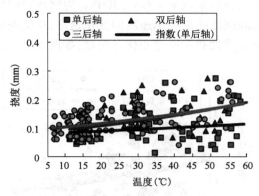

图 15 钢板肋间挠度随温度回归关系

3. 肋间相对挠度与速度关联规律分析

行驶中的车辆对路面具有冲量作用,同时在车辆轴载共同作用下会引起路面应力变化及动位移,从而在钢桥面板产生应变幅和肋间挠度变化。在行车轴载一定时,其钢板肋间挠度与车辆的冲量大小有关,而冲量与行车荷载作用的时间有关。

设 I 为车辆通过时对钢桥路面结构作用的总冲量,则:$I = \int_0^{t_1} F(t)\,\mathrm{d}t$。

设 I_u 为车辆对单位长度钢桥路面作用的冲量,并假定车辆以速度 v 匀速前进,则:$I_u = \frac{1}{S} = \frac{1}{S}\overline{P}\big|_0^{t_1} = \frac{t_1}{s}\overline{P} = \frac{\overline{P}}{v}$,其中 $\overline{P}$ 为车辆静载且不随时间变化。结果如图16所示,表明单位长度上车辆的冲量是与速度成反比,速度提高,冲量减小,相应地,钢面板肋间挠度也减小。

1)不同车速的动态肋间相对挠度分布

根据一定桥面温度、固定轴型和轴载大小的行车速度和钢板U形肋间相对挠度统计,行车经过引起的钢板动态肋间相对挠度基本随行车速度增大而减小,且车辆在低速度(20~40km/h)范围产生的钢板动态肋间相对挠度大于高速度(40~100km/h)加载条件,其中低温条件下的钢板肋间相对挠度随速度变化不明显,见表4。

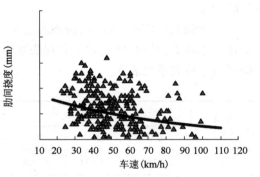

图 16 不同车速下钢桥面肋间挠度变化

动态肋间相对挠度与车速关系分布范围 表4

温度(℃)	单后轴		双联轴		三联轴	
	车速(km/h)	肋间相对挠度(mm)	车速(km/h)	肋间相对挠度(mm)	车速(km/h)	肋间相对挠度(mm)
5	27~81	0.05~0.13	33~63	0.08~0.15	28~61	0.05~0.15
25	24~100	0.03~0.26	33~77	0.05~0.26	22~66	0.06~0.22
45	25~65	0.07~0.24	25~67	0.06~0.25	29~55	0.11~0.15

在桥面常温25℃条件下,后轮轴载控制在(10±0.5)kN,单后轴、双联轴和三联轴车速度在24~100km/h范围内,产生钢板动态肋间相对挠度基本相同,均在0.03~0.26mm范围内。在不同桥面温度时的行车速度分布情况有所差异,低温下单后轴和双联轴车产生钢板肋间相对挠度较小,约为0.05~0.15mm,而相同车型在高温下产生的钢板应变肋间相对挠度与常温条件下基本相近,约为0.06~0.24mm。

2)钢板肋间相对挠度与车速回归关系

根据不同行车速度区间下的平均肋间挠度拟合分析,得到钢板横向肋间挠度与加载车速度的回归关系基本满足指数函数 $y_2 = Ce^{Dx}$，其中 y_2 为钢板肋间挠度，单位为 mm；x 为加载车速度，单位为 km/h；C 反映钢板肋间挠度随加载车速度的变化速率；D 反映钢板肋间挠度随加载车速度敏感程度，D 值越小，则钢板肋间挠度受加载车速度变化越明显，如图 17 所示。

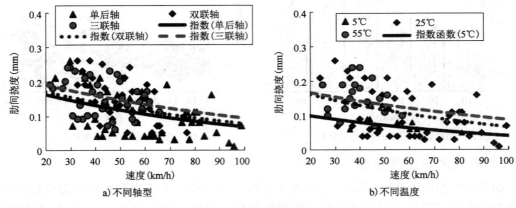

图 17 不同因素下车速与肋间挠度关系

温度条件一定时，双联轴车的肋间挠度与加载速度的回归关系中 D 值小于单后轴车和三联轴车，表明相同温度及轴载作用下，双联轴车产生的肋间挠度对速度较敏感，其随速度变化速率也大于单后轴和三联轴车。

车辆轴型一定时，在不同桥面温度下产生的肋间挠度有所差异。常温条件下，钢板肋间挠度随速度变化速率较大，其中，单后轴车和双联轴车在常温条件下产生的肋间挠度受行车速度敏感度较高。肋间挠度与车速关系见表 5。

动态肋间挠度与车速关系   表 5

温度 (℃)	单后轴			双联轴			三联轴		
	C	D	R^2	C	D	R^2	C	D	R^2
5	0.125	−0.011	0.524	0.157	−0.009	0.681	0.145	−0.010	0.645
25	0.202	−0.011	0.852	0.208	−0.010	0.784	0.227	−0.009	0.641
55	0.196	−0.008	0.543	0.201	−0.008	0.752	0.145	−0.003	0.074

五、钢桥面肋间相对挠度多因素回归模型研究

在结构不变的前提下，在荷载与温度耦合作用下，钢桥面板肋间相对挠度 Δ 主要受温度 T、速度 V、轴重 P 这三个因素的影响。采用正交设计的方法，分析这三个因素对钢桥面板肋间相对挠度 Δ 的影响，每个因素设置 5 个变化水平，见表 6。

三因素五水平表   表 6

项目	温度 T（℃）	速度 V（km/h）	荷载 P（t）
水平 1	5	40	6
水平 2	15	50	8
水平 3	25	60	10
水平 4	35	70	12
水平 5	55	80	14

对这三个因素进行正交设计实验，采用正交表 L25(5^3)，计算结果见表 7。

钢桥面板肋间相对挠度 Δ 正交设计表及计算结果　　　　　　　　　表 7

组合	T (℃)	V (km/h)	P (t)	Δ(mm)		
				单后轴	双联轴	三联轴
1	40	5	6	0.05	0.09	0.05
2	40	15	8	0.08	0.12	0.18
3	40	25	10	0.12	0.22	0.26
4	40	35	12	0.26	0.34	0.42
5	40	55	14	0.45	0.42	0.51
6	50	5	8	0.06	0.09	0.15
7	50	15	10	0.10	0.14	0.18
8	50	25	12	0.16	0.27	0.29
9	50	35	14	0.21	0.33	0.40
10	50	55	6	0.10	0.19	0.16
11	60	5	10	0.08	0.06	0.12
12	60	15	12	0.11	0.15	0.22
13	60	25	14	0.17	0.25	0.36
14	60	35	6	0.09	0.12	0.13
15	60	55	8	0.15	0.15	0.24
16	70	5	12	0.09	0.08	0.13
17	70	15	14	0.12	0.22	0.16
18	70	25	6	0.06	0.09	0.12
19	70	35	8	0.11	0.14	0.16
20	70	55	10	0.14	0.23	0.23
21	80	5	14	0.10	0.16	0.17
22	80	15	6	0.04	0.06	0.08
23	80	25	8	0.08	0.09	0.10
24	80	35	10	0.11	0.14	0.16
25	80	55	12	0.12	0.16	0.23

根据各单因素与钢桥面板肋间相对挠度的回归关系,将钢桥面板肋间相对挠度与各自变量之间多元回归模型线性化,写成矩阵的形式为:

$$y = \lambda X + \theta$$

式中:y——响应变量 $\ln(\Delta)$;

　　　X——输入变量 T、V、P 的一次项。

采用逐步线性回归的方法剔除对因变量贡献小的变量。比较后,钢桥面板肋间相对挠度与温度 T、速度 V、荷载 P 的线性回归模型为:

$$\ln(\Delta) = \lambda_1 V + \lambda_2 T + \lambda_3 P$$

式中:Δ——钢桥面板肋间相对挠度(mm);

　　　T——钢桥面板温度(℃);

　　　V——车速(km/h);

　　　P——轴重(t)。

利用正交试验设计表中实测结果,采用最小二乘法可得钢桥面板肋间相对挠度与各变量间的线性回归模型,用回归模型对原来的样本进行估计,将估计值与实测值比较,分析差异的显著性,拟合关系如图 18 所示。

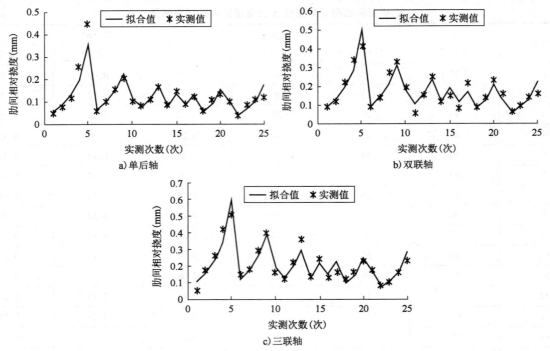

图18 钢桥面板肋间相对挠度拟合值与实测值差异

对该线性回归公式进行 F 检验：

$$F = \frac{S_{回}/k}{S_{余}/(n-k-1)}$$

在显著水平 $\alpha = 0.05$ 下，$F\alpha(3,3) = 9.28 < F$，说明回归效果显著。钢桥面板肋间相对挠度与各变量间的拟合数学模型见表8。

拟合公式及各参数取值　　　　表8

轴型	λ_1	λ_2	λ_3	常数项	F
单后轴	−0.0113	0.0167	0.1254	−3.252	74.88
	$\Delta = e\char`^(-3.252 - 0.0113V + 0.0167T + 0.1254P)$，$R^2 = 0.9145$					
双联轴	−0.0142	0.0164	0.1154	−2.637	39.28
	$\Delta = e\char`^(-2.637 - 0.0142V + 0.0164T + 0.1154P)$，$R^2 = 0.8488$					
三联轴	−0.0125	0.0154	0.1265	−2.631	38.01
	$\Delta = e\char`^(-2.631 - 0.0125V + 0.0154T + 0.1265P)$，$R^2 = 0.8445$					

根据实测数据建立回归数学模型，如图19所示。在车速为50km/h时，对比分析常温、高温条件下钢桥面肋间相对挠度随轴型的影响；钢板温度相同，其肋间相对挠度满足 Δ 单后轴 $< \Delta$ 双联轴 $< \Delta$ 三联轴；同时，高温60℃时钢板肋间相对挠度均大于常温25℃。

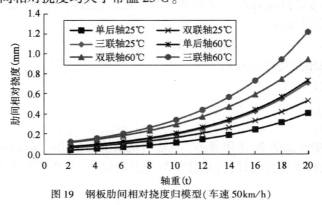

图19 钢板肋间相对挠度归模型（车速50km/h）

六、结 语

通过对温度条件、交通荷载、桥面系肋间相对挠度进行监测,对铺装体系结构动响应多维度关联规律进行研究,并提出结构响应数据模型,能够更准确地掌握实桥力学特性,所得结论如下:

(1)大桥正交异性钢桥面板的肋间相对挠度主要集中于0.2mm内,钢桥面板应力在瞬时轴载作用下产生振动,平均振动频率达到20Hz。

(2)结合荷载与挠度之间、荷载与应变数据之间以及温度、荷载-力学响应之间的内在关联,钢桥面板力学响应与荷载之间、钢桥面板力学响应与温度之间、肋间相对挠度与应变之间有较好的相关性,说明钢桥面系具有较为显著的协同作用效应。

(3)肋间相对挠度与钢板温度基本满足指数函数关系,钢板肋间挠度与加载车速度回归关系基本满足指数函数关系,行车经过引起钢板肋间相对挠度均随行车速度增大而减小。

(4)基于结构响应关联规律研究,分别构建了基于单后轴、双联轴和三联轴的钢桥面板肋间相对挠度多因素回归模型,结构响应对于轴型敏感度排序为:三联轴 > 双联轴 > 单后轴。

参考文献

[1] ZHU Z, ZHU R, XIANG Z. A Review on Behavior and Fatigue Performance of Orthotropic Steel-UHPC Composite Deck[J]. Buildings, 2023, 13(8): 1906.

[2] SHAO X, QU W, CAO J, et al. Static and fatigue properties of the steel-UHPC lightweight composite bridge deck with large U ribs[J]. Journal of Constructional Steel Research, 2018(148): 491-507.

[3] ZHU Z, YUAN T, XIANG Z, et al. Behavior and fatigue performance of details in an orthotropic steel bridge with UHPC-deck plate composite system under in-service traffic flows[J]. Journal of Bridge Engineering, 2018, 23(3): 04017142.

[4] SHAO X, YI D, HUANG Z, et al. Basic performance of the composite deck system composed of orthotropic steel deck and ultrathin RPC layer[J]. Journal of Bridge Engineering, 2013, 18(5): 417-428.

[5] CAO J, SHAO X, ZHANG Z, et al. Retrofit of an orthotropic steel deck with compact reinforced reactive powder concrete[J]. Structure and Infrastructure Engineering, 2016, 12(3): 411-429.

[6] 邵旭东,樊伟,黄政宇.超高性能混凝土在结构中的应用[J].土木工程学报,2021,54(1):1-13.

[7] LI J, FENG X T, SHAO X D, et al. Comparison of mechanical calculation and actual test for new STC steel bridge paving system[J]. China Journal of Highway and Transport, 2014, 27(3): 39-44.

[8] LIAO Z N, SHAO X D, QIAO Q H, et al. Static test and finite element simulation analysis of transverse bending of steel-ultra-high performance concrete composite slabs[J]. Journal of Zhejiang University(Eng. Sci.), 2018(52): 1954-1963.

[9] 邵旭东,郑晗,黄细军,等.钢-UHPC轻型组合桥面板横向受力性能[J].中国公路学报,2017,30(9):70-77.

[10] DIENG L, MARCHAND P, GOMES F, et al. Use of UHPFRC overlay to reduce stresses in orthotropic steel decks[J]. Journal of Constructional Steel Research, 2013(89): 30-41.

[11] KONG L, SHAO X, LIU R. Finite element analysis of flexural performance of steel-UHPC lightweight composite girder deck[J]. Journal of Highway and Transportation Research and Development, 2016, 33(10): 88-95.

[12] 李嘉,李杰,邵旭东,等.钢板-超薄UHPC-TPO组合桥面静力和疲劳试验研究[J].土木工程学报,2017,50(11):98-106.

[13] SHIFFERAW Y, FANOUS F S. Field testing and finite element analysis of steel bridge retrofits for distortion-induced fatigue[J]. Engineering Structures, 2013(49): 385-395.

[14] HASSEL H L, BENNETT C R, MATAMOROS A B, et al. Parametric analysis of cross-frame layout

[15] JEONG Y S, KAINUMA S, AHN J H. Structural response of orthotropic bridge deck depending on the corroded deck surface[J]. Construction and Building Materials, 2013(43): 87-97.
[16] WANG Q, LONG P, DU X. Analysis of the influence of Chinese and foreign standard vehicle loads on the fatigue effect of orthotropic steel bridge decks[C]//Journal of Physics: Conference Series. IOP Publishing, 2019, 1168(2): 022066.
[17] FU Z, WANG Y, JI B, et al. Effects of multiaxial fatigue on typical details of orthotropic steel bridge deck[J]. Thin-Walled Structures, 2019(135): 137-146.
[18] CUI C, XU Y L, ZHANG Q H, et al. Vehicle-induced dynamic stress analysis of orthotropic steel decks of cable-stayed bridges[J]. Structure and Infrastructure Engineering, 2020, 16(8): 1067-1081.
[19] 刘阳,钱振东,张劭.重载和温度耦合作用下钢桥面环氧沥青铺装结构疲劳损伤分析[J].东南大学学报,2017,33(4):478-483.
[20] YU S, YE Z, OU J. Data-based models for fatigue reliability assessment and life prediction of orthotropic steel deck details considering pavement temperature and traffic loads[J]. Journal of Civil Structural Health Monitoring, 2019(9): 579-596.
[21] JIA X, HUANG B, BOWERS B F, et al. Investigation of tack coat failure in orthotropic steel bridge deck overlay: survey, analysis, and evaluation[J]. Transportation Research Record, 2014, 2444(1): 28-37.

20. 装配式空心板梁计算模型精度分析

刘长卿

（中铁北京工程局集团第五工程有限公司）

摘　要　本文以杭州市崇杭街某大道跨径16m的装配式先张法预应力混凝土简支空心板梁桥为例，借助midas Civil有限元软件，讨论了对于装配式空心板结构在采用平面和空间不同模型进行结构分析，通过在不同荷载作用条件下正交板距离左右支座均为$L/2$处弯矩的对比，分析结果表明：正交板采用平面单梁模型，以减少建模工作量，斜交板建议采用空间梁格模型，以保证计算结果的精度。按照空间梁格模型施加单位力法计算荷载横向分布系数，可真实模拟实际结构，同样适用于连续梁等超静定结构。在"恒载＋预应力＋汽车荷载"作用下，正交板的距离左右支座均为$L/2$处的弯矩，单梁模型比空间梁格模型的计算结果略微偏大，从工程角度出发相对较安全，是可行的。

关键词　装配式　空心板梁　有限元　计算模型　精度分析

一、引　言

杭州市崇杭街某大道,桥梁横跨石前港,上部结构采用装配式先张法预应力混凝土简支空心板梁,计算跨度16m,汽车荷载为城-A,空心板材料为C50混凝土,预应力钢筋采用公称直径15.2mm的钢绞线,其空心板梁几何尺寸如图1所示,空心板按A类构件设计。空心板梁的施工共划分为CS1、CS2、CS3、CS4、CS5 5个阶段,分别对应预制空心板梁并放张预应力筋、预制场存梁60d、安装空心板、现浇防撞墙和桥面铺装、考虑10年的收缩徐变影响阶段。采用midas Civil建立模型,如图2所示。6cm厚现浇C50混凝土铺装,不参与结构受力,仅作为二期恒载按照均布荷载施加,梁顶节点与支座顶节点之间使用边界条件中的刚性连接[1],空心板梁预制阶段的临时支座采用"一般支撑"来模拟,桥梁安装以后的永久圆形板式橡胶支座约束采用"节点弹性支撑"进行模拟[2]。

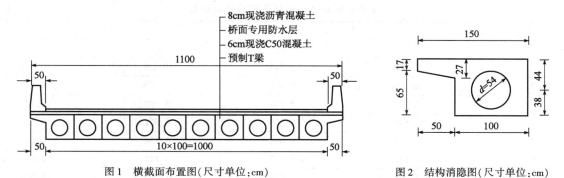

图1 横截面布置图(尺寸单位:cm)　　　　图2 结构消隐图(尺寸单位:cm)

二、汽车荷载横向分布系数不同计算方法的比较

1. 铰接板法

通过平面杆系方式进行单个梁模型计算时,需要列入汽车荷载空间效应影响[3],考虑汽车荷载横向分布系数。本文采用铰接板法计算在两车道活载作用下,边、中板1/2截面的汽车荷载横向分布系数。结果为 $m_{边}=0.297$, $m_{中}=0.244$。

2. midas Civil 空间梁格模型法

通过 midas Civil 结构空间梁格模型直接定义车道荷载法计算[4]。空间梁格模型的边界条件、横向连接同铰接板法,定义了2个车道荷载,分析在此荷载作用下各板梁距离左右支座均为 $L/2$ 处的挠度 D_z 值,见表1。

两个车道荷载作用下各板梁距离左右支座均为 $L/2$ 挠度 D_z 值(单位:mm)　　　表1

板号	1	2	3	4	5	6	7	8	9	10	和
D	5.130	5.276	4.871	4.643	4.538	3.810	3.140	2.669	2.364	2.210	38.651

汽车荷载横向分布系数[5]可按式(1)计算:

$$m_i = \frac{D_i}{\sum_{i=1}^{n} D_i} \quad (1)$$

式中:m_i——汽车荷载横向分布系数;

n——车道数;

D_i——第 i 号板距离左右支座均为 $L/2$ 处的挠度值。

1号边板和2号中板距离左右支座均为 $L/2$ 处汽车荷载横向分布系数分别为:

$M_{边} = 2 \times (5.130/38.651) = 0.265$

$M_{中} = 2 \times (5.276/38.651) = 0.273$

3. 空间梁格模型施加单位力法

通过空间梁格模型施加单位力法计算[6]。计算 $P=1000$kN 分别作用于各板距离左右支座均为 $L/2$ 时各板此处的挠度值。按式(2)计算横桥向各板位置处的影响线坐标[7]:

$$\eta_{i,j} = \frac{f_{ij}}{\sum_{i,j=1}^{n} f_{ij}} \quad (2)$$

式中:$\eta_{i,j}$——横桥向各板位置处的影响线坐标值;

F_{ij}——单位力 P_i 施加在第 i 号板梁距离左右支座均为 $L/2$ 处产生的第 j 号板梁距离左右支座均为

$L/2$ 处的挠度值。

1 号边板和 2 号中板影响线坐标计算结果见表 2。

1 号边板和 2 号中板影响线坐标计算　　　　　表 2

板边号 板位置	1 号边板		2 号中板	
	f_{ij}	η_{ij}	f_{ij}	η_{ij}
1	12.506	0.217	10.139	0.174
2	10.139	0.176	10.478	0.180
3	7.971	0.138	8.598	0.148
4	6.338	0.110	6.801	0.117
5	5.096	0.088	5.456	0.094
6	4.158	0.072	4.446	0.076
7	3.462	0.060	3.700	0.064
8	2.967	0.051	3.171	0.054
9	2.644	0.045	2.825	0.048
10	2.475	0.042	2.644	0.045
总和	57.756	0.999	58.258	1

依据表 2 中的 η_{ij} 值绘出 1 号边板和 2 号中板影响线,并按规范要求布置车辆荷载[8],如图 3 和图 4 所示。

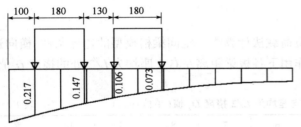

图 3　1 号边板荷载横向分部影响线(尺寸单位:cm)

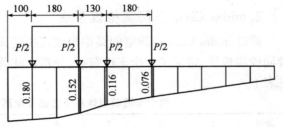

图 4　2 号边板荷载横向分部影响线(尺寸单位:cm)

1 号边板汽车荷载横向分布系数为:

$M_{边} = (0.217 + 0.147 + 0.106 + 0.073)/2 = 0.272$

2 号中板汽车荷载横向分布系数为:

$M_{中} = (0.180 + 0.152 + 0.116 + 0.076)/2 = 0.262$

三种方法的荷载横向分布系数计算结果比较见表 3。

汽车荷载横向分布系数不同计算方法结果比较　　　　　表 3

计算方法	方法 1	方法 2	方法 3
$M_{边}$	0.297	0.265	0.272
$M_{中}$	0.244	0.273	0.263

三种方法的计算结果很接近,在实际结构计算中,可通过以上任意一种方法计算汽车荷载横向分布系数[9],随后采用平面单梁模型计算。

三、空间梁格模型与平面单梁模型计算结果比较

本研究选取边板的弯矩计算结果进行比较。

1. 单梁模型计算说明

施加荷载、支座边界条件与空间梁格模型相同[10-11],采用方法 1 得出的边板汽车荷载横向分布系数 $M_{边} = 0.297$,进行计算。

2. 单梁模型内力计算结果

恒载弯矩图和汽车荷载弯矩图如图5、图6所示。

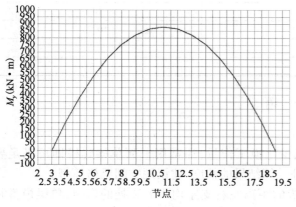

图5　单梁恒荷载弯矩 M_y 图

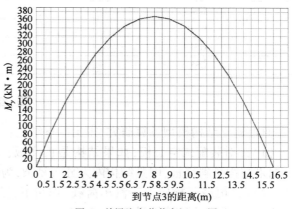

图6　单梁汽车荷载弯矩 M_y 图

3. 空间梁格模型计算结果

恒载弯矩图和汽车荷载弯矩图如图7、图8所示。

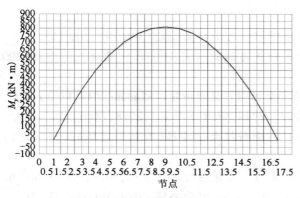

图7　空间梁格恒荷载弯矩 M_y 图

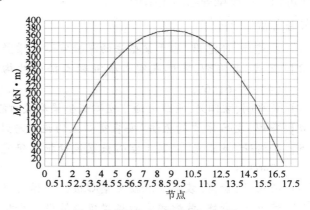

图8　空间梁格汽车荷载弯矩 M_y 图

4. 两种计算模型分析结果的比较

1）边板跨中弯矩

边板跨中弯矩在不同模型中的差别见表4。

边板跨中弯矩（单位：kN·m）　　　　　　　　　表4

荷载作用	单梁模型	空间梁格模型
恒载	878.5	810.1
汽车荷载	368.7	375.2
恒载+预应力+汽车荷载	389.5	330.6

由此可得恒载作用下，单梁模型比空间梁格模型的弯矩大8.6%；汽车荷载作用下，单梁模型比空间梁格模型的弯矩小1.6%；"恒载+预应力+汽车荷载"作用下，单梁模型比空间梁格模型大16.8%。

2）各施工阶段板梁跨中截面上拱值

上拱值是控制施工质量的重要参数，在施工过程中尤其要控制空心板的存梁时间，不宜过长，以免造成上拱值过大，从而影响桥面铺装的施工及支座高程的控制。各施工阶段边板、中板的跨中截面挠度上拱值见表5。

各施工阶段边板、中板的跨中截面挠度上拱值(单位:mm)　　　表5

施工阶段	1号边板跨中截面(9号节点)	2号中板跨中截面(315号节点)
CS1	9.9	8.4
CS2	12	10
CS3	12.2	10.2
CS4	7.3	5.7
CS5	7.3	5.8

四、结　语

通过建立结构模型计算研究,得出以下结论:

(1)针对装配式空心板,如果结构是正交板,为减少建模工作量,通常用平面单梁建模即可满足要求,如果结构是斜交板,因其结构内力分布复杂,为保证计算结果的精度,建议用空间梁格模型。

(2)在"恒载+预应力+汽车荷载"作用下,正交板的距离左右支座均为$L/2$处的弯矩,单梁模型相对空间梁格模型的计算结果偏大16.8%,从结构施工角度看相对较安全,是可行的。

(3)单梁模型的荷载分布系数,在真实结构计算中可采用三种方法中的任意一种计算,依照空间梁格模型施加单位力法计算荷载横向分布系数,能够真实模拟实际结构,不必再做过多假设,结构清晰,同样可用于连续梁等超静定结构。

参考文献

[1] 吴建伟,邵慧君.基于梁格法的深铰空心板梁竖直分析[J].河南科技,2020,39(29):109-112.
[2] 贺君,雷俊卿.装配式空心板混凝土桥面结构计算分析与试验研究[J].北京交通大学学报,2005(4):57-61,68.
[3] 黄平明,袁阳光.重载交通下空心板桥梁承载力能力安全性[J].交通运输工程学报,2017,17(3):1-12.
[4] 鲁彬,左怡林."钓鱼法"安装空心板的施工与计算[J].中国水运(下半月),2018,18(5):227-229.
[5] 孙海峰,吴正光.混凝土空心板梁铰缝损伤研究[J].河南科技大学学报(自然科学版)2021,42(5):57-63,8.
[6] 易汉斌,俞博.装配式混凝土空心板铰缝横向弯矩计算[J].交通运输工程学报,2019,39(5):88-96.
[7] 黄卫国,俞博.装配式空心板梁桥铰缝数值分析与试验研究[J].中外公路,2019,39(6):133-136.
[8] 文继涛,张康.装配式叠合板综合管廊受力分析及管件节点设计[J].市政技术,2022,40(4):165-170,187.
[9] 唐杨,钟华栋.增大截面法加固空心板梁桥有限元分析[J].河南城建学院学报,2020,29(1):7-12.
[10] 马海英,赖明辉.非对称边界下空心板承载力试验与仿真研究[J].土木工程学报,2022,55(5):67-72.
[11] 李兴锋,孔晨光.空心板梁桥整体化层厚度对受弯失效模式的影响[J].公路,2020,65(9):119-124.

21.高烈度区高墩连续梁桥适宜约束体系研究

张聪正[1]　林　昱[2]　傅立军[3]

(1.中交公路长大桥建设国家工程研究中心有限公司;2.中交公路规划设计院有限公司;
3.河南省黄河高速公路有限公司)

摘　要　高墩连续梁桥是跨越峡谷和江河时一种较为常见的结构体系,但高墩连续梁桥普遍存在静动力性能差的技术难题,尤其是位于高烈度地震区的桥梁。本文以某大桥副桥为例,进行了静动力响应分析,综合考虑静动力分析结果,确定了适用于高墩连续梁桥的适宜约束体系,在静力作用下采用设置4个固定墩的支撑体系,同时,为了提高罕遇地震作用下的抗震性能,推荐选用摩擦摆支座的结构体系,该体系解决了高墩连续梁桥静动力性能差的技术难题,可以为类似高烈度区高墩连续梁桥设计提供借鉴。

关键词 连续梁桥 静力分析 动力分析 结构体系 摩擦摆支座

一、引 言

高墩连续梁桥由于其较好的跨越能力以及通航能力,是跨越峡谷和江河中常见的桥梁结构形式。针对高墩连续梁桥的设计需要从桥型、预应力筋的布置、体系的选择等入手,而连续梁桥属于超静定结构,温度变化下结构易出现温度次内力[1],改变纵桥向的约束体系,汽车荷载、制动力和桥梁纵风等可变作用又会引起主梁纵桥向的较大位移。如何综合以上多种情况,选择合适的约束体系,是静力设计的主要任务。同时,高墩连续梁桥桥墩自重大、柔度大、阻尼小,还要承受上部结构荷载和车辆荷载,形成了一个倒摆式结构,其自身的抗震能力又是一个突出的问题[2],在桥梁设计中也是一个重点关注的问题[3-7]。针对高墩连续梁的研究,目前大多数集中于地震作用下的响应及响应控制,而从静力和动力角度综合分析其约束体系的研究较少。事实上对于桥梁设计来讲,静力与动力二者相辅相成,缺一不可。本文以副桥为研究对象,利用midas Civil采用梁格法建立桥梁模型,进行从静力和动力两方面进行比选分析,得到适宜约束体系。本文可以为高墩连续梁的静力与动力设计提供参考。

二、工程概况

副桥为等截面箱形组合梁,跨径布置采用标准跨径设计,南副桥桥跨布置为(3×100m)+(3×100m)+7×(4×100m)=3400m,北副桥桥跨布置为3×100m。主梁采用"槽型钢主梁+混凝土桥面板"的分幅组合结构,单幅桥采用双梁结构。标准段梁高4.8m,高跨比约为1/20.8;与主桥相接处,由标准梁高4.8m线性变化到3.8m,变化长度9m;与堤内引桥相接处,由标准梁高4.8m线性变化到2.5m,变化长度为14m。混凝土桥面板宽20.25m,混凝土板悬臂长2.8m,预制桥面板厚0.25m。桥梁横截面如图1所示。下部结构采用混凝土柱式墩+钢管复合桩的排架墩结构,墩高25m。半幅桥下设2根D2.752~D2.2m钢管复合钻孔灌注桩,桩间距12.65m,上接2根直径2.7m的混凝土圆柱式墩,如图2所示。

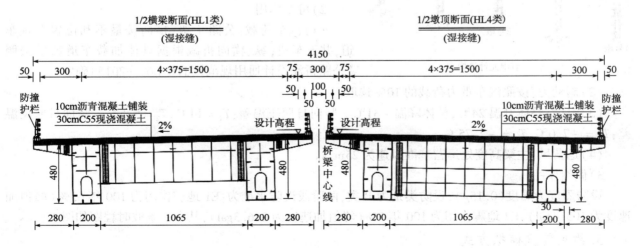

图1 箱形组合梁标准断面图(尺寸单位:cm)

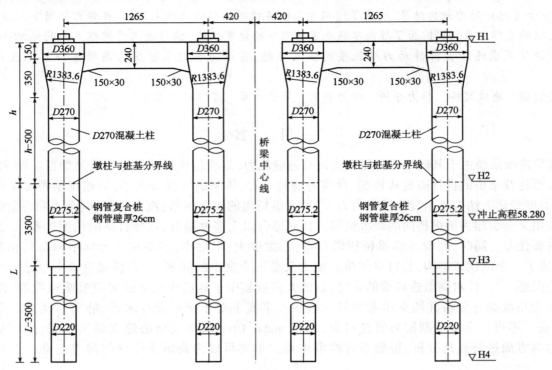

图 2 桥墩构造图(尺寸单位:cm,高程单位:m)

三、模型建立

1. 有限元模型

采用 midas Civil 建立了 4×100m(墩高25m)连续梁桥的梁格模型,考虑22m桩基冲刷。主梁、桥墩和桩基采用梁单元,有限元模型以顺桥向为 X 轴,横桥向为 Y 轴,竖向为 Z 轴。二期荷载以均布荷载的形式分布于主梁上,支座以弹性连接模拟,桩基础采用 m 法土弹簧模型进行模拟。有限元模型如图3所示。

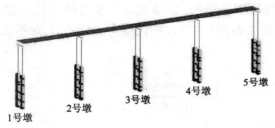

图 3 有限元计算模型

2. 静动力荷载

1)永久荷载

结构一期自重和结构二期恒载。

2)可变作用

(1)汽车荷载:公路Ⅰ级,横向按最不利位置布置车道,共五车道;纵、横向折减根据具体加载车道数量按照《公路桥涵设计通用规范》(JTG D60—2015)确定。

(2)制动力:按照汽车重力荷载的10%选取。

(3)温度:整体升温24℃,整体降温-31℃。竖向日照正温差:$T_1 = 14℃$,$T_2 = 5.5℃$。竖向日照反温差:$T_1 = -7.0℃$,$T_2 = -2.75℃$。

(4)运营风:主梁高度处运营基准风速为25m/s。

3)偶然作用

设防烈度为Ⅶ度(0.15g),设防类别为B类,两阶段设防水准为:E1 地震作用为 100 年 63%(峰值加速度为103.4gal),E2 地震作用为 100 年 5%(峰值加速度为286.3gal),其中一条波时程图如图4所示。

3. 约束装置模拟方式

1)活动球钢支座

球钢支座的滞回曲线类似于理想弹塑性材料的滞回曲线,如图5所示[8]。

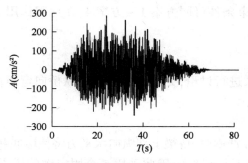

图4 E2地震水准时程波

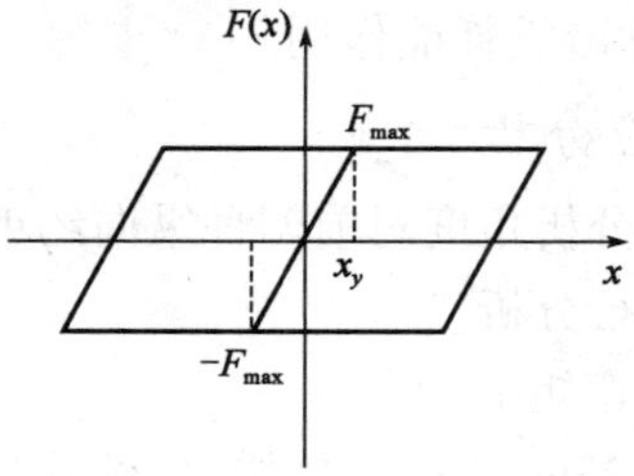

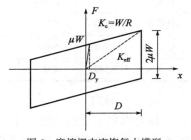

图5 球钢支座恢复力模型

临界滑动摩擦力为：

$$F_{max} = \mu_d R \qquad (1)$$

初始刚度为：

$$k = \frac{F_{max}}{x_y} \qquad (2)$$

式中：μ_d——滑动摩擦系数，一般取0.02；
   R——支座所承担的上部结构的重力；
   x_y——活动球钢支座屈服位移，一般取2~5mm。

2) 摩擦摆支座

摩擦摆支座的恢复力模型可采用双线性模型，如图6所示[8]。其屈后刚度和等效刚度分别按式(3)、式(4)确定。

$$K_h = \frac{W}{R} \qquad (3)$$

$$K_{eff} = \frac{W}{R} + \mu \frac{W}{D} \qquad (4)$$

支座的水平力F为回复力与摩擦力之和：

$$F = \frac{W}{R}D + \mu W(\text{sgn}D) \qquad (5)$$

图6 摩擦摆支座恢复力模型

式中：W——恒载作用下支座竖向反力(kN)；
   R——支座滑动曲面的曲率半径(m)；
   D——支座设计水平位移(m)；
   μ——支座滑动摩擦系数。

四、约束体系比选

1. 约束体系介绍

针对高烈度地震区桥梁结构的特点，针对纵向约束体系，采用以下5种体系进行对比分析：

(1) 体系1：设置一个固定墩，3号墩处设置纵向约束支座，其余墩处的支座纵向均不约束，考虑球钢支座活动方向的摩擦力。

(2) 体系2：设置两个固定墩，2号、3号墩处设置纵向约束支座，其余墩处的支座纵向均不约束，考虑球钢支座活动方向的摩擦力。

(3) 体系3：设置三个固定墩，2号~4号墩处设置纵向约束支座，其余墩处的支座纵向均不约束，考虑球钢支座活动方向的摩擦力。

(4) 体系4：设置四个固定墩，1号~4号墩处设置纵向约束支座，5号墩处的支座纵向均不约束，考虑球钢支座活动方向的摩擦力。

(5)体系5:采用摩擦摆支座,静力状态下约束条件可同方案1~方案4,在地震作用下,摩擦摆支座剪力键剪断,发挥减震耗能作用。

2. 静力响应分析

本节从静力分析角度对前四种纵向约束体系进行讨论,分别从下部结构纵桥向弯矩值、支座剪力值和梁端位移值进行分析。

1)下部结构弯矩

本桥墩高为25m,为高墩桥梁,且桩基有22m冲刷段,桥梁上部纵向水平力将使墩底和桩底产生较大的弯矩。随着固定墩数量的增多,下部结构弯矩值逐渐增大,因此采用5个固定墩的桥梁体系是不合理的,其将使各联桥梁连接成为一个多联长跨连续梁桥,墩底由温度内力引起的弯矩值巨大;制动力和运营风则随着固定墩数量的增多,不同体系单个固定墩的弯矩值逐渐减小。

副桥下部结构弯矩值见表1。在标准组合(温度+汽车+制动力+运营风)下,墩底和桩基入土处截面弯矩值体系1~体系4依次减小,桩基弯矩值由49043kN·m降低为22869kN·m,降幅为53%,效果显著,体系4在静力受力方面更有优势。

单个固定墩纵桥向弯矩值(单位:kN·m)　　　　表1

体系	墩底弯矩值					桩基入土处弯矩值				
	温度	制动力	运营风	活载	标准组合	温度	制动力	运营风	活载	标准组合
体系1	0	17066	8982	14	26061	0	32083	16886	73	49043
体系2	1798	8535	4492	126	14952	3381	16037	8440	230	28088
体系3	3598	5688	2994	140	12420	6764	10695	5629	251	23339
体系4	5373	4257	2240	342	12212	9954	8048	4236	631	22869

2)支座剪力

静力作用下桥梁支座水平力是设计桥梁支座的重要因素,应保证支座在静力作用下,不发生剪切破坏,因此通过合理体系的选择从而降低支座水平力是有必要的。某大桥副桥不同荷载下支座剪力值如图7所示。体系1~体系4随着固定墩数量的增多,支座水平力逐渐减小,体系4显著增加了支座水平剪力的安全度。

3)梁端位移

静力和动力荷载作用下桥梁梁端纵向位移值是设计伸缩缝的关键指标,通过控制梁端位移值可以减小伸缩缝的位移型号,有效降低施工成本。某大桥副桥梁端纵向位移值如图8所示,可以看出,随着固定墩数量的增加,梁端位移值逐渐减小,相对于体系1,体系4的梁端位移降低了53%,位移值为0.18m,可以有效减小伸缩缝装置规模。

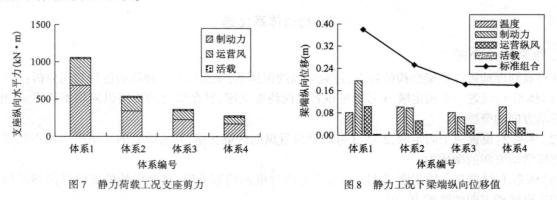

图7　静力荷载工况支座剪力　　　图8　静力工况下梁端纵向位移值

桥梁结构约束体系设计是桥梁设计中使桥梁结构内力和位移合理协调的关键一步,通过4种不同固定墩数量的体系比选,初步确定了静力荷载作用下,体系4是综合内力和位移较为合理的一种体系。

3. 动力响应分析

1) 动力特性分析

本研究采用的 5 条地震波拟合谱如图 9 所示。桥梁纵向一阶周期是影响桥梁地震响应的关键因素,将 5 种体系的一阶周期汇总,见表 2,随着固定墩数量的增多,桥梁的一阶纵向周期在依次减小,根据图 9 反应谱的形状,随着周期的减小,加速度值在逐渐增大,可以推断,固定墩多的体系的纵向地震响应将会增大。

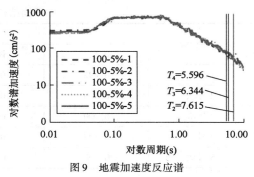

图 9 地震加速度反应谱

表 2 不同结构体系下桥梁一阶振型

体系	第一阶振型	
	周期(s)	振型特征
体系 1	10.541	3 号墩和主梁纵向振动
体系 2	7.615	2、3 号墩和主梁纵向振动
体系 3	6.344	2~4 号墩和主梁纵向振动
体系 4	5.596	1~4 号墩和主梁纵向振动
体系 5	5.844	主梁纵向振动

2) 地震响应分析

采用上述 5 条 100 年重新期 5% 的地震波进行 E2 水准下地震分析,采用非线性时程分析的方法,对 4 种结构体系进行地震响应计算,各体系的墩底弯矩如图 10 和图 11 所示,纵向地震下随着固定墩数量的增加,四种体系的固定墩的纵向地震响应呈依次增加的趋势,墩底横向弯矩均较大,不能满足抗震性能要求。因此考虑进行减隔震设计,采用摩擦摆减隔震支座,即体系 5。当摩擦摆支座剪力销钉剪断后,相对于体系 4,体系 5 控制墩(4 号墩)的纵向弯矩减小 15.4%。对于横向地震下,体系 1~体系 4 的横桥向各桥墩处主梁均被约束,地震响应是相同的,均较大,释放支座剪力后,将形成减隔震体系,即体系 5 采用摩擦摆支座则可以有效降低墩底的横向弯矩,降幅约 68.1%。

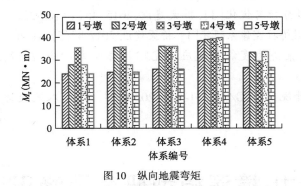

图 10 纵向地震弯矩

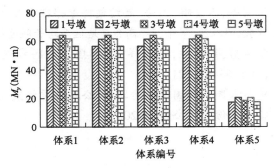

图 11 横向地震弯矩

在 E2 地震作用下,各体系的支座位移见表 3,在前 3 种体系中,活动墩处支座位移达到 0.49m 以上,体系 4 的活动墩支座位移为 0.036m,体系 5 的支座位移最大为 0.17m。对于过渡墩处伸缩缝型号,需要满足塔梁相对位移的大小,采用摩擦摆支座时,由于地震在未达到支座剪断时,结构体系类似于前四种体系,此时需要使过渡墩处伸缩缝规模较大,而前 3 种结构体系在支座剪力销钉剪断的一瞬间,过渡墩处伸缩缝位移为 0.41m 左右,只有体系 4 的伸缩缝位移最小,可以采用设计位移小的伸缩缝,因此体系 4 优于前三种结构体系。因此,地震来临后,支座剪力键未剪断时,约束体系采用体系 4,地震足够大导致支座剪力键剪断后采用体系 5,这种约束体系是合理。

不同结构体系下桥梁支座位移（单位：m）　　　　表3

支座位置	支座位移				
	体系1	体系2	体系3	体系4	体系5
1号墩	0.492	0.490	0.497	0.000	0.165
2号墩	0.325	0.000	0.000	0.000	0.153
3号墩	0.000	0.000	0.000	0.000	0.172
4号墩	0.327	0.323	0.000	0.000	0.152
5号墩	0.490	0.489	0.491	0.036	0.166

五、结　语

通过对某大桥副桥 4×100m（墩高 25m）连续梁桥结构体系的研究，得出如下结论：

（1）在静力方面，采用 4 个固定墩的体系，各墩可以有效分担制动力、运营风和活载作用下的上部水平传递至墩底的弯矩，使各墩分配较均匀且处于较低的水平，但在温度作用下，墩底弯矩较大；在标准组合下，4 个固定墩体系的墩底内力和梁端位移均可以有效降低。因此，静力荷载作用下采用 4 个固定墩体系是合理的。

（2）在动力方面，前四种体系内力响应略大，且活动墩处前三种体系支座纵向位移较大，采用摩擦摆减隔震支座可以有效降低桥墩纵横向内力，且支座位移最大为 0.17m，地震作用显著降低。因此，动力荷载下采用摩擦摆减隔震体系是合理的。

（3）约束体系关系到桥梁结构静动力受力性能，合理的约束体系应该可以同时满足静动力受力要求，本文提出的约束体系解决了高墩连续梁桥静动力性能差的技术难题，可供类似桥梁设计借鉴。

参考文献

[1] 佘小年,方志,汪剑,等.大跨预应力混凝土连续梁桥的温度效应[J].公路,2003(11):135-138.
[2] 李睿,宁晓骏,叶燎原,等.高墩桥梁的地震反映分析[J].昆明理工大学学报,2001,26(6):86-89.
[3] 周敉,朱国强,刘平均,等.软土地区高墩梁桥抗震支座选型及横向约束构造研究[J].防灾减灾工程学报,2021,41(5):936-945.
[4] 夏修身,崔靓波,陈兴冲,等.长联大跨连续梁桥隔震技术应用研究[J].桥梁建设,2015,45(4):39-45.
[5] 吴宜峰,李爱群,王浩.连续梁桥摩擦摆支座参数分析与优化[J].桥梁建设,2015,45(1):20-25.
[6] 贾毅,赵人达,廖平,等.高烈度地区多跨长联连续梁桥抗震体系研究[J].桥梁建设,2017,47(5):41-46.
[7] 张常勇,钟铁毅,杨海洋.摩擦摆支座隔震连续梁桥地震能量反应研究[J].振动与冲击,2017,36(16):63-67,121.
[8] 中华人民共和国交通运输部.公路桥梁抗震设计规范：JTG/T 2231-01—2020[S].北京：人民交通出版社股份有限公司,2020.

22. 基于船舶载重的船撞力-撞深模型研究及修正

沈　燕　严　杰

（江苏宏远科技工程有限公司）

摘　要　船舶撞击桥墩会给船舶和桥梁造成损伤，进而对交通运输正常运行产生严重影响。如何将损伤控制在允许范围内，关键是准确获得船舶撞击力。为研究船舶撞击力与船舶载重的对应关系，建立了船舶撞击刚性墙有限元模型，以 DWT500 内河船精细化模型为载体，将船舶载重作为研究对象，动态模拟船舶撞击过程,分析撞击力-撞深曲线。通过能量守恒和撞击力-撞深-能量唯一对应关系提出考虑船舶载重影响的撞击力计算方法。

关键词 船舶结构 撞击力-撞深关系 有限元模型 船舶载重 动力响应

一、引言

近年来,船舶撞击桥梁事件多次登上社会热点,船桥碰撞问题引起越来越多的关注[1]。随着国家路网建设的大力发展,跨航道桥梁数量与日俱增,同时水运交通也发展迅速,航道等级、船舶规模和船舶航速都在提升[2]。针对船桥碰撞问题,交通运输部在2020年发布《公路桥梁抗撞设计规范》(JTG/T 3360-02—2020)[3],同年印发《船舶碰撞桥梁隐患治理三年行动实施方案》,旨在逐步推动沿线桥梁加强防护,提升桥梁的抗撞性能。为降低船桥碰撞损伤程度,在研究桥梁防护的同时,对船舶撞击力的研究也是必不可少的[4]。研究船舶撞击桥梁的撞击力影响因素对于预防和减少事故,以及改进桥梁设计和航行规则具有重要意义[5]。

目前,国内外各个规范中的船撞力计算方法往往是基于等效静力原理得出的计算公式[6]。以美国船撞规范AASHTO为例,通过分析公式中各参数,发现撞击力数值随船舶撞击速度或载重变大而递增,其中撞击力与船舶速度成正比。但船舶载重对撞击力的影响程度则有所差异,有的规范对应关系是线性关系,有的是非线性关系。可以确定的是船舶载重与释放动能成正比,船首模型结构碰撞损伤深度与吸收的能量有基本确定的对应关系[7]。各规范的简化静力计算公式在大部分设计或验算情况下可以满足要求,但在一些特殊工况和设计要求下,其船撞力计算精度和各参数对应关系还需要进一步研究完善[8]。

为研究船撞力与参数之间的对应关系,船舶碰撞的动力效应不得不考虑[9]。然而,尽管船舶撞击桥梁的撞击力动力效应的研究非常重要,但在过去的研究中仍存在一些挑战和限制[10]。例如,由于实船撞击事故的罕见性和偶然性,很难获得大量的实测数据,从而限制了研究的可靠性和准确性[11]。现有研究往往集中于单一因素的影响,缺乏对多因素复合作用的深入研究[12]。因此,需要更多的实验研究和数值模拟,以全面理解船舶撞击桥梁的撞击力动力效应[13]。国内外学者已做过大量研究,研究手段大多采用数值模拟,该计算的方法和结果已经得到行业认可[14]。《公路桥梁抗撞设计规范》(JTG/T 3360-02—2020)中总结了目前普遍采用的两种研究模型,分别是质点碰撞法和强迫振动法。本文根据质点碰撞法的研究思路,运用LS-DYNA动力分析软件,采用数值模拟方法,建立DWT500内河船精细化模型,以船舶载重研究变量,设计12种计算工况,采用数值仿真的方式进行碰撞模拟,根据得出的撞击力-撞深曲线关系,研究船舶载重对船撞力的影响方式[15]。

二、船撞力理论模型

质点碰撞方法是将船舶简化为一个带质量的质点和一个非线性弹簧单元,弹簧刚度以撞击力-撞深曲线表征,弹簧刚度受撞击速度、吨位、载重、船-桥接触方式、桥墩构造等因素影响[16]。计算模型如图1所示。

当上述各因素存在差异时,其撞击力-撞深关系曲线亦不相同[17]。《公路桥梁抗撞设计规范》(JTG/T 3360-02—2020)提出关于撞击力-撞深模型的确定方法,模型的表达式如式(1)~式(6)所示,该计算式仅考虑了撞击速度和吨位的影响,可以满足正常桥梁验算工况的需求,但对于部分特殊工况,该模型存在一定局限性。

根据《公路桥梁抗撞设计规范》(JTG/T 3360-02—2020),撞击力-撞深模型的表达式为:

$$F(\delta) = \frac{E_0}{d_{max}} \cdot f(\delta) \quad (1)$$

$$\delta = d/d_{max} \quad (2)$$

式中:$F(\delta)$——轮船撞击力-撞深模型(MN);

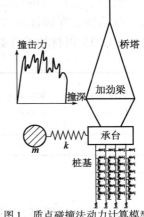

图1 质点碰撞法动力计算模型

E_0——初始动能(MJ);
d_{max}——最大撞深(m);
$f(\delta)$——无量纲撞击力-撞深参数;
δ——无量纲撞深,$0 \leq \delta \leq 1$;
d——撞深(m)。

式(1)中的撞击力-撞深参数关系表达式如下:

$$f(\delta) = (b+1)\begin{cases} \delta^b & (0 \leq \delta \leq 1) \\ \dfrac{\delta - \delta'}{1 - \delta'} & (\delta' \leq \delta \leq 1) \end{cases} \qquad (3)$$

$$E_0 = \frac{1}{2} \times 10^{-3} MV^2 \qquad (4)$$

$$d_{max} = aV^{1.30} \qquad (5)$$

式中:δ'——无量纲最终撞深;
b、a——常系数;
M——满载排水量(t);
V——撞击速度(m/s)。

本文采用有限元仿真的方法,验证了撞击力-撞深模型的可靠性,同时研究船舶载重的影响,根据总能量-最终撞击力-最大撞深唯一对应关系,确定船舶载重对船撞力的影响方式,引入载重影响系数,对考虑载重影响下的撞击力和撞深计算方法进行修正。

三、有限元模型

建立内河船舶 DWT500 吨级货船模型,船首部分精细化建模,船首结构由外舷板、甲板、底板、龙骨组成。为提高计算效率,船身部分简化建模并赋予刚性材料,通过改变刚性材料密度调整船舶模型配重。承受撞击的墙体也设置为刚性材料,船舶和墙体均采用壳单元,模型如图 2 所示。

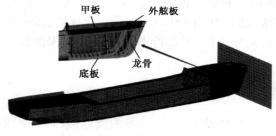

图 2 DWT500 吨级船舶撞击刚性墙有限元模型

模型中的钢材为弹塑性材料,所有工况均为低速下的冲击,考虑应变率的影响,所用 Q235 钢材本构模型为:

$$\frac{\sigma_y}{\sigma_0} = \left[1 + \left(\frac{\dot{\varepsilon}}{C}\right)^{\frac{1}{P}}\right] \qquad (6)$$

式中:σ_y——基于应变率假设下该材料的屈服强度(Pa);
σ_0——随动塑性材料的初始屈服强度(Pa);
$\dot{\varepsilon}$——随动塑性材料的应变率(s^{-1});
C、P——随动塑性材料的应变率效应参数。

模型中船首结构与刚性墙的接触设定为面面接触,静摩擦系数取 0.2,动摩擦系数取 0.15。同时考虑船首结构会在碰撞过程发现变形压缩,结构内部龙骨与面板也会发生挤压碰撞,因此船首结构设定自接触。Q235 钢材相关参数见表 1。

钢材的材料参数表 表1

重度 RO (kg/mm³)	弹性模量 E (GPa)	泊松比 PR	失效应变 SIGY (GPa)	塑性硬化模量 ETAN (GPa)	应变率参数 C	应变率参数 P
7.85×10^{-6}	210	0.3	0.235	1.18	40.4	5

四、影响分析

基于建立的模型,以 DWT500 船舶分别以不同配重、不同船速撞击刚性墙,分析各工况下的动力响应,空载船舶载重量约为300t,设计配重分为4个级别,分别为300t(空载)、500t、700t和797t(满载),船速分为三个级别,分别为3.5m/s、4m/s和4.5m/s,共有12个工况,分析船首结构变形图和内力云图,绘制各工况的撞击力-撞深曲线,同时与《公路桥梁抗撞设计规范》(JTG/T 3360-02—2020)附录D中撞击力-撞深模型曲线对比分析。

由图3a)可知,在速度3.5m/s载重797t工况下仿真计算得到最大撞深为1.54m,规范计算值为1.58m,相差2.5%;仿真计算所得最大撞击力为4524kN,规范计算值为4171kN,相差8.5%,在图3a)、b)中仿真结果和规范计算值的偏差也是接近这个数值,对比最大撞击力和最大撞深值,仿真计算结果与规范公式结果偏差较小。

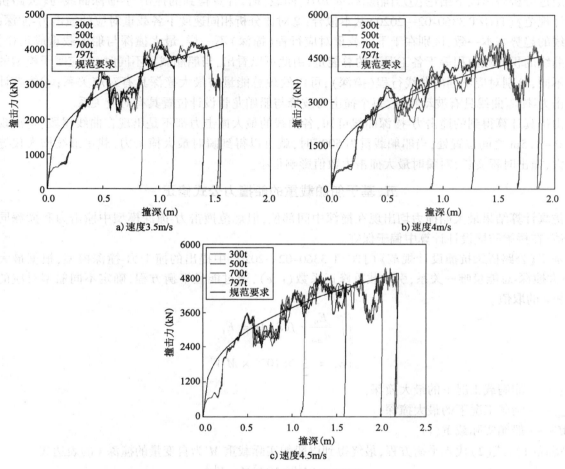

图3 不同载重下撞击力-撞深曲线

对比仿真计算所得曲线和规范曲线可以看出,曲线走势基本拟合,但是《公路桥梁抗撞设计规范》(JTG/T 3360-02—2020)计算所得撞击力-撞深曲线为平缓曲线,曲线开始很陡,逐渐趋于平稳;仿真所得撞击力-撞深曲线具有波动特性,这是由于船首虽由相同性质的钢材组成,船首的构造形式和型材的排布方式导致曲线具有波动特性。通过图4~图6,研究船首结构变形图和撞击力-撞深曲线可以发现,曲线中的每一个波峰都对应一道甲板龙骨或舷侧龙骨的变形破坏,在0.5m撞深处撞击力为第一个波峰,此时甲板下龙骨接触刚性墙开始变形(图4);在1.0m左右撞深处撞击力为第二个波峰,此时,第一道船舷横向龙骨接触刚性墙开始变形(图5);最大撞击力出现的位置对应船底板首道龙骨的变形破坏,此时撞深约为1.5m,如图6所示。

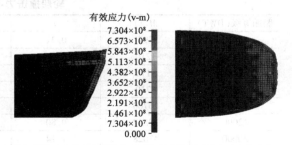

图4 撞深0.5m时Mises应力云图(满载4m/s)

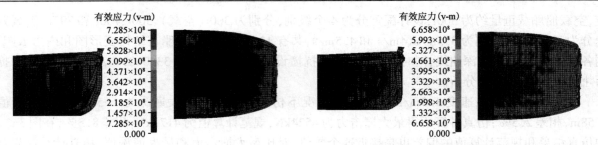

图5 撞深1.0m时Mises应力云图(满载4m/s)　　图6 撞深1.5m时Mises应力云图(满载4m/s)

通过分析得出以下结论：①当船舶载重797t(满载)时，计算得到的撞击力-撞深曲线与《公路桥梁抗撞设计规范》(JTG/T 3360-02—2020)基本拟合；②对比分析相同速度下各载重对应的撞击力-撞深曲线，各曲线的趋势基本一致，区别在于不同载重对应行程(撞深)不一样，最大撞深与船舶载重成正比关系；③各曲线的积分域面积等于各工况下的总能量，由此可以看出，当船舶载重不同时，对应赋予模型的初始动能不同，分别对应不同的曲线行程(撞深)，可以发现总能量与最大撞深具有对应关系；④仿真计算得到撞击力-撞深曲线具有波动特性，每个撞击力波峰与船舶龙骨设计位置具有对应关系。

由仿真计算得到的撞击力-撞深曲线可知，各曲线的最大撞击力都不是出现在曲线尾段，均出现在撞深1.0~1.5m之间位置处，当船舶载重为500t时，就可以得到瞬时最大撞击力，载重继续增大仅导致撞深变大，撞击时程变长，对瞬时最大撞击力数值影响很小。

五、基于船舶载重的船撞力公式修正

仿真计算结果最大船撞力均出现在撞深中间部位，但规范撞击力-撞深模型中撞击力和撞深同时达到峰值，在桥梁防撞设计计算中偏于保守。

基于《公路桥梁抗撞设计规范》(JTG/T 3360-02—2020)中提出的撞击力-撞深模型，根据最大撞击力-最大撞深-总能量唯一关系，引入载重修正系数(c、e)，通过能量平衡方程，确定不同船型对应的常系数c和e的取值。

$$\begin{cases} \int_0^s \dfrac{E_0}{d_{max}} \cdot f(\delta)\,\mathrm{d}s = E_1 \\ E_1 = \dfrac{1}{2} \times 10^{-3} \times M'V^2 \end{cases} \tag{7}$$

式中：s——非满载工况下的最大撞深；

d_{max}——满载工况下的最大撞深；

M'——船舶实际载重(t)。

将式(1)、式(2)代入平衡方程，最终得到以船舶实际载重M'为自变量的撞深s的表达式：

$$s = c \cdot (M' \times 10^{-3})^e \cdot V^{1.3} \tag{8}$$

船舶实际载重M'范围为空载至满载。

因不同船舶的常系数a和b不同，各船型载重修正系数c和e的取值也有差异。经计算，c和e取值见表2。

轮船撞击力-撞深模型的常系数取值表 　　表2

船舶等级(DWT)	$M(t)$	a	b	c	e	δ'
500	797	0.31	0.35	0.367	0.74	
1000	1210	0.37	0.33	0.321	0.75	
3000	5118	0.46	0.28	0.128	0.78	
5000	6710	0.37	0.28	0.084	0.78	0.98
10000	16700	0.70	0.37	0.09	0.73	
12000	18542	0.80	0.40	0.099	0.714	
30000	43028	1.14	0.47	0.088	0.68	
50000	62000	1.16	0.40	0.061	0.714	

考虑载重修正后的最大撞击力表达式为：

$$\begin{cases} F(\delta) = \dfrac{E_0}{d_{max}} \cdot f(\delta) \\ \delta = d/d_{max} \qquad (d \leq s) \\ s = c \cdot (M' \times 10^{-3})^e \cdot V^{1.3} \\ f(\delta) = (b+1) \begin{cases} \delta^b & \left(0 \leq \delta \leq \dfrac{s}{d_{max}}\right) \\ \dfrac{\delta - \delta' \cdot \dfrac{s}{d_{max}}}{1 - \delta' \cdot \dfrac{s}{d_{max}}} & \left(\delta' \cdot \dfrac{s}{d_{max}} \leq \delta \leq \dfrac{s}{d_{max}}\right) \end{cases} \\ E_0 = \dfrac{1}{2} \times MV^2 \\ d_{max} = aV^{1.30} \end{cases} \quad (9)$$

式中：M——船舶满载载重(t)，即船舶载重能力达到上限时的排水量；

M'——船舶实际载重(t)；

E_0——船舶满载载重对应初始动能(MJ)；

s——实际载重对应的最大撞深；

d_{max}——满载对应的最大撞深。

该模型为分段函数，曲线段为幂函数，直线段为一次函数，幂函数的积分域面积在数值上等于撞击总能量，一次函数段表示船舶撞击后的弹性变形恢复。计算结果表明，修正公式与有限元仿真结果吻合较好(图7)。

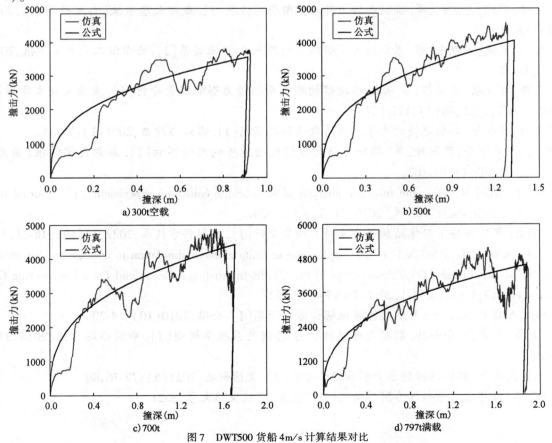

图7 DWT500货船4m/s计算结果对比

六、结　语

本文主要通过结合有限元仿真计算和《公路桥梁抗撞设计规范》(JTG/T 3360-02—2020)中的计算模型,研究船舶撞击力的影响因素,得出结论如下:

(1)仿真计算结果与《公路桥梁抗撞设计规范》(JTG/T 3360-02—2020)计算结果基本拟合,曲线走势一致,最大撞深与船舶载重成正比关系。

(2)根据仿真计算结果,撞击力峰值均不是出现在曲线尾端,本文将撞击力峰值对应撞深位置称为"最硬撞深",船舶载重为500t时,就可以到达"最硬撞深"位置;载重继续增大仅导致撞深变大,撞击时程变长,对最大撞击力数值影响很小。

(3)通过能量平衡方程和撞击力-撞深-能量唯一对应关系,考虑载重影响因素,得到修正后的撞击力-撞深模型,为相关船舶撞击桥梁专题研究提供参考。

参考文献

[1] 钱志鹏,许明财.桥梁船撞的动力响应及其影响因素[C]//中国造船工程学会船舶力学学术委员会. 2019年船舶结构力学学术会议论文集.武汉:[出版者不详],2019:6.

[2] 刘煜,方海,祝露,等.超高船舶撞击桥梁上部结构研究综述[J].南京工业大学学报(自然科学版), 2023,45(1):24-33.

[3] 中华人民共和国交通运输部.公路桥梁抗撞设计规范:JTG/T 3360-02—2020[S].北京:人民交通出版社股份有限公司,2020.

[4] 王礼立,陈国虞,杨黎明.船桥碰撞过程引发的冲击动力学论题[J].振动与冲击,2015,34(3):14-22.

[5] 朱俊羽,祝露,韩娟,等.某航道桥下部结构受船舶撞击后安全性能评估及修复[J].世界桥梁,2020, 48(1):87-92.

[6] 邵俊虎,宋帅,吴启红,等.桥梁船撞力计算模型研究进展[J].成都大学学报(自然科学版),2020,39 (1):15-21.

[7] 黄侨,曹家铖,宋晓东,等.累积撞击下船艏模型撞击力-撞深关系[J].哈尔滨工业大学学报,2023,55 (7):43-51.

[8] 张爱锋,刘少康,姚苗苗,等.船桥碰撞结构损伤及船撞力影响因素分析[J].重庆交通大学学报(自然科学版),2021,40(3):121-127.

[9] 王自力,顾永宁.船舶碰撞动力学过程的数值仿真研究[J].爆炸与冲击,2001(1):29-34.

[10] 邵俊虎,陈小平,蔡萌琦,等.船撞力强度指标对船撞桥响应的影响[J].成都大学学报(自然科学版),2021,40(1):97-102.

[11] GUO J, HE J X. Dynamic response analysis of ship-bridge collisions experiment [J]. Journal of Zhejiang University-SCIENCE A, 2020,21(7): 525-534.

[12] 付明春.船桥碰撞下船体结构强度及动力响应分析[J].舰船科学技术,2022,44(19):18-21,137.

[13] LI H, LANG X G, JING X L, et al. Application of finite element simulation to damage on ship structures during ship collisions[C]//Proceedings of the ISOPE International Ocean and Polar Engineering Conference, Hawaii, USA:[s. n.], 2015: ISOPE-I-15-392.

[14] 李军,王君杰,欧碧峰.船桥碰撞数值模拟方法研究[J].公路,2010(10):14-20.

[15] 王君杰,宋彦臣,卜令涛.船舶与桥墩撞击力-撞深关系概率模型[J].中国公路学报,2014,27(6): 59-67.

[16] 喻钊,花泽春.船桥碰撞撞击力影响因素分析[J].交通科技,2021(5):72-76,80.

[17] 胡瀚誉.内河墩式桥船撞力图谱研究[D].重庆:重庆交通大学,2021.

23. 桥梁伸缩装置横向位移功能对可靠性的影响

郑朝辉[1] 杨锐[1] 王昭儒[2] 李汉军[1] 侯炳才[1]

(1. 山东公路机械厂有限公司；2. 中交公路长大桥建设国家工程研究中心有限公司)

摘要 通过对桥梁端部水平摆动进行计算分析,结合实际应用中的病害情况,本文提出了桥梁伸缩装置的横向位移特性是影响其安全服役和使用寿命的主要因素之一的观点。在分析桥梁梁端水平摆动时伸缩装置横向位移量不均衡的运动机理的基础上,得出了横向位移与传统模数式伸缩装置和梳齿型伸缩装置的支撑与连接出现病害的相关性,提出了对传统模数式和梳齿型伸缩装置横向位移特性的改进和完善的观点。

关键词 模数式伸缩装置 梳齿板式伸缩装置 梁端摆角 横向位移 可靠性

一、引言

随着我国桥梁建设技术的迅速发展以及国家拥有的一百多万座桥梁逐渐进入服役阶段,桥面结构的伸缩装置正日益成为薄弱环节和影响桥梁正常通行的主要因素之一。其使用安全和寿命期都亟须进一步改进和提高。

经过长期的应用实践,目前桥梁伸缩装置多采用模数式和梳齿型。模数式伸缩装置包括格栅式支撑和转轴式支撑两种结构。梳齿型伸缩装置结构也不断发展,从最初的悬臂齿形式演化至骑缝式和跨缝式结构,进一步分为普通梳齿缝和转轴式梳齿缝。尤其近年来,由于梳齿型伸缩装置相较于模数型伸缩装置的独特优势,得到广泛认可和应用。然而,各种桥梁伸缩装置长期使用过程中也揭示出易产生个别病害的不足之处。

从功能特性角度看,中、小桥梁梁板较短,自身柔性较小,主要受温度变化引起的顺桥向伸缩运动影响(除弯道斜桥外)。而大桥和特大桥通常采用悬索或斜拉索结构,连续梁长度大、柔性大,除温度变化造成的长周期伸缩外,还出现梁两端常态高频三维立体运动,幅度大、频率高。因此在这种情况下,桥梁伸缩装置需要能实现三维立体空间多向变位。现有伸缩装置的损坏大多是由于梁端扭曲、摆动和翘曲引起,因此分析桥梁梁端各种运动特性对伸缩装置的设计、应用和维护至关重要。

本文通过对桥梁梁端水平摆动产生的横移量进行计算分析,旨在确定桥梁伸缩装置所要具备的横移运动特性,以进一步改进和完善桥梁伸缩装置的应用性能。

二、现有桥梁伸缩装置横向位移特性与其病害的相关性

1. 模数式桥梁伸缩装置

格栅式模数缝不能适应桥梁端的较大立体变位需求,只适于小型桥梁,本文不做分析。

尽管模数式转轴伸缩缝在运动原理上具备与桥梁端摆动相适应的横移功能,但支撑梁的单端伸缩滑移结构、摩擦副的损伤以及封水胶条的阻碍作用,使得伸缩装置难以实现等间距均衡伸缩和均衡摆动位移。这导致了中梁与支撑梁连接部摩擦副支撑点的被动横向滑移,增加了支撑元件的损伤和脱落概率。这是模数式伸缩缝目前尚未克服的难题,也是造成高维护成本的主要原因。

1) 桥梁梁端扭摆变位

桥梁梁端扭摆变位,特别是在近闭合区域扭摆时(图1),支撑梁与支撑元件会形成倾斜支撑被挤压

变形。在高频正反扭动时,承重滑块因刚度大会受到严重的侧向力,容易导致损坏。同时,摩擦幅进入污物也是造成摩擦力加大和摩擦面损伤的原因之一。随着伸缩装置中梁数量的增加,同一支撑梁上各个中梁的横摆幅度不同,角度 ω 和 ω_1 等也不同,因此各个弹性支撑元件的磨损程度也会有所不同。

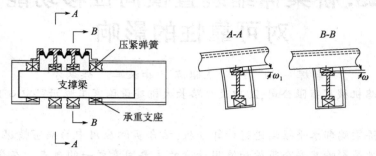

图 1 模数式转轴缝在梁端扭动时支撑元件和支撑梁非正常受力示意图

2）桥梁梁端翘曲（竖向）摆动

桥梁梁端在竖向摆动时模数式伸缩装置会随着梁板反复翘曲运动,支撑梁对弹性元件中的压紧弹簧或承重支座支撑面形成倾斜挤压,造成弹性元件压偏损伤（图2）。承重支座定位凸起一般为 6mm 左右,并因其较大刚度,如果反复被偏压并导致翘起过大,可能会脱离定位。

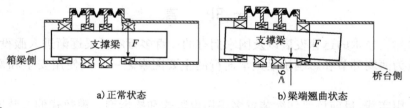

图 2 模数式伸缩装置翘曲运动

3）桥梁梁端横向位移

模数式伸缩装置通过设在滑移箱内或中梁固持架内的承重支座、弹性元件以及支撑梁上的不锈钢滑板之间的滑动和绕自身定位轴的转动来实现扭摆伸缩运动。在正常情况下,弹性元件与滑板之间的摩擦系数较小,两者仅做纵向滑动。然而,在长期应用中,由于摩擦副的损伤和摩擦力增大会导致固持架的变形。这种不均匀的摩擦力和结构位移的累积差异将导致各模数之间的位移不均,形成横向作用力和横向滑移。这种横向滑动具有幅度小、频率高、不均衡幅值等特点（图3）。而当梁体扭动、摆动、翘曲等复合运动发生时,很容易导致压紧弹簧或承重支座脱出,从而导致支撑失效（图4）。

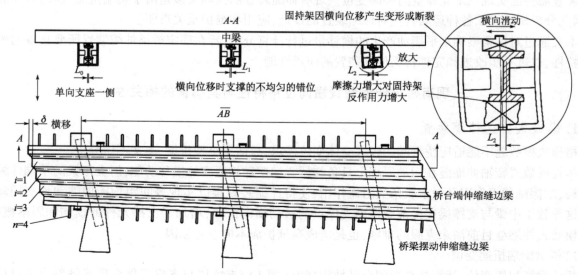

图 3 横向位移的弹性元件与支撑梁错位示意图

图 4　固持架变形弹性元件偏离原位和滑移箱支撑块脱落

4)转轴式模数伸缩装置横向位移解析

根据图 3 简化各中梁摆动如图 5 所示,在图中梁和桥台间的伸缩装置在梁端产生转角 α 后由 AB-CD 位置到达 ABC′D′位置。

$\overline{AD} = \overline{BC}$

设：$\overline{AD}$ 为常数 f_0，$\overline{AB} = \overline{D'C'} = 2r$。

根据三角函数关系,可得出 AD′段长度：

$$L_{AD'} = \sqrt{r^2(1-\cos\alpha)^2 + (f_0 + r\sin\alpha)^2}$$

也可得出 BC′段长度：

$$L_{BC'} = \sqrt{r^2(1-\cos\alpha)^2 + (f_0 - r\sin\alpha)^2}$$

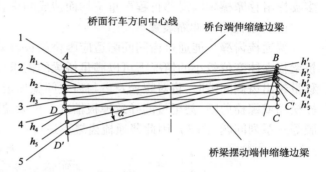

图 5　桥梁端转角带动模数伸缩缝变位示意图

设：A 点为原点(0,0)，A→B 为 x 轴正向，A→D 为 y 轴正向；

按各中梁均匀伸缩原则,在线段 $\overline{AD'}$ 和 $\overline{BC'}$ 上被中梁平分为 n 段,各交点分别为 h_i 和 h'_i。

可得出 h_i 点坐标为：

$$x_i = i \cdot r \cdot (1 - \cos\alpha)/n$$
$$y_i = i \cdot (f_0 + r \cdot \sin\alpha)/n$$

h'_i 点坐标为：

$$x'_i = \overline{AB} - i \cdot r \cdot (1 - \cos\alpha)/n$$
$$y'_i = i \cdot (f_0 - r \cdot \sin\alpha)/n$$

h_i 点到 h'_i 点之间的距离

$$L_{h_i h'_i} = \sqrt{\{ir(1-\cos\alpha)/n - [\overline{AB} - ir(1-\cos\alpha)/n]\}^2 + [i(f_0 + r\sin\alpha)/n - i \cdot (f_0 - r\sin\alpha)/n]^2}$$

所以

$$L_{h_i h'_i} = \overline{AB} \cdot \sqrt{1 - 2(i/n - i^2/n^2) \cdot (1 - \cos\alpha)}$$

此处所求 $\delta_{横移}$：是指中梁在支撑梁上的对称支撑点间距在梁端产生 α 转角时的变化量,也就是说在 $\overline{AB}$ 范围内与 $h_i h'_i$ 之间的差。所以 $\delta_{横移}$ 公式如下：

$$\delta_{横移} = \overline{AB} - L_{h_i h'_i} = \overline{AB} \cdot [1 - \sqrt{1 - 2(i/n - i^2/n^2) \cdot (1 - \cos\alpha)}]$$

示例：设伸缩缝参数如下：$n = 12$；$i = 1,2,3,\cdots,11$；$\overline{AB} = 10500$ mm；$\alpha = 3°$。

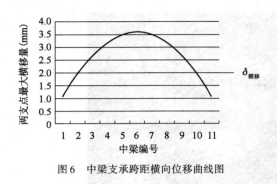

图6 中梁支承跨距横向位移曲线图

当各中梁均匀伸缩时计算得出,多模数转轴缝各中梁均匀伸缩时同一中梁最大对称支撑点跨距在梁端摆动时的变量曲线图(图6)。

根据以上计算结果可知,在理想状态下,中梁各支撑点的横向相对位移量都应该很小。然而,由于各支撑点摩擦副的摩阻力不一致,加上中梁间密封胶条产生的较大横移阻力,在桥梁端的反复摆动中,中梁间无法保证均匀伸缩。这导致部分转轴支撑点出现较大的横向位移,进而可能引起支撑块的损坏或滑落。

2. 梳齿型桥梁伸缩装置

梳齿型桥梁伸缩装置因其结构简单、承载能力强、维护保养便捷,以及综合使用成本低等特点,正在被越来越广泛地应用。它改变了模数缝的承载形式,规避了对支撑元件及其结构产生的病害,并解决了多支撑滑移摩擦副因滑移行程严重不均而造成的重叠偏磨等问题。

1)普通梳齿式伸缩装置

普通梳齿缝只能通过齿间间隙适应因桥梁板转动、横移等所产生的横向位移。尽管在伸缩量较小或桥梁板立体变位较小的情况下可以满足桥梁的需求(图7),但由于普通梳齿缝缺乏转动功能,当横向位移量超出齿侧间隙时,将对螺栓及齿与齿之间施加很大的作用力。这种反复交替的相互挤压力将导致螺栓松动或螺栓剪断,甚至可能导致掉板情况。桥梁端的翘曲运动也可能引起齿的翘曲、断裂、锚固螺栓拔脱等一系列问题(图8),因此普通梳齿缝不适合用于具有较大桥梁板转动和横移量的桥梁上。

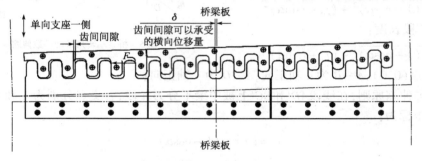

图7 普通梳齿缝横向位移示意图

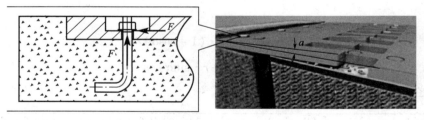

图8 普通梳齿板变形及螺栓受力示意图

2)带双向转轴梳齿型伸缩装置

转轴梳齿型伸缩装置解决了梁端竖向摆动和沿桥向轴线扭摆的变位适应性问题,但仍无法解决由梁端水平摆角产生的伸缩缝横移问题,尤其是在接近闭合状态时更为明显。这为伸缩缝在桥梁正常设计参数范围内的变位留下了故障隐患。

三、桥梁梁端摆动横向位移量与桥梁各相关参数的相关性

1. 横向位移和伸缩量的组成要素

桥梁伸缩装置是桥梁结构中用于梁和梁之间过渡衔接的构件,它应该在桥梁设计规定的参数范围

内,可以满足两端梁之间的相对运动,同时提供良好的桥面通行等功能。从图7中可以看出,当桥梁板转动时,齿与齿之间的咬合尺寸也在发生变化,若伸缩量不足,可能导致齿与齿脱离,甚至在伸缩时受到横向位移的影响,齿与齿之间可能会出现顶死情况,导致整体结构受损。为了便于分析,以下提出桥梁伸缩装置伸缩量的组成因素。

一般桥梁伸缩装置的伸缩量由五大主要因素组成,若设伸缩量为E,其主要组成如下:

E_0——桥梁板(或箱梁)在设计应用条件范围内由于温度变化产生的最大伸缩量即基本伸缩量;

E_1——由梁端水平摆角产生的附加伸缩量;

E_2——由于桥梁竖向变形引起的翘曲伸缩量;

E_3——伸缩缝极限伸开时的设计最小搭接量;

E_4——桥梁材料自身产生的徐变量;

E_5——伸缩缝安装对正时产生的对正误差量。

即:

$$E = E_0 + E_1 + E_2 + E_3 + E_4 + E_5$$

本文只分析与桥梁梁端水平摆角产生横向位移量相关的伸缩变量。

2. 转轴梳齿缝横向位移量计算

1) 横向位移的影响因素

当桥梁受到外力作用时,桥梁板端会产生响应的运动。一般情况下,大桥或特大桥的主梁梁端所产生的横向位移较大,并且频率较高。尽管在这种情况下安装的阻尼器和抗风支座有一定的限制作用,但这只能限制较大数量级的横移。由于预留间隙和磨损间隙的存在,梁端的横移仍会发生。根据常态附加伸缩量的推测,一般情况下仍会产生 ± 20mm 左右的横移量,这足以造成较大的结构破坏力。因此,桥面结构应该具备与之适应的设计特性。通过图9中抗风支座的磨损量间接说明在大型桥梁上的横向位移量较大,并且频率很高。由于桥梁梁端仍会产生旋转,且支座位置不可能与伸缩装置的竖向转轴在同一中心连线上,因此在梁端旋转时,伸缩缝与连接的两端梁之间会产生一定量的相对错位(图10)。

图9 桥梁横向支座

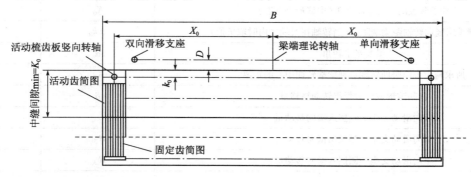

图 10

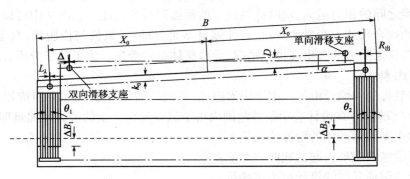

图10 桥梁板转动示意图

2) 端部齿板横向位移量解析

在桥梁端进行转摆时,由于伸缩缝齿板之间的限制性咬合,大齿板被迫产生横向位移。位移量 $L_入$ 和 $R_出$ 的大小与齿咬合时的转角 θ_1 和 θ_2 有关,而这些角度的大小与咬合长度相关。结构简图如图11所示,局部放大图中显示,齿板的竖向转轴从安装原点 O_1 位置开始,当梁端旋转 α 角度后到达 O_2 位置。O_1O_2 的位移由两部分组成:一部分 $\delta_出$ 是齿间隙能自动形成的位移,另一部分 $R_出$ 是伸缩装置应能适应的横向位移,也就是需要求解的横向位移量。根据梁端的相关参数设定表1,可以通过它们之间的位置关系推导出以下解析公式。

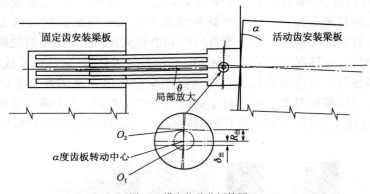

图11 横向位移分析简图

梁端相关参数定义表 表1

参数名称	代号	单位
桥面总宽度	B	mm
所选伸缩装置基本值伸缩量	E_0	mm
梳齿单边间隙	e	mm
桥梁支座中心与梁端距离	D	mm
伸缩装置闭合时梁端净距(中缝最小宽度)	K_0	mm
梳齿缝单组竖向转轴距梁端距离(当转轴在梁端之内时取负值)	$\pm k_0$	mm
梁端水平转角	α	°
所求梳齿板组竖向转轴点到梁端转摆中心的距离	X_0	mm
齿间隙形成的齿板组转动横移量	δ	mm
双向滑动支座一侧摆入横向移动量	$L_入$	mm
单向滑动支座一侧摆出横向移动量	$R_出$	mm
单向滑动支座一侧摆入横向移动量	$R_入$	mm
双向滑动支座一侧摆出横向移动量	$L_出$	mm

当伸缩装置在闭合状态时,在这里我们以 $\delta_{出}$ 为例。在图 12 中可得出两个阴影三角形为相,所以得出:

$$\frac{\delta_{出} - e}{e} = \frac{K_0 - X_0\tan\alpha - k_0}{(E_0 - X_0\tan\alpha + 100)/2}$$

所以:

$$\delta_{出} = e \cdot \left[1 + \frac{2(K_0 + X_0\tan\alpha - k_0)}{E_0 - X_0\tan\alpha + 100}\right]$$

$\delta_{入}$ 同理可以得出公式。

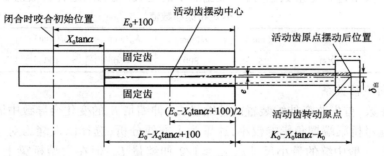

图 12　$\delta_{出}$ 计算示意图

齿间隙形成的齿板组转动横移量伸入端:

$$\delta_{入} = e \cdot \left[1 + \frac{2(K_0 - X_0\tan\alpha - k_0)}{E_0 + X_0\tan\alpha + 100}\right]$$

齿间隙形成的齿板组转动横移量伸出端:

$$\delta_{出} = e \cdot \left[1 + \frac{2(K_0 + X_0\tan\alpha - k_0)}{E_0 - X_0\tan\alpha + 100}\right]$$

根据图 11 及图 13 可以得出:

$$R_{出} + \delta_{出} + X_0 \cdot \cos\alpha = \sqrt{X_0^2 + (D + k_0)^2} \cdot \cos\alpha_1$$

因为:

$$\alpha_1 = \arccos\frac{X_0}{\sqrt{X_0^2 + (D + k_0)^2}} - \alpha$$

故:

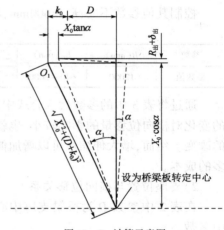

图 13　$R_{出}$ 计算示意图

$$R_{出} = \sqrt{X_0^2 + (D + k_0)^2} \cdot \cos\left[\arccos\frac{X_0}{\sqrt{X_0^2 + (D + k_0)^2}} - \alpha\right] - \delta_{出} - X_0\cos\alpha$$

同理可得出 $L_{入}$、$L_{出}$、$R_{入}$ 公式。

双向滑动支座侧梳齿摆入时梳齿板转轴须有横向移动量(mm):

$$L_{入} = X_0 \cdot (2 - \cos\alpha) - \delta_{入} - \sqrt{X_0^2 + (D + k_0)^2} \cdot \cos\left[\arccos\frac{X_0}{\sqrt{X_0^2 + (D + k_0)^2}} + \alpha\right]$$

单向滑动支座侧梳齿摆出时梳齿板转轴须有横向移动量(mm):

$$R_{出} = \sqrt{X_0^2 + (D + k_0)^2} \cdot \cos\left[\arccos\frac{X_0}{\sqrt{X_0^2 + (D + k_0)^2}} - \alpha\right] - \delta_{出} - X_0\cos\alpha$$

单向滑动支座侧梳齿摆入时梳齿板转轴须有横向移动量(mm):

$$R_{入} = X_0\cos\alpha - \delta_{入} - \sqrt{X_0^2 + (D + k_0)^2} \cdot \cos\left[\arccos\frac{X_0}{\sqrt{X_0^2 + (D + k_0)^2}} + \alpha\right]$$

双向滑动支座侧梳齿摆出时梳齿板转轴处须有横向移动量(mm):

$$L_{出} = \sqrt{X_0^2 + (D+k_0)^2} \cdot \cos\left[\arccos\frac{X_0}{\sqrt{X_0^2+(D+k_0)^2}} - \alpha\right] - \delta_{出} - X_0 \cdot (2-\cos\alpha)$$

式中：$L_入$、$R_出$——桥梁板转动角顺时针转动左右两侧横向位移量；

$L_出$、$R_入$——桥梁板转动角逆时针转动左右两侧横向位移量。

以上计算忽略了微量影响因素，这对分析结果不会产生本质影响。

3. 横移量变化规律

根据上述公式，我们可以看到影响横向位移量的因素有多个，包括转角、支座位置、中缝间隙、齿间隙等。现在通过假定参数来进行定量数据分析，根据表1的定义，我们规定各参数值如下，见表2。

假定桥梁参数值　　　　　　表2

参数	B(mm)	E_0(mm)	e(mm)	D(mm)	K_0(mm)	k_0(mm)	α(°)	X_0(mm)
参数值	12000	1200	5	800	660	100	3	5500

1）伸缩量与横向位移关系

根据表2中的参数，首先改变伸缩装置的伸缩量 E_0，伸缩量 E_0 的变化会导致中缝尺寸 K_0 的变化。由于小伸缩量的伸缩缝对桥梁端摆角影响较小，这里为了方便分析，选择以大缝为对象进行研究。当伸缩量 E_0 大于600mm 时，一般中缝的最小尺寸取 $K_0 \geq 1/2$ 伸缩量 E_0，但在大型桥梁上，由于考虑安全等因素，中缝不会设置得太大。

控制其他参数不变；$E_0 \geq 600$mm，$K_0 = E_0/2$，见表3。

伸缩量变化参数表　　　　　　表3

参数	B(mm)	E_0(mm)	e(mm)	D(mm)	K_0(mm)	k_0(mm)	α(°)	X_0(mm)
参数值	12000	640~2000	5	800	320~1000	100	3	5500

通过将表3中的参数代入公式中，可以得到数据曲线如图14所示。从数据曲线中可以看出，伸缩量的变化对横向位移量的影响较小，也就是说横向位移的大小不会因为采用不同型号的伸缩装置而有显著的改变。然而，增大伸缩量可以增加伸缩装置支撑结构的柔性，这对适应梁端横移是有益的，但会增加较多的成本。

2）支座位置与横向位移关系

在表2中参数 D 为桥梁支座中心与梁板端面距离，在其他参数不变情况下只变动 D 值得到表4中参数。

支座位置变化参数表　　　　　　表4

参数	B(mm)	E_0(mm)	e(mm)	D(mm)	K_0(mm)	k_0(mm)	α(°)	X_0(mm)
参数值	1200	1200	5	300~1000	660	100	3	5500

D 值的变化幅度为100mm，得到数据如图15所示。

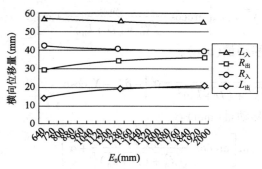

图14　伸缩量变化与横向位移关系

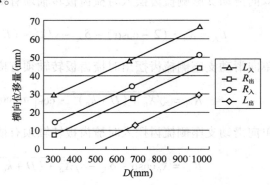

图15　支座位置与横向位移关系

图15显示,支座越靠近梁板端面横向位移量就越小,并可以看出支座位置对横向位移量影响很大。

3) 中缝尺寸与横向位移关系

使用相同的方法,取表2中的参数,只变化伸缩装置闭合时梁端净距(中缝最小宽度)K_0值(表5)。在实际应用中梁端净距(中缝最小宽度)是桥梁设计时就定下的数值。

最小中缝变化参数表　　　　表5

参数	B(mm)	E_0(mm)	e(mm)	D(mm)	K_0(mm)	k_0(mm)	α(°)	X_0(mm)
参数值	12000	1200	5	800	300~800	100	3	5500

取K_0值变幅为100mm,得到如下数据:

在图16中可以得到K_0值变化与横向位移之间的关系,K_0值越小横向位移量就越大。

4) 转动角度与横向位移关系

根据表6参数只变化转动角度(图17)。

改变角度值参数表　　　　表6

参数	B(mm)	E_0(mm)	e(mm)	D(mm)	K_0(mm)	k_0(mm)	α(°)	X_0(mm)
参数值	12000	1200	5	800	660	100	0~3	5500

幅度取0.5°,计算得到如下数据图;通过数据可以得出转动角越大横向位移量越大。在图17中,当α为0°时横向位移量相同,数值为齿间间隙可以产生的横向位移量。横移量为0时,各曲线对应的角度值,可以视为梳齿板在不产生横向位移情况下的梁端最大转角。

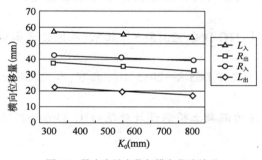

图16　最小中缝变化与横向位移关系

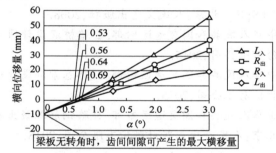

图17　转动角与横向位移关系

5) 伸缩装置不同开度时齿间间隙能产生的横向位移量

设K_0为一定值伸缩装置从闭合状态逐渐拉开时,因齿间间隙而能形成的横向位移量$\delta_入$、$\delta_出$大小变化值(图18),此处设单侧齿间隙为5mm,$\delta_入$是两齿之间的咬合长度较大,所以整体变化较小;但$\delta_出$是咬合长度越来越小,开度大于33%时固定齿对活动齿的横向约束急速减小,可以认为在实际应用中梳齿板式伸缩装置在开度大于60%情况下可以不考虑横向位移约束,但在闭合或开度小于60%时应合理设置横向位移量。正常情况伸缩装置都在30%~60%之间长期工作,所以说设置横向位移机构很必要。

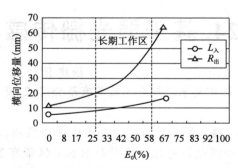

图18　转轴式梳齿缝在不同开度时齿间间隙适应的横向位移量(齿间隙10mm)

四、结　语

通过以上分析,可以得出如下结论:

(1) 转轴式模数伸缩装置在理论上能够满足横向位移要求,但实际中伸缩不均匀和摩擦副的不均匀性,以及其他构件的阻碍,使其无法达到适应横向位移的理想要求,导致故障率高和维护成本高。

(2) 转轴式梳齿板伸缩装置在同一梁端水平摆动时,双向滑移支座一侧横移量大于单向滑移支座一

(3)模数式伸缩装置在近闭合状态下扭转的损伤最大,交替的横向错移加剧了支撑元件滑落和固持架的变形损伤。

(4)梳齿板桥梁伸缩装置在接近闭合状态时,横摆位移空间有限,导致伸缩装置损坏风险显著增加。为满足悬索桥横向变位参数要求,梁端摆角控制在0°～1.8°之间,梳齿缝的横移量适应梁端摆动应不小于20mm,以确保桥梁的正常运行和安全。

(5)对于转轴式梳齿缝而言,支座位置越靠近梁端部所产生的横向位移越小,梳齿板的竖向转轴中心与桥梁端两支座的中心连线越靠近越有利于减小伸缩装置的横移量。

参考文献

[1] 李光玲,苏权科,韩万水,等.基于机构运动及磨损理论的伸缩装置滑动支承磨损评估方法[J].中国公路学报,2023,36(2):166-178.

[2] 蔡佳骏.桥梁新型钢弹体元件模数式伸缩装置及力学性能研究[J].交通科技,2023(1):41-45.

[3] 甘露,闫兴非,侯伟.新型桥梁板式橡胶降噪减振伸缩装置仿真分析[J].城市道桥与防洪,2020(11):85-87,103,14-15.

[4] 聂龙飞.模数式伸缩装置中梁及锚固系统力学行为分析[J].山西交通科技,2020(2):94-96,99.

[5] 全国交通工程设施(公路)标准化技术委员会.公路桥梁伸缩装置通用技术条件:JT/T 327—2016[S].北京:人民交通出版社股份有限公司,2016.

[6] 全国交通工程设施(公路)标准化技术委员会.单元式多向变位梳形板桥梁伸缩装置:JT/T 723—2008[S].北京:人民交通出版社,2008.

[7] 中华人民共和国交通运输部.公路桥涵设计通用规范:JTG D60—2015[S].北京:人民交通出版社股份有限公司,2015.

[8] 中华人民共和国交通运输部.公路悬索桥设计规范:JTG/T D65-8—2015[S].北京:人民交通出版社股份有限公司,2015.

[9] 中华人民共和国交通运输部.公路钢筋混凝土及预应力混凝土桥涵设计规范:JTG 3362—2018[S].北京:人民交通出版社股份有限公司,2018.

24. 基于弱光栅传感的悬索桥智慧吊索研究与应用

杨建平[1]　张　波[2]　何旭初[3]　金　芳[3]　王　蔚[1]

(1.中交第二航务工程局有限公司;2.贵州省公路工程集团有限公司;3.上海浦江缆索股份有限公司)

摘　要　针对悬索桥吊索索力监测,本文提出了一种新型智慧吊索,通过将阵列式弱光纤光栅应变和温度传感光纤同时封装在1根带有2个通长细槽的φ5.1mm异形钢丝中形成数字光单元结构,再将数字光单元结构替换吊索边缘1根钢丝,从而实现吊索索力的监测。经研究与工程应用,表明智慧吊索在不影响吊索整体力学性能的前提下,实现了吊索索力的精确监测,与理论索力最大偏差为2.18%。

关键词　悬索桥　智慧吊索　传感光纤　异形钢丝　索力

一、引　言

悬索桥吊索作为将主缆荷载传递给主缆荷载的关键部件,一旦失效将引发落梁等灾难性事故,为此有效监测吊索状态来保证桥梁与通行安全就显得十分必要。吊索索力的大小是最直观判断吊索是否还处于设计使用状态的重要依据。为实现吊索索力的实时监测,目前最常用间接法来测量,如加速度法、磁通量法;也有直接法来测量如电阻应变法、传感光纤法等。加速度法通过将加速度传感器用抱箍贴在吊索离主梁顶面1m多高度,根据吊索振动频率计算出吊索索力,测量速度快,但误差受吊索结构、约束体系影响较大;磁通量法通过将磁通量传感器套在吊索上,根据传感器内磁性材料磁化强度变化来计算索力大小,测量结果易受外界电磁干扰且外形较大不美观;电阻应变法通过将应变片黏贴在钢丝上,根据电阻与应变的关系直接测量出钢丝应变,进而计算出索力,但电阻应变片易被破坏且寿命有限,更换也困难;传感光纤法通过在吊索制造阶段将传感光纤植入索体内,根据传感光纤特性变化如反射波长与钢丝应变的换算关系计算出索力,测量精度高且传感光纤寿命可达25年以上,与吊索设计使用寿命20~25年相匹配,是比较热门的吊索索力监测研究方法。

传感光纤以光纤为载体,在充分发挥光纤抗电磁干扰、耐腐蚀、传输速度快与传输容量大等特点下,还能实现自身沿程多物理状态传感测量,但传感光纤比较脆弱,十分容易损坏。为将传感光纤植入吊索保证其正常工作,发挥传感光纤的特点,研究者们提出了诸如:一是将传感光纤仿照电阻应变片直接贴在钢丝表面,但该方法光纤极易被破坏,无法保证吊索索力长期监测;二是将传感光纤封装在钢管等结构中,再将封装有传感光纤的钢管与吊索钢丝通过夹具连接来实现吊索索力监测,该方法一定程度上保护了传感光纤,但侵占了吊索索体内部空间;三是将传感光纤封装在CFRP棒材中替换原吊索中1根钢丝,该方法虽然简单,但传感光纤难以从碳纤维增强塑料(CFRP)中剥离,导致信号接出难且CFRP棒如何通过480℃热铸吊索锚具也存在问题。此外,传感光纤是对温度和应变同时敏感的,目前的传感光纤植入方法很少考虑温度修正或用环境温度进行修正,修正效果较差,对测量精度也带来了一定影响。

针对现有吊索索力监测方法和现有传感光纤在吊索索力监测中存在的不足,本文提出设计了一种新型智慧吊索,通过将阵列式弱光纤光栅应变和温度传感光纤同时封装在1根带有2个通长细槽的异形钢丝中形成数字光单元结构,再将数字光单元结构替换吊索边缘1根钢丝,从而实现吊索索力的监测。经研究与工程应用,表明智慧吊索在基本不影响吊索整体力学性能的前提下,实现了吊索索力的精确监测。

二、阵列式弱光纤光栅传感技术原理

阵列式弱光纤光栅(Weak Fiber Bragg Grating,wFBG)传感光纤上通过DTG(Draw Tower Grating,拉丝塔)技术等间隔刻写若干反射率相同(一般在0.01%~1%)的光纤光栅制作,再通过波分复用技术和时分复用技术实现光栅的定位和波长测量。阵列式wFBG传感光纤工作时,由解调仪一端激光器发射某带宽的光源,当入射光经过沿途光纤上各弱光栅时,满足相应反射条件的入射光会被反射回来,其余的透射光不受影响继续沿光纤纤芯前行,其测量原理如图1所示。

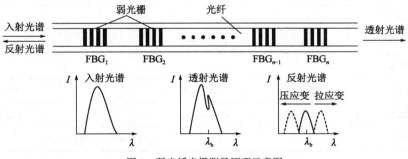

图1 弱光纤光栅测量原理示意图

当将传感光纤粘贴在被监测物上时,传感光纤随被监测物在受到轴向荷载和温度作用下其光栅反射中心波长(λ_B)会随之改变,其改变量$\Delta\lambda_B$可表达为:

$$\frac{\Delta\lambda_B}{\lambda_B} = (1 - P_e)\varepsilon_z + (\alpha - \xi)\Delta T \tag{1}$$

式中：P_e、α、ξ——光纤材料的有效弹光系数、热膨胀系数和热光系数，均为常数，可由实验得出；

ε_z——光栅轴向应变；

ΔT——光栅所受温度变化量。

三、智慧吊索研制与性能测试

1. 智慧吊索设计与制造

本次研制的智慧吊索为平行钢丝吊索，原吊索索体直径 ϕ85cm，索体断面由 151 根 ϕ5.1mm 高强镀锌铝镁合金钢丝与 HDPE 护套组成，钢丝弹性模量为 200GPa，公称抗拉强度为 1770MPa，锚具采用锌铜合金热铸叉耳锚，如图 2 所示。

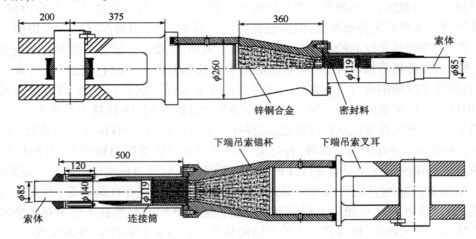

图 2　原吊索结构示意（尺寸单位：mm）

为实现拉索索力的监测，本文所选用的两种阵列式传感光纤主要性能参数见表 1。两种传感光纤均为阵列式弱光纤光栅传感光纤，光栅间距 1m，其中温度光纤直径 250μm 为裸光纤，应变传感光纤直径 700μm，为紧套光纤。传感光纤配套采集设备为阵列式光纤光栅解调仪（型号 FBGS-3000），采样频率最高可达 100Hz，波长解调范围 1542～1558nm，波长解调精度 ±1pm，最大光栅解调数目 5000 个，解调最远距离 5km。

智慧吊索内设传感光纤主要性能参数　　　　表 1

项目	温度传感光纤	应变传感光纤
光纤类型	GI 9/125	
外径（μm）	250	700
中心波长（nm）	1550/1552	1545
光栅间距（m）	1	
测量范围	−20～80℃	≤10000με
理论灵敏度	10.6pm/℃	1.2 pm/με
工作环境	长期≤80℃，短期≤120℃	

为实现传感光纤的封装并确保其正常工作，设计制造了 1 根带有 2 个通长细槽（宽 1mm × 深 1mm）的 ϕ5.1mm 异形钢丝的封装结构。接着将应变传感光纤通过专用环氧树脂胶固定在一槽中，温度传感光纤穿入钢管中再把钢管固定在另一槽中，从而形成传感光纤封装单元，这里称为数字光单元。再接着将数字光单元替换原索体 151 根中的边缘 1 根钢丝参与索体制作。最后，在吊索下端叉耳锚具中预设光纤通道完成光纤信号接出，如图 3 所示。

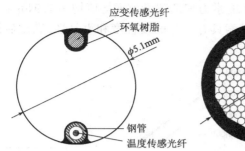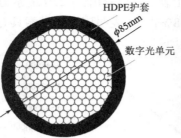

图3 智慧吊索结构示意

按照上述工艺制造了1根智慧吊索,编号DS22R。该智慧吊索总长约6.134m(上下销轴中心连线无应力长度),索体无应力长约4.804m,其内各有温度和应变传感光栅3个。在智慧吊索制造过程中按编丝、制索、浇锚等相应工序对其传感光纤光栅信号进行了检测,检测结果显示整个过程光纤光栅信号均正常,如图4所示。

图4 智慧吊索制造与信号检测

2. 智慧吊索张拉标定测试

将制造完成的6.134m长智慧吊索放在工厂内长张拉线台座上进行加卸载张拉标定试验,如图5所示。具体试验步骤为:①加载前将智慧吊索静置在地面上通过光纤跳线与解调仪连接,以1Hz的频率连续采集5~10min初始状态数据,并观察传感光纤各光栅波长数据是否稳定(判断依据波长变化是否±5pm以内);②当观察到光栅波长数据稳定后,预加载,将智慧吊索放入张拉台座内,预加载至100kN,持荷5min后卸载,加卸载速度不大于50MPa/min;③正式加载,以$0.2P_b$的荷载等级逐级加载直至$1.0P_b$(P_b为设计最大使用力,取1800kN),然后以同样荷载等级卸载;④重复上述过程3次,完成该智慧吊索标定试验。

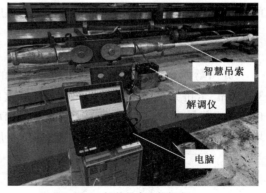

图5 智慧吊索张拉标定

3. 标定数据处理分析

将智慧吊索3次加卸载标定试验过程中应变传感光纤各光栅记录的波长随吊索所受荷载变化数据求平均绘图,如图6所示。其中智慧吊索DS22R内3个应变光栅编号为R-FBG1~R-FBG3。

由图6可知,该智慧吊索在整个张拉标定过程中内设的各个应变光栅均能很好地随荷载变化同增同减,且量程覆盖了整个张拉荷载,表明目前设计制造的智慧吊索结构初步满足索力监测需求,能够保证传感光纤正常工作。下面进一步将图6各曲线进行线形拟合,将得到的各应变光栅在加卸载过程中的索力灵敏度和线形相关系数统计见表2。由表2可以看出，DS22R的索力加卸载灵敏度均值均为1.940pm/kN，且加卸载过程曲线线形拟合度在99.8%以上，表明该智慧吊索具有很好的线性度和重复性，满足后续工程监测需求。

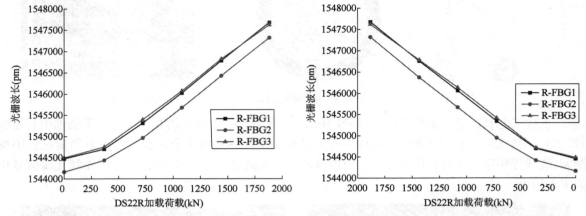

图6　智慧吊索内各应变光栅波长随荷载变化曲线

智慧吊索内各应变光栅索力灵敏度系数　　表2

智慧吊索编号	光栅编号	索力灵敏度(pm/kN)		索力灵敏度均值(pm/kN)		线形相关系数 R^2	
		加载	卸载	加载	卸载	加载	卸载
DS22R	R-FBG1	1.980	1.969	1.940	1.940	0.999	0.999
	R-FBG1	1.932	1.935			0.998	0.998
	R-FBG1	1.908	1.915			0.999	0.999

注：表中拟合数据去掉了加载初始段和卸载结束段。

智慧吊索内温度传感光纤各光栅波长在整个试验过程的各光栅波长均在±5pm以内波动，属于正常波动，这与整个试验过程工厂厂房内温度基本恒定也相互对应。温度各光栅波长不随荷载的变化而变化，表明当前封装形式能够避免温度传感光纤受外力影响，即实现了免应力峰值，进而其可实现吊索温度的准确测量，从而实现对应变传感光纤的温度修正。

四、工程应用

贵州黔西南州金州大桥为主跨450m的单跨钢桁梁悬索桥，钢桁梁标准梁段主桁桁高11m、桁宽36.35m，全桥共有44个钢桁梁节段，总重约9120t。跨中共设平行钢丝吊索45组，对应编号DS1～DS45，智慧吊索DS22R安装在跨中位置即DS22位置。该桥钢桁梁采用缆索吊工艺施工，总体按照从桥塔向跨中顺序逐次进行钢桁梁吊装，如图7所示。

图7　贵州黔西南州金州大桥

智慧吊索经陆运到达现场后,首先对其内部光纤信号进行了检查,检查结果表明光纤信号正常,这说明运输、盘卷等不会对智慧吊索结构带来影响。智慧吊索正式安装前用光纤光栅解调仪记录了其应变和温度传感光纤光栅初始波长。在 J22 钢桁梁节段(重约 180t,其上共分布 4 根吊索)吊装到位后,再次对智慧吊索的光纤光栅波长进行了采集记录,根据在厂内张拉标定获取的光栅波长与索力换算关系,计算出首片梁段吊装后的该智慧吊索所测得索力,见表 3。

智慧吊索所测得索力 表 3

智慧吊索编号	光栅编号	初始波长(pm)	当前波长(pm)	测量索力(kN)	平均索力(kN)	理论索力(kN)	偏差(%)
DS22R	R-FBG1	1544474	1545357	446.0	450.9	441.3	2.18
	R-FBG1	1544163	1545045	456.5			
	R-FBG1	1544215	1545074	450.2			

注:整个梁段安装过程持续时间比较短,现场环境温度无明显变化,故上述应变光栅数据未考虑温度修正。

由表 3 可知,当首片梁段架设完成后,该智慧吊索所测得吊索索力为 450.9kN,与理论索力 441.3kN 偏差仅为 2.18%,这表明该智慧吊索测量性能精准,能很好满足工程索力监测需求。此外,在后续桥面板架设与其余荷载的施加过程中,智慧吊索将进一步发挥其优势,实现荷载的动态监测。

五、结　　语

将阵列式弱光纤光栅应变传感光纤和温度传感光纤通过设置在一纵向带细槽钢丝中并替换原普通吊索边缘一根钢丝从而形成了智慧吊索结构。通过对智慧吊索的厂内测量性能标定和工程现场应用,得出如下结论:

(1)采用凹槽封装传感光纤的数字光单元结构能够很好保证光纤在平行钢丝吊索结构存活与正常工作,且温度光纤所采用封装形式实现了免应力封装,能在实现索体温度测量的同时为应变成功光纤温度修正提供支撑。

(2)智慧吊索结构具有良好的索力测量性能,智慧吊索索力加载灵敏度均值为 1.940pm/kN,索力卸载灵敏度均值为 1.940pm/kN,加卸载索力敏感度一致,且加卸载过程曲线线形拟合度在 99.8% 以上,表明该智慧吊索具有很好的线性度和重复性,能够满足工程监测需求。

(3)智慧吊索现场应用表明,在梁段吊装到位后其测得的平均吊索索力与理论索力最大偏差仅 2.18%,测量精度高,很好满足了工程索力监测需求,进一步验证了智慧吊索结构的合理性,也为类似工程项目提供了技术参考。

参考文献

[1] 李毅.在役悬索桥吊索更换方法及承载能力研究[D].西安:长安大学,2021.

[2] 何增荣.磁通量法在丞相河特大桥结构检测中的应用[J].工程与建设,2023,37(1):247-250.

[3] 覃荷瑛,林勇,姜涌,等.光纤光栅传感器在斜拉桥索力监测中的应用[J].铁道建筑,2020,60(10):51-55.

[4] 王志刚,周祝兵,吉俊兵,等.光纤光栅智能缆索在特大桥上的应用[J].金属制品,2021,47(1):59-64.

[5] 杨威.大规模弱光纤光栅阵列在线制备质量监测系统研究与实现[D].武汉:武汉理工大学,2019.

[6] 陈考奎,李院峰,周次明,等.基于弱光纤布拉格光栅阵列的桥梁应变测量[J].激光与光电子学进展,2022,59(7):87-96.

[7] RUI Z, LIHUA L, XIA Z, et al. Investigation of measurability and reliability of adhesive-bonded built-in fiber Bragg grating sensors on steel wire for bridge cable force monitoring[J]. Measurement, 2018(129):349-357.

[8] 黄忠,胥献忠,邓耀,等.内嵌大量程光纤光栅传感器的智能拉索研制及应用[J].压电与声光,2023,45(3):460-466.

25. 独塔斜拉-悬吊协作体系桥梁合理约束体系研究

李名华[1]　孙义斐[2]　刘得运[1]

(1.中交公路长大桥建设国家工程研究中心有限公司；2.中交公路规划设计院有限公司)

摘　要　为探讨独塔斜拉-悬吊协作体系桥梁的合理约束体系，以主跨2×638m的藤州浔江大桥为依托工程，采用非线性时程分析方法，结合协作体系桥梁在静动力作用下的受力特点，对合理纵横向约束体系进行了比较研究。结果表明，中塔纵向约束能有效控制塔梁相对位移；过渡墩和桥塔处设置横向约束不仅限制了主梁在墩塔处的横向位移，同时还可以降低墩塔内力响应，推荐采用了中塔设纵向约束支座、墩塔处均设置横向抗风支座的约束体系，可为类似桥梁建设提供借鉴。

关键词　独塔斜拉-悬吊协作体系桥梁　约束体系　抗风支座　减震耗能　有限元法

一、引　言

独塔斜拉-悬吊协作体系桥梁作为一种新型缆索体系桥梁，结合了悬索桥和斜拉桥两种体系的力学优点，具有结构新颖美观、受力合理、跨越能力强等优点。与斜拉桥和悬索桥一样，独塔斜拉-悬吊协作体系桥梁也是一种大跨柔性结构，受活载效应、风荷载和地震等作用影响较大，合理的纵、横向约束体系是保证协作体系桥梁结构安全和正常使用的关键，采用合理的约束体系可以抑制活载、风荷载和制动力等静力作用效应，同时提高结构的抗震性能水平，保证协作体系桥梁在静动力作用下的安全性。

二、工程概况

藤州浔江大桥为主跨2×638m独塔斜拉-悬吊协作体系桥梁，主缆跨径布置为2×730m。索塔每侧设置20对斜拉索、23对普通吊索，过渡墩处设限位吊索，斜拉索呈扇形布置，吊索、斜拉索梁上纵向锚固间距为16m，交叉段间距8m交错布置，单跨斜拉索段主梁长度为327m，吊索段主梁长度为383m。索塔采用C55混凝土A型塔，塔高238.04m(加鞍罩)，塔顶融合段高度共12m，其中实心段高度为8m；索塔锚固区高72.182m。塔柱采用变截面带凹槽的圆端矩形断面，塔顶融合段断面纵向尺寸为10.0m、横向尺寸为14.0m，塔底纵向尺寸为13.0m、横向尺寸为10.0m。

三、有限元模型

采用SAP2000有限元程序，建立了藤州浔江大桥的动力计算模型，模型中以顺桥向为X轴，横桥向为Y轴，竖向为Z轴。主塔、主梁、桥墩均离散为空间框架单元模拟，其中主桥主梁采用双梁式力学模型，并通过主从约束同吊杆形成"鱼骨梁"模型；主缆和吊杆采用空间桁架单元，过渡墩和塔梁连接处设置横向抗风支座，考虑土-结构相互作用，采用m法模拟桩基土弹簧。藤州浔江大桥动力计算模型如图1所示。

纵、横向约束体系比选考虑了静动力工况，其中静力工况包括汽车、温度、活载风、制动力等不同荷载组合。动力工况的E2地震作用按照2000年重现期考虑，地震动峰值加速度0.1g，地震方向组合包括纵向+竖向、横向+竖向，竖向地震动作用取水平向的1.0倍。

图 1　藤州浔江大桥动力计算模型

四、纵向约束体系比选

1. 体系介绍

为研究墩塔和主梁的纵向连接方式对结构静动力响应的影响,结合独塔斜拉-悬吊体系桥梁受力特点,考虑以下 3 种约束体系:

(1) 体系 1,纵飘体系,塔梁间纵向无约束,考虑活动支座摩擦力;
(2) 体系 2,阻尼体系,塔梁间设置两个阻尼器,阻尼系数 3000kN/(m/s)^a,阻尼指数 0.3;
(3) 体系 3,纵向约束体系,塔梁间设置两个纵向约束支座,支座约束刚度 1×10^7 kN/m。

2. 静力工况

静力工况下三种纵向约束体系的梁端纵向位移和主塔塔底弯矩对比如图 2、图 3 所示。由图 2 和图 3 可知,静力作用下,黏滞阻尼器不发挥作用;体系 3 采用纵向约束体系,梁端纵向位移显著降低,相对于体系 1,过渡墩处梁端位移降低 78% 以上。体系 1 和体系 2 主梁的纵向振动主要由斜拉索和吊索抑制,斜拉索的水平力传至塔顶,由于塔顶相对塔底的力臂较大,所以引起塔底纵向弯矩较大;相对于体系 1,采用体系 3 时,塔底纵向弯矩降低 47% 以上。

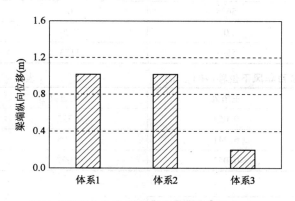

图 2　梁端纵向位移对比(纵向约束体系,静力工况)

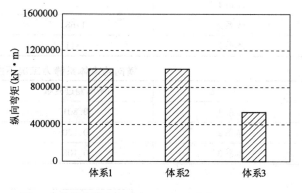

图 3　主塔塔底纵向弯矩对比(纵向约束体系,静力工况)

3. 动力工况

动力工况下三种纵向约束体系的梁端纵向位移和主塔纵向塔底弯矩对比如图 4、图 5 所示。由图 4 和图 5 可知,塔梁之间采用阻尼体系和纵向约束体系,可减小纵向地震作用下梁端位移,但塔底内力有不同程度增加,弯矩分别增加 18.6% 和 73.8%;体系 3 与体系 2 相比,主塔处的梁端位移相近,但主塔内力略微增大。

综合静、动力工况分析结果可知,塔梁之间设置纵向约束支座不仅可以有效减小主梁梁端纵向位移,且桥塔在静、动力作用下的受力整体更优。因此推荐采用塔梁纵向约束体系。

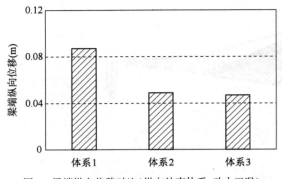

图4 梁端纵向位移对比(纵向约束体系,动力工况)

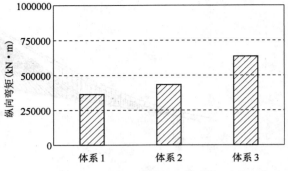

图5 主塔塔底纵向弯矩对比(纵向约束体系,动力工况)

五、横向约束体系比选

1. 体系介绍

为研究墩塔和主梁的横向连接方式对结构静动力响应的影响,结合独塔斜拉-悬吊体系桥梁受力特点,考虑以下3种约束体系:

(1)体系1,塔梁连接处设置横向约束,过渡墩处设双向活动型支座,考虑支座摩擦;

(2)体系2,过渡墩处设置横向约束,桥塔处设双向活动型支座,考虑支座摩擦;

(3)体系3,塔梁连接处、过渡墩处均采用横向约束。

2. 静力工况

静力工况下三种横向约束体系的支座横向剪力和主桥关键点位移见表1和表2,主梁横向位移分布如图6所示。由图表可知,静力工况下,体系2仅在过渡墩处设置横向约束时,主塔处主梁横向位移过大,主塔和主梁将发生碰撞。采用体系3时,主塔和过渡墩处支座横向剪力分配较为均匀,相对于体系1,体系3主梁各位置处横向位移较接近,而过渡墩处主梁位移降低了86%。

横向约束体系静力工况下支座横向剪力(单位:kN) 表1

边界工况	平南侧过渡墩	主塔处	岑溪侧过渡墩
体系1	0	5635	0
体系2	1468	0	1330
体系3	1311	5597	1173

横向约束体系静力工况下主桥百年风下位移(单位:m) 表2

边界工况	平南侧过渡墩	主塔处	岑溪侧过渡墩
体系1	0.801	0.053	0.722
体系2	0.120	6.241	0.108
体系3	0.108	0.052	0.097

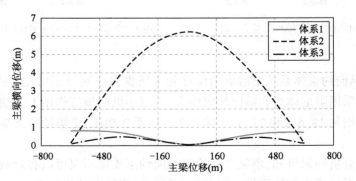

图6 主梁横向位移对比(横向约束体系,静力工况)

3. 动力工况

动力工况下三种横向约束体系的墩塔内力、桩基内力、支座响应和主梁位移如图7~图13所示。由图7和图8可知，体系3主塔弯矩最小，其次是体系2，体系1弯矩最大；体系2主塔剪力最大，体系1与体系3桥塔剪力相近。由图9和图10可知，体系3桥墩桩基剪力和弯矩均略大于体系1和体系2，体系1和体系2桥墩桩基剪力和弯矩相近；三种体系下的桥塔桩基剪力和弯矩相近。

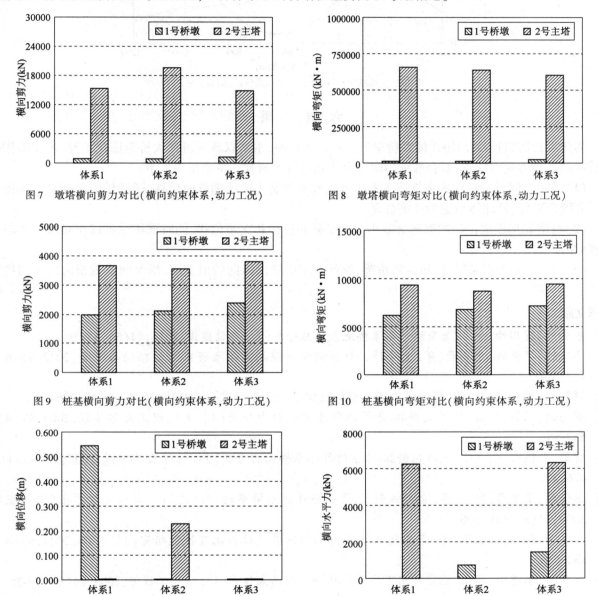

图7 墩塔横向剪力对比(横向约束体系，动力工况)

图8 墩塔横向弯矩对比(横向约束体系，动力工况)

图9 桩基横向剪力对比(横向约束体系，动力工况)

图10 桩基横向弯矩对比(横向约束体系，动力工况)

图11 支座横向位移对比(横向约束体系，动力工况)

图12 支座横向水平力对比(横向约束体系，动力工况)

由图11~图13可知，体系1由于仅在主塔处设置横向约束，过渡墩处支座位移和梁端位移较大，均超过0.54m；体系2仅在过渡墩位置处设置横向约束，主塔处支座位移和主梁横向位移较大，均超过了0.23m。体系3在桥塔和过渡墩均设置横向约束，支座位移和主梁位移明显减小，且主塔处的支座水平力和体系1接近，均为6300kN；体系3过渡墩处支座横向水平力大于体系2，但仍相对较小。

综合上述分析结果，体系1和体系2，主梁横向振动位移过大，对结构不利；体系3塔底内力、主梁横向振动位移和支座位移均较小，而墩底内力、桩基内力和支座内力较为相近，因此，推荐采用体系3塔梁连接处、过渡墩处均采用横向约束。

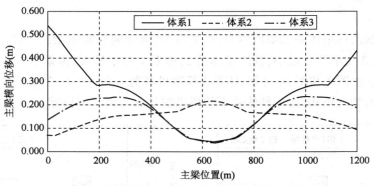

图 13 主梁横向位移对比(横向约束体系,动力工况)

六、结　语

为研究独塔斜拉-悬吊协作体系桥梁的合理约束体系,本文以藤州浔江大桥为依托工程,考虑协作体系桥梁的静动力受力特点,对合理纵横向约束体系进行了研究。主要结论如下:

(1)塔梁之间设置纵向约束支座下不仅可以有效控制主梁梁端纵向位移,同时桥塔在静动力作用下的受力综合更优,且此体系更为经济合理。

(2)墩塔处均设置横向约束显著减小了主梁梁端位移和支座位移,同时该体系可以相对减小桥塔和过渡墩的内力。

(3)对于独塔斜拉-悬吊协作体系桥梁,推荐采用中塔设纵向约束支座、塔梁间设置横向约束的约束体系。

参考文献

[1] 张新军,虞周均.斜拉-悬吊协作体系桥地震反应分析[J].桥梁建设,2014,44(6):88-93.
[2] 李立峰,尹会娜,唐嘉豪,等.大跨径斜拉桥横向合理抗震体系研究[J].振动与冲击,2022,41(6):153-159.
[3] 蒋树勤,俎林,陈宁,等.跨海超大跨悬索桥适宜结构体系研究[J].公路,2023,68(9):206-211.
[4] 黄海新,张哲,石磊.自锚式斜拉-悬吊协作体系桥动力分析[J].大连理工大学学报,2007,47(4):557-562.
[5] 曾攀,钟铁毅,闫贵平.大跨径斜拉-悬索协作体系桥动力分析[J].计算力学学报,2002,19(4):472-476,493.
[6] 王保群,张强勇,张凯,等.自锚式斜拉-悬吊协作体系桥梁动力性能[J].吉林大学学报(工学版),2009,39(3):686-690.
[7] 杨立华,张旭,吕佳乐,等.考虑约束体系变化的独塔斜拉桥抗震性能研究[J].公路,2024,69(4):132-138.
[8] 黄小国,李建中,郭磊.地震作用下独塔斜拉桥合理约束体系[J].结构工程师,2008,24(6):29-35.
[9] ZHENG H X,QIN J,ZHANG M, et al. Modal characteristics analysis and vibration control of long-span cable-stayed-suspension hybrid bridge based on strain energy method[J]. Structures, 2024(64):106522.
[10] SAVALIYA G M, DESAI A, VASANWALA S A. Static and dynamic analysis of cable-stayed suspension hybrid bridge & validation[J]. International Journal of Advanced Research in Engineering and Technology,2015(6): 91-98.
[11] 陈宝魁,王东升,李宏男,等.塔梁间设置BRB跨海斜拉桥减震约束体系及其地震反应[J].振动工程学报,2021,34(3):452-461.

26. 定向钢纤维 UHPC 材料力学性能研究

杨 明[1] 熊永明[1] 赵建凯[1,2] 石 珩[1,3] 张宇阳[1,4]

(1. 东南大学交通学院桥梁工程系;2. 四川省交通运输厅公路局;3. 苏州交投物产有限公司;
4. 中信银行股份有限公司信用卡中心)

摘 要 为解决超高性能混凝土(UHPC)中纤维利用率低等问题,采用电磁场定向排列 UHPC 中的钢纤维,并评估定向纤维对力学性能的影响。CT 技术验证了纤维定向效果,表明纤维在电磁场作用下的平均倾角约为 22°,显著优于其他方法。力学试验发现,纤维的定向排列显著提升了 UHPC 的抗压和抗弯性能。此外,电磁定向方法适用于配筋结构,在不增加材料用量时,显著提升 UHPC 配筋梁的力学表现。本研究为 UHPC 在高性能结构中的应用提供了新思路。

关键词 超高性能混凝土(UHPC) 钢纤维取向 抗弯性能 承载能力 结构优化

一、引 言

超高性能混凝土(UHPC)已被广泛应用于高层建筑和大跨径桥梁等工程建设中。UHPC 通常具有较强的密实性和抗压性能[1],通过掺入短切纤维来进一步提升抗拉强度和韧性等力学性能[2]。

在众多纤维中,钢纤维被广泛应用。纤维在基体发生开裂后发挥了"桥接作用",阻止了局部裂缝的进一步扩展[3]。研究表明,钢纤维的取向和位置是随机分布的[4],过多的纤维掺入会导致基体的流动性下降、材料成本增加以及局部缺陷增多[5]。为了增加纤维的使用率,研究人员提出定向钢纤维的概念,以更有效地利用其增强作用。钢纤维定向排列的方法包含流动定向法[6]、磁场法[7]等。Stähli 等利用流动特性来改变纤维的分布和取向,这是纤维对齐的首次尝试[8]。此后,许多学者通过流动法和铸造法研究了 UHPC 的力学性能,并取得了优异的成果。Zhang 等改进了 UHPC 浇铸钢纤维对中装置,通过自流动浇筑对中纤维后,UHPC 的初裂强度、抗弯强度等性能均显著提高[9]。然而,UHPC 在流动过程中定向效率无法保证稳定[10]。而 Mu 等提出了用电磁场对钢纤维进行定向的方法,其试验得到的样品中纤维取向系数明显提高[11]。该方法通过使钢纤维在磁场中磁化并旋转,最终使纤维与磁力线方向平行。尽管该方法简单易行,但在实际工程中应用时,配筋梁中的钢筋可能会对空间磁场分布形成干扰,进而影响钢纤维的定向效果。分析这一影响也是推进定向钢纤维材料工程应用的一个关键问题。

另外,土木工程结构荷载传递机制明确,若钢纤维呈现某一方向定向排列,应力与纤维的方向可能出现平行和垂直两种情况。因此,需要对定向钢纤维 UHPC 材料进行系统的研究,特别是各向受压性能。全面分析定向钢纤维 UHPC 的受力模式及力学特点,有利于推广定向钢纤维 UHPC 的发展和应用。

本文基于电磁学方法,制作定向钢纤维 UHPC 材料。从立方体抗压性能、抗折性能两方面探究纤维有序化对材料力学性能表现的影响。并探究纤维掺量对定向钢纤维 UHPC 材料性能的影响。从定向钢纤维材料到结构,钢筋对磁场的影响不可忽略。探究配筋梁中钢筋对钢纤维定向效果的影响,测试配筋梁的力学性能,为钢纤维的电磁场定向方法在实际工程中的应用打下基础。

二、定向钢纤维 UHPC 材料的制备与定向效果

1. UHPC 配比

UHPC 混合料由水泥、细集料、硅砂、硅灰、高效减水剂和水组成。其中,水泥使用南京小野田公司生产的 P·II52.5 型,细集料为筛分至 1.18mm 的天然石英砂,硅灰为 Elkem 硅灰。采用聚羧酸高效减水剂以提高混合料的和易性。研究采用的钢纤维全为 13mm 长、直径 0.2mm 的微丝镀铜型商用钢纤维。为

研究钢纤维在 UHPC 中的分布定向及其影响因素,对不同纤维掺量(0%、0.5%、1%、1.5%和2%)的 UHPC 进行了试验。

2. 试件的制作

1)定向钢纤维材料制作

UHPC 混合料使用强制搅拌机制作。经过标准搅拌流程,UHPC 材料中的浆体被搅拌均匀后,加入钢纤维再搅拌至纤维均匀分散,立即将混合物浇铸入指定塑料模具中。根据纤维在基体中的分布特点,将 UHPC 试件分为定向组和传统组。定向组中,钢纤维经过磁场处理,具有明确的朝向。在制备时,将模具迅速放置于如图 1a)所示的电磁线圈中部并通电 120s。如图 1b)所示,当钢纤维处于平行电磁场时,与磁场形成夹角的纤维会受到磁场的扭矩作用,当磁场对纤维的作用足以克服 UHPC 基体黏滞力,钢纤维将向磁力线的方向旋转。而传统组(Case 0)中的钢纤维未经处理,则放置于无外加磁场的普通环境中。

如图 1c)、d)所示,纤维分布决定材料宏观表现,传统组试件的宏观力学特性接近各向同性材料。而定向钢纤维 UHPC 试件在受力时分为两种情况:当应力荷载与纤维平行时,称为 Case 1;当应力荷载与纤维垂直时,被分为 Case 2 和 Case3 两种情况。

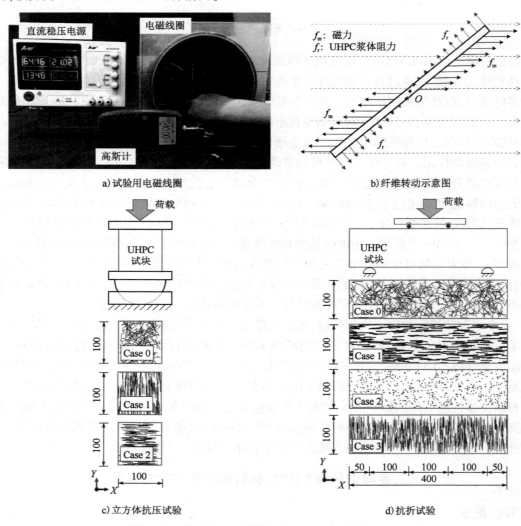

图 1 定向装置及 UHPC 材性试验示意图(尺寸单位:mm)

2)定向钢纤维 UHPC 配筋梁制作

电磁定向钢纤维技术的推广关键在于其能否在配筋结构中成功应用。为此,浇筑了如图 2 所示的

UHPC配筋梁,选取跨中150mm的区域进行纯弯性能测试。试验中,纵向钢筋是唯一影响磁场的磁性材料,其他材料为混凝土或者塑料制品。

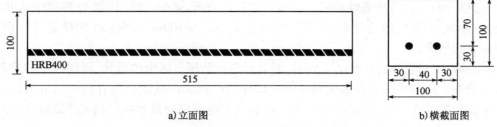

图2 UHPC试验梁配筋细节(尺寸单位:mm)

试件浇筑完成后覆膜,在常温环境下(20℃±2℃)养护24h后脱模,接着在高温蒸汽环境(90℃±2℃)中养护48h。养护完成后,将试件放入隔热容器中,缓慢冷却至环境温度以待测试。

3. 纤维电磁定向的方法和效果

1)基于CT的纤维分布模式的测试

为评估磁场对定向钢纤维UHPC材料中钢纤维排列的影响,采用三维CT扫描局部样本[4]。使用XCT VG Studio MAX软件对micro-CT图像进行重建和可视化,以生成纤维三维数据。由于CT的穿透率限制,选取中心50mm区域进行分析(图3)。

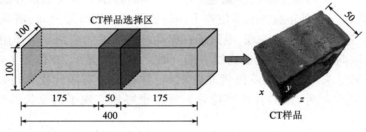

图3 CT扫描试件的选取(尺寸单位:mm)

2)UHPC中钢纤维定向效果

UHPC材料中的纤维CT三维重建图如图4a)所示。图中加粗线表示UHPC样品的边界,其他线条表示钢纤维的分布。由此可见,钢纤维的分布基本均匀,没有出现聚集或偏析现象。

利用Python计算的每根纤维的倾角(φ)的统计分析图如图4b)所示。图中,纤维倾角的直方图峰值集中在10°~25°范围内,与传统UHPC材料中约45°的平均倾角[12]相比,本研究样品中,Case 1的平均倾角为23.5°,而Case 2和Case 3样本的平均倾角为20.7°。经计算,倾角的余弦值为0.92(Case 1)和0.94(Case 2和Case 3)。可见通过电磁场对基体中纤维可以形成稳定、可靠的定向效果。

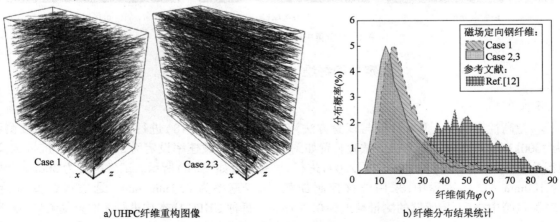

a)UHPC纤维重构图像　　　　b)纤维分布结果统计

图4 UHPC纤维重构与统计结果

3) UHPC 配筋梁中钢纤维定向效果

图 5a)展示了由电磁线圈产生的样品内磁场分布的有限元模拟结果。为了研究 UHPC 梁中钢纤维的取向,我们选择了两个具有代表性的磁场分布位置进行分析:梁端区域(位置 I)和梁中区域(位置 II)。为了准确表征 UHPC 中钢纤维的分布,选取了尺寸为 100mm × 100mm × 50mm 的样品进行切割,并对其进行纤维分布状态检测。

如图 5b)所示,切割表面的观察结果表明,钢筋的轮廓呈现出规则的形状,而钢纤维的横截面则表现为细小的点状分布。这种点状分布表明钢纤维在试样的横截面内呈现出垂直且均匀分布的特征。这一观察结果与电磁线圈产生的磁场方向一致,进一步验证了电磁定向技术在控制钢纤维取向中的有效性。

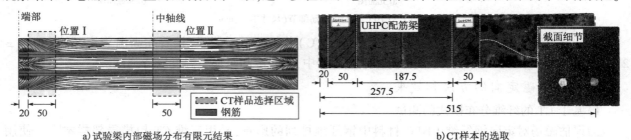

图 5 试验梁中磁场分布与 CT 样品的选取(尺寸单位:mm)

图 6 展示了钢纤维在 CT 图像中的三维重建情况。图 6a)显示了传统浇筑方法获得的 UHPC 试样中钢纤维的分布情况。图 6b)c)则分别展示了位置 I 和位置 II 处的钢纤维分布,清晰地显示了钢筋和钢纤维的位置和排列方式。通过对比可以发现,电磁场在驱动纤维方面能起到显著作用。

具体而言,纤维的取向与图 5a)中的磁力线方向一致。图 6b)显示,在位置 I 处,钢纤维趋向于朝钢筋方向收敛,这表明钢筋的末端效应在此位置非常明显,并且通过有限元模拟可以准确预测这一效应。图 6c)则显示出除了梁端区域外,梁的其他部位处钢纤维很好地实现了沿梁长的定向,与钢筋之间存在明显的平行关系。

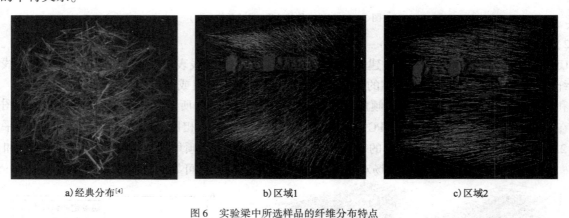

图 6 实验梁中所选样品的纤维分布特点

三、定向钢纤维 UHPC 力学性能测试

1. 材性测试

根据《超高性能混凝土基本性能与试验方法》(T/CBMF 37—2018)进行了立方体抗压强度测试,试验机为 2000kN 的伺服液压压力机。试验装置如图 7a)所示,加载速率设定为 50kN/min。抗折试验依据《纤维混凝土试验方法标准》(CECS 13:2009)进行,试验装置如图 7b)所示。试件跨度为 300mm,纯弯段长度为 100mm。试验过程中,采用位移控制加载,加载速率为 0.1mm/min。通过线性变位传感器(LVDT)测量跨中挠度,传感器的测量精度为 0.001mm。每种 UHPC 样本均进行 3 次重复测试,结果需符合规范要求。

a) 立方体抗压强度试验　　　　　　　　　　b) UHPC抗折试验装置

图7　材性试验细节

获取抗弯加载峰值荷载 P 后，通过式(1)计算最大开裂后强度(MOP) f_{MOR}：

$$f_{\text{MOR}} = P \frac{L}{bh^2} \tag{1}$$

式中：L——跨长；

b、h——试件的宽度和深度。

能量吸收能力(韧性)通过计算荷载-挠度曲线下的面积来评估。通过式(2)进行量化：

$$T_{L/75} = \int_0^{D_{L/75}} f(x)\,\mathrm{d}x \tag{2}$$

式中：$T_{L/75}$——计算韧性指标；

$D_{L/75}$——挠度，为跨径 L 的 $1/75$。

2. 配筋梁抗弯力学性能测试

UHPC梁的抗弯性能试验如图8所示。其中，三个LVDT分别被布置在跨中和支座顶端。加载分为两个阶段：初始阶段从5kN开始，直至开裂荷载；第二阶段使用10 kN荷载(根据预测承载力调整)。荷载接近极限荷载90%时，调整加载速率；荷载降到85%以下时，结束试验。

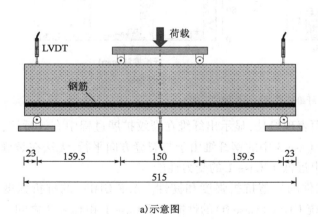

a) 示意图　　　　　　　　　　　b) 测试细节

图8　UHPC梁四点弯曲试验细节(尺寸单位：mm)

四、试验结果与分析

1. 定向钢纤维UHPC材料性能

1) 定向钢纤维UHPC抗压性能

对ASF-UHPC抗压强度的试验结果表明，纤维掺量和取向对材料性能有显著影响。图9展示了不同纤维掺量(0、0.5%、1.0%、1.5%、2.0%)下各组的抗压强度平均值。研究发现，在所有纤维掺量下，Case 2的抗压强度最高，而Case 1最低，表明钢纤维的掺入在整体上有利于提升材料性能。

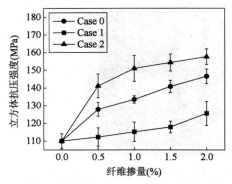

图9 纤维掺量对UHPC抗压强度的影响

具体来说,当纤维掺量为1.5%时,Case 1的抗压强度为117.9MPa,明显低于Case 0的140.9MPa,几乎接近未掺钢纤维的UHPC基体强度(110MPa),这表明在Case 1中,钢纤维的作用有限。而在相同纤维掺量下,Case 2的抗压强度为154.3MPa,明显高于Case 0。表明纤维的取向是影响UHPC的抗压强度的重要因素。

在纤维掺量为0.5%时,Case 2的抗压强度达到140MPa,接近1.5%纤维掺量下的Case 0强度,而当掺量增加至2%时,Case 2的抗压强度提升至157.6MPa,接近材料极限。然而,Case 1在纤维掺量增加至2%时,抗压强度仅略高于无纤维样品,显示纤维掺量的增加对压缩性能改善不明显。

综上所述,纤维排列方向对UHPC抗压性能具有重要影响,特别是在纤维垂直于荷载方向时,能够显著提升抗压性能。

2)定向钢纤维UHPC抗折性能

从图10的实验结果可以看出,纤维排列方向对UHPC的抗折强度和韧性有显著影响。当纤维掺量为1.5%时,Case 1的抗折强度是Case 0的2.44倍,而Case 2和Case 3的抗折强度分别为Case 0的0.65倍和0.39倍。在韧性方面,Case 1是Case 0的6.10倍,而Case 2和Case 3则分别为Case 0的0.56倍和0.42倍。

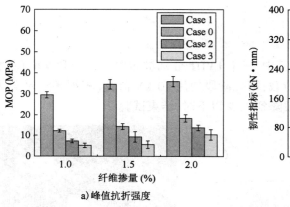
a) 峰值抗折强度

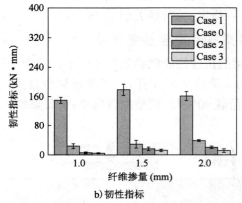
b) 韧性指标

图10 纤维掺量对抗折性能的影响

实验表明,Case 1在抗折强度和韧性方面表现最佳,显示出纤维在裂纹扩展过程中有效桥接,抑制裂纹扩展,提高材料性能。相较之下,Case 2和Case 3中的钢纤维由于与裂缝方向平行,无法在裂缝间形成桥接作用,无法抑制裂纹的扩展。进而表现出远低于Case 1的受力性能。

此外,图10还展示了不同纤维掺量下试件的峰值抗折强度和韧性。ASF-UHPC的抗折强度和韧性按顺序依次为Case 1 > Case 2 > Case 3,而传统UHPC(Case 0)的性能介于Case 1和Case 2之间。纤维掺量与抗折强度呈正相关关系,但与韧性的关系更为复杂。当纤维掺量从1.5%增加到2.0%时,虽然抗折强度提升了3.93%,但韧性却下降了9.75%。

总之,合理的纤维取向设计对提升UHPC的抗折性能至关重要,尤其是在纤维高效桥接裂纹的情况下,适度的纤维掺量可显著提高材料性能,而过高的纤维掺量可能因基体限制导致韧性下降。

2. 定向钢纤维UHPC配筋梁抗弯性能

图11展示了增强型UHPC梁在四点抗弯试验中不同纤维掺量下的载荷-跨中挠度曲线。试验结果表明,钢纤维在增强UHPC的强度和促进其应变硬化方面展现出了显著潜力。特别是在高纤维掺量下,钢纤维不仅有效地抑制了裂缝的扩展,还提升了整体材料的韧性和抗弯性能。这一发现为UHPC在实际

工程中的应用提供了有力支持，尤其是在需要高拉伸和抗裂性能的结构中，优化纤维掺量和排列方式能够显著提升 UHPC 的性能。

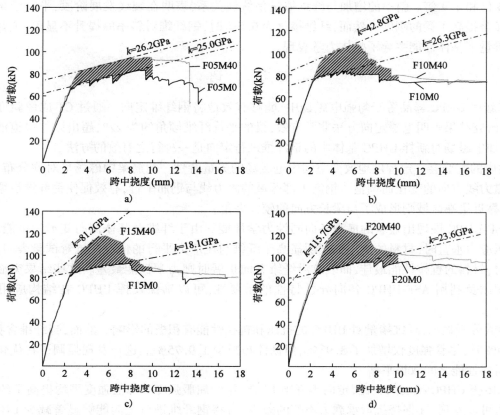

图 11 试验梁荷载位移曲线

利用试验所得受弯梁的荷载-挠度曲线，对 UHPC 梁的力学性能进行了定量分析，关键数据见表 1。当随着纤维掺量不变，定向钢纤维的梁抗弯承载力比经典 UHPC 梁高约 20%；如当纤维掺量为 2% 时，强度提升率可达 24%。这表明纤维掺量增加时，定向钢纤维的优势愈加明显，性能优化效果显著。试验还显示，0.5% 纤维掺量的定向钢纤维梁（F05M40）的抗弯承载力与 2% 经典钢纤维梁（F20M0）相当，证明所提出的定向钢纤维方法能够在显著减少纤维掺量的同时，保持类似的抗弯能力。这不仅提高了试件的屈服荷载和峰值荷载，还可能降低 UHPC 的生产成本，促进绿色预制 UHPC 结构的应用。

试验梁抗弯试验结果　　　　　　　　　　　　　　　　表 1

名称	纤维掺量(%)	屈服状态			峰值状态		
		P_y(kN)	增幅(%)	D_y(mm)	P_p(kN)	增幅(%)	D_p(mm)
F05M0	0.5	67.29	17.4	2.74	83.59	12.3	8.85
F05M40		81.43		3.38	95.33		9.55
F10M0	1.0	76.21	19.4	2.44	83.52	22.5	4.94
F10M40		94.53		3.15	107.77		6.10
F15M0	1.5	82.90	19.2	2.73	92.90	20.9	7.93
F15M40		102.65		3.37	117.39		5.63
F20M0	2.0	83.98	25.9	2.84	95.88	24.0	8.53
F20M40		113.40		3.62	126.24		4.74

注：P_y 为屈服荷载，D_y 为屈服荷载下的挠度，P_p 为峰值荷载，D_p 为峰值荷载下的结构挠度。

通过拟合从屈服阶段到峰值阶段的荷载-挠度曲线斜率,可以确定试验梁在强化阶段的力学性能。图 11 显示,纤维掺量为 0.5%、1.0%、1.5% 和 2.0% 时,定向钢纤维分别使梁的切线模量提高了 1.0 倍、1.6 倍、4.5 倍和 4.9 倍。斜率的增加与纤维掺量呈线性关系,表明在裂缝发展阶段,平行于梁长度方向的钢纤维显著提高了梁的刚度。然而,纤维掺量为 0.5% 时,钢纤维对斜率的提升不显著,主要是由于较低的纤维掺量下基体性能主导了整体力学表现。

五、结　　语

（1）将新拌 UHPC 样品置于匀强电磁场中,能够有效地将钢纤维定向。通过 CT 成像验证了纤维的定向效率,研究结果表明电磁定向方法非常有效,梁的平均纤维倾角约为 22°,超出以往报道的效果。因此,利用外加电磁场对新拌 UHPC 基体中的钢纤维进行定向是一种行之有效的方法。

（2）梁内的配筋会一定程度地改变空间中电磁场的矢量特性。配筋梁中磁场呈对称分布,钢纤维的取向随着磁力线方向的变化而调整。钢筋中部区域的磁力线与钢筋平行,有效促使钢纤维沿梁的长度方向排列,但靠近梁端区域则形成了与梁长方向的较大夹角。

（3）ASF-UHPC 展现出显著的横观各向同性力学性能。由于纤维对基体侧向变形约束能力的差异,当纤维与压应力垂直时,材料的抗压强度明显高于纤维与压应力平行的情况。抗弯试验表明,拉应力与纤维平行时,材料的抗拉性能最佳,而裂纹沿纤维方向扩展时则力学性能最差。这些结果突显了全面了解纤维作用以及利用 ASF-UHPC 各向异性特性的重要性,可以确保发挥 UHPC 在结构应用中的最佳性能。

（4）参数分析显示,纤维掺量对 UHPC 的抗压和抗拉性能有积极的影响。然而,当纤维含量从 1.5% 增加到 2.0% 时,尽管强度仅增加了 3.93%,但韧性却减少了 9.75%。这一发现强调了在优化纤维含量时需要在材料性能之间取得平衡。

（5）与传统 UHPC 配筋梁相比,定向钢纤维 UHPC 梁的屈服强度和峰值强度平均提高了约 20%。通过参数分析可以发现,在保持抗弯承载力不变的条件下,将钢纤维进行定向能够显著减少 UHPC 配筋梁中的钢纤维掺量(本研究中约减少了 3/4)。

参考文献

[1] 成鑫磊,穆锐,刘晓英.超高性能混凝土的制备及力学性能研究进展[J/OL].硅酸盐通报,1-21[2024-08-23].
[2] 王杰,周志威,邱祥健,等.混杂钢纤维对 UHPC 弯曲性能的影响研究[J].混凝土与水泥制品,2024,(9):62-66.
[3] 张瑞.高性能纤维增强水泥基材料跨尺度损伤破坏研究[D].南京:东南大学,2023.
[4] LIU J P, LI C F, LIU J Z, et al. Study on 3D spatial distribution of steel fibers in fiber reinforced cementitious composites through micro-CT technique[J]. Construction and Building Materials, 2013, 48: 656-661.
[5] 李小森,程从密,庄玉海.钢纤维掺量对 RPC 流动性和强度的影响[J].广东建材,2021,37(9):25-29.
[6] 黄煌煌.流动诱导纤维定向 UHPC 的力学性能研究[D].哈尔滨:哈尔滨工业大学,2021.
[7] 慕儒,范春豪,王晓伟,等.数字化分布钢纤维增强水泥基复合材料方凳数值模拟研究[J].硅酸盐通报,2024,43(8):2827-2834.
[8] STÄHLI P, CUSTER R, VAN MIER J G M. On flow properties, fibre distribution, fibre orientation and flexural behaviour of FRC[J]. Materials and structures, 2008(41): 189-196.
[9] ZHANG Y, ZHU Y, QU S, et al. Improvement of flexural and tensile strength of layered-casting UHPC with aligned steel fibers[J]. Construction and Building Materials, 2020(251): 118893.
[10] ALBERTI M G, ENFEDAQUE A, GÁLVEZ J C. On the prediction of the orientation factor and fibre dis-

tribution of steel and macro-synthetic fibres for fibre-reinforced concrete[J]. Cement and Concrete Composites, 2017(77): 29-48.
[11] MU R, LI H, QING L, et al. Aligning steel fibers in cement mortar using electro-magnetic field[J]. Construction and Building Materials, 2017(131): 309-316.
[12] YOO D Y, BANTHIA N, KANG S T, et al. Effect of fiber orientation on the rate-dependent flexural behavior of ultra-high-performance fiber-reinforced concrete[J]. Composite Structures, 2016(157): 62-70.

27. 钢桁架梁桥有限元参数化建模方法研究

杨 毅

（中交公路规划设计院有限公司）

摘 要 为了提高钢桁架梁桥的有限元建模和分析效率，基于该类桥型的几何拓扑关系，编写了参数化建模的命令流；利用C#程序语言在OSIS计算平台上二次开发了建模参数的输入界面，可以通过界面对话框参数输入的方式，快速建立钢桁架梁桥的有限元模型。研究结果表明，该参数化建模方法能大幅度缩短钢桁架梁桥的建模时间，也可为其他常规桥梁的参数化建模提供启发和参考。

关键词 钢桁架梁桥 有限元 参数化建模 C# OSIS

一、引 言

钢桁架梁桥具有跨越能力大、结构高度小、施工速度快、对交通和通航影响小、桥型美观等优点[1]，广泛应用在高速公路、铁路和跨运河桥梁中。钢桁架梁桥具有典型空间构型且结构相对规整，但由于其构件种类多，传统方式手动建立模型，需要处理和输入大量数据，建模效率依赖于个人经验。

已有许多学者多桥梁结构的快速或者参数化建模做了研究，蒋伦岗[2]使用VB语言开发了可以建立连续梁桥构造、钢束以及计算特征值输入的图形界面应用程序，通过此应用程序可生成midas的MCT文件，实现了更加快速和便捷地建立连续梁桥有限元模型。胡宽[3]开发了钢混组合梁参数化设计软件，设计人员仅需输入桥梁整体布置参数和荷载参数等信息，软件会自动生成有限元模型。

OSIS是由中交公路规划设计院自主研发的用于桥梁和沉管隧道计算分析的有限元软件，支持界面输入和命令流输入两种方式来建模。

本研究基于钢桁架梁桥规整的几何拓扑关系和OSIS命令流方式建模的特点，编写了OSIS格式的钢桁架梁桥建模命令流，在OSIS中利用C#程序二次开发了参数输入界面，能够通过输入少量的控制性参数，快速建立钢桁架梁桥的有限元模型，提高建模分析工作效率，让设计人员可以把更多的时间和精力投入到方案和结构优化中。

二、研 究 对 象

本文的研究对象钢桁架梁桥的结构组成和各构件的名称如图1所示。在建立钢桁架梁桥有限元模型时，需要模拟其线上弦杆、下弦杆、直腹杆、斜腹杆、桥门架腹杆、桥门架斜杆、桥门架下横杆、上平联横梁、上平联斜杆、横联斜杆、横联下横杆、下平联中斜杆、下平联边斜杆、中纵梁、边纵梁、端横梁、中横梁和虚拟横梁等18种杆件；行车道板则作为恒载由端横梁和中横梁按比例分摊，不参与整体结构受力分析。

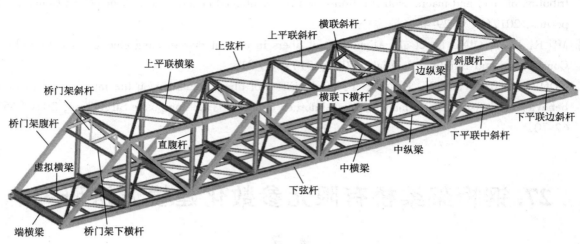

图 1 钢桁架梁桥结构组成

三、参数梳理和命令流编写

通过归纳梳理,将钢桁架梁桥的建模参数分为 13 个几何参数和 1 个有限元参数,如图 2 所示。几何参数代表钢桁架梁桥的结构尺寸和空间构型,分别是计算跨径、桥宽、桁架高、直腹杆个数、支座距梁端距离、桥门架高、桥门架上横梁段数、桥门架下横梁段数、横联高、横联上横梁段数、横联下横梁段数、纵梁个数和纵梁边距;理论上,通过这 13 个参数就可以确定一个钢桁架梁桥的结构组成。有限元参数"虚拟横梁个数"是为了在模型上施加汽车荷载而设置的。

总结出建模所需的控制性参数之后,就可编写 OSIS 格式的参数化命令流。OSIS 的命令流格式借鉴了 ANSYS 软件并能进行二次开发,支持常量和变量的定义、支持宏文件的定义、支持多维数组的定义;此外,还支持 IF-ELSE 判断函数和 DO-ENDDO 循环函数这两个重要的流程控制函数(图 3),这个使得利用 OSIS 进行参数化分析成为可能。

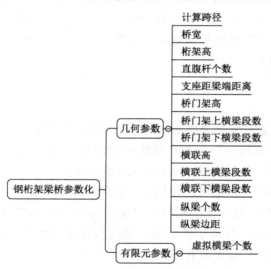

图 2 钢桁架梁桥建模参数梳理图

```
///-------桥门架横向节点插入------
*do,k,1,1,1
  *if,mjxn-mjsn,EQ,1
    *do,i,1,mjsn-1,1
      n,7*n+9+i,1/(n+1),b/mjsn*i,h
      n,7*n+mjsn+8+i,n*l/(n+1),b/mjsn*i,h
    *enddo                              //桥门架上节点,共(mjsn-1)*2个
    *do,i,1,2*mjxn-3,2
      n,7*n+2*mjsn+7+(i+1)/2,l/(n+1)*(1-1/srss*mjh),b/(2*mjxn-2)*i,h*(1-1/srss*mjh)
      n,7*n+2*mjsn+mjxn+6+(i+1)/2,n*l/(n+1)*(1+1/n/srss*mjh),b/(2*mjxn-2)*i,h*(1-1/srss*mjh)
    *enddo                              //桥门架下节点,共(mjsn-1)*2个
  *elseif,mjxn-mjsn,EQ,-1
    *do,i,1,2*mjsn-3,2
      n,7*n+9+(i+1)/2,l/(n+1),b/(2*mjsn-2)*i,h
      n,7*n+mjsn+8+(i+1)/2,n*l/(n+1),b/(2*mjsn-2)*i,h
    *enddo                              //桥门架上节点,共(mjsn-1)*2个
    *do,i,1,mjxn-1,1
      n,7*n+2*mjsn+7+i,l/(n+1)*(1-1/srss*mjh),b/mjxn*i,h*(1-1/srss*mjh)
      n,7*n+2*mjsn+mjxn+6+i,n*l/(n+1)*(1+1/n/srss*mjh),b/mjxn*i,h*(1-1/srss*mjh)
    *enddo                              //桥门架下节点,共(mjsn-1)*2个
  *else
    Err,mjxn和mjsn输入有误!
  *endif                                //节点总数:7*n+2*mjsn+2*mjxn+5
*enddo
```

图 3 参数化命令流(截图)

四、界面设计

建立杆系结构的有限元模型时,一般是依次定义构件的材料、截面尺寸参数、节点单元参数和荷载参数,将这个建模过程按前后顺序设计成菜单栏(图4),一定程度上还起到了建模向导的作用,方便设计人员使用。界面设计的基本理念就是将以上建模过程高度集成化,让设计人员尽量少操作;以材料定义为例(图5),程序已将各种型号的钢材预先定义好,且默认为Q355,多数情况下设计人员只需点击"确定"按钮即可。

图4　建模菜单　　　　　　　　　图5　材料定义

对于截面参数的定义,如图6所示,程序也对每种构件内置了常用的截面形式,比如对于上下弦杆等主要受力构件采用的是箱形截面,对于上下平联等次要受力构件采用的工字形截面。此外,对于不同位置上下弦杆和斜腹杆,根据受力大小的不同,截面尺寸可能有所不同,因此为这些杆件分配了截面1~截面3共3个截面,以适应上述需求。截面参数输入后,软件即可调用内部预先写好的、类似ANSYS的mac文件的宏文件(图7),当内置的截面类型不能满足设计要求时,设计人员也可以自定义截面宏文件在命令流中进行替换,由于宏文件也是参数化的,同样能满足参数化建模分析的需要。

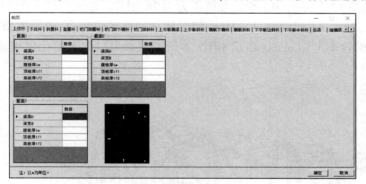

```
*NewMacro,Sec_箱型截面,_dNo,_mNo,_nStartr,_aPara0
H=_aPara0[0,0];B=_aPara0[1,0];tw=_aPara0[2,0]
tf1 =_aPara0[3,0]; tf2 =_aPara0[4,0]
// 定义截面
sec,_dNo,_nStartr
//外轮廓形状
*dim,_ww,4,2
_ww[0,0] = -B/2;  _ww[0,1] = H/2
_ww[1,0] = -B/2;  _ww[1,1] = -H/2
_ww[2,0] = B/2;   _ww[2,1] = -H/2
_ww[3,0] = B/2;   _ww[3,1] = H/2
//内轮廓形状
*dim,_nw,4,2
_nw[0,0] = -B/2+tw; _nw[0,1] = H/2-tf1
_nw[1,0] = -B/2+tw; _nw[1,1] = -H/2+tf2
_nw[2,0] = B/2-tw;  _nw[2,1] = -H/2+tf2
_nw[3,0] = B/2-tw;  _nw[3,1] = H/2-tf1
SecPg,_dNo,_dNo,_ww,_nw
Secmt,_dNo,_mNo
Secc,_dNo
*EndMacro
```

图6　截面参数定义　　　　　　　图7　截面定义宏文件(截图)

对于节点和单元参数的定义,如图8所示,则集中体现了参数化建模的核心思想,设计人员只需根据图2总结的14个控制性建模参数,就可快速完成钢桁架梁桥有限元模型的建立。此外,此前提到的上下弦杆和斜腹杆不同尺寸截面的分配也在此界面中予以考虑,通过在截面1~截面3对应位置填入杆件编号即可。

对于荷载参数的定义,如图9所示,程序将各类荷载进行了归类,分为恒载、温度荷载和汽车荷载三类,设计人员只需填荷载的具体数值即可,不需要像传统GUI方式一样,要在模型窗口多次选择构件再施加荷载。

完成了以上参数的定义,就可以点击菜单栏里的"导出命令流"按钮,软件会提示用户选择命令流的保存位置。设计人员可根据需要修改导出的命令流,然后利用OSIS进行计算分析;如不需修改,也可以直接点击"生成模型"按钮直接建立有限元模型。此外,模型菜单的"保存"按钮,可以将钢桁架桥所有的建模参数保存为json格式文件,便于数据的重复利用和传递。

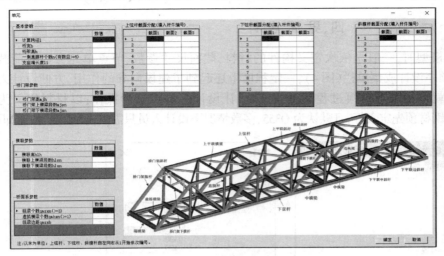

图8 节点和单元参数定义　　　　　　　　图9 荷载参数定义

五、应用实例

1. 项目概况

某跨三级航道运河钢桁架梁桥桥长81m,计算跨径80m,桥面宽11.1m,桁架高10m;全桥采用Q355C钢材,构件截面采用箱形截面和工字形截面;采用整体吊装施工工艺。

2. 计算结果

采用所研发的参数化命令流建立的钢桁架梁桥有限元模型如图10所示,为了验证程序的正确性,采用有限元软件midas Civil建立了同样参数的对比模型。限于篇幅,这里只将两个软件恒载作用下,上下弦杆的截面应力进行比较,如图11和图12所示;OSIS的最大拉应力为76.2MPa,最大压应力为111MPa;midas Civil的最大拉应力为76.1MPa,最大压应力为111.3MPa;两款软件的结果较吻合,说明模型的计算精度可以满足使用要求。另外,从建模效率上和midas Civil相比,本研究成果可以大大简化建模流程,提高建模速度。

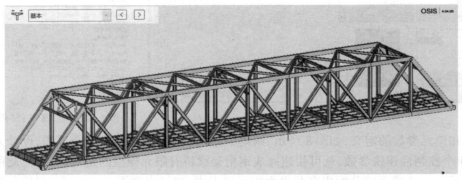

图10 钢桁架梁桥OSIS有限元模型

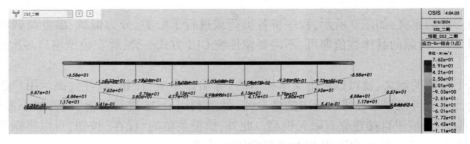

图11 OSIS上下弦杆应力计算结果

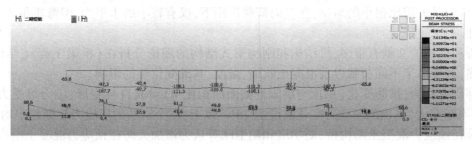

图12　midas Civil 上下弦杆应力计算结果

六、结　语

(1)将钢桁架梁桥的控制性建模参数归纳总结为13个几何参数和1个有限元参数,旨在用尽可能少的参数完成有限元模型的建立;在此基础上编写了 OSIS 格式的参数化建模命令流。

(2)利用 C#编程语言在 OSIS 界面上二次开发了参数化建模对话框,可以依次输入模型的材料参数、截面参数、节点单元参数和荷载参数,完成参数输入后即可导出 OSIS 参数化的命令流。

(3)工程案例对比结果表明:所研发的钢桁架梁桥参数化建模方法,计算结果精度可以满足工程需要,建模效率相比 midas Civil 软件有较大程度的提升;该程序可以为其他结构类型桥梁的参数化快速建模提供启发和参考。

参考文献

[1]　王佳.城市高架简支钢桁架桥设计分析[J].工程与建设,2023,37(4):1174-1177.
[2]　蒋伦岗.基于 VB 二次开发的 Midas 连续梁桥建模技术[J].现代交通技术,2013,10(1):31-33,63.
[3]　胡宽.钢桥与组合梁桥参数化设计程序开发[D].上海:同济大学,2019.

28. 拱结构内力的参数敏感性分析

冯云成

(中交第一公路勘察设计研究院有限公司)

摘　要　从结构外形上看,当拱的矢高逐渐减小直至零时,拱结构就蜕变为两端具有水平约束的直梁结构。为了解拱结构向梁结构逐渐演变的过程,运用力法对简单体系二次抛物线拱进行力学分析,推导出了均布荷载作用下拱肋内力与参数之间的函数关系和水平推力极值计算公式,并与有限元分析进行了对比。结果表明,矢跨比、等效截面回转半径是影响拱内力的重要参数。在矢跨比一定时,水平推力随着等效回转半径的增大而减小,但拱脚与拱顶弯矩随之增大。在等效回转半径一定时,水平推力随矢跨比变化存在一个极大值。当矢跨比大于极值点矢跨比时,水平推力随矢跨比的减小而增大,当矢跨比小于极值点矢跨比时,水平推力随矢跨比减小而减小,拱脚和拱顶弯矩随矢跨比减小而增大。当矢跨比减小到一定程度后,水平推力很小,则蜕变为梁结构。

关键词　无铰拱　矢跨比　回转半径　水平推力　弯矩

一、引　言

拱是受压为主的结构,梁是以受弯为主的结构。从结构外形上看,当拱的矢高逐渐减小到零时,拱结构就蜕变为两端具有水平约束的梁式结构。在竖向荷载作用下,拱结构在拱脚处有水平反力,而两端固结(或具有水平约束)的梁则没有。变截面连续刚构桥主梁的轴线呈曲线,根部具有水平约束或弹性水平约束,可以认为是矢跨比很小的坦拱,在竖向荷载作用下,仅有较小的水平力,但弯矩很大,呈现出的是梁的力学特性。

有关拱桥和梁桥的文献有很多,拱结构和刚构梁式结构的理论分析在《桥梁工程》《结构力学》中均有详细的论述,且考虑了不同荷载以及混凝土收缩、温度、基础变位等的影响。

王海良等研究认为,拱肋变化(拱顶与拱脚处截面面积比 η)对其自身变形、应力等受力性能影响较大,随着 η 的不断变大,拱顶的压应力变化幅度达 70% 以上,整个拱肋的压应力逐渐趋于均匀。

对于大跨径预应力混凝土刚构桥,刘学琪和鲍卫刚等认为增加大跨径预应力混凝土刚构桥的梁高能提高主梁的刚度,改善主梁应力状况,跨中梁高为跨径的 1/60~1/40,根部梁高为跨径的 1/18~1/16,按 1.6~2.0 次抛物线变化。

关于拱结构矢跨比逐渐变小直至为零的变化过程中拱的内力变化情况的文献很少。运用结构力学力法原理,对二次抛物线拱在均布荷载作用下的内力进行分析,从宏观上分析矢跨比、截面特性对拱结构内力的影响,以及矢跨比逐渐变小直至为零的过程中拱的力学特性是如何渐变到梁的。

二、均布荷载作用拱肋内力

1. 基本假定

不同的荷载分布,拱的合理拱轴线也不同,在承受均布荷载时,其合理拱轴线为二次抛物线。为简化分析,本文以简单体系的二次抛物线拱为例进行讨论,给出如下假定:

(1)简单体系的对称拱桥,不考虑拱上建筑或桥面系参与拱结构受力;
(2)截面面积和惯矩从拱顶至拱脚按李特(Ritter)公式的规律变化;
(3)仅考虑恒载作用,对称均匀布置;
(4)弯矩以下缘受拉为正,轴力受压为正,剪力以绕隔离体顺时针方向为正,反之为负。

拱结构有多种约束体系,研究以下三种约束体系内力对参数的敏感性:①无铰拱;②单铰拱,拱脚固结+拱顶设铰;③两铰拱,两拱脚处设铰。

上述三种结构体系的基本体系、坐标系和二次抛物线方程列于表1。

三种拱结构的基本体系及参数表 表1

结构体系	无铰拱	单铰拱	两铰拱
基本体系、坐标系示意图	(示意图)	(示意图)	(示意图)
拱轴方程	$y_1 = \dfrac{4f}{l^2}x^2$ $\quad y = y_1 - y_s$	$y = \dfrac{4f}{l^2}x^2$	$y = \dfrac{4f}{l^2}x(l-x)$
截面特性变化规律	$I = \dfrac{I_c}{[1-(1-n)\xi]\cos\varphi}$	$A = \dfrac{A_c}{[1-(1-m)\xi]\cos\varphi}$	$I = \dfrac{I_c}{[n+(1-n)\xi]\cos\varphi}$ $A = \dfrac{A_c}{[m+(1-m)\xi]\cos\varphi}$
参数		$\xi = \dfrac{2x}{l}\quad n = \dfrac{I_c}{I_j\cos\varphi_j}\quad m = \dfrac{A_c}{A_j\cos\varphi_j}$	$\xi = 1 - \dfrac{2x}{l}$

注:①表中式中的符号:I、A-拱任意截面的惯性矩、面积;I_c、A_c-拱顶截面的惯性矩、面积;I_j、A_j-拱脚截面的惯性矩、面积;φ、φ_j-计算截面处、拱脚截面拱轴线的水平倾角;n-拱圈厚度变化系数(即惯性矩变化系数);m-拱圈面积变化系数;x-计算截面到坐标原点的水平距离。
②单铰拱的赘余力 $X_1 = 0$;
③两铰拱的赘余力 $X_1 = X_3 = 0$。

2. 均布荷载作用下拱的内力

1) 无铰拱

对称无铰拱的弹性中心 y_s 的计算公式为：

$$y_s = \frac{\int_s \frac{y_1}{EA}ds}{\int_s \frac{1}{EI}ds} = \frac{1+3n}{6(1+n)}f \tag{1}$$

当 $n=1$ 时，二次抛物线拱的弹性中心 y_s 位于拱顶下方 $f/3$ 处，f 为矢高。

运用力法原理可得到赘余力为：

$$\begin{cases} X_1 = -\dfrac{\int_s \frac{M_p}{EI}ds}{\int_s \frac{1}{EI}ds} \\[2ex] X_2 = -\dfrac{1+\mu_1}{1+\mu}\dfrac{\int_s \frac{yM_p}{EI}ds}{\int_s \frac{y^2}{EI}ds} = \dfrac{1+\mu_1}{1+\mu}H_g \\[2ex] X_3 = -\dfrac{1+\omega_1}{1+\omega}\dfrac{\int_s \frac{xM_p}{EI}ds}{\int_s \frac{x^2}{EI}ds} \end{cases} \tag{2}$$

$$\mu = \frac{\int_s \frac{1+(\kappa\beta-1)\sin^2\varphi}{EA}ds}{\int_s \frac{y^2}{EI}ds}, \mu_1 = \frac{\int_s \frac{(1-\kappa\beta)\sum P_x \tan\varphi(1-\sin^2\varphi)}{EA}ds}{\int_s \frac{yM_p}{EI}ds} \tag{3}$$

$$\omega = \frac{\int_s \frac{\kappa\beta-(\kappa\beta-1)\sin^2\varphi}{EA}ds}{\int_s \frac{x^2}{EI}ds}, \omega_1 = \frac{\int_s \frac{-\sum P_x(\kappa\beta-(\kappa\beta-1)\sin^2\varphi)}{EA}ds}{\int_s \frac{xM_p}{EI}ds} \tag{4}$$

式中：μ、ω——定常数考虑轴力和剪力效应的系数；

β——抗弯模量和剪切模量的比值；

κ——剪应力沿截面分布不均匀而引起的修正系数，工字形截面 $\kappa \approx A/A_f$；

A_f——腹板截面面积；

μ_1、ω_1——载常数考虑轴力和剪力效应的系数；

H_g——不考虑弹性压缩效应的水平推力。

由公式可知，赘余力 X_2 是截面特性、跨径、矢跨比（或矢高）、荷载的函数：

$$X_2 = F(I, A, m, n, l, f, q) \tag{5}$$

为了解水平推力随矢跨比（或矢高）的变化情况，将式（5）对矢跨比求导，并使导数等于 0，可得到水平推力随矢跨比变化的极值及极值点对应的矢跨比。

以均布荷载作用下的对称无铰拱为例分析，拱轴线为二次抛物线。根据对称性，赘余力 $X_3 = 0$。赘余力 X_1 为：

$$X_1 = -\frac{\Delta_{1p}}{\delta_{11}} = \frac{(1+3n)qL^2}{(1+n)48} \tag{6}$$

赘余力 X_2 包含不考虑弹性压缩和弹性压缩引起的水平赘余力两部分,式(2)中的系数为弹性压缩效应系数。根据在理想拱轴线时弯矩等于零,得出不考虑拱弹性压缩的水平赘余力为:

$$X'_2 = H_g = \frac{\int_s \frac{yM_p}{EI}ds}{\int_s \frac{y^2}{EI}ds} = \frac{ql^2}{8f} \tag{7}$$

μ_1 值计算公式考虑了轴向和剪切变形的影响,考虑到在矢跨比较小时 $\tan\varphi$ 趋向于 0,可以忽略不计,即: $\mu_1 \approx 0$。则由式(2)得到考虑弹性压缩后拱内的水平赘余力为:

$$X_2 = \frac{1}{1+\mu} \frac{ql^2}{8f} \tag{8}$$

弹性压缩引起的水平赘余力 X''_2 为:

$$X''_2 = \frac{-\mu}{1+\mu}X' \tag{9}$$

在 μ 值计算公式中忽略剪力效应(即正弦项)的影响,再将表1中无铰拱截面变化规律公式代入式(3)并积分得到:

$$\mu = \left(\frac{\sqrt{\eta}r}{f}\right)^2 \tag{10}$$

$$\eta = \frac{180(1+m)(1+n)}{7+42n+15n^2} \tag{11}$$

η 定义为截面特性变化规律影响系数,是截面面积和惯性矩变化系数 m 和 n 的函数。

将式(10)代入式(8)、式(9),得到用同跨径简支梁跨中弯矩表示的考虑弹性压缩后的水平力、不考虑弹性压缩的水平推力、弹性压缩引起的水平推力的表达式:

$$X_2 = \chi M_c, \quad X'_2 = \frac{1}{f}M_c, \quad X''_2 = \left(\chi - \frac{1}{f}\right)M_c \tag{12}$$

$$\chi = \frac{f}{f^2 + (\sqrt{\eta}r)^2} = \frac{4\lambda/l}{4\lambda^2 + (2\sqrt{\eta}r/l)^2} \tag{13}$$

式中: χ——考虑弹性压缩后水平推力系数,是矢高、拱顶截面回转半径及截面变化规律的函数;

M_c——同跨径简支梁在均布荷载作用下的跨中弯矩, $M_c = \frac{ql^2}{8}$。

得到赘余力后即可求得无铰拱在均布荷载作用下的拱肋内力,见表2。在表2中也列出了 $n = m = 1$ 特殊条件下的内力计算公式。为了便于与直梁在均布荷载作用的内力分布进行对比,运用力法原理对具有相同跨径和截面特性的两端固结直梁在均布荷载作用下的内力求解,基本结构的坐标原点和赘余力位置与无铰拱相同,其内力表达式见表3。

均布荷载作用下无铰拱内力公式 表2

参数	内力公式	$n=1, m=1$		
		内力	拱脚	拱顶
弯矩 M	$(1-\chi f)\left(\frac{1+3n}{6(1+n)} - \frac{4x^2}{l^2}\right)M_c$	$(1-\chi f)\left(\frac{ql^2}{24} - \frac{qx^2}{2}\right)$	$-\frac{ql^2}{12}(1-\chi f)$	$\frac{ql^2}{24}(1-\chi f)$
轴力 N	$\chi M_c \cos\varphi + qx\sin\varphi$	$\frac{ql^2}{8}\chi\cos\varphi + qx\sin\varphi$	$\frac{ql^2}{8}\chi\cos\varphi_j + \frac{ql}{2}\sin\varphi_j$	$\chi\frac{ql^2}{8}$
剪力 Q	$\pm\chi M_c \sin\varphi \mp qx\cos\varphi$	$\pm\frac{ql^2}{8}\chi\sin\varphi \mp qx\cos\varphi$	$\pm\frac{ql^2}{8}\chi\sin\varphi_j \mp \frac{ql}{2}\cos\varphi_j$	0

均布荷载作用下两端固结直梁内力公式　　　　表3

参数	内力公式	$n=1$ $m=1$		
		内力	梁端	跨中
弯矩 M	$\left(\dfrac{1+3n}{6(1+n)}-\dfrac{4x^2}{l^2}\right)M_c$	$\dfrac{ql^2}{24}-\dfrac{qx^2}{2}$	$-\dfrac{ql^2}{12}$	$\dfrac{ql^2}{24}$
剪力 Q	$\mp qx$	$\mp qx$	$\mp ql/2$	0

2) 单铰拱和两铰拱

采用与无铰拱相同的方法可得到单铰拱和两铰拱水平赘余力 X_2 的表达式,与无铰拱的式(8)相同,虑弹性压缩后水平推力系数 χ 与式(13)相同。所不同的是截面特性变化规律影响系数 η,将表1中单铰拱和两铰拱截面变化规律公式代入式(3)并积分得到两者的截面特性变化规律影响系数 η:

单铰拱

$$\eta=\frac{15(1+m)}{1+5n} \tag{14}$$

两铰拱

$$\eta=\frac{15(1+m)}{11+5n} \tag{15}$$

截面特性变化规律影响系数 η 不仅与截面特性变化规律有关,也与约束条件相关。单铰拱和两铰拱在均布荷载作用下的拱肋内力表达式见表4。

均布荷载作用下单铰拱和两铰拱内力公式　　　　表4

参数	单铰拱	两铰拱
弯矩 M	$-(1-\chi f)\dfrac{qx^2}{2}$	$(1-\chi f)\left(\dfrac{qlx}{2}-\dfrac{qx^2}{2}\right)$
轴力 N	$\chi M_c\cos\varphi+qx\sin\varphi$	$\chi M_c\cos\varphi+(ql/2-qx)\sin\varphi$
剪力 Q	$\pm\chi M_c\sin\varphi\mp qx\cos\varphi$	$\pm\chi M_c\sin\varphi\mp(ql/2-qx)\cos\varphi$

由表2和表4中的内力表达式公式可以看出:在跨径和均布荷载一定时,影响拱结构内力分布的参数主要有两个:①矢跨比(或矢高);②拱顶截面回转半径及截面特性变化规律。

三、参数敏感性分析

1. 截面特性及其变化规律

从上述公式看出,内力与拱顶截面回转半径、截面变化规律密切相关。一般情况下,跨径越大,选取截面的回转半径也越大。在荷载一定时,由公式上述内力公式可以看出:

(1)在拱顶截面回转半径为定值时,截面面积变化幅度较小,即 m 值越大,则截面特性变化影响系数 η 越大,水平推力系数 χ 越小,则考虑弹性压缩后拱的水平推力越小;截面惯矩变化幅度较小,n 值越大,截面特性变化影响系数 η 越小,则考虑弹性压缩后拱的水平推力越大;反之亦然。

(2)在矢跨比和截面特性变化规律一定时,拱顶截面的回转半径越大,考虑弹性压缩后拱的水平推力越小;反之亦然。

(3)令:$r_e=\sqrt{\eta}r$,称之为无铰拱拱圈的等效回转半径,$2r_e/l=2\sqrt{\eta}r/l$ 为等效线回转半径,由式(13)和表1可以看出,在跨径和矢跨比一定时,水平推力与等效回转半径(或等效线回转半径)的平方成反比,且等效回转半径越大,弯矩越大;反之亦然。

(4)在其他条件均相同的情况下,无铰拱的截面变化规律影响系数 η 最大,即其等效回转半径最大,单铰拱次之,两铰拱最小。则无铰拱的水平推力最小,单铰拱次之,两铰拱最大。

由此可见,等效回转半径(或等效线回转半径)反映了抗弯刚度与抗压刚度的相对大小,即反映了结构在外力作用下吸收储存弯曲应变能和轴压应变能的能力。等效回转半径小时,抗压刚度相对较强,吸收储存轴压应变能的能力较强,则水平推力增大,拱内弯矩减小;等效回转半径大时,抗弯刚度较强,吸收储存弯曲应变能的能力较强,则水平推力减小,但弯矩增大。

2. 矢跨比

1) 极值点分析

在跨径和结构尺寸确定时,拱结构内力与矢跨比 λ(或矢高 f)密切相关,以矢跨比或矢高为变量,将水平推力系数 χ 对矢跨比求导,使导数等于零得到水平力极值点所对应的矢跨比(或矢高):

$$f_{cr} = \sqrt{\eta} r \quad \text{或} \quad \lambda_{cr} = \frac{\sqrt{\eta} r}{l} \tag{16}$$

在均布荷载作用下拱的水平推力极值为:

$$H_{cr} = \frac{ql^2}{16\sqrt{\eta}r} = \frac{ql^2}{16r_e} \tag{17}$$

式中: λ_{cr}——极限点矢跨比;

f_{cr}——极限点矢高;

H_{cr}——水平推力极值。

由式(16)可知,极值点矢高与跨径无关,仅与拱顶截面回转、截面特性变化规律有关,等于等效回转半径。也可以认为:在跨径一定时,极值点矢跨比等于等效线回转半径。由式(17)可知,水平力极值与等效回转半径 r_e 成反比。

由式(9)、式(10)和式(16)可见,在极值点处定常数中考虑轴力效应的系数 $\mu = 1$,此时,由弹性压缩引起的水平力等于不考虑弹性压缩时水平力的一半,但方向相反。

为更清楚地了解内力随矢跨比的变化规律,令截面特性变化参数 n 和 m 均等于1,则水平推力系数、极值点矢跨比(矢高)、水平力极值分别为:

$$\begin{cases} \chi = \dfrac{4f}{4f^2 + 45r^2} = \dfrac{4\lambda/l}{4\lambda^2 + 45r^2/l^2} & \text{无铰拱} \\ \chi = \dfrac{4\lambda/l}{4\lambda^2 + 20r^2/l^2} & \text{单铰拱} \\ \chi = \dfrac{4\lambda/l}{4\lambda^2 + 7.5r^2/l^2} & \text{两铰拱} \end{cases} \tag{18}$$

$$\begin{cases} \lambda_{cr} = \dfrac{3\sqrt{5}r}{2l} \quad \text{或} \quad f_{cr} = \dfrac{3\sqrt{5}r}{2} \quad H_{cr} = \dfrac{\sqrt{5}}{15r}\dfrac{ql^2}{8} & \text{无铰拱} \\ \lambda_{cr} = \dfrac{\sqrt{5}r}{l} \quad \text{或} \quad f_{cr} = \sqrt{5}r \quad H_{cr} = \dfrac{\sqrt{5}}{10r}\dfrac{ql^2}{8} & \text{单铰拱} \\ \lambda_{cr} = \dfrac{\sqrt{30}r}{4l} \quad \text{或} \quad f_{cr} = \dfrac{\sqrt{30}r}{4} \quad H_{cr} = \dfrac{\sqrt{30}}{15r}\dfrac{ql^2}{8} & \text{双铰拱} \end{cases} \tag{19}$$

2) 矢跨比对拱内力的影响

以跨径101m简单体系的拱为例,拱顶回转半径 r、$2r$、$4r$($r=0.55$),截面特性变化规律系数 $n=1$、$m=1$。

表4列出了根据公式得出的无铰拱、单铰拱和两铰拱对应的有效回转半径、极值点矢跨比、水平力极值的系数 χ_{cr}。

在 $1/1000 \sim 1/3$ 之间取15个矢跨比,包含表5中的3个极值点矢跨比,依据上述公式绘制水平推力系数、拱顶和拱脚弯矩系数随矢跨比变化的规律图。

极值点参数　　　　　　　　　　　　　　　表5

参数		无铰拱	单铰拱	两铰拱
r	r_e	1.845	1.23	0.753
	λ_{cr}	1/54.7	1/82.12	1/134.1
	χ_{cr}	0.271	0.407	0.664
$2r$	r_e	3.69	2.46	1.506
	λ_{cr}	1/27.4	1/41.06	1/67.05
	χ_{cr}	0.1355	0.2035	0.332
$4r$	r_e	7.38	4.92	3.012
	λ_{cr}	1/13.69	1/20.53	1/33.53
	χ_{cr}	0.0678	0.1018	0.166

无铰拱、单铰拱和两铰拱三个结构体系的水平推力、拱顶和拱脚弯矩随矢跨比的变化规律相同，仅绘制出无铰拱内力随矢跨比和回转半径的变化规律。图1为考虑弹性压缩后无铰拱水平推力系数χ，图2为无铰拱不考虑弹性压缩的水平力系数$1/f$和弹性压缩引起的水平推力系数$(\chi-1/f)$，图3为无铰拱弯矩系数$(1-\chi f)$。

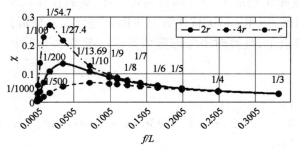

图1　水平推力系数χ

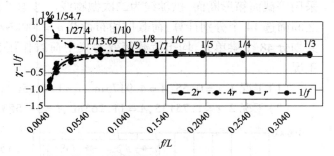

图2　弹性压缩引起的水平推力系数

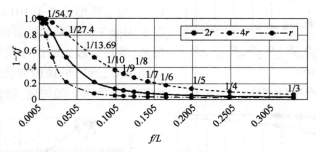

图3　弯矩系数(注:拱脚弯矩系数为负,拱顶为正)

由式(12)、表2、表4和图1～图3不难发现,在跨径一定时,无铰拱的水平推力随矢跨比、等效回转半径变化而变化,具有以下规律：

(1)水平推力系数χ随矢跨比的变化呈偏态曲线分布,具有极值。当矢跨比等于极值点矢跨比λ_{cr}时,拱圈的水平推力达到最大值。

(2)矢跨比大于λ_{cr}时,水平力随着矢跨比的减小而增大,增大的幅度也随之增加,当矢跨比趋向于∞时,无铰拱和单铰拱的水平推力趋向于0,弯矩也趋向于0,拱结构呈现出由两根柱组成的框架柱,单铰拱在顶部是铰接,无铰拱为刚接。两铰拱则蜕变为下端铰接的框架柱,在侧向为机动体系。

(3)矢跨比小于λ_{cr}时,水平推力随着矢高的减小而减小,减小的幅度大。当矢跨比等于0时水平推力等于0,是由于弹性压缩引起的水平力变化。当$f=0$时,无铰拱内力计算公式与同跨径且具有相同截面特性的两端固结直梁相同,无铰拱蜕变为两端固结的梁。同样地,当$f=0$时,单铰拱蜕变为两端固结跨中设铰的带铰刚构;两铰拱则蜕变为两端有水平和竖向约束的铰支梁。

(4)等效回转半径越大,极值点矢跨比越大,且曲线由陡变缓,水平推力系数随矢跨比变化幅度越小。等效回转半径越小,水平推力系数随矢跨比变化幅度越大。

(5)拱脚弯矩(负)和拱顶弯矩随矢跨比的减小而增大,增大的幅度也随之增加,矢跨比很小时增幅变缓。

3)无铰拱、单铰拱、两铰拱的对比

如上所述,单铰拱、两铰拱的随矢跨比的变化规律与无铰拱相同。所不同的是在其他条件均相同时,不同的体系具有不同的截面特性变化影响系数,即有不同的有效回转半径。

由极值点矢跨比式(16)和水平力极值式(17)可知,单铰拱水平推力极值对应的极值点矢跨比较无铰拱为小,两铰拱的更小。再一次表明等效回转半径越大,抗弯刚度相对较大,拱结构的水平推力越小,而拱脚和拱顶的弯矩则越大(铰接点除外)。

四、实例分析与合理矢跨比

1. 实例分析

以计算跨径 101m 的上承式空腹式无铰拱桥为例来讨论截面特性、矢跨比对拱圈内力的影响,拱圈采用等截面箱形断面,拱轴线为二次抛物线。考虑拱顶截面 0.55m、1.75m 两种回转半径,矢高在 0~25 之间筛选 14 个分别计算,荷载按均布荷载 $q = 200$ kN/m 计。运用 midas 软件对上述例子进行静力分析,共划分 48 个梁单元,均布荷载等效为集中荷载作用在节点上,计算时不考虑剪切效应。考虑以下 3 个工况:

(1)工况 1, $r = 0.55$, $A = 4.9175 m^2$, $I = 1.4785 m^4$;

(2)工况 2, $r = 1.75135$, $A = 11.265 m^2$, $I = 34.5532 m^4$;

(3)工况 3, $r = 1.75136$, $A = 4.9175 m^2$, $I = 15.0834 m^4$。

工况 1 为采用了适合于 101m 跨径拱桥的截面特性,工况 2 采用适合于 101m 跨径直梁的截面特性,工况 3 为便于对比采用拱桥的截面面积,回转半径取梁桥的,即具有较大的抗弯惯矩。图 4 示出了拱脚水平力随矢高、回转半径的变化规律;图 5 和图 6 分别为拱脚和拱顶弯矩随矢高、回转半径的变化规律。

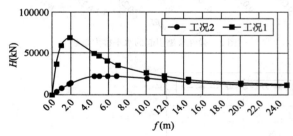

图 4 水平力随矢高变化趋势

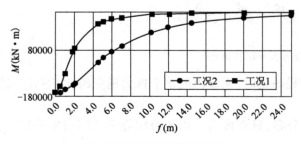

图 5 拱脚弯矩随矢高变化趋势

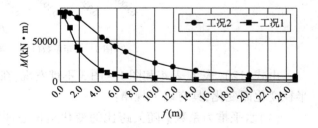

图 6 拱顶弯矩随矢高变化趋势

根据公式可以得出,当 $r = 0.55$ 时,水平力在矢高为 1.845($\lambda = 1/54.6$)时达到最大值 69505.38kN。当 $r = 1.75136$ 时,水平力在矢高为 5.87($\lambda = 1/17.2$)时达到最大值 21707.06kN。计算中选取了这两个矢高,由图 4 可知,其值与计算基本相等。

从水平力计算公式和内力公式表 2 可知,在均布荷载作用下,二次抛物线无铰拱水平推力等于同跨径简支梁跨中弯矩 $ql^2/8$ 与水平推力系数 χ 的乘积,拱脚、拱顶弯矩分别等于两端固结梁端部弯矩 $-ql^2/12$、跨中弯矩 $ql^2/24$ 与系数 $(1-\chi f)$ 的乘积,故此,图 4 ~ 图 6 中内力也相当于水平推力和拱脚、拱顶弯矩

的系数分别放大了 $ql^2/8$ 倍、$ql^2/12$ 倍和 $ql^2/24$ 倍,反映出的内力系数变化规律与理论分析的相同。

图 7 和图 8 分别给出了不同工况下拱顶挠度随矢跨比的变化规律。由图可知,拱顶挠度随着矢跨比的减小而增大,即整体刚度减小;矢跨比一定时,拱顶的挠度随着抗弯刚度的增大而减小。

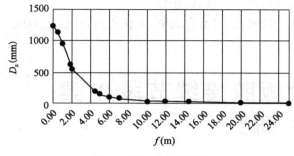

图 7　工况 1 拱顶挠度图

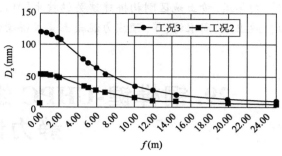

图 8　工况 2 和工况 3 拱顶挠度

当等效回转半径相同时,即使截面面积或惯性矩不同,内力也是相同的,但挠度不同。说明等效回转半径反映的相对刚度,影响结构的内力分布,截面面积和惯性矩是实际刚度,影响结构整体刚度(变位)。

2. 合理矢跨比

由图可知,在矢跨比不小于 1/12 时,回转半径引起的水平力变化不大,拱脚和拱顶弯矩偏差也不大,因此,结合内力系数的计算公式,可以认为拱的矢跨比不宜小于 1/12。矢跨比增大,水平推力和弯矩均有所减小,但在矢跨比大于 1/3 后变化较小,而且较大的矢跨比也意味着材料用量的增加,不经济,因此矢跨比不宜大于 1/3。

对于大跨径预应力混凝土连续刚构桥,主梁一般采用变截面箱形梁,梁高按抛物线变化,跨中梁高位跨径的 1/60 ~ 1/40,根部梁高为跨径的 1/18 ~ 1/16,其名义上的净矢跨比在 0.03 ~ 0.045 之间,轴线的矢跨比一般在 0.03 以下。且连续刚构桥跨中截面的回转半径一般情况下大于 0.8,根部截面的回转半径更大,主梁截面的等效回转半径一般大于 1.5,从图 3 和图 4 可以看出,回转半径 1.75m 时,矢高比小于 1/50 时水平力较小,由于连续刚构的墩身具有一定柔度,可以释放部分水平推力。因此,可认为大跨径连续刚构桥的名义矢跨比宜小于 0.03。

矢跨比在 0.03 ~ 0.1 之间时,水平推力和拱脚弯矩都比较大,需要具有更大等效回转半径的构件,不建议采用。

五、结　　语

通过宏观上的理论分析可知,矢跨比和等效回转半径对拱结构的内力有较大的影响。不同荷载以及不同的截面特性变化规律对应不同的水平推力系数。

在合理的矢跨比范围内,拱在竖向荷载作用下,随着等效截面回转半径的增大,水平推力减小,而拱脚和拱顶弯矩则增大。

无铰拱的水平推力随着矢跨比的减小而增大,当矢跨比减小到极值点后,无铰拱的水平推力随着矢跨比的减小而减小,直至蜕变为两端固结的梁式结构。因此,在跨径一定时,应结合桥面系的布置,确定合理的矢跨比和拱的截面特性,使结构的受力更加合理。

参考文献

[1] 姚玲森. 桥梁工程[M]. 3 版. 北京:人民交通出版社股份有限公司,2021.
[2] 李廉锟,侯文崎. 结构力学(上册)[M]. 7 版. 北京:高等教育出版社,2022.
[3] 顾懋清,石绍甫. 拱桥(上册)[M]. 北京:人民交通出版社,1994.
[4] 冯云成. 上承式预应力混凝土刚性梁柔性拱桥静力分析[J]. 世界桥梁,2012,40(1):47-49.
[5] 朱庭君. 拱肋刚度对钢桁架拱桥结构应力及变形的影响研究[J]. 西部交通科技,2022(4):166-168.

[6] 王海良,曹磊,李自林.拱肋截面变化对刚性系杆拱桥受力性能影响分析[J].河北工业大学学报,2011,40(3):115-118.
[7] 何锦权,罗俊.大跨度钢桁架拱桥关键设计参数研究[J].中国科技信息,2016(15):64-66.
[8] 刘学琪.黄土地区刚构桥建造关键技术[M].兰州:兰州大学出版社,2022.
[9] 鲍卫刚,周永涛,等.预应力混凝土梁式桥梁设计施工技术指南[M].北京:人民交通出版社,2009.

29. 钢榫键-UHPC组合板胶接缝节段T梁静力试验研究

申洛岑[1]　徐栋[1]　宋冰泉[2]

(1. 同济大学；2. 宁波交通工程建设集团有限公司)

摘　要　钢榫键作为一种构造简单、施工方便接缝形式,在日本得到广泛应用。同济大学邹宇等针对钢榫键接缝研究发现,钢榫键在加载过程中区域应力场分为压区、拉压区,由于局部杠杆效应,握裹钢榫键的混凝土早于钢榫键发生局部劈裂、胀裂或压碎等脆性破坏。钢榫键-UHPC组合板中UHPC可提高与钢榫键接触部分的局部承载力,接缝的荷载-位移曲线发展历程长,最终发展为钢榫键直剪延性破坏。本文针对采用钢榫键-UHPC组合板的30m节段T梁,展开有限元分析和实体梁加载试验。研究表明,采用钢榫键-UHPC组合板的30m节段T梁,荷载-位移曲线加载初期呈线弹性,开裂后梁体刚度降低缓慢进入裂缝发展阶段、但仍呈线弹性。1.37倍设计极限承载力作用下,结构工作性能良好,未发生明显塑性变形,具有较好的安全储备。

关键词　UHPC　钢榫键　节段拼装简支桥梁　足尺模型　承载能力

一、引　言

随着中国基础设施建设的开展和桥梁施工技术的进步,节段预制装配式桥梁以其施工质量好、环境影响小、现场作业时间短、安全水平高等优点,已成为中国桥梁建设的重要发展方向。邹宇等[1-2]对钢榫键接缝进行直剪试验研究,相比传统混凝土齿键胶接缝,钢榫键胶接缝承载力提高29.52%,接缝刚度同样明显大于混凝土齿键胶接缝。

钢榫键接缝存在两种破坏模式[3]：第一种破坏模式由混凝土的开裂强度决定,混凝土发生局部劈裂、胀裂或压碎等脆性破坏；第二种破坏模式由钢榫键剪切强度决定,试件破坏时钢榫键沿接缝面发生直剪断裂,荷载-位移曲线发展历程较长,试件竖向相对位移发展充分后钢榫键才发生直剪破坏,是一种延性破坏模式。为避免混凝土的过早破坏导致钢榫键无法充分发挥抗剪作用,须提高钢榫键接触部位混凝土的局部承载力。

超高性能混凝土(Ultra-High Performance Concrete,UHPC)是亚微米级颗粒(如硅灰)、微米级颗粒(如水泥、粉煤灰等)、毫米级颗粒(如细石英砂)按最大密实度理论构建的材料,具有超高强度的宏观力学特性[4-5]。同时,由于纤维的存在而使得抗拉强度明显高于普通混凝土,具有较稳定的裂后抗拉性能,含钢纤维UHPC表现出较明显的增强与增韧效果[6],四点弯曲峰值强度可达到无钢纤维弯曲试件的1.8~3.0倍；同时,在开裂后的一定挠曲范围内仍具有较高的持荷能力,表现出明显的挠曲硬化特性。

鉴于钢榫键具有较高的承载能力、有较好的延性,同时采用UHPC可对钢榫键接触部位进行局部加强,避免混凝土的开裂早于钢榫键的剪切破坏,使接缝的力学行为更加明确。本文针对采用钢榫键-UHPC胶接缝的30m预制节段T梁进行有限元分析及静载试验研究,如图1所示。通过分析钢榫键-UHPC胶接缝的裂缝开展机理及梁体的抗弯承载力,为采用钢榫键-UHPC胶接缝的30m节段T梁设计及应用提供参考。

图 1　30m 节段 T 梁弯剪性能试验

二、试验设计

1. 总体设计

试验目的是分析采用钢榫键-UHPC 胶接缝的 30m 预制节段简支 T 梁的受力性能,特别是钢榫键-UHPC 胶接缝在极限弯曲荷载作用下的抗裂性能、刚度和承载能力,并与有限元分析结果进行对比分析,为结构设计和工程应用提供技术资料。

试验内容包括纯弯工况极限荷载作用下静力加载,测试各级加载工况下梁体的结构行为,拼缝截面、跨中截面混凝土应力增量,观测记录混凝土裂缝的发展。

2. 试验梁设计

足尺试件采用宁波交工公路工程设计有限公司编制的《30m 预制节段装配式 T 梁通用图》,梁长 30m,梁高 2m,混凝土强度等级为 C50,UHPC 抗压强度 120MPa、抗拉强度 7MPa,普通钢筋采用 HPB300 和 HRB400 钢筋,预应力钢筋采用抗拉强度标准值 $f_{pk}=1860$MPa 高强度低松弛钢绞线,接缝胶采用湖南固特邦生产的 JN-P 预制节段结构拼缝胶。30m T 梁纵向分为 9m+12m+9m 三个节段,节段划分如图 2 所示。节段预制时在接缝端面安装钢榫键-UHPC 组合板,组合板通过锚筋与梁体连接,组合板如图 3 所示,钢榫键如图 4 所示。

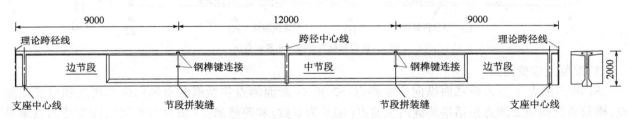

图 2　30mT 梁节段划分示意图(尺寸单位:mm)

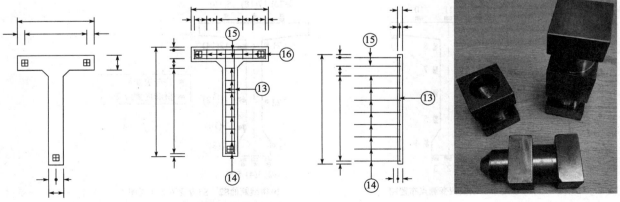

图 3　钢榫键-UHPC 组合板设计图　　　　　　图 4　钢榫键构造示意图

3. 加载系统

试验加载采用两台500t液压千斤顶,布置如图5所示。两个加载断面分别位于接缝外侧1m处,每台千斤顶通过分配横梁使用两根φ75mm精轧螺纹钢与预应力混凝土反力架连接。

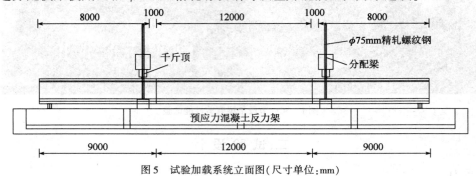

图5 试验加载系统立面图(尺寸单位:mm)

4. 测试系统

1)加载控制部位

根据试验梁构造特点,选取试件跨中断面S1、拼接断面S2和S3作为加载控制部位,如图6所示。

图6 试验加载控制部位示意图

2)梁体挠度测点

沿T梁纵向设置5个变形测试断面,其中Z1和Z2断面为支座变形测试断面,每个断面布设2个测点,如图7所示。

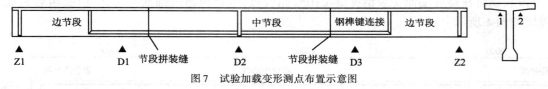

图7 试验加载变形测点布置示意图

3)混凝土应变测点

S1断面测点主要为横截面纵向应变测点;S2和S3断面测点包括横截面纵向应变测点和应变花测点,横截面纵向应变测点包括拼装缝内侧测点(编号为双数)和跨缝测点(编号为单数),应变花测点编号顺序为竖向、横向、斜向。各测点布置示意图如图8所示。

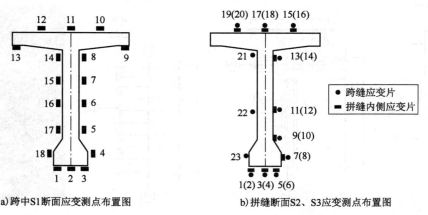

a)跨中S1断面应变测点布置图 b)拼缝断面S2、S3应变测点布置图

图 8

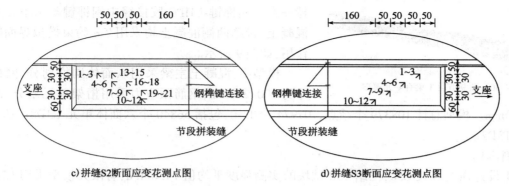

c) 拼缝S2断面应变花测点图 d) 拼缝S3断面应变花测点图

图8 混凝土应变测点布置图(尺寸单位:mm)

4) 裂缝观测

在试验梁表面绘制 20cm×20cm 网格,各级荷载下描黑标记裂缝形态。

三、理论计算分析

1. 规范方法理论计算结果

受弯构件的截面抗弯承载力设计值M_{ud}[6],计算公式为:

$$M_{ud} = f_{cd}bx\left(h_0 - \frac{x}{2}\right) + A'_s f'_{sd}(h_0 - a'_s)$$

$$A_s f_{sd} + A_p f_{pd} = A'_s f'_{sd} + f_{cd}bx \tag{1}$$

式中:M_{ud}——受弯构件的截面抗弯承载力设计值;

f_{cd}——混凝土的轴心抗压强度设计值;

b——矩形截面宽度,T形或I形截面腹板宽度;

x——截面受压区高度;

h_0——构件有效高度;

A'_s——构件受压区纵向普通钢筋的截面面积;

f'_{sd}——普通钢筋抗压强度设计值;

a'_s——构件受压区普通钢筋合力点、预应力钢筋合力点至受压区边缘的距离

A_s——构件受拉区纵向普通钢筋的截面面积,或圆形截面构件全部纵向普通钢筋的截面面积;

f_{sd}——普通钢筋抗拉强度设计值;

A_p——构件受拉区纵向预应力钢筋的截面面积;

f_{pd}——预应力钢筋抗拉强度设计值。

节段梁接缝截面仅计入跨接缝的纵向预应力钢筋,接缝截面抗弯构件承载力计算值约为连续截面的 83.97%(表1)。

抗弯构件承载力计算值   表1

截面位置	受压区高度 x(mm)	抗弯承载力(kN·m)	两点加载力(kN)
连续处	108.41	11413	1521.7
接缝处	102.31	9584	1277.9

2. ABAQUS 理论计算结果

1) 模型构造

为得到精细化的理论计算结果,采用非线性有限元分析软件 ABAQUS 建立 30m 预制节段 T 梁有限元模型,梁体采用 C3D8R 三维实体减缩积分单元模拟,预应力钢束、普通钢筋均采用 T3D2 桁架单元模拟,通过 Embedded 约束嵌固于梁体内。普通钢筋在拼接缝截面处断开、预应力钢束连续,与实际结构保

图9　30m 预制节段 T 梁有限元模型

持一致。钢榫键-UHPC 胶接缝中钢榫键与 UHPC、UHPC 与混凝土、接缝两侧混凝土均采用 Tie 约束模拟界面间的黏结作用，如图9 所示。

模型中，混凝土主梁采用六面体网格划分，网格划分尺寸为100/200mm，钢筋预应力采用桁架单元划分，网格划分尺寸为100mm。模型总计108379 个结点，107974 个单元，包括56840 个六面体单元 C3D8R 和51134 个桁架单元 T3D2。

2）材料本构

混凝土设计强度等级 C50，三组 28d 试块的实测强度平均值74.6MPa，有限元模型采用 C70 混凝土塑性损伤本构模型，单轴应力-应变关系依据混凝土设计规范建议的曲线和参数计算。UHPC 强度等级 UC120，钢纤维掺量 2%，单轴应力-应变关系曲线参照单波等根据单轴加载试验数据拟合的公式。预应力钢绞线（极限强度标准值1860MPa）与 HRB400 普通钢筋弹性模量取为 2×10^5 MPa，泊松比取为0.3。塑性损伤模型采用双折线理想弹塑性模型，普通钢筋考虑屈服强化段，预应力钢筋不考虑屈服强化。

3）模拟结果

节段 T 梁的两点竖向加载力-位移曲线如图10 所示，大致分为弹性阶段、裂缝开展阶段、塑性阶段、破坏阶段。有限元模拟开裂荷载为895kN、极限破坏荷载为1849.4kN、接缝处极限弯矩为13870.5kN·m。

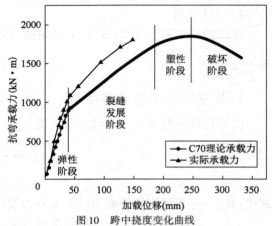

图10　跨中挠度变化曲线

四、试验结果

1. 主梁应力

在试验极限荷载作用下，跨中与拼缝截面应力变化曲线如图11 所示。试验梁响应均小于理论计算值，结构处于线弹性工作状态，梁顶混凝土未压溃，结构强度满足规范要求。

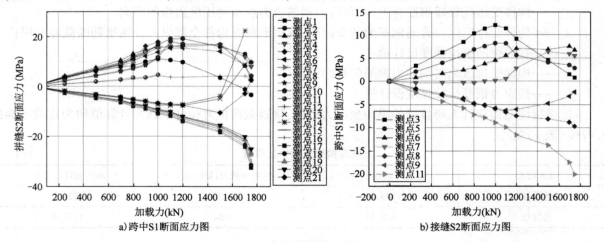

a）跨中S1断面应力图　　　　　　　b）接缝S2断面应力图

图11　跨中与拼缝断面应力图

2. 横截面应力

开裂前线弹性阶段，截面应力沿梁高线性分布，满足平截面假定，截面中性轴位于距离梁底1.25m 左右；跨缝应变片数据与非跨缝应变片数据基本一致，拼缝传力作用良好，结构整体工作性能良好，应力变化曲线如图12 所示。

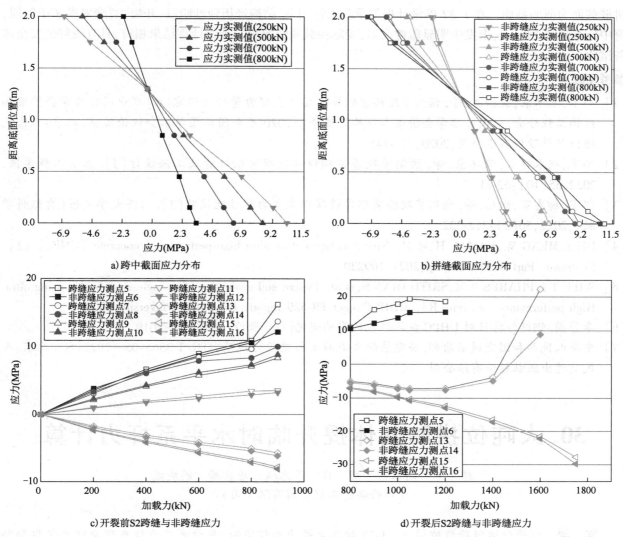

图 12 横截面应力

3. 裂缝开展

1000kN 时，拼缝底部出现首条裂缝，开裂荷载大于理论计算值 895kN；

1200kN 时，跨中梁底出现大量垂直裂缝，裂缝扩展至腹板中部；拼缝裂缝高度超过跨中裂缝，同时结构出现斜裂缝；

1750kN 时，跨中裂缝、斜裂缝扩展接近腹板顶部；拼缝裂缝扩展达到腹板顶部；

1750kN 时，拼缝处开裂宽度超过 3mm，跨中位移超过 140mm，试验加载终止，裂缝标记如图 13 所示。试验终止荷载为规范理论承载力 1277.9kN 的 1.37 倍。

图 13 裂缝标记图

五、结 语

本文开展了采用钢榫键-UHPC 组合板的 30m 节段 T 梁足尺模型试验，对该结构的抗弯承载能力进行了研究。加载过程中裂缝首先出现在拼缝截面，拼缝截面裂缝扩展高度始终高于跨中裂缝高度，表明拼缝截面为薄弱截面。在1.37倍设计极限承载力作用下，结构经历弹性阶段、开裂、裂缝发展3个阶段，跨中位移超过140mm，未发生明显塑性变形，实际加载观测情况与理论计算结果相符，具有较好的安全储备试验。

参考文献

[1] 邹宇,宋冰泉,袭松立,等.预制节段桥梁钢榫键接缝直剪力学行为研究[C]//中国公路学会桥梁和结构工程分会.中国公路学会桥梁和结构工程分会2020年全国桥梁学术会议论文集.北京:人民交通出版社股份有限公司,2020:741-745.

[2] 邹宇,端木祥永,宋冰泉,等.预制节段桥梁钢榫键接缝剪切性能及工法设计[J].土木工程学报,2022,55(10):62-71.

[3] 邹宇,柳惠芬,徐栋,等.预制节段桥梁钢榫键接缝直剪力学性能试验[J].同济大学学报(自然科学版),2022,50(2):212-222.

[4] DU J, MENG W, KAMAL H, et al. New development of ultra-high-performance concrete (UHPC)[J]. Composite Part B: Engineering, 2021:109220.

[5] WIPF T J, PHARES B M, SRITHARAN S, et al. Design and evaluation of a single-span bridge using ultra-High performance concrete[R]. IHRB Project TR-529 report. Iowa State University, 2009.

[6] 李芳园.钢纤维特性对UHPC抗拉性能的影响研究[D].长沙:湖南大学,2019.

[7] 中华人民共和国交通运输部.公路装配式混凝土桥梁设计规范:JTG/T 3365-05—2022[S].北京:人民交通出版社股份有限公司,2022.

30. 大吨位拱肋整体提升临时水平系杆力计算

韩 玉　胡家锴　刘 祥　匡志强　唐睿楷　解威威

(广西路桥工程集团有限公司)

摘　要　以平陆运河跨线桥梁——G75钦江大桥为工程实例，基于无应力状态理论建立了拱肋整体提升合龙的施工控制计算方法。通过有限元模型模拟了拱肋整体提升施工过程的受力行为，并对临时水平系杆力进行了系统的分析与优化。研究表明，拱肋整体提升时竖向变形与纵向变形对重度变化十分敏感，通过精确控制水平临时系杆力，可显著减小合龙口的相对位移和转角，确保成桥线形与内力分布满足设计要求，为G75钦江大桥左幅顺利合龙提供了技术支持，也为未来类似工程提供了宝贵的技术经验。

关键词　钢管混凝土拱桥　整体提升法　水平临时系杆力　施工控制　有限元分析

一、引　言

针对"世纪工程"平陆运河跨线工程的关键部分——G75钦江大桥，在施工过程中充分考虑安全、工期及场地限制的影响，采用先横移再整体同步提升法，不仅简化了施工过程，大大降低了安全风险，还显著减少了脚手架的使用，节约施工成本。

整体提升法通常分为两个步骤，首先在低位进行拱肋拼装，然后再将大段拱肋整体提升合龙[1]。自20世纪50年代以来，国外已经开始将整体提升法应用于多种建筑结构的施工中，如瑞士的飞机库[2]和日本名古屋[3]的穹顶结构。国内的整体提升技术发展虽起步较晚，但相关建造施工技术也日渐成熟。2005年，广州新光大桥[4-5]428m主跨采用整体提升法完成了拱肋提升合龙，最大提升重量3078t。2013年，广州南沙凤凰三桥[6]308m主跨钢箱拱采用整体提升法完成了拱肋提升合龙，最大提升重量4690t。2018年，柳州官塘大桥[7]主跨450m采用整体提升法完成了拱肋提升合龙，最大提升重量5885t。

提升过程中水平临时系杆力的准确分析计算与有效的控制措施是保证成桥状态向设计目标状态逼近的关键。然而，当前对于整体提升法研究的主要集中在提升过程的内力计算与控制，对拱肋提升过程的线形控制与调整的研究较少，可供参考的经验不足。本文以G75钦江大桥为工程实例，深入探讨拱肋提升过程中的施工控制计算方法，有效保证了合龙松索后的成桥状态符合设计目标，为未来类似工程提供宝贵的施工经验。

二、工 程 概 况

平陆运河跨线桥梁工程施工6标段位于平陆运河航道K112+700处，位于兰海高速公路G75广西钦州境K2101+945处，跨越钦江。本项目为原位拆除改建工程，道路等级为高速公路，设计速度为120km/h，路基宽度42m。主桥采用计算跨径318m下承式钢管混凝土系杆拱桥，矢跨比为1/4.48，拱轴线为悬链线，拱轴系数$m=1.5$。拱肋为钢管混凝土桁架式结构，单幅桥主拱横桥向中心间距为24.9m，左右幅主拱弦管距离4.2m。单片拱肋采用变高度四管桁式截面，拱顶截面径向高5m，拱脚截面径向高7m，肋宽2.6m。管内混凝土采用C60自密实补偿收缩混凝土。单片拱肋分14个节段加工制作及安装，全桥共56个节段，其中拱脚处的4个节段（两岸各2个）采用支架施工，中间的10个节段通过在桥底加工安装为整体大节段后，两端连接临时水平系杆，通过竖向提升后与拱脚节段进行合龙，大节段提升理论重量约1900t，提升高度为49.1m。图1所示为该桥右内侧总体立面布置图。

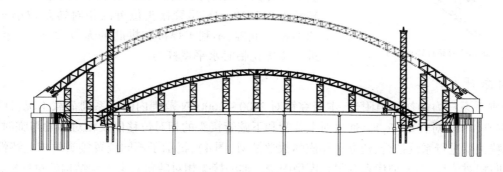

图1 右内侧总体立面布置图

三、临时水平系杆力计算

1. 有限元模型建模

拱肋提升过程采用有限元方法来模拟结构的受力行为，如图2所示。模型中，临时支撑架底部被设定为完全固定，临时墩与拱肋的连接采用弹性连接模拟。拱肋在支架上进行吊装调整后，会采用限位块对其纵向、横向相对位移进行限制，因此其与支架端部采用弹性连接模拟，平动方向赋予较大刚度。对于有限元模型中脱架后的提升段，提升索相当于提供了一个竖向支承，而在水平方向上结构仍处于一个可变体系，若不对其增加约束则会导致结构分析时整体刚度矩阵产生奇异，而不恰当的约束又会导致结构内力及位移计算结果与实际情况差别较大。考虑到结构的一般对称性，在拱顶节点处赋予边界约束，一侧限制其纵向和横向平动自由度，另一侧限制其纵向自由度，这样保证了拱肋在纵向方向上拱顶处于两提升塔架中心位置而两端位移相对对称。

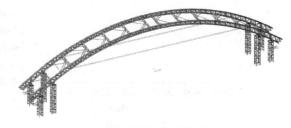

图2 拱肋提升阶段有限元模型

2. 无应力状态理论

为了确保最终成桥状态与设计目标一致,需要精确控制各个阶段形成过程中结构构件的无应力状态。通过控制构件的无应力长度和无应力曲率[8],确保在合龙过程中满足节段间平顺合龙以及合龙口宽度不变这两个关键条件。具体来说,需通过调整顶底板焊缝的宽度,避免连接处出现折角,并严格按照设计规定的焊接长度进行合龙焊接,以保证结构的完整性和功能性。

在旧桥进行支架拼装时,通过施加支架预抬值抵消考虑节段之间的沉降差异,确保拱肋节段的平顺连接。为了避免合龙时连接处出现折角,需要特别注意控制拱肋端头纵向位移、横向位移以及端头转角。端头的纵向和横向位移直接影响拱肋合龙时是否会出现错台现象,而端头的转角决定了连接处的折角,即合龙的平顺程度。如果这两方面控制不当,可能会导致成拱后出现应力集中,进而危及结构安全。

因此,本文通过优化控制临时水平系杆力,以控制端头的纵向位移,确保不产生错台现象(通过安装措施,不考虑横向自由度),同时控制端头的转角,确保提升段与原位拼装段的拱轴线无夹角。

3. 初值计算

为了整体提升结构并进行分析计算,确保临时系杆的锚点位置不产生沿系杆轴向的位移,通过计算

图3 虚拟临时系杆锚点支座

确定了临时系杆锚点位置的支座反力,并将其作为系杆的索力初值(图3)。由于结构为对称结构,经计算得出系杆锚点位置的支座反力分别为3042.1kN和3188.3kN,取其均值3115.2kN,作为临时水平系杆力的初始值。在初始工况下,拱肋拱顶位置的竖向位移为49mm,拱脚接头的最大相对位移为8.8mm,相对转角为0.0050rad。尽管接头位置的相对转角较小,但仍存在约1cm的间隙,不利于焊接和拱肋的无应力合龙。因此,需要进一步优化临时水平系杆力。

4. 临时系杆力计算

在临时水平系杆力的初始值附近,本研究针对2400~3600kN范围内的一系列荷载工况,计算了接头的相对位移(D_x)和相对转角(R_y)。通过对上弦管和下弦管接头的相对位移以及相对转角与临时水平系杆力之间的依赖关系进行系统拟合,建立了相应的数学模型(图4),揭示了不同位置接头的响应特性(左y轴为接头x方向相对位移,右y轴代表有限元模型中绕y轴的接头相对转角),考虑到结构的对称性,可以推断出拱肋另一端接头变形情况与当前所分析一致。由图4可以看出,接头的相对位移、相对转角与临时水平系杆力呈线形关系。通过拟合线形方程分别求解可以发现,图4a)中若要使接头x方向相对位移为零,相应临时水平系杆力为3139.8kN,若要使接头转角为零,相应临时水平系杆力为3217.7kN,下弦管也类似,不再赘述。通过分析上、下弦管相对位移、转角为零时的临时水平系杆力,其范围约为3139.8~3227.9kN。

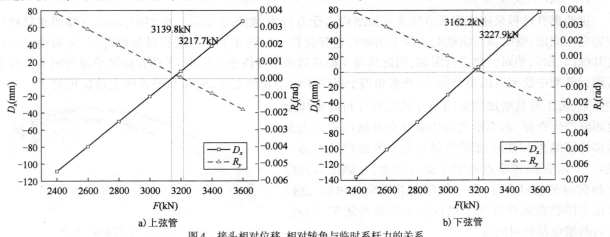

a) 上弦管 b) 下弦管

图4 接头相对位移、相对转角与临时系杆力的关系

为了尽量实现无应力合龙,需尽量使合龙接口处转角与相对位移都接近零,但临时系杆力是单一变量,无法同时控制合龙口的相对转角和相对位移同时等于零。观察图4a)与图4b)分析相对位移和相对转角的变化情况,可以发现临时系杆力每变化100kN,纵向相对位移变化29.3mm,相对转角变化0.000941rad,对相对位移的影响更为显著,对转角的影响较弱,经验算确定较优的临时水平系杆力为3151.3kN。此时,上、下弦管纵向相对位移为±1.9mm,相对转角分别为0.00032rad和0.00033rad。

四、计算结果分析

将上文计算出来的临时水平系杆力代入有限元模型,可以得到提升过程和最终合龙松索并解除提升支架后的成桥线形与内力分布情况,下面将对计算结果进行逐一分析。

1. 线形分布

图5为上、下弦管最终合龙松索并解除提升支架后的成拱线形分布情况。可以发现,对于上弦管而言,拱肋不同节段的成拱线形的变化都较为平顺,上下弦管的变形偏差无明显差异。由于自身重力影响,成拱时相较于一次落架而言拱顶变形稍大,拱肋线形与目标线形最大偏差为12.1mm,此时$L/3000 = 106$mm,远小于规范要求的允许值[《公路工程质量检验评定标准 第一册 土建工程》(JTG F80/1—2017)第8.8.3条规定,钢管拱肋架设拱圈高程允许偏差$\pm L/3000$,且不超过± 50mm,其中L为拱肋的计算跨径]。因此,基于本文方法计算的临时水平系杆力能满足施工要求。

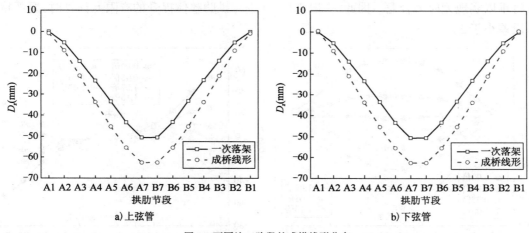

图5 不同施工阶段的成拱线形分布

2. 内力分布

图6为拱肋做一次落架计算后的应力分布。可以观察到,若拱肋做一次落架计算,弦管内力分布均匀,上弦管最大应力位置出现在拱顶附近,为33.9MPa。下弦管最大应力位置出现在拱底附近,为34.0MPa,上下弦管内力相差不大。图7为最终合龙松索并解除提升支架后的计算应力分布,与一次落架应力分布类似,上弦管最大应力出现在拱顶附近,为35.3MPa,但下弦管最大应力出现在拱肋1/4位置处,为29.1MPa。可以看出,虽然在提升施工之后上弦管承担了更大的内力,但其总体内力情况与一次落架的内力分布情况相差不大,最大偏差不超过6MPa。对于安全性而言,Q345钢材容许应力为210MPa,远大于拱肋提升施工后的最大应力35.3MPa。

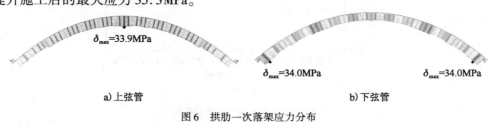

图6 拱肋一次落架应力分布

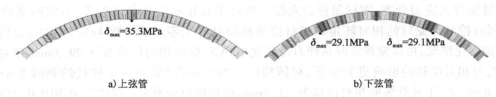

a) 上弦管　　　　　　　　　　　b) 下弦管

图 7　拱肋提升时应力分布

3. 重度敏感性分析

拱肋安装时,由于施工附属结构的影响,拱肋重度往往很难精确估算,为了定量分析重度对提升线形以及合龙口偏差的影响,图 8 分别给出了 0.90 倍、0.95 倍、0.98 倍、1.00 倍、1.02 倍、1.05 倍和 1.10 倍拱肋重度对上弦管竖向偏位、纵向偏位以及转角的影响(下弦相差不大,不再赘述)。可以发现,随着拱肋自重增加,提升段拱肋逐渐从向下"弯曲"转变成向上"翘曲",自重荷载取 0.98 倍或 1.02 倍重度时,拱顶变形偏差为 24.5mm,相差 57%。当自重荷载取 0.9 倍或 1.1 倍重度时,拱顶变形偏差为 122.6mm,偏差率为 284%;对于纵向偏位,自重荷载取 0.98 倍或 1.02 倍重度时,接头位置纵向变形偏差 8.7mm,0.9 倍或 1.1 倍重度时为 51.6mm,偏差达到 55.7mm;对于转角而言,当重度变化 10% 时,转角偏差 0.0015rad,重度对其影响相对较小。结合图 6 可以观察到,当重度变化 2% 时,合龙口的纵向变形偏差与临时系杆力变化 27kN 时一致。拱肋的竖向变形与纵向变形对重度变化影响十分敏感,若重度计算偏差过大,拱肋实际安装时将难以实现无应力合龙。因此,一般来说,在进行拱肋整体提升的有限元计算时,要严格控制重度的计算误差小于 2%。

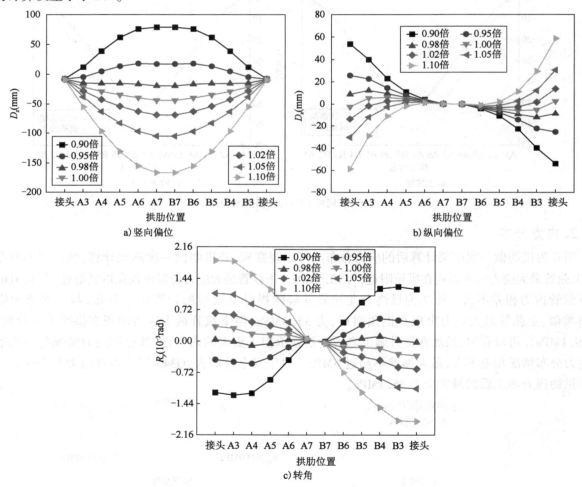

图 8　拱肋重度对提升线形的影响

五、结　语

本文以平陆运河跨线桥梁——G75钦江大桥为工程实例,基于无应力状态理论提出了拱肋提升合龙控制计算方法,旨在实现精确的线形控制,确保结构安全和施工质量。主要结论有:

(1) 钢管混凝土拱桥拱肋提升时,采用水平临时系杆作为提升时临时约束,安装成桥线形与一次落架工况相差12.1mm,远小于规范容许值。

(2) 提升施工之后上弦管承担了更大的内力,但其总体内力情况与一次落架的内力分布情况相差不大,最大偏差不超过6MPa。

(3) 合龙接头的相对位移、相对转角与临时系杆力呈线形关系,对相对位移的影响更为显著。

(4) 拱肋重度的精确估算对提升线形和合龙精度的影响极为关键,有限元计算中应严格控制重度计算误差。

参考文献

[1] 米孝生,胡智敏,陈伟.大跨径钢箱拱肋整体提升关键技术研究[J].公路交通科技,2015,32(7):92-97.

[2] PINTO C, SCHMITT K. Accounting for the movemernt during the lifting of alarger roof of hangar in Zurish of Switzerland[J]. Space Structure, 2005, 5(8): 1-10.

[3] SHEN S Z. The development of spatial structures in China(Invited Report)[R]. LASS Asia-Pacific Conference of Shell and Spatial Structures, Beijing, 1996.

[4] 徐郁峰,谭林,李静,等.新光大桥主桥整体施工过程仿真分析[J].桥梁建设,2008(6):76-79.

[5] 李跃,罗甲生,郭欣,等.广州新光大桥主跨主拱中段大段整体提升架设[J].中外公路,2006(2):110-114.

[6] 孔鹏,张浩然,周兆伟,等.广州凤凰三桥拱肋整体提升技术[J].广东土木与建筑,2014,21(11):36-38.

[7] 苟祖宽.荔波官塘大桥双斜钢拱塔无支架原位拼装方案研究[J].贵州大学学报(自然科学版),2014,31(3):116-120.

[8] 秦顺全.斜拉桥安装无应力状态控制法[J].桥梁建设,2003(2):31-34.

31. 桥梁混凝土冬季施工暖棚法温度场分析

孙全胜　张哲

(东北林业大学)

摘　要　暖棚法作为桥梁混凝土冬季施工的常用施工方法,在工程上被广泛应用。本文基于缩尺模型试验研究了不同暖棚尺寸和供热方式对棚内及混凝土内部温度的影响。结果发现:暖棚尺寸与保温效果成反比。采用热风加热时,暖棚内部及混凝土中心位置处达到稳定时的最高温度比采用点热源时分别高出15.5℃与25.2℃,达到稳定时的时间分别提前了390min与1000min,并且各部分的温度分布更加均匀。

关键词　冬季施工暖棚法　温度场　温度效应　混凝土养护

一、引　言

随着全球城市化[1]进程的加速与经济的不断发展,基础设施的需求量也在持续增长。混凝土作

---

① 基金项目:龙建路桥股份有限公司:桥梁混凝土冬季施工智能控制装备研究,230000100004258230012。

为基础设施建设中不可或缺的材料,需求量也随之增加。从住宅、商业建筑到交通、水利等基础设施[2],混凝土都在其中发挥着重要作用。与其他材料相比,混凝土具有较高的强度[3],可以满足大多数建筑承载力的需求。混凝土强度的提升依赖于水泥的水化作用[4],但是这个过程并不是一蹴而就的,而是受到环境等多种因素的影响[5]。对于严寒地区来说,混凝土工程往往需要进行冬季施工[6]。在施工过程中,首先,低温会使得混凝土内部的游离水结冰,从而导致混凝土膨胀开裂,降低混凝土的整体强度[7];其次,由于受到有限的日照时间的影响,混凝土施工进程可能会被严重推迟,从而影响工程的整体进度。因此,为了确保混凝土在冬季施工中能够达到预期的强度,需要采取一系列的保温措施[8]。

对于混凝土原材料,可以选择使用低水化热的水泥[9]和掺加适量的改性剂,以减少混凝土内部的水化热和防止水分结冰。此外,还可以控制混凝土的配合比来改善抗冻性能。Abdraimov 等[10]通过试验研究对比了不同改性剂的组合对混凝土抗冻性能的影响,结果发现,采用微硅粉和氯化钙作为改性剂可极大程度上提高混凝土的抗冻性能。Kan 等[11]在混凝土中加入了碳纤维,并通过冻融循环试验研究了碳纤维添加量与混凝土抗冻性能的关系,结果发现,当碳纤维的添加量为1.5%(质量分数)时,混凝土在低温下的抗冻性和抗压能力均有提高。Lu 等[12]通过冻融试验测定了具有不同混凝土成分的超高性能混凝土(UHPC)的质量损失率和抗压强度损失率,以评估不同因素对 UHPC 抗冻性能的影响,结果发现,降低水黏合剂的比例可以显著提高 UHPC 的抗冻性能。除此之外,在混凝土的浇筑和养护过程中,也需要采取相应的保温措施。可以在混凝土表面覆盖塑料薄膜、棉被等保温材料,以减少混凝土与外界环境的热交换,保持其温度稳定。Shi 等[13]通过采用不同的温控措施对-10℃下混凝土的温度场与抗压性能进行了试验研究,并通过有限元模拟分析了不同因素对混凝土养护质量的影响,结果表明,采用岩棉保温覆盖层和加热模板可极大程度上提高混凝土的养护质量。Aniskin 等[14]通过有限元评估了水平表面隔热层的类型和厚度对大体积混凝土温度的影响,提出了一种可以确定大体积混凝土养护时所需的表面绝热材料(聚苯乙烯泡沫或砂层)最佳厚度的技术。Chen 等[15]对严寒地区以泡沫聚氨酯为保温材料的混凝土拱坝进行了长期的现场试验,并基于数值模拟方法分析了不同温度荷载对混凝土拱坝温度场的影响,结果发现在所有温度荷载作用下,设置泡沫聚氨酯保温层的混凝土坝体的温度变化幅度降低超过30%,在某些位置甚至达到90%。

综上所述,在混凝土冬季施工过程中,尽管改变原材料和采用覆盖保温材料的方法在一定程度上能够提高混凝土的抗冻性能,但这些措施可能会受到如成本、施工条件等因素的限制。因此,工程师们也在不断地探索更为经济和有效的保温方法,其中暖棚法[16]就是一种不错的解决方案。暖棚法是一种通过在施工现场搭建保温棚来改善寒冷施工环境的方法,这种保温棚能够有效阻挡外部寒冷空气的侵袭,并减少混凝土与外界环境的热交换。在暖棚内部,可以设置加热设备来提供额外的热量,以确保混凝土在施工过程中的温度保持在适宜的范围[17]。然而,目前关于暖棚法的研究仍然相对较少,这在一定程度上限制了该技术的推广和应用。因此,加强对暖棚法的研究,不仅对于提高冬季混凝土施工质量具有重要意义,也为建筑行业的技术创新提供了新的思路和方向。

本文通过缩尺模型试验设计了大、小两种尺寸的暖棚,同时设计了点热源与热风供热两种供热方式,并以无棚养护和标准养护为对照组,研究了不同因素对暖棚内部及混凝土温度场的影响规律。本文研究结果可为暖棚法提供合理的施工建议,填补目前的技术空白,对推动混凝土冬季施工领域的技术发展具有重要的现实意义和长远价值。

二、试验方案

为了能够更加详细地研究不同因素对暖棚法的影响,本次试验设计了大、小两种尺寸的暖棚,同时设计了点热源与热风供热两种供热方式,并以无棚养护和标准养护为对照组,目的在于对比分析出暖棚法的保温效果并找出最佳供热方式。本次试验一共设计了7组工况,各试验工况详细信息见表1。

各试验工况详细信息表　　表1

详细参数	工况1	工况2	工况3	工况4	工况5	工况6	工况7	工况8
暖棚长宽(cm)	50	40	50	40	50	40	—	—
暖棚高度(cm)	25	20	25	20	25	20	—	—
混凝土试块尺寸(cm)	15×15×15							
暖棚与混凝土体积比	18.5	9.5	18.5	9.5	18.5	9.5	—	—
供热方式	无	无	点热源	点热源	热风	热风	—	标养
测点个数	4	4	4	4	4	4	1	1

本次试验中工况1~工况7均在哈尔滨学院土木实验室的冷库中进行,工况8在混凝土标准养护室中进行。为模拟冬季外界寒冷环境,设置冷库开机温度为-14℃、停机温度为-17℃,经测试后发现冷库内实际温度可维持在-15℃左右。冷库现场照片如图1所示。

图1　冷库现场图

1. 测点布置

本试验中工况1~工况7布置如下:将暖棚置于冷库内地面上,再将混凝土放置于暖棚内中心位置处,其中:工况3与工况4采用白炽灯模拟点热源供热;工况5与工况6采用热风枪模拟热风供热;工况7是将混凝土试件直接放在冷库内;工况8则是将混凝土试件置于混凝土标准养生室中。试验共持续3d,养护期间混凝土不做脱模处理。考虑到仪器设备的精度与准确性、环境因素的影响以及操作过程中的误差,本次试验每个工况设置3组平行试验,将3组平行试验的平均值作为试验结果进行分析。

试验采用DS18B20数字温度传感器采集各测点的温度,测试频率为10min一次,传感器的参数见表2。测点名称按暖棚尺寸+供热方式+测点位置顺序编号,其中D代表50cm×50cm×25cm的暖棚,X代表40cm×40cm×20cm的暖棚,L代表使用点热源供热,W代表使用热风供热,N_1代表无暖棚,N_2代表无热源供热,S代表标准养护,T代表暖棚顶部位置,M代表暖棚中部位置,B代表暖棚底部位置,I代表混凝土中心位置。测点布置示意图与现场试验照片如图2、图3所示。

DS18B20数字温度传感器参数　　表2

探头规格	测量范围(℃)	测量精度(℃)	供电电源(V)
φ6×50mm	-55~120	±0.5	3~5

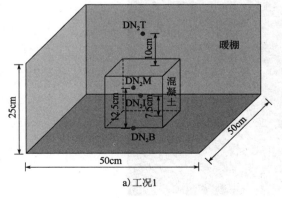
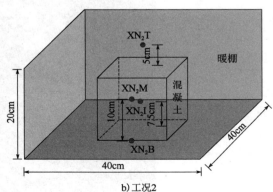

a) 工况1　　　b) 工况2

图2

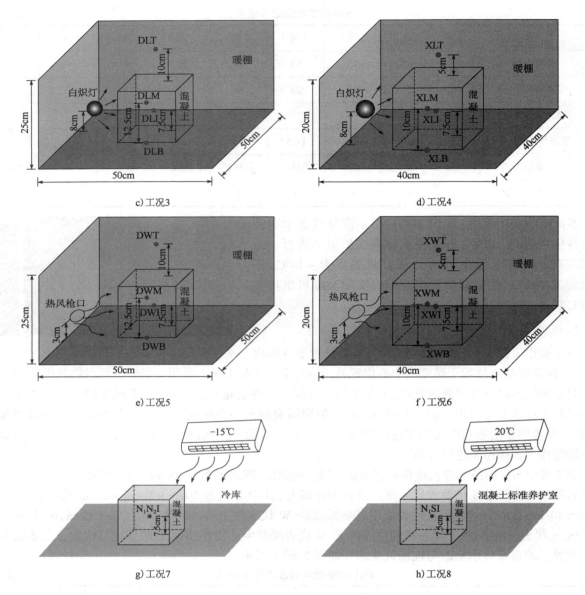

c) 工况3　　　　　　　　　　　　d) 工况4

e) 工况5　　　　　　　　　　　　f) 工况6

g) 工况7　　　　　　　　　　　　h) 工况8

图 2　测点布置示意图

图 3　现场试验照片

2. 试验材料及仪器

本次试验采用 42.5 号硅酸盐水泥, 混凝土配合比为:水:水泥:砂:碎石 = 194:360:722:1082, 试件具体制作过程如图 4 所示。

图 4　混凝土试件制作过程

混凝土在常温下拌和,振捣完成后送入冷库内,测定混凝土入模温度为 23.2℃。

暖棚棚壁的保温材料由内到外分别为帆布 + 棉被 + PET 膜,其中帆布与 PET 膜分别起到内部与外部防潮作用,棉被为主要保温材料。暖棚具体搭建过程如图 5 所示。

图 5　暖棚搭建过程

试验采用 40W 白炽灯来模拟点热源加热,采用热风枪模拟热风加热。每种工况各试验三天,设定热风枪出风口温度为 50℃,风速为 4m/s,经测试功率约为 80W。为保证两种供热方式耗能相等,保持白炽灯在试验期间为常开状态,热风枪为开启 12h 关闭 12h,白炽灯与热风枪的详细参数见表 3、表 4,照片如图 6 所示。

a) 白炽灯　　b) 热风枪

图 6　供热设备照片

白炽灯参数　　表 3

直径(mm)	高度(mm)	额定功率(W)	供电电源(V)
60	85	40	220

热风枪参数　　表 4

尺寸(mm×mm)	温度范围(℃)	风速范围(m/s)	供电电源(V)
255×190	50~600	0.5~5.0	220

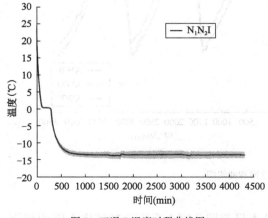

图 7　工况 7 温度时程曲线图

三、试验数据对比与分析

1. 低温对混凝土温度的影响

绘制测点 N_1N_2I 的温度时程曲线,如图 7 所示。

由图 7 可知,当混凝土由常温进入负温时,起初温度急剧下降,但温度接近零时,温度会维持一段时间保持不变。这是因为混凝土内部可冻水中的一些无序水分子在温度降低时聚集到一起形成冰的晶核,随着时间的推移,晶核周围聚集的水分子不断增加,使得冰晶逐渐增大并释放潜热。正是这些潜热抵消了外界温度的影响,才形成了一段时间的平缓段。但当所有的可冻水冻结后,潜热消失,混凝土的温度继续下降,由于内部温度与环境温度的差值也逐渐缩小,故降温速率也缓慢下降,最后直至环境温度。

2. 不同供热方式下棚内温度变化分析

绘制工况1~工况6棚内测点的温度时程曲线,如图8所示。

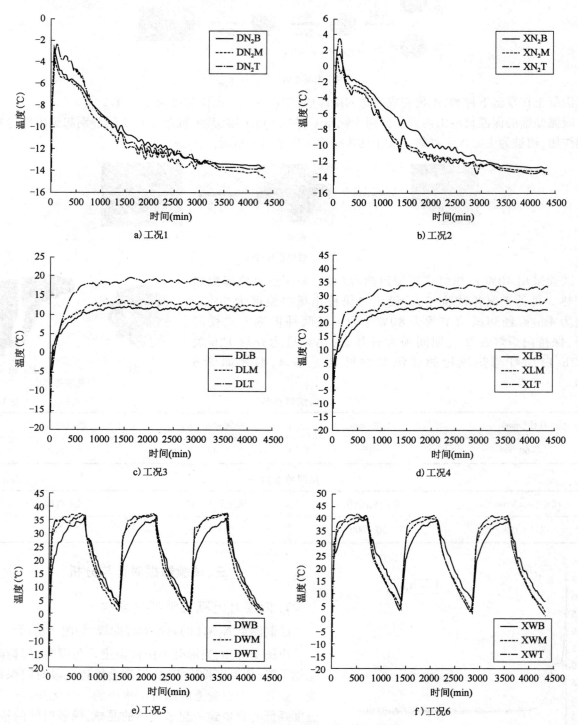

图8 工况1~工况6棚内测点温度时程曲线图

由图8可知:

(1)当棚内无供热设备时,工况1与工况2的棚内温度基本呈前期急剧上升而后期缓慢下降的规律,这是因为棚内的热源只靠混凝土内部的水化热提供,并且随着时间的流逝,水化反应逐渐减弱并停止,棚内温度也逐渐降低,最后趋于环境温度。两个工况在中期波动较大,这是由于二者属于同一批次试验,冷库在试验过程中制冷时出现故障导致内部波动较大引起的。对于工况 1 来说,中部和底部温度基本相同,前期顶部温度较高,最多高出 1.7℃,随着温度的逐渐降低,底部温度逐渐超过顶部温度,最后三者温差逐渐减小基本趋于环境温度。而工况 2 顶部温度前期提升较快,随后急剧下降,成为温度最低的位置,但底部温度下降速率小于顶部和中部温度,在中期底部温度最高可高出其他部分 3℃,随着时间的流逝,三者的温差逐渐减小并最后趋于环境温度。除此之外,在热源相同时,暖棚尺寸与保温效果成反比,这是因为尺寸增大会导致散热面积增大,在棚内无供热设备时相同位置处的温度最多高出 6℃。

(2)当棚内采用点热源供热时,工况 3 和工况 4 温度变化均为前期逐渐增加,达到峰值后基本不变的趋势,并且两种工况下的温度高低顺序均为顶部、中部和底部,顶部与中部的温差大于中部与底部的温差。在工况 3 作用下,顶部与中部达到稳定时最大温差为 7.1℃,而中部与底部最大差值仅为 2.4℃。同理,工况 4 作用下的温差分别为 7.7℃ 与 4.4℃。由此可见,棚内的温度主要集中在顶部,暖棚尺寸的减小对顶部与中部的温差影响不大,但对中部与底部的温差有一定的影响。而且,随着尺寸的减小,棚内各位置处的温度也随之升高,最多可提升 16.6℃,棚内温度达到稳定的时间也随之推迟了大约 480min,这是因为在热源传热功率相同的情况下,暖棚散热面积的减小导致棚内温度达到稳定时所需能量增加,虽然暖棚体积的减小会导致内部所需加热的空气总量减少,但前者的影响明显大于后者。

(3)对于工况 5 与工况 6,当开启热风时,棚内的温度急剧升高,但在快要达到峰值时上升速率迅速变缓并逐渐趋于稳定。当关闭热风时,温度急剧下降,但随着棚内与外界温差的减小,下降的速率也逐渐减小,直至下一次热风开启为止。每次开闭热风时温度时程曲线的形状基本相同,并且棚内不同部分的温度相差不大。对于工况 5 来说,在棚内温度基本稳定时顶部与中部温度基本相同,最多相差 2.7℃,底部温度最低,与二者最多相差 3.2℃。同理,在工况 6 作用下,棚内温度由高到低分别为顶部、中部与底部,稳定时最大温差分别为 1.4℃ 与 1.9℃。同时,尺寸减小所最多可提升 4.7℃。

总体来看,在无供热的条件下,暖棚尺寸与保温效果成反比,但同一尺寸下暖棚内部各处温度基本相差不大。在采取供热措施时,暖棚尺寸越小其内部各处的温度越高。在暖棚尺寸相同的情况下,棚内采用热风加热达到稳定时的峰值温度比采用点热源最多高出 15.5℃,达到稳定的时间最多提前了 390min,并且各部分的温度分布更加均匀。

3. 不同供热方式下混凝土内部温度变化分析

绘制各工况作用下混凝土内部的温度时程曲线,如图 9 所示。

由图 9 可知:

(1)在无供热设备的情况下,DN_2I 和 XN_2I 的温度时程曲线与 N_1N_2I 的形状及趋势基本一致,这是因为棚内的热源仅由水化反应提供,暖棚在前中期对混凝土内部温度有些影响,但放在温度为 -15℃ 的外界环境下影响不大,并且随着热量的不断散失混凝土内部的水化反应逐渐减弱。

(2)在使用点热源供热时,DLI 与 XLI 的温度时程曲线基本呈先下降再上升最后稳定的趋势,这是因为前期混凝土散失的热量大于自身水化热以及棚内点热源提供的热量,但随着时间的流逝,棚内的温度逐渐升高,直到散失的热量与内部及外界提供的热量相等时,此时处于

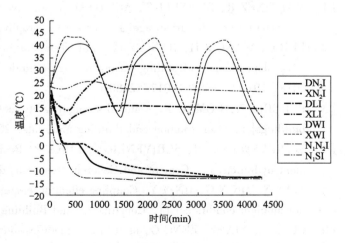

图 9 各工况混凝土内部温度时程曲线图

第一个转折点,随后点热源提供的热量不断增加,混凝土内部温度也随之上升,直至达到平衡温度。在温度达到稳定后,DLI 与 XLI 最高相差 15.7℃,由此看出,暖棚尺寸对点热源供热方式的影响很大,并且随着暖棚尺寸的增大,稳定后的温度会低于标准养护的温度。

(3)在使用热风供热时,DWI 与 XWI 的温度时程曲线与其对应的暖棚内部温度变化曲线的形状及趋势基本一致,并且均在热风开启后的 500min 之内达到峰值稳定温度,但其波峰与波谷处的数值会略微下降,这是因为随着时间的流逝,水泥的水化反应逐渐减弱,放出的热量也随之减小,从而导致棚内放热与散热达到稳定时的温度下降。其中 DWI 与 XWI 最高温度分别为 40.5℃ 和 43.2℃,均大于标养下的最高温度,并且二者最大温差为 6.1℃,多数情况下为 3~4℃,说明暖棚尺寸对混凝土内部温度有一定影响,但影响不大。

综上所述,在无供热措施时,各暖棚的保温效果基本一致。在启用供热设备时,热风供热的效率明显优于点热源供热,因为前者的温度时程曲线在供热期间并没有下降段,而且可以迅速达到峰值温度并趋于稳定。除此之外,热风供热的保温效果也高于点热源供热,在暖棚尺寸相同时,前者各工况下的最高温度均大于后者,最多高出 25.2℃,达到稳定时的时间提前了 1000min,并且暖棚尺寸对其保温效果的影响也明显弱于后者。

四、结　语

本文通过暖棚法缩尺模型试验探究了不同尺寸及供热方式对暖棚和混凝土内部温度变化的影响规律,得出以下结论:

(1)暖棚尺寸与保温效果成反比。在无热源的条件下暖棚内各部分间的温差很小。当棚内采用点热源供热时,顶部与中部达到稳定时最大温差大于中部与底部,最大相差 4.7℃。当棚内采用热风热源供热时,各部分的温差不大。暖棚尺寸相同时,采用热风供热时棚内达到稳定时的最高温度比采用点热源时高出 15.5℃,达到稳定时的时间提前了 390min。

(2)混凝土的温度变化趋势与棚内温度变化趋势基本一致。在使用点热源供热时,暖棚尺寸对混凝土的温度影响较大,最高相差 15.7℃。在使用热风供热时,暖棚尺寸对混凝土的温度影响很小。当暖棚尺寸相同时,采用热风供热时混凝土中心位置达到稳定时的最高温度比采用点热源时高出 25.2℃,达到稳定时的时间提前了 1000min。

本文通过缩尺模型试验设计了大、小两种尺寸的暖棚,同时设计了点热源与热风供热两种供热方式,并以无棚养护和标准养护为对照组,研究了不同因素对暖棚内部及混凝土温度场的影响规律。研究结果可为冬季暖棚法施工提供参考。

参考文献

[1] MARTINEZ R, BUNNELL T, ACUTO M. Productive tensions? the "city" across geographies of planetary urbanization and the urban age[J]. Urban Geography, 2021, 42(7):1011-1022.

[2] LI B Q, WANG Z H, JIANG Y H, et al. Temperature control and crack prevention during construction in steep slope dams and stilling basins in high-altitude areas[J]. Advances in Mechanical Engineering, 2018, 10(1):1687814017752480.

[3] PEREIRA N, ROMÃO X. Material strength safety factors for the seismic safety assessment of existing RC buildings[J]. Construction and Building Materials, 2016(119):319-328.

[4] WYRZYKOWSKI M, SCRIVENER K, LURA P. Basic creep of cement paste at early age-the role of cement hydration[J]. Cement and Concrete Research, 2019(116):191-201.

[5] TIAN Y, JIN N G, JIN X Y. Coupling effect of temperature and relative humidity diffusion in concrete under ambient conditions[J]. Construction and Building Materials, 2018(159):673-689.

[6] CUI S A, XIA W, ZENG G, et al. Nano-modification effect on the pore characteristics and the water multiscale transport properties of concrete in winter construction of tunnel engineering[J]. Cement and Con-

[7] HUSEM M, GOZUTOK S. The effects of low temperature curing on the compressive strength of ordinary and high performance concrete[J]. Construction and Building Materials, 2005(19): 49-53.

[8] SONG H, WANG D, LIU W J. Retracted article: research on construction risks and countermeasures of concrete dam[J]. International Journal Of Concrete Structures And Materials, 2022(16): 2234-1315.

[9] XIN J D, ZHANG G X, LIU Y, et al. Environmental impact and thermal cracking resistance of low heat cement (LHC) and moderate heat cement (MHC) concrete at early ages[J]. Journal of Building Engineering, 2020(32): 101668.

[10] ABDRAIMOV I, KOPZHASSAROV B, KOLESNIKOVA I, et al. Frost-Resistant Rapid Hardening Concretes[J]. Materials, 2023, 16(8): 3191.

[11] KAN W, YANG Z, YU L. Study on Frost Resistance of the Carbon-Fiber-Reinforced Concrete[J]. Applied Sciences, 2022, 12(8): 3823.

[12] LU H, FENG Z G, YAO D D, et al. Freeze-thaw resistance of Ultra-High performance concrete: Dependence on concrete composition[J]. Construction and Building Materials, 2021(293): 123523.

[13] SHI T, DENG C L, ZHAO J Q, et al. Temperature field of concrete cured in winter conditions using thermal control measures[J]. Advances in Materials Science and Engineering, 2022(1): 7255601.

[14] ANISKIN N A, CHUC N T, KHANH P K. The use of surface thermal insulation to regulate the temperature regime of a mass concrete during construction[J]. Power Technology & Engineering, 2021(55): 1-7.

[15] CHEN B, HE M M, HUANG Z S, et al. Long-tern field test and numerical simulation of foamed polyurethane insulation on concrete dam in severely cold region[J]. Construction and Building Materials, 2019(212): 618-634.

[16] 胡忠存,周俊浩,吴秉义.混凝土梁暖棚法冬期施工技术应用[J].低温建筑技术,2020,42(12):139-141,147.

[17] 魏东,李先重,赵松山,等.基于实体温度的暖棚法冬期施工混凝土早龄期性能研究[J].低温建筑技术,2020,42(7):56-58,68.

32. 基于有限元模型的大跨径悬索桥约束装置劣化模拟

叶乔炜[1] 任远[2] 许翔[2] 彭莹[2] 黄侨[2]

(1. 南京市公共工程建设中心;2. 东南大学交通学院)

摘 要 悬索桥梁端约束装置在使用的过程中随时间推移和病害发展会出现性能劣化,但实际检查中很难通过现有的检测手段实现约束装置性能的定量化评估,因此难以得到约束装置性能变化对桥梁结构的影响。本文基于国内某大跨径悬索桥WIM数据建立随机车辆荷载模型,利用有限元动力时程分析实现了实际车流作用下的梁端位移模拟。在此基础上,根据阻尼器和支座的性能试验数据,总结了上述两种约束装置的性能劣化规律,并模拟了两种约束装置的性能退化过程和不同约束装置参数对桥梁结构的影响。结果表明,阻尼器性能退化会使低速下的阻尼力明显降低,造成梁端累计位移显著增大;在设置纵向阻尼器的情况下,支座滑板劣化引起的摩擦系数增大对累计位移的影响很小,但支座滑板过度磨损会对结构动力性能产生不利影响。

关键词 悬索桥 梁端纵向位移 随机车辆荷载模型 约束装置劣化

随着交通量的增长和跨江跨海交通需求的提升,未来将有更多大跨径悬索桥进入规划和建设阶段。然而受到悬索桥结构形式和交通量以及使用环境的影响,大跨悬索桥支座、阻尼器和伸缩缝等梁端约束装置的病害问题十分突出。约束装置是桥梁重要的上下部结构连接构件,其正常运行对于保持桥梁边界条件和动力特性稳定、避免加劲梁端部局部受力不利具有重要作用。悬索桥梁端约束装置在实际检查中依靠现有的检测手段很难实现定量化评估,因此难以得到其性能变化对桥梁结构的影响。为了更好地了解约束装置在服役过程中的性能变化规律,有必要基于桥梁有限元模型和梁端位移数据进行计算分析,以期在此基础上为大跨悬索桥约束装置的养护与维修提供合理建议与决策支撑。

本文以国内某大跨径悬索桥为工程背景桥梁,首先结合桥梁的随机车辆荷载模型和有限元模型提出了动力分析方法来模拟桥梁实际运营过程中的梁端位移响应,并与梁端实际监测数据进行了对比验证。在此基础上,根据阻尼器和支座的性能试验数据,模拟了上述两种约束装置的性能退化过程和不同约束装置参数对桥梁结构的影响,最后通过分析阻尼器和支座服役过程中的劣化规律提出相应的养护建议。

一、梁端位移动力分析模型建立

悬索桥属于飘浮体系,在荷载作用下主梁纵向变形偏大,造成梁端约束装置的使用寿命远低于预期。现有研究表明,伸缩缝装置的疲劳破坏、滑块开裂以及支座滑板的过度磨损等病害问题均与梁端过大的纵向位移直接相关,其中,汽车荷载引起的高频位移分量在全部累计位移量中占比较大[1-2],是造成梁端约束装置提早失效的主要原因。借助有限元模型和随机车辆荷载模型可以研究由车辆荷载引起的梁端位移,从而为约束装置的参数设置和养护措施提供支撑。

目前,很多国内外学者对车辆荷载作用下的梁端位移进行了模拟和分析[2-4],但先前研究中对交通流的模拟主要采用宏观车流,车辆均为匀速直线运动,随着随机车辆荷载模型的发展,更多地考虑了车辆的微观行为,即行驶过程中的加速和刹车,提高了对交通流模拟的精细化程度。利用桥梁 WIM 系统数据建立随机车辆荷载模型,从而反映桥上车辆荷载的真实运营状况。随机车辆荷载模型可以根据桥上的实际车型和车重分布以给定的交通流量生成车辆荷载,并以固定的时间步长 Δt 更新车辆在桥上的位置。本文取相邻时间步的间隔 $\Delta t = 0.1s$,计算得到主梁各节点在模拟时间段内的荷载时程,并将其作为节点动荷载施加在 midas 有限元模型上,进行动力分析,如图1所示。

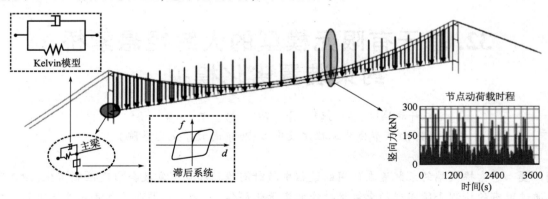

图1 某大桥节点动荷载与梁端纵向约束

桥梁主梁的纵向边界条件对于梁端位移的计算有很大影响,为更好地模拟实际桥梁的梁端约束装置,使其与实际状况相符,本研究采用基于 Kelvin 模型的黏弹性消能器和滞后系统来分别模拟桥梁纵向阻尼器和竖向支座。其中,基于 Kelvin 模型的黏弹性消能器可视为并联的阻尼单元和弹簧单元,阻尼单元的阻尼力表示为:

$$F = C \cdot v^\alpha \quad (1)$$

式中:F——阻尼力(kN);

C——阻尼系数(kN·s/m);
v——活塞运动的相对速度(m/s);
α——阻尼指数,根据要求进行设计选定,一般在 0.01～1 之间取值,当 $\alpha = 1$ 时,则为线性阻尼。

某大桥采用的液体黏滞阻尼器的阻尼系数 C 为 2000kN·s/m,阻尼指数 α 为 0.3,因此将该参数作为 Kelvin 模型阻尼单元的初始参数。此外,该悬索桥进行了相关的支座磨耗试验,得到的支座摩擦滞回曲线如图 2 所示。由试验数据可算得支座滞回曲线的弹性刚度约为 40000kN/m,而支座滑动摩擦力可以根据滑板摩擦系数和支座竖向反力来确定。试验得到支座在正常状态下滑板的摩擦系数在 0.008～0.01 之间,模型中按 0.01 来考虑。根据有限元模型计算得到支座竖向反力为 4453kN,因此模拟支座的滞后系统滑动摩擦力 $F_y = 44.53$kN。

利用上述建立的动力分析模型,进行动力时程分析,并将模拟所得梁端位移时程曲线与通过 Butterworth 高通滤波方法分离得到的高频位移分量进行对比,结果如图 3 所示。

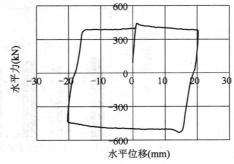

图 2 某大桥支座摩擦滞回曲线

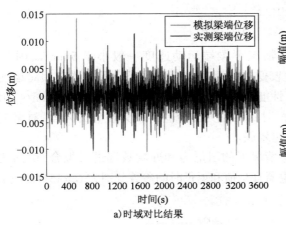
a) 时域对比结果

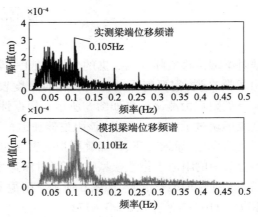
b) 频域对比结果

图 3 模拟与实测梁端位移对比

从图 3 中可以看到,采用本文提出的随机车辆荷载模型计算出的梁端位移时程与实测数据分离得到的车辆动力效应作用分量之间具有较高的波形相似度,且幅值较为接近。进一步对比模拟位移和实测位移数据的频域特性,从频谱图中可以发现,模拟位移与实测位移的主成分频率峰值较为接近。

为了定量检验模拟时程与实测时程的相似程度,本文通过 KL 散度对模拟位移与实测位移的相似度进行评价。假设 P、Q 为两组随机变量,则 KL 散度为:

$$D_{kl}(P \| Q) = \int_{-\infty}^{+\infty} p(x) \ln \frac{p(x)}{q(x)} dx \quad (2)$$

式中:p、q——随机变量 P、Q 的概率密度函数。

采用式(2)计算模拟时程与实测时程之间的 KL 散度,其结果为 0.113。KL 散度越接近 0 代表两类数据的分布越近似。计算结果表明,本文提出的随机车辆荷载模型可以较好地用于该大桥的梁端位移时程模拟。

二、阻尼器性能分析及劣化模拟

目前,国内外学者对阻尼器和支座的性能退化规律进行了充分研究,并且有相关的试验数据作为支撑[5-8]。利用本文建立的梁端位移动力分析模型,可以通过动力时程分析方法计算约束装置性能退化对结构的影响。本文背景桥梁在阻尼器和支座更换后，养护单位对更换下的约束装置进行了性能试验，对比得到相关约束装置服役前后的性能变化，及其相应的劣化规律。

该桥更换前的阻尼器为液体黏滞阻尼器，服役 7 年后，阻尼器的阻尼力有了较为明显的衰减，对梁端累计位移的控制效果也逐渐下降。图 4 显示了阻尼器阻尼力在不同温度和不同相对速度下的衰减程度，从图中可以看到，在各种情况下 2020 年时阻尼器的阻尼力较 2013 年下降 15% 左右。

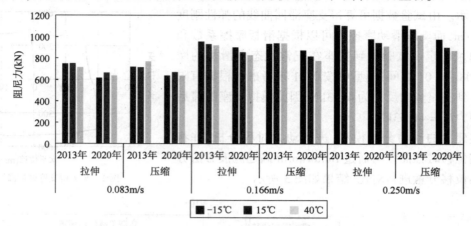

图 4　不同情况下阻尼力对比

根据对梁端位移实际监测数据的分析，在正常情况下梁端运动速度一般小于 5mm/s，因此对悬索桥纵向阻尼器来说，需要着重关注其在相对速度较低时的阻尼力变化情况。阻尼器在相对运动速度为 1.2mm/s 下的阻尼力测试结果如图 5 所示。根据性能试验结果，相对速度较小时（1～10mm/s）阻尼器的阻尼力衰减率超过了 50%。因此，该阻尼器在退役时其阻尼力已经有了较为显著的降低，对梁端累计位移的控制效果变差，导致支座、伸缩缝磨损病害快速发展。

采用上节中的阻尼力指数模型 $F = Cv^\alpha$ 对慢速情况下的阻尼力和速度数据进行拟合，得到适用于有限元模拟的黏弹性消能器参数，如图 6 所示。阻尼器理论值和退役时的参数分别为 $C = 1511 \mathrm{kN \cdot s/m}, \alpha = 0.2987$ 和 $C = 3167 \mathrm{kN \cdot s/m}, \alpha = 0.6773$。

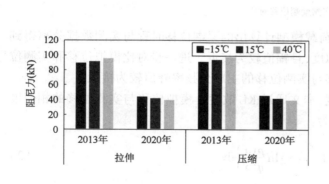

图 5　慢速下阻尼力对比

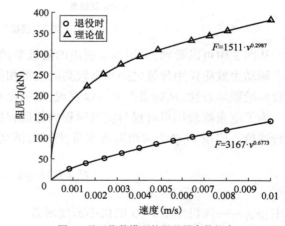

图 6　基于指数模型的阻尼器参数拟合

利用动力时程分析分别计算上述两种阻尼器参数下的梁端位移，得到位移时程对比如图 7a）所示，相较于理论值的计算结果，退役时阻尼器参数计算所得的梁端位移幅值增大超过 1 倍。进一步计算两种阻尼参数下梁端位移时程对应的每小时累计位移量分别为 4.90m 和 8.43m，说明阻尼器在性能退化后对梁端位移的控制效果显著下降，这是造成支座和伸缩缝磨损与疲劳病害快速发展的主要原因。不同阻尼器参数下的梁端位移频谱如图 7b）所示，阻尼器性能退化后，0.1Hz 左右高频位移分量的峰值明显上升。

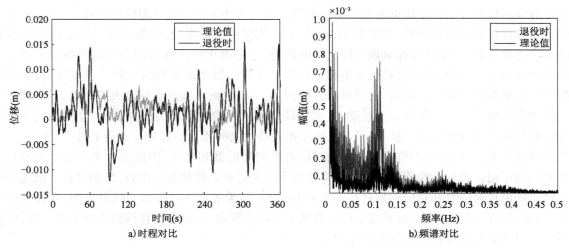

图 7 不同阻尼器参数的梁端位移对比

基于以上分析,梁端累计位移可以在一定程度上反映阻尼器的性能,进而为养护决策提供参考。根据有限元计算的结果可知,当阻尼器阻尼力下降50%时,梁端累计位移上升了72%。如果将阻尼器阻尼力下降超过50%作为失效状态,那么当实测位移数据的累计行程较之前有大幅上升时则应当着重关注阻尼器的实际性能,必要时进行更换。

三、支座滑板性能退化分析

支座滑板的摩擦系数是其主要性能参数之一,在支座服役过程中由于梁端行程的累积,会导致支座滑板逐渐磨损,从而使支座滑板与上支座不锈钢镜面之间的摩擦系数逐渐增大,并滑板磨损进一步加剧。当滑板磨损殆尽甚至出现钢件对磨时,支座的摩擦系数会显著升高,对支座的滑动性能产生影响,出现顿挫、卡死等现象,甚至危害到桥梁其他构件。为了研究支座在运行过程中的性能变化情况,桥梁相关养护单位进行了支座磨耗试验,得到了不同滑板磨损程度与支座摩擦系数的变化关系,本文基于此对支座滑板的工作状态进行划分,按照滑板磨损程度由轻到重以及摩擦系数的逐渐增大可以分为:正常状态、滑板干磨期、钢件对磨期三个阶段。不同阶段的支座摩擦力随位移变化曲线如图8所示。可以看到,支座水平力随位移的变化形式类似于滞回曲线,随着滑板磨损程度的增大,支座滑板的滑动摩擦力也不断提高。

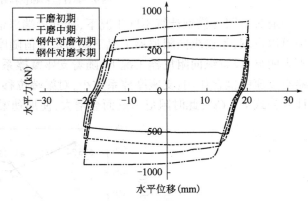

图 8 支座滑板不同磨损程度下水平力曲线

根据支座摩擦性能试验的结果计算得到不同情况下的支座摩擦系数见表1,分别对应滑板正常且有硅脂、硅脂耗尽、滑板磨损殆尽和支座上下部钢件直接对磨4种工况。在有限元模型中通过滞后系统模拟支座的摩擦曲线,按照不同工况下的摩擦系数确定模型参数。

支座不同状态摩擦系数 表1

工况	模拟状态	对应阶段	摩擦系数
1	滑板完好且有硅脂	正常状态	0.008~0.01
2	硅脂耗尽	干磨初期	0.02~0.05
3	滑板磨损殆尽	钢件对磨初期	0.06~0.1
4	钢件直接对磨	钢件对磨末期	0.1~0.25

利用有限元模型计算在不设梁端纵向阻尼器情况时的上述4种工况梁端位移时程,并进一步根据位移时程计算累计位移和位移幅值,结果如图9a)所示。从图中可以发现,梁端位移的幅值随支座滑动摩擦力的增大逐渐降低,而累计位移呈现先降后升的趋势,这是由于在正常范围内支座摩擦系数增大会对梁端的纵向运动形成抑制,梁端位移的幅值和累计量均下降。当摩擦系数增大到一定程度时,由于最大静摩擦力过大梁端很难发生自由运动,形成势能的积聚,一旦纵向力超过支座最大静摩擦力,梁端就会由于势能转化为动能而发生高频的往复运动,造成累计位移迅速增加。相关研究表明,摩擦摆式支座对梁端累计位移控制几乎没有效果,也印证了当支座摩擦系数过大时累计位移量反而会上升[9]。

在实际情况下,大跨径悬索桥梁端一般同时设有纵向阻尼器和支座,因此需要考虑支座和阻尼器对加劲梁的共同作用。阻尼器参数取上文中正常状态下的阻尼器系数和阻尼指数,分别计算不同支座摩擦系数下的梁端位移响应及其对应的累计位移和位移峰值,结果如图9b)所示。结果表明,在设置阻尼器的情况下,支座摩擦系数的改变对梁端累计位移几乎不产生影响,仅会使位移峰值小幅下降。因此,纵向阻尼器主要对梁端累计位移的控制发挥作用。

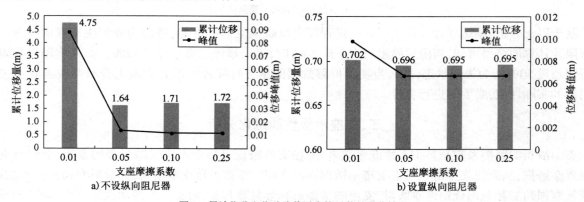

图9 累计位移和位移峰值随摩擦系数的变化情况

通过有限元模型计算不同工况下,加劲梁端部梁单元的纵向轴力最大值,结果如图10所示。从图10中可以发现,不设纵向阻尼器工况下轴力最大值随摩擦系数的增大而增大,在摩擦系数大于0.05后增幅不太明显;设置纵向阻尼器工况下,随着支座摩擦系数的增大,轴力最大值先减小后增大,这是由于阻尼器与支座的耦合作用:支座摩擦系数小,对梁端位移的阻碍作用就不明显,梁端运动速度大,根据阻尼力计算公式 $F = Cv^\alpha$,此时阻尼力反而会增大,使加劲梁端部所受的纵向力变大,反之亦然。

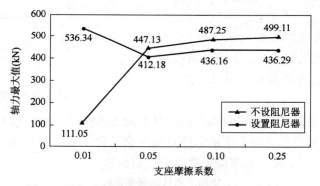

图10 不同工况下梁端纵向轴力最大值随摩擦系数的变化

纵向阻尼器不同摩擦系数下支座的耗能曲线如图11所示。支座摩擦系数较小时,支座的摩擦耗能曲线呈现滞回曲线的形式,与试验得出的支座水平力变化曲线较为接近。但当摩擦系数高于某一特定值后,由于最大静摩擦力过高,梁端的纵向运动难以使其发生自由滑动,此时支座更接近于加劲梁端部的刚度较大的弹性结构。此时,当桥梁由于地震、重车通过等原因出现异常振动时,可能由于能量耗散不利对结构造成损害。因此在滑板出现严重磨损时要及时更换,避免对结构产生更大的影响。

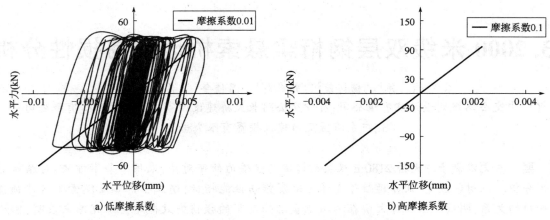

图11 纵向阻尼器不同摩擦系数下支座的耗能曲线

四、结　语

本文通过建立随机车辆荷载模型,模拟了汽车荷载引起的梁端纵向位移时程,在此基础上根据阻尼器和支座的性能试验数据,利用有限元分析模拟了阻尼器和支座劣化对桥梁结构的影响,并且分析了各类情况下不同约束装置对梁端位移的控制效果,为相关养管决策的制定提供参考依据。具体结论如下:

(1)利用随机车辆荷载模型和有限元动力分析可以较好地模拟桥梁在车辆动荷载下的梁端位移响应,模拟位移和实测位移分量的时域、频域特性都较为接近。

(2)黏滞阻尼器劣化后在慢速下的阻尼力衰减更为明显,衰减率超过了50%,阻尼器在性能退化情况下对梁端位移的控制效果显著下降,会造成支座和伸缩缝磨损加剧。

(3)在不设置纵向阻尼器情况下,支座滑板劣化对累计位移的影响较大;在设置纵向阻尼器的情况下,支座滑板的劣化几乎不对梁端累计位移产生影响,但当支座滑动摩擦系数过大时会由于能量耗散不利对结构整体的抗震性能产生一定影响。

参考文献

[1] GUO T, LIU J, ZHANG Y F, et al. Displacement monitoring and analysis of expansion joints of long-span steel bridges with viscous dampers[J]. Journal of Bridge Engineering, 2015, 20(9): 04014099.

[2] GUO T, LIU J, HUANG L Y. Investigation and control of excessive cumulative girder movements of long-span steel suspension bridges[J]. Engineering Structures, 2016(125):217-226.

[3] 韩大章,郭彤,黄灵宇,等.随机车辆荷载下大跨钢桥伸缩缝纵向位移响应及病害控制研究[J].振动与冲击,2019,38(24):172-178.

[4] 李光玲,韩万水,陈笑,等.风和随机车流下悬索桥伸缩缝纵向变形[J].交通运输工程学报,2019,19(5):21-32.

[5] ALA N, POWER E H, AZIZINAMINI A. Experimental evaluation of high-performance sliding surfaces for bridge bearings[J]. Journal of Bridge Engineering, 2016, 21(2):04015034.

[6] ALA N, POWER E H, AZIZINAMINI A. Predicting the service life of sliding surfaces in bridge bearings[J]. Journal of Bridge Engineering, 2016, 21(2): 04015035.

[7] 隋杰英,程文瀼,常业军.粘弹性阻尼器耐久性试验研究[J].工业建筑,2006(2):5-7.

[8] 杨帆.铁路桥梁球型支座基本力学性能试验结果分析[J].铁道建筑,2021,61(1):23-26.

[9] 梁龙腾.漂浮体系悬索桥纵向运动特性及其电涡流阻尼器控制研究[D].长沙:湖南大学,2022.

33. 2000米级双层钢桁梁悬索桥地震易损性分析

徐军[1] 杨怀茂[2] 郭峰超[3] 温佳年[2] 梁力[3]

(1. 中交公路规划设计院有限公司;2. 中交公路长大桥建设国家工程研究中心有限公司;
3. 广东湾区交通建设投资有限公司)

摘要 本文以狮子洋大桥2180m双层钢桁梁悬索桥为研究对象,采用多条带方法,对结构进行地震易损性分析。以材料应变、曲率延性等变量为地震损伤性能指标,建立了桥塔及缆索等构件损伤级别和结构响应的关系,明确了狮子洋大桥在不同地震动强度下的损伤失效概率。研究结果表明:狮子洋大桥横桥向的损伤失效概率大于纵桥向;峰值加速度超过0.5g后结构才发生损伤,狮子洋大桥场址峰值加速为0.21g,结构不会发生损伤,整体结构抗震安全冗余度较高。

关键词 钢桁梁悬索桥 多条带方法 地震易损性分析 损伤性能指标 损伤级别 失效概率

一、引言

地震是一种突发性自然灾害,具有极大的随机性和不确定性。在过去的几十年间,世界范围内的地震灾害频发,造成的损失急剧增长。悬索桥由主缆、索塔、吊杆、锚碇及桥面系组成,主缆承受吊杆以及桥面系的荷载作用,因其属于细长型高耸构件,外荷载作用下受力复杂。地震等灾害发生时,如果悬索桥桥塔出现损伤,整个桥梁的交通状况就会阻塞甚至瘫痪,对抢险救灾以及灾后重建工作的开展极为不利[1-3]。

由于地震动的复杂性与随机性,加上结构模型参数的不确定性,致使桥梁结构的地震需求存在较大的离散性。传统的确定性分析方法对于评估结构的抗震性能具有一定的局限性。由于地震预测预报是世界性难题,因此对地震灾害进行风险分析就成为当前工程中主要的防灾减灾措施。地震易损性分析是一种基于概率的结构抗震性能评估方法。它从概率的意义上定量地刻画了工程结构的抗震性能,从宏观的角度描述了地震动强度与结构破坏程度之间的关系[4]。通过易损性分析可以明确地震作用下桥梁的损伤演变规律,还可为桥梁震后的结构性能评估提供量化衡量指标。因此,进行易损性分析十分重要。

为了探究大跨径悬索桥薄弱部位及震后损伤规律,本文对狮子洋大桥2180m钢桁梁悬索桥进行地震易损性分析,归纳总结桥梁关键截面位置的损伤规律。通过对悬索桥进行易损性以及可恢复性分析,为悬索桥的抗震设计提供指导及建议。

二、工程概况及有限元分析模型

1. 工程概况

狮子洋大桥采用主跨2180m双层钢桁梁悬索桥,总体布置为670m+2180m+710m,过江段为双向16车道高速公路标准。桥塔采用钢混组合门型塔,高340m,设置6道钢横梁。主梁采用双层钢桁梁,宽度46m,上下层弦杆中心距13.5m。塔梁间纵向设置E型动力耗能装置和摩擦阻尼器,横向设置抗风支座,竖向设置弹性支座。桥型布置如图1所示。

2. 有限元模型

采用SAP2000有限元分析软件建立了狮子洋大桥的三维动力计算模型,有限元模型如图2所示。主缆、吊索采用桁架单元模拟,桥塔及桩基采用梁单元模拟,主梁采用梁单元及壳单元模拟;E型动力耗能装置和摩擦阻尼器采用软件中plastic(wen)连接单元模拟;采用等效土弹簧进行模拟桩基的侧向约束,弹簧刚度采用m法进行计算。

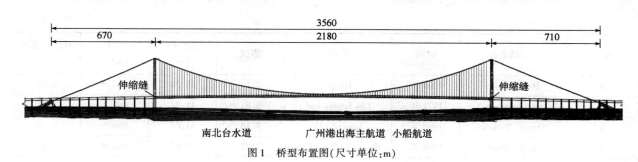

图 1 桥型布置图(尺寸单位:m)

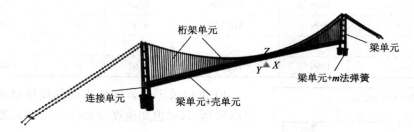

图 2 狮子洋大桥三维动力计算有限元分析模型

三、易损性曲线建立过程

易损性为结构发生某个损伤状态下的条件概率,采用结构的概率需求模型和能力概率模型来描述。易损性分析方法可以分为三种:①地震概率需求分析方法(Probability seismic demand analysis,PSDA),也称为云方法(Cloud approach);②动力增量方法(Incremental dynamic analysis,IDA);③多条带方法(Multiple stripe analysis,MSA)。

本文采用多条带方法,并采用最大似然估计的方法得到易损性曲线。其建立方法如下:

(1)利用SAP2000有限元软件建立桥梁的三维动力分析模型;
(2)定义桥梁的损伤状态获得相应定量的损伤指标;
(3)选择地震波,并将其输入桥梁模型进行非线性时程计算;
(4)统计每一条地震波作用下桥梁的结构响应,通过分析概率模型中的参数,进而得到桥梁地震易损性曲线;
(5)根据回归所得易损性函数绘制各构件地震易损性曲线,使用一阶界限法建立桥梁系统易失效概率曲线。

四、地震易损性分析

1. 地震动参数选取

选择40条记录于基岩的地震动,部分地震动参数见表1,并将地震动峰值加速度PGA缩放到$0.2g$到$2.0g$,以$0.20g$为间隔,共10个不同地震动强度级别。

地震动选择　　　　表1

序号	地震动名称	时间	台站	震级	震中距(km)	波速(m/s)	峰值加速度(g)
1	San Fernando	1971年	Lake Hughes #4	6.61	27.46	821.7	0.15
2	Loma Prieta	1989年	Gilroy Array #6	6.93	39.54	663.3	0.16
3	Kocaeli	1999年	Izmit	7.51	16.86	811	0.15
4	Northridge	1994年	LA-Wonderland Ave	6.69	25.82	1222.5	0.15
5	Imperial Valley	1979年	Cerro Prieto	6.53	26.74	659.6	0.15

续上表

序号	地震动名称	时间	台站	震级	震中距(km)	波速(m/s)	峰值加速度(g)
6	Hector Mine	1999年	Hector	7.13	30.38	684.9	0.33
7	San Fernando	1971年	Old Seismo Lab	6.61	41.27	969.1	0.094
8	Duzce, Turkey	1999年	Lamont 531	7.14	31.07	659.6	0.15
9	Hector Mine	1999年	Heart Bar State Park	7.13	70.67	684.9	0.069
10	Chi-Chi	1999年	TCU138	7.62	25.5	652.9	0.20
11	Chi-Chi	1999年	TCU129	6.30	36.81	664.4	0.34
…	…	…	…	…	…	…	…
40	Chi-Chi	1999年	TCU129	7.62	16.27	664.4	0.31

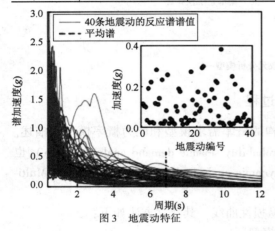

图3 地震动特征

40条记录于基岩的地震动的反应谱谱值如图3所示，可以看到，其峰值加速度分布在0~0.4g之间。

2. 损伤指标定义

相关研究表明[5-6]，悬索桥支座、桥塔、拉索均为易损构件，在强震时可能出现损伤，因此本文主要讨论主桥上述构件的损伤状态定义，建立构件损伤级别和结构响应的关系。由于索塔横梁与塔肢连接方式特殊，不在本文讨论范围内。考虑4种损伤状态：轻微损伤(Slight)、中等损伤(Moderate)、严重损伤(Extensive)和完全损伤(Collapse)，见表2。

悬索桥主桥构件损伤定义 表2

构件	损伤指标	轻微损伤	中等损伤	严重损伤	完全损伤
桥塔/桩基础	曲率延性	>1.0	>2.0	>4.0	>7.0
钢构件	应变比	>1.0	>2.0	>8.4	>12
缆索系统	应力比	>0.4	>0.6	>0.8	>1.0

对于桥塔和桩基础，侧移率、曲率延性、材料应变都可以作为损伤指标。但是，研究认为材料应变并不能准确反映构件损伤状态，因此选用桥塔的关键截面的曲率延性作为损伤指标。对于缆索系统，拉力及应力比均可作为易损性分析的损伤指标。因此，采用拉索拉伸应力和拉索强度的比值作为损伤指标。对于钢构件，选择与屈服应变的比值作为损伤指标。

3. 易损性曲线建立

1) 构件易损性曲线

将调幅后的地震波输入结构非线性动力模型进行分析，收集结构目标响应，建立桥塔(塔底截面)、横梁、桩基础、缆索系统的易损性曲线。

图4给出了塔底截面及桩基础的易损性曲线。图4a)给出了塔底纵桥向易损性曲线，从图中可以看到，随着峰值加速度PGA的增大，损伤失效概率逐渐增大，在0.6g之后，在塔底截面处出现了不同程度的损伤，在最大峰值加速度时，损伤失效概率为0.6。图4b)为塔底横桥向易损性曲线，从图中可以看到，随着峰值加速度PGA的增大，损伤失效概率逐渐增大，在0.7g之后，在塔底截面处出现了不同程度的损伤，在最大峰值加速度时，损伤失效概率为0.63。塔底纵桥向与横桥向易损性对比可知，横桥向的损伤失效概率比纵桥向的损伤失效概率大。

图4c)、图4d)给出了桩基础易损性曲线。从图中可以看到，随着峰值加速度PGA的增大，损伤失效

概率逐渐增大，在 0.5g 之后，桩基础出现了不同程度的损伤。桩基纵桥向的损伤失效概率比横桥向的损伤失效概率大。

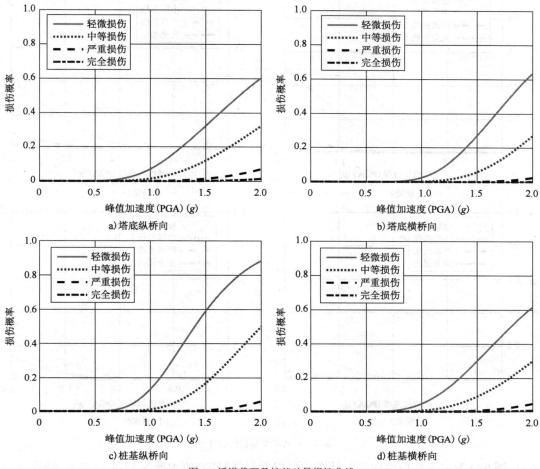

图 4 桥塔截面及桩基础易损性曲线

图 5 为桥塔横梁易损性曲线，需要说明，由于纵桥向地震激励下，横梁始终未达到损伤状态，这里选取了横桥向关键部位处的截面得到了横梁的易损性曲线。从图 6 中可以看到，随着峰值加速度 PGA 的增大，损伤失效概率逐渐增大，在 0.5g 之后，在不同横梁处出现了不同程度的损伤。比较不同位置处的易损性曲线，可以看到，横梁 3 处的损伤失效概率最大，在最大峰值加速度时，损伤失效概率为 0.8，横梁 6 处的损伤失效概率最小，最大峰值加速度下的损伤失效概率约为 0.63。

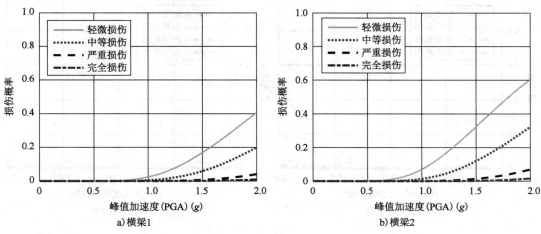

图 5

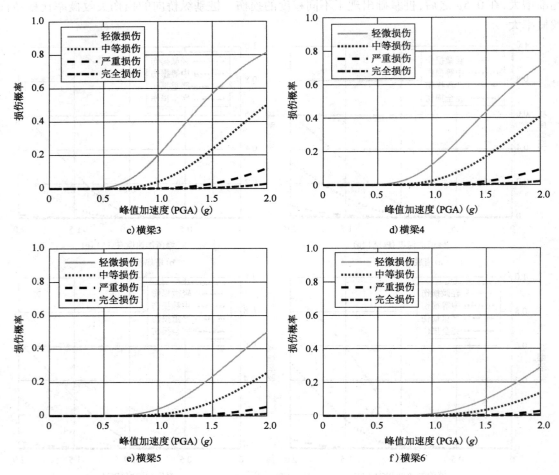

图 5 桥塔横梁易损性曲线

图 6a)、图 6b)为主缆易损性曲线。从图中可以看到,随着峰值加速度 PGA 的增大,损伤失效概率逐渐增大,主缆的安全度较大,在 1.0g 之后,主缆出现了不同程度的损伤。纵桥向的损伤失效概率比横桥向的损伤失效概率大。图 6c)、图 6d)为吊索易损性曲线,从图中可以看到,随着峰值加速度 PGA 的增大,损伤失效概率逐渐增大,吊索的安全度较大,在 0.8g 之后,吊索出现了不同程度的损伤,纵桥向的损伤失效概率比横桥向的损伤失效概率大。

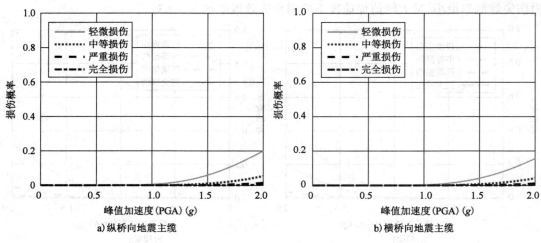

图 6

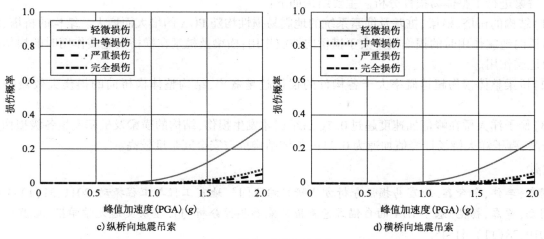

图 6 缆索系统易损性曲线

2）系统易损性曲线

结构中各构件对结构整体抗震性能有很大影响。基于前述构件地震易损性计算结果，采用一阶界限估计法分析结构系统易损曲线，一阶界限法可表示为：

$$\max_{i=2}^{n} P_{fi} \leq P_{fs} \leq 1 - \prod_{i=2}^{n}(1 - P_{fi}) \tag{1}$$

式中：P_{fi}——第 i 个结构构件的损伤超越概率；

P_{fs}——结构体系损伤超越概率。

失效概率的下界对应结构中各构件最大失效概率，失效概率的上界则对应各构件失效事件不同时发生的情况下结构整体的最大失效概率[7]。

图7a）、图7b）分别给出了纵桥向及横桥向地震结构整体的易损性曲线，根据计算结果可知，桥梁整体损伤超越概率大于各构件的损伤超越概率，横桥向的损伤失效概率大于纵桥向。

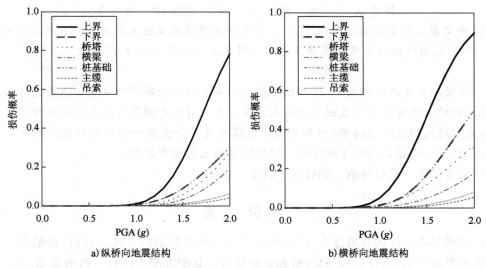

图 7 结构易损性曲线

五、结　语

本文通过 SAP2000 程序建立了狮子洋大桥 2180m 钢桁梁悬索桥分析模型进行非线性时程分析，采用多条带方法进行了易损性分析，建立了桥塔、横梁、桩基及缆索系统的易损性曲线，采用一阶界限法进一步对桥梁进行了整体易损性分析。主要结论如下：

(1) 结构的桥塔、横梁、桩基及缆索系统的地震易损性均随PGA的增大而增大。结构的桥塔、缆索系统在纵桥向地震作用时的损伤概率大于横桥向地震作用；横梁及桩基在横桥向地震作用时的损伤概率大于纵向地震作用。

(2) 桥梁整体损伤超越概率大于各构件的损伤超越概率，结构整体横桥向的损伤失效概率大于纵桥向。

(3) 狮子洋大桥在峰值加速度超过0.5g后结构才发生损伤，结构的横梁及桩基发生各级损伤的概率相对较高，狮子洋大桥场址峰值加速为0.21g，整体结构抗震安全冗余度较高。

参考文献

[1] 周奎,李伟,余金鑫.地震易损性分析方法研究综述[J].地震工程与工程振动,2011,31(1):106-113.

[2] 闫磊,曹磊,杨恺.基于IDA的自锚式悬索桥地震易损性分析[J].重庆交通大学学报(自然科学版),2019,38(11):41-45.

[3] 纪全有.大跨径悬索桥地震易损性及抗震可恢复性分析[D].西安:长安大学,2019.

[4] 吕大刚,李晓鹏,王光远.基于可靠度和性能的结构整体地震易损性分析[J].自然灾害学报,2006,15(2):107-114.

[5] 叶爱君.桥梁抗震[M].北京:人民交通出版社,2002.

[6] 陈东军,李天华,彭凯,等.基于损伤性能函数的桥梁结构损伤识别[J].重庆交通大学学报(自然科学版),2018,37(10):1-7,20.

[7] 刘陆东,颜全胜,李金武,等.基于增量动力分析方法的独塔斜拉桥地震易损性分析[J].铁道建筑,2018,58(5):17-21.

34. 基于光纤传感的桥梁光纤缆索研究进展

杨建平[1,2,3] 王蔚[1] 张鸿[1] 游新鹏[1] 范典[4]

(1.中交第二航务工程局有限公司;2.长大桥梁建设施工技术交通行业重点实验室;
3.交通运输行业交通基础设施智能制造技术研发中心;4.武汉理工大学)

摘要 桥梁缆索是桥梁的生命线，其状态监测一直是国内外研究的重点。随着光纤传感技术的发展，国内外就光纤植入桥梁缆索发展出多种技术方法。本文首先介绍了目前主流光纤传感技术的原理和特点，接着从光纤植入钢绞线、拉(吊)索和悬索桥主缆索股三个方面介绍了光纤植入桥梁缆索的主要方法以及各方法的优缺点，最后总结了光纤植入桥梁缆索的未来研究方向。

关键词 桥梁缆索 光纤传感 钢绞线 拉索 索股

一、引 言

缆索承重桥梁具有良好的跨越能力，已经成为现代大跨径桥梁的首选。目前，桥梁中常用的缆索承重体系包括各种混凝土梁、系杆拱桥、斜拉桥和悬索桥等。其中混凝土结构一般将缆索(预应力钢绞线)布置在梁体内部，而拱桥、斜拉桥与悬索桥则一般将缆索(吊杆、拉索或索股)布置于外部。缆索索力的大小是最直观判断缆索是否还处于设计使用状态的重要依据。国内外近年先后有多座桥梁因为缆索破坏失效而引起安全事故、产生经济损失。如法国的唐卡维尔桥原来的两根主缆由于缺乏维养在1990年不得已更换了2根新主缆；日本统计的104座悬索桥中，超过20%的桥梁结构性破坏是由于缆索的腐蚀损伤而直接导致的;2001年，四川宜宾金沙江南门大桥在使用11年后因吊杆锈蚀失效而导致主梁掉落水中。

目前为避免因缆索失效而导致安全事故的发生,一般会在成桥时选择如斜拉索的最短索、中间索和最长索布设传感器来实现对索力的实时监测。除常用的加速计法测量索力外,还有磁通量法,也有直接法来测量索力的,如电阻应变法、压力环法等。此外,还有监测缆索内部断丝情况的声测法。除了用缆索索力来判断缆索是否安全外,缆索外观的完好性也是评判缆索状态的重要指标,这是因为缆索外观一旦破损将导致其内钢丝直接暴露在空气中,而空气中的水分、有害气体等污染物很容易侵蚀钢丝导致钢丝锈蚀、承载力降低。目前对于缆索的外观检测主要有人工目视巡检、爬索机器人或无人机拍照检查两种方式。

随着光纤传感技术的发展,常见的点式光纤光栅应变传感器、光纤光栅温度传感器等已在桥梁健康监测领域得到大面积应用,但早期对于桥梁缆索的监测使用光纤传感器的研究并不多。自2010后国内外光纤植入桥梁缆索内来直接实现缆索索力等物理量的监测研究应用逐渐变多,如天津永和桥(光纤通长植入平行钢丝拉索)、江苏宿迁泗阳大桥(光纤局部植入平行钢丝拉索)、衡阳东洲大桥(光纤局部植入钢绞线斜拉索)、西江特大桥(光纤局部植入平行钢丝吊索)等。

本文结合近年国内外研究者对基于光纤传感的桥梁光纤缆索研究进展,从光纤传感技术原理、传感光纤植入钢绞线、拉(吊)索、主缆索股三种典型缆索的技术方法详细介绍了光纤植入桥梁缆索所取得的研究进展,最后总结与展望了光纤植入桥梁缆索的未来研究方向。

二、光纤传感技术

光纤具有体积小、重量轻、抗电磁干扰等诸多优点。通过对光纤内传输光的波长、频率、振幅等特性解调可在通信基础上实现传感测量,如分布式光纤传感技术与光纤光栅传感技术。根据光在光纤中传输过程中散射类型的不同,分布式光纤传感技术又细分为基于布里渊(Brillouin)散射的BOTDR(Brillouin Optical Time-Domain Reflectometry,布里渊光时域反射)技术、基于拉曼(Raman)散射的DTS(Distributed Temperature Sensor,分布式光纤温度传感)技术和基于瑞利(Rayleigh)散射的DAS(Distributed Fiber Acoustic Sensing,分布式光纤声波传感)技术,其技术原理如图1所示。

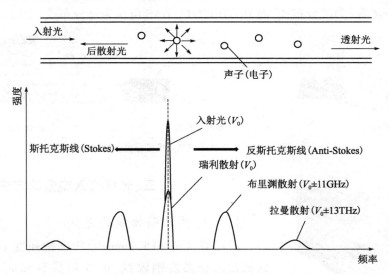

图1 光在光纤中传输的散射现象示意

FBG(Fiber Bragg Grating,光纤光栅)传感技术又细分为光栅反射率≥80%的强光纤光栅传感技术和反射率≤1%的全同弱反射光纤光栅阵列传感技术,其技术原理如图2所示。

目前各传感技术在工程上均有大量应用,对于不同传感技术在技术原理、可测物理量、定位方法、测量距离和精度等内容区分见表1。

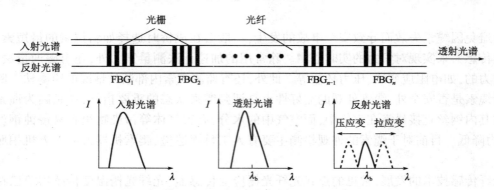

图2 光在光纤中传输的反射现象示意

不同光纤传感技术特点对比 表1

项目	BOTDR	DTS	DAS	FBG(强)	FBG(弱)
技术原理	布里渊散射（频率解调）	拉曼散射（频率解调）	瑞利散射（相位解调）	布拉格反射（波长解调）	布拉格反射（波长解调）
典型测量物理量	温度、应变	温度	振动频率	温度、应变	温度、应变
定位方法	时分定位	时分定位	时分定位	波分定位	时分+波分
测量类型/测点数量	全分布式	全分布式	全分布式	点式/准分布（几十个）	准分布（上万个）
典型空间分辨率	1m	1m	10m	厘米级	厘米级
典型测量距离	50km以上	10km以下	40km以下	1km以下	5km以下
典型测量精度	±1℃/50$\mu\varepsilon$	±1℃	1Hz以上	±0.1℃/5$\mu\varepsilon$	±0.1℃/5$\mu\varepsilon$
是否可实现湿度量测	否	否	否	是	是
传感光纤类型	单模光纤	多模光纤	单模光纤	单模光纤光栅	单模光纤光栅
解调设备价格(万元)	80~100	<10以下	<10	<10	20~30

此外,根据光纤沿程测点数量和密度的不同,光纤传感技术又分点式、准分布式和分布式3种,其中FBG(强)为点式、FBG(弱)为准分布式,而BOTDR/DTS/DAS可认为是分布式,如图3所示。

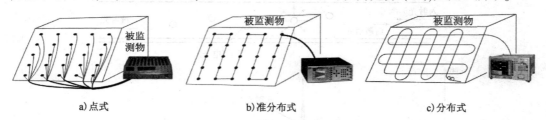

图3 光纤传感技术按测点维度分类示意

三、光纤植入缆索的方法

1. 光纤植入钢绞线的方法

工程最常用 $\phi15.2$mm,公称抗拉强度1860MPa的 1×7 光面低松弛高强度钢绞线,由6根具有相同节距和旋转方向的 $\phi5.0$mm 钢丝以单层围绕一根直的 $\phi5.2$mm 中心钢丝组成,弹性模量195GPa,公称截面积140mm²,如图4所示。

由于该钢绞线在工程上大面积使用,目前的光纤植入钢绞线研究多以该规格钢绞线展开。为实现传感光纤能成功植入钢绞线中,并保证传感光纤在钢绞线生产和服役阶段存活与发挥测量

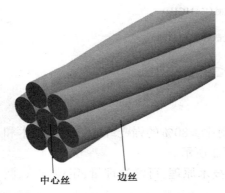

图4 1×7 光面低松弛高强度钢绞线结构示意图

作用。哈尔滨工业大学、韩国南山大学等提出将传感光纤与 FRP(Fiber Reinforced Polymer,纤维增强复合材料)复合制成智能筋,替代钢绞线中心丝形成智能钢绞线,再利用 BOTDR 技术实现了钢绞线预应力分布测量,结构如图 5a)所示。重庆交通大学等在哈工大基础上提出了填充型环氧涂层智能钢绞线,通过将光纤光栅传感光纤与碳纤维复合材料形成智能碳杆,替换原钢绞线中心丝,实现钢绞线应变准分布式测量,结构如图 5b)所示。桂林理工大学朱万旭等提出在钢绞线中心丝上开设凹槽,再将 FBG 传感器涂胶固定在中心丝槽内形成智能钢绞线,实现了预应力钢绞线局部位置应变测量,如图 5c)所示。中国交通建设股份有限公司第二航务工程局有限公司在桂林理工大学研究基础上提出带槽异形中心丝的多参数智慧钢绞线,通过在钢绞线中心丝生产时,设计专用模具直接生产出带双槽的异形中心丝,再将温度传感光纤和应变传感光纤通长埋入异形中心丝槽内,实现了钢绞线沿程温度和预应力的实时监测,如图 5d)所示。日本住友公司提出在 EFC 绞线喷涂过程同步嵌入光纤,光纤被环氧树脂包裹保护,同样利用 BOTDA 技术实现了钢绞线沿程应变测量,如图 5e)所示。一些学者提出将光纤光栅单点封装后传感器通过特定夹具固定在钢绞线轴向上,来实现钢绞线某点应变测量,该方式与应变测点法类似,如图 5f)所示。

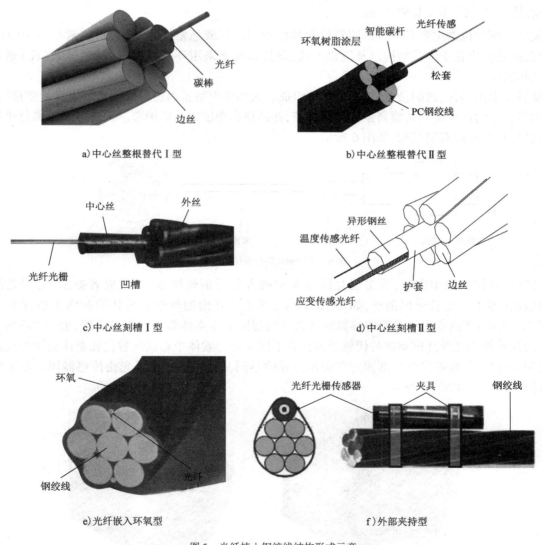

图 5　光纤植入钢绞线结构形式示意

从图 5 钢绞线结构形式总的归纳可分为 4 类:中心丝光纤碳棒替代型、中心丝开槽光纤植入型、钢绞线环氧光纤植入型、光纤传感器外部夹持型,各类结构形式优缺点对比见表 2。

光纤植入钢绞线不同方法优缺点对比 表2

光纤植入钢绞线形式	优点	缺点
中心丝光纤碳棒替代型	①制造工艺简单； ②力学性能基本等同； ③光纤保护性好	①信号接出难； ②造价较高； ③碳纤维对人体有害
中心丝开槽光纤植入型	①力学性能基本等同； ②光纤保护性好； ③测量精度高	制造工艺复杂
钢绞线环氧光纤植入型	①不改变原有结构； ②力学性能完全等同； ③制造工艺简单	①光纤保护性较低； ②应用场景受限； ③测量精度低
光纤传感器外部夹持型	①不改变原有结构； ②力学性能完全等同； ③造价便宜	①传感器需现场安装，质量不可控； ②易被破坏； ③测点数量少

2. 光纤植入拉(吊)索的方法

桥梁平行钢丝拉索主要有斜拉桥用斜拉索和拱桥用吊杆或悬索桥用吊索，斜拉索与吊索(杆)索体结构相同，两者区别在于锚具结构以及浇锚方式，斜拉索通常采用环氧铁砂冷铸锚，吊索(杆)通常采用锌铜合金热铸锚。

成品斜拉索由锚杯、锚圈、连接筒和索体等组成。索体断面呈正六边形或缺角六边形紧密排列，钢丝束外面沿索长方向连续绕制右旋高强聚酯纤维带，并外挤高密度聚乙烯护套。护套可采用黑色单层结构或黑色内层、彩色外层双层结构，如图6所示。

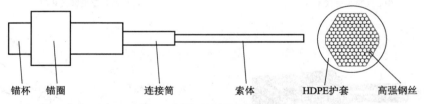

图6 平行钢丝斜拉索结构示意

与光纤植入钢绞线中类似，为实现光纤能成功植入平行钢丝拉索中，研究者提出了：①光纤碳棒整根替代原拉索1根或若干根钢丝，如图7a)所示；②光纤开槽钢丝整根替代原拉索1根或若干根钢丝，如图7c)所示；③点式光纤光栅传感器通过夹具局部固定在索体最外层钢丝表面，如图7e)所示。此外，根据光纤碳棒或光纤开槽钢丝替代钢丝的位置不同又分为索体中心钢丝替代和索体边丝替代两种形式，如图7b)d)所示，根据光纤局部固定在钢丝位置的不同又分为点式光纤光栅传感器固定在索体内和光纤夹持在锚具内，如图7f)所示。

a)边丝碳棒光单元整根替代

b)中心丝碳棒光单元整根替代

图 7

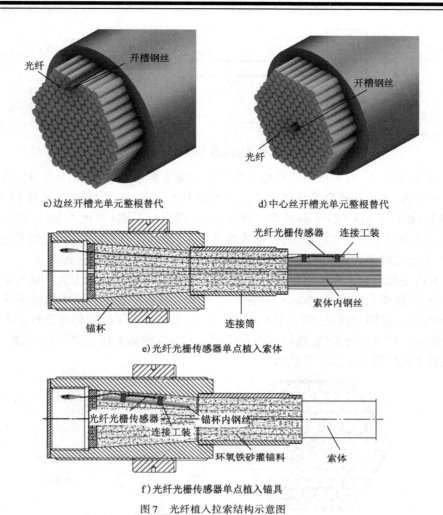

图7 光纤植入拉索结构示意图

图7的6种植入方法按植入拉索区域可分为3类:边丝整根替代、中心线整根替代、光纤光栅传感器单点植入。3类结构形式优缺点对比见表3。

光纤植入拉索不同方法优缺点对比 表3

光纤植入拉索形式	优点	缺点
边丝整根替代	①索体制作工艺简单,光纤信号接出方便; ②力学性能基本等同; ③同时适用于冷铸锚和热铸锚	①光纤保护性一般; ②拉索边丝一定扭绞,光单元工作长期可靠性不足
中心线整根替代	①索体制作工艺简单; ②力学性能基本等同; ③光纤保护性很好,长期工作性能好	仅适用于冷铸锚
光纤光栅传感器单点植入	①力学性能完全等同; ②造价便宜	①对成缆工艺有影响; ②易被破坏; ③测点数量少,不能发挥光纤分布式测量特点

3. 光纤植入悬索桥主缆的方法

悬索桥主缆用成品索股由索股、锚具和索股定型材料组成,索股由高强钢丝平行排列而成,根据需要可由61根、91根和127根钢丝呈紧密正六边形排列,如图8所示。

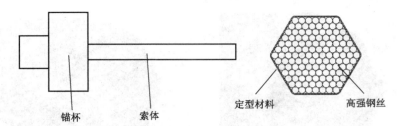

图 8　平行钢丝索股结构示意

与前述钢绞线、拉索不同,目前将光纤植入悬索桥主缆索股的研究较少:一方面,由于悬索桥主缆对索力监测需求不明显,而目前研究光纤植入缆索以测索力为主;另一方面,由于悬索桥主缆长度(长度最长达 4000m 以上)相比于钢绞线(下料长度一般在 300m 以下)、拉索(长度不超过 700m)都要更长,且索股出厂与安装过程中均为无护套防护结构,植入难度更大,光纤存活率低。此外,悬索桥主缆更受湿度影响,而目前湿度传感光纤多为点式的聚酰亚胺 FBG 传感器,不满足密集植入的需求。

为满足悬索桥主缆全长大断面密集测湿需求,中交二航局联合武汉理工大学研发了阵列式弱光纤光栅湿度传感光纤,该传感光纤直径 150μm,并提出图 9 结构成功将其植入深中通道深中大桥主缆内。目前,该结构封装的湿度传感光纤从 2022 年 6 月工作以来,充分证明了结构的可靠性。在有深中大桥光纤植入悬索桥主缆索股的成功经验后,随后国内在建的贵州花江峡谷大桥、苍容浔江大桥、武汉双柳长江大桥等项目均掀起了光纤植入主缆索股热潮。

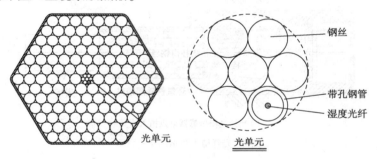

图 9　湿度传感光纤植入悬索桥主缆结构示意

四、结　语

桥梁缆索具有长度长、数量多、强度高的特点,是桥梁的重要组成构件。本文系统总结了目前国内外光纤植入桥梁缆索的各种技术方法与优缺点。可以看出,将光纤在诸如钢绞线、拉(吊)索、主缆索股等桥梁缆索工厂制造阶段同步通长植入缆索内,赋予桥梁缆索在原本承力的功能基础上自身沿程索力、温度和湿度等关键物理量的感知功能,从而保证桥梁缆索安全的技术路线是可行且实用的。特别是光纤植入钢绞线、平行钢丝拉(吊)索中已有多种技术方法,可供行业直接借鉴,但光纤植入悬索桥主缆索股方法少之又少,仍需进一步研究。

随着国内大跨径缆索桥梁建设的不断增多和 20 世纪 90 年代已建缆索桥梁陆续进入换索期,可以预见未来将内置传感光纤的"自感知"型缆索替换传统缆索是一重要研究方向。

参考文献

[1] 范海军.多模光纤 BOTDR 传感系统关键技术研究[D].北京:华北电力大学,2023.
[2] 张耀,谭跃虎,陶西华,等.光纤传感器 FBG 和 BOTDR 应用于结构监测的若干比较研究[J].防灾减灾工程学报,2004,24(4):465-470.
[3] 兰春光,周智,欧进萍.内嵌钢丝 GFRP-FBG 智能复合筋的研制及其性能分析[J].沈阳建筑大学学报(自然科学版),2012,28(1):72-78.
[4] 覃荷瑛,王彦峰,姜涌,等.光纤光栅智慧钢绞线在斜拉桥拉索预应力等值张拉施工中的应用[J].中

[5] 何建平.全尺度光纤布里渊分布式监测技术及其在土木工程的应用[D].哈尔滨:哈尔滨工业大学,2010.
[6] KIM S H, PARK S Y, JEON S J. Long-term characteristics of prestressing force in post-tensioned structures measured using smart strands[J]. Applied Sciences, 2020, 10(12):4084.
[7] 屈帆.预应力混凝土梁智能钢绞线监测技术研究[D].重庆:重庆交通大学,2022.
[8] SHINJI Nakaue, KATSUHITO Oshima, MASASHI Oikawa, et al. "SMART Strand" prestressing steel strand with optical fiber for tension monitoring[J]. SUMITOMO Electric Technical Review, 2021(92):62-67.
[9] WU J, CHEN W M. A novel cable tension monitoring method based on self stress attenuation feature in cable anchor head[J]. Sensor Letters, 2021, 10(7):1366-1369.
[10] 赵霞,郑锐,刘礼华,等.缆索内置光纤光栅传感器胶接植入试验研究[J].传感技术学报,2018,31(5):694-699.
[11] 李盛,程健,刘胜春.基于FBG的平行钢丝智能斜拉索研究初探[J].武汉理工大学学报,2009,31(5):75-78.
[12] 周智,何建平,贾宏伟,等.平行钢丝束拉索的布里渊全尺度测试技术研究[J].光电子.激光,2009,20(6):766-770.

35. 独塔斜拉桥主塔截面在冲刷作用下的地震易损性分析[①]

孙全胜 李啸乾

(东北林业大学)

摘 要 现今,各地地震频发,桥梁因整体结构发生破坏而失去承载能力,在长期河流侵蚀严重的地区,桥梁结构被水流冲刷导致结构的承载力下降。本文研究在这两种不同的灾害影响下的地震损伤变化。分析过程中,使用midas建立最大悬臂阶段的施工阶段有限元模型并进行地震易损部位识别,确定分析截面为主塔塔跟截面;基于增量式动力分析(Incremental Dynamic Analysis),通过直接回归法建立独塔斜拉桥的地震易损性曲线和超越概率增幅曲线;本文研对比不同冲刷深度下的分析结果,得知随着冲刷深度变大,构件发生地震损伤的概率越高。该分析结果对特定情境的桥梁抗震设计及施工有参考价值。

关键词 地震易损性分析 独塔斜拉桥 增量式动力分析 最大悬臂阶段

一、引 言

我国地质结构复杂,地震灾害频发。在地震发生之前,进行地震危害的评估和预测是不可忽视的。桥梁的地震易损性分析是用于评估桥梁结构在不同地震强度下的表现,通过计算特定破坏等级的可能性以及桥梁的易损部位的识别,预测地震可能对桥梁造成的破坏程度的一种方法。这种分析结果会以易损性矩阵或易损性函数的形式呈现,是用来评估桥梁抗震性能的重要工具。

本文选定的研究方法为增量动力分析法(Incremental Dynamic Analysis,IDA),国外多位学者都有深入研究[1-4],1977年,由Bertero提出[5],后经多数学者进行了更深层次的探索。这种方法涉及将所需分

---

① 基金项目:龙建路桥股份有限公司:寒区装配式中小桥涵技术推广应用及标准编制,23000010000425823016。

析的地震动逐渐增加,并将其输入有限元模型中,随后对该模型进行非线性时程分析,通过获得结构在地震条件下响应数据的方法,从而用于评估结构的地震抗性能。增量动力分析法对桥梁地震时程分析进行了优化,并拓展其内容,使得地震时程分析完成了由"点"的响应到"面"的响应的飞跃,因此可以更全面地反映出在冲刷作用下独塔斜拉桥发生地震时桥梁结构的损伤状态和抗震性能,从而对桥梁做出有效评估预测。2004年,成尚锋等[6]通过许多单自由度体系的非线性分析的结果,在规定结构周期的条件下进行假设实验,总结在四种不同环境下的延性系数的平均值和标准差,通过以上数据建立了随机延性需求谱,最终Pushover结合分析并绘制出了地震易损性曲线。2008年,冯清海等学者提出地震易损性分析本质上是结构地震响应对某种标准的超越性概率[7],通过蒙特卡罗方法[8-9],基于概率论知识为理论,与IDA相结合对一座连续梁桥进行了易损性分析,极大提高了对于地震易损性的研究效率。

随着国内外学者的研究,对于地震易损性的分析逐渐深入,也有部分学者探讨了冲刷作用对于桥梁结构的损伤影响。但迄今没有学者将这两种影响因素结合起来考虑。本文充分考虑在冲刷作用下独塔斜拉桥的地震易损性分析,该研究可以对雨水充沛地区的斜拉桥起到抗震指导作用。

二、研究概况与方法

1. 工程概况

本文选取国内某独塔斜拉桥为研究对象,该处位于金沙江与牛栏江交汇处,常年受到河流侵蚀,基本工程概况如下:

该斜拉桥桥全长565m;主桥全长492m,为340m+72m+48m+32m独塔双索面钢箱混合梁斜拉桥。主桥标准段宽32.3m。主梁采用P-K钢箱梁(双边箱断面),边跨主梁为预应力混凝土箱梁,为单箱三室截面,C50混凝土,全桥示意图如图1所示,斜拉桥钢箱梁构造示意图如图2所示。

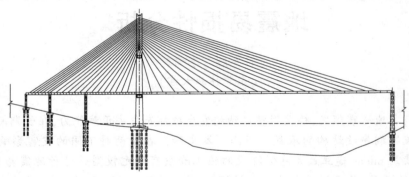

图1 某独塔斜拉桥全桥示意图

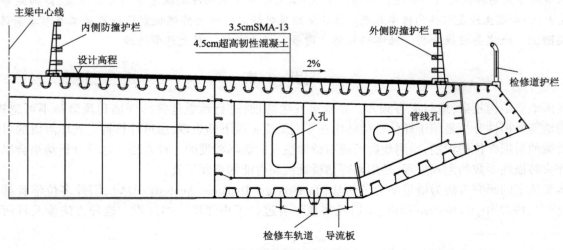

图2 钢箱梁构造示意图

本桥主塔采用钻石形主塔,主塔塔身由上塔柱、中塔柱、下塔柱、横梁等组成。主塔总高度(塔座顶至塔顶)均为197.6m,塔身采用箱形截面,从上至下分为3段(上、中、下塔柱)。上、中、下塔柱均采用单箱单室截面,全桥示意图及主塔示意图如图1和图2所示。

2. 有限元分析模型的建立

将土体假定为弹性连续介质,模拟中仅考虑弹簧侧向产生的水平作用。在建立 midas Civil 模型时,输入结构阻尼比,混凝土构件取值0.05,钢构件取0.03。主梁横梁采用节点集中荷载进行模拟,分析时将其转化为质量,主塔、桩基础均使用弹塑性纤维梁单元模拟,斜拉索采用桁架单元模拟,斜拉索与主梁、桥塔之间建立刚性连接,使得桥梁主梁始终保持弹性,不参与塑性分析[10]。使用仅受压的节点弹性支撑模拟施工过程中的支架,使用节点弹性支撑模拟桩-土作用力,承台与基础之间采用刚性连接。为验证模型可靠性,在最大悬臂阶段进行现场实桥振动试验,在主桥和主梁上安置横向、纵向、竖向三个方向的加速度传感器,将最大悬臂阶段桥梁不同位置的振动情况和模型计算值进行比对。振动测试结果对比如图3所示。

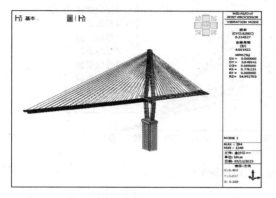 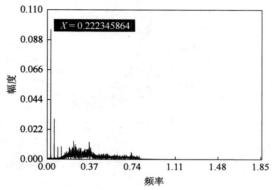

a) 最大悬臂阶段计算频率f_1=0.2145Hz　　　　b) 最大悬臂阶段实测频率f'_1=0.2223 Hz

图3　有限元模型频率与实测频率对比图

由图3可知,最大悬臂阶段的斜拉桥计算频率为0.2145Hz,与桥梁实测频率(0.2223Hz)相差3.6%,小于5%,则认为此有限元模型分析结果可靠。

3. 冲刷深度选取

本文根据高徐昌提出的能量守恒原则进行河流冲刷深度的计算根据能量守恒定律[11-12],将土体模型从上至下依次简化为粉质黏土、细砂、碎石土和块石4种地质条件,将其均匀分布,厚度依次为10m、15m、15m和35m。根据现场调研和图纸资料,桥墩处水深(h)取历史最高水位15m;粉质黏土(ρ_s)的密度取2700kg/m³;水流密度(ρ)取1000kg/m³;粉质黏土粒径(d)取0.0002mm;墩前水流速度(v)为2m/s;桩基直径(B)为2.5m。

$$h_b = 0.0377\left(\frac{BH}{d}\right)^{0.484}\left(\frac{v^2-v'^2}{2g}\right)^{0.516} \approx 5.8\text{m} \tag{1}$$

由于金沙江流域内水土流失严重,故本文取6m作为工程实际的最大冲刷深度,分两种0和6m冲刷深度进行对比分析,研究在不同冲刷深度下对于独塔斜拉桥易损性的影响。

4. 地震动的选取与输入

选取地震波时,必须根据桥梁所在地的场地类别进行选取,并且输入的地震波应该具有足够的响应特征。中国地震局地壳应力研究所的调查资料表明,本文目标桥梁抗震设防烈度为Ⅶ度,场地特征周期为0.65s,桥梁工程场地类别为Ⅱ类。

在选取地震波数量时,根据独塔斜拉桥所在地区的地理环境及结构特征,选择10条地震波进行分析。选择地震波后将调幅后的10条地震波输入有限元模型,进行时程分析,计算出易损构件的地震响应,以峰值地面加速度(Peak Ground Acceleration,PGA)和结构损伤为坐标轴绘制 IDA 曲线。本文中将地震记录峰值加速度从 $0.2g \sim 2.5g$ 按比例进行调幅,即 $0.2g$、$0.4g$、$0.6g$、$0.8g$、$1.0g$、$1.2g$、$1.4g$、$1.6g$、$1.8g$、$2.0g$、$2.5g$ 将其输入模型进行 IDA 分析。

三、结果对比分析

1. 独塔斜拉桥易损部位识别

选取主塔截面作为目标构件,冲刷深度分 0m 和 6m 进行分析,主要通过在不同地震波和冲刷深度下,分析主塔截面的曲率沿主塔竖直方向的变化趋势,由此找出曲率图的波峰截面即为主塔地震易损部位[13]。

将地震动调幅至 $1.0g$,因该斜拉桥在纵桥地震作用下左右塔的地震情况基本相似,故选取斜拉桥一侧进行分析(下文默认为斜拉桥右塔),如图 4、图 5 所示。

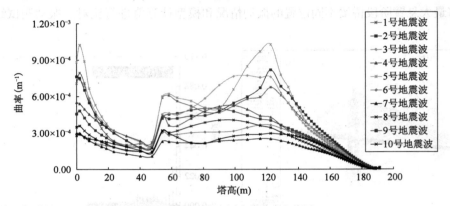

图 4　冲刷深度 0m 时主塔曲率包络图

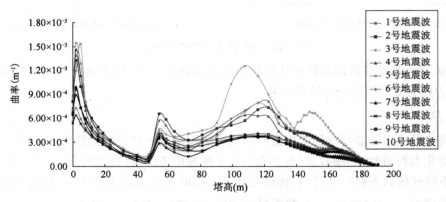

图 5　冲刷深度 6m 时主塔曲率包络图

通过图 4、图 5 对比分析,在 10 条纵向 $1.0g$ 地震动作用下,冲刷深度为 0m 和 6m 的独塔斜拉桥悬臂施工阶段主塔截面曲率变化趋势基本一致,主塔曲率在主塔根部处率先达到峰值;在沿塔高方向下横梁处附近再一次出现波峰,之后在上横梁处曲率先减小再增大,第三次出现波峰。因第二次斜率峰值处只有 5 号地震波,与其他地震波线相比走线不规律,故选取主塔塔跟截面为易损截面,当冲刷深度 0m: a_1 截面,冲刷深度 6m: a_2 截面。

2. IDA 曲线分析

根据主塔分析截面的尺寸以及钢筋的数量位置在 XTRACT 中绘制分析截面,定义截面纤维尺寸,并按实际材料性质定义参数,并通过模型得到分析截面的最大轴力 P_{max},将其输入 XTRACT 中[14],运行后便可生成截面的弯矩-曲率曲线[15]。根据上述计算方法,得到易损截面曲率的损伤界限,最大悬臂施工阶段独塔斜拉桥主塔截面不同冲刷深度下的两种损伤界限,见表 1。

不同冲刷作用下最大悬臂施工阶段主塔截面曲率损伤界限标定表　　　　表1

冲刷深度 (m)	易损截面	损伤等级(m^{-1})			
		轻微损伤	中等损伤	严重损伤	完全损伤
0	a_1	2.513×10^{-4}	3.755×10^{-4}	2.665×10^{-3}	5.308×10^{-3}
6	a_2	1.850×10^{-4}	3.029×10^{-4}	1.902×10^{-3}	3.775×10^{-3}

在纵向地震波作用下，冲刷深度0m和6m时，独塔斜拉桥最大悬臂施工阶段主塔截面曲率IDA曲线分析图如图6所示。

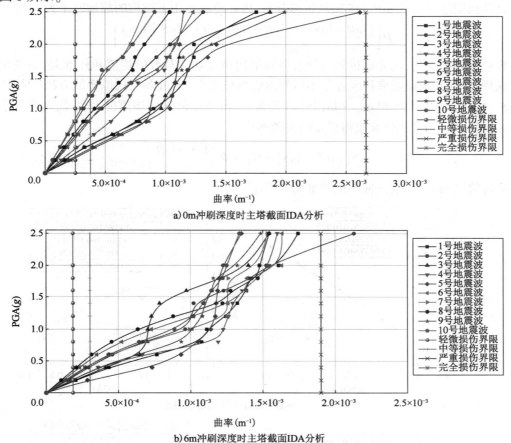

图6　最大悬臂阶段纵不同冲刷深度下桥向地震主塔截面IDA曲线分析图

由图6可知，主塔截面在不同冲刷强度下，各组地震波的曲率随着PGA数值逐渐增加，截面曲率响应均超越中等损伤界限，冲刷深度为0时，IDA曲线离散现象明显；PGA大于$0.8g$时截面曲率均超过轻微损伤界限，大于$1.2g$时均超过中等损伤界限，并且均未超过严重损伤界限。1号、3号、5号和9号地震波对a_1截面曲率影响程度比其余6条地震波效果更为显著，截面曲率对PGA的敏感程度较高，当PGA大于$2.0g$时，曲线向下弯曲现象显著，表明截面开始屈服；其余地震波作用下，截面曲率IDA曲线随PGA的增长呈线性关系，当截面未屈服；反观6m时离散现象很小，PGA等于$0.4g$时截面曲率均超过轻微损伤界限，PGA等于$0.6g$时均超过中等损伤界限，PGA等于$2.5g$时2号地震波下的截面曲率超过严重损伤界限。根据以上IDA曲线图对比可知，在相同地震波下，随着冲刷深度的增加，相同构件的曲率会发生一定的增幅，因此冲刷作用对斜拉桥的抗震性能具有不利影响。

3. 主塔截面地震易损性分析

在对桥梁进行地震易损性分析时采用直接回归法，该方法需要求结构抗震能力对数和地震需求对数服从正态分布[7]，概率密度函数为：

$$f(x) = \frac{1}{\sqrt{2\pi}\sigma_{\ln x}} e^{\frac{(x-\mu_{\ln x})^2}{2\sigma_{\ln x}^2}} \tag{2}$$

式中：$\mu_{\ln x}$——随机变量 x 的对数均值；

$\sigma_{\ln x}$——随机变量 x 的对数标准差。

地震易损性指的是结构的地震响应在不同地震强度下超越其构件抗震能力的概率，在对桥梁易损性分析时采用直接回归法，设 R 为结构构件的抗震能力，S 为结构的地震响应，则结构的功能函数为：

$$Z = R - S \tag{3}$$

根据直接回归法的要求 $\ln R$、$\ln S$ 服从正态分布，因此地震作用下结构的超越概率为：

$$P\left[\frac{(\ln R - \ln S) - (\ln \overline{R} - \ln \overline{S})}{\sigma_{\ln S}} < \frac{0 - (\ln \overline{R} - \ln \overline{S})}{\sigma_{\ln S}}\right] \tag{4}$$

在计算地震易损性前，需先通过回归分析得到结构地震响应对数的均值和标准差，将结构在不同冲刷深度下纵桥向 10 条地震波多种强度作用后的地震响应数据，通过多项式拟合的方法（即回归分析）便可得到 $\ln \overline{S} \sim \ln(PGA)$ 关系式和 $\sigma_{\ln S} \sim \ln(PGA)$ 关系式，再将峰值地面加速度 PGA 代入关系式便可得到相对应的 $\ln \overline{S}$ 和 $\sigma_{\ln S}$，后代入计算求得桥梁的失效概率：

$$P[(\ln R - \ln S) < 0] = \Phi\left(\frac{\ln \overline{S} - \ln \overline{R}}{\sigma_{\ln S}}\right) \tag{5}$$

最大悬臂阶段 $\ln \overline{S}$ 和 $\sigma_{\ln S}$ 的回归曲线如图 7 所示。

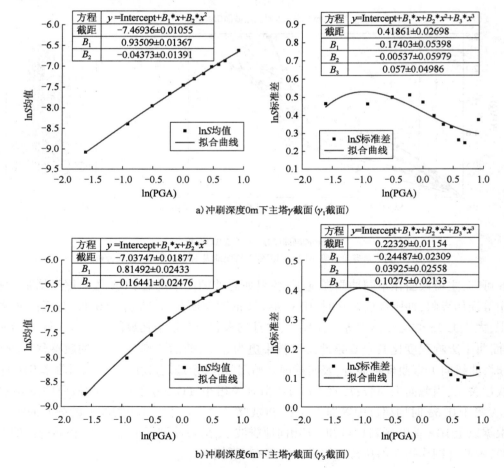

a) 冲刷深度0m下主塔γ截面（γ_1截面）

b) 冲刷深度6m下主塔γ截面（γ_3截面）

图 7　纵向地震下最大悬臂阶段地震需求对数均值和标准差的拟合曲线

由图 8 所示，其中轻微损伤的易损性曲线的斜率明显大于中等损伤，说明当桥梁冲刷深度为 0 时发生纵向地震作用下，轻微损伤的超越概率的增长速度是高过中等损伤的。a_2 截面轻微损伤和中等损伤超越概率的增长主要集中在 PGA 增长前期,且增长速率极快;通过三种损伤状态的曲线斜率对比,截面轻微损伤超越概率增长速率 > 中等损伤 > 严重损伤。a_1 截面轻微损伤的超越概率增长速度比中等损伤要快;严重损伤斜率几乎为 0,表明 a_1 截面轻易不会发生严重损伤和完全损伤。当 PGA 在 $0.2g \sim 0.5g$ 时,a_2 截面轻微损伤破坏的超越概率增长速度极快,并于 PGA = $0.5g$ 时超越概率增长到 99.22%,于 PGA = $0.9g$ 时增长为 100%,可以认为 a_2 截面一定会遭到轻微损伤和中等损伤。当冲刷深度为 0m 时,在纵向地震波和 PGA 增长的影响下,轻微、中等损伤的超越概率发展速度较快,且发生轻微损伤和中等损伤破坏是一种必然事件,其余两种损伤情况基本不会出现。当冲刷深度为 6m 时,在纵向地震波影响下,主塔 a_2 截面在 PGA 增长下轻微、中等损伤的超越概率发展速度极快,且发生轻微损伤和中等损伤破坏是一种必然事件。当桥梁发生冲刷作用时,主塔截面的损伤超越概率的增长相对于未冲刷发生了延后,使得 a_2 截面曲线最大斜率始终大于 a_1 截面曲线最大斜率,所以可以基本认定,在纵桥向地震作用下,桥梁的冲刷深度对于主塔截面损伤概率的增长速度有着一定的影响;桥面冲刷越深,独塔斜拉桥最大悬臂阶段的主塔截面发生损伤的概率增长速度也就越快,越容易发生损伤。结合上述的结论,选取塔跟截面在纵桥向峰值地面加速度 PGA 为 $0.5g$、$1.0g$、$1.5g$ 和 $2.0g$,将冲刷深度 6m 相较于 0m 时进行对比分析,如图 9 所示。

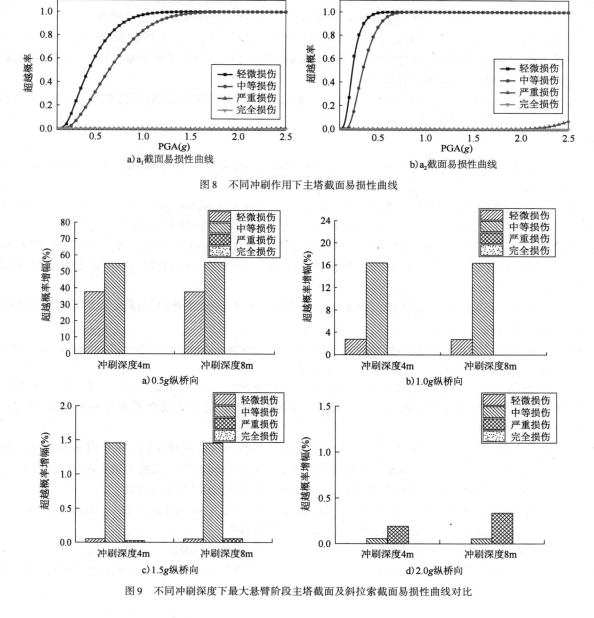

图 8 不同冲刷作用下主塔截面易损性曲线

图 9 不同冲刷深度下最大悬臂阶段主塔截面及斜拉索截面易损性曲线对比

由图 9 所示，当地震波的强度比较小时，塔跟截面在冲刷深度的影响下，发生轻微损伤和中等损伤的概率直线上升，当 PGA＝0.5g 时，中等损伤的超越概率增幅达到了 55%，趋于损伤概率逐渐达到 100% 会使冲刷深度的影响再次降低，逐步缩减至无；主塔截面严重损伤概率增幅随着地震峰值加速度的增长开始缓慢增长。独塔斜拉桥最大悬臂阶段主塔截面地震响应受冲刷深度的影响显著，其危害不容忽视。

四、结　语

（1）本文采用 midas 建立独塔斜拉桥最大悬臂阶段地震时程分析的有限元模型，其中主塔截面按照弹塑性纤维梁单元模拟，使用节点弹性支承来模拟桩土作用。模型建立后通过现场的成桥振动试验，比对有限元模型的频率和实测频率对比，最大悬臂阶段的斜拉桥计算频率为 0.2145Hz，与实测桥梁频率 0.2223Hz 相差 3.6%，因此有限元模型动力性分析结果可靠。

（2）根据损伤准则对损伤构件进行损伤标定，后绘制 IDA 曲线图对桥梁构件进行损伤程度的判别，将损害类型分为 4 种。最大悬臂阶段主塔塔跟截面的地震响应值较小，在冲刷深度为 6m 时，有 1 条地震波使塔根截面的损伤概率超过严重损伤界限。通过对比不同冲刷深度下的易损性增幅可知，随着 PGA 逐渐上升，中等损伤概率高达 55%。当地震动强度较小时对于主塔截面的影响很小可以忽略不计，但当峰值加速度达到某临界值时，冲刷深度的影响越来越大，主塔截面发生损伤的概率越来越高。

（3）通过各施工阶段不同冲刷深度下地震易损性增幅对比可得，对于主塔截面，当地震动强度较小时，冲刷深度变化对于主塔截面的地震响应的影响很小，当地震峰值加速度大于某一临界值时，冲刷深度越大，主塔截面发生损伤的概率显著提高。

综上所述，在冲刷作用下，最大悬臂施工阶段主塔截面的地震响应的影响显著，本文对于独塔斜拉桥最大悬臂施工阶段的有参考意义。

参考文献

［1］ WU C, PAN Z, JIN C, et al. Evaluation of deformation-based seismic performance of RECC frames based on IDA method［J］. Engineering Structures, 2020(211)：110499.

［2］ BAKER J W, LIN T, SHAHI S K, et al. New ground motion selection procedures and selected motions for the PEER transportation research program［J］. PEER report, 2011(3)：2011.

［3］ 蒋家卫,王树旷,许成顺,等.IDA 与云图法在地下结构地震易损性分析的应用［J/OL］.哈尔滨工程大学学报,2023(9):1-8［2024-09-28］.http://kns.cnki.net/kcms/detail/23.1390.u.20230522.1608.012.html.

［4］ 龙江,宁晓骏,舒永涛,等.基于 IDA 方法的连续梁桥地震易损性分析［J］.贵州大学学报(自然科学版),2023,40(4):108-117.

［5］ BERTERO V V. Strength and deformation capacities of buildings under extreme environments［J］. Structural engineering and structural mechanics, 1977, 53(1)：29-79.

［6］ 成尚锋,张海燕,易伟建.地震作用下梁式桥的易损性分析［C］//中国土木工程学会,广州市建设委员会,广州大学.防震减灾工程研究与进展——全国首届防震减灾工程学术研讨会论文集.北京:科学出版社,2004:5.

［7］ 冯清海,袁万城.基于 ANN-MC-IDA 的桥梁随机地震易损性分析方法研究［C］//中国土木工程学会桥梁及结构工程分会会.第十八届全国桥梁学术会议论文集(下册).北京:人民交通出版社,2008:8.

［8］ 王建秋.蒙特·卡罗方法的现状和展望［J］.信息安全与技术,2011(12):24-25,32.

［9］ MANDER J B, PRIESTLEY M J N, PARK R. Observed stress-strain behavior of confined concrete［J］. Journal of Structural Engineering, 1988, 114(8)：1827-1849.

［10］ 刘文强.高墩矮塔斜拉桥地震易损性分析［D］.西安:长安大学,2020.

［11］ 柳宏才,张会兰,夏绍钦,等.金沙江流域水沙变化及其驱动机制［J］.水土保持研究,2023,30(2):107-115.

[12] 高徐昌,姚炎明.潮流作用下桥墩局部冲刷深度公式研究[J].科技通报,2019,35(1):232-235.
[13] 余洁歆,吴淑婧,丁传辉,等.大跨度斜拉桥地震易损性分析[J].福州大学学报(自然科学版),2023,51(6):843-849.
[14] 王国庆,何沛祥,郑攀,等.钢筋混凝土矮塔斜拉桥地震易损性分析[J].合肥工业大学学报(自然科学版),2023,46(8):1122-1128.
[15] 李鹏.装配式钢套管混凝土组合剪力墙拉剪滞回性能试验研究[D].湘潭:湘潭大学,2021.

36. 预应力混凝土箱梁桥竖向和横向温度场数字孪生的模拟分析

吴 刚[1,2] 曹明明[3] 项贻强[2,3] 苟发鹏[1] 骆宇辉[1]

(1. 浙江交工集团股份有限公司;2. 浙江大学-浙江交工协同创新联合研究中心;3. 浙江大学建筑工程学院)

摘 要 本文针对《公路桥涵设计通用规范》(JTG D60—2015)对预应力混凝土单室箱梁桥温度场只有竖向温度场的规定而没有横向温度场规定的问题,以南方某预应力混凝土箱梁桥为工程背景,利用有限元分析程序及数字孪生技术对该桥施工箱梁的不同时段、不同点位竖向和横向温度场的模拟,详细探讨了混凝土箱梁在太阳辐射作用下产生的温度场,并将计算结果和实测温度进行了比较。在此基础上,用曲线拟合的方法建立了该混凝土箱梁纵向和横向温度梯度,结果显示所提出的数字孪生仿真模拟方法对同类桥梁的设计和施工控制有实际指导意义。

关键词 桥梁工程 预应力混凝土箱梁 数字孪生 模拟 分析 温度梯度

一、引 言

混凝土箱梁桥广泛应用于桥梁工程中,由于受外界环境温度、太阳辐射和混凝土导热性和热交换的影响,混凝土箱梁会在箱内外及沿箱高度产生随时间变化的温度场,并产生相应的温度应力。当温度应力达到或超过混凝土的抗拉强度,便会产生开裂,影响结构的使用和耐久性。

关于箱梁温度场的研究,以往国内外学者进行了若干的理论分析、模型试验、现场观测研究[1-14],主要代表性的有叶见曙等[1]和韩大建等[2]根据广州观音沙大桥的测试数据,建立混凝土单室箱梁的温度分布与气温、相对湿度等气象因素之间的拟合公式,并进行了桥梁日照温度效应的分析。汪剑等[6]以某一跨越湘江的高速公路变高度预应力混凝土箱梁桥为背景,在考虑了其所处的环境温度及日照辐射等因素,应用有限元方法分析了该混凝土箱梁的温度场,并给出了箱梁典型点位随时间的理论值与实测值比较;刘兴法[12]对铁路箱梁桥沿梁高的温度变化进行了系统的研究,给出了铁路箱梁桥温度场分布规律。现行《公路桥涵设计通用规范》(JTG D60)[15]只规定了一般桥梁截面沿梁高度方向的温度分布,而未对桥梁的横向温度梯度作出相应的规定,铁路桥梁规范虽然规定了沿梁高和板厚度的温度变化,但由于公路桥和铁路桥之间有较大的差异,因此不能直接加以套用,而且没有考虑全截面温度场的横向温度分布。基于此,本文借助热传导方程,通过考虑太阳辐射热量和边界的热辐射及热量交换,借助数字孪生技术,对其进行数字仿真模拟分析,并通过该典型箱梁桥施工实测的温度场进行验证或校正,在此基础上提出公路预应力混凝土箱梁桥的全截面温度梯度,可供有关桥梁的设计、监测和加固提供参考。

二、瞬态温度场的基本理论

1. 热传导方程

混凝土箱梁的温度场,理论上可由不稳定三维热传导方程及其初始条件确定。为了简化计算,假定混凝土箱梁是一个各向均质、同性的材料。通过大量的现场实测资料分析表明，在一般情况下，沿桥梁长度方向的温度分布认为是一致的。因此，混凝土箱梁温度场问题可视为二维热传导问题。由 Fourier 热传导理论，无内热源的二维不稳定传导方程可写为：

$$\lambda\left(\frac{\partial^2 T}{\partial x^2}+\frac{\partial^2 T}{\partial y^2}\right)=c\rho\frac{\partial T}{\partial t} \tag{1}$$

式中：T——物体随时间变化的温度(K)；

λ——材料的导热系数[W/(m·K)]；

ρ——材料的密度(kg/m³)；

c——材料的比热容[J/(kg·K)]。

2. 方程的有限元离散

用有限元法可以求解具有定解条件的偏微分方程(1)的解。若将箱梁的截面划分为有限个离散单元，每个单元的温度可以写为：

$$T(x,y,t)=[N]\{T\}^e \tag{2}$$

式中：$[N]$——形函数矩阵；

$\{T\}^e$——单元节点温度向量，它是时间 t 的函数。

式(1)的变分形式可以写为：

$$J^e=\iint_e\left[\frac{k}{2}\left(\frac{\partial T}{\partial x}\right)^2+\frac{k}{2}\left(\frac{\partial T}{\partial y}\right)^2+\rho c\frac{\partial T}{\partial t}T\right]\mathrm{d}x\mathrm{d}y+\int\left(\frac{1}{2}\alpha T^2-\alpha T_f T\right)\mathrm{d}s \tag{3}$$

变分计算时把 $\frac{\partial T}{\partial t}$ 作为常数，由此可以得到：

$$\frac{\partial J^e}{\partial T_i}=\iint_e\left[k\frac{\partial T}{\partial x}\frac{\partial}{\partial T_i}\left(\frac{\partial T}{\partial x}\right)+k\frac{\partial T}{\partial y}\frac{\partial}{\partial T_i}\left(\frac{\partial T}{\partial y}\right)+\rho c\frac{\partial T}{\partial t}\frac{\partial T}{\partial T_i}\right]\mathrm{d}x\mathrm{d}y+\int(\alpha T-\alpha T_f)\frac{\alpha T}{\alpha T_i}s_i\mathrm{d}g \tag{4}$$

将单元形函数带入，然后化为矩阵的形式可得：

$$[C]^e\left(\frac{\mathrm{d}\{T\}}{\mathrm{d}t}\right)^e+[K]^e\{T\}^e-\{F\}^e=0 \tag{5}$$

式中：$\{T\}^e$——所有节点温度向量，时间 t 的函数；

$\{F\}^e$——热量交换量，所有单元在单位时间内由对流和辐射产生热量交换的总量；

$[C]^e$、$[K]^e$——所有单元的比热容矩阵和导热系数矩阵。

3. 初始条件

由于是进行瞬态分析，所以必须给出初始温度条件，初始条件有两种：

$$\left.\begin{array}{l}T|_{t=0}=f(x,y)\\ T|_{t=0}=T_0\end{array}\right\} \tag{6}$$

有实测数据表明，一般情况早上 6:00 左右混凝土箱体内的温度和外界的气温很接近，混凝土温度近似均匀。因此本研究采用第二种方法计算温度场。

4. 求解温度场的边界条件

1) 边界条件

边界条件为混凝土表面与周围介质(如空气或水)之间温度相互作用的规律。热传导通常有四类边界条件，本文的背景工程广州珠江黄埔大桥区域的温度场为第三类边界条件，即当混凝土与空气接触时，经过混凝土表面的热流量与混凝土表面温度 T 和气温 T_a 之差成正比：

$$\lambda\left(\frac{\partial T}{\partial x}n_x+\frac{\partial T}{\partial y}n_y\right)+\alpha I+(h_c+h_r)(T-T_a)=0 \tag{7}$$

式中：n_x、n_y——边界平面法向的方向余弦；

α——边界平面的太阳辐射的吸收率；

I——太阳辐射强度(W/m²);

T_a——大气温度(K);

h_c、h_r——对流换热系数和辐射换热系数[W/(m²·K)]。

2)边界条件的确定

置于大气中的桥梁,通过吸收太阳总辐射、与周围空气发生对流以及本身内的热传导等,所以桥梁结构表面温度和内部温度分布是瞬时变化的。其边界主要的热交换有三种:①吸收太阳辐射热量和边界的热辐射;②与周围空气的热流;③内部的热传导。

一般来说,箱梁的顶板、腹板、底板受太阳辐射影响各不同,对于顶板表面受到太阳直射、散射的影响;翼缘下缘受到地面反射的影响。腹板外表面受到太阳直射、散射和反射的多重影响;底板外表面则受到地面反射作用。

根据当地气象局有关辐射强度和风速的资料调查,可以得到以小时为单位的太阳直射、散射和反射的通量,再尝试用多项式拟合辐射通量的函数,再把拟合的函数对时间取一阶导数,即是所求的辐射强度。

5. 方程的求解

形如式(1)的微分方程,在数学上称为抛物线方程。而抛物线方程泛函的变分问题至今尚未完全解决,目前解决此类问题的方法是在空间域内用有限网格划分、而在时间域内则用有限差分网格划分,即混合解法。应用 Galerkin 加权余量法。将 Galerkin 差分公式代入可得:

$$\left(\frac{1}{\Delta t}[C] + \frac{2}{3}[K]_{i+1}\right)[T]_{i+1} = \left(\frac{1}{\Delta t}[C] - \frac{1}{3}[K]_i\right)[T]_i + \frac{2}{3}\{F\}_{i+1} + \frac{1}{3}\{F\}_i \qquad (8)$$

考虑到初始条件式(6),即可得到$\{T\}_i$。

三、等截面箱梁桥温度场的模拟分析工况及实测数据比较

1. 模拟分析工况点位

为了探讨混凝土箱梁在日照等作用下的空间温度分布规律,本文以南方某预应力混凝土引桥为背景,标准跨径62.5m的混凝土箱梁,进行了传感器布置与试验研究。该引桥区域位于亚热带地区,太阳辐射较为强烈,主梁高3.5m,采用移动模架法进行施工。温度测点采用热敏电阻传感器,混凝土箱梁横截面及其温度测点布置如图1所示。桥址位于23°00′N,选取夏季典型一天温度的实测数据。

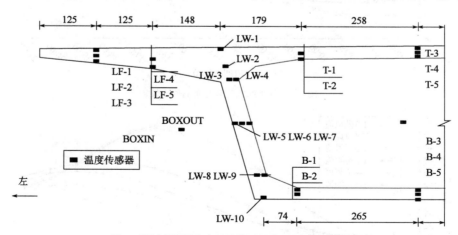

图1 测试截面测点布置及截面尺寸(尺寸单位:cm)

2. 计算参数

由于试验现场条件的限制,无法获取混凝土热工物理性质的实测数据,但是国内外的学者在许多文献中都给出了混凝土热物理性质的数值或者变化取值范围,见表1。

混凝土热工参数参考值　　表1

资料来源[1,5-8]	导热系数[J/(m·s·K)]	比热容[J/(kg·K)]
F.凯尔别克	1.4~1.6	882~1050
刘兴法	1.16~3.5	879~1090

本背景工程桥主梁采用C50混凝土,强度等级较高,混凝土导热系数采用3.0J/(m·s·K),比热容采用880J/(kg·K),密度2500kg/m³。根据上述测点布置和参数,用数字孪生仿真分析程序建立单位长度混凝土箱梁截面的模型,单元划分采用四边形9节点单元,单元长度在5cm,计算每个节点的温度。

3. 数值解与实测值的比较

图2~图6为混凝土箱梁内部几个关键点温度数值解与实测点的温度比较。横坐标表示时间,起点为早上6:00,纵坐标为温度值。

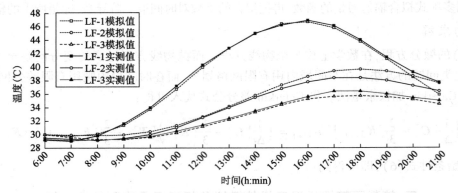

图2　翼缘同位置不同深度数值解与实测值比较

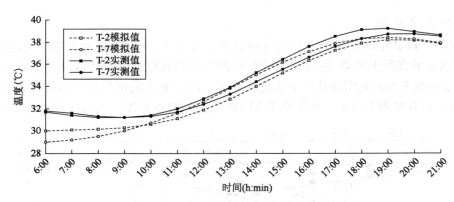

图3　顶板下缘数值解与实测值比较

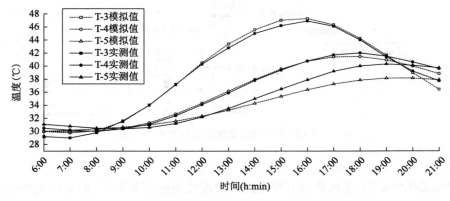

图4　顶板同位置不同深度数值解与实测值比较

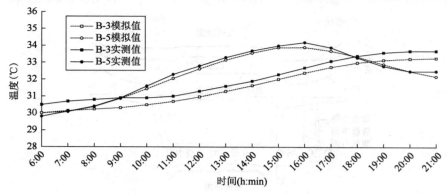

图 5　底板同位置不同深度数值解与实测值比较

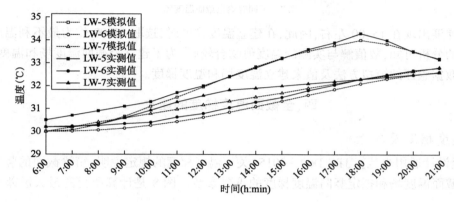

图 6　腹板数值解与实测值比较

从图 2～图 5 中可以看出,混凝土箱梁内部的温度有限元模拟值和实测值变化规律吻合较好,两者的绝对差值不超过 2℃。由于混凝土导热性能差,顶板上下缘温度达到最大值的时间相差 2～3h。底板由于受不到太阳的直射的作用,整体变化比较平缓。

4. 全截面温度场

为了建立最不利温度场,选用一天中不同时刻(12:00、15:00 和 17:00)的温度梯度。图 7 为三个典型时刻对应的温度场。

由图 7 可知,对于翼缘和顶板:①翼缘边缘横向温度有较大变化,呈现明显的非线性,顶板顶面温度变化较为平缓。②随着顶板深度的增加,顶板温度有明显的下降。③在翼缘和顶板梗腋处,随着混凝土厚度的增加(减小)温度呈现明显的减小(增加)趋势。热流是沿着由混凝土厚度增加的方向传递的;对于腹板和底板,腹板竖向温差变化较小,在腹板与底板连接处由于底板受到地面辐射作用而有所增加。腹板横向由外向内表现正温度梯度,但是变化较小。

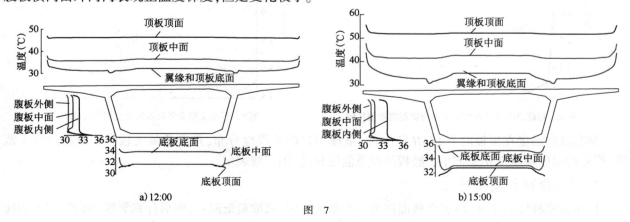

图　7

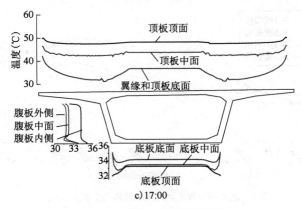

图 7 不同时刻全截面温度场

最大温度梯度出现在 15:00 左右,因此,在建立温度梯度时,选取 15:00 作为最不利温度梯度出现的时刻。由以上的分析可知,数值解与实测的温度值吻合较好,为了建立全截面温度场和温度梯度,研究采用已得到实测数据验证的模拟方法及值来建立温度场和温度梯度。

四、全截面温度梯度的建立

1. 竖向温度梯度及建立

《公路桥涵设计通用规范》(JTG D60—2015) 关于温度梯度的规定说明,箱梁截面的竖向日最高正温差是描述箱梁截面温度场和拟定竖向温度梯度的重要参数。图 8 是计算所得的最大温差与实测沿梁高的温差分布图。

许多研究表明,若不考虑混凝土底板的温度分布,温度梯度模式采用指数分布曲线较为合适。用指数分布曲线拟合图 8 曲线可得:

$$T_y = 17.2e^{-4.75y} \tag{9}$$

底板由于没有受到强烈的太阳直射作用温差可以取 2.5℃,并可以近似看作线性规律分布。图 9 为混凝土箱梁温度梯度拟合曲线。

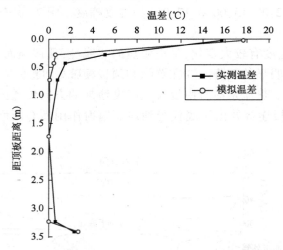

图 8 箱截面沿高度的数值温差与实测温差值比较

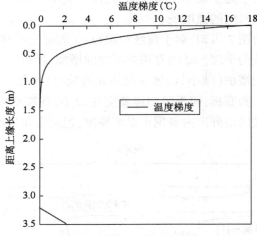

图 9 混凝土箱梁竖向温度梯度拟合曲线

梁高竖向温度在顶板向下 $1/3H$ 范围内,呈现明显的非线性分布,且变化幅度较大。而超过这个范围,腹板的温度梯度变化非常小。底板呈现负温度梯度,用直线表示。

2. 横向温度梯度及建立

根据温度梯度的定义,将整个截面作为一个整体考虑,选取最低温度,然后计算翼缘、顶板、腹板和底板的最大温差。为了真实反映混凝土箱梁的横向温度梯度，翼缘、顶板和底板分顶面、中面和底面 3 层描述。

翼缘长度为 a，顶板梗腋的长度为 b，顶板长度为 $2c$，底板长度为 $2d$。长度单位 m，温度单位 ℃。标注如图 10 所示。

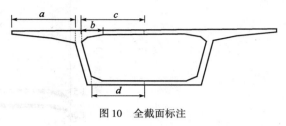

图 10　全截面标注

为了准确拟合温差变化曲线，顶板采用线性分段函数表示，翼缘横向温度梯度采用指数多项式的形式。

$$T_x = T_1 e^{-\frac{x}{a}} + T_2 e^{-\frac{x}{b}} + T_3 \quad (10)$$

对于翼缘：

$$\begin{cases} T_{Tx} = 0.76 e^{-\frac{x}{0.59}} + 2.98 e^{-\frac{x}{0.105}} + 20.31 \\ T_{Mx} = 4.56 e^{-\frac{x}{0.33}} + 1.55 e^{-\frac{x}{0.017}} + 10.02 \\ T_{Bx} = 6.9 e^{-\frac{x}{1.05}} + 4.23 e^{-\frac{x}{0.067}} + 1.02 \\ 0 \leq x \leq a \end{cases} \quad (11)$$

对于顶板：

$$\begin{cases} T_{Tx} = \begin{cases} 20.53 + 0.29x & (0 \leq x \leq b) \\ 20.53 + 0.29b & (b \leq x \leq c) \end{cases} \\ T_{Mx} = \begin{cases} 9.87 + 0.93x & (0 \leq x \leq b) \\ 9.87 + 0.93b & (b \leq x \leq c) \end{cases} \\ T_{Bx} = \begin{cases} 0.24 + 2.45x & (0 \leq x \leq b) \\ 0.24 + 2.45b & (b \leq x \leq c) \end{cases} \end{cases} \quad (12)$$

对于底板：

$$\begin{cases} T_{Tx} = 32.71 \\ T_{Mx} = 33.04 \\ T_{Bx} = 35.16 \end{cases} \quad (13)$$

式中：T_{Tx}、T_{Mx}、T_{Bx}——顶面、中面和底面温度梯度分布。

为了验证拟合的准确性，图 11 为温度梯度的数值和拟合值的比较。

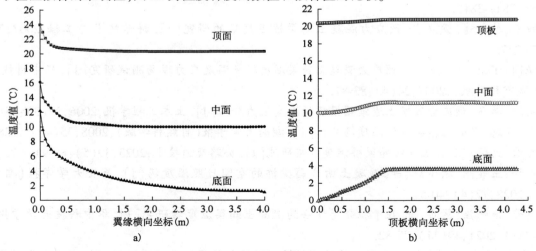

图 11

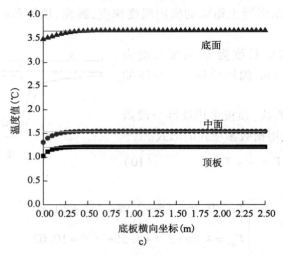

图 11 温度梯度模拟值与拟合值的比较

由图 11 可知：翼缘边缘的温度非线性变化较大，顶面、中面和底面的温差也比较大，边缘 0.5m 范围内的变化较为剧烈；顶板梗腋处几乎接近直线，底面梗腋处的成直线上升状态，因为热量在传递过程中，混凝土较厚的地方需要的热量多，因而温度较低。待到顶板厚度不变的范围内，温度变化呈水平直线；由于受不到太阳直射的影响，底板的温度变化不明显，顶面和底面的温差 2℃ 左右，竖向表现负温度梯度，横向不存在温度梯度。

五、结　　语

从上述研究，可以得到如下结论：

(1) 通过实测分析，提出了公路桥的混凝土箱梁的全截面温度梯度，采用指数多项式拟合的方法建立了箱梁的翼缘顶面、中面和底面的横向温度梯度，与实际吻合较好。

(2) 翼缘横向温度有较大变化，边缘 0.5m 范围内呈现明显的非线性。对于翼缘和顶板，温差随着其厚度的增加（减小）呈现明显的减小（增加）趋势。

(3) 本文所得出的温度场是在中国南方地区得到的，某种程度上有一定的区域性。

参考文献

[1] 叶见曙，贾琳，钱培舒. 混凝土箱梁温度分布观测与研究[J]. 东南大学学报，2002，32(5)：788-793.

[2] 韩大建，谭毅平，徐凯燕. 预应力箱梁桥日照温度效应的测试与分析[J]. 科学技术与工程，2007，7(15)：3811-3818.

[3] 谭毅平，韩大建，梁立农. 预应力混凝土箱梁桥温度场的研究[J]. 科学技术与工程，2007，7(11)：2570-2575.

[4] 陈保国，丁锐，郑俊杰，等. 预应力混凝土箱梁温度场及温度应力现场测试研究[J]. 华中科技大学学报（城市科学版），2007，24(4)：83-87.

[5] 张元海，李乔. 预应力混凝土连续箱梁桥的温度应力分析[J]. 土木工程学报，2006，39(3)：98-102.

[6] 汪剑，方志. 混凝土箱梁桥的温度场分析[J]. 湖南大学学报（自然科学版），2008，35(4)：23-28.

[7] 麦鑫浩. 大跨度混凝土连续箱梁桥温度效应研究[J]. 公路交通技术，2023，39(5)：88-94.

[8] 朱劲松，王震阳，顾玉辉，等. 混凝土曲线箱梁桥的空间日照温度场[J]. 长安大学学报（自然科学版），2022，42(4)：40-51.

[9] 戴公连，张强强，葛浩，等. 基于积分变换法的混凝土箱梁温度场研究[J]. 华中科技大学学报（自然科学版），2021，49(11)：77-82.

[10] 卫俊岭，王浩，茅建校，等. 混凝土连续箱梁桥温度场数值模拟及实测验证[J]. 东南大学学报（自然

科学版),2021,51(3):378-383.
[11] 郭凤俊.基于ANSYS的不平衡日照混凝土箱梁温度场分布研究[J].西安建筑科技大学学报(自然科学版),2020,52(2):207-212.
[12] 刘兴法.混凝土结构的温度应力分析[M].北京:人民交通出版社,1991.
[13] Kehlbeck F. 太阳辐射对桥梁结构的影响[M].北京:中国铁道出版社,1981.
[14] 中华人民共和国交通运输部.公路钢筋混凝土及预应力混凝土桥涵设计规范:JTG 3362—2018[S].北京:人民交通出版社股份有限公司,2018.
[15] 中华人民共和国交通运输部.公路桥涵设计通用规范:JTG D60—2015[S].北京:人民交通出版社股份有限公司,2015.

37. 基于工业化建造的桥面连续构造疲劳性能试验研究[①]

曹素功[1,2,3]　黄晨露[1,2]　余金火[1,2]　傅俊磊[1,2]　周强[1,2,3]　洪华[1,2]

(1. 公路桥隧智能运维技术浙江省工程研究中心;2. 浙江省道桥检测与养护技术研究重点实验室;3. 同济大学桥梁工程系)

摘要　本文设计了两种不同形式的桥面连续构造方案,开展了疲劳和静载破坏试验。试验结果表明,试件的荷载-位移(应变)曲线均呈线性变化,残余应变很小,试件始终处于线弹性范围内。试件 BC1 初始刚度为 40.83kN/mm,刚度幅值有 7.02%;而试件 BC2 为 12.75kN/mm,刚度幅值 6.35%,前者抵抗变形的能力更好。试件 BC1 混凝土应变峰值为 12.52$\mu\varepsilon$,钢筋最大拉应力 13.68MPa,破坏荷载 148.34kN;试件 BC2 分别为 29.44$\mu\varepsilon$、49.29MPa 和 118.85kN,试件 BC1 的承载能力和耐久性能更优。两种构造具备优良的疲劳性能,可推广应用。

关键词　桥梁工业化　桥面连续构造　疲劳试验　裂缝　应变

一、引　言

在现代桥梁工程中,桥面连续构造因其优良的承载能力和稳定性被广泛应用[1-2]。然而,随着时间的推移,这些构造经常面临耐久性能的挑战,主要表现为裂缝、沉降、渗水和钢筋锈蚀等病害。这些问题不仅影响桥梁的使用寿命,还可能威胁到行车安全和结构稳定性。为解决上述病害问题,提高桥面连续构造的耐久性能,部分学者[3-5]不断探索高韧性混凝土材料的力学特性,通过新型材料代替传统混凝土受力[6]。通过研究超高韧性混凝土材料的力学特性以代替传统混凝土受力,如钱臻旭[7]探究了高延性(ECC)材料,并根据其力学特性提出了桥面连续构造相关优化设计建议;徐召等[8]研究高延性工程水泥基复合材料(ECC)用于桥面连续结构代替传统伸缩装置的受力性能。还有部分学者通过分析破坏机理,来改善混凝土开裂现象,如刘安等[9]在桥面连续处设置分离段从而改善负弯矩区受力状态;王岗等[10]根据破坏机理提出了一种新型拱形桥面连续构造装置;敬世红[11]考虑了从施工工艺上着手,进而改善桥面连续构造。

虽然学者们的研究成果对传统的桥面连续构造进行了优化和改进,但依然存在一些固有的局限性,例如施工工艺落后、建造环境复杂和人工成本上升等。因此,加快推进交通建筑工业化生产才是应对当

[①] 基金项目:浙江省交通运输厅科技项目(202304,202305-1,2024025),浙江省交通运输科学研究院自主研发项目(ZK202312,ZK202405,ZK202412)等。

前交通建设挑战、保障交通基础设施建设效率和高质量发展的重要举措。其中,工业化生产模式以其标准化设计、工厂化预制、装配化施工等特点,是实现桥梁工业化建造的关键。

基于此,本文依托某 3×30m 多跨桥面连续简支 T 梁,优化设计了两种不同形式的新型桥面连续构造。为探究新型构造的力学特性及其耐久性能,先后开展了动力疲劳试验和静载破坏试验,观察测试过程中材料应变、梁端荷载-位移曲线以及裂缝发展规律。通过深入研究与实践,探索出适用于我国桥梁工业化建造的新型桥面连续构造,预期实现大规模推广应用,对于促进交通建筑行业改革、推动经济社会可持续发展具有重要意义。

二、试验概况

1. 试件设计

本文共设计了 2 个试件,试件尺寸和试件参数如图1、图2、表1所示。试件由 2 片预制 T 梁的节段部分和 T 形梁桥墩中心线范围的纵向连续段组成,考虑到预制场施工条件和施工效率,未考虑桥面铺装。为了让设计模型与原桥梁结构相似,试验模型与实际结构需满足几何条件、物理条件和边界条件相似的原则,试件的桥面板、预制梁、翼缘板、顶板和腹板均未进行缩尺,即与实桥保持一致,只对预制梁高度进行缩减,高度为 0.4m;桥面板计算分析通常采用 1m 板宽进行计算分析,结合试验设备加载空间、试件加载稳定条件等情况,模型梁试件计算宽度取 1 延米。两个试件的预制件和桥面连续现浇段采用相同的材料,均为普通 C50 混凝土,但纵桥向设计长度不同,为便于后期对比不同结构形式的力学性能,方案1编号为 BC1,方案2编号为 BC2。

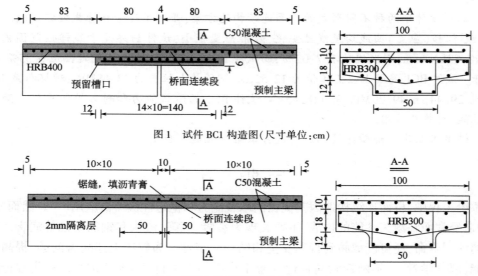

图 1　试件 BC1 构造图(尺寸单位:cm)

图 2　试件 BC2 构造图(尺寸单位:cm)

试件模型材料参数 表1

试件编号	桥面板材料	预制板材料	桥面板钢筋层数(层)	割缝尺寸(宽×深)(mm×mm)	试件尺寸(m×m×m)
BC1-C50	C50	C50	2	10×30	3.5×1×0.4
BC2-C50	C50	C50	1	3×30	2.2×1×0.4

本次方案优化重点在于钢筋布置和割缝设计。试件 BC1 桥面连续段内共有两层钢筋,第一层钢筋沿梁长通长布置;在预制梁顶部预留了 1.64m×0.06m 的槽口,待槽口铺设第二层钢筋后,与连续段一齐浇筑。试件纵筋均采用 $\phi 12mm$ 的带肋钢筋,材料为 HPB400,顶层横筋和箍筋为 $\phi 10mm$ 的光圆钢筋,材料为 HPB300,钢筋间距为 0.1m,保护层厚度为 5mm,受拉区配筋率为 0.798%。试件 BC2 桥面板内仅设

计1层钢筋,10根φ20mm(纵筋)和22根φ10mm(横筋)的HRB400,无预留凹槽,钢筋间距按0.1m布置,保护层厚度为5mm,受拉区配筋率为0.924%;此外,试件BC2在连续段与预制梁体之间设计1m宽、0.02m厚的隔离层,此范围定义为无黏结区。

试件共分两次浇筑,首先绑扎预制主梁钢筋并放入木制模板内,采用垫块固定钢筋笼的位置,同时将PVC管(后续便于吊装)穿透预埋于预制梁内,完成第一次C50混凝土的浇筑,试件的两个预制件分开制作;待预制件达到设计强度90%左右,拆模根据施工图纸进行拼接,在桥跨中心线处填充4cm厚泡沫板,仅试件BC2中间部分铺设橡胶隔离层,而后焊接并绑扎现浇段的纵、横筋,铺设钢筋网,处理好钢筋应变片和钢筋线的防工作,最后完成第二次混凝土的浇筑。待连续段混凝土初凝后,使用割缝机分别在试件BC1和试件BC2连续段跨中处横向切割出指定深度和宽度的缝。

2. 加载方案与测点

利用反力框架疲劳试验系统,采用倒置加载的方式开展动力疲劳试验和静载破坏试验,加载装置和测点如图3所示。首先,在梁端支座中心线处各安装1个激光位移传感器,另在分配梁加载梁底位置各安装1个激光位移传感器,从右往左依次编号为D1、D2、D3和D4;其次,选取桥面连续段跨中最不利位置的钢筋应变测点和混凝土应变测点,依次分析加载过程中材料的应变增幅规律。试件BC1钢筋应变测点命名为ZS8和ZS18、混凝土应变测点命名为D3-1和D3-3。试件BC2钢筋应变测点命名为Z8和Z18、混凝土应变测点命名为D2-1和D2-3。

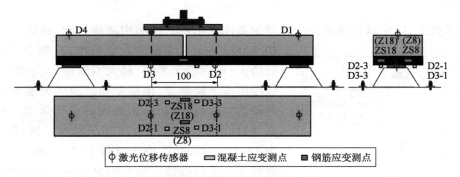

图3 加载设备和测点(尺寸单位:cm)

通过midas和FEA数值模型计算得到实际整桥在标准组合作用下,桥面板混凝土的应力上限值为9.13MPa,下限值为1.51MPa。基于桥面板连续构造等效受力原则,拟定试件BC1的疲劳上下限值为7kN和3kN;试件BC2疲劳上下限值为4kN和1.5kN。疲劳加载采用力控方式逐级加载,作动器通过分配梁均速地将正弦荷载传递至主梁,加载频率为5Hz,按顺序分别施加累计1万次、5万次、10万次、30万次、50万次、100万次、150万次和200万次疲劳往返荷载,每达到一个疲劳阶段值就按表2的分级制度施加三次静载循环。当试件完成疲劳加载后,若未发生疲劳破坏,则进行静力加载至其发生破坏。

静载循环分级制度表(单位:kN) 表2

试件编号	1	2	3	4	5	6	7	8	9	10	11	12	13	14	15	16
BC1	1	2	3	4	5	6	7	6	5	4	3	2	1	0	—	—
BC2	0.5	1	1.5	2	2.5	3	3.5	4	3.5	3	2.5	2	1.5	1	0.5	0

三、疲劳试验结果分析

1. 荷载-位移曲线

图4为试件BC1和BC2在不同疲劳循环加载次数后静载阶段的竖向荷载-位移曲线。其中,梁端位移指端部测量位移与支座测量位移的差值。结果可知,两个试件在对应荷载范围内,随着竖向荷载的增加,每条曲线的位移近乎呈线性递增趋势;卸载后,与初始位移相比,残余变形量很小,微量的残余变形可

忽略不计。在整个200万次疲劳加载过程中,不同疲劳次数作用下结构的残余变形不同,试件BC1最大变形在疲劳1万次,有0.117mm,相当于疲劳一万次后的静载循环,试件是从0.117mm的初始位移开始发展的;而试件BC2最大变形在累计疲劳30万次处,随后静载的初始位移有0.079mm。

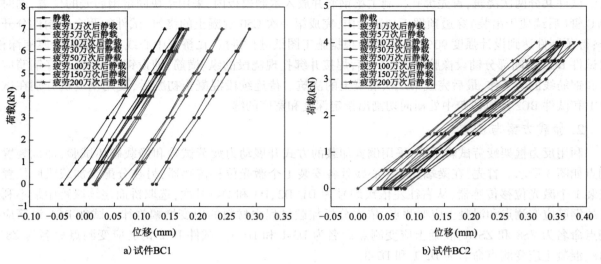

图4 荷载-位移曲线

不同循环次数下,两个试件的刚度变化情况如图5所示。由图中曲线可知,试件BC1初始刚度为40.83kN/mm,随着疲劳次数的增加,整个过程刚度先减小后增大,最后趋于平缓,最大刚度差为7.02%。其中,初始阶段刚度下降明显,推测是切缝位置开裂和混凝土铰作用导致的,而后桥面板内钢筋逐渐参与受力,刚度逐渐上升,直至钢筋完全参与受力后趋于稳定。试件BC2初始刚度为12.75kN/mm,远小于试件BC1,在疲劳加载过程中,切缝和混凝土铰的效应没有明显呈现,结构刚度始终属于平稳状态,刚度幅值为6.35%。两个试件的刚度随着疲劳次数的增加变化幅值都不大,说明结构在动力疲劳试验的过程中损伤程度很小,两者都拥有较大的疲劳剩余承载力。

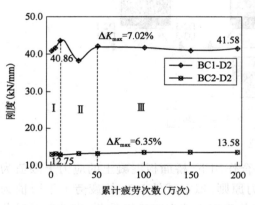

图5 不同累计疲劳次数下的刚度变化

2. 混凝土应力分析

为分析并对比两个试件在桥面连续处C50混凝土的应力应变特征,分别选取测点D3-3和测点D2-3,绘制出各疲劳阶段后的静力加载和卸载过程中材料的荷载-应变曲线,如图6所示。由图6可知,每个疲劳循环次数的静力加载阶段,混凝土应变值都随着荷载的增加而线性递增,在最大荷载处达到应变峰值,卸载阶段亦呈现线性递减规律,每一条曲线的残余应变量都很小,从静载曲线的线性走势以及残余应变量值都表征相应的疲劳试验对桥面板最不利处C50混凝土材料的损伤较小。

不同的疲劳次数对桥面板受力影响不同,测点D3-3可知,疲劳5万次产生了12.21$\mu\varepsilon$的初始应变,其余次数的初始应变均在5$\mu\varepsilon$范围内;而随着施加静力荷载,当疲劳循环次数达到200万次,静载达到7kN时,测点D3-3的应变峰值为12.52$\mu\varepsilon$,与首次静载应变峰值相比增加了49.31%。相较于试件BC1,试件BC2桥面板混凝土受力更为不利,与初次静载结果相比,应变峰值有29.44$\mu\varepsilon$(疲劳循环次数150万次),增大了2.43倍;当试件开展累计疲劳50万次及以上时,对混凝土产生了较大的初始应变,但后期静载循环中,产生残余应变量范围均较小。以上结果说明,两个试件在疲劳循环后的刚度基本没有变化,耐久性能较好,而试件BC1的抵抗变形的能力和疲劳性能优于试件BC2。

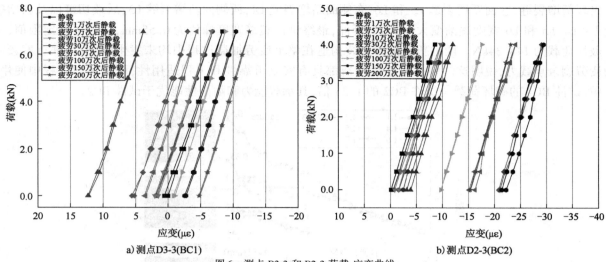

图6 测点 D3-3 和 D2-3 荷载-应变曲线

3. 钢筋应力分析

桥面连续段在跨中范围内,其内部钢各阶段受力特征相似,因此试件 BC1 和试件 BC2 分别选取测点 ZS8 和 Z8 开展桥面板内部钢筋受力对比分析,钢筋测点的荷载-应变曲线如图7所示。两个试件在各疲劳循环后的静力加载作用下,钢筋的荷载-应变曲线近乎为直线,钢筋应变随着荷载增加而线性递增;卸载后,相较于初始应变,钢筋产生的残余应变量很小,均在 $5\mu\varepsilon$ 以内。不同疲劳循环加载次数下,钢筋均会产生一定的残余应变,BC1 测点残余应变均在 $12\mu\varepsilon$ 以内;而试件 BC2 在疲劳1万次、30 万次和 50 万次产生的残余应变超过了 $25\mu\varepsilon$,其余的都在 $10\mu\varepsilon$ 以内。

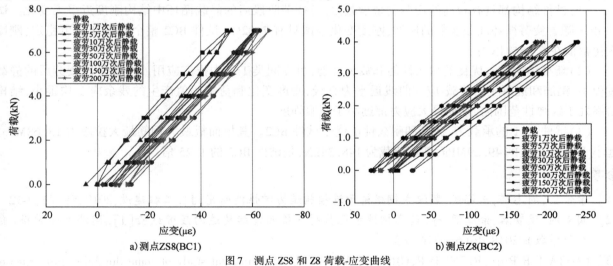

图7 测点 ZS8 和 Z8 荷载-应变曲线

试件 BC1 的钢筋测点疲劳荷载累计 100 万次,随后施加静力至 7N,此时桥面板内钢筋应变量达到峰值,为 $66.50\mu\varepsilon$,钢筋拉应力为 13.68MPa,而试件 BC2 的钢筋测点最大应变有 $239.54\mu\varepsilon$,相应的拉应力峰值为 49.29MPa,是前者的 3.6 倍,说明相较于试件 BC1,试件 BC2 桥面板内钢筋在疲劳试验中发挥较大的作用,桥面板受力更不利,但两者钢筋拉应力都远小于屈服强度。

四、静载破坏形态

为安全考虑,两个试件的静载破坏首先采用力控的方式,待桥面板内部钢筋屈服后,再转位移控施加静载。试件 BC2 静载破坏时,随着加载力变大,切缝宽度、侧面初始裂缝宽度逐渐变大,其他位置无新增裂缝,破坏荷载为 118.85kN。如图8所示,试件 BC1 静载破坏时,静力加到 55kN 后,试件底面和侧面同时出现新增裂缝,底面新增裂缝 L5 和 L6,东侧面新增裂缝 L4,西侧面新增裂缝 L3;后续切缝以及新增裂缝 L3、L4、L5 和 L6 宽度逐渐变大,并向上延伸,最终试件裂缝宽度峰值为 0.55mm,超过了规定限值,定义破坏荷载为 148.34kN。两种新型桥面连续构造在整个疲劳加载过程中均未发生破坏,且都有着较高的疲劳剩余承载力,说明这两种桥面连续构造都具有安全可靠性和工程适用性,可在实际工程中使用。其中,试件 BC1 的破坏荷载是试件 BC2 的 1.25 倍,其承载能力和耐久性能优于试件 BC2。

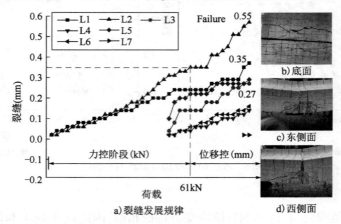

图 8　试件 BC1 静载破坏试件裂缝宽度变化(尺寸单位:mm)

五、结　　语

本文以某多跨桥面连续简支 T 梁为研究背景,优化设计了两种新型桥面连续构造,对新型构造开展疲劳性能试验,研究其耐久性能,进一步观察两个试件静载破坏后的结构破坏形态,得到如下结论:

(1)试件结构都具有较高的疲劳剩余承载力,各疲劳阶段后的静载循环中结构刚度近乎无变化。试件 BC1 随着疲劳循环加载次数的递增,刚度变化幅值只有 7.02%;试件 BC2 整个刚度变化更稳定,刚度变化幅值在 6.35% 以内。

(2)新型结构具备优良的耐久性能和疲劳性能,可在同类工程中推广应用。在各阶段疲劳后的静载过程中,钢筋和混凝土的荷载-应变曲线近乎为直线,刚度变化和荷载幅值产生的残余应变均很小,结构始终处于线弹性范围内,钢筋最大应力都远小于屈服强度。

(3)试件 BC1 的承载力、疲劳和耐久性能优于试件 BC2。其桥面板最大钢筋最大拉应力 13.68MPa,远小于试件 BC2 的 49.29MPa;破坏荷载为 148.34kN,是试件 BC2 的 1.25 倍。

参考文献

[1] 李佳宣,周志祥,王邵锐.装配式钢板桥面连续构造力学性能研究[J].工程建设,2019,51(7):7-12.

[2] 胡克旭,侯梦君,余江滔,等.超高韧性水泥基材料桥面连续构造的疲劳试验[J].同济大学学报(自然科学版),2018,46(6):776-783.

[3] COSTA F B P d.,RIGHI D P,GRAEFF A G,et al. Experimental study of some durability properties of ECC with a more environmentally sustainable rice husk ash and high tenacity polypropylene fibers[J]. Construction and Building Materials,2019(213):505-513.

[4] ZHENG Y,ZHANG L F,XIA L P. Investigation of the behaviour of flexible and ductile ECC link slab reinforced with FRP[J]. Construction and Building Materials,2018(166):694-711.

[5] SERPUKHOV I,MECHTCHERINE V. Early-age shrinkage of ordinary concrete and a strain-hardening cement-based composite (SHCC) in the conditions of hot weather casting[C]//Proceedings of the 10th International Conference on Mechanics and Physics of Creep, Shrinkage, and Durability of Concrete and Concrete Structures, 2015:1504-1513.

[6] TIAN J,WU X,ZHENG Y,et al. Investigation of interface shear properties and mechanical model between

ECC and concrete[J]. Construction and Building Materials,2019(223):12-27.
[7] 钱臻旭.基于高延性ECC材料的桥面连续优化设计及力学性能研究[D].南京:东南大学,2021.
[8] 徐召,马雪媛,郭亚唯,等.基于高延性工程水泥基复合材料的无伸缩缝桥面连续构造优化试验研究[J].工业建筑,2024,54(4):188-194.
[9] 刘安,彭天波,闫博洋,等.先简支后桥面板连续体系桥面板抗裂性能研究[J].结构工程师,2024,40(3):107-117.
[10] 王岗,谢旭,王城泉,等.简支梁桥拱型桥面连续构造的受力性能[J].浙江大学学报(工学版),2014,48(6):1049-1057.
[11] 敬世红.简支连续梁桥结构设计及其连接构造性能改进措施研究[D].重庆:重庆交通学院,2004.

38.异形主塔连续箱梁桥满堂支架结构受力分析

陆潇雄　陈露晔　杨世杰　宋志远　袁江川　周　超

(浙江数智交院科技股份有限公司)

摘　要　为了满足异形主塔连续箱梁桥在施工阶段支架整体的安全可靠,考虑经济合理的要求,结合工程实际,采用理论计算进行相关计算,从而确定满堂支架的设计方案,利用有限元软件建立以某一跨为主的满堂支架模型,重点从支架系统的力学及变形行为出发点进行阐述,从两者在强度、刚度及稳定性的角度进行对比分析,确保整个支架系统是安全可靠的。结果表明,理论计算结果与有限元计算结果变化规律一致,结果基本吻合,同时验证了剪力撑在支架系统中起一定的作用;在梁段处、腹板处、底板处及翼缘板处支架立柱计算结果偏差分别为2.79%、3.13%、12.48%和8.35%,两者拟合较好,其最大弹性变形为1.15cm,进一步说明有限元模拟支架是可行的。

关键词　异形主塔　多室箱梁　满堂支架结构　受力分析

一、引　言

随着预应力混凝土技术的广泛应用,桥梁结构施工方法取得了显著进步。其中,满堂支架施工因其便捷性、灵活性和经济效益而被广泛采用,并已成为工程实践中的一项重要技术。大量的研究文献围绕满堂支架施工展开,对其进行了深入探讨[1-3]。满堂支架作为桥梁施工中的临时支撑结构,其支撑系统属于多点支撑体系,通过多个支点分散上部荷载并将之传递到地基上。因此,要求地基具备足够的承载能力,并确保所有支点均匀沉降,以避免梁体因不均匀沉降而发生开裂[4-5]。针对施工过程中满堂支架承载力需求高,同时确保施工安全与经济性,因此要求支架的布置与搭建必须合理,这就使得支架承载力的计算尤为重要。因此,为了研究满堂支架结构受力性能,本文以某工程为背景,采用理论计算与有限元分析方法对满堂支架结构受力性能进行对比分析。

该工程采用现浇箱梁(图1),由于现浇箱梁桥面较宽,经施工方案比选后,采用满堂支架施工。该桥梁主桥采用现浇预应力混凝土结构,上部结构跨径布设为5×40m的等截面预应力混凝土连续箱梁,整体式断面。桥梁采用单箱七室直腹板截面,31.25m跨径的梁高1.8m,40m跨径的梁高2.2m。箱梁横断面悬臂长3.0m,悬臂端部厚0.18m,悬臂根部厚0.6m,箱梁底宽30m,31.25m跨径箱梁腹板厚0.45~0.85m,40m跨径箱梁腹板厚0.5~0.85m,顶板厚0.25m,底板厚0.22m。横隔梁分别设在中支点、边支点上,厚度分别为3.0m和2.0m。箱梁顶底板平行布置。桥面布置为:2m(人行道)+4.5m(非机动车道)+2.5m(机非分隔带)+7.5m(机动车道)+3m(中央分隔带)+7.5m(机动车道)+2.5m(机非分隔带)+4.5m(非机动车道)+2m(人行道)=36m。

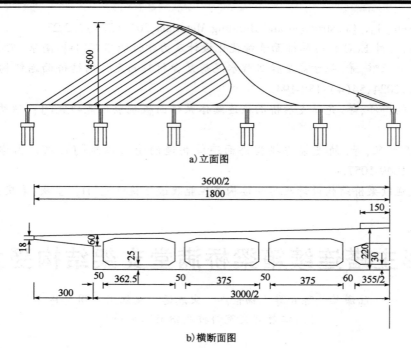

图1 某工程全桥示意图(尺寸单位:cm)

二、支架构造设计

本桥箱梁底至地面最大高度约为6m,施工支架主要采用满堂 $\phi48mm×2.8mm$ 普通焊接钢管支架作为全桥支架的基本构件(图2和图3)。剪刀撑采用 $\phi48mm$,壁厚2.8mm普通无缝钢管及扣件;采用满堂式底板处立杆纵距为900mm,箱梁变截面处为600mm,腹板及隔板位置立杆纵距为450mm,水平杆步距均为1200mm,扫地杆距地面高度为200mm;腹板及隔板位置立杆横距为450mm,底板及翼缘板位置立杆横距为900mm。曲线部位,立杆的纵横距离均按扇形的外边缘为基准布置。剪刀撑横断面及纵断面上每5排设置一道,支架竖向设置一层水平剪刀撑。顶托直接插入立杆顶端,支架搭设时下部设底托、顶部设顶托,底托与顶托调整范围控制在200mm以内。顶托上横向单层布置100mm×100mm松木木枋,间距同立杆间距,方钢上方纵向铺设单层100mm×100mm方木,中到中间距200mm,纵向方木上铺设15mm厚竹胶板。为加强支架的整体稳定性,支架水平方向与桥墩墩身采用顶托连接。内模利用 $\phi48mm$ 钢管搭设脚手架,顶托直接插入立杆顶端,支架搭设时顶托调整范围控制在200mm以内。支架下方座于马凳筋支撑,钢管不得伸入底板混凝土范围。箱内脚手架立杆间距为900mm(横向)×900mm(纵向)×900mm(水平杆步距),顶托上纵向单层布置60mm×90mm方钢,间距同立杆间距,方钢上方横向铺设单层100mm×100mm方木,中到中间距200mm,横向方木上铺设15mm厚竹胶板。为保证侧模的稳定,腹板内外模及隔梁模板之间,沿桥梁方向每2m上下各设置一道 $\phi25mm$ 的钢筋拉杆。

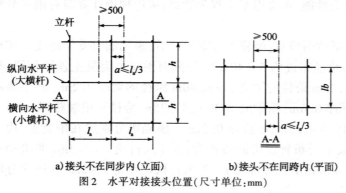

图2 水平对接接头位置(尺寸单位:mm)

l_a-立杆间距;h-水平杆间距;a-接头至立杆主节点距离

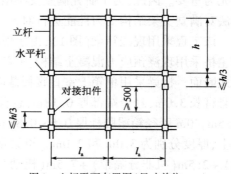

图3 立杆平面布置图(尺寸单位:mm)

三、荷载计算

1. 材料特性

本方案中支架设计为 $\phi 48mm \times 2.8mm$ 钢管,其特性值见表1。

钢管的特性值　　　　　表1

外径 (mm)	壁厚 (mm)	截面积 (mm²)	回转半径 (mm)	Q235A 钢材抗压强度 (N/mm²)
48	2.8	3.98	1.59	F = 205

2. 荷载分析

(1) q_1——箱梁自重荷载,新浇混凝土重度取 $26.5kN/m^3$(高配筋混凝土);

(2) q_2——箱梁内模、底模、内模支撑及外模支撑荷载,按均布荷载计算,经计算取 $q_2 = 1.0kN/m^2$(偏于安全);

(3) q_3——施工人员、施工材料及机具荷载,按均布荷载计算,取 $2.5kN/m^2$;

(4) q_4——振捣混凝土产生的荷载,对底板取 $2.0kN/m^2$,对侧板取 $4.0kN/m^2$;

(5) q_5——新浇混凝土对侧21模的压力,由新浇混凝土重度、初凝时间、浇筑速度、浇筑高度等计算得出;

(6) q_6——倾倒混凝土产生的水平荷载,取 $2.0 kN/m^2$;

(7) q_7——支架自重,经计算支架在不同布置形式时其自重见表2。

支架自重计算值　　　　　表2

立杆横桥向间距×立杆纵桥向间距×横杆步距 (mm×mm×mm)	支架自重的计算值 (kPa)	立杆横桥向间距×立杆纵桥向间距×横杆步距 (mm×mm×mm)	支架自重的计算值 (kPa)
600×600×900	3.38	600×900×1200	2.21
600×600×1200	2.94	450×450×1200	5.18

(8) q_8——其他可能产生的荷载,如风荷载、雪荷载、冬季保温设施荷载等,取 $0.9kN/m^2$。

3. 荷载组合

模板、支架设计计算荷载组合见表3。

模板和支架设计计算荷载组合　　　　　表3

模板结构名称	荷载组合	
	强度计算	刚度检算
底模及支架系统计算	(1)+(2)+(3)+(4)+(7)+(8)	(1)+(2)+(7)+(8)
侧模计算	(5)+(6)	(5)

四、支架理论计算及验算

1. 扣件式钢管支架立杆强度及稳定性验算

支架体系采用 $600mm \times 600mm \times 1200mm$ 的布置结构,根据《建筑施工扣件式钢管脚手架安全技术规范》(JGJ 130—2011),有关模板支架立杆的稳定性计算(表4)公式:

$$\frac{N}{\varphi A} + \frac{M_w}{W} \leq f$$

式中:N——立杆轴向力设计值;

φ——轴心受压构件的稳定系数;

A——立杆的截面面积；
M_w——风荷载等水平力产生的弯矩；
W——截面模量；
f——钢材的抗压强度设计值。

模板支架稳定性理论计算值　　　　表4

理论计算值（MPa）	梁段处	腹板处	底板处	翼缘板处
	111.2	162.7	138.6	98.2

其计算所得均小于205MPa，故计算结果说明支架时安全稳定的。

2. 满堂支架整体抗倾覆验算

依据《公路桥涵施工技术规范》（JTG/T 3650—2020），要求支架在自重和风荷载作用下时，抗倾覆稳定系数不得小于1.3。

$$K_0 = y \times N_i / \sum M_w$$

式中：K_0——抗倾覆稳定系数；
N_i——支架系统整体自重；
y——桥面中心至桥面边缘的距离。

桥宽36m、长40m，采用600mm×900mm×1200mm跨中支架来验算全桥：

稳定力矩 = $y \times N_i$ = 23784.01kN·m
倾覆力矩 = $q \times h/2$ = 124.5kN·m

$$K_0 = \frac{稳定力矩}{倾覆力矩} = 191.04 > 1.3$$

计算结果说明本方案满堂支架满足抗倾覆要求。

3. 底模板验算

竹胶板钉在纵向木枋（100mm×100mm）上，直接承受上部施工荷载，取承受最大荷载的腹板处进行验算，截取1m宽竹胶板简化为跨径为200mm的三等跨连续梁来验算。

$$\sigma_w = \frac{M_{max}}{W} = 1.867 \text{MPa} < [\sigma_w] = 12 \text{MPa}$$

其中，σ_w为最大正应力；M_{max}为承受的最大弯矩；W为截面抵抗矩。
根据以上结果可知，弯曲强度验算满足要求。

$$f_{max} = \frac{5}{384} \times \frac{ql^4}{EI} = 0.016 < [f] = 0.05 \text{cm}$$

其中，f_{max}为荷载下的最大挠度；q为承受的均布荷载；l为计算跨径；E为弹性模量；I为截面惯性矩。
根据以上结果可知，挠度验算满足要求。

4. 纵向木枋验算

纵向木枋采用100mm×100mm松木单层布设，直接承受底模传递下来的荷载，腹板处采用跨径为0.6m来计算，支点中心间距600mm，横桥方向中心间距为200mm，验算结果如下：

$$M_{max} = \frac{1}{8} \times q \times l^2 = 0.630 \text{kN} \cdot \text{m}$$

$$\sigma_w = \frac{M_{max}}{W} = 3.93 \text{MPa} < [\sigma_w] = 12 \text{MPa}$$

弯曲强度验算满足要求。

$$f_{max} = \frac{5}{384} \times \frac{ql^4}{EI} = 0.35 \text{mm} < [f] = 1.5 \text{mm}$$

挠度验算满足要求。

5. 横向木枋验算

横向木枋采用100mm×100mm松木单层布设,直接承受纵向木枋传递下来的荷载,腹板及底板处按跨径为0.6m来计算,翼缘板处跨径为0.9m。腹板处横向支点中心间距为600mm,顺桥向间距600mm,验算结果如下:

$$M_{max} = \frac{1}{8} \times q \times l^2 = 1.889 \text{kN} \cdot \text{m}$$

$$\sigma_w = \frac{M_{max}}{W} = 11.41 \text{MPa} < [\sigma_w] = 12 \text{MPa}$$

弯曲强度验算满足要求。

$$f_{max} = \frac{5}{384} \times \frac{ql^4}{EI} = 1.03 \text{mm} < [f] = 1.5 \text{mm}$$

挠度验算满足要求。

五、有限元计算对比分析

为了确保箱梁施工过程中支架(图4)具备足够的安全性和稳定性,并防止施工过程中支架发生较大的沉降,因此采用midas Civil有限元分析软件进行模拟分析,其中支架采用桁架单元模拟,方钢及方木采用梁单元进行模拟,支架底端约束为竖向约束。将箱梁自重、模板等荷载均匀分布在方木上,现场支架及支架有限元计算模型如图5所示。

图4 现场支架图

图5 支架有限元计算模型图

1. 支架承载力分析

根据有限元模型计算得出支架在荷载作用下其立柱轴向应力在支座处应力较跨中处小,其应力结果如图6所示,计算结果见表5。

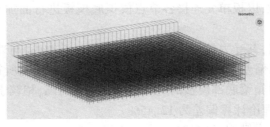

图6 支架立柱轴向应力图

有限元计算结果 表5

有限元计算值(MPa)	梁段处	腹板处	底板处	翼缘板处
	108.1	157.6	121.3	90.0

其计算结果相比较于理论验算均偏小,但是都满足规范要求。根据midas有限元计算结果(图7),剪力撑最大拉应力为38.9MPa,且位于跨中支架,同时最大压应力为106.8MPa,位于端横梁截面底部,结果均满足规范要求。由于满堂支架受到风荷载等水平荷载的作用,导致部分剪力撑杆件出现拉应力,而端横梁处竖向荷载较大,导致剪力撑压力应相比其余位置较大,因此剪力撑的设置对于支架整体受力性能起着重要作用。

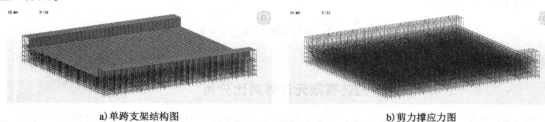

a) 单跨支架结构图　　　　　　　　　b) 剪力撑应力图

图7　midas有限元支架模型

为了控制桥梁底板的线形,施加预荷载,消除大部分支架的压缩变形,同时,确保预拱度的准确性,因此计算出支架在荷载作用下的挠度变化,根据有限元模型进行分析得出在荷载作用下其支架发生线弹性变化,其最大变形值为11.5mm。由于整个支架整个刚度大,因此支架系统纵向及横向变形不大,故支架满足变形要求。

支架立柱应力对比结果如表6、图8所示。从表6与图8可以看出,理论计算结果与有限元分析结果随支架受力位置不同其计算所得应力变化规律基本一致,进一步说明了整个支架系统的安全性,从而验证了有限元分析的正确性。

支架立柱应力计算结果 表6

计算值(MPa)	梁段处	腹板处	底板处	翼缘板处
有限元	108.1	157.6	121.3	90.0
理论	111.2	162.7	138.6	98.2

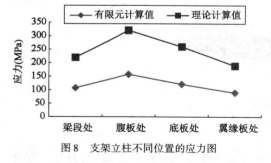

图8　支架立柱不同位置的应力图

从图8上表明理论计算结果与有限元分析结果有一定的偏差,在梁段处、腹板处、底板处及翼缘板处偏差分别为2.79%、3.13%、12.48%和8.35%,在梁段处与腹板处偏差不大,拟合较好,而在腹板处与翼缘板处偏差较大主要原因是由于在模拟支架荷载时采用均匀分布的面单元荷载,造成在此基础上腹板处支架受力与理论计算值偏小,而在翼缘板处理论上由变截面带来荷载的不同会造成其承载受力的支架应力也不同,但是模拟荷载以均布荷载,因此引起支架应力的偏小。

2. 底模板及方木承载力分析

通过建立材料的力学特性,以板单元连接各节点模拟底模板进行面加载,通过分析得到如图9所示的结果。

由此有限元分析结果得出,其受力较为均匀,最大应力为5.08MPa,与理论计算偏差达到170%,其挠度最大值0.25mm与理论计算偏差为83.49%,出现于个别位置上,计算所得结果高于理论计算结果,但是从有限元分析结果可以看出箱梁底部模板的应力基本为1.59MPa,相较于理论计算偏差为13.35%,其挠度基本在0.13mm左右,与理论计算偏差为12.45%。

采用梁单元的方法建立方木模型,如图10所示。

图9 底模板受力图

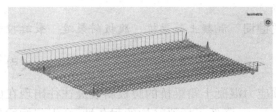

图10 方木受力图

采取梁单元模拟方木,纵向方木有限元计算结果最大值为6.59MPa,与理论计算偏差为75.21%,其挠度最大值为0.45mm,与理论计算偏差为51.49%;同时,横向方木有限元计算结果最大值为5.11MPa,与理论计算偏差为55.89%,其挠度最大值为0.61mm,与理论计算偏差为38.7%。

由于有限元模拟无法精确底模板与纵横向方木实际连接,导致出现应力集中现象,同时结果存在一定偏差,但结果均满足规范要求。

六、结 语

通过理论计算及有限元分析可以得出以下结论:

(1)理论计算结果的受力规律与有限元计算结果相吻合,证实了有限元分析的有效性。

(2)支架立柱的理论计算结果与有限元计算结果之间的偏差均处于合理的范围内,各位置的偏差基本上不超过10%。同时,在荷载作用下,支架的最大弹性变形为11.5mm,结果均满足规范要求。因此,采用有限元模拟分析结果偏安全。

(3)由于存在水平荷载的存在,剪力撑最大压应力为106.8MPa,最大拉应力为38.9MPa,其剪力撑的设置位置及数量对整个支架系统尤为重要,影响结构整体刚度,因此需确保其安全可靠。

参考文献

[1] 邱福平,吕忠明,夏来福.关于浅水、软地基现浇箱梁满堂支架地基处理施工功法的研究[J].交通科技,2010(S2):26-29.

[2] 张建伟.连续梁桥满堂支架施工控制技术研究[D].西安:长安大学,2010.

[3] 苏卫国,刘剑.现浇箱梁高支模满堂支架的有限元分析[J].华南理工大学学报(自然科学版),2013,2(41):82-87.

[4] 郝英龙.满堂支架在混凝土现浇施工中的方案设计与应用[J].铁道工程学报,2001,71(3):64-68.

[5] 张海良.八七型钢梁与钢管满堂支架在50m连续箱梁施工中的组合运用[J].西南公路,2006(2):48-53.

39. 考虑双轴应力状态的箱梁腹板斜截面开裂准则

吕昭旭[1] 陈佳仝[2,3] 陈祥[1] 晏应[1] 贺志启[2,3]

(1.江苏现代路桥有限责任公司;2.长大桥梁安全长寿与健康运维全国重点实验室;
3.东南大学土木工程学院)

摘 要 斜裂缝是预应力混凝土箱梁桥的常见病害,斜裂缝的出现不但降低了桥梁结构的承载力,还影响到桥梁的耐久性和适用性。文中基于莫尔-库仑准则基本理论,推导了适合于混凝土的双轴强度准则,提出了箱梁腹板开裂新准则。分析表明,主压应力对混凝土抗拉强度的影响不可忽略;对于腹板开裂的计算,单轴强度准则不再适用,必须采用与腹板平面应力状态相适应的双轴强度准则。基于混凝土双轴强度准则,提出新的箱梁腹板混凝土开裂控制条件,并在实桥的腹板开裂分析中得到了验证。

关键词 混凝土箱梁桥 腹板斜裂缝 裂缝控制 莫尔-库仑准则 双轴强度准则

一、引 言

预应力混凝土箱梁桥的腹板斜裂缝往往出现在剪力较大而弯矩较小的区域。斜裂缝的出现,影响了桥梁的外观,降低了桥梁结构的耐久性,会引起桥梁的下挠过大等不利影响[1]。因此,我国《公路钢筋混凝土及预应力混凝土桥涵设计规范》(JTG 3362—2018)(简称《公路桥规》)严格要求桥梁在使用阶段不出现斜裂缝[2]。

箱梁腹板处于剪应力和正应力共同作用的平面应力状态,《公路桥规》利用莫尔应力圆求得主应力,并通过限制主拉应力 σ_{tp} 的大小来满足斜截面抗裂的要求。已有的研究表明[3],主压应力 σ_{cp} 对混凝土的抗拉强度影响很大,其增大会导致混凝土抗拉能力的降低。《公路桥规》中也考虑了主压应力的不利影响,并通过限制主压应力 $\sigma_{cp} \leq 0.6 f_{ck}$ (f_{ck} 为混凝土的抗压强度标准值)来防止混凝土抗拉强度的过大降低,但这显然是不够的。也就是说,对于腹板开裂的分析,单轴的强度准则不再适用,而必须采用与腹板平面应力状态相适应的双轴强度准则[4-6]。

莫尔-库仑准则最早用于分析土体的剪切破坏,试验研究表明,该理论同样适用于解释混凝土的破坏[7-8]。本文在莫尔-库仑准则基本理论的基础上,推导出适合于混凝土的双轴强度准则,从而提出新的箱梁腹板斜截面开裂准则。

二、莫尔-库仑准则

1. 基本表达式

混凝土在平面应力作用下的破坏,可归纳为两种基本的破坏形态[7]:①受拉分离式断裂(断裂面两侧物体垂直于断裂面方向移动);②剪切滑移断裂(断裂面两侧的物体沿断裂面滑动)两种形态。针对这两种破坏的控制方程为:

受拉分离式断裂

$$\sigma_1 \leq f_t \tag{1}$$

剪切滑移断裂

$$|\tau| \leq c - \mu\sigma \tag{2}$$

式中:σ_1——主拉应力;
f_t——混凝土的单轴抗拉强度;
τ——剪切破坏面上的剪应力;
σ——剪切破坏面上的正应力(以拉为正);
c——混凝土的黏聚力;
μ——混凝土的摩擦系数。

2. 主应力形式的莫尔-库仑准则

剪切滑移破坏临界状态下的极限莫尔圆如图1所示,由 $\triangle ABC \sim \triangle ODC$,可得 $AB/OD = AC/OC$,即:

$$\frac{c}{(\sigma_1 - \sigma_3)/2} = \frac{\sqrt{\mu^2 + (c/\mu)^2}}{c/\mu - (\sigma_1 + \sigma_3)/2} \tag{3}$$

整理并写成不等式,可得:

$$k\sigma_1 - \sigma_3 \leq 2c\sqrt{k} \tag{4}$$

$$k = (\mu + \sqrt{1+\mu^2})^2$$

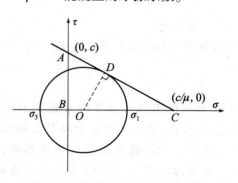

图1 剪切滑移破坏临界状态下的极限莫尔圆和强度破坏线

代入单轴受压边界条件：$\sigma_1 = \sigma_2 = 0$，$\sigma_3 \leqslant f_c$，联立式(4)可得：

$$2c\sqrt{k} = f_c \tag{5}$$

式中：f_c——混凝土的单轴抗压强度。

则式(4)可改写为：

$$k\sigma_1 - \sigma_3 \leqslant f_c \tag{6}$$

同样地，由单轴受拉的边界条件，可得：

$$kf_t = 2c\sqrt{k} \tag{7}$$

联立式(5)和式(7)可知，混凝土材料的各特征参数之间存在如下关系[9]：

$$k = f_c/f_t \tag{8}$$

综上所述，莫尔-库仑准则可写成如下的主应力形式：

$$\begin{cases} \sigma_1 \leqslant f_t \\ k\sigma_1 - \sigma_3 \leqslant f_c \\ k = f_c/f_t \end{cases} \tag{9}$$

三、箱梁腹板开裂准则

根据腹板混凝土所处的主应力状态，由式(9)可得腹板的开裂控制条件。

1. 拉-拉情况($\sigma_{tp} > \sigma_{cp} > 0$)

为避免混凝土发生拉裂分离破坏：

$$\sigma_{tp} \leqslant f_t \tag{10}$$

考虑材料分项系数和安全系数后，则：

$$\sigma_{tp} \leqslant \lambda_1 f_{tk} \tag{11}$$

式中：f_{tk}——混凝土抗拉强度设计值；

λ_1——其折减系数，在《公路桥规》中，对现浇构件 $\lambda = 0.4$。

2. 拉-压情况($\sigma_{tp} > 0 > \sigma_{cp}$)

为避免混凝土发生剪切滑移破坏：

$$k\sigma_{tp} - \sigma_{cp} \leqslant f_c \tag{12}$$

引入式(8)的结论，则式(12)可写为：

$$\sigma_{tp} \leqslant \frac{1}{k}\frac{f_c}{f_t}\left(1 - \frac{|\sigma_{cp}|}{f_c}\right)f_t = \left(1 - \frac{|\sigma_{cp}|}{f_c}\right)f_t \tag{13}$$

考虑材料分项系数和安全系数后，则：

$$\sigma_{tp} \leqslant \lambda_1\left(1 - \frac{|\sigma_{cp}|}{f_{ck}}\right)f_{tk} \tag{14}$$

式中：f_{ck}——混凝土抗压强度标准值。

由式(13)可知，主压应力对混凝土的抗拉强度影响很大，混凝土的抗拉强度随主压应力的增加成比例地减小，当主压应力达到混凝土抗压强度的30%时，抗拉强度相应地减小30%。

3. 压-压情况($0 > \sigma_{tp} > \sigma_{cp}$)

为避免混凝土发生剪切滑移破坏：

$$-\sigma_{cp} \leqslant f_c \tag{15}$$

考虑材料分项系数和安全系数后，则：

$$|\sigma_{cp}| \leqslant \lambda_2 f_{ck} \tag{16}$$

式中：λ_2——混凝土抗压强度的折减系数，在《公路桥规》中，$\lambda = 0.6$。

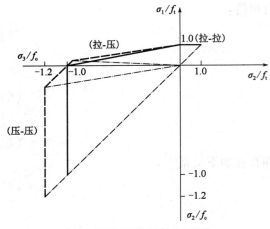

图 2 混凝土的双轴强度包络线

根据腹板的开裂控制条件,可以绘出混凝土的双轴强度包络线,如图 2 中的实线所示,图中的虚线为《混凝土结构设计标准》(GB 50010—2010)中采用的双轴强度准则包络线,可以看到前者比后者较为保守,但二者相差不大。

四、斜截面抗裂验算的设计建议

腹板斜截面抗裂应对混凝土的主拉应力 σ_{tp} 进行验算,并考虑主压应力 σ_{cp} 的影响。对于全预应力混凝土构件,在荷载短期效应组合下,建议主应力应符合下列要求:

为避免腹板混凝土开裂:

$$\sigma_{tp} \leqslant \begin{cases} 0.4 f_{tk} & (\sigma_{cp} \geqslant 0) \\ 0.4(1 - |\sigma_{cp}|/f_{ck}) f_{tk} & (\sigma_{cp} \leqslant 0) \end{cases} \quad (17)$$

为避免腹板混凝土压碎:

$$|\sigma_{cp}| \leqslant 0.6 f_{ck} \quad (18)$$

五、实 桥 验 证

Gröndal 桥位于瑞典首都斯德哥尔摩西南面[10],是一条轻轨线的组成部分,通行双向轻轨列车。该桥为采用平衡悬臂法施工的预应力混凝土连续箱梁桥,跨径为 70m + 120m + 70m,主跨支座处的梁高在 7.5m 左右,箱梁腹板厚度为 350mm,不设竖向预应力筋,箱梁混凝土强度等级为 C40。Gröndal 桥运营不到几年时间,在墩顶附近的箱梁腹板上就出现了大量斜裂缝[10](图3、图4),裂缝宽度多为 0.1~0.3mm,在一些局部区域,达到了 0.6mm,并且裂缝的数量和宽度都在不断增加。

图 3 Gröndal 桥腹板斜裂缝分布情况

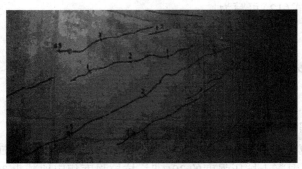

图 4 Gröndal 桥箱梁腹板内侧斜裂缝

为找出箱梁腹板的开裂原因,文献[10]对桥梁腹板的应力进行了计算。依据瑞典规范,在长期荷载组合下,中跨墩顶附近60m范围内箱梁腹板的应力情况如图5所示。图6列出了箱梁腹板混凝土的主拉应力和两种开裂控制条件。可以看到,如果直接以混凝土抗拉强度设计值作为开裂控制条件,此时,箱梁腹板混凝土的主拉应力低于抗拉强度设计值,因而腹板不会开裂,与实际情况不符;如果考虑主压应力对混凝土抗拉强度的折减,部分梁段腹板混凝土的主拉应力超过了折减后的混凝土抗拉强度设计值,因而腹板发生开裂,且大致出现在距墩顶 10~40m 的范围内,与实际情况基本相符。

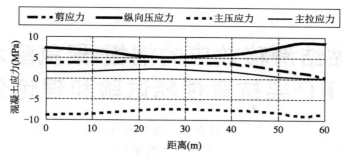

图5 箱梁腹板混凝土应力

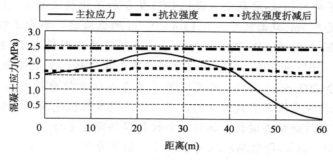

图6 箱梁腹板开裂判断

六、结 语

本文从基于莫尔-库仑准则的混凝土双轴强度准则入手,探讨混凝土箱梁腹板斜截面开裂的控制条件。主要结论有:

(1)主压应力对混凝土抗拉强度的影响不可忽略,这是《公路桥规》中所未能充分考虑的。同时,对于箱梁腹板开裂的分析,单轴的强度准则不再适用,而必须采用与腹板平面应力状态相适应的双轴强度准则。

(2)本文在莫尔-库仑准则基本理论的基础上,推导了考虑平面应力状态的混凝土双轴强度准则,从而提出新的箱梁腹板混凝土开裂控制条件,并在实桥的斜裂缝事故分析中得到了验证。

参考文献

[1] 刘超,郭夏,成厚松.连续刚构桥悬臂施工中腹板斜裂缝分析与控制[J].交通科技,2020(6):37-40.

[2] 中华人民共和国交通运输部.公路钢筋混凝土及预应力混凝土桥涵设计规范:JTG 3362—2018[S].北京:人民交通出版社股份有限公司,2018.

[3] NOPPAKUNWIJAI P. Allowable compression limits in prestressed concrete members[D]. USA: The University of Nebraska-Lincoln, 2001.

[4] 吉林,赵启林,丁勇.预应力箱梁桥腹板主应力计算探讨[J].公路交通科技,2010,27(6):85-90.

[5] 郑开启.斜裂缝对混凝土梁桥受剪性能影响研究[D].南京:东南大学,2017.

[6] HE Z Q, LIU Z, MA Z J. Shear deformations of RC beams under service loads[J]. Journal of Structural Engineering,2017,143(1):04016153.

[7] 过镇海,时旭东.钢筋混凝土原理和分析[M].北京:清华大学出版社,2003.

[8] 赵灿晖,龚尚龙.无粘结部分预应力砼梁斜截面抗裂剪力计算[J].重庆交通学院学报,1996,15(3):5-10.

[9] BORTOLOTTI L. Strength of concrete subjected to pullout load[J]. Journal of Materials in Civil Engineering,2003,15(5):491-495.

[10] TÄLJSTEN B, HEJLL A, JAMES G. Carbon fiber-reinforced polymer strengthening and monitoring of the Gröndals bridge in Sweden[J]. Journal of Composites for Construction,2007,11(2):227-235.

40. 考虑黏结滑移效应的钢板-聚氨酯水泥复合加固RC梁抗弯性能试验和理论分析[①]

孙全胜　岳新泷

（东北林业大学）

摘　要　本文提出了使用钢板-聚氨酯水泥（PUC）复合加固钢筋混凝土（RC）梁的新型桥梁抗弯加固方法。制作了4根长度为3m、截面尺寸为0.15m×0.3m的试验梁。弯曲试验结果表明，相比于原梁，PUC20加固梁、SP4-PUC20加固梁、SP4-PUC40加固梁的开裂荷载分别提高了11.1%、511%和456%，屈服荷载分别提高了6.4%、50%和69%，极限荷载分别提高了6.96%、43.48%和61.74%，整体刚度分别提升了15.9%、166.3%和203.6%。此外，本文还推导了考虑组合效应折减系数和钢板-PUC层间滑移效应的挠度修正公式，采用挠度修正公式计算的挠度与试验挠度比值范围在0.91~0.94之间，证明了挠度修正公式的准确性，可为该新型桥梁抗弯加固结构设计提供理论支持。

关键词　聚氨酯水泥　钢板-聚氨酯水泥复合加固　黏结滑移

一、引　言

桥梁是社会发展的重要基础设施，是交通网络中的关键项目[1-2]。钢筋混凝土梁在服役过程中受到地理环境、自然灾害、汽车荷载等因素影响，难免出现刚度降低、承载能力不足等问题[3]。直接更换主梁不仅浪费材料，而且阻碍车辆通行，造成间接经济损失[4]，因此对钢筋混凝土梁的加固需求越来越大。

目前，桥梁结构的加固方主要方法有增大截面积[5]、黏结钢板[6]、外部预应力[7]、纤维增强复合材料加固[8]、使用新型混凝土材料[9-10]等。其中，纤维增强复合材料由于其高强度、轻质量和耐腐蚀等优点，广泛应用于桥梁加固中，但也存在成本高且施工技术复杂的缺陷。预应力加固通过施加外部预应力，能够提高结构的刚度和抗裂性能，但施工过程复杂，对技术要求较高。相比之下，粘贴钢板加固方法以其施工简便、成本适中和加固效果显著的特点，在工程实践中得到了广泛应用。

聚氨酯水泥（PUC）[11-13]材料以其质量轻、硬化时间短、黏结性能好、韧性好、抗拉抗压强度高等特点，已多次应用于桥梁结构加固中。Haleem K. Hussain 等采用聚氨酯水泥（PUC）新材料加固T梁并进行了弯曲试验。结果表明：PUC加固梁的承载力提高了约170%，裂缝宽度减小了约58%；利用ABAQUS软件进行有限元分析，仿真结果与现场试验结果吻合较好。张可心等[14-15]提出在聚氨酯水泥（PUC）中埋设预应力钢丝绳（PSWR），形成PSWR-PUC复合材料加固钢筋混凝土T梁。对PSW-PUC钢筋混凝土T梁的抗弯性能进行了试验研究和理论分析。结果表明，在梁开裂后，PUC材料能有效抑制裂纹扩展。提出了平均裂缝间距和最大裂缝宽度的预测公式，理论结果与实验结果吻合较好。Changsop等[16]通过四点弯曲试验研究了波纹钢-PUC组合结构的抗弯性能，结果表明，与普通混凝土相比，采用PUC的复合结构的抗弯能力和变形能力明显提高。与波纹钢-混凝土结构相比，在受压区使用PUC的复合结构试件的正负弯矩分别提高了137.88%和136.42%，而波纹钢-PUC复合结构试件的正负弯矩分别提高了311.69%和283.39%。从上述研究可以看出，PUC材料在桥梁加固领域具有广阔的应用前景。

针对目前钢板-混凝土复合加固方法面临的实际问题，结合PUC材料的诸多优点及其在桥梁加固中的广阔应用前景，本文提出了一种由钢板与PUC组成的新型复合加固方法。本文对钢板-PUC复合增强RC梁的抗弯性能进行了试验研究。

---

① 基金项目：黑龙江省交投养护科技有限公司：增韧可调色聚氨酯混凝土快速修补桥面的研究与应用，JTYHKJ2023KJ05。

二、试验方案

1. PUC 材料性能试验

制作了三组压缩和拉伸试验试样。每组制作 3 个平行试件。抗压强度采用立方体试件进行测试,拉伸性能采用狗骨形试件进行测试,所有力学试验均在 20℃ 的室温下进行。PUC 材料的力学测试如图 1 所示。

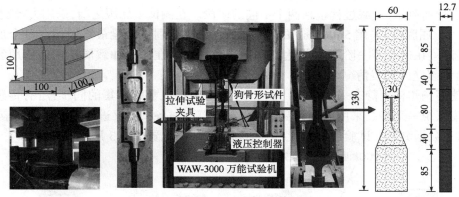

图 1　PUC 材料力学性能测试图(尺寸单位:mm)

实验结果表明,聚氨酯水泥(PUC)固化后密度为 $1.52g/cm^3$。PUC 的压缩性能分为两个不同的阶段。在初始弹性阶段,应力与应变呈线性相关关系,弹性极限压应力为 64MPa,压应变为 $12.0\mu\varepsilon$。随后,在非弹性阶段,应力-应变关系偏离线。非弹性状态下的极限压应力为 72MPa,对应的应变为 $16.7\mu\varepsilon$。材料的最终破坏应变为 $20.6\mu\varepsilon$。相反,在拉伸阶段,PUC 的应力-应变关系始终保持线性。极限抗拉强度为 48MPa,极限应变值应值为 $9\mu\varepsilon$。

2. 试验梁的设计与制造

本文建造了 4 根钢筋混凝土梁。每根梁的总长度为 3000mm,有效跨度为 2700mm,纯弯段为 900mm。梁的横截面宽度为 150mm,高度为 300mm。试验梁所用混凝土的设计强度等级为 C30。纵向一级配筋采用 HRB400 级配筋,配筋直径为 18mm,配筋率为 1.21%。竖向箍筋采用直径为 8mm 的 HPB300 级钢筋。试验梁的详细尺寸如图 2 所示。

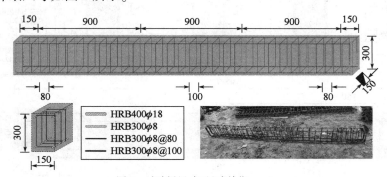

图 2　试验梁尺寸(尺寸单位:mm)

四根试验梁中,一根不加固,其余三根的加固方案见表 1。所使用的钢板由 Q235B 钢制成,厚度为 4mm。

试验梁加固方案明细　　表 1

梁	加固方法	PUC 厚度(mm)	钢板厚度(mm)
RC	—	—	—
PUC_{20}	PUC	20	—

续上表

梁	加固方法	PUC 厚度(mm)	钢板厚度(mm)
$SP_4\text{-}PUC_{20}$	SP-PUC	20	4
$SP_4\text{-}PUC_{40}$	SP-PUC	40	4

在本研究中,试验梁的尺寸、钢筋的位置和混凝土的强度分别在施工后使用标准尺、钢筋探测器和回弹仪等设备进行测量。确保所有获得的数据都严格符合预定的设计规范。

进行了四点弯曲测试,加载过程包括两个不同的阶段。在测试梁屈服之前,采用力控制方法,首先施加 5kN 的预压力。屈服后,采用 5mm/min 的位移控制加载,直到试验梁最终破坏。每个加载阶段保持5min,以确保测试梁在进入下一阶段之前达到完全受力状态。在每个加载周期前后使用裂缝观测装置(HC-CK102)监测裂缝的发展情况。

数据采集使用扬州精明静态采集系统(JM3813)。为了保证数据采集的同步,所有传感器都接入扬州精明静态采集仪统一采集。采用电阻应变片和位移传感器对各试验梁进行了纵向钢筋应变、跨中应力应变、纵向位移等数据测量。试验加载装置示意图和应变片的配置如图3所示。

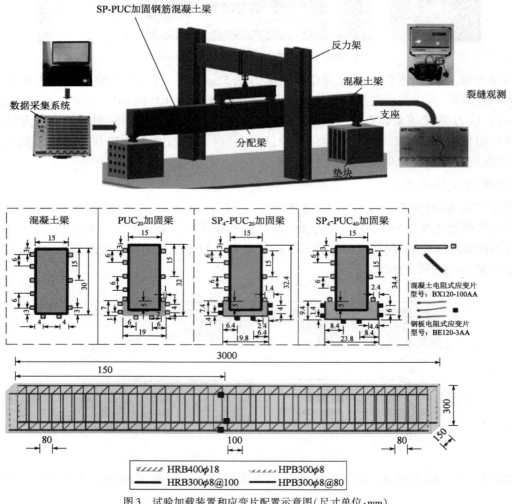

图3 试验加载装置和应变片配置示意图(尺寸单位:mm)

三、试验结果与讨论

1. 裂缝和挠度分析

试验梁破坏形态及裂缝分布如图4所示。

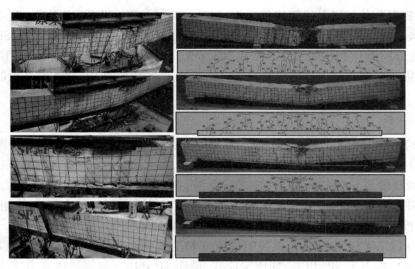

图4 试验梁破坏形态及裂缝分布

根据试验梁在荷载作用下梁体的裂缝现象，绘制荷载-裂缝宽度曲线如图5所示。根据图5可以看出，PUC材料加固梁对比原梁开裂荷载提高并不高，但能有效抑制裂缝的发展，使裂缝形态有所改观。PUC加固梁开裂荷载为20kN，较原梁提高11.1%。PUC加固梁对比原梁的裂缝长度发展更短，宽度更小，特别是在钢筋屈服以后，PUC材料破坏之前，PUC材料对被加固梁的束缚很明显。SP_4-PUC_{20}加固梁更能有效地延缓梁的开裂，当荷载120kN时梁体才出现第一条裂缝，较原梁提高511.1%。钢筋屈服之前，在相同荷载下，裂缝宽度也较PUC加固更小，有效抑制裂缝宽度发展。在钢筋屈服以后，裂缝宽度发展也较PUC加固更小。SP_4-PUC_{40}加固梁对比原梁，开裂荷载提高455.6%。钢筋屈服之前，裂缝宽度呈线性发展，屈服前裂缝最大宽度0.21mm。当钢板-PUC复合材料从梁的一端脱开时，力值下降，裂缝宽度增加。从实验来看，钢板-PUC复合加固更能有效抑制裂缝发展。

SP_4-PUC_{20}梁抗弯承载能力效果更加明显，开裂荷载较原梁提高511%，极大程度上提高了被加固梁的开裂荷载，这可以使试验梁具有足够的刚度储备。

SP_4-PUC_{20}梁钢筋屈服后，随着荷载增加，因为试验梁挠曲变形大，钢板PUC复合材料从试验梁一侧脱开，从图6可以看出，PUC钢板复合材料在试验梁脱开后力值迅速下降。SP_4-PUC_{40}梁，破坏形式和SP4-PUC20梁一样，都是在加固材料从梁的一端脱开。SP_4-PUC_{40}梁开裂荷载为100kN，较原梁提高456%。屈服荷载较原梁提高69.1%。SP_4-PUC_{20}梁和SP_4-PUC_{40}梁在开裂前斜率几乎一样，PUC梁和原梁在开裂前斜率几乎一样，但钢板PUC复合加固斜率要大于PUC加固，说明在加载荷载相同下，钢板PUC复合加固梁刚度更大。

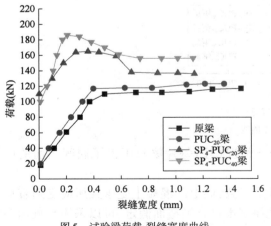

图5 试验梁荷载-裂缝宽度曲线

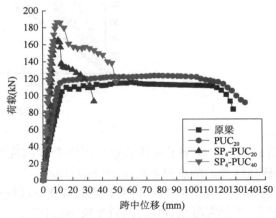

图6 荷载-位移曲线

同时，从各梁屈服荷载与屈服位移比值来看，PUC_{20}加固梁、$SP_4\text{-}PUC_{20}$加固梁、$SP_4\text{-}PUC_{40}$加固梁分别比原梁提高15.9%、166.3%和203.6%，同时也说明PUC_{20}加固梁、$SP_4\text{-}PUC_{20}$加固梁、$SP_4\text{-}PUC_{40}$加固梁分别比原梁整体刚度分别提升15.9%、166.3%和203.6%。钢板PUC复合加固对比PUC加固，在弹性阶段，屈服阶段和极限阶段都有很大程度提高。所以钢板PUC复合加固RC梁在提高梁的抗弯承载力方面效果更加。

2. 应变结果分析

试验梁荷载-跨中主筋应变曲线、荷载-跨中聚氨酯水泥应变曲线分别如图7a)和图7b)所示。可以看出试验梁加固后，相同荷载作用时，钢筋应变发生减少，说明通过加固可以有效减缓钢筋受力，这里$SP_4\text{-}PUC_{40}$加固梁减缓效果最好，$SP_4\text{-}PUC_{20}$次之。此外，在相同荷载作用下，PUC应力应变曲线斜率比PUC-钢板复合材料应力应变曲线大，说明钢板的加入可以有效减缓聚氨酯水泥受力，相比于聚氨酯水泥单一材料加固，钢板-PUC复合加固更加束缚梁体变形，能更好地提高梁体刚度。

图7c)为$SP_4\text{-}PUC_{20}$梁和$SP_4\text{-}PUC_{40}$梁底钢板应变和受拉钢筋对比图。从图中可以看出，同荷载下，$SP_4\text{-}PUC_{40}$加固梁应变要小于$SP_4\text{-}PUC_{20}$加固梁应变，说明$SP_4\text{-}PUC_{40}$加固梁体变形更小，梁体刚度更大。分析其详细原因，可能是因为$SP_4\text{-}PUC_{40}$加固梁的钢板距离原梁较远，能更好地增大梁截面的惯性矩，更充分地发挥了钢板的抗拉性能，更好地提高加固梁的刚度和承载力。

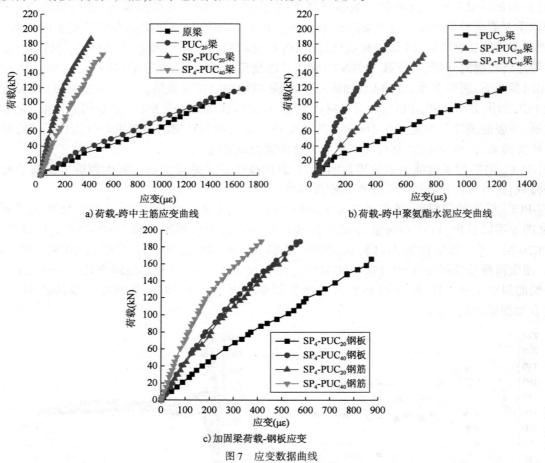

图7 应变数据曲线

图8~图11绘制了4片试验梁跨中沿梁高应变分布情况(注：每片梁只画出了屈服之前的梁侧应变，同样高度处的测点只画出了一侧的数据)。

从图8~图11可以看出，所有梁的应变发展规律基本一致，梁上部混凝土受压且压应变随着荷载增加而增大，下部混凝土、PUC、钢板受拉，截面应变分布规律基本符合平截面假定，可以采用平截面假定进行复合加固结构正截面承载能力设计计算。同时可以发现，结构屈服之前，随着荷载的增加，截面中性轴轻微上移,原因是受拉区混凝土的不断退出工作导致,这种变化也符合结构正常使用状态到极限承载状态中性轴变化规律,说明在结构屈服时,可以采用极限状态法进行截面受力计算。

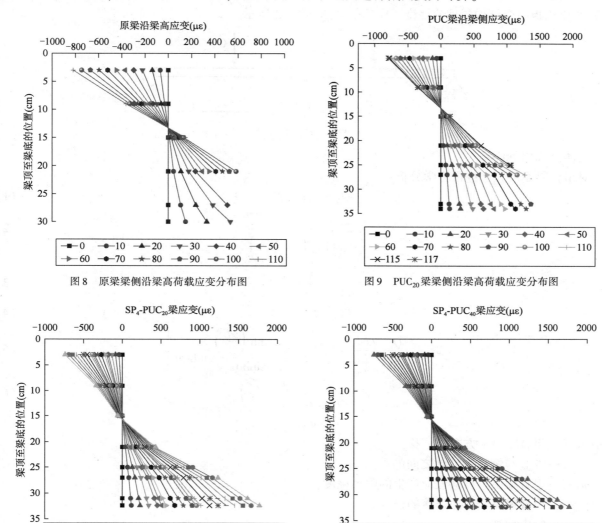

图 8　原梁梁侧沿梁高荷载应变分布图

图 9　PUC_{20}梁梁侧沿梁高荷载应变分布图

图 10　SP_4-PUC_{20}梁梁侧沿梁高荷载应变分布图

图 11　SP_4-PUC_{40}梁梁侧沿梁高荷载应变分布图

对比 4 根试验梁可以看出,SP_4-PUC_{40}梁中性轴位置最低,其次是 SP_4-PUC_{20}梁,第三是 PUC_{20},最后是原梁。说明钢板聚氨酯水泥加固抗弯效果明显。利用钢板聚氨酯水泥加固后,降低了中性轴梁位置,增加了混凝土受压区高度,整体上提高了正截面抗弯承载能力。同时从图中还可以看出,相同荷载下,SP_4-PUC_{40}梁的截面应变最小,结构刚度最大,加固效果最显著。

3. 考虑 PUC-钢板间黏结滑移的挠度分析

从图 10 中可以看出,PUC-混凝土黏结界面的破坏形式为界面上部混凝土拉碎,说明聚氨酯与混凝土之间黏结性能很好。因此在本研究中只考虑 PUC-钢板之间的黏结滑移。

在进行理论分析时,需要做出如下基本假设:

假设 1,PUC 与钢板均为线弹性,挠度均为小变形,不考虑变形产生的二阶效应;

假设 2,PUC 与钢板之间连接紧密,不会发生竖向剥离,不会出现掀起现象,PUC 与钢板的曲率和挠度均相等;

假设3,PUC与钢板均不考虑剪切变形,并分别符合平截面假定。

本研究采用文献[17]中给出的考虑滑移效应的简支梁受任意位置对称荷载的挠度计算的精确解来计算PUC-钢板组合结构的理论挠度。梁的受力图如图12所示。

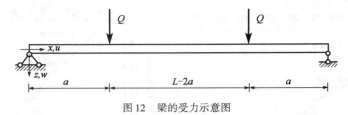

图12 梁的受力示意图

具体公式如下：

对组合界面微元体进行力学分析：

$$EI_0 = E_1 I_1 + E_2 I_2 \tag{1}$$

$$\alpha = \sqrt{\frac{Kr^2}{EI_0\left(1-\dfrac{EI_0}{EI_\infty}\right)}} \tag{2}$$

$$\frac{1}{EA} = \frac{1}{E_1 A_1} + \frac{1}{E_2 A_2} \tag{3}$$

$$EI_\infty = EI_0 + EAr^2 \tag{4}$$

$$w_\Delta = \frac{Q}{\alpha^3 EI_\infty}\left(\frac{EI_\infty}{EI_0}-1\right)\left[\alpha a - \frac{2\sinh\left(\dfrac{\alpha L}{2}\right)}{\sinh\alpha L}\sinh\alpha a\right] \tag{5}$$

$$w_\infty = \frac{QL^3}{6EI_\infty}\frac{a}{L}\left(\frac{3}{4}-\frac{a^2}{L^2}\right) \tag{6}$$

$$w = w_\Delta + w_\infty \tag{7}$$

式中：w——组合梁沿y方向的位移；

r——PUC与钢板中性轴之间的距离；

w_Δ——组合梁由于滑移效应产生的附加挠度；

w_∞——组合梁完全剪力连接的挠度；

Q——集中荷载；

E_1——PUC的弹性模量；

E_2——钢板的弹性模量；

I_1——PUC截面的惯性矩；

I_2——钢板截面的惯性矩；

EI_0——组合梁完全无剪力连接的抗弯刚度；

EI_∞——组合梁完全剪力连接的抗弯刚度；

K——剪力连接件的层间相对滑移模量(本文取1)；

L——梁的计算跨径；

a——加载点到支座的距离(本文为900mm)。

在本研究中,钢板与PUC之间没有剪力钉,界面之间的滑移力全部由PUC与钢板之间的化学黏结力来提供。因此,在应用上述公式计算时,剪力连接件的层间相对滑移模量K取1。

在不考虑PUC与钢板之间滑移时,按照式(6)进行挠度计算,结果如图13和图14所示。从图中可以看出,在弹性阶段,理论数据与试验数据较为接近,但在弹性阶段末,随着PUC与钢板之间出现滑移,混凝土、PUC、钢板三者之间出现裂缝、局部掀起等情况,理论数据不能准确反映出这些因素的影响,与试验数据的差距开始增大。

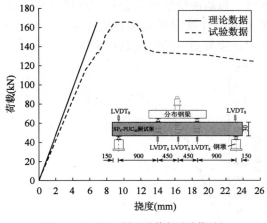
图13 SP$_4$-PUC$_{20}$梁理论值与试验值对比

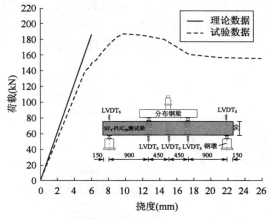
图14 SP$_4$-PUC$_{40}$梁理论值与试验值对比

因此,在 PUC 与钢板黏结层开始出现滑移的弹性阶段末,应考虑公式(5)中由于滑移效应产生的附加弯矩。通过式(7)计算出了 SP$_4$-PUC$_{20}$ 和 SP$_4$-PUC$_{40}$ 两个组合梁的挠度。挠度的计算值与现场试验值对比如图15和图16所示。

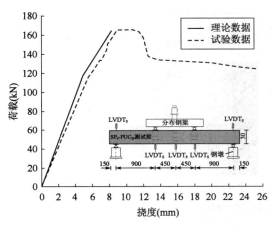
图15 考虑滑移后 SP$_4$-PUC$_{20}$ 梁理论值与试验值对比

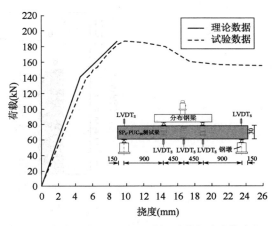
图16 考虑滑移后 SP$_4$-PUC$_{40}$ 梁理论值与试验值对比

从图中可以看出,通过公式计算出的挠度与现场试验测得的挠度能够较好地吻合。然而,在每个试件达到极限荷载之前,计算得出的挠度值均小于试验挠度值,算得的试件刚度比实际值偏大。这是由于在计算中不得不考虑假设2,而在试验中难以避免局部裂缝导致的局部掀开。试验中界面之间的黏结性能很难达到理论中的理想效果,试验过程中界面间组合作用的降低,导致了试件刚度的衰减。

因此,本文在式(5)和式(6)的基础上考虑界面组合效应折减系数 φ,得到修正公式。

$$w'_\Delta = \frac{\varphi Q}{\alpha^3 EI_\infty}\left(\frac{EI_\infty}{EI_0}-1\right)\left[\alpha a - \frac{2\sinh\left(\frac{\alpha L}{2}\right)}{\sinh\alpha L}\sinh\alpha a\right] \quad (8)$$

$$w'_\infty = \frac{\varphi QL^3}{6EI_\infty}\frac{a}{L}\left(\frac{3}{4}-\frac{a^2}{L^2}\right) \quad (9)$$

$$w' = w'_\infty + w'_\Delta \quad (10)$$

式中:w'_Δ——考虑组合效应折减系数的组合梁由于滑移效应产生的附加挠度;

w'_∞——考虑组合效应折减系数的组合梁完全剪力连接的挠度;

w'——考虑组合效应折减系数的组合梁跨中挠度;

φ——PUC-钢板组合结构试件的组合效应折减系数,取 0.85。

根据式(10)重新计算考虑组合效应折减系数的挠度,结果如图17、图18所示,试验最大挠度与计算最大挠度对比如图19所示。结果表明,考虑组合效应折减系数后的挠度修正公式与现场试验值接近,试验挠度与计算挠度比值范围在0.91～0.94之间,证明了考虑组合效应折减系数的挠度修正公式的正确性,此公式可以为相关的组合结构设计提供参考,但其适用性需要更多的试验数据来进一步证明。

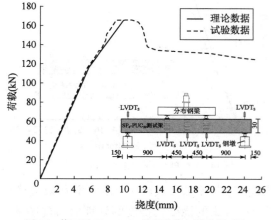

图17　修正后 SP_4-PUC_{20} 梁理论值与试验值对比

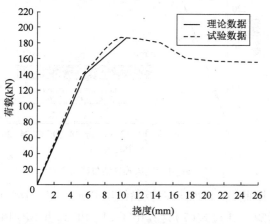

图18　修正后 SP_4-PUC_{40} 梁理论值与试验值对比

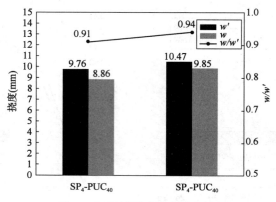

图19　挠度计算值和试验值对比图

四、结　语

在本研究中,采用SP-PUC复合材料对混凝土梁进行了开创性的加固方法。总共精心构建了4个全尺寸模型来评估主要力学性能,旨在阐明SP-PUC复合钢筋混凝土梁的受弯性能。

(1)固化后,聚氨酯水泥(PUC)的密度为 $1.52g/cm^3$,弹性模量为 $5334MPa$。PUC具有优异的韧性、快速固化特性和较高的力学性能,与混凝土基材的黏结也很牢固。PUC与钢结合使用时,加固效果明显增强,凸显了PUC与传统增强材料结合,实现结构性能改善的潜力。

(2)相比于原梁,PUC_{20}加固梁、SP_4-PUC_{20}加固梁、SP_4-PUC_{40}加固梁的开裂荷载分别提高了11.1%、511%和456%,屈服荷载分别提高了6.4%、50%和69%,极限荷载分别提高了6.96%、43.48%和61.74%,整体刚度分别提升了15.9%、166.3%和203.6%。

(3)PUC材料能有效限制梁的裂缝发展,但对梁开裂荷载提高不高,特别是在钢筋屈服以后,PUC材料破坏之前,PUC材料对被加固梁的束缚很明显;钢板-PUC复合加固对梁开裂荷载提高较多,同时复合加固可以更加明显有效地抑制裂缝发展。从PUC应变对比可以发现,钢板的加入可以有效减缓聚氨酯水泥受力,相比于PUC单一材料加固,钢板-PUC复合加固更加束缚梁体变形,能更好地提高梁体刚度。

(4)提出了考虑组合效应折减系数和PUC-钢板层间滑移效应的挠度组合梁挠度修正计算公式,计算值与试验值的比值在0.91～0.94之间,证明了挠度修正公式的准确性,可为相关的组合结构设计提供参考。

(5)本文提出的钢板-PUC新型组合加固架构,其在施工时间,耐久性,抗弯性能等多方面优于普通的粘贴钢板加固方法。但在研究中未考虑PUC与钢板的最佳厚度,在经济性方面研究不足,因此在后续研究过程中可以结合经济性进一步探究该加固方法中钢板和PUC的最佳厚度。

参考文献

[1] SANTOS A F, BONATTE M S, SOUSA H S, et al. Improvement of the inspection interval of highway bridges through predictive models of deterioration[J]. Buildings, 2022(12):124.

[2] 《中国公路学报》编辑部. 中国桥梁工程学术研究综述·2014[J]. 中国公路学报,2014,27(5):1-96.

[3] SONG X D, GONG X Y, LI G Q, et al. Continuous monitoring of in-service performance of prestressed concrete continuous bridges with two strengthening measures[J]. Construction and Building Materials, 2022(321):1263,11.

[4] SHEN L G, SOLIMAN M, AHMED S A. A probabilistic framework for life-cycle cost analysis of bridge decks constructed with different reinforcement alternatives[J]. Engineering Structures, 2021(245):112879.

[5] JIANG J T, ZHANG Q. Study on influence of stress lag on bending capacity of reinforced flexural members with enlarged section[J]. Building Structure,2020(50):862-869.

[6] 褚少辉,付士峰. 粘贴钢板或碳纤维布加固受损混凝土梁效果对比试验研究[J]. 建筑结构,2022,52(6):81-84.

[7] QI J N, MA Z J, WANG J Q, et al. Post-cracking shear behavior of concrete beams strengthened with externally prestressed tendons[J]. Structures, 2020(23):214-224.

[8] LIU Q, CAI L H, GUO R. Experimental study on the mechanical behavior of short chopped basaltfibre reinforced concrete beams[J]. Structures, 2022(45):1110-1123.

[9] YAN Y H, LIANG H J, LU Y Y, et al. Behavior of concrete-filled steel-tube columns strengthened with high-strength CFRP textile grid-reinforced high-ductility engineered cementitious composites[J]. Construction and Building Materials, 2021(269):121283.

[10] GUO R, YU R, LI M Q, et al. Experimental study on flexural shear strengthening effect on low-strength RC beams by using FRP grid and ECC[J]. Engineering Structures, 2021(227):111434.

[11] ZHAI D P. Microstructure and mechanical performance of polyurethane-fly ash composites (PU-FAC) under different effect factors[J]. Case Studies in Construction Materials, 2024,21:e03405.

[12] TIAN J X, SUN Q, ZHAI D, et al. Fatigue properties of polyurethane concrete expansion joint anchorage zone[J]. Case Studies in Construction Materials, 2024, 20:e02882.

[13] HALEEM K H, ZHANG L Z, LIU G W. An experimental study on strengthening reinforced concrete T-beams using new material poly-urethane-cement (PUC)[J]. Construction and Building Materials, 2013, 40: 104-117.

[14] ZHANG K X, SUN Q S. The use of Wire Mesh-Polyurethane Cement (WM-PUC) composite to strengthen RC T-beams under flexure[J]. Journal of Building Engineering,2018,15:122-136.

[15] ZHANG K X, SUN Q S. Experimental Study of Reinforced Concrete T-Beams Strengthened with a Composite of Prestressed Steel Wire Ropes Embedded in Polyurethane Cement (PSWR-PUC)[J]. International Journey of Civil Engineering,2018(16): 1109-1123.

[16] KIM C, SUN Q, RIM C, et al. Flexural behavior of the corrugated steel-concrete composite structures with the polyurethane concrete (PUC)[J]. Case Studies in Construction Materials, 2024(20):e03206.

[17] 彭罗文. 组合梁考虑滑移效应的理论分析与等效刚度法[D]. 长沙:湖南大学,2015.

41. 基于实测数据的公路桥梁汽车荷载适应性分析

王天禹[1]　李会驰[2]　贡金鑫[1]

(1. 大连理工大学；2. 中交公路规划设计院有限公司)

摘要　在通行交通量日益增加、货运车辆大型化发展、桥梁功能趋于综合化的背景下，为分析桥梁汽车荷载的设计取值与实际情况的适应性，本文依托苏通大桥和某港区主桥，采用实测数据对车辆荷载、车道荷载进行了统计分析，结果表明：苏通大桥车辆荷载受大型货运车辆影响显著，其标准值约为 75t，约为规范标准值的 1.36 倍；某港区主桥的车道荷载在不考虑车重与车间距变化时，其均布荷载标准值取 46kN/m，考虑车重与车间距变化后均布荷载标准值取 30.78kN/m，降低了约 1/3。

关键词　汽车荷载　适应性分析　车辆荷载　车道荷载　概率统计法

一、引　言

随着我国社会经济的快速发展，作为陆域交通重要载体的公路基础设施在规模与速度上一并增长，运输保障能力逐步提升。《2023 年交通运输行业发展统计公报》显示，截至 2023 年末，全国公路总里程达 543.68×10⁴km，其中高速公路 18.36×10⁴km，稳居世界首位；全国公路桥梁 107.93 万座、9528.82 万延米。在通行交通量日益增加、货运车辆大型化发展、桥梁功能趋于综合化的背景下，桥梁汽车荷载的实际情况与设计取值存在一定差异。康莉等[1]以天津港南疆复线公路桥为例，该路段交通流集中且以大货车为主，在现行规范的基础上增加一列 75t 三轴车 10m 车间距的特殊荷载；林元培等[2]按全桥集装箱重车满布，车辆轴距 10m 进行上海东海大桥的计算复核；邱新林等[3]在崀洲大桥设计荷载采用汽车—超 20 级、挂车—120 验算，对汽车荷载仅从车重、车间距取偏于安全的确定值，未考虑相关的概率分布特征。

汽车荷载是对公路桥梁的主导可变作用，对其安全耐久性能有着重要影响，有必要根据通行车辆的实测数据，对公路桥梁汽车荷载的适应性进行分析。本文在分析车辆荷载标准值时，利用实测数据，采用平稳二项随机过程模型，确定可变作用设计基准期内最大值概率分布，进而得到车辆荷载标准值；在分析车道荷载标准值时，利用实测数据，采用 Monte-Carlo 法模拟随机车流进行加载，运用可变作用最大值分布原理，确定桥梁的车道荷载标准值；依托苏通大桥和某港区主桥，分析通行车辆的类型、重量、间距等变化对车辆荷载和车道荷载的影响，得到汽车荷载的设计取值与实际情况的差异，为进一步论证结构安全耐久性能提供技术参考和支撑。

二、车辆荷载的适应性分析方法

车辆荷载的适应性分析流程如图 1 所示。

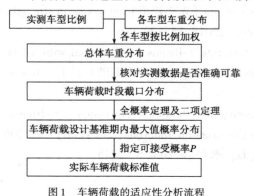

图 1　车辆荷载的适应性分析流程

1. 典型车型比例

公路桥梁上的全部车辆是一个复杂的总体，由许多性质差异较大的车辆组成。因车道功能及周围经济发展或公路管理模式的不同，通常情况下各车道的车型占比也会有较大差异，必要条件下要对每个车道的每类车型进行具体分析。进行车型比例分析时，建议采用和动态称重系统（WIM）相同的分类方式，按轴数对车辆进行分类。

2. 典型车型的车重分布

可变作用的取值通常基于概率统计分析确定，概率分布模型是可变作用各类代表值确定的基础。概率统计参数的确定由实测数据绘制的直方图入手,选择合适的概率分布对实际分布进行拟合。国内外相关研究表明,车重的概率密度呈多峰分布,不能用常见的单峰概率分布直接拟合[4]。通常情况下,不同形式的车辆总重有其自身的统计规律,可将各车型车重的分布看作当前车型下各种形式车辆组合的结果。经分析和相关研究表明,单一形式的车辆总重的概率密度函数可以用正态分布概率密度函数进行描述,各车型重量可以用若干个正态分布加权和的形式来描述,各车型车重概率密度函数为:

$$f_X(x) = \sum_{i=1}^{n} p_i \frac{1}{\sigma_i} \varphi\left(\frac{x-\mu_i}{\sigma_i}\right) \quad (\sum_{i=1}^{n} p_i = 1) \tag{1}$$

式中:p_i——第 i 种形式车辆占该类车型的比例;
$\varphi(\ )$——标准正态分布概率密度函数;
μ_i——第 i 种形式车辆荷载的平均值;
σ_i——第 i 种形式车辆荷载的标准差。

3. 车辆的总体重量分布

采用最大似然法对上式的参数进行估计,对拟合结果进行显著性 0.05 的 K-S 检验。对各车型的概率密度函数拟合完成后,可用典型车型的加权和形式来描述总体车辆重量的概率密度函数。

4. 车辆荷载时段截口分布

已知的总体车辆重量概率分布,作为车辆荷载某时段截口分布继续分析。将总体车辆重量分布作为车辆荷载的截口分布时,需对实测数据的代表性、稳定性及样本量进行评估[5]。

5. 车辆荷载设计基准期内最大值概率分布

公路桥梁汽车荷载中的车辆荷载属于可变作用,可变作用的标准值是按观测数据的统计、作用的自然界限或工程经验确定的值。可变荷载随机过程模型采用的是可变作用在设计基准期内最大值随机变量概率模型[6]。对于车辆荷载这类持久性活荷载的概率模型通常可以简化为平稳二项随机过程模型,根据平稳二项随机过程的等时段矩形波模型,利用概率论中全概率定理和二项定理,确定车辆荷载设计基准期内最大值 Q_T 的概率分布函数。

$$F_{QT}(x) = [F(x)]^m \tag{2}$$

式中:$F_{QT}(x)$——可变作用设计基准期内最大值概率分布函数;
$F(x)$——车辆荷载时段截口分布;
m——设计基准期内可变作用的时段数。

6. 车辆荷载标准值

可变作用标准值为可变作用设计基准期内最大值 Q_T 概率分布指定概率 p 的分位值。p 为可接受的概率,应取较大值,按《公路工程结构可靠度设计统一标准》(GB/T 50283—1999)的规定可取为 0.95[7]。

三、车道荷载的适应性分析方法

1. 车辆间距

汽车以车队形式通过桥梁,根据汽车车队的行驶特点,可将其分为一般运行状态和密集运行状态。一般运行状态下的利用 WIM 记录的运行时间和车速两项信息。定义车间距 = 前后车时间差 × 前车速度,根据经验车间距服从对数正态分布,通过最大似然估计法得到其统计参数。密集运行状态下,车辆处于缓慢运行或静止状态,此时车辆运行间距与路段的通行量无关,可建立密集运行状态车间距模型,或根据使用情况设置车间距。

2. 轴距及轴重比

车辆的轴距和轴重比的分析需结合跨径考虑,大跨径桥梁一般不会由单一车辆对桥梁的汽车荷载效应起控制作用,可采用直接将车辆重量作为集中荷载对大跨径桥梁进行加载分析的算法。小跨径桥梁求解要考虑车重按轴重比例分配给各轴,结合轴距与车间距进行车队排列后进行加载。《公路桥梁汽车荷载标准研究》中给出了各车型的代表轴距及轴重比例[8]。

3. 荷载效应模拟

车辆行驶在桥梁上产生的荷载效应较复杂,一般难以通过实测获取,目前普遍采用的方法是通过荷载效应的影响线或影响面来进行计算。通过建立实桥的有限元模型,并提取控制截面的荷载效应影响线或影响面,基于建立的汽车荷载概率模型采用 Monte-Carlo 法建立模拟实测的该路段车道车流。按实际车道的车辆数和车型比例将排列车队,一方面,赋予各辆车基于各自车道和车型所拟合函数所生成的随机车重,并依照车辆车型将车重按轴重比例分配给各轴;另一方面,根据实测数据拟合的模型随机生成车间距,分配到车辆之间,再按照车型轴距确定各轴所在位置。Monte-Carlo 法模拟具体流程如图 2 所示。

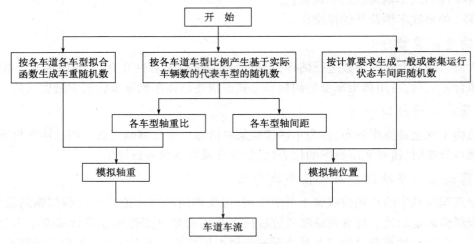

图 2 Monte-Carlo 法模拟随机车流流程

在影响线或影响面上加载生成的车道车流,计算车轴所产生荷载效应,将桥上所有车轴产生的效应叠加得到此时截面荷载效应。再将车道车流在桥梁影响线或影响面上以一定的步长移动,重复上述步骤,记录每次移动产生的效应值,模拟车队在桥上行驶产生的荷载效应。

4. 设计基准期内汽车荷载效应最大值概率分布

汽车荷载效应的标准值确定可采用平稳二项随机过程模型,根据《公路工程结构可靠性设计统一标准》(JTG 2120—2020)中可变作用标准值的规定,应用可变作用的最大值分布原理[9]。确定时段最大值的概率分布函数,采取舍选抽样法重复多次进行数值模拟,提取出每次模拟的荷载效应最大值进行拟合作为荷载效应时段最大值概率分布,可变作用设计基准期内最大值的概率分布函数为:

$$F_{QT}(x) = [F_{Q\tau}(x)]^m \tag{3}$$

式中:$F_{Q\tau}(x)$——可变作用任意时段最大值的概率分布函数。

5. 汽车荷载效应标准值

《公路工程结构可靠度设计统一标准》(GB/T 50283—1999)规定,汽车车队荷载的标准值所计算的荷载效应应与汽车车队经统计所得的荷载效应设计基准期最大值概率分布的 0.95 分位值等效。车队荷载计算模式现已调整为车道荷载模式,将荷载效应设计基准期最大值概率分布 0.95 分位值视作加载车道荷载标准值产生的荷载效应。车道荷载效应标准值为:

$$B_{sk} = F_{QT}^{-1}(0.95) \tag{4}$$

式中:B_{sk}——车道荷载效应标准值;

$F_{QT}^{-1}(\ )$——设计基准期最大值概率分布的反函数。

6. 车道荷载标准值

车道荷载标准值的计算方需根据设计桥梁的具体情况进行选择。对于现已建成桥梁进行现状汽车交通荷载特性评估,可以采用模拟效应与现行的公路Ⅰ级效应的比值作为统计分析的对象。对于规划中的未建桥梁,想让其保证车道荷载的形式,且集中荷载标准与公路Ⅰ级车道荷载统一,需通过调整均布荷载标准值实现车道荷载效应标准值达到荷载效应设计基准期最大值分布的 0.95 分位值。根据现行规范中对车道荷载的加载方式,用荷载效应标准值减去集中荷载作用于影响线峰值处所产生的效应得到均布荷载效应标准值,车道荷载的均布荷载标准值由均布荷载效应标准值值除以同号影响线面积得到。

四、算　例

1. 苏通大桥车辆荷载分析

苏通大桥作为世界上首座突破千米跨径的斜拉桥,其设计时国家相关规范标准正处于更新阶段,且缺乏类似规模的桥梁建设经验。设计文件中参考了欧洲 BS5400 等规范要求。目前,该路段超载车辆较多,最大超载率多在 50% 以上。且超载车比例较高,部分车型超载比例达到了近 45%。截至 2024 年,苏通大桥已经建成运行 16 年,需要对现行交通荷载水平进行评估,判断其与所采用的设计规范是否匹配。

对苏通大桥 2023 年 3 月—2024 年 2 月车辆实测数据进行分析统计,得到苏通大桥各车型占比情况。各类车型中二轴车占比最大,占全部车辆的 78.285%,三轴车占比 2.617%,四轴车占比 4.103%,五轴车占比 2.136%,六轴车占比 12.859%。苏通大桥各车型车重分布呈多峰分布,采用多个正态分布加权和的形式来描述,拟合结果见表1。

不同车型车辆荷载拟合结果　　　　表1

车型	二轴车	三轴车	四轴车	五轴车	六轴车
p_1	0.494	0.105	0.165	0.136	0.479
μ_{x_1}	1.556	7.951	9.453	12.010	22.830
σ_{x_1}	0.558	0.218	0.656	0.589	7.825
p_2	0.306	0.527	0.297	0.427	0.379
μ_{x_2}	2.795	11.030	14.400	17.350	44.220
σ_{x_2}	0.638	3.777	3.517	4.484	9.402
p_3	0.136	0.341	0.498	0.419	0.065
μ_{x_3}	5.672	21.620	24.730	32.440	12.810
σ_{x_3}	3.212	5.916	9.456	9.358	0.755
p_4	0.064	0.013	0.023	0.017	0.039
μ_{x_4}	12.500	38.480	31.280	60.150	70.960
σ_{x_4}	5.292	4.288	1.200	2.181	2.719
p_5	—	0.015	0.016	—	0.038
μ_{x_5}	—	23.800	54.160	—	24.990
σ_{x_5}	—	0.800	2.005	—	1.606

车辆总体可用上述五种车型概率分布函数加权和的形式描述,即其概率分布函数为:

$$F(x) = 0.7828 F_1(x) + 0.0262 F_2(x) + 0.0410 F_3(x) + 0.0214 F_4(x) + 0.1286 F_5(x)$$

式中,系数为各车型数量所占的比例;$F_1(x)$、$F_2(x)$、$F_3(x)$、$F_4(x)$、$F_5(x)$ 分别对应二轴车至六轴车的概率分布函数值,具体参数见表1。

将上式作为苏通大桥 1 年车辆荷载的截口分布,认为车辆荷载符合平稳二项随机过程模型,计算 100 年车辆荷载最大值分布作为设计基准期的最大值分布,其概率分布函数为:

$$F_{QT}(x) = [F(x)]^{100} \tag{5}$$

式中：$F_{QT}(x)$——苏通大桥车辆荷载设计基准期内最大值概率分布函数；

$F(x)$——苏通大桥车辆荷载1年截口分布。

由表2可知，实际车辆荷载的标准值约为74.51t，按照概率统计法可知该路段的车辆荷载标准宜定在75t左右，比现行《公路桥涵设计通用规范》（JTG D60—2015）中车辆荷载所规定的标准值55t高出20t，约为规范标准值的1.36倍。现行规范中使用五轴车作为代表车型[10]，选取标准值为75t的五轴车作为代表车型。轴载分配按照现行规范车辆荷载的分配比例来分配，由此确定该路段车辆荷载模型立面布置如图3所示。

苏通大桥车辆荷载100年极值分布   表2

时间	均值(t)	标准差(t)	0.95分位值(t)
100年	64.153	12.274	74.51

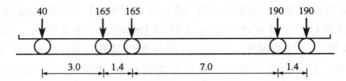

图3　车辆荷载立面布置（尺寸单位：m；荷载单位：kN）

2. 某港区主桥车道荷载分析

某港区主桥方案为60m+180m+100m+60m独柱塔自锚式悬索桥，主缆跨径布置为180m+100m，跨径布置为60m+180m+100m+60m=400m。主缆边主跨比为0.556，边跨主缆矢跨比为1/15.86，主跨主缆矢跨比为1/13.36。主桥总体布置图如图4所示。

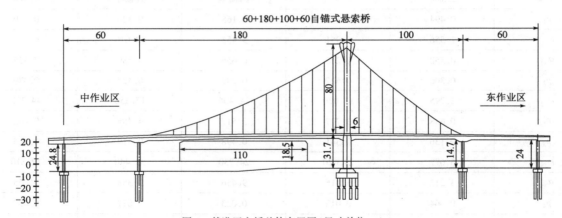

图4　某港区主桥总体布置图（尺寸单位：m）

某港区主桥的交通主体是集装箱拖挂车，同时辅以一定量的港区码头管理车辆（小客车）。初步拟定通道交通的组成比例为：集装箱拖挂车95%，码头管理车辆流量占5%。这一比例用以计算通道各年度的交通量及通道车道通行能力。业主强调连接桥作为连接港区的桥梁，不会有外来车辆驶入。根据目前的交通状况，高峰时段桥上发生交通堵塞的可能性很大。由于政策原因，上桥的集卡车基本上不会有空载的现象。应业主要求，按集卡车密集运行状态进行车辆排布。桥梁上频繁出现的车辆荷载为Tr-60集装箱拖挂车荷载，是桥梁的控制荷载。Tr-60集装箱拖挂车荷载参数见表3。

集装箱拖挂车轮距和轮压力标准值   表3

荷载代号	载重量(t)	轮距(mm)		轴距(mm)			重载轮压力(kN/轮)		
		后轮 L_{WR}	前轮 L_{WF}	（后）L_{SR}	（中）L_{SM}	（前）L_{SF}	半挂车	牵引车	
								后轮	前轮
Tr-60	60	1800~1850	2000	1300	8500~9500	2700	56	70	20

该桥交通的组成与普通公路桥梁相比有很大差别,按规范中车道荷载的均布荷载取为 10.5kN/m 并不安全,但如果全部按标准车来计算均布荷载会达到 46kN/m,结果又偏保守。

建设单位提供了 2022 年和 2023 年某港进口、出口和转口重集装箱箱重的实测数据,采用两年集装箱箱重的平均值建立集装箱箱重的概率分布。采用多种分布对箱重进行拟合,最终选择拟合优度最佳的三参数威布尔分布 $f_X(x)$ 为某港 2022—2023 年集装箱箱重的概率密度函数,即:

$$f_X(x) = \frac{1.330}{11.974}\left(\frac{x-4.938}{11.974}\right)^{1.330-1}\exp\left[-\left(\frac{x-4.938}{11.974}\right)^{1.330}\right] \tag{6}$$

在 Monte-Carlo 随机抽取箱重的基础上加上车头 16.8t 得到基于实测箱重的车重随机数,如图 5 所示。考虑桥梁上堵车情况,设集装箱拖挂车前车后轴与后车前轴间距为 4.0m,排列成队。每行驶一个集装箱拖挂车车长计算一次桥梁构件关键截面的内力(包括主缆拉力、吊索拉力、主梁正弯矩、主梁负弯矩),每次模拟得到 959220 个桥梁构件截面内力样本值,取最大值记录;重复上述过程 200 次并对最大值数据进行拟合得到控制截面荷载效应年最大值概率分布。根据随机变量概率分布的极大值原理,确定桥梁构件控制截面荷载效应 100 年最大值概率分布,结果见表 4。

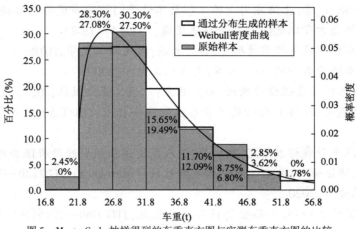

图 5 Monte-Carlo 抽样得到的车重直方图与实测车重直方图的比较

施加基于实测箱重随机车队时主桥内力 1 年及 100 年最大值概率分布统计参数　　表 4

内力	平均值 (kN, kN·m)	标准差 (kN, kN·m)	95%保证率 (kN, kN·m)	100 年内力	平均值 (kN, kN·m)	标准差 (kN, kN·m)	95%保证率 (kN, kN·m)
年最大主缆拉力	4553.34	126.87	4790.15	最大主缆拉力	5008.89	126.87	5245.75
年最大吊索拉力	196.22	5.26	205.99	最大吊索拉力	215.1	5.26	224.94
年最大主梁正弯矩	113837.59	3504.02	120306.53	最大主梁正弯矩	126419.24	3504.02	132769.79
年最大主梁负弯矩	316291	9313.85	333981.85	最大主梁负弯矩	349733.66	9313.85	367531.27

根据《公路桥涵设计通用规范》(JTG D60—2015)中对车道荷载的加载方式,用荷载效应标准值减去集中荷载作用于影响线峰值处所产生的效应得到均布荷载效应标准值,车道荷载的均布荷载标准值由均布荷载效应标准值值除以同号影响线面积得到。

最终选择各控制截面最大的均布荷载标准值作为车道荷载均布荷载标准值,该桥均布荷载标准值为 30.78kN/m,结果见表 5。该结果比按 Tr-60 集装箱拖挂车标准车计算的均布荷载 46kN/m 少了 15.22kN/m,降低了约 1/3。

施加基于实测箱重随机车队时主桥的车道荷载标准值　　表 5

100 年最大荷载效应 0.95 分位值(kN,kN·m)		均布荷载(kN/m)	集中荷载(kN)
主缆拉力	5245.75	26.95	360
吊索拉力	224.94	26.15	360
最大正弯矩	132769.79	29.74	360
最大负弯矩	367531.27	30.78	360

五、结　语

本文采用不同交通情况下公路桥梁汽车荷载标准值的概率统计分析方法,利用苏通大桥和某港区主桥实测数据,论证了苏通大桥实际车辆荷载标准值与连接桥车道荷载标准值。得出结论如下：

(1)苏通大桥各车型及车辆总体的车辆荷载截口分布呈多峰分布,各车型概率密度函数可用多个正态密度函数加权和来描述,总体车辆概率密度函数可用各车型概率密度函数及其车型占比以加权和的形式来表示；苏通大桥实际车辆荷载标准值为75t,约为规范标准值的1.36倍。

(2)某港区主桥交通组成有别于一般公路桥梁。全部按Tr-60集装箱拖挂车标准车来计算车道荷载的均布荷载标准值为46kN/m;基于实测箱重采用Monte-Carlo法模拟车道车流计算车道荷载效应,最终得到均布荷载标准值为30.78kN/m,比按标准车计算的结果少了15.22kN/m,降低了约1/3。

参考文献

[1] 康莉.天津港南疆复线公路桥特色设计总结[J].城市道桥与防洪,2008(3):28-31,9.
[2] 林元培,章曾焕,卢永成,等.上海东海大桥工程总体设计[J].城市道桥与防洪,2004(4):1-8.
[3] 邱新林.兔洲大桥桥型方案比选[J].广东公路交通,2005(4):19-23.
[4] 杨晓艳.公路桥梁车辆荷载及可靠度研究[D].大连:大连理工大学,2018.
[5] 李文杰.公路桥梁车辆荷载研究[D].大连:大连理工大学,2009.
[6] 贡金鑫,张勤.工程结构可靠性设计原理[M].北京:机械工业出版社,2021.
[7] 中华人民共和国交通部.公路工程结构可靠度设计统一标准:GB/T 50283—1999[S].北京:中国计划出版社.1999.
[8] 张喜刚.公路桥梁汽车荷载标准研究[M].北京:人民交通出版社股份有限公司,2014.
[9] 中华人民共和国交通运输部.公路工程结构可靠性设计统一标准:JTG 2120—2020[S].北京:人民交通出版社股份有限公司,2020.
[10] 中华人民共和国交通运输部.公路桥涵设计通用规范:JTG D60—2015[S].北京:人民交通出版社股份有限公司,2015.

42. 沉井下沉施工对沉井旁固定塔式起重机基础力学性能影响的研究

王冬雪　冯德飞　马宝宇

(中交综合规划设计院有限公司)

摘　要　大型陆域沉井下沉施工过程中会产生土体扰动现象,使得临近沉井的固定塔式起重机基础土层的刚度及形状发生变化,严重影响桩基的土弹簧刚度及水平荷载作用,产生安全隐患。本文借助地层-结构模型及荷载-结构模型,针对大型陆域沉井下沉施工过程中产生的土体扰动现象对固定塔式起重机基础的影响进行研究,分析沉井下沉对固定塔式起重机基础的作用特征。

关键词　沉井　桩基　土体扰动　土弹簧　水平荷载

一、引　言

大型陆域沉井下沉施工会对附近土体产生较大扰动,产生较大水平荷载作用,从而对塔式起重机基础产生较大影响[1]。因此,大型陆域沉井施工中几乎都采用移动塔式起重机进行吊装作业。但是,移动塔式起重机在沉井施工过程中需多次拆卸、移动、拼接，会严重影响工程进度，这个时候就有必要针对大型陆域沉井施工固定塔式起重机进行设计研究[2-3]。

从现阶段的研究成果来看，沉井下沉过程对土体产生较大扰动，会使沉井附近一定范围内的土体刚度和形状发生较大变化，使得固定塔式起重机基础产生较大的水平作用，可能对固定塔式起重机基础造成破坏[4]。为探究这种扰动对固定塔式起重机产生的影响，本文以张靖皋长江大桥北航道桥锚碇基础陆地沉井施工的固定塔式起重机为研究对象，研究沉井施工过程中固定塔式起重机基础受力情况，进而针对固定塔式起重机基础设计进行研究。

二、工 程 概 况

张靖皋长江大桥北航道桥北锚碇沉井基础尺寸为 75m×70m×57m，基础顶高程为 +3.50m，基础底高程为 -53.50m。施工过程分四次接高、四次下沉。塔式起重机基础采用 4 根直径 1.2m 钻孔灌注桩，桩顶面高程为 +3.5m，桩基长度为 70m，桩间距 3.8m，承台尺寸为 6m×6m×1.8m，桩基与井壁间净距为 4.5m。

三、沉井下沉影响范围

根据依托项目采用有限元软件 PLAXIS 3D 建立地层-结构模型。土体范围为 300m×300m×300m；边界约束条件为底面完全固定，侧面约束水平位移；单元采用 10 节点 4 面体单元，划分单元数量约为 15 万个。地层结构模型如图 1 所示。

使用地层-结构模型分别模拟沉井四次下沉(刃脚底高程分别为：-11m、-21m、-36m、-53.5m)中，正常下沉的桩基处的土层变形及发生翻砂涌水的土层变形情况。计算结果如图 2、图 3 所示。

从计算结果可以看出，沉井正常下沉会对地表土层产生较大水平位移影响，并且对刃脚附近一定范围内及下层较大范围内的土层也产生水平位移影响。最大位移发生在第三次下沉时，位移量为 13.63mm。

沉井下沉过程中发生翻砂涌水现象时，则对刃脚底 6m 半径范围内产生较大影响。这个范围内土层水平位移会发生较大突变，超出翻砂涌水范围后，土层水平位移回到接近正常下沉的土层变形。翻砂涌水发生的位置深度越大，变形量越大。最大位移发生在第四次下沉时，最大位移量为 87.49mm。

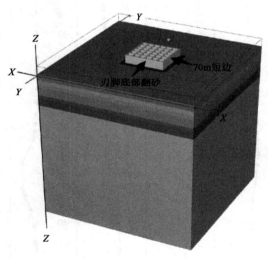

图 1 地层—结构模型示意图

四、沉井下沉对塔式起重机基础的影响

1. 计算工况

针对沉井下沉对塔式起重机基础的影响范围，本文确定 4 种研究工况：①工况一：正常下沉工况；②工况二：只在第一次下沉到位时刃脚处发生翻砂涌水；③工况三：只在沉井下沉时刃脚发生翻砂涌水；④工况四：沉井下沉过程对原状土产生扰动，使其刚度降低 30%。

2. 刚度影响

沉井下沉对土体扰动产生的主要原因是，沉井外壁混凝土与土体产生较大摩擦，使得沉井外壁附近土体随着沉井下沉而发生较大沉降。沉降带来的剪切力远超过土体本身的抗剪强度，造成一定范围内的土体结构发生破坏。而翻砂涌水会使土体结构变得更加松散，严重的翻砂涌水现象甚至会将深层土体搅动成流塑性黏土、软塑性黏土或者淤泥土，使之完全丧失土体的水平抗力和地层深度带来的水平抗力的增大比例。

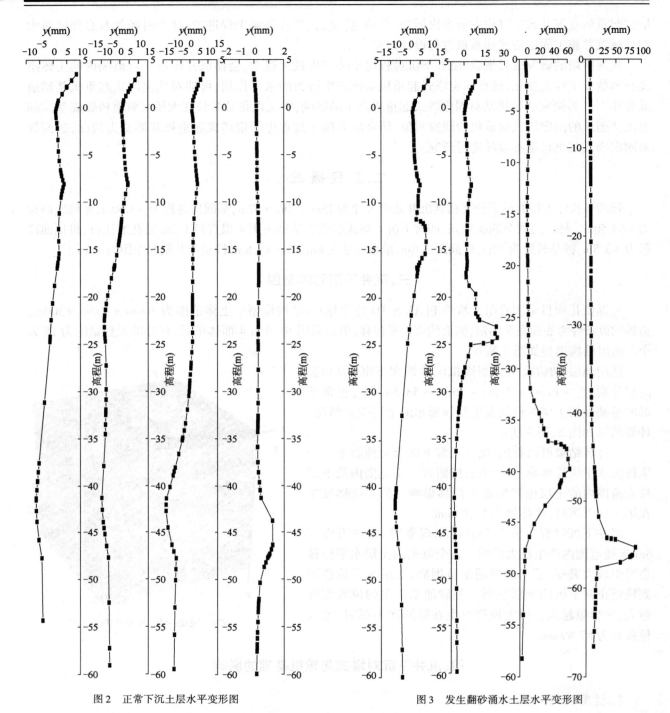

图 2　正常下沉土层水平变形图　　　　　　　图 3　发生翻砂涌水土层水平变形图

本文使用 m 法计算土弹簧来模拟分析土体对塔式起重机桩基的刚度作用效应[5]。

为分析翻砂涌水土体刚度，作出如下假定：

(1) 翻砂涌水范围内土体受到严重搅动，变为淤泥土，其地基抗力系数的增大系数 m 取 $3000 kN/m^4$。

(2) 翻砂涌水范围内计算深度为距翻砂涌水中心点的距离；其他位置土体计算深度为距地表距离。

使用 m 法计算各工况下土体的土弹簧刚度变化曲线，如图 4 所示。

3. 荷载影响

由胡克定律 $F = kx$ 可知，土体水平向变形会对固定塔式起重机基础产生水平荷载作用。通过土层变形及土弹簧刚度可以计算出土体扰动对塔式起重机基础的水平荷载作用[6]，如图 5 所示。

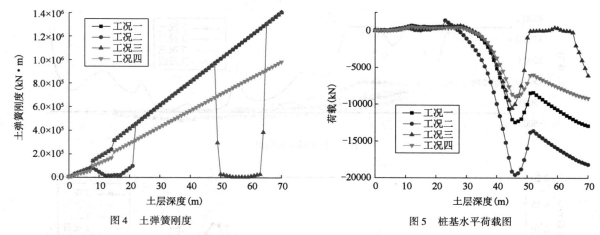

图 4 土弹簧刚度　　　　　图 5 桩基水平荷载图

从计算结果可以看出,沉井下沉对塔式起重机桩基水平荷载作用随着深度增加而逐渐变大。最大水平荷载发生在工况二,最大水平荷载值为 19580kN。

工况一在沉井底部也会产生水平向荷载作用,这就使得塔式起重机桩基在相应位置的荷载作用突然减小,在土层深度超出沉井底面以后,塔式起重机桩基受到的水平荷载作用线性减小。工况二、工况三荷载变化趋势与工况一基本相同,仅在翻砂涌水范围处发生荷载突然变小的情况。工况二的最大水平荷载远大于工况三,说明翻砂涌水情况发生以后会使得土体刚度产生破坏,下层土体发生扰动,产生变形,从而增加沉井对塔式起重机基础整体的水平荷载作用。工况四由于土弹簧刚度较小,沉井下沉对塔式起重机基础产生的水平荷载作用较工况一更小,线性趋势几乎完全相同。

4. 荷载-结构模型分析

根据依托项目采用有限元软件 midas Civil 建立荷载-结构模型。桩基采用梁单元进行模拟;承台顶部添加塔式起重机荷载作用;使用 m 法计算土弹簧刚度模拟桩土约束。

(1) 弯矩计算。

建立有限元模型,将土弹簧刚度和水平荷载作用添加到塔式起重机桩基上,可以计算出沉井下沉施工对固定塔式起重机桩基弯矩的影响。如图 6 所示。

图 6 中,四种工况下弯矩随土层深度变化趋势大致相同。土层深度较小时,桩基弯矩值较小,正弯矩与负弯矩反复出现;土层深度较大时,桩基弯矩明显增加,尤其是刃脚位置处,出现较大正负弯矩变化,说明刃脚位置桩基受力发生突变。工况二在翻砂涌水范围内发生弯矩差异变化,其原因是翻砂涌水使土体刚度变小,被动土压力减小,导致荷载方向发生改变。工况三则由于翻砂涌水范围荷载作用急剧减小,导致桩基出现正弯矩,后随着土体刚度增加和荷载增加,弯矩逐渐减小。工况四则由于土弹簧刚度减小,土体约束减弱,使得桩基出现多次反弯。

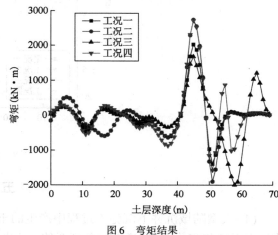

图 6 弯矩结果

(2) 正截面抗压计算结果如图 7 所示。

从计算结果可以看出,正截面抗压验算均满足规范要求。其中,工况三桩基中下段出现了拉应力,在超出沉井影响范围拉应力逐渐减小。

(3) 裂缝宽度计算结果如图 8 所示。

从计算结果可以看出,桩基的裂缝宽度均小于 0.2mm,满足规范要求。四种工况均在刃脚底部产生较大裂缝。并且工况二在翻砂涌水范围内产生裂缝值超过其他三个工况;工况三则在翻砂涌水范围后出现多处裂缝,分析原因为此处产生拉应力导致裂缝增加。

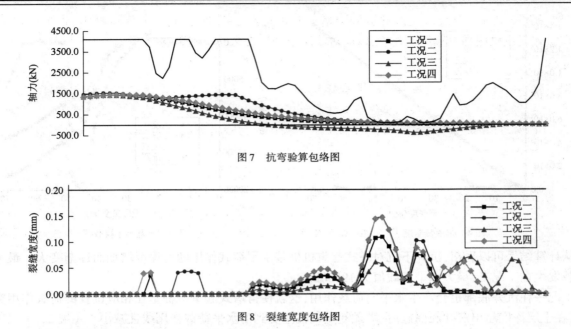

图7 抗弯验算包络图

图8 裂缝宽度包络图

(4)桩基水平变形计算结果如图9所示。

图9中,四种工况变化趋势大致相同。从结果来看,沉井下沉会使桩顶位移产生变化,沉井深度越大,桩顶位移越小。工况二、工况三的翻砂涌水范围内产生反向的水平变形,这是由于翻砂涌水产生的土层变形及土体刚度变化会使桩基发生水平变形,并且这种变形随着翻砂涌水发生的位置深度增加而增加。

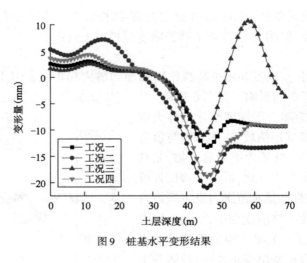

图9 桩基水平变形结果

五、结　语

(1)大型陆域沉井下沉施工过程中产生的土体扰动会使土层产生较大位移,正常下沉会引起下层土体的水平位移变化;翻砂涌水现象则会使一定范围内的土体水平位移增加,并且翻砂涌水发生位置越深,产生的水平位移越大。

(2)翻砂涌水影响范围,土层刚度遭到破坏,土弹簧刚度明显减小。建议翻砂涌水范围内按照淤泥土取用地基抗力系数的增大系数。

(3)沉井下沉产生的土体扰动会对固定塔式起重机桩基产生较大水平向荷载作用。

(4)翻砂涌水现象带来的土体位移及土体刚度变化,使得桩基在翻砂涌水范围内出现反弯,其弯矩突变;轴力减小甚至出现拉应力;桩基裂缝范围增多,裂缝值增大,同时产生较大反向变形。

(5)沉井下沉施工时会影响沉井旁固定塔式起重机产生水平变形,沉井深度越大,桩顶位移越小。建议在塔式起重机底部设置调平装置,以应对浅层土变形带来的不利影响。

参考文献

[1] 韩建聪.深大基坑紧邻边坡后设塔吊基础加固设计与应用[J].山西建筑,2014,40(28):41-43.
[2] 于洪泳,倪玲,张宗超.土层扰动作用下桩基加固方案对比分析[J].重庆建筑,2022,21(3):44-47.
[3] 袁玉石.沉井下沉对周边建筑物的影响及不良状况的预防措施[J].河南水利与南水北调,2021,50(4):36-37.
[4] 张忠苗,任光勇,李朝晖.考虑桩侧土体抗力时桩的稳定性计算[C]//中国土木工程学会.中国土木工程学会第九届土力学及岩土工程学术会议论文集(上册).北京:清华大学出版社,2003:551-555.
[5] 余金煌,卓越.基于m法的基桩水平荷载下位移计算[J].治淮,2016(5):22-23.
[6] 曾庆敦,甄圣威.横向荷载作用下桩-土耦合系统的土弹簧刚度[J].中北大学学报(自然科学版),2010,31(4):383-388.

43. 崇凭铁路桥梁转体系统空间有限元局部应力分析

莫雁冰[1] 杨武平[1] 凌 国[1] 翁运新[2]
(1. 广西南崇铁路有限责任公司;2. 中铁二院工程集团有限责任公司)

摘 要 近年来,我国西部交通建设发展迅猛,公铁交叉和铁路交叉十分普遍,转体桥的应用日益广泛,而转体桥球铰系统及主墩设计作为设计的重点和难点,分析研究其受力性能显得十分必要。本文以崇左至凭祥铁路(2×56m)T构转体桥为背景,三维有限元建模采用midas FEA NX软件,通过建立主墩及球铰系统模型,对主墩及球铰系统进行局部应力计算分析,同时验证了本案例局部构件设计的合理性和安全性,旨在为同类工程的设计提供借鉴。

关键词 铁路T构 转体 球铰系统 局部应力 有限元

一、引 言

转体施工主要利用牵引设备使得转体系统以上结构绕球铰中心整体旋转,随着公铁交叉及铁路交叉的情形日渐增多,桥梁转体施工的优势明显。新建桥梁采用转体施工能够最低限度地影响既有交通通行,并且转体施工可在短时间或铁路天窗点内完成。随着转体施工技术日渐成熟及不断更新发展,其适用性也越来越广。转体结构在跨越公路、铁路等路段具有很大的优势,既安全又经济。为确保桥梁结构能够顺利转体,首先必须保证桥梁结构的整体稳定性,以寻求理想状态下能够平衡转体。针对施工误差、线路曲线、线路纵坡等因素以及不平衡荷载等影响,应根据实际情况采取应对措施,减少转体中心位置的不平衡弯矩,并采用配重的方式清除各种荷载因素的影响;对于外在的因素(如风荷载),应选择相对有利的天气进行转体,并建议在3级及以下风速的天气下进行转体施工。

转体系统作为桥梁中较为复杂的部分,其主要部件包括上承台、上转盘、钢球铰、球铰垫石、下承台、撑脚砂箱、牵引反力座、滑道等,这些部位绝大多数会出现应力集中的现象,考虑到转体系统各部位受力的复杂性,这些部位应作为设计控制的重点部位加以研究。内部所需零构件应由具有相应资质的单位提供并委托其进行现场指导实施,以确保转体过程顺利进行。根据相关文献,球铰局部分析应结合弹性力学和接触力学共同分析构件在转体过程中的空间受力情况。分析球铰局部的应力状态,作为现实工程得以顺利实施的理论基础。

本文以崇左至凭祥铁路(简称"崇凭铁路")那哖双线特大桥(2×56m)T构主墩转体过程局部应力为研究对象。采用力学分析计算软件 midas FEA NX 建立三维有限元实体模型,通过应力结果分析研究局部构件在转体过程中的力学性能,以便为类似结构提供一定的参考价值。

二、铁路桥梁概况

崇左至凭祥铁路为设计速度250km/h高速铁路,有砟轨道,线间距4.6m。崇凭铁路那哖双线特大桥上跨既有湘桂铁路,交叉里程 D1K77+781(崇凭铁路)= K998+086.5(湘桂铁路),交叉角度48.1°;既有湘桂铁路为非电气化铁路。那哖双线特大桥采用(2×56m)预应力混凝土T构上跨既有湘桂铁路,主桥桥面宽度12.2m,位于 $R=4500m$ 的曲线上,轨面纵坡 $-23.70‰$,为减小新建铁路桥梁施工对既有运营铁路的影响,主桥采用转体法施工,(2×56m)T构主墩墩高31m,矩形空心墩,转体重量8000t,转体角度48°,利用铁路天窗点施工。

主墩采用矩形空心墩,单箱单室,墩高31m,壁厚0.8~1m,墩身纵向长度5m,横向宽度6.7m;上承台厚度2.5m,下承台厚度4m,下承台下设置12根直径2.0m钻孔灌注桩,行列式布置,桩长20m,桩底嵌入完整灰岩中。

墩身、上承台、下承台采用C40混凝土,上转盘、球铰垫石采用C50混凝土,桩基采用C30混凝土。铁路桥梁设计图如图1、图2所示。

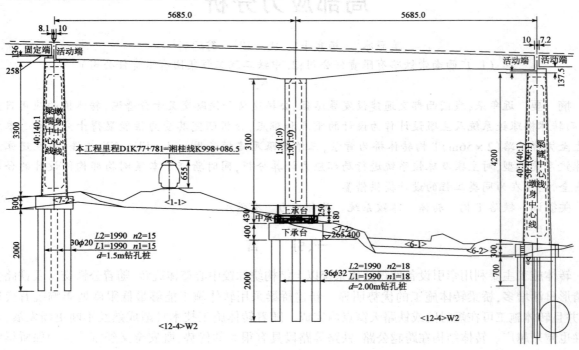

图1 主桥立面图(尺寸单位:cm)

三、转体系统

转体系统由上转盘、下转盘、抗倾覆转体球铰、撑脚、滑道、牵引系统组成,转体系统以抗倾覆转体球铰支承为主,撑脚起到控制转体稳定的作用。本转体系统相关参数如下:

转体系统设计竖向承载力——80000kN。

转体系统设计最大偏心矩——24000kN·m。

转体系统摩擦系数——$\mu_{静}<0.07$,$\mu_{动}<0.03$。

转体系统最大牵引力——1316kN。

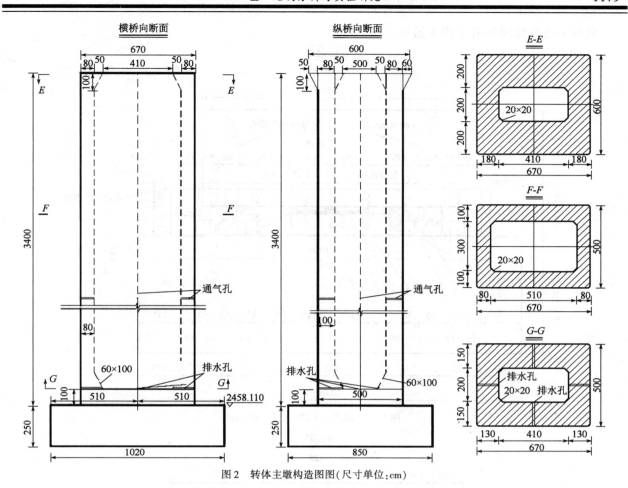

图2 转体主墩构造图图(尺寸单位:cm)

本抗倾覆转体球铰采用TJGZ-ZTQ80000型。抗倾覆转体球铰由上球铰、下球铰、摩擦副、锚杆、螺栓、抗倾覆装置等组成。球铰主体采用Q355B或ZG270-500材质,其化学成分及热处理后的机械性能应符合《低合金高强度结构钢》(GB/T 1591—2018)和《一般工程用铸造碳钢件》(GB/T 11352—2009)中的有关规定,球铰加工中所涉及的焊接技术应满足《气焊、焊条电弧焊、气体保护焊和高能束焊的推荐坡口》(GB/T 985.1—2008)及《工程机械 焊接件通用技术条件》(JB/T 5943—2018)的要求,耐磨板采用改性超高分子量聚乙烯滑板,滑动摩擦系数小于0.03(脂润滑)。

撑脚及滑道:撑脚为转体时支撑转体结构平稳的保险腿。从转体时撑脚的受力情况考虑,转台对称的两个撑脚中间的中心线重合,使脚对称分布于纵轴线的两侧。在撑脚的下方(即下转盘顶面)设有滑道,转体时保险撑脚可在滑道内滑动,以保持转体结构平稳。要求整个滑道在一个水平面上,其相对高差不大于2mm。

撑脚采用双钢管混凝土结构,Q355钢管厚度30mm,外径600mm,内浇筑C50微膨胀混凝土。钢管下设30mm厚撑脚底板。走板下设7mm厚改性超高分子量聚乙烯板。走板底面加工精度为3级。下承台滑道内铺设的环形钢板上焊接2mm厚不锈钢板,改性超高分子量聚乙烯板与不锈钢板间形成滑动面。撑脚底面与滑道的改性超高分子量聚乙烯板顶间的间隙为10mm,安装时需考虑上部结构沉降造成的影响并采取必要措施。

牵引系统:转体上转盘埋设两束牵引索,同一对索的锚固端在同一直径线上并对称于圆心,注意每根索的预埋高度和牵引方向一致。每根索的出口点对称转盘中心。牵引索外露部分圆顺地缠绕在转盘周围,互不干扰地搁置于预埋钢筋上。每束由12根直径为$\phi 15.24$mm钢绞线组成。每束钢绞线平行缠绕在上转盘上,穿过千斤顶后,按先内层后外层的原则,逐根对钢绞线顶紧。预紧力由10kN逐根降至5kN,最后利用千斤顶在2MPa油压下对该束钢绞线整体顶紧,使同一束牵引索每根钢绞线受力基本一致。

转体系统设计图如图 3、图 4 所示。

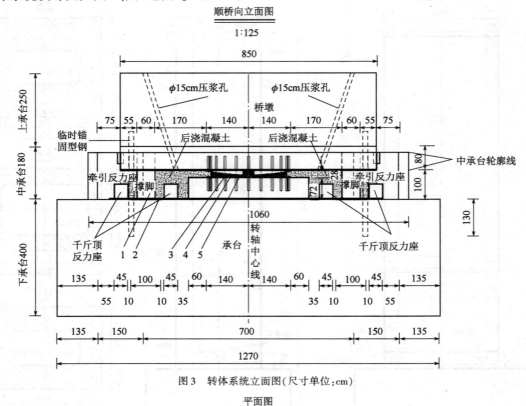

图 3 转体系统立面图(尺寸单位:cm)

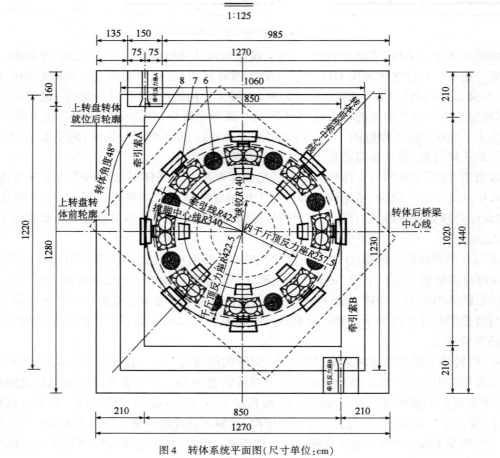

图 4 转体系统平面图(尺寸单位:cm)

四、三维有限元建模

三维有限元建模采用 midas FEA NX 软件,墩身、承台及桩基等混凝土构件均采用实体单元,球铰为钢构件,也采用实体单元,实体单元参数根据各构件材料实际情况输入。模型墩身及桩长仅部分建模,施加的荷载为重力及上部结构荷载,计算模型如图5所示。

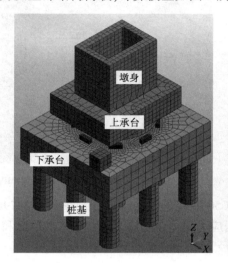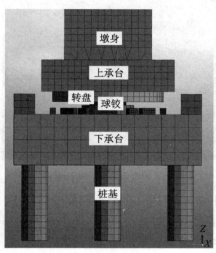

图 5　三维有限元实体模型

五、应力计算结果

1. 上承台主应力

由图 6 和图 7 可知,上承台和墩身交接处,主拉应力最大值 1.79MPa,主要分布在墩身范围内,应力集中现象明显,而墩身范围以外主拉应力最大值均小于 1MPa;主压应力最大值 0.68MPa,主要分布在上承台底部(压应力为负,拉应力为正,下同)。

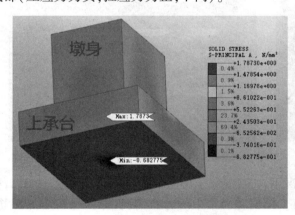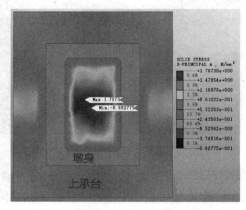

图 6　上承台主应力(单位:MPa)　　　　图 7　上承台主应力平面图(墩身范围内应力集中)(单位:MPa)

上承台采用 C40 混凝土,在配置钢筋的情况下,C40 混凝土的主拉应力容许值为 2.43MPa,根据计算结果,主拉应力最大值 1.79MPa,小于其容许值。根据应力集中的分布情况,上承台顶面需加配筋,顶面布置 1 层纵横向钢筋网,其纵横向主筋直径为 25mm,箍筋直径为 16mm。

2. 上转盘主应力

由图 8 可知,上转盘和上承台交接处,主拉应力最大值 0.81MPa,主要分布在球铰正上方,应力集中现象明显,而球铰范围以外主拉应力最大值均小于0.1MPa。由图9可知,上转盘和球铰交接处,主拉应力最大值1.95MPa,主要分布在球铰范围以外的边缘处,主压应力最大值3.1MPa,主要分布在球铰范围内靠近球铰边缘处。

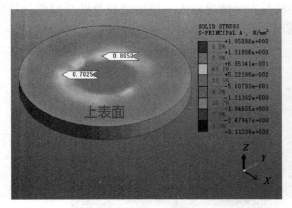
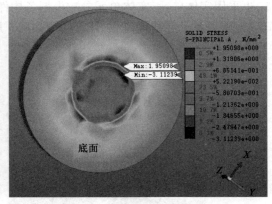

图8　上转盘上表面主应力图(单位:MPa)　　　　图9　上转盘底面主应力图(单位:MPa)

上转盘采用C50混凝土,在配置钢筋的情况下,C50混凝土的主拉应力容许值为2.79MPa,根据计算结果,主拉应力最大值1.95MPa,小于其容许值,根据应力集中的分布情况,上转盘顶面和底面均需加配筋,其内部布置4层纵横向钢筋网,其纵横向主筋直径为20mm,箍筋直径为16mm。

3. 球铰垫石主应力

由图10和图11可知,球铰垫石顶面,主拉应力最大值1.13MPa,主要分布在球铰垫石边缘,应力集中现象明显,而球铰范围以外主拉应力最大值均小于1MPa;主压应力最大值1.87MPa,主要分布在球铰范围内接近球铰中心处,球铰边缘处主压应力值1.29MPa。由图11可知,球铰垫石主应力分布呈现出不均匀状态,并非对称分布。

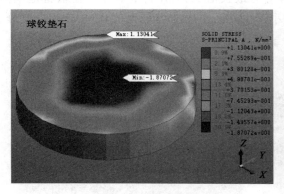
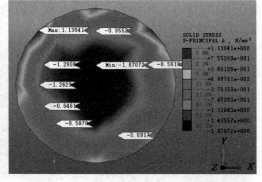

图10　球铰垫石主应力图(单位:MPa)　　　　图11　球铰垫石主应力平面图(单位:MPa)

球铰垫石采用C50混凝土,在配置钢筋的情况下,C50混凝土的主拉应力容许值为2.79MPa,根据计算结果,主拉应力最大值1.13MPa,小于其容许值。根据应力集中的分布情况,球铰垫石需加配筋,其内部布置4层纵横向钢筋网,其纵横向主筋直径为20mm,箍筋直径为16mm。

4. 下承台主应力

由图12可知,上承台顶面,主压应力最大值1.88MPa,主要分布在下承台与球铰垫石交接的边缘处,应力集中现象明显,而球铰垫石范围以外主压应力最大值均小于0.1MPa。由图13可知,下承台底面主拉应力最大值2.21MPa,主要分布在下承台与桩基交接处,而桩基范围以外的主拉应力值1.5MPa,应力集中主要分布在中间桩基处并往两侧扩散,基本为对称分布。

下承台采用C40混凝土,在配置钢筋的情况下,C40混凝土的主拉应力容许值为2.43MPa,根据计算结果,主拉应力最大值2.21MPa,小于其容许值。根据应力集中的分布情况,下承台底部需加配筋,内部布置3层纵横向钢筋网,其纵横向主筋直径为32mm,箍筋直径为20mm。

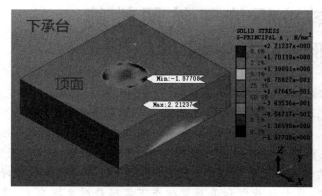
图12 下承台顶面主应力图(单位:MPa)

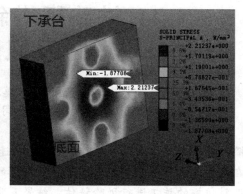
图13 下承台底面主应力图(单位:MPa)

六、计 算 总 结

通过对崇凭铁路那哖双线特大桥转体T构主墩球铰系统的局部应力分析,可得到以下结论:

(1)墩身与上承台交接处,应力集中主要分布在墩身范围内,墩身范围以外应力集中不明显。

(2)上转盘与球铰交接处,应力集中现象明显,呈环形分布,上转盘于球铰范围内,均为压应力;上转盘于球铰范围外,主要为拉应力。

(3)球铰垫石顶面,应力集中现象明显,但呈现出不均匀分布,主要应力集中位于球铰垫石边缘处以及中心范围,应力分布较为复杂。

(4)下承台顶面处,应力集中主要分布在球铰垫石附近,均为压应力;下承台底面,应力集中主要分布在桩基与承台交接处,以拉应力为主,并呈对称分布。

七、结 语

对于铁路上跨既有线的情况,转体施工作为一种常见的桥梁施工方式已得到普遍采用,考虑维持现有道路及铁路的正常运营,并避免在既有线上方合龙,推荐采用转体法施工。而转体过程中的安全顺利施工是整个桥梁结构能否达到设计目标的重点。本次研究结合铁路实际工程案例,通过2×56m T构下部结构主墩转体的局部应力分析,研究其受力的安全性及设计的合理性。由应力计算结果可知,转体过程球铰系统各构件应根据计算结果加强钢筋配置,若局部应力过大可调整构件的结构尺寸或增设预应力钢束的方式减小应力集中。为了更好地模拟转体过程中的受力情况,可结合实际情况,考虑承台范围内土层对承台的影响。此外,本次研究重点分析了转体结构在静力状态下的应力情况,未进行转体过程中的动态分析计算。在后续的工程设计过程中若能够综合考虑动力作用,模拟整个转体的转动过程,相信一定能够对实际工程起到更科学、更直观以及更高效的响应,构件的设计能够更为合理实用。本设计结果分析可望对类似工程提供一定的参考价值。

参考文献

[1] 王振东.大跨度连续梁水平转体施工关键技术研究[J].铁道建筑,2013(8):27-29.
[2] 左敏,江克斌.转体桥平转球铰转体过程应力计算方法研究[J].铁道标准设计,2015(12):36-39.
[3] 国家铁路局.铁路桥涵设计规范:TB 10002—2017[S].北京:中国铁道出版社,2017.
[4] 国家铁路局.铁路桥涵混凝土结构设计规范:TB 10092—2017[S].北京:中国铁道出版社,2017.

44. 铁路矮塔斜拉桥施工抗风性能及风险评估分析

余祖鑫[1] 莫玲慧[1] 葛志勇[2] 姜杰[2]

(1.广西南崇铁路有限责任公司;2.中铁上海工程局集团第五工程有限公司)

摘 要 本文以广西某220m主跨的高速铁路矮塔斜拉桥为工程依托,建立了有限元计算模型,对该桥在最大双悬臂状态和最大单悬臂状态下的抗风性能进行分析,并结合层次分析法和模糊综合评价法对该类斜拉桥的施工进行风险评估。结果表明:最大双悬臂和单悬臂状态下风荷载对主塔应力、主梁位移及塔偏有较大影响,施工期间应重点加强临时固结措施以降低风险;对主梁应力和斜拉索索力影响较小。该类斜拉桥上部结构施工风险评估等级为Ⅲ级,属于高风险级别,与工程实际情况较为一致,应重视并采取措施以降低其施工安全风险。

关键词 矮塔斜拉桥 悬臂施工 抗风验算 风险评估 层次分析(AHP)法 模糊综合评价法

一、引 言

斜拉桥作为多次超静定结构,结构体系复杂且施工工序繁多;在施工过程中存在许多无法确定的因素,这些因素会影响施工安全,使得桥梁在施工期间面临着不可避免的各种风险,其中最为常见的就是风荷载对桥梁结构的影响[1]。为了降低桥梁结构的施工风险,预防工程事故的发生,对斜拉桥施工开展抗风验算和风险评估显得十分重要。

本文以广西某220m主跨的高速铁路矮塔斜拉桥为工程背景,基于有限元建模计算,分析该桥在最大双悬臂状态和最大单悬臂状态[2]下的抗风性能,并结合层次分析法和模糊综合评价法对该桥的施工进行风险评估[3],以期为同类桥梁的施工提供参考。

二、工程概况

某高速铁路矮塔斜拉桥,跨径组合为110m+220m+110m,结构体系为刚构-连续梁组合体系,小里程塔采用塔梁固结、塔墩分离结构,纵向设置双排支座;大里程塔采用塔墩梁固结结构。主梁采用单箱单室预应力混凝土主梁,桥宽13.8m。桥塔横桥向采用双柱形式,纵桥向采用双柱门式,桥面以上塔高35.3m,桥塔索塔锚固区为哑铃形截面;斜拉索为双索面扇形布置,全桥共36对斜拉索,每塔两侧各有9对,梁上纵向索距7m,所有斜拉索均在梁端张拉。主梁采用挂篮悬臂浇筑法施工。斜拉桥立面布置图如图1所示。

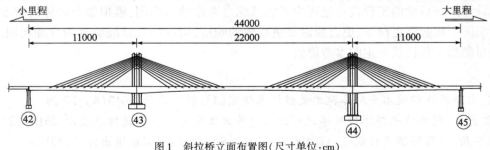

图1 斜拉桥立面布置图(尺寸单位:cm)

三、设计基准风速及风载的确定

由于铁路桥涵规范中,未对铁路斜拉桥抗风设计做出明确的规定,因此,在考虑铁路斜拉桥风荷载时一般参考《铁路桥涵设计规范》(TB 10002—2017)、《公路桥涵设计通用规范》(JTG D60—2015)和《公路桥梁抗风设计规范》(JTG/T 3360-01—2018)三种规范中风荷载的计算方法。李龙安等[4]通过比较三种规范中风荷载的计算方法,在相同的地表类型条件下,"铁路桥涵设计规范"中计算的风荷载值要比其他两种规范计算的值要小。故在安全情况下,铁路桥梁中风荷载的计算方法按照《公路桥梁抗风设计规范》(JTG/T 3360-01—2018)中的规定。选取两个最不利的施工阶段进行静风荷载验算,分别为最大双悬臂状态(边跨合龙前)和最大单悬臂状态(中跨合龙前)。

1. 设计基准风速

由《公路桥梁抗风设计规范》(JTG/T 3360-01—2018)[2]可知,桥址地区地面以上10m高度处,重现期100年的基本风速$U_{10}=28.2\text{m/s}$。桥址处的地表类别为A类,地表粗糙度系数为0.12,基本风速地表类别转化系数$k_c=1.174$。故桥梁的设计基本风速:$U_{s10}=k_c U_{10}=33.1\text{m/s}$。

主梁构件的基准高度$Z_{主梁}34.9\text{m}$,桥塔构件的基准高度$Z_{桥塔}=45.5\text{m}$,斜拉索构件的基准高度$Z_{拉索}=52.4\text{m}$。本桥风险区域为R2,抗风风险系数$K_f=1.02$。

构件在基准高度处的设计基准风速可按$U_d=k_f(Z/10)^{\alpha_0}U_{s10}$计算,施工期抗风风险系数$k_{sf}=0.84$。故施工阶段构件的设计基准风速:

$$U_{sd主梁}=32.9\text{m/s}, U_{sd桥塔}=34.0\text{m/s}, U_{sd拉索}=34.6\text{m/s}。$$

2. 设计基准风载

将构件的设计基准风速转换为等效风荷载:

$$F_g=\frac{1}{2}\rho U_g^2 C_H D \tag{1}$$

$$U_g=C_V U_{sd} \tag{2}$$

式中:ρ——空气密度;

U_g——等效静阵风风速;

C_H——构件的阻力系数;

D——构件高度或直径;

G_V——主梁等效静阵风系数。

悬臂施工中的桥梁水平加载长度为已拼装主梁的长度,最大双悬臂状态下为188m,主梁等效静阵风系数$G_V=1.242$;最大单悬臂状态下为219m,主梁等效静阵风系数$G_V=1.238$。

计算得出两种悬臂状态下的等效静阵风荷载均为:

主梁横桥向等效静阵风荷载为7.5kN/m,主梁纵桥向等效静阵风荷载为1.9kN/m;桥塔横桥向等效静阵风荷载为3.8kN/m,桥塔纵桥向等效静阵风荷载为4.3kN/m;斜拉索横桥向等效静阵风荷载为0.2kN/m,斜拉索纵桥向等效静阵风荷载为0.1kN/m。

四、抗风性能分析

以平面杆系理论为基础,采用midas Civil进行结构有限元分析。全桥共划分473个节点和448个单元。全桥的有限元计算模型如图2所示。计算模型中主梁、主塔及桩墩均采用梁单元进行模拟,并考虑实际结构尺寸和刚度。斜拉索采用仅受拉单元进行模拟,通过刚性连接的方式与主梁锚固点和主塔锚固点连接。考虑施工阶段荷载(包括结构自重、预应力、挂篮荷载、压重、施工临时荷载)和风荷载的共同作用,计入混凝土的收缩徐变以及预应力损失。

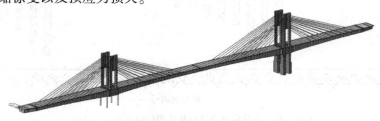

图2 斜拉桥有限元模型

1. 应力

选取双悬臂和单悬臂工况施加风荷载,计算得到最大悬臂状态下主要控制截面的应力状况。压应力为正,拉应力为负。

从表1可知,索塔根部的应力对横桥向风荷载较为敏感,最大应力变化量为1.9MPa,出现在双悬臂工况小里程塔柱根部。风荷载对主梁应力的影响有限,桥梁整体应力储备以压应力为主。

最大悬臂状态下主要控制截面应力(单位:MPa)   表1

位置	双悬臂状态			单悬臂状态		
	横桥向风	纵桥向风	不加风	横桥向风	纵桥向风	不加风
小里程塔柱根部最不利应力	-1.9	-3.8	-3.8	-1.2	-2.7	-2.9
大里程塔柱根部最不利应力	-2.6	-4.1	-4.3	-1.8	-2.5	-2.6
小里程岸主梁根部上缘应力	-10.1	-10.5	-10.4	-9.5	-9.8	-9.8
小里程岸主梁根部下缘应力	-8.3	-8.7	-8.6	-9.1	-9.4	-9.4
大里程岸主梁根部上缘应力	-9.7	-10.0	-10.0	-8.8	-9.3	-9.3
大里程岸主梁根部下缘应力	-8.3	-8.6	-8.6	-9.2	-9.5	-9.5

2. 位移

位移是反应桥梁结构响应的一个重要参数[5],在两种悬臂状态下各主要控制截面的位移变化见表2。横桥向往上游为正,纵桥向往大里程为正。

从表2可知,小里程岸的控制截面位移变化量要比大里程岸要大,这是因为小里程塔采用塔梁固结、塔墩分离结构,整体刚度较弱,施工期间应重点加强临时固结措施。风荷载对大悬臂状态下的横桥向结构位移有较大影响,说明桥梁的横桥向刚度较小,施工中应采取抗风措施降低风险。

最大悬臂状态下主要控制截面位移变化量(单位:mm)   表2

位置	双悬臂状态横桥向风	双悬臂状态纵桥向风	单悬臂状态横桥向风	单悬臂状态纵桥向风
小里程塔顶偏位	31	6	30	7
小里程岸边跨梁端	14	5	1	5
小里程岸中跨梁端	14	5	34	5
大里程塔顶偏位	20	3	19	3
大里程岸边跨梁端	4	2	0	1
大里程岸中跨梁端	4	2	13	2

3. 索力

风荷载引起的斜拉索索力变化量如图3和图4所示。其中斜拉索安全系数最小为3.2,符合相关规范对于斜拉桥施工过程中斜拉索安全系数大于2.5的要求。

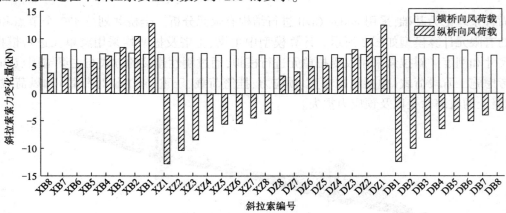

图3 最大双悬臂状态风荷载作用斜拉索索力变化图

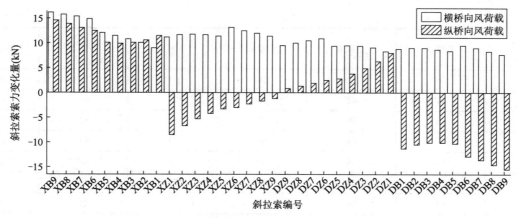

图4 最大单悬臂状态风荷载作用斜拉索索力变化图

由图3和图4可知,风荷载对斜拉索索力的影响较小,最大变化量为16.2kN,最大变化幅度仅为0.3%。

五、施工风险评估

本桥主梁采用悬臂施工,施工工艺复杂。且桥位附近台风频发,桥梁施工周期长,施工环境恶劣,为了保证桥梁的施工安全,下面采用AHP模糊综合评价法对该桥上部结构在施工过程中的安全风险进行评估。

层次分析(Analytic Hierarchy Process,AHP)法的核心理念在于将复杂问题拆解为多个构成要素,并通过建立有序的层次结构来组织这些要素。该方法采用成对比较技术来量化各要素间的相对重要性,将主观的定性评估转换为可量化的比较分析,从而简化决策过程。通过这种方法,可以系统地评估和比较各因素的重要性,为决策提供更加明确和操作性强的依据[6]。

参考施工安全风险评估制度及指南[7],综合考虑风险发生的可能性及损失严重程度,将斜拉桥施工过程中的风险由低到高分为4个等级,即评语集 $V = [v_1, v_2, v_3, v_4]$,见表3。

风险评定等级量化标准　　表3

风险等级	Ⅰ	Ⅱ	Ⅲ	Ⅳ
风险描述	低风险	中风险	高风险	极高
风险评分	[0,40]	(40,60]	(60,80]	(80,100]

1. 确定风险评估指标

通过研究参考文献[8],结合专家咨询和现场团队的反馈,确定了影响斜拉桥施工的五大风险因素:人因风险、自然风险、技术风险、施工管理风险和材料风险。邀请5位专家对这些风险因素进行了评估,并将其量化为具体的分数。上部结构风险评估指标体系具体内容见图5,各风险指标得分情况见专家打分汇总(表4)。

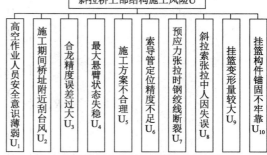

图5 某斜拉桥上部结构风险评估指标体系

专家打分汇总表　　表4

风险指标(次准则层)	专家A	专家B	专家C	专家D	专家E	综合得分
U_1	68	66	62	58	72	65.2
U_2	78	88	85	77	88	83.2

续上表

风险指标（次准则层）	专家A	专家B	专家C	专家D	专家E	综合得分
U_3	56	52	58	63	59	57.6
U_4	44	41	44	34	41	40.8
U_5	56	59	57	55	63	58.0
U_6	66	68	66	72	65	67.4
U_7	61	68	69	71	68	67.4
U_8	56	44	43	54	44	48.2
U_9	43	56	49	47	51	49.2
U_{10}	69	67	68	63	59	65.2

2. 计算参数权重

采用"1~9标度法"对图5中各风险因素指标进行两两比较并评分,得到判断矩阵 M 如下:

$$M_U = \begin{bmatrix} 1 & 1 & 3 & 2 & 3 & 1 & 4 & 1/2 & 2 & 1/2 \\ 1 & 1 & 3 & 2 & 3 & 1 & 4 & 1/2 & 2 & 1/2 \\ 1/3 & 1/3 & 1 & 1/2 & 1 & 1/3 & 2 & 1/4 & 1/2 & 1/4 \\ 1/2 & 1/2 & 2 & 1 & 2 & 1/2 & 3 & 1/3 & 1 & 1/3 \\ 1/3 & 1/3 & 1 & 1/2 & 1 & 1/3 & 1/2 & 1/4 & 1/2 & 1/4 \\ 1 & 1 & 3 & 2 & 3 & 1 & 4 & 1/2 & 2 & 1/2 \\ 1/4 & 1/4 & 1/2 & 1/3 & 2 & 1/4 & 1 & 1/5 & 1/3 & 1/5 \\ 2 & 2 & 4 & 3 & 4 & 2 & 5 & 1 & 3 & 1 \\ 1/2 & 1/2 & 2 & 1 & 2 & 1/2 & 3 & 1/3 & 1 & 1/3 \\ 2 & 2 & 4 & 3 & 4 & 2 & 5 & 1 & 3 & 1 \end{bmatrix}$$

通过求出矩阵的最大特征值对应的特征向量,再进行归一化处理,最后得到各因素的权重:

$w_U(0.118, 0.118, 0.043, 0.069, 0.038, 0.118, 0.034, 0.197, 0.069, 0.197)$

3. 模糊综合评价

将表4中五位专家的打分取平均值,即为各风险因素的综合得分。结合模糊数学的理论和方法[9],根据梯形分布隶属函数可求出各风险因素的隶属向量,最后组成模糊判断矩阵:

$$R_U = \begin{bmatrix} 0 & 0 & 1 & 0 \\ 0 & 0 & 0.26 & 0.74 \\ 0 & 0.76 & 0.24 & 0 \\ 0.42 & 0.58 & 0 & 0 \\ 0 & 0.8 & 0.2 & 0 \\ 0 & 0 & 1 & 0 \\ 0 & 0 & 1 & 0 \\ 0 & 1 & 0 & 0 \\ 0 & 1 & 0 & 0 \\ 0 & 0 & 1 & 0 \end{bmatrix}$$

所以该桥的施工风险综合评价为: $C_U = R_A \cdot R_A = (0.033, 0.395, 0.496, 0.078)$

4. 评价结果分析

从评价结果 C_U 可知,该桥施工阶段对风险评价等级Ⅰ级的隶属度为0.033;对风险评价等级Ⅱ级的隶属度为0.395；对风险评价等级Ⅲ级的隶属度为0.496；对风险评价等级Ⅳ级的隶属度为0.078。根据最大隶属度原则判定：该桥上部结构在施工过程中所处的风险等级为Ⅲ级，即高风险，与工程实际情况较为吻合，应采取措施降低安全风险。

六、结　语

（1）最大双悬臂和单悬臂状态下风荷载对主塔应力、主梁位移及塔偏有较大影响，施工期间应重点加强临时固结措施降低风险；对主梁应力和斜拉索索力影响较小。

（2）该类斜拉桥上部结构施工风险评估等级为Ⅲ级，属于高风险级别，与工程实际情况较为一致，应重视并采取措施以降低其施工安全风险。

（3）基于AHP模糊综合评价法的斜拉桥施工风险评价方法简单且科学有效，可为其他斜拉桥施工风险评估提供参考。

参考文献

[1] 李赟. 大跨度铁路混合梁斜拉桥抗风稳定性分析[D]. 兰州：兰州交通大学，2020.
[2] 中华人民共和国交通运输部. 公路桥梁抗风设计规范：JTG/T 3360-01—2018[S]. 北京：人民交通出版社股份有限公司，2018.
[3] 徐先鹏. 不对称双悬臂施工混合梁斜拉桥施工控制与风险评估方法研究[D]. 长沙：长沙理工大学，2021.
[4] 李龙安，屈爱平，何友娣. 公路、铁路桥梁设计规范中的风荷载研究[C]//中国土木工程学会桥梁及结构工程分会风工程委员会. 第十四届全国现代结构风工程学术会议论文集（下册）. 北京：[出版者不详]，2009：6.
[5] 张玉平，徐先鹏，李香梅，等. 混合式组合梁斜拉桥参数分析与施工控制[J]. 中外公路，2022，42(3)：85-92.
[6] 许树柏. 层次分析法原理[M]. 天津：天津大学出版社，1998.
[7] 交通运输部工程质量监督局. 公路桥梁和隧道工程施工安全风险评估制度及指南解析[M]. 北京：人民交通出版社，2011.
[8] 赵延龙. 基于贝叶斯网络的大跨径斜拉桥上部结构施工安全风险分析与控制[D]. 重庆：重庆交通大学，2013.
[9] 谢季坚，刘承平. 模糊数学方法及其应用[M]. 武汉：华中科技大学出版社，2006.

45. 黏滞阻尼器配合摩擦摆支座减隔震方案合理参数取值分析

杨世杰　陈露晔　欧阳静　陆潇雄　周超　袁江川　宋志远

（浙江数智交院科技股份有限公司）

摘　要　以某长联大跨连续梁桥为工程研究实例，基于液体黏滞阻尼器配合摩擦摆支座减震方案研究，对二者共同作用时进行参数敏感性分析，探讨二者控制参数阻尼系数C、阻尼指数α、曲面半径R、摩擦系数u对桥梁减隔震性能影响规律，结果表明：当阻尼系数$C=3000\text{kN}\cdot(\text{s/m})$，阻尼指数$\alpha=0.2$，曲面半径$R=4\text{m}$，摩擦系数$u=0.03$时，液体黏滞阻尼器配合摩擦摆支座对长联大跨连续梁桥减隔震效果最为显著。

关键词　摩擦摆支座　液体黏滞阻尼器　减隔震　减震率

一、引　言

长联大跨连续梁桥因其跨越能力大、受力合理、刚度大、结构简单、施工工艺成熟以及伸缩缝少等众多优点[1]，目前应用较为广泛。近年来，连续梁桥正在向大跨、超长联的方向发展[2]。长联大跨连续梁桥通常采用盆式橡胶支座，为了适应温度变化及混凝土收缩徐变的影响，全桥仅设置一个固定墩，全桥制动力由固定墩和其他桥墩的活动支座摩擦力共同承担，以满足桥梁的正常使用。由于只设置一个固定墩，在地震作用下，上部结构巨大的质量引起的地震力通常只能由固定墩承担，因此固定墩的抗震设计极为重要[2-4]。通过减弱制动墩对主梁的约束来减小制动墩顶有效主梁质量和实现各墩协同抗震，是该类桥梁减隔震设计的主要思路[5]。

近年来，国内外科研工作者和工程技术人员对这一课题进行了大量的研究。

张鹏举[3]以渭河特大桥主桥（50m + 8 × 100m + 50m）为抗震研究对象，对采用摩擦摆支座和黏滞阻尼器共同作用的减隔震措施进行了计算分析，结果表明该措施能够为桥墩分担地震力，提高桥梁抗震性能。

刘正楠等[4]通过非线性时程分析方法，从能量耗散的角度揭示液体黏滞阻尼器与摩擦摆支座组合在大跨长联减隔震体系梁桥中的联合作用机理，结果表明：组合减震方案中摩擦摆支座为辅助耗能装置，黏滞阻尼器为主要耗能装置且主控梁体位移。

赵人达等[5]以一座55m + 4 × 90m + 55m连续梁桥位工程背景，对比研究结构采用双曲面摩擦摆支座、黏滞阻尼器和速度锁定装置3种减隔震装置下的地震响应，结果表明：黏滞阻尼器在罕遇地震作用下形成了完整的滞回环，每个阻尼器耗能能力明显；采用双曲面摩擦摆支座、黏滞阻尼器和速度锁定装置时，结构的地震响应相对于传统抗震体系都有一定程度地降低。

李一鸣等[6]以某长联大跨连续梁桥位研究对象，采用黏滞阻尼器配合双曲面球形减隔震支座，通过研究竖向地震动作用下的减隔震效果，提出阻尼器倾斜角度的优化，结果表明：将阻尼器按一定角度布置，可有效减少竖向地震动力对桥梁结构的响应。

前人针对黏滞阻尼器配合摩擦摆支座减隔震方案进行了大量的研究工作，但针对阻尼器和摩擦摆支座合理参数取值的研究相对较少，文章以采用黏滞阻尼器配合摩擦摆支座的某长联大跨连续梁桥为工程实例（表1），研究二者联合作用时相关参数取值对桥梁减隔震效果的影响规律，进而得到合理参数取值，为类似工程提供参考。

采用阻尼器配合摩擦摆支座工程实例　　　　　　　表1

编号	桥梁名称	跨径 （m）	阻尼器参数		摩擦摆参数		减震效果
			阻尼系数 C $[kN\cdot(s/m)^\alpha]$	阻尼指数 α	摩擦系数 u	曲面半径 R （m）	
1	某大跨连续梁桥	70 + 2 × 120 + 70	4000	0.3	0.05	6	50%左右
2	某铁路系杆拱桥	105	3500	0.2	0.03	3.5	37%左右
3	渭河特大桥	50 + 8 × 100 + 50	2000	0.3	0.03	3.5	40%左右
4	韩江特大桥	55 + 4 × 90 + 55	3000	0.3	0.02	4	45.31%左右
5	某曲线连续梁桥	80 + 2 × 100 + 80	4000	0.3	0.05	3 ~ 6	79.9%以内

二、动力分析模型

1. 工程背景

某长联大跨连续梁桥为50m + 8 × 100m + 50m预应力混凝土连续梁桥。主梁截面形式为单箱单室直腹板变高箱梁。主梁跨中和边支点梁高3.2m，中支点梁高为6.6m。材料为C50混凝土。箱梁底板下缘按二次抛物线变化,梁底抛物线方程为:$y = -0.001776x^2$。梁顶宽9.4m,梁底宽度变化为5.5~6.5m,顶板厚度为0.32~0.70m,底板厚度为0.32~0.80m,桥型布置图如图1所示,支点以及跨中截面尺寸如图2所示。

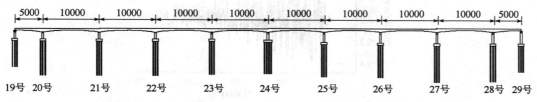

图1 (50m + 8 × 100m + 50m)连续梁桥总体布置(尺寸单位:cm)

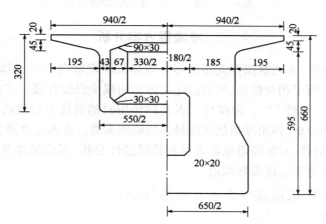

图2 支点截面和跨中截面(尺寸单位:cm)

2. 有限元模型

基于有限元分析软件 midas Civil 2020 建立全桥空间有限元模型。主梁及桥墩均采用梁单元模拟,全桥共392个节点,336个单元。边墩考虑邻跨梁体质量的影响,利用集中质量单元实现。24号墩为固定墩,墩梁之间的约束通过主从关系和弹性连接来模拟,全桥计算模型如图3所示。

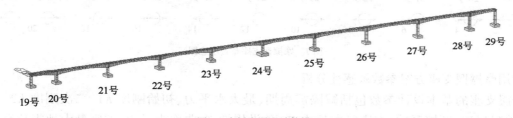

图3 全桥有限元计算模型

3. 地震动输入

采用安评报告提供的三条50年超越概率2%(罕遇地震)的场地加速度时程进行非线性时程反应分析(图4~图6)。

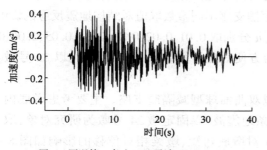

图4 罕遇第一条人工地震波(DM2021)

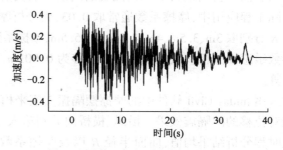

图5 罕遇第二条人工地震波(DM2022)

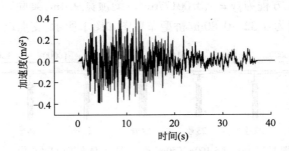

图 6　罕遇第三条人工地震波（DM2023）

三、减隔震方案分析

对于长联大跨连续梁桥，采用摩擦摆支座能够有效降低固定墩内力[7]，但墩梁相对位移较大。液体黏滞阻尼器能够大大降低墩梁相对位移，但对固定墩内力的减少程度有限。二者共同作用能够显著降低固定墩内力，减少墩梁相对位移[8-10]。为探讨二者共同作用时的最优参数取值，首先提出仅采用摩擦摆支座方案进行参数敏感性分析，得出摩擦摆支座最佳减隔震参数。在确定摩擦摆支座最佳减隔震参数的基础上，配合液体黏滞阻尼器，对黏滞阻尼器进行参数敏感性分析，得出最优参数取值，从而确定液体黏滞阻尼器配合摩擦摆支座方案最优参数取值。

1. 基于摩擦摆支座的减隔震方案参数敏感性分析

1）摩擦摆支座的布置

每个桥墩墩顶均布置两个摩擦摆支座，全桥共 11 个桥墩，共需布置 22 个摩擦摆支座，摩擦摆支座的布置如图 7 所示。

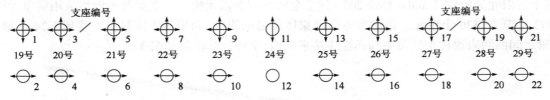

图 7　摩擦摆支座布置示意图

2）采用摩擦摆支座方案参数敏感性分析

摩擦摆支座的基本设计参数包括减隔震周期、最大水平力、初始刚度 K_1、二次刚度 K_2、等效水平刚度、等效阻尼比、摩擦系数、支座竖向反力 W、预设周期 T、曲面半径 R、支座最大地震位移 D。支座设计时，首先应该根据支座竖向反力 W 确定支座滑动面尺寸，预设周期一般为结构自振周期一倍以上，通过预设周期可确定曲面半径 R。在确定以上参数以后，摩擦摆支座双线性模型的各项参数方可确定。

减震前本桥周期为 1.94s，隔震后周期为隔震前的两倍，由公式推算得摩擦摆支座曲面半径 R 为 4m。在实际工程应用中，摩擦系数通常取 0.03，为分析摩擦摆支座不同参数取值对结构地震反应的影响，曲面半径 R 分别取 3m、3.5m、4m、4.5m、5m、5.5m，摩擦系数 u 分别取 0.01、0.02、0.03、0.04、0.05、0.06、0.07 进行参数敏感性分析。假定初始滑动位移为 0.001m，为方便对比计算结果，支座反力均以 22 号墩支座反力计算。

采用 midas Civil 软件中的摩擦摆隔振支座来模拟双曲面球型减隔震支座。主要考虑墩底内力和墩梁相对位移的减隔震效果。沿纵、横桥向分别输入三条地震波，以固定墩 24 号墩为研究对象，取三条地震波时程分析结果均值，曲面半径 R 以及摩擦系数 u 对墩底弯矩、墩梁相对位移的影响如图 8 ~ 图 11 所示。

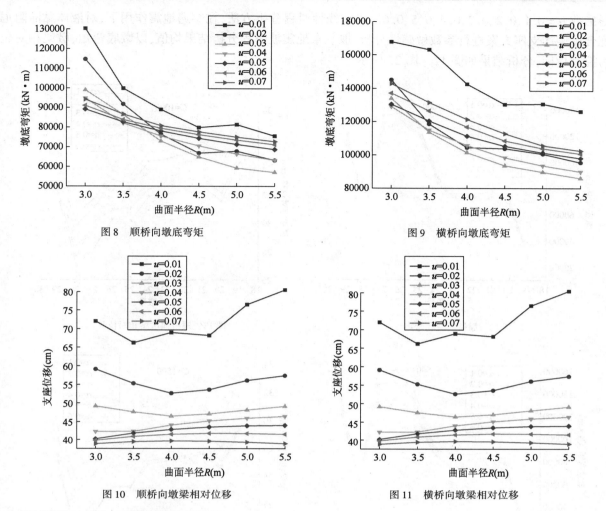

图 8　顺桥向墩底弯矩　　　　　　　　　　图 9　横桥向墩底弯矩

图 10　顺桥向墩梁相对位移　　　　　　　图 11　横桥向墩梁相对位移

通过图 8～图 11 可得到以下结论：

(1) 当摩擦系数 u 不变时，墩底弯矩随曲面半径 R 的增大而减小，墩梁相对位移随曲面半径 R 的增大而增大；当曲面半径 R 不变时，墩梁相对位移随摩擦系数 u 的增大而减小。

(2) 当曲面半径 $R=3.0\sim 5.5$m 时，随着摩擦系数的增大，墩底弯矩曲线变化趋缓。

(3) 当 $u=0.04\sim0.07$ 时，墩梁相对位移变化不明显；当 $u=0.01\sim0.03$ 时墩梁相对位移变化显著；当 $u=0.01$，$R=5.5$m 时，墩梁相对位移最大，将近 0.8m；当 $u=0.07$，$R=5.5$m 时墩梁相对位移最小，将近 0.38m。

(4) 当 $u=0.03$，$R=5.5$m 时，墩底弯矩最小；当 $u=0.01$，$R=3$m 时，固定墩墩底弯矩最大。

综合考虑，当摩擦系数 u 取 0.03 时，墩底弯矩最小，此时对应摩擦半径为 4m 时，墩梁相对位移最小，因此推荐摩擦摆最优参数取值为 $u=0.03$，$R=4$m。

2. 基于黏滞阻尼器配合摩擦摆支座参数敏感性分析

1) 阻尼器布置

为进行摩擦摆支座与液体黏滞阻尼器共同作用时参数敏感性分析，首先假设液体黏滞阻尼器在顺桥向呈 45°布置，阻尼器分别在 20 号、21 号、22 号、23 号、24 号、25 号、26 号、27 号、28 号墩各布置 4 套，全桥共设置 36 套。

2) 阻尼器配合摩擦摆支座方案

基于摩擦摆支座方案分析结果，摩擦摆最佳取值参数为曲面半径 $R=4$m，摩擦系数 $u=0.03$。以此为基础，进行参数敏感性分析。分别取阻尼系数 $C=1000$、$C=1500$、$C=2000$、$C=2500$、$C=3000$ kN·$(s/m)^\alpha$，取

阻尼指数 α = 0.1、0.2、0.3、0.4、0.5、0.6。以非线性时程分析方法，在罕遇地震作用下，对液体黏滞阻尼器配合摩擦摆支座方案进行参数敏感性分析，取三条地震波时程分析结果均值，以墩底弯矩、墩梁相对位移为控制指标，分析结果如图 12 ~ 图 22 所示。

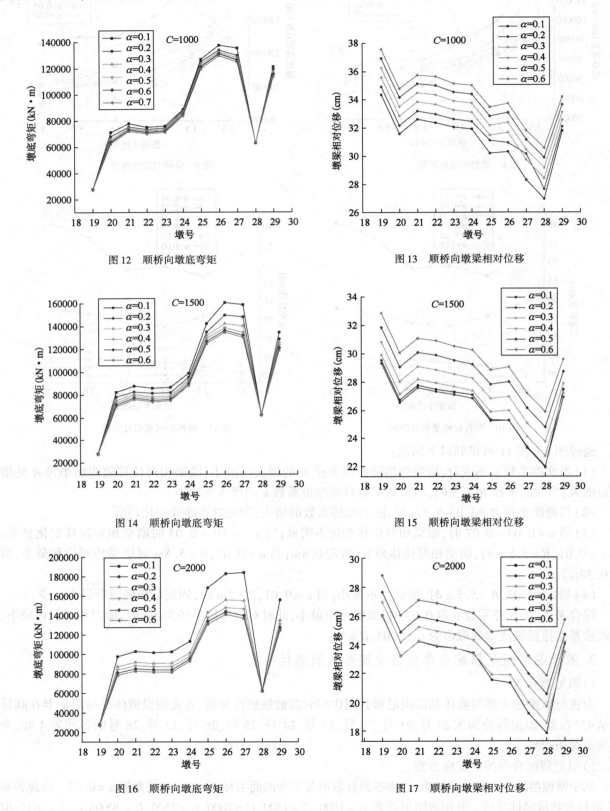

图 12　顺桥向墩底弯矩　　　　　　　图 13　顺桥向墩梁相对位移

图 14　顺桥向墩底弯矩　　　　　　　图 15　顺桥向墩梁相对位移

图 16　顺桥向墩底弯矩　　　　　　　图 17　顺桥向墩梁相对位移

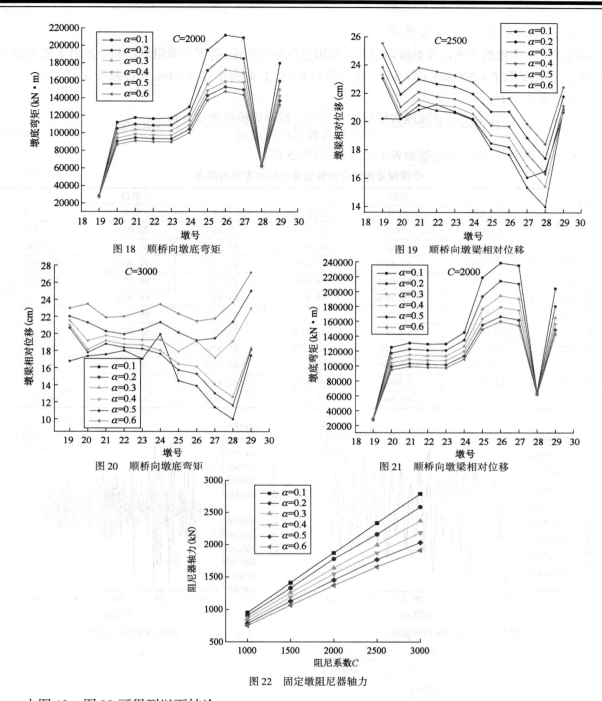

图18 顺桥向墩底弯矩
图19 顺桥向墩梁相对位移
图20 顺桥向墩底弯矩
图21 顺桥向墩梁相对位移
图22 固定墩阻尼器轴力

由图12～图22可得到以下结论：

(1) 当阻尼系数C不变，墩底弯矩随阻尼指数的增大而减小，当阻尼指数α不变，墩底弯矩随阻尼系数C的增大而增大；活动墩26号墩墩底弯矩最大，活动墩19号墩墩底弯矩最小。

(2) 当$1000 kN \cdot (s/m)^\alpha \leqslant C < 2000 kN \cdot (s/m)^\alpha$ 或 $C > 2000 kN \cdot (s/m)^\alpha$ 时，墩梁相对位移随阻尼指数的减小而减小，阻尼指数$\alpha=0.6$时各个墩墩梁相对位移最大，$\alpha=0.1$时各个墩墩梁相对位移最小；当$C=2000 kN \cdot (s/m)^\alpha$，$\alpha=0.4$时，墩梁相对位移最小，各个墩支座位移均小于0.3m，且各个墩墩底弯矩相对较小。

(3) 当阻尼指数α不变，阻尼力随阻尼系数的增大而增大，当阻尼系数C不变，阻尼力随阻尼指数的增大而减小；基于液体黏滞阻尼器配合摩擦摆支座的参数敏感性分析结果，当$C=2000 kN \cdot (s/m)^\alpha$，$\alpha=0.4$时，本桥在罕遇地震作用下减隔震性能最为显著。

3. 最优参数取值时减隔震效果

通过以上对摩擦摆支座以及黏滞阻尼器参数敏感性分析结论,得到黏滞阻尼器和摩擦摆支座合理参数取值为:阻尼系数 $C=3000\mathrm{kN}\cdot(\mathrm{s/m})^\alpha$,阻尼指数 $\alpha=0.2$,曲面半径 $R=4\mathrm{m}$,摩擦系数 $u=0.03$。

定义减震率如下:

$$减震率 = \frac{非减隔震桥梁地震反应 - 减隔震桥梁地震反应}{非减隔震桥梁地震反应} \times 100\%$$

二者联合作用下,减隔震效果如表2和图23～图25所示。

摩擦摆支座配合液体黏滞阻尼器方案减震率　　　　表2

墩号	顺桥			横桥		
	弯矩	剪力	支座位移	弯矩	剪力	支座位移
19号墩	1.98%	0.60%	44.24%	79.22%	22.02%	32.12%
20号墩	-441.00%	-52.54%	50.61%	56.20%	61.24%	21.54%
21号墩	-415.00%	-53.41%	48.43%	87.71%	71.46%	53.90%
22号墩	-411.51%	-56.60%	45.94%	77.74%	68.59%	42.12%
23号墩	-414.63%	-59.26%	49.29%	69.89%	68.32%	50.47%
24号墩	95.03%	91.92%	—	82.85%	66.96%	—
25号墩	-174.84%	-46.78%	52.92%	73.69%	62.36%	34.06%
26号墩	-156.13%	-39.53%	50.17%	66.67%	68.20%	28.12%
27号墩	-155.42%	-40.56%	56.60%	79.12%	60.20%	58.33%
28号墩	12.29%	2.39%	59.92%	81.13%	23.59%	37.21%
29号墩	-189.90%	-45.38%	52.12%	64.96%	60.79%	49.81%

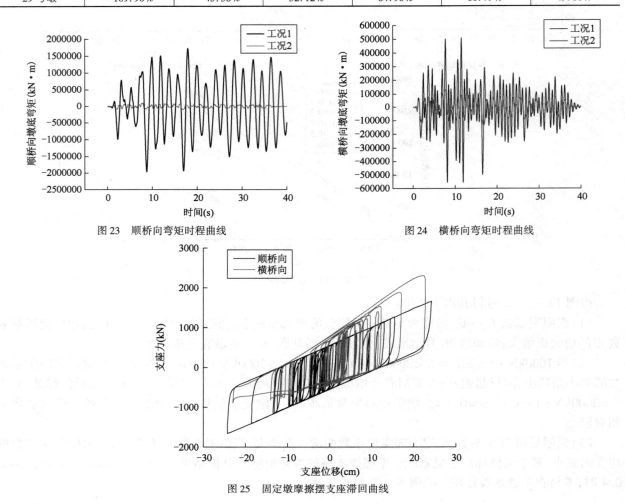

图23　顺桥向弯矩时程曲线　　　　图24　横桥向弯矩时程曲线

图25　固定墩摩擦摆支座滞回曲线

由图 23~图 25 和表 2 可得到以下结论：

(1) 固定墩在纵、横桥向墩底内力减震效果显著，减震后墩底弯矩远远小于减震前即采用普通支座方案。

(2) 固定墩内力减小约 95% 左右，活动墩顺桥向减震率高达 -440%，墩底内力增大，顺桥向地震作用时，活动墩同固定墩共同承担地震力。横桥向各个桥墩减震率为 22%~71%，墩底内力减震效果显著。

(3) 固定墩在顺桥向位移减震率为 44%~59%，在横桥向位移减震率为 21%~53%，液体黏滞阻尼器对限制墩梁相对位移效果显著。

四、结　语

(1) 基于摩擦摆支座方案研究结果，当摩擦系数 u 不变时，墩底弯矩随曲面半径 R 的增大而减小，墩梁相对位移随曲面半径 R 的增大而增大；当曲面半径 R 取值为 4m，摩擦系数 u 取值为 0.03 时，固定墩墩底内力最小，墩梁相对位移较小，减隔震效果最佳；各个墩在纵、横桥向墩梁相对位移较大，达到 0.5m 左右，摩擦摆支座方案对降低固定墩内力效果显著，但墩梁相对位移较大。

(2) 基于液体黏滞阻尼器配合摩擦摆支座方案研究结果，当 $C = 2000 kN \cdot (s/m)^\alpha$，$\alpha = 0.4$，$u = 0.03$，$R = 4m$ 时取得最佳减隔震效果；各个墩墩梁相对位移均小于 0.3m，固定墩顺桥向弯矩减震率达到 95.03%。

(3) 液体黏滞阻尼器配合摩擦摆支座方案结合了摩擦摆支座和液体黏滞阻尼器的特点，固定墩墩底内力大幅减小，各个墩支座位移控制在 0.25m 以内，这两种减隔震装置联合作用时对长联大跨连续梁桥减隔震效果显著，为同类型桥梁减隔震设计提供参考依据。

参考文献

[1] 杨世杰.高烈度区长联大跨连续梁桥减隔震分析[D].兰州:兰州交通大学,2018.
[2] 夏修身,崔靓波,陈兴冲,等.长联大跨连续梁桥隔震技术应用研究[J].桥梁建设,2015,45(4):39-45.
[3] 张鹏举.高烈度地震区长联大跨连续梁桥减隔震措施研究[J].铁道建筑,2017(5):10-12.
[4] 刘正楠,陈兴冲,张永亮,等.FVD 与 FPB 在大跨长联减隔震体系梁桥中的联合作用机理研究[J].地震工程学报,2019,41(3):619-625.
[5] 赵人达,贾毅,占玉林,等.强震区多跨长联连续梁桥减隔震设计[J].浙江大学学报(工学版),2018,52(5):886-895.
[6] 李一鸣,虞庐松,夏修身.黏滞阻尼器配合双曲面球型支座在大跨连续梁桥的优化布置[J].铁道科学与工程学报,2018,15(11):2867-2874.
[7] 鄢玉胜,张鹏举,曹增华.城际铁路长联大跨连续梁桥设计关键技术研究[J].铁道标准设计,2021,65(4):89-94.
[8] 郭赵元,陈仲扬,江臣,等.长联大跨复杂桥梁抗震设计及其方案优化[J].南京工业大学学报(自然科学版),2020,42(3):333-341.
[9] 张景钰,何友娣,李龙安.大跨超长联跨海连续梁桥纵向抗震体系研究[J].工程抗震与加固改造,2024,46(4):41-49.
[10] 李杰,郝道洪,耿玉鹏,等.高烈度区长联 PC 连续梁桥减隔震措施分析[J].中国科技论文,2024,19(5):575-582.

46. 采用矩形锚固板竖向钢筋的双T梁力学性能实验研究

欧马尼　石雪飞　罗珊
（同济大学）

摘　要　双T梁因其耐久性好、预制质量高和施工便捷，已成为小跨径桥梁建设中替代传统空心板梁的优选结构。然而，传统的钢筋加固方法（如使用常规箍筋）导致钢筋笼结构复杂，阻碍了施工自动化，增加了劳动强度。为了解决这些问题，本文引入了使用矩形锚固板钢筋作为双T梁的加固方法，旨在提高结构性能的同时简化施工过程。通过对一根16m长的双T梁进行的系列控制试验，本文评估了该梁在抗弯、抗剪及弯剪扭耦合荷载下的表现。研究结果表明，在正常使用状态下，该加固梁在极限抗弯和抗扭荷载作用下未出现裂缝，裂缝荷载超过极限荷载140%以上，安全裕度约为130%。荷载-位移曲线显示出弹性行为、混凝土开裂和钢筋屈服的明显阶段，在极限扭矩能力下最大位移约为180mm。这些结果表明，矩形锚固板钢筋能够显著提升双T梁的结构性能，为推动预制桥梁建设中的自动化和效率提升提供了宝贵的借鉴。

关键词　预制桥梁　矩形锚固板钢筋　荷载-位移曲线　弯剪扭耦合荷载　结构性能

一、引　言

双T形梁是一种使用跨径12~26m的小跨径结构（图1），其适用范围与中国的空心板梁基本一致。但空心板为闭口断面，存在预制难度大、质量控制难度大、养护检修困难等缺点。为了弥补空心板上述缺点，并使小跨径桥梁保持较低梁高、低经济指标、耐久性好、预制质量高和施工便捷等优点，因此在小跨径桥梁结构中采用双T梁结构。

钢筋混凝土结构中钢筋的锚固是确保结构整体性能的关键因素之一。传统的锚固方式包括使用弯钩等；然而，近年来，锚固板作为一种新型锚固方式引起了研究者的广泛关注。锚固板通过在钢筋末端连接一个扩展的承压板，提供较大的承压面积，从而增强钢筋在混凝土中的锚固性能（图2）。在拉力作用下，钢筋的部分拉力转化为横肋对混凝土的咬合力，表现为钢筋与混凝土之间的黏结滑移锚固行为；另一部分拉力则转化为锚固板对混凝土的局部压力，即锚固板的锚固行为。为了进一步提升装配式施工和工业化建造的效率，本研究还探讨了在双T梁结构中采用矩形锚固板钢筋作为抗剪钢筋的新型配筋方案。

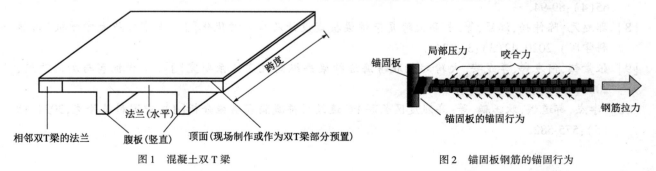

图1　混凝土双T梁　　　　　　图2　锚固板钢筋的锚固行为

与传统钢筋相比，矩形锚固板钢筋提供了更优异的抗剪性能，同时显著减少了配筋数量和现场钢筋绑扎的工作量，为加快施工进度提供了可能。基于以上考虑，本文提出并展开了矩形锚固版钢筋双T梁结构的原型设计研究（图3）。

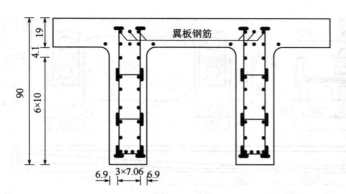

图 3　矩形锚固板钢筋作为抗剪钢筋的示意图(尺寸单位:cm)

锚固板钢筋的概念最早在 20 世纪 70 年代在美国[1]被提出。随后,ERICO 和 HRC 公司领导的研究团队,包括 Wright J. L. 教授和 Richard DeVries 教授[2-3],在此领域作出了重要贡献。通过一系列拉拔试验,这些研究者深入探讨了锚固板的设计形式及基本锚固长度,为锚固板钢筋的实际应用提供了理论基础和技术指南。

Dilger 和 Ghali[4-5]教授首次探讨了将锚固板钢筋应用于混凝土平板中作为竖向抗剪钢筋的可能性,为后续的研究提供了新的方向。Dyken、Gayed、Kim、Yang[6-9]等学者对此进行了实验研究,包括钢筋混凝土梁、板的抗剪承载能力和循环荷载下的性能。研究结果表明,配置锚固板竖向钢筋的梁、板结构在抗剪承载能力方面表现优异,且锚固板的性能在循环荷载作用下几乎无明显退化。

中国对钢筋锚固板的研究始于 21 世纪初,李智斌、苗天鸣等[10-11]通过拉拔试验探索了锚固板替代传统弯钩进行钢筋锚固的可行性。游宇、彭辉等[12-13]则通过足尺拟静力试验验证了锚固板钢筋在梁柱节点中的抗震性能。2023 年,石雪飞等[14]深入研究了预应力混凝土 T 梁采用圆头竖向钢筋的剪切性能,探讨了预应力大小、剪力增强比例和混凝土强度等不同参数对 T 梁剪切性能的影响。这些研究不仅证明了锚固板在提升结构性能方面的有效性,也为其在工程中的应用提供了重要的理论和实验支持。

尽管国内外研究者已对锚固板的锚固性能及其在建筑和民用结构中的应用进行了初步探索,但在桥梁工程,尤其是预应力混凝土 T 梁的应用方面,研究还相对有限。因此,本研究的目的是通过进行矩形锚固版钢筋双 T 梁的抗弯、抗剪及弯扭耦合试验,来了解其受力性能,并为矩形锚固版钢筋双 T 梁的设计提供规范指导,以促进桥梁预制领域的技术进步。

二、试 验 概 况

1. 试验目的

锚固板钢筋的引入被认为是桥梁预制过程中钢筋工程智能化绑扎的一个重要进步。鉴于此,本研究致力于深入探索矩形锚固版钢筋在混凝土双 T 梁中的力学性能。具体而言,本文通过对一根 16m 长的锚固板钢筋双 T 梁进行一系列的抗弯、抗剪以及弯剪扭耦合试验,旨在全面评估其在各种荷载作用下的承载能力,从而确保其在实际工程应用中的可靠性与效率。

2. 试验试件

如表 1 所示,本次试验双 T 梁采用广东省交通规划设计研究院沈阳至海口国家高速公路汕尾陆丰至深圳龙岗段改扩建项目(K0 +000 ~ K71 +288.003),标准梁段长 16m,双 T 梁高 90cm,双 T 梁宽 2.4m。主梁采用 C50 混凝土,铺装采用 C40 整体化层和沥青混凝土,如图 4 所示。

16m 双 T 梁主要信息表　　　　表 1

梁型	跨径(m)	斜度	试验梁高	梁宽	试验内容
预制先张法预应力混凝土简支双 T 梁	30	0°	90cm + 10cm 整体化层	240cm	抗弯、抗剪以及弯剪扭耦合试

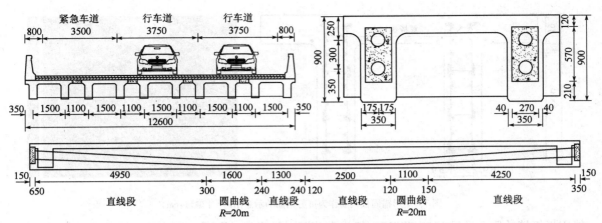

图4 预制预应力混凝土双T梁设计方案(尺寸单位:mm)

如图5所示,试验构件配置了8根直径为25mm的拉伸纵向钢筋和28根直径为12mm的压力纵向钢筋,同时按照60mm的纵向间距部署了直径为12mm的竖向抗剪钢筋共计254根。所有试件中使用的普通钢筋均为HRB 400级的热轧带肋钢筋。

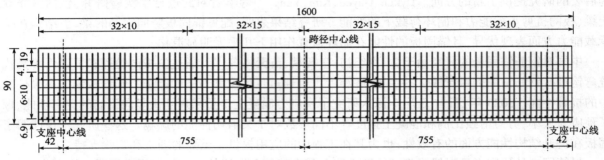

图5 试验试件配筋图(尺寸单位:cm)

3. 试验测点布置

钢筋应变片布置如图6所示,总共布置了52个应变片。上缘纵筋24个应变片,分别布置在双侧T梁上。下缘纵筋8个应变片,分别布置在双侧T梁上。箍筋20个应变片,分别布置在单侧T梁上。

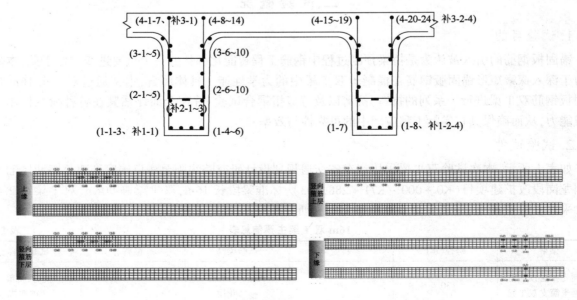

图6 钢筋应变片布置立面图

如图 7 所示,在试验试件的抗剪梁段中,腹板侧面布置了 4 个混凝土应变花,分别位于腹板的两侧。加载界面对称布置了 16 个横向应变片和 8 个竖向应变片。在跨中界面,横向布置了 8 个应变片,竖向布置了 4 个应变片。

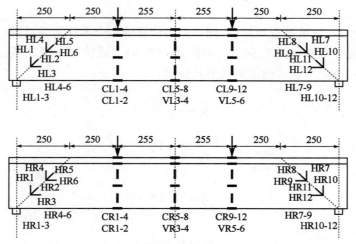

图 7　混凝土应变片布置立面图(尺寸单位:cm)

如图 8 所示,在腹板底部侧面布置了 8 个横向位移计。

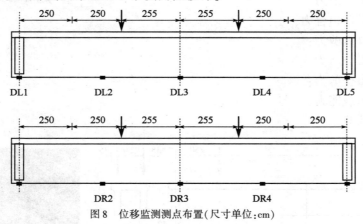

图 8　位移监测测点布置(尺寸单位:cm)

4. 试验加载方式

本次试验只有一个加载梁,主要设置 3 种加载试验工况,分别为抗弯正常使用状态加载试验工况、抗弯正常使用状态加载试验工况、抗弯扭承载能力极限状态加载试验工况。试验通过千斤顶和反力架(配重梁)装置进行加载,具体装置如图 9 所示。

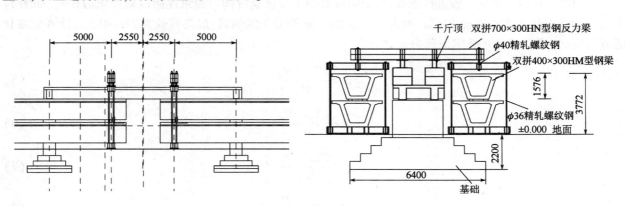

图 9　实验装置设计(尺寸单位:mm)

采用30m小箱梁进行压重,考虑实验最大荷载为单边1600kN;按照安全系数为2,可知每个小箱梁重量需要大于1600kN;小箱梁重量约为850kN,可以竖向叠两个小箱梁。由上图可知实验装置由反力梁、千斤顶、支座基础、精轧螺纹钢、压重小箱梁、小扁担梁等组成的。

1)抗剪试验加载方式

试验梁采用两点单边加载装置进行加载,同一纵向位置的两个千斤顶通过同一油泵连接以确保荷载相同(图10)。加载点位于支座右侧2.5m处,剪跨比为2.94。试验分9级加载,最终荷载为404.9kN。计算恒载和活载效应后,用以下公式确定加载力及分级:

$$\alpha = \frac{P + V_0}{V_S} \tag{1}$$

$$\beta = \frac{P + V_0}{V_{S'}} \tag{2}$$

$$\gamma = \frac{P + V_0}{V_R} \tag{3}$$

$$P_1 = P_2 = \frac{P}{2} \tag{4}$$

式中:P_1、P_2——单侧千斤顶力;

P——单侧千斤顶合力;

V_0——单梁自重剪力;

V_S——基本组合剪力;

$V_{S'}$——频遇组合剪力;

V_R——抗剪承载能力;

α、β、γ——加载系数。

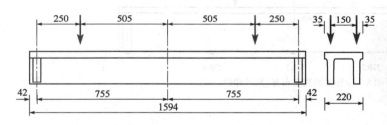

图10 抗剪加载位置(尺寸单位:cm)

2)抗弯试验加载方式

试验梁采用四点加载装置进行加载,两个同位置的千斤顶通过同一油泵连接以确保施力相同,如图11所示。加载点位于支座右侧5m处,剪跨比为5.88。试验分7级加载,最终荷载为246.4kN。计算恒载和活载效应后,用以下公式确定加载力及分级:

$$\alpha = \frac{PL_1 + M_0}{M_S} \tag{5}$$

$$\beta = \frac{PL_1 + M_0}{M_{S'}} \tag{6}$$

$$\gamma = \frac{PL_1 + M_0}{M_R} \tag{7}$$

$$P_1 = P_2 = \frac{P}{2} \tag{8}$$

式中：M_0——单梁自重弯矩；
　　　M_S——基本组合弯矩；
　　　$M_{S'}$——频遇组合弯矩；
　　　M_R——抗弯承载能力；
　　　L_1——两个支撑点和加载点之间的水平距离。

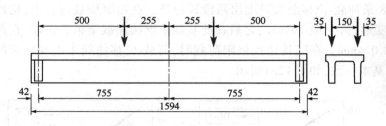

图11　抗弯加载位置(尺寸单位：cm)

3）抗弯扭试验加载方式

试验梁采用四点加载装置进行加载，同一纵向位置的两个千斤顶通过同一油泵连接以确保施力相同（图11）。加载点位于支座右侧5m处，剪跨比为5.88。实验在抗弯正常使用荷载试验完成后进行，施加抗弯扭荷载后继续加载至极限承载状态。试验分19级加载，最终荷载为1044.8kN。计算恒载和活载效应后，用式(9)和式(10)确定加载力及分级：

$$(P_1 + P_2)L_1 = 1.2 \times (M_0 + M_1) + 1.4 M_L \tag{9}$$

$$\frac{P_1 D}{2} - \frac{P_2 D}{2} = 1.4 T_L \tag{10}$$

式中：M_1——湿接缝及二期作用弯矩；
　　　M_L——活载弯矩；
　　　T_L——活载扭矩；
　　　D——两个加载点的横向间距。

$$P_1 + P_2 = \frac{1.2 \times (M_0 + M_1) + 1.4 M_L}{L_1}$$

$$P_1 - P_2 = \frac{2.8 T_L}{D} \tag{11}$$

考虑活载弯扭比为定值，则：

$$\begin{cases} P_1 = \dfrac{1.2 \times (M_0 + M_1)}{2L_1} + \dfrac{1.4 M_L}{2L_1} + \dfrac{2.8 \psi M_L}{2D} = \dfrac{0.6 \times (M_0 + M_1)}{L_1} + \left(\dfrac{0.7}{L_1} + \dfrac{1.4 \psi_L}{D}\right) M_L \\ P_2 = \dfrac{0.6 \times (M_0 + M_1)}{L_1} + \left(\dfrac{0.7}{L_1} - \dfrac{1.4 \psi}{D}\right) M_L \end{cases} \tag{12}$$

式中：ψ_L、ψ——安全系数；
　　　D——两个加载点的横向距离。

三、试 验 结 果

1. 荷载-位移曲线

图12为试件在三种加载工况下单点加载时的荷载-竖向挠度位移对比曲线。在抗剪正常使用状

态下，8条荷载-位移曲线均表现出明显的弹性行为。随着荷载逐级施加，构件在810kN时产生最大挠度变形，约为-19.245mm，出现在梁1/2处，而最小挠度则出现在支座处。相同界面腹板两侧的位移基本一致，如图12a)所示。在抗弯正常使用状态下，荷载-位移曲线同样表现出弹性行为，最大挠度变形依然出现在495kN时，约为-20.83mm，最小挠度仍出现在支座处，两侧腹板的位移基本一致，如图12b)所示。

在抗弯扭承载能力极限状态下，8条荷载-位移曲线呈现出两段式特征。在逐级加载过程中，构件在第一阶段于516kN时达到最大挠度变形，为-30.793mm；之后在此基础上继续加载至第二阶段，在最大荷载1170kN时，最大位移达到-182.074mm。在结构达到极限荷载时，荷载-位移曲线未出现显著的延性阶段，相同界面腹板两侧的位移仍基本一致，如图12c)所示。

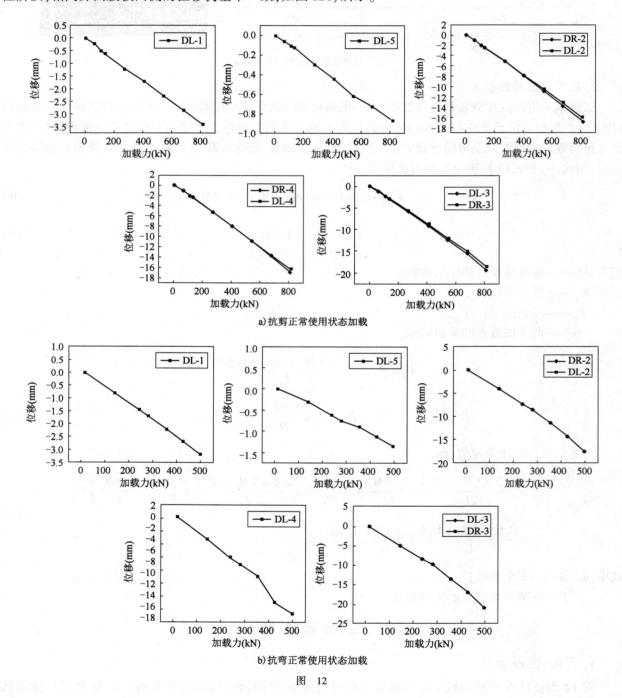

图 12

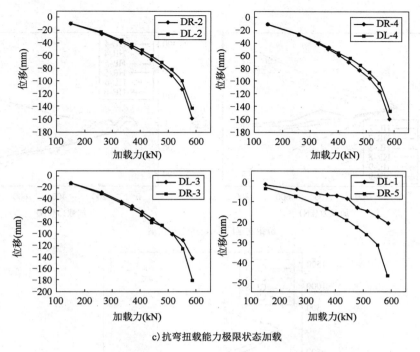

c) 抗弯扭载能力极限状态加载

图 12　荷载-位移曲线

2. 失效模式

当加载至 534kN 时,梁体开始出现裂缝,随后在每一级加载工况下,裂缝逐渐增多,长度也有所延展。最终,当加载至 907kN 时,由于千斤顶量程限制,最大裂缝宽度超过 1 mm,因此暂停加载。裂缝在加载区域内均匀分布,表明结构仍具有较好的延性。

3. 混凝土应变特征

图 13a)和 b)为试验试件在抗剪正常使用状态下的应变曲线展示了加载点左右侧梁段腹板侧面直角应变花的结果。从这些应变曲线可以看出,应变呈现出明显的分级平台,并大致呈线性递增趋势,部分应变片的状态良好,记录的数据较为准确。图 13c)显示了跨中腹板界面混凝土应变的变化,腹板底部的应变表现出明显的阶梯状分级加载,并大致呈线性递减趋势;而腹板上部的应变则表现出线性递增趋势,同样具有明显的阶梯状分级加载特征,且数据无明显异常。这与试验过程中观察到的梁上部受压、底部受拉的现象相一致,进一步验证了试验数据的可靠性。

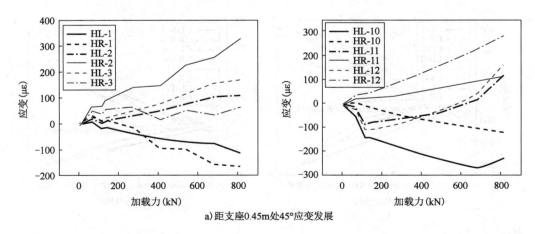

a) 距支座0.45m处45°应变发展

图 13

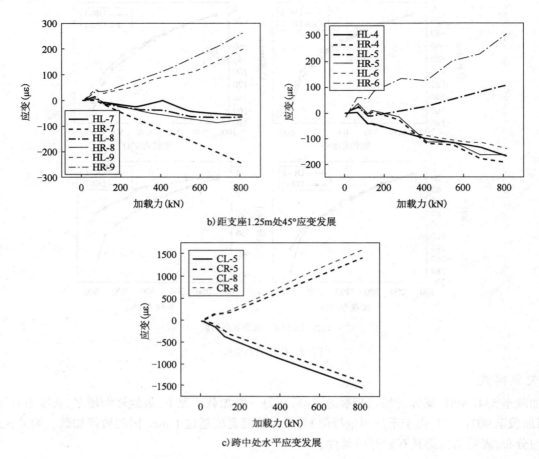

b) 距支座1.25m处45°应变发展

c) 跨中处水平应变发展

图13 混凝土应变发展曲线（抗剪正常使用状态加载）

如图14a)所示，试验试件在抗扭正常使用状态下的应变曲线展示了距支座5m处水平应变的发展情况。从应变曲线可以看出，加载与卸载路径基本重合，且界面腹板底部的应变表现出明显的阶梯状分级加载，呈线性递减趋势；同时，腹板上部的应变则呈现线性递增趋势，并且同样具有明显的阶梯状分级加载特征。图14b)显示了跨中腹板界面混凝土应变的变化情况，腹板底部应变表现出线性递减趋势，且具有明显的阶梯状分级加载特征；腹板上部的应变呈现出线性递增趋势，并且同样具有明显的阶梯状分级加载特征，且数据无明显异常。

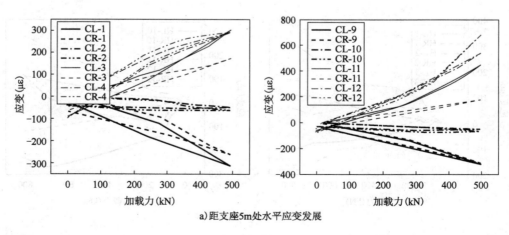

a) 距支座5m处水平应变发展

图 14

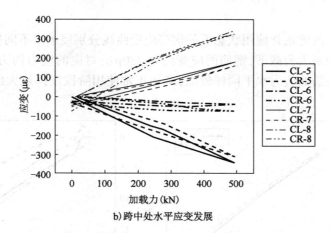

b) 跨中处水平应变发展

图 14 混凝土应变发展曲线(抗弯正常使用状态加载)

如图 15a)所示,试验试件在抗弯扭承载能力极限状态下的应变曲线展示了加载点左右侧梁段腹板侧面直角应变花的结果。从应变花的应变曲线可以看出,试件在加载点左侧梁段腹板出现腹剪斜裂缝时的荷载水平为 700kN,这与试验过程中观察到的裂缝开裂状况及荷载-位移曲线所反映的开裂荷载水平一致,进一步验证了试验数据的可信性。

如图 15b)和 c)分别展示了距支座 5m 处水平和竖向应变的变化情况。从这些应变曲线可以看出,应变大致呈线性递减趋势,且越接近腹板底部的应变值越大,出现失效的现象也越早,这表明腹板底部在极限荷载作用下承受了更大的应变负荷,可能成为结构破坏的关键区域。

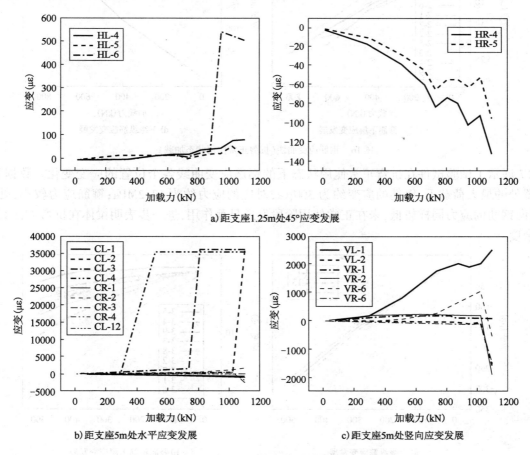

a) 距支座1.25m处45°应变发展

b) 距支座5m处水平应变发展

c) 距支座5m处竖向应变发展

图 15 混凝土应变发展曲线(抗弯扭载能力极限状态加载)

4. 钢筋应变特征

图 16 为试验试件在抗剪正常使用状态下的钢筋应变曲线分别展示了不同位置的应变发展情况。结果显示,在加载位置处的最大荷载下,钢筋的应变约为 $250\mu\varepsilon$,对应的应力约为 52.7MPa,箍筋应力较小且处于受压状态;横向钢筋的应力水平同样较低,未在正常使用阶段发挥较大的作用。这表明梁体具有较高的抗剪富裕度。

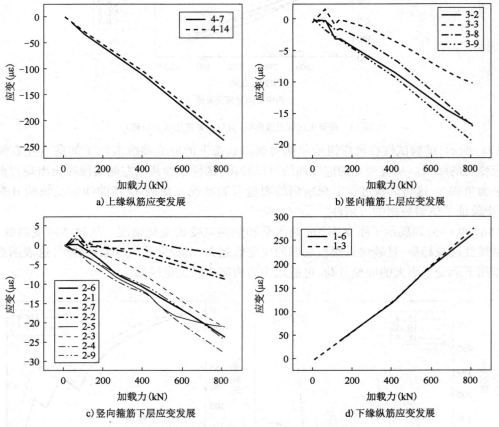

图 16 钢筋应变曲线(抗剪正常使用状态加载)

图 17 展示了试验试件在抗弯正常使用状态下的钢筋应变曲线各个位置的应变变化。数据显示,在加载位置处的最大荷载下,钢筋的应变约为 $300\mu\varepsilon$,对应的应力约为 63.2MPa;箍筋应力较小,处于受压状态,横向钢筋的应力同样较低,未在正常使用阶段发挥显著作用,进一步表明梁体在抗弯方面具有较大的安全余度。

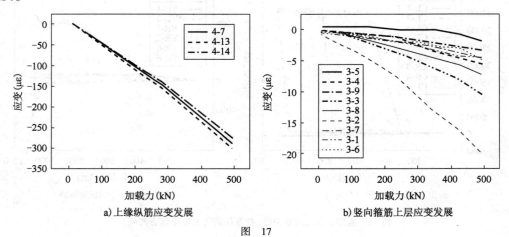

图 17

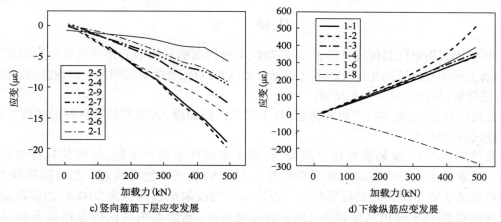

c) 竖向箍筋下层应变发展 　　　　　d) 下缘纵筋应变发展

图 17　钢筋应变曲线(抗弯正常使用状态加载)

图 18 为试验试件在抗弯扭承载能力极限状态下的钢筋应变曲线,展示了各个位置的应变变化情况。从这些曲线中可以清楚地看到,腹板左侧的钢筋应力显著高于右侧钢筋的应力,这表明左侧受力较为集中,可能是由于试件在受弯扭过程中产生了不对称的内力分布。此外,下缘纵筋的应变相对较高,进一步说明在极限状态下,下缘区域承受了更大的拉应力,从而导致较高的应变值。

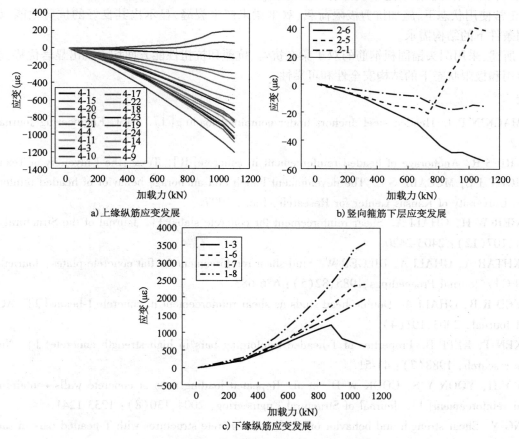

a) 上缘纵筋应变发展　　　　　b) 竖向箍筋下层应变发展

c) 下缘纵筋应变发展

图 18　钢筋应变曲线(抗弯扭承载能力极限状态加载)

箍筋的应力则表现出较为明显的特征,整体应力水平较低,且处于受压状态,这与其在结构中的主要抗剪作用相符。更重要的是,箍筋的应变并未达到屈服点,表明在极限状态下,箍筋仍然保持了较高的安全余度,未出现塑性变形,这为结构的整体抗弯扭性能提供了保障。通过这些应变曲线的分析,可以推测试件在极限状态下,尽管局部区域受力较大,但整体结构仍然具有较强的承载能力和安全性,未出现显著的屈服或破坏现象。

四、结　语

采用矩形锚固板钢筋代替传统箍筋,可以将预制 T 梁内部的封闭钢筋笼结构简化为钢筋网片结构,这有助于钢筋工程绑扎的智能化提升。本文通过对比试验,对配置矩形锚固板竖向钢筋的混凝土 T 梁进行了抗剪性能分析,得出了以下主要结论:

(1)正常使用状态下,施加抗弯极限荷载,双 T 梁未出现裂缝,表明其具有良好的抗弯性能,能够满足正常使用状态下的要求。

(2)正常使用状态下,施加抗弯扭极限荷载,双 T 梁同样未出现裂缝,说明其具备优异的抗扭性能,足以满足正常使用状态的需求。其开裂荷载为 534kN,比正常使用状态下的极限荷载高出 140%以上,进一步验证了双 T 梁良好的抗裂性能。理论计算的极限承载能力为 704kN,而实际加载结果显示,双 T 梁在达到 907kN 时仍然保持约 130% 的安全裕度,充分表明其在抗弯性能方面具有显著的余量。

(3)在抗扭承载能力极限状态下,双 T 梁的最大位移约为 180mm,荷载-位移曲线呈现出三阶段特征:第一阶段为弹性阶段,第二阶段为混凝土开裂阶段,第三阶段为受拉钢筋屈服阶段。

(4)在抗扭极限承载能力试验中,当加载至 907kN 时,部分纵向钢筋尚未屈服,显示出较高的承载能力富余,表明双 T 梁在极限状态下仍具有较强的承载能力。

(5)正常使用状态下,施加抗剪极限荷载,双 T 梁未产生裂缝,显示出其良好的抗剪性能,足以满足正常使用条件下的结构需求。

综上所述,采用圆头锚固板钢筋的双 T 梁在抗弯、抗剪和抗扭性能方面均表现出显著优势,能够确保在正常使用和极限状态下的结构安全性和可靠性。

参考文献

[1] MCMACKIN P J. Headed steel anchors under combined loading[J]. AISC Engineering Journal, 1973: 43-52.
[2] DEVRIES R. Anchorage of headed reinforcement in concrete[R]. Texas: the University of Texas, 1996.
[3] WRIGHT J L, MCCABE S L. The development length and anchorage behavior of headed reinforcing bars[R]. University of Kansas Center for Research, Inc., 1997.
[4] DILGER W H, GHALI A. Shear reinforcement for concrete slabs[J]. Journal of the Structural Division, 1981, 107(12): 2403-2420.
[5] MOKHTAR A, GHALI A, DILGER W. Stud shear reinforcement for flat concrete plates: Journal Proceedings[C]//Journal Proceedings, 1985, 82(5): 676-683.
[6] GAYED R B, GHALI A. Double-head studs as shear reinforcement in concrete I-beams[J]. ACI: Structural Journal, 2003, 101(4).
[7] DYKEN T, KEPP B. Properties of T-headed reinforcing bars in high strength concrete[J]. Nordic concrete research, 1988(7): 41-51.
[8] KIM Y H, YOON Y S, COOK W D, et al. Repeated loading tests of concrete walls containing headed shear reinforcement[J]. Journal of Structural Engineering, 2004, 130(8): 1233-1241.
[9] YANG Y. Shear strength and behavior of reinforced concrete structures with T-headed bars in safety-related nuclear facilities[D]. West Lafayette: Purdue University, 2015.
[10] 苗天鸣. 带端板钢筋锚固力及端板下局压承载力研究[D]. 哈尔滨:哈尔滨工业大学, 2020.
[11] 李智斌. 带锚固板钢筋机械锚固性能的试验研究[D]. 天津:天津大学, 2007.
[12] 游宇. 混凝土框架顶层端节点中采用钢筋锚固板的试验研究[D]. 天津:天津大学, 2008.
[13] 彭辉. 配置 500MPa 纵筋采用带锚固板柱内搭接方案的框架顶层端节点抗震性能研究[D]. 重庆:重庆大学, 2009.

[14] 石雪飞,苏昶,邱志雄,等.采用带锚固板竖向钢筋的预应力混凝土T梁受剪性能研究[J].土木工程学报,2023,56(12):110-121.

47. 艰险山区桥梁挖井基础深基坑开挖稳定性分析

李增源 叶道华 郑 进 陈卓明 庞生权

(广西交通投资集团有限公司)

摘 要 依托乐业至望谟高速公路运赖特大桥左幅10号挖井基础,分析深基础施工工艺及开挖稳定性。应用Abaqus软件建立桥墩软件-挖井基础-岩土体耦合作用的三维有限元模型,对基础围岩等效塑性应变及围岩应力进行分析,研究在坡度20°、30°以及基础埋深11m、13m、15m的工况下围岩稳定性。模拟结果表明随着基础埋深的增加,围岩的等效应变范围增加,但无效应力区域会随埋深的增加而减小。而随着坡度的增加,围岩受到的应力梯度会增加,等效塑性应变范围增加。相同坡度而不同基础埋深的条件下,围岩顶部的应力集中区域大小大致相同,且围岩应力影响范围变化不大对比相同基础深度而不同坡度的条件下,围岩的应力影响范围增加更为明显,且应力集中区域更为明显。

关键词 山区地形 挖井基础 深基坑 开挖稳定性 数值模拟

一、引 言

随着基础设施建设逐渐深入中西部地区,越来越多的桥梁工程将在艰险山区建设。艰险山区地形地貌险峻,地质条件复杂,在设计阶段常将桥梁基础架设在山腰、山脚等临坡段,加上山区常年受强风强降雨等气候因素影响,对桥梁基础开挖施工的稳定性有着不可忽视的影响。

深基开挖坑稳定性研究是一个综合性的岩土工程难题,既涉及土力学中典型的强度与稳定问题,又包含了变形问题,同时还涉及岩体-桩-支护结构的共同作用。随着经济的发展,大量艰险山区的深基坑不断涌现,支护结构难度越来越大,对基坑工程的要求越来越高,随之出现的问题也越来越多,迫使诸多学者从新的角度去重新审视基坑工程课题。基坑事故一般表现为支护结构位移过大、基坑塌方或滑坡、基坑周边的道路开裂或者塌陷、基坑周围的地下管网线路因位移过大而破坏、周边相邻的建筑因不均匀沉降等原因而开裂甚至倒塌等。造成这些事故的主要原因已不再是支护构件的强度破坏,而是因为支护结构的变形过大。近年来很多学者和工程技术人员已经在基坑工程设计的变形控制方面做了很多研究,例如陈富强等认为坑内反压土可有效减小支护结构的内力、变形与嵌固深度。王洪木等基于HS模型,借助数值模拟发现增加反压土顶宽可有效减少支护桩顶水平位移。但影响基础-桩-支护结构体系的因素众多,为优化结构的受力特性,节约工程造价,有必要进一步讨论组合支护体系的受力特性及其影响因素,提出工程设计优化方法。为此,本文依托乐业至望谟高速公路运赖特大桥10号墩的深挖井基础来研究深基础的开挖稳定性。

二、施工工艺

1. 现场地质情况

乐业至望谟高速公路运赖特大桥桥位区属构造溶蚀剥蚀低山地貌,山坡高耸峻峭,山间沟谷深切,地形起伏较大,地面高程700~900m,相对高差约200m,自然斜坡坡度角一般为25°~40°,局部达70°~80°。桥位区地表岩溶、节理发育。左幅10号墩设计为挖井基础,位区的地层岩性如下:①二叠系下统栖霞阶:中风化灰岩,岩质坚硬,局部溶蚀发育强烈,局部节理裂隙发育,岩芯多呈短-中柱状,少量呈碎块状。②二叠系下统茅口阶:中风化灰岩,岩质坚硬,局部溶蚀、节理裂隙发育,岩芯多呈短-中柱状,少量呈碎块状。现场开挖灰岩完整性较好，强度较高。完整中风化石灰岩承载力特征值为3000kPa，饱和单轴抗压强度标准值为62MPa，破碎中风化石灰岩承载力特征值为2000kPa，饱和单轴抗压强度标准值为31MPa，整体强度较高。采用桩基础，钻孔进钻困难；利用高强度岩石有效嵌固挖井基础，可有效降低施工难度。

2. 挖井基础介绍

挖井基础，或称刚性嵌岩基础，结构形式与桥梁沉井基础相近，结构断面为空心箱室，视结构尺寸可加设隔板形成单箱多室。基础结构直接嵌入岩层中，与基岩形成整体。基础像一个"楔子"直接嵌入基岩中，结构抗倾覆能力优于扩大基础浅基础。箱室结构基础的抗冲切能力优于桩基础，某些情况还能起到对地质的加固作用，大大降低了地质灾害的安全隐患。基础可采用局部爆破、开挖等方法施工，对器械、便道的要求低于桩基础。挖井基础的结构形式如图1所示，在开挖过程中可利用自身箱室结构作为基坑四周的护壁，提高施工安全性，开挖后再坑壁内部填充低强度等级的混凝土，增加挖井基础的整体刚度和稳定性。

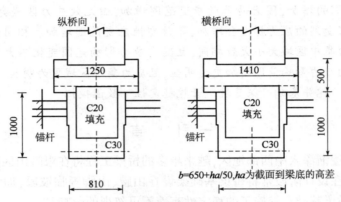

图1 挖井基础结构构造图（尺寸单位：cm）

3. 挖井基础基坑开挖

本项目挖井基础位于中风化灰岩地层内，采用爆破+机械+人工配合的方式进行基础开挖。基础开挖时属于标准的深基坑开挖。挖井基础采用人工结合长臂挖掘机开挖，依照从上到下的顺序逐段开挖，每段开挖深度不超过1m，且从中间向四周开挖。对于井内岩体采用浅眼爆破法，严格控制炸药用量。在爆炸影响区加强护壁支护，避免塌井危险发生。在挖井基础开挖过程中，密切注意岩石护壁情况，并及时采用钢筋进行围护加固，施工开挖（图2、图3）。

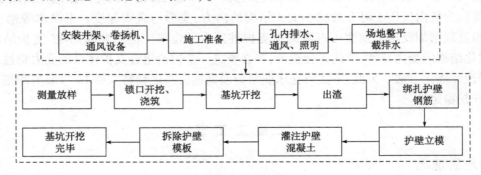

图2 开挖流程图

如图4所示，基础垂直逐层开挖，开挖至每层底高程后，绑扎护壁结构钢筋，浇筑护壁层与基坑顶周边锁扣结构，待混凝土达到100%设计强度后再张拉锚杆。待护壁结构成型后再垂直开挖下层基坑。下层基础开挖时注意不要完全挖除护壁底层持力岩层，预留约20cm厚度的岩层基底，完成下层基础结构施工，护壁采用C30混凝土。

a) 浅眼爆破施工　　　　　　　　　b) 岩壁支护

图 3　现场施工开挖图

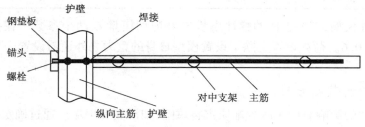

图 4　锁扣构造示意图

挖井基础开挖过程中的注意事项如下：

（1）爆破参数设计及现场爆破作业由相应资质单位的专业技术人员进行，现场严格按照爆破专项施工方案进行施工，并根据现场实际情况对爆破参数进行动态调整，采用浅孔松动爆破。

（2）开挖深度小于3m时，采用挖机进行掏渣，大于3m后挖机机械臂伸展不便，改用提升架出渣。

（3）开挖过程中必须保证井壁垂直，严格控制挖井基础的尺寸，控制超欠挖。

（4）若开挖岩层较破碎，垂直开挖困难，基坑可5m一层分层开挖，利用基础结构层形成基坑护壁结构。

（5）基础底层施工前需进行清基处理，清理底层的碎石，保证封底质量。

基坑开挖完毕后在护壁内分层浇筑C20混凝土即可完成挖井基础的施工，上部承台施工与桩基础类似。

三、建模及模拟概况

1. 模型建立

数值模拟计算模型是以运赖特大桥左幅10号墩为原型，使用Abaqus软件进行1∶1模型创建。为了保证模拟结果不受边界条件的影响，在创建模型时围岩尺寸是基础尺寸的5倍以上。在挖井基础上方建立几何尺寸为12.5m×12.36m×4.0m（长×宽×高）的承台结构，承台结构上方建立高93m的桥墩，数值模型如图5所示。

为方便建立有限元模型需要做出如下假设：①挖井基础是均质各向同性的弹性体，不考虑塑性变形。②岩土体是均质各向同性的弹塑性体。③不考虑接触面的胶结作用。④不计开挖过程中对接触面的松弛影响。⑤基础接触面不存在沉渣等软弱夹层。

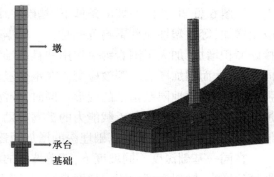

图 5　有限元模型示意图

桥墩采用 C50 混凝土进行浇筑，基础与上部的承台采用 C30 混凝土浇筑。在基础、承台、桥墩中均设有箍筋笼，内部箍筋和竖筋共同作用形成钢筋框架。在模拟的岩体底面约束三个方向上的位移，在垂直于顺桥向的岩体面上约束法向位移，在平行于顺桥向的岩体面上约束法向位移。岩体的坡面设置为自由边界面，允许斜坡面的岩体发生变形沉降。岩体的介质构成主要为中风化灰岩。在实际工程中，土体强度远远小于桩身混凝土，当桩加载达到极限荷载时首先土体发生破坏，因此在模拟过程中岩土体采用弹塑性模型，屈服准则服从于 Mohr-Coulomb 准则，结合地勘报告有限元计算模型的材料参数设置参见表1。

材料参数　　　　　　　　　　　　　　　　　　　　　　　　　　　　　表1

类型	弹性模量 E (MPa)	泊松比 μ	黏聚力 (kPa)	内摩擦角 φ (°)	重度 λ (kN/m)
挖井基础	30000	0.20	—	—	24
中风化灰岩	1000	0.25	200	45	22
承台/桥墩	35000	0.20	—	—	26

由于桩体采用弹性模型，需要土体的弹性模量 E 和剪切模量 G 两个参数。在接触设置上采用面面接触，并取摩擦因数为 0.6。荷载设置上除了设置模型自身的重力之外还需设置一个集中力 N 和一个横桥向的弯矩 M。

2. 基础与岩层影响范围分析

约束对斜坡稳定性的影响有助于减少地质灾害风险，如滑坡和坍塌。通过确定岩层对基础稳定性的影响范围，可以更有效地规划和设计支撑结构，确保斜坡的长期稳定性。此外，对岩层特性和基础约束的研究有助于优化施工过程，减少施工风险，并在施工中采取适当的预防措施。

采用 Abaqus 三维有限元软件进行对坡度为 20°、30°，基础埋深 11m、13m、15m 的不同基础埋深来研究基础与岩层的约束影响范围（图6）。

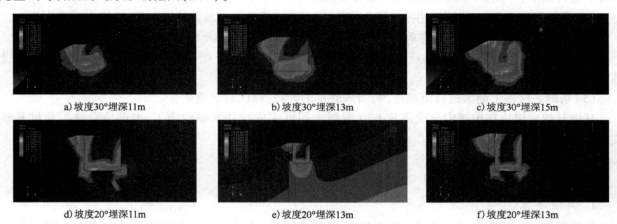

a) 坡度30°埋深11m　　　　b) 坡度30°埋深13m　　　　c) 坡度30°埋深15m

d) 坡度20°埋深11m　　　　e) 坡度20°埋深13m　　　　f) 坡度20°埋深13m

图6　在固定坡度不同基础埋深条件下等效塑性应变图

由图6可知，在同一坡度条件下，基础埋深越大，围岩受到的自重应力会增加，从而导致围岩的等效应变增加，等效塑性应变影响范围越大。根据基础埋深变化分析可知，基础埋深增加会导致基础与围岩接触面积增加，加大了围岩约束作用并且基础埋深增大会导致侧压力的增加，这会使围岩受到更大的侧向应力，从而增加围岩的等效应变。在承受竖向和弯矩荷载时，基础埋深增加，围岩对基础的支撑作用更强，从而更有效地限制基础的变形。同时，较深的基础埋深通常会导致基础受到更大的有效应力，从而增加基础的承载能力，这种承载能力的提高有助于减小基础受力后围岩的变形，使围岩等效应变范围变大，但围岩的等效应变值随着基础埋深的增加而逐渐减小。

在同一基础深度不同坡度下，随着坡度的增加围岩的等效塑性应变范围增加，由图6分析可知，随着坡度的增大，围岩受到的应力梯度会增加，即不同深度处承受的应力差异会变大。这可能导致围岩中产生更大范围的塑性变形。并且,坡度增加可能会使围岩中的应力状态发生变化,影响围岩的边坡稳定性,从而导致围岩的等效塑性应变范围增加。

由于基础埋深增加,会导致围岩对基础的支撑作用更强,导致基础底部围岩受到的应力增加,导致围岩的影响范围扩大。因此在目前所作的工况中,在同一坡度下,围岩的无效应力范围与基础埋深之比分约为8∶11、5∶13、3.5∶15,由于无效应力区域会导致岩石发生塑性破坏导致承载性能大幅降低,因此在无效区域内应设置围岩支护。

3. 基础围岩稳定性分析

围岩是结构或地基周围的自然地质体,其稳定性状况直接影响着结构或地基的受力情况。通过对围岩的分析,可以评估围岩对结构或地基的支撑条件和约束能力,为结构设计和施工提供重要参考。本小节通过围岩的应力分布来对基础的嵌固稳定性来进行研究。主要对坡度为20°和30°的不同基础埋深为11m、13m、15m六种工况围岩应力云图进行分析(图7、图8)。

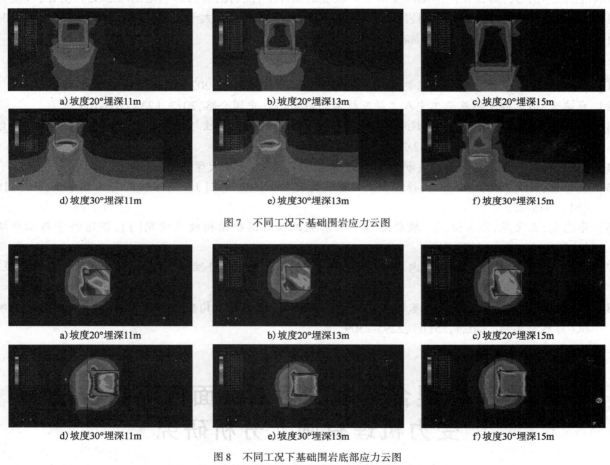

图7 不同工况下基础围岩应力云图

图8 不同工况下基础围岩底部应力云图

由图7和图8可知,在坡度固定的情况下随着基础埋深的增加,基础下部应力集中区域逐渐减小,围岩与基础的接触面积增大,导致围岩对基础的约束作用增强,这种约束作用可以有效地分散和传递竖向荷载和弯矩荷载,减少在围岩底部的应力集中。而在对比相同深度不同坡度的条件下,增加坡度明显会导致应力集中加剧,且在坡度增加时,迎坡面的应力分布明显增大。通过从坡度增大角度来进行分析,随着坡度的增大,斜坡的自重和外部荷载会呈现更大的横向分量,导致围岩底部受到更大的横向压力,使围岩底部的应力分布增大。

随着基础埋深的增加,基础底部围岩的应力分布趋于均匀,且应力峰值也在逐渐减小,荷载作用在土体上的面积也会增加,从而减轻了底部围岩所承受的应力。同时,随着基础埋深的增加,侧摩阻力的分布模式会发生变化。较深的埋深会使侧摩阻力分布更加均匀,减少了桩底围岩附近的应力集中。而且,较大的埋深意味着荷载在更广泛的范围内分布,减少了底部围岩的应力集中。还有,在基础埋深固定的情况下,坡度越大,基础底部围岩的应力也就越大。随着坡度的增加,会导致土体在基础侧面产生更大的侧压力,这些侧压力会对基础底部围岩产生额外的应力,使岩的应力增大。并且,较大的坡度会增加基础底部围岩受到的荷载,导致应力集中在较小的区域内。这种应力集中会使围岩承受更大的应力,从而增加基础底部围岩的应力。

四、结　语

（1）随着基础埋深的增加,围岩的等效应变范围增加,但无效应力区域会随埋深的增加而减小。随着坡度的增加,围岩受到的应力梯度会增加,等效塑性应变范围增加。

（2）观察在相同坡度而不同基础埋深条件下,围岩顶部的应力集中区域大小大致相同,且围岩应力影响范围变化不大,对比相同基础深度而不同坡度的条件下,围岩的应力影响范围增加更为明显,且应力集中区域更为明显。因此,对于围岩的应力变化来说,坡度的影响要大于基础埋深的影响;坡度大施工时须采取必要支护,因为坡度越大,围岩稳定性越低。

参考文献

[1] 王林.山区高速公路桥梁桩基施工技术研究[J].工程技术研究,2022,7(2):80-83.
[2] 卢瑞峰.山区桥梁桩基施工中人工挖孔技术的应用[J].中国公路,2022,(23):108-109.
[3] 林宇亮,程勇,刘玮,等.深基坑桩-撑-土组合支护结构的受力特性与优化设计[J].中南大学学报(自然科学版),2024,55(6):2162-2174.
[4] 尚绍茜.排桩在山区深基坑支护中的受力研究[D].西安:长安大学,2015.
[5] 窦锦钟,孙旻,韩磊.桩-土-斜撑组合支护基坑失稳破坏机理研究[J].地下空间与工程学报,2022,18(S1):448-457.
[6] 李志成,王飞龙,张雪松,等.软弱地基下深基坑工程的围护结构效应研究[J].铁道科学与工程学报,2016,13(9):1737-1742.
[7] 冷伍明,姚康,门小雄,等.考虑工程桩效应的滨海深基坑变形特性分析[J].铁道科学与工程学报,2023,20(4):1347-1358.
[8] 闫楠,郝增明,白晓宇,等.深基坑双排微型桩-锚-撑组合支护结构受力与变形特性[J].中南大学学报(自然科学版),2024,55(6):2295-2309.

48. 大跨径混合梁刚构桥斜截面钢混结合段受力机理有限元分析研究

韦志翔[1]　何有泉[2]　吴业能[1]　丁然[2]　王琛[2]
(1.广西乐浦高速公路有限公司;2.清华大学)

摘　要　以主跨380m的世界最大规模混合梁刚构桥——桂江特大桥为例,研究了采用新型大尺度斜截面构造的钢混结合段受力特性和传力机理。采用Abaqus通用有限元软件开展精细化数值建模分析。分析结果表明,钢混结合段整体设计安全,设计荷载下钢箱梁的主应力基本低于200MPa,混凝土压应力低于抗压强度设计值,结合段采用的预应力钢束可以有效保障钢梁在混凝土中的可靠锚固并避免混凝土压溃,钢箱梁的隔板是将钢箱梁的剪力传递给混凝土箱梁的主要构造。

关键词　斜截面　钢混结合段　数值模拟　混合梁刚构桥　受力机理

一、引 言

大跨径桥梁的建设对于促进区域经济发展、改善交通状况具有重要意义,当前开展大跨桥梁建设技术研究在我国城镇化进程中越来越关键。传统单一材料的桥梁结构形式往往难以同时满足大跨径、轻量化和经济性的要求,而钢-混凝土混合梁桥充分利用了两种材料的优势,既保证了结构的强度和刚度,又提高了结构的整体稳定性,在大跨径刚构桥的建设中发挥重要的作用[1-2]。

目前国内外已有多座大跨桥梁采用了钢-混凝土混合梁结构形式。主跨580m的舟山桃夭门大桥使用钢箱梁-混凝土箱梁混合的斜拉桥桥面系,结合段传力合理安全[3]。主跨为926m的鄂东长江大桥同样采用混合梁斜拉桥的结构形式,采用"钢格室+开孔板连接件"的结合段结构形式,确保钢箱梁和混凝土箱梁传力路径和刚度过渡合理。对混合梁而言,钢混结合段是需要重点研究的关键区域[4]。Zhang等针对无钢格室的结合段开展缩尺模型试验和精细有限元研究,验证了结合段的荷载传力路径合理[5]。Shangguan等针对采用混合梁刚构的安海湾大桥,通过缩尺试验,验证了有格室结合段承载能力主要取决于钢箱梁的强度[6]。针对有格室前后承压板的钢混结合段构造,肖林等基于试验验证采用PBL剪力键连接时,钢和混凝土相对滑移量较小,协同受力性能良好[7]。

目前大多钢混结合段交界面采用垂直截面的形式,还未有针对倾斜截面受力特性开展的研究。本文针对桂江特大桥斜截面钢混结合段,开展有限元受力分析研究。介绍了桂江特大桥的结构特点和基本建模参数,并给出了结合段加载工况设置,包括静力荷载与预应力荷载。基于有限元模型计算结果,分析了钢箱梁、混凝土箱梁及交界面承压板的受力特性,阐明了斜截面钢混结合段的受力机理,说明了结合段总体设计的合理可靠。

二、桥梁结构与建模参数

1. 桥梁结构

桂江特大桥位于平乐县小横汀桂江之上,是巴江口水电站库区的跨江通道,对当地经济发展具有重要意义。大桥采用钢-混凝土混合梁连续刚构的结构形式,跨径设置为80m+380m+80m,边跨采用C55预应力混凝土箱梁,中跨采用Q420钢箱梁。钢混结合段长9.8m,钢混交界面在中跨距离主墩中心7m位置,是目前世界上主跨跨径最大、结合段规模最大的混合梁连续刚构桥。

如图1所示,钢混结合段位于负弯矩最大处,采用有格室的后承压板结构形式,在顶板和底板的钢格室内部设置PBL剪力键和剪力钉,确保钢和混凝土的有效连接。同时,在结合段混凝土箱梁部位,设置多根结合段预应力钢束,保证交界面的有效结合。在交界面腹板位置,采用了新型斜截面形式,利用钢箱梁自身的重力提供界面结合力并提高结合段抗剪能力,可以使结合段界面结合更加牢固。为验证该新型结合段结构形式的有效性与安全性,本研究针对结合段部位进行有限元建模分析。

2. 建模参数

本节基于Abaqus通用有限元软件对钢混结合段部位进行精细化建模。钢箱梁建模部位为图1中所示的钢混结合段,全长7.8m,混凝土建模部位除钢混结合段外,还包括桥墩上的混凝土区段共6m,以准确模拟结合段的边界条件。结合段钢箱梁为变截面形式,在与混凝土的交界面处,箱梁高度为16.67m。

钢箱梁部分采用壳单元进行建模,设置密度$\rho=7850kg/m^3$,弹性模量$E=206GPa$,泊松比为0.3。混凝土部分采用实体单元进行建模,设置密度$\rho=2420kg/m^3$,弹性模量$E=35.5GPa$,泊松比为0.2。预应力钢束采用桁架单元模拟,设置密度$\rho=7850kg/m^3$,弹性模量$E=200GPa$,泊松比为0.3,热膨胀系数$\alpha=1.2\times10^{-5}/℃$。整体建模如图2所示。

在划分单元时,壳单元采用四边形单元划分,实体单元采用立方体单元划分,由于钢箱梁开孔部位和加劲肋部位几何形状复杂,可在局部加密单元或使用三角形单元进行划分。经网格划分,在钢箱梁部分共产生57223个网格单元,55119个节点;在混凝土部分共产生10336个网格单元,11900个节点;在预应力筋部分共产生1760个网格单元,1970个节点。

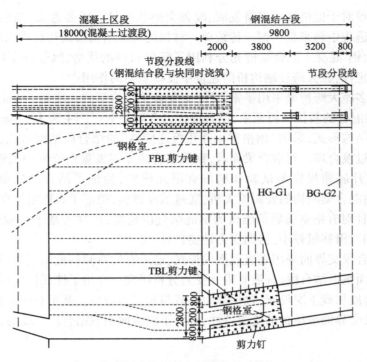

图1 桂江特大桥钢混结合段构造(尺寸单位:mm)

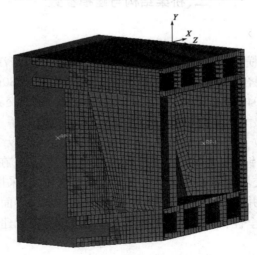

图2 桂江特大桥钢混结合段模型

考虑钢和混凝土间使用PBL和栓钉进行有效连接,研究表面在采用PBL的钢混结合段中[8],可认为钢和混凝土之间不产生界面滑移,因此可使用Embed方法将钢和混凝土进行嵌入连接。预应力钢束与混凝土之间也采用Embed方法进行嵌入连接,在钢箱梁的锚固端,设置预应力钢束端头与钢箱梁单元的Coupling约束。

三、加载工况设置

1. 边界条件模拟

根据圣维南原理,结合段外侧区域的应力分布对结合段受力情况影响很小,因此可单独对结合段模型进行分析,并通过合理模拟结合段边界条件来计算其在全桥中的受力特征。结合段共有3个断面的边界条件需要模拟,分别是钢箱梁的截断面,混凝土箱梁的截断面,混凝土箱梁与桥墩的连接断面。弹性条件下,在钢箱梁和混凝土箱梁的截断部位,为保证满足平截面假定,设置其相对中心点的 Coupling 耦合约束,如图3所示。在弹性计算情况下,可认为混凝土桥墩近似为刚性,因此设置混凝土箱梁与桥墩接触面为固定约束。

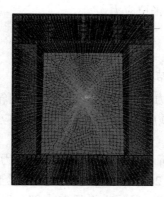 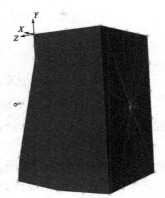

a) 钢箱梁端界面耦合约束　　　　b) 混凝土梁端界面耦合约束

图3　梁端截面耦合约束

2. 使用荷载工况

由于全桥几何尺度庞大,结构复杂,采用精细化有限元建模难以对全桥范围进行分析。为获取结合段钢箱梁截断面和混凝土截断面的等效荷载,可采用 midas Civil 软件对桥梁建立梁单元全桥有限元模型,获取关键截面内力。针对自重荷载、恒荷载、温度荷载、收缩徐变、移动荷载等工况分别计算后,根据《公路桥涵设计通用规范》(JTG D60—2015)[9],可使用荷载的基本组合,对桥梁在施工阶段和运营阶段承载力极限状态进行验算,基本组合反映了桥梁在承载力极限状态时所受的荷载状态。

荷载的基本组合计算公式为:

$$S_d = \sum_{j=1}^{m} \gamma_{G_j} S_{G_jk} + \gamma_{Q_1} \gamma_{L_1} S_{Q_1k} + \sum_{i=2}^{m} \gamma_{Q_i} \gamma_{L_i} \psi_{c_i} S_{Q_ik} \tag{1}$$

式中:γ_{G_j}——恒荷载分项系数;

S_{G_jk}——恒荷载作用标准值;

γ_{Q_i}——活荷载分项系数;

γ_{L_i}——活荷载根据使用年限的调整系数;

ψ_{c_i}——活荷载组合值系数;

S_{Q_ik}——活荷载作用标准值。

根据上述计算,在钢箱梁截断面和混凝土箱梁截断面所施加的荷载见表1,集中力和集中弯矩的方向如图4所示。

钢箱梁和混凝土箱梁截断面施加荷载值　　　　表1

截断面	F_x(kN)	F_y(kN)	F_z(kN)	M_x(kN·m)	M_y(kN·m)	M_z(kN·m)
钢箱梁	−37369.0	−5273.7	−58888.2	−17481.6	−3951261.9	−234217.7
混凝土箱梁	−4307.9	−2997.3	20954.8	−16826.5	−4137667.9	−103459.8

3. 预应力荷载工况

结合段的顶板布置134根15-16钢束,底板布置48根15-9钢束,腹板布置29根40Cr钢棒,张拉应力均为1395MPa。Abaqus 中预应力荷载的施加可采用降温法模拟,给定荷载步降低的温度,温降使预应力钢束产生收缩变形,由于周围混凝土的约束使钢束产生张拉力。预应力钢束的温降值计算公式为:

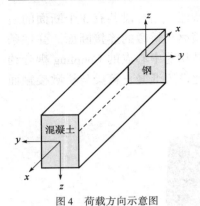

图4 荷载方向示意图

$$\Delta T = \sigma / E\alpha \tag{2}$$

式中：σ——张拉的预应力；
E——钢束的弹性模量；
α——钢束的热膨胀系数。

计算可得，设置初始分析步温度为20℃，施加荷载步温度为-576℃，即可施加1395MPa的张拉应力。

四、有限元分析结果

1. 预应力工况结果分析

为避免施加预应力后局部应力过大造成钢箱梁局部屈服和混凝土压溃，需对施加预应力后结合段应力状态进行分析。预应力工况荷载共包括预应力和自重荷载两部分，采用弹性方法计算。

施加预应力后，混凝土箱梁整体应力云图如图5所示。混凝土在顶部预应力锚固区域产生压应力，最大压应力为23.49MPa，低于混凝土抗压强度设计值24.4MPa。其余部位混凝土在预应力和自重荷载下，大部分区域最大主拉应力低于5MPa。施加预应力后，混凝土纵桥向大部分区域均产生了压应力，证明预应力对钢和混凝土的结合形成了有效的锚固。

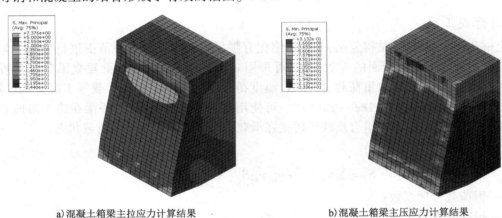

a) 混凝土箱梁主拉应力计算结果　　　　b) 混凝土箱梁主压应力计算结果

图5 预应力工况下混凝土箱梁应力云图

施加预应力后，钢箱梁部分整体应力云图如图6所示。钢箱梁主应力集中在承压板与顶板、底板、腹板连接的部位和承压板的预应力锚固部位。部分锚固部位的网格由于应力集中，最大应力大于200MPa。钢箱梁除顶板部分预应力锚固区域网格产生应力集中现象外，其余各部分均处于低应力状态，在顶板与承压板的连接部位，钢结构Mises应力约为100MPa。

2. 设计荷载工况计算结果

在设计荷载工况下，结合段除施加预应力与自重荷载外，还需在混凝土界面和钢箱梁界面施加等效内力，见表1。施加设计荷载后计算结果如下：

混凝土箱梁应力云图如图7所示。混凝土结构绝大部分区域主拉应力低于5MPa。绝大部分区域混凝土压应力低于设计值24.4MPa，预应力锚固区域出现较大压应力，相对安全。主拉应力和主压应力最大的区域出现在混凝土箱梁与桥墩支座的连接部位，这里将其直接设置为固定约束，因此可能产生应力集中。在实际结构中，考虑桥墩和支座并非完全刚性约束，因此一般不会出现过大的应力。

钢箱梁部分应力云图如图8所示，除部分应力集中点和底部腹板外，其余部分主应力和Mises应力均低于200MPa。应力集中点主要位于钢梁与混凝土交界界面处，此处模型界面较为复杂，网格划分困难，极易产生应力集中的状况。在实际结构中，考虑到钢和混凝土之间传力形式更加多样，因此钢箱梁连接部位应力集中应相对有限元结果有所缓解。总体上,钢箱梁部分各板件Mises应力分布在50～100MPa之间,处于低应力状态,预留了较大的安全系数。

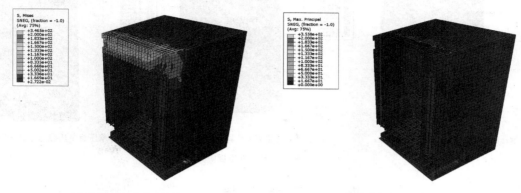

a) 钢箱梁Mises应力计算结果　　　　b) 钢箱梁最大主应力计算结果

图6　预应力工况下钢箱梁应力云图

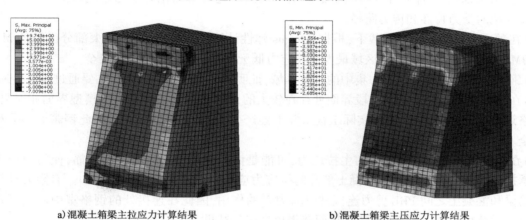

a) 混凝土箱梁主拉应力计算结果　　　　b) 混凝土箱梁主压应力计算结果

图7　设计荷载工况下混凝土箱梁应力云图

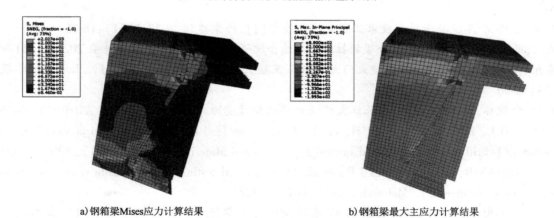

a) 钢箱梁Mises应力计算结果　　　　b) 钢箱梁最大主应力计算结果

图8　设计荷载工况下钢箱梁应力云图

3. 承压板受力分析

钢箱梁和混凝土箱梁交界面的承压板是保证钢和混凝土两种材料紧密贴合,能够协同工作的关键构造。在设计荷载下,承压板部分应力云图如图9所示。钢箱梁顶部和底部的承压板大部分区域的Mises应力、主应力均低于200MPa,其中隔板与承压板连接的部分部位由于网格划分较不规则,出现了局部应力集中的现象。腹板部位承压板整体处于低应力状态,大部分区域应力在15MPa左右。隔板周围的区域是应力主要集中的区域,证明混凝土箱梁通过隔板向承压板传递剪力,进而传递到钢箱梁。

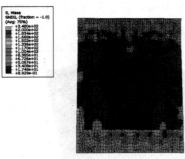

a) 承压板Mises应力计算结果　　　　b) 承压板主拉应力计算结果　　　　c) 承压板主压应力计算结果

图9　设计荷载工况下承压板应力云图

五、结　　语

本文使用 Abaqus 软件对桂江特大桥钢混结合段区域进行精细化有限元建模和弹性计算分析,明确了结合段区域的受力特性和传力路径。

(1)在预应力荷载和设计荷载下,根据 Abaqus 弹性计算模拟结果,钢箱梁大部分区域的 Mises 应力低于 200MPa,混凝土结构大部分区域最大主拉应力低于 5MPa,结构总体设计安全。

(2)钢隔板附近的箱梁是应力集中的主要区域,证明混凝土和钢箱梁之间主要通过隔板传递剪力。

(3)在钢箱梁与混凝土的结合段界面处存在较大的 Mises 应力,可能是由于模型界面相对复杂,出现病态网格划分而产生应力集中,在实际工程中并不会产生类似应力集中现象,因此钢箱梁部分计算结果相对安全。

(4)在混凝土桥墩处存在较大的主拉应力,可能是由于模型中未建立普通钢筋,使得拉应力全部由混凝土承担。因此,实际施工中,混凝土部分的拉应力应小于模型计算中的拉应力。有限元计算中并未考虑钢箱梁和混凝土之间 PBL 剪力连接件及剪力钉的作用,因此在连接处的钢格室中可能存在应力失真的情况。后续可考虑一定耦合深度,从而获得更准确的结果。

参考文献

[1] 刘明虎.桥梁钢-混凝土结合技术工程实践与展望[J].桥梁建设,2022,52(1):18-25.

[2] 施洲,顾家昌,周勇聪.铁路混合梁斜拉桥钢混结合段研究综述[J].中国铁道科学,2022,43(2):48-59.

[3] 陈开利,王戒躁,安群慧.舟山桃夭门大桥钢与混凝土结合段模型试验研究[J].土木工程学报,2006(3):86-90.

[4] 刘荣,余俊林,刘玉擎,等.鄂东长江大桥混合梁结合段受力分析[J].桥梁建设,2010(3):33-35,62.

[5] ZHANG D L, BAO Y W, GAO J H, et al. Research on load transfer mechanism of steel-concrete joint section of hybrid beam cable-stayed bridge[J]. Advanced Materials Research, 2013, 639: 216-219.

[6] SHANGGUAN B, SU Q, CASAS J R, et al. Modeling and testing of a composite steel-concrete joint for hybrid girder bridges[J]. Materials, 2023, 16(8): 3265.

[7] 肖林,叶华文,卫星,等.斜拉桥桥塔钢-混结合段的力学行为和传力机理研究[J].土木工程学报,2014,47(3):88-96.

[8] 肖林.钢—混组合结构中 PBL 剪力键的静力及疲劳性能研究[D].成都:西南交通大学,2012.

[9] 中华人民共和国交通运输部.公路桥涵设计通用规范:JTG D60—2015[S].北京:人民交通出版社股份有限公司,2015.

49. 基于霍夫变换的大跨径销接式悬索桥吊索绕销轴转动角度自动测量方法

许 翔 钟汶哲 黄 侨

(东南大学交通学院)

摘 要 对于销接式索夹,加劲梁纵飘和吊索振动会引起吊索绕销轴转动,并导致悬索桥病害,如销轴磨损和索夹螺栓松弛。为了研究这些病害的原理,需要阐明吊索绕销轴转动的特征,因此,本文提出了一种吊索绕销轴转角自动测量方法。首先,提出了灰度化、滤波去噪和边缘化等预处理步骤。然后,基于霍夫变换进行直线识别。最后,提出多直线干扰下角度计算方法进行转角计算。通过实验室和实桥实验验证了该算法的有效性,误差中位数分别为 0.22°和 0.08°。

关键词 悬索桥 吊索转动 销轴 霍夫变换 转角测量

一、引 言

悬索桥由于其卓越的跨越能力,往往位于现代综合交通网络中的咽喉部位。但是,随着大跨径悬索桥数量的增多以及服役时间的增长,悬索桥特有病害也逐渐出现。研究表明,销轴磨损加剧了应力集中现象,有导致销轴断裂的潜在风险。例如,江阴长江公路大桥因销轴磨损严重,对其短吊索进行了整体更换[1]。吊索绕销轴转动会给紧固索夹的高强度螺栓施加一个循环变化的横向荷载,在循环横向荷载作用下会引起螺栓松弛[2]。例如,2019 年泰州大桥索夹螺栓平均预紧力损失高达 35%。因此,吊索绕销轴转动的特征对病害研究具有重大意义。

若需获得吊索绕销轴转动特征,则亟须一种吊索绕销轴转角自动测量方法。目前能够实现对角度自动测量的方法主要包含基于霍夫变换的方法、基于数字图像相关(Digital Image Correlation, DIC)的方法和基于深度学习的方法[3-5]。考虑到基于 DIC 和深度学习的方法虽有较高精度,但预处理过程较为烦琐,不适用于实桥工程测量,因此本文选择基于霍夫变换的方法进行角度测量。

二、转角测量方法

本文将悬索桥吊索绕销轴转角自动测量算法分为标记方法、预处理方法和角度测量核心算法,并分别对其进行介绍。

1. 标记方法

首先,考虑到在运营状态下桥梁现场采集图像数据时空间受限,本文采用局部拍摄下部销轴和耳板上标记线的方式,对吊索绕销轴的转角进行测量,如图 1 所示。在吊索振动和加劲梁纵飘等因素的影响下,吊索会绕销轴发生转动,此时两条标记线的夹角即为吊索绕销轴转角。然后,在标记线粘贴于指定位置后,必须保证其粘贴的稳定性及边缘平整度,避免对直线识别造成不利影响。因此,本文选用硬质磁条粘贴于销轴和耳板上,以能够满足上述要求。最后,为了使标记线和背景在预处理中得到更好的对比效果,本文将选择颜色与销轴和耳板呈反色的磁条进行标记,即处在色轮相对位置的一组颜色,如深蓝色与黄色。

2. 预处理方法

预处理的目的是将视频抽帧后的原图像转化为能够突出标记

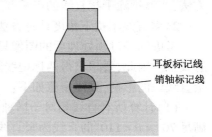

图 1 拍摄部位及标记线示意图

线轮廓的黑白图像,其基本步骤包括:图像灰度化、滤波去噪、标准二值化和图像边缘化。

1)图像灰度化

彩色图像的每一个像素都包含三个元素信息。在数字图像处理中,表现为一个 $m \times n \times 3$ 的三维矩阵,信息量与数据处理量非常庞大。灰度图像是将3个通道的彩色图像转换成符合人眼视觉的单通道图像,能用最基本的信息表示原图像,大幅减小了数据处理量。

在彩色图像中,每一个像素点包含 Red、Green、Blue(R、G、B)三个像素值。图像灰度化是指通过一定的方式计算出一个灰度值 Gray,使 Gray = R = G = B 时,该像素点会根据 Gray 的值显示出不同程度的灰色。目前最主流的灰度值计算方法有最大值法、平均值法、加权平均值法和自定义单通道法[6]。为了使标记线和背景有更强的对比,本文选择使用自定义单通道法进行灰度值计算,并根据标记线和背景的颜色选择合适的通道,其公式表示为:

$$Gray = R \text{ or } Gray = G \text{ or } Gray = B \tag{1}$$

2)滤波去噪

在视频拍摄和抽帧过程中,由于成像环境和设备自身的不稳定性,导致图像中含有多种类型的噪声。其中,椒盐噪声在图像中表现为随机出现的颜色突变的像素点,在上述灰度化的过程中无法消除其影响,易对标记线的边缘识别造成较大的影响。目前,对图像进行滤波去噪的常用方法有均值滤波法、中值滤波法和高斯滤波法[7]。本文选择邻域为 3×3 的中值滤波法进行去噪,其计算方法也是先在区域内选择一个自定义大小和形状的邻域,通过寻找该邻域内所有像素灰度值的中位数值,并将其赋值给中心像素格。

3)标准二值化

图像的二值化是图像分割的一种方法,可以把灰度图像转换成二值图像,即图像矩阵中只有1和0的黑白图像。为了方便后续的图像处理,对标准二值化作出定义:不论原图像的颜色组合,不论灰度化后标记线为深色区域或浅色区域,标准二值化后的图像标记线区域为黑色,其余区域为白色,允许少量黑色杂点存在。

4)图像边缘化

为了方便后续对标记线边缘的直线进行识别,需要先对标准二值化图像的边缘线进行识别和绘制。边缘即图像中前景与背景之间的分割界线,这些分割界线是由一系列的像素点构成的,其领域内的颜色灰度存在阶跃变化。本文使用 Canny 算子对图像进行边缘检测,是一种能将图像平滑、边缘增强和检测相结合的算子[8]。

3. 角度测量核心算法

该算法将基于数字图像预处理的结果,采用霍夫变换算法对预处理后的图像进行直线识别与标记,提出多直线干扰下的角度计算方法,对标记线间的夹角进行计算。

1)基于霍夫变换的直线识别

霍夫变换是一个特征提取技术,其最基本的功能是在黑白图像中检测直线。本文使用霍夫变换对预处理完成后的边缘化图像进行直线识别,但存在两种类型的干扰直线会影响后续角度的计算,分别为标记线上识别到的短直线和标记线外预处理阶段未消除的冗余边缘所识别到的直线。因此,需要提出一种方法,能够排除干扰直线的影响并完成标记线夹角的计算。

2)多直线干扰下角度计算方法

考虑到经过预处理后的图像只会存留少量冗余边缘线,经霍夫变换后的长直线一定位于标记线的轮廓线上。因此,要想求得两标记线间的夹角,仅需要将位于两标记线上的长直线识别并标记,即可排除冗余直线段的影响,具体步骤如下:

(1)计算所有直线相对于横轴的夹角 θ,其中,$0 \leqslant \theta \leqslant 180°$,定义位于纵向标记边缘且与横轴的夹角满足 $70° < \theta < 110°$ 的直线为竖直线,定义位于横向标记边缘且与横轴的夹角满足 $0 \leqslant \theta \leqslant 20°$ 或 $160° \leqslant \theta \leqslant 180°$ 的直线为横直线。

(2)计算所有横直线、竖直线的长度,筛选出最长的横直线与竖直线,并标记为第一颜色,接着筛选出第二长的横直线与竖直线,标记为第二颜色,然后,获取标记第一颜色和第二颜色的所有横直线和竖直线的端点坐标,计算其与横轴之间的夹角。

(3)取第一颜色和第二颜色的横直线的夹角的平均值记为横标记线与横轴之间的夹角 α,取第一颜色和第二颜色的纵直线的夹角的平均值记为纵标记线与纵轴之间的夹角 β,则位于横向标记和纵向标记边缘的长直线之间的夹角为 $\varphi = \beta - \alpha$。

三、测量方法有效性验证

本文基于上述开发的数字图像角度测量的算法,分别从实验室和实桥入手,进行相关验证,对算法的测量方法和参数进行优化,并进行有效性的验证。

1. 基于模型实验的有效性验证

1)模型制作

为更加真实地进行实验室模拟实验,本文将采用"索夹-销轴-吊索"组装的缩尺模型进行研究。一方面,缩尺模型可以最大程度上模拟桥梁构件的形状、比例等外形特征;另一方面,组装模型拥有一定的自由度,包括拆卸更换的销轴和可绕销轴转动的吊索,可以模拟吊索绕销轴转动这一现象。考虑到缩尺模型形状不规则,本文选择使用3D打印的方式进行模型的制作。

根据实际桥梁的设计图纸,对"索夹-销轴-吊索"的3D缩尺模型进行了建模,但考虑到吊索本固定在悬挂主缆上,而模型仅有部分主缆,于是构建了支架以固定该模型。其中,支架的制作选择了强度较高的铝合金材料,吊索、主缆等结构的制作选择了成本更低的树脂材料。建模和实物如图2所示。

 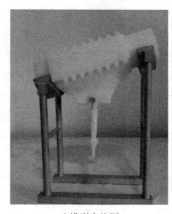

a) 3D建模示意图　　　　b) 模型实物图

图2　缩尺模型3D建模示意图与实物图

2)方法与参数优化

在最初的实验中,标记线的制作是由黑色墨水笔于树脂表面绘制而成,在肉眼观测维度下是两条直线,但肉眼维度绘制的直线由于墨水的扩散导致在像素维度中标记线的宽度不一,甚至会出现标记线断裂的现象。这使得识别出的短直线的角度具有随机性,从而无法准确计算两标记线的夹角。考虑到硬卡纸边缘平整,且易于粘贴,适于作为模型标记线使用,类似地,在实桥实验中所使用的硬质磁条也满足边缘平整和易于粘贴的特点。在更换标记方法后,解决了像素层面上标记线宽度不一和断裂的情况,识别效果如图3所示。

然后,本文将为模型实验中抽帧的图像添加椒盐噪声,选取效果最佳的滤波去噪的方法和对应参数。通过使用不同邻域的均值滤波、中值滤波和不同均值的高斯滤波,对图像进行了去噪和效果评估,其中去噪图和原图间的均方差(Mean Squared Error, MSE)值越小,去噪效果越好,效果见表1。结果表明,采用邻域为 3×3 的中值滤波能够达到最佳的滤波效果。

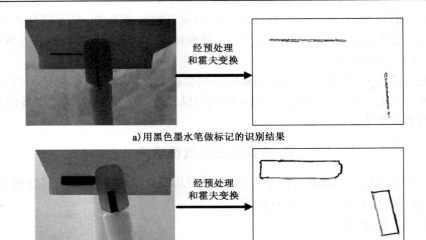

a) 用黑色墨水笔做标记的识别结果

b) 用硬卡纸做标记的识别结果

图 3 标记方法优化前后识别效果图

各去噪方法及参数的 MSE 值　　　　表 1

去噪方法	邻域:3×3	邻域:5×5	均值:2	均值:3
均值滤波法	125.5	67.1	—	—
中值滤波法	1.2	1.6	—	—
高斯滤波法	—	—	33.1	24.9

3) 有效性验证

在完成上述基于实验的标记线制作方法和参数优化后,使用模型和算法进行完整的实验,并通过实验结果检验该算法的有效性。实验步骤如下:①将手机固定于支架,调整角度使其能够正视拍摄模型。开始拍摄后,用手指带动吊索,使其周期性地绕销轴转动,其间可手动调节转动速率和幅值,完成 30s 的视频拍摄。②对视频进行自动抽帧和运算,抽帧频率为每秒 2 张,算法将会对每张图像进行直线识别、绘制和转角计算。③本文 CAD,采用对标记线边缘描线测夹角的方法,随机抽取 20 张图像进行角度的人工测量,并定义为角度的真实值。误差分析结果如图 4 所示,误差中位数为 0.22°,误差满足测量需求,验证了算法的有效性。

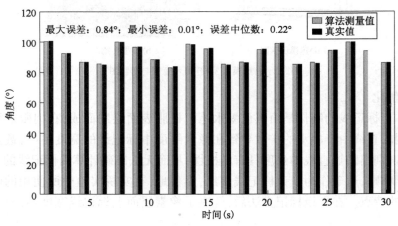

图 4 实验室验证误差分析图

2. 基于实桥试验的有效性验证

为了进一步验证该算法的有效性,本文将从实桥入手,通过实桥试验的方式进行验证。考虑到江阴大桥短吊索存在销轴磨损的问题,选择销轴下部有锈迹的吊索进行视频采集和转角测量。类似地,本文同样随机抽取了20个图像进行误差分析,结果如图5所示,误差中位数为0.08°,误差满足测量需求,验证了算法的有效性。

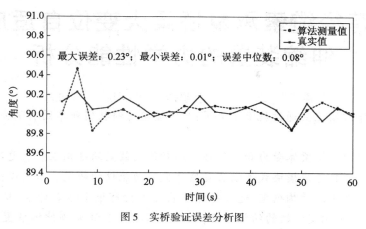

图5 实桥验证误差分析图

四、结　语

本文提出了一种基于数字图像处理的大跨径销接式悬索桥吊索绕销轴转动自动测量方法,包括标准化的图像预处理流程和角度测量的核心算法。通过3D缩尺模型,进行了算法参数优化与测量方法有效性的实验室验证;并前往江阴长江公路大桥进行实桥测量,以进行测量方法有效性的实桥验证。结果表明,实验室验证中误差中位数为0.22°,实桥验证中误差中位数为0.08°,且转角变化趋势与真实值相同,认为均满足测量需求。其中,由于缩尺模型尺寸较小,使用同样像素的手机拍摄需要调整焦距,导致在实验室验证中图像的总像素更低,误差相较于实桥试验整体偏大。

目前本文仅进行了时间较短的视频采集,未来考虑进行更长时间的测量,以研究吊索绕销轴的转动特性。

参考文献

[1] WANG S, GUO T, ZHANG Z, et al. Investigation of multiple damage mechanisms in pin rods of short suspenders on a long-span suspension bridge[J]. Journal of Bridge Engineering, 2022, 27(5):04022027.

[2] HASHIMURA S, SOCIE D F. A study of loosening and fatigue of bolted joints under transverse vibration [J]. SAE transactions, 2005, 72(716):1297-1304.

[3] 孙凤杰,郭凤顺,范杰清,等.基于图像处理技术的表盘指针角度识别研究[J].中国电机工程学报, 2005. 25(16):73-78.

[4] 刘恒彪,周亚杰,王昌灵.双波长数字散斑相关法表面粗糙度测量[J].光学学报,2011,31(4):133-139.

[5] 丁秀清,周斌,胡波.基于改进Yolo v8s-seg的船舶旋转角度检测方法[J].中南民族大学学报(自然科学版),2024.43(02):209-216.

[6] 杜皓.基于视觉对比度的彩色图像与视频灰度化方法[D].上海:上海交通大学,2016.

[7] 王浩宇,杨海涛,王晋宇,等.遥感图像去噪方法研究综述[J].计算机工程与应用,2024,60(15):55-65.

[8] 赵安才,周强.基于改进Canny算法的实时边缘检测系统设计与硬件实现[J].电子设计工程,2018, 26(7):189-193.

50. 超大跨径缆索承重桥梁大变位自适应模块式伸缩装置的力学性能分析

吕建华[1]　王　博[1]　李学锋[1]　徐　速[2]　王均义[2]

(1. 宁波路宝交通设施有限公司；2. 宁波路宝科技实业集团有限公司)

摘　要　超大跨径悬索桥梁体受力和变位特征均对伸缩装置的结构性能有更高的要求，需要对超大跨径缆索承重桥梁大变位自适应模块式伸缩装置展开更多功能性的研究。本文以张靖皋长江大桥为例，建立了两种不同受力工况下的结构模型，通过对伸缩装置进行有限元仿真计算，验证了不同工况下伸缩装置跨缝板、固定板以及多向变位铰的结构强度，从而为张靖皋长江大桥伸缩装置的结构设计优化提供技术支撑。有限元仿真计算结果表明：桥梁伸缩装置在静载的情况下，考虑到车辆超载的问题，通过放大最不利位置的荷载来进行仿真模拟，桥梁伸缩装置的跨缝板、固定梳齿板以及多向变位铰的最大应力均小于材料的许用应力 345MPa，且最大变形量均满足 $f \leq l/600$ 的要求。

关键词　大变位自适应模块式桥梁伸缩装置　有限元仿真　力学性能分析　最不利位置

一、引　言

当前桥梁发展正向着跨径不断增大、桥型不断丰富、结构越来越轻型化的方向发展，各类长江大桥、黄河大桥、跨海大桥等大型桥梁不断兴建。悬索桥和斜拉桥已成为大跨径桥梁的主要结构形式，对桥梁伸缩缝提出了更多的要求，不仅要适应大位移量，而且要有横向和多向变位的功能。

张靖皋长江大桥南航道桥采用双塔两跨吊悬索桥方案，双向八车道设计，主梁宽度为 51.7m，跨径总长（梁跨）3017m，建成后将成为世界最大跨径桥梁，附属的伸缩装置也将成为世界最大位移量伸缩装置。因此，有必要对适用于多变环境的超大位移量桥梁伸缩装置进行力学性能分析，以此来保证超大位移量伸缩装置使用的可靠性和安全性。

二、有限元分析模型

桥梁伸缩装置的三维模型如图 1 所示。对桥梁伸缩装置的三维模型进行前处理，将不必要的螺栓等影响结果的零件删除。由于柔性固定梳齿板和固定路面之前为混凝土填充，两者是固定连接，为减少计算量，将固定路面简化，直接将路面删除，将梳齿板底部直接填充上混凝土模型。在跨缝板和固定梳齿板的重叠为 30cm、车辆处于跨缝板的中间位置时（铰接中心和跨缝板与混凝土接触的中间位置），桥梁伸缩装置上的受力最大，在跨缝板该位置上采用一个压力板来模拟轮胎接触跨缝板。模型简化如图 2 所示。

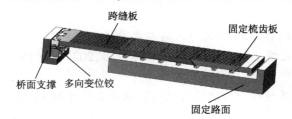

图 1　桥梁伸缩装置模型

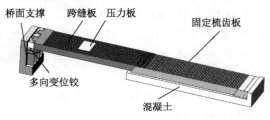

图 2　桥梁伸缩装置模型简化

三、材　料　参　数

桥梁伸缩装置有限元力学仿真分析中的材料选择依据实际使用的材料选取相应的材料参数，本文桥梁伸缩装置的跨缝板部分的材料为 Q355，Q355 材料参数见表1。固定梳齿板为组装件，在仿真时也同样采用 Q355 材料，混凝土模型材料的参数见表2。

Q355 材料参数表　　　　　　　　　　　　　　　　表1

项目	参数值	项目	参数值
钢材力学及物理性能	Q355 材料参数值	泊松比 γ	0.3
弹性模量 E(MPa)	210000	密度(kg/m³)	7850

混凝土参数　　　　　　　　　　　　　　　　　　表2

项目	参数值	项目	参数值
混凝土强度等级	C55	泊松比 γ	0.2
弹性模量 E(MPa)	35500	密度(kg/m³)	2551

四、网格划分

桥梁伸缩装置的有限元力学分析模型的几何模型构建完成后，下一步需进行材料属性的赋予和网格划分，如图3所示。对有限元模型进行网格划分，以15mm 为边长的正六面体进行划分。对混凝土进行50mm 的尺寸约束，对需要进行精确计算的跨缝板用8mm 的尺寸约束。

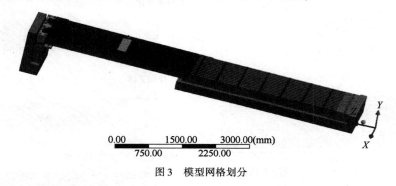

图3　模型网格划分

五、边界条件

《公路桥涵设计通用规范》(JTG D60—2015)中将汽车荷载分为公路Ⅰ级和公路Ⅱ级。汽车荷载由车道荷载和车辆荷载组成，车道荷载由均布荷载和集中荷载组成，桥梁结构的局部加载的计算应该采用车辆荷载。本文计算所采用车辆荷载为车载总重为550kN 的车辆荷载。车辆荷载立面、平面示意如图4所示。

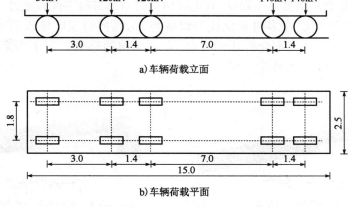

图4　车辆荷载立面、平面示意图(尺寸单位：m)

《公路桥涵设计通用规范》(JTG D60—2015)规定的550kN车辆荷载的主要技术指标见表3。

550kN车辆荷载主要技术指标 表3

项目	单位	技术指标	项目	单位	技术指标
车辆重力标准值	kN	550	轮距	m	1.8
前轴重力标准值	kN	30	前轮着地宽度及长度	m	0.3×0.2
中轴重力标准值	kN	2×120	中、后轮着地宽度及长度	m	0.6×0.2
后轴重力标准值	kN	2×140	车辆外形尺寸(长×宽)	m	15×2.5
轴距	m	3+1.4+7+1.4			

本次研究的是车辆在静载情况下的受力,在此条件下采用后轴重力标准2×140kN,则单组轮胎作用在有限元模型上的荷载为140/2=70kN。由于车辆的超载在所难免,因此采用安全系数2,用以应对超载等一系列事件,故单组轮胎的受力为2×70=140kN,轮胎的着地面积为$0.12m^2$(0.6m×0.2m)。桥梁伸缩装置在桥梁伸缩极限位置(跨缝板和固定梳齿板重叠30cm)最大,本次讨论的是在该种情况下的受力情况。

第一种工况:后单轴经过跨缝板中间,荷载加载在跨缝板的中部,如图5所示。

第二种工况:后双轴经过跨缝板,即间隔1.4m的后双轴都行驶在跨缝板上。在这种情况下分析三种轮胎位置的情况,荷载加载在轮胎位置处,具体如图6所示。

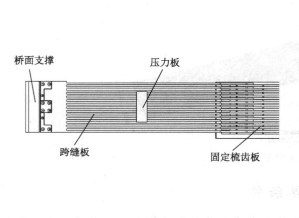

图5 工况一荷载示意图　　图6 工况二荷载示意图

两组轮胎对称布置在跨缝板中部,下文简称中间位置。

两组轮胎中前面一组布置于跨缝板中部,下文简称右边位置。

两组轮胎中后面一组布置于跨缝板中部,下文简称左边位置。

由于模型本身的重量会对仿真产生影响,在进行仿真时添加材料零件的重力。桥面和混凝土为固定端,因此将两者都添加固定约束,在多向变位铰与跨缝板、跨缝板与固定梳齿板的连接位置,连接方式采用不分离(No Separation),使之不允许法向移动,允许切向的移动。图7为第一工况边界条件示意图,图8～图10为第二工况边界条件示意图。

图7 第一工况边界条件示意　　图8 中间位置边界条件示意

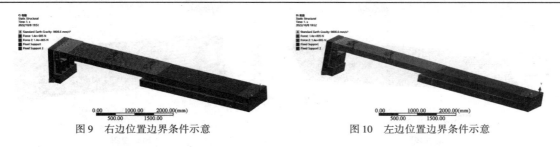

图9　右边位置边界条件示意　　　　　图10　左边位置边界条件示意

六、仿 真 计 算

1. 工况一条件下仿真计算

（1）跨缝板。

为研究跨缝板结构的强度和刚度，对跨缝板的仿真结果进行后处理，得到跨缝板的等效应力云图和整体形变云图，如图11、图12所示。

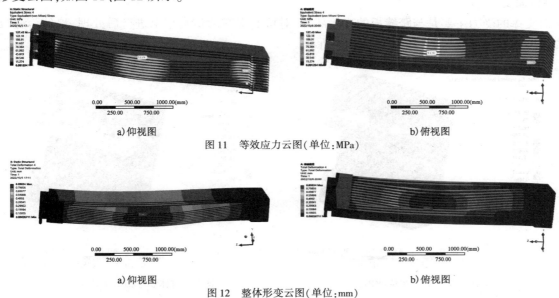

a)仰视图　　　　　　　　　　　　　b)俯视图

图11　等效应力云图（单位：MPa）

a)仰视图　　　　　　　　　　　　　b)俯视图

图12　整体形变云图（单位：mm）

如图11、图12所示，在荷载施加的位置上跨缝板的形变最大，模型呈现中间下沉样式，中间达到了0.89834mm，周围形变依次递减。这是由于跨缝板的结构与简支梁类似，在支撑点中间的位置下沉量最大。应力部分的结果同样如此，在荷载施加的位置，应力达到了约53.19MPa，周围应力值依次减小。但最大应力出现在跨缝板右端与混凝土模型接触处，这是因为跨缝板右端为梳板结构，与混凝土模型的接触面积较少，因此应力较大，最大应力为137.45MPa，小于材料的许用应力345MPa，满足强度要求。

（2）固定梳齿板。

固定梳齿板的受力，主要发生在与跨缝板直接相连的固定梳齿板的两者接触部位，对固定梳齿板的仿真结果进行后处理，得到跨缝板的等效应力云图和整体形变云图，如图13、图14所示。

a)仰视图　　　　　　　　　　　　　b)俯视图

图13　等效应力云图（单位：MPa）

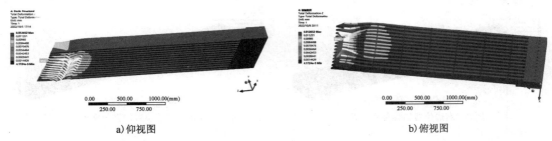

a) 仰视图　　　　　　　　　　　　　　b) 俯视图

图14　整体形变云图(单位：mm)

如图13、图14所示,固定梳齿板的最大应力和最大形变都发生在与跨缝板重叠的部位,右端没有直接接触的部位没有很大的应力形变发生。最大应力同样在下端与混凝土模型的接触处,最大应力为30.894MPa,最大形变发生在固定梳齿板的顶部,最大形变为0.012652mm。由于固定梳齿板离荷载的距离比较远且荷载不是直接加载到固定梳齿板上,因此相比于跨缝板,固定梳齿板的力和形变都要小很多。

(3)桥面支撑。

桥面支撑的受力主要是与跨缝板的连接部分,对桥面支撑的仿真结果进行后处理,得到跨缝板的等效应力云图和整体形变云图,如图15、图16所示。

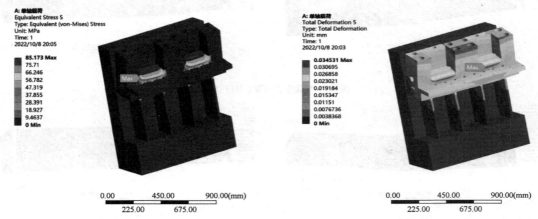

图15　应力云图(单位：MPa)　　　　　　图16　整体形变云图(单位：mm)

如图15、图16所示,桥面支撑的最大应力和形变均发生在与跨缝板接触的部分,在荷载的作用下跨缝板下沉,跨缝板与桥面支撑接触,产生应力形变,最大应力为85.173MPa,最大形变为0.034531mm。由于荷载不是加载到桥面支撑,因此相比于跨缝板,桥面支撑的应力和形变要小。

2.工况二条件下仿真计算

1)中间位置

(1)跨缝板。

如图17、图18所示,跨缝板在两组轮胎对称布置在跨缝板中部的情况下,最大应力的位置发生在与混凝土模型接触处,最大应力为222.39MPa,最大形变发生在跨缝板的中间位置,最大形变为1.2482mm。

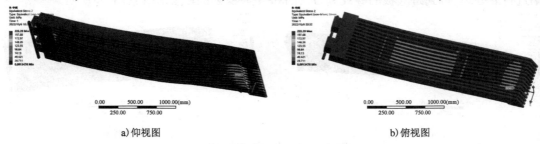

a) 仰视图　　　　　　　　　　　　　　b) 俯视图

图17　等效应力云图(单位：MPa)

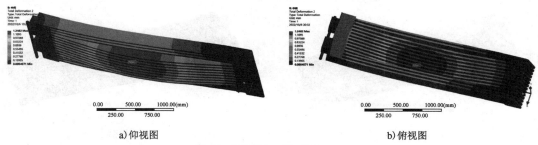

a) 仰视图 　　　　　　b) 俯视图

图 18　整体形变云图(单位:mm)

(2)固定梳齿板。

如图 19、图 20 所示,固定梳齿板的最大应力和最大形变都发生在与跨缝板重叠的部位,最大应力为 51.658MPa,最大形变为 0.02268mm。

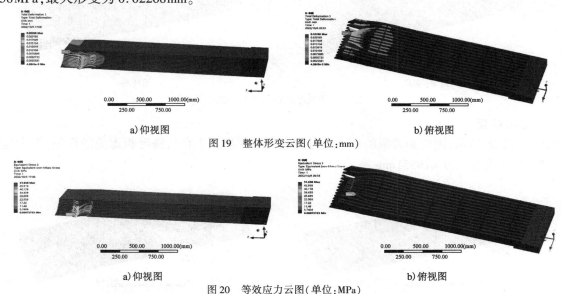

a) 仰视图 　　　　　　b) 俯视图

图 19　整体形变云图(单位:mm)

a) 仰视图 　　　　　　b) 俯视图

图 20　等效应力云图(单位:MPa)

(3)桥面支撑。

如图 21、图 22 所示,桥面支撑的最大应力和最大形变均发生在与跨缝板接触的部分,最大应力为 188.96MPa,最大形变为 0.044511mm。

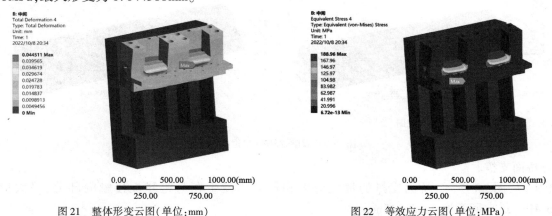

图 21　整体形变云图(单位:mm)　　　图 22　等效应力云图(单位:MPa)

2)右边位置

(1)跨缝板。

如图 23、图 24 所示,跨缝板在两组轮胎对称布置在跨缝板中部的情况下,最大应力的位置发生在与混凝土模型接触处,最大应力为 219.71MPa,最大形变发生在跨缝板的中间位置,最大形变为 1.081mm。

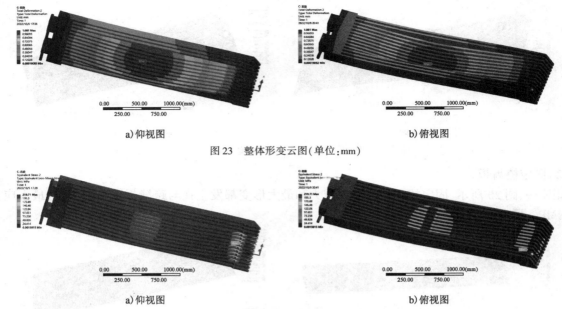

图23 整体形变云图(单位:mm)

图24 等效应力云图(单位:MPa)

(2)固定梳齿板。

如图25、图26所示,固定梳齿板的最大应力和最大形变都发生在与跨缝板重叠的部位,最大应力为56.384MPa,最大形变为0.019551mm。

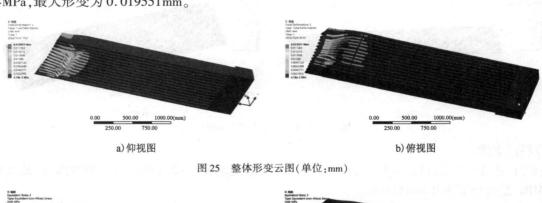

图25 整体形变云图(单位:mm)

图26 等效应力云图(单位:MPa)

(3)桥面支撑。

如图27、图28所示,桥面支撑的最大应力和形变均发生在与跨缝板接触的部分,最大应力为120.16MPa,最大形变为0.029545mm。

3)左边位置

(1)跨缝板。

如图29、图30所示,跨缝板在两组轮胎对称布置在跨缝板中部的情况下,最大应力的位置发生在与混凝土模型接触处,最大应力为162.59MPa,最大形变发生在跨缝板的中间位置,最大形变为1.0384mm。

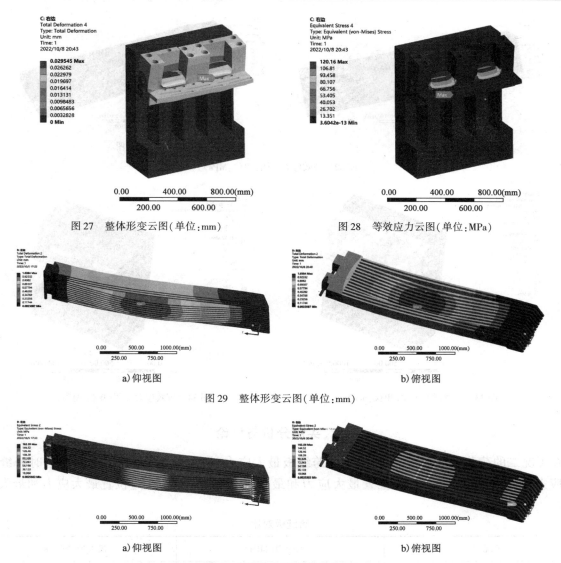

图27 整体形变云图(单位:mm)　　　　　　图28 等效应力云图(单位:MPa)

a)仰视图　　　　　　　　　　b)俯视图

图29 整体形变云图(单位:mm)

a)仰视图　　　　　　　　　　b)俯视图

图30 等效应力云图(单位:MPa)

(2)固定梳齿板。

如图31、图32所示,固定梳齿板的最大应力和最大形变都发生在与跨缝板重叠的部位,最大应力为34.897MPa,最大形变为0.012843mm。

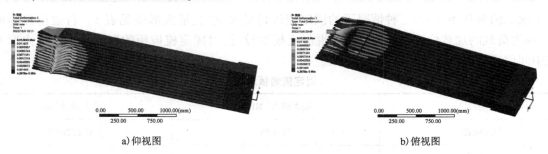

a)仰视图　　　　　　　　　　b)俯视图

图31 整体形变云图(单位:mm)

(3)桥面支撑。

如图33、图34所示,桥面支撑的最大应力和最大形变均发生在与跨缝板接触的部分,最大应力为223.92MPa,最大形变为0.047839mm。

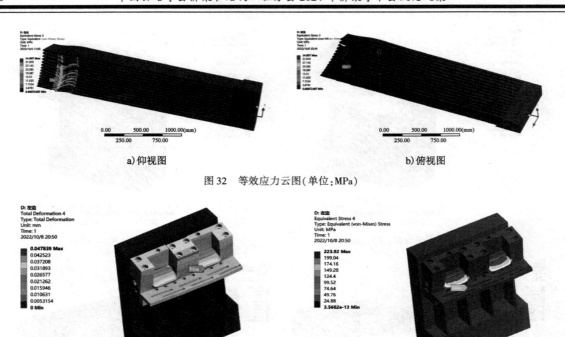

a) 仰视图　　　　　　　　　　　　b) 俯视图

图32　等效应力云图(单位:MPa)

图33　整体形变云图(单位:mm)　　　　图34　等效应力云图(单位:MPa)

七、实例分析与讨论

在工况二的荷载条件下,三种情况下的跨缝板最大应力、最大形变见表4。中间位置时跨缝板的最大应力和最大形变最大,右边位置最大应力和最大形变稍小一点,左边位置最大应力和最大形变最小。

跨缝板对比　　　　　　　　　　　　　　　　　　　　　表4

工况二	最大应力(MPa)	最大形变(mm)
中间位置	222.39	1.2482
右边位置	219.71	1.0810
左边位置	162.59	1.0384

在工况二的荷载条件下,三种情况下的固定梳齿板最大应力、最大形变见表5。右边位置的最大应力最大,因为荷载的加载位置距离跨缝板和混凝土模型较近,对固定梳齿板的影响较大。最大形变还是发生在中间位置情况下。

固定梳齿板对比　　　　　　　　　　　　　　　　　　　表5

工况二	最大应力(MPa)	最大形变(mm)
中间位置	51.658	0.0226800
右边位置	56.384	0.0195510
左边位置	34.897	0.0128443

在工况二的荷载条件下,三种情况下的桥面支撑最大应力、最大形变见表6。左边位置的最大应力最大,最大形变也发生在此情况下,这是由于荷载的加载位置靠近桥面支撑,对桥面支撑的影响较大。

桥面支撑对比 表6

工况二	最大应力(MPa)	最大形变(mm)
中间位置	188.96	0.044511
右边位置	120.16	0.029545
左边位置	223.92	0.047839

八、结　语

通过对张靖皋长江大桥伸缩装置在静载情况下的力学性能分析,可以得到以下结论:

(1)桥梁伸缩装置的跨缝板的受力模型近似简支梁,因此荷载在中间位置的形变和受力最大,但由于跨缝板和混凝土接触的部分为梳板结构,接触面积较小,最大应力点发生在此处。

(2)固定梳齿板的主要受力发生在与跨缝板重叠接触的部分,其他部分几乎没有影响,由于没有跟荷载进行直接接触,整体的应力和形变都小于跨缝板。

(3)桥面支撑的主要受力点发生在多向变位铰的位置附近,在荷载的作用下跨缝板下沉,跨缝板与桥面支撑接触,此处应力和形变最大。

(4)在跨缝板上有双轴载荷时,最大应力的情况是两轮胎布置于跨缝板中部,此时应力和形变最大。

(5)在工况二状态下,各配件受力变形最大,其中跨缝梳齿板的最大应力为222.39MPa,最大形变为1.248mm;固定梳齿板的最大应力为56.38MPa,最大形变为0.023mm;多向变位铰的最大应力为223.92MPa,最大形变为0.048mm,均满足设计强度和应变的要求。

51. 大变位自适应模块式伸缩装置试验研究

徐　斌[1]　徐　速[1]　吕建华[2]　柳　斌[1]　杨红军[1]
(1. 宁波路宝科技实业集团有限公司;2. 宁波路宝交通设施有限公司)

摘　要　伸缩装置作为桥梁结构的重要组成部分,在风、温度、车辆等可变荷载作用下的变形适应性及行车舒适性上具有关键影响。本文旨在通过运动试验、静载试验和疲劳试验研究,探讨新型大变位自适应模块式伸缩装置在不同工况下的运动性能、力学性能及耐久性,以期为大变位自适应模块式伸缩装置的设计、施工和维护提供科学依据。

关键词　大变位自适应模块式伸缩装置　运动性能　力学性能　疲劳试验

一、引　言

现如今,桥梁工程正向着跨径不断增大、桥型不断丰富、结构越来越轻量化的方向发展。伸缩装置的纵向位移量也随之变得更大,变位和受力情况也越来越复杂。因此,对新研发的超3m的大变位自适应模块式伸缩装置进行试验研究,了解其力学性能和耐久性,对于提高桥梁工程的安全性和耐久性具有重要意义。

二、试验目的

通过对超3m新型大变位自适应模块式伸缩装置的运动性能、静载性能和疲劳性能进行试验,评估其结构的合理性,验证其研发方案的可行性。

三、试验平台及仪器

1. 试验平台

1）运动性能试验平台

运动性能试验方案采用钢结构制作的活动平台进行,该试验平台由多向变位铰试验平台和固定梳齿板试验平台组成。变位铰试验平台主体结构由钢支架、轴承、油缸、橡胶支座等结构件组成,能实现伸缩装置多向变位铰侧纵向位移、水平转角、竖向转角。固定梳齿板试验平台由钢支架、油缸等结构件组成,能实现伸缩装置固定梳齿板侧水平转角。运动性能试验平台结构如图1所示。

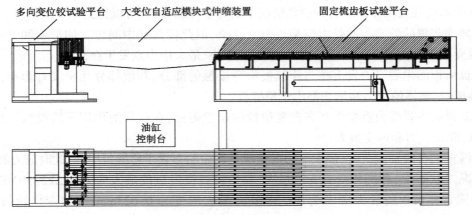

图 1　运动性能试验平台结构图

2）静载性能试验和疲劳试验平台

静载性能试验和疲劳试验方案采用钢结构制作的平台进行,该试验平台由跨缝梳齿板固定平台和固定梳齿板固定平台组成,结构如图2所示。静载性能试验和疲劳试验平台能为伸缩装置静载性能试验和疲劳性能试验提供刚性支撑。

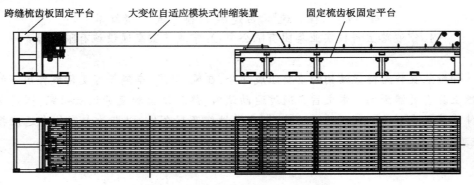

图 2　静载性能试验和疲劳试验平台试验结构图

2. 测量仪器

本次试验所需的测量仪器见表1。

试验测量仪器　　　　　　　　　　表1

序号	仪器名称	型号
1	水准仪	DAL-32
2	静态应变仪	BZ2205C
3	电液式脉动疲劳试验系统	PMW-2000
4	百分表	2019050501

四、试 验

试验过程中分别进行运动性能试验、静载性能试验和疲劳性能试验。

1. 运动性能试验

1)试验工况及指标

通过运动性能试验检验伸缩装置的纵向位移、水平转角、竖向转角、多维耦合变形能力。根据自适应模块式伸缩装置的有关技术要求,设计试验工况及检验指标见表2。

运动性能试验工况及检验指标　　　表2

试验工况	测试内容	检验指标
纵向位移	测量伸缩装置最大压缩量和最大拉伸量	±1560mm
水平转角	测量伸缩装置以水平转轴为中心双向转动的转角大小	≥±0.04rad
竖向转角	测量伸缩装置以竖向转轴为中心双向转动的转角大小	≥±0.04rad
固定梳齿板侧水平转角	测量固定梳齿板以其水平转轴为中心双向转动的转角大小	≥±0.01rad
水平转角、竖向转角和纵向位移耦合变形	观察伸缩装置在纵向位移、水平转动和竖向转动的耦合运动过程中运行状态和结构状态	耦合变形过程中运行状态和结构状态保持良好

2)试验结果

运动性能试验结果见表3。

运动性能试验结果　　　表3

试验工况	试验结果
纵向位移	纵向位移最大拉伸量为1560mm,最大压缩量为1560mm,满足指标要求
水平转角	水平转角试验实测最大顺时针转动转角为0.06rad,实测最大逆时针转动转角为-0.06rad,满足指标要求
竖向转角	竖向转角试验实测最大顺时针转动转角为0.06rad,实测最大逆时针转动转角为-0.06rad,满足指标要求
固定梳齿板侧水平转角	固定梳齿板侧水平转角试验实测最大顺时针转动转角为0.01rad,实测最大逆时针转动转角为-0.01rad,满足指标要求
水平转角、竖向转角和纵向位移耦合变形	实测水平转角、竖向转角和纵向位移均达到预期最大变位的耦合变形过程中,伸缩装置未出现异常,转角和纵向位移平顺,测试完成后伸缩装置未出现异常,满足指标要求

2. 静载性能试验

1)荷载布置

根据《公路桥梁伸缩装置通用技术条件》(JT/T 327—2016)的要求,静载性能试验汽车荷载按《公路桥涵设计通用规范》(JTG D60—2015)中图4.3.1-2的规定选取。静载性能试验按图3布置荷载,以伸缩装置计算跨径中心对称布置两处70kN轮载,轮载间隔1.4m,计算跨径为3120mm。

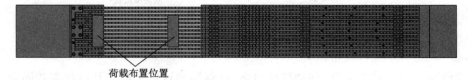

图3　静载试验荷载布置

2）试验步骤

（1）在试验台座上固定伸缩装置,移动移动台座,使伸缩装置处于最大开口状态并固定。

（2）使用钢加载板和橡胶板模拟轮载作用,加载板尺寸采用轮载的着地尺寸。

（3）模拟轮载的静力作用时,α 取 16.7°,以设计轮载 P_d 的 10% 为步长,以 1kN/s 的速度加载,每步加载完成后,静置 5min,测量伸缩装置的应力和竖向挠度。

（4）上一步骤重复进行 3 次,将测量结果的平均值与标准要求进行比较,符合要求为合格。

3）试验结果

静载性能试验荷载应变和荷载应力结果如图 4、图 5 所示。

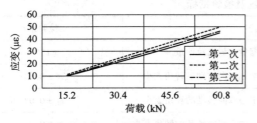
图 4　伸缩装置不同荷载下实测应变值

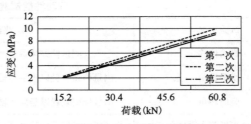
图 5　伸缩装置不同荷载下应力值

3. 疲劳性能试验

1）荷载布置

依据《公路桥梁伸缩装置通用技术条件》(JT/T 327—2016)的要求,疲劳性能试验汽车荷载按《公路桥涵设计通用规范》(JTG D60—2015)中图 4.3.7-2 的规定,取疲劳荷载计算模型Ⅲ。

疲劳性能试验荷载布置见表 4、图 6。

疲劳性能试验载荷布置表　　　　　　　　　　表 4

试验名称	试验状态
疲劳试验1	以伸缩装置计算跨径中心对称布置两处 60kN 轮载,轮载间隔 1.2m,计算跨径为 3120mm
疲劳试验2	以伸缩装置活动端支点处为起点,布置一处 60kN 轮载,沿伸缩装置纵向,间隔 1.2m 布置另一处 60kN 轮载
疲劳试验3	以伸缩装置活动端支点处为起点,布置一处 78kN 轮载,沿伸缩装置纵向,间隔 1.2m 布置另一处 78kN 轮载

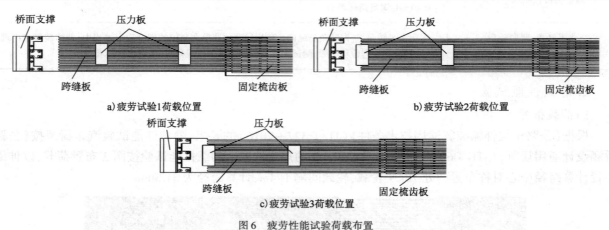
图 6　疲劳性能试验荷载布置

2）试验步骤

（1）在试验台座上固定伸缩装置,移动移动台座,使伸缩装置处于最大开口状态并固定。

（2）使用钢加载板和橡胶板模拟轮载作用,加载板尺寸采用轮载的着地尺寸。

(3)模拟轮载的疲劳作用时,α 取 0°,以 0~P_d 为循环幅,施加 2×10^6 次,测量伸缩装置的应力变化情况,并观察伸缩装置是否开裂,若未出现疲劳裂缝,伸缩装置的疲劳性能符合要求。

3)试验结果

疲劳性能试验荷载应变和荷载应力结果如图7、图8所示。

图7 伸缩装置不同疲劳次数下实测应变值

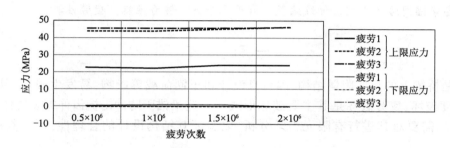

图8 伸缩装置不同疲劳次数下应力值

五、结　语

(1)实测伸缩装置纵向位移、水平转角、竖向转角均满足技术指标,多维耦合变形能力满足研究要求。

(2)伸缩装置受静载力后,产生的应力均小于材料的屈服强度,竖向挠度均小于 3120/600mm,承载性能符合《公路桥梁伸缩装置通用技术条件》(JT/T 327—2016)的要求。

(3)伸缩装置在不同的工况下分别进行了3次200万次的抗疲劳加载试验,合计600万次后,产品未出现疲劳裂纹,检测结果满足相关规范要求。

综上所述,大变位自适应模块式伸缩装置能适应特大桥梁端扭、转、移等多维耦合变位需求,实现大桥连接处路面平顺、安全、耐久。本次试验研究为大变位自适应模块式伸缩装置的性能优化和工程应用提供了有力的技术支撑。

参考文献

[1] 全国交通工程设施(公路)标准化技术委员会.公路桥梁伸缩装置通用技术条件:JT/T 327—2016[S].北京:人民交通出版社股份有限公司,2016.

[2] 中华人民共和国交通运输部.公路桥涵设计通用规范:JTG D60—2015[S].北京:人民交通出版社股份有限公司,2015.

[3] 中华人民共和国交通运输部.公路钢结构桥梁设计规范:JTG D64—2015[S].北京:人民交通出版社股份有限公司,2015.

52. XCF-80型连梁锚固防冲击梳齿伸缩装置有限元分析

徐　斌[1]　徐　速[1]　洪雪亮[1]　于树毅[2]　王均义[1]

（1.宁波路宝科技实业集团有限公司；2.宁波路宝交通设施有限公司）

摘　要　XCF-80型连梁锚固防冲击梳齿伸缩装置为新型桥梁伸缩装置，为验证其力学性能及使用的可靠性，本文通过Simulation软件对上述伸缩装置建立有限元分析模型，进行仿真计算，以评估其静力性能和疲劳性能。

关键词　连梁锚固防冲击梳齿伸缩装置　有限元分析　静力性能　疲劳性能

一、引　言

伸缩装置是桥梁上的重要附属结构，因自身设计和车辆荷载等影响，易发生破坏，其中，局部应力过大导致的强度破坏、疲劳破坏是其主要破坏形式[1]。连梁锚固防冲击梳齿伸缩装置作为一种新型桥梁伸缩装置产品，需要对其进行有限元力学分析，以验证其结构设计的合理性，评估其产品性能的可靠性。

本文以XCF-80型连梁锚固防冲击梳齿伸缩装置为研究对象，按照相关规范要求进行分析，建立该伸缩装置的有限元模型，通过仿真计算来分析其静力性能和疲劳性能，既是对此类型伸缩装置的力学性能评估，也为其下一步设计提供理论分析基础。

二、有限元分析模型及工况

1. 模型简化与荷载工况分析

XCF-80型桥梁伸缩装置的有限元分析模型如图1所示，为分析上述伸缩装置的结构安全性，轮载由规范[2-3]确定，取公路Ⅰ级车辆后轮轴重。静力分析时轴重140kN，考虑冲击系数及安全系数，单侧设计荷载为182kN；疲劳分析时轴重120kN，考虑冲击系数，单侧设计荷载为78kN。两种分析中后轮着地面积均为0.2m×0.6m。

在伸缩缝完全开口的工况下进行仿真分析。荷载加载位置如图2所示时，此时分析对象梳齿板1为最不利工况，其静力分析设计荷载为116.09kN，其疲劳分析设计荷载为55.41kN。

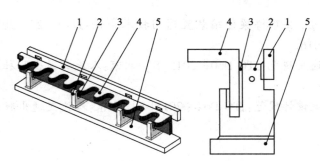

图1　简化后伸缩装置模型
1-防撞挡板；2-调节板；3-焊缝；4-梳齿板；5-预埋钢板

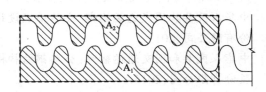

图2　最不利工况下梳齿板上轮载面积

2. 有限元模型建立

对上述伸缩装置的几何模型进行有限元分析前处理,所采用材料为Q355钢,弹性模量为2.1×10^5MPa,泊松比为0.3,密度为7850kg/m³。

边界条件如图3所示,焊缝与其相连构件为结合连接,其余部分为无穿透连接;预埋钢板下面设固定约束;静力性能与疲劳性能分析时,梳齿板上分别垂直向下施加相对应的设计荷载。

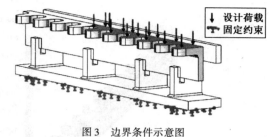

图3 边界条件示意图

三、有限元静力分析

XCF-80型桥梁伸缩装置的调节板为非等距布置,如图4所示。将荷载位置分为右、中、左3种加载位置工况,如图5所示。

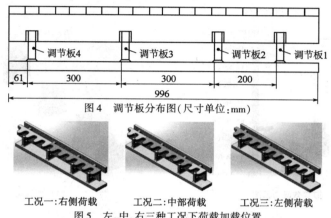

图4 调节板分布图(尺寸单位:mm)

工况一:右侧荷载　　工况二:中部荷载　　工况三:左侧荷载

图5 左、中、右三种工况下荷载加载位置

经仿真分析发现,应力最大点在调节板及焊缝连接处,形变最大点在梳齿板上。为进一步分析上述伸缩装置的强度和刚度,对调节板及焊缝、梳齿板分别进行静力性能仿真分析,得到它们在不同结构及工况下的等效应力、形变云图,如图6~图11所示。各自的最大点的数值见表1。

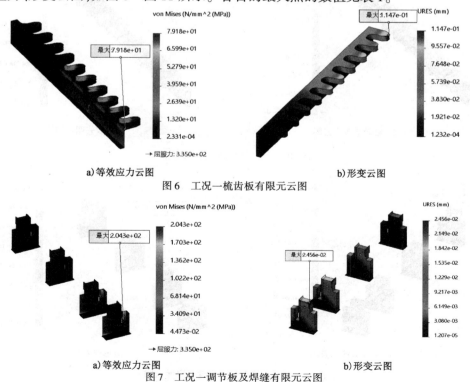

a)等效应力云图　　　　　　　　b)形变云图

图6 工况一梳齿板有限元云图

a)等效应力云图　　　　　　　　b)形变云图

图7 工况一调节板及焊缝有限元云图

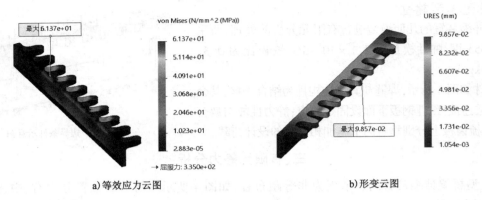

a) 等效应力云图　　　　　　　　　　b) 形变云图

图8　工况一梳齿板有限元云图

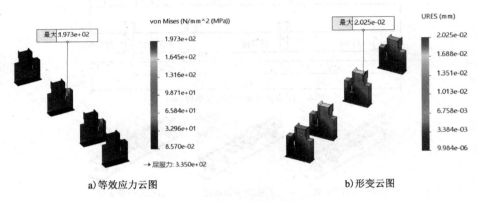

a) 等效应力云图　　　　　　　　　　b) 形变云图

图9　工况二调节板及焊缝有限元云图

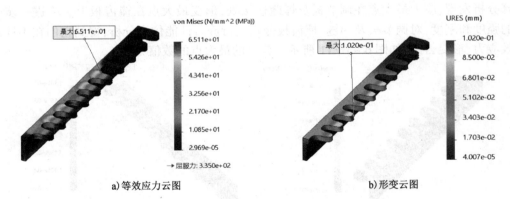

a) 等效应力云图　　　　　　　　　　b) 形变云图

图10　工况三梳齿板有限元云图

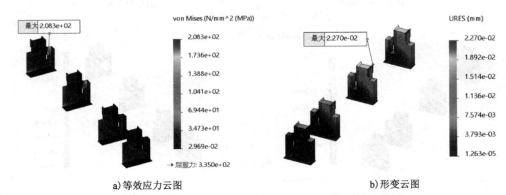

a) 等效应力云图　　　　　　　　　　b) 形变云图

图11　工况三调节板及焊缝有限元云图

静力性能统计表 表1

构件	工况	最大等效应力（MPa）	最大等效应力位置	最大形变（mm）	最大形变位置
梳齿板	一	79	右起第一齿,齿底下表面	0.11	右起第一齿,齿尖上边缘
	二	61	右起第八齿,齿底下表面	0.10	右起第五齿,齿尖上边缘
	三	65	右起第五齿,齿根上边缘	0.10	左起第三齿,齿尖上边缘
调节板及焊缝	一	204	调节板1与梳齿板前左侧焊缝下端面	0.02	调节板1与防撞挡板焊缝中部的焊址
	二	197	调节板3与梳齿板前左侧焊缝下端面	0.02	调节板3与防撞挡板焊缝上侧的焊址
	三	208	调节板4与梳齿板前左侧焊缝下端面	0.02	调节板3与防撞挡板焊缝上侧的焊址

四、有限元疲劳分析

1. S-N 曲线

S-N 曲线为表示结构细节疲劳强度和疲劳寿命之间关系的曲线。根据规范[2]可知,XCF-80 型桥梁伸缩装置为梁或板焊接的横向加劲肋,取应力幅为 80MPa 的疲劳细节 8,上述伸缩装置的 S-N 曲线公式为:

$$\begin{cases} \lg N = 12.0103 - 3\lg \Delta\sigma & (N < 5 \times 10^6) \\ \lg N = 15.5512 - 5\lg \Delta\sigma & (5 \times 10^6 \leq N \leq 1 \times 10^8) \end{cases} \quad (1)$$

式中:N——循环次数;

$\Delta\sigma$——正应力幅(MPa)。

2. 疲劳性能分析

由静力分析可知,最不利工况为工况三,对此工况下的伸缩装置疲劳模型进行有限元分析,如图12、图13所示,其中最大应力点在左侧调节板上,在其与梳齿板之间的前侧焊缝端面附近,为 99kN,此为最不利处,疲劳寿命最小,为 1173 万次,符合要求。

图 12 疲劳模型下等效应力云图

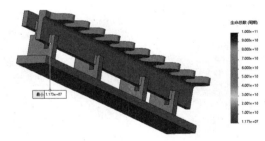

图 13 c 结构疲劳云图寿命

五、结　语

通过对 XCF-80 型桥梁伸缩装置进行有限元仿真分析,研究其刚度、强度和疲劳寿命,可以得到以下结论:

(1)梳齿板静力分析中,最不利工况为工况一,此时最大形变点在的齿尖处,为 0.11mm 左右,满足使用要求;最大应力点在齿底下表面处,为 79MPa,小于材料屈服强度 335MPa,满足使用要求。

(2)焊缝及调节板的静力分析中,最不利工况为工况三,此时最大形变点在调节板及防撞挡板间的焊缝处,为 0.02mm 左右,满足使用要求;最大应力点在调节板与梳齿板间的前侧焊缝处,为 208MPa,小于材料屈服强度 335MPa,满足使用要求。

(3)整体疲劳分析中,最不利处在调节板与梳齿板间的前侧焊缝处,疲劳寿命为 1173 万次,远大于 200 万次疲劳寿命。在其服役期间,一般不会发生疲劳破坏。

(4) 整体结构安全可靠,在不同工况下,各项力学性能稳定。

参考文献

[1] 朱亚飞,李海滨,李瑶,等.公路桥梁梳齿板伸缩装置的优化设计[J].机械设计与制造,2024(8):249-250.

[2] 中华人民共和国交通运输部.公路桥涵设计通用规范:JTG D60—2015[S].北京:人民交通出版社股份有限公司,2015.

[3] 中华人民共和国交通运输部.公路钢结构桥梁设计规范:JTG D64—2015[S].北京:人民交通出版社股份有限公司,2015.

Ⅳ 养护管理、检测、加固及其他

1. 悬索桥锚碇基础监测分析与稳定性评价研究

王大伟[1]　徐善常[2]　师启龙[3]　刘　越[2]

(1. 广西交通投资集团有限公司; 2. 北京工业大学;
3. 中交公路长大桥建设国家工程研究中心有限公司)

摘　要　本文基于苍容浔江大桥工程,利用最小二乘法及控制图原理,拟合监测位置的左控限值、右控限制值,并将监测值与左、右控限值相比较,实现桥梁锚碇基坑的沉降及水平位移和锚碇桩基的安全稳定性判断及预警。根据监测值与左、右控限值比较,发现PI2桩基在5m深度处出现水平位移最大监测值24.99mm,其值符合设计规范要求,但部分水平位移监测值仍超出左、右控限值,即出现多个异常点,其监测值与拟合值的最大偏差为0.94mm。引起数据异常的原因是施工过程中桩身裹挟泥沙或者施工期雨水较多渗入地下,导致地下水位异常,需对PI2桩基因加强监测并对异常部位进行加固。锚碇基坑地表的沉降及水平位移和其余桩基的水平位移均在左、右控限值区域内,即均处于安全可控范围,其中锚碇基坑最大沉降值为3.3mm,小于5mm设计值,锚碇基坑最大水平位移为6.93mm,符合设计要求,但北1锚碇基坑DB4的水平位移偏差标准差为0.17mm,远大于北1锚碇基坑其余3组数据。引起偏差标准差较大的原因为DB4所处基坑区域施工进度较慢所致,因此建议适当加快DB4所处基坑区域进度。

关键词　桥梁工程　监测　锚碇基础

一、引　言

悬索桥作为一种重要的桥梁结构形式,以大跨径和独特的受力体系在现代桥梁建设中占据重要地位。悬索桥结构的主要特点是通过主缆将桥面悬挂于两座锚碇之间,这种设计使其能够跨越较大的河流和峡谷。然而,悬索桥的建设过程中,锚碇基坑开挖和锚碇桩基施工是关键环节,对周围地表和结构物产生显著影响。为了确保施工安全和桥梁的长期稳定性,研究锚碇基坑地表沉降位移、水平位移以及锚碇桩基水平位移显得尤为重要。

目前,很多学者开展了锚碇基坑施工的研究。熊文等[1]提出利用极限状态(分项系数)设计方法,与现行规范锚碇设计方法相比,可显著降低超大跨径悬索桥重力式锚碇抗滑设计等效安全系数取值,大幅提升其安全设计的科学性与经济性。裴捷等[2]针对超大锚碇基础深基坑支护,采用钻孔灌注桩排桩加多道支撑挡土以及2m厚冻土薄壁隔水的新型设计和施工工艺,即排桩冻结法,并提出在已建的土中结构物近旁实施冻结,产生冻胀和冻胀力的效应。肖安斌等[3]提出锚碇基坑的放坡开挖方式以及支护措施有效地抑制边坡的变形,并指出边坡的竖向位移主要集中在边坡坡顶和边坡的坡脚处。沈忠群等[4]结合实际工程提出对外露排桩之间土体夹层钢筋网支护后采用喷射混凝土进行衬砌、保温,以防止冻结壁融化。刘新建等[5]提出由于悬索桥是一种柔性结构为满足主塔以及整个桥梁体系的稳定要求,锚碇的最大水平位移与最大垂直位移都必须控制在一定数值范围内,指出研究锚碇的瞬间变位以及长期变形都显得十分重要。

对于锚碇基坑位移的监测及预测,国内外很多学者也做了诸多研究。鲍燕妮等[6]运用时间序列法建立自回归滑动平均模型(ARMA),对施工过程中的基坑位移和危岩裂缝变形趋势进行预测,并将模型预测数据与实际监测数据进行对比,为今后类似工程的监测预报研究提供了参考依据。钱键固等[7]认为基坑开挖过程中周围土体水平位移和地基土的变形模量无关,但取决于挡土位移模式和位移大小。郭子正等[8]针对滑坡位移-时间曲线的非线性特征和以往预测模型的不足,提出基于地表监测数据和非线性时间序列分析的组合模型预测滑坡位移,表明非线性组合模型的预测精度高且具有较好的通用性,为滑坡位移定量预测提供了一种可行的思路。

桩基作为桥梁锚碇中重要结构,国内外学者也对其做了深入研究。杨磊等[9]以北京某地铁隧道侧穿桥梁桩基工程为依托,结合桥梁的结构形式和水文地质条件,提出桥梁桩基注浆加固与掌子面深孔注浆等措施的综合控制方案;因注浆工艺及注浆参数对地层变形及基桩倾斜影响较大,须着眼于现场的风险监控与管理,以便将监测数据反馈至现场指导施工。冯忠居等[10]研究了不同类型地震波作用下液化场地大直径变截面单桩的动力响应,因大直径变截面桩基动力响应特性对不同类型地震波的敏感程度存在较大差异,故进行大直径变截面桩基的抗震设计时,可选取不同类型地震波对桩基动力响应特性进行验算。Naeini等[11]建立了地震动作用下液化场地桩基础的数值仿真模型,探明了桩基础的水平位移和弯矩动力响应规律。

国内外学者的诸多研究表明,基坑及桩基受外界影响较大,为保证工程安全,应当加强监测。本文基于苍容浔江桥工程,采用曲性拟合及控制图法对锚碇基坑及桩基的监测数据进行分析,并对其安全稳定性进行评价,可望为今后类似工程的建造与监控提供借鉴[12-13]。

二、曲线拟合控制图分析方法

为实时监控锚碇的位移及安全状态,本文运用最小二乘法原理[14-18]、控制图原理[19],在保证数据精度前提下对锚碇底部桩身水平位移曲线、锚碇周边土体沉降曲线及水平位移曲线进行拟合,同时结合曲线控制图对监测异常点进行报警,曲线控制图发主要根据最小二乘法原理及控制图原理结合实现,具体如下文所述。

1. 最小二乘法原理

在科学实验的统计方法中,常需要从一组实验数据$(x_i, y_i)(i=1,2,\cdots,n)$中寻找自变量$x$与因变量$y$之间的关系。以桩基统计为例,其中$y_i$为测斜管的埋深即桩体深度,$x_i$为桩的水平位移监测值,建立二者之间的函数关系$y=f(x)$,然而各种系统误差及随机误差的存在,会降低观测数据的精度,因此在曲线$y=f(x)$上,仅求在给定点x_i上的偏差$\delta_i=f(x_i)-y_i(i=1,2,3,\cdots n)$符合某种标准即可。

最小二乘法的含义可以表述为:对于给定的一组数据$(x_i,y_i)(i=1,2,3,\cdots n)$,在函数空间$\varphi=\mathrm{span}\{\varphi_1,\varphi_2,\varphi_3,\cdots,\varphi_m\}$中,寻找到函数$y=S^*(x)$,使得偏差平方和:

$$\sum_{i=1}^{n}\left[S^*(x_i)-y_i\right]^2 = \min_{S(x)\in\varphi}\sum_{i=1}^{n}\left[S(x_i)-y_i\right]^2 \tag{1}$$

$$S(x)=a_1\varphi_1(x)+a_2\varphi_2(x)+\cdots+a_m\varphi_m(x) \quad (m<n) \tag{2}$$

在保证拟合精度的前提下尽量减少计算工作量,本文均取六次多项式对监测数据进行拟合,可高精度的描述基坑地表及桩基的位移曲线。

2. 控制图原理

需要结合控制图原理实现控制图预警。本文所用控制图又称管理图。在施工过程中,结构或构件的质量受随机因素和系统因素影响进而产生偏差,其中随机因素由众多的偶然因素叠加而成。对质量特征值造成的偏差基本保持稳定,因此可用统计学方法进行估计;而系统因素却是由工程中各种明显因素引起,采取一定措施便可发现并排除。控制图原理就是基于施工过程中结构或构件的质量特征值的变化情况,判断施工过程中工程结构或构件是否处于稳定的受控状态,并及时发现施工过程中的异常情况,从而查找原因并尽早对出现异常情况的工程结构或构件采取措施,以避免异常工程结构或构件对施工质量产生影响。

本文先求出桩体水平位移监测值和拟合值之间的偏差、锚碇基坑土体沉降及水平位移的监测值和拟合值之间的偏差($\Delta_i = y_i - y_{i拟合}$),再利用统计学原理求出不同锚碇桩基的水平位移监测值和拟合值之间的偏差平均值、锚碇基坑土体沉降及水平位移监测值和拟合值之间的偏差平均值和标准偏差。经计算所得出的数据需要服从正态分布 $X \sim N(\mu, \sigma^2)$,在施工过程受控的状态下,μ、σ^2 应保持稳定,不随时间而变化,同时正态分布需要满足 3σ 原则:

$$p[(\mu - 3\sigma) < X < (\mu + 3\sigma)] = 99.73\% \quad (3)$$

取拟合值为控制图的中心线记为 CL,右控限记为 RCL,左控限记为 LCL,根据 3σ 准则有:

$$CL = \mu \quad (4)$$

$$RCL = \mu + 3\sigma \quad (5)$$

$$LCL = \mu - 3\sigma \quad (6)$$

则标准差为:

$$\sigma = \sqrt{\frac{1}{n}\sum_{i=1}^{n}(\Delta_i - u)^2} \quad (7)$$

由式(4)~式(7)可以分别求得锚碇桩基的水平位移的拟合值、左控限值、右控限值以及锚碇基坑土体沉降及水平位移的拟合值、左控限值、右控限值,并绘制曲线控制图。

三、现场应用

1. 桥梁及锚碇构造

苍容浔江大桥是梧州-玉林-钦州高速公路(苍梧至容县段)在梧州市藤县境内跨越浔江河的一座特大桥。主桥为主跨 $2 \times 520\text{m}$ 双跨钢箱梁空间缆悬索桥,主梁采用分体式钢箱梁,由两个钢箱梁及横向连接箱组成。锚体采用实腹式结构,锚体高 17.0m,主缆 IP 点高程 42.0m。锚体平面采用前小后大的梯形,后锚室位于高水位线以上。前锚室侧墙、前墙厚度 0.80m,顶板厚度 1m。锚体采用 C40 混凝土。边跨为空间缆,IP 点横向间距 46m,锚体与主缆方向相同,相对于路线中心旋转 8.366°。

锚碇基础采用大直径桩基 + 铣接头结构。根据地质情况及锚体设计需要,采用桩基与二期槽形成的剪力墙结构,桩基直径 3m。每岸单侧锚碇基础纵桥向采用 3 列桩,每列 8 根,共 24 根桩基,两侧共 48 根桩基。基底嵌入中风化岩层不少于 5m,桩基之间采用铣槽机铣槽,形成二期槽段,与桩基搭接,桩基与二期槽形成剪力墙,顶部设 7m 厚承台。承台下设 1m 厚垫层。二期槽段长 2.8m,宽 1.5m,二期槽段与桩基在轴线处搭接长度为 0.5m。承台顶高程 +28.00m,如图 1、图 2 所示。

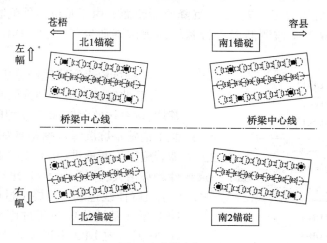

图 1 南北锚碇位置

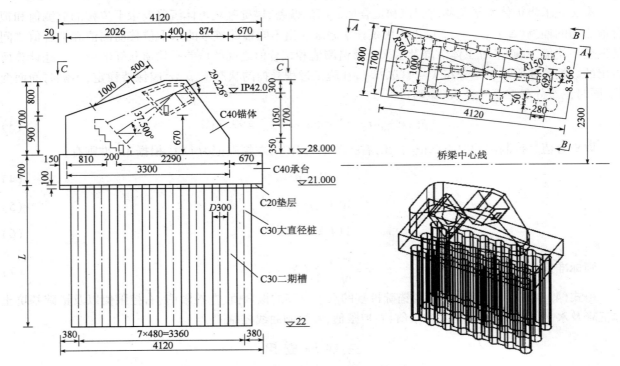

图 2 锚碇及基础一般构造图（尺寸单位：cm；高程单位：m）

2. 锚碇基础地质

锚碇基坑土体依据勘察的钻孔资料，工程地质主要为人工填土层、冲洪积粉质黏土、残坡积粉质黏土、少许细砂及淤泥质土等，下伏基岩为寒武系水口组上亚群（$\in$sh3）粉砂岩，局部夹板岩等。

四、监测结果分析

1. 锚碇基坑地表沉降及水平位移监测分析

该项目中锚碇分为南锚碇及北锚碇，无论南、北锚碇其基坑地表沉降及水平位移的监测均是锚碇基坑施工监测中极其重要的监测项目，它直接反映基坑周边环境的变形情况。通过了解基坑开挖过程中基坑变形情况，为调整基坑开挖顺序和开挖速度提供依据，以确保基坑支护结构和周边环境的安全[17-24]。

项目中地表沉降监测断面的布置与基坑边线垂直，沿基坑边每隔5m布置1个监测断面，每边布置3个监测断面，整个基坑周边工布置12个沉降监测断面。由于基坑最外侧监测仪器损坏，数据不全，故本文沿基坑各边均选取1个监测断面进行基坑地表沉降研究[25-26]，即DB1、DB2、DB3、DB4，如图3所示。

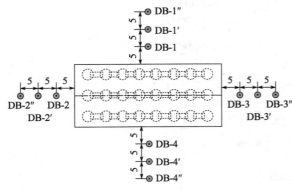

图 3 地表沉降及水平位移监测断面布置

1）基坑地表沉降监测分析

南、北锚碇基坑分别选取北1锚碇基坑和南1锚碇基坑，两基坑监测断面布置相同，根据监测断面分别将北1锚碇基坑沉降数据整理如图4a）所示，图4a）表明随着施工不断推进，北1锚碇基坑地表的沉降整体呈线性趋势增大，并且DB2和DB2′的沉降曲线整体将其余6组沉降曲线包裹。对施工过程进行分析，发现DB2和DB2′所在基坑边的施工进度相较其他三边较慢，故而在90天以内DB2附近地表土体扰动时间慢于其他位置；因此在相同时间DB2的地表土体沉降较小，而DB2′所在地表沉降较大原因在于运输车辆长期经过DB2′区域,对DB′所在地表长时间碾压所致,为避免基坑地表产生不均匀沉降,应合理控制工程进度及运输路线。

南1锚碇基坑基坑地表的沉降整体也呈线性增大趋势(图4b),但DB3所在基坑边沉降明显,根据施工过程分析其原因也是运输车辆长期经过DB3区域对地表压缩所致,为避免基坑地表产生不均匀沉降,也应合理控制工程进度及运输路线。

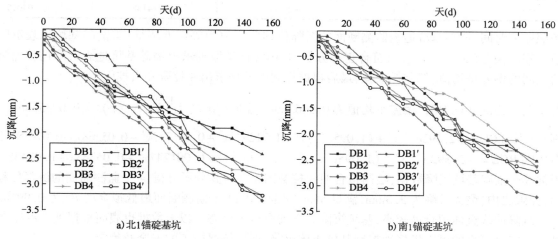

a) 北1锚碇基坑　　　　　　　　　　b) 南1锚碇基坑

图4 锚碇基坑沉降曲线图

采用最小二乘法原理,运用Matlab2023b软件对锚碇基坑地表各监测断面的沉降位移进行曲线拟合处理(以北1锚碇基坑地表DB1监测断面为例)。

对于监测断面DB1,以施工日期为自变量 x,以锚碇基坑沉降位移为因变量 y,将监测数据导入Matlab2023b软件,输出拟合公式如下:

$$y = -2.592\mathrm{e}^{-10}x^5 + (1.095\mathrm{e}^{-7})x^4 - 1.712\mathrm{e}^{-5}x^3 + 0.001247x^2 - 0.05368x - 0.07458$$

同理可得到其他监测断面沉降位移拟合公式,DB1监测断面拟合值详见表1。

北1锚碇基坑DB1监测断面监测值、拟合值、LCL、RCL　　　表1

施工时间(d)	监测值(mm)	拟合值(mm)	LCL(mm)	RCL(mm)
1	-0.1	-0.12703	-0.22765	-0.02641
7	-0.4	-0.39485	-0.49547	-0.29423
14	-0.7	-0.6246	-0.72522	-0.52398
22	-0.8	-0.80997	-0.91059	-0.70935
30	-0.9	-0.94252	-1.04314	-0.84191
37	-1	-1.03353	-1.13415	-0.93291
45	-1.1	-1.12388	-1.22449	-1.02326
50	-1.2	-1.17771	-1.27832	-1.07709
60	-1.3	-1.28653	-1.38715	-1.18592
67	-1.4	-1.36582	-1.46644	-1.26521
75	-1.5	-1.45915	-1.55977	-1.35853
83	-1.5	-1.55274	-1.65336	-1.45213
88	-1.6	-1.60967	-1.71029	-1.50905
96	-1.7	-1.69529	-1.79591	-1.59467
101	-1.7	-1.74397	-1.84459	-1.64335
109	-1.8	-1.81228	-1.9129	-1.71167

续上表

施工时间(d)	监测值(mm)	拟合值(mm)	LCL(mm)	RCL(mm)
119	-1.9	-1.88062	-1.98124	-1.78
132	-1.9	-1.95167	-2.05229	-1.85106
139	-2	-1.99373	-2.09435	-1.89312
153	-2.1	-2.14087	-2.24148	-2.04025

按照监测时间,锚碇基坑地表监测断面的沉降位移监测值为等精度测量,与锚碇基坑地表沉降位移拟合值之间的偏差($\Delta_i = y_i - y_{i拟合}$)符合正态分布,利用统计学原理求出锚碇基坑地表沉降位移监测值与拟合值之间的偏差平均值、偏差标准差,最后根据控制图原理求出左控限和右控限。

对于北1锚碇基坑DB1,偏差平均值为0.0063mm,标准差 $\sigma = \sqrt{\dfrac{1}{20}\sum_{i=1}^{20}(\Delta_i - u)^2} = 0.0035$ mm

则左控限 $LCL = -2.592e^{-10}x^5 + (1.095e^{-7})x^4 - 1.712e^{-5}x^3 + 0.001247x^2 - 0.05368x - 0.07458 - 3$

右控限 $RCL = -2.592e^{-10}x^5 + (1.095e^{-7})x^4 - 1.712e^{-5}x^3 + 0.001247x^2 - 0.05368x - 0.07458 + 3$

根据北1锚碇基坑沉降数据,绘制拟合曲线控制图5并对其分析可得:4个监测断面的沉降位移值均在左、右控限之内,最大沉降为3.3mm,满足5mm安全要求;4个监测断面最低拟合度 R^2 为0.9916,表明基坑地表沉降曲线整体拟合度较高,基坑沉降处于安全可控状态。以上数据也表明根据地质勘察制定的施工计划是安全可靠的可以极好地控制基坑土体沉降,保证桥梁施工的安全及稳定。

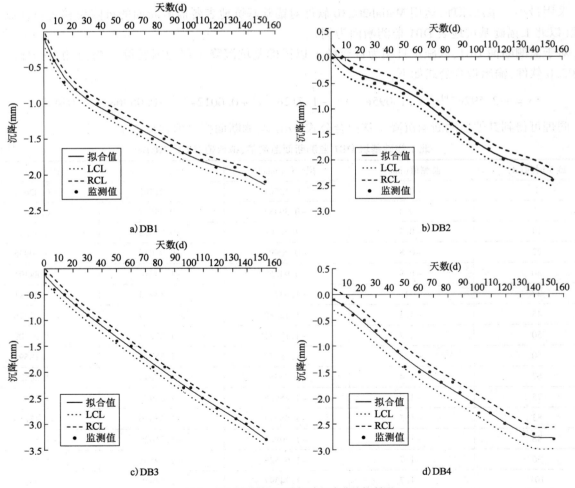

图5 北1锚碇基坑地表沉降拟合曲线控制图

根据南 1 锚碇基坑沉降数据,绘制拟合曲线控制图 6 并对其分析可得,4 个监测断面的沉降位移值均在左、右控限之内,最大沉降为 3.2mm,满足 5mm 安全要求;8 个监测断面最低拟合度 R^2 为 0.9889,表明基坑地表沉降曲线整体拟合度较高,基坑沉降处于安全可控状态。

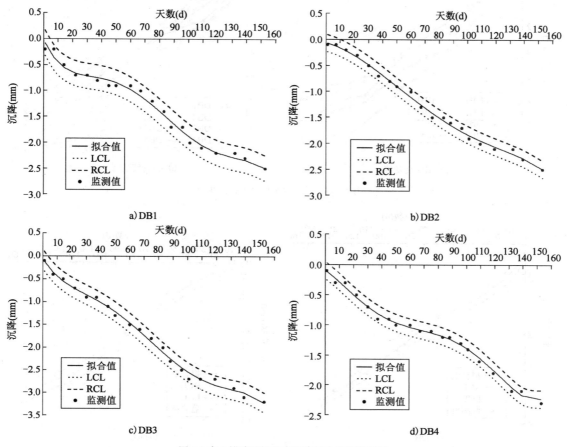

图 6　南 1 锚碇基坑地表沉降拟合曲线控制图

2) 基坑地表水平位移监测分析

北 1 锚碇基坑和南 1 锚碇基坑,两基坑监测断面布置相同,根据监测断面将北 1 锚碇基坑地表水平位移数据整理如图 7a)所示。图 7a)表明随着施工进度的加快,北 1 锚碇地表水平位移整体随施工时间呈线性趋势增大,并且在相同施工时间,DB2 水平位移明显高于其他 7 组,即 DB2 所在基坑边的水平位移要大于其余三边。其原因主要为 DB2 基坑边处于施工车辆行驶路线上,可将施工车辆重量视为活荷载持续对基坑边施加竖向力,从而加剧该侧基坑土体的竖向沉降和水平位移,其次,根据锚碇基坑土体地质概况可知,基坑土体主要为素填土、粉质黏土、淤泥质土等具有较好的压缩性也具有较好的塑性变形能力,因此在受到外荷载作用下会产生较大的横向变形。

南 1 锚碇基坑地表水平位移曲线图如图 7b)所示,基坑水平位移随施工时间整体呈线性增大趋势,并且在相同施工时间,DB3′的水平位移明显高于其他 7 组,其原因与北 1 锚碇基坑地表 DB2 原因一致。

将图 7a)数据进行曲线拟合,得到北 1 锚碇基坑水平位移拟合曲线控制图,如图 8 所示。由图 8 可知,北 1 锚碇基坑地表水平位移监测值均在左、右控限值内,最大水平位移值为 6.93mm,最低拟合精度 R^2 为 0.9882,因此水平位移值处于安全可控范围内。但 DB4 拟合控曲线中的偏差标准差为 0.1706mm,远大于其余 3 组数据中的偏差标准差,导致 DB4 的左控限及右控限值亦远大于其余 3 组的左右控限值。对其分析可知,由于施工阶段出现频繁降雨,DB4 基坑地表在第 1 天施工完成后 13 天内未施工,第 67 天施工后 7 天亦无施工,多处较长时间未开挖,土体扰动后,已经开始重新固结,从而导致 DB4 侧水平位移变化较大。建议在后续施工中,要合理安排基坑四周开挖进度,从而确保基坑水平位移整体可控。

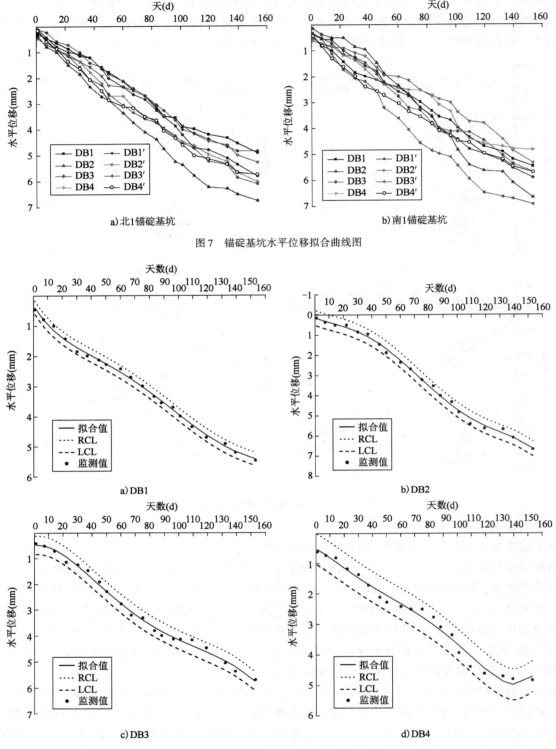

图 7 锚碇基坑水平位移拟合曲线图

图 8 北 1 锚碇基坑水平位移拟合曲线控制图

将图 7b) 数据进行曲线拟合,得到南 1 锚碇基坑水平位移拟合曲线控制图,如图 9 所示。由图 9 可知,南 1 锚碇基坑地表水平位移监测值均在左、右控限值内,无异常点,最大水平位移值为 6.75mm,最低拟合精度 R^2 为 0.9912,因此水平位移值处于安全可控范围内。由拟合曲线控制图中也可观测到部分监测值呈 S 形摆动,其原因主要是施工过程中的扰动及降雨等因素影响所致,为降低工程风险,建议施工过程降低扰动及做好防雨措施。

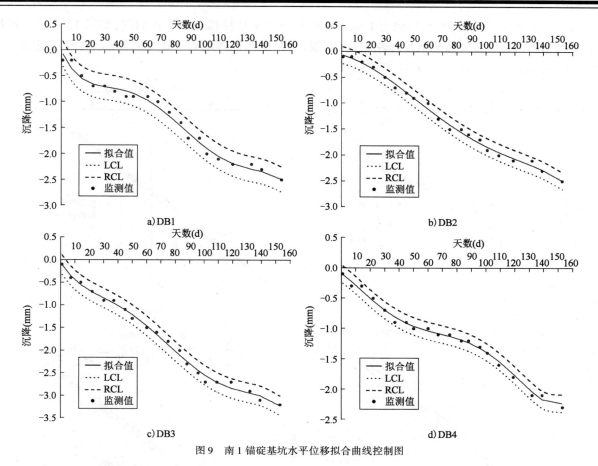

图9　南1锚碇基坑水平位移拟合曲线控制图

2. 桩基深层水平位移监测分析

桩基深层水平位移监测测点布置在桩基内,每个锚碇布置共布置4个测点共计16个测点。本文选取南锚碇桩基 PI2、SF4、SI5、PD7,其具体布设位置如图10所示,将四组水平位移监测数据整理如图11所示。

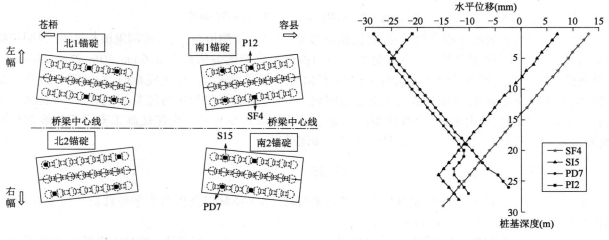

图10　桩基监测布设图　　　　图11　桩基水平位移曲线图

由图11可知,随着深度逐渐加深,PI2、PD7桩均呈完全受压状态,其中 PI2 呈之字形,PD7 呈直线形,SF4、SI5 水平位移曲线随着深度增加,整体呈正向位移逐渐减低,随后反向位移逐渐增大的趋势[27-29]。

同时,根据设计施工方案,桩基底部需要嵌入中风化岩不少于5m,PI2、SI5 桩基土体中风化岩环境相同,故而 PI2、SI5 在桩基底部嵌入中风化岩5m处出现明显转折且水平位移值相接近。

将图11数据进行曲线拟合,得到南1南2锚碇桩基水平位移拟合曲线控制图,如图12所示。根据控制图原理,SF4、SI5、PD7监测值均在左、右控制限以内,说明桩体均处于正常可控状态,且四组数据中最大水平位移为28.46mm,位于PD7桩顶位置。

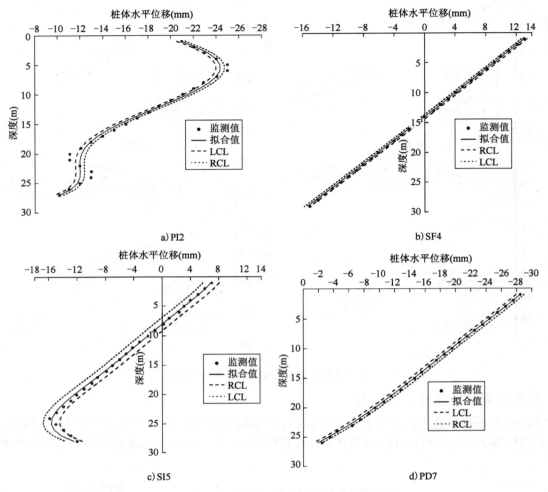

图12 南1南2锚碇桩基水平位移拟合曲线控制图

PI2监测值有6处处于拟合曲线左、右控制限值外,且多处监测值与左、右控制限值相接近,说明该桩多点出现异常。其中桩体深度为5、6m处监测值与拟合值之间的差值约为0.6mm,20m、21m、23m、24m处监测值与拟合值之间的差值约为0.9mm,差值相对于位移增量较大。施工完成时,对其进行桩身完整度检测,发现桩身无异常,表明桩体施工无质量问题,引起差值较大的原因可能是施工时,桩身裹挟泥沙或者由于施工期间处于雨期,雨水量较多渗入地下导致地下水位异常。为保证施工安全应加强该桩监测,发现异常点及时上报施工单位,对异常段进行加固处理。

五、结　语

本文通过对苍容浔江大桥锚碇基坑附近的地表沉降、水平位移以及桩基水平位移进行监测,根据监测数据进行分析评价,主要结论如下:

(1)本文采用曲线拟合控制图方法,可以及时发现施工过程中的异常点,并对造成异常点的因素进行分析,为后续施工提供安全保障,同时,此方法也可运用到锚碇基坑土压力监测点的数据分析。

(2)根据北1、南1锚碇基坑地表沉降曲线控制图,得出地表沉降监测值均处于左、右控制限值内,无异常点,基坑地表最大沉降值分别为3.3mm、3.2mm,小于设计沉降值5mm,处于安全状态,表明锚碇基坑处于安全稳定状态。

(3)根据北1、南1锚碇基坑水平位移曲线控制图,得出基坑水平位移监测值均处于左、右控制限值内,无异常点。基坑水平位移最大值分别为6.93mm、6.75mm,但北1基坑DB4处的偏差标准差s为0.17mm,远大于其余3组数据。分析发现DB4所处基坑边由于降雨天气导致施工进度较慢所引起,虽然基坑支护较好,但由于时间较长,土体扰动后,土体已经开始重新固结,从而导致DB4侧水平位移变化较大;为避免引起潜在工程风险,建议尽量保持正常施工进度。

(4)根据南锚碇桩基水平位移曲线控制图,得出PI2桩基出现较多异常点,监测值与拟合值的最大偏差达到0.94mm,水平位移值虽符合安全要求,但仍需重点监测并分析产生的原因。经分析,其原因可能是施工过程中桩身裹挟泥沙或者施工期雨水较多渗入地下导致地下水位异常,需要重点监测,对异常段需要采取加固措施。

参考文献

[1] 熊文,王仁贵,汪涛,等.超2000m级悬索桥重力式锚碇抗滑安全度设计方法[J].中国公路报,2024,37(4):166-175.
[2] 裴捷,梁志荣,王卫东,等.润扬长江公路大桥南汊悬索桥南锚碇基础基坑围护设计[J].岩土工报,2006(S1):1541-1545.
[3] 肖安斌,陈伟,吴廷尧,等.锚碇深基坑开挖过程边坡动态变形及稳定性演化规律研究[J].公路,2020,65(4):216-220.
[4] 沈忠群,肖开军,文武,等.润扬大桥悬索桥南锚碇基坑开挖施工[J].桥梁建设,2004,(4):57-59,66.
[5] 刘建新,胡兆同,等.大跨度吊桥[M].北京:人民交通出版社,1995.
[6] 鲍燕妮,沈丹祎,石振明,等.ARMA模型在锚碇基坑变形预测中的应用[J].工程地质学报,2021,29(5):1621-1631.
[7] 钱建固,周聪睿,顾剑波,等.基坑开挖诱发周围土体水平移动的解析解[J].岩土力学,2016,37(12):3380-3386.
[8] 郭子正,殷坤龙,黄发明,等.基于地表监测数据和非线性时间序列组合模型的滑坡位移预测[J].岩石力学与工程学报,2018,37(S1):3392-3399.
[9] 杨磊,朱富丽,张浩.地铁隧道侧穿桥梁桩基工程注浆加固控制及监测管理研究[J].城市轨道交通研究,2022,25(10):165-170.
[10] 冯忠居,李德,张聪,等.地震作用下液化场地大直径变截面单桩基础动力响应特性[J/OL].工程科学与技术:1-14[2024-06-30].http://kns.cmki.net/kcms/detail/51.1773.T8.20240605.1907.019.html.
[11] NAEINI A J,CHOOBBASTI A J,SAADATI M.Seismic behaviour of pile in three-layered soil(case study:Babol City Center Pr-oject)[J].Arabian Journal of Geosciences,2013,6(11):4487-4497.
[12] 王超,朱勇,张强勇,等.深基坑桩锚支护体系的监测分析与稳定性评价[J].岩石力学与工程学报,2014,33(S1):2918-2923.
[13] 袁龙赟.地铁车站深基坑施工过程稳定性分析[D].南昌:南昌大学,2012.
[14] 王小生,李庚,朱彦鹏,等.最小二乘法在基坑侧建筑物沉降监测中的应用[J].科学技术与工程,2019,19(27):283-288.
[15] 李鹏,尹晖.最小二乘配置在钢结构建筑物沉降监测中的应用研究[J].测绘与空间地理信息,2009,32(3):34-38.
[16] 张勇,赵云云.基坑降水引起地面沉降的实时预测[J].岩土力学,2008,29(6):1593-1596.
[17] 孙凯,许振刚,刘庭金,等.深基坑的施工监测及其数值模拟分析[J].岩石力学与工程学报,2004,23(2):293-298.
[18] 李庆杨,等.数值分析[M].5版.北京:清华大学出版社,2008.
[19] 尤建新,等.质量管理学[M].2版.北京:科学出版社,2008.
[20] 熊一帆,应宏伟,张金红,等.考虑时空效应的杭州软黏土超深基坑地表沉降分析方法[J/OL].上海

交通大学学报,2024:1-19[2024-08-26]. https://doi.org/10.16183/j.cnki.isitu.2023,199.
[21] GONZÁLEZ C,SAGASETA C. Patterns of soil deformations around tunnels. Application to the extension of Madrid Metro[J]. Computers and Geotechnics,2001,28(6-7):445-468.
[22] MU L,HUANG M. Small strain based method for predicting three-dimensional soil displacements induced by braced excava-tion[J]. Tunnelling and Underground Space Technology,2016(52):12-22.
[23] GOH A T C,ZHANG R H,WANG W. Numerical study of the effects of groundwater drawdown on ground settlement for excavation in residual soils[J]. Acta Geotechnica,2020(15):1259-1272.
[24] 王卫东,徐中华,王建华.上海地区深基坑周边地表变形性状实测统计分析[J].岩土工程学报,2011,33(11):1659-1666.
[25] LI Y C,CHEN J P,LI Z H,et al. Comprehensive analysis of a paleo-landslide damming event on the upper reach of th-e Jinsha River,SE Tibetan Plateau[J]. Bulletin of Engineering Geology and the Environment,2022,81(8):334.
[26] FAN X M,SCARINGI G,KORUP O,et al. Earthquake-induced chains of geologic hazards:patterns, mechanisms,and impacts[J]. Reviews of Geophysics,2019,57(2):421-503.
[27] 余继东,马炽藩,汪益敏,等.陡坡地段桥梁桩基的施工监测和有限元分析[J].公路,2006(7):100-104.
[28] 杨校辉,陈昆全,张卫雄,等.复活堆积体滑坡治理中大口径抗滑桩监测与滑坡推力分析[J].岩石力学与工程学报,2023,42(11):2776-2787.
[29] QI T J,MENG X M,QING F,et al. Distribution and characteristics of large landslides in a fault zone:A case study of the NE Qinghai-Tibet Plateau[J]. Geomorphology,2021,379:107592.

2.基于大数据技术的桥梁监测数据存储和实时分析架构

刘裕泓[1,2] 张阳[1,2] 邱帅龙[1,2]

(1.陕西省"四主体一联合"桥梁工程智能建造技术校企联合研究中心;2.中交第二公路工程局有限公司)

摘 要 为支撑桥梁海量监测数据的高效存储和实时分析,本文以藤州浔江大桥健康监测系统为例,设计一种融合大数据技术的桥梁结构健康监测数据存储和实时分析架构。在该架构中,采用Mycat数据库中间件实现的分布式MySQL数据库存储监测业务数据,采用列式数据库Clickhouse存储监测原始数据;以Redis和kafka作为数据缓存,采用分布式流计算引擎Flink实现监测数据的实时分析。并通过对比实验,验证了该架构在数据存储和实时分析方面的优越性能。

关键词 桥梁健康监测 大数据 列式数据库 流计算引擎 分布式

一、引 言

能够自动获取桥梁的荷载与环境作用以及桥梁结构性能参数,实时评估桥梁结构运营状况的桥梁健康监测系统,已经被应用于国内外许多桥梁[1-3]。例如,国内的苏通大桥在2008年完成了结构健康监测系统的部署[4]。该监测系统使用了超声风速仪、GPS、加速度、应变、温度传感器等16种传感器,传感器总数达到了1440个,日均监测数据达到10GB[5]。对于这些监测数据,现有健康监测系统大多采用Oracle、SQLServer、MySQL等关系型数据库进行存储,其每年的数据增长量可以达到TB级别。考虑到桥梁健康监测系统的传感器种类和数量较多,监测数据实时采样频率较高,系统运行时间较长,桥梁监测数据已然呈现出大数据的典型特征(数据体量大、种类多、增速快)[6]。依靠传统关系型数据库来存储与分析海量监测数据，已经远远不能满足实际需要。此外，传统健康监测系统往往侧重于监测数据的采集、传输以及展示，传统软件技术难以支撑对海量监测数据的实时分析。如何有效支撑海量监测数据的高效存储与实时分析，成为研发桥梁健康监测系统所亟待解决的重要问题。

近年来，大数据技术逐渐兴起，由于其在大数据存储、分析方面的能力突出，已经在许多领域得到广泛应用[6]。然而，在桥梁健康监测领域，大数据技术的应用以数据存储为主，在实时分析技术方面还有所欠缺。刘康旭[7]基于设计一款采用Hadoop分布式文件系统和Spark并行计算引擎的桥梁健康监测系统，能够实现快速高效的数据存储和处理。梁柱[8]采用Hadoop和NoSQL数据库等大数据技术搭建了桥梁健康监测云平台。这些研究为海量监测数据的存储提供了有益的参考。在海量数据处理方面，常见的批量计算过程是先收集数据并存储到数据库表中，再对数据进行分析和处理。这种数据处理方式对于小时级、分钟级或秒级这类对时效性要求很高的数据时，很可能无法满足时效性的要求，且其数据价值也会随着时间的流逝而逐渐降低。流式计算[9]作为大数据技术的重要分支，一般采用增量计算而非全量计算，流式计算延迟要明显低于批量计算[10]。因此，流式计算将有望解决桥梁海量监测数据的实时分析难题。

藤州浔江大桥是广西壮族自治区平岑高速公路全线控制性工程之一，是世界首座独塔空间缆斜拉-悬索协作体系桥，主桥全长1604m，主跨638m。为及时掌握该桥的运营状况，将在该桥上部署实施健康监测系统。本文以藤州浔江大桥健康监测系统为例，探索采用大数据技术支撑海量监测数据的高效存储和实时分析。

二、藤州浔江大桥健康监测系统简介

藤州浔江大桥为独塔斜拉-悬吊协作体系，结构独特新颖。斜拉-悬吊交叉区既为拉索和吊索的交叉分布，又是主梁刚度过渡变化区，此区域内结构受力复杂，拉索、吊索空间横向间距小(受横风等极端状况影响大)；位于过渡墩处的1号限位吊索以及2号、3号加强短吊索受温度影响明显、索力变化区间大，可能影响结构空间变位。因此，结合本桥独特的受力特点和所处的运营环境特点，藤州浔江大桥健康监测系统测点总体布置如图1所示。

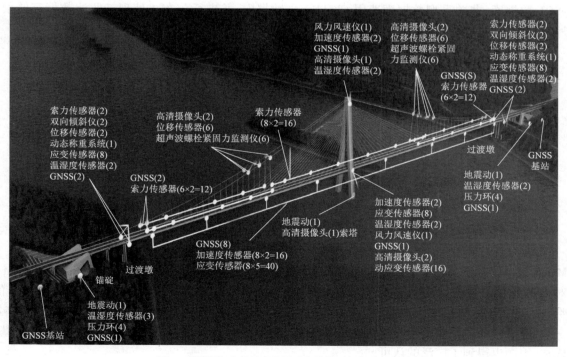

图1 藤州浔江大桥健康监测系统总体测点布置示意图

藤州浔江大桥健康监测系统中的传感器的数据采样频率已经达到10Hz,对于振动、索力等变化周期短的监测内容,其采样频率甚至已经达到了50Hz。随着监测系统的运营,将会积累大量监测数据。面对如此大量的数据,关系型数据库容易陷入高访问负载导致的宕机与查询数据量大导致的查询速度迟缓;而解决此问题几乎只有删除历史数据一种手段,该方法不仅不能满足规范的要求,还会丧失分析桥梁性能演变趋势的可能性。该系统需要采用大数据技术解决海量数据存储难题。

藤州浔江大桥健康监测系统具有超限报警功能,需要统计各监测项的数值范围、变化趋势,对所有监测项每个通道的原始数据进行统计分析,包括:风速、温湿度、应变、挠度、梁塔位移、索力等。该系统对监测数据的实时计算性能要求较高,为了提高报警的及时性,也需要采用大数据技术来保障计算分析的实时性。

三、监测数据存储与实时分析架构

1. 监测数据存储架构

为了便于管理数据,本文将监测数据进一步细化为监测业务数据、监测原始数据与监测分析与报警数据三类。监测业务数据是用于支撑桥梁健康监测系统运行的静态结构化数据,包含桥梁基本信息、配置参数信息、监测设备信息与必要的数据字典等;监测原始数据即由传感器采集的,未经任何加工处理的监测数据,该类数据每条都包含时间戳与监测结果,属于时序数据,且会随时间的增加而不断积累;监测分析数据由桥梁健康监测分析软件产生,是通过分析得到的桥梁特性与报警信息等结果,也是时序数据,但由于其结构复杂,嵌套层级多,对于一些桥梁特性而言其数据体量甚至可能与监测原始数据相当。

对不同类型的桥梁监测数据选用不同类型的数据库,既有助于提升桥梁健康监测系统的效率,也有助于监测系统的后期维护。因此,对于监测业务数据这类结构明确,且数据间有业务逻辑关系的数据选用关系型数据库;而对于监测原始数据和监测分析与报警数据这类时序数据,则需要选用非关系型数据库进行存储;由于监测分析与报警数据的复杂性,故需要先进行数据拆分再进行存储。考虑到时序数据的特性,与分布式存储的要求,对于关系型数据库选用经由Mycat数据库中间件实现分布式的MySQL数据库,非关系型数据库选用Clickhouse数据库,并进行分布式处理。监测数据存储架构如图2所示。

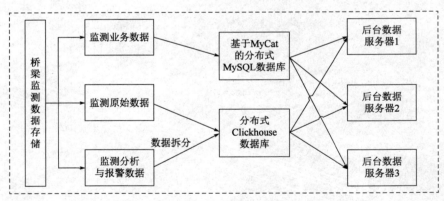

图 2　监测数据存储架构

Mycat是一款基于Java语言,阿里开源项目Cobar开发的分布式数据库中间件,用户通过Mycat前端软件对MySQL客户端进行访问与操作;Myact会通过MySQL原生协议与集群上各MySQL节点通信,并通过唯一的逻辑库来完成用户在前端进行的各项操作。Mycat操作逻辑库和直接操作物理库的前端行为完全一致,对用户而言操作逻辑与直接使用MySQL完全一致,且支持标准的SQL语句进行操作,基本无学习成本,因而也得到了广泛的认可。

Clickhouse 采用 C++语言编写,是一个用于在线分析处理(OLAP)的开源列式数据库。Clickhouse 支持通过 SQL 语言查询在线数据分析结果。由于 Clickhouse 是典型的列式数据库,因此具有快速进行聚合、计数、求和等统计操作,更好的数据压缩比和更少的硬盘占用等优点,但同样具有无法进行事务处理(OLTP)的缺点。与现阶段常见的大数据处理配套软件不同的是,Clickhouse 完全不依赖于 Hadoop 生态,因此,Clickhouse 较为轻量化,软件部署较为简便,数据查询与分析速度快。此外,Clickhouse 还具备向量化执行,支持 CPU 多核心并行处理以及能够进行近似计算等特性。

2. 监测数据实时分析架构

藤州浔江大桥健康监测系统的实时数据分析部分主要是对监测原始数据进行实时分析与展示,强调分析和结果展示的实时性,以便及时发出报警信息。由于监测数据的采集与传输是24小时不间断的,监测原始数据进入监测系统是以数据流的形式呈现的,因此为保证实时数据分析的实时性,选用 Redis 数据库对实时数据进行缓存,以流式计算架构 Flink 对监测原始数据进行实时分析。但监测原始数据中的交通流数据是例外,用于采集交通流的动态称重传感器是触发式的,仅当车辆驶过传感器时才会向系统传输数据,适用于发布/订阅模式的消息系统;因此,选用 Kafka 对交通流数据进行缓存。监测数据实时分析架构如图3所示。

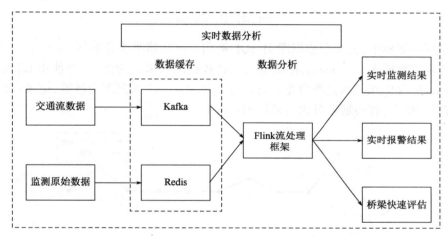

图3　监测数据实时分析架构

Redis 是一个基于 C 语言实现的键值对数据库,属于非关系型数据库的一种,同时也是一种分布式缓存系统。Redis 工作期间会将全部数据加载在内存中,内存的高速特性为 Redis 提供了超高的 I/O 性能;Redis 还采用了单线程 I/O 复用模型,通过单线程异步处理多个 TCP 事件,从而为 Redis 提供了超强的并发访问能力;Redis 提供 hash 表、压缩表等访问方式,可以高效检索复杂数据。此外,Redis 可以原生支持集群化部署,可以通过主从复制,由一个 Redis 实例为主服务器,多个 Redis 为从服务器,并且配置哨兵进程的方式实现,或者采用去中心化的策略实现,由多个对等的 Redis 实例组成 Redis 集群,数据分片保存在各实例上。由于其超高的 I/O 性能以及哨兵机制和去中心化为其带来的集群高可用和水平的分布式存储使 Redis 非常适合用于做缓存。

Kafka 是属于 Apache 基金会的一个开源项目,是一个分布式、支持分区与副本的,基于发布/订阅模式的消息中间件。Kafka 对 Zookeeper 具有极强的依赖性。Kafka 通常由主题(Topic)、生产者(Producer)、消费者(Consumer)、分区(Partition)和代理节点(Broker)五个基本结构组成。其中主题、生产者与消费者是 Kafka 为解耦数据而提出的概念,主题是 Kafka 专门服务于生产者与消费者,用于划分消息的逻辑概念,可以视作是一类消息的集合;生产者创建消息,是消息以及数据的发送方,可以将数据发送至预先设定好的主题当中去,生产者可以是任何能够产生数据的进程或硬件设备;消费者是消息的下游,通过订阅相应的主题,将数据从 Kafka 中拉取,并进行相应的分析处理。节点与服务器节点类似,每个节点都部署了独立的 Kafka 服务,多个节点就可以组成一个 Kafka 集群。分区是 Kafka 内部主题的分布式实现方式,将主题划分为多个分区,每个分区包含不同的消息内容,并为消息分配一个用于标识消息的唯一偏移量,消息会按照先后顺序被写入分区并被读取;Kafka 的同一个主题通过其下的不同分区分配到多个节点上以实现 Kafka 服务的负载均衡。得益于上述架构,Kafka 在处理海量异构数据时具有高性能、高可靠性和高扩展性的优点。

Flink 是一个分布式流计算引擎,它既可以进行流式数据处理,也可以进行微批数据处理。Flink 的设计者认为批处理是一种特殊的流处理,当设置的超时时间为零时,Flink 会执行流处理;而当设置的超时时间逼近无穷大时,Flink 则会进行批处理。相应的,对应流处理的数据被称为无界数据流,对应批处理的数据则被称为有界数据流,无界数据流的输入只有开始没有结束,而有界数据流的输入既有开始也有结束[11]。

实时数据分析部分通过 Redis、Kafka 接受监测原始数据进行数据缓存,再交由 Flink 进行监测原始数据的流式处理,其中对交通流数据按时段进行统计,而对其他数据则进行数据采集处理、数理统计与数据重采样后,再对可能出现的监测值超限进行报警,最后将分析结果交由前端进行展示,并将监测原始数据与统计结果入库进行持久化存储。这样,实时数据分析部分以极低的延迟完成了数据分析与统计计算,对可能出现的结构异常快速报警,并对数据分析与报警结果进行实时展示。

四、对 比 试 验

在所提数据存储架构中,关系型数据库 MySQL 被用于存储监测业务数据,这是常见做法。本文将侧重于验证所提的列式数据库 Clickhouse 存储监测原始数据的效果。为此,分别使用 Clickhouse 和常用的关系型数据库 Oracle 存储相同的监测数据。分别查询单测点一个月温湿度数据,记录查询时返回结果的延迟。将查询进行 10 次,查询延迟对比结果如图 4 所示。

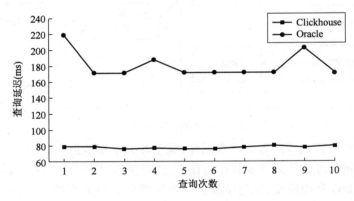

图 4   Clickhouse 和 Oracle 数据库的查询延迟对比

由图 4 可知,Oracle 数据库系统查询单月数据延迟保持在 200ms 左右,Clickhouse 数据库系统查询单月数据延迟保持在 80ms 左右。相比 Oracle 数据库,Clickhouse 数据库查询单月数据时速度提升 105ms,提升幅度可达 56.4%,可见数据查询速度提升显著。

此外,由于受限于 Oracle 数据库的性能限制,无法在数据库内存储监测原始数据,而是直接使用 csv 文件进行原始数据的存储,无法进行原始数据查询且不便于对数据进行深入挖掘。而 Clickhouse 数据库则可以在数据库内存储监测原始数据,除能够在监测系统中直接查询展示监测原始数据外,同时可以基于原始数据进行桥梁结构性能演变情况等的深度挖掘。

对于数据实时分析业务中的实时数据分析模块,采用 Flink 实现流式计算,并与传统的批量计算方式进行对比。采用流式计算框架与批量计算框架分别对 1min 风和位移监测数据同时进行实时计算,并记录通过计算时的数据吞吐量和计算延迟。将分析进行 10 次,最终结果如图 5、图 6 所示。

由图 5 和图 6 可知,批量计算框架在进行 1min 风和位移数据的实时分析时,数据吞吐量保持在 3900ops/s 左右,计算延迟则达到 530ms 左右;流式计算框架的数据吞吐量可达 28000ops/s,计算延迟仅有9ms左右。相比批量计算框架,流式计算框架在进行数据实时分析时,数据吞吐量提升23800ops/s,提升幅度达到614.08%,而计算延迟降低516ms,延迟降低幅度达到98.3%,实时数据处理能力显著提升。藤州浔江大桥健康监测系统每秒采集的数据量预计有成千上万条,此时采用批量计算将会导致数据分析时间延长,也会导致系统分析业务卡顿,甚至业务崩溃。因此,采用流式计算框架在提升监测系统实时数据处理能力的基础上,也能保证监测系统的稳定运行。

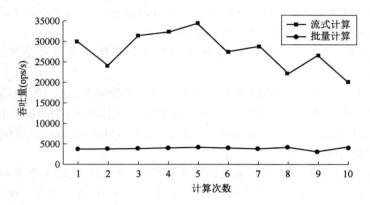

图5　流式计算框架与批量计算框架的实时分析吞吐量对比结果

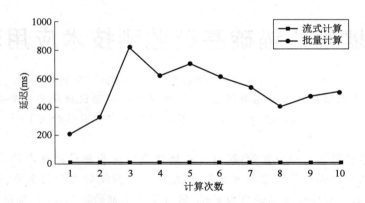

图6　流式计算框架与批量计算框架的实时分析计算延迟对比结果

五、结　　语

为解决桥梁健康监测海量监测数据的高效存储和实时分析难题,本文以藤州浔江大桥健康监测系统为例,提出了一种基于大数据技术的桥梁结构健康监测数据存储和分析架构,采用Mycat数据库中间件实现的分布式MySQL数据库存储监测业务数据,采用列式数据库Clickhouse存储监测原始数据;采用Redis和kafka作为数据缓存,采用分布式流计算引擎Flink实现监测数据的实时分析。将该架构与桥梁健康监测系统常用的数据存储和分析架构进行试验对比,验证了所提架构的性能优越性,主要结论如下:

(1)桥梁健康监测原始数据是典型的时序数据,在存储监测原始数据时,相比于常用的关系型数据库Oracle,列式数据库Clickhouse上的数据查询速度有显著提升,提升幅度达到了56.4%。

(2)在桥梁监测数据试试分析时,流式计算框架在数据吞吐量和计算延迟方面具有优异性能。相比于常用的批量计算框架,流式计算框架的数据吞吐量提升幅度达到了614.08%,而计算延迟降低幅度达到了98.3%。

参考文献

[1] HE Z G, LI W, SALEHI H, et al. Integrated structural health monitoring in bridge engineering[J]. Automation in Construction, 2022, 136: 104168.

[2] 张阳,梁鹏,夏子立,等.融合多源数据的桥梁技术状况指标评定方法[J].桥梁建设,2024,54(1):75-81.
[3] WONG K Y. Design of a structural health monitoring system for long-span bridges[J]. Structure and Infrastructure Engineering, 2007,3(2):169-185.
[4] 许映梅.苏通大桥结构健康监测实践与思考[J].公路,2013(5):65-70.
[5] WANG H, TAO T, LI A, et al. Structural health monitoring system for Sutong Cable-stayed Bridge[J]. Smart Structures and Systems, 2016, 18(2): 317-334.
[6] 孙利民,尚志强,夏烨.大数据背景下的桥梁结构健康监测研究现状与展望[J].中国公路学报,2019,32(11):1-20.
[7] 刘康旭.基于Java-EE和Android的桥梁健康监测系统的软件设计[D].济南:山东大学,2019.
[8] 梁柱.基于大数据架构的桥梁健康监测云平台[J].中国交通信息化,2020(6):115-117.
[9] YANG C, YU X, LIU Y, et al. Collaborative filtering with weighted opinion aspects[J]. Neurocomputing, 2016, 210(19): 185-196.
[10] 贾孝振.基于流式计算的个性化推荐系统的研究与实现[D].西安:西安电子科技大学,2020.
[11] 谢缙.基于Flink的电商实时计算平台的设计与实现[D].南京:东南大学,2021.

3. 桩墙组合锚碇基础监测技术应用研究

汪继平[1]　孙义斐[2]　师启龙[3]　王志鹏[1]　周湘广[1]

(1.广西容梧高速公路有限公司;2.中交公路规划设计院有限公司;
3.中交公路长大桥建设国家工程研究中心有限公司)

摘　要　本文以苍容浔江大桥为背景,探讨了桩墙组合锚碇基础监测技术的应用研究。具体包括:设计并实施了一套桩墙组合锚碇基础监测方案及系统,提高了监测的自动化水平;引入了FRP筋+光纤光栅监测技术,反馈施工中锚碇桩基础的应力变化;进行了施工期的过程监测,锚碇锚体浇筑完成后锚碇前趾处桩基础的最大轴力值为11033kN、后趾处桩基础的最大轴力值为13862kN,桩基础的最大竖向应力值为5.33MPa,桩基础11.7m深度处为基础应力最为显著的区域,为岩土层分界位置处,需重点关注。桩墙组合锚碇基础监测技术应用研究为锚碇监测技术应用及后续的工程施工提供了有力的数据支撑,同时为类似工程提供了参考。

关键词　桩墙组合　锚碇　监测　FRP筋

一、引　言

随着桥梁锚碇基础监测技术的发展,监测系统能够提供更为精确的数据和预测结果,为桥梁锚碇的安全运行提供坚实保障[1-5]。同时,未来监测技术的发展方向将重点着眼于提升监测系统的自动化水平,以实现更高的灵活性和适应性,满足不同桥梁项目的具体需求[6-8]。

苍容浔江大桥采用桩墙组合锚碇基础,并开展了监测研究,为桩墙组合锚碇基础的监测技术提供了重要参考。大桥锚碇基础为大直径桩基+铣接头结构方案,根据地质情况及锚体设计需要,采用桩基与二期槽段形成剪力墙结构。桩基直径3m,每岸单侧锚碇基础纵桥向采用3列桩,每列8根,共24根桩基,两侧共48根桩基,基底嵌入中风化岩层不少于5m;桩基之间采用铣槽机铣槽,形成二期槽段,与桩基搭接,桩基与二期槽形成剪力墙,顶部设7m厚承台,承台下设1m厚垫层。二期槽段长2.8m、宽1.5m。桩墙组合锚碇基础一般构造如图1所示。

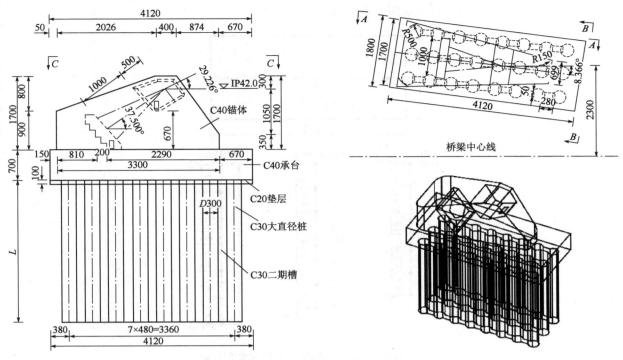

图 1 桩墙组合锚碇基础一般构造图(尺寸单位:cm)

二、监测方案

1. 监测目的

锚碇基础监测的目的在于精确捕捉施工期锚碇基础与土体的动态变化数据。通过将这些数据与预先设定的施工状态进行对比分析,系统地评估施工过程中的安全风险水平,确保整个工程施工过程处于可控的安全状态。

(1)通过锚碇监测,精准反馈桩墙组合锚碇基础在施工全过程中的受力特性,包括基础的内力变化与安全性能,为工程安全稳定提供支撑。

(2)基于详细的监测数据,深入分析桩墙组合锚碇基础的承载性能,为工程设计与基础施工提供科学依据。

2. 监测内容

桩墙组合锚碇基础监测具体内容见表1、表2。

桩墙组合锚碇基础监测内容　　　　表1

序号	监测内容	具体监测内容
1	桩基础轴力	锚碇基础在施工全过程的轴力监测
2	桩基础应力	通过FRP筋+光纤光栅监测钢筋应力

桩墙组合锚碇基础测点布置　　　　表2

序号	监测内容	监测量	数量	备注
1	桩基础轴力	3组	21个	第一组钢筋计于桩基顶以下0.3m,之后沿基础深度方向均布,直至基础底部
2	桩基础应力	3组	21个	第一组钢筋计于桩基顶以下0.3m,之后沿基础深度方向均布,直至基础底部

FRP 筋 + 光纤光栅监测布置图如图 2 所示。

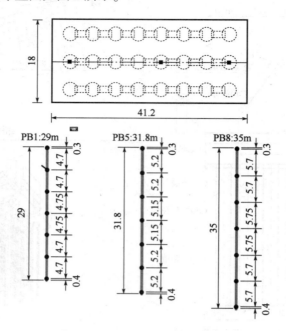

图 2　FRP 筋 + 光纤光栅监测布置图(尺寸单位:m)

3. 监测元器件

锚碇基础桩身的轴力和应力是判断基础承载性能的重要参数,为确保施工过程中的基础结构安全,需监测基础的轴力与应力的变化。监测工作采用钢筋计监测锚碇桩基础的轴力变化,同时采用新型的 FRP 筋 + 光纤光栅技术,监测锚碇桩基础的应力变化。FRP 筋 + 光纤光栅技术的引入,进一步提升了锚碇基础监测数据的有效性。监测元器件示意如图 3 所示。

a) 钢筋计

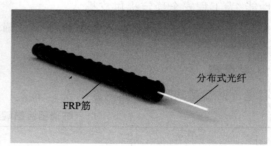

b) FRP筋+光纤光栅

图 3　监测元器件示意图

三、现 场 安 装

1. 钢筋计安装

苍容浔江大桥桩墙组合锚碇基础钢筋计安装时将钢筋计与基础钢筋笼的主筋搭接焊连接,并随钢筋笼一起浇筑于基础混凝土内。钢筋计的线缆绑扎好后引出,采用 PVC 管进行线缆保护,并放入预先做好的线盒内。

锚碇基础数据采集仪采用振弦式采集仪,采样频率可达 100Hz,主要应用于监测数据的动态采集,支持定点、等间隔、阈值触发三种动态测量方式。采集仪采用 32 通道,由振弦式动态采集仪、传感器组成一体化监测站,通过5G等通信方式将测量数据传送至监测云平台,以完成桩墙组合锚碇基础监测的自动测量、数据处理、图表制作、异常测值报警等工作。

2. FRP筋+光纤光栅安装

苍容浔江大桥桩墙组合锚碇基础FRP筋+光纤光栅传感器安装时,将FRP筋作为纵筋放入钢筋笼中,绑扎于钢筋骨架上,FRP筋两端的引线使用扎丝或扎带固定在FRP筋和钢筋笼上,在混凝土浇筑后即可实现FRP筋的内部植入,如图4所示。

图4　FRP筋+光纤光栅传感器安装示意图

在FRP筋内部采用光纤光栅引线接续,过弯处以大于5cm的弯曲半径引出,在锚碇基础桩头处FRP筋上焊接铁管将引线引出,引出钢筋混凝土结构时须穿套PVC管进行过渡保护,将串联的传感器端部的引线直接熔接光纤测试跳线,接头插入分布式光纤解调仪便可读取数据,对锚碇基础的受力特性进行监测。

四、监测平台与数据分析

1. 监测平台

苍容浔江大桥锚碇基础监测平台主要采用基于无线监控的监测系统,包括硬件和软件部分。硬件设备采集相关数据和信息,并将之打包发送至物联平台和监测云平台,物联平台帮助系统接入硬件设备,配置各种硬件设备信息,将硬件设备与监测内容很好地联系起来。监测数据可采用自动化的采集模式,也可以采用人工采集数据模式,自动化设备按采集频率将数据采集上传至监测云平台,人工采集到的数据可通过上传端手动上传的方式传输至云平台。

2. 监测数据分析

开展了苍容浔江大桥桩墙组合锚碇基础施工期的过程监测,伴随施工进度的推进,获取了现阶段锚碇锚体浇筑完成后桩基础的轴力分布和FRP筋内部光纤光栅的波长变化,锚碇桩基础的监测轴力值如图5所示。根据图5可知,锚碇锚体浇筑完成后锚碇前趾处桩基础的最大轴力值为11033kN、后趾处桩基础的最大轴力值为13862kN。同时,根据FRP筋原理获得了锚碇桩基础对应位置处的应力,以PB8桩基为例,现场监测图片及数据如图6所示,PB8桩的应力数据见表3。

FRP筋累计应力表(单位:MPa)　　　　表3

阶段	测点						
	PB8-30	PB8-600	PB8-1170	PB8-1745	PB8-2320	PB8-2890	PB8-3460
锚体完成	−0.73	0.49	−5.33	0.25	0.41	1.60	1.51

根据表3,给出FRP筋目前的应力变化,FRP筋应力变化如图7所示。

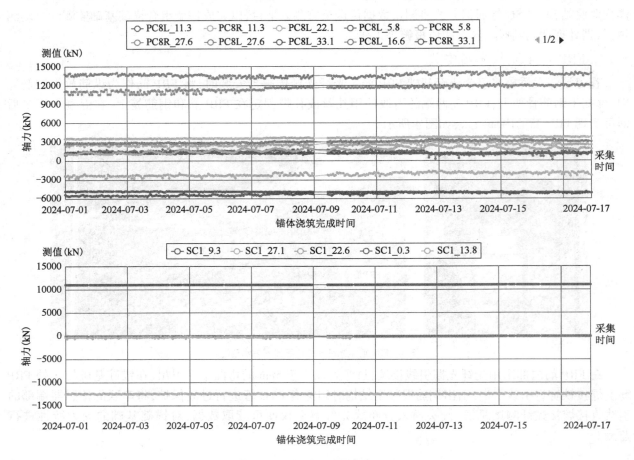

图 5 锚碇桩基础监测轴力

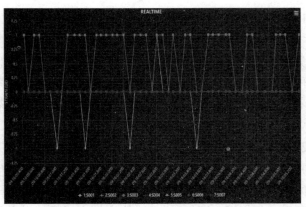

图 6 现场监测图片及监测数据

由图 7 可见，锚碇基础施工到锚碇锚体浇筑完成后，锚碇桩基础测点 PB8-1170 的竖向应力值最大，达到了 5.33MPa，表明该位置在施工过程中受到了显著的压力，11.7m 深度处是锚碇桩基础应力最为显著的区域，为岩土层分界位置处，在施工中需重点关注，以确保结构安全稳定。同时，开展了锚碇施工期的数值分析，并与监测数据进行校核验证，数值分析结果显示锚碇锚体浇筑完成后锚碇桩基础的最大竖向应力值为 5.09MPa，与监测数值较为接近，说明在正常施工条件下，监测数据与数值分析数据相互验证，监测数据结果较为合理。

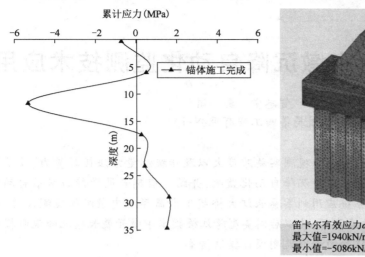
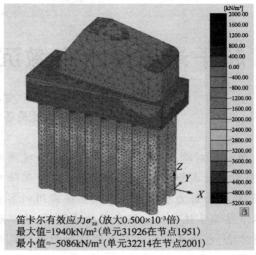

a) 沿深度方向的FRP筋应力变化　　　　b) 数值分析结果云图

图7　沿深度方向的FRP筋应力变化和数值分析结果图

五、结　语

本文针对苍容浔江大桥桩墙组合锚碇基础施工的监测需求,开展了监测技术在桩墙组合锚碇基础的应用研究。研究成果为桩墙组合锚碇基础监测技术应用以及后续锚碇基础施工提供了数据支撑,同时为类似工程提供了参考。

(1)本文结合桩墙组合锚碇基础施工的监测需求,设计并实施了一套桩墙组合锚碇基础的监测方案及系统平台,提高了监测工作的自动化程度。

(2)本文桩墙组合锚碇基础施工监测引入了FRP筋+光纤光栅监测技术,可以反馈桩墙组合锚碇基础施工过程中的应力变化,实现了FRP筋+光纤光栅监测技术在锚碇基础中的首次应用。

(3)本文开展了桩墙组合锚碇基础施工期的过程监测,锚碇锚体浇筑完成后锚碇前趾处桩基础的最大轴力值为11033kN、后趾处桩基础的最大轴力值为13862kN,桩基础的最大竖向应力值为5.33MPa,桩基础11.7m深度处是基础应力最显著的区域,为岩土层分界位置处,在施工中需重点关注,以确保基础的安全稳定。

参考文献

[1] 任美龙,王旭,梁鹏.桥梁健康监测传感器系统的现状及发展趋势[J].公路,2013,58(11):93-99.
[2] 王丽博.变形监测技术在桥梁监测中的应用[J].工程技术研究,2019,4(4):93-94.
[3] 李利平,贾超,孙子正,等.深部重大工程灾害监测与防控技术研究现状及发展趋势[J].中南大学学报(自然科学版),2021,52(8):2539-2556.
[4] 周桂兰,徐恺奇.大跨径桥梁结构健康监测技术现状与发展[J].公路交通科技(应用技术版),2019,15(4):168-169.
[5] 李博.大型桥梁安全监测评估新技术探索与实践[J].工程技术研究,2020,5(12):94-95.
[6] 朱晓文.结构安全监控技术研究及其在润扬大桥北锚碇地基基础的应用[D].南京:东南大学,2005.
[7] 谭利华,王巍伟,何晓军.重力式锚碇深基坑监测技术[J].公路,2017,62(1):91-95.
[8] 周磊.悬索桥锚碇结构长期安全监测合理测点布置技术研究[D].重庆:重庆交通大学,2012.

4. 超千米离岸水中墩沉降自动化监测技术应用

解光路　贺志中　秦　淇

（中交二航局第四工程有限公司）

摘　要　针对跨江桥梁离岸水中墩沉降观测实施难度大以及传统测量方法耗时费力、效率低的难题，提出利用磁致式静力水准仪来实施水中墩沉降自动化监测，并结合前期开展的静力水准自动化监测实验数据，成功将静力水准自动监测系统应用到常泰长江大桥超千米离岸水中墩沉降观测工作中，总结了静力水准监测系统应用过程中的注意事项，为以后同类型跨江桥梁水中墩开展长期沉降观测提供一种新的测量方法，也为类似实施超长线路静力水准监测项目提供借鉴。

关键词　水中桥墩沉降观测　静力水准仪　自动化监测系统　超长线路

一、引　言

常泰长江大桥位于泰州大桥与江阴长江公路大桥之间，距泰州大桥约28.5km，距江阴长江公路大桥约30.2km，其中主航道桥为双层斜拉桥，上层为高速公路，下层为城际铁路和普通公路[1]；主跨跨径为1176m，全长2440m，主墩基础采用台阶型沉井基础，主塔采用钢混组合结构空间钻石形桥塔，主塔设计总高352m，桥型布置如图1所示。

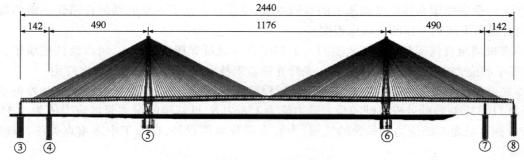

图1　常泰长江大桥主航道桥桥型布置图（尺寸单位：m）

二、水中墩沉降观测技术难点

桥位处江面宽约4.0km，水中5号墩位于长江主航道旁，离泰兴岸约1.3km，离常州录安洲岛岸约1.5km，采用传统跨河水准测量方法来实施水中墩沉降观测工作，存在以下难点：

（1）测量基点布设困难。桥墩远离堤岸，采用水准测量方法时，岸上测量基点无法满足需求；增加水中工作基点，稳定性差且施工成本高。

（2）外界环境复杂通视差。主墩位于长江主航道旁，江面常年湿气大，采用全站仪跨河水准测量方法时，大气能见度低，有效的观测窗口短。

（3）观测时间长，观测效率低。采用全站仪跨河水准测量方法时，测量时机受外界环境影响大，夜间水上作业安全风险高。为保证测量精度，需要多台仪器和多组人员相互配合进行多组重复观测，内外业数据量大。

三、静力水准测量原理

静力水准测量是利用液体连通管原理（图2）；在相连的容器内，液体总是寻求具有相同势能的水平面来平衡，即液体在大气压力和重力的作用下，最终会保持在同一个水平面上。通过测量不同容器内的液面高度,获取基点和监测点容器内液面垂直高度差,以高度差变化来反映监测点与监测基点之间的相对沉降量。

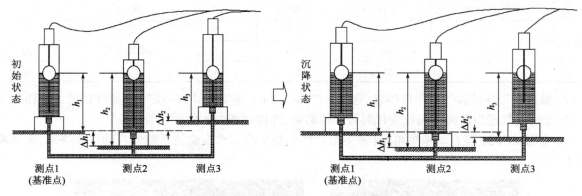

图2 静力水准测量原理示意图

目前市面上常见的静力水准仪有磁致式静力水准仪、超声波静力水准仪和压差式静力水准仪。其中磁致式静力水准仪具有准确度高、受外界环境影响小、仪器使用寿命长、适用范围广、实用性价比高等特点。

四、超长线路静力水准监测实施方案

各静力水准传感器安装完毕后,将电缆穿管保护,集中引至采集箱处。设置采集频率等参数后,采集系统将传感器数据实时采集,由无线 GPRS 模块远程发送至指定服务器存储;同时可以通过手机客户端 App 随时查询现场数据,便于实时掌握现场情况。监测系统架构如图3所示。

1. 主要仪器设备选用

(1)结合量程不小于1.5倍总变形量的指标要求,结合前期开展的超长线路静力水准实验参数[5],选择300mm量程的磁致式静力水准仪开展水中墩沉降观测工作。

(2)结合溶液体积膨胀系数宜小于 $10^{-3}/℃$ 指标要求,并根据项目所在地近10年最低温度,选择含量40%乙二醇和60%去离子水为主要成分的乙二醇防冻液为传输介质。同时传输溶液应选择同一厂家品牌、同一成分和配比且同一批次的产品,避免不同批次溶液比重的细微差别,造成溶液在导压液管内出现液面不平衡现象,乙二醇防冻液主要成分见表1。

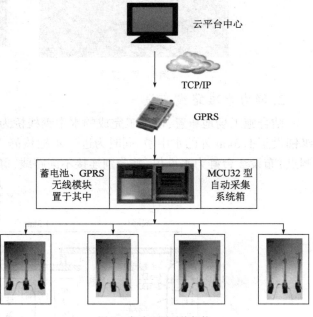

图3 自动监测系统架构

乙二醇防冻液成分表　　　　　　　表1

名称	成分(%)				成分比	凝点(℃)≤
	乙二醇	酒精	甘油	水		
乙二醇防冻液	60			40	容积之比	-55
	55			45		-40
	50			50		-32
	40			60		-22

续上表

名称	成分(%)				成分比	凝点(℃) ≤
	乙二醇	酒精	甘油	水		
酒精甘油防冻液	30	10		60	重量之比	-18
	40	15		45		-26
	42	15		43		-32

(3)根据施工环境和气象条件因素,选择 φ12mm×8mm 透明且具有一定强度的 PU 尼龙管作为导压液管,便于检查气泡以及减小温度变化对管径的影响,连通管如图4所示。

(4)选用 MCU32 型自动采集单元(采集箱),作为整个静力水准监测系统的自动采集终端,采集箱如图5所示。

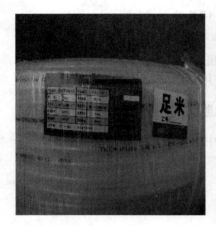

图4　导压液管　　　　　　　　图5　数据采集箱

2. 静力水准路线布设

结合施工场地布置,以施工完成的水中钢栈桥为铺设载体,采用透明尼龙管作为导压液管,沿栈桥边缘铺设至1.3km外的水中墩,同时为进一步检核静力水准数据的内符合精度,选择在同一位置(5D2监测点)布设2台静力水准仪,并分别连接不同路线,静力水准自动化监测路线布设如图6所示。

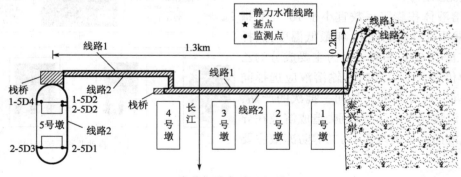

图6　水中墩静力水准监测系统路线

3. 监测基点和监测点布置

1)监测基点的设置

静力水准监测基点的稳定性直接影响监测系统运行,因此,在布设监测基点时,选择在基础稳定、有可用外接电源、交通便利且不易受损的岸上首级测量控制点附近,并在监测基点的基础上设置常规监测点,将其纳入日常施工控制网复测中。采用水准测量的方法对静力水准监测基点的基础进行定期监测,确保静力水准监测基点的稳定可靠。基点布设如图7所示。

图 7　静力水准自动监测系统基点

2) 监测点的设置

根据沉降观测点设计文件,同时为最大限度保护主墩塔座的外观完整性,将静力水准监测点布设在塔座边缘承台顶面的测量控制点固定墩底部,并焊接托盘以便安装静力水准仪。同时在 5D2 监测点位置布设了 2 台静力水准仪,监测点布设如图 8 所示。

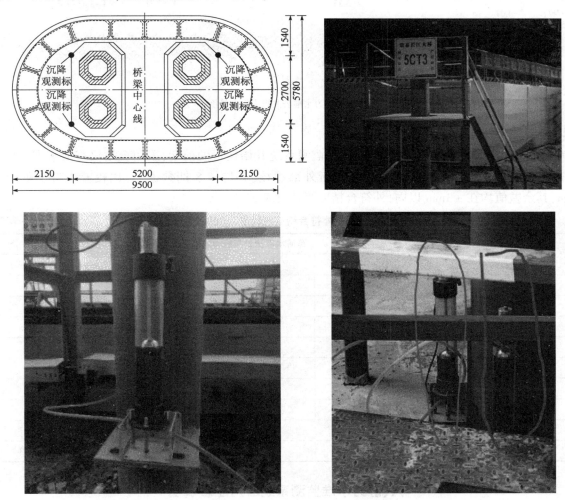

图 8　静力水准监测点设置(尺寸单位:cm)

在规划好静力水准监测点和监测基点位置后,根据基点与监测点之间的高度差和监测体的理论沉降量,综合考虑所选用静力水准的量程。结合静力水准测量原理,基点和监测点的布设高度差应尽可能保持在同一高程面上。

五、静力水准自动监测精度检核

1. 内符合精度检验

为检核静力水准数据的稳定性,在2号监测点位置布设2台静力水准传感器,使其处于同温度、同环境的相同气候环境下,理论上2台静力水准数据应同升同降。同时两条路线的监测基点也位于同一位置,因此无须考虑监测基点的影响。选择对1—6月连续监测获取的5D2公共点数据进行统计,共123组沉降量差值数据,其中113组沉降量差值≤±3mm,内符合精度统计,如图9所示。

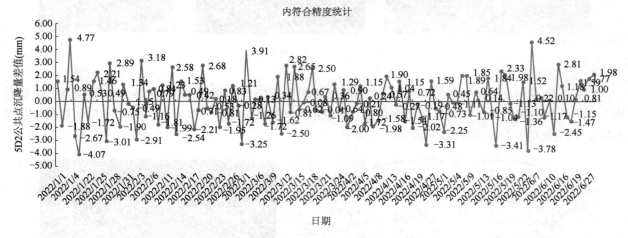

图9 静力水准公共点内符合精度

2. 外符合精度检验

为进一步确保静力水准数据的可靠性,在监测系统开始运行的前期,采用全站仪跨河水准对向观测的传统测量方法来对静力水准监测数据进行外部检核,共检核8期数据,对比较差中有1处出现了3.1mm,其余差值均在±3mm以内,外符合精度统计见表2。

外符合精度统计表　　　　　表2

期数	日期	人工跨河水准测量与静力水准监测系统测量值对比差值			
		5D1(mm)	5D2(mm)	5D3(mm)	5D4(mm)
1	2022年4月2日	1.6	1.0	1.8	1.6
2	2022年4月20日	2.9	1.4	2.8	1.7
3	2022年5月1日	-0.1	-0.6	-0.2	-0.3
4	2022年5月9日	0.9	0.5	-0.1	1.8
5	2022年5月21日	2.6	1.8	1.9	3.1
6	2022年6月8日	0.9	0.1	0.4	0.3
7	2022年6月19日	2.4	1.7	1.4	1.8
8	2022年9月28日	-1.6	-2.5	-2.0	-1.7
9	2022年11月20日	-0.8	-2.1	-1.6	-0.3

六、静力水准监测系统应用注意事项

1. 传输溶液

(1)综合考虑项目所在地历年最低温度,必要时在连通管外增加保温棉进行防护,避免传输溶液低温凝固,影响数据延迟性。

(2)采用防冻液作为传输溶液时,应选择同品牌、同成分和配比且同批次的产品,避免不同批次溶液比重的细微差别,造成液面不平衡。

(3)灌液时应均匀缓慢导入液体,并反复检查连通管内液体是否饱满,严禁连通管内出现气泡。

2. 导压液管

(1)连通管连接时,应用保证接头处的密闭性,严禁静力水准监测系统出现渗液现象。

(2)连通管拐弯应设置成钝角,避免阻碍溶液流动性,同时为减少人为破坏和降低外界温度影响,可根据现场情况对静力水准管线设置线槽进行保护。

(3)导压液管材质应选择透明且具有一定强度的尼龙管,便于检查气泡以及减小温度变化对管径的影响,造成监测系统无法有效运行。

3. 路线布设

(1)根据监测点和监测基点的安装高度和理论沉降量,综合考虑所采用的静力水准量程。尽可能安置在同一高程面上,避免沉降变化量超出静力水准有效量程。

(2)提前规划好静力水准管线铺设的载体,避免后续铺设时,管线得不到有效防护。

(3)静力水准基准点的稳定性直接影响监测系统的成功与否,基点应选择基础稳定,交通便利的位置,并在基础上设置常规水准监测点,采用传统水准测量的方法对基础进行长期监测,确保基础稳定可靠。

七、结　语

经过人工传统测量数据和自动化监测数据对比分析可知,自动化监测的数据与人工监测的数据基本吻合,同时2台所处不同静力水准路线中的公共点沉降量差值也基本一致,说明静力水准监测系统数据稳定可靠,其精度满足二等水准测量精度要求,其在夜间温度相对恒定时的监测数据可以实现远岸大跨径水中桥墩基沉降观测工作的要求。相比于传统跨河水准测量方法来实施水中墩沉降观测,静力水准监测系统稳定性好、自动化程度高,减少人员投入,提高观测效率,同时测量精度也不低于传统测量方法,对于实施跨江桥梁水中桥墩沉降观测,具有较高的推广价值。

参考文献

[1] 吴启和,张磊.常泰大桥水中沉井的关键技术[J].中国公路,2020(9):74-77.

[2] 何晓业.静力水准系统在大科学工程中的应用及发展趋势[J].核科学工程,2006,26(4):332-336.

[3] 魏静,魏平,李德桥.基于GPRS的沉降远程监控系统开发研究[J].土木工程学报,2015,48(S2):332-336.

[4] 贾军,张涛.高精度静力水准测量系统在桥梁变形监测中的应用[J].公路工程,2018,43(2):172-176.

[5] 解光路,许雄飞,唐帅,等.超长线路静力水准自动化监测实验浅析[J].安徽地质,2022(S2):236-240.

5.超长线路静力水准自动化监测实验浅析

解光路　许雄飞　贺志中　唐　帅

(中交二航局第四工程有限公司)

摘　要　常泰长江大桥主航道桥主跨1176m,5号主墩距离岸边1.3km。针对远岸大跨径水中桥墩沉降观测实施难,传统测量方法耗时费力,效率低的难题,研究提出采用静力水准来实施沉降观测的思路,并结合现有静力水准测量技术,开展了超长线路静力水准自动化监测实验,得出实验结论,同时也总结了在长线路静力水准自动监测实施时需要注意的有关事项,为后续本项目正式实施超长线路静力水准自动化监测系统提供技术参数支持,也为其他类似沉降观测实施困难的项目提供借鉴。

关键词 超长线路 桥墩沉降观测 静力水准 自动监测

一、引　言

近年来,跨越江、河、湖、海的超大型桥梁工程建设项目越来越多,在设计理论不断创新,设计安全得到有力保障的前提下,如何安全高效地将设计文案完美转化成实际产品,其基础稳定是确保施工安全及后期运营安全的重要保障之一。特别是在远离堤岸的水中桥墩施工时,开展对桥墩基础的沉降观测,实时掌握桥墩安全状态的工作显得必不可少。而采用传统测量方法对远离堤岸的水中墩台进行沉降观测,存在人力物力消耗大、观测周期长、临水作业安全风险大的问题。随着物联网技术的不断发展进步,20世纪90年代出现的静力水准系统得到了飞速发展,其在精度和实时性等方面都很好地解决了传统测量方法的弊端,在监测数据的时效性和自动化程度方面,反应更快,效率更高。

二、静力水准系统

静力水准系统是利用液体连通管原理(图1),在相连的容器内,液体总是寻求具有相同势能的水平面来平衡,即各容器中的液体在大气压力和重力的作用下[1],最终会保持在同一个水平面上。通过测量不同容器内的液面高度,来获取各监测点容器内液面高度相对于基点容器内液面高度的差值,用高度差值的变化量来反映各监测点与监测基点之间的相对沉降量[2]。

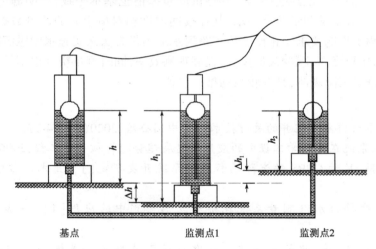

图1　静力水准测量原理示意图

目前市面上常见的水准仪有液位式静力水准仪和压差式静力水准仪[3]。液位式静力水准仪原理简单,液位变化直观。根据不同液位测量的原理和技术,又分为机械式和非机械式两种。机械式的液位测量是在液位中放入浮球,液位变化时,浮球会随液位而变动,测量出浮球的位置变化,即可得到液位的变化。本文主要根据静力水准仪的测量精度,受外界环境影响大小等特性,并综合考虑其量程、可靠性以及现场安装维护和适用范围等情况[4],选择磁致伸缩式静力水准仪作为实验仪器,开展超长线路(1km以上)复杂施工环境下静力水准自动化监测实验。

三、工程概况

常泰长江大桥主航道桥为双塔斜拉桥,主跨跨径1176m,主墩基础采用台阶形沉井基础,主塔采用钢混组合结构空间钻石形桥塔,主塔设计总高352m,桥型布置如图2所示。

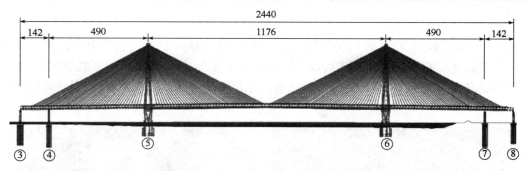

图2 常泰长江大桥主航道桥桥型布置图(尺寸单位:m)

其中主航道桥5号主墩位于长江江心主航道旁,距离岸边约1.3km,采用传统全站仪跨河水准的测量方法来实施沉降观测,存在测量基点布设困难,观测周期长,测量时机受外界环境影响大,观测效率低,同时夜间水上作业安全风险高的困难。

四、实验过程

根据相关文献资料,为更加清晰地掌握静力水准在各种线路环境下监测数据的稳定性,结合施工现场场地情况,将静力水准实验工作分三个阶段进行。

1. 第一阶段

选择在施工范围以外,受施工干扰小的陆地上,布设的导压液管长度由500m逐渐增加到1500m(图3),且监测基点和监测点距离设置较近(图4),实验时使基点和监测点的外界环境保持一致,采用人工精确测定升降量,来验证静力水准对升降量的监测精度、数据延迟时间,以确认静力水准的可行性。

 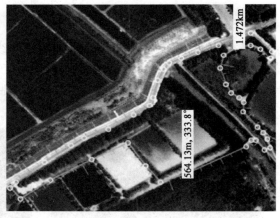

图3 第一阶段500m和1500m静力水准路线示意图

图4 第一阶段监测基点与监测点

2. 第二阶段

在第一阶段顺利完成后,将实验地点转移到施工现场,将1500m的静力水准管线沿施工栈桥进行布设。监测基点和监测点间隔1500m(图5),以验证受施工干扰大、外界环境不一致的情况下,静力水准的可行性;并采用人工精确测定升降量,进一步验证静力水准对升降量的监测精度、数据延迟时间及静力水准测量的可靠性。

a) 岸上监测基点　　　　　　　　　　b) 监测点

图5　第二阶段监测基点与监测点

3. 第三阶段

依然选择在晃动的施工栈桥上,同时在静力水准线路上新增加1台静力水准,采用人工精确测定其中1台静力水准的升降量(图6)。在监测过程中人工断电一定时间后,来验证静力水准数据的连续性,同时在升降量已知的情况下,进一步验证静力水准的监测精度和反应延迟时间,确保静力水准自动监测的可行性和可靠性。

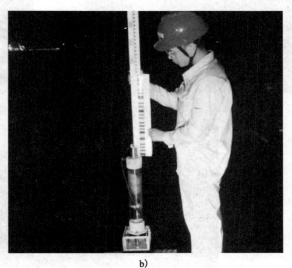

a)　　　　　　　　　　b)

图6　人工精确测定测点升降量

4. 实验资源配置情况

整个实验期间所使用的主要仪器设备和静力水准数量见表1。

实验期间所使用的耗材表　　表1

阶段	线路长度	管材	传输介质	静力水准	数据采集	调整量测定
第一阶段	500m	PU材质软管,规格12mm×8mm,单根长500m	防冻液	2台	简易自动数据采集箱3台	电子水准仪1台
第一阶段	1000m	PU材质软管,规格12mm×8mm,单根长500m	纯净水	2台	简易自动数据采集箱3台	电子水准仪1台
第一阶段	1500m	PU材质软管,规格12mm×8mm,单根长500m	纯净水	2台	简易自动数据采集箱3台	电子水准仪1台
第二阶段	1500m		纯净水	2台		
第三阶段	1500m		纯净水	3台		

五、实验数据分析

1. 监测数据反应的延迟性

根据第一、二阶段两台静力水准仪的监测实验,通过人工调整静力水准的安装高度,采用电子水准仪测定安装高度变化量来达到监测点沉降的效果以及在不同线路长度(500m、1000m及1500m)的延迟时间(图7、图8)。

监测数据延迟时间的统计见表2,线路长度在1500m时,数据的延迟时间基本在2.5h左右,其延迟性对以天或周为单位的桥墩沉降观测的影响基本可以忽略不计。

延迟时间统计表　　表2

阶段	调整量	路线长度	传输溶液	延迟时间(约)
第一阶段	下调5.0mm	500m	防冻液	1小时20分钟
第一阶段	下调1.1mm	1000m	纯净水	3小时20分钟
第一阶段	上升11.8mm	1500m	纯净水	2小时10分钟
第二阶段	上调2.2mm	1500m	纯净水	2小时30分钟
第二阶段	上调4.4mm	1500m	纯净水	2小时30分钟

2. 监测数据的稳定性

根据第二、三阶段两台静力水准仪的监测实验,采用连续监测的0—4时的数据,在此期间不进行静力水准安装高度的调整,在1500m线路的长度下,其监测数据的稳定性如图9所示。

监测数据相邻液位差之差统计见表3,相邻液位差之差的变化量在温度相对恒定的夜间(0:00—4:00)比较稳定,变化量均保持在±1mm内,可以提取此时间段的数据作为桥墩沉降观测的原始数据。

监测数据(0:00—4:00)较差统计表　　表3

阶段	时段	采集时间		相邻液位差数量	相邻液位差之差(mm)		备注
		开始	结束		最大	最小	
第二阶段 2台仪器	5/28 19:00—5/31 16:00	5/29 0:03	5/29 4:03	39组	-0.26	0.01	共119组,液位差之差变化量均≤0.3mm
第二阶段 2台仪器	5/28 19:00—5/31 16:00	5/30 0:08	5/30 4:03	40组	0.24	0.00	共119组,液位差之差变化量均≤0.3mm
第二阶段 2台仪器	5/28 19:00—5/31 16:00	5/31 0:03	5/31 4:03	40组	0.20	0.00	共119组,液位差之差变化量均≤0.3mm
第三阶段 3台仪器	7/1 19:00—7/4 4:30	7/2 0:03	7/2 4:08	75组	0.39	0.00	共225组,变化量>0.3mm出现3次(0.39、-0.37、-0.33),其余均≤0.3mm
第三阶段 3台仪器	7/1 19:00—7/4 4:30	7/3 0:08	7/3 4:03	72组	-0.27	0.01	共225组,变化量>0.3mm出现3次(0.39、-0.37、-0.33),其余均≤0.3mm
第三阶段 3台仪器	7/1 19:00—7/4 4:30	7/4 0:08	7/4 4:03	78组	0.17	0.00	共225组,变化量>0.3mm出现3次(0.39、-0.37、-0.33),其余均≤0.3mm

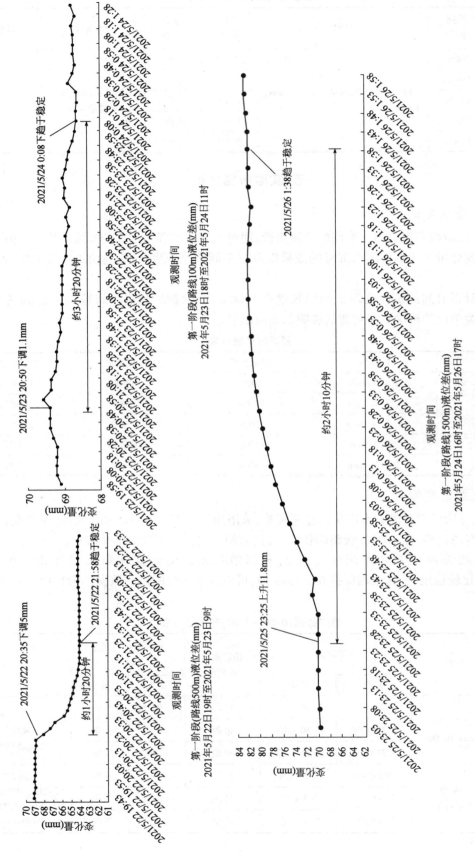

图 7 第一阶段监测数据延迟时间曲线

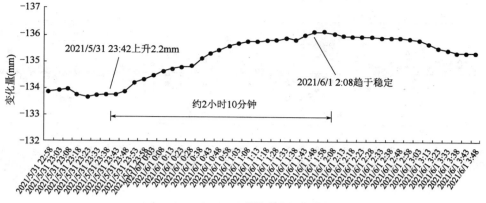

第二阶段(路线1500m)液位差(mm)
2021年5月31日16时至2021年6月1日16时

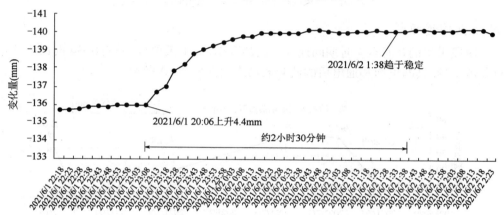

第二阶段(路线1500m)液位差(mm)
2021年6月1日16时至2021年6月2日16时

图 8　第二阶段监测数据延迟时间曲线

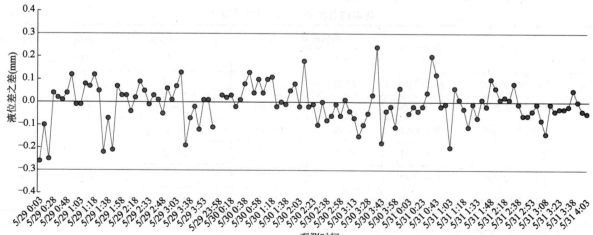

第二阶段路线长1500m(5分钟)相邻液位差之差(mm)
2021年5月29日0时至2021年5月31日4时

图　9

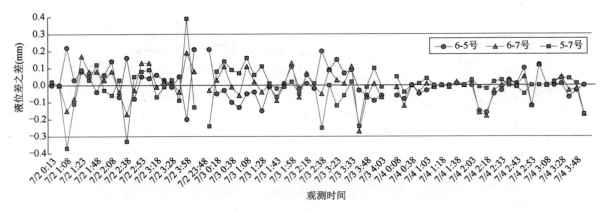

第三阶段路线长1500m(5分钟)相邻液位差之差(mm)
2021年7月2日0时至2021年7月4日4时

图9 第二、三阶段路线长1500m监测数据的稳定性曲线

3. 监测数据的连续性

根据第三阶段采集的0时至4时期间连续监测的数据(以1天单位,采用0—4时的平均值),在此期间人为进行断电干预,其断电前和通电后的监测数据连续性如图10所示。

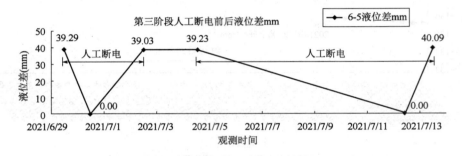

图10 第三阶段路线长1500m断电前后监测数据的连续性曲线

断电干预前后的监测数据见表4,前后数据较差均在±1mm内,说明静力水准在某些特殊原因导致中断的情况下,后续监测数据可以与前期数据顺利衔接。

断电前后自动监测数据统计表 表4

断电次数	开始时间	结束时间	液位读数(mm) 围5号	液位读数(mm) 岸6号	6-5液位差(mm)	差值(mm)	断电时长(h)
1	2021/6/29 0:03	6/29 4:03	95.91	135.20	39.29	-0.26	48
	2021/6/30 0:03	6/30 4:08	—	127.06	—		
	2021/7/2 0:03	7/2 4:08	61.48	100.51	39.03		
2	2021/7/4 0:08	7/4 4:03	37.78	77.01	39.23	0.86	168
	2021/7/12 0:03	7/12 4:08	—	25.74	—		
	2021/7/13 0:08	7/13 4:03	85.50	125.59	40.09		

4. 自动监测数据的精度

以电子水准仪测定不同静力水准的安装高度来模拟下沉量真值,通过第二、三阶段静力水准自动监测的数据为观测值(0:00—4:00)进行计算统计,测量精度统计如图11所示。

两种测量方法获取的下沉量见表5,两者较差均在±1mm内,其精度满足沉降观测要求。

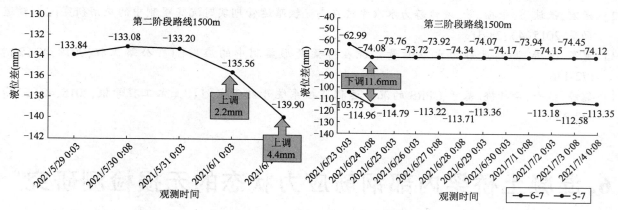

图 11 第二、三阶段路线长 1500m 监测精度

人工调整量与自动监测量较差统计表　　　　表 5

工况	测段	液位差调整量 (mm)	路线长度 (m)	液位差(mm)		监测量 (mm)	较差 (mm)
				初始值	测量值		
第二阶段人工调整	6-7	上调 2.2	1500	-133.20	-135.56	-2.36	-0.16
	6-7	上调 4.4	1500	-135.56	-139.90	-4.34	0.06
第三阶段 7 号测点人工调整	6-5	未调整	1500	40.76	40.88	0.12	0.12
	6-7	下调 11.6	1500	-62.99	-74.09	-11.10	0.50
	5-7	下调 11.6	1500	-103.75	-114.96	-11.21	0.39

六、结　语

（1）通过对实验数据分析可知，在温度变化小（相对恒定）的夜间（0:00—4:00），监测数据的连续性、稳定性、可靠性均较好，其精度优于传统全站仪跨河水准测量，因此，选择在温度相对恒定的夜间所采集的监测数据，可以满足远岸大跨径水中桥墩基础沉降观测的要求。

（2）静力水准线路长度超出 1km 时，由于监测基点与监测点之间间隔较远，两者所处的外部气象条件不尽相同，后续实施时可增加温湿度传感器同步监测两端的环境变化，通过对大量数据的分析，总结环境变化对监测数据的影响量。

（3）静力水准基点的稳定性直接影响整个监测系统的成功与否，因此监测基点的选择应充分考虑其基础稳定性，并定期对监测基点的稳定性进行检查。

（4）提前规划好监测点和监测基点的安装位置，并根据高度差和理论沉降量，综合考虑所选用静力水准的量程。受静力水准测量原理的影响，现场布设监测基点和监测点时，两者的布设高度应尽可能保持在同一高程面上。

（5）传输介质（纯净水或防冻液）应综合考虑项目所在地历年的最低温度，必要时在导压液管外面增加保温棉，避免传输介质在极端天气下出现结冰现象，同时传输溶液应选择同一厂家品牌、同一成分和配比且同一批次的产品，避免不同批次的溶液比重的细微差别，造成传输介质在导压液管内出现液面不平衡现象。

（6）导压液管材质应选择透明且具有一定强度的尼龙管，便于检查管内是否存在微小气泡，同时减小温度变化对导压液管引起的管径变化，以减少补液次数。

（7）导压液管铺设时避免出现小角度拐弯，预防导压液管打折阻碍传输介质的流动，同时在初始灌液时应均匀缓慢导入液体，并多次反复检查管内的液体是否饱满。导压液管内不允许出现气泡。

参考文献

[1] 何晓业.静力水准系统在大科学工程中的应用及发展趋势[J].核科学工程,2006,26(4):332-336.

[2] 杨宏,张献州,张拯,等.液体静力水准系统在高速铁路运营期实时沉降观测中的应用研究[J].铁道勘察,2015(4):28-31.
[3] 贾军,张涛.高精度静力水准测量系统在桥梁变形监测中的应用[J].公路工程,2018,43(2):172-176.
[4] 魏静,魏平,李德桥.基于GPRS的沉降远程监控系统开发研究[J].土木工程学报,2015,48(S2):332-336.

6. 混凝土桥梁内部钢筋应力状态的无损检测研究[①]

童凯[1]　陈琳[2]　陈飞宏[2]　杨德龙[1]
(1.重庆交通大学土木工程学院;2.广西新祥高速公路有限公司)

摘要　针对腐蚀环境下钢筋混凝土桥梁中钢筋应力检测手段匮乏的现状,本文提出基于金属磁记忆的钢筋应力检测手段,研究了裸钢筋背景磁场的分布规律、不同方向情况下磁场分布的规律、不同检测提离高度情况下磁场分布规律以及不同样品的磁场分布规律,进而验证了金属磁记忆运用于钢筋应力无损检测的可实施性,并通过对比研究混凝土T形梁,得出裸钢筋与外包混凝土T梁磁场分布规律,证实了自发漏磁运用于实际工程中桥梁无损检测的可能性。

关键词　金属磁记忆　应力状态　磁场分布　钢筋　T梁

一、引　言

我国是世界第一的桥梁大国,但在桥梁建设水平提高的同时,管理、养护的压力接踵而至。不断增大的交通量、部分桥梁建设标准偏低、建设质量存在问题、车辆超重超限、自然灾害、材料与结构自然老化等多种因素共同威胁着桥梁的安全[1],由此发生了一系列令人痛心的桥梁垮塌事故,而如何确保桥梁安全运营,对于保障我国社会、经济的长期稳定向好发展,具有重大战略意义与巨大工程价值[2-3]。

随着桥梁管养新技术、新材料、新装备不断涌现,对桥梁表观病害检测的技术水平已经得到显著提升[4],但是对桥梁内部各类隐蔽病害的检测,由于其形式各异、成因复杂、不易察觉,病害产生的结构破坏呈现突发性,而由于检测手段和方法的匮乏,桥梁管养和加固措施无法及时有效跟进,目前仍然是桥梁管养的痛点和难点[5]。

现有方法主要依靠磁场、声波、热像仪、射线、雷达等非接触无损检测技术[6],在定性检测方面取得了长足的发展,但定量化效果仍然不佳,无法对病害状态进行准确评估,极大地制约了桥梁隐蔽病害检测的有效性[7]。据统计,因桥梁隐蔽病害导致的危桥占总危桥数的80%以上[8],及时、精准地诊断桥梁隐蔽病害已经成为亟待解决的重大科学和技术问题。研究表明,磁场变异特性与钢材损伤高度相关。本文针对西部陆海新通道长大桥梁典型隐蔽病害检测的难点与痛点,基于病害处外部磁场发生变异这一共性特征,拟采用自发漏磁检测原理[9]构建出适用于西部陆海新通道长大桥梁的隐蔽病害无损诊断理论与方法,实现桥梁结构隐蔽病害的全周期状态感知。

二、基于金属磁记忆的桥梁结构内部钢筋应力状况研究

1. 铁磁材料的金属磁记忆理论分析

宏观的物体磁性来源于原子分子的"元磁矩"的集体性能。磁矩可以类比于电极矩的概念,拆分为

[①]　基金项目:重庆市研究生科研创新项目(CYB240246)。

两个强度相同而符号相反的紧密结构的"磁荷"。就一般的钢筋构件,在锈蚀的作用下,表面会出现材料损失,材料的损失的同时也会带来磁矩的损失。因此在锈蚀位置表面会产生"磁荷"累积,进而在锈蚀部位附近产生所谓的"漏磁场"异常现象[10-11]。但是除了材料损失所造成的漏磁效应以外,不可忽略的还有材料在局部受力时所造成的局部"磁矩"变化及其所产生的漏磁效应——"力磁耦合效应"[12]。此效应对于钢筋混凝土结构的锈蚀磁探测尤为重要,因为钢筋混凝土结构在锈蚀初期并不会出现明显的钢筋截面损失,但是由于锈蚀产物的膨胀效应,会在钢筋锈蚀部位产生强的局部内压力。这种内压应力与钢材料的内禀磁化强度之间会因为力磁效应而发生耦合,产生局部的磁化强度变化,进而在受压区产生局部磁极。这种锈胀应力-钢筋磁化之间的耦合效应也会带来与材料损失类似的局部"漏磁现象"。因此研究钢作为铁磁材料所具有的"力磁耦合效应",对于研究和理解自发漏磁检测技术具有重要的意义[13-15]。

目前学术界对 Jiles-Atherton 力磁耦合模型较为认可,Jiles 与 Atherton 通过对铁磁体的磁畴壁在外磁场作用下的演化过程的研究,将铁磁体的磁化区分为不可逆磁化和可逆磁化两个过程,分别总结为两个相互联系的磁化微分方程,并将经典的 Langevin 方程所描述的典型顺磁磁化解释为无磁滞磁化,将这三个模型耦合,形成了完备的 Jiles-Atherton 磁滞方程[16]。目前 Jiles-Atherton 磁滞模型是工程磁学领域最为常用的铁磁体磁化的数学模型。下面简要解释 Jiles-Atherton 磁滞模型的推导过程。

如上所述,Jiles-Atherton 磁滞模型的一个特点便是将磁体的磁化强度 M 区分为可逆磁化强度 M_{rev} 和不可逆磁化强度 M_{irr}:

$$M = M_{rev} + M_{irr} \tag{1}$$

而由 Langevin 方程所描述的,顺磁磁化也就是无磁滞磁化强度 M_{an}:

$$M_{an} = M_s \left[\coth\left(\frac{H_{eff}}{a}\right) - \frac{a}{H_{eff}} \right] \tag{2}$$

式中:a——Langevin 形状参数;

M_s——磁体的饱和磁化强度;

H_{eff}——磁体所受的有效磁场强度(包括外加磁场和内部有效场两个部分)。

$$H_{eff} = H + \alpha M \tag{3}$$

式中:H——外加磁场磁场强度;

M——磁体磁化强度;

α——耦合系数(αM 便是所谓磁体内部有效场)。

Langevin 方程是基于顺磁磁体的热力学行为所建立起来的方程,唯一的磁场强度决定唯一的磁体磁化强度,描述的是一个典型的可逆物理过程。Langevin 方程对于普通顺磁物质的磁化行为的解释非常成功,但是无法解释铁磁体的磁化曲线。这是因为铁磁体相对于普通顺磁体而言,有强烈的内耗作用,而 Langevin 方程无法将磁化过程内耗效应,也就是式(1)中的不可逆磁化过程纳入其中。但 Langevin 方程对于铁磁体磁化行为的研究最重要的启示便是,如果不可逆磁化占总磁化强度的比例不断缩小,铁磁体的磁化曲线会不断逼近 Langevin 方程所描述的无磁滞磁化曲线[17]。基于此理念,Jiles 与 Atherton 认为铁磁体磁化曲线与无磁滞磁化曲线的偏离与不可逆磁化强度 M_{irr} 有着密切的关系,并且认为不可逆磁化强度的演化是倾向于将磁化强度拉回无磁滞磁化强度,并将其总结为:

$$\frac{dM_{irr}}{dH} = \frac{M_{an} - M_{irr}}{k\delta - \alpha(M_{an} - M_{irr})} \tag{4}$$

式中:δ——方向参数,当 H 增加时,δ 为 +1,反之为 -1;

k——磁滞参数,k 越大说明磁滞效应越强,内耗越严重[18]。

2. 钢筋磁场空间分布及演变规律研究

为明确裸钢筋材料的力磁耦合效应,本文研究采用混凝土结构中常用的 HRB400 螺纹钢筋,每根钢筋试件的长度为500mm,其化学成分几力学参数见表1、表2。试验采用了直径为20mm的钢筋,如图1所示,编号为1号~8号。

螺纹钢筋试件的化学成分质量分数(单位:%) 表1

钢筋种类	化学成分种类				
	C	Si	Mn	P	S
HRB400	0.2	0.4	1.3	0.03	0.02

HRB400 螺纹钢筋强度设计值(单位:MPa) 表2

钢筋种类	抗拉强度设计值 f_y	抗压强度设计值 f_y'
HRB400	360	360

实验开展的全过程包含了钢筋轴向拉伸加载和钢筋表面自发漏磁强度监测,两者同步进行。如图2所示,在钢筋轴向拉伸加载过程中,将钢筋两端夹持在万能试验机的上下夹持口,拉伸加载速率为2kN/min。在钢筋表面自发漏磁强度监测过程,采用HMR2300磁强计,同时段自动化监测记录空间三个维度的磁感应强度($B_X/B_Y/B_Z$),监测精度为 6.9×10^{-2} mGs,监测范围为 ±2000mGs,数据采集频率为1.0Hz。

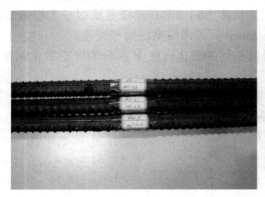

图1 16mm带肋钢筋试件照片

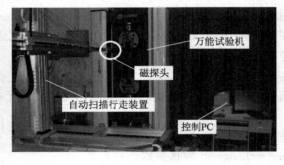

图2 钢筋拉伸加载及漏磁强度采集过程示意图

整个实验过程主要分为以下步骤:第一步,将钢筋拉伸至目标荷载;第二步,通过移动传感器采集试件不同位置的空间磁场信号;第三步,保持荷载不变,改变提离高度,重复第二步操作;第四步,改变目标荷载,重复开始所有步骤,直至试验完毕。

1)背景磁场分布规律

本实验采用PVC管模拟钢筋的大小和位置,获取了不同提离值下的背景磁场分布规律,如图3所示。从图3中可知,当测量点接近测量范围($Y=0$ cm和$Y=40$ cm)的边界时,背景磁感应强度曲线比测量范围的中间($Y=20$ cm)更陡峭。出现上述现象的原因是拉伸试验机的夹具材料为钢,具有更大的磁性,说明了测量点距离万能试验机夹具越近,夹具对磁感应强度的影响越大。为了防止万能试验机夹具对磁场规律的影响,会把采集得到的磁感应强度扣除背景磁感应强度后再进行分析。

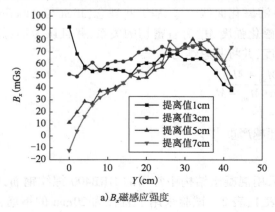

a) B_x 磁感应强度

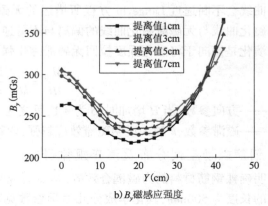

b) B_y 磁感应强度

图3

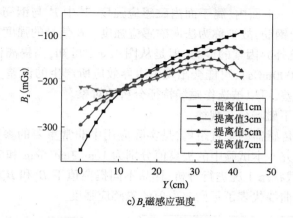

c) B_z 磁感应强度

图 3　不同提离值下的背景磁场沿钢筋长度方向的规律

2）不同方向情况下磁场分布规律

本试验的传感器可以测量三个相互垂直的磁感应强度分量,三个方向分量各自具备相应的特点;为了寻找最为合适的磁感应强度分量用于后续的研究,在此展开了不同方向磁感应强度分量的分布规律研究。选取了 1 号和 7 号钢筋在无荷载时的结果进行举例说明,结果如图 4 所示。定义坐标图中起始测量点的坐标为 $Y=0\mathrm{cm}$,横坐标 Y 表示从其他测量点到起始测量点的距离。

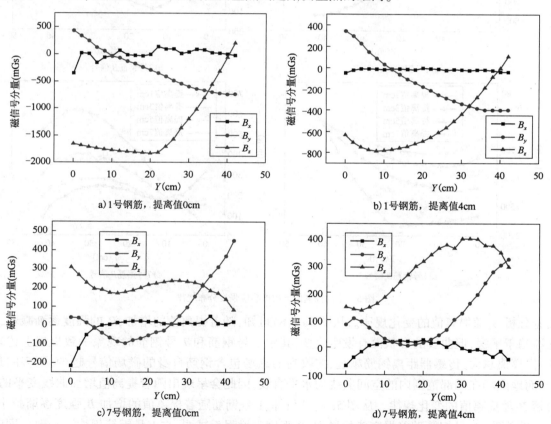

a) 1号钢筋,提离值0cm

b) 1号钢筋,提离值4cm

c) 7号钢筋,提离值0cm

d) 7号钢筋,提离值4cm

图 4　不同方向的磁感应强度分量的分布规律

从图 4 中可知,1 号钢筋和 7 号钢筋的磁感应强度 B_x 规律相似,相比于 B_y 和 B_z 磁感应强度,B_x 沿钢筋轴向的数值很小,从而导致了 B_x 信号容易受到外界因素的影响。出现该现象的原因为 B_x 与钢筋不在一个平面内,属于面外磁感应强度。总之,B_x 往往不被作为数据分析的对象,在本文的后续中将不再分析 B_x 的规律。

B_z和B_y与钢筋处在同一平面内,属于面内磁感应强度,其中B_y与钢筋方向一致,因此被称为轴向磁感应强度,B_z的方向垂直于钢筋,故被称为法向磁感应强度。B_z信号的强度正好与B_x相反,是三个分量中最强的分量,具有较强抵抗外界因素的能力,但是从图4a)中可知,当提离值为1cm、坐标$Y=20$cm时基本接近了传感器的量程(2000mGs),可能会出现由边界效应所产生的误差。而B_y的强度适中,不容易引起传感器量程边界效应误差,可以被选作磁场特征分析的对象。

3) 不同检测提离情况下磁场分布规律

提离值表示了钢筋至传感器的垂直距离,是实际应用中非常重要的参数,因此展开了不同提离值下的磁感应强度分布规律研究。本试验中的提离值分别为1cm、3cm、5cm和7cm。选择1号和7号样品在弹性阶段(荷载60kN)加载状态工况进行分析,样品不同提离值下B_y和B_z的空间分布规律如图5所示,每一张子图中的不同颜色曲线代表了不同提离值的磁感应强度。

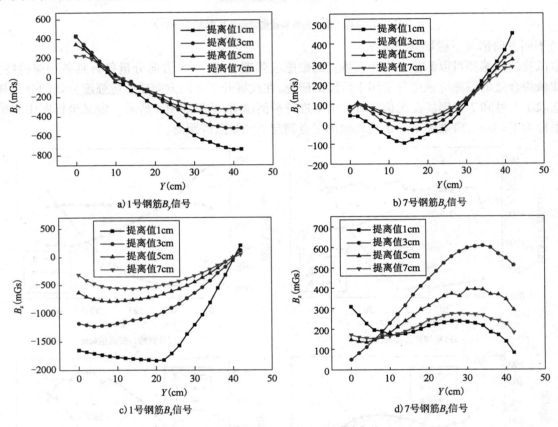

图5 不同提离值下的磁感应强度分布规律

接着分析B_y随提离值的变化规律。从图5a)、b)可知,随着提离值的增加,B_y的强度逐渐减弱,$B_y - Y$曲线逐渐趋于平缓,但曲线的形状没有发生改变,其中1号钢筋和7号钢筋的现象一致出现上述现象的原因为:提离值越大,传感器距离钢筋越远,接收到的磁场包含钢筋自身的磁场信号越少,更多的是地磁场信号,而地磁场在局部范围内的空间曲线为水平直线,因此会呈现出随着提离值增加曲线变平的现象。接着分析B_z随提离值的变化规律。从图5c)、d)可知,1号钢筋随着提离值的增加B_z强度逐渐减小,$B_z - Y$曲线逐渐变缓。7号钢筋随着提离值的增加,B_z强度先增强后减弱,与1号钢筋规律不一致。同时值得注意的是,1号钢筋提离值为1cm的曲线形状与其他提离值下曲线形状差异较大,7号钢筋也同样存在这个问题,说明了B_z信号在不同提离值下的不稳定性。

4) 不同样品的磁场分布规律

为了弄清不同样品下的磁场是否具有相同的分布规律,因此展开了不同样品之间的磁场规律对比分析。将1号钢筋和7号钢筋的磁场绘制在同一张图进行分析,其中不同线形代表了不同样品,如图6所示。

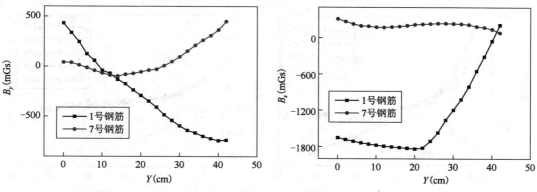

图 6 不同样品的磁场分布规律

从图6可知,1号钢筋和7号钢筋的在同一Y坐标时的磁感应强度数值不一致,且磁感应强度空间分布曲线的形状也相差甚远;同时将实测结果与理论模型所得的结果相比,发现实测数据不具有理论模型中"极值"和"过零点"的特征。上述现象均说明了磁信号曲线的分布规律存在样品差异性,而造成这种差异的原因可能是由于不同样品具有不同初始磁化所造成的。鉴于此由于初始磁化的差异性,不可直接将磁感应强度数值用作应力诊断分析,需要继续挖掘弱磁场与应力的共性规律。

综上所述,提离值对检测结果的影响主要体现在磁感应强度数值的大小上,提离值越大,磁感应强度的数值越小。B_x、B_y 和 B_z 三个磁感应强度分量中,由于 B_x 和 B_z 在空间分布中的不稳定性,因此在后续的分析中将使用轴向磁感应强度 B_y 作为应力诊断的分析对象。

在对钢筋的弱磁场在空间的分布规律进行分析之后,确认了 B_y 作为分析应力影响的对象,本小节将分析轴向磁感应强度 B_y 随应力的变化规律。同样选择1号钢筋和7号钢筋作为分析对象,选择提离值为3cm时的结果举例进行分析,如图7所示。图7a)中表示了1号钢筋 B_y 随应力的变化规律;由于应力工况较多,为了发掘更多的信息,因此将图7a)拆分为弹性阶段、弹塑性过渡阶段和塑性阶段共3个阶段展开规律挖掘,分别如图7b)~7d)所示。

首先对图7a)展开分析,从整个加载过程来看,1号钢筋的 B_y 空间分布形式类似于一种倾斜的直线形式,随着荷载的增加,B_y - Y 曲线的坡度逐渐降低。从曲线的变化程度来看,增加相同的荷载,弹性阶段时的曲线变化程度比屈服阶段更大。单独对弹性阶段进行分析,从图7b)可知,增加相同的荷载,B_y-Y 曲线的变化程度呈现先增大后减小的规律,在荷载为60kN时(50%左右屈服荷载)时,曲线的变化程度最大,这与磁信号在弹性阶段的中期程度变化速度最快而弹性阶段后期速度逐渐减缓的现象一致。其次对弹性过渡至塑性阶段展开分析,选择了屈服荷载(127kN)附近的两个应力工况进行对比,从图中可知,弹性阶段和塑性阶段之内,B_y-Y 曲线的变化幅度较小;相比于前者,当弹性阶段过渡至塑性阶段时(120~130kN),B_y-Y 曲线发生了更为明显的改变,说明了 B_y-Y 曲线具有明显的弹塑性分界特征。最后对塑性阶段的 B_y-Y 曲线进行分析,从图7d)中可知,塑性阶段内的 B_y-Y 曲线变化程度很小。

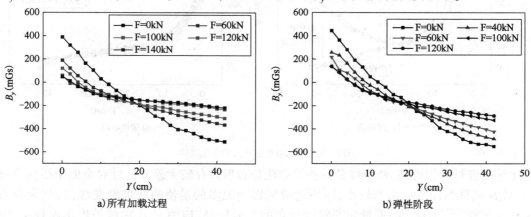

a) 所有加载过程   b) 弹性阶段

图 7

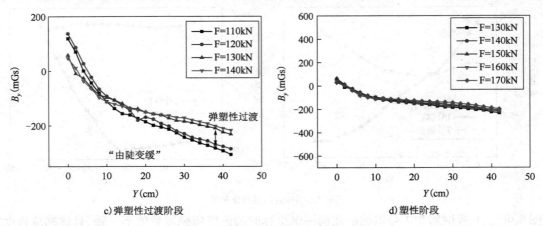

c) 弹塑性过渡阶段　　　　　　　　　　d) 塑性阶段

图7　1号钢筋磁场随应力的变化规律

接着，以相同的分析思路对7号样品展开分析。从图8a)可知，7号钢筋的B_y的空间分布形式类似于曲线。随着荷载的增加，B_y-Y曲线的弯曲程度逐渐减小，且弹性阶段中的变化程度大于塑性阶段。同样将应力状态拆分成3个阶段后进行分析。弹性阶段内，B_y-Y曲线基本形状不发生改变，但随着荷载的增加，曲线的弯曲现象明显减弱，从应力对B_y-Y曲线的影响程度来看，应力对早期弹性阶段（0~80kN）B_y信号的影响程度大于后期弹性阶段（80~120kN）。弹性过渡至塑性阶段的现象与1号钢筋类似，一旦钢筋应力越过屈服平台后，B_y-Y曲线表现为形状的突变，曲线的形状进一步往直线发展。塑性阶段的现象与1号也类似，B_y-Y曲线表现为变化程度较小，各测点在不同应力下的数值差异较小。

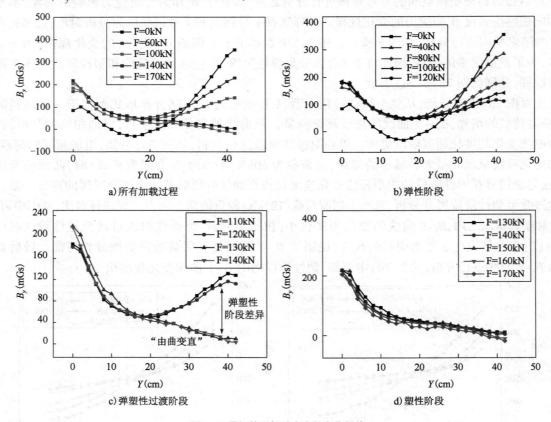

图8　7号钢筋磁场随应力的变化规律

对上述样品进行分析可知，两个样品的初始磁化分布形式存在较大差异。针对类似于线性分布的1号样品，应力对B_y曲线弯曲程度影响较小，应力造成的影响更多的是使曲线坡度变缓，总结为应力对磁场分布曲线有使其变"平"的特性；而针对非线性分布的7号样品，应力对B_y曲线坡度影响较小，应力造成的影响主要为使曲线的弯曲程度变小,总结为应力对磁场分布曲线有变"直"的特性。在此,将曲线的坡度和弯曲程度统一称为曲线的"平直度",所以应力对轴向磁感应强度分布曲线影响可以总结为:随着应力的增加,钢筋轴向磁感应强度分布曲线的"平直度"降低。

接着,对上述现象产生的原因展开解释说明。弹性阶段内,应力主要导致了内部磁畴磁化方向由初始方向转向应力方向,当初始方向一致时,应力越大,使磁畴转动的角度就越大,则钢筋退磁场的变化程度也越大,最终导致了磁感应强度在空间各个位置的差异减小,反映在 B_y-Y 曲线时表现为"平直"效应。屈服阶段内钢筋内部位错大量增殖导致磁畴组织发生重分布,所以会出现弹塑性阶段之间有较大的信号差异;而完全进入塑性阶段后,钢筋主要为强化阶段,此时受亚晶体的束缚,磁畴组织运动受限,宏观表现为磁场随应力的变化较小。

综上所述,应力对钢筋磁场的影响可以总结为:①弹性阶段内,随着荷载的增加,轴向磁感应强度 B_y 曲线的"平直度"逐渐降低,且对应力具有敏感性;②弹塑性过度时,轴向磁感应强度曲线形状和数值出现明显剧烈的变化;③塑性阶段内,轴向磁感应强度曲线变化非常微弱,对应力敏感性低。

3. RC 梁纯弯段弱磁场空间分布及演变规律

本文试验选取带箍筋的钢筋混凝土 T 形截面梁作为试验对象,预制了 3 个具有相同几何尺寸与配筋的试件,编号为 T1、T2 和 T3。试件的几何尺寸与配筋如图 9 所示,T 形截面梁高为 330mm,翼板宽度为 500mm,腹板宽度为 120mm,跨度为 3500mm;纵向受拉钢筋 HRB400 为 2ϕ6,箍筋配置为 ϕ6@150;混凝土设计强度等级为 C40,纵向受拉钢筋的保护层厚度为 20mm。在预制钢筋混凝土 T 梁的同时,还在受拉钢筋的特定位置处分别布置钢筋应变片。

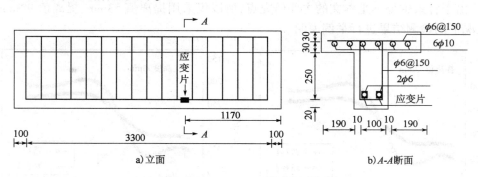

图 9 混凝土梁试件几何尺寸与配筋(尺寸单位:mm)

试验采用金属磁记忆扫描装置进行自发漏磁扫描,三维扫描检测装置的扫描长度为 925mm,提离高度分别为 5mm、10mm、20mm、30mm、50mm、70mm、90mm。每个提离高度下扫描路径为 7 条平行直线,分别命名为路径 1、路径 2、路径 3、路径 4、路径 5、路径 6 和路径 7,路径 1 和路径 7 到梁肋边缘的距离为 6mm,中间各条扫描路径之间间隔 18mm。试验共设置了 10 种荷载工况,分别为 0~90kN。

试验采用自主研发的基于金属磁记忆技术的三维扫描检测装置和 uT7121Y 静态应变仪,如图 10 所示。该自动三维扫描装置主要包括自动扫描行走装置、磁传感器、PC 控制系统;其中磁传感器为 Honeywell 公司研发的 HMR2300 轴智能数字磁力计,其量程为 $\pm 2 \times 10^{-4}$T,分辨率为 6.7×10^{-9}T。运行时,设备与计算机相连,可以实现速度、路径可控的三维空间磁信号采集。此外,HMR2300 磁力计可高精度地采集样品的磁感应强度,包含 X、Y、Z 三个方向上的磁感应强度分量。电阻应变仪采用武汉优泰电子技术有限公司生产的 uT7121 静态应变仪,测量范围为 $\pm 30000 \times 10^{-6}$,精度为 $\pm 1 \times 10^{-6}$。

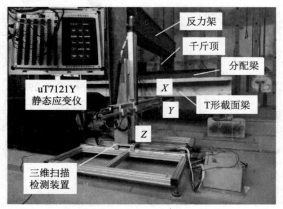

图 10 扫描装置示意图

钢筋混凝土T形截面梁放置在两端的支座上，分配梁放置在T形截面梁上方形成四点弯曲加载。采用应变式测力计和千斤顶进行加载，钢筋应力的测量方法为电测法，即通过在钢筋上下缘处粘贴应变片，将试件被测点的应变值转换为应变片的电阻变化，再利用uT7121Y静态应变仪测出应变片的电阻变化率，经应变仪并直接输出被测点的应变值，然后依据虎克定律计算出试件被测点的应力值。

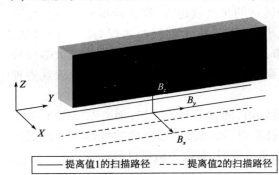

图11 RC梁四点弯曲试验空间坐标系及磁信号方向示意图

桥梁结构具有自重恒定荷载、车辆反复荷载和环境因素荷载等相结合的受力特征，钢筋作为结构的重要受力构件，在单根钢筋拉伸试验中已经获知了磁感应强度B_x、B_y和B_z三个分量中B_y最稳定，因此在分析RC梁弱磁场空间分布规律时仅选择了轴向磁感应强度B_y作为后续分析的对象。同样地，为了便于提高本文的可读性，在此绘制了RC梁四点弯曲试验的空间坐标系及磁场方向示意图，如图11所示，其中实线和虚线分别表示了两种不同提离值下的扫描路径，同一颜色的虚线相互平行，代表了同一提离值下不同水平位置（X坐标不同）的扫描路径。在该小节中，关于坐标和磁场方向的描述均参考此图。

1）背景磁场分布规律

由于加载支座是纯钢结构，其自身带有磁性，同时考虑到矩形梁跨径较短，可能会对磁场检测结果产生严重影响，所以在试验开始之前需测量背景磁场。测量背景磁场时将不放置混凝土矩形梁，检测结果如图12所示。由于背景磁场不是本文的主要研究点，所以仅采用提离值53mm、提离值93mm、路径1和路径2四个工况下的检测结果进行举例说明。

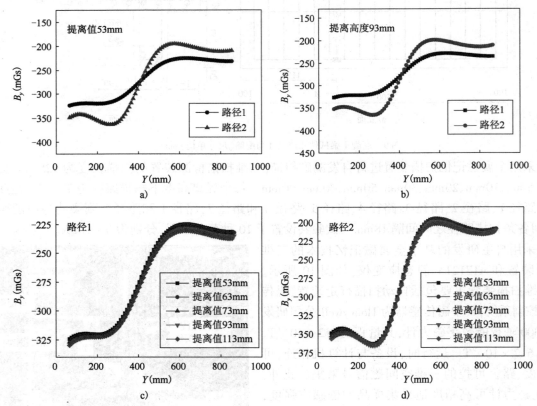

图12 矩形梁加载试验背景磁场

由图12可知，提离值53mm和提离值93mm工况下的背景轴向磁感应强度B_y规律相似，其中磁场的最大波动超过了350mGs，由此可以确定钢支座确实对空间磁场分布存在巨大影响；随着路径的改变，B_y

曲线出现了较大变化,其波动程度随着路径 1 至路径 2 逐渐增大,说明了 B_y 受水平方向坐标影响较大。路径 1 和路径 2 工况下的 B_y 规律也相似,但随着提离值的增加,B_y 变化不大,说明了该实验中背景磁场沿提离值分布差异较小。后文试验中测量得到的轴向磁感应强度 B_y 将扣除背景磁感应强度 B_y 后再进行分析,以减小钢支座对检测结果的影响。

2)不同水平位置的磁场分布规律

为了分析 RC 梁内不同水平位置下的磁场分布规律,首先明确不同水平位置下的扫描路径与钢筋的空间位置关系。以 T1 样品为例,钢筋与扫描路径存在对应的位置关系:路径 1 位于左侧钢筋正下方,路径 2 靠近右侧钢筋正下方。根据提离效应,处于不同水平位置的两条路径的磁场分别主要受到各自正上方的钢筋影响。

进行分析时将控制提离值为 63mm 不变,选取了 4 个荷载工况(0kN、80kN、150kN 和破坏前)下的结果说明不同水平位置下的磁场分布规律,如图 13 所示。

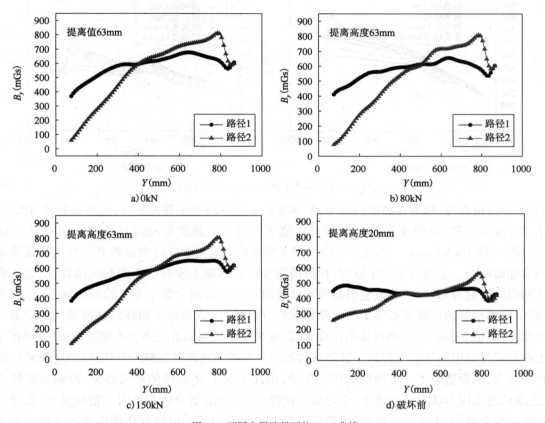

图 13 不同水平路径下的 B_y-Y 曲线

从图 13 可知,试件在不同水平位置扫描路径上获得的 B_y-Y 曲线分布规律存在差异,其中路径 1 的 B_y-Y 曲线较为平缓,路径 2 的 B_y-Y 曲线较为陡峭,产生该现象的最主要原因为左侧钢筋和右侧钢筋的初始磁化不同。同时随着钢筋应力的不断增加,两条路径上的 B_y-Y 曲线的变化主要表现为曲线坡度的减小,这符合前文中所描述的应力使磁感应强度曲线变"平"的特征。不同水平位置扫描路径的 B_y-Y 曲线数值差异随着应力的增加而减小,但是总体形状并没有发生较大的变化。

3)不同检测提离情况下磁场分布规律

分析不同提离值下的 RC 梁弱磁场空间分布规律时,同样以 T1 样品为例,选取 0kN、80kN、150kN 和破坏前 4 个荷载工况下的结果分析提离值对轴向磁感应强度 B_y 的影响,结果如图 14 所示,其中不同线形代表不同提离值时所采集的 B_y 信号在 Y 方向上的分布。

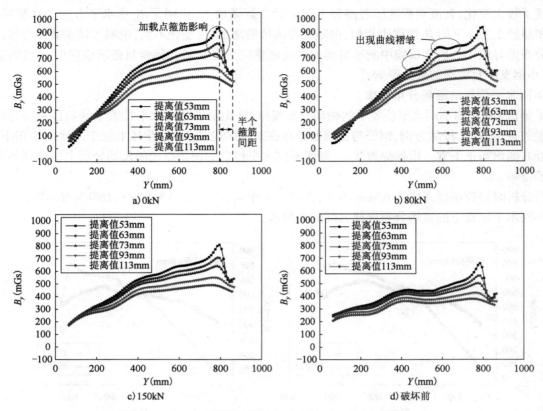

图 14 不同提离值下的 B_y-Y 曲线（T1 样品）

从图 14 中可以发现，随着提离值的增加，B_y 强度几乎呈现向下平移的趋势，但各位置 B_y 随提离值增大而减小的程度不一致，这与单根钢筋不同提离值下的磁感应强度分布规律相似。在提离值为 53～73mm 位置时，坐标 $Y=800$mm 一侧的 B_y 曲线出现了异常的突起［图 14a）中被圈出］，且这种现象会随着提离值的增加而减小。上述现象产生原因：在扫描路径的右侧端头刚好位于箍筋的位置，根据仿真试验中对箍筋间距的研究可知，由箍筋效应引起的波动极值点位置理论上等于半个箍筋间距；从试验现象来看，突起的位置到箍筋的位置基本等于半个箍筋间距，所以可以认为是受加载点箍筋磁场的影响。随着荷载的增加，提离值 53mm 的 B_y 曲线逐渐出现褶皱，这种褶皱现象随着提离值的增加而减弱；该现象可能是混凝土在加载过程中的开裂引起的。在加载初期由于混凝土内部微裂缝的开展，混凝土包裹的钢筋应力状态较为复杂，从而造成了一定程度的应力集中，由此引起了 B_y 曲线的褶皱现象；但随着裂缝逐渐开展，钢筋逐渐从复杂应力状态解放出来，应力集中被释放，钢筋的受力状态趋向于轴拉受力，此时曲线褶皱现象减弱。综上可知，无论是纵向钢筋、箍筋还是由于开裂引起的磁场变化均随着提离值的增大而逐渐减弱。

综合以上分析，可以获得统一的规律：不同位置处的 B_y 强度随提离值的改变有一定的差异，总体上提离效应表现为提离值越大 B_y 强度越小，但随着荷载的增加，提离效应减弱。该结论与单根钢筋试验的结果一致。

选择 T1 样品进行举例说明应力对磁场的影响，由于应力工况较多，在此仅选择 3 个工况进行举例说明，选择的 3 个工况可以探讨不同提离值和不同水平扫描路径下的弱磁场演变特征。3 个工况分别为：①提离值 63mm、路径 2；②提离值 93mm、路径 1；③提离值 93mm、路径 2。不同荷载下 B_y-Y 曲线如图 15 所示。由于数据点太多，为了使图像表述得更清晰，因此将每种工况的结果拆分为 2 张图片进行展示，其中所有应力工况采用单线条表示，不同线形代表了相应的荷载。

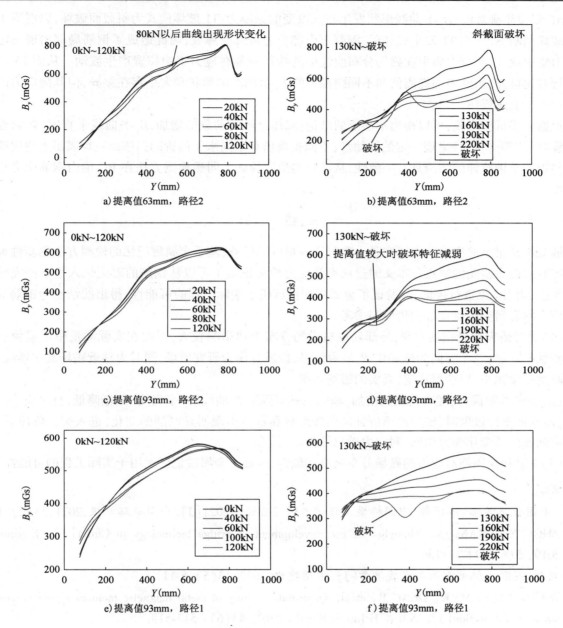

图 15 不同荷载下的 B_y-Y 曲线

从图 15 中可知,总体上看,随着荷载的增加,B_y-Y 曲线大致经历了两个阶段:阶段 1 为荷载等于 0～80kN,此阶段内 B_y-Y 曲线的基本重叠在一起,说明磁场信号变化较微弱;结合钢筋应力测试结果可知,加载前期的钢筋应力变化较小而导致了 B_y 强度变化较小。B_y-Y 曲线在 70～80kN 出现了较大的变化,主要体现在曲线的形状发生了改变;阶段 2 为 90kN 之后,如图 15a)和 15b)所示,曲线随应力变化逐渐明显且有一定规律,特别是 120kN 之后(图中显示为曲线之间较为分离),曲线倾斜程度呈规律性逐渐变缓,弯曲程度逐渐降低。到破坏时,B_y-Y 曲线形状发生了明显的改变,出现了一些位置随机、大小不同的波峰波谷,与之前的曲线形状有较大差异。

现分析上述现象出现的原因。出现阶段 1 和阶段 2 的原因为:在 80kN 之前,RC 梁的弯矩主要靠混凝土和受拉钢筋共同承担,钢筋应力随荷载增幅并不明显,在 80kN 之后 RC 梁弯矩主要靠受拉钢筋承担,此时钢筋应力随荷载基本呈现稳定线性关系。阶段 1 和阶段 2 之间出现的磁感应曲线形状改变很可能是由于受拉区混凝土内部微裂纹开展导致的钢筋局部位置应力集中,当裂缝开展后应力集中得到了释放。RC梁发生破坏时，B_y-Y曲线形状发生较大改变的原因为：T1破坏模式为斜截面破坏，以混凝土被剪坏为破坏判断标准，当T1发生破坏后，混凝土内部应力被瞬时释放，因此造成了钢筋局部出现一定程度的应力集中效应，而应力集中在磁场分布曲线中的特征则是在应力集中位置产生波动。从图15三幅分图进行对比可知，虽然不同提离值和不同路径下的B_y-Y曲线的形状和大小存在差异，但其随应力的变化特征均符合上述规律。

根据上述试验现象，可以得出本小节的结论：总体上随着荷载的增加，B_y-Y曲线平直度（倾斜程度和弯曲程度）逐渐降低，且呈现一定的规律性；不同提离值和不同水平位置的扫描路径均满足上述规律。该结论与钢筋单轴拉伸的结论具有一致性，从试验的角度验证了弱磁检测方法在RC梁内钢筋应力检测的可行性。

三、结　语

混凝土桥梁钢筋应力状态研究是一项复杂且艰巨的任务，基于金属磁记忆的检测方法创新性地解决了传统有损应力检测的缺点。本文通过裸钢筋应力检测证实了可以从钢筋的磁记忆入手来探究钢筋应力的状态，用RC梁进行佐证，并验证了金属磁记忆运用于实际工程的可能性，得出的结论为钢筋混凝土钢筋应力状态研究提供良好的借鉴与参考。

（1）通过研究背景磁场发现，外部环境对磁场分布规律影响较大，因此在实际测量中应避免过于接近有磁性的物品，三个方向的磁场中B_y最为稳定，最适合作为研究磁场，同时为贴近磁场真实情况，应将提离高度尽量减小，以获得稳定，真实的磁场数据。

（2）在弹性阶段内，随着荷载的增加，轴向磁感应强度B_y曲线的"平直度"逐渐降低，且对应力具有敏感性，而在弹塑性过度时，轴向磁感应强度曲线形状和数值出现明显剧烈的变化，进入塑性阶段后，轴向磁感应强度曲线变化非常微弱，对应力敏感性低。

（3）T梁和裸钢筋对应力的磁场分布具有相似性，验证了金属磁记忆运用于实际工程的可能性。

参考文献

[1]《中国公路学报》编辑部.中国桥梁工程学术研究综述·2021[J].中国公路学报,2021,34(2):1-97.

[2] ZHOU X, ZHANG X. Thoughts on the development of bridge technology in China[J]. Engineering, 2019, 5(6): 1120-1130.

[3] 刘钊.混凝土桥梁溯源与发展思考[J].桥梁建设,2013,43(5):5-11.

[4] WANG Z D, YAO K, DENG B, et al. Quantitative study of metal magnetic memory signal versus local stress concentration[J]. Ndt & E International, 2010, 43(6): 513-518.

[5] 童凯,张洪,赵瑞强,等.磁记忆弱漏磁效应的平行钢丝束断丝多维度检[J].材料科学与工程学报, 2023, 41(4): 628-637.

[6] HE S H, ZHAO X M, MA J, et al. Review of highway bridge inspection and condition assessment[J]. China Journal of Highway and Transport, 2017, 30(11): 63-80.

[7] NI C, HUA L, WANG X. Crack propagation analysis and fatigue life prediction for structural alloy steel based on metal magnetic memory testing[J]. Journal of Magnetism and Magnetic Materials, 2018, 462: 144-152.

[8] 吴大波,徐敏强.金属磁记忆技术的机理与试验研究[J].哈尔滨工业大学学报,2012,44(11):36-39.

[9] BAO S, JIN P, ZHAO Z, et al. A review of the metal magnetic memory method[J]. Journal of Nondestructive Evaluation, 2020, 39: 1-14.

[10] 童凯,周建庭,赵瑞强,等.反复拉伸加载下钢筋力磁耦合效应[J].建筑材料学报,2023,26(7):

[11] 苏三庆,刘馨为,王威,等.金属磁记忆检测技术研究新进展与关键问题[J].工程科学学报,2020,42(12):1557-1572.

[12] 包胜,赵政烨,金鹏飞,等.铁磁性材料缺陷处的磁记忆信号特征分析[J].工程力学,2020,37(S1):371-375.

[13] VALIZADEH A, MONTAZEROLGHAEM H, FESHARAKI J J. Detection of residual stress in friction stir welding of heterogeneous aluminum/copper sheets—ultrasonic method[J]. The International Journal of Advanced Manufacturing Technology, 2021, 117(1):97-108.

[14] SHI C L, DONG S Y, XU B S, et al. Metal magnetic memory effect caused by static tension load in a case-hardened steel[J]. Journal of Magnetism and Magnetic Materials, 2010, 322(4):413-416.

[15] 任尚坤,祖瑞丽.基于磁记忆技术对含缺陷焊缝的疲劳试验[J].航空学报,2019,40(3):251-262.

[16] JILES D C, ATHERTON D L. Theory of the magnetisation process in ferromagnets and its application to the magnetomechanical effect[J]. Journal of Physics D:Applied Physics, 1984, 17(6):1265.

[17] TONG K, ZHANG H, ZHAO R, et al. Investigation of SMFL monitoring technique for evaluating the load-bearing capacity of RC bridges[J]. Engineering Structures, 2023, 293:116667.

[18] JILES D C. Theory of the magnetomechanical effect[J]. Journal of physics D:applied physics, 1995, 28(8):1537.

7. BIM技术在公路桥梁系杆拱加固中的应用

郑 熹 叶 奂

(浙江数智交院科技股份有限公司)

摘　要　公路桥梁作为交通基础设施的重要组成部分,其安全性和稳定性至关重要。随着使用年限的增长和外界环境因素的影响,许多公路桥梁出现了结构老化和损伤现象,亟须进行加固处理以确保其安全运营。传统的加固方法往往依赖于经验和二维图纸,难以准确地反映工程的实际情况,导致加固效果不尽如人意。本文旨在探讨BIM技术在公路桥梁系杆拱加固中的应用方法和实际效果,分析其在吕山大桥加固工程中的具体应用案例,为相关领域的研究和实践提供参考和借鉴。

关键词　BIM技术　公路桥梁　系杆拱加固

一、引　言

BIM,即建筑信息模型,是一种应用于工程设计、建造、管理的数据化工具。它通过三维数字技术模拟建筑物的真实信息,为工程项目从规划、设计到施工、运维的全生命周期提供精确、高效的信息管理。BIM技术不仅仅是一个三维模型,更是一个包含时间、成本、设施管理等多维度信息的综合数据库。

BIM技术还具备强大的模拟和分析能力。在方案设计阶段,可以对不同的设计方案进行性能模拟和成本分析,帮助设计师选择最优方案。在施工过程中,BIM技术可以用于碰撞检查,提前发现各专业之间的冲突点,避免返工和浪费。

总的来说,BIM技术是一种革命性的工程管理工具。它通过整合工程项目的多维信息,实现各专业之间的协同设计和信息共享,提高工程效率和质量。随着科技的不断进步和应用的深入,BIM技术将在未来发挥更加重要的作用,推动工程建设行业的持续创新和发展。

二、BIM技术在公路桥梁系杆拱加固中的应用

在公路桥梁系杆拱加固工程中，BIM技术的应用为项目的各个阶段带来了显著的优势。下面详细阐述BIM技术在方案设计、初步设计及施工图、竣工阶段的具体应用，并通过数据和表格来展示其实际效果。

1. 方案设计阶段的应用

在方案设计阶段，BIM技术为公路桥梁系杆拱加固工程提供了强大的模拟和分析能力。利用BIM工具，设计师可以对加固方案进行三维建模，直观地展示加固效果，并对不同方案进行性能对比和造价分析。例如，在吕山大桥系杆拱加固工程中，设计师使用BIM技术对三种不同的加固方案进行了模拟和分析。通过调整模型参数，他们比较了各方案在承载能力、变形控制、施工难度和成本等方面的表现。最终，根据模拟结果和成本分析，选择了性能优越且成本合理的方案作为实施方案，这一过程不仅提高了设计效率，还确保了加固方案的科学性和经济性。

图1　利用BIM工具对系杆拱桥进行方案阶段效果展示

图1为利用BIM工具对系杆拱桥进行方案阶段效果展示。

2. 初步设计阶段和施工图阶段的应用

针对系杆拱桥的设计与施工，BIM技术展现出其特有的优势，进一步凸显了协同设计和信息整合的重要性。由于系杆拱桥的结构复杂性，传统的设计方法往往难以充分预见和解决各专业间的潜在冲突。而BIM技术通过建立精确的三维模型，为各专业提供了一个共同的工作平台，使得实时数据共享和沟通成为可能，从而消除"信息孤岛"和重复工作的现象。

在系杆拱桥的设计中，BIM技术的碰撞检查功能显得尤为重要。该功能可以自动识别桥梁结构、设备管线以及其他专业元素间的空间冲突，设计师可以在早期阶段就对这些问题进行预防和解决。这大大减少了后期施工中的返工和变更，降低了工程成本和时间成本。据统计，在应用BIM技术的系杆拱桥项目中，由于碰撞问题的减少，施工效率和质量得到了显著提升。除此之外，BIM技术还能根据模型中的详细数据，自动生成精确的明细表和施工图纸。这些资料不仅准确度高，而且具有实时更新的特性，确保了设计与施工的同步性。对于系杆拱桥这类结构复杂的工程来说，大大减轻了设计人员的工作负担，提高了工作效率。更进一步，BIM模型与项目管理系统的深度集成，使得项目管理者能够实时监控和分析系杆拱桥的施工进度、成本等关键信息。这为项目决策提供了有力的数据支持，有助于管理者更精准地把握工程进展，及时应对各种风险和挑战。利用BIM工具可进行吕山大桥的碰撞检查及施工模拟（图2）。表1为BIM技术相较于传统设计方式的效果对比。

图2　利用BIM工具可进行吕山大桥的碰撞检查及施工模拟

BIM技术应用效果　　　　　　　　　　　　　表1

应用环节	传统方法	BIM方法	应用效果
碰撞检查	人工检查，易遗漏	自动检测，全面准确	碰撞问题减少75%
协同设计	信息孤岛，沟通困难	实时共享，高效沟通	设计效率提升40%

续上表

应用环节	传统方法	BIM方法	应用效果
施工图生成	手工绘制,易出错	自动生成,准确可靠	绘图时间缩短30%
进度管理	人工统计,滞后性大	实时监控,动态更新	进度控制精度提升50%

3. 竣工阶段的应用

在公路桥梁系杆拱加固工程的竣工阶段,BIM技术同样发挥着重要的作用,这一阶段主要涉及工程验收、资料整理和后期运维管理等方面,BIM技术通过其信息整合和可视化的特点,为这些工作提供了极大的便利。首先,在工程验收方面,BIM模型可以作为验收的重要依据。传统的验收方式往往需要依靠大量的图纸和文档资料,不仅查阅困难,而且容易出错。而BIM模型则可以将所有相关信息整合在一起,以三维可视化的形式展示出来,使得验收人员能够更加直观地了解工程的实际情况,快速准确地完成验收工作。其次,在资料整理方面,BIM技术也提供了极大的便利。由于BIM模型本身就是一个包含丰富信息的数据库,因此在工程竣工后,可以直接从模型中提取所需的资料和信息,如设备清单、材料用量、施工记录等,这些资料不仅准确可靠,而且格式统一,便于后期的管理和查询。最后,在后期运维管理方面,BIM技术同样具有广泛的应用前景。通过将BIM模型与运维管理系统相结合,可以实现对桥梁结构的实时监测和维护管理。运营期利用BIM管理平台可以实时监测索力(图3)。

图3 运营期利用BIM管理平台实时监测索力

综上所述,BIM技术在公路桥梁系杆拱加固工程中的应用贯穿了项目的各个阶段。从方案设计到初步设计阶段和施工图阶段,BIM技术都发挥了其独特的优势和作用。通过数据和表格的展示,可以清晰地看到BIM技术在提高设计效率、优化设计方案、减少碰撞问题以及加强项目进度管理等方面的显著成果。

三、案例分析

本部分将详细分析一个具体的公路桥梁系杆拱加固工程案例,通过数据和表格展示BIM技术在项目中的应用效果和价值。

1. 案例背景

选取的案例是位于G318沪聂线长兴段的吕山大桥,该桥梁由于长期使用和外界环境因素的影响,出现了结构老化和损伤现象。为确保桥梁的安全性和稳定性,需要进行全面的加固处理。在加固工程中,设计团队决定采用BIM技术来辅助设计和施工管理。

2. BIM技术应用

在项目开始阶段,设计团队选择了Revit和AutoCAD Civil 3D等BIM软件,用于建立精确的系杆拱桥模型。这一过程中,结构、设备管线等各个专业的数据均被整合进模型中。利用Revit的分析和模拟功能,设计团队对加固方案进行了细致的性能评估,确保结构的安全性和稳定性;同时,还利用这些工具对方案进行了详细的成本分析,优化了预算和资源配置。随着项目进入初步设计阶段和施工图阶段,设计团队运用了Navisworks软件,其强大的碰撞检查功能使得各专业间的协同设计变得高效而精准。在施工过程中,BIM模型通过集成到如Microsoft Project或Primavera P6等项目管理系统中,实现了对系杆拱桥工程进度、成本等关键信息的实时监控。这种整合不仅使得项目管理者能够清晰地掌握当前的工作状态和进度,还能够及时预测并应对可能出现的问题和风险。

具体实现这些功能的步骤包括：

(1)利用 Revit 和 AutoCAD Civil 3D 创建桥梁结构、设备管线等 BIM 模型。

(2)将模型导入到 Navisworks 进行碰撞检测,并对检测结果进行分析和修正。

(3)通过 Revit 的内置功能进行结构分析和成本估算。

(4)将 BIM 模型与 Microsoft Project 或 Primavera P6 等项目管理软件进行关联,设置相应的监控和分析参数。

(5)在项目施工过程中,通过项目管理系统实时获取和更新工程进度、成本等关键数据。

(6)项目管理团队定期评估和分析数据,及时发现并解决潜在的问题和风险。

通过这一系列的操作,BIM 技术不仅在系杆拱桥的设计和施工中发挥了关键作用,还显著提升了项目的整体管理水平。本项目利用 BIM 软件建模,可三维可视化观察外包钢板(图4)。

3. 应用效果分析

通过 BIM 技术的应用,吕山大桥系杆拱加固工程取得了显著的效果。首先,在设计阶段,BIM 技术帮助设计团队快速生成了准确的施工图纸和明细表,减少了设计错误和返工情况。据统计,与传统方法相比,设计周期缩短了约30%,设计精度提高了40%以上。其次,在施工阶段,BIM 技术通过碰撞检查和协同设计等功能,显著减少了不同专业之间的冲突和返工情况。据项目管理者反馈,与传统方法相比,施工过程中的变更请求减少了约60%,从而大大节省了工程成本和时间成本。最后,在项目管理方面,BIM 技术提供了实时的进度和成本监控功能。通过集成项目管理系统,项目管理者可以随时了解工程的进展情况,并对可能出现的问题进行预警和应对,这大大提高了项目管理的效率和决策的准确性。图5为利用 BIM 工具展示吕山大桥施工阶段的拱肋脚手架搭设效果。BIM 技术对设计周期、精度以及碰撞问题的效果对比见表2。

图4 利用 BIM 软件建模外包钢板

图5 利用 BIM 工具展示吕山大桥施工阶段的拱肋脚手架搭设效果

BIM 技术对设计周期、精度以及碰撞问题的效果对比 表2

应用环节	传统方法	BIM 方法	应用效果
设计周期	长	短	设计周期缩短30%
设计精度	低	高	设计精度提升40%
碰撞问题	多	少	碰撞问题减少60%
变更请求	多	少	变更请求减少60%
进度监控	困难	实时	进度控制精度提升70%
成本监控	困难	实时	成本节约15%

四、结　语

综上所述,BIM 技术在吕山大桥系杆拱加固工程中的应用取得了显著效果。通过数据和表格的展示,我们可以清晰地看到 BIM 技术在提高设计效率、减少碰撞问题、降低变更请求以及加强项目进度和成本管理等方面的优势,这些成果不仅证明了BIM技术在公路桥梁加固工程中的实际应用价值,也为未来类似项目的实施提供了有益的参考和借鉴。

参考文献

[1] 张勇勇.BIM技术在下承式钢管混凝土异形系杆拱大桥中的应用[J].山西建筑,2019,45(9):183-185.

[2] 付理想,赵宏伟,王君燕.BIM技术在钢管混凝土系杆拱桥施工及运维阶段中的应用[J].江西建材,2020(9):167-168.

[3] 张亮.BIM技术在钢管混凝土系杆拱桥中的应用[J].建筑工程技术与设计,2018(30):526.

[4] 伍伟娟.BIM技术在下承式系杆拱桥设计及施工中的应用研究[D].兰州:兰州交通大学,2024.

8. 某高速公路立交桥典型病害分析及维修加固研究

祝孝成

(河南高速公路试验检测有限公司)

摘　要　桥梁检查是桥梁养护管理工作中的一项重要内容,也是后续决策的依据。桥梁服役期间,由于构件材料恶化、外因作用等,桥梁总会出现各种病害,必须通过检查发现这些病害,评价其技术状况,分析病害产生的原因,进而有针对性地制定科学合理的维修加固处治方案。本文以某高速公路立交桥为例,对该桥的典型病害进行分析,并对相应病害维修加固处治方案进行相关研究。

关键词　高速公路　立交桥　典型病害　维修加固

一、引　言

某高速公路立交桥于2012年建成通车,桥梁全长为53.08m,分左右两幅,跨径布置为3×16m。上部结构采用预应力混凝土简支空心板,桥面连续。下部结构为柱式墩、肋板台,基础采用钻孔灌注桩基础。桥台处设置C-60型伸缩装置,墩台支座采用GYZ200×56板式橡胶支座。根据该桥年度定期检查报告,该桥主要病害为背墙与梁端顶死,桥台肋板U形裂缝、斜向裂缝、横向裂缝。下部结构桥台得分评定标度等级为4类,且已影响桥梁安全,目前已采取严密监控措施,封闭上行第一车道并加强病害监测。管理单位按照高速公路养护管理办法,对中益分离式立交桥组织实施应急养护工程进行维修处治,以消除重大安全隐患。

二、典型病害特征调查

根据检测报告及现场踏勘:

(1)下行3号台台帽背墙与部分空心板梁端顶死(半幅桥为12片空心板,由于梁端和背墙之间空间受限,仅测量两片边梁处梁端和背墙之间距离,施工前应逐梁确认空心板梁端与背墙之间距离)。全桥4处桥台梁端和背墙之间、桥台梁底盖梁处、伸缩装置内均存在大量障碍物,造成空心板自由变形受到约束,不能有效释放,背墙与梁端实际挤死。下行3号台背墙与梁端接触位置混凝土破损,存在1条横向裂缝,总长3m、宽5mm(图1)。

现场测量桥台两侧边梁与背墙之间的间距,检测结果见表1。

图1　下行3号台背墙横向裂缝

梁端与背墙间距量测结果 表1

梁板编号	量测位置	与背墙间距	梁板编号	量测位置	与背墙间距
L1-1	腹板上端	2.2cm	R1-1	腹板上端	7.0cm
	腹板下端	2.1cm		腹板下端	6.5cm
L1-12	腹板上端	3.4cm	R1-12	腹板上端	障碍物堵塞
	腹板下端	3.0cm		腹板下端	障碍物堵塞
L3-1	腹板上端	障碍物堵塞	R3-1	腹板上端	5.7cm
	腹板下端	障碍物堵塞		腹板下端	障碍物堵塞
L3-12	腹板上端	2.4cm	R3-12	腹板上端	8.0cm
	腹板下端	1.8cm		腹板下端	障碍物堵塞

（2）下行0号桥台3条U形裂缝，裂缝宽度0.11~0.58mm、U形裂缝距肋板上缘分别0.6/1.45m、2.1m、3.24m；上行0号台（图2）2条U形裂缝，裂缝宽度0.367~0.41mm，U形裂缝距肋板上缘分别为0.6、0.4m；上行3号台（图3）左侧肋板前墙存在3条贯穿裂缝的U形裂缝，延伸至肋板两侧侧面，宽度0.48~0.67mm，U形裂缝距肋板上缘分别为1.48m、2.03m和2.59m，上下间距为0.56~0.83m。结合裂缝与肋板短边平行、间距基本相等。

图2 上行0号台肋板U形裂缝

图3 上行3号台肋板U形裂缝

图4为下行桥台裂缝分布详图。

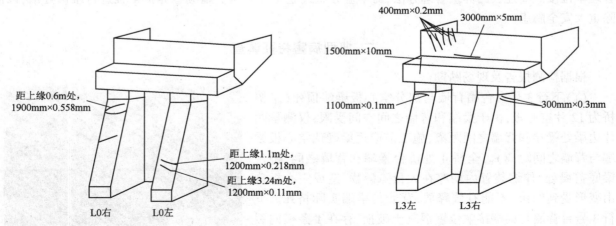

图4 下行桥台主要裂缝分布图

图 5 为上行桥台裂缝分布详图。

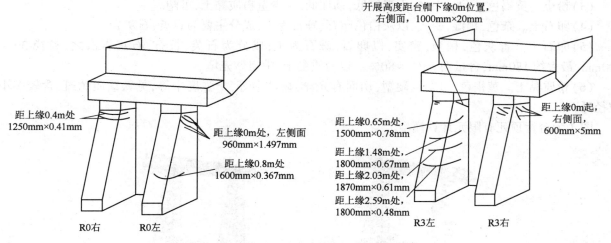

图 5　上行桥台主要裂缝分布图

三、病害原因分析

1. 背墙与梁端顶死

背墙与梁端顶死的原因：

（1）桥梁纵坡较大（设计纵坡 3.4%，如图 6 所示），墩台支座全部采用 GYZ200×56 板式橡胶支座，支座剪切变形严重。较大的纵坡使梁板产生梁体下滑趋势，梁端与背墙出现顶死现象，产生局部应力集中。同时由于背墙厚度较薄，造成背墙开裂。

（2）肋板高度大于 7m，台背填土大于 12m，台背土压力过大，造成桥台和基桩整体顺桥向推移。

（3）梁端与背墙之间存在障碍物，限制梁体自由变形，也会造成梁端与背墙之间顶死。

2. 桥台肋板裂缝

为进一步分析判断背墙与梁端顶死以及肋板 U 形、横向裂缝产生的原因，现进行有限元模型分析计算，肋板采用钢筋混凝土偏心受压构件进行验算。肋板台计算主要考虑四种受力状况：

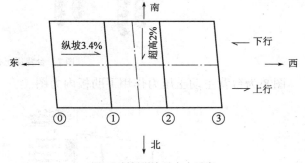

图 6　桥梁墩台及方向示意

（1）台背填土参数为正常值且背墙未顶死情况下，原设计肋板台受力状况、肋板裂缝及抗压承载力验算。

（2）在台背土压力增大且背墙未顶死情况下，原设计肋板台受力状况、肋板裂缝及抗压承载力验算。

（3）台背填土参数为正常值且背墙顶死情况下，原设计肋板台受力状况、肋板裂缝及抗压承载力验算。

（4）在台背土压力增大且背墙顶死情况下，原设计肋板台受力状况、肋板裂缝及抗压承载力验算。

根据地勘报告，在勘探深度内，上部土层为人工填土，下部为第四系上更新统粉土、粉质黏土、卵石土，根据土的成因、结构及物理力学性质可划分为 6 个层。各土层土性描述与特征分述如下：

（1）压实素填土。为桥台压实填土，杂色，稍密～中密，以卵石、砾石为主，粒径 30～90mm，含量约 60%～80%，以粉土、粉质黏土充填。

（2）压实素填土。黄褐色，稍密～密实，以粉土、粉质黏土为主，均匀性一般，局部见少量卵石、砾石，偶见漂石。

（3）粉土。黄褐色，稍湿，中密，干强度低，韧性低，夹少量粉质黏土，可塑。

（4）卵石土。杂色，稍湿，密实，以灰白色卵石、砾石为主，成分主要为石英、石灰岩。

（5）卵石土。青灰色，稍湿，密实，以卵石、砾石为主，成分为石英、长石，石灰岩次之，粒径30～100mm，最大约180mm，含量约65%～80%。以粉质黏土、中粗砂充填。

（6）粉质黏土。黄褐色，可塑～硬塑，切面有光泽，韧性中等，干强度中等，见铁锰质锈斑，含较多小粒径砾石。

图7为台背顶死有限元计算模型。

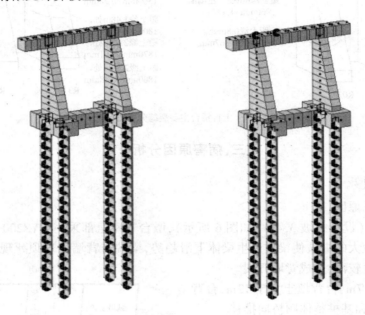

图7　台背顶死有限元计算模型

图8为台背主动土压力作用下肋板内力图。

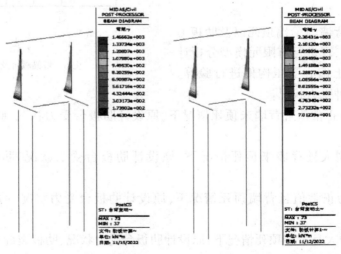

a)台背填土参数为正常值状态下　　　b)台背填土土压力增大状态下

图8　台背主动土压力作用下肋板内力图

图9为背墙与梁端顶死时肋板内力图。

图10为四种工况下裂缝宽度对比图。

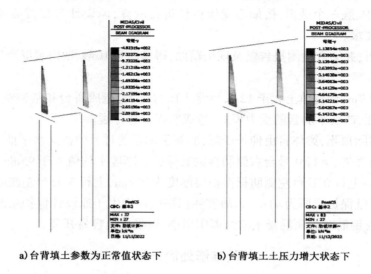

a) 台背填土参数为正常值状态下　　b) 台背填土土压力增大状态下

图9　背墙与梁端顶死时肋板内力图

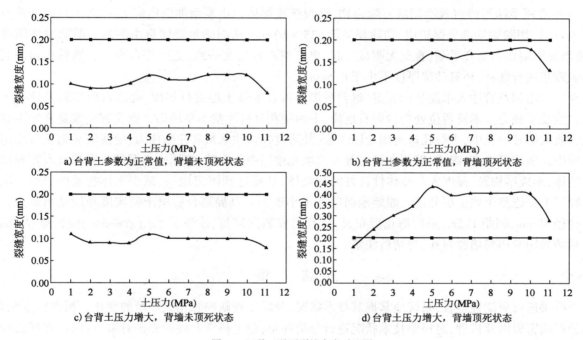

a) 台背土参数为正常值,背墙未顶死状态　　b) 台背土参数为正常值,背墙顶死状态

c) 台背土压力增大,背墙未顶死状态　　d) 台背土压力增大,背墙顶死状态

图10　四种工况下裂缝宽度对比图

通过有限元模型计算,主要得出以下结论:

(1)在肋板台背土参数为正常值条件下,肋板台整体变形较小,为8.6mm;在桥台排水不畅条件下,台背土参数指标降低,造成台背土压力增大,此种状况下肋板式桥台的变形约为17.5mm;若主梁在3.4%纵坡下滑,很容易造成主梁与桥台背墙顶死。

(2)在台背土参数正常情况下,不管主梁与背墙是否顶死,原设计肋板最大裂缝宽度均满足规范要求。

(3)在台背土压力增大但主梁与背墙未顶死条件下,肋板最大裂缝宽度仍满足规范要求;在台背土压力增大但主梁与背墙顶死条件下,肋板最大裂缝宽度已远超过规范值。主要因为在主梁与台背顶死之前,肋板式桥台为悬臂构件,恒载及汽车荷载所产生弯矩与台前主动土压力产生弯矩方向相反,因此肋板所受弯矩整体较小;在主梁与台背顶死之后,改变了肋板的受力模式,恒载及汽车荷载所产生弯矩将与土压力产生弯矩叠加,使得肋板弯矩过大,造成桥台肋板产生较大裂缝,超过规范值。

（4）对肋板的顶、中、底三个截面，按偏心受压构件进行验算，原设计与在背墙顶死条件下肋板的抗压承载力均满足规范要求。

通过上述计算分析，并结合检测报告以及现场踏勘，得知肋板U形、横向裂缝产生的原因主要有以下方面：

（1）肋板高度大于7m，台背填土大于12m，台背土压力过大，造成桥台和基桩整体顺桥向推移，但由于肋板顶部与梁板顶死，改变了肋板的受力模式，造成肋板受弯开裂。

（2）梁端与背墙实际顶死，梁体自由伸长受限，肋板顶部承受过大顺桥向水平推力。

（3）根据特殊检测报告，下行0号台右侧肋板钢筋保护层厚度平均值大于95mm，左侧肋板钢筋保护层厚度平均值为94mm；上行0号台左侧肋板保护层厚度为95mm，上行3号台左侧肋板保护层平均值为73mm。原设计图纸保护层厚为41mm。故实测保护层厚度大于原设计保护层厚度。混凝土自身收缩较大，保护层较厚时，钢筋对表面混凝土的约束作用小，混凝土也容易开裂。

四、维修处治方案

根据计算结果，当梁体两端自由伸缩时，梁体伸长量为18.8mm，梁体缩短量为13.4mm（测量温度为0）。首先清理梁端与桥台背墙间既有障碍物，逐板核查梁体自由剩余伸缩空间L，并对于自由伸缩空间小于3cm处，切除梁端部分保护层，切除厚度为$(35-L)$mm，从而满足梁体自由伸缩。凿除原伸缩装置后，将顶死梁端切割整齐平顺，直至无明显突起，单片空心板缝宽一致，宽度符合要求。然后在切割面涂抹环氧砂浆进行修补，环氧砂浆厚度不小于0.5cm。

台后采用钢花管注入水泥浆的方案，对台后填料以及地基土层进行加固，提高台后填料及地基土层的稳定性及承载力。本桥桥位处为砂卵石地质，采用钢花管桩注浆不易坍塌。钢花管注浆是将加工好的钢花管放入钻好的孔中，进行孔口封闭全段注浆，并通过控制注浆量和注浆压力，使浆液从钢花管均匀注入地层中。浆液以填充、渗透、劈裂和挤密等方式填充地层中的空隙，将原来松散的土颗粒或裂隙胶结成一个整体，形成结构新、强度大和整体性良好的固结体，从而达到固定地层、减少土体扰动的目的。注浆长度原则上穿透整个填土层并进入原始地面以下不小于3m，以提高台后填土密实度和地基承载力。注浆孔孔径90mm，间距1.5m，采用梅花型布设，成孔后安装注浆管，注浆管采用ϕ60mm花管，壁厚3mm，孔口封堵采用专用封堵器封孔，封堵后注浆。

五、结　语

对桥梁进行周期性检查，系统地掌握其技术状况，及时发现缺损和相关环境的变化。根据检查结果，准确分析病害原因及机理，对桥梁技术状况进行分类评定，制定科学合理的养护对策，对保持和延长桥梁的设计使用年限尤为重要。

参考文献

[1] 蒋泽汉,江涛.桥梁承载力鉴定与桥梁加固设计[M].成都：西南交通大学出版社,2011.
[2] 福建省公路管理局,东南大学.公路桥梁养护维修与加固改造技术[M].北京：人民交通出版社,2013.
[3] 占劲松,黄志刚.公路桥梁检测与维修加固指南[M].北京：人民交通出版社股份有限公司,2017.
[4] 张俊平.桥梁检测与维修加固[M].北京：人民交通出版社,2011.

9. 退役支座服役性能评估与提升技术研究

王昭儒[1] 刘海亮[2] 张精岳[1]

（1.中交公路长大桥建设国家工程研究中心有限公司；2.成都市新筑交通科技有限公司）

摘 要 随着桥梁工程的快速发展，支座作为桥梁结构的关键承重部件，其性能的稳定性和耐久性对桥梁的长期安全运营至关重要。然而，支座在服役过程中常因材料老化、荷载反复作用等因素导致性能下降，亟须有效的性能评估与提升技术。本文以某桥梁为例，开展退役支座的损伤状态检测评估及剩余力学性能试验研究，并基于损伤原因开展退役支座性能提升技术研究。研究结果表明，退役支座的主要退化损伤为支座滑板发生严重磨耗，导致支座的摩擦性能与原设计大相径庭，改变支座锚固部件的受力特性，增加锚固混凝土出现开裂风险。

关键词 退役支座 性能评估 试验研究 滑板损伤 性能提升

一、引 言

作为重要的交通基础设施，桥梁是社会经济持续发展的关键要素，其稳定性和安全性直接关乎着社会经济的发展与人民生命财产的安全。而桥梁支座，作为连接桥梁上部结构和下部结构的核心部件，在桥梁的运营中扮演着举足轻重的角色。它不仅承担着传递荷载的重要任务，还在调节结构变形、维护桥梁稳定方面发挥着不可替代的作用[1]。

然而，随着时间的推移，桥梁支座面临着多种挑战。支座材料的老化、环境因素的侵蚀以及交通荷载的长期作用，都会导致支座性能的逐渐下降。当支座性能降低到一定程度时，甚至会出现失效的情况，这无疑给桥梁的安全运营带来了严重的威胁[2]。尤其对于大跨径的桥梁，支座的性能退化更可能引发结构性的问题，对桥梁的长期使用和安全造成巨大隐患。面对这一挑战，退役支座的服役性能评估和提升技术已经成为桥梁工程领域的研究热点。传统的支座更换方法不仅成本高昂，消耗大量资源，而且对环境造成一定的影响。因此，开展对退役支座的服役性能评估以及研发性能提升技术，对于延长支座的使用寿命、降低维护成本、实现桥梁工程的可持续发展具有重要意义[3-5]。

为了更加深入地研究和掌握大跨径桥梁退役支座的损伤状态及其对结构性能的潜在影响，本文将结合某具体桥梁实例，通过对其退役支座的外观损伤检测和力学性能试验方法进行系统研究[6-8]。这不仅能够帮助我们更加准确地评估支座的损伤程度和性能退化情况，还能够深入分析退役支座的性能退化机理。

通过这一研究，不仅能够为提高退役支座的服役性能提供重要的理论依据，还能够为桥梁支座的维护、更换和性能提升提供新的技术途径。不仅具有深远的学术价值，更具有广阔的应用前景。相信，这一研究将为我国桥梁工程领域的持续发展，提供强有力的技术支撑和理论保障。

二、退役支座概况

选取某桥梁上已经服役10年的竖向拉压支座开展研究，该支座竖向承载力为受压5000kN、受拉1500kN，纵向设计位移为±1000mm，设计转角为0.06rad。滑板为聚四氟乙烯材料（PTFE），其承载面压较低（设计面压10MPa），耐磨损性能较差，在支座使用时需在其表面设置储油坑，并涂抹5201-2硅脂，以提高其耐磨性能。

竖向拉压支座构造如图1所示。

图1　竖向拉压支座结构

三、支座外观检测

外观检测是最简单、快速的对支座进行评估的方法。本次外观检测采用目测与工具测量相结合的方式,发现支座主要存在钢件锈蚀、不锈钢镜面磨损、滑板磨损等方面的病害问题。

1. 不锈钢镜面损伤

在桥梁服役周期内,不锈钢镜面连同其匹配的摩擦副遭受了不同程度的损耗,如图2、图3所示,球冠旋转部分的不锈钢表面及下支座板的相应区域被油漆所覆盖。原本应保持清洁和平滑的不锈钢表面,具有较低的粗糙度,但油漆的涂刷却使得表面粗糙度上升。这种粗糙度的提高进而导致了不锈钢表面与滑动板接触时的摩擦系数升高,结果增加了支座在进行位移和旋转时的阻力,影响了其正常运作的能力。此外,摩擦阻力的上升也在一定程度上加剧了支座垫石的应力,使得连接上下方支座板的锚固螺栓承受更大的应力。若摩擦系数持续增加至某一临界点,可能会导致锚固螺栓的断裂以及垫石的破损。

图2　转动球冠喷涂油漆

图3　下不锈钢镜面喷涂油漆

2. 硅脂

由图4可知,该支座滑板上涂抹的硅脂依然存在,但是已经发黑变质,且吸附了许多尘土等杂物。大量硅脂被挤出到滑板外面而粘贴到支座表面,在长时间黏附灰尘后导致支座表面脏污,极大地影响了摩擦副的转动和滑动性能。

3. 滑板损伤

本支座滑板长560mm、宽560mm,按照竖向承载力3432kN计算,设计面压强为10.9MPa。支座滑板外形未发生断裂、分层等现象,但其四周已发生明显的磨损,使用游标卡尺测量滑板周围四个角点处的外露厚度,分别为2.12mm、2.24mm、2.24mm、2.2mm,平均外露厚度为2.20mm(图5)。

图 4　硅脂外观

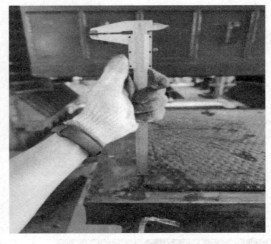
图 5　测量滑板外露厚度

4. 钢件损伤

钢件损伤状况如图 6 所示，由于防腐涂层受到外界环境腐蚀介质的破坏，导致支座的上座板、中间钢板及底盆等钢件表面的防腐涂层脱落，且表面出现了不同程度的锈蚀现象；底板与锚固螺栓接触的部位的间隙较小，不便于桥梁运营中对该部位补漆，导致该部位的锈蚀相对其他部位更为严重。

图 6　支座油漆脱落及锈蚀部位

四、退役支座力学性能试验研究

1. 试验工况、设备与方法

为了研究退役更换下来支座的力学性能，利用桥梁减隔震装置静动力测试系统开展竖向承载力、摩擦系数和转动性能等力学性能试验，该静动力测试系统可以提供竖向 30000kN、水平 6000kN 的静力荷载。相关试验工况根据《桥梁球型支座》(GB/T 17955—2009) 附录中的检测方法进行开展。

2. 竖向承载力试验

根据《桥梁球型支座》[7] 中的加载方法，首先对支座预压，预压荷载为支座设计承载力，预压次数为 3 次，取支座竖向设计承载力的 1.5 倍为检验荷载。正式加载时，以竖向设计承载力的 1% 作为初始压力，然后逐级加载 10 次到检验荷载后卸载初始压力完成一个加载循环。一个支座需往复加载三次。选用三次试验的数据进行试验结果分析。

退役支座竖向承载力试验过程及试验曲线如图 7、图 8 所示，在设计荷载下，该竖向支座的压缩变形量为 1.1mm，小于规范要求的支座高度 1%（6.3mm）的要求。通过竖向承载力试验可初步得出，该支座在服役多年后，其竖向承载力性能仍可满足规范要求，即支座内部主体钢件的强度未发生明显变化，支座在竖向承载方面可继续使用。

图7 支座力学性能检测

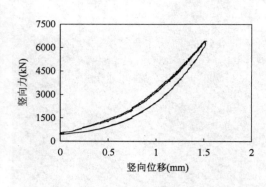

图8 竖向承载力变形曲线

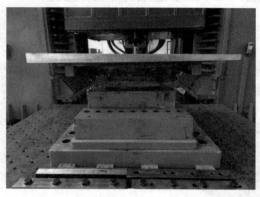

图9 转动性能试验

3. 转动性能试验

退役支座转动性能试验过程如图9所示，在支座顶部放置0.02rad斜面板，对支座顶部的斜面板施加竖向设计荷载，支座发生0.02rad的转动，支座各部件未发生卡滞现象，验证支座具有≥0.02rad转动功能。

4. 摩擦系数试验

根据《桥梁球型支座》[7]中的加载方法，首先将支座预压至设计承载力，然后正式加载，位移控制水平作动器，用正弦波进行幅值20mm、频率0.01Hz的三个循环，然后利用三次循环结果计算摩擦系数值。进行了四组摩擦系数试验，第一组为退役支座顺桥向摩擦系数试验，第二组为在更换新硅脂后的退役支座顺桥向摩擦系数试验，第三组为退役支座去除硅脂后的摩擦系数试验，第四组为退役支座横桥向摩擦系数试验。

退役支座摩擦系数试验过程及试验曲线如图10所示。在施加竖向设计荷载作用下，顺桥向支座摩擦系数为0.057，横桥向支座摩擦系数为0.047，已超出规范中摩擦系数≤0.03的要求；将退役支座原硅脂残留清理干净重新涂刷新硅脂进行摩擦系数试验，顺桥向摩擦系数降低至0.011。这说明退役支座摩擦系数偏高主要是两方面的原因：一是滑板表面的硅脂在使用过程中逐渐被带出，且随着时间推移，其会逐渐水解而失效，从而导致滑板与不锈钢镜面干磨而使得摩擦系数增大；二是不锈钢镜面的表面存在较多的污渍，同样会引起摩擦系数的增大。

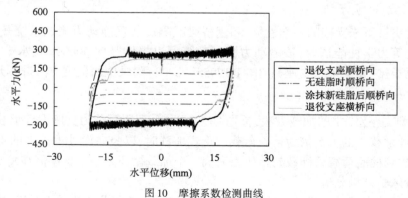

图10 摩擦系数检测曲线

5. 支座摩擦系数增大的影响

分析支座摩擦系数变化对支座与横梁连接处混凝土、锚棒的局部受力性能的影响，建立了支座下座板+混凝土垫石有限元分析模型，假设支座下座板与混凝土垫石完全脱空的极端工况（不考虑切向摩擦阻力),法向为硬接触,分析了摩擦系数0.01(正常支座)、0.03(规范值)、0.05、0.1、0.15、0.20(测试值)等几种不同的工况。

由图11可知,当摩擦系数为0.01时,约束锚棒的锚孔周围混凝土最大应变千分之二,下座板锚棒的最大应力39MPa;当摩擦系数为0.05时,约束锚棒的锚孔周围混凝土最大应变千分之七,约束锚棒最大应力92MPa;当摩擦系数为0.20时,局部约束混凝土应变百分之三,且由损伤云图可以看出约束混凝土的有被局部压溃的风险;而约束锚棒最大应力400MPa,已达到屈服强度。

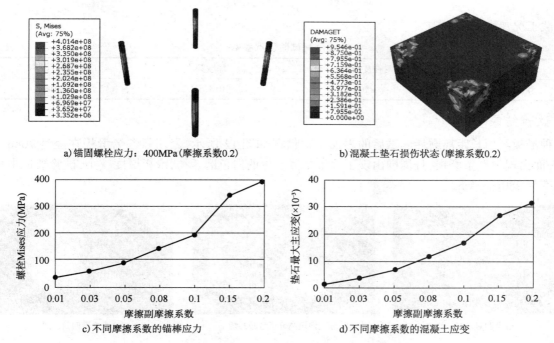

a) 锚固螺栓应力:400MPa(摩擦系数0.2)　　b) 混凝土垫石损伤状态(摩擦系数0.2)

c) 不同摩擦系数的锚棒应力　　d) 不同摩擦系数的混凝土应变

图11　不同摩擦系数分析曲线

综上所述,支座发生损伤后,其承载能力满足规范要求,而摩擦系数增大了418%。且通过局部结构的有限元分析可知,支座摩擦系数增大对下底板和约束混凝土的影响较大,随着摩擦系数的增加,约束混凝土的压应力逐渐增加,当摩擦系数为0.20时,约束混凝土有被局部压溃的风险,应加强对支座约束混凝土的检测,防止混凝土被局部压溃。

五、支座性能提升技术研究

在桥梁服役过程中,影响支座摩擦系数性能的主要影响因素是滑板材料。滑板选用不合理会导致摩擦系数增大以及滑板快速磨耗,使得支座的使用寿命大打折扣。因此,为了选取合适材料的支座用滑板,开展不同材料滑板的摩擦性能试验研究,确定性能最优的支座用滑板材料。

1. 试验样品

选取聚四氟乙烯滑板、超高分子量聚乙烯滑板、改性聚四氟乙烯滑板材料,试件直径为100mm,厚度为7mm。试验开始前应在试验温度下放置24h以上。

对磨件采用不锈钢板,其材质性能、外观质量应符合相关规范规定。不锈钢四周焊接在厚约15mm的基层钢板上,要求焊缝光滑、平整、焊缝低于不锈钢板表面。

2. 设备及方法

滑板的长距离磨耗性能试验设备采用线磨耗试验机,竖向最大荷载为1000kN,可提供0~127MPa;水平最大加载吨位为100kN,水平行程为±50mm。

试验方法依据《桥梁支座用高分子滑板材料》(JT/T 901—2013),采用双剪试验方法,试验前应用丙酮将滑板擦拭干净,在干燥皿中放置24h,用精度1/1000g天平秤试件质量,作为试件原始质量W_0,单位为g;用千分尺测量试件直径,计算试件表面积A,单位为mm^2;用游标卡尺测量试件高度L,单位为mm。按GB/T 1033.1测定试件密度ρ,单位为g/mm^3。试验结束后,用丙酮将滑板擦洗干净,在干燥皿中停放24h,用精度1/1000g天平秤称试件质量,作为试验后质量W,单位为克(g)。线磨耗率由试验前后试件质量损失按下式计算确定:

$$\eta = \frac{W_0 - W}{\rho} \cdot \frac{10^3}{A \cdot L} \tag{1}$$

加载工况参数见表1。

线磨耗试验工况参数 表1

压应力	相对往复滑动距离	加载频率	累计距离
45MPa	±10mm	0.375Hz	10km

3. 试验结果

几种滑板经历长距离磨耗测试后的表面磨损情况如图12所示,聚四氟乙烯滑板在经过708m磨耗后,其表面出现了严重磨损,且周围出现了大量摩擦产生的白色磨絮物,滑板厚度减小,试验被迫中止,其线磨耗率为280μm/km。

a) 聚四氟乙烯　　　　　　　b) 改性超高分子量聚乙烯　　　　　　　c) 改性聚四氟乙烯

图12　不同滑板材料磨耗试验后状况

改性超高分子量聚乙烯滑板在经过843m后摩擦系数变大,摩擦力超过试验设备量程,试验终止。其摩擦系数不稳定,初始摩擦系数低,约为0.07～0.08,后期因其不耐高温摩擦系数较块上升,达到了0.1～0.12,并把钢板烧蓝其表面未出现严重磨痕,但是经过一段距离磨耗后,其表面温度升高,将不锈钢表面烧蓝,且滑板受热后也发生一定程度蠕变变形。经计算,该滑板经过843m的线磨耗率为2.1μm/km,未涂硅脂润滑的改性超高分子量聚乙烯滑板无法满足长距离干磨的要求,且热稳定性存在明显不足。

改性聚四氟乙烯滑板在经过10km的磨耗测试后,表面出现一定程度的磨损,且周围存在大量的磨絮物,其厚度被磨薄,其线磨耗率为153.08μm/km。该滑板材料的耐高温性能较好,长期磨耗距离摩擦系数相对较为稳定,在0.07～0.085范围内,可保障滑板在长期摩擦过程中保持稳定的摩擦力。

综合比较可知,改性聚四氟乙烯的长距离干磨性能比聚四氟乙烯、改性超高分子量聚乙烯好。因此,建议支座滑板采用改性聚四氟乙烯滑板。

六　结　语

通过对退役更换下来的竖向拉压支座进行支座外观损伤检测评估和力学性能试验研究,可以得出以下结论。

(1)支座在服役过程中,主要钢件使用状态均比较良好。滑板磨损严重,硅脂发黑变质、消耗殆尽,不锈钢镜面发现被喷涂油漆的现象,这都导致了退役支座的摩擦系数大大增加。

(2)退役支座的竖向承载性能和转动性能都仍然良好,能够满足规范要求,滑动摩擦副磨损严重,并且摩擦系数显著提高,说明滑板和不锈钢镜面的损伤是影响支座使用性能最主要的因素。

(3)通过对不同滑板材料的长距离磨耗试验研究,支座滑板材料建议选用耐磨性能较好地改性聚四氟乙烯。

参考文献

[1] 张喜刚,刘高,马军海,等.中国桥梁技术的现状与展望[J].科学通报,2016,61(4):415-425.
[2] 王高新,丁幼亮,刘华,等.基于支座动位移监测的高铁桥梁支座磨损状态安全评估[J].中国铁道科学,2019,40(1):39-46.
[3] 陈红霞,狄方殿,朱亚洲.连续梁桥支座损伤识别方法[J].土木工程与管理学报,2017,34(4):53-58,70.
[4] 管学文,张鹏飞,李捷,等.润扬大桥退役支座性能检测评估与提升技术研究[J].公路,2022,67(8):177-182.
[5] 邹友泉,蔡裕,郭崛,等.PC斜拉桥辅助墩拉压支座病害分析[J].公路,2022,67(6):184-188.
[6] 中华人民共和国交通运输部.公路桥梁技术状况评定标准:JTG/T H21—2011[S].北京:人民交通出版社,2011.
[7] 中国国家标准化管理委员会.桥梁球型支座:GB/T 17955—2009[S].北京:中国标准出版社,2009.
[8] 全国交通工程设施(公路)标准化技术委员会.桥梁支座用高分子材料滑板:JT/T 901—2023[S].北京:人民交通出版社股份有限公司,2023.

10. 基于深度网络的钢桥表观病害智能识别研究

阮先虎[1] 林峰[2] 刘朵[1] 张宇峰[1] 张建东[1]

(1. 长大桥梁安全长寿与健康运维全国重点实验室;2. 江苏省高速公路经营管理中心)

摘 要 针对大跨径钢箱梁桥表观病害检查存在难度大、效率低和工作空间受限的问题,提出了一种基于深度学习算法YOLOv5的桥梁钢结构表观病害识别方法,通过无人机进行高清图像采集,利用不同数据增强方法建立表观病害(锈蚀、涂层剥落等)数据库并展开训练学习,从而准确预测出病害区域并识别其类型。实验验证表明,基于YOLOv5的检测方法能够较为准确地识别出常见的钢结构表观病害,当IOU阈值为0.5时,其检测精度map值达到了94.14%,能够满足病害识别检测精确性的需求。

关键词 钢箱梁桥 表观病害 深度学习算法 YOLOv5 无人机

一、引 言

钢结构桥梁在运营过程中,防腐涂层直接与空气中的氧气和水分接触,容易引起涂层腐蚀、开裂、脱落等病害,降低结构耐久性,因此需要对运营期钢桥防腐涂层进行检测与维护,及早发现桥梁病害,防止出现严重的桥梁坍塌事故[1-2]。而目前在钢桥防腐涂层实际工程检测中主要通过人工目视巡检的方式,其检测工作强度大、财力耗费高、效率低下,对检测人员的知识储备和经验要求也较高,同时检测结果的精确性亦难以保证。利用图像识别技术对病害进行属性划分,可以有效地筛选出不同类型的表观病害图像,为后续的病害分析和处理提供了基础,因此开展基于深度网络的表观病害分类研究具有重要意义。

国内外专家学者针对病害识别中的特征自动提取方法展开了大量研究,余加勇等[3]提出了基于深度学习的自动化桥梁结构裂缝智能识别方法,在Faster R-CNN中引入掩膜方法对结构裂缝进行分割,建立了Mask R-CNN裂缝识别模型,其识别准确率和召回率均能够达到92.5%。Xu等[4]建立了基于受限玻尔兹曼机的钢结构表面裂纹识别框架,随后又提出了一种基于多层级特征融合的钢箱梁微小疲劳裂纹识别方法;Son等[5]提出基于颜色空间、支持向量机、决策树、K近邻等分类处理手段的钢桥表面锈蚀提取方法。Yi等[6]采用卷积神经网络模型识别钢材表面锈蚀区域。王达磊等[7]通过对锈蚀图像进行语义分割,实现了钢桥表面锈蚀区域的检测与定量分析。倪有豪等[8]在掌握钢结构锈蚀颜色分布特征规律的先验知识基础上,结合 K-means 聚类算法和最大类间方差法获取钢桥锈蚀最佳分割阈值,并运用三维点云模型实现桥梁表面锈蚀的可视化。

在桥梁表观状况评估中需要进一步获取病害的具体空间位置、轮廓信息,才能结合规范确定病害的具体标度,特别是卷积神经网络的发展,提升了检测和定位多种病害的效率,可以通过直接预测病害所在区域来完成病害目标检测的任务。Cha 等[9]使用 Faster R-CNN 方法,对不同程度的钢腐蚀、螺栓腐蚀、钢板分层等 5 种病害类型进行识别和定位,结果显示五种病害类型的平均分类精度(mean Average Precision,mAP)达到了 87.8%。Maeda 等[10]将 SSD(Single Shot MultiBox Detector)应用于检测路面病害,以达到更快的实时检测速度,但是 SSD 检测时目标框的大小比例是根据经验所得,不能很好地适用于多变尺度的桥梁病害检测。

基于深度学习的病害检测识别方法,虽然已经在钢结构桥梁中得到应用,但是在识别速度和精度上还有待进一步提高,且目前关于钢桥的病害识别研究较少。因此本文利用无人机巡检获取钢桥防腐涂层表观病害,建立表观病害类型数据库,并通过深度网络算法进行钢桥防腐涂层表观病害定性检测技术研究,弥补现有检测技术的局限性,提高钢结构桥梁防腐涂层表观病害检测的智能化,进一步推动了钢结构桥梁智能检测的发展。

二、无人机高清图像采集

1. 无人机设备

采用大疆经纬 M300RTK 飞行器搭载 Zenmuse P1 航测相机的方案,可以识别多种复杂的桥梁病害,实现定点 360°全方位高精度空中拍摄,具体设备见图 1、图 2。大疆 M300 无人机内置系统搭载了多频多系统 RTK 模块,即使在大跨钢箱梁和钢拱表面,大疆 M300 无人机仍能保证卫星信号不失锁。该飞行器最大风速承受能力为 23m/s,最多可同时支持三个负载,具备六向定位避障功能,最大探测范围达 40m。即便在桥底水面等复杂作业环境中,也能确保稳定飞行和避障。此外,它可搭载五镜头使用,从而从不同角度采集桥梁影像。Zenmuse P1 航测相机集成了全画幅图像传感器与三轴云台,确保在长江入海口大风飞行环境中稳定拍摄高精度影像,其参数见表 1。

图 1　大疆经纬 M300RTK 飞行器

图 2　禅思 P1 航测相机

数据采集设备主要参数　　　　表 1

设备	类型	参数
无人机	图传系统	OcuSync 行业版
	RTK 精度	1cm + 1ppm(水平) 1.5cm + 1ppm(垂直)
	IP 等级	IP45
	抗风等级	7 级

续上表

设备	类型	参数
航测相机	传感器尺寸	35.9×24mm
	有效像素	4500万
	像元尺寸	4.4μm
	镜头	DJI DL 35mm F2.8-F16
	可控转动范围	俯仰：-125°~40° 横滚：-55°~55° 平移：±320°

2. 桥梁图像采集

崇启大桥位于长江入海口处，跨越长江北支。主桥由六跨连续钢箱梁构成，长度为944m。桥面纵坡为2.8%，梁高按照二次抛物线变化。主跨和次边跨自跨中向两端线性变化4.8~9m，而边跨则为9.0~3.5m。主梁采用双幅变截面直腹板连续钢箱梁，全桥宽度为33.2m。横桥向分为左右两幅，全桥共12个大阶段，钢箱梁采用正交异性钢桥面板，顶板均采用U形肋加劲，底板及腹板采用扁钢加劲。目前崇启大桥已运营11年，出现了部分防腐涂层脱落、开裂、锈蚀等病害，利用无人机设备采集的防腐涂装表观病害部分照片如图3所示。

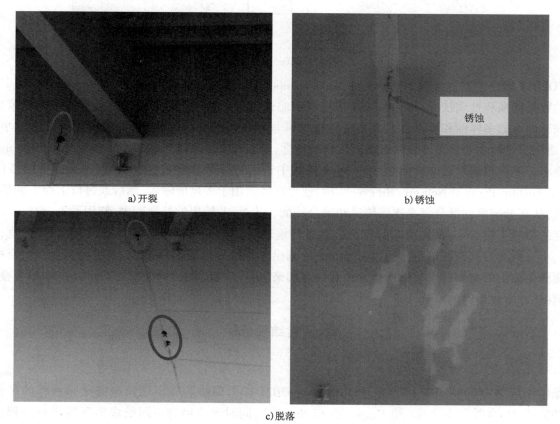

a) 开裂　　　　　　　　　　　b) 锈蚀

c) 脱落

图3　防腐涂装表观病害

三、YOLOv5原理

YOLOv5由Glenn Jocher于2020年提出，是一种高效、快速且准确率高的目标检测方法，通过单个神经网络直接预测图像中目标的位置和类别，实现了单阶段检测的策略。相比于传统的两阶段方法，

YOLOv5 的核心思想在于简化了目标检测流程,将检测过程高度集成,并通过优化网络结构和训练策略来提高准确性和速度。通过这种端到端的回归方式,YOLOv5 在目标检测任务中取得了较好的性能和鲁棒性,其主要网络结构如图 4 所示。

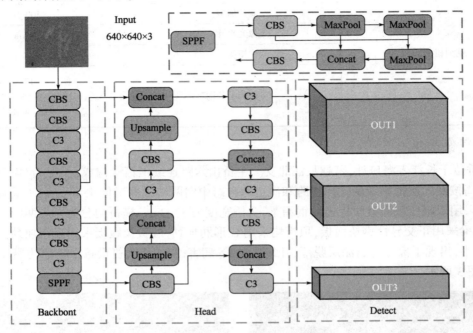

图 4 YOLOv5 网络结构

YOLOv5 网络主要包含四个基本组件,分别为 Input、Backbone、Neck 和 Head。Input 部分采用了几项关键的数据增强和处理技术,其中 Mosaic 数据增强通过将四张随机选取的图像拼接成一张大图像,从而增加训练样本的多样性和复杂性。自适应锚框计算根据目标的大小和位置,动态调整锚框的大小和位置,自适应图像尺寸处理缩放是针对不同大小的目标,动态调整输入图像的尺寸以满足 Backbone 的输入尺寸要求。然后将提取后的特征输入到 Neck 模块中进行特征融合处理,采用了双向金字塔网络(Bidirectional Feature Pyramid Network,BiFPN)结构,使得网络适用于多尺度输入,然后通过自上而下的信息传播方式,从高分辨率到低分辨率逐层传递和聚合特征。从 Neck 输出的特征图中,使用了大、中、小三种不同尺度的预测头对 Neck 精炼出来的特征信息进行解耦,每个预测头分别对应一个尺度的目标框,生成大、中、小三种类型的特征信息。通过对预测头的输出进行解码和后处理操作,最后得到最终的目标框。再将预测头输出的类别概率与锚框位置信息结合起来,通过非极大值抑制(NMS)方法,过滤掉重叠度高的预测框,并生成最终的检测结果。

四、实验结果分析

1. 试验环境

操作系统为 Windows10(64 位),采用 Pycharm2021 作为钢桥病害识别模型搭建和训练的平台,其界面功能强大,合并了多个库(如 Matplotlib 和 NumPy),同时允许创建不同的虚拟环境进行编程,提升了环境管理效率。模型在 GPU 环境下运行,采用 Nvidia GTX1660Ti 具有更高的速率和更多的计算单元,CPU 为 Intel Core i7-10870H,运行内存 16GB。并行计算框架设置为 CUDA10.2,编程语言为 Python3.8。

2. 数据库

使用 DJI M300RTK 搭配 P1 镜头距离主桥腹板不同位置、角度拍摄照片,从中筛选出了包含病害的照片。为提高模型的鲁棒性,需对原始数据进行预处理。先将采集到的图像进行尺寸量纲一化处理,使其大小一致,本文采用Python语言库中的PIL库进行尺寸量纲一化处理。然后对图像进行数据增强,可以增加图像的数量,缓解病害样本少的情况,同时丰富数据的多样性,抵消图像采集中不同亮度和方向的影响,提高对未知样本的预测能力,防止小样本训练会产生的过拟合现象。常用的数据增强方法有:平移、旋转、翻转、调整亮度、添加噪声等。为避免对钢桥病害颜色特征产生影响,本文对照片进行噪声添加、对比度调整、裁剪、平移、旋转、马赛克等处理对数据进行增强,并使用Labelme软件对防腐涂层表观病害位置进行标注设置。通过数据增强,图像数量进一步得到了扩充,剔除数据中病害特征不明显的图像后,共获取图像200幅。为方便模型训练,用0、1作为数据集的标签,0代表涂层脱落、1代表腐蚀。实验中部分图像样本和标注过程如图5所示。

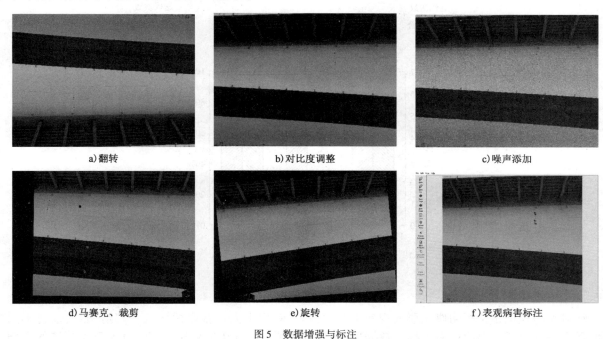

图5 数据增强与标注

3. 实验结果

实验中将数据集按8:2比例划分为训练集和验证集两部分,分别用作实验模型的训练与验证。实验均采用相同的训练策略。使用训练集中的全部数据对模型进行一次完整训练成为一次迭代,最大模型迭代次数(MaxEpochs)为100epoch,设置初始学习率(InitialLearnRate)为0.001,采用随机梯度下降优化器(SGD),其他参数为默认参数。

利用表征识别准确率的损失函数loss值对Faster RCNN、SSD、YOLOv5三种算法的训练过程进行比较,在网络训练和测试过程中,损失函数值与迭代次数的关联曲线如图6所示。由图6可见,Faster RCNN和YOLOv5算法通过训练最终损失函数值都稳定在1%左右,而SSD模型稳定在4%。对20%测试集图像数据进行识别时,YOLOv5损失函数的性能最优,而且loss值逐步稳定,并最终达到0.4%左右,而Faster RCNN模型在迭次15达到最小值0.7%后,损失函数的值出现振荡后上升,最终达到1%左右。

目标检测模型性能对比实验结果如图7所示,可以发现基于one-stage的YOLOv5算法与基于two-stage的Fast R-CNN算法相比,在钢箱梁桥的防腐涂装表观病害识别定位中精度上有明显优势,map增加了7.49%。与SSD相比,YOLOv5在消耗时间的指标上有所不及,但是在检测精度上远优于该算法的精度76.52%,这可能是由于SSD对小样本的底层特征利用不充分。

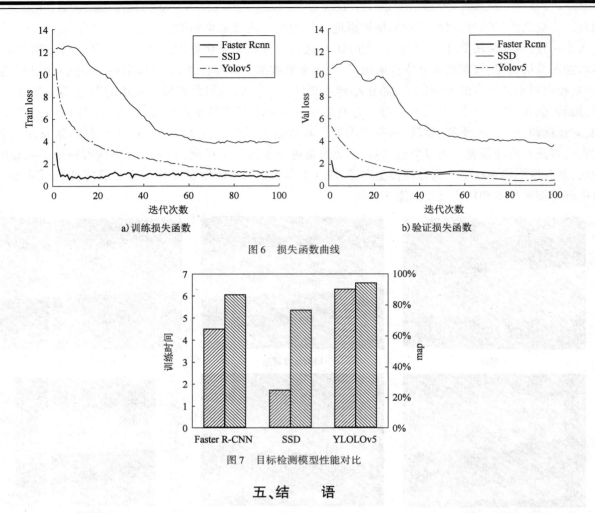

a) 训练损失函数　　　　　　　　　b) 验证损失函数

图6　损失函数曲线

图7　目标检测模型性能对比

五、结　　语

针对大跨径钢箱梁桥防腐涂层表观病害检测,本文利用无人机获取桥梁表面高清图片,通过不同数据增强方法构建了防腐涂层表观病害数据库,对比分析了Faster RCNN、SSD、YOLOv5三类算法的识别效果,发现本文提出的方法具有更好的识别效果,在实测的桥梁钢结构表观病害数据集拥有94.14%的平均识别准确率,取得了良好的分类效果,有助于实现钢箱梁桥的防腐涂装表观病害智慧巡检。

参考文献

[1] AAOSHAT. Bridging the Gap: Restoring and Rebuilding the Nation's Bridges [R]. American Association of State Highway and Transportation Officials, 2008.

[2] ADELI H, JIANG X. Intelligent infrastructure: neural networks, wavelets, and chaos theory for intelligent transportation systems and smart structures[M]. Florida:CRC press, 2008.

[3] 余加勇,李锋,薛现凯,等.基于无人机及Mask R-CNN的桥梁结构裂缝智能识别[J].中国公路学报,2021,34(12):80-90.

[4] XU Y, BAO Y, CHEN J, et al. Surface fatigue crack identification in steel box girder of bridges by a deep fusion convolutional neural network based on consumer-grade camera images[J]. Structural Health Monitoring, 2019, 18(3): 653-674.

[5] SON H, HWANG N, KIM C, et al. Rapid and automated determination of rusted surface areas of a steel bridge for robotic maintenance systems[J]. Automation in Construction, 2014(42): 13-24.

[6] YI L, LI G, JIANG M. An end-to-end steel strip surface defects recognition system based on convolutional neural networks[J]. steel research international, 2017, 88(2): 1600068.

[7] 王达磊,彭博,潘玥,等.基于深度神经网络的锈蚀图像分割与定量分析[J].华南理工大学学报(自然科学版),2018,46(12):121-127,146.

[8] 倪有豪,王浩,茅建校,等.基于三维重构的钢桥表面锈蚀提取方法研究[J].铁道学报,2023,45(1):128-134.

[9] CHA Y J, CHOI W, SUH G, et al. Autonomous structural visual inspection using region-based deep learning for detecting multiple damage types[J]. Computer-Aided Civil and Infrastructure Engineering, 2018, 33(9):731-747.

[10] MAEDA H, SEKIMOTO Y, SETO T, et al. Road damage detection and classification using deep neural networks with smartphone images[J]. Computer-Aided Civil and Infrastructure Engineering, 2018, 33(12):1127-1141.

11. 西部陆海新通道 G75 钦江大桥旧桥再利用安全研究与应用①

曹 璐　解威威　韩 玉　刘 祥　匡志强　唐睿楷　凌干展　胡家楷
（广西路桥工程集团有限公司）

摘 要　平陆运河作为西部陆海新通道的重要工程,在提升江海联运能力、缓解航运干线压力方面发挥了关键作用。为响应绿色高效的运河建设,运河沿线旧桥的拆除、再利用及重建成为关键问题。G75 钦江大桥为原位拆除重建项目,新桥利用旧桥进行建设,因地制宜,充分发挥了旧桥的可利用性,但是其再利用的安全性有待进一步验证。本文以运河沿线的 G75 钦江大桥为研究对象,探讨了旧桥再利用的安全性。通过对旧桥结构进行现状检测,结合旧桥再利用过程中多种工况进行结构抗力与效应分析,评估了旧桥在再利用过程中的安全性。结果表明,在 G75 钦江大桥旧桥再利用过程中,结构的抗弯、抗剪承载力均满足要求。

关键词　西部陆海新通道　平陆运河　旧桥再利用　CFST 拱桥　多点同步横移技术　大节段整体提升技术

一、引　言

"世纪工程"——平陆运河是西部陆海新通道的骨干工程,作为新中国成立后的第一个重大运河工程,平陆运河建成后将形成大能力、低成本、广覆盖的江海联运新通道,不仅能缓解西江航运干线通过能力紧张的局面,完善区域高等级航道网,还能推动内河水运高质量发展,是国民经济发展的重点工程。运河沿线多座重要桥梁的拆除、重建成为运河建设的关键问题。运河沿线待拆旧桥建成时间跨度较大,最早建成时间为 20 世纪 60 年代,最晚建成时间为 2018 年,服役状态不一且结构形式多样。如何根据航道疏浚、新旧桥设计以及实际情况实现绿色、安全的旧桥拆除与再利用,是亟待解决的关键问题。为了响应低碳政策及避免不必要的浪费,提升旧桥梁经济和使用价值,对旧桥梁再利用提出更高要求,旧桥再利用研究成为热点。

文献[1]对某预应力简支 T 梁旧桥进行可利用拆除,重点分析了拆除施工技术要求及可重复利用部件的保护措施,保障旧桥 300 片 T 梁的再利用,为可利用旧桥的拆除及成品保护提供参考和施工经验。文献[2]对旧桥再利用部件进行多项检测评定,同时结合新、旧桥梁实际设计与建造情况,提出了旧桥再利用部件纵坡及附属设施的调整和改造,得到合理的旧桥再利用方案。文献[3-5]针对花鱼洞大桥所处的特殊地理位置,首次提出以新建提篮拱肋作为支撑辅助对旧桥进行拆除,施工便利的同时降低对景区

---
① 基金项目:广西科技重大专项(桂科 AA23062022);广西重点研发计划项目(桂科:AB22036007-4)。

造成不利影响。肇庆枫湾桥利用旧桥简支T梁桥面作为工作平台，采用汽车起重机吊装新桥的主梁和拱肋节段。河南涧河大桥在旧桥桥面上设置行走桅杆起重机，安装新桥下部结构、拆除旧梁、架设新梁，提高了工效，降低了施工费用，达到了最大限度方便施工和降低成本的目的。

对于旧桥再利用，通常是将旧桥结构作为附属结构或施工平台等，如新桥主梁、拱肋等构件的运输通道、吊装工作面、临时施工便道、顶推支撑等。但是旧桥再利用需结合各工程的实际情况，国内外的相关技术及工程案例并不完备。此外，在进行旧桥再利用之前，还需要考虑已经服役多年的旧桥承载力是否满足再利用的要求，此时需要对旧桥再利用进行承载力评估，而目前国内外还尚未有标准、规范能形成一套可行的评估方法或流程。未来又将会有更多的旧桥将被拆除或是再利用，因此，有必要开展旧桥再利用安全评估的相关研究。

兰海高速公路G75钦江大桥的拆除与重建工程正是平陆运河跨线桥梁工程中的重要组成部分。旧桥为1997年建成的简支T梁桥，2016年进行了扩建加宽，新桥设计为主桥318m的下承式钢管混凝土拱桥。G75钦江大桥作为茅尾海地区南北交通的关键通道，对于促进钦江两岸的交流和区域经济的发展起着至关重要的作用。同时，G75钦江大桥的左右两幅均与现有高速公路相接，全线均按高速公路标准建设，这给拆、建及保通工作、桥梁施工方法的选择和组织提出了更高的要求。G75钦江大桥新桥的建设充分考虑了涉路施工的受限性，采用低位拼装、多点同步横移，再拱肋大节段整体提升至合龙的方式，充分结合了实际情况，发挥了旧桥的最大价值，并减少了对高速公路通行的影响。本文的G75钦江大桥旧桥再利用安全研究主要针对右幅进行，主要目的是评价旧桥结构在施工支架、施工车辆作用下的荷载效应，并与旧桥结构抗力效应比较，评估旧桥再利用安全性。

二、工程概况

1. 旧桥概况

旧桥全长288.06m，桥面原设计宽度为38m，该桥上部结构为7×40m装配式预应力混凝土简支I形梁桥，双向六车道，1997年建成通车。2016年进行改扩建，改建采用双向八车道高速公路标准，设计速度为120km/h，路基宽42m。改扩建是在利用原钦江大桥上、下部结构，采用与原桥相同跨径、相同孔数从六车道扩建至八车道，在两侧各扩建6.1m，扩建后桥宽45.7m，桥长288.06m。旧桥实景如图1所示。

2. 新桥概况

新桥位于原桥位，主桥为跨径318m下承式钢管混凝土系杆拱桥，矢跨比为1/4.48，拱轴线为悬链线，拱轴系数$m=1.5$。拱肋为钢管混凝土桁架式结构，单幅桥主拱横桥向中心间距为24.9m，左右幅主拱弦管距离为4.2m。单片拱肋采用变高度四管桁式截面，拱顶截面径向高5m，拱脚截面径向高7m，肋宽2.6m。每肋上弦、下弦均为两根φ1000mm钢管混凝土弦管，壁厚20~28mm，管内混凝土采用C60自密实补偿收缩混凝土。主拱弦管采用Q3455qc钢材。单片拱肋分14个节段加工制作及安装，全桥共56个节段，其中拱脚处的4个节段（两岸各2个）采用支架施工，中间的10个节段通过在桥底加工安装为整体大节段后，通过竖向提升后与拱脚节段合龙，大节段提升质量约1643t。新桥效果图如图2所示。

图1　钦江大桥旧桥实景拍摄　　　　　　　　图2　钦江大桥新桥效果图

三、旧桥再利用情况

G75钦江大桥拟拆除旧桥重建新桥梁,新桥主桥桥型为下承式钢管混凝土系杆拱桥,分左右两幅,先施工右幅,再施工左幅,单幅分内、外侧拱肋。每条拱肋吊装14个节段,其中拱肋第一、二段为边拱段,采样支架施工。第二、三之间设置合龙段。第三~七节段为提升中拱段,中拱段内侧拱肋在旧桥桥面上进行低位支架拼装,外侧拱肋在水中支架进行低位拼装,然后采用多点同步横移技术将内侧拱肋横移至合适位置,安装横联,再通过门架法将内外拱肋大节段整体提升至合龙。各节段采用汽车起重机进行吊装。旧桥再利用示意图如图3所示。

图3 旧桥再利用示意

1.支架布置情况

由于G75钦江大桥右幅内侧支架位置和支撑重量以4号跨中心线完全对称,如图4所示,因此,本文对2~4号跨支架进行计算,由于篇幅有限,仅展示支架在4号跨的平面布置,如图5所示。整理并汇总各节段重量见表1,支架反力见表2,表中Z1~Z20为支架在桥面的位置编号。

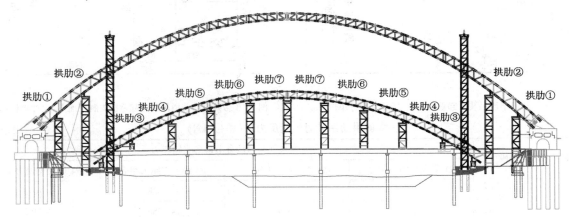

图4 右幅内侧支架立面布置图

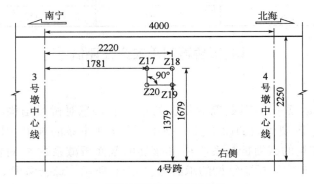

图5 4号跨支架平面图(尺寸单位:cm)

拱肋节段吊重表（单位：t）　　　　　　　　　　　　　　　　　表1

节段编号	3号	4号	5号	6号	7号
南宁岸/北海岸	76.3	72.3	65.8	63.7	62.8

支架反力表（单位：kN）　　　　　　　　　　　　　　　　　表2

反力编号	Z1	Z2	Z3	Z4	Z5	Z6	Z7	Z8
2号跨	161.5	172.7	173.6	160.0	212.1	212.6	214.8	209.1
反力编号	Z9	Z10	Z11	Z12	Z13	Z14	Z15	Z16
3号跨	202.1	227.4	244.7	213.1	213.4	203.9	208.9	213.3
反力编号	Z17	Z18	Z19	Z20				
4号跨	242.5	216.3	220.4	242.2	—	—	—	—

2. 起重机支腿布置情况

G75钦江大桥右幅南宁方向3~7号拱肋吊装时，在桥上和地面采用1台或2台起重机作业。由于篇幅有限，仅展示右幅南宁方向3号拱肋节段吊装工况下，起重机在桥面的支腿平面布置（$R1$、$R2$、$R3$、$R4$），详见图6、图7。支腿反力仅展示内侧拱肋吊装时情况，见表3。

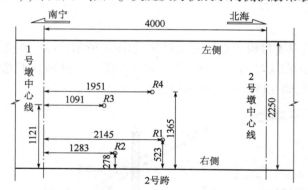 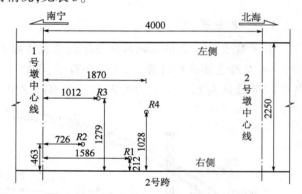

图6　3号内拱肋节段吊装时起重机支腿平面图（尺寸单位：cm）　　图7　3号外拱肋节段吊装时起重机支腿平面图（尺寸单位：cm）

内侧拱肋吊装时牛腿反力表（单位：kN）　　　　　　　　　　　表3

南宁向吊装节段		吊装3号拱肋外节段各支腿反力			
		$R1$最大支腿力组合	$R2$最大支腿力组合	$R3$最大支腿力组合	$R4$最大支腿力组合
2号跨起重机	$R1$	-8447	-4767	-1628	-7073
	$R2$	-5297	-8977	-7656	-2103
	$R3$	-729	-4409	-7549	-2103
	$R4$	-3879	-199	-1521	-7073

四、旧桥再利用安全性评估

1. 评估说明

由于G75钦江大桥已运营一定年限，需要根据桥梁当前状态对桥梁结构、构件进行检测评定，依据《公路桥梁承载能力检测评定规程》（JTG/T J21—2011）中7.3.1条的规定，引入检算系数Z_1、承载能力恶化系数ξ_e、配筋混凝土结构的截面折减系数ξ_c和钢筋的截面折减系数ξ_s对桥梁抗力计算结果进行一定的折减，才能更真实地反映实际桥梁结构的承载力，如图8所示。综合考虑G75钦江大桥外观检查、钢筋锈蚀电位、自振频率、钢筋保护层厚度、混凝土强度检测评定结果，确定以上检算系数，见表4。

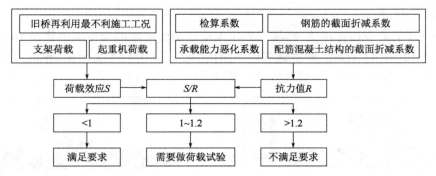

图8 G75钦江大桥旧桥再利用安全性评估流程

分项检算系数汇总表 表4

检算构件	检算系数 Z_1	承载能力恶化系数 ξ_e	配筋混凝土结构的截面折减系数 ξ_c	钢筋的截面折减系数 ξ_s
2~4号跨I梁和T梁	1.06	0.04	0.99	0.98

2．评估过程

1）有限元模型

I梁及T梁结构尺寸、材料等参数根据设计图纸、现场实测结果及相关规范确定，采用桥梁有限元专用程序midas Civil，用梁格法对钦江大桥右幅2~4号跨I梁及T梁进行有限元模拟，共建立592个单元、1456个节点，如图9所示。

2）荷载组合

根据《公路桥涵设计通用规范》（JTG D60—2015）第4.1.5条以及《公路钢筋混凝土及预应力混凝土桥涵设计规范》（JTG 3362—2018）的规定，按承载能力极限状态设计时，考虑到本桥实际情况，荷载组合及荷载安全系数按下列规定采用：基本组合为$1.1\times(1.2$恒载$+1.15$起重机荷载$+1.0$支架荷载$)$。根据旧桥再利用实际存在的施工工况，起重机荷载和支架荷载的

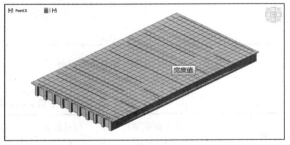

图9 G75钦江大桥单跨有限元模型

具体组合一共有18种，钢束二次的系数取1.2，收缩徐变的系数取1.0，起重机荷载和支架荷载的情况见表5。其中，吊装内侧拱肋时，支架荷载和起重机荷载只存在一种。由于外侧拱肋的支架不在旧桥桥面，故吊装外侧拱肋时，是内侧拱肋支架和外侧拱肋起吊时的起重机荷载共同作用。

G75钦江大桥荷载组合表（内侧拱） 表5

编号	荷载组合名称	支架荷载	起重机荷载	编号	荷载组合名称	支架荷载	起重机荷载
1	7号内节段起吊-4号跨	—	√	10	3号内节段起吊-2号跨	—	√
2	7号内节段起吊-3号跨	—	√	11	7号外节段起吊-4号跨	√	√
3	支架-4号跨	√	—	12	7号外节段起吊-3号跨	√	√
4	6号内节段起吊-4号跨	—	√	13	6号外节段起吊-4号跨	√	√
5	支架-3号跨	√	—	14	6号外节段起吊-3号跨	√	√
6	5号内节段起吊-3号跨	—	√	15	5号外节段起吊-3号跨	√	√
7	5号内节段起吊-2号跨	—	√	16	5号外节段起吊-2号跨	√	√
8	支架-2号跨	√	—	17	4号外节段起吊-2号跨	√	√
9	4号内节段起吊-3号跨	—	√	18	3号外节段起吊-2号跨	√	√

3. 承载力评估结果

根据旧桥再利用的安全检算评估,2~4号跨Ⅰ、T梁正截面抗弯内力包络图如图10、图11所示,斜截面内力包络图如图12、图13所示。根据这些包络图,选取2~4号跨Ⅰ、T梁效应/抗力比值最大时,得到正截面抗弯检算结果(表6、表7)、斜截面抗剪检算结果(表8、表9)。

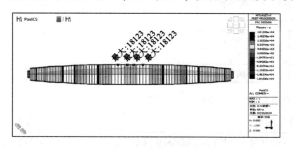

图10　G75钦江大桥Ⅰ梁正截面抗弯
验算包络图(单位:kN·m)

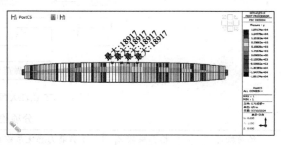

图11　G75钦江大桥T梁正截面抗弯
验算包络图(单位:kN·m)

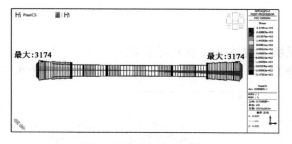

图12　G75钦江大桥Ⅰ梁斜截面抗剪
验算包络图(单位:kN)

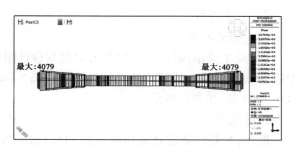

图13　G75钦江大桥T梁斜截面抗剪
验算包络图(单位:kN)

G75钦江大桥右幅2~4号跨Ⅰ梁正截面抗弯强度检算结果　　　　表6

检算构件	最大荷载效应(kN·m)	折减前抗力(kN·m)	折减后抗力(kN·m)	最大荷载效应/抗力	检算结论	截面
2号跨Ⅰ梁	11051.24	18122.57	17892.0	0.62	满足	
3号跨Ⅰ梁	10617.04	18059.28	17829.5	0.60	满足	跨中
4号跨Ⅰ梁	10617.04	18059.28	17829.5	0.60	满足	

G75钦江大桥右幅2~4号跨T梁正截面抗弯强度检算结果　　　　表7

检算构件	最大荷载效应(kN·m)	折减前抗力(kN·m)	折减后抗力(kN·m)	最大荷载效应/抗力	检算结论	截面
2号跨T梁	10700.39	18814.32	18574.9	0.58	满足	
3号跨T梁	10362.93	18814.32	18574.9	0.56	满足	跨中
4号跨T梁	10362.93	18814.32	18574.9	0.56	满足	

G75钦江大桥右幅2~4号跨Ⅰ梁斜截面抗剪强度检算结果　　　　表8

检算构件	最大荷载效应(kN)	折减前抗力(kN)	折减后抗力(kN)	最大荷载效应/抗力	检算结论	截面
2号跨Ⅰ梁	736.06	1326.07	1309.2	0.56	满足	
3号跨Ⅰ梁	680.88	1326.07	1309.2	0.52	满足	四分之一截面
4号跨Ⅰ梁	680.88	1326.07	1309.2	0.52	满足	

G75钦江大桥右幅2~4号跨T梁斜截面抗剪强度检算结果 表9

检算构件	最大荷载效应(kN)	折减前抗力(kN)	折减后抗力(kN)	最大荷载效应/抗力	检算结论	截面
2号跨T梁	657.05	1492.99	1474.0	0.45	满足	
3号跨T梁	634.98	1492.99	1474.0	0.43	满足	四分之一截面
4号跨T梁	634.98	1492.99	1474.0	0.43	满足	

从表6~表9结果可以看出,G75钦江大桥旧桥在再利用的多种荷载组合下均为结构抗力大于或等于荷载效应,承载力满足要求。

五、结　语

本文以G75钦江大桥的拆建为背景,顺应土木行业可持续发展需要,开展G75钦江旧桥再利用安全研究。通过对旧桥现状的详细检测和荷载效应分析,建立有限元模型进行模拟,并结合实际的旧桥再利用施工工况,结果表明,旧桥2~4号跨I、T梁的正截面抗弯和斜截面抗剪均满足要求,旧桥在施工支架和施工车辆荷载下能够保持良好的承载能力。本文的成果为类似旧桥再利用工程的安全评估提供了重要参考,具有实际应用价值。

参考文献

[1] 熊欢,程叙埕.可利用旧桥拆除施工技术研究与应用[C]//《施工技术》杂志社,亚太建设科技信息研究院有限公司.2021年全国工程建设行业施工技术交流会论文集(上册).[出版地不详]:[出版者不详],2021:559-562.

[2] 程叙埕,熊欢,张腾.老旧桥梁改造再利用技术[J].施工技术(中英文),2022,51(15):25-28.

[3] 杨健,吴骏,刘彬,等.先建后拆花鱼洞重获新生——花鱼洞大桥拆除重建方案解析[J].中国公路,2021,599(19):52-55.

[4] 瓦庆标.花鱼洞桁式组合拱桥病害分析及拆除技术研究[D].重庆:重庆交通大学,2020.

[5] 张文朋.花鱼洞桁式组合拱桥旧桥拆除技术设计[J].中国水运(下半月),2022,22(11):120-121,150.

12. 预制梁板蒸汽养护条件下性能研究

贾军军　何前途　庾艺凡

(中交一公局第二工程有限公司)

摘　要　项目拟定了3种蒸汽养护工艺和1种自然养护工艺,针对以上4种工艺开展指定带模蒸汽养护条件下(蒸养时长、蒸养温度等)梁板预制及存梁期间典型力学性能的研究。通过本次研究,总结蒸汽养护条件下各阶段蒸养温度和蒸养时长参数、梁板一次张拉的工艺控制参数,研究结果为梁板预制施工工艺提供支撑。

关键词　预制梁板　蒸汽养护　性能研究　早期强度　耐久性

一、引　言

在预制混凝土构件生产中,蒸汽养护是一种重要的养护工艺。一方面,蒸汽养护可以加快混凝土的水化反应,提高混凝土的早期强度,缩短脱模时间,提高预制台座的周转率,减少预制台座的数量,减小施工场地面积,节省用地资源,绿色环保,从而提高劳动生产率、缩短生产周期、降低产品成本,以达到更高的经济、生产效益。另一方面,冬季施工时温度低、空气干燥,存在混凝土硬化慢、易开裂、强度达不到要求等问题,而蒸汽养护并不受气候因素的影响,在保证混凝土硬化所需温度条件的同时还能加湿,减缓水分挥发,促进混凝土水化反应,保证混凝土质量的稳定性。同时,可以提高混凝土的密实度和抗渗性,降低混凝土的孔隙率和吸水率,提高混凝土的耐久性和抗冻性。

二、工程概况

苏台高速公路(二期)TJ04标项目起讫桩号为联络线LK0+741～LK9+340段,路线长度为8.599km。本标段预制梁板施工主要为箱梁、T梁,梁板共计3303片。其中,箱梁合计2986片,T梁合计317片;标准梁合计2489片,非标准梁合计814片。

三、研究内容与方案

各工艺养护制度的具体参数见表1。

养护制度具体参数　　　表1

工艺	带模养护	预养时间	升温速率	升温时间	恒温温度	恒温时间	降温速率	降温时间	常温养护	总时间
工艺1 (2+0)	10h	2h	10℃/h	3h	50℃	28h	5℃/h	5h	4h	52h
工艺2 (2+1)	10h	2h	10℃/h	3h	50℃	28h	5℃/h	5h	28h	76h
工艺3 (2+3)	10h	2h	10℃/h	3h	50℃	28h	5℃/h	5h	76h	124h
工艺4	10h								9.5d	10d

注:1.预养时间指拆模完成到开始升温的时间,混凝土浇筑完成至拆模完成约10h。
　　2.每个工艺采用3片梁进行测试,试块与梁板同养。
　　3.环境温度按照20℃考虑,具体以实际为准。
　　4.表中工艺括号内加号前数字代表预养时间,加号后数字代表常温养护天数(四舍五入计算)。

四、研究结果

1. 抗压强度及弹性模量测试结果

(1)工艺1(2+0)测试结果。

工艺1抗压强度和弹性模量增长曲线如图1、图2所示。

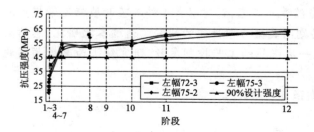

图1　工艺1抗压强度增长曲线
1-拆模完成;2-预养结束;3-升温结束;4-恒温24h;5-恒温26h;6-恒温28h;7-降温结束;8-总龄期5d;9-总龄期7d;10-总龄期10d;11-总龄期14d;12-总龄期28d

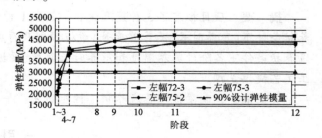

图2　工艺1弹性模量增长曲线
1-拆模完成;2-预养结束;3-升温结束;4-恒温24h;5-恒温26h;6-恒温28h;7-降温结束;8-总龄期5d;9-总龄期7d;10-总龄期10d;11-总龄期14d;12-总龄期28d

(2) 工艺 2(2+1) 测试结果。

工艺 2 抗压强度和弹性模量增长曲线如图 3、图 4 所示。

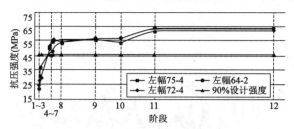

图 3　工艺 2 抗压强度增长曲线

1-拆模完成;2-预养结束;3-升温结束;4-恒温 24h;5-恒温 26h;6-恒温 28h;7-降温结束;8-张拉前;9-总龄期 7d;10-总龄期 10d;11-总龄期 14d;12-总龄期 28d

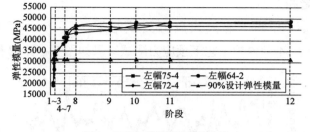

图 4　工艺 2 弹性模量增长曲线

1-拆模完成;2-预养结束;3-升温结束;4-恒温 24h;5-恒温 26h;6-恒温 28h;7-降温结束;8-张拉前;9-总龄期 7d;10-总龄期 10d;11-总龄期 14d;12-总龄期 28d

(3) 工艺 3(2+3) 测试结果。

工艺 3 抗压强度和弹性模量增长曲线如图 5、图 6 所示。

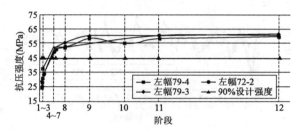

图 5　工艺 3 抗压强度增长曲线

1-拆模完成;2-预养结束;3-升温结束;4-恒温 24h;5-恒温 26h;6-恒温 28h;7-降温结束;8-常温养护 1d;9-张拉前;10-总龄期 10d;11-总龄期 14d;12-总龄期 28d

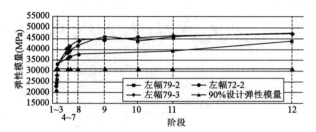

图 6　工艺 3 弹性模量增长曲线

1-拆模完成;2-预养结束;3-升温结束;4-恒温 24h;5-恒温 26h;6-恒温 28h;7-降温结束;8-常温养护 1d;9-张拉前;10-总龄期 10d;11-总龄期 14d;12-总龄期 28d

(4) 工艺 4(自然养护)测试结果。

工艺 4 抗压强度和弹性模量增长曲线如图 7、图 8 所示。

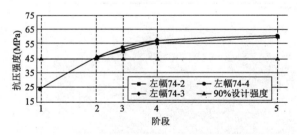

图 7　工艺 4 抗压强度增长曲线

1-拆模完成;2-总龄期 7d;3-张拉前;4-总龄期 14d;5-总龄期 28d

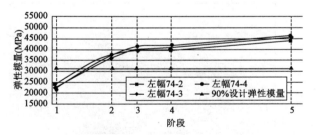

图 8　工艺 4 弹性模量增长曲线

1-拆模完成;2-总龄期 7d;3-张拉前;4-总龄期 14d;5-总龄期 28d

(5) 研究结论。

①蒸汽养护恒温期间,混凝土抗压强度(或弹性模量)显著增加,降温结束后的抗压强度值在 52.4～53.1MPa 之间,弹性模量值在 39544～42500MPa 之间,均超过设计值的 90%,满足预应力张拉的要求。

②工艺 1(2+0)条件下,张拉前的抗压强度为 52.7MPa,达到设计值的 117.1%;弹性模量为 40722MPa,达到设计值的 131.1%。工艺 2(2+1)条件下,张拉前的抗压强度为 54.1MPa,达到设计值的 120.2%;弹性模量为 45078MPa,达到设计值的 145.2%。工艺 3(2+3)条件下,张拉前的抗压强度为 58.2MPa,达到设计值的 129.3%;弹性模量为 44567MPa,达到设计值的 143.5%。工艺 4(自然养护)条件下,张拉前的抗压强度为 51.4MPa,达到设计值的 114.2%;弹性模量为 38711MPa,达到设计值的 124.7%。

③蒸汽养护工艺下,混凝土的28d抗压强度值在60.9~62.7MPa之间,28d弹性模量值在45222~47678MPa之间;自然养护工艺下,混凝土的28d抗压强度值为60.4MPa,28d弹性模量值为45000MPa,两者相差不大。

2. 锚下有效预应力测试结果

4种养护工艺下预应力测试结果如图9~图12所示。

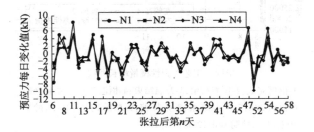

图9 工艺1(2+0)预应力每日变化值

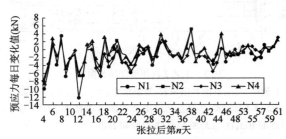

图10 工艺2(2+1)预应力每日变化值

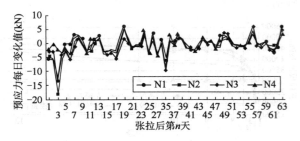

图11 工艺3(2+3)预应力每日变化值

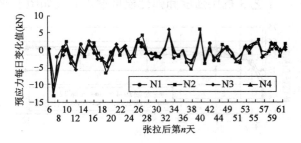

图12 工艺4(自然养护)预应力每日变化值

结论:试验梁在张拉完成后锚下预应力上下波动,总体变化情况较平缓,蒸汽养护工艺与自然养护工艺下波动趋势类似。

3. 起拱值测试结果

工艺1~工艺3为边跨中梁,工艺4为中跨中梁,起拱值测试结果如图13、图14所示。

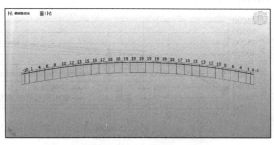

a) 钢束张拉完

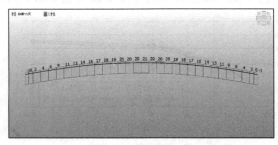

b) 存梁15d

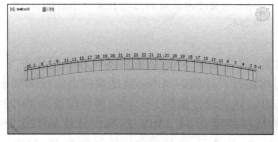

c) 存梁30d

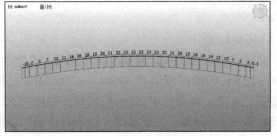

d) 存梁60d

图13 边跨中梁起拱值数据(单位:mm)

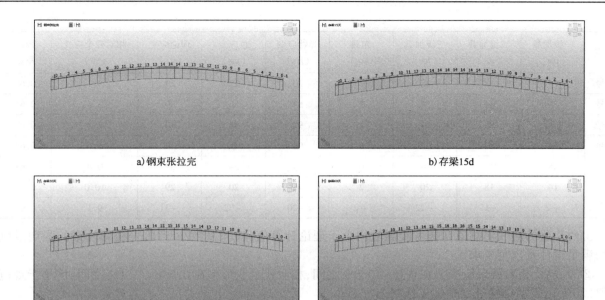

图 14 中跨中梁起拱值数据（单位：mm）

①工艺 1 试验梁张拉后的实测起拱平均值为 20mm，与理论预测值 19mm 相差不大；工艺 2 试验梁张拉后的实测起拱平均值为 19mm，与理论预测值 19mm 相差不大；工艺 3 试验梁张拉后的实测起拱平均值为 16mm，略小于理论预测值 19mm；工艺 4 试验梁张拉后的实测起拱平均值为 14mm，与理论预测值 14mm 相差不大。

②工艺 1 试验梁张拉后 60d 的实测起拱平均值为 23mm，与理论预测值 23mm 相差不大；工艺 2 试验梁张拉后 60d 的实测起拱平均值为 19mm，略小于理论预测值 23mm；工艺 3 试验梁张拉后 60d 的实测起拱平均值为 18mm，略小于理论预测值 23mm；工艺 4 试验梁张拉后 60d 的实测起拱平均值为 15mm，与理论预测值 16mm 相差不大。

4. 梁板静载试验结果

左幅 75-3 和左幅 74-4 测试截面应变值见表 2、表 3。

左幅 75-3 测试截面应变值　　　　表 2

测点	一级加载（με）	二级加载（με）	三级加载（με）	残余应变（με）	弹性应变（με）	总应变（με）	理论应变（με）	相对残余应变（%）	校核系数
1 号	-2	-12	-24	-2	-22	-24	-34	8.3	0.64
2 号	14	19	22	2	20	22	32	9.1	0.62
3 号	32	50	62	0	62	62	99	0.0	0.63
4 号	56	86	112	4	108	112	166	3.6	0.65
5 号	52	82	108	4	104	108	166	3.7	0.63
6 号	28	50	68	4	64	68	99	5.9	0.65
7 号	13	18	22	2	20	22	32	9.1	0.62
8 号	-2	-12	-24	-2	-22	-24	-34	8.3	0.64

左幅 74-4 测试截面应变值　　　　表 3

测点	一级加载（με）	二级加载（με）	三级加载（με）	卸载（με）	弹性应变（με）	总应变（με）	理论应变（με）	相对残余应变（%）	校核系数
1 号	-2	-12	-22	-2	-20	-22	-31	9.1	0.65

续上表

测点	一级加载（με）	二级加载（με）	三级加载（με）	卸载（με）	弹性应变（με）	总应变（με）	理论应变（με）	相对残余应变（%）	校核系数
2号	14	18	22	2	20	22	29	9.1	0.69
3号	26	44	56	2	54	56	89	3.6	0.61
4号	64	88	94	2	92	94	148	2.1	0.62
5号	56	80	100	6	94	100	148	6.0	0.63
6号	26	40	54	0	54	54	89	0.0	0.61
7号	14	18	20	2	18	20	29	10.0	0.62
8号	−2	−12	−22	−2	−20	−22	−31	9.1	0.65

①两片梁的应变实测值和挠度实测值均小于理论计算值,校验系数小于1,表明两片梁的强度及刚度均满足设计及规范要求。

②卸载后,相对残余应变率在0.0~10.0%之间,相对残余变形率在0.7%~3.1%之间,均小于规范限值(20%),表明结构处于弹性工作状态。

③试验过程中及试验完成后,经观察控制截面均未发现因试验加载而引起的横向及斜向裂缝。

五、结　　语

(1)本项目通过最终参数比对,将蒸养预制梁的张拉龄期由原设计10d变更至5d,大幅加快梁板预制施工进度。

(2)蒸养50℃条件下,结合本次试验数据结果,夏季施工可采用工艺1[构件带模养护10h+拆模后预养2h+蒸汽养护(恒温28h)+自然养护4h],冬季施工可采用工艺3[构件带模养护10h+拆模后预养2h+蒸汽养护+自然养护76h],但应结合实际情况对工艺进行优化。此外,降温结束后应严格控制梁体内部与表面、表面与周围环境的温差,如果温差超过规范允许的限值,建议延长降温时长或采取必要的保温措施,避免裂缝产生,张拉前应确保强度和弹性模量满足设计值的90%。

参考文献

[1] 张高展,葛竞成,张春晓,等.养护制度对混凝土微结构形成机理的影响进展[J].材料导报,2021,35(15):15125-15133.
[2] 吴梦钐.工业化高温恒湿蒸养环境下混凝土徐变性能演化规律研究[D].重庆:重庆交通大学,2023.
[3] 中华人民共和国交通运输部.公路桥涵施工技术规范:JTG/T 3650—2020[S].北京:人民交通出版社股份有限公司,2020.

13. 基于半监督学习的混凝土桥梁裂缝识别研究

刘　忠[1]　梅凌豪[2]　伍二发[3]　杨卫东[1]　张　龙[1]
(1.秦皇岛市公路养护服务中心;2.同济大学;3.贵州省公路勘察设计院有限公司)

摘　要　表观裂缝是评价桥梁的使用状况最重要的指标之一。实现裂缝智能化识别的传统监督学习存在数据标注困难和泛化能力有限的问题。本文提出基于半监督学习(Semi-Supervised Learning)的裂缝识别模型更新方法,在此基础上建立桥梁裂缝检测的整体流程并编制程序,实现对表观裂缝的宽度测量。本文选择了识别效果较好的基准识别模型,设计了3个半监督方法对基准识别模型进行更新,选择语义分割模型对裂缝的边缘像素进行提取,并对裂缝的最大宽度进行误差分析。

关键词　混凝土裂缝　深度学习　半监督学习　语义分割　宽度自动测量

一、引 言

《2022年交通运输行业发展统计公报》的数据显示,截至2022年底,全国公路桥梁的总数达到103.32万座,其中包括特大桥8816座、大桥15.96万座。我国在役桥梁大部分使用钢筋混凝土材料作为结构的主体,包括苍容浔江大桥和藤州浔江大桥在内的大部分西部桥梁都使用了混凝土空心板,而空心板桥梁的破坏基本表现为底板裂缝[1]。目前我国桥梁检测工作仍然主要依靠人工检测,效率低,耗费大量人力、物力与时间,智能化自动化识别是提升桥梁检测工作效率的重要手段。本文提出了基于半监督学习的裂缝识别模型更新方法,借助空心板桥梁裂缝数据库更新了识别模型,并在此基础上实现了对空心板桥梁表观裂缝的宽度测量。

二、裂缝图像基准识别模型选择

为减少识别模型训练的随机性,本文以空心板桥梁裂缝数据库为背景,分别采用VGGNet[2]、ResNet[3]、Inception-ResNet[4]和SENet[5]等主流神经网络模型进行监督学习。

对具体的结构物而言,有裂缝的位置往往比无裂缝位置少很多,所以在实际工程中,即使卷积神经网络将全部图片识别为无裂缝,正确率可能依然很高,但识别结果却难以应用于工程。为解决此问题,可以使用混淆矩阵方法(表1)来描述实际标注与识别结果之间的关系。

混淆矩阵　　　　　　　　表1

实际标签	模型识别结果	
	有裂缝	无裂缝
有裂缝	TP	FN
无裂缝	FP	TN

根据混淆矩阵,基于本文的研究内容定义真阳性(TP)、假阳性(FP)、假阴性(FN)、真阴性(TN),其具体含义为:真阳性(TP),预测为有裂缝,实际为有裂缝;假阳性(FP),预测为有裂缝,实际为无裂缝;假阴性(FN),预测为无裂缝,实际为有裂缝;真阴性(TN),预测为无裂缝,实际为无裂缝。

精确率(Precision)为预测有裂缝的图片中,真正有裂缝的图片比例,反映了识别的准确性;召回率(Recall)为真正有裂缝的图片中,能够被模型识别出有裂缝的比例,反映了识别的全面性。基于以上定义,可公式化定义精确率与召回率,计算公式如式(1)、式(2)所示。

$$\text{Precision} = \frac{\text{TP}}{\text{TP} + \text{FP}} \tag{1}$$

$$\text{Recall} = \frac{\text{TP}}{\text{TP} + \text{FN}} \tag{2}$$

为兼顾模型的精确率和召回率,研究者们提出了F_β分数。当数据集中两种类别的数量较为接近时,取$\beta = 1$,F_β分数可以简化为F_1分数,计算表达式如式(3)所示。

$$F_1 = 2 \times \frac{\text{Precision} \times \text{Recall}}{\text{Precision} + \text{Recall}} \tag{3}$$

通过参数量、正确率、精确率、召回率、F_1分数5项指标对比各类卷积神经网络识别效果,见表2。

卷积神经网络识别效果　　　　　　　　表2

网络名称	参数量	正确率(%)	精确率(%)	召回率(%)	F_1分数
VGG-11	160M	87.6	86.7	88.8	0.877
VGG-16	165M	92.2	96.1	88.0	0.919
ResNet-18	13M	94.0	95.8	92.0	0.939
ResNet-26	19M	94.2	96.6	91.6	0.940

续上表

网络名称	参数量	正确率(%)	精确率(%)	召回率(%)	F_1分数
Inception-ResNet-18	28M	94.8	95.9	93.6	0.947
SE-ResNet-18	13M	94.8	97.5	92.0	0.947
SE-Inception-ResNet-18	28M	94.8	97.9	91.6	0.946

对比参数量、正确率、精确率、召回率、F_1分数5项指标评判,SE-ResNet-18具有较少的参数量和较高的精度,因此选择SE-ResNet-18作为基准模型。

三、裂缝图像基准识别模型的半监督方法更新

1. 空心板梁特性数据集拍摄与制作

根据文献[6-7],空心板梁个人数据集中的图像尺寸为256像素×256像素,采用随机四边形对拍摄图片进行剪裁,像素点的中心点作为该像素点区域的代表坐标。为保证分辨率,任意四边形选框限定面积不小于变换后正方形图像面积的50%且不大于200%。

根据上述方法,本文拍摄300张6000像素×4000像素的照片。首先生成100000张大小为256像素×256像素的图像,不进行标记组成无标记数据集UnL;其次,按照相同方法生成1700张大小为256像素×256像素的图像,进行标记组成有标记数据集L。UnL数据集主要用于半监督方法更新模型,L数据集主要用于测试模型的识别效果。

2. 半监督方法设计

传统的自训练可以提供一定程度上提升原始模型在新数据集上的识别性能,但往往其程度并不明显。这是由于自训练过程中,模型依赖于自身生成的伪标签来训练,而预训练模型对新数据集的初始识别能力有限,所以有较多图像被标注错误。因此,如果能够对难以识别的图像进行少量人工标注,就可以使得模型及时纠正错误的参数,从而提高模型的识别精度。常规的特征提取需要准确的标注,而标注需要大量人工操作,实际工程应用十分困难。本文结合主动学习方法与特征融合方法,将预训练提取到的特征与无监督得到的深层特征结合,使得新的组合特征能够同时反映原始数据集与新数据集,最后输入进分类器中进行分类得到新的模型。综合考虑主动学习提交数据量的效率与精度,取提交人工标注的图像为子集的1%,将最终更新得到的模型命名为CAE-Active-1%,模型结构如图1所示。

图1 特征融合结构图

经过共6轮迭代训练后,每轮训练后的各项指标如图2所示。由图2可知,基准模型的识别效果在每轮次训练中存在一定波动,但最终都趋于稳定值。使用堆叠卷积自编码器的主动学习方法更新的基准模型的识别效果见表3。由表3可见,更新后的模型CAE-Active-1%在个人数据集上的召回率达到90.3%,即裂缝的检出率可以达到90.3%,说明该方法的泛化性较好,具有工程应用价值。

结合堆叠卷积自编码器的主动学习模型识别效果　　　表3

网络名称	正确率(%)	精确率(%)	召回率(%)	F_β
SE-ResNet-18	90.0	75.7	63.6	0.657
Self-FT	90.3	75.8	65.9	0.677
Active-1%	91.2	78.9	68.2	0.701
CAE-Active-1%	95.3	84.1	90.3	0.890

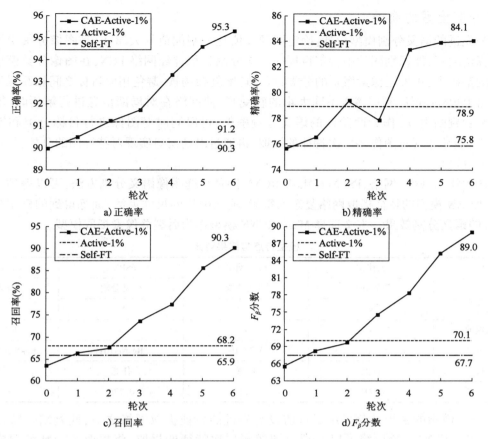

图2 结合堆叠卷积自编码器的主动学习每轮次模型评价指标

四、语义分割模型及测宽边缘检测模型的选择

1. 语义分割模型的评价指标

对于裂缝图片的语义分割任务,使用的语义识别模型难以适用正确率、精确率和召回率等指标。语义分割的主要结果是生成掩膜图像以区分图像中的裂缝与非裂缝部分,所以可以通过仿照交并比(Intersection over Union,IoU)指标来评价语义分割模型的优劣。

在常规目标检测中,交并比指的是候选框 C 与标记框 G 的交叠率,即它们交集与并集的比值,如式(4)、图3所示。

$$\text{IoU} = \frac{C \cap G}{C \cup G} \quad (4)$$

由式(4)可知,IoU 越大说明目标检测的效果越好。在语义分割任务中,仿照目标检测的 IoU,可以使用 Mask_IoU。Mask_IoU 是一种广义的 IoU 计算方法,它由对每个像素点分类后组成的混淆矩阵值进行定义,如式(5)所示,其可以表征识别得到的掩膜结果与真实掩膜结果之间的相关度。

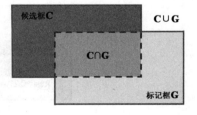

图3 候选框与标记框示意图

$$\text{Mask\_IoU} = \frac{TP}{TP + FP + FN} \quad (5)$$

在通用的语义分割任务中,识别结果可以得到目标的掩膜与标签。在本文中,标签仅有裂缝一项,掩膜也为裂缝像素和非裂缝像素的二分类结果,因此,识别为裂缝像素则赋值为1,识别为非裂缝像素则赋值为0。Mask_IoU 具有非负性、对称性和尺度不变性等优点,可以较好地衡量语义分割模型的效果。

2. 语义分割模型的选择

时下较为先进的语义分割模型包括:确定图像二值化分割阈值的大津法,是图像分割中阈值自适应选取的最佳算法之一;能识别图片中特定目标的语义分割卷积神经网络 FCN,在图像分类模型高度抽象化特征提取的基础上,扩展至像素级别的分类;可以理解复杂场景、避免相似目标之间相互混淆的金字塔场景解析网络 PSPNet,可以利用多重不同大小的感受野,使网络在对局部信息进行解析时,能够利用全局的信息来减少判断失误;作为两阶段的语义分割框架,可以同时对图像进行目标分类和掩膜分割的 Mask RCNN[8],能够实现对图像多层次特征的提取,再通过滑动窗口实现对特征图的分析,最后对图像进行精确的语义分割。

通过对比大津法、FCN 网络、PSPNet、Mask RCNN 四种裂缝图像语义分割方法,可以得到表 4 所示的结果。Mask RCNN 模型的特征提取网络复杂而精确,输入图片的尺寸灵活,训练得到的模型分割效果精确,具有最好的语义分割效果。本文选择 Mask RCNN 模型作为后裂缝像素提取模型。

模型特点与结果对比 表 4

方法名称	大津法	FCN 网络	PSPNet	Mask RCNN
模型特点	阈值分割	语义分割	语义分割	语义分割
需要训练	×	√	√	√
候选区域提取	×	×	×	RPN 网络
特征提取	×	VGG-16	ResNet101	ResNeXt101 + FPN
输入图片尺寸	任意	任意	任意	任意
最佳 Mask_IoU	0.716	0.712	0.770	0.807

Mask RCNN 模型的主干部分采用了目前较为先进的特征提取网络之一,残差结合特征金字塔网络(ResNeXt101 + FPN)。该网络可以实现对图像多层次特征的提取,将提取到的特征图输入区域建议网络(RPN)中,再通过滑动窗口实现对特征图的分析,提取出图像中感兴趣的目标所在区域(Region of Interest,RoI)。

由于经过区域建议网络处理后的图像尺寸各异,但是分类器只能输入确定大小的图像,所以 Mask RCNN 模型使用了 RoIAlign 层对图像特征进行池化,统一分类尺寸。在本小节语境中,由于前景只包含裂缝一类,所以分类分支在此处效果不大。模型最后利用全连接层实现掩膜的预测分支 Mask Branch,通过该分支可以得到图像最终的语义分割结果。Mask RCNN 模型的基本结构如图 4 所示,损失函数的 Loss 取值见式(6)。

$$Loss = Loss_{Mask} + Loss_{Class} + Loss_{Box} \tag{6}$$

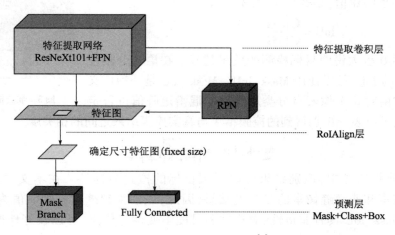

图 4 Mask RCNN 基本结构[4]

3. 测宽边缘检测模型的选择

基于裂缝像素提取模型得到的掩膜,为方便计算,采用大津法将提取到的掩膜进行二值化,将非 1 像素点置为 1。置 1 的像素为前景,代表裂缝像素;置 0 的像素为背景,代表完好的混凝土表面。通过图像在不同方向上的导数特征,可以提取出裂缝像素的边缘。

本文采用的算法为 Sobel 边缘检测算法[4]。Sobel 边缘检测算法使用到了 Sobel 算子,该算子是一个离散微分算子。该算法认为图像在边缘位置像素值会发生显著变化,这种变化可以使用图像的梯度表征,也即梯度 grad 的值越大,则该点越有可能为边缘。由于图像是离散的信号,所以可以采用相邻像素值的差来近似表示梯度。在计算机实际计算时,梯度是通过卷积计算获得的。

计算中,梯度较大的点可能是裂缝像素点,也可能是背景像素点,所以仅采用 Sobel 算子提取的边缘较宽。为细化边缘,本文仅对像素值为 1 的位置计算梯度,像素值为 0 时直接将梯度置零。此时,提取边缘对应的像素均为裂缝像素,外轮廓即为图像上实际裂缝的边缘。实际使用修正的梯度 $\text{grad}_{\text{edge}}$ 的计算方法见式(7),其中 f 为对应点的像素值。

$$\text{grad}_{\text{edge}} = f\sqrt{\text{grad}x^2 + \text{grad}y^2} \tag{7}$$

五、裂缝宽度检测实例

1. 识别流程

为验证本文提出的裂缝识别及宽度检测方法,选取了秦皇岛市北戴河区一空心板桥梁(赤土山大桥左桥)进行实证研究。首先,人工进行整座桥梁板底初步检查,识别出有裂缝的空心板梁,由于在河流上方位置的梁底难以人工拍摄,所以选择桥台附近处易于拍摄的梁底位置进行拍摄并对裂缝做了量测。为验证裂缝宽度检测流程的准确性,应用了前述部分的分析和修正方法,对其中一片空心板上一个 40cm×50cm 的区域进行了裂缝的检测及其宽度的识别,具体流程如图 5 所示。

图 5 空心板梁底板裂缝检测流程

2. 检测结果

将实际检测结果与 2021 年定期检查记录进行对比,见表 5。

修正的裂缝宽度识别与理论误差　　表 5

裂缝位置	识别最大宽度 D (mm)	定期检查实测宽度 d (mm)	误差 $(D-d)/d$
1	0.21	0.19	10.9%
2	0.19	0.17	8.1%
3	0.835	0.81	3.2%
4	0.761	0.72	4.9%
5	0.30	0.40	0.8%
6	0.92	0.87	5.7%
7	0.49	0.47	3.8%

六、结　语

本文得到的主要工作与结论如下:

(1)基于预训练的基准模型,采用半监督方法进行更新,提高了基准模型的泛化能力。本文设计的结合堆叠卷积自编码器的主动学习方法具有最好的模型更新效果。基于本文设计的半监督方法,更新后的基准模型可以实现对无标签数据的精确分类。

(2)基于更新后的基准模型的识别结果,本文选择其中识别为有裂缝的图像进行像素级标注,并训练了多个语义分割算法,包括大津法、FCN、PSPNet 和 Mask RCNN。通过对比各语义分割算法的分割效果,本文选择了 Mask_IoU 最高的 Mask RCNN 作为裂缝图像分割模型。

(3)基于裂缝图像分割模型得到的裂缝掩膜,本文提出了裂缝宽度测量模型,对提取到的裂缝掩膜进行边缘检测,从而提取到裂缝的外轮廓特征与骨架线。

(4)通过实例研究,本文验证了提出的裂缝检测流程的准确性和有效性。

限于时间与能力,本文研究的内容还有一定的不足:①本文针对的表观病害仅有裂缝,但实际上桥梁的病害是十分复杂的,尚待丰富桥梁表观病害的样本库,做到对不同类别的准确评判;②本文采用的 GPU 硬件显存容量较小,模型的大小和可训练的数据量会受到一定限制,有待利用分布式训练或更优秀的 GPU 设备设计更大规模的模型或迭代训练更多的样本,提高模型成熟度。

参考文献

[1] 高俊祥. 基于图像处理和机器学习的桥梁检测新技术研究[D]. 南京:东南大学,2018.
[2] SIMONYAN K, ZISSERMAN A. Very deep convolutional networks for large-scale image recognition[J]. arXiv preprint arXiv:1409.1556v6.
[3] HE K, ZHANG X, REN S, et al. Deep residual learning for image recognition[C]//Proceedings of the IEEE conference on computer vision and pattern recognition, 2016:770-778.
[4] SZEGEDY C, IOFFE S, VANHOUCKE V, et al. Inception-v4, inception-resnet and the impact of residual connections on learning[C]//Proceedings of the AAAI conference on artificial intelligence, 2017:1-12.
[5] HU J, SHEN L, SUN G. Squeeze-and-excitation networks[C]//Proceedings of the IEEE conference on computer vision and pattern recognition, 2018:7132-7141.
[6] DORAFSHAN S, THOMAS R J, MAGUIRE M. SDNET2018: An annotated image dataset for non-contact concrete crack detection using deep convolutional neural networks[J]. Data in brief, 2018, 21:1664-1668.
[7] SZEGEDY C, LIU W, JIA Y, et al. Going deeper with convolutions[C]//Proceedings of the IEEE conference on computer vision and pattern recognition, 2015:1-9.
[8] HE K M, GKIOXARI G, DOLLÁR P, et al. Mask R-CNN[C]//Proceedings of the IEEE international conference on computer vision, 2017:2961-2969.

14. 基于落重静动法的桥梁桩基快速检测装备研究[①]

韩冬冬[1]　金肃静[2,3]　曹素功[2,3]　田浩[2,3]　过超[1]

(1. 中交公路长大桥建设国家工程研究中心有限公司;2. 浙江省交通运输科学研究院;
3. 公路桥隧智能运维技术浙江省工程研究中心)

摘　要　本文对比分析了常用的桥梁桩基承载力检测方法的优缺点。提出了基于落重静动法的桩基快速检测方法,设计并制作了落重-弹簧桩基承载力检测快速加载设备。以某直径 0.25m、长 6m 的桥梁桩基为研究对象,验证该设备的测量精度,结果表明,基于落重静动法的桩基快速检测方法可以用于单

[①] 基金项目:浙江省交通运输厅科技项目(202304,202305-1,2024025),浙江省交通运输科学研究院自主研发项目(ZK202312, ZK202405,ZK202412)等。

桩竖向抗压承载力检测,落重-弹簧桩基承载力检测快速加载设备的测试精度良好。

关键词 桥梁桩基 承载力检测 落重-弹簧加载装置 静动法 Q-S曲线

一、引　言

对桥梁工程而言,桥梁安全关系到人民生命财产安全,是一项十分重要的工程问题。而桥梁桩基的承载力检测是评估桥梁结构是否安全稳定的关键环节之一,也是日常维护工作中必不可少的一项技术。因此,研究如何高效准确地进行桥梁桩基承载力检测,对于提高桥梁的安全性能和保障公共交通安全有着重要意义。对桥梁桩基承载力检测新技术、新工艺、新材料、新设备的研究成为国内外学者研究的热点问题。

静动法是一种快速轻便、试验效率高且试验结果相对可信的方法,自1989年首先在加拿大应用以来,在国外迅速推广,也在荷兰、美国、德国、日本、韩国和新加坡等国得到推广和应用,但是在国内,采用静动法测桩的研究相对较少。王湛等[1]开展了基于静动法的大直径超长桩承载力实测分析研究,以马来西亚苏丹阿都哈林大桥(马来西亚槟城二桥)工程中的大直径超长桩为研究对象,对砂土地层中大直径超长嵌岩桩进行了静动法测试,然后与自平衡法试验结果进行对比分析,结果表明,静动法获得的桩基承载力比自平衡法高30%左右,测得的桩身摩阻力也大于自平衡测试结果。时闽生等[2]对比了采用静动法试桩技术和高应变法技术的过程特征,根据某水工试桩的试验数据,对比静动法(卸载点法)与高应变法(CAPWAP法)的试桩试验结果;同时引入传递能量的概念作为判别静动法试验效果的参考因素,分析了多种桩型静动法试验的应力波传递效应及其影响程度。王腾飞等[3]介绍了基于火药技术的桩基承载力测试静动法的产生背景、原理、计算方法及优势,同时对静动法的试验装置、试验过程和所用火药做了详细说明。研究表明,基于火药技术的静动法为桩基检测提供了一种快速、高效、准确的方法。沈好蔚等[4]介绍了静动法(STATNAMIC)桩基检测的分析方法、一般原理、试验过程,根据应力波理论分情况讨论了静动法桩基检测技术的分析方法和优缺点。王宇尘[5]提出,速载法是基于静动法试验原理及在对静动法试验设备改进的基础上产生的桩基承载力检测新技术。速载法采用释放配重块的方式,提高了试验的安全性和高效性。王宇尘采用速载法对砂土中的桩基承载力进行了应用研究。朱建民等[6]对疾速载荷试验的发展历程、适用范围、荷载特性、加载设备、荷载与位移量测、应变传感器布设、试验准备、数据分析与判定等内容进行了介绍。

本文以交通运输行业大直径长桩的桩基承载力快速高效检测需求为导向,研究新型桩基础承载力快速检测成套技术。通过多传感器信号检测与控制,设计具有高灵敏度和高可靠性的测试系统,研发性能稳定、可重复使用的加载单元;开发数据采集装置,记录测试过程中的时间、位移、桩顶作用力等数据。开展基于落重静动法的桥梁桩基快速检测装备研究具有广阔的市场应用发展前景和良好的经济社会意义。

二、桥梁桩基检测方法概述

桩基础是桥梁工程中最主要的基础形式之一,桩基础承载力是否满足设计要求关系到桥梁结构是否安全。目前,桩基础竖向承载力检测主要包括静载荷试验法和高应变动测法两种。静载荷试验法是目前公认的检测基桩竖向抗压承载力最直接、最可靠的试验方法,但该测试方法需要通过堆载或者锚桩加载,加之桩基承载力大,施工环境恶劣,检测时间长且检测费用高,有很大的应用局限性。高应变动测法是一种间接获得桩基承载力的方法。该试验方法快捷轻便,与静载荷试验法相比费用较低,但与静载荷试验法相比,对承载力的评估误差较大,可靠性较低。

自平衡测桩法是国内新发展起来的一种桩基承载力测试方法。该方法是一种基于在桩基内部寻求加载反力的间接的静载荷试验方法。自平衡测桩法通过桩自身阻力作为反力,装置简单,省时且费用较低。但自平衡测桩法也存在一些不足:当使用工程桩进行检测时,荷载箱位置在加载后若形成断桩,不易处理;荷载箱平衡点位置需要预估,上部桩身的摩擦力与下部桩身的摩擦力及端阻力不易平衡;测试时,荷载箱上部测读的是负摩擦力,与实际情况不相同,需要根据经验进行调整误差。

除此之外,声波检测通过超声波、雷达等方法来评估桥梁桩基的质量和性能,检测声波传播速度和衰减情况进而计算出承载能力。声波检测方法操作较为简单,但检测结果具有一定的主观性。地形测量是通过对桥梁桩基周围地形的测量,获得地面沉降和位移的信息,进而推算出承载能力,但地形测量方法不能直接分析承载能力。

由于上述桩基承载力检测方法均存在一定不足,国外逐渐发展并推广了一种新的桩基承载力快速测试方法——静动法测桩。该方法自1989年首先在加拿大应用以来,在国外迅速得到推广和应用。目前,静动法测桩在国内的应用研究偏少,没有相应的装备研发、数据采集和分析软件,因此亟须研发相应的装备和数据采集系统。

上述各种桥梁桩基检测方法的优缺点对比见表1。

桥梁桩基检测方法对比分析 表1

检测方法	优点	缺点
静荷载试验法	数据可靠性高 适用范围广 可以定量分析承载能力	需要耗费较多时间和费用 对现场施工影响较大
高应变动测法	易于操作 费用较低	检测结果较为粗略,误差大,可靠性较低
自平衡测桩法	装置简单,场地占用少 费用较低 适用范围广	破坏桩基完整性 检测准备工作时间长
钻孔取芯	数据全面 对材料性质分析准确 可以多角度分析承载能力	需要破坏原有构造 取样速度慢
声波检测	无接触检测,无损伤 检测结果可靠 适用于承载深度较大的桥梁	需要分析复杂的声学数据,检测结果具有一定的主观性 对土体环境的影响较大
地形测量	操作方便 适用范围广 可以实时监测沉降位移	物理量分辨率不高 不能直接分析承载能力
静动法	快速高效、成本低 非破坏检测方法	对复合地基土产生扰动

三、落重桩基检测加载设备的设计

落重桩基检测加载设备的检测原理是用重锤冲击桩顶,使桩土间产生足够的相对位移,以充分激发桩侧、桩端土阻力,通过安装在桩顶以下、桩身两侧的力和加速度传感器接收应力波信号,应用应力波理论分析处理力和速度时程曲线,从而判定桩的承载力和评价桩身完整性。为了使桩土间产生足够的相对位移,需要在桩上作用足够的锤击能量,需用重锤配合一定的落距锤击桩顶来实现。锤击能量的选择实际上就是选择合适的锤重和落距。落距在锤重和桩垫一定的情况下,决定了冲击能力大小。然而,落距过大易造成二次波干扰、柱顶因应力集中而破损,使试验失败;落距过小,则能量不足,不足以激发土阻力。同时参考《建筑基桩检测技术规范》(JGJ 106—2014)中对锤击设备的要求,锤重≥单桩竖向抗压极限承载力的1%,一般的落距控制在1.0~2.0m之间,不宜大于2.5m,宜重锤低击,锤重和落距的选取要以使桩的锤击贯入度在2~6mm之间为宜。

综上,本文主要以500kN测试设备为目标,研制落重桩基检测加载设备,落重桩基检测加载设备包括三大部分：底部调整单元、主体测试单元和弹性单元。总高1200mm，总宽400mm；工作时总高约1600mm，总宽约860mm。该设备采用整体式结构，四角支撑。重锤使用"网兜"式结构，可以模块化添加质量；双侧油缸提升和直线导轨限位；双侧液压抱闸。落重桩基检测加载设备整体示意图如图1所示。

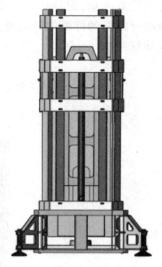

图1 落重桩基检测加载设备整体示意图

1. 底部调整单元

底部调整单元（图2）包括支撑主体和辅助支撑组件，辅助支撑组件安装在支撑主体的外侧，底部调整单元用于支撑所述主体测试单元。

支撑主体的顶部设有第一安装孔，主体框架的底部设有第二安装孔，支撑主体和主体框架通过定位连接件连接固定，定位连接件分别与第一安装孔、第二安装孔连接；支撑主体的底部设有移动滚轮，移动滚轮铰接在支撑主体的底部，支撑主体上下贯通，且桩基对准口设置在支撑主体的底部。

辅助支撑组件包括支撑腿和支撑地脚，支撑腿的内侧转动安装在支撑主体的外侧，支撑腿的外侧设有支撑孔，支撑地脚和支撑孔通过调节锁定件配合，且支撑地脚在支撑孔中可上下移动调节，支撑地脚的底部设有脚盘，脚盘通过球铰转动安装在支撑地脚的底部。

2. 主体测试单元

主体测试单元包括主体框架、重锤组件、提升模组和制动模组。主体测试单元示意图如图3所示。

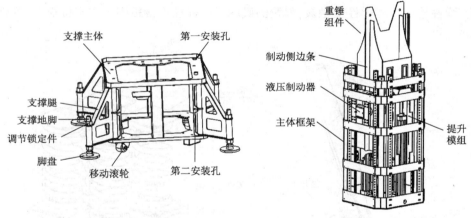

图2 底部调整单元示意图　　图3 主体测试单元示意图

主体框架的底部设有桩基对准口，提升模组安装在主体框架上，重锤组件和主体框架之间设有第一滑移组件，重锤组件通过第一滑移组件滑动安装在主体框架的内部，提升模组带动重锤组件上升，制动模组用于制动所述重锤组件。

重锤组件（图4）包括配重兜和若干个配重块，配重兜的内部设有配重容腔，配重块放置在配重容腔中，配重兜上设有多个传动孔，各个传动孔从上至下分布设置在配重兜前后两侧的外侧壁上，传动孔和所述提升模组配合；第一滑移组件包括重载导轨和重载滑块，重载滑块和重载导轨滑动配合，重载导轨竖直安装在主体框架上，配重兜和滑块之间通过转接件相互连接。

主体框架的前后两侧均设有提升模组（图5），且提升模组和配重兜设有传动孔的外侧壁位于同一侧。提升模组包括提升架、提升导轨、提升滑块、液压缸、导轨连接件、电动伸缩杆和提升块。提升滑块滑动安装在提升导轨上，提升导轨通过导轨连接件安装在主体框架上。液压缸的底端安装在底部安装板上，液压缸带动提升架沿提升导轨上下移动。电动伸缩杆位于液压缸的一侧，且电动伸缩杆的一端转动安装在提升架上，电动伸缩杆的另一端为伸缩端。提升块（图6）包括配合部和卡合部，配合部和卡合部之间设有夹角，配合部转动安装在提升架上，电动伸缩杆和提升块之间通过连接杆连接，连接杆的一端和电动伸缩杆的伸缩端转动连接，连接杆的另一端和配合部转动连接，电动伸缩杆、连接杆和提升块之间形成连杆结构。

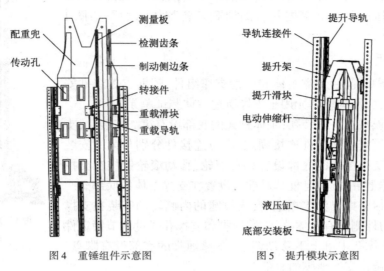

图4 重锤组件示意图　　　　　图5 提升模块示意图

3. 弹性单元

弹性单元（图7）设置在主体框架中，且弹性单元的底部对齐桩基对准口，弹性单元的顶部位于重锤模组的下方位置。弹性单元包括定位板和多个弹性组件，各个弹性组件均匀分布安装在定位板上。弹性组件包括弹簧、弹性连接板和弹性接触板，弹簧的底端通过弹性连接板固定在定位板上，弹性接触板固定在弹簧的顶部。

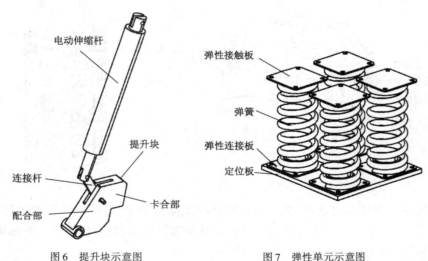

图6 提升块示意图　　　　　图7 弹性单元示意图

四、落重桩基检测加载设备的验证

以某测试桩基为例，其桩径为0.25m，桩长为6m。采用落重桩基检测加载设备对其极限承载力进行测试，结果见表2。基于落重静动法原理的桩基承载力试桩极限承载力试验 Q-S 曲线如图8所示。由表2和图8可知，当荷载为312kN时，两次测试结果的 Q-S 曲线存在明显陡降，即桩基承载力极限值 Q_u 取陡降段的起点对应的荷载值312kN，桩基承载力特征值为156kN。测试结果表明基于落重静动法的桩基快速检测方法可以用于单桩竖向抗压承载力检测，落重-弹簧桩基承载力检测快速加载设备的测试精度良好。

桥梁桩基承载力检测测试数据　　　　　表2

级数	荷载(kN)	第一次测试		第二次测试	
		本级位移(mm)	累计位移(mm)	本级位移(mm)	累计位移(mm)
0	0.0	0.00	0.00	0.00	0.00
1	62.4	0.67	0.67	0.21	0.21
2	93.6	0.34	1.01	0.24	0.45
3	124.8	0.93	1.94	0.45	0.89
4	156.0	1.21	3.15	0.79	1.68
5	187.2	2.17	5.32	1.19	2.87
6	218.4	2.38	7.70	1.78	4.65
7	249.6	4.43	12.13	3.90	8.55
8	280.8	8.33	20.46	5.48	14.03
9	312.0	16.84	37.30	6.23	20.26
10	343.0	25.15	62.45	19.96	40.22
11	312.0	-0.24	62.21	-0.53	39.69
12	249.6	-0.25	61.96	-1.27	38.42
13	156.0	-0.58	61.38	-1.47	36.95
14	93.6	-0.97	60.41	-1.45	35.50
15	0.0	-1.59	58.82	-2.44	33.06

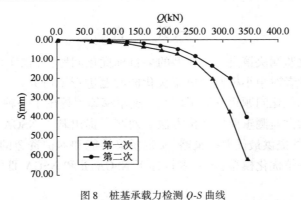

图8　桩基承载力检测 Q-S 曲线

五、结　语

　　桥梁桩基作为桥梁下部结构的重要受力构件,其承载力的大小直接关系桥梁的承载安全。本文介绍了桥梁桩基承载力检测方法,对比分析了常用的桥梁桩基承载力检测静荷载试验法、高应变动测法、自平衡测桩法、钻孔取芯、声波检测、地形测量、静动法等检测方法的优缺点。提出了基于落重静动法的桩基快速检测方法,设计并制作了落重-弹簧桩基承载力检测快速加载设备。以某直径为0.25m、长度为6m的桥梁桩基为研究对象,验证结果表明落重-弹簧桩基承载力检测快速加载设备的测试精度良好,基于落重静动法的桩基快速检测方法可以用于单桩竖向抗压承载力检测。

参考文献

[1] 王湛,刘宇峰,娄学谦,等.基于静动法的大直径超长桩承载力实测分析[J].地震工程学报,2014,36(4):1113-1117.

[2] 时闯生,郭灵华,史炳峰.静动法试桩技术对比[J].水运工程,2014(10):169-173.

[3] 王腾飞,周翌,何传飞,等.火药技术在桩基检测领域中的应用——静动法测桩技术[C]//中国科学技术协会,云南省人民政府.第十六届中国科协年会——分9含能材料及绿色民爆产业发展论坛论

[4] 沈好蔚,周金龙.静动法(STATNAMIC)桩基检测的分析方法[J].山西建筑,2009,35(4):129-131.
[5] 王宇尘.砂土中桩基检测速载法的应用研究[D].南京:东南大学,2021.
[6] 朱建民,龚维明,赵学亮,等.单桩轴向抗压承载力检测之疾速载荷试验[J].中外公路,2021,41(4):47-51.

15. 中小跨径桥梁轻量化监测决策研究①

田浩[1,2] 张勇[1,2] 李晓娅[1,2] 曹素功[1,2] 胡皓[1,2]

(1.浙江省交通运输科学研究院;2.浙江省道桥检测与养护技术研究重点实验室)

摘要 本文以多目标优化算法NSGA-Ⅱ为基础,以监测桥梁运营风险最大、监测成本最低为总目标,以决策方案满足桥梁覆盖率和线路覆盖率要求为约束条件,通过随机分组分解决策变量,引入禁忌搜索和模糊隶属度的方法,构建了中小跨径桥梁轻量化监测决策多目标优化体系。以某县中小跨径桥梁轻量化监测为例,研究结果表明在同等运营风险和约束条件下,监测成本可降低13.2%,NSGA-Ⅱ优化方法可以获得更低成本的决策方案,可为类似工程提供参考。

关键词 中小跨径桥梁 轻量化监测 NSGA-Ⅱ算法 多目标优化 养护决策

一、引言

中小跨径桥梁的轻量化监测决策是一个典型的多目标优化问题,旨在实现安全效益、经济成本等多个目标的综合优化。部分学者对中小桥监测决策优化的问题进行了研究。一些学者应用NSGA-Ⅱ算法对桥梁养护维修决策多目标优化问题也开展了研究。施军军等[1]提出了一种基于层次分析法(AHP法)单一准则下排序原理的桥梁群监测重要性评价方法。刘渊[2]提出基于NSGA-Ⅱ遗传算法的桥梁养护决策方法,为不同养护资金条件提供最优养护策略,实现桥梁性能和养护资金的有效平衡。戴理朝等[3]建立了桥梁网络多目标维修决策优化模型,研究多目标下NSGA-Ⅱ和NSGA-Ⅲ的求解效果,分析两种算法在不同目标数下的性能。

由于中小跨径桥梁基数庞大,其决策问题不仅仅是普通的多目标优化问题,更是大规模多目标优化问题[4]。大规模多目标优化问题是指当含有两个或三个相互冲突的目标函数且决策空间维度超过100的优化问题[5]。由于多目标优化的目标函数间往往相互冲突,使得其并不存在单个最优解,而是期望获得一组收敛性好且均匀分布的Pareto最优解,而随着决策变量数目线性增加,决策空间规模呈指数级扩张,在高维度决策空间搜索效率低下,收敛性变差[6]。另外,大规模多目标优化问题中的绝大多数决策变量为零,探测非零变量并进行优化是非常困难的[7]。因此,NSGA-Ⅱ在中小桥梁轻量化监测决策多目标优化问题上是否可以获得好的效果需开展相关研究。

为了解决上述问题,本文以多目标优化算法NSGA-Ⅱ为基础,以目标函数桥梁运营风险最大、监测成本最低为总目标,以决策方案满足桥梁覆盖率和线路覆盖率要求为约束条件,通过随机分组分解决策变量,引入禁忌搜索和模糊隶属度的方法,构建中小跨径桥梁轻量化监测决策多目标优化体系。结合实际案例,分析NSGA-Ⅱ多目标优化方法与AHP优化方法的目标函数性能和优化效果,验证了该体系具有很好的可行性与有效性,可为中小跨径桥梁轻量化监测科学决策提供依据。

---

① 基金项目:浙江省交通运输厅科技项目(2019050,202304,202305-1,2024025),浙江省交通运输科学研究院自主研发项目(ZK202312,ZK202405,ZK202412)等。

二、多目标优化体系

1. 优化目标函数

1）运营风险

桥梁运营风险是指运营阶段特殊结构、结构缺陷、技术状况、重载交通、加固改造、自然灾害等各种事态对大桥运营安全、结构安全等各方面的影响，是衡量桥梁监测重要性最基本的指标。运营风险优化目标函数见式（1）：

$$R = \sum_{i=1}^{N} S_i R_i \tag{1}$$

式中：R——整体运营风险目标；

S_i——桥梁监测与否的决策变量，1 表示监测，0 表示未监测；

R_i——桥梁 i 的运营风险值。

2）监测成本

监测成本由固定成本和附加成本组成[4]，固定成本表示桥梁监测的一般成本，附加成本与运营风险相关。监测成本优化目标函数见式（2）：

$$C = \sum_{i=1}^{N} S_i (C_{Fi} + C_{Ai}) = \sum_{i=1}^{N} S_i [C_{Fi} + \alpha_i (C_{i,\max} - C_{i,\min})] \tag{2}$$

式中：C——监测成本目标；

C_{Fi}——桥梁 i 的固定成本；

C_{Ai}——桥梁 i 的附加成本；

α_i——附加系数，$\alpha_i = \dfrac{(R_i - R_{\min})^2}{(R_{\max} - R_{\min})^2}$；

$C_{i,\max}$——桥梁 i 的最大成本；

$C_{i,\min}$——桥梁 i 的最小成本；

$R_{\max}$、$R_{\min}$——最大和最小运营风险。

监测成本计算参数可根据桥梁结构类型进行定义，本文固定成本、最小成本和最大成本根据部分实际桥梁结构监测项目采取，见表 1。

监测成本计算参数　　　　　表 1

结构类型	C_{Fi}	$C_{i,\min}$	$C_{i,\max}$
系杆拱桥	40	40	55
连续箱梁或 T 形刚构	30	30	45
空心板梁或 T 梁	15	15	25
其他拱桥	20	20	30

2. 性能约束函数

中小桥轻量化监测决策应在控制监测成本的基础上尽可能多地覆盖区域，最大程度反映区域桥梁的整体结构状况。

1）桥梁覆盖率

为了使监测成本控制在限定范围内，可以直接约束监测成本，本文采用约束桥梁覆盖率的方法，建立约束条件，见式（3）：

$$\begin{cases} \varphi_{c,\text{low}} \leq \varphi_c \leq \varphi_{c,\text{upper}} \\ \varphi_c = \dfrac{N_c}{N_{\text{total}}} \end{cases} \tag{3}$$

式中：φ_c——桥梁覆盖率；

$\varphi_{\text{c,low}}$、$\varphi_{\text{c,upper}}$——桥梁覆盖率的约束阈值上限、下限。

2）线路覆盖率

桥梁的分布要避免监测过度集中，导致局部空白，分布约束条件可以是地区或线路等，本文采用约束线路覆盖率的方法。建立约束条件，见式（4）：

$$\begin{cases} \varphi_{\text{r,low}} < \varphi_{\text{r}} < \varphi_{\text{r,upper}} \\ \varphi_{\text{r}} = \dfrac{1}{k}\sum\limits_{i=1}^{k}\varphi_i \end{cases} \tag{4}$$

式中：φ_{r}——线路覆盖率；

$\varphi_{\text{r,low}}$、$\varphi_{\text{r,upper}}$——线路覆盖率的约束阈值上限、下限。

线路覆盖率的计算方法见式（5）：

$$\begin{cases} \varphi_{\text{r}} = \dfrac{1}{k}\sum\limits_{i=1}^{k}\varphi_i \\ \varphi_i = \begin{cases} 0 & (N_i = 0) \\ 1 & (N_i \neq 0) \end{cases} \\ N_i = \sum N(\boldsymbol{S} \times \boldsymbol{K} - i = 0) \end{cases} \tag{5}$$

式中：$\boldsymbol{K}$——线路特征向量；

$\boldsymbol{S}$——由决策变量组成的决策向量；

N_i——线路 i 的监测桥梁数量；

φ_i——线路 i 的覆盖状态，1 表示覆盖，0 表示未覆盖。

以桥梁覆盖率和线路覆盖率约束条件的综合满足情况作为中小桥轻量化监测决策多目标优化的性能约束函数，其表达式见式（6）：

$$\begin{cases} v_0 = (\varphi_{\text{c}} - \overline{\varphi}_{\text{c,lim}}) \cdot \text{sign} + (\varphi_{\text{r}} - \overline{\varphi}_{\text{r,lim}}) \cdot \text{sign} \\ v = (v_0 > 0) \cdot v_0 \end{cases} \tag{6}$$

式中：$\overline{\varphi}_{\text{c,lim}}$、$\overline{\varphi}_{\text{r,lim}}$——约束条件阈值；

sign——通过（+1，-1）表示当前阈值是上限或下限；

v——约束违反值，当 $v_0 \leq 0$ 时，v 值恒等于 0 为可行解；反之，v 值大于 0 为不可行解，v 值越大违反程度越大。

3. 多目标优化模型

中小跨径桥梁轻量化监测决策的多目标优化是对桥梁运营风险、监测成本进行均衡协调优化，通过进化优化算法搜索寻找决策变量使多目标函数达到最优。根据上述的优化目标函数，建立中小桥轻量化监测决策多目标优化模型，见式（7）：

$$\begin{cases} \min Z = \{-F_1, F_2\} \\ F_1 = \max R = \sum\limits_{i=1}^{N}\sum\limits_{j=1}^{M} S_i R_{ij} \\ F_2 = \min C = \sum\limits_{i=1}^{N} S_i [C_{\text{F}i} + \alpha_i (C_{i,\max} - C_{i,\min})] \end{cases} \tag{7}$$

对中小跨径桥梁轻量化监测决策多目标优化问题而言，决策向量的维度往往很高，决策向量是一个只含元素 0 或 1 的向量，而决策空间中的绝大多数决策变量为 0，即有意义的变量维度很少，属于大规模稀疏多目标优化问题。采用原有 NSGA-Ⅱ方法时，交叉变异有可能对没有意义维度操作，使种群中存在大量冗余个体。由于搜索空间的维数灾难，进化算法很难逼近多目标优化问题的最优解[8]。本文采用随机分组策略[9]的协同进化框架对决策变量进行分解，降低子种群的决策变量维度，以提升收敛速度，通过对子种群独立进行优化，进而完成对整个种群的优化。同时引入禁忌搜索方法，建立禁忌列表，通过对种群父代、子代个体进行判断、更新，实现精确偏向搜索，减少优化解的冗余性。

4. 优化算法流程

基于 NSGA-Ⅱ 的中小跨径桥梁轻量化监测决策多目标优化算法流程如下：

(1) 初始化种群：基于约束阈值，利用稀疏随机方法随机生成一组决策变量初始种群。

(2) 计算适应值和约束违反值，进行非支配排序，根据约束违反值、非支配解集评判方法和拥挤度进行种群的非支配排序。

(3) 建立禁忌列表，选出较优解集：根据非支配排序，将当前排名最优解加入禁忌列表，对当前种群个体逐一判断是否与禁忌列表中的个体重复，若重复则更新原种群个体，从而得到较优解集。

(4) 采用随机分解策略将个体的决策向量随机分解成多个低维的子种群。

(5) 模拟每个子种群独立进化，产生子代种群集：根据锦标赛选择法，从较优解集中选择父代，利用交叉、变异方式产生子代种群，计算适应值，进行非支配排序。

(6) 子种群融合：将各子种群的子代个体融合，进行非支配排序，形成新的子代种群。

(7) 禁忌判断，更新子代：在当前子代种群基础上，利用禁忌列表对子代的新颖性进行判断；当子代种群中的个体与禁忌列表中的个体重复时，通过交叉变异手段得到新的个体，从而更新得到子代种群，计算子代种群对应的适应值矩阵和约束违反向量。

(8) 合并种群，占优排序，更新列表：将父代与子代种群合并，并根据约束违反值、非支配解集评判方法和拥挤度进行合并种群的非支配排序，将排名最优解增加至禁忌列表；更新较优解集，使种群个体均不与禁忌列表中个体重复。

(9) 重复迭代，保存占优解集：继续重复步骤(4)~(8)，直至满足设定的生物进化迭代总数要求，将本次进化模拟下的禁忌列表保存至占优解集中。

(10) 开始新的进化模拟，重复步骤(1)~(9)，直至满足设定的总模拟次数要求。

(11) 输出 Pareto 解集，在上述进化模拟后，对占优解集进行非支配解集排序，得到 Pareto 解集。

三、实 例 分 析

1. 多目标优化建模与求解

将文献[1]实例数据代入本文方法的目标函数，得到中小跨径桥梁轻量化监测决策多目标优化模型。利用 Matlab 编写的 NSGA-Ⅱ 多目标优化算法进行计算，设置种群数为 200，迭代循环为 200 次，交叉概率为 0.8，变异概率为 0.1，桥梁覆盖率约束阈值为 [0.19,0.22]，线路覆盖率约束阈值为 [0.6,1]，进化过程中的可行解和 Pareto 前沿解集分布如图 1 所示。

根据目标函数值的变化趋势可知，在一定范围内，随着监测成本目标值的增加，桥梁整体运营风险目标值随之增大，而当监测成本目标值达到一定程度后，监测成本对桥梁整体运营风险的提升不太明显。根据解集的分布情况可知，随着迭代次数的增加，可行解的多个目标函数值均保持总体下降的趋势，直至收敛得到 Pareto 前沿解集，充分说明 NSGA-Ⅱ 优化方法可以同时优化多个目标；Pareto 解集覆盖整个区域，连续性较好，

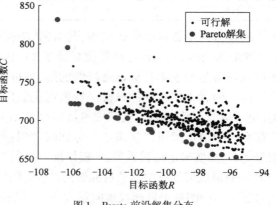

图 1　Pareto 前沿解集分布

解集分布较为均匀，表明 NSGA-Ⅱ 多目标优化方法的解集收敛性良好；不存在一个最优解可以使多个目标同时达到最优，需要根据实际情况从解集中选择一个最符合的最优解。

2. 基于模糊隶属度的决策优化

通过 NSGA-Ⅱ 优化方法对多目标优化模型进行求解，得到的结果为 Pareto 解集，即问题的占优解集。在得到多组占优解集后，需利用一种客观方法选出决策问题最优解。本文采用基于模糊隶属度的方法来

反映多个占优解的差异性,通过加权求和法进行Pareto非支配解集排序,并将解集中决策函数值最大的解作为决策问题的最优解,见式(8)~式(10):

$$\phi_{pm} = \frac{t_m^{max} - t_{pm}}{t_m^{max} - t_m^{min}} \quad (8)$$

$$r_m = \frac{\sum_{i=1}^{P}\sum_{k=1}^{P}(\phi_{im} - \phi_{km})^2}{\sum_{m=1}^{M}\sum_{i=1}^{P}\sum_{k=1}^{P}(\phi_{im} - \phi_{km})^2} \quad (9)$$

$$I_p = \sum_{m=1}^{M} r_m \cdot \phi_{pm} \quad (10)$$

式中:ϕ_{pm}——每个解在各目标的隶属度;
t_m^{min}、t_m^{max}——对应目标中的最小值和最大值;
r_m——各目标的决策权重值;
I_p——每个解对应的决策函数值。

采用式(8)~式(10)对Pareto解集中的每个解进行决策函数值计算,决策函数值分布如图2所示。从图2可以看出,决策函数的极值较为显著,选择最大值对应的解作为Pareto解集中的最优解。

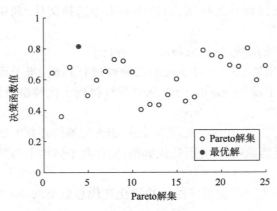

图2 基于模糊隶属度的决策函数值分布

3. 目标函数性能分析

目标函数值可以反映各个目标函数的优化情况。根据构建的中小跨径桥梁轻量化监测决策多目标优化体系,通过基于模糊隶属度的决策优化获取解集中的最优解,并将目标函数值与AHP法的最优解进行对比,结果见表2。

优化结果分析   表2

优化方法	目标函数		约束函数	
	R	C	φ_c	φ_r
NSGA-Ⅱ	-105.94	721.88	0.22	0.67
AHP法	-106.80	831.51	0.22	0.67
目标增量	0.8%	-13.2%	0.0%	0.0%

根据目标函数性能分析结果,与AHP法相比,NSGA-Ⅱ优化方法最优解的运营风险目标函数值减少了0.8%,而监测成本目标函数值降低了13.2%,表明在同等运营风险和足约束情况下,NSGA-Ⅱ优化方法可以获得监测成本目标显著降低的解,即可以获得更优的决策方案,说明该方法具有很好的可行性与有效性。两者不同目标的目标函数值优化效果存在差异,其原因是运营风险目标与监测成本目标互相影响,由于运营风险目标与监测成本目标呈负相关关系,在优化单一目标时,需要以牺牲另一目标为代价,不存在一个最优解可以使多个目标同时达到最优。AHP法的实质是在目标空间中采取一定的目标权重获取最优解,需要确定加权系数,一般情况只能得到一个方向向量上的最优解,从解的空间位置也可以看出,AHP法的最优解具有明显的目标偏向性,其无法同时兼顾多个目标的优化。而NSGA-Ⅱ优化方法实际则是在目标空间中的各个目标权重向量方向上寻找最优解,得到Pareto前沿解集分布。因此,相较于传统加权法求解多目标问题时加权系数难以确定,无法保证多个目标同时优化的缺点,多目标下NSGA-Ⅱ优化方法可以获得更多满足条件的解,实现多个目标的同时优化,更有利于决策者制定科学的决策方案。

四、结 语

将NSGA-Ⅱ技术与多目标优化理论结合,构建中小跨径桥梁轻量化监测决策多目标优化体系,并以某县域中小跨径桥梁群为例,通过解集分布和目标函数性能分析优化效果,并与AHP法进行对比,得到如下结论：

（1）以 NSGA-Ⅱ优化算法为基础，构建中小跨径桥梁轻量化监测决策多目标优化体系，通过分解决策变量和引入禁忌搜索的方法，降低决策变量维度，实现精确偏向搜索，减少优化解的冗余性。

（2）采用 NSGA-Ⅱ优化方法求解多目标优化数学模型，通过分析解集的分布情况，表明 NSGA-Ⅱ优化方法可以获取收敛性较好的 Pareto 解集。

（3）与 AHP 法相比，NSGA-Ⅱ优化方法可以对多个目标同时优化，获得更优的决策方案，验证了该方法具有很好的可行性与有效性。

参考文献

[1] 施军军,张勇,李晓娅,等.区域路网中小跨径桥梁群监测重要性评价方法研究[J].浙江交通职业技术学院学报,2020,21(1):20-24.

[2] 刘渊.基于改进技术状况评定的多目标桥梁养护决策方法研究[D].西安:长安大学,2022.

[3] 戴理朝,康哲,陈瑞,等.基于 NSGA-Ⅲ的桥梁网络多目标维修决策优化研究[J].土木工程学报,2024,57(5):41-52.

[4] TIAN Y, SI L C, ZHANG X Y, et al. Evolutionary large-scale multi-objective optimization: A survey[J]. ACM Computing Surveys,2022,54(8):1-34.

[5] CAO B, FAN S, ZHAO J, et al. Quantum-enhanced multi-objective large-scale optimization via parallelism[J]. Swarm and Evolutionary Computation,2020,57:100697.

[6] HONG W J, YANG P, TANG K. Evolutionary computation for large-scale multi-objective optimization: A decade of progresses[J]. International Journal of Automation and Computing,2021,18(2):155-169.

[7] 高梦琦,冯翔,虞慧群,等.基于在线学习稀疏特征的大规模多目标进化算法[J].计算机科学,2024,51(3):56-62.

[8] 谢承旺,潘嘉敏,郭华,等.一种采用混合策略的大规模多目标进化算法[J].计算机学报,2024,47(1):69-89.

[9] OMIDVAR M N, LIX D, YANG Z Y, et al. Cooperative co-evolution for large scale optimization through more frequent random grouping[C]//IEEE Congress on Evolutionary Computation, Barcelona Spain,2010:5586127.

16. 桥梁调高测力支座及集成化智能监测系统研究

杨 超 陶 旭 熊高波 梁莹莹 韦永林

（柳州东方工程橡胶制品有限公司）

摘　要　针对天峨龙滩特大桥复杂受力工况下桥梁多支点受力监控和调节需求，研发了一种新型智能调高测力支座和集成化智能监测系统。该新型调高支座可实现持荷调高、调低及测力一体化功能，同时研发配备数据采集和传输集成化、小型化、低功耗和插电即可远程调试等功能的配套监测系统。研究结果表明，该智能监测系统可实现支座受力、位移、加速度等关键动态响应的实时智能监测，数据处理能力突出，极端断电情况下系统仍能保持 30min 以上时间的稳定可靠运行。

关键词　调高测力　集成化　智能监测　调高支座　监测系统

一、引　言

当前，智慧赋能桥梁已成为行业发展趋势。桥梁结构在温度、混凝土收缩徐变和基础不均匀沉降等复杂受力工况下，不可避免地会发生沉降变化，引起支座的受力状况发生改变，进而影响到行车安全性和舒适性。因此,需要监测或定期检测桥梁支座的受力状态,必要时需对支座高度进行调节。

调高测力支座因其性能特点而受到学者们的重点关注和工程界的推广使用。传统的可调支座结构形式有螺旋调高、垫板调高、楔块调高、液压调高等,但存在只能单向调高、调高行程小和制造成本高等缺点。罗辉等[1]利用一种螺纹调节结构,实现了支座的上下无级调节和较大行程。刘源保等[2]研究了在常规球型支座结构的基础上,通过增加测力体模块和楔形模块,实现支座测力和调高功能。汪洋等[3]提出了一种通过结合垫板和旋钮调高螺栓的组合装置,实现了支座的粗调和精调。杨国静等[4]介绍了一种基于高程监测的智能调高支座系统,并通过试验进行了相关验证。然而,当前对调高支座的研究主要集中在调高功能和承载能力的验证上,对支座的监测配套的数据采集及传输系统等的研究较少,少量研究采用集中式数据采集和传输技术方案,亦存在现场布线施工复杂、设备尺寸大、功耗高、后端采集的数据滞后和应用成本高等问题。

本文基于天峨龙滩特大桥项目对支座调高和数据监测的特殊需求,研发了一种新型智能调高测力支座和集成化智能监测系统,并结合试验验证的方法对该测力支座和监测系统的性能展开了研究。

二、调高测力支座结构设计及原理

调高测力隔震橡胶支座的基本结构设计由橡胶支座本体、调矮板、调高装置、测力传感器组件、抗倾覆组件和锚固组件等部分组成,如图1所示。调矮板由多块薄钢板(常规厚度1mm)构成,通过顶升减少相应数量实现支座调低功能;调高装置由盆腔、密封板、调高板、盆腔顶板和外围灌注设备组成,采用灌注设备将聚氨酯高分子材料注入盆腔内使其高度抬升,实现支座调高功能;测力传感器组件由测力传感器和测力板组成,测力传感器使用齐平膜压力传感器或光纤光栅压力传感器,安装在盆腔侧面的螺纹孔内,通过实时感知盆腔内测力板压应力的变化,实现支座受力的实时监测与传输。

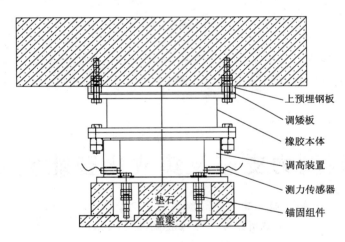

图1 调高测力隔震橡胶支座结构组成

三、支座测力性能试验

为验证支座测力性能的可靠性,以 ZNTG3000 和 ZNTG4000 两种型号的智能调高测力隔震橡胶支座为研究对象,支座完成组装后,在工厂内部采用1000t电液伺服压剪试验机进行测力性能试验。支座竖向荷载-传感器电流关系式分别为:$y = 3.25x - 14.15$ 和 $y = 3.26x - 14.0$(y 表示支座竖向荷载,x 表示支座测力传感器反馈的电流信号平均值)。

试验荷载为设计荷载的1.5倍,即 $1.5P$,以1%试验荷载为起点,连续加载至试验荷载,加载速度不大于5kN/s,保压3min,然后卸载至0,重复3次。分别记录 $0.17P$、$0.33P$、$0.50P$、$0.67P$、$0.83P$、$1.0P$、$1.17P$、$1.33P$、$1.50P$ 竖向荷载对应的传感器返回的电流值,如图2所示。通过竖向荷载-传感器电流关系式得出实测值,数据分析结果见表1。

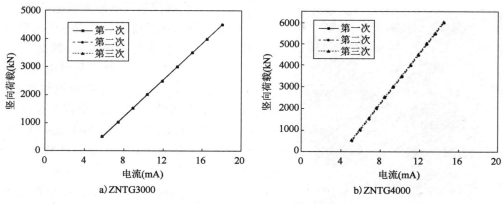

图2 两种型号支座竖向荷载-电流曲线

数据分析结果 表1

标准荷载(kN)	ZNTG3000		ZNTG4000	
	实测均值(kN)	示值误差(%)	实测均值(kN)	示值误差(%)
500	499.6	−0.08	496.2	−0.77
1000	1012.4	1.24	1005.6	0.56
1500	1512.0	0.80	1502.5	0.17
2000	2008.2	0.41	1994.5	−0.27
2500	2504.0	0.16	2490.6	−0.37
3000	2998.0	−0.07	2992.0	−0.27
3500	3495.8	−0.12	3489.4	−0.30
4000	3995.4	−0.11	3997.2	−0.07
4500	4495.9	−0.09	4498.8	−0.03
5000	—	—	5001.6	0.03
5500	—	—	5503.5	0.06
6000	—	—	6009.6	0.16

由试验结果可知，支座竖向荷载实测值与标准值误差最大为1.24%，重复性误差最大值为0.18%FS（FS表示设计满量程）。满足设计"支座测力误差不大于5%，重复性误差≤3%FS"的要求，因此，支座的测力性能满足要求。

四、集成化智能监测系统

目前，桥梁减隔震工程项目安全运行监测通过集中式监测方法实现，即将多个智能支座感知数据通过线缆集中连接至现场部署的采集站，再由采集站将数据传输至计算机，之后再设法传回后台中心和终端系设备。该方法不仅存在现场布线复杂、施工成本高、工期长等问题，而且极易在地震、大风等环境灾害情境下出现故障而导致整个监测系统瘫痪，丢失关键数据的风险极高。因此，急需一种小型化、低功耗、插电即可远程调试、安全稳定和成本低的集成化智能监测系统。

1. 集成化智能监测系统的开发

智能感知监测数据收集与传输的主要流程包括：①通过对工程结构体系进行有限元分析，得到最优监测技术方案（监测位置、关键物理量等）；②柔性传感器和传感技术的研发，植入到减隔震工程结构及其产品上，感知测量数据并传输至本地板卡；③监测系统的研发，利用无线通信技术将感知到的数据实时传输到后台服务器及远程的终端设备数据中心，数据中心再采用大数据分析技术进行数据处理，同时结合人工智能算法自动识别减隔震结构的异常状态，并发出预警信号，信号还结合北斗卫星导航系统进行

图 3 集成板卡

定位及同步授时，确保信号准确无误地送达。

集成化智能监测系统通过开发专用的低功率 EAD 软件将数据采集单元、数据处理单元、数据存储单元、数据传输单元、北斗定位及授时单元和供电模块等高度集成于一张板卡上（即多个处理芯片及模块集成，如图 3 所示），并在板卡上增设了散热口，单张板卡设置为 8 通道，可同步接收模拟量电信号 4～20mA、0～5V 或 ±5V，同时支持 6 通道开关量输出接口。该集成板卡是监测系统的核心部件，通过单元集成化设计达到监测仪器尺寸小（10cm×10cm×3cm）、功率低（<15W）、重量轻（约100g）等目标。

针对监测系统在地震、强风等恶劣环境工况下，极易出现断电、断网等极端情况引发监测系统传输信号不稳定或关键数据丢失甚至瘫痪等问题，研发了双模监测法[5]和分布式监测法[6]。

双模监测法，即配置两个控制模块和两个通信模块。控制接收模块又设置第一控制模块和第二控制模块，两个控制模块交替切换，轮值工作，交替休息，形成"1+1"冗余模式。当任一模块故障时，冗余模块可以接替工作。同时，模块还设有自检模式，可及时识别故障，保证总有一个正常的控制器维系工作。本地板卡同时配备有不间断电源，断网、断电后仍可存储 30min 以上数据且通网后优先回传。

分布式监测法为本地板卡与传感器一一配对使用，本地板卡设置有控制器模块，可将监测信号转变为规范化数据，再通过统一的通信方式上传，各传感器之间互不干涉，即便某个传感器或其相应的板卡损坏，也不影响其他传感器和板卡的工作。因此，通过此方式能够在极端环境工况下最大限度地保护监测装置，监测尽可能多的数据。同时，传感器与板卡可在支座出厂前预装好，现场只需给板卡通电，采用无线信号的板卡无须接线，大幅降低现场安装难度，提高施工效率，减少接线错误，亦无须针对工程结构在现场设计调试大型采集柜，减少了投资成本。

2. 工程应用

天峨龙滩特大桥为南丹至天峨下老高速公路上的控制性工程，是广西壮族自治区天峨县建成的一座超大跨径劲性骨架钢管混凝土拱桥。大桥全长 2488.5m，主跨跨径 600m，桥面总宽 24.5m，桥面主梁为 12×40m 预制 T 梁，主桥 1～13 号墩共计设置 130 套调高支座，其中 4 号、6 号、7 号、8 号和 10 号墩左右幅共计布置 50 套调高测力隔震橡胶支座（每个桥墩布置 10 套支座），其余全部布置为调高钢支座。

采用集成化智能监测系统对隔震橡胶支座测力数据进行收集、传输与实时监测。测力系统由支座压力传感器、数据采集仪、4G 无线传输装置和供电系统等设备组成。安装于支座上的压力传感器通过电缆信号将数据传输至数据采集仪，再由 4G 无线传输装置将支座受力数据通过移动 4G 网络发送至监控中心，数据采集仪采用民用电（市电）供电。监测数据可通过北斗卫星等通信方式传输至监测与预警云服务平台。

3. 实时监测

为了方便工作人员可以随时随地监测桥梁支座的运行状态，开发了"桥梁智能监测系统"Web 客户端，工作人员可借助办公电脑、平板电脑或智能手机等工具，轻松访问远程监控系统。Web 客户端可实现监测状态信息总览、状态趋势统计、实时监测数据查看、数据预警等功能，如图 4 所示。

图 5 为桥梁运营不同间隔时段，4 号、6 号、7 号和 8 号墩左右幅测力支座实时受力监测数值。图中数据给出了 2024 年 2 月 2 日至 3 月 18 日 17—18 时时段内（取其中 5d），各桥墩 1～10 号测力支座竖向荷载实时监测数据。从图 5 可以看出，不同时段内各桥墩测力支座受力整体趋于稳定，受桥面运行车辆的影响在平衡位置上下动态波动。

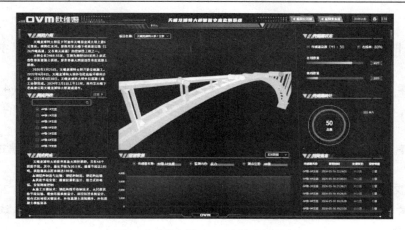

图 4　龙滩特大桥 Web 监测客户端界面

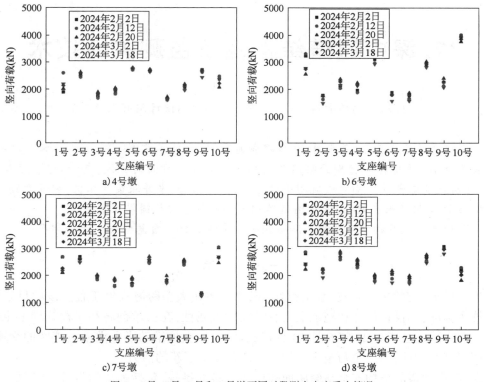

图 5　4 号、6 号、7 号和 8 号墩不同时段测力支座受力情况

五、结　语

基于天峨龙滩特大桥项目需求和工程中调高测力支座监测系统的弊端,研发了一种智能调高测力隔震橡胶支座和集成化智能监测系统。本文详细介绍了支座测力性能试验和集成化智能监测系统的开发流程,以及工程项目上的应用情况,得到以下结论:

(1)智能调高测力隔震橡胶支座由橡胶支座本体部分和调高部分组成,可实现持荷调高、调低及测力一体化功能。通过测力性能试验,支座竖向荷载实测值与标准值误差最大为 1.24%,重复性误差最大值为 0.18%FS,满足测力支座的性能要求。

(2)集成化智能监测系统实现了数据采集和传输集成化、小型化、低功耗和插电即可远程调试等功能,能大幅降低现场安装难度,提高施工效率,降低使用成本,同时可应对地震、强风等恶劣环境工况。

(3)通过对支座受力状态进行实时监测和预警,可根据实际情况对支座高度进行调节,以保证结构的安全性和稳定性。

参考文献

[1] 罗辉,何忠宇,银晓东,等.沉陷区大行程可调高支座性能[J].土木工程与管理学报,2020,37(2):20-26.
[2] 刘源保,邓万军,伍大成,等.桥梁调高测力支座的性能研究[J].交通科技,2022(4):71-74.
[3] 汪洋,王梁坤,施卫星,等.可调高度式支座的性能及应用[J].西南交通大学学报,2020,55(3):525-530.
[4] 杨国静,曾永平,顾海龙.基于高程监测的智能调高支座设计与试验研究[J].铁道标准设计,2019,63(5):82-86.
[5] 杨超,熊高波,石金鹭,等.一种双模板卡、监测系统及方法:202410154536.2[P].2024-06-21.
[6] 熊高波,石金鹭,杨超,等.一种工程结构监测用本地板卡、分布式监测方法及系统:202311862809.0[P].2024-04-09.

17. 深中通道结构健康监测关键技术

陈焕勇[1]　毛幸全[2]

(1.深中通道管理中心;2.中交公路规划设计院有限公司)

摘　要　深中通道已于2024年6月30日建成通车,作为世界首例"桥、岛、隧、水下枢纽"四位一体超大型跨海集群工程,项目在运营期面临诸多结构安全与健康方面的挑战,包括强风、地震、疲劳、腐蚀等。因此,项目研发了综合性结构健康监测平台,采用涡振预警、串并联柔性相机、智慧索股、迁移学习等6项创新技术,实际使用效果良好,为深中通道结构安全和智慧运行提供技术支撑。

关键词　深中通道　结构健康监测　涡振预警　柔性相机　智慧索股　迁移学习

一、引　言

深中通道是世界首例"桥、岛、隧、水下枢纽"四位一体超大型跨海集群工程。该项目采用双向八车道高速公路技术标准,不仅在设计和施工上具有极高的挑战性,在技术创新和工程管理上也面临前所未有的高要求。深中通道已于2024年6月30日建成通车,极大地推动了粤港澳大湾区的交通网络发展,加强了珠江两岸互联互通,为广东乃至全国的经济繁荣注入了新的活力。

运营期间,深中通道的结构安全与健康面临诸多严峻的挑战,包括强风的侵袭、地震的潜在威胁、火灾与水灾的突发风险,以及车辆和船只撞击造成的意外损害[1]。此外,结构材料在海洋环境和饱和交通量作用下,受到疲劳和腐蚀的双重影响,这些因素将逐渐削弱结构材料的承载能力与耐久性。为了确保深中通道的长期安全与健康运营,必须采取综合的监测与管理措施,以应对复杂多变的挑战[2-3]。

鉴于此,构建一个高效可靠的结构健康监测管养系统以服务于工程的运行安全,其技术挑战性极高[4-5]。本文将深入探讨深中通道项目结构健康智慧管养系统的整体设计,并着重介绍系统建设中应用的多项创新技术。

二、结构健康智慧管养系统设计

1.系统功能架构

深中通道结构健康智慧管养系统设计为一个技术支撑层、一个数据架构、多个应用场景的整体架构,具体划分为4个区域、5大系统和10个子系统,如图1所示。

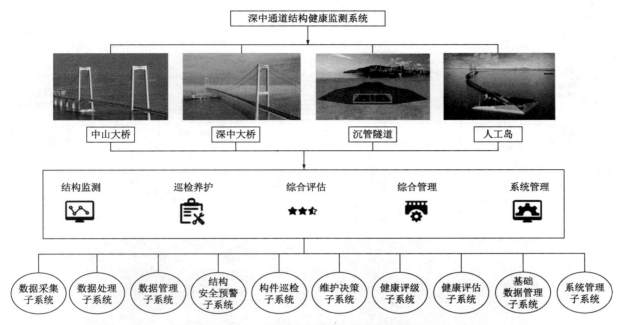

图1 深中通道结构健康智慧管养系统整体架构

4个区域包括两座主桥及其引桥、沉管隧道和东西人工岛，5大系统包括结构监测、巡检养护、综合评估、综合管理和系统管理系统，10个子系统包括结构监测方面4个子系统（数据采集、数据处理、数据管理、结构安全预警）、巡检养护2个子系统（构件巡检、维护决策）、综合评估2个子系统（健康评级、健康评估）、基础数据管理子系统和系统管理子系统。

2. 系统功能目标

系统建设目标主要包括健康感知、健康评估、健康维养、健康顾问等。

①健康感知。及时感知结构，实时监测结构运营环境及关键部位结构响应。

②健康评估。对结构技术状况、使用性能等进行综合评估，及时发现结构自身及行车所面临的危险状况，并实现安全预警。

③健康维养，开展常规养护，及时对结构损伤及病害进行有针对性的维修。

④健康顾问，实现勘察设计、施工监控、荷载试验、运营监测各阶段的数据衔接，建立全生命周期的数字化档案，建成结构健康管养系统。

三、结构健康保障关键创新技术

聚焦深中通道项目结构安全性与智能化水平，结构健康管养系统已经正式进入试运行阶段。该系统部署了超过1500个高精度传感器，其中深中大桥约500个，如图2所示。监测内容涵盖环境、作用、结构响应、结构变化等，系统建设过程中整合了多项突破性创新技术。

系统以构建一个全生命周期监测管理平台理念进行设计，整合多项突破性创新技术，通过一体化平台实现项目各阶段的信息贯通和数据共享。

1. 涡振专项监测

针对大跨径悬索桥和小跨径连续梁桥在特定风速下可能出现的涡振现象，提供了一套综合的识别、预警与评价解决方案。这项技术通过先进的监测系统捕捉桥梁的动态响应，利用智能算法分析数据，实时评估涡振风险，并在必要时发出预警，以保障桥梁结构安全和运营效率。

涡振预警模块实时监测易受涡振影响的桥梁环境参数，通过算法处理后在界面展示，并在预警时及时提示，同时显示涡振发生后的数据变化情况，如图3所示。

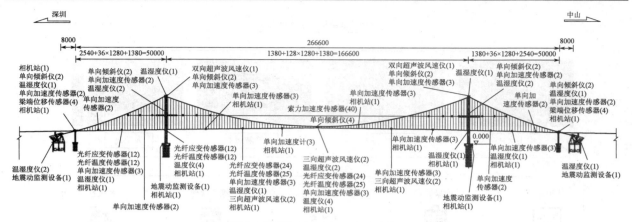

图 2 深中大桥结构监测项布置图(尺寸单位:cm)

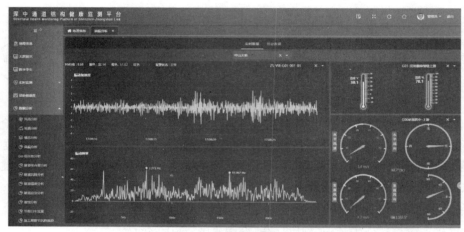

图 3 涡振预警界面示意

涡振报警界面主要显示报警状态、风场参数、温湿度、风偏角、风攻角、均方根、紊流度、频谱、加速度、位移、时间参数等信息。

2. 在线模态识别

桥梁监测的模态分析是动力特性分析的关键部分。本项目通过改进软件架构,实现了海量数据的在线存储和处理,为在线模态分析奠定了基础。同时,进一步应用分布式计算技术,开发了在线模态分析模块,如图 4 所示。

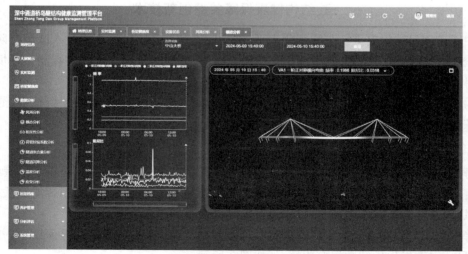

图 4 在线模态分析前端展示

在线模态分析可以实现模态频率、振型、阻尼比等参数的在线识别。

3D桥梁模型的振型展示功能通过配置模块实现,包括对模型的点、线、面关联和振型的设置。用户可以通过调整这些配置来控制传感器的位置,添加新的传感器测点,排除故障传感器点,并根据理论分析添加虚拟数据点,从而提升模型的精确度。

3. 串并联柔性相机网络

首次采用串并联柔性相机网络技术对桥梁全跨动态挠度进行多点同步实时自动监测,相较于传统监测手段,具有精度高、同步性好、自成系统、无损非接触、维护成本低、扩展性强等优点。

该测量系统主要包括相机模块测站、工控机等硬件,如图5所示,通过图像的获取、处理和分析,实时在线监测结构位移,精度可达亚毫米级。

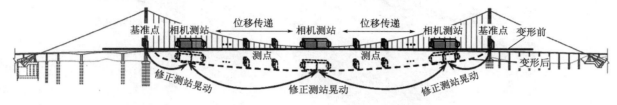

图5 串联相机网络摄像测量布置示意

测量原理说明:在测量平台上布置一个或多个测量相机看向待测结构(测量相机数量取决于待测特征范围、数量等),同时在平台上布置两个或多个校准相机看向基准控制点,基于首创的不稳定平台的静态基准转换方法,获取测量平台6自由度运动量,将不稳定平台坐标系转换至基准控制点坐标系,实时校准测量平台晃动,实现不稳定平台亚毫米级静动态变形自校准摄像测量。

4. 智慧索股及除湿系统

智能主缆除湿系统感知调节如图6所示,该系统在主缆中嵌入4根智慧索股,每根索股内都装备了长达3000m的光纤传感器,这些传感器能够精确捕捉主缆内部温度、湿度分布和变化情况,实现对主缆腐蚀速率的实时监测。

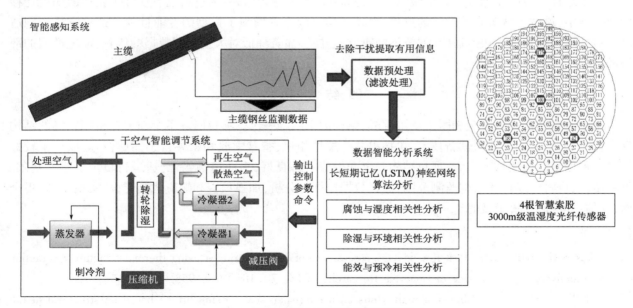

图6 智能主缆除湿系统感知调节示意图

智能感知和自调节机制使得系统能够实时响应环境和主缆状态的变化,实现精准的除湿操作,确保悬索桥主缆100年设计使用寿命,这也是深中大桥稳定和安全的基础。

5. 索夹自感知螺杆

自感知螺杆技术是一种先进的桥梁健康监测解决方案,通过将智能传感技术整合到桥梁结构的关键连接元件中,实现对桥梁状态的实时监控和评估。

自感知螺杆采用了永久安装的嵌入式超声波传感器,这些传感器能够持续不断地监测螺杆的内部应力和应变状态,如图7所示。这种设计确保了传感器在整个桥梁使用周期内的稳定性和可靠性。螺杆的综合测力精度达到2.5%,这一精度水平为桥梁管理者提供了高度精确的监测数据,有助于及时发现和评估潜在的结构问题。

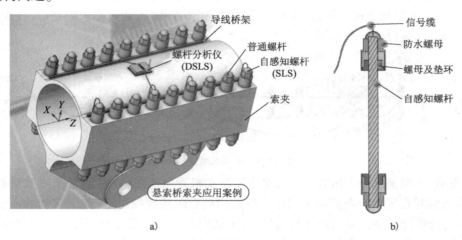

图 7 悬索桥索夹自感知螺杆应用示意

该技术应用于深中大桥塔区索夹上,一共涉及160根自感知螺杆,能够实时监测螺杆的张力损失值,这对预防索夹滑移至关重要。

6. 基于迁移学习的监测数据异常检测

基于迁移学习的监测数据异常检测是一种高效的机器学习策略,通过将已有任务中获得的知识迁移到新任务中,跳过了从头开始学习的过程,提高了学习效率并增强了模型的专业性能。这种方法特别适用于对特定领域数据的快速适应,如桥梁健康监测,能够显著降低对大量标记数据的依赖,加速模型的部署和应用。

四、结　　语

深中通道结构面临安全和耐久双重挑战,结构健康问题突出。项目研发了全面覆盖桥、岛、隧的结构健康监测平台,采用了多项创新技术,包括串并联柔性相机、智慧索股和索夹自感知螺杆等,取得了较好效果。根据目前监测数据来看,项目结构安全和健康状态良好,为通道顺畅、舒适运行奠定了坚实基础。下一步,项目将持续扩大结构监测范围,深化数据挖掘与分析,加强预警和响应机制建设,实现"感知更全面、评估更准确、预警更及时"。

参考文献

[1] YUN S H, JOEN J S. Post-fire damage assessment of Korean bridges using thermal-structure interaction fire analysis[J]. Magazine of Concrete Research, 2018, 70(18): 938-953.

[2] ZHOU Y, SUN L M. Effects of high winds on a long-span sea-crossing bridge based on structural health monitoring[J]. Journal of Wind Engineering and Industrial Aerodynamics, 2018, 174: 260-268.

[3] 翁方文,朱浩,郑建新.大跨度斜拉桥全寿命安全监测系统设计[J].中国港湾建设,2017,37(3): 48-52,74.

[4] 辛光涛,赵健.大跨径桥梁结构健康监测系统设计研究[J].公路交通科技(应用技术版),2020,16

[5] YAN Y, MAO X Q, WANG X, et al. Design and implementation of a structural health monitoring system for a large sea-crossing project with bridges and tunnel[J]. Shock and Vibration, 2019(11): 1-13.

18. 冷喷烯锌在桥梁钢结构长效防腐中的应用

王 益 周贤辉 杨志华

（无锡华东锌盾科技有限公司）

摘 要 本文主要介绍了冷喷烯锌涂料及其防腐体系的性能特点，并且结合金海路改建工程的防腐体系设计，对不同标段的环氧富锌防腐体系和冷喷烯锌防腐体系在耐冷热循环性能、拉拔附着力、耐中性盐雾性能和耐循环老化测试4个方面进行试验对比，阐述了采用冷喷烯锌防腐体系的长效性。

关键词 冷喷烯锌 环氧富锌 钢结构桥梁 防腐体系 耐腐蚀性能

一、引 言

随着我国经济的快速发展，各类基建项目如雨后春笋般不断涌出，其中桥梁基建为重点项目之一。现阶段主流桥梁大多为钢结构桥梁，具有强度高、施工速度快、适应性强、抗震性能好、耐久性好、维护成本低等特点，但是，钢结构防腐性能差，易受水、氧气或其他污染物的侵蚀，从而影响桥梁寿命。因此，需要对钢结构桥梁进行防腐涂层设计，从而使得钢结构桥梁具有更长的使用寿命。

目前，我国桥梁钢结构防腐蚀技术主要有重防腐蚀涂料涂层体系和热喷涂复合涂层体系。传统重防腐蚀涂料涂层体系为底漆+中间漆+面漆配套，施工要求较低，喷涂快速，方便快捷，但是耐腐蚀寿命较短，10年左右就需进行大修。热喷涂复合涂层体系防腐寿命较长，但是对底材前期处理要求高，施工难度大，因此需要寻找更加方便快捷、节能高效、长久耐用的桥梁钢结构防腐蚀技术。本文根据金海路改建工程项目的实际涂层配套设计方案，对比不同防腐体系对桥梁钢结构耐腐蚀性能的影响。

二、防腐涂装配套方案设计

1. 桥梁所处地气候特点

金海路改建工程主体桥梁结构为钢结构，该工程位于上海市中心地带，属亚热带季风性气候，四季分明，雨水充沛，年均降雨量在1000mm以上，雨量主要集中在夏季梅雨季节。夏季高温多雨，平均气温在25℃以上，冬季潮湿寒冷，平均温度在5℃左右，年平均气温在20℃左右，最高气温为38℃，最低气温为-5℃，年平均日照时间为1885h，由于靠近东海，空气湿度较高。因此根据标准ISO 12944—2018判断，该工程处于C4腐蚀环境，应重点考虑产品的耐腐蚀性能。

2. 冷喷烯锌特点

冷喷烯锌防腐涂料是一种结合PUS纯薄石墨烯与冷喷锌技术制备而成的先进防腐材料，通过冷喷锌的特殊分散技术解决了石墨烯的分散问题，充分发挥了石墨烯的片状阻隔作用和导电作用。冷喷烯锌中薄石墨烯的高导电性能够充分活化锌粉，提高涂层导电能力，提升锌粉利用率；石墨烯独特的片状结构还能引进迷宫阻隔效果，阻止水、氧、盐的渗透，从而使冷喷烯锌同时具有优异的阴极保护性能与屏蔽性能。冷喷烯锌材料电镜图和冷喷烯锌材料防护机理如图1所示。冷喷烯锌为长效防腐性涂料，其不挥发物含量≥80%，耐中性盐雾≥3000h，挥发性有机化合物（VOC）含量小于或等于350g/L，具有30年以上的防腐寿命。且冷喷烯锌配套性能好，可以直接配套面漆，无须中间漆，施工过程中无须雾喷，不会在施工过程中出现起泡现象，其配套附着力≥8MPa。

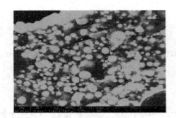 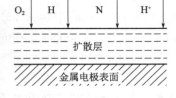

a) 冷喷烯锌材料电镜图　　　　b) 冷喷烯锌材料防护机理

图 1　冷喷烯锌材料电镜图和防护机理

3. 涂层配套设计

根据气候环境判断，金海路改建工程处于 C4 腐蚀环境。设计院根据腐蚀环境和建设单位要求设计了两种涂层配套体系，即环氧富锌防腐体系和冷喷烯锌防腐体系。环氧富锌防腐体系桥梁钢结构外表面采用环氧富锌底漆 + 环氧云铁漆 + 氟碳面漆配套体系，桥梁钢结构内表面采用环氧富锌底漆 + 环氧耐磨厚浆漆两层体系，该涂层体系外表面三层配套方案设计总膜厚 310μm，内表面双层方案设计总膜厚 380μm。冷喷烯锌防腐体系桥梁钢结构外表面采用冷喷烯锌 + 氟碳面漆的双层配套方案，内表面可采用冷喷烯锌单层体系，双层配套方案设计总膜厚 200μm，单层配套方案设计膜厚 100μm。金海路Ⅲ标段采用冷喷烯锌防腐体系，其他标段采用环氧富锌防腐体系。本文将这两种防腐体系进行对比试验，研究比较两种防腐体系的耐冷热循环、附着力、耐中性盐雾和耐循环老化性能。

三、试 验 部 分

1. 原材料

本试验为测试涂料性能，因此需要对涂料进行喷涂测试。材料分为底材和涂料，其中测试底材为喷砂钢板（Sa2.5 级，粗糙度 R_z30 ~ 70μm），涂料为冷喷烯锌、环氧富锌底漆（不挥发分中金属锌含量 70%，简称"环氧富锌底漆"）、环氧云铁中间漆、环氧耐磨厚浆漆、氟碳面漆。

2. 主要测试仪器

测试仪器包括：PosiTest AT-A 附着力检测仪，膜厚仪，低温试验箱，加热恒温箱，盐雾试验机，50 倍放大镜。

3. 试验过程

（1）涂层设计：冷喷烯锌防腐体系和环氧富锌防腐体系涂层配套方案见表 1。

防腐体系与配套涂层方案　　　　表 1

防腐体系	钢结构内表面涂层配套	钢结构外表面涂层配套
冷喷烯锌防腐体系	冷喷烯锌 100μm	冷喷烯锌 120μm + 氟碳面漆 80μm
环氧富锌防腐体系	环氧富锌底漆 80μm + 环氧耐磨厚浆漆 300μm	环氧富锌漆 80μm + 环氧云铁中间漆 150μm + 氟碳面漆 80μm

（2）喷涂工艺：

①钢结构内表面冷喷烯锌防腐体系（简称"内表面冷喷烯锌防腐体系"）：将冷喷烯锌喷涂到喷砂钢板上，喷涂两道，两道间隔 2 ~ 5min，每道膜厚控制在 50μm 左右，喷涂完成后漆膜养护 7d 后测试。

②钢结构外表面冷喷烯锌防腐体系（简称"外表面冷喷烯锌防腐体系"）：先将冷喷烯锌喷涂到喷砂钢板上，喷涂两道，两道间隔 2 ~ 5min，每道膜厚控制在 60μm 左右，待底漆常温干燥 24h 后，喷涂氟碳面漆，面漆也分两道喷涂，两道间隔 2 ~ 5min，每道膜厚控制在 40μm 左右，喷涂完成后常温养护 7d 后测试。

③钢结构内表面环氧富锌防腐体系（简称"内表面环氧富锌防腐体系"）：钢结构内表面涂层，将环氧富锌底漆喷涂到喷砂钢板上，喷涂两道，两道间隔 2 ~ 5min，每道膜厚控制在 40μm 左右，底漆干燥 24h 后

喷涂环氧耐磨厚浆漆,分两道喷涂,两道间隔5~10min,每道膜厚控制在150μm左右,喷涂完成后漆膜养护7d后测试。

④钢结构外表面环氧富锌防腐体系(简称"外表面环氧富锌防腐体系"):先将环氧富锌底漆喷涂到喷砂钢板上,喷涂两道,两道间隔2~5min,每道膜厚控制在40μm左右,底漆常温干燥24h后,喷涂环氧云铁中间漆,中间漆分为两道喷涂,两道间隔5~10min,每道膜厚控制在80μm左右,最后中间漆常温干燥24h后,喷涂氟碳面漆,面漆也分两道喷涂,两道间隔2~5min,每道膜厚控制在40μm左右,喷涂完成后常温养护7d后测试。

4. 测试方法

(1) 耐冷热循环测试。制作内表面涂层,试验条件:-20℃条件下放24h,室温放置24h,60℃条件下放24h,此为1个循环,共50次循环。

(2) 附着力测试。制作内外表面防腐体系涂层,采用拉开法测试仪器进行附着力的测试,按照《色漆和清漆 拉开法附着力试验》(GB/T 5210—2006)中的方法进行测试。

(3) 耐中性盐雾性能测试。耐中性盐雾性能按照《人造气氛腐蚀试验 盐雾试验》(GB/T 10125—2021)中的涂料耐中性盐雾试验要求进行检测。

(4) 耐循环老化测试。耐循环老化性能按照ISO 12944-9进行循环老化测试,以72h强紫外线和凝露试验+72h中性盐雾试验+24h低温试验为1个循环。

四、结果与讨论

1. 内表面涂层耐冷热循环测试

内表面涂层耐冷热循环测试涂层表面后用50倍放大镜放大图如图2所示。在经过-20℃低温和60℃高温交替后,用50倍放大镜观察内表面冷喷烯锌防腐体系涂层表面,涂层未发现开裂,而内表面环氧富锌防腐体系耐冷热循环测试后用50倍放大观察表面,涂层表面出现细小裂纹,涂层开裂使得涂层附着力变差,影响整体性能。因此,通过耐冷热循环测试,说明冷喷烯锌防腐体系具有更好的耐高低温性能,即使温差较大时,也能保证涂层的完整性,保证了涂层的长期稳定性。与此同时,优异的耐冷热循环性能也会为较好的耐腐蚀性能打下基础。

a) 内表面冷喷烯锌防腐体系   b) 内表面环氧富锌防腐体系

图2 耐冷热循环测试后50倍放大图

2. 涂层附着力测试

用拉开法附着力测试仪对冷喷烯锌防腐体系和环氧富锌防腐体系的附着力进行测试,测试结果见表2。从附着力测试结果来看,外表面冷喷烯锌防腐体系在拉拔后是100%氟碳面漆层破坏,而内表面环氧富锌防腐体系在拉拔后是有部分环氧富锌内聚力破坏,说明冷喷烯锌相比于环氧富锌底漆具有更好的配套附着力。虽然拉拔结果都是大于5MPa,符合《公路桥梁钢结构防腐涂装技术条件》(JT/T 722—2023)中附着力标准,但是冷喷烯锌防腐体系不管是内表面还是外表面防腐体系,拉拔附着力均超过10MPa,外表面冷喷烯锌防腐体系更是超过20MPa,说明冷喷烯锌防腐体系附着力更佳。外表面环氧富锌防腐体系附着力大于10MPa,但内表面环氧富锌防腐体系附着力只有5.50MPa,说明环氧富锌防腐体系附着力一般,长时间使用可能会因附着力而产生涂层甚至是底涂层的脱落,从而影响涂层防腐寿命。

附着力测试结果　　表2

配套涂层	拉拔附着力(MPa)	破坏性质
内表面冷喷烯锌防腐体系	16.71	涂层内聚破坏
内表面环氧富锌防腐体系	5.50	70%环氧厚浆内聚破坏,30%环氧富锌内聚破坏
外表面冷喷烯锌防腐体系	20.56	100%氟碳面漆内聚破坏
外表面环氧富锌防腐体系	11.23	80%氟碳面漆内聚破坏、20%环氧云铁内聚破坏

3. 耐中性盐雾试验

将制作好的冷喷烯锌防腐体系及环氧富锌防腐体系试板放进盐雾箱测试,3000h耐中性盐雾后测试结果如图3、表3所示。内表面冷喷烯锌防腐体系耐中性盐雾3000h后,涂层无起泡脱落现象,涂层表面也无锈点,涂层划痕处有少量红锈,锈蚀宽度小于1mm,说明内表面冷喷烯锌防腐体系具有较好的耐盐雾性能。而内表面环氧富锌防腐体系耐中性盐雾3000h后涂层出现起泡生锈现象,且集中在划痕处,划痕处有大量红锈,锈蚀宽度为3mm。说明内表面环氧富锌防腐体系与内表面冷喷烯锌防腐体系相比,耐盐雾性能较差,且可能由于环氧富锌防腐体系涂层之间的附着力较差,使得在破损处盐与水更加容易进入涂层内部,导致起泡生锈。

a) 内表面冷喷烯锌防腐体系(3000h)　　b) 内表面环氧富锌防腐体系(3000h)　　c) 外表面冷喷烯锌防腐体系(3000h)　　d) 外表面环氧富锌防腐体系(3000h)

图3　耐中性盐雾性能图

耐中性盐雾测试结果　　表3

配套涂层	膜厚(μm)	3000h盐雾现象
内表面冷喷烯锌防腐体系	105	涂层表面无起泡脱落,无锈点,划痕处有少量红锈,锈蚀宽度小于1mm
内表面环氧富锌防腐体系	385	涂层表面起泡,有锈点,划痕处有大量红锈,锈蚀宽度约3mm
外表面冷喷烯锌防腐体系	210	涂层表面无起泡,无锈点,划痕处有少量红锈,锈蚀宽度小于1mm
外表面环氧富锌防腐体系	318	涂层表面部分起泡,有锈点,划痕处有大量红锈,锈蚀宽度为2.5mm

在外表面涂层防腐体系耐中性盐雾性能测试中,外表面冷喷烯锌防腐体系在3000h耐中性盐雾后涂层表面基本没有明显变化,只在划痕处有少量红锈,说明涂层致密,附着力好,水与盐无法穿透,因此也可以看出外表面冷喷烯锌防腐体系具有较好的耐盐雾性能。外表面环氧富锌防腐体系盐雾3000h后涂层表面有部分起泡生锈现象,锈蚀宽度较大,说明外表面环氧富锌防腐体系与外表面冷喷烯锌防腐体系相比,耐盐雾性能较差,不能对基材进行长效防护。且从防护涂层膜厚的角度来看,外表面冷喷烯锌防腐体系总膜厚为210μm,外表面环氧富锌防腐体系到达318μm,说明冷喷烯锌防腐体系能在较低膜厚下拥有更好的防护性能。

4. 外表面防腐涂层体系耐循环老化试验

将外表面冷喷烯锌防腐体系样板和外表面环氧富锌防腐体系样板进行耐循环老化测试,结果如图4、表4所示。

 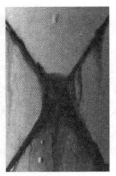  

a) 外表面冷喷烯锌防腐体系(2688h)　　b) 外表面环氧富锌防腐体系(2688h)　　c) 外表面冷喷烯锌防腐体系(4200h)　　d) 外表面环氧富锌防腐体系(4200h)

图4　耐循环老化试验图

耐循环老化结果　　　　表4

配套涂层	膜厚(μm)	2688h耐循环老化现象	4200h耐循环老化现象
外表面冷喷烯锌防腐体系	200	涂层表面无起泡,无锈点,划痕处无红锈	涂层表面无起泡,无锈点,划痕处有少量红锈
外表面环氧富锌防腐体系	320	涂层表面有部分起泡、部分锈点,划痕处有大量红锈,锈蚀宽度变大	涂层表面有大量起泡、生锈,划痕处有大量红锈,锈蚀宽度大

外表面冷喷烯锌防腐体系在经过16次耐循环老化共2688h测试后,涂层表面无起泡,无锈点,划痕处无红锈,在25次共计4200h耐循环老化测试后划痕处出现少量红锈,锈蚀无明显扩蚀,涂层表面也没有出现起泡、生锈现象,说明外表面冷喷烯锌防腐体系具有极好的耐循环老化性能,在恶劣环境下,外表面冷喷烯锌防腐体系仍具有较好的耐腐蚀性能。

外表面环氧富锌防腐体系在经过2688h耐循环老化试验后划痕处就出现了明显的红锈,且锈蚀宽度较大,涂层表面有部分锈点、部分起泡现象,在4200h耐循环老化测试后,涂层表面出现大面积的起泡生锈现象,证明底涂层与基材已经基本脱离,涂层对基材失去防护作用,基材已被锈蚀,且外表面环氧富锌防腐体系总体膜厚远远大于外表面冷喷烯锌防腐体系,说明外表面环氧富锌防腐体系耐循环老化性能与外表面冷喷烯锌防腐体系相比较差,在恶劣环境条件下,冷喷烯锌防腐体系在较低膜厚下也具有较好耐腐蚀性能。

五、结　语

本文通过试验测试,对比冷喷烯锌防腐体系与环氧富锌防腐体系在耐冷热循环测试、附着力测试、耐中性盐雾试验和耐循环老化试验4个方面的性能,得出结论如下:

(1)内表面冷喷烯锌防腐体系具有较好的耐冷热循环性能,经过50次冷热循环后,涂层表面未出现开裂现象,而内表面环氧富锌防腐体系涂层有明显细小裂纹,因此在耐冷热循环测试方面,内表面冷喷烯锌防腐体系对比内表面环氧富锌防腐体系具有明显优势。

(2)冷喷烯锌防腐体系和环氧富锌防腐体系的拉拔附着力都满足《公路桥梁钢结构防腐涂装技术条件》(JT/T 722—2023)对富锌底漆附着力的要求,但内表面冷喷烯锌防腐体系附着力超过10MPa,外表面冷喷烯锌防腐体系附着力超过20MPa,说明冷喷烯锌防腐体系具有更优异的附着力。

(3)内表面冷喷烯锌防腐体系以及外表面冷喷烯锌防腐体系在经过3000h耐中性盐雾测试后,涂层表面未出现生锈、起泡现象,对比环氧富锌防腐体系,说明冷喷烯锌防腐体系具有较好的耐中性盐雾

(4)冷喷烯锌防腐体系还具有较好的耐循环老化性能,外表面冷喷烯锌防腐体系在经过4200h耐循环老化试验后,板面没有出现起泡、生锈现象,说明冷喷烯锌防腐体系在恶劣环境下也具有很好的耐腐蚀性能。

综上所述,在金海路改建工程项目中,冷喷烯锌防腐体系具有更好的耐腐蚀性能,能够大大降低桥梁维修次数,延长桥梁使用寿命。

参考文献

[1] 张宇.钢结构桥梁防腐工艺现状[J].内蒙古科技与经济,2021(16):97-98.
[2] 全国涂料和颜料标准化技术委员会.色漆和清漆 拉开法附着力试验 GB/T 5210—2006[S].北京:中国标准出版社,2006.
[3] 全国钢标准化技术委员会.人造气氛腐蚀试验 盐雾试验:GB/T 10125—2021[S].北京:中国标准出版社,2021.
[4] 全国交通工程设施(公路)标准化技术委员会.公路桥梁钢结构防腐涂装技术条件:JT/T 722—2023[S].北京:人民交通出版社股份有限公司,2023.

19. 钢拱桥点云扫描的测站布置及实施方法研究

谢俊贤[1] 刘朵[1] 张建东[1] 冯晓楠[1] 胡楷文[2]

(1.长大桥梁安全长寿与健康运维全国重点实验室;2.东南大学)

摘 要 本文以南通市亭平路桥工程为例,研究了基于点云数据的钢拱桥点云配准;提出了规范的预制梁场扫描测站布置方式,讨论了三维激光扫描的选位优化原则,比较了不同架站方法对扫描结果的影响,并提出了适用于曲线梁的六点扫描法;分析了三维激光扫描仪的架设方法和参数设置,提出了现场实施方法,以最小化点云模型误差。在亭平路桥施工中,该方法取得了良好的效果,规范了测站布置方式,节省了数据处理时间,且算法尺寸计算误差控制在4mm以内,满足规范要求。

关键词 钢拱桥 点云数据 预制梁场 测站布置 三维激光扫描

一、引 言

随着科学技术的不断进步,桥梁领域对快速化施工的要求越来越高。装配式结构具有施工快、成本低、节能环保等优点,得到了越来越广泛的应用和推广,但也对施工提出了新的挑战[1]。其中,预制构件的尺寸准确度和构件的连接精度直接影响桥梁整体施工质量[2]。因此,对预制构件质量及拼装精度检测的要求也随之提高。

三维激光点云扫描技术具有效率高、精度高、数据可操作性高等优点,近年来被越来越多地应用在桥梁施工和检测领域,而对点云数据点的处理是点云扫描技术的重中之重[3]。受三维激光扫描仪的视野限制和周围环境物的遮挡,三维激光扫描仪只可扫描到视野范围内未被周围环境物遮挡的被测物体表面,难以扫描到待测物体背面以及被遮挡部分[3]。在实际的数据采集过程中,三维激光扫描仪获得的单次扫描结果通常无法得到被测物体的完整几何信息,因此,物体完整的表面点云数据采集往往需要通过多次不同测站点的测量来完成,选择最经济性的三维点云测站布置扫描方式,以形成被测物体完整的三维点云模型[4]。

本文结合南通市亭平路桥的工程需求,开展基于点云数据的钢拱桥点云配准研究。针对预拼钢拱曲线节段切片存在扫描精度不高、效率低的问题,提出的预制梁场扫描测站布置方式规范了测站布置方式,解决了预制梁场中扫测方案不规范的问题。

二、预制梁场环境下三维激光扫描选位优化原则

在对目标梁段进行三维点云采集时,测站布置方面有以下三点要求:第一,要求两场测站之间需要有一定的重合度,第二,测站的设置数量不宜过多,也不宜过少,第三,应在某一站扫描范围内设置合适数量及位置的反射标靶,保证每一测站能扫描到至少两个标靶[5]。

由于预制工厂停梁区空间有限,待测预制构件可能存在与邻近构件摆放距离过近、周边存在上人梯等遮挡物、摆放位置过高等情况,根据现场情况,需增加相应测站数量,或架高激光扫描仪。对于造成轻微遮挡的障碍物,可以通过点云修补实现特征的完善;对于造成严重遮挡的障碍物,考虑在进行扫测前移除[6]。

针对亭平路桥钢拱桥节段曲线梁段的结构特点,进行针对性测站布置。多个测站的布置既要确保桥梁构件关键部位的点云不出现缺失,也要考虑后续点云模型的拼接方便,不能太过复杂,要尽量高效率地完成采集工作。根据制作场地的环境特点,依据曲线构件的弯曲特性设置多测站并优化[7]。由于影响测量时间最主要的参数是所架设的站数。因此,以测站数为研究对象,分别采用2站、4站、6站、8站的架站方法对同一预制构件进行测量试验。具体测站布置如图1所示。

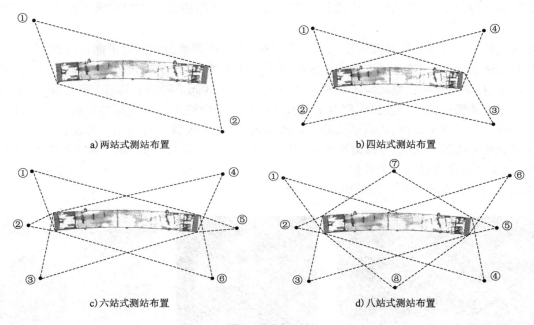

图1 测站布置图

布置测站时,最主要的原则是保证测得构件的所有重要截面与构造。其次,要在保证整体结构完整的基础上,提升关键截面与关键构造的点云质量。以构件左侧截面点云为例,将四种测站方式所得点云结果列于图2中。

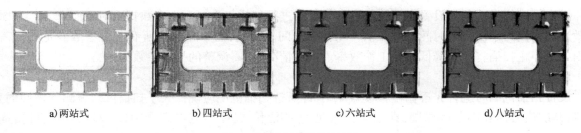

图2 构件截面点云扫描结果

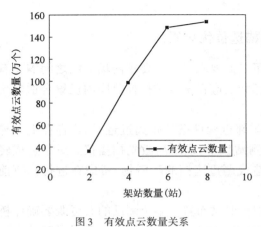

图3 有效点云数量关系

从图2可以看出,四种架站方法的点云结果有明显区别。两站式的点云模型出现了明显空洞,且点云密度较为稀疏。这是由于对截面只采用单方向扫测,自身结构产生了遮挡。四站式点云模型质量得到了明显提升,没有了明显的空洞。六站式点云模型密度明显提升。相比六站式点云,八站式点云的质量并没有特别明显的提升。

对得到的有效点云数量进行统计,从图3中可以看出,增加架站数量可以提升点云密度与点云质量。当架站数达到八站时,点云质量提升不明显,这是由于对部分区域进行的重复扫描不能产生额外的有效点云。因此,六站式架站法是相对效率最高的测站布置方法。本文后续获得的点云模型全部都是基于六站式扫描方法获得。

三、预制梁场环境下三维激光扫描现场实施方法

1. 三维扫描仪器架设方法

与常规检测方法一致,全站仪与水准仪的架设相同,激光扫描仪工作时也需固定于适配三脚架上。具体步骤如下:

①在选定的架设位置处展开并锁定三脚架的所有支脚,将脚架腿底部尽可能插入地面之中,并将脚架腿调整到合适高度,确保该高度下仪器与被测物体间无遮挡;并拧紧脚架腿螺丝固定。②将仪器放置于脚架平台上,拧紧螺丝将仪器固定于脚架之上,安装电池。③调节脚架上的三个调平旋钮,使基座上的气泡水平居中。④通过调整扫描仪内部电子气泡进行精细对中整平。⑤调整参数后开始测量。⑥每次工作初始测站开始扫描工作前,需启动仪器内部倾斜传感仪,令仪器对自身倾斜角度进行校准。扫描仪工作时确保无场外因素对仪器-三脚架系统的稳定性造成干扰。除此之外,由于激光扫描仪普遍自动化程度较高,无须对其自身进行其余操作。

三维激光扫描仪器架设部分流程如图4所示。

a) 三脚架架设

b) 设备调试

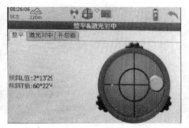
c) 电子气泡

图4 三维激光扫描仪器架设部分流程

2. 三维激光扫描关键参数设置

激光扫描仪根据预先设置完成的扫描参数自动进行扫描工作。对大多数扫描对象而言,徕卡P50三维激光扫描仪的单次扫描时间一般在10~45min之间。因此,需事先保证所有测量参数满足扫描需求,否则中途停止扫描将严重降低测量工作效率。通常情况下,需调整的扫描参数为:

1) 扫描范围

设置扫描范围时应首先遵循量程覆盖原则,即所选扫描范围应确保大于扫描仪与被测物体间的直线距离;其次应遵循较小范围原则,即在条件满足的情况下,选择小范围模式(120m/270m)进行扫描,如图5所示。

2）扫描角度

在梁场环境中进行三维激光扫描时,应因地制宜,根据构件自身几何特征、摆放特点、周围障碍物等,选择合适位置布设测站,尽量选择视野相对开阔的地点作为测站点。扫描角度界面如图6所示。

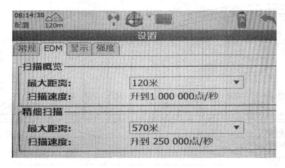

图5　扫描范围设置

图6　扫描角度

在梁场中对预制梁点云数据进行采集时,由于高度较大,一般不需要对竖直平面的扫描角度进行调整。在调整水平扫描角度时,根据扫描仪转动方向,依次设置扫描起点与终点,仪器即可对两点间水平范围进行扫描。例如,对于顺时针转动的扫描仪,将起点设置于被测目标物左侧,将终点设置于被测目标物右侧,即可保证获取完整的被测目标点云数据[8]。

3）扫描分辨率

扫描分辨率在三维激光测量领域表示获取的点云数据密度,以直线距离每增加10m处的平均点间距表示。该项参数与扫描仪的品牌与型号有很大关联,也是反映仪器数据获取能力的重要指标之一。当需要分析被测物体边界或轮廓时,可适当调高扫描分辨率；当只需点云能描述被测物体大致形状时,可适当降低扫描分辨率[9]。

扫描分辨率界面如图7所示。

4）扫描灵敏度

灵敏度参数代表激光对相同位置的发射次数。该参数的调整一般适用于被测物体与仪器之间存在移动物体的遮挡,且无法通过调整扫描仪位置进行改善的情况。例如,将仪器放置于桥上对桥面线形进行扫描时,桥面往往被桥上移动的车流所遮挡。且无论如何移动扫描仪都无法规避这种类型的视线遮挡。此时,可将灵敏度适当调高,增加同一位置处激光发射次数,即可提高激光在该位置处的到达概率,降低因移动车流对桥面的遮挡作用[10]。

扫描灵敏度界面如图8所示。

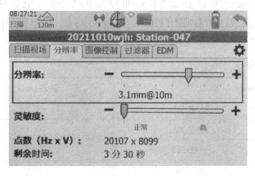

图7　扫描分辨率

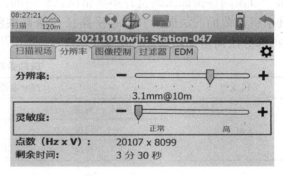

图8　扫描灵敏度

四、工程应用

亭平路桥位于南通市港闸区陈桥街道,地貌类型属三角洲平原区,周围主要为农田,地势平缓,地面高程为 $3.5 \sim 5.5m$。亭平路桥的跨径布置为 $6 \times 30m + 145m + 6 \times 30m$,桥梁全长 $510.32m$。其中主桥为下承式钢箱提篮拱桥,两侧引桥均为 30m 跨径的装配式预应力混凝土简支小箱梁。亭平路桥主桥桥型布置如图 9 所示。

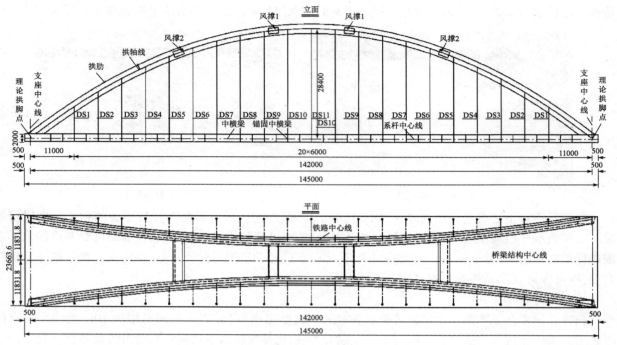

图 9 主桥桥型布置图(尺寸单位:mm)

基于上述点云扫描方法,将对亭平路桥节段进行扫描所得点云模型列于图 10。

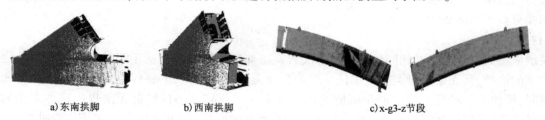

图 10 点云扫描模型

亭平路桥的拱脚有两个截面,连接系梁的截面与纵桥向平行,而拱肋部分在横桥向上存在偏移,其拱脚与第一节段的待拼面法向量并不是指向纵桥向的,而是一个存在 z 轴、y 轴分量的空间向量。因此,需要精准求得该截面的法向量。以亭平路桥西南侧拱脚为例,对拱脚的系梁处截面与拱肋处截面进行识别,所得部分法向量与拱脚尺寸结果见表 1。

拱肋参数对比　　　　　　　　　　　　　　　表1

节段编号	尺寸参数(mm)		误差(mm)
x-g1-z	宽度	2558.22	-1.78
	高度	1799.82	-0.18
	长度	18003.18	3.18
x-g2-z	宽度	2561.4	1.4
	高度	1798.17	-1.83
	长度	18000.86	0.86
x-g3-z	宽度	2557.32	-2.68
	高度	1801.13	1.13
	长度	17001.25	1.25

从表1可以看出,规范要求长度误差应在±4mm以内,宽度、高度误差应在2mm左右。亭平路桥拱肋节段的尺寸与图纸尺寸的误差不超过4mm,符合规范要求。同时,自适应切片方法精度达到要求,能够应用于实际工程。

五、结　语

本文阐述了在预制梁场环境下实施三维激光扫描的选位优化原则,对比了多种架站方法对扫描结果的影响。综合考虑,提出了适用于曲线梁的六点扫描法,并在亭平路桥的施工过程中进行实践,取得了良好的效果。同时,针对三维激光扫描仪的架设方法与参数设置方法进行分析,提出了三维激光扫描的现场实施方法,使得在现场进行扫描能够达到最好的效果。

与传统方法相比,优化后的三维激光扫描布置方式加深了数据可读性,简化了扫描过程。在亭平路桥上应用优化后的三维激光扫描方法,对钢拱桥的拱脚、拱肋尺寸进行测量评估,算法的尺寸计算误差在4mm以内,符合规范要求。该方法解决了预制梁场中扫测方案不规范、工程效率低的工程问题。

参考文献

[1] 江宇.基于三维扫描和BIM的装配式结构精度检测和预拼装[D].杭州:浙江大学,2022.
[2] 李韦童,邓念武.一种预拼装钢构件的点云自动分割算法[J].武汉大学学报(工学版),2022,55(3):247-252.
[3] YOON S, WANG Q, SOHN H. Optimal placement of precast bridge deck slabs with respect to precast girders using 3D laser scanning[J]. Automation in Construction, 2018, 86:81-98.
[4] KIM D, KWAK Y, SOHN H. Accelerated cable-stayed bridge construction using terrestrial laser scanning[J]. Automation in Construction, 2020, 117:103269.
[5] CASE F, BEINAT A, CROSILLA F, et al. Virtual trial assembly of a complex steel structure by Generalized Procrustes Analysis techniques[J]. Automation in Construction, 2014, 37:155-165.
[6] 王强强,苏英强,赵切,等.基于结构仿真分析与三维激光扫描的钢结构数字化预拼装技术[J].施工技术(中英文),2022,51(10):135-138.
[7] 周绪红,刘界鹏,程国忠,等.基于点云数据的大型复杂钢拱桥智能虚拟预拼装方法[J].中国公路学报,2021,34(11):1-9.
[8] 常舒.基于三维激光扫描技术的管片数字化预拼装技术研究[D].北京:北京建筑大学,2021.
[9] 胡开心.基于BIM与点云的钢管混凝土拱桥拱肋虚拟预拼装技术[D].重庆:重庆交通大学,2020.
[10] 张维福.犍为岷江钢管混凝土拱桥安装关键技术[J].公路,2021,66(7):142-146.

20.大跨径桥梁车辆荷载时空分布实时识别

李彦兵[1]　刘慧敏[2]　李　卫[1]　王　冲[3]

(1.广东省公路建设有限公司湾区特大桥养护技术中心;2.广东省公路建设有限公司;
3.中交公路规划设计院有限公司桥隧监测养护分公司)

摘　要　车辆荷载是大跨径桥梁最重要的荷载之一,获取准确实时的车辆荷载时空分布是桥梁进行疲劳预测和安全评估的前提。为了满足大跨径桥梁结构健康监测需求,获取准确实时的车辆荷载时空分布,基于卷积神经网络(CNN)构建了车辆信息识别系统,将其与动态称重系统结合,建立了桥梁车辆荷载时空分布实时识别系统,车辆识别效果达到86%以上。

关键词　车辆荷载　时空分布　车辆识别　大跨径桥梁　称重系统

一、引 言

车辆荷载是桥梁主要荷载之一,是导致桥梁结构疲劳损伤的主要原因。车辆荷载的时空分布对于评估桥梁性能至关重要。获取大跨径桥梁的车辆荷载时空分布数据对于精确评价桥梁的安全状况和服务寿命,以及确保桥梁的安全运行具有重要意义。

当前,大跨径桥梁车辆荷载数据的获取主要通过三种方式,第一种是通过收费站称重系统获取,将收费站车重数据传到桥梁管养单位,对通过桥梁的车辆信息进行比对,获得通过桥梁的车辆荷载数据,该方式获取到的车辆荷载有数据延迟,且只有总重没有轴重信息,难以获得实时的车辆荷载时空分布。第二种方式是在桥面布置动态称重系统(WIM)[1],主要是挖开桥面预埋传感器,车辆经过传感器输出动态信号,通过算法对传感器信号处理得到轴重和轴数信息。第三种是在桥上布置桥梁动态称重系统(BWIM)[2],在已知桥梁的影响线、车重、车辆位置的情况下可以得到桥梁的响应,该方式是上述原理的反问题,通过算法,已知车辆通过桥梁的响应、车辆影响线、车辆位置,可计算出车重,但该方式需要桥梁的响应,由于大跨径桥梁对于单一车辆响应有限,因而该方式目前主要用小跨径桥梁的车辆荷载获取,缺少大跨径桥梁应用实例。

对于车辆在桥上的位置分布信息获取,近年来主要是通过计算机视觉去识别桥上车辆时空分布。Zhang等[3]提出了一种基于计算机视觉技术的方法,用于获取桥梁上的车辆时空信息,该方法包括使用快速区域卷积神经网络(Faster R-CNN)进行车辆检测、多目标跟踪以及图像标定。谢俊鑫[4]开发了一种基于数据驱动的HardNet深度学习描述符的车辆图像匹配方法,与传统的特征提取技术相比,该方法能够更高效地提取车辆图像中的高级特征信息,进而以更高的准确率和稳定性实现目标车辆图像的匹配。黄永等[5]提出了一种应用于大跨径桥梁的车辆追踪与荷载时空分布智能识别系统,该系统利用YOLOv7架构进行车辆识别,并采用HardNet深度特征描述符进行车辆图像匹配,实现了车辆在桥梁上的时空分布追踪。

然而目前基于计算机视觉的车辆荷载时空分布研究还存在许多问题,目前车辆荷载时空分布研究对象主要是中小跨径桥梁,对大跨径桥梁车辆的追踪研究较少,主要是由于桥梁跨径较长,需要布置多摄像头,涉及相邻摄像头车辆识别信息传递问题。少数研究基于多摄像头大跨径桥梁车辆追踪识别问题,识别流程涉及多种算法训练,识别较为复杂。另外,现有的研究主要集中在大跨径桥梁车辆时空识别的方法论探索上,缺少实际工程应用。

基于上述研究现状,可以得知目前大部分是以识别车辆外形特征为主,需要复杂的算法。针对大跨径桥梁车辆荷载时空分布实时识别的需求,以追踪车辆简单特有的特征为出发点,应用车牌拍照识别算法对桥梁上的车辆进行追踪。本文整合了基于计算机视觉的车牌识别系统和WIM系统,建立了桥梁车辆荷载时空分布智能识别系统,并采用南沙大桥监控数据验证了本方法的准确性。

二、识 别 系 统

1. 系统组成

获取车辆荷载时空分布信息,主要是分为两个系统,即车辆称重系统和车牌识别系统,由于收费站称重系统没有轴重数据且有延迟、BWIM系统缺少大跨径桥梁应用实例,因而选择WIM系统。

车牌识别系统需要经过车辆目标检测与车辆位置追踪两大步骤。其中,车辆目标检测是利用摄像头捕捉图像,得到车辆和车牌位置,并通过图像处理技术自动识别车牌号码的技术。其工作原理可以概括为以下几个主要步骤:①建立摄像头图像坐标与真实坐标之间的映射关系,使用高清摄像头捕捉经过车辆的图像;②对原始图像进行一系列处理,例如灰度转换、噪声去除、图像增强等,以提高图像质量;③使用边缘检测算法找出图像中的边缘,确定车牌的大致位置,根据车牌的形状特征(如长宽比、面积等)提取车牌区域,通过车牌图像位置转换得到车牌的真实坐标,得到车辆的车道位置;④对定位后的车牌区域进行处理,将车牌上的字符逐个分割出来;⑤提取每个字符的特征,并与已知字符库进行比较,识别出具体的字符;⑥将识别出的车牌号码和车牌位置坐标打包,将最终结果发送给管理系统。这其中较为重要的是车牌位置的确定分割和分割之后的车牌字符确定,由于深度卷积网络算法具有强大的高维信息读取与特征学习能力,引入 CNN 网络实现车辆目标检测任务。

车辆位置追踪通过在桥面布置多个车牌拍摄的摄像头来实现,选择合适的摄像头位置确保能够捕捉到所有通过的车辆,所有摄像头的时间需要进行精确同步;当车辆进入摄像头视野时,记录下确切的时间戳;通过车牌识别的结果将同一车辆在不同摄像头下的图像匹配起来;计算同一车辆通过两个不同摄像头之间的时间差;结合摄像头间的距离和行驶时间计算出车辆的平均速度;由于桥梁上车辆速度一般较快,相邻摄像头之间的行驶时间较短,因此可以认为是匀速行驶,两摄像头之间的区域可以通过线性插值等方法估算车辆的具体位置;结合所有摄像头的数据重建车辆在整个桥面上的行驶轨迹。

2. 车牌图像预处理

1) 车牌图像灰度化

在图像处理中,通常会将真彩色图像(包含红色 R、绿色 G 和蓝色 B 三种分量)转换为灰度图像以简化处理过程。在 Python 环境中,可以使用 NumPy 和 OpenCV 等库将 RGB 真彩色图像转换为单通道的灰度图像。对于车牌识别应用,由于处理的颜色信息相对较少,为了提高识别效率,对彩色车牌图像进行灰度化处理,可以计算出每个像素点对应的灰度值,从而完成从彩色图像到灰度图像的转换。

2) 图像增强

在低光照条件下拍摄的图像往往清晰度不足,这主要是因为环境光线的影响。为了提高这类图像的质量,运用图像增强技术来提高其清晰度。这一过程通常包括调整图像的亮度、对比度和色彩等属性,以突出感兴趣的特征并减少噪声,进而提升图像的整体清晰度、对比度和可读性。一种常用的技术是局部直方图均衡化,它的基本思想是在图像的局部区域进行直方图均衡化,以增强图像的对比度。通过这种方式,局部直方图均衡化可以在保持图像细节的同时,有效增加图像的对比度,使图像看起来更清晰,达到强化的效果。经过局部直方图均衡化处理后,图像的明暗对比得到显著提升,图像质量得以增强。

3) 边缘检测

在车牌识别系统中,边缘检测是非常关键的一个步骤,主要是精确定位车牌的位置。为此,可以使用多种边缘检测算子,例如 Roberts 算子、Sobel 算子、Prewitt 算子、Laplacian 算子、LoG 算子以及 Canny 算子等。其中,Canny 算子因其独特的性能而成为这些方法中的佼佼者。与 Sobel 等算子相比,Canny 算子在边缘检测方面表现更为出色,尤其擅长检测较弱的边缘,能更好地保留车牌区域的关键特征信息。Canny 算子以其高信噪比和良好的定位精度而著称,这意味着它能提取更清晰、质量更高的边缘。因此,在本研究中,选择 Canny 算法来进行边缘检测,以确保车牌区域的准确识别和定位。

4) 区域定位优化

考虑到我国车牌的特征,建立了一种区域定位算法,该算法通过增强车牌字符颜色与背景颜色之间的对比度,使得车牌区域更加突出,利用现成的 OpenCV 库中的 findContours() 函数,该函数能够自动检测图像中的边缘并形成封闭的轮廓,从而识别出潜在的车牌区域。为了进一步提高定位的准确性,构建了掩膜图像,以精准定位车牌的最佳区域。通过这种方式,能够有效地从复杂背景下分离出车牌区域,为后续的字符识别提供良好的基础。

5) 灰度波峰特征的阈值计算

为了提高车牌区域的提取效率和准确性,提出了一种基于灰度波峰特征的阈值计算方法。该方法利用了车牌图像灰度分布的特点,即通常呈现连续的"波谷—波峰—波谷"趋势。通过分析灰度直方图,能够识别出车牌字符和背景之间的双波峰特征值。基于这些特征值,计算出合适的阈值,用于区分前景(车牌区域)和背景。车牌识别效果如图 1 所示。

经过图像增强技术和基于关键特征融合的车牌区域定位算法的处理,能够有效定位复杂环境下的汽车车牌的位置,将车牌在图像位置转化得到车牌的真实坐标,确定车辆的车道位置,最后,构建图像分割算法将车牌中的不同字符进行提取,以支持后续的字符识别和处理。

图 1 车牌识别效果

3. 基于 CNN 网络的车牌识别

卷积神经网络(CNN)是一种专门设计用于处理具有网格结构的数据(如图像)的深度学习模型。CNN 在图像分类、目标检测、语义分割等方面表现出色。CNN 的核心组成部分包括卷积层、激活函数、池化层和全连接层。卷积层通过卷积核提取图像的局部特征,激活函数增加非线性,池化层降低特征图的空间维度,而全连接层用于分类任务。CNN 的优势在于能够自动学习图像特征,具有平移不变性和参数共享的特点,使其在处理图像数据时表现出色。

1)模型构建

设计了一种四层卷积神经网络(CNN)用于车牌识别。该算法的具体流程包括构建一个面向复杂环境下的车牌图像数据集,包括识别和分割车牌图像,并结合经典的数据集(例如 MNIST 手写字符数据集),将数据集划分为训练集和测试集。设计一个多层卷积神经网络模型,卷积核大小分别为 16、32、64、128,对输入图像进行标准化预处理,随后通过卷积层和池化层处理。每层卷积层能够有效地从图像中提取局部特征,而池化层则有助于减少特征图的空间尺寸,从而加速计算过程并降低过拟合的风险。引入注意力机制来突出车牌字符图像中的关键特征,使用 tanh 函数计算注意力权重,通过 softmax 函数对权重进行归一化处理,从而为图像中的重要区域分配更高的权重。利用全连接层对车牌上的字符进行预测,包括数字、汉字(各省简称)和字母,预测结果将被进一步处理以确定最终的车牌号码。

2)模型训练

本文数据集为实桥拍摄的行驶中的汽车车牌的图像,采集不同天气各种类型车辆车牌图像,共采集 4000 张图像,数据集随机划分为训练集和测试集,训练集为 70%,采用精确率(Precision)、召回率(Recall)和 F1 值($F_{1\text{-score}}$)对识别结果进行评估,见式(1):

$$\begin{cases} \text{Precision} = \dfrac{\text{TP}}{\text{TP} + \text{FP}} \\ \text{Recall} = \dfrac{\text{TP}}{\text{TP} + \text{FN}} \\ F_{1\text{-score}} = \dfrac{2 \times \text{Precision} \times \text{Recall}}{\text{Precision} + \text{Recall}} \end{cases} \quad (1)$$

式中:TP——正确识别为车牌号码的数量;
　　　FP——错误地识别车牌的数量;
　　　FN——车牌号码识别错误的数量;
　　　$F_{1\text{-score}}$——精确率和召回率的加权调和平均值,用于综合评估模型的质量。

3)模型效果

本研究中提出的车牌识别算法在复杂环境下展现了良好的性能。通过对图像进行增强处理并融合多种关键特征,算法能够有效地识别汽车车牌,即使在恶劣天气条件下(如雾、霾、雪、雨和夜间)也能保持较高的识别率。具体而言,该算法在测试集上的精确率为 87.24%,召回率为 84.60%,综合这两个指标得出的 $F_{1\text{-score}}$ 值为 85.89%。这表明建立的算法不仅能够在复杂环境中准确地识别车牌,而且还能有效地减少误报和漏报的情况,同时,建立的算法提供了一种轻量级且高效的车牌识别解决方案。

三、应用结果

基于前述车辆荷载分布识别系统,采用南沙大桥实际交通场景监控视频数据进行应用。南沙大桥于 2019 年 4 月建成通车,本文选择南沙大桥安装车辆荷载时空分布识别系统,进行车辆识别与匹配追踪。

由于需要将车辆识别系统和 WIM 系统结合,二者要求有相同的时间戳,因此在现场部署一台计算机,使用统一时间戳并进行计算输出。选取 1 个小时的数据进行统计,其识别效果见表 1。

南沙大桥车辆荷载时空分布识别系统应用效果　　　　表1

识别情况	WIM 系统识别车辆数	车牌识别数	车牌正确识别数	车牌识别正确率
数量	3211	3100	2766	86.14%

车牌识别正确率达到了 86.14%,准确率较高,工程实际应用性高,同时,该系统集成了车辆荷载实时显示功能,用气泡图的形式,重量越重,气泡越大,可实现对桥上的车辆荷载的实时展示,如图 2 所示。

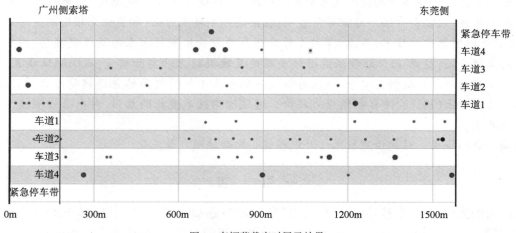

图 2　车辆荷载实时展示效果

四、结　　语

本文针对大跨径桥梁对车辆荷载时空实时识别的需求,基于车辆称重系统和深度学习技术,建立了车辆荷载时空分布实时识别系统,并应用于南沙大桥监控视频数据,结果表明,系统较好地实现了车辆荷载时空分布实时识别。具体结论如下:

(1)建立了一种基于 CNN 网络的交通流车辆识别方法。以车辆车牌为车辆特征,开展车辆车牌网络训练,训练后 CNN 网络模型效果良好。

(2)集成车牌识别系统和 WIM 系统,建立了车辆荷载时空分布实时识别系统,并将其应用于南沙大桥进行验证,结果表明本系统车牌正确率达到了 86.14%,准确率较高,工程实际应用性高。

参考文献

[1] 李小年,陈艾荣,马如进.桥梁动态称重研究综述[J].土木工程学报,2013,46(3):79-85.

[2] 邓露,李树征,淡丹辉,等.桥梁动态称重技术在中小跨径混凝土梁桥上的适用性研究[J].湖南大学学报(自然科学版),2020,47(3):89-96.

[3] ZHANG B, ZHOU L M, ZHANG J. A methodology for obtaining spatiotemporal information of the vehicles on bridges based on computer vision[J]. Computer-Aided Civil and Infrastructure Engineering, 2019, 34(6): 471-487.

[4] 谢俊鑫.图像特征匹配深度学习方法及其桥梁车辆荷载监测应用[D].哈尔滨:哈尔滨工业大学,2021.

[5] 黄永,徐海鹏,金耀,等.大跨桥梁车辆追踪与荷载时空分布智能识别[J].中国公路学报,2024,37(8):43-52.

21. 公路桥梁智能检测技术简述

杨长春

（广西桂河高速公路有限公司）

摘　要　本文结合桥梁结构检测技术的现状及发展，介绍了桥梁外观损伤、内部缺陷以及几何与力学特性的检测原理、内容和方法。综合分析表明：在桥梁检测技术方面，智能化无损检测是桥梁检测的发展方向，尤其是以图像识别技术、声波CT技术等为代表的智能检测技术在桥梁外观损伤、内部缺陷检测中的应用越来越广泛；超声-回弹综合法能够较全面地反映混凝土的实际质量，减小测试误差，可为在役桥梁混凝土承载力的评价提供重要手段；应力释放法配合基于关键截面的普通钢筋应力释放求解方法，可实现预应力混凝土（PC）构件有效预应力评价。通过检测技术现状的总结，对未来检测技术的发展提出些许合理展望。

关键词　公路桥梁　结构检测技术　外观损伤　内部缺陷　智能化

一、引　言

随着时间的推移，由于自然环境、材料劣化、施工缺陷、超载等因素，桥梁结构会出现不同程度的损伤和病害，如开裂、下挠、锈蚀、脱落等。因此需采取定期检测的方法，掌握桥梁损伤程度和特征，从而为结构的安全、适用性评价提供依据。

公路桥梁检测的主要内容包括外观损伤、内部缺陷、力学性能及几何参数检测等。目前，外观损伤仍以人工目测为主，工作强度大、效率低，需要借助检测支架或检测车等设备接近结构表面，对检测人员的专业知识和经验要求较高。非接触式检测方法近年来有了较大发展，在结构内部缺陷检测方面应用较多，但技术上仍不成熟。结构的力学性能检测难度更大，如恒载下的结构控制截面应力等，这些力学指标对桥梁结构安全性评价起着重要的作用。近年来，国内外许多学者基于不同理论和方法提出了多种检测手段，有力地推动了桥梁检测技术的发展。

二、桥梁检测技术

1. 结构缺陷检测

1）混凝土桥梁外观缺陷

结构裂缝为混凝土桥梁的主要病害特征，其宽度和分布特征对评价桥梁结构安全性能有重要作用。因此，裂缝是混凝土桥梁外观检测的重要内容。

常规检测中，一般借助检测支架、专用检测车等辅助设备，配合小型裂缝测宽仪、钢尺和相机等工具，通过贴近结构表面，人工观测、记录裂缝分布和特征。该类方法需投入较多的人力、物力，检测周期长、强度大、费用高，大量的检测记录还需人工进行整理和汇总。此类检测方法严重制约着桥梁外观缺陷检测技术的发展。

近年来，国内外学者在外观缺陷的无损检测方面做了大量研究。2014年，长安大学的李罡[1]在1000幅桥梁图像基础上，提出了一种裂纹远距离精确采集和处理方法，该方法能有效提高检测精度，减少检测时间。2017年，加拿大韦仕敦大学的Omar[2]利用无人机承载热成像系统对在役混凝土桥面板进行了检测，其结果表明高分辨率热红外图像技术可以快速、方便地检测桥面板异常。近年来，图像识别技术由于其远距离、非接触的检测方式和精度高、速度快的优点，逐渐应用到结构外观检测领域，成为桥梁外观检测的发展方向。该技术对目标区域的图像进行采集，利用计算机对图像进行处理和分析,以识别检测目标和对象,提取图像特征数据,并与设定的阈值进行比较,从而确定裂缝或其他缺陷特征。

2) 钢桥外观缺陷

钢桥外观缺陷主要表现为结构锈蚀、连接构造失效、构件及焊缝的疲劳开裂。结构锈蚀和连接件失效等病害特征明显,日常巡检中容易检查和记录;而结构构件及焊缝开裂等病害具有很强的隐蔽性,日常检查中难以察觉,对结构安全运营带来隐患[3]。由于钢桥的结构特性、焊接残余应力、焊接缺陷和制造误差等原因,连接部位焊缝会出现高度应力集中,形成疲劳热点,最终导致疲劳病害产生[4]。因此,在焊缝检测方面,目前主要的方法有超声法、热成像法和射线法[5-8]。

超声检测是当前应用较为广泛的疲劳损伤检测方法,该法通过对被测钢板或焊缝发射超声,利用其反射来获取被测对象内部的缺陷信息,并经过处理形成图像。

热成像法是利用探测器测定目标本身和背景之间的红外线差,得到不同的红外图像来反映同一目标的表面温度分布的情况;运用此方法便能实现对目标进行远距离热状态图像成像和测温,并进行后续的分析判断。2017年,日本滋贺县立大学的Izumi等[9]开发了一种新型热成像无损检测技术(图1),可用于钢结构的裂纹检测。该技术利用裂纹的隔热效应而使构件表面出现温度间隙的原理,实现钢结构裂纹的检测。

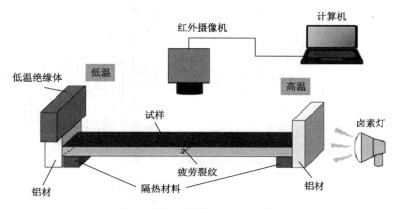

图1 温度间隙测量实验装置示意图

射线法的原理是利用射线不同程度透过金属材料,使胶片产生感光作用。采用射线法检查焊缝时,由于焊缝缺陷影响,射线透过焊缝后到达胶片的强度不同,感光程度也不同,利用此原理,实现钢结构焊接缺陷的可靠检测。

3) 混凝土桥梁内部缺陷

混凝土桥梁在施工浇筑阶段,由于漏振、离析、石子架空等原因,易形成空洞、夹层、蜂窝等混凝土质量缺陷,造成混凝土强度的降低(图2a)。对于预应力混凝土桥梁,除了结构混凝土浇筑质量,预应力孔道施工和压浆密实度均对预应力钢束的安全性和耐久性有较大影响。孔道特征、钢束影响、浆液配合比、压浆工艺等原因可致使浆液离析,造成孔道内空洞的产生,导致钢束严重锈蚀(图2b)。此类内部缺陷是导致结构承载能力降低的重要原因,对结构的安全性和耐久性影响极大。常用的无损检测方法有超声法、冲击回波法、雷达法等。

计算机透析成像(声波CT)技术使用声波穿透混凝土,因混凝土内部孔隙率、密实性、弹性模量等影响,使得声波产生能量衰减,根据透射波走时和能量衰减特征,采用计算机方法重建声波穿透混凝土的速度和吸收系数的分布,实现混凝土内部成像。

长安大学开发了适用于桥梁大体积混凝土无损检测的大功率(16 kW)、高频(43 kHz)和短余震(小于1个周期)的超磁致伸缩换能器,以及具有层析成像功能,同时具有测强、测缺和测厚功能的桥梁混凝土结构智能化无损检测系统[10-11],该系统基于多通道超声无损探测原理,通过对接收信号的计算机波谱分析与图像处理,可快速、精确地计算出桥梁混凝土断面的内部结构图像,直观地反映出桥梁混凝土的内部质量和缺陷,实现对桥梁中大体积混凝土结构质量的检测与评价[12]。混凝土层析成像检测系统由稀土发射换能器、压电陶瓷超声接收换能器阵列和24通道超声信号采集仪构成,系统结构如图3所示,成像示意如图4所示。

a) 混凝土内部空洞

b) 孔道局部无压浆

图 2 混凝土桥内部缺陷检测

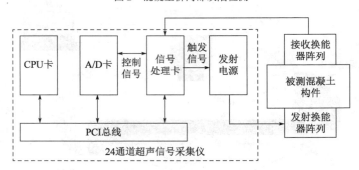

图 3 混凝土层析成像检测系统示意

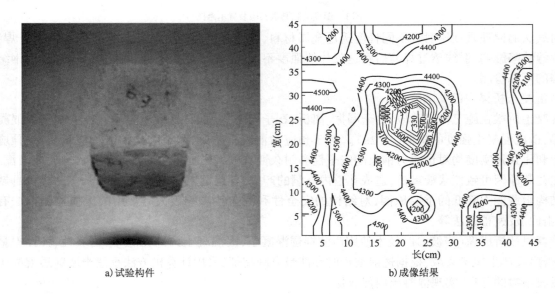

a) 试验构件　　　　　　　　　　　　b) 成像结果

图 4 混凝土层析试验构件及成像结果

注:图中数据为频率(Hz)。

4) 钢筋锈蚀

钢筋锈蚀是影响混凝土结构安全性和耐久性的重要因素。由于结构开裂、碳化作用、氯离子侵蚀等因素,使得钢筋发生电化学反应而锈蚀。锈蚀不仅造成钢筋截面积减小,同时导致体积膨胀,使钢筋与混凝土之间丧失握裹力,严重影响桥梁的承载力。

无损检测方法有物理方法和电化学方法两类。物理方法是通过测定钢筋锈蚀引起的物理特性变化来反映钢筋的锈蚀状况,主要有电阻棒法、射线法、声发射法、红外热线法等;但此类方法大多只能做定性分析,且多数停留在试验阶段。电化学方法通过测定钢筋混凝土腐蚀体系的电化学特征来确定钢筋锈蚀程度或速度,包括电位法、交流阻抗法、线性极化法、混凝土电阻率法等。

电位法(原理如图5所示)是目前应用最为广泛的一种评定混凝土结构锈蚀程度的无损检测方法。该方法通过测定钢筋、混凝土组成的电极与混凝土表面的铜、硫酸铜参考电极之间的电位差,评定钢筋的锈蚀状态[13-14]。参考电极的电位比较稳定,而钢筋、混凝土电极会因为钢筋锈蚀而发生电位变化,从而反映钢筋的锈蚀状况。但该方法只能定性判断钢筋锈蚀的可能性,不能定量描述钢筋锈蚀程度。

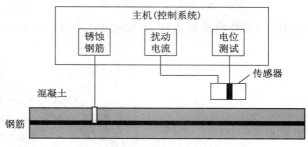

图5 电位法检测示意

2. 力学及几何特性检测

1)强度

混凝土强度是结构的一项重要力学参数,对保证桥梁结构承载力和运营安全性具有重要影响,也是评价桥梁施工质量的关键指标。混凝土强度检测方法主要有钻孔取芯法、回弹法、超声-回弹综合法、拔出法等。

钻孔取芯法[15]是利用取芯机在混凝土结构或构件钻取圆柱形芯样,然后制作试件,通过压力机进行破坏试验,测定当前龄期混凝土强度的一种方法。该方法为有损检测方法,操作简单、信息直接、结果准确,但对结构有扰动,成本较高,工期较长。截至目前,钻孔取芯法仍然是检测混凝土强度最可靠的方法,并可用于其他无损检测方法的对比和校验。

回弹法[16-17]是一种无损、常用的混凝土强度检测方法。因设备简单、操作方便、测试迅速、费用低廉、不破坏混凝土等优点,在现场检测中使用较多。其工作原理是利用弹簧驱动的重锤,通过弹击杆弹击混凝土表面,测定重锤反弹距离,以回弹值推定混凝土强度的一种方法,是一种表面硬度测定法。在老旧混凝土桥梁检测中,回弹法只能作为结构不同部位强度分布检测的手段,其绝对强度推定值仅供参考。

超声-回弹综合法[18]是采用非金属超声仪和回弹仪进行联合工作,分别测量混凝土声时值和回弹值,然后根据测强公式推算该测区混凝土强度的方法。超声-回弹综合法用2个参数反映混凝土内部和表面性能,可以弥补单一采用回弹法或超声法的不足,能减少龄期和含水率的影响,测试精度高、适应范围广,能够较全面地反映混凝土的实际质量,减小测试误差;但其技术要求较回弹法高。

后装拔出法[19]是通过在混凝土表面钻孔、磨槽、嵌入锚固件并安装拔出仪测定极限拔出力,根据预先建立的极限拔出力与混凝土抗压强度之间的相关关系推定混凝土强度。大量标准和研究成果表明:拔出法测强曲线受混凝土材料、龄期、浇筑情况的影响较小,具有较好的通用性,是一种较好的微破损强度检测方法。但技术要求较高,对结构有扰动,检测效率低。

2)结构应力

施工误差、混凝土收缩徐变、预应力损失等因素会导致预应力混凝土(PC)桥梁混凝土压应力分布与理论值有一定差异。荷载试验虽能检验桥梁承载能力和评估桥梁运营情况,但只能通过应力增量反映活载效应,无法检测出混凝土的应力总量。因此,PC桥梁恒载下的永存应力测试具有重大工程应用价值。

应力释放法[20]多用于预应力混凝土结构剥开混凝土保护层后普通钢筋的应力测试,其基本原理是采用机械切割的方法,对有初始约束应力的测试构件进行切割,达到应力释放目的,再对切割前后构件的应变进行测试,得到构件的应力状态(图6)。静力测试仪法[20]适用于预应力混凝土结构预应力筋应力的静力测试,其基于力的平衡原理,通过专用应力测试仪,测试预应力张拉并锚固后的横向作用力、提升

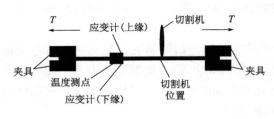

图6 普通钢筋应力释放法示意

距离和测试长度,推求钢绞线有效预应力(图7)。文献[21]对关键截面梁体混凝土及普通构造钢筋进行了应力释放试验,研究了截面应力状态、有效预应力衰减程度及基于释放应力的评估方法。试验表明,普通钢筋应力释放技术受外界干扰程度小,通过对释放位置与量测时机的掌握,能够有效地剔除切割温度对释放应变的影响,测试误差较小且具有规律性和重复性。配合基于关键截面的普通钢筋应力释放求解方法,可实现 PC 构件有效预应力评价。

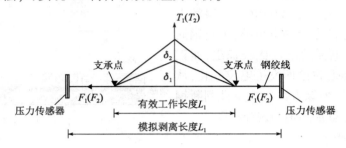

图7 静力法测定有效预应力示意

F_1、F_2-有效工作状态、模拟剥离状态钢绞线纵向预张力(kN);T_1、T_2-有效工作状态、模拟剥离状态钢绞线横向预张力(kN);δ_1、δ_2-有效工作状态、模拟剥离状态钢绞线横向位移(m)

3)变形

桥梁抵抗活载的变形能力是评价桥梁正常使用阶段结构刚度特征的重要参数,主要包括主梁挠度、主塔塔顶三维变位,特大桥还需检测主梁纵向变位和横向变位。桥梁线形检测一般包括两方面的检测内容:①恒载状态下的结构几何特征,如主梁线形、主塔塔顶三维坐标等;②活载作用下的几何特征变化,如主梁活载挠度、纵横向位移、主塔塔顶变位等。桥梁一旦建成,其恒载下的几何线形基本不变。混凝土桥梁主梁线形受混凝土收缩、徐变影响发生的微小变化,可通过在桥梁周围建立三角网,在桥面和主塔塔顶建立永久观测点,采用水准仪及全站仪定期采集其高程及三维坐标信息进行监测。活载作用下的变形检测一般应用于荷载试验中,它是评价桥梁刚度状况的重要参数。测试方法包括接触式挠度传感器、激光挠度仪、光电挠度仪、基于图像识别的挠度测试系统等。

荷载试验中,多在测试截面下方搭设检测支架,安装接触式挠度传感器进行测试截面试验荷载作用下的挠度测量。此方法需搭设临时检测支架,当桥下净空较高或桥下不便于搭设支架时,其应用就受到限制。激光挠度仪和光电挠度仪可以在桥面进行挠度测量,但由于加载车辆影响,一般仅能沿桥梁两侧布置测点,无法准确测量测试截面沿横桥向的挠度变化特征,特别是对于多梁式桥梁,无法获得每片梁的挠度变化值,给桥梁刚度评价和掌握桥梁横向分布特征带来困难。

基于数字图像技术的桥梁挠度测量方法近年来发展较快,相对于其他挠度测量手段,该技术通过比较结构变形前和变形后的数字图像来获得结构变位信息,无须安装传感器,可进行远距离、非接触式测量,具有速度快、精度高、方便快捷等优点[22-23],目前已经成为桥梁荷载试验和其他建筑物相对挠度变化测试的新方法[24]。

三、结 语

桥梁检测技术已成为多学科理论、方法、技术相互结合的交叉研究领域,其研究方法和实际应用得到了长足的发展。

1.现状

(1)桥梁外观缺陷检测是桥梁技术状况评定的主要内容,传统检测方法需要借助桥梁专用检测车或检测支架,检测周期长、工作强度大、费用高,严重阻碍桥梁检测技术的进步。基于图像识别的检测方法具有远距离、非接触、高精度、高效率的优点,成为桥梁外观检测的发展方向。

(2)桥梁内部缺陷检测是检测桥梁施工质量和工艺的重要依据,传统超声检测法精度不高,冲击回波法又不能准确反映病害深度。基于大功率、高频率和短余震的超磁致伸缩换能器,具有层析成像功能的计算机透析成像技术,可快速、准确地实现大体积混凝土内部缺陷检测和评价。

(3)采用多参数综合法能较全面地反映构成混凝土强度的各种因素,比单一法具有更高的准确性和更宽的适用范围。超声-回弹综合法用两个参数反映混凝土内部和表面性能,测试精度高、适应范围广,能够较全面地反映混凝土的实际质量,减小测试误差。

2. 存在问题

(1)对混凝土强度进行无损检测时,检测参数与混凝土抗压强度间随着原材料、养护条件的变化,都有可能发生变化,即所得关系式仅适应于试验地区,关系式的适用性较差。是否可以研究建立一个基本式乘以相关系数从而适应全国地区情况?

(2)全国基准混凝土强度无损检测综合测强曲线与某些本地区实测测强曲线有较大误差[25],因此各地区的试验与研究工作很有必要。

(3)红外热成像检测系统实际是利用检测试样的辐射量与温度之间的对应关系,将红外热像仪收集的红外辐射能量转化为温度,并用可识别的热像图显示出来。焊缝表面存在油污、氧化层、表面粗糙等因素的干扰,会导致焊缝表面热发射率不均,致使红外热像图中出现虚假的异常温度区域[26]。在实际钢结构焊缝裂纹检测中,裂纹的检测依赖于红外热像图中的异常高温区域,因此在裂纹识别提取之前,需要考虑先抑制焊缝表面的热发射率不均的影响。

(4)混凝土内部缺陷检测中,与其他(如高频电磁雷达、红外成像等)无损检测方法相比,超声检测法具有技术成熟、被测对象范围广、探测深度大、检测灵敏度高、成本低、检测速度快和现场使用方便等优点[10];但外部体积大小和内部钢筋会对波的声学参数产生较大的干扰,从而掩盖了内部缺陷特征,使得在大体积混凝土和高配筋率结构上的应用受到限制。因而一般适用于素混凝土或低配筋率构件的缺陷检测。

(5)在应力释放法测试钢筋应力中,切割速度、切割距离和切割力度以及钢筋应变片、静态测试仪的精确度等因素均会影响最终的应力值。

(6)在荷载试验中,桥面挠度仪可对活载作用下的桥梁线形进行测量,但由于加载车辆的影响,一般只能沿着桥梁两侧布置测点,无法准确测量测试截面沿横桥向的挠度变化特征,特别是对于多片T梁式桥梁,无法获得每片T梁的挠度变化值,给桥梁刚度评价和掌握桥梁横向分布特征带来困难。

3. 未来展望

(1)仪器智能化、一体化、集约化。无损检测技术测试数据的处理和评价方法日趋复杂,迫切要求提高仪器的自身数据处理能力,因此需要仪器与计算机技术相结合;同时为提高仪器中信息处理单元的利用率,缩小体积,提高检测效率,常将各种检测功能的仪器组装在一起,数据由共用的计算机处理和储存,呈一体化、集约化趋势。

(2)传感系统多样化。未来,无损检测技术离不开先进的传感系统,高精度、高质量的传感系统能保证数据的质量及准确性,同时以往可能无法实现的某些检测方法和设想,通过新型传感器的研究成功而得以解决。

(3)参数多样化。例如,超声-回弹综合法在某些特殊位置其数据准确性还是不够理想,则可尝试将回弹值、超声声速值和拔出力等多个参数作为被测参数,采用多参数综合法对混凝土强度进行评定。

参考文献

[1] LI G, HE S, JU Y, et al. Long-distance precision inspection method for bridge cracks with image processing [J]. Automation in Construction, 2014,41(5):83-95.

[2] OMAR T, NEHDI M L. Remote sensing of concretebridge decks using unmanned aerial vehicle infrared thermography[J]. Automation in Construction, 2017, 83: 360-371.

[3] 梁冰. 既有钢结构桥梁检测与加固技术研究[D]. 天津: 河北工业大学, 2013.

[4] 王学义. 大跨度桥梁智能检测系统初探[D]. 广州: 华南理工大学, 2017.

[5] WANG C S, HAO L, FU B N. Fatigue reliability up-dating evaluation of existing steel bridges[J]. Journal of Bridge Engineering, 2012, 17(6): 955-965.

[6] BARILE C, CASAVOLA C, PAPP G, et al. Analysis of crack propagation in stainless steel by comparing acoustic emissions and infrared thermography data[J]. Engineering Failure Analysis, 2016, 69: 35-42.

[7] GORDON R, PINCHEIRA J A. Influence of surface condition on the inspection of steel bridge elements using the time-of-flight diffraction method[J]. Journal of Bridge Engineering, 2010, 15(6): 661-670.

[8] 全国焊接标准化技术委员会. 焊缝无损检测 超声检测 技术、检测等级和评定: GB/T 11345—2013[S]. 北京: 中国标准出版社, 2014.

[9] IZUMI Y, UENISHI K, MIZOKAMI Y, et al. Detection of back-surface crack based on temperature gap measurement[J]. Procedia Structural Integrity, 2017, 5: 683-688.

[10] 宋焕生, 赵祥模, 王国强, 等. 混凝土结构层析成像检测系统[J]. 交通运输工程学报, 2006, 6(3): 73-77.

[11] 徐志刚, 赵祥模, 宋焕生, 等. 多功能混凝土超声波检测仪软件设计与实现[J]. 计算机应用与软件, 2008(1): 277-279.

[12] 马荣贵, 张熠, 孙庆翔, 等. 多波检测技术在超声厚度检测中的应用[J]. 西北大学学报(自然科学版), 2006, 36(5): 734-736.

[13] LAI W L, KIND T, STOPPEL M, et al. Measurement of accelerated steel corrosion in concrete using ground-penetrating radar and a modified half-cell potential method[J]. Journal of Infrastructure Systems, 2013, 19(2): 205-220.

[14] ABBAS Y, NUTMA J S, OLTHUIS W, et al. Corrosion monitoring of reinforcement steel using galvanostatically induced potential transients[J]. IEEE Sensors Journal, 2015, 16(3): 693-698.

[15] 中华人民共和国住房和城乡建设部. 钻芯法检测混凝土强度技术规程: JGJ/T 384—2016[S]. 北京: 中国建筑工业出版社, 2016.

[16] 中华人民共和国住房和城乡建设部. 回弹法检测混凝土抗压强度技术规程: JGJ/T 23—2011[S]. 北京: 中国建筑工业出版社, 2011.

[17] 王文明. 混凝土检测标准解析与检测鉴定技术应用指南[M]. 北京: 中国建筑工业出版社, 2011.

[18] 李波. 超声回弹综合法检测混凝土强度试验研究[D]. 西安: 西安理工大学, 2010.

[19] 胡运会. 基于后装拔出法的河南地区混凝土测强曲线试验研究[D]. 郑州: 郑州大学, 2018.

[20] 刘鹏. 预应力混凝土桥梁损伤检测及评价方法[D]. 西安: 长安大学, 2007.

[21] 贺拴海. 大、中跨径混凝土桥梁预应力检测技术研究[J]. 西部交通科技, 2016(2): 1-9, 30.

[22] SIADEK J, OSTROWSKA K, KOHUT P, et al. Development of a vision based deflection measurement system and its accuracy assessment[J]. Measurement, 2013, 46(3): 1237-1249.

[23] 占继刚. 基于图像处理的桥梁底面裂缝检测识别方法研究[D]. 北京: 北京交通大学, 2017.

[24] KOHUTP, HOLAK K, MARTOWIC Z A, et al. Experimental Assessment of rectification algorithm in vision-based deflection measurement system[J]. Nondestructive Testing & Evaluation, 2016, 32(2): 200-226.

[25] 王立军. 混凝土强度无损检测试验及人工智能系统模型研究[D]. 天津: 天津大学, 2012.

[26] 刘兴乐. 基于电磁激励红外热像的钢结构焊缝裂纹识别方法研究[D]. 武汉: 武汉理工大学, 2016.